П. Я. Черных

ИСТОРИКО-ЭТИМОЛОГИЧЕСКИЙ СЛОВАРЬ СОВРЕМЕННОГО РУССКОГО ЯЗЫКА

13 560 слов

Том I

А — ПАНТОМИМА

МОСКВА
«РУССКИЙ ЯЗЫК»
1993

ББК 81.2Р-4
Ч-49

Рецензенты: чл.-корр. АН СССР О. Н. Трубачев, канд. филос. наук А. С. Айзикович.

Консультанты: д-р филол. наук Ж. Ж. Варбот, канд. филол. наук Л. Н. Эзериня, Л. А. Фрейберг.

Черных П. Я.

Ч-49 Историко-этимологический словарь русского языка: 13 560 слов: Т. 1–2. — М.: Рус. яз. 1993. — ISBN 5-200-01259-9. Т. 1: А – Пантомима. – 623 с. – ISBN 5-200-00318-0.

Словарь содержит объяснение истории и происхождения 13 560 слов современного русского литературного языка. В словарной статье дается определение значения слова, указываются его производные и однокоренные слова, приводятся родственные образования в других славянских языках, а для заимствованных слов — языковые параллели в других языках. Указывается время появления слова в языке с иллюстрацией из памятника письменности соответствующего периода. Прослеживается изменение значения слова, его фонетического облика, орфографии.

Словарь предназначен для лингвистов, преподавателей русского и других славянских языков, студентов филологических вузов и для всех, интересующихся историей и происхождением слов современного русского языка.

Ч $\frac{4602030000-009}{015(01)-93}$ Без объявл.

ББК 81.2 Р-4

ISBN 5-200-00318-0 (т. 1)
ISBN 5-200-01259-9

© Издательство „Русский язык", 1993

ОТ ИЗДАТЕЛЬСТВА

Настоящий словарь является посмертным изданием труда доктора филологических наук, профессора Московского университета П. Я. Черных, скончавшегося 10 августа 1970 г.

Автор представил издательству всю рукопись словаря от А до Я. Однако смерть прервала в самом начале его совместную с издательством работу по подготовке рукописи к изданию. Не была завершена и работа автора по дополнению словаря новыми материалами, расширению словника, внесению некоторых изменений и исправлений в первоначальный текст и т. д.

Несмотря на известную незавершенность авторской работы над словарем и вызванные этим отдельные упущения и пробелы (отсутствуют словарные статьи для ряда общеупотребительных слов современного русского языка, такие, например, как *кидать*, *кислый*, *скорый*, *колено*, *кость* и др., не учтены некоторые материалы, дающие возможность уточнить хронологию слова и его этимологию), издательство сочло возможным издать словарь, поскольку труд этот, созданный известным ученым, крупным специалистом в области истории русского языка и, в частности, исторической лексикологии, представляет несомненную ценность.

В словаре собран большой фактический материал по истории и этимологии слов, показан путь развития слова, изменение его значения, его фонетического облика и орфографии.

Словарные статьи отличаются широким привлечением иноязычного сопоставительного материала (приводятся как однокоренные с рассматриваемым русским словом образования, так и его синонимы другого происхождения).

При известной неполноте словника исключительный интерес представляют те словарные статьи, в которых объясняется происхождение слов, впервые включенных в этимологический словарь. Это, в основном, новообразования на русской почве или сравнительно недавние иноязычные заимствования (*лавсан*, *лазер*, *робот*, *стиляга*, *хаки* и мн. др.). Представляет интерес и целый ряд оригинальных авторских этимологий (*ерунда*, *обезьяна*, *фуфайка* и др.).

При редактировании рукописи словаря редакция не вносила никаких конструктивных изменений в авторский материал. Словник словаря, структура словарной статьи, собственно этимология слова были сохранены в таком виде, в каком их дал автор.

Была проведена лишь проверка фактических данных: языковых параллелей, индоевропейских и праславянских реконструкций, многочисленных ссылок на источники (памятники письменности, произведения художественной литературы, словари, лингвистические работы и т. д.).

При проверке языковых параллелей редакторы привлекали именно те источники, с незначительными дополнениями, которыми пользовался сам автор; словари, вышедшие после смерти автора, не использовались.

При редактировании словообразовательной части словарной статьи редакция не корректировала указания автора на образование того или иного производного слова, были лишь более отчетливо выделены, в соответствии с точкой зрения автора, словообразовательные ступени: непосредственные производные от заглавного слова группируются по частям речи, производные второй ступени даются за производящими с указанием «отсюда», образования, однокоренные с заглавным словом, но не производные от него, даются отдельно с пометой «сюда же».

Редакция считает нужным отметить, что толкования значений в данном словаре (согласно замыслу автора), в отличие от толковых словарей общего типа, во-первых, не преследуют цели объяснить слово во всей совокупности его значений и, во-вторых, даются с учетом его истории и этимологии. При определении значения слова подчеркиваются этимологически важные детали в описании предмета или явления, в отдельных случаях используются толкования словаря Даля.

Для оказания помощи издательству при проверке языковых параллелей были привлечены Л. А. Фрейберг (латинский и греческий языки), канд. филол. наук Л. Н. Эзериня (древнерусский язык). Большую работу проделала д-р филол. наук Ж. Ж. Варбот, которой были проверены все индоевропейские и праславянские реконструкции, оказана помощь редакторам издательства в проверке языковых сопоставлений в этимологической части словарной статьи, устранены некоторые, выявившиеся в процессе редактирования, текстовые неясности и противоречия.

Все замечания и пожелания просим направлять по адресу: 103012, Москва, Старопанский пер., 1/5, издательство «Русский язык».

ПРЕДИСЛОВИЕ

Назначение этимологического словаря — дать информацию о происхождении (этимологии) слов. Изучением этимологии слов занимается раздел языкознания, который также называется этимологией. Язык — общественное явление. Возникновение слова и его жизнь в языке — изменения его произношения (и написания), значения, форм (спряжения или склонения), сохранение его в течение многих веков или исчезновение или замена другим словом — связаны, с одной стороны, с историей языка, а с другой стороны — с жизнью народа — носителя языка, с развитием его материальной и духовной культуры, с природными условиями его обитания, с его социальным развитием, контактами с другими народами. Соответственно этимологические исследования должны базироваться на колоссальном фундаменте данных не только других областей языкознания, но и самых различных отраслей знания. Совокупность сведений, доступных исследователю при этимологизации одного какого-либо слова, даже в принципе не может быть исчерпывающей, поскольку не сохраняется свидетельств о точном времени появления слов (редкими исключениями являются некоторые слова, созданные известными общественными деятелями, писателями и т. п. в относительно недавнее время), равно как не фиксируются все этапы их изменений. Поэтому этимологическое решение в значительной степени основывается на научном восстановлении, реконструкции изменений, пережитых словом, и почти всегда представляет собою гипотезу. Следствием этого является множественность этимологических толкований одного слова, не только сменяющих друг друга, но и нередко допускаемых специалистами одновременно на определенном этапе развития науки. При этой специфике этимология как наука оправдывает свое назначение и развивается благодаря строгому следованию сравнительно-историческому методу, совершенствованию его приемов, расширению привлекаемой информации. Поэтому этимологические решения, даже гипотетические, имеют научную и общественную значимость. Устанавливаемые этимологией связи слов дают языкознанию, помимо собственно лексикологических сведений, богатейшую базу для исследования истории звуков и форм языка. Носители языка, общество, пользующееся им, никогда не бывают безразличными к языку, и одно из проявлений интереса к языку — желание знать происхождение слов. Этимология удовлетворяет этот интерес и дает, кроме того, материал для изучения истории самого народа — носителя языка.

Из сказанного выше следует ряд особенностей, отличающих этимологический словарь от других типов языковых словарей. Гипотетичность толкований, а тем более — их множественность, требуют от составителя словаря, во-первых, указания авторов толкований (с соответствующей библиографией) и, во-вторых, хотя бы краткого изложения авторской аргументации, особенно если составитель оказывает предпочтение одному из нескольких толкований или предлагает новое решение. Совершенно очевидна трудность выполнения этих требований в сжатых рамках словаря. Ситуация еще более осложняется в словаре, рассчитанном и на широкого читателя. Здесь возрастает и необходимость выбора одного решения, и потребность в объяснении его, однако ориентация на читателя, не имеющего специальной подготовки, ограничивает возможности аргументации. Поэтому читатель неизбежно получает ограниченную информацию, а к составителю предъявляются особенно высокие требования в отношении научной объективности. Эти особенности этимологического словаря следует учитывать при обращении к нему.

Хотя всеми специалистами признается, что цель этимологии — выяснение происхождения слова, есть расхождения в понимании того, что собственно считать происхождением слова. Истории науки известны острые дискуссии между сторонниками корневой этимологии, считавшими достаточным установление корня слова и его первичного значения, и сторонниками этимологии — биографии слова, предполагающей прослеживание всех этапов истории слова, его изменений, от возникновения до современного состояния. Современная этимология признает равно необходимыми реконструкцию первичной структуры и значения слова и изучение его изменений до времени фиксации слова в письменности, но акцентирование того или другого аспекта исследования определяется научной позицией автора. Тип историко-этимологического словаря предполагает если не большее, то, во всяком случае, обязательное внимание к изменениям слова, включая и время его употребления в письменности, вплоть до современного состояния.

Даже при тождестве теоретических концепций авторов возможно различие этимологических словарей в отношении словника (списка рассматриваемых слов) и типовой структуры словарной статьи.

Учитывая все вышеизложенное, следует признать, что в этимологическом словаре читатель получает информацию, объем которой, состав, глубина и форма подачи в большей степени определяются творческим лицом автора-составителя, чем в каком-либо ином языковом словаре.

Автор «Историко-этимологического словаря современного русского языка» проф. П. Я. Черных большую часть своей научной деятельности посвятил изучению словарного состава русского языка: лексики отдельных памятников письменности, некоторых писателей, различных периодов истории русского языка, диалектной лексики (см. список печатных трудов П. Я. Черных). Настоящий словарь явился следствием и итогом всех этих многолетних исследований ученого — крупного специалиста в области истории и диалектологии русского языка. Следует, однако, помнить, что, хотя автор завершил работу над рукописью словаря и сдал ее полностью в издательство, он умер (в 1970 г.) до начала практической подготовки рукописи к печати, так что словарь был лишен авторской доработки, которая нередко бывает очень значительной и могла бы, помимо устранения случайных погрешностей, способствовать наиболее последовательному осуществлению авторского замысла. Дата кончины автора означает и верхнюю хронологическую границу научной информации, которая могла быть использована в работе над словарем, — почти два десятилетия назад. Автор словаря мог ознакомиться, например, только с несколькими первыми выпусками «Словаря русских народных говоров» (в 1970 г. вышел в свет 5-й вып.), объединившего ценнейшие для этимологии диалектные материалы, только с картотекой «Словаря русского языка XI—XVII вв.» (начал публиковаться с 1975 г.), с первым томом «Болгарского этимологического словаря» (Вл. Георгиев, Ив. Гълъбов, Й. Заимов, Ст. Илчев. Български етимологичен речник). Несколько лет спустя появились первые тома этимологических словарей славянских языков, которые знаменовали возникновение праславянской лексикографии: Etymologický slovník slovanských jazyků. Sv. I. Sest. F. Kopečný. Praha, 1973; Этимологический словарь славянских языков. Под ред. О. Н. Трубачева. Вып. 1, М., 1974; Słownik prasłowiański. Pod red. F. Sławskiego. T. I, Wrocław — Warszawa — Kraków — Gdańsk, 1974; началась публикация первого этимологического словаря лужицких языков (H. Schuster-Šewc. Historisch-etymologisches Wörterbuch der ober- und niedersorbischen Sprache. 1. Bautzen, 1978). В 70—80-е годы вышли в свет многие монографии, посвященные этимологии отдельных групп лексики, не говоря уже о диалектных словарях русского и других славянских языков. Без этих трудов немыслимы современные исследования по русской этимологии, но, обращаясь к словарю П. Я. Черных, следует учитывать, что авторская работа над ним была закончена до их появления. Значительный временной разрыв между завершением авторской работы и публикацией словаря неизбежно создает определенный момент устарения. Несмотря на это, словарь П. Я. Черных имеет значительную научную и практическую ценность. Это определяется и достоинствами словаря, и современным состоянием русской этимологической лексикографии.

Во «Введении» автор достаточно полно изложил свои взгляды на задачи этимологического исследования, назначение настоящего словаря и охарактеризовал специфику словника и структуру словарной статьи. Обратимся к реализации авторского замысла. Словарь предназначен для филологов разного профиля, и этому назначению соответствует достаточно емкие словник и словарные статьи. Такого типа этимологического словаря современная лексикография еще не имеет, и уже это определяет в значительной мере его место в ней и значение. Состав словника зависит от назначения и объема словаря. Поэтому автор ориентировался на общеупотребительные слова современного русского литературного языка. Сознавая спорность оценки многих слов с точки зрения общеупотребительности, П. Я. Черных прибег к соединению этого критерия с историческими критериями: по мысли автора, словарь должен включать «все слова основного общеславянского фонда, употребляющиеся во всех или в некоторых славянских языках... и являющиеся... базой производства новых слов; старославянские слова, которые вошли в словарный состав древнерусского языка... и сохраняющиеся в современном русском... языке»; «незаимствованные слова, возникшие в среднерусскую эпоху»; «слова, заимствованные... в этот же период и в более позднее время (XVII—XIX вв.)» (см. «Введение»). Эти критерии не вызывают возражений, но представляются недостаточными, поскольку не охватывают все существенные для этимологической характеристики русского языка исторические пласты лексики: не упомянуты образования древнерусского периода и XVIII—XX вв., заимствования XX в. К чести автора, словник оказался в принципе шире объявленных критериев, так что в словарь вошли, например, многие поздние образования и заимствования типа *кино*, *робот*, причем некоторые введены в этимологический словарь впервые. В целом словарь вызывает критические замечания не в плане включения того или иного слова, а в отношении пропуска многих слов. В значительной степени (для литературных слов типа *коса* 'сельскохозяйственное орудие', *ковш*, *корысть*, *лог*) это является, вероятно, следствием отмеченной выше незавершенности авторской работы, но есть и другой аспект. Учитывая объем данного словаря, можно признать оправданным исключение из словника собственных имен и малоизвестных диалектизмов. Однако, если для собственных имен есть специальный тип словаря — ономастический, то диалектная лексика не может быть принципиально отделена в этимологическом словаре от литературной. Многие диалектизмы хорошо известны широкому читателю из художественной литературы, проникают в разговорную речь и уже поэтому имеют право на появление в данном словаре (тем более, что среди таких диалектизмов есть и очень древние, праславянские образования, сохранившиеся в других славянских литературных языках).

Вслед за заглавным словом в словаре П. Я. Черных дается его значение. Это необычно для этимологического словаря, где значения указываются лишь в тех случаях, когда у читателя, знакомого с литературным языком, могут возникнуть сомнения: для омонимов, диалектизмов, архаизмов. Автор мотивировал регулярное указание значений желанием уточнить существующее толкование слова, облегчить читателю сопоставление русского слова с приводимыми далее иноязычными соответствиями и, подчеркнув в обозначаемом словом предмете те или иные детали, подготовить читателя к восприятию этимологического решения (см. «Введение»). Это последнее намерение настораживает: существенными для возникновения названия и поэтому выделенными автором могли оказаться те детали предмета, элементы значения, которые уже не являются частью современного значения слова или находятся на периферии этого значения. Иногда это и происходило: так, значение *коричневый* толкуется 'цвета корицы, молотого жареного кофе, темного буро-желтого цвета'; здесь цвет корицы введен исключительно по этимологическим соображениям, так как, будучи основой номинации и первичным значением этого слова, вряд ли входит в его современное значение. Возможность такой архаизации следует иметь в виду. В принципе же введение значения заглавного слова в этимологический словарь, ориентированный и на широкого читателя, представляется полезным, поскольку избавляет его от дополнительных справок.

Статьи словаря построены по гнездовому принципу: в статье, посвященной определенному слову, приводятся производные от него слова, сохранившие словообразовательные связи с производящим, то есть слова, являющиеся собственно объектом словообразовательного, а не этимологического анализа. Из русских этимологических словарей гнездовому принципу следовал словарь А. Преображенского. Так строятся нередко и словари, предназначенные для специалистов (например, уже упомянутый «Болгарский этимологический словарь» и словарь польского языка: F. Sławski. Słownik etymologiczny języka polskiego. T. I—V. Kraków, 1963—1982). При этом учитывается, что, хотя специалисту и нет необходимости объяснять словообразовательные связи подобных слов, но их набор и структура часто оказываются полезными для суждения о происхождении исходного слова: его исконности или заимствовании, структуре корня и суффикса и т. д. Тем более нужно указание производных для широкого читателя: таким путем расширяется круг объясняемых слов. В данном словаре их число в итоге доведено до 13 560. Нахождение производных слов облегчается указателем.

Для суждения о происхождении русского слова очень важно наличие соответствий (близкородственных слов) в других славянских языках. Без поиска и анализа таких соответствий не может обойтись этимологическое исследование ни одного слова. В словаре же, вынужденно ограничивать объем информации и аргументации, эти инославянские соответствия не всегда находят место. Они обязательны в словаре для специалистов, популярные же этимологические словари чаще ограничиваются констатацией факта наличия соответствий. Хотя данный словарь предназначен не только для этимологов, инославянские соответствия здесь приводятся. Разумеется, это увеличивает объем статей и соответственно ограничивает их количество в томе, но читатель получает наглядное обоснование следующего за соответствиями заключения о древности русского слова. К сожалению, досадным архаизмом представляется принятое в словаре употребление термина о б щ е с л а в я н с к и й как определения праславянских (восходящих к праславянскому языку — общему предку всех славянских языков) слов, основ или корней. Более спорна необходимость приведения инославянских соответствий при анализе заимствованных слов, но можно согласиться с автором, что и здесь эти данные полезны (для суждения о времени и путях заимствования).

В тех случаях, когда русское слово не имеет близкородственных образований в других славянских языках, в словаре приводятся употребляемые там синонимы. Это новшество в построении словарной этимологической статьи. Также материалы очень полезны для специалистов: они помогают выявлению принципов номинации данного предмета (действия, качества), а при анализе заимствованного слова показывают собственно славянские номинативные возможности или круг языков — источников заимствования (при славянских заимствованиях). Введение материалов этого рода в словарную статью усиливает ее информативность и научную объективность, поскольку они могут не только подтверждать принятое автором этимологическое решение, но и способствовать его критическому восприятию. Поэтому это новшество представляется методически оправданным и перспективным. Правда, для широкого читателя его значение, вероятно, преимущественно познавательное.

В отличие от всех существующих этимологических словарей русского языка, настоящий словарь называется историко-этимологическим. Этимология слова и его история — это два периода в жизни слова, границей между которыми является его фиксация в письменности. Но это разделение весьма условно, этимология и история слова взаимно обогащают друг друга при изучении единой истории слова в широком смысле этого слова. Поэтому общей тенденцией в развитии современной этимологии является ее расширение за счет включения наиболее важных этапов письменной истории слова. Это особенно естественно для популярной этимологии, поскольку читателя не убеждает реконструкция первичной формы и значения слова без объяснения их изменений вплоть до современного состояния. Следовательно, тип историко-этимологического словаря, акцентирующего внимание ко всей истории слова, отвечает насущным потребностям отечественной этимологии. В словаре П. Я. Черных усиление собственно исторической части проявляется в регулярном указании времени первой фиксации слова в письменных памятниках, сообщении об изменениях грамматических характеристик слова, его орфографии, его значения. Правда, в ряде случаев эти указания нуждаются теперь в дополнениях, но и в настоящем виде соединение этимологической и исторической информации сохраняет свою ценность.

Выше уже отмечались трудности, которые неизбежно встают перед автором этимологического словаря при изложении этимологических версий. В популярных этимологических словарях как правило дается только одно толкование происхождения слова, даже если слово признается трудным и существует несколько равноправных решений; библиографические данные не приводятся. Настоящий словарь в этом отношении занимает промежуточное положение между словарем для специалистов и популярным словарем. Автор не излагает все существующие объяснения происхождения слова, но, предпочитая одну версию, сообщает (для трудных слов) и другую (или другие) наиболее существенные версии. Так же П. Я. Черных поступает и в статьях, где предлагает собственное решение. Изложение нескольких версий дает более объективное представление о состоянии решения вопроса, тем более, что предпочитаемое автором толкование далеко не всегда представляется наиболее доказательным. Авторские этимологии, выдвинутые во многих статьях, увеличивают значение этого словаря для специалистов, хотя эти решения не всегда убеждают. К сожалению, среди упоминаемых автором этимологических толкований нет ряда надежных решений, разработанных славистами в 40—60-е годы (так, недостаточно внимания уделено «Этимологическому словарю польского языка» Ф. Славского, который к 1970 г. охватил уже лексику на А—К). Что касается этимологической библиографии, то П. Я. Черных обычно не дает ссылок на литературу, лишь в отдельных случаях упоминая приоритет того или иного исследователя или автора малоизвестного толкования. Это облегчит восприятие широким читателем собственно этимологических толкований. В то же время из статей словаря и списка источников читатель получит сведения об основной этимологической литературе.

Составление этимологического словаря русского языка на современном уровне науки является очень масштабным предприятием, предъявляющим к автору самые высокие научные требования. Составление словаря, предназначенного для широкого читателя, осложняется тем, что в сущности еще не выработаны рациональные характеристики этого типа словаря. Поэтому создание «Историко-этимологического словаря современного русского языка» — большая заслуга П. Я. Черных перед отечественной наукой. Публикация этого словаря означает признание научных заслуг автора и вносит большой вклад в решение актуальной задачи современной лексикографии — создание этимологического словаря русского языка, рассчитанного на широкого читателя.

Ж. Ж. Варбот

ВВЕДЕНИЕ *

I. Основные задачи э т и м о л о г и ч е с к о г о (или и с т о р и к о - э т и м о л о г и-
ч е с к о г о) словаря, этимологического изучения слов понятны, и едва ли в этом отношении
среди языковедов имеются расхождения. Объяснить происхождение каждого отдельно су-
ществующего слова, установить его первоначальную морфологическую членимость, выделить
его исторический корень, определить исходное значение корневой части и пути развития
первоначального значения — вот главная цель этимологических изучений и, следовательно,
всякого этимологического словаря.

Не будем здесь распространяться ни относительно того, чтó следует понимать под «отдельно существующим словом», ни о понятии «исходного значения корневой части» и тому
подобных проблемах общего языкознания. Практическое решение упомянутых вопросов
не представляет особых затруднений. Первым специальным вопросом, вытекающим из фор-
мулировки основных задач этимологии, по моему мнению, следует считать вопрос о том,
относится ли эта лингвистическая (или — ýже говоря — лексикологическая) специальность
к области сравнительной грамматики родственных языков или к истории отдельного языка.

Не будет преувеличением сказать, что этимология, если речь идет о научно поставленных
этимологических исследованиях, является детищем сравнительно-исторической грамматики. Только после того как в результате длительных и настойчивых усилий языковедов
разных европейских стран (Германии, Франции, России, Дании, Англии, Польши, Чехо-
словакии и др.) было создано и разработано учение о закономерностях развития з в у к о-
в о й стороны слов в языках, родственных по происхождению, были заложены основы научной реконструкции корней праязыка, и этимология, наконец, вышла из пеленок робких
и субъективных гаданий и превратилась в научную специальность, судьбы которой тесней-
шим образом связаны с судьбами сравнительно-исторической грамматики.

Но следует ли отсюда, что этимология является всего лишь о т р а с л ь ю сравнительной
грамматики родственных языков? Мне кажется, не следует. Не следует прежде всего потому,
что в каждом отдельно взятом языке (представителе той или иной языковой семьи) слов,
восходящих к эпохе общеязыкового единства, вообще говоря, немного, причем они, как
правило, относятся к определенным лексико-семантическим группам: терминология родственных отношений, названия частей тела и т. п. По подсчетам Т. Лер-Сплавинского, в польском языке таких слов не набирается и двух тысяч [1]. Подавляющее же большинство слов —
позднего происхождения. Правда, в очень многих случаях эти поздние слова возникли на
базе первоначального словарного фонда общеязыковой эпохи, в результате словопроизвод-
ства и словосложения, в результате смещения значений и использования слов экспрессивной
речи, но десятки тысяч других слов не имеют никакого отношения к праязыку и являются
заимствованиями.

Изучение всей этой массы слов в ее движении и развитии немыслимо иначе, как в рамках
и с т о р и и о т д е л ь н о г о я з ы к а, в связи с историей его носителя — народа, с историей в самом широком смысле слова, хотя, конечно, и данные сравнительной грамматики
родственных языков играют при этом первостепенную роль.

Таким образом, правильнее было бы этимологию считать отраслью и с т о р и ч е с к о г о
я з ы к о з н а н и я, и с т о р и и я з ы к а, или, точнее говоря, неотъемлемой частью
и с т о р и ч е с к о й л е к с и к о л о г и и отдельного языка, занимающейся изучением
истории его словарного состава, истории слов. Этимологический словарь того или иного
языка должен иметь подзаголовок, напоминающий об этой связи, как делают это, например,
Эрну и Мейе, совместный труд которых «Этимологический словарь латинского языка» сопровождается подзаголовком: «История слов» (Ernout A., Meillet A. Dictionnaire étymologique
de la langue latine. Histoire des mots. Paris, 1932; Idem. 4-e éd. Paris, 1959). Ср. также у Г. Шу-
хардта: «То, что мы называем этимологией, является не чем иным, как краткой историей
слова» [2].

При такой целевой направленности этимологического словаря понятны те главные препятствия, от устранения которых в первую очередь зависит продвижение такого большого,

---

* Введение написано автором в конце 60-х гг.
[1] Л е р - С п л а в и н с к и й Т. Польский язык / Пер. с пол. изд. И. Х. Дворецкого; Под ред. С. С. Вы-
сотского. М., 1954, с. 64: «общее число праславянских слов, сохранившихся в польском языке без существен-
ных изменений, превышает 1700».
[2] Ш у х а р д т Г. Избранные статьи по языкознанию / Пер. с нем. А. С. Бобовича; Ред., предисл.
и примеч. проф. Р. А. Будагова. М., 1950, с. 214.

серьезного и трудного дела, каким является составление нового русского этимологического словаря.

Уровень этимологических исследований больше всего зависит от уровня исторической лексикологии и лексикографии. Не случайно появление в 1910 г. первых выпусков «Этимологического словаря русского языка» А. Г. Преображенского хронологически совпадает с завершением работ по изданию монументального труда И. И. Срезневского [3], без ссылок на который не обходится почти ни одна статья в упомянутом этимологическом словаре (за вычетом поздних образований на славянской почве и поздних заимствований). Это и понятно. Чтобы ставить вопрос о происхождении того или иного слова, нужно сначала выяснить, давно ли это слово существует в данном языке, в какой фонетической форме и с какими основными значениями оно известно в памятниках письменности и т. п. Чем полнее и чем точнее исторический словарь данного языка, тем увереннее должен чувствовать себя составитель этимологического словаря.

В настоящее время, много лет спустя после выхода в свет последнего выпуска «Материалов для словаря древнерусского языка» И. И. Срезневского, положение нельзя считать удовлетворительным. И самые совершенные словари, хотя бы и исторические, стареют с течением времени: накапливаются новые данные, изменяется методика и техника лексикографической работы, повышаются требования и т. д. Между тем, посмертно изданный труд И. И. Срезневского и при своем появлении на свет не вполне отвечал, при всей своей грандиозности, строгим научным требованиям и не отличался полнотой. Главное, «Материалы» почти не заключали фактических данных по XVI—XVII столетиям, да и памятники XV в. были использованы Срезневским и его помощниками лишь частично.

Давно назрела необходимость в издании нового словаря древнерусского языка (или двух словарей: XI—XIV вв. и XV—XVII вв.). Как известно, материалы для такого словаря (или двух словарей) собираются уже в течение нескольких десятилетий в Институте русского языка АН СССР [4].

Отсутствие полного и отвечающего современным научным требованиям исторического словаря русского языка существенным образом задерживает развитие русской исторической лексикологии и этимологических исследований.

II. Как известно, начало этимологических изучений в области русского языка на основе сопоставления прежде всего родственных славянских языков, на широкой лингвистической базе относится в России к первой половине прошлого века. Уже более 100 лет назад, в 1842 г., был напечатан «Корнеслов русского языка» Ф. С. Шимкевича (1802—1843), белоруса по национальности, выдающегося полиглота, — словарь, в свое время, на основании отзыва А. Х. Востокова, удостоенный половинной Демидовской премии Академии наук. Для 40-х гг. прошлого века это был словарь, стоявший вполне на уровне современной науки, правда, больше сравнительный, чем этимологический, хотя некоторые этимологии Шимкевича получили широкое признание (*князь*, *окунь*, *сени* и др.) или помогли последующим этимологам отыскать более или менее удовлетворительное объяснение (*бог*, *говорить*, *голубь*, *губа*, *меч*, *хлеб*, *человек* и др.).

После словаря Шимкевича в течение почти полувека у нас не появлялось этимологических словарей, хотя этимологические и историко-лексикологические изучения продолжались во все возрастающем объеме. К 50—60 гг. относятся многочисленные лексикологические этюды Ф. И. Буслаева, к 70—80 гг. — «Этимологические заметки» А. А. Потебни, далее — работы Я. К. Грота, Р. Ф. Брандта, И. М. Желтова и др. [5] В 1896 г. вышел в свет «Сравнительный этимологический словарь русского языка» Н. В. Горяева, напечатанный в Тифлисе (вскоре, в 1901 г., переизданный). Несмотря на серьезные недостатки этого труда, также в большей степени сравнительного, чем этимологического, несмотря на случайный, не систематический характер сопоставлений, на многочисленные ошибки, беспочвенно смелые, подчас произвольные, иногда даже странные объяснения, словарь Н. В. Горяева, такого же выдающегося нашего полиглота, как и Ф. С. Шимкевич, но, как и он, не прошедшего строгой лингвистической школы, до сих пор является небесполезным справочником. Он сослужил свою службу и до некоторой степени подготовил появление словаря Преображенского (см. в словаре последнего многочисленные, хотя по большей части и неодобрительные, ссылки на словарь Горяева).

Любопытно, что упомянутые выше крупнейшие русские этимологи-лексикографы, все трое, не были представителями академической науки, языковедами-профессионалами, работниками научных учреждений и что словари свои печатали на собственные средства. Они были этимологами-любителями. Ф. С. Шимкевич, питомец Киевской духовной семинарии, был некоторое время библиотекарем в Киеве, потом служил мелким чиновником в Петербурге, Н. В. Горяев — тифлисский учитель, А. Г. Преображенский — преподаватель Московской 4-й гимназии. Сам по себе этот факт, мне кажется, свидетельствует не только об от-

---

[3] Последний выпуск «Материалов для словаря древнерусского языка» И. И. Срезневского (т. 3, вып. 4. Дополнения) вышел в 1912 г.

[4] В 1975 г. начал выходить «Словарь русского языка XI—XVII вв.». Главный редактор С. Г. Бархударов. Выпуски 7—10 — главный редактор Ф. П. Филин. К 1983 г. вышло десять выпусков (до наятися). [Прим. ред.]

[5] См. Библиографический указатель литературы по русскому языкознанию с 1825 по 1880 год. М., 1954, вып. 2.

ставании в прошлом академической науки от жизни, но и о глубоком общенародном интересе у нас к этимологии, и о коренной связи теоретической этимологии с практикой преподавания русского языка в школе.

«Этимологический словарь русского языка» А. Г. Преображенского [6], хороший для своего времени и до сих пор еще далеко не утративший своего научного значения, теперь уже нельзя считать трудом образцовым и безукоризненным во всех отношениях. Автора при желании можно упрекать и в нечетком понимании задач этимологического словаря, и в расплывчатости термина «русский язык», и в недостаточной самостоятельности, и в упущениях библиографического характера и т. д. Недостатки первых четырех выпусков словаря были указаны академиком Ф. Ф. Фортунатовым в его очень кратком и сухом отзыве, по тону и выводам более суровом, чем заслуживал этот «первый (по словам самого рецензента) в русской литературе опыт лингвистического пособия такого рода» [7]. В своем отзыве глава Московской школы сравнительного языкознания, как известно, очень редко и неохотно (и не всегда удачно) занимавшийся этимологизированием, касается почти исключительно внешней стороны словаря: неточностей в изложении чужих мнений, в транскрипции слов и т. д. Гораздо больше внимания уделил первому «Этимологическому словарю русского языка» академик Б. М. Ляпунов, который должен был в 1916 г. представить в Академию наук отзыв об остальных выпусках (до слова *стропти*), но в свое время не закончивший его и напечатавший в 1925—1926 гг. две статьи об этом, как он выражается, «капитальном издании» [8]. «Конечно, можно найти немало недостатков и ошибочных сопоставлений в „Этимологическом словаре" А. Г. Преображенского, — говорит второй рецензент-академик, — частию по вине автора, частию по вине источников и пособий, которыми он пользовался. Однако можно сказать, что если первые четыре выпуска... были признаны в отзыве строгого и глубокого лингвиста (Ф. Ф. Фортунатова) полезным пособием и удостоены малой премии Ахматова, то следующие... выпуски должны быть признаны еще более ценными, так как, во-первых, количество объясненных слов в них является значительно бо́льшим, во-вторых, с каждым новым выпуском работа автора становится... совершеннее по исполнению» (ИОРЯС, XXX, с. 3). И далее: «Несмотря, однако, на эти недостатки, мы, благодаря осторожности и добросовестности автора, привлекавшего все доступные ему пособия по изучению общерусского языка, получаем в труде Преображенского весьма ценную книгу, восполняющую крупный пробел в русской лингвистической литературе» (там же, с. 9).

Мы преднамеренно не поскупились привести эти большие выдержки из статьи Ляпунова. В наши дни в среде языковедов-специалистов существует некоторая недооценка выдающегося труда московского учителя, время от времени обнаруживающаяся в устных и печатных выступлениях. Чтобы не быть голословным, упомяну хотя бы о статье начала 50-х гг. проф. М. Н. Петерсона «О составлении этимологического словаря русского языка» [9], где подчеркиваются теневые стороны словаря Преображенского (как, впрочем, и первых выпусков словаря Фасмера). Однако, в конце концов, даже М. Н. Петерсон [10] вынужден был согласиться с Л. А. Булаховским [11], который считал, что «в целом словарь (Преображенского) на этом этапе языковедения, когда он выходил, в существенном удовлетворял поставленной задаче». Едва ли, однако, только «в целом» и только «в прошлом», то есть полвека назад, «Этимологический словарь» Преображенского удовлетворял поставленной задаче» [12]. И хотя на современном этапе развития науки о языке он уже не может являться отправным пунктом, от которого следует продолжать исследования, у Преображенского все же есть чему поучиться, особенно нашим начинающим этимологам, и прежде всего осторожному подходу к объяснению слов.

С 1950 г. отдельными выпусками в Гейдельберге начал выходить «Этимологический словарь русского языка» М. Р. Фасмера. М. Р. Фасмер (1886—1963), начавший свою научную деятельность в старой России, стал впоследствии одним из виднейших на Западе специалистов по славянским языкам, по греческому языку, по вопросам об отношении русского и других славянских языков к языкам Восточной и Южной Европы в древности. Словарь Фасмера был благополучно доведен до конца: в 1958 г. вышли в свет его последние выпуски (Vasmer M. Russisches etymologisches Wörterbuch. Heidelberg, 1953—1958. Bd. 1—3). Составленный полвека спустя после словаря Преображенского в стране, где сравнительно-исторические исследования в области языка получили свое начало и всегда стояли на самом высоком уровне (если говорить, по крайней мере, об изучении индоевропейских языков), словарь Фасмера, конечно, в несравненно большей степени, чем словарь Преображенского, отвечает научным требованиям, которые в настоящее время могли бы быть предъявлены

---

[6] Большая часть словаря была напечатана при жизни автора с 1910 по 1914 гг. в Москве. Окончание (с большими пропусками и не приведенное в порядок составителем) было опубликовано посмертно в 1949 г. в Трудах Института русского языка АН СССР, т. 1.
[7] Сборник отчетов о премиях и наградах, присуждаемых Императорскою Академиею наук. VI. Отчеты за 1911 г. Пг., 1916, с. 228.
[8] Ляпунов Б. М. Этимологический словарь русского языка А. Г. Преображенского. — ИОРЯС АН СССР, 1925, т. 30, с. 1—22; Ляпунов Б. М. Поправки и дополнения к этимологическому словарю Преображенского. — ИОРЯС АН СССР, 1926, т. 31, с. 31—42.
[9] Вопр. языкознания, 1952, № 5, с. 70—78.
[10] Вопр. языкознания, 1952, № 5, с. 72.
[11] Булаховский Л. А. Курс русского литературного языка. 4-е изд. Киев, 1949, с. 92—94.
[12] Как известно, словарь Преображенского в 1951 г. был переиздан полностью в Нью-Йорке, по инициативе Колумбийского университета, с предисловием на английском языке.

к этимологическим словарям. Прежде всего словарь Фасмера превосходит ранее выходившие этимологические словари русского языка по количеству рассмотренных слов. Он вдвое больше словаря Преображенского, но это не главное. Фасмер отличается от своих предшественников на этом поприще также тщательностью и аккуратностью в подборе сопоставительного лингвистического материала, прекрасным знанием литературы предмета и вообще широкой лингвистической и историко-культурной эрудицией, счастливо сочетающейся со стремлением к научной объективности, с осторожностью исследователя и мыслителя. «Этимологический словарь русского языка» М. Р. Фасмера — крупный вклад в сокровищницу научной литературы по русскому и славянским языкам, выдающееся явление в истории послевоенного языкознания. Однако для русских, для советских читателей пользование этим трудом, особенно в качестве учебного пособия, представляет известные (и понятные) неудобства, да он и не был предназначен для этого. Не говоря уже о том, что словарь написан на немецком языке и, следовательно, в первую очередь для немецких читателей [13] (Фасмер работал в Западном Берлине), он просто по своей, скажем, громоздкости не вполне отвечает этой цели. Словарь Фасмера заключает в себе не только слова общерусского языка, но и разного рода топонимические, этнонимические и т. п. термины, без которых можно было бы обойтись в пособии по языку (см. об этом ниже). Еще в большей мере трудно примириться с чрезмерно широким пониманием термина «русский язык» как предмета этимологического изучения. В словаре Фасмера нашли себе место не только слова современного общерусского (литературного) языка, но и слова диалектные, областные и даже слова древнерусского языка и т. д., причем неясно, какими принципами руководствовался автор, включая в свой словарь одни слова и исключая другие. Много в этом труде слов (по нашему мнению) лишних, неупотребительных (и, пожалуй, никогда не употреблявшихся) в общерусском языке. Это слова восточного происхождения, напр. из слов на к: *кába* — «кол для привязывания лодок», *кабáв* — «шашлык из баранины», *кабáт* — «куртка», *кадýк* — «эпилепсия» (еще: *кáбра*, *кабýша*, *кáвра*, *кавязá*, *кагá*, *казы́* и т. п.). Обращает на себя внимание также некоторое преувеличение роли и значения немецкого языка, а из славянских — польского в развитии словарного состава общерусского языка, не только в XVII в. и в Петровскую эпоху (в отношении которой Фасмер, по-видимому, разделял точку зрения В. А. Христиани и Н. А. Смирнова), но и в другое время. В ряде случаев правильнее было бы говорить о юго-западном (особенно западноукраинском) влиянии, а не о польском, или (в отношении других слов) о заимствованиях из голландского языка, из нижненемецких говоров, а не из общенемецкого языка. К недостаткам словаря Фасмера, конечно, следует отнести и скудость данных, относящихся к истории и хронологии этимологизируемых слов, в частности заимствованных из других языков, — существенный недостаток, потому что время заимствования нередко является важным свидетельством, помогающим установить источник заимствования и вообще происхождение того или иного слова. Встречаются в словаре Фасмера и некоторые, не всегда незначительные, фактические ошибки и неточности (неизбежные, однако, во всяком большом труде), на которые отчасти было уже указано в рецензиях, но в наши намерения сейчас не входит детальный разбор этого словаря, которому, несомненно, предстоит сыграть весьма заметную роль в развитии историко-лексикологических и этимологических исследований в СССР.

В 1963 г. вышел в свет первый выпуск «Этимологического словаря русского языка», издаваемого Московским университетом, заключающий букву А. Два года спустя был издан второй выпуск (буква Б) [14]. Сказать что-либо определенное относительно этого словаря пока еще трудно. Обращает на себя внимание громоздкость задачи, которую поставил себе авторский коллектив во главе с чл.-корр. АПН РСФСР Н. М. Шанским [15]: объяснить происхождение не только слов, «входящих в систему лексики современного русского литературного языка», «принадлежащих к его активной лексике», но и «устаревших и диалектных слов», а также антропонимов и топонимов (см. Предисловие, с. 3 и Введение, с. 5). Составители ЭСРЯ в широкой мере (хотя и не всегда последовательно и с должной точностью) пользуются данными картотеки среднерусского словаря Института русского языка АН СССР. Следует отметить также, что в первых двух выпусках словаря имеется (вероятно, преходящее, временное явление) немало разного рода упущений и ошибок.

Составление этимологического словаря русского языка в настоящее время в значительной мере облегчается наличием этимологических словарей других славянских языков и общего этимологического словаря славянских языков. Когда Н. В. Горяев издавал свой словарь (см. выше), в его распоряжении из этой группы словарей, в сущности, имелся лишь «Этимологический словарь славянских языков» Ф. Миклошича, напечатанный в Вене, в 1886 г. (Miklosich F. Etymologisches Wörterbuch der slawischen Sprachen. Wien, 1886). А. Г. Преображенский был в этом отношении уже в лучшем положении: кроме словаря Миклошича, он мог опираться на первые четыре выпуска «Этимологического словаря славянских языков» Э. Бернекера (Berneker E. Slawisches etymologisches Wörterbuch. A-mor. Heidelberg, 1908—1913), но тогда еще не существовало этимологических словарей отдельных славянских языков, за исключением русского. Они появились позже. Сначала, в 1927 г.,

---

[13] В 1973 г. было завершено издание «Этимологического словаря русского языка» М. Р. Фасмера в русском переводе, осуществленном видным советским этимологом чл.-корр. АН СССР О. Н. Трубачевым, благодаря чему труд немецкого ученого стал доступным широкому русскому читателю. [Прим. ред.].
[14] В 1982 г. вышел восьмой выпуск этого словаря (буква К). [Прим. ред.].
[15] В 1974 г. Н. М. Шанский был избран академиком АПН СССР. [Прим. ред.].

в Кракове был издан «Этимологический словарь польского языка» А. Брюкнера (Brückner A. Słownik etymologiczny języka polskiego. Kraków, 1927), переизданный потом (после смерти автора) в 1957 г. в Варшаве [16]. В 1941 г. в Софии вышел в свет «Етимологически и правописен речник на българския книжовен език» Ст. Младенова. В 50-х гг. появились этимологические словари чешского и польского языков: «Этимологический словарь чешского языка» И. Голуба и Ф. Копечного (Holub I., Kopečny F. Etymologický slovník jazyka českého. Praha, 1952) и «Этимологический словарь польского языка» Ф. Славского (Sławski F. Słownik etymologiczny języka polskiego. Kraków, 1952—1958, z. 1—6 [17]). Таким образом, в отношении этимологических словарей отдельных славянских языков М. Р. Фасмер был значительно более обеспечен, чем все его предшественники. В настоящее время к словарям, которыми он пользовался, можно прибавить «Этимологический словарь чешского и словацкого языка» В. Махека, вышедший в 1957 г. (Machek V. Etymologický slovník jazyka českého a slovenského. Praha, 1957 [18]) и первые выпуски (А—Ж) нового болгарского этимологического словаря (Български етимологичен речник / Вл. Георгиев, Ив. Гълъбов, Й. Заимов, Ст. Илчев. София, Бълг. Акад. на науките, 1962—1969. Св. 1—7 [19]).

Мы не называем здесь этимологические словари по другим индоевропейским языкам (см. «Список сокращенных обозначений источников»), из которых, после славянских, для составления этимологического словаря русского языка важнейшее значение имеют подобные словари языков балтийской группы, особенно литовского. С особым удовлетворением каждый составитель нового этимологического словаря русского языка должен отметить такое выдающееся событие, как завершение в 1965 г. большого, прекрасно выполненного «Этимологического словаря литовского языка» Эрнста Френкеля (Fraenkel E. Litauisches etymologisches Wörterbuch. Heidelberg; Göttingen, 1955—1965, Lfg. 1—19).

III. Словарь, к работе над которым я приступил в конце 1955 г., незадолго до того, как в Москве были получены первые выпуски словаря Фасмера, в отличие от последнего, рассчитан на широкий круг советских читателей, причем не только (и даже не столько) специалистов в области общего и сравнительного языкознания, сколько преподавателей русского и других славянских языков в высшей и средней школе, а также, может быть, преподавателей филологических и исторических дисциплин, на учащихся высшей (и отчасти средней) школы, аспирантов-гуманитариев, творческих работников, деятельность которых так или иначе связана с изучением русского языка, и просто любителей русского и славянских языков.

Это этимологический словарь общеупотребительных и общепонятных слов, словарь современного общерусского (или, иначе, литературного) языка в обычном смысле этого слова, т. е. языка, общего и обязательного для всех образованных русских людей (и, следовательно, образцового вообще для всех говорящих по-русски), языка, нормированного грамматически и в отношении лексических средств, языка, употребляемого и в письменной форме — в литературе (художественной, научной, публицистической и др.), языка книг, газет и журналов, языка административных органов, языка делового.

Конечно, решение таких вопросов, как «общеупотребительность», «общенародность» того или иного слова, вопросов частоты употребления (чаще или реже оно употребляется) и т. п., особенно в словаре, составляемом одним автором, в той или иной степени нередко может оказаться субъективным. Это зависит и от знания языка и опыта составителя, от его «чувства языка». И в этом отношении составитель готов выслушать, вероятно, немало разного рода обвинений и упреков. Не лишне поэтому с самого начала отметить, что при отборе слов составитель пытался руководствоваться и соображениями более или менее объективного свойства.

Так, во-первых, словарь заключает (во всяком случае такая задача стояла) все слова основного общеславянского фонда, употребляющиеся во всех или в некоторых современных славянских языках (включая русский), с давнего времени засвидетельствованные памятниками письменности и с давнего времени являющиеся постоянной базой производства новых, вновь возникающих слов.

Во-вторых, это те старославянские (древнеболгарские) слова, которые вошли в словарный состав древнерусского языка, сначала книжного, а со временем и народного, и сохраняются в современном русском (разговорном общерусском или только письменно-литературном) языке.

В-третьих, незаимствованные слова, возникшие в среднерусскую эпоху, на начальной стадии формирования национального русского языка, отличающие русский (великорусский) язык от украинского и белорусского.

В-четвертых, слова, заимствованные из западноевропейских и восточных языков в этот же период и в более позднее время (XVIII—XIX вв.) и прочно укоренившиеся в общерусском языке.

Таким образом, автор, в сущности, придерживается исторического принципа, исторических критериев отбора слов для этимологического словаря, следуя практике предшествующих отечественных составителей подобных трудов, начиная с Ф. С. Шимкевича, который

---

[16] В 1970 г. в Варшаве вышло 3-е изд. этого словаря. [Прим. ред.].
[17] В 1982 г. вышел вып. 25 (łuża — łżywy). [Прим. ред.].
[18] В 1968 г. вышло в свет 2-е, посмертное издание словаря Махека, в значительной мере переработанное и дополненное (Machek V. Etymologický slovník jazyka českého. 2-é opr. a dop.vyd. Praha, 1968).[Прим. ред.].
[19] В 1977 г. вышли вып. 13—14 (качамáк — клúкам). [Прим. ред.].

назвал эти слова коренными, и кончая А. Г. Преображенским. Последний в начале предисловия к своему труду говорит: «В предлагаемом словаре слова исконно индоевропейские помещены все; из слов заимствованных, по возможности, без исключений вошли слова раннего заимствования; из позднейших же приведены лишь те, которые в каком-либо отношении представляют особый интерес».

При отборе слов, подлежавших включению в словарь, может быть, мною было допущено немало разного рода пробелов. В наши дни бурного вторжения науки в жизнь, в быт легко ошибиться, считая то или иное специальное, научное слово, научный или профессиональный термин пока еще не вошедшим в общее употребление, тем более, что издание словаря (подготовка к печати, печатание) — дело долгое и за это время слово, вчера казавшееся слишком специальным, может оказаться к моменту выхода в свет словаря общеупотребительным и общепонятным.

В особенности это относится к физическим, химическим и техническим терминам. Включая в словарь, например, такие слова, как *электрон*, мы исключаем такие, как *фонон* или *фотон*. Предоставляя место такому слову, как *изотоп*, мы считаем себя вправе оставить без этимологического освещения такие слова, как *изобара*, *изомер* и т. п. Или возьмем другое явление — вторжение в разговорную речь медицинских терминов (например, анатомических, названий болезней, методов, способов лечения, наименований лекарственных препаратов и пр.): в словаре нашли место такие слова, как *аспирин*, *валидол*, *инсульт*, *ишиас*, *йод*, *подагра*, *энцефалит*, но туда не попали такие, как *анатоксин*, *бифуркация*, *меланома*, *пахикарпин*, *пиелит*, *пипольфен* и т. п. Из музыкальной терминологии пользующиеся словарем найдут объяснение происхождения таких слов, как, например, *ария*, *виолончель*, *мелодия* и др., названия нот: *до*, *ре* и пр.; но не найдут *арпеджио*, *диез*, *ленто*, *модерато* и т. п.

Словом, «Этимологический словарь современного общерусского языка» не есть ни «Этимологический словарь научных терминов русского языка», ни «Этимологический словарь иностранных слов» и не может заменить их.

Из сказанного следует также, что в словаре не получат этимологического освещения (в виде отдельных статей) и те диалектные (местные, областные) слова, которые в настоящее время воспринимаются как чуждые общерусскому языку, не общепонятные по значению и по форме, вроде, поморских: **атва́**, **бади́га**, **бахи́лы**, **ла́йва**, **мырь**, **па́зори**, **ря́нда** и т. д., или донских: **беле́зень**, **гондо́бить**, **журно́й**, **казан(е́ц)**, **куза́**, **латри́га** и др., или томских: **зачемба́рить** — «подпоясать», **ошкур** — «пояс мужских брюк», или общесибирских: **ло́поть**, **ту́ез**, **хрушко́й** и др.

От этого правила допускаются отступления лишь в тех случаях, когда диалектные слова привлекаются для объяснения, для построения этимологии того или иного общерусского слова (напр., рус. диал. **ва́га** — «весы» в ст. *важный*, сиб. **оболока́ть** — «одевать» и др. в ст. *облако*, сев.-рус. **язве́ц**, **язви́к** — «барсук» в ст. *язва*, южн.-влкр. **пово́й** — «женский головной убор» — в ст. *вить* и т. п.).

Примерно то же по существу можно сказать и о словах, в том числе и некоторых заимствованных, теперь уже вышедших из употребления в разговорной речи, в живом общении, в обиходе не только младших, но и старших поколений людей, говорящих на русском языке, слов, ставших непонятными, требующих специального толкования. Напр.: *аксамит*, *детинец*, *изгой*, *огнищанин*, *тиун*, из поздних: *ложемент*, *кираса* и т. п. В словаре, однако, нашли себе место такие историзмы, как, напр.: *боярин* (откуда впоследствии *барин*), или тем более такие, как *шлем*, *щит*, *броня* или *панцирь* (в известных случаях, с новым значением они не чужды и современному общерусскому языку), но, вообще говоря, этимологический словарь современного русского языка не может быть особенно полезен при изучении в школе памятников древнерусской письменности («Слово о полку Игореве» и др.). Давно уже назрела необходимость составить, сначала хотя бы с у ч е б н о й целью, специальный этимологический словарь древнерусских терминов как пособие при изучении памятников древней письменности. Разумеется, в этимологическом словаре современного русского языка напрасно было бы искать также объяснения редких старославянских и новоцерковнославянских слов вроде *абие*, *аналой*, *артус*, *епитрахиль*, *угобзити* и т. п.

Таким образом, «Историко-этимологический словарь современного русского языка» ставит довольно ограниченную и скромную задачу, и это понятно, и едва ли можно упрекать автора за такое самоограничение его цели. Даже и большому авторскому коллективу в настоящее время было бы не под силу в сравнительно короткий срок составить в некотором роде этимологический тезаурус русского языка [20]. В связи со сказанным выше следует предупредить читателей еще об одном обстоятельстве. Словарь дает этимологии общеупотребительных русских слов, выражающих общие, а не единичные, индивидуальные понятия. Имена собственные (топонимы, гидронимы, личные имена, прозвища, фамилии и пр.), названия племен и народов (этнонимы) и т. п. другие слова также исключены из нашего словаря и в этимологическом отношении должны, по нашему мнению, составлять содержание особых, специальных этимологических словарей: топонимических, словарей личных имен, словарей этнонимов и т. д.

---

[20] Такую задачу ставил себе Фасмер.

IV. Построение статьи в нашем этимологическом словаре в некоторых отношениях, в деталях, несколько отличается от того, что мы обычно имеем в других словарях.

1) Сначала называется этимологизируемое слово (обязательно с ударением), причем при существительном после запятой указывается форма родительного падежа (ШУМ, -а) — без ударения, если в единственном числе оно сохраняется на основе, или с ударением, если оно в единственном числе в косвенных падежах переходит на флексию (ТРУД, -á), даются необходимые грамматические указания.

2) Далее следует толкование слова, открывающего статью. Имеется ли в этом необходимость? Нужно ли каждый раз, в каждой статье повторять достаточно всем известные данные, заключающиеся в толковых словарях русского языка? Конечно, просто повторять эти данные было бы мало смысла. Но, во-первых, в нашем словаре толкование слова дается сокращенно, до того минимума, какой только может быть допущен в таком тонком деле, причем определяется лишь основное значение или основные значения, с которыми данное слово обычно или чаще употребляется в общерусском языке. Оставляются в стороне случаи (иногда многочисленные) своеобразного употребления того или иного слова в том или ином контексте, относительно редкие переносные значения, фразеологические сращения и вообще явления фразеологии и т. д., а также опускаются стилистические пометы (за исключением некоторых отдельных слов, в том или другом отношении выходящих за рамки современного общерусского литературного языка). Во-вторых, толкование, объяснение слова, открывающего статью, в нашем словаре связано с лексическими данными по другим славянским языкам, где то или иное слово при общей (в историческом смысле) форме или общем происхождении с русским этимологизируемым словом может так или иначе отличаться от него по значению, по оттенкам значения, по сфере употребления. Толкование этимологизируемого русского слова подготавливает пользующегося словарем к правильному прочтению сравнительных данных по славянским языкам и в известной мере (в собственно этимологической части статьи) по другим индоевропейским. В-третьих, кроме естественного желания по возможности уточнить существующее толкование слова, составитель ставил своей целью также подготовить читателя, например путем подчеркивания той или иной детали при описании предмета, к тем выводам о происхождении заглавного слова, которые далее излагаются в собственно этимологической ее части (см., напр., статьи: *горностай*, *линь* и др.).

3) Вслед за толкованием (т. е., в сущности, указанием реального значения) заглавного слова называются прямые производные от него; при существительном — прилагательные и далее (если они имеются) глаголы (напр.: ШУМ. *Прил.* шу́мный, -ая, -ое, шумово́й, -а́я, -бе, шумли́вый, -ая, -ое. *Глаг.* шуме́ть) и другие ближайшие, непосредственные, образованные с помощью суффиксов или иным путем производные существительные, за исключением, однако, существительных, выражающих субъективную оценку или эмоциональное отношение говорящего лица (уменьшительные, увеличительные, ласкательные, презрительные, бранные и т. п.), которые даются только в отдельных случаях; при заглавном глаголе совершенного вида называется соответствующий глагол несовершенного вида (и наоборот), при невозвратной форме (заглавной) — возвратная, далее — ближайшие отглагольные производные: существительные и др.; при заглавном прилагательном указывается наречие и другие ближайшие образования, связанные с основой данного прилагательного, и т. д. Называются только прямые производные (так сказать, производные «первой степени»). Производные «второй степени» (т. е. производные от ближайших производных), как правило, не называются (напр.: ВЫСО́КИЙ, -ая, -ое. *Превосх.* ст. вы́сший. Сюда же высь, высота́, вы́шка, вышина́, вы́шний, -яя, -ее, вы́ситься, но не даются *высо́тный* и *высо́тник*). В тех случаях, когда производное слово оторвалось от слова-производителя настолько, что воспринимается как отдельное, самостоятельное, оно (если этимологизируется) само становится заглавным словом. Ср. статьи *ба́ба* и *ба́бочка*, *вить* и *вьюга́*, *ле́бедь* и *лебёдка*, *пить* и *пья́ный* и т. д.

Таким образом, наш словарь по расположению слов, по их группированию в значительной степени является «гнездовым», а не строго алфавитным. Конечно, «гнездование» слов, делающее столь неудобным, столь затруднительным пользование толковым или двуязычным словарем, было бы неправильно и неразумно относить к недостаткам этимологического словаря, одной из задач которого, напротив, является собирание слов в корневые гнезда, распределение слов по гнездам на основании общего происхождения слов каждой группы от одного и того же корня.

4) После перечня ближайших производных в статье приводятся сопоставительные данные по другим славянским языкам, которые располагаются — как правило — в таком порядке: восточнославянские — украинский, белорусский; южнославянские — болгарский, сербскохорватский, словенский; западнославянские — чешский, словацкий, польский, верхнелужицкий, нижнелужицкий. В некоторых случаях добавляются также кашубский и полабский. Сербскохорватские слова приводятся в сербской транскрипции (т. е. русской «гражданской», с добавлением некоторых специфических сербских букв), но слова с отражением общеславянского ě (ять) даются и в хорватской записи. Не трудно заметить, что во многих статьях инославянские соответствия приводятся не полностью, а частично (болг., с.-хорв., чеш., польск.). Это делается только в тех случаях, когда этимологизируемое слово — заимствованное (особенно в новое время). При этимологизировании незаимствованных слов неполнота сравнительных данных объясняется тем простым обстоятельством, что не во всех славянских языках могут оказаться соответствия. В других этимологических словарях при

этимологизировании заимствованных слов не приводится вообще никаких сопоставительных данных из родственных языков. Между тем они нередко бывают полезны, потому что помогают составителю более уверенно строить этимологическую часть статьи, т. е. решать вопрос, откуда и когда данное заимствованное слово попало в русский язык. Наконец, еще одно замечание. Когда в других славянских языках не оказывается соответствующих слов с тем же общеславянским корнем, что и в этимологизируемом русском слове, или когда значение заимствованного слова выражается (в других славянских языках) словом незаимствованным, славянским по происхождению, или заимствованным, но из другого чужеязычного источника, мы не ограничиваемся простой констатацией этого факта, а приводим конкретные данные.

5) За соответствиями из других славянских языков следуют данные исторического характера. С какого времени слово известно, т. е. употребляется в русском языке? Встречается ли в древнейших памятниках письменности или оно вошло в обращение позже, в эпоху формирования национального русского языка в пределах Московской Руси? Или оно еще более позднего происхождения, или совсем недавнее? Следуют ссылки на словари, причем особенно часто (по необходимости) приходится ссылаться на пока незаменимые «Материалы для словаря древнерусского языка» И. И. Срезневского и только изредка на картотеки древнерусского и среднерусского словаря (XI—XIV и XV—XVII вв.) Института русского языка АН СССР, почти недоступные даже для специалистов — историков русского языка. Указываются и другие источники для определения давности употребления в русском языке того или другого слова, при этом не только заглавного, но и ближайших производных от него. Где это необходимо, приводятся показания старославянского языка. В отличие от древнерусских данных, старославянские слова условно даются в кирилловской уставной транскрипции (с юсами, йотированными гласными и т. п.).

6) Статья завершается изложением э т и м о л о г и и заглавного слова. Если из предыдущего уже достаточно ясно, что этимологизируемое слово употребляется (или, по историческим данным, употреблялось) с общеславянской (или иначе — праславянской) эпохи, здесь восстанавливается (как предполагаемая, со звездочкой) общеславянская форма (сокращенно о.-с.) этимологизируемого слова (причем только заглавного, без производных) и определяется его морфологический состав. Если оно не заимствованное и употребляется с общеславянской эпохи и вообще в этимологическом отношении не представляет трудности, этимологу обыкновенно остается лишь назвать тот предполагаемый (обще)индоевропейский (сокращенно и.-е.) корень или ту базу, основу (корень с расширителем или расширителями или с суффиксом), к которой по своему корню (или основе) в конечном счете восходит (обще)славянское слово. В этой части статьи мы обыкновенно пользуемся (как делают это и другие составители этимологических словарей) капитальным трудом Покорного (Pokorny J. Indogermanisches etymologisches Wörterbuch. Bern; München, 1959—1969. Bd. 1—2). Оттуда же, по большей части (с некоторыми сокращениями, а иногда с дополнениями по другим словарям), заимствуются и приводящиеся для доказательства общеиндоевропейской праформы сопоставительные данные по неславянским индоевропейским языкам, которые обычно располагаются в таком порядке: балтийские — литовский, латышский, древнепрусский; германские — готский, древневерхненемецкий и современный немецкий, древнеисландский и современный исландский, иногда — другие скандинавские языки (датский, норвежский, шведский), древнеанглийский, современный английский и др.; романские — латинский, иногда — современные романские языки; греческий; кельтские — древнеирландский и — в некоторых случаях — другие; язык Авесты; из современных иранских — персидский, афганский, осетинский; далее — древнеиндийский, или санскрит, иногда в сопоставлении с совр. хинди. В некоторых статьях имеются также ссылки на албанский, армянский, изредка тохарский А, В и хеттский.

Если этимологизируемое слово заимствованное и известно, что в славянских языках оно употребляется с общеславянской эпохи, статья по своему построению не отличается от тех статей, которые посвящены рассмотрению общеславянских незаимствованных слов, за исключением последней части: сопоставительные данные по другим индоевропейским языкам в этом случае излишни, важно лишь указать, из какого неславянского источника данное слово попало в общеславянский язык.

Иначе обстоит дело в тех случаях, когда заимствованное слово употребляется только в русском языке (или в русском и других восточнославянских) и вошло в употребление более или менее поздно. Этимология таких слов сводится к указанию чужеязычного источника и, если это известно, пути проникновения слова в русский язык, причем, конечно, здесь могут возникнуть свои трудности, которые отсутствуют в других случаях.

Следует заметить, что автор словаря обыкновенно не ограничивается простым указанием чужеязычного источника, но стремится также, где это возможно, приводить краткую этимологическую справку о происхождении интересующего нас слова в том языке, из которого оно попало в русский.

V. Далеко не всякое слово имеет совершенно ясную этимологию, не вызывающую никаких сомнений, вопросов, споров и т. п. Пожалуй, не будет преувеличением сказать, что слов с бесспорной этимологией в любом языке (особенно в языке, прошедшем длительный и сложный путь развития) не больше, чем слов недостаточно ясных по происхождению или вовсе неизвестного происхождения. Конечно, слова заимствованные, особенно заимствованные поздно, тем более в новое время или в последние годы, обычно не представляют особых затруднений в этимологическом отношении (если не считать вопросов хронологического порядка и т. п.). Другое дело незаимствованные слова. Здесь, напротив, установить происхождение слова очень часто оказывается гораздо труднее, а иногда в данный момент и просто невозможно, хотя не следует в этом отношении преувеличивать существующие трудности и ударяться в безнадежный пессимизм, характерный для некоторых, иногда и видных языковедов, когда им приходится говорить об этимологии как научной дисциплине.

Необходимо ли составителю этимологического словаря каждый раз обязательно обосновывать этимологическую часть статьи библиографическими данными, ссылками на использованную научную литературу? Одни авторы делают это (к ним из авторов этимологических словарей русского языка относятся Преображенский и Фасмер), другие считают это требование необязательным. Автор «Историко-этимологического словаря современного русского языка» примыкает ко второй группе составителей этимологических словарей, отступая от этого правила лишь в отдельных случаях, чтобы отметить приоритет того или иного исследователя из числа выступавших с объяснением данного слова или чтобы обратить внимание на какое-либо редкое, малоизвестное предположение и т. п. (библиографические сведения даются в «Списке сокращенных обозначений источников»). Таким образом, автор отступает от почти установившейся традиции, восходящей на почве славянской этимологической лексикографии к Бернекеру. Делается это не только потому, что этот словарь является все же несколько сокращенным (если не кратким) этимологическим словарем и мы смотрим на него в значительной мере как на учебное пособие, но еще и потому, что ссылки на разнообразные, часто многочисленные и противоречивые, кажущиеся непримиримыми мнения отечественных и зарубежных этимологов по поводу происхождения того или иного русского слова приносят мало пользы читателю, в особенности если он не искушен в вопросах языкознания, а иногда, вольно или невольно, и искажают точку зрения спорящих, если составитель словаря опускает фактическую сторону и аргументы, которые приводятся сторонником отвергаемого мнения: даже при желании составитель не может в своем труде отвести сколько-нибудь достаточное место для изложения фактических подробностей такого рода.

Автор этимологического словаря, если у него не имеется своего собственного обоснованного мнения относительно происхождения того или иного слова и твердого убеждения в своей правоте, обязан по возможности объективно взвесить эти разноречивые высказывания и остановить свой выбор на мнении, которое «устраивает» его как автора, и это мнение он излагает в своем словаре т а к ж е и как свое собственное.

Отсюда, разумеется, не следует, что этимологии слов, которые даются в этом словаре, являются всякий раз этимологиями составителя словаря. Нет, они являются всего лишь этимологиями, которые автор рекомендует. В тех (в общем редких) случаях, когда общепринятые этимологические объяснения того или иного слова отвергаются автором, он, как нам кажется, всегда имеет возможность предупредить об этом читателя.

Таков обычный, принятый как правило в «Историко-этимологическом словаре современного русского языка» порядок рассмотрения слов. От этого порядка иногда, по ходу изложения, имеются отступления, но они не выходят за рамки перечисленных пунктов и ограничиваются лишь перестановкой упомянутых пунктов рассмотрения: напр., хронологические данные могут оказаться в конце статьи, если они не имеют существенного значения для решения вопроса о происхождении слова (чаще это относится к заимствованным словам) и т. п.

VI. Что касается самих принципов этимологического исследования, то не имеется большой необходимости излагать здесь общеизвестные условия, требования, которым должны удовлетворять разыскания в этой области и которые обязательны для каждого составителя этимологического словаря, говорить о необходимости считаться с данными сравнительного языкознания, особенно данными сравнительно-исторической фонетики индоевропейских языков, учитывая в то же время закономерности или возможности семантических изменений и те отношения, которые существуют между словом и вещью, отдавая, однако, должное непрочности и непостоянству связи между значением слова и его фонетической формой[21] и принимая во внимание данные хронологического и географического порядка.

К тому, что обычно говорится в научно-популярной и учебной литературе по этимологии, хотелось бы добавить несколько слов о некоторых особых факторах лексических изменений, на которые ссылки в «Историко-этимологическом словаре современного русского языка» встречаются, может быть, чаще, чем в других этимологических словарях. Во-первых, по вопросу о роли экспрессивного момента в процессе словотворчества. В методологических статьях по вопросам этимологии обыкновенно утверждается относительно семантической стороны дела, что значения сближаемых слов могут расходиться только в определенных рамках: ср. рус. *город* из о.-с. *gordъ при укр. *горóд* — «огород», нем. Garten — «сад». В действительности же очень часто это утверждение подвергается серьезным испытаниям, поскольку возможны изменения значений под влиянием экспрессивных факторов. Напр., о.-с. *noga — «нога» является новообразованием в общеславянском праязыке (ср. и.-е.

---

[21] При всем своем уважении к В. Махеку, талантливейшему из современных славянских этимологов, автор словаря не разделяет его стремления в сравнительной части этимологий исходить из совпадения или близкого сходства слов (в сопоставляемых родственных языках) прежде всего по значению.

*pĕd- — «нога», латин. pēs, род. pĕdis). Вероятно, оно сначала значило нечто вроде «копыто» (ср. о.-с. *nogъtь при лит. *nagà — «копыто», «ноготь») и как название ноги (человека) было «экспрессивным» словом. Момент «экспрессии», то обстоятельство, что для названия, для обозначения того или иного предмета мысли может быть (для повышения выразительности слова, для выражения эмоционального, одобрительного или отрицательного отношения к предмету мысли) использовано в любом живом языке слово, по своему происхождению имевшее сначала совсем другое, нейтральное значение, иногда вносит путаницу в этимологические разыскания, потому что законы экспрессии, экспрессивного выражения, экспрессивного словотворчества пока еще не поддаются учету. Мне кажется, что значение экспрессивного начала в словотворчестве не следует преувеличивать (склонностью к такому преувеличению, как известно, страдают некоторые выдающиеся чешские этимологи, в частности Коржинек), но было бы неразумно вовсе игнорировать этот все же немаловажный фактор лексических изменений.

Кроме фактора экспрессии, затемняющего этимологию многих слов и заставляющего искать в других языках параллели среди слов, находящихся далеко за пределами той фонетически и семантически связанной группы данного языка, к которой относится исследуемое слово, имеются еще и другие «помехи», затрудняющие вскрытие первоначального морфологического состава того или иного слова, выделение его корня, определение исходного значения. Сюда относится и такое часто наблюдающееся явление, как «народная этимология», «поражающая» главным образом заимствованные слова. Заимствованные неосвоенные, незнакомые слова часто подвергаются переделке и переосмыслению вследствие сближения с созвучными знакомыми словами, получают новый морфологический облик и новый оттенок значения или даже новое значение и выглядят как незаимствованные слова, примыкая к тому или другому (из исконно существующих) корневому гнезду. Ср., напр., общерус. *верстак* < нем. Werkstatt — «мастерская», *палисад* (в говорах: *полусад*) < франц. palissade — «изгородь», «частокол».

Случаи «народной этимологии» иногда бывает нелегко отличить от случаев калькирования иноязычных слов, вроде карамзинского *влияние* (< франц. influence — тж. при латин. influere — «втекать», «впадать», «вливаться»). См. еще *апрель* и др.

Кроме «народной этимологии» и калькирования чужеязычных слов, этимологу в его работе приходится преодолевать и затруднения иного рода. Он должен, например, постоянно помнить о таком важном явлении в жизни слов, как контаминация или смешение, скрещивание, гибридизация слов. В русском языке сюда, по-видимому, относится история слова *луг* (см.), возникшего в результате контаминации о.-с. *lǫk (ср. укр. лукá — «луг», польск. łąka — тж. и др.), с о.-с. *logъ — «лощина» (ср. др.-рус. логъ, корень *лег-* : *лог-*), а позже (в XVII в.) — возникновение рус. *дюжина* (см.) на почве скрещения франц. douzaine — «дюжина» с рус. *дюжий* [мягкое *д* в *дюжий* (из *дужий*), надо полагать, также является следствием скрещения корня *дуг-* (из *dǫg-*) с *дяг-* (из *dęg-*); ср. диал. дя́глый — «здоровый»].

Во многих случаях трудно отличить «народную этимологию» от контаминации, которая, может быть, отличается от переосмысления не столько появлением нового элемента, «инородного тела» в структуре слова (это возможно и в случае «народной этимологии»), сколько отсутствием момента «созвучия», фонетической близости сцепляющихся слов. В таком случае мы просто констатируем факт гибридизации, сцепления двух совсем несозвучных слов, относящихся к разным, но близким семантическим группам (или даже к одной группе), но в родственных языках. Напр., в статье *лапа* (см.) приводится как пример соответствия чеш. tlapa — «(медвежья) лапа». Начальное tl- в данном случае можно объяснить на почве контаминации о.-с. *lapa с немецкими Tatze — тж. и устар. Tappe (ср.-в.-нем. tappe, совр. нем. tappen — «тяжело ступать»). Такие случаи имеются и в русском языке, и с этим фактором лексических изменений также приходится считаться, хотя и в этом отношении следует соблюдать при объяснении слов известное чувство меры. Об этом явлении см. интересную, построенную на обильном фактическом материале работу Отрембского (Otrębski J. Życie wyrazów w języku polskim. Poznań, 1948).

Иногда для объяснения отдельных слов я пользуюсь выражением «омонимическое отталкивание». Имеется в виду явление, сущность и роль которого достаточно освещена французскими языковедами, в особенности Жильероном и его учеником и популяризатором Доза, книга которого «Лингвистическая география» (Dauzat A. La géographie linguistique. Paris, 1922) получила настолько широкое распространение и признание, что это избавляет автора словаря от необходимости приводить здесь соответствующие примеры. См. *ерш*, *лететь* и др.

Во всех этих и подобных случаях этимологу приходится з а б ы в а т ь о канонах сравнительной грамматики родственных языков и иметь дело с конкретной историей того или иного исторически сложившегося языка, где слова существуют не отдельно друг от друга, а в определенных соотношениях, составляя лексическую систему этого языка. Но здесь необходимо упомянуть еще об одном явлении, которое стоит несколько особняком, — об «ошибочном (пере)разложении» слов, или, как говорят французы, décomposition fautive. Так появилось рус. *баранка* из *обарянка* < *обарянка*; прост. *зорúть* — «разорять» и др. Ср. укр. *бáчити* — «видеть» из *обáчити* < *об-бáчити* (связано с *око*).

VII. Наконец, несколько слов о достоверности этимологических построений.

Поставив себе задачей достижение максимальной убедительности того или иного объяснения, этимолог, по большей части, все же вынужден работать не столько в области д о с т оверного, сколько гипотетического. Конечно, элемент гипотетичности в языкознании, в истории человеческой речи, не является достоянием только этимологических разысканий. В большей или меньшей мере он имеется во всех сравнительно-исторических построениях, если речь идет о дописьменном периоде. Но историку языка — этимологу приходится пользоваться гипотезой и оперировать словесными формами (разумеется, особо оговоренными), придуманными ad hoc, возможными, допустимыми, но не засвидетельствованными ни в письменных памятниках, ни в живой речи, гораздо чаще, чем, скажем, историку языка — фонетисту, который ведь тоже не чуждается таких построений: ср., напр., предположение Фортунатова о наличии носового ĕ (ѣ) в общеславянском праязыке. Это предположение понадобилось основоположнику Московской школы языковедов для того, чтобы объяснить южнославянское ę в тех случаях, когда в других славянских языках имеется ĕ (ѣ); ср. ст.-сл. ꙁємлѧ, с.-хорв. зѐмље̄ при др.-рус. землѣ, чеш. země (род. ед.). Элемент гипотетичности в этимологических разысканиях объясняется самим характером материала, с которым приходится иметь дело этимологу: отдельно существующих слов много, гораздо больше, чем типовых звуков или типовых грамматических форм и грамматических категорий.

В общем можно сказать, что д о с т о в е р н о с т ь   л ю б о й   э т и м о л о г и и, удовлетворяющей даже самым строгим научным требованиям, поскольку она имеет отношение к д о и с т о р и ч е с к о м у   периоду развития того или иного языка, не может быть б о л ь ш е   д о с т о в е р н о с т и   а р х е о л о г и ч е с к о г о   объяснения, когда оно опирается на показания памятников материальной культуры, или объяснения п а л е о н т о л о г и ч е с к о г о. Как говорит Г. Шухардт, «ни в области фонетики, ни в области семантики мы не можем рассчитывать на м а т е м а т и ч е с к и   т о ч н ы е   результаты; на всех наших этимологических операциях лежит печать   в е р о я т н о с т и»[22] (разрядка П. Я. Черных).

П. Я. Черных

---

[22] Ш у х а р д т Г. Избранные статьи по языкознанию / Пер. с нем. А. С. Бобовича; Ред. предисл. и примеч. проф. Р. А. Будагова. М., 1950, с. 214.

КАК ПОЛЬЗОВАТЬСЯ СЛОВАРЕМ

Состав словаря

«Историко-этимологический словарь современного русского языка» состоит из трех частей: вводной части, основной части и приложения.

В в о д н а я   ч а с т ь   содержит предисловие, написанное д-ром филол. наук Ж. Ж. Варбот, и «Введение», написанное автором словаря.

О с н о в н а я   ч а с т ь   содержит около 4500 словарных статей, построенных по гнездовому принципу, которые включают 13 560 слов.

П р и л о ж е н и е   содержит список источников, использованных автором при объяснении истории и происхождения слов, список печатных трудов ученого, а также алфавитный словоуказатель, включающий слова, которые объясняются или упоминаются в словарной статье (заглавные слова выделены жирным шрифтом). При каждом слове указывается, в какой статье его искать.

Структура словарной статьи

Словарная статья построена следующим образом.

1. З а г л а в н о е   с л о в о   с ударением и грамматическими формами (для существительных — род и окончание род. п. ед. ч.: УВЕРТЮ́РА, -ы, *ж.*; для прилагательных — родовые окончания: УБО́ГИЙ, -ая, -ое; для глаголов — форма 1 л. ед. ч.: УБЕЖДА́ТЬ, убежда́ю).

2. Т о л к о в а н и е, которое не преследует цели объяснить слово во всей совокупности его значений, но дается с учетом его истории и этимологии.

3. П р о и з в о д н ы е   с л о в а, однокоренные с заглавным словом с пометой части речи, а для глагола — вида (УВАЖА́ТЬ. *Сов.* ува́жить (кого-что-л.). *Сущ.* уваже́ние. *Прил.* уважи́тельный, -ая, -ое.).

4. С л а в я н с к и е   я з ы к о в ы е   п а р а л л е л и, однокоренные с русскими словами или, если нет однокоренных, слова другого корня, но обозначающие те же понятия (УВЕ́ЧЬЕ. Ср. блр. няве́чанне — «уродование», няве́чыць — «увечить», «калечить». В других слав. яз. отс. Ср. с тем же знач.: укр. калі́цтво; польск. kalectwo; болг. сака́тост).

5. И с т о р и я   с л о в а. Указывается время первой фиксации слова в памятниках письменности и в словарях. Сообщаются сведения об изменениях значения, произношения или написания слова, происшедших со времени его появления в языке.

6. Э т и м о л о г и я   с л о в а. Объясняется, как возникло слово, является ли оно общеславянским, исконно русским или заимствованным.

Подробное описание структуры и содержания словарной статьи см. во «Введении», написанном автором словаря (с. 14—16).

УСЛОВНЫЕ СОКРАЩЕНИЯ

абл. — аблатив
анат. — анатомия
аор. — аорист
архаичн. — архаичный
архит. — архитектура
астр. — астрономия
безл. — безличный глагол
библ. — библейское выражение
биол. — биология
бран. — бранное слово
букв. — буквально
бухг. — бухгалтерский термин
бывш. — бывший
былин. — былинное слово, выражение
в. — выпуск
вар. — вариант
вводн. сл. — вводное слово
вет. — ветеринария
вин. — винительный падеж
вм. — вместо
воен. — военное дело

возвр. ф. — возвратная форма
вопросит. — вопросительный
в разн. знач. — в разных значениях
встр. — встречается
г. — город
газ. — газета
геогр. — география
геол. — геология
геом. — геометрия
гл. — глава
глаг. — глагол
гл. обр. — главным образом
грам. — грамматика
губ. — губерния
д. — действие (в пьесе)
дат. — дательный падеж
дв. — двойственное число
действ. — действительный (залог)
детск. — детское слово
диал. — диалектное слово
Доп. — Дополнение

досл. — дословно, дословное (буквальное) значение
еванг. — евангельское слово, выражение
ед. — единственное число
ж. — женский род
жарг. — жаргонное слово
ж.-д. — железнодорожное дело
журн. — журнал
з. — залог
зват. — звательный падеж
знач. — значение
изд. — издание
им. — именительный падеж
инф. — инфинитив
ирон. — ироническое выражение
ист. — история
карт. — картина (в пьесе)
кл. — классический
книжн. — книжное слово
колич. — количественное (числительное)

ком. — коммерческий термин
косв. — косвенный падеж
кр. ф. — краткая форма
л. — 1) летопись; 2) лист
ласк. — ласкательное
лингв. — лингвистика
литер. — литературоведение; литературный язык
личн. — личное (местоимение)
лог. — логика
м. — мужской род
мат. — математика
м. б. — может быть
мед. — медицина
межд. — междометие
мест. — местоимение
местн. — местный падеж
миф. — мифология
мн. — множественное число
многокр. — многократный
мор. — морской термин
муз. — музыка
напр. — например
нареч. — наречие
нариц. — нарицательное
нар.-поэт. — народно-поэтическое слово, выражение
н. вр. — настоящее время
неизм. — неизменяемое слово
нек. — некоторый
некратн. — некратный (вид)
неопред. — неопределенный (артикль, местоимение)
несов. — несовершенный (вид)
н. э. — нашей эры
об. — оборот (листа)
ок. — около (приблизительно)
опред. — определенный (вид), артикль)
отглаг. — отглагольное образование
отм. — отмечается, отмечено
относит. — относительное (местоимение)
отрицат. — отрицательное (местоимение, частица)
отс. — отсутствует
охот. — охотничий термин
п. — падеж

перен. — переносное значение
перф. — перфект
пов. накл. — повелительное наклонение
подразум. — подразумевается
полит. — политика, политический
полн. ф. — полная форма
порядк. — порядковое (числительное)
поэт. — поэтическое слово, выражение
превосх. ст. — превосходная степень
предл. — предложный падеж
презр. — презрительное
Приб. — Прибавление
прил. — прилагательное
Прилож. — Приложение
прим. — примечание
притяжат. — притяжательное (местоимение)
прич. — причастие
произв. — производное слово
произн. — произносится, произношение
протет. — протетический
прош. вр. — прошедшее время
р. — род
разд. — раздел
редк. — редкое слово
рел. — религия
род. — родительный падеж
с. — страница
сб. — сборник
сл. — следующие страницы
след. — следовательно
собир. — собирательное
собств. — собственно
сов. — совершенный (вид)
совр. — современный
соотв. — соответственно, соответствует
сп. — список
спец. — специальное слово
ср. — сравни
ср. — средний род
ср. ст. — сравнительная степень

ст. — статья
стар. — старинное слово
стих. — стихотворение
страд. — страдательный (залог)
субст. — субстантив, субстантивированное (прилагательное, причастие)
суф. — суффикс
сущ. — существительное
с.-х. — сельское хозяйство
сц. — сцена (в пьесе)
т. — том
тв. — творительный падеж
т. е. — то есть
театр. — театральный термин
типогр. — типографский термин
т. наз. — так называемый
т. о. — таким образом
увел. — увеличительное
уд. — ударение
указ. — указательное (местоимение)
уменьш. — уменьшительное
унич. — уничижительное
уп. — упомянутый
употр. — употребляется, употребление
устар. — устаревшее слово, выражение
ф. — форма
фарм. — фармацевтика
физ. — физика
физиол. — физиология
филос. — философия
финанс. — финансовый термин
фольк. — фольклор
хим. — химия
христ. — христианская (эпоха)
церк. — церковное слово
ч. — часть
числ. — числительное
энкл. — энклитика, энклитический
энт. — энтомология
юр. — юридический термин
явл. — явление (в пьесе)
яз. — язык

Латинские сокращения

f. — femininum женский род
ib. — ibidem там же
m. — maskulinum мужской род

n. — neutrum средний род
pl. — pluralis множественное число
sing. — singularis единственное число

Условные знаки

◻ — начало собственно этимологической части
* — реконструируемые, предполагаемые формы
< — «из»

> — «в»
/ — граница стихотворной строки
: — параллельное употребление форм
= — равенство форм или значений
+ — соединение составных частей слова

А

А, *союз* — употребляется для соединения предложений или членов предложения со значением противопоставления, сопоставления, а также присоединения. В просторечии и в говорах встр. также в сложениях: **али** > **аль, ан** [< *ано* (ср. др.-рус. *ано*; чеш. ano и др.) < *а оно*], **ась** (< др.-рус. **а се**) и др. Ср. укр. **а** (также в сложениях: **абó, абú, аж, алé, атó** и др.). Так и во всех остальных слав. яз., хотя полного совпадения в значении, употреблении и сложениях этого союза нет. Напр., в западнослав. языках это союз не противительный, а соединительный (ср. чеш. bratr a sestra — «брат и сестра» и т. п.). В др.-рус. яз. союз **а** употр. в функции гл. обр. противительного союза, но в начале предложений (и в некоторых других случаях по говорам) — также в роли соединительного (Срезневский, I, 2—3). □ В общеславянском праязыке союз *а*, вероятно, употр. как в функции соединительного союза, так и противительного. Восходит союз *а* к и.-е. *ŏd, по происхождению являющемуся формой аблатива от мест. (определительно-указательного по знач.) с основой *е-, *ei-, *i-, сохранявшейся, напр., в др.-рус. яз. в склонении мест. и, я, е (< о.-с. *jь, *ja, *je), род. его, еѣ, его (< *jego, *jeję, *jego) и пр. (тогда как о.-с. соединит. союз *i восходит к форме локатива *ei от того же мест.). Конечное d (t) отпало лишь в балтославянских яз. Ср. лит. õ — «а», «же», «да», «и» (при прост.-лит. ã — «а», «но», «и»). В других и.-е. яз. конечный d (t) сохранился. Ср. авест. āṱ; др.-инд. āt — «потом», «затем», «и» (Pokorny, I, 284; Fraenkel, 117 и 514—515).

АБАЖУ́Р, -а, *м.* — «приспособление той или иной формы (род колпака) из бумаги, ткани, стекла и т. д., надеваемое на лампу». *Прил.* **абажу́рный**, -ая, -ое. Укр., блр., болг. **абажу́р**; с.-хорв. **абажу̑р**; чеш. abažúr (: stínidlo); польск. abażur (: klosz). Но ср. словен. senčnik za svetilko. В русском языке слово *абажур* в словарях отм. с 1803 г. (Яновский, I, 1: *абажур* — «косое окошко, сообщающее свет сверху»). С новым, совр. знач.: Углов, 1859 г., 1. Прил. *абажурный* — совсем недавнее (ССРЛЯ, I, 1950 г., 12). □ Восходит к франц. (с 1690 г.) abat-jour [досл. «приспособление, способ, с помощью которого дневной свет (jour) как бы рубится, ослабляется»; abat — отглаг. сущ. от abattre — «рубить», «валить», «изнурять», «ослаблять»; ср. другие подобные образования: abat-faim — «первая закуска» (faim — «голод»), abat-son — «звукоотражающие пластины» (son — «звук») и др.]. Но ср. англ. lamp-shade — тж.; нем. Lampenschirm; ит. paralume; исп. pantalla и др.

АББА́Т, -а, *м.* — «настоятель католического мужского монастыря»; «во Франции — католический священник». *Сущ.* **абба́тство**. *Женск.* **абба́тиса** — «настоятельница католического женского монастыря». Укр., блр., болг. **аба́т**; с.-хорв. **о̀па̄т**; словен., чеш., польск. opat. В русском языке слово *аббат* известно с 1-го десятилетия XVIII в. [«Архив» Куракина: *абате* (им. п.; I, 227, 1708 г.), *аббат* (V, 197, 1712 г.)]. Но, конечно, в том или ином виде это слово могло быть известно и раньше. Ср. в «Путешествии» П. А. Толстого 1697—1699 гг. (51): «бискупов и *апатов*» (Неаполь, 1698 г.). В словарях — с 1762 г. (Литхен, 1: *аббат*). □ Вероятно, из итальянского. Ср. ит. ab(b)ate, *m.* [отсюда — у Куракина (см. выше)]. Ср. франц. abbé; нем. Abt (др.-в.-нем. abbat, ср.-в.-нем. abbet); голл. abt; англ. abbot; исп. abad. В западноевропейских языках восходит к латин. (христ. эпохи, с IV в.) abbās (род. abbatis, вин. abbātem), где оно из позднегреч. ἀββᾶ, *ἄββας (abba > avva) — «отец», а там это слово с Востока. Ср. арам. abbā — «отец», «предок» (ср. др.-евр. ab; араб. ab, *pl.* ābā — тж.). Ср. (из греч.) ц.-сл. (еванг.) **авва** — «отец», «отче» (Срезневский, I, 5).

АБЗА́Ц, -а, *м.* — «отступ в начале строки», «отрезок текста между двумя такими отступами». Укр., блр. **абза́ц**. В других слав. яз. отс. Ср. в том же знач.: с.-хорв. **ста̑в, нови ред**; чеш. odstavec; польск. nowy wiersz. В русском языке — с середины XIX в.: ПСИС 1861 г., Приб. I, 1863 г., 1; отсюда — в других словарях начала 60-х гг. □ Слово немецкое. Нем. Absatz собств. значит «осадок», а также «уступ», «площадка» (на лестнице), «отдел», отсюда — «абзац», «красная строка». От absetzen — «ставить на пол», «отставлять в сторону», «отрывать», «удалять».

АБОНЕМЕ́НТ, -а, *м.* — «закрепленное за отдельным лицом или группой лиц право пользования в течение определенного срока книгами из библиотеки, местом в театре или на концерте, телефонной сетью и т. п., а также документ, удостоверяющий это право». *Прил.* **абонеме́нтный**, -ая, -ое. Сюда же **абони́ровать** — «получать по абонементу», **абоне́нт** — «владелец абонемента». Укр. **абонеме́нт, абонеме́нтний**, -а, -е, абонува́ти, абоне́нт; блр. абанеме́нт, абанеме́нтны, -ая, -ае, абані́раваць, абане́нт; болг. абонаме́нт, абонаме́нтен, -тна, -тно, абони́рам се — «абонирую», абона́т; с.-хорв. або̀нман, абонѝрати, абоне́нт; чеш. abonement (но чаще předplatné), прил. abonentní, abonovati (se), abonent; польск. abonament, abonamentowy, -a, -e, (za)abonować, abonent. В русском языке сначала появилось слово *абонировать*, встречающееся в статье Пушкина «Мои замечания об русском театре», 1820 г.: «занять первые ряды абон[ированных] кресел» (ПСС, XI, 10). Позже появляется *абонемент* [причем сначала писали *абонимент* (так — в СЦСРЯ 1847 г., I, 1)]. С 1891 г. в словарях отм. прил. *абонементный* (СРЯ¹, т. I, в. 1, с. 4). ▫ Из французского языка. Ср. франц. abonner — «абонировать» [от ст.-франц. bon(n)e (вариант borne) — «межевой столб» (< вульг.- -латин. *bodina); abonner, как и aborner, сначала значило «межевать», «разграничивать», откуда потом — «закреплять за кем-л. что-л.»], abonnement — «абонемент», abonné — «абонент». Из французского — нем. Abonnemént, Abonnént и оформленный на немецкой почве глаг. abonnieren.

АБО́РТ, -а, *м.* — «удаление оперативным путем плода из чрева матери в первые месяцы беременности», «преждевременное прекращение беременности». *Прил.* аборти́вный, -ая, -ое. Укр. або́рт, аборти́вний, -а, -е. Ср. в других слав. яз. в том же знач. (помимо латин. мед. термина abortus): с.-хорв. по̀бача̄ј; словен. splav; чеш. potrat; польск. poronienie. В русском языке слово *аборт* известно (в медицинской и судебно-медицинской среде) с середины XIX в., но сначала лишь как л а т и н с к и й мед. термин abortus. В русской форме сначала появилось прил. *абортивный* — «относящийся к аборту», напр., *абортивные средства* (ЭСРУ, I, 1861 г., 97; Михельсон 1865 г., 7). Только десять лет спустя находим — в русской форме *аборт* — в «Лат.-рус. сл. мед. терм.» Поганко (1875 г., 1). Т. о., в русском языке эта группа слов появилась несколько позже, чем в западноевропейских. ▫ Ср. нем. Abórt, *m.* и Abórtus, *m.*, прил. abortív (ср. франц. abortif, -ve); ит., исп. aborto; англ. abortion. Ср. франц. avorter — «преждевременно родить», «выкинуть», отсюда avortement — «аборт», «выкидыш». Первоисточник — латин. aborior [из ab - (с негативным знач.) «от», «из» и orior — «появляюсь», «возникаю», «зарождаюсь», «рождаюсь» (инф. aborīri, прич. прош. вр. abortus)] — «преждевременно (или погибая) рождаюсь», также инф. abortīvus — «прежде времени родившийся», сущ. abortus, *m.* — «недоносок», «выкидыш».

АБРИКО́С, -а, *м.* — «фруктовое дерево семейства розовых, подсемейства сливовых», Prunus Armeniaca; «плод этого дерева». *Прил.* абрико́совый, -ая, -ое, абрико́сный, -ая, -ое. В других слав. яз. отс. Ср. название абрикоса: болг. кайси́я (< турец. kayısı); с.-хорв. ка̀јсија; чеш. meruňka [< латин. (prūnus) armeniaca — «(слива) ар-

мянская»]; польск. morela (< нем. диал. Morelle < ит. amarello, от amaro — «горький»). В русском языке слово *абрикос* известно со 2-го десятилетия XVIII в.: по Мёлену (Meulen, NWR, Suppl., 11), сначала — в русско-голландском словнике в книге голландского автора Севела (Sevel) «Искусство нидерландского языка», 1717 г.: *абрикос* — abrikoos. В словарях — с 1762 г. (Литхен, 1: *абрикоз*; там же *абрикозовый*). ▫ В западноевропейских языках (ср. голл. abrikoos; нем. Aprikose; франц. abricot; англ. apricot и др.) это слово восходит к латин. praecoquus (< praecox) — «скороспелый», но не непосредственно (даже в романских языках). Из латинского через среднегреческое это слово попало в арабский язык, где получило форму barqūq (Wehr², 47; с препозитивным членом: al-barqūq) и знач. «абрикос» > «слива». От арабов оно было усвоено испанцами: ср. исп. albaricoque, каталон. a(l)bercoc (португ. albricoque и damasco). Из испанского и каталонского (с дальнейшим упрощением формы) оно попало в другие западноевропейские языки. В русском языке, надо полагать, — голландского происхождения.

АБСОЛЮ́ТНЫЙ, -ая, -ое — «безусловный», «безотносительный», «полный», «совершенный». *Нареч.* абсолю́тно. Сюда же абсолю́т, абсолюти́зм. Укр. абсолю́тний, -а, -е, абсолю́тно; блр. абсалю́тны, -ая, -ае, абсалю́тна; болг. абсолю́тен, -тна, -тно, абсолю́тно; с.-хорв. а̀псолутан, -тна, -тно - а̀псолутни, -а̄, -о̄, а̀псолутно; чеш. absolutní, absolutně; польск. absolutny, -a, -e, absolutnie. В русском языке прил. *абсолютный* и нареч. *абсолютно* известны с первых десятилетий XVIII в.: ПСЗ, VII, 307, 1724 г.: «под... *абсолютным* его владением»; «Архив» Куракина, IV, 222, 1710 г.: *абсолютно*. Сущ. *абсолют* в знач. «самовластный, самодержавный правитель» встр. в дипломатических документах Петровского времени (ПбПВ, II, 426, 1702 г.: «желает быть в Польше *абсолютом*»). В философском смысле сущ. *абсолют* и прил. *абсолютный* употр. с 20-х гг. XIX в.: «Идея сего совершенного единства отвлеченного с вещественным есть *абсолют*» (журн. «Мнемозина», 1824 г., ч. 2, «Афоризмы» В. Одоевского); «время и пространство *абсолютные*» (ВЕ, 1822 г., № 33) [Веселитский, 16]. Слово *абсолютизм* в словарях отм. с 1845 г. (Кирилов, 1); позже — Толль, НС, I, 1863 г., 9. ▫ Ср. нем. absolut; франц. absolu, -e, absolument; англ. absolute; исп. absoluto, absolutamente; ит. assoluto, assolutamente. Первоисточник — латин. absolūtus, -a, -um — «неограниченный», «независимый», «доведенный до совершенства» (прич. прош. вр. от absolvō — «отделяю», «освобождаю», «избавляю», «завершаю»; ср. solvō — «распрягаю», «разрываю», «распоясываю»). В русском языке, возможно, непосредственно из латинского как элемент дипломатической терминологии. Тогда же и таким же путем было заимствовано и слово *абсолют* в знач. «самовластный, самодержавный правитель», восходящее к субст. позднелатин. absolutus — «лицо, облеченное властью, правитель».

АБСУ́РД, -а, *м.* — «бессмыслица», «нелепость». *Прил.* абсу́рдный, -ая, -ое. Укр. абсу́рд, абсу́рдний, -а, -е; блр. абсу́рд, абсу́рдны, -ая, -ае; болг. абсу́рд, абсу́рден, -дна, -дно; с.-хорв. àпсурд, àпсурдан, -дна, -дно : àпсурдни, -а, -ō; чеш. absurdum, absurdní; польск. absurd, absurdalny, -а, -е. В русском языке слово *абсурд* известно с середины XIX в.: ПСИС 1861 г., Приб. I, 1863 г., 1; Толль, НС, I, 1863 г., 9. Михельсон (1865 г., 9) добавил *абсу́рдный*. ▫ Ср. франц. absurde — «абсурдный» и «абсурд»; нем. absurd — «абсурдный»; англ. absurd; ит. assurdo — «абсурд» и «абсурдный». Первоисточник — латин. absurdus — «неблагозвучный», «нескладный», «несообразный» (корень *suer-; ср. susurrus — «шепчущий»; след., не от surdus — «глухой», но с течением времени скрестившееся с этим прилагательным). В русском языке — через западноевропейское посредство.

АБСЦЕ́СС, -а, *м.*, *мед.* — «островоспалительный процесс, связанный с ограниченным скоплением гноя в тканях или внутренних органах», «гнойник». Укр. абсце́с; блр. абсцэ́с; болг. абсце́с; с.-хорв. àпсцес; чеш. absces; польск. absces. В русском языке, видимо, в специальном употреблении (как медицинский термин) это слово известно с начала XIX в. (Яновский, I, 1803 г., 11). ▫ Первоисточник — латин. abscessus — «нарыв», «гнойник» (собств. «отход», «уход», «отсутствие»), прич. прош. вр. от abs-cēdō — «отхожу», «исчезаю», «отлагаюсь»; мед. «нарываю». Отсюда: нем. Abszéß; франц. (с XVI в.) abcès; англ. abscess и др. В русском языке, м. б., непосредственно из латинского.

АВАНГА́РД, -а, *м.* — «передовой отряд или воинская часть и т. д., следующие впереди главных сил во время марша или наступательных операций»; *перен.* «передовая, ведущая часть какой-н. общественной группы, класса». *Прил.* аванга́рдный, -ая, -ое. Укр. аванга́рд, аванга́рдний, -а, -е; блр. аванга́рд, аванга́рдны, -ая, -ае; болг. аванга́рд, аванга́рден, -дна, -дно; с.-хорв. àвангāрда, *ж.*; чеш. (только перен.) avantgarda (воен. обычно předvoj), avantgardní — «передовой», «авангардный»; польск. awangarda. В русском языке слово *авангард* известно с начала XVIII в., сначала в форме *авангардия* (Смирнов, 28), которое, возможно, восходит к ит. avanguardia; Яновский (I, 1803 г., 13) отм. *авангардия* и *авангард* (и прил. *авангардный*); Соколов (I, 1834 г., 2) — только *авангард*. ▫ М. б., непосредственно из французского. Ср. франц. avant-garde, *f.* (из avant — «раньше», «до этого времени» также «передняя часть» и garde — «охрана», «стража», потом «гвардия»); ср. arrière-garde (из arrière — «назад», также «задняя часть», «тыл» и garde) — «арьергард». Из французского — нем. Avantgarde, *f.* Ср. англ. advance-guard и др.

АВА́НС, -а, *м.* — «денежная сумма, выплачиваемая кому-л. вперед, в счет будущей зарплаты, гонорара и т. п.», «задаток». *Прил.* ава́нсовый, -ая, -ое. *Глаг.* аванси́ровать. Укр. ава́нс, ава́нсовий, -а, -е, авансува́ти; блр. ава́нс, ава́нсавы, -ая, -ае, авансава́ць; болг. ава́нс, ава́нсов, -а, -о, ава́нсирам — «авансирую»; с.-хорв. àванс, *м.*, ава́нса, *ж.* (ср. àвансовати, àванзовати — «продвигаться вперед»). В западнослав. яз. отс. Ср. в том же знач.: чеш. záloha, závdavek; польск. обычно zaliczka [ср., однако, awans — «аванс» и «продвижение» (напр., по службе), awansować — «авансировать» и «продвигаться», «делать успехи»]. Слово *аванс* отм. у Плюшара (I, 1835 г., 59) без объяснения, но с отсылкой: «см. вычет». Со знач. «часть денег, выдаваемая за товар вперед, до расчета» отм. в словарях с 60-х гг. XIX в. (ЭСРУ, I, 1861 г., 140; Даль, I, 1863 г., 2). Прил. *авансовый* впервые отм. в СРЯ¹, т. I, в. 1, 1891 г., 6, а глаг. *авансировать* — у Брокгауза — Ефрона, I, 1890 г., 50 (в ст. *аванс*). Любопытно, однако, заимствованное из нем. яз. *авансировать* в знач. «продвигаться вперед», «наступать» в памятниках начала XVIII в. (Смирнов, 28, со ссылкой на ЖПВ, ч. I, 19, 1700 г.): «неприятеля далее *авансировать* не допустили». ▫ Из западноевропейских языков (сущ. *аванс*, возможно, из французского). Франц. avance, *f.*, от avancer — «продвигать», «двигать вперед», «выдвигать» [< позднелатин. abantiare, от abante (< ab+ante), откуда франц. avant и — при французском посредстве — англ. advance]. Из французского — нем. Avance, *f.* (с французским произношением: av'ā:sə), avancieren (произн. avã'si:rən) — воен. «продвигаться вперед, наступать»; «выплачивать в качестве аванса» (в этих знач. восходит к франц. avancer). Рус. глаг. *авансировать* в совр. знач. мог возникнуть и независимо от глагола Петровского времени, но, м. б., наличие этого слова в прошлом, память о нем способствовали появлению его в конце XIX в. в новом знач.

АВАНТЮ́РА, -ы, *ж.* — «рискованное начинание»; «сомнительное в смысле честности предприятие, рассчитанное на случайный успех»; «дело, предпринятое без учета реальных сил и условий, обреченное на провал, на неудачу»; «приключение», «похождение». *Прил.* авантю́рный, -ая, -ое, авантюристи́ческий, -ая, -ое (собственно — к *авантюризм*). *Сущ.* авантюри́ст, женск. авантюри́стка, авантюри́зм; Укр. аванту́ра, аванту́рний, -а, -е, авантюристи́чний, -а, -е, авантюри́ст, авантюри́стка, авантюри́зм; блр. аванту́ра, аванту́рны, -ая, -ае, авантурысты́чны, -ая, -ае, авантуры́ст, авантуры́стка, авантуры́зм; болг. аванту́ра, авантюристи́чен, -чна, -чно — «авантюрный» и «авантюристический», авантюри́ст, авантюри́стка, авантюри́зъм; с.-хорв. аванту́ра, авантуры́стички, -а, -ō — «авантюрный» и «авантюристический», аванту̀рист(а), *м.*, аванту̀ристкиња; чеш. avantura (редко, обычно dobrodružství; «аван-

АВА

тюрист» — dobrodruh); польск. awantura, awanturniczy, -a, -e — «авантюрный», awanturnik — «авантюрист», awanturnictwo — «авантюризм». В некоторых слав. яз., напр. словенском, слово *авантюра* вообще отс. В русском языке это слово в форме *авантура* со знач. «происшествие» (видимо, полонизм) встр. в «Архиве» Куракина (I, 45, 1727 г.); в форме *авантюр* — у Курганова («Письмовник», 1777 г., 420). Позже — *авантюрист* [СИС 1861 г., 6; Лажечников, «Немного лет назад», 1862 г., ч. III, гл. 4 (ПСС, III, 103); ср. у Даля (I, 1863 г., 2): *авантýрист*], *авантюристка* (СРЯ¹, т. 1, в. 1, 1891 г., 6). Слово *авантюризм* встр. у Салтыкова-Щедрина («За рубежом», 1881 г., ч. IV, 222), позже — у Ленина («Революционный *авантюризм*», 1902 г. — ПСС⁵, VI, 377). В словарях — с 30-х гг. XX в. (СРЯ², в. 1, 1932 г., 72; Ушаков, I, 1935 г., 7). □ Форма с *т'* — из французского. Ср. франц. aventure (произн. avãtyr), *f.* — «авантюра», aventurier — «авантюрист» (ср. у Яновского, I, 1803 г., 14: *авантюрьé*). Ср. ит. avventura, исп. aventura, но: англ. adventure; нем. Abenteuer. Во французском (и в других западноевропейских языках) восходит к позднелатин. *adventura, *pl. n.*, от adventurus, -a, -um — «долженствующий случиться», прич. буд. вр. от advenīre — «приходить», «прибывать», «случаться», «приключаться».

АВÁРИЯ, -и, *ж.* — «поломка, повреждение какого-л. механизма, машины, устройства, останавливающее его работу». *Прил.* аварийный, -ая, -ое. Укр. авáрія, аварíйний, -а, -е; блр. авáрыя, аварыйны, -ая, -ае; болг. авáрия (хотя чаще поврéда); с.-хорв. авàрija; чеш. havárie (о самолете); польск. awaria, awaryjny, -a, -e. В русском языке слово *авария* в словарях отм., сначала с ударением *аварúя*, с 1780 г. (Нордстет, I, 1), хотя известно это слово стало, м. б., и несколько раньше. Это ударение держалось до конца XIX в. Даль (I, 1863 г., 2) дает даже на первом месте форму *аварéя*; там же *авáрия*. Прил. *аварийный* — с 1847 г. (СЦСРЯ, I, 2). □ Слово широко распространено в Европе и за ее пределами: ит. avaria; франц. avarie; нем. Havarie; исп. averia; турец. avarya и т. д. (но ср. англ. wreck, crash — в том же знач.). Первоисточник — араб. ʿawār, *pl.* ʿawārīya [по Локочу, — от корня ʿāra II — «портить(ся)» (Lokotsch, § 138)] — «изъян», «недостаток». В западноевроп. языки попало при посредстве итальянского. В русском языке по-видимому, принимая во внимание время заимствования, — из французского (ср., кстати, и старое ударение *аварúя*).

ÁВГУСТ, -а, *м.* — «название восьмого месяца календарного года». *Прил.* áвгустовский, -ая, -ое [ср. еще у Даля (I, 1863 г., 3) колебание в этой форме: *áвгустский* и *áвгустовый*, а также *августóвский*]. Болг. áвгуст, áвгустовски, -а, -о; с.-хорв. àвгуст; словен. avgust; в.- и н.-луж. awgust. В других слав. яз. отс. Ср. название этого месяца: укр. сéрпень; чеш. srpen;

АВИ

польск. sierpień; но блр. **жнíвень**. Славянское название этого месяца (наряду с august) употр. и в лужицких языках (в.-луж. žnjenc; н.-луж. žnjeńc). □ Первоисточник — латин. augustus — «священный», «возвышенный», «великий». Отсюда: ит. agósto — «август»; исп. agosto; франц. août. Ср. нем. August; англ. August; а также турец. ağustos; афг. **агýст**; хинди **агаст'**. Латин. augustus этимологически связано с augur (<*augus < *augos) — «жрец», «предсказатель» > «тот, от кого зависит благополучие, кто делает милость, умножает чье-л. богатство». А это слово (augur) находится в связи с augeō — «умножаю», «увеличиваю», «наделяю богатством». Слово augustus стало у римлян названием месяца — ш е с т о г о (sextīlis) по старому счету (до реформы календаря при Юлии Цезаре, когда год начинался с марта) и восьмого после реформы. По преданию, восьмой месяц был назван так в честь императора Октавиана, получившего от сената звание Augustus — «Возвеличенный богами», «Священный». По народной же этимологии восьмой месяц года получил свое название потому, что это был месяц сбора урожая (ср. augeō — «наделяю богатством»). В русский язык это латинское слово попало из позднегреческого языка Византийской эпохи, где оно было заимствовано из латинского. В древнерусском языке — до принятия христианства и несколько позже — август называли зарев (Срезневский, I, 943).

АВИÁЦИЯ, -и, *ж.* — «теория и практика передвижения по воздуху на летательных аппаратах тяжелее воздуха»; «воздушный флот». *Прил.* авиациóнный, -ая, -ое. Сюда же авиáтор. Укр. авiáцiя, авiацíйний, -а, -е, авiáтор; блр. авiáцыя, авiяцыйны, -ая, -ае, авiятар; болг. авиáция, авиациóнен, -нна, -нно, авиáтор; с.-хорв. авијáциjа, авијàциōнī, -ā, -ō, авијàтичар — «летчик»; словен. aviacija, aviatik — «летчик»; польск. awiacja, awiacyjny, -a, -e, awiator. В чешском (и словацком) имеется aviatik — «летчик», aviaticky, -á, -é — «авиационный», но «авиация» обычно letectvo (хотя возможно еще aviatika). В лужицких отс. В русском языке слова *авиация*, *авиатор* известны с конца XIX в. Они встр. в статье «Аэронавтика» у Брокгауза — Ефрона [т. IIᵃ, п/т 4, 1891 г., 561: «так называемая *авиация* (Aviation), т. е. подражание полету птиц (avis)»; «сторонниками *авиации* или *авиаторами* являются все теоретики-воздухоплаватели, главным образом математики, инженеры...»]. В словарях иностранных слов отм. с начала XX в. (Ефремов, 1911 г., 4: *авиатор* — «воздухоплаватель на аэроплане»; Виллиам — Яценко, 1913 г., 5: *авиатор* — тж., *авиация*). Прил. *авиационный* встр. в рассказе Куприна «Мой полет», 1911 г. (ЗНП, 257). □ Из французского позднее заимствование. Ср. франц. aviation, *f.*, aviateur, *m.* > англ. aviation, aviator; ит. aviazione, aviatore; исп. aviacion, aviador и др. Немцы избегают этого слова (авиация — Flugwesen, Luftfahrt, Luftflotte; ср., впрочем, Aviatik). Источник распространения — французский язык. Франц. aviation, как и aviateur — искусственные слова (придуманы Надаром и Лаланделем в 1863 г., но получили широкое распространение лишь к концу века), образованные на базе латин. avis — «птица» (Dauzat[11], 64; Bloch-Wartburg[2], 47).

АВИТАМИНО́З, -а, *м.* — «заболевание, вызванное недостатком витаминов в пище». *Прил.* авитамино́зный, -ая, -ое. Укр. авітаміно́з, авітаміно́зний, -а, -е; блр. авітаміно́з, авітаміно́зны, -ая, -ае; болг. авитамино́за, *ж.*; чеш. avitaminosa, прил. avitaminosní; польск. awitaminoza, *ж.* В русском языке, в словарях — с 1926 г. (Вайсблит, 8). □ Ср. франц. avitaminose, *f.*; нем. Avitaminose; англ. avitaminosis. Термин создан Функом (Funk), польским ученым-биохимиком, работавшим в странах Западной Европы и в США. В 1912 г. он ввел в обращение (в работах на французском языке) слово vitamine — «витамин» (см. *витамин*), а несколько позже и avitaminose. В 1922 г. на русском языке была издана его книга «Витамины, их значение для физиологии и патологии с особым обозрением *авитаминозов*».

АВО́СЬ, *нареч.* — «может быть», «а может быть». *Сущ.* аво́ська. Только русское. Ср. в том же знач.: укр. мо́же, а мо́же, аче́й; блр. ану́ ж, а мо́же; болг. мо́же би, дано́; с.-хорв. мо̀жда. Известно с XVII в. (сначала в форме *авося*): «*авося* да будет так и совершится» в документах «Посольства» Толочанова, 1650—1652 гг., 43). В XVIII в. *авось* — обычное слово. Ср. *авослибо* в «Рукоп. лексиконе» 1-й пол. XVIII в. (Аверьянова, 33). Выражение *русский авось* («понадеялся на русский авось») см. у Пушкина в сказке «О попе и работнике его Балде», 1830 г. (ПСС, III, 497). Произв. *аво́ська* известно со 2-й четверти XIX в. Даль (I, 1863 г., 3) отм. *аво́ська*, *м.* в смысле «будущий желанный случай», «удача», а также произв. от него: *авосьник*, *авосьничать*. Позже Орлов (ПФС, I, 1884 г., 26) добавил *аво́ськать* — «предпринимать что-л. *на авось*, на удачу». Ср. в современном русском языке (вероятно, со времени гражданской войны и продовольственных затруднений) прост. *аво́ська* — «плетеная или вязаная сумочка (сетка) под продукты питания или иные нетяжелые предметы, которую берут с собой на всякий случай, на авось». В словарях в этом знач. *аво́ська* отм. с 50-х гг. XX в. (СРЯ[3], I, 1957 г., 7). □ Из *а во́се* — «вот», «а вот», где *а* — союз, а *во́се* — из *осе* (< *о-се*), известного с XI—XII вв. (Срезневский, II, 716) и фонетически развившимся *в* перед *о*, как **вото** из **ото** (< *о-то*), откуда **вот**. К XVII в. *во́се* уже получило знач. «может быть». Ср. в «Житии» Аввакума (Автограф, 64): «Бог — старой чудотворец... *Во се* петь в день последний... воскресит».

АВРА́Л, -а, *м.* — «общая спешная (обычно по тревоге) работа на судне, выполняемая всей командой». *Прил.* авра́льный, -ая, -ое. Укр. авра́л, авра́льний, -а, -е; блр. аўра́л, аўра́льны, -ая, -ае; болг. авра́л, авра́лен, -лна, -лно. В других слав. яз. не употр. В русском языке в словарях отм. с начала XIX в. (Яновский, I, 1803 г., 22), но, возможно, вошло в употр. как словечко матросского арго гораздо раньше. Прил. *авра́льный* впервые — у Даля (I, 1863 г., 3). □ Заимствовано из голландского языка. Ср. голл. overal — (матросская команда, клич) «вставай!» (ср. overal maken — «будить», «поднимать»), в общем употр. — «везде», «повсюду» (ср. over — «над», «на», «через», al — «всё», «все», «каждый»).

АВТО́БУС, -а, *м.* — «пассажирская многоместная автомашина, обычно следующая по определенному маршруту». *Прил.* авто́бусный, -ая, -ое. Укр. авто́бус, авто́бусний, -а, -е; блр. аўто́бус, аўто́бусны, -ая, -ае; болг. авто́бус, автобу́сен, -сна, -сно; с.-хорв. ау̀тобус; словен. avtobus; чеш. autobus, autobusový, -á, -é; польск. autobus, autobusowy, -a, -e; в.-луж. awtobus. Общеупотребительным словом *автобус* стало с начала 20-х гг. XX в. (ср. в журн. «Россия» за 1923 г., № 6, с. 4: «рев *автобуса*»). Но известно в русском языке это слово с начала 1900-х гг. (см. Шанский, ЭСРЯ, в. 1, с. 31). В словарях иностранных слов слово *автобус* отм. с 1911 г. (Ефремов, 11: *автобу́с* — «автомобиль-омнибус для перевозки большого числа пассажиров»; Виллиам — Яценко, 1913 г., 5: «автомобиль для перевозки пассажиров или грузов»). □ Заимствовано из западноевропейских языков. Ср. франц. autobus, известное с 1907 г.; нем. Áutobús < Áutoòmnibus; ит. àutobus; исп. autobús; но ср. англ. motor bus и просто bus (autobus — американизм). Т. о., *автобус* — из *авто-о́мнибус* (ср. выше толкование слова *автобус* в словарях иностранных слов начала XX в.). Слово *о́мнибус* латинское: omnibus значит «всем», «для всех» (форма дат. мн. от omnis — «весь», «всякий», «каждый»). Так называли в XIX в. и в начале XX в., до появления городского железнодорожного транспорта, и позже на Западе (франц. omnibus известно с 1828 г.) и в России городской и междугородный многоместный конный экипаж с платными местами для пассажиров. Омнибусы мало-помалу (ко второму десятилетию XX в.) были вытеснены трамваями и автомобильным транспортом. Память об омнибусах сохраняется в окончании *-бус* таких слов, как *автобус*, *троллейбус*.

АВТОГЕ́ННАЯ СВА́РКА (резка) — «способ сварки, резки металлов путем местного их расплавления газокислородным пламенем из горелки». *Автоге́н* — тж. *Сущ.* автоге́нщик. Укр. автоге́нне зва́рювання, автоге́н, автоге́нник; блр. аўтаге́нная зва́рка, аўтаге́нщчык; с.-хорв. аутоге́н; чеш. autogenní (sváření), autogen, autogenní svářeč; польск. spawanie autogenowe. Но, напр., болг. в этом знач. чаще га́зова зава́рка или оксиже́н, хотя есть (гл. обр. в научном употр.) и автоге́нно спо́яване. В русском языке термин *автогенная сварка* известен с начала XX в. (Адрианов, 1, 1911 г., 67). Первые газовые горелки для сварки появились в 1900—1902 гг. В СССР выпуск необходимых для газовой сварки оборудования и материалов начат с 1925 г. (БСЭ², X, 41). — Ср. нем. autogen; франц. autogène; англ. autogenous. Восходит, в конечном счете, к греч. αὐτογενής — «врожденный», «самородный», «сам из себя произошедший» (Синайский, 206) [из αὐτός — «сам», «сам по себе» и корня γεν-; ср. γένος — «род», «племя», γενεά — «рождение», «происхождение», γίγνομαι — «происхожу»]. Название *автогенная* газовая сварка получила потому, что она представляет собою процесс н е р а з ъ е м н о г о (без накладок и швов) соединения металлических частей в результате затвердевания расплавленного металла.

АВТО́ГРАФ, -а, *м.* — «подлинная рукопись автора»; «собственноручная, обычно памятная, надпись или подпись». Укр. **автограф**; блр. **аўто́граф**; болг. **автогра́ф**; с.-хорв. **ауто̀граф** (в знач. «подпись» чаще **ауто̀грам**); чеш. **autograf** (: autogram); польск. **autograf**. Со знач. «подлинная рукопись автора» встр. в черновой заметке Ломоносова «О переводах» 50-х гг. XVIII в.: «Переводить лучше с *автографов*» (ПСС, VII, 767). В словарях (в том же знач.) — с 1803 г. (Яновский, I, 25). ▫ Ср. франц. autographe, *m.*; нем. Autográph (но чаще Autográmm); англ. autograph. В русском языке, вероятно, из французского, где оно употр. с XVI в. Восходит, в конечном счете, к греч. αὐτόγραφος — «собственноручно написанный» (из αὐτός — «сам» и γράφω — «пишу»). Старшее ударение *автогра́ф*. Старшее знач. — «подлинная рукопись автора», «рукописный оригинал какого-л. литературного труда».

АВТОМА́Т, -а, *м.* — 1) «аппарат, машина, механизм, включаемые человеком и самостоятельно выполняющие определенную работу»; 2) «род стрелкового оружия». *Прил.* **автома́тный, -ая, -ое, автомати́ческий, -ая, -ое**. *Глаг.* **автоматизи́ровать**. *Сущ.* **автомати́зм, автома́тчик** — 1) «рабочий, обслуживающий автомат (в 1 знач.)»; 2) «боец, вооруженный автоматом (во 2 знач.)». Укр. **автома́т, автома́тний, -а, -е, автомати́чний, -а, -е, автомати́зм, автома́тник** (воен.); блр. **аўтама́т, аўтаматы́чны, -ая, -ае, аўтаматызава́ць, аўтаматы́зм, аўтама́тчык**; болг. **автома́т, автомати́чен, -чна, -чно, автоматизи́рам** — «автоматизирую», **автомати́зъм**, (из русского) **автома́тчик** (воен.); с.-хорв. **ауто̀мат, ауто̀матскӣ, -а̄, -о̄, ауто̀матича̄р** — воен. «автоматчик»; чеш. **automat, automatový, -á, -é** — «автоматный», **automatisovati, automatismus**, но ср. **samopalník** — воен. «автоматчик» (automatčík — тж. — из русского); польск. **automat, automatyczny, -a, -e, (z)automatyzować** (но воен. «автоматчик» — fizylier). В русском языке слово *автомат* известно с начала XIX в. («Откр. т.», т. V, 1801 г., 268: «приобретет *автома-*

тов, ... по-человечески говорящих»). В словарях отм. с 1803 г. (Яновский, I, 26: *автомат* — «махина, которая кажется движущеюся сама собою»; там же *автоматический*); позже: *автоматный* (Даль, I, 1863 г., 3), *автоматизм* (Михельсон 1865 г., 13), *автоматизировать* (Ушаков, 1, 1935 г., 10), *автоматчик* (в обоих знач.) [Ожегов 1949 г., 5]. ▫ Из французского или немецкого. Ср. франц. automate, *m.*, automatique — «автоматический», automatisme, *m.*, automatiser — «автоматизировать» > нем. Automát, Automatismus. Ср. ит. automa — «автомат»; англ. automaton, automatic machine — тж. Во Франции впервые — у Рабле (1534 г.). Первоисточник — греч. αὐτόματος — «самодвижущийся»; ср. αὐτοματίζω — «действую по собственному побуждению», «поступаю самовольно» [из αὐτός — «сам по себе», корня μα- (ср. μάομαι — «стремлюсь», «намереваюсь») и суф. -τ-ος].

АВТОМОБИ́ЛЬ, -я, *м.* — «самодвижущаяся повозка (с двигателем внутреннего сгорания), обычно на пневматических шинах, для перевозки пассажиров и грузов по безрельсовой дороге». *Прил.* **автомоби́льный, -ая, -ое**. Укр. **автомобі́ль, автомобі́льний, -а, -е**; блр. **аўтамабі́ль, аўтамабі́льны, -ая, -ае**; болг. **автомоби́л, автомоби́лен, -лна, -лно**; с.-хорв. **аутомо̀бӣл, аутомо̀бӣлскӣ, -а̄, -о̄**; словен. **avtomobil**; чеш. **automobil, automobilový, -á, -é**; польск. **auto, automobil, automobilowy, -a, -e** (обычно **samochód, samochodowy, -a, -e**); в.- и н.-луж. **awto**, род. **awta**. В русском языке слово *автомобиль* появилось в начале XX в. Старшие примеры: в письме Горького Пятницкому от 18-IV (I-V)-1906 г.: «ездили на *автомобиле* вокруг Нью-Йорка»; «а *автомобили* здесь летают так (и пр.)» (ПСС, XXVIII, 419). ▫ Ср. франц. automobile; нем. Automobíl > Auto; англ. automobile [американизм; англ. обычно (motor-) car, autocar]; ит. automóbile; исп. auto(móvil). Позднее (конца XIX в.) искусственное образование (на французской почве) по модели более раннего locomobile (> рус. *локомобиль*), из греч. αὐτός — «сам» и латин. mōbilis — «двигающийся», «подвижной».

А́ВТОР, -а, *м.* — «творец, сочинитель, создатель литературного или иного художественного произведения, научного труда, проекта, изобретения и т. п.» *Прил.* **а́вторский, -ая, -ое**. Укр. **а́втор, а́вторський, -а, -е**; блр. **а́ўтар, а́ўтарскі, -ая, -ае**; болг. **а́втор, а́вторски, -а, -о**; с.-хорв. **а̀утор** (: пи́сац), **а̀уторскӣ, -а̄, -о̄**; словен. **avtor** (: pisec); чеш. **autor, autorský, -á, -é**; польск. **autor, autorski, -a, -ie**. В русском языке слово *автор* известно по крайней мере с начала XVIII в. («Архив» Куракина, III, 364, 1707 г.: «о покупке книг... розных *авторов*»). В укр. яз. — с начала XVI в. (Тимченко, IC, 6). Прил. *авторский* встр. в сочинениях Фонвизина (Петров, 1). ▫ В русском языке, видимо, из украинского, а там, как и в польском, из латинского. Ср. латин. auctor — «виновник», «покровитель», «основатель», «автор» (от augeō, супин auctum — «умножаю», «увеличиваю», «обогащаю»). Такого же происхождения нем. Áutor. К латин. auctor (точнее к форме вин. ед. auctorem) восходит франц. auteur (ст.-франц. autor > англ. author); ит. autore; исп. autor и др.

АВТОРИТЕ́Т, -а, м. — «общепризнанное значение, влияние кого-н. или чего-н.»; «лицо, влияние, значение которого общепризнанно, к которому относятся с доверием и уважением». *Прил.* **авторите́тный**, -ая, -ое. Укр. авторите́т, авторите́тний, -а, -е; блр. аўтарытэ́т, аўтарытэ́тны, -ае; болг. авторите́т, авторите́тен, -тна, -тно; с.-хорв. ауторѝтет, а̏уторита̀ти̑ван, -вна, -вно : а̏уторитати̑вни̑, -а̄, -о̄; чеш. autorita, прил. autoritativní; польск. autorytet, autorytatywny, -a, -e. В русском языке слово *авторитет* известно с начала XVIII в. (Смирнов, 29, в форме *ауторитет*, со ссылкой на ПСЗ, V, № 3006, 1716 г.). ▫ Первоисточник — латин. auctōritas, род. auctoritātis — «суждение», «совет» > «влияние», «воля», «власть» [от auctor — «творец» > «автор» (от augeō, супин auctum — «увеличиваю», «обогащаю»)]. Отсюда — в романских языках: франц. autorité; ит. autorità; исп. autoridad и др.; из латинского же — нем. Autorität, *f.*, откуда, по-видимому, и в русском.

АГЕ́НТ, -а, м. — 1) «лицо, выполняющее разного рода задания или поручения уполномочившей его организации»; 2) «шпион». *Прил.* **аге́нтский**, -ая, -ое. *Сущ.* **аге́нтство**. Сюда же **агенту́ра**. Укр. аге́нт, аге́нтський, -а, -е, аге́нтство, агенту́ра; блр. аге́нт, аге́нцкі, -ая, -ае, аге́нцтва, агенту́ра; болг. аге́нт, аге́нтски, -а, -о, аге́нция — «агентство», агенту́ра; с.-хорв. а̏гент, аге̏нција, агенту́ра; чеш. agent, agentský, -á, -é, agence — «агентство», agentura; польск. agent, agencja — «агентство», agentura. В русском языке слово *агент* (сначала в смысле «торговый представитель иностранного государства, иностранной фирмы») известно с XVI в. [«Английские дела», 1584 г. («Пам. дипл. сношений с Англией», II, 142 — КДРС)], а в знач. «дипломатический представитель» употр. с 1-й пол. XVII в. [с 1635 г. (Christiani, 26)]. В «Космографии» 1670 г. встр. не только *агент* [«держат своих *агентов* для торговых людей» (332)], но и прил. *агентский* [«агентские дворы» (220)]. Позже появились: *агентство* (в словарях впервые — у Яновского (I, 1803 г., 31), *агентура* (ПСИС 1861 г., 8: *агентура* — «действие агента»). ▫ Видимо, из немецкого. Ср. нем. Agent (произн. ági̯ent); но: франц. agent (произн. aʒã); англ. agent (произн. ʹeɪdʒənt); ит. agente (произн. adʒe̱nte). Из немецкого же позже — *агентура* (нем. Agentúr, *f.*). В немецком (как и в других западноевроп. языках) восходит к латин. agens, род. agentis, прич. прош. вр. от agō — «привожу в движение», «веду», «преследую», «замышляю», «действую», след. agens — «приводящий в движение, как сущ. (при цезарях) «сыскной агент», «сыщик».

АГИТИ́РОВАТЬ, агити́рую — «устно или через печать воздействовать в определенном направлении на чье-л. мировоззрение, политические убеждения и т. д.». Сюда же (по корню) **агита́ция**, **агита́тор**; *разг.* **аги́тка**. Укр. агітува́ти, агіта́ція, агіта́тор, агі́тка; блр. агітава́ць, агіта́цыя, агіта́тар, агі́тка; болг. агити́рам — «агитирую», агита́ция, агита́тор; с.-хорв. а̏гитовати, агита́ција, агѝта̄тор; чеш. agitovati, agitace, agitátor; польск. (za)agitować, agitacja, agitator. В русском языке слова *агитатор*, *агитация*, *агитировать* известны с 60-х гг. XIX в. (Толль, НС, I, 1863 г., 27); в толковых словарях русского языка *агитация*, *агитатор* отм. с 1880 г. (Даль², I, 4), *агитировать* — лишь с 1891 г. (СРЯ¹, т. I, в. 1, с. 11). ▫ Из немецкого. Ср. нем. agitíeren, Agitatión, Agitátor. Франц. это знач. обычно faire de la propagande (propagande — «пропаганда», «агитация»), но ср. agitation — «волнение», «возбуждение» > «агитация». Ср. англ. agitate — «возбуждать», «агитировать», agitator. Образования с этим корнем встречаются и в других западноевропейских языках. Первоисточник — латин. agitō — «привожу в движение», «действую», «волную», «критикую», «веду переговоры», отсюда: agitātio — «приведение в движение», «действие», «деятельность», agitātor — «приводящий в движение». Произв. от agō — «привожу в движение», «гоню», «охочусь».

АГО́НИЯ, -и, ж. — «предсмертное мучительное состояние организма», «предсмертные муки» (также *перен.*). *Глаг.* **агонизи́ровать**. Укр. аго́нія, агонізува́ти; блр. аго́нія, аганізава́ць; болг. аго́ния, агонизи́рам — «агонизирую»; с.-хорв. аго̀нија; чеш. agonie; польск. agonia. В русском языке слово *агония* (в прямом смысле) известно с начала XIX в. (Яновский, I, 1803 г., 34). Употребление в переносном, иносказательном смысле начинается с 30—40-х гг. (Сорокин, РСС, 419). Глаг. *агонизировать*, появившийся тремя-четырьмя десятилетиями позже, чем *агония*, пожалуй, с самого начала употреблялся в переносном смысле [Герцен, «Письма об изуч. природы», п. I, 1845 г. (СС, III, 111)]. ▫ Из французского языка. Ср. франц. (в совр. знач. — с XVI в.) agonie, agoniser. Первоисточник — греч. ἀγωνία — «бой», «борьба», «душевная борьба», отсюда ἀγωνίζομαι — «бьюсь», «сражаюсь», «состязаюсь», «оспариваю» (к ἄγω — «веду», «гоню», «понуждаю», «делаю»). Знач. «агония» в медицинском смысле греч. ἀγωνία получило в трудах Гиппократа, впервые описавшего это явление (БСЭ², I, 307). Из греческого — позднелатин. agonia — «тревога», «томление», agonisō — «страдаю», «страшусь». Из французского: нем. Agonie; англ. agony, agonize.

АГРЕГА́Т, -а, м. — «совокупность, объединение разнотипных машин (напр., сельскохозяйственных) или устройств, составляющих единое целое и выполняющих одну общую работу»; «механическое соединение в одно целое разнородных или однородных частей». *Прил.* **агрега́тный**,

-ая, -ое. Укр. агрега́т, агрега́тний, -а, -е; блр. агрэга́т, агрэга́тны, -ая, -ае; болг. агрега́т, агрега́тен, -тна, -тно; с.-хорв. агрѐга̄т; чеш. agregát; польск. agregat. В русском языке слово *агрегат* в современном знач. довольно по́зднее, хотя известно оно уже с начала XVIII в. Встр. в переводной книге Бухнера «Учение и практика артиллерии», 1711 г., 10, но как математический термин: «*агрегат* или совокупленное число». Еще в середине XIX в. даются такие определения этого слова, как «сбор»; «сбор научных сведений без всякого порядка» (!) в СИС 1861 г., 6. Ср. у Даля (I, 1863 г., 4): «что-л. по внешности целое, но бессвязное, составное». Одновременно: Толль, НС, I, 1863 г., 26: «совокупление (смешение) однородных и неоднородных веществ». Совр. знач. дает Ушаков (I, 1935 г., 12). ▫ Видимо, из немецкого языка. Ср. нем. Aggregát; франц. agrégat; англ. aggregate; ит. aggregato; исп. agregado. Первоисточник — позднелатин. aggregatum, от aggregatus, прич. прош. вр. от латин. aggregō (< ad+gregō) — «присоединяю», «присовокупляю» (ср. gregō — «собираю в стадо, в кучу»).

АГРЕ́ССИЯ, -и, ж. — «вооруженное нападение одного государства на другое с целью захвата территории и насильственного подчинения своей власти». *Прил.* агресси́вный, -ая, -ое. Сюда же *агре́ссор*. Укр. агре́сія, агреси́вний, -а, -е, агре́сор; блр. агрэ́сія, агрэсі́уны, -ая, -ае, агрэ́сар; болг. агре́сия, агреси́вен, -вна, -вно, агре́сор; с.-хорв. агре́сија, а̏гресӣва̄н, -вна, -вно : а̏гресӣвнӣ, -а̄, -о̄, а̏гресор; чеш. agrese, прил. agresivní, agresor; польск. agresja, agresywny, -a, -e, agresor. В русском языке сначала появилось (во 2-й пол. XIX в.) прил. *агрессивный*, встр. у Герцена в «Былом и думах», ч. VII (1865—1868 гг.), гл. 4 (ПСС, XIV, 768). В словарях — с 1891 г. (СРЯ¹, т. I, в. 1, с. 12). Потом вошло в употр. слово *агрессия*, которое отм. в словарях с начала XX в.: Ефремов, 1911 г., 8; Виллиам — Яценко, 1913 г., 8. Самое по́зднее из этой группы — *агрессор* (см. Крысин, 110). ▫ Прил. *агрессивный* — из французского языка, где это слово известно с 1795 г. (agressif, -ve). Также, вероятно, *агрессия* (< франц. agression, *f.*; отсюда же нем. Aggressión; англ. aggression). *Агрессор* — из немецкого (Aggressor) или английского (aggressor), которые — из французского языка (agresseur). Первоисточник — латин. aggressiō, *f.* (при aggressūra) — «нападение», «приступ», позднелатин. aggressor — «зачинщик», «тот, кто нападает», на основе прич. прош. вр. aggressus, -a, -um от глаг. aggredior (< ad+gradior) — «приступать», «подходить», «нападать».

АГРОНО́МИЯ, -и, ж. — «наука о земледелии и сельском хозяйстве». *Прил.* агрономи́ческий, -ая, -ое. Сюда же *агроно́м* — «специалист по агрономии». Укр. агрономі́я, агрономі́чний, -а, -е, агроно́м; блр. аграно́мія, агранамі́чны, -ая, -ае, аграно́м; болг. агроно́мия, агрономи́чески, -а,

-о; агроно́м; с.-хорв. агроно̀мија, агрономскӣ, -а̄, -о̄, агро̀ном; чеш. agronomie, agronomický, -á, -é, agronom; польск. agronomia, agronomiczny, -a, -e, agronom. В русском языке слова *агрономия*, *агроном* известны с 30-х гг. XIX в. (Соколов, I, 1834 г., 4). Ср. у Пушкина в письме Языкову от 14-IV-1836 г.: «усатый *агроном*» (ПСС, XVI, 104). Прил. *агрономический* — с 1847 г. (СЦСРЯ, I, 3). Даль (I, 1863 г., 4) отм. все три слова и даже *агрономка*, которое теперь не употр. ▫ Из западноевроп. языков. Ср. франц. agronomie, *f.*, agronomique, agronome, *m.*; нем. Agronomie, *f.*, Agronom, *m.*; ит., исп. agronomia, agronomo; англ. agronomy — «агрономия» («агроном» — agriculturist или agronomist, редк. agronome). В западноевропейских языках — из греческого. Ср. греч. ἀγρονόμος — «должностное лицо по сельским и земельным делам в Афинах»; ср. прил. ἀγρονόμος — «полевой», «деревенский», «сельский» от ἀγρός — «поле», «пашня» > «деревня» и νόμος — «обычай», «установление», «закон», «учреждение». Образование такое же, как в *эконом* (< греч. οἰκονόμος). Современное знач. слово *агроном* (франц. agronome, откуда позже agronomie и пр.) на Западе получило лишь около XVIII в.

АД, -а, м. — (по религиозным представлениям многих народов) «место, где души грешников после смерти предаются вечным мукам», «преисподняя». *Прил.* а́дский, -ая, -ое. Укр. редк. ад (обычно *пе́кло*); болг. ад (: пъ́къл), а̀дски, -а, -о; с.-хорв. а̑д (: па̀као), а̏дскӣ, -а̄, -о̄. В других слав. яз. отс. Ср. блр. пе́кла; словен. pekel; чеш. peklo; польск. piekło; в.-луж. pjekło; н.-луж. pjakło. Др.-рус. (с XI в.) адъ, адовъ, позже адьскъ (Срезневский, I, 7). Ст.-сл. адъ, адовъ, -а, -о, адовынъ, -аіа, -ое, адьскъ, -а, -о, адьскыи, -аіа, -ое, адовьнъ, -а, -о, адовьныи, -аіа, -ое, адовьскъ, -а, -о, адовьскыи, -аіа, -ое (SJS, I : 2, 15, 16—17). Заимствовано из греческого. Ср. греч. Ἀιδης — «Аид, бог преисподней» > «преисподняя», «ад» [этимология этого имени (на греческой почве) не вполне ясна: м. б., из *ἀ-ϝιδ(-ā)- основа, т. е. «невидимый» (= «погруженный во мрак»?)].

АДА́ЖИО, *муз.* — 1) *нареч.* «протяжно», «медленно», «в замедленном темпе»; 2) *нескл. ср.* «музыкальное произведение или часть его, исполняемая в медленном темпе». Укр. ада́жіо; блр. ада́жыо; болг. ада́жио; с.-хорв. ада̀ђо; чеш. adagio; польск. adagio. В русском языке — с начала XIX в. (Яновский, I, 1803 г., 35). Итальянское слово [adagio (произн. ада́джо) собств. значит «к удобству», «как удобно, спокойно» (< ad agio, где ad — «к», agio — «удобство», «досуг», «покой», «удовольствие»)]. В русский язык это итальянское слово, как отчасти свидетельствует его произношение, попало при французском [ср. франц. (с 1750 г.) adagio] или немецком посредстве [ср. нем. (с 1739 г.) Adagio (произн. áda:dʒo или áda:ʒio)].

АДА́МОВО Я́БЛОКО — «выдающееся под кожей в передней части шеи утолщение щитовидного хряща гортани», «кадык». Укр. ада́мове я́блуко; блр. ада́маў я́блык; болг. ада́мова я́бълка; чеш. (и словац.) adamovo jablko; польск. jabłko adamowe; с.-хорв. (àдамовà) jа̏бучица (т. е. «я́блочко»); словен. adamica (и adamovo jabolko). В словарях русского языка — с 1806 г. (САР², I, 9). ▫ Калька с соответствующего выражения в западноевропейских языках. Ср. франц. pomme d'Adam; ит. pomo d'Adamo; англ. Adam's apple; нем. (с конца XVI в.) Adamsapfel. В латинском языке христианской поры: pomum Adami, восходящее к древнееврейскому фольклору, к легенде о грехопадении Адама, вкусившего яблоко с «древа познания добра и зла», и о том, как это яблоко (кусок его) застряло у него в горле от испуга. Имя *Адам* по происхождению семитское: др.-евр. (h)ādām — «человек», «мужчина»; араб. Ādam — тж.

АДМИНИСТРА́ЦИЯ, -и, *ж.* — «органы и лица, осуществляющие руководство и управление в центре и на местах, в государственном масштабе и на предприятиях, в учреждениях». *Прил.* администрати́вный, -ая, -ое. *Глаг.* администри́ровать. Сюда же администра́тор. Укр. адміністра́ція, адміністрати́вний, -а, -е, адміністра́тор, адмініструва́ти; блр. адміністра́цыя, адміністрацы́йны, -ая, -ое, адміністра́тар, адміністрава́ць; болг. администра́ция, администрати́вен, -вна, -вно, администра́тор, администри́рам — «администрирую»; с.-хорв. администра́циjа, àдминистрати́вни, -ā, -ō, админи̏стратор, администровати; чеш. administrace, прил. administrativní, administrátor (но «администрировать» — spravovati úřad; польск. administracja, administracyjny, -a, -e, administrator, administrować. В русском языке сначала появилось слово *администратор*, во 2-й пол. XVI в. В частности, Фогараши дает пример (из ПДСР, I, 625), относящийся к 1576—1578 гг. (Fogarasi, 63). Слово *администрация* известно с начала XVIII в. (Смирнов, 30, со ссылкой на ПСЗ, VI, № 3819, 1721 г.), остальные — более поздние: *административный* — с начала XIX в. Державин, «О сокращении производства дел в губернском правлении», 1808 г.: «в правлении и в полициях, яко в местах исполнительных или *административных*...» (Соч.², VII, 500), *администрировать* — едва ли не щедринский неологизм (см. Шанский, ЭСРЯ, в. 1, с. 48), в словарях этот глаг. отм. лишь с 1933 г. (Кузьминский и др., 46). ▫ Ср. франц. administration, *f.*, administratif, -ve, administrateur, administrer; нем. Administration, *f.*, administratív, Administrátor, administríeren; англ. administration, administrative, administrator, administer. Первоисточник — латин. administrātiō, *f.* — «служение», «заведывание», «управление», administrātīvus, -a -um, administrātor, произв. от administrō — «прислуживаю», «помогаю», «исполняю» > «заведую», «управляю», от minister — «слуга», «помощник».

АДМИРА́Л, -а, *м.* — «высшее воинское звание командного состава военно-морских сил». *Прил.* адмира́льский, -ая, -ое. Укр. адміра́л, адміра́льський, -а, -е; блр. адмірал, адміра́льскі, -ая, -ае; болг. адмира́л, адмира́лски, -а, -о; с.-хорв. адмѝрāл, адмѝрāлскӣ, -ā, -ō; словен. admiral; чеш. admirál, admirálský, -á, -é; польск. admirał, admiralski, -a, -ie. В русском языке слово *адмирал* известно с последней четверти XVI в. Ср. в «Статейном списке» Писемского, 1582 г. (Англия): «пришли... от королевны: ...князь *адмирал*...» (ПРП, 114). Прил. *адмиральский* встр. в «Путешествии» П. А. Толстого (367): «*адмиральские люди*» (1698 г.). ▫ Ср. англ. admiral; голл. admiráal; нем. Admiral; франц. amiral; швед. amiral; ит. ammiraglio; исп. almirante и т. д. В русском — из английского или голландского, где (как и в немецком языке) оно из французского. Во французском это слово некоторое время (в XVI в. и позже) употреблялось в форме admiral (при amiral), видимо, под влиянием admirer — «удивляться», «любоваться», «восхищаться». Заимствовано (во французском языке) из арабского. Ср. араб. amīr al-baḥr — досл. «повелитель моря»: amīr [от глаг. amara u (amr) — «повелевать»] — «повелитель», «начальник» (ср. эмир), baḥr — «море», al — определительный член (Wehr², 23, 37).

А́ДРЕС, -а, *м.* — 1) «надпись на письме, посылке и т. п., указывающая получателя и место назначения»; «местонахождение», «местожительство»; 2) «род торжественного приветствия в письменной форме, обращенного к кому-л. от целого коллектива или от группы лиц в ознаменование юбилея и т. п.» *Прил.* (к адрес в 1 знач.) а́дресный, -ая, -ое. *Глаг.* адресова́ть(ся). Укр. адре́са, *ж.* (но а́дрес — «приветствие»), а́дресний, -а, -е, адресува́ти; блр. а́драс, а́драсны, -ая, -ае, адрасава́ць; болг. а́дрес, адреси́рам — «адресую»; с.-хорв. а̏дреса, *ж.*, а̏дреснӣ, -ā, -ō, àдресовати; чеш. adresa, *ж.*, прил. adresní, adresovati; польск. adres, adresowy, -a, -e, adresować; в.-луж. adresa, *ж.*, adresowany, -a, -e, adresować. Но ср. в том же знач.: словен. naslov; н.-луж. napis. В русском языке *адрес* встр. в начале XVIII в., напр., в «Архиве» Куракина (III, 273, 1710—1711 гг.); там же (II, 207, 1710 г.) *адресовать*. Прил. *адресный* в словарях с 1847 г. (СЦСРЯ, I, 3). ▫ Источник распространения — франц. adresser — «адресовать», adresse, *f.* — «адрес», откуда и нем. Adrésse, *f.*; англ. address и др. Во французском — от dresser — «устанавливать», «поднимать», «воздвигать» (нар.-латин. *directiare, от directus — «прямо направленный», «прямой», к dīrigere — «направлять»). *Адресный* и *адресовать* образованы от *адрес* на русской почве.

АДЪЮТА́НТ, -а, *м.* — «военнослужащий (офицер), состоящий при каком-л. высоком по званию военном начальнике (командире) для исполнения служебных поручений или для выполнения штабной работы». *Прил.* адъюта́нтский, -ая, -ое. Укр. ад'ю-

АЖИ

та́нт, ад'юта́нтський, -а, -е; блр. ад'юта́нт, ад'юта́нцкі, -ая, -ае; болг. (из русского) адюта́нт; с.-хорв. ађу̀тант; чеш. adjutant; польск. adiutant. В форме отъютант, отьютант это слово известно в русском языке с середины XVII в. («Кр. война», II, № 357, 1670 г., 454: отьютанту... Дурову»). В форме адъютант это слово употр. с начала XVIII в. (Christiani, 32, 1701 г.; «Архив» Куракина, VI, 8, 1713 г.). Но и форма отьютант, отъютант некоторое время еще встр. в документах 1-й пол. XVIII в. (ПбПВ, XI, № 4239, 1711 г., 56, № 4309, 1711 г., 121: отьютант; ср. ib., № 4368, 1711 г., 159: адъютант). Ср. также атютант в «Дневнике» украинца Марковича, 1717—1734 гг., I, 329 (Тимченко, IС, 41). ▫ Ср. нем. [с 1667 г. (Kluge¹⁷, 7)] Adjutant; голл. adjudant, которые — из испанского. Ср. исп. ayudante — «младший офицер», прич. наст. вр. от ayudar — «помогать» (< латин. adjūtō, фреквентатив к adjuvō — «помогаю»). Из испанского же франц. (с 1721 г., в совр. знач. — с 1776 г.) adjudant (произн. adʒydā) — «аджюдан (унтер-офицерский чин)» («адъютант» — officier d'ordonnance). В русском языке в форме адъютант — из голландского или немецкого.

АЖИОТА́Ж, -а, м. — «искусственно вызванное возбуждение, волнение, связанное с борьбой интересов вокруг какого-л. дела, вопроса»; (в капиталистическом обществе) «искусственное, спекулятивное повышение или понижение курса биржевых бумаг или цен на товары с целью извлечения прибыли». Укр. ажіота́ж; блр. ажыята́ж; болг. ажиота́ж; с.-хорв. ажиота́жа, ж.; чеш. ažiotáž (на бирже); польск. ażiotaż. В русском языке слово ажиотаж известно с 1-й пол. XIX в. (Плюшар, I, 1835 г., 225). ▫ Ср. франц. (с начала XVIII в.) agiotage, m. — «биржевая игра»; отсюда: нем. Agiotage, f.; англ. agiotage; ит. aggiotaggio, m. и др. Во французском — произв. от agio — «лаж», «промен» [< ит. aggio — тж. (ср. у Яновского, I, 47: ажио — тж.; там же ажиотер — «меновщик денежный», «ростовщик»)]. В русском языке, скорее всего, непосредственно из французского.

АЖУ́РНЫЙ, -ая, -ое — (гл. обр. о тканях и резных изделиях) «сетчатый», «прозрачный», «со сквозным узором». Укр. ажу́рний, -а, -е; блр. ажу́рны, -ая, -ае; болг. ажу́рен, -рна, -рно; с.-хорв. а̀жур, неизм. прил. — «ажурный»; чеш. ažurový, -á, -é; польск. ażurowy, -a, -e. В словарях сначала отм. прил. ажур (Плюшар, I, 1835 г., 226): ажур — «сквозной, прорезной, решетчатый», позже — ажурный (ЭСРУ, II, 1861 г., 114; СИС 1861 г., 7). ▫ Слово французское: à jour (ср. ит. a giorno) — «на (дневной) свет», откуда прил. ajouré — «ажурный». В других западноевропейских языках не встр.

АЗ, -а́, м. — «название первой буквы церковнославянского алфавита»; (в выражениях ни аза́ не знать, азы́ науки, начинать с азо́в и т. п.) «начальные (элементар-

АЗА

ные) сведения». Др.-болг. азъ (ст.-сл. азъ) значило «я»; ср. др.-рус. язъ (откуда совр. рус. я). Форма эта из современных славянских языков сохранилась только в болгарском (аз). Ср., однако, словен. jaz — «я». В других слав. яз. — я (с.-хорв. jā; чеш. já; польск. ja и пр.). ▫ О.-с. *azъ: *jazъ, c z из g'. Ср. лит. àš — «я»; но латин. ego; греч. ἐγώ (эп.-дор., обычно перед гласн., ἐγών); гот. ik; др.-в.-нем. ih (нем. ich); арм. es (< *ec < и.-е. *eg'); др.-инд. ahám. И.-е. *eg'(h)-om. Соотношение о.-с. ā в *azъ (м. б., из ō?) и латин. и греч. e (ε) не вполне ясно. См. азбука, я.

АЗА́ЛИЯ (и аза́лея), -и, ж. — «декоративное, красиво и обильно цветущее кустарниковое растение семейства вересковых, рода рододендронов, с цветками разнообразной окраски (белой, красной, желтой, фиолетовой и др.)», Azalea. Укр., блр. аза́лія; болг. аза́лия; с.-хорв. азале́ја; чеш. azalka; польск. azalia. В русском языке известно с XVIII в. Ср. в словаре Мейера, I, 1781 г.: «азалеа, деревцом растущая» (353), «желтая азалеа» (352), «индианская азалеа» (352). ▫ Ср. франц. (с 1803 г.) azalée; нем. Azalie: Azalée; швед. azaléa; англ. azalea. В конечном счете (в русском языке, м. б., и непосредственно), восходит к бот. латин. Azalea, а оно — к греч. ἀζαλέος, -η, -ον — «безводный», «высохший», «сухой». Латинское название на греческой основе было придумано Карлом Линнеем, выдающимся шведским естествоиспытателем, жившим в XVIII в.

АЗА́РТ, -а, м. — «запальчивость, горячность (часто безрассудная), страсть в осуществлении какого-л. намерения». Прил. аза́ртный, -ая, -ое. Глаг. аза́ртничать. Укр. аза́рт, аза́ртний, -а, -е, аза́ртничати; блр. аза́рт, аза́ртны, -ая, -ае, аза́ртнічаць. Ср. болг. хаза́рт, хаза́ртен, -тна, -тно; с.-хорв. ха̀зардан, -дна, -дно: ха̀зарднӣ, -а̄, -о̄; чеш. hazard, прил. hazardní; польск. hazard, hazardujący, -a, -e (об игроке), hazardowy, -a, -e (об игре). В русском языке слово азарт — с Петровского времени [«Архив» Куракина, I, 1720 г., 344: «а на азард, то войска свои могут потерять»; иногда (см. Смирнов, 78) в форме газард, как в «Лексиконе вок. новым», в «Кн. Устав морск.», 1720 г.]. Прил. азартный в словарях — с 1780 г. (Нордстет, I, 2). ▫ Слово французское. Ср. франц. hasard — «случай», «случайность», «риск (напр., в игре)» («азарт» — passion, frénésie и пр.); отсюда голл. hazard — «шанс», «удача», «счастье»; нем. Hasard — «азарт», «азартная игра» и др. В русском языке, из голландского или немецкого, или прямо из французского, где оно, в свою очередь, заимствовано из испанского или португальского [ср. исп. azar — «слепой случай», «риск», juego de azar — «азартная игра»; порт. (с теми же знач.) azar, jôgo de azar]. В этих языках, как часто утверждают, — из арабского. Возводят к араб. (вульг.-араб.?) (az-)zahr — «игральная кость». Ср., однако, скептические замечания Локоча (Lokotsch, § 2186).

А́ЗБУКА, -и, ж. — «перечень, список букв, принятых в данной письменности, расположенных в установленном порядке», «алфавит». *Прил.* а́збучный, -ая, -ое. *Сущ. стар.* азбуко́вник. Укр. а́збука (: абе́тка), а́збучний, -а, -е; блр. а́збука, а́збучны, -ая, -ае; болг. а́збука, а́збучен, -чна, -чно; с.-хорв. а̀збука, а̀збучнӣ, -ā, -ō (и abecéda, abècēdnī, -ā, -ō); чеш. azbuka [только в отношении старославянской азбуки и алфавитов, к ней восходящих; вообще же «азбука» («алфавит») — abeceda; ср. польск. abecadło]. Др.-рус. азбука : азбукы известно с XIII в. (Срезневский, I, 9, со ссылкой на Пат. Печ. XIII в.). Это слово, надо полагать, употреблялось также в форме м. р. на -ъ: азбукъ. Ср. в «Космографии» 1670 г., 382: «азбука (род. ед.!) у них никакого нет». Форма на -а, м. б., более поздняя и возникла под влиянием слов *грамота* [ср. также др.-рус. грамотица — «письмо» (Срезневский, I, 584)], *буква*. ▫ Слово *азбука* было образовано по образцу греч. ἀλφάβητος, т. и f. (см. алфавит) по названиям первых букв старославянской азбуки: азъ — «а» и бѹкы — «б», причем сначала азбуки глаголической, а не кириллицы [ср. числовое значение букв в кириллице: а — 1, в — 2, г — 3 и т. д.; б в кириллице не имело числового значения; в глаголице же Ⰱ (б) значило 2, Ⰲ (в) — 3 и т. д.]. Ср. малораспространенное др.-рус. азвѣди, нескл. — наименование алфавита по названиям букв: азъ — «а» и вѣди — «в» (не «б»!) в кириллице (Срезневский, I, 10).

АЗО́Т, -а, м. — «химический элемент, газ без запаха, цвета, вкуса, не поддерживающий горения и дыхания, но составляющий основную по количеству часть воздуха и являющийся одним из главных элементов питания растений», Nitrogenium. *Прил.* азо́тный, -ая, -ое, азо́тистый, -ая, -ое. Укр. азо́т, азо́тний, -а, -е, азо́тистий, -а, -е; блр. азо́т, азо́тны, -ая, -ае, азо́цісты, -ая, -ае; болг. азо́т, азо́тен, -тна, -тно, азо́тест, -а, -о; с.-хорв. а̀зо̄т, а̀зо̄тнӣ, -ā, -ō, а̀зотастӣ, -ā, -ō; польск. azot, azotowy, -a, -e. Но в некоторых слав. яз. отс. Ср. в том же знач.: словен. dušik; чеш. (и словац.) dusík. В русском языке в словарях *азот* отм. с 1803 г. (Яновский, I, 51). Как обычный термин — у Севергина (I, 1810 г., 6). Прил. *азотный, азотистый* встр. у Плюшара (I, 1835 г., 303). ▫ Из французского, где это слово (azote) появилось в 1787 г. как научный термин, искусственно (и, кажется, не совсем удачно) созданный на основе греч. ζωή — «жизнь» и отрицательной приставки ἀ- — «не» (т. е. «неживой», «нежизненный газ», поскольку он не поддерживает дыхания. Из французского же — ит. azoto. Ср. исп. azoe (: nitrogeno). Но нем. Stickstoff и Nitrogen; англ. nitrogen.

А́ИСТ, -а, м. — «крупная перелетная птица с длинным прямым красным клювом, с длинными ногами и большими, широкими крыльями и белым или черным оперением», Ciconia. Только русское. Ср. названия аиста в других слав. яз.: укр. бу́сол, чорногу́з; блр. бу́сел; болг. щрк : щръ́к: щъ́ркел; с.-хорв. шт́р̄к, ро́да; чеш. čáр; польск. bocian. Др.-рус. стьркъ (Срезневский, III 587). Ср. ст.-сл. стръкъ — тж. В русском языке слово *аист* (сначала *айст*) в словарях отм. с 1-й пол. XVIII в.: в «Лексиконе» Татищева 30—40-х. гг. XVIII в.: *аист* (Аверьянова, Тат., 40); ср. также в басне В. И. Майкова «Лягушки», 1766 г.: «послал *аиста* к ним, и стал *аист* их царь» (Соч., 173). Но оно, несомненно, было известно и в XVII в.: ср. фамилию *Аистов* (нижегородец) у Тупикова (464) в документе 1646 г. ▫ Трудно сказать, когда и откуда это слово попало в русский язык. Несомненно только, что оно заимствовано. Аист (особенно белый аист) — южная птица, любящая теплые, жаркие края. Даже черный аист у нас не залетает дальше 60—61° с. ш. Очень возможно, что старейшей фонетической формой слова *аист* было *аги́с(т)*, о чем как будто свидетельствует текст одного из старинных русских сказаний о птицах (Лопарев, 13, 16). Шведский ученый Штраленберг в 1730 г. записал в Южной Сибири название черного аиста в форме agyst (Грот, ФР⁴, I, 377), которую можно читать и *а́гист*, и *ау́ист*, м. б., *аги́ст*, и *аjи́ст*. Не получилось ли *агис(т)* из *агыс*, тюркского слова, означающего «пасть», «клюв»? Ср. турец. ağız (произн. ағы́з с несмягченным фрикативным *г*). Ср. также азерб. агы́з — «пасть»; туркм. агы́з — тж. (при каракалп. ау́ыз; башк. ауы́ҙ; каз.-тат., ног. авы́з). Конечное *т* — более позднее прибавление на русской почве, м. б., под влиянием прил. на -ист- (типа *серебристый*). Птица могла быть названа так или на тюркской почве, или на русской, где-нибудь в Южной Сибири, в говорах, подвергшихся воздействию тюркской среды, по клюву, м. б., в экспрессивном употреблении [для аиста имеется в упомянутых тюркских языках другое по корню наименование (ср. турец. leylek; азерб. лейлэк; туркм. леглек и т. п.)]. Любопытно, что в Древней Руси (как и в некоторых других странах) аиста по названию смешивали с другой крупной залетной птицей — пеликаном, с его большим клювом-пастью, называя ту и другую птицу *неясыть* (см. Грот, ib., 379). Из параллельных образований в других языках ср. франц. bécasse — «бекас», от bec — «клюв».

АЙВА́, -ы́, ж. — «плод южного плодового дерева (того же названия) семейства розовых, твердый, похожий на яблоко или грушу, с пушистой кожицей желтого цвета, употребляемый на варенье, компот и т. п.», Cydonia oblonga. *Прил.* айво́вый, -ая, -ое. Укр., блр. айва́. В других слав. яз. отс. Ср. название айвы: болг. дю́ля; чеш. kdoule; польск. pigwa. Ср. название айвы в западноевропейских языках: нем. Quitte (др.-в.-нем. chutina — тж.); франц. coing;

ит. (mela) cotogna; англ. quince — из нар.--латин. cotōnea (при классич. латин. cydonia), которое восходит к греч. (μῆλον) κυδώνιον, pl. (μῆλα) κυδώνια — «(яблоко) из Кидонии» (город на сев.-зап. побережье Крита). В русском языке слово *айва* известно с XVII в. [ср. в «Статейном списке» боярина Милославского, 1642 г. (40): «везирь прислал... кизылчику, *айвы*» (КДРС)]. В словарях — с 1789 г. (САР¹, I, 13). Ср. *айвовка* — «опьяняющий напиток», «вино» в «Энеиде» (1798 г.) Котляревского (ч. IV, строфа 54, с. 88). ▫ Рус. *айва* — из турецкого языка. Ср. турец. ауva — тж.; ног., каз.-тат., башк. айва; азерб. һейва; но ср. узб. биҳи; каракалп. бий; туркм. бейи и т. п.

АЙДА́, *межд.*, *прост.* — «побуждение, призыв двинуться с места, начать или продолжать путь», «ну, пошли!». Укр., блр. **гайда**. Ср. болг. **ха́йде**; с.-хорв. **а̏jde**: ха̏jд(е); чеш. hajda (чаще hajdy); польск. hajda. В русском языке межд. *айда* обнаруживается довольно поздно. Правда, прозвище *Айда* известно с XVI в. [ср. «*Айда* Сатин, московский боярский сын» у Тупикова (31), датируемое 1580 г.], но трудно сказать, имеет ли это прозвище прямое отношение к слову *айда*. Впрочем, ср. чешскую фамилию Hajda. В словарях с 1835 г. [Плюшар, I, 304 (заметка об этом слове написана Далем)]. ▫ Это межд. широко распространено в языках Средней и Юго-Восточной Европы и в некоторых азиатских языках (к востоку от славянской территории). Ср. турец. hayda, haydi — «ну!», «айда!». Известно оно и в некоторых других тюркских языках примерно с тем же значением. Ср. каз.-тат. әйдә — «айда», «скорее». Радлов (I : 1, 49) отмечает во многих тюркских языках восклицание аіда, а в телеутском языке аідаічы — «погонщик скота» и близкие формы в некоторых других тюркских. По мнению некоторых тюркологов (в последние годы — см. Дмитриев, 15), слово из тюркского происхождения и, по-видимому, находится в связи с тюркским глаголом, выражающим знач. «гнать», «понукать», «торопить». Ср. каз.-тат. әйдә — «понукать», «гнать»; также кирг. айдоо; казах. айдау; каракалп. айдау; ног. айдав и нек. др. У Локоча отс. Вообще вопрос о тюркском источнике нельзя считать окончательно решенным. Ср. Machek, ES, 121.

АКАДЕ́МИЯ, -и, *ж.* — 1) «объединение научных учреждений (институтов, лабораторий, научных станций, библиотек и др.), имеющее целью развитие наук или искусств»; 2) «название некоторых высших учебных заведений». *Прил.* академи́ческий, -ая, -ое. *Сущ.* акаде́мик, академи́зм. Укр. акаде́мія, академі́чний, -а, -е, акаде́мік, академі́зм; блр. акадэ́мія, акадэмі́чны, -ая, -ае, акадэ́мік, акадэмі́зм; болг. акаде́мия, академи́чески, -а, -о, акаде́мик, акаде́мизъм; с.-хорв. акаде́миjа — «академия», «заседание», «собрание», «училище» (но не в смысле «высшее учебное заведение»; отсюда акаде́мац — «курсант военного училища»), ака̀демски, -а̄, -о̄, акаде́мик; чеш. akademie, akademický, -á, -é, akademik; ср. akademičnost — «академизм»; польск. akademia, akademicki, -a, -ie, akademizm, akademik (но обычно członek Akademii Nauk). В древнерусском языке произносилось с *и* после *д* и с ударением на конце: **академи́я** — «место философских споров в Древней Греции» (Срезневский, Доп., 3, со ссылкой на Пчел. И. публ. б. по сп. XIV—XV вв.). Позже, гл. обр. с 1-й пол. XVII в., оно вновь появляется, но уже с новым знач., как, напр., в «Космографии» Лыкова, 1637 г., 53—53 об.: «Королева Елисава... поставила *акаде́мию*, сиречь училище всяких розных грамотных учений» (Глускина, 191). В Петровское время *академия*, как и *академик* уже обычные слова: см. «Указ. об учреждении Академии» от 28-I-1724 г., где многократно употр. оба слова (ПСЗ, VII, № 4443, сс. 220—224); здесь же — прил. *академический*, позже встр. в «Бумагах Каб. мин.» 1735 г. (Сб. РИО, т. 111, с. 56). Позже других появилось слово *академизм* (середина XIX в. — см. Шанский, ЭСРЯ, в. 1, с. 55). ▫ В русском языке слово *академия* дважды заимствованное. Др.-рус. **академиия** восходит к позднегреч. 'Ακαδημία (произн. akadimía). В форме *академия* это слово в русском языке, по-видимому, непосредственно из латинского, как и в украинском, где оно известно с 1631 г. (Тимченко, ІС, 13). Но одновременно оно стало проникать и из западноевропейских источников. Ср. франц. (с XVI в.) académie, (с 1876 г.) académisme, прил. (с XVI в.) académique; нем. (с. XVI в.) Akademie, позже Akademísmus, прил. akademisch; англ. academy, academism, прил. academic. Первоисточник — греч. 'Ακαδημία — первоначально «сад Ακαδе́μα, мифического героя Аттики, на берегу Кефиса, близ Афин, где учил Платон», позже «философская школа Платона». Отсюда латин. Academīa — тж., прил. Academicus.

АКА́ЦИЯ, -и, *ж.* — «общее название различных деревьев и кустарников семейства бобовых, подсемейства мимозовых (настоящая акация, Acacia) или мотыльковых (белая акация, Robinia pseudoacacia, желтая акация, Caragana), с колючими прилистниками и мелкими белыми или желтыми цветками, которые растут гроздьями». Укр. ака́ція; блр. ака́цыя; болг. ака́ция; с.-хорв. а̀кациjа; словен. akacija; польск. akacja; но чеш. akát. В русском языке в словарях — с 1781 г. (Мейер, I, 22, 24: *акация*). ▫ Ср. франц., ит., исп. acacia; англ. acacia; нем. Akazie. Первоисточник — греч. ἀκακία — «колючее растение, произрастающее в Египте» (не смешивать с ἀκακία — «незлобивость», «кротость», «невинность»; ср. ἀκακαλίς — «семена египетского тамариска», а также название некоторых других растений, несомненно египетского происхождения (Boisacq, 33; Frisk, I, 49, 50). На греческой почве египетское название было сближено с греческими словами от корня ακ-: ср. ἀκίς — «игла», ἄκρος — «острый» (Синайский, 31, 36) и др. (по колючим прилистникам — колючкам у основания листьев). Из греческого — латин. acacia.

АКВАЛА́НГ, -а, *м.* — «портативный аппарат, состоящий из баллонов со сжатым воздухом и маски со шлангом, позволяющий человеку находиться под водой». Укр., блр. аквала́нг; болг. аквалѣ́нг. Недавно (в конце 50-х гг.) вошедшее в широкое употр. слово (см. Крысин, 155—156). ▫ Восходит к англ. неологизму aqualung (произн. ˈækwəlæŋ), где первая часть — aqua- — из латинского языка (латин. aqua «вода»; ср. с тем же знач. в первой части сложения англ. aquamarine, aquaplane и др.), а вторая часть — lung — собственно английское слово со знач. «легкое».

АКВА́РИУМ, -а, *м.* — «искусственный водоем или стеклянный (или сделанный из другого прозрачного материала) сосуд для содержания и разведения рыб, водных животных, а также растений». Укр. аква́ріум; блр. аква́рыум; болг. аква́риум; с.-хорв. а̀ква̄ри(j)ум; чеш. akvarium; польск. akwarium. В русском языке употр. с середины прошлого века: ПСИС 1861 г., 16: аква́рий; позже — аква́риум (СРЯ¹, т. I, в. 1, 1891 г., 22; впрочем, на равных правах и аква́рий). ▫ По-видимому, непосредственно из латинского языка, одновременно с западноевропейскими языками. Ср. франц. (с 1863 г.) aquarium; нем. Aquarium; англ. aquarium и др. Латин. aquārius, -a, -um — «водяной», «водный», vas aquārium — «сосуд для воды», от aqua — «вода».

АККОМПАНЕМЕ́НТ, -а, *м.* — «музыкальное сопровождение пения, декламации или игры на музыкальном инструменте». Сюда же аккомпани́ровать, аккомпаниа́тор. Укр. акомпанеме́нт, акомпанува́ти, акомпаніа́тор; блр. акампанеме́нт, акампані́равацъ, акампаніа́тар; болг. акомпанимѣ́нт, акомпани́рам — «аккомпанирую», акомпаниа́тор; польск. akompaniament, akompaniować, akompaniator. В некоторых слав. яз. отс. [ср. чеш. (hudební) doprovod — «аккомпанемент», doprovázeti — «аккомпанировать» и др.]. В русском языке в словарях аккомпанировать отм. с 1798 г. (Татищев, I, 17: акомпанировать), аккомпанемент — с 1803 г. (Яновский, I, 61: там же и акомпанировать). Видимо, позже других слов этой группы появилось аккомпаниатор. Оно встр. у Тургенева в повести «После смерти» («Клара Милич»), 1883 г., гл. IV (СС, VIII, 404). — Из французского. Ср. франц. (как муз. термин — с 1752 г.) accompagnement, accompagner, accompagnateur [к compagnon < нар.-латин. *compāniō, вин. compāniōnem — «спутник», «товарищ», «компаньон» (первоначально — «кто ест хлеб вместе с кем-н.», от pānis — «хлеб»)]. Из французского также: англ. accompaniment; нем. Akkompagnement, akkompagnieren. Ср. ит. accompagnamento, accompagnare, accompagnatore.

АККО́РД, -а, *м.* — «сочетание нескольких (не менее трех) музыкальных звуков различной высоты, образующих вместе гармоническое целое». Укр., блр., болг. акорд; с.-хорв. а̀корд; чеш., польск. akord. В русском языке слово аккорд известно с начала XVIII в., но первоначально, в Петровское время, лишь в знач. «соглашение», «договор», «мирное урегулирование». Ср. в ЖПВ, 1700 г., ч. I, 8: «сдался на аккорд», в «Ведомостях» за 1704 г., № 22, август, 171: «дабы окорд (договор) или хотя бы пардон получить»; позже — в «Архиве» Куракина, VI, 117, 1712 г.: «учиню с ним аккорд». В музыкальном смысле аккорд употр. несколько позднее. В словарях — с 1803 г. (Яновский, I, 61). ▫ Ср. ит. accordo; франц. accord; нем. Akkord; англ. accord (но чаще chord); турец. akort; хинди ака̄рд' и т. д. Первоисточник — ит. accordo — «соглашение», «согласие», «аккорд». Восходит, в конечном счете, к греч. χορδή > латин. chorda — «кишка», откуда «струна» (сделанная из кишки). Отсюда нар.-латин. *acchordāre > франц. accorder — «согласовывать» (в старофранцузском — только в музыкальном смысле), а отсюда — accord. Тот же результат на французской почве дает нар.-латин. *accordāre [ср. латин. concordāre (от cor, род. cordis — «сердце») — «согласоваться»]. В русском языке — из западноевропейских языков.

АККУРА́ТНЫЙ, -ая, -ое — «опрятный», «чистоплотный», «исправный», «исполнительный», «соблюдающий порядок, точность». *Сущ.* аккура́тность. Укр. акура́тний, -а, -е, акура́тність; блр. акура́тны, -ая, -ае, акура́тнасць; болг. акура́тен, -тна, -тно, акура́тност; с.-хорв. а̀куратан, -тна, -тно : а̀куратни, -а̄, -о̄; чеш. akurátní, akurátnost; польск. akuratny, -a, -e, akuratność. Известно с начала XVIII в. (Смирнов, 32: окуратно, аккуратно; Christiani, 54, 1711 г.: аккуратно). В словарях — с 1780 г. (Нордстет, I, 3: аккуратный, аккуратно, там же аккуратность). ▫ Ср. нем. akkurát — «точный», «исправный», «аккуратный». Возможно, из латинского непосредственно или при польско-украинском посредстве. Ср. латин. accūrātus — «тщательный», «точный», «старательно сделанный» [от accurrō (< *adcurrō) — «прибегаю», «спешу»; ср. currō — «бегу», «спешу»]. Из латинского же и в немецком.

АКРОБА́Т, -а, *м.* — «цирковой (или эстрадный) артист, демонстрирующий перед зрителями свою силу, ловкость, мастерское владение телом и высоко развитое чувство равновесия». *Женск.* акроба́тка. *Прил.* акробати́ческий, -ая, -ое. Укр. акроба́т, акроба́тка, акробати́чний, -а, -е; блр. акраба́т, акраба́тка, акрабати́чны, -ая, -ае; болг. акроба́т, акроба́тка, акробати́чен, -чна, -чно; с.-хорв. а̀кро̀бат(а), *м.*, акро̀баткӣ, -а̄, -о̄, акро̀батскӣ; чеш. akrobat, akrobatka, akrobatický, -á, -é; польск. akrobata, *м.*, akrobatka, akrobatyczny, -a, -e. В русском языке, в словарях, акробат впервые — у Яновского (I, 1803 г., 63), акробатка и акробатический — у Даля (I, 1863 г., 7; ср. у него определение слова акробат: «канатный плясун»). ▫ Ср. франц. (с 1752 г.) acrobate; нем. Akrobát; англ. acrobat; ит.

АКС

acróbata; исп. acrobata. Первоисточник — греч. ἀκροβατέω — «хожу на цыпочках» (от ἄκρος — «острый», «крайний», «высокий» и βαίνω — «хожу», «шагаю»). Отсюда, значительно позже, ἀκροβάτης — «акробат». В русский язык это слово, судя по данным, относящимся к истории цирка в России, попало из Франции. Прил. *акробатический* также восходит к франц. (с 1843 г.) acrobatique.

АКСИОМА, -ы, *ж*. — «положение, которое по своей очевидности или общепринятости не требует доказательств», «неоспоримая истина», «совершенно очевидное утверждение». Укр. аксіо́ма; блр. аксіо́ма; болг. аксио́ма; с.-хорв. аксио̑м, *м*.; чеш. axiom, *м*.: axioma, *ср*.; польск. aksjomat, *м*. В русском языке слово *аксиома* известно с начала XVIII в. (Смирнов, 32, со ссылкой на «Книгу мирозрения» Гюйгенса, 1717 г., переведенную с латинского). ◻ М. б., непосредственно из латинского (axiōma), где оно — греческого происхождения. Ср. греч. ἀξίωμα — «ценность», «достоинство», «предписание» > «утверждение», «самоочевидный принцип» (этимологически связано с ἄξιος — «ценный», «достойный», ἀξιόω — «оцениваю», «считаю достойным», «уважаю» и, в конечном счете, с ἄγω — «веду», «веду за собой», «предводительствую», «ценю»). Из латинского: франц. axiome, *m*; нем. Axiom, *n*.; англ. axiom и *др*.

АКТ, -а, *м*. — 1) «каждое единичное проявление человеческой деятельности», «единичное действие»; 2) «законченная часть драматического произведения, отделяемая антрактом от предыдущей и последующей части»; 3) «указ, постановление», «запись о каком-л. юридическом факте», «документ, удостоверяющий что-л.». *Прил*. а́ктовый, -ая, -ое. Укр. акт, а́ктовий, -а, -е; блр. акт, а́ктавы, -ая, -ае; болг. акт, а́ктов, -а, -о; с.-хорв. а̑кт = а̑кат; чеш. akt, aktový, -á, -é; польск. akt, aktowy, -a, -e. Слово *акт* в смысле «документ» в русском языке известно по крайней мере с начала XVIII в. (Смирнов, 32). В укр. яз. оно появилось раньше [встр. с 1622 г. (Тимченко, IC, 15)]. ◻ В русский язык попало из латинского, возможно, при украинском посредстве или из западноевропейских языков. Ср. латин. actus — «движение», «действие (в частности, театральное)», позднелатин. actum — «дело», «официальный документ». По происхождению actus — прич. прош. вр. от agō (ēgi, actum, agere) — «привожу в движение», «действую». Из латинского же: франц. acte, *m*.; нем. Akt, *m*. и (в смысле «официальный документ», «дело») Ákte, *f*.; англ. act; ит. atto.

АКТЁР, -а, *м*. — «артист театра», «исполнитель ролей на сцене в пьесе, в театральном представлении». *Женск*. актри́са. *Прил*. актёрский, -ая, -ое. Укр. акто́р, актри́са и акто́рка, акто́рський, -а, -е; блр. акцёр, актры́са и акцёрка, акцёрскі, -ае; болг. (из русского) актьо́р, актри́са и актьо́рка, актьо́рски, -а, -о; польск. aktor, aktorka, aktorski, -a, -ie. В некоторых слав.

АКТ

яз. отс. Ср. в том же знач.: с.-хорв. глу́мац; словен. gledališki igralec; чеш. herec. В русском языке слово *актер* известно с начала XVIII в. Встр. в «Архиве» Куракина в 1711 г. (см. Шанский, ЭСРЯ, в. 1, с. 68), в «Записках» Порошина, относящихся к 60-м гг. XVIII в.: *актеры* (231), *актрисы* (421); в сочинениях Фонвизина (Петров, 3, 5), который строго различал *актер* и *артист* (последнее — со знач. «художник»). ◻ Надо полагать, из французского. Ср. франц. acteur, actrice; ит. attore, attrice; исп. actor, actriz. Ср. также нем. Aktor — «истец». Первоисточник — латин. actor — «действующий», «делающий», «исполнитель» > «оратор» > «декламатор» > «трагический актер» (от agō, супин actum — «привожу в движение», «двигаюсь», «действую»).

АКТИ́В, -а, *м*., *бухг*. — «часть баланса предприятия, включающая все виды материальных ценностей (деньги, товары и др.) и долговых требований», «платежные поступления», «доходы» (противоп. *пассив*). Укр. акти́в; блр. акты́ў; болг. акти́в; с.-хорв. акти́ва, чеш. aktiva, *мн*.; польск. aktywa, *мн*. В словарях это слово известно с 30-х гг. XIX в. в форме *актива*, *ж*. со знач. «собственное имение, состоящее в наличных деньгах» (Ренофанц, 1837 г., 9; там же *активная торговля*); позже: ПСИС 1861 г., 19: «*активный капитал*». В форме м. р. *актив* отм. Толлем (НС, I, 1863 г., 54). ◻ Ср. франц. actif, *m*.; нем. Aktiva (ср. Aktiv — «актив», «группа активистов»). В русском языке, видимо, из французского, где оно восходит к латин. actīvus — «действенный», «практический», в грамматике — «действительный». См. *активный*.

АКТИ́ВНЫЙ, -ая, -ое — «деятельный», «инициативный», «энергичный». *Сущ*. акти́вность. Сюда же акти́в — «передовая, наиболее деятельная часть организации, коллектива», откуда произв. активи́ст, -а, активи́стка. Укр. акти́вний, -а, -е, акти́вність, акти́в, активі́ст, активі́стка; блр. акты́ўны, -ая, -ае, акты́ўнасць, акты́ў, акты́віст, актыві́стка; болг. акти́вен, -вна, -вно, акти́вност, акти́в, (из русского) активи́ст, активи́стка; с.-хорв. а̑ктива̄н, -вна, -вно: а̑ктивнӣ, -а̄, -о̄, а̑ктив; чеш. aktivní, aktivnost, aktiv, aktivista; польск. aktywny, -a, -e, aktywność, aktyw, aktywista. В русском языке прил. *активный* известно с 30-х гг. XIX в., но сначала только в коммерческом смысле. Однако уже у Даля (I, 1863 г., 7) мы находим это слово со знач. «деятельный», «живой» (без какой-л. коммерческой спецификации); там же *активность*. Но слово *актив* (как общ.-полит. термин) — неологизм Советской эпохи. Селищев («Яз. рев. эпохи») приводит целый ряд примеров (гл. обр. из центральных газет) употребления слов *актив*, *активист* в 1924—1925 гг.: «*беспартийный советский актив*», Правда, 1924 г., № 287 (142); *активист*, Сев. комсомолец, 1925 г., № 23 (103) и др. В словарях отм. сначала *активист* (Левберг, 1923 г., 10), позже *актив* (Кузьминский и др.,

1933 г., 57). ▫ Ср. франц. actif, -ve — «деятельный». Из французского: нем. aktiv, Aktiv, *n.*, Aktivist; англ. active. Первоисточник — латин. actīvus — «действенный», «деятельный» [от agō (ēgi, actum, agere) — «привожу в движение», «действую»]. См. также *актив*.

АКТУА́ЛЬНЫЙ, -ая, -ое — «очень важный для настоящего момента», «соответствующий требованиям современности»; «существующий, проявляющийся в действительности». *Сущ.* актуа́льность. Укр. актуа́льний, -а, -е, актуа́льність; блр. актуа́льны, -ая, -ае, актуа́льнасць; болг. (из русского) актуа́лен, -лна, -лно, актуа́лност; с.-хорв. а̏ктуелан, -лна, -лно : а̏ктуелни̑, -а̑, -о̑, актуе́лно̑ст; чеш. aktuální; польск. aktualny, -a, -e, aktualność. Прил. *актуальный* известно в русском языке с 40-х гг. XIX в. Оно упоминается в списке новых слов в «Чаромутии» Лукашевича (1846 г., 16). Странным является *актуальный* на Украине в XVIII в. [Тимченко, IC, 15: актуа́льный (польск. aktualny) — «чинный, фактичный, правдивый»]. В словарях иностранных слов оно отм. с 1911 г. (Ефремов, 14), в толковых словарях русского языка впервые — только у Ушакова (I, 1935 г., 24). *Актуальность* отм. в словарях 60-х гг. XIX в.: Михельсон 1865 г., 30 (у Даля отс.). ▫ Прил. *актуальный* образовалось на русской почве параллельно с зап.-европ.: франц. actuel, -le; нем. aktuell; англ. actual. *Актуальность* произв. от *актуальный*. Ср. франц. actualité, *f.* > нем. Aktualität; англ. actuality и др. Первоисточник — позднелатин. филос. actualis — «деятельный» от actus — прич. прош. вр. от agō — «привожу в движение», «действую».

АКУ́ЛА, -ы, *ж.* — «крупная хищная морская рыба с воротонообразным телом, большим ртом и несколькими жаберными щелями по бокам головы», Squalus. *Прил.* аку́ловый, -ая, -ое, аку́лий, -ья, -ье. Укр. аку́ла, аку́лячий, -а, -е; блр. аку́ла. Из русского — болг. аку́ла и, по-видимому, с.-хорв. а̏јкула (с аj- под влиянием нем. Haifisch?). В других слав. яз. отс. Ср. название акулы: словен. morski pes; н.-луж. swinska ryba; чеш. žralok; польск. rekin (< франц. requin) и haja (< нем. Haifisch). В русском языке слово *акула* (сначала писали *аккула*) в толковых словарях отм. с 1789 г. (САР¹, I, 16: áккула). Но оно несомненно было известно и раньше, причем иногда в форме м. р. Ср. у Левшина (СНИ, 1788 г., I, 9, 308): *акул* — «рыба», смотри *мокой* — «рыба морская, называемая у города Архангельского *акул*». ▫ Слово это могло попасть в общерусский язык с Севера, из Поморья, с Кольского п-ова. Источник заимствования, в конечном счете, — скандинавские языки, вероятнее всего — норвежский. Ср. диал. норв. haakall — «акула» при обще-норв. hai [которое — из голландского языка (haai), где оно — в отдаленном прошлом — опять-таки скандинавского происхождения]. Ср. также совр. норв. hå — «небольшая акула», håkjerring — «полярная акула». Менее вероятно предположение о заимствовании из исландского. Ср. исл. hákarl [произн. hau:kʰa(r)dl̥] < др.-сканд. hákarl. Связывают с др.-сканд. háell (основа < *hanhila-) — «свая», «кол» (см. Falk — Torp², I, 365). Из скандинавских же языков: фин. (с.) hai(kala) — «акула»; эст. hai(kala) — тж., также диал. саам. (лопарск.) на Кольском п-ове akkli. Предположение о финско-саамском посредстве допустимо, но едва ли в нем имеется необходимость. Возможно, сюда относится народн. рус. оку́ла — «жадный человек», «плут», «обманщик» (слово *акула* в севернорусском произношении — *окула*) [Даль, II, 1247], засвидетельствованное с более раннего времени, чем слово *акула* в том же знач. Последнее отм. в числе слов на *а* в незаконченном словаре Академии наук 1735—1766 гг.: *акула, м.* — «слово подлое, то же значит, что обманщик» (Макеева, 92). Фамилия *Окулов* встр. в «Ведомостях» Петровского времени за 1703 г., № 1, с. 3. «поп Иван *Окулов*». Любопытно, однако, что, во-первых, в русском языке не имеется слов (славянского происхождения) с суф. -*ул*(-*а*), а во-вторых, в перен. знач. «жадный, корыстолюбивый человек» название акулы употребляется в других языках. Сюда относится голл. haai — 1) «акула»; 2) «жадный, корыстолюбивый человек». Представляет интерес также исл. hákarl — 1) «полярная акула»; 2) *pl.* «почетные граждане».

АКУШЁР, -а, *м.* — «врач, специалист, оказывающий помощь при родах». *Женск.* акуше́рка. *Прил.* акуше́рский, -ая, -ое. *Сущ.* акуше́рство. Укр. акуше́р, акуше́рка, акуше́рський, -а, -е; блр. акушэ́р, акушэ́рка, акушэ́рскі, -ая, -ае; болг. (из русского) акуше́р, акуше́рка, акуше́рски, -а, -о; чеш. akušér (но обычно porodník), akušérka; польск. akuszer, akuszerka, akuszerski, -a, -ie. В некоторых слав. яз. необычно или отс. Ср., напр., с.-хорв. бȁбица — «акушерка» (но «акушер» — аку̀ше̑р при устар. бȁбича̑р). В русском языке *акушер* в словарях отм. с 1780 г. (Нордстет, I, 3), *акушерка*, *акушерский* — с 1847 г. (Край, I, 139; СЦСРЯ, I, 5). У Даля (I, 1863 г., 8) имеются все три слова. ▫ Из французского. Ср. франц. (с конца XVII в.) accoucheur — «акушёр» (и как прил. médecin accoucheur) и accoucheuse (: sage-femme) — «акушерка», ср. obstétrical — «акушерский». Из французского — англ. accoucheur — «акушер». Во французском — от accoucher — «родить», «помогать при родах» [ср. coucher (< латин. collocāre) — «укладывать», «класть» (в постель); ср. заимствованное из франц. *кушетка*].

АКЦЕ́НТ, -а, *м.* — 1) «ударение в слове, а также знак ударения»; 2) «особенности произношения, отступления от нормы в артикуляции звуков, свойственные говорящему не на своем родном языке». *Глаг.* акценти́ровать. Сюда же акцентуа́ция. Укр. акце́нт, акцентува́ти, акцентуа́ція; блр. акцэ́нт, акцэнтава́ць, акцэнтуа́цыя;

болг. акце́нт, акценти́рам — «акцентирую», акцентуа́ция; с.-хорв. а̀кценат : а̀кцент, акценти́рати, акцентуа́ција; чеш. akcent (ча́ще přízvuk), akcentovati, akcentuace; польск. akcent, akcentować, akcentuacja. В русском языке слово *акцент* в 1 знач. известно гл. обр. с середины XVIII в. Оно встр. у Ломоносова в «Мат. к Рос. гр.», 1747—1755 гг. [ПСС, VII: «о перемене *акцента*: вода́, во́ды» (672); «о подобии падежей и *акцентов*» (644)], хотя обычно Ломоносов пользовался словом *ударение*. Старший случай употр. слова *акцент* относится к Петровскому времени [записка кн. Куракина о воспитании сына от 30-V-1711 г. («Архив» Куракина, II, 356), где слово *акцент* употреблено в смысле «произношение», «стиль и нормы произношения» (речь идет об изучении немецкого языка: «для лучшего *акцента* в Саксонии, то есть в Гале»)], но это, вероятно, — случай индивидуального употребления (что нередко у Куракина). Глаг. *акцентировать*, как и слово *акцентуация*, в словарях отм. с 1863 г.: Даль, I, 8 (оба слова); Толль, НС, I, 56 (только *акцентуация*). ▫ Вероятно, из французского языка (accent, accentuer, accentuation), но с поправкой на латинское произношение. Ср. также нем. Akzent, akzentuieren; голл. accent, accentueren; англ. accent. Первоисточник — латин. accentus — «ударение», «интонация», «повышение голоса» [калька с греч. προσῳδία — «акцент», «ударение», «знак ударения»: приставка ас- < ad-=греч. προ-, корень cen- — тот же, что в canō (прич. прош. вр. cecini) — «пою»; ср. греч. ᾠδή — «песнь», «пение» (см. *ода*)]. От accentus — средневек. латин. accentuō — «делаю ударение», перен. «придаю значение», «настаиваю».

А́КЦИЯ¹, -и, *ж., книжн.* — «действие, предпринимаемое для достижения какой-н. цели». Укр. а́кція; блр. а́кцыя; болг. а́кция; с.-хорв. а̀кција; чеш. akse; польск. akcja. В русском языке слово *акция* в знач. «бой», «сражение», «стычка» встр. уже в начале XVIII в.: ПбПВ, VIII, № 2900, 1708 г., 344: «шпаги, которые оборонены на прошедших *акциях*»; «Архив» Куракина, I, 284, 1710 г.: «И во весь тот зимний поход имели с швецким королем многие *акции*». ▫ В русском языке, возможно, — из украинского. В украинском языке акція в знач. «действие» известно с 1597 г. (Тимченко, IC, 16) и восходит там к латин. actiō — «действие» (от agō — «делаю»), м. б. (но не обязательно), через польск. akcja.

А́КЦИЯ², -и, *ж.* — «ценная бумага, свидетельствующая о взносе определенного пая в капиталистическое предприятие, дающая вкладчику (акционеру) право участия в прибылях этого предприятия». Сюда же акционе́р, акционе́рный, -ая, -ое. Укр. а́кція, акціоне́р, акціоне́рний, -а, -е; блр. а́кцыя, акцыяне́р, акцыяне́рны, -ая, -ае; болг. а́кция, акционе́р, акционе́рен, -рна, -рно; с.-хорв. а̀кција, акциона̄р, акциона̄рскӣ, -а̄, -о̄; чеш. akcie, akciový, -á, -é — «акционерный»; польск. akcja, akcjonariusz,

akcyjny, -a, -e — «акционерный». В русском языке слово *акция²* известно с конца 1-й четверти XVIII в., но на первых порах употреблялось как иноязычное слово, означавшее явление, чуждое русской жизни. Так в «Архиве» Куракина, 1723 г. (см. Шанский, ЭСРЯ, в. 1, с. 72). ▫ *Акция²* заимствовано, по всей видимости, из голландского [ср. голл. actie (произн. aktsie : aksie)], где оно (со знач. «ценная бумага») известно с XVII в. (Meulen, NWR, Suppl., 11).

А́ЛГЕБРА, -ы, *ж.* — «один из старейших отделов математики, изучающий свойства и отношения величин (выраженных буквами), независимо от их конкретного числового значения». *Прил.* алгебраи́ческий, -ая, -ое. Укр. а́лгебра, алгебраї́чний, -а, -е; блр. а́лгебра, алгебраі́чны, -ая, -ае; болг. а́лгебра, алгебра́ичен, -чна, -чно, алгебри́чески, -а, -о; с.-хорв. а̀лгебра, а̀лгебарски, -ā, -о̄; чеш. algebra, algebraický, -á, -é; польск. algebra, algebraiczny, -a, -e. В русском языке слова *алгебра*, *алгебраический* известны с самого начала XVIII в. Они неоднократно встр. в 1-м изд. (1703 г.) «Арифметики» Магницкого (церк.-слав. печати) с ударением на *е*: алге́бра (178 об.), алге́брум (179), но алгебра́ический и алгебра́ика (226). ▫ Слово это с давнего времени известно и на Западе, и на Востоке. Ср. франц. algèbre (произн. alʒɛbr); нем. Álgebra; голл. álgebra; англ. algebra; ит. álgebra; исп. álgebra и т. д. В Европе источник распространения — позднелатинский язык (IV в.), но оно это не романского происхождения. Позднелатин. algebra восходит к араб. al-ǧabr (где al — определительный член, а ǧ=дж); ср. (из арабского, но без определительного члена) турец. cebir (произн. джеби́р); перс. джа̄бр (и, с членом) алд̄жа̄бр; афг. (с членом) алджа̄бр. Араб. ǧabr (глаг. ǧabara u) собств. значит «вправление» (вывиха), «восстановление», а также «стеснение», «принуждение». Старшее знач. арабского слова (наряду с математическим) сохраняется, напр., в турецком языке, а из европейских долго сохранялось в испанском языке. Ср. исп. álgebra — 1) «алгебра»; 2) устар. «искусство вправлять вывихи». В русском языке — или из латинского языка, или из западноевропейских. Предположение о польском посредстве не имеет серьезного основания: в польском языке ударение этого заимствованного слова установилось поздно, к тому же на русское слово могло оказать влияние французское произношение (с ударением на ge). У Магницкого в «Арифметике» явных следов польского воздействия в языке, в терминологии не имеется.

А́ЛИБИ, *нескл., ср.* — «нахождение обвиняемого в момент, когда совершалось преступление, в другом месте как важное доказательство непричастности его к приписываемому ему преступлению». Укр., блр. а́лібі; болг. а́либи; с.-хорв. а̀либи; чеш., польск. alibi. Отм. сначала в энциклопедических словарях, с 1835 г. (Плюшар, I, 516). В словарях иностранных слов этот термин почти до конца XIX в. давался в латинской форме: alibi. ▫ Международный (европейский) юридический термин. Франц. alibi; нем. Álibi; англ. alibi; ит. alibi и т. д. Восходит к латин. нареч. alibī — «где-либо в другом месте» [ср. alius — «другой», ibi — «там» (ср. aliubī — «где-нибудь еще», aliunde — «из какого-либо другого места», aliquō — «куда-либо»).

АЛИМÉНТЫ, -ов, *мн.* — «денежная сумма, регулярно выплачиваемая по закону нетрудоспособным членам семьи лицами, находящимися с ними в родственных отношениях». *Прил.* алимéнтный, -ая, -ое. *Сущ.* алимéнтщик. Укр. алімéнти, алімéнтний, -а, -е; блр. алімéнты, алімéнтны, -ая, -ае; болг. алиментация» (обычно издрѣжка); чеш. alimenty, *мн.*, прил. alimentační; польск. alimenta, *мн.*, alimenty, *мн.*, alimentacja — «выплата алиментов». В русском языке с 1-й пол. XIX в. известно слово *алиментация* — «доставление средств к пропитанию известных лиц вследствие законной обязанности» (Плюшар, I, 1835 г., 523; Край, I, 1847 г., 190; ПСИС 1861 г., 22; Михельсон 1865 г., 32); *алименты* — со 2-й пол. XIX в. [Брокгауз—Ефрон, I, 1890 г., 442: «*алиментами* называют средства содержания» (в статье *алиментация*)]. ▫ Происходит, в конечном счете, от латин. alimentum, чаще *pl.* alimenta — «иждивение», «содержание» (собств. «пища», «продукты питания», от alō — «кормлю», «питаю»). Отсюда — франц. (с XII в.) aliment, *m.* — «продукт питания», «пища», *pl.* aliments — «алименты». Из французского — нем. Aliment, *n.*, *pl.* Alimente — тж.

АЛКОГÓЛЬ, -я, *м.* — «этиловый (винный) спирт, являющийся основной частью спиртных напитков»; «спиртные напитки». *Прил.* алкогóльный, -ая, -ое, алкоголи́ческий, -ая, -ое. *Сущ.* алкогóлик, алкоголи́зм. Укр. алкогóль, алкогóльний, -а, -е, алкогóлік; блр. алкагóль, алкагóльны, -ая, -ае, алкаголік; болг. алкохóл, алкохóлен, -лна, -лно, алкохóлик; с.-хорв. àлкохол, àлкохолнӣ, -ā, -ō, алкохòличāр — «алкоголик»; чеш. alkohol, alkoholový, -á, -é, alkoholik; польск. alkohol, alkoholowy, -a, -e, alkoholik. В русском языке в словарях слово *алкоголь* отм. с 1789 г. (САР¹, I, 21, с ударением на первом слоге, как и в немецком: álкоголь или álкооль). Позже вошли в обращение: *алкогольный* (Даль, I, 1863 г., 9), *алкоголик, алкоголизм* (СРЯ¹, т. I, в. 1, 1891 г., 30). ▫ Ср. франц. (с XVI в., сначала в форме alcohol: alkool, потом alcool); нем. Álkohol; англ. alcohol; исп. alcohol; ит. àlcool; но турец. alkol; перс. älkol. Первоисточник — араб. (al-) kuḥl — «сурьма», «антимоний» (в порошке), далее: kuḥūl — «алкоголь», «спирт», от глаг. kaḥala u a — «подмазывать, подкрашивать» (напр., брови, ресницы) [Wehr², 727]. Благодаря алхимикам, это слово с Востока попало в средневековый латинский, а оттуда (примерно в XVI в.) — в западноевропейские языки. В средние века в Европе alco(h)ol употреблялось как название мельчайшего порошка, пудры или очищенной (дистиллированной) воды. С конца XVI—XVII вв. оно получает знач. «вид самогона», «водка» [alco(h)ol vini], еще позже «спирт». В русском языке *алкоголь* — возможно, из немецкого; *алкоголизм* — из франц. (с 1863 г.) alcoolisme; ср. также нем. Alkoholismus. Сущ. *алкоголик*, возможно, не имеет отношения к франц. (с 1789 г.) прил. alcoolique и сущ. alcoolique, а возникло на базе *алкоголь, алкогольный, алкоголический* на русской почве (по образцу *жулик, хлюпик* и т. п.).

АЛЛÉЯ, -и, *ж.* — «дорога, усаженная по обеим сторонам деревьями, кустарником, или дорожка в саду, в парке». Укр., блр., болг. алéя; с.-хорв. àлéja; польск. aleja; в некоторых слав. яз. это слово мужского рода: чеш. alej; в.-луж. halej. В русском языке слово *аллея* употр. с начала XVIII в. Кроме известных данных, приведенных Смирновым (34), ср. еще у Ремизова (140) в документах, относящихся к строительству Петергофа [«в *алеях*» (№ 24, от 7-IX-1723 г.)]. ▫ Ср. франц. allée, *f.*; нем. Allée, *f.*; англ. alley. Первоисточник — франц. allée (субст. прич. прош. вр. ж. р. от aller — «идти», «ходить»). В русском — из западноевропейских языков. Предположение о польском посредстве лишнее (в особенности если оно аргументируется только ссылкой на написание с одним *л*: в заимствованных словах употребление одного согласного вместо двух в памятниках этого времени — обычное явление).

АЛЛÓ (произн. алё), *межд.* — «возглас, употребляемый в телефонном разговоре и означающий 'слушаю!', 'слушайте!', 'у телефона!'». Укр. аллó; блр. алó; болг. áлó; с.-хорв. àло : àлó; чеш. halo; польск. hallo. В словарях русского языка впервые — у Ушакова (I, 1935 г., 28). Но, конечно, оно было известно и раньше. Ср. у А. Н. Толстого в неоконченном романе «Егор Абозов» (1-я пол. 1915 г.), гл. 16: *«Алло, алло, вы слушаете?»* (ПСС, XV, 89); действие романа относится к периоду 1909—1910 гг. ▫ Ср. франц. allô; англ. hallo : hullo : hello; нем. hallo; исп. hola и др. (не повсеместно, даже в Европе: ср., напр., в этом знач. ит. pronto! или chi parla?). Источник заимствования, по-видимому, — франц. allons! (досл. «идем!», «пойдем!» > «ну!»), деформировавшееся (на французской почве) в allô около 1880 г. (Dauzat¹¹, 26; Bloch — Wartburg², 19). Под влиянием франц. allô изменило свое значение более раннее англ. hallo. Надо полагать, в русском языке *алло* по происхождению не связано с *алó* (с твердым *л*) — «оклик с судна или на судно: 'эй, слушай!' или 'слушаем'» (Даль, I, 10). Как принадлежность корабельного арго это *ало* известно у нас с давнего времени (Яновский, I, 1803 г., 104). Оно заимствовано, м. б., из английского; ср. англ. halloo — «возглас, призывающий ко вниманию: 'эй, ты!'».

АЛМА́З, -а, м. — «прозрачный драгоценный камень, отличающийся необыкновенной твердостью». Прил. алма́зный, -ая, -ое. Укр. алма́з, алма́зний, -а, -е; блр. алма́з, алма́зны, -ая, -ае. Ср. болг. елма́з, елма́зен, -зна, -зно. В других слав. яз. алмаз называют диама́нтом: с.-хорв. дија̀мант; чеш. diamant; польск. diament. Ср. нем. Diamant; франц. diamant; англ. diamond; ит., исп. diamante, восходящее к позднелатин. diamas, род. diamantis. В письменных памятниках русского языка слово алмаз (часто с начальным о) встр. с XV в. Ср. в «Хожении» Аф. Никитина (по Троицк. сп.): «В Рачюре же родится алмазъ» (л. 382 об.), «да на шапкѣ... алмазъ велики» (л. 385) и др.; там же: «а в Курыли же алмазъниковъ триста» (л. 390 об.). Ср. Unbegaun (106), со ссылкой на документ 1489 г.: «шесть почек алмазу». В начале XVII в. слово алмаз засвидетельствовано Р. Джемсом (РАС, 1618—1619 гг., 11 : 50): almáz — «a diamond». ▫ В русском языке — с Востока. Ср. араб. almās; перс. älmäs; афган. almás; турец. elmas и т. д. Но на Востоке и на Кавказе оно не является исконным. Первоисточник — греч. ἀδάμας, род. ἀδάμαντος — «несокрушимый» (от δαμάω — «сокрушаю») > латин. adamas — «алмаз», а также «твердый металл». Это слово из Греции было занесено на Восток, позже усвоено арабами (по-своему осмыслившими это слово) и при их посредстве получило широкое распространение в ближневосточных странах, откуда — в преображенном виде — вернулось в Европу. Каким образом это слово попало в русский язык, сказать трудно. В «Хожении» Аф. Никитина оно, м. б., из персидского языка. Но и в тюркских языках это слово (заимствованное из арабского) известно с давнего времени и из тюркских языков могло попасть в русский. Дмитриев (38) относит его к «тюркизмам, требующим дополнительной аргументации».

АЛО́Э, нескл., ср. (устар. ало́й, -я, м.) — 1) «южное многолетнее травянистое растение семейства лилейных, с длинными толстыми, мясистыми листьями с шипами по краям», Aloe; 2) «сок листьев некоторых видов этого растения, заключающий лекарственное вещество», «сабур». Прил. ало́йный, -ая -ое. Укр. алое; блр. алья́с; болг. ало́е; с.-хорв. а́loj : а́loja : а́loje; чеш. aloe; польск. aloes. Ст.-сл. и др.-рус. книжн. алой в соответствии с греч. ἀλόη) встр. в «Песни песней» (IV, 14) по сп. XVI в., а прил. алоинъ — в Остр. ев., 1056—1057 гг. (Ио., XIX, 39) [Срезневский, I, 17—18; то же в SJS и др.]. В этой форме еще у Пушкина в стих. «Вертоград моей сестры», 1825 г.: «Нард, ало́й и киннамон / Благовонием богаты» (ПСС, II, 441). В форме алоэ — с XVII в. Встр. в МИМ, в 1: аловес (№ 132, 1633 г., 36), «алоэ шпатика» [№ 189 («Роспись лекарствам, привезенных из Гамбурга доктором Сибилистом), 1645 г., 82]; в. 2: «древа алоес» [№ 522 («Роспись лекарствам привозу Галанца Меллера»), 1674 г., 518]. Ср. также «древо алоес» в «Космогра-

фии» 1670 г. (419). ▫ Ср. франц. aloès, m.; нем. Áloe, f.; голл. áloë; англ. бот. aloe, но мед. aloes, pl. Первоисточник — греч. ἀλόη, f. — тж, отсюда позднелатин. aloë. В греческом языке, по Фриску, — «восточного происхождения из неизвестного источника» (Frisk, I, 77). На славянской почве это греческое слово в форме ало́й известно с давнего времени. Впоследствии это слово было заимствовано вторично, на этот раз с Запада, и в форме ало́э, но с ударением на о, как в ало́й. Совсем не обязательно считать источником заимствования немецкий язык. Среди московских лекарей XVII в. было немало и других чужеземцев: англичан, голландцев и др.

АЛТА́РЬ, -я́, м. — «у древних — место жертвоприношения, находившееся на возвышении», «жертвенник»; «главная, восточная часть (на некотором возвышении) христианского храма, отделенная иконостасом». В выражениях: приносить жертву на алтарь отечества, искусства, науки, любви и т. п. — «жертвовать своей жизнью во имя чего-л.». Укр. олта́р : вівта́р; блр. алта́р; болг. алта́р; с.-хорв. о̀лта̄р; словен. oltar; чеш. oltář; словац. oltár; польск. ołtarz; в.-луж. wołtar; н.-луж. wołtaŕ. Др.-рус. (с XI в.) алтарь (Остр. ев. и др.), чаще олтарь (Панд. Ант. XI в. и др.) [Срезневский, I, 18, II, 662]. Ст.-сл. алътарь : олътарь (SJS, I : 2, 28). ▫ Из позднегреческого ἀλτάριον, n. — «алтарь», а оно из латинского. Ср. латин. altar, altāre, n.: altāria, n., pl. — «жертвенник», от altus — «высокий», «высоко расположенный», «возвышенный». К латин. altāre восходят в романских языках: ит. altare; исп. altar; франц. autel. Из латинского: нем. Altár; англ. altar и др.

АЛФАВИ́Т, -а, м. — «принятый порядок расположения букв в письменности того или иного языка», «совокупность этих букв», «азбука». Прил. алфави́тный, -ая, -ое. Укр. алфаві́т; блр. алфаві́т. Ср. с.-хорв. алфа̀вит : ала̀бет; словен. alfabet; польск. alfabet. Болг. а́збука; чеш. abeceda. В русском языке слово алфавит известно с XVI в. (Срезневский, I, 18: алфавит — «словарь»). ▫ Ср. франц. (с XV в.) alphabet; англ. alphabet; нем. Alphabet; ит., исп. alfabeto; далее: афг. алпубе́ : алиффа́; курд. elîfba; турец. alfabe и др. Первоисточник для западноевропейских языков — позднелатин. (II—III вв. н. э.) новообразование alphabetum, по названиям первых букв греческой азбуки: ἄλφι и βῆτα (в позднегреч. произн. vita), которые в свою очередь были заимствованы с Востока. Ср. др.-евр. 'elef: *'alf — «бык», bajit — «дом»; первые буквы алфавита по-древнееврейски называются 'álef и bêt. Рус. алфавит (как и с.-хорв. алфа̀вит), вероятно, восходит к позднегреческому (византийской эпохи) образованию ἀλφάβητος, m. и f., которое отм. Истриным (III, 205) в греческом тексте «Хр. Г. Ам.» (в древнерусском тексте этому греч. слову соответствует азъбоуковьникъ). Ср. новогреч.

ἀλφάβητο(ν) — «алфавит», ἀλφαβῆτα — «азбука».

АЛЧНЫЙ, -ая, -ое — «жадный, корыстолюбивый». *Сущ.* а́лчность. В говорах: а́лошной : а́лашный (СРНГ, в. 1, с. 240). Болг. а́лчен, -чна, -чно, а́лчност. Ср. с.-хорв. устар. ла̑чан, -чна, -чно : ла̑чнӣ, -а̄, -о̄ — «голодный»; словен. láčen, -čna, -čno — «голодный» и «алчный»; чеш. lačný́, -á, -é — «голодный» и «алчный»; словац. lačný́, -á, -é — «голодный». В других слав. яз. (в том числе в других вост.-слав.) отс. Др.-рус. книжн. (с XI в.) алчьный, также алъчьнъ, алъчьный — «голодный»; ср. алъчь — «голод», также алъчьба — отглаг. образования от алъкати — «голодать», «поститься» (Срезневский, I, 19—20). Ст.-сл. лачънъ и алъчънъ (со вторичным после плавного, как и в лѧдин — «ладья», лѧнии — «лань») [SJS, I : 2, 27, 28]. ◻ В древнерусском — из старославянского. В русском языке следовало ожидать *лачный : *лачен. Любопытно отмеченное Далем (II, 843) как «камчатское» слово ла́ча — «ловля», «место ловли». М. б., это не коми-зырянское слово (Vasmer, II, 20), а исконно славянское (< о.-с. *olkja): ведь и *охота* по корню связано с *хотеть*? Тем более, что предполагаемая коми-зырян. праформа latša — «наудачу», «на авось» по значению не очень близка. В словарях коми-зырянского языка (в частности у Fokos-Fuchs) это выражение отс. Мы склонны относить к тому же гнезду и др.-рус. *Лаче озеро* в Сл. Дан. Зат. («место ловли»?) [Зарубин, 8]. О.-с. *olčьnъ, -a, -o, *olčьnьjь, -aja, -oje, с восходящим ударением на начальном слоге. Корень тот же, что в о.-с. *olkati [ср. рус. *лакать*], *olkomъ, -a, -o *olkomъjь, -aja, -oje [ср. рус. *лакомый* (см.)]. Ср. лит. álkanas — «голодный», álkti — «голодать», «быть голодным»; латыш. alkans — «голодный», «алчный», alkata — «ненасытный человек», alkt — «голодать»; др.-прус. alkīns — «тощий». За пределами балто-славянской группы ср. др.-в.-нем. ilgi — «голод», др.-ирл. elc : olc — «злой», «плохой». И.-е. корень *el- (:*ol-), расширитель -k- (Pokorny, I, 307).

АЛЫЙ, -ая, -ое — «ярко-красный». Ср. болг. а́лен, -а, -о — «алый»; с.-хорв. а̑л, неизм. — «розовый», «розоватый», но а̏лев(и), -а, -о — «алый», «пурпурный». В других слав. яз. отс. Ср. в том же знач.: укр. червóний, -а, -е, ясно-червóний; блр. яркачырвóны, -ая, -ае, пунсóвы, -ая, -ае; словен. škrlaten, -tna, -tno; чеш. jasně červený́, -á, -é, rudý́, -á, -é; польск. jasnoczerwony, -a, -e. В русском языке слово *алый* известно с XIV в. (1351 г.) [Срезневский, I, 20]. ◻ Слово тюркское, широко известное в тюркских языках с давнего времени: al — «оранжевая парча» (Brockelmann, 6), «красный», «розовый», «красновато-желтый» (Gabain, 293), «алый» (Малов, 356) и др. Ср. совр. турец. al — «алый», «розовый»; каз.-тат. ал — тж. См. также Радлов, I : 1, 349.

АЛЬБАТРОС, -а, м. — «крупная морская птица из отряда буревестниковых, с длинными узкими крыльями и загнутым клювом, обычно с белым (или дымчатого цвета) оперением и с черными краями крыльев, Diomedea (exulans, albatrus и др.). Укр., блр. альбатрóс; чеш., польск. albatros. В русском языке в словарях впервые отм. у Плюшара (I, 1835 г., 416). ◻ Ср. франц. (с 1750 г.) albatros; нем. Albatros; англ. albatross и др. Первоисточник — исп., порт. alcatraz — «пеликан», переделанное (с изменением значения) на английской почве сначала в algatrass, потом (м. б., под влиянием латин. albus — «белый») в albatross (порт. albatroz — «альбатрос» — из английского). Исп.-порт. alcatraz, возможно, находится в связи с порт. alcatruz — «бадья», «черпак», «ковш драги»; исп. arcaduz — «колодезная бадья» < alcaduz. Если так, то, м. б., первоисточник — араб. (al)-qadūs — «сосуд для черпания воды» (Wehr², 657), хотя это объяснение и не является общепринятым. Исп.-порт. alcatraz первоначально обозначало американского пеликана, и поэтому естественнее было бы искать источник этого наименования в индейских языках Америки (Bloch — Wartburg², 16). В русском языке — позднее заимствование из западноевропейских языков.

АЛЬБОМ, -а, м. — «тетрадь или книга, обычно в красивом переплете, с чистыми листами для стихов, рисунков, автографов, хранения коллекций (открыток, фотокарточек, марок) и т. п.». *Прил.* альбóмный, -ая, -ое. Укр. альбóм, альбóмний, -а, -е; блр. альбóм, альбóмны, -ая, -ае. Ср. болг. áлбум, албýмен, -мна, -мно; с.-хорв. а̏лбум; чеш. album; польск. album, albumowy, -a, -e. В русском языке употр. с начала XIX в. Встр. в стихотворениях Жуковского под общим названием «В альбом» (в заглавии и в тексте): 1806 г., 1814 г. (Соч., 17, 134) и более поздних; с 1817 г. — в стихотворениях Пушкина (см. СЯП, I, 36). В странной форме «*Альбаум*» это слово в 1808 г. было употреблено Державиным (Стих., 425) в заглавии и в тексте стихотворения [ср. замечание Грота в статье «Язык Державина»: «Некоторые названия (иностранные слова. — *П. Ч.*) встречаются у него в искаженном виде» (Державин, Соч., изд. под ред. Грота, IX, 343]. ◻ В русском языке — из французского. Ср. франц. album (произн. albɔ̃m); нем. Album; англ. album (произн. 'ælbəm); ит. albo : album; исп. album. Во французском восходит в конечном счете к латин. album — «покрытая белым гипсом доска, на которой верховный жрец вел летопись (annales maximi)», от albus — «белый».

АЛЬКОВ, -а, м. — «углубление, ниша в стене (обычно служащая спальней)». *Прил.* алькóвный, -ая, -ое. Укр. алькóв, алькóвний, -а, -е; блр. алькóў, алькóўны, -ая, -ое; болг. алков, алковен, -вна, -вно; чеш. alkovna; польск. alkowa. В русском языке слово *альков* известно с XVIII в.: Литхен, 1762 г., 3: *алков* — une alcove. ◻ Ср. (с тем же знач.) франц. alcôve > англ.

alcove; нем. Alkoven; ит. alcova; исп. alcoba. В русском языке — непосредственно из французского (alcôve), куда попало из испанского (alcoba), а в испанском является заимствованием из арабского. Ср. араб. al-qubba, где al — определительный член, qubba — «купол», «свод», «шатер», от глаг. qabba u (qabb) — «восходить», «подниматься» (Wehr², 658) [ср. болг. кубе́ — «купол», «свод» (здания); с.-хорв. кỳбе — «купол», «свод над очагом» < турец. kubbe — тж.]. От этого же слова (вульг.-араб. qubbat) происходит рус. кибитка, заимствованное при татарском посредстве (ср. каз.-тат. kibbet). Сюда отн. также название о-ва *Куба* (группы Больших Антильских), открытого Колумбом.

АЛЬМАНА́Х, -а, м. — «сборник беллетристических произведений разных авторов, объединенных или определенной темой, или определенным назначением и обычно непериодически выходящий»; «в старину — род календаря, заключающего в себе занимательные сведения и сообщения разного рода, преимущественно астрономического (и астрологического) характера». *Прил. устар.* альмана́шный, -ая, -ое. Укр. блр. альмана́х; болг. алмана́х; с.-хорв. àлманах; чеш., польск. almanach. В русском языке слово *альманах* в старом знач. известно с XVI в. [«Домострой» по Конш. сп., гл. 23: «рафли, *алманахи*» (< *алманахи*); Орлов, 22], а в смысле «литературный сборник» — с 20-х гг. XIX в.: «Московский *альманах* для прекрасного пола», 1825 г., «Невский *альманах*», выходивший с 1825 г. и др. (см. Смирнов-Сокольский, Указатель, №№ 266, 267 и сл.). ▫ Ср. франц. (с конца XIV в.) almanach; ит. almanacco; исп. almanaque; нем. Álmanach; англ. almanac, восходящие к средневек. латин. almanachus. Это слово, м. б., арабского происхождения. Ср. араб. al-munāḫ, где al — определительный член, а munāḫ — сущ. (с приставкой mu, обозначающей местонахождение) от глаг. nāḫa — «делать привал», (о верблюдах) «опускаться на колени» (Wehr², 896). Развитие значения: «место на привале, где можно услышать любопытные рассказы» > «сборник занимательно-календарного типа». Ср. Lokotsch, § 1389. Но это не единственное и не бесспорное объяснение. Другие авторы (см., напр., Dauzat¹¹, 27) с бо́льшим основанием возводят это слово к греч. ἀλμενιχιακά, *pl.* от ἀλμενιχιακόν, *n.* Оно встр. у историка церкви Евсевия Кесарийского (III—IV вв.) как название египетских календарей. Некоторые языковеды полагают, что в западно-европейских языках средневек. латин. almanachus (< греч. ἀλμενιχιακά) скрестилось с араб. al-munāḫ, усвоенным испанцами, а из испанского языка оно попало в другие языки Европы (Bloch—Wartburg², 20). В русском языке в новом знач. («литературный сборник») заимствовано (принимая во внимание время заимствования) из французского языка. Но в старом знач. (в русских памятниках XVI—XVII вв.)

это слово, м. б., позднегреческого или латинского происхождения.

АЛЮМИ́НИЙ, -я, м. — «легкий, мягкий и ковкий металл серебристого цвета; переходным продуктом для его получения является глиноземом», Aluminium. *Стар.* гли́ний. *Прил.* алюми́ниевый, -ая, -ое. Укр. алюмі́ній, алюмі́нійо́вий, -а, -е; блр. алюмі́ній, алюмі́ниевы, -ая, -ае. Ср. болг. алуми́ний, алуми́ниев, -а, -о; с.-хорв. алỳминиjум, алỳмӣниjумски, -ā, -ō; польск. aluminium (: glin), aluminiowy, -a, -e. Но чеш. hliník (ср. hlina — «глина»). В русском языке слово *алюминий* известно с 20-х гг. XIX в. (см. «Указатель открытий» за 1827 г., т. IV, ч. 1, № 1, с. 21 и сл., ст. «О добывании и свойствах *алюминия*»). Наряду с этой формой слова некоторое время употреблялась и форма *алюмний* (Даль, 1863 г., I, 11). ▫ Первоисточник — латин. alūmen, род. alūminis, *n.* — «квасцы» (получавшиеся путем специальной обработки глинозема и применявшиеся в древности как протрава при крашении тканей). От латинской основы alumin- английским химиком Дэви около 1812 г. было образовано слово aluminium, которое потом перешло из английского языка во французский и другие европейские (и неевропейские) языки.

АЛЯПОВА́ТЫЙ, -ая, -ое — «грубовато, безвкусно сделанный», «наляпанный». Стар. удар. аля́поватый (так еще в СРЯ¹, т. I, в. 1, 1891 г., 37; в совр. рус. яз. все прил. на *-оват-* имеют ударение на этом суф.). *Нареч.* аляпова́то. В русском языке сначала появляется *ляповатый*, *ляповато*. Ср. уже у Вейсмана, 1731 г., 150: «etwas einfältig machen» — «грубо, нечистою работою, *ляповато делати*». С начальным *о* (и, конечно, со старым ударением на *ля*) — *оля́поватый* (и *аля́поватый*) это слово в словарях отм. с 30-х гг. XIX в. (Соколов, I, 1834 г., 13). ▫ Из *оля́поватый*, а оно — вм. *ля́поватый* (от *ля́пать*, *о(б)ля́пать* в первоначальном, звукоподражательном знач.: «шлепать чем-н. мокрым или грязным, оставляя пятна» > «пачкать») — старшее знач. «пятнастый, с ляпами» [см. Даль, II, 886, 1180, 1250; ср. там же (886): *ляпу́н* — «маральщик», «пачкун», «плохой живописец или плохой мастер»].

АМБА́Р, -а, м. — «неотапливаемая постройка, предназначенная для хранения зернового хлеба, муки, а иногда и других, гл. обр. съестных припасов». В говорах *анбар* (СРНГ, в. 1, сс. 254—255). *Прил.* амба́рный, -ая, -ое. Укр. амба́р, амба́рный, -а, -е (но блр. свíран, клець). Ср. болг. хамба́р, хамба́рен, -а, -о; с.-хорв. (х)àмбар, (х)àмбарски, -ā, -ō; но словен. žitnica; чеш. sýpka; польск. skład, spichlerz. В форме *анбар* и *онбар* это слово встр. уже в XVI в.: в «Духовной» Леонтия Дмитриева начала XVI в.; в «Купчей» 1544 г. (Срезневский, II, 672; Доп., 4). Кроме того, ср. *онбаръ* в «Домострое» по Коншин. сп. (Орлов, 53, 55 и др.). ▫ В русский язык могло попасть из тюркских языков [где оно известно с давнего времени: ср. в «Ср.-аз. тефсире XII—XIII вв.»: анбар (Боровков, 51)]. Ср. турец. ambar — «склад», «амбар», а также «трюм»; ср. ambarkman — «погрузка»; каз.-тат. амбар и др. (возможно и с согласным *н*: см. Радлов, I : 1, 243, 652). В тюркских языках, м. б., из арабского: anbār (nibr), *pl.* anābir — «амбар», «склад товаров», «магазин»; ср. nabara i (nabr) — «поднимать» (тяжесть, груз) [Wehr², 26, 835]. Слово это известно и в персидском языке: ämbar (ämbār : änbār) — «навес», «сарай»; также в афг. амба́р; курд. embar : umbar. По Локочу, первоисточник — перс. änbār > > ämbār (Lokotsch, § 77); отсюда оно и в тюркских языках и в русском. У Дмитриева в его перечне тюркизмов отс.

АМБИ́ЦИЯ, -и, *ж.* — «обостренное (повышенное) чувство собственного достоинства», «преувеличенное самолюбие», «спесивость», «чванство». *Вломиться, удариться, войти в амбицию* — «проявить крайнюю обидчивость». Укр. амбі́ція (вда́тися в амбі́цію); блр. амбі́цыя (кі́нуцца ў амбі́цыю); болг. амби́ция; с.-хорв. а̀мбициjа; чеш. ambice; польск. ambicja. В русском языке слово *амбиция* известно с начала XVIII в. [«Архив» Куракина, III, 314, 1710—1712 гг.; I, 290, 1723 г.: *амбиция*; кроме того: Смирнов, 36 (со ссылкой на «Лексикон вок. новым», где это слово дано в форме *амбицио*)]. В украинском языке слово *амбиция* известно с 1621 г. (Тимченко, IC, 20). □ В русском языке, по-видимому, при украинском посредстве, а в украинском — непосредственно из латинского. Ср. латин. ambitiō, *f.* — «тщеславие», «честолюбие», «суетность» [сначала «хождение вокруг», «обхождение», «обхаживание», от ambiō (amb+eo) — «хожу вокруг», через ambitus — «хождение вокруг»]. Отсюда франц. ambition, *f.* — «честолюбие», «властолюбие» > нем. Ambition, *f.*; ит. ambizione (z=ц) < латин. ambitiōnem (вин. от ambitiō).

АМБРАЗУ́РА, -ы, *ж.* — «оконный или дверной проем в стене»; «отверстие в укреплении, баррикаде, башне для стрельбы из орудий», «бойница». *Прил.* амбразу́рный, -ая, -ое. Укр., блр., болг. амбразу́ра; польск. архит. ambrazura (но воен. strzelnica; ср. чеш. střílna — тж.). В русском языке слово *амбразура* известно с начала XVII в. Впервые встр. в «Уставе ратных дел», 1607—1621 гг., ч. I, 95. Смирнов (36) отм. это слово (в форме *амбрассура*) в сочинении Бринка «Описание артиллерии», 1710 г. (перевод с голландского Виниуса). □ Заимствовано, вероятно, из французского. — Ср. франц. (с XVI в.) embrasure, *f.* — тж. [от глаг. embraser — «расширять» (напр., оконные проемы), совр. ébraser — «делать откосы (оконных или дверных проемов)» (не смешивать с embraser — «воспламенять»!)]. Отсюда англ. embrasure. В немецком и голландском иначе: нем. архит. Fensternische, воен. Schießscharte; голл. архит. vensternis, воен. schietgat.

АМБУЛАТО́РИЯ, -и, *ж.* — «лечебница, лечебное учреждение, оказывающее медицинскую помощь приходящим больным». *Прил.* амбулато́рный, -ая, -ое. Укр. амбулато́рія, амбулато́рний, -а, -е; блр. амбулато́рыя, амбулато́рны, -ая, -ае; болг. амбулато́рия, амбулато́рен, -рна, -рно; с.-хорв. амбула̀нта, амбула̀нтни, -а̄, -о̄; чеш. ambulatorium, прил. ambulatorní (врач), ambulantní (больной); польск. ambulatorium, ambulatoryjny, -a, -e [но «амбулаторный больной» — chory przychodni (przychodzący)]. В русском языке, кажется, сначала появилось выражение *амбулаторная клиника* (Толль, НС, I, 1863 г., 93; Михельсон 1865 г., 39, со странным толкованием: «заведение для лечения больных, лежащих в постели»; ср. у Толля, уп.: «больные приходят только в назначенные часы»). Слово же *амбулатория* входит в употр. несколько позже: в словарях отм. с 1891 г. (СРЯ¹, т. I, в. 1, с. 38). □ Возможно, непосредственно из латинского или при немецком посредстве. Ср. нем. Ambulatórium (но ср. ambulanter Kranker — «амбулаторный больной»); ит., исп. ambulatorio. По-французски «амбулатория» — dispensaire (> англ. dispensary — тж.), но ср. ambulance — «полевой (походный) госпиталь», «медпункт», ambulatoire — «амбулаторный» (напр., больной), вообще ambulant, -e — «походный», «передвижной», «бродячий» (ср. нем. ambulant — тж.). Первоисточник — латин. ambulātōrius — «прогуливающийся», «переходящий», «подвижной», «совершаемый на ходу», от ambulō — «прохаживаюсь», «передвигаюсь» [далее — неясно: едва ли к ambiō (amb+eo) — «хожу вокруг»].

АМИ́НЬ — *частица, церк.* «употр. в качестве заключительного слова молитв, проповедей и означает: 'воистину', 'истинно так', 'да будет так'»; *сущ., м.,* обычно в *знач. сказ., устар.* «конец», «все конечно». Укр. амі́нь; блр. амі́н; болг. ами́н; с.-хорв. а̀мӣн. Словенцы и др. славяне употр. латин. amen. Так же на Западе: франц. amen; нем. Amen; англ. amen и т. д. Др.-рус. (с XI в.) аминъ (Срезневский, I, 21). □ Латин. (эпохи распространения христианства) āmēn из церк.-греч. ἀμήν [которое, в свою очередь, восходит к др.-евр. āmēn — «верный», «надежный», «истинный» (и «поистине», «да будет так»)]. В греч. еванг. текстах — «да будет так» < «да будет неизменно». Ср. араб. āmīn — тж. (при amīn — «верный», «истинный», «надежный», «преданный», «справедливый», amuna u (amāna) — «быть верным, надежным» (Wehr², 24, 25). В русском языке — из старославянского, а там непосредственно из позднегреческого [византийской поры, с произношением i вм. η (ē)].

АМНИ́СТИЯ, -и, *ж.* — «отмена или смягчение судебного наказания, производимые верховной властью». *Глаг.* амнисти́ровать. Укр. амні́стія, амністува́ти; блр. амні́стыя, амнісці́раваць; болг. амни́стия, амнисти́рам — «амнистирую»; с.-хорв. амне̏сти̏ja, амнести́рати; чеш. amnestie, amnestovati;

польск. amnestia, amnestionować. В русском языке слово *амнистия* известно с самого начала XVIII в.: «Лексикон вок. новым»: *амнистиа* (с припиской Петра I: «забытие прегрешений») [Смирнов, 36]; ПбПВ, III, 132, 1704 г.; «Архив» Куракина, IV, 21, 1711 г. и др. Глаг. *амнистировать* появился позже (см. ССРЛЯ, I, 118: Герцен, Письма М. К. Рейхель, 19-V-1856 г.). ▫ Ср. франц. (с XVI в.) amnistie, *f.*, (с 1795 г.) amnistier, нем. Amnestíe, *f.*, amnestieren; англ. amnesty; ит. amnestía, amnistía; исп. amnistía. В западноевропейских языках, в конечном счете, из греческого. Ср. греч. ἀμνηστία — «прощение», «забвение» (ἀ- приставка со значением отсутствия, отрицания; корень тот же, что в μιμνήσχω, перф. μέμνημαι — «напоминаю», «вспоминаю»). В некоторых западноевропейских языках — при посредстве латин. amnestia — «забвение», «прощение».

АМПУТА́ЦИЯ, -и, *ж.* — «удаление хирургическим путем больной или поврежденной конечности или ее части». *Прил.* **ампутацио́нный**, -ая, -ое. *Глаг.* **ампути́ровать**. Укр. ампута́ція, ампутаці́йний, -а, -е, ампутува́ти; блр. ампута́цыя, ампутацы́йны, -ая, -ае, ампутава́ць; болг. ампута́ция, ампутацио́нен, -нна, -нно, ампути́рам — «ампутирую»; с.-хорв. ампута́ција, ампути́рати; чеш. amputace, прил. amputační, amputovati; польск. amputacja, (z)amputować. В русском языке слово *ампутация* известно с начала XIX в. (Яновский, I, 1803 г., 124); прил. *ампутационный* отм. Далем (I, 1863 г., 13). Глаг. *ампутировать* находим в ПСИС 1861 г., 30. ▫ Из западноевропейских языков. Ср. франц. amputation, *f.*, amputer > англ. amputation, amputate; нем. Amputatión, *f.*, amputieren. Первоисточник — латин. amputātiō — «отсечение», «обрезывание», от amputō (< *ambe или ambi+puto) — «отрубаю», «отсекаю» [ср. putō — «чищу», «подчищаю», «подстригаю»; приставка amb- (ambi- : ambe-) значит «вокруг», «кругом»].

АНА́ЛИЗ, -а, *м.* — «изучение (научное исследование) какого-л. сложного явления (или вещества, предмета и т. п.) путем разложения (расчленения) его на части, на составные элементы», «всесторонний разбор, рассмотрение». *Прил.* **аналити́ческий**, -ая, -ое (от *аналитика*). *Глаг.* **анализи́ровать**. Укр. ана́ліз, аналіти́чний, -а, -е, аналізува́ти; блр. ана́ліз, аналіты́чны, -ая, -ае, аналізава́ць; болг. ана́лиз, аналити́чен, -чна, -чно, анализи́рам — «анализирую»; с.-хорв. ана́лиза, *ж.*, анализи́рати; чеш. analysa, analytický, -á, -é, analysovati; польск. analiza, *ж.*, analityczny, -a, -e, (z)analizować. В русском языке слово *анализ*, сначала в форме *анализис*, известно с первого десятилетия XVIII в. [Смирнов, 37, со ссылкой на книгу Штурма «Архитектура воинская» (1709 г.), где это слово находится в словосочетании «(знать) *анализин специозам*» (латин. analysin speciosam — вин. п. от analysis speciosa)]. В форме *анализ* отм. с начала XIX в. (Яновский, I, 1803 г., 135, который, однако, дает эту форму как равноправную с *анализис* и *аналитика*). Прил. же *аналитический* (от *аналитика*) известно с 1780 г. (Нордстет, I, 5). Любопытно, что Курганов в «Письмовнике» (1777 г., 421) отметил это слово в форме *анализия* (м. б., опечатка вм. *анализис*?) и со знач. «решение». Глаг. *анализировать* встр. с самого начала XIX в. (журн. «Лицей», 1806 г., № 3), наряду с *раздроблять, разлагать* (Веселитский, 40); в словарях отм. с 1847 г. (СЦСРЯ, I, 8). ▫ В конечном счете *анализ* восходит к греч. ἀνάλυσις (из ἀνά — «вверх», «сверху» и λύσις, от λύω — «отвязываю», «развязываю», «разрываю», «освобождаю») — «освобождение», «разложение», «расчленение», «анализ». Отсюда — позднелатин. схоластич. analysis и прил. analyticus и далее — западноевропейские: англ. analysis; исп. análysis. Ср. франц. (с конца XVI в.) analyse, *f.*, (с XVI в.) analytique, (с 1698 г.) analyser; из французского — нем. Analýse, *f.*. В русском языке в форме *анализ*, вероятно, из французского; в форме *анализис*, видимо, из латинского.

АНА́РХИЯ, -и, *ж.* — «отсутствие всякого управления, безвластие, безначалие»; «отсутствие плановой организации»; «стихийность», «хаотичность»; *разг.* «беспорядок», «неразбериха». *Прил.* **анархи́ческий**, -ая, -ое. *Сущ.* **анархи́ст**, *женск.* **анархи́стка**. Сюда же **анархи́зм**. Укр. ана́рхія, анархі́чний, -а, -е, анархі́ст, анархі́стка, анархі́зм; блр. ана́рхія, анархі́чны, -ая, -ае, анархі́ст, анархі́стка, анархі́зм; болг. ана́рхия, анархи́чен, -чна, -чно, анархи́ст, анархи́стка, анархи́зъм; с.-хорв. ана́рхија, ана̀рхичан, -чна -чно : ана̀рхични, -а̄, -о̄, анархи́стичан, -чна, -чно : анархи́стични, -а̄, -о̄, ана̀рхист(а), *м.*, анархи́зам; чеш. anarchie, anarchistický, -á, -é, anarchista, *м.*, anarchistka, anarchismus; польск. anarchia, anarchiczny, -a, -e, anarchista, *м.*, anarchistka, anarchizm. В русском языке слово *анархия* известно с XVIII в. Отм. в первом (неоконченном) академическом словаре 1735—1766 гг. (Макеева, 95); позже — у Нордстета (I, 1780 г., 5), там же *анархический*. Даль (I, 1863 г., 14): *анархист, анархистка*. Позже в словарях получило отражение слово *анархизм* (Ефремов, 1911 г., 26), хотя оно вошло в обращение значительно раньше этого времени. Оно, напр., неоднократно встр. в сочинениях Ленина [статья «*Анархизм* и социализм», 1901 г. (ПСС⁵, V, 300)]. ▫ Из западноевропейских языков. Ср. франц. (с XIV в.) anarchie, (с 1791 г.) anarchiste, (конец XIX—начало XX в.) anarchisme (отметим, между прочим, ошибочность распространенного у нас утверждения, что термин anarchisme был создан Прудоном: Прудон создал свою теорию анархизма, но он называл такие общественные отношения словом Anarchie (см., напр., его «Idée générale de la révolution au XIX s.», 1851 г., 142: «le terme final, fatidique est *l'Anarchie*»); нем. Anarchie, Anarchist, (с конца XIX в.) Anarchismus (ср., кстати, работу Плеханова на немецком языке: «Anarchismus und Sozialismus», Berlin, 1894 г.); англ. anarchy, anarchist, anarchism. В западноевропейских языках восходит, в конечном счете, к греч. ἀναρχία — «безначалие», «безвластие», «беспорядок» (из ἀν- — отрицательная приставка и ἀρχή — «начало», «основание», «власть», «господство»).

АНАТО́МИЯ, -и, ж. — «наука о форме и строении отдельных органов и организма в целом (человека, животных, растений)». *Прил.* анатоми́ческий, -ая, -ое. *Глаг.* анатоми́ровать. Сюда же ана́том. Укр. анато́мія, анатомі́чний, -а, -е, анатомува́ти, ана́том; блр. анато́мія, анатамі́чны, -ая, -ае, анатамі́раваць, ана́там; болг. анато́мия, анатоми́чен, -чна, -чно, анатоми́рам — «анатомирую», анато́м; с.-хорв. анато̀мија, анато̀мски, -ā, -ō; чеш. anatomie, anatomický, -á, -é, anatom [но «анатомировать» — pitvati (< *pytvati)]; польск. anatomia, anatomiczny, -a, -e, anatom (но «анатомировать» — sekcjonować). В русском языке слово *анатомия* появилось на рубеже XVII—XVIII вв. Оно встр. в «Путешествии» П. А. Толстого (Неаполь, 1698 г., 42) и в других памятниках конца XVII в. В начале XVIII в. это уже обычное слово: «Ведомости» от 25-I-1704 г., 112; «Архив» Куракина, I, 1706 г., 144. В словарях — с 1731 г. (Вейсман, 20). К 20-м гг. XVIII в. получило распространение и прил. *анатомический*. Ср. в указе Петра I около 1723 г.: «художества: математическое... анатомическое» (ЗАП I, т. I, 139). Позже входит в обращение глаг. *анатомировать* [«Кн. Устав морск.», 1720 г., 175: «то его велѣть доктору *анатомировать*» (КДРС)]. Вместо *анатом* сначала говорили *анатомист* (Яновский, I, 1803 г., 141), но Даль (I, 1863 г., 14) дает уже *анатом*. ▫ Из немецкого или голландского языка. Ср. нем. Anatomíe, *f.*, Anatóm, anatómisch, anatomíeren; голл. anatomíe, anatóom : anatomist, anatomisch, anatomiséren (при франц. anatomie, *f.*, anatomiste, *m.*, anatomiser; англ. anatomy, anatomist, anatomize). Первоисточник — греч. ἀνατομή — «рассечение», «разрезание», «вскрытие», от ἀνατέμνω — «разрезаю», «рассекаю», «вскрываю»; ср. τέμνω — «рублю», «секу», «режу», (ἀνα- — приставка со знач.: «на», «вверх», «сверху»). След., от того же корня, что и греч. ἄτομος — «атом» (см. *атом*).

АНА́ФЕМА, -ы, ж. — *церк.* «церковное проклятие», «отлучение от церкви»; *прост.* употр. как бранное слово («проклятый»). [В индивидуальном употреблении, в форме *Ана́тэма*, это слово (в известной пьесе Л. Андреева) значит также «Некто, преданный заклятию», «Князь тьмы»]. *Прил.* ана́фемский, -ая, -ое. *Глаг.* анафе́мствовать, анафема́тствовать. Укр. ана́фема, ана́фемський, -а, -е, анафема́тствувати; блр. ана́фема, ана́фемскі, -ая, -ае. Ср. болг. ана́тема, анатемо́свам — «предаю анафеме»; с.-хорв. а̀натема, анатѐмисати; словен. anatema (: prekletstvo); чеш. anathema; польск. anatema. Ср. франц. anathème; нем. Anathém : Anáthema; англ. anathema. Др.-рус. (с XII в.) ана-фема, иногда анатема (Срезневский, I, 22). Ст.-сл. анаѳема: анаѳема (SJS, I : 2, 35). Глаг. *анафематствовать* отм. с 1704 г. (Поликарпов, 2 об.: *анафема́тствую*), прил. *анафемский* — с 1891 г. (СРЯ¹, т. I, в. 1, с. 44). ▫ Заимствовано из греческого. Ср. греч. ἀνάθημα — собств. «возложенное», а также «возложение», «возношение», «приношение», далее: «священное приношение», «жертвоприношение по обету» (от ἀνα- — «над», «вверх», «сверху» и τίθημι — «ставлю», «кладу», «воздвигаю», «приношу в дар», «посвящаю»). Позже, в период распространения христианства, это слово получило в греческом языке новое знач.: «проклятие в церкви» (т. е. сначала — процесс проклинания, отлучения от церкви кого-л., поставленного на видном месте, на виду, а потом и заочно); «человек, преданный проклятию и выставленный на всеобщий позор, отлученный от церкви» [в этом, более позднем знач. слово писалось ἀνάθεμα (с ε вм. η) и в позднегреч. произносилось anáfema].

АНГА́Р, -а, *м.* — «сооружение для стоянки и текущего ремонта самолетов и вертолетов». Укр., блр. анга́р; болг. ханга́р; с.-хорв. ха̀нга̄р; чеш., польск. hangar. В русском языке слово *ангар* известно с 80-х гг. XIX в. Ср. Карташев — Бельский, 1887 г., 106: *ангар* — «навес на столбах». В совр. знач. несколько позже [Блок, «Авиатор», 1910—январь 1912 г.: *ангары* (СС, III, 33)]. ▫ Слово французское, употр. с XVI в.: hangar — собств. «навес», а также «ангар», «эллинг» [возможно, из средневек. латин. angarium — «место, где подковывают лошадей», но изменившего форму под влиянием германского корневого гнезда *hanh-: *hāh- (ср. нем. устар. и диал. hangen — «подвешивать»)]. Из французского — нем. Hangár; англ. hangar и др.

А́НГЕЛ, -а, *м.* — «в религиозной мифологии — сверхъестественное существо, божий вестник, посланец, изображающийся на иконах (и картинах) в виде юноши с крыльями». *Прил.* а́нгельский, -ая, -ое. Укр. а́нгел, а́нгельский, -а, -е; блр. анёл, анёльскі, -ая, -ае; болг. а́нгел, а́нгелски, -а, -о; с.-хорв. а̀нђео, а̀нђеоскӣ, -ā, -ō; словен. angel, angelski, -a, -o; чеш. anděl, andělský, -á, -é; словац. anjel, anjelský, -á, -é; польск. anioł (ст.-польск. angieł > angioł), anielski, -a, -ie; в.-луж. jandźel, jandźelski; н.-луж. jandźel, jandźelski, -a, -e. Др.-рус. (с XI в.) ангелъ (: аггелъ : анъгелъ : аньгелъ), ангельскъ, ангельский > ангельский (Срезневский, I, 22, 23, Доп., 1). Ст.-сл. ангелъ: аггелъ: анѳелъ: аньѥлъ, ангельскъ, ангельскъιн, -аıа, -оıє (SJS, I : 2, 36, 37). ▫ Заимствование эпохи распространения христианства среди славян: из греческого языка у восточных и южных славян, но из латинского у западных. Ср. греч. ἄγγελος (γγ = ng) — «вестник», «посланец», «гонец», отсюда ἀγγέλλω — «возвещаю», «сообщаю», «объявляю». Латин. angelus — «вестник» — из греческого. Происхождение греч. ἄγγελος неясно. М. б. восточного происхождения (см. Frisk, I, 8).

АНГИ́НА, -ы, ж. — «заразное заболевание: острое воспаление слизистой оболочки зева, миндалин». *Прил.* анги́нный, -ая, -ое. Укр., блр. ангі́на; болг. анги́на; с.-хорв. анги́на; чеш. angina; польск. angina. В русском языке (сначала как латинское слово) известно с XVII в.: «немочь зовется по латыни *ангина*» (МИМ, в. 1, с. 44, 1643 г.). В словарях — с 1803 г. (Яновский, I, 149). ◻ Ср. франц. angine; нем. Angina; англ. angina; ит. angina; исп. angina и др., а также турец. anjin; перс. анжин. Первоисточник — латин. angina — «удушье», от angō (инф. angere) — «душу», «давлю», «причиняю беспокойство».

АНЕВРИ́ЗМА, -ы, ж. (также **аневри́зм,** -а, *м.*) — «болезненное местное расширение просвета артерии, напр. опасное для жизни расширение аорты». Укр. аневри́зма : аневри́зм; блр. анеўры́зма : анеўры́зм; болг. аневри́зъм; чеш. aneurysma; польск. anewryzm. Но не во всех слав. яз.: ср., напр., с.-хорв. **о̀ток, про̀шира** и др. В русском языке это слово известно с 1-й четверти XIX в. В форме *аневризм* встр. у Пушкина в письме Казначееву от 22-V-1824 г.: «Вы может быть не знаете, что у меня *аневризм*» (ПСС, XIII, 93). В форме ж. р. — позже, у Плюшара (II, 1835 г., 301: *аневрисма*). ◻ Из французского языка. Ср. франц. (с XVI в.) anévrisme, *m.* > англ. aneurism; нем. Aneurysma, *n.* Первоисточник — греч. ἀνεύρυσμα — «расширение», от ἀνευρύνω — «расширяюсь», «шире раскрываю», от νευρόω — «натягиваю» (к νευρά — «тетива», νεῦρον — «сухожилие», «струна», «тетива»).

АНЕКДО́Т, -а, *м.* — «короткий, рассчитанный на устную передачу, смешной, забавный рассказ»; «смешная, нелепая история, случай, происшествие». *Прил.* анекдоти́ческий, -ая, -ое. Укр. анекдо́т, анекдоти́чний, -а, -е; блр. анекдо́т, анекдаты́чны, -ая, -ае; болг. анекдо́т, анекдоти́чен, -чна, -чно; с.-хорв. анегдо́та, *ж.*; чеш. anekdota, *ж.*, anekdotický, -á, -é; польск. anegdota, *ж.*, anegdotyczny, -a, -e. В русском языке слово *анекдот* употр. примерно с середины XVIII в., но гл. обр. со знач. «небольшой устный рассказ о необычном, заслуживающем внимания случае, происшествии с кем-л., особенно с лицом историческим» (не заключающий ничего смешного). Напр., в «Записках» Порошина, в записи от 22-X-1764 г. (86): «граф ... рассказывал о ... касающихся до меня *анекдотах*». Ср. в журнале «Вестник Европы» за 1803 г. (ч. VII, № 3, 290) заглавие трогательного, отнюдь не забавного рассказа «Героическая любовь супруги. Истинный *анекдот*». В словарях — с 1803 г. (Яновский, I, 152), со старшим знач. В том же смысле («небольшой занимательный рассказ» или даже просто «происшествие», «случай») часто у Пушкина (СЯП, I, 41). Так и позже [ср. у Достоевского название рассказа: «Скверный *анекдот*», 1862 г. (=случай)]. С совр. знач. («смешная, нелепая история») в словарях впервые — у Ушакова (I, 1935 г., 40). *Прил.* анекдотический

в словарях — с 1847 г. (СЦСРЯ, I, 9). ◻ Из французского языка. Ср. франц. anecdote, *f.* > нем. Anekdote, *f.*; исп. anecdota, *f.*; ит. aneddoto, *m.* Первоисточник — греч. ἀνέκδοτος — (о женщине) «не выданная замуж», «незамужняя»; далее «неопубликованный», «необнародованный», еще позже — «неизданный». Ср Ἀνέκδοτα, *pl., n.* — название сочинения Прокопия Кесарийского (VI в.), бичующего нравы «высшего света» при императоре Юстиниане. В греческом от ἐκδίδωμι (ἐκ-, перед гласными -ἐξ- приставка=латин. ex-) — «выдаю», «передаю», «выношу наружу», «выпускаю в свет», ἔκδοτος — «выданный» (ἀν- — отрицательная приставка перед начальным гласным).

АНИ́С, -а, *м.* — «опушенное травянистое однолетнее растение семейства зонтичных с серыми, волосистыми плодами, семена которых употр. как пряность; один из видов растения бе́дренец», Pimpinella anisum. *Прил.* ани́совый, -ая, -ое, отсюда **ани́совка.** Укр. ані́с (: га́нус), ані́совий, -а, -е; блр. ані́с, ані́савы, -ая, -ае. Ср. болг. анасо́н (< турец. anason), анасо́нов, -а, -о; с.-хорв. а̀ниш : а̀ниж; словен. janež; чеш. anýz (ст.-чеш. anéz, anýz : anéž, anýž), anýzový, -á, -é; словац. aníz; польск. anyż (: biedrzeniec), anyżowy, -a, -e. В русском языке слово *анис* (: *онис*) известно со 2-й пол. XVI в. [«Книга расходная Николаевского Карельского мон.», 1560—1563 гг., л. 70 (КДРС)]. В XVII в. это уже привычное название. Напр., в МИМ: «*анису* по золотнику» (в. 2, с. 281, 1665 г.); прил.: «масла *онисового*» (в. 1, с. 3, 1630 г.); «водку *анисовую*» (в. 1, с. 7, 1630 г.). ◻ Ср. франц. anis; нем. Anís; англ. anise. Первоисточник — греч. ἄνισον : ἄνηθον — «укроп» > латин. anīsum (: anēsum). Происхождение неизвестно (Frisk, I, 106). В русском языке, м. б., из латинского (как название лекарственного растения), через врачей и аптекарей.

АНКЕ́ТА, -ы, *ж.* — «опросный лист для получения определенных сведений о том, кто его заполняет»; «вопросник». *Прил.* анке́тный, -ая, -ое. Укр. анке́та, анке́тний, -а, -е; блр. анке́та, анке́тны, -ая, -ае; болг. анке́та, анке́тен, -тна, -тно; с.-хорв. а̀нкета; чеш. anketa, anketový, -á, -é; польск. ankieta, ankietowy, -a, -e. В русском языке — довольно позднее заимствование. Ср. еще у Ленина в письме М. И. Ульяновой от 24-I-1899 г.: «сельскохозяйственная статистика, enquête'ы, отчеты английских комиссий» (ПСС[5], LV, 130). В словарях впервые — у Брокгауза—Ефрона (т. XXIX, п/т 57, 1900 г., 205). ◻ Из западноевропейских языков. Ср. франц. enquête, отсюда нем. Enquete. Ср. также ит. inchiesta (:questionatio); исп. encuesta и т. д. В романских языках восходит к латин. (in)quaestiō — «расспрашивание», «опрос», «допрос» (к quaerō, супин quaesītum — «ищу», «разыскиваю», «веду следствие», отсюда inquīrō — «вникаю»).

АННОТА́ЦИЯ, -и, *ж.* — «краткое рекомендательное изложение содержания книги, статьи и т. п., иногда с критической оценкой»; «примечание, коротенькая заметка, справка библиографического характера». *Глаг.* **аннотировать**. Укр. **анота́ція, анотува́ти**; блр. **аната́цыя, анатава́ць**; болг. **анота́ция, аноти́рам**; польск. adnotacja; словац. anotácia. В других слав. яз. отс. Ср., напр., чеш. zpráva. В русском языке известно (со знач. «примечание», «заметка») с начала XVIII в. (Смирнов, 38—39, со ссылкой на ПСЗ, VII, № 4285). Глаг. *аннотировать* вошел в употр. значительно позже, в 1-й пол. XX в. (Шанский, ЭСРЯ, в. 1, с. 119). ▫ Вероятно, из голландского языка. Ср. франц. annotation, *f*., annoter > англ. annotation, annotate; нем. Annotation, annotieren; особо голл. annotatie, annoteren. Первоисточник — латин. annotātiō — «письменная пометка», «примечание», «замечание», к annotō — «отмечаю», «помечаю», «делаю заметку», «озаглавливаю» и далее — к nota — «знак», «отметка», «письменный знак», «пометка».

АНОНИ́М, -а, *м.* — «автор письма, книги и т. п., не сопроводивший свое сочинение никакой подписью»; «сочинение неизвестного автора», «сочинение без подписи». *Прил.* **анони́мный, -ая, -ое.** Укр. **анонім, аноні́мний, -а, -е**; блр. **ананім, ананімны, -ая, -ае**; болг. **анонім, анонімен, -на, -мно**; с.-хорв. **анòниман, -мна, -мно : анòнимни, -ā, -ō**; чеш. anonym, anonymní; польск. anonim, anonimowy, -a, -e. В русском языке *аноним* (со знач. «сочинение неизвестного автора», «сочинение без подписи») известно с начала XIX в. (Яновский, I, 1803 г., 159). У Пушкина (СЯП, I, 42) — в знач. «сочинение без подписи» и «автор такого сочинения». Прил. *анонимный* в словарях отм. с 60-х гг. XIX в.: Толль, НС, I, 1863 г., 122; Даль, I, 1863 г., 15 (*анони́м*). ▫ Ср. франц. (с XVI в.) anonyme, *m.* и прил. — «аноним» и «анонимный»; англ. anonymous (author); нем. Anonymus. Первоисточник — греч. ἀνώνυμος — «не имеющий имени», «безымянный» (ср. ἀν- — отрицательная приставка, ὄνομα : ὄνομα — «имя», «название»). В русском языке — через западноевропейское посредство.

АНТЕ́ННА, -ы, *ж.* — устройство для излучения и приема радиоволн»; *зоол.* «усик (у членистоногих)». *Прил.* **анте́нный, -ая, -ое.** Укр. **анте́на**; блр. **антэ́на**; болг. **антéна**; с.-хорв. **анте́на**; чеш. antena; польск. antena. Если не считать сомнительного *антенна* — «рея на корабле» [«*антена* гроот*е рее*» в «Новом галанском корабельном строении», 1709 г., 125 (КДРС)], видимо, не получившего распространения на русской почве, можно полагать, что это слово сначала появилось у нас как зоологический термин. Только с таким значением мы находим слово *антенна* у Брокгауза—Ефрона (Доп., т I, п/т, 1, 1905 г., 125). В смысле же «радиоантенна» это слово вошло в общее употр. с 20-х гг. XX в. (Вайсблит, 1926 г., 32; Левберг, 1928 г., 15). ▫ Из французского языка. Ср. франц. antenne — «рея» > «антенна»; из французского: англ. antenna; нем. Antenne; ит. antenna; исп. antena, а также фин. (с.) antenni; турец. anten; перс. антэн;; афг. а̄нте́н. Первоисточник — латин. antemna > antenna — «рея» (поперечный брус на мачтах, к которому прикрепляются паруса); неясного происхождения: едва ли от tendō — «тяну», «протягиваю», «растягиваю».

АНТИЛО́ПА, -ы, *ж.* — «жвачное парнокопытное млекопитающее семейства полорогих (Bovidae); различается несколько групп антилоп, в частности, группа газелей (Gazella) [к которой принадлежат и обитающие на территории СССР джейран (Gazella subgutturosa), дзерен (Gazella gutturosa)], сайгаки и др.». Укр. **антило́па**; блр. **антыло́па**; болг. **антило́па**; с.-хорв. **антило̀па**; чеш. antilopa; польск. antylopa. Отм. впервые у Плюшара (II, 1835 г., 357: *антилопа*). В XIX в. также *антило́п*, *м.* (СРЯ[1], т. I, в. 1, 1891 г., 50). ▫ Ср. англ. (с 1607 г.) antelope > франц. (с 1764 г.) antilope > нем. Antilope; ит. antilopa. Первоисточник — средневек. греч. ἀνθόλωψ > средневек. латин. ant(h)alopus. Происхождение не выяснено. Дословное толкование греческого слова [напр., «Blumenauge» у Пауля (Paul[5], I, 35)], пожалуй, на первый взгляд имеет мало смысла: получается нечто вроде «цветочный (или цветной?) взор»: ср. ἄνθος — «цветок», «цвет», ἀνθο- (напр., в ἀνθολόγος — «собирающий цветы») и ὤψ, род. ὠπός — «взор», «зрение», «ви́дение». Первоначально так называли не антилопу, а некое мифическое животное. В русском языке, м. б., из французского.

АНТИМО́НИЯ, -и, *ж.* — в выражении *разводить антимонию, антимонии* — «вести пустые разговоры», «заниматься болтовнёй, пустяками». Блр. **разво́дзіць антымо́нію**. В других слав. яз. отс. Ср. болг. **дърдо́ря неврéли-некипéли**; чеш. mluvit kolem dokola. В словарях выражение *разводить антимонию* — с 1935 г. (Ушаков, I, 44). ▫ Вопреки Фасмеру, едва ли из бурсацкого (семинарского) арго (Vasmer, REW, I, 19). Тем более — не из *антифоны* — «стихи из Псалтыри, поочередно исполняемые на двух клиросах» [так объяснял слово *антимония* Зеленин (РФВ, т. 54, с. 113)]. Надо полагать, оно связано со словом *антимоний, антимония* (восходящим к неясного происхождения средневек. латин. алхим. antimonium, *pl.* antimonia) — средневековым названием природной сернистой сурьмы и со старинным аптекарским *антимо́нное вино* — «рвотное» (Даль, I, 16). Т. о., *разводить антимонию* сначала, по-видимому, значило «готовить, давать рвотное». Ср. (с точки зрения происхождения выражения) у Боборыкина в романе «На ущербе», 1890 г., ч. III, гл. 20: «Вы изволите *разводить антимонию на воде*» (Собр., V, 341).

АНТО́НОВ ОГО́НЬ, *прост.* — «заражение крови». Иначе **гангре́на** (см.). Укр. **анто́нів ого́нь**; блр. **анто́наў аго́нь**. В других слав. яз. необычно или неупотр. В словарях русского языка отм. с 1731 г. (Вейсман, 107). Ср. также в «Рукоп. лексиконе» 1-й пол. XVIII в.: *антонов огонь* — «болезнь» (Аверьянова, 33). ▫ Калька с французского или немецкого. Ср. франц. прост. feu Saint-Antoine; нем. Antoniusfeuer. В западноевропейских языках это выражение возникло в средние века и связано с именем католического святого Антония Фивского (III—IV вв.), мощи которого будто бы исцеляли от этого заболевания.

АНТО́НОВКА, -и, ж. — «русский сорт крупных, душистых осенне-зимних яблок с зеленовато-желтой, восковой оттенка кожурой и с сочной, с кисловатым вкусом мякотью». Укр. анто́нівка; блр. анто́наўка. В других славянских и неславянских языках известно как русское название сорта яблок: франц. antonovka; нем. Antonowka и т. д. В словарях русского языка отм. с начала 40-х гг. XIX в. (Бурнашев, I, 1843 г., 5), в 50-х гг. оно было уже общераспространенным. ▫ Трудно сказать, когда именно, где и при каких обстоятельствах возникло это старинное название. Родиной этого широко известного русского сорта яблок считается Курская земля, где он был получен от скрещения какого-то культурного сорта с лесной яблоней, здесь очень распространенной (см. Веньяминов, 65). М. б., топонимического происхождения: населенные пункты с названием Антонова (деревня), Антоново (село), Антоновка (село, деревня), Антоновская (деревня) и т. п. нередко встречаются и на территории Курщины.

АНТРА́КТ, -а, м. — «перерыв между действиями (актами) спектакля или отделениями концерта, циркового или какого-л. иного представления». Так же: укр., блр., болг. Но ср. в том же знач.: с.-хорв. па́уза; чеш. přestávka; польск. przerwa (:antrakt). В словарях слово *антракт* отм. с 1803 г. (Яновский, I, 169). ▫ Из французского языка. Ср. франц. (с 1622 г.) entracte [досл. «междудействие» (entr- < entre — «между» и acte — «действие»)]; исп. entreacto. Но ср. в том же знач.: нем. Pause, Zwischenpause, Zwischenakt; англ. interval; ит. intermezzo, intervallo.

АНТРАЦИ́Т, -а, м. — «лучший, чистейший сорт каменного угля, отличающийся черным цветом, металлическим блеском и твердостью». *Прил.* **антраци́тный**, -ая, -ое, **антраци́товый**, -ая, -ое. Укр. антраци́т, антраци́тний, -а, -е, антраци́товий, -а, -е; блр. антрацы́т, антрацы́тны, -ая, -ае, антрацы́тавы, -ая, -ае; болг. антраци́т, антраци́тен, -тна, -тно, антраци́тов, -а, -о; с.-хорв. антра̀цит; чеш. antracit, antracitový, -á, -é; польск. antracyt, antracytowy, -a, -e. В русском языке слово *антрацит* известно с середины XIX в. Сначала оно было отм. у Края (I, 1847 г., 359), позже — у Даля (I, 1863 г.; 16; там же: *антрацитный* и *антрацитовый*). ▫ Видимо, из немецкого. Ср. франц. (с XV в.) anthracite, m. > англ. anthracite; ит. antracite; нем. Anthrazít. В западноевропейских языках — новообразование, восходящее, в конечном счете, к греч. ἄνθραξ — «(пылающий) уголь», а также «карбункул (темно-красный драгоценный камень»), произв. ἀνθρακιά — «раскаленный уголь», ἀνθρακῖτις (у Плиния) — «род угля» и др. Происхождение этого слова в греческом неясно. Сопоставляют с арм. ant'-el — «пылающий уголь» (см. Frisk, I, 110). Отсюда позже средневек. латин. anthrax, род. anthracitis — «драгоценный камень». Во французском языке в новом знач. (сначала как научный термин) «сорт угля» употр. с середины XVIII в.

АНТРАША́, нескл., ср. — «в балетном танце — прыжок вверх, при котором танцующий быстро несколько раз ударяет ногою об ногу». Так же: укр., блр. В русском языке употр. с середины XVIII в. Встр. в «Записках» Порошина, в записи от 25-XII-1764 г. (208): «был весел, делал *антраша*.., попрыгивал». В словарях [кроме *Письмовника* Курганова, 1777 г., 422: *антраша* — «крыжескок» (!)] — гл. обр. с начала XIX в. (Яновский, I, 1803 г., 170: *антреша*). ▫ Слово французское (entrechat — тж.), известное с XVII в. Во французском — из итальянского [(capriola) intrecciata (произв. от treccia) — «соломенная плетенка») — «перевитой (прыжок)», не без влияния франц. chassé-croisé — «чехарда»].

АНТРЕКО́Т, -а, м. — «мягкая межреберная часть говядины», «жаркое из такой говядины, отбивная котлета из нее». Укр. антреко́т; блр. антрыко́т; болг. антреко́т; чеш. entrecote; польск. antrykot. В словарях русского языка отм. с 1891 г. (СРЯ¹, т. I, в. 1, с. 53). ▫ Ср. франц. entrecôte, f. (из entre — «между» и côte — «ребро») — тж. Из французского: нем. Entrecote, n.; англ. entrecote. В славянских языках — также из французского.

АНТРЕПРИ́ЗА, -ы, ж. — «в старой России и в капиталистических странах — театральное, цирковое и т. п. предприятие, управляемое и субсидируемое частным предпринимателем (антрепренером)». Сюда же **антрепренёр**. Укр. антрепри́за, антрепренёр; блр. антрэпры́за, антрэпрэнёр; болг. антрепри́за, антрепреньо́р; польск. antrepryza, antrepener. В некоторых слав. яз. отс. Ср. чеш. divadelní podnikání — «антреприза», divadelní podnikatel — «антрепренер». Старшее знач. слова *антреприза* — «предприятие вообще». В этом знач. оно известно в России с начала XVIII в. Напр., в «Архиве» Куракина (I, 344, 1720 г.): «*антреприза* стороны швецкой». В смысле «театральное предприятие» это слово вошло в употр. гл. обр. в начале 1900-х гг. (см. С. Алексеев, СПС, 1900—1901 гг. 97; М. Попов, 1904 г., 36; Яновский, СИС, 1905 г., 78 и др.). Но *антрепренер* — «содержатель частного театра» отм. уже в ПСИС 1861 г., 40. Ср. в начале XIX в. у Яновского (I, 1803 г., 169) *антрепренер* в знач. «агент по торговле». ▫ Ср. франц. entreprise, f. — «начинание», «предприятие» (в частности: entreprise théâtrale), entrepreneur. В других западноевропейских языках — из французского.

АНТРЕСО́ЛИ, -ей, мн. (*ед.* **антресо́ль**, -и, ж.) — «род дополнительного помещения в виде открытой галереи с перилами внутри большой и высокой комнаты»; «верхний низкий этаж (полуэтаж) в особняках 2-й пол. XVIII и в XIX в.»; «настил под потолком для хранения вещей». Укр. **антресо́лі**; блр. **антрэсо́лі**. Ср. болг. **антресо́л**, *м.* (:гале́рия, полуета́ж); польск. antresola, *f.* В других слав. яз. отс. Ср. в том же знач.: чеш. podkroví, zvýšené přízemí. В русском языке известно с середины XVIII в. Ср. в «Записках» Порошина, в записи от 12-X-1764 г. (58): «изволил... смотреть его *антрасолей*». ▫ Сравнительно по́зднее заимствование из французского. Ср. франц. entresol, *m.* — «антресоль» (из entre — «между» и sol — «почва», «грунт», т. е. «помещение между потолком и полом»). В других европейских языках редкое или отс. Ср. нем. Halbgeschoß (досл. «полуэтаж») или Zwischenstock [досл. «(помещение) между этажами»].

АНШЛА́Г, -а, *м.* — «объявление о том, что все билеты (на спектакль, концерт, лекцию и т. п.) проданы». Укр., блр. болг. **аншла́г**. В других слав. яз. отс. Ср. в том же знач.: чеш. vyhláška; польск. ogłoszenie o wyprzedaniu biletów. В русском языке слово *аншлаг* появилось в конце XIX в. В словарях — с 1891 г. (СРЯ¹, т. I, в. 1, с. 54: *аншлаг* — «объявление, вывешенное на стене в присутственном месте, учебном заведении и т. п.»). В совр. знач. ср. у Чехова в письме к Мизиновой от 22-I-1899 г.: «„Чайка" идет в 9-й раз с *аншлагом* — билеты все проданы» (СС, XII, 286). ▫ Слово немецкое: Ánschlag — «объявление», «афиша» (ср. schlagen — «бить», «ударять», anschlagen — «прибивать», «приколачивать»).

АО́РТА, -ы, *ж.* — «главная, самая крупная *артерия* (см.)». *Прил.* **аорта́льный**, -ая, -ое. Укр., блр., болг. **ао́рта**; с.-хорв. ào̩rta; чеш. aorta; польск. aorta. В русском языке слово *аорта* употр. с середины XVIII в. Ср. у Шеина в его переводе (1757 г.) «Сокращенной анатомии» Гейстера (251): *ао́рта* — «жила бьющаяся, начальственная» (!). ▫ Ср. франц. (с XVI в.) aorte, *f.*; нем. Aórta; англ. aorta (произн. eɪ'ɔ:tə); ит., исп. aorta. Слово греческое: ἀορτή — «нечто подвешенное, привязанное», «переметная сума», далее — напр., у Аристотеля — «аорта» («то, к чему подвешено, привязано сердце»). Связано с эп.-ион. ἀείρω — «привязываю», «привешиваю» > «поднимаю»(из *a-wer-i̯-ō). И.-е. корень *u̯er-, тот же, что в диал. рус., помор. **обо́ра** (< *obvora) — «длинный ремень с гарпуном для охоты на крупного морского зверя» (см. Даль, II, 1166; Подвысоцкий, 105).

АПАТИ́Т, -а, *м.* — «полезное ископаемое, минерал из группы фосфорно-кислых солей кальция, содержащий фтор, хлор и некоторые другие элементы, разнообразной окраски (зеленой, голубой, бурой или красной), широко применяется для производства фосфорных удобрений». *Прил.* **апати́товый**, -ая, -ое. Укр. **апати́т**, апати́товий, -а, -е; блр. **апаты́т**, апаты́тавы,

-ая, -ае; болг. **апати́т**, апати́тов, -а, -о; с.-хорв. **апа̀тит**; чеш. apatit; польск. apatyt. В русском языке слово *апатит* известно с начала XIX в. Встр. у Семивского (1817 г.), 174). ▫ Ср. франц. apatite, *f.*; нем. Apatít, *m.*; англ. apatite. В западноевропейских языках — по́зднее образование на почве греч. ἀπάτη — «обман», ἀπατάω — «ввожу в заблуждение», вероятно, вследствие того, что «долгое время апатит смешивали с аквамарином, плавиковым шпатом» и другими минералами (Брокгауз — Ефрон, т. I⁴, п/т 2, 1890 г., 885).

АПА́ТИЯ, -и, *ж.* — «состояние вялости, полного безразличия, равнодушия, безучастности к происходящему». *Прил.* **апати́чный**, -ая, -ое. Укр. **апа́тія**, апати́чний, -а, -е; блр. **апа́тыя**, апаты́чны, -ая, -ае; болг. **апа́тия**, апати́чен, -чна, -чно; с.-хорв. **апа̀тија**, апа̀тичан, -чна, -чно : апатични, -а̄, -о̄; чеш. apatie, apaticky̌, -á, -é; польск. apatia, apatyczny, -a, -e. В некоторых слав. яз. отс. В русском языке слово *апатия* (первоначально *апати́я*) известно с начала XIX в. (Яновский, I, 1803 г., 176). Перенос ударения на корень слова (*апа́тия*), возможно, под влиянием греч. ἀπάθεια. ▫ Ср. франц. (с XVI в.) apathie, *f.* — первоначально «равнодушие» «спокойствие», позже — с конца XVII в. — «бесчувствие», «вялость». Из французского: нем. Apathíe; англ. apathy. Ср. также ит., исп. apatía — тж. В конечном счете восходит к греч. ἀπάθεια — «отсутствие страданий», «нечувствительность», «бесчувствие», «бесстрастие» [корень παθ-, как в πάθος — «возбуждение», «страдание», «страсть», «состояние» (см. *пафос*), и приставка ἀ- с отрицательным знач.]. Из греческого — латин. apathia, откуда во французском.

АПЕЛЬСИ́Н, -а, *м.* — «вечнозеленое плодовое дерево рода цитрус семейства рутовых, Citrus sinensis; «плод этого дерева круглой или овальной формы с толстой оранжевой кожурой и сочной мякотью, состоящей из долек». *Прил.* **апельси́новый**, -ая, -ое. Укр. **апельси́н**, апельси́новий, -а, -е : апельси́нний, -а, -е; блр. **апельсі́н**, апельсі́навы, -ая, -ае. В других слав. яз. иначе: болг. **портока́л** [ср. турец. portakal — тж. < ит. portogallo — «португальский апельсин» (при arancia — «апельсин»]; с.-хорв. на̀ранча: на̀ранца [< исп. naranja — «апельсин» < араб. nāranḡ — «померанец» < перс. **наре́ндж** (narendӡ) — тж.]; чеш. pomeranč; польск. pomarańcza. В русском языке известно с начала XVIII в. Ср. в письме Кормчина Петру I от 9-III-1700 г.: «посылают... рижаном... *апелсины*»; «достался *апелсин*... ты их охоть кушать» (ПбПВ, II, примеч. к № 297, сс. 705, 706). Прил. сначала *апельси́нный* (САР¹, I, 1789 г., 38), во втором издании также *апельси́новый* (САР², I, 1806 г., 44). ▫ Заимствовано из голландского языка (Meulen, NWR, Suppl., 13). Ср. устар. разг. голл. appelsien (при общеголл. обычном sinaasappel). Из голландского — нем. Apfelsine (из нижненемецких говоров, появилось в общенемецком примерно в одно время с рус. *апельсин*, причем форма Apfelsine в общенемецком языке установилась далеко не сразу). Голландское (и, след., немецкое) наименование апельсина находится в связи с одним из названий этого плода во Франции: pomme de Sine — букв. «яблоко из Китая» [при общефранц. orange < pomme d'orenge (XIV в.)]. Родина апельсинового дерева — Южный Китай. Ср. в западноевропейских языках название Китая: франц. устар., книжн. Sine (совр. франц. Chine), голл. China [произн. ʃina (тогда как apelsien произн. apelsin)], нем. China (произн. ˊçi:na), англ. China (произн. ˊtʃaɪnə), восходящие, в конечном счете, к позднелатин. Sina, pl. Sinae. Из Китая семена и плоды апельсинового дерева ок. 1500 г. были вывезены в Европу п о р т у г а л ь ц а м и, которые, однако, сами называют апельсин laranja (j=ж). Как видно из приведенных выше примеров, в некоторых языках (в том числе славянских) наименование апельсина смешивается с названием померанца — плода другого цитрусового дерева [ср. франц. orange — «апельсин», orange amère — «померанец» (букв. «горький апельсин»)].

АПЛОДИ́РОВАТЬ, аплодиру́ю — «рукоплескать, выражая одобрение, приветствие и т. п.» Блр. **апладзіраваць**, но укр. **аплодувати**. Ср. болг. **аплодирам** — «аплодирую» (но чаще **ръкопляскам**); с.-хорв. **аплаудирати**; чеш. aplaudovati. Но польск. oklaskiwać (от oklaski — «аплодисменты»), klaskać (корень klask- звукоподражательный). В русском языке известно с 60-х гг. XVIII в. Ср. в «Записках» Порошина, в записи от 7-X-1764 г. (43): *аплодировать*, в записи от 12-IV-1765 г. (305): «*аплодировали* много» и др. В словарях с 1803 г. (Яновский, I, 177). ▫ Ср. франц. (с XIV в.) applaudir (произн. aplodir); нем. applaudieren; англ. applaud; ит. applaudire. Распространено, кроме славянских языков, преимущественно в западноевропейских, но не повсеместно. Первоисточник — латин. applaudere (ad+plaudere) — «хлопать чем-л.», «рукоплескать». В русском языке — из французского (рус. -*ло*- — в соответствии с франц. произношением).

АПЛОДИСМЕ́НТЫ, -ов, *мн.* — «рукоплескания как знак одобрения, приветствия и т. п.» Укр. **аплодисме́нти**; блр. **апладысме́нты**. В других слав. яз. в такой форме отс., но ср.: с.-хорв. **àплауз** (ср. **буран аплауз** — «бурные аплодисменты»); чеш. aplaus; польск. aplauz. В словарях с 1835 г. (Плюшар, II, 432). См. *аплодировать*. ▫ Ср. франц. (с 1500 г.) applaudissements, *pl.* Но ит. applausi, *pl.*; нем. Applause; англ. applause. В русском языке — из французского. Во французском — произв. от applaudir < латин. applaudere — «хлопать чем-л.».

АПЛО́МБ, -а, *м.* — «излишняя самоуверенность в обращении, в речи». Укр., блр., болг. **апло́мб**; чеш., польск. aplomb. В некоторых слав. яз. (словен., с.-хорв., лужицких) отс. Отм. в словарях русского языка с начала 60-х гг. XIX в. (ПСИС 1861 г., Приб. I, 1863 г., 4; Толль, НС, I, 1863 г., 134). ▫ Ср. франц. aplomb, *m.* — «отвесная линия», «отвес» (к плоскости горизонта), «вертикаль», а также «апломб» > нем. Aplomb; англ. aplomb. Во французском первоначально à plomb, что собственно значит «(висящий, вытянувшийся) по свинцу, по грузилу», отсюда «отвесно», «прямо» и «(говорящий, действующий) с весом > с апломбом» и, наконец, «апломб».

АПОГЕ́Й, -я, *м.* — 1) *астр.* «точка лунной орбиты или орбиты искусственного спутника, наиболее удаленная от Земли (антоним *перигей*)»; 2) *перен.* «высшая, предельная точка развития чего-л., наивысший расцвет». Укр. **апогей**; блр. **апагей**; болг. **апогей**; с.-хорв. **апо̀гей**; чеш., польск. apogeum. В русском языке появилось в 1-й четверти XVIII в.: «География генеральная», 1718 г., 174 (см. Кутина, ФЯН, 144). Ср. в «Письмовнике» Курганова, 1777 г., 422: *апогей* — «дальнейший». В словарях (как астрономический термин) — с 1803 г. (Яновский, I, 178). ▫ Ср. франц. apogée, *m.*; англ. apogee; нем. Apogäum. В русском языке — из французского, где это слово до XVII в. употреблялось только как астрономический термин, а с XVII в. — также и в перен. знач. Во французском языке как астрономический термин восходит, в конечном счете, к греч. ἀπόγειος, -ον (:ἀπόγαιος, -ον) — «отдаленный от земли», «идущий от земли, (о ветре) «дующий с суши», отсюда ἀπόγειον — «точка отдаления от земли». Корень γαι-: γει-: γη- (ср. γῆ, дор. γᾶ — «земля»), ἀπο— приставка удаления, отделения («от», «из» и т. п.).

АПОФЕО́З, -а, *м.* — 1) «в Древней Греции и Риме — обряд обожествления какого-л. героя, императора и т. п.»; 2) «прославление, возвеличение какого-л. лица, события и т. п.»; 3) «заключительная торжественная массовая сцена некоторых театральных представлений». Укр. **апофео́з**; блр. **апафео́з**; болг. **апотео́з**; с.-хорв. **апотео̀за**; чеш. apotheosa (гл. обр. в 1 знач.); польск. apoteoza. В русском языке известно с начала XIX в. [Яновский, I, 1803 г., 185, причем даются две формы: *апофеос*, *м.* и *апотеоза*, *ж.* (только в 1 знач.)]. ▫ Ср. франц. apothéose, *f.*; нем. Apotheóse, *f.*; англ. apotheosis; ит. apoteosi; исп. apoteosis. Первоисточник — греч. ἀποθέωσις — «обоготворение», «обожествление» (из ἀπο — «от», «из» и θεός — «божество»). В русском — из западноевропейских языков.

АППАРА́Т, -а, *м.* — «прибор, механическое устройство, предназначенное для выполнения определенной работы под наблюдением человека»; «учреждение или совокупность учреждений, обслуживающих какую-л. область управления или хозяйства»; «работники этих учреждений». *Прил.* **аппара́тный**, -ая, -ое. Сюда же **аппарату́ра**. Укр. **апара́т**, **апара́тний**,

-а, -е, апарату́ра; блр. апара́т, апара́тны, -ая, -ае, апарату́ра; болг. апара́т, апара́тен, -тна, -тно, апарату́ра; с.-хорв. апа̀ра̑т, апарату́ра; чеш. aparát, aparatura; польск. aparat, aparatura. В русском языке слово *аппарат* известно с 1-й четверти XIX в., но круг значений его установился не сразу. У Татищева (1816 г., I, 118—119) франц. appraux, *pl.* — «корабельный снаряд, *апараты*», а франц. appareil (совр. «аппарат») передано словом «прибор» (с пометой *физ.*). По-видимому, знач. «прибор» и т. п. старше других. Ср. в «Духе журналов» за 1818 г., сентябрь, 336: «винокурный *аппарат*». Другие данные — более позднее. □ Ср. нем. Apparát; ит. apparato; англ. apparatus, восходящие, в конечном счете, к латин. apparātus — «приготовление», «предварительные мероприятия», «снаряжение», «обстановка», «личный состав» [к apparō (ad + parō) — «готовлю», «приготовляю»]. В русском языке — из западноевропейских, м. б., при посредстве украинского, где это слово употр. с XVII в. [старшая дата — 1671 г. (Тимченко, IC, I, 25)].

АППЕНДИЦИ́Т, -а, *м.* — «воспаление *аппендикса* — червеобразного отростка слепой кишки». Укр. апендици́т, апе́ндикс; блр. апендыцы́т, апе́ндикс; болг. апандици́т, но апе́ндикс; с.-хорв. апендици́тис, апе́ндикс; чеш. appendicitis, appendix (: červ); польск. appendicitis, apendyks: appendix. В русском языке появилось поздно. Ср. у Брокгауза—Ефрона, т. XXXVIII⁴, п/т 76, 1903 г., 504 (ст. «Червеобразный отросток»): «комиссия американских врачей. . . предложила заменить все. . . обозначения. . . (этой болезни) одним термином — *аппендицит* (appendix — «отросток»), который и вошел теперь во в с е о б щ е е у п о т р е б л е н и е». Новый по тому времени термин находим у Ленина в письме к брату, врачу Д. И. Ульянову в июне-начале июля 1909 г. (ПСС⁵, т. 55, с. 293). В словарях иностранных слов: Яновский, СИС, 1905 г., 85; Ефремов, 1911 г., 37. □ Ср. франц. (с 1886 г.) appendicite, *f.*, (с 1292 г.) appendice, *m.*; нем. Appendizitis, *f.*, Appendix, *m.*, англ. appendicitis, appendix. Первоисточник — латин. appendix, *f.*, род. appendīcis — «придаток», «добавление» < «привесок» [от appendō (< ad + pendō); ср. pendō — «вешаю», «взвешиваю»]. В русском языке *аппендицит* — видимо, из французского (с поправкой на латинское произношение). Франц. appendicite — произв. от appendice — «приложение», «придаток» (< латин. appendix). Образовано с суф. -it-e (: -it), употребляемым в медицинской терминологии для наименования воспалительных процессов.

АППЕТИ́Т, -а, *м.* — «желание есть». *Прил.* аппети́тный, -ая, -ое. Укр. апети́т, апети́тний, -а, -е; блр. апеты́т, апеты́тны, -ая, -ае; болг. апети́т, апети́тен, -тна, -тно; с.-хорв. апѐти̑т; словен. apetit; польск. apetyt, apetyczny, -a, -e (под влиянием smaczny и пр.). Но, напр., чеш. chuť k jídlu, хотя известно и apetit (также словац. apetít). В русском языке слово *аппетит* употр. с начала XVIII в. («Архив» Куракина, I, 277, 1705 г.). □ Ср. франц. appétit > нем. Appetít; англ. appetite; ит. appetito; исп. apetito. Источник распространения — французский язык, где оно восходит к латин. appetītus — «склонность», «влечение», «желание», отглаг. сущ. от appetō (ad + petō) — «хватаю», «стремлюсь», «домогаюсь».

АПРЕ́ЛЬ, -я, *м.* — «название четвертого месяца календарного года». *Прил.* апре́льский, -ая, -ое. Болг. апри́л, апри́лски, -а, -о; с.-хорв. а̀прил, а̀прилски̑, -а̄, -о̄; словен. april, aprilski, -a, -o. В других слав. яз. Ср. название апреля: укр. кві́тень; блр. красаві́к; чеш. duben; польск. kwiecień. Др.-рус. (с XI в.) априль (Остр. ев. и др.) [Срезневский, I, 27]. Ст.-сл. апрїль, как исключение — апрѣль (единичный случай) [SJS, I : 2, 47]. Переосмыслено вследствие сближения с *прѣти* < *прѣти*. *Прил.* апрельский — позднее, в словарях — с 1780 г. (Нордстет, I, 6). □ Первоисточник — латин. Aprīlis (> ит. aprile; исп. abril; франц. avril и пр.). Ср. нем. April; англ. April; венг. ápríls; перс. аврил; хинди апра́эл и т. д. В латинском языке Aprīlis (субст. прил.) — название второго месяца римского года (начинавшегося с марта). В народном истолковании связывалось с aperīre — «открывать»: ver aperīre — «начинать весну» [по Вальде и Гофману, — от основы *apero-, который соответствует др.-инд. arara-ḥ — «далее следующий», «задний»; гот. afar — «после», «за» (Walde—Hoffman ³, I, 59)].

АПТЕ́КА, -и, *ж.* — «учреждение, где изготовляются, хранятся и продаются лекарства и другие медицинские товары». *Прил.* апте́чный, -ая, -ое. *Сущ.* апте́карь с *прил.* апте́карский, -ая, -ое. Укр. апте́ка, апте́чний, -а, -е, апте́кар, апте́карський, -а, -е; блр. апте́ка, апте́чны, -ая, -ае, апте́кар, апте́карскі, -ая, -ае; болг. апте́ка, апте́чен, -чна, -чно, апте́кар, апте́карски, -а, -о; с.-хорв. апоте́ка, апотѐка̑р, апотѐка̑рски̑, -а̄, -о̄; чеш. прост. apatyka (обычно lékárna); словац. apatieka (обычно lekáreń); польск. apteka, apteczny, -a, -e. В русском языке употр. с XVI—XVII вв. Слово *аптека* (: *оптека* : *обтека*) известно с 20—30-х гг. XVII в. Ср. в МИМ, в. 1: «*в оптеке*» (1630 г., 3), «*в обтѣку*» (1630 г., 6); «*обтѣкаря Рандолфа*» (1629 г., 2); «*Оптекарской приказ*» (1629 г., 1). Ср. у Котошихина (середина XVII в.), 109: «*Аптекарский приказ. . . А ведомо в том Приказе аптека*». Но слово *аптека* несомненно было известно и во 2-й пол. XVI в. Первая аптека в Москве, обслуживавшая только царский двор, начала работать в 1581 г. Аптека для общего пользования была открыта в 1672 г. Первые упоминания об *аптекарях* встр. в летописях XV в. (БСЭ², II, 578). Ср. позже: «все *оптекари*» в «Статейном списке» Писемского, Англия, 1582 г. (ПРП, 142). Находим это слово в «Пар. сл. моск.» 1586 г. (493): apettiquer. ▫ В русском — из западноевропейских языков. Ср. англ. устар. apothecary — «аптекарь», «лекарь» (совр. chemist, druggist). В совр. западноевропейских языках слова́ этой группы распространены гл. обр. в языках германской семьи: нем. (с XIII в.) Apotheke, Apotheker; голл. apothéek, *f.*, apothéker; швед. apotek, apotekare (но ср. франц. pharmacie — «аптека»). Первоисточник — греч. ἀποθήκη — «склад», «хранилище»; ср. θήκη — «ящик», «короб», от и.-е. корня *dhē-. Ср. греч. τίθημι — «кладу», «помещаю». Из греческого — латин. apothēca — «склад», «амбар», «винный погреб», позже (в средневек. латин.) — «аптека».

АРА́П, -а, *м.*, *устар.* — «негр»; «слуга-негр» (но не «араб»). *Женск.* ара́пка. Ср. укр., блр. ара́п, ара́пка (но ара́б — «араб»); болг. ара́п : ара́пин (также не́гър; но «араб» — ара́бин); с.-хорв. Ара́пин (также Црна́ц; но «араб» — Ара́бљанин). В западнославянских языках рус. устар. *арап* соотв.: чеш. mouřenín, černoch, negr; польск. Murzyn. Слово *арап, мн. арапи > арапы* в русском языке известно с давнего времени, но со знач. то «араб» [так в «Хождении» на Восток купца Позднякова (1558—1561 гг.): *арапи* (31), «турок и *араплян*» (38)], то «негр». Со знач. «негр» слово *арап* употр., напр., в книге «Эсоповы притчи», 1717 г., 25: «Нѣкоιй человѣкъ *арапа* купилъ» (КДРС). К Петровскому времени, по-видимому, устанавливается знач. «негр». Но в «Книге систима», 1722 г. (кн. VI, гл. 35, с. 348) под *арапским языком* определенно подразумевается а р а б с к и й. Во 2-й четверти XIX в. *арап* в смысле «чернокожий», «африканец» вытесняется словом *негр* (см.). См. «Спр. место», 1839 г., 5, где рекомендуется говорить *негр* вместо *арап*. ▫ В западноевропейских языках употребляется только с b и со знач. «араб»: франц. Arabe; нем. Araber; ит. arabo; исп. árabe и т. д. Ср. и рус. *араб*. Первоисточник — араб. ʽarab (Wehr², 541). Что касается рус. *арап*, то, по-видимому, с п и сначала со знач. «араб» оно было заимствовано из тюркских языков. Ср. турец. Arap — «араб» (ср. также zenci — «негр»); туркм. арап, *мн.* араплар — тж.; уйг. әрәп — тж.; каз.-тат. гарәп и др.

АРБИ́ТР, -а, *м.* — «лицо, избранное спорящими сторонами в качестве посредника для решения спорных вопросов не судебного характера», «третейский судья». Сюда же арбитра́ж. Укр., блр. арбі́тр, арбітра́ж; болг. арби́тър, арбитра́ж, с.-хорв. а̀рбитер, арбитра́жа, *ж.*; словен. arbitraža; чеш. arbiter, arbitráž; польск. arbiter, arbitraż. В некоторых слав. яз. отс. В русском языке слово *арбитр* известно с начала XVIII в. Ср. в ЖПВ, ч. II, 533, 1718 г.: «его (короля прусского) *арбитром* мира между ими (датским и английским королями) учинить». В украинском языке — с более раннего времени (1621 г., 1647 г.) [Тимченко, IC, 29]. Слово *арбитраж* более по́зднее. В словарях — с 1803 г. (Яновский, I, 190). ▫ Восходит, в конечном счете, к латин. arbiter — «наблюдатель», «посредник», «третейский судья» [от *ad-baetō : *ad-bītō — «подхожу», «прихожу» (ср. baetō : bētō : bītō — «иду») > «прихожу на помощь к спорящим»]. Отсюда франц. arbitre, произв. arbitrage (> нем. Arbitrage); ит., исп. árbitro; англ. arbiter и нек. др. В русском языке, по-видимому, из латинского при украинском посредстве. *Арбитраж* заимствовано из французского языка.

АРБУ́З, -а, *м.* — «однолетнее растение семейства тыквенных и крупный, шарообразный сладкий плод этого растения». *Прил.* арбу́зный, -ая, -ое. Ср. укр. гарбу́з — «тыква» («арбуз» — каву́н; так же и блр.). В других слав. яз.: болг. диал. карпу́з (обычно любени́ца или ди́ня); с.-хорв. ка̀рпуза (но чаще лубѐница); чеш. meloun; польск. kawon (как и в украинском, — из турец. kavun — «дыня»), arbuz (из русского). Нем. Arbuse — также из русского; обычно Wassermelone — букв. «водянистая дыня»; ср. франц. melon d'eau — «арбуз»; англ. water-melon — тж. Ср. ит. mellone — «дыня» франц. melon — тж.; нем. Melone — тж.; англ. melon — тж.; чеш. meloun — «арбуз» и «дыня»; польск. melon — «дыня». Первоисточник — греч. μῆλον — «яблоко». В русском языке слово *арбуз* известно с XV в. [Vasmer, RBG, 49: *арбузы* — χειμωνικά (по-новогреч. «арбуз»)]. Это слово было отм. на Севере Р. Джемсом (РАС, 1618—1619 гг., 34 : 9): arbŭze, без перевода, но с таким примечанием: «так называют их татары из Юрта, где на открытых полях арбузы родятся в изобилии. Юртовские татары живут около Астрахани». ▫ Рус. *арбуз*, как и болг. карпу́з и с.-хорв. ка̀рпуза — «арбуз», как и укр. гарбу́з — «тыква», — восточное слово. В славянские языки оно попало из тюркских языков (в южнославянские — из турецкого). Ср. турец. karpuz — «арбуз» [и с начальным к, г также: каз.-тат. карбыз (Радлов, II : 1, 214: каз., тоб. карбыс); каракалп. қарбыз; туркм. карпыз, азерб. гарпыз и др.]. В русский язык это слово могло попасть из татарских говоров с начальным неустойчивым х. Радлов (II : 2, 1673) относит сюда крым.-тат. харпуз (в общем так же Дмитриев, 16). Известно оно (с начальным заднеязычным или зубным) и в других, нетюркских языках на Кавказе и на Востоке. Ср. осет. харбыз — «арбуз», но афг. тарбу́з; хинди тар'бу́з; монг. тарвас. Первоисточник, как полагают, — перс. xärbuz(ä) — «дыня», хотя этимология этого слова очень неясна (см. об этом Lokotsch, § 824).

АРГО́, *нескл.*, *ср.* — «совокупность необычных слов и выражений, принятых по договоренности какой-л. обособленной или профессиональной группой лиц, не желающих, чтобы их понимали другие люди, говорящие на общеупотреби́тельном языке», «тайный язык», «жаргон». *Прил.* арготи́ческий, -ая, -ое. Сюда же арготи́зм. Укр. арго́, арготи́чний, -а, -е, арготи́зм; блр. арго́, аргаты́чны, -ая, -ае, аргаты́зм; болг. арго́, арготи́чен, -чна, -чно, арготи́зъм; с.-хорв. а̀rgō; чеш. argot, argotický, -á, -é; польск.

argot. В русском языке слово *арго* известно с середины XIX в. (ПСИС 1861 г., 48). ▫ Слово французское (argot), которое сначала (в XVII в.) имело знач. «корпорация нищих и бродяг», «воровская корпорация», а позже (с конца XVII в.) — «(воровской) жаргон», «тайный язык». Этимология не вполне ясна. Связывают (напр., Dauzat [11], 47) со ст.-франц. harigoter — «рвать», «кромсать», hargoter — «бранить», «журить», от harigot : hargot — «тряпье», «лохмотья», «прореха» (DAF, 347).

АРГУМЕ́НТ, -а, *м.* — «довод, приводимый для доказательства». *Глаг.* **аргументи́ровать**. Сюда же **аргумента́ция**. Укр. **аргуме́нт**, **аргументува́ти**, **аргумента́ція**; блр. **аргуме́нт**, **аргумента́ваць**, **аргумента́цыя**; болг. **аргументи́рам** — «аргументирую»; с.-хорв. **аргу̀менат**, **àргументисати**: **аргу̀ментовати**; чеш. argument, argumentovati, argumentace; польск. argument, argumentować, argumentacja. В русском языке слово *аргумент* известно по крайней мере с начала XVIII в. (Смирнов, 43). На Украине же оно известно с более раннего времени, с XVI в. (Тимченко, IС, 30), и там, м. б., непосредственно из латинского. ▫ В русском — из западноевропейских языков. Ср. франц. (с. XII в.) argument, *m.*, (с XIV в.) argumentation, *f.*; из французского: англ. argument, argumentation; ит. argomento, argomentazione. Ср. также нем. Argumént, *n.*, argumentíeren, Argumentatión, *f.* Первоисточник — латин. argūmentum — «показ», «доказательство» (от arguō — «делаю ясным» > «показываю», «доказываю», «осуждаю», которое одного корня с argentum — «нечто светлое, ясное» > «серебро»).

АРЕ́НА, -ы, *ж.* — «покрытая песком (или опилками) круглая площадка посредине цирка, на которой даются представления»; *перен.* «поприще, поле деятельности». Укр. **аре́на**; блр. **аре́на**; болг. **аре́на**; с.-хорв. **аре́на**; чеш. aréna; польск. arena. Сравнительно позднее. В словарях — с 1803 г. (Яновский, I, 194). В переносном смысле уже у Пушкина в письме Вяземскому от 2-I-1822 г. (ПСС, XIII, 34). ▫ Ср. франц. arène; нем. Aréna; англ. arena; ит., исп. arena. В конечном счете восходит к латин. (h)arēna (< hasēna?) — «песок», «усыпанная песком площадка», в частности в Колизее. По Вальде и Гофману, не имеет никаких убедительных связей на индоевропейской почве (Walde—Hoffmann [3], I, 634). Ср. ит. arena > rena — «песок». В русском языке, видимо, из французского.

АРЕ́СТ, -а, *м.* — «заключение под стражу, лишение свободы». *Глаг.* **арестова́ть**, **аресто́вывать**. Сюда же **ареста́нт**, *женск.* **ареста́нтка**. Укр. **аре́шт**, (за)арештува́ти, (за)арешто́вувати, арешта́нт, арешта́нтка; блр. **а́рышт**, арыштава́ць, арышто́ўваць; болг. **аре́ст**, **аресту́вам** — «арестую», **аресга́нт**; польск. aresz, areszt, aresztować, aresztant. Но в других слав. яз. отс. Ср. в том же знач.: с.-хорв. **ха̏пшење**, **за̏твор**; словен. zapor; чеш. zatčení, uvěznění. Слово *арест* в русском языке известно с Петровской эпохи (Christiani, 25; Смирнов, 44) как в форме *арешт* (ПбІПВ, III, 97, 1704 г.), так и в форме *арест* (ib., 280, 1705 г.). В «Лексиконе вок. новым» (Смирнов, 43, 44) кроме *арест*, отм. также *арестовать* и *арестант*. В украинском языке — раньше, причем сначала *арештовати* (1583 г.), а потом *арешт* (1611 г.) [Тимченко, IС, 31]. ▫ Слово известно в ряде европейских языков: франц. arrêts, *pl.*, но также arrestation; arrêter — «арестовать»; из французского: нем. (со 2-й пол. XVI в.) Arrest (произн. árest), позже Arrestant, arretieren — «арестовать»; голл. arrést, arrestátive, arresteren. В русском языке — заимствование, вероятно, из немецкого или голландского. Если из немецкого, то, возможно, при польско-украинском посредстве. Произношение (*шт* > *ст*) изменилось под влиянием франц. arrestation. В западноевропейских языках восходит к средневек. латин. arrestum < adrestum — «остановка», «задержка» (к нар.-латин. *adrestō — «останавливаю», «задерживаю»; ср. классич. латин. restō — «остаюсь», «сохраняюсь», «остаюсь в живых»).

АРИФМЕ́ТИКА, -и, *ж.* — «раздел математики, изучающий простейшие свойства чисел, выраженных цифрами, и действия, производимые над ними». *Прил.* **арифмети́ческий**, -ая, -ое. Укр. **арифме́тика**, **арифмети́чний**, -а, -е; блр. **арыфме́тыка**, **арыфметы́чны**, -ая, -ае. В других слав. яз. — с *т* на месте *ф*: болг. **аритме́тика**, **аритми́чен**, -чна, чно; с.-хорв. **аритмѐтика**, **аритмѐтичкӣ**, -ā, -ō; чеш. aritmetika, aritmetický, -á, -é; польск. arytmetyka, arytmetyczny, -a, -e. В русском языке в словарях отм. с 1704 г. (Поликарпов, 2 об.: *ариөметика* — «числительная наука, цыфирь», *ариөметикъ* — «числитель»). Но еще в 1703 г. вышла в свет напечатанная церковнославянским шрифтом *«Ариөметика, сиречь наука числительная»* Магницкого (ср. л. 1: «ариөметика или ч и с л и́ т е л ь н и ц а»). Здесь встр. и прил. *арифме́тический* (л. 179 об.) с тем же ударением на *ме*, что и в сущ. Но вообще это слово давно известно в русском языке. В форме *ариөмитикия* оно отм. в др.-рус. списке XV в. «Жития Константина Философа»: «научи же ся... ариөмитикии и астрономии» (Лавров, 4). Позже встр. в сочинениях Максима Грека (I, 291, XVI в.): «четыри же суть глаголемыя мафиматийския книги: арифмитикии, мусикии, геометрии и астрономии» (КДРС). ▫ Ср. нем. Arithmétik; франц. arithmétique; англ. arithmetic. В некоторых случаях — с *t* вм. *th*: ит., исп. aritmética и т. д. Первоисточник — греч. прил. ἀριθμητική (τέχνη) [в позднем произношении arifmitikí] — «искусство счета», «учение о числах», от ἀριθμός — «число» [и.-е. корень *(a)rī- : *rēi- (ср. лит. rieju — «складываю в кучи», «коплю»; др.-в.-нем. rīm — «ряд», «число» и др.); см. Pokorny, I, 60]. Из греческого — латин. arithmētica, отсюда это слово в западноевропейских языках. Рус. *арифметика* — дважды заимствованное слово.

АРИ

В форме *арифмитикíя* оно попало к нам из греческого языка при посредстве старославянского. В форме *арифмéтика* оно латинского происхождения, но, по-видимому, восходит не непосредственно к латин. arithmētica, а при украинском посредстве. В украинском языке это слово известно (сначала с *т*, а не с *ө* : *ф*) с XVII в. (Тимченко, IC, 31).

А́РИЯ, -и, *ж*. — «партия для одного голоса (преимущественно в опере) или для одного инструмента». Укр. а́рія; блр. а́рыя; болг. а́рия; чеш. arie; польск. aria. В русском языке первые случаи употр. относятся к началу XVIII в. Встр. в «Повести о рос. матросе Василии»: «нача (Василий) жалобную играть и петь *арию*», «сию *арию* вам объявляю» (приводится и текст арии); встр. и в других повестях Петровского времени (Моисеева, 208, 218, 220). Старшая дата — 1717 г.: «получить одну из ваших *ариев* (песен)», «ожидаю ваших *ариев*» (из письма Баралиона Куракину из Готтембурга в переводе, помеченном 25-IX-1717 г.; ср. там же: «я вас почитал за доброго музыканта» [«Архив» Куракина, III, № 277, с. 380, 381]. ▫ Ср. ит. ária; франц. air; нем. Árie; англ. aria; исп. aria [также фин. (с.) aaria; турец. arya и т. д.]. Первоисточник — ит. aria (от латин. āēr, вин. āera, āere, *т*. «воздух», «вершина», позже «наружность», «вид», «характер»). Ит. aria значит не только «ария», но и «воздух», «выражение», «поза». В русском языке, м. б., непосредственно из итальянского.

А́РКА, -и, *ж*. — «дугообразный свод над проемом в стене или пролетом между двумя опорами, являющийся деталью архитектурного сооружения». *Прил*. а́рочный, -ая, -ое. Укр., блр., болг. а́рка. В других слав. яз. отс. Ср. в том же знач.: с.-хорв. лу̑к, сво̑д; чеш. oblouk; польск. łuk. В русском языке, кажется, только с начала XVIII в. Встр. в переводной с итальянского книге «Правило о пяти чинех архитектуры» Бароция (1709 г., примеч. к рис. 21: «А буде *арки*. . .»). ▫ Ср. франц. arc, *п*. — «лук», «дуга», «арка» (и arcade — «арка», «аркада» < ит. arcata, от arco), также ит., исп. arco; англ. arch (при нем. Bogen «арка», но Arkade — «аркада»). Первоисточник — латин. arcus — «лук», «дуга» > «арка». В русском языке — м. б., из итальянского или даже из латинского, непосредственно или при украинском посредстве. На Украине это слово известно с 1607 г. (Тимченко, IC, 32). Форма *ж*. *р*. на *а* (ср. ит. arco, *т*.) в русском языке, м. б., под влиянием *дуга*.

АРКА́Н, -а, *м*. — «длинная веревка с затягивающейся петлей на конце для ловли животных». Укр., блр. арка́н. Слово известно лишь в восточнославянских языках и польском (arkan). Ср. в том же знач.: болг. ла́со; чеш. laso — из западноевропейских языков. В русском языке известно с XVII в. Ср.: «узд и обротей и *арканов*», 1678 г. («Русск.-инд. отн.», № 134, с. 230).

АРО

Старшая дата (по КДРС) — 1653 г.: «да *аркан*, да плеть» («Астрах. акты», № 2603, с. 5). ▫ В русском языке (и в польском) — из тюркских языков. Ср. каз.-тат., кирг., туркм., ног. арка́н; каракалп. арқа́н; башк. арка́н; узб. арқо́н — тж. и др., иногда со знач. просто «толстая веревка», «канат», «бечева» [в турецком и некоторых тюркских отс., но ср. турец. örmek — «вязать», «плести», «оплести», где ör- — глаг. основа, от которой возможно именное образование с аффиксом -kan (: -gan)].

А́РМИЯ, -и, *ж*. — «вооруженные силы (сухопутные, морские, воздушные) государства»; «совокупность сухопутных вооруженных сил того или иного государства»; «оперативное (в условиях войны) войсковое объединение нескольких корпусов или дивизий одного или разных родов войск под единым командованием». *Прил*. арме́йский, -ая, -ое. Укр. а́рмія, армі́йський, -а, -е; блр. а́рмія, арме́йскі, -ая, -ое; болг. а́рмия, арме́йски, -а, -о; с.-хорв. а̀рмија, а̀рмӣскӣ, -а̄, -о̄; польск. armia, armijny, -a, -e; в.-луж. armija : armeja, armiski, -a, -e. Но ср. словен. armada, armadni, -a, -o; чеш. armáda, *прил*. armádni, -a, -o. В русском языке употр. с 1704 г.: ПбПВ, III, 136: «збирать. . . провиант. . . на всю *армею*. . . но под видом будто на свое в о й с к о» (собственноручный указ Петра I Репнину от 29-VIII-1704 г.); здесь — в знач. «совокупность сухопутных вооруженных сил государства». Во фразе «генерала Левенгоупта с оставшимся от побитой *армеи* войском» в «Ведомостях» за 1709 г. (в. II, 25) это слово также употреблено как родовое по отношению к слову *войско*. Писалось это слово сначала, пожалуй, чаще *армея* : *армѣя* (ср.: «на всю *армею*» в ПбПВ, V, 28, 1707 г. и др.; ср. написание *линея* и т. п.). *Прил*. *армейский* встр. в «Уставе воинском» 1716 г. (ПСЗ, V, 242); далее — в «Реестре» от 16-I-1721 г.: «*армѣйского* полка» (ЗАП I, т. I, № 100, с. 89). ▫ Источником распространения в западноевропейских языках является франц. (с XIV в.) armée, *f*., прич. прош. вр. от armer (< латин. armare) — «вооружать», «снабжать», «снаряжать». Из французского: голл. armée; швед. armé; нем. Armée; англ. army и нек. др. Трудно сказать, из какого именно западноевропейского языка это слово попало в русский: м. б., непосредственно из французского.

АРОМА́Т, -а, *м*. — «душистый, приятный запах»; «благовоние», «благоухание». *Прил*. арома́тный, -ая, -ое, аромати́ческий, -ая, -ое. Укр. арома́т, арома́тний, -а, -е, аромати́чний, -а, -е; болг. арома́т, арома́тен, -тна, -тно, аромати́чески, -а, -о, аромати́чен, -чна, -чно; с.-хорв. àрома, аро̀матичан, -чна, -чно: аромати́чнӣ, -а̄, -о̄; чеш. aroma, род. aromatu (чаще vůně), aromatický, -á, -é; польск. aromat, aromatyczny, -a, -e. Др.-рус. *аромат* в Остр. ев. 1056—1057 гг., Ио. XIX, 40 и др. (Срезневский, I, 27). Ст.-сл. арома́тъ (SJS, I: 2, 51). *Прил*. *ароматный* в словарях — с 1704 г. (Поликарпов, 2 об.), *ароматический* —

с 1789 г. (САР¹, I, 48). ▫ Один из ранних грецизмов в старославянском языке, откуда и в древнерусском книжном. Ср. греч. ἄρωμα, род. ἀρώματος, п. — «пахучие травы», «душистые коренья», прил. ἀρωματικός — «душистый». В этимологическом отношении неясное. Отсюда латин. arōma, род. arōmatis. Из латинского: франц. arôme; нем. Aróm(a); англ. aroma и др.

АРСЕНА́Л, -а, м. — «склад оружия и военного снаряжения». *Прил.* **арсена́льный**, -ая, -ое. Укр. **арсена́л**, **арсена́льний**, -а, -е; блр. **арсена́л**, **арсена́льны**, -ая, -ае; болг. **арсена́л**, **арсена́лен**, -лна, -лно, **арсена́лски**, -а, -о; с.-хорв. **арсѐна̄л**; чеш. arsenál, arsenální, arsenálový, -á, -é; польск. arsenał, arsenałowy, -a, -e. В русском языке в широком употр. с Петровского времени. Ср. в «Путешествии» П. А. Толстого (29): «на самом берегу моря построен дом, который называется *арсинал*, для строения судов морских» (Неаполь, 1698 г.); позже — в «Архиве» Куракина: «на *аршенал* — полмиллиона» (III, 199, 1707 г.), «*арсенал* большой артиллерии» (I, 273, 1704 г.) и др. Ср., однако, уже в «Космографии» 1670 г. (141): «Близко Венеции учинено место, обведено каменною стеною... то место *арсинал* называют. В том *арсиналу*... пушки многие тысячи и пороховая казна». В словарях — с 1780 г. (Нордстет, I, 7). ▫ Ср. ит. arsenale; франц. arsenal; нем. Arsenal; англ. arsenal. Источник распространения (в Европе) — ит. arsenale. В итальянском — из араб. dār-sinā'a — «дом (dār) ремесла, промышленности (sinā'a)». Отсюда же перс. **тарсане** — «арсенал». Начальное d- в западноевропейских языках утрачено. В русском — заимствование из западноевропейских языков.

АРТА́ЧИТЬСЯ, **арта́чусь** — (первоначально о лошадях, мулах и т. п.) «упрямиться», «не слушаться вожжей, удил», «у́росить», «лягаться» (см. Даль, IV, 95, 466); *прост.* «упорствовать», «не соглашаться». В говорах встр. и на севере (яросл., нижегор., вят. и др.), и на юге. Ср. курск. **арта́чливый** — «упрямый», «норовистый» (Кардашевский, 197). В русском языке известно с 1-й пол. XIX в. В словарях — с 1847 г. (СЦСРЯ, I, 13). Встр. в комедии Писемского «Ипохондрик», 1852 г., д. II., явл. 1: *заартачится* (Пьесы, 56). ▫ В этимологическом отношении не вполне ясное. Несомненно, из *ортачиться* на почве акающего произношения (*а* вм. *о* в окающих говорах — следствие межслоговой ассимиляции). Начальный гласный *о > а* здесь такого же происхождения, как в **оржано́й**, **орту́ть** (СРНГ, в. 1, с. 274, 279) и т. п. (т. е. из слогообразующего *р* не относится к основе слова). Часто, вслед за Далем, связывают с *рот* (< *ръть*). Ср. у Даля (I, 21, IV, 95) в гнезде *рот*: **рта́читься** (: **арта́читься**) — «начально о лошади: упрямиться, не слушаться вожжей, удил», **рта́чливый** (: **арта́чливый**). Если от *рот*, то непонятно, откуда *-ач-* (*орт-ач-). Кроме того, когда говорят, что лошадь *артачится*, то имеют в виду не столько то, что она кусает удила и т. п., сколько то, что она брыкается, бьет задними ногами и т. п. Поэтому Горяев (302) высказал предположение, что (*а*)*ртачиться*, возможно, имеет отношение к ст.-сл. ѫтк — «зад» [ср. у Срезневского, III, 212: **рыть** — «копыто (?)», со ссылкой на Жит. Андр. Юр.: «Осьлъ меча *рытьми*»]. Корень *ры-* (*-т-ь* — суф.) здесь тот же, что в о.-с. *ry-ti (см. **рыть**). И.-е. *reu- : *rou- : *rŭ-. Фонетически (*а*)*ртачиться* ближе к другому др.-рус. слову, относящемуся к той же корневой группе: **рты** (< *ръты*, мн. от *ръта*) — «лыжи» (Срезневский, III, 179). Можно полагать, что существовало (но было утрачено) слово вроде *ръта́къ с основой *ръ-т-* (ср. **рысак** и т. п.) со знач. «брыкающийся, роющий копытами землю, отталкивающийся задними ногами, уросливый конь (лошадь)». Отсюда (*а*)*ртачить(ся)*.

АРТЕ́ЛЬ, -и, ж. — «группа людей, добровольно объединившихся для совместной работы, ведения общего хозяйства и т. п.». *Прил.* **арте́льный**, -ая, -ое. Укр. **арті́ль**, **арті́льний**, -а, -е; блр. **арце́ль**, **арце́льны**, -ая, -ае. Из русского: болг. **арте́л**; чеш. artel; польск. artel. В русском языке слово *артель* известно с начала XVII в.: Р. Джемс, РАС, 1618—1619 гг., 54 : 17: artele — «a companie as of 3. or 4. or more» [«товарищество из 3, 4 и более (человек)»]. ▫ Обычно считают заимствованием из тюркских языков. Ср. турец. ortaklık — «товарищество», «соучастие», «компания» при ortalamak — «делить пополам», ortaklaşmak — «вступать в товарищество», «принять участие», «участвовать» (от ortak — «пайщик», «компаньон», orta — «середина»); далее: ног. **ортаклык** — «общность»; каз.-тат. **урта́клык** — тж.; каракалп. **ортала́к** — «общий, принадлежащий коллективу»; ср. также: каз.-тат., башк. **уртала́й** — «пополам» и т. п. Совсем неубедительно приведенное Дмитриевым (43) чье-то предположение, будто *артель* восходит к тат.-башк. **арт ил** — «народ, находящийся позади», т. е. «резерв». Тат. и башк. **арт** — «зад», «тыл», «задок» и **ил** — «мир», «народ», «община», «общество», но сложения *арт+ил* ни в татарском, ни в башкирском языках никто пока не слышал. Следует при этом учитывать, что в тюркских языках широко распространено и слово *артель*: артел (заимствование из русского). Имеется и другое объяснение, в свое время поддержанное акад. Коршем, о западноевропейском, итальянском происхождении этого слова (Korsch, AfslPh, IX, 660). Ср. ит. artiere, *pl.* artieri — «ремесленник». Фасмер, кажется, прав, принимая именно это объяснение (Vasmer, REW, I, 26). Изменение *р : р > р : л* на почве межслоговой диссимиляции часто встр. в говорах (ср. *пролубь < прорубь* и т. п.), в заимствованных словах (устар. *цирульник < латин. chīrurgus*) и др. К сожалению, пути проникновения этого ит. слова в русскую народную речь (уже в XVI—XVII вв.) недостаточно ясны. По значению [«товарищество (на паях)», «компания»] рус. *артель*, пожалуй, ближе к тюркской группе слов, упомянутых выше. Но ср. у Тредиаковского в переводном (с франц.) романе «Езда в остров любви», 1730 г.: «сия многолюдная *артель*, которая за ней (женщиной) следует», где словом *артель* переведено слово troupe («толпа», «стая») франц. подлинника (см. Widnäs, 106).

АРТЕ́РИЯ, -и, ж. — «пульсирующий кровеносный сосуд, несущий кровь от сердца к периферии тела (в противоположность вене)», (по Далю, I, 21) «боевая жила». *Прил.* **артериа́льный**, -ая, -ое. Укр. арте́рія, артеріа́льний, -а, -е; блр. артэ́рыя, артэрыя́льны, -ая, -ае; болг. арте́рия, артериа́лен, -лна, -лно; с.-хорв. àртѐрија (: би́ло), артѐриски, -ā, -ō; чеш. arterie (: tepna; ср. tep — «пульс», от tepati — «ударять», «чеканить»), arteriálni; польск. arteria (: tętnica; ср. tętno — «пульс»), arterialny, -a, -e. Встр. в «Шестодневе» 1263 г.: аръти́рия (Miklosich, LP, 8). В XV в. — в (латинизированной?) форме артерия [в Диоптр. Филип. по сп. 1418 г. (Срезневский, Доп., 6)]. В Петровское время уже возможно и в метафорическом употр.: в Указе от 2-III-1711 г.: «денги сут артериею войны» (ЗАП I, т. I, № 241, с. 198). □ Ср. франц. artère, *f*.; нем. Arterie, *f*.; ит., исп. arteria; англ. artery и т. д. Первоисточник — греч. ἀρτηρία (<* ἀερτηρία) — «пульсовая жила», от ἀρτάω, ион. ἀρτέω — «вешаю», «привязываю», «завишу от кого-чего-л.» [из *ἀερτάω, этимологически связанного с ἀείρω — «поднимаю», «подвешиваю», «привязываю» (Frisk, I, 153, 155); см. *аорта*]; отсюда лат. arteria — «артерия».

АРТИЛЛЕ́РИЯ, -и, ж., собир. — «вид вооружения — огнестрельные орудия различных конструкций и калибров»; «род войск с таким вооружением». *Прил.* **артиллерийский**, -ая, -ое. *Сущ.* **артиллери́ст**. Укр. артилерія, артилерійський, -а, -е, артилери́ст; блр. алтылéрыя, артылерійскі, -ая, -ае, артылерист; болг. артиле́рия, артилери́йски, -ая, -е, артилери́ст; с.-хорв. артилѐрија, артилѐриски, -ā, -ō, артиле́рац; словен. artilerija (хотя чаще topništvo); польск. artyleria, artyleryjski, -a, -ie, artylerzysta — «артиллерист»; в.-луж. artilerija. В чешском также известно artilerie, artileristický, -á, -é, artilerista (словац. artileria, artileristický, -á, -é, artilerista), но обычно dělostřelectvo и произв. (словац. delostrelectvo; ср. чеш. dělo, словац. delo — «орудие»). В русском языке слово *артиллерия* известно с 1695 г. [ПбПВ, I, 34 (отм. Christiani, 33)]. С ударением на *ле* (*артилériею*) — в «Ведомостях» за 1703 г., № 2 (в. 1, с. 5). Прилагательное не сразу установилось в форме на -*ийский*. В документах Булавинского восстания (Тр. ИАИ, XII) встр. *артилерский* (435 и др.) и *артилерный* (186 и др.), но в «Уставе воинском» 1716 г. (ПСЗ, V, 208) уже *артиллерийский*. □ Предположительно, — из итальянского. Ср. франц. artillerie, *f*. > нем. (с XVIII в.) Artilleríe, *f*.; голл. artillerie; англ. artillery; ит. artigliería (произн. ар-

тильери́а), исп. artillería. Источник распространения — французский язык, где artillerie известно с XIII в. [в смысле «военная техника (метательные машины)»], а с XIV в. употр. уже в знач. «огнестрельные орудия». Происхождение этого франц. слова неясно. Так или иначе, его связывают с латин. ars, род. artis — «ремесло», «искусство»; «произведение искусства», откуда «снаряжение», «наряд» [ср. в XVIII в. *наряд* — «артиллерия» (см. Черных, ОИЛ, 217)]. Ср. ст.-франц. artil — «военная машина», «военная техника» и глаг. artill(i)er — «укреплять при помощи военной техники» (DAF, 36).

АРТИ́СТ, -а, *м*. — «профессиональный исполнитель произведений искусства (театрального, музыкального, киноискусства и т. д.)». *Женск.* **арти́стка**. *Прил.* **артисти́ческий**, -ая, -ое. Укр. арти́ст, арти́стка, артисти́чний, -а, -е; блр. арты́ст, арты́стка, артысты́чны, -ая, -ае; болг. арти́ст, арти́стка, артисти́чен, -чна, -чно; с.-хорв. àртист(а) — «артист (обычно цирковой и варьете)»; чеш. artista — тж., artistka, artistický, -á, -é; польск. artysta, *м.*, artystka, artystyczny, -a, -e. В русском языке слово *артист* известно со 2-й пол. XVIII в. Встр. в сочинениях Фонвизина, который не смешивает *актер* и *артист* (Петров, 3, 5). В словарях — с 1803 г. (Яновский, I, 219). □ Из французского языка. Ср. франц. artiste (< средневек. латин. artista, от ars, род. artis — «ремесло», «искусство»); старшее знач. — «ученый», «эрудит»; совр. знач. — с XVIII в.

А́РФА, -ы, ж. — «стоячий щипковый музыкальный инструмент с изогнутой рамой, напоминающей по форме большой треугольник (стоящий на вершине), с вертикально натянутыми струнами внутри рамы». *Сущ.* **арфи́ст**, *женск.* **арфи́стка**. Укр., блр. а́рфа, арфі́ст, арфі́стка; болг. а́рфа, арфи́ст, арфи́стка. Ср. с.-хорв. ха̀рфа, ха̀рфа̄ш — «арфист», харфа̀шица — «арфистка»; словен. harfa, harfist, harfistka; чеш. harfa, harfeník — «арфист», harfenice — «арфистка»; польск. harfa, harfista — «арфист», harfistka — «арфистка» (устар. arfa, arfista, arfiarka). В украинском языке старший случай употребления этого слова датируется 1665 г. (Тимченко, IC, 34). В русском языке слово *арфа* известно с конца XVII в. Оно встр. в «Путешествии» П. А. Толстого (360): «арфы, флейты» (Падуя, 1697 г.). Также Fogarasi, 64: арфа, арфинист, 1698 г. В Петровское время арфа уже было общеупотребительным словом: см. «Рус. повести 1-й трети XVIII в.» (Моисеева, 202, 208). □ Ср. нем. Harfe; франц. harpe; англ. harp; ит., исп. arpa; ср. также турец. harp(a); хинди х̌а̄рп' и др. Источник распространения — нем. Harfe. Слово общегерманское. По корню оно связано с нем. herpa — «сжимать», «стягивать»; норв. hurpe — «сварливая, желчная старуха»; с греч. κάρφος — «сухой», «высохший» («покоробившийся»?); с рус. *коробить(ся)*. Возможно, арфа была названа по изогнутой форме своей рамы (Falk — Torp [2], I, 382).

Позднелатин. harpa германского происхождения. В русском — из западноевропейских языков.

АРХИ́В, -а, *м.* — «государственное учреждение, специально занимающееся хранением, систематизацией и описанием письменных памятников старины в целях гл. обр. научного их использования»; «отдел учреждения, где хранятся старые документы, оконченные дела и т. п.». *Прил.* архи́вный, -ая, -ое. Сюда же архиви́ст, архива́риус. Укр. архі́в, архі́вний, -а, -е, архіві́ст, архіва́ріус; блр. архі́ў, архі́ўны, -ая, -ае, архіві́ст, архіва́рыус; болг. архи́ва, архи́вен, -вна, -вно, архива́р; с.-хорв. а̀рхив, а̀рхивскӣ, -ā, -ō, архива̀р; чеш. archiv, archivní, archivář; польск. archiwum, archiwalny, -a, -e, archiwariusz, archiwista — «архивариус». В русском языке в форме *архив* и *архива* употр. с начала XVIII в.: Смирнов, 47, со ссылкой на ПСЗ, V, № 3361, 1719 г.: «из... всех... книг... прислать в Сенат по одной для сохранения в *Архиву*»; № 3311, 1719 г.: *архивариус*; «Ген. регл.» 1720 г.: *архив, архивариус* [ЗАП I, I, 459, 505; здесь же (в другом документе): *архивариус*, 521]; в сочинениях Фонвизина — *архив* и *архива* (Петров, 5). Курганов («Письмовник», 1777 г., 423) дает только форму *архива* (там же *архивариус*), которую (вместе с *архивный* и *архивариус*) отм. также Нордстет (1780 г., I, 8). Форма *архив* окончательно устанавливается в течение XIX в. ◻ Ср. нем. Archiv, *n.*, Archivar, *m.*; голл. archíef, archiváris; франц. archives, *pl.*, archiviste, *m.* — «архивариус». Из французского: англ. archives, archivist и др. Первоисточник — греч. ἀρχεῖον, *n.* — «правительственное здание», «резиденция государственных или городских властей» > «ведомство», «городское управление». Отсюда позднелатин. archium > archivum; произв. archivarius. В русском языке, м. б., непосредственно из латинского или (*архив*) при немецком или голландском посредстве.

АРШИ́Н, -а, *м.* — «старая мера длины (=16 вершкам=71,12 *см*), существовавшая у нас до введения (14-IX-1918 г.) метрической системы»; *перен.* в выражении *мерить на свой аршин* и др. *Прил.* арши́нный, -ая, -ое. Укр. арши́н, арши́нний, -а, -е; блр. аршы́н, аршы́нны, -ая, -ае. Ср. болг. арши́н (=68,75 *см*); с.-хорв. а̀ршин — «локоть» (как мера длины); польск. arszyn. В русском языке употр. с XVI в. (Срезневский, I, 31). ◻ Первоисточник — перс. ärǟš (Б. Миллер, 15): ärš — «локоть», «предплечье» > «локоть как мера длины» (Lokotsch, § 108), родственное др.-инд. aratní — «локоть» (ср. др.-перс. arašniš — тж.) [Mayrhofer, I, 47]. Из персидского — тюркское aršyn: турец. arsın; азерб., туркм., каз.-тат. аршын и пр. Аффикс -in появился на тюркской почве. В русском — из тюркских языков.

АСПИРА́НТ, -а, *м.* — «лицо, готовящееся (в вузе или научно-исследовательском институте) к педагогической или научной деятельности». *Женск.* аспира́нтка. *Прил.* аспира́нтский, -ая, -ое. Сюда же аспиранту́ра. Укр. аспіра́нт, аспіра́нтка, аспіра́нтський, -а, -е, аспіранту́ра; блр. аспіра́нт, аспіра́нтка, аспіра́нцкі, -ая, -ае, аспіранту́ра; болг. аспира́нт, аспира́нтка, аспира́нтски, -а, -о, аспиранту́ра; с.-хорв. аспѝрант; чеш. aspirant, aspirantka, aspirantura; польск. aspirant, aspirantka, aspirantura. Старшее знач. — «ищущий (домогающийся) определенной должности, кандидат на эту должность». С этим знач. слово *аспирант* отм. в ПСИС 1861 г., 56. До 60-х гг. оно отм. со знач. (заимствованным из французского) «старший воспитанник, готовящийся к морской службе». Так у Плюшара (III, 1835 г., 318), у Края (I, 1847 г., 497). В совр. знач. *аспирант* — слово послереволюционного периода. Вполне новым словом является *аспирантура*, отмечаемое Селищевым [«Яз. рев. эп.», 1928 г., 185] как типичный советизм, созданный по образцу *профессура*. ◻ Вероятно, из французского. Ср. франц. aspirant, *m.*, -e, *f.* — тж. [букв. «вдыхающий», «всасывающий», прич. н. вр. от aspirer (< латин. aspīrāre — «дуть», «веять») — «вдыхать», «всасывать»]. Из французского: нем. Aspirant (на немецкой почве Aspirantúr); ит., исп. aspirante.

АСПИРИ́Н, -а, *м.* — «жаропонижающее и болеутоляющее лекарство в виде белого порошка (обычно в таблетках) с кисловатым вкусом (ацетилсалициловая кислота)». Укр. аспіри́н; блр. аспіры́н; болг. аспири́н; с.-хорв. аспѝрӣн; чеш. aspirin; польск. aspiryna. В словарях впервые — у Ушакова (I, 1935 г., 64). ◻ Ср. нем. Aspirín, *n.*; франц. aspirine, *f.*; англ. aspirín; ит., исп. aspirina, *f.* В русском языке — видимо, из немецкого, сравнительно по́зднее заимствование. Источник распространения — немецкий язык, где это слово вошло в обращение в 1899 г. и было образовано на основе латин. spiraea ulmaria (растение спирея) с прибавлением греческой приставки ἀ-, выражающей отрицание (чтобы подчеркнуть, что новое вещество добывается не из спиреи, хотя натуральная ацетилсалициловая кислота содержится в цветах этого растения, а химическим путем).

АССЕНИЗА́ЦИЯ, -и, *ж.* — «совокупность мероприятий по очистке населенных пунктов от нечистот». *Прил.* ассенизацио́нный, -ая, -ое. Сюда же ассениза́тор. Укр. асеніза́ція, асенізаці́йний, -а, -е, асеніза́тор; блр. асеніза́цыя, асенізацы́йны, -ая, -ае, асеніза́тар; болг. асениза́ция, асениза́тор; польск. asenizacja, asenizacyjny, -a, -e, asenizator. В некоторых слав. яз. отс. с., напр., чеш. čištění žump — «ассенизация». В русском языке слово *ассенизация* употр. с конца XIX в. (Карташев — Бельский, 1887 г., 160; СРЯ[1], т. I, в. 1, 1891 г., 77). Другие слова этой группы — несколько более поздние: *ассенизатор* — М. Попов, 1904 г., 44; Ефремов, 1911; г., 45; *ассенизационный* — Яновский, СИС, 1905 г., 105. ◻ В славянские языки заимствовано, по-видимому, из немецкого. Ср. нем. Assänisatión (ср. франц. assainissement — тж.), Assänisátor < франц. assainisateur. Первоисточник — латин. sānus (> франц. sain) — «здоровый».

АССИСТЕ́НТ, -а, *м.* — «помощник профессора в вузе — преподаватель, ведущий практические и лабораторные занятия», «помощник врача (в клинике, в больнице), наблюдающий за ходом болезни, помогающий хирургу при операциях». *Женск.* **ассисте́нтка.** *Прил.* **ассисте́нтский,** -ая, -ое. *Глаг.* **ассисти́ровать.** Укр. асисте́нт, асисте́нтка, асисте́нтський, -а, -е, асистува́ти; блр. асісте́нт, асісте́нтка, асісте́нцкі, -ая, -ае, асісціра́ваць; болг. асисте́нт, асисте́нтка, асисте́нтски, -а, -о, асисти́рам — «ассистирую»; с.-хорв. **асйстент, асистѐнтица;** чеш. asistent, asistentka, asistentský, -á, -é, asistovati; польск. asystent, asystentka, asystencki, -a, -ie, asystować. *Ассистент* встр. в памятниках Петровского времени, напр., в «Архиве» Куракина (III, № 196, 1710—1711 гг., 264): «церемониймайстеру и его *ассистенту*». В смысле «официальное лицо, сопровождающее высокую особу» — в «Походных юрналах», III, за 1724 г., где речь идет о лицах, сопровождавших Петра I (см. Смирнов, 49). В словарях *ассистент* в знач. «помощник» встр. с 30-х гг. XIX в.: Плюшар, 1835 г., III, 346: *ассистент* — «означает вообще помощника в отправлении какой-либо должности». Ср. позже у Даля (I, 1863 г., 23): «помощник, подручник, особенно при хирургических операциях»; там же прил. *ассистентский. Ассистировать* в словарях — с 1933 г. (Кузьминский и др., 128). *Ассистентка* впервые — у Ушакова (I, 1935 г., 65). ◽ Видимо, из немецкого. Ср. нем. Assistént — «ассистент», assistieren — «ассистировать». Ср. также франц. assistant, assister; англ. assistant, assist; ит. assistente, assistere; исп. asistente, asistir. Первоисточник — латин. assistens, род. assistentis — прич. н. вр. от assistō (< adsistō) — «стою рядом», «помогаю», «присутствую» (ср. sistō — «ставлю», «становлюсь», «остаюсь»).

АССОРТИМЕ́НТ, -а, *м.* — «подбор различных видов и сортов товаров или изделий», «подбор (комплект) однородных предметов, но разных сортов». Укр. асортиме́нт; блр. асартыме́нт; болг. асортиме́нт; с.-хорв. **асортима̂н;** чеш. (a)sortiment; польск. asortyment. В русском языке в общем употр. — с середины XIX в. Отм. у Михельсона 1865 г., 68, но известно с несколько более раннего времени. ◽ Ср. франц. assortiment — тж. (от assortir — «подбирать», «сортировать», «гармонировать», восходящего к sorte — «сорт»). Из французского: нем. Assortimént; англ. assortment; ит. assortimento. В русском языке — возможно, непосредственно из французского.

А́СТМА, -ы, *ж.* — «периодически повторяющиеся приступы одышки, удушья при некоторых заболеваниях сердца или бронхов». *Прил.* **астмати́ческий,** -ая, -ое. Укр. а́стма, астмати́чний, -а, -е; блр. а́стма, астматы́чны, -ая, -ае; чеш. astma, astmatický, -á, -é; польск. astma, astmatyczny, -a, -e. Встр. в письменных памятниках XVII в. в форме *асма* [«Травник» Любчанина, л. 148 (КДРС)]. В словарях — с 1803 г. (Яновский, I, 250: *астма, астматический*). ◽ Ср. франц. (с 1611 г.) asthme, *m.* [ср. asme : asma (XIII—XV вв.)], (с 1545 г.) asthmatique; нем. Asthma; англ. asthma; ит., исп. asma. Первоисточник — греч. ἄσϑμα — «одышка», отсюда прил. ἀσϑματικός. В этимологическом отношении неясное слово. Возможно, из *ă-Fεσ-ϑμα с корнем Fεσ- < и.-е. *u̯ē-s- (ср. лит. vė́sti — «охлаждаться», «освежаться», «остывать»; латыш. vēst — «тяжело дышать»); см. Pokorny, I, 83; начальное *а-* — отрицательная приставка. По другому предположению — из *ἄνσϑμα, где *αν-* тот же корень, что и в ἄνεμος — «дыхание», «ветер». См. Frisk, I, 162. В русском языке — м. б., сначала (XVII в.) из медицинской латыни, позже — из западноевропейских языков.

А́СТРА, -ы, *ж.* — «садовое цветущее травянистое растение семейства сложноцветных с крупными (без запаха) цветками, различными по окраске (чаще фиолетовыми, красными, белыми)». Укр. **а́йстра;** блр. а́стра; болг. а́стра; словен. (vrtna) astra; чеш. astra; польск. aster (или gwiazdosz). В некоторых слав. яз. отс: ср., напр., с.-хорв. лепа (lijera) ка́та — «астра». В русском языке известно с 80-х гг. XVIII в. Ср., напр., в словаре Мейера, ч. I, 1781 г., 311—312: «*астер*, звездочная трава», «все *астры* содержат…». ◽ Из западноевропейских языков. Ср. франц. (с 1549 г.) aster; англ. aster (произн. ˈæstə); нем. Áster. Название создано (во Франции) искусственно (по форме цветка простой астры) в XVI в. Первоисточник — латин. aster — «звезда» < греч. ἀστήρ — тж.

АСФА́ЛЬТ, -а, *м.* — «темная смолистая масса, употребляемая для заливки покрытий тротуаров, улиц, шоссейных дорог и т. д.». *Прил.* **асфа́льтовый,** -ая, -ое. *Глаг.* **асфальти́ровать.** Укр. асфа́льт, асфа́льтовий, -а, -е, асфальтува́ти; блр. асфа́льт, асфальта́вы, -ая, -ае, асфальтава́ць; болг. асфа́лт, асфа́лтен, -а, -о, асфалти́рам — «асфальтирую»; с.-хорв. **а̀сфалт, а̀сфалтнӣ,** -ā̂, -ō̂, **а̀сфалтскӣ,** -ā̂, -ō̂, **асфалти́рати, а̀сфалтовати;** чеш. asfalt, asfaltový, -á, -é, asfaltovati; польск. asfalt, asfaltowy, -a, -e, asfaltować. В русском языке слово *асфальт* известно с древнерусской эпохи. Как название минерала, добываемого в Иудее, оно отм. в «Ист. иуд. войны» Флавия, кн. VII, гл. 6 (Мещерский, 450). В XVI в. оно уже встр. со знач. «строительный материал» [в Никон. л., I, 44: «ковчег… посмолившие… *асфалтом*» (Кочин, 24)]. В совр. знач.: СРЯ[1], т. I, в. 1, 1891 г., 79. Прил. *асфальтовый* в словарях — с 1789 г. (САР[1], I, 59). Глаг. *асфальтировать* появился гораздо позже, после 1917 г. (Кузьминский и др., 1933 г. 134 и более поздние словари). ◽ Слово, широко распространенное не только в европейских языках: франц. asphalte (: bitume); нем. Asphalt (: Bitumen); англ. asphalt; исп. asfalto; турец. asfalt и т. д. Первоисточник — греч. ἄσφαλτος — «горная смола». Отсюда позднелатин. asphaltus, *m.* На греческой почве слово этимологически связывается с ἀσφαλίζω — «укрепляю», «сковываю» и далее с σφάλλω — «валю», «опрокидываю», «делаю шатким» (ἀ- — отрицательная приставка). Более раннее предположение о семитском происхождении греч. ἄσφαλτος теперь отвергается (Frisk, I, 174).

АТА́КА, -и, *ж.* — «стремительное нападение войск на противника с целью быстрого его подавления». *Глаг.* **атакова́ть**. Укр. ата́ка, атакува́ти; блр. ата́ка, атака́ваць; болг. ата́ка, атаку́вам — «атакую»; с.-хорв. àтак (обычно нáпад); польск. atak, atakować. В некоторых слав. яз. необычно или отс. Ср. в том же знач.: чеш. ztеč или útok (хотя небезызвестно и atak : ataka). В русском языке *атака, атаковать* употр. с начала XVIII в.: «во всю *отаку* ниже 600 ч. убито» в письме Петра I в Амстердам от 21-I-1703 г. (ПбПВ, II, № 483, с. 119); *атаковать* — в ПбПВ, III, 112, 1704 г. (Christiani, 36). Смирнов (49—50) дает *атака* и *атаковать*, со ссылкой на «Лексикон вок. новым» (1704 г.?) и др. ▫ Из западноевропейских языков. Ср. франц. (с 1611 г.) attaque, *f.*, от attaquer (с 1578 г.), которое само восходит к ит. attaccare battaglia — «начинать битву» > attaccare — «атаковать» (ср. первонач. attaccare — «привязывать», «пришивать», «запрягать», «затевать»). Из французского — голл. attaque; нем. Attacke, *f.*; швед. attáck; англ. attack и др. В русском языке, м. б., при голландском, шведском или немецком посредстве.

АТАМА́Н, -а, *м.* — «военно-административная должность в казачьих областях до революции — выборный (или назначенный) глава казачьего войска (и области)»; «главарь, предводитель». *Прил.* **атама́нский**, -ая, -ое. Укр. ота́ман, отама́нський, -а, -е; блр. атама́н, атама́нскі, -ая, -ае. В других слав. яз. — как русизм. Ср. болг. атама́н; чеш. ataman; польск. ataman. В русском языке это слово в знач. «старшина ватаги», «начальник военного отряда» известно с XIII в. [«Ходити тремъ ватагамъ моимъ на море, а *ватамманъ* (sic!)... Критцкий» в Грам. Двин. 1294 г.; ср. в приписке XIII в. к полоцкому Стихирарю XII в.: *отоману* (Срезневский, I, 231; II, 759)], сначала исключительно в памятниках северо-западного происхождения, иногда в форме с начальным в: *ватаман : вотаман*, что, по-видимому, вызвано контаминацией с *ватага*, словом, засвидетельствованным с XII в. (Срезневский, I, 231). ▫ Слово, несомненно, заимствованное, но трудно установить, из германского источника или из тюркских языков. Вероятнее, что оно попало в русский язык (через Новгород) из германского источника. Ср. ср.-н.-нем. hōvetman — «главарь», «вожак» [ср.-в.-нем. houbetman (совр. нем. Hauptmann) — тж.; норв. hovedmann — «главарь», «вожак»; швед. huvudman — «руководитель», «вождь» и др.], где первая часть (н.-нем. hōved и т. д.) значит (или значила) «голова», «глава», а вторая — «человек», «мужчина». Нижненемецкое или скандинавское по происхождению, оно на древнерусской почве сначала, м. б., звучало *офтманъ или близко к этому, а потом, вследствие контаминации с *ватага*, получило совр. форму. Другие этимологи склонны рассматривать это слово как тюркское по происхождению (хотя в совр. тюркских языках в пределах СССР это слово, по всей видимости, из русского, а в старых тюркских текстах оно не встречается), причем расходятся друг с другом при определении тюркского источника. Напр., Дмитриев (17), считавший это слово южнотюркским, чуть ли не крымским по происхождению и отметивший его употребление в языке крымских татар в смысле «пастуший батько», объяснял его как ата+ман, где ата — общетюркск. «отец», а -ман — будто бы увеличительный суф. (след.: «большой отец», «на́большии»). Другие толкования еще менее убедительны.

АТЕИ́ЗМ, -а, *м.* — «отрицание существования бога и всякого рода сверхъестественных сил, отказ от религиозных верований», «безбожие». *Прил.* **атеисти́ческий**, -ая, -ое. Сюда же **атеи́ст**, женск. **атеи́стка**. Укр. атеї́зм, атеїсти́чний, -а, -е, атеї́ст, атеї́стка; блр. атэі́зм, атэісты́чны, -ая, -ае, атэі́ст, атэі́стка; болг. атеи́зъм, атеисти́чен, -чна, -чно, атеисти́чески, -а, -о, атеи́ст, атеи́стка; с.-хорв. атѐизам, атѐистичкӣ, -а̑, -о̑, атѐист(а) — «атеист»; чеш. atheismus, atheistický, -á, -é, atheista, atheistka; польск. ateizm, ateistyczny, -a, -e, ateista, ateistka. В русском языке сначала появилось слово *атеист*. Оно известно с начала XVIII в. Ср. в «Записной книжке» Петра I (1718—1719 гг.): «Протиф *отеистоф*» (ЗАП I, т. I, № 64, с. 69). В XVIII—начале XIX в. вм. *атеист* некоторое время говорили *афеист, афей* (восходящее в позднее время к франц. athée — «атеист»), писали с ѳ (с искусственным произношением на позднегреческий лад, т. е. с *ф* на месте ѳ). В сочинениях Феофана Прокоповича встр. *афеист*, с таким же стилизованным произношением: «афеисты... советуют» («Слово о власти», 1718 г.); «стал *афеистом*» («К Селию») [Соч., 83, 224]. *Афей* неоднократно встр. в сочинениях и письмах Пушкина (см. СЯП, I, 54). Другие слова этой группы — более поздние: *атеизм* впервые отм. у Яновского (I, 1803 г., 275). Прил. *атеистический* известно с середины XIX в. (Даль, I, 1863 г., 25). ▫ Родина слова *атеизм* — Франция. Ср. Франц. (с 1555 г.) athéisme, прил. athéistique. Из французского: англ. atheism, atheist, atheistic(al); нем. Atheísmus; голл. atheïsme, atheïst. Первоисточник — греч. ἄθεος — «отвергающий богов», «безбожный»; «отвергнутый богами», от θεός — «бог», с отрицательной приставкой ἀ-.

АТЕЛЬЕ́, нескл., *ср.* — «мастерская по шитью одежды (и некоторым другим видам обслуживания)»; «мастерская живописца, скульптора, фотографа». Укр. ательé; блр. атэльé; болг. ателиé; с.-хорв. атèльé; чеш., польск. atelier. В русском языке пóзднее: Бурдон — Михельсон 1880 г., 111, знач. — «мастерская худóжника, живописца». Знач. слова постепенно расширялось; в смысле «пошивочная мастерская» *ателье* стало употр. лишь с 30-х гг. XX в. (СИС 1937 г., 67; в словаре Кузьминского и др., 1933 г. это знач. еще не отм.). □ В русском языке заимствовано из французского. Ср. франц. atelier (но «ателье мод» — maison de couture); отсюда нем. Atelier; англ. atelier и нек. др. Во французском оно из asteliers (произв. от ст.-франц. astelle — «обломок дерева», «щепа», «планка») и в конце концов восходит к латин. assula (уменьш. от assis : axis — «необструганная доска», «брус») — «обломок», «лучинка», «щепка», через (h)astula (средневек. латин. astella). След., старшее знач. — «куча древесного материала» > «место, помещение, где работают столяры, плотники», далее «мастерская».

АТЛАС, -а, *м.* — «тематическое собрание карт, таблиц, рисунков (географических, анатомических, лингвистических и т. д.)». Укр., блр. áтлас; болг. атлáс (ср. атлáз — «атлáс»); с.-хорв. àтлас (ср. àтлас — «атлáс»); чеш. atlas (ср. atlas — «атлáс»); польск. atlas (но atłas — «атлáс»). Первый р у с с к и й *áтлас* (именно с этим названием) вышел в 1734 г. («*Атлас Всероссийской Империи*» И. К. Кириллова). □ Ср. франц. (с 1665 г.) atlas; нем. (с 1727 г.) Átlas; голл. átlas; англ. atlas; исп. atlas. Ср., однако, ит. atlante — тж. Ср. еще лит. ātlasas — «áтлас», но atlãsas «атлáс»; также дат. átlas — «áтлас», átlask — «атлáс»; алб. atlás — «áтлас», attlás — «атлáс» и др. Первоначально *áтлас* — собрание только г е о г р а ф и ч е с к и х карт. Название появилось после выхода в свет в 1595 г. атласа фламандского картографа Г. Кремера (Меркатора) с изображением на титульном листе мифологического гиганта Атланта (греч. Ἄτλας, род. Ἄτλαντος), держащего на своих плечах небесный свод.

АТЛÁС, -а, *м.* — «сорт гладкой, глянцевитой, блестящей шелковой ткани». *Прил.* атлáсный, -ая, -ое. Укр. атлáс, атлáсний, -а, -е; блр. атлáс, атлáсны, -ая, -ае; болг. атлáз, атлáзен, -а, -о; с.-хорв. àтлас, àтласнӣ, -ā, -ō; чеш. atlas, atlasový, -á, -é; польск. atłas, atłasowy, a, -e. В русском языке слово *атлáс* с прилагательным в письменных памятниках известно со 2-й пол. XV в. Встр. в «Духовной грамоте верейского князя Михаила Андреевича», около 1486 г.: «лѣтник *отласен*» (Черепнин, № 80, с. 312); в «Духовной грамоте княгини Юлиании», около 1503 г.: «двѣ вошвы на *отласѣ*» (ib., № 87, с. 350) и др. □ В других европейских языках употр. редко: нем. (с XVI в.) Átlas; голл. átlas, но франц. satin; англ. satin; ит., исп. raso и т. д. Первоисточник — араб. aṭlas — «гладкий», «тонкий», «невысокого качества» (о шелке) > «атлáс» [по

Веру, — к ṭalasa i (ṭals) — «гасить», «сглаживать», «стирать» (напр., написанное). — Wehr², 510; см. еще Lokotsch, § 131]. В русский язык попало, м. б., при посредстве тюркских языков (ср. турец. atlas).

АТЛÉТ, -а, *м.* — «артист цирка, демонстрирующий силовые трюки с тяжестями», «спортсмен, занимающийся бегом, метанием, борьбой, поднятием тяжестей и т. д.»; «силач, человек крепкого телосложения». *Прил.* атлетический, -ая, -ое. Сюда же атлéтика. Укр. атлéт, атлетичний, -а, -е, атлéтика; блр. атлéт, атлетычны, -ая, -ае, атлéтыка; болг. атлéт, атлетичен, -чна, -чно, атлетически, -а, -о, атлéтика; с.-хорв. àтлет(а), àтлетскӣ, -ā, -ō, àтлèтика; чеш. atlet, atletický, -á -é, atletika; польск. atleta, *м.*, atletyczny, -a, -e, atletyka. В русском языке слово *атлет* известно с 1-й пол. XVIII в. Встр. у Тредиаковского (Соч., I, 44); у него же (ib., II, 298) возможно и *аѳлит* (с фитой после *а*) с искусственным произношением на позднегреческий лад (см. Christiani, 52). В форме *аѳлет* (: *атлет*) отм. у Яновского (I, 1803 г., 300). В дальнейшем отм. только форма *атлéт*. — Ср. франц. (с 1495 г.) athlète (с 1534 г.) athlétique; нем. Athlét, athletisch, Athletik; англ. athlete, athletic, athletics. Первоисточник — греч. ἀθλητής — «борец», «участник состязания», «мастер», «знаток», прил. ἀθλητικός. Отсюда латин. āthlēta — тж. В русском языке заимствовано, м. б., непосредственно из французского.

ÁТОМ, -а, *м.* — «мельчайшая частица химического элемента, сохраняющая его свойства и состоящая из ядра и электронов». *Прил.* áтомный, -ая, -ое. Укр. áтом, áтомний, -а, -е; блр. áтам, áтамны, -ая, -ае; болг. áтом, áтомен, -мна, -мно; с.-хорв. àтōм, àтомскӣ, -ā, -ō; чеш. atom, atomový, -á, -é; польск. atom, atomowy, -a, -e. По свидетельству Кутиной (ФТФ, 105—107), слово *атом* в научной и научно-популярной русской литературе 1-й трети XVIII в. было широко употребительным, ранняя датировка у нее — 1713 г. («Зерцало естествозрительное», л. 37). В словарях — с 1731 г. (Вейсман, 600). □ Ср. франц. atome; нем. Atóm; англ. atom; ит., исп. átomo; перс. ätom; турец. atom; хинди эṭам и т. д. Первоисточник — греч. прил. ἄτομος — «нерезанный», «несрезанный», «неделимый», также субст. ἄτομος, *т.* — «атом» (по Демокриту) [ср. τόμος — «отрезок», к τέμνω — «рублю», «режу»]. В западноевропейские языки попало через латин. atomus — тж. В русском — из западноевропейских языков.

АТТЕСТÁТ, -а, *м.* — «официальный документ, свидетельствующий об окончании учебного заведения, присвоении звания, о прохождении службы». *Глаг.* аттестовáть. Сюда же аттестáция. Укр. атестáт, атестувáти, атестáція; блр. атэстáт, атэставáць, атэстáцыя; болг. атестáт, атестирам — «аттестую», атестáция; с.-хорв. атèстāт, атестáција; чеш. atestát, atestovati, atestace; польск. atestat, (za)atestować, atestacja. В русском языке слово *аттестация* встр. в памятниках Петровского времени [ПСЗ, V, № 3406, 1719 г. (по Смирнову, 50); на Украине оно известно позже с XVII в., с 1668 г. (Тимченко, IC, 41)]. Приблизительно к тому же времени (второе — третье десятилетие XVIII в.) относится появление и слова *аттестат* («Бумаги каб. мин.», 1735 г., 428), а несколько позже появляется и *аттестовать* [в словарях — с 1780 г. (Нордстет, I, 9)]. ▫ В русском — из западноевропейских языков (причем *аттестация*, м. б., непосредственно из латинского). Ср. нем. Attestat, *n*.: Attest, *n*., attestieren; франц. attestation, *f*. — «аттестация» [«аттестат» — certificat (> англ. certificate)], attester — «аттестовать». Первоисточник — латин. attestātus (откуда позже attestatiō) — прич. прош. вр. от attestor (< ad+testor) — «удостоверяю», «свидетельствую» [ср. testis (< *terstis, от ter+stō — «являюсь т р е т ь и м в споре») — «свидетель», «очевидец»].

АТТРАКЦИО́Н, -а, *м.* — «эффектный цирковой или эстрадный номер, поражающий новизной, смелостью и техникой исполнения»; «развлечение в местах общественных гуляний (карусель, качели, тир и т. п.)». Укр. атракціо́н; блр. атракцыён; болг. атракцио́н; с.-хорв. а̀тракција; чеш. atrakce, *ж.*, польск. atrakcja, *ж.* В некоторых слав. яз. отс. В русском языке известно с 20-х гг. XX в.: Левберг, 1923 г., 23; Вайсблит, 1926 г., 51. ▫ Слово французское: attraction — собств. «сила притяжения», «притяжение», «притягательная сила», восходящее к латин. attractiō — «притягивание», «стягивание», «сжатие», «уподобление» [от attrahō (< ad+trahō) — «притягиваю», «привлекаю», «влеку»]. Знач. «развлечение» > «приманка» > «аттракцион» франц. attraction получило в 30-х гг. XIX в. на английской почве. Ср. (из французского) англ. attraction [произн. ə'trækʃ(ə)n]; нем. Attraktión.

А У́, *межд.* — «восклицание, которым перекликаются на большом расстоянии, когда не видят друг друга». *Глаг.* ау́кать(ся), *однокр.* ау́кнуть(ся). В говорах также — межд. изумления, нечаянности, горя: «ах!», «ой!» (Даль, I, 26). Укр. ау́. Ср. блр. агу́. Ср. чеш. au — межд. боли, разочарования, «ай!» (Trávniček, 34); рус. межд. призыва ay! то же. соотв. haló или hej, hou (отсюда houkati — «аукать»). Ср. также в.-луж. aw (=чеш. au). Вообще же в других слав. яз. отс. Ср. болг. éo: e-xó — «ау!»; польск. hola — тж. В русском языке межд. *ау* известно с середины XVIII в. Напр. *ау* оно встр. в комедии Николаева «Розана и Любим», 1776 г., д. III, явл. 2: «[Милена:] *Ау! ау!* [Лесник:] Ба! кто-то *аукается?* а! это знать наши бабы ходят по грибы» (РК, 199). В словарях отм. с конца XVIII в. (САР¹, I, 1789 г., 61). ▫ В русском языке, судя по всему, — по́зднее, вероятно, звукоподражательное (подражание крику некоторых ночных птиц, напр.,

совы?). Ср. соответствующее межд. в западноевропейских языках: франц. holà ho; нем. hallo; англ. halloo или hi; голл. hoehóe и т. д.

АУДИТО́РИЯ, -и, *ж.* — 1) «помещение (обычно в учебном корпусе), предназначенное для чтения лекций, докладов, проведения семинаров и т. п.»; 2) *собир.* «слушатели». Укр. аудито́рія; блр. аўдыто́рыя; болг. аудито́рия. Ср. в других слав. яз.: с.-хорв. аудѝто̄риум; чеш. auditorium; польск. audytorium. В русском языке известно с середины XVIII в. Встр. в «Журн. пут.» Демидова, 1771—1773 гг. (154): «славной театр и *аудиторию*». Отм. Кургановым в «Письмовнике», 1777 г., 420: *авдитория*. ▫ Восходит, в конечном счете, к латин. audītōrium, *pl.* auditoria — «аудитория», точнее «зал судебных заседаний», «школа» («место, где слушают», от audiō — «слышу», «выслушиваю»). В русском, м. б., при посредстве западноевропейских языков. Ср. нем. Auditorium; франц. auditoire, *m.*; ит. auditorio, *m.*

АУКЦИО́Н, -а, *м.* — «открытая, публичная распродажа чьего-л. имущества 'с молотка', при которой покупателем становится тот, кто предложит более высокую цену». *Прил.* аукцио́нный, -ая, -ое. Сюда же аукциони́ст. Укр. аукціо́н, аукціо́нний, -а, -е, аукціоні́ст; блр. аўкцыён, аўкцыёны, -ая, -ае, аўкцыяні́ст; болг. аукцио́н, аукционен, -нна, -нно. В зап.-слав. яз. — с другой концовкой: чеш. aukce (чаще dražba), прил. aukční, aukcionář; польск. устар. aukcja (обычно licytacja). В некоторых слав. яз. отс. Ср. в том же знач.: с.-хорв. дра̀жба или лицита́ција; словен. dražba. В русском языке слово *аукцион* известно со 2-й пол. XVIII в. Встр. в «Журн. пут.» Демидова, 1771—1773 гг., причем в форме *аукцион* (25) и *акцион* (30). В словарях — с 1780 г. (Нордстет, I, 9; там же *аукционный, аукционист*). — Вероятно, из немецкого языка. Ср. нем. (с XVI—XVII вв.) Auktión; англ. auction. В этих языках восходит к латин. auctiō (вин. auctiōnem) — «публичные торги» (собств. «увеличение», «рост», от augeō — «увеличиваю», «умножаю»).

АФЕ́РА, -ы, *ж.* — «недобросовестное, противозаконное или сомнительное с точки зрения законности предприятие», «темное дело», «махинация». *Сущ.* афери́ст, [*женск.* афери́стка. Укр. афе́ра, афери́ст, афери́стка; блр. афе́ра, афери́ст, афери́стка; болг. афе́ра, афери́ст, афери́стка; с.-хорв. афе́ра, афѐра̄ш — «аферист»; польск. afera, aferzysta, *ж.*, aferzystka. Ср., однако, чеш. aféra — «случай, происшествие, особенно неприятное или вызывающее возмущение», aférista — «виновник такого происшествия», но ср. в знач. «афера»: čachry, *мн.* (от čachr < ст.-чеш. šachr < нем. Schacher) или machinace, *мн.* В русском языке слово *афера* известно с 1-й пол. XIX в. В форме мн. ч. (*аферы*) оно отм. у Соколова (I, 1834 г., 31); там же (30): *аферщик*. В форме *аферист* слово отм. в СИС 1861 г., 13, хотя, конечно,

АФИ

не исключено, что с суф. -*ист* оно получило распространение несколько раньше. Вскоре появляется и слово *аферистка* (Даль, I, 1863 г., 26). ▫ Заимствовано из французского. Ср. франц. affaire, *f.* (из à faire, à — «предлог», faire — «делать», à — «дело», «предприятие», иногда «афера» (вм. spéculation). Ср. позднее франц. affairiste [по Блоху и Вартбургу — с 1928 г. (Bloch Wartburg², 241)]. След., слово *аферист* появилось на русской почве самостоятельно, независимо от французского.

АФИША, -и, *ж.* — «объявление (обыкновенно — на большом листе бумаги) о спектаклях, концертах, лекциях и т. п., вывешиваемое на видном месте». *Прил.* афи́шный, -ая, -ое. Сюда же афиши́ровать. Укр. афі́ша, афі́шний, а, -е, афішува́ти; блр. афі́ша, афі́шны, -ая, -ае, афішава́ць; болг. афи́ш, афи́шен, -шна, -шно, афиши́рам — «афиширую»; с.-хорв. афи́ша, афи́ширати; польск. afisz, afiszować. Но чеш. обычно plakát, návěstí, хотя известно и слово afiš, откуда afišovati. В русском языке раньше появляется глаг. *афишировать*. Встр. в письме Фонвизина к родным от 31-XII-1777 г. (со знач. «объявлять в афише, в программе») [СС, II, 435]. Знач. «рекламировать без меры», «выставлять напоказ» — позднее. Слово *афиша*, сначала в форме *афиш*, *м.*, впервые отм. у Яновского (I, 1803 г., 291). ▫ Ср. франц. affiche, *f.* — «афиша», «плакат», «объявление», afficher — 1) «вывешивать (объявление)»; 2) «афишировать»; нем. Affiche; ит. affisso, но, напр., англ. playbill — «театральная афиша» (в других случаях — bill, placard и др.). В русском языке — из французского, причем, по-видимому, раньше был заимствован глаг. afficher, на русской почве — *афишировать*. Во французском языке раньше появился также глагол: afficher — сначала «прикреплять», «прибивать» [ср. ficher — «вбивать», «втыкать» (из латин. fīgere, супин fixum — тж.)]. Отсюда отглаг. сущ. affiche — сначала «то, что прикрепляется вообще», а потом и «афиша» (см. Dauzat¹¹, 15).

АФОРИЗМ, -а, *м.* — «мысль, выраженная в предельно краткой, лаконической форме», «краткое выразительное изречение». *Прил.* афористи́ческий, -ая, -ое. Укр. афори́зм, афористи́чний, -а, -е; блр. афары́зм, афарысты́чны, -ая, -ае; болг. афори́зъм, афористи́чески, -а, -о; с.-хорв. афори́зам, афористи́чки, -ā, -ō; чеш. aforismus, aforistický, -á, -é; польск. aforyzm, aforystyczny, -a, -e. В русском языке слово *афоризм* известно с XVIII в. В словарях его начинают отмечать лишь с 1789 г. (САР¹, I, 63: *афорисм*). ▫ В русском — из западноевропейских языков. Ср. франц. aphorisme, *m.*, прил. aphoristique. Из французского: голл. aforisme; англ. aphorism, прил. aphoristic; ср. нем. Aphorismus, прил. aphorístisch. Первоисточник — греч. ἀφορισμός — «определение» от ἀφορίζω — «отделяю», «отграничиваю», «определяю» [к ὁρίζω — «устанавливаю границу»,

АХ

«определяю», с приставкой удаления, отделения ἀφ- (из ἀπο- перед придыханием)].

А́ФТА, -ы, *ж.* — «болезненная круглая язвочка, гл. обр. на слизистой оболочке ротовой полости». Блр. а́фта; польск. afty, *мн.* Но отс. в с.-хорв. и некоторых других слав. яз. В словарях отм. с середины XIX в. Напр., у Углова, 1859 г., 20: *афт* «прыщ или нарыв на слизистой оболочке, покрывающей горло, внутреннюю часть рта и т. п.». Почему-то отс. в толковых словарях современного русского языка. ▫ Ср. франц. aphte, *m.*; нем. Aphthe, *f.*; англ. aphtha. В русском — из западноевропейских языков. Первоисточник — (поздне)греч. ἄφθα — «губчатый нарост во рту» (позже — «ящур») > латин. aphta. В этимологическом отношении неясное слово. Фриск неуверенно относит к ἅπτω — «привязываю», «прикрепляю» (Frisk, I, 195).

АФФРИКА́ТА, -ы, *ж.* — «слитный согласный звук, представляющий собою неразложимое соединение смычного (взрывного, мгновенного, эксплозивного) звука с фрикативным (щелевым, длительным) того же ряда или близкого к нему по месту образования и участию или неучастию голоса, напр., в русском языке) *ц* и *ч*). Укр. африка́та; блр. афрыка́та; болг. африка́та; с.-хорв. африка́та; чеш. afrikáta (: splynulina); польск. afrykata. В русской лингвистической литературе этот термин появился в конце XIX в., гл. обр. в трудах Фортунатова (1848—1914 гг.) и его учеников и последователей, составивших т. наз. московскую школу языковедов в России, а потом в большей или меньшей степени принятый русскими языковедами и других направлений. См. Фортунатов, «Сравнительное языковедение», 1901—1902 гг. (Избр., I, 100 и др.). ▫ Вероятно, из немецкого. Ср. нем. Affrikata; англ. affricate (произн. ˈæfrɪkɪt); ит. affricata. Ср. также франц. (с конца XIX в.) affriquée [прич. прош. вр. от affriquer «становиться фрикативным» (< латин. affricāre < ad+fricāre — «тереть», «притирать»; «придавать, передавать что-л. путем соприкосновения»)]. От латин. affricāre (прич. прош. вр. affricātus, -a, -um) искусственно образовано affricata (=нем. Affrikata и др.). См. *фрикативный*.

АХ!, *межд.* — «восклицание, выражающее удивление, восхищение, радость, сожаление, испуг и т. п.». *Глаг.* а́хать, *однокр.* а́хнуть. *Прил.* а́ховый, -ая, -ое. Укр. ах, а́хати (: а́хкати), а́хнути, а́ховий -а, -е; блр. ах, а́хкаць, а́хнуць; болг. ах, а́хам : а́хкам : а́хвам — «ахаю», а́хна — «ахну»; с.-хорв. а̏х : а̀ : а̄а̄; чеш. ach (:ah), achati : achkati; польск. (с XIV в.) ach. В языках восточнославянской группы это межд. известно с XV в. [«Акты Зап. России», 1443 г. (Тимченко, IC, 42)]. В словарях — поздно (Поликарпов, 1704 г., 4 об.); *ахать* — еще позже (Нордстет, 1780 г., I, 9). Даль (I, 1863 г., 27) отм. *аховой* — «восхитительный»; Ушаков (I, 1935 г., 72): *а́ховый* — «плохого качества», «неважный». ▫ Ср. лит., латыш. ak [в балтийских языках нет звука ch (*x*)]; др.-в.-нем. ah (совр. нем. ach); латин. āh (: ā, aha); франц. (с XIII в.) ah (собств. a; h — поздний придаток, теперь не произн.). Ср. также: перс., афг. ах; хинди āx̌ (: ах-хāx̌). Межд. *ах* отн. к группе т. наз. первичных и.-е. междометий. В некоторых языках этой семьи с древнейшего времени имеется только ā: греч. *ă* — межд. боли, скорби; др.-инд. ā — межд., употребляющееся при воспоминании (Friš, II, 40). Это межд. (и.-е. *ā), восходящее к рефлексу, к рефлекторному (при опускании нижней челюсти) крику боли или изумления, встр. и в некоторых неиндоевропейских языках, особенно в Европе: ср. венг. ah; фин. (с.) ah; эст. ah; турец. ah; но, напр., кит. хэй : ай : айя. На и.-е. почве, по-видимому, более ранней формой этого межд. нужно считать *a* (Pokorny, I, 1).

АХИНЕ́Я, -и, *ж.* — «вздор», «бессмыслица», «чепуха». Только восточнославянское. Ср. укр. и блр. ахінéя. В других слав. яз. это знач. выражается иначе: болг. **безсмислица**; чеш. nesmysl; польск. niedorzeczność (нести ахинею» — pleść androny) и т. д. В русском языке это слово скорее книжного происхождения, чем народного. Даль (I, 27), не делая никаких ссылок на областное распространение этого слова, отм. лишь *ахинéйная беседа* и *ахинéйщик (ахинéйщица)* — «враль», «пустомеля». В словарях *ахинея* отм. с 1789 г. (САР¹, I, 63). Ср. (в форме мн. ч.) у Котляревского в «Энеиде», 1798 г., ч. VI, строфа 27, с. 150: «I всім, бач, гонить *ахинеї*». ▫ Этимологию слова нельзя считать ясной. Принимая во внимание его старшее знач. («мнимоученая, бестолковая речь») и первоначально книжный характер, обычно связывают с ц.-сл. книжн. **афине́йский**, нередким у нас еще в XVIII в. (ударение в XVIII в. было, возможно, и *афине́йский*, но в ц.-сл. яз. оно было на -нéй-). Оно употреблялось не только в смысле «афинский» (ср., напр., у Державина стих. «*Афине́йскому* витязю», 1796 г.), но и в смысле «лжемудрый», «мнимоученый» (ср., напр., в 9 икосе акафиста богородице: «Радуйся, *афине́йские* сплетения растерзающая»). Так объясняется это слово, напр., у Грота (ФР², II, 329), который считал его «семинарским» («бурсацким») по происхождению, как *катавасия*, *ерунда* и т. п. Но, м. б., *ахинея* восходит к *Афенея* (*Авенея : Атенея*) — сначала название храма Афины ('Αθηναῖον) у греков, потом Минервы у римлян (Athenaeum) — место философских прений и выступлений поэтов; с течением времени это название «распространилось на Академии всякого рода... и на все собрания ученых» (Яновский, I, 1803 г., 299). Переосмысление («лжеученые прения» > «вздор») могло произойти независимо от каких-л. других слов. Но откуда в этом слове *x* вм. *ф*? М. б., не столько вследствие народной этимологии — сближения с очень редким, по всей вероятности, очень поздним диал. влкр. **хинь** — «чушь», «вздор», «чепуха» (которое, м. б., само возникло из общерус. *ахинея*)

и от него сев.-влкр. **хи́нить** — «бранить», «хулить» [Даль, IV, 500; ср., впрочем, о происхождении этих слов некоторые предположения Фасмера (Vasmer, I, 33; III, 242)], сколько под влиянием обычного в XVII в. и встречающегося еще в XVIII в. этнонима и топонима *Хина*, названия Китая, и прил. *хинский : хинейский* — «китайский». Ср. у Державина в оде «На взятие Измаила», 1790 г.: «поляк, турк, перс, прусс, *хин* и шведы» (Соч., I, 353). Напомним также о выражении *китайская грамота* в смысле «нечто непонятное, трудно постижимое» и т. п., когда говорят о книгах или вообще о чем-л. написанном или напечатанном (см. ССРЛЯ, III, 363).

АЭРОПЛА́Н, -а, *м.* — «летательный аппарат тяжелее воздуха с неподвижными крыльями, служащими для создания подъемной силы при движении, осуществляемом тягой двигателя», «самолет». *Прил.* аэропла́нный, -ая, -ое. Укр. аеропла́н, аеропла́нний, -а, -е; блр. аэрапла́н, аэрапла́нны, -ая, -ае; болг. аеропла́н, аеропла́нен, -нна, -нно; с.-хорв. а̏еропла̑н, а̏еропла̏нски, -а̄, -о̄; чеш. aeroplán, aeroplánový, -á, -é. Но в некоторых слав. яз. отс. Ср. словен. letalo; польск. samolot. В России зарождение авиации относится к 70-м гг. XIX в., но слово *аэроплан* стало известно лишь с 80-х гг. Ср., напр., в брошюре Игнатовича-Завилейского «Воздухоплавание и его успехи» (1885 г., 33): *аэропланы*. В 90-х гг. оно получило более широкое распространение. В 1895 г. вышла книга Циолковского «*Аэроплан или птицеподобная (авиационная) летательная машина*». В статье Котова «Устройство самолетов-аэропланов», 1896 г. (Зап. РТО, № 10, сс. 49—54) выражение *самолет-аэроплан* употребляется наряду со словами *самолет*, *аэроплан*. В предисловии Менделеева к неизданной книге Котова «*Самолеты-аэропланы, парящие в воздухе*» летательная машина также называется то *аэропланом*, то *самолетом* (ИВА, 606—608). ▫ Слово французское. Во французском языке aéroplane известно — сначала лишь как научный термин — с середины XIX в., широкое распространение оно получило с 1903 г. (Dauzat¹¹, 14). Первая часть этого сложного слова, созданного по образцу *аэростат* (см.), восходит к греч. ἀήρ — «воздух», вторая — отглаг. образование от франц. planer — «пари́ть». Из французского: англ. aeroplane; нем. Aeroplan; ит., исп. aeroplano и др.

АЭРОСТА́Т, -а, *м.* — «летательный аппарат легче воздуха в форме шара или сигары, поднимающийся и плавающий в воздухе благодаря подъемной силе газа, заключенного в его оболочке». Укр. аероста́т; блр. аэраста́т; болг. аероста́т; с.-хорв. а̏еростат; чеш., польск. aerostat. В русском языке — с конца XVIII в. (см. ниже пример из Карамзина), в словарях отм. с 1803 г. (Яновский, I, 297). ▫ Ср. франц. aérostat; нем. Aerostát; англ. aerostat; ит. aerostato; исп. aeróstato. Искусственное образование на основе греческих слов ἀήρ — «воздух» [> др.-рус. и ст.-сл. аеръ — тж. (Срезневский, I, 7)] и στατός — отглаг. прил. от ἵστημι — не только «ставлю», «становлюсь», «стою», но и «воздвигаю», «вздымаю», «поднимаю» (о волнах, о пыли). Родина этого нового слова, возникшего в 80-х гг. XVIII в., — Франция [полет аэростата братьев Монгольфье в 1783 г. (без человека); неудавшийся полет Миолана в 1784 г., о котором рассказывает Карамзин в «Письмах рус. пут.», в записи «Люксанбур» (май 1790 г.): «Народ... бросается на *аэростат*, рвет его в клочки» (Избр., I, 410)]. В России научное применение аэростатов началось в 1804 г. Получила широкую известность попытка использовать аэростат в военных целях в 1812 г. Ср. в письме Кутузова Растопчину от 22-VII-1812 г.: «государь... говорил мне об *еростате* (*аэростате*)» (Дубровин, 108).

Б

БА, *межд.* — восклицание, выражающее удивление, изумление. Укр. ба; болг. ба. Следует отличать это межд. от частицы и союза *ба*, довольно широко распространенных в слав. яз., но неизвестных в русском (и белорусском). Ср. укр. ба — «да (: но)», «да и», «даже»; болг. ба — «нет», ба-ба — «ни-ни»; чеш. ba — «да», «даже»; польск. ba — «конечно», «даже и». Частица, союз (не межд.) *ба* (ba) — очень старое явление, восходящее к и.-е. *bhĕ: *bhŏ. Ср. лит. bà — «да», «конечно», bè — «разве», «ли», «уже»; гот. -ba — «если»; греч. φή — «как», «словно»; авест. bā — частица, употр. при божбе или клятве. Сюда (< и.-е. *bhŏ) относится также ст.-сл. и др.-рус. бо, ибо — «потому что», «так как» (Срезневский, I, 124, 1018; SJS, I : 3, 121, 1 : 12, 701). В словарях межд. *ба* отм. с 1731 г. (Вейсман, 106). В памятниках письменности получило отражение поздно. Ранние даты относятся к 30-м гг. XVIII в.: «Ба! А это окно как открылось?» (в итальянской интермедии 1734 г. «Муж ревнивой» — ИКИ, 239). ▫ Межд. *ба* следует сопоставить со звукоподражательным по происхождению межд. удивления, сомнения, иногда презрения в совр. зап.-европ. языках: франц., нем., англ. bah. Если в русском яз. это межд. (не очень характерное для народной речи) не является подражанием «культурных слоев» старой России западноевропейской манере выражать удивление, то, м. б., оно развилось из *ба* — частицы и союза (подобно тому, как, напр., утвердительная частица *да* развилась из сочинительного союза *да*).

БАБА, -ы, *ж., прост.* — «замужняя женщина», «жена». *Собир.* бабьё. *Прил.* бабий, -ья, -ье. *Сущ.* бабка, бабушка, бабник. Укр. бáба (чаще жíнка) — тж. и «бабушка», бáбський, -а, -е, бáб'ячий, -а, -е (ср. бáбине лíто — «бабье лето»); блр. бáба, бáбскі, -ая, -ае, бáбін -а; болг. бáба — «бабушка», «теща», «бабка (повивальная)», бáбешки, -а, -о, бáбин, -а, -о, бáбка — «бабка», «старуха»; с.-хорв. бȃба — «бабушка», «старуха», «няня», бȃбин, -а, -о; словен. baba — «баба», «старуха», babica — «бабушка», babičin, -a, -o, babin, -a, -o; чеш. bába — «старуха», «бабушка», «бабка», прил. babí — «бабий»; польск. baba — «баба», «старуха», «повитуха»; в.-луж. baba — «акушерка» (stara baba — «бабушка»); н.-луж. baba — «старуха», babka — «акушерка». Др.-рус. баба — «замужняя женщина», «(повивальная) бабка», бабий (Срезневский, I, 35—37). Ст.-сл. бава (SJS, I : 3, 68). Слово *бабушка*, как и слово *дедушка*, с тем же суф. *-уш(ь)к-а*, по памятникам письменности известны с XVII в. Оба слова от Р. Джемсом (РАС, 1618—1619 гг.): babýshka — «a grandmother» (9 : 14); deádyska — «grandfather» (9 : 15). Но фамилия *Бабушкин* встр. с 1495 г. (Тупиков, 467). ▫ О.-с. *baba — «старая женщина» (?). Ср. лит. bóba — тж.; латыш. bāba — тж. и «трус». Происхождение о.-с. *baba такое же, как и рус. *мама*, *папа*, *дядя* (ср. лит. dédé), *тётя* (ср. греч. τήθη — «бабка», «бабушка»), — из детской речи с повторением созвучных слогов. Такого же происхождения ср.-в.-нем. bābe : bōbe — «старуха» (если оно не из слав. яз.; см. Lexer, 8); англ. baby — «дитя»; ит. babbo — «папа», «отец»; алб. bebe — «ребенок», «малыш». Надо полагать, что такого же происхождения турец. (и в других тюрк. яз.) baba — «отец», «папа» и в некоторых других неиндоевропейских, напр., кит. бáба — «отец»; индонез. bapa(k) — «отец», «папа».

БÁБОЧКА, -и, *ж.* — «летающее насекомое с двумя парами покрытых чешуйками (пыльцой) крыльев, разнообразной расцветки и рисунка», «мотылек». В других слав. яз. отс. Ср. в том же знач.: укр. метéлик; блр. матýль; словен. metulj; чеш. motýl; польск. motyl; н.-луж. mjatel. Ср. также болг. перýда; с.-хорв. лёптӣр. В русском языке слово *бабочка* в совр. знач. известно с начала XVIII в. Ср. в «Расходах из кабинетных сумм», 1717 г.: «малевано... всяки цветы, также *бабочки*, мушки» (СВАБ, II, № 8, 77). Позже, в 30-х гг., встр. в ИКИ, 128, 129. В словарях — с 1780 г. (Нордстет, I, 10). Очевидно, бабочка имеется в виду в «Лексиконе» Татищева (30—40-е гг. XVIII в.): «*бабка* летучая» (Аверьянова, Тат., 40). Ср. в «Рукоп. лексиконе» 1-й пол. XVIII в.: *бабка* — «насекомое летучее» (Аверьянова, 34). Даль (I, 30) отм. не только *бабочка*, но с тем же знач. южн. бабýля, костром. бабýшка, владим. бабýр(к)а; *бабулей* и *бабушкой* называют на юге и «бирюзовую стрекозу». Ср. также *бабýчка* — «синяя стрекоза» (СРНГ, в. 2, с. 24); бабýрка — «бабочка» (Якушкин, 1; Волоцкий, 19; Копорский, 83). ▫ Обычно слово *бабочка* производят от *бабка* (<*бабъка) или прямо от *баба* (см.). Если *бабочка* происходит от *баба*, *бабка*, то, м. б., нынешнее значение возникло в связи со знач. «женщина, занимающаяся... лечением, нашептыванием, ворожбой» (напр., в курско-орл. говорах — Кардашевский, I, 201), т. е. что-то вроде колдуньи. По Потебне (РФВ, VII, 69), *бабочка* и подобные слова возникли в связи с представлением о мотыльке как «воплощении души предка»; ср. яросл. ду́шичка — «мотылек», «бабочка» (Тр. ОЛРС, т. 20, 1822 г., 107). Но, возможно, суеверие, предрассудки здесь — момент привходящий, а м. б., и вовсе ни при чем. Не связано ли (как, по-видимому, казалось еще Далю) слово *бабочка* с гнездом *-бавить* (см.), не происходит ли оно от ба́ва (Даль, I, 31) — «забава», «игрушки», откуда *ба́вочка*. Ср. *баву́шка*, иногда произносимое *бабу́шка* — «игрушка», «вещь для детской забавы» (ib.). Также арханг. *бабу́шка* — «детская игрушка», перен. «мелочь», «безделица», «нестоящая вещь» (Подвысоцкий, 2). Ср. олон. *ба́бочки* — «растение василек», *бабу́рки* — «бутоны, еще не распустившиеся цветы» (Куликовский, 2). Со временем *бабу́шка* (<*баву́шка*) и *забаву́шка*) стало смешиваться с производными от *баба* (*ба́бушка, ба́бочка*) и было вытеснено ими.

-БА́ВИТЬ, -бавлю — глагол, в русском языке теперь употр. только с приставками: приба́вить, доба́вить, изба́вить, заба́вить и т. п. В говорах встр. и без приставок. Ср. у Даля (I, 31): ба́вить — «продолжать», «длить», «увеличивать»; ср. также курск. ба́вить — тж. (Кардашевский, I, 202; там же и примеры из других говоров). Ср. укр. ба́вити — «развлекать», «забавлять», также (диал.) «задерживать»; блр. ба́віць, — «проводить время»; болг. ба́вя — «задерживаю», «мешкаю», «забавляю»; с.-хорв. ба̏вити се — «пребывать», «находиться», «пребывать», «медлить», «мешкать», «забавлять»; м. б., из польского — чеш. baviti — «развлекать», «забавлять», потому что в чеш. этот глаг. обычно употр. с приставками, как и в русском яз.: nabaviti, pobaviti, odbaviti и т. п.; ср., впрочем, и словац. bavit' (знач. — как в чеш.). В письменных памятниках др.-рус. и ст.-сл. яз. без приставки не встр. Но отм. в «Рукоп. лексиконе» 1-й пол. XVIII в.: *бавити* — «медлити» (!) [Аверьянова, 34]. ▫ О.-с. *baviti, каузатив к *byti — «приводить в состояние бытия, пребывания». И.-е. корень *bheu-: *bhōu-: *bhū-, тот же, что в *быть* (см.), *бывать*. Ближайшие родственные связи: гот. baúan (основа < *bhōu̯ō-) — «населять», «обитать»; др.-инд. bhávati — «происходит», «делается», каузатив bhāvayati.

БАГА́Ж, -а́, м. — «вещи, должным образом упакованные (в чемоданы, корзины, ящики, узлы и пр.) и предназначенные для перевозки», «поклажа», «кладь». *Прил.* бага́жный, -ая, -ое. Укр. бага́ж, бага́жний, -а, -е; блр. бага́ж, бага́жны, -ая, -ае; болг. бага́ж и бага́жен, -жна, -жно; с.-хорв. ба̀гаж (и пр́тља̄г); чеш. bagáž (чаще zavazadlo); польск. bagaż, bagażowy, -a, -e. В некоторых слав. яз. отс. Ср. в том же знач.: словен. prtljaga; н.-луж. drogowarske wěcu. В русском языке слово *багаж* известно с самого начала XVIII в.: «а за *багаж* (на корабле — П. Ч.) ежели что возьмоть,.. велено записавать» («Архив» Куракина, I, 164, 1706 г.). В начале XVIII в. это слово могло употребляться и с более широким знач.: «телеги и все, что с собою можно на дорогу взять», т. е. «военный обоз» (Смирнов, 365). Прил. *багажный* в словарях отм. с 1847 г. (СЦСРЯ, I, 17). ▫ Заимствовано, вероятно, из французского. Источник распространения — франц. bagage, *m.*, произв. от ст.-франц. (XIV—XVI вв.) bague — воен. «обоз(ы)», которое, вероятно, восходит к др.-сканд. baggi — «мешок», «сумка» (ср. совр. исл. baggi — «пакет», «вьюк», «поклажа»; англ. bag — «сумка», «мешок», «чемодан»). Из французского: нем. Bagage; англ. baggage (при luggage) и ит. bagaglio и др. Вообще это (французское) слово не повсеместное (даже в Европе).

БАГРО́ВЫЙ, -ая, -ое — «темно-красный, густо-красный с синеватым отливом». *Сущ.* багро́вость. *Глаг.* багрове́ть. Укр. багро́вий, -а, -е (чаще темно-черво́ний), багро́вість, багрові́ти. Ср. блр. барво́вы, -ая, -ае (м. б., вм. багро́вы под влиянием польск. barwa — «краска», «цвет», barwić — «красить», «румянить»). В других слав. яз. отс. Ср. в том же знач.: болг. тъмночерве́н, -а, -о или пу́рпурен, -рна, -рно [но ба́гря — «окрашиваю (особенно в красный цвет)», «багрю»]; чеш. purpurový, -á, -é; польск. purpurowy, -a, -e. В памятниках др.-рус. письменности *багровый* известно с начала XVI в. (Срезневский, II, 38). Ср. «камки венедицкой *багровой*» (АИ, Доп., I, № 131, 1584—1585 гг., 202). Отм. в (Пар. сл. моск.), 1586 г. (306): bagrof — tanné (собств. «дубленый», «темно-коричневый»). ▫ Как и *багряный* (см.), это прил. (с суф. -ов-) восходит к редкому др.-рус. книжн. (с XI в.) прил. багръ — «багряный», «червленый» и сущ. багрь (: багръ) : багрь — «червленый цвет». Ср. багрец, багрити (Срезневский, II, 37, 38). Ст.-сл. багръ, багрѧнъ (в Супр. р. — SJS, I : 3, 68—69). Ср. с.-хорв. ба̏гар — «багрянец». Корень, надо полагать, *bag-, тот же, что в диал. южн.-рус. (курск.-ворон., донск.) багно́ — «топкое место», «вязкое болото», «(глубокая) грязь» [Кардашевский, I, 204 (здесь же данные из других источников и по другим областям); ср. Соловьев, 25: донск. багно́ — «жидкая навозная грязь»]; укр. багно́ — «топь», «грязь», «болото»; чеш. bahno — «ил», «болото», «клоака»; польск. bagno — «болото». Ср. рус. диал. багу́н, откуда багу́нник > *багульник* и другие похожие названия вересковых растений, произрастающих на торфяных болотах и вообще в болотистых местах и содержащих дубильные и красящие вещества. И.-е. корень *bhāgh- или *bhŏgh- (Pokorny, I, 161). Ср. голл. bagger — «грязь», «ил» > нем. диал. Bagger — «вычерпанный (торф)» > нем. Bagger — «экскаватор», baggern — «вынимать (машиной) землю». Т. о., о.-с. *bagrъ, -a, -o, где -r- — суф., как в о.-с. *gъdrъ, *pьstrъ. Старшее знач., по-видимому, было «темно-коричневый», «рыже-красный» и т. п.

БАГРЯ́НЫЙ, -ая, -ое, *поэт.* — «ярко-красный», «пурпурный». *Сущ.* **багря́нец**, *стар.* **багряни́ца** — «одеяние в виде широкого плаща ярко-красного цвета», «порфира». Укр. **багря́ний**, -а, -е, **багря́нець**, **багряни́ця**. Ср. болг. **ба́грен**, -а, -о : **багря́н**, -а, -о — тж. (и «багровый»). В других слав. яз. это знач. выражается одинаково с «багровый» (см. *багровый*). Др.-рус. (с XI в.) **багря́ный** — «червленый», «пурпурный», **багряница** (Срезневский, I, 38, 39). Ст.-сл. багръ — «пурпур», багрѣнъ, багрѣница (SJS, I : 3, 68—69). Сущ. *багрянец* — более позднее, но не позже XVIII в. Встр. в стих. Державина «На рождение в. кн. Ольги», 1792 г. (Соч., I, 500). ▫ Корень *багр-* (<*баг-р-*), суф. *-ян-*. О происхождении корня см. *багровый*.

БАГУ́ЛЬНИК, -а, *м.* — «род вечнозеленых низкорослых цветущих кустарников семейства вересковых, с характерным острым, слегка дурманящим запахом, продолговатыми темно-зелеными с лицевой стороны листьями (Ledum palustre), в Сибири — с красивыми небольшими розовато-лиловыми (светло-багровыми) цветками (Rhododendron dauricum)». В говорах **багу́нник, баго́н, багу́н, багу́л, багу́ля**, а также **багно́** — не только Ledum и Rhododendron, но и Andromeda; прил. **багу́льный** — «острый на вкус», «терпкий», «ядовитый» (Даль, I, 32; Подвысоцкий, 3 и др.). Укр. **багно́** — «багульник» (также «топь», «грязь»); ср. блр. **багу́н** — «багульник»; польск. bagno — тж. В других слав. яз. отс. Ср. чеш. bahenka, bahnitka — Andromeda (но «багульник» — rojovník). По КДРС в форме *багунник* известно с начала XVIII в. (1701—1706 гг., Дамаскин, 86). В форме *багул(ъ)ник* — «romarin», «wilder Rosmarin» в словарях — с 1780 г. (Нордстет, I, 10). ▫ Старшая форма, как надо полагать, была *багунник* (произв. от *багун*). Отсюда *багульник* (как, напр., *песельник* из *песенник*). Диал. багуля (: багула?), вероятно, новообразование (на базе *багульник*). Корень *баг-*, тот же, что в о.-с. *bag(ъ)no* — «болото», «топкое место», «глубокая жидкая грязь». Багульник — растение гл. обр. болотистых мест. О происхождении корня *баг-* см. *багровый*.

БА́ЗА, -ы, *ж.* — 1) «основа или основание чего-л.», «опора»; 2) «совокупность каких-л. материальных, технических ценностей, необходимых для существования или деятельности чего-л.»; 3) «опорный пункт, предназначенный для обслуживания кого-л. или чего-л.», «место хранения товаров, материалов и т. п.». **Ба́зис** то же, что *база* в 1 знач.; 2) «совокупность производственных отношений, характеризующих определенную общественно-экономическую формацию». *Прил.* (к *база* в 3 знач.) **ба́зовый**, -ая, -ое. *Глаг.* **бази́ровать(ся)**. Укр. **ба́за, ба́зис, ба́зовий**, -а, -е, **базува́ти(ся)**; блр. **ба́за, ба́зіс, ба́завы, -ая, -ае, базі́раваць, базі́равацца**; болг. **ба́за, ба́зис, бази́рам (се)** — «базирую(сь)»;

с.-хорв. **ба́за, ба̀зис, ба́зичан, -чна, -чно : ба́зични́, -а̑, -о̑, бази́рати (се)**; чеш. base, basis (иза̀ klad); польск. baza (и podstawa). Известно и в других слав. яз. В русском языке слово *база* (в широком употр.) — с XVIII в. Ср. в переводной (с ит.) книге Бароция «Правило о пяти чинех архитектуры», 1709 г., Прилож.: «Того вал, *база*» (см. Берков, 103). До этого в знач. «основание», «нижняя часть колонны» употреблялось слово *базис* (КДРС, Алфавит XVII в.). ▫ Первоисточник — греч. βάσις *f.* — «основание», «устойчивость», старшее знач. «ход», «шаг», «нога», «ступня»; корень βα- < и.-е. *gʷā-, тот же, что в βαίνω — «иду», «хожу». Из греческого — латин. basis, *f.* — «основание», «фундамент». К народному латинскому восходит франц. (с XII в., но особенно с XVI в.) base — тж., (с 1787 г.) baser — «основывать»; нем. Basis, *f.*, Base, *f.*, basieren; англ. base, basis и др. В русском языке слово *база*, вероятно, из французского.

БАЗА́Р, -а, *м.* — «место открытой торговли съестными припасами и товарами широкого потребления». *Прил.* **база́рный**, -ая, -ое. *Глаг.* **база́рить, разбаза́ривать** — «расходовать, тратить по-пустому, безрассудно», *сов.* **разбаза́рить**. Укр. блр. болг. **база́р**; польск. bazar; с.-хорв. **па̀зар**. В чешском в знач. «рынок» отс.; ср. в этом знач. trh, tržiště. В русском языке слово *базар* появилось в конце XV в. (Геннад. библ., 1499 г., Срезневский, I, 39). Прозвище *Базар* отм., начиная с 1495 г. (Тупиков, 36). Прил. *базарный* в словарях — с 1731 г. (Вейсман, 403). Глаг. *базарить* — с 1806 г. (САР², I, 133). ▫ В русском яз., по всей видимости, заимствовано непосредственно из персидского (через торговых людей). Вопрос о тюркском посредстве неясен. В списке тюркизмов у Дмитриева отс. Слово в знач. «рынок восточного типа» известно во многих западно-европ. языках: франц. (с XVI в.) bazar; нем. Basar; англ. baza(a)r; ит. baz(z)ar; исп. bazar; порт. bazar (в исп. и порт. это слово значит также «универмаг»). Первоисточник — персидский язык. Ср. перс. базар — «место торга», «торг». Из персидского это слово получило широкое распространение и на Востоке. Ср. курд. базар — «рынок», «торговля»; афг. ба́за̄р; хинди ба́за̄р. Ср. также турец. pazar; алт., тат., туркм., кирг., каракалп., ног., уйг. базар; узб. бозор; якут. басар. Ср. новогреч. παζάρι, *n.*

БАЙБА́К, -а́, *м.* — «разновидность сурка — крупный степной грызун семейства беличьих, с мешковидным туловищем, отличающийся склонностью к длительной спячке», Marmota bobac; *перен.* «лежебока», «ленивый человек». Устар. и диал. (южн.) **бабáк** (Даль, I, 33). *Прил.* **байба́чий, -ья, -ье**. Укр. **байба́к, баба́к**; блр. **байба́к**, но перен. отс. Ср. чеш. bobak; польск. bobak (из русского). В других слав. яз. отс. Ср. в этом знач. болг. **мармо́т**. Вероятно, из русского — франц. bobak (или marmotte d'Asie), нем. Boback. В русском языке это зоологическое название известно с XVIII в. В словарях русского языка в форме *байбак* отм. с 1789 г. (САР¹, I, 83: знач. «сурок» и перен.). В форме *бабак* известно с более раннего времени (Лексикон 1767 г., 277, 4). ▫ Происхождение неясно. Были попытки объяснить это слово как тюркское. Но в тюрк. яз. слово *байбак* (каз.-тат., туркм.), м. б., из русского. Ссылаются также на отм. Радловым (IV : 2, 1430) караим. baiбax — «плохой» (ср. турец. bedbaht — «несчастный») и другие в этом роде, но все это маловероятно. Не без основания Дмитриев (43) в своем перечне тюркизмов в русском языке относит *байбак* к числу тюркизмов «гипотетических», недоказанных. При таком положении дела, м. б., лучше считать это слово русским, вост.-слав., ниоткуда не заимствованным. Ср. название другого грызуна: *бабу́к* — «малый земляной зайчик, Dipus jaculus» (Даль, I, 31). М. б., *байбак* получилось из *бабáк*, а оно — из *бобáк на почве аканья или межслоговой ассимиляции (*о : á > а : á*); *й* в *байбак* могло появиться вследствие народной этимологии, сближения с *бай-бай*. Поскольку обычной пищей байбака является «травянистая растительность, особенно бобовые и злаковые» (БСЭ², IV, 47), не происходит ли это слово от *боб*?

БАЙДА́РА, -ы, ж. — «промысловая лодка, обшитая кожей, на Камчатке и Алеутских островах». *Байда́рка* — «легкая узкая спортивная лодка с закрытой палубой (верхом) и одним, двумя или четырьмя отверстиями (люками), для одного, двух или четырех гребцов, управляемая двухлопастными веслами». *Прил.* **байда́рочный**, -ая, -ое. Укр., блр. **байда́ра, байда́рка**. Только вост.-слав. В других слав. яз. (когда не пользуются русским словом) такая лодка называется иначе. Ср. в том же знач.: чеш. kanoe, lod'; польск. kajak. Отс. это слово и в других языках. Ср. франц. canoë, kayac; нем. Kajak, Paddelboot; англ. canoe, kayac и т. д. В русском языке слово *байдара* в широком употр. известно с 1-й пол. XVII в. Часто встр., напр., в ТКМГ: «приплыл в *байдаре*» (Вел. Устюг, 1635—1636 гг.) [I, 283; также 116, 1634 г. и мн. др.]. В форме *байдарка* это слово также известно с давнего времени. Ср. в документах начала XIX в.: «на *байдарках*», «лавтачная *байдара*», № 9 (1-VII-1802 г.), *байдарки*, № 22 (ноябрь 1808 г.) и др. («К ист. Рос.-амер. комп.», 106, 117, 121). ▫ Заимствовано, можно полагать, из языков северо-востока Сибири. Ср. (в частности) ительмен. *байдара* — «морская быстроходная гребная лодка с люками для гребцов, с деревянным каркасом, обтянутым тюленьей кожей, употребляемая для звериных промыслов в северной части Тихого океана» [Тигильск. р-н Коряк. н. о. Камч. обл. Диал. (неопубл.) материалы, собр. Н. П. Саблиной].

БА́ЙКА, -и, ж. — «мягкая плотная хлопчатобумажная или шерстяная ткань с длинным ворсом». *Прил.* **ба́йковый**, -ая, -ое. Укр. **ба́йка, ба́йковий**, -а, -е; блр. **ба́йка**, **ба́йкавы**, -ая, -ае. Ср. польск. baja — «байка (?)», «род сукна»; «юбка» (Brückner, 12); кроме того чеш. диал. paj 'грубое сукно' («байка» — flanel). В других слав. яз. отс. Ср. в том же знач.: болг. **бáрхет** (при **кадифé** — «бархат»); с.-хорв. **флáнел**. Старший, совершенно единичный случай употребления этого слова относится к 1658 г. [«Переписная книга домовой казны патр. Никона»: «сукна красного *байки*» (Временник МОИДР, XV, 1852 г., 57)]. В Петровское время слово *байка* упоминается с 1717 г. [в книге Севела «Искусство нидерландского языка» (Meulen, NWR, Suppl., 141)]. Более поздние данные — у Смирнова (53). Прил. *байковый* отм. в словарях с 1780 г. (Нордстет, I, 11). ▫ По-видимому, из голландского языка. Ср. голл. baai — тж. Первоисточник — франц. bai, -e — «гнедой», произв. bayette — «байка»; отсюда нем. Boi : Boy — тж.; англ. baize (<франц. baies, pl.) — тж. Франц. bai, -e — «гнедой» восходит к латин. badius — «каштановый», «гнедой». Т. о., название было дано по цвету ткани. Нет сколько-нибудь серьезных оснований считать слово *байка* заимствованием из польского языка, где слово baja (см. выше) восходит, по-видимому к нем. диал. Baie — тж.

БА́ЙХОВЫЙ ЧАЙ — «название наиболее распространенного сорта рассыпного, непрессованного чая». В словарях отм. с 60-х гг. XIX в. (Даль, I, 34). ▫ От кит. (пекинский диалект) **байхэ́** — «лилия» [бай-хэ́ ча — первоначально «чай из стебля и лепестков некоторых, употребляемых в пищу видов лилии» (?)]. Кроме русского, нигде не употр.

БАКАЛЕ́Я, -и, ж. — «общее наименование продовольственных товаров (чай, сахар, крупа, мука, соль, пряности и т. п.)». *Прил.* **бакале́йный**, -ая, -ое. Укр. **бакалíя, бакалíйний**, -а, -е; блр. **бакале́я, бакале́йны**, -ая, -ае; болг. **бакали́я, бакáлски**, -а, -о; с.-хорв. **бàкалскū**, -ā, -ō — «бакалейный» [ср. **бакалеска роба** — «бакалея (товары)]. Из русского — польск. bakalie, мн. (обычно towary kolonialne). Ср. чеш. koloniální zboží — «бакалейный товар», «бакалея». В русском языке *бакалея, бакалейный* употр. с середины XVIII в. (СЦРЛЯ ссылается на ПСЗ, XVI, № 12164, 1764 г., 770). В словарях — с 1847 г. (СЦСРЯ, I, 18), причем ударение могло быть и на втором слоге: бакáлия (Даль, I, 35). ▫ Первоисточник — араб. baql — «травы», «овощи», «зелень», «низкие растения» [ср. к глаг. baqala u (baql) — «давать ростки» (Wehr², 60)]. В русский яз. попало при перс. или тюрк. посредстве. Ср. перс. **бäггали** — «бакалейный»; турец. bakkaliye — «бакалея».

БА́КЕН, -а, м., также **бáкан** — «сигнальный поплавок на якоре, установленный на судоходной реке или на большом водоеме для обозначения фарватера и мелей». *Прил.* **бáкенный**, -ая, -ое. *Сущ.* **бáкенщик**. Укр., блр. **бáкен**. Из русского — польск. bakan. В других слав. яз. отс. В русском языке известно с 20-х гг. XVIII в.: «о каменях на *баканы*» (ЗАП I, т. I, № 62, около 1719 г., с. 67; № 153, около 1723 г., с. 119). ▫ Восходит скорее всего к голл. báken, *n.* — «бакен», «буй», baak, *f.* — тж. В западноевроп. языках бакен называется по-разному. Ср. нем. Boje (отсюда чеш. bóje, польск. boja), Bake; франц. balise; англ. buoy; ит. gavitello, meda и т. д.

БАКЕНБА́РДА, -ы, *ж.* (*устар.* бакенба́рд, -а, *м.*; обычно мн. бакенба́рды) — «часть бороды, оставляемая на щеке от виска к подбородку». Сокращенно **ба́ки**, *мн.* Укр. бакенба́рд, ба́ка; блр. бакенба́рда, ба́ка; болг. бакембарди (: ба́кӑрди), *мн.* В других слав. яз. отс. Ср. с.-хорв. за́лисци, *мн.*, род. зализа́кӑ; чеш. licousy, *мн.*; польск. faworyty (<ит. favoriti — тж.) и bokobrody (ср. редкое bakembardy). В русском языке слово *бакенбарды* известно с 1-й трети XIX в. Встр. в письмах Пушкина, напр. Вульфу от 16-X-1829 г. (ПСС, XIV, 49). В словарях — с 1847 г. (СЦСРЯ, I, 18). ▫ В русский язык это слово попало из немецкого. Ср. нем. Backenbart, *m.*, *pl.* Backenbärte — тж. (ср. Backe — «щека», Bart — «борода», «усы»). В романских и многих других европейских языках отс. Ср. франц. favoris, *pl.*; отсюда турец. favori; англ. whiskers, *pl.*

БАКТЕ́РИЯ, -и, *ж.* — «невидимый невооруженным глазом одноклеточный организм разной формы (в частности палочковидный)», «микроб». *Прил.* бактери́йный, -ая, -ое, бактериа́льный, -ая, -ое. Укр. бакте́рія, бактеріа́льний, -а, -е, бактері́йний, -а, -е; блр. бакта́рыя, бактарыя́льны, -ая, -ае, бактэры́йны, -ая, -ае; болг. бакте́рия, бакте́риен, -йна, -йно; с.-хорв. ба̀ктериja, бактѐриjски, -а̄, -о̄; чеш. bakterie, bakterický, -á, -é, bakteriový, -á, -é; польск. bakteria, bakteryjny, -a, -e, bakterialny, -a, -e. В русском языке слово *бактерия* известно с 3-й четверти XIX в. В толковых словарях русского языка отм. с 1891 г. (СРЯ¹, т. I, в. 1, с. 98); *бактерийный* и *бактериальный* впервые — у Ушакова (I, 1935 г., 79). ▫ Ср. нем. (с 1841 г.) Baktérie; франц. (с 1849 г.) bactérie; англ. bacterium, bacteria; ит. battério. Термин был предложен немецким натуралистом Эренбергом (Ch. G. Ehrenberg) в работе «Die Infusionsthierchen als vollkommene Organismen» (1838 г.) как название палочных микробов. Базой этого неологизма является греч. βακτηρία, *f.* : βακτήριον, *n.* — «палка», «посох», отсюда латин. bacterium — тж. Вскоре это слово появляется и в немецком оформлении (Bakterien, *pl.*), а отсюда — французская форма. Но особенную популярность этот термин получил в Европе в период 1853—1860 гг. в связи с открытиями Л. Пастера (см. Bloch—Wartburg², 50).

БАЛ, -а, *м.* — «большой танцевальный вечер». *Прил.* ба́льный, -ая, -ое. Укр. бал, ба́льний, -а, -е; блр. бал, баль (ср. ба́ли — «балл»), ба́льны, -ая, -ае, балёвы, -ая, -ае; болг. бал, ба́лен, -лна, -лно; с.-хорв. ба̂л; чеш. bál (обычно ples), bálový, -á, -é; польск. bal, balowy, -a, -e; н.-луж. bal (и reja). В русском языке слово *бал* известно с самого начала XVIII в.: «разъезжаются на осамлеи или на *бал*» («Архив» Куракина, I, 136, 1705 г.); позже — в итальянской комедии «Француз в Венеции», 1733 г.: «дать *бал*» (ИКИ, 185). ▫ Известно во многих языках, не только европейских (ср. франц. bal; нем. Ball; ит. ballo; англ. ball; исп. baile и пр.), но отчасти на Востоке: турец. balo; перс. бал; афг. ба̄л и др. В русском языке — из франц., где слово бал употр. с XII в. и представляет собою отглаг. сущ. от baller — «танцевать» (<латин. ballare — тж.; ср. греч. βαλ(λ)εῖν — «бросать», «ронять», «валить»), встречающегося еще у Лафонтена (XVII в.), но теперь неупотребительного.

БАЛАБО́ЛИТЬ, балабо́лю — «трезвонить», «бренчать»; *перен.* «молоть вздор», «болтать языком», «шутить». В говорах: балабо́нить, балабо́сить, балабо́шить (Даль, I, 36; Куликовский, 3). *Сущ.* балабо́лка — «пустомеля». В говорах: балабо́лка — «всякая подвеска», «бубенчик» (Даль, ib.), колым. «наплавная палка, поддерживающая на воде верхнюю тетиву сети» (Богораз, 21), балабо́нчик — арханг. «плавающий лопух» (Подвысоцкий, 4), вят. «блестящий подвесник к чему-л. для украшения», «плод белой кувшинки» (Васнецов, 11). Укр. балабо́нити — «звонить», «бренчать», балабо́н — «бубенчик», «погремушка», балабо́лька — «бубенчик», балабо́шити — «болтать (языком)»; блр. балабо́лка — «погремушка», «болтун». Ср. болг. бъ́лбо̀ля — «журчу», «булькаю», диал. блабо́ля — «бормочу»; чеш. bláboliti — «бормотать», blb — «идиот», диал. (ž)blaboniti — «лепетать»; словац. blabolit' — «лепетать». Ср. с.-хорв. блебѐтати — «болтать», «молоть вздор», стар. бла̀босити — «бормотать»; в.-луж. blab(ot)ać — «чмокать», «бормотать», «болтать». В русском языке *балаболка* в словарях отм. с 1789 г. (САР¹, I, 86: *балаболка* — «гремушка, привешиваемая татарами для украшения на платье»); *балаболить* — с 1834 г. (Соколов, I, 38); *балаболить* впервые — у Даля (I, 1863 г., 36). ▫ О.-с. корень *bolbol-. Рус. *балаболить* из *болоболить*. И.-е. корень *balbal- звукоподражательный. Знач. «молоть вздор» — более позднее; старшее знач. «трезвонить», «греметь», «звенеть» и т. п. Ср. нем. babbeln : pappeln — «лепетать», «болтать (вздор)», балагурить»; латин. balbus, прил. — «заикающийся», «картавый»; франц. balbutier — «бормотать», «лепетать»; др.-инд. balbalā-karōti — «бормочет», «заикается». Тот же и.-е. корень представлен и с нем l: греч. βάρβαρος (>латин. barbarus) — «не говорящий по-эллински», «чужестранец»; др.-инд. barbara-ḥ, прил. — «брехливый», «лающий» (о собаке).

БАЛАГА́Н, -а, *м.* — *устар.* «легкая дощатая постройка, используемая как временное помещение для склада, а также как место театральных и цирковых представлений в народном духе»; *перен.* «нечто грубое, шутовское». *Прил.* балага́нный,

-ая, -ое. *Глаг.* балага́нить — «дурачиться». Укр. балага́н, балага́нний, -а, -е, балага́нити; блр. балага́н, балага́нны (и балага́навы), -ая, -ае, балага́ніць. Из русского — польск. bałagan (ср. szopa). В других слав. яз. отс. Ср. в том же знач.: болг. бара́ка, бара́чка; с.-хорв. ша̂тра; чеш. bouda. В русском языке слово *балаган* известно с XVII в. Ср. *балаганец* в «Житии» Аввакума (по Казанскому сп. — ред. В, лл. 31, 31 об.; в Автографе отс.): «(в засеке) мы с робяты отгородились, *балаганец* зделав, огонь курили». В словарях *балаган* — с 1789 г. (САР¹, I, 87), *балаганный* — с 1847 г. (СЦСРЯ, I, 19). ▫ Слово восточного происхождения. Первоисточник — перс. бала-хане — «верхняя комната» (Б. Миллер, 57; Lokotsch, § 197), от бала — «верхний», «высокий» и хане — «дом», «жилье». В русский язык могло попасть при тюркском посредстве. Но в тюркских яз. (если не считать каз.-тат. балаган, заимствованного из русского) такое сложение почти не встречается. Ср. туркм. балахана — «терем». Ср. турец. (отдельно существующие слова) balâ — «высокий», hane — «дом», «жилище».

БАЛАЛА́ЙКА, -и, *ж.* — «русский народный музыкальный инструмент с тремя струнами и с треугольной декой». *Прил.* балала́ечный, -ая, -ое. Укр. балала́йка (и балаба́йка), балала́ечний, -а, -е; блр. балала́йка (и балаба́йка), балала́ечны, -ая, -ае. Встр. в поэме В. И. Майкова «Елисей», 1771 г., песнь 1: «настрой ты мне гудок иль *балалайку*» (Соч., 299). В укр. яз. балабайка засвидетельствовано с несколько более раннего времени (Тимченко, IС, I, 52 со ссылкой на документы 1717—1732 гг.). Из русского языка слово *балалайка* получило распространение не только в слав. яз., но и в других европейских: франц. (с конца XIX в.) balalaïka; нем. Balalaika; англ. balalaika; ит. balalaica; исп. balalaika и т. д. и в азиатских: турец. balalayka, туркм. балалайка и т. д., стало международным словом. ▫ Звукоподражательное, связанное по происхождению, с одной стороны, с рус. *балабо́нить*, *балабо́н*, *балабо́лка* (см. *балаболить*), а также *бала́кать*, *тала́кать* (ср. межд. *талалы́*—*балалы́*), с другой — с *баять* и *лаять*. Ср. курск. балабайка — «балалайка», карачев. балабо́йка — тж. (Кардашевский, I, 207). Во всяком случае, не заимствовано из татарского, как утверждает, напр. Локоч (Lokotsch, § 198). Каз.-тат. балалайка — из русского.

БАЛАМУ́Т, -а, *м.* — «беспокойный, сеющий смуту, тревогу человек», «вздорный болтун», «сплетник». Ср., однако, *метать баламут* — о шулерском способе карточной игры [в письме Пушкина Вяземскому от 5-XI-1830 г. (ПСС, XIV, 122)]. *Глаг.* баламу́тить. Укр. баламу́т, баламу́тити; блр. баламу́т, баламу́ціць. Ср. польск. (с XVI в.) bałamut; ст.-польск. также bałamąt), bałamucić; чеш. balamutiti — «обманывать», «надувать». В русм. яз. прозвище *Баламут* известно с XIV—XV вв. (Новгород); следующая дата 1563 г. (Тупиков, 38). Дювернуа (2) дает это слово со знач. «lhař» («лгун», «лжец») со ссылкой на документ 1587 г. чешского происхождения. В словарях — с 1731 г. (Вейсман, 92). *Баламутить* — более позднее слово. ▫ Можно полагать [вслед за Коршем (AfslPh, VIII, 650)], что рус. *баламут* — одно из давних заимствований из монгольского (при тюркском посредстве). Ср. монг. балмад — «изверг», «сумасброд», «авантюрист», балмадлах — «зверствовать», «быть бесшабашным». На русской почве слово было втянуто в семью многочисленных слов с основой бала- (*балакать, балаболка* и т. п.), так же, как и в других слав. (чеш., польск.), куда могло попасть из вост.-слав. языков (Holub — Kopečný, 64, Sławski, I, 26; против — Machek, ES, 23). Ср. такого же происхождения лит. balamūtas — «пустомеля».

БАЛА́НС, -а, *м.* — *бухг.* «сравнительный итог прихода и расхода при заключении счета и т. п.»; *устар.* «равновесие». *Прил.* бала́нсовый, -ая, -ое. *Глаг.* баланси́ровать. Укр. бала́нс, бала́нсовий, -а, -е, балансува́ти; блр. бала́нс, бала́нсавы, -ая, -ае, балансава́ць; болг. бала́нс, бала́нсов, -а, -о, баланси́рам — «составляю, подвожу баланс». В других слав. яз. это два слова с разным произношением (бухг. — с *и* после *б*): с.-хорв. би̏ланс (но ба̀ланс — «равновесие»), билансѝрати; чеш. bilance, bilancovati, бухг. (но balanc — «равновесие», balancovati — «балансировать»); польск. bilans — «баланс», бухг. bilansować — «балансировать», «сводить баланс» (но balansować — «удерживать равновесие». В русском языке слово *баланс* в знач. «равновесие» известно с Петровского времени (Смирнов, 53 и др.). В этом знач. оно встр. в «Архиве» Куракина (I, 329, 1718 г.): «тем союзом четверным *балянс* содержать... союзу между Англиею, Франциею и Цесарем». Как бухг. термин слово *баланс* известно в России с начала XIX в. Яновский (I, 1803 г., 317) отм. *баланс* в том и другом знач.; там же *балансировать*. ▫ Заимствовано из французского языка. Ср. франц. balance > англ. balance. В других западноевроп. языках: нем. Bilánz (отсюда во многих зарубежных слав. яз.: с.-хорв. би̏ланс и др.) < ит. bilancio : bilancia — «смета», «баланс» при bilancia — «весы», bilanciare — «взвешивать». Первоисточник — позднелатин. (IV в.) bilanx — «весы», «равновесие чашек весов» (ср. lanx — «чашка весов», bi- < bis — «дважды», «вдвойне»). Отсюда вульг.-латин. *bilancia. Изменение bi > ba нефонетического характера, оно вызвано контаминацией с другими словами и произошло на французской почве. Ср. франц. устар. baller — «танцевать» (Dauzat¹¹, 69).

БАЛБЕ́С, -а, *м., бран.* — «бестолковый, грубый и неотесанный человек», «бездельник». Укр. бе́льбас. В других слав. яз. отс. Ср. блр. ёлуп — тж. В словарях отм. с 1847 г. (СЦСРЯ, I, 19). ▫ Надо полагать, искаженное (под влиянием *балда, болван*) *белбес* < тюрк. белмес. Ср. у Пушкина

БАЛ

в «Капитанской дочке», 1836 г., гл. VI: «али *бельмес* по-русски не разумеешь?» (ПСС, VIII, 318). Ср. турец. bilmez — «незнающий», «невежда», также азерб. билмэз; но ср. в том же знач.: ног., кирг., каракалп. билимсиз; каз.-тат. белемсез (при о.-т. bilmek — «знать»); ср. азерб. билмәк — «знать»; также туркм. билмек; узб. билмок, при каз.-тат. белү; башк. белеү и др. Ср. башк. белмәҫ — «(кто) не знает». Аффикс maz(lik) : mez(lik) в турецком и соответствующие ему в других тюрк. яз. выражают отрицание. Вместо м в некоторых тюркских языках (кыпчакской группы: ног., кирг., казах.) после плавных произносится б. Ср. также алт. неме билбес — «невежда». Впрочем, второе б допускает объяснение и на русской почве (как следствие межслоговой ассимиляции: б : м > б : б).

БАЛДА́, -ы́ — 1) *м. и ж., бран. прост.* «бестолковый, глупый человек»; 2) *ж., спец.* «тяжелый молот». *Глаг.* (о)балде́ть. В говорах: балда́ — «долговязый и неуклюжий дурень», балда́ и ба́лда — «тяжелый набалдашник», «шишка», «большая блона́», «дубина», «трамбовка»; ср. балдо́ка — «кузнечный одноручный молоток» (Даль, I, 38). Ср. вят. балда́ — «железный стержень с колбой на конце» (Васнецов, 11). Ср. укр. балда́ — 1) «дурень»; диал. «неуклюжая, неповоротливая женщина»; 2) устар. «большой топор» (Гринченко, I, 24); «молот». В других слав. яз. отс. Ср. блр. до́убня или булаве́шка; болг. глупа́к, бран. — «балда» (но токма́к — «деревянный молоток», топу́з — «палица», «булава»); польск. bałwan, ciemięga, бран. (młot ciężki — «молот»). Значения «дубинка», или «шишка, утолщение у дубины», или «молот» — старшие. В этом знач. слово балда (иногда в форме болда) было известно уже в XVII в. Только с этими знач. отм. в САР¹ (I, 1789 г., 88). Знач. «глупец» [непосредственно, по-видимому, из «долговязый, неуклюжий человек», а оно — из «палка» (с утолщением на конце?), «дубинка» (ср. *дубина, чурбан, колода* и т. п. с бранным знач.)] — более позднее. Как диал. (волог., костром., рязан.) слово с этим отрицательным знач. отм. в 1863 г. (Даль, I, 38). М. б., слово балда в русском языке получило распространение (с новым знач.) после появления пушкинской «Сказки о попе и работнике его Балде», написанной в 1830 г., напечатанной 10 лет спустя. Правда, у Пушкина Балда всего лишь личное имя, и герой его болдинской сказки вовсе не «балда», но под влиянием многочисленных сказок о глупцах пушкинского Балду стали смешивать с дурнем народной сказки. ▫ Слово неславянское, надо полагать, тюркское. Произв. *набалдашник* — из *набалдачник*, что заставляет считать исходной формой *балда́к*. Ср. тюрк. baldaq : baldak. Ср. кирг., каракалп. балдак — «костыль»; казах. балдак — «эфес сабли», «костыль», «кольцо»; каз.-тат. балдак — «кольцо»; ног. балдак — «рукоятка кинжала»; узб. болдок — «кольцо»; башк. балдак — «кольцо». См. также

Радлов, IV : 2, 1503. Т. о., балда, м. б., из балдак вследствие смешения с другим тюркским словом балта — «топор», «колун» (ср. турец. balta — «топор» и др.). См. Радлов, IV : 2, 1501.

БАЛДАХИ́Н, -а, *м.* — «навес на шестах или столбах из дорогой ткани над троном, кроватью и т. п.». *Прил.* балдахи́нный, -ая, -ое. Укр., блр. балдахи́н; болг. балдахъ́н; с.-хорв. балдахи́н; чеш. baldachýn, baldachýnový, -á, -é; польск. baldachim. В русском языке слово балдахин известно с XVII в. [в ПДСР — с 1657 г. (Fogarasi, 64)]. Позже встр. в «Путешествии» П. А. Толстого (357, 1697 г.): «*балдахин*... на четырех высоких... сохах»; позже в «Архиве» Куракина (I, 177, 1707 г.): «над ним (папой) *балдахин* носили». ▫ Заимствовано из западноевроп. языков. Ср. ит. baldacchino (произн. baldakkíno) — «балдахин». Старшее знач. (в ит.) «парча из Багдада» (старое название этого города по-итальянски Baldacco). Отсюда нем. Báldachin (с ударением на первом слоге); голл. baldakíjn (произн. baldakéin); франц. baldaquin (произн. baldakɛ̄) и др.

БАЛЕ́Т, -а, *м.* — «искусство театрального танца»; «театральное представление, состоящее из танцев и мимических движений под музыку»; «труппа, дающая такие представления». *Прил.* бале́тный, -ая, -ое. Сюда же балери́на, балетме́йстер. Укр., блр., болг. бале́т. Определить время появления слова балет в русском языке трудно. В середине XVIII в. оно было широко распространено и общепонятно. Неоднократно встр. в «Записках» Порошина, напр., в записях от 26-IX, 1-X, 4-X 1764 г., сс. 11, 26, 34. Позже у Курганова («Письмовник», 1777 г., 424). Другие слова этой группы — более поздние. Напр., *балетмейстер* видимо, не старше 60-х гг. XVIII в. (в «Записках» Порошина, в записи от 16-III-1765 г., 287: «говорили о *балетмейстерах»). Прил. *балетный* в словарях — с 1806 г. (САР², I, 90), *балерина* — с 1891 г. (СРЯ¹, т. I, в. 1, 103). ▫ Слово балет распространено как в европейских, так и в иных языках. Ср. ит. balletto, ballerina; франц. ballet, ballerine; англ. ballet, ballerina; исп. ballet, bailarina; фин. (с.) baletti; турец. bale — «балет»; перс. балет; афг. ба́лет; хинди баэло и т. д. Первоисточник — ит. balletto, уменьш. от ballo — «танец» (ср. ит. ballare < позднелатин. ballare — «танцевать»; см. бал). *Балетмейстер* (< нем. Ballettmeister). Слово балерина в русском языке из французского. Ср. франц. (с конца XIX в.) ballerine < ит. ballerina (произв. ballerino — «танцовщик», от ballare).

БАЛЛ, -а, *м.* — «единица (мера) оценки чьих-л. успехов (в учении, спорте)»; «единица измерения силы и степени ветра, землетрясения и т. д.». Укр., блр., болг. бал. В других слав. яз. отс. Ср. в том же знач.: с.-хорв. бѐлег; чеш. známka, stupeň (о ветре); польск. stopień, ocena. В русском языке слово балл (в форме бал) появилось в Петровское время со знач. «шар для баллотирования». Ср., напр., в «Указе о баллотировании» от 22-I-1720 г.: «о вынимании *балоѳ*» (ЗАП I, т. I, № 80, с. 79). Ранний пример (1708 г.) в КДРС по значению неясен. □ Заимствовано из французского. Ср. франц. balle — «шар», ныне «мяч», откуда ballote — «шар для баллотирования», а также ballon — «надувной шар». Во франц. — германизм. Знач. «единица оценки успехов в школе» приобретено в XIX в. Любопытно, однако, что в совр. франц. яз. (как и в других западноевропейских) это слово в знач. «единица измерения», «отметка» не употр. Ср. в этом знач.: франц. note, point; нем. Note, Grad; англ. mark, point.

БАЛЛА́ДА, -ы, *ж.* — «сюжетное стихотворение исторического, героического или фантастического содержания»; «род муз. произведения». *Прил.* балла́дный, -ая, -ое. Укр. бала́да, бала́дний; блр. бала́да, бала́дны, -ая, -ае; болг. бала́да, бала́ден, -дна, -дно; с.-хорв. бала́да; чеш. balada, baladický, -á, -é; польск. ballada. В словарях отм. с 1803 г. (Яновский, I, 321). Но слово было известно и в XVIII в. У Тредиаковского в «Эпистоле... к Аполлину» («Новый и краткий способ к сложению российских стихов», 1735 г.) оно встр. в форме м. р.: «Тот сонет, тот мадригал, тот *балад* клал сильно» (Избр., 391). □ Ср. франц. ballade; нем. Ballade; англ. ballad (но муз. ballade); исп. balada; ит. ballata и др. Источник распространения в Европе — франц. ballade, *f.* Во всех западноевроп. языках, различающих мужской и женский роды, это слово ж. р. Во франц. оно восходит к ст.-прованс. balada, *f.* — «танец», произв. от balar (ст.-франц. baller) — «танцевать». Корень (на провансальско-франц. почве) тот же, что во франц. bal, первоначально «танец» (см. *бал*). В средние века (особенно до XIII в.) балладой называли хоровую народную песню танцевального характера.

БАЛЛА́СТ, -а, *м.* — «добавочный (неполезный) груз на воздухоплавательном аппарате или воздушном шаре, аэростате для регулирования высоты полета или на корабле для регулирования его осадки и остойчивости». *Прил.* балла́стный, балла́стовый, -ая, -ое. *Глаг.* балласти́ровать. Укр. бала́ст, бала́стний, бала́стовий, -а, -е, баластува́ти; блр. бала́ст, бала́стны, -ая, -ае, баластава́ць; болг. бала́ст; с.-хорв. ба̀ласт; чеш. balast (чаще přítěž, zatížení), balastový, -á, -é; польск. balast, balastowy, -a, -e. В русском языке слово *балласт* — с начала XVIII в.: «карабли... порозжие без *баласту*» (ПбПВ, XI : 1, с. 89, № 4276, от 28-II-1711 г.); «о пробе *баласта*... без железа» (ЗАП I, т. I, с. 67, № 62, около 1718 г.) и др. Производное — недавнего времени, самое по́зднее — *балласти́ровать* (Ушаков, I, 1935 г., 82). □ По всей видимости, из голл. яз. Ср. голл. ballast, ballasten — «балластировать». Из голландского — англ. ballast. Ср. швед. ballast; дат., норв. ballast. Родина этого слова — Скандинавия или Северная Германия. Ср. ср.-н.-нем. bal — «плохой», «бесполезный», от которого могло произойти это слово (Falk — Torp², I, 45).

БАЛЛОТИ́РОВАТЬ, баллоти́рую — «производить закрытое голосование, напр., путем опускания бюллетеней (первоначально шаров) в специальные урны», «голосовать». *Сущ.* баллоти́рование, баллотиро́вка, отсюда *прил.* баллотиро́вочный, -ая, -ое. Блр. балаці́раваць, балаціро́ўка, балаціро́вачны, -ая, -ае; укр. балотува́ти, балотува́ння, балотува́льний, -а, -е; болг. балоти́рам; с.-хорв. балоти́рати; польск. balotować, balotowanie. В других слав. яз. отс. Ср. чеш. voliti, hlasovati. Употр. с самого начала XVIII в. Напр.: «сколко персон будут *балатировать*», *балатированье*, *балы* («Указ о баллотировании» от 18-II-1720 г. и др. — ЗАП I, т. 1, 235 и др.). Более поздние слова: *баллотировка* (Яновский, I, 1803 г., 323), *баллотировочный* (Даль, I, 1863 г., 39: *балотировочный*). □ Ср. франц. устар. ballotter (ныне обычно voter, mettre aux voix) > нем. ballotieren; голл. balloteren; англ. ballot; ит. ballottare и т. д. Первоисточник — франц. ballotter, от ballotte — «шар для голосования». В русском языке, вероятно, из голландского или немецкого.

БАЛЫ́К, -а́, *м.* — «соленая, вяленая или копченая спинка рыбы». *Прил.* балыко́вый, -ая, -ое. Слово широко (хотя и не повсеместно) распространено в европейских языках. Напр., кроме вост.-слав. (укр. бали́к; блр. балы́к), ср. чеш. balyk; польск. bałyk; в болг. отс., но ср. с.-хорв. ба̀лук (< турец.) — «рыбное семя», «рыболовная ягода» (Cocculi indi). В словарях *балык* отм. с 1789 г. (САР¹, I, 91), *балыковый* — с 1847 г. (СЦСРЯ, I, 20). Ср. франц. balyk; нем. Balyk; англ. balyk. В западнославянских и европейских языках это слово из русского. □ В русском языке *балык* из тюркских. Это слово общетюркское, давнее. Ср. baluq — «Fisch» («рыба») в «Codex cumanicus» (Grønbech, 49); ст.-тюрк. balïq: balaq (Gabain, 300), balyq (Малов, 368). В совр. тюркских языках: турец. balık — «рыба» (вообще всякая рыба, в частности свежая), отсюда balikçi — «рыбак»; каз.-тат. балык, балыкчы; ног. туркм. балык, балыкшы; кирг. балык, балыкчы; узб. балик, баликчи; каракалп. балык, балыкшы; якут. балык, балыксыт; уйг. белик, беликчи и др. По Дмитриеву (18), заимствовано у крымских татар. По времени появления этого слова (после русско-турецких войн 2-й пол. XVIII в. и освоения Крыма), м. б., он и прав.

БАЛЬЗА́М, -а, *м.* — «душистый, с пряным, горьковатым вкусом сок некоторых тропических и субтропических деревьев, представляющий собою сложную смесь смол и эфирных масел». *Прил.* бальза́мный, -ая, -ое, бальза́мовый, -ая, -ое. *Глаг.* бальзами́ровать. Укр. бальза́м, бальза́мовий, -а, -е, бальзамува́ти; блр. бальза́м, бальза́мавы, -ая, -ае, бальзамі́раваць. Ср. болг. ба́лсам, ба́лсамов, -а, -о, балсами́-

рам — «бальзамирую»; с.-хорв. bàлсам; чеш. balzám, balzámový, -á, -é, balzamovati; польск. balsam, balsamowy, -a, -e, balsamować. Слово было известно в Древней Руси в форме валсамъ как название растения, напр. в др.-рус. переводе «Ист. иуд. в.» Флавия (Мещерский, 534). Восходит к греч. βάλσαμον (в позднегреч. произн. valsamon) — «бальзам» (и «бальзамин»). Позже, в XVII в., оно употр. с начальным б (как в латин. яз.): «в балсам» (МИМ, в. 1, 1630 г., 4); «водки и балсамы и иные лекарства» (ib., № 340, 1663 г., 249). Глаг. бальзамировать (с с или з) вошел в общее употр. с середины XVIII в.: «тела умерших... бальсамировать они умели» (Фонвизин, «Жизнь Сифа», ч. I, 1762 г., 34—35). Но ср. у Литхена, 1762 г., 9: бальзамировать. Произн. с з (бальзам), возможно, под влиянием нем. Bálsam или голл. bálsem (произн. bálzəm) — тж. ▫ В западноевропейских языках это слово из латинского. Ср. латин. balsamum [>ит. bàlsamo; франц. baume (ст.-франц. basme, balme > англ. balm (при balsam) и др.]. В латинском языке оно из греческого. Греч. βάλσαμον восходит к др.-евр. bāśām — «бальзамовое дерево» (Frisk, I, 217).

БАНА́ЛЬНЫЙ, -ая, -ое — «слишком обычный», «неоригинальный», «заурядный». *Сущ.* бана́льность. Укр. бана́льний, -е, бана́льність; блр. бана́льны, -ая, -ае, бана́льнасць; болг. бана́лен, -лна, -лно, бана́лность; с.-хорв. bàналан, -лна, -лно, bàналнӣ, -а̄, -о̄; чеш. banální, banálnost; польск. banalny, banalność. В русском языке банальный известно с середины XIX в. В словарях — с 1861 г. (ПСИС, 68). Но банальность встр. в повести Л. Н. Толстого «Юность», 1855—1856 гг., гл. 40: «Володя... презирал банальности» (ПСС, II, 205). ▫ Ср. франц. banal, -e, отсюда: англ. banal, нем. banal. Во франц. яз. banal — произв. от ban, слова германского, точнее франкского происхождения (ср. др.-в.-нем. ban — «приказ, объявление, заключающее угрозу», совр. нем. Bann — «принуждение»). В ст.-франц. banal (прил. к ban) — «относящийся к объявлению, приказу сюзерена». В совр. знач. франц. banal употр. с конца XVIII в.

БА́НДА, -ы, ж. — «группа вооруженных грабителей». Сюда же банди́т. *Прил.* (бандит) банди́тский, -ая, -ое. Укр. ба́нда, банди́т; блр. ба́нда, банды́т; болг. ба́нда, банди́т; с.-хорв. bàнда, bàндит; чеш. banda, bandita; польск. banda, bandyta. В некоторых слав. яз. отс. В русском языке раньше стало известно слово бандит, напр.: «бандитом учинен» («Архив» Куракина, III, 1712 г., 305). Слово банда отм. Кургановым («Письмовник», 1777 г., 424): банда — «скоп». ▫ Ср. франц. bande — «банда», «шайка», также «толпа», bandit; ит. banda — «отряд», также «банда», bandito; из романских языков — нем. Bande, Bandít (но ср. англ. gang — «банда», откуда амер. gangster — «бандит»). В русском языке из франц. Во французском — из итальянского. Ит. banda сначала значило «знамя», «хоругвь»,

«военный знак (партизанского) отряда», потом — «отряд (нерегулярных войск)». Ср. ит. bandiera — «знамя», «флаг». В ит. языке banda германского происхождения. Ср. гот. bandwa — «знак», «знамя», bandwjan — «подавать знак»; ср. исл. benda — «давать знак», «указывать».

БАНДЕРО́ЛЬ, -и, ж. — 1) «почтовое отправление не в конверте, а в бумажной обертке»; 2) спец. «(бумажный) ярлык, (бумажная) ленточка, наклеиваемая на товары и вообще на предметы, подлежащие акцизному сбору или пошлине, как знак уплаты сбора или пошлины». *Прил.* бандеро́льный, -ая, -ое. Укр. бандеро́ль, бандеро́льний, -а, -е; блр. бандэро́ль, бандэро́льны, -ая, -ае; болг. бандеро́л, бандеро́лен, -лна, -лно; с.-хорв. бандеро́ла; польск. banderola. В чеш. отс., ср. в том же знач. páska na tiskopisy, pásková obálka, (celní) nálepka. В русском языке слово бандероль известно с начала XIX в. Оно отм. Яновским (I, 1803 г., 330). ▫ В русском и других славянских языках из французского. Ср. франц. banderole — 1) «вымпел», 2) «ярлык об уплате пошлины, акциза», но bande — «бандероль как почтовое отправление». Из франц. — нем. Banderole — тж., но Kreuzband — «бандероль как почтовое отправление». Во франц. яз. из ит. bander(u)ola, уменьш. от bandiera — «знамя», «флаг» (при fascia — «бандероль»). В итальянском — от герм. корня *band-. Ср. *банда*.

БАНК, -а, м. — «крупное финансово-кредитное учреждение». *Прил.* ба́нковский, -ая, -ое, *финанс.* ба́нковый, -ая, -ое. Укр. банк, ба́нківський, -а, -е; блр. банк, ба́нкаўскі, -ая, -ае; болг. ба́нка, ба́нков, -а, -о; с.-хорв. bàнка, bànкāрскū, -ā, -ō; чеш. banka, bankovní; польск. bank, bankowy, -a, -e. Ср. в «Космографии» Лыкова 1637 г., 73 об.: «банкус региус сиирěчь мена королевской казны» (Глускина, 193). В XVIII в. банк — общеупотребительное слово. Ср. в «Архиве» Куракина (I, 220, 1707 г.): «(папа) учинил банк». Позже — в «Записках» Порошина, в записи от 2-XII-1764 г. (155): «в оной банк положит какую-н. сумму». Прил. банковый — у Нордстета (I, 1780 г., 12, с ударением на б). Форма ба́нковский — очень поздняя (Ушаков, I, 1935 г., 86). ▫ Ср. франц. banque, *f.*; нем. Bank, *f.*; англ. bank; ит. banca, *f.*: banco, *m.*; венг. bank; фин. (с.) pankki; турец. banka; хинди баэнк' и др. Источник распространения — ит. banco, *m.* : banca, *f.* — первоначально «скамья» > «прилавок (менялы)» «конторка». В ранний итальянский оно попало из германских диалектов (ср. нем. Bank — «скамья»).

БА́НКА, -и, ж. — «стеклянный, металлический или из иного материала сосуд, чаще цилиндрической формы, с широким входным отверстием». В говорах: яросл. ба́нка — «мелкая деревянная лохань, в которой держат живую рыбу» (Якушкин, 1); курск. ба́нька — «железное кольцо, которым коса прикрепляется к косовищу» (Кардашевский, I, 213); в других говорах с тем же знач. —

БАН БАР Б

ба́нка (Немченко и др., 24). Укр. ба́нка — «банка», но обл. ба́нька — «кувшин». Ср. польск. bańka — «банка», «пузырь» (ср. мед. stawiać bańki, но słoik, słój — «стеклянная банка», blaszanka — «жестяная банка», puszka (od konserw) — «консервная банка»); чеш. baňka — «колба», мед. «банка», но ср. láhev, sklenice, plechovka. Ср. также в.-луж. bańka — «кружка», «кувшин» (от banja — тж.). В русском языке слово банка известно с XVII в. ▫ Вслед за другими этимологами можно связывать рус. ба́нка с рус. ба́нька, которое значит также и «шарик», и «водяной пузырь», и «белок глаза», и с чеш. baňka — «пузырек» (ср. báň — «купол», «свод»), с польск. bańka — не только «банка», но и «пузырь», и «бидон» (ср. bania — «сосуд шаровидной формы», «купол» и т. п.). В первый раз это соображение в общей форме [«в сем значении банка от бани: округлый, облый» (сосуд)] было высказано Далем (I, 40). Другие параллели см. под баня. Трудно, однако, объяснить твердое н вм. ожидаемого мягкого. М. б., это — следствие омонимического отталкивания на русской почве от ба́нька — уменьш. от баня, но, скорее всего, здесь имеет место отвердение н под влиянием других слов, вроде скля́нка (при скляни́ца), лоха́нка (от лоха́нь) и т. п.

БАНКРО́Т, -а, м. (устар. прост. банкру́т) — «разорившийся и объявивший себя или объявленный несостоятельным должник». Сущ. банкро́тство. Глаг. (о)банкро́титься. Укр. банкру́т, банкру́тство, банкрутува́ти; блр. банкру́т, банкру́цтва, банкрута́вац. Ср. болг. банкру́т, банкру́тство, банкрути́рам — «становлюсь банкротом»; с.-хорв. ба̏нкрот, ба̏нкротство: ба̏нкротовати; чеш. bankrotář — «банкрот», bankrot — «банкротство»; польск. bankrut, bankructwo, bankrutować. В русском языке известно (сначала с у после р) с Петровской эпохи (Смирнов, 55). Позже в «Записках» Порошина, в записи от 15-IV-1765 г. (306): «купец банкрутом сделался». У Пушкина встр. банкроты (письмо Яковлеву, март—апрель 1829 г. — ПСС, XIV, 44), но банкрутство (письмо Нащокину от 22-X-1831 г. — ПСС, XIV, 237). ▫ Ср. ит. bancarotta — «банкротство», bancarottiere — «банкрот»; франц. banqueroute — «банкротство», отсюда banqueroutier — «банкрот»; нем. Bankrott — «банкротство», Bankrotteur — «банкрот»; ср. англ. bankrupt — «банкрот». Первоисточник ст.-ит. banca rotta, досл. «сломанная, разбитая скамья (прилавок, конторка)» (конторы банкиров и пр., объявленных банкротами, подвергались разгрому). В русском языке — заимствование из французского.

БАНТ, -а, м. — «лента или тесьма, завязанная узлом определенной формы». Укр., блр. бант. В других слав. яз. отс. Ср. в том же знач.: с.-хорв. ма̏шна; чеш. mašle; польск. kokarda (при odznaka — «кокарда»). В русском языке это слово известно с Петровского времени в форме бант, м. [Christiani, 49, со ссылкой на Соловьева, XV, 310 (СС, VIII, 249), где речь идет об орденском банте] и в форме банта, ж. — «повязка» в «Лексиконе вокаб. новым» (Смирнов, 366). Более ранняя дата (1659 г.) в КДРС со ссылкой на «Тамож. книги Тихвинского монастыря» не внушает доверия, поскольку слово бант употр. здесь со знач. «связка» и, по-видимому, является опиской (или опечаткой при издании) вм. бунт — «связка», которое также встр. в этом памятнике. В совр. знач. и форме в словарях — с 1780 г. (Нордстет, I, 12). ▫ Заимствовано из французского. Ср. франц. bande — «повязка» (при nœud — «бант»), вероятно, при посредстве ст.-нем. (Band — «завязка» > «лента»; ср. Schleife — «бант»). См. также бандероль.

БА́НЯ, -и, ж. — «специальное помещение, где моются и парятся». Прил. ба́нный, -ая, -ое. Укр. ба́ня (и ла́зня), ба́нний, -а, -е. В блр. отс. (ср. ла́зня — «баня»). Ср. болг. ба́ня — «баня», «ванная», «купальня»; с.-хорв. ба̏ња — «курорт», «место купанья»; словен. banja — «ванна». В других слав. яз. в знач. «баня» или «купальня» теперь не употр. Но ср. чеш. báně, устар., báň — «выпуклый сосуд», «купол» (но «баня» — lázeň); польск. bania — «выпуклый сосуд» и др. (см. банка) [«баня» — łaźnia]. Др.-рус. (с XI в.) баня — «баня», баньный (Срезневский, I, 40—41). Ст.-сл. бання — тж. (SJS, I:3, 69). ▫ Старое заимствование, видимо, из латин. языка. О.-с. *banja. Ср. латин. bal(i)neum, n., bal(i)nea, pl. — «баня», «ванна», «купанье», вульг.-латин. *bannium, pl. *bannia (с nn из ln). В латин. — из греческого языка. Ср. греч. βαλανεῖον, pl. βαλανεῖα, отсюда позже (на греч. почве), возможно, *βάνειον, pl. *βάνεια (Walde — Hofmann³, I, 94). Происхождение этого слова в греческом языке неясно (Frisk, I, 213). К латин. balneum > ba(l)nium > романск. baneum восходит франц. (с XII в.) bain (ср. ст.-франц. baigne — «сосуд»); ит. bagno — «ванна», «купальня», «баня»; порт. banho — тж.; исп. baño — тж.

БАРАБА́Н, -а, м. — «ударный музыкальный инструмент в виде полого широкого цилиндра (деревянного или металлического) с натянутой на него кожей». Прил. бараба́нный, -ая, -ое. Глаг. бараба́нить. Укр. бараба́н (: тараба́н), бараба́нний, -а, -е, бараба́нити; блр. бараба́н, бараба́нны, -ая, -ае, бараба́нiць. Из русского: болг. бараба́н, отсюда на болг. почве бараба́нен, -нна, -нно (но тѐпанче — «барабанная перепонка»), бараба́ня — «барабаню»; македон. бараба́н. В других слав. яз. отс. Ср. в том же знач.: с.-хорв. бу̀бањ [и до̀бош (< венг. dob — тж.)], бу̀бањска (или бу̀бна) опна — «барабанная перепонка»; словен. boben; чеш. buben (ср. bubínek — «барабанная перепонка»); польск. bęben (ср. bębenek — «барабанная перепонка»). См. бубен. Из украинского — польск. устар. taraban — «большой барабан». В памятниках русского языка слово барабан встр., напр., в «Книге о ратном строе» 1647 г.: «послушает телячьей кожи, сиречь барабана» (10 об., 100), барабаномъ (100 об.); прил. барабанный также известно с XVII в., но *барабанить*, видимо, более позднее слово [в словарях отм. с 1704 г. (Поликарпов, 5 об.)]. М. б., слово *барабан* было известно и до XVII в. Тупиков (39) отм. в памятниках Юго-Западной России прозвище *Барабан* («Барабан Кухмистров», 1552 г.) наряду с *Балабан* — прозвищем, известным с XV в. (37). Ср. (в отношении *л* : *р*) рус. прост. *талала́*, *талала́кать* и *таратри́ть*. ▫ Происхождение слова *барабан* все еще остается неясным. Обычно считают это слово тюркским, причем иногда без достаточного основания возводят его к каз.-тат. **дарабан** — «барабан» (Радлов, III : 2, 1627), в этом знач., видимо, случайному слову неизвестного происхождения [ср. турец. daraban — «биение пульса, сердца»; якут. **дарба́н** — «шум», «беспокойство», «тщеславие» (Пекарский, I, 676)]. Слово *барабан* в тюркских языках СССР, конечно, из русского [ср. у Радлова, IV : 2, 1478: барабан (кирг., каз.-тат. из русского)]. Но представляет интерес турец. balaban — «большой», «с громадной головой», также «**громогласный**», откуда крым.-тат. **балабан** — «большой барабан» (Радлов, IV : 2, 1494). Слово это в тюрк. языках известно и как название большой выпи — птицы с характерным «ухающим» криком. Ср. азерб. **балабан** — «свирель». Припомним, что франц. tambour — «барабан» возникло (< ит. tamburo < араб. tubūl, pl. «барабан») не без влияния араб. tunbūr — «гитара», «лира», а нем. Trommel — тж. восходит к др.-в.-нем. trumba — «труба». Т. о., *барабан*, м. б., и тюркское слово, но восходит оно не к daraban (Vasmer, REW, I, 53), а к balaban. Другие этимологии, в частности объяснение Будагова (см. Дмитриев, 43), позже Корша (см. Преображенский, I, 16), исходящее из предполагаемого перс. ***боланд банг** — «громкий голос», «крик», «звук», менее убедительны.

БАРА́К, -а, м. — «легкая (обычно деревянная) постройка, предназначенная для временного проживания». *Прил.* **бара́чный**, -ая, -ое. Укр. бара́к, бара́чний, -а, -е; блр. бара́к, бара́чны, -ая, -ае; болг. бара́ка, ж.; с.-хорв. бара̀ка, ж.; словен. baraka; чеш. barák, barákový, -á, -é; польск. barak, barakowy, -a, -e. В русском языке слово *барак* известно с начала XVIII в. Ср. в «Уставе воинском» 1716 г.: «бараки (или шалаши)» [в параллельном немецком тексте: «Baraquen (oder Hütten)»] (ПСЗ, т. V, № 3006, с. 279). В словарях *барак* отм. с 1803 г. (Яновский, I, 335), *барачный* — с 1891 г. (СРЯ¹, т. I, в. 1, с. 113). ▫ Заимствовано из западноевроп. языков. Слово романское по происхождению. Ср. франц. baraque, *f.* — «лачуга». Из франц.: нем. (с XVII в.) Baracke; голл. barak; швед. barack. Во франц. — из итальянского языка (ср. ит. baracca — тж.). Источник распространения — исп. barraca — «крестьянский дом» (в некоторых провинциях Испании), сначала, м. б., «дом из глины, смешанной с соломой». Ср. исп. barro — «глина».

БАРА́Н, -а, м. — «самец овцы». В окающих говорах — бора́н. *Уменьш.* **бара́шек** (как *камешек* при *камень*). *Прил.* **бара́ний**, -ья, -ье. *Сущ.* **бара́нина**. Укр. бара́н, бара́нячий, -а, -е, бара́нина; блр. бара́н (но «нехолощеный баран» — марка́ч), бараноў, -о́ва, бара́ніна. В южнослав. яз. это домашнее животное называется иначе: болг. ове́н (или коч — «некастрированный баран»); с.-хорв. о̀ван; словен. oven [ср. др.-рус. и ст.-сл. **овьнъ** — тж. (Срезневский, II, 596)]. Ср. в зап.-слав. языках: чеш. beran — «баран», berani — «бараний»; словац. baran, barani, -ia, -ie, baranina; польск. baran (ст.-польск. также beran), barani, -ia, -ie, baranina; в.-луж. boran, boranjacy, -a, -e; н.-луж. baran (: skop). Др.-рус. **боранъ** («Р. прав.», Кр., Акад. сп., ст. 28; Простр., Троицк. сп., ст. 45. — ПР, I, 72, 109). Форма с *а* встр. лишь с конца XIV в., 1392 г. (Срезневский, I, 41, 151). Но форма с *о* является обычной формой этого слова. Для 1-й пол. XVI в. ср. свидетельство Унбегауна: «написание с *о* — орфограмма XVI в.; написание с *а* устанавливается (автор имеет в виду памятники московского и подмосковного происхождения) не раньше XVII в.» (Unbegaun, 107). Прил. **бораний**(>бараний) и сущ. **боранина** (>баранина) засвидетельствованы с XV в. (Срезневский, Доп., 24). ▫ Старшая форма, надо полагать, *боран* (с *о* после *б*). Появление *а*, м. б., — результат межслоговой ассимиляции, происходившей по диалектам еще в праславянскую эпоху. Но, вообще говоря, *баран* — слово трудное в этимологическом отношении. Возможно, оно имеет какое-то касательство к алб. berr — «мелкий скот», но не к перс. бя́ррэ — «ягненок», потому что последнее из *varnāk (и.-е. база *u̯eren-), ср. ср.-перс. varak — «баран». Связывают (Berneker, I, 43) по предполагаемому корню *bar- и с греч. (у Гесихия) βάριχοι *pl.* — «бараны». За пределами этих языков, м. б., сюда относится баск. barro (: marro) — «годовалый ягненок» (см. Шишмарев «Очерки», 30). Многие языковеды склонны считать это слово «праевропейским», «доиндоевропейским» в Европе. На худой конец допустимо и это предположение. Но нелишне все-таки вспомнить еще об одном объяснении, давно уже выдвинутом в научной литературе (Погодин, Ильинский, Брюкнер и др.). Не связано ли в самом деле о.-с. *boranъ с о.-с. *borvъ [>рус. *боров* (см.)]? И.-е. корень *bher- — «резать» (след., и «холостить»), «колоть», «возделывать» и т. п. Суф. -an-ъ, с которым изредка встречаются и названия животных и птиц. Напр., *орлан*, *ушан*, диал. *ушкан* — «заяц». Ср. др.-рус. **боровъ** — «баран холощеный» (Срезневский, I, 152); с.-хорв. бра̑в — «кастрированный баран»; словен. brav — «овца». Близкое к этому значение (в других говорах о.-с. языка), вероятно, имело и о.-с. *boranъ.

БАРА́НКА¹, -и, ж. — «обварное (из заварного теста) хлебное колечко», «бублик». *Прил.* **бара́ночный**, -ая, -ое. Ср. укр. обари́нок, обаря́нець (Гринченко, III, 2; обычно бу́блик); блр. абара́нак; польск. obarzanek. Ср. в том же знач.: болг. гевре́к (<турец. gevrek — «сухарь»); с.-хорв. ђѐвре̏к; чеш. preclík (<нем. Brezel — «крендель»). В русском языке старшая форма, по-видимому, была *баранок*, м. В этой форме слово известно с середины XVII в. По данным КДРС, впервые встр. в рукописной «Книге приходо-расходной Иверского монастыря», 1663—1664 гг. (л. 101): «Того ж числа куплено. . . братии *баранков* на семнадцат(ь) алт(ы)нъ». Бурнашов (I, 30) дает ударение *бара́нки*. □ Надо полагать, из **обаря́нок* [ср. польск. obarzanek; блр. (с отвердением *р*) абара́нак]. Изменение *бв* > *б* — не редкость в русском языке (и в других слав.), в частности, в словах данного корневого гнезда. Ср. у Даля (II, 1149): *оба́рные баранки*, *оба́рница* — «поварешка для обданья кипятком баранок». Ср. у Р. Джемса (РАС, 1618—1619 гг., 38 : 3) obarnoi (meod) [о «разварном» меде]. В русском языке ср. *б* < *бв* в других словах: *обод*, *обычай* и т. п. Отпадение *о* как части префикса такое же, как в укр. ба́чити из об--а́чити (Гринченко, III, 2) < *об-очити; в чеш. baliti (<*obvaliti) — «обертывать», «упаковывать». В русском языке изменение было поддержано влиянием слова *баран*, особенно *бараний рог* (согнуть *в бараний рог*). М. б., одновременно имело место также смешение с *бара́нки*, мн. от *бара́нка* — «шкура ягненка», «каракуль» [ср. у Нордстета (I, 12): *баранки* «des peaux d'agneaux» — «колечки ягнячьей шерсти» и «petites craquelins ronds» — «мелкие круглые баранки»]. Знач. «баранки» («бублики») сначала относилось гл. обр. к мелким баранкам [«какими славится Валдай», как говорит Даль (I, 42)].

БАРА́НКА², -и, ж. — «рулевое колесо автомашины». Укр. так же. В других слав. яз. отс. В общерусском употреблении — с 30—40-х гг. В словарях — с 1948 г. (РУС, 11), позже Ожегов², 1952 г., 28. □ По-видимому, из разговорной речи водителей автомашин, а там — из говоров. Ср. арханг. *баран* — «дуга из тонкой черемухи, прикрепленная концами к передней части охотничьих санок (чунок); к ней привязывают веревку, за которую охотник и тянет санки»; «деревянное или металлическое кольцо у бороны, к которому прикрепляется оглобля»; «кольцо на возу для крепления веревками сена или вообще груза» (СРНГ, в. 2, 103 и сл.). От *баран* в этом смысле могло быть образовано *бара́нок* или *бара́нка*.

БАРАХЛО́, -а́, ср., *разг.* — «обветшалый, залежавшийся, ненужный в хозяйстве домашний скарб»; «хлам». Прил. барахо́льный, -ая, -ое, барахля́ный, -ая, -ое. Глаг. барахли́ть. Сущ. барахо́лка. Укр. барахло́, барахля́ний, -а, -е; блр. барахло́, барахо́лка. В других слав. яз. отс. В русском языке это слово по словарям известно с середины XIX в. (Даль, I, 1863 г., 42, с ударением бара́хло, отм. как арханг.; ср. Подвысоцкий, 4: барахло́. Производные (образованные по образцу *стекля́ный*, *стекля́нный*, *стекли́ть* от *стекло́*) появились еще позже и гл. обр. (за вычетом *барахли́ть*, известного с начала 900-х гг.) в годы, последовавшие за первой мировой войной (СРНГ, в. 2, 108—109). □ Происхождение слова *барахло* неясно. Шахматов (ИОРЯС, VII, в. 2, 352 и сл.) считал старшей формой этого слова *боръхло* и связывал его по корню с др.-рус. **бороше́нь** — «мелкие, путевые пожитки», словом, сохранившимся в памятниках XVII в. (Срезневский, I, 154). Ср. арханг. **бо́рошень** — «приготовленные к дороге вещи», «всякое домашнее обиходное имущество» (Подвысоцкий, 10) при смол. **бара́шня** — «корзина» (СРНГ, в. 2, 111) и др. Ср. также чеш. и словац. brašna (в говорах brachňa) — «сума». Правда, этимология слова **бо́рошень** имеет свои трудности (см. Vasmer, REW, I, 110; Machek, ES, 41). С семантической точки зрения также не все обстоит гладко. Но по существу это сближение (*барахло* — *бороше́нь*) нельзя считать неудачным. Старшее знач. слова *борохло* могло быть «и з н о ш е н н ы е, пришедшие в ветхость, негодные н о с и л ь н ы е вещи (одежда, обувь и пр.)». След., *барахло* из *борохло*. О.-с. корень *borch- [<и.-е. *bhor-s-, корень *bher- — «нести», «носить», расширитель -s- (>о.-с. -ch, как в о.-с. *porchъ)]; суф. -l (-o), как в о.-с. *dělo.

БАРА́ХТАТЬСЯ, бара́хтаюсь — «делать беспорядочные движения руками и ногами, лежа или находясь в воде, пытаясь занять более удобное и устойчивое положение». В говорах этот глаг. иногда значит «бороться в воде», «валяться в грязи» (Якушкин, 2), «делать усиленное движение руками и ногами в воде» (Васнецов, 12). В говорах возможна и невозвратная форма: *сбара́хтал с плеч* — «свалил» (Даль, I, 42). Ср. олон. **бара́хтать** — «осиливать» (Куликовский, 3). В других слав. яз. отс. Впрочем, ср. блр. **бара́хтаць** — «ворочать» (см. Шахматов, ИОРЯС, в. 2, 353—354). С.-хорв. **бара́тати** — «иметь с кем-л. дело», также «рыться, копаться (в чем-л.)» сюда не относится: оно из ит. barattare — «обмениваться, напр. товарами», «подменять», «обманывать». В русском языке известно с 1-й пол. XVII в. Правда, КДРС располагает единственным примером, но бесспорным и относящимся к 1639 г. (в рукописных «Якутских актах», картон 1, стлб. 686: «видел де. . . как Родка с Потапом *барахталис* а за что он того не вѣдает»; знач.: «драться», «биться»). □ Происхождение неясно. Хотелось бы связать с др.-рус. **барати** — «сражаться», «бороться», *побарати* (Переясл. л.) — «биться за кого-л.» (странный итератив к **бороти**), **барание** — «борьба», **баралище** — «место битвы» (Срезневский, I, 42; II, 984). Форма с -хта- [*барахтать(ся)*] могла появиться позже, в говорах (как и знач. «плескаться») под влиянием многочисленных звукоподражательных и иного происхождения глаголов на -хтать, вроде волог. **бала́хтать** — «плескать(ся)», «выплескивать», **бала́хтаться** — «мотаться», «шататься» (Даль, I, 37). Ср.

еще сев.-рус. ба́хтать, па́хтать — «бить, сбивать масло», «болтать что-л. жидкое» (ср. с.-хорв. ба̀хтати — «топотать»; «возиться»), трепохта́ться — «трепетать», «биться» (Васнецов, 320). Примеры подобных глаголов приведены Шахматовым (уп.), который весьма искусственно пытался объяснить барахта́ться из о.-с. *bor-ch-ti < *borti, с ch, занесенным из форм сигматического аориста, а в последнее время добавлены Лопатиным (ЭИРЯ, в. 2, 147—148).

БАРДА́, -ы́, ж. — 1) «гуща, остатки от браги при перегонке из нее винного спирта, употребляемые как корм для скота»; 2) «мутная жидкость». Бурда́ — то же, что барда́ во 2 знач. В говорах также ба́рда (Даль, I, 43). Укр. барда́, бурда́; блр. бурда́. В других слав. яз. отс. Слово барда́ как название корма для скота известно с конца XVI в. [«Приходо-расходные книги Антониева Сийского монастыря», 1575—1644 гг. (рукоп.), л. 37, 1577 г. (по данным КДРС)]. Ср. у Р. Джемса (РАС, 1618—1619 гг., 42 : 14): barde — «то, что остается, когда рака́ (вино) сливается». Позже в ТКМГ, III, 91: «бочка барды ворванной» [«кислая, загнившая или разжиженная ворвань, рыбий жир» (Устюг Великий, 1676 г.)]. Слово бурда́ известно с XVIII в. (Вейсман, 1731 г., 320). ◻ По всей видимости, слово бурда́ получилось в говорах из барда́, м. б., под влиянием бу́рить (набу́рить) — «лить без меры». Ср. также бурча́ть (по действию), бу́рый (по цвету). Происхождение этого слова (барда > бурда) неясно. Иногда, по недоразумению, считают его тюркизмом, но в тюркских языках СССР (напр., каз.-тат. барда, бурда) оно из русского, а в других тюркских (за пределами СССР) отс. Дмитриев не рассматривает. У Локоча (Lokotsch, § 361) барда отс., бурда он считает тюркизмом. Не исключено, что барда из *борда — вследствие межслоговой ассимиляции (о : а́ > а : а́). Горяев (12) относил к брага. Если считать, что брага (см.) получилось из *бър-аг-а (с о.-с. корнем *бър-), то, пожалуй, барда можно было бы возводить к *бър-д-а (где д — суф.).

БАРЕЛЬЕ́Ф, -а, м. — «выпуклое скульптурное изображение фигур или орнамента на плоскости». Прил. барелье́фный, -ая, -ое. Укр. барелье́ф, барелье́фний, -а, -е; блр. барэльеф, барэльефны, -ая, -ае; болг. барелие́ф, барелиефен, -фна, -фно; с.-хорв. ба̀рељеф; чеш. basreliéf, basreliéfový, -á, -é; польск. barelief. В русском языке слово барельеф известно с середины XVIII в. Ср. в «Записках» Порошина, в записи от 29-X-1765 г. (495): «принес... Бецкой... барелиеву». В форме барелиев, м., но чаще во мн. ч. встр. в «Журн. пут.» Демидова, 1771 г. (23, 24, 36 и др.). Форма барельеф устанавливается к началу XIX в. (Яновский, I, 1803 г., 339: барелиеф). ◻ Источник заимствования в русском языке — франц. bas-relief, — досл. «низкая выпуклость (рельеф)»; ит. bassorilievo; из французского: англ. bas-relief; нем. Basrelief и нек. др. Первоисточник в романских яз. — вульг.--латин. bassus (>франц. bas) — «нижний», «низший» и латин. relevare (>франц. relever) — «(при)поднимать».

БА́РЖА, -и и БАРЖА́, -и́, ж. — «грузовое судно, обычно плоскодонное». Укр., блр. ба́ржа; польск. (возможно, из русского) barża. Ср. в том же знач.: болг. шлеп; с.-хорв. шле̏п. В форме с ж и как общеупотребительное слово баржа известно гл. обр. с конца Петровской эпохи. Напр., оно неоднократно встр. в расходных записях 1722 г.: «на дело баржи и бота» (от 26-I-1722 г.), «для возки баржи и бота» (от 5-II-1722 г.) и др. (СВАМ, II, 130, 131). Более ранняя дата (1698 г.) относится к периоду пребывания Петра I в Англии: это единичная, не привившаяся попытка передачи английского barge: «в мелкие суды, называются барджи» [ЖПВ (по КДРС)]. В словарях отм. с 1789 г. (САР¹, I, 102). ◻ Из французского. Ср. франц. barge, f. — «баржа», «плоскодонное судно». Из франц. — англ. barge. Во французском это слово восходит через ст.-франц. barge к позднелатин. barca. См. барка.

БА́РИЙ, -я, м. — «мягкий щелочноземельный металл серебристого цвета, химический элемент». Barium. Прил. ба́риевый, -ая, -ое. Укр. ба́рій, ба́рійовий, -а, -е; блр. ба́рый; болг. ба́рий, ба́риев, -а, -о; с.-хорв. ба̑риj(ум); чеш. baryum; польск. bar. В русском языке известно с 30-х гг. XIX в. (Плюшар, IV, 1835 г., 335—336). ◻ Из западноевроп. языков. Ср. англ. barium; франц. (с 1829 г.) baryum; нем. Barium и др. Название, подчеркивающее значительный удельный вес этого хим. элемента, придумано английским химиком Дэви (Davy) в 1808 г. на базе греч. прил. βαρύς — «тяжелый» по модели латинских слов на -ium.

БА́РИН, -а, м. (мн. ба́ре, ба́ры) — «в дореволюционной России — лицо, принадлежащее к привилегированным, материально обеспеченным слоям общества»; «(до 1861 г.) помещик по отношению к крепостным крестьянам»; «хозяин по отношению к прислуге». Прил. ба́рский, -ая, -ое. Сущ. ба́рыня (женск. к барин и «плясовая народная песня»), ба́рич, ба́рышня. Укр. ба́риня — тж. (редк. дорев., обычно па́ни) и как название плясовой песни; блр. ба́рыня (как название плясовой песни). В других слав. яз. — лишь как русское слово (напр., чеш. bárin). Ср. в том же знач.: болг. господа́р, господи́н, госпожа́, госпо́жица; польск. pan, dziedzic, pani, dziedziczka, panna, panienka. В русском языке барин и другие слова этой группы почти одновременно вошли в употр. с середины XVIII в. Ср. в первом рус. переводе книги «Робинзон Крузе», ч. I, 1762 г. (без указания автора): «Видишь ли, барин», 256 (но в других местах: «О горе, боярин!», 290; «Прощай, боярин!», 291); в комедии Лукина «Мот, любовью исправленный», 1765 г., д. I, явл. 2: «Посмотрю, не проснулся ли барин» (Соч., 20). В Лексиконе 1767 г., 161: dominula — «барышня» (обычной формой для этого времени, пожалуй, надо считать боярышня); в переводной комедии Лукина «Вторично вкравшаяся любовь», ок. 1768 г., напеч. в 1773 г., д. I, явл. 4: «знатные *барыни* много странного имеют» (Соч., 417). В словарях *барыня* отм. с 1780 г. (Нордстет, I, 13). ▫ Из *боярин* (>*баярин* > *ба-арин), вероятно, сначала в обращении. Ср. другие случаи сокращения слов, часто употребляемых в обращении: *сударь* из *государь* (с переносом ударения на первый слог), в говорах *бат* вм. *брат* и т. п. Подобным же образом *барыня* возникло из *бояриня*, *барышня* из *боярышня*.

БАРИТО́Н, -а, *м.* — «мужской голос, средний между тенором и басом»; «певец, обладающий таким голосом». Укр. **барито́н**; блр. **барыто́н**; болг. барито́н; с.-хорв. **бари̏то̑н** — «голос» (но **баритòниста** — «певец»); чеш. baryton — «голос» (но barytonista — «певец»); польск. baryton. В русском языке употр. с конца XVIII в. Отм. в словарике, помещенном в «Карм. кн. на 1795 г.» (27). Позже Плюшар (V, 1835 г., 57). ▫ Ср. франц. (как муз. термин — с 1802 г.) baryton; ит. barítono; нем. Baritón; англ. baritone и др. Первоисточник — греч. βαρύτονος — «низко звучащий», «грубый» (от βαρύς — «тяжелый», «низкий» и τόνος — «напряжение», «тонация», «лад»).

БА́РКА, -и, *ж.* — «беспалубное плоскодонное деревянное судно, предназначенное для перевозки грузов». *Прил.* **ба́рочный**, -ая, -ое. Укр. **ба́рка, ба́рочний**, -а, -е; блр. **ба́рка, ба́рачны**, -ая, -ае. Ср. с.-хорв. диал. ба̑рка — «лодка» («барка» — теретна лађа); чеш. bárka, bárkový, -á, -é. Др.-рус. (с XIV—XV вв.) барка. Ср. в Новг. IV л. под 1377 г.: «вложше же Митяа в *барку* мертвого» (ПСРЛ, IV, ч. 1, в. 2, 484). См. Кочин, 25. ▫ Заимствовано (в Новгороде), м. б., из сканд. языков. Ср. др.-сканд. barki — тж.; др.-дат. barke, совр. норв., дат. bark; так же в других сканд. яз. (Falk — Torp ², I, 50). Ср. нем. Barke, *f.* — тж. Это слово вообще широко распространено на Западе, как в романских языках (франц. barque < прованс. barca; ит., исп. barca и др.), так и в германских. Источник распространения — позднелатин. barca < bārica. Основа в латин. есть греческого происхождения. Ср. греч. βᾶρις — «(первоначально) египетская (позже персидская) лодка, барка». В греч. восходит к позднеегип. br, bjr. Ср. копт. bari — тж. (Ернштедт, 97; Frisk, I, 220).

БАРО́МЕТР, -а, *м.* — «прибор, служащий для измерения атмосферного давления». *Прил.* барометри́ческий. Укр. баро́метр, барометри́чний, -а, -е; блр. баро́метр, барометри́чны, -ая, -ае; болг. баро́метър, барометри́чен, -чна, -чно; с.-хорв. ба́рометар, ба́рометарски, -а, -о; чеш. barometr, barometrický, -á, -é; польск. barometr, barometryczny, -a, -e. В русском языке слово *барометр* известно с начала XVIII в. Встр. в «Тетради по расходованию «кабинетных денег» за 1717 г., в записи от 19-II: «за починку одного *барометра*» (СВАБ, II, 79). Кроме того, см. Смирнов, 56. В общее употребление (в форме *баро́метр*) вошло, по--видимому, в связи с работами Ломоносова и деятельностью Академии наук (осн. в 1725 г.). Встр. в работах Ломоносова по физике, астрономии и приборостроению (ПСС, IV, № 13, 1762—1763 гг., 407, 448 и др.). В словарях отм. с 1780 г. (Нордстет, I, 13). Прил. *барометри́ческий* вошло в обращение гораздо позже. В словарях — с 1847 г. (СЦСРЯ, I, 23). ▫ Слово (как и самый прибор) появилось в 1665 г. в Англии (ср. англ. barometer) в трудах Бойля и вслед за тем (ок. 1680 г.) во Франции (ср. франц. baromètre) в работах Мариотта. Образовано на базе греч. βάρος — «тяжесть», «груз», «бремя» и μέτρον — «мерило», «единица измерения, оценки», «критерий». Позже: нем. Barométer; голл. barómeter. Прил. *барометрический* < франц. (с XVIII в.) barométrique.

БАРРИКА́ДА, -ы, *ж.* — «заграждение поперек улицы, дороги, прохода и т. п., состоящее из разного рода не пробиваемых пулями предметов (мешков с песком или бочек с землей, железного лома, мебели и т. п.)». *Прил.* **баррика́дный**, -ая, -ое. *Глаг.* **баррикади́ровать**. Укр. барика́да, барика́дний, -а, -е, барикадува́ти; блр. барыка́да, барыка́дны, -ая, -ае, барыкадава́ць; болг. барика́да, барика́ден, -дна, -дно, баррикади́рам — «баррикадирую»; с.-хорв. барика́да, барикади́рати; чеш. barikáda, barikádový, -á, -é, barikádní, barikádovati; польск. barykada, barykadowy, -a, -e, barykadować. В русском языке слово *баррикада* известно (сначала как военно--инженерный, фортификационный термин) с 1724 г. по переводу книги Вобана «Истинный способ укрепления городов» (см. приложение «Термины», с. 4: *баррикады*). В словарях русского языка это слово отм. только с 1803 г. (Яновский, I, 346). Производные — еще более поздние: *забаррикадировать* — с 1899 г. (СРЯ¹, II, 663), *баррикадный* с 1935 г. (Ушаков, I, 91). ▫ База распространения — французский язык. Ср. франц. (с конца XVI в.) barricade [от слова barrique — «бочка»; ср. barriquer, позже barricader — «баррикадировать» (первоначально бочками)]. Из французского: англ. barricade; нем. Barrikáde; исп. barricada; ит. barricata и др.

БА́РХАТ, -а, *м.* — «род шелковой (или иной) ткани с густым ворсом на лицевой стороне». *Прил.* **ба́рхатный**, -ая, -ое, **бархати́стый**, -ая, -ое. Укр. ба́рхат (но чаще оксами́т). Ср. болг. ба́рхет — «род ворсистой хлопчатобумажной ткани»; чеш. barche(n)t в говорах barchan(t) — «плотная теплая ткань»; польск. (с XVI в.) barchan — «бумазея». В других слав. яз. отс. Слово *бархат* (также в форме *бархот*) по памятникам письменности известно с конца XIV в. (1392 г. — Срезневский, I, 43; Кочин, 25). *Бархатный* отм. в словарях с 1704 г. (Поликарпов, 6). ▫ Заимствовано (по-видимому, через Новгород) из средневекового немецкого языка. Ср. ср.-в.-нем. barchāt : barchant : barchet, прил. barchātin (Lexer, 9) —

название грубой ткани, первоначально из верблюжьей шерсти (совр. нем. Barchent — «бумазея», прил. barchen — «бумазейный»), восходящее к позднелатин. barracānus (>barcanus) — «род теплой ткани (из верблюжьей шерсти)», которое в свою очередь восходит к араб. barrakān — тж. (Lokotsch, § 250). Ср. из арабского исп. barragan — непромокаемая шерстяная ткань». Ср. в русском языке (с Востока) устар. *баракáн, баркáн* — «плотная шерстяная ткань для обивки домашней утвари» (Даль, I, 41).

БАРЫ́Ш, -á, *м.* — «прибыль, нажива от продажи чего-л.». *Сущ.* **бары́шник**, отсюда *глаг.* **бары́шничать**. Укр. бари́ш, барі́шник, баришувáти; блр. бары́ш. Ср. польск. устар. borysz — «маклерство», «куртаж», «магарыч» (Дубровский, 25, 239; ср. profit, zysk — «барыш»). Ср. в том же знач.: болг. **печáлба, облáга**; с.-хорв. **dȍbīt**; чеш. zisk. В русском языке сначала, по-видимому, получило распространение слово *барышник*, отм. Дювернуа (3) со ссылкой на АЮБ, I, 306, 1613 г.; ср. в это же время (1618—1619 гг.) Р. Джемс (РАС, 45 : 16): borysnīc — «a hucster» («маклак»). Как прозвище известно с 1609 г.: «Онофрей *Барышник*, смоленский посадский» (Тупиков, 41). Знач. слова *барышник*, по-видимому, установилось не сразу. Ср. в моск. переводе (середина XVII в.) Литовского статута: «и при той купли или мене быть *барышником*, людем добрым, кому мошно верить» (Лаппо, 379). Слово *барыш* засвидетельствовано сначала как прозвище. Ср. у Тупикова (41): «Макар *Бόрыш* (Borysz), луцкий мещанин», 1552 г. В словарях *барыш* отм. с 1704 г. (Поликарпов, 6). Все три слова (*барыш, барышник, барышничати*) отм. в «Лексиконе» Татищева 30—40-х гг. XVIII в. (Аверьянова, Тат., 40). ▫ *Барыш* обыкновенно рассматривают как слово тюркского происхождения, хотя в тюркских языках соответствующее слово распространено мало, гл. обр. в южнотюркских языках, и имеет там другое знач. Ср. турец. barış — «мир», «примирение», barışık — «примиренный», barışmak — «примиряться»; азерб. барышыг — «мир»; туркм. барлышык — «перемирие». Ср. каз.-тат. барыш — «ход» (напр., событий); казах. барыс — «направление», «конечный пункт»; узб. бариш — «хождение» и др. [корень bar- : var- — «ходить», «расхаживать» (ср. турец. kâr, kazanç — «барыш»)]. Ср. выше слов. слова *барышник* в моск. переводе Литовского статута.

БАС, -а, *м.* — «самый низкий мужской голос», «певец, обладающий таким голосом»; «музыкальный медный духовой инструмент с низким строем». *Прил.* **басо́вый**, -ая, -ое, баси́стый, -ая, -ое. *Глаг.* **баси́ть**. Укр. бас, басо́вий, -а, -е, баси́ти; блр. бас, басо́вы, -ая, -ае, басі́ць; болг. бас (но баси́ст — «певец»), **ба́сов**, -а, -о; с.-хорв. bȃs [но **ба́сист(а)** — «певец»]; чеш. bas (но basa — «муз. инструмент» и basista — «певец»), basový, -á, -é, basovati — «петь басом»; польск. bas (но basista — «певец»), basowy, -a, -e, basować — «басить».

Как название муз. инструмента слово *бас* известно с XVII в. Ср. в «Путешествии» П. А. Толстого по Италии (1697—1699 гг., 360): «*басы*,.. *арфы*... мусикийские инструменты». В словарях — с 1704 г. (Поликарпов, 6). В «Рукоп. лексиконе» 1-й пол. XVIII в.: *бас* — «голос», *бас* — «инструмент музык.» (Аверьянова, 34). У Поликарпова (1704 г., 6) — также *баси́стый*. Позже (с 1731 г.) в словарях — *басо́вый* (Вейсман, 67). ▫ Из западноевроп. языков. Ср. ит. basso, *m.*; франц. basse, *f.*; англ. bass; нем. Ваβ, *m.* Как музыкальный термин это слово сначала появилось на итальянской почве. Первоисточник — вульг.-латин. (VI—VII вв.) bassus — «низкий (низкорослый)», «толстый» (ср. франц. bas — «низкий»).

БАСКЕТБО́Л, -а, *м.* — «спортивная игра двух команд, состоящая в забрасывании руками мяча в подвешенную на определенной высоте „корзину" — сетку без дна». *Прил.* **баскетбо́льный**, -ая, -ое. *Сущ.* **баскетболи́ст**, *женск.* **баскетболи́стка**. Укр. баскетбо́л, баскетбо́льний, -а, -е, баскетболі́ст, баскетболі́стка; блр. баскетбо́л, баскетбо́льны, -ая, -ае, баскетбалі́ст, баскетбалі́стка; болг. ба́скетбол, ба́скетболен, -лна, -лно, баскетболи́ст, баскетболи́стка. В других слав. яз. название этой игры из англ. (чеш. basketball, basketballový, -á, -é; польск. basket-ball) или обозначается соответствующим калькированным словом [с.-хорв. kòšārka (kòšara — «корзина»); словен. košarka]. В русском языке слова *баскетбол, баскетбольный* известны с первых десятилетий XX в. Встр. в рассказе Вересаева «Исанка», 1928 г. (СС, IV, 196). В словарях — с 1926 г. (Вайсблит, 61); в толковых словарях русского языка — с 1935 г. (Ушаков, I, 93): *баскетбол, баскетбольный, баскетболист, баскетболистка*. ▫ Англ. basket-ball — собств. «корзина» (basket) и «мяч» (ball) или «мяч в корзине». В США эта игра (и ее название) известны с 1891 г. Из английского: франц. (с 1898 г.) basket-ball; нем. Basketball и др.

БА́СНЯ, -и, *ж.* — «небольшое повествовательное сатирическое (с нравоучением) или назидательное произведение, обычно в стихах». *Прил.* **ба́сенный**, -ая, -ое. Ср. болг. **ба́сня, ба́снен**, -а, -о; с.-хорв. бáсна; словен. basen; польск. baśń — «сказка», «предание», baśniowy, -a, -e — «сказочный»; н.-луж. basń, basnja — «басня», ср. basnica — «сказка», baseń — «стихотворение»; в.-луж. basnica — «басня», basnička — «сказка», baseń — «стихотворение». В укр., блр. отс. Ср. в том же знач.: укр., блр. *бáйка*; чеш. bajka (при báseň — «стихотворение»). В русском языке также известно слово *байка* — «сказка». Др.-рус. (с XI в.) *баснь* — «сказка» (Срезневский, I, 44). Ст.-сл. баснь, *ж.* — только в «Апостоле» (SJS, I : 3, 70). Так (*баснь*) в лексиконах Берынды и Поликарпова. В форме *басня* отм. у Копиевского («Номенклатор», 1700 г., 96), затем у Нордстета (I, 1780 г., 13). *Прил.* **басн(ьн)ъ** — «баснословный» встр. в «Ист. иуд. в.» Флавия: «*баснοю* речью изрече» (Мещерский,

200, 29). ▫ О.-с. *basnja : *basnь. Образовано с помощью суф. -sn- (ср. о.-с. *pěsnь) от и.-е. корня *bhā- — «говорить», «рассказывать». Ср. др.-рус. и ст.-сл. **баяти** (< о.-с. *bajati) — «рассказывать басни», «выдумывать» (Срезневский, I, 46), рус. прост. и обл. **баять** — «говорить». Ср. латин. for (< *fā-i̯ō-r), инф. fārī — «говорю», «прорицаю»; сюда же fābula (< и.-е. *bhādhlā) — «басня»; греч. φημί, дор. φᾱμί — «говорю» (абляут φωνή — «голос»); арм. **бар** — «слово», **бан** — «название вещи», «вещь» (и.-е. корень *bhā-).

БАССЕ́ЙН, -а, *м.* — 1) «искусственный, специально оборудованный водоем, напр. для плавания»; 2) *геогр.* «совокупность притоков одной реки, озера и т. п.»; 3) *геол.* «область залегания горных пород». Укр. **басе́йн**; блр. **басе́йн**; болг. **басе́йн**; с.-хорв. **ба̀сен**. Чеш. bazén — «бассейн в 1 знач.» (но úvodí — геогр., pánev — геол.); польск. basen — «бассейн в 1 и 2 знач.» (но dorzecze — геогр., zagłębie — геол.). В русском языке слово *бассейн* известно примерно с 20—30-х гг. XVIII в. См. данные о строительстве Петергофа, опубликованные Ремизовым: «на *басейн* перед кашкадою» (№ 10, от 17-VII-1723 г., 124), «в *боссейне*» (№ 18, от 10-VIII-1723 г., 131). ▫ Ср. франц. bassin — «бассейн» (но piscine — «бассейн для плавания»); голл. bassin (произн. basɛ̃); нем. Bassin [и (Wasser)-becken]; англ. basin no swimming-pool — «бассейн для плавания»); ит. bacino (но piscina — «бассейн для плавания»). В русском языке заимствовано из франц., хотя, м. б., при голландском посредстве. Первоисточник — нар.-латин. (VI в.) *bacci̅num (> ст.-франц. bacin) — «сосуд», произв. от позднелатин. *baccus — «чаша» — слова галльского происхождения.

БА́СТА, *межд.* — «довольно!», «хватит!». *Глаг.* **бастова́ть**, забастова́ть, отсюда *сущ.* **забасто́вка** (см.). Укр. **ба́ста** (и го́ді), **бастува́ти**; блр. **ба́ста**, **бастава́ць**; чеш. basta (но «бастовать» — stávkovati); польск. basta (но «бастовать» — strajkować). В южнослав. языках ср. с.-хорв. **ба̀стати** (< ит. bastare) — «хватать», «быть достаточным» (но «бастовать» — štrȁjkovati), ср. также **до̀ста** — «баста!», «довольно!». Ср. болг. **сти́га** — «баста», **стачку́вам** — «бастую». Сначала в России стало известно сущ. *баста* как термин карточной игры (ломбер), очень популярной при дворе Екатерины II, — наименование трефового туза (< франц. baste < исп. basto — тж.). См. Даль, I, 46. Встр. в поэме В. И. Майкова «Игрок ломбера», 1763 г., песнь II: «В одной руке король и *баста* и маниль» (Соч., 233). Несколько позже Тучков (I, 1818 г., 24) отм. *баста* — «термин манежа, для остановления лошади». Но уже в эти годы *баста* могло употребляться в разг. речи и в знач. «довольно!», «стоп!», «хватит!», напр., у Словцова (письмо VIII, 1815 г., 153). Глаг. *бастовать*, сов. *забастовать*, сначала соотносительный только с *баста* в карточной игре, также известен с давнего времени.

Ср. у Пушкина в письме Судиенке от 15-I-1832 г.: «я *забастовал*, будучи в проигрыше» (ПСС, XV, 4). Совр. знач. этот глаг. получил к концу XIX в. в связи с развитием революционного движения в России. Ср. в СРЯ¹, т. I, в. 1, 1891 г., 121: «*бастовать, забастовать*... В новейшее время получило преимущественно значение: прекращать работу по стачке». ▫ Ср. ит. basta — «довольно!», «хватит!», «баста!», bastare — «хватать», «быть достаточным»; португ. basta — «довольно!», bastar — «быть достаточным», «хватать». Из итальянского: франц. baste!; нем. basta! В итальянском восходит к латин. *basto — «несу» > «переношу» > «терплю»; ср. греч. βαστάζω — тж.

БАСУРМА́Н, -а, *м.*, *устар.* — «иноверец, иноземец». *Прил.* **басурма́нский**, -ая, -ое. Укр. **бусурма́н** : **басурма́н** : **басурме́н**, **бусурма́нський**, -а, -е; блр. **басурма́н**, **басурма́нскі**, -ая, -ае. В других слав. яз. отс. Ср. в том же знач.: болг. **агаря́нин**, **агаря́нец**; чеш. mohamedán, jinověrec. Слово это (с начальным *бу-*) известно с XIV—XV вв. Оно встр. в «Задонщине» (Адрианова-Перетц, «Задонщина»): **бусормановя** (198), в некоторых списках дважды: во второй раз в форме **бусорманы** (204); там же прил.: «(байданы) **бусорманские**» (200). Ср. **бесурменинъ** в Ип. л. под 6692 г.; ср. также **бесерменинъ** в Соф. вр. за 6770 г. (Срезневский, I, 71, 79). ▫ Восходит к тому же источнику, что и *мусульманин*, которое, в свою очередь, из *мусульман*, *муслиман* (ср. перс. мǝсǝлман : мослем — «мусульманин»; афг. мусли́м; курд. мӧсӧлман и др.). Первоисточник — араб. muslim (*pl.* muslimūn) — «исповедующий ислам», от глаг. salima, salām — «быть свободным», «быть невредимым», «предаваться (воле божией)». Сюда же араб. salām — «благо», а также islām — «ислам» (см. Wehr², 388—389). В русский язык это слово попало, надо полагать, при посредстве тюркских языков. Ср. турец. müslüman — «мусульманин»; азерб. мүсәлман; каз.-тат. мөселман; ног. мусылман; узб. мусулмон и т. п. Начальное *б* вм. *м* — следствие межслоговой диссимиляции. Промежуточная форма *бусулман* встр. в документах «Посольства» Мышецкого (1640—1643 гг.): «*бусулман* Обреим» (№ 3, 121); «*бусулманы* подговорили» (№ 3, 167); там же прил.: «в свою *бусулманскую* веру». В этих же документах встр. и *бусурман*: «продает *бусурманом*... робят» (№ 1, 37).

БАТАРЕ́Я, -и, *ж.* — 1) «артиллерийское подразделение, состоящее из нескольких орудий, а также позиция, которую занимает такое подразделение»; 2) «группа электрических аккумуляторов, соединенных в цепь»; 3) «соединение однотипных приборов». *Прил.* **батаре́йный**, -ая, -ое. Укр. **батаре́я**, **батаре́йний**, -а, -е; блр. **батаре́я**, **батарэ́йны**, -ая, -ае. Ср. болг. **батаре́я** — воен., **батаре́ен**, -ре́йна, -ре́йно; **бате́рия** — электр., **бате́риен**, -рийна, -рийно; с.-хорв. **ба̀терија**, **батѐријски**, -а̄, -о̄; чеш. baterie, прил. baterijní — воен. и bateriový, -á, -é; польск. bateria, bateryjny, -a, -e. В русском языке известно с Петровской эпохи: *батарии*, мн. (ПбПВ, I, № 49, 1695 г., 40); «со своих *батарей*... стрелять» (ib., № 189, письмо Петра I от 13-IX-1697 г., 196). Другие примеры: «при Спейре городе... *баттёры* (раскаты) строили» («Ведомости», 1704 г., № 16, с. 152). Ср. еще в «Лексиконе вок. новым»: *батареа*; в «Уставе воинском» 1716 г. (ПСЗ, V, 221): *батареа* (знач. — «место расположения»). Уменьш. *батарейка* («*батареек*... сюда посылать не вели») встр. в письме Петра I от 5-VIII-1708 г. (ПбПВ, VIII, № 2525, с. 59). Знач. «артиллерийское подразделение» — со 2-й пол. XVIII в.; сочетание «*гальваническая батарея*» — более позднее, с середины XIX в. (ПСИС 1861 г., 72). Самое позднее знач., возникшее на русской почве, — «батарея парового отопления», «радиатор». ▫ Ср. франц. batterie, *f.*, отсюда: голл. batterij, *f.*; нем. Batterie, *f.*; англ. battery; ит. battería и др. Во франц. от battre — «бить». В знач. «батарея парового отопления» во франц. употр. или словосочетание batterie de chauffage или (чаще) radiateur (> англ. radiator; ит. radiatore и т. д.). В русском яз. из франц., голл. или нем. Форма *батарея* — из *батарúя* (ср. *Расея* вм. *Россия*), а эта форма из *батерия (м. б., вследствие межслоговой ассимиляции a : e > a : a).

БАТИ́СТ, -а, *м.* — «высококачественная, очень тонкая и плотная хлопчатобумажная (или льняная) ткань». *Прил.* батистовый, -ая, -ое. Укр. батист, батистовий, -а, -е; блр. батист, батиставы, -ая, -ае. Ср. болг. батиста, батистен, -а, -о; с.-хорв. ба̀тист; чеш. batist (устар. batyst), batistový, -á, -é; польск. batyst, batystowy, -a, -e. В русском языке известно с половины XVIII в. Уже в «Тарифе пошлинном», 1757 г. (2) имеется «*батис* — полотно» [ср. в «Журн. пут.» Демидова 1771 г. (22): «*батист и кружева*»]. Прил. *батистовый* встр. в «Записках» Порошина в записи от 27-IX-1764 г., 12: «прислать *батистовую* рубашку». В словарях *батист* — с 1762 (Литхен, 12), *батистовый* — с 1780 г. (Нордстет, I, 14). ▫ Из западноевроп. языков. Источник распространения — франц. batiste; отсюда: нем. Batist; ит., исп. batista и др. Во французском языке едва ли по имени фабриканта Батиста из Камбре (Baptiste, Chambray), жившего в XIII в., а скорее — более позднее образование на народной почве от корня bat- (Gamillscheg, 93).

БАТО́Н, -а, *м.* — «белый хлеб удлиненной формы». Укр., блр. бато́н. В других слав. яз. отс. В русском языке слово *батон* известно с конца XVIII в., но сначала оно употр. только в знач. «кондитерское изделие в форме палочки». Ср., напр., у Левшина (СП, I, 1795 г., 83): «*батон* — poiô (=royaux), то есть королевские палочки — род хлебенного, которым гарнируют часть говядины... Делают из фаршу палочки и покрывают слоями лучшего теста». Иначе это слово объясняет Михельсон (1865 г., 83): «род узких и длинных пряников с цукатами, миндалем и пр.». С совр. знач. («род белого хлеба удлиненной формы») это слово новое (Кузьминский и др., 1933 г., 165). ▫ Из французского языка. Ср. франц. bâton — «палка», «палочка», «жезл» и др. (со знач. «хлеб» не употр., как и в других зап.-европ. языках).

БАТРА́К, -а́, *м.* — «наемный сельскохозяйственный рабочий в помещичьем или кулацком хозяйстве». *Женск.* батра́чка. *Прил.* батра́цкий, -ая, -ое. *Глаг.* батра́чить. Укр. батра́к (: на́ймит), батра́чка (: на́ймичка), батракува́ти; блр. батра́к (: па́рабак), батра́чка (: параба́нка), батра́чыць. В других слав. яз. отс. Ср. в том же знач.: болг. ра́тай, арга́тин (< турец. irgat < греч. ἐργάτης — «земледелец»); с.-хорв. ра́дник, на́дничар; чеш. podruh, nádeník; польск. parobek и др. В русском языке слово *батрак* известно со 2-й пол. XVI в. Напр.: «выгребли ис конюшен навоз, дали *батраком* десять денег»; «наняли *батраков* двор чистить у кѣльи... дано *батраком*... девять алтын» в «Книги расходные Болдино-Дорогобужского монастыря», 1585—1589 гг. — РИБ, т. 37, № 2, сс. 20, 22). Тупиков (42) отм. прозвище *Батрак* (АМГ, I, 42): «Андрей *Батрак* Иванов сын Вельяминов, московский дворянин (!)», 1577 г. Производные появились позже: *батрачка* в словарях отм. с 1780 г. (Нордстет, I, 14); *батрачить* известно с 1820 г. (Тр. ОЛРС, XX, 104), в словарях русского языка — с 1847 г. (СЦСРЯ, I, 25). ▫ Происхождение не совсем ясно. Если оно и заимствовано из тюркского источника, то во всяком случае восходит, вопреки Горяеву (> Преображенский > Lokotsch, § 275), не к *батрак* в тюркских языках СССР (каз.-тат. батрак, так же каракалп., кирг., туркм., узб., казах. батрақ), которое само заимствовано из русского языка (ср. в тех же языках из русского: *кулак* в знач. «богатей-наниматель»). Радлов (IV : 2, 1516), отметив каз.-тат. батрак, не без основания сопровождает это слово пометой «из русского». М. б., это даже не образование по образцу русских слов на -ак (вроде *рыбак*, *бурлак* и т. п.) от тюрк. батыр (ср. турец. batır : batur) «смелый», «отважный», «герой» [«добрый мо́лодец» (?); см. Радлов, IV : 2, 1511 и сл.], как полагал Соболевский (РФВ, LXX, 77). Ср. в говорах Прионежья: ба́тырь — «староста в артелях крючников» (Куликовский, 3). Но превращение *батырак или *ба́тырак в батрак маловероятно и с фонетической, и с семантической точки зрения. Не получилось ли *батрак* на русской почве из *братрак или вследствие межслоговой диссимиляции (*братра-* > *батра-*), или от возможной вариантной формы *батръ (< о.-с. *bratrъ)? См. *брат*, *батя*. Старшее знач. слова *батрак*, очевидно, было другое: «товарищ по работе, по труду, иногда по горькой участи (?)». Ср. рус. диал. *братчина* — «артель» (Даль, I, 110). Суф. *-ак*, как в *рыбак*.

БА́ТЯ, -и, м., прост. — «отец» (гл. обр. в обращении). *Прил.* ба́тин, -а, -о. *Сущ.* ба́тюшка — тж. (в прошлом, кроме того, обращение к собеседнику мужского пола и почтительное обращение к священнику). В говорах ба́тя — «брат», «старший брат» (колым. — Богораз, 22; Даль, I, 48); также «дядя», «тесть» (СРНГ, в. 2, 150). Укр. ба́тюшка (только как обращение к священнику; об отце обычно ба́тько, ба́тенько, ба́течко, иногда ба́тя). Ср. блр. ба́цька, (в обращении) ба́цюхна, но о священнике — ба́цюшка. Ср. в других слав. яз.: болг. ба́те, ба́е — 1) «старший брат»; 2) обращение к старшему по возрасту мужчине, обычно в сочетании с личным именем: бате Петре — и т. п. [«отец» — баща́ (< о.-с. *batja)], ба́тев, -а, -о; с.-хорв. ба́та — «братец» (не только в обращении), ба́ђа — «братец», «старший брат», диал. ба́ча — «свекор»; чеш. báťa — «добряк», в моравских говорах — baťa — «дядя»; словац. диал. báťa — «дядя». Др.-рус. батя — «отец» отм. в Ип. л. под 6669 г. (единичный случай), батько — тж. в Тверск. л. под 6668 г. (Срезневский, I, 45; Доп., 8). Позже появилось батюшко. Фамилия *Батюшков* известна в Московской Руси с 1542 г. (Тупиков, 473). В XVII в. слово *батюшко* уже не редкость, между прочим, и в качестве обозначения священника. Ср. в «Житии» Аввакума (об авторе): «Давеча был блядин сын, а топеря *батюшко*!» (Автограф, 12); «И я-де, *батюшко*, смотрила» (Автограф, 78), но *батько* в других случаях: «А протопопица кричит (мужику): — Что ты, *батко*, меня задавил?» (Автограф, 31). Ср. у Лудольфа в «Рус. гр.», 1696 г. (43): от *батюшки* — «à patre» (от отца»). ◻ О.-с. *baťe, род. *baťete (образование типа *jagnę с суф. -ęt- и уменьш.-ласк. значением). При объяснении слова *батя* обыкновенно исходят из двух соображений: 1) это слово в слав. яз. значит не только «отец», но и «брат», особенно «старший брат»; 2) слово *брат* (о.-с. *bratrъ) в русском языке и в других славянских издавна известно и в форме *baťъ (м. б., вследствие межслоговой диссимиляции: *bratr(-ъ) > *batr(-ъ) > *baťъ при слав. яз., где о.-с. *bratrъ отражается в форме *bratrъ). Ср. костр. бат — «братец» («Опыт», 1852 г., 8), пошех. бат — «брат» (Этн. сб., в. 2, 1854 г., 5); яросл. бат — тж. (Якушкин, 2); также кинеш., новг., волог., пермск. бат — тж. (СРНГ, в. 2, 139). Ср. пермск. (шадр.) бата́н — «брат» и «двоюродный брат» (там же, 141). Т. о., о.-с. *baťe было уменьш.-ласк. (в детской речи?) формой к о.-с. *b(r)at(r)ъ. Знач. «отец» (напр., в русском языке), «дядя» (в словацких говорах) и пр. — вторичные.

БАУ́Л, -а, м. — «чаще небольшой, продолговатый чемодан с округлыми боками и крышкой». Укр., блр. бау́л. В других слав. яз. отс. Ср. в том же знач.: болг. пътен ку́фар (< нем. Koffer — «чемодан», «сундук»); чеш. (cestovní) kufr; польск. kuferek. В русском языке известно с начала XVIII в.: «три были *баулы*» («Архив» Куракина, I, 115, 1705 г.). Ср. также в «Расходах из Кабинет. сумм», 1717 г.: «за переноску *баулов*» (СВАБ, II, 66). Позже встр. в форме *баула* (ИКИ, 21, 1733 г.) и *баулка* (ib., 3, 1733 г.). ◻ Заимствовано, по-видимому, из ит. языка. Ср. ит. baule, *m.* — «сундук», «чемодан», «баул»; исп. baúl — тж. [< латин. bājulus (и.-е. корень *gʷā-) — «носильщик»; ср. bājulō — «таскаю тяжести», «взваливаю на себя»].

БАХРОМА́, -ы́, ж. — «род украшения, отделки (гл. обр. на мягкой мебели, портьерах, также на платье, шали и т. п.), состоящей из свисающих кистей, шнурков». *Прил.* бахро́мчатый, -ая, -ое. Укр. бахрома́, бахро́мчатый, -а, -е. Ср. в том же знач.: блр. махры́. Ср. болг. махрама́ — «узорчатый головной платок»; с.-хорв. ма́рама — «платок». Ср. в знач. «бахрома»: болг. ресни́; чеш. třásně, třepení; польск. frędzla (< нем. Fränsel, уменьш. от Franse). В русском языке слово *бахрома* известно с XVI в. Встр. в «Описи имущества Ивана Грозного» 1582—1583 г.: «*бахрама* шолк голуб» (Срезневский, Доп., 8). ◻ Слово пришло с Востока. Первоисточник — араб. maḥrama — «платок» [к глаг. ḥarima, ḥarima — «запрещать», «быть запрещенным», «утаивать», «убирать» и др. (Wehr², 155)]. Ср. Lokotsch, § 1361. Из арабского: турец. makrama — 1) «большой деревенский платок с полосатыми узорами»; 2) «род салфетки»; крым.-тат. макрама — «вуаль для женщин» (Радлов, IV : 2, 1997). Из тюркских языков — рус. *бахрома* (с начальным б вм. *м* вследствие межслоговой диссимиляции: м : м > б : м).

БАЦИ́ЛЛА, -ы, ж. — «микроскопически малый организм (бактерия, микроб), обыкновенно в форме палочки, вызывающий тяжелое заболевание». Укр. баци́ла; блр. бацы́ла; болг. баци́л, *м.*; с.-хорв. ба̀цил; чеш. bacil; польск. bakcyl. В русском языке в 80-х гг. XIX в. Встр. в рассказе Лескова «Зимний день», 1884 г., гл. VIII, в перен. знач.: «якобинская *бацилла*» (СС, IX, 431). В толковых словарях — с 1891 г. (СРЯ¹, т. I, в. 1, 127). ◻ Из западноевроп. языков. Ср. франц. (с 1872 г.) bacille, *m.*; нем. Bazillus; англ. bacillus и др. Первоисточник — латин. bacillum (уменьш. от baculus : baculum — «палка», «палочка»), *pl.* bacilla.

БАШКА́, -и́, ж., прост., обычно бран. — «головa» (человека). *Прил.* башкови́тый, -ая, -ое. В некоторых говорах только о рыбьей голове, которая *головой* здесь не называется; ср. еще астрах. башка́ — «мешок», баше́чная (или башко́вая) икра (Даль, I, 49). В укр. и блр. отс., как и в других слав. яз., но ср. болг. башка́ — «отдельный», «особый» и как нареч. «отдельно», «особо»; с.-хорв. ба̀шка — «отдельно», «обособленно». Ср. турец. başka — «другой», «отдельный», «порознь», «кроме», азерб. башга (başqa) — «другой», «иной», «особый», «кроме», «за исключением», также каз.-тат. башка и др. В болг. и с.-хорв. из турецкого. В русском языке со знач. «голова» (человека) слово *башка* отм. в словарях с 1771 г. (РЦ, 7: *башка* — «ein Fischkopf», но «*башку́* сшибу тебе»). Для истории слова *башка* в русском языке следует иметь в виду, что старшее знач. этого слова (на русской почве) было «отрезанная голова у всякой большой рыбы» (САР¹, I, 1789 г., 112). Ср. в письме Петра I к И. А. Толстому от 26-VII-1708 г.: «спинок вялых.., также белужьих *башок* просолных десятка два или три» (ПбПВ, VIII, 41). В 60-х гг. XVIII в. это слово в словарях давали в сочетаниях: «*башка* сазанья, семужья» (Литхен, 1762 г., 12). ▫ Слово несомненно тюркское. Обычно возводят его к о.-т. баш — «голова», «глава», «верх». Ср. турец. baş; азерб., туркм., кирг. каз.-тат. башк.; уйг. баш; узб. бош; казах., каракалп. бас и т. д. Формант *-к-а* при таком объяснении приходится считать добавлением на русской почве (Дмитриев, 20). Каз.-тат. башкай — «головушка», вероятно, обратное заимствование из русского. Но, вообще говоря, не исключено и другое объяснение: м. б., рус. *башка* восходит не к тюрк. баш, а к башка — «отдельный», «особый», «иной» и «отдельно», «порознь», как и в южнославянских языках, только заимствовано оно не из турецкого, как на Балканах, а из других тюркских языков, скорее всего из татарского. См. выше о старшем знач. слова *башка* в русском языке.

БАШЛЫ́К, -а́, м. — «суконный остроконечный колпак с длинными концами, закрывающий голову и шею». Укр. **башли́к**; блр. **башлы́к**. Чеш. bašlík и польск. baszłyk, как и в некоторых западноевропейских языках (ср. нем. Baschlík), — из русского. В русском языке известно с 1-й пол. XVII в. Ср. в «Хожении» Котова в Персию (1623 г., 42): «*башалаки* продают», с ударением, м. б., на конце: *башалаки́*. В начале XVIII в. это слово встр. уже в совр. форме: «куплено... двои *башлыки*» («Расходы Екатерины I», СВАБ, II, 1722 г., 143). ▫ Заимствовано из тюркских языков. См. у Дмитриева (20): «слово и самый предмет специфичны для Турции и Кавказа». Ср. турец. başlık; азерб. башлыг; ног. баслык и др. В тюрк. языках — произв. от baš — «верх», «голова». Суф. -lyk обычно употр. в названиях одежды. См. Lokotsch, § 260. Из турецкого — в других ближневосточных языках. Котов, м. б., записал это слово в персидском произношении: башло́г.

БАШМА́К, -а́, м. — «ботинок». *Прил.* **башма́чный**, -ая, -ое. Только русское. Ср. в том же знач.: укр. **череви́к**; блр. **чарави́к**; польск. trzewik; болг. обу́вка; чеш. bota. Но ср. с.-хорв. па̀шмаг (< турец. paşmak) — «шлепанцы». В русском языке слово *башмак* известно с XV в. Правда, старший пример (1447 г.) — прозвище: «Данило *Башмак* гонец» (Срезневский, I, 46; Тупиков, 43). Как нарицательное сущ. *башмак* встр. в «Описи имущества Ивана Грозного» 1582—1583 г. (Срезневский, Доп., 8). Далее — все чаще. Ср. ударение у Р. Джемса (РАС, 1618—1619 г., 7 : 56): bashmáki.

▫ Как и с.-хорв. па̀шмаг, русское *башмак* — из тюркских языков. Ср. турец. paşmak — «сандалия», «обувь»; каз.-тат. башмак — «башмак», «ступня» (Радлов, IV : 2, 1561). В тюрк. языках это слово известно с давнего времени. Махмуд Кашгарский (XI в.) уже знал его в этом знач. (Brockelmann, 33: bašmaq — «Schuh»). Происхождение тюркского слова неясно. Имеется предположение, что туда оно попало с Дальнего Востока.

БА́ШНЯ, -и, ж. — 1) *ист.* «высокое и узкое оборонное строение»; 2) «высокое и узкое архитектурное сооружение»; 3) «вышка для орудий на судне, танке и т. п.». *Прил.* **ба́шенный**, -ая, -ое. Ср. в том же знач.: укр. **ба́шта**, **ба́штовий**, -а, -е, **ве́жа**; блр. **ве́жа**. Ср. чеш. bašta — «бастион», «крепость» (при věž — «башня»); польск. baszta (а также wieża) — «башня». Ср. в том же знач.: болг., с.-хорв. ку́ла (< турец. kule, а там — из араб.). В русском языке слово *башня* известно с середины XVI в. [Никон. л. под 7061 г.: «бѣша христиане... в башнѣ града» — в повествовании о взятии Казани — (ПСРЛ, XIII, 213)]. Несколько позже — в Пск. I л. под 7096 г. (Срезневский, Доп., 8). Ср. в записанном на Севере словаре Р. Джемса (РАС, 1618—1619 гг., 58 : 11): bashno (=башна?) — «the towre of a wall» («стенная башня»). ▫ Полагают, что рус. *башня* из более раннего *башта*, заимствованного при польско-украинском посредстве из чешского, а в чешском, в конечном счете, из позднего нар.-латин. или ит. bastía, *f.* (от глаг. bastire — «строить», «сооружать») — «оборонное сооружение», «бастион». Русская форма *башня* не могла возникнуть прямо из *башта*, если даже считать установленным факт употребления этого слова не только в украинском (и, возможно, в белорусском), но и в русском языке (см. Кочин, 26, со ссылками на летописные данные, относящиеся к Византии; ср. также Unbegaun, RES, IX, в. 1—2, сс. 30—31). Если *башня* получилось из *башта*, то не непосредственно, а, м. б., сначала как прил. **баштна(я)* [оборона, сторо́жа и т. п.], отсюда субст. *баштьна (ср. bashno у Р. Джемса) > > *баштьня > *башня и далее *башня*.

БАЯ́Н, -а, м. — «большая гармонь с хроматической гаммой в клавиатуре правой стороны». *Сущ.* **баяни́ст**. В других слав. яз. встр. лишь как русизм: укр., блр. ба-**я́н, баяні́ст**; чеш. bojan, bojanista; польск. bajan, bajanista и др. В словарях впервые — у Ушакова (I, 1935 г., 98: баян, баянист). Но появилось это слово значительно раньше. Баяном [возможно, по имени древнерусского певца-гусляра Бояна, упоминаемого в «Слове о полку Игореве» (БСЭ², IV, 365)] хроматическую гармонику назвал известный петербургский исполнитель Орланский-Титаренко в 90-х гг. XIX в. Изготовил первый баян петербургский же мастер Стерлигов (см. брошюру «Гармоника», 1928 г., 12).

БДИ́ТЕЛЬНЫЙ, -ая, -ое — «заботящийся о безопасности», «настороженный». *Кр. ф.* **бди́телен, -льна, -льно**. *Сущ.* **бди-**

тельность. Из русского: болг. бди́телен, -лна, -лно, бди́телност. Ср. с другим суф. чеш. bdělý, -á, -é, bdělost. В других слав. яз. отс. Ср. в том же знач.: укр. пи́льний, -а, -е; блр. пі́льны, -ая, -ае. Ср. с.-хорв. бу́дан, -дна, -дно : бу́дни, -а̑, -о̑; польск. czujny, -a, -e, baczny, -a, -e. В словарях *бдительный* — с 1704 г. (Поликарпов, 6 об.). ▫ Позднее книжное образование от глаг. (теперь уже неупотребительного) *бдеть* < ст.-сл. бъдѣти, 1 ед. бъждѫ, др.-рус. бъдѣти, 1 ед. *бъжу (Срезневский, I, 197; SJS, I : 4, 150). Ср. с.-хорв. бдѣ́ти (bdjèti); словен. bedeti; чеш. bdíti (ст.-чеш. bdieti); словац. bdiet'. О.-с. *bъděti. И.-е. база *bheu-dh-. См. *бодрый*, *будить*. Относительно *и* в *бдительный* при *e* < *ѣ* в инф. *бдеть* (< бъдѣти) следует учитывать, что поздние образования на -тель, -тельный возможны и от основы н. вр. *бдишь*, *бдит* и пр. Ср. *осмотрительный* при *осмотреть(ся)*, *смотреть*; *зрительный* при *зреть* и т. п. Ср. также *снабдить* (см. *снабжать*).

БЕГЕМО́Т, -а, м. — «крупное травоядное млекопитающее, живущее в пресноводных бассейнах тропической Африки», Hippopotamus amphibius. Иначе *гиппопота́м*. Укр., блр., болг. (из русского) бегемо́т; чеш. behemot. В русском языке известно с середины XVIII в. Ср. у Ломоносова в «Оде выбранной из Иова», 1750 г., строфа 9: «Воззри в леса на *бегемота*». В словарях отм. с 1789 г. (САР¹, I, 118). В настоящее время *бегемот* — редкое слово за пределами русского языка, шире распространено слово *гиппопотам* (см.). ▫ Слово библейское, из «Книги пророка Иова», гл. 40, стих 10 и сл., где дается описание некоего огромного и сильного чудовищного зверя. В новосл. тексте Библии этого слова нет (вместо него имеется слово *зверие*); в др.-евр. тексте здесь слово behēmōth (: behēmōϑ), которое толкуется как интенсивное, гиперболическое мн. ч. от b'hemah : behēmā(h) — «зверь», «скотина». Ср. как библейское наименование непонятного зверя: франц. béhémoth; англ. behemoth; нем. Behemoth и др., а также в латинском тексте Ветхого завета. В русском — из западноевропейских языков. См. Lokotsch, § 283, где это слово объясняется, по-видимому, по Вебстеру (Webster, NJD, 204). Отождествление библейского behēmōth с нильским гиппопотамом произошло позднее, в историческое время.

БЕГО́НИЯ, -и, ж. — «комнатное декоративное растение с розовыми, огненно-красными или белыми цветками или с мохнатыми сердцевидными листьями, иногда с серебристым отливом», Begonia. Укр. бего́нія; блр. бяго́нія; болг. бего́ния; чеш. begónie; польск. begonia. В словарях впервые отм. Плюшар (V, 1836 г., 154). У Даля отс. ▫ Ср. франц. bégonia; ит. begonia; нем. Begónie и др. Источник распространения в Европе — франц. яз. Во франц. — с XVII—XVIII вв. Название дано ботаником и садоводом Плюмьером (ум. в 1706 г.) в честь Мишеля Бегона (Bégon), генерального интенданта в Сан-Доминго, в Гаити (родиной многих сортов бегонии является тропическая Америка).

БЕДРО́, -а́, ср. — «часть ноги от таза до колена». *Прил.* бе́дренный, -ая, -ое. Сюда же берцо́вая кость. В говорах иногда — бедра́, ж. Ср. в «Былинах Севера»: бодра́ — «бедро» (Астахова, БС, II, 33; Словарь, 816). Ср. с тем же знач., что в русском: болг. бедро́, бе́дрен, -а, -о; с.-хорв. бе̏дро (чаще бе̏дрица), бе̏дрени, -а̑, -о̑; словен. bedro, bedrce, bedrn, -a, -o; словац. bedro; польск. biodro, biodrowy, -a, -e; в.-луж. bjedro. Ср., однако, чеш. bedra, мн. — «спина», «поясница». Ср. в знач. «бедро»: укр. стегно́; блр. сцягно́. Др.-рус. (с XI в.) бедра — «бедро», «поясница» (Срезневский, I, 47). Ст.-сл. бедра, ж. (SJS, 1 : 3, 70). Слова *берцо* и *берцовый* в словарях впервые отм. в 1731 г. (Вейсман, 508); *бедренный* — в 1847 г. (СЦСРЯ, I, 26). ▫ О.-с. *bedro, ср.: *bedra, ж. Корень *bed-, суф. -r- (ср. о.-с. *jadro). Покорный (Pokorny, I, 96) сопоставляет о.-с. *bedro по корню с др.-инд. badva-m — «толпа», «куча», «большое число» (< «выпуклость», «вздутие»?) и видит в обоих случаях отражение и.-е. *bed- — «вздуваться», «пухнуть» и т. п. Не исключено, однако, что о.-с. *bedro сначала имело другое, не анатомическое знач. Ср. рус. *лопатка* — название плоской плечевой кости (по сходству с *лопаткой*, от *лопата*) или *ключица* (от *клюка*). Не связано ли о.-с. *bedro с *bosti (корень *bod-; см. *бодать*), которое сначала имело знач. «тыкать», «колоть»? Возможно, о.-с. *bedro (: *bedra) сначала имело то же знач., что рус. диал. боде́ц, бо́день — «орудие для удара тычком» (Даль, I, 94). Бедренная кость, самая длинная кость человеческого скелета, м. б., была названа *бедром* («бодцом», от того же корня) потому, что если она и не служила сама орудием труда или обороны, то походила на него. Из семантических параллелей в других яз. ср. нем. Keule — 1) «дубина» и 2) «ляжка», «кострец», «бедро». *Берцовая кость* из *бедрьцевая, от др.-рус. бедрьце — «голень», с суф. -ьц-е.

БЕЖА́ТЬ, бегу́ — «более или менее стремительно передвигаться, попеременно отталкиваясь ногами от земли, от пола». Итератив бе́гать, 1 ед. бе́гаю. В говорах инф. от *бегу* встр. и в форме бечь < бѣчи (< о.-с. *běgti). Образования с суф. -ну- в русском возможны только с приставками: прибе́гнуть, избе́гнуть. Сюда же *бег*, *бега́*, *мн*. *Отглаг. прил.* бе́глый, -ая, -ое; *сущ.* бегу́н, бе́женец, беготня́, бе́гство. Укр. бі́гти (редко бі́чи), 1 ед. біжу́, бі́гати, 1 ед. бі́гаю, бі́г, біжу́, бі́женець, бігани́на — «беготня», зби́глий, -а, -е — «беглый»; блр. бе́чы, 1 ед. бяжу́, бе́гаць, бег, бягу́н, бягля́к, бе́жанец, бегани́на, збе́глы, -ая, -ае; болг. бя́гам — «бегу», «бегаю», бяг, бега́ч, бе́жанец, бя́гство, из русского; бегле́ц, бе́гъл, -гла, -гло; с.-хорв. бѐжати (bjèžati), 1 ед. бѐжи̑м (bjèžīm) — «бежать», «убегать», бѐгати, 1 ед. бѣгām — тж., бȇг (bȉjeg) — «бегство», «побег», бегу́нац — «беглец», бежа́ниja — «бегство», с приставками: о̀дбегнути, о̀дбѣћи — «убежать», о̀дбегли, -ā, -ō — «беглый»; словен. bežati — «бежать», «убегать», begati — «бегать (вокруг)», beg, begunec — «беженец»; чеш. běžeti, 1 ед. běží — «бежать», běhati — «бегать», běh, běhoun — «рысак»; «дорожка», běžec — «бегун», běženec — «беженец», běžný, -á, -é — «обычный»; ср. zběžný, -á, -é — «беглый»; словац. bežat', behat', beh; ср. zbeh — «беглец»; bežec — «бегун», zbežný, -á, -é — «беглый» (но útek — «бегство»); польск. biec, biegnąć, 1 ед. biegnę, biegać, bieg, biegacz — «бегун» (но ucieczka — «бегство», uchodźca, uciekinier — «беженец»); в.-луж. běžeć — «бежать», běhać, běh, běhač, běžk — «бегун», běhły, -a, -e — «беглый»; н.-луж. běžaś. Др.-рус. (с XI в.) бѣжати, 1 ед. бѣжу, бѣгати, 1 ед. бѣгаю, бѣгъ — «бегство», бѣгунъ — «беглец», бѣгство : бѣство, (с XV в.) бѣглый (Срезневский, I, 212—216, 221). Ст.-сл. бѣжати, 1 ед. бѣжѫ, бѣгати, 1 ед. бѣгаѭ, бѣгоунъ, бѣжьство, бѣство (SJS, I : 4, 156, 158). Более поздние образования: беготня встр. у Пушкина в «Евгении Онегине», гл. VII, 1828 г., строфа 53 (ПСС, VI, 162); беженец, вошедшее в употр. после событий, предшествовавших русско-турецкой войне 1877—1878 гг. (СРЯ¹, в. 1, 1891 г., 315). ▫ О.-с. *běžati, 1 ед. *běžǭ, *běgati, 1 ед. běgajǫ. Ближайшие соответствия: лит. bė́gti — «бежать»; латыш. bēgt — тж. и др. Ср. хинди bʰāg'nā — «убегать», «спасаться бегством» (корень bʰāg-). Более отдаленные: греч. φέβομαι — «бегу в страхе», «спасаюсь бегством», φοβέω — «поражаю страхом», «обращаю в бегство»; ср. φόβος — «страх», «ужас». И.-е. корень *bʰegʷ- — «убегать» (Pokorny, I, 116). Русские формы инфинитива -бѣгнути, бѣчи и форма 1 ед. бѣгу представляют собою более поздние (не праславянской поры) образования.

БЕЗ (бес-), безо, *предлог с род. п. и приставка* — обозначает отсутствие, неимение, нехватку чего-л. Укр. без(о); блр. без (бес-, бяз-), безо (беза); болг. без; с.-хорв. без; словен. brez (вследствие контаминации с čez); чеш. beze; словац. bez, bezo; польск. bez, beze; в.-луж. bjez, bjeze; н.-луж. b́ez, b́eze (ср. словен. brez). Др.-рус. (с дописьменной эпохи) без [иногда безъ; варианты написания перечислены у Срезневского (I, 65): бе (перед *с, з, ц, ч, ш, щ*), бес (перед глухими согл.), беж (перед *н'*), безд (перед *р*); написания с *о* после з довольно поздние (у Срезневского примеры с XV в.)]. Ст.-сл. без, бес, изредка безъ, безь, даже безо (один случай из Зогр. ев. — SJS, I : 3, 70). ▫ О.-с. *bez. И.-е. *b(h)e- : *b(h)eg'h- (Pokorny, I, 112—113). Ср. лит. bè — «без», «кроме»; латыш. bez — тж.; др.-прус. bhe — «без». Ср. еще др.-инд. bahíḥ, нареч. — «вне», «вон», «снаружи», «наружу», как глаг. приставка — «вы-», «про-».

БЕЗАЛА́БЕРНЫЙ, -ая, -ое — «беспорядочный», «неорганизованный», «бестолковый». *Сущ.* безала́берность, безала́берщина. В говорах также: безала́борный, безала́борность, безала́борщина, безала́борить. По Далю (I, 51), имеется также «старинное, а местами (твер.) и ныне» сущ. ала́бор — «устройство», «порядок», откуда ала́борить — «ворочать делами», «переделывать», «приводить в порядок», далее ала́борщина — «склока», «новые порядки или беспорядки». Другими данными об употреблении этих слов мы не располагаем. В других слав. яз. эта группа слов отс. Ср. в том же знач.: укр. безла́дний, -а, -е; блр. бязла́дны, -ая, -ае; болг. безре́ден, -дна, -дно (ср. ред — «ряд», «порядок»); чеш. nepořádný, -á, -é; польск. bezładny, -a, -e. В русской разговорной речи слово *безалаберный* известно с 1-й пол. XIX в. Это слово встр. (всегда с *е* после второго *б*) в письмах Пушкина, начиная с 1827 г. [письмо С. А. Соболевскому (ПСС, XIII, № 354, с. 348); другие примеры см. СЯП, I, 77]. В словарях русского языка отм. с 1847 г. (СЦСРЯ, I, 26). ▫ Позднее новообразование на основе (*без*)*алаборный*. Прил. *алаберный* или *олаберный*, по-видимому, существовало и с отрицательным знач. Ср. у Островского в пьесе «Бедная невеста», 1852—1859 гг., д. V, явл. 1: «Приедет, бывало, пьяный да *олаберный*, — так как обеснующий какой» (ПСС, I, 208). Очевидно, объяснения требует именно это прил., при котором возникло и получило распространение *безалаберный*. Как видно, Горяев (14—15) стоял на правильном пути, считая, что (*без*)*алаберный* восходит к нем. albern — прил. «нелепый», «глупый», глаг. «дурачиться» (также ср.-в.-нем. álwœre, но др.-в.-нем. alawari — «благосклонный», «любезный»). М. б., оказало влияние при этом и нем. Elaborát — «продукт упорного труда», в свою очередь заимствованное из латин. языка (ср. латин. ēlabōrō — «стараюсь», «тщательно обрабатываю»). Менее вероятно предположение Желтова (ФЗ, 1876 г., в. VI, 55), что (*без*)*алаберный* заимствовано прямо из латинского, книжным путем.

БЕКА́С, -а, *м.* — «небольшая болотная птица отряда куликов, с очень длинным и тонким клювом», Capella (собств. «козочка») gallinago. *Прил.* бекаси́ный, -ая, -ое. Укр. бека́с (или бара́нчик), бекаси́ный, -а, -е; блр. бака́с, бакасі́ны, -ая, -ае; болг. бека́с; чеш. bekasina (чаще sluka otavní); польск. bekas. Ср. в том же знач.: с.-хорв. шљу̑ка; н.-луж. bjakut : pjakut. В русском языке слово *бекас* (или *бека́са*?) известно с XVIII в. Ср. в ПбЕк. II: «бекасов много» (РИО, X, 249, 1767 г.). ▫ Из франц. языка. Ср. франц. bécasse, *f.*, произв. от bec — «клюв» (птица названа по наиболее примечательной ее особенности). Ср. в том же знач.: нем. Schnepfe; англ. snipe (слова́ неясного происхождения).

БЕ́ЛКА, -и, *ж.* — «пушистый зверек отряда грызунов, с короткими передними конечностями, с длинными ушками и большим пушистым хвостом», Sciurus. *Прил.* **бе́личий, -ья, -ье.** В других слав. яз. почти неизвестно. Ср. в том же знач.: укр. бі́лка и виві́рка, но прил. бі́лячий, -а, -е; блр. ваве́рка; с.-хорв. ве̏верица (vjèverica); словен. veverica; чеш. veveřice; словац. veverica; польск. wiewiórka; в.-луж. wjewjerca; н.-луж. njewjerica; болг. ка́терица. Др.-рус. бѣ́лька встр. в Сл. Дан. Зат. и особенно часто с XIV в. (Срезневский, I, 217—218). Прил. *беличий* — позднее. В словарях — с 1789 г. (САР¹, I, 436). ▫ Произв. от *бѣла* (Пов. вр. л., Сл. плк. Игор. и др. — Срезневский, I, 217), по всей видимости, субст. прил. *бѣла(я)*. Сначала, м. б., говорили *бѣла вѣверица* (ср. др.-рус. вѣверица — «белка». — Срезневский, I, 477). Это простое объяснение (Соболевский, РФВ, LXVII, 214—215) не устраняет одного вопроса: почему белка была названа б е л о й веверицей, когда обычная окраска ее шерсти красновато-рыжая. Но такая порода белки могла существовать в Древней Руси. Ср. любопытнейшее свидетельство путешественника Рычкова («Журнал» за 1769 и 1770 гг., 176): «Между белками, ловимыми в Камских лесах, изредка попадаются совсем *белые*, которых ловцы называют к н я з ь я м и б е л и ч ь е г о р о д а» (далее рассказывается о сарапульском жителе Воеводском, который долго хранил одну шкурку такого «беличьего князька»). Кроме того, имеется очень редкая теперь порода г о л у б о й белки, которая также могла быть названа б е л о й в отличие от рыжей или черной (такая окраска также встречается).

БЕЛЛАДО́ННА, -ы, *ж.* — «многолетнее ядовитое травянистое растение семейства пасленовых, употребляемое в медицине и в косметике» Atropa belladonna. Иначе **краса́вка, со́нная ду́рь.** Укр. **беладо́нна**; блр. **беладо́нна**; болг. **беладо́на**; польск. **belladona.** Но ср. чеш. **rulík zlomocný** — тж. В русском языке известно как название растения с 30-х гг. XIX в.: «Пчела высасывает мед из *белладонны*» (Бестужев-Марлинский, «Фрегат "Надежда"», 1833 г., т. II, Заключение, 171). ▫ Ср. франц. (с 1733 г.) **belladone** (: belladona); нем. **Belladonna;** англ. **belladonna** и др. Первоисточник — ит. **belladonna** — «белладонна» [< bella donna — «прекрасная дама», «красавица», первоначально — название косметического средства (для наведения румянца)].

БЕЛО́К, -лка́, *м.* — 1) «полупрозрачная клейкая часть птичьего яйца, окружающая желток»; 2) «выпуклая белая оболочка глаза»; 3) «сложное органическое вещество, важнейшая составная часть животных и растительных организмов». *Прил.* (к *белок* в 3 знач.) **белко́вый, -ая, -ое.** Укр. **біло́к, білко́вий, -а, -е;** блр. **бяло́к, бялко́вы, -ая, -ае.** Ср. болг. **белтъ́к** — «белок (яйца)» и «альбумин» (биол. также **белтъчина́), белтъ́чен, -чна, -чно** — «белковый»; с.-хорв. **бела́нце (bjelánce)** — «белок (яйца)», **беланчеви́на** — «белок», «альбумин», «протеин», **бео̀ња̀ча (biònjača)** — «белок глаза»; словен. **beljak** — «белок яйца», **beljakovina** — «альбумин», «протеин», **beločnica** — «белок глаза»; чеш. **bílek** — «белок яйца», **bílkovina** — «белок в хим. и биол. знач.», отсюда прил. **bílkovinný, -á, -é** (но «белок глаза» — **bělmo**); польск. **białko** — в разных знач., **białkowy, -a, -e;** в.- и н.-луж. **bělk** — «белок яйца», **bělkowina** — «белок в хим. и биол. знач.» Старшее знач. «белок яйца». В этом знач. *белок* отм. в словарях с 1704 г. (Поликарпов, 36 об.). В др.-рус. яз. этому слову соответствовало **бѣлотъкъ** (от **бѣлота**), напр. в Изб. 1073 (Срезневский, I, 218). К др.-рус. слову восходит пск. **белуто́к** (Даль, I, 136). В 3 знач. *белок* употр. с XIX в. Прил. *белковый* в словарях отм. с 1847 г. (СЦСРЯ, I, 94). ▫ В знач. «белок яйца», конечно, от *белый* (см.). В 3 знач. — калька с позднелатин. albūmen, род. albūminis — первоначально «белок яйца», от albus — «белый».

БЕЛУ́ГА, -и, *ж.* — «самая большая (до 4 м.) промысловая, гл. обр. морская рыба семейства осетровых, с черной спиной и белым брюхом», Huso huso. *Прил.* **белу́жий, -ья, -ье.** Укр. **білу́га, білу́жачий, -а, -е;** блр. **бялу́га, белужы́ны, -ая, -ае.** Из русского: словен. **beluga;** словац. **bieluha.** В других слав. яз. отс. Ср. в том же знач.: болг. **мору́на;** с.-хорв. **мо̀руна** (из греч.); чеш. **vyza;** польск. **wyza, wyż.** В русском языке *белуга* как название рыбы известно с XVI—XVII вв. Ср. у Котошихина (79): «*бѣлуги* и осетры». У Лудольфа в «Рус. гр.» 1696 г. (87) в перечне рыб: «Huso — *бѣлуга* — Hausen». Прил. *бѣлужий* встр. в «Домострое» по сп. И-38 1-й пол. XVII в. (Орлов, 73): «с хрящами... з белужими». По-видимому, название рыбы Huso huso в XVII в. смешивали с наименованием самого крупного после кита морского зверя семейства дельфиновых — полярного дельфина *белухи* (Delphinapterus leucas). Во всяком случае Р. Джемс (РАС, 1618—1619 гг., 31 : 6), судя по описанию («кувыркается, как дельфин»), имеет в виду белуху, называя ее **belúga** и по-английски толкуя это слово как «a great white fish». *Белугой* называли *белуху* и в XVIII в. Ср. у Крашенинникова (I, 1755 г., 345) в описании камчатской фауны: «*белуги*, тюлени». По словам советского зоолога Гептнера, который называет это животное только *белугой*, «*белуха* — слово книжное, искусственное и ни поморам, ни самоедам неизвестно» (Труды НИИ зоологии, 1930 г., IV, в. 2, с. 7, прим. 1). ▫ И *белуга*, и *белуха* несомненно названы по цвету: *белуга* — по цвету нижней части туловища, а *белуха* — наружного слоя кожи взрослых животных. Что касается известной поговорки «ревет как *белуга* (или *белугой*)», то, конечно, это может относиться только к белухе. Правда, о способности этого морского зверя реветь нам известно очень немного, причем наблюдатели говорят собственно не о р е в е, а о вздохах белухи. По словам А. М. Никольского («Летние поездки натуралиста», 1900 г., 228), в часы отлива весной белухи часто остаются под речным льдом, и стоящим на льду в это время «случается слышать вздох *белухи* под самыми ногами». Скорее же всего в этом случае имеет место простое смешение зоологических данных: белухе приписывается то, что писал Крашенинников (I, 262) о больших камчатских тюленях: «нет ничего противней человеку необычайному, как странной р е в их».

БЕ́ЛЫЙ, -ая, -ое — «имеющий цвет мела при естественном, дневном освещении», «имеющий цвет, противоположный черному»; «светлый», «бледный». *Глаг.* беле́ть, бели́ть. *Сущ.* белизна́, бели́ла. Укр. бі́лий, -а, -е, бі́літи, білі́ти, білизна́ (чаще бі́лість), біли́ло; блр. бе́лы, -ая, -ае, бяле́ць, бялі́ць, бялізна́; болг. бял, -а, -о, белея́ — «белею(сь)», беля́ — «белю», белина́, бели́ло; с.-хорв. бêл(bȉjel) : бȇо (bȉo), бȇли, бе́ла, бе́ло, бе́лети, бе́лити, бели́на, бели́ло; словен. bel, beli, -a, -o, beliti, belina — «белизна», belilo; чеш. bílý, -á, -é, běleti — «становиться белым», na bělati se — «белеть вдали», bíliti, bělost — «белизна», běloba — «белила»; словац. biely, -á, -é, beliet' (sa), bielit', bielost', bielota; польск. biały, -a, -e, bieleć, bielić, białość, bielidło, biel; в.-луж. běły, -a, -e, bělić — «белить», bělina, bělosć — «белизна»; н.-луж. běły, -a, -e, bělidło — «белила»; běliś — «белить». Др.-рус. (с XI в.) бѣ́лый, бѣлъ, (с XIV в.) бѣлѣ́тися, (с XI в.) бѣли́ти, (с XIV в.) бѣли́ла (Срезневский, I, 217, 218, 220). Позже (к XVII в.) возникает образование бели́зна (до этого в том же знач. употр. бе́лота, бе́лость, бе́ль). Ст.-сл. бѣлъ, бѣлꙑнн, бѣлѧнтн, бѣлость (SJS, I : 4, 158). ▫ О.-с. *bělъ, -a, -o: *bělujь, -aja, -oje. И.-е. база (с формантом -l-) *bhel(ə)- (: *bhel- : *bhol-) «блестящий», «светлый», «белый» (Pokorny, I, 119). Ср. лит. bálti — «белеть», «становиться белым», báltas — «белый», bálnas — «имеющий белую спину» (о быке, корове), по говорам bãlas — «белый», также (общелит.) «белая анемона» (Anemone nemorosa); латыш. balts — «белый», bãls — «бледный»; др.-в.-нем. belihha — «лысуха» (птица); др.-исл. bál — «пламя» (совр. исл. bál — «костер» и «сильный мороз»); др.-англ. bǽl — «пламя» (совр. англ. диал. ball — «лошадь с белым пятном на лбу»); латин. fulica (основа *bhol-ik-) — «лысуха» (водная птица с белым роговым наростом на лбу); греч. φαλός — «ясный», «светлый», «блистательный», «белый», φαλιός — «светлый», «ясный», «белый»; др.-инд. bhālam, *n.* — «блеск», «сияние», а также «лоб» (ср. без формального элемента -l- bhāti — «сияет», «светит»).

БЕЛЬЁ, -я́, *ср.* — «изделия из полотна или иной, обычно белой, ткани, употребляемые как нижняя, нательная одежда, постельные принадлежности или для других хозяйственных нужд». Только русское. Ср., однако, укр. білизна́; блр. бялізна. Также польск. bielizna. В других слав. яз. отс. Ср. в том же знач.: с.-хорв. ру̏бље; чеш. prádlo. Болг. бельо́ заимствовано из русского языка. Старшее знач. «некрашеное и в этом смысле б е л о е полотно (или иная ткань), напр., как натуральный оброк». Но и с этим, старшим знач. слово известно лишь с начала XVI в. (Кочин, 27). С поздним, нынешним знач. *бельё* употр. со 2-й пол. XVII в. ▫ К *белый* (см.). Ср. лит. baltiniai (при báltas — «белый») — м. б., калька из вост.-слав. языков или польского.

БЕ́МСКОЕ СТЕКЛО́, *устар.* — «толстое (зеркальное) и больших размеров стекло, гл. обр. витринное». Укр. бе́мське скло; блр. бе́мскае шкло. Но сами чехи в этом случае говорят české sklo. В других слав. яз., видимо, неизвестно. Прил. *бемский* (=богемский) употр. с начала XVIII в. Ср. в «Тарифе порт.» 1731 г., 3, раздел о винах: «(вина) *бемского*, венгерского». Ср. *бемчане* — «жители Богемии» (ЗАП I, т. I, 47). В словарях *бемское стекло* отм. с 1863 г. (Даль, I, 64). ▫ В прошлом *бемское* — «привозное из Богемии» (старое название Чехии), след., *бемское* = *богемское*. Форма *бемское* вм. *богемское* — по немецкому произношению. Ср. нем. Böhmen — «Богемия», Böhme — «житель Богемии», böhmisch — «богемский».

БЕНЗИ́Н, -а, *м.* — «бесцветная жидкость с характерным запахом, употребляемая как горючее для двигателей и растворения жиров, масел и т. п., один из продуктов перегонки нефти». *Прил.* бензи́новый, -ая, -ое. Укр. бензи́н, бензи́новий, -а, -е; блр. бензі́н, бензі́навы, -ая, -ае; болг. бензи́н, бензи́нов, -а, -о; с.-хорв. бȅнзӣн, бȅнзински, -ā, -ō; чеш. benzin, benzinový, -á, -é; польск. benzyna, benzynowy, -a, -e. В русском языке в словарях — с 1880 г. (Бурдон — Михельсон 1880 г., 135: *бензин* — «очищенное горное масло»). Ср. в СРЯ¹, т. I, в. 1, 1891 г., 174: *бензин* — «жидкость, получаемая из каменноугольного дегтя, растворяющая жировые и смолистые вещества». ▫ Ср. франц. (с 1833 г.) benzine, *f.* — «бензол» (бензин — essence); англ. benzin (как растворитель; «бензин для заправки двигателей» — petrol, в США — gasoline); нем. Benzin. Восходит (как и франц. benzol) к позднелатин. бот. benzoe — «яванский ладан» (> франц. benjoin — «бензой»), а оно — от сокращенного араб. (lu)bān ğāwī (произн. džāwī) — «древесный ладан (lubān) с о. Явы (ğāwī)» (Lokotsch, § 1332).

БЕРГАМО́Т, -а, *м.* — «один из сортов грушевого дерева и его плод, отличающийся винно-сладким вкусом и сочностью (обыкновенно имеют в виду т. наз. „красный осенний бергамот")». *Прил.* бергамо́товый, -ая, -ое. Укр., блр. бергамо́т; чеш. bergamotka (прежде pergamentka, ср. нем. Pergament-Birne. — Machek, ES, 29); польск. bergamota. В южнослав. яз. отс. В русском языке известно с середины XVIII в. Напр., в «Записках» Порошина, в записи от 18-X-1765 г., 481: «положить... в карман *бергамот*». В словарях *бергамот, бергамотный* — с 1780 г. (Нордстет, I, 27); *бергамотовый* —

с 1847 г. (СЦСРЯ, I, 44). ▫ Ср. ит. (pera) bergamote; франц. bergamote; нем. Bergamotte и др. В Европе база распространения — итальянский язык. Но здесь оно также заимствовано с Востока. Первоисточник — турец. (и вообще тюрк.) bey (: beg) armudu — «господская груша» (от beg : bey — «бей», «господин» и armut — «груша»). Искажение возникло на итальянской почве (под влиянием Bergamo — названия города в Ломбардии, у подножия Альп).

БЕРДА́НКА, -и, ж. — «однозарядная винтовка системы русского военного конструктора А. П. Горлова и американского полковника Бердана (в США, однако, эту винтовку называли „русской винтовкой"); находилась на вооружении русской армии в 1868—1891 гг. (БСЭ², IV, 623)». Укр., болг. берда́нка; блр. бярда́нка; чеш., польск. berdanka. В словарях русского языка — с 1891 г. (СРЯ¹, т. I, в. 1, 174). ▫ По имени изобретателя. Ср. англ. Berdan rifle; нем. Berdangewehr; франц. fusil Berdan и т. д.

БЕ́РЕГ, -а, м. — «край суши (материка), прилегающий к воде, к водной поверхности (реки́, мо́ря и пр.)». *Прил.* берегово́й, -а́я, -о́е. Укр. бе́рег, берегови́й, -а́, -е́; блр. бе́раг, берагавы́, -а́я, -о́е; болг. бряг (*мн.* брегове́) бря́гов, -а, -о; с.-хорв. бре̏г (brȉjeg) — «холм», «взгорье», иногда «крутой берег реки» («берег» — ỏбала); словен. breg — «берег», «холм»; чеш. břeh — «берег», прил. pobřežní — «береговой»; словац. breh — «берег»; польск. brzeg — «берег», brzegowy, -a, -e и nadbrzeżny, -a, -e — «береговой»; в.-луж. brjóh — «берег», «холм», «откос»; н.-луж. briog — тж. Др.-рус. (с XI в.) берегъ, прил. бережный (в купчей XIV—XV вв. — Срезневский, I, 69); (XVI в.) береговой. Ст.-сл. брѣгъ, брѣжьныи (SJS, I : 4, 146). ▫ О.-с. *bergъ. И.-е. *bherg'hos (Pokorny, I, 140). Ср. др.-в.-нем. berg — «гора» (также совр. нем. Berg); швед. berg — «гора»; норв. berg — «гора», «горная цепь»; дат. bjerg — «гора»; исл. bjarg — «скала», «утес»; совр. англ. barrow — «курган», «холм» (при англосакс., др.-англ. beorg : beorh — «гора»; сюда же отн. гот. bairgahei, *f*. — «горный край». За пределами германской группы языков: ср.-ирл. brí, род. brigh — «холм»; арм. berj — «высота»; осет. barz — «куча», bœrzond — «высокий» (из общеиран. *brz-ant : *barz-ant, причастное образование от *barz- — «возвышаться»); авест. bərəzant — «высокий», bərəz- — «высота», «гора» [ср. совр. перс. борз (Б. Миллер, 65): burz — «высота»]; др.-инд. bṛhant- — «большой», «высокий», «обширный» и др. И.-е. *bhergh-os : *bherg'h-os (т. е. с колебанием gh : g'h, как и в некоторых других и.-е. словах). Начальное bh предполагается на основании латин. fortis — «твердый», «укрепленный», «крепкий», «сильный» (старшая форма forctus), которое также относят к этой группе. Предположение о заимствовании о.-с. *bergъ из германской языковой среды ныне отвергается. Но сторонники и.-е. праформы *bherg'h- (со смягченным g) склонны считать о.-с. *bergъ заимствованием из языков венетско-иллир. группы (Pokorny, I, 141). Знач. «берег» в общеславянском языке развилось из знач. «высокий берег», «гористый берег», «гора» [ср. в рус. говорах: гора́ — «возвышенный берег», дорога горо́й — «по высокому берегу реки» (СРНГ, VII, 16)].

БЕРЁЗА, -ы, ж. — «распространенное в Северном полушарии лиственное дерево с более или менее широко раскинутой кроной, с листьями, обычно зубчатыми по краям, с серебристо-белой корой», Betula. *Прил.* берёзовый, -ая, -ое. Укр. бере́за, бере́зовий, -а, -е; блр. бяро́за, бяро́завы, -ая, -ае; болг. бре́за, бре́зов, -а, -о; с.-хорв. бре̏за, бре̏зов, -а, -о; словен. breza, brezov, -a, -o; чеш. bříza, březový, -á, -é; словац. breza, brezový, -á, -é; польск. brzoza, brzozowy, -a, -e; в.-луж. brěza, brězowy, -a, -e; н.-луж. brjaza, brjazowy, -a, -e. Др.-рус. береза, березовый (Новг. I л. по Синод. сп. под 6636 г., л. 12 об. и др.); ср. топоним Березьно (до 1136 г.); название месяца апреля березозолъ в Галицк. ев. 1144 г. и др. (Срезневский, I, 69—70). Ср. ст.-сл. брѣзьнъ — «апрель» (SJS, I : 4, 146). ▫ О.-с. *berza. Из других и.-е. языков употребляется гл. обр. в балт. и герм. группах: лит. béržas; латыш. bērzs; др.-прус. berse; др.-в.-нем. birihha : bircha (нем. Birke); англ. birch; др.-исл. bjǫrk; швед. björk; дат. birk. Ср. также осет. bœrzœ — «береза»; др.-инд. bhūrjah — «разновидность березы», при bhrājatē — «блестит», «лоснится». И.-е. корень *bherəg'-, выражавший понятие о чем-то блестящем, светлом, белеющем и т. п. Ср. гот. bairhts — «ясный»; алб. bardhë — «белый». След., береза была названа по цвету коры; слово первоначально могло значить «дерево со светлой, белеющей корой».

БЕРЕ́МЕННАЯ (женщина) — «женщина в период развития зародыша в ее организме». *Сущ.* бере́менность. *Глаг.* бере́менеть. Из русского — болг. бре́менна, бре́менност. Но ср. с.-хорв. бре́меница [при обычном тру́дна (жена), тру́дница]; польск. brzemienna, brzemienność. В других слав. яз. отс. Ср. в том же знач. чеш. těhotna. В XVII в. и несколько позже прил. *бере́менный* еще широко употр. в знач. «тяжелый, нагруженный, с грузом». Ср. *«береме́нных бочек тоя травы никоцыаны»* (ПбПВ, I, № 234, 1698 г., 244). Кроме того, см. у Дюверуа (4) цитаты из документа XVII в.: *«взять с береме́нных бочек... по шездесят ееимков»*; *«с полуберемённых бочек ренского по дватцати ееимков»*. ▫ По происхождению — прил., произв. от *беремя* — «ноша». Ср. в говорах: ростовско-ярослав. *беремя положить* — «сделать беременной» (Волоцкий, 106).

БЕРЕСКЛЕ́Т, -а, м. — «кустарниковое растение семейства бересклетовых, содержащее гутту (некоторые виды — с вечнозелеными листьями)», Evonymus. Даль (I, 66) отм. (без каких-л. помет) варианты:

бересклéд, мересклéт, бурусклéн, а также бересдрéнь, бруслúна и др. Ср. укр. бересклéт, берикли́т, бруслúна; блр. брызглíна. В других слав. яз. отдаленно похожее наименование бересклета имеется в чеш. brslen (при ст.-чеш. brsniel, břslen, bršlen), в хорв. bršlenka, польск. (XV—XVI вв.) przmiel (м. б., из brsniel). В русском языке известно с XVIII в. (САР¹, I, 1789 г.): бересклет (как название боярышника), 132; ср. вересклéд — «цветовник», 601; там же: брускле́н — «бересклет», 131. ▫ Слово попало в народный русский (великорусский) язык откуда-то с юга или юго-запада: Evonymus, особенно Evonymus europeus, в СССР распространен гл. обр. на юго-западе. По происхождению слово бересклет, можно полагать, связано со старым наименованием плюща у южных славян и в старославянском: ст.-сл. бръщлıанъ; болг. бръшля́н; с.-хорв. бр̀шљан. Ср. ст.-чеш. bršlen — «бересклет». Не исключено, что на бересклет перешло прежнее наименование плюща (среди бересклетовых растений имеются и лиановые). Праславянская основа могла бы быть *brsk- : *brьsk- (ср. латин. bruscus — «рускус» или «иглица»). Отсутствие изменения e > 'o после л, м. б., объясняется украинским происхождением этого слова, на формирование которого, впрочем, оказали влияние какие-то иные названия лиственных и травянистых растений (клен, желтоцвет и т. п.).

БЕРÉТ, -а, м. — «род мягкой плоской круглой (без козырька и околыша) шапочки, мужской или женской». Укр. берéт; блр. берэ́т; болг. барéтка; с.-хорв. бèрет; чеш. baret, устар. biret; польск. beret и biret. Как на старший пример обычно во всех словарях ссылаются на Пушкина («Евгений Онегин», гл. VIII, 1829—1830 гг., строфа 17): «Кто там в малиновом беретe с послом испанским говорит?» (о женском головном уборе) [ПСС, VI, 173]. Действительно, данных, свидетельствующих, что это слово употреблялось до Пушкина, пока не имеется. ▫ Из французского языка. Ср. франц. (с 1820 г.) béret — тж. (при barrette — «шапочка, в частности кардинальская») > англ. beret; ит. beretta; нем. Barett (только у судей, священников и т. п.; «берет» — Baskenmütze). Источник распространения — франц. béret, которое восходит, в конечном счете, к позднелатин. (IV в.) birrum — «плащ с капюшоном» (как полагают, кельтского происхождения) через ст.-гаскон. berret — «капюшон», «колпак». К birrum восходит и ит. berretto — «берет», «головной убор».

БЕРИ́ЛЛ, -а, м. — «минерал, прозрачные разновидности которого (изумруд густо-зеленого цвета, аквамарин цвета морской воды и собственно берилл желтоватого цвета) являются драгоценными камнями». Даль (I, 67) дает также вариант верíл. Прил. берúлловый, -ае, -ое. Укр. берúл; блр. берыл; болг. бери́л; с.-хорв. бèрил; чеш. beryl, berylový, -á, -é; польск. beryl.

По словарям слово берилл известно с 1731 г. (Вейсман, 82). Но в книжной старорусской письменности это слово было известно и раньше. Напр., в «Космографии» 1670 г. (362) при описании Индии это слово встр. в форме бе́рил. ▫ Ср. франц. béryl; англ. beryl; нем. Beryll; ит. berillo и др. Первоисточник — греч. βήρυλλος, βηρύλλιον, через латин. яз. В греч. оно индийского происхождения и, в конечном счете, восходит к названию города Belūr < Velūr в Южной Индии.

БÉРКУТ, -а, м. — «крупная хищная птица семейства ястребиных с темно-бурым оперением», Aquila chrisaëtus. Укр., блр. бéркут. Из русского — польск. (с XVII в.) berkut. В других слав. яз. отс. Встр. (как название птицы) в «Журнале» Рычкова за 1771 в. (24) в части, посвященной Киргизии: «ястреба или беркута». Но прозвище Беркут засвидетельствовано уже в начале XVII в. (1612 г. — Тупиков, 47), причем как «северо-восточное». В словарях отм. с 1789 г. (САР¹, I, 132). ▫ Из одного из тюркских языков. Ср. кирг. бу̀ркут — «беркут»; казах. бу̀ркіт — тж. Как джаг. это слово отм. у Будагова (I, 276) с определением: «орел, которым охотятся на зайцев и других зверей». Радлов (IV : 2, 1891) ссылается на кирг., джаг. и др. бу̀ркут. Ср. каракалп. бу̀ркит; туркм. бу̀ргут; узб. бургут; уйг. бу̀ркут. Ср. также монг. и бурят. бу̀ргэд — «орел».

БЕРЛÓГА, -и, ж. — «зимнее логовище медведя»; (иногда) «место зимней спячки другого зверя». Укр. (из польск.) барлíг, род. барлóга — «берлога» и «грязная лужа», «грязь»; блр. бярлóг, м. — «берлога», «логово»; словен. brlog — «берлога», «логово зверя»; чеш. и словац. brloh — «берлога»; польск. barłóg — «берлога», «(смятая соломенная) подстилка». Из русского — болг. бърлóга — тж. (но ср. по говорам бéрлог — «мусор», «помои»). Ср. также с.-хорв. бр̀лог: бр̀љуг: бр̀љуга — «грязное логово», «грязная лужа», «свалка мусора», перен. «свинарник»; в.-луж. borło, ср. — «смятая грязная подстилка», «логово», также «лужа», «залив»; н.-луж. barłog — «смятая грязная солома». Др.-рус. (XII в.) бьрлóгъ (:бьрлога, ж.?) — «логово» (Срезневский, I, 71, 211). Еще Поликарпов (1704 г., 14) дает форму только м. р. берлог. Старославянскими (балканского происхождения) памятниками слово берлога не засвидетельствовано. ▫ В этимологическом отношении не вполне ясное, спорное слово. Учитывая, однако, значение этого (очевидно, сложного, с двумя основами) слова, можно полагать [вслед за Соболевским (ЖМНП, 1886 г., сентябрь, 148)], что оно восходит к о.-с. *bьrlogъ [относительно -log- ср. рус. логово (см. лежать)]. По первой части сложения [*bьr(n)-] это о.-с. слово связано, с одной стороны, с др.-рус. бьрние — «грязь», «глина» (с сочетанием -ьр- встр. в Изб. 1073 г. в Арханг. ев. 1092 г. и др.) [см., кроме Соболевского (уп.), Срезневский, I, 212]. Ср. ст.-сл. брьнинɪе (SJS, I : 4, 146);

БЕС

новоцсл. бреник (ср. рус. *бренный*). Суф. -n-ьje. Ср. словен. brn — «ил», brnjav, -a, -o — «грязный»; ст.-чеш. brnka — «плацента». Сюда же отн. (с lj- вм. -nj-) с.-хорв. бр̀љав, -а, -о — «грязный», бр̀љага — «грязная лужа», бр̀љати — «пачкать». Ср. венг. barlang (< *barnlag?) «пещера» — давнее заимствование из славянских языков. С другой стороны, оно могло бы быть связано также с о.-с. *bьbrъ : *bebrъ — «бобр» (с неполным удвоением корня *bьr-). И.-е. корень *bher- (: bhr̥-) — «светло-коричневый», «буроватый» (см. *бобр*). Вопрос о заимствовании о.-с. *bьrlogъ из (древне?)-немецкого языка [ср. совр. нем. Bärenhöhle, Bärenlager — тж. (от Bär «медведь»)] не заслуживает серьезного обсуждения. Но некоторые языковеды вообще не считают это о.-с. слово двухосновным и полагают, что оно является производным (с суф. -og-ъ) от основы *bьrl- (?). Вариантом этого мнения является сравнительно недавняя (1957 г.) попытка Мошинского связать о.-с. *bьrlogъ с некоторыми другими словами на -оgъ, а также на -og-a, -ag-ъ (вроде *batogъ, *trъvoga и др.), которые он рассматривает как остатки, следы «скифо-иранской» стихии в славянских языках (Moszyński, 130).

БЕС, -а, *м.* — «черт», «злой дух». *Прил.* бесо́вский, -ая, -ое. Укр. біс, род. бíса, бісíвський, -а, -е, бíсів, бíсова, -е. В блр. яз. отс. («бес» — ня́чысты). Ср., однако, словен. bes — «бес», «злой дух» (но besen, -a, -o — «бешеный», «неистовый»); чеш. běs (ст.-чеш. *bies < bís) — «бес», «злой дух» (но běsný, -á, -é — «беснующийся», «бешеный», «неистовый»); словац. (с теми же знач.) bes, besný, -á, -é; в.- и н.-луж. běs — «злой дух». Из украинских говоров — польск. bies — «бес», «черт», biesowski, -a, ie. Ср. болг. бяс — «бес», «черт», а также «бешенство», прил. бе́сен, бя́сна, бя́сно — «бешеный». Ср. с.-хорв. бе̑с (bȋjes) — «ярость», «бешенство» («бес» = ђа̏во < *djavol), бе́сан, -сна, -сно : бе̑сни, -ā, -ō̄. Др.-рус. (с XI в.) бѣсъ, бѣсьскъ, бѣсьскый, бѣсовьскъ, бѣсовьскый (ср. также бѣсьнъ, бѣсьный — «бесноватый», бѣсовати, бѣсоватися, бѣситися (Срезневский, I, 220, 221, 222, Доп., 30). Ст.-сл. бѣсъ, бѣсовьскъ, бѣсовьскыи, бѣсьнъ, бѣсьныи, бѣсьскъ, бѣсьскыи, бѣсьноватисѧ, бѣситисѧ (SJS, I : 4, 159, 160). о О.-с. *běsъ. И.-е. корень *bhōi-: *bhai-: *bhī- [тот же, что в о.-с. *bojati(sę) > рус. *бояться*], расширенный посредством -dh- (см. Pokorny, I, 161 и др.). В о.-с., кроме того, суф. (сущ. и прил.) -s-o- (как, напр., в о.-с. *golsъ > рус. *голос*, *rusъ > rud-s-ъ). Т. о., о.-с. *běsъ из bědsъ, а оно из и.-е. bhōidh-(s)os — по-видимому, субстантивированного прил. («вызывающий страх», «страшный»). Ср. лит. baisà — «страх», «ужас», baisús — «страшный», «ужасный» (основа *baid-s-; ср. без формантов -d-s-: bajùs — тж.), baidýti — «пугать»; латыш. baiss — «страх», «страшный», baidīt — «пугать», «стращать». Ср. еще латин. foedus

«гадкий», «гнусный», «мерзкий» (< *bhoidhos?). Другого происхождения др.-рус. (и ст.-сл.) босъ — «дьявол» (Срезневский, I, 158), которое из о.-с. *bodsъ (ср. о.-с. *bosti < *bodti, *badati).

БЕСЕ́ДА, -ы, *ж.* — «длительный разговор». *Глаг.* бесе́довать. От *беседа* этимологически неотделимо бесе́дка — «легкое строение в саду, парке и т. д., для отдыха и украшения». Ср. в прошлом столетии в говорах: бесе́дка — сиб. «лавка за воротами или в сенях», яросл. «ручные салазки для катания с гор», а также «вечеринка», «праздничные сборища о святках», «а́сидки», «посиделки» (Даль, I, 74—75). Более поздние данные: вят. беседки — «вечерние собрания молодежи зимою» (Зеленин, ОРЯС, 1903 г., 28), сиб. (Обь) беседки — тж., беседка — «сиденье в лодке» (Палагина, I, 36). Ср. также любопытные данные у А. Н. Островского: костром. беседка — «лавка, скамейка у ворот или в саду»: «сядь на *беседку*», беседовать — «сидеть»: «Что стоишь? *Побеседуй!*» — «сядь» (ПСС, XIII, 307). Ср. у Палагиной (I, 36): беседуй(те) — обращение хозяев к гостям, обозначающее «садитесь». Укр. бесíда — «беседа», бесíдка — «беседка»; но блр. гу́тарка — «беседа», альта́нка — «беседка» (из польского), ср., однако, блр. бясе́да — «пирушка». Ср. болг. бесе́да — «беседа» (из русского); с.-хорв. бе̏седа — «слово», «речь» (ср. ра̏зговор — «беседа», се̏ница — «беседка»); чеш. beseda — «беседа», «клуб», «особый танец», besídka — «беседка», а также «дружеская беседа», «общество»; польск. biesiada — «пир» [ср. rozmowa, gawęda — «беседа», altana — «беседка» (из итальянского)]. Др.-рус. бесѣда — «разговор», «речь», «наречие», а также «(пограничное?) место встреч», «место мирной беседы» (у, напр., в Пов. л. под 6453 г.: «в церкви св. Ильи, яже есть над Ручаемъ, конецъ Пасынъчѣ *бесѣды*... и Козарѣ» (Лихачев, 39); позже ср. в «Книге Большому чертежу» 1627 г. (78): «А ниже устья Сосны на Дону — Донская *беседа*, каменной стол и каменные суды»; тот и другой примеры в свое время были отмечены Срезневским], бесѣдовати — «разговаривать», позже (с XV в.) бесѣдка (<бесѣдъка) — «крюковый знак П» (Срезневский, I, 83—85). Ст.-сл. бесѣда — «речь», «текст» (напр., евангельский), «проповедь», бесѣдовати — «разговаривать» (SJS, I : 3, 87). о О.-с. *beseda, сложное слово, но морфологический состав [bez(s)+sěd-a?] и первоначальный знач. не вполне ясны (скорее всего — «длительный разговор», когда люди сидят, засиживаются»; ср. *посиделки*). Но что значит be-? По Бернекеру (Berneker, I, 52), — из *bez(s)- со старшим знач. этого предлога-приставки «снаружи», «вне» (см. *без*). Т. о., «беседа вне дома, снаружи, под открытым небом»?

БЕ́СТИЯ, -и, *ж.*, *бран.* — «плут», «прохвост». Укр. бе́стія; блр. ба́стыя. Ср. с.-хорв. бѐстија — «хищный зверь», «животное» и перен. «бестия»; чеш. bestie —

«дикий зверь» и перен. «изверг», «бестия», прил. bestiální — «зверский»; словац. (с теми же знач.) beštia, beštiálny, -a, -e; польск. bestia — «зверь» и перен. «бестия», bestialski, -a, -ie — «зверский». В русском яз. известно с 1-й пол. XVIII в. Встр. в ИКИ (82) только в знач. «зверь»: «Арлекин не человеческая особа, но *бестия* преображенная» («Рождение Арлекиново», 1733 г.). В перен. знач. более поздние примеры см. у Пушкина (СЯП, I, 108). На Украине это слово (сначала в знач. «животное», «зверь») известно с XVI в. (Тимченко, IC, 86). ▫ Восходит (и в прямом и в перен. знач.) к латин. bestia, *f.*, м. б., при посредстве ит. bestia — «животное», «дурак», прил. bestiale — «животный», «скотский», «грубый».

БЕТО́Н, -а, м. — «строительный материал, представляющий собою искусственную затвердевшую смесь цементной (или вообще вяжущей) массы с песком, гравием, щебнем, галькой (и водой)». *Прил.* **бето́нный**, -ая, -ое. *Глаг.* **бетони́ровать**. Укр. бето́н, бето́нний, -а, -е, бетонува́ти; блр. бето́н, бето́нны, -ае, бетанава́ць; болг. бето́н, бето́нен, -нна, -нно, бетони́рам — «бетонирую»; с.-хорв. бѐто̄н, бѐто̄нски, -а̄, -о̄, бетони́рати; чеш. beton, betonový, -á, -é, betonovati; польск. beton, betonowy, -a, -e, betonować. В русском языке слово *бетон* известно с 30-х гг. XIX в. (Плюшар, V, 1836 г., 461). Другие слова этой группы — более поздние, в широком употр. — с конца XIX в. Напр., *бето́нный* и *бетоньѐрка* (Брокгауз — Ефрон, т. IIIA, п/т 6, 1891 г., 636—639). Глаг. *бетони́ровать* впервые отм. у Ушакова (I, 1935 г., 137). ▫ Ср. франц. (с 1635 г.) béton [< ст.-франц. betun : betum — «грязь», которое восходит к латин. bitūmen (> bitum) — «минеральная смола», «асфальт»] — «бетон», (с 1842 г.) bétonner — «бетонировать», отсюда нем. Beton, betonieren; ит. betone. Но ср. англ. concrete и др. В русском языке, м. б., непосредственно из франц.

БЕЧЕВА́, -ы́, ж. — «толстая крученая веревка»; «род каната с лямками, впрягаясь в которые лошади или бурлаки тянули по берегу речные суда против течения». *Сущ.* **бечёвка** — «тонкая веревка»; **бечёвник** — «полоса берега, используемая для нужд судоходства и сплава, в старину — для тяги бечевой». *Глаг.* **бечева́ть** — «тянуть бечевой». По памятникам письменности известно с 1498 г. (Срезневский, Доп., 14). Дювернуа (3) дает пример 1598 г. ▫ В этимологическом отношении не вполне ясное слово. Вероятно, субст. прил. *бечевáя* > *бечева́*. М. б., следствие скрещения с *бич* (см.), откуда и *бичевáть*, какого-то другого слова (с *е* после *б*). По-видимому, это было старинное сев.-русское слово скандинавского происхождения **беть** — «поперечная скрепа барок», «бревно, которое кладется с борта на борт сверху» (Даль, I, 75); «доска на беспалубных судах, через которую проходит мачта» (Бадигин, 320). Ср. у Даля (I, 79): «*бичева* крепится за мачту». Слово *беть* известно в памятниках письменности с XVII в. (Аввакум, «Житие», Автограф, 23): «сковали руки и ноги и на *беть* кинули», но попало в русский язык гораздо раньше. Ср. др.-сканд. biti — «перекладина», «балка», совр. исл. biti — «перекладина, балка на рыбацком судне, поддерживающая палубу», «бимс». Т. о., первоначально — *бетевá(я)* [вервь, веревка]; отсюда, вследствие скрещения с *бич* — *бечевá(я)*. Она (бечева) была названа *бечевой*, т. е. *бетевóй*, главной, основной при тяге судов, барок, м. б., еще и потому, что ее приходилось отличать от другой, подсобной веревки с кольцом, в которое была продета бечева, называвшаяся бурундуком; она привязывалась к н о с о в о й части, к носу барки; лоцман управлял движением судна, то натягивая, то ослабляя эту бечеву.

БИБЛИОТЕ́КА, -и, ж. — 1) «просветительное учреждение, предназначенное для собирания, хранения и выдачи для чтения книг, журналов, газет, рукописей», «книгохранилище»; 2) «упорядоченное собрание книг». *Прил.* **библиоте́чный**, -ая, -ое. Сюда же **библиоте́карь**. Укр. бібліоте́ка, бібліоте́чний, -а, -е, бібліоте́кар; блр. бібліятэ́кар; болг. библиоте́ка, библиоте́чен, -чна, -чно, библиотека́р; с.-хорв. библиоте́ка, библиотѐкар; чеш. bibliotéka, bibliotečni, bibliotékař; польск. biblioteka, biblioteczny, -a, -e, bibliotekarz. В русском языке это слово известно с 1499 г. (Геннад. библ. — Срезневский, Доп., 14). ▫ Ср. франц. bibliothèque, *f.*, нем. Bibliothék, *f.*, ит., исп. biblioteca и др., но, напр., англ. library — тж. Слово латинское. Латин. bibliothēca, в свою очередь, восходит к греч. βιβλιοθήκη — тж. (от βίβλος, βιβλίον — «книга» и θήκη — «хранилище»; ср. ἀπο-θήκη — «склад» > лат. apothēca — тж. > нем. Apothéke — «аптека»). Заимствовано, вероятно, непосредственно из латинского. В тексте Геннад. библии встр. и другие латинизмы. Памятник, как полагают, новгородского происхождения. При прямом заимствовании из позднегреч. яз. в древнерусском мы ожидали бы *вивлиоѳи́ка*. Такое слово было известно, но только с начала XVIII в. («Четьи-Минеи» Дмитрия Ростовского, 1705 г., л. 725). Это книжное новообразование на византийско-греческий лад встр. в течение всего XVIII в. (особенно в «высоком штиле», в книжной речи) и даже (правда, лишь при стилизации или в ироническом употр.) в 1-й пол. XIX в. Ср. у Пушкина в неоконченной «Повести из римской жизни», 1833—1835 гг.: «Старый управитель повел его [Петрония] в *Вивлиофи́ку*» (ПСС, VIII, 387). Подробнее см. П. С. Кузнецов, ЭИРЯ, I, 39—45.

БИ́БЛИЯ, -и, ж. — «собрание в одном томе книг т. наз. «Ветхого завета» (Моисеевых, «Книги пророков», «Псалтыри» и др.) и «Нового завета» (четырех евангелий, «Деяний апостольских» и др.), переведенных с греческого языка на старославянский и на новый церковнославян-

БИД БИЛ Б

ский язык и считающихся священными у верующих». *Прил.* библейский, -ая, -ое. Укр. бíблія, біблéйський, -а, -е, біблíйний, -а, -е; блр. бíблія, біблéйскі, -ая, -ае; болг. бúблия, библéйски, -а, -о; с.-хорв. бùблија, бùблиј(ј)скū, -ā, -ō; чеш. bible, biblický, -á, -é; польск. biblia, bibijny, -a, -e. Др.-рус. библия (в записи к Геннад. библ. 1499 г. — Срезневский, Доп., 14). В памятниках старославянского языка не встр. Прил. *библейский* — более позднее (САР², I, 1806 г., 187). Пушкин употребляет его в стих. «Тень Фонвизина», 1815 г. (ПСС, I, 162). ◻ Сравнительно позднее заимствование из греческого языка. Ср. греч. βιβλίον, *n.* — «книга», а также «сочинение», «лист(ок)», «письмо», βιβλία, *pl.* — «книги», произв. от βίβλος — «кора папируса», «книга», «глава», старшая форма — βύβλος — «египетский папирус» (высокое травянистое растение Cyperus papyrus), «кора, волóкна папируса» > «писчая бумага из папируса» > «книга». В греч. — из финикийского, по имени финикийского портового города на побережье Средиземного моря *Библ*, близ Бейрута (=Гебал, Gubla, Gᵉbal), откуда кора папируса в древности доставлялась в Грецию (Frisk, I, 235).

БИДÓН, -а, *м.* — «металлический или полиэтиленовый сосуд с крышкой для хранения и перевозки жидкости». *Прил.* бидóнный, -ая, -ое. Укр. бідóн; блр. бітóн; болг. бидóн. Но в других слав. яз. отс. Ср. чеш. konev (< нем. Kanne) — «бидон для молока», plechovka (восходит к нем. Blech — «жесть») — «бидон для бензина»; польск. bańka, blaszanka. В русском языке слово *бидон* сравнительно недавнее, начала 900-х гг. (Брокгауз — Ефрон, т. III, п/т 6, с. 830). Встр. у Вересаева в рассказе «Исанка», 1928 г.: «Кувшины и *бидоны*, полные сверкающей водой» (СС, IV, 194). В толковых словарях русского языка — с 1935 г. (Ушаков, I, 139). ◻ Слово французское по происхождению. Ср. франц. bidon — «бидон», м. б., из ср.-греч. πιθίον (новогреч. πίθος) — «бочка», «посудина для вина», «глиняный сосуд».

БИЗÓН, -а, *м.* — «дикий северо-американский крупный бык с густой курчавой гривой, похожий на зубра», Bison bison. Укр., блр. бізóн; болг. бизóн; чеш. bison; польск. bizon. В русском языке — с 30-х гг. XIX в. (Плюшар, V, 1836 г., 541, с опечаткой: *бизюн* вм. *бизон* и ссылкой на статью *вол*; позже — Углов, 1859 г., 27). ◻ В русском — из западноевропейских языков. Ср. англ. bison; франц. bison; нем. Bison и др. Источник распространения — латин. bison — тж. Латинское слово, в свою очередь, заимствовано из древнегерманских диалектов. Ср. др.-в.-нем. wisunt : wisant (нем. Wisent — «зубр»; исл. vísundur — «бизон» и др.

БИЛÉТ, -а, *м.* — «листок, карточка, книжечка с кратким текстом, удостоверяющим право владельца на получение чего-л., на вход куда-л. или принадлеж- ность к определенной партии, общественной организации и т. д.». *Прил.* билéтный, -ая, -ое. Сюда же билетёр, билетёрша. Укр. білéт (в некоторых случаях — квитóк), білéтний, -а, -е, білетéр, білетéрка; блр. білéт, білéтны, -ая, -ае, білецéр, білецéрка; болг. билéт, билéтен, -тна, -тно; с.-хорв. бùлет, *м.*, билéта, *ж.*, билèтāрница — «билетная касса»; польск. bilet, biletowy, -a, -e, bileter, bileterka. Ср. в том же знач. чеш. lístek, ustupenka — «входной билет», jízdenka — «железнодорожный билет», průkaz, stranická legitimace — «партийный билет»; ср. bilet — «визитная карточка», «проездной билет», biletář — «билетёр», biletařka — «билетёрша». В русском языке слово *билет* известно с начала XVIII в.: «обедали по билетам» (=«по пригласительным билетам») [«Архив» Куракина, II, 209, 1710 г.]. У Смирнова (60) более поздняя дата — 1720 г., со ссылкой на «Кн. Устав морск.», 158, где *билет* употр. в смысле «записка», «листок бумаги с объявлением» (ср.: «прибивать билеты малые на всяком месте корабля»). Значение слова с течением времени расширялось и частично изменялось. Прил. *билетный* в словарях отм. лишь со 2-й четверти XIX в. (СЦСРЯ, 1847 г., I, 46). ◻ Слово французское. Ср. франц. billet; из франц.: голл. biljet, *n.*; швед. biljétt; нем. Billett, *n.*; ит. biglietto, *m.* и др. В русском языке могло быть заимствовано не столько при немецком, сколько при голландском или шведском посредстве. Скорее же всего — непосредственно из французского.

БИЛЛИÓН, -а, *м.* — «тысяча миллионов», «миллиард», «число 1000 000 000». *Прил.* биллиóнный, -ая, -ое. Укр. більйóн, більйóнний, -а, -е; блр. більён, більённы, -ая, -ае; болг. билиóн, билиóнен, -нна, -нно; с.-хорв. билùо̂н; чеш. bilion, biliontý, -á, -é; польск. bilion. В русском языке слово *биллион* известно с начала XVIII в. Оно встр. в «Арифметике» Магницкого (3), напечатанной в 1703 г.: *билион* (там же: *милион, трилион*). Подробнее о значении слова у Магницкого и о непосредственном источнике заимствования см. Кутина, ФЯН, 18. ◻ Ср. франц. billion; нем. Billion; англ. billion; исп. billon; турец. bilyon и т. д. Первоисточник — франц. billion [искусственное образование, возникшее не раньше XVI в., из bi- (=латин. bis — «дважды») и (mi)llion].

БИЛЬЯ́РД, биллиáрд, -а, *м.* — «род настольной игры со специальными шарами, загоняемыми кием в лузы»; «стол для такой игры». *Прил.* биллиáрдный, бильярдный, -ая, -ое. Укр. білья́рд, білья́рдний, -а, -е; блр. білья́рд, білья́рдны, -ая, -ае; болг. биля́рд, биля́рден, -дна, -дно; с.-хорв. бùља̄рд, билùјар, *м.* (также kulečník, от koule — «шар»); польск. bilard, bilardowy, -a, -e. В русском языке с Петровской эпохи (Смирнов, 60, со ссылкой на «Походные юрналы», 1720 г., III, 11); позже — «Записки» Порошина (записи от 12-VI и 3-IX-1765 г., 343, 414); в словарях — с 1780 г. (Нордстет, I, 28: *билиард*). Орфографическая форма *бильярд* утверждена Гротом в 1885 г. (ССРЛЯ, I, 453; там же сводка словарей, отражающая изменения написания). ▫ Ср. франц. (с XV в.) billard; ит. biliardo; нем. Billard; англ. billiards; исп. billar и т. д. Первоисточник — франц. billard (от bille — «бильярдный шар»).

БИНО́КЛЬ, -я, м. — «оптический прибор, состоящий из двух параллельно соединенных зрительных труб». Укр., блр. біно́кль; болг. біно́къл. В других слав. яз. отс. Ср. в том же знач.: с.-хорв. до̀глēд; чеш. dalekohled, kukátko (от koukati — «глядеть»); польск. lornet(k)a. В словарях иностранных слов впервые — у Углова (1859 г., 27); в толковых словарях — Даль (I, 1863 г., 76). ▫ Ср. в других европейских языках: нем. Binokel; ит. binoc(c)olo. Но вообще не очень распространено. Ср. англ. binoculars, исп. anteojos, gemelos и т. д. В русском языке *бинокль*, м. б., из немецкого, а еще вероятнее (как и нем. Binokel) — из французского (binocle), хотя в совр. франц. языке обычно употр. lorgnette — «театральный бинокль», jumelle — «полевой бинокль». Франц. binocle образовано на базе латинских слов bīnī — «по два», «пара» и oculus — «глаз».

БИНТ, -а́, м. — «длинная и узкая полоса белой марли или другой легкой ткани, применяемая для лечебных повязок». *Прил.* бинтово́й, -а́я, -о́е. *Глаг.* бинтова́ть. Укр. бинт, бинтови́й, -а́, -е́, бинтува́ти; блр. бінт, бінта́вы, -ая, -е, бінтава́ць; болг. бинт. В других слав. яз. отс. Ср. в том же знач.: с.-хорв. за́вој; чеш. obvaz, obinadlo; польск. bandaż, opatrunek. В словарях отм. — сначала в форме *бинда* и *бинд* — в 1803 г. (Яновский, I, 379). В форме *бинт* — с 1834 г. (Соколов, I, 86). Ср. у Пушкина в статье «Джон Теннер», 1836 г.: «разорвал на *бинты* остаток своей рубашки» (ПСС, XII, 129). *Глаг.* бинтовать в словарях с 1863 г. (Даль, I, 76). ▫ Слово германского происхождения. Ср. нем. Binde, *f.* — «бинт», «повязка», verbinden — «бинтовать»; дат. bind — «бинт». Ср. франц. (также германского происхождения) bande — «бинт»; ит. benda; исп. venda. Но англ. bandage. В русском языке — из немецкого.

БИ́РЖА, -и, ж. — 1) «в капиталистическом мире — место, где совершаются крупные сделки по покупке и продаже ценных бумаг или товаров»; 2) *устар.* «место стоянки извозчиков». Биржа труда (*разг.* просто *биржа*) — «место предложения и найма рабочей силы». *Прил.* (к *биржа* в 1 знач.) биржево́й, -а́я, -о́е. Укр. бі́ржа, біржови́й, -а́, -е́; блр. бі́ржа, біржавы́, -а́я, -о́е. Ср. болг. бо́рса, бо́рсов, -а, -о; с.-хорв. бѐрза, бѐрзански, -а̄, -о̄; словен. borza, borzen, -zna, -zno; чеш. bursa (произн. burza), прил. bursovní; словац. burza, burzov(n)ý, -á, -é. Но ср. в том же знач. польск. giełda, giełdowy, -a, -e. В русском яз. слово

биржа (в 1 знач.) употр. с начала XVIII в. в форме *бирж*, м.: «биржъ... площадь, где сходятся торговые люди» («Архив» Куракина, I, 1705 г., 132); «чтоб *бирж* зделат в Питербурхе» (Записная кн. Петра I, ок. 1718 г. — ЗАП I, т. I, 69). ▫ Из голландского языка. Ср. голл. beurs, *f.*, *pl.* beurzen (произн. börz, börzen) — «кошелек» > «биржа». В годы заимствования это слово в голл. яз. имело варианты: beurze, beurse, burze, burse, где u=ü (Meulen, NWR, Suppl., 16). Ср. нем. Börse — тж.; франц. bourse — тж. Первоисточник — греч. βύρσα «содранная шкура, кожа» > «мех для вина» > позднелатин. bursa — «кожаный мешочек» (для денег и других ценностей); знач. «биржа» — сравнительно позднее.

БИРЮЗА́, -ы́, ж. — «драгоценный непрозрачный камень голубого или бледно-зеленого цвета». *Прил.* бирюзо́вый, -ая, -ое. Укр. бірюза́, бірюзо́вий, -а, -е; блр. бірузо́вы, -ая, -ае. В других слав. яз. отс. Ср. в том же знач.: болг. тюркоа́з; с.-хорв. тю̀ркӣс : тю̀ркӣз; чеш. tyrkys (<turkus); польск. turkus. Ср. франц. turquoise — тж. > нем. Türkís — тж., ит. turchina turchese: (ch=k) и т. п., что значит собств. «турецкий (камень)». В памятниках письменности встр. с XVI в. Напр.: «перьстней... в *берюзами*» (Черепнин, № 99, 1521 г., 411). Также бирюза, бирюзка, берюска (1582 г., 1589 г. — Срезневский, I, 88; Доп., 14). ▫ Турец. firuze — «бирюза» < араб. fairūz : fārūz : firūzağ (Wehr², 619, 656). В арабском же это название драгоценного камня восходит к перс. фирузе — тж. и далее к пирузи: фирузи — «победа», к пируз (мäнд) : фируз (мäнд) — победоносный», «счастливый» (Б. Миллер, 100, 374). Наиболее крупное месторождение бирюзы — Мааданское, или Нишапурское, в Иране. В тюркских языках на территории СССР название бирюзы (араб. или перс. происхождения), когда оно не из русского (как, напр., кирг., ног. бирюза), чаще имеет форму с начальным *ф*: каз.-тат. фірәзә; башк. фәйрүзә; узб. фируза; туркм. фируза; азерб. фирузә; но каракалп. пируза; уйг. пирузэ. Дмитриев (38), не приводя никаких тюркских параллелей и не учитывая давности употребления этого слова в русском языке, относит его к «тюркизмам», требующим дополнительной документации».

БИРЮ́ЛЬКА, -и, ж. — «маленькая точеная из дерева фигурка, применяемая в игре». Бирюльки, *мн.* — «игра, состоящая в том, чтобы из кучки мелких игрушек, не рассыпав ее, вытащить особым крючком наибольшее их количество». *Играть в бирюльки*, перен. — «заниматься пустяками». В говорах: бирюля, бирюлька — «дудка», «свирель» (СРНГ, II, 294—295); *играть бирюльки* — пск., сиб. «напевать, перебирая пальцами по губам» (Даль, I, 77). В этом старшем знач. встр. у Державина («На умеренность», 1792 г.):

БИС БИТ

«Нет дел — играю на *бирюльке*» (Стих., 108). Как название игры это слово известно с 1-й пол. XVIII в. Отм. в «Рукоп. лексиконе» 1-й пол. XVIII в.: *бирюлки* — «игра» (Аверьянова, 39). Как прозвище *Бируля* известно с 1637 г.; фамилия же *Бирюлев* встр. с середины XV в., *Бирюлин* — с 1680 г. (Тупиков, 48, 479). □ Несомненно, связано с глаг. *брать*, *-бирать* [ср. *перебирать* (пальцами) и пр.]. Корень *бир-*. Словообразовательная модель: *висюлька*, *свистулька* и т. д.

БИС, *межд.* — (в театре, на концерте и т. п.) «восклицание, выражающее восторг, одобрение и одновременно просьбу публики повторить только что исполненный номер (или часть) программы». *Глаг.* **бисирова́ть**. Укр. *біс*, *бісірувати*; блр. *біс*, *бісіравацъ*; болг. *бис*, *бисира́м* — «бисирую»; польск. bis, bisować. В некоторых слав. яз. отс. В русском языке известно с начала XIX в. Напр., в «Дневниках» Н. И. Тургенева за 1811 г.: «кричали *бис*» (в Париже, в театре) [«Архив» бр. Тургеневых, т. II, в. 3, с. 71]. Отм. в «Карм. кн. на 1795 г.» (27) как помета в нотах в знач. «повторить». В словарях — ПСИС 1861 г., 78. Ср., однако, у Бурдона — Михельсона 1880 г., 140: bis — «то же, что *фора* — требование повторить что-либо [в начале XIX в., в Пушкинское время, зрители чаще выражали свое восхищение и требование повторить что-л. криком *фора* (< ит. устар. fora, fuori — «вне», «наружу», т. е. «из-за кулис на сцену»)]. Позже — *бисировать* (Битнер, 1905 г., 121: *биссировать*), в толковых словарях впервые — у Ушакова (I, 1935 г., 142). □ Восходит *бис*, в конечном счете, к латин. bis — «два раза», «дважды», «вторично». К латин. bis восходят ит. *bis* — «повторение», bissare — «исполнять на бис» и франц. (с 1690 г.) bis, (с 1842 г.) bisser — «бисировать», которые оба могли послужить передаточной средой при заимствовании этого слова.

БИ́СЕР, -а, *м.* — «мелкие бусинки (обычно стеклянные) со сквозным отверстием, употребляемые для ожерелий или для вышивания, отделки». *Прил.* **би́серный**, -ая, -ое (особо — в выражении *бисерный почерк* — «мелкий и четкий почерк»). Укр. *бíсер*, *бíсерний*, -а, -е; блр. *бíсер*, *бíсерны*, -ая, -ае. Ср. болг. *бíсер* — «жемчуг», *бíсерен*, -рна, -рно; с.-хорв. *бȕсер*, *бȕсеран*, -рна, -рно: *бȕсерни*, -ā, -ō; словен. biser, biseren, -rna, -rno. Ср. польск. bisior — «гирлянда» (и «виссон»), *мн.* bisiorki — «бусы». Др.-рус. (с XI в.) *бисьръ : бисъръ : бисръ : бисеръ* — «жемчуг», *бисрье*, собир., бисряный, бисрѣный (Срезневский, I, 88—89). Ст.-сл. бисьръ : вьсьръ — «жемчужина», бисерьѥ, собир. (SJS, I : 3, 90). *Прил.* *бисерный* — более позднее, в словарях — с 1704 г. (Поликарпов, 14). □ В древнерусский язык это слово (*бисьръ : бисъръ : бисръ*) попало из ст.-сл. (др.-болг.), а туда, как полагают, — из первоболгарского (тюрко-болгарского) языка, где оно предположительно звучало büsr(e). В других тюрк. яз. неизвестно. У Дмитриева отс. В тюрко-болгарском — из арабского. Ср. араб. busr — «поддельный жемчуг», «стеклярус» (Lokotsch, § 371, со ссылкой на Горяева и Бернекера). Но, вообще говоря, история этого слова в славянских языках не вполне ясна. См. еще *бусы*.

БИСКВИ́Т, -а, *м.* — «род сладкого сдобного легкого печенья». *Прил.* **бискви́тный**, -ая, -ое. Укр. *бісквіт*, *бісквітний*, -а, -е; блр. *бісквіт*, *бісквітны*, -ая, -ае; болг. *бисквит*, *бисквитен*, -а, -о; с.-хорв. *бѝсквит* (и *пишкòта*); польск. biskwit, biskwitowy, -a, -e (: biszkopt < biszkokt, biszkoptowy, -a, -e). Ср. чеш. piškot, sušenka. В русском языке не позже 20—30-х гг. XVIII в. Ср.: «Кто хочет хорошего кафе, водки и *бисквитов*?» («Муж ревнивой», ИКИ, 1734 г., 243). Более ранняя форма *бискот* : *бишкот* (< ит. biscotto) не получила широкого распространения. Ср. в «Архиве» Куракина (I, 1707 г., 219): «Чествовал... чекулатом и *бишкотами*». □ Ср. франц. biscuit; нем. Biskuit; англ. biscuit — «сухое печенье» («бисквит» — sponge-cake); ит. biscotto — «сухарь», «бисквит». База распространения — франц. biscuit, ст.-франц. bescuit — «сухарь», «бисквит». Франц. слово восходит к латин. bis coctus — «дважды печенный (сушеный)», *прил.* от coquō — «пеку», «сушу» (ср. ст.-польск. biszkokt). В русском яз. из французского (тогда как с.-хорв. пишкòта, чеш. piškot восходят к ит. biscotto).

БИТЬ, бью — «наносить удары», «колотить». *Многокр.* **бива́ть** (теперь обычно лишь с приставками: избива́ть, выбива́ть). *Возвр. ф.* **би́ться**. *Сущ.* **би́тва**. Укр. *би́ти*, 1 ед. *б'ю*, *би́тися*, *вибива́ти*; блр. *біць*, *бíцца*, *выбіва́ць*. Ср. болг. *бúя (се)* — «бью(сь)», *избúвам* — «выбиваю»; с.-хорв. *бȕти (се)*, 1 ед. *бȕjēм (се)*, *избȕjати* — «выбивать»; словен. biti (se), izbijati — «выбивать»; чеш. biti (se), 1 ед. biji (se), bívati, bíjeti; словац. bit' (sa); польск. bić (się), 1 ед. biję (się), н.-луж. biś (so). 1 ед. biju (so), н.-луж. biś (se). Др.-рус. (с XI в.) *бити(ся)*, 1 ед. *бию(ся)*, позже *бивати* (Срезневский I, 86, 89). Ст.-сл. бити, 1 ед. биѭ, бивати (SJS, I : 3, 90, 91). о.-с. *biti, 1 ед. *bijǫ. И.-е. корень *bhei(ə)- : *bhī- : *bhoi(ə)- (см. *бой*). Ср. в других и.-е. языках (с суффиксальными расширениями основы): др.-в.-нем. bī(h)al (совр. нем. Beil) — «топор» (с суф. -lo-); греч. φιτρός (корень phī-) — «бревно», «полено», «обрубок»; др.-ирл. bith — «рана»; кимр. bid — «колючая изгородь»; арм. bir (основа < *bhi-ro-) — «дубина». См. еще *бой*, *бич*.

БИТЮ́Г, -а́, *м.* — «сильная ломовая лошадь крупной породы». Укр. *битю́г : битю́к*; блр. *біцю́г*. В других слав. и иных яз. отс. В словарях отм. с 1863 г. (Даль, I, 79). □ Обычно, со времени Даля, связывается с названием реки *Битюг* — левого притока Дона (Тамб., Ворон. обл.), где в XVIII в. в результате ряда скрещений была выращена особая русская порода ломовых, тяжеловозных лошадей. Следует, однако, заметить, что происхождение названия реки *Битюг* не совсем ясно. М. б., наоборот, это слово само происходит от нарицательного *битюг*, если оно вообще славянского, русского происхождения. Напр., в «Книге Большому чертежу», 1627 г. (83, 84) это название встр. только в форме *Бетюк*. Если не от гидронима *Битюг* (< *Бетюк*), м. б., и не славянского происхождения, то от основы *би-т-* (ср. *биток*, *битка* и подобные образования); -*юг*- суф., соотносительный с -*яг*-; ср. старинную фамилию *Битяговский* (ср. *ворюга*, *зверюга*, *бедняга* и т. п.).

БИФШТЕ́КС, -а, м. — «жареный кусок говяжьего филе». Укр. бі́фштекс; блр. бі́фштэкс. Ср. болг. бифте́к; с.-хорв. бифте́к; чеш. biftek; польск. befsztyk. Слово известно в русском яз. с последней четверти XVIII в., но сначала как наименование кушанья, характерного для английской кухни. О нем упоминает Карамзин в «Письмах рус. пут.», письмо из Лондона, июль 1790 г.: «ростбиф, *бифстекс* есть их обыкновенная пища» (Избр., I, 518). Совр. форма этого слова *бифштекс* установилась не сразу. Ср. еще у Даля (I, 1863 г., 79) *бифстекс*, хотя форма *бифштекс* встр. уже у Пушкина в «Истории с. Горюхина» (ПСС, VIII, 130). Относительно *с* на конце (показатель мн. ч. в английском) ср. такой же случай, напр., в слове *рельс* — при англ. rail, *мн.* rails. □ Слово английское. Ср. англ. beef-steak, *мн.* beef-steaks (произн. ′bi:f ′steiks). Отсюда нем. Beefsteak (произн. ′bi:fste:k); франц. bifteck; ит. bistecca; исп. bistec.

БИЧ, -а́, м. — «длинный кнут, свитый из веревок или ремней»; *перен.* «бедствие». *Глаг.* бичева́ть. Укр. бич, бичува́ти; блр. (только перен.) біч, бі́чаваць; болг. бич, бичу́вам; с.-хорв. бич, бичева́ти; словен. bič, bičati; чеш. bič, bičovati; словац. bič, bičovat'; польск. bicz, biczować. Ср. в.-луж. bič, bičk — «дубинка», «колотушка»; н.-луж. bick — тж. Др.-рус. (с XIII—XIV вв.) бичь (Срезневский, I, 90). Глаг. *бичевать* в словарях отм. с 1704 г. (Поликарпов, 14 об.: *бичую*). □ О.-с. *bičь из *bikjos. Корень *bi-, тот же, что в о.-с. *biti (см *бить*), суффиксы -k-, -j(o)- [ср. др.-рус. бричь — «бритва» (Срезневский, I, 179), ключь — «clavis» (ib., 1233; корень *клю*-); чеш. hráč — «игрок» (корень hra-) и др.].

БЛА́ГО, -а, *ср.*, *книжн.* — «добро», «польза». В говорах возможно и бо́лого — вост. (Даль, I, 97), яросл. (Якушкин, 3, и др.), но, кажется, только в знач. «хорошо (что)», «ладно (что)» и т. п. *Прил.* благо́й, -а́я, -о́е (см.). Укр. бла́го (но блр. в том же знач. дабро́, шча́сце, кары́сць); болг. бла́го; с.-хорв. бла́го; чеш. blaho. Ср. однако, и польск. błogość — «блаженство». Др.-рус. (с XI—XII вв., но редко) бо́лого. Ср. в «Р. прав.» ст. 49 «О поклажаи»: «зане ему в *бологодѣлѣхъ* [Простр., Троицк. сп.; в большинстве других списков — иначе: «в *болого дѣялъ*» (Мусин—Пушкинск. сп.)

или близко к этому (ПР, I, 109, 286)]; в Сл. плк. Игор.: «не *бологомъ* бяхуть посѣяни» (Срезневский, I, 145). Ст.-сл. благо, иногда благѥ (SJS, I : 3, 91). □ Т. о., *благо* в русском языке — славянизм, по происхождению — субст. кр. ф. прил. ср. р. О.-с. *bolgo (при *bolgъ, -a, -o). См. *благой*.

БЛАГО́Й, -а́я, -о́е — 1) *устар.* «хороший», «счастливый», «полезный», «доблестный»; 2) *устар.* и *обл.* «плохой», «дурной», «вздорный», «упрямый», «своенравный» [ср. замечание Даля (I, 79): «*благой* выражает два противоположные качества»]. Укр. благи́й, -а́, -е́ — 1) «благой»; 2) «плохой», «слабый»; болг. благ, -а, -о — «ласковый», «добрый», «сладкий»; с.-хорв. бла̑г, бла́га, бла́го : бла̑ги, -а̑, -о̑ — «мягкий», «нежный», «ласковый»; словен. blag, -a, -o — «благородный»; чеш. и словац. blahý, -á, -é — «благой», «блаженный»; польск. błogi, -a, -ie — «блаженный», «приятный» (ср., однако, заимствованное из украинского błahy, -a, -e — «ничтожный», «пустой», «слабый», «мелкий»). Ст.-сл. благъ, благын — «добрый», «хороший», «милый», «ласковый» (SJS, 1 : 3, 109). □ Из ст.-сл. эти формы попали и в др.-рус. книжный язык. Собственно др.-рус., вост.-слав. формы *боло́гый* (или тем более *болого*) в письменных памятниках не обнаружено. В памятниках ст.-сл. яз. встр. лишь некоторые падежные формы от кр. ф. прил. благъ, -а, -о; им предпочитаются формы полного прил. благын (SJS, I : 3, 109). О.-с. *bolgъ, -a, -o, *bolgъjь, -aja, -oje. И.-е. база, м. б., *bheleg-: *bhelg- — «блестеть», «сверкать», «сиять», тогда и.-е. корень *bhel-, тот же, что в о.-с. *bělъ, -a, -o (Pokorny, I, 124); см. *белый*. Ср. латыш. bálgans — «бледноватый»; др.-инд. bhárgas, *n.* — «блеск», «сияние». Другие сопоставления менее убедительны.

БЛЕ́ДНЫЙ, -ая, -ое — «почти белый», «беловатый», «слабо окрашенный», «тусклый», «неяркий». *Кр. ф.* бле́ден, -дна́, -дно. *Нареч.* бле́дно. *Сущ.* бле́дность. *Глаг.* бледне́ть. В сев.-рус. говорах встр. и бледо́й, -а́я, -о́е (Даль, I, 88; Подвысоцкий, 7; Куликовский, 4). Блр. бле́дны, -ая, -ае, бле́днасць, бледнець; но укр. блідий́, -а́, -е́, блі́до, блі́дість, бліднути; болг. блед, -а, -о (в говорах бляд, -а, -о), бле́ден, -дна, -дно, бле́до (: бле́дно), бле́дност, бледне́я — «бледнею». В других слав. яз. также без -н-: с.-хорв. бле̑д (blijed), бле́да, бле́до : бле́ди (bli̍jedi), -а̑, -о̑, бле́дост, бле́дило — «бледность» (ср. бле́дица — «малокровие»), бле́дети; словен. bled, -a, -o, bledost, bledeti; чеш. bledý, -á, -é, blednouti; словац. bledý, -á, -é, blednút'; польск. blady, -a, -e, bladość, bladnąć; в.-луж. blědy, -a, -e, blědość, blědnyć; н.-луж. blědy, -a, -e, blědość, blěžeś, blědnuš. Др.-рус. (с XI в.) блѣдъ, -а, -о (только кр. ф), блѣдость, (с XII в.) блѣдѣти (Срезневский, I, 119). Ст.-сл. блѣдъ, -а, -о (только кр. ф.), блѣдѣти (SJS, I : 3, 116). Форма с -н- < -ьн- более поздняя; в словарях отм. с 1704 г. (Поликарпов, 24 об.), там же *бледность*, *бледнеть*. ▫ О.-с. *blědъ, -а, -о, blědьjь, -aja, -oje. И.-е. *bhləidos, им. ед., м. — «бледный», «блеклый» (Pokorny, I, 160). И.-е. база *bhlēi- — «блестеть». Сюда, по всей вероятности, относится лит. blaĩvas — «воздержанный, умеренный (в употреблении спиртных напитков)», «трезвый» (из *blaidvas); ср. лит. blaisvas (< *blaidsvas) — «беловатый» (Fraenkel, 46). Наиболее близкие соответствия в других и.-е. языках: др.-англ. blāt — «бледный»; ср. также др.-в.-нем. bleiz(z)a : pleizza — «нечто синевато-серое», «бледность», «блеклость». Другие параллели менее надежны.

БЛЁКНУТЬ, блёкну — «утрачивать яркость окраски», «бледнеть», «делаться тусклым», «утрачивать свежесть», «увядать». *Отглаг. прил.* блёклый, -ая, -ое. В говорах также блека́вый (Даль, I, 85). Ср. укр. бля́кнути, бля́клий, -а, -е; блр. бля́кнуць, бля́клы, -ая, -ае. Ср. польск. blaknąć, wyblakły, -a, -e, устар. blak — «бледность». Укр. и блр., вероятно, из польского. В польском же blak- вм. blek- под влиянием blady — «бледный». Ср. в том же знач.: чеш. vybledlý, -á, -é или zvadlý, -á, -é, blednouti; болг. мъждели́в, -а, -о, увехнал, -а, -о. В др.-рус. и ст.-сл. отс. В словарях блекнуть, блеклый отм. впервые в «Рукоп. лексиконе» 1-й пол. XVIII в. (Аверьянова, 42). ▫ Сопоставляют с лит. blùkti — «выцветать», «линять», «блекнуть» [Fraenkel, 50—51 (предполагаемая балто-слав. основа *blek-)]. Покорный (Pokorny, I, 157), не упоминая о лит. blùkti, сопоставляет *блекнуть* с др.-англ. bœlge (основа *blaigiōn-) — «пескарь»; голл. blei (< *bleig) — «лещ»; нем. Blei — тж. и Bleiche — «бледность» и нек. др. и возводит всю группу к и.-е. *bhleiq- — «блестеть», и.-е. корень *bhel-. Пожалуй, это ближе к истине. О.-с. корень, надо полагать, был *blьk-.

БЛЕСК, -а, м. — «прерывистое свечение», «сверкание». Укр. блиск (не і!); блр. блiск; болг. бля́сък; с.-хорв. блѣ́сак (blĩjesak); словен. blesk; чеш. и словац. lesk (< blesk); польск. blask; в.-луж. blěsk; н.-луж. błyść, błyskot. Др.-рус. (с XI в.) блѣскъ, блескъ (< бльскъ?) — «блеск», «молния», «цвет», «лоск» (Срезневский, I, 118). Ст.-сл. блѣскъ (SJS, I : 3, 115). ▫ О.-с. *blьskъ, *blěskъ. И.-е. корень тот же, что в *блестеть* (см.). Ср. лит. blaĩzgas — «редкая (просвечивающая) ткань», blĩzgė — «блесна», blizgesỹs — «блеск», «лоск».

БЛЕСНА́, -ы́, ж. — «блестящая металлическая пластинка в виде рыбки, употребляемая вместо наживки для ловли хищных рыб». *Глаг.* блесни́ть. Ср. в говорах: блесёнка — «блесна», блёсна — «светящиеся впотьмах части животных, особенно мякотных, слизняков» (Даль, I, 85); в говорах бассейна Оби: блёсна, блесня́, блёстка, блёшка (< *блѣщка?) — «блесна» (Палагина, I, 39). Укр. блешня́; блр. блёшня, блясна́; болг. (из русского) блесна́; чеш. blyskač; польск. błyszczka. В русском языке употр., по-видимому, с XVIII в. Ср. в инструкции Миллера Фишеру 1740 г.: *блезня* («Fisch-Angeln mit der *блезня*») — см. Клеменц с. XI. Данные КДРС, относящиеся к XVII в., по-видимому, имеют в виду какое-то другое слово, омонимичное с *блесна*. В словарях — с 1789 г. (САР¹, I, 222). ▫ Надо полагать, из *блестна́*. Выпадение *т* в сочетании *стн* известно с давнего времени. Ср., напр., *лѣсные словеса* (вм. *лестные*) в «Повести об Ерше» [1-я ред. XVII в. (Адрианова-Перетц, «Очерки», 150)]. Ср. арханг. блесно́й, -а́я, -о́е — «искряный», «искрометный» (Даль, I, 85; у Подвысоцкого отс.). См. *блестеть*.

БЛЕСТЕ́ТЬ, блещу́ — «сверкать», «сиять», «издавать блеск». *Сов. однокр.* блесну́ть. Сюда же блиста́ть. Укр. блища́ти — «блестеть» и «блистать», блисну́ти — «блеснуть»; блр. блiшча́ць, блiскаць, блiснуць; с.-хорв. блистати — «блистать» и «блестеть»; словен. blesteti, bleščati (se); чеш. blyštěti (se), blýsknouti — «блеснуть», zablesknouti se — «блеснуть»; словац. blyšt'at' (sa) — «блестеть», blysnúť — «блеснуть»; польск. błyszczeć, błyskać — «блеснуть»; в.-луж. blěščeć, błyščeć, błěskać, błyskać — «блестеть», błysknyć — «блеснуть»; н.-луж. błyśćiś, błyskaś — «блестеть». Др.-рус. (с XI в.) бльщати(ся) > блещати(ся), блистатися, позже (с XIII в.) блистатися); кроме того (с XI в.) блискати(ся), бльснути(ся) [Срезневский, I, 115, 116, 118, 119]. Ст.-сл. бльщати сѧ, 1 ед. бльщѫ сѧ, блисцати сѧ, блистати сѧ, блискати (сѧ), бльснѫти сѧ (SJS, I : 3, 115). Форма *блестеть* — поздняя. В письменных памятниках др.-рус. языка не встр. В словарях — с 1780 г. (Нордстет, I, 34: *блещу, -щешь*). ▫ О.-с. *blьščati при *blьsnǫti (< *blьsknǫti), итератив *bliscati [с *sc* из *sk* после i (Мейе, «Общесл. яз.», § 140)]. Ср. лит. blizgėti — «блестеть», «блистать» (с i, соответствующим о.-с. ь), а также blyškėti — «блестеть», blỹkšti — «(по)бледнеть», где у из *ī (ср. о.-с. *bliscati). И.-е. основа *bhloig'-sk- : *bhlīg'-sk-. Без форманта -sk- и.-е. корень хорошо представлен в скандинавских языках: дат. blegne — «бледнеть» при bleg — «бледный»; норв. blekne — «бледнеть» при blek : bleik — «бледный»; швед. blekna — тж. при blek — «бледный»; исл. blekja — «белить» при bleikur — «бледный» (др.-сканд. blīkja — «блестеть», bleikr — «бледный»). Ср. также нем. (er)bleichen (др.-в.-нем. blīhhan) — «(по)бледнеть» при bleich (др.-в.-нем. bleih) — «бледный». Форма *блестеть* возникла при основе бльск- под влиянием *блистати*.

БЛЕФ, -а, м. — «выдумка, обман, имеющий целью запугать, внушить преувеличенное представление о себе». Укр. блеф; блр. блеф; болг. блъф; чеш. bluf; польск. bluff (произн. blef). В русском языке известно с 20-х гг. XX в. Встр. у Маяковского в «Мистерии-буфф», 1918 г., д. I, явл. 1: Француз: «Думаю — не бошей *блёф* ли?»

(ПСС, II, 172). ▫ Ср. франц. (с 1895 г.) bluff; нем. Bluff, восходящие к англ.-амер. bluff (произн. blʌf) — «обман», «запугивание» (первоначально картежный термин). В англ.-амер. — германского происхождения. Ср. нем. (< ср.-н.-нем.) verblüffen — «озадачивать», «приводить в изумление и испуг», «ошеломлять». Ср. голл. bluffen — «хвастаться», «преувеличивать».

БЛЕ́ЯТЬ, бле́ю — «реветь, кричать (об овцах и козах)». Укр. бле́яти (чаще бе́кати, ме́кати); блр. бля́ яць. Ср. болг. бле́я; с.-хорв. бле́јати (ср. также блеку̀тати — тж. при блéк — «блеяние»); словен. blejati, bleketati, а также beketati, meketati (при beket и meket — «блеяние»). Ср. в том же знач.: чеш. bečeti, blekati (при blek, blekot — «блеяние»); словац. bľačať, mékať; польск. beczeć (ср. blekotać и bełkotać — «бормотать», «лепетать», «заикаться»). Др.-рус. блѣяти и (с XVI в.) блекати (Срезневский, I, 113, 119). ▫ Ср. в том же знач.: лит. bliáuti; латыш. blēt; ср.-в.-нем. blæjen; blēken (при совр. нем. blöken). Ср. латин. fleō — «рыдаю», «оплакиваю». И.-е. корень *bhlē- (Pokorny, I, 154). Walde — Hofmann³ (I, 95) без достаточного основания связывают с латин. bālō — «блею».

БЛИ́ЗКИЙ, -ая, -ое — 1) «находящийся недалеко в пространстве (или во времени)»; 2) (о людях) «находящийся в родственных или других отношениях». *Кр. ф.* бли́зок, -зка́, -зко. *Нареч.* бли́зко. *Предлог* близ. От того же корня бли́зость, близне́ц, бли́зиться, с корнем близж- — только с приставками: приближа́ться, сближа́ться. Сюда же бли́жний, -яя, -ее. Ср. укр. бли́зький, бли́зкість — «близость», близню́к — «близнец»; блр. блі́зкі, -ая, -ае, блі́зкасць — «близость», блізня́ — «близнец». Ср. болг. бли́зък, -зка, -зко, бли́жен, -жна, -жно, близна́к — «близнец»; с.-хорв. бли́зак, -ска, -ско, бли́зина — «близость», бли́зне — «близнец», устар. бли́жњи, -а̄, -е̄, бли́жити, бли́жити се; словен. blizek, -zka, -zko, bližnji, -a, -e, bližina — «близость», bližati (se), približevati; чеш. blízký, -á, -é, bližní, bliženec — «близнец», blížiti se; словац. blízky, -a, -e, blízkosť, bližný, -á, -é, blížiť sa — «приближаться»; польск. bliski, -a, -ie, bliskość — «близость», bliźni — «ближний» (как субст. сущ.), bliźnię — «близнец», przybliżyć (się), przybliżać (się); в.-луж. bliski, -a, -e, bliskość, bližic (so); н.-луж. blizki, -a, -e, bliž, *ж.* — «близость», pśibližyś (se), pśibližaś se. Др.-рус. (с XI в.) близньць, близокъ (род. ед. близока) — «родственник» (послесловие к Остр. ев. 1056—1057 гг.), ближьный, позже (с XIV в.) в форме ближный (Срезневский, I, 114—115). Прил. *близкий* в русском языке появилось поздно, в словарях — Поликарпов, 1704 г., 23 об. (польск. bliski известно с XIV в.). Ср. рус. *близ*, предлог и (устар.) нареч.; болг. бли́зу; с.-хорв. бли́зу; словен. blizu; укр. поблизу́; блр. паблі́зу. Ср. др.-рус. (и ст.-сл.) близъ : близь, нареч. места и времени — «поблизости», «около», «вскоре»

(Срезневский, I, 115; SJS, I : 3, 114). ▫ О.-с. *blizъkъ, -a, -o, *blizъkъjь, -aja, -oje — произв. от *blizъ (корень *bliz-). Ближайшие соответствия в неславянских языках: латыш. blaîzît — «сжимать», «давить», «бить»; латин. fligere (flīgō, flixi, flictum) — «сталкивать», «бить», «повергать на землю» [отсюда (при посредстве зап.-европ. языков) *конфликт*]; гот. bliggwan — «колотить», «бить» и др. Знач. «бить» [> «сближаться для схватки» > «сближаться (вообще)»], видимо, старшее. И.-е. корень *bhlīg̑- — «бить», «ударять» (Pokorny, I, 160). С точки зрения семантической истории корня представляет интерес др.-рус. и ст.-сл. близна — «рубец на теле от раны или язвы» (с суффиксальным н, как в о.-с. *borna > рус. борона). Ср. рус. спец. близна́ (диал. близня́) — «изъян (редизна) на ткани вследствие разрыва нитки»; с.-хорв. бли́зна — тж.; чеш. blizna — «родимое пятно», глаг. ublížiti — «оскорбить», «повредить». Ср., кстати, (в том же плане) о.-с. *gostь и латин. hostis — «враг» (см. *гость*). Основа *ближ-* представляет собою основу сравн. ст. от близ(ъкъ), из *blizj-; ср. др.-рус. ближий, -ья, -ье (Срезневский, I, 113).

БЛИЗОРУ́КИЙ, -ая, -ое — «плохо видящий на дальнее расстояние». *Сущ.* близору́кость. Блр. блізару́кі, -ая, -ае — тж. Но ср. укр. короткозо́рий, -а, -е. В других слав. яз. отс. Ср. в том же знач.: болг. късогле́д; с.-хорв. краткови̏д; чеш. kratkozraký, -á, -é; польск. krótkowzroczny, -a, -e. Слово *близорукий* известно с 1-й трети XVIII в., в словарях — с 1731 г. (Вейсман, 242). Ср. в «Рукоп. лексиконе» 1-й пол. XVIII в.: *близорук* (Аверьянова, 42); *близорукость* — с 1847 г. (СЦСРЯ, I, 61). ▫ Несомненно, плод переосмысления (народной этимологии) под влиянием сложных слов на *-рукий* (напр., долгорукий) более ранней, но не засвидетельствованной в памятниках письменности формы *близ(о)зоркий : *близ(о)зорокий. Ср. (обл.?) близорочный (Даль, I, 86); др.-рус. книжн. доброзрачьный (Срезневский, I, 677). Ср. нем. kurzsichtig — «близорукий» (отсюда более позднее, калькированное с немецкого с.-хорв. краткови̏д). Слово *зоркий* в начале XVIII в. уже употреблялось. *Дальнозоркий* — более позднее слово, чем *близорукий*, в словарях — с 1863 г. (Даль, I, 368), *дальнозоркость* — с 1847 г. (СЦСРЯ, I, 306).

БЛИН, -а́, *м.* — «круглая тонкая лепешка из жидкого (чаще кислого) теста, испеченная на сковороде». Блр. блін. Но ср. укр. млине́ць — «блин». Ср. болг. млин — «слоеный пирог» (при палачи́нка — «блинчик»). Ср. с.-хорв. мли̏н — «мельница»; словен. mlin — тж.; чеш. mlýn — тж. (при lívanec — «блин»); польск. młyn — тж. (ср. młyńcem — «кружком», «в кружок», но «блинчик» — naleśnik); в.- и н.-луж. młyn. Впрочем, в некоторых слав. яз. употр. и русское название блина (болг. блин; чеш., польск. blin и др.). В русском языке *блин* (с начальным *б*) известно, надо полагать, с XV в. Ср. прозвище Данило *Блин* (1485—1505 гг. — Тупиков, 49); с XV в. известна сев.-рус. фамилия *Блинов* (Данило Васильев, *Блинов*, 1461 г.; Оладья *Блинов*, 1498 г. — Тупиков, 479). Ср. *блины* в Домострое по Конш. сп. (Орлов, 50). Но старшей является форма с начальным *м* — млинъ, известная с XIV в. (Срезневский, II, 158). ▫ О.-с. *mъlinъ — «мельница» (> «жернов» > «нечто круглое»). Общеславянское слово восходит, надо полагать, к позднелатин. molinum — «мельница», откуда и др.-в.-нем. mulī : mulīn (совр. нем. Mühle) — тж., и франц. moulin — тж. и др.

БЛОК[1], -а, *м.* — «простейший механизм для поднятия тяжестей в виде вертикально укрепленного на высоте колеса с желобом и с перекинутой через него веревкой (или канатом, тросом)». Укр., блр. **блок**; с.-хорв. **блôк** (чаще чèкрк); польск. blok. В других слав. яз. отс. в том же знач.: болг. **скрипéц**; чеш. kladka. В русском языке слово *блок* употр. с начала XVIII в. Ср. в «Лексиконе вок. новым» (по Смирнову, 365): *блоки* — «векши» [др.-рус. *векша* — 1) «белка»; 2) «малые колесца, еже плотники вèкошию зовут» (Соф. вр. — Срезневский, I, 485—486)]. ▫ Ср. нем. Block (из нижненемецкого, в верхненемецком следовало бы ожидать Bloch). Ср. др.-в.-нем. bloh : blohh — «брус», «засов», ср.-в.-нем. blok — тж. Ср. также голл. blok. Но основное и старое знач. этого слова в нем. (и голл.) — «колод(к)а», «чурбан», «глыба» («подъемный блок» — нем. Hebeblock или Kloben, голл. katrol). Из нем. или (более вероятно) из голл. это слово рано попало в романские языки и в английский. Отсюда франц. bloc — «глыба» (напр., камня), «массив», «чурбан», «колодка» (ср. poulie — «подъемный блок», «шкив»); англ. block — «колода», «глыба», «затор», а также «блок», «шкив» (хотя в знач. «шкив» чаще pulley). В русском языке слово *блок* — «подъемный механизм» скорее всего из голландского (ср. правильное указание в САР[2], I, 240: *блок*, голл. — зри: *векша*). По-видимому, в смысле «подъемный механизм» в голл. яз. blok употреблялось с каким-то дополнительным словом (ср. нем. Hebeblock), которое при заимствовании было опущено.

БЛОК[2], -а, *м.* — «объединение, союз партий, общественных группировок, государств и пр. для совместных действий». Сюда же **блоки́ровать(ся)**. Укр. **блок**, **блокува́ти(ся)**; блр. **блок**, **блакіра́ваць**, **блакіра́вацца**; болг. **блок**, **блоки́рам** — «блокирую»; с.-хорв. **блôк**; чеш. blok, blokovati; польск. blok, blokować. В этом (политическом) смысле в русском языке *блок* — довольно позднее слово. СРЯ[1] (т. I, в. 1, 1891 г., 212) его еще не отмечает. С этим знач. *блок* в рус. яз. употр. с первых десятилетий XX в. Ср. Гранат[7], VI, 58: «политический термин, которым в последнее время стали обозначать соединения избирательных и парламентских групп для достижения определенных целей». В словарях иностранных слов отм. с 1913 г. (Виллиам — Яценко, 57). ▫ Источник распространения — французский язык. Ср. франц. bloc; англ. bloc; нем. Block и др. Во франц. связано с bloc — «глыба», «массив», «чурбан», «колодка» (см. *блок*[1]). На французской почве bloc стало употребляться также в политическом смысле («союз», напр., «блок государств»), отсюда глаг. bloquer > нем. blockieren > рус. *блокировать*.

БЛОКА́ДА, -ы, *ж.* — «военная операция, имеющая целью отрезать государство, группировку противника, населенный пункт, крепость, порт и т. п. от внешнего мира и таким образом принудить к сдаче»; «система мероприятий, направленных на изоляцию того или иного государства в экономическом, политическом или ином отношении». *Прил.* **блока́дный**, -ая, -ое. Укр. **блока́да**, **блока́дний**, -а, -е; блр. **блака́да**, **блака́дны**, -ая, -ае; болг. **блока́да**, **блока́ден**, -дна, -дно, с.-хорв. **блока́да**; чеш. blokáda, blokádní; польск. blokada. В русском языке известно с начала XVIII в. (Смирнов, 61). ▫ Скорее всего, из немецкого (или ст.-итальянского). Ср. нем. (с конца XVII в.) Blockade [< ст.-ит. bloccata (теперь blocco); англ. blockade и нек. др. (но франц. blocus; исп. bloqueo). На итальянской почве слово bloccata возникло как произв. от bloccare — «блокировать» < blocco — «блок» [как и франц. bloquer (=ит. bloccare) нем. blockieren) от bloc]. В романских языках это слово немецкого происхождения. См. *блок*[1, 2].

БЛОКНО́Т, -а, *м.* — «записная книжка или тетрадка, обычно сшитая сверху и с отрывными листами». Укр. **блокно́т**; блр. **бланкно́т**. В других слав. яз. в том же знач.: с.-хорв. **блôк**; польск. blok; чеш. poznámkový blok. Ср. СРЯ[1] (т. I, в. 1, 1891 г., 213): *блок* — «склеенные с одного края и прикрепленные к картонной дощечке листки писчей бумаги для отрыванья». В том же знач. болг. **беле́жник**, **тефте́рче**. Сравнительно новое слово. В словарях иностр. слов *блокнот* отм. с 1904 г. (М. Попов, 63); в толковых словарях — с 1935 г. (Ушаков, I, 156). ▫ Из французского. Ср. франц. (с конца XIX в.) bloc-notes, а там — из английского. Ср. англ. block-notes [ср. note — «заметка», «записка», «листок», block — (в данном случае) «кипа»; теперь обычно note-book]. Ср. нем. Notizblock.

БЛОНДИ́Н, -а, *м.* — «светловолосый, белокурый мужчина». *Женск.* **блонди́нка** (как **брюнéтка** от **брюнéт**). Укр. **блонди́н**, **блонди́нка**; блр. **бландзíн**, **бландзíнка**; болг. **блонди́н**, **блонди́нка**; чеш. blondýn, blondýnka; польск. blondyn, blondynka. Но ср. в с.-хорв. **бло̀нди̋нка** (и **пла̏во̋jка**, **пла̏ву̏ша**, но «блондин» — только **плаву̏ша̋н**); в.-луж. также только blondinka. В русском языке слова *блондин*, *блондинка* (и *брюнет*, *брюнетка*) начали входить в употр. в 60-х гг. XVIII в. Ср. в переведенной с французского книжке «Любовной лексикон», 1768 г. (12): «Белокурые красавицы (или *блондины*), говорят, не столько имеют живости, как черноволосые (или *брюнеты*)». В современной форме на -*ка* (*блондинка*) в XIX в. встр. в письме Пушкина к жене от 21-VIII-1833 г.: «какая ты: брюнетка или *блондинка*?» (ПСС, XV, 73). В словарях слова *блондин*, *блондинка* отм. с 1859 г. (Углов, 29). □ Слово французское. Ср. франц. (с середины XVII в.) blondin, *m.* и blondine, *f.*, чаще blond, blonde (как полагают, франкского происхождения) о нем. blond — «белокурый», Blonde, *m* и *f.* — «блондин», «блондинка», также Blondin — «блондин», Blondine — «блондинка» — из французского. В некоторых западноевропейских языках заимствовано из французского только наименование блондинки, напр., англ. blonde — «блондинка», но «блондин» — fair man.

БЛОХА́, -и́, *ж.* — «паразитическое мелкое, быстро и высоко прыгающее насекомое со сплюснутым с боков тельцем и колюще-сосущим ротовым аппаратом», Pulex. *Прил.* блоши́ный, -ая, -ое. Укр. блоха́, блоши́ний, -а, -е; блр. блыха́, блышы́ны, -ая, -ае; болг. бълха́; с.-хорв. бу́ха > бу́а, бу́хињи, -а̄, -е̄; словен. bolha, bolšji, -a, -e; чеш. blecha (ст.-чеш. blcha), прил. bleší; словац. blcha, blší, -á, -é; польск. pchła (из płcha < błcha), pchli, -ia, -ie; в.-луж. pcha, pchowy, -a, -e; н.-луж. pcha. Др.-рус. блъха (Срезневский, I, 118). □ О.-с. *blъcha. Балто-слав. *blŭsa. Ср. лит. blusà — тж. И.-е. корень *blou- (: bhlou-?) : *plou- (Pokorny, I, 102); суф. (на и.-е. почве) -s- (но в некоторых и.-е. языках -k-). Ср. греч. ψύλλα (< *blusiā) — «блоха». С начальным и.-е. р и с суф. (-k-) это слово представлено др.-в.-нем. flōh (совр. нем. Floh); англо-сакс. fléah (англ. flea) — «блоха» (основа *pusl- < *plus-); арм. лу (основа < *plus-); м. б., др.-инд. plusi-h «вид насекомого». В развитии фонетической формы этого слова в и.-е. языках наблюдаются некоторые отклонения от нормы (гл. обр. перестановка начальных согласных первого и второго слога), как полагают (Pokorny, ib.). — на почве табу.

БЛУД, *м.*, устар. — «распутство», «разврат». *Прил.* блу́дный, -ая, -ое, блудли́вый, -ая, -ое. *Глаг.* блуди́ть. Укр. блуд, блу́дний, -а, -е, блудли́вий, -а, -е, блуди́ти. Ср. в том же знач. блр. распу́ста (< польск. rozpusta — тж.); Ср. с.-хорв. блу̂д — «блуд», «разврат»; блу̂дан — «дна, -дно: блу́дни, -а̄, -о̄, блу́дити; словен. bloden, -dna, -dno — «блудный», bloditi — «блуждать» (ср. sla — «блуд»). Но ср. чеш. blud — «заблуждение» (при smilstvo — «блуд»), bloud — «дурень»; польск. błąd — «ошибка», «заблуждение»; в.-луж. błud — тж., также «безумие». Др.-рус. (с XI в.) блудъ, блудьнъ, блудьный, блудити (Срезневский, I, 116, 117). Ст.-сл. блѫдъ, блѫдьнъ, блѫдьнъінъ (SJS, I:3, 119, 120). □ О.-с. *blǫdъ. Старшее знач. «смятение», «блуждание», «заблуждение». И.-е. корень

*bhlendh- (Pokorny, I, 157). Ср. лит. blandùs — «мутный», «тусклый», «пасмурный», «смутный», «угрюмый», blandýti(s) — «бродить кругом и около», «блуждать»; латыш. blanda — «лодырь», blandonis — «бродяга», blandīties — «шляться»; гот. blinds — «слепой», blandan — «смешивать», «перемешивать»; др.-в.-нем. blint — «слепой», blantan — «мутить», «смешивать»; др. (и совр.) исл. blanda, blunda — «закрывать глаза», др.-исл. blundr (совр. исл. blundur) — «дремота»; швед. blunda — «дремать», «закрывать глаза на что-л.»; др.-англ. blandon — тж. [совр. англ. bland — «мягкий», «ласковый», (о лекарстве) «слабо действующий»].

БЛУЖДА́ТЬ, блужда́ю — «бродить без цели», «скитаться». Сюда же *прост.* блуди́ть — тж., *сов.* заблуди́ться. Укр. блуди́ти (и блука́ти); блр. блудзі́ць (и блука́ць). Ср. болг. (из русского) блужда́я (где *у* вм. ожидаемого *ъ* — по русскому произношению) — «блуждаю», «брожу»; с.-хорв. блу́дети — «блуждать», «бродить» и «заблуждаться»; словен. bloditi — тж.; чеш. blouditi; словац. blúdit'; польск. błądzić — «блуждать», «бродить», «скитаться» и «заблуждаться» (ср. błąkać się — «блуждать»); в.-луж. błudźić — «блуждать». Др.-рус. блуждати, блудити (Срезневский, I, 116, 118). Ср. ст.-сл. блѫдити — «блуждать» (ожидаемое блѫждати отс. — SJS, I:3, 118). □ Образование, по-видимому, только древнерусское, книжное, по типу старославянских глаголов (провѫждати при провѫдити).

БЛУ́ЗА, -ы, *ж.* — «верхняя рабочая рубашка без пояса, просторная (мешкообразная), обычно из дешевого плотного материала». *Сущ.* блу́зка — «женская кофточка». Укр., блр. блу́за, блу́зка; болг. блу́за — «блуза», «блузка»; с.-хорв. блу́за — «блуза», «блузка», «китель», «гимнастерка»; чеш. blůza, blůzka; польск. bluza, bluzka. В русском языке вошло в употр. в 30-х гг. XIX в. Отм. Плюшар (VI, 1836 г.), 122), но лишь как название рабочей одежды франц. и ит. ремесленников, извозчиков и пр. Ср., однако, у Панаева в рассказе «Дочь чиновного человека», 1839 г., гл. I: «генеральская дочь... в белой *блузе*» (Избр., 80). □ Заимствовано из французского. Ср. франц. (с 1798 г.) blouse — «блуза», «халат». Происхождение франц. blouse не выяснено; некоторые этимологи связывают с blouse — луза (каждый из 6 мешочков у бильярдного стола, в которые попадают забитые шары)». Рус. *луза* восходит к франц. blouse [у Даля (I, 88) еще *блуза*] через польск. łuza — тж. Из франц.: нем. (ок. 1830 г.) Bluse; англ. blouse (> хинди блауз); ит. blusa; турец. bulûz и др.

БЛЮ́ДО, -а, *ср.* — 1) «неглубокая посудина, большая тарелка, служащая для подачи пищи к столу»; 2) «кушанье», «еда». *Сущ.* блю́дце. Укр. блю́до (и тарі́ль), блю́дце, блр. блю́да — «блюдо в 1 знач.»

(но во 2 знач. ср. укр. и блр. **страва**; блр. «блюдце» — **спόдак**). Ср. болг. **блюдо** — «блюдо в 1 знач.», «поднос»; с.-хорв. **бљу̏до**, *ср.*: **бљу̏да**, *ж.* — «глиняное блюдо» (чаще **плита̀рица, здѐла, чѝниjа**). В совр. польск. bludo встр. только в говорах, и, возможно, там оно из русского. Но ср. ст.-польск. bludo — «деревянное блюдо». Ср. также в.- и н.-луж. blido — «стол», blidko, blidar (н.-луж. blidaŕ) — «столяр», в.-луж. blidować — «пировать». Др.-рус. (с XI в.) **блюдо** — «поднос», «миса», «блюдо», «диск» [также «корзина» (?) = «canistrum»], **блюда**, *ж.* — «чаша»; **блюдва** (< блюдъва, от им. блюды?) — «canistrum» [Исх. XXIX, 32: блюдвѣ (нов.-ц.-сл.: въ коши)] (Срезневский, I, 120—121); (с XIV в.) **блюдьце** в духовной Ивана Калиты ок. 1339 г. (Черепнин, 7). Ст.-сл. блюдо, *ср.*: блюдъ, *м.*, употр. обычно как синоним к миса (SJS, I:3, 116). □ Ср. гот. biuþs, *m.* — «стол»; др.-в.-нем. beot — «стол», «поднос»; др.-исл. bjōð — «поднос» (совр. исл. bjöð — поэт. «поднос», разг. «деревянный ящик для лесы»); др.-англ. béod. Согласно традиционному в этимологических словарях объяснению, о.-с. *bljudo (: *bljudъ : *bljuda) заимствовано из готского. В действительности же могло быть иначе: и германское (готское), и славянское слова могли быть параллельно возникшими образованиями от одного и того же и.-е. корня *bheudh-, выражавшего знач. «беречь», «хранить», «соблюдать». Ср. о.-с. *bljusti, 1 ед. *bljudǫ (см. *блюсти*) и гот. *-biudan — «предлагать» [anabiudan — «приказывать», «повелевать», «давать знать»; посылать (поклон)», faurbiudan — «запрещать»]; др.-в.-нем. biotan (совр. нем. bieten) — «предлагать», «предоставлять» и др. Эта точка зрения была достаточно ясно изложена уже Срезневским (I, 121): [это слово] «может быть отнесено к числу древних остатков общей собственности многих языков». Позже против обычного (но вовсе не бесспорного) объяснения выступил Обнорский (РФВ, LXXIII, 82 и сл.).

БЛЮ́МИНГ, -а, *м.* — «мощный прокатный стан, предназначенный для обжима стальных слитков в заготовки квадратного сечения». Сюда же **блюм** — «стальная заготовка, полученная прокаткой на блюминге». Укр., блр. **блю́мінг**; болг. **блу́минг**; чеш. blooming; польск. bluming. В СССР блюминги начали изготовляться с 1931 г. В словарях *блюминг* отм. с 1933 г. (Кузьминский и др., 185), позже у Ушакова (I, 1935 г., 158; там же *блюмс*); обычная теперь форма *блюм* — в СИС 1937 г., 91 (дана со ссылкой на *блум*). □ Заимствование из английского языка. Ср. англ. blooming, от bloom — «крица», «стальная болванка». *Блюмс* < англ. blooms, *pl.*

БЛЮСТИ́, блюду́, *устар. книжн.* — «тщательно хранить», «оберегать», «защищать». *Сущ.* **блюсти́тель**. *Глаг. с приставками:* **наблюда́ть, соблюда́ть**. В других современных слав. яз. отс. Др.-рус. (с XI в.) блюсти, 1 ед. блюду — «наблю-

дать», «охранять», «остерегать», «заботиться», **блюстися, блюстель** — «блюститель» (Срезневский, I, 121, 122). Ст.-сл. блюсти, 1 ед. блюдѫ, блюсти сѧ, блюстель, блюститель (SJS, I:3, 116—117). □ О.-с. *bljusti (< *bjusti < *bjudti), 1 ед. *bljudǫ (< *bjudǫ). И.-е. корень *bheudh- (: *bhoudh- : *bhudh-) — «бодрствовать», «наблюдать». Ср. лит. baũsti, 1 ед. baudžiù (< *bhoudh-jō) — «наказывать», «заставлять», baũdinti — «ободрять», «побуждать»; латыш. bust, 1 ед. budu — «бодрствовать», baudīt — «рассматривать», «пробовать», «взвешивать»; др.-прус. budē — «(они) бодрствуют»; гот. ana-biudan — «приказывать», «определять»; др.-в.-нем. biotan (совр. нем. bieten) — «просить», «предлагать»; др.-исл. bjōða (совр. исл. bjóða) — «просить», «приглашать», «предлагать»; греч. πεύθομαι — «разузнаю», «получаю сведения», «расспрашиваю»; авест. baoδaite — «разузнаёт», «выясняет»; др.-инд. bṓdhati, bṓdhate — «просыпается», «воспринимает», «наблюдает». См. также *будить*, *бодрый*.

БЛЯ́ХА, -и, *ж.* — «металлическая (чаще всего жестяная, блестящая) пластинка с надписью, номером или рисунком как опознавательный знак или как украшение». Укр., блр. **бляха**; болг. **блях : блех**; польск. blaszka (ср. blacha — «жесть»). Ср. чеш. plechový štítek (от plech — «жесть»). Ср. название жести в других слав. яз.: с.-хорв. **плѐх**; н.-луж. blach. В русском языке *бляха, бляшка* известны с XVIII в. В словарях отм. с 1704 г. (Поликарпов, 25). □ Первоисточник — нем. Blech — «жесть», Blechschild, Blechplatte — «бляха» (сначала — из жести).

БОА́, *нескл.* — 1) *м.* «большая змея семейства удавов, живущая в тропических странах», Boa constrictor; 2) *ср.* «длинный женский шарф из меха или перьев». Укр. **боа́**; блр. **баа́**; болг. **боа́**; с.-хорв. **бо̏а**; польск. boa; чеш. boa (только во 2 знач.). В русском языке слово *боа* известно с начала XIX в. Встр. (в 1 знач.) в «Записках» Свиньина, 1817 г., 129, где речь идет о змее. Позже, в 1830 г., его употребил (во 2 знач.) Пушкин в «Евгении Онегине», гл. VIII, строфа 30: «накинет / *Боа* пушистый на плечо» (черновые варианты: «*боа* соболий», «змею соболью» и др. — ПСС, VI, 179, 631). В словарях оба знач. отм. с 60-х гг. (Даль, I, 1863 г., 89: *боа*). □ В европейских языках это слово восходит к латин. boa — «водяная змея», слову неизвестного происхождения. В русском языке, надо полагать, заимствовано при французском посредстве (во франц. языке это слово известно как зоологический термин с XIV в. в знач. «меховой шарф» с начала XIX в.).

БОБР, -а́, *м.* — «пушной зверь из отряда грызунов, с бурой или темной окраской шерсти, с широким, сплюснутым чешуйчатым хвостом», Castor fiber. **Бобёр** — «мех бобра». *Прил.* **бобро́вый, -ая, -ое**. Укр. **бобе́р, бобро́вий, -а, -е**; блр. **бабёр, бабро́вы, -ая, -ае**; болг. **бо́бър**, диал. **бе́бер : бъ́бър, бо́бров, -а, -о**; словен.

БОБ

bober (диал. beber?), bobrov, -a, -o; чеш. bobr, bobrový, -á, -é, bobří; словац. bobor, bobrový, -á, -é; польск. bóbr, bobrowy, -a, -e; в.- и н.-луж. bobr. Сюда же относится с.-хорв. дàбар (< **бъбъръ*). Др.-рус. (с XII в.) *бобръ*, *бобровый* (Срезневский, I, 124, 125). Но ср. в Сл. плк. Игор., в плаче Ярославны: *«бебрянъ рукавъ»* (Виноградова, в. 1., с. 42). ▫ О.-с. *bobrъ (: *bebrъ) : *bъbrъ (: *bьbrъ). Основа представляет собою удвоенный и.-е. корень *bher-, выражавший знач. «коричневый», «бурый» и близкие к этому цвета [но рус. *бурый* (см.), конечно, не имеет никакого отношения к слову *бобр*]. И.-е. *bhe-bhro-s : *bhe-bhru-s получило отражение как название бобра в ряде и.-е. языков. Ср. лит. bēbras (по говорам: bābras, bebrùs > debrùs); латыш. bebrs; др.-прус. bebrus; др.-в.-нем. bibar (совр. нем. Biber); др.-англ. beofor (совр. англ. beaver); лат. fiber; авест. bawra-. Ср. также др.-инд. babhrú-ḥ «коричневый», как сущ. «ихневмон», «мангуста».

БОБЫ́ЛЬ, -я́, *м.* — «одинокий, бездомный человек»; *ист.* «в Московской Руси XV—XVI вв. — безземельный крестьянин-бедняк». *Женск.* бобы́лка. Бобыли́ха — «жена бобыля». **Бобы́льщина**, *ист.* — «оброк с бобыля». Укр. бобы́ль и блр. бабы́ль, возможно, из русского. В других слав. яз. отс. Ср. в том же знач. польск. samotnik. ▫ Происхождение считается неясным. Но едва ли есть необходимость искать источники этого слова за пределами русского языка: возможно, мы имеем здесь дело с таким же неполным удвоением корня, как в слове *бобр* (см.). Ср. с удвоением корня рус. диал. бобы́рь — «пескарь» при бы́ркий — «быстрый», «бойкий», быру́га — «ямина, вырытая или заливаемая яроводъем», бырь — «быстрина в потоке», далее бо́быч — «глупый, бестолковый человек» при бычи́ться — «быть упорно и дико застенчивым», также бобы́ня — «надутый, спесивый человек» при бу́ня (ср. фамилию *Бунин*) в том же знач. и т. д. (см. Даль, I, 90 и сл.). По-видимому, это слово значило на первых порах «крестьянин-одиночка», «один-одинешенек, как былинка». Корень *бы-* — как в *былинка* — «(одиночный) стебелек травы», диал. бы́лка — «травинка» (Даль, I, 132). Ср. др.-рус. *быль* — «трава» (Срезневский, I, 203). М. б., слово возникло сначала в условиях экспрессивной речи. Ср. др.-рус. *сирота* — «крестьянин» (Срезневский, III, 359). В конце концов «эмоционального» происхождения и слово *крестьянин* (< *хрестьянин*, *христианин*, в противоположность *нехристям*).

БОГ, -а, *м.* — «по религиозным представлениям — (при единобожии) высшее, всемогущее, сверхъестественное существо, управляющее вселенной; (при многобожии) одно из более или менее могущественных неземных существ, принимающее то или иное участие в жизни людей». *Женск.* **боги́ня**. *Прил.* бо́жий, -ья, -ье, бо́жеский, -ая, -ое. *Глаг.* божи́ться. Укр. бог (но ср.

БОГ

спаси́бі < спаси бíг), боги́ня, бо́жий, -а, -е, бо́жеський, -а, -е, божи́тися; блр. бог, багíня, бо́жы, -ая, -ае, бажы́цца; болг. бог, боги́ня, бо́жи, бо́жески, -а, -о, бо́жа се — «божусь»; с.-хорв. бôг, бòгиња, бòжица, бôжjи, -ā, -ē, божàнски, -ā, -ō — «божеский»; словен. bog, boginja, božji, -a, -e, božanski, -a, -o; чеш. bůh, род. boha, bohyně, boží — «божий»; словац. boh, bohyňa, boží, -ia, -ie, božský, -á, -é — «божественный»; польск. bóg, bogini, boski (< *božski), -a, -ie; в.-луж. bóh, bohowka — «богиня», boži, -a, -e, но о языческом боге — bohowy, -a, -e; н.-луж. bog, bogowka, boži, -a, -e, но о языческом боге — bogowski, -a, -e. Др.-рус. (с дописьменной эпохи) и ст.-сл. бог, богыни (им. ед.), божий, -ья, -ье (ст.-сл. божни, -ня, -не — SJS, 1: 4. 133), божити — «боготворить», божитися (ст.-сл. сѧ) — «давать клятву» (Срезневский, I, 137 и сл.). ▫ О.-с. *bogъ, *božьjь, -ja, -je. И.-е. корень *bhag- — «наделять», «раздавать» (Pokorny, I, 107). В фонетическом и семантическом отношении о.-с. *bogъ ближе всего к соответствующим древнеиранским образованиям. Ср. авест. baγa- : bagha- «участь», «судьба», а также «господин», «бог» (ср. совр. перс. хода — «бог»). Поэтому иногда о.-с. *bogъ считают заимствованием из др.-иран. диалектов (напр., из скифских). В недавнее время ср. Moszyński, 92. Параллельные образования имеются, однако, и в древнеиндийском. Ср. др.-инд. bhága-ḥ — «благосостояние», «счастье», а также «наделяющий», «дарующий» и как эпитет некоторых богов, bhagavant — «блаженный», «великий» (ср. совр. хинди бхāгӣ — «счастье», бхаг'вāн — «бог»). Ср. также др.-инд. bhajati — «наделяет», «распределяет». И вообще говоря, слова этого корневого гнезда не являются достоянием только индо-иранской и славянской групп и.-е. языков. Ср. греч. у Гесихия: «Βαγαῖος... Ζεὺς Φρύγιος» (фригийское наименование Зевса), βαγος — «ломоть хлеба», а также «владыка», «царь» (правда, эти слова не всегда связывают с др.-перс. baga-; см. Frisk, I, 207); греч. φαγεῖν — «есть», φάγος — «любитель поесть», «лакомка»; ср. также позднегреч. φαγόνες — «челюсть» (у Гесихия). Отсюда связь с нем. Backe — «щека». В последнее время связывают также с тохар. A pāk, тохар. В pāke — «доля», «часть». Старшее знач. о.-с. *bogъ, по-видимому, было «наделяющий (богатством)» и т. п. М. б., сначала оно являлось эпитетом при имени какого-нибудь «доброго» языческого бога (ср. Даждь-богъ в Пов. вр. л. под 6488 г. — Срезневский, I, 624). См. *богатый*.

БОГА́ТЫЙ, -ая, -ое — «имеющий много собственности или денег», «зажиточный»; «обильный»; «ценный». *Сущ.* бога́тство, бога́ч. *Глаг.* богате́ть. Укр. бага́тий, -а -е (нареч. бага́то), бага́тство, бага́ч, багати́ти; блр. бага́ты, -ая, -ае, бага́цце — «богатство», багаце́ць (но «богач» — багаты́р, багаце́й, «богатырь» — во́лат, асíлак);

болг. богáт, -а, -о, богáтство, богатáш — «богáч», богатéя — «богатею»; с.-хорв. bògat(и), -а, -о, bògatstvo, bogàtāš — «богáч», bògatiti — «обогащáть», bògatiti se — «богатéть»; словен. bogàt, -а, -о, bogastvo, bogataš, bogatiti, bogateti — «богáтеть»; чеш. (и словац.) bohatý, -á, -é, bohatství (словац. bohatstvo), boháč, bohatnouti (словац. bohatnut') — «богатéть»; польск. bogaty, -a, -e, bogactwo, bogacz, bogacić się — «богатéть»; в.-луж. bohaty, -a, -e (нареч. bohaće), boha(t)stwo, bohač(k), bohatnyć — «богатéть»; н.-луж. bogaty, -a, -e (нареч. bogaśe), bogatstwo. Др.-рус. (с XI в.) и ст.-сл. богатъ, богатый, богатьство, богатити (ср. совр. рус. *обогатить*), богатѣти (Срезневский, I, 126, 128; SJS, I : 3, 122—123). Позже других — *богач*; как прозвище это слово известно с XVII в. (1633 г. — Тупиков, 50, 51), в словарях — с 1731 г. (Вейсман, 72). □ О.-с. *bogatъ, *bogatъjь. Этимологически связано с *бог* (см.), и это косвенно еще раз свидетельствует о том, что значение слова *bogъ в о.-с. языке установилось не сразу, что оно могло быть «наделяющий богатством», «дарующий благополучие».

БОГАТЫ́РЬ, -я́, м. — «былинный витязь»; «силач большого роста и крепкого сложения». *Прил.* богатырский, -ая, -ое. Укр. богати́р, богати́рський, -а, -е. Но блр. багаты́р — «богач», «богатей». В других слав. яз. лишь как русизм: болг. богати́р (ср. эп. юна́к — тж.); чеш. bohatýr (ср. в том же знач.: hrdina, silák); польск. bohater (ср. в том же знач.: heros, siłacz). Др.-рус. богатырь — «витязь», «герой» в Никон. л. под 6509 г., в форме богатуръ («Бѣдяй *богатуръ*») в Ип. л. под 6748 г. (Срезневский, I, 127). □ Слово, надо полагать, восточного происхождения. Уже Срезневский (I, 128) отм. со ссылкой на Карамзина прозвище Есукая, отца Темучина, Багадур и сопоставил его с Баядур, именем воеводы Чингисхана. Ср. азерб. baһadyr — «богатырь»; узб. baһodir, botir — тж.; каз.-тат. baһadir — тж.; якут. buxatы́r : buӽatы́r : buoӷatы́r : bukatы́r — тж.; кирг. baatыr; туркм., казах. batыr — «силач»; уйг. batur — тж. Ср. турец. batır («смелый», «отважный», «храбрец». Слово известно в тюрк. языках с давнего времени: Gabain, 300: baɣatur — «Held» («герой»). Но это слово не только тюркское. Ср. монг. и бурят. baatar — «герой», «витязь», «богатырь». Оно известно и в языках иранской группы. Ср. перс. bähador — «храбрый», «смелый», «богатырь»; афг. baһādúr — «храбрый», «отважный»; тадж. baһodur — «богатырь». Из тюркских языков — осет. bæɣatyr : bæɣatær — «известное по памятникам письменности с X—XII вв. (Абаев, I, 245—246). Кроме того, ср. хинди baһādur — «смелый», «храбрый», «мужественный». Трудно сказать, когда и какими путями это с трудом поддающееся этимологизации восточное слово попало на территорию Древней Руси и вошло в словарный состав древнерусского

языка. Сколько-нибудь достаточного основания считать это слово именно тюркским по происхождению не имеется. У Дмитриева в списке тюркизмов отс. Локоч (Lokotsch, § 175, § 569) вслед за Шифнером и др. считает это слово персидским, связывая его с *bagpūr [из др.-перс. bag(a) — «бог» + pūr — «сын»], в арабизированной форме fagfūr (титул китайского императора).

БОГÉМА, -ы, ж. — «мелкобуржуазная среда материально необеспеченной художественной интеллигенции (художники, литераторы, актеры, музыканты и пр.), ведущей беспорядочный образ жизни». *Прил.* богéмный, -ая, -ое. Укр. богéма; блр. багéма. Ср. болг. бохéми, бохéмски, -а, -о — «богéмный»; чеш. bohéma; польск. bohema. В русском языке слово *богéма* — позднее, с последней четверти XIX в., в словарях — с 1891 г. (СРЯ¹, т. I, в. 1, с. 221). □ Первоисточник — франц. bohème, f. — «богéма» (старшее знач. «житель, население Богемии»); ср. Bohémien, -ne — «цыган», «цыганка». Из французского: нем. Boheme; ит. boemme; исп. bohemia; англ. Bohemia и пр. Во французском bohème, m. восходит к средневек. латин. bohemus — «житель Богемии», отсюда «цыган» (в Западной Европе цыгане появились из Богемии). Позже (с 1710 г.) появляется bohème, f. в перен. смысле (vie de bohèmes). В совр. знач. это слово становится популярным после 1851 г., когда появилась книга очерков А. Мюрже «Сцены из жизни богемы».

БОДА́ТЬ, бода́ю — «толкать, бить рогами, лбом». *Возвр. ф.* бода́ться. Однокр. бодну́ть. *Отглаг. прил.* боди́вый, -ая, -ое. Блр. бада́ць, басці́, бада́цца, басці́ся, бадну́ць, бадлі́вы, -ая, -ае; болг. бода́ — «бодáю», бо́дна — «бодну́», бодли́в, -а, -о — «колючий»; с.-хорв. bòsti, 1 ед. bòdēm, bòdljiv(ī), -а, -о — «колючий»; ср. также bôd — «укол», bòdlja — «игла», «колючка», bòdlji, *мн.* — «хвоя»; словен. bosti, zbosti, bodljiv, -a, -o — «бодливый», «колючий», ср. bodèč, -a, -e, bodičast, -a, -o — «колючий»; bodica — «колючка», «игла», «жало», bodljaj — «удар», «толчок», «укол»; чеш. bodati — «колоть», «жалить», bodnouti — «уколоть», «ужалить», ср. также bodák, bodlo — «штык», bodný, -á, -é — «колющий»; словац. bodat' — «колоть», «жалить», bodl'avý, -á, -é — «колючий», bodák, bodlo — «штык»; польск. bóść (się), 1 ед. bodę — «бода́ть(ся)», bodnąć — «боднуть», bodliwy, -a, -e — «бодливый», но bodłak — «боярышник», bodziak — «чертополох»; в.-луж. bosć, 1 ед. bodu — «бодать», «тыкать», bodźak — «штык», «острие». Др.-рус. (с XI в.) бости, 1 ед. боду — «бодать», бодливый, бодливый; сюда же, вероятно, относится босъ — «дьявол» (из *bodsъ); ср. также бодль — «шип» (Срезневский, I, 140, 158). Ст.-сл. (только в Супр. р.) бости, 1 ед. бодѫ — «колоть» (SJS, I : 4, 138). □ О.-с. *bosti (< *bodti), 1 ед. *bodǫ (Pokorny, I, 113), восходит к и.-е. *bhedh- (: *bhodh-) — «колоть», «жалить», «тыкать». Ср. лит. bèsti, 1 ед. bedù — «втыкать», «вонзать»; латыш. best — тж; лит. badýti — «бодать», «тыкать», «колоть»; латыш. badīt — тж.; лит. badùs — «бодливый», «колючий»; латыш. bedre — «яма», «могила»; др.-прус. boadis — «укол»; м. б., гот. badi — «постель» (если это знач. из «яма», «могила»); др.-в.-нем. bet(t)i (совр. нем. Bett, Beet) — «постель», «грядка»; др.-сканд. beðr (исл. beður) — «перина»; англ. bed — «постель», «грядка»; латин. fodiō (перф. fōdī) — «копать», «толкать»; в кельтских языках: кимр. (вал.) bedd — «могила» (< «нечто вырытое, вскопанное», «яма»); корн. beth; бретон. bez (Льюис — Педерсен, §43) и др.

БО́ДРЫЙ, -ая, -ое, — «полный сил», «жизнеспособный», «деятельный». Кр. ф. бодр, -а́, -о. Сущ. бо́дрость. Из русского — в других слав. яз.: болг. бо́дър, -дра, -дро — «бодрый», бо́дрост; с.-хорв. бо̏дар, -дра, дро : бо̏дрӣ, -а̑, -о̑ [хотя известно и ба̏дар, ба̏дрӣ, т. е. с закономерно сербским произношением (из о.-с. *bъdrъ)]; бо́дрост; словен. boder, -dra, -dro, bodrost; чеш. (и словац.) bodrý, -á, -é — «добродушный», bodrost. Ср. в том же знач.: укр. бадьо́рий, -а, -е; блр. бадзёры, -ая, -ае; польск. rześki, -a, -ie. Др.-рус. (с XI в.) бъдръ, бъдрый — «бодрый», «здоровый», «бдительный», «смелый», (с XII в.) бъдрость (Срезневский, I, 196). Ст.-сл. бъдръ, бъдрын (SJS, I: 4, 149). ◻ О.-с. *bъdrъ (: *bъdrъjь. Образовано от глаг. *bъděti (> рус. книжн. бде́ть; см. бди́тельный) с помощью суф. -r- (как в о.-с. *chytrъ, *dobrъ и мн. др.). Ср. лит. budrùs — «бдительный» (при budéti — «дежурить», «бодрствовать»). См. также буди́ть, бу́дни. И.-е. база *bheudh- (: *bhudh-).

БОЙ, -я, м. — «битва», «сражение»; «состязание», «поединок»; «битье». Укр. бій, род. бо́ю; блр., болг. бой; с.-хорв. bôj; словен., чеш., словац. boj; польск., в.-луж. bój. Др.-рус. бой — «драка», позже «битва» (Срезневский, I, 143). ◻ О.-с. *bojь к *biti (см. бить). Праславянский абляут i : oi (ср. гнить — гной, слить — слой и др.). И.-е. корень *bhei(ə)- : *bhoi(ə)-.

БОЙКО́Т, -а, м. — «прием политической (также экономической) борьбы, характеризующийся полным или частичным прекращением отношений с отдельным лицом, организацией, предприятием, государством». Глаг. бойкоти́ровать. Укр. бойко́т, бойкотува́ти; блр. байко́т, байкатава́ць. Ср. болг. бойко́т, бойкоти́рам — «бойкотирую»; с.-хорв. бо̀јкот, бо̀јкотовати; чеш. bojkot, bojkotovati; польск. bojkot, bojkotować. В словарях бойкотировать отм. с 1890 г. (Гарбель, I, 624), затем СРЯ¹, т. I, в. 1, 1891 г., 232. Сущ. бойкот появилось в начале 1900-х гг. Ср. название статьи Ленина «Бойкот Булыгинской думы», 1905 г. (ПСС⁵, XII, 167); в словарях — с 1907 г. (А. М. Виноградов, СИС, 40). ◻ Ср. англ. boycott (произн. ′bɔɪkət); нем. Boykott, boykottieren; франц. boycottage (отсюда турец. boykotaj), boycotter; фин. (с.) boikotti, boikotata; хинди ба́йкат. Источник распространения — англ. boycott. По имени управляющего крупным имением в Ирландии англичанина Джемса Бойкотта, против которого в 1880 г. ирландские фермеры, возмущенные жестокой эксплуатацией, по предписанию ирландской земельной лиги впервые применили этот прием борьбы. В русском языке сначала, по-видимому, вошел в употр. глаг. бойкоти́ровать, заимствованный, надо полагать, из немецкого (ср. нем. boykottieren).

БОК, -а, м. — «правая или левая сторона (или часть) туловища (у человека — от плеча до бедра, у животных — между передними и задними ногами, лапами)»; «сторона». Прил. боково́й, -а́я, -бе. Сюда же подбоче́ниться. Укр. бік, род. бо́ку, бокови́й, -а́, -е́, бічни́й, -а́, -е́; блр. бок, бакавы́, -а́я, -бе; с.-хорв. бôк — «бок», «сторона», «борт», бо̑чнӣ, -а̑, -о̑ — «боковой», подбо́чити се — «подбочениться»; словен. bok, bočen, -čna, -čno, podbočiti se; чеш. bok, boční; словац. bok, bočný, -á, -é; польск. bok, boczny, -a, -e; в.-луж. bok, boczny, -a, -e; н.-луж. bok, bocny, -a, -e. В болг. отс. (ср. страна́ — «бок»). Др.-рус. (с XI в.) бокъ, дв. бока (Срезневский, I, 143). В ст.-сл. отс. Прил. боково́й в словарях отм. с 1704 г. (Поликарпов, 30). ◻ Слово в этимологическом отношении неясное. С точки зрения фонетической и семасиологической, возможно, одного происхождения с др.-англ. bæk (совр. англ. back) — «спина», «оборотная сторона», «изнанка» (как нареч. «назад», «обратно»); исл. bak — тж.; швед. bak — «зад»; дат. bag — «спина», «спинка» (напр., стула), «зад» (как нареч. «позади», «сзади»). Старшее знач. о.-с. *bokъ могло быть «оборотная (обратная) сторона». См. Machek, ES, 37.

БОКС, -а, м. — «вид спорта — кулачный бой, проводимый по особым правилам в специальных перчатках». Сущ. боксёр. Глаг. бокси́ровать. Укр. бокс, боксе́р, боксува́ти; блр. бокс, баксёр, бакси́раваць; болг. бокс, боксьо́р, бокси́рам (се) — «боксирую»; с.-хорв. бôкс, бо̀ксер; чеш. box, boxer, boxovati; польск. boks, bokser, boksować. В русском языке известно с 1-й пол. XIX в. Слово бокс встр. в комедии Сухово-Кобылина «Свадьба Кречинского», 1856 г., д. II, явл. 3. Но ср. у Пушкина бокси́ровать — «драться на кулачки по правилам бокса» (об англ. лорде; «Разговор о критике», 1830 г. — ПСС, XI, 91). Даль (I, 1863 г., 97) отм. бо́ксать; — «слово, перенятое в наших гаванях, говоря о драке и задоре заморских матросов; кула́чки, кулачный бой». В словарях бокс отм. с 1865 г. (Михельсон, 91; там же бокси́ровать); боксер — с 1845 г. (Кирилов, 15 bis). ◻ Слово английское. Ср. англ. box — «удар» > «бокс», в последнем знач. также boxing, boxer — «боксер». Из англ.: франц. (с конца XVII в.) boxe — «бокс», (с 1788 г.) boxeur — «боксер», (с 1772 г.) boxer (=англ. to box) — «боксировать»; нем. Boxen, Boxer; исп. boxeo, boxeador. Из франц.: ит. boxe; турец. boks, boksör. Корень германского происхождения. Ср. нем. pochen — «биться (с кем-л.)». В русский язык слова *бокс*, *боксер* попали, видимо, из французского, *боксировать* возникло на русской почве.

БОЛВА́Н, -а, *м.* — 1) *прост. бран.* «тупица», «остолоп»; 2) «деревянная (или из иного материала) форма для расправления шляп, париков и т. п.». Ср. укр. болва́н — «болван» (во 2 знач.; ср. как бран. слово — ду́рень, йо́лоп и т. п.). Ср. болг. балва́н — «очень большой камень», «скала»; с.-хорв. ба́лван — «бревно», «балка», «земляная гряда»; чеш. и словац. balvan (ст.-чеш. bolvan) — «бесформенная глыба чего-л. твердого» (напр., каменная, соли, льда), «валун»; польск. bałwan — «глыба», «обломок», «чурбан», «колода», «вал», «волна», «клуб (дыма)», также «идол», «божок», «болван» (о человеке). Др.-рус. (с XI в.) бълванъ > болванъ — «столб (колонна)», «пень», «чурбан», «идол (истукан)», «жертвенник» (Срезневский, 1, 197). Ср. «Тьмутораканьский бльванъ» в Сл. о плк. Игор. В памятниках старославянского языка (балканского происхождения) отс. Ср. у Поликарпова (1704 г., 30): *болван* — «образ резаный», там же в знач.: «форма»: *болван* шапочный. Ср. позднее у Нордстета (I, 1780 г., 41): «*болван* паришный — une tête à peruque». ▫ Слово очень неясное в этимологическом отношении. В вост.-слав. языках, по-видимому, с Востока, и вероятнее всего, из тюркских языков. В тюркских языках из персидского. Ср. перс. pählevan — «герой», «витязь» > «борец», «чемпион»; тадж., узб. паҳлавон — «богатырь»; афг. paḥlavân — «герой» (литературного произведения); турец. pehlivan — «богатырь»; азерб. pəhləvan — тж.; особенно: туркм. пәлван — тж.; кирг. балбан — «богатырь», «силач», «борец»; казах. балуан — «борец». По словам Дмитриева (21), «русские... сперва называли болванами статуи «каменных баб», найденные на юге России, а потом уже стали употреблять слово в метафорическом смысле». У других славян (у южных и чехов) это слово может быть другого происхождения. Лит. bulvõnas — из др.-рус. языка, более позднее balvõnas — из блр. (Fraenkel, 33).

БОЛО́НКА, -и, *ж.* — «особая порода мелких комнатных собак с белой волнистой шерстью». Из русского: укр. боло́нка; блр. баби́нка. В других слав. яз. в том же знач.: чеш. muflík; но ср. польск. bonończyk. В русском языке — с начала XIX в. (встр. в басне Крылова «Две собаки», 1823 г.: «Жужу, кудрявую *болонку*»). ▫ Сокращенное от «*болонская* собака» (ср. Осипов, «Виргилиева Енеида наизнанку», 1796 г., ч. IV, песнь 7, с. 72), «собака *болонской* породы», по названию г. Болонья (в Италии). Ср. нем. Bologneser Hündchen — «болонка». Ср. франц. bolonais — «болонский». Но ср. название болонки: франц. bichon; ит. cagnolino di pelo lungo и т. д.

БОЛО́ТО, -а, *ср.* — «участок земли с избыточной влажностью», «топкое место (обычно покрытое растительностью, с кочками), со стоячей водой»; «топь», «непросыхающая грязь». *Прил.* боло́тный, -ая, -ое, боло́тистый, -ая, -ое. Укр. боло́то, боло́тний, -а, -е, болоти́стий, -а, -е; блр. бало́та, бало́тны, -ая, -ае, бало́цисты, -ая, -ае; болг. бла́то — «болото», бла́тен, -тна, -тно, бла́тист, -а, -о; с.-хорв. бла́то — «грязь», «болото», «топь», устар. «озеро», бла́тан, -тна, -тно: бла́тний, -а̄, -о̄ — «грязевой», «грязный»; словен. blato — «грязь» (ср. močvirje, barje — «болото»), blaten, -tna, -tno; чеш. bláto — «грязь» (ср. bažina — «болото»), blátivý, -á, -é; словац. blato, blativý, -á, -é, blatný, -á, -é (знач. — как в чеш.); польск. błoto — «грязь» и «болото» (ср. bagno — «болото»), błotny, -a, -e; в.-луж. błoto — «грязь», błotny, -a, -e; н.-луж. błoto — «топь», «болото». Др.-рус. (с XI—XII вв.) болото — «болото, palus» (Срезневский, I, 146). Ст.-сл. блато — «болото»; ср. блатьнъскъ — «балатонский» (SJS, I : 3, 112). *Прил.* болотный отм. Поликарпов, 1704 г., 30; болотистый — Вейсман, 1731 г., 624. ▫ О.-с. *bolto. Первоначальное знач. несколько иное: или «болото не ржавое», без ржавой, багровой окраски, обусловленной присутствием бурого железняка в почве, или «чистое болото», без зарослей (об этих народных определениях *ржавый, чистый* и др. см. у Даля, I, 98; ср. *багровый, багно*) или даже «белое болото», по цвету т. наз. белых (сфагновых) мхов. Отсюда связь с лит. báltas — «белый», латыш. balts — тж. Без суф. -t- ср. лит. balà — «болото». Ср. еще алб. baltë — «грязь», «тина», «глина». Сюда же отн. нем. Pfuhl (др.-в.-нем. pfuol) — «болото», «лужа»; голл. poel — «стоячая вода», «лужа», «болото»; англ. pool (др.-англ. pōl) — «лужа», «омут»; дат., норв. pøl, швед. pöl — «жидкая грязь». О.-г. *pōl- (Falk — Torp², II, 863 и др.).

БОЛТ, -а́, *м.* — 1) «цилиндрический металлический стержень с головкой на одном конце, с резьбой и гайкой на другом»; 2) «толстый железный прут или полоса для запирания ставен, дверей и т. п.». *Прил.* болтово́й, -а́я, -о́е. Укр. болт (ср. прого́нич — во 2 знач.), болтови́й, -а, -е; блр. болт (ср. про́сва, во 2 знач.), балто́вы, -ая, -ае; болг. болт (в 1 знач.). В других слав. яз. отс. Ср. в том же знач.: с.-хорв. гвоздени прут или реза; чеш. svorník, šroub, závora; польск. sworzeń, śruba, rygiel. В специальном знач. «род стрелы, книппель для стрельбы из пушки» в выражении *самострельный болт* это слово встр. уже в «Книге о ратном строе» 1647 г. Ср. польск. bełt — «стрела». Несколько позже, в начале XVIII в., слово *болт* появляется и в совр. знач., но сначала в форме *боут* (Смирнов, 64). В словарях — с 1789 г. (САР¹, I, 278). *Прил.* болтовой впервые — у Даля (I, 1863 г., 99). ▫ Заимствовано из одного из языков германской группы. Ср. голл. bout (произн. bout, с широким о) — «болт», «шкворень»; ср.-н.-нем. bolte — «болт», «затычка»; дат. bolt — тж.; англ. bolt —

«болт», «стрела», «удар грома». Сюда же отн. и нем. Bolzen — «болт», «короткая стрела». В германских языках [о.-г. *bhldó- (Falk — Torp², I, 92)], м. б., родственное образование с лит. báldyti — «стучать», «колотить». Другие языковеды (ср. Kluge¹⁰, 66) полагают, что оно заимствовано из латинского [ср. латин. (cata)pulta — «военная метательная машина», «метательный снаряд», а в латинском из греч. καταπέλτης — тж., от глаг. καταπάλλομαι — «низвергаюсь», «устремляюсь (вниз)», где κατα- — приставка].

БОЛТÁТЬ, болтáю — 1) «двигать чем-л. из стороны в сторону»; 2) «разговаривать о неважном, незначительном» (< болтать языком). Возвр. ф. болтáться. Сущ. болтовня́, болту́н, болту́нья, болту́шка. Прил. болтли́вый, -ая, -ое. Укр. бо́втати (жидкость), но дри́гати (ногами), ля́пати, бала́кати (языком); блр. бо́ўтаць (жидкость), но в других случаях — матля́ць, балбата́ць. Ср. польск. bełtać — «болтать что-л.», но bujać (ногами), gadać, trajkotać (языком). Ср. словен. bolt — «пучина»; также польск. диал. bełt — «водоворот», bełty — «подонки». В русском языке в 1 знач. появилось раньше (XVII в.). Во 2 знач. в словарях отм. с 1731 г. (Вейсман, 472: болтати, там же болтун, болтунья); болтливый — с 1780 г. (Нордстет, I, 41); болтовня (в знач. «болтливый человек») — с 1789 г. (САР¹, I, 273). □ О.-с. форма, возможно, *bъltati. Первоначально — о жидкости, о воде. Звукоподражательное (ср. бултых, булькать и т. п.).

БОЛЬ, -и, ж. — «ощущение физического или нравственного страдания». Сюда же болéть, больнóй. Укр. біль, род. бо́лю, болíти, болю́чий, -а, -е — «больной»; блр. боль, балéць, балю́чы, -ая, -ае; болг. болка, болú, безл. — «болит», болéя — «болею», «хвораю»; с.-хорв. бо̑л, бо̀лети, бо̏лан, -лна, -лно : бо̑лни, -а̄, -о̄; словен. bol, boleti, bolan : -lna, -lno; чеш. bol — «скорбь», «печаль» («боль» — bolest, bolení), boleti («больной» — nemocný, -á, -é); словац. bôl', boliet', bôl'ny, -á, -é — «болезненный»; польск. ból (чаще boleść), boleć («больной» — chory, -a, -e); в.-луж. ból, boleć, bólny, -a, -e; н.-луж. bol, bolosć, boleś, bolosćiwy, -a, -e — «больной». Др.-рус. (с XI в.) боль — «больной», несколько позже «болезнь», болѣти, больный, больнъ (Срезневский, I, 146, 147, 150). Ст.-сл. болъ — «больной», больный, (чаще) больнъ, болѣти (SJS, 1 : 4, 135, 136). □ О.-с. *bolь. В этимологическом отношении неясное слово. Ср. гот. balwa-wēsei — «злость», «ехидство»; др.-в.-нем. balo : balu — «уничтожение», «гибель»; др.-исл. bǫl — «зло», «вред», «бедствие», «несчастье»; др.-англ. b(e)alu (англ. устар. bale) — «бедствие», «несчастье»; др.-ирл. (кимр.) bal — «болезнь». И.-е. база *bhel-eu- (Pokorny, I, 125). Другие сопоставления и сближения [вроде странного сопоставления с латин. doleō — «болею», «скорблю», dolor — «боль», «страдание», «скорбь» и пр. (Machek ES, 37) или с о.-с.

*bolьjь — «больший» (Vaillant, RES, XXII, 40)] нельзя считать убедительными.

БОЛЬШÓЙ, -áя, -óе — «значительный по величине, по размерам», «крупный». Ср. ст. бóльший, -ая, -ее. Нареч. бóльше. Укр. бíльший, -а, -е (ср. ст. к велúкий, -а, -е — «большой»), нареч. бíльше: більш; блр. бóльшы, -ая, -ае (ср. ст. к вялíкі, -ая, -ае — «большой»), нареч. больш, бóлей. Ср. с.-хорв. бо̏љӣ, -ā, -ē — «лучший», нареч. бо̏ље — «лучше»; словен. boljši, -a, -e, нареч. bolje; в.-луж. нареч. bóle — «больше». В других слав. яз. отс. Ср. чеш. velký, -á, -é — «большой», větši, -á, -é — «больший»; польск. wielki, -a, -ie — «большой», większy, -a, -e — «больший»; болг. голя́м, -а, -о — «большой», пó-голя́м, -а, -о — «больший». Др.-рус. (с XI в.) болии, большии, боле (Срезневский, I, 143, 145). Ст.-сл. болии, больши, боле (SJS, I : 4, 134). □ О.-с. *boljьjь, *boljьši, *bolje. И.-е. корень *bel- (: *bol-) — «сильный», «значительный». Ср. греч. βέλτερος, βελτίων — ср. ст к ἀγαθός — «хороший» (с несколько трудным для объяснения, но все же объяснимым t в βελτίων); др.-инд. bála-m — «сила», «мощь», «насилие» (ср. хинди бал, м. — «сила»; бенг. бол, м. — тж.), báliṣṭha-ḥ — «сильнейший».

БÓМБА, -ы, ж. — «метательный разрывной снаряд». Прил. бóмбовый, -ая, -ое. Глаг. бомби́ть. Сущ. бомбёжка. Сюда же бомбарди́р, устар. — «солдат-артиллерист», бомбардировáть, отсюда бомбардирóвка с прил. бомбардирóвочный, -ая, -ое. Укр. бóмба, бóмбовий, -а, -е, бомби́ти, бомбувáння, бомбарди́р; блр. бóмба, бомбавы, -ая, -ае, бамбíць, бамбёжка, бамбардзíр; болг. бóмба, бóмбен, -а, -о, бомбарди́р; с.-хорв. бо̑мба, бомба̀дēр — «бомбардировщик», бо̀мбардовати — «бомбить», бо̀мбардовање — «бомбежка», «бомбардировка»; чеш. bomba [наряду с puma (< ст.-нем. Pomme < Pombe), откуда pumový, -á, -é — «бомбовый»], bombardovati, bombardování — «бомбежка», «бомбардировка»; польск. bomba, bombardier, bombardować. В русском языке слово бомба известно с Петровской эпохи. Старшие случаи: «съмѣрять сколь далече бомба пала», «сколько далече бомба легла» — в собственноручной тетради Петра по артиллерии, 1688 г. (ПбПВ, I, 10; отм. Christiani, 35). Далее: ПбПВ, I, 38 (1695 г.) и мн. др. Слово это, по-видимому, было возможно и в форме бомб, м.: «тысячи три бомбов» (ПбПВ, V, 176, 1707 г.). Прил. бомбовый известно со 2-й четверти XIX в. (Плюшар, VI, 1836 г., 283: «бомбовый ящик»). В письменных памятниках Петровского времени нередко встр. слово бомбардир. Напр., в «Уставе воинском» 1716 г. (ПСЗ, V, 242), ранее — в «Архиве» Куракина (I, 253) и др. Глаг. бомбардировать также употр. с самого начала XVIII в. Старший пример: «бомбардировать уже зачали» (ПбПВ, V, 309, 1707 г.). Остальные производные — более поздние: бомбардировка отм. Далем (I, 1863 г., 101), бомби́ть,

БОР

бомбёжка — в словарях отм. с 1935 г. (Ушаков, I, 173). ▫ Из западноевропейских языков. Ср. франц. bombe, *f.*, bombardier — «бомбардир», «бомбардировщик», bomber — «бомбить», «бомбардировать». Из французского языка: нем. Bombe, *f.*; англ., швед. bomb; голл. bom (*pl.* bommen); исп. bomba. Ср. также венг. bomba; турец. bomba; перс. бомб; фин. (с.) pommi; афг., хинди bam и т. д. Первоисточник — греч. βόμβος — «глухой шум», «глухой звук», «гудение», «грохот», отсюда латин. bombus — «шум», «жужжание»; к латин. восходит ит. bomba > франц. bombe. Относительно глаг. *бомбардировать* ср. голл. bombarderen; швед. bombardera; нем. bombardieren.

БОР, -а, *м.* — «хвойный (сосновый, еловый) лес, обычно на сухой почве, на большой территории, по возвышенности». *Прил.* боровой, -а́я, -о́е. Укр. бір, род. бо́ру, борови́й, -а́, -é; блр. бара́вы́, -а́я, -о́е. В других слав. яз. употр. в знач. «сосна»: болг. бор; с.-хорв. бо̑р; словен. bor. Ср. чеш. borovice — «сосна». Ср., однако, польск. устар. bór — «бор», «хвойный лес»; в.-луж. bór — «сосновый лес». Ср. в знач. «бор»: чеш. jehličnatý les; польск. las; болг. иглоли́стна гора́; с.-хорв. борова шума. Др.-рус. (с XI в.) боръ — «сосновый лес», а также «сосна» (Срезневский, I, 156). Ст.-сл. боръ — «сосна». ▫ О.-с. *borъ. Старшее знач. «сосна», отсюда — «сосновый лес» > «дремучий (хвойный) лес». В других индоевропейских языках соответствующие по корню и по значению слова находят лишь в скандинавских языках: др.-исл. bǫrr — «дерево» (?), barr — «еловая игла», «хвоя»; шв. barr — «хвойный», напр. barrskog — «хвойный лес». И.-е. *bhoros — «отрезанный, отколотый кусок дерева», «обрезок дерева», «дерево, разрезанное на доски» < и.-е. корня *bher — «обрабатывать что-л. с помощью режущего орудия», «резать» (Pokorny, I, 133 и сл.). См. *бороться*, *борода*.

БОРДО́ВЫЙ, -ая, -ое — «темно-красный, густо-красный». Сюда же *неизм.* бордо́. Укр. бордо́вий, -а, -е, бордо́; блр. бардо́вы, -ая, -ае, бардо́; в других слав. яз. только в неизм. ф.: болг. бордо́; чеш., польск. bordo. В русском языке в начале XIX в. *бордо* — «сорт красного вина». В этом знач. встр. у Пушкина (см. СЯП, I, 162). В знач. цветового прил. отм. в словарях с 1891 г. (СРЯ¹, т. I, в. 1, с. 243). Прил. *бордовый* появилось еще позже, к концу 1-й трети XX в. Встр. у Шолохова в романе «Тихий Дон», 1932 г., кн. III, гл. 50 (СС, IV, 330). В словарях с 1935 г. (Ушаков, I, 174). ▫ Как название сорта вина — из французского языка. По названию города Бордо (Bordeaux) на юго-западе Франции. Сами французы не употребляют слово bordeaux в знач. «темно-красный» (ср. rouge foncé). В других западноевроп. языках это (франц.) слово в цветовом знач. тоже отс.

БО́РЗЫЙ, -ая, -ое, *устар.* — «быстрый», «скорый», «проворный», «резвый». *Нареч.* бо́рзо. Ср. о породе собак: борза́я. Укр. бо́рзий, -а, -е, бо́рзо (но хорт — «борзая»); блр. диал. бо́рзды, -ая, -ае, бо́рзда (но хорт — «борзая»); болг. бърз : бръз, -а, -о (но хрът — «борзая»); с.-хорв. бр̑з(ӣ), -а̑, -о̑, бр̑зо, много произв.: бр̑зина — «быстрота», бр̏зити — «подгонять», «торопить», ср. бр̑зово̄з — «скорый поезд», бр̑зоја̄в — «телеграмма» (но хр̑т — «борзая»); словен. brz, -a, -o (чаще hiter, nagel), brzo, brzost, brzina, brzovlak, brzojav (но hrt — «борзая»); чеш. brzký, -á, -é — «скорый», brzo — «скоро», «рано» (но chrt — «борзая»). Ср. польск. bardzo (ст.-польск. barzo) — «очень», «весьма», но прил. отс. (как и в некоторых других слав. яз.). Др.-рус. (с XI в.) бързъ, бързый — «быстрый», «бодрый», бързо, бързость, бързина — «быстрина» (Срезневский, I, 198—199). Ст.-сл. бръзъ, бръзын, бръзо (SJS, I : 4, 145). ▫ О.-с. *bъrzъ, -a, -o, *bъrzъjь, -aja, -oje. И.-е. база *bheres- — «быстрый», «скорый» (Pokorny, I, 143). Но некоторые подробности остаются неясными: откуда в славянских языках z вм. s? М. б., под влиянием образований с суф. -d- (*bъrzd-)? Ср. блр. бо́рзды; с.-хорв. брзди́ца при брзи́ца — «быстрина», «стремнина». Ср. лит. brūzti — «хлопотать», bruzdùs — «суетливый»; также с другим формантом: bruzgùs — «быстрый», «скорый» (иногда с перестановкой ru в ur: burzdù, burzgùs). Покорный сюда относит также латин. festīnō — «тороплю(сь)», «спешу», confestim — «немедленно» (основа festi- < *fersti-); ср.-ирл. bras (основа *bhr̥sto-) — «быстрый», «стремительный» (Pokorny, I, 143; также Walde — Hofmann³, I, 488, которые, однако, воздерживаются от определения общеиндоевропейской базы).

БО́РОВ, -а, *м.* — «кастрированный самец свиньи». В других слав. яз. это знач. выражается или словами, соответствующими рус. *вепрь*: с.-хорв. ве̏пар; чеш. vepř; польск. wieprz и др., или другими словами: болг. шипа́р : шопа́р, глига́н; словен. merjasec. Ср. в том же знач.: укр. кабан; блр. парсюк [но также вяпру́к (ср. рус. *вепрь*)]. В некоторых слав. яз. слова, исторически соответствующие рус. *боров*, употр. не только с этим знач. Ср. с.-хорв. бра̑в — «боров», но также «голова» (как единица счета в стаде), «кастрированный баран»; словен. brav, род. brava — «овца», «холощеный баран», brav, род. bravi — «овечье стадо»; чеш. brav — «мелкий скот» (в том числе и боров). Но словац. brav — «боров». Др.-рус. боровъ — «скотина породы овец и коз», «кабан и баран холощеный» (Срезневский, I, 152). Ст.-сл. бравъ — «мелкий скот» (SJS, I : 4, 139). ▫ О.-с. *borvъ (< и.-е. *bhoru̯os). И.-е. корень *bher- — «резать», «колоть», «обрабатывать что-л. с помощью острого орудия» (Pokorny, I, 133, 135). Ср. др.-в.-нем. barug, barh (совр. нем. Borg, Barch) — «боров». Старшее знач. на о.-с. почве — «кастрированный баран (или другое мелкое животное)». Совр. знач. — более позднее, возникшее гл. обр. на русской почве. См. *бороть, борода*.

БОРОДА́, -ы́, *ж.* — (у человека) «волосяной покров на подбородке и щеках». В говорах: пошех. «широкая часть лемеха у плуга» (Копорский, 87); арханг. «окончательная, при содействии „помочи", уборка хлеба или сена» (Подвысоцкий, 9) и др. Ср. колым. **боро́дка** — «подбородок» (Богораз, 25). *Прил.* **борода́тый**, -ая, -ое, **борода́стый**, -ая, -ое; в сложениях, напр., **длиннборо́дый**, -ая, -ое. *Сущ.* **борода́ч**. Сюда же **подборо́док**. Укр. **борода́** — «борода», «подбородок», **борода́тий**, -а, -е, **борода́ч**; блр. **барада́**, **барада́ты**, -ая, -ае, **барада́ч**. Ср. болг. **брада́**, **брада́т**, -а, -о, -е; с.-хорв. **бра́да**, **бра́дат**, -а, -о, **бра̀да̄т**, **бра́доња** — «бородач»; чеш. brada — «подбородок», устар. «борода», bradatý, -á, -é, bradáč; польск. broda, brodaty, -a, -e, brodacz. Др.-рус. (с XI в.) **борода**, позже «подбородок», (с XII в.) **бородатый** (Срезневский, I, 152—153). Ст.-сл. брада, брадѣти — «обрастать бородой» (SJS, I : 4, 139). *Бородач* в словарях — с 1789 г. (САР¹, I, 311). □ О.-с. *borda (< и.-е. *bordhā) — «борода». Ср. лит. barzdótas (с неожиданным zd) — «бородатый»; латыш. bā́rda — тж.; др.-прус. bordus — тж.; др.-в.-нем. bart (совр. нем. Bart) — тж.; англ. beard — тж.; голл. baard — тж.; ср. германским этноним (название одного из древнегерм. племен) Langobarde (при нем. lang — «длинный», Bart — «борода»). Сюда же отн. латин. barba (< *farba); ит., исп. barba; франц. barbe и пр. И.-е. праформа *bhardhā (см. Pokorny, I, 110).

БОРОДА́ВКА, -и, *ж.* — «небольшой бугорчатый нарост на коже человека или животного (иногда с торчащими волосами)»; «нарост на коре дерева». Ср. в говорах: **борода́шка** — тж. (Немченко и др., 32). Укр. **борода́вка** [также «след отпавшего листа на стебле» (Гринченко, I, 87)]; блр. **баро́даўка**. Ср. болг. **брада́вица**; с.-хорв. **бра́давица** [ср. **бра̀да̄вка** — «сосок» (на груди)]; словен. bradavica; чеш. bradavice (при bradavka — «сосок»); словац. bradovica; польск. brodawka; в.-луж. brjodawka; н.-луж. brodajca. В письменных памятниках русского языка встр. с XVI—XVII вв., но сначала в форме *бородавица* (как в других слав. яз.). Ср. у Р. Джемса (РАС, 1618—1619 гг., 36 : 1): borodavítsa (ударение!) — «a worte» (совр. англ. wart — «бородавка»). □ От *борода́ва*. Ср. топоним *Бородава* (1648 г.; Дювернуа, 6). Происхождение слова не совсем ясно, но скорее всего — от *борода*. М. б., сначала так называлась бородавка с волосами, с «бородкой» [ср. примеры у Даля (I, 103): «на бородавке б о р о д к а (волос)»]. Едва ли помогает делу предположение Махека (Machek, ES, 40) о том, что о.-с. *bordavьka : *bordavica получилось из слова с о.-с. корнем [кроме как в этом слове не встречающимся (с гласным о) в славянских языках!] *vord- (: *verd-; ср. рус. обл. *веред* — «чирей», «нарыв»).

БОРОЗДА́, -ы́, *ж.* — «длинный прорез на поверхности земли, оставленный плугом или другим орудием пахоты». В говорах ср. колым. **борозда́** — «фарватер реки» (Богораз, 25). *Глаг.* **борозди́ть**. Укр. **борозна́**, **борозни́ти**; блр. **баразна́**, **баразні́ць**. Ср. болг. **бразда́**, **бразди́** — «борозжу»; с.-хорв. **бра́зда**, **бра́здас̄т(ӣ)**, -а, -о — «изборожденный», **бра́здити** — «бороздить»; словен. brazda, brazdast, -a, -o, brazditi; чеш. brázda, brázditi; словац. brázda, brázdit'; польск. bruzda, bruzdować; в.-луж. brózda, brózdni, -ja, -je — «прямолинейный», brózdowac — «тянуть борозду»; н.-луж. brozda. Др.-рус. борозда (Срезневский, I, 153; Доп. 25; Кочин, 31 и др.). Ст.-сл. бразда (SJS, I : 4, 139). Позже *бороздить* [в словарях только с 1780 г. (Нордстет, I, 42)]. □ О.-с. *borzda, корень *bor-, суф., надо полагать, -zd-a, как в о.-с. *ě-zd-a, где корень ě- (ср. лит. jóti — «ехать верхом», где корень jó-; см. *ехать*, 1 ед. *еду*). Ср. лит. biržìs — «борозда» (при посеве); латыш. birze — тж.; др.-в.-нем. borōn (совр. нем. bohren) — «сверлить», «буравить» (в совр. нем. также «бурить»; ср. англ. bore — тж.); латин. forāre — «сверлить», «буравить» при греч. φαρόω — «провожу борозды», «пашу». И.-е. корень тот же, что в вост.-слав. *борона́*, с которым вост.-слав. *борозда́* издавна ассоциируется (отсюда укр. *борозна́*; блр. *баразна́*). Подробнее см. Pokorny, I, 133, Fraenkel, 44—45.

БОРО́ТЬСЯ, борю́сь — «добиваться (победы, успеха)», «стремиться к цели, преодолевая сопротивление». *Невозвр. ф.* только с приставками, напр., **поборо́ть**. *Сущ.* **борьба́**, **боре́ц**. Ср. укр. **боро́тися**, **бороть́ба́** — «борьба». В блр. отс., ср. **змага́цца** — «бороться», **змага́нне** — «борьба». Ср. болг. **бо́ря се** — «борюсь», **борба́**, **боре́ц**; с.-хорв. **бо̀рити се** — «бороться», **бо̀рба**, **бо̀рац**; словен. boriti se, borba, borec; польск. устар. bróć się — «бороться» (совр. walczyć — «бороться»), walka — «борьба»); в.-луж. wobróć, 1 ед. woboru — «защищаться», wobora, wobróń — «защита», «оборона», wobornik — «боец»; н.-луж. woboraś (se), (wo)bróń, wobora, wobornik. Др.-рус. (с XI в.) **бороти**, неперех. — «воевать», **боротися** — «воевать», «биться», **борьба** (Пов. вр. л. под 6530 г.), **борьць** — «воин», «боец» (Срезневский, I, 154, 157). Ст.-сл. брати(са), 1 ед. боръ(са), боръка, брань — «борьба» (борьба отс.) [SJS, I : 4, 138, 140]. □ О.-с. *borti (sę), *borьba, корень *bor-. Ср. о.-с. образования от того же корня с суф. -n-: *borniti (sę), *bornь, откуда др.-рус. **боронь** — «защита» [Сл. плк. Игор.: «стоиши на *борони*» (Виноградова, в. 1, с. 63)], «запрещение», «помеха» [Смол. гр. 1229 г. (ib.)]; в русском языке: *оборонить, оборонять(ся), оборона* (из ст.-сл.) *брань* — (*поле брани*), а также *брань, бранить*. Ср. в других и.-е. языках: лит. bárti(s), 1 ед. bariù(s) — «ссориться», «бранить(ся)»; латыш. bārt — тж.; др.-в.-нем. berjan — «бить», «стучать», barōn — «сверлить», «буравить»; др.-англ. bērian —

БОР БОЦ Б

«мучить»; др.-исл. и совр. исл. berja — «бить», «стучать»; латин. ferīre, 1 ед. feriō (с начальным f из bh) — «бить», «ударять», «колоть», forāre, 1 ед. forō — «сверлить», «дырявить». И.-е. корень *bher- — «обрабатывать что-л. острым орудием», «резать», «колоть». Подробнее см. Pokorny, I, 133 и сл.

БОРЩ, -á, м. — «щи со свеклой». Укр. борщ; блр. борщч. Из русского: болг. борш — тж.; чеш. boršč (при ст.-чеш. bršt'). Но ср. словен. bršč — «борщевик» (растение Heracleum spondylium); польск. (в XV в.) barszcz — тж. (с XVIII в. — название супа); в.-луж. baršč — «борщевик». В русском языке слово борщ известно как название травянистого растения, видимо борщевика, с XVI в. Встр. во всех списках «Домостроя», ср. по Конш. сп.: «борщу́ сеет» (Орлов, 45). Ср. у Р. Джемса (РАС, 1618—1619 гг., 67 : 22): boursch — «a herbe, which in the first of sommer they gather and boile it» («трава, которую собирают в начале лета и варят»). Знач. «суп со свеклой» известно с XVIII в. Ср., напр., у Друковцова (1779 г., 13): «будет борщ» (речь идет о супах). В укр. это слово известно лишь с XVIII в. (Тимченко, IС, I, 128). ▫ О.-с. *bъršč- (< *bъrstjь?). Старшее знач. «борщевик», Heracleum spondylium. И.-е. база (*bhr̥sti- : *bho̥rsti-), видимо, та же, что и в др.-в.-нем. burst (совр. нем. Borste) — «щетина», др.-инд. bhr̥ṣṭí-ḥ — «край», «зубец», «острие». Что касается глаг. переборщить — перебарщивать, то это позднее неуклюжее новообразование, известное лишь с начала XX в., происходит, по-видимому, не от борщ, а (вм. *переборчить) от переборка, ср. далее перебрать, переборчивый — «привередливый», «прихотливый» (Даль, III, 28).

БОТВА́, -ы́, ж. — «надземная зеленая часть (стебель и листья) корнеплодов». В говорах: ботва, ботовь и пр. — «свекольная зелень (листья)», иногда «свекла» (Даль, I, 106). Сущ. ботви́нья — «род холодного (на квасе) кушанья из свекольной и иной зелени», ботви́нник — зелень для ботвиньи». Укр. ботви́на — «ботва», диал. бутви́на (чаще бади́лля, ги́чка); блр. бацві́нне — «ботва», «ботвинья» («ботвинья» — также халадні́к). Ср. польск. boćwina — «свекольная ботва (и суп из нее)» («ботва» вообще — nać; ср. чеш. naťʼ — тж.). В других слав. яз. отс. Из русского: болг. ботви́ния; чеш. botvińja. Ср. в «Домострое» по Конш. сп. ботьвинье, ботьвинья (кушанье); в других списках — с ударением: батви́нье (сп. И-38), ботви́нье (сп. И-80) [Орлов, 50]. Встр. у Р. Джемса (РАС, 1618—1619 гг., 19 : 23): botfinia — «род каши или рагу из тушеной свеклы и луку». ▫ В этимологическом отношении ботва не вполне ясное слово, но нет основания считать его заимствованным (напр., из германских языков). Поскольку польск. boćwina : botwina, надо полагать, из вост.-слав. языков, о.-с. формой слова ботва можно считать *bъty, род. *bъtъve, где корнем является bъt-, редуцированный вариант by- (ср. рус. былинка, былье), восходящее к и.-е. *bheu- — «расти», «произрастать». Формант -t- мог появиться еще в общеиндоевропейскую эпоху. Из других и.-е. языков по форме и значению ближе всего подходит того же корня греч. φυτόν — «растение», «побег» (растения) [ср. фито- в первой части таких научных терминов, как фитофтора, фитопатология, фитопланктон и др.].

БОТИ́НОК, -нка, м. — «обувь, закрывающая щиколотки», «башмак». Укр. боти́нок (чаще череви́к; ср. блр. чараві́к — тж.). Ср. чеш. bota, botka, мн. botky — тж.; польск. bucik (от but — «ботинок», «сапог»; также trzewik). В некоторых слав. яз. отс. Ср. болг. обу́вка — «ботинок»; словац. topánka — тж. В русском языке с середины XIX в. Встр. у Мятлева [«Сенсации и замечания г-жи Курдюковой», ч. 3, Рим, 1844 г.: «боти́нки шокола» (Соч., III, 174)]. В словарях — сначала только в форме ж. р. — отм. с 1847 г. (СЦСРЯ, I, 78: боти́нка — «женский полусапожок»). Ср. в СРЯ¹, т. I, в. 1, 1891 г., 251: боти́нка, ж. — «полусапожок, первоначально женский и детский, ныне носимый и мужчинами». ▫ Из французского языка. Ср. франц. (с 1367 г.) bottine, f. — «ботинок» (произв. от botte — «сапог»). Первоначально bottine значило «гамаши». Ср. штиблет (см.).

БО́ТЫ, -ов, мн. (ед. бот, -а, м.) — «высокая резиновая или теплая обувь, надеваемая поверх другой обуви». Укр. бо́ти, род. бо́тів; блр. бо́ты, род. бо́таў. Ср. чеш. bůta, ж. — «фетровая обувь»; польск. but (в XV в. bot, затем bót) — «сапог», «ботинок». Ср. в том же знач.: болг. шушо́ни (< нем. Schuhschoner), с.-хорв. дубоке кальаче (досл. «глубокие калоши»). В русском языке это слово в знач. «башмаки» встр. под 6582 г. (1074 г.) в Радз. сп. (XV в.) Пов. вр. л.: «сьтояше (Исакий) въ утлыхъ ботехъ яко примерзнути ногама къ камени» (в Лавр. и др. сп.: в прабошняхъ, в черевьяхъ) [Срезневский, I, 158]. Этот ранний пример употребления слова боты (и знач. его) заставляет сомневаться в правильности утверждения польских авторов [Брюкнера (Brückner, 50), Славского (Sławski, 51) и др.], что в русский язык оно попало из Польши: там это слово появилось позже. ▫ В русском языке, возможно, одно из давних заимствований из франц. языка (см. шапка). Ср. ст.-франц. bot — «сапог», bote, botte — «обувь», совр. франц. botte — «сапог», откуда bottine — «ботинок» (см. ботинок). Боты французы называют по-английски snow-boots (букв. «снеговые сапоги»), тогда как сами англичане — high overshoes. Ср. нем. Überschuhe — «боты». Происхождение франц. botte — «сапог» не выяснено. М. б., оно заимствовано из др.-в.-нем. bottahha (совр. нем. Buttel) — «чан», «кадка», «бочонок» (ср. франц. botte — «бочонок»). Слово сапог также значило сначала нечто вроде «труба».

БО́ЦМАН, -а, м. — «на судне — лицо младшего командного состава, которому судовая

БОЧ

команда подчинена по хозяйственным работам». Укр., блр., (из русского) болг. бо́цман; польск. (из нем.) bosman. В других слав. яз. отс. Ср. в том же знач. чеш. kormidelník, lodivod. В русском языке слово *боцман* известно с 60-х гг. XVII в. Ср. в «Деле о корабельном строении в с. Дединове», 1667—1670 гг.: «начальному *бутману*» (АИ, Доп., V, № 47, с. 263, 270). Ср. несколько позже: «штюрманы, *боцманы*» (Наказные статьи Островскому от 2-Х-1697 г. — ПбПВ, I, № 192, с. 201; также № 140, с. 136). ▫ Считают заимствованием из голландского. Ср. голл. bootsman; нем. Bootsmann; норв. båtsmann; швед. båtsman; дат. bådsmand; но англ. boatswain (при boat — «судно» и swain — «деревенский парень»; ср. boatman — «лодочник»). В романских языках иначе. Ср. в том же знач.: франц. maître; ит. contramaeste и nostromo (=nostro uomo — «наш человек, парень»). Из ит. — турец. lostromo.

БО́ЧКА, -и, *ж.* «большой, обычно деревянный сосуд цилиндрической формы с выпуклыми боками (стенками), стянутыми обручами». *Прил.* бо́чечный, -ая, -ое. Сюда же бочо́нок, боча́р. Укр. бо́чка, бочо́нок, бочкови́й, -á, -é; блр. бо́чка, бо́чачка, бо́чкавы, -ая, -ае; чеш. bečka (и sud); польск. beczka, beczułka — «бочонок». Ср. (от основы *bъčьv-) болг. бъ́чва — «бочка», бъ́чвен, -а, -о — «бочечный», бъчва́р — «бочар», бъ́чвица — «бочонок»; с.-хорв. ба̑ва — «бочка», ба̑чва̄р — «бочар»; словен. bačva (чаще sod); чеш. bečvář — «бочар». Др.-рус. бъчька (напр., в Новг. I л. по Синод. сп. под 6712 г., л. 65 об.: «из бъчькъ гвозди вынимаша»), также бъчьвь, бъчелъка (Срезневский, I, 201). ▫ Обычно считают это о.-с. слово заимствованным, связывая его, в конечном счете, с позднелатин. buttis — «бочка» (греч. происхождения; ср. греч. πυτίνη «оплетенная бутылка»), отсюда еще позже butticula > франц. bouteille — «бутылка», к которому восходят рус. *бутыль* и *бутылка,* известные с 1-й пол. XVIII в. Затруднение при таком объяснении представляет о.-с. *č*, которое не могло развиться из t. По-видимому, одновременно имела место еще контаминация с о.-с. *bokъ [> рус. *бок* (см.)], уменьш. *bočьkъ; ср. рус. диал. боку́ра (от *бок*) — «бочка», прил. бочи́стый — «с выпуклыми боками», боча́г или боча́га — «колдобина», «ямина, залитая водой» (Даль, I. 107).

БОЯ́РИН, -а, *м.* — «крупный землевладелец, представитель высшего слоя феодального общества в Древней Руси, Московском государстве (а также в старину в Болгарии, Румынии)»; «высший придворный чин, высшее звание в Московском государстве». *Женск.* боя́рыня. *Сущ.* боя́рышня — «дочь боярина». *Прил.* боя́рский, -ая, -ое. Укр. боя́рин, боя́риня, боя́ришня, боя́рський, -а, -е; блр. бая́рын, бая́рыня, бая́рышня, бая́рскі, -ая, -ае; болг. боля́рин (иногда боля́р), *мн.* боля́ри, боля́рка — «боярыня», боля́рски, -а, -о; с.-хорв. бо̀љар, бо̀љарка, бо̀љарскӣ, -а̄, -о̄; словен. boljar,

БРА

boljarski, -a, -o; чеш. (и словац.) bojar, bojarka, bojarský, -á, -é; польск. (с XIV в.) bojarzyn, bojar, bojarzyna, bojarski, -a, -ie. Кроме того (из неслав. языков), ср. рум. boiér — «боярин». boierésc — «боярский». Др.-рус. **бояринъ, болярннъ,** *мн.* **бояре, боляре** (обе формы известны с дописьменной эпохи), **боярьский,** с XI в. также **болярьский,** (с XIII в.) **боярыни, боярыня,** (в «Задонщине») **болярыня** (Срезневский, I, 150—151, 160—163; Кочин, 32—36). Слово *боярышня* известно лишь со 2-й пол. XVII в. Ст.-сл. (из основных памятников — только в Супр. р.) болꙗринъ, (как единичное явление) болꙗринъ, болꙗрьскъ, (редко) болꙗрьскын (SJS, I : 4, 136—137). ▫ Происхождение слова *боярин* очень неясное. Высказано много разнообразных и противоречивых мнений, о которых см., напр., у Фасмера (Vasmer, REW, I, 114—115). Больше, чем другие предположения, заслуживает внимания, пожалуй, мнение Корша (ИОРЯС, т. XI, кн. 1, с. 278—279), развитое Маловым (Изв. АН ОЛЯ, т. V, в. 2, с. 138). По Малову, др.-рус. *боярин* (из *бояръ с суф. -инъ) восходит к др.-тюрк. (диал. зап.-тюрк. или булгаро-тюрк.) *boï äг — «богатый, знатный муж (человек)» при общетюрк. baï — «богатый» + äг — «муж», «мужчина», «богатырь», «герой». Ср. в памятниках др.-тюрк. письменности Южной Сибири и Китая: baï är — «богач» и другие сложения с baï (Малов, 367). Ср. чуваш. **пуй** (: пой) — «богатеть». [Что касается позднего туркм., каз.-тат. байар — «дворянин», «русский помещик», «русский офицер» и др. (Радлов, IV : 2, 1468), то, конечно, оно из русского, как турец. boyar (: bojar) — «боярин» (ib., 1658) из южн.-слав. языков. На слав. почве в Древней Руси, в Болгарии это слово подверглось некоторой переработке [сближение с *бой* или с *болий* — «больший», по суффиксу — со словами на *-аръ* (*господаръ* > *государь*, *рыбарь* и т. п.) и на *-ар-инъ* (*болгарин, хозарин* и т. п.)], отсюда **боляринъ** и др. В др.-болг. и в древневосточнославянском (др.-рус.) языках это слово появилось, по-видимому, одновременно и, м. б., из одного источника. В других южнославянских языках и в румынском оно, по всей вероятности, из болгарского, в западнославянских — из русского.

БРА, *нескл., ср.* — «род настенного подсвечника или держатля для (электрической) лампы (или ламп)», «настенный светильник». Укр., блр. **бра.** Встр. и в некоторых других слав. яз. (напр., болг. **бра** — тж.). Ср. в том же знач.: с.-хорв. **зидна светиљка** (ср. **зи̏д** — «стена»); чеш. nástěnný svícen. В русском языке с середины XIX в. В словарях — Углов, 1859 г., 29. ▫ В русском языке из французского. Ср. франц. bras, *т.* — «рука» > «ручка» (напр., у кресла), «бра».

БРА́ГА, -и, *ж.* — «род пива, изготовленного в домашних условиях». По Далю (I, 108), «хлебный напиток, более похожий на квас»; брага бывает «на одних дрожжах без хмелю», «иногда с медом и хме-

БРА

лем». Отсюда бра́жка — 1) ласк. к *брага*; 2) «винное сусло в процессе брожения», «отходы винокурения», «самогонная водка». *Прил.* (редкое) бра́жный, -ая, -ое, отсюда *сущ.* бра́жник, а от него *глаг.* бра́жничать. *Укр.* бра́га, бра́жка, бра́жний, -а, -е; блр. бра́га, бра́жны, -ая, -ае. В других слав. яз. употр. как русское слово (со знач. «русское домашнее пиво»): болг. бра́га. Из украинского — польск. braha (при braja < нем. Brei — «месиво») — «барда». Слово *брага* известно с XV в. по «Хожению» Аф. Никитина (Троицк. сп., л. 373): «а брагу чинят. . .». Р. Джемс (РАС, 1618—1619 гг., 34 : 15) отм. brage — «a kinde of quasse made of oates» («род кваса, приготовленного из овса»); там же (21 : 12): brashenïc — «a drunkarde» («пьяница»). Срезневский (I, 164) отм. слово *бражьникъ* в Никон. л. под 6936 г. ▫ Происхождение слова *брага* недостаточно выяснено. Еще Срезневский (I, 163) в конце статьи брага глухо ссылается на кимр. (др.-вал.) brag — «сусло», «солод». Действительно, это слово широко распространено в кельтских языках. Ср. ирл. braich (< mraich), род. bracha — «сусло», «солод», др.- и ср.-корн. brag — тж., бретон. bragez — «зародыш зерна» (начальное br из mr; ср. латин. marcēre — «быть слабым» (Льюис—Педерсен, § 75, 1). Шахматов (AfslPh, XXXIII, 87), вообще несколько преувеличивавший (как, впрочем, и некоторые другие слависты до него и после) значение кельтского вклада в лексику славянских языков, решительно относил слово *брага* к числу древнейших (о.-с. поры) заимствований из общекельтского языка. Между тем, и география этого слова, явно вост.-слав. по происхождению (откуда и польск. braha, и лит. brogà ∼ brōgas — «осадок», «гуща», латыш. brāga — «барда», и рум. bragă — «брага»), и его история свидетельствуют не в пользу этого предположения, которому пока трудно что-л. противопоставить. Сопоставление с чуваш. pьraGa (литературу см. Vasmer, REW, I, 116) и выводы (о чувашском происхождении слова) нельзя считать убедительными. Можно, однако, полагать, что *брага* получилось из *бърага. Тогда, м. б., лучше считать это слово незаимствованным и возводить по корню к и.-е. *b(e)u- : *bh(e)ŭ- — «раздуваться», «набухать», с формантом -r-, как в лит. būrỹs — «груда», «толпа», «стая», а также «проливной дождь», «ливень», что позволяет сближать это литовское слово с рус. *буря* (см.) и *бурлить* (см.). Тот же и.-е. корень, но с формантом -s- (> ch) в рус. *набуха́ть*. Суф. -ага (на слав. почве), как в рус. *кула́га* — «кушанье из соложеного теста» (при *кулеш*) и т. п.

БРАЗДЫ́, мн., устар. — «конские удила (железная полоска из двух звеньев во рту у лошади) как часть узды». Теперь только в выражении *бразды правления*, которому в других слав. яз. соответствуют: укр. кермо́ (или стерно́) вла́ды; блр. руль кірава́ння; чеш. otěže vlády; польск. ster władzy. Не следует смешивать с ц.-сл.

БРА

бразда — «борозда». Пишется с *а* после *б* неправильно вм. *брозды* (как писали в XVIII в., см. САР², I, 1806 г., 316). Ср. словен. brzda — «удила», brzdati — «взнуздывать»; словац. brzda — «тормоз», brzdit' — «тормозить». Ср. в говорах: донск. борозди́ть (< *броздить) — «сдерживать (лошадей) вожжами при спуске с горы» (Даль, I, 103). Др.-рус. (с XI в.) бръзда — «намордник», «удила», бръздити — «править конями» (Срезневский, I, 182). Ст.-сл. бръзда (SJS, I : 4, 145). ▫ О.-с. *br̥zda. Вполне удовлетворительного объяснения не найдено. Сближают с лит. bruzdùklis — «узда», но этимология этого лит. слова не более ясна [имеется предположение о заимствовании из др.-рус. бръзда до падения глухих (Fraenkel, 60)]. М. б., о.-с. форму слова *br̥zda можно возводить к *br̥s-d-a, где -d- — суф., а корень тот же, что в др.-рус. бръснути — «брить» (Срезневский, I, 183), диал. сев.-влкр. бро́снуть — «снимать, обивать со льна колоколку и головки» (Даль, I, 115) и (на другой ступени вокализма) в рус. *брус* (см.), а также в устар. и обл. рус. *убру́с* — «полотенце», «ширинка». И.-е. база *bhreu-k'- (*bhreu-k-) — «отчеркивать», «оставлять полосы» (Pokorny, I, 170).

БРАК¹, -а, м. — «семейный союз мужчины и женщины», «супружество». *Прил.* бра́чный, -ая, -ое. Ср. болг. брак — «брак», «свадьба», бра́чен, -чна, -чно; с.-хорв. бра̑к — «брак», «свадьба», бра̑чнӣ, -а̄, -о̄. В других слав. яз. отс. Ср. в том же знач.: польск. ślub (откуда укр. и блр. шлюб), małżeństwo; чеш. manželství; словен. zakon — «брак» (ср. рус. прост. и устар. *жить в законе* — «состоять в законном браке»). Др.-рус. книжн. бракъ — «брак», «бракосочетание», «брачный пир», «пир», брачьный (почти всегда в полной ф.), брачитися (Срезневский, I, 165, 175, 176). Ст.-сл. бракъ, брачьнъ, брачьнъ, брачити сѧ (SJS, I : 4, 139, 143). ▫ В этимологическом отношении слово *брак* неясное. В русском языке оно, по-видимому, из старославянского, с др.-болг. -ра- вм. -оро-. Его старшее знач. — «брак, освященный церковью». Но происхождение южнослав. *брак* от этого не становится яснее. С давнего времени связывают это слово с о.-с. *bьrati [> рус. *брать* (см.), с.-хорв. бра̏ти, словен. brati и т. д.], от и.-е. корня *bher-. Ср. устар. и прост. *взять* (*брать*) *в жены*, др.-рус. *пояти* (кого-л.) — тж. Отсутствие *ь* в слове *брак* пытаются объяснить по-разному: или тем, что оно выпало в слабом положении до начала письменности, что маловероятно, или тем, что здесь получила отражение нулевая ступень и.-е. корня *bher-, тогда как в о.-с. *bьrati отражается ступень *bhr̥- [первоначально в о.-с. *bьrti (см. Pokorny, I, 131). Гораздо проще и вероятнее вслед за Соболевским (AfslPh, XXXIII, 611) возводить южн.-слав. *брак* к о.-с. *borkъ, от того же и.-е. корня *bher- (: *bhor- : *bhr̥-), что и в о.-с. *bьrati, с суф. -k-ъ. Ср. ст.-сл. зракъ (ср. рус. стар. и диал. озорок, озорочек — «зрачок») при зьрѣти,

БРАК², -а, м. — «негодная или недоброкачественная продукция». *Глаг.* браковать, от него бракованный, -ая, -ое, браковка, браковщик, бракёр. Укр. брак, бракувати, бракований, -а, -е, браковка, бракувальник; блр. брак, бракаваць, бракованы, -ая, -ае, бракоўка, бракаўшчык; болг. брак (и шкарто), бракувам — «бракую», бракуван, -а, -о, бракувач; чеш. brak, brakovati, brakový, -á, -é; польск. brak, brakować, brakowy, -a, -e, brakowanie, brakarz. В русском языке *брак²* и *браковщик* известны с конца XVII—начала XVIII вв.: «*брак* всем товарам постановить» («Архив» Куракина, IV, 386, 1711 г.; кроме того, Смирнов, 65), *браковщик* (ПбПВ, III, 518, 1705 г.); несколько позже — *браковать* (Вейсман, 1731 г., 59). ▫ Слово нижненемецкое. Ср. ср.-н.-нем. brak — «порок», «недостаток» < «обломки» (при англ. brack — «изъян», «обломки»). Ср. нем. brechen — «ломать». Нем. Brack (откуда потом bracken) из н.-нем. говоров. В русский язык также попало, м. б., из н.-нем. Предполагать польское посредство не имеется никаких сколько-нибудь серьезных оснований (ср. Sławski, I, 41).

БРАКОНЬЕ́Р, -а, м. — «человек, незаконно промышляющий охотой в запретных местах или в запрещенное для охоты время»; «человек, пользующийся незаконными способами ловли рыбы». *Прил.* браконье́рский, -ая, -ое. *Сущ.* браконье́рство. Укр. браконьє́р, браконье́рський, -а, -е, браконье́рство; блр. браканье́р, браканье́рски, -ая, -ае, браканье́рства; болг. браконие́р, браконие́рски, -а, -о, браконие́рство; польск. brakonier (чаще kłusownik). Ср. чеш. pytlák — «браконьер». Сравнительно позднее. В словарях — с 1836 г. (Плюшар, VI, 514). ▫ Заимствовано из франц. языка. Франц. braconnier известно (сначала в знач. «ловчий», «охотник с собаками») с XII в.; произв. от braconner — «охотиться с (легавыми) собаками (braques)». Восходит, в конечном счете, к др.-в.-нем. braccho — «ищейка». Из франц. также ит. bracconiere.

БРАСЛЕ́Т, -а, м. — «украшение в виде витка, кольца, носимое обычно на запястье». *Прил.* браслетный, -ая, -ое. Укр. браслет; блр. бранзалет; с.-хорв. бразле́тна (и гри́вна); чеш. разг. brazoleta (ср. náramek — тж., от rámě — «плечо»); польск. bransolet(k)a. Ср. в том же знач.: болг. гри́вна; словен. zapestnica. В русском языке слово *браслет* известно со 2-й пол. XVIII в. (Курганов, «Письмовник», 1777 г., 425). В словарях — с 1803 г. (Яновский, I, 411). ▫ Заимствовано из франц. языка. Ср. франц. bracelet, ит. braccialetto, исп. brazalete; из французского — англ. bracelet. В романских языках из латин. brachiāle, от brachium — «предплечье», «рука».

БРАТ, -а, м. (*мн.* бра́тья) — «каждый из сыновей, имеющих одних и тех же родителей, по отношению друг к другу и к сестре или сестрам». *Собир.* братва́ (*прост.*), бра́тия (напр., монастырская). *Прил.* бра́тский, -ая, -ое. *Сущ.* брата́н, *прост.* и *диал.* — «двоюродный или сводный брат», иногда «старший из родных братьев», также «названый брат». *Глаг.* брата́ться — «заключать братский союз», «жить по-братски» [в конце первой мировой войны (в 1916—1918 гг.) этот глагол на фронте получил новое знач. «устанавливать мирные отношения с солдатами неприятельской армии»]. Укр. брат, *мн.* брати́, собир. бра́ття, бра́тський, братє́рський, -а, -е, бра́тній, -я, -є, брата́н, братва́, бра́тія, брата́тися; блр. брат, *мн.* браты́, бра́цкі, -ая, -ае, братэ́рскі, -ая, -ае, бра́тні, -яя, -яе, братва́, бра́ція, брата́цца; болг. брат, *мн.* и собир. бра́тя, бра́тски, -а, -о, брата́нец — «сын брата», братими́ се — «братаюсь»; с.-хорв. бра̑т, *мн.* бра̏ћа, собир. бра̏ћа и бра̀тија, бра̏тскӣ, -а̑, -о̑, бра̀тан, ласк. — «братик», брата́нац — «сын брата», бра̀тић — «племянник», бра̏тим (: по̏братим) — «названный брат», брати́мити — «называть братом», брати́мити се — «брататься»; словен. brat, bratski, -a, -o, собир. bratje, bratranec — «сын брата», pobratim — «названый брат», bratiti (se); чеш. bratr, *мн.* bratři, bratrský, -á, -é, bratranec — «двоюродный брат», собир. bratrství, bratřiti se; словац. brat, bratský, -á, -é, bratanec — «двоюродный брат», bratia — «монастырская братия», bratat' sa, bratit' sa; польск. brat, *мн.* и собир. bracia, braterski, -a, -ie, bratni, -ia, -ie, brataniec — «племянник», bratać się; в.-луж. bratr, *мн.* bratřa, bra(t)ski, -a, -e, braterski, -a, -e, bratrowc — «братан», bratřić so — «брататься»; н.-луж. bratš, bratšojski, -a, -e, bratša — «племянник», bratšowić se, bratšować se — «брататься». Др.-рус. братъ, *мн.* брати, собир. братья, книжн. братръ, братрия, братия — «братья», «товарищи», братанъ — «двоюродный брат», братьскый, братьнь, братитися — «становиться в братские отношения», «брататься» (Срезневский, I, 167—175). Ст.-сл. братръ, братъ, *мн.* и собир. братня, братрня, братрьскъ, братрь, братръни (SJS, I : 4, 140—143). ▫ О.-с. *bratrъ (: *bratь?). Ср. лит. (диал.?) broterēlis (Niedermann, I, 89) > совр. лит. brolēlis — «братец», отсюда совр. лит. brólis — «брат»; ср. также лит. brótautis — «брататься», brótas — «любимец», «возлюбленный» (Юшкевич, I, 238); латыш. brālis (= лит. brolis); др.-прус. brāti — «брат», brātrīkai, *pl.* — «братья» и др. (Fraenkel, I, 59); гот. brōþar; др.-в.-нем. bruoder (совр. нем. Bruder); др.-англ. brōðor (совр. англ. brother); латин. frāter (с закономерным f из и.-е. bh в начале слова); греч. (ион.) [Гесихий] φρήτηρ· ἀδελφός [ср. атт. φράτηρ : φράτωρ — «(со)член фратрии», φρᾱτρίᾱ — «фратрия», «колено», «содружество, союз, братство родов», первоначально — «род»]; др.-ирл. bráthir — «брат» (ср. новоирл. bráthair — «монах»); кимр. (др.-вал.) brawd — тж., brodyr, *pl.* — тж.; др.-корн. broder (совр. корн. bredar) и др. (см. Льюис-Педерсен, §§ 9 : 1, 89, 271, 308); др.-перс. brātar- (совр. перс. бӓрадӓр); осет. ӕрвад :

рвад — «родственник»; др.-инд. bhrā́tar-, *m.* (ср. хинди b^xrātā, *м.*; бенг. b^xrata, *м.* — «брат»). И.-е. основа *bhrāter- — «брат», «сородич» (Pokorny, I, 163).

БРАТЬ, беру́ — «принимать в свои руки», «схватывать, захватывать руками или с помощью какого-л. приспособления». *Возвр. ф.* бра́ться. Укр. бра́ти(ся), 1 ед. беру́(ся); блр. брацъ, бра́цца, 1 ед. бяру́(ся). Ср. болг. бера́ — «собираю»; с.-хорв. бра̏ти, 1 ед. бе̏ре̑м — «собирать», «рвать»; словен. brati, 1 ед. berem — тж.; чеш. brati, 1 ед. beru — «брать», brati se — «заботиться»; словац. brat' — «брать», brat' sa — «приниматься за...», «идти»; польск. brać, 1 ед. biorę, brać się — «брать», «браться»; в.-луж. brać, 1 ед. bjeru — тж.; н.-луж. braś, 1 ед. bjeru — тж. Др.-рус. (с XII в.) и ст.-сл. бърати — «брать», «собирать» (Срезневский, I, 163; SJS, I: 4, 156). ▫ О.-с. *bьrati, 1 ед. berǫ. И.-е. корень *bher- (: *bherə-: *bhr̥-). Ср. лит. ber̃ti, 1 ед. beriù — «сыпать»; латыш. bērt — тж.; гот. baíran — «нести», gabaíran — «рождать»; др.-в.-нем. beran — тж. (ср. совр. нем. gebären — «рождать»); др. (и совр.) исл. bera (швед. bära; дат., норв. bære) — «нести», «носить»; латин. ferō (инф. ferre) — «несу»; греч. φέρω (инф. φέρειν) — тж.; арм. берел — «приносить», «принести»; осет. baryn : barun : barst — «взвешивать», «измерять» (Абаев, I, 238); др.-инд. bhárati — «несет» (хинди b^xar — «груз», «вес» и «брать на себя бремя») и др. Подробнее — Pokorny, I, 128 и сл. Старшее знач. «нести». Память о нем сохраняется в др.-рус. беремя, ст.-сл. бръмѧ (< о.-с. *bermę) — «ноша» (см. *бремя*).

БРЕВНО́, -а́, *ср.* — «очищенный от коры и сучьев ствол дерева». В говорах также бервно́, берно́ (Даль, I, 112). Ср. курско-орл. беревно́, бервено́, бервно́ > берно́ (Кардашевский, I, 225, 226). *Прил.* (собств. к *бревенце*) бреве́нчатый, -ая, -ое. Укр. обл. бервено́ (ср. в том же знач. колода, деревина); блр. бервяно́. Ср. с.-хорв. бр̏вно — «бревно», «балка» (произв. бр̏вна́ти — «складывать бревно к бревну», «делать запруду из бревен», бр̏внара — «бревенчатая постройка»; словен. brúno — тж.; чеш. břevno; словац. brvno; польск. bierwiono (< *bьrvьno?), в говорах birwno, biermo и др. — тж. Ср. кроме того: болг. диал. брв — «бревно, служащее мостом через ручей, небольшую речку и т. п.» («бревно» — греда); с.-хорв. бр̏в, бр̏вина — «бревенчатый мостик», «бревно, доска, служащие мостиком»; словен. brv — «мосточек»; чеш. břev, род. břvi — тж. Др.-рус. (с XI в.) бръвьно > брьвьно и брьвь > брьвь — тж., позже (с XIV в.) бревенъце из брьвьньце (Срезневский, I, 184). Ст.-сл. бръвьно : брьвьно (SJS, I: 4, 145). ▫ О.-с. *bry, род. *brъve, *brъvьno, род. *brъvьna (-ьn-суф. на о.-с. почве). И.-е. корень *bhrēu- : *bhrū- (Pokorny, I, 173). Ср. в языках герм. группы: др.-исл. brū (совр. исл. brú) — «мост»; дат., швед. bro — тж.); в языках кельт. группы: галльск. топоним Brīva (< *bhrēua), как нарицательное — «мост».

Другие сопоставления (напр., с др.-в.-нем. brucca, совр. нем. Brücke — «мост») менее убедительны. Нельзя объяснить этого слова, отрывая его от о.-с. *bry — «бровь». Оба слова были связаны не только в фонетическом отношении (и.-е. корень один и тот же), но и в семантическом. Ср. отнесенные Далем (I, 114) к гнезду *бровь*: бро́вка — (в строительном деле) «выпуклый ободок», «ребристая полоска», «карниз», арханг. бровня́ — «боровой кряж, гребень с хорошим лесом». Ср. олон. бро́вки (иначе подзо́р) — «резные украшения под крышей, вокруг окон и пр.» (Куликовский, 6, 147). Ср. те же отношения, напр., в сканд. яз.: др.-сканд. brū — «мост» и brūn — «бровь»; дат. bro — «мост» и (абляут) bryn — «бровь» (см. Falk — Torp², I, 109). Что касается колебаний в написании и в произношении слова *бревно* в вост.-слав. говорах и в памятниках др.-рус. письменности, то они объясняются в памятниках — отчасти фонетическими процессами [напр., явлением межслоговой ассимиляции гласных (ъ : ь > ь : ь)], иногда это — описка (бьрьвьно в Остр. ев.), а в говорах — следствие смешения с близким по знач. словом *дерево*. Ср. в сев.-рус. говорах: де́рево — арханг. «бревно», помор. — «мачта» (Подвысоцкий, 37), олон. — «водонос (коромысло)» (Куликовский, 18). Также новг., перм. девери́на — «бревно», «колода» (Даль, I, 382). См. *бровь*.

БРЕ́ДИТЬ, бре́жу — «бессвязно говорить, бормотать, особенно находясь в тяжелом болезненном состоянии, без сознания». Сюда же: бред, бре́дни. Ср. польск. (с XVI в.) bredzić (старая форма brydzić) — тж., отсюда bredzenie — «бред». В других слав. яз. отс. Ср. в том же знач.: укр. ма́рити, ма́ячити; блр. тры́зніць; болг. бълну́вам — «брежу»; с.-хорв. бу̏нцати; чеш. třeštiti, blouzniti. В письменных памятниках др.-рус. языка до XVII в. не обнаружено. В словарях глаг. — с 1704 г. (Поликарпов, 33: *брежу́* — «буесловлю»), *бредни* — с 1731 г. (Вейсман, 150), *бред* — с 1780 (Нордстет, I, 45). ▫ Все говорит о позднем новообразовании на русской и польской почве. Лексико-грамматическая база этого образования — глаг. *бродить* в знач. «блуждать», «ходить туда-сюда» и т. п. (любопытно, что это знач., помимо рус. *бродить*, отмечено только для польск. brodzić). Ср. также *сумасброд*. Семантически параллельное явление имеется в груз. языке, где основа *bod- — «бредить» имела и знач. «бродить» (см. Климов, ЭСКЯ, 52). Сущ. *бред* возникло на базе *бредить* (ср. отношение *бродить* — *брод*). Сохранение *е* без перехода в *о*, м. б., под влиянием *бредни* (произн. бр'ед'н'и).

БРЕ́ЗГАТЬ, бре́згаю — «чувствовать, проявлять отвращение, испытывать гадливость (по отношению к чему-л., особенно к пище, питью, или к кому-л.)». *Разг.* бре́зговать — тж. *Прил.* брезгли́вый, -ая, -ое. Сюда же брезгу́н, обл. брезгу́ша. В других слав. яз. прямых и ясных соответствий не имеется. Ср. в том же знач.: укр. гидува́ти, бри́дитися, гре́бувати; чеш. štítiti se (čeho), oškliviti si (co) или pohrdati (kym) и т. д. Но ср. укр. бре́зкнути — «брюзгнуть», «рыхлеть», збре́склий, -а, -е — (напр., о молоке) «начинающий киснуть» (Гринченко, II, 126). ▫ Однако, если связывать брезгать с инославянскими словами, выражающими знач. «киснуть», то следует в этой связи отметить и чеш. -břesknouti (обычно с приставками) — «киснуть», «свертываться» (о молоке), диал. (o)břesk — «терпкий, горький вкус», nabřeský, -á, -é — (о молоке) «скиснувший», «свернувшийся»; польск. obrzask — «терпкость», obrzazg — «неприятный, кислый вкус», obrzazgać — «начинать киснуть», «бродить», obrzazgnąć — «скиснуть». Но слова эти, по-видимому, относятся к другому корневому гнезду, чем рус. брезгать. Ср. др.-рус. брѣзгати, обрѣзгати — «гнушаться», «избегать», брѣзговати — «преследовать враждой, ненавистью», но обрѣзгнути, обрызгнути — «прокиснуть» (Срезневский, I, 186; II, 553). Ср. волог. обрез(г)нуть — (о молоке) «закиснуть» (Даль, II, 1195). Вторую группу (со знач. «киснуть» и особенно с суф. -sk-) можно связывать с лит. virkšti — «вянуть», «свертываться», если др.-рус. обрызгнути и примыкающие к нему слова восходят к *ob(ъ)-vrьzgnǫti (с изменением obъv- > obv- > ob- > b-). См. Machek, RBS, 79—80. Ср. также Machek, ES, 47; Fraenkel, 1261. Покорный (Pokorny, I, 172), напротив, возводит обе славянские группы к и.-е. *bhroisq-o- : *bhrisq-o- — «терпкий на вкус». Но вопрос этот несомненно нуждается в дальнейшем изучении. Можно полагать (ср. др.-рус. значения этой группы глаголов), что старшее знач. о.-с. *brězgati (> рус. брезгать) было близко к «чваниться», «пренебрежительно относиться к людям», «раздуваться от спеси» и т. п. Поэтому его можно связывать с норв. (диал.?) brisk — «кислый вкус» и т. п., как это делает Покорный, а с норв. briske sig — «задирать нос», «зазнаваться», «хвастаться», с норв. диал. breidska seg, с швед. диал. breska — «расширяться», «раздаваться в стороны» и т. п. Фальк и Торп (Falk — Torp², I, 102) связывают эти слова с норв. bred (: breid) — «широкий», а через него — с гот. braiþs — тж.; др.-сканд. breiðr; др.-в.-нем. breta, совр. нем. breit и пр. Т. о., о.-с. *brězg- из *broi-zg- < *broid-sk-? Конечно, это весьма гадательное предположение.

БРЕЗЕ́НТ, -а, м. — «грубая плотная водозащитная ткань». Прил. брезе́нтовый, -ая, -ое. Укр. брезе́нт, брезе́нтовий, -а, -е; блр. брызе́нт, брызе́нтавы, -ая, -ае; болг. брезе́нт, брезе́нтов, -а, -о, брезе́нтен, -тна, -тно; польск. brezent, brezentowy, -а, -е. В некоторых слав. яз. отс. Ср. в том же знач.: с.-хорв. цира́да; чеш. plachtovina, celtovina. В русском языке слово брезент известно с начала XVIII в. В форме презенинг (покрываются презенингами) встр. в «Кн. Устав морск.» 1720 г. (360) в издании с параллельным голландским текстом (отм. Смирновым). В форме брезент — в документах Петровского времени, опубликованных Ремизовым (№ 14, 1723 г., 128): «брезент крашеной». Только с начальным б в других памятниках XVIII в. В словарях — с 1795 г. (Шишков, МС, III, 6). ▫ Обычно возводят к голл. presénning (старшая форма presenting, наряду с presending — «брезент, просмоленная парусина») [Meulen, NWR, Suppl., 72]. При освоении этого слова окончание -ing было отброшено (как и в некоторых других голландских словах).

БРЕ́ЗЖИТЬ, бре́зжит, безл. — «начинать светать», «чуть светиться», «едва виднеться». В говорах еще: брезг — «начало рассвета», «начало утренней зари» (Даль, I, 112). Ср. чеш. rozbřesk — «рассвет», rozbřesknouti se — «забрезжить», rozbřeskovati se — «рассветать» (ср. ст.-чеш. břieždíti sě — тж.); словац. bresk — «рассвет», briеždit' sa — «светать»; польск. brzask — «рассвет», brzeszczyć się — «брезжить». Др.-рус. брѣзгъ — «рассвет», книжн. пробрѣзгнути — «рассвести» (Срезневский, I, 186; II, 1510). ▫ Родственное образование: лит. brėkšti, 1 ед. brėkštu и brėškau — 1) «брезжить», «рассветать»; 2) «смеркаться». Балто-славянская праформа основы, по-видимому, была *brēsk- : *brēzg-. Можно полагать, что она возникла из *bhrēg-sk- (причем расширитель -sk- после звонкого g : g' при известных условиях на славянской почве мог озвончаться, переходя в -zg-), и тогда круг родственных образований может быть значительно расширен, особенно если учесть неустойчивость произношения в и.-е. языке смягченных g', k'. Ср. швед. brokig [и.-е. база *bh(e)rōg'] — «пёстрый», «пятнистый»; перс. барез [с z из и.-е. g'] — «видимый», «выступающий (на фоне)», «явный»; др.-инд. bhrājate [с j (=дж') из и.-е. g'] — «сияет», «блистает». И.-е. база *bherəg' (: g)- : *bhrēg' (: g)- — «светлый», «белый» (корень, возможно, *bher- — «светлый», также «коричневый», «гнедой», «смуглый»). Подробнее — Pokorny, I, 139—140.

БРЕЛО́К, -а, м. — «украшение в виде мелкой подвески на цепочке карманных часов или браслета». Укр. брело́к; болг. устар. брело́к; польск. brelok. Ср. в том же знач.: блр. біру́лька; чеш. přívĕsek, tretka. В словарях отм. с 1803 г. (Яновский, I, 417). ▫ Из французского языка. Ср. франц. breloque, f., ст.-франц. также brelique, breluque, berloque — тж. Темное по происхождению (м. б., звукоподражательное) слово, сначала, по-видимому, в выражении battre la breloque — «нести околесицу».

БРЕ́МЯ, -ени, ср. — устар. «ноша», «груз», перен. «тяжесть», «гнет». Ср. прост. и в говорах бере́мя — «охапка», «вязанка» (СРНГ, в. 2, с. 254). Глаг. обременя́ть, обремени́ть. Болг. бре́ме — «ноша», «гнет»; с.-хорв. бре́ме — тж. «охапка», «вязанка»; словен. breme — тж.; чеш. břímě, břemeno — тж.; словац. bremä, bremeno — тж.; польск. brzemię — тж.; в.-луж. brěmjo — «ноша», «охапка», также «копна»; н.-луж. brěmje —

тж. Др.-рус. (с XI в.) беремя, род. беремене (беремени) — «связка», «охапка», «тяжесть», книжн. бремя — тж. (Срезневский, I, 70, 186). Ст.-сл. брѣмѧ, род. брѣмене, прил. брѣменьныи (SJS, I:4, 146, 147). ▫ В форме бремя в русском языке из ст.-сл. О.-с. *bermę, *bermene. Ср. греч. φέρμα — «ноша», «плод в чреве матери»; др.-перс. barəman- — «ноша» (ср. новоперс. бар — «ноша», «плод»); др.-инд. bhár(I)man- — «попечение», «бремя», bhārán — «бремя» (хинди b^{x}ār — тж.). И.-е. корень *bher- — «нести». См. брать.

БРЕСТИ́, бреду́ — «передвигаться пешком, еле волоча ноги, кое-как, в течение длительного времени». Итератив броди́ть, 1 ед. брожу́. В говорах также броди́ться (в воде) — «шлепать босыми ногами по луже» и вообще «баловаться с водой». (Даль, I, 114). Укр. брести́, 1 ед. бреду́, броди́ти, 1 ед. броджу́; блр. разг. брысці́, брадзі́ць. Ср. болг. бродя́ — «брожу»; с.-хорв. бро̀дити — «брести по воде», «переходить вброд», также «плавать»; словен. bresti, 1 ед. bredem — «переходить вброд»; чеш. broditi (se), устар. břísti, 1 ед. bředu — «переходить, переезжать вброд», «идти», «брести»; словац. brodit' (sa) — «ходить по чему-л.», также (без sa) «купать»; польск. brodzić — «бродить по песку, по воде и т. п.», «переходить вброд», иногда «слоняться» («брести» — wlec się); в.-луж. brodźić (so) — «переходить вброд», «шататься (без цели)», «бродить»; н.-луж. broźiś — тж. Др.-рус. (с XI в.) брести, 1 ед. бреду — «переходить вброд», «идти с трудом, еле двигаться», бродити(ся) — уже в Пов. вр. л. под 6496 г. с тем же знач. (Срезневский, I, 178, 179; Доп., 26). Ср. в Хр. Г. Ам.: брести (въспять), прѣбрести, бродити, прѣбродити (Истрин, III, 22, 51, 211). В SJS, в. 4 отс. ▫ О.-с. *bresti, 1 ед. bredǫ, итератив *broditi. Ср. лит. brìsti, 1 ед. brendù (вост.-лит. bredù), bridaũ — «переходить вброд», итератив bradýti; латыш. brist, bradāt — тж. Сопоставляют также с алб. bredh — «бродить», «бродяжничать». И.-е. корень *b(h)red(h)- [: *b(h)rod(h)-] (Pokorny, I, 164). Старшее знач. «переходить (реку или вообще мелкое место) вброд». Отсюда позднее (в вост.-сл. языках, гл. обр. русском, а также в алб.) знач. «брести», «бродить», «волочить ноги», «тащиться».

БРЕШЬ, -и, ж. — «пролом в крепостной стене или ином оборонительном сооружении, корпусе корабля и т. п.». Укр. бреш, род. бре́ші; с.-хорв. брѐша, ж. В других слав. яз. отс. В русском языке известно с Петровского времени (Смирнов, 66, 366). Ср. также в переводной (с франц.) книге «Истинный способ укрепления городов» Вобана, 1724 г. (Термины, 5). ▫ Из французского языка. Ср. франц. (с XII в.) brèche, f. — тж., старое заимствование из др.-в.-нем. (< brecha; ср. совр. нем. brechen — «ломать», «рушить»).

БРИГА́ДА, -ы, ж. — 1) «группа работников, выполняющих определенное задание на производстве»; 2) «личный состав, обслуживающий поезд»; 3) «одно из войсковых подразделений (в пехоте — 2—3 полка)». Прил. брига́дный, -ая, -ое. Сюда же бригади́р. Укр. брига́да, брига́дний, -а, -е, бригади́р; блр. брыга́да, брыга́дны, -ая, -ае, брыгадзі́р; болг. брига́да, бригаден, -дна, -дно, бригади́р; с.-хорв. брига̏да, бри̏гадни, -а̄, -о̄, бригадѝр; словен. brigada; чеш. brigáda — гл. обр. воен. (в других случаях чаще četa), brigádní; польск. brygada, brygadowy, -a, -e, brygadzista — «бригадир». В русском языке слово бригада (как военный термин) известно с начала XVIII в. («Архив» Куракина, I, 301, 1705 г.: брегада). С того же времени бригадир — «командир бригады» («Лексикон вок. новым» по Смирнову, 366). ▫ Источник распространения — франц. (с XIV в. воен. с XVI в.) brigade, (с 1642 г.) brigadier; из франц. — нем. Brigade, Brigadier. Во франц. языке brigade из итальянского. Ср. ит. brigata — воен. «бригада», а также «группа», «толпа», «компания»; «общество» (от briga — «спор», «хлопотливое дело»; «ссора»; ср. brigare — «домогаться», «стараться достичь чего-л. сообща», «заботиться»). В ит. оно не романского, а кельтского происхождения. Ср. ирл. bríg — «сила», «доблесть».

БРИКЕ́Т, -а, м. — «определенной формы и размеров кусок спрессованного мелкого материала». Прил. брике́тный, -ая, -ое. Глаг. брикети́ровать. Укр. брике́т, брике́тний, -а, -е, брикетува́ти; блр. брыке́т, брыке́тны, -ая, -ае, брыкетава́ць; болг. брике́т, брике́тен, -тна, -тно, брикети́рам — «брикетирую»; с.-хорв. бри̏ке̄т; чеш. briketa, ж., briketový, -á, -é, briketovati; польск. brykiet, brykietowy, -a, -e. В русском языке известно с конца XIX в. В словарях — с 1900 г. (Макаров, 156: briquette — «брикет») ▫ Из французского языка. Ср. франц. briquette, произв. от brique — «кирпич», «брусок» (< ср.-голл. bricke — тж., корень тот же, что в нем. brechen — «ломать»).

БРИЛЛИА́НТ, -а, м. — «прозрачный драгоценный камень — специально обработанный (ограненный и отшлифованный) алмаз». Прил. бриллиа́нтовый, -ая, -ое. Укр. брильянт, брилья́нтовий, -а, -е; блр. брыльянт, брылья́нтавы, -ая, -ае; болг. брилянт, брилянтов, -а, -о; с.-хорв. брилијант, брилијàнтски, -а̄, -о̄; чеш. briliant, briliantový, -á, -é; польск. brylant, brylantowy, -a, -e. В русском языке известно с первых десятилетий XVIII в. Ср., напр.: «алмазы, брулианты» в «Реляции» 1721 г. (ЗАП I, т. I, 161). Встр. в «Повести об Александре»: «драгоценный камень бролиант имаш» [по изд. Моисеевой (219), относящей появление этой повести к 1719—1725 гг.]. В словарях — с 1780 г. (Нордстет, I, 45: брилиант, брилиантовый). ▫ Ср. франц. (с XVII в.) brillant (прич. от briller — «блестеть», «сверкать»; ит., исп. brillante; нем. Brillant; англ. brilliant; турец. pırlanta и др. В русском, как и во многих других европейских языках, — из франц.

[глаг. briller, от которого образовано brillant, во франц. — из итальянского (ср. ит. brillare — тж.); корень тот же, что в *берилл*].

БРИО́ШЬ, -и, *ж.* — «сдобная сладкая булочка особой формы из белой муки». Об употреблении этого слова в других слав. яз. данными не располагаем. В русском языке слово *бриошь* известно с конца XVIII в. Отм. у Левшина (СП, I, 1795 г., 120). ▫ Из французского языка. Ср. франц. brioche, *f.*, произв. от норманд. brier (соответствует франц. broyer) — «дробить», «растирать», глагола германского происхождения.

БРИ́ЧКА, -и, *ж.*, *устар.* — «легкая дорожная повозка или коляска, на юге обыкновенно с плетеным кузовом и с откидным кожаным верхом». Слово до сих пор употр. в говорах с несколько измененным знач. Ср., напр., на Оби: бри́чка — «длинная телега для перевозки грузов, снопов» (Палагина, I, 51). Укр. бри́чка; блр. бры́чка. Ср. чеш. bryčka; словац. bričkа; польск. (с XVIII в.) bryczka. В русском яз. в общем употр. с 1-й пол. XIX в. Ср. у Гоголя первые строки «Мертвых душ» (начато в 1835 г., напечатано в 1842 г.): «В ворота гостиницы. . . въехала. . . небольшая *бричка*» (ПСС, VI, 7). ▫ Из зап.-слав. языков, возможно, из польского. В зап.-слав. языках — из нем. Britsche — «возок», в нем. — из ит. biroccio — «двуколка», которое восходит через ср.-латин. birotium к латин. bi-rota «двуколка».

БРОВЬ, -и, *ж.* — «дугообразный волосяной покров в нижней части лба над глазной впадиной». *Прил.* бро́вный, -ая, -ое, надбро́вный, -ая, -ое. Укр. брова́; блр. брыво́. Ср. с.-хорв. о̏брва — «бровь» при брв — «бревно», «бревенчатый мостик»; словен. obrv — «бровь» при brv — «пешеходный мостик»; ст.-чеш. brev — «бровь», чеш. (и словац.) brva — «ресница» («брови» — чеш. obočí, словац. obočie и obrvy, ед. obrva); польск. brew, род. brwi — «бровь»; в.-луж. browki, *мн.* Ср. в том же знач. болг. ве́жда, ве́жди. Др.-рус. (с XI в.) и ст.-сл. бръвь — «бровь»; ср. бръвь : брьвь — «бревно» (Срезневский, I, 181, 184; SJS, I:4, 145). ▫ О.-с. *bry, brъvь, род. brъve. Ср. лит. диал. bruvė̃, bruvìs — «бровь» (ср. общелит. añtakis — «бровь», но júodbruvas — «чернобровый»); др.-англ. brū (совр. англ. brow) — «бровь»; др.-исл. brūn (совр. brún; историческая основа *bruwūn-) — «край», «гребень», «бровь» (норв., дат., швед. bryn); греч. ὀφρύς — «бровь», «приподнятый край» и др.; перс. а̄бру, а̄бруван — «брови»; др.-инд. bhrū-ḥ — «бровь». И.-е. основа *(o:a)-bhrū- — «бровь» (Pokorny, I, 172).

БРОД, -а, *м.* — «мелкое место в реке (озере), удобное и безопасное для пешеходов, переправляющихся на другой берег». Укр. брід, род. бро́ду; блр. брод; болг. брод; с.-хорв. бро̑д; словен., чеш., словац. brod; польск., в.-луж. bród; н.-луж. brod; полаб. bruod. Др.-рус. бродъ (Пов. вр. л. по Ип. сп. под. 6500 г. и др. — Срезневский, I,180). ▫ О.-с. *brodъ[< и.-е. *b(h)rod(h)os]. Ср. лит. brãdas — «рыболовство», bradà — «жидкая, топкая грязь», brast(v)à (с st <dt) — «брод». От *бродить* (см. *брести*).

БРОДЯ́ГА, -и, *м.* и *ж.* — «человек без определенного местожительства и общественно полезных занятий, скитающийся по городам и деревням, по таежным и пр. местам». *Прил.* бродя́жий, -ья, -ье. *Глаг.* бродя́жить, бродя́жничать. Укр. бродя́га (но чаще волоцю́га). Ср. блр. бадзя́га — тж. В других слав. яз. отс. Ср. в том же знач.: болг. ски́тник; с.-хорв. скита̑ч, ски́тница; чеш. tulák; польск. włóczęga и пр. В русском языке слово *бродяга* известно с XVI в. Встр. в Ремезовской летописи под 1579 г. («Сиб. летописи», 316). Ср. также в «Судном деле» 1622 г.: «велел. . . сказыватца *бродяшка[ми]*» (Яковлев, 345). В словарях — с 1731 г. (Вейсман, 650: vagant — *бродяга*). ▫ От *бродить* (см. *брести*).

БРО́НЗА, -ы, *ж.* — «сплав меди с разными другими элементами, гл. обр. металлами, особенно в старину только) с оловом». *Прил.* бро́нзовый, -ая, -ое. Укр., блр. бро́нза; болг. бронз; с.-хорв. бро̀нза (и бро̀нца); словен. brọ̑n; чеш. bronz (и spež); польск. brąz (и spiż). *Прил.* всюду обычно с суф. *-ов-*: укр. бро́нзовий, -а, -е; блр. бро́нзавы, -ая, -ае; болг. бро́нзов, -а, -о; чеш. bronzový, -á, -é; польск. brązowy, -a, -e; но с.-хорв. бро̀нзан(й), -а, -о. В русском языке — с середины XVIII в. Сначала, видимо, появилось прил. *бронзовый* (м. б., в связи с тем обстоятельством, что в России бронза стала известна по разнообразным изделиям из этого металла). Ср. в «Журн. пут.» Демидова, 1771—1773 гг.: «*бронзовыми*. . . барелиевами» (24), «два *бронзовые* ваза» (34). В словарях бронз, *м.* отм. Нордстетом (I, 1780 г., 46). ▫ Видимо, непосредственно из франц. языка. Ср. франц. (с XVI в.) bronze, *m* (до XVII в. также *f*) из ит. bronzo. Ср. нем. Bronze, *f.*; англ. bronze; исп. bronce. Слово, надо полагать, восточного, переднеазиатского происхождения. Ср. перс. берендж — «желтая медь», «бронза» > афг. бириндж — «бронза»; курд. birinc — тж. и др. В Европе это заимствованное с Востока слово могло подвергнуться переформлению и переосмыслению под влиянием названия города Brundisium (ныне *Бриндизи*) на юге Италии, где, по Плинию, в древности вырабатывали бронзу. Ср. средневек. латин. aes brundisium — «медь из Брундизия». О других предположениях см. Lokotsch, § 1657.

БРО́НХИ, -ов, *мн.* (*ед.* бронх, *м.*) — «ветви дыхательного горла, по которым воздух в процессе дыхания поступает в легкие». *Прил.* бронхиа́льный, -ая, -ое. Сюда же бронхи́т — «болезнь, вызванная воспалением слизистой оболочки бронхов». Укр. бро́нхи (ед. бронх), бронхіа́льний, -а, -е, бронхі́т; блр. бро́нхі (ед. бро́нха), бранхіа́льны, -ая, -ае, бранхі́т; болг.

бро́нхи, бронхиа́лен, -лна, -лно, бронхи́т; с.-хорв. бро̀нхије, брȍнхијалан, -лна, -лно: брȍнхијалнӣ, -ā, -ō, бронхи́тис; чеш. bronchie (ед. bronchus, род. bronchu, обычно — průduška), прил. bronchiální, bronchitis, bronchitida; польск. bronchy (также oskrzela, *мн.*, прил. oskrzelowy, -a, -e), bronchit. В русском языке слово *бронхи* (сначала в форме *бронхии*) в словарях отм. с 1803 г. (Яновский, I, 420); там же *бронхиальный*. Название же болезни (*бронхит*) появилось несколько позже. Оно встр. в письмах И. С. Тургенева, напр. в письме Анненкову от 16-I-1860 г.: «я приехал сюда, хотя и не с *бронхитом*...» (ПСС, Письма, IV, 14). В словарях отм. в форме *бронхитис* (Бурдон — Михельсон 1880 г., 151). В форме *бронхит* в словарях — с 1891 г. (СРЯ¹, т. I, в. 1, 272). □ Скорее всего из французского языка. Ср. франц. (с XVI в.) bronchies, *pl.* (ср. *бронхии*) — «бронхи», (с конца XVII в.) bronche, *f.* — «бронх», (с 1735 г.) bronchial, -e, (с 1825 г.) bronchite, *f.*; англ. bronchi, *pl.* (произн. ˈbrɒŋkaɪ), bronchia, *pl.* (произн. ˈbrɒŋkɪə), bronchial, (с 1812 г.) bronchitis; нем. Bronchien, *pl.*, bronchial, Bronchitis и др. Первоисточник — греч. βρόγχος — «дыхательное горло»; ср. βρόγχιον, *pl.* βρόγχια — «жаберные отверстия». Отсюда позднелатин. (откуда мед.) bronchia, *pl.*

БРОНЯ́, -и́, *ж.* — «закрепление чего-л. за кем-л. или кого-л. где-л., а также документ на такое закрепление». *Глаг.* (за)брони́ровать. Только русское; новое, послереволюционное. В словарях впервые — у Ушакова (I, 1935 г., 191). □ Восходит к *броня́* (см.).

БРО́НЯ, -и́, *ж.* — 1) ист. «защитная, с нанизанными металлическими пластинками или кольцами одежда древнего воина», «панцирь», «кольчуга»; 2) «защитная стальная обшивка военного корабля, автомашины, танка, поезда и т. п.». Прил. *броневой*, -а́я, -бе, отсюда *броневи́к*. *Глаг.* *брониро́вать*. Укр. броня́, броньови́й, -а́, -е́, бронюва́ти, броньови́к; блр. брана́, браня́вы́, -а́я, -ое, браніра́ваць, браняві́к. Ср. чеш. brně́ní — «броня» (хотя чаще *pancéř*). Болгары пользуются русским словом *броня́*, от которого произведено *брони́рам* — «бронирую» (ср. *брони́ран автомоби́л* — «броневик»), но не из русского: *брънка* — «звено» (металлической цепи), «связующее» звено»; ср. с.-хорв. бр̏њица — «намордник», «кольцо, вдеваемое в ноздрю, напр. медведя» (но «броня» — о̀клоп). Польск. broń — «оружие» сюда не относится (здесь о.-с. корень *born-, тот же, что в рус. *оборона*. Ср. pancerz — «броня»). Др.-рус. (с XI в.) и ст.-сл. брънjа (Срезневский, I, 183; SJS, 1 : 4, 145). Прил. *броневой* в словарях — с 1891 г. (СРЯ¹, т. I, в. 1, 271), *бронировать* — с 1935 г. (Ушаков, I, 191). □ Обычно считают ранним (о.-с. эпохи) заимствованием из языков германской группы. Ср. гот. brunjō — «кольчуга»; др.-в.-нем. brunna, brunia (совр. нем. Brünne) — «нагрудная броня»; исл., швед. brynja — «кольчуга»; норв., дат. brynje — тж.; др.-англ. byrne — тж. Из того же источника (при посредстве франков) ст.-франц. broigne (< bronie, brunie, встр. в песне о Роланде). В языках германской группы — кельтского происхождения. Ср. др.-ирл. bruinne — «грудь», вал. (кимр.) bryn — «холм».

БРОСА́ТЬ, броса́ю — «заставлять что-л. падать», «метать», «кидать», «оставлять». *Сов.* бро́сить [старое (или диал.?) ударение броси́ть; ср. у Аввакума в «Житии» (Автограф): «он ее (пищаль)... броси́лъ» (229); «(меня) броси́ли (202 об.)]. *Возвр. ф.* броса́ться, бро́ситься. Ср. в говорах: олон. броси́ть [«белку броси́ть надо» — «снимать шкурку» (?)], бросну́ть [«пойдем бросну́ть ягоды» — «собирать» («рвать»?). Куликовский (6) определяет знач., как «собирать», «подбирать»]. Ср. у Даля (I, 115—116): бро́снуть — новг., твер., тамб. «обивать или ошмыгивать руками махалку, семя», «обивать со льна колоколку и головки», отсюда **бросно́вка**, **бросно́вальня** — «дощечка с зубьями на одном конце, об которую *броснут* лен, а местами и конопель». Сюда же архангел. бросну́ть — «отделять трицу от льна», отсюда **бросну́ха** — «орудие для отделения кострицы» (Подвысоцкий, 11). Это специальное (льноводческое) знач. долго сохранялось гл. обр. на северо-западе великорусской территории (Карельская АССР, Новгор., Псковск., Калининск. области и соседние с ними). В говорах встр. также **брока́ть** — «бросать» (СРНГ, в. 3, с. 193). В других слав. яз. знач. «бросать» выражается или глаголами, восходящими к о.-с. *metati, *metnqti (см. *метать*), к о.-с. *kydati, *kydnqti (> рус. *кидать, кинуть*), или другими глаг. В русском языке глаг. *бросать, бросить* известен с конца XVI в., причем ранний случай [в документах «Посольства» Тюфякина в Персию, 1595—1598 гг. (387): «учал... с ларцов верхи *бросать*] скорее свидетельствует о знач. «сбивать», «обламывать», чем «метать». Но уже с начала XVII в. этот глаг. встр. в знач. «метать», «кидать». Ср. в «Карамзинском хронографе» начала XVII в.: «людей... *бросали* с башен» («Изборник» Попова, 331). С тем же знач. у Р. Джемса (РАС, 1618—1619 гг., 17 : 5): brǒsai sǔdí [бросай (брусай) суды] — «throwe heather». □ История этого глаг. находится в связи с историей др.-рус. бръснути — «брить», отмеченного Срезневским (I, 183) в новг. памятниках; ср. также обръсити, обръсти, обръснути — «обрить», «остричь» (Срезневский, II, 552). Ср. ст.-сл. бръсєніє — «черепки» в Супр. р. (SJS, I : 4, 145). Ср. болг. бръ́сна — «брею», бръ́скам — «подметаю» (веником, метлой); с.-хорв. бр̏кнути — «зацепить», «зачерпнуть», а также «бросить» (в воду). Старшее знач. корня *бръс-* [< о.-с. *brъs- < и.-е. *bhreu-k'- (: *bhrū-k'-) : *bhreu-k-] «задевать», «царапать», «чесать», «отделять что-л. от чего-л.» (Pokorny, I, 170: «только балто-слав.»). Ср. лит. braũkti — «тереть нажимая», «задевать», «вычеркивать», «трепать лен», brùkti — «засовывать», «пихать», «трепать (лен, коноплю)»; латыш. braukt — «ехать», brukt — «обваливаться», «рушиться». Знач. «отбрасывать» > «бросать» (из «отбрасывать, отрезая, отрывая») сначала возникло в спец. языке льноводов (на северо-западе Московской Руси). Отсюда около XVII в. *бросать* (с расширенным знач.) попало в Москву и далее -- в общерусский язык. Случаи изменения значения в смысле расширения и абстрагирования его при переходе слова из специального языка в общий не редки в истории языка.

БРО́ШКА, -и, *ж.* — «вид женского украшения, прикалываемого к платью». **Брошь**, -и, *ж.* — тж. Широко распространено в слав. и зап.-европ. (и иных) языках: укр., блр., болг. **бро́шка**; с.-хорв. **брȍш**; польск. broszka; но чеш. brož. В словарях русского языка слово *брошка* отм. с 1863 г. (Даль, I, 116). Но, конечно, оно было известно и раньше. Встр., напр., в рассказе Панаева «Онагр», 1841 г., гл. VII: «она поправила *брошку* на груди дочери» (Избр., 211). ▫ Ср. в том же знач.: франц. broche; исп. broche; нем. Brosche; англ. brooch; швед. brosch; фин. (с.) brošši; венг. bross; турец. broş и др. В русском языке заимствовано из французского. Первоисточник — кельто-романский. Ср. позднелатин. *brocca, от глаг. *broccare — «колоть», «пришпоривать», от галльск. корня *brokk-, обозначающего «острие», «остроконечный предмет» и т. п.

БРОШЮРА, -ы, -*ж.* — «небольшая книжка в мягкой бумажной обложке». *Уменьш.* **брошюрка**. *Глаг.* **брошюровать**. Укр. брошу́ра, брошурува́ти; блр. брашу́ра, брашрава́ць; болг. брошу́ра, но броши́рам — «брошюрую»; с.-хорв. **броши́ра**, реже **брошу́ра**, **броши́рати**; словен. brošúra, brošovac; чеш. и словац. brožúra, brožovati; польск. broszura, broszurować. В русском языке слово *брошюра* употр. с начала XIX в. Ср., напр., в письмах Н. И. Тургенева к братьям: *брошюр*... Геерен не писал» (№ 18, от 30-I-1814 г.); «посланные *брошюры*... и в особенности речь Lainés» (№ 19, от 25-II-1814 г.; еще: № 21 и др.) [Н. И. Тургенев, Письма, сс. 118, 121, 125]. Ср. у Пушкина в «Рославлеве», 1831 г.: «сжег десяток французских *брошюрок*» (ПСС, VIII, 153). В словарях *брошюра* — с 1836 г. (Плюшар, VII, 161), *брошюрный* — с 1847 г. (СЦСРЯ, I, 84). ▫ Слово французское. Ср. франц. (с 1718 г.) brochure, произв. от brocher — первоначально «ткать» (золотом, шелком) [< вульг. латин. *broccare — «колоть» (> «ткать»); ср. латин. brocchus — «выпяченный», «торчащий»].

БРУС, -а, *ж.* (*мн.* бру́сья) — «четырехгранный продолговатый или длинный предмет», «небольшой четырехгранный точильный камень» (в этом знач. чаще **брусо́к**). Укр., блр. **брус**; болг. брус — «точильный камень», «брусок», «оселок» (в других знач. греда́); с.-хорв. брус — тж.; словен., чеш., словац., польск. brus — тж.; в.-луж. brus — «точильный камень», «закал на хлебе». Др.-рус. (с XV в.) **брусъ** «обтесанное бревно» в Соф. л. под 6983 г., **брусие** (собир. к **брусъ**) в Никон. л. под 6902 г. (Срезневский, Доп., 27). Ср. у Р. Джемса (РАС, 1618—1619 гг., 12 : 27): brūse (=брусье?) — «a whetstone» («точильный брусок»). Кочин (38) отм. брус — «отесанное бревно» в поздних летописных сводах и брус — «кусок» (мыла) в дипломат. актах Московского гос-ва, Дювернуа (8) дает **брусие** «fruticis (от frutex — «верхняя часть древесного ствола») genus aliquod» («*брусием*ъ бить») в одной недатированной рукописи из собрания гр. Румянцева. Ср.: «съ доскъ... и съ *брусья*» (род. ед.), отм. Унбегауном (298) в одном из актов (ААЭ, 1571 г.). ▫ О.-с. *brusъ. И.-е. база *bhreu-k'- (: *bhrou-k'-). См. Pokorny, I, 170. Ср. на др.-рус. почве **обрусити** — «оборвать» (Упыр. 1047 г.), **убрусъ** (с XI в.) — «платок», «полотенце», **обрусьць** (1624 г.) — «полотенце» (Срезневский, II, 548, 549; III, 1117).

БРУСНИ́КА, -и, *ж.* — «ярко-красные съедобные ягоды — плоды кустарничка семейства вересковых», Vaccinium vitis idaea. *Прил.* **брусни́чный**, -ая, -ое. В говорах: **брусни́ца** (широко распространено), **брусни́га** (Палагина, I, 52; там же **брусни́ца**). Укр. **брусни́ця**, (о ягодах также) **брусни́ці**, *мн.*, **брусни́чний**, -а, -е; блр. **брусні́ца**, (о ягодах также) **брусні́цы**, *мн.*, **брусні́чны**, -ая, -ае; с.-хорв. **бру̑сница**; словен. brusnica; чеш. brusinka, brusinkový, -á, -é; словац. brusnica, brusnicový, -á, -é; польск. brusznica (также borówka), brusznicowy, -a, -e; в.-луж. bruslica, brusnica; н.-луж. brusnica. Но ср. болг. **брусница** — «корь» (ср. «брусника» — **борови́нка**). Слово *брусника* известно с начала XVII в. Отм. Р. Джемсом при перечислении названий ягод на Севере (РАС, 1618—1619 гг., 8 : 15): brusnitze (брусници), *мн.* Форма с -к-а (*брусника*) встр. с середины XVIII в.: Ломоносов, Соч., I, 170, у него же *брусница* («Мат. к Рос. гр.», 1747—1755 гг. — ПСС, VI, 719). ▫ Корень слова, вероятно, тот же, что в диал. (гл. обр. сев.-зап. и сев.-рус.) **бросну́ть** (напр., коноплю, лен) — «обивать или ошмыгивать руками... семя», «обивать со льна колоколку и головки» (Даль, I, 115—116). Т. о., брусника могла быть названа по способу собирания — сдергиванию, снятию спелых ягод (Преображенский, I, 47). И.-е. корень *bhreu̯-k' (: *bhrou̯- и пр.), распространенный посредством k' : k (см. *бросать, брус*).

БРЫ́ЗГАТЬ, бры́згаю (и бры́жу) — «обдавать каплями жидкости, влаги»; «кропить, окроплять чем-л. жидким», «прыскать». *Возвр. ф.* **бры́згаться**. *Однокр.* **бры́знуть**. Сюда же **бры́зги**, *мн.* Укр. бри́згати, бри́знути, бри́зки; с.-хорв. бри̏згати, бри̏знути; словен. brizgati, brizgniti; чеш. диал. (вост.-морав.) brýzgati; польск. bryzgać. Ср. блр. **пы́рскаць** — «брызгать», **пы́рскі** — «брызги»; болг. **пръ́скам** — «брызгаю». В русском языке глаг. *брызгать* известен с середины XVIII в.: Ломоносов, «Рос. гр.», 1755 г., §§ 289, 327 (ПСС, VII, 484, 492). Примерно тогда же входит в употр. и сущ. *брызги*, которое могло восприниматься и как сущ. м. р. Ср. у Державина в стих. «Водопад», 1791—1794 гг., строфа 1: «от *брызгов* синий холм стоит» (Стих., 92). ▫ О.-с. *bryzgati. Покорный (Pokorny, I, 171) сопоставляет (как с родственными образованиями) со ср.-в.-нем. brūsen, совр. нем. brausen — «бушевать», «шуметь» (о море, лесе), «плескаться», «шипеть» (напр., о лимонаде), совр. нем. Brausen «рев волн», «шум» (моря, леса); н.-нем. brūsen — тж. и «обрызгивать»; голл. bruisen — «пениться» (о волнах), «бушевать» (о море) и др. И.-е. база *bhrŭs-.

БРЫ́НЗА, -ы, *ж.* — «сыр из овечьего молока» [по Далю (I, 117) — «волошский, болгарский сыр»]. *Прил.* **бры́нзовый, -ая, -ое.** Блр. бры́нза; укр. бри́нза. Ср. чеш. (с XVI в.) brynza; словац. (с XV в.) bryndza; польск. (с XVII в.) bryndza. Но ср. болг. *си́рене* — «брынза». Ср. с.-хорв. диал. (банат.) *бринза* — «сыр», а также ст.-дубровн. (XIV в.) brençe — тж. В словарях русского языка отм. с 1863 г. (Даль, I, 117). Но ср. *Брындза* — западнорусское прозвище, засвидетельствованное грамотами [Александр *Брындза*, державец Пуньский, 1598 г. (Тупиков, 65)]. ▫ В русском языке и в западнославянских — из румынского. Ср. румын. brînză — «сыр». Происхождение румынского слова неясно. М. б., это действительно «старое европейское пастушье слово» (Machek, ES, 46). Как заимствование из Восточной Европы возможно и в западноевропейских языках: франц. brynza и др.

БРЮЗГА́, -и́, *м. и ж.* — «недовольный, ворчливый человек», «придирчивый ворчун». *Прил.* **брюзгли́вый, -ая, -ое.** *Глаг.* **брюзжа́ть** — «ворчать». Даль (I, 117) отм. **брюзжа́ть** — «бренчать», «звенеть» (напр., о колокольчике). Ср. также диал. (твер.) **брюзга́ть** — «твердить урок» (с бормотанием) [ib., 118]. По-видимому, сюда же отн. ворон. **бря́згать** — «брякать», «бренчать», новг., твер. «прыскать», «брызгать», симб. «хлестать», «бить» (ib., 118), если оно из **брюзгать** (под влиянием *брякать, плескать* и т. п.). Слова эти в русском языке известны с середины XVIII в.: *брюзга* встр. в оде Державина «Фелица», 1782 г., строфа 11: «между лентяем и *брюзгой*» (Стих., 21). Еще раньше появился глаг. *брюзжать*. Ср. у Ломоносова в «Мат. к Рос. гр.», 1747—1755 гг.: брюзжать, брюзжу (ПСС, VII, 737). ▫ В этимологическом отношении не все ясно. Ср., однако, лит. briaũgzti (gz < zg) — «тараторить», bruzgėti — «шелестеть», «производить невнятный шум», bruzga — «шелест», bruzgùs — «быстрый», «спешащий», также brūzgaĩ, *pl.* — «густой кустарник» (сначала как звукоподражательное). Вероятно, и славянская, и литовская группы слов по происхождению звукоподражательные (как *ворчать* или *верещать* в русском языке). Не исключено, однако, что эта группа русских и литовских слов имеет отношение к о.-г. *bruskan — «хрустеть», «трещать», «шуметь» [ср. англ. brush (wood) — «заросль», «кустарник», «хворост»; швед. brus(k)a — «шуметь»; норв. диал. brauska, bruska — «с силой (с шумом) прорываться наружу» и нек. др., восходящие к и.-е. базе *bhreu-sk-, с расширителем -sk- : -zg- (Pokorny, I, 172; Falk — Torp², I, 108)].

БРЮ́ЗГНУТЬ, брю́згну — (о человеке) «болезненно расплываться, отекать, опухать», «нездорово полнеть». *Сов.* **обрю́згнуть.** *Прил.* **брю́зглый, -ая, -ое** — «болезненно полный, отекший, опухший». Укр. брюзгнути (и брезкнути) — тж. В блр. отс.; ср. **зы́знуць** — тж. В других слав. яз. отс. В русском языке известно с середины XVIII в. В словарях *брюзгнуть* отм. с 1780 г. (Нордстет, I, 47). ▫ Едва ли следует отделять от *брюзжать*, *брюзга* (см.), тем более что так говорят (*брюзжит* и т. п.) обычно о старых и нездоровых людях, раздраженных своей болезнью. Но допустимо и другое объяснение: старшая форма, возможно, была *брюхнуть* от *брюхо* (см.) [ср. диал. **брю́хнуть** — «киснуть», «мокнуть», «разбухать», «вздуваться» (Даль, I, 118)], но под влиянием слов *брюзга* (см.), *брюзжать*, диал. **брюзга́ть** слово получило в русском литературном языке новую фонетическую форму *брюзгнуть*, м. б., не без связи и с тем обстоятельством, что слово *брюхо* попало в конце концов в разряд вульгаризмов.

БРЮ́КИ, брюк — «разновидность штанов — верхняя мужская одежда определенного покроя, облекающая нижнюю часть туловища и ноги до щиколоток». *Прил.* **брю́чный, -ая, -ое.** Укр. брю́ки (чаще штани́). Но в блр. — только штаны́. В других слав. яз. также отс. Но и в русском языке слово *брюки*, появившееся во 2-й пол. XVIII в., не сразу получило нынешнее знач. Почти до 2-й четверти XIX в. это слово вообще было малоупотребительным (говорили *штаны, панталоны*). В САР¹ (I, 1789 г., 362) слово *брюки* толкуется как «исподнее (?) матросское широкое платье, имеющее широкие и длинные сопли, делаемое из парусины» (в САР², I, 1806 г., 323 слово *сопли* заменено словом *гащи*). Ср. в начале XIX в. у Яновского (I, 1803 г., 422): *брюки* — «парусиновые широкие матросские штаны». Однако сравнительно новое слово постепенно завоевывает свое «жизненное пространство» в разговорной речи в течение 1-й трети XIX в., причем уже как наименование не только специальной одежды, но и модной светской, даже великосветской. Ср. у Полежаева в поэме «Сашка», 1825—1826 гг., гл. II, строфа 8: «В кармане *брюк*» (Стих., 207). ▫ В русский язык это слово было заимствовано, надо полагать, из голландского (Meulen, NWR, Suppl., 22). Ср. голл. broek (произн. brūˊk), *f.* — «штаны», «брюки»; норв. диал. brok — тж. (ср. др.-в.-нем. bruoh — «штанина»). Первоисточник — латин. bracae, *pl.* — «штаны», «шаровары». Ср. ит. brache — «штаны», «брюки». В русском языке фонетическая форма с *р'у* вм. *ру*, возможно, установилась не без влияния старого названия шерстяной ткани *брю-киш* (<нем. brüggisch, от Brügge, названия города во Фландрии), откуда и прил. *брюкишный*, употребительное в XVII в. (Срезневский, I, 187) и (как отживающее слово) в 1-й пол. XVIII в.

БРЮНЕ́Т, -а, *м.* — «темноволосый человек». *Женск.* **брюне́тка**. Укр. **брюне́т**, **брюне́тка**; блр. **бруне́т**, **бруне́тка**; болг. **брюне́т**, **брюне́тка**; чеш. brunet, brunetka (и bruneta); польск. brunet, brunetka. Ср. в том же знач. с.-хорв. **црнòмањаст**, **црнòмањаста**, чаще **гара̀вуша**, **цр̑нка**. В русском языке раньше появилось слово *брюнетка*. Один из ранних примеров — в стих. Аблесимова в журн. «Трутень», лист VII, от 16-II-1770 г.: «А потом, влюбясь в *брюнетку*...» (Новиков, 207). Но в форме *брюнета* ср. в «Любовном лексиконе» 1768 г. (12): «белокурые красавицы (или блондины), говорят, не столько имеют живости, как черноволосые (или *брюнеты*)». Мужская форма (*брюнет*) известна с начала XIX в. («Дневник» Н. И. Тургенева за 1811 г. — «Архив» бр. Тургеневых, т. II, в. 3, с. 57). В словарях — позже (Плюшар, VII, 1836 г., 206). ▫ Слово французское. Ср. франц. brunet, -te — тж., сначала прил., произв. от brun, -e — «смуглый» (как сущ. «брюнет», «брюнетка»). Корень германский; ср. др.-в.-нем. brūn (совр. нем. braun) — тж.; др.-сканд. brūnn (дат. brun и др.) — тж. (и.-е. корень *bhru- : *bher-).

БРЮ́ХО, -а, *ср.* — «живот». *Прил.* **брюшно́й**, -а́я, -о́е, **брюха́тый**, -ая, -ое. Сюда же **брюши́на**. В совр. слав. яз. употр. только в западной группе (причем чаще в форме м. р.): чеш. břicho и břich (ст.-чеш. bŕucho и bŕuch), прил. břišní; польск. brzuch, brzuszny, -a, -e; в.- и н.-луж. brjuch, brjušny, -a, -e. Ср. болг. **търбу́х**; с.-хорв. **тр̏бух** — «живот», «желудок» и др. [ср. рус. *требуха* — «брюшные внутренности», при ст.-сл. трѣбити, др.-рус. теребити — «расчищать», «очищать» (Срезневский, III, 950, 1020)]. Известно не только в форме *брюхо*, но и *брюхъ* с древнерусской эпохи, однако Срезневский (I, 187) дает примеры только на прозвища; (с XV в.) **брюхатый**, -ая (ib., Доп., 27). Ср. у Тупикова: «Федор *Брюхо*, моск. боярский сын» (1469 г.), «Иван *Брюхатой*, князь нижегородский» (66), «Сенка *Брюхов*, крестьян» 1539 г. (489). *Брюшной* — у Нордстета (I, 1780 г., 47: *брюшный*). ▫ Из других и.-е. языков параллельные образования, но со знач. «грудь» имеются в кельтских языках: др.-ирл. brū, род. bronn [основа *bhrusō(n)-] — «брюхо», «чрево», bruinne — «грудь»; кимр. (вал.) bryn — «холм». Ср. (с несколько по-иному оформленной и.-е. базой) в германских языках: гот. brusts — «грудь», «сердце»; др.-в.-нем. brust (совр. нем. Brust), др.-исл. brjōst (совр. исл. brjóst); шведск. bröst; дат. bryst — «грудь» [о.-г. корень

*brust- — «набухать»; ср. ср.-в.-нем. briustern — «набухать», brüsche (совр. нем. Brausche) — «шишка», «желвак»]. Сущ. с этим корнем сначала значило «нечто набухшее, выпирающее, возвышающееся» и т. п., откуда знач. «живот» (слав.) и «грудь» (герм.). И.-е. база *bhreu-s- (на о.-с. почве eu > ju, a s > ch после u) — «набухать», «вздуваться», «выпячиваться» (Pokorny, I, 170—171). Ср. рус. диал. (ряз.) **брюхнуть** — «набухать», «раздуваться», «пухнуть» (Даль, I, 118).

БУ́БЕН, бу́бна, *м.* — «ударный музыкальный инструмент в виде небольшого обода с натянутой на нем кожей и с подвешенными бубенцами». *Глаг.* **бубни́ть**. Укр. **бу́бон**; блр. **бу́бен**. В других слав. яз. это слово значит «барабан»: с.-хорв. **бу́бањ**; словен. boben; чеш. buben; польск. bęben. Ср. в знач. «бубен»: с.-хорв. **да̀ире**; болг. **даире́** (< турец. daire — собств. «круг», «бубен»); чеш. bubínek и tamburína (< нем. Tamburin — тж.). Др.-рус. (с XI в.) **бубьнъ** — «тимпан» (Срезневский, I, 188). Глаг. *бубнить* отм. в словарях с 1863 г. (Даль, I, 119). ▫ О.-с. *bǫbьnъ (< *bonbьnъ). Ср. лит. bam̃bėti — «брюзжать», «ворчать», ablỹąt bim̃bti — «жужжать», отсюда bim̃balas — «слепень»; др.-исл. bumba — «барабан»; греч. βόμβος (> латин. bombus) — «глухой звук», «гул»; алб. bumbullon — «греметь» и др. И.-е. звукоподражательный корень ;*baxmb- (Pokorny, I, 93—94). См. еще *бубны* (название карточной масти).

БУ́БЛИК, -а, *м.* — «большая толстая баранка». *Прил.* **бу́бликовый**, -ая, -ое, **бу́бличный**, -ая, -ое, отсюда **бу́бличник**, **бу́бличница**. Укр. **бу́блик**, **бу́бличний**, -а, -е, **бу́бличник**, **бу́бличниця**. В других слав. яз. отс. Ср. с.-хорв. **бу́бла** — «комок», **бубу́љица** — «прыщик»; чеш. boubel — «пузырь», «волдырь»; польск. bąbel — «пузырь», «волдырь»; в.- и н.-луж. bublin — «пуговица». В словарях — с середины XIX в. (Даль, I, 1863 г., 119). ▫ Вероятно, из украинского, где оно известно с более раннего времени (встр. в «Энеиде» Котляревского, 1798 г., песнь II, строфа 12, с. 23 и песнь IV, строфа 53, с. 87). Ср. прозвище: «Андрей *Бублик*, Кременецкий мещанин», 1563 г. (Тупиков, 66). Ср. лит. bamblỹs — «пышка»; латыш. bumbulis — «клубень». Ср. также греч. πομφόλυξ — «(водяной) пузырь». Греч. слово представляет собою образование с удвоенным корнем φολ, родственным с латин. bul- в bulla (см. *булка*). Возможно, что и в *бублик* основа *бубл*- восходит к *bombol- < *bonbol- < *bolbol-, из звукоподражательного корня (звук бульканья) *bol- < и.-е. *bhol- : *bhul- (ср. рус. *буль-буль*).

БУ́БНЫ, бубён, *мн.* — «в карточной игре — красная масть с изображением ромбика». *Прил.* **бубно́вый**, -ая, -ое. Укр. **бу́бна** (и **дзві́нка**); блр. **бу́бні** (Носович, 37), обычно **звонкі́**. Ср. название этой масти в других слав. яз.: болг. **каро́**; с.-хорв. **ка́ро**; чеш. káro, kule, *мн.* (и bubny);

польск. karo (и dzwonki) и др. [< нем. Karo < франц. carreau — «плитка», «оконное стекло», carreaux, pl. — «бубны» (< позднелатин. *quadrellus, от quadrum — «четырехугольник»)]. В русском языке слово *бубны* в этом знач. известно с начала XVII в. Ср. у Р. Джемса (РАС, 1618—1619 гг., 43 : 17) : bьbena — «diamond», *ед.* («бубны»). В словарях — с 1780 г. [Нордстет, I, 48 : *бубни*, там же прил. *бубневый* (!)]; с 1789 г. (САР¹, I, 367): *бубны*, *бубновый*. □ *Бубны* — калька с нем. Schellen — (как карточный термин) «бубны» (собств. «бубенцы»: немецкие карты этой масти были с рисунком бубенца, тогда как французские имели изображение ромба). Название это возникло не на русской, а на чешской почве: русские названия карточных мастей, как и многие другие карточные термины, по происхождению — чешские, пришедшие к нам через юго-запад (Чернышев, ТК, РР, II, 58 и сл.; ранее — Брокгауз — Ефрон, VIII, 826).

БУГО́Р, -гра́, *м.* — «небольшой холм», «небольшое возвышение». *Уменьш.* **буго́рок**. *Прил.* **бугри́стый**, -ая, -ое, (от *бугорок*) **бугорчатый**, -ая, -ое. *Глаг.* **бугри́ться**. Укр. **буго́р** (но чаще **горб**); блр. **буга́рок** (только мед., анат.; в знач. «холмик» «возвышение» — **па́грак**, **грудо́к**). В других слав. яз. отс. Ср. в том же знач.: болг. **хълм**, **възвише́ние**; с.-хорв. **ху́мка**, **брежу́љак**, **узви́шење**; чеш. pahorek, hrbol; польск. pagórek, gruzełek. В русском языке слово *бугор* известно с XVI в. Встр. в «Царской грамоте на рыбную ловлю», 1575 г.: «островъ Чюрка с *бугры*» (АИ, I, № 193, с. 356). В памятниках XVII в. сибирского происхождения отм. прозвище *Бугор* (м. б., «Горб», «Горбатый»?): «Василий *Бугор*», 1655 г., «Иван *Бугор*», 1655 г. (Тупиков, 67). Производные появились позже: *бугорок* отм. в 1731 г. (Вейсман, 168); *бугристый* — в 1780 г. (Нордстет, I, 48); *бугорчатый* — в 1834 г. (Соколов, I, 152). □ В неславянских и.-е. языках ср. латыш. baũgurs, paũgurs — «бугор». Но это слово могло быть заимствовано из слав. яз. [из русского (*бугор*) или белорусского (*па́грак*) и переделано на латышской почве. При такой изолированности слова *бугор* в славянской среде мнение о тюркском его происхождении можно считать пока что наиболее удовлетворительным (см. Lokotsch, § 348). Ср. турец. büğrü (iğri büğrü) — «искривленный», «извилистый» при bükmek — «кривить», туркм. **бүкүр** — «горб» (у человека), «горбатый» при **бүкмек** — «изогнуть»; узб. **букур** — «горбатый», «горб» (у человека) при **букмок** — «изогнуть»; азерб. **бүкмәк** — «свернуть», «скрутить»; каракалп. **бүк** — «горб» при **бүк** — «гнуть». Ср. также у Радлова (IV : 2, 1880, 1882): крым.-тат. **бӳгрӳ** — «согнутый», ком. **бӳкрӳ** — «горбатый». Слово это в тюркских языках давнее. Ср. др.-тюрк. bügür — «бедро» (Gabain, 306).

БУДИ́РОВАТЬ, буди́рую, *устар.* — «проявлять недовольство», «дуться». До опубликования (Правда, 1924 г., № 275) заметки Ленина «Об очистке русского языка» (ПСС⁵, XXXX, 49) это был очень употребительный в литературном русском языке первых десятилетий XX в. глагол, обычно со знач. «возбуждать» (кого-л.), «побуждать», «тормошить», «будоражить», «будить (на какое-л. дело)» и т. п. После 1924 г. употребление этого глагола почти прекратилось. Появился этот глаг. (со знач. «дуться» и т. п.) в русском языке примерно в 60-х гг. XIX в. Ср. у Достоевского в романе «Преступление и наказание», 1866 г., ч. 2, гл. 1: «весьма довольный, что его так приятно пощекотали, но все еще *будируя*» (СС, V, 107). Еще в конце XIX в. этот глаг. употреблялся только со знач. «показывать молча... неудовольствие», «дуться» (СРЯ¹, т. I, в. 1, 1891 г., 282). С новым знач. *буди́ровать* отм. в словарях с начала 900-х гг. (М. Попов, 1904 г., 68; Ефремов, 1911 г., 71). □ По корню (*буд-*) этот глаг. французского происхождения (ср. франц. bouder), но на русской почве он получил другое знач., чем во французском языке, где bouder значит «сердиться» (вообще и на кого-л.), «дуться», а также «игнорировать кого-л.». Отсюда недалеко и до «сердить» (кого-л.), «раздражать», «злить» и еще дальше «возбуждать», «тормошить» и пр., как получилось на русской почве.

БУДИ́ТЬ, бужу́ — «выводить кого-л. из состояния сна, спячки», «прерывать чей-л. сон». Только с приставками (от основы *-буждать*): **возбужда́ть**, **побужда́ть**, **пробужда́ть**. Укр. **буди́ти**; блр. **будзі́ць**; болг. **бу́дя** — «бужу» с.-хорв. **бу́дити**; словен. buditi; чеш. buditi, 1 ед. budím, *отглаг. сущ.* buzení; словац. budit'; польск. budzić, 1 ед. budzę; в.-луж. budźić; н.-луж. zbuźiś. Др.-рус. (с XII в.) **будити** (Срезневский, I, 189). Ст.-сл. **боудити**, *бѹждѫ* (в SJS отс.!). □ О.-с. *buditi, 1 ед. *budjǫ. По происхождению — каузатив к о.-с. *bъděti (ст.-сл. **бъдѣти**) — «бодрствовать». О.-с. корень *bud- из *boud-. И.-е. база *bheudh- [см. *блюсти* (< *bl'jud-ti): *bhoudh- : *bhudh- (см. *бодрый*, *бдительный*).

БУ́ДКА, -и, *ж.* — «небольшое, отдельно стоящее дощатое строение для часового, сторожа или для укрытия от непогоды и т. п.». Ср. в говорах: донск. **бу́тка** — «дощаной шалаш на колесах для полевых работ» (Миртов, 33). *Прил.* **бу́дочный**, -ая, -ое, отсюда *устар.* **бу́дочник** (в XIX в. — «полицейский»). Укр. **бу́дка**, **бу́дочный**, -а, -е, **бу́дочник**; блр. **бу́дка**, **бу́дачны**, -ая, -ае, **бу́дачнік**; болг. **бу́дка** (из русского). Ср., однако: с.-хорв. **бу́да** — «лавка деревянных товаров», «ярмарочный шатер торговца» (Мичатек, СРР); чеш. bouda (в.-чеш. búda) — «будка», «лавка с товарами»; польск. (с XV в.) buda — «будка», «шалаш»; в.-луж. buda, budka — «сторожка», «хижина», «шалаш»; н.-луж. buda — тж. Др.-рус. буда (в Ип. л. под 6683 г., где речь идет о чем-то вроде плетеного гроба), позже (XVI в.) «плетеный шалаш» (Срезневский, I, 189). Ср. у Р. Джемса (РАС, 1618—1619 гг., 73 : 20): bъda — «a hut or hъse of bowes» («хижина, дом из ветвей»). В форме с суф. *-к-а* (< *-ък-а*) — с 1731 г. (Вейсман, 731: *бутка*). ▫ Т. о., *будка* < *будъка* от *буда*. Обычно объясняют как раннее заимствование из средневекового немецкого языка (в русском языке — с юго-запада). Ср. ср.-в.-нем. buode (совр. нем. Bude) — «хижина», «каморка» [этимологически (по корню bu-) связанное с нем. глаг. bauen — «строить»]. Ср. др.-исл. bûd — «жилье», «палатка» (совр. исл. búð — «магазин», «ларек», «лавка»), дат., швед., норв. bod — «лавка» (торговая). Напротив, нем. Baude — «шалаш» и т. п. — обратное заимствование из славянских языков.

БУ́ДНИ, -ей, *мн.* — «непраздничные, рабочие дни недели». Ед. бу́день возможно лишь в говорах (напр., вят. — Васнецов, 21 и др.). *Прил.* бу́дничный, -ая, -ое; бу́днишний, -яя, -ее, бу́дний, -яя, -ее. В говорах также буде́нный, -ая, -ое (на Оби — Палагина, I, 53). Укр. бу́дні, род. будні́в, бу́дній, -я, -є, бу́дній, -а, -е — «будничный»; блр. бу́дні, род. бу́дняў, бу́дны, -ая, -ае, будзённы, -ая, -ае. В других слав. яз. отс. Ср. чеш. všední dny — «будни»; польск. dni powszednie — тж. В русском языке известно с XVIII в. Встр. в оде Державина «Фелица», 1782 г., 5 строфа: «преобращая в праздник *будни*» (Стих., 19). Любопытно, что у Нордстета (I, 1780 г., 48) отм. прил. *буднишний*, но сущ. *будни* отс. В САР¹ (II, 1790 г., 582) даны оба слова в ст. *день*. В ед. ч. в совр. русском яз. не употр. Но Даль (I, 1863 г., 120) кроме *будни, мн.* отм. и бу́день: «ленивому бу́день чем не праздник». [Указание Срезневского (I, 189) и КДРС на слово будьни у Георгия Пахимера (Georgius Pachimeres) в «Corpus scriptorum historiae Byzantinae» (I, 612, 1835 г.) непонятно: в указанном месте никаких славянских слов не обнаружено]. ▫ Обычно возводят к **будьнъ* (: *будьнь*) *дьнь* — «день непраздничный», «день бодрствования» и т. п., как *курносый* (из **курноносый* < **корноносый*), *близорукий* (из **близозоркий*). Ср. укр. бу́ддень — «рабочий день» (Гринченко, I, 105). Правда, прил. *будный* (: *будьний*?) в памятниках др.-рус. языка пока не засвидетельствовано. Не отмечено оно и в памятниках ст.-сл. языка. Но оно употр. в живых южнославянских языках: болг. бу́ден, -дна, -дно — «бодрствующий», «бдительный», «сознательный», «свежий»; с.-хорв. бу́дан, -дна, -дно : бу́дни, -а̄, -о̄ тж.; словен. buden, -dna, dno — тж. Отглаг. прил. с суф. *-ьн-* — *будьнъ*, *будный* (при *буди́ти*) — такое же образование, как *нудный* при *нуди́ти*, *блудный* при *блуди́ти* и *видный* при *виде́ти* и т. п. М. б., слово *будни* представляет собою просто форму им. мн. м. рода краткого субст. прил. (вроде сыти, пьяни, виновати и т. п.), с отпавшим дьн (в словосочетании будьни дьни). Склонение во мн. ч. по образцу *соседи*, *черти* и т. п. — новообразование, как и (обл.?) укр. бу́дден.

БУДОРА́ЖИТЬ, будора́жу — «раздражать или тревожить кого-л.», «вдруг нарушать чей-л. покой или порядок», «выводить из спокойного состояния», «волновать». *Возвр. ф.* будора́житься. В говорах: буторажить (Даль, I, 120, 128), также курск. будора́хнуть — «бросить, кинуть с грохотом», «ухнуть» (ib., 120; ср. у Кардашевского, I, 254: курск.-орл. будара́хнуть — «налить чего-л. через край и поспешно»). Укр. будора́жити(ся); блр. будара́жыць, будара́жыцца. В других слав. яз. отс. В русском языке известно с начала XIX в. Ср. у Державина в стих. «Царь-девица», 1812 г., строфа 47: «*взбудоражил* войнов дух» (Стих., 439). ▫ В литературный язык попало из говоров. В этимологическом отношении слово темное и, в сущности, до сих пор не объясненное. Объяснить его пока можно лишь в виде предположения или цепи предположений. Можно полагать, например, что старшая форма была с *т*, а не с *д* [*будоражить* (с *д*) возникло под влиянием *будить*, *возбуждать* и т. п.] и что это слово находится в связи с *буто́рить* — «взбалтывать жидкость», «будоражить» (Даль, I, 128), от бу́тор (суф. *-ор-*, как в *говор*) — курск.-орл. «шум», «гам», «крик», «беспокойство» (Кардашевский, I, 264), костр. «бред, особенно горячечный» (Даль, ib.). М. б., сюда же относится (если оно не иноязычного происхождения) и бута́ра (с суф. *-ар-а*, как в *мошкара́*) — сиб. «железные грохоты в станках, для пробойки промываемой на золото земли» (Даль, I, 128). При буда́ра или бута́ра могло существовать и **будараха : **бутараха (ср. сиб. дева́ха при *дева*), и будора́га. Отсюда будора́хнуть (< **бутарахнуть*). Форма *будоражить*, с *ж* (< *буторажить*) могла возникнуть вместо **буторашить* или под влиянием *раздражать* и т. п., или она восходит к *будорага*. Ср. диал. будора́жина — «тычок», «тычинка», «кол» (Даль, I, 120). Что касается корня *бут-*, то это старый, и.-е. корень, восходящий к и.-е. *bhāt- : *bhət- : *bhăut- (> о.-с. *bou- > *bu-) — «бить», «ударять», «толкать», «бодать», «тыкать», «трясти» (Pokorny, I, 111, 112). Ср. рус. диал. бо́тать — «колебать», «двигать взад и вперед», «качать», «болтать», «звонить» (Даль, I, 106). Ср. др.-рус. (XIV—XV вв.) батати — «колотить» (Срезневский, I, 45).

БУ́ЕР, -а, *м.* — «парусные сани на трех коньках для езды по льду»; «старинное одномачтовое небольшое парусное судно». *Прил.* бу́ерный, -ая, -ое. Укр. бу́ер; блр., болг. бу́ер; польск. bojer. В некоторых слав. яз. буер называют описательно, напр. чеш. plachetní saně. В русском языке — с Петровского времени [«Лексикон вок. новым» (Смирнов, 366), «Повесть о рос. матросе Василии»: «поехали в *буерах*», «почтовые *буеры*» и др. (Моисеева, 199 и др.)], сначала в знач. «парусное судно». Только с 1847 г. (СЦСРЯ, I, 87) в словарях отм. *буер* — «сани». ▫ Заимствовано из голландского языка [ср. голл. boeier (произн. bú·ier) — «полупалубное парусное судно»; отсюда нем. Boier — тж. > польск. bojer].

БУЗА́, -ы́, ж. — 1) *прост.* «беспорядок, сопровождаемый шумом»; 2) *обл.* «легкий хмельной напиток, распространенный в Крыму и на Кавказе». *Глаг.* **бузи́ть**. Укр. **буза́** — тж., **бузи́ти**; блр. **буза́** — тж., **бузи́ць**. В других слав. яз. отс. Старшее знач. «легкий хмельной напиток». Ср. у Даля (I, 121): **буза** — «сусло», «молодое пиво или брага», также «особый напиток, род пшенного квасу». С этим знач. слово *буза* было известно не только в XVIII в. [Ср. РЦ 1771 г., 29: *буза* — «ein Getränk von Weizen ohne Hopfen» («напиток из пшеницы без хмеля»)], но и намного раньше, по-видимому, уже в XV в. Ср. в «Путешествии» венецианца И. Барбаро, проездом (в Азов или из Азова) побывавшего в Рязани в 1436 г.: «Страна сия обилует хлебом.., она получает род пива, называемый *босса*» («Рус. зритель», ч. I, 1828 г., 19 и примеч. 27 к той же стр.). Ср. у Р. Джемса (РАС, 1618—1619 гг., 38 : 6) по поводу слова *proz* («просо»): «Юртовские татары называют его *буз* (b̆z) и приготовляют из него род браги». Прозвище *Буза* в памятниках письменности встр. с 1565 г. (Тупиков, 67). В знач. «шумный беспорядок», «склока» *буза* (и произв. от него) в русском языке — позднее слово. Ср., напр.: «никаких слухов, никакой *бузы*» (Смена, 1924 г., № 6); «только сидели да *бузу бузили*» (Унив. пр., 1925 г., № 1); неоднократно — в рассказе М. Колосова «Буза», 1926 г. (Селищев, «Яз. рев. эп.», 72). В словарях отм. с 30-х гг. Новое значение развилось из знач. «пьянка» и т. п. Ср. у Лермонтова в повести «Бэла»: «[Черкесы] как напьются *бузы* на свадьбе или на похоронах, так и пошла рубка» (СС, IV, 202). То же можно сказать и о глаг. *бузить* [м. б., из *бузу бузить* (первоначально «пиво пить»)]. У Селищева (уп., 72 и др.) примеры с 1925 г. Ср. у Даля (I, 121): **бузы́га** — «пьяница», откуда **бузыка́ть** : **бузыка́ть** «пьянствовать». Также и выражение *тереть бузу* — «шуметь, скандалить» [«приедем, дома *бузу затрем*... даешь, мол, хорошие столовые!» (1925 г.); отсюда *бузотёр* — «скандалист» (Рабоч. Москва, 1926 г., № 113) и др. (Селищев, уп., 72)] сначала, видимо, служило обозначением начальной ступени приготовления пьяной бузы (по Далю, I, 121, получаемой «из каши смешанных круп: гречневых, ячных, овсяных и пшенных»). ▫ Как название пьянящего напитка слово *буза* : *боза* с глубокой древности известно в тюрк. яз. (откуда оно и попало в русский) и в некоторых других языках Востока. Ср. каз.-тат., джаг. *буза* — «пшеная брага», «питье из ячменя» (Радлов, IV : 2, 1867); турец. *boza* — «напиток из проса»; перс. *бузӓк* — «дрожжи» и др.

БУЗИНА́, -ы́, ж. — «растение, обычно кустарниковое, цветущее, с кисточками фиолетово-черных или красных мягких ягод», *Sambucus*. В говорах: **буз**, **боз** (Даль, I, 121). *Прил.* **бузи́новый**, -ая, -ое, **бузи́нный**, -ая, -ое, отсюда **бузи́нник**. Укр. **бузина́**, **бузи́нний**, -а, -е, **бузино́вий**, -а, -е; блр. **бузіна́**, **бузі́навы**, -ая, -ае. В других слав. яз. по большей части без суф. *-ин-а*: болг **бъз** (и **свирчо́вина**), **бъ́зов**, -а, -о; с.-хорв. **ба́за** (: **ба́зга**, **зо́ва**), **ба́гов**, -а, -о; словен. *bezeg, bezgov*, -a, -o; чеш. *bez*, род. *bezu* (ст.-чеш. *bzu*) — «сирень» («бузина» — *bezinka*, *černý bez*); словац. *baza, bazina, bazový*, -á, -é; польск. *bez*, род. *bzu* — «сирень» (в XV в. — «бузина»); в.-луж. *bóz*, род. *boza, bozowy*, -a, -e; н.-луж. *baz, bazowy*, -a, -e; полаб. *baz* (Rost, 373). В памятниках др.-рус. письменности не отм. — О.-с. ***бъзъ** (< и.-е. **büzo-*). Происхождение не выяснено. В русском языке следовало бы ожидать **б(о)зина* [ср. диал. *боз* (наряду с *буз*)]. Распространение бузины (особенно черной) гл. обр. в южной половине европейской России и на Кавказе заставляет считаться с возможностью очень раннего (в о.-с. эпоху) заимствования этого слова из иранского источника, причем, по всей видимости, название было перенесено на бузину [по каким-то соображениям (м. б., табуистического характера, о чем см. Machek, ES, 31)] с какого-то другого растения. Связывать о.-с. *бъзъ с названиями бука (см. *бук*) в и.-е. языках (гот. *bōka*; др.-в.-нем. *buohha*; латин. *fāgus*; греч. φηγός и др.), как делают Вальде и Гофман (Walde — Hofmann³, I, 445) и вслед за ними Фасмер (Vasmer, I, 138) можно лишь при предположении, что единого и единственного теоретически восстанавливаемого общеиндоевропейского названия для бука (по Pokorny, I, 107 — *bhāgós) не было, что оно варьировало на разных участках индоевропейской прародины, и на славянской территории оно восходит к **bha(u)g'os*. Кроме того, не совсем ясно, почему название б у к а было перенесено у славян именно на б у з и н у — растение, столь непохожее на *Fagus*. Правда, иногда ссылаются на то, что плоды букового дерева и плоды ч е р н о й бузины в том или другом виде съедобны (БЕР, в. 2, с. 87, 97). Но ведь таких растений очень много.

БУ́ЙВОЛ, -а, м. — «крупное, сильное жвачное парнокопытное животное», *Bos bubalus*. В говорах также **бу́йло** (Даль, I, 121). *Женск.* **бу́йволица**. *Прил.* **бу́йволовый**, -ая, -ое. Укр. **бу́йвол**, **буйволи́ця**, **бу́йволовий**, -а, -е (ср. *віл* — «вол»); блр. **бу́йвал**, **бу́йваліца**, **бу́йвалавы**, -ая, -ае. Ср. болг. **би́вол**, **би́волица**, **би́волски**, -а, -о; с.-хорв. **бѝво̑**, род. **бѝвола**, **бѝволица**, **бѝволски**, -а̑, -о̑; чеш. *buvol* (при ст.-чеш. *byvol : bubal*), *buvolice, buvolí*; польск. (с XIV в.) *bawół, bawolica, bawoli*, -ia, -ie. Др.-рус. книжн. (с XI в.) **буволъ**, **буйволъ**, **буволица** (Срезневский, I, 189, 202). *Прил.* **буйволовъ** — со 2-й пол. XVI в. (Срезневский, Доп., 27). *Прил.* **буйволовый** еще более позднее. Встр. у Фонвизина в «Жизни Сифа», ч. III, 1764 г., 120. ▫ Старое (исторического времени) заимствование из латинского. Ср. латин. *būbalus* (< греч. βούβαλος) — «африканская антилопа», позже «зубр», «буйвол». Происхождение грече-

БУЙ

ского слова неизвестно. На славянской почве латинское слово было сближено с о.-с. *volъ и искажено в начальной своей части: напр., в восточнославянских языках переделано под влиянием др.-рус. прил. буй — «глупый», «безумный» (Срезневский, I, 191).

БУ́ЙНЫЙ, -ая, -ое — «бурный», «в высшей степени возбужденный», «неистовый», «непокорный», «бунтующий». Сюда же бу́йство, бу́йствовать, буя́н, отсюда буя́нить. Укр. бу́йний, -а, -е, бу́йство, бу́йствувати, буя́н, буя́нити; блр. буйн, буя́ніць (но бу́йны, -ая, -ае — «крупный», бу́рны, -ая, -ае — «буйный»); болг. бу́ен, -йна, -йно, бу́йство, бу́йствувам — «буйствую»; с.-хорв. бу̑јан, -јна, -јно: бу̑јни, -а̑, -о̑ — «пышный», «полный жизни» и «буйный», ср. бу̀јати — «пышно разрастаться», «бурно развиваться»; словен. bujen, -jna, -jno — «бурно растущий»; чеш. (и словац.) bujný, -á, -é — «бурный», «буйный», при чеш. bujeti (словац. bujniet') — «бурно расти», «разрастаться»; польск. bujny, -a, -e — «плодородный», «обильный», «густой», «буйный», в.- и н.-луж. bujny, -a, -e — (о растениях) «пышный», «дикий». Др.-рус. буйно, нареч. — «быстро» (?), 1347 г. (Срезневский, I, 192). Старшие знач. «раздувающийся» > «быстро или бурно растущий», «дикорастущий», «дикий». Ср. др.-рус. (с XI в.) и ст.-сл. буй, -я, -е — «глупый», «дерзкий», «сильный» (ср. эпитет буй-туръ в Сл. плк. Игор.); буйство — «простота», «невежество», буесть — «безумие», «запальчивость» и т. п. (ib., 190, 192). ▫ О.-с. *bujьnъ, -а, -о: bujьnъjь, -aja, -oje. Корень *buj-, суф. -ьnна о.-с. почве. И.-е. корень *b(h)eu- (: *bheu̯ə-: bhou̯-и др.) — «раздуваться», «вздуваться», пухнуть». И.-е. основа *bhŏu̯-i̯ŏ-. Ср. без -i̯ŏ- нем. (< н.-нем.) Bö — «шквал». См. буря, бурлить.

БУК, -а, м. — «крупное лиственное дерево с серебристо-серой корой и широкими яйцевидными листьями», Fagus. Прил. бу́ковый, -ая, -ое. Укр. бук, бу́ковий, -а, -е; блр. бук, бу́кавы, -ая, -ае; болг. бук, бу́ков, -а, -о; с.-хорв. бу̏ковина, бу̏ква, ж., бу̏ков(и̑), -а, -о; словен. bukev, bukov, -a, -o; чеш. и словац. buk, bukový, -á, -é; польск. buk, bukowy, -a, -e; в.- и н.-луж. buk — «бук». Срезневский (I, 192) упоминает об этом слове, но не приводит никаких примеров его употр. в письменности. В памятниках ст.-сл. яз. отс. Поликарпов (1704 г., 35) также отм. это слово. ▫ Между тем, слово, надо полагать, о.-с., с дописьменной поры: *bukъ. Оно оставило следы и в топонимике [ср.; напр., Буковина (собств. «буковый лес»; ср. с этим знач. в зап.-слав. яз.: чеш. bukovina; польск., в.-луж. bukowina)]. Ср. др.-в.-нем. buohha (совр. нем. Buche) — «бук»; норв. bøk — тж.; дат. bøg — тж.; швед. bok — тж. (и «книга»); англ. beech — «бук»; голл. beuk — тж.; латин. fāgus — тж.; греч. φηγός, дор. φαγός — «(зимний) дуб». И.-е. *bhāgós (Pokorny, I, 107). Т. о., о.-с. *bukъ не может восходить к общеиндоевропейской праформе этого

БУК

слова, а является одним из ранних заимствований из германской языковой группы (о.-г. основа *bōk-ō-). Известно, что бук относится к теплолюбивым деревьям. Восточная граница его распространения проходит приблизительно от устья Вислы к верховьям Прута и Днестра, поворачивая отсюда на юго-запад. След., для большей части древнейшей славянской территории в Европе бук — дерево «чужое», о котором славяне могли знать только понаслышке. Обращает на себя внимание гот. boka, f. — «книга», «письмо», «письмена», «письменный документ». И вообще в германских языках название бука в известной мере совпадает со словами, имеющими знач. «буква» или «книга»: ср. нем. Buche — «бук» и Buch — «книга»; дат. bøg — «бук», bog — «книга», bogstav — «буква»; норв. bøk — «бук», bok — «книга», bokstav — «буква»; швед. bok — «книга» и «бук», bokträd — «бук», bokstav — «буква» — обстоятельство, объяснение которому нужно искать в условиях развития древнегерманского письма (буковые дощечки могли служить удобным писчим материалом, как и береста у нас на севере). Отсюда о.-с. название письменного знака *buky (наряду с *pismę). См. буква.

БУ́КВА, -ы, ж. — «письменное изображение звука речи, элемент азбуки». Прил. бу́квенный, -ая, -ое; буква́льный, -ая, -ое — «точный». Сюда же буква́рь. Ср. блр. лі́тара — «буква», лі́тарны, -ая, -ае — «буквенный», літара́льны, -ая, -ае — «буквальный», но буква́р. В укр. возможно и то, и другое: бу́ква, бу́квений, -а, -е, буква́льний, -а, -е [и лі́тера (и пр.)], но буква́р. Ср. болг. бу́ква, бу́квен, -а, -о, буква́лен, -лна, -лно. Ср. в том же знач.: с.-хорв. сло̏во (ср. бу̏ква — «бук»); словен. pismeno (ср. bukev — «бук»); чеш. písmeno (ср. ст.-чеш. bukev — «бук», bukvice — «плод бука»); польск. litera (ср. bukiew — «плод бука»). Др.-рус. (с XI в.) букы, буквь, букъва (Срезневский, I, 192). Ст.-сл. боукы, род. боукъве, боукъвьн, боукъвьныи, боук(в)арь (SJS, I:4, 148). Производные от буква — поздние. В словарях сначала появляется букварь (Берында, 1627 г., 12), потом буквенный (САР¹, I, 1789 г., 377). Большой интерес представляет буквальный, известное с 1799 г. (Гейм, I, 45). ▫ Старейшим о.-с. наименованием письменного знака, по-видимому, было *pismę, род. *pismene (отсюда словен. pismeno, чеш. písmeno), с корнем *pьs-: *pis- (см. писать). Ст.-сл. боукы, род. боукъве первоначально было названием буквы кирилловского алфавита; оно, вероятно, было заимствовано из готского. Ср. гот. bōka — «буква», pl. bōkōs — «книга»; др.-исл. bōk; др.-в.-нем. buoh (совр. нем. Buch). Из ст.-сл. языка это слово попало в др.-рус. В языках германской группы название буквы по происхождению связано с названием бука (см. бук).

БУКÉТ, а, м. — 1) «цветы, красиво собранные в один большой пучок»; 2) «совокупность ароматических и вкусовых

БУК

свойств (признаков), напр., табака, чая, вина и пр.». Укр., блр., болг. буке́т; с.-хорв. бу́кет; польск. bukiet. Но ср. чеш. kytice — «букет в 1 знач.» и aroma, vůně — «букет во 2 знач.». В русском языке слово *букет* известно с середины XVIII в. Напр., в одноактной комедии Ельчанинова «Наказанная вертопрашка», 1767 г., явл. 13:«*букет* этот прикалывал Никандр»; ср. перед этим: «отдергивает от грудей связку цветов» (Соч., 481). Несколько позже встр. у Фонвизина, напр., в письме от 11-I-1778 г.: «живые цветы... за шесть копеек *букет*» (СС, II, 437). Ср. позже заглавие книги: «*Букет*, или собрание знаменитых приключений славных... писателей», М., 1791 г. В словарях отм. с 1803 г. (Яновский, I, 426). □ Первоисточник — франц. bouquet (< ст.-франц. bosquet : boschet, уменьш. от bosc > bois — «лес»). Из французского: англ. bouquet, (о цветах чаще bunch of flowers); швед. bukett и др. В русском языке из французского.

БУКИНИ́СТ, -а, м. — «торговец подержанными или старинными книгами». *Прил.* букинисти́ческий, -ая, -ое. Укр. букіні́ст, букіністи́чний, -а, -е; блр. букіні́ст, букіністы́чны, -ая, -ае; болг. букини́ст, букинисти́чески, -а, -о; чеш. bukinista, *м.* (о франц. букинистах; обычно antikvář); польск. bukinista, *м.*, bukinier. В русском языке слово *букинист* известно с 20—30-х гг. XIX в. Ср., напр., у А. И. Тургенева в «Дневнике» за 1825 г. (Париж, запись от 21/9-XII): «целое утро в дождь бродил по *букинистам*». В словарях с 1837 г. (Ренофанц, 46). □ Слово французское. Ср. франц. (с 1752 г.) bouquiniste, *т.* Восходит к bouquin — «книжонка», «старая книга» (< ср.-голл. boeckin — «книжка»).

БУКСИ́Р, -а, м. — 1) «самоходное судно-тягач, предназначенное для проводки другого судна, не имеющего собственного двигателя (или лишившегося хода)»; 2) «крепкий канат или стальной трос, с помощью которого одно судно тянет другое». *Прил.* букси́рный, -ая, -ое. *Глаг.* букси́ровать. Укр. букси́р, букси́рний, -а, -е, букси́рува́ти; блр. буксі́р, буксі́рны, -ая, -ае, буксі́раваць. В других слав. яз. отс. Ср., напр., польск. — holownik — «буксир в 1 знач.», lina holownicza — «буксир во 2 знач.». В русском языке — с начала XVIII в., встр. в кн. Устав морской, 1720 г., 422: «О *буксировании* кораблей галерами», *буксировать*. В словарях *буксир* отм. с 1795 г. (Шишков, МС, III, 6; II, 146), позже — Яновский, I, 1803 г., 428. □ Заимствовано из языков германской группы. Ср. нем. bugsieren — «буксировать», Bugsierer — «буксир в 1 знач.», дат. bugsére — «буксировать», bugserbåd — «буксир в 1 знач.», bugsertov — «буксир во 2 знач.». В германских языках — не исконное. Первоисточник латинский. В других западноевропейских языках отс. Ср., напр., франц. remorquer — «буксир» (< it. remorchiare) — «буксировать»; англ. tug — «буксир в 1 знач.», tow — «буксир во 2 знач.».

БУЛ

БУКСОВА́ТЬ, буксу́ю — (о колесах) «вращаться на месте, не сообщая поступательного движения поезду, автомашине и т. п.». Укр. буксува́ти; блр. буксава́ць; болг. буксу́ва — «буксует». В других слав. яз. отс. Ср. в том же знач.: с.-хорв. дрвљати, клизити; чеш. prokluzovati, smýkati se; польск. ślizgać się и др. В русском языке слово *буксовать* известно с 20-х гг. В начале 20-х гг. оно употр. не только в прямом, но и в перен. знач. Ср. в книге Шкловского «Революция и фронт», 1921 г., 53: «Россия *буксовала*» (также 5, 72 и др.). В словарях русского языка впервые — у Ушакова (I, 1935 г., 202). □ Образовано от технического термина *бу́кса* — «металлическая коробка с подшипником, передающим оси давление вагона или локомотива, снабженная смазочным устройством». Ср. укр., блр., болг. бу́кса; польск. устар. buks(a). В др. слав. яз. отс. Слово *букса* (в форме бу́ксы, -ов, мн.) в словарях русского языка отм. с 1891 г. (СРЯ¹, т. I, в. 1, 288). Восходит к нем. Büchse — тж. (собств. «жестянка», «банка», «кружка»).

БУЛА́ВКА, -и, ж. — «игла со шляпкой или головкой на тупом конце, служащая для прикалывания, закалывания чего-л.». В выражении *английская булавка* — «булавка с запирающимся острием». *Прил.* була́вочный, -ая, -ое. Укр. була́вка (чаще шпи́лька); блр. шпі́лька. В других слав. яз. отс. В том же знач.: болг. карфи́ца (< греч.), топли́йка (< турец.); с.-хорв. чи́ода (< алб.) [но «английская булавка» — зи́хернадла (< нем.)]; чеш. špendlík; польск. szpilka (но «английская булавка» — agrafka). Ср. нем. Stecknadel — «булавка», но Sicherheitsnadel — «английская булавка»; швед. knappnål — «булавка», но säkerhetsnål — «английская булавка»; исп. alfiler — «булавка», imperdible — «английская булавка» и т. д. [ср. англ. pin — «булавка», safety-pin — «английская булавка» (собств. «безопасная булавка»)]. В русском языке слово *булавка* известно с начала XVII в. Отм. Р. Джемсом (РАС, 1618—1619 гг., 21 : 18) : bolaúka — «a pinne». Ср. несколько позже: «сто дюжин *булавок*» («Русск.-инд. отн.», № 162, 1676 г., 266). Прил. *була́вочный* по словарям известно с 1780 г. (Нордстет, I, 49). □ Уменьш. к *булава́* — «набалдашник», «головка»; «палица», «закомлястая дубинка» (Даль, I, 123).

БУЛА́НЫЙ, -ая, -ое, — (обычно о лошади, иногда о лосе) «желтоватый с разными оттенками (иногда рудо-желтый, с рыжиной), но с более темными гривой и хвостом». *Сущ.* була́нка. Укр. була́ний, -а, -е; блр. була́ны, -ая, -ае. Из русского — польск. bułany, -а, -е. В других слав. яз. отс. В том же знач.: болг. ку́лест (от турец. kula — «рыжий», «бурый»); чеш. světležlutý, -á, -é. В памятниках др.-рус. письменности встр. с 70-х гг. XVI в. (АЮ, № 422, 1571 г., 457). □ Как полагают, восходит к тюркским языкам. По одному предположению, восходит к кирг. булан — «лось», «олень»; каз.-тат., башк. болан — «олень» и название соответствующей масти и др. (Дмитриев, 22), по другому (более распространенному) — к о.-т. bulan (-maķ) — «темнеть» [напр., от пота (о лошади)], «делаться мутным» (Радлов, IV : 2, 1837—1838; Lokotsch, § 350, со ссылкой на Vambéry и др.).

БУЛА́Т, -а, м. — «старинная литая сталь восточного (дамасского) происхождения, высокого качества, почти беспримесная, особой закалки, со своеобразным узорчатым отливом на поверхности, служившая для изготовления гл. обр. клинков». Прил. була́тный, -ая, -ое. Укр., блр. була́т; польск. bułat, вероятно, из древнерусского. В других слав. яз. и на Западе булат обыкновенно называют дамасской сталью. В русском языке прил. булатный известно с конца XIV или начала XV в. Встр. в «Задонщине» (по сп. Ундольского, л. 180 об.): «мечи булатные» (Адрианова-Перетц, «Задонщина», 201). Позже в «Хожении» Аф. Никитина (15, 39). Сущ. булат отм. в «Русско-византийском разговорнике» XV в. (Vasmer, RBG, 13). Источник заимствования — иранские языки. Ср. перс. фула́д : пула́д — «сталь»; курд. по́ла : пола́т — тж.; тадж. пӯ́лод; осет. bolat; афг. фула́д. Возможно (но не обязательно), это слово попало в русский язык при посредстве тюркских языков (ср. турец. pulat — «сталь»; также каз.-тат. булат; кирг. болот и др.).

БУ́ЛКА, -и, ж. — «небольшой хлебец из белой (пшеничной) муки, круглой или овальной формы». Прил. бу́лочный, -ая, -ое, отсюда субст. бу́лочная, -ой, ж.; бу́лочник. Укр. бу́лка, бу́лочна; блр. бу́лка, бу́лачная. Ср. польск. bułka, даже иногда buła (но «булочная» — piekarnia). В других слав. яз. отс. Ср. в том же знач.: болг. бял хляб; с.-хорв. зе́мичка (< нем. Semmel — тж.); чеш. houska (< húska, м. б., не от husa — «гусь», а от ст.-чеш. huzo; ср. рус. гузно, огузок). В русском языке слово булка известно с 1-й трети XVIII в., в словарях отм. с 1731 г. (Вейсман, 339), булочник — с 1762 г. (Литхен, 35), затем — САР¹ (I, 1789 г., 381), там же прил. булочный. Сущ. булочная (сначала со знач. «пекарня») — лишь с 1863 г. (Даль, I, 124). ▫ Происхождение слова булка не совсем ясно. Возможно, заимствованное слово. В польском языке bułka появилось раньше. Любопытно bułarnia — «пекарня» (очевидно, произв. от buła) в одном из памятников польского языка XV в., но эти ранние данные совершенно единичны. По-видимому, в русском языке булка возникло независимо от польского. Заслуживает внимания объяснение Даля (I, 121) к слову булка: «в южной России, как в подмосковн. губ., — «пирог», в восточн. — «калач»; в остальной России, кроме южной, булкой зовут хлебец немецкого печенья» (м. б., «немецкого» здесь = «заморского»?). Ср. франц. boule — «шар» и «хлебец шаровидной формы», также boulanger — «булочник» (здесь слова эти германского происхождения); ст.-голл. bolle (совр. голл. bol) — «шар», «булка» в конечном счете, восходят к латин. bulla — «во-

дяной пузырь» > «шарик», позже «булла», названная так по круглой папской печати. Ср. нем. Bolle — «желвак», «пышка», «луковица». М. б., на русской почве заимствованное (из голландского, из шведского? — ср. швед. bulle — «булка») слово было сближено с булыга, булыжник.

БУЛЬВА́Р, -а, м. — «род широкой аллеи посредине городской улицы». Прил. бульва́рный, -ая, -ое (также перен.: бульварный роман — о романе, рассчитанном на низкие вкусы; отсюда бульва́рщина — о низкопробной литературе). Укр. бульва́р, бульва́рний, -а, -е; блр. бульва́р, бульва́рны, -ая, -ае. Ср. болг. булева́рд, булева́рден, -дна, -дно; с.-хорв. булѐвар, булѐва̄рскӣ, -а̄, -о̄; чеш. bulvár, прил. bulvárni; польск. bulwar, bulwarowy, -a, -e. В русском языке слово бульвар известно со 2-й пол. XVIII в. Оно встр. (как название улицы в Париже) у Демидова в «Журн. пут.», 1771—1773 гг. (37): «ездили на Бульвар прогуливаться». Карамзин в «Письмах рус. пут.» (Избр., I, 374) не только описал парижские бульвары, но и объяснил происхождение этого названия. Первое время (конец XVIII—начало XIX в.) обычно в форме булевар. Ср. в «Дневнике» Н. И. Тургенева за 1811 г.: «род булевара» («Архив» бр. Тургеневых, II, 34). Эту форму рекомендует и Яновский (I, 1803 г., 430). Но Пушкин употр. только бульвар (СЯП, I, 189). ▫ Ср. франц. boulevard > нем. Boulevard; англ. boulevard и др. Во французском языке это слово известно с XIV в. (ст.-франц. boloart). Там оно голландского происхождения [ср. совр. голл. bolwerk — «крепостной вал», «бастион»; знач., близкое к этому, долгое время сохранялось и во французском (ср. из ст.-франц. языка ит. baluardo — «бастион»)]. В русском языке бульвар — из французского.

БУЛЬДО́Г, -а, м. — «порода [нисколько не похожих на догов (см. дог)] тупомордых, губастых и пучеглазых собак с широкой грудью». Прил. бульдо́жий, -ья, -ье. Укр. бульдо́г; блр. бульдо́г; болг. булдо́г; с.-хорв. бу́лдог; чеш. buldok; польск. buldog. В русском языке слово бульдог известно с середины XIX в. В словарях — Углов, 1859 г., 32, позже — ПСИС 1861 г., 85; Даль, I, 1863 г., 124. ▫ Из западноевропейских языков. Первоисточник — англ. bulldog — досл. «бычья собака» (ср. bull — «бык», dog — «собака», «пес»). Из англ. франц. (с 1741 г.) bouledogue — тж. Происхождение английского слова неясно.

БУЛЬДО́ЗЕР, -а, м. — «трактор с навесным лобовым отвалом, служащим для срезания и перемещения грунта при дорожных и других земляных работах». Прил. бульдо́зерный, -ая, -ое. Укр. бульдо́зер; блр. бульдо́зер; болг. булдо́зер; с.-хорв. бу́лдо̀зер : булдо̀жер; чеш. buldozer; польск. buldożer. В русском языке — с начала 50-х гг. XX в. В словарях впервые — СИС 1949 г., 113. ▫ Источник распространения — англ. bulldozer, недавнее образование от bulldoze (bulldose) — «рыхлить», «разбивать крупные куски» (ср. bull — «бык»,

БУЛ БУН Б

«нечто большое и нелепое» и dose — «давать что-л. по частям» или doze — «дряблость»). Из английского: нем. Bulldozer; франц. bulldozer и др.

БУЛЬО́Н, -а, м. — «чистый мясной отвар». *Прил.* бульо́нный, -ая, -ое. Укр. бульйо́н, бульйо́нний, -а, -е; блр. булён, булённы, -ая, -ае; болг. бульо́н, бульо́нен, -а, -о; с.-хорв. бу̀љōн; чеш. bouillon, bouillonový, -á, -é; польск. bulion, bulionowy, -a, -e. В русском языке слово *бульон* известно с 1-й четверти XVIII в. Напр., в «Книге приходной и расходной» за 1723—1724 гг.: «трех пар куриц для *бульена*» [СВАБ, II, № 2, с. 158 (отм. Смирновым, 67)]. Позже встр. в письмах Фонвизина к родным (напр., от 1-XII-1777 г. — СС, III, 417). Что касается слова *булон* в «Архиве» Куракина (III, № 191, 1718 г., 231, 236), то 1) оно значит здесь только «лекарственный отвар» (*«булон* с травами»), 2) происхождение его неясно. □ Из французского. Франц. bouillon, *т.* — тж. этимологически связано с глаг. bouillir — «кипеть» (ср. les bouillons — «пузыри при кипении»). Из французского: нем. Bouillon, *f*.; чеш. bouillon.

БУМА́ГА, -и, ж. — 1) «писчий материал из растительных волокон, подвергшихся специальной обработке и прессовке, изготовленный в виде отдельных листов или рулона»; 2) «то, что написано на листе бумаги», «документ»; 3) *разг.* «пряжа из хлопка и изделия из нее». *Прил.* бума́жный, -ая, -ое. Только русское. Ср. в том же знач.: укр. папі́р, род. папе́ру — «бумага в 1 знач.», папі́р, род. папе́ра — «документ», баво́вна — «пряжа, нитки из хлопка»; блр. папе́ра, *ж.* — «бумага в 1 и 2 знач.», баво́ўна — «хлопок (пряжа)», бава́ўніца — «(бумажные) нитки». Ср. польск. bawełna — «бумага в 3 знач.» (< нем. Baumwolle — «хлопок»), papier — «бумага в 1 знач.» (papieru, *мн.* — «документ»); болг. харти́я — «бумага в 1 знач.» (< новогреч. χαρτί — тж. < др.-греч. χαρτίον — «бумажка»); с.-хорв. ха̀ртија — «бумага как писчий материал», па̀мук — «пряжа, нитки из хлопка», бу̀мага — «бумага в 1 знач.»; чеш. papír — «бумага в 1 знач.», bavlna, bavlnka (< нем. Baumwolle) — «хлопок и изделия из него». Знач. «документ» в других славянских языках обычно не выражается словом, обозначающим бумагу как писчий материал. С другой стороны, знач. «пряжа (нитки) из хлопка» и «хлопок (растение)» там выражаются одним, а не разными словами. Так же дело обстоит во многих западноевропейских языках. Ср., напр., франц. coton — «хлопок» и «хлопчатая бумага» (при papier — «бумага как писчий материал»). Слово *бумага* живет в русском языке давно, но сначала оно употреблялось только в знач. «пряжа, изделия из хлопка». Ср. произв. *бумажьница* в знач. «валяная шерсть», «изделия из войлока» (греч. πῖλος), отм. еще в «Хр. Г. Ам.», XI в. (Истрин, III, 211). Со знач. «писчий материал» оно входит в общее употр. в XV в. Старший случай,

по Соболевскому («Сл. пал.» [2], 41), — в записи к «Прологу» 1481 г. [более ранняя дата — приписка, надо полагать, поздняя, на полях т. наз. «Мусин-Пушкинского сборника 1414 г.» (см. Срезневский, Доп., 27) не внушает доверия]. □ Слово заимствованное. Но едва ли оно восходит к греч. βομβύκιον — «кокон шелкопряда» (произв. от βόμβυξ — «гусеница шелкопряда») > позднегреч. βαμβάκιον (новогреч. βαμβάκι — «хлопок»). В европейских языках это слово ближневосточного происхождения (вероятно, из ср.-перс. языка) и связано с наименованием хлопка, хлопчатника, ваты. Ср. ср.-перс. (пехлеви) pambah < *pambak : *panbak — «хлопок», «вата», «хлопчатая бумага», новоперс. пāмвэ — «хлопок», «вата»; афг. памба — тж.; курд. пэмбо́ — «хлопок», «вата», «бумага (ткань)»; осет. bæmbæg — «вата». Из новоперс. — груз. bamba. Из ср.-перс. — арм. bambak — «хлопок», «вата», к которому, м. б., и восходит слово *бумага*, усвоенное из крымских армян. Сначала оно, по-видимому, произносилось *bombaka или близко к этому. Не исключено, что заимствование относится ко времени до изменения носового *o* в *у* в древнерусском языке: *bǫbaka : *bǫbaga, откуда *бумага*. Что касается *в* вм. *к*, то ср. позднелатин. bambagium [< bambacium < позднегреч. βαμβάκιον, откуда ит. bambagia (произн. bambadža) — «хлопок», «вата»] или осет. bæmbæg.

БУМАЗЕ́Я, -и, ж. — «хлопчатобумажная теплая ткань с начесом». *Прил.* бумазе́йный, -ая, -ое. Укр. бумазе́я; но ср. в том же знач.: блр. мульта́н (< лит. multinas : multanas — тж.); болг. ба́рхет; с.-хорв. диал. по̀ркет; словен. barhant; чеш. barchet; польск. barchan (< нем. Barchent — тж.) [см. *бархат*]. В русском языке слово *бумазея* употр. с 1-й пол. XVII в. Ср. в ТКМГ: «пять *бумазей*» (I, 1633 г., 14), «косяк *бумазеи*» (I, 1634 г., 313, 316 и др.); также Доп. к АИ, V, 217, № 46, 1667—1668 гг.: *бумазея*. □ Заимствовано из французского языка. Франц. bombasin (ср. исп. bombasí — тж.) восходит к позднелатин. bombacium — «хлопчатая бумага». В русском языке это (французское) слово подверглось переделке под влиянием *бумага* и слов на -*ия* : -*ея* (*материя*, *кисея* и т. п.). Ср. диал. (напр., в Иркутск. обл.) помазе́я, помазе́йка (связываемое с *мазать*).

БУНТ, -а, м. — «стихийное, неорганизованное восстание», «мятеж», «возмущение». *Сущ.* бунта́рь. *Глаг.* бунтова́ть. Укр. бунт, бунта́р, бунтува́ти; блр. бунт, бунта́р, бунтава́ць. Ср. (с XVII в.) польск. bunt — «бунт», buntować — «бунтовать». В других слав. яз. с начальным b отс., но ср. словен. punt — «бунт», «мятеж»; чеш. устар. punt (впрочем, в говорах и bunt; обычно vzpoura, povstání, spiknutí). Из русского: болг. бунт — «восстание». На вост.-слав. почве *бунт* и *бунтовать*, возможно, сначала появились на Украине (старшая дата — 1599 г. — Тимченко, IC, 153—154). В русском языке слово *бунт* известно с начала XVII в. [Срезневский (I, 193) ограничивается глухим указанием на «Великое зерцало» (переведенное с польского в конце XVII в.), причем неизвестно, каким списком он пользовался; другое его указание там же на гораздо более ранний случай (в Никон. л. под 6908 г.) — плод недоразумения: во всех списках, кроме списка Н, имеется непонятное слово бутъ (м. б., вм. блудъ), а в списке Н — путъ, кем-то исправленное на бунтъ, хотя речь идет здесь о коварстве княгини Борисовой (ПСРЛ, XI, 184). Достоверный пример, относящийся к 1612 г., находим в грамоте курмышскому воеводе Елагину: «итьти к Москве, против *бунта*» (Сб. Нижегор., XI, 149). ▫ Первоисточник — нем. Bund — «связь», «соединение», «союз» (ср. binden — «соединять»). Ср. в «Книге о ратном строе» 1647 г., 31: (о бунте) «вместо смуты и волнования с о е д и н е н и е м называют».

БУРА́Н, -а, м. — «снежная буря, вьюга», «метель». Укр., блр. бура́н. В других слав. яз. (чеш., польск. buran) — из русского. В русском языке это слово известно с XVIII в. Встр. у Лепехина, 1770 г. (II, 36, 11): «суровость зимы... сильные *бураны*». В словарях — с 1789 г. (САР¹, I, 390). ▫ Слово тюркское. Ср. турец. buran — «вьюга», «буря», «вихрь», при burmak — «крутить», «вить», «вертеть». Ср. у Радлова (IV: 2, 1816, 1818): осман., каз.-тат. бура́н (< бур+ан; ср. бур- — глаг. «вертеть», «переворачивать» и т. п.) — «сильная буря», «вихрь», «ветер с дождем и снегом» (= бураған). Слово известно и в нек. других совр. тюрк. языках: башк. буран; узб. бӯрон; каракалп. боран; кирг. бороо́н и др. Но в старых тюркских текстах оно, по-видимому, не встр. К этимологии тюркского слова см. Lokotsch, § 357.

БУРЖУА́, нескл., м. — «в капиталистическом обществе — собственник, владеющий орудиями и средствами производства и эксплуатирующий наемный труд», «представитель класса буржуазии». Сюда же буржуази́я. Прил. (к буржуа и буржуазия) буржуа́зный, -ая, -ое. Прост. буржу́й (отсюда буржу́йский, -ая, -ое), женск. буржу́йка. Укр. буржуа́, буржуазі́я, буржуа́зний, -а, -е, буржу́й, буржу́йський, -а, -е, буржу́йка; блр. буржуа́, буржуазі́я, буржуа́зны, -ая, -ае, буржу́й, буржу́йскі, -ая, -ае, буржу́йка. Ср. болг. буржоа́, буржоа́зия, буржоа́зен, -зна, -зно, буржоа́зка; с.-хорв. буржоа̏, буржоа̏зија, буржоа̏зни, -а̄, -о̄, буржоа̏ски, -а̄, -о̄, буржу̑j; словен. buržuj, buržuji; чеш. buržoa, buržoasie, buržoasní — «буржуазный», buržoust, buržoustský, -á, -é — «буржуйский», buržujka, buržoustka; польск. burżua, burżuj, burżuazja, burżuazyjny, -a, -e; в.-луж. burżuaz, burżuj, burżuazija, burżuazijny, -a, -e. В русском языке оба варианта слова (*буржуа* и *буржуй*) появились в середине XIX в. Ср. у Герцена: *буржуа, буржуазiй* («буржуазия»), *буржуазный* на многих страницах «Писем из Avenue Marigny» и других произведений 1847—1848 гг. (СС, V, 239, 241, 314, 318, 320 и др.). Ср. у Анненкова в «Парижских письмах»: *буржуазия* («Современник», 1847 г., кн. 6, с. 233). Форма *буржуй* встр. у И. С. Тургенева в романе «Новь», 1876 г., гл. XVI (СС, IV, 290). В словарях — ПСИС 1861 г., 85: *буржуа́*; Даль², 1880 г., I, 143: *буржуази́я*. ▫ Первоисточник — франц. bourgeois. Старшее знач. «горожанин», «мещанин», от bourg — «город» (< позднелатин. burgus, германского происхождения). Ср. нем. Burg — «укрепленный замок», «прибежище», «оплот», Bürger — «горожанин», «буржуа».

БУ́РКА, -и, ж. — «плотный, непромокаемый безрукавный плащ (накидка) из тонкого войлока (в кавалерии — длинный, ворсистый, с плечевыми выступами), чаще черного или б у р о г о цвета». Укр., блр. бу́рка. В других слав. яз. отс. или русизм: болг. бу́рка (ср. наметáло, ямурлу́к — тж.); с.-хорв. бу̏рка; чеш. burka (м. б., при польском посредстве); польск. burka. В русском языке это слово известно с XVII в. Встр. в документе донского происхождения (АИ, Доп., XII, № 17, 1686 г., с. 129). Надо полагать, что это не старшая дата. В XVIII в. отм. Ломоносовым в «Мат. к Рос. гр.», 1747—1755 гг. (к сожалению, знач. не указано — ПСС, VII, 720). В словарях — с 1780 г. (Нордстет I, 49). ▫ В этимологическом отношении слово не бесспорное. Высказывалось предположение о заимствовании из перс. [в недавние годы — Lokotsch, § 221: перс. bärk — «Blatt» («лист»)]. Но перс. бäрг — «лист» очень далеко от рус. *бурка* и в фонетическом, и в семантическом плане. Еще менее вероятно предположение о заимствовании из тюркских языков, особенно из тюркских языков Кавказа, что в конце концов, по-видимому, готов был признать и Дмитриев (39). Поэтому остается в силе старое объяснение этого слова как ниоткуда не заимствованного, русского, образованного от *бурый* (ср. другие названия одежды с суф. -ък(-а) -к (-а): *крылатка, свитка, кубанка* и др. или с суф. -ък (-ъ) > -ок: *серóк* — южн. «серая свитка» (Даль, IV, 348) и т. п.].

БУРЛА́К, -а́, м. — (в старину) «член рабочей артели, занимавшейся проводкой на бечеве судов против течения (гл. обр. на Волге)». Прил. бурла́цкий, -ая, -ое. Глаг. бурла́чить. Укр. бурла́к — «бурлак», бурла́ка — «бобыль», бурлакува́ти, бурла́чити, бурла́цький, -а, -е; блр. бурла́к, бурла́цкi, -ая, -ае, бурла́чыць. В других слав. яз. отс. (или употр. как русизм). В русском языке слово *бурлак* известно, м. б., с XVI в. Ср. в XVII в. прозвище *Бурлак* в деловых документах сибирского происхождения: «Васка *Бурлак*», 1662 г., «Ивашко *Бурлак*», 1679 г. (Тупиков, 71). В Петровское время слово *бурлак*, вероятно, было общеупотребительным. Ср. в «Расходной книге имп. Екатерины» за 1722 г.: «дано *бурлакам*, которые от Саратова до Астрахани г р е б л и» (СВАБ, II, 109). В словарях — с 1731 г. (Вейсман, 363). См. также Ломоносов, «Мат.

к Рос. гр.», 1747—1755 гг.: *бурлак* (ПСС, VII, 710). ▫ Происхождение не вполне ясное. Можно полагать, что более раннее, старшее знач. было иное: «человек грубый, буйного нрава, непокорный», «буян» и т. п. Ср. тамб. бурла́н — «неуживчивый, беспокойный человек», «задира»; Даль (I, 127) не без основания относит это слово (наряду с бурла́ка, бурли́ла и др.) к группе *бурливый* (в ст. *буря*). Ср. там же (у Даля) бу́рло — «первый, большой колокол на колокольне». Любопытно рост. (яросл.) бу́рлово — «ружье» (Волоцкий, 21). Авторы статей и очерков о бурлачестве середины XIX в. отмечают, что при всех своих мрачных сторонах оно «представляет некоторый вид разгула и личной свободы» (Морской сб., 1862 г., № 7, с. 7). Ср. поговорки, записанные Далем (I, 126): «до́ма *бурлаки* — бараны, а на плесу — буяны» и др. Старшее знач. долго удерживалось наряду с новым («член рабочей артели»). В произведениях и журнальных статьях Пушкина *бурлак* (и прил. *бурлацкий*) встр. с тем и другим знач. Ср.: «В сраженье трус, в трактире он *бурлак*», 1821 г. (ПСС, II, 161); «низкое *бурлацкое* выражение» (ПСС, XI, 165). ▫ Возможно (но не доказано), что слово *бурлак* этимологически связано с бу́рло — «большой колокол» и далее — с *бурлить*. К этому мнению как будто склонялся Соболевский (РФВ, LXV, 402). Кстати сказать, в этой статье Соболевский касается этимологии рус. фамилии *Бутурлин* и укр. фольклорного имени *Бутурлак*, связывая их с др.-рус. прозвищем *Батура* и с рус. диал. глаг. бату́рить — «упрямиться». Не возникло ли *бурла́к* вследствие выпадения среднего слога из *бутурла́к* (< *батурла́к*)?

БУРЛИ́ТЬ, бурлю́ — «бурно, с шумом кипеть», «клокотать» (о жидкости и перен.); также «шуметь», «бушевать», «буянить». *Прил.* **бурли́вый**, -ая, -ое — «бурный», «клокочущий». Укр. бурли́ти, бурли́вий, -а, -е; блр. бурлі́ць, бурлі́вы, -ая, -ае. Но ср. в том же знач.: укр. вирува́ти (от *вир* — «водоворот»), бурхли́вий, -а, -е; болг. буча́; чеш. klokotati. В русском языке входит в употр. сравнительно поздно: в словарях сначала появляется *бурливый* (Нордстет, I, 1780 г., 49), потом *бурлить* (САР¹, I, 1789 г., 390). ▫ Вероятно, от сев.-рус. бу́рло — «первый, большой колокол на колокольне» (Даль, I, 127), где *л-о* — суф. [ср. др.-рус. би́ло, клепа́ло, также жерло́ (Срезневский, I, 86, 888, 1217)], а корень — тот же, что в *буря* (см.); ср. у Даля (II, 750) замечание о колоколах: «встарь давались имена: *буревой, гуд* и др.».

БУ́РСА, -ы, *ж.* — «общежитие при духовных училищах и семинариях»; «вообще всякое закрытое духовное учебное заведение в XVII—XVIII вв. и 1-й пол. XIX в.». Ср. арханг. бу́рса — «артель из нескольких судов для ловли морского зверя» (Подвысоцкий, 12). Сюда же бурсн́к, бурса́цкий, -ая, -ое. Укр. бу́рса, бурса́к, бурса́цькый, -а, -е; блр. бу́рса, бурса́к, бурса́цкі, -ая, -ае. Ср. польск. bursa — «общежитие»,

«интернат» и устар. «биржа», bursak — «живущий в общежитии, в пансионе, в интернате». В других слав. яз. соответствующее слово значит «биржа». Ср. с.-хорв. бу̀рза — «биржа», бу̀рзо̀вни̑, -а, -о — «биржевой» (при бу̀рса — «мешочек», «кошелек», «карман»); словен. borza — «биржа», borzni, -a, -o — «биржевой»; чеш. bursa : burza «биржа», bursovní : burzovní — «биржевой». Слово *бурса* в знач. «общежитие при духовном учебном заведении» сначала (старшая дата 1627 г.) появилось на Украине (Тимченко, IC, 157; там же *бурсак*). В словарях русского языка *бурса* отм. с 1803 г. (Яновский, I, 438), там же *бурсак*; прил. *бурсацкий* отм. с 1847 г. (СЦСРЯ, I, 90). ▫ Первоисточник — греч. βύρσα — «кожа», «шкура», «мех» (для вина) — слово неясного происхождения. Из греч. — позднелатин. bursa — «(денежная) сумка», «кошелек», позже «касса» > «касса общежития при средневековых университетах», «стипендия» и т. п. Из латинского: франц. bourse — «кошелек», «стипендия», «биржа»; ит. borsa — тж.; нем. Börse — «кошелек», «биржа» и др.

БУРЧА́ТЬ, бурчу́ — «издавать невнятные звуки», «урчать», «ворчать». *Прост.* бу́ркать. *Однокр.* бу́ркнуть. Сюда же *прост.* бу́ркалы — «глаза». Укр. бурча́ти; блр. бурча́ць. Ср. в других слав. яз.: словен. burkati — «клокотать», «шуметь», «пускать пузыри»; чеш. brčeti, bručeti — «ворчать», «урчать», «мурлыкать». В словарях *бурчать* отм. с 1731 г. (Вейсман, 624), *буркать*, *буркнуть* — с 1789 г. (САР¹, I, 388: «кидать, так что тело издает некоторый шум»). Сущ. *буркалы* (о глазах) встр. у Фонвизина в «Недоросле», д. III, явл. 9 (СС, I, 147). ▫ Старшее знач. глаг. *бурчать*, *буркнуть*, *буркать*, м. б., «клокотать», «бурлить», «пускать пузыри». Глаголы с формантом -к- и -ч- (< *-k-j-) в русском языке гл. обр. звукоподражательные. Ср. *фыркать*, *фыркать*, *мурлыкать*, *мяукать*, *квакать*, *рыкать*, *рычать*, *хмыкать* и т. п. К ним примыкают некоторые существительные. В данном случае сюда относится *буркалы* в старшем знач. — «шары», «шарики», «пузыри» (ср. прост. *буркалы выкатить*). Ср. лит. burkúoti — «ворковать» (о голубях); ср. также burkti — «разбухать», «вздуваться», burkštis — «спариваться», «случаться»; латыш. burkšķis — «шум», «гвалт», «скандал».

БУ́РЫЙ, -ая, -ое — «темно-коричневый с сероватым или красноватым оттенком». *Сущ.* бурёнка (о корове), си́вка-бу́рка (о лошади). *Глаг.* буре́ть. Укр. бу́рий, -а, -е, бурі́ти; блр. бу́ры, -ая, -ае, буре́ць. Ср. словац. burý, -á, -é (обычно brunatny, -a, -e). В других слав. яз. ср. в том же знач.: болг. сивокафя́в (ср. кафе́ — «кофе»); с.-хорв. мр̀к(и̑), -а, -о; чеш. hnědý, -á, -é. В русском языке прил. *бурый* известно с ранней древнерусской эпохи. Встр. в Сл. Дан. Зат. (по Акад. сп.): «льпше ми волъ *буръ* (в)вести в дом свой» (Зарубин, 27). Срезневский (I, 194) отм. его в Троицк. л. под 6745 (1237) г. В польский язык оно могло попасть из древнерусского. ▫ Происхождение неясное. Срезневский (там же) и некоторые этимологи более позднего времени (в том числе Berneker, I, 102) сопоставляют с позднелат. (IV—V вв. н. э.) burrus -«темно-рыжий», burra — «грубая шерсть» (ср. франц. bure — «грубая шерстяная ткань», bureau — тж., позднее «конторка», «бюро»). Современные этимологи предпочитают говорить о восточном происхождении этого слова (в русском и польском), но не могут указать бесспорного источника. Монг. бур — «тинистый», «сумрачный» или бӱрий — «сумерки» и т. п. далеки по смыслу. Параллельные данные из тюркских языков [тюрк. (?) bur — «серый», «рыжий» (?)] весьма сомнительны. Напротив, в нек. тюркских языках близкие в фонетическом отношении слова выражают понятие о белом цвете. Ср. узб. бӱр — «мел»; кирг., казах., каракалп. бор — тж. Дмитриев (45) своего мнения по этимологии слова бурый не высказывает, а глухо ссылается на Бернекера, тогда как этот автор, напротив, склонялся к предположению о латинском происхождении слова бурый. Допустимо, однако, что оно попало в древнерусский язык с юго-востока, из Прикавказья. Ср. осет. būr : bor — «желтый»; перс. būr : bōr — «рыжий», «бурый», «желтый». Ср. хинди б^{x}ӯрā — «бурый». Ср. и груз. mura — «бурый». Другие данные см. у Абаева (I, 271), который не считает рус. бурый заимствованием с юго-востока, а расплывчато возводит его вместе со многими соответствующими другими словами европейских языков к некоему «субстратному евразиатскому слову».

БУРЬЯ́Н, -а, м. — «высокая сорная трава с толстым стеблем, быстро растущая на пустырях и запущенных участках поля», Chaeturus. *Прил.* бурья́нный, -ая, -ое. Укр., блр. бур'я́н; болг. бу́рян, устар.: бу́рен — «бурьян» (мн. бу́рени — «лекарственные травы»); с.-хорв. бу́рјан — «бузина»; чеш. buřeň — «сорняк»; словац. burina — тж.; польск. (с XIX в.) burzan (из укр.; ср. в том же знач. chwast или zielsko). В русском языке — сравнительно по́зднее [в словарях — с 1847 г. (СЦСРЯ, I, 90). ▫ По-видимому, раньше оно появилось на Украине, где известно с 1690 г. (Тимченко, IC, 158) и имеет прямое отношение к укр. бу́рити — не только «сильно лить» и т. п., но и (Гринченко, I, 112) «разорять», «разрушать», «рыть», «волновать» и т. п. (ср. чеш. bouřiti — «бушевать», «бунтовать»; словац. búrit' — «бушевать», «бередить», «бунтовать»; польск. burzyć — «разрушать», «ломать»). Глаг. этот имеется и в русских говорах: бу́рить — «лить много, без толку» (Даль, I, 126). Растение-сорняк названо так, м. б., по быстрому и буйному росту и разрушительному действию. Т. о., можно полагать, что по корню слово бурья́н связано с о.-с. *burja [>рус. буря (см.)], бурли́ть (см.), буйный (см.). Ср. с.-хорв. бу̀јати — «пышно разрастаться», «бурно развиваться»; чеш. bujeti — «разрастаться» и др. С точки зрения

образования основы ср. *смути́ть — сму́тьян*.

БУ́РЯ, -и, ж. — «ветер большой разрушительной силы, иногда с дождем или снегом». *Прил.* бу́рный, -ая, -ое. Укр. бу́ря, бу́ряний, -а, -е, бу́рний, -а, -е; блр. бу́ра, бу́рны, -ая, -ае; болг. бу́ря; с.-хорв. бу́ра; словен. burja; чеш. bouře (но прил. burny̌, -á, -é — из русского); польск. burza. Ср. в.-луж. burica — «буревестник». Др.-рус. (с XI в.) буря (но в Остр. ев. бура), бурьный (Срезневский, I, 194). Ст.-сл. боуга — «буря», «гроза» (SJS, I : 4, 149). ▫ О.-с. *burja (:*bura). Сопоставляют одни (в последнее время — Fraenkel, 42, 66) с лит. диал. būrỹs — «проливной дождь», ливень (общелит. «груда», «куча» «толпа», «стая»), лит. biaurùs — «скверный», «мерзкий»; др.-инд. bhūri-ḥ «обильный», «многочисленный»; другие (в частности Falk—Torp², I, 118) с латыш. baurot — «мычать», «реветь (как бык)»; норв. bure — «реветь в ярости» (о быке)»; латин. furō — «неистовствую», «беснуюсь»; furor — «ярость», «бешенство»; ср.-ирл. būrach — «рев» (быка), būr — «яростный». Пожалуй, во втором случае мы ближе к правильному решению вопроса. И.-е. база могла бы быть *bhaur (-о)- : *bhūr (-о)- — «реветь» (Walde — Hofmann³, I, 571).

БУ́СЫ, бус — «надеваемое на шею украшение из нанизанных на нитку восковых, янтарных, стеклянных шариков или иных мелких зерен». *Сущ.* бу́сина — «зерно бус». Укр. бу́си (также ду́тки, намисто́), бу́сина. В других слав. яз. отс. Ср. в том же знач.: блр. па́церкі, кара́лі; болг. мани́ста, мн. (*ед.* мани́сто) — «бусы»; с.-хорв. стаклени бисер; чеш. skleněné perly; польск. paciorki. В русском языке слово бусы довольно позднее. В словарях — с 1780 г. (Нордстет, I, 50). ▫ С Востока. Как иногда полагают, первоисточник — араб. busr : busra, *pl.* buser (?) — «стеклярус», «стеклянное ожерелье», «поддельный жемчуг» (Lokotsch, § 371; ранее — Мелиоранский, ИОРЯС, X, кн. 4, с. 117, со ссылкой на Fraehn'a; Преображенский, I, 26, 55).

БУТАФО́РИЯ, -и, ж. — «предметы, имитирующие подлинные в театральной обстановке (также в витринах магазинов)». *Прил.* бутафо́рский, -ая, -ое. Сюда же бутафо́р. Укр. бутафо́рія, бутафо́рський, -а, -е, бутафо́р; блр. бутафо́рыя, бутафо́рскі, -ая, -ае, бутафо́р; болг. бутафо́рия; польск. butaforia. В других слав. яз. отс. (или редко). В словарях русского языка сначала появляется бутафо́р и бутафо́рский (Даль, I, 1863 г., 128; Толль, НС, I, 1863 г., 365), а позже (в начале 900-х гг.) — бутафо́рия, отм. у Ефремова (1911 г., 74). ▫ В русском языке слово бутафо́рия — сравнительно позднее образование на основе ит. buttafuori — «театральный работник, нечто вроде помощника режиссера и бутафора, вызывающий артистов на сцену и снаряжающий их всем необходимым для выхода» [как полагают, от butta fuori — «выбрасывай» (ср. buttare — «бросать», «выбрасывать», fuori — «вон»); в совр. ит. языке «бутафор» —

trovarobe, «бутафория» — accessori rivestiti].

БУТЕРБРО́Д, -а, *м.* — «ломтик хлеба с маслом, сыром, ветчиной, колбасой, рыбой и т. п.». *Прил.* **бутербро́дный**, **-ая**, **-ое**. Укр. **бутербро́д**; блр. **бутэрбро́д**. В других слав. яз. отс. Ср. в том же знач.: болг. **са́ндвич**; польск. **kanapka**; чеш. **obložený chlebíček** (калька с нем. **belegtes Brot**). В русском языке слово *бутерброд* известно с начала XIX в. Ср. «Дух журналов», 1815 г., № 52, с. 1315: «сыру, *бутерброда*». Позже встр., напр., у Мятлева в поэме «Петергофский праздник», 1842 г, ч. II, «Утро»: «*бутерброт* с колбасой» (Соч., I, 63). В словарях — с 1861 г. (ПСИС, 86), позже — у Даля (I, 128): *бутерброт* — «хлеб с маслом»; совр. знач. — Михельсон 1865 г., 97. ▫ В немецком языке, откуда оно заимствовано в русский, Butterbrot значит именно «хлеб с маслом» (Butter — «масло», а Brot — «хлеб»); «бутерброд» в широком смысле по-немецки — belegtes Brot, также Stulle. Ср. в том же знач. франц. tartine, sandwich (<англ.); ср. canapé d'anchois — «бутерброд с анчоусом», отсюда польск. kanapka (Brückner, 216).

БУТО́Н, -а, *м.* — «распускающаяся почка цветка», «еще не распустившийся цветок». Укр. **буто́н** (чаще **пу́п'янок**); блр. **буто́н**. В других слав. яз. отс. Ср. в том же знач.: болг. **(цветна́) пъ́пка**; с.-хорв. **пу́пак**; чеш. **poupě**; польск. **pączek**. В русском языке слово *бутон* известно с 50-х гг. XIX в. (Л. Н. Толстой, «Семейное счастье», 1859 г., ч. I, гл. 5: «вы *бутон*, который еще будет распускаться»). В словарях — Углов, 1859 г., 32. ▫ В западноевропейских языках известно гл. обр. в романских. Ср. франц. bouton — «бутон», «почка», «прыщ», «пуговица», «кнопка»; ит. bottone, исп. botón и др. В русском языке — из французского, где оно восходит к франк. *butto — тж.; ср. н.-нем. butte — «почка» и франц. bouter — «толкать», «бить» (<франк. *buttôn — «толкать» при ср.-голл. botten — «пускать ростки», «распускаться»).

БУ́ТСЫ, бутс, *мн.* (*ед.* **бу́тса**, -ы, *ж.*) — «специальные ботинки для игры в футбол». В словарях — с 1933 г. (Кузьминский и др., 205); затем Ушаков (I, 1935 г., 209). ▫ Заимствование из английского языка. Ср. англ. boot — «ботинок», boots, *pl.* — «ботинки».

БУТУ́З, -а, *м.* — (обычно о маленьких детях, о мальчиках) «упитанный здоровяк», «крепыш». Но в говорах — и о взрослых: «малорослый, коренастый человек»; кроме того, волог. «бодливая скотина», причем обычно с концовкой *-ус*: **буту́с**, глаг. **буту́ситься** — «бодаться» и «глядеть угрюмо» (Даль, I, 128). Блр. **буту́з**. В том же знач.: укр. **карапу́з**; болг. **ши́шко**, **пъ́лничко дете́**; чеш. **buclík**, **cvalík**; польск. **bąk**, **smyk**. В русском языке слово *бутуз* известно с середины XIX в. (Даль, I, 1863 г., 128). Но фамилии *Бутусов*, *Бутусин* встр. с 1-й пол. XVII в. (Тупиков, 495). ▫ Корень, очевидно, *бут-*. Ср. диал. **буте́ть** — «толстеть» (Даль, I, 129; курск., орл. — Кардашевский, I, 264, здесь же данные по другим областям). Ср. польск. buta — «спесь» (=«надутость»), butny, -a, -e «спесивый», «чванный», «надменный». Дальше по значению словен. butec, butelj — «глупец», «тупица», butiti, butniti — «ударить», «ляпнуть». О.-с. корень *but- [<и.-е. *b(h)eu- : *b(h)ou- (+-t-)]. К этому гнезду, несомненно, принадлежит и *бутуз*. Возможно, от того же корня рус. диал. **буту́н** — «сибирский дикий лук», Allium altaicum s[ive] fistulosum (Даль, I, 128). Надо полагать, вслед за Соболевским (РФВ, LXVI, 333), что старшая форма была с *-с* — *бутус* (в русском языке имеется несколько слов с этим редким суффиксом). Ср. выше данные Даля и Тупикова. Форма с *-з* — *бутуз* могла возникнуть в литературном языке под влиянием *карапу́з* (где *з*, конечно, относится к корню слова) — слова, которое появилось значительно раньше, чем *бутуз* (с *з*).

БУ́ФЕР, -а, *м.* — «устройство для смягчения толчков и ударов в машинах и транспортных средствах». *Прил.* **бу́ферный**, **-ая**, **-ое**. Укр. **бу́фер**, **бу́ферний**, **-а**, **-е**; блр. **бу́фер**, **бу́ферны**, **-ая**, **-ае**; болг. **бу́фер**, **бу́ферен**, **-рна**, **-рно**. Ср. польск. bufor (чаще zderzak), buforowy, -a, -e. Ср. в том же знач.: с.-хорв. **бра́ник**; чеш. **náraznik**. В русском языке слово *буфер* известно примерно с 70-х гг. XIX в. (Толль, НС, Доп., I, 1875 г., 141; позже СРЯ[1], т. I, в. 1, 1891 г., 301). В переносном употреблении, напр. в политическом смысле, по наблюдениям Сорокина (РСС, 475), слово *буфер* начинает встречаться с 80-х гг.: «*буфер* между двумя цивилизованными народами» («Сев. вестник», 1886 г., № 1, отд. 2, с. 270). ▫ Ср. англ. buffer (произн. 'bʌfə) — «буфер», «амортизатор», «глушитель», от buff — «поглощать удары», «смягчать толчки»; нем. Puffer и др. Но: франц. tampon — тж.; ит. repulsore, respingente — тж.; исп. tope, amortiguador — тж. В русском языке слово *буфер*, как и многие другие термины, связанные с железнодорожным строительством в России (*рельсы*, *вагон*, *трамвай* и т. п.), — из английского языка.

БУФЕ́Т, -а, *м.* — 1) «шкаф для хранения посуды, продуктов, столового белья»; 2) «род закусочной при общественных учреждениях, зрелищных предприятиях и пр.». *Прил.* **буфе́тный**. *Сущ.* **буфе́тчик**, *женск.* **буфе́тчица**. Укр. **буфе́т**. Ср. болг. **бюфе́т**. В других слав. яз. обычно различаются «буфет в 1 и 2 знач.». Ср. в соответствии со 2 знач.: с.-хорв. **бифе́**; чеш., польск. bufet; в соответствии с 1 знач. — с.-хорв. **kredenac**; чеш. kredenc; польск. kredens (восходят к франц. устар. crédence — «сервант», первоначально «жертвенник», в свою очередь заимствованному из ит. credenza; ср. ит. crédere — «верить кому-л.», «в кого-л.»). В русском языке в словарях с 1780 г. (Нордстет, I, 50). У Пушкина в статье «Записки Нащокина», 1830 г. это слово встр. в знач. «съестные припасы и вина для барского стола» (речь идет о времени Екатерины II): «следовал... *буфет*

БУХ

на 16-ти лошадях» (ПСС, XI, 190). Знач. «закусочная при учреждении, в театре и пр.» — позднее, но во 2-й четверти XIX в. уже обычное. Прил. *буфетный* в словарях — с 1863 г. (Даль, I, 129). Сущ. *буфетчик* в словарях — с 1780 г. (Нордстет, I, 50), *буфетчица* — с 1863 г. (Даль, I, 129). ▫ Ср. франц. buffet — «буфет (в 1 и 2 знач.)»; нем. Büfétt — «столовый шкаф», «стойка» (но «закусочная» — Speisesaal, Erfrischungsraum); англ. buffet — «столовый шкаф» (также sideboard) «закусочная» — bar); ит. buffè — «закусочная» (иногда и «столовый шкаф», но чаще в этом знач. credenza); турец. büfe (чаще в 1 знач.); перс. буфе и т. д. Первоисточник — франц. buffet (этимология неясна, но первоначальное знач. «род мебели», «скамья», «стойка» и т. п.). В русском языке — из французского.

БУХА́НКА, -и, ж. — «цельный выпеченный хлеб». Ср. укр. буха́н — «коврига», буханє́ць, -нця́, буха́нка; блр. буха́нка; с.-хорв. бу̀хавац — «рыхлый, ноздреватый хлеб»; чеш. bochník — «буханка», bocháneк — «коврига (каравай) хлеба»; польск. bochen — «каравай», «большой круглый хлеб», bochenek — уменьш. к bochen. Ср. в.-луж. buchanc — «хлебный грибок», «пузатый человек». В болг. отс., ср. самýн (< турец. somun) — «буханка». ▫ Видимо, от прил. бухоньнъ [бухон(ъ)], известного по «Домострою» (по Конш. сп., 27): «хлебы... печи и квасны и *бухёны* (= «пышны»), от глаг. бухо́нить. Ср. у Даля (I, 129): бухо́нить — «теплеть» (о погоде), «делать мягким, пышным, чтоб набухало», бухо́нный, бухо́ный — «тепловатый», (в других говорах) «пухлый», «пышный»; «хорошо укващенный и испеченный»; ср. бухоне́ц — курск. «ситный хлеб»; ср. также бухо́ня — «пузан», «толстяк» и др. Т. о., *буха́нка* — вм. *бухо́нка*. Старшее знач. «пышный, хорошо испеченный хлеб», позже— «цельный испеченный хлеб круглой формы», «коврига». О.-с. корень *buch- тот же, что в *бухну́ть*, *набуха́ть*. Допустимо думать, что зап.-слав. слова с boch- (польск. bochen и др.) — плод контаминации славянского слова с немецким [ср. ср.-в.-нем. vochenze, fochenz — «вид белого хлеба», которое само восходит к позднелатин. focacius (panis), от focus — «очаг», «огонь», «пламя»]. Из польск. — укр. бохон, бохуне́ць — «круглый белый хлеб», слово, известное на Украине с XVI в. (1529 г.) [Тимченко, IC, 129].

БУХГА́ЛТЕР, -а, м. — «специалист, ведущий учет денежных средств, товаров и т. п.». Прил. бухга́лтерский, -ая, -ое. Сюда же бухгалте́рия. Ср. укр. бухга́лтер, бухга́лтерський, -а, -е, бухгалте́рія; блр. бухга́лтар, бухга́лтарскі, -ая, -ае, бухга́лтэрыя. Ср. польск. buchalter (также księgowy), buchalteria (и rachuba). В других слав. яз. иначе: болг. **счетоводи́тел**, **счетово́дство**; с.-хорв. **књиго̀вођа**, **књиго̀водство**; чеш. účetní, účetnictví. В русском языке известно с начала XVIII в.: *букгалтер* (ЗАП I, т. I, № 55, 26-XI-1718 г., 63); «сыскат бухгалтаря» (ib., № 187,

БЫК

1724 г., 139). ▫ В русский и польский язык слово попало из немецкого: Buchhalter — досл. «тот, кто ведет книгу», «книговод». Ср. голл. bockhouder — «бухгалтер», также швед. bokhållare; дат. bogholder; норв. bokholder; но англ. book-keeper. В романских и многих других европейских языках иначе. Ср. франц. comptable; исп. contador и др.

БУ́ХТА, -ы, ж. — «небольшой глубокий залив, защищенный от ветров и часто используемый для стоянки морских судов». Укр., блр., болг. бу́хта. польск. устар. buchta. В зарубежных славянских языках, м. б., из русского. В русском языке слово *бухта* известно с 20-х гг. XVIII в. Встр. в переводной «Книге морской» шведского капитана Я. Монсана (1721 г.) в форме голландской: «между оных двух кос есть *бохт* (или залив)» (61), и в форме шведской или немецкой: «к югу вышла не болшая *бухта*» (64) [см. Кутина, ФЯН, 165]. ▫ Ср. голл. bocht — «залив», «губа» [также «поворот», «изгиб», «извилина»; ср. buigen (произн. boeigen) — «согнуть»]; швед. bukt — «залив» (и «поворот», «изгиб»); нем. (из н.-нем. говоров) Bucht — «залив» (ср. biegen — «сгибать», «изгибать»).

БУШЛА́Т, -а, м. — «форменная матросская двубортная куртка». Укр., блр. бушла́т. В других слав. яз. отс. В словарях русского языка впервые — у Даля (I, 1863 г., 130): бушлат — «матросский парусинник, парусинный балахон». ▫ Происхождение неясно. При отсутствии каких-либо других объяснений допустимо предположение, что это слово находится в связи с названием английской (и американской) крупной меры сыпучих тел *бу́шель* [англ. bushel (произн. bʌʃl), Webster (296) дает и форму bushéled; мы не располагаем данными о жаргонном употреблении этого слова, которое, по-видимому, могло обозначать и какой-то род одежды, напр. халат, балахон (ср. англо-амер. bushel — «чинить, переделывать мужское платье»)]. Матросский «парусиновый балахон» (старшее знач. слова) несколько напоминает куль, напр. с мукой.

БЫК, -а́, м. — «крупное рогатое животное», «самец коровы». Прил. быча́чий, -ья, -ье, бы́чий, -ья, -ье. Укр. бик (и буга́й), бича́чий, -а, -е; би́чий, -а, -е; блр. бык, бычы́ны, -ая, -ае; болг. бик, би́ков, -а, -е; с.-хорв. би̏к, биковѝ, -а, -о — «бычий»; словен. bik, bikovski, -a, -o; чеш. bý́k, bý́čí; словац. bý́k, bý́čí, -ia, -ie; польск. byk, byczy, -a, -e; в.- и н.-луж. byk, byčí, -a, -e. Др.-рус. (с XI в.) и ст.-сл. быкъ, бычин (Срезневский, I, 202, 211). ▫ О.-с. *bykъ. И.-е. корень (звукоподражательный) *beu- (: *bheu- : *bŭ-). Расширитель -k-. Ср. др.-рус. бучати — «реветь», бъчела — «пчела» (Срезневский, I, 195, 200); ср. также рус. *бухать* (здесь основа < и.-е. *bou-k-s-). Ср. лит. baũkti, būkauti и (с другим формантом) baũbti — «реветь», «мычать», būkas (: baublỹs) — «выпь»; греч. βύκτης — «воющий», «завывающий»; др.-инд. bukkati — «лает», búkkāraḥ — «рев льва». Ср. без заднеязычного форманта: латин. būbō — «филин», «сова»; греч. βύας — тж.; перс. бум — «сова»; арм. бу — тж. и др. (подробнее см. Pokorny, I, 97).

БЫ́СТРЫЙ, -ая, -ое — «скоро, стремительно движущийся или совершающийся». *Кр. ф.* **быстр, -á, -о.** *Сущ.* **быстротá.** Укр. бíстрий, -а, -е (чаще швидки́й, -á, -é и др.), бистротá; блр. бы́стры, -ая, -ае (гл. обр. перен., в прямом знач. — хýткі, -ая, -ае, бóрзды, -ая, -ае). Ср. чеш. (и словац.) bystrý, -á, -é; польск. bystry, -a, -e (также szybki, -a, -ie и др.), bystrość; в.-луж. bystry, -a, -e. В с.-хорв., словен. соотв. прил. имеет знач. «чистый», «прозрачный»: с.-хорв. бȕстар, -тра, -тро : бȕстрȋ, -ā, -ō [«быстрый» — брз(ȋ), -а, -о; ср. болг. бърз, -а, -о — тж.]; словен. bister, -tra, -tro. Ср. н.-луж. bytšny, -a, -e — «светлый». Др.-рус. книжн. (с XI в.) и ст.-сл. быстрый (обычно бръзыи), быстрота, быстрость (Срезневский, I, 204, Доп., 28; SJS, I : 4, 152). □ О.-с. *bystrъ (<*bysrъ), -a, -o : *bystrъjь, -aja, -oje. И.-е. основа *bhūs-ro- (Pokorny, I, 102). Относительно t между s и r см. *сестра, струя.* И.-е. корень *bh(e)u- : *bh(e)u- : *bhu- — «раздувать(ся)», «вздуваться», «пухнуть». Расширитель -s-. Ср. на русской почве *набухáть* (с *х* из *с*), *бушевáть* (и.-е. основа *bou-s-). В других и.-е. языках: нем. устар. bausen — «кутить», «бушевать», «раздуваться» (ср. ср.-в.-нем. būsen — «утопать в роскоши», от būs — «изобилие», «избыток» > нем. устар. Baus — тж.); норв. buse — «ринуться», «(по)бежать сломя голову»; норв. диал. bustrig — «стремительный, как буря», bøysa — «устремляться вперед»; швед. busa (= норв. buse). Сюда же др.-сканд. bysja — «бурно устремляться»,«мчаться, сметая препятствия на пути» (см. Falk—Torp², I, 119; Pokorny, I, 98 и сл.).

БЫТ, -а, *м.* — «уклад жизни, совокупность обычаев, привычек, нравов и т. п., характеризующих какой-нибудь народ, общественный слой, группу». *Прил.* **бытовóй, -áя, -бе.** Но **самобы́тный, -ая, -ое.** Сюда же **бытовáть, бытовúк.** В блр. так же, но ср. укр. пóбут — «быт». Ср. болг. бит — «быт»; с.-хорв. бȋт — «суть», «существо», «сущность» (но ср. начин живота, стȃње — «быт»); чеш. byt — «жилище», «квартира» («быт» — způsob života); польск. (с XV в.) byt — «состояние», «быт» (хотя чаще «быт» — tryb życia). В письменных памятниках среднерус. языка встр. **быть, быто** — «имущество», «собственность», «скарб» (Срезневский, I, 211). Но уже в САР¹ (I, 1789 г., 397) *быт* — «род жизни»; ср. там же *бытописатель.* Встр. у Державина в стих. «Похвала сельской жизни», 1798 г.: «Как ею... / Весь *быт* хозяйский снаряжен / Дом тепл, чист, светл, и к возвращенью / С охоты мужа стол накрыт» (Стих., 187). Т. о., абстрактное знач. это слово получило довольно поздно (хотя не позже 2-й пол. XVIII в.). Прил. *бытовой* и глаг. *бытовать* известны лишь с 40-х гг. XIX в. В словарях *бытовой* отм. с 1863 г. (Даль, I, 131), *бытовать* — с 70-х гг. (Шейн, «Доп»., 1873 г., 9). Позже других появилось сущ. *бытовик,* известное лишь с конца XIX в. □ Восходит к и.-е. основе *bhu-t(-o)- и пр. (Pokorny, I, 146 и сл.). Ср. лит. bùtas, род. butà — «квартира», «жилье»; др.-прус. buttan — «жилище», «дом»; др.-исл. būð — «хижина», совр. исл. búð — «магазин», «ларек»; м. б., ср.-в.-нем. boude — «будка», «каморка» (сов. нем. Bude — «ларек», «балаган»); др.-ирл. both — «хижина».

БЫТЬ (1 ед. н. вр. исторически **есмь**; ныне заменяется формами от других глаголов, напр. **являюсь**, или формой 3 ед. **есть**) — «существовать», «находиться», «проявляться». Много образований с приставками: **забы́ть, прибы́ть** и т. д. Итератив **бывáть.** Ср. с приставками: **забывáть, прибывáть** и пр. Только с приставками бывший каузатив -бавить (см.): **прибáвить, забáвить.** Сюда же **бытьё** (*житьё-бытьё*), **бытие́** (из ст.-сл. языка), **быль, былье́** (*быльем поросло*), **быт** (см.). Укр. бýти, бувáти; блр. быць, бывáць, болг. бúвам — «бываю»; с.-хорв. бȕти, 1 ед. jèsam, бúвати, 1 ед. бúвȃм; словен. bíti, 1 ед. sem, bívati, 1 ед. bȋwam; чеш. být, 1 ед. (j)sem, bývati, 1 ед. bývají; словац. byt', 1 ед. sem, bývat', 1 ед. byvajú; польск. być, 1 ед. jestem, bywać, 1 ед. bywaję; в.-луж. być; 1 ед. sym, bywać, 1 ед. bywam; н.-луж. byś, 1 ед. som, bywaś, 1 ед. bywam. Др.-рус. (с XI в.) **быти,** 1 ед. **есмь, бывати,** 1 ед. **бываю** — «существовать», «становиться», «совершаться», «находиться». Употреблялся также как вспомогательный глагол. Кроме того, ср. сущ. **быть, бытие** (: **бытье**); **быль** (: **былие**) — «трава» (Срезневский, I, 202, 211). Одиноко **былина** — «действительное событие»: «по *былинам* сего времени» в Сл. плк. Игор. (Виноградова, I, 80). Ст.-сл. **бытн,** 1 ед. **ѥсмь, бывати,** 1 ед. **бывaѭ, бытнѥ, быль, былиѥ** (SJS, I : 4, 151—156). □ О.-с. *byti, 1 ед. *jesmь, *byvati, 1 ед. *byvajǫ. Корень *by-. Ср. лит. būti — «быть», būvóti — «бывать»; латыш. būt — «быть»; др.-прус. būton, boūt(on), buwinayti — «живет», «обитает»; гот. bauan — «жить»; др.-в.-нем. būan — «жить», «обитать» [совр. нем. bauen — «строить»; ср. также 1 ед. от sein — (ich) bin (<bim); ср. англосакс. beo — тж.]; др.-сканд. būa (совр. исл. búa) дат., норв., швед. bo) — «жить», «обитать»; англ. be — «быть», «жить», «стоять». Ср. латин. fui — «(я) был»; греч. φύω — «рождаю(сь)», «даю жизнь», «расту»; др.-инд. корень bhu- — «быть», «возникать», «являться», «жить»: bhávati — «(он, она) есть», «является», bhūtá-m — «существо», «мир». И.-е. корень *bheu(ə)- (: *bhū- : *bhŏu-) — «быть», «возникать», «расти» (см. Pokorny, I, 146 и сл.).

БЮДЖЕ́Т, -а, *м.* — «смета, роспись (свод) расходов и приходов государства, предприятия, учреждения и т. д. на определенный срок». *Прил.* **бюдже́тный, -ая, -ое.** Укр. бюдже́т; блр. бюджэ́т; болг.

бюджет. Ср. с.-хорв. бу̀џет; чеш. budžet (обычно rozpočet); польск. budżet. В русском языке слово *бюджет* (на первых порах иногда в форме *буджет*) известно с начала XIX в. Неоднократно встр. в письмах Н. И. Тургенева брату С. И. Тургеневу, напр. в письме от 6 (18)-III-1816 г.: «попросить тебя о доставлении мне тех №... Монитера, где дебаты о *бюджете*» (Письма, № 59, с. 167). Позже в форме *бюджет* — в письме Пушкина Нащокину от 3-IX-1831 г. в шутливом рассказе о домашних делах: «*Бюджет* Александра Григорьевича оказался ошибочен: я потребовал счетов» (ПСС, XIV, 219). ◻ Ср. англ. budget (произн. ′bʌdʒit) > франц. budget; нем. Budget; хинди баджа̄т и др.; но ит. bilancio — тж.; исп. presupuesto — тж. В русском языке, видимо, из французского (где оно известно с 1768 г., но в общее употр. вошло с 1806 г.), во франц. — из английского. В английском старшее знач. «кожаный мешок для денег (и вообще драгоценностей)». В этом знач. оно еще раньше было заимствовано из того же французского. Ср. ст.-франц. bougette — «мешочек» [произв. от bouge (< латин. bugla — «кожаный мешочек»].

БЮРО́, *нескл. ср.* — 1) «коллегиальный орган (группа лиц), избранный или назначенный для руководящей работы в учреждении, организации и т. п.»; 2) «контора», «отдел», «канцелярия»; 3) «род письменного стола». Укр., блр., болг. бюро́; с.-хорв. би̏ро̄, род. биро́а; чеш. byro (только «руководящий орган»); польск. biuro. В русском языке слово *бюро* в широком употр. с середины XVIII в., но сначала со знач. «род письменного стола». Ср., напр., в «Записках» Порошина, в записи от 25-XI-1765 г. (527): «сидя за своим *бюро*, читал». Иногда встр. и склоняемые формы: «против *бюра*» (Л***, «Пох. ком.», I, 1801 г., 109, перевод с франц.). ◻ Источник заимствования — франц. bureau, *f.*; сначала (XII в.) burel, произв. от bure (< вульг.-латин. būra; ср. латин. burra) — «грубая шерстяная ткань». Развитие значения: «(шерстяная) ткань как скатерть на канцелярском столе» > «письменный стол, конторка, застланный таким сукном» > «письменный стол» > «контора», «канцелярия» > «руководящий орган».

БЮСТ, -а, *м.* — 1) «скульптурное изображение (изваяние) головы и верхней части тела человека»; 2) «женская грудь». *Прил.* бю́стовый, -ая, -ое. Укр., блр., болг. бюст; польск. biust; ср. с.-хорв. би̏ста — «бюст в 1 знач.» (во 2 знач. — пр̏си, гру̑ди). Ср. чеш. poprsí — «бюст» (оба знач.; busta — «бюст в 1 знач.»). В русском языке слово *бюст* употр. с середины XVIII в. Ср. в «Записках» Порошина, в записи от 29-X-1765 г. (495): «принес И. И. Бецкой статую в *бюст* Настасьи Ивановны». В 3-й четверти XVIII в. это слово встр. уже нередко. ◻ Первоисточник — латин. bustum — «место сожжения трупов», «место погребения», «могила», позже «надгробное изваяние умершего». Слово по происхождению связано с латин. глаг. combūrō (перф. combussī, супин combustum) —

«сжигаю»; ср. combustum — «ожог». В новое время источник распространения — франц. buste — «бюст в 1 знач.» (во 2 знач. в совр. франц. не употр.) Ср. ит. busto — «бюст» (оба знач.); нем. Büste — тж.; англ. bust — тж.

БЯЗЬ, -и, *ж.* — «сорт грубой хлопчатобумажной ткани». *Прил.* бя́зевый, -ая, -ое. Укр. бязь, бя́зьовий, -а, -е; блр. бязь, бя́зевы, -ая, -ае. В других слав. яз. отс. Ср. в том же знач.: болг. басма́; чеш. kaliko (< нем. Kaliko, по названию г. Калькутта); польск. krośniak. В русском языке слово *бязь* (чаще в форме *безь*) известно с XVI в. (Срезневский, I, 224). Часто встр. в ТКМГ [I, 283 (1635—1636 гг., Вел. Устюг) и др.]. Ср. также у Р. Джемса (РАС, 1618—1619 гг., 40 : 11): baizzin «scammitie, made of the courser cotton wool» («ткань из грубого хлопка») [очевидно, здесь baizzin — форма прил.; ср. прил. *безинной* в документах XVI в. (АМГ, III, 394), XVII в. («Рус.-инд. отн.», 395)]. ◻ С Востока. Первоисточник — араб. bazz — «холст», «полотно». В русский язык попало из персидского (перс. ба̄з — «бязь»; ср. афг. бӣа̄з — тж.), м. б. (но не обязательно), при тюркском посредстве (ср. турец. bez — «бязь»; азерб. без — тж.).

В

ВАГО́Н, -а, *м.* — «крытое, специально оборудованное помещение на колесах для перевозки пассажиров или грузов по рельсовым путям с паровой, тепловой или электрической тягой». *Прил.* ваго́нный, -ая, -ое. Укр. ваго́н, ваго́нний, -а, -е; блр. ваго́н, ваго́нны, -ая, -ае; болг. ваго́н, ваго́нен, -нна, -нно; с.-хорв. ва̀го̄н, ва̀го̄нскӣ, -а̄, -о̄; чеш. vagón (но обычно vůz železniční, nákladní и пр.), vagónový, -á, -é (: vozový, -á, -é); польск. wagon, wagonowy, -a, -e. В русском языке появилось (в совр. знач.) впервые (в форме *ваггон*) в 30-х гг. XIX в. Ср. у Ледяевой («Ист. ж.-д. лексики», с. 127) примеры из «Северной пчелы» от 11-IX-1836 г.: «садятся в *вагоны*: это род шарабанов». Но в эти годы (начала железнодорожного строительства в России) слово *вагон* еще не было устойчивым термином, вагон называли по-разному: *повозка, телега, экипаж, карета* и др. Закрепление за этим словом определенного значения относится к более позднему времени. В словарях впервые в 1847 г. (СЦСРЯ, III, 417, в статье *поезд:* «совокупная езда *вагонов* по железной дороге». Далее Углов, 1859 г., 33: *вагон* — «экипаж, употребляемый для поездки по железной дороге». ◻ Ср. англ. wag(g)on — собств. «телега», «повозка», в XVIII в. — «вагонетка (для перевозки каменного угля по рельсовой дороге), в начале XIX в. — «вагон-платформа», позже, в США — «ж.-д. вагон вообще». Из английского: франц. wagon, *m.* (с 1832 г.); нем. Waggon — тж.

ВАГ | ВАК | В

Само же англ. wag(g)on в старшем знач. «повозка», «телега» и т. п. восходит к нем. Wagen — тж. от о.-г. корня *weg-, родственного о.-с. *vez- : *voz-.

ВАГРА́НКА, -и, ж. — «чугуноплавильная малая (в отличие от домны) печь с вертикальной осью». *Прил.* ваграночный, -ая, -ое. Сюда же вагранщик. Укр. ва́гранка, ваграночний, -а, -е, ваграннык; блр. ваграчка, ваграньшчык; из русского болг. ва́гранка, ва́гранчик. В других слав. яз. отс. Ср., напр., чеш. kuplovna — «вагранка»; польск. żeliwiak — тж. Ср. нем. Kuppelofen — тж., от kuppeln — «соединять», «сцеплять» > франц. cubilot; ит. cubilòtto. Когда слово *вагранка* появилось в русском языке, трудно сказать совершенно точно, но, по-видимому, не раньше 70-х гг. XVIII в. и, во всяком случае, до начала XIX в. Оно встр. в «Описании Петрозавод. и Кончезар. заводов» И. Германа (СПБ, 1803 г., 114). В словарях — с 1835 г. (Плюшар, VIII, 32). ▫ Происходит, надо полагать, от названия уральской речки *Вагран*, притока Сосьвы (Свердловская обл.) в районе Богословских заводов, славившихся своими шахтными печами, поблизости от тех мест, где Баташевым была построена первая в России вагранка (Брокгауз—Ефрон, т. V, п/т. 9, 354; БСЭ², VI, 519).

ВА́ЖНЫЙ, -ая, -ое — «значительный», «веский», «ценный в каком-л. отношении»; «надменный». *Нареч.* ва́жно. *Сущ.* ва́жность. *Глаг.* ва́жничать. Ср. (без суф. -н-) ува́жить и т. п. Укр. ва́жний, -а, -е (и важли́вий, -а, -е), ва́жно, ва́жність, ср. важки́й, -а́, -е́ — «тяжелый», «грузный», «трудный», ва́жити — «взвешивать», «тянуть (иметь тяжесть, вес)»; блр. ва́жны, -ая, -ае, ва́жна, ва́жнасць, ва́жнічаць, ср. ва́жкі, -ая, -ае — «веский», «тяжелый»; болг. ва́жен, -жна, -жно, ва́жно, ва́жност — «важничаю», важа́ — «имею значение, ценность»; македон. важен, -жна, -жно, важничи — «важничает», ср. важи — «имеет силу», «слывет»; с.-хорв. ва́жан, -жна, -жно : ва́жнӣ, -а̄, -о̄, ва́жно̄ст, ср. ва́жити — «слыть», «быть в ходу», «иметь силу»; словен. va̋žen, -žna, -žno, va̋žnost, чеш. vážný, -á, -é — «серьезный», «важный», нареч. vážně, vážnost; словац. vážny, -a, -e, vážne, vážnosť, ср. vážiť si — «ценить кого-что», «уважать»; польск. ważny, -a, -e — «важный», устар. «тяжелый», «увесистый», ważność — «важность», устар. «вес», «тяжесть», ср. ważyć — «взвешивать», «иметь вес», «весить»; в.-луж. (знач. — как в польском) ważny, -a, -e, нареч. ważnje, ważność, ср. ważić — «взвешивать»; н.-луж. ważny, -a, -e. В памятниках древнейшей русской письменности XI—XIII вв. слов этой группы не встр. У Срезневского (I, 224) отм. лишь **важность** в зап.-русской жалованной грамоте 1388 г. Тупиков (80) отметил прозвище *Важный* («Петр *Важный*, Каневский замковый слуга», 1552 г.) в документах невеликорусского происхождения. ▫ Это обстоятельство наводит на мысль (см. Vasmer, I, 164; Machek, 553), что слова *важный*, *важность* в вост.-слав. языках (в укр., блр., а через них — и в русском) — из польского. Известно к тому же, что еще более по́зднее болг. ва́жен — из русского (БЕР, в 2, 112), а такого же происхождения может быть и с.-хорв. ва́жен : ва́жнӣ. В конечном же счете вся эта группа слов восходит к др.-в.-нем. wāga [совр. нем. Waage (: Wage)] — «весы» (ср. нем. wiegen — «взвешивать»). Ср. англ. weigh — «взвешивать(ся)». Из герм. языков — о.-с. *vaga [м. б., и *vagъ; ср. с.-хорв. vȃg — «рычаг»; курск. вах — «рычаг» (Халанский, 364) при олон. ва́га — «жердь для перекатывания бревен» (Куликовский, 8)]. Обычной в говорах формой нужно считать ва́га или вага́. Знач. не только «жердь», «шест для подъема или передвижения тяжестей», но и «весы». Ср. брян. ва́ги — «большие весы» при вага́ — «орудие для подъема экипажа» (Тиханов, 39, 65). Ср. курск. ва́га : вага́ — «большие весы для взвешивания громоздких предметов» (Кардашевский, II, 136) и др. Соловьев («О особ. гов. Новг. г.», 26) отметил ва́жня — «небольшое здание в Новгороде, в котором находятся большие городские весы». От вага, мн. ваги — ва́жить — «весить», «взвешивать» (Даль, I, 141). Ср. также ва́га — «вес», «тяжесть» в ряде говоров (Тиханов, 39; Миртов, 35; Кардашевский, II, 137; кроме того, Даль, I, 141 — смол., ворон., тамб.). Укр. вага́ — «вес», «тяжесть»; с.-хорв. ва́га — «весы», vȃg, м. — «рычаг»; чеш. váha — «вес», «тяжесть», váhy — «весы»; польск. waga — «весы», «тяжесть» и др.

ВАЗЕЛИ́Н, -а, м. — «очищенное и сгущенное нефтяное масло с мельчайшими кристаллами парафина, употребляемое в медицине, в технике, в быту». *Прил.* вазели́новый, -ая, -ое. Укр. вазелі́н, вазелі́новий, -а, -е; блр. вазелі́н, вазелі́навы, -ая, -ае; болг. вазели́н, вазели́нов, -а, -о; с.-хорв. vazèlīn; чеш. vaselina, vaselinový, -á, -é; польск. wazelina. В русском языке слова *вазелин*, *вазелиновый* употр., судя по словарям, с конца XIX в. (СРЯ, т. 1, в 1891 г., 329). Ср. начало статьи Менделеева «*Вазелин*» (Брокгауз—Ефрон, т. V, п/т. 9, 1891 г., 368): «В 70-х годах этого столетия из Америки стали высылать особое... салоподобное вещество... названное *вазелином*». ▫ В русском языке заимствовано, вероятно, из франц. Первоисточник — англ. vaseline (произн. ′væzili:n), искусственно созданное в 1877 г. слово на базе начальных слогов нем. Wasser — «вода» и греч. ἔλαιον — «оливковое масло», с суф. -ine. Из английского — франц. vaseline (произн. vazəlinə) > нем. Vaselín и др.

ВАКА́НСИЯ, -и, ж. — «незамещенное, свободное место по службе», «предназначенная для замещения должность (обычно о государственных учреждениях)». *Устар. прост.* вака́нция. *Прил.* вака́нтный, -ая, -ое. Укр. вака́нсія, вака́нтний, -а, -е; блр. вака́нсія, вака́нтны, -ая, -ае. Из рус-

ВАК

ского — болг. вака́нция, вака́нтен, -тна, -тно. В зап.-слав. языках: чеш. vakance (чаще uprázdněné или volné místo), прил. vakantní (чаще uprázdněný, -á, -é); польск. wakans (: wolne miejsce), wakujący, -a, -e — «вакантный». В некоторых слав. яз. отс. Ср. с.-хорв. упражњено (слободно) место — тж. В русском языке слово *ваканcия* известно с Петровской эпохи, причем сначала в форме *ваканция*: «когда бывает *ваканция*» («Архив» Куракина, I, 189, 1707 г.). Кроме того, Смирнов, 69 со ссылкой на ПбПВ. Прил. *вакантный* в словарях отм. с 1780 г. (Нордстет, I, 53). □ С *ц* оно произносилось на ит. (vacanza) или нем. (Vakánz) манер. Но, возможно, что издавна существовала и форма с *с* < франц. vacance, произв. (употр. с XVI—XVII вв.) от vacant — «вакантный», «пустой» (<латин. vacans — прич. наст. вр. от vacō — «являюсь незанятым, порожним, свободным»). Форма с *с* встр. у Фонвизина в «Разговоре у кн. Халдиной» (СС, II, 70; Петров, 27), позже — у Грибоедова в «Горе от ума», 1823 г., д. II, явл. 5: «*вакансии* как раз открыты». Но у Пушкина в повести «Выстрел», 1830 г.: «*о ваканции*» (ПСС, VIII, 66).

ВА́КСА, -ы, *ж.* — «черная мазь (или густая масса, паста) из сажи, сала и воска, употребляемая для чистки кожаной обуви». *Глаг.* **ва́ксить** (*сов.* — с приставками *на-* и др.). Укр. ва́кса, ваксува́ти; блр. ва́кса, ваксава́ць. Из русского — болг. ва́кса, а от него глаг. ва́ксвам. Ср. польск. szuwaks (обычно czernidło). В других слав. яз. отс., хотя ср. чеш. диал. viks — «мазь (паста) для лощения» (в частности обуви) [обычно «вакса» — černidlo na boty], восходит к нем. Wichse — «вакса». В русском языке *вакса* известно с XVIII в. В словарях отм. с 1762 г. (Литхен, 47) с еще неустойчивой формой рода: *вакс* и *вакса*. □ Слово *вакса* переделано из нем. Wachs — «воск».

ВАЛ, -а, *м.* — 1) «высокая и длинная земляная защитная насыпь»; 2) «высокая морская волна, поднявшаяся стеной»; 3) «круглое (отесанное) бревно или вообще длинный цилиндр, вращающийся вокруг своей оси и являющийся частью машины». В говорах (курск.) — «толстая пряжа» (Кардашевский, II, 138). Сюда же **вали́ть** (кого-что-л.) — «грубо опрокидывать», «с силой бросать на́земь», «опрокидывать что-л. тяжелое и рассыпающееся кучей, грудой», **вали́ть**, *неперех.* — (о толпе) «двигаться массой», (о дыме) «подниматься клубами», **валя́ть** — «повертывая, катать, двигать вперед и назад на чем-л. твердом или в чем-л.», «катая, придавать форму». *Сущ.* (к *вал* в 3 знач.) **ва́лик, валёк**, (к *валить*, *перех.*) **валу́н**, (к *валять*) **ва́ленок**. *Прил.* (к *валить*, *неперех.*) **валово́й, -а́я, -о́е** — «массовый». *Нареч.* **ва́лом** — «всей массой», «лавой». Много производных с приставками: **зава́л, прива́л, завали́ть**. Укр. вал, вали́ти, валя́ти, ва́лик, вало́к, валу́н, ва́лянок, валови́й, -а́, -е́; блр. вал, валі́ць, валя́ць, ва́лік, валок, валу́н, валёнак, валавы́, -а́я, -бе, ва́лам (валі́ць);

ВАЛ

болг. вал, ва́лям — «валяю», ва́ляк — «валик» (в технич. смысле), ср. также ва́леж — «выпадение осадков», валмо́ — «ком», «шар»; с.-хорв. ва̑л — «волна», «(морской) вал» (ср. бе̏де̄м — «земляной, крепостной вал»), ва̏љати — «катать», «прокатывать», ср. ва̏љ — «каток», «валек», «валик», «цилиндр», ва̏љак — тж., ва̀лӯт — «валун»; словен. val — «волна», «(морской) вал», «шторм»; чеш. val — «насыпь», «земляной вал», vál — «(кухонная) доска» (для теста), valiti — «катать», (о глазах) «таращить», váleti — «катать, раскатывать», «валять», válek — «скалка», valoun — «валун», valný, -á, -é — «большой», «общий», «значительный», valem — «быстро, (из русского) válenky»; словац. val — «вал», «насыпь», váľat' — «валить, валять», váľok — «скалка», valún — «валун»; польск. wał — 1) «земляная насыпь»; 2) «вал, цилиндр», wałek — «валик», «каток», «скалка», walić (сваливать), «валить (двигаться толпой)», walać — «пачкать», «марать», walny, -a, -e — «общий», «генеральный», (из русского) walonki; в.-луж. wał — «сноп», «связка (соломы)», waleć — «валить, кататься», walić — «валить», «низвергать», «падать», walak — «катушка», «каток»; н.-луж. waliś, walik (słomy) — «связка (соломы)». Др.-рус. валъ — 1) «земляная насыпь» [гл. обр. как фортификац. сооружение (Пов. вр. л. под 6601 г. и др.)]; 2) «морской вал», «волна», (с XI в.) валяти(ся) — «катать(ся)», «вращать(ся)», валеный — «тесаный (о камне)» (Срезневский, I, 225, 226). Ср. валити (?) — «опрокидывать» в переводе «Ист. иуд. войны» Флавия (Мещерский, 534). Ст.-сл. валитнся : валятнся — «валиться», «валяться» (SJS, I : 4, 164). □ О.-с. *valъ — «земляная насыпь как фортификационное сооружение» иногда считают ранним заимствованием из латин. через ср.-в.-нем. язык. Ср. латин. vallum — «вал», «насыпь с частоколом, сооруженная с целью защиты от неприятеля», сначала просто «изгородь из стволов молодых деревьев» (ср. vallus, vallum — «кол», «жердь»). Из латин. — ср.-в.-нем. val, совр. нем. Wall — «(земляной) вал». Шахматов в статье об общеславянских заимствованиях из кельтского языка ссылался на др.-ирл. fál — «вал», в свою очередь заимствованное из латинского (Уч. зап. КУ, 1912 г., в. 9, с. 47). Но о.-с. *valъ — «земляной вал» могло и не быть заимствованием, как не является им о.-с. *valъ — «волна», о.-с. *valiti, *valjati (Pokorny, I, 1138). И.-е. корень *uel- (*u̯ōl-) — «давить», «теснить», «собирать в кучу», «сгрудиться» и т. п. Сопоставительные данные см. в статье *великий*.

ВАЛЕРИА́НА, валерья́на, -ы, *ж.* — «многолетнее травянистое растение с корневищем, употр. в медицине», Valeriana officinalis. В говорах: булдырья́н, аверья́н, кошачья трава (Даль, I, 142). *Прил.* **валериа́новый, валерья́новый, -ая, -ое** (валерья́новые ка́пли, отсюда *прост.* валерья́нка). Укр. валеріа́на, валеріа́новий, -а, -е, валеріа́нові кра́плі, валер'а́нка; блр.

ВАЛ

валяр′я́н, валяр′я́навы, -ая, -ае, валяр′я́навыя кро́плі, валяр′я́нка; болг. валериа́на (чаще ко́тешка би́лка), валериа́нов, -а, -о, валериа́нови ка́пки. Ср. в том же знач.: чеш. kozlík lékařský, baldriánové kapky, но прил. valeriánový, -á, -é (наряду с baldriánový, -á, -é); польск. kozłek — «валериана», nalewka kozłkowa и walerianowe krople — «валерьянка». В русском языке *валериана* — сначала как медицинский термин — входит в употр. с середины XVII в.: «трава *валериана*... или кошкина трава» (МИМ, в. 3, № 1057, 1665 г., 792, также 791). ▫ Слово, в конечном счете, латинское, восходящее к позднелатин. herba (или radix) valeriana — «трава (или корень) валериановые» от valerianus, -a, -um, прил. к Valeria, названию римской провинции в Паннонии, откуда это растение происходит [Dauzat[11], 739 (со ссылкой на Бертольди), другие (Bloch — Wartburg[2], 631) производят от valere — «быть сильным, крепким»]. Отсюда (из позднелатин. valeriana) франц. valériane — «валерьяна» (ср. gouttes de valériane — «валерьяновые капли»); англ. valérian — тж.; нем. Baldrian и др.

ВАЛЕ́Т, -а, м. — «младшая из фигур на игральных картах, обыкновенно изображающая молодого средневекового французского кавалера (дворянина)». Укр. вале́т (устар. ні́жник); блр. вале́т (устар. ні́жнік); болг. вале́т (: фа́нте, момче́); польск. walet (: chłopak, niżnik). В других слав. яз. отс. Ср. в том же знач.: с.-хорв. жа̀нда̄р или (обл.) фа̀нат (< ит. fante — «валет»); словен. fant; чеш. spodek или kluk (устар. chlap, chlapek, filek. Рус. *валет* известно с XVIII в.: «Описание карт. игр» (1778 г.) Г. Комова, хотя обычно этот автор все же пользуется термином *хлап* (< чеш. chlap) или *холоп* (Черныных, ТК, 48). В поэме В. И. Майкова «Игрок ломбера», 1763 г. валет называется только *хлапом*: «которого злой *хлап* червонный поражает» (Соч., 226, 233). В русских говорах название валета *хлап* держалось долго: его отм. Даль (I, 1863 г., 142, IV, 1866 г., 501). ▫ *Валет* по происхождению — французское слово: valet — «слуга», «лакей» > «валет». Ср. ст.-франц. vaslet [< vassellittus (от галло-роман. vassus — «мужчина») — «молодой человек вообще, в частности — на службе у сеньора, с XIII в. — «слуга»].

ВАЛИДО́Л, -а, м. — «сосудорасширяющий лекарственный препарат, употребляемый как в жидком виде, так и в таблетках и представляющий собой раствор ментола в валериановом (или изовалериановом-) ментоловом эфире». Укр., блр. валідо́л. В русском яз. употр., по крайней мере, с 30-х гг. XX в. В словарях отм. с 1933 г. (Кузьминский и др., 211; в более поздних словарях иностранных слов и в толковых словарях русского языка отс.). ▫ Искусственное двухосновное образование, возникшее, по-видимому, на русской почве. Составлено по модели *ментол, салол, ихтиол, бензол* и т. п. от латин. validus — «крепкий» и oleum — «масло».

ВАМ

ВАЛЬС, -а, м. — «танец плавного движения, состоящий в поступательном кружении па́рами в такт $3/4$»; «музыка в ритме такого танца». *Прил.* ва́льсовый, -ая, -ое. *Глаг.* вальси́ровать. Укр. вальс, вальсува́ти; блр. вальс, вальсава́ць; болг. валс, валси́рам; с.-хорв. ва̀лцер, ва̀лс; чеш. valčík, vals (valse), ср. točiti valčík — «вальсировать»; польск. walc, walcować. В русском языке слово *вальс* появилось на рубеже XVIII—XIX вв. Этого слова еще нет в специальном «Танцевальном словаре» 1790 г., но Яновский (I, 1803 г., 451) уже отм. его (в форме *вальц*), как и *вальцировать*. Но и форма с *с* уже существовала в это время: «смотрел на *вальс*» (ВЕ, 1803 г., август, № 15, 229). Пушкин употребляет только *вальс*, *вальсировать* (СЯП, I, 212—213). ▫ В форме с *с* — явно из франц. valse, где это слово известно с 1800 г. По происхождению же оно австрийско-немецкое: Walzer (старшее знач. «катушка», знач. «танец» — новое, лишь с конца XVIII в.), от walzen — «катать вальком» и вообще «катать что-л. тяжелое» > «поворачивать(ся)» и т. п. Walze — «валек», «каток». Из немецкого также англ. waltz.

ВАЛЮ́ТА, -ы, ж. — «единица денежной системы какого-л. государства (напр., рубль в СССР), обеспечиваемой наличным запасом золота, товарами и пр.». *Прил.* валю́тный, -ая, -ое. Укр. валю́та, валю́тний, -а, -е; блр. валю́та, валю́тны, -ая, -ае; болг. валу́та, валу́тен, -тна, -тно; с.-хорв. валу́та, ва̀лӯтнӣ, -ā, -ō; чеш. valuta, valutový, -á, -é; польск. waluta, walutowy, -a, -e. В русском языке употр. с начала XIX в. (Яновский, I, 1803 г., 451: *валюта* — «надпись на векселе — платеж получил сполна»). ▫ Как и в других слав. яз., в русском — из итальянского. Ср. ит. valuta — собств. «стоимость», «монета», далее «валюта» (новообразование от латин. valeō, инф. valere — «быть сильным, крепким, здоровым», «иметь ценность»). Из итальянского — нем. Valuta (при Währung). Вообще же в других западноевроп. языках отс. Ср. франц. valeurs, pl., devises, pl.; англ. currency (при редком valuta); исп. divisa(s), pl. и т. д.

ВАМПИ́Р, -а, м. — «сказочный оборотень», «вурдалак (покойник, выходящий по ночам из могилы и сосущий кровь людей)»; *перен.* «кровопийца», «жестокий мучитель». Укр., блр. вампи́р; болг. вампи́р, вампи́рин, вампи́рски, -а, -о, вампиря̀свам — «становлюсь вампиром»; с.-хорв. ва̀мпӣр, ва̀мпӣрскӣ, -ā, -ō, вампи́рство; македон. вампир, вампири се — «становиться вампиром»; словен. vampir, vampírski, vampírstvo; чеш. vampýr; польск. wampir. В русском языке *вампир* известно с XVIII в. Ср. в «Записках» Порошина, в записи от 2-X-1764 г., 28: «суеверы рассказывают... о колдунах, о *вампирах*». ▫ В русский язык, как и в зап.-слав., попало из южнославянских стран, где оно известно с давнего времени. Ср. ст.-сл. (др.-болг.) вжмпырь (Младенов, ЕПР, 57). Такого же происхождения, как слово *упырь*. Часто повторяемое мнение (см. Преображенский, I, 64; Vasmer, REW, I, 168), что *вампир* — позднее заимствование из западноевропейских языков (ср. франц. vampire, заимствованное около 1800 г. из немецкого, где оно южнославянского происхождения) не обосновано должным образом.

ВАНИ́ЛЬ, -и, ж. — «ароматичные стручковые плоды тропической (мексиканской) орхидеи (Vanilla fragrans или planifolia), в обработанном виде употребляемые в кулинарии и парфюмерии». *Прил.* вани́льный, -ая, -ое. Укр. вані́ль, вані́льний, -а, -е, вані́льовий, -а, -е; блр. вані́ль, вані́льны, -ая, -ае, вані́левы, -ая, -ае; болг. вани́лия, вани́лен, -лна, -лно; с.-хорв. вани́ла; чеш. vanilka, vanilkový, -á, -é; польск. wanilia, waniliowy, -a, -e. В русском языке слово *ваниль* известно с 30-х гг. XVIII в.: «шоколат с ванильею» (ИКИ, 130, 1733 г.). □ Первоисточник — исп. (в Мексике) vainilla — «ваниль» (собств. «маленький стручок», от vaina — «стручок» < латин. vagina — «оболочка»). В конце XVII в. попало во франц. язык, а отсюда — в нем. (Vanille) и славянские. Из исп. также англ. vanilla.

ВА́ННА, -ы, ж. — 1) «продолговатый сосуд для купанья и других водных процедур»; 2) «купание, пребывание (напр. с лечебной целью) в таком сосуде». *Прил.* ва́нный, -ая, -ое. Укр. ва́нна, ва́нний, -а, -е; блр. ва́нна, ва́нны, -ая, -ае. В других слав. яз. значения «ванна (сосуд)» и «ванна (купанье)» выражаются разными словами. Ср. болг. ва́на (в 1 знач.), ба́ня (оба знач.), къпа́не (во 2 знач.), соответственно чеш. vana (в 1 знач.) и lázeň (во 2 знач.), польск. wanna (в 1 знач.) и kąpiel (во 2 знач.); с.-хорв. ка́да, ку̀патило — «ванна (сосуд)» (ср. ба̀ња — «курорт»). Ср. нем. Wanne (в 1 знач.) и Bad (во 2 знач.); франц. baignoire (в 1 знач.) и bain (во 2 знач.) [но англ. bath (оба знач.)]. В русском языке слово *ванна* известно с 1-й трети XVIII в. Ср. у Вейсмана (1731 г., 734): Wanne — «ванна». Отм. Ломоносовым в списке сущ. ж. р. в «Мат. к Рос. гр.», 1747—1755 гг. (ПСС, VII, 720). □ В слав. яз. — из немецкого. Ср. нем. Wanne — тж. В немецком — давнее (ср. др.-в.-нем. wanna) заимствование из латинского. Восходит к латин. vannus — «веялка». Развитие значения: «веялка» > «опахало» > «средство освежения вообще» > «ванна». Из нем. — давнее англ. fan — «веялка», «веер», «вентилятор»; (как глагол) «веять», «обмахивать», «освежать».

ВА́РВАР, -а, м. — «грубый, жестокий и невежественный человек», «дикарь». *Прил.* ва́рварский, -ая, -ое. *Сущ.* ва́рварство. Сюда же варвари́зм — «чужеязычное слово». Укр. ва́рвар, ва́рварський, -а, -е, ва́рварство, варвари́зм; блр. ва́рвар, ва́рварскі, -ая, -ае, ва́рварства, варвары́зм; болг. ва́рварски, ва́рварски, -а, -о, варвари́зъм. Ср. с.-хорв. ба̀рбарин — «варвар», ба̀рбарски, -а̄, -о̄, барбари́зам — «варварство», «варваризм»; чеш. barbar, barbarský, -á, -é, barbarství — «варварство», barbarismus — «варваризм»; польск. barbarzyńca — «варвар», barbarzyński, -a, -ie, barbarzyństwo, barbaryzm. Др.-рус. (с XI в.) и ст.-сл. варъваръ, позже (с XIII в.) варъварьский, варъварьскъ (Срезневский, I, 230; SJS, I : 4, 167). Гораздо позднее, в словарях — с 1704 г. (Поликарпов, 39) — *варварство*, *варваризм*. □ Кроме вост.-слав. и болг. пишется и произносится b, а не v. Ср. франц. barbar; нем. Barbár; англ. barbarian; ит. barbaro и т. д. Первоисточник — греч. βάρβαρος > латин. barbarus — «чужеземец», «чужестранец». В русский язык слово *варвар* попало (при посредстве ст.-сл.) из позднегреч. языка [отсюда произношение varvaros (с v вм. b)].

ВАРГА́НИТЬ, варга́ню, *прост.* — «делать что-л. наспех с шумом и, главное, без особого чувства ответственности». Только русское. Ср. в других слав. яз. в том же знач.: укр. капа́рити, роби́ти абия́к; чеш. odbývat(i) lajdácky; болг. пра́вя (не́що) как да е — «варганю». В русском языке *варганить* известно с конца XVIII в., в словарях — с 1789 г.: *варганю* — «играю в варган», «неискусно играю на каком-л. орудии» (САР¹, I, 493). □ Происходит от слова *варга́н* — «народный небольшой жужжащий музыкальный инструмент, иначе — зубанка» (описание и рисунок этого муз. инструмента см. БСЭ², VI, 626), восходящего к народн. греч. ὄργανον — «музыкальный инструмент» (при литературном — ὄργανον). С *а* (арга́н) это слово встр. в Сл. Дан. Зат. (Срезневский, II, 704, 705). С *ва* (варга́нъ) также известно, по крайней мере, с XV в. (Срезневский, I, 227, со ссылкой на Мам. поб. и Никон. л.). С начальным *ва* это слово известно только в чешском языке: varhany, *мн.* — «орга́н» [ср. varhánky — «сборки, складочки (на одежде)»]. Т. о., переходное к совр. значение должно бы быть: «шуметь» и т. п., далее «шуметь, шумно вести себя во время работы, отвлекаясь от дела», отсюда «работать кое-как». Ср. варга́нить — костром. «шуметь чем, стучать», волог. (о самоваре) «закипать», «бурлить» (Даль, I, 45).

ВАРИ́ТЬ, варю́ — «кипятить на огне, приводить в состояние кипения, готовить какую-л. жидкую пищу (суп, кофе, кашу и т. п.)», «кипятя в воде или иной жидкости, превращать какую-н. твердую и поэтому несъедобную пищу в мягкую, легко прожевываемую»; «о желудке, обычно лишь в форме инф. и 3 ед.» «перерабатывать (гл. обр. ферментами желудочного сока) пищу, расщепляя ее и приготовляя к всасыванию». *Возвр.* ф. вари́ться. *Отглаг. сущ.* варь (и с приставками: отва́р, по́вар, варе́нье, ва́рево, ва́рка. *Прил.* варёный, -ая, -ое. Укр. вари́ти(ся), вар, варе́ння, ва́рка, ва́риво, варе́ній, -а, -е; блр. ва́рыць, ва́рыцца, вар, варэ́нне, ва́рка, ва́рыва, ва́раны, -ая, -ае; болг. варя́ (се), варю́(сь), вари́во, варе́н, -а, -о; с.-хорв. ва́рити (се), ва̑р — «сильный жар», «накал», «кипение», ва́рење — «варка (пищи)», «(пище)варение», «сварка», **ва́риво** — «вареные овощи», «овощной гарнир», **ва́рен, -а, -о**; словен. vařiti — «сваривать» (соединять посредством сварки), иногда «варить» (в этом знач. обычно kuhati); чеш. vařiti (se) — «варить» «кипятиться», «вариться», var — «кипение», vary — «теплые воды» (ср. Karlovy vary), várka, vaření — «варка», «приготовление» (ср. zavařenina — «варенье»), vařený, -á, -é — «вареный»; словац. varit' (sa) [напр., мясо к обеду, но tavit' železo — «варить», «сваривать железо»], varenie — «варка» (но zaváranina — «варенье»), varený, -á, -é; польск. warzyć — «варить», warzenie — «варение, варка» (ср. konfitury — «варенье»), warza, warzyste — «варево» (ср. warzywa, мн. — «овощи»); в.-луж. warić — «варить», warić so — «кипеть», «кипятить», «варить», «вариться», war — «варка», «варево», «количество сваренного пива», также «плотина на реке», wary — «теплые воды», warjenina — «отвар», warnja — «харчевня», warjeny, -a, -e — «вареный»; н.-луж. wariś (se). Др.-рус. (с XI в.) **варити**, прич. **варенъ**, **вареныи**; **варение** — «варка» (процесс варения) и «кушанье», (с XII в.) **вариво**; м. б., **варъ** — «жжение» (Срезневский, I, 227–229). Ст.-сл. ВАРИТИ, ВАРЪ — «зной», «жара» (SJS, I: 4, 166, 167). ▫ О.-с. *varъ, *variti. На славянской почве связано с др.-рус. и ст.-сл. (вьрѣти : врѣти) — «кипеть», «вздыматься» (Срезневский, I, 321). Ср. лит. vìrti — «вариться», «варить», «кипятить»; ср. varùs — «варкий»; латыш. virt — «кипеть», «вариться»; ср. vira — «суп», vars — тж., даже vārīt — «варить». Но с гласным *a* эти слова (как и лит. varùs) можно рассматривать и как заимствования из русского. Ср., однако, арм. **варел** — «зажигать», «зажечь». Некоторые этимологи относят сюда также гот. warmjan — «греть»; др.-в.-нем. (и совр. нем.) warm — «теплый»; англ. warm — «теплый», «жаркий», «подогретый» и т. п. Тогда и.-е. корнем можно было бы считать *u̯er- (: *u̯ōr- : *u̯r-) — «жечь», «обжигать», «палить».

ВАСИЛЁК, -лька́, *м.* — «травянистое сорное растение семейства сложноцветных, глушащее посевы», Centaurea cyanus. *Прил.* **василько́вый, -ая, -ое.** Ср. укр. **воло́шка** — «василек»; блр. **вало́шка** — тж. Вообще славяне по-разному называют это растение и этот цветок. Ср. болг. **метли́чина** или **синче́ц**; с.-хорв. **мо̀драц** от мо̀дар, -дра, -дро — «синий» или **различак**; чеш. modračka (от modrý, -á, -é — «синий») или chrpa modrá; польск. bławat(ek) [от устар. bławy, -a, -e — «светло-голубой»]. Ср. в неслав. яз.: франц. bleuet — «василек» от bleu — «синий»; нем. Kornblume (ср. Korn — «зерновой хлеб, особенно рожь», Blume — «цветок») — тж.; англ. corn-flower и т. д. В русском языке известно с XVII в. Ср. в МИМ (№ 832, 1658 г., 706): «масти *васильковы*». В словаре Поликарпова (1704 г., 39): *василки* — «зелие». ▫ Возникло, по-видимому, в результате переосмысления (сближения с *Василий, Василько* или с *василиск* — «змей») названия растения из семейства губоцветных *базили́к* — «душистый василёк», Ocymum basilicum (basilicus — «царский»; ср. чеш. bazalka; польск. bazylia), известного у нас также с давнего времени в словарях отм. с 1704 г. — Поликарпов, 5 об.). Ср. другие созвучные областные названия растений: **васили́са** — Gentiana cruciata (лихоманник), **васили́сник** — Thalictrum (заплиса, яловник) у Даля (I, 147).

ВА́ТА, -ы, *ж.* — «легкий, пушистый материал из хлопка и других волокнистых веществ, употребляемый в медицине и в быту». *Прил.* **ва́тный, -ая, -ое.** *Сущ.* **ва́тник**. Сюда же **вати́н** — «слой ваты на сетке, на марле и т. п., употребляемый как подкладка»; «род толстой ткани с длинным ворсом». Укр. **ва́та, ва́тний, -а, -е, ва́тин**; блр. **ва́та, вато́вы, -ая, -ае, вацін**; болг. **ва́та** (но аптечная вата — паму́к), **ва́тен, -тна, -тно, вателі́н**; с.-хорв. **ва̀та**; чеш. vata, vatový, -á, -é, vatelín — «ватин»; польск. wata, watowy, -a, -e, watowany, -a, -e, watolina — «ватин». В русском языке — с середины XVIII в., в словарях — с 1789 г. (САР¹, I, 510). ▫ Ср. нем. Watte — «вата»; франц. ouate; ит. ovatta; но англ. cotton-wool (хотя ср. wad — «кусок ваты», «пыж», wadding — «ватин»); исп. algodón (en rama); турец. pamuk (> болг. па́мук; с.-хорв. па̀мук — «вата»). Источник заимствования — нем. Watte [в немецком это слово из голландского языка (watten) в голландском — из ср.-латин. (vadda), а в ср.-латин. — из арабского].

ВА́ФЛЯ, -и, *ж.* — «тонкое, легкое, сладкое печенье с каким-л. (обычно клетчатым) оттиском на поверхности». *Прил.* **ва́фельный, -ая, -ое.** *Сущ.* **ва́фельщик, ва́фельщица**. Укр. **ва́фля, ва́фельний, -а, -е, ва́фельник**; блр. **ва́фля, ва́фельны, -ая, -ае, ва́фельшчык**. Из русского — болг. **ва́фла**; польск. wafel. Но в некоторых слав. яз. отс. Ср. в том же знач., напр., чеш. oplatka. Впервые в книге Севела «Искусство нидерландского языка», изд. в 1717 г. в Петербурге (см. Meulen, NWR, Suppl., 104): *вафель* — «имя пряженое». ▫ В русском языке из голландского. Ср. голл. wafel, *f.* — тж. Ср. также нем. Waffel; дат. vaffel; но швед. våffla; англ. wafer.

ВА́ХТЕР, -а, *м.* — «дежурный (старший) сторож в учреждении, в большом (многоэтажном) доме». *Прил.* **ва́хтерский, -ая, -ое.** Укр. **ва́хтер**; блр. **вахцёр**. В других слав. яз. отс. Ср., напр., в том же знач. польск. szwajcar, woźny, starszy stróż. В словарях — с 1847 г. Любопытно, однако, здесь определение этого слова: «смотритель при магазинах» (СЦСРЯ, I, 102). Ближе к современному определяется знач. этого слова в СРЯ¹ (т. I, в. 1, 1891 г., 345): «старший в команде сторожей». ▫ Заимствовано из немецкого языка. Ср. нем. Wächter — »сторож» > «вахтер»; ср. у Вейсмана, 1731 г. (731): Wächter — «караульщик». Ср. дат. vægter — «сторож»; голл. wachter — «сторож». За пределами языков германской группы не встречается или необычно. Ср., напр., франц. portier — тж.; ит. custode, usciere и др.

ВАЯ́ТЬ, вая́ю, *устар.* — «высекать или лепить художественные объемные изображения, напр., из гипса, дерева, металла, камня и пр.». *Сущ.* вая́тель, (с приставкой) извая́ние. Ср. в том же знач.: укр. рі́зьби́ти, лі́пи́ти; блр. высяка́ць, ляпі́ць; но ср. болг. ва́я, вая́тел; с.-хорв. vájati, vàjār — «скульптор». В зап.-слав. языках отс. Ср. чеш. modelovati, tesati sochy — «ваять»; польск. rzeźbić — тж. Др.-рус. книжн. ваяти (с XIII—XIV в.), но ваяный, ваяное в смысле «иваяние», «идол» известно с XI в. (Срезневский, I, 232). Ст.-сл. вааньѥ — «статуя» (Супр. р. — SJS, I:4, 170). ◻ Слово трудное. По объяснению Брандта (180), о.-с. *vajati — итератив от о.-с. *viti — «вить», «плести», «крутить» (как *-pajati от о.-с. *piti, ср. ст.-сл. напаяти). Это правдоподобно, но затруднительно в семантическом отношении. Заслуживает бо́льшего внимания отмеченное еще Шимкевичем (23) венг. vájni, 1 ед. (ki)vajok — «долбить». Допустимо предположение, что ваяти (ст.-сл. ваанье, др.-рус. ваяное) по корню представляет собою такое же давнее (X—XI вв.) заимствование из языка венгров (угров)-язычников, как капь — «изображение», «идол» (откуда капище — «языческая божница, храм») из тюркского источника.

ВДОВА́, -ы́, *ж.* — «женщина, у которой умер муж». *Прил.* вдо́вий, -ья, -ье, вдо́вый (о мужчине). *Глаг.* (о)вдове́ть. *Сущ.* вдове́ц, вдовство́. Укр. вдова́, вдови́ний, -а, -е, вдови́чий, -а, -е, вдо́вий, (о)вдовíти, вдiве́ць, род. вдiвця́, вдíвство; блр. удава́, удо́вiн, -а, -о, удо́вы, удаве́ць, удау́ство; болг. вдови́ца, вдови́шки, -а, -о, вдове́я, вдове́ц, вдо́вство; с.-хорв. у̏дова, у̏довица, у̏довичин, -чна, -чно : удовички, -а̑, -о̑; у̏дов(ӣ) — «вдовый», у̏довати — «вдоветь», «вдовствовать», удо́вац, удо̀виштво; словен. vdova, vdovin, -a, -o, vdovski, -a, -o («вдовый» — ovdovel), vdovstvovati, vdovec, vdovstvo; чеш. vdova, vdoví, vdovský, -á, -é (ср. ovdovělý — «вдовый»), vdovec, vdovství; словац. vdova, vdovský, -á, -é, vdovčit', vdovec, vdovstvo; польск. wdowa, wdowi, -ia, -ie, wdowieński, -a, -ie, wdowiec, wdowieństwo; в.- и н.-луж. wudowa, wudowny, -a, -e (н.-луж. wudowski), wudowc, wudowstwo. Др.-рус. (с XI в.) въдова, въдовица (ср. ведовица), въдовичнi, (с XII в.) въдовый, (с XI в.) въдовьство (Срезневский, I, 232, 332). Ср. в Хр. Г. Ам. (XI в.): вьдова, вьдовица, вьдовиѥю (χηρεύειν), вьдовьство (Истрин, III, 224). Ст.-сл. въдова: въдова и пр. (SJS, I:7, 362, 363). ◻ О.-с. *vьdova, в форме *vъdova ъ вм. ь — следствие межслоговой ассимиляции (ь : о > ъ : о). Ср. др.-прус. widdewū — «вдова»; также гот. widuwō; др.-в.-нем. wituwa (совр. нем. Witwe); др.-англ. widewe (совр. англ. widow); латин. vidua; ирл. fedb; др.-инд. vidhávā. И.-е. основа *u̯idheu̯ā- : *u̯idheu̯o- — «вдова», и.-е. корень *u̯eidh- : *u̯idh — «разъеди-

нять», «разлучать», «отделять». Ср. лит. vidùs — «внутренность» (нечто отделенное, раздельно рассматриваемое); латин. dīvidō — «разделяю», «делю» (Pokorny, I, 1127—1128).

ВДОХНОВЕ́НИЕ, -я, *ср.*, *книжн.* — «состояние творческого воодушевления, подъема творческой энергии, прилива творческих сил». Сюда же вдохнове́нный, -ая, -ое, вдохновля́ть, вдохнови́ть. Ср. болг. вдъхнове́ние, вдъхнове́н, -а, -о, вдъхновя́вам — «вдохновляю». В других слав. яз. отс. Ср. укр. натхне́ння — «вдохновение»; блр. натхне́нне; польск. natchnienie; с.-хорв. надахну́ће; ср. чеш. inspirace — тж. Др.-рус. (с XI в.) въдъхновение, отглаг. сущ., при въдъхнути — «вдохнуть»; отсюда же (с XI в.) въдъхновенъ, въдъхновеный (Срезневский, I, 333). Ст.-сл. въдъхновениѥ, въдъхнѫти (SJS, I:5, 243). Ср. другие др.-рус. отглаг. сущ. на -ов-ение при глаголах на -ну-ти: прикосновение при прикоснутися и т. п. ◻ Старшее знач. — «духовное внушение», «вложение, введение в сердце, в душу божественного духа», «воодушевление кого-л.». (букв. «вложение души»). Знач. «подъем духа», «творческое воодушевление» и т. п. — более позднее, но уже обычное во 2-й пол. XVIII в. См., напр., у Грота примеры из стих. Державина (Соч., IX, 361). Несомненно, изменение значения отчасти было связано с общеевропейскими изменениями в условной поэтической фразеологии. Ср. франц. inspiration (с XVIII в.) — «вдохновение» (в поэтическом смысле; старшее знач. «вдыхание»). Почти одновременно и слово *дух* изменило свое значение в смысле франц. esprit. В связи с этими изменениями находится появление нового глагола *вдохновить*, *вдохновлять*, отмеченного впервые Далем (I, 1863 г., 153).

ВЕГЕТАРИА́НСТВО, -а, *ср.* — 1) «учение или убеждение о пользе или необходимости употребления человеком только растительной и молочной пищи»; 2) «отрицание, отказ от животной пищи»; 3) «система питания, допускающая употребление человеком в пищу только растительных продуктов». Сюда же вегетариа́нский, -ая, -ое, вегетариа́нец, вегетариа́нка. Укр. вегетарiа́нство, вегетарiа́нський, -а, -е, вегетарiа́нець, вегетарiа́нка; блр. вегетарыя́нства, вегетарыя́нскi, -ая, -ае, вегетарыя́нец, вегетарыя́нка; болг. вегетариа́нство, вегетариа́нски, -а, -о, вегетариа́нец, вегетариа́нка; с.-хорв. вегетариjа́нство, вегетариjа́нац, вегетариjа́нка; чеш. vegetariánství, vegetariánský, -á, -é, vegetarián, vegetariánka; польск. wegetarianizm, wegetariański, -a, -ie, wegetarianin, wegetarianka. В русском языке употр. со 2-й пол. XIX в. Распространению слов этой группы особенно способствовали выступления проф. А. Н. Бекетова в 1878 г. (см. его книгу «Питание человека в его настоящем и будущем») и еще больше Л. Н. Толстого, опубликовавшего в 1891 г. свой труд «Первая ступень» (см. последнюю главу, где встр. слова *вегетари-*

анство, *вегетарианский*). В словарях: СРЯ¹, т. I, в. 1, 1891 г., 358: *вегетарианство*: *вегетарианизм*, *вегетарианец*, *вегетарианка*.
▫ Вегетарианское движение возникло в Англии. В 1847 г. было основано «Вегетарианское общество» или «Общество вегетарианцев» (Vegetarian Society). Ср. англ. vegetarian — «вегетарианский» и «вегетарианец», vegetarianism — «вегетарианство» (при vegetal — «растительный»). Отсюда франц. (с 1875—1876 гг.) végétarien — «вегетарианский», *végétarianisme*, vegetarianisme (совр. vegetarisme) — «вегетарианство»; нем. Vegetariáner, Vegetárier — «вегетарианец», Vegetarianismus, Vegetarismus — «вегетарианство», vegetarisch — «вегетарианский». Судя по основе слов в русском языке (*вегетариан-*), они сформировались также на английской основе. Первоисточник — латин. vegetō — «оживляю», «усиливаю» > «произрастаю», «расту», vegetus — «крепкий», «полный сил», «бодрый», «свежий», позже vegetalis — «растительный».

ВЕ́ДАТЬ — 1) «знать что-л. о чем-л.»; 2) «ощущать», «переживать что-л.»; 3) «управлять». Отсюда **заве́довать**. Укр. **ві́дати**, **заві́дувати**; блр. **ве́даць**. Ср. в зап.-слав. яз.: чеш. vědĕti — «знать», «ведать», vědění — «знание», věda — «наука»; польск. wiedzieć — «знать», «уметь», wiedza — «наука», «знание»; в.-луж. wědźeć, wěda — «знание», «наука»; н.-луж. wěźeś — «знать», «ведать». Из южнослав. яз. ср. словен. vedeti — «знать», veda — «знание», «наука». В других южнослав. (болг., с.-хорв.) отс. Ср. в том же знач. болг. **зна́я, позна́вам**. Др.-рус. и ст.-слав. вѣдѣти, 1 ед. вѣмь — «знать», «уметь», откуда вѣдѣние — «знание», вѣсти (< о.-с. *vědti) — с дописьменного периода; несколько позже (с XII в.) и только на др.-рус. почве вѣдати, 1 ед. вѣдаю — «знать», позже (с XIV в.) также «управлять»; сюда же вѣдь — «знание», «знахарство», вѣдунъ (Срезневский, I, 478—481). Ср. также ст.-сл. вѣдѣ — «знаю» (исторически — форма перфекта). ▫ Ср. др.-прус. waidimai — «мы знаем», инф. waist; др.-в.-нем. wlʒʒan (совр. нем. wissen) — «знать»; англ. wit — «ум», «разум» (устар. также «знать»); гот. witan — «знать», wait — «я знаю», witum — «мы знаем»; греч. οἶδα — «я узнал, знаю», др.-инд. vḗda — «знание», «веда». И.-е. корень *u̯(e)id- — «видеть», «замечать» (: *u̯oid- > о.-с. *věd-). См. *видеть*.

ВЕДРО́, -а́, *ср.* — «посудина цилиндрической формы с ручкой вверху в виде дужки, гл. обр. для ношения воды», «мера жидкости (¹/₄₀ бочки)». *Прил.* ведёрный, -ая, -ое. Укр. відро́; блр. вядро́; болг. ведро́ — «деревянное ведро»; с.-хорв. вѐдро, ведрица — «ведро»; чеш. vědro — «бадья», «ковш»; польск. wiadro — «ведро», «бадья». Др.-рус. (с XI в.) и ст.-сл. вѣдро, прил. отс. (Срезневский, I, 479; SJS, I:7, 374).
▫ О.-с. форма слова *vědro (-r- суф.). Сближают с лит. vėdaras — «внутренности», «чрево»; латыш. vēders — тж.; др.-прус. weders — тж.; греч. ὑδρία — «кувшин или ведро»; ср. ὑδρεία — «черпанье воды» (при ὕδωρ — «вода»); латин. uter, род. utris — «бурдюк», «кожаный мех»; др.-инд. udáram, *n.* — «чрево» (при udakám — «вода»). И.-е. корень *u̯ed- (*u̯od-), тот же, что в *вода*, но с долгим е. См. *вода*, *выдра*. Если так, то знач. «чрево» в параллельных образованиях в некоторых и.-е. языках (даже в др.-инд.) более по́зднее (вм. первоначального «то, с помощью чего можно черпать и переносить воду», «сосуд»).

ВЕ́ДРО, -а, *ср.* — «хорошая, ясная (летняя) погода». *Прил.* ве́дреный, -ая, -ое. В говорах употр. и *прил.* ве́дрый, -ая, -ое (Даль, I, 154). В некоторых слав. я. ныне отс. Ср. в том же знач.: укр. годи́на или га́рна погода; блр. до́брая паго́да. Но ср. болг. ведрина́ — 1) «безоблачность»; 2) «прохлада», «свежесть», вѐдър, -дра, -дро — «безоблачный», «ясный», «светлый», вѐдро — нареч. к вѐдър; с.-хорв. ведрина — «ясная погода», вѐдар, -дра, -дро, вѐдри, -а̄, -о̄ 1) «ясный», «чистый», 2) «весёлый», «бодрый», вѐдро — нареч. к ведар, ср. вѐдрац — 1) «чистый, прозрачный лед (на реке)», 2) «горный хрусталь»; словен. veder, -dra, -dro — «ясный», vedro — нареч. к veder, vedrnica — «радуга»; чеш. vedro — «летняя жара» (хотя чаще pěkné suché počasí). Др.-рус. (с XI в.) ведро (сущ. со склонением в ед. ч.) — «ясная солнечная погода», «зной», «засуха» (Срезневский, I, 232—233; Доп., 31). Ст.-сл. ведро, сущ. и нареч. ведрьнъ, -а, -о, прил. (SJS, I:4, 170). ▫ О.-с. *vedrъ, -a, -o — (о погоде) «ясный», *vedrъjь, -aja, -oje. Сущ. *vedro возникло на почве субстантивации кр. ф. прил. (ср. р.). Существовало в о.-с. языке и нареч. *vedro. Корень *ved-, тот же (на другой ступени чередования), что и в о.-с. *voda (см. *вода*), *vydra (см. *выдра*), *vědro (см. *ведро́*). И.-е. *(a)u̯ed-. Суф. -г- в о.-с. *vedrъ, -a, -o тот же, что в о.-с. прил. *bъdrъ, -a, -o, *rъdrъ, -a, -o, — «рыжий» и т. д.

ВЕ́ДЬМА, -ы, *ж.* — «колдунья», «женщина, будто бы имеющая общение с нечистой силой»; *прост.* «злая, сварливая женщина». Укр. ві́дьма; блр. ве́дзьма, чеш. vědma; польск. wiedźma. Но в южнослав. яз. отс. Ср. в том же знач.: болг. **ве́щица**; с.-хорв. **вѐштица**. Др.-рус. вѣдьма — тж. вѣдунъ — «колдун», вѣдьство — «колдовство» (Срезневский, I, 480). ▫ О.-с. корень *věd- (ср. о.-с. *vědětі — «знать», «ведать»), суф. -ьm-а, как в о.-с. *kъrčьma. Южнославянские параллели — от того же корня [ср. рус. *весть*, *вещать* (см.)]. Ср. др.-рус. вѣщая женка, вѣщица — «колдунья» (Срезневский, I, 503).

ВЕ́ЕР, -а, *м.* — «небольшое, лёгкое ручное опахало, обычно складное». *Прил.* ве́ерный, -ая, -ое. Укр. ві́ер (чаще ві́яло); блр. ве́ер, ве́ерны, -ая, -ае. Ср. чеш. vějíř; словац. vejár. В других слав. яз. отс. Ср. в том же знач.: болг. ветри́ло; с.-хорв. ма́халица, лепѐза (< турец. yelpaze — «веер»); польск. wachlarz. Слово позднее,

ВЕЖ

но в начале XVIII в. оно уже было привычно (см. «Дело о пожитках ц. Натальи Алексеевны», 1716 г., 151: «четыре *вѣера* китайских» и пр.). Позже встр. в «Тарифе портовом» 1731 г., 30. В словарях — с 1731 г. (Вейсман, 731). ◻ Как и у чехов, словаков, рус. *веер* (по старой орфогр. *вѣер* — сближение с *веять* < *вѣяти*; так же возникло укр. *вiяло*) представляет собою результат переделки и переосмысления не нем. Fächer (в 1-й пол. XVIII в. эта форма еще только устанавливалась в немецком) — «веер», как обычно думают, а голл. wáaier (произн. vá<i>jer с передним a).

ВЕ́ЖЛИВЫЙ, -ая, -ое — «обходительный», «учтивый». *Сущ.* ве́жливость. Гл. обр., русское (влкр.). Ср. в том же знач.: укр. вві́чливий, -а, -е, че́мний, -а, -е; блр. ве́тливы, -ая, -ае; с.-хорв. при́стоjан, у̀људан; чеш. zdvořilý, -á, -é (от dvór > dvůr); польск. grzeczny, -a, -e, uprzejmy, -a, -e. Болг. ве́жлив, -а, -о, ве́жливост (наряду с учти́в, -а, -о) — из русского. Др.-рус. ве́жьливый (Паис. сб. XIV — нач. XV в.) — «знающий», «опытный»; там же вѣжа — тж. (Срезневский, I, 483). Знач. «учтивый» — позднее, не раньше XVI в. В словарях отм. с 1704 г. (Поликарпов, 67): ве́жливый humanus, urbanus. ◻ Произв. от вѣ́дѣти — «знать», «ведать».

ВЕЗДЕ́, нареч. — «всюду», «повсеместно». Ср. чеш. (редкое, книжн.) vezde (ошибочно вм. ст.-чеш. vešde, vežde; обычно všude); словац. všade. Лучше всего наречию *везде* соответствует полаб. vésde (Rost, 434). Ср. еще с.-хорв. сва̀где — «везде» (*св.* вм. *вс*); словен. vsigde. В других слав. яз. отс. Ср. в том же знач.: укр. всю́ди, скрiзь; блр. усю́ды, скрозь; болг. навсякъ̀де; польск. wszędzie (собств. «всюду»). Др.-рус. и ст.-сл. вьсьде (Остр. ев. и др.), позже весде, вседе (Срезневский, I, 473; SJS, I:7, 369). ◻ О.-с. *vьsde (: *vъsьde?). Местоименный корень *vьs- (ср. *весь*), суф. -de (< и.-е. *dhe), как в рус. *где* (< *kъde). О.-с. форма *vъsьde, с ь после vs, возникла, как и о.-с. *sьde (ср. рус. *здесь*, старое книжн. *зде*), по образцу о.-с. *kъde (о котором см. Мейе, «Общесл. яз.», § 532).

ВЕЗТИ́, везу́ — «перемещать что-л., кого-л. в пространстве на себе или с помощью средств передвижения». *Возвр. ф.* везти́сь. Итератив (с *о* в абляуте) вози́ть, 1 ед. вожу́. *Возвр. ф.* вози́ться (чаще с приставками: перевози́ться). Сюда же во́зка, перево́зка, возня́. Укр. везти́(ся), вози́ти, возня́; блр. ве́зцi, вазíць, во́зка; болг. веза́ — «везу», во́зя (се) — «вожу», «катаю(сь)», возитба — «возка»; с.-хорв. ве́сти, 1 ед. ве́зēм — «мелко, дробно передвигать ногами, притопывать в танце, напр., в коло», во̀зити — «везти», «возить», а также «править» (у руля или лошадью), «грести», ср. во̀зар — «возчик», «гребец»; словен. voziti — «везти», «возить», vozȃr — «возница, возчик»; чеш. vezu, 1 ед. vezu, voziti, ср. voziti se — «кататься» и «ездить» («возка» — vožení, dovoz, svoz); словац. viezt' (sa), vozit; польск. wieźć, 1 ед. wio-

ВЕК

zę, wozić (ср. wożenie — «возка»); в.-луж. wjezć (so), 1 ед. wjezu; н.-луж. wjasć, wózyś. Др.-рус. (с XI—XII вв.) *везти́, везу́, вози́ти, 1 ед. вожу́; ср. вози́тися — «переправляться через реку» (Срезневский, I, 233, 283). Ст.-сл. везти, 1 ед. везѫ, вести сѧ, 1 ед. везѫ сѧ (SJS, I : 4, 183; 5, 207). ◻ О.-с. *vesti (< *vezti), 1 ед. *vezǫ, *voziti, 1 ед. *vožǫ (< *vozjǫ). И.-е. корень *u̯eǵh- (: *u̯oǵ'h- и др.) — «тянуть», «везти», «возить» и вообще «двигать». Ср. лит. vèžti, 1 ед. vežù — «везти»; гот. gawigan — «двигать», «колебать»; др.-в.-нем. wegan (ср. совр. нем. bewegen — «передвигать», «приводить в движение», wägen — «взвешивать», wiegen — «укачивать», «баюкать»); англ. weigh — «взвешивать(ся)»; латин. vehō — «несу», «везу»; кимр. ar-wain — «вести», «водить»; авест. vazaiti — «ведет»; др.-инд. váhati (< и.-е. *u̯éǵ'heti) — «везет», «переправляет», «ведет» (ср. хинди ва́хан — «переноска», «перевозка»).

ВЕК, -а, *м.* — «продолжительность жизни человека», «период времени в сто лет, столетие», «эпоха». *Прил.* вековой, -а́я, -о́е, ве́чный, -ая, -ое (отсюда *сущ.* ве́чность). *Глаг.* векова́ть. Сюда же уве́чье, уве́чный, -ая, -ое (см. *уве́чье*). Укр. вiк, род. вíку, вiкови́й, -а́, -é, вíчний, -а, -е, вiкува́ти; блр. век, векавы́, -а́я, -о́е, ве́чны, -ая, -ае, векава́ць; болг. век, ве́чен, -чна, -чно (но веко́вен, -вна, -вно — «столетний»), веку́вам — «векую», «живу долго»; с.-хорв. вȇк, ве̑чан, -чна, -чно : вје̏чнӣ, -ā̑, -о̑, ср. вјеко̀внӣ, -ā̑, -о̑, вековати; словен. vek, večen -čna, -čno; словац. vek — «возраст», «век», večný, -á, -é; чеш. věk, věkovati, věčný, -á, -é; польск. wiek, wiekowy, -a, -e, wieczny, -a, -e; в.-луж. wěk — «поколение», «период», wěkowy, -a, -e, wěčny, -a, -e. Др.-рус. (с XI в.) вѣкъ — 1) «жизнь», «тысячелетие», «время», «вечность»; 2) «увечье», «следы применения силы на теле человека» [в «Р. прав.», Простр., Троицк. сп., ст. 27 (ПР, I, 106, 124), в сп. А Смоленской грамоты 1229 г. (Срезневский, I, 484—485)]. Ст.-сл. вѣкъ — «жизнь», «время», «вечность» (SJS, I:7, 376). Второе значение (старейшее) в русском языке утрачено. ◻ О.-с. *věkъ. Ср. лит. vėkà — «сила», «крепость», «здоровье», veĩkti — «подвизаться», «работать», «делать», «влиять на кого-что»; гот. weihan — «сражаться»; др.-в.-нем. wīhan — «делать», wīgan — «сражаться»; (ubar)wehan — «преодолеть», wīg — «бой»; др.-исл. vega — «убивать», víg — «бой»; латин. vincō [с носовым инфиксом перед с (ср. перф. vīci)] — «побеждаю», victōria — «победа», victor — «победитель» (ср. имя *Виктор*, нем. *Lud-wig* — «славный в бою»); др.-ирл. (глагольная основа) fich- — «сражаться», do-feich (:do-fich) — «побеждаю». И.-е. корень *u̯eik-(:*u̯oik-) : *u̯īk-. Первоначальное знач. «проявлять силу», «применять силу» и т. п. Т. о., о.-с. *věkъ сначала значило «проявление силы», «сила», потом «жизненная сила», «жизнеспособность» > «здоровье» > «долгая жизнь», «продолжительность жизни человека» > «столетие», «неопределенно продолжительное время», «эпоха». См. *увечье*.

ВЕ́КО, -а (*мн.* ве́ки), *ср.* — «сравнительно тонкий, подвижной, раздвоенный кожный покров с ресницами, прикрывающий глазное яблоко сверху и снизу». Укр. ві́ко (чаще пові́ка, *ж.*; ср. ві́ко — «крышка сундука, бадьи, гроба»); блр. паве́ка (ср. ве́ка — «крышка»). В болг. и с.-хорв. языках отс. Ср. в том же знач.: болг. клепа́ч; с.-хорв. о̀чни̑ ка̀пак (< турец. kapak — «крышка»); македон. капак. Но ср. словен. veka — «веко», «крышка», «подъемная дверь», чеш. (očni) víčko (и klapka), ср. víko — «крышка»; словац. viečko — «веко», «крышка», ср. veko — «крышка»; польск. powieka, *ж.* — «веко», ср. wieko — «крышка»; в.- и н.-луж. wěčko (н.-луж. wěko) — «крышка» (ср. н.-луж. lapka na wóse или wocowna lapka — «веко»). Со знач. «крышка», «прикрытие» (и близким к ним) слово *веко* встр. и в сев.-рус. говорах. Ср. [кроме Даля (I, 154), отметившего ве́ко, ве́чко — «косой ящик под стеклом для выставки мелких товаров» и др.] у Подвысоцкого (27): шенк. веко́, ве́чко — «крышка от туеса или лукошка», у Зеленина (ОРЯС, 31): вят. ве́ко — «деревянный футляр, в котором лежат жернова на мельнице», в Тр. ОЛРС, ч. 20, 1820 г., 104: яросл. ве́ко — «лукошко с крышкою, куда кладут хлеб», у Кардашевского (149): курск. ве́ко — «холщовое покрывало на квашне», у Добровольского (108): смол. ве́ка — «круглая покрышка на кадку». Др.-рус. (с XIII в.) вѣко, дв. вѣцѣ — «веко» (со знач. «крышка» не отмечено). С тем же знач. употреблялось вѣжа и вѣжды (последнее — из ст.-сл.) [Срезневский, 1, 483]. Ст.-сл. вѣждА (SJS, I:7, 375). ▫ О.-с. *věko исконно значило «крышка», «прикрытие», «покрываю» и т. п., но уже рано начало появляться в фигуральном употреблении вместо о.-с. *vědja (> ст.-сл. вѣждА). Ср. лит. vóka (: vokà) — «крышка»; но ср. vókas — «веко» (и «конверт»); латыш. vāks — «крышка». Относительно соответствия лит. ō(ó), латыш. ā, о.-с. ě ср. лит. mólis, латыш. māls — «глина» и о.-с. *mělъ — «мел».

ВЕ́КСЕЛЬ, -я, *м.* — «письменный денежный документ, заключающий обязательство (подписавшего вексель) уплатить (держателю векселя) определенную сумму денег в определенный срок». *Прил.* ве́ксельный, -ая, -ое. Укр. ве́ксель, ве́ксельний, -а, -е; блр. ве́ксаль, ве́ксальны, -ая, -ае. Ср. польск. weksel, wekslowy, -a, -e. В других слав. яз. отс. Ср. в том же знач.: болг. по́лица; с.-хорв. ме̏ница; чеш. směnka. В русском языке употр. с начала XVIII в.: «*вексели* исправит(ь) и держат(ь) в одном месте» (Указ от 2-III-1711 г. — ЗАП I, т. I, 198). В словарях — Вейсман, 1731 г., 739. ▫ Из немецкого языка (ср. нем. Wechsel — тж., при wechseln — «обмениваться»; собств. «обмен»; след., с.-хорв. и чеш. слова — кальки с немецкого же). Ср. также голл. wissel — тж. В романских языках и в английском отс. Ср. франц. lettre de change — «переводной вексель», billet à ordre — «(простой) вексель» и т. д.

ВЕЛЕ́ТЬ, велю́ — «выражать волю», «требовать исполнения желания», «приказать». Сюда же повели́тель. На другой ступени вокализма — во́ля (см.). Укр. велі́ти. Ср. болг. диал. веля́ — «говорю» (но ср. заповя́двам — «велю»); с.-хорв. (только в формах наст. вр. и имперф.) ве̏ли̑м : ве̏љу̑ — «говорю»; словен. veleti — «приказывать», «указывать», «говорить», «рассказывать», «сказать»; чеш. veleti (словац. velit') — «командовать», «велеть». Др.-рус. (с XI в.) и ст.-сл. велѣти — «приказывать», «хотеть», «желать», «позволять» (Срезневский, I, 242; SJS, I:4, 179). ▫ О.-с. *velěti, 1 ед. *veljǫ. И.-е. корень *u̯el- [: *u̯ol- : *u̯l̥- (ср. о.-с. *dovlěti; см. *довлеть*)]. Ср. лит. устар. velmi — «желаю», «хочу», «позволяю», pavélti — «желать», «хотеть», viltìs — «надежда», vìltis — «надеяться»; гот. wiljan — «хотеть»; др.-в.-нем. wellen, wollen, нем. wollen — тж.; др.-англ. willan (совр. англ. I will — «я хочу») — тж.; др.- и совр. исл. vilja — тж.; латин. volō — «хочу», velle — «хотеть», «желать»; также греч. (F)ἐλπίς — «надежда» (с формантом р) при (F)ἔλδομαι — «желаю» (с формантом d); др.-инд. (глаг. основа) var- (: vr̥̄-) — «выбирать», «предпочитать» (vr̥ṇā́ti, vr̥ṇīté, vr̥ṇóti — «избирает», «предпочитает»). И.-е. корень *u̯el- — «хотеть», «желать», «выбирать» («предпочитать»). См. также *великий*.

ВЕЛИКА́Н, -а, *м.* — «гигант», «исполин». Ср. болг. велика́н — тж.; с.-хорв. вели̏ка̑н — тж.; словен. velikan. В других слав. яз. или отс. [ср. укр. ве́летень; блр. во́лат (< *volot); польск. olbrzym, wielkolud; н.-луж. hobrak и т. д.], или из русского. Ср. чеш. и словац. velikán (при чеш. obr и словац. obor). В русском употр., по крайней мере, с начала XVII в. Прозвище *Великан* (Якимов сын, крестьянин). Туников (82) в документе сев.-влкр. происхождения 1621 г. ▫ От о.-с. *velikъ, с суф. *-ан-ъ*, как в рус. *голован* и т. п.

ВЕЛИ́КИЙ, -ая, -ое — «очень большой», «особо выдающийся», «превосходящий обычные мерки», «неизмеримый». *Сущ.* вели́чие, величина́, вели́чество. *Глаг.* велича́ть(ся). Укр. вели́кий, -а, -е, велич́чя (чаще ве́лич), вели́чність, — «величество», велича́ти(ся); блр. вялі́кі, -ая, -ае, устар. вялі́кацьсь, вялі́ч, вялічыня́, велича́цца; болг. вели́к, -а, -о, вели́чие, величина́ (только в математическом смысле; в других случаях — големина́), вели́чество, велича́я — «величаю»; с.-хорв. вѐлик, -а, -о, вѐлики̑, -а̑, -о̑, величи́на — «величина», «величие», вели́чанство — «величество», вели́чие», вели́чати (се); словен. velik, -a, -o, veličina, veličanstvo, poveličevati (se); чеш. velký, veliký, -á, -é, velikost — «величие», «величина», veličenstvo — «величество»; словац. vel'ký, -á, -é, vel'kost' — «величие», «величина», veličina; польск. wielki, -a, -ie, wielkość — «величие», «величина»; в.-луж. wulki, -a, -e,

ВЕЛ

wulkość, wulkota — «величие», «величина»; н.-луж. wjeliki, -a, -e, wjelik(n)ość — «величие», «величина». Др.-рус. (с дописьм. эпохи) **великъ**, **великий** > **великий**, **величие**, **величьство** — «величие», «величина», **величати(ся)**, **величити** (Срезневский, I, 235—238). Ср. велии = великъ (ib., 234). Ст.-сл. вєликъ, вєликын, вєликота, вєличиѥ, вєличьство, вєличати(са), вєличити (SJS, I:4, 172—175). Ср. вєлии, -иѩ, -иѥ = вєликъ (ib., 171). Позднее образование от **великъ** — **величина**, отм. Поликарповым (1704 г., 41 об.). ▫ О.-с. *velikъ, -a, -o. Произв. с суффиксом -ik-ъ от о.-с. *velьjь, -a, -e (ср. с.-хорв. вељи, -а̄, -е̄ — «большой»; ср. также ст.-чеш. velí; в других совр. слав. яз. отс.). Ср. также блр. вельмі — «весьма», «очень»; др.-рус. и ст.-сл. нареч. вельми. И.-е. корень *u̯el- — «давить», «теснить», «угнетать», «сжимать(ся)», «запирать» (Pokorny, I, 1138). На слав. почве ближайшие родственные образования: о.-с. *valъ, *valiti (из и.-е. *u̯ol-os). Ср. лит. válinas — «вал», valinỹs — «белая стена (грозового облака)», «кромка», su-valýti — «снять», «снимать», «убрать», «убирать»; латыш. valnis — «(крепостной) вал». [Однако Френкель относит сюда и лит. vãlas — «волос лошадиного хвоста», и о.-с. *volsъ и возводит слова этой группы к и.-е. *u̯el — «вертеть(ся)», «закручивать(ся)», «крутить» (Fraenkel, 1188)]. Ср. также греч. εἰλέω (< *Ϝελνέω): εἵλλω (<*Ϝέλνω) — «прижимаю», «тесню», «вращаю», «гоню», «преследую». См. *вал*.

ВЕЛОСИПЕ́Д, -а, *м.* — «средство быстрого передвижения, рама на двух колесах, следующих одно за другим и приводимых во вращение ногами седока». *Прил.* велосипе́дный, -ая, -ое. *Сущ.* велосипеди́ст. Укр. велосипе́д, велосипе́дний, -а, -е, велосипеди́ст; блр. велосіпе́д, веласіпе́дны, -ая, -ае, веласіпеды́ст. Из русского (?) болг. велосипе́д (чаще колело́), велосипе́ден, -дна, дно, велосипеди́ст. Ср. чеш. velocipéd (чаще kolo), velocipedista, *м.* (чаще cyklista), velocipedistický, -á, -é; польск. устар. welocyped, совр. польск. rower (< англ. rover). В других слав. яз. отс. Ср. с.-хорв. бициклéт (< ит. bicicletta). В русском языке слово *велосипед* вошло в широкое употр. после 60-х гг. XIX в. В словарях отм. с 1875 г. (Толль, НС, Доп., ч. 1, 163). Устойчивости этого названия в русском языке, возможно, способствовало то обстоятельство, что уже в 30-х гг. XIX в. существовало похожее слово *велосифер*, встречающееся в письмах Пушкина как наименование скорого дилижанса (см. СЯП, I, 235). ▫ Русское слово восходит к франц. устар. vélocipéde (появившемуся еще при Наполеоне I) — теперь собств. «детский велосипед»; велосипед для взрослых называется bicyclette (но ср. cycliste — «велосипедист»). Это слово кое-где еще сохраняется в европейских языках, гл. обр. как название старого велосипеда (с большим передним колесом) или трехколесного детского. Ср. ит. velocipede; исп. velocipedo и др.; ср. турец. velospit и bisiclet. Ср. афг. ба̄йсика́л — «велосипед». Франц. устар. vélocipéde — искусственное образование на базе латин. velox (франц. véloce) — «быстрый» и pes, *мн.* pedes — «нога».

ВЕЛЬМО́ЖА, -и, *м.* — «знатный могущественный сановник», «царедворец». *Прил.* вельмо́жный, -ая, -ое. Укр. вельмо́жа, вельмо́жний, -а, -е; блр. вяльмо́жа, вяльмо́жны, -ая, -ае; болг. велмо́жа; с.-хорв. ве̏лможа; словен. velmož (обычно veljak); чеш. velmož, устар. velmožný, -á, -é; польск. wielmoża, wielmożny, -a, -e, wielmożność, wielmożnie — «благородно», «великолепно». Ср. др.-рус. (с XI в.) вельможа, вельмож, вельмуж (Срезневский, I, 240, 241). Ст.-сл. вєльможа, вєльмѫжа, вєльможанє, только во мн. ч. (SJS, I:4, 178). ▫ О.-с. *velьmoža (из *velьmogja). Старшее знач. «великая сила», «могущество». По поводу первой части сложения ср. др.-рус. вельлѣпота, вельдушьный (Срезневский, I, 239, 240). См. *великий*. Знач. «знатный могущественный человек» развилось еще в дописьменный период вследствие контаминации с о.-с. *mǫžь (см. *муж*). По поводу смешения основ *мож-* (в *velьmoža) и *муж-* (< *mǫž-) ср. укр. за́між (из *замо́жь) — «замуж».

ВЕ́НА, -ы, *ж.* — «кровеносный сосуд, по кото́рому кровь движется к сердцу». *Прил.* вено́зный, -ая, -ое. Укр. ве́на, вено́зний, -а, -е; блр. ве́на, вяно́зны, -ая, -ае; болг. ве́на, вено́зен, -зна, -зно; с.-хорв. ве̏на, ве̑нскӣ, -а̄, -о̄; чеш. vena, venosní. Но не во всех слав. яз. Ср. польск. żyła, żylny, -a, -e (напр., żylna krew — «венозная кровь»). В словарях *вена* отм. с 1803 г. (Яновский, I, 463); *венозный* — с 1863 г. (Даль, I, 156: «*ве́нный* или *вено́зный*»). ▫ Анатомический термин, вошедший в русский язык из латинского языка. Ср. латин. vēna — «вена», «жила», *pl.* «пульс», vēnōsus, -a, -um — «имеющий жилы, прожилки», «богатый кровеносными сосудами», также «корявый». Этимология неясна. М. б., к vēnor, инф. vēnāri — «охочусь», «гоняюсь», «ловлю» и далее к via — «дорога» [и.-е. основа *u̯e (i)-n-ā-] ? Отсюда же ит. véna; франц. прил. veineux, -se; англ. vein; нем. Vene.

ВЕНЕ́Ц, -нца́, *м.* — «металлическое украшение в виде короны, возлагаемое на голову при венчании кого-л. (на царство или при бракосочетании)». *Уменьш.* ве́нчик. *Глаг.* венча́ть(ся). *Прил.* вене́чный, -ая, -ое. Сюда же венча́льный, -ая, -ое. Укр. віне́ць, вінча́ти; блр. вяно́к (!), вянча́ць; болг. вене́ц, венче́ — «венчик», венча́вам; с.-хорв. ве̏нац (: vijènac), ве̏нчати (: vjènčati) — «обвенчать», венча́вати (vjenčávati); словен. venec, venček, venčati; чеш. věnec, věneček, věnčiti; польск. wieniec, wieńczyć; в.-луж. wěnc, wěnčk, wěnčić. Др.-рус. вѣньць (Остр. ев. и др.) — «царский венец», «корона», «свадебный венец», вѣньчати(ся) [Срезневский, I, 488, 489]. ▫ О.-с. *věnьcь; о.-с. корень *věn-, суф. -ьс-ь. Ср. лит.

vainìkas — «венец». И.-е. корень *u̯ei̯- (:u̯oi̯-) — «вить»; расширитель -n-.

ВЕ́НЗЕЛЬ, -я, м. — «монограмма», «сочетание начальных букв имени и фамилии (или имени и отчества) в виде вязи». Укр. ве́нзель; блр. ве́нзель. Болг. вѐнзел — из русского. В русском языке появилось на рубеже XVIII в. ▫ В русском — из польского. Ср. польск. węzeł — «узел», «пучок», (но «вензель» — monogram). Ср. также чеш. monogram, iniciálki. Ср. в том же знач.: нем. Monogramm; франц. monogramme, chiffre; ит. iniziali и пр.

ВЕ́НИК, -а, м. — «связка тонких прутьев или веток, иногда с листвой, употребляемая в качестве метлы или для па́ренья в бане и т. п.». Укр. ві́ник; блр. ве́нік. Другие славяне в этом смысле употребляют слова одного корня с метла (с производными): болг. метла́, метли́чка; с.-хорв. мѐтла, мѐтлица; чеш. metla (и koště); польск. miotełka. Но ср. чеш. устар. veník — «веточка с цветами или с плодом», «цветок с листьями». Слово (сначала в знач. «банный веник») известно с древнейшего времени (Пов. вр. л., введение по Ип. ст. — Срезневский, I, 486). ▫ О.-с. корень *věn-, и.-е. корень *u̯ei̯- (: -*u̯oi̯-) — «вить». См. венец, венок, ветвь.

ВЕНО́К, -нка́, м. — «цветы и листья, сплетенные в кольцо возлагаемые на кого-л. или что-л.». Укр. віно́к; блр. вяно́к; чеш. vínek; польск. wianek. Ср. в том же знач.: болг. вене́ц; с.-хорв. ве́нац. В русском языке в форме вѣньцъ известно со 2-й пол. XV в., причем сначала со знач. «венец» (Срезневский, I, 487). ▫ Корень тот же в венец: вѣн-; суф. -ок < ък-ъ. См. венец.

ВЕ́РА, -ы, ж. — 1) «готовность признать существование, наличие чего-л. возможного, предполагаемая с убежденностью в чем-л.», «отсутствие сомнения, уверенность в чем-л.», «твердая надежда на что-л.»; 2) «религиозное мировоззрение». Прил. ве́рный, -ая, -ое — «надежный», «преданный», «правильный», в сложениях: легкове́рный, правове́рный. Глаг. ве́рить, ве́ровать. Укр. ві́ра, ві́рний, -а, -е, ві́рити, ві́рувати; блр. ве́ра, ве́рны, -ая, -ае, ве́рыць; болг. вя́ра — «вера во 2 знач.» (в других знач. — уве́реност, дове́рие и пр.), ве́рен, -рна, -рно — «преданный», вя́рвам — «верую», «верю»; с.-хорв. вѐра (vjera), вѐран (vjeran), -рна, -рно : вѐрни, -а̄, -о̄ — «преданный», «верующий», вѐрити (се) [vjeriti (se)] — «обручить(ся)», вѐровати (vjerovati) — «верить», «веровать»; словен. vera, veren, -rna, -rno — «верный», «верующий», verjeti — «верить», verovati — «веровать»; чеш. víra, věrný, -á, -é — «верный», věřiti — «верить», «веровать»; словац. viera, verný, -á, -é — «верить», «доверять»; польск. wiara (в разных знач.), wierny, -a, -e — «преданный», wierzyć — «верить», «веровать»; в.- и н.-луж. wěra, wěrny, -a, -e, wěrić (н.-луж. wěriś). Др.-рус. вѣра — «верование», «правда», «вера», (с XVII в.) «присяга», «клятва» (древнейший пример — Пов. вр. л. под 6420 г., со знач. «верность», «религия»), вѣрьнъ, вѣрьный (в разных знач., также «верующий», (с XI в.) вѣровати, (с XIII в.) вѣрити (Срезневский, I, 490, 491, 492). Ст.-сл. вѣра, вѣрьнъ : вѣрьныи, вѣровати. ▫ О.-с. *věra. Ср. в языках герм. группы: гот. (alla)wērei — «честность»; др.-в.-нем. wāra — «правда», «истина»; др.-англ. wǣr — «союз», «обещание», «верность», «дружба»; др.-исл. vārar, pl. — «договор», «обет». К тому же и.-е. корневому гнезду относят гот. -wērs — «истинный», «действительный», «верный»; др.-в.-нем. wār (совр. нем. wahr) — тж.; латин. vērus, -a, -um — тж.; др.-ирл. fír [кимр. (вал.) gwir] — тж. и нек. др. И.-е. *u̯ēr- — «расположение», «любезность». Отсюда и.-е. сущ. *u̯ērā — «доверие», «вера», прил. *u̯ēros — «истинный».

ВЕРА́НДА, -ы, ж. — «летняя пристройка к дому в виде длинного крытого балкона или галереи, открытой или застекленной, с отдельной от дома крышей». Укр. вера́нда; блр. вера́нда; болг. вера́нда; с.-хорв. вѐранда; чеш. veranda; польск. weranda. Позднее. В словарях — с 60-х гг. XIX в. (Михельсон 1865 г., 110). ▫ В русском языке, м. б., из английского. Ср. с тем же знач.: англ. veranda(h); франц. (со 2-й пол. XVIII в.) véranda; нем. Veranda; португ. varanda и др. В западноевропейских языках источник распространения — португ. > англ. язык, а здесь — с Востока, из Индии. Ср. хинди барāм'дā — «балкон», «веранда», «галерея»; бенг. бāрāнда — тж.

ВЕРБЛЮ́Д, -а, м. — «крупное млекопитающее животное с длинной шеей и с горбом или двумя горбами на спине», Camelus. Прил. верблю́жий, -ья, -ье (в научных трудах также верблю́довый, -ая, -ое). Сущ. верблю́дица, верблюжо́нок. Укр. верблю́д, верблю́жий, -а, -е, верблю́дячий, -а, -е, верблюди́ця, верблюденя́; блр. вярблю́д, вярблю́джы, -ая, -ае, вярблю́дзіца, верблюджаня́; словен. velblod (но чаще kamela), velblodji, -a, -e; чеш. velbloud, прил. velbloudí; словац. vel'blúd (но чаще t'ava); польск. wielbłąd, wielbłądzi, -ia, -ie, wielbłądzica; в.-луж. wjelbłud. В современном болг. в этом языках отс. Ср. в том же знач.: болг. ками́ла; с.-хорв. ка̀мила. Но ср. др.-болг. (ст.-сл.) вельбѫдъ : вельбѫждь, прил. вельбѫждь (SJS, I : 4, 176). Сюда относится также старое название г. Кюстендила (на Западе Болгарии): Велбѫжд («верблюжий»). В памятниках др.-рус. письменности XI—XIII вв. это слово встр. то в форме вел(ь)будъ (Изб. 1073., Остр. ев. и др.), то вельблудъ (Пов. вр. л. под 6603 г.), прил. вельбужь, вельблюжи и вельблужь, вельблужий (Срезневский, I, 238, 239). С XIV в. встр. форма верблюдъ : верблудъ (с р вм. л вследствие межслоговой диссимиляции). ▫ Принимая во внимание, что верблюд — животное зоны сухих пустынь, чуждое фауне славянских стран, надо полагать, что слово это (о.-с. *velьbǫdъ?) не славянское, заимствованное, вероятнее всего, из готского языка. Ср. гот. ulbandus, f. — «верблюд» [ср. др.-в.-нем. olbanta — тж.; др.-англ. olfend(a) — тж.], слово латинского происхождения. Латин. elephantus — «слон», «слоновая кость» в свою очередь заимствовано из греческого языка. Но и греч. ἐλέφας, род. ἐλέφαντος — заимствованное, не индоевропейское. Во второй своей части (-εφᾱς) оно и латин. ebur — «слоновая кость» (как и латин.) напоминает др.-егип. jēb(u) : āb(u), копт. eb(o)u — «слон», «слоновая кость» (ср. др.-инд. ibhaḥ — «слон»). В первой своей части (ελ-) греческое слово восходит к хамитскому eḷu — «слон» (см. Frisk, I, 493 и др.). На славянской почве заимствованное из готского языка название верблюда (*velьbǫdъ вм. ожидаемого *vъlьbǫdъ) подверглось переосмыслению вследствие сближения сначала с *velьjь — «большой» (ср. ст.-сл. велmждеватн, вельможа и др.), а позже — с такими словами, как ст.-сл. блѫднтн, рус. блуждать, заблудиться и т. п.

ВЕРЁВКА, -и, ж. — «изделие из длинных крученых прядей пеньки, льна и т. п., употребляемое для завязывания, связывания чего-л.». *Прил.* верёвочный, -ая, -ое. Сюда же верёвочник. В говорах: вервь, вервея, вервина, вервица (иногда со специальным знач., напр., «сапожная дратва»). Ср. также воробвина — вост. «веревка», костр. «ужище», оренб. «аркан» (Даль, I, 157—158, 215). Ср. вят. варавина — «веревка, свитая из пеньки и мочала» (Васнецов, 26); арханг. вéрва — «сапожная дратва», вервить — «мерить веревкой землю», отсюда вéревная книга, вéревная сажень (Подвысоцкий, 16). К значению слова: курск. вярёўка — «ряд снопов на току, разостланных для молотьбы цепами» (Кардашевский, II, 150). Укр. вервéчка — «веревка у колыбели» («веревка» — мотузок); блр. вярόўка. Ср. болг. върволи́ца — «вереница» («веревка» — въжé); с.-хорв. вр̀вца — «веревочка», «шнур» (ýже — «веревка», конопац — тж.); словен. vrv — «веревка». В зап.-слав. яз. отс. Ср. в том же знач.: чеш. provaz, šňůra; польск. szereg, pasmo, ciąg. Др.-рус. (с XI в.) вьрвь, вьрвьца, позже вьрвьнь, вьрвьный; значительно позже (1589 г.) веревка (Срезневский, I, 243, 461; Доп. 66). Ст.-сл. (Супр. р.) връвь (SJS, I : 5, 223). ▫ О.-с. *vьrvь, корень *vьr-, суф. (балто-слав.) -v-. Ср. лит. vìrvė — «веревка»; латыш. virve — «веревка», «канат»; др.-прус. wirbe — «канат». И.-е. корень *u̯er- : *u̯or- (ср. рус. диал. воробвина из о.-с. *vorvina): *u̯r- (о.-с. *vьrvь) — «связывать(ся)», «(при)соединять(ся)». См. с тем же корнем: *вереница*, *вериги*.

ВЕРЕНИ́ЦА, -ы, ж. — «следование, расположение нескольких или многих предметов друг за другом, длинной цепочкой в одном направлении». Только русское. Ср. в том же знач.: укр. ни́зка, плетени́ця, ва́лка, вервéчка; блр. чарадá; болг. реди́ца, върволи́ца. Ср. особо с.-хорв. пòворка — «вереница», «процессия», «крестный ход»; словен. povorka — тж. В древнерусском языке отс. Слово позднее. Отм. Ломоносовым в «Мат. к Рос. гр.», 1744—1757 гг. (ПСС, VII, 720). В словарях — с 1789 г. (САР¹, I, 616). ▫ Принимая во внимание, что в других языках это понятие иногда выражается словами, обозначающими «веревку», «нить» и т. п. [ср., напр., укр. вервéчка; болг. върволи́ца; ср. также франц. file — «вереница (при fil — «нитка», filer — «прясть», «сучить»)], можно полагать, что и основа рус. *вереница* имела значение, близкое к «связывать(ся)», «соединять(ся)». Ср. у Даля (I, 158): верéнька — «вязанка», «охапка», влад. «плетушка», «корзинка»; также (в других говорах) «плетеный из ивняку рыболовный снаряд»; возможно, сюда же относится обл. название стрижа веренóк : воронóк — по склонности летать стаями или по другой причине. *Вереница*, надо полагать, от *веренъ, а оно (с полногласием) из о.-с. *vernь (с суф. -n-, как в о.-с. *dolnь > рус. долонь > ладонь). Отсюда же обл. верени́ть — твер. «спешить», «торопиться» и (чаще) «тянуться вереницей» (Даль, I, 158). И.-е. корень *u̯er- (: *u̯or- : *u̯r-) — «связывать», «присоединять(ся)». Ср. лит. vérti — «вдевать», «продевать» (нитку), vorà — «вереница»; латыш. vẽrt — «вдевать». См. *веревка*, *вериги*.

ВЕРЕТЕНО́, -á, ср. — «простейшее орудие прядения — палочка с утонченными и заостренными концами, употребляемая для наматывания пряжи». *Прил.* веретéнный, -ая, -ое. *Сущ.* веретéнщик. Укр. веретенó, веретéнний, -а, -е, веретíнний, -а, -е; блр. верацянó, верацённы, -ая, -ае; болг. вретéно, вретéнен, -нна, -нно; с.-хорв. вретéно; словен. vreteno; чеш. vřeteno, vřetenový, -á, -é; польск. wrzeciono, wrzecionowy, -a, -e; в.-луж. wrjećeno; н.-луж. wrjeseno. Др.-рус. веретено (Пов. вр. л. и др.) [Срезневский, I, 244]. Ст.-сл. врѣтено (SJS, I : 5, 231). ▫ О.-с. *verteno. Корень *vert-; суф. -en-о (как и в о.-с. *pьšeno). И.-е. корень *u̯er-, расширитель -t- — «вертеть», «вращать». См. *вертеть*, *вращать*. Ср. кимр. (вал.) gwerthyd (с gw < и.-е. u̯, th < t) — «веретено»; др.-инд. vartana-m — «вращение».

ВЕРЕЩА́ТЬ, верещý — «издавать дробный, дребезжащий звук», «стрекотать», «потрескивать». В говорах: верещáга — 1) «болтун»; 2) «яичница» (на горячей сковороде). Укр. верещáти; блр. верашчáць. Ср. болг. вреща́, вря́скам (< врѣ́скам) — «верещу» (как коза); с.-хорв. ври́штати, врискати — «пронзительно кричать», (о лошади) «ржать»; чеш. vřeštěti — «визжать», «реветь», vřesk — «крик», «рев», «шум»; польск. wrzeszczeć — «брюзжать», «кричать», wrzask — «крик», «шум». Др.-рус. верещати — «бормотать» (?), о латинянах в своей церкви, в «Хождении» иг. Даниила; верескати — «рычать» (?), о реве медведя, в Никон. Панд. (Срезневский,

I, 244). Прозвище *Верещака* у Тупикова датируется 1465 г., *Верещага* — 1539 г. (83), фамилия *Верещагин* — 1579 г. (502). ▫ О.-с. *verščati (из *ver-sk-ěti). Корень *ver- (< и.-е. *u̯er-; см. *вереница*), расширитель -sk-. Возможно, корень тот же, что в др.-рус. (с неполным или полным удвоением) *вѣверица* — «белка», также укр. *вивірка*; болг. *вѣверица* (устар. *вѣрверица*); с.-хорв. *вѐверица*; чеш. veverka; польск. wiewiórka и др., если белка была названа этим именем по ее способности издавать глухой дробный, стрекочущий звук.

ВЕРИ́ГИ, *мн.* (*ед.* вери́га, -и, *ж.*) — «цепи, оковы, железные кольца и т. п., носимые на теле юродивыми, религиозными фанатиками для смирения плоти»; *перен.* «нравственное, духовное бремя, добровольно наложенное на себя». *Прил.* вери́жный, -ая, -ое. Укр. вери́ги; блр. вяры́ги. Ср. болг. вери́га, *ж.* — «цепь», вери́жен, -жна, -жно; с.-хорв. вѐрига, *ж.* — «цепь», вѐриге, *мн.* — «вериги», вѐрижнӣ, -ā, -ō — «цепной»; словен. veriga — «цепь» (слово специф. русское, его нет в других слав. яз.). В зап.-слав. отс. Ср. чеш. řetězy, okovy — «вериги», «цепи». Др.-рус. (с XI в.) верига, *мн.* вериги — «цепь», прил. верижьнъ, верижьый; верижникъ — «носящий цепи»; ср. верижица — «цепь» «ожерелье» (Срезневский, I, 245). Ст.-сл. (только во мн. ч.) верѧгы (SJS, I : 4, 180). ▫ Родственные образования на славянской почве: рус. *веревка* (см.), *вереница* (см.) *верея*. О.-с. *veriga. Корень *ver-; суф. -ig-a, как в рус. *коврига*, *визига*. И.-е. корень *u̯er- — «(при)соединять(ся)», «связывать».

ВЕРМИШЕ́ЛЬ, -и, *ж.* — «сорт тонкой лапши фабричного производства с круглыми лапшинками из крутого пресного теста». *Прил.* вермише́льный, -ая, -ое. Укр. верміше́ль; блр. вермішэ́ль. В других слав. яз. отс. Ср. в том же знач.: болг. фиде́ (< новогреч. φιδές; ср. φεῖδια — «змея»); с.-хорв. реза́нци; чеш. nudle < нем. Nudeln); польск. makaron (cienki). Когда слово *вермишель* вошло в обращение в русском языке, сказать трудно. В 1795 г. отм. у Левшина (СП, I, 239) в форме *вермичели*. В начале XIX в. оно, по-видимому, еще воспринималось как чужеязычное. Ср. в дневниках Н. И. Тургенева запись от 9-VIII-1811 г.: «ел лапшу или potage au vermicelle» («Архив» бр. Тургеневых, т. II, в. 3, с. 56). В форме *вермишель* зафиксировано у Плюшара (IX, 1837 г., 474), но наряду с ней могла быть в употреблении и итальянская форма *вермичелли*, ср. еще в 60-х гг. у Даля (II, 1865 г., 841) при слове *лапша* вариант *вермичель* при обычном *вермишель* (ib., I, 159); у Михельсона, 1865 г., 111: *вермишель или вермичелли*. ▫ Ит. vermicelli (се произн. че), *pl.*, ср. vermicello, *т.* — «червячок». Из итальянского: франц. (с конца XVII в.) vermicelle (в XVIII— XIX вв. также vermichel); англ. vermicelli (произн. və:mi'seli); но ср. в том же знач.: нем. Nudeln; исп. fideos. В итальянском, в конечном счете, восходит к латин. vermis — «червяк», уменьш. vermiculus (в народном употр. vermicellus). Ср. родственное образование в древнерусском: *вермие* — вероятно, «акриды» (Срезневский, I, 245). В русском языке едва ли непосредственно из итальянского. Учитывая, что форма с *ш* может восходить только к франц. vermichel (об этой форме см. Bloch—Wartburg², 636), можно думать, что в русский язык оно попало из французского.

ВЕРСТА́, -ы́, *ж.* — «до введения метрической системы мер (14-IX-1918 г.) — путевая мера длины, равная 1,0668 км». В говорах употр. и с другими знач., напр., «равные отрезки чего-л. в длину или по продолжительности», «ровня», «пара», «чета» (Даль, I, 160). Ср. колым. верста́ — «ровня» (Богораз, 30). *Прил.* верстово́й, -а́я, -о́е. Сюда же све́рстник (см.), *типогр.* верста́ть. В говорах: верста́ть — 1) «делить земельные угодья»; 2) «зачислять» (Васнецов, 28). Ср. *развёрстка*. Укр. устар. верста́ (ср. верства́ — «слой»), верстовий, -а́, -е́; блр. устар. вярста́, верставы́, -а́я, -о́е. Ср. болг. диал. връст (< върста) — «возраст»; с.-хорв. вр̀ста — «строка», «шеренга» (в строю), «сорт», «категория», вр̀стати — «выстраивать в шеренгу», «сверстывать»; словен. vrsta — «ряд», «очередь», «строка»; чеш. vrstva — «слой», «пласт», vrstviti — «наслаивать», «класть слоями», vrstevník — «сверстник», «ровесник»; польск. warsta, warstwa — «слой», «пласт», «ряд». Др.-рус. (с XI в.) вьрста — «возраст», «сверстник», «ряд», «пара», «мера пространства», позже (XVII в.) верстати — «зачислять на военную, на государственную службу с назначением верстанья в земельного оклада» (Срезневский, I, 462—463; Кочин, 43). Ср. *верстанье* в «Уложении» 1649 г. (гл. XVIII, ст. 69 и др.). Ст. сл. врьста — «возраст», «время жизни», «поколение», «ровесники» (SJS, I : 5, 224). ▫ О.-с. *vьrsta. И.-е. база *u̯er-t- (: *u̯or-t-), та же, что в рус. *вертеть*, *поворот* и пр. На балто-славянской почве добавлен формальный элемент -t- (отсюда st из tt). Ср. лит. (устар.?) varstas (с вокализмом *о*) — «каждый поворот плуга в конце борозды» (как мера работы, мера при пахоте и как мера расстояния), в вост.-лит. говорах также «время (пора, срок) работы», «работа»; латин. versus — «борозда», «линия», «строка»; с вокализмом *о*: оскско-умбр. vorsus — «мера пахотной земли»; др.-инд. vr̥ttá- — *т.* «приведенный в движение»; *п.* «деятельность». Развитие знач.: от «поворот» через «пройденная часть пути» и далее «одинаковый с другими отрезок расстояния, времени», «равная часть» возникали значения, с одной стороны, «мера длины, верста», а с другой — «возраст». Ср. об этом у Потебни («Из зап. по рус. гр.», т. I, «Введение»).

ВЕРСТА́К, -а́, *м.* — «станок, рабочий стол для ручной столярной работы и хранения инструментов, деталей и т. д.». Укр. верста́т; блр. варштáт. Ср. польск. warsztat stolarski. В других слав. яз. отс. Ср. в том же знач.: болг. тезгя́х (< турец.

tezgāh) — тж.; чеш. hoblice (< нем. Hobel — «рубанок», Hobelbank — «столярный верстак»). В словарях — с 1731 г. (Вейсман, 307). ▫ Заимствовано (со смещением значения) из немецкого языка. Суф. -ак — русский. Ср. нем. Werkstatt, Werkstätte — «мастерская» [букв. «место работы», «помещение для работы»; ср. Werk — «труд», «работа», «дело» и Stätte, Statt — «место» («верстак») — Hobelbank, при Hobel — «рубанок»)].

ВЕ́РТЕЛ, -а, *м.* — «железный прут, на котором поджаривают мясо, поворачивая над огнем». Ср. в том же знач.: укр. роже́н; блр. ражён; болг. ръжён [чаще шиш (< турец. şiş — «вертел»)]; с.-хорв. ра́жањ (: шиш); чеш. rožeň; польск. rożen. Ср. ст.-сл. ражьнъ — «вертел». В древнерусском в этом смысле, видимо, также употр. рожьнъ [хотя примеры у Срезневского (III, 145) прямо не свидетельствуют именно об этом знач.]. С другой стороны, слово вьртьлъ (: вьртьло?) встр. (в форме тв. ед.) в Никон. Панд. (по сп. XIII в.), правда, с очень неясным значением чего-то повертывающегося или поворачивающего (речь идет о кельях, высеченных в скале, и о восхождении к ним) [Срезневский, I, 464]. Ср. в «Ист. иуд. войны» Флавия: връmелище — «ὀβελός»: «иереи же... врът(е)лища (: вертелища) железная... метаху на римляны (жезлы?) [Мещерский, 419, 535]. ▫ Слово *вертел* [из вьртьлъ (: вьртьло?)] по корню относится к группе *вертеть* (о.-с. корень *vьrt-); суф. -ьl(o)- (как в о.-с. *sed-ьl-o и др.).

ВЕРТЕ́П, -а, *м.* — «тайный притон»; *устар.* «пещера»; *ист.* «портативный кукольный театр, ящик, похожий на двухъярусный дом или церковь, с куклами, разыгрывавшими сцены из библии, напр., рождение Христа, поклонение волхвов и т. п.». Прил. верте́пный, -ая, -ое. Укр. верте́п — тж., верте́пний, -а, -е. В блр. отс. Ср. болг. въртоп — 1) «водоворот»; 2) «обитель», «жилище», из русского — верте́п — «притон». В других слав. яз. отс. Др.-рус. (с XI в.) вьртепъ — «пещера», «сад»(?) [Срезневский, I, 464]. Ст.-сл. врътъпъ — тж. (SJS, I : 5, 224). ▫ О.-с. *vьrtepъ: vьrtъpъ. Суф. -ep- : -op- : -ьp-, тот же, что, напр., в болг. връзо́п — «узел», «тюк» (ср. връзаница — «связка», връзвам — «вяжу»), корень *vьrt-. Ср. о.-с. *vьrtěti и др. Старшее знач., по-видимому, то, которое лучше всего сохраняется в болг. — «круговорот», «коловращение», «вир», отсюда «яма», «овраг», «пещера», позже «нежилое помещение» (?) и далее «притон». Знач. «ящик с куклами» наиболее позднее (известно с XVI в. и объясняется, вероятно, тем, что любимым спектаклем такого вертепного театра являлась инсценировка евангельского рассказа об обстоятельствах рождения Христа и пребывании младенца в яслях в Вифлееме).

ВЕРТЕ́ТЬ, верчу́ — «приводить что-л. в круговое, вращательное движение», «поворачивать», «кружить». *Возвр. ф.* верте́ться. *Однокр., сов.* (только с приставками) повернуть, свернуть и др. Прил. ве́рткий, -ая, -ое, вертля́вый, -ая, -ое. Сущ. верту́н, верту́шка. Укр. верті́ти(ся), верну́ти — «поворачивать», «воротить», вертки́й, -а́, -е́, вертля́вий, -а, -е, верту́н, верту́шка; блр. вярце́ць, вярце́цца, вярну́ць — «поворачивать», «валить», вёрткі, -ая, -ае, вярту́н, вярту́шка; болг. въртя́ (се) — «верчу(сь)» (ср. обърна — «поверну»); ср. вертели — «неприятности», въртоп — «водоворот», въртелка — «мотовило»; с.-хорв. вр́тети (vŕtjeti) [се], вр́нути — «повернуть», ср. вр́теж — «винт», вр́тешка — «вертушка», вр́тња — «ревматизм»; словен. vrteti (se), vrniti se; ср. vrtinec — «водоворот», vrtenje — «верчение», «вращение»; чеш. vrtěti (hlavou) — «вертеть» (головой), vrtěti se; ср. vrt — «буровая скважина», vrtidlo — «орудие верчения», vrtoch — «каприз», vrtule — «винт (пропеллер)»; словац. vrtiet' (sa); ср. vrtký, -á, -é — «юркий», vrtul'a — «винт», vrtul'ník — «вертолет»; польск. wiercić (się), устар. wiercieć, wiercenie — «сверление»; ср. wiercioch — «пест»; в.-луж. wjerćeć (so), wodna wjerćina — «водоворот», wjerćel — «поворотный круг», wjerćer — «бурав», wjertula — «винт»; н.-луж. wjerśeś (se), wjertnuś; ср. wjertawa — «карусель», «гончарный круг». Др.-рус. (с XI в.) вьртѣти, позже вьртѣтися, вьртежь — «винт», вьртлнвъ, вьртливый (Срезневский, I, 463, 465; Доп. 66). Ст.-сл. врътѣти сѧ (SJS, I : 5, 225). Более поздние образования: *вертун*, *вертлявый*, в словарях — с 1847 г. (СЦСРЯ, I, 113), *вертушка* — с 1780 г. (Нордстет, I, 61). ▫ О.-с. *vьrtěti; корень *vьrt- (< и.-е. *ur̥t-). И.-е. база *u̯er-t- (: *u̯r̥-t-), корень *u̯er- (Pokorny, I, 1156). Ср. лит. ver̃sti, 1 ед. verčiù — «валить», «переворачивать», «превращать», «лицевать», viřsti, 1 ед. virstù — «валиться», «превращаться», «становиться», «делаться», также др.-в.-нем. werdan (совр. нем. werden; ср. werden zu... — «превращаться в...»); латин. vertō — «верчу», «поворачиваю», «повертываю», «взрыхляю»; др.-ирл. fertas — «стержень», «веретено», (вал.) gwerthyd — «веретено»; др.-ирл. ad-ferta — «отворачивается»; др.-инд. глаг. основа vart- — «вертеться», «проходить», «существовать», vartati, vartatē — «вертится». См. *веретено*, *верста*, *вращать*.

ВЕРФЬ, -и, *ж.* — «судостроительные и судоремонтные мастерские (обыкновенно в прибрежном городе на водных путях)». Укр., блр. верф. В других слав. яз. отс. Ср. в том же знач.: болг. корабостроителница; с.-хорв. бродогра̀дилиште; чеш. loděnice; польск. stocznia. В русском языке известно с Петровского времени. Кроме известных данных у Христиани (Christiani, 39) и Смирнова (73), см. также ЗАП I, т. I, 57: «как содержат(ь) флот в гаване и *верфи*» (Указ от 4-IV-1718 г.). ▫ Из голландского языка (ср. голл. werf, *f.*), откуда и в других германских: нем. Werft; дат. vœrft; швед. varv. Но ср. англ. ship-yard — тж.; франц. chantier.

ВЕРХ, -а, м. — «высокая конечная часть чего-л.», «то, что возвышается над чем-л.». *Нареч.* верхо́м, вверху́, наверху́, све́рху. *Прил.* ве́рхний, -яя, -ее, верхо́вный, -ая, -ое, верхово́й, -а́я, -о́е. *Сущ.* верху́шка, верхо́вье, верши́на. Укр. верх, ве́рхом (: горо́ю), наверху́, зве́рху, ве́рхній, -я, -е, верхо́вний, -а, -е, верхови́й, -а́, -е́, верхі́вка — «верхушка», верхі́в'я, верши́на; блр. верх, ве́рхам, наве́рсе — «наверху», зве́рху, ве́рхні, -яя, -яе, вярхо́ўны, -ая, -ае, верха́вы, -а́я, -о́е, верхаві́на — «верхушка», вярхо́ўе, вярши́ня; болг. връх, върху́ «сверху», върхо́вен, -вна, -вно, (из русского) върху́шка, върши́на (но върши́на — «срубленная ветвь дерева», «хворостина»); с.-хорв. вр̑х — «верх», вр̑х — «сверх», «над», вр̏шни, -а, -о̄ — «верхний», вр̀хо̄вни, -а̄, -о̄, врху́нац — «вершина», вр̀шак — «верхушка»; словен. vŕh, vŕšni, -a, -o, vrhovni, -a, -o, vrhunec, vršič; чеш. vrch — «холм», «верх», navrchu — «вверху», vrchní — «верхний», «главный», vrchol — «вершина», «верхушка», vršek — «верхушка» (ср. ko̊n̊to̊, na koni — «верхом», vrchý, -á, -é — «полный», horní tok — «верховье»), vrchol; польск. wierzch — «верх», «вершина», wierzchem — «верхом» (чаще konno), wierzchni, -ia, -ie — «верхний», wierzchowy, -a, -e — «верховой», wierzchołek — «вершина», «верхушка» (ср. źródła, górny bieg rzeki — «верховье»); в.-луж. wjerch, wjerchowy, -a, -e — «вершинный», «верхушечный», wjeršina — «верх», «поверхность»; н.-луж. wjerch, wierchny, -a, -e. Др.-рус. (с XI в.) вьрхъ — «верх», «вершина», позже «победа», вьрх(ъ)ний, вьрховьний : вьрховьный, (с XII в.) вьрховие, (с XVI в.) вьршькъ — «верх», «верхушка» (Срезневский, I, 465—467). Ст.-сл. врьхъ, род. врьхоу, реже врьхѣ — «верх», «вершина», «темя», нареч. врьхоу, предлог с род. п. врьхъ, врьховьнъ, врьховьньïи, врьхьвьнь, врьхънъ, врьхъньïи (SJS, I : 5, 225—226). □ О.-с. *vьrchъ: с ch из s после r), основа на -ŭ-, -ov-. И.-е. корень *u̯ers- «возвышенное место». Ср. лит. viršùs «верх», viršẽlis — «крышка», «обложка»; латыш. virsus — «верх», «поверхность»; нем. Werre (< *werznō) — «ячмень на глазу» (при бавар. Wern); латин. verrūca (< *u̯ersūca) — «возвышение», «возвышенность», «бугорок», «бородавка»; др.-ирл. ferr — «лучший», «лучше» (< «верховный»); некоторые относят сюда также греч. οὐρανός (< *u̯orsanos) — «небо»; несомненно, сюда же др.-инд. várṣman, *m*. «верх», «вершина», «темя» (Pokorny, I, 1151—1152).

ВЕСЁЛЫЙ, -ая, -ое — «беззаботно-радостный», «светлый». *Нареч.* ве́село. *Глаг.* весели́ть(ся), весели́ться. *Сущ.* весе́лье, весёлость, весельча́к. Укр. весе́лий, -а, -е, ве́село, весели́ти(ся), весели́ти, весе́лість, весельча́к; ср. весі́лля — «свадьба»; блр. вясёлы, -ая, -ае, ве́села, весялі́ць, весялі́цца, весялёлле, весялёсць, весялу́н; ср. вясе́лле — «свадьба», ве́сел, -а, -о, ве́селя́ — «веселью», весе́лие, ве́селост, весеља́к — «весельчак»; с.-хорв. ве̏сео, -ела, -ело : ве̏сели, -ā, -ō, ве̏село, весе́лити (се), весе́ље — «веселье», ве́селōст, весеља̄к — «весельчак»; словен. vesel, -a, -o, veseliti (se), veselje, veselost, veseljak; чеш. veselý, -á, -é, veselo : vesele, obveselovati (se) — «веселить(ся)», veselí, veselost; словац. veselý, -á, -é, veselo, veselit' sa, veselie — «свадьба» и «веселье», veselosť; польск. wesoły, -a, -e, wesoło, weselić (się), wesele — «свадьба», «веселье», wesołość, wesołek — «весельчак»; в.-луж. wjeseły : wjesoły, -a, -e, wjesele, wjeselić (so), wjeselosć : wjesołosć, wjesele, ср. — «веселье»; н.-луж. wjasoły, -a, -e, wjaseliś se, wjasełosć : wjasołosć, wjasele, «веселье», «радость». Знач. «веселеть» во многих слав. яз. выражается описательно: болг. ста́вам по́весел; чеш. stávati se veselým и пр. Др.-рус. (с XI в.) весел, веселый, весели́ти(ся), веселие — «веселье» и (с XII в.) «свадьба», весе́льный, весе́льство (Срезневский, I, 245—247). Ст.-сл. веселъ, веселъıи, веселъıнъ, весело, веселити (сѧ); веселиѥ (SJS, I : 4, 180—182). Позже отм. в словарях *весельча́к* (Нордстет, I, 1780 г., 62), *веселе́ть* (Даль², I, 1880 г., 186). □ О.-с. *veselъ, -a, -o : *veselьjь, -aja, -oje. В этимологическом отношении неясное слово. Корень *ves-, суф. (очень редкий) -el- (: -ol-)? Сопоставления (по корню) неустойчивы. Чаще всего сопоставляют с гот. wisan — «радоваться», wizōn — «жить роскошно (припеваючи)»; др.-инд. vasu — «добрый», «благосклонный». Латин. vescor — «питаюсь», «пирую», «наслаждаюсь», если оно из *u̯es-scor, также могло бы быть отнесено сюда, но более вероятным считается, что оно из *u̯e-ēscor, т. е. *u̯e (: au) + ē(d)scor [ср. esca — «пища»; vē- (: vae-) — усилительная частица] (Walde — Hoffmann³, II, 769). Латыш. vesels — «здоровый» и др.-прус. wessals — «веселый» — из славянских языков. Брюкнер (Brückner, 607) связывает о.-с. *veselьjь [по корню *ves- (< *u̯es-)] с *vesna (см. *весна*).

ВЕСНА́, -ы́, ж. — «время между зимой и летом». *Прил.* весе́нний, -яя, -ее, ве́шний, -яя, -ее. *Сущ.* весня́нка — «обрядовая песня», весну́шка (см.). Укр. весна́, весня́ний, -а, -е, весняни́й, -а́, -е́, весі́нній, -я, -е, весня́нка; блр. вясна́, веснавы́, -а́я, -о́е, вясе́нні, -яя, -яе, вясня́нка. Ср. словен. vesna (чаще pomlad); польск. wiosna, wiosenny, -a, -e, wiośniany, -a, -e. Чеш. и словац. vesna, поэт. — из русского, в говорах сохраняется (засвидетельствованное и в ст.-чеш.) vesno (форма на -o под влиянием léto), прил. vesní (Machek, ES, 562), наряду с jaro, прил. jarní. Ср. в южн.-слав. языках: болг. про́лет; с.-хорв. про̀леће. Др.-рус. (XI в.) весна, (XI—XII вв.) весньни́й, (XII в.) вешьний (Срезневский, I, 247, 252). Ст.-сл. весна, весньнъıи (SJS, I:4, 182). □ О.-с. *vesna. Корень *ves-, тот же, что в лит. vāsara — «лето»; латыш. vasara — тж., где основа восходит к и.-е. *u̯es-r-, тогда как в о.-с. *vesna основа восходит к и.-е. *u̯es-n. Ср. с расширителем -n-; др.-инд. vasantáh (хинди васант') — «вес-

ВЕС

на» (t в nt — на инд. почве). Преобладает, однако, и.-е. основа с расширителем -г-. Ср. латин. vēr (*ues-r-; долгота под влиянием и.-е. основы *i̯ēr- — «лето»); греч. ἔαρ (< *Fέαρ < *uesar; ср. у Гесихия: γέαρ — «весна»); также арм. гарун (и.-е. основа *uesr-); перс. bähär (из *vahar < *vasar). См. Pokorny, I, 1174.

ВЕСНУ́ШКА, -и, ж. (обычно мн. весну́шки) — «мелкие желтовато-бурые пятна на коже, чаще всего на лице, как следствие пигментации, возникающей под влиянием солнечных лучей, особенно весною». *Прил.* **весну́шчатый**, -ая, -ое. Ср. блр. **вясну́пка**, **вясну́шкаваты**, -ая, ае. Ср. укр. **веснянки́**, **веснянкува́тий**, -а, -е. Ср. в том же знач.: болг. **лу́нички**; с.-хорв. **пе́ге**; чеш. pihy; польск. piegi. В русском языке употр. с 30-х гг. XVIII в. Ср. у Вейсмана (1731 г., 584): Sommersprossen — «*веснуха*», пестрые пятна на лице»; *веснушки* — с 1771 г. (РЦ, 48), позже Нордстет (I, 1780 г., 62). ▫ Рус. *веснушки* от *весна* (с суф. *ушк-*). Старшая форма *веснуха*.

ВЕСТИ́, веду́ — 1) «направлять, продвигать кого-л., что-л. или помогать кому-л. идти, указывая дорогу, путь»; «управлять, руководить движением», «идти во главе», «возглавлять движение»; 2) «насильно тащить кого-л. куда-н.»; «влечь за собой»; 3) «служить путем, средством передвижения». Итератив **води́ть**, 1 ед. **вожу́**. *Возвр. ф.* **вести́сь**, **води́ться**. Ср. с приставками: **провожа́ть**, *устар. книжн.* **провожда́ть** (ср. *совр.* **сопровожда́ть** и т. п.). Укр. **вести(ся)**, **води́ти**, 1 ед. **воджу́**, **води́тися**; блр. **весці(ся)**, **вадзі́ць**, **вадзі́цца**; болг. **во́дя** — «веду», «вожу», **въведе́ние** — «введение», «вступление»; ср. **въвѣждам** — «ввожу», «водворяю»; с.-хорв. **во̀дити**, 1 ед. **во̑ди̑м** — «вести», «водить»; словен. vesti, 1 ед. vedem — «вести», vesti se, voditi; чеш. vésti, 1 ед. vedu, vésti se, voditi — «водить», «вести»; словац. viest' (sa), 1 ед. vediem (sa), vodit'; польск. wieść, 1 ед. wiodę, wodzić, 1 ед. wodzę; в.-луж. wjesć, 1 ед. wjedu, wjesć so, wodźić, 1 ед. wodźu; н.-луж. wjasć, 1 ед. wjedu, wjesć so. Др.-рус. (с XI в.) **вести**, 1 ед. **веду**, **водити**, 1 ед. **вожу**, (с XV в.) **вестися**, (с дописьм. эпохи) **веденица** — «жена», «наложница» (Срезневский, I, 232, 247—248, 277—278). Ст.-сл. **вести**, 1 ед. **ведѫ**, **водити**, 1 ед. **вождѫ** (SJS, I : 4, 182; I : 5, 206). ▫ О.-с. *vesti, 1 ед. *vedǫ; итератив *voditi, 1 ед. *vodjǫ. И.-е. корень *ued(h)- (Pokorny, I, 1115—1116). Ближайшие родственные соответствия: лит. vèsti, 1 ед. vedù — «вести», «заведовать», «жениться», итератив vadžióti : vedžióti — «водить»; латыш. vest — «вести», vadāt — «водить» (и «возить»), vadīt — «руководить», «править»; др.-прус. west — «вести»; др.-ирл. fedit (3 ед., ср. 1 ед. fedim) — «ведет», «приводит», «идет», «несет»; авест. vaδayeiti — «ведет», «тащит»; др.-инд. vadhū́ — «невеста», «невестка», «супруга», «молодая женщина». Ср. также греч. ἕδνα, pl. (ἕδνον, n.) — «брачные дары» (и.-е. основа

ВЕТ

*ued-no-; ср. о.-с. *věno из *ued(h)-no-m — «приданое»). См. *вождь*, *вожатый*.

ВЕСТЬ, -и, ж. — «уведомление», «сообщение», «слух». *Сущ.* **ве́стник**, *женск.* **ве́стница**. Сюда же **изве́стие**. Укр. **вість** (чаще **ві́стка**), **ві́сник**, **ві́сниця**; блр. **ве́стка**, **ве́снік** — «вестник» (о газете, журнале), но **вясту́н** — «вестник», **вясту́нка** — «вестница». Ср. болг. **вест**, *устар.* **ве́стник** — «газета», но **вести́тел** — «вестник», **вестя́вам**, **вестя́** — «извещаю»; с.-хорв. **ве̑ст**, **ве̑сни̑к** — «вестник»; польск. wieść, но ср. zwiastun — «вестник». Чеш. věst' — «весть, как и věstník — «вестник» (журнал, газета) — из русского, ср. zpráva — «весть». Др.-рус. (с XI в.) и ст.-сл. **вѣсть**, **вѣстьникъ** (Срезневский, I, 494, 495; SJS, I : 7, 380, 381). ▫ О.-с. *věstь. Из *věd-t-ь, род. *věd-t-i. Корень věd-, как и рус. *ведать* (см.), суф. -t-ь, тот же, что в о.-с. *čьstь (ср. *čьtǫ), *sъmьrtь и т. п.

ВЕСЬМА́, *нареч.* — (при качеств. прил. и при нареч.) «очень», «в высшей степени». В других слав. яз. отс. Ср. в том же знач.: укр. **ду́же**, **ве́льми**; блр. **ду́жа**, **вельмі́**, **на́дта**; болг. **мно́го**, **тве́рде**; с.-хорв. **вр̏ло**, **ве̏ома**; чеш. velice, velmi; польск. bardzo, wielce. Др.-рус. (с XI в.) **вьсьма**, также **вьсма** (Срезневский, I, 474). ▫ Старое произв. от местоименной основы *вьс-* (*вьсь*, *вься*, *вьсе*) с суф. *-ьма*. Ср. ст.-сл. **полъма** — «пополам» (от **полъ**), в совр. русском — *дарма́*, *задарма́*.

ВЕТВЬ, -и, ж. — «отросток живого дерева (растения), идущий от ствола (стебля)». **Ве́тка** — 1) тж.; 2) «ж.-д. линия, отклоняющаяся в сторону от главного пути». *Прил.* **ветви́стый**, -ая, -ое. *Глаг.* **ветви́ться**. *Сущ.* **разветвле́ние**. К рус. *ветвь* ближе всего чеш. větev, род. větvě, větevnatý, -á, -é; словац. vetva, vetvistý, -á, -é, vetvit' sa. Ср. укр. **ві́тка**, редк. **ві́та** (обычно же **гі́лка**, **гілля́ка**, **га́лузь**, но ж.-д. — **ві́тка**); блр. **галіна́** — «ветвь» (но ж.-д. — **ве́тка**); болг. **ве́йка** (наряду с **клон**) — «ветвь»; с.-хорв. **гра́на** — тж.; польск. gałąź, konar (но ж.-д. — bocznica). Др.-рус. (с XI в.) и ст.-сл. **вѣтвь**, **вѣть**, **вѣя** (Срезневский, I, 496, 499, 503). Сущ. *ветка* известно только с XVI в. (по ССРЛЯ, II, 242). Прил. *ветвистый* в словарях отм. с 1731 г. (Вейсман, 41). ▫ О.-с. корень *vě-. См. *вить*. По-видимому, в книжном др.-рус. языке издавна были возможны образования и с суф. -тв-ь, и с суф. -т-ь, и с суф. -j-а (ср. болг. **ве́йка**). *Ветка* [с суф. -к(а) < -ък(а)] от *вѣта (ср. укр. ві́та).

ВЕ́ТЕР, -тра, м. — «движущийся поток воздуха». *Прил.* **ве́треный**, -ая, -ое, **ветряно́й**, -а́я, -бе. *Сущ.* **ве́треник**, *поэт.* **ветри́ло**. С приставками: **пове́трие**, **прове́тривать**. Укр. **ві́тер**, **ві́тряний**, -а, -е; блр. **ве́цер**, **ве́траны**, -ая, -ае; болг. **вя́тър** — «ветер», **ве́трен**, -а, -о; с.-хорв. **вѐтар**, **ветро̀вит**, -а, -о — «ветреный», **ве̏трењаст**, -а, -о — «ветреный» (перен.); чеш. vítr, větrný, -á, -é; польск. wiatr, wietrzny, -a, -e. Др.-рус. (с XI в.) **вѣтръ**, **вѣтрьный**,

ВЕТ · ВЕХ

несколько позже вѣтряный, вѣтрило — «парус», вѣтрити — «веять» (Срезневский, I, 497—498). Ст.-сл. вѣтръ. ▫ О.-с. форма слова *větrъ; корень vě-; суф. -tr(ъ). Ср. лит. vėjas — «ветер», větra — «буря», vejìngas — «ветреный»; латыш. vējš — «ветер», větra — «буря»; ср. также лит. větyti; латыш. větīt — «веять» (зерно); др.-прус. vetro — «ветер»; гот. waían — «дуть», winds — «ветер»; др.-в.-нем. wāen — «дуть», «веять», wint — «ветер», нем. wehen — «дуть», Wind — «ветер»; др.-англ. wāwan — «дуть», «веять», wind — «ветер»; латин. ventus — «ветер» (> ит. vento; франц. vent; исп. viento); др.-инд. vā- — «веять», vátaḥ, m. — «ветер». И.-е. корень *u̯e(i̯)-[: *u̯o(i̯)-] — «веять», «дуть». См. *веять*.

ВЕТЕРИНА́РИЯ, -и, ж. — «наука о болезнях домашних животных и их лечении»; «практика лечения такого рода болезней». *Прил.* ветерина́рный, -ая, -ое. Сюда же ветерина́р — «врач, специалист по ветеринарии». Укр. ветеринарíя, ветеринáрний, -а, -е, ветеринáр; блр. ветэрынáрыя, ветэрынáрны, -ая, -ае, ветэрынáр; болг. ветеринáрия (чаще ветеринáрна нау́ка), ветеринáр, ветеринáрен, -рна, -рно; с.-хорв. ветеринáрство, ветеринá — «ветеринария» и ветеринá, ветеринйнáр — «ветеринар», ветеринáрскӣ, -ā, -ō; чеш. veterinář — «ветеринар», veterinářský, -á, -é, veterinářství — «ветеринария»; польск. weterynaria, weterynaryjny, -a, -e, weterynarz. В русском языке этой группы входят в употр. с 20-х гг. XIX в. Ср. у Пушкина в письме к Жуковскому (начало июля 1825 г.): «Всеволожского, очень искусного по *ветеринарной* части» (ПСС, XIII, 186). В словарях слова *ветеринар*, *ветеринарный* — с 30-х гг. XIX в. (Плюшар, IX, 1837 г., 126), *ветеринария* — с 1847 г. (СЦСРЯ, I, 115). ▫ Сущ. *ветеринар* и основа прил. *ветеринарный* в русском языке из западноевропейских языков. Ср. франц. (с XVI в.) vétérinaire — «ветеринар» и прил. «ветеринарный»; отсюда нем. Veterinär — «ветеринар». Ср. также англ. veterinary — «ветеринар», «ветеринарный». М. б., принимая во внимание время заимствования, из французского, с поправкой (а после n) на латинское произношение праформы. Во французском языке источник заимствования — латин. прил. veterīnārius — «имеющий отношение к veterīna, pl., n., veterīnae, pl., f. — «рабочий скот»; veterīnārius значило также «ветеринарный врач». К veterīnāria (medecina или ars) восходит и название самой науки (напр., рус. *ветеринáрия*).

ВЕТЧИНА́, -ы́, ж. — «мясо копченого свиного окорока». *Прил.* ветчи́нный, -ая, -ое. Только русское. В других слав. яз. отс. Ср. в том же знач.: укр. ши́нка (< нем. Schinken); блр. вяндлíна (< польск.), шы́нка — «окорок»; болг. шу́нка (< ю.-нем. Schunke), жамбо́н — «окорок» (< франц. jambon); чеш. šunka; польск. szynka. ▫ Из др.-рус. ветъшина от ветъшити — «делать давним, старым» (Срезневский, I, 250), произв. от ветъхъ. Ударение на окончании указывает на отвлеченное значение (ср. *вышинá, тишинá* и пр.). Старшее знач. «старина», «нечто давнее или длительное». Сначала *ветчиной* называли, надо полагать, мясо копченого окорока, предназначавшегося для д л и т е л ь н о г о хранения. Ср. у Р. Джемса (РАС, 1618—1619 г., 14 : 36) : βeatchenna — «bakon». Форма *ветчина* (с тч) вм. *ветшина* < *ветъшина* со знач., близким к совр., начинает встречаться с конца XV в. Ср. в «Домострое» по Конш. сп. (XVI в.) с ударением: «каша с *ветчинб́ю* житкая, а игда (sic!) густая с саломъ» (Орлов, 50), а ср. «у *ветчины* и у солонины» (ib., 44); ср. также в сп. И-38: «окаракъ *вѣтчины*» (ib., 73). Но еще Поликарпов (1704 г., 45) приводит оба варианта: *ветшина* и *ветчина*. Ср. у Поликарпова (68 об.) также *вядчина*. Но до XVIII в. слово не писалось (и не произносилось) как *вядчина*, и поэтому такое написание (без учета истории слова), особенно пропагандировавшееся Гротом, связывавшим его с глаг. *вялить* (корень *вяд-* из о.-с. *vęd-), является искусственным. Эта форма (допускавшаяся наряду с *ветчина*) — плод более позднего переосмысления слова на почве сближения с *вялить* и, м. б., напр., у Поликарпова, под влиянием польск. wędlina, wędliny — «колбасные изделия», «копчености».

ВЕ́ХА, -и, ж. — «всякий знак на пути, помогающий сориентировать дальнейшее продвижение, напр., пучок соломы или сена на придорожном шесте, столб с какой-н. отметкой на дороге, оторванная и прикрепленная к чему-н. ветка на лесной тропе»; *перен.* «значительный, важный момент или этап в развитии какого-н. явления, движения, в истории». В говорах: вехá, пошех. веши́ть — «расставлять вехи» (Копорский, 92); ветл. веховáть (СРНГ, в. 4, с. 208). Ср. также вехóтка, вéхоть (даже вехть), которые в южн.-влкр. говорах, напр., курск. употр. со знач. «пучок соломы, сена» (напр., для растопки печи) [Кардашевский, 157]; в сев.-влкр. говорах — иногда со знач. «ветка», напр., арханг. вехть (Подвысоцкий, 28). Укр. вíха (: тíчка) — «веха», вíхоть — «пучок соломы, сена», «клочок»; блр. вяхá — «веха»; словен. vehet — «связка сена»; чеш. vích : věch — «пучок соломы, сена», иногда «веха» (в выражении tyč s víchem slamy), věchet — «пучок», «клок»; словац. viecha — «пучок соломы», «зеленый венок над входом в жилой дом»; польск. wiecha — «пучок соломы», иногда «веха», бот. «метелка» (растения), устар. «венок или елка — кабачная вывеска» (Дубровский, 713), wiecheć — «пучок соломы», «соломенная веха»; в.-луж. wěcha — «пучок соломы, сена» (как знак), «пограничная веха», wěchoty -a, -e, wěchować. Также и в некоторых болг. говорах (напр., в тырновском; см. БЕР, в. 2, с. 138) известно вехá — «метла из связанных пучков соломы», «метелка для подметания на гумне». В ранних памятниках др.-рус. письменности веха (< вѣха) не встр. По КДРС оно известно с XVI в. Ср. вѣхъть — «пучок соломы» в Ип. л. под 6796 г.; более ранние (с XI в.) примеры — со знач. «губка» или «мочалка» (Срезневский, I, 499). В форме вехть отм. Кочиным (44) в ряде памятников. ▫ О.-с. *věcha, *věchъtь. Корень *věch- из и.-е. *u̯oi-s-. И.-е. корень *u̯ei- (: *u̯oi- : *u̯ī-) — «вертеть(ся)», «поворачиваться», тот же, что в о.-с. *větvь; также в рус. *вихрь*, *вилять*; -s- — расширитель на и.-е. почве. Ср. др.-в.-нем. wisc (совр. нем. Wisch) — «пучок соломы, сена»; дат. visk — «пучок», норв. hvidveis — «белый анемон», veis — «сочный стебель», диал. veisa — «растение с сочным стеблем»; дат. visk — «пучок»; норв. visk — «пучок», «клочок», «метелка», «веник»; кроме германской группы: др.-инд. vistara-ḥ, *т.* — «пучок камыша или травы для сидения». Старшее знач. о.-с. *věcha — «пучок соломы или сена», отсюда «знак» > «веха».

ВЕ́ЧЕР, -а, *м.* — «часть суток, предшествующая ночи», «время заката солнца». *Сущ.* вечеринка. *Прил.* вече́рний, -яя, -ее, отсюда вече́рня. *Глаг.* вечере́ть. *Нареч.* ве́чером. Укр. ве́чір, род. ве́чора, вечі́рній, -я, -е, вечі́рня, вечорі́ти, вечі́рка — «вечеринка», вве́чері — «вечером»; блр. ве́чар, вячэ́рні, -яя, -яе, вячэ́рнь, вечарэ́ць, вечары́нка — «вечеринка», ве́чарам; болг. ве́чер, ве́черен, -рна, -рно, вече́рня, свечеря́ва се, безл. — «вечереет», вечери́нка (но «вечером» — ве́чер, през вечерта́); с.-хорв. ве́чер, ве́че, ве́черњи, -а, -о, вече́рња, вечери́нка, ве́чером; ср. еще вече́рин — «западный ветер»; словен. večer, večerni, -a, -o, večernice — «вечерня», zvečer — «вечером»; ср. также večernik — «западный ветер»; чеш. večer, прил. večerní, večírek — «вечеринка», navečer, večer — «вечером»; словац. večer, večerný, -á, -é, zvečerievat'sa — «вечереть», večierok — «вечеринка»; польск. wieczór, wieczorny, -a, -e, wieczorek, wieczorynka, wieczorem; в.-луж. wječor — «вечер» и «запад», wječorny, -a, -e — «вечерний» и «западный», wječorjeć, wječorić — «вечереть», wječork — «вечеринка»; н.-луж. wjacor, wjacorny, -a, -e. Др.-рус. (с XI в.) вечер, вечерьний, вечерьня, вечерьна, нареч. вечеръ, позже вечеромъ в Пск. 1 л. под 6967 г. (Срезневский, I, 250—251). Ст.-сл. вєчєръ — «вечер», вєчєрьнии, вєчєрьн(ъ). Другие слова этой группы более поздние: *вечереть* — с 1704 г. (Поликарпов, 45: *вечерѣетъ*), *вечеринка* — с 1731 г. (Вейсман, 769). ▫ О.-с. *večerъ. В этимологическом отношении не очень ясное слово. Несомненно, оно находится в родственных отношениях с лит. vākaras (возможно, из *vekeros > *vekeras > vakaras) — «вечер», vakaruškà — «вечеринка», vakarìnis — «вечерний», «западный», vākar — «вчера»; ср. vakaraĩ, *pl.* — «запад»; латыш. vakars — «вечер». В других и.-е. языках столь близких соответствий не обнаружено; ср. латин. vesper — «вечер», греч. ἕσπερος — тж.; ирл. fescor, хотя начальная часть и конец слова *ve- и -er(os) совпадают с начальной частью балто-слав. формы, но, возможно, это случайное совпадение. [Впрочем, многие этимологи не отделяют греко-романо-кельтскую группы слов от балто-славянской (Pokorny, I, 1173), ссылаясь (по Шпехту) на «табуистический» характер замены -sper- > -ker- (или наоборот)]. Заслуживает внимания давно уже сделанное Бецценбергером сопоставление с лит. vokà — «крышка», латыш. vāks — тж.; лит. vókas — «веко», apvàkti — «скрывать», Vókia, Vokietijà — Германия (собств. «Западная страна»); латыш. Vācija (см. Преображенский, 81). Т. о., корень о.-с. слова мог бы быть *vek-; суф. -его- (как, напр., в о.-с. *sěverъ), старшее знач. «время заката солнца». См. *вчера*, *веко*.

ВЕЩА́ТЬ, веща́ю — 1) «сообщать, передавать по радио или телевидению»; 2) *устар. поэт.* «держать речь», «торжественно объявлять», «прорицать». *Отглаг. сущ.* веща́ние — теперь обычно в сложении с *радио*- и знач. «радиовещание». *Сущ. устар.* веща́тель — только в знач. «торжественно говорящий» и т. п., но *прил.* от него веща́тельный, -ая, -ое — только в знач. «радиовещательный». Укр. устар. віщува́ти, віща́ти, но ср. (радио)мо́влення — «(радио)вещание», радіомо́вний — «радиовещательный»; блр. вяшча́ць (только о радио), но ср. прадрака́ць — «вещать» (в старом знач.). Ср. болг. устар. веща́я — «предсказываю», «предрекаю», отсюда устар. веща́тел, веща́телен, -лна, -лно — «пророческий», но ср. радиопредава́телен, -лна, лно- — «радиотрансляционный» (при радиопреда́ване — «радиовещание»). Др.-рус. (с XI в.) вѣщати — «говорить», «проповедовать» (Срезневский, I, 502). ▫ Тот же корень (о.-с. *vět-), что в др.-рус. ве́чать (< *větje). О.-с. *větjati. Другого происхождения чеш. věštiti — «предсказывать», «прорицать»; польск. wieszczyć, wieszczować — «гадать», «прорицать» [от о.-с. *věščь : *věščьjь > рус. *вещий* (см.)]. След., в русском языке нужно было ожидать *веча́ть < *вѣчати*. Ср. пск. вѣча́ть — «кричать» (Даль, I, 297).

ВЕ́ЩИЙ, -ая, -ее, *поэт.*, *высок.* — «мудрый», «проницательный», «пророческий». Укр. ві́щий, -а, -е; блр. ве́шчы, -ая, -ае. Ср. болг. вещ — «сведущий», «опытный»; с.-хорв. вѣ́шти, -а, -о — «опытный», «искусный», «ловкий», вѣштѣ́к — «знаток», вѣ́штац — «колдун»; чеш. věští — «вещий», věštecký, -á, -é — «пророческий» (напр., сон; но moudrý, věhlasný Bojan); ср. věštba — «предсказание»; польск. wieszczy, -a, -e — «вещий»; ср. wieszczba — «ворожба», «колдовство». Ср. в том же знач.: болг. пророку́ващ, предска́зващ. Др.-рус. вѣщий — «мудрый»: «и прозваша Ольга вѣщий» (Пов. вр. л. под 6415 г.), «чудесный»: «вѣщиа пръсты» (Сл. плк. Игор.) [Срезневский, I, 502—503; Виноградова, в. 1]. Ст.-сл. вѣщь, вѣщии — тж. Старшее знач. «знающий», «мудрый». ▫ О.-с. *věščь, -а, -е : *věščьjь, -aja, -eje (< *věd-t-j-ь : *věd-t-j-ь-jь). Корень *věd-. См. *ведать*.

ВЕЩЬ, -и, *ж.* — «отдельный неодушевленный предмет»; «всякий предмет (объект)

ВЕЯ　　　　　ВИД　　　　　В

чувственного восприятия». *Прил.* **вещевóй, -áя, -óе.** *Сущ.* **веществó.** Болг. **вещ, вéщен, -щна, -щно,** (из русского) **вещевѝ, -á, -ó, веществó;** чеш. **věc, věcný, -á, -é** — «деловой», «дельный», «предметный»; словац. **vec, vecný, -á, -é** (знач. — как в чеш.); в.-луж. **wěc, wěcny, -a, -e;** н.-луж. **wěc.** В других слав. яз. отс. Ср. в том же знач.: укр. **річ;** блр. **рэч;** польск. **rzecz;** с.-хорв. **ствâр, прéдмет.** Др.-рус. (с XI в.) **вещь** (только в этой форме, с *е* и *щ*) — «вещь», позже «дело», «проступок», «происшествие», «естество», **вещьный, вещьство** (Срезневский, I, 252—254). Ст.-сл. **вєщь, вєщьнъ, вєщьнъıн, вєщьство** (SJS, I:4, 184—185). Прил. *вещевóй* позднее, в словарях отм. с 1847 г. (СЦСРЯ, I, 116: *вещевый*). ▫ О.-с. *věktь [: věktь (с ě из oi)?]. Форма с *щ* в русском языке из ст.-сл. (как *пища, освещение* и т. п.). Ср. гот. **wáihts** — «вещь»; др.-исл. **véttr** — vœt(t)r — тж.; др.-в.-нем. **wiht** (совр. нем. **Wicht**) — «(жалкое) существо»; англ. **wight,** шутл. — «человек», «существо». И.-е. основа *u̯ek⁴-t-ĭ-, от корня *u̯ek⁴- «говорить» (ср. польск. **rzecz** — «вещь» при рус. *речь*). К и.-е. корню *u̯ek⁴- восходят: латин. **vox** — «голос», «глас»; др.-инд. **vákti** — «говорит», «рассказывает»; греч. **ἔπος** — «слово», «речь» и др. (Pokorny, I, 1135—1136).

ВÉЯТЬ, вéю — (о ветре) «несильно дуть»; (о знамени) «реять»; *перех.* «очищать на ветру зерно от сора и мякины». *Сущ.* **вéялка.** Укр. **вíяти, вíялка;** блр. **вéяць** (о веянии зерна машинным способом — **арфавáць), вéялка** (о машине также **áрфа**). Ср. болг. **вéя** (о ветре также **дýхам,** о зерне — **отвявам), вéялка;** с.-хорв. **вѐjати, вѐjalица** — «веялка»; чеш. **váti, vanouti** (о зерне — **mlýnkovati), věječka** (также **fukar, mlýnek**) — «веялка»; польск. **wiać, wialnia** — «веялка». Др.-рус. (с XII в.) **вѣяти** — «дуть» (о ветре), «веять зерно» (с этим знач. только в Сл. плк. Игор.), **вѣяние** (вéтра) в Изб. 1073 г. (Срезневский, I, 503; Доп., 72). Ст.-сл. **вѣıати.** Сущ. *вéялка* довольно позднее. Встр. в рассказе И. С. Тургенева «Бурмистр», 1847 г. (ПСС, Сочинения, IV, 144). В словарях впервые отм. Далем (I, 1863 г., 297) наряду с другими названиями: *вéяло, вéяльня, вéяльница.* ▫ О.-с. *vějati. Ср. лит. **vétyti** — «веять зерно», **vėjas** — «ветер»; гот. **waían,** др.-в.-нем. **wāen** (совр. нем. **wehen**) — «дуть», «веять» [при гот. **winds,** др.-в.-нем. **wint** (совр. нем. **Wind**) — «ветер»]; греч. **ἄημι** (< aϜημι) — «вею», др.-инд. (глаг. основа) **vā-** — «веять» [напр., **vāti** — «(он) веет» (ср. **vátaḥ** — «ветер»)]. И.-е. корень *au̯(e)-: *au̯e(i)-: *u̯ē- (Pokorny, I, 81). См. *ветер.*

ВЗБАЛМÓШНЫЙ, -ая, -ое — «сумасбродный», «капризный», «с придурью и с причудами». В других слав. яз. отс. Ср. в том же знач.: укр. **химéрний, -а, -е, навіжéний, -а, -е;** блр. **узбаламýчаны, -ая, -ае;** польск. **bzikowaty, -a, -e.** Встр. у Фонвизина в письме к родным (апрель 1778 г.): «*взбалмошная* наглость» (СС, II, 444). В словарях (сначала в форме *взбаламóчный,* м. б., вследствие сближения с *баламутить, взбаламученный*) — с 1806 г. (САР², I, 475). ▫ Первоначально диалектизм, от рус. диал. *баламашь > балмашь.* Ср. помор. **бáлмашь** — «глупость», «прихоть», «пустая мечта» (Грандилевский, 90). У Даля (I, 38): **бáлмошь** — «дурь», **бáломошь** — тж.; отсюда **балмошѝть,** вят. **баламбóшить** — «баламутить»; также **бáлмочь,** но производных с *ч* не отм. Относится к группе эмоционально окрашенных слов с *бала-* (*бал-*): *баламут, балаболка,* курск. **балахлыст** — «праздный человек» (Кардашевский, I, 210) и др. В *бал(а)маш* вторая часть, м. б., от *махать?*

ВЗДОР, -а, *м.* — «нечто несуразное», «чушь», «чепуха». *Прил.* **вздóрный, -ая, -ое.** *Глаг.* **вздóрить.** Только русское. Ср. укр. **дурнѝця, нісенíтниця** — «вздор», **нісенíтний, -а, -е, безглýздий, -а, -е** — «вздорный», **сварѝтися** — «вздорить»; блр. **лухтá, бяссéнсіца** — «вздор», **недарэчны, -ая, -ае** — «вздорный», **спрачáцца** — «вздорить»; польск. **głupstwa,** мн., **bzdury, niedorzeczny, -a, -e** — «вздорный», **kłócić się** — «вздорить». В русском языке прил. *вздорный* известно с XVI в. Ср. «*заговорил вздорную*» в послании Ивана Грозного Кирилло-Белозерскому монастырю 1578 г. (Срезневский, Доп., 46). Сущ. *вздор* встр. с начала 30-х гг. XVIII в.: «испортил своим *вздором* всю... работу» (ИКИ, 186). ▫ Из *въз-дор-ъ,* где корень *-дор-,* тот же, что в *раздор, задор* и (на других ступенях чередования) в *деру, драть* (< *дърати*). С *о* этот корень встр. в ряде слов и в др.-рус. языке, и в говорах: др.-рус. (с XV в.) **доръ** — «земля, расчищенная под пашню», «роспашь»; ср. сев.-влкр. **дор** — «починок», сиб. «жир нутровой» (т. с. «выдранный»), моск. «сор», «плесень», «грязь» (Срезневский, I, 708; Даль, I, 423). Старшее знач. слова *възъдоръ,* надо полагать, было «собранные в кучу дранки, рванье, сор». Знач. «сор», «хлам» в Москве сохранялось еще во 2-й пол. XVIII в. (Болотов, «Записки», II, 191).

ВЗДЫМÁТЬ, вздымáю — «(при)поднимать что-л. кверху». *Возвр. ф.* **вздымáться.** Укр. **здимáти(ся);** блр. **уздымáць, уздымáцца;** польск. **wzdymać (się).** В других слав. яз. отс. Ср. в том же знач.: болг. **дѝгам (се);** чеш. **zvířovati, vztyčovati (se), stoupati.** У Срезневского (I, 282) только один пример (из Пск. I л. под 6979 г.) употребления этого слова (в форме **воздымати**). Так же в Пск. III л. по Архивскому сп. ▫ Из *въз-дым-ати,* где *ы* восходит к удлинению *ъ* [ср. др.-рус. **дъму** (< о.-с. *dъmǫ), форма 1 ед. от **дути** (< о.-с. *dǫti;* и.-е. корень *dhem-: *dheme-)]. Ср. чеш. **nadýmati** — «надувать» (щеки); польск. **dymać** — «дуть», «раздувать». След., старшее знач. «вздувать» или близкое к этому. См. *дуть, домна.*

ВИДЕТЬ, вижу — «воспринимать что-л. существующее в действительности, действительное посредством органов зрения»;

«иметь зрение», «наблюдать», «испытывать». *Возвр. ф.* ви́деться. *Многокр.* вида́ть, вида́ться. *Сущ.* вид, виде́ние. *Прил.* види́мый, -ая, -ое, ви́дный, -ая, -ое, отсюда *вводн. сл.* ви́дно. По-украински «видеть» — ба́чити, но ср. вида́ти(ся) — «видать(ся)», вид — «вид», «лицо», виді́ння, ви́диво, ви́дний, -а, -е, ви́дно, види́мий, -а, -е; по-белорусски «видеть» — ба́чыць, но ср.ві́даць — «быть видным, виднеться», від, ві́дны, -ая, -ае. Ср. болг. ви́ждам — «вижу», вид, виде́ние (но ви́ждане — «виде́ние»), ви́дим, -а, -о, ви́ден, -дна, -дно; с.-хорв. ви́дети — «видеть», ви́ђати — «часто видеть», ви̑д — «вид», «зрение», ви̏дљив, -а, -о : ви̏дљиви, -ā, -ō — «видимый», ви̏дан, -дна, -дно : ви̏дни, -ā, -ō, ви̏ђење — «виде́ние», «ви́дение»; словен. videti, vid, videnje, viden, -dna, -dno, vidljiv, -a, -o — «видимый», «видный»; чеш. viděti (se), vídati (se), vid, vidění (ср. vidina — «призрак»), vidno, ср. na viděnou — «до свидания»; словац. vidieť (sa), vídat' (sa), vid, videnie, vidno; польск. widzieć (się), 1 ед. widzę (się), widać — «видно», widok — «вид», widzenie (ср. widmo — «призрак»), widomy, -a, -e — «видимый», widny, -a, -e — «ясный», «видимый», «светлый», widno — «видно» (ср. widz — «зритель»); в.-луж. widźeć, wid, widmo — «призрак», widźomy, -a, -e — «видный» (ср. widźer — «пророк»); н.-луж. wiźeś (ср. wiźaŕ — «пророк»). Др.-рус. (с XI в.) видѣти, 1 ед. вижю : вижу(ся), видомъ, видомый и видимъ, видимый — «видимый», видати, видъ — «зрение», «образ», «зрелище», «вид», видѣние — «зрение», «ви́дение», «виде́ние», видокъ — «свидетель», видь — «зрелище», видьць — «зритель», видьный (Срезневский, I, 254—257). Ст.-сл. видѣти, видомъ, видомꙑнъ и видимъ, видьнъмь, видѣниѥ, видьць, видъ, видьнъ (SJS, I : 4, 186—188). □ О.-с. *viděti. И.-е. база *u̯ei-d- (: *u̯i-d-). На славянской почве к этому и.-е. корню восходит о.-с. *věděti (см. *ведать*). Сюда же отн. рус. зависть (см.). Ср. лит. véidas — «лицо», «облик», veizdėti [с z (перед d), которое объясняют по-разному: м. б., из ф. 2 ед. пов. накл. veizdi (ср. ст.-сл. виждь) или другим путем (см. Fraenkel, 1215)], 1 ед. véizdmi — «видеть», «смотреть», ср. также pavydėti — «завидовать», «ревновать»; др.-прус. waist — «знать», «ведать»; гот. witan — «смотреть за кем-л.», «наблюдать», также «знать», «ведать»; др.-в.-нем. (gi)wiʒʒan — тж., wiʒʒan (совр. нем. wissen) — «знать»; латин. video — «вижу», «замечаю», «нахожу» [и vīsō — «рассматриваю» (где s < ds; *u̯eid-sō), vīsiō — «ви́дение», «виде́ние» и пр.]; греч. εἶδος — «вид»; ср. (ϝ)οἶδα — «знаю», авест. vaēda — «знаю»; др.-инд. vindáti, vindate (где -n- инфикс) — «находит», «открывает», «существует», véda (*perf.*) — «я знаю», veda, *m.* — «знание», «веды», vedas, *n.* — «знание» (ср. совр. хинди видйā — тж.; бенг. бидда — тж.).

ВИЗИ́ГА, -и, *ж.* — «спинная хорда, длинная трубчатая струна с хрящевой массой вдоль хребта красной рыбы (осетра, севрюги, белуги), употребляемая в пищу в сушеном виде». Устар. написание вязи́га. Укр. визи́га; блр. візі́га. В других слав. яз. отс. Ср. в том же знач. чеш. jeseteří hřbet. В русском языке известно (с *я* после *в*) с XVI—XVII вв. (ТК, I, 42, 1634 г., Северный речной путь). Встр. у Котошихина (гл. 6, л. 116) и др. В словарях — с 1704 г. [Поликарпов, 69: вязига (вѧзига — neruus piscium]. □ Старое объяснение, согласно которому *вязига* будто бы восходит к польск. wyz, wyzina — «белуга», «белужина», поддержанное Преображенским (I, 83), не учитывающее истории этого слова на русской почве, следует считать неудовлетворительным [укр. визи́га — следствие межслоговой ассимиляции (*'a:u > u:u*), как *o:a > a:a* в бага́тий и пр.]. По корню *вязига* относится к гнезду *вязать* (о.-с. корень *vęz-). Ср. в говорах: яросл. вязи́га : вязга́ — «придирчивый человек», «крючок», «тяжебник», также курск. вя́зы — «скулы», вя́зло — «пояс», «опояска», старин. вязня́ — «ремни, привязки в одежде, вооружении стрельцов» (Даль, I, 298). Суф. *-иг-а*, как в о.-с. *veriga (корень *ver- : *vьr-; ср. *vьrg̑ — «запираю»), как в рус. *кулига, коврига*.

ВИЗИ́Т, -а, *м.* — «посещение кого-л., кем-л. (преимущ. официальное)». *Прил.* визи́тный, -ая, -ое. *Сущ.* визи́тка, визитёр. *Глаг.* визити́ровать. Укр. візи́т, візитёр, візитува́ти; блр. візі́т, візітава́ць. Ср. болг. визи́та, визи́тен, -тна, -тно, визити́рам — «визитирую», «делаю обход больных»; с.-хорв. ви́зита; польск. wizyta, wizytowy, -a, -e. Но ср. в том же знач. чеш. návštěva, navštěvovati (корень тот же, что в рус. *чтить*). С Петровского времени. Ср. в документах «Архива» Куракина: «учинил *визиты*» (I, 183, 1707 г.); «иметь *визиту*» (I, 184—185), затем в «Лексиконе вокаб. новым» (1718 г.?). «Лексикон» 1762 г. (57) дает *визит*. Прил. *визитный* встр. у Пушкина в письме к Н. И. Гончаровой от 29-X-1830 г. (ПСС, XIV, 119), в словарях — с 1835 г. (Соколов, I). Производное *визитка* впервые отм. в 1863 г. (Даль, I, 180); *визитёр* [у Даля — *визитчик* (I, 180)], *визитировать* — еще более поздние; *визитёр* встр. в рассказе Чехова «Бабье царство», 1894 г. (СС, VII, 336); *визитировать*, м. б., появилось несколько раньше, но оно не пользовалось широким распространением и в настоящее время устарело. □ Заимствовано из французского языка. Ср. франц. (с конца XVI в.) visite.

ВИ́ЛКА, -и, *ж.* — «часть столового прибора — приспособление, обычно в виде ручки с металлическим наконечником с несколькими зубьями для захватывания более или менее твердых кусочков пищи». Ср. вилка (штепсельная) — «деталь электротехнического оборудования (прибор с двумя контактными металлическими стерженьками на конце, вставляющимися в розетку)». *Прил.* ви́лочный, -ая, -ое. Укр. ви́лка, виде́лка, ср. (штепсельна) ви́лка. Ср. болг. ви́лица, но (видимо, из

ВИЛ

русского) ви́лка — «штепсельная вилка»; с.-хорв. ви̏љушка, диал. ви̏лица — тж.; ср. утика́ч — «штепсельная вилка»; словен. vilice; чеш. и словац. vidlička; ср. zástrčka — «штепсельная вилка»; польск. widelec (в технике — widełki, мн.; из польского — блр. віде́лец); н.-луж. widlicka. В XVI—XVII вв. вилка, возможно, называлась ви́лица (Срезневский, I, 257 со ссылкой на Острожскую библию 1581 г.). Поликарпов (1704 г., 46 об.) отметил ви́лки, мн., но лишь в знач. «вилы», так что это слово явно не имеет отношения к столовому прибору. [Несомненно, вилка как обязательная принадлежность столового прибора входила в обиход в разных странах Европы в разное время. Первое упоминание о ней в немецких письменных памятниках относится к концу XIV в. (1379 г.), но в обращение она вошла в Германии значительно позже. В Англии она была «освоена» в начале XVII в. (см. об этом Плюшар, т. X, 193); из этимологических словарей см. Kluge[10] (статья Gabel, 162)]. ▫ В этимологическом же отношении слово *вилка* не представляет затруднений: оно происходит (образование с суф. -ък-а) от *вилы* и, следовательно, относится к гнезду *вить* (см. эти слова). Подобным же образом получилось, напр., франц. fourchette — «вилка» (уменьш. к fourche — «вилы»).

ВИ́ЛЛА, -ы, ж. — «богатая загородная дача (обычно с парком)», «роскошный загородный дом-особняк». Укр. ві́лла; блр. ві́ла; болг. ви́ла; с.-хорв. ви̏ла (но ср. ви̏ла — «вила», «русалка»); чеш. vila; польск. willa. В русском языке известно с 1-й пол. XIX в. Встр. у Гоголя в письме к матери от 12-VI-1837 г. из Рима: «*Виллами* называются дачи, загородные дворцы» (ПСС, XI, 103), а также в наброске «Ночи на *вилле*» (ПСС, III, 324, 1839 г.). В словарях — Плюшар (X, 1837 г., 196). ▫ Первоисточник — латин. villa — «дача», «загородная усадьба», «поместье» (от vicus — «деревня», «поселок»); первые виллы появились уже в древнеримскую эпоху. Отсюда: франц. (с XVIII в.) villa; нем. Villa и др.

ВИ́ЛЫ, вил, мн. — «ручное орудие в виде длинной рукоятки с зубьями для уборки сена, навоза и т. п.». Укр. ви́ла, мн., ви́лка и вилкі́, мн.; блр. ві́лы, мн., ві́лкі, мн., сахо́р. Ср. болг. ви́ла, ж.; с.-хорв. ви̏ле, мн., ж.; чеш. vidle, мн.; польск. widły, мн. В письменных памятниках — не раньше XV в. Срезневский (Доп., 34) отм. ви́лы, мн. в знач. бортного знака в «Оброчной грамоте» 1478 г. В словарях — с 1771 г. (РЦ, 51). ▫ От *вить* (см.). Ср. в говорах *вить сено* — «навивать», «накладывать» (Даль, I, 183). След., *вилы* [от ед. *вила (< о.-с. *vidla) или *вило (о.-с. *vidlo)] первоначально — «орудие для навивания сена».

ВИНА́, -ы́, ж. — 1) «проступок», «ответственность за совершенный проступок»; 2) «причина чего-л. нежелательного». *Прил.* винова́тый, -ая, -ое, вино́вный, -ая, -ое, только с отрицанием неви́нный, -ая, -ое.

ВИН

Глаг. вини́ть. *Сущ.* вино́вник, вино́вность, пови́нность, обвине́ние и т. п. Укр. (редко) вина́, но (в 1 знач.) обычно прови́на, винува́тити — «винить», винува́тий, -а, -е, ви́нний, -а, -е; блр. віна́, віна́ваты, -ая, -ае, віна́ваціць. Ср. болг. вина́, вино́вен, -вна, -вно, виня́; чеш. vina, viniti, vinný, -á, -é; польск. wina, winić, winny, -a, -e. Но с.-хорв. кри̏вица — «вина», кри́вити — «винить», кри̏в, -а, -о — «виноватый». Др.-рус. (с XI в.) и ст.-сл. вина — «грех», «обвинение», «причина», виноватъ, виновьнъ, виновьный, виньнъ, виньный, виновати, 1 ед. виную (Срезневский, I, 258—260, 262). Глаг. вини́ти, 1 ед. *виню* отмечает Поликарпов (1703 г., 46 об.). ▫ Ср. латыш. vaina. vainīgs — «виноватый», vainot — «винить»; ср. лит. vainóti — «ругать», диал. vaina — «ошибка». Праславянская форма *vina, надо полагать, возникла вместо *věna (ср. о.-с. *cěna — «цена» при лит. káina — «цена»), м. б., под влиянием глагольных образований на -nqti : -vinqti, где vi- закономерно (Meillet[2], 447). Если так, то о.-с. *vina может быть лучше всего увязана с *voi̯ [ср. др.-рус. вои — «воин», воинъ, воина и т. п. от и.-е. корня u̯ei̯ (: *u̯oi̯ : *u̯i-) — «гнать», «преследовать» > «вызывать страх, ужас» (ср. др.-рус. повину́ти(ся) — «покорить(ся)», обину́тися < *обвину́тися — «бояться»; ср. также лит. vý̨ti — «гнать»)]. Развитие значения: «преследование» > «результат, следствие преследования» > «наказание», «то, что заслуживает наказания». См. *воин*. Допустимо предположение о давней контаминации о.-с. *věna > *vina с о.-с. *viti — «вить» (см. *вить*).

ВИНЕГРЕ́Т, -а, м. — «холодное кушанье из мелко нарезанных овощей: картофеля, лука, свеклы, огурцов и др. (иногда с добавлением яйца, мяса или рыбы), приправленное острым соусом»; *перен.* «смесь», «мешанина». Укр. вінегре́т; блр. вінегрэ́т. В других слав. яз. отс. Ср. с тем же знач.: болг. ру́ска сала́та; с.-хорв. ру́скā сала̀та, но чеш. vlašský salát (т. е. «итальянский салат»; между тем итальянцы называют «винегрет» insalata russa — «русский салат»); польск. sałatka. В русском языке отм. в «Словаре поваренном» 1795 г. (Левшин, СП, III, 17). Н. И. Тургенев употребляет его в форме *венегред* в письме к брату С. И. Тургеневу от 5-VIII-1817 г. в перен. смысле: «настоящий *венегред*, приправленный записками о кредите» (Н. И. Тургенев, Письма, с. 230). У Пушкина слово vinaigrette [в черновых материалах в I главе «Евгения Онегина» (ПСС, VI, 228)] употреблено («Двойной бекас и vinaigrette), вероятно, во французском его значении. В словарях русского языка — с 1863 г. (Даль, I, 181). ▫ Заимствовано из французского языка. Ср. франц. vinaigrette — «род уксусного соуса» [от vinaigre — «уксус» (но «винегрет» — salade russe)]. Из франц. — нем. Vinaigrette — «кисло-сладкий соус из трав», «род мясного салата».

ВИНО́, -а́, *ср.* — «напиток, получающийся в результате алкогольного брожения сока свежего или вяленого винограда»; «алкогольный напиток». *Прил.* **ви́нный, -ая, -ое.** Ср. **ви́нная я́года** — «сушеный инжир». Укр. **вино́, ви́нний, -а, -е**; блр. **віно́, ві́нны, -ая, -ае**; болг. **вино́ — «виноградное, фруктовое вино», ви́нен, -а, -о, вина́р — «винодел», «виноторговец»**; с.-хорв. **ви́но — «(гл. обр. виноградное) вино», ви́нски, -а̄, -о̄ — «винный»**, ср. **ви́нов(ӣ), -а, -о — «виноградный», вина̑р — «виноторговец»**; словен. vino, vinski, -a, -o; чеш. víno — «вино», «виноград», vínný, -á, -é; ср. vinice — «виноградник», vinař — «виноградарь»; словац. víno — «вино», vínny, -a, -e, vinica — «виноградник», vinár; польск. wino — «вино», winny, -a, -e; в.-луж. wino — «вино», но winowy, -a, -e — «виноградный», win(i)ca — «виноградник», winar — «винодел». Др.-рус. (с XI в.) и ст.-сл. **вино — «вино», «виноград», виньнъ — «винный» — «виноградный», виница — «виноградник», винарь — «виноградарь»** (Срезневский, I, 259, 261, 262; SJS, 1 : 4, 190, 192). ▫ О.-с. *vino. По вокализму корня и по форме грам. рода ближе всего к латин. vīnum, *n.* (простонар. *vīno) — «вино» и могло быть заимствовано (к началу или в начале н. э.) из латинского. Близко оно и к гот. wein, *n.* (< *win) — тж.; др.-в.-нем. wīn (совр. нем. Wein); англо-сакс. wīn (совр. англ. wine). В языках германской группы это слово из латинского, как и др.-ирл. fín и др. Но греч. οἶνος, *m.* — «вино», οἴνη, *f.* — «виноградная лоза» (с вокализмом *o*), как и алб. vênë (: verë) < *u̯oina, арм. gini (< *u̯oiniom) и нек. др. составляют группу, близкую к первой, не сводимую к одному с ней источнику, если даже в обоих случаях название вина считать заимствованием из неиндоевропейских языков Средиземноморья, Причерноморья или Малой Азии. Ср. араб.-эфиоп. wain; др.-евр. jajin; ассир. īnu (о.-семит. *wainu?). Ср. груз. γwino- — «вино», wenax- — «виноградник», мегр. binex- — «виноградная лоза». Но груз. γwino, как полагают, из арм., из и.-е. языков [также, м. б., и wenax (Климов, ЭСКЯ, 83)]. Высказывалось также предположение, что и в семитских языках это слово не более чем европеизм, попавший туда из языка догреческого и.-е. населения Балканского п-ова при посредстве пеласгов-филистимлян (Георгиев, ВЯ, 1956 г., I, 59). Т. о., сомнения относительного того, что это слово может быть незаимствованным и.-е. по происхождению (см. Pokorny, I, 1121), едва ли не основательны. И.-е. корень мог бы быть *u̯ei- — «сгибать», «обвивать», «виться»» [ср. рус. *вить* (см.); ср. латин. vītis — «виноградная лоза»], расширитель -n- (как в о.-с. *věnьcь или от другого корня о.-с. *runo и др.), старшее знач. «виноградная лоза».

ВИНОГРА́Д, -а, *м.* — «вьющееся кустарниковое плодовое растение», Vitis; «плоды этого растения». *Прил.* **виногра́дный, -ая, -ое.** *Сущ.* **виногра́дина, виногра́дник, виногра́дарь.** Укр. **виногра́д, виногра́дний, -а, -е, виногра́дина, виногра́дник, виногра́дар**; блр. **віногра́д, віногра́дны, -ая, -ае, віногра́дзіна, віногра́днік, віногра́дар.** Ср. болг. устар. **виногра́д — «виноградник»**, диал. **виногра́дище — тж.** (Младенов, ЕПР, 66); с.-хорв. **виногра̏д, виногра̏дац — «виноградник», виногра̏дски, -а̄, -о̄ — «относящийся к виннограднику», виногра̀дар**; словен. vinograd, vinogradček, vinogradski, -a -o, vinogradnik — «виноградарь»; (устар.?) чеш. и словац. vinohrad — «виноградник», *прил.* vinohradní (словац. vinohradný, -á, -é), vinohradník — «виноградарь»; из чешского — польск. устар. winograd — «виноградник». Ср. название плодов винограда и виноградной лозы в совр. слав. языках: болг. **гро́зде** (плоды), **гро́здово зърно** (виноградина), **лозе́** (растение); с.-хорв. **гро̀жђе** (плоды), **ло̀за** (растение); чеш. vinné hrozny (плоды), (vinná) reva (растение) [reva < др.-в.-нем. rēba); ср. нем. Rebe — тж.]; польск. winogrona, *pl.* (плоды), winorośl (растение). Др.-рус. (с XI в.) и ст.-сл. **виноградъ — «виноград»** (плоды и растение); «виноградник», «сад», **виногра́дьнъ, виноградьный** (Срезневский, I, 260, 261; SJS, I : 4, 191). ▫ В вост.-слав. языках *виноград* едва ли не давнее заимствование из ст.-сл. языка. Вторая часть сложения град- (=вост.-слав. город-) — «огороженное место». Ст.-сл. виноградъ, м. б., из о.-с. *vinogordъ. Но имеется и другое объяснение: *виноград* — старое заимствование из германских языков; ср. крым.-гот. wingart — «виноградная лоза» (гот. weinagards при др.-в.-нем. wīngarto), совр. нем. (швейц., рейнск., швабск.) Wingert — «виноградник» (как бы «Weingarten»); англ. vineyard — тж. В том или другом случае (первое предположение, ввиду неясности вопроса о происхождении германских данных более предпочтительно) старшим знач. этого слова следует считать «виноградник». Возможно, что оба слова (южнославянское или даже общеславянское и германское) возникли каждое в свое время и независимо одно от другого. Литературу см. у Кипарского (Kiparsky, GSL, 225—226).

ВИНТ, -а́, *м.* — «стержень, гвоздь со спиральной нарезкой». *Прил.* **винтово́й, -а́я, -бе.** *Глаг.* **винти́ть.** Сюда же **винто́вка** (см.). Болг. **винт**, вероятно, из русского. Ср. укр. **гвинт.** В других обл. отс. Ср. блр. **шру́ба**; с.-хорв. **шра̏ф, за̀вртањ**; чеш. šroub; словац. skrutka; польск. śruba. Ср. нем. Schraube — «винт» (источник заимствования в блр., с.-хорв., чеш. и польск.). Возникла форма *винт*, надо полагать, до начала XVII в. С XVII в. известно несколько производных от этого слова: *винтовал* — «ружье с нарезным стволом» (1618—1619 гг.), *винтовка* (см.), *винтовать* [напр., в «Космографии» 1670 г. (42): «всяким воинским оружием... шурмуют и *винтуют*» (о «германах»); ср. у Даля (I, 182): ряз. **винтова́ть — «джигитовать»**]. ▫ Первоисточником, как полагают, — нем. Gewinde — «спиральная нарезка» (от winden — «вить», «крутить»). Отсюда польск. gwint — «спиральная нарезка», «винт» и укр. гвинт (последнее, м. б., при польском посредстве). В русском языке произношение этого слова было изменено под влиянием *вить(ся)*. Позже, м. б., имело место и сопоставление с франц. vis, ит. vite. Ср. франц. vis — «винт»; ит. vite — тж.; алб. vidhë — тж.

ВИНТОВКА, -и, ж. — «ружьё с винтовой нарезкой в канале ствола». *Прил.* винтовочный, -ая, -ое. Блр. вінтоўка, вінтовачны, -ая, -ае; болг. (из русского) винтовка (обычно пушка). Ср. укр. гвинтівка, гвинтівковий, -а, -е; польск. gwintówka (напр., у Мицкевича в стих. Czaty) — «нарезное ружьё» («винтовка» — karabin). Ср. в том же знач.: с.-хорв. војничка пушка; чеш. puška. Слово *винтовка* появилось в русском языке в XVII в. Ср.: «ранен из *винтовки*» (МИМ, № 777, 1657 г., 688), далее: АМГ, III, 408, 1660—1664 гг. и др. Ещё позже его отм. (в форме *виндовка* и со знач. «gezogen rohr») Лудольф в 1696 г. («Рос. гр.», приложение, с. 144). В странной форме *винтовал* (с ударением на *ви*) находим это слово у Р. Джемса (РАС, 1618—1619 гг., 58 : 5) : βintoval — «a rifled peece» (совр. piece). М. б., здесь имеет место простая описка под влиянием *самопал?* □ *Винтовка*, как и другие сущ. с суф. -к- (< -ък-), является сокращенным заменителем некоего словосочетания [в данном случае, напр.: *мелкое винтовое (о)ружье, винтовая пищаль, винтовой самопал*]. См. *винт*.

ВИОЛОНЧЕ́ЛЬ, -и, ж. — «смычковый музыкальный инструмент, средний по регистру и размерам между скрипкой и контрабасом». *Прил.* виолончельный, -ая, -ое. *Сущ.* виолончелист. Укр. віолончéль, віолончéльний, -а, -е, віолончеліст; блр. віяланчáль, віяланчáльны, -ая, -ае, віяланчэліст. Ср. болг. виолончело, виолончелен, -а, -о, виолончелист; с.-хорв. виолончèло, чèло, (виолон)чèлист(а), *м.*; чеш. violoncello, cello, violoncellový, -á, -é, violoncellista; польск. wiolonczela, wiolonczelowy, -a, -e, wiolonczelista. Отм. Яновским в 1803 г. (I, 484). Встр. у Пушкина в «Египетских ночах», 1835 г., гл. 1 (ПСС, VIII, 265). □ Первоисточник — ит. violoncèllo (уменьш. к устар. violone — «контрабас»); ср. также viola — «альт», violino — «скрипка». Из итальянского: франц. (с 1762 г.) violoncelle; нем. Violoncello, Violoncell; англ. violoncello.

ВИРТУО́З, -а, м. — (обычно о музыкантах) «артист, в совершенстве, до тонкостей владеющий техникой исполнительского мастерства». *Прил.* виртуо́зный, -ая, -ое. Укр. віртуо́з, віртуо́зний, -а, -е; блр. віртуо́з, віртуо́зны, -ая, -ае; болг. виртуо́з, виртуо́зен, -зна, -зно; с.-хорв. виртуо́з, виртуо́зан, -зна, -зно : виртуо̀знӣ, -ā, -ō; чеш. virtuos, virtuosní; польск. wirtuoz, wirtuozowski, -a, ie. В русском языке — сравнительно позднее заимствование. В словарях отм. с 1803 г. (Яновский, I, 480). Встр. у Пушкина (ПСС, XII, 172; СЯП, I, 289). □ Источник распространения — итальянский язык. Ср. ит. virtuoso — «виртуоз». Отсюда франц. (с конца XVII в.) virtuose; нем. Virtuose; англ. virtuoso; венг. virtuóz и т. д. Ит. virtuoso восходит к латин. virtus (в данном случае в знач. «превосходное качество», «отличное достоинство», «доблесть»).

ВИ́РУС, -а, м. — «мельчайший микроорганизм, возбудитель инфекционного заболевания». *Прил.* ви́русный, -ая, -ое. Укр. ві́рус, ві́русний, -а, -е; блр. ві́рус, ві́русны, -ая, -ае; болг. ви́рус, ви́русен, -сна, -сно; с.-хорв. ви́рус; чеш. virus; польск. wirus. В научной русской литературе слово *вирус* (в совр. знач.) стало известно гораздо раньше, чем получило широкое распространение в русском языке. Ср., напр., название книги Н. Ф. Гамалеи «Фильтрующиеся *вирусы*», вышедшей в свет в 1930 г. В словарях — с 1933 г. (Кузьминский и др., 232). □ Ср. франц., англ., ит. virus; нем. Virus и пр. Первоисточник — латин. vīrus — «слизь», «слизистый сок» > «яд».

ВИ́РШИ, *мн.* (*ед.* ви́рша, -и, *ж.*) — «старинные русские и украинские силлабические стихи, построенные на основе определенного одинакового количества слогов в каждой стихотворной строке», «плохие стихи». Укр. ві́рші (*ед.* ві́рша); блр. ве́ршы (ед. верш); ср. чеш. verše — «ви́рши» (*ед.* verš); польск. wiersze (*ед.* wiersz) — «строки», «стихи», «стихотворения». Ст.-рус. (XVI—XVII вв.) ви́рши (*ед.* ви́рша). □ Первоисточник — латин. versus — «борозда» > «ряд», «линия» > «строка» > «стих»; ср. vertō — «взрыхляю» (землю плугом), «направляю», «поворачиваю». В русском языке (как и в укр. и блр.) — при польском посредстве. В польском, м. б., непосредственно из немецкого (ср. нем. Vers < латин. versus, известное со средневековой эпохи.

ВИСЕ́ТЬ, вишу́ — «находиться на весу, без опоры в вертикальном положении, будучи прикрепленным к чему-л. в верхней точке». *Неперех.* ве́сить, ве́шу — «иметь вес». Каузатив ве́шать, ве́шаю. *Отглаг. прил.* ви́слый, -ая, -ое, отсюда ви́селица. Сюда же вес, весы́, ве́шалка; с приставкой: зави́сеть. Укр. висі́ти, ві́шати (но ср. ва́жити — «ве́сить»), ві́шалка; блр. ві́сець, ве́шаць (но ва́жыць — «ве́сить»), ве́шалка. Ср. болг. вися, устар. ве́шам, также обе́ся (< обве́ся) — «повесить» («вешаю» — ока́чвам; ср. тежа́, те́гна — «вешу»); с.-хорв. ви́сити, вѐшати (но ва̀гати — «ве́сить», «взвешивать»); чеш. viseti, věšeti (но važiti — «ве́сить», «вешать»); польск. wisieć, wieszać (но ważyć — «ве́сить», «взвешивать»). Др.-рус. (с XI в.) висѣти, (с XII в.) вѣсити, перех. — «вешать», (с XIII в.) вѣшати, (с XI в.) вѣсъ — «вес», «весы» (?) [Срезневский, I, 264, 493, 495]. Ст.-сл. вѣсѣти (SJS, I : 5, 193). След., *весить* — «иметь вес» — чисто русское (влкр.) образование, появившееся к XVII в. (до этого говорили *тянуть*). Ср. у Р. Джемса (РАС, 1618—1619 гг., 63 : 19): βesit — «to waye» —

ВИС

«взвешивать». ▫ В о.-с. языке *visěti, *věsiti, перех. [: *věšati (< *věsjati)]. В этимологическом отношении трудное слово. Убедительнее других объяснение Ильинского (ИОРЯС, т. 23, с. 125), который пытался увязать о.-с. *visěti с др.-в.-нем. weibōn — «качаться», «висеть»; др.-сканд. weifa — «шататься», «качаться» (ср. норв. veive — «размахивать», «вращать»); др.-инд. vēpate, vēpati (корень vip-) — «дрожит», «трепещет». Сюда же (?) лит. vėpsóti — «зевать», «стоять с разинутым ртом» (< «качаться от удивления?»). И.-е. корень *u̯eip-, расширитель -s-. Т. о., о.-с. *visěti имеет s из ps (как в о.-с. *osa при лит. vapsà, др.-в.-нем. wafsa) и первоначально значило «качаться», «находиться в качающемся положении», «быть подвешенным».

ВИ́СКИ, *нескл.*, *ср.* — «род крепкой (ок. 45%) водки, распространенной в Англии и в США и получаемой в результате перегонки сусла, приготовленного из ржи или кукурузы и ячменного солода». Укр., блр. ві́скі. Ср. болг. уи́ски. В русском языке слово *виски* известно с 30-х гг. XIX в. В словарях — с 1837 г. (Плюшар, X, 399). ▫ Из английского языка. Ср. англ. whisky (произн. ′wıskı). В англ. языке это слово — кельтизм. Ср. др.-ирл. u(i)sce — «вода» [ср. *водка* (см.)].

ВИСО́К, -ска́, *м.* — «часть головы (черепа) от уха до лба». *Прил.* висо́чный, -ая, -ое. Укр. висо́к (чаще скро́ня), виско́вий, -а, -е, вискови́й, -а́, -е́. Ср. в том же знач.: блр. скронь (< польск. skroń); чеш. skráň и spánek (видимо, калька с нем. Schläfe, *f.* — тж.); болг. сля́по око́; с.-хорв. слепо око — тж. Древнейшее славянское название виска, надо полагать, то, которое сохраняют западные славяне (чеш. skráň; польск. skroń). Др.-рус. (XIV в.) скронь, скрония — «висок», ст.-сл. скранни «висок», скрань — «щека». Ср. рус. диал. скорынья́ — «челюсть» (Даль, IV, 187). Что касается рус. висо́к, мн. виски́, то это слово сравнительно позднее. Встр. в МИМ, № 777, 1657 г., 692: «(ранен) в левый висок». В словарях — с 1704 г. (Поликарпов, 47: виски́ «tempora»). Старшее знач. слова виски́, можно полагать, было «длинные волосы на голове, свисающие прядями». В совр. южновеликорусских говорах, где это слово особенно широко распространено, оно значит просто «волосы на голове» и даже «вообще волосы» (?) [см. Кардашевский, II, 165]. Но ср. вят. ви́сы — «распущенные волосы, космы» (Васнецов, 32). Ср. смол. виска́я — «(женщина) с неубранными волосами», «неряха» (Добровольский, 69). [Данные по другим говорам см. СРНГ, в. 4, с. 295—296]. ▫ Т. о., виски́, от висок (< *вис̌къ») — «свисающая с головы прядь волос (?)», этимологически связано с глаг. висеть (см.).

ВИСОКО́СНЫЙ ГОД — «год (из каждых четырех), имеющий не 365, а 366 дней, а в феврале не 28 дней, а 29». *Прост.* высо́косный год. Укр. високо́сний рік; блр. высако́сны год; болг. висо́косна годи́на.

ВИТ

Но ср. в том же знач.: с.-хорв. пре́ступна̄ го̀дина; чеш. přestupný rok; польск. rok przestępny. Др.-рус. високостное лѣто (Переясл. л. под 6722 г.); ср. (с XII в.) високостъ : висикостъ : высикостъ — «добавочный день в високосном году» (Срезневский, I, 264). Добавочным днем было 29 февраля (год в Древней Руси до конца XV в. начинался с марта). ▫ Восходит к позднегреч. βίσεξτος (произн. visekstos), а оно — к позднелатин. (dies) bissextus (< bis — «дважды» и sextus — «шестой»), позже bissextilis. Отсюда франц. bissexte — «29 февраля», année bissextile — «високосный год»; ит. anno bisèstile и в др. романских языках. В латинском так назывался «второй шестой» с конца день перед мартовскими календами, с которых у римлян (до Юлия Цезаря) начинался новый год (февраль — последний месяц — заключал в себе у римлян 30 дней, как и все другие месяцы; добавочный день вставлялся в середине последней декады, т. е. по нашему календарю это было второе 23 или 24 февраля). На русской почве слово подверглось переосмыслению (*высокосный*) как бы от *высокий*, *высший*.

ВИТАМИ́Н, -а, *м.* — «органическое вещество, необходимое (в определенном небольшом количестве) для питания человека и животных и для нормального обмена веществ и жизнедеятельности»; «препарат, содержащий такие вещества». *Прил.* витами́нный, -ая, -ое, витами́новый, -ая, -ое, витамино́зный, -ая, -ое. *Глаг.* витаминизи́ровать. Сюда же авитамино́з (см.). Укр. вітамі́н, вітамі́нний, -а, -е, вітамі́новий, -а, -е, вітаміно́зний, -а, -е, вітамінізува́ти, авітаміно́з; блр. віта́мін, віта́мінны, -ая, -ае, віта́мінавы, -ая, -ае, віта́мінізава́ць, авітаміно́з; болг. витами́н, витами́нен, -нна, -нно, витами́нов, -а, -о, витамино́зен, -зна, -зно, витаминизи́рам — «витаминизирую», авитамино́за, с.-хорв. вита̀мӣн, чеш. vitamin, vitaminový, -á, -é, avitaminóza или avitaminosa, *ж.*; польск. witamina, *ж.*, witaminowy, -a, -e, awitaminoza, *ж.* В русском языке употр. с 20-х гг. XX в. (в 1922 г. вышел перевод книги Функа «Витамины»). Ср. в словарях ин. слов: Вайсблит, 1926 г., 91: *витамины*; Кузьминский и др., 1933 г.: *авитаминозы* (31), *витамины* (233). Позже, в 1935 г., Ушаков (I, 299) отметил прил. *витаминный, витаминозный*. ▫ Ср. франц. (с 1913 г.) vitamine, *f*., прил. vitamineux, -se; англ. vitamin; нем. Vitamin, vitaminisieren и др. В русском языке *витамин*, а также основы прил. *витаминозный* (*витаминоз-*) и глаг. *витаминизировать* (*витаминизир-*) — из западноевропейских языков. Искусственное образование, придуманное в 1912 г. польским биохимиком Функом на основе латин. vita — «жизнь» и научного названия химических соединений — *аминов*, производных аммиака NH_3 (франц. amine, *f.*; англ. amine; нем. Amin), которое по происхождению связано с названием аммония и аммиака.

ВИТИ́Я, -и, *м.*, *устар.* — «оратор». *Прил.*

витиева́тый, -ая, -ое. *Сущ.* вити́йство. *Глаг.* виті́йствовать. Из русского: укр. устар. вити́я; болг. устар. вити́я. В других слав. яз. отс. Ср. чеш. krasořečník; польск. krasomówca (отсюда и блр. устар. красамо́ўца). Старая форма слова *вѣтия* (так его писали еще в XVIII в.). Слово потом подвергалось переосмыслению (вследствие сближения с *вить* — «плести»). В др.-рус. (с XI в.) вѣтии — «оратор», вѣтиискый, вѣтиаство, вѣтиаствовати. Прил. *витиеватый* более по́зднее. Оно часто встр. в трудах Ломоносова по риторике (ПСС, VII, 45, 204): в «Кратком руководстве к риторике» (1743 — январь 1744 г.) и в «Кратком руководстве к красноречию» (напечат. в 1748 г., гл. «О изобретении *витиеватых* речей»). ▫ Ср. др.-рус. вѣтити — «знать», вѣтовати — «говорить», также вѣтъ — «совет», «договор» (Срезневский, I, 496, 497, 498). Относительно корня (*вѣт-*) см. *вещать.*

ВИТРИ́НА, -ы, *ж.* — «застекленное, в зависимости от назначения так или иначе оборудованное и декоративно оформленное место показа товаров (в магазинах), экспонатов (в музеях), для вывешивания объявлений (в учреждениях) и пр.». *Прил.* витри́нный, -ая, -ое. Укр. вітрі́на, вітрі́нний, -а, -е; блр. вітры́на, вітры́нны, -ая, -ае; болг. витри́на; чеш. vitrína; польск. witryna. В некоторых слав. яз. отс. Ср. в том же знач. с.-хорв. и́злог. В русском языке употр. с середины XIX в. Встр. у Мятлева («Сенсации и замечания г-жи Курдюковой», ч. 1, Франкфурт, 1840 г. — Соч. II, 62). В словарях — с 1863 г. (Даль, I, 183). ▫ Из франц. языка. Ср. франц. vitrine, *f.* — тж. (от vitre — «оконное стекло» < латин. vitrum — «стекло»), известное — с совр. знач. — с 1836 г. Из французского языка также нем. Vitríne, *f.*

ВИТЬ, вью — «скручивать», «сматывать», «плести», «делать что-л. сплетая, скручивая». *Возвр. ф.* ви́ться. *Сов.* (только с приставками) свить, завить. Итератив (только с приставками) свива́ть(ся) и др. *Прил.* вито́й, -а́я, -о́е, отсюда вито́к. В говорах вило́й, -а́я, -о́е (вила́я капуста), отсюда вило́к. Укр. ви́ти, 1 ед. в'ю (гл. обр. о гнезде), вити́й, -а, -е, вито́к («вилок» — кача́н); блр. віць, 1 ед. вью, віто́к; болг. ви́я (се) — «вью(сь)», сви́вам, вит, -а, -о; ср. нави́вка — «виток» («вилок» — зе́лка); с.-хорв. ви́ти (се), 1 ед. ви́јем (се) — «вить», ви́јати — «вить» (напр. веревку), «гнать», «догонять», ср. также ви̏вати се — «чистить перья клювом», ви̏јати главом — «вертеть головой», устар. вӣт(й), -а, -о (чаще ви́так, -тка, -тко: витки́, -а́) — «гибкий»; словен. ви́ти — «вить», «крутить», «вращать», ср. zvijati se — «извиваться», vitek : vitki, -a, -o; чеш. víti, 1 ед. viji — «вить», «завивать», vinouti — «вить» (напр., нить), «мотать», также «прижимать», vinouti se — «виться» (о хмеле), «прижиматься», ср. vinutý, -á, -é — «витой», závit — «виток», «нарезка» («вилок» — hlávka); словац. vit', vinut', vinutý, -á, -é

(знач. — как в чеш.); польск. wić, 1 ед. wiję, wijać, ср. zwój — «виток»; в.-луж. wić — «вить», wić so — «виться», wity, -a, -e — «витой», «закрученный»; н.-луж. wiś — «вить». В ранних памятниках др.-рус. письменности встр. только с приставками: завити и др. (Срезневский, I, 265, 901 и др.). Ст.-сл. памятники (по данным SJS, I : 5) также не дают примеров беспрификсного употребления. Р. Джемс (РАС, 1618—1619 гг., 52 : 3) отм. βeati, βeatʊshki (т. е. *вити, витушки*) с пояснением (на англ. языке): «маленькие витые кольца из хлеба, которые они подвешивают на веревочках». ▫ О.-с. *viti, 1 ед. *vьją. И.-е. корень *u̯ei-: *u̯oi-: *u̯ī-; основа *u̯ī-t(o)- — «поворачивать», «гнуть», «сгибать» (Pokorny, I, 1120). Абляут на русской почве: рус. диал. пово́й — «повитие» («повивальное дело»); тамб. «черные шерстяные онучи, повиваемые сверх белых»; «русский головной женский убор» (Даль, III, 131); ср. рост. (яросл.) пово́й — «роды, поскольку они касаются повитухи» (Волоцкий, 62); помор. суво́й — «волнение», «толчея в море» (Подвысоцкий, 167) и др. Ср. лит. výti, 1 ед. vejù; гот. waddjus (< о.-г. *wajjus, где aj < oi) — «стена» (< «плетень»); латин. vieō — «плету», «вью»; греч. ἴς (< *u̯is) — «кожаный ремень», «вожжа» (у Гесихия: «ἴς · ἱμάς»); др.-ирл. fe-n- [в ar-fe-n — «запирать чем-л.», «отгораживаться» (< *u̯i-nə-); др.-инд. váyati — «плетет», «ткет»; ср. vītá-ḥ — «витый», «витой»].

ВИ́ТЯЗЬ, -я, *м.* — «славный ратными подвигами воин», «богатырь». В говорах: витязно́й ветер — волж. «сильный, очень свежий» (Даль, I, 184). Укр. ви́тязь (: ли́цар); блр. устар. ві́цязь; с.-хорв. ви́тез — «рыцарь», ви́тешки, -а, -о — «рыцарский», ви́тештво — «рыцарство», «мужество»; словен. vítez — тж.; чеш. vítěz — «победитель», vítěziti — «побеждать», vítězství — «победа» («витязь» — hrdina, rek); польск. zwyciężać, zwyciężyć — «побеждать», «победить», zwycięzca — «победитель», zwycięstwo — «победа», но witeź (вм. ожидаемого wiciężʼ) — «витязь», «рыцарь» — из русского, как и болг. ви́тяз — тж. Ср. еще в.-луж. wićaz — «герой», «вассал». В памятниках др.-рус. письменности встр. не раньше XV в. (Срезневский, I, 265), но и в среднерусской письменности употр. редко и может рассматриваться как слово пришлое (с юго-запада). ▫ Обычно считают одним из ранних заимствований из языков германской группы, где соответствующее слово встр. гл. обр. с основой viking-. Ср. др.-исл. víkingr — «морской пират» (при víg- — «битва», «бой» или vík — «залив»). Ср. отсюда вторично заимствованное, по́зднее *викинг* — «норманн». Но это сближение не может считаться вполне удовлетворительным ни в фонетическом отношении (из viking- в о.-с. праязыке следовало ожидать *vicędzь или *vičędzь), ни в семантическом (знач. «морской пират» в герм. языках вовсе не было общераспространенным, как и знач. «витязь» в слав. языках не является о.-с.). Поэтому некоторые этимологи ищут объяснения на другой почве. Имеются и сторонники объяснения этого слова на славянской основе, связывающие его то с *витать*, то (в новейшее время — Machek, ES, 568) с о.-с. *vitь — «добыча» [ср. др.-рус. книжн. (с XI в.) и ст.-сл. **възвить**, **възвитие** — «барыш», «прибыль», «выгода», «проценты», «рост» (Срезневский, I, 341; SJS, I : 5, 253)]; суф. -ędz-ь из *-ęg-ъ [при о.-с. *-ęg-a, ср. польск. włóczęga (см. Brückner, 658)]. Это объяснение можно считать наиболее близким к истине.

ВИ́ШНЯ, -и, ж. — «древесное растение семейства розовых с сочными косточковыми темно-красными ягодами», Cerasus; «плоды этого дерева». В говорах, особенно на Дону, также **вы́шня** (Миртов, 54) — видимо, вследствие переосмысления. *Прил.* **вишнёвый**, -ая, -ое. Укр. ви́шня, вишнє́вий, -а, -е; блр. ві́шня, ві́шневы, -ая, -ае; ср. болг. ви́шна, ви́шнев, -а, -о; с.-хорв. ви́шња, ви́шњев(и́), -а, -о; словен. višna, višnjev, -a, -o; чеш. višně (ягода), višeň (дерево); словац. višna (дерево и ягода), višňový, -á, -é; польск. wiśnia (ст.-польск. wisznia), wiśniowy, -a, -e; в.-луж. wišeń, wišnja, wišnjowy, -a, -e; н.-луж. wišnja (ягода), wišnina (дерево), wišnjowy, -a, -e. В памятниках др.-рус. письменности отм. (с XV в.) **вишня**, также прил. **вишьневый** (старое ударение *вишневый* засвидетельствовано Поликарповым, 1704 г., 47), (с XVI в.) собир. **вишенье** (Срезневский, I, 266; Доп., 34; Кочин, 46, 95). Р. Джемс (РАС 1618—1619 гг., 10 : 26): veashna. □ О.-с. *višьn'a (š < ch'; ch < ks); -ьn-j (-a) — суф. Но корень слова все же не ясен. Лит. vyšnià : vyšnià заимствовано из слав. языков, как и алб. víshnjë. Но ср. др.-в.-нем. wīhsela (совр. нем. Weichsel) — «черешня» [«вишня» — Kirsche (плоды), Kirschbaum (дерево)], латин. viscum — «омела» (ср. ит. vischio — тж.); греч. (F)ιξός — «омела». Значение установилось не сразу («омела», «черешня», «вишня»). Возможно, в о.-с. язык слово заимствовано, но не из и.-е. языков. Источник заимствования, общий для ряда и.-е. языков, неизвестен.

ВКУС, -а, *м.* — 1) «ощущение, вызванное раздражением слизистой оболочки языка»; 2) «качество, свойство пищи, доставляющее удовольствие»; 3) «чувство, понимание изящного». *Прил.* **вку́сный**, -ая, -ое (к *вкус* во 2 знач.), **вкусово́й**, -а́я, -о́е. Болг. вкус, вку́сен, -сна, -сно, вку́сов, -а, -о; с.-хорв. у́кус — «вкус», «привкус», у́кусан, -сна, -сно : уку́сни, -а̂, -о̂. Из русского — чеш. и словац. vkus, словац. vkusný, -á, -é. Но в других слав. яз. отс. Ср. в том же знач.: словац. chut'; польск. smak, gust. Ср. укр. смак, смачни́й, -а́, -е́, смакови́й, -а́, -е́; блр. смак, сма́чный, -ая, -ае, сма́ковы, -ая, -ае. Др.-рус. (с XII—XIII вв.) **въкусъ** (: въкушь, въкушение) — «вкус», «(сладкая) пища», (с XI в.) **въкусити** : **укусити** (Пов. вр. л. по Лавр. сп. под 6495 г.) [Срезневский, I, 376—377; III, 1193]. Ст.-сл. въкоусъ (SJS, I : 5, 287). □ Корень тот же, что в рус. *кушать* (см.), -*кусить* (ср. рус. *вкусить* — *вкушать*, *искусить* — *искушать*, *покуситься* — *покушаться* и т. д.). О.-с. корень *kus-. Не смешивать с о.-с. *kǫs- (ср. рус. *кусать* и пр.). О.-с. *kusiti, *kusjati (> рус. *кушать*) с корнем *kus- (не *kǫs-) — одно из древнейших заимствований из германских языков: ср. гот. kausjan — «вкушать» (ср. от того же корня нем. kosten — «отведывать»). И.-е. корень *gʷeus-. Ср. латин. gustāre (: dēgustāre) — «отведывать», «пробовать (на вкус)». Отсюда в русском языке среди поздних заимствований — *дегустация* — «испробование, определение качества вина на вкус», *дегустатор*.

ВЛА́ГА, -и, ж. — «мокрота, жидкость, содержащаяся в чем-л.». *Прил.* **вла́жный**, -ая, -ое, отсюда **вла́жность**, **влажне́ть**, с приставками: **увлажня́ть** и т. п. Собственно русская форма *волога* сохранилась в диалектной речи. Ср., напр., волог. **воло́га** — «скоромное жидкое съестное, похлебка», «скоромная приправа (коровье масло)», отсюда **воло́жить** — «приправлять пищу маслом», **воло́жный** — «жирный» (Даль, I, 207). Ср. еще арханг. **воло́га** — «приварок», «приправа к еде», **во́ложь** — «сало», «жир», отсюда **воложно́й**, **воло́жить** (Подвысоцкий, 21); олон. воло́га — «вареная говядина, рыба и вообще приправа к щам, ухе», «вареная жидкая пища» (Куликовский, 11). Любопытно курск. **воло́жить** — «бить», «колотить» (Кардашевский, II, 178). Ср. укр. воло́га — «влага», прил. воло́гий, -а, -е, воло́жистий, -а, -е, воло́жити — «увлажнять», воло́гнути — «сыреть»; болг. вла́га, вла́жен, -жна, -жно, влажне́я, вла́жност; с.-хорв. вла́га, вла́жан, -жна, -жно : вла́жни, -а̂, -о̂, вла́жно̂ст, вла́жити; словен. vlaga, vlažiti, vlažnost; чеш. vláha, vlažný, -á, -é, vlažiti; словац. vlaha, vlažný, -á, -é, vlažit'; польск. wilgoć, wilgotny, -a, -e, wilgnąć — «сыреть». Из польского — блр. ві́льгаць, вільго́тны, -ая, -ае, ср. вільгатне́ць; в.-луж. wloha, wlohojty, -a, -e; н.-луж. wloga, wložnity, -a, -e, диал. wjelžny, -a, -e. Др.-рус. (с XI—XII вв.) **волога** — «скоромная, жирная приправа к еде» (Срезневский, I, 290). Ст.-сл. влага — «влага», «сырость» (SJS, I : 5, 195). □ О.-с. форма слова *volga; корень *volg-. На другой ступени вокализма *vьlg-; отсюда др.-рус. **вългъкый** — «влажный»; ср. обл. **волглый** — тж., *волгнуть* — «влажнеть», «сыреть»; ср. также польск. wilgoć и пр. Сюда же *Волга* — название русской реки (ср. Wilga — название двух речек в Польше). И.-е. корень *u̯el-g- (: *u̯ol-g- : *u̯l̥-g-) [Pokorny, I, 1145]. В балт. языках корень представлен гл. обр. нулевой ступенью: лит. vìlgyti — «мочить»; латыш. velgme — «влага», velgans — «влажный» и др. Ср. др.-в.-нем. welc — «сырой», «мягкий», нем. welk — «вялый», но Wolke — «облако», «туча» (при др.-в.-нем. wolcan — тж.).

ВЛАДЕ́ТЬ, владе́ю — «осуществлять право собственности в отношении чего-л.», «обладать чем-л.»; «управлять». *Отглаг. сущ.* владе́ние, владе́тель. Сюда же власть. В говорах: влада́ть — курск.-орл. (Кардашевский, II, 169), яросл. (Голанов, 6), вят. (Васнецов, 33). Укр. володі́ти, володі́ння — «владение», воло́дар — «владетель», ср. вла́да — «власть», владарюва́ти — «владычествовать»; блр. улада́ць, ула́да — «власть», улада́нне, улада́льнік — «владетель», валада́р — «владыка», валада́рнічаць — «владычествовать». Ср. болг. владе́я, власт; с.-хорв. вла́дати, вла́ст; чеш. vládnouti, ovládati — «владеть», vlast — «родина», «отечество», vláda — «правительство» («власть» — *toc*, напр., sovětská moc); польск. władać, władnąć — «владеть», władza — «власть» (wład-, не włod-!), но ср. устар. włodarz — «управитель», «эконом», «сельский староста» (ст.-польск. włodać, 1 ед. włodę, также włość). Др.-рус. (с дописьменной эпохи) володѣти, 1 ед. володѣю, волость — «власть», «право», позже (с XI в.) «государство», «страна», еще позже «округ» (Срезневский I, 291, 293). Ст.-сл. владѣти, владати, власть, владыка, власти, 1 ед. владж (SJS, I : 5; 195, 198—200). □ Т. о., в русском языке *власть* из ст.-сл. О.-с. форма *volděti, *voldtь > *volstь. Ср. лит. valdýti — «владеть», valdà — «владение», valdžià — «власть»; латыш. pārvaldīt — «управлять», valsts — «государство»; гот. waldan — «управлять»; др.-в.-нем. waltan (совр. нем. walten) — тж.; др.-исл. valda — «причинять», «владеть»; дат., норв. vòlde — «причинять». Ср. также латин. valeō — «имею силу». И.-е. *u̯al-d(h)-; корень *u̯al- — «иметь силу», «быть сильным» (Pokorny, I, 1111). См. *волость*.

ВЛЕЧЬ, влеку́ — «тащить, тянуть что-л.»; «притягивать»; *перен.* «оказывать влияние», «заставлять кого-л. делать, поступать против своей воли». *Возвр. ф.* вле́чься. С приставками: увле́чься, увлека́ть(ся). *Отглаг. сущ.* влече́ние. Ср. устар. прост. воло́чь, 1 ед. волоку́. Ближайшее родственное образование: влачи́ть, 1 ед. влачу́. Ср. прост. волочи́ть, 1 ед. волочу́. Укр. волокти́, 1 ед. волочу́ — «влечь», «волочь», волочи́ти, 1 ед. волочу́ — «влечь» (но «влечение» — по́тяг); блр. устар. валачы́ — «влечь», валачы́ць — «волочь», «волочить» (но «влечение» — ця́га). Ср. болг. влека́, влече́ние; с.-хорв. вла́чити — «тянуть», «вытягивать» (но «влечение» — те́жња); словен. vleči (se), vlačiti (se); чеш. vléci — «влечь», «волочить», vláčeti (но «влечение» — touha); словац. vliect' — «влечь», «влачить» (ср. sklon, túžba и др. — «влечение»); польск. wlec — «влечь», włóczyć — «влечение» — pociąg); в.-луж. wlec (so), 1 ед. wleku (so), włóčić so — «волочиться»; н.-луж. wlac (se), włocyś (se). Др.-рус. (с XI—XII вв.) волочи, 1 ед. волоку, волочити, 1 ед. волочу, книжн. влечи, влачити (Срезневский, I, 275, 276, 295). Ст.-сл. влѣщи, влачити (SJS, I : 5, 201, 205). □ О.-с. форма *velkti (> вост.-слав. *volkti > *voločí). Ср. лит. vilkti, 1 ед. velkù — «волочить», «тянуть»; латыш. vilkt — тж.; греч. ἄλοξ [< *ă(F)ολξ] — «борозда» (Frisk, I, 77; Pokorny, I, 1145). И.-е. основа *u̯el-k-. См. еще *волокита*. К этой группе по корню относится также большое количество производных, оторвавшихся по смыслу от основной группы, напр., *проволока, волокно, облако* (<*обвлак-о) и мн. др. См. эти слова.

ВЛЮБЛЯ́ТЬСЯ, влюбля́юсь — «чувствовать к кому-л. сильное чувственное (любовное) влечение, страсть». *Сов.* влюби́ться. Сюда же влю́бчивый, -ая, -ое. Укр. влюбля́тися, влюби́тися (чаще закоху́ватися, закоха́тися), влю́бливий, -а, -е; блр. улюбля́цца, улюбі́цца, улю́бливы, -ая, -ае. Ср. болг. (вероятно, из русского) влю́бвам се, влю́бя се, влю́бчив, -а, -о. Ср. с.-хорв. заљу́бљивати се — «влюбляться», заљу́бити се, заљу́бљив(и), -а, -о — «влюбчивый»; чеш. zamilovávati se, zamilovati se, zamilovaný, -á, -é; польск. zakochiwać się, zakochać się, kochliwy, -a, -e. Довольно позднее образование. В памятниках др.-рус. письменности не отм. Встр. (*влюбиться*) в повестях Петровского времени («Пов. об Александре», Сиповский, 146), в ИКИ 30-х гг. XVIII в. (*влюбливаться*, 427; *влюбиться*, 256). В словарях *влюбиться* с 1762 г. (Литхен, 61), *влюбливаться* — с 1771 г. (РЦ, 289), *влюбляться* — с 1780 г. (Нордстет, I, 71, 72). □ Образовано из въ+ любити ся. М. б., не без влияния нем. sich verlieben in... и польск. zakochiwać się.

ВНЕДРЯ́ТЬ, внедря́ю — «вводить что-л. вглубь», «вкоренять», «укоренять». *Сов.* внедри́ть. *Возвр. ф.* внедря́ться, внедри́ться. *Сущ.* внедре́ние. Гл. обр. русское. В болгарском (внедря́вам, внедря́) — из русского. В других слав. яз. отс. Ср. в том же знач.: укр. впрова́джувати, впрова́дити; блр. укараня́ць, укараніць; с.-хорв. укоре́њивати, укоре́нити; чеш. vštěpovati, vštípiti; польск. wszczepiać, wszczepić. Ср. др.-рус. въядрити — «adornare» («устроить», «придать вид, форму, приготовить, снарядить?») [Срезневский, I, 438 (по приведенным примерам трудно судить о значении)]. С -*нѣдр*- вм. -*ядр*- впервые отм. Поликарповым (1704 г., 51: *внѣдряю*). □ Не от *недра* (см.), а от *ядро*; ср. др.-рус. ядро — «лоно», «недра» Срезневский, III, 1640). О.-с. *vъn-ědriti (с é из é; ср. о.-с. *jadro, с начальным ja- из jě-). Совр. знач., надо полагать, установилось к началу XVIII в. Вообще история слова не совсем ясна.

ВНЕЗА́ПНЫЙ, -ая, -ое «происшедший вдруг, быстро и неожиданно». *Нареч.* внеза́пно. *Сущ.* внеза́пность. Гл. обр. русское. Ср., однако, болг. внеза́пен, -пна, -пно (при неоча́кван, -а, -о). Вообще же в других слав. яз. отс. Ср. в том же знач.: укр. рапто́вий, -а, -е, на́глий, -а, -е, рапто́во — «внезапно»; блр. рапто́ўны, -ая, -ае, рапто́ўна — «внезапно»; с.-хорв. изненадан, -дна, -дно, изненада — «внезапно»; чеш. náhlý, -á, -é, náhle — «внезапно»; польск. nagły, -a, -e, raptow-

ВНУ

ny,-a, -e, nagle — «внезапно». Др.-рус. и ст.-сл. вънезаапьный [в «Ист. иуд. в.» Флавия (Мещерский, 178, 299); в Ип. л. под 6789 г. (Срезневский, I, 388)]. ▫ Слово непосредственно связано с нареч. вънезаапу (ст.-сл. вънезаапж) — «неожиданно», «вдруг», (въ)незаапъ — тж., (въ)незаапь, невза(а)пъ. Существовало слово заапа > запа — «ожидание», «предположение», «надежда», от которого это наречие было производным: въ незаапу (ст.-сл. въ незаапж, с вин. ед. (ср. *в старину, встарь*). Срезневский (I, 932) отм. запа — «подозрение» (< «предположение», «ожидание») в «Р. прав.» [см. также «Р. прав.» Простр., Троицк. сп., ст. 82 (Тихомиров, 105), ст. 87 (ПР, I, 114)]; ср. запъ — тж. (Срезневский, I, 941). Но запа < заапа, запъ < заапъ заставляют далее предполагать наличие (если не в древнерусском и старославянском, то в о.-с. праязыке) и слов *(j)ара или *(j)аръ в знач. «ожидание», «мнение», «предположение». Срезневский (I, 25) дает и это слово, но, к сожалению, без примеров. В SJS отс. Память об этом слове-производителе сохраняется в чеш. nejapý, -á, -é — «нелепый», «несуразный» (ср. ст.-чеш. z nedojepie — «внезапно»); н.-луж. нареч. njezjapki — «неожиданно», «непредвиденно», «вдруг». И.-е. корень *ŏр- — «ожидать», «предполагать» (Pokorny, I, 781). Ср. латин. opīnor — «полагаю», «считаю», «надеюсь»; ср. opīniō — «мнение», «ожидание», «предположение», прил. inopīnus — «неожиданный». Не исключено, что ст.-сл. вънезапьнын представляет собою кальку с этого латинского прилагательного (Holub — Kopečný, 242). В древнерусском (книжном) языке это прилагательное, надо полагать, — из старославянского, как и другие слова этой группы.

ВНУК, -а, *м.* — «сын сына или дочери». *Женск.* внучка (*устар.* внука). *Собир.* внучата, *мн.* (*при ед.* внучóнок). *Прил.* внучатый, -ая, -ое. Укр. внук (редко унýк, онýк), внýка — «внучка» (редко унýка, онýка), внучá (редко унучá, онучá) — «внук» или «внучка»; блр. унýк, унýчка; болг. внук, внýчка, внýче; с.-хорв. ýнук, ýнука, ýнуче, ýнучићи — «внучата»; словен. vnuk, vnukinja, vnuček, vnučica; чеш. vnuk, vnučka, vnoučata, *мн.*; словац. vnuk, vnučka, vnúča — «внучонок»; польск. wnuk (ст.-польск. wnęk), wnuczka, wnuczeta, *мн.*; в.-луж. wnuk, wnučka. В н.-луж. утрачено. Др.-рус. (с XI в.) вънукъ — «внук», «потомок», вънука — «внучка», вънучькъ, (с XIV в.) внучата (Срезневский, I, 390, 391; Доп., 53). В знач. «потомок», «потомство» ср. в Сл. плк. Игор.: «жизнь Даждьбожа *внука»* (и в других памятниках; см. Виноградова, в. 1, с. 123). Ст.-сл. вьноукъ (SJS; I : 6, 308). ▫ О.-с. *vъnukъ [ст.-польск. (XIV—XVII вв.) wnęk — пóзднее явление, не восходит к праславянской эпохе]. В этимологическом отношении трудное слово. Сопоставляют, по большей части, с лит. anýta — «свекровь»; др.-прус. ane — «бабушка»; др.-в.-нем. ano — «дедушка», «предок», ana — «бабушка», «прародительница» (ср. совр. нем. Ahn — «предок», eninchilī — «внук» (уменьш. от ano с суф. -inklī(n); ср. совр. нем. Enkel — тж.); латин. anus, *f.* — «старая женщина», anna — «приемная мать»; греч. ἀννίς (у Гесихия) — «бабушка». И.-е. корень *an-, элемент детской речи, как *at- в *ătos, *atta (см. *отец*). Эта этимология не безупречна. Основой о.-с. *vъnukъ считают v-ъn- (с протетическим v перед ъ). Но откуда взялся ъ? О.-с. *ъn- могло бы получиться из *ŭn, но не из *ăn > *ŏn. Махек (Machek, ES, 572) полагает, что ъ вм. о мог возникнуть под влиянием u в следующем суффиксе. Но надо еще доказать возможность такого суффикса в о.-с. языке. Правда, Махек напомнил об укр. -'ук-ъ (после мягких согласных и гл. пер. в фамилиях типа *Панасюк*), но это, м. б., суф. позднего происхождения; -uk- о.-с. языку чужд. Невероятно и изменение знач. «дед» > «маленький дед» > «внук». Не восходит ли о.-с. *vъnukъ к более раннему *vъ-nu-k-ъ, где *nu- корень [< и.-е. *neu̯- (: *nou̯-); ср. рус. *новый*], а -k- суф., и не значило ли это образование нечто вроде «еще одна новь» (т. е. второе поколение). В отношении вокализма ср. о.-с. *slovo, *sluchъ. Ср. латин. innovāre — «возобновлять». См. *новый*. Конечно, это предположение требует проверки и подтверждения и не исключает дальнейших поисков убедительного объяснения этого интересного слова.

ВНУТРИ́, *нареч.* — «в пределах, в середине, в глубине чего-л.». Внутрь, *нареч.* — «в середину, вглубь». *Прил.* внýтренний, -яя, -ее, отсюда внýтренность. Блр. унутры́, унýтр, унýтраны, -ая, -ае. Ср. укр. всереди́ні — «внутри», всере́дину — «внутрь» но внýтрішній, -я, -є — «внутренний», внýтрішність. Ср. в других слав. яз.: болг. вéтре — «внутри», «внутрь» (ъ из *ǫ), вéтрешен, -шна, -шно — «внутренний», вéтрешност; с.-хорв. ýнутра : ýнутра — «внутри», «внутрь», ýнутрашњи, -а, -ē — «внутренний», ýнутрашњост; словен. notri — «внутри»; чеш. (u)vnitř — «внутри», dovnitř — «внутрь» (ст.-чеш. vňutř), vnitřní — «внутренний», словац. vnútri — «внутри», dovnútra — «внутрь»; польск. wewnątrz — тж.; wewnętrzny, -a, -e — «внутренний». Др.-рус. (с XI в.) вънутрь, значительно позже появляется внутри (XV в.) и вънутрьний (в Пчеле ИПБ XIV—XV вв.) [Срезневский, I, 390; Доп., 53]. Ст.-сл. вънѫтрь : ѫтрь; ср. ѫтрь — «внутренность» (SJS, I : 6, 311—312). ▫ Нареч. *внутри, внутрь* представляют собою застывшие косвенные падежи от о.-с. *ǫtrь, сущ. с основой на -ĭ-, с предлогом *vъn- вин. ед. *vъnǫtrь и предл. ед. *vъnǫtri. Родственно о.-с. *ǫtroba [> рус. *утроба* (см.)]. Ср. гот. undar — «под», «между»; др.-в.-нем. untar — тж.; латин. inter (< *enter) — «между» и пр., восходящие к и.-е. *enter : *ņter — «между», «внутрь».

ВНУША́ТЬ, внуша́ю (кому-л. что-л.) — «вызывать в ком-л. определенное чувство, мысль и пр., воздействуя на волю, созна-

ВОБ

ние». *Сов.* внуши́ть. *Сущ.* внуше́ние. *Прил.* внуши́тельный, -ая, -ое. Гл. обр. русское, также болгарское. Ср. болг. внуша́вам, внуша́, внуше́ние, внуши́телен, -лна, -лно. Ср. в том же знач.: укр. викли́кати, ви́кликати, вселя́ти, сели́ти, навіва́ти, наві́яти; блр. абуджа́ць, навява́ць; с.-хорв. ули́вати, у́лити; чеш. vzbuzovati, buditi, vštěpovati, также vnukati (ср. рус. *понукать*); польск. budzić, wpajać. Др.-рус. (с XI в.) и ст.-сл. въну́шати, въну́шити (Срезневский, I, 391; SJS, I : 6, 308). *Прил.* внуши́тельный очень позднее, в словарях только с 1863 г. (Даль, I, 191), *внушитель* — с 1834 г. (Соколов, I, 262). □ Из вън-уш-ати, вън-уш-ити; корень уш- из ух- (см. *ухо*), приставка вън-. Значение собств. «вводить в уши». Ср. др.-рус. (с XI—XII вв.) заушати, заушити — «давать оплеуху, затрещину» (Срезневский, I, 956—957).

ВО́БЛА, -ы, *ж.* — «небольшая каспийско-волжская рыба семейства карповых, похожая на плотву, с телом — у взрослых, крупных особей — широким и округлым», Rutilus rutilus caspicus (или Cyprinus grislagine). Укр. и блр. во́бла — из русского. Также в других (слав. и неслав.) языках. Ср. чеш. vobla; польск. wobła (но, напр., болг. **каспи́йска бабу́шка** или **бели́ца**). Ср. франц. vobla и др. В русском употр. с середины XIX в. (Даль, I, 192). □ Даль не первый высказал остроумное предположение, что название этой рыбы связано с прил. **обьлъ, обьлый** — «шарообразный», «круглый», «полный» (примеры с XI в. см. у Срезневского, II, 577). В народном сев.-влкр. произношении: во́блый — «круглый», «полный» (Даль, уп.).

ВОДА́, -ы́, *ж.* — «бесцветная, более или менее прозрачная жидкость, являющаяся главной составной частью гидросферы земного шара, образующая реки, озера, моря, океаны». *Прил.* во́дный, -ая, -ое, водяно́й, -а́я, -о́е, отсюда водяни́стый, -ая, -ое. Укр. вода́, во́дний, -а, -е, водяни́й, -а́, -е́, водяни́стий, -а, -е, во́дявий, -а, -е; блр. вада́, во́дны, -ая, -ае, вадзяны́ -а́я, -бе, вадзяні́сты, -ая, -ае; болг. вода́, во́ден, -дна, -дно, водни́ст, -а, -о, водни́кав, -а, -о; с.-хорв. во̀да — «вода», «река», во̏днӣ, -а̄, -о̄ — «водный», «водяной», во̏ден(ӣ), -а, -о — «водяной» «водянистый», во̏дьникав(ӣ) -а, -о — «водянистый»; словен. voda, voden : vodni, -a, -o; чеш. voda, vodácký, -á, -é — «водный», vodnatý, -á, -é — «многоводный», «водянистый»; словац. voda, vodný, -á, -é — «водный», «водяной», vodnatý, -á, -é — «водянистый»; польск. woda, wodny, -a, -e — «водный», «водяной», wodnisty, -a, -e — «водянистый»; в.-луж. woda, wódny, -a, -e — «водный», «водяной», wodnawy, -a, -e — «водянистый»; н.-луж. wóda, wódny, -a, -e — «водный», «водяной», wodniaty, wódowaty, -a, -e — «водянистый». Др.-рус. (с XI в.) вода, водьнъ, водьный, значительно позже (с XVI в.) водяный (Срезневский, I, 276, 279; Доп., 36). Ст.-сл. вода, водьнъ, водьныи, водьскъ, -а, -о

ВОД

(SJS, I : 5, 205, 207). □ О.-с. *voda. И.-е. база *au̯ed- : *ŭd-; им. ед. *u̯édor : *u̯ódō(r) [> о.-с. *voda]; ср. локатив ед. *udén(i), род. ед. udnés (см. Pokorny, I, 78). На славянской почве родственные образования: о.-с. *vydra (см. *выдра*), о.-с. *vědro (см. *ведро*). Ср. гот. wato — «вода»; то же др.-в.-нем. waʒʒar (совр. нем. Wasser); англосакс. wœter (совр. англ. water); греч. ὕδωρ, фригийск. βεδυ (< *u̯edō); др.-инд. udán(i), udán(i), udnáḥ, род. ед. от udaka-m — «вода»; хетт. wātar, род. wetenas; с назализованным вокализмом: лит. vanduõ, род. vandeñs (при жем. unduõ), латыш. ūdens — «вода»; др.-прус. unds — тж.; латин. unda — «волна».

ВОДЕВИ́ЛЬ, -я, *м.* — «одноактное драматическое произведение легкого комедийного жанра, обыкновенно с пением веселых (иногда сатирических) куплетов под музыку». *Прил.* водеви́льный, -ая, -ое. Укр. водеві́ль, водеві́льний, -а, -е; блр. вадэві́ль, вадэві́льны, -ая, -ае; болг. водеви́л, водеви́лен, -лна, -лно; с.-хорв. во̏двиљ; чеш. vaudeville; польск. wodewil. В русском языке это слово (в совр. знач.) получило распространение гл. обр. в начале XIX в. Оно отм. Яновским (I, 1803 г., 485), но, конечно, было известно и раньше. При этом следует иметь в виду, что сначала оно употр. у нас в знач. «веселая песенка», «куплеты шутливо-юмористического характера» и пр. Ср. у Карамзина в «Письмах рус. пут.» (письмо из Парижа, апрель 1790 г.): «бедные люди... отдыхают на свежей траве, пьют вино и поют *водевили*» (Избр., I, 372). С тем и другим знач. *водевиль* встр. у Пушкина (примеры см. в СЯП, I, 313). □ Из французского языка. Ср. франц. (с XVI в.) vaudeville. Совр. знач. установилось в XVIII в. Первоначально (в XVI в.) vaudeville значило «(народная) песня». В XV в. это слово (с тем же знач.) звучало vaudevire (-lle вм. -re под влиянием ville — «город») и по происхождению было топонимическим словом — названием местности Vau (=val) de Vire (т. е. долина реки Вир, Вирская долина), прославившейся своими веселыми, то безобидно-шутливыми, то сатирическими песенками и их исполнителями.

ВО́ДКА, -и, *ж.* — «хлебное вино», «крепкий алкогольный напиток, представляющий собою смесь ректификованного этилового винного спирта с водой». *Прил.* во́дочный, -ая, -ое. Гл. обр. русское (влкр.) слово. В других славянских и неславянских языках употр. как слово, обозначающее русскую водку. Ср., напр., болг. во́дка; чеш. vodka (вообще же «водка» — kořalka); англ. vodka; турец. votka и др. На русской почве слово *водка* известно с XVII в., но на первых порах оно употр. как название лекарственного (неалкогольного) напитка, жидкого лекарства, сиропа, настоя из лечебных трав, корней и пр. Ср., напр., в МИМ: «*водка* липова цвету» (№ 132, 1633 г., 36), «*вотки* цвету из василкового», «*водки* из травы волчьих ягод», «*водки* коричной» (№ 365, 1664—1665 гг., 285, 286), «изо всяких раз-

ВОД

ных трав *водки* и сыропы» (№ 349, 1663 г., 264) и т. д. Были и «*водочные* печки» (№ 136, 1633 г., 38), где эти *водки* «перепускались. . . в балсам». Ср., однако, у Лудольфа («Рус. гр.», 1696 г., 50): «Изволишъ чарку *вотки* (?) — *Вотку* не уживаю»; переводится по-латыни «aqua aromatica». ▫ Все это наводит на мысль, что слово *водка* по происхождению есть произв. не от *вода* [впрочем, не на русской почве ср. в.-луж. wódka — уменьш. к woda и «водка» (Jakubaš, 414); м. б., странное значение «уменьшительности» здесь вторичное?], а от *водить*, *вести* (ср. *проводка*, *сводка* и т. п.). Однако *водка* уже в XVII в. стало связываться с *вода* и получило знач. «хлебное вино» (м. б., по его прозрачности, бесцветности?). Возможно, что известную роль сыграла при этом и латин. aqua vitae — фигуральное наименование (букв. «вода жизни») крепкого алкогольного напитка. На юге России его называли *яковитка* [ср. в «Путешествии» Лукьянова начала XVIII в. (34): «винца доброва *яковитки*». Ср. укр. окови́та; польск. okowita (Brückner, 377)].

ВОДОРО́Д, -а, *м.* — «химический элемент, самый легкий газ, при соединении с кислородом образующий воду», Hydrogenium. *Прил.* водоро́дный, -ая, -ое. Блр. вадаро́д, вадаро́дны, -ая, -ае. Но в других слав. яз. отс. Ср. в том же знач.: укр. во́день; с.-хорв. водо́ник; чеш. vodík; польск. wodór. В русском языке термин *водород* и прил. *водородный* употр. с 1-й пол. XIX в. [в 1824 г. введен в обращение химиком М. Ф. Соловьевым (см. БСЭ², VIII, 374)]. В словарях — с 1837 г. (Плюшар, XI, 166). Сначала латин. название Hydrogenium (франц. hydrogène) переводили словом *водотвор*. Ср. у Севергина (ч. I, 1810 г., Предисловие, с. X и сл.): *водотвор*, *кислотвор*. ▫ Русский термин — перевод (калька) искусственно созданного научного международного латин. термина Hydrogenium; первая часть — греч. ὕδωρ — «вода»; вторая — греч. γεννάω — «рождаю», латин. gen-ium (от gignere, архаич. genere — «рождать», «творить», «производить на свет»). Термин предложил франц. химик Гитон де Морво (Morveau) в 1787 г. Ср. франц. hydrogène (Dauzat¹¹, 396).

ВОДРУЖА́ТЬ, водружа́ю — «воздвигать», «устанавливать, укреплять, особенно — втыкая, вбивая что-л. (на чем-л. высоком)». *Сов.* водрузи́ть. *Возвр. ф.* водружа́ться, водрузи́ться. Ср. укр. водружа́ти(ся), водрузи́ти(ся). Но в других слав. яз. отс. Ср. в том же знач.: блр. устана́ўляць; болг. изди́гам, поста́вям (нависо́ко); с.-хорв. поба́дати, побо́сти; чеш. vztyčovati, vztyčiti; польск. zatykać, zatknąć. Др.-рус. (с XI в.) въдрѫжити — «водрузить», въдрѫжѥниѥ. Форма с *з* (в-друз-и-ти) более поздняя (после XV в.), возникла, м. б., под влиянием *вонзить* (Срезневский, I, 333; Доп., 42). Ст.-сл. въдрѫжати, въдрѫжити (SJS, 1:5, 243). ▫ О.-с. *vъdrǫžati, vъdrǫžiti, корень *drǫg-. Ср. др.-рус. другъ — «кол», «палица» (Срез-

ВОЖ

невский, I, 727, с глухой ссылкой на Георг. Ам.). Ст.-сл. дрѫгъ. Ср. польск. (с XV в.) drąg — «шест», «рычаг»; ст.-серб. дру́г — «жердь»; ср. с.-хорв. диал. дру́га — «ткацкое веретено»; чеш. устар. drouh — «жердь». Ср. др.-исл. drangr, drengr — «скала», «палка». Ср. совр. исл. drangur — «столбообразная скала».

ВОЕВА́ТЬ, вою́ю (с кем-л.) — «вести войну». Укр. воюва́ти; блр. ваява́ць; болг. вою́вам — «воюю»; с.-хорв. воjѐвати, во̀jштити (также ра̀товати); словен. vojeváti (se), vojskováti se; польск. wojować (и walczyć); в.-луж. wojować; н.-луж. wójowaś; но ср. чеш. válčiti, bojovati. Др.-рус. (с дописьменной эпохи) и ст.-сл. воевати (на кого-л.), воеватися (с кем-л.), воевати (что-л.) — «разорять» (Срезневский, I, 279—280; SJS, I:5, 217). ▫ Произв. от о.-с. *vojь [> др.-рус. вой (см. *воин*)], старшее знач. «войско»? Ср. лит. výti, 1 ед. vejù — «гнать», «изгонять», «преследовать»; др.-в.-нем. weidōn — «искать, добывать корм, фураж» [совр. нем. weiden — «пасти(сь)»; ср. устар. Weidmann — «охотник»] от др.-в.-нем. weida — «корм», «фураж», «пища», «место, где добывается пища (напр., место охоты)» (ср. совр. нем. Weide — «пастбище»); ср. др.-сканд. weiða — «охотиться» (ср. совр. исл. veiða — «охотиться», «ловить рыбу»); латин. vīs — «сила», «насилие», vēnor [основа *u̯e(i)-n-] — «охочусь», «гоняюсь», «ловлю»; греч. *Fίεσθαι > ἵεσθαι — «стремиться», «устремляться», «спешить»; авест. vay- — «преследовать»; др.-инд. vḗti — «ищет», «схватывает», «нападает»; хетт. wiyyā- — «охотиться». И.-е. *u̯ei- (*u̯oi-: *u̯i-) : *u̯ei̯ā- — «быть сильным», «применять силу», «преследовать». См. еще *вина*.

ВОЖА́ТЫЙ, -ого, *м.* — 1) «проводник, указывающий дорогу»; 2) «руководитель пионерского отряда или дружины»; 3) *разг.* «вагоновожатый». *Женск.* вожа́тая. Также в сложениях: *пионервожа́тый*, *вагоновожа́тый*, *колонновожа́тый*. Укр. вожа́тий, род. вожа́того; блр. важа́ты, род. важа́тага, важа́тая. В других слав. яз. отс. Ср., напр., чеш. průvodce — «вожатый в 1 знач.», vedoucí — «пионервожатый», řidič — «вагоновожатый». В русском языке слово *вожатый* по данным КДРС известно с XVI—XVII вв. (ССРЛЯ, II, 507). Поликарпов в 1704 г. (52 об.) отм. это слово. ▫ По происхождению *вожатый* не прил., а сущ. с суф. -a-taj-ь, как в рус. *глашатай*, *ходатай*, *завсегдатай* и др., которое склонялось по образцу *май*, *рай* и т. п. Срезневский (I, 282) отм. также *возатай* (от *возити*) — «возница» в Панд. Ант. XI в. Старая форма на -тай (*вожатай*, род. *вожатая*) встр. еще в 1-й пол. XIX в. Ср. у Пушкина в стих. «Французских рифмачей суровый судия», 1833 г.: «Будь мне *вожатаем*» (ПСС, III, 305). Едва ли необходимо возводить это слово к о.-с. *vodjataj-ь. Вероятно, оно является поздним новообразованием от основы *вож-* (см. *вождь*) по образцу *глашатай* и других слов с тем же суффиксом.

ВОЖ

ВОЖДЕЛЕ́НИЕ, -я, *ср.* — «сильное чувственное влечение»; «страстное желание». *Прил.* **вожделе́нный**. Сюда же **вожделе́ть**. Ср. болг. **въжделе́ние**. Ср. в том же знач.: укр. **жадо́ба**, **жага́**, **пра́гнення**, **хти́вість**; блр. **жадо́ба**, **пожа́дливасць**; чеш. **žádostivost**, **chtíč**; польск. **pożądanie**, **pragnienie**. □ Из *въжделе́ние* > *въж-желе́ние* (ср. *иждиве́ние* < *из-живе́ние*). От др.-рус. (с XI в.) и ст.-сл. **желѣти**, 1 ед. **желю** — «желать», «сожалеть», «терзаться желанием» (ст.-сл. **желѣти**); ср. **желати**, 1 ед. **желаю** (Срезневский, I, 854; SJS, I : 11, 597).

ВОЖДЬ, -я́, *м.* — «идейный, политический руководитель, ведущий за собой народные массы», «лидер партии»; *устар.* «предводитель», «военачальник». Укр. **вождь**; болг. **вожд**; с.-хорв. **во̂ђ**, **во̂ђа**; словен. **vodja**; польск. **wódz**. Ср. в том же знач.: чеш. **vůdce**; словац. **vodca**; в.-луж. **wodźićel**; н.-луж. **wjednik**. В др.-рус. книжн. **вождь** известно с XI в. (в знач. «верховный руководитель»). Народная др.-рус. форма этого слова также известна с XI в. со знач. «руководитель», «проводник» (ср. в Дан. иг. начала XII в.: «невозможно бо без *вожа* добра... видѣти всѣхъ святыхъ мѣстъ» и другие примеры) [см. Срезневский, I, 281—282]. Восточнославянская форма с *ж* сохраняется в сев.-влкр. говорах: сиб. **вож** — «лоцман» (Даль, I, 197); ср. совр. помор. **вож** — «лоцман» (Бадигин, 327). В знач. «лоцман» это слово известно у нас с давнего времени. Оно отм. Р. Джемсом (РАС, 1618—1619 гг., 5 : 51): vos (< *воз* < *вож*) — «a pilot». См. еще *вожатый*. □ В русском языке из ст.-сл. Ст.-сл. **вождь** — «вождь», также «воевода», «князь» (SJS, I : 5, 207) — одно из производных от о.-с. корня *ved- : *vod- (см. *вести*).

ВОЖЖА́, -и́, *ж.* (чаще *мн.* **во́жжи**) — «один из пары длинных ремней или одна из пары длинных веревок, прикрепляемых к концам, к двум звеньям удил, находящимся во рту запряженной лошади, позволяющим править при езде». *Глаг.* **вожжа́ться**, *прост.* — «водиться», «связываться с кем-л.». В говорах также **вожжа́ть** (**возжа́ть**) — «пристегивать вожжи» (Даль, I, 198). Ср. арханг. **вож**, *м.* — «вожжа в оленьей упряжке» (Подвысоцкий, 20). Старое, уже в «Рукоп. лексиконе» 1-й пол. XVIII в. (Аверьянова, 60) написание этого слова с *зж*, а позже *жж* и произношение его с *жж* возникло под влиянием других слов. Ср. в говорах: **во́зженый конь** — «езженый», «упряжной» (Даль, ib.) — явно под влиянием *езженый*. Надо полагать, такое произношение сначала появилось в глагольных образованиях: **возжа́ть** (ср. *езжать*). М. б., влияло и *возить*. Ср. укр. **ві́жка** — «вожжа»; польск. **wodza**, *мн.* **wodze** — тж.; н.-луж. **wocka** — тж. В других слав. яз. отс. Ср. в том же знач.: болг. **юзда́**, **по́вод**; с.-хорв. **ka̋jas**, *мн.* **ka̋jasi**; чеш. **oprať**, **otěž**. Старшая дата — 1551 г. (Оп. Ник. Кор. мон. — АИ, I, № 158) указана Срезневским (Доп., 36): **вожжи** (с двумя *ж*). С другой стороны, Р. Джемсом (РАС, 1618—1619 гг.,

ВОИ

35 : 2) отм. βogi̯ — «the raines of a sled horse» («вожжи в санной лошадиной упряжи»). Слово βogi̯ можно транскрибировать как vozi или voži: удвоение согласного (zz или žž) здесь не передано (потому что его еще не было?). □ Из о.-с. *vodja.

ВОЗ, -а, *м.* — «телега, сани с кладью», «кладь, умещающаяся на телеге, на санях». *Прил.* **возово́й**, **-а́я**, **-о́е**. *Сущ.* **во́зчик**. Сюда же **возни́ца** [собств. от прил. **во́зный**, **-ая**, **-ое** (Даль, I, 201), теперь неупотребительного]. Укр. **віз**, *род.* **во́за**, **візни́ця**; блр. **воз**, **во́знік**, **ваза́к**; с.-хорв. **во̑з** — «поезд», **во̏з**, **во̏зни̑**, **-а̄**, **-о̄** — «поездной», **во̏за̄р** — «возчик», «перевозчик», «гребец» (ср. **ко̏ла** — «воз», повозка», «телега»); македон. **воз** — «поезд», **возач** — «возчик», «перевозчик»; словен. **voz** — «воз», «повозка», «средство передвижения», **vozač** — «возчик»; чеш. **vůz**, *род.* **vozu** — «воз», «повозка», «колесница», «вагон», «автомашина», **vozový**, **-á**, **-é** — «вагонный», **vozka** — «возчик», «возница»; словац. **voz** — «воз», «повозка», «колесница», «вагон», «автомашина» (ср. **vozeň** — «вагон», **vozidlo** — «средство передвижения», **vozataj** — «возчик»; польск. **wóz**, *род.* **woza** и **wozu** — «средство передвижения (телега, вагон, автомашина)», **wozowy**, **-a**, **-e**, **woźnica**; в.-луж. **wóz**, *род.* **woza** (знач. — как в польск.), **wozowy**, **-a**, **-e**, **wóznik**; н.-луж. **wóz**. Др.-рус. (с XI в.) **возъ** — «повозка», «воз», **возила**, *мн.*, **возьник** (Срезневский, I, 283—284). Ст.-сл. **возъ** — «повозка» (SJS, I : 5, 208). □ О.-с. *vozъ. Старшее знач. «процесс передвижения» > «средство передвижения». И.-е. корень *u̯eg'h- : *u̯og'h-. Ср. др.-в.-нем. **wagan**, совр. нем. **Wagen** — «средство передвижения (повозка и пр.)»; англ. поэт. **wain** — «телега»; латин. **vehes**, *f.* — «груженый воз», «груз телеги»; др.-инд. **vāhana**, *n.* — «перевоз», «средство передвижения», «воз», «тягло» (животное); (как прич.) «везущий», «несущий».

ВО́ЗДУХ, -а, *м.* — «атмосфера», «то, что вдыхают и выдыхают живые существа». *Прил.* **возду́шный**, **-ая**, **-ое**. Укр. книжн. **во́здух** (при **повітря**); болг. **въ́здух**, **възду́шен**, **-шна**, **-шно**; с.-хорв. **ва̏зду̑х** (: **зра̑к**), **ва̏здушан**, **-шна**, **-шно** : **ва̏здушни̑**, **-а̄**, **-о̄**. Из русского — чеш. **vzduch** (при **povětří**). В некоторых слав. яз. отс. Ср. в том же знач.: блр. **паве́тра**, *ср.*; польск. **powietrze**. Др.-рус. (с XI в.) **въздухъ**, (с XIV в.) **въздушный** (Срезневский, I, 354; Доп., 46). Ст.-сл. **въздѹхъ** SJS, I : 6, 271). □ В древнерусском, возможно, книжное слово, заимствованное из старославянского. Состав слова: **въз-** (префикс) и *-дух* (см. *дух*).

ВО́ИН, -а, *м.* — «боец», «солдат». *Прил.* **во́инский**, **-ая**, **-ое**. *Сущ.* **во́инство**, отсюда **войнственный**, **-ая**, **-ое**. Укр. **во́їн**; блр. **во́ін**; болг. **во́ин**, **во́инствен**, **-а**, **-о**, **войни́к** — «рядовой», **войни́шки**, **-а**, **-о** — «солдатский». Но с.-хорв. **во̀йни̑к**; ст.-чеш. **vojenín** (при **vojín** — из русского); польск. **wojownik** — «воин». Др.-рус. (с XI в.) **воинъ**, **воиник**, *прил.* **воиньскъ**, **воиньский**

ВОЙ

и **воиньный**, **воиньство** (Срезневский, I, 285 — 287). В функции мн. ч. от *воин* употр. также **вои** (как бы от **вой** — «воин»), но этого слова Срезневский в данном знач. в ед. ч. не отм., приводятся примеры употребления слова **вой** (в ед. ч.) в собир. знач. «войско», «рать». М. б., это и было старшим значением слова. Ср. ст.-сл. воинъ, *мн.* вои; кроме того, воинникъ, воиньскъ, воиньскыи, воиньство (SJS, I:5, 208—209). ▫ След., *воин* — произв. от о.-с. *vojь с суф. единичности -inъ, как в рус. *господин*, *хозяин* и т. п.

ВО́ЙЛОК, -а, *м.* — «плотный, более или менее утолщенный материал из грубой валяной шерсти (для подстилки и пр.)». Ср. вят. во́лык — «войлок» (Васнецов, 35). *Прил.* во́йлочный, -ая, -ое. В других слав. яз. отс. Ср. в том же знач.: укр. повсть, повстяний, -а, -е; блр. ля́мец, ля́мцавы, -ая, -ае; болг. плъст; с.-хорв. ваљано сукно; чеш. plst; польск. pilśń или filc (< нем. Filz — «войлок»), впрочем, известно и wojłok (из русского). В русском языке слово *войлок* появилось в XVI в., но на первых порах (в XVI—XVII вв.) оно употр. только как название потника, подкладываемого под седло. Примеры см. у Срезневского (I, 285; Доп., 36). Старшая дата — 1551 г. С тем же знач. в «Домострое» по Конш. сп. (Орлов, 53): «попоны и *воилоки* и седла». Ср. также у Р. Джемса (в РАС 1618—1619 гг., 14 : 8): voiloc — «the under cloath» («подседельник»). ▫ Заимствованное, тюркское или через тюркское посредство из каких-то иных языков Ближнего Востока. Ср. турец. öllük — «(мягкая?) подстилка (для грудных детей)»; кирг. олоң (ң — заднеязычный носовой согласный) — «подседельник» (войлок тюркские народы называют иначе: ср. турец. keçe; туркм. кече; азерб. кечө; узб. кигиз, намат; каракалп. кийиз и т. д.). Начальное *в* перед *о* развилось на русской почве [ср. в русских словах: *восемь* (< *осмь*), *вотчина* и т. п.].

ВОЙНА́, -ы́, *ж.* — «вооруженная борьба двух или нескольких племен, народов, государств». *Прил.* вое́нный, -ая, -ое. Укр. війна́, воє́нний, -а, -е; блр. вайна́, вае́нны, -ая, -ае; рол. война́, военен, -нна, -нно; с.-хорв. устар. во̑јна (обычно ра̑т), во̑јни, -а̑, -о̑ (: ра̑тни, -а̑, -о̑); словен. vojna, vojni, -a, -o; чеш. vojna — «военная служба», а также «война» («война» обычно válka, «военный» — válečný, -á, -é), vojenský, -á, -é; словац. vojna — «война», vojnový, -á, -é, vojenský, -á, -é; польск. wojna, wojenny, -a, -e, wojskowy, -a, -e; в.-луж. wójna — «война», wójnski, -a, -e; н.-луж. wojna, wojnski, -a, -e. Др.-рус. (с XI в.) воина; ср. субст. прил. воиныи, воиньныи (= вой, воинъ) [Срезневский, I, 285, 287]. Ст.-сл. воина — «война»; ср. субст. прил. воиныи — «солдат» (SJS, I : 5, 208, 209). ▫ Само о.-с. сущ. *vojьna (> рус. *война*) по происхождению также субст. прил. ж. р. ед. ч. от *vojьnъ, -а, -о от *vojь — «воин», «боец» с суф. -ьn- и со знач. «относящийся к войску, к воинам, к войне»). Та-

ВОК

ким же субст. прил. является и о.-с. *vojьsko (от *vojьskъ, -а, -о). *Прил.* вое́нный восходит к о.-с. *vojьnьnъ, -а, -о : *vojьnьnъjь, -aja, -oje. Ср. др.-рус. **воиньный**.

ВО́ЙСКО, -а, *ср.* (*мн.* войска́) — «армия», «совокупность вооруженных сил какого-л. государства». *Прил.* войсково́й, -а́я, -о́е. Укр. ві́йсько, військови́й, -а, -е; блр. во́йска, *ср.*, ва́йскбвы, -ая, -ае. Ср. болг. войска́, *ж.*, войскови́, -а́, -о́; с.-хорв. во̑јска, *ж.*; словен. vojska, *ж.*; чеш. vojsko, vojskový, -á, -é; польск. wojsko, wojskowy, -a, -e; в.-луж. wójsko, wójskow(n)y, -a, -e; н.-луж. wojnstwo — «войско». Др.-рус. воиско — «войско» (Переясл. л. под 6496 г.); ср. воиска, воиская, *ж.* — «война», воискъ, -а, -о, воиский, -ая, -ое — «военный», «воинственный» (Срезневский, I, 287). Ст.-сл. воиньство — «войско»; ср. воинска, *ж.* — «война» (SJS, I : 5, 210). ▫ По своему происхождению *войско* — краткое прил. с суф. -ьsk- от о.-с. корня *voj- (< и.-е. *u̯ei-: *u̯oi-). См. *воевать*, *воин*.

ВОКЗА́Л, -а, *м.* — «здание для обслуживания пассажиров на железнодорожной станции». *Прил.* вокза́льный, -ая, -ое. Укр. вокза́л, вокза́льний, -а, -е; блр. вакза́л, вакза́льны, -а, -ае. В других слав. яз. отс. Ср. в том же знач.: болв. га́ра (< франц. gare); с.-хорв. ста́ница; чеш. nádraží; польск. dworzec и пр. Ср. франц. gare — «вокзал»; нем. Bahnhof — тж.; англ. railway station — тж.; ит. stazione — тж.; исп. estacion — тж. В знач. «место увеселений» *ваксал* : *воксгал* отм. Яновским (I, 1803 г., 448, 488). Грот (ФР⁴, 893) отм. первый случай употребления этого слова в форме *фоксал* в «СПБ Ведомостях» за 1777 г., № 53. Ср. еще у Даля (I, 205): *воксал* — «сборная палата, зала на гульбище, на сходбище, где обычно бывает музыка». В этом знач. встр. у В. Л. Пушкина в стих. «Вечер» (1798 г.), у А. С. Пушкина в стих. «К Наталье» (1813 г.): «На гуляньях иль в *воксалах* / Легким зефиром летал» (ПСС, I, 5). Ср.: «паровозы... (будут ходить) отправляясь от *воксала* в Павловске» («СПБ Ведомости» за 18 февраля 1837 г.). Совр. знач. развилось в русском языке в связи с тем, что железная дорога Петербург—Павловск заканчивалась у вокзала в Павловске, служившего одновременно пассажирским зданием и залом, где давались концерты (БСЭ³, V, 292). В словарях слово *вокзал* в совр. знач. отм. в СРЯ¹ (I, в. 1, 1891 г., 490—491). Прил. *вокза́льный* (сначала писали *воксальный*) встр. с 30-х гг. XIX в.: «*воксальное* здание» («Моск. наблюдатель», 1837 г., ч. XI, 424). ▫ В русском языке *вокзал* (старая форма *воксал*) восходит к англ. Vauxhall [от собственного имени Vaux и hall — «зал» (ср. *мюзик-холл*), по имени Джейн Вокс (XVII в.), владельцы загородного сада близ Лондона (для концертов, танцев, для карточной или иных игр, место увеселений, гулянья и т. п.)]. Форма с начальным *ф* восходит не к англ. Vauxhall, а к французской его переделке (facshall).

ВОЛ, -á, м. — «кастрированный бык, используемый как рабочее животное». *Прил.* **волóвий, -ья, -ье**. Укр. віл, род. волá; блр. вол. Ср. болг. вол, вóлски, -а, -о — «воловий», **воловáр** — «пастух»; с.-хорв. вô, род. вòла, вòловскū, -ā, -ō, вòлар — «пастух», «погонщик»; чеш. vůl, volský, -á, -é — «воловий»; польск. wól, woli, -a, -e, wołowy, -a, -e. Др.-рус. (с XI в.) **волъ, волухъ** — «погонщик», прил. **воловьный** и **волуй, -я, -е** (!) [Срезневский, I, 290, 296]. Ст.-сл. **волъ** (SJS, I : 5, 211). ◻ О.-с. *volъ, с основой на -й-. Вероятно, находится в связи с глаг. *валить* — «castrare, холостить»; ср. *коновал*. И.-е. корень *u̯el- (: *u̯ol- : *ul-). Ср. латин. valēre — «быть сильным», «преобладать».

ВОЛЕЙБÓЛ, -а, м. — «спортивная игра двух команд по 6 человек, заключающаяся в перебрасывании кожаного мяча через сетку определенной высоты на двух стояках, разделяющую площадку на две половины». *Прил.* **волейбóльный, -ая, -ое**. Сюда же **волейболúст, волейболúстка**. Укр. волейбóл, волейбóльный, -а, -е, волейболíст, волейболíстка; блр. валейбóл, валейбóльны, -ая, -ае, валейбалíст, валейбалíстка; болг. волейбóл, вóлейболен, -лна, -лно, волейболúст, волейболúстка. Ср. в том же знач. чеш. volleyball, volleyballový, -á, -é, volleyballista, volleyballistka (из англ.; собственно чеш. название этой игры odbíjená; ср. словен. odbojka — «волейбол»); польск. wolej (: volley) — «удар на лету», «воллей» (но «волейбол» — siatkówka). В русском языке слово *волейбол* появилось в советское время, к 30-м гг. В словарях отм. с 1933 г.: Кузьминский и др., 235: *воллей-бóл*; далее — Ушаков, I, 1935 г.: 348: *волейбол, волейбольный, волейболист, волейболистка*. ◻ Слово английское. Ср. англ. volleyball тж. [ball «мяч», volley собств. «град», «поток», спорт. «прием (мяча) на лету»; как глаг. «сыпаться градом», спорт. «отбивать (мяч) на лету»]. По правилам игры мяч при перебрасывании через сетку должен быть все время в воздухе, на лету».

ВОЛК, -а, м. — «хищное животное, родственное собаке». *Женск.* **волчúца, волчúха**. *Прил.* **вóлчий, -ья, -ье**. *Сущ.* **волчóнок**. Укр. вовк, вовчúця, вовченя́, вóвчий, -е; блр. воўк, ваўчýха, ваўчаня́, вóўчы, -ая, -ае. Ср. болг. вълк, вълчúца, вълчé, въ́лчи, -а, -е; с.-хорв. вŷк, вýчица, вучиђ, вýчjū, -ā, -ē; чеш. vlk, vlčice, vlče, vlčí, -á, -é; польск. wilk, wilczyca, wilczątko, wilczy, -a, -e (ср. также в.- и н.-луж. wjelk). Др.-рус. (в письменных памятниках — с XI в.) **вълкъ**, позже **вълчица, вълчий, -ья, -ье** (Срезневский, I, 379, 383, Доп. 52). Ст.-сл. **вльъкъ : вльκъ** (SJS, I : 5, 202). ◻ О.-с. праформа *vьlkъ (в др.-рус. **вълкъ** из **вьлкъ**). Ср. лит. vilkas — «волк»; др.-инд. vṛkaḥ — тж.; гот. wulfs (с f, возникшим незакономерно); др.-исл. ulfr; норв. ulv; др.-в.-нем. wolf; нем. Wolf; греч. λύκος; латин. lupus (< *luquos) — «волк» и от того же корня vulpēs — «лисица»; алб. ujk (< ulk). И.-е. праформа *u̯l̥ku̯os. Одно

из слов общеиндоевропейского словарного фонда. Ср. *влечь* (см.), *волочить*.

ВОЛНÁ, -ы́, ж. — «водяной вал, возникающий вследствие колебания, движения водной поверхности». *Прил.* **волнúстый, -ая, -ое**. *Глаг.* **волновáть(ся)**. Ср. болг. вълнá, вълнúст, -а, -о, вълнýвам; чеш. vlna, vlnitý, -á, -é, vlniti. В укр. и блр. отс. (ср. укр. хвúля — «волна», но вóвна — «шерсть»; блр. хва́ля — «волна»). В с.-хорв. и польск. также отс. (ср. с.-хорв. тàлас — «волна»; польск. fala — тж.). Др.-рус. (с XI в.) **вълна, вълнитися, вълновати(ся)** [Срезневский, I, 379—380]. Ст.-сл. **вльна : влъна** (SJS, I : 5, 202). Но *волнистый* в словарях — только с 1771 г. (РЦ, 64). ◻ О.-с. форма *vьlna. Ср. лит. vilnìs (латыш. vilnis) — «волна»; нем. wella — «волна»; нем. Welle — тж.; также др.-в.-нем. wallan — «бушевать», «бурлить» (о море); нем. wallen — тж.; англ. well — «бить ключом»; др.-исл. vella — «кипеть»; норв. velle — «бить» (об источнике), «струиться». См. *вал*. И.-е. корень *u̯el- [: *u̯ol- (: *u̯ōl-) : *ul-] — «катить», «влечь» (Pokorny, I, 1140—1142).

ВОЛОКИ́ТА, -ы, ж. — «проволóчка», «канцелярская медлительность, придирчивость и задержки в решении какого-л. дела». Укр. **волокúта** (также **тягани́на, зволікáння**); блр. **валакíта**. Ср. в том же знач.: болг. **протáкане, растáкаване**; с.-хорв. **одуговлáчење**; чеш. průtah (от tahati — «волочить»); польск. zwłóczenie, mitręga. В русском языке слово *волокита* появляется в XVI в. ◻ Происходит от корня *волок-* (ср. *волочить, 1 ед. волоку*, см. *влечь*); суф. *-ит-а* (из о.-с. *-yt-a), как в о.-с. *rokyta (> рус. *ракита*).

ВОЛОКНÓ, -á, ср. — «непряденая и невитая природная нить»; «нитевидная клетка растений»; «межклеточное нитевидное образование живого организма (человека или животных)». *Прил.* **волкнúстый, -ая, -ое**. Укр. волокнó; блр. валакнó. Ср. болг. влакнó, влáкнест, -а, -о; с.-хорв. влáкно, влáкнаст, -а, -о; чеш. vlákno, vláknitý, -á, -é; польск. włókno, włóknisty, -а, -е. Ст.-сл. **влакъно**. В письменных памятниках др.-рус. языка не встр. В словарях *волокно* отм. только с 1780 г. (Нордстет, I, 82), *волокнистый* — с 1789 г. (САР¹, I, 769). ◻ О.-с. корень *volk-. Ср. *волочить, 1 ед. волоку, влечь, 1 ед. влеку* (см. *влечь*).

ВÓЛОС, -а, м. (*мн.* вóлосы) — «нитевидное образование на коже человека и животных». *Прил.* **волосáтый, -ая, -ое, волосянóй, -áя, -óе, волосúстый, -ая, -ое**. Укр. вóлос, волосáтий, -а, -е, волосянúй, -á, -é, волосúстий, -а, -е; блр. вóлас, валасáты, -ая, -ае, валасяны́, -áя, -óе, валасíсты, -ая, -ае. Ср. болг. влáси, мн. (на голове — обычно коса; ср. кóсъм, м. — «волос»), власáт, -а, -о, влáсест, -а, -о — «волосатый»; с.-хорв. влас, влàсат, -а, -о — «волосатый», влáсаст, -а, -о; словен. las — «волос», lasat, -a, -o, lasast, -a, -o; чеш. vlas (: chlup; ср. žíně — «конский волос»), vlasatý, -á, -é —

ВОЛ

«волосатый», vlasový, -á, -é — «волосяной»; польск. włos, włosiany, -a, -e — «волосяной», но ср. włochaty, -a, -e — «волосатый». Др.-рус. книжн. обычно **влас** (с XI в.); очень редко и поздно **волос** [у Срезневского лишь два примера и только из памятников XV—XVI вв. (I, 294; Доп., 37)]. Но ср. у Тупикова (93) прозвище *Волосъ* («игумен Волосъ», 1187 г., «новгородец *Волосъ* Блудкинич», 1230 г. и т. д.). Там же (92): «дьяк Андрей *Волосатой* (1510 г.)». □ О.-с. *volsъ. Ср. авест. varəsa- — «волосы (особенно на голове)»; др.-инд. válśaḥ, *m.* — «отросток», «ветвь», «гибкий прут». И.-е. база *u̯el-k'-, со «смягченным» расширителем -k'-. Ср. с велярным расширителем -k- о.-с. *volkno (> рус. *волокно*); др.-инд. valkala, *m., n.* — «мочальное платье (отшельника)». С зубным расширителем сюда относится др.-в.-нем. wald (совр. нем. Wald) — «лес» и др. И.-е. корень *u̯el-. Возможно, сюда относится [вопреки Френкелю (Fraenkel, 1188)] и лит. válas, *pl.* valaĩ — «волос(ы) конского хвоста».

ВО́ЛОСТЬ, -и, *ж.* — «административно-территориальная единица, подразделение уезда в старой России (и в Советской России до 1928 г.)». *Прил.* **волостно́й, -а́я, -о́е.** Укр. **во́лость, волосни́й, -а́, -é;** блр. **во́ласць, валасны́, -а́я, -о́е.** В других слав. яз. лишь как заимствование из русского (напр., чеш. volost). В др.-рус. слово *волость*, разумеется, не имело этого знач. Оно окончательно установилось в начале 60-х гг. XIX в. (на основе «Положения 19-II-1861 г. о крестьянах, вышедших из крепостной зависимости»). Ср. у Даля (I, 1863 г., 207): «*волость*... ныне: округ сел и деревень,... состоящих под управлением одного головы или волостного правления». □ Ср. др.-рус. **волость** — 1) (с дописьменной эпохи) «власть», «право»; 2) (с XI в.) «область, земля, находящаяся под одной верховной (княжеской) властью»; 3) «округ, принадлежащий городу»; (с XIII в.) прил. (к *волость* во 2 и 3 знач.) **волостьный** (Срезневский, I, 293, 294). Ср. ст.-сл. **власть** — не только «власть», «право сильного», но и «начальство», «власти» и «государству» (SJS, I : 5, 200).

ВОЛЧА́НКА, -и, *ж.* — «тяжелая болезнь кожи туберкулезного или иного (**красная волчанка**) характера, иначе **волчий лишай**», Lupus. Укр. **вовча́к, во́вчий лишай;** блр. **ваўча́нка.** В других слав. яз. употр. латинское название болезни: болг. **лу́пус;** чеш. lupus; но имеются и славянские названия, напр., польск. toczeń, gruźlica skóry. Ср. также с.-хорв. **ву́чак** — «гангрена» (ср. рус. *волчец*) — «гнилая язва, злокачественный заразительный лишай у собак на голове и шее»). В словарях *волчанка* впервые отм. в 1875 г.: *волчанка* — «разъедающий лишай» (Толль, НС, Доп., ч. 1, 195). □ Слово *волчанка*, в конечном счете, представляет собою свободный перевод латинского названия Lupus (vulgaris). Сначала, по-видимому, эту болезнь называли просто *волком*. Ср. у Даля (который

ВОЛ

и сам был врачом): *волк* — «...род злой накожной болезни, похожей на рак» (I, 1863 г., 206). Со словообразовательной точки зрения ср. рус. диал. **волча́н** — «люпин», иначе **волчьи бобы**, латин. название этого растения — Lupinus — букв. «волчий» (Даль, I, 206). Ср. другие наименования тяжелых болезней по имени некоторых животных, вызывающих отрицательные эмоции: *жаба, ящур* и т. п.

ВОЛЧО́К, -чка́, *м.* — «быстро вращающаяся на оси детская игрушка, производящая протяжный, иногда воющий звук». Укр. **дзи́га.** Ср. название этой игрушки в других слав. яз.: болг. **фърфала́к, пу́мпал;** чеш. káča (< Káča — «Катька»), хотя употр. и vlček; польск. bąk. В других языках название этой игрушки обычно не связывается с «волком»: франц. toupie (германизм); нем. Topf — «горшок»); нем. Kreisel (при kreisen — «кружиться») и т. д. В словарях — с 1762 г. (Литхен, 72). □ Название дано, очевидно, по гудению, вою, которым сопровождается вращение. *Волчок* — уменьш.-ласк. от *волк*.

ВОЛЫ́НКА, -и, *ж.* — «народный музыкальный инструмент, состоящий из кожаного (телячьего, козьего) мешка или пузыря с трубкой для его надувания воздухом в верхней части и с двумя или несколькими приделанными к пузырю рожками, издающими при сдавливании пузыря монотонный, тягучий звук». *Сущ.* **волы́нщик.** Укр. **воли́нка, воли́нщик;** блр. **валы́нка, валы́ншчык.** В новейшее время (после 1917 г.?) слово *волынка* приобрело в вост.-слав. языках новое знач.: «умышленная медлительность в работе, причиняющая вред производству». Но еще в XVII в., однако лишь в диалектной речи (и только в сев.-влкр. говорах) или даже как элемент профессиональной бурлацкой речи на Волге, слово *волынка* получило знач. «веревка», «канат» (сначала, м. б., в словосочетании *тянуть волынку*). Ср. уже в 1618—1619 гг. (Р. Джемс, РАС, 34 : 14): volinχa — «a cable» («канат»). В КДРС имеются и другие примеры, относящиеся к сев.-влкр. наречию 2-й пол. XVII в. [см. комментарии Ларина (233) в его издании словаря Р. Джемса]. С *волынкой* связано также происхождение глаг. **волы́нить** — «умышленно проявлять небрежность и медлительность в работе», «увиливать от работы или от ответа». □ Как музыкальный инструмент волынка появилась на Украине, куда была занесена, по-видимому, из Румынии. Название обычно производят от топонима *Волынь*. Впервые — Miklosich, EW, 394.

ВО́ЛЯ, -и, *ж.* — 1) «способность осуществить свои желания, достигнуть намеченной цели»; 2) «желание», «требование», «приказание»; 3) «свобода». *Прил.* **волево́й, -а́я, -о́е** (к *воля* в 1 знач.), **во́льный, -ая, -ое** (к *воля* в 3 знач.). *Глаг.* **во́лить** теперь употр. только с приставками: **изво́лить, уво́лить** и др. Укр. **во́ля, вольови́й, -á, -é, ві́льний** (устар. поэт. во́льний), -а, -е, волити — «хотеть», «желать», «предпочитать»; блр. во́ля, валявы́, -а́я, -бе, во́льны, -ая, -ае; болг. во́ля, во́лев, -а, -о, во́лен, -лна, -лно; с.-хорв. во́ља, во́љан, -љна, љно : во́љни, -а̄, -о̄, во̀лети — «любить»; словен. volja, voljan, -ljna, -ljno; чеш. vůle, прил. volní — «волевой», volný -á, -é — «вольный», voliti — «избирать»; словац. vôl'a, vôl'ový, -á, -é, vol'ný, -á, -é, volit' — «выбирать»; польск. wola, wolny, -a, -e — «вольный», «свободный»; в.-луж. wola, wólny, -a, -e; н.-луж. wóla, wólny, -a, -e. Др.-рус. (с XI в.) во́ля — «воля», «свобода», вольный — «действующий по своей воле», «добровольный», «свободный», «дозволенный», волити — «хотеть», «предпочитать» (Срезневский, 1, 289, 297, 298). Ст.-сл. волѧ, волїнъ, вольнъıи, волити (SJS, I : 5, 210, 211, 212). Прил. волевой очень по́зднее. В словарях впервые — у Ушакова (I, 1935 г., 348). □ О.-с. *volja. И.-е. корень *u̯el- : *u̯ol- — «хотеть», «желать». См. веле́ть.

ВОНЗА́ТЬ, вонза́ю — «втыкать что-л. остроконечное, колющее в поверхность чего-л.». Сов. вонзи́ть, 1 ед. вонжу́ — «воткнуть». Возвр. ф. вонза́ться, вонзи́ться. В других слав. яз. отс. Ср. в том же знач.: укр. встромля́ти; блр. уса́джваць; болг. заби́вам, му́швам; с.-хорв. забада́ти, забо́сти; чеш. vbodávati; польск. wbijać, wbić. Др.-рус. вънозити : вънъжити, *вънъзнѫти (отм. пов. накл. 2 ед. въньзи, аор. 3 мн. внизоша), вънъзнѫти (Срезневский, I, 389, 391). Только в Сл. плк. Игор. зарегистрировано вонзить: «вонзите свои мечи вережени» (Виноградова, в. 1, 131). Ст.-сл. въньзнѫт, вѧнъжти (Супр. р. — Meyer, 42). □ О.-с. *vъnьznǫti, 1 ед. *vъnьznǫ : *vъnъzǫ; каузатив *vъnoziti (?). Т.-о., русская форма 1 ед. вонжу́ — позднее явление [под влиянием предполагаемой формы 1 ед. каузатива *vъnožǫ (< *vъnъzjǫ)?]. Формы вонза́ть, вонза́ю — также новообразование. О.-с. корень *nьz- (: *niz- : *noz- на славянской почве находится в связи с рус. низать (см.), нанизывать, польск. nizać — тж., с рус. нож (см.), заноза (см.). И.-е. *neg'ʰ- — «втыкать», «пронзать», «продевать». Убедительных соответствий в других и.-е. языках не имеется [м. б., кроме ср.-ирл. ness (< *neg'ʰ-s-) — «рана», «удар» (Pokorny, I, 760); однако Вандриес сближает это слово с латин. necō — «умерщвляю», «гублю», с и.-е. корнем *nek- (Vendryes, N-11)].

ВОНЬ, -и, ж. — «дурной запах». Прил. воню́чий, -ая, -ее. Глаг. воня́ть. Сюда же обоня́ть (см.). Ср. укр. вонь (: смо́рід), воню́чий, -а, -е, воня́ти (чаще смерди́ти); в блр. отс. (ср. смуро́д — «вонь», смярдзе́ць, смуро́дзіць). Ср. болг. воня́ (: смрад) — «вонь», воне́щ, -а, -о, воне́я — «воняю»; с.-хорв. во̏њ : во̏ња — «запах вообще (ср. смра̏д — «вонь»), во̏њати — «пахнуть», «нюхать»; словен. vonj — «запах», vonjati — «пахнуть», «нюхать»; чеш. vůně — «благоухание», «аромат», voněti — «хорошо пахнуть», «благоухать» (ср. zápach, smrad — «вонь», páchnouti, smrděti — «вонять»); польск. woń, устар. wonia — «запах», wonieć — «пахнуть», «благоухать», «обонять» (ср. smród, zaduch — «вонь», śmierdzieć — «вонять»). Др.-рус. (с XI в.) воня (не вонь!) — «запах», «благовоние», воня́ти — «пахнуть», позже «вонять» (Срезневский, I, 300, 301). Ст.-сл. вонѩ — «благоухание», вонѩти : вонити — «благоухать» (SJS, 1 : 5; 215, 216). В форме вонь и с совр. знач. это слово отм. Поликарповым (1704 г., 57); там же воню́чий. □ О.-с. форма слова *vonja, *vonjati. Корень *on- (v протетическое) — «па́хнуть», «запах». Ср. гот. uz-anan- — «выдыхать», andar — «душа»; др.- (и совр.) исл. andi — «дыхание», «дух»; норв., дат. ånd — «дух», ånde — «дышать»; латин. animus — «дух», «душа» (сюда же animal — «животное»), anima — «дыхание», «дуновение», «ветер»; греч. ἄνεμος — тж.; ср.-ирл. anál — «дыхание»; др.-инд. anila-ḥ, m — «воздух», «ветер»; др. ániti — «дышит»; тохар. А, В āṁm — «жизнь», «дух». И.-е. корень *ăn- — «дышать», «дохнуть», «дыхание». Ср. благоухать [перед согласными (ch — под влиянием дух) *on- (< *ăn-) в о.-с. давал *q : *qchati (ср. др.-рус. ухати — «обонять», «нюхать»)]. Знач. «дурно пахнуть» сравнительно позднее, возникшее на русской почве. С этим знач. в болгарском оно, м. б., из русского.

ВОР, -а, м. — «грабитель», «злоумышленник, занимающийся кражей». Женск. воро́вка. Глаг. ворова́ть. Только русское. Ср. в том же знач.: укр. злоді́й; блр. злодзей; чеш. zloděj; польск. złodziej; болг. краде́ц; с.-хорв. кра̏дљивац, ло̏пов (ср. венг. lopás — «кража». Появилось в XVI в.: ранняя дата (1547 г.) приводится из АЮ, № 52 («Правая грамота») Евгеньевой в статье «История слова вор в рус. яз.» (Уч. зап. ЛГПИ, т. XX, с. 147; там же и другие ранние примеры). У Срезневского (I, 305) старшая дата — 1580 г. Во всех этих случаях речь идет не о татях, не о кражах. В выписке 1547 г. говорится о сочинителе подложной кабалы, в других — о разного рода «смутьянах», нарушителях общественного спокойствия. Во 2-й пол. XVII в. вошли в употр. прил. воровско́й, сущ. воровство́. Особенно широкое распространение слова́ группы вор получили в «Смутное время». Старшее знач. (XVI—начало XVII в.) — «обманщик», «смутьян», «изменник», «политический преступник». В начале XVII в. появились и слова воровка (сначала так называли только Марину Мнишек), воренок (сын Марины Мнишек и Лжедимитрия II), воровать — «заводить смуту», «восставать против законной власти», «изменять». Примеры см. Черных, ОИЛ, 195—198. Но в начале XVII в. слово вор уже было известно и в смысле «тать», «грабитель» (примеры там же, 197). Ср. также у Р. Джемса (РАС, 1618—1619 гг., 33 : 24): вore — «a thiefe, a rouge» («вор-уголовник»). □ Происхождение слова вор не особенно ясно. Сопоставляли его и с греч. φώρ — «тать» (совершен-

ВОР

но напрасно, потому что в греч. слове начальное φ из и.-е. bh и оно родственно с рус. *беру*), и с польск. wór — «мешок», словом, далеким по знач. и относящимся к другому корневому гнезду. Если слово *вор* не заимствовано из финских языков [фин. (с.) varas — «вор-уголовник», varastaa — «красть»; ср. также фин. (с.) varoa — «остерегаться», «опасаться»], то (и это наиболее вероятно) находится в связи с *врать* (см.). Отношения между *врать* (< *вьрати*) и *вор* с фонетической точки зрения такие же, как между *драть* (< *дьрати*) и диал. *дор* (см. *драть*, *вздор*). И.-е. корень *u̯er-(: *u̯or-: *u̯r̥-) — «говорить приподнято, важно», «держать речь» (Pokorny, I, 1162).

ВОРОБЕ́Й, -бья́, *м.* — «маленькая, обычно с серо-коричневым или бурым оперением спинки, птица семейства ткачиковых», Passer. *Женск.* **воробьи́ха**. *Сущ.* **воробьёнок**. *Прил.* **воробьи́ный**, -ая, -ое. Ср. укр. горобе́ць, род. горобця́, горобчи́ха, горо́бка, гороби́ний, -а, -е, гороб'я́чий, -а, -е. Но блр. вераби́й, вераб'і́ха, вераби́ны, -ая, -ае. Ср. болг. врабе́ц, врабче́, вра́бка, вра́бчи, -а, -о, вра́бчов, -а, -о, вра́бешки, -а, -о; с.-хорв. вра́бац, вра́пче — «птенец воробья», вра́пчи, -ā, -ē; словен. vrabec, vrabček, vrabčji, -a, -e; чеш. vrabec, vrabčice, vrabčatko, vrabčí; словац. vrabec, vrabčica, vrabčiatko, vrabčí; польск. wróbel, wróbli, -ia, -ie; в.-луж. wrobl, wroblina, wróbl(i)k, wroblacy, -a, -e; н.-луж. robel (диал. wrobel), roblicka — «воробьиха». Др.-рус. вороби́и (Пов. вр. л. под 6454 г., в рассказе о мщении Ольги древлянам). Ст.-сл. врабии (в Син. пс., SJS, I : 5, 218). □ О.-с. форма корня *vorb-(: *verb-?); суффиксальный чаще всего -ьj-ь, -ьс-ь. Ср. лит. žvìrblis — «воробей»; латыш. zvirbulis. Т. о., в праславянском первоначально могло быть *zvorb- (: *zverb- : *zvьrb-) с неустойчивым z. М. б., звукоподражательное, но подвергшееся контаминации со словами вроде о.-с. *vorta (> рус. *ворота*), *vorъ — «изгородь», «забор» [ср. сев.-рус. забо́р — «забор», «городьба», «прясла»; ср. (от другого корня) варо́к — «изгородь» (Даль, I, 502)], о.-с. *vereja и т. д. Сначала так назван был домашний воробей. Не исключено, однако, что это начальное ž : z является особенностью только языков балт. группы и возникло там на почве контаминации с какими-то другими местными названиями того же воробья (вроде латыш. zvīgurs, zvipuris и т. п.) или с другими словами, начинающимися с этого звука. Тогда приходится искать другое объяснение о.-с. *vorb- и иные связи. Ср. греч. (у Гесихия) ῥόβιλλος (< *Ϝροβιλλος) — «королек» (красивая птичка отряда воробьиных, разновидность синицы или славки). Подробнее см. Fraenkel, 1328.

ВО́РОН, -а, *м.* — «хищная большая птица с синевато-черным оперением», Corvus corax. *Прил.* **во́ронов**, -а, -о. Сюда же **воро́на**, *ж.* — «хищная птица средней величины семейства вороновых с черным или серым оперением», Corvus corone. *Прил.* к *ворона*) **воро́ний**, -ья, -ье. *Собир.* **во-

ВОР

ронье́**. *Сущ.* **воронёнок** — «птенец во́рона или воро́ны». Укр. во́рон (: крук), воро́на (: га́ва), вороння́; блр. варо́на (ср. крумка́ч, грука́н — «ворон»), варанне́. Ср. болг. вра́на — «ворона» (иногда га́рга < турец., но ср. га́рван — «ворон»), прил. вра́нин, -а, -о; с.-хорв. вра́н — «ворон», вра́на — «ворона», вра́нић — «вороненок»; словен. vran, vrana, vranji, -a, -e; чеш. vrána; словац. vrana (ср. чеш. и словац. havran и krkavec — «ворон»), vraní — «вороний»; польск. wrona — «ворона» (ср. kruk — «ворон»), прил. wroni, -ia, -ie; в.-луж. wróna — «ворона», wrónjacy, -a, -e; н.-луж. wron — «ворон», garona, karwona — «ворона». Др.-рус. (с XI в.) воронъ (Срезневский, I, 302—303; здесь дано и ворона, но примеры отс.; также Доп., 38). Ст.-сл. вранъ, вранов, -а -о (SJS, I : 5, 220). □ О.-с. *vornъ, *vorna. Ср. лит. var̃nas — «ворон», várna — «ворона»; латыш. vārna — «ворона» (но ср. krauklis — «ворон»); др.-прус. warnis (зват. ф.) — «ворон», warne — «ворона». Этимологически балто-славянское название во́рона, а вслед за тем и воро́ны связано с прил. *вороно́й* (см.). Полагают даже, что по происхождению оно субст. прил. (со знач. «черный»). И.-е. корень *u̯er- — «жечь», «сжигать», «обогорать», «делаться черным» (Pokorny, I, 1166); суффиксальный элемент -n- появился на балто-славянской почве. По корню (без форманта -n-) о.-с. *vornъ родственно с др.-в.-нем. (и совр. нем.) warm — «теплый», «жаркий»; арм. varel — «зажечь», «зажигать», varvel — «гореть». Ср. также хетт. u̯ar- — «жечь», «сжигать», «пылать», прич. u̯arant- — «горящий», «пылающий».

ВОРО́НКА, -и, *ж.* — 1) «приспособление для переливания жидкости в виде перевернутого конуса с отверстием в центре»; 2) «углубление в земле, оставшееся после взрыва снаряда». Гл. обр. русское. Укр. воро́нка — «воронка во 2 знач.» («воронка в 1 знач.» — ле́йка). Блр. варо́нка — «воронка во 2 знач.» («воронка в 1 знач.» — ле́йка). Ср. болг. фуни́я (< турец. huni) — «воронка в 1 знач.»; с.-хорв. ле̑вак — «воронка в 1 знач.»; чеш. nálevka, trychtýř (< нем. Trichter) — «воронка в 1 знач.»; польск. lejek — «воронка в 1 знач.» (во 2 знач. — wyrwa). Но, с другой стороны, ср. болг. врана́ — «отверстие в большой бочке», «втулка»; с.-хорв. вра̏њ — «затычка» (у бочки); польск. wrona — «отверстие бочечной втулки». Ср. помор. воро́на — «отверстие в корме судна, где проходит руль» (Даль, I, 216; Подвысоцкий, 22; Бадигин, 328). Слово *воронка*, если судить по памятникам письменности, сравнительно позднее слово. Оно известно с XVII в. Отм. Р. Джемсом (РАС, 1618—1619 гг., 9 : 49): veróneka — «a funnell» («воронка»). Встр. также в МИМ, № 392, 1668 г., 344: «за три *воронки*» (при перечислении аптечных товаров). Но в форме *ворона* должно быть старым. Старшее знач., м. б., было «отверстие, соединяющее наполненное вместилище жидкости с порожним сосудом» или близкое к этому. □ Корень с вокализмом *о*, надо полагать, тот же, что в рус. диал. вере́нька — «рыболовный плетеный снаряд вроде стоячего вентера с узким входом сверху» (Даль, I, 158). Ср. также: курск. вере́нька — «коробка из прутьев», «плетушка» (Кардашевский, II, 151). Надо полагать, относится к одной группе с *вереница* (см.), *вериги* (см.). И.-е. корень *u̯er- — «связывать», «присоединяться к...» и т. п. (Pokorny, I, 1150).

ВОРОНО́Й, -а́я, -о́е — (о лошадях) «черный, как крыло ворона». Укр. вороні́й, -а́, -є́; блр. вараны́, -а́я, -о́е; болг. врǎн, -а, -о (чаще че́рен, -рна, -рно); с.-хорв. врân(й), -а, -о; чеш. и словац. vraný, -á, -é; польск. wrony, -a, -e. Др.-рус. вороный — «черный» (о конях) в Троицк. л. под 6745 г. (Срезневский, I, 303). Ст.-сл. (конь) врань, врань (SJS, I : 5, 220). ▫ О.-с. *vornъ, -a, -o (: *vornъjь, -aja, -oje). Ср. лит. varnas — «черный (как уголь)» (Fraenkel, 1201). Этимологически связано с о.-с. *vornъ, *vorna (см. *ворон*). И.-е. корень *u̯er- — «жечь», «сжигать», «пылать», «делаться черным».

ВО́РОТ, -а, м. — «пришивной край одежды, облегающий шею», «вырез в одежде для шеи». Даль (I, 217) дает еще *прил.* во́ротный (к *ворот* в этом знач.). Это прил. теперь не употр., но отсюда *сущ.* воротни́к — «часть верхней одежды, пришиваемая или пристегиваемая к вороту», отсюда *уменьш.* воротничо́к. Сюда же во́рот — «горизонтальный вал, приводимый в движение колесом с рукоятями на ободе», иначе бара́н, наво́й (Даль, I, 217); «вращающийся вал, на который наматывается канат или цепь» (ССРЛЯ, II, 681). Ср. болг. врат — «шея», вра́тен, -тна, -тно — «шейный»; с.-хорв. врâт — «шея», врâтнй, -â, -ô — «шейный» (ср. око̀вра́тнӣк — «галстук»); словен. vrat — «шея», vraten, -tna, -tno — «шейный». Ср. в знач. «ворот» и «воротник» (причем они обыкновенно не различаются в других слав. яз.: укр. ко́мір; блр. каўне́р (из польского); болг. яка́ (ср. турец. yaka — тж.); чеш. límec (< др.-в.-нем. lem — «кайма», «борт»); польск. kołnierz. Др.-рус. (XI–XII вв.) воротъ — «шея»; знач. «вырез для шеи у одежды» отм. с конца XVI в. (Срезневский, I, 304). Ср. ст.-сл. вратъ — «колесо как орудие пытки» (Супр. р.), «зубчатая стена храма» — в Иерусалиме — Сав. кн. и др. [SJS, I : 5, 221]. Слово *воротник* — более по́зднее. В словарях — с 1731 г. (Вейсман, 348). ▫ Т. о., *ворот* — первоначально «шея» (т. е. то, на чем в е р т и т с я голова). Это знач. сохраняют южно-славянские языки. О.-с. корень *vort- (: *vert-; ср. рус. *веретено*). Ср. *воро́чать(ся)*, *враща́ть(ся)*, *оборо́т* (< *обворот*). Ср. *верте́ть* (< др.-рус. вьрте́ти). См. *враща́ть*, *верте́ть*. Ср. также *шиворот* (< *шийворот* < *шиеворот*).

ВОРО́ТА, -о́т, мн. — «широкий, обыкновенно двухстворный проход или проезд в ограде, стене и т. п.». *Прил.* воро́тный, -ая, -ое. *Высок.* врата́ (из ст.-сл.), отсюда врата́рь, *спорт.*, привра́тник. Укр. воро́та (также бра́ма, ж.; ср. міська́ бра́ма — «городские ворота», вороτа́р — «привратник» и «вратарь»; блр. варо́ты, варата́р — «вратарь» (также бра́ма — «ворота», бра́мнік — «привратник»). Ср. болг. врата́, ж. — «дверь» (ср. также по́рта, ж. — «ворота»), врата́р — «вратарь»; с.-хорв. врáта, мн. — «двери» (при врâтнице — «решетчатые, плетеные и пр. ворота», также ка̀пија — тж.), врâта́р — «привратник» и «вратарь», чеш. vrata (: brana, ж.; ср. brankář — «вратарь»); словац. vráta (: brána, ж.; ср. brankár — «вратарь»); польск. wrota [: brama (< чеш. brana; ср. др.-рус. боронь), bramkarz — «вратарь»]; в.-луж. wrota, род. wrotow — «ворота», wrotar — «привратник» и «вратарь»; н.-луж. wrota. Др.-рус. (с XI в.) воро́та, мн. — «ворота», «вход», др.-рус. и ст.-сл. врата, вратарь (Срезневский, I, 303, 313; SJS, I : 5, 220). ▫ О.-с. *vorta, мн. И.-е. база *u̯er-t- (см. *верте́ть*). Ср. лит. vaŕtai — «ворота»; др.-прус. warto — тж.

ВОРС, -а, м. — «более или менее короткий густой пушок на поверхности некоторых тканей». *Прил.* ворси́стый, -ая, -ое. *Глаг.* ворси́ть, ворсова́ть, ворси́ться. Укр. ворс, ворсі́стий, -а, -е, ворсува́ти; блр. ворс, варсі́сты, -ая, -ае, варсава́ць. В других слав. яз. отс. Ср. в том же знач.: болг. мъх; чеш. vlas; польск. meszek, kutner. Появилось сравнительно поздно. В форме *вѡрса́*, ж. отм. Ломоносовым в «Мат. к Рос. гр.», 1744—1757 гг. (ПСС, VII, 720). В словарях впервые — у Нордстета (I, 1780 г., 85: *вѡрса́*, здесь же прил. *вѡрси́стый*). ▫ Происхождение не совсем ясно. В других и.-е. языках (как и в других славянских) это знач. выражается словами, означающими «волос», «шерсть», «мох», «пух» и т. п. Ср. нем. Haar; франц. poil; англ. pile; ит. peluria и т. д. Можно полагать, однако, что слово *ворс* — позднее заимствование из немецкого. Ср. нем. Borste, *f.*, у старых немецких писателей также Borst, *m.* — «щетина». Отсюда и колебание в роде на первых порах. Начальное *в* < *б* и *с* < *ст* под влиянием слова *волос*. Возможно, сначала так называли только ворс суконной ткани.

ВОРЧА́ТЬ, ворчу́ — «брюзжать» (о человеке); «выражать раздражение голосом» (о собаке, кошке). *Сущ.* ворчу́н (о человеке). *Прил.* ворчли́вый, -ая, -ое. Ср. с.-хорв. вр̀чати — «брюзжать», «мурлыкать», вр̀чак — «кот-мурлыка»; чеш. vrkati — «ворковать», vrkot — «воркование», vrčeti — «ворчать»; польск. warczeć — «ворчать» (о собаке), no wark — «ворчание», warkliwy — «ворчливый». Ср. укр. воркота́ти — «ворковать», «мурлыкать», иногда «ворчать», но обычно гарча́ти (о собаке), бурча́ти (о человеке). Ср. блр. бурча́ць — тж.; болг. мърмо́ря (ср. рус. диал. мурмули́ть), ръмжа́ (корень *rǫg-) — тж. Слово поздно обнаруживающееся. Отм. Р. Джемсом (РАС, 1618—1619 гг., 54 : 11): bruxa borchīt — «брюхо *ворчит*». Ср. др.-рус. ворка́ние «воркование» (Упыр., 1047 г., по поздним спискам) [Срезневский, I, 301]. ▫ О.-с. *vъrčati < *vъrkěti. Корень *vъrk-

ВОС

(= *v-ъrk- < *ŭrk-; v протетическое). И.-е. база *u̯er-k-. Ср. лит. uȓgti : uȓkti — «ворчать» (о собаке), «брюзжать»; латыш. urgt — «бормотать», «журчать», urkstēt — «ворчать», «мурлыкать», «урчать», «хрюкать». Ср. лит. veȓkti — «жаловаться», «плакать», также verkšlénti — «плакать», «хныкать», «ныть» (Fraenkel, 1170, 1226). См. *верещать*.

ВОСВОЯСИ, *нареч.* — «к себе (домой)». Только в русском языке. Ср. в том же знач.: укр. додо́му; блр. дадо́му, дамо́ў; болг. в къ́щи; польск. do domu, do swego ogniska domowego. Др.-рус. книжн. и ст.-сл. въ своя си. Ср. в Пов. вр. л. под 6437 г.: «и створи миръ с Романомъ царемъ и възратися *во своя си*» (Срезневский, III, 284). ▫ В древнерусском языке — из ст.-сл. В старославянском — калька с греч. εἰς τὰ ἴδια — выражения, которому обычно соответствует в евангельских текстах на ст.-сл. языке; ἴδια здесь — вин. мн. от ἴδιον — «собственность», «собственная, личная основа», ср. ἴδιος — «собственный», «личный». Грамматически *своя* — вин. мн. ср. р., *си* — усилит. частица (которая не всегда употреблялась в этом ст.-сл. выражении).

ВО́СЕМЬ, *числ.* — «число, цифра, количество 8». *Прил.* (*порядк. числ.*) восьмо́й, -а́я, -бе. Сюда же (в)осьму́шка. Укр. ві́сім, род. восьми́, во́сьмий, -а, -е, восьму́шка; блр. во́сем, род. васьми́, во́сьмы, -ая, -ае, васьму́шка; болг. осем, осми, -а, -о, осмина — «восьмушка»; с.-хорв. òсам, òсмӣ, -ā, -ō, осмѝна — «восьмая часть», òсмӯк — «восьмушка»; словен. osem, osmi, -a, -o, osmina — «восьмая часть»; чеш. osm, osmý, -á, -é, osminka, osmerka — «восьмушка»; словац. osem, ôsmý, -á, -é, osmina — «одна восьмая», osminka — «восьмушка»; польск. osiem, ósmy, -a, -e, ośmina — «восьмая часть», ósemka — «восьмушка»; в.-луж. wosm, wosmy, -a, -e, wosmina — «восьмая часть», «одна восьмая», wosmička — муз. «восьмая»; н.-луж. wosymka — «восемь», wósymy, -a, -e. Др.-рус. (с XI в.) осмь, осьмый > осьмой, осминъка — «хлебная мера» (Срезневский, II, 728, 729). Форма с начальным *в* встр. с XIV—XV вв. (ib., I, 306). ▫ О.-с. *osmь или (под влиянием *sedmь) *osьmь, порядк. числ. *osmъ (: *osьmъ), -a, -o : *osmъjь, -aja, -oje. И.-е. *ok'tō(u). Ср. лит. aštuoni (с -ni суффиксальным); гот. ahtau; др.-в.-нем. ahto (совр. нем. acht); латин. octō; греч. ὀκτώ; др.-ирл. ocht n- (n- — т. наз. сандхи -n, соединительный призвук); авест. ašta; др.-инд. aṣṭā : aṣṭā́u; тохар. B ok(t). На о.-с. почве мы ожидали бы *ostā или *ostū, но это колич. числ. изменилось под влиянием порядкового *osmъ : *osьmъ, которое, в свою очередь, сформировалось (в о.-с. языке) под воздействием *sedmъ : *sedmъjь (сначала получилось *ostmъ, откуда *osmъ). Ср. (также под воздействием порядк. числ. от и.-е. *septm̥ — «семь») лит. ãšmas; др.-прус. asman, вин.; др.-ирл. ochtmad; авест. aštəma; др.-инд. aṣ-ṭama-ḥ. В других и.-е. языках иначе. Ср. напр., латин. octāvus (< *octou̯os) и др.

ВОСК, -а, *м.* — «вырабатываемое пчелами пластическое вещество (желтого или белого цвета), из которого состоят пчелиные соты». *Прил.* восково́й, -а́я, -бе. *Глаг.* вощи́ть. Укр. віск, род. во́ску, восковий, -а́, -é, вощи́ти, воскува́ти; блр. воск, васко́вы, -ая, -ае, вашчы́ць, васкава́ць. Ср. болг. во́сък, во́счен, -чна, -чно, во́съча — «вощу»; с.-хорв. во̀сак, во̀штан, -a, -o, во̀штити; чеш. vosk, voskový, -á, -é, voskovati; польск. wosk, woskowy, -a, -e, woskować; в.-луж. wósk, wóskowy, -a, -e. Др.-рус. воскъ (Пов. вр. л. под 6453 г. и др.), прил. вощьный (См. гр. 1229 г.) [Срезневский, I, 306, 309]. Позже (не раньше XVI в.) восковой, вощить. ▫ Ср. лит. vãškas — «воск»; латыш. vasks — тж.; др.-в.-нем. wahs (совр. нем. Wachs); англ. wax. За пределами балто-славянских и германских языков соответствующих образований не обнаружено. Порядок согласных ks в германских языках исторически правильный, в балто-славянских — перестановка. И.-е. основа *u̯oks-; корень *u̯eg- — «плести», «ткать» (см. Pokorny, I, 1180, 1117).

ВОСКРЕСЕ́НЬЕ, -я, *ср.* — «день недели, следующий за субботой и предшествующий понедельнику», «общий день отдыха на неделе». *Прил.* воскре́сный, -ая, -ое, отсюда воскре́сник. Только русское. Ср. укр. неді́ля; блр. нядзе́ля; болг. неде́ля; с.-хорв. не̏деља; чеш. neděle; польск. niedziela (см. *неделя*). В Древней Руси в этом знач. также употр. слово неде́ля (Срезневский, II, 380). Ср. *понедельник* — «день, следующий за неделей» (т. е. за воскресеньем). *Воскресеньем* сначала назывался первый день пасхи — пасхальное воскресенье (в память «воскресения из мертвых» Христа). С течением времени, примерно с XIII в., так начинают именовать седьмой день каждой недели (Срезневский, I, 407). Соответствующим образом и прил. *воскресный* сначала имело знач. «относящийся к воскресению христову», а *воскресный день* значило «пасхальный день», «первый день пасхи», позже (у Срезневского, Доп. 56 единственный пример относится к XVI в.) оно получило знач. «седьмой, нерабочий день недели». ▫ См. *воскреснуть*.

ВОСКРЕ́СНУТЬ, воскре́сну — «ожить», «стать снова живым (после физической смерти)». *Несов.* воскреса́ть; *перех.* воскреша́ть; *сов. перех.* воскреси́ть. Укр. воскре́снути, воскреса́ти, воскреша́ти, воскреси́ти; блр. уваскрэ́снуць, уваскраса́ць, уваскраша́ць, уваскрэ́сіць; Ср. болг. възкръ́сна, възкръ́свам, възкреся́, възкреся́вам; с.-хорв. у̀скрснути, ускрса́вати, ускрша́вати, ускрши́ти; чеш. kří́siti, vzkří́šiti — «воскресить»; польск. wskrzeszać, krzesić, wskrzesić. Др.-рус. (с XI в.) въскрьснути (ст.-сл. въскрѫ-снѫти), въскрѣша́ти, въскрѣси́ти (Срезневский, I, 407; Доп. 56; SJS, I : 7, 326). Но *воскресать* — позднее образование. В словарях — с 1704 г. (Поликарпов, 50). ▫ Корень (без приставки *въз-*, без суффиксов) *крьс-* : *крѣс-*. О.-с. *(vъz)krьsnǫti, *krěsjati > *krěšati, *krěsiti (?). По-видимому, корень иной, чем в рус. народн. *кресáть* (огонь), *кресúть* (огонь) — «высекать огонь», *кресáло* [> диал. *крысáло* (Даль)] — «огниво» и др., связанных с *крáса, крáсный* (см.), но тот же, что в др.-рус. *крѣсъ* — «солнечный поворот» (Срезневский, I, 1355), т. е. «резкое изменение в течении времени, в течении года». Ср. лит. krỹpti, 1 ед. krypstù — «клониться», «коситься», «поворачиваться» при kraipýti — «искривлять», «искажать»; kreĩpti — «искривлять», «кривить» > «направлять» (Fraenkel, 292). След., о.-с. корень на ранней стадии *krěps- (< *kroips-) : *krъps-, откуда затем *krěs- : *krъs- (ps > s, как в о.-с. *osa при лит. vapsà : vapsvà). Старшее знач. о.-с. *krěsiti, *krъsnǫti, вероятно, было близко к «видоизменить» (облик, существо), «преобразовать», «превратить».

ВОСТО́К, -а, м. — «часть горизонта, где восходит солнце, и часть земного шара, которая находится за этой линией». *Прил.* **восто́чный**, -ая, -ое. Ср. болг. **и́зток** — «восток», **и́зточен**, -чна, -чно; с.-хорв. **и́сток** — «восток», **и́сточнӣ**, -ā, -ō. Но в других слав. яз. в том же знач. употр. слова, соответствующие слову *восхо́д*: ср. укр. **схíд**, род. **схóду**; блр. **усхóд**; чеш. **východ** (и книжн. orient); польск. **wschód**. Др.-рус. (с XI в.) и ст.-сл. **въстокъ** — «восток», **въсточнь, въсточный** (Срезневский, I, 423). ▫ Из **възток-ъ*, от глаг. *течи* (< о.-с. *tekti); корень *тек-* : *ток-*. В русском языке из старославянского, а там — калька с греч. ἀνατολή — «восход (солнца)», «место восхода солнца» (ср. ἀνατέλλω — «поднимаюсь», «вздымаюсь»; приставка ἀνά- означает «движение вверх»). Собственно фонетической формой этого слова должна бы быть *всток*. Ср. у Ломоносова в «Оде на взятие Хотина», 1739 г., строфа 18: «От *встока* скачет по сту верст» (ПСС, VIII, 26). Ср. в говорах: арханг. **всток** — «восток», «восточный ветер» (Подвысоцкий, 23); олон. **сток** — тж. (Куликовский, 113); Белое море, Байкал **всток** — «восточный ветер» (Маштаков, 16).

ВОСТО́РГ, -а, м. — «восхищение», «большой подъем чувств». *Прил.* **восто́рженный**, -ая, -ое. *Глаг.* **восторга́ть, возвр. ф. восторга́ться**. Болг. **възто́рг** — из рус. В других слав. яз. отс. Ср. в том же знач.: с.-хорв. **усхићење**; чеш. **nadšení** (корень *dch-* < *dъch-); польск. **zachwyt**; ср. укр. **за́хват, захо́плення**; блр. **захапле́нне**. Др.-рус. (с XI в.) **въсторгъ** — «экстаз», «забытье» (утрата сознания); ср. **въстъргати : въстъргати** — «выдергивать» (напр., плевелы, сов. **въстъргнути** (Срезневский, I, 425—426). ▫ Из **възтърг-ъ*; корень *търг-*. Ср. др.-рус. (неперех.!) **търгати** — «дрожать», «биться» (о людях); ср. **тързати** — «рвать» (Срезневский, III, 1051, 1085). Ср. в «Житии» Аввакума (Автограф, 17, 206 об.): «под бока толкают и за чепь *торгают*» (дергают?). В говорах: **торга́ть** — «рвать», «теребить» (напр., лен) [Даль, IV, 382]. О.-с. корень *търг-* : *тъzg-*. И.-е. корень *ter-gh-. Ср. латин. trahere — «влечь», «тянуть»; «вытаскивать». Подробнее см. *терзать*.

ВОШЬ, вши, ж. — «мелкое насекомое-паразит», Anoplurum. *Уменьш.* **во́шка**. *Прил.* **вши́вый**, -ая, -ое. *Глаг.* (обо)**вши́веть**. Укр. **во́ша**, ж., **воши́вий**, -а, -е, **воши́віти**, **во́шка**; блр. **вош, вашы́вы**, -ая, -ае, **вашы́вець**; болг. **въшка, въшка́в**, -а, -о, **въшли́въ**, -а, -о, **въшля́свам** — «вшивею»; с.-хорв. **вāш, вāшка, вāшљив(ӣ)**, -а, -о; словен. **uš, ušiv**, -a, -o; чеш. **veš, všivý**, -á, -é; словац. **voš, všivavý**, -á, -é; польск. **wesz, wszawy**, -a, -e; в.-луж. **woš, wšowy**, -a, -e, **wšować so**; н.-луж. **weš**. Др.-рус. (с XI—XII вв.) **въшь** — «насекомое-паразит (вошь, клоп)» (Срезневский, I, 437). Ст.-сл. **въшь**. *Прил.* **въшивый** и *глаг.* **въшивети** — более поздние образования (Поликарпов, 1704 г., 64 об., 65: *вшивый, вшивею*). ▫ Ср. лит. **utẽ** — **utėlẽ** — «вошь»; латыш. **uts** (Fraenkel, 1173). В других и.-е. языках родственных образований не обнаружено. Надо полагать, что исходная балто-славянская форма звучала *utsĭs (с корнем *ŭt-* и с суффиксальным s); о.-с. форма *vъšь, где v протетическое (т. е. *v-ъšь), с ъ из ŭ, с š из ch, а это последнее из s (< ts) в положении после й. Старшее знач. балто-слав. *utsĭs не вполне ясно.

ВРАТЬ, вру — «лгать». Ср. **-вира́ть** в *привира́ть, завира́ться* и т. п. *Сущ.* **враньё, вра́ки, враль, врун, вру́ша**. *Гл. обр.* русское. В с.-хорв. **ва́рка** — «обман», «иллюзия», **ва́рљив**, -а, -о — «обманчивый» (корень *вар-*, возможно, не из **vъr-*). В других слав. яз. отс. Ср. в том же знач.: укр. **бреха́ти**; блр. **хлу́сіць**; чеш. **prášiti**; польск. **kłamać**; в ряде слав. яз. в том же знач. употр. слова, восходящие к о.-с. *lъgati. В письменных памятниках русского языка слово *врать* появляется поздно. В словарях впервые — у Поликарпова (1704 г., 61 об.: *вру*). ▫ Из *vъrati (ср. *привирать, завираться*). С корнем *vъr-* также *враки, враль* и другие произв., возникшие на русской почве. О.-с. корень, надо полагать, тот же, что в слове *врач* (см.). И.-е. *u̯er- (: *u̯or-: *u̯r̥-, также *u̯ere-: *u̯rē- и др.) — «говорить приподнято», «вещать» (Pokorny, I, 1162). Ср. греч. εἴρω (< *Ϝεριω) — «говорю», «оговариваю», «приказываю»; хетт. u̯erija — «кликать», «звать», частица -u̯ar- — «де» (собств. «сказал»). В большей мере этот и.-е. корень представлен в и.-е. языках с расширителем -dh-(o). Ср. лит. var̃das — «имя», «наименование»; гот. waúrd — «слово»; др.-в.-нем. wort (совр. нем. Wort) — «слово»; англ. word — тж. См. еще *врач*.

ВРАЧ, -á, м. — «человек с законченным медицинским образованием, лечащий больных». Сюда же **враче́бный**, -ая, -ое, *устар.* **врачева́ть**. Блр. **ура́ч** (также **ле́карь**). Но ср. болг. **врач** — «знахарь», «колдун», **вра́чка** — «знахарка», **врачу́вам** — «колдую», «ворожу» («врач» — ле́кар, как и в

ВРА

других слав. яз.); с.-хорв. vrâč — «колдун», «предсказатель», vráčati — «предсказывать», «колдовать», vráčār — «колдун» (ср. lèkār — «врач»). Ср. укр. лікар; чеш. lékař; польск. lekarz. Др.-рус. (с XI в.) врачь (никогда *ворочь) — «лекарь», врачевати — «лечить», врачьба — «лекарство», врачьбьный — «относящийся к врачьбе», врачьбьница — «лечебница» (Срезневский, I, 314—315). Ст.-сл. врачь — «лекарь», врачєвъ, -а, -о, врачєвати, врачьба, врачьбьнъ, врачьбьныи (SJS, I : 5, 222—223). □ О.-с. форма слова *vorčь (< *vor-k-j-o-s). И.-е. корень *ųer- (: *ųor-) — «говорить приподнято», «вещать», надо полагать, тот же, что в рус. *врать* (из *vьrati). На вост.-слав. почве мы ожидали бы *ворочь. Поэтому следует полагать, что в данном случае имеет место давнее заимствование из ст.-сл. языка, столь же устойчивое, как и в таких случаях, как *виноград* (см.). Старшее знач. «заклинатель», «прорицатель» > «колдун», «знахарь». Оно сохранилось в современных южн.-слав. яз. (хотя чуждо старославянскому!). Ср. в семантическом отношении ст.-сл. балии — «врач» от корня ба-, того же, что в словах *басня*, *баять*, диал. ба́харь (см. *басня*). См. еще *врать*, *речь*.

ВРАЩА́ТЬ, враща́ю — «заставлять что-л. крутиться или кружиться», «приводить что-л. в круговое движение», «поворачивать, оборачивать вокруг оси», «крутить», «вертеть». *Возвр. ф.* вращаться. *Отглаг. сущ.* враще́ние. *Прил.* враща́тельный, -ая, -ое. Ср. с приставками: возвраща́ть при сов. возврати́ть и пр. На *вратить* отс. Ср. также воро́чать(ся), прост. ворочать(ся) — «возвращать(ся)». В других слав. яз.: болг. устар. (по Младенову) вра́щам — «вращаю», «верчу» (обычно върти́), (из русского) враща́телен, -лна, -лно; с.-хорв. vrāhātī, 1 ед. vrâhām — «возвращать», «поворачивать обратно» («вращать — окретати); словен. vračati — «возвращать», «обращать»; чеш. vraceti — «возвращать»; словац. vracat' — тж.; польск. wrócić — «возвратить», «возвратиться», wracać — «возвращать», «возвращаться»; в.-луж. wróćeć, wróćić(so) — тж., wróćica — «поворотный пункт»; н.-луж. wrośiś — «вращать», «возвращать». □ В русском языке из старославянского. Ср. ст.-сл. вращати сѧ — «возвращаться» при вратити (сѧ) — «обернуть(ся)», «повернуться», «вернуться» (SJS, I : 5, 221). В народном др.-рус. языке ему соответствовало *ворочати*, 1 ед. *ворочаю* — «возвращать», «отдавать назад» [напр., в «Р. прав.», Троицк. сп. XIV в., Простр., ст. 105: «*ворочати ему милость*» (Тихомиров); ср. в других местах того же памятника (ст. 33, 55, 73, 93): *воротити* (ib)]. Знач. «вращать» — из «повертывать». О.-с. *vortiti, *vortjati. Ближайшие родственные образования на славянской почве: о.-с. *vьrtěti (см. *вертеть*), *verteno (см. *веретено*). И.-е. база *ųer-t- : *ųor-t-, *ųr-t-.

ВРЕД, -á, *м.* — «ущерб (в физическом, моральном смысле)», «порча», «зло, причиненное кому-н.». *Прил.* вре́дный, -ая, -ое. *Глаг.* вреди́ть. Ср. в говорах: вереда́ — «вред» (но ве́ред — «чирей», «болячка»), вередно́й, -а́я, -бе (но ср. арханг. ве́редный, -ая, -ое — «зловредный»), вереди́ть, вережа́ть — «вредить» (Даль, I, 158). Ср. арханг. ве́редной, -ая, -ое — «вредный», вереди́ть — «повредить» (Подвысоцкий, 16); яросл. вред, ве́ред — «чирей» (Якушкин, 5); курск. ве́ред — «нарыв с нагноением», вередова́ть — «причудничать», «упрямиться» (Кардашевский, II, 151; там же сводка по другим областям). Ср. укр. вре́дний, -а, -е — «зловредный» при ве́ред — «каприз», вередува́ти — «капризничать»; блр. ве́рад — «нарыв». Но болг. вреда́ (: па́кост), вре́ден, -дна, вредя́ — «врежу»; хорв. vrijed — «нарыв», «чирей», «язва», «злоба», «ревность» (Frančić); словен. vred — «нарыв»; чеш. vřed — «нарыв», «чирей», «язва», vředovitý, -á, -é — «покрытый чирьями»; словац. vred — тж.; польск. wrzód — тж., wrzodowy, -a, -e — «язвенный»; в.-луж. brjód — «нарыв», «язва», brjodaty, -a, -e — «покрытый нарывами»; н.-луж. wrjod. Др.-рус. вередъ — «вред» в Изб 1076 г., там же вередити — «огорчить», «оскорбить»; ср. польск. vrzód — «нанести вред», «навредить» в Вопр. Кир. XII в. по сп. XVI в.; в книжной речи также вредъ (: врѣдъ) — «зло», «язва», «рана», врѣди́ти — «вредить», «делать зло», врѣдьнъ, врѣдьный — «вредный», «поврежденный», врѣждати, врежати — «повреждать» (Срезневский, I, 316, 317, 318, 319; Доп. 32). Ст.-сл. врѣдъ — «рана», «ушиб», «телесное повреждение», «болезнь», врѣдьнъ, врѣдьныи — «вредный», «раненый», «изувеченный», врѣдити — «повредить», «поранить», врѣждати — «наносить вред», «ранить» (SJS, I : 5, 226, 227, 228). □ В русском языке слово *вред* — давнее заимствование из ст.-сл. языка. О.-с. *verdъ. Старшее знач., как не без основания полагают, «чирей», «нарыв», «язва, связанная с опухолью, приподнятостью пораженного места». И.-е. база *ųer-d-. Ср. др.-в.-нем. warza (совр. нем. Warze) — «сосок», «бородавка»; др.- и совр. исл. varta (< *ųordā) — тж. Ср. с другими расширителями и суффиксами: др.-в.-нем. werra — «расширение вен», совр. нем. Werre — «ячмень на глазу»; латин. verrūca — «бородавка», «бугорок», «возвышенность вообще». И.-е. корень *ųer- — «приподнятое место» (на поверхности, на коже). Ср. лит. vìras : virìs — «финна», «личинка ленточного червя на свином мясе»; латин. varus (< и.-е. *ųoros) — «прыщи, сыпь» (на лице).

ВРЕ́МЯ, -ени, *ср.* — «продолжительность, длительность всего происходящего, измеряемая секундами, минутами, часами, сутками и т. д.», «пора», «срок». *Прил.* вре́менный, -ая, -ое (но совреме́нный, -ая, -ое). *Глаг.* (только с приставкой *по-*) повремени́ть. Сюда же времянка, (с приставкой) безвре́менье. Укр. устар., диал. врем'я (обычно *час*, *годи́на*, *пора́*); болг. време, вре́менен, -нна, -нно, съвреме́нен, -нна,

ВСЕ

-нно; с.-хорв. врéме (vrijème), род. вре́мена — «время», «пора», «погода», време́нски, -а̄, -ō — «временный», време́нит(й̄), -а, -о — тж., са̀времен(й̄), -а, -о; словен. vreme — «пора» («время» — čas), vremenski, -а, -о. В других слав. яз. отс. Ср. в том же знач.: чеш. čas, doba; польск. czas. В памятниках др.-рус. письменности слово *время* встр. с XI в., причем иногда его писали даже с ѣ: врѣмѧ, как в ст.-сл. Др.-рус. время, род. времене и врѣмя (врѣмѧ), временный и врѣменьный (Срезневский, I, 319). Ст.-сл. врѣмѧ, род. врѣмене, врѣменѣ, врѣменьнꙑи (SJS, I: 5, 229—231). ▫ В русском языке из старославянского. Собственно древнерусской, вост.-слав. формой было *веремя*. Ср. **веремя** в Пов. вр. л. по Ип. сп. под 6611 г., в Смол. гр. 1229 г. и памятниках XIV—XV вв. (Срезневский, I, 244). Но эта форма (с полногласием) вскоре была вытеснена формой с сочетанием *ре*. О.-с. *vermę [из *vertmen, как о.-с. *plemę из *pledmen (ср. *plodъ). Старшее знач., надо полагать, было что-нибудь близкое к «коловращение», «кружение», «повторное возвращение», «вечный оборот» и т. п. Ср. др.-инд. vartman-, *n.* и *т.* — «колея (след колеса)», «дорога» («орбита?») при корне vart- — «вертеться», «кружиться». М. б., старшее знач. и.-е. *uertmen было «колесо» или «орбита» (как движение по кругу). См. *вертеть*.

ВСЕГДА́, *нареч.* — «постоянно», «в любое время». *Прил.* **всегда́шний**, -яя, -ее. Ср. с.-хорв. сва̀гда — «всегда»; чеш. и словац. vždy (< všdy < *vьsdy). Но вообще это редкое нареч. в слав. яз. Ср. в том же знач.: болг. ви́наги (ср. ст.-сл. вꙑнѫ), вся́кога; словен. vselej; польск. zawsze, stale. Нет его и в совр. укр., блр. (ср. укр. за́вжди, за́всіди; блр. заўжды́, заўсёды). Др.-рус. (с дописьм. периода) вьсегда : вьсьгда, (с XIV в.) всегды (Срезневский, I, 468); ст.-сл. вьсегда (SJS, I : 7, 364). *Прил.* всегдашний позднее, в словарях — Поликарпов, 1704 г., 62. ▫ Образовано от о.-с. мест. *vьsь (< *vьchъ). Праформа могла бы быть *vьsegda [< *vьchogda (< *vьchogoda?)]. Но едва ли общеславянское, хотя возникновение суф. *-g-da (ср. где *когда, *тогда), несомненно, относится к о.-с. эпохе.

ВСТРЕЧА́ТЬ, встреча́ю — «случайно наталкиваться на что-л.»; «ожидать кого--что»; «сходиться в пути с кем-л.»; «принимать кого-л.». *Сов.* **встре́тить**. *Возвр. ф.* встреча́ться, встре́титься. *Сущ.* встре́ча. *Прил.* встре́чный, -ая, -ое. Укр. зустріча́ти, зустрі́ти, зу́стріч — «встреча», зустрі́чний, -а, -е — «встречный»; блр. сустрака́ць (: спатыка́ць), сустрэ́ча. Ср. в южн.-слав. языках: болг. встре́щам, посре́щам, сре́ща — «встреча»; с.-хорв. срѐтати, срѐсти, сӯ́срет — «встреча». В зап.-слав. яз. отс. Ср. в том же знач.: чеш. potkávati, vítati, nacházeti, potkání — «встреча», также setkání, uvítání; польск. spotykać, spotkać, witać, oczekiwać, spotkanie, przyjęcie. Др.-рус. (с XI в.) сърѣтати, сърѣчати, сърѣтити (Ип. л.), сърѣтение — «встреча»,

ВТО

съ́рѣтъ — тж. (Срезневский, III, 818). Ср. название церковного праздника *сретенье*. Отсюда московские топонимы: *Сретенка*, *Сретенский бульвар*. ▫ Т. о., *встречать* из *съречати* (съ- — префикс; согласный *т* между *с* и *р* — вставочный; ср. прост. *страм* вм. *срам*; см. также *сестра*, *остров*); по памятникам письменности форма основы *стрѣт*- встр. гл. обр. с XV в. Начальное *в* (< *въ*) позднее (по памятникам письменности — с XVII в.), сначала, возможно, лишь в выражении «идти в стречу» (м. б., из *въвъ стрѣчу*, с удвоенным предлогом *въ*?), отсюда *встреча*, *встречать*. О.-с. корень *rět-. Ср. рус. *изобрести*, *приобрести*. Ср. лит. ràsti (< *rat-ti) — «находить». Ср. также ст.-сл. съ́рѧща — «встреча», «судьба, рок», «ворожба». След., о.-с. корень мог быть и *rět-.

ВСЮ́ДУ, *нареч.* — «повсеместно», «везде». *Повсю́ду* — тж. Укр. всю́ди; блр. усю́ды; с.-хорв. сву̀где, сву̀да̄; словен. povsod; чеш. všude, (книжн. и в сложениях) všudy; словац. všade; польск. wszędzie; в.-луж. wšudy, wšudźe. Др.-рус. (с XI в.) вьсуду : вьсудѣ : (чаще с XII в.) всюду : всюде (Срезневский, I, 474). Ст.-сл. вьсѫдоу, вьсѫдѣ (SJS, I : 7, 372). ▫ О.-с. *vьsqdu : *vьsqde, от мест. основы *vьs-; суф. -qdu — как в ст.-сл. сю́доу (от мест. основы *s-) — «по сю сторону», кѫдоу (от мест. основы *k-), тѫдоу, отътѫдоу (от мест. основы *t-) и т. п. (примеры см. Срезневский, II, 819; III, 602, 1033); и.-е. мест. основа *d(h)e- : *d(h)o-; происхождение в о.-с. языке -q- перед -du неясно. См. *везде*.

ВТО́РА, -ы, *ж.* — «вторая партия в пении или игре на музыкальных инструментах (напр., скрипке)». Укр. вто́ра; блр. уто́ра. В других слав. яз. отс. Ср. в том же знач.: болг. вто́ри глас, вто́ра цигу́лка; чеш. druhý hlas, sekund; польск. sekunda. Употр. с начала XIX в. (басни И. А. Крылова и др.). В словарях — с 1847 г. (СЦСРЯ, I, 87). ▫ Калька с итальянского. Ср. ит. seconda parte, франц. seconde partie; нем. zweite Geige и т. д. Ср. *прима* — «первая партия». Образовано по типу усеченных прилагательных, но с переносом ударения под влиянием *вто́рый*.

ВТО́РНИК, -а, *м.* — «второй будний (рабочий) день недели». Укр. вівто́рок; блр. аўто́рак; болг. вто́рник; с.-хорв. у̀торак, у̀торнӣк; словен. torek; чеш. úterý, úterek; польск. wtorek; в.-луж. wutora, прил. wtorny, -a, -e; н.-луж. wałtora, *ж.* Др.-рус. (с XI в.) въторьникъ в Остр. ев., летописях (Срезневский, I, 433—434); ср. уторник в Новг. I л. по Синод. сп. под 6736 г. и 6738 г. [Насонов, 67, 69; Срезневский (III, 1313), раскрывая титло, прочитал это слово как уторъкъ, по-видимому, правильно]. Наименования дней недели вост. и южные славяне переняли (скалькировали) у византийцев, но изменили порядковый счет дней, начиная неделю с понедельника, тогда как греки первым днем недели в X—XI вв. и позже считали день, следующий за субботой. Ср. новогреч. Δευτέρα — «понедельник» (ср. δεύτερος — «второй»), Τρίτη — «вторник» (ср. τρίτος — «третий») и т. д.

ВТОРОЙ, -а́я, -о́е — 1) порядк. числ. «следующий за первым»; 2) «второстепенный»; 3) «почти равный кому-л., чему-л.». Сюда же вто́рник (см.), вто́рить, повторя́ть. Сюда же втори́чный, -ая, -ое [от др.-рус. *въторица; ср. въторицею в Остр. ев. (Срезневский, I, 433)]. Укр. дру́гий, -а, -е — «второй», но ср. вторува́ти, вто́рити, повто́рний, -а, -е — «вторичный»; блр. другі́, -а́я, -о́е — «второй», но паўтара́ць — «вторить», паўто́рны, -ая, -ае — «вторичный». Ср., однако, болг. вто́ри, вто́ра, -о, также вто́ричен, -чна, -чно; польск. устар. wtóry, -a, -e (обычно drugi, -a, -ie), wtórować — «вторить», wtórny, -a, -e — «вторичный». С другой стороны, ср. с.-хорв. дру̑гӣ, -а̑, -о̑ - «второй»; чеш. druhý, -á, -é — «второй»; в.-луж. druhi, -a, -e; н.-луж. drugi, -a, -e. Др.-рус. (с XI в.) и ст.-сл. въторы́й (*въторъ в памятниках письменности не встр., но ср. полтора < *полъвътора). ◻ О.-с. *vъtorъ, -a, -o : *vъtorъjь, -aja, -oje. Сравнивают с лит. añtras, antràs — «второй», «другой»; латыш. otrais — «второй», otrs — «второй», «другой»; др.-прус. antars, *m.*, antrā, *f.* — тж.; гот. anþar — «другой»; др.-в.-нем. andar (совр. нем. ander); др.-исл. annarr (ср. совр. исл. annar — «иной», «другой»); англ. other — тж.; осет. ændær — «иной»; др.-инд. ántaraḥ — «другой» (напр., в deçāntara — «другая страна»), «иной». Исходная о.-с. форма иногда предполагается в виде *qterъ : *qtorъ, -a, -o (из и.-е. *anteros : *antoros) с суф. ter- : tor- (ср. чеш. úterý : úterek — «вторник»; словац. utorok — тж.; в.-луж. wutora — тж.; сюда же можно отнести уторникъ : уторокъ в Новг. I л. при сохранении начального в в других словах). Отсюда же (из и.-е. *antoros) будто бы *vъntorъ (с протетическим v, а далее, вследствие утраты n (как в о.-с. *sъto из *sъnto; ср. лит. šim̃tas; гот. hund; латин. centum и пр.), будто бы получилось *vъtorъ. Но такое объяснение о.-с. *vъtorъ из и.-е. *antoros совершенно неприемлемо. Поэтому Покорный (Pokorny, I, 37), возводя чеш. úterý «вторник» (и т. п. формы) к и.-е. *anteros, относит о.-с. *vъtorъ (полагая, что оно из *vъtorъ, что возможно) к и.-е. *ųi- — «врозь», «далеко друг от друга» (< «надвое», «пополам»), с суф. сравнит. степени -ter- : -tor-. Ср. др.-инд. vítaraḥ — «дальше ведущий», vítaram — «дальнейший».

ВТОРОПЯ́Х, *нареч.* — «в спешке», «впопыхах». Только русское. В том же знач.: укр. спо́хвату, по́хапцем; блр. успе́шцы. В других слав. яз. также отс. Ср. в том же знач. польск. w pośpiechu, naprędce и т. д. В словарях нареч. *второпя́х* отм. со 2-й пол. XVIII в. (РЦ. 1771 г., 530). — По Соболевскому («Лекции»⁴, 178), из въ торопѣхъ, от торопъ (: торопь). Ср. еще в повестях Петровского времени: «Александр прииде в велико *торопъ*» (т. е.

в замешательство) [Сиповский, 157]. Относительно я из е (< ѣ) ср. приводимые Соболевским примеры: *вместях* («вместе»), *во снях, во лузях*.

ВУА́ЛЬ, -и, *ж.* — «деталь женского головного убора: тонкая, прозрачная сетка, прикрепляемая к шляпе и опускающаяся на лицо». Сюда же вуале́тка. *Глаг.* (за)вуали́ровать — чаще *перен.* «скрывать правду». Укр., блр. вуа́ль. Ср. болг. вои́л; польск. woalka. Но, напр., чеш. závoj. В русском языке это слово встр. сначала в форме *воаль* в художественных произведениях начала XIX в., напр., в комедии Крылова «Модная лавка», 1806 г., д. I, явл. 3: «картон с петинетовыми *воалями*» (ПСС, II, 21). Ср. позже у Пушкина в письме к жене от 22-X-1832 г.: «в черных *вуалях*» (ПСС, XV, 30). ◻ Из французского языка. Ср. франц. voile > нем. Voile (ср. Schleier). Из ст.-франц. voil — англ. veil. Источник распространения в позднее время — франц. voile (во французском восходит к латин. vēlum — «покрывало», «завеса»; отсюда же: ит., исп. velo — «вуаль»).

ВУЛКА́Н, -а, *м.* — «гора с кратером на вершине, время от времени извергающая лаву». *Прил.* вулкани́ческий, -ая, -ое. *Глаг.* вулканизи́ровать — «подвергать каучук или иной материал специальной обработке в целях повышения его качества», вулканиза́ция. Укр. вулка́н, вулкані́чний, -а, -е, вулканізува́ти, вулканіза́ція; блр. вулка́н, вулкані́чны, -ая, -ае, вулканізава́ць, вулканіза́цыя; болг. вулка́н, вулкани́чески, -а, -о, вулканизи́рам, вулканиза́ция; с.-хорв. ву̑лка̄н, ву̑лка̄нскӣ, -а̄, -о̄; чеш. vulkán (: sopka), vulkanický, -á, -é, vulkanisovati, vulkanisace; польск. wulkan, wulkaniczny, -a, -e, wulkanizować, wulkanizacja. В словарях — Яновский, I, 1803 г., 489: *волка́н, вулкан*, также прил. *волкани́ческий*. У Пушкина: бог — *Вулкан*, но огнедышащая гора Везувий — *волкан* (СЯП, I, 410). Глаг. *вулканизи́ровать* (о каучуке, гуттаперче и пр.) очень поздний; в словарях — с 1865 г. (Михельсон). ◻ Ср. нем. Vulkan; ит. vulcano; франц. volcan; исп. volcan; англ. volcano и др. Первоисточник — латин. Vulcānus (: Volkanus) — «бог огня, супруг Венеры». В русский (и вообще в славянские языки), судя по начальному слогу, попало (на рубеже XIX в.) из немецкого или французского.

ВЧЕРА́, *нареч.* — «накануне сегодняшнего дня». *Прил.* вчера́шний, -яя, -ее. Укр. вчо́ра (: учо́ра), вчора́шній (: учора́шній), -я, -є; блр. учо́ра, учара́шні, -яя, -яе; болг. вче́ра, вче́рашен, -шна, -шно; с.-хорв. jу̀чер(а), jу̀черашњӣ, -а̄, -е̄; словен. včeraj, včerajšnji, -a, -e; чеш. včera, včerejší; словац. včera, včerajší, -á, -é; польск. wczoraj, wczorajszy, -a, -e; в.-луж. wčera : wčora, wčerawši, -a, -e; н.-луж. cora, corajšny, -a, -e. Др.-рус. (с XI в.) и ст.-сл. вьчера, вьчерашьний (Срезневский, I, 476, 477). ◻ О.-с. *vьčera, старый инструментальный п. от *večerъ (см. вечер), с редукцией первого е (Vasmer, REW, I, 238).

ВЫ

ВЫ, вас, *личн. мест.* 2 *л. мн. ч. Притяж. мест.* ваш, -а, -е. Укр. ви, род. вас, ваш, -а, -е; блр. вы, род. вас, ваш, -а, -а; болг. вие (им. п.), на вас, энкл. ви, ваш, -а, -е; с.-хорв. вӣ, род. вас̑ : вас, ва̏ш, -а, -е; словен. vi, род. vas, vaš, -а, -е; чеш. и словац. vy, род. vas, váš, -а (vaša), -е; польск. wy, род. was, wasz, -а, -е; в.-луж. wy, род. was, дв. wój (н.-луж. также wej) — «вы оба», род. дв. waju, waš, -а, -е. Др.-рус. (с дописьм. эпохи) и ст.-сл. им. и вин. вы, род. васъ, им. дв. ва и вы (Срезневский, I, 223, 438; SJS, I : 4, 162; I : 7, 355). ▫ Славянские языки не сохранили индоевропейской формы им. п. (мн. и дв. ч.) этого мест. Память об этих формах сохраняется в балтийских языках: лит. jūs (мн.), judu (дв.); латыш. jūs (мн.); др.-прус. joūs (мн.), jumans (дв.). Ср. также гот. jūs (им. мн.); др.-инд. yūyám (им. мн.), yuvám (вин. дв.). Косв. падежи мн. ч. образовывались в индоевропейском языке от основы *u̯ěs- : *u̯ŏs-, как и формы соответствующего притяж. мест. (Pokorny, I, 514). Ср. др.-прус. wans (вин. мн.); латин. vōs — сначала вин. мн. (как и др.-рус. и ст.-сл. вы), потом — им. мн.; алб. ju [< *u (им. мн., сначала вин. мн.)]; авест. vå-; др.-инд. vaḥ (энкл. вин., род., дат. мн.).

ВЫ-, *приставка* — обозначает движение изнутри наружу (*выйти, вылезти, выпустить, выдать* и т. д.). Укр. ви-; блр. вы-. Также чеш. vy-; польск. wy-. Но в южн.-слав. яз. отс., в настоящее время употр. в этом смысле *из-*: ср. болг. изля́за, испу́скам, изда́м; с.-хорв. изи́ћи, испу́стити, и̏здати; словен. iziti, izpustiti, izdati. В ст.-сл. из-: изнти, изпоустити и др., в др.-рус. вы-. ▫ О.-с. форма *vy- (v протет.). Ср. в германской группе языков: гот. ūt — «из»; др.-в.-нем. ūз — «наружу» (совр. нем. aus — «из»); др.-англ. ut — тж. (совр. англ. out — «из», «наружу», «вон»); др.-исл. út — «наружу», «в море»; норв. ut и т. д.; латин. ūs-que (< uds); др.-инд. ud- — «из». Из общеиндоевропейского фонда. И.-е. праформа *ūd- : *ūt- [на славянской почве d : t отпадало в положении перед далее следующим согласным (сначала при определенных условиях)].

ВЫ́ДРА, -ы, *ж.* — «хищное ныряющее и плавающее пушное животное семейства куньих», Lutra lutra; «мех этого животного». *Прил.* вы́дровый, -ая, -ое. Укр. ви́дра, ви́дровий, -а, -е; блр. вы́дра; болг. ви́дра, ви́дров, -а, -о; с.-хорв. ви̏дра; словен. vidra; чеш. vydra; польск. wydra, в.- и н.-луж. wudra, wudrowy, -а, -е. Др.-рус. вы́дра (1392 г. — Срезневский, I, 442). ▫ О.-с. *vydra (v протет.). Ср. лит. ūdra — «выдра»; также латыш. ūdrs; др.-прус. udro : odra; др.-в.-нем. ottar; нем. Otter; англ. otter; швед. utter; ср. греч. ὕδρα — «водяная змея» (отсюда *гидра*); зенд. udrō; др.-инд. udráh — «водяное животное». Латин. lutra — «выдра» (ср. франц. loutre) из *ūtra вследствие контаминации с lutum — «тина», «ил». Одно из слов общеиндоевропейского словарного фонда. И.-е. корень тот же, что

ВЫС

в *вода* (см.), *(a)u̯ed- : *u̯od- : *ŭd-. И.-е. праформа основы *ūdrā (за пределами балто-слав. группы — *udro-).

ВЫ́МПЕЛ, -а, *м.* — «небольшой металлический цилиндр — футляр (или трубка) с длинной яркоокрашенной лентой для сбрасывания сверху (напр., с самолета) разного рода донесений и т. п.»; «длинный и узкий флаг с раздвоением (косицами) на конце на мачте военного судна». Укр. ви́мпел; блр. вы́мпел; болг. ви́мпел; польск. wimpel. В других слав. яз. отс. Ср., напр., в этом знач. чеш. pouzdro se zprávou (в авиации), vlajka (на военном корабле). В русском языке с Петровского времени; ср. в ПбПВ, I: «синей *вымпел*, красной *вымпел*» (282, 283, 1699 г.); «черепаха с *вымпелем*» (эмблема корабля, 324, 1700 г.). ▫ Заимствовано, надо полагать, из голландского (ср. голл. wimpel — тж.), без немецкого посредства. Ср. нем. Wimpel (также из голландского или из н.-нем. говоров). Оттуда же — в сканд. яз. (дат., норв., швед. vimpel). На германской почве слово трудно объяснимое. Любопытно колым. вы́мпал — «выстрел» (Богораз, 35).

ВЫСО́КИЙ, -ая, -ое — «поднятый над уровнем, над окружающими предметами»; «поднимающийся (поднятый) вверх над землей, над поверхностью»; «превосходящий средний уровень по вертикали»; «большой по сравнению с низким»; *перен.* «благородный», «сильный», «влиятельный». *Кр. ф.* высо́к, -ока́, -око́ и -око́. *Превосх. ст.* вы́сший, -ая, -ее. *Нареч.* высоко́, ср. *ст.* вы́ше. Сюда же высь, высота́, вы́шка, вышина́, вы́шний, -яя, -ее, вы́ситься. Укр. висо́кий, -а, -е, ви́соко, ви́щий, -а, -е, ви́ще, вись, висота́, височина́, ви́шка, вишина́, ви́шній, -я, -е; блр. высо́кі, -ая, -ае, высока́, найвышэ́йшы, -ая, -ае, вы́шэй, вышыня́, вы́шні, -яя, -ее; болг. висо́к, -а, -о, висо́ко, висш, -а, -е, височина́, висота́, висина́, ср. всеви́шния — «всевышний» (о боге); с.-хорв. ви̏сок(ӣ), -а, -о — «высокий», «высший», ви̏шӣ, -а, -е — «высший», ви̏шњи, -а, -ē — «всевышний», ви̏ше — «больше», виси́на — «высота», «вышина»; словен. visok, -a, -o, visoko, višji, -a, -e, víšnji, -a, -e — «высший», «всевышний», višina; чеш. и словац. vysoký, -á, -é, vysoko, vyška — «высота», «вышина», nejvyšší — «высший», výše (словац. vyššie), výšina; польск. wysoki, -a, -ie, wysoko, najwyższy, -a, -e, wyższy — «выше», wyżyna — «высь»; в.-луж. wysoki, -a, -e, wysoko, wyše, wysokość, wyšina — «высота», «вышина», «высь», wysočina — «возвышенность», wyška — геометр. «высота»; н.-луж. wusoki, -a, -e, wusoko, wušy, -a, -e, wušej, wusokość, wušyna. Др.-рус. (с XI в.) высокъ, высокый > высокий, высоко, выше, высость, высота, позже выший, вышина (Пск. I л. под 6970 г.), вышьний — «верхний», высити(ся), позднее образование (XVI в.) вышка (Срезневский, I, 451, 452, 457, 458). К поздним образованиям относится также *высь*. ▫ О.-с. *vysokъ, -а, -о : *vysokъjь, -aja, -oje. Корень *-ys- из *ūps-o- (ср. о.-с.

*osa при лит. vapsà < и.-е. *u̯obsā); v протет. (перед у, ъ); суф. на о.-с. почве -ok-ъ. Образования без этого суффикса: *vyšьšь (род. *vyšьša), *vyšьši, *vyše (ср. ст.), с š из sj [в суф. ср. ст. -jěs- : -jьs-; ср. латин. majus (< *majos), magis — «больше»]; второе š в основе *vyšьš- также из sj- (*vys-jьs-j-o-). В других и.-е. языках и.-е. *ups- представлено греческой и кельтской группами. Ср. греч. ὕψι — «вверх», «кверху», «высокомерно», ὕψος, n. — «высота», «вышина», ὑψηλός «высокий»; др.-ирл. ós : uas — «над», «сверху», uasal — «высокий».

ВЫ́ЧУРЫ, мн. (ед. вы́чура почти не употр.) — «нечто выходящее из ряда вон», «нечто затейливое, причудливое». Прил. вы́чурный, -ая, -ое. Ср. блр. вы́чвары, вы́чварны, -ая, -ае. В других слав. яз. отс. Ср. в том же знач. укр. ви́гадки, вига́дливий, -а, -е. Ср. чеш. vrtoch, rozmar — «вычура», podivné ozdoby — «вычуры на тканях», hledaný, -á, -é, strojený, -á, -é — «вычурный»; польск. dziwactwo — «вычура», dziwaczny, -a, -e — «вычурный». В русском языке прил. вычурный и сущ. вычуры не были известны ранее XVIII в. Ср. в говорах: вы́чурать — «оградить себя самого, человека или вещь заговором, словом чур» (Даль, I, 288). Ср. чура́ться — «ограждаться словом чур» (по Далю, IV, 562) > «чуждаться кого-л.», «обособляться». Ср. чересчур (см.). ▫ Т. о., слово относится к корневому гнезду чур- (см. чур). Старейшее знач., надо полагать, «нечто выходящее за чур», «не огражденное, не защищенное чуром», «переступающее чур».

ВЬЮ́ГА, -и, ж. — «снежная буря», «метель». Прил. вью́жный, -ая, -ое. Глаг. вью́жить. Только влкр. В других слав. яз. отс. Ср. в том же знач.: укр. завірю́ха; блр. завірýха; болг. снéжна бýря; с.-хорв. мећава, вějавица; чеш. vánice; польск. wichura. В русском языке появилось после XVI в. В словарях отм. с 1704 г.: в'юга — «tempestas» (Поликарпов, 68 об.). Ср. др.-рус. (с XI—XII вв.) вия́ль, позже виялица — «χειμών, зимняя стужа, буря» при вия́ти (Срезневский, I, 267). Ст.-сл. виялица (SJS, I : 5, 195). ▫ Относится к обширному гнезду вить (см.), вея́ть. О.-с. корень *vi- *vьj-. Ср. диал., южновлкр. ве́ять-ся), «колыхаться», вья́лица — «метель», «буран» (Даль, I, 298). Суф. на русской почве -уг-а, как в дерю́га, зверю́га и т. п.

ВЬЮК, -а, м. — «поклажа в одной упаковке, перевозимая на спине животных». Прил. вью́чный, -ая, -ое. Глаг. вью́чить. Укр. в'юк; блр. уюк. Ср. польск. juki, мн. — «вьюк». Но в других слав. яз. отс. Ср. в том же знач.: болг. това́р, денк (< турец.); с.-хорв. дèњак, то̀вар; nakla̋d, bali̋k (< нем. Ballen). Отс. также и в других европейских языках. В русском языке впервые — в «Хожении» Аф. Никитина («юкъ яхонтовъ», «сто юковъ товару» и пр.); в форме въюк (под влиянием вить, свивать, свиток и т. п.) известно с середины XVI в. (Срезневский, I, 438; III, 1626). Производные — более поздние (среднерусской

поры). ▫ Слово тюркское по происхождению. Ср. Радлов (III : 1, 586) jȳк; турец. yük — «груз», «ноша», «вьюк»; то же туркм. йӳк; узб. юк; азерб. йӳк; каз.-тат. йок; каракалп., кирг. жӳк. В тюркских языках известно с давнего времени. Ср. в среднеазиатском тефсире XII—XIII вв.: jȳк — «вьюк», «кладь», «груз» (Боровков, 166).

ВЯЗ, -а, м. — «лиственное дерево семейства ильмовых», Ulmus effusa. Прил. вя́зовый, -ая, -ое. Блр. вяз, вя́завы, -ая, -ое; с.-хорв. вêз, ср. вèзовина — «древесина вяза»; укр. в'яз; чеш. vaz (но чаще jilm); польск. wiąz; в.-луж. wjaz; н.-луж. węz. В болг. «вяз» — бряст (ср. рус. бéрест — Ulmus campestris; укр. бéрест — «вяз»). Др.-рус. (с середины XIII в.) вязъ (Срезневский, I, 504). ▫ О.-с. форма слова *vęzъ. Корень, вероятно, тот же, что в о.-с. *vęzati, вопреки Махеку (Machek, ES, 557) и некоторым другим этимологам. По словам Даля (I, 298), вяз — «одно из самых гибких (деревьев), из которого делаются вязки, ободья, полозья». Ср. (там же) другие названия деревьев и вообще растений с тем же корнем: вязни́к — «род ракитника», Cytisus biflorus, вязо́вник — «яловая бузина», Sambucus ebulus, вязéль — «несколько растений, называемых горошком». Надо полагать, что в общеславянском языке не было единого и устойчивого наименования для Ulmus. Кроме *vęzъ и *berstъ (> рус. бéрест), употр. еще *jьlьmъ. Ср. рус. ильм (диал. и́лем, и́льма; др.-рус. и́лем). Любопытно волмина (< *в-ълмина) — «Ulmus?» в Грам. Хут. п. 1192 г. (Срезневский, I, 290). М. б., восходит к латин. ulmus (тогда как о.-с. *jьlьmъ — к др.-в.-нем. ēlm(boum).

ВЯЗА́ТЬ, вяжý — «стягивать, скреплять концы чего-л., разрозненные части чего-л. веревкой, проволокой и т. п.», «соединять узлом»; «плести, делая петли спицами и пр.». Возвр. ф. вяза́ться. Сущ. вязь, вя́зка, вяза́нка. Прил. вяза́льный, -ая, -ое. Укр. в'яза́ти(ся), в'язь, в'я́зка, в'яза́нка в'яза́льний, -а, -е; блр. вяза́ць, вяза́цца, вязь, вя́зка — «вязанка» («вязка» — вязáнне), вяза́льны, -ая, -ае; болг. вéза — «вышиваю» («вяжу» — врéзвам, плетá); везба́ — «вышивание»; с.-хорв. вêзати (многокр. вези́вати) — «привязать», «связать», «вязать», но вêз, вèзиво — «вышивка» (ср., однако, вèза — «связь»); словен. vezati (многокр. povezovati) — «вязать», «связывать», «обвязывать», zveza — «связь» (ср. vez — «связка», vezava — «переплет»; ср. vezenje — «вышивание», vezenina — «вышивка»); чеш. vázati — «вязать», «связывать», «переплетать» (книги) [но plésti — «вязать» (чулки)], vázati se — «связываться», ср. vaz — «шея», анат. «связка», vázanka — «галстук», vazba — «переплет», «арест», «замо́к»; словац. viazat' — «вязать», «связывать», «переплетать» (книги), viazanica — «вязанка», viazanička — «пучок» (овощей) [ср. väz — «шея», väzba — «переплет»]; польск. wiązać — «связывать» [но ср. dziać — «вязать» (напр., чулки)], wiązka — «пучок», «связка», wiązanka —

ВЯЗ | ГАД | Г

«букет», wiązadło — «связка», więź — «пучок», «связь», więzić — «держать в заключении», więzień — «заключенный», «узник»; в.-луж. wjazać — «связывать», «завязывать», wjaz — «связь», «пучок», «вязанка», wjazawa — грам. «связка», wjazba — «скрепление», «конструкция»; н.-луж. wězaś. Др.-рус. (с XI в.) **вязати**, 1 ед. **вяжу** : **вязаю** — «вяжу», «связываю», **вязивать** — «вязнуть», «погрязать» (в Изб. 1073 г. и более поздних), «сидеть в плену», «быть связанным» (в Ип. л.) [Срезневский, I, 503—504]. Ст.-сл. вѧзати (SJS, I : 7, 384). □ О.-с. *vęzati. В этимологическом отношении слово не очень ясное. Обычно полагают, что корень здесь *ęz-, что начальное v появилось под влиянием о.-с. *viti [ср. у Срезневского (I, 504) **вязти** со знач. «вить»]. О.-с. корень *ęz-, вероятно, тот же, что и *qz- (на ступени о < а) в рус. **узел**, польск. **węzeł**, рус. **узкий**, польск. wąski (см. **узел, узкий**). И.-е. корень *ang'h (: *eng'h- : *n̥g'h?). Сопоставляют с др.-в.--нем. engi (совр. нем. eng) — «узкий»; латин. angō — «сжимаю», «ущемляю», «тесню»; греч. ἄγχω — «стискиваю», «сдавливаю», «душу»; кимр. (вал.) yng — «узкий»; бретон. enk — тж.; авест. azaŋhē — «притеснять».

ВЯЗНУТЬ, **вязну** — «погружаться в нечто липкое, зыбучее, топкое и т. п.». Прил. **вязкий**, -ая, -ое. Укр. в'**язнути** (напр. в зубах; но обычно **грузнути**, **липнути** и т. п.); блр. **вязнуць** — в зубах; в других случаях **грязнуць**, **липнуць**. Ср. чеш. váznouti; польск. więznąć. В южн.-слав. яз. отс. Ср. болг. **потѣвам**, **затѣвам**. Др.--рус. (с XI в.) **вязнути**, **вязти**, 1 ед. **вязу**, **вязити**, 1 ед. **вяжу** (Срезневский, I, 504). Ст.-сл. вѧзѣти — «вязнуть», оувѧзти. Прил. **вязкий** — позднее. У Поликарпова (1704 г.) уже имеется, но со значением «узкий». □ О.-с. *vęzti : *vęznǫti. Корень тот же, что в о.-с. *vęzati. См. **вязать**.

Г

ГАБАРДИ́Н, -а, м.—«высококачественная плотная шерстяная ткань, используемая для изготовления непромокаемой верхней одежды (пальто, макинтошей), а также костюмов». Прил. **габарди́новый**, -ая, -ое. Укр. **габарди́н**, **габарди́новий**, -а, -е; блр. **габардзі́н**, **габардзі́навы**, -ая, -ае; болг. **габарди́н**; с.-хорв. **габàрдēн**; чеш. gabarden; польск. gabardyna, ж. В русском языке — сравнительно недавнее заимствование, вошедшее в общее употр. в 30-х гг. XX в. В словарях впервые — в 1935 г. (Ушаков, I, 531: *габардин*). □ Слово французское (известное с конца XIX в.): gabardine, *f*. — 1) «ткань», 2) «непромокаемое пальто». Во французском — из испанского. В испанском, как полагают (Bloch — Wartburg[2], 271), — из старофранцузского языка. Ср. ст.-франц. (XV в.) gaverdine — «крестьянская куртка», «накидка от дождя» (DAF, 318). Из старофранцузского — англ. gaberdine.

ГА́ВАНЬ, -и, ж. — «прибрежное водное пространство, предназначенное для стоянки и причала судов», «порт». Прил. **га́ванский**, -ая, -ое. Укр. **га́вань**, **га́ваньский**, -а, -е; блр. **га́вань**, **га́ванскі**, -ая, -ае. В других слав. яз. отс. Ср. в том же знач.: болг. **прист́анище**; с.-хорв. **лу́ка**, **приста́ниште**; чеш. přístav, přístáviště; польск. port, przystań. В русском языке слово *гавань* вошло в обращение в конце XVII—начале XVIII в. Встр. в ПбПВ (I, № 368, 1701 г., 442), причем иногда в форме *гаван*, м.: «Посмотреть *гавана* и о совершении его уведомиться», но там же: «о гавани». В словарях — с 1731 г. (Вейсман, 410: *гавенъ*). Прил. — позднее (Березин, V, 1875 г., 513). □ По всей видимости, из голландского языка. Ср. голл. haven, *f*. (h — придыхание); н.-нем. haven(e); дат. havn; англ. haven (произн. 'heıvn) < англосакс. hœfene, которое является заимствованием из скандинавских языков; из н.-нем. — нем. Hafen. Германское слово. И.-е. корень *kap- — «хватать», «брать».

ГАД, -а, м. — «пресмыкающееся и земноводное животное»; «всякое отвратительное, мерзкое существо», «мерзкий человек». **Га́дина** — тж. Ср. в говорах: колым. **гад** — «грязь», «мерзость» (Богораз, 37). *Сущ.* **гадю́ка** — «ядовитая змея», Vipera, отсюда **гади́чий**, -ья, -ье. *Прил.* **га́дкий**, -ая, -ое. *Глаг.* **га́дить**. Прил. и глаг. имеют свои, самостоятельно развившиеся значения («плохой», «мерзкий» и «делать пакости»). Укр. **гад**, **га́дина**, **гадю́ка**, **гидки́й**, -á, -é (из *gydъkъjь) — «гадкий», «противный»; блр. **гад**, **га́зіна**, **гадзю́ка**; болг. **гад** — «гад», а также «хищный зверь», «вошь», **гади́на**, **га́ден**, -дна, -дно, **га́дя** — «гажу», диал. «ругаю»; с.-хорв. **га̏д** — «гад» и «гадость», **га́дан**, -дна, -дно = га̏днӣ, -а̄, -о̄, **га́дити** — «гадить», «загаживать», **гадити се** — «испытывать отвращение», «опротиветь»; словен. gad — «гадюка»; чеш. had — «змея», hadina — «змея», «змеиная кожа»; прил. hadí — «змеиный»; ср. hadice — «пожарный рукав», «шланг»; словац. had — «змея»; польск. gad — «гад», «гадина», gadzina — «гад», «змея», gadowy, -а, -е — «гадючий», gadzinny, -а, -е — «змеиный»; в.-луж. had — «змея», hadźina — «змеиный род», hadowy, hadźacy, -а, -е — «змеиный». Др.-рус. (с XI в.) и ст.-сл. гадъ — «пресмыкающееся», «змея», **гадьский**, **гадьнъ**, **гадьный** — «относящийся к пресмыкающимся», «к змеям» (Срезневский, I, 507). □ О.-с. *gadъ, где а из ō. И.-е. *gʷʰō(u)dhos, база *gʷʰə(u)dh- [: *gʷʰō(u)dh- : *gʷʰə(u)dh- : *gʷʰūdh-], корень *gʷʰeu- : *gʷʰou- (Pokorny, I, 484), тот же, что в др.-рус. и ц.-сл. **говьно** (Срезневский, I, 531). Ср. лит. gėda — «стыд», «срам», «позор», gėdingas — «позорный», «постыдный», gėdinti(s) — «стыдить(ся)»; др.-прус. gīdan, вин. «позор»; др.-в.-нем. quāt (совр. нем. Kot) — «нечистоты», «кал», «грязь»; голл. kwaad — «злой», «злобный», «скверный».

ГАДА́ТЬ, **гада́ю** — 1) «строить предположения относительно чего-л.»; 2) «у суе-

ГАД

верных людей — узнавать будущее или прошлое (по картам или другими способами)». *Прил.* гада́тельный, -ая, -ое — «сомнительный». *Сущ.* гада́лка. Префиксальные образования: глаг. догада́ться, уга́дывать; *сущ.* зага́дка. Ср. в говорах: загану́ть (загадку) и загону́ть (Даль, I, 506). Ср. арханг. загану́ть — «загадать» (Подвысоцкий, 48). Ср. др.-рус. заганути и загонути — «загадать» (Срезневский, I, 906). Ср. укр. гада́ти — «думать», га́дка — «дума», «мысль» [>курск. га́дка — тж. (Кардашевский, 214)], гадкува́ти — «размышлять» («гадать» в 1 знач. обычно мiркува́ти, во 2 знач. — ворожи́ти; ср. блр. меркава́ць, варажы́ць); болг. гада́я — «гадаю», гада́тел; словен. gadati — «угадывать», «допытываться»; чеш. hádati — «предполагать», «гадать», «ворожить», hádati se — «ссориться», «спорить», отсюда hádka — «спор», hadačka — «гадалка»; польск. gadać — «говорить», «разговаривать», «болтать», gadać na kogoś — «наговаривать на кого-л.», gadka — «разговор», «болтовня», «спор» (wróżyć — «гадать во 2 знач.», «ворожить», wróżbiarka — «гадалка», wątpliwy, -a, -e — «гадательный»). Особо ср. укр. годи́тися (с *о* после *г*) — «рядиться», «соглашаться», «жить в согласии»; в.-луж. hódać — «отгадывать», «советовать», «ценить», «подозревать», hódanje — «загадка», hódanka — «предположение», «догадка»; н.-луж. gódaś — «отгадывать», «предполагать», «подозревать», godanje : godańko — «загадка». Др.-рус. гадати — «догадываться» (Изб. 1073 г., л. 20); «думать», «советоваться» (Ип. л. под 6656 г.), «(пред)полагать»; «намереваться» (Грам. 1378 г.) [Срезневский, I, 507; Доп., 71]. Ср. гадание — «προβλήματα» «предложение», «задача») в «Хр. Г. Ам.» (Истрин, III, 225). Ст.-сл. оугаждати. Старшее знач.— «советуясь с кем-л., иметь мнение, суждение > «думать», «мыслить» > «предполагать». ▫ Происхождение спорно, неясно. Предположение о связи с о.-с. *goditi [др.-рус. и ст.-сл. годити — «угождать», годитися — «быть довольным», «быть достойным», «случиться» (Срезневский, I, 535)], поддерживаемое и современными этимологами (Vasmer, REW, I, 250; Fraenkel, I, 159—160; Sławski, 247—248; Machek, ES, 120), надо полагать, остается в силе, несмотря на семантические трудности. И.-е. корень *ghed-. Ср. лит. диал. godóti — «чтить», «уважать», (в других говорах) «размышлять», «соображать», «предполагать», godẽle — «мысль», «догадка», gúosti — «заботиться»; латыш. gādāt — «заботиться»; ср. также др.-исл. geta — «достигать», «догадываться» (совр. швед. gitta — «хотеть», «стремиться к чему-л.»; дат., норв. gide — «хотеть»); др.-исл. gāta [совр. дат. gåde; норв. gaade (: gåte)] — «загадка», «предположение», «совет»; англосакс. ongitan — «понимать» (совр. англ. get — «достигать» — скандинавизм); др.-в. нем. fir-gëzzan (совр. нем. vergessen) — «забывать». Вообще говоря, круг сопоставлений может быть расширен, если присое-

ГАЗ

динить сюда некоторые данные (вроде латин. prehendō — «хватаю» > «достигаю» > «понимаю»), которые считаются спорными. Впрочем, как уже сказано выше, рассматриваемое слово в этимологическом отношении нуждается в дальнейшем изучении. М. б., следует исходить из др.-рус. и ст.-сл. гатати — «предугадывать», «догадываться», гатание — «задача», «загадка» (Срезневский, I, 510). Ср. и в «Сказании о письменех» Черноризца Храбра (Лавров, 162): «Прѣжде убо словѣне... чрътами и рѣзами... гатаахж» [т. е. «выражали мысли, излагали свои расчеты и предположения» (напр., календарные)]. Ср. совр. с.-хорв. га́тати — «гадать», «лечить заговором»; ст.-польск. (XV в.) gatać — «гадать». И.-е. корень *gu̯et- — «выражать мысли», «говорить», «сказать» (см. Pokorny, I, 480).

ГАЗ[1], -а, *м.* — «физическое тело, вещество, способное распространяться по всему доступному ему пространству, равномерно заполняя его». *Прил.* га́зовый, -ая, -ое. Укр. газ, га́зовий, -а, -о; блр. газ, га́завы, -ая, -ае; болг. газ, га́зов, -а, -о; с.-хорв. га̑с — «газ», обл., разг. «керосин», га́сни, -а̄, -о̄; польск. gaz, gazowy, -a, -e. Но ср. чеш. plyn; словен. plin — тж. В русском языке в словарях — с 1803 г. (Яновский, I, 525) в форме *гас*; с конечным *з* позже, с 1834 г. (Соколов, I, 487). ▫ Слово международное: франц. (с 1670 г.) gaz, *m.*; голл. gas, *n.*; нем. Gas, *n.*; англ. gas; ит. gas; фин. (с.) kaasu; турец. gaz; араб. ġāz; хинди гаэс и т. д. Термин, придуманный и введенный в употр. знаменитым голландским естествоиспытателем ван Гельмонтом (van Helmont, 1577—1644), писавшим на латинском языке [«Halitum illud gas vocavi» («Некое испарение (дыхание, дух) я назвал gas»)]. Он же далее говорит, что воспользовался при этом латинским chaos. Начальное g вм. ch, м. б., под влиянием голл. geest — «дух». В русском языке, видимо, — из французского.

ГАЗ[2], -а, *м.* — «род очень тонкой, прозрачной шелковой ткани». *Прил.* га́зовый, -ая, -ое. Укр. газ, га́зовий, -а, -е; блр. газ, га́завы, -ая, -ае; болг. газ, га́зов, -а, -о; чеш. gáz, gázový, -á, -é. Ср. с.-хорв. га́за (в отличие от га̑с=*газ*[1]); польск. gaza (в отличие от gaz=*газ*[1]). В русском языке слово *газ*[2] известно со 2-й пол. XVIII в., в словарях — с 1780 г. [Нордстет, I, 130; *газ* — нем. Galone, франц. le galon («галун»)]. ▫ Из французского языка (gaze, *f.*). Во французском — из испанского (gasa), а испанское слово заимствовано из арабского: первоисточник — название портового города и района Ġazza (*Га́за*) на восточном побережье Средиземного моря. Из французского же заимствовано и нем. Gaze.

ГАЗЕ́ЛЬ, -и, *ж.* — «небольшое дикое животное из подсемейства настоящих антилоп, с легким и стройным телосложением», Gazella. Укр. газе́ль; блр. газе́ль; болг. газе́ла; с.-хорв. газе́ла; чеш., польск. gazela. В русском языке в словарях отм. с 30-х гг. XIX в. (Плюшар, XVII,

1838 г., 68). ▫ Ср. франц. gazelle; англ. gazelle; нем. Gazelle; ит. gazzella; исп. gacela. Источник заимствования в Европе — французский язык. Во французском — из арабского: gazāl : (на севере Африки) gazēl.

ГАЗЕ́ТА, -ы, ж. — «периодическое, обычно ежедневное издание, рассчитанное на широкие круги читателей и посвященное событиям текущей политической и общественной жизни». *Прил.* **газе́тный, -ая, -ое.** *Сущ.* **газе́тчик,** *женск.* **газе́тчица.** Укр., блр. **газе́та.** Но болг. (ср. **сте́нвестник** — «стенгазета»); с.-хорв. **но́вине, ли́ст** (ср. **зидни новине** — «стенгазета»); чеш. noviny, deník (ср. nástěnné noviny — «стенгазета»); польск. gazeta (отсюда gazeciarz — «продавец газет», устар. «журналист», dziennik (отсюда dziennikarz — «журналист»). В России газету сначала (в XVII в.) называли *курантами*, потом [при Петре I (см. Указ от 16-XII-1702 г. — ПСЗ, IV, 201) — *ведомостями* ср. «*Газета* или Ведомости», комедия итальянская, 1733 г. (ИКИ, 49); в самой комедии слово *газета* не встр.]. Слово *газета* появилось в начале XVIII в.: «из *газет* ведомо» («Архив» Куракина, II, 361, 1711 г., также IV, 19, 1711 г. и др.). В словарях отм. с 1780 г. (Нордстет, I, 130). ▫ Из французского языка. Ср. франц. (с 1600 г.) gazette, *f.* (теперь уже почти вытесненное словом journal). Первоисточник — ит. gazzetta. М. б., от ит. gazza — «сорока»: первые (итальянские) газеты имели эмблемой сороку. Ср. ит. gazzerotto — «молодая сорока», «болтун». С другой стороны, слово gazzetta значило также «венецианская мелкая серебряная монета в три гроша». Из Италии слово перекочевало во Францию. Отсюда — с 1631 г. — получило распространение в некоторых других странах. Ср., однако, нем. Zeitung; англ. newspaper; исп. periodico. В совр. итальянском в знач. «газета» чаще giornale.

ГАЗО́Н, -а, м. — «площадка в саду, парке, на бульваре и т. п., засеянная травой», «трава на такой площадке». *Прил.* **газо́нный, -ая, -ое.** Укр., блр. **газо́н;** чеш. gazon (хотя чаще trávník); польск. gazon. В южн.-слав. отс.: напр., болг. **зеле́на площ, тре́вна площ.** В русском языке слово *газон* появилось в середине XIX в. В словарях: Углов, 1859 г., 40; ПСИС 1861 г., 103; Даль, I, 1863 г., 301 (который делает такое любопытное примечание: «Слово это, с почину Брамбеуса, появляется у некоторых писателей».). ▫ В русском языке — из французского (ср. франц. gazon), где оно — старое заимствование из германских языков (ср. франк. *waso — «травяной покров», «дерн»). В других западноевроп. языках это понятие выражается по-разному: нем. Rasen; ит. zolla erbosa и т. д.

ГАК — в выражении *с га́ком* — «с лишним», «с излишком», «с добавкой». Укр. обл. **з га́ком**. В других слав. яз. знач. «с избытком», «с излишком» передается иначе. Напр., болг. **в по́вече;** польск. z okładem, z górą, z ogonkiem (букв. «с хвостиком»). В русском языке — сравнительно позднее слово. В словарях — с 1803 г. (Яновский, I, 500—503: *гак* — «участок земли»; «род сохи»; морск. «железный крюк»). Выражение *с гаком* еще более позднее. Даль о нем еще не знает. В словарях — с 1935 г. (Ушаков, I, 536). ▫ По-видимому, связано с *гак* — «крюк», «крючок». Ср. рус. *гак* — (на судах) «металлический крюк для подвешивания или подъема разного рода тяжестей»; укр. **гак** — 1) «крюк»; 2) «багор»; 3) «крюк» (в пути, окольный путь); чеш. hák — 1) «крюк», «багор»; 2) «соха» — старое слово, известное и в старочешском, из др.-в.-нем. hāko — «крюк», ср. нем. Haken 1) «крюк»; 2) «багор»; 3) «застежка»; 4) «закорючка». В украинском, м. б., из чешского, из словацких говоров? Как полагают, восходит к голл. haak — «крюк», «крючок», но лучше говорить вообще о германском происхождении: кроме немецкого, ср. также швед., норв. hake — тж. Выражение *с гаком* — м. б., от *гак* в знач. «излишек», «добавок». Ср. укр. **гак** — «крюк» (в пути). Ср. также у Даля (I, 302): **гак** — «мера земли в Балтийском крае, неравная, смотря по качеству почвы». Но, м. б., и от *гак* — «крюк», «крючок», «закорючка». Ср. выражение *с хвостиком* — «с лишним», «с излишком».

ГАЛА́КТИКА, -и, ж. — «звездная система, к которой принадлежит Земля», «Млечный Путь»; «всякая звездная система». *Прил.* **галакти́ческий, -ая, -ое.** Укр. **гала́ктика, галакти́чний, -а, -е;** блр. **гала́ктыка, галакты́чны, -ая, -ае.** Из русского: болг. **гала́ктика;** польск. galaktyka. Но чеш. galaxie : galaktická soustava. В русском языке слово *галактика* (именно в этой форме) — недавнее слово. Первоначально *галаксия* со знач. «Млечный Путь». Так уже у Яновского (I, 1803 г., 503) и в других более поздних словарях, почти в течение всего XIX в. (ср. еще у С. Алексеева, СПС, 1901 г., 161: *галаксия* — «Млечный Путь»). Термин *галактика, галактическая система* входит в употр. в 20-х гг. XX в. (см. БСЭ[1], XIV, 1929 г., 322—325). ▫ Ср. англ. Galáxis; англ. Gálaxy; ит. galassia. Первоисточник — греч. γαλαξίας — «Млечный Путь» (ср. γάλα, род. γάλακτος — «молоко»), отсюда позднелатин. galaxia, galaxias (> франц. galaxie) — тж.

ГАЛАНТЕРЕ́Я, -и, ж. — (в торговле) «Мелкие принадлежности личного обихода, туалета (ленты, перчатки, галстуки, гребенки и т. п.)». *Прил.* **галантере́йный, -ая, -ое.** *Сущ.* **галантере́йщик.** Укр. **галантере́я, галантере́йний, -а, -е, галантере́йник;** блр. **галантэрэ́я, галантэрэ́йны, -ая, -ае, галантэрэ́йшчык;** болг. **галанте́рия, галантери́ен, -йна, -йно;** ср. с.-хорв. **галанте̏рија** — «галантерея» и «галантность», **галанте́рӣскӣ, -ā, -ō** — «галантерейский» (но «галантный» — **гала̀нтан, -тна, -тно: гала̀нтнӣ, -ā, -ō**); чеш. galantérie [но чаще galantérní zboží (zboží — «товар»)]; польск.

galanteria, galanteryiny, -a, -e. В русском языке слово *галантерея* (с совр. знач.) известно с начала XVIII в. Оно встр. в письмах и бумагах Куракина: «Требуем... товаров: ...материй всяких... *галантирии*», «всякую *галантирию* можно сухим путем отправить» («Архив», III, 158—159, 1708 г.). Кроме того: Смирнов, 78 («Устав морск. Тариф», 1724 г.): «*галантереи* золотые и серебряные») и др. ▫ Ввиду того, что в западноевропейских языках слово, соответствующее рус. *галантерея* [франц. (с XVI в.) galanterie; ит., исп. galanteria; нем. Galanterie; англ. gallantry и т. д.], значит «галантность», понятие «галантерея» выражается здесь иначе, чем в славянских языках: франц. mercerie; ит. merceria (с — рус. ч); исп. merceria (с — межзубной щелевой). Ср. англ. haberdashery — «галантерея», но нем. Galanteriewaren (при Galanterie — «галантность»). В русском языке, вероятно, из голландского. Ср. голл. galanteríe — «галантерейный», galanteríën, *pl.* — «галантерейные товары», «галантерея» (при galanteríe, *f.* — «галантность»). В голландском — из французского языка, где это слово (galanteríe) значит «галантность», «обходительность», «учтивость», «любезность», известно с XVI в., произв. от galant (см. *галантный*). Впрочем, в русском языке, по-видимому, было возможно и *галантерия* в знач. «галантность». *Галантерея* в этом знач. отм. еще у Бурдона—Михельсона 1880 г., 185: *галантерея* — «тонкие, светские приемы», «ухаживание». Употр. и прил. *галантерейный* (в народном произн. *галантерейный*) — «учтивый», «любезный». Оно имеется еще в СРЯ¹, вып. в. 2, 1892 г., 768: *галантерейный* — «светски, утонченно вежливый»; там же примечание: «Слова *галантерейный, галантерейность* в... ироническом смысле введены в употребление Гоголем». Имеется в виду фраза: «Галантерейное, черт возьми, обхождение!» в монологе Осипа в комедии «Ревизор», 1836 г., д. II, явл. 1 (СС, IV, 24).

ГАЛА́НТНЫЙ, -ая, -ое — «изысканно-вежливый, с безукоризненно хорошими манерами», «учтивый», «любезный». *Сущ.* галантность. Укр. гала́нтний, -а, -е, гала́нтність; блр. гала́нтны, -ая, -ае, гала́нтнасць. Ср. болг. гала́нтен, -тна, -тно; гала́нтност; с.-хорв. гала́нтан, -тна, -тно: гала́нтни, -а̄, -о̄; чеш. galantní. Но польск. elegancki, -a, -ie, szarmancki, -a, -ie. В русском языке — по́зднее (не раньше последней четверти XIX в.) заимствование. Старший (или один из старших?) случай — в рассказе Куприна «Кэт» (позже названном «Прапорщик армейский», впервые опубликованном в газете «Жизнь и искусство» за 1897 г.: «отвешиваю самый *галантный* поклон» (запись 17 сентября) [СС, II, 125]. Появление прил. *галантный* было подготовлено, во-первых, наличием сущ. *галантерея* и прил. *галантерейный*, которые употреблялись и в смысле, близком к «галантность», «галантный» (см. *галантерея*); во-вторых, существовавшим в начале XVIII в. и позже словечком *галант* — «ухажер», «кавалер». Ср. в «Архиве» Куракина (I, 55, 1727 г.): «царевны... между... певчими избирали своих *голантов*». Ср. и гораздо позже, во 2-й пол. XIX в.: *галан* — «обходительный человек», «милый в беседе», также «волокита» (ПСИС 1861 г., 105; Бурдон—Михельсон 1880 г., 185). ▫ Слово французское: galant — «учтивый», «любезный», «изящный» (первоначально «оживленный», «веселый»), отсюда galanterie — «учтивость», «вежливость»; из французского: нем. galant — «галантный», Galanterie — «галантность» («галантерея» — Kurzwaren и Galanteriewaren); англ. galant и др. Во французском — произв. от ст.-франц. galer — «развлекаться», «забавляться», откуда сущ. gale — «радость», «наслаждение» (м. б., восходящего к франк. *wāla — «хорошо»; ср. англ. well — тж.).

ГАЛЕРЕ́Я, -и, *ж.* — 1) «длинный, обычно крытый переход, соединяющий отдельные части здания» (в старину в замках и дворцах украшавшийся картинами и статуями; отсюда 2-е знач.); 2) «помещение, предназначенное для выставки произведений искусства»; 3) «самый верхний ярус зрительного зала театра с дешевыми местами». *Прил.* галере́йный, -ая, -ое. *Сущ.* (произв. к *галерея* в 3 знач.) *прост.* галёрка. Укр. галере́я; блр. галеры́я; болг. гале́рия; с.-хорв. га̀ле̄рија; чеш. galerie; польск. galeria. В русском языке слово *галерея* известно с начала XVIII в.: «В том же доме *галлерия*» в «Архиве» Куракина (IV, 31, 1711 г.). Кроме того: Смирнов, 79 (со ссылкой на «Лексикон вок. новым» и др.). В словарях с 1731 г. (Вейсман, 557): *галерия*). Знач. «самый верхний ярус в театре» — более позднее, с этим знач. слово *галерея* встр., напр., у Пушкина в «Истории села Горюхина», 1830 г.: «ходил я в театр, в *галлерею* 4-го яруса» (ПСС, VIII, 130). Пренебр. *галёрка* встр. в беллетристических произведениях 80-х гг. XIX в. [напр., в рассказе Чехова «Нищий», 1887 г. (СС, V, 28, 29). ▫ Слово международное: ит. galleria; франц. galerie; нем. Galerie; англ. gallery; также турец. galeri; хинди гаэл'ри и т. д. Первоисточник — ит. galleria (первоначально «церковная паперть»).

ГАЛИМАТЬЯ́, -и́, *ж.* — «бессмыслица», «вздор», «тарабарщина», «ахинея». В других вост.-слав. яз. это знач. выражается другими словами (см. *вздор*). Но ср. болг. галима́тия; с.-хорв. галима̀тијас; чеш. galimatyáš; польск. galimatias. Впервые — у Яновского (I, 1803 г., 508): *галиматия*. ▫ Из французского: galimatias (где это слово известно с 1580 г.); отсюда же нем. Galimathias. Ср. также исп. galimatías. По мнению К. Н. Державина (167—168), во французском это слово из испанского, куда оно могло попасть из арабского. Ср. араб. 'alima a — «знать», «быть сведущим», «учиться», ʻallāma(t) — «очень ученый». Другие объяснения, пожалуй, не более удовлетворительны. Сближение с gallus — «петух» и Matthias — «Матвей» и анекдот об адвокате, путавшем в своей речи выражения «gallus Matthiae» и «galli Matthias» (см. Преображенский, I, 117), — вероятно, плод народной этимологии на латинской почве. Но вместо Matthias некоторые этимологи предлагают во второй части сложения видеть искусственное образование от греческого корня μαθ- (ср. аорист μαθεῖν от μανθάνω — «учусь», «изучаю», «заучиваю»). Ср. греч. μάθη — «обучение», «воспитание», μάθημα — «знание», «наука», далее «наука о величинах» (отсюда μαθηματικά — «математика»). Что же касается gallus (в первой части сложения), то этим словом будто бы обозначали студентов, принимающих участие в обязательных диспутах на ученые темы. И вообще все слово в целом сторонники этого объяснения (см. Bloch—Wartburg², 273) склонны считать жаргонным словечком, порождением студенческого арго 2-й пол. XVI в.

ГА́ЛИТЬСЯ, га́люсь, *диал.* — «смеяться», «издеваться», «насмехаться». Возможна и форма без *-ся*: **га́лить** — «смешить», «шалить», «зубоскалить» (Даль, I, 302). Общерус. *прост.* [только в возвр. ф. на *-ать(ся)* и только с приставкой *из-*] **изгаля́ться** — «издеваться». Ср. болг. **га́ля (се)** — «нежу(сь)», «ласкаю(сь)», **га́ля** — «ласково глажу рукой»; с.-хорв. **разга́лити** — «развеселить», «разогнать заботы», **разга́љивати** — «веселить», «бодрить», **разга́љивати се** — (о погоде) «проясняться»; чеш. haliti (словац. halit') — «окутывать» (также перен., напр., небо тучами), «кутать», haliti se (словац. halit'sa) — «закутываться» [в чешском этот глаг. чаще употр. с приставками (rozhaliti) — «раскрыть», «распахнуть», zahaliti — «закутать»]. Др.-рус. книжн. и ст.-сл. **галити** — «радоваться», «ликовать» (Срезневский, I, 509). □ В чешском языке беспрификсальная форма (haliti) — новообразование (Machek, ES, 122). Так же, по-видимому, и в русском, хотя нынешнее знач. «издеваться» могло возникнуть скорее в сочетании с приставкой *из-* (ср. *жить — изжить, деваться — издеваться* и т. п.). Ср. знач. глаг. галити в древнерусском и в старославянском. Отсюда новообразование в говорах **галить(ся)** — «издеваться». Изменение (положительного) значения «смеяться» на (отрицательное) «издеваться» могло быть поддержано также влиянием глаг. *изгиляться* [ср. у Даля: **изгаля́ться** или **изгиля́ться** (II, 641); ср. га́лить — «смешить», «проказить» (I, 302)], произв. от среднерус. (XVII в.) гиль — «беспорядки», «смута», «волнения», «неразбериха» (КДРС). Ср. гот. gōljan — «приветствовать», «здороваться»; др.-исл. gǿla — «утешать», «успокаивать» (совр. исл. gœla — «ласкать»), которое этимологически связано с др.-сканд. gala (швед. gala; норв., дат. gale) — «кричать», «орать». Ср. др.-в.-нем. galan — «петь» и gëllan — «громко, пронзительно звучать», «кричать» (совр. нем. gellen — «резко звучать»). И.-е. корень *ghel-.

ГАЛИФЕ́, *нескл., ср. и мн.* — «военные брюки особого покроя, широкие в верхней части, выше колен и облегающие, узкие в коленях». Укр. **галіфе́**; блр. **галіфэ́**; болг. **галифе́**. В других слав. яз. это слово необычно или отс.: ср. чеш. jezdecké kalhoty и т. п. В русском языке слово *галифе*, известно, по-видимому, со времени первой мировой войны 1914—1918 гг. и гражданской войны в России. Ср. в рассказе Пришвина «Шкраб», в журнале «Россия» за 1922 г., № 4, с. 2: «напялил на себя френч, штаны *галифе*». В словарях отм. с 1926 г. [Вайсблит, 97: *галлифе* (!)]. □ Сначала так назывались брюки военного образца, принятые в кавалерии, по имени французского кавалерийского генерала Гастона *Галифе́* (Galliffet, 1830—1909 гг.), одного из представителей ультрареакционной французской военщины 2-й пол. XIX в.

ГА́ЛКА, -и, *ж.* — «птица средних размеров семейства вороновых отряда воробьиных, с мягким оперением, черным сверху, на спине и крыльях, и темно-серым снизу», Coleus monedula. В говорах также **га́лица** (Даль, I, 302). *Прил.* **га́лочий**, -ья, -ье. Укр. **га́лка, галча́чий, га́личий**, -а, -е; блр. **га́лка, галчы́ны**, -ая, -ае. Ср. с.-хорв. **га̑лица** — «горная, альпийская галка» (но обычно «галка» — **ча̑вка, ка̑вка**); ср. также **га̑лица** — «кличка домашних животных черной масти», **га̑лић** — «ворон». В других слав. яз. отс. Ср. болг. **ча́вка** — «галка» [: **га́рга** (< турец. alaca karga); ср., однако, **галу́н** — «серая ворона»]; словен. kavka — тж.; чеш. kavka; польск. kawka. В русском языке слово *галка* (именно в этой форме, с суф. -к- < -ъ̆к-) известно со среднерусской эпохи. Р. Джемс (РАС, 1618—1619 гг., 10 : 46) отм. его на Севере: golki (!) — «iacdawes» (галки). Но в форме **галица** оно встр. в Сл. полк. Игор.: «*галици свою рѣчь говоряхуть*», «*галици помлъкоша*» и др. (в других письменных памятниках в этой форме — с XIV в.); там же прил. *галичь* (ср. укр. *га́личий*): «*говорь галичь*» (Виноградова, в. 1, 153, 155). □ В этимологическом отношении спорное слово. Некоторые языковеды, вслед за Бернекером (Berneker, I, 293), полагают, что название галки (галица : га́лка) происходит от корня *gal- — «черный». Однако корень этот в славянских языках представлен лишь старосербским языком. Ср. с.-хорв. гал (=гао) — «чернила», «черная краска», га̑ла — «грязнуха» (Мичатек, 61). Между тем, эти одинокие слова в сербском могут быть вторичными по отношению к га̑лица — «горная, альпийская галка» (от *gala — название птицы черного или темного цвета). Надо полагать, что прав Булаховский (102), считавший это название звукоподражательным, по галочьему крику (корень *гал-* : *гар-*: *гъл-* и т. п.). Западнослав. kavka : kawka — «галка» — также звукоподражательное слово, как и название галки в некоторых неславянских языках (сюда исторически относится, между прочим, и франц. choucas — «галка» при ст.-прованс. caucala — «ворона»; голл. kauw — «галка» и швед. kája — тж.).

ГАЛ

ГАЛО́П, -а, *м.* — 1) «самый быстрый бег лошади, при котором она идет вскачь»; 2) «очень быстрый стремительный танец двудольного движения»; «музыка к такому танцу». *Глаг.* **галопи́ровать**. Укр. **гало́п**, **галопува́ти**; блр. **гало́п**, **галапі́раваць**; болг. **гало́п**, **галопи́рам**; с.-хорв. **га̏ло̑п**, **галопи́рати**; чеш. galop [но чаще cval (о лошади), kvapík (о танце)], galopovati; польск. galop, galopować. Заимствовано на рубеже XVIII—XIX вв. [«Откр. т.», ч. V, 1801 г., 487: «проскакивают... *галопом*» (речь идет о конских скачках в Англии)]. В словарях — с 1803 г. [Яновский, I, 511: *галоп* — «хода лошадиная ска́ком» (!)]. ▫ Из французского языка. Франц. galop, galoper — «мчаться галопом». Отсюда: нем. Galopp; англ. gallop; ит. galoppo и др. Во французском, в конечном счете, восходит к франк. *wala hlaupan — «хорошо бегать» (ср. нем. wohl — «хорошо» и laufen — «бежать»).

ГАЛО́ША (и **кало́ша**), -и, *ж.* (обычно *мн.* **гало́ши**) — «род обуви, обыкновенно резиновой, надеваемой поверх ботинок, туфель и пр. для предохранения их от сырости и грязи». *Прил.* **гало́шный**, -ая, -ое. *Сущ.* **гало́шница**. Укр. **кало́ша**; блр. **гале́ш**, *м.*; болг. **гало́ш**, *м.*; чеш. galoše : kaloše, *ж.*; польск. kalosz, *м.* В с.-хорв. отс., но ср. почти созвучное **ка̀љаче**, *мн.* — «галоши», произв. от **ка̀љати** — «пачкать грязью». В русском языке сначала появилось слово *калоша* (с начальным к). Напр., в письме Пушкина к брату (от 1—10-XI-1824 г.): «Да пришли мне *калоши*» (ПСС, XIII, 119). В словарях отм. с 1801 г. (Гейм, II, 5). С начальным г (*галоша*) это слово несколько более поздее. В словарях — с 1847 г. (СЦСРЯ, I, 255). ▫ Слово западноевропейское. С начальным g оно французское (с XIV в.): galoche, *f.* [теперь так называется лишь кожаная галоша (ср. caoutchouc — «резиновая галоша»), а также башмак на деревянной подошве). Из французского: англ. galosh : golosh; нем. Galosche, *f.*, известное с XV в.; гораздо позже (в XVIII в.) появляется Kalosche, *f.* — тж. В русском языке форма с начальным г (*галоша*) — из французского, а с начальным к, м. б., из немецкого, хотя могло возникнуть и на русской почве. Ср. рус. диал. **коло́ша** — «штанина», «камаша (гамаша)» и вообще «одежда от колена до ступни», а также (курск.) «обножь пчел, которые набирают цветень на ножки» (Даль, II, 753), восходящее, как и с.-хорв. **кла̏шња** (Мичатек, 226) — «род чулка», «женская камаша», надо полагать, к средневек. латин. calcea — «тибиал (род голенной обмотки или чулка)», латин. calceus — «башмак», «полусапог» (ср., однако, сомнения у Вахроса, 109). Происхождение франц. galoche не совсем ясно. М. б., оно восходит, в конечном счете, к латин. gallica — «галльская сандалия» или же оно другого корня с франц. galet — «валун», «камень» и возникло как название обуви с подошвой твердой, как плоский камень (Bloch — Wartburg², 273).

ГАЛ

ГА́ЛСТУК, -а, *м.* — «полоска ткани, завязываемая вокруг воротничка рубашки узлом или бантом»; «шейный платок (у нас — красного цвета), который носят пионеры». *Прил.* **га́лстучный**, -ая, -ое. Укр. **га́лстук**, **га́лстуковий**, -а, -е; блр. **га́льштук**, **га́льштучны**, -ая, -ае. Только восточнославянское. Ср. в том же знач.: болг. **вратовре́зка**; с.-хорв. **ма̏шна**; чеш. kravata (но pionýrský šátek — «пионерский галстук»); польск. krawat (но chusta pionierska — «пионерский галстук»). В русском языке известно с начала XVIII в. Ср. в «Архиве» Куракина: «*галздуков* и маншет» (I, 151, 1706 г.), «калпачки, *галстуки*» (III, 209, 1710 г.). В словарях — с 1731 г. (Вейсман, 273: *галстух*). ▫ Из немецкого: Halstuch — «шейный платок»; ср. Hals — «шея» и Tuch — «платок» [«галстук» — Halsbinde, Schlips, Krawatte (< франц. cravate, которое, в свою очередь, как и ит. cravatta — тж., восходит к франц. Croate — «хорват»)]. В словосочетании *пионерский галстук* это слово сохраняет свое старшее, первоначальное значение «шейный платок», еще обычное в 60-х гг. XIX в. Ср. у Даля (I, 1863 г., 303): *галстук(х)* — «шейный платок».

ГА́ЛЬКА, -и, *ж.*, также *собир.* — «мелкий гладкий камешек, часто шарообразной или яйцевидной формы, окатанный и отшлифованный водой». Ср. яросл. **га́лка** — «небольшой камень (с яблоко или репу)» [Тихомиров, «Словарь яросл. говора», ГИМ (по Мельниченко, 50)]. Укр. **га́лька** (собир. также **рінь**); блр. **га́лька**; ср. **га́лка** — «круглый, гладкий камень», «голыш». В других слав. яз. отс. Ср. в том же знач.: болг. **дрѐбно о́бло ка́мъче** или собир. **мо́рски чакъ́л**; чеш. oblázek, valounek; польск. otoczak. В русском языке это слово (с мягким л) сравнительно позднее. В словарях отм. лишь с 1847 г. (СЦСРЯ, I, 255). ▫ Надо полагать, что *галька* возникло из *галка*, со смягчением *л* на почве омонимического отталкивания от *галка* (см.) — названия птицы, причем сыграло известную роль и сближение с гнездом *голый*. Ср. **го́лыш** — «дикий камень твердой породы, окатанный и оглаженный водою», олон. **голе́ц** — «камень, выдавшийся над водой»; сюда же **голе́ть** — «становиться голым, (в частности) безлесным» (Даль, I, 329), а отсюда и *прогалина* — «поляна в лесу», «просека»; в говорах: **прога́л** : **прога́ль** — «чистое пространство», «лужайка», «промо́ина» (!) [Даль, III, 434]. В отношении вокализма корня в словах *галька*, *прогалина* и др. ср. **гореть** : **гарь** (см. *гореть*). Что касается исходного *галка*, то ср. у Даля (I, 302): **га́лка** — тверск. «обварная, обдирная (крупная, цельная) гречневая крупа», «гречневая луза»; **га́лка** — «стеклянный пузырь или шарик, особ. цветной, для игрушки». В этом смысле *галка* отм. в «Рукоп. лексиконе» 1-й пол. XVIII в.: *галка* — «шарик» (Аверьянова, 72). Но *галка* в знач. «шарик» может быть сближаемо с укр. **га́лка** — «шарик» и польск. gałka — тж., и, вероятно, это слово другого происхождения.

ГАМА́К, -а́, *м.* «подвесная сетка для отдыха на открытом воздухе». Укр., блр. **гама́к**. Ср. болг. **хама́к**; польск. hamak. Но ср. с.-хорв. *льу̀љашка* — «гамак»; чеш. houpací sít' (от houpati se — «качаться»). В русском языке, в словарях — с 1803 г. (Яновский, I, 513). ◻ Международное слово. В западноевропейских языках первоисточник — исп. hamaca — «гамак», отсюда франц. hamac; ит. amaca; англ. hammock и др. (но нем. Hängematte). В испанском — из языка карибов (южно-американского индейского племени). В русском языке — из французского.

ГАНГРЕ́НА, -ы, *ж.* — «омертвение какого-л. участка тканей живого организма, сопровождающееся его почернением и гниением», «антонов огонь». *Прил.* **гангрено́зный**, -ая, -ое. Укр. **гангре́на**, **гангрено́зний**, -а, -е; блр. **гангрэ́на**, **гангрэно́зны**, -ая, -ае; болг. **гангре́на**, **гангрено́зен**, -зна, -зно; с.-хорв. **га̀нгре̄на**; польск. gangrena (но чаще zgorzel : zgorzelina); чеш. gangréna (: sněť). Слово *гангрена* было известно уже в старославянском и древнерусском книжном языке («Второе послание ап. Павла к Тимофею», гл. 2, стих. 17: *гаггрена*) [Срезневский, I, 509]. Поликарпов (1704 г.) дает не только *гаггрена* (69 об.), но и *гангрена* (70). Прил. *гангренозный* — более по́зднее. Отм. с середины XIX в. (ПСИС 1861 г., 109 и др.). ◻ Ср. греч. γάγγραινα — «разъедающая язва», «гангрена» > латин. gangraena. Отсюда франц. (с XVI в.) gangrène; нем. Gangrän; англ. gangrene; ит. cancrena и пр. Прил. *гангренозный* восходит к франц. прил. gangreneux, -se. Происхождение греческого слова не совсем ясно, но, м. б., оно имеет какое-то отношение к греч. γράω (при удвоении: *γαγγράω, *γάγγραινω) — «грызу», «пожираю» [ср., однако, сдержанные замечания по этому поводу у Фриска (Frisk, I, 281)].

ГАРА́Ж, -а́, *м.* — «закрытое помещение для стоянки и ремонта автомобилей и и мотоциклов». *Прил.* **гара́жный**, -ая, -ое. Укр. **гара́ж**, **гара́жний**, -а, -е; блр. **гара́ж**, **гара́жны**, -ая, -ае; болг. **гара́ж**, **гара́жен**, -жна, -жно; с.-хорв. **гара́жа**; чеш. garáž, garážní : garážový, -á, -é; польск. garaż, garażowy, -a, -e. В русском языке слово *гараж* известно с начала 1900-х гг. В словарях — с 1911 г. (Ефремов, 93). ◻ Заимствованное слово. Первоисточник — франц. garage — «навес» > «гараж»; ср. gare — «пристань» > «железнодорожная станция», garer — «причаливать»; из французского в других языках: англ. garage; нем. Garage; турец. garaj и пр. Во французском корень германский (франкский).

ГАРДЕРО́Б, -а, *м.* — «шкаф для хранения платья»; «помещение в общественных зданиях для хранения верхней одежды»; «одежда одного человека». *Прил.* **гардеро́бный**, -ая, -ое, *субст.* **гардеробная**, *ж.* *Сущ.* **гардеро́бщик**, *женск.* **гардеро́бщица**. Укр. **гардеро́б**; блр. **гардэро́б**; болг. **гардеро́б**; с.-хорв. **гардеро́ба**, чеш. garderoba — «гардероб»; театр. «уборная» [но обычно šatna; в знач. «шкаф для платья» — šatník, от šat — «одежда», «платье»]; польск. garderoba — «гардероб»; театр. «уборная» (но чаще szatnia; в знач. «шкаф для платья» — szafa do ubrań). В русском языке это слово в форме ж. р. (*гардероба*) известно с начала XVIII в. Напр., в «Архиве» Куракина, III: *гардероба своя* (далее перечисление: «12 башмаков пар» и пр.) [219, 1711 г.]; «камара... и тут же *гардероба*» (82, 1722 г.). ◻ Из франц. garde-robe, *f.* — «гардероб» [от garder (< guarder < warder) — «хранить» (ср. *авангард*) и robe — «платье» (женское, детское); ср. рус. разг. *роба* — «рабочая одежда»] отсюда и нем. Garderobe, *f.*; но ит. guardaroba (от guardare и ròba); исп. guardarropa (от guardar и ropa). Ср. англ. wardrobe — «шкаф для платья»; «гардеробная»; «платье».

ГАРЕ́М, -а, *м.* — «женская половина дома у мусульман, куда запрещено входить посторонним мужчинам»; *собир.* «жены и наложницы богатого мусульманина». *Прил.* **гаре́мный**, -ая, -ое. Укр. **гаре́м**; блр. **гарэ́м**. Ср. болг. **харе́м**; с.-хорв. **ха́рем** (ср. турец. harem — тж.); чеш. harém; польск. harem. В русском языке слово *гарем* известно с начала XIX в.: Яновский, I, 1803 г., 517: *гарам* или *гарем*. Ср. у Пушкина: *харемы* в стих. «Стамбул гяуры нынче славят», 1830 г. (ПСС, III, 248), но и *гарем* (СЯП, I, 459). Ср. франц. harem; нем. Harem; исп. haren : harem; ит. àrem. В европейские языки попало из турецкого (harem); в турецкий — из арабского: harīm — «запретное место», «гарем», также «жена», «супруга», от глаг. haruma u — «быть под запрещением». Отсюда же — перс. härām — «запретное, священное место», «гарем».

ГАРМО́НЬ, -и, *ж.* — «ставший народным духовой портативный музыкальный инструмент с раздвижными мехами и двумя дощечками по бокам, с клавиатурой для обеих рук». **Гармо́ника** — тж., *разг.* **гармо́ния**, **гармю́шка**. *Сущ.* **гармони́ст**. Укр. **гармо́нь**, **гармо́нія**, **гармоні́я**; блр. **гармо́нік**, **гарманіст**. Ср. болг. **хармо́ника**, **хармони́ст**; с.-хорв. **хармо̀ника**, **хармоникаш** — «гармонист»; чеш. harmonika, harmonikář — «гармонист»; польск. harmonia, harmonista. В русском языке слово *гармоника* известно с 80-х гг. XVIII в., но следует иметь в виду, что *гармоникой* у нас (как и за границей) с конца XVIII в. до середины XIX в. называли «стеклянную гармонику» — музыкальный инструмент, изобретенный Франклином (1763 г.): на этом инструменте играли, прикасаясь кончиками пальцев к специально подобранному ряду стеклянных пустых полушарий (колокольчиков), надетых на металлический каток. Ср. в письме Фонвизина к родным в Нюренберга от 29-VIII-1784 г.: «Познакомились мы с девушкою, дочерью гравера Баузе, которая играет как ангел на *гармонике*»

(СС, II, 509). См. описание этого муз. инструмента у Яновского (I, 1803 г., 519). Имеются и другие разновидности недуховой гармоники. *Гармоника* в совр. знач., иначе — *гармония, гармонь* — появилась во 2-й четверти XIX в., примерно в одно время в России (гл. обр. в Туле) и за границей (в Вене, в Берлине). Даль уже в первом издании своего словаря (I, 1863 г., 304—305) учитывал появление этой музыкальной новинки, прибавив к обычному определению слова *гармоника*: (называется) «также мех, со вставленными пищиками и затворками». Тургенев в 70-х гг. и позже употр. это слово только в совр. знач. Ср.: «(Телегин) *гармонику*, „фабричную выдумку", ненавидел» [«Старые портреты», 1880 г. (СС, VIII, 338)]. Ранее, — в романе «Новь», 1877 г., ч. 1, гл. X (СС, IV, 255) и др. Примерно так же определяется слово *гармоника* в СРЯ¹, т. I, в. 2, 1892 г. (776—777) под ред. Грота, делающего такое примечание: «Вместо *гармоника* часто употребляют... *гармония*; в этом несвойственном ему значении оно недавно стало являться на вывесках... в обеих столицах». ▫ Ср. ит. armònica — «гармонь»; нем. Harmonika — тж.; но франц. accordéon, хотя известно (с конца XVIII в.) и harmonica, заимствованное из немецкого языка; англ. accordion, concertina. В русском *гармоника* или из итальянского, или (вернее) из немецкого (как и франц. harmonica). Первоисточник — греч. ἁρμονία — «связь»; муз. «строй», «лад», «порядок», «гармония» (ср. *гармония* — «согласованность», «стройность», «благозвучие»).

ГАРНИ́Р, -а, *м.* — «добавка (из овощей, каш, макарон и пр.) к мясному или рыбному кушанью». *Прил.* **гарни́рный, -ая, -ое** (?). *Глаг.* **гарни́ровать**. Укр., блр. **гарні́р**. Ср. болг. **гарниту́ра** — «гарнир», но **гарни́рам** — «гарнирую, делаю гарнир»; с.-хорв. **гарни́рунг** (или просто **дода́так**), **гарни́рати**; чеш. garnitura (чаще obložení, příkrm и т. п.), но garnýrovati; польск. garnitur — «гарнир», garnirować — «гарнировать». В русском языке слово *гарнир* известно со 2-й четверти XIX в. Встр. у Гоголя в поэме «Мертвые души», т. II (1843—1852 гг.), гл. 3: «*гарниру, гарниру* всякого побольше» (ср. там же: «А в обкладку к осетру подпусти свеклу звездочкой») [СС, V, 299]. В словарях — с 1859 г. (Углов, 42). ▫ Слово французское: garnir, но это — глагол, который значит «гарнировать» («отделывать», «украшать») [«гарнир» — garniture]. Трудно сказать, при каких обстоятельствах в русском языке (и из русского — в украинском и белорусском) привилось это — по существу о ш и б о ч н о е — употребление французского слова. Впрочем, это не единственный случай такого рода.

ГАРЦЕВА́ТЬ, гарцу́ю — «ездить верхом, красуясь умелой посадкой, показывая ловкость и молодцеватость». Укр. **гарцюва́ти**; блр. **гарцава́ць**. Ср. чеш. устар. harcovati — «гарцевать»; «делать набег», «нападать», от harc — «набег», «стычка»; словац. harcovat' — «гарцевать», harcovník — «наездник»; из чешского и словацкого — польск. harcować — «вступать в схватку» > «ниспровергать», при harc — «схватка», «стычка», ср. harcownik — «наездник» [встр. в польских документах начала XVII в. (Hirschberg, 316 и др.)]. В чешском языке — старое заимствование из венгерского: ср. венг. harc — «бой», harcos — «боец». Отсюда и с.-хорв. **ха́рц** — «бой», **ха́рцовати** — «сражаться». В толковых словарях русского языка *гарцевать* отм. с 1847 г. (СЦСРЯ, I, 256). Но, конечно, оно вошло в обращение в русском языке задолго до этого времени. *Гарцевать* встр. в произведениях Пушкина, начиная с 20-х гг.: «Граф Нулин», 1825 г.: «В отъезжем поле он *гарцует*» (ПСС, V, 4) и др. ▫ В русский язык это слово, по-видимому, попало из западнославянских при украинском посредстве, где оно известно с более давнего времени. Ср. у Котляревского в «Энеиде», 1798 г., ч. III, строфа 90, с. 61: «Та з хлопцями як *гарцювали*».

ГАСИ́ТЬ, гашу́ — «прекращать горение», «глушить пламя», «тушить огонь». *Возвр. ф.* **гаси́ться**. *Несов., неперех.* **га́снуть**. *Сущ.* **гаси́тель, гаси́льник**. Укр. **гасити(ся)**, **га́снути**, **гаси́тель**, **гаси́льник**; блр. **гасі́ць, гасі́цца, гасі́цель, гасі́льнік**; болг. **гася́** — «гашу», **га́сна** — «гасну»; с.-хорв. **га́сити** — «гасить», **га́сити се, га́снути** — «гаснуть», **га́силац** — «тушитель», «пожарный», ср. **га́сила**, мн. — «пожарные инструменты»; словен. gasiti, ugašati, gasilec; чеш. hasiti, hasnouti, ср. hasič — «пожарный»; словац. hasit', hasievat', hasnut', ср. hasič — «пожарный», hasidło — «огнетушитель»; польск. gasić, gasnąć; ср. gasik, gasidło — «гасильник»; в.-луж. hasyć, hašeć, hasnyć, hasły, -a, -e — «погашенный», «потухший», hašadło — «огнетушитель», hašer — «пожарный»; н.-луж. gasyś, gasnuś — «гаснуть», zagasnuś — «погаснуть», gasaŕ — «пожарный». Др.-рус. гасити в Минее 1096 г., угасити (в Остр. ев. 1056—1057 гг. и др.) — «погасить» (также в перен. знач. «уничтожить», с XI в.), угаснути (3 ед. угашеть) в Изб. 1073 г., угаситися, угашати — «затемнять» в Пов. вр. л. по Радзив. сп. под 6582 г. (Срезневский, I, 510; III, 1132, 1133; Доп., 72—73). ▫ О.-с. *gasiti, *gasnǫti, *gašati. И.-е. корень *gʷes-. На славянской (в частности, русской) почве от того же корня на ступени *gʷēs- ср. о.-с. *užasъ [> рус. *ужас* (см.)]. Ср. лит. gèsti [= о.-с. *gas(nǫ)ti], 1 ед. gestù — «гаснуть», каузатив gesýti (= о.-с. *gasiti), 1 ед. gesaũ, gesinti, 1 ед. gesinù — «гасить»; латыш. dzist — «гаснуть», dzēst — «гасить»; др.-инд. jásate, каузатив jāsayati — «истощает», «изнуряет», «гасит». Другие сопоставления более спорны.

ГАСТРО́ЛЬ, -и, *ж.* (обычно *мн.* **гастро́ли, -ей**) — «выступление приезжего артиста (или театральной труппы), являющегося (являющейся), так сказать, гостем в местном театре». *Прил.* **гастро́льный, -ая, -ое**.

ГАС ГВА Г

Сущ. гастролёр. *Глаг.* гастроли́ровать. Укр. гастро́ль, гастро́льний, -а, -е, гастроле́р, гастролюва́ти; блр. гастро́ль, гастро́льны, -ая, -ае, гастралёр, гастралі́раваць; болг. гастро́л, гастрольо́р, гастролі́рам. В других слав. яз. отс. Ср. в знач. «гастроли»: с.-хорв. гȍстовање; чеш. pohostinské vystoupení; польск. występy gościnne. В русском языке, в словарях — сначала с немецким ударением: га́строль — с 1892 г. (СРЯ¹, т. I, в. 2, 780; там же гастроли́ровать). ▫ В русском языке — позднее заимствование из немецкого. Нем. Gástrolle (ср. Gast — «гость», Rolle — «роль»; «гастролировать» — gastieren).

ГАСТРОНО́М¹, -а, *м.* — «тонкий знаток и любитель изысканных блюд». Сюда же гастроно́мия, гастрономи́ческий, -ая, -ое. Укр. гастроно́м, гастроно́мія, гастрономі́чний, -а, -е; блр. гастрано́м, гастрано́мія, гастранамі́чны, -ая, -ае; болг. гастроно́м, гастроно́мия, гастрономи́чен, -чна, -чно; с.-хорв. гастро̀ном; польск. gastronom — «гурман» (наряду со smakosz), gastronomia, gastronomiczny, -a, -e. Чеш. обычно labužník, хотя известно и gastronom. *Гастроном* встр. у Пушкина [«Египетские ночи», 1835 г., гл. 1 (ПСС, VIII, 264); письмо к жене от 19-IV-1834 г. (ПСС, XV, 129) и др.]. Слово *гастрономия*, видимо, вошло в употр. несколько позже. В словарях оба слова отм. с 1847 г. (СЦСРЯ, I, 256). Прил. *гастрономический* — с 60-х гг. (Даль, I, 1863 г., 305). ▫ Ср. франц. (с 1800 г.) gastronomie, (с 1803 г.) gastronome, (с 1835 г.) gastronomique. Из французского: нем. Gastronomíe, Gastronóm; англ. gastronomy, gastronome и др. Первоисточник — греч. γαστρονομία — «искусство приготовления пищи» (от γαστήρ, γαστρός «желудок», «пища», «еда»). Франц. gastronome — новообразование на основе gastronomie. В русском языке — вероятно, непосредственно из французского.

ГАСТРОНО́М², -а, *м.* — «большой продовольственный (гастрономический) магазин». В общее употр. вошло в 30—40-х гг. XX в. В словарях (как нередко, с опозданием) — с 1952 г. (Ожегов², 107). ▫ Позднее сокращение от *гастрономический магазин* (так: Вайсблит, 1926 г., 102) > *гастроном* при наличии *гастроном¹*.

ГА́ЧА, -и, *ж.* (*мн.* га́чи, -ей), *устар.* и *обл.* — 1) «штанина»; 2) *мн.* «штаны», «шаровары»; 3) *мн.* «ляжки», «бёдра» [Даль (I, 306) в первую очередь указывает именно это знач.: «ляжки», «бёдра», «части ног от колен до тазу с ягодицами»]. В говорах га́чи также «мохнатая одежда на ляжках... хищных птиц» (Даль, ib.). Любопытно ранее уже отмеченное в Доп. к «Опыту», 1858 г., 32 га́чи — «верхняя часть задних ног у скота». С фонетической точки зрения ср. га́ти — «гачи», га́щи — «исподняя одежда» (Даль, ib.). Сущ. га́чник (чаще га́шник) — «шнурок, верёвочка и т. п., продергиваемые в верхнюю часть штанов для подвязывания их». В говорах га́шник — сиб. «всякая круговая опояска, напр., чем обвязывается холщовая покрышка на кваше́не» (Даль, ib.). Ср. смол. га́чень — «пояс для стягивания поневы» (Добровольский, 124). Укр. га́чі — «штаны (полотняные, белые суконные)». Ср. болг. га́щи — «кальсоны», «крестьянские шаровары», диал. га́щник — «гашник», гаще́та — «трусики»; с.-хорв. га̏ће — «подштанники», «крестьянские штаны», га̏ћник — «поясок (для штанов)», га̏ћице — «трусики»; словен. gače — «кальсоны»; чеш. hace (ст.-чеш. hacě, gatě (словац. gate) — «подштанники»; польск. gacie — «подштанники». Др.-рус. книжн. (с XI в.) гаща (им.-вин. мн. < *gatję) — «нижнее платье» (Срезневский, I, 511). В словаре Беры́нды (1627 г., 41): гащи — «сапоги». ▫ О.-с. *gatja (: *gata?), дв. *gatji (: *gatě). И.-е. база *gʷet- (: *gʷō̆t-) [?]. Старшим, как полагают, является знач. «срамные части тела, нуждающиеся в прикрытии», далее — «ляжки» (в частности, — «мохнатые ляжки некоторых птиц» и т. п.), отсюда — «набедренная повязка» и пр. (обоснование этой точки зрения см. у Погодина, 228—229). Ср. в семантическом отношении историю слова *ворот* (старшее знач. — «шея», позднее — «воротник у одежды»). Сближают (напр., Berneker, I, 297) с гот. qiþus — «брюхо», «чрево», «желудок»; др.-в.-нем. quiti — «vulva»; др.-исл. kviðr (совр. исл. kviður) — «живот»; латин. botulus — «колбаса», «кишка».

ГВАЛТ, -а, *м.* — «разноголосый шум, крик», «галдеж». Укр., блр. так же. Ср. польск. gwałt — «насилие» («гвалт» — hałas, zgiełk и т. п.) [из нем. Gewalt, *f.* — собств. «сила», «власть», также «насилие»], gwałtu!, *межд.* — «караул!». В русском языке, в словарях, — с 1834 г. (Соколов, I, 493). ▫ В русском языке, по-видимому, при посредстве еврейского.

ГВА́РДИЯ, -и, *ж.* — «лучшие, отборные войска». *Прил.* гварде́йский, -ая, -ое. *Сущ.* гварде́ец. Укр. гва́рдія, гварді́йський, -а, -е, гварді́єць; блр. гва́рдыя, гвардзе́йскі, -ая, -ае, гвардзе́ец; болг. гва́рдия, гварде́йски, -а, -о, гварде́ец; польск. gwardia, gwardyjski, -a, -ie, no gwardzista — «гвардеец». Но с.-хорв. га̏рда — «гвардия», га̏рдӣскӣ, -ā, -ō, га̏рдист(а) — «гвардеец»; чеш. garda — «личная стража», «гвардия» (но «гвардия» чаще — gardové vojsko), gardovy, -á, -é, gardista. В русском языке слово *гвардия* известно с XVII в. [ПбПВ, I, 251, 1698 г.: «И буде... господин маркиз... и его учрежденные... какое ни есть подозрение... имети будут, и тогда его царское величество изволит повелеть... довольное число *гвардии* своей им дать некоторые домы... подозренные осматривать» (см. Christiani, 33)]. В украинском языке в знач. «войско, составлявшее личную охрану высоких особ» — с XVII в. (1627 г. — Тимченко, IC, 640). В польском — в знач. «личная стража, личный конвой владетельного лица, военачальника и т. п.», даже «свита» — с XVII в. (хотя гл. обр. с XVIII в.). Но ср. в проездном пассе Куракина: «маеора нашего от *гвардии* князя Бориса Куракина отпустили» («Архив», II, 6, 1705 г.); в письме Куракина царевичу Алексею: «и того для вся *гвардия* и городовые были в ружье» (ib., V, 177, 1711 г.). Также ПбПВ, XI, № 4345, 1711 г., 147 и др. Впрочем, в «Лексиконе вок. новым» *гвардия* определяется как «караул или стража» (Смирнов, 83). Прил. *гвардейский* в словарях отм. с 1771 г. (РЦ, 616). ▫ Заимствовано, м. б., из немецкого языка XVI—начала XVII вв.: тогда говорили не столько garde (как теперь), сколько guardia : guarde. Знач. было «личная стража», «конвой». В немецком — из французского (garde), из итальянского (guardia). В романских языках (ср. еще исп. guardia; порт. guarda и др.) это слово в давние времена было заимствовано из языков германской группы (ср. нем. Warte — «сторожевая башня»). Ср. ст.-франц. guarde, warde — «стража», guarder, warder — «охранять» (при франк. *wardôn — тж.). Отсюда (из ст.-франц.): англ. guards, pl. (произн. ga:dz) — «гвардия» (при guard — «охрана», «стража»).

ГВОЗДИ́КА, -и, ж. — «полевое и садовое травянистое цветущее растение», Dianthus (caryophyllus); «цветок этого растения». *Прил.* гвозди́чный, -ая, -ое. Укр. гвозди́ка, гвозди́ковий, -а, -е, гвозди́чний, -а, -е; блр. гваздзі́ка, гваздзіко́вы, -ая, -ае. Ср. словац. устар. hvozd — «гвоздь», «гвоздика». Ср. в зап.-слав. яз.: польск. goździk; из русского или польского — чеш. hvozdík. Чешское название гвоздики — karafiát (ст.-чеш. karafilát) < греч. καρυόφυλλον — «цветок каштана или ореха» (ср. κάρυον — «орех»). Ср. новогреч. γαρύφαλλο — «гвоздика». Отсюда же, в конечном счете, франц. girofle — «гвоздика» (пряность). По-гречески же (если не по-турецки) это растение и цветок называются и в южнославянских языках: болг. карамфи́л; с.-хорв. кара́нфил (ср. и турец. karanfil, из греч.). Др.-рус. гвоздьники > гвозники, мн. — «гвоздика» (Срезневский, I, 512). В «Хожении» Аф. Никитина, XV в. (по Троицк. сп. XVI в.): *гвозники* (21), *гвозники* (22). Ср.: «6 фунтов *гвоздики*» («Русск.-инд. отн.», № 163, 1676 г., 266). ▫ Родиной садовой гвоздики (Dianthus caryophyllus) считается Южная Европа. Название происходит от *гвоздь*, по сходству листьев (особенно в засушенном виде) с деревянными гвоздиками. В польском и вост.-слав. яз. — вероятно, калька с немецкого названия гвоздики Nelke из ср.-н.-нем. negelkīn, родственного по корню с совр. нем. Nagel — «гвоздь».

ГВОЗДЬ, -я́, м. — «первоначально деревянный, а теперь обычно металлический (железный) стержень, заостренный на одном конце и со шляпкой на другом, предназначенный для вбивания во что-л. твердое». *Прил.* гвоздяно́й, -а́я, -бе. *Глаг.* гвозди́ть. Другие произв.: гвозди́льный, -ая, -ое, гвозда́рь, гвозди́льщик. Укр. гвіздо́к, гвоздяни́й, -а́, -é, гвозди́льний, -а, -е (но обычно «гвоздь» — цвях; ср. цвяха́р — «гвозда́рь», цвяхови́й, -а́, -é — «гвоздяной»); блр. гвозд — «деревянный гвоздь» (обычно же цвік; ср. цвіка́р — «гвоздарь», цвіко́вы, -ая, -ае — «гвоздильный», «гвоздяной»), гва́здаць — «гвоздить»; болг. гвоздей (: пиро́н); с.-хорв. обл. гво́зд — «камень, торчащий из земли», «железо», гво̀жђа, мн. — «оковы», «кандалы» («гвоздь» — кли́нац, ѐксер); словен. gozd — «лес»; чеш. hvozd — «дремучий лес», «лесистые горы» («гвоздь» — hřebík); словац. устар. hvozd — «гвоздь» (и «гвоздика»); польск. gwóźdź: goźdź — «гвоздь», gwoździarz — «гвоздильщик»; в.-луж. hózdz — «гвоздь», hozdźer — «гвоздильщик»; н.-луж. góźdź — «гвоздь». Др.-рус. (с XI в.) гвоздь, (книжн. с XII в.) гвоздии — «гвоздь», (с XIII в.) «втулка», (с XI—XII вв.) гвоздиныи : гвоздииныи; ср. (с XI в.) пригвоздити (Срезневский, I, 511, II, 1390). Некоторые производные позднее: *гвоздяной* (сначала писали *гвоздяный*) в словарях отм. впервые у Нордстета (I, 1780 г., 131: *гвоздяный*). Глаг. *гвоздить* в знач. «колотить кого-л.» употр. с XVIII в. Ср. у Фонвизина в комедии «Бригадир», 1769 г., д. IV, явл. 2: «*гвоздит* он, *гвоздит* ее, бывало» (СС, I, 85). ▫ Старшее (на слав. почве) знач. — «дерево (елка?)» > «лес». Отсюда позже (но до начала письменности) — «деревянный гвоздь», «клин», «втулка в бочке» и т. п. О.-с. *g(v)ozdъ, *g(v)ozdьjь. И.-е. база *ghazdh- (где zdh < sdh): *ghast-. Сопоставляют с гот. gazds — «жало», «шип», «острие», «игла»; др.-исл. gaddr (совр. исл. gaddur) — тж.; латин. hasta — «шест», «жердь»; др.-ирл. gat — «ивовый прут». Но, вообще говоря, слово считается спорным в этимологическом отношении. Некоторые этимологи (напр., Machek, ES, 152) отделяют о.-с. *g(v)ozdъ — «гвоздь» от о.-с. *g(v)ozdъ — «лес»; другие связывают о.-с. *g(v)ozdъ — «гвоздь» с кимр. both — «ступица колеса», ср.-ирл. bot — «penis» и возводят к и.-е. *guozd(h)i- (см. Pokorny, I, 485; Walde — Hofmann³, I, 574).

ГЕЕ́ННА, -ы, ж. — «в религиозной мифологии — ад, преисподняя». Укр. гее́на; блр. гее́на. Др.-рус. (с XI в.) геона : геена : гееньна, геоньский (Срезневский, I, 513; Доп. 73). ▫ Заимствовано из греческого языка (греч. γέεννα — «ад»). В греческом — из древнееврейского: ср. др.-евр. Gēhinnōm < gē ben Hinnōm — «долина, юдоль сына Хиннома» — название местности близ Иерусалима, где в древности находился храм Молоха и приносились человеческие жертвы, позже — место свалки нечистот и мусора, «нечестивое место», «ад» (сначала в перен. смысле). Из греческого — позднелатин. gehenna, отсюда — в новых западноевропейских языках. Ср. франц. géhenne; нем. Gehenna; англ. gehenna и др.

ГЕ́ЙША, -и, ж. — «профессиональная певица и танцовщица в Японии». Укр. ге́йша; блр. ге́йша; болг. ге́йша; чеш. gejša; польск. gejsza. В русском языке — с начала XX в. (НЭС, XII, 868). ▫ Ср. англ. geisha > франц. geisha; нем. Géisha и т. д. В Европе источник распространия — английский язык, в английском — из японского: гэйся — тж. В русском — позднее заимствование из западноевропейских языков.

ГЕКТА́Р, -а, *м.* — «единица измерения земельной площади, равная 100 арам = 10 000 $м^2$ (= 0,915299 десятины)». Укр., блр. так же. У других славян — с начальным х (болг. хекта́р; с.-хорв. хѐктар) или h (чеш. hektar; польск. hektar). В русском языке слово *гектар* известно с начала XIX в. (Яновский, I, 1803 г., 549: *гектар* — «новая мера поверхности, во Франции ныне употребляемая»). Но в общее употр. вошло лишь с 11-IX-1918 г. [декрет СНК РСФСР (ДСВ, III, 306—308)]. ▫ Международное (в странах, придерживающихся метрической системы измерений, родиной которой является Франция). Первоисточник — франц. hectare (отсюда: нем. Hektar; англ. hectare; исп. hectarea; ит. èttaro; лит. hektāras; турец. hektar и т. д.). От франц. меры площади are = 100 $м^2$ (= 21,9672 квадратных сажен) с прибавлением hect(o)- [< греч. ἑκατόν — «сто», «сотня»]. Ср. болг. де́кар (от греч. δέκα — «десять») — «десять аров, 1000 $м^2$». Ср. другие (заимствованные) слова с *гекто-* (*гектоватт* = 100 *ватт* и др.).

ГЕНЕРА́Л, -а, *м.* — «звание или чин высшего командного или начальствующего состава армии», «лицо, носящее это звание». *Женск.* генера́льша. *Прил.* генера́льский, -ая, -ое. *Сущ.* генера́льство. *Глаг.* генера́льствовать. Укр. генера́льський, -а, -е; блр. генера́л, генера́льскі, -ая, -ае; болг. генера́л, генера́лски, -а, -о; с.-хорв. генѐрāл (: ђенѐрāл), генѐрāлски, -ā, -ō (: ђенѐрāлски, -ā, -ō); чеш. generál, generálský, -á, -é; польск. generał, generalski, -a, -ie. В русском языке слово *генерал* известно с середины XVII в. Оно встр. уже в «Книге о ратном строе» 1647 г.: «полевой воевода или *генерал*» (23 об.); «*генералу* подобает о том пещися» (121 об.—122). В 50-х гг. XVII в. это слово нередко встр. в форме *енерал*. Напр., в письмах царя Алексея Михайловича [от 12-X-1658 г. (ПАМ, 61) и др.]. В словарях — с 1731 г. (Вейсман, 193: *генерал*). Прил. *генеральский* также возникло еще в XVII в.: «*енеральской* уряд» встр. в московском переводе «Литовского статута» середины этого столетия (Лаппо, 208). В Петровское время *генеральский* отм. в «Уставе воинском» 1716 г. (ПСЗ, V, 238). ▫ Ср. франц. général; нем. General; англ. général; ит. generale; исп. general; фин. (с.) kenraali. Судя по начальному г (не ж), в слав. яз. это слово как военный термин усвоено от немцев, которые, в свою очередь, переняли его из французского языка. Во французском оно восходит к латин. прил. generālis — «общий», «всеобщий» > «главный», «стоящий над всеми»; первоначально «принадлежащий роду», «родовой», от genus — «род». Франц. général сначала было только прилагательным (ср. совр. франц. général, -e — «общий», «главный», «ведущий»), потом в известных случаях оно субстантивировалось. В смысле «военный генерал» оно представляет собою сокращение capitaine général (см. *капитан*), как (из французского) и в немецком General Kapitan (XVI в.), откуда к XVII в. General.

ГЕ́НИЙ, -я, *м.* — «высшая степень творческой одаренности, употребляемой на благо человечества»; «человек, обладающий такой степенью одаренности». *Прил.* гениа́льный, -ая, -ое. Укр. ге́ній, геніа́льний, -а, -е; блр. ге́ній, геніа́льны, -ая, -ае; болг. ге́ний, гениа́лен, -лна, -лно. Ср. с.-хорв. гѐниjе : ђѐниjе, *м.*, гѐниjāлан, -лна, -лно; чеш. genius, geniální; польск. geniusz, genialny, -a, -e. В русском языке слово *гений* известно с середины XVIII в., сначала, м. б., в форме *гениус*. Словарные данные: Нордстет, I, 1780 г., 132: *гениус* — «Schußgeist», позже *гений* (Гейм, I, 1799 г., 220; Яновский, I, 1803 г., 565); *гениальный* (Соколов, I, 1834 г., 495); часто у Греча (ч. I, 1840 г.): «как может *гениальный* писатель...» (271; также 25, 160 и др.). ▫ Ср. франц. (с середины XVI в.) génie, génial; нем. Genie, Genius; ит., исп. genio; англ. genius. Первоисточник — латин. genius — «гений», «дух-хранитель» (от gignō > genō — «рождаю», «произвожу на свет», «порождаю», прил. geniālis.

ГЕОРГИ́Н, -а, *м.* и **ГЕОРГИ́НА**, -ы, *ж.* — «род многолетних травянистых растений семейства сложноцветных, с крупными шаровидными цветами, очень разнообразными по окраске», Dahlia variabilis. Укр. жоржи́на; блр. вяргі́ня; с.-хорв. георги́на; чеш. jiřina (от имени Jiří — Георгий); польск. georgina : georginia. В русском языке, в словарях — с 1834 г. (Соколов, I, 496: *георги́на*). ▫ Ср. нем. Georgine (: Dahlie); ит. giorgina, *f.* (но чаще dalia; также франц. dahlia; англ. dahlia; исп. dalia и т. д.). Слово позднее. Родина этого растения — Мексика. В Западной Европе оно появилось в конце XVIII в. Названо по имени русского ученого-ботаника, действительного члена Петербургской Академии наук Георги И. И. (Иог. Готлиба), умершего в 1802 г.

ГЕРА́НЬ, -и, *ж.* — «травянистое растение с пахучими листьями», «журавельник», Geranium; «растение, гл. обр. декоративное, комнатное, с ярко-красными (реже белыми) цветками», «пеларгония», Pelargonium. *Прил.* гера́ниевый, -ая, -ое. Укр. гера́нь, гера́нія (: жураве́ць); блр. гера́нь; польск. gerania, geranium (: bodziszek); чеш. geranie [: kakost, čapí nůsek (собств. «аистовый носик»)]. Но ср., напр., болг. мушка́то (собств. «пеларгония»; «дикая герань» — здра́вец) < ит. muscato. В русский язык слово *герань* вошло в течение 1-й пол. XIX в. В словарях отм. с 1838 г. (Плюшар, XIV, 108: *гераниум, журавлиная трава*»; там же *гераниевый*). ▫ Международное: франц. géranium; нем. Geranie, Geranium; англ. geranium; ит. gerànio и др. Первоисточник — греч. γεράνιον (> латин. geranium) от γέρανος — «жу-

ГЕР

равль» [ср. рус. народные названия герани: *журавельник, журавлиный нос* (по сходству плода растения с длинным птичьим клювом)].

ГЕРБ, -á, *м.* — «символическое изображение, официально принятое как отличительный знак государства, города, сословия, рода и т. д., изображаемый на флагах, монетах, печатях и т. п.». *Прил.* гéрбовый, -ая, -ое. Укр. герб, гéрбовий, -а, -е; блр. герб, гéрбавы, -ая, -ае; болг. герб, гéрбов, -а, -о; с.-хорв. грб; чеш. erbovní [но «гербовая бумага» — kolkov(an)ý papír]; польск. herb (но «гербовая бумага» — papier stemplowy). Слово *герб* на восточнославянской языковой территории известно с XVI в., но сначала как югозападнорусское слово. Ср., напр., у Карамзина (ИГР, IX, примеч. 92, с. 268): «велел царь зделати печать... во град Юрьев; а на печати клейно... у орла у правые ноги *герб*, печать магистра Ливонского» в выписках из летописи, относящихся к 1564 г. (то же у Срезневского, I, 513, но без даты). По словам Котошихина (гл. II, ст. 12, с. 28), «не токмо кому боярину или иному человеку не даются (в Московском государстве) *гербы*, но и сам царь... печатается своим истинным *гербом*» только на грамотах «К крымскому хану да х калмыкам». ▫ Слово по происхождению немецкое (ср. нем. Erbe «наследство»; тогда как «герб» — Wappen). Заимствовано при украинско-белорусском посредстве (в украинском — из польского, а в польском — из чешского, где это слово как раз и получило знач. «герб»); в болгарском (и сербскохорватском?) из русского.

ГЕРÓЙ, -я, *м.* — «выдающийся человек, прославившийся своими подвигами на поле брани или исключительными достижениями на трудовом поприще». *Женск.* герóиня. *Прил.* герóйский, -ая, -ое, героúческий, -ая, -ое. *Сущ.* герóйство, героúзм, герóика. Укр. герóй, героúня, героúчний, -а, -е «героический»; блр. герóй, гераíня, гераíчны, -ая, -ае; болг. герóй, героúня, героúчески, -а, -о, героúчен, -чна, -чно, героúзъм. Ср. с.-хорв. xèрoj (чаще jỳнāк), xèрojскū, -ā, -ō, херojèзам; польск. heros — миф. «герой», heroina, heroiczny, -a, -e (но обычно bohater, bohaterka, bohaterski, -a, -ie). Но чеш. hrdina (с произв.). В русском языке слово *герой* известно с самого начала XVIII в., но сначала в форме *ирой* (Поликарпов, 1704 г., 136 об.). Однако слово *героиня* засвидетельствовано уже Вейсманом (1731 г., 288: Heldin — *героиня*). Нордстет (I, 1780 г., 132) дает (с начальным г): *герой* и *геройский.* САР² (I, 1806 г., 1094) добавляет *героический.* ▫ Ср. франц. héros; нем. Heros — миф. «герой» (при обычном Held); англ. hero; ит. eróe; исп. héroe [в Азии сюда относится хинди (литер.) хѝро — «герой» (при обычном баха̅ду̅р)]. Первоисточник — греч. ἥρως — «вождь», «герой», «славный муж». Отсюда, через латин. hērōs — «герой», «полубог» — франц. héros (произн. его) — в совр. знач. — с XVII в. Из латинского, а отчасти французского —

ГИБ

в других языках, в частности в русском. Произношение с начальным *и*: *ирой* (у Поликарпова и нередкое в произведениях «высокого штиля» в XVIII в., отчасти даже в начале XIX в.) — книжное, искусственно возникшее в связи с позднегреческим произношением ἥρως как (h)íros. Что касается конечного *й* вм. ожидаемого *с* (как в латинском языке) в рус. *ирой : герой*, то, надо полагать, оно возникло гл. обр. под влиянием женск. ф. *героиня* < *героина. Ср. греч. ἡρωΐνη — «полубогиня», «героиня» > латин. hērōīnē (позже hērōīnā), откуда франц. héroïne. Ср. примерно то же явление в исп. héroe — «герой» при heroína — «героиня»; ит. eróe при eroína. Оказывало влияние и греч. прил. ἡρωϊκός — «героический» > латин. hērōicus, откуда франц. héroïque.

ГИАЦИ́НТ, -а, *м.* — «цветущее растение из рода луковичных, семейства лилейных, с узкими продолговатыми листьями и душистыми цветами», Hyacinthus; «минерал красно-бурого или красно-золотистого цвета, драгоценный камень; в ювелирном деле — также гранаты и обожженные аметисты такого цвета». *Прил.* гиаци́нтовый, -ая, -ое. Укр. гiацúнт; блр. гiяцу́нт; болг. хиацúнт; с.-хорв. хиjа̀цинт; чеш. hyacint; польск. hiacynt. В русском языке слово *гиацинт* известно с XVIII в.; в словарях — с 1780 г. (Нордстет, I, 133: *гияцинт*). ▫ Ср. нем. Hyazinthe; англ. hyacinth; франц. hyacinthe — «гиацинт» (цветок), jacinthe — «гиацинт» (драгоценный камень); ит. giacinto — «гиацинт» (цветок и драгоценный камень), поэт. iacinto. В русском языке, видимо, из итальянского или немецкого. Первоисточник — греч. ὑάκινθος > латин. hyacinthus — сначала собственное имя: Hyacinthos — Гиацинт, имя любимца Аполлона, греческого юноши, по преданию, убитого метательным диском (из тела Гиацинта Аполлон вырастил цветок).

ГИ́БНУТЬ, гúбну — «подвергаться уничтожению, разрушению (обычно при катастрофе, бедствии и т. п.)», «прекращать существование», «исчезать». *Прост.* ги́нуть; ср. *сов.* сги́нуть. *Сущ.* ги́бель. *Прил.* ги́блый, -ая, -ое. Каузатив губи́ть, гублю́, отсюда па́губа, губи́тель, губи́тельный, -ая, -ое. Укр. ги́нути (ги́бнуть), ги́бель, губи́ти — «губить» (но чаще «терять», «ронять»); блр. гíнуць, гíбель, губíць. Ср. болг. ги́на, заги́вам — «гибну», ги́бел, погу́бвам — «гублю»; с.-хорв. гѝнути — «гибнуть», гу̀бити — «терять», «утрачивать»; ср. по̀гибељ, по̀гибиjа, по̀гибао — «гибель», гу̀битак — «утрата», «потеря», «убыток»; словен. giniti — «гибнуть»; ср. izgubljati — «утрачивать», izguba — «утрата», ginljiv, -a, -o — «трогательный», «жалкий», «несчастный»; чеш. hynouti — «гибнуть», hubiti — «губить» (ср. záhuba — «гибель»); польск. ginąć — «гибнуть», gubić — «терять», «лишаться» (ср. zguba — «гибель»). Др.-рус. (с XI в.) гы́бнути (иногда гы́бнути) — «гибнуть», гыбати — «погибать» (ср. гыбатися — «двигаться», «шевелиться») и гынути (Сл. Дан. Зат. и др.), губити — «губить»; также **гыбель** (Остр. ев. и др.), (с XI в.) **губитель** (Срезневский, I, 607, 618). Ст.-сл. гывнѫти, гоувнти. ◦ О.-с. *gynǫti (<*gybnǫti), *gubiti. О.-с. корень *gyb-, *gub-. Отношение *gyb- : *gub- такое же, как в *dyš- (<*dych-) : *duš- (<*duch-) в о.-с. *dyšati (ср. рус. *задыхаться*) : *dušiti (ср. рус. *дух* и т. п.). Знач. «гибнуть», «губить» так же, как знач. «лишаться чего-л., кого-л.», «утрачивать» (ср. с.-хорв. гу̀бити — «терять», «утрачивать»), развилось из «гнуть», «сгибать». Ср. лит. gaũbti — «гнуть», «выгибать» (и «окутывать», «закутывать»), gùbti — «гнуться», «изгибаться»; при латыш. gubt — «гнуться», «обрушиваться», «погружаться». Ср. *гнуть* (см.), *сгибать*.

ГИГИЕ́НА, -ы, *ж.* — «раздел медицины, изучающий условия сохранения здоровья, а также совокупность мероприятий, система средств, направленных на сохранение и поддержание здоровья в условиях труда и быта». *Прил.* **гигиени́ческий**, -ая, -ое, **гигиени́чный**, -ая, -ое. Укр. гігіє́на, гігієні́чний, -а, -е; блр. гігіе́на, гігіені́чны, -ая, -ае; болг. хигие́на, хигиени́чески, -а, -о; с.-хорв. хигије́на, хигије̑нски, -а̑, -о̑; чеш. hygiena, hygienický, -á, -é; польск. higiena, higieniczny, -a, -e. В русском языке слово *гигиена* известно с начала XIX в. Отм. Яновским (I, 1803 г., 582), который допускал наряду с *гигиена* также и форму *игиена*. Прил. *гигиенический* входит в употр. несколько позже [в словарях отм. с 60-х гг. XIX в. (Даль, I, 1863 г., 309)]. ▫ Из западноевропейских языков. Ср. франц. (с XVI в.) hygiène, *f.*, прил. (с 1803 г.) hygiénique > нем. Hygiène, *f.*, hygiénisch, -e, -es; англ. hygiene, прил. hygienic и т. д. Первоисточник — греч. ὑγιεινόν «здоровье» от прил. ὑγιεινός — «здоровый»; ср. ὑγίεια — «здоровье».

ГИЕ́НА, -ы, *ж.* — «хищное млекопитающее животное жарких стран, питающееся падалью», Hyaena. Укр. гіє́на; блр. гіе́на; болг. хие́на; с.-хорв. хије́на; чеш. hyena; польск. hiena. В русском языке известно с начальным *г* — с 1-й пол. XIX в. Отм. Соколовым [I, 1834 г., 499: *гиена* (в церковных книгах пишется *иена*) (?!)]. ▫ Из западноевропейских языков. Ср. франц. hyène; нем. Hyäne; англ. hyena. Первоисточник — греч. ὕαινα — «гиена» (корень тот же, что в ὗς, род. ὑός — «свинья», «нечистое животное») > латин. hyaena — «гиена».

ГИЛЬ, -и, *ж.*, разг. устар. — «вздор», «чушь», «чепуха». Едва ли сюда имеет какое-л. отношение укр. гила́ — «свинка» (игра), ги́лка — «лапта», гили́ти — «бить мяч лаптою (или свинку палкою при игре в свинку)», «колотить», «бить», гильну́ти — «ударить», «хватить». Вообще славянским языкам это слово чуждо (см. выражение знач. «чушь», «чепуха» в других слав. яз. в ст. *вздор*). Слово известно с XVII в. как псковский диалектизм (очевидно, с произн. hil), в документах, связанных с псковскими волнениями 1650 г., со знач. «смута»,

«беспорядки», «волнения», «неразбериха» (КДРС). В знач. «вздор», «чепуха» в словарях — с 1790 г. (САР¹, II, 40). ▫ Происхождение неизвестно: с *галиться* связать трудно. Отмеченное Далем (I, 310) **ги́лить** — сев. «смешить», «проказить», «балагурить» само, вероятно, восходит к *гиль*. Принимая во внимание старейшее знач. и зону употр. в XVII в., можно считать заимствованием из западноевропейских языков, но откуда именно? Не из латинского ли nihil, путем отсечения ni, понятого как отрицание *ни* < *не*? Ср. подобный случай в болгарском просторечии: *утралитет* (образовано от *неутралите́т*, как его антоним).

ГИ́ЛЬЗА, -ы, *ж.* — «металлическая трубка с закрытым дном, заключающая в себе пороховой заряд, средство воспламенения и пулю или снаряд»; «бумажная оболочка (трубочка) папиросы, набиваемая табаком». *Прил.* **ги́льзовый**, -ая, -ое. Укр. гі́льза, гі́льзовий, -а, -е; блр. гі́льза, гі́льзавы, -ая, -ае; болг. ги́лза. Но ср. с.-хорв. ча̀ура — «патронная гильза»; чеш. nàbojnice — «патронная гильза», dutinka — «папиросная гильза»; польск. łuska, tulejka — «патронная гильза», tutka papierosowa — «папиросная гильза»; впрочем, есть и gilza (в обоих знач.). В словарях *гильза* — с 1803 г. (Яновский, I, 591), *гильзовый* — с 1863 г. (Даль, I, 310). ▫ Позднее, из немецкого [Hülse — «кожура», «стручок» > «гильза», Patronenhülse «патронная гильза»; отсюда швед. hylsa — «кожура», «гильза» (снаряда и т. п.), patronhylsa — «патронная гильза». В немецком — давнее слово (ср. др.-в.-нем. hulsa — «оболочка», «шелуха»), корень тот же, что в hehlen — «скрывать», «утаивать».

ГИМН, -а, *м.* — «торжественная песня, принятая как символ государственного или социального единства»; «вообще, торжественная хвалебная песнь», «в поэзии — одическое стихотворение на возвышенную тему». Укр., блр. гімн. Ср. болг. химн; с.-хорв. хи́мна; чеш. hymna; польск. hymn. В русском языке слово *гимн* — сначала как литературный термин — появилось в XVIII в. В словарях — с 1792 г. (САР¹, III, 296: *гимн*: *имн*). Так же (*«гимн* или *имн»*) — у Яновского (I, 1803 г., 594). Гимны сочинял Жуковский [напр., стих. «Гимн», 1808 г. (Соч., 37)]. Особенно широкое распространение это слово получило с 30-х гг. XIX в., когда в царской России был официально принят государственный гимн. ▫ Ср. франц. hymne; нем. Hymne; англ. hymn; исп. himno; ит. inno. В русском языке скорее всего — из немецкого. Первоисточник — греч. ὕμνος — «торжественная похвальная песнь в честь богов и героев», «гимн». Отсюда латин. hymnus, а из латинского — в западноевропейских языках.

ГИМНА́ЗИЯ, -и, *ж.* — «в дореволюционной России и в некоторых зарубежных странах — среднее общеобразовательное учебное заведение». *Прил.* **гимнази́ческий**,

ГИМ

-ая, -ое. Сюда же **гимнази́ст**, женск. **гимнази́стка**. Укр. гімна́зія, гімнази́чний, -а, -е, гімнази́ст(ка); блр. гімна́зія, гімназі́чны, -ая, -ае, гімназі́ст(ка); болг. гимна́зия, гимназиа́лен, -лна, -лно, гимнази́ст(ка); с.-хорв. гимна̀зија, гимна̀зиjскӣ, -а̄, -о̄, гимнàзист(а), гимназија́лац, гимназѝсткиња. В зап.-слав. яз. — с латинским окончанием -um: чеш. gymnasium, но gymnasijní — «гимназический», gymnasista — «гимназист», gymnasistka — «гимназистка»; польск. gimnazjum, но gimnazjalny -a, -e — «гимназический», gimnazista — «гимназист», gimnazistka — «гимназистка». В русском языке слово *гимназия* известно с начала XVIII в. (Смирнов, 89, со ссылкой на ПСЗ, V, № 3296, 1719 г., 644), *гимназист* и *гимназический* в словарях — с конца XVIII в. (САР¹, II, 1790 г., 41), *гимназистка* — с 1892 г. (СРЯ¹, т. I, в. 2, с. 799). ▫ Ср. нем. Gymnasium — «гимназия», gymnasial — «гимназический», Gymnasiást — «гимназист», Gymnasiastin — «гимназистка». В славянские языки, в частности в русский, попало из немецкого. Германия — родина гимназического образования. Первоисточник — греч. γυμνάσιον, n. — «гимнасий, первоначально — школа гл. обр. **физического воспитания в древних Афинах**, позже — место встреч и заседаний философов и ученых» (то же, что ἀκαδημία, ἀκαδήμεια). Латин. gymnasium, n. Ср. *гимнастика* (см.).

ГИМНАСТЁРКА, -и, ж. — «род верхней рубашки, обычно с прямым стоячим воротом, принятой в армии как форменная одежда». Укр. гімнастьо́рка; блр. гімнасцёрка — из русского. В других слав. яз. не употр. (или как русизм): обычно это понятие выражается словом *блуза* или *военная блуза* (напр., чеш. vojenská bluza; ср. нем. Bluse — тж.). В русском языке слово *гимнастерка* известно с начала 1900-х гг. как наименование военной верхней рубашки. Встр. у Вересаева в записках «На Японской войне», 1906 г., напр., в гл. VII, «Мукденский бой»: «в однех *гимнастерках*» (о японцах) [СС, III, 157]. У Ушакова (I, 1935 г., 560) — с пометой нов. (новое слово). ▫ Происхождение слова неясно. В словаре Даля (3 и 4 изд.) отм. (теперь неупотребительное) слово *гимнастёр* — «ловкосил», «учитель гимнастики» (Даль³,⁴, I, 1903 г., 1912 г., 864). Но неясно, какое отношение это слово имеет к слову *гимнастёрка*. Если *гимнастёрка* не было наименованием только военной рубашки, а также гимназической полуформенной рубашки со стоячим воротником, то это слово можно было бы связать с шутливым, фамильярным *гимназёр* или *гимнастёр — «гимназист» (второе слово не зарегистрировано), откуда *гимназёрка или *гимназтерка — под влиянием *гимнастика*, *гимнаст*.

ГИМНА́СТИКА, -и, ж. — «физические упражнения, имеющие целью развитие и укрепление человеческого организма». *Прил.* **гимнасти́ческий**, -ая, -ое. Сюда же

ГИП

гимна́ст, женск. **гимна́стка**. Укр. гімна́стика, гімнасти́чний, -а, -е, гімна́ст(ка); блр. гімна́стыка, гімнасты́чны, -ая, -ае, гімна́ст(ка); болг. гимна́стика, гимнасти́чен, -чна, -чно, гимнасти́чески, -а, -о, гимнасти́к — «гимнаст», гимнасти́чка — «гимна́стка»; с.-хорв. гимна̀стика, гимнàстичкӣ, -а̄, -о̄ «гимнастический», гимнàстича̄р — «гимнаст», также гимнàстиковати — «заниматься гимнастикой»; польск. gimnastyka, gimnastyczny, -a, -e, gimnastyk, gimnastyczka, gimnastykować się. Но чеш. обычно tělesná cvičení, tělocvik, tělocvičný, -á, -é (но и gymnastika, gymnastický), nářadovec, cvičenec [но и gymnast(a)]. В русском языке слова *гимнастика*, *гимнаст* известны с 1803 г. (Яновский, I, 592), *гимна́стический* — с 1806 г. (САР², I, 1100.). ▫ Вероятно, из немецкого языка. Ср. франц. gymnastique, gymnaste; нем. Gymnástik (: Turnen), Gymnástiker (: Turner); англ. gymnastics, gymnast; ит. ginnastica, ginnasta; ср. турец. jimnastik, jimnastikçi. Первоисточник — греч. γυμναστική (τέχνη) — «гимнастика» (γυμναστικός — «гимнастический», τέχνη — «искусство»), от γυμνασία — «упражнение», «обучение»; ср. также γυμναστής — «гимнаст»; в конечном счете, — от γυμνάς, γυμνός — «нагой», «голый», «раздетый» (греки занимались гимнастикой обнаженными).

ГИППОПОТА́М, -а, м. — «бегемот», Hippopotamus amphibius. Укр. гіпопота́м; блр. гіпапата́м; болг. хипопота́м; польск. hipopotam. Но гр., напр., чеш. hroch — «гиппопотам» (ср. рус. *грохать*). В русском языке известно с середины XVIII в.: «*гиппопотам*, или водяная лошадь, хотя оная столь была ужасна...» (Фонвизин, «Жизнь Сифа», ч. I, кн. 2, 1762 г., 74). ▫ Заимствовано, надо полагать, из французского языка. Ср. франц. hyppopotame, m.; ит. ippopotamo; англ. hippopotamus. Ср. нем. Flußpferd — «гиппопотам». Первоисточник — греч. ἱππο-πόταμος (< ἵππος ποτάμιος — досл. «речной конь») — «гиппопотам». Из греческого — позднелатин. hippopotamus, а из латинского — в новых западноевропейских языках. В немецком — калька с греческого.

ГИПС, -а, м. — «минерал, водная сернокислая соль кальция»; «подвергшийся обжигу (и, след., обезвоживанию) минерал в виде белого порошка, употребляемый в строительных, лепных работах, скульптуре, в хирургии и пр.». *Прил.* **ги́псовый**, -ая, -ое. *Глаг.* **гипсова́ть**. Укр. гіпс, гі́псовий, -а, -е; блр. гіпс, гі́псавы, -ая, -ае; болг. гипс, ги́псов, -а, -о; с.-хорв. гѝпс (: са̏дра), гѝпсан(ӣ), -а, -о; польск. gips, gipsowy, -a, -e; но ср. чеш. sádra, sádrovec — «гипс». Слово *гипс* в смысле «мел» или «известь» было известно в Древней Руси [см. пример у Срезневского (I, 513) со ссылкой на Жит. Агаф. из февр. Мин. Чет. по сп. XV в.]. Ср. у Поликарпова (1704 г., 71): «*гипс*, вапно, или мел». *Прил.* *гипсовый* появляется несколько позже. Напр.: «(фигуру) *гипсовую* купил» в «Журн. пут.» Демидова, 1771—1773 гг., 35. ▫ В западноевропейских языках иногда различаются названия гипса-минерала и гипсового порошка: франц. gypse (минерал), но plâtre (порошок); англ. gyps(um) [минерал], но plaster (порошок); ср. нем. Gips (минерал), но Gipsmehl (порошок). Но, с другой стороны: ит. gesso (минерал и порошок); исп. yeso — тж.

ГИ́РЯ, -и, *ж*. — «металлический груз определенного веса, служащий мерой при взвешивании», «тяжесть определенного веса для гимнастических упражнений в тяжелой атлетике». Укр. ги́ря; блр. гі́ра. В болгарском из русского: ги́ра — спорт. «гиря» («весовая гиря» — тегли́лка). В других слав. яз. отс. Ср. с.-хорв. тêг, ȟу̑ле (< турец.); чеш. záváží; польск. odważnik, ciążek, ciężarek. Др.-рус. (с XVI в.) гыря: гиря (Срезневский, I, 619—620). В словарях — с 1704 г. (Поликарпов, 71: *гиря в часах*). ▫ Заимствованное. Источник — перс. геран — «тяжелый», «ценный», герани — «тяжесть».

ГИТА́РА, -ы, *ж*. — «струнный щипковый музыкальный инструмент с деревянным корпусом-резонатором в форме восьмерки и с длинным грифом». *Прил.* гита́рный, -ая, -ое. *Сущ.* гитари́ст. Укр. гіта́ра, гіта́рний, -а, -е, гітари́ст; блр. гіта́ра, гітары́ст; с.-хорв. гѝтара (: гѝтар); польск. gitara, gitarzysta. В некоторых слав. яз. с начальным к: болг. кита́ра; чеш. kytara (но словац. gitara), kytarista. В русском языке слово *гитара* известно с 1-й трети XVIII в. Встр. в сценарии итальянской комедии «Чародейства Петра Дабана», 1734 г.: «Арлекин, видя *гиттарру*, взял оную и стал на ней играть» (ИКИ, 347). В словарях — с 1803 г. (Яновский, I, 602: *гитара*). Произв. *гитарист* в словарях — с 1834 г.: (Соколов, I, 400). ▫ Ср. исп. (до XVII в.) guitarra > франц. (с середины XVII в.) guitare, *f.*; нем. (с XVII в.) Gitarre, *f.*; англ. guitar; ит. chitarra (chi=*ки*) и др. В Европе в новое время источник распространения — исп. guitarra; в испанском — из арабского языка (qītāra), куда, в конечном счете, попало из древнегреческого (κιθάρα — «кифара»). Из греческого же латин. cithara — «кифара» (> *рус. цитра*). В русском языке — из французского или немецкого.

ГЛАГО́Л, -а, *м*. — 1) *книжн., устар.* «слово»; 2) *грамм.* «часть речи, обозначающая действие или состояние и отличающаяся от других частей речи категориями лица, времени, залога, вида и наклонения». *Прил.* (к глагол во 2 знач.) глаго́льный, -ая, -ое. Как грамматический термин: болг. глаго́л, глаго́лен, -лна, -лно; с.-хорв. гла̏гол, гла̏голски, -а̄, -ō; но укр. діє́слово; блр. дзеясло́ў; чеш. sloveso; польск. czasownik. В ином знач. это слово сохранилось в чеш. яз.: hlahol — «звук», «звон», hlaholiti — «звучать», «звенеть»; в словац.: hlahol — «звон», «набат», hlaholit' — «звенеть». Ср. также диал. влкр. гологóлить — «балясничать», «балагурить», «болтать вздор» (СРНГ, в. 6, с. 314), хотя оно могло возникнуть и как плод контаминации: балабо́лить : болобо́лить (см. СРНГ, в. 2, с. 65 и в. 3, с. 76) и *галдеть*. Ср. при этом и ю.-влкр. глаго́лить (без полногласия) — «говорить», «болтать». В письменных памятниках др.-рус. и ст.-рус. языка форм с полногласием не встр. Ст.-сл. глаго́лъ — «слово», глаго́лати — «говорить». Отсюда и (с XI в.) в книжном древнерусском. Как грамматический термин употр., по крайней мере, с XVII в.; в словарях — с 1704 г. (Поликарпов, 71 об.). Прил. *глаго́льный* в словарях — с 1847 г. (СЦСРЯ, I, 262). ▫ О.-с. *golgolъ. Удвоенная форма звукоподражательного корня *gol- < и.-е. *gal-. Тот же корень в о.-с. *golsъ [> *рус. голос* (см.).]. Ср. (без удвоения) в германской группе языков: др.-исл. kalla — «называть», «звать», «сказать» (швед. kalla — тж., норв. kalle — тж.); др.-в.-нем. kallōn — тж.; др.-англ. ceallian — тж. (англ. call — тж.). С другой стороны, возможно родство с др.-инд. ghargharah — «треск», «шум».

ГЛАДИО́ЛУС, -а, *м*. — «род многолетних травянистых растений семейства касатиковых с длинными мечевидными листьями, с красивыми крупными цветками разнообразной окраски», Gladiolus. Народное название **шпа́жник** [от *шпага*, по форме листьев (см. Даль, IV, 587)]. Укр. гладіо́лус; болг. гладио́ла, *ж*. Но ср.: с.-хорв. са̀бљичица; чеш. mečík; польск. mieczyk (калька нем. Schwertel — «гладиолус», от Schwert — «меч»; впрочем, в немецком имеется и другое название этого растения: Gladiole, *f.*). В русском языке *гладиолус* — сравнительно новое слово, получившее широкую известность едва ли не с 1937 г., когда вышла в свет в русском переводе с английского книга Ф. Рокуэла «Гладиолус». ▫ Слово по происхождению латинское [уменьш. к gladius — «меч» (ср. *гладиатор*)]. К латин. gladiolus как названию растения восходят: ит. gladiolo; исп. gladiolo; франц. glaïeul. В русском не столько из латинского языка, сколько из английского [имеется в виду письменная форма английского слова gladiolus (произн. ′glædɪoʊləs)].

ГЛА́ДКИЙ, -ая, -ое — «отличающийся ровной поверхностью, без выступов и впадин, без шероховатостей». *Ср. ст.* гла́же. Произв. от основы *глад-*: *сущ.* гладь, гла́дыш; *глаг.* гла́дить. Укр. гла́дкий, -а, -е, *ср. ст. нареч.* гладкі́ше, гладь, гладі́нь, гла́діш, гла́діти; блр. гла́дкі, -ая, -ае, *ср. ст. нареч.* гладчэ́й, гладзь, гла́дыш, гла́дзіць; болг. гла́дък, -дка, -дко, гла́дкост, гла́дя, «глажу» [но пло́сък бод — «гладь» (вышивка)]; с.-хорв. гла̑дак, гла̑тка, гла̑тко : гла̑тки, -а̄, -ō, гла́дити «гладить», «полировать»; словен. gladek, -dka, -dko, gladiti, gladina — «гладь», «гладкая поверхность»; чеш. hladký, -á, -é, hladina — «гладь», «гладкая поверхность», «уровень» (моря, цен), hladiti — «гладить», «полировать»; польск. gładki, -a, -ie, głąd-

ГЛА

kość, gładź [но płaski haft — «гладь» (вышивка)]; в.-луж. hładki, -a, -e, hładce — «гладко», hładkość, hładźina, hładźić; н.-луж. gładki, -a, -o, gładko, gładkość, głaźiś — «гладить», «ровнять». Др.-рус. (с XI в.) и ст.-сл. гладъкъ, гладъкый — «гладкий», «нежный», гладость, гладити — «делать гладким», «ласкать» (Срезневский, I, 516, 517). Более поздние образования: *гладь* [в словарях — с 1731 г. (Вейсман, 143)], *гладыш* (ib., 65). ▫ О.-с. корень *glad-, прил. *gladъkъ, -a, -o, *gladъkъjь, -aja, -oje. И.-е. база *ghlādh- — «блестящий», «гладкий», от корня *ghel- «блестеть», «лосниться». Ср. лит. glodùs — «гладкий», glóstyti — «гладить», «ласкать»; др.-в.-нем. glat — «гладкий», «блестящий» (совр. нем. glatt — «гладкий», «скользкий»); др.-англ. glæd — «ясный», «блестящий», «веселый» (совр. англ. glad — «радостный», «довольный»); др.-сканд. glaðr (совр. исл. glaður; дат. glad) — «гладкий», «блестящий», «радостный»; латин. glaber, позднелатин. glabrus (< *ghladhro-s) — «гладкий», «голый», «безволосый».

ГЛАЗ, -а, *мн.* глаза́, *м.* — «орган зрения, состоящий из глазного яблока и век». *Прил.* глазно́й, -а́я, -о́е, глаза́стый, -ая, -ое. *Глаг.* глазе́ть. В других слав. яз. (укр., блр., болг. и др.) это понятие выражается словом *око, мн. очи* (см. *око*). Но ср. польск. (с XV в.) głaz — «валун», «булыжник», «песчаник», «обломок скалы», ст.-чеш. hlazec — «драгоценный камень». Славский вслед за Арнимом отм. также македонский топоним Glazna reka = Kamenica (Sławski, I, 288). Ср. у Даля (I, 313): *глазо́к* — «одиночный камешек, жемчужинка» (о перстне), «слоистый агат»; ср. там же (312, 313): : новг. **глазо́вье**, **глажи́, глажи́на** — «морошка», пск. «каменица» («костяника»). Др.-рус. **глазкъ** — «шарик» (Ип. л. под 6622 г.) [Срезневский, I, 518]. ▫ След., старейшее знач. слова *глаз* — «каменный (или, м. б., янтарный) шар(ик), бусина», «ягодная косточка». Вытеснение старого *око*, *очи* новым *глаз, глаза*, сначала, очевидно, в экспрессивной речи (ср. *шары выкатил* вм. *глаза выпучил*; ср. *буркалы*), относится к сравнительно позднему времени (XVI—XVII вв.). Однако происхождение этого, возможно, общеславянского слова (*glazъ) не вполне ясно. Попытки объяснить его на славянской основе приходится считать неудачными. Не исключена (если принять во внимание старшее знач. слова) возможность его заимствования из древнегерманской языковой группы. Ср. др.-в.-нем. glas — «янтарь» (совр. нем. Glas — «стекло»). Сюда относятся также: др.-сканд. glæsa — «украсить чем-л. блестящим» (ср. совр. исл. glæsa — «делать светящимся»); др.-англ. glæs (совр. англ. glass — «стекло», «стеклянная посуда»).

ГЛАЗУ́РЬ, -и, *ж.* — 1) «стекловидный блестящий сплав, которым покрывают поверхность глиняной, фаянсовой и т. п. посуды», «полива»; 2) «густой сахарный си-

ГЛИ

роп, которым покрывают мучные изделия». *Прил.* глазу́рный, -ая, -ое. *Глаг.* глазу́рить, глазурова́ть, глазирова́ть. Укр. глазу́р, глазурува́ти, глазуро́ваний, -а, -е; блр. глазу́ра, глазурава́ць, глазуро́ваны (и глазура́ваны), -ая, -ае; болг. глазу́ра, глази́рам — «глазурю»; с.-хорв. глазу́ра, глази́рати — «покрывать глазурью»; чеш. glazura (на посуде), glazurovati (посуду); польск. glazura (на посуде), glazurować (посуду). Но ср. также: болг. глеч — «глазурь»; с.-хорв. гле̂ђ — «глазурь», «эмаль» (зубная); польск. szkliwo — «глазурь», «эмаль» (зубная) [от szkło — «стекло»; ср. чеш. sklovina — «эмаль» (зубная), от sklo — «стекло»]. В русском языке слово *глазурь* известно с середины XVIII в. Ср. в «Записках» Порошина, в записи от 10-X-1764 г. (53): «доносил о новоизобретенной во Франции живописи на фарфоре без *глазури*». Позже отм. Яновским (I, 1803 г., 609: «*глазур* или *глазура*»). Произв. (на русской почве) от него — более поздние: *глазурить* в словарях отм. с 1847 г. (СЦСРЯ, I, 264; там же *оглазурить*); *глазировать* — с 1892 г. (СРЯ¹, т. I, в. 2, с. 807). ▫ Слово немецкого происхождения: Glasur, глаг. glasieren (от Glas — «стекло», «склянка»; gläsern — «стеклянный»). Отсюда же франц. (с 1771 г.) glaçure — «глазурь» [но ср., напр., ит. smalto — «эмаль», «глазурь» (отсюда чеш. smalt — «эмаль»)].

ГЛА́НДЫ, гланд, *мн.* (*ед.* гла́нда, -ы, *ж.*) — «нёбные миндалины; миндалевидные образования лимфоидной ткани, расположенные в стенках глотки, с правой и левой стороны нёба». Укр. гла́нди; блр. гла́нды. В других слав. яз. иначе. Ср. болг. сли́вици; с.-хорв. краjни́ци; чеш. krční mandle (т. е. горловые, глоточные миндалины); польск. migdały, migdałki, gruczoły migdałowe (т. е. миндальные железы). В русском языке слово *гланды* известно с 3-й четверти XIX в. ССРЛЯ (III, 130) ссылается на «Энц. слов.» Березина 1875 г. Ср. у Михельсона (1865 г., 157) прил. *гландулёзный* — «обильный железами или сходный по своему строению с железами». ▫ Слово французское: glande, *f.*, восходящее к латин. glandula — «шейная железа», от glans, род. glandis — «желудь».

ГЛИ́НА, -ы, *ж.* — «измельченная горная порода, часто на поверхности земли, при соединении с водой превращающаяся в тестообразную вязкую темно-желтую массу, служащую материалом для гончарных изделий, строительных и скульптурных работ». *Прил.* гли́няный, -ая, -ое, гли́нистый, -ая, -ое. Укр. гли́на, глини́стий, -а, -е, глиня́ний, -а, -е; блр. глі́на, глі́няны, -ая, -ае, глі́ністы, -ая, -ае; болг. гли́на, гли́нен, -а, -о, гли́нест, -а, -о; с.-хорв. гли̏на, гли̏нен(и), -а, -о, гли̏наст(и), -а, -о; словен. glina, glinen, -a, -o, glinast, -a, -o; чеш. hlína, hliněný, -á, -é, hlinitý, -á, -é; словац. hlina, hlinený, -á, -é, hlinitý, -á, -é; польск. glina, gliniany, -a, -e, gliniasty, -a, -e; в.-луж. hlina, hlinjany, -a, -e, hlinity, -a, -e; н.-

-луж. glina, glinjany, -a, -e. Др.-рус. глина (Упыр. 1047 г.), гнила (XII в.), глиненъ, глиньнь, глинянъ, глиняный (Георг. Ам. и др.) [Срезневский, I. 519, 524]. Ст.-сл. глина, глиньнъ. ▫ О.-с. *glina [наряду с *glьjь (ср. укр. глей — «клей», «глина», «ил»)]. И.-е. база *glei- и пр. (корень *gel-). Ср. лит. gliẽti — «замазывать», «залеплять», gléivės — «слизь»; голл. klei — «глина»; ср.-н.-нем. klei — тж.; дат. klæg — «жирная, вязкая, глинистая грязь», klæget — «вязкий», «липкий»; англ. clay — «глина», clínan — «тина»; др.-в.-нем. klēnan — «клеить»; латин. glūten (основа < *gloit-), род. glutinis — «клей»; греч. γλία, γλίνη — «клей», γλοιός — «смола», «клейкое вещество».

ГЛИ́ССЕР, -а, м. — «плоскодонное мелко сидящее быстроходное судно, легко скользящее по поверхности воды». *Устар.* глиссёр. *Прил.* глиссерный, -ая, -ое. Укр. глíсер; блр. глíсер. Чеш. hydroglisér. В других слав. яз. отс. Ср. польск. ślizgowa łódź motorowa или просто ślizgacz, ślizgowiec. В русском языке это слово недавнее. В словарях первое упоминание, надо полагать, в 1933 г. (Кузьминский и др., 305: глисёр). ▫ Новое заимствование из французского языка: (hydro)glisseur (от glisser — «скользить»). В других западноевропейских языках глиссер называют иначе: англ. hydroplane; ит. idroscivolante; нем. Gleitboot и т. д.

ГЛИСТ, -а́, м. и *разг.* **ГЛИСТА́**, -ы́, ж. — «червь, паразитирующий в теле (особенно в кишечнике) человека и животных». *Прил.* глистный, -ая, -ое. *Сущ.* глистник — «растение» (цитварная полынь и др.) [Даль, I, 314]. Укр. глист, глистовий, -а, -е, глистяний, -а́, -е́; блр. гліст, глісны, -ая, -ае; болг. глист, глистен, -тна, -тно; с.-хорв. глиста — «червяк», «глист»; словен. glista, glistav, -a, -o; чеш. hlíst : hlísta; словац. hlísta; польск. glista; в.-луж. hlista, hlistawa; н.-луж. glist(w)a. В памятниках др.-рус. письменности не отм. В словарях в форме глиста́ — с 1704 г. (Поликарпов, 73), в форме глист — с 1731 г. [Вейсман, 168: глист, червь земленый» — «Erdwurm», но ср.: глиста — «Bauchwurm» (68)]. ▫ О.-с. форма *glista; о.-с. корень *gli-, тот же, что и в о.-с. *glina (см. глина); st на о.-с. почве возникло из tt. Ср. лит. glitùs — «клейкий», «липкий», «покрытый слизью», glitėsiai, pl. — «слизь», glaĩstas — «замазка», «шпаклевка» (к gliẽti — «залеплять», «замазывать»); др.-в.-нем. kledda : kletta (совр. нем. Klette) — «репейник»; латин. glittus (основа < *gleit-) — «липкий», «клейкий», glūten (основа *gloit-) — «клей»; греч. (вин.) γλίττον или γλοιόν (у Гесихия) — «смола», «клей». И.-е. база *glei-t- — «клеить».

ГЛИЦЕРИ́Н, -а, м. — «густая бесцветная сладковатая на вкус жидкость, получаемая из жиров, используется в медицине и технике». *Прил.* глицери́новый, -ая, -ое. Укр. гліцери́н; блр. гліцэры́на; болг. глицерин; с.-хорв. глицерѝн; чеш. glycerín; польск. gliceryna. В русском языке это слово известно с 1838 г. (Плюшар, XIV, 284: глицерина, ж.). ▫ Ср. нем. Glyzerin, *n.*; франц. (с 1842 г.) glycérine, *f.*; англ. glycerine; ит. glicerina. Открытие (шведским химиком К. Шееле) глицерина относится к 1779 г., название свое он получил позже. Заимствовано, вероятно, из немецкого. Старшая форма ж. р. — под влиянием франц. glycérine. Первоисточник — греч. γλυκερός — «сладкий», «сладостный», «доставляющий приятность», от γλυκύς — «сладкий». Ср. латин. личное имя Glycera — Гликера (возникшее на греческой основе). Отсюда рус. *Гликерия*. См. также *глициния*.

ГЛИЦИ́НИЯ, -и, ж. — «южное вьющееся декоративное растение (до 20 м. длины) семейства бобовых, со свисающими кистями душистых цветков, чаще всего лиловатого цвета», Wisteria sinensis или Glycine sinensis (родина глицинии — Китай, отсюда прил. sinensis — «китайская»). Укр. гліці́нія; блр. гліці́нія; болг. глици́ния. Ср. чеш. glycinie (старшее название sladěnec); польск. glycynia, słodziszek. В русском языке это слово в форме глицина известно с 1838 г. (Плюшар, XIV, 284). Позже, с начала XX в., — глициния (НЭС, XIII, 758; Гранат, XV, 173). ▫ Ср. франц. (с 1786 г.) glycine, *f.*; нем. Glyzinie; ит. glicine (не во всех западноевропейских языках). Книжное, научное новообразование на основе греч. γλυκύς — «сладкий». Названо по липкому соку этого растения. Ср. другие, родственные по происхождению слова: глицерин, глюкоза и др. Ср. также устар. глици́на — «сладкозём, землянистое вещество, окись металла глиций» (Даль, I, 314). Заимствовано, судя по старшей форме, из французского языка с поправкой на латинское произношение этого ботанического термина. Новая форма (глициния), м. б., — вторичное заимствование, на этот раз из немецкого языка.

ГЛОТА́ТЬ, глота́ю — «движениями горловых мышц направлять, проталкивать что-л. в пищевод». В говорах: глот — «обжора», «обидчик» (Даль, I, 315; также Подвысоцкий, 30) [ср. общерус. *прост.* живоглот]. *Однокр., сов.* глотну́ть. *Сущ.* глото́к, гло́тка. Сюда же поглоти́ть, поглоща́ть. Укр. глита́ти — «с жадностью или давясь глотать что-л. (трудно проглатываемое)» (вообще же «глотать» — ковтати), глитну́ти, гло́тка (но «глоток» — ковто́к); блр. глыта́ць, глыну́ць (< *glъtnqti), глыто́к, гло́тка; болг. гъ́лтам, поглъ́щам — «глотаю», «поглощаю», гъ́лтна — «глотну» (ср. погъ́лна — «поглощу»), глъ́тка — «глоток» и «глотка» (в последнем знач. также гъ́рло); с.-хорв. гу́тати — «глотать», гу́тнути : гу́цнути, гу́тљај — «глоток» (ср. гу́ша — «зоб», «глотка»); словен. goltati, pogoltniti — «глотнуть» (ср. goltanec — «глотка»); чеш. hltati, zhltnouti, hltan — «глоток», «глотка»; словац. hltat', hltnút', hlt — «глоток», hltan — «глотка». В совр. польск. яз. эта группа слов отс., но ср. ст.-польск. (XV в.) po-głytać, также kłtać — «глотать».

Др.-рус. (с XI в.) **поглътити**, (с XIII в.) **поглъчати** (Срезневский, II, 1014). Ц.-сл. глътати. В словарях: *глотка* — с 1704 г. (Поликарпов, 73), *глоток* — с 1731 г. (Вейсман, 549). □ О.-с. *glъtati, *glъtъ, откуда *glъtъka. Ср. латин. glūtus — «глотка», glūtiō : gluttiō — «глотаю»; сюда же in-gluviēs — «зев», «горло», «зоб», «пасть». И.-е. корень *gel- : *gu̯el-, откуда, в частности, *gu̯l̥-to-s (> о.-с. *glъtъ, латин. glūtus).

ГЛУБО́КИЙ, -ая, -ое — «имеющий большое расстояние от поверхности до дна», «находящийся далеко внизу под поверхностью»; *перен.* «содержательный», «значительный», «основательный». *Кр. ф.* глубо́к, -ока́, -око́. *Нареч.* глубоко́. *Ср. ст.* глу́бже. Сюда же глубь, глубина; с приставкой: углубля́ть. Диал. (и прост.) глыбь, глы́бкий (Даль, I, 315). Ср. вят. глы́бый — «глубокий» (Зеленин, 41). Укр. глибо́кий, -а, -е, гли́бше, глиб, глибина́; блр. глыбо́кі, -ая, -ае, глыбе́й, глыб, глыбіня́. Ср. словен. globok, -a, -o, globina; чеш. hluboký, -á, -é, hloub — «глубь», hlubina — тж., hloubati — «вдумываться»; польск. głęboki, -a, -ie, głębia, głąb — «глубь», głębina — «глубь», «глубина»; в.-луж. hłuboki, -a, -e, hłuboko, hłubje — «глубже», hłubina, hłubić; н.-луж. dłymoki, -a, -e, dłymoko, dłymjej — «глубже», dłym — «глубь», «глубина», dłymiś — «углублять». Ср. болг. дълбо́к, -а, -о — «глубокий», дълбина́ (*дълб-* вм. гълб- < глъб-, возможно, на почве смещения с *дълб-* в *дълбая*, *дълбя́* — «долблю», «углубляю»; с.-хорв. ду́бок, дубо̀ка, дубо̀ко — «глубокий», дуби́на — «глубина» (*дуб-* < *dlb-); ср. ду́псти — «долбить». Др.-рус. (с XI в.) глубокый, глубыни — «глубина», глубина, глубость (Ио. екз. Бог.); ср. глыбле (Пск. I л. под 7027 г.) — «глубже» (при обычном глубле) [Срезневский, I, 520, 521, 523]. Ст.-сл. глѫбокъ. □ О.-с. *glǫbokъ (: *glybokъ), -a, -o, *glǫbokъjь, -aja, -oje (суф. — как в о.-с. *vysokъ, *vysokъjь). Соответствия находят в языках германской группы: др.-в.-нем. klioban (совр. нем. klieben) — «раскалывать», «расщеплять», kluft — «трещина», «расселина в скале», «пропасть» (нем. Kluft — тж.); др.-сканд. kljūfa — «раскалывать» (швед. klyva; дат. klǿve; норв. kløyve — тж.), швед. klyfta — «расселина»; дат., норв. kløft — тж.); латин. glūbō (< *gleubhō) — «снимаю шкуру», «облупливаю»; греч. γλύφω — «вырезываю» (на камне, на металле), «выдалбливаю», «долблю». И.-е. база, м. б., *gleu-bh- (: *glou-bh- : *glŭbh-). Назализация (*gloumbh- > *glǫb-) — лишь на праславянской почве. Но, вообще говоря, этимология этого слова не бесспорна. Покорный (Pokorny, I, 401, 367) склонен [вслед за Махеком (Machek, Slavia, XVI, 199 и сл.; ср., однако, Machek, ES, 132)] возводить о.-с. *glǫbokъ по корню к и.-е. *gelebh- (: *globh-) [с назализацией на праславянской почве], сближая это слово с греч. γλάφω — «разгребать» (землю), «рыть», γλάφυ — «пещера». Но при таком объяснении остаются в стороне русские образования с корнем *глыб-*.

ГЛУМИ́ТЬСЯ, глумлю́сь — «издеваться, зло потешаться над кем-л.». *Прил.* глумли́вый, -ая, -ое. Ср. *прост.* и *обл.* глум — «насмешка», «издевка». Укр. глуми́тися, глумли́вий, -а, -е, глум — «насмешка» [но блр. здзе́кавацца, кпіць (з каго-чаго); ср. разг. глум — «порча», глумі́цца — «портиться»; болг. глумя́ се — «глумлюсь», глумли́в, -а, -о, глу́ма — «шутка», «насмешка»; с.-хорв. глу́мити — «играть» (роль на сцене), глу́ма — «игра» (актера), глу́мац — «актер»; словен. gluma — «шутка», «насмешка», glumač — «шут», «скоморох». В современных зап.-слав. яз. отс. Но ср. ст.-чеш. hluma — «актер». Др.-рус. [книжн. (?), с XI в.] глумитися — «забавляться», «насмехаться», «веселиться», «болтать» [«Хр. Г. Ам.» (Истрин, 226)], глум — «шум», «забава», глумьць — «скоморох», «фигляр» (Срезневский, I, 521, 522). □ О.-с. *glumъ, отсюда *glumiti sę. И.-е. база ghloum-, от и.-е. корня *ghleu- : ghlou-, с расширителем -m- (тот же корень, но с другими расширителями, вероятно, представлен в о.-с. *gluchъ и *glupъ). Ср. др.-исл. glaumr (совр. исл. glaumur) — «шум», «шумная радость», gleyma — «быть шумно веселым», «забываться» (совр. исл. gleyma — «забывать»); др.-англ. gléam — «бурное веселье»; греч. χλεύη — «шутка», «насмешка», «высмеивание». С другим распространителем: лит. glaudas — «забава», gláuda — «шутка», gláudoti — «шутить».

ГЛУ́ПЫЙ, -ая, -ое — «умственно ограниченный», «неумный», «тупоголовый». *Кр. ф.* глуп, глупа́, глу́по. *Сущ.* глупе́ц, глупы́ш, глу́пость. *Глаг.* глупе́ть, глупи́ть. Укр. обл. глу́пий, -а, -е — 1) «глупый»; 2) «глухой» (о ночи) [(общеукр. дурни́й, -а́, -é (с произв.)]; блр. глупова́ць, глу́пства, глупя́к (Носович, 113) [общеблр. ду́рны́, -а́я, -бе (с произв.)]; болг. глу́пав, -а, -о, глупе́ц, глупа́к — «дурак», глу́пост, глупе́я — «глупею»; с.-хорв. глу̑п, -а, глу̑по, глу̑пав, -а, -о, глу̑па̑к — «глупец» глу̑пост; словен. glup, -a, -o — 1) «глупый»; 2) «глухой»; чеш. hloupý, -á, -é — «глупый», hlupec, hlupák — «дурак», «глупец», hloupost, hloupnouti — «глупеть»; словац. hlúpy, -a, -e, hlúpost' — «глупость»; польск. głupi, -ia, -ie — «глупый», głupiec, głupstwo, głupota — «глупость», głupieć — «глупеть»; в.-луж. hłupy, -a, -e — «глупый», hłupjeć, hłuposć, hłupak — «глупец»; н.-луж. głupy, -a, -e, głupiś se, głupość, głupak — тж. Др.-рус. (начиная с Переясл. л. под 6578 г.) глупый, позже (с XVI в.) глупати — «глупить» (Срезневский, I, 522). Другие произв. — более поздние: глупость, глупеть в словарях — с 1704 г. (Поликарпов, 73 об.), глупец — с 1771 г. (РЦ, 95), глупыш, глупить — с 1863 г. (Даль, I, 316). □ О.-с. *glupъ, -a, -o, *glupъjь, -aja, -oje. По корню, вероятно, находится в родственных отношениях, с одной стороны, с о.-с. *gluchъ, -a, -o (см. *глухой*) и, далее, с о.-с. *glumъ — «шум», «забава», «шутка» (см. *глумиться*), а с другой, — с др.-сканд. glópr — «глупец» (ср. совр. исл. glópur — «дурак», «идиот», glópska — «глупость»). И.-е. база *ghleu- (: *ghlou-) — «шутить», «веселиться»; -р- элемент расширения (на и.-е. почве), такой же, как -s- > -ch- в *gluchъ или -m- в *glumъ. Знач. «глупый» могло развиться из «глухой» [ср. нем. dumm — «глупый» при ст.-нем. dumm — «глухой» (и «глупый»)], тогда как знач. «глухой» — из «оглушающий» < «шумный» (?).

ГЛУХО́Й, -а́я, -о́е — «лишенный слуха, не слышащий». *Кр. ф.* глух, глуха́, глу́хо. *Сущ.* глухота́, глуха́рь. *Глаг.* глуши́ть. Сюда же глушь. На другой ступени вокализма: гло́хнуть. Укр. глухи́й, -а́, -е́ (но «глухая ночь» — глу́па ніч), глухота́, глуха́р, глуши́ти, глуш, глу́хнути; блр. глухі́, -а́я, -о́е, глушэ́ц — «глухарь» (о птице и человеке), глухата́, глу́хнуць, глушы́ць, глуш; болг. глух, -а, -о, глухота́, глуха́р, глуше́я — «глохну», но заглъ́хвам — «глохну», «затихаю», «зарастаю» (травой и т. п.), глушина́ — «глушь»; с.-хорв. глу̑х, глу́ха, глу́хо, глу̑в, глу́ва, глу́во, глухо̀та, глу́хнути — «глохнуть», глу̏хара : глу́вара — «глухая женщина»; чеш. hluchý, -á, -é, hluchota, hlušec — «глухарь» (о птице и человеке), hluchnouti — «глохнуть»; словац. hluchý, -á, -é — «глухой», «пустой» (о зерне), hluchost', hluchota, hlucháň — «глухарь» (о птице и человеке), hluchnút', hlušit' — «бить»; польск. głuchy, -a, -ie, głuchota, głuszec — «глухарь» (о птице и человеке), głuszyć, głuchnąć; в.-луж. hłuchi, -a, -e, hłuchosć, hłuchota, hłuchnyć, hłušić — «глушить», «оглушать», «ошеломлять», «опустошать»; н.-луж. głuchy, -a, -e, wogłuchnuś — «оглушить», pogłušyś — «оглушить». Др.-рус. (с XI в.) глухъ, глухый — «глухой», (с XIV в.) «не имеющий исхода» (о речках), (с XV в.) глушица — «глухой рукав реки» (Срезневский, I, 522; Доп., 74). Ст.-сл. глоухъ, глоухыи. Позже появляются глохнуть и глушить (Поликарпов, 1704 г., 73, 73 об.). □ О.-с. *gluchъ, -a, -o, *gluchъjь, -aja, -oje. И.-е. корень *ghleu-; форма основы *ghleus- (: *ghlous-). Ср. лит. glùšas, -à — «глухой»; 2) «глупый», glùšti — 1) «глохнуть»; 2) «глупеть», glùšinti — 1) «глушить»; 2) «дурманить», «кружить голову» (LKŽ, III, 444—446); ch в о.-с. языке — из распространителя -s-. Знач. «глухой» в общеславянском едва ли было единственным и устойчивым (основа могла бы также значить «тупой», «глупый» и т. п.). Форма *glъchnǫti теперь сохраняется (с изменением ъ > o) только в русском (гло́хнуть). См. *глуми́ться, глупый*.

ГЛЫ́БА, -ы, *ж.* — «большой бесформенный обломок твердого вещества или плотной массы (горной породы, льда и т. п.)». *Прил.* глы́бовый, -ая, -ое, глы́бистый, -ая, -ое. Ср. диал. (новг., костр.) глы́ба — «мерзлая грязь» (Даль, I, 314). Укр. гли́ба (но чаще бри́ла); блр. глы́ба (но чаще камля́га). В других слав. яз. вообще отс. Ср. в знач. «глыба»: болг. огро́мна бу́ца, блок; с.-хорв. гру́да, са̂нта; чеш. hrouda; польск. bryła, gruda. Но ср. болг. глиб — «трясина»; с.-хорв. гли̑б — «топь», «ил», «грязь». В памятниках др.-рус. письменности не встр. В словарях — с 1731 г. (Вейсман, 160). □ Слово не вполне ясное в этимологическом отношении. Едва ли имеет прямое отношение к латин. glēba — «глыба», «ком земли», «комок». Но косвенное отношение, в конечном счете, может иметь. Возможно, прав Покорный, относя *глыба* к и.-е. базе *g(e)leu- [от корня *gel- — «сжимать(ся)» с расширителем -bh-] (Pokorny, I, 362, 357). Правда, в этом случае оно выглядит каким-то одиночным образованием: лит. glaũbti — «прижимать к груди», «опекать» (LKŽ, III, 397) отстоит далеко по значению. М. б., сначала *глыба* значило именно «обломок», «нечто отколовшееся от твердой массы» и т. п. Тогда это слово можно было бы отнести к и.-е. *gleu-bh- (см. *глубокий*).

ГЛЯДЕ́ТЬ, гляжу́ — «смотреть», «устремлять взор». *Однокр.* гляну́ть; *многокр.* — только с приставками: огля́дывать, пригля́дывать и т. п. В говорах также гляда́ть (Даль, I, 317). *Возвр. ф.* (общерус.) гляде́ться. *Сущ.* взгляд. Укр. гляді́ти, гляда́ч — «зритель», по́гляд — «взгляд»; блр. глядзе́ць, глядзе́цца, гляда́ч, по́гляд. Ср. болг. гле́дам — «гляжу», гледа́ч, гле́дище — «взгляд», «точка зрения», по́глед — «взгляд»; с.-хорв. гле̏дати (однокр. гле̏днути), по̏глед — «взгляд», гле̏ди̑ште — «точка зрения»; словен. gledati; чеш. hleděti, hlídati — «присматривать за кем.-л.», vzhled, pohled. В польском яз. — приставочные образования: poglądać — «смотреть», «взглядывать» (Дубровский, 454) [ср. pogląd — «взгляд», «мнение»], doglądać — «присматривать», «надзирать» (ср. dogląd — «присмотр», «надзор»), zaglądać и др. Др.-рус. (с XI в.) глядати, (с XII в.) глядѣти (Срезневский, I, 523). Ст.-сл. глѧдати. В форме глянути (взглянути) засвидетельствовано в «Рукоп. лексиконе» 1-й пол. XVIII в. (Аверьянова, 74). □ О.-с. *ględati (: *glěděti?), *ględnǫti. Ср. латыш. диал. (курземск.) glendi, повел. н. — «ищи» (глазами); ср.-в.-нем. glinzen — «лосниться», «мерцать», «блестеть»; др.- и ср.-в.-нем. glenzen — тж., ср.-в.-нем. glanz — «лоск», «блеск» [совр. нем. Glanz > рус. гля́нец (см.)]; швед. диал. glänta — «проясняться» (о небе); бретон. glein (< *ghlṇdhjo-) — «ясный», «светлый». И.-е. база *ghlend(h)- (корень *g'hel- : *ghel-) — «блестеть», «смотреть». Знач. «смотреть», «глядеть» в славянских языках, надо полагать, вторично и развилось из знач. «блестеть» (> «сверкать глазами» > «вращать глазами»).

ГЛЯ́НЕЦ, -нца, *м.* — «блеск начищенной или отполированной поверхности». *Прил.* гля́нцевый, -ая, -ое, глянцеви́тый, -ая, -ое. *Глаг.* глянцева́ть. Укр. гля́нец (но чаще гля́нс), гля́нсовий : глянцьо́вий, -а́, -е́; блр. гля́нец, гля́нцавы, -ая, -ае, глянцава́ць; болг. гланц (: лъскавина́); польск. glans, glansować. Но чеш. lesk. Слово *глянец* известно в русском языке с начала XVIII в.: Christiani, 21, со ссылкой на «Архив» Куракина, I, 122, 1705 г.: *глянц*. Ср. у Фонвизина в «Жизни Сифа», ч. I, 1762 г. (кн. 2, с. 69): «кремню дать цвет и *глянц*». В словарях отм. с 1771 г. (РЦ, 617: *глянец*). ▫ Заимствовано из немецкого языка. Ср. нем. Glanz — «блеск», «лоск», «глянец»; из немецкого: швед., дат., норв. glans; голл. glans > англ. glance. На немецкой почве ср. с.-в.-нем. glinzen — «блестеть», «лосниться». И.-е. корень *ghel- : *g'hel-, тот же, что в *глядеть* (см.).

ГНАТЬ, гоню́ — «заставлять кого-л., что-л. быстро двигаться в одном направлении». В говорах: гони́ть, гоню́ (СРНГ, в. VII, 5). *Возвр. ф.* гна́ться. *Итератив* гоня́ть, гоня́ю. *Возвр. ф.* гоня́ться. *Сущ.* гони́тель, *женск.* гони́тельница; го́нка (*отсюда прил.* го́ночный, -ая, -ое), го́нчая, го́нщик, гоне́ц, гоньба́. Укр. гна́ти, 1 ед. жену́, гони́ти, 1 ед. гоню́, ганя́ти, 1 ед. ганя́ю; блр. гнаць, ганя́ць; болг. го́ня — «гоню», «преследую»; с.-хорв. гна́ти, 1 ед. жѐнēм и гна̑м, го̀нити, 1 ед. го̀нӣм, го̀нити се — «преследовать друг друга», «гнать, торопить друг друга», го̑н — «гон» (длина борозды, распаханной в один прием); словен. gnati, goniti, gon — «облава», «охота»; чеш. hnati (словац. hnat'), honiti (словац. honit'), чеш. и словац. hon — «гонка», «охота» и «гон» (мера длины); польск. gnać, gonić, ganiać; в.-луж. hnać — «гнать», honić — «гнать», «охотиться», hón — «гонка», «охота»; н.-луж. gnaś, góniś. Др.-рус. (с XI в.) и ст.-сл. гънати, 1 ед. жену (ст.-сл. женѫ), гонити, 1 ед. гоню (ст.-сл. гонѭ), «преследовать», «охотиться», ганятися (1 ед. ганяюся?) — «гоняться», гонъ — «погоня» и «мера земли», гоньць (Срезневский, I, 509, 549—550, 551, 612). Другие произв. более поздние: *гонять*, *гоньба* в словарях отм. с 1704 г. (Поликарпов, 75 об.), *гончая* — с 1731 г. (Вейсман, 318: «ловчий пес, *гончая собака*»), *гонщик* — с 1863 г. (Даль, I, 331). ▫ О.-с. *gъnati, 1 ед. *ženǫ; *goniti, 1 ед. *gonjǫ; итератив *ganjati, 1 ед. *ganjajǫ; *gonъ. Ср. лит. giñti, 1 ед. genù (=о.-с. *ženǫ) «гнать», итератив ganýti, 1 ед. ganaũ — «пасти (гнать) скот», gãnas — «пастух». Др.-сканд. gandr — «палка»; (совр. исл. gandur — «палка»; «волк», «конь»); греч. θείνω (< *gʷhen-jō-) — «бью», φόνος (= о.-с. *gonъ) — «убийство», «смерть»; латин. dēfendō [*gʷehend(h)ō] — «отражаю», «защищаю»; др.-ирл. gonim — «раню», guin — «рана»; др.-инд. hánti > hánati (с h из gʷh) — «бьет», «ударяет», «уничтожает», «убивает». И.-е. корень *gʷhen-ə-(:*gʷhon-: *gʷhn̥-) — «бить», «ударять», отсюда (еще в дописьменную эпоху) «гнать». От того же корня о.-с. *žęti, 1 ед. *žьnǫ (см. *жать²*).

ГНЕВ, -а, м. — «чувство сильного возмущения, негодования, граничащее с утратой самообладания», «ярость». *Прил.* гне́вный, -ая, -ое, гневли́вый, -ая, -ое. *Глаг.* гневи́ть, гне́ваться. Укр. гнiв, гнiви́й, -а, -е, гнiвли́вий, -а, -е, гнiви́ти, гнiва́тися; блр. гнеў, гнеу́ны, -ая, -ае, гняви́ць, гне́вацца; болг. гняв, гне́вен, -вна, -вно, гневли́в, -а, -о, гневя́ — «гневлю», гневя́ се — «гневаюсь»; с.-хорв. гње̑в : гње̑в, гње́ван, -вна, -вно : гњевнӣ, -ā, -ō, гњѐвљив, -а, -о, гње́вити (се); словен. gnev; чеш. hněv, hněvný, -á, -é, hněvivý, -á, -é, hněvati (se); польск. gniew, gniewny, gniewać (się); в.-луж. hněw, hněwny, -a, -e, hněwać so — «гневаться»; н.-луж. gněw, gněwny, -a, -e, gněwaś — «гневить». Ср. полаб. gnevoi, им. мн. — «жéлезы в мясе, сале». Др.-рус. (с XI в.) и ст.-сл. гнѣвъ «гнев» [но в «Паремейнике» 1271 г. «гниль», «гной» (Miklosich, EW, 68], гнѣвьный, гнѣвивый, гнѣвьливый, гнѣвьнивый, гнѣвити, гнѣватися (ст.-сл. гнѣвати сѧ) [Срезневский, I, 526, 527, 528]. ▫ О.-с. *gněvъ. Обычно [начиная с Миклошича (уп.)], связывают с о.-с. *gniti : *gnojь > рус. *гнить*, *гной* (см.). Т. о., корень *gnoi- > *gně-, суф. -v(ъ) (как, напр. в о.-с. *norvъ > рус. *норов*; в чеш. zpěv и др.). Старшее знач., м. б., — «состояние больного, покрытого струпьями, гноящимися ранами»; отсюда знач. (старое) «гной» (в «Паремейнике» 1271 г.) и более позднее, получившее широкое распространение, «ярость».

ГНЕДО́Й, -а́я, -о́е — «(о лошадях) «темно-рыжей масти». *Произв.* Гнедко́. Укр. гнiди́й, -а́, -е́; блр. гняды́, -а́я, -о́е; из русского — с.-хорв. гње̑д, гње́да, гње́до : гње̏дӣ, -а̄, -о̄ [обычно до̏раст(ӣ), -а, -о] — «бурый», «гнедой». Ср. чеш. hnědý, -á, -é — «гнедой», «коричневый», «бурый», «загорелый», hnědák — «Гнедко», hněndouti — «становиться коричневым»; словац. hnedý, -á, -é — «коричневый», «гнедой», «бурый», «карий», «загорелый», ср. hnedá polievka — «мясной суп»; do hneda upečený — «поджаристый» (от *сущ.* hnedo), hnedost' — «коричневый цвет»; польск. gniady — «гнедой». Ср. словен. gned — «виноград с голубовато-красными ягодами». В других слав. яз. отс. Ср. в знач. «гнедой»: болг. до́рест, -а, -о; с.-хорв. до̏ра(та)ст, -а, -о (< турец. doru at — «гнедой конь»; н.-луж. bruny, -a, -e. Др.-рус. (с XIV в.) гнѣдъ, гнѣды́й (Срезневский, I, 528). ▫ О.-с. *gnědъ, -a, -o, *gnědъjь, -aja, -oje. В этимологическом отношении неясное слово. Но Бернекер, кажется, стоял на правильном пути, сближая это прилагательное с др.-исл. hniss — «отвратительный запах, вкус еды»; латин. nīdor (< *cnīdor < *cnīdōs) — «гарь», «чад», «дым»; греч. (гомер., ион.) κνῖσα, аттич. κνῖσσα (< κνῑδ-σ-ᾰ) — «запах сжигаемых жертв», «чад сжигаемого жира», «запах жареного» (Berneker, I, 312). И.-е. база *k(e)nēi-d-, от корня *ken- : *gen- (Pokorny, I, 558, 561). Начальное g вм. k могло возникнуть и нефонетически и только на славянской почве под влиянием о.-с. *gorěti (и.-е.

корень *gᵘher-), о.-с. *grěti, о.-с. *garъ. Старшее знач. о.-с. *gněd, *gnědъjь, вероятно, было «цвета обгорелого, опаленного мяса», если не «пахнущий обгорелым мясом».

ГНЕЗДО, -á, *ср.* — 1) «небольшое сооружение, устраиваемое птицами, насекомыми, пресмыкающимися для укрытия от преследования, кладки яиц и выведения потомства»; 2) «выводок», «семья», «потомство»; 3) «скопление плодов, цветов и пр., растущих вместе»; 4) *перен.* «тайное пристанище», «притон». *Прил.* гнездовой, -áя, -óе. *Глаг.* гнездиться, гнездовáть(ся), *отглаг. сущ.* гнездовáние. Укр. гніздó, гніздовúй, -á, -é, гніздúтися, гніздувáння; блр. гняздó, гнездавы́, -áя, -óе, гнездавáцца, гнездавáнне; болг. гнездó, гнéздов, -а, -о, гнéздя (се) — «гнежусь», гнéздене; с.-хорв. гнéздо (gnijèzdo), гнéздаст(и), -а, -о — «гнездообразный», «гнездовой», гнéздити се; словен. gnezdo, gnezditi, gnezdenje; чеш. hnízdo, hnízdový, -á, -é, hnízditi, hnízdění; словац. hniezdo, hniezdový, -á, -é, hniezdit', hniezdenie; польск. gniazdo, gniazdowy, -a, -e, gnieździć się; в.-луж. hnězdo, hnězdny, -a, -e, hnězdźić (so); н.-луж. gniazdo (с XI в.) — 1) «гнездо»; 2) «племя», «род», «семья», гнѣздитися, (с XIV в.) гнѣздьный (Срезневский, I, 528). Ст.-сл. гнѣздо. Позже появилось прил. *гнездовой* (САР¹, II, 1790 г., 138: *гнездовый*). □ О.-с. *gnězdo. В этимологическом отношении слово не совсем ясное. Приходится допустить, что в о.-с. эпоху первоначальная форма этого слова *nizdo (< и.-е. *nizdom) подверглась искажению под влиянием других слов. Ср. др.-в.-нем. nëst, совр. нем. Nest (основа < *ni-st- < *ni-zd-) — «гнездо»; латин. nīdus (с -īd- из -īzd-) — тж.; др. ирл. net [с t из dd < zd; ср. нов.-ирл. nead, кимр. (вал.) nyth, бретон. neiz (Льюис — Педерсен, § 27, с. 52)]; арм. nyst- (nist-) в ныставкк — «сидение»; др.-инд. nīdáḥ (: nīḷáḥ) — «птичье гнездо», «место отдыха», «ложе». И.-е. *ni-zd-os : *ni-zd-om, где *ni- — глагольная приставка, означающая движение вниз (ср. о.-с. *ni- в *niz-) и корня *sed- *sd- *zd-), к которому восходит о.-с. *sěsti, 1 ед. *sędǫ; *saditi и др. Начальное g перед n и ě вм. i в о.-с. *gnězdo можно объяснить влиянием о.-с. слов с начальным *gně-: *gněd, *gněděj, *gnětiti — «зажигать»; *gne-: *gnesti — «давить», «сжимать», *gnь-: *gnьsь [ср. др.-рус. гньсь — «злоба» (Срезневский, I, 526)]. Любопытно, что и в балтийской группе и.-е. языков начало этого слова (и.-е. *nizdos : *nizdom) также подверглось искажению. Ср. лит. lìzdas — «гнездо» (под влиянием таких слов, как ložĕti — «пригибаться» и т. п.).

ГНЕСТИ́, гнету́ — 1) *устар.* «жать, тяжело давить книзу»; 2) «притеснять». Глаг. недостаточный (употр. лишь отдельные формы, чаще всего 3 ед. и мн. н. вр.). *Глаг.* (с оттенками длительности) -гнетáть (употр. только с приставками: угнетáть, нагнетáть и др.). *Сущ.* гнёт. Укр. гніти́ти, 1 ед. гнічý — «гнести», гніт — «гнёт»; блр. гнясці́ (: гнéсці), прыгнёт — «гнёт», «угнетение» (также уціск; в знач. «тяжесть» — цяжáр). Ср. болг. гнетá — «гнету», «угнетаю», гнет — «гнёт», «угнетение»; с.-хорв. гњèсти, 1 ед. гњèтēм — «гнести», «напихивать» (но нет однокорневого соответствия русскому *гнёт*); чеш. hnísti (при ст.-чеш. hůésti!) — «гнести», «давить», «месить» (но ср. utlačování, útisk — «гнёт», «угнетение»); польск. gnieść — «давить», «угнетать», хотя чаще dręczyć (но ср. ucisk, gnębienie — «гнёт», «угнетение»). Др.-рус. и ст.-сл. гнести (Остр. ев.), угнѣтати (Срезневский, I, 523—524, III, 1134). □ И.-с. *gnesti (< *gnet-ti), 1 ед. *gnetǫ. И.-е. база *gnet- (Pokorny, I, 371). За пределами славянской группы в других и.-е. языках родственные образования встречаются редко. Ср. др.-прус. gnode — «квашня (дежа), посудина, в которой месят тесто»; др.-в.-нем. knetan — «давить» «месить» (совр. нем. kneten — «месить», «мять», также «массировать»); др.-сканд. knoða — тж.

ГНИТЬ, гнию — «разрушаться, разлагаться в результате деятельности микроорганизмов», «трухляветь». *Прил.* гнилóй, -áя, -óе. *Сущ.* гниль, гнилýшка, гнильё, гнúлость, гной (см.). Укр. гни́ти, гнилúй, -á, -é, гни́лість, гниль, гнилизна — «гниль», гнилля́ — «гниль», гнилючóк — «гнилýшка», гнили́чка — «груша-гнилýшка»; блр. гніць, гнілы́, -áя, -óе, гніль, гнілíзна гніллё. Ср. болг. гни́я, гнил, -а, -о — «гнилой», гнилéц — «гнилéц» (болезнь пчёл); с.-хорв. гњи̏ти, гњи̏лети, гњѝо, гњи̏ла, гњи̏ло, гњи̏леж — «гниль», гњи̏лина — «гниль», «гнилое место»; словен. gniti, gnil, -a, -o, gnilad, gniloba, gnilina — «гниль»; чеш. hníti (словац. hnit'), shnilý, -á, -é — «гнилой», hnilotina (словац. hniloba) — «гниль»; польск. gnić, zgniły, -a, -e, gnilny, -a, -e, «гнилостный», zgnilizna — «гниль», zgniłek — «гнилушка»; в.-луж. hnić, 1 ед. hniju, hniły, -a, -e, hnijaty, -a, -e — «подгнивший», hnilina — «гниль»; н.-луж. gniś, gniły, -a, -e, gniłosć. Др.-рус. (с XI в.) и ст.-сл. гнити, гнилый, гниль, гнилость (Срезневский, I, 524). □ О.-с. *gniti, 1 ед. *gnьjǫ. Сближают по корню с греч. (у Гесихия) χνίει — «моросит», «дробится», «крошится». И.-е. база *ghnei-, от корня *ghen- «растирать», «разгрызать». В языках германской группы этот и.-е. корень отражается в расширенной форме: *ghneid(h)-: *ghnid(h)- (др.-в.-нем. gnītan — «растирать»; др.-англ. gnīdan : cnīdan — тж.; дат. gnide). Старшее знач. — «быть растёртым» > «распасться на мельчайшие части». Та же и.-е. база в о.-с. *gnida (рус. *гнида*).

ГНОЙ, -я, *м.* — «густая, мутная жидкость желтоватого или зеленоватого цвета, продукт гниения — разложения тканей живого организма». В говорах: гной — «навоз» (Даль, I, 319). *Прил.* гнóйный, -ая, -ое. *Глаг.* гнои́ть(ся). *Сущ.* гнойни́к, гно-

ГНО ГНУ

и́ще. Укр. гній, род. гнбю — 1) «гной»; 2) «навоз», гнійни́й, -á, -é, гноїти(ся), гноя́к — «гнойник»; блр. гной — 1) «гной»; 2) «навоз», гно́йны, -ая, -ае, гнаі́ць, гнаі́цца, гнайні́к; болг. гной — 1) «гной»; 2) «навоз», гнбен, -йна, -йно (от гной в обоих знач.), гноя́ — «гноюсь», гнойни́ца — «гнойник»; с.-хорв. гнôj — 1) «гной»; 2) «навоз», гнôjни, -ā, -ō — 1) «гнойный»; 2) «навозный», гнôjити — 1) «гноиться»; 2) «унаваживать», «удобрять», гнôjница — «нарыв»; словен. gnoj — 1) «гной», [«навоз», «нечистоты», gnojen, -jna, -jno — «гнойный», gnojiti — 1) «гноиться»; 2) «унаваживать», «удобрять»; чеш. hnůj — 1) устар. и обл. «гной» (обычно hnis); 2) «навоз», hnojiti se — «гноиться», hnojiště — «навозная куча» (но ср. podebranina, vřed — «гнойник»); словац. hnój — «навоз» (ср. hnis — «гной»); польск. gnój — «навоз», «удобрение» (в ст.-польск. также «гной»; совр. ropa, materia), gnojny, -a, -e — «навозный» (ср. gnoisty, -a, -e — «гнойный»; чаще ropny, -a, -e), gnoić — «гноить» (но ср. wrzód, ropień — «гнойник»); в.-луж. hnój — «навоз», «удобрение», «кал», hnójny, -a, -e, hnojić; н.-луж. gnoj — «навоз», gnojś — «удобрять», «унаваживать». Др.-рус. (с XI в.) и ст.-сл. гной — 1) «гной», «гнойная язва»; 2) «навоз», гноинъ, гноиный (Срезневский, 1, 524—525). ▫ О.-с. *gnojь, к *gniti (см. *гнить*). Праславянское чередование i : oi (ср. *бить* : *бой, пить* : *пойло, слить* : *слой* и т. д.). И.-е. база *ghnei- : *ghnoi-.

ГНОМ, -а, м. — «в западноевропейской мифологии — уродливый карлик, охраняющий подземные сокровища». Укр., блр. так же; чеш. gnôm; польск. gnom. В русском языке известно с начала XIX в. (Яновский, I, 1803 г., 614). ▫ Нем. Gnom; франц. gnome, m.; ит. и исп. gnomo и т. д. Первоисточник — книжн. новолатин. gnomus [искусственно образовано швейцарским ученым эпохи Возрождения Парацельсом (Paracels), м. б., от греч. γνώμη — «рассудок», «мысль», «изречение» или от сложения γῆ + νομός, где γῆ — «земля», а νομός — «местопребывание», «жительство»].

ГНУ, нескл. м. и ж. — «жвачное животное африканского происхождения, напоминающее зубра, разновидность антилопы», Connochaetes gnou (белохвостый гну). В русском языке — с 1-й пол. XIX в. (Плюшар, XIV, 1838 г., 308). ▫ Международное: франц. gnou; англ. gnu; нем. Gnu и т. д. Первоисточник — бушменское название этого животного: nju.

ГНУС, -а, м., собир. — «мелкие летающие жалящие насекомые (мошкара, комары, слепни)». Сюда же гну́сный, -ая, -ое — «мерзкий», «отвратительный», «вызывающий чувство гадливости»; отсюда гну́сность, гнуша́ться. Блр. гнюсны, -ая, -ае. В укр. отс. [ср. паску́дний, -а, -е, мерзо́тний, -а, -е — «гнусный», гребува́ти — «гнушаться» (при по́гань — «гнус»)]. Ср. болг. гну́сен, -сна, -сно, гнусна́в, -а, -о, гнѣ́сен, -сна, -сно — «гнусный», гнусота́, гнуся́ се — «гнушаюсь», гнусу́вам се (Мла-

денов, 103) [но насекомн, гад — «гнус»]; с.-хорв. гну̑сан, -сна, -сно, гну̑сно̑ст, гну̑шати се; чеш. hnusný, -á, -é, hnusnost, hnusiti si; ср. hnus — «отвращение», «омерзение» (ст.-чеш. hnis, из *hňus); польск. gnuśny, -a, -e — «ленивый», «подлый», gnuśność — «праздность», «леность», gnuśnieć — «лениться», gnus — «лентяй», «трус». Др.-рус. (с XI в.) гнусъ — «мерзость», «все, что внушает отвращение, омерзение», также «грязь», «нечистота», «гадость», гнусьнъ, гнусьный, гнусъ, *гну́сый — «гнусный», гнусити(ся), гнушати(ся) — «испытывать отвращение», «ненавидеть», «гнушаться» (Срезневский, I, 525, 526). Ст.-сл. гно́усъ, гнѫсънъ, также гнѫсьнъ, гно́ушати сѧ и гнѫшати сѧ. ▫ Слово в этимологическом отношении неясное (неустойчивый вокализм корня, отсутствие изменения s > ch после u, мягкость n в некоторых слав. яз.). Сопоставительные данные спорны. Сопоставляют с лит. gniūsai, pl. — «вредные насекомые, паразиты», которое является заимствованием из белорусского (Fraenkel, 159). Кроме литовского, сопоставляют обычно с др.-исл. gnūa — «тереть» (совр. норв. gnu — тж., диал. gnua — «тереть», «щемить»), др.-в.-нем. nūan — тж., греч. χναύω — «грызу», «жую», восходящими к и.-е. базе *ghneu- (Pokorny, I, 437). Старшее знач. — «нечто растертое» > «размельченное» > «мелкое», «маленькое». Отсутствие изменения s > ch можно связывать с диалектальной назализацией вокализма в корне на о.-с. почве, мягкость n — с влиянием таких о.-с. слов, как *gnida.

ГНУТЬ, гну — «искривлять что-л. прямое, сближая концы», «придавать чему-л. дугообразную форму». *Возвр. ф.* гну́ться. Итератив -гиба́ть (теперь только с приставками: *за-, пере-, с-* и т. д.). Сюда же ги́бкий, -ая, -ое. Укр. гну́ти(ся); блр. гнуць, гну́цца. Ср. болг. гѣ́на — «гну»; с.-хорв. га̏нути (словен. ganiti) — «сдвинуть с места», «вывихнуть», «взволновать»; чеш. hnouti — «двинуть», «шевельнуть»; словац. hnút' — «шевелить»; польск. giąć, 1 ед. gnę (по аналогии с ciąć при 1 ед. tnę), gibki, -a, -ie, przegub — «сгиб»; в.-луж. hnuć, hibać — «двигать», «шевелить», hibać so — «двигаться», «шевелиться»; н.-луж. gnuś (se) — «гнуть(ся)», gibaś (se) — «двигать(ся)». Др.-рус. гънутися — «склоняться» (Жит. Ниф. XIII в. и др.), гыбатися — «двигаться», «шевелиться» (Жит. Ниф. XIII в.), гъбание — «изгибание», гъбежь — «сгиб» (Срезневский, I, 611, 613, 618). ▫ О.-с. форма слова *gъnǫti (< *gъbnǫti), итератив *gybati. О.-с. корень *gъb- и *gyb-. На почве отдельных славянских языков *gъb- > gb- > g-. Ср. рус. усну́ть < др.-рус. усну́ти < о.-с. *usъpnǫti при *usypati. Определение и.-е. базы представляет известные трудности. М. б., это было *geubh- «гнуть», «сгибать». Тогда можно было бы сопоставить славянские данные с лит. gaũbti — «гнуть», «выгибать», gúbti — «гнуться», «изгибаться»; латыш. gubāt — «идти согнувшись», gubātiēs — «изгибаться»; др.-прус. dwigubbus — «двойной», «двоякий». За пределами балтийской группы надежных соответствий не имеется. Но и.-е. корень мог бы в данном случае быть и *bheug- (*bhug-) с тем же знач., причем пришлось бы предположить, что на славянской почве произошла перестановка согласных: bh : g > g : bh, что, вообще говоря, предполагать допустимо. Ср. укр. бгáти — «вить» (о гнезде), «свертывать» [< *бъгати, где бъг- можно возводить к о.-с. *bъg- < и.-е. *bhŭg-, хотя можно объяснить и без этого предположения: < гъбати (XIV в., КСДР)], отсюда бгáний, -а, -е ««свернутый», бгáнка — «складка». Первоначальный порядок согласных сохраняется в других и.-е. языках. Ср. латыш. baugurs — «бугор» (< «искривление»); гот. biugan — «гнуть», др.-в.-нем. biogan (совр. нем. biegen) — «гнуть», bougen (совр. нем. beugen) — «сгибать»; др.-инд. bhujati — «сгибает», «искривляет», прич. прош. вр. bhugna-; ср. bhujaḥ — «рука», «ветвь».

ГОВЕ́ТЬ, гове́ю — «у верующих — поститься и посещать церковные службы, приготовляясь к исповеди и причастию в установленные церковью сроки». *Отглаг. сущ.* **гове́ние**. Ср. **разгове́ться**. Сюда же **благогове́ть**. Укр. говíти тж.; блр. гавéць; болг. говéя — «говею», а также (обычно лишь о молодой женщине в отношении свекра и свекрови) «молчу в знак уважения и почтения». Ср. с.-хорв. (устар.?) gòveti (góvjeti) — «угождать»; чеш. hověti — «способствовать», «потворствовать», «соответствовать», «поддаваться», hověti si — «отдыхать», «нежиться»; словац. hoviet' — «нежить кого-л.», «баловать кого-л.»; в.-луж. howić — «быть полезным», «прислуживать», «служить». Др.-рус. (и ст.-сл.) говѣти — «благоговеть», «снабжать», «воздерживаться» (в пище) > «поститься» (Срезневский, I, 533). ◻ О.-с. *gověti — «выражать почтение, преданность» > «благоговеть», «угождать» > «воздерживаться» (в пище и пр.) > «поститься». Обычно сопоставляют с латин. faveō — «благоволю», «проявляю благосклонность», «благоговейно молчу» [предполагается при этом, что faveō, favēre из *foveō, fovēre (корень *fou-)]; др.- и скан. исл. gá (произн. ğau:) [< *gawōn] — «обращать внимание», «следить», «искать»; др.-исл. gaumr (совр. исл. gaumur) — «внимание»; гот. gaumjan — «замечать», «обращать и оказывать внимание»; др.-в.-нем. goumen — «оказывать внимание», «заботиться», «охранять». И.-е. корень мог бы быть *ghou̯(ē)- — «замечать», «обращать внимание» (в латинском начальное f возможно и из и.-е. gh в положении перед u̯ или ou̯). Так — Pokorny, I, 453. Другие этимологи предполагают и.-е. *gʷhou-, что, пожалуй, более вероятно (в языках германской группы и.-е. gʷh могло дать и g). Лит. gavéti «поститься» — из русского.

ГО́ВОР, -а, *м.* — 1) «многоголосый шум», «гомон»; 2) «звуки разговора, речи нескольких лиц, когда отдельные слова неразличимы»; 3) «манера говорить, характерная для того или иного человека»; 4) *лингв.* «местная разновидность (устного) народного языка», «язык деревни, села, группы селений». *Прил.* **говорнóй, -áя, -óе** — «похожий на устную речь». *Глаг.* **говори́ть**, отсюда **говорли́вый, -ая, -ое, говору́н**. Укр. гóвір (но в 1 знач. чаще гáмір : гóмін), говорли́вий, -а, -е, говíрний, -á, -é, говори́ти, говору́н, говори́льня; блр. гавóрка (но во 2 знач. чаще гамóнка; в 1 знач. — гóман; как лингв. термин — гýтарка), гавары́ць, гаваркí, -áя, -áе, гаварýн, гаварыльня. Ср. болг. гóвор (знач. — как в русском; также «дар речи»), говóря — «говорю», гóворен, -рна, -рно; с.-хорв. гȍвор — «(ораторское) выступление», «дар (способность) речи» и лингв. «говор», **говòрити** — «говорить», «произносить речь», гȍворни, -а̄, -ō — «речевой», «разговорный», говòрлив, -а, -о, также гȍворнӣк — «оратор»; чеш. hovor — «разговор», «речь», hovořiti — «разговаривать», «говорить» (ср. mluviti, říkati — «говорить»), hovorový, -á, -é — «разговорный», hovorný, -á, -é- «разговорчивый», hovorna — «приемная», «телефонная кабина», hovorka — «говорун» (лингв. «говор» — nářečí, dialekt; словац. hovor — «речь», «говор», «разговор», hovorit' — «разговаривать», «говорить», hovorný, -á, -é — «разговорчивый», hovorňa — «приемная»; «телефонная кабина». В польском и лужицких языках представлены другие фонетические варианты этого о.-с. слова: польск. gwar (< *gъvar) — «многоголосый шум», «гомон», gwarny, -a, -e — «шумный», gwara — лингв. «говор», «диалект», «жаргон» («говорить» — mówić, «говорун» — gaduła и пр.); ср. также в.-луж. howrić — «глухо шуметь», «гудеть», «завывать», howrjaty, -a, -e — «гудящий», «шумный». Др.-рус. (с XI в.) **говоръ** — «шум», «гам», «мятеж», **говорити** — «шуметь», «говорить», «разговаривать», **говорьнъ**, **говорьнъ** — «шумный», «мятежный» (Срезневский, I, 530, 531); ср. **говорити** — χατηγορεῖν («порицать кого-л.», «упрекать») [Истрин, III, 226]. *Говор* в лингвистическом смысле — со времени Даля (I, 1863 г., 321). ◻ О.-с. *govorъ [где гов-ъ — суф., как в ст.-сл. стобѣръ — «столб» (корень, как в рус. *стебель*); чеш. sochor — «бревно», «рычаг» (корень — как в рус. *соха*)]. О польск. gwar см. Sławski, 382. Ср. лит. gauti, 1 ед. gauju — «выть» (Nesselmann, 245; в LKŽ отс.) [(с расширенным корнем) gaũsti, 1 ед. gaudžiù — «гудеть», gaudùs — «гудящий», «звонкий»]; др.-в.-нем. gi-kewen — «звать», «кричать», «называть»; др.-англ. clegan — «звать», «называть» (о.-г. *kaujan); греч. γόος — «вопли», «стоны», γοάω — «испускаю вопли, стоны», «рыдаю»; др.-инд. gávate — «звучит», «производит звук». И.-е. корень *gou-. М. б., старшее знач. — «рев» (быка) > «гул», «гудение».

ГОВЯ́ДИНА, -ы, *ж.* — «мясо быка или коровы, употребляемое в пищу». *Прил.* (собств. к *говядо*) **говя́жий, -ья, -ье**. В украинском и белорусском отс.: (о коровьем мясе) укр. **я́ловичина**; блр. **я́лавічына** или (в других случаях) просто **мя́со** (укр. **м'я́со**; блр. **мя́са**). В болгарском также отс. [«говядина» — **гове́ждо** (месо́)], но ср. **гове́до** — «крупное рогатое домашнее животное», отсюда **говеда́р** — «пастух», **гове́жди, -а, -о** — «говяжий». Ср. с.-хорв. **го̀ве̄ђина** : **го̀веђина** — «говядина» при **го̀ведо** — «крупный рогатый скот», **говеда̀р** — «пастух», **го̀веђӣ, -а̄, -ē̄** — «говяжий»; чеш. **hovězina** — «говядина» при **hovado** — «крупный рогатый скот», **hovězí** — «говяжий». Польский язык (единственный из славянских) полностью утратил всю эту группу: ср., в частности, **wołowina** — «говядина». Др.-рус. **говядина** — «мясо говяжье» (Пов. вр. л. под 6472 г.); ср. **говядо** — «бык», «стадо быков», «рогатый скот» (Срезневский, I, 534). Ст.-сл. **говѧдо** — «бык», «вол», прил. **говѧждь**. □ О.-с. *govędo, прил. *govędjь. Ср. латыш. govs — «корова»; м. б., лит. gaujà — «стая»; др.-в.-нем. chuo, ср.-в.-нем. kuo (совр. нем. Kuh); англ. cow (< др.-англ. cū) — «корова» (ср. *ковбой* < англ. cow-boy); латин. bōs, род. bovis — «бык»; греч. βοῦς — «бык»; перс. gāw — «бык»; арм. kov — «корова», др.-инд. (основа) gō- (напр., gauḥ — «бык»). И.-е. корень *gʷou̯-. Ср. еще *говно*. О.-с. суф. -ęd-o во всяком случае необычен.

ГО́ГОЛЬ-МО́ГОЛЬ, -я, *м.* — «сырой яичный желток, растертый и взбитый с сахаром, употребляемый гл. обр. как лечебное средство от кашля, хрипоты и т. п.». *Устар.* **го́гель-мо́гель**. Укр. **го́голь-мо́голь** : **го́гель-мо́гель**; блр. **го́галь-мо́галь**, по-видимому, из русского. Старшее знач. было несколько иное. Ср.: **го́гель-мо́гель** — «сбитый с ромом и сахаром яичный желток, употребляемый для очищения голоса» (СРЯ¹, т. I, в. 2, 1892 г., 835). В еще более ранних примерах «очищение голоса» не играет никакой роли. Ср. у Пущина в «Записках о Пушкине» (1859 г., 56) описание «истории *гоголь-моголя*», относящейся к первым годам лицейского периода: «мы... затеяли в ы п и т ь *гоголь-моголю*. Я достал бутылку рому, добыли яиц, натолкли сахару, и началась работа у кипящего самовара». М. б., и самое выражение *гоголь-моголь* первоначально произносилось несколько иначе. Ср. в «Дневнике» юношеских лет Востокова, в записи от 20-X-1807 г.: «пили *гобель-мобель*» (сб. ОРЯС, LXX, № 6, с. 23). □ Откуда взялось это выражение, чуждое другим языкам? Несомненно, мы имеем здесь дело с таким же рифмованным новообразованием экспрессивной речи, как *фи́гли-ми́гли* [возможно, восходящее к польскому figle-migle; ср. также fik-mik, fert-mert (Sławski, I, 226, 228; Дубровский, 106)], *фо́кус-по́кус* или *фо́кус-мо́кус* и т. п. Вторая, усилительная часть этих выражений не имеет ни самостоятельного употребления, ни своего значения. Что касается первой части, то, если искать объяснения только на русской почве, ее можно поставить в связь, напр., с рус. диал. (олон.) **гого́лька** — «толокно с маслом,

на воде» (Даль, I, 322). Но, принимая во внимание историю этого слова, надо полагать, что это выражение не народного происхождения, что оно возникло в условиях городской, столичной жизни определенных кругов молодежи, и поэтому, пожалуй, правильнее рассматривать его (в первой его части) как заносное, из западных стран. Ср., напр., англ. guggle (произн. гӧг'-гл) — «булькать», «бульканье», «производить звук, подобный течению воды из бутылки» (Александров, 329).

ГОД, -а, *м.* — «период времени в 12 календарных месяцев (365 или 366 дней), соответствующий одному обороту Земли вокруг Солнца». *Прил.* **годово́й, -а́я, -о́е** (отсюда **годовщи́на**), **годи́чный, -ая, -ое**, **годова́лый, -ая, -ое**. *Сущ.* **годи́на** — «пора, время, ознаменованные какими-л. важными событиями»; *поэт., устар.* «год». Укр. **годи́на** — «час», «пора», «хорошая погода», **годи́нний, -а, -е** — «часовой», **годи́нник** — «часы» (ср. **рік**, род. **ро́ку** — «год»); блр. **гадзі́на** — «час», **гадзі́ннікавы, -ая, -ае** — «часовой», **гадзі́ннік** — «часы»; болг. **годи́на** — «год», **годи́шен, -шна, -шно** — «годовой», **годи́шнина** — «годовщина»; с.-хорв. **го̀дина** — «год», **го̀дишњӣ, -ā̄, -ē̄** — «годовой», **го̀дишне, го̀дишњица** — «годовщина», но также **го̑д** — «праздник»; словен. god — «удобное время», «праздник»; чеш. hodina — «час», hodinky — «часы» (обычно карманные), hodinář — «часовщик», но также hod — «праздник» (год — rok); польск. godzina — «час» («год» — rok), но gody — «пиршество», «празднество», «святки». Др.-рус. (с дописьменной поры) **годъ** — «год» (Р. прав. и др.), но также «время» (Остр. ев.), «срок» (Р. прав.), «возраст» (Ефр. Крм.), **година** — «год», «час», «время», **годищьный** — «годовой» (Срезневский, I, 536—537, 534). Ст.-сл. **годъ** — «час». Закрепление знач. «год» за словом *год*, терминологизация его относится ко времени после XVI в. Произв. *годовой*, *годичный* (< **годищьный**), *годовщина* и др. — поздние. Но Поликарпов (1704 г., 75) уже отм. *годовый*, Вейсман (1731 г., 314) — *годовщина*; *годичный* отм. в словарях с 1780 г. (Нордстет, I, 137), *годовалый* — с 1762 г. (Литхен, 131). □ О.-с. *godъ. Ср. в языках германской группы: (с и.-е. ŏ) др.-в.-нем. gi-gat — «соответствующий», «сообразный»; ср.-в.-нем. ge-gate — «товарищ», «супруг» (нем. Gatte — «супруг»); (с и.-е. ō) гот. gōþs — «хороший», др.-исл. gōdr (швед., норв., дат. god) — тж.; др.-англ. gōd (англ. good — тж.; др.-в.-нем. guot (нем. gut) — тж. Т. о., старшее знач. о.-с. *godъ — нечто вроде «доброе (удобное) время», «добрый час», «удобный срок», от корня, знач. которого могло быть «сообразовать(ся)», «соответствовать», «подходить». И.-е. корень *ghedh- (: *ghodh-). См. *годиться*, *годный*, которые исторически являются произв. от о.-с. *godъ.

ГОДИ́ТЬСЯ, гожу́сь — «быть годным, т. е. способным удовлетворять определенным требованиям». Укр. **годи́тися** (1 ед.

ГОД

годжу́ся); блр. гада́іцца; чеш. hoditi se; польск. godzić się; но с.-хорв. го̀diti se — «нравиться», «казаться», «представляться». Без залоговой частицы этот глаг. (в бесприставочном употр.) имеет другое знач.: рус. годи́ть — «медлить», «ждать» (редко, гл. обр. в просторечии и в диалектах); укр. годи́ти — «угождать», «нанимать», «договариваться»; с.-хорв. го̀diti — «нравиться», «быть приятным»; чеш. hoditi — «бросить»; польск. godzić — «договариваться», «нанимать», «достигать соглашения». Др.-рус. (с XI в.) и ст.-сл. годитися — «годиться», «быть достойным», «быть довольным», «случиться»; ср. годити — «угождать» (Срезневский, I, 536, 535). □ О.-с. *goditi, 1 ед. *godjǫ — «делать что-л. в добрый час, разумно, впопад»; отсюда в слав. яз. и «нравиться», и «медлить», и «бросать». Возвратная форма возникла позже, после распадения общеславянского языка и в своем развитии связана с *годный* (см.).

ГО́ДНЫЙ, -ая, -ое — «удовлетворяющий определенным требованиям», «подходящий», «могущий быть полезным». *Кр. ф.* го́ден, -дна́, -дно. *Сущ.* го́дность. Укр. гі́дний, -а, -е «достойный», гі́дність — «достоинство» (ср. годя́щий, -а, -е, прида́тний, -а, -е «годный»); блр. прыго́дны, -ая, -ае (: прыда́тны) — «годный», прыго́днасць; болг. го́ден, -дна, -дно — «годный», го́дност; с.-хорв. устар. го̀дан, -дна, -дно — «пригодный», «подходящий»; чеш. hodný, -á, -é — «достойный», «порядочный», «значительный», hodnost — «должность», «чин»; польск. godny, -a, -e — «достойный», «честный», «досточтимый», godność — «достоинство», «важность», «сан». Др.-рус. (с начала письменности) годьный — «современный», «приятный», «удобный» (Срезневский, I, 539—540). Позже появилось *годность* (отм. уже у Поликарпова, 1704 г., 75). □ Произв. от о.-с. *godъ. Старшее знач. «подходящий по времени», «своевременный». См. *год*, *годиться*.

ГО́ЖИЙ, -ая, -ее, *прост. обл.* — «годный», «пригодный». *Кр. ф.* гож, -а, -е. Ср. приго́жий — «красивый», «миловидный». Укр. го́жий, -а, -е (: приго́жий) — «пригожий», «приятный», «благообразный»; блр. прыго́жы, -ая, -ае «пригожий». В других слав. яз. отс.: польск. hoży, -a, -e — «пригожий» — украинизм. □ Могло бы быть возведено к о.-с. *godjь, -a, -e, *godjьjь, -aja, -eje, от о.-с. *god- (ср. *godъ). Но в ранних письменных памятниках др.-рус. языка не засвидетельствовано. Произв. пригожий — «должный», «пригодный», «приличный» встр. только с XIV в. (Срезневский, II, 1393). Т. о., слово могло быть неологизмом, образованным по модели других, более ранних прилагательных этого типа.

ГОЛ, -а, м., *спорт.* — «очко, выигрываемое командой, забившей мяч (или шайбу) в ворота противника». *Прил.* голево́й, -а́я, -о́е. Укр. гол; блр. гол; болг. гол; с.-хорв. го̑л; чеш. gól : goal (ср. dáti goal — «забить гол») или branka (ср. vstřeliti branku — «забить гол»); польск. gol [: bramka; ср. strzelić (zdobyć) bramkę — «забить гол»]. В русском языке вошло в употр. вместе с другими терминами футбольной игры. Но в словарях отм. лишь с 1933 г. (Кузьминский и др., 309). □ Слово английское: goal (произн. goul) и значит собств. «финишный столб, финиш на состязаниях в беге» [ср. др.-англ. gǣlan — «мешать», «препятствовать» (в частности, друг другу на состязаниях)]. Из английского: франц. goal (ср. but — тж.); нем. Goal; ит. goal; исп. (: goal).

ГОЛА́ВЛЬ, -я́, м. — «пресноводная рыба семейства карповых», Leuciscus cephalus. Иначе голо́вль, -я́, го́ловень, -вня. *Прил.* гола́влевый, -ая, -ое, голо́влевый, -ая, -ое. Укр. го́ловень; блр. галаве́нь. Ср. названия этой рыбы в нек. других слав. яз.: болг. ре́чен кефа́л (< греч. κεφαλή — «голова»), клен; чеш. tloušť kleně. Слово сравнительно позднее, но Поликарпов (1704 г., 75 об.) уже знал это слово как широко распространенное. Встр. в «Повести о Ерше Ершовиче» XVII в. (по сп. Петровского времени): «взял в понятых головля» (Адрианова-Перетц, «Очерки», 149). □ Возникло на восточнославянской, м. б., великорусской почве, от *голова* (эта рыба отличается толстой головой с широким и плоским лбом).

ГО́ЛЕНЬ, -и, ж. — «часть ноги от колена до ступни». *Прост.*, *обл.* голя́шка — тж. *Прил.* голена́стый, -ая, -ое — «с длинными голенями». *Сущ.* голени́ще — «верхняя часть сапога, облегающая голень». Укр. голі́нка : гомі́лка; блр. галёнка; с.-хорв. го̏лен, голе́ница, голе́њача — «голень», «большая берцовая кость»; чеш. holeň (: bérce!) — «голень»; ср. holínka — «голенище», польск. goleń — «голень» («голенище» — cholewa). В совр. болг. отс.: пища́л, пища́лка (от пищя́ — «пищу»), но ср. ст.-сл. голѣнь. Др.-рус. (с XI в.) голѣнь : голень — «голень» (Срезневский, I, 547). □ О.-с. *golenь (ѣ в ст.-сл. и др.-рус., м. б., под влиянием *колѣно* или вообще оно здесь не отличалось устойчивостью). Можно полагать, от о.-с. *golъ, *golъjь [ср. еще у Даля (I, 324): «собств. голень (от *голый*) — передняя часть большой берцовой кости, покрытая одной только кожей без мышцев», с этой точки зрения ср. также: голень — «обнаженная (нижняя) часть деревьев от комля до сучьев»; смол. го́лень — «голик», «веник с обитыми листьями» (ib., 329)].

ГОЛЛА́НДКА, -и, ж. — «комнатная изразцовая печь, служащая только для отопления». Укр. гола́нка (: гру́ба, гру́бка). Ср. блр. гру́ба (Носович, 122) или гру́бка — «голландская печь» [гала́нка — «голландка» (порода коров, кур)]. Болг. хола́ндска пе́чка. С.-хорв. ка́љева пе̏ћ. Ср. чеш. pokojová kamna kachlová — «голландка» (печь), польск. piec kaflowy — тж. В русском языке известно с давнего времени, но в словарях отм. с 60-х гг.: Даль, I., 1863 г.,

ГОЛ

324: *голáнка* — «голландская печь»; ср. там же *голáнка*, сев. — «брюква», даже *голáндцы*, южн. — «обтяжные штаны». *Голландка* — «курица» встр. у Данилевского в романе «Беглые в Новороссии», 1860 г., ч. I, гл. VIII (Соч., V, 72). ▫ От *голландская* (печь, порода). Форма *голанский* > *галанский* употр. с XVII в. Ср. в «Уложении» 1649 г., гл. XVIII, ст. 55, с. 248: «з *галанских* гостей» (там же *галанцы*: «агличеном и *галанцом*»). Возможно, некоторую роль сыграла здесь и народная этимология (влияние прил. *голый*, сущ. *голь*).

ГОЛОВÁ, -ы́, ж. — «часть тела (у человека — верхняя, у животных — передняя), заключающая черепную коробку с мозгом, органы зрения, слуха, обоняния»; *перен.* «руководитель», «начальник». В говорах: «глава семьи», «хозяин» (СРНГ, в. 6, с. 298). *Прил.* головнóй, -áя, -óе, головáстый, -ая, -ое. *Сущ.* головáн. Укр. головá, головни́й, -á, -é, головáтий, -а, -е, головáнь; блр. галавá, галаўны́, -áя, -óе, галавáты, -ая, -ае; болг. главá; с.-хорв. глáва, глáваст(и̑), -а, -о, глáвоња — «голован»; словен. glava, glavnat, -a, -o — «головастый»; чеш. hlava, hlavatý, -á, -é — «головастый», hlaváč — «голован»; словац. hlava, hlavový, -á, -é — «головной», hlaváč — «голован»; польск. głowa, głowiasty, -a, -e — «головастый», głowacz — «голован»; в.-луж. hłowa, hłowny, -a, -e — «головной» (и «главный»), hłowaty, -a, -e — «головастый», hłowač — «голован»; н.-луж. głowa. Др.-рус. *голова* — (с XI в.) «голова», (с XIII в.) «верх, капитель у колонны», «глава, вождь», (с XIII в.) *головьный* — «главный», «первый» (Срезневский, I, 542, 544). Ст.-сл. глава. Некоторые произв. относятся к позднему времени: *головастый* [в словарях — с 1763 г. (Полетика, 94)], *головизна* — с 1780 г. (Нордстет, I, 137), *голован* — с 1847 г. (СЦСРЯ, I, 273). ▫ О.-с. *golva. Ср. лит. galvà — «голова», «глава»; также латыш. galva; др.-прус. gallū — вин. ед. galwan; др.-исл. kollr (совр. исл. kollur) — «куполообразная вершина», «голова»; арм. glux (основа goluko-) — «голова». Возможно, о.-с. *golva сначала значило «голая, лысая голова», м. б., даже «череп». С латин. calva — «череп», по-видимому, этимологически не связано. И.-е. корень *gal- (в данном случае — с расширителем -u̯-), тот же, что в о.-с. *golъ, *golъjь (см. *голый*).

ГОЛОВНЯ́, -и́, ж. — «остаток обгорелого или тлеющего полена. Головéшка — тж. Укр. головня́, головéшка; блр. галавéшка; болг. главня́; чеш. hlaveň; польск. głownia. Но с.-хорв. глáвња «большое полено», «чурбан». Др.-рус. *головьня* [«Поуч. Влад. Мон.»: «Послаcта... брата на *головнѣ*» (на пожарище). — Орлов, «Влад. Мон.», 140]. Форма *головешка* — поздняя [в словарях — с 1762 г. (Литхен, 132)]. ▫ Несомненно, от о.-с. *golva. Но старшее знач. о.-с. golvьnja, вероятно, было не то же, что в совр. русском, а другое. М. б., это было знач. «головное полено, составляющее шапку костра» (ср. знач. этого слова в серб-

ГОЛ

ско-хорватском языке) или, м. б., «летячая *головня* при пожаре, галка» (Даль, I, 325). Кстати, ср. у Даля (ib.): головéшка — «в игре горелки: кто ловит; он стоит в голове, впереди, горит». Относительно *головешка* ср. (с точки зрения словообразовательной) *камешек* (от *камень*), *гребешок* (от *гребень*) и т. п.

ГÓЛОД, -а, м. — «сильная органическая потребность в еде, в пище»; «острый недостаток в продуктах питания как народное бедствие». *перен.* «вообще острая потребность в чем-л.». *Прил.* голóдный, -ая, -ое. *Глаг.* голодáть [у Даля (I, 327) также *голодовáть*]. *Сущ.* голодóвка, голодýха. Укр. гóлод, голóдний, -а, -е, голодувáти, голодóвка, голодувáння; блр. гóлад, галóдны, -ая, -ае, галадáць, галадóўка, галадóўля; болг. глад, глáден, -дна, -дно, гладýвам — «голодую», гладýване; с.-хорв. глȃд (: глȃђа), глáдан, -дна, -дно : глáдни, -а̄, -о̄, гладòвати; ср. штрȃјк глȃђу — «голодовка» (как форма протеста); словен. glad (: lakota), gladen, -dna -dno (чаще lačen), gladováti (чаще lačen biti, lakoto trpeti); чеш. hlad, hladný, hladový, -á, -é — «голодный», hladověti — «голодать», hladovec; словац. hlad, hladný, hladový, -á, -é, hladovat', hladovka; польск. głód, głodny, głodowy, -a, -e, głodować, głodówka; в.-луж. hłód, hłódny, -a, -e, hłódnyć — «голодать»; н.-луж. głod, głodny, -a, -e, głodnuś, głožeś. Др.-рус. *голодъ* (Пов. вр. л. под 6532 г. и др.), (с XIII в.) *голодьнъ*, *голодьный* (Срезневский, I, 545). Ст.-сл. гладъ, гладовати. Глаг. *голодать* в словарях впервые — у Нордстета (I, 1780 г., 138), *голодовка* — «голодное время» — у Даля (I, 1863 г., 326). ▫ О.-с. *goldъ. Слово трудное в этимологическом отношении. Со времени Миклошича, возводившего эту группу к о.-с. *geld- : *gold- (Miklosich, EW, 62), сопоставляют прежде всего — на славянской почве — с ц.-сл. и др.-рус. книжн. жьлдь (др.-рус. *жьлдь?) — «удовольствие», игнорируя разницу в значении. Срезневский (I, 881) отм. жьлдь, но он не знает ни глаг. жьлдѣти — «желать», «требовать», на который также ссылается Миклошич (ib.), ни тем более рус.-ц.-сл. жьлдѣти, на который ссылаются более поздние этимологи. Несомненно, однако, что имеется с.-хорв. глаг. жу̀дети — «жаждать», «страстно желать», который, м. б., восходит к о.-с. *žьldēti. Сопоставительные данные также спорны: лит. gardùs — «вкусный», «лакомый», по Френкелю, относится к другому корневому гнезду (Fraenkel, 136). Чаще всего о.-с. *goldъ связывают с др.-инд. gardháḥ — «жадность», «алчность», «страстное желание», gŕ̥dhyati — «жаждет», «алчет» (Mayrhofer, I, 329: gardháḥ... вероятно, =ст.-сл. гладъ). Колебание r : l в и.-е. языках наблюдается и в некоторых других словах: ср. о.-с. *гусь при лит. lúšis — «рысь» и др.

ГÓЛОС, -а, м. — «звук, звучание, возникающее вследствие колебания голосовых связок в гортани при выдыхании воздуха из легких». *Прил.* голосово́й, -а́я, -бе, голоси́стый, -ая, -ое. *Глаг.* голоси́ть. Укр. го́лос, голосови́й, -а́, -é, голоси́стий, -а, -е, голоси́ти; блр. го́лас, галасавы́, -а́я, -а́е, галасі́сты, -ая, -ае, галасі́ць. Ср. болг. глас — «голос», гла́сов, -а, -о — «голосовой», гласови́т, -а, -о, глася́ — «гласить» (но «голошу» — ви́кам и др.); с.-хорв. гла̏с — «голос», гла̏со̄внӣ, -а̄, -о̄ — «голосовой», гла̏сит(ӣ), -а, -о — «голосистый», гла̏сити — «гласить» (но «голосить»!); чеш. hlas — «голос», hlasový, -á, -é — «голосовой», hlásiti — «сообщать», «докладывать» (ср. naříkati, vřískati — «голосить»); польск. głos — «голос», głosowy, -a, -e — «голосовой», (roz)głośny, -a, -e — «голосистый», głosić — «провозглашать», «разглашать» (но ср. zawodzić, biadać — «голосить»). Др.-русск. голосъ [Срезневский (I, 545) приводит только один пример: из Сл. плк. Игор.; другие случаи относятся к XVI—XVII вв. (см. Виноградова, в. 1, с. 166)]. Ст.-сл. гла́съ. Произв. появились позже. В словарях: голосистый, голосить — с 1-й пол. XVIII в. (Аверьянова, 76), голосовой — с 1847 г. (I, 274: голосовый). ◊ О.-с. *golsъ. И.-е. основа *gal-s(o)- — «призыв», «клич», «крик»; корень *gal- [тот же, что в ст.-сл. гла́голъ (см. глагол]). Ср. лит. gaĩsas — «отзвук», «эхо» (LKŽ, III, 71); др.-в.-нем. kallōn — «говорить», «болтать»; др. (и совр.) исл. kall — «крик», «зов», kalla — «звать», «призывать», «кричать» (ср. совр. швед. kalla — «звать»); норв. kalle — тж.); др.-сканд. — др.-англ. ceallian — «звать» [совр. англ. call — «призывать» (ll в языках герм. группы — из lz < ls)]; осет. хъæлæс — «голос».

ГОЛОСОВА́ТЬ, голосу́ю — «подавать голос (высказывать свое мнение) за или против кого-чего-л. (на собраниях, при выборах и т. п.)». *Сущ.* голосова́ние. Укр. голосува́ти; блр. галасава́ць; болг. гласу́вам — «голосую»; с.-хорв. гла̀сати — «голосовать»; чеш. hlasovati — тж.; польск. głosować. В словарях голосовать впервые — у Даля (II, 1865 г., Приб. 8, с. 1), хотя вошло в разговорный русский язык, возможно, несколько раньше [правда, по словам Сорокина (РСС, 143), ему «п р а к т и ч е с к и не встретилось случаев употребления гл. голосовать ранее 70-х гг.»; по его мнению, «сущ. голосование явилось, видимо, ранее самого гл. голосовать»]. ◊ Происходит от голос в знач. «мнение» (с таким знач. слово голос известно с 1-й пол. XVIII в.). В этом отношении славянские языки не отличаются от некоторых других европейских: ср. лит. balsúoti — «голосовать» (при bál̃sas — «голос»); также: нем. (ab)stimmen — «голосовать» (при Stimme — «голос») и др. М. б., здесь имеет место простое калькирование нем. Abstimmung — «голосование», тогда как глаг. голосовать — в знач. «вотировать», «баллотировать» — возник на русской почве при наличии сущ. голосование (по аналогии: баллотирование — баллотировать), тем более, что похожий глагол (с другим знач. и, м. б., иного происхождения) издавна

употреблялся в народной речи, правда, больше в говорах украинских и белорусских. Ср. укр. галасува́ти (при га́лас — «крик», «шум», «вопль») — «галдеть», «шуметь», «драть горло» [в письменных памятниках украинского языка засвидетельствовано с 1646 г.: галасовати — «кричать» (Тимченко, IC, 502)].

ГОЛУБИ́КА, -и, ж. — «ягодный кустарник семейства брусничных, с лиловато-синими ягодами с голубовато-сизым налетом», Vaccinium uliginosum. Голуби́ца — тж.; стар. голубе́ль. Другие названия: гоноббе́ль : гонобо́ль, дурни́ка : дурни́ца и др. Укр. голуби́ця, голуби́ка, а также голубе́ць, голубе́нь (и буяхи́, лохина́). Ср. блр. буя́к, чаще *мн.* буякі́. В других слав. яз., не знающих слова голубой, отс. Ср. название голубики: болг. че́рни борови́нки, *мн.*; польск. (w)łochynia; чеш. borůvka bažinná, а также (< польск.) vlochyně и т. д. В словарях голубица отм. с 1780 г. (Нордстет, I, 138), но появилось раньше; голуби́ка — с 1799 г. (Гейм, I, 235); голубе́ль — с 1847 г. (СЦСРЯ, I, 275). ◊ Произв. от голубой (см.) Народн. гоно́бль, гонобо́ль — несомненно, следствие искажения и переосмысления: голубе́ль > *голобе́ль > гонобе́ль : гонобо́ль (поскольку голубика иногда употр. как народное лекарственное средство против головной боли как «изгоняющая боль») > гоноббе́ль.

ГОЛУБО́Й, -а́я, бе, — «светло-синий» цвета ясного дневного неба», «лазоревый». *Глаг.* голубе́ть. *Сущ.* голубизна́. Укр. голуби́й, -а́, -é (: блакі́тний, -а, -е; ср. блр. блакі́тны, -ая, -ае). Ср. с.-хорв. го̀лубаст(ӣ), -а, -о — «сизый» [также голу́бија бо̀ја — тж. (досл. «голубиный цвет»)]; словен. golobast, golobje barve; словац. holubí, -ia, -ie — «сизый» (и «голубиный»). Ср. также ст.-польск. (XV—XVI вв.) gołębi, -ia, -ie — «голубиный». Знач. «голубой» выражается в совр. слав. яз. по-разному: болг. светлоси́н, -а, -о; с.-хорв. пла̏в, пла̏ва, пла̏во, плаве̑тан, -тна, -тно : пла̏ветнӣ, -а̄, -о̄; чеш. lazurový, -á, -é, světle modrý; польск. błękitny, -a, -e, niebieski, -a, -ie, modry, -a, -e. Др.-русск. го́луб, голубо́й «оба полъ его (солнца) столпы... голубы, сини» в Никон. л. под 6738 г. и др.; ср. топоним (в Киевской обл.) *Голубый лѣсъ* в Ип. л. под 6695 г.; позже (1582—1583 гг.) голубь — «голубое поле, главный цвет ткани» (Срезневский, I, 546). ◊ Происходит от го́лубь (см.). Образование прил. с твердой основой в рус., укр., с.-хорв. (но не в словац., ст.-польск.), возможно, — под влиянием других цветовых прилагательных: желтый, сивый, серый, черный и др. Относительно неточного соответствия по цветовому значению производного слова (голубой) от производящего (поскольку г о л у б ы х голубей как будто не бывает), ср. у А. Н. Островского (ПСС, XIII, 311): *голубо́й* «иногда то же, что с е р ы й». Ср. также лит. gulbė — «лебедь», от и.-е. корня, значившего «желтый», или еще лучше ср. *белка* из *бѣла вѣверица*.

ГО́ЛУБЬ, -я, *м.* — «птица средних размеров с маленькой головой и широкой грудью, с оперением иногда голубовато-серого или сизого цвета, но вообще очень разнообразным по окраске, обычно с металлическим отливом». Columba. *Прил.* голуби́ный, -ая, -ое. *Сущ.* голу́бка, голубёнок, голубя́тня, голубя́тник. Укр. го́луб, голуби́ний, -а, -е, голу́бка, голубеня́, род. голубеня́ти — «голубёнок», голубни́к — «голубятня», голубʼя́тник — «голубятник»; блр. го́луб, галу́бíны, -ая, -ае, галу́бка, галубяня́, галубя́тня; болг. гъ́лъб, гъ́лъбов, -а, -о, гълъ́бица, гълъбе́, гълъ́бче, гълъба́рник — «голубятня»; с.-хорв. го̏луб, голу̀биңӣ, -а̄, -е̄, голу̀бијӣ, -а̄, -ē, голу̀бица, голу̀бић, голу̀бињāк — «голубятня»; словен. golob, golobji, -e, golobica, golobček, golobnjak — «голубятня»; чеш. holub, holubí — «голубиный», holubice, holoubě, holoubátko, holubník — «голубятня»; словац. holub, holubí, holubový, -á, -é, holubica, holubá, holubínec — «голубятня»; польск. gołąb, gołębi, -ia, -ie, gołąbka, gołębica, gołąbek, gołębnik; в.-луж. hołb, hołbjacy, -a, -e, hołbica, hołbik, hołbjenc — «голубятня»; н.-луж. gołub, gołubica — «голубятня». Др.-рус. (с XI в.) голубь, прил. голубинъ, голубица, голубичь, (в Пов. вр. л. под 6454 г.) голубьникъ — «голубятня» (Срезневский, I, 545, 546). ◻ О.-с. *golǫbь. И.-е. корень *ghel- : *g'hel- — «блестеть», «лосниться» и как цветовое прил.: «жёлтый», «зелёный», «серый», «синий», «голубой» (Pokorny, I, 429). Ср. лит. gelumbė — «фабричное сукно синего цвета для мужских костюмов», а также gulbė — «лебедь»; др.-прус. golimban, вин. ед. — «синий». Сюда же, как полагают, относится латин. galbus (< и.-е. *gh₁lbhos) — «жёлтая птица» и нек. др. Латин. columba (корень col- < и.-е. *gol-) — «голубь» к о.-с. *golǫbь имеет отношение разве что по своему суф. -umb-a. Ср. с словообразовательной точки зрения о.-с. *jastrębъ (см. *ястреб*). М. б., этот суф. — из -n̥-bhis : -n̥-bhos (Holub — Kopečný, 127).

ГО́ЛЫЙ, -ая, -ое — «нагой, обнажённый», «лишённый растительного покрова», «ничем не покрытый»; «чистый, без примесей». *Кр. ф.* гол, гола́, го́ло. *Сущ.* голы́ш, голытьба́, голь. *Глаг., прост.* голи́ть(ся) [обычно с приставками: оголи́ть, заголи́ть и пр.]. В говорах: голина́ — «голое место» (Даль, I, 329); ср. прога́лина (в лесу). Укр. го́лий, -а, -е, голя́к, голо́та — «голь», «голытьба»; блр. го́лы, -ая, -ае, галы́ш, гало́та — «голь», «голытьба»; болг. гол, -а, -о, голя́к — «голяк», «бедняк», голина́ — «голая, не покрытая растительностью земля», голота́ — «нагота»; с.-хорв. го̏, го̏ла, го̏ло: го̏лӣ, -ā, -ō, голи́шав, -а, -о, голи́шавац — «голыш», го̏лица — «голая земля», голина — «нагота», голе́т — «голая, не покрытая растительностью гористая местность»; чеш. holý, -á, -é, holina — «прогалина», holota — «сброд», «голь» (ср. nahač — «голыш», chudina — «беднота», «голь»); польск. goły, -a, -e, golec — «голыш», gołysz — «голыш», «голик», gołota — «нищета», «голяк», golić — «брить бороду». Др.-рус. (с XII в.) голина — «голая земля», (с XIII в.) голъ, голый, также (с XI в.) голѣть : голоть — «лёд» (Срезневский, I, 545, 546). Другие произв. — более поздние: голь — РЦ 1771 г., 102; *голыш* — Нордстет, I, 1780 г., 138; *голытьба́* — САР¹, II, 1790 г., 196 (*голы́дьба*). ◻ О.-с. *golъ, -a, -o, *golьjь, -aja, -oje. На славянской почве ближайшим образом связано с о.-с. *golva (см. *голова́*) из и.-е. *galu̯ā. И.-е. корень *gal-: с расширителем -u̯-: *galu̯- (Pokorny, I, 349—350). Ср. латыш. gāls — «обледенелый», gāle — «ледяная кора (на чем-л.)»; м. б., др.-в.-нем. kalo (о.-г. *kalu̯- < и.-е. *galu̯-), ср.-в.-нем. kal, совр. нем. kahl — «голый»; ср.-англ. calu, calewe — «голый» [совр. англ. callow — «неоперившийся» (птенец)]; голл. kaal — «голый», «лысый» [если в языках германской группы это слово не из латинского языка (ср. латин. calvus — «голый», «лысый»)]. Впрочем, высказывалось и такое предположение, что в индоевропейском праязыке (если таковой когда-нибудь существовал) в начале этого корня допускалась, имела место вариация g : ql.

ГОНГ, -а, *м.* — 1) «ударный муз. инструмент в виде большого металлического (бронзового) вогнутого диска с отогнутыми краями»; 2) «звуковой сигнал, производимый ударами в такой диск или в кусок подвешенного рельса и т. п.». Укр., блр., болг. гонг (с.-хорв. го̑нг); чеш., польск. gong. В словарях отм. с 1-й пол. XIX в. со знач. «ударный музыкальный инструмент (у народов Азии)». См. Плюшар, XIV, 1838 г., 443. ◻ Международное: ит., франц., ит. gong; нем. Gong и т. д. Источник заимствования в Европе — английский язык. В английском — из малайского (gong : egung : agong), а там — из яванского.

ГОНДО́ЛА, -ы, *ж.* — 1) «лёгкая одновесельная плоскодонная венецианская лодка с каютой для пассажиров»; 2) «подвесная лодка (корзина) у воздушного шара, аэростата». Сюда же гондольёр. Укр. гондо́ла, гондольёр; блр. гандо́ла, гандальёр; болг. гондо́ла, гондолие́р; чеш. gondola, gondolier; польск. gondola — «гондола в 1 знач.» («гондола во 2 знач.» — łódka), gondolier. В русском языке слово *гондола* известно с XVII в. Ср., напр., в «Космографии» 1670 г. (138) в рассказе о Венеции: *гундулы*. Ср. в Петровское время: «за *гондолу*... на день по 8 лир», «в колясках, которые поделаны *гондулами*» [«Архив» Куракина, I, 176, 202, 1707 г.; там же (176): *гундуля́р*]. ◻ Международное: ит. góndola — «гондола в 1 знач.» («гондола во 2 знач.» — navicèlla), gondolière; франц. gondole — «гондола в 1 знач.» («гондола во 2 знач.» — nacelle), gondolier; нем. Gondel (в обоих знач.); англ. gondola — тж. Из итальянского (где это слово — диалектизм): góndola, gondolière. Ср. ит. (литерат.) ónda — «волна», ondulare — «колыхаться» (на волнах).

ГОНОРА́Р, -а, *м.* — «денежное вознаграждение по договору за труд, выплачиваемое литераторам, художникам, ученым и т. д.». *Прил.* гонора́рный, -ая, -ое. Укр. гонора́р, гонора́рний, -а, -е; блр. ганара́р, ганара́рны, -ая, -ае; болг. хонора́р; ср. хонору́вам — «выплачиваю гонорар»; с.-хорв. хонòра̄р, хо̀норарнӣ, -а̄, -о̄; ср. хоно̀рисати — «выплачивать гонорар»; чеш. honorář; польск. honorarium. В русском языке появилось сначала в форме *гонорарий* в середине XIX в. В словарях отм. с 1859 г. (Углов, 50). Позже — *гонорар* в словарях впервые — в 1892 г. (СРЯ¹, т. I, вып. 2, с. 856)]. ◻ Ср. франц. (с 1771 г.) honoraires, *pl.*; нем. Honorár. Форма *гонорарий* возникла, возможно, не без польского влияния. Первоисточник — латин. honōrārium — «добровольный дар за понесенные труды», «вознаграждение за услуги», от прил. honōrārius, -a, -um — «почетный», «совершаемый в чью-л. честь» (далее — к honor — «честь», «почесть», «почет»).

ГОНЧА́Р, -á, *м.* — «мастер, изготовляющий из глины посуду и другие изделия». *Прил.* гонча́рный, -ая, -ое. *Сущ.* гонча́рня. Укр. гонча́р; блр. ганча́р. Ср. болг. грънча́р — «гончар», грънча́рски, -а, -о; с.-хорв. гр̀нча̄р — «гончар», гр̀нча̄рскӣ, -а̄, -о̄; гр̀нча̄рница — «гончарня», чеш. hrnčíř — «гончар», hrnčířský, -á, -é; польск. garncarz — «гончар», garncarski, -a, -ie. Др.-рус. (с XI в.) гърньчарь, прил. гърньчарьскыи (Срезневский, I, 617). Форма *гончар*, по-видимому, не ранняя. Срезневский (Доп., 76) отм. *Гончары* как название местности в «Хожении» Игнатия Смольнянина. Как прозвище отм. Тупиковым (113) в АМГ, 1, 75: «Ондрюшка *Гончар*», 1605 г. [ср. там же (116) *Горчар*: «Гаврилко *Горчар*» в «Писц. кн. Новг. пят.», II, 787, 1495 г.]. Прил. *гончарный* в словарях — с 1790 г. (САР¹, II, 201). ◻ О.-с. *gъrnьčагъ: *gъrnьčагь. Произв. от о.-с. *gъrnьcь — «горшок». Из гърньчаръ > горнчар, откуда *гончар* с произв. (вследствие упрощения группы рнч > нч).

ГОРА́, -ы́, *ж.* — «значительная возвышенность, поднимающаяся над окружающей местностью». *Прил.* го́рный, -ая, -ое (отсюда горня́к, го́рница), гори́стый, -ая, -ое, го́рский, -ая, -ое. *Сущ.* го́рец, взго́рье. Укр. гора́, гі́рский, -á, -é — «горный», но (из русского) го́рський, -а, -е — «горский», гори́стий, -а, -е, горя́ний, -а, -е — «гористый» (отсюда горя́нин — «горец», но кавка́зькі го́рці — «кавказские горцы»), узгі́р'я — «взгорье»; блр. гара́, го́рны, -ая, -ае, гары́сты, -ая, -ае, го́рскі, -ая, -ае, го́рац, узго́рак; чеш. hora — «гора», horský, -á, -é — «горный», «горский» (ср. horní — «верхний»), hornatý, -á, -é — «гористый», horal — «горец», pahorek — «взгорье»; польск. góra, górski, -a, -ie — «горный», «горский», górzysty, -a, -e — «гористый», góralski, -a, -ie — «горский», góral — «горец»; в.-луж. hora, hórny, -a, -e, hórski, -a, -e — «горный», horaty, -a, -e — «гористый», horjan — «горец»; н.-луж. gora, gorny, gorski, -a, -e — «горный», goraty, -a, -e — «гористый». В некоторых слав. яз. (южнославянских и словацком) *гора* преимущественно значит «лес»: болг. гора́ — «лес» (*гора* — планина́); словац. hora — «лес» и в некоторых случаях «гора» (ср. vrch — «гора»); с.-хорв. гòра — «гора» (хотя чаще в этом знач. — бр̏до), но также и «лес»; ср. произв. го̀рскӣ, -а̄, -о̄ — «лесной» (в некоторых случаях и «горный»), го́рнат(ӣ), -а, -о, горòвит(ӣ), -а, -о — «гористый», «горный» и «лесистый», гòран, гòрња̄к — «горец»; ср. также гòрњӣ, -а̄, -ē — «верхний»; словен. góra — «гора» (и «лес»), gorski, -a, -о — «горный» (ср. gornji, -a, -e — более высокий», «верхний», gorat, -a, -o — «гористый», goričan, gorjanec — «горец». Др.-рус. (с XI в.) гора — «гора», «верх», горьныи: горьнии — «горный» (ср. горьнии — «высший»), (в Библии по сп. XIV в.) горьскый — «горный» (Срезневский, I, 551—552, 560, 561). Ст.-сл. гора. Прил. *гористый* в словарях отм. с 1704 г. (Поликарпов, 76). Сущ. *горец* — еще более позднее. Встр. у Пушкина в поэме «Кавказский пленник» (1820—1821 гг.): «Меж *горцев* пленник наблюдал...» (ПСС, IV, 99). В словарях — с 1834 г. (Соколов, I, 534). ◻ О.-с. *gora. И.-е. корень *gᵘer-: *gᵘor- — «гора» (Pokorny, I, 477). Ср. лит. nugara — «хребет» (спина) < «горный хребет» [сближение спорное; см. возражения Френкеля (Fraenkel, 510)], girià [> диал. (жем.) girė̃ (с i в корне по ассимиляции с далее следующим суф. i-a)] — «лес» при др.-прус. garian — «дерево»; авест. gaⁱriš — «гора», «горная цепь» (ср. афг. ǵar — «гора»); др.-инд. giríḥ — «гора», «вершина», «высота» (с i в корне из и.-е. ə или по ассимиляции с далее следующим i).

ГОРА́ЗДО, *нареч.* — «значительно», «во много раз» (употр. при ср. ст. прил. и нареч.: *гораздо выше* и т. п.); *устар. и обл.* «очень». *Прил., кр. ф., прост.* гора́зд, -а, -о — «ловок», «способен». *Глаг.* угора́здить. Преимущественно русское. Но ср. укр. гара́зд, неизм. — «хорошо», «ладно», «так и быть»; ср. гара́зд — «благополучие» «счастье», гараздува́ти — «преуспевать», «благоденствовать». Ср. еще чеш. диал. horazditi — «бранить», «роптать». Др.-рус. (с X в.) и ст.-сл. горазъдо, *нареч.* — «искусно», «хорошо», «вполне» (Пов. вр. л. под 6495 г.), от прил. горазъдъ, гораздый — «искусный», «хорошо сделанный», (с XII в.) гораздитися — «преуспевать» (Срезневский, I, 552, 553). Странными являются ранние формы, вроде *горазно* (напр.: «*горазнье* сего напише» в Остр. ев., послесловие) [ib., 553]. Более поздние (с XIII в.) формы без д после з могут быть объяснены как следствие падения глухих (*здн* > *зн*). ◻ Обычно [со времени Миклошича (Miklosich, EW, 73)] объясняют как старое (дописьменного периода) заимствование из гот. (незасвидетельствованного памятниками) *garazds, где ga- — префикс (=нем. ge-), а *-razds — прил. от гот. razda — «речь», «язык». Ср. родственные с готским образования: др.-исл. rǫdd [совр. исл. rödd (dd < < zd)], raust — «голос» (швед. röst — тж.,

203

дат., норв. røst — тж.). Ср. также др. и совр. исл. raus — «болтовня», «пустословие», rausa — «болтать». Первоначальное знач. гот. *garazds, возможно, было «речистый»; отсюда могло бы быть — «искусный в речи» и далее «искусный (вообще)» > «совершенный». Отсюда же, из первоначального знач. «речистый», «многоговорящий», могло развиться и знач. чеш. horazditi — «бранить», «роптать».

ГО́РДЫЙ, -ая, -ое «исполненный чувства собственного достоинства», «сознающий свою силу, значение, превосходство»; «высокомерный». *Нареч.* го́рдо. *Глаг.* горди́ться. *Сущ.* горде́ц, горды́ня, го́рдость. Укр. го́рдий, -а, -е, го́рдо, горди́тися, горді́й, горди́ня, го́рдість; блр. го́рды, -ая, -ае, го́рда, гарды́ня, го́рдасць (но «гордиться» — ганары́цца, «гордец» — ганарлі́вец); болг. горд, -а, -о (с о под влиянием русского произношения?), го́рдо, горде́я се — «горжусь», горделивец, го́рдост; чеш. hrdý, -á, -é, hrdopýšek — «гордец»; словац. hrdý, -á, -é, hrdit' sa, hrdost', hrdoš — «гордец»; в.-луж. hordy, -a, -e, hordźe — «гордо», hordnyć — «гордиться», horduch — «гордец»; ср. hordźeć — «зазнаваться»; н.-луж. gjardy, -a, -e, gjarźiś se — «гордиться», gjardosć. В польск. яз. это прил. почти исчезло, встр. гл. обр. в некоторых говорах, причем в южнопольских с начальным фрикативным h: hardy, -a, -e — «спесивый», «нахальный»; ср. в памятниках письменности XVI в. gardy, -a, -e; совр. общепольск. gardzić — «презирать», «пренебрегать». В южн.-слав. яз. — с.-хорв. и словен. — это прил. значит «гадкий», «уродливый»: с.-хорв. гр̂д, гр̂да, гр̂до (раньше также «гордый»), гр̂дити — «обезображивать», «бранить», гр̂дити се — «уродовать себя, безобразить себя», «браниться»; ср. гр̂делац — «щеголь»; словен. grd — «уродливый», «гадкий». Др.-рус. (с XI в.) гърдъ, гърды́ — «гордый», «важный», «дивный», «строгий», «страшный», гърдѣ — «гордо», гърдитися — «гордиться» (позже гърдѣти — тж.), гърдость — «гордость», гърдыни, гърдыня — тж. (Срезневский, I, 613—615). Ст.-сл. гръдъ, гръдыни. *Сущ.* горде́ц известно с XVIII в. (Нордстет, I, 1780 г., 140). □ О.-с. *gъrdъ, -a, -o, *gъrdъjь, -aja, -oje. В этимологическом отношении не вполне ясное слово. См. литературу вопроса у Славского (Sławski, I, 405—406). Покорный полагает, что старшее знач. о.-с. *gъrdъ было «разборчивый», «придирчивый», «привередливый», отсюда «высокомерный» > «гордый», и относит это слово по корню к и.-е. базе *ghreu-: *ghrəu- (: *ghrd-) — «растирать», «изнурять» (от корня *gher- — «тереть»), с формантом -d (Pokorny, I, 461). К этой и.-е. базе восходят также о.-с. *gruda, *grustь. За отсутствием лучшего объяснения ограничиваемся этими данными, хотя и в семантическом и, пожалуй, фонетическом (-eu- за плавным) отношениях они не вполне удовлетворительны.

ГО́РЕ, -я, ср. «скорбь, тяжелые переживания, связанные с какой-н. бедой, с несчастьем», «беда, несчастье». *Прил.* го́рький, -ая, -ое. *Глаг.* горева́ть. *Сущ.* го́ресть, отсюда го́рестный, -ая, -ое. Укр. го́ре, гірки́й, -а́, -е́, горюва́ти; блр. го́ра, го́ркі, -ая, -ае; болг. го́рък, -рка, -рко — «несчастный», «горестный»; словен. gorje — «горе», «беда», «несчастье», «страдание» (межд. gorje! — «увы!»); ср. gorek, -rka, -rko — «жаркий, «горячий» (также перен.); чеш. книжн. hoře (моравск. hoř) — «горе», «печаль»; ср. horký, -á, -é — «горячий», «жаркий», «знойный»; перен. «горячий», «вспыльчивый». Ст.-польск. (с XV в.) gorze — «горе»; в совр. общепольск. отс. (ср. в том же знач.: zmartwienie, smutek, bieda, nieszczęście). В других совр. слав. яз. также отс. Др.-рус. (с XI в.) горе — «беда», «мука (вечная)», «мучение», горесть — «горе» и «горечь»; прил. горький — «горький» (в прямом и перен. смысле) [Срезневский, I, 554, 559—560)]. *Глаг.* горевать поздний (в словарях впервые — в РЦ 1771 г., 105). □ О.-с. *gorje. Обычно связывают с о.-с. *grěti, *goreti. В отдаленном конечном счете это правильно, но ближайшим образом о.-с. *gorje, по-видимому, связано с прил. ср. ст. *gorjь(jь), *gorjьši, *gorje (к *zъlъ, -a, -o) и в им. ед. является субстантивированной формой, употреблявшейся в восклицательных предложениях [ср. примеры у Срезневского (I, 554): «О, горе вам!», «Горе мнѣ!» и т. д.]. Ср. «О, несчастье!», «Беда!» и т. п. В древнерусском, как и в некоторых других славянских (старопольском), в восклицательных предложениях это слово употреблялось чаще, чем в остальных случаях, первоначально же оно — в качестве сущ. — употреблялось, м. б., только в условиях экспрессии, в эмоциональной речи. С течением времени оно получило новое употр. и новое склонение по типу *morje, *polje. Ср. о.-с. субст. прил. *zъlo. См. горький.

ГОРЕ́ТЬ, горю́ — «подвергаться быстро протекающей химической реакции, сопровождающейся выделением тепла и света», «поддаваться действию огня, уничтожаться огнем». *Прил.* (из прич.) горя́чий, -ая, -ее, горю́чий, -ая, -ее, (отглаг.) горе́лый, -ая, -ое. *Сущ.* горе́лки (игра). Абляут: греть, гарь, жар. Укр. горі́ти, гаря́чий, -а, -е, горю́чий, -а, -е, горі́лий, -а, -е, отсюда горі́лка — «водка»; блр. гара́ць, гара́чы, -ая, -ае, гару́чы, -ая, -ае, гара́лы, -ая, -ае, гара́лка. Ср. болг. горя́ — «горю», гореш, -а, -о — «горячий», гори́вен, -вна, -вно — «горючий»; с.-хорв. го̀рети (gòrjeti) — «гореть», «жечь», го̀рив(ӣ), -а̄, -е̄ — «горючий» (но ср. вру̑ħ, вру̑ħа, вру̑ħе : вру̑ħи, -а̄, -е̄ — «горячий»); словен. goreti, gorljiv, -a, -o; чеш. hořeti — «гореть», horoucí, horký, -á, -é — «горячий», hořlavý, -á, -é — «горючий», ohořelý, -á, -é — «обгорелый»; польск. gorzeć : goreć — «гореть», gorący, -a, -e — «горячий», но palny, -a, -e — «горючий» (ср. paliwo — «горючее»), gorzałka — «водка»; в.-луж. horić — «жечь», «палить», «накалять», horić so — «гореть», «пылать», horjacy, -a, -e — «пылающий», «жгучий», «горящий»; н.-луж. gorjeś — «гореть». Др.-рус. и ст.-сл. **горѣти** (Остр. ев. и др.), др.-рус. **горячий** в знач. «жаркий», «знойный» — только в Сл. плк. Игор. («*горячюю* свою лучю») [Срезневский, I, 561, 562]; в смысле же «раскаленный» — в Пов. вр. л. по Лавр. сп. под 6500 г. («желѣза *горяча*») [Лихачев, I, 84]. Прил. *горючий* в словарях — с 1790 г. [САР¹, II, 262 (со знач. «удобовозгораемый, горѣть могущий»)]. Сущ. *горелка* — «водка» в форме goriulca отм. Р. Джемсом (РАС, 1618—1619 гг., 5 : 54) на Севере. ▫ О.-с. *goréti — «гореть», «жечь». И.-е. корень *gᵘher- (: *gᵘhor- и др.). Ср. лит. gāras — «пар», «угар», «чад», garéti, garúoti — «испаряться», prāgaras — «ад»; латыш. gars — «пар», «дух», garot — «испаряться», garetiēs — «догорать» (о печке); латин. fornus (< *gᵘhornos — «печь», греч. θέρος (с начальным th из и.-е. gᵘh) — «летняя жара», θερμός — «теплый», «горячий»; ср.-ирл. gorim — «согреваю»; нов.-ирл. gor — «жар»; арм. джерм — «теплый»; др.-инд. gharmáḥ — «жара», «зной», «жар» (хинди гар'мū — «жар», «зной»), ghṛṇóti — «горит», «светит(ся)».

ГОРИЗО́НТ, -а, м. — «линия видимого вдали, кажущегося соприкосновения неба с земной или водной поверхностью». *Прил.* **горизонта́льный**, -ая, -ое. Укр. **горизо́нт**, **горизонта́льний**, -а, -е; блр. **гарызо́нт**, **гарызанта́льны**, -ая, -ае. Ср. болг. **хоризо́нт**, **хорнзонта́лен**, -лна, -лно; с.-хорв. **хоризонт**, **хо̏ризо̏нталан**, -лна, -лно; чеш. horizont, horizontální; польск. horyzont (но «горизонтальный» — poziomy, -а, -е). По свидетельству Кутиной (ФЯН), «слово *горизонт* вошло в русский научный язык уже в допетровское время» (51), «по крайней мере с половины XVII в.» (123). Прил. *горизонтальный* употр. с начала XVIII в. [Смирнов, 92, со ссылкой на «Описание артиллерии» Бринка, 1710 г. (перевод с голландского) и «Книгу мирозрения» Гюйгенса (1-е изд. 1717 г., 2-е изд. 1724 г., перевод с немецкого)]. ▫ Ср. франц. (> англ.) horizon — «горизонт», прил. horizontal; нем. Horizont, прил. horizontal. Первоисточник — греч. ὁρίζων, род. ὁρίζοντος (> латин. horīzōn) — «горизонт», «небосклон»; сначала вообще «нечто, ограничивающее наш взор», от глаг. ὁρίζω — «служу границей», «отделяю», «ограничиваю», «определяю границами», произв. от ὁράω — «вижу». В русском языке, возможно, из голландского [hórizon(t) — «горизонт», прил. horizontáal — «горизонтальный»; ср. horizontále lijn — «горизонталь»].

ГОРИ́ЛЛА, -ы, ж. — «самая крупная обезьяна семейства человекообразных, живущая в Экваториальной Африке». Укр. **гори́ла**; блр. **гары́ла**; болг. **гори́ла**; с.-хорв. **гори́ла**; чеш. gorila; польск. goryl. В русском языке известно со 2-й пол. XIX в.: Толль НС, I, 1863 г., 707; позже — Бурдон — Михельсон 1880 г., 249. ▫ Из западноевропейских языков. Ср. франц. (с 1866 г.) gorille, *m.*; нем. Gorilla; ит. gorilla. Первоисточник (в Европе) — поздне-

латин. (научно-латин.) gorilla. Оно восходит к греч. γορίλλαι, *pl.*, слову, употребленному некогда (в V до н. э.) одним карфагенским путешественником, назвавшим так открытую им породу обезьян, которых он принял за «волосатых людей» (Dauzat¹¹, 368; Bloch — Wartburg², 286).

ГО́РЛО, -а, ср. — «передняя часть шеи», «хрящевой канал, являющийся начальной частью пищевода и дыхательных путей». *Прил.* **горлово́й**, -а́я, -о́е, **горла́стый**, -ая, -ое. *Глаг.* **горла́нить**. *Сущ.* **горла́н**. Укр. **го́рло**, **горлови́й**, -а́, -е́, **горла́тий**, -а, -е, **горла́ти** — «горланить», **горла́нь**; блр. **го́рла**, **гарлавы́**, -а́я, -о́е, **гарла́сты**, -ая, -ае, **гарла́ніць** — «горланить», **гарлапа́ніць**, **гарлапа́н** — «горлан»; болг. **гъ́рло** — «горло», «шея», **гъ́рлен**, -а, -о — «горловой», **гъ́рлест** — «горластый»; с.-хорв. **гр̏ло** — «горло», «шея», **гр̏лен**, -а, -о — «горловой», **гр̏лат** — «горластый», **гр̏лити — «обнимать»; чеш. hrdlo — «горло», «шея», hrdelní — «горловой» (но ср. křiklavý, -á, -é — «горластый», hulákati — «горланить»); словац. hrdlo — «горло», «шея», «горлышко (бутылки)», hrdelný, -á, -é — «гортанный»; польск. gardło — «горло», gardłowy, gardlany, -a, -e — «горловой», gardłować — «горланить», gardłacz — «горлан»; в.-луж. hor(d)ło — «зоб», hor(d)łaty, -a, -e — «зобастый»; н.-луж. gjardło — «гортань», «зоб». Др.-рус. (с XI в.) **гърло** — «горло», «гортань», «голос», (с XVI в.) «шея», (с XVI в.) **гърловый** — «горловой», (с XV в.) **гърлистый** — «громогласный» (Срезневский, I, 615, 616). *Горлан*, *горланить* в словарях — с 1780 г. (Нордстет, I, 140). ▫ О.-с. *gъrdlo, где -dlo — суф. Корень *гъr-. На славянской почве ср. о.-с. *žьrati (см. *жрать*). Ср лит. gurklỹs — «зоб», «шейка», «двойной подбородок»; др.-прус. gurcle — «горло». Ср. с удвоением корня латин. gurguliō — «дыхательное горло» (отсюда нем. Gurgel — «горло»), а также, с одной стороны, латин. gurges, *m.* — «водоворот», «пучина», а с другой — vorāre — «пожирать», с закономерными начальными в одних случаях g, в других v. Сюда же относятся греч. βορά — «корм», «пища», βορός — «прожорливый» (с закономерным начальным b из и.-е. gᵘ). И.-е. корень *gᵘer- : *gᵘerə- — «пожирать», «с жадностью глотать» (Pokorny, I, 474—475).

ГОРН¹, -а, м. — «сигнальный духовой музыкальный инструмент с коническим каналом, без вентилей». *Сущ.* **горни́ст**. Укр. **горн**, **горні́ст**; блр. **горн**, **гарні́ст**. Ср. болг. **хорн**, **хорни́ст** (: **тръба́ч**); чеш. horna, hornista. Но с.-хорв. **тру̑ба** — «горн», отсюда **тру́бач** — «горнист»; польск. trąbka, sygnałówka; ср. trębacz — «горнист». В русском языке в словарях — с 1847 г. (СЦСРЯ, I, 280). ▫ Позднее заимствование из немецкого (Horn — «рог» > «горн»; Hornist — «горнист». Ср. название этого музыкального инструмента в других западноевропейских яз.: франц. clairon; англ. bugle и т. д.

ГОРН², -а, м. — 1) «кузнечный очаг для накаливания металла, снабженный поддувалом (мехами)»; «печь для переплавки металлов или обжига керамических изделий»; 2) «нижняя часть доменной печи, где сжигается топливо и собирается расплавленный металл». *Прил.* **горновóй, -áя, -óе.** *Сущ.* **горнúло.** Укр. гóрно, горновúй, -á, -é; блр. гóран, гарнавы́, -áя, -óе. В других слав. яз. в этом знач. отс.; ср.: болг. ковáшка пещ, ковáшко огнúще; с.-хорв. ковачка пећ, ковачко огњиште, топионица; чеш. výheň, tavicí pec; польск. ognisko (kowalskie), palenisko. Но ср. болг. гърнé — «горшок»; с.-хорв. грне — «горячие уголья, покрытые золой в кузнице»; ср. грнац — «горшок». Ср. чеш. hrnec — «горшок», «кринка»; польск. garnek — «горшок». Др.-рус. (с XI в.) гърнъ — «горн», «горнило», гърнило — «горнило», гърньць — «горшок» (Срезневский, I, 616). Ст.-сл. гръмъ, гръмило тж., гръньць — «горшок». □ О.-с. *gъrnъ — «хранилище огня», «жаровня». Корень *гър-, тот же, что в о.-с. *goŕěti, но на иной ступени вокализма; суф. -n- (ср. о.-с. *sta-nъ, *dъg-nъ и др.). Ср. латин. furnus — «хлебопекарная печь», «пекарня». Ср. франц. fourneau — «горн»; ит. fornello — тж. См. *горéть, жар.*

ГÓРНИЧНАЯ, -ой, ж. — «работница, убирающая комнаты и прислуживающая в них (но не на кухне)». Гл. обр. русское. Ср. укр. покоïвка (но возможно и гóрничиа); блр. пакаёўка; болг. чистáчка, слугúня за стáите; чеш. pokojská, služebná, panská; польск. służąca, pokojówka. Прил. *горничный* — «относящийся к горнице» в словарях — с 1771 г. (РЦ, 106). Горничная девушка — у Пушкина (в «Планах»), у него же и как субст. прил. *горничная* («Пиковая дама», «Метель» и др.) [СНП, I, 517—518]. □ Субст. прил. из *горничная девушка.*

ГОРНОСТÁЙ, -я, м. — «небольшой пушной зверь с мехом буровато-рыжим летом, снежно-белым зимой», Mustela erminea; «мех этого зверька». *Прил.* **горностáевый, -ая, -ое.** Укр. горностáй, горностáйовий, -а, -о; блр. гарнастáй, гарнастáевы, -ая, -ае. Ср. чеш. hranostaj; польск. (с XIV в.) gronostaj. В южнославянских иначе; там названия горностая восходят к нем. Hermelin — тж.; болг. хермелúн; с.-хорв. хермèлӣн. Др.-рус. горностáй (Ип. л. под 6668 г., Сл. плк. Игор. и др.), позже (с XV в.) горносталь, горностальный. □ Если рус. (вост.-слав.) *горностай* из **гороностай*, то о.-с. *gornostajь. Но, м. б., и *gornostavъ (?), откуда *gornostavjь, -a, -e. Т. о., др.-рус. горносталь, м. б., из *горноставль. Слово дошло до нас в искаженном виде. Происхождение его неясно. Сближают с нем. названием горностая Hermelin и возводят к предполагаемому др.-в.-нем. *harmes (=род. ед. от harmo — «горностай») zagel — «горностаевый хвост» > «горностаевый мех с хвостами» (!), но для славянских языков слишком натянутое сближение. От др.-герм. названия горностая происходят: франц. hermine; англ. ermine; исп. armiño и др. Объяснения следует искать на славянской почве. Первая часть сложения *gorno- (от *gornъ, -а, -о) по корню, м. б., связана с о.-с. *goŕěti и служила указанием на цвет горностаевого меха летом; суф. (прил?) -n- [ср. о.-с. *сьгnъ (>рус. *черный*, ст.-сл. чръмъ), *solnъ (>рус. *солон*, ст.-сл. слмъ)]; вторая часть — -stáv-jь, по корню родственна о.-с. *stati, *stavъ (ср. рус. *сустав, остов < оставъ*) и др. Т. о., смысл сложения — «существо (зверек) с мехом теплых оттенков цвета». Ср. рус. *горицвет* — «растение с желтыми цветками», Adonis (ср. с.-хорв. гóроцвет — тж.); *горихвостка* — «певчая птичка, семейства дроздовых, прозванная так за рыжий цвет хвостового оперения», Phoenicurus.

ГОРНЯ́К, -á, м. — «горнорабочий». *Прил.* **горня́цкий, -ая, -ое.** Укр. гірни́к, гірни́цький, -а, -е; блр. гарня́к, гарня́цкі, -ая, -ае. Ср. чеш. horník (horňák — «горец»), hornický, -á, -é; польск. górnik, górniczy, -a, -e. В южн.-слав. яз. — от другой основы: болг. рудничáр, миньóр; с.-хорв. рỳдар (но ср. гóрњāк — «горец»). Позднее: в словарях — только с 1935 г. (Ушаков, I, 603: горня́к, горня́цкий). □ Произв. от *горный* — «горнопромышленный», «горнорабочий»; суф. -*як* (-*ак*), ср. *моряк.*

ГÓРОД, -а, м. — «крупный населенный пункт, как правило, являющийся административным и культурным центром областного или районного масштаба». *Прил.* **городскóй, -áя, -óе,** *устар.* **городовóй, -áя, -óе.** *Сущ.* **городúще** — «место, на котором был город», **горожáнин,** *женск.* **горожáнка.** Ср. укр. гóрод, разг., городськи́й, -á, -é (чаще місто, отсюда міськи́й, -á, -é — «городской»), городя́нин — «горожанин»; блр. гóрад, гарадскí, -áя, -óе, гараджáнін; болг. град, грáдски, -а, -о, грáдски жúтел, грáжданин — «горожанин», «гражданин»; с.-хорв. грȃд — «город», «крепость», «зáмок», грȃдски, -ā, -ō, грȃђанин — «горожанин», «гражданин»; словен. grad — «зáмок», «дворец» («город» — mesto); чеш. (и словац.) hrad — «зáмок», «дворец», «кремль», «крепость» [ср. чеш. město (словац. mesto) — «город», отсюда městský (словац. mestský), -á, -é — «городской», měšťan (словац. mešťan) — «горожанин»]; польск. устар. gród — «город» (обычно miasto), grodzki, -a, -ie — «городской» (обычно miejski, -a, -ie); ср. mieszkaniec miasta — «горожанин» (ср. obywatel — «гражданин»); в.-луж. hród — «зáмок», «дворец», hrodowy, -a, -e — «зáмковый», «дворцовый», hrodzán — «житель замка»; н.-луж. grod — «город», «зáмок», «дворец» (ср. město — «город», mesto — «место»). Др.-рус. (с дописьменного периода) городъ — «ограда», «забор» > «укрепление», «крепость» > «город», городьский, горожанинъ (Срезневский, I, 555—556, 558, 559). Ст.-сл. грáдъ, грáдьскыи, грáждамимъ. Прил. *городовой* вошло в употр. позже. Оно часто встр., напр., в «Уложении» 1649 г. (гл. XIX) в смысле «иногородний», «немосковский»: «А которые московские и *городовые* посадские люди были в посадском тягле...» (ст. 28, л. 258 об.); «А которые московские и городовые тягловые люди...» (ст. 29, ib.) и др. *Сущ*. *горожанка* — еще более позднее (отм. в САР¹, II, 1790 г., 303). ▫ О.-с. *gordъ. Старшее знач. — «огороженное место». И.-е. *ghordhos — тж.; база *gher-dh- : *g'her-dh- (корень *gher- : *g'her-) — «охватывать, включая что-л. внутрь», «загораживать». Ср. лит. gařdas — «огороженное место», «стойло», «загон»; гот. gards — «дом», garda — «хлев»; др.-исл. garðr (совр. исл. garður) — «ограда», «двор», «сад»; др.-в.-нем. gart — «круг», «дом», «двор», «ограда», garto (совр. нем. Garten) — «сад»; др.-англ. geard (совр. англ. yard) — «ограда», «жилище», «сад» (ср. и франц. jardin — «сад», восходящее к франк. *gardo = др.-в.-нем. garto); возможно, латин. urbs — «город», если оно из *hurbs < *ghordhos (так по Георгиеву в Indogerm. Forsch., т. 56, с. 198 и сл.); алб. gardh — «изгородь», «ограда», «плетень»; авест. gərᵉda — старшее знач. «дом», «местопребывание»; др.-инд. gr̥háḥ (< gr̥dhá-) — «слуга», «дом», «хозяин дома».

ГОРО́Х, -а, *м.* — «растение семейства бобовых», Pisum sativum; *собир.* «семена, зерна этого растения». *Уменьш.* **горо́шек**. *Прил.* **горо́ховый, -ая, -ое**. *Сущ.* **горо́шина**. Укр. **горо́х, горо́ховий, -а, -е, горо́ши́на, горо́шок**; блр. **гаро́х, гаро́хавы, -ая, -ае, гаро́шына, гаро́шак**; болг. **грах, гра́хов, -а, -о, граше́ц** — «горошек»; с.-хорв. **грах** (не только «горох», но и «фасоль», «бобы»), **гра́шак** — «горох»; словен. grah — «горох», grahov, -a, -o; чеш. hrách — «горох», hrachový, -á, -é, hrášek — «горошек», «горошина»; словац. hrach, hrachový, -á, -é, hrášok — «горошек»; польск. groch, grochowy, -a, -e, groszek — «горошек»; в.-луж. hroch, hrochowy, -a, -e, hróšatko «горошина»; н.-луж. groch, grochowy, -a, -e. Др.-рус. **горохъ** [«Р. Прав.», Простр., Троицк. сп., ст. 7 (Тихомиров, 89)]. Прил. *гороховый* — более позднее образование, известное с XVI в. [«Домострой» по Конш. сп., гл. 49: «лапши *гороховые* и цыженои горохъ» (Орлов, 43)]. ▫ О.-с. *gorchъ (< *gorsъ, с изменением s > ch после r). И.-е. база, возможно, *gher-s- (: *ghor-s-). Ср. лит. garšvà — Aegopodium podagraria, растение, называемое у нас *сныть*: **снить**, даже **снедь** [> чеш. диал. snit' (Machek, ČSJR, 158)], также **дя́глица** (Даль, I, 457), листья которого съедобны; др.-в.-нем. gers (нов.-в.-нем. Giersch) — тж. Ср. также др.-инд. ghárṣati — «трет», «растирает». К и.-е. корню *gher- возводят также латин. furfur (< *for-for) — «стручок», «шелуха»; тохар. B kärweñe — «камень», «косточка». Такое сближение (из авторов этимологических словарей последних лет) допускает Майрхофер (Mayrhofer, I, 358).

ГОРСТЬ, -и, *ж.* — 1) «небольшое количество чего-л. (сыпучего или жидкого), помещающееся в ладони со сжатыми пальцами»; 2) «ладонь и пальцы руки, сложенные так, чтобы можно было ими что-л. зачерпнуть, взять». *Сущ.* **приго́ршня** (< *пригорщня). Ср. укр. **го́рстка** — «пучок» (в знач. «горсть» — укр. и блр. **жме́ня**); болг. **гръст** — «горсть» (но обычно **ше́па**); с.-хорв. **грст** — «ладонь» (и «горсть», но в последнем знач. чаще **ша́ка**); ср. **гр̀тати** — «сгребать» (в кучу); чеш. hrst — «горсть»[ср. hrnouti — «сгребать» (в кучу)]; словац. hrst' — «горсть»; польск. garść — «горсть», «пригоршня», garstka — «горсточка», «кучка» [ср. garnąć (do kupy) — «собирать» (в кучу)]; в.-луж. hors(t)ka — «горсть», «кучка», «пучок»; н.-луж. gjarść, gjarstka — «горсть», «горсточка». Др.-рус. (с XI в.) **гърсть** > **горсть** (Срезневский, I, 617). Ст.-сл. **гръ́сть**. ▫ О.-с. *gъrstь (с основой на -ĭ-) < *grt-t-is или *gr̥st-is. И.-е. корень *ger- (: *gor- : *gr̥- : *gere- — «собирать» (в кучу) [Pokorny, I, 382]. Балт.-слав. основа *gurt-t- (< *gr̥-t- или *gor-t-). Та же база в о.-с. *gъrtati, *gъrtnoti (> *gъrnoti) — «собирать в кучу», «сгребать» (ср. с.-хорв. **гр̀тати**; польск. garnąć). Ср. латыш. gurste — «связка льна». Без расширителя -t- ср. лит. (с удвоением корня) gùrgolė — «куча», «множество», «обоз»; греч. ἀγείρω — «собираю вместе», «накапливаю» (если оно из *n̥-ger-i̯ō) и относится к одной группе с γάργαρα : γέργερα, pl., n. — «множество» (людей), «толпа», ἀγορά — «народное собрание», «базарная площадь» [Фриск (Frisk, I, 290), вопреки Покорному (Pokorny, I, 383), не включает в число возможных соответствий ни латыш. gurste, ни о.-с. *gъrstь].

ГОРТЕ́НЗИЯ, -и, *ж.* — «декоративное садовое и комнатное растение семейства камнеломковых, с шаровидными соцветиями, преимущественно розовой или сиренево-розовой окраски», Hydrangea hortensis, Hortensia opuloides. Укр. **горте́нзія**; блр. **гарта́нзія**. Ср. болг. **хорте́нзия**; чеш. hortensie; польск. hortensja. В русском языке известно (в форме *гортенсия*) с начала XIX в. (встр. в журн. «Вестник Европы» за 1819 г., ч. 106, с. 245). В словарях (в форме *гортенсия*) — с 1834 г. (Соколов, I, 539). ▫ Ср. франц. (с 1808 г.) hortensia, *m.*; нем. Horténsie, *f.*; ит. ortensia. По преданию, название было придумано французским врачом и ботаником Коммерсоном (Commerson), жившим в XVIII в. От латин. hortensius — «садовый», «огородный», от hortus — «сад», «огород», «огородное растение». В русском языке — скорее всего из французского.

ГОРЧИ́ЦА, -ы, *ж.* — 1) «травянистое растение семейства крестоцветных», Sinapis alba (горчица белая), Brassica juncea (горчица сарептская или сизая); 2) «острая полужидкая приправа к пище, изготовляемая из порошка, получаемого из жмыхов горчицы». *Прил.* **горчи́чный, -ая, -ое**, отсюда **горчи́чник** — «кусок бумаги или ткани, покрытый слоем горчицы и употребляемый как медицинское средство», **горчи́чница**. Укр. **гірчи́ця, гірчи́чний, -а, -е, гірчи́чник**; блр. **гарчы́ца, гарчы́чны, -ая, -ае, гарчы́чнік, гарчы́чніца**. Ср. болг. **сина́п** — бот. «горчица» (от греч.

σίναπι — тж.), отсюда **синáпен пластúр** — «горчичник», но (из русского) **горчúца** — «горчица» (приправа); с.-хорв. **слáчица** — «горчица» (растение и приправа), **слáчньак** — «горчичник», **горỳшица** — «горчица» (верно); ср. **гòрчица** — бот. «горчак»; словен. gorčica — «горчица» (растение); чеш. hořčice — «горчица» (растение и приправа), hořčičná náplast — «горчичник»; словац. hořcica — «горчица» (растение и приправа); польск. gorczyca — бот. «горчица», musztarda (< ит. mostarda) — «горчица» (приправа). Др.-рус. (с XI в.) **горьчица** — «горькое зелье» (м. б., «хрен»?), а также «огорченная», «в горе находящаяся» (Срезневский, I, 561). Обычно же это понятие выражалось словами: **горуха** : **горюха**, прил. **горушьный** (Остр. ев. и др.) [ib., 559, 562]. ▫ Произв. (как и **горуха** : **горюха**) от о.-с. *gorьkъjь (> рус. **горький**, см.), которое само от о.-с. *gor- (ср. *goréti). Старшее знач. — «то, что жжет, причиняет горе». Лит. garstyčios — «горчица» заимствовано у славян.

ГОРШÓК, -шкá, м. — «округлый, обычно глиняный сосуд с широким отверстием и выпуклыми боками, суживающийся книзу, служащий для варки и хранения пищи»; «глиняный сосуд для цветов» («сосуд для мочи» (ночной горшок). Прил. **горшéчный**, -ая, -ое, отсюда **горшéчник**. Ср. укр. **горщóк**, род. **горшкá** — «горшок», **гóршик** — тж., **горщá**, род. **горщáти** — «горшочек», **горшковúй**, -á, -é — «горшечный» (но «горшечник» — **гончáр**); блр. **гаршчóк**, **гаршкóвы**, -ая, -ае (но «горшечник» — **ганчáр**). В других слав. яз. иначе: болг. **гърнé**, мн. **гърнéта**, **грéнци**, **грънчáр** — «горшечник», **саксúя** — «цветочный горшок»; с.-хорв. **грнаӡ** (также **лòнаӡ** — собств. «кастрюля»), **сàксија** — «цветочный горшок», **грнчáр** — «горшечник»; чеш. hrnec : hrnek — «горшок», květináč — «цветочный горшок», nočník — «ночной горшок», hrnčíř — «горшечник»; польск. garn(cz)ek, garnuszek — «горшок», garncarz — «горшечник». Др.-рус. *гърщькъ, *гърщьчьникъ. Слова **горшок**, **горшечник** засвидетельствованы лишь с XVI в. [ср. в «Домострое» по Конш. сп., гл. 48: «сковороды и **горьшки**» (Орлов, 47); в списке ОИДР, гл. 42: **горшки** (Забелин, 105)], но **горшьчьць** встр. в Жит. Андр. Юр. XI в. по сп. XV—XVI вв.: «въ **горшечцѣ**» (Срезневский, I, 559). ▫ Учитывая укр. **горщóк**, блр. **гаршчóк**, можно полагать [вслед за Соболевским («Лекции»⁴, 137)], что старейшей формой слова является *гърщькъ. Упрощение щ > ш произошло сначала в косвенных падежах, как в украинском. Ср. такое же ш из щ между согласными в **плюшка** (от **плющ**), **плашма** (при др.-рус. **плащь** — «пластинка») и др. (Соболевский, уп.). Форма *гърщькъ восходит к *gъrstjьkъ от о.-с. *gъrstь. Старейшее знач. — «пригоршня», «ладони, сложенные наподобие сосуда». См. **горсть**, **горн²**, **гончар**.

ГÓРЬКИЙ, -ая, -ое — 1) «имеющий едкий, неприятный вкус (вкус полыни)», «противоположный сладкому»; 2) «несчаст-

ный», «горестный», «бедственный», «тяжелый». Ср. ст. **гóрче**, **гóрше**, **гóрший**, -ая, -ее. Нареч. **гóрько**. Сущ. **гóречь**, **горчúца** (см.). Глаг. **горчúть**, **гóркнуть**. Укр. **гіркúй**, -á, -é, **гíрко**, **гíрший**, -а, -е, **гірш(е)**, **гíркість** — «горечь», **гірчúти**, **гíркнути**, **гірчúця**; блр. **гóркі**, -ая, -ае, **гóрка**, **гóршы**, -ая, -ае, **горш** (или **гóрай**), **гóрыч**, ж., **гарéніц** — «горчить», **гóркнуць**, **гарчýца**; болг. **гóрък**, -рка, -рко — «несчастный», «горестный» (ср. **горчúв**, -а, -о — «горький на вкус», отсюда **горчивинá**, **горчúло** — «горечь»), **горчá** — «горчу», (из русского) **горчúца**; с.-хорв. **гòрак**, -рка, -рко: **гóрки**, -á, -ó — «горький», **гóрчи**, -а, -ē — «горший, более горький» [ср. **гòри**, -á, -ē — «худший» (ср. ст. от **zao**, **zla**, **zlo**), но **горшати** — «ухудшать», **горчúна** — «горечь», **гóрчати** — «горкнуть», «горчить», **гòракнути** — «горкнуть», «горчить», **горýшица** — «горчица»; словен. gorek, -rka -rko — «жаркий», «горячий» (ср. grenek, -nka, -nko — «горький на вкус», отсюда grenkejši, -a, -e — «горший», grenkoba — «горечь», greniti — «наполнять горечью», «делать горьким», gorčica — «горчица»); чеш. hořký, -á, -é, — «горький» [ср. horký, -á, -é — «горячий», ср. horší — «худший», hůř(e) — «хуже»], hořkost — «горечь», hořknouti — «горкнуть», hořčice — «горчица»; словац. horký, -á, -é, horko, horkost', horknút', hořčica; польск. gorzki, -a, -ie — «горький» (ср. gorszy, -a, -e — «худший» (ср. ст. от zły), gorzko, gorycz, gorzknąć, gorczyca — «горчица»; в.-луж. hórki, -a, -e — «горький» (ср. hórši, -a, -e — «худший»), hórko, hórkość, hórkować — «делать горьким», hórknyć «горкнуть»; н.-луж. gorki, -a, -e, gorcejšy, -a, -e — «худший», «горший». Др.-рус. (с XI в.) **горькъ**, **горькый** — «горький» (в прямом и перен. смысле); ср. **горьшии**, **гории** — «худший» [напр.: «Да не **горе** (= «нечто худшее») ти чьто будеть» (Остр. ев., Ио., гл. V, ст. 14; совр. ц.-сл.: «да не **горше**»)]. — Срезневский, I, 559—560; 554. Ст.-сл. горькъ, горни, горьшн, горе. ▫ Произв. от о.-с. глагольного корня *gor- [ср. о.-с. *goréti > рус. **горéть** (см.)]. О.-с. *goréti значило не только «гореть», но и «жечь». Отсюда знач. прил. *gorьkъ, -a, -o, *gorьkъjь, -aja, -oje — «жгучий», «едкий» > «горький». К тому же о.-с. корню восходит прил. ср. ст. со знач. «худший», «злейший» и т. п.: *gorjьjь, *gorjьši, *gorje. Это прил. и нареч. ср. ст. в поздней форме **горший**, -ая, -ее и **горше** получили знач. «более горький». В некоторых слав яз., как это видно из приведенных выше данных, сохраняется также старое знач. «худший».

ГОСПИТÁЛЬ, -я, м. — «лечебное учреждение, больница военного ведомства», «лазарет». Прил. **госпитáльный**, -ая, -ое. Глаг. **госпитализúровать**. Укр. **гóспіталь** (разг. **шпитáль**); блр. **шпітáль**. Ср. польск. szpital (wojskowy). В других слав. яз. ср. болг. **военна бóлница**; с.-хорв. **војна болница**; чеш. nemocnice. В русском языке слово **госпиталь** появилось в начале XVIII в.

в форме *госпиталь* и *гошпиталь* (*шп* вм. *сп*), причем ударение, видимо, было возможно и на конечном слоге (*госпита́лъ*), откуда сокращенная форма *спиталь* : *шпиталь*. Ср. в «Архиве» Куракина (I, 219, 1707 г.): «пошли смотреть по всему *спиталю*», но: «губурнатором над *шпителем*», «состояние того *шпиталя*». Также в ПбПВ, VIII, 32, 1708 г.: «Тех *шпиталев*... не делать». Из более поздних документов: в Указе от 12-IV-1722 г.: «из доходоф на *шпитали* болным...», «из доходоф на *гошпитали* увечным...» (ЗАП, I, 103). Кроме того, см. Смирнов, 92: «отдать в *госпиталъ*» (в «Кн. Устав. морск.», 1720 г., 340), «в *гошпиталѣ*» (в ПСЗ, V, № 2761, 1714 г., 78). ▫ Ср. голл. hóspitaal; нем. Hospitál, разг. Spitál, Spíttel; англ. hospital; франц. hôpital; ит. ospedale. В русском языке, видимо, из немецкого, при польском посредстве. Первоисточник — латин. hospitális (domus) — «странноприимный дом», «больница», от hospes, *pl.* hospites — «гостеприимный хозяин» (см. *господин*). Из того же источника — франц. hôtel [<латин. hospitale (cubiculum); см. *отель*]. Рус. *госпиталь* к латинскому источнику восходит не прямо, а косвенно, при посредстве западноевропейских языков, прежде всего — голландского (форма с *сп* и ударение) [Meulen, NWR, Suppl., 34], а также немецкого (форма с *шп*; сокращенная форма *шпита́ль* начала XVIII в. могла развиться и на русской почве).

ГОСПОДИ́Н, -а, *мн.* господа́, *м.* — 1) *устар., книжн.* «повелитель», «владыка»; 2) «в дореволюционной России — форма вежливого обращения или упоминания (при фамилии или звании) лиц, принадлежащих к привилегированному классу; в настоящее время употр. по отношению к иностранцам»; 3) «работодатель», «эксплуататор», «хозяин», «барин». *Женск.* [от *господь*, см.) госпожа́. *Прил.* (от той же основы, к *господин* в 3 знач.) госпо́дский, -ая, -ое. *Сущ.* (от той же основы) госпо́дство, отсюда господствовать. Ср. болг. господи́н, *мн.* господи́новци и господа́ (= рус. *господин* во 2 и 3 знач.; в 1 знач.— *господа́р*), госпожа́, госпо́дство, госпо́дствувам (= рус. «господствую»); с.-хорв. господин, *мн.* госпо̀да (но госпо̀да̄р — «властелин», «хозяин»), госпо̀дскӣ, -а̄, -о̄, госпо̀ђа : го̏спо̄ја : го̏спа — «госпожа», госпо̀дство — «барство», госпо̀дити — «господствовать», но господовати — «барствовать (и «повелевать»); словен. gospod — «господин», «барин» (и «господь»), gosposki, -a, -o — «господский», gospa — «госпожа», gospostvo, gospodovati. В других слав. яз., включая сюда украинский и белорусский, встречаются лишь остатки этой группы слов. Ср. укр. господи́ня — «хозяйка», «содержательница» [ср. господа́р — «господин» и произв. от него; также пан (дорев., дипл.), володáр — «властелин», «повелитель»]; блр. гаспады́ня — «хозяйка» (но «господин») гаспада́р, пан]; чеш. и словац. Hospodin — «господь», чеш. hospodyně — «хозяйка»; польск. gospodyni — «хозяйка», ст.-польск. (XIII—XV вв.) gospodzin (= pan), (XV—XVI вв.) gospodza (гл. обр. о «матери божьей»). Др.-рус. (с XI в.) **господи́нъ** — «глава семьи», «хозяин-собственник», «супруг», также «принадлежность княжеского (или властителя вообще) титула и заменитель его», **госпожа́** — «супруга», «хозяйка» (также о богородице: «*Госпожа́* наша»), **господыни**, **господьский** — «частновладельческий» (?), также «церковный», «господний», **господьство** — «владычество», также «титул властителя, владыки», **господовати** — «господствовать»; ср. собир. **господа** — «господа-властители», «власти» [склонялось только в ед. ч.: род. *господы*, дат. *господѣ* и т. д. (Срезневский, I, 562—566)]. Как им. мн. от *господин* слово *господа́* (со склонением во мн. ч.) употр. с начала XVII в.: «господам воеводам и дьяком, и дворяном» в «Отписке» П. Ляпунова в Москву о всенародном ополчении 1611 г. ▫ Все слова этой группы являются производными от *господь* (см.).

ГО́СПОДЬ, го́спода, *стар. зват. п.* го́споди, *м.* — «у христиан — бог». *Прил.* госпо́дний, -яя, -ее. Укр. госпо́дь. В белорусском яз. отс. Ср. болг. госпо́д, господе́н, -дна, -дно, устар. госпо́дски, -а, -о — «господний» (ср. господа́рски, -а, о — «господский»); с.-хорв. го̏спо̄д, госпо̏дњӣ, -а̄, -ē (но го̏спо̄скӣ, -а̄, -о̄, от господи́н). Ср. словен. gospod — «господь», gospodow, -a, -o — «господний» (но gosposki, -a, -o — «господский»; чеш. и словац. Hospodin — «господь» (зват. Hospodine! — «господи!»). Др.-рус. (с XI в.) **господь** — «господь» и «господин», **господьнь**, **господьний** (Срезневский, I, 565, 566). Ст.-сл. господь, господьнъ, господьнинъ. ▫ О.-с. *gospodь. Двухосновное, рано подвергшееся сокращению сложное слово, восходящее к *gost(ь)ь-podь, что первоначально (у славян-язычников) могло бы значить «гостеприимный, принимающий чужестранцев хозяин» или нечто близкое к этому (см. *гость*). Вторая часть слова — -podь восходит к и.-е. *potis — «хозяин, глава дома», «супруг». Ср. латин. hospes, *pl.* hospitis (<*hosti-potis) — «хозяин, оказывающий гостеприимство чужестранцам», «чужестранец». В отношении второй части ср. лит. pàts (<patis) — «муж», «супруг», «сам», vieš-pats — «владыка», «государь»; латыш. pats — «хозяин дома», «глава семьи»; гот. -faps (в brūp-faps — «жених», hunda-faps — «сотник», «центурион») — «господин»; латин. potis — «могущий», «могущественный»; греч. πόσις (<*potis) — «супруг»; др.-инд. páti, -m. — «господин», «владыка», «супруг» (хинди пати, *м.* — «супруг»). Конечное -d-ь вм. -t-ь в о.-с. *gospodь объясняют влиянием других слов [напр., по Френкелю, др.-рус. **свободь** — «свободный», «независимый» (Fraenkel, 551)].

ГОСТИ́НЕЦ, -нца, *м.*, *прост.* — «подарок (чаще сласти), обычно привозимый или присылаемый откуда-н. издалека». Укр. гости́нець — 1) «гостинец»; 2) «большая столбовая дорога», «тракт»; блр. гасці́нец — тж.; польск. gościniec — тж.; ср.

чеш. hostinec — «гостиница» («гостинец» — dárek; ср. болг. пода́рък — «гостинец»; польск. podarunek — тж.). Др.-рус. (Р. Прав. и др.) и ст.-сл. гостиньць — «большая дорога» (Срезневский, I, 568); с новым знач. — с XVI в. (КДРС). Старшее знач. — «большая дорога» [ср. в рус. говорах: гости́нец — смол. «большая проезжая дорога» (Даль, I, 342)], отсюда — «добрая весть, подарок с дороги» > «гостинец». ◻ См. *гость*, *гостиница*.

ГОСТИ́НИЦА, -ы, ж. — «дом с меблированными комнатами, предназначенный для временного проживания приезжих людей». *Прил.* гости́ничный, -ая, -ое. Укр. гости́ниця (чаще готе́ль); блр. гасці́ніца. Ср. болг. устар. гости́лница (обычно хоте́л); с.-хорв. го̀стионица (также хо̀тел); чеш. hostinec — «деревенская гостиница» (обычно hotel). Но польск. hotel, gospoda. Др.-рус. (с XI в.) и ст.-сл. гостиница, гостиньница — «гостиница», «больница» (Срезневский, I, 567, 568). ◻ От основы гостин- (от *гость*). См. *гость*, ср. *гостиный*.

ГОСТЬ, -я, м. — 1) «тот, кто посещает, навещает кого-л.»; 2) «в старину — купец, ведущий торговлю с заморскими странами». *Женск.* (к гость в 1 знач.) го́стья. *Прил.* устар. гости́ный, -ая, -ое, отсюда *сущ.* (субст. прил.) гости́ная. *Глаг.* гости́ть. Укр. гість, род. го́стя; го́стя — «гостья», гости́нний, -а, -е — «гостеприимный» (но ср. віта́льня — «гостиная»); блр. госць, го́ся — «гостья», гасці́ная; болг. гост, го́стенка — «гостья», го́стна (ста́я) — «гостиная», го́стувам — «гощу», гоща́вам, гостя́ — «угощаю»; с.-хорв. го̑ст, го̏шћа — «гостья», го̀стински, -а̑, -о̑; ср. гостинска соба — «гостиная»; гостòвати — «гостить», гòстити — «угощать»; словен. gost, gostja, gostinski, -a, -o, gostiti — «угощать»; чеш. host, hostovati — «гостить», но přijímací pokoj — «гостиная»; словац. hosť; польск. gość, gościnny, -a, -e — «гостеприимный», gościć — «гостить»; ср. pokój gościnny — «гостиная». Др.-рус. (с XI в.) гость — «чужеземец», «иноземный купец», «(вообще) купец», гостинъ, гости(нь)ный (прил. к гость — «купец»), гостити — 1) «угощать»; «почитать»; 2) «торговать» (Срезневский, I, 567—570). ◻ О.-с. *gostь (<и.-е. *ghostis). В балтийской группе отс., но ср. гот. gasts — «чужеземец», «гость»; др.-в.-нем. gast — «гость» (совр. нем. Gast — «гость», «гостья»); др.-исл. gestr (совр. исл. gestur) — тж.; латин. hostis — «враг» (первоначально «чужой человек», «чужестранец»). Старшее знач. — «чужестранец», отсюда и «гость», и «купец» (на русской почве), и «враг» (на латинской). См. *гостинец*, *гостиница*.

ГОСУДА́РЬ, -я, м. — «глава монархического государства»; выражение *милостивый государь* — форма вежливого обращения в старой России (с конца XVIII в.). *Женск.* госуда́рыня. *Прил.* госуда́рев, -а, -о. *Сущ.* госуда́рство. Укр. госуда́р, госуда́риня (но «государство» — держа́ва); блр. гасуда́р, гасуда́рыня (но «государство» — дзяржа́ва). Ср. выражение значений «государь», «государыня», «государство» в других слав. яз.: болг. владе́тел, владе́телка, държа́ва; с.-хорв. др̀жава; чеш. panovník, vladař, mocnář — «государь», panovnice, vladařka — «государыня», stát, říše [< др.-в.-нем. rīhhi, ср.-в.-нем. rīch(e), совр. нем. Reich] — «государство»; польск. monarcha — «государь», monarchini — «государыня», państwo, mocarstwo — «государство». Др.-рус. госуда́рь, госуда́рыни — с XIV в. [Срезневский, I, 571—572), госуда́рство — «акт правления» — с XV в. [Воскр. л. под 1478 г., сп. XVI в. (КДРС)], в совр. знач. — с начала XVII в. ◻ Следует заметить, что слово *государь* в рукописных и старопечатных памятниках писалось и печаталось обыкновенно в сокращенном виде, под словотитлом, и поэтому трудно установить на основании этих данных, когда вошла в общее употр. форма *государь* вм. *господарь*. Возможно, это произошло не раньше XVI в. Примерно то же можно сказать и о слове *государство* (< *господарьство*). Слово *господарство* дважды встр. в «Уложении» 1649 г., гл. XX, ст. 35, с. 271: «в иное *господарство*», «ис того *господарства*» [обычно г͡дар(ь)ство]. О.-с. *gospodarь — «господин», «владыка». Ср. укр. господа́р — «хозяин», блр. гаспада́р — тж.; болг. господа́р — «господин», «хозяин»; с.-хорв. госпо̀да̄р — «господин», «хозяин» и «государь»; чеш. hospodář — «хозяин»; польск. gospodarz — тж. Рус.-ц.-сл. (с XI в.) господарь — «господин», «хозяин», позже (с XIV в.) «государь»; произв. господары́ни — «жена государя» — у Аф. Никитина (XV в.) [Срезневский, I, 563]. Произв. господар(ь)ство Срезневским не отм., но оно было известно, по крайней мере, в XVII в. (см. выше). Появление формы *государь* вм. *господарь* едва ли можно объяснить только на фонетической почве: видимо, здесь не обошлось без влияния основы *суд-* (*государь* — «верховный *судья*»).

ГРА́БИТЬ, гра́блю — «захватывать, присваивать чужое, применяя насилие». *Сущ.* грабёж, граби́тель, граби́ловка. Укр. грабува́ти, грабі́ж, грабі́жник — «грабитель», блр. гра́біць, грабёж, грабе́жнік; болг. гра́бя, огра́бвам, грабёж, граби́тел; с.-хорв. гра̀бити — «хватать» «забирать себе» («грабить» — пља̀чкати), а также «сгребать граблями», «зачерпывать», гра̀бёж», гра̀билац — «грабитель», гра̀бљив(и̑), -а̄, -о̑ — «хищный», гра̀бљивац — «хищник»; словен. grabiti «захватывать себе», «загребать», «грабить» (но в последнем знач. чаще pleniti, ropati), grabež — «грабитель», «жадный к деньгам», также grabljivec; польск. grabić — «грабить» [и «сгребать граблями» (сено)], grabież, grabieżca — «грабитель». В чеш. яз. знач. «грабить» выражается иначе: loupiti, pleniti (ср. польск. łupić — тж.), но ср. hrabivý, -á, -é — «хищный» hrabivec — «грабитель», «хищник», hraboš — «полевая мышь», перен. «грабитель», «хищник»; ср. hrabati — «грести, сгребать» (сено), «загребать»; словац. hrabat' — «сгребать», «рыть». Др.-рус. (с XI в.) и ст.-сл. грабити, 1 ед. граблю — 1) «грабить», «расхищать»; 2) «напрягать силы» (?), грабитель, (с XIII в.) грабежь (Срезневский, I, 573—574). Старое ударение в сущ. — *грабеж* (см. Поликарпов, 1704 г., 77 об.). Самое позднее из производных — *грабиловка* (Ушаков, I, 1935 г., 611). □ О.-с. *grabiti, 1 ед. *grabjǫ — каузатив к *gre(s)ti, 1 ед. *grebǫ. Старшее знач. — «сгребать что-л.» (к себе); но и знач. «схватывать» > «грабить» уже существовало в о.-с. эпоху. Ср. развитие знач. «рвать» из знач. «рыть» (см. *рвать* и *рыть*). В ближайшем родстве: лит. gróbti — «хватать», «захватывать» при grẽbti — 1) «сгребать граблями»; 2) «грабить»; нем. grapsen — «цапать»; англ. grab — «захватывать», «схватывать», grapple — «схватывать», «сцепиться»; швед. grabba — «схватывать», «хватать»; др.-инд. (основа) grah-, вед. grabh-; ср. gŗbhņāti — «захватывает», «схватывает», «завладевает», «отнимает».

ГРАВИЙ, -я, м. — «рыхлая осадочная горная порода в виде мелких камешков, употребляемая в строительных и дорожных работах». Укр. гра́вій (: рінь, жорства́); блр. гра́вій. В других слав. яз. отс. Ср. в том же знач.: болг. е́дър пя́сък; чешск. hrubý písek; польск. żwir. Позднее; в словарях с 1803 г. (Яновский, I, 633). □ В русском языке — из французского (gravier — «гравий», произв. от ст.-франц. grave — тж. < галльск. *grava — «камень») или из английского (gravel < франц. gravier). В других западноевропейских языках иначе: нем. Kies; ит. ghiaia; исп. arena, gruesa; швед. grus и т. д.

ГРАДУС, -а, м. — 1) «единица измерения температуры (воздуха, тела и пр.)»; 2) «единица измерения плотности (крепости), давления и т. п.»; 3) «единица измерения угла или дуги, равная 1/360 окружности». *Прил.* гра́дусный, -ая, -ое (обычно в сложениях с числительными: сорокагра́дусный и др.), отсюда гра́дусник. Укр. гра́дус, гра́дусний, -а, -е, гра́дусник; блр. гра́дус, гра́дусны, -ая, -ае, гра́дуснік; болг. гра́дус, гра́дусов, -а, -о — «градусный» (но «градусник» — термоме́тър); с.-хорв. гра̑д (нем. Grad), но чаще сте́пен (ср. тѐрмо̀метар — «градусник»). В зап.-слав. яз. отс.: чешск. stupeň («градусник» — teploměr); польск. stopień («градусник» — ciepłomierz, termometr). В русском языке слово *градус* известно с начала XVIII в. со знач. «ступень», «степень», «чин». Ср. в «Архиве» Куракина (I, 135, 1705 г.): «с генералы-статы сидит... в равном *градусе* выбранной министр»; в ПбПВ, V, № 1623, 1707 г., 124: «о возвышении вашем (Апраксина) на его (покойного адмирала) *градус*». Об употр. слова *градус* для научного термина см. Кутина, ФЯН, 135 (Геогр. 1710 г.) и Кутина, ФТФ, 176 (Примечания в Ведомостях, 1734 г.). Ср. в трудах Ломоносова по физике и химии 1762—1763 гг. (ПСС, IV): «радиус 57 *градусов*» (420); «*градус* долготы» (450); «оба термометры разделены на *градусы*» (449). В словарях *градус* — с 1780 г. (Нордстет, I, 143), произв. — с 1847 г. (СЦСРЯ, I, 287: *градусник, градусный*). □ Ср. нем. (как и в других языках германской группы) Grad, *m.* — «градус» («градусник» — Thermometer, *n.*); ит., исп. grado; но франц. degré; англ. degree. Первоисточник — латин. gradus — «шаг», «ступень», «степень», ср. gradior — «шагаю» (по корню родственно с о.-с. *grę̨sti, 1 ед. *grędǫ). В русский язык пришло из украинского [где оно употр. уже в XVII в. (Тимченко, IC, 646)] со знач. «ступень», «степень», «чин», а в украинском — из латинского.

ГРАММ, -а, м. — «единица веса в метрической системе мер, одна тысячная часть килограмма». *Прил.* граммо́вый, -ая, -ое (обычно в сложениях с числительными: пятиграммо́вый и др.; ср. также килогра́ммовый). Укр. грам, -грамо́вий, -а, -е; блр. грам, -гра́мавы, -ая, -ае; болг. грам; с.-хорв. гра̑м; чешск. gram, gramový, -á, -é; польск. gram. В русском языке слово *грамм* известно с начала XIX в. Яновский (I, 1803 г., 635) отм. *грамма* — «название нового французского веса (=0,001 кг)». В совр. форме — у Плюшара (XV, 1838 г., 70). В общее употр. это слово вошло с 11-IX-1918 г., когда был обнародован декрет СНК РСФСР о введении в России международной метрической системы мер и весов (ДСВ, III, 306). □ Восходит (в совр. знач.) к франц. gramme, *m.* [эпоха Французской революции (декрет Конвента от 3-IV-1793 г.)]. Из французского: нем. Gramm, *n.*; англ. gram(me); ит. grammo; исп. gramo и др. Первоисточник — греч. γράμμα — «черта», «знак числа», «письменный знак», «запись», «письмо» (произв. от γράφω — «царапаю», «черчу», «пишу»). Спец. знач. греч. γράμμα получило на позднелатинской почве: ср. латин. фарм. gramma — «1/24 часть унции» [ср. у Яновского (уп.) *грамма*].

ГРАММА́ТИКА, -и, ж. — «раздел языкознания — наука об образовании и изменении слов и соединении слов и строении предложений»; «описание системы, строя и основных правил какого-л. языка». *Прил.* граммати́ческий, -ая, -ое. Укр. грама́тика, грамати́чний, -а, -е; блр. грама́тыка, граматы́чны, -ая, -ае; болг. грама́тика, граматичен, -чна, -чно; с.-хорв. грама̀тика, грама̀тички, -а̑, -о̑; чешск. gramatika, gramatický, -á, -é; польск. gramatyka, gramatyczny, -a, -e. Др.-рус. (с XI в.) граматикия, позже грамотикия (Срезневский, I, 578, 584; Доп. 79). Ст.-сл. граматикнѧ. Совр. форма (но с другим ударением) — в грамматике церковно-славянского языка Мелетия Смотрицкого, по московскому ее переизданию 1648 г. (45): «Что есть *грамматика*. Есть известное художество, благо и глаголати и писати учащее. Колико есть частин *граммати́ки*: четыри». В словарях (с тем же ударением) — с 1704 г. (Поликарпов, 78: *грамматика* и «*грамма́тическим* образом»). □ Нем. Grammatik; ит. grammatica; исп. gramatica, но ср. франц. grammaire (< латин. grammatica); из франц. — англ. grammar. Первоисточник — греч. γραμματική (τέχνη) — «искусство правильного писания и чтения»; форма γραμματική — прил. ж. р. при τέχνη, *f.* — «мастерство», «искусство», «умение», γραμματικός — «умеющий правильно читать и писать», «преподающий τὰ γράμματα (письменность)» (*мн.* от γράμμα, *п.* — «письменный знак», «буква»). Отсюда латин. grammatica — «учение о словесности», «филология». Др.-рус. граматикия восходит к греч. γραμματική (позднее произн. grammatikí). Форма *грамматика* усвоена из латинского языка, возможно, при посредстве наших юго-западных грамматистов.

ГРА́МОТА, -ы, *ж.* — 1) «умение читать и писать»; 2) «официальный документ»; 3) «памятник деловой письменности». *Прил.* (от *грамота* в 1 знач.) **гра́мотный**, -ая, -ое, отсюда **гра́мотность**. *Сущ.* **грамоте́й**. Укр. гра́мота, гра́мотний, -а, -е, грамоті́й, гра́мотність; блр. гра́мата, грамаце́й (но ср. письме́нны, -ая, -ае — «грамотный», письме́ннасць — «грамотность»). Ср. болг. гра́мота — «грамота во 2 знач.», грамо́тен, -тна, -тно — «грамотный», грамо́тност — «грамота в 1 знач.», «грамотность». В других слав. яз. отс. Ср. с.-хорв. пи́сменост — «грамота», «грамотность», пи́смен, -а, -о — «грамотный», по́веља — «грамота», «булла», «хартия», по́хвалница — «похвальная грамота»; чеш. znalost čtení a psaní (также gramotnost) — «грамота в 1 знач.», listina — «грамота во 2 и 3 знач.»; польск. czytanie i pisanie — «грамота в 1 знач.» (в других знач. — akt, list). Др.-рус. (с XI в.) и ст.-сл. **грамота** — 1) «письмена», «азбука»; 2) «грамота», «письменность»; 3) «грамота», «деловая бумага»; отсюда **грамотей** — «писец», «писарь» (Иос. Флав. В. Иуд.); (с XIV в.) **грамотьный** — прил. к **грамота** в знач. «деловая бумага», позже (с XV в.) — в совр. знач. (Срезневский, I, 578—579, 584). ▫ Одно из ранних заимствований из греческого: ср. греч. γράμματα (*pl.* от γράμμα — «черта», «письменный знак», «буква») — «письмо», «письменность», «книга». Ср. заимствование формы мн. ч. и употр. ее как формы ед. ч.: **рельс** (< англ. rails), **клапан** (< нем. Klappen) и др.

ГРАНА́Т¹, -а, *м.* — «южное плодовое растение (кустарник или небольшое дерево)», Punica granatum; «плод этого растения, крупный, с темно-красной, иногда красноватой или желтоватой кожурой, наполненный семенами с сочной кисло-сладкой мякотью». *Устар.* **грана́та**. *Прил.* **грана́товый**, -ая, -ое. Укр. грана́т, грана́товий, -а, -е; блр. грана́т, грана́тавы, -ая, -ае; с.-хорв. гра̀на̄т; польск. granat, granatowy, -a, -e; но чеш. granátové jablko (плод; «гранатовое дерево» — marhaník). Ср. болг. **нар** (< турец. nar — «гранат» < «огонь»). В словарях — с 1790 г. (САР¹, II, 319); в более ранних словарях — лишь *гранатовое дерево* (Литхен, 1762 г., 139). ▫ Ср. франц. grenade; исп. granada. В некоторых западноевропейских языках в этом

знач. употр. сложные образования: нем. Granatapfel; англ. pomegranate; ит. melograno — «гранат» (дерево), melograna — «гранат» (плод). В русском языке — видимо, из немецкого. Первоисточник — латин. grānātum (mālum) — букв. «зернистое (яблоко)» (grānātus — «зернистый», grānum — «зерно»). См. *граната*.

ГРАНА́Т², -а, *м.* — «драгоценный камень, обычно густо-красного, иногда почти черного цвета». *Прил.* **грана́товый**, -ая, -ое. Укр. грана́т, грана́товий, -а, -е; блр. грана́т, грана́тавы, -ая, -ае; болг. грана́т; с.-хорв. гра̀на̄т; польск. granat; чеш. granát. В русском языке — с середины XVIII в.: в словарях — с 1780 г. (Нордстет, I, 143: *гранатовый камень*); *гранат* — с 1790 г. (САР¹, II, 320). ▫ Ср. франц. grenat; исп. granate; нем. Granat; англ. garnet; ит. granato — тж. Первоисточник — латин. яз. (см. *гранат¹* и *граната*).

ГРАНА́ТА, -ы, *ж.* — «разрывной снаряд округлой формы». *Прил.* **грана́тный**, -ая, -ое. *Сущ.* (сложное) **гранатоме́т**. Укр. грана́та, грана́тний, -а, -е, гранатоме́т; блр. грана́та, грана́тны, -ая, -ае, гранатаме́т; болг. грана́та, грана́тен, -тна, -тно; с.-хорв. грана́та; ср. бацач граната — «гранатомет»; чеш. granát, granátový, -á, -é, granátomet; польск. granat, granatowy, -a, -e, granatnik — «гранатомет». В русском языке слово *граната* известно с середины XVII в. Ср. в письмах царя Алексея Михайловича: «зажгли *гранадами*» (ПРГ², V, № 60, 1656 г., 61). В форме с *т*: «с пушки и с *гранатами*» [«Дело о бунте Разина», 1667—1672 гг. (АИ, IV, 378)]. В документах Петровского времени: ПбПВ, I, № 90, 1696 г., 68 («5000 *гранат*») и др. Прил. *гранатный* неоднократно встр. у Котошихина (гл. IX, ст. 10, с. 137): «пушки... *гранатные*» и др. ▫ Заимствовано, м. б., из немецкого, где это слово, известное с 1616 г., в свою очередь заимствовано из итальянского. Ср. ит. granata; нем. Granate; исп. granada; франц. grenade; англ. grenade. Первоисточник — латин. granata [им. мн. от grānātum (mālum)] — букв. «зернистое (яблоко)», grānātus — «зернистый»].

ГРАНИ́Т, -а, *м.* — «твердая горная порода зернистого строения, гл. обр. темных цветов, широко применяемая в строительстве для мощения улиц, облицовки набережных, зданий, при сооружении памятников и т. д.». *Прил.* **грани́тный**, -ая, -ое. Укр. грані́т, грані́тний, -а, -е; блр. гранíт, гранíтны, -ая, -ае; болг. грани́т, грани́тен, -тна, -тно; с.-хорв. гра̀нит, гра̀нитан, -тна, -тно : гра̀нитнӣ, -ā, -ō; чеш. granit, granitový, -á, -é; польск. granit, granitowy, -a, -e. В русском языке слово *гранит* появилось в середине XVIII в. В словарях отм. с 1762 г. (Литхен, 139). ▫ Вероятно, из французского. Ср. франц. (с 1690 г.) granit(e) < ит. granito — «гранит»; как прил. «зернистый», «крепкий», «твердый». Из того же источника: нем. Granit; англ. granite. В итальянском языке восходит к латин. grānum — «зерно».

ГРАНЬ, -и, *ж.* — 1) «линия раздела», «граница»; 2) «плоская сторона предмета, пересекающаяся с другими сторонами под определенным углом». *Глаг.* гранѝть, отсюда гранѝльня. Сюда же гранѝца. Укр., блр. так же (но в 1 знач. — укр. межа́, блр. мяжа́). Ср. чеш. hraň — «кристалл», hrana — «грань», «ребро», hranice — «граница»; с.-хорв. гра̀на — «ветка», «сучок», «ветвь», «отрасль», «кость плюсны» (между пяткой и пальцами), гра̀ница; польск. granica — «граница», но ср. ст.-польск. (еще в XVIII в.) grań — «грань», «граница» (совр. польск. krawędź, kraniec); болг. гра́ница — «грань», «граница». Др.-рус. (с XIV в.) грань — «знак (две перекрещивающиеся черты, вроде знака умножения) на деревьях на границе земельных или бортных участков», граница (Срезневский, I, 584, 585). ▫ О.-с. *granь, *granica. Ср. лит. gretà mìško — «в соседстве с лесом» (mìškas — «лес»). Ср. в языках германской группы: др.-исл. grǫn — «ель», «усы» (швед., норв., дат. gran — «ель»; др.-в.-нем. grana — «усы» (нем. Granne — бот. «ость», «усик»). Ср. сев.-вклр., помор. гранка — «большая игла для сшивания парусов и рогож» (Бадигин, 331). Восходит ли к общеиндоевропейскому языку, неизвестно. Не исключена и возможность заимствования славянами из германских языков или наоборот. Известно, что немцы в давние времена заимствовали из славянских языков слово *граница* (нем. Grenze). Старшее знач. могло быть «дерево (особенно ель) с межевым знаком»; отсюда, с одной стороны, — «грань», «граница» в русском, с другой — «ель», «колючка» (?), «усы» и т. п. в германских. Последнее предположение более вероятно, но тогда придется признать изолированность о.-с. *granь. Корень мог быть общим с балтийскими языками.

ГРАФ, -а, *м.* — «в Западной Европе и в дореволюционной России — наследственный и дарованный монархом дворянский титул»; «в средние века — крупный феодал». *Женск.* графи́ня. *Прил.* гра́фский, -ая, -ое. *Сущ.* гра́фство. Укр., блр. граф (в говорах грап); болг. граф; но ср. с.-хорв. гро̏ф, гро̀фица — «графиня», грофѝја — «графство», гро́фовски — «графские владения», гро́фовство — «графство», «графское достоинство»; чеш. hrabě; польск. hrabia (род. hrabiego), (новое, с XVIII в.) graf. В русском языке (как термин, обозначающий явление российской жизни) слово *граф* с начала XVIII в. (титул был введен Петром I, но это слово, конечно, было известно и раньше, в XVII в. Оно неоднократно встр. у Котошихина: «князю, *графу*» (гл. III «О титлах», ст. 6, с. 37 и др.; см. Указатель, 181). В словарях — с 1731 г. (Вейсман, 260, 358: *граф, графиня, графство*). ▫ Заимствовано из немецкого языка. Ср. совр. нем. Graf — «граф», Gräfin — «графиня»; ср. др.-в.-нем. grāvo, grāvio — «предводитель», «вождь»; ср. дат., норв., швед. greve — «граф», отсюда фин. (с.) kreivi — тж.; но ср. франц. comte — «граф»; также ит. conte; исп. conde; англ. count; турец. kont и др. Чеш. hrabě < др.-в.-нем. grāvio (Machek, EW, 142); польск. hrabia < нем. через чеш. (Brückner, 173).

ГРАФИК, -а, *м.* — «чертеж, диаграмма, наглядно изображающие количественную зависимость разного рода явлений и связанных с ними процессов»; «план работ с точными показателями норм и времени выполнения». Укр., блр. гра́фік; болг. гра́фик; с.-хорв. гра̀фикон (: дија̀грам); чеш. grafikon (: diagram, plán). В некоторых слав. яз. отс. В русском языке слово *график* известно с конца XIX в. В словарях: СРЯ¹, т. I, в. 2, 1892 г., 896: *график* — «расписание движения поездов на железных дорогах». ▫ Судя по ударению из немецкого (Gráfik : Gráphik), но в немецком это слово значит «графика», «черчение» (ср. graphischer Plan — «график»); по значению же *график* — французское слово (graphique, *m.*, субст. прил.). Первоисточник — греч. прил. γραφικός, -ή, -όν — «письменный», «писчий», «нарисованный», «начерченный», «изображенный» (к γράφω — «царапаю», «черчу», «пишу»). См. *графика*.

ГРАФИКА, -и, *ж.* — 1) «искусство изображения предметов линиями и штрихами без красок»; 2) *лингв.* «совокупность всех средств данной письменности», «соотношение системы письменных знаков с фонетической системой языка». Сюда же графи́ческий, -ая, -ое. Укр. гра́фіка, графі́чний, -а, -е; блр. гра́фіка, графі́чны, -ая, -ае; болг. гра́фика, графи́чески, -а, -о, графи́чен, -чна, -чно; с.-хорв. гра̀фика; чеш. grafika, grafický, -á, -é; польск. grafika, graficzny, -a, -e. В русском языке *графика, графический* известны с середины XIX в. Сначала, по-видимому, вошло в широкое употр. прил. *графический* в смысле «чертежный», «начертательный» (Даль, I, 1863 г., 346; II, 1865 г., Приб. 3, с. 2). Михельсон 1865 г., 168: *графический* — «письменный». На этой основе возникло сущ. *графика* (образец: *политический — политика*). Правда, у Толля (НС, I, 1863 г., 730) отм. уже оба слова. ▫ Из французского языка. Ср. франц. graphique — «графический», «начертательный», «чертежный»; *т.*, субст. прил. «чертеж», «диаграмма», «график» («графика» в 1 знач. — art graphique). Ср. нем. Gráfik (: Gráphik) — «графика в 1 знач.» (ср. Schreibweise — «графика во 2 знач.»).

ГРАФИН, -а, *м.* — «стеклянный, хрустальный и т. п. сосуд с суженной, продолговатой верхней частью (для воды, вина и т. п.)». *Прил.* графѝнный, -ая, -ое. Укр. графі́н (: карáфа); блр. графі́н. Ср. в других слав. яз.: болг. устар. гара́фа (чаще стъкло́, шише́); чеш. karafa, karafina; польск. karafka; с.-хорв. ста̀кло, бо̀ца. В русском языке сначала употр. в форме *карафин*. Ср. в «Записках» Порошина, в записи от 26-XI-1764 г. (147): «приказал подать себе *карафин* пустой и, заткнув его, припечатал ярлык». Но форма *графин* к концу XVIII в. начинает вытеснять старшую форму *карафин*. САР¹ (II, 1790 г.,

ГРА

324) дает это слово в форме *графин*, хотя и с примечанием: «следуя произвождению надлежало бы *карафин*». Форма *карафин* встр. однажды у юного Пушкина в «Лицейском дневнике за 1815 г.», в записи от 17-XII (ПСС, XII, 301). ▫ Ср. исп. garrafa — «графин», garrafón — «большой кувшин», «большая оплетенная бутыль»; ит. caraffa — «графин», «бутылка», уменьш. caraffina — «графинчик», «пузырек»; франц. carafe — «графин»; нем. Karaffe — тж., ст.-нем. (XVIII в.) Karaffine; англ. carafe. Первоисточник (в Европе) — исп. garrafa, garrafón. В испанском — из арабского. Ср. араб. ġarafa i u (ġarf) — «черпать», «подавать на стол», ġurfa : ġiráf — «зачерпнутое рукой количество воды» (Wehr², 600). В русский язык это слово попало в начале XVIII в., видимо, из немецкого (а туда — из французского).

ГРАФИТ, -а, *м.* — «минерал темно-серого или черного цвета, разновидность чистого углерода, используется для изготовления карандашей, огнеупорных тиглей, смазочных материалов и т. п.». *Прил.* **графи́товый**, -ая, -ое, **графи́тный**, -ая, -ое. Укр. **графі́т**, **графі́товий**, -а, -е; блр. **графі́т**, **графі́тавы**, -ая, -ае; болг. **графи́т**, **графи́тен**, -тна, -тно; с.-хорв. **графи̏т**; чеш. grafit (: tuha); grafitový, -á, -é. В русском языке в словарях — с 1838 г. (Плюшар, XV, 86). ▫ Франц. (с 1801 г.) graphite; англ. graphite; нем. Graphit; ит. grafite. В русском языке — м. б., непосредственно из французского, а там — позднее новообразование, научный термин, восходящий, в конечном счете, к греч. γράφω — «пишу», откуда γραφίς, род. γραφίδος — «грифель» и вообще «орудие письма».

ГРАЦИЯ, -и, *ж.* — «красота, прелесть, изящество в движениях»; (в XIX в.) «скромная красота», «невинная прелесть», «миловидность» (Даль, I, 347). Сюда же **грацио́зный**, -ая, -ое. Укр. **гра́ція**, **граціо́зний**, -а, -е; блр. **гра́цыя** (: **згра́бнасць**) **грацыёзны**, -ая, -ае; болг. **гра́ция**, **грацио́зен**, -зна, -зно; с.-хорв. **гра̏ција**, **грацио̏зан**, -зна, -зно : **гра̏циозни**, -а, -о̄; чеш. grácie (но чаще půvab, от vábiti), graciozní; польск. gracja (: zgrabność, wdzięk), но «грациозный» — pełen gracji (: zgrabny, wdzięczny). В русском языке слово *грация* известно с XVIII в., но сначала лишь в мифологическом смысле (о трех богинях красоты, спутницах Венеры, и перен. о красавицах). В знач. «красота», «изящество» — гл. обр. со 2-ой четверти XIX в. Примеры такого употр. слова *грация*, а также прил. *грациозный* в совр. знач. см. в стихотворениях и статьях Пушкина (СЯП, I, 542). Ср. у Полежаева в стих. «Венок на гроб Пушкина», 1837 г.: «Как будто усыплял их ропот *грациозный*» (Стих., 176). В словарях — с 60-х гг.: *грация*, *грациозный* — ПСИС 1861 г., 146; Даль, I, 1863 г., 346—347. ▫ В русском — из западноевропейских языков. Ср. франц. grâce, прил. gracieux (ж. р. gracieuse) > нем. Grazie, прил. graziös; англ. grace, прил. graceful; ит. grazia, прил.

ГРЁ

grazioso и др. Источник распространения — франц. grâce, прил. gracieux (ст.-франц. gracios : gracieus), gracieuse. Первоисточник — латин. grātia — «прелесть», «милость», прил. grātiōsus; сюда же Grātiae, *pl.* — миф. «три Грации, спутницы Венеры (Аглая, Талия, Евфросина)»; ср. gratus — «привлекательный», «приятный», «милый». И.-е. корень *gʷer(ə)- — «восхвалять», «прославлять». Ср. ст.-сл. гранъ — «стих».

ГРАЧ, -а́, *м.* — «перелетная птица семейства вороновых отряда воробьиных, с черным оперением», Corvus frugilegus. *Прил.* **грачи́ный**, -ая, -ое. Укр. **грак** (: **га́йворон**); блр. **грак**. Ср. название этой птицы в других слав. яз.: болг. по́лски га́рван; чеш. havran polni; польск. gawron; с.-хорв. **цр̂на вра̏на**. В древнерусском языке слово **грачь** встр. лишь как прозвище. Напр.: «От игумена от *Грача*» в «Отводной на земли Новинского монастыря» 1410—1431 гг. (Срезневский, I, 586). Тупиков (118) также приводит целый ряд примеров, но начиная с XVI в. («*Грач*, холоп», 1539 г. и др.). ▫ Звукоподражательное, от основы *грак-*; корень *гра-* [ср. **кра** — «крик ворона» в Хр. Г. Ам.: «вороны гласят *кра, кра*» (Срезневский, ib., 1309)]. Ср. обл. (сев.-влкр.) **гра́чить** — «каркать» (о вороне, граче, галке), **гра́ять** — тж. (Даль, I, 347); с.-хорв. **гра̑к** — «карканье», **гра́кати** — «каркать», «кричать», **гра̀јати** — «каркать», ср. латыш. kraukis — «грач».

ГРЕБЕНЬ, -бня, *м.* — «продолговатая пластинка с прорезанными зубьями для расчесывания волос». **Гребёнка** — тж. *Прил.* **гребенно́й**, -а́я, -о́е, (к *гребенка*) **гребе́нчатый**, -ая, -ое. *Сущ.* **гребешо́к**, **гребе́нчик**. Укр. **гре́бінь**, **гребі́нний**, -а, -е, **гребі́нець** — «гребешок», **гребі́нник** — «гребенщик»; блр. **гра́бень**, **грабе́нны**, -ая, -ае, **грабяне́ц** — «гребенка», **гра́беньчык** — «гребешок»; болг. **гре́бен** — «гребень», «гребенка», **гребенче** — «гребешок», **гребена́р** — «гребенщик»; с.-хорв. **гре̏бе̄н** (для чесания шерсти, льна и т. п.); ср. **че́шаљ** — «гребенка», **гре̏бена̄ст**, -а, -о — «гребневидный», «гребенчатый»; чеш. hřeben, hřebínek — «гребешок», hřebenitý, -á, -é — «гребневидный», «гребенчатый»; польск. grzebień — «гребень», «гребенка», grzeby(cze)k — «гребешок», grzebieniasty, -a, -e — «гребенчатый». Др.-рус. *гребы, род. ед. гребень [у Срезневского (I, 586) лишь гребени, вин. мн. в Мин. Чет. февр. по сп. XV в.]. Производные — поздние. В словарях *гребешок* (ср. *корешок, камешек* и т. п., с ш из нʼч > нч), *гребенка* — с 1731 г. (Вейсман, 325), *гребенщик* — с 1771 г. (РII, 140), *гребенный* — с 1780 г. (Нордстет, I, 144). ▫ От *грести* (см.). Знач. «чесать» засвидетельствовано с XIV в.

ГРЁЗА, -ы, *ж.* — «мечта», «создание воображения». В говорах встр. в форме **грез**, *ж.* со знач. «бред» (Даль, I, 347). *Глаг.* **грёзить**. Только русское. В других слав. яз. это знач. выражается иначе: укр. **мрі́я**; блр. **мро́я**, **ма́ра**; болг. **блян**, **мечта́**; с.-хорв. **ма́шта**; чеш. blouznění, snění;

польск. marzenie, mrzonka. В словарях *греза* отм. с 1731 г. (Вейсман, 641). Ср. также в «Рукоп. лексиконе» 1-й пол. XVIII в.: «*греза* или сновидение», «*греза* ночная», «*грезити* или бредити» (Аверьянова, 79). Но *грезити* — «воображать» встр. уже в «Алфавите» XVII в. (Срезневский, I, 586). Другие данные письменных памятников неясны. Напр., с давнего времени (с XI в.) известно слово **грёза** со знач. «волнение», «смущение» (?) и т. п., как синоним (?) к мятежь, бѣда; отсюда **грѣзити** — «волновать», «смущать» (Срезневский, I, 602, 603); ср. также **съгрѣза** — «ошибка» и **съгрѣзъ** — «смешение», **съгрѣзитися** — «смешаться», «соединиться», «рушиться» (ib., III, 693, 694). ◻ В этимологическом отношении *грёза* — трудное слово. Покорный связывает его с греч. βρίζω — «дремлю, являюсь сонным», «сплю», «исчезаю», возводя оба слова (рус. и греч.) к и.-е. *gᵘreig'- (Pokorny, I, 485). Фриск считает греческое слово «необъясненным» (Frisk, I, 268). Возможно, что в слове *грёза* ё ('о) восходит к ѣ [как, напр., в диал. зёв (СРЯ¹, т. II, в. 8, с. 2526) и др.]. Старшее знач. — «то, что вызывает смятение, смущение, что волнует, пугает». Если так, усилия следует направить на объяснение др.-рус. **грѣза, съгрѣза, грѣзити**. Эту группу древнерусских слов. связывают с лит. grễžti — «вертеть», «выкручивать», «сверлить», grąžýti (< graižýti) — «вращать», «выкручивать», graižus — «скрученный», «согнутый», «искривленный» (Fraenkel, 167, 169).

ГРЕМЕ́ТЬ, гремлю́ — «грохотать», «издавать громкие, резкие звуки». *Прил.* **грему́чий, -ая, -ее**. Сюда же (в аблауте) **гром** (см.), **гро́мкий** (см.). Укр. гримі́ти, гриму́чий, -а, -е; блр. грыме́ць, грыму́чы, -ая, -ае; болг. гърмя́ — «гремлю», гърмя́щ, -а, -е — «гремучий»; с.-хорв. гр̀мети (gŕmjeti); словен. grmeti; чеш. hřmíti; словац. hrmiet'; польск. grzmieć, grzmiący, -a, -e — «гремучий». Ср в.-луж. hrimać (so) — «греметь», hrimaty, -a, -e — «гремучий»; н.-луж. grimaś se — «греметь». Др.-рус. (с XI в.) **грьмѣти**, 1 ед. **грьмлю, гримати**, 1 ед. **гримлю** — тж. (Срезневский, I, 587, 593, Доп., 80). Ср. в Сл. плк. Игор.: «*гремлеши* о шеломы» (2 ед.), «*гримлютъ* сабли» (Виноградова, в. 1, с. 178). Ст.-сл. **грьмѣтн**. *Прил.* **гремучий** в словарях отм. с 1790 г. (САР¹ II, 341). ◻ О.-с. *gr̥mĕti, 1 ед. *gr̥mjǫ; интенсив *grimati. Ср. лит. gramĕti — «с грохотом падать в бездну», grumĕti — «греметь»; латыш. gremt — «невнятно говорить», «бормотать», gremties — «скулить»; гот. gramjan — «раздражать», *grama — «скорбь»; др.-в.-нем. gremen — «сердить» (совр. нем. grämen — «скорбеть»), ср.-в.-нем. grimmen — «бесноваться», «бушевать»; греч. χρεμίζω — «ржу», χρεμέθω — тж., χρόμαδος — «скрип», «стук». И.-е. корень *ghrem- (: *ghrom-).

ГРЕНАДЁР, -а, м. (произн. де, не дё) — «в царской и некоторых иностранных армиях — военнослужащий привилегированных, отборных полков». *Прил.* **гренадёр**ский, -ая, -ое. Укр. гренадéр, гренадéрський, -а, -е; блр. грэнадзёр, грэнадзёрскі, -ая, -ае; болг. гренади́р, гренади́рски, -а, -о; с.-хорв. гренади̍р, гренади̍рски, -а̄, -о̄; чеш. grenadýr, grenadýrský, -á, -é; польск. grenadier, grenadierski, -a, -ie. В русском языке наименование этого рода войск известно с начала XVIII в. Старший случай отм. Христиани со ссылкой на ПбПВ, III, 175, 1704 г.: *гранадиры* (Christiani, 33); см. также Смирнов, 94. Кроме того, ср. *гранадиры* в «Чертеже расположения войск в битве при Лесной» [ПбПВ, VIII, № 2723, 1708 г., 195; там же: «*гранодерские* роты», «*гранодерские* полки» (№ 2529, 1708 г., 64), наряду с *гранодирские* в резолюции Петра I (№ 2900, 1708 г., 345), и мн. др.]. ◻ Первоначально это слово имело несколько иное значение: гренадерами назывались гранатометчики — пехотинцы, вооруженные гранатами для метания. Поэтому старшая форма этого слова в русском (и во многих других языках) была *гранодер : гранодир* (см. *граната*). Ср. чеш. устар. granadýr; польск. устар. granodier. Ср. в некоторых западноевропейских языках: ит. granatiere — «гренадер» при granata — «граната»; исп. granadero — «гренадер» при granada — «граната». Но франц. grenadier (>нем. Grenadier) — «гренадер» при grenade — «граната». Форма *гранодер : гранодир* в русском языке держалась до конца XVIII в., окончательно уступив место новой форме (*гренадер*) лишь в начале XIX в., возможно, в связи с новым знач., которое получило это слово: «солдат отборных полков». В самом французском языке (откуда оно заимствовано в новой форме) с этим знач. grenadier употр. лишь с 1803 г., хотя вообще это слово известно с 60-х гг. XVII в. В русский язык это слово могло попасть из итальянского через западнославянские языки или из немецкого (как, по-видимому, и *граната*) с поправкой (*гре- > гра-*) на русской почве (поскольку гренадиры имели дело с гранатой; как известно, горящая граната была эмблемой русских гренадерских полков).

ГРЕНКИ́, -о́в (*ед.* **грено́к, -нка́**, *м.*) и *разг.* **ГРЕ́НКИ, -нок** (*ед.* **гре́нка, -нки**, *ж.*) — «поджаренные ломтики белого хлеба». Укр. грі́нки́ (грі́нка, *ж.*); блр. грэ́нка, *ж.*; польск. grzanki (grzanka, *ж.*). Но чеш. topinky (topinka, *ж*). В других слав. яз. — описательно. Известно с конца XVIII в. [Державин, «Кружка», 1777 г.: «С *гренка́ми* пивом пенна кружка!» (*гренка́? гренок?*). — Стих., 308], в словарях — с 1834 г. (Соколов, I, 570: *гренок*). ◻ Очевидно, от *греть* (см.), *грение*. По Далю (I, 356), *гренком* называется (где?) также птица щур, надо полагать, за ее оперение ярких, теплых цветов (гл. обр. красного).

ГРЕСТИ́, гребу́ — 1) «собирать в кучу граблями, лопатой»; 2) «работать в воде руками или веслом, продвигаясь вперед». Ср. *-гребать* (с приставками *за-*, *под-*, и др.). *Сущ.* **гребля, гребе́ц; гре́бень** (см.). Укр. гребти́ [но также **грома́дити** (граблями), **горну́ти** (лопатой), **веслува́ти** (вес-

ГРЕ

лом)], гребня́ — «гребля», гребе́ць; блр. грэ́бці (сено и т. п.) [также веславáць (веслом)]. Ср. болг. гребá — «гребу», гребáч — «гребец»; с.-хорв. грѐпсти — «царапать», «чесать», «скрести» (но вѐслати — «грести», отсюда вѐслáч — «гребец», вѐслáње — «гребля»), гребло — «лопата»; чеш. hrabati — «грести» (лопатой), shrabovati — «грести» (граблями) [но veslovati — «грести» (веслами), отсюда veslování — «гребля»], hřeblo — «кочерга»; польск. grzebać — «рыть», «копать», grabić — «грести» (граблями) [но wiosłować — «грести» (веслами), отсюда wiosłowanie — «гребля», wioślarz — «гребец»]. Др.-рус. (с XI в.) гребъше, прич. прош. вр. (инф. не засвидетельствован, (с XIV в.) грети — «чесать» и грести — «грести веслами» (< *grebti), гребля : гробля — «ров», «вал», гребьнь. Ст.-сл. грєти, грєсти. ▫ О.-с. *gre(s)ti, (< *grebti), 1 ед. *grebǫ. Ср. лит. grḗbti, 1 ед. grébiu — «грести, сгребать сено», отсюда grėbḗmas — «гребля сена», grėbḗjas — «грабельщик» (на полевых работах), но irklúoti — «грести» (веслом); др.-сканд. grāpa — «захватывать, урывать себе»; швед. grabba — «хватать», «схватывать»; др.-инд. grah- (< grabh-) — «схватывать», «завладевать»; ср. gr̥bhṇắti — «захватывает». И.-е. корень *ghrebh- — «сгребать» (граблями), «захватывать». Знач. «грести веслами» в слав. яз. развилось из знач. «грести руками, лопатой, граблями». См. *гребень, грабить, гроб*.

ГРЕТЬ, гре́ю — «испускать теплоту»; «предохранять от холода», «сохранять теплоту»; «делать что-л. теплым, горячим». *Возвр. ф.* гре́ться. Ср. с приставками: согрева́ть, нагрева́ть и пр. *Сущ.* гре́лка. Укр. гріти(ся), грі́лка; блр. грэць, грэ́цца, грэ́лка. Ср. болг. гре́я — «грею», «свечу», «блещу», «сияю», гре́йка — «грелка»; с.-хорв. грѐјати — «греть», «топить», «светить», грѐјáч — «грелка»; чеш. hřáti — «греть» (ст.-чеш. hřieti), zahřívač, ohřívadlo, ohřívač — «грелка»); словац. hriat', zohrievat'; польск. grzać — «греть» (*a* вм. *e* из форм на *ł*), grzejka — «грелка»; в.-луж. hřeć (so) — «греть(ся)»; н.-луж. grěś (se) — «греть(ся)». Др.-рус. (книжн. с XI в.) и ст.-сл. грѣти — «согревать»; также грѣяти(ся) [Остр. ев.], грѣватися (Срезневский, I, 602, 603, 605). ▫ О.-с. *grěti. И.-е. основа *gʷhr-ē-; корень *gʷhr-: *gʷhr-, тот же, что в о.-с. *gorěti. Обычно сопоставляют (Pokorny, I, 494) с латыш. grēmens — «изжога»; алб. ngroh (основа < *gʷhrē-) — «греть», «нагревать», «согревать». Знач. переходности не первоначальное.

ГРЕХ, -á, *м.* — «у верующих — проступок против установлений церкви, нарушение религиозных предписаний»; *перен.* (обычно ирон.) «предосудительный поступок», «ошибка», «вина», «недостаток», «порок». *Прил.* гре́шный, -ая, -ое (отсюда гре́шник, *женск.* гре́шница), *устар.* грехо́вный, -ая, -ое. *Нареч.* грешно́. *Глаг.* греши́ть. Укр. гріх, грі́шний, -а, -е; блр. грэх, грэ́шны, -ая, -ае, грашы́ць; болг. грях, гре́шен, -шна, -шно, греховен, -вна, -вно, грешá, гре́шник; с.-хорв. грѐх, грѐшан, -шна, -шно — «грешный», «греховный», греховáти — «грешить», гре́шник; чеш. hřích, hříšný, -á, -é — «грешный», «греховный», hřešiti, hříšník; словац. hriech; польск. grzech, grzeszny, -a, -e — «грешный», «греховный», grzeszyć, grzesznik; в.-луж. hrěch, hrěšniwy, -a, -e, hrěšić, hrěšnik, hrěšnica; н.-луж. grěch, grěšyś, grěšnik, grěšnica. Др.-рус. (с XI в.) и ст.-сл. грѣхъ — «ошибка», «грех», грѣшити — «ошибиться», «промахнуться», «грешить», грѣ́шьный, грѣхо́вьный, грѣ́шникъ, грѣшница (Срезневский, I, 604—605). ▫ О.-с. *grěchъ (из *groi-s-us; s > ch после i; основа, как полагают, была на -ŭ-; ср. рус. прил. *греховный*) — «заблуждение», «путаница», «ошибка». Ср. др.-рус. сългрѣза — «ошибка» (Кирил. Иерус. Огл., XV в.) при сългрѣзъ — «смешение», при грѣза — «грязь» (Срезневский, III, 693, 694; I, 602). См. *грёза, гроза*. Возможно, корень один и тот же, но со странным колебанием s : z (= балт. ž : z) на почве славянских языков. Ср. лит. graižýti — «вертеть», «крутить», «сверлить», graižùs — «скрученный», «изогнутый», «искривленный» (см. Sławski, 368; Fraenkel, 167). Другие сопоставления малонадежны.

ГРЕ́ЦКИЙ ОРЕ́Х — «дерево семейства ореховых», Juglans regia; «плод этого дерева, орех». Ср. укр. воло́ський горíх (воло́ський — «валахский», «молдавский»); блр. вало́скі арэ́х; чеш. vlašský ořech (vlašský — «итальянский»); польск. orzech włoski (włoski — «итальянский»). Но болг. о́рех; с.-хорв. о́рах. Словосочетание *грецкий орех* в русском языке является «понятийным», неразложимым словосочетанием, по крайней мере, с XVII в. Ср., напр., в «Записях в приходной книге Московской Большой таможни за 1693—1694 гг.» (№ 250, 1694 г.): «18 тысяч *орехов грецких*» («Русск.-инд. отн.», 355). Лудольф (GR, 1696 г., 87) нашел нужным в разделе «Огородной плод» (!) упомянуть и *грецкие орехи*, Juglandes [нем. welsche Nusse (совр. нем. Walnuβ) — собств. «французский (или итальянский) орех»; ср. позднелатин. nux gallica — «галльский орех»]. – *Грецкий* — вм. *греческий*, из др.-рус. грьчьскый > гре́чский. Ср. у Даля (I, 349); *грéцкое сено* — «растение Trigonella foenum», пск. *грéцкая собáка* — «малорослая порода». Ср. еще смол. *кáша грéцкая* — «гречневая каша» (Добровольский, 143). Разумеется, в самой Греции грецкий орех не называется *греческим*: новогреч. καρύδι, *п.* < др.-греч. καρύδιον — «орех». Ср. ит. посе — «грецкий орех» при латин. nux — «орех» (вообще). Ср. латин. jūglāns — «грецкий орех» [собств. Jovis glāns — «Юпитеров желудь» (glāns — «желудь») из *jou(z)glāns].

ГРЕ́ЧА, -и, *ж.* — «травянистое растение семейства гречичных», Fagopyrum; «зерно этого растения», «крупа из зерен этого растения». *Уменьш.* гре́чка. *Прил.* гре́чневый, -ая, -ое, отсюда гре́чневик. *Сущ.* гречи́ха, *устар.* и *обл.* гречу́ха. Укр. гре́чка, греча́ний, -а, -е; блр. гра́чка, гра́цкі, -ая, -ае. Ср. польск. gryka (: hreczka), gryczany, -a, -e. В других слав. яз. отс. Ср. болг. е́лда — «гречиха»; с.-хорв. хе̏лда (ср. греч. ἔλυμος — «род хлеба», «итальянское просо», с тем же корнем); чеш. pohanka; словац. pohánka. Слова *греча, гречка, гречиха* отм. Кочиным (76) с XV в. (в «Новг. писц. книгах», начиная с 1495 г.). Ср. gretchiúga — «bucwheate» у Р. Джемса (РАС, 1618—1619 гг., 14 : 43). Прил. *гречневый*, известное с XVI в. [«Домострой» по Конш. сп., гл. 42: «каша... гре́чневая и ячная» (Орлов, 41)], заставляет предполагать, что существовало также прил. *гречьнъ, *гречьный (ср. *ячневый* при *ячный*), в отличие от *гръчьскъ* (народ). □ Гречиха, родиной которой является Южная Азия, появилась в Европе в XV в., на древнерусской территории — значительно раньше. Ср. названия гречихи в западноевропейских языках: франц. blé sarrasin; ит. grano saraceno — собств. «сарацинское зерно»; нем. (на юге Германии) Heidekorn — собств. «языческое зерно» (ср. чеш. pohanka — собств. «язычница»); в Германии по говорам известно также название Taterkorn [ср. укр. тата́рка — «дикий чеснок»; польск. tatarka, а также ср. фин. (с.) tattari — «гречиха»]. Трудно сказать, когда и, главное, при каких обстоятельствах вошло в употр. наименование этой культуры. *Греча* [<*гръча, видимо, кр. притяж. прил. (не засвидетельствованное памятниками) от *гръкъ — «грек», с суф. -j-ь — *гръчь, -а, -е] — собств. «греческая», «(завезенная) из Греции». Отсюда *гречиха, гречуха*. Происхождение польск. gryka неясно. Одни этимологи (Фасмер, ГСЭ, III, 50; Sławski, 363) возводят это польское слово к лит. grìkai, *pl.* — «полба», «греча»; другие (Fraenkel, 169), напротив, считают литовское слово заимствованным из польского. Брюкнер то и другое слово выводит из нем. (вост.-прус.) Gricken (Brückner, 156). Но откуда взялось это восточнопрусское слово? Некоторые лингвисты идут настолько далеко, что возводят польское, литовское и немецкое (восточнопрусское) названия гречи к др.-рус. (до падения глухих) *гръка (Sławski, ib.) К названию гречи, которого, надо полагать, никогда не существовало.

ГРИБ, -а́, *м.* — «тип низших споровых растений, лишенных хлорофилла, обыкновенно состоит из ножки и шляпки». *Уменьш.* грибо́к. *Прил.* грибно́й, -а́я, -о́е, отсюда грибни́к — «любитель собирать грибы» и *обл.* «пирог с грибами», грибни́ца — *женск.* к *грибник* и *обл.* «грибная похлебка». Укр. гриб, грибни́й, -а́, -е́ [на западе Украины: *обл.* губа́ (о съедобных грибах, кроме боровика)]; блр. грыб, грыбны́, -а́я, -о́е. Ср. чеш. hřib — «белый гриб», «боровик» («гриб» вообще — houba), прил. hřibový, hřibkový, -á, -é (ср. hříbek — «грибок»; hřibik — «грибок»; польск. grzyb — «гриб», grzybowy, -a, -e; в.-луж. hrib — уменьш. hribik, hribowy, -a, -e; н.- луж. grib, уменьш. gribk, gribowy, -a, -e. В других (особенно южной группы) слав. яз. в том же знач. обычно *губа*: болг. гъ́ба; с.-хорв. гу̏ба — «лишайник», «гриб» (нарост на дереве) [ср. гљи̏ва — «гриб (съедобный)]». В древнерусских текстах XI—XIV вв. не отм., но прозвища *Гриб* и *Грибан* известны с XV в. (Тупиков, 119, 1488 г., 1498 г.). Далее ср. в «Домострое» по Конш. сп., гл. 43, 45: *грибы* (Орлов, 43, 45). □ Ясных соответствий в других и.-е. языках не обнаружено. Но, по-видимому, раннее образование, хотя и не общеславянское. Лит. grỹbas — «гриб», как и латыш. grĩba — «боровик» — из славянских языков. Скорее всего относится к гнезду и.-е. *ghrebh- — «копать», «рыть» (см. *грести*), по способу собирания грибов (сравнительно со способом собирания ягод). Можно, напр., допустить, что первоначально возникла форма *grebikъ — «грибок», от о.-с. *greb- (1 ед. *grebǫ), отсюда, по межслоговой ассимиляции, — *gribikъ. Вокализм корня мог быть изменен и вследствие скрещения (контаминации) со словами, восходящими к и.-е. корню *glei- — «слизь» (?) [см. *глина, глист*]. Ср. с.-хорв. гљи̏ва — «гриб». Ср. рус. диал. гли́ва — южн., сарат. «род груши, дули»; «бергамот» (Даль, I, 314).

ГРИ́ВА, -ы, *ж.* — «длинные волосы на шее некоторых животных». *Прил.* грива́стый, -ая, -ое; но ср. долгогри́вый. Укр. гри́ва; блр. гры́ва; болг. гри́ва, гри́вест -а, -о; с.-хорв. гри̏ва, гри̏васт, -а, -о; чеш. hříva, hřív(n)atý, -á, -é; польск. grzywa. Др.-рус. грива — «грива» (в «Сказании об Александре Македонском» со сб. XV в. и в «Пчеле» И. публ. б., в сп. XIV-XV вв.), также (с XV в.) «побережное лесистое возвышение», «роща» (Срезневский, I, 587; Доп., 79). Ср в «Мат. для сл. рус. нар. яз.» А. Н. Островского: *гривы лесные* — «высокие леса, растущие полосами». Сев. Волга (ПСС, XIII, 312). □ О.-с. *griva. И.-е. *gʷr̥iu̯ā — «шея», «пасть». Ср. латыш. grīva — «устье» (реки); ближе по знач.: др.-инд. grīvā — «затылок», «шея» при авест. grīvā — «затылок». И.-е. корень тот же, что в *горло* (см.), *гортань*, т. е. *gʷer- [: *gʷor- : *gʷr̥- (> о.-с. *gr-)] — «поглощать», и.-е. формант -ī-u̯ā (> о.-с. -iv-a). См. *гривенник*. Старшее произв. — о.-с. *grivьna — «ожерелье» (рус. *гривна*).

ГРИ́ВЕННИК, -а, *м.* — «десятикопеечная серебряная монета». Устар. гри́вна — тж., отсюда гри́венный. Укр. гри́венник. В других слав. яз. отс. В русском языке слово *гривенник* известно с XVIII в. (Литхен, 1762 г., 141). □ Произв. с суф. *-ик* от прил. *гривенный* — «десятикопеечный», которое от *гривна* — «монета в 10 коп. серебром» (ср., с одной стороны, *двугривенный* — «монета в 20 коп. серебром», с другой — *полтинник*). Ср. др.-рус. *гривьна* — «ожерелье», «(определенный) вес серебра, золота и пр.», «мерило веса», «денежная единица» (Срезневский, I, 588—591). Ср. укр. гри́вня — ист. «гривна»; блр. гры́уня — «гривенник» и ист. «гривна»; болг. гри́вна — «браслет»; с.-хорв. гри́вна — «браслет», «кольцо»; чеш. hřivna — ист. «гривна»; перен. «талант», «способности». О.-с. *grivьna по происхождению — кр. прил. ж. р. от о.-с. *griva — «шея». Ср. др.-рус. прил. гри́вный — «шейный» (в Ип. л. под 6796 г.: «*гривною утварью златою украсуяся*») [Срезневский, I, 591]. См. *грива*.

ГРИМ, -а, м. — «специальные краски, а также пластические и волосяные наклейки, накладки и т. п., употребляемые для изменения лица актера в соответствии с исполняемой им ролью». Сюда же гримёр, гримирова́ть(ся), *отглаг. сущ.* гримиро́вка. Укр. грим, гриме́р, гримува́ти; блр. грым, грыме́р, грымірава́ць; болг. грим, гримьо́р, гримі́рам — «гримирую». В других слав. яз. отс.: ср. с.-хорв. шми́нка (< нем. Schminke) — «грим»; польск. szminka — тж.; чеш. líčidlo — тж. В русском языке слово *грим* известно с середины XIX в.: ПСИС 1861 г., 146; там же *гримироваться, гримировка*. Позже — Михельсон 1865 г., 169 (*грим, гримировать, гримировка*). У Даля отс. Позже других слов *гримёр* (Ушаков, I, 1935 г., 623). □ Из французского языка. Ср. франц. grime — «актер, исполняющий роль смешного старика» («грим» — fard), отсюда grimer — «гримировать» (< «искусственно наводить старческие морщины на лицо»). Во французском восходит к ит. grimo — «морщинистый»; но корень германский. Ср. нем. Grimm — «ярость», «гнев». В других западноевропейских языках знач. «грим» выражается по-разному: ит. trucco; англ. make-up; нем. Schminke и т. д.

ГРИМА́СА -ы, ж. — «преднамеренное или невольное искажение черт лица, выражающее неприятное (или неприязненное) чувство, ощущение». *Сущ.* грима́сник, женск. грима́сница. Укр. грима́са, грима́сник, грима́сниця; блр. грыма́са, грыма́снік, грыма́сніца; болг. грима́са; с.-хорв. грима́са; чеш. grimasa (: škleb, откуда šklebil — «гримасник», šklebilka — «гримасница»); польск. grymas. В русском языке слово *гримаса* известно с начала XIX в. Отм. Яновским (I, 1803 г., 643). Встр. в «Духе журналов», 1818 г., кн. 24, с. 101; в «Дневнике» Н. И. Тургенева за 1820 г. (28 марта): «*гримаса при... присяге*» («Архив» бр. Тургеневых, III, вып. 5, с. 228). *Гримасник, гримасница* в словарях — с 1847 г. (СЦСРЯ, I, 292). □ Слово французское [первоначально (в форме Grimutio) — имя одного из языческих богов в Галлии]. Ср. франц. grimace > англ. grimace — «гримаса» > нем. Grimasse — тж. Но ср. со знач. «гримаса»: ит. smorfia, boccaccia; исп. mueca, gesto.

ГРИПП, -а, м. — «заразная, обычно эпидемическая болезнь, сопровождающаяся воспалением дыхательных путей и носоглотки». *Прил.* гриппо́зный, -ая, -ое. Укр. грип, грипо́зний, -а, -о; блр. грып, грыпо́зны, -ая, -ае; болг. грип, грипо́зен, -зна, -зно; с.-хорв. гри́па, грип; польск. grypa, grypowy, -a, -e; но чеш. chřipka. В русском языке появилось на рубеже XVIII—XIX вв. Старшим примером пока остается запись в ноябре 1799 г. в юношеском дневнике Востокова («Летопись моя»): «*Сплю в первом кабинете. Грип*» (Сб. ОРЯС, т. 70, № 6, с. 17). В начале XIX в. слово, действительно, было новым в России, как об этом правильно говорит Л. Н. Толстой в романе «Война и мир» (т. I, ч. I, гл. 1): «*грипп был тогда* (в июне 1805 г.) *новое слово, употреблявшееся только редкими*» (Соч., V, 5). Позже оно встр. у Пушкина в письме к П. А. Плетневу от 24-II-1831 г.: «*Говорят, в П.⟨етер⟩ Б.⟨урге⟩ грип*» (ПСС, XIV, 154). В словарях отм. с 1847 г. (СЦСРЯ, I, 292; *грипп, гриппный*). Прил. *гриппозный* в словарях — с 1892 г. (СРЯ¹, т. I, в. 2, 908; *грип, гриповый, гриппный, гриппозный*). □ Ср. франц. (с 1763 г.) grippe; отсюда (в конце XVIII в.): нем. Grippe; англ. grippe; исп. gripe и др. В русском языке — также из французского. М. б., — пример возвращения слова в чужеязычном обличии: по мнению некоторых языковедов, первоисточник этого слова — рус. *хрип*, получившее форму grippe на французской почве в результате переосмысления (ср. gripper — «схватить», grippe — «прихоть», «страсть», «неприязнь»). Так — Paul⁵ (I, 1956 г., 258): раньше — Браун (1923 г., 291), ссылающийся на немецкий словарь провинциализмов 1792 г., где Grippe толкуется как «русская болезнь». Авторы этимологических словарей французского языка рассматривают grippe как произв. от gripper — «схватить» (потому что грипп внезапно захватывает человека, подвергшегося заражению). Так: Bloch — Wartburg², 293; Dauzat¹¹, 376.

ГРИ́ФЕЛЬ, -я, м. — «палочка из глинистого сланца для писания на аспидной доске». *Прил.* гри́фельный, -ая, -ое, Укр. гри́фель, гри́фельный, -а, -е; блр. гры́фельны, гры́фельны, -ая, -ае. В других слав. яз. отс. Ср. в том же знач.: болг. кале́м (< турец. taş kalem < греч. χάλαμος — «тростник»); чеш. psací břidlice; польск. szyferek. Употр. в русском языке с начала XVIII в.: «Устав морск. Тариф», 1724 г., 15: «*Грифели, чем пишут*» (Смирнов, 94). В словарях *грифель* — у Литхена, 1762 г., 141; *грифельный* — в САР², I, 1806 г., 1257. □ Заимствовано из немецкого языка (нем. Griffel), где оно восходит, в конечном счете, к греч. γραφεῖον — «орудие письма: металлическая палочка для писания на восковой дощечке», «грифель» > латин. graphium. Грифель ввозился в Россию из Германии (г. Зоннеберг).

ГРОБ, -а, м. — «продолговатый (в рост человека) ящик, в котором хоронят умершего». *Прил.* гробово́й, -а́я, -бе, отсюда гробовщи́к. Сюда же гробни́ца. Ср. укр. гроб : гріб, род. гро́бу — «могила» (устар. «гроб», но обычно в этом знач. труна́ или домови́на; ср. труна́р — «гробовщик»), гробови́й, -а́, -е́, гробни́ця; блр. грабні́ца — «гробница» (диал. гроб — «гроб», общеблр. труна́, дамавíна); болг. гроб — «могила» (ср. ковче́г — «гроб»), гро́бен, -бна, -бно — «могильный», «гробовой», гробни́ца; с.-хорв. гро̏б, род. гро̏ба — «могила» (ср. мртва́чки санду́к — «гроб»), гро̏бан, -бна, -бно : гро̏бнӣ, -а̄, -о̄, гробни́ца; словен. grob — «могила», groben, -bna, -bno, grobnica; чеш. hrob — «могила», hrobový, -á, -é, hrobka — «гробница»; словац. hrob — «могила», hrobný, -á, -é — «могильный», hrobový, -á, -é — «гробовой», hrobka — «гробница»; польск. grób — «могила», «гробница» (ср. trumna — «гроб»), grobowy, -a, -e — «могильный», «гробовой», grobowiec — «гробница». Др.-рус. (с. XI в.) гробъ — «яма», «могила», «гроб», «гробница», гробля — «гроб» (но гл. обр. «ров»), прил. гробьный — «могильный», «гробовой», гробьница (Срезневский, I, 593, 594, 595). Позже гробовой (Поликарпов, 1704 г., 79). ◻ О.-с. *grobъ. Старшее знач. — «яма», отсюда «могила». Абляут к о.-с. *gre(s)ti, 1 ед. *grebǫ — «грести», «сгребать», «рыть» (см. грести). Ср. рус. погребать, погребение. Ср. лит. grābas — «гроб» [если оно не из русского (а это едва ли возможно)] при grėbti — «грести» (граблями), «сгребать»; др.-в.-нем. gruoba — «яма» (ср. нем. Grube — «яма», «могила», Grab — «могила», «гроб» при graben — «копать», «рыть»).

ГРОГ, -а, м — «пьянящий напиток из рома, коньяка или водки с сахаром и горячей водой». Укр., блр., болг. грог; с.-хорв. гро̏г; чеш., польск. grog. Ранние примеры употр. этого слова в русском языке находим в стихотворениях Пушкина лицейской поры: «И пунш, и грог душистый» («Пирующие студенты», 1814 г.), «Лафит и грог янтарный» («Послание к Галичу», 1815 г.) [ПСС, I, 59, 136]. ◻ Англ. (с 1770 г.) grog; франц. (с 1785 г.) grog; нем. (с 1784 г.) Grog. Первоисточник англ. grog — первоначально — прозвище адмирала Вернона (Vernon): Old Grog — «старина Грог», носившего одежду из грубого материала (англ. grogram < франц. gros grain) и прославившегося своей скупостью и распоряжением выдавать матросам, вместо чистого рома, ром, смешанный с водой. В русском языке — позднее заимствование из западноевропейских языков.

ГРОЗА́, -ы́, ж. — «непродолжительное, но бурное ненастье с ливневым дождем (или градом), сопровождающееся молнией и громом». Прил. грозово́й, -а́я, -о́е. Укр. гроза́, грозови́й, -а́, -е́. Ср. болг. гро́зен, -зна, -зно — «уродливый», «безобразный»; с.-хорв. гро́за — «жуть», «ужас», «трепет» («гроза» — о̀luja, бу̏ра), гро̏зан, -зна, -зно : гро̏знӣ, -а̄, -о̄ — «страшный»; словен. (с теми же знач.) groza, grozen, -zna, -zno; чеш. hrůza — «ужас», hrozný, hrůzný, -á, -é — «ужасный», «страшный», hroziti — «грозить», «угрожать»; словац. (с теми же знач.) hrôza, hrozný, -á, -é, hrozit' (ср. hrozit' sa — «бояться»); польск. groza — «страх», «ужас», groźny, -a, -e — «опасный», «грозный», grozić — «грозить», «угрожать»; в.-луж. hroza — «ужас», «страх», hrozny, -a, -e — «отвратительный», «гнусный», «мерзкий», hrozić — «грозить», «угрожать»; н.-луж. grozny, -a, -e — «страшный», «отвратительный», grozyś — «грозить», «угрожать». Др.-рус. (с XI в.) и ст.-сл. гроза — «ужас», «угроза», «ад», «гроза», грозьный — «ужасный», «страшный» (Срезневский, I, 595, 596). Прил. грозовой — позднее; в словарях только с 1847 г. (СЦСРЯ, I, 293: грозовый). ◻ О.-с. *groza — «нечто ужасающее, внушающее ужас», *grozьnъ, -a, -o — «страшный», «ужасный». Соответствия имеются гл. обр. в языках балтийской группы, да и то спорные. Обычно сопоставляют с лит. grasà (чаще grasìnimas) — «угроза», grasùs — «угрожающий», «отвратительный», grasìnti — «угрожать», но общеславянскому z в литовском должно бы соответствовать не s, а ž. Появление s можно объяснить, напр., отталкиванием от омонимического gražùs — «красивый», вследствие чего вместо закономерного *gražà, *gražìnti имеем grasà, grasùs. Ссылаются также на лит. gražóti — «угрожать» при латыш. grȩzuôt — «грозить», «угрожать», «сердиться». Френкель придерживается именно этого сближения, видимо, отвергая сопоставление с grasà, которое он связывает с grėsti — «грозить» и далее с нем. garstig — «мерзкий» (Fraenkel, 165, 166—167). Сопоставление о.-с. *groza с греч. γοργός — «страшный», «грозный» решительно отвергается Фриском (Frisk, I, 322).

ГРОЗДЬ, -и (мн. гро́зди и грозди́я), ж. — «кисть мелких плодов (напр., ягод винограда, смородины) или цветов на одной ветке». Устар. грозд, -а, м. В говорах: калуж. грезно́ — «гроздь», астрах. гро́на — «цветок винограда» (Даль, I, 351, 353). Ср. кашин., твер. гре́здень — «луковица растущего лука вместе с зелеными перьями» (И. Т. Смирнов, Каш., 32). Прил. гроздево́й, -а́я, -о́е, гро́здистый, -ая, -ое (СРЯ¹, т. I, в. 2, с. 911). Укр. гро́но; блр. гро́нка. Ср. болг. грозд — «кисть» (винограда), «гроздь», гро́зде — «виноград», гро́здов, -а, -о — «виноградный»; с.-хорв. гро̏зд, гро̏здак — «гроздь», «кисть» (винограда) [но и гро̀ња — «кисть» (ягод)], гро̏ђе — «виноград», гро̏з(д)ан, -зна, -зно : гро̏зни, -а̄, -о̄, гро̏здаст(ӣ), -а, -о; словен. grozd, grozden, -dna, -dno; чеш. hrozen, м. — «гроздь», «кисть» (винограда), hrozinka — «изюминка», vinné hrozny, мн. — «виноград» (плоды), hroznový, -á, -é — «виноградный»; словац. hrozno — «виноград», hroznový, -á, -é — «виноградный»; польск. grono — «гроздь», «кисть», gronowy, -a, -e — «виноградный»; в.-луж. hroń — «гроздь», «кисть» (винограда); н.-луж. grana, granka — «гроздь» (винограда). Др.-рус. и ст.-сл. гроздь : гроздъ (Иг. Дан.), гроздие и грознь : грознъ — «виноград» (Срезневский, I, 595, 596). ◻ О.-с. *grozdь : *grozdъ, собир. *grozdьje. Знач. — «виноградная гроздь (?). Этимология из трудных. Если форма с n (*grono; ср. астрах. гро́на; укр. гро́но; с.-хорв. гро̀ња; польск. grono) не получилась из формы с zn (т. е. *grozno), то придется полагать, что она восходит

ГРО

к другой и.-е. основе, чем форма с zn. Ср. на другой ступени вокализма рус. гра́нка — «сросшиеся в кучку русские орехи» (Даль, I, 346). Ср. *грановитый*. Форма с zn (*grozno) могла возникнуть в результате контаминации формы с zd и формы с n (*grozdь и *grono). Что касается формы с zd (*grozdь), то ее можно считать только славянской. В других и.-е. языках (да и то лишь германской группы) обеим формам соответствует форма с s. Ср. гот. и др.-в.-нем. gras — «трава» (нем. Gras тж.); др. и совр. исл. gras — тж.; швед. gräs; дат. græs — «трава». И.-е. основа *ghrə-s-dh(o)- [где -s- — расширитель, -dh(o)- — суф. (основа на -ŏ-, для форм на -zd-)] и *ghrə-n(u)- (основа на -u-, в формах на -n-). И.-е. корень *ghrə : *ghre- : *ghrō- — «расти», «зеленеть» (Pokorny, I, 454; Berneker, I, 355). Формы с *е*, вроде рус. диал. грезно́, гре́здень, возможно, восходят к и.-е. *ghrē-, но допустимо также предположение, что (по крайней мере, в таких случаях, как гре́здень) они возникли вследствие межслоговой ассимиляции.

ГРОМ, -а, *м.* — «грохот, возникающий во время грозы вследствие электрических разрядов в атмосфере». *Прил.* громово́й, -а́я, -бе. Сюда же громи́ть — «разбивать, разрушать, уничтожать что-л.». Укр. грім, род. гро́му, громови́й, -а́, -е́, громи́ти; блр. гром, грама́вы́, -а́я, -бе, грамі́ць; болг. гръм, гръмоте́вица, гръмо́вен, -вна, -вно, (из русского?) громя́ — «громлю»; с.-хорв. гр̏ом, громо̀вит(й), -а, -о — «громоподобный», «громкий»; словен. grom; чеш. и словац. hrom, hromový, -á, -é; польск. grom (: grzmot), gromowy, -a, -e, gromić; в.-луж. hrom, hromić — «гудеть», «греметь», «дребезжать». Др.-рус. (с XI в.) громъ, громовъ, (с XVI в.) громити — «разрушать» (Срезневский, I, 597). □ О.-с. *gromъ. Абляут к *греметь* (см.). И.-е. *ghromos. Ср. др.-прус. grumins — «отдаленный гром», также grīmikan — «песня»; гот. *grama — «скорбь»; др.-в.-нем. gram — «раздосадованный», «взбешенный» (ср. совр. нем. j-m gram sein — «сердиться на кого-л.»), совр. нем. Gram — «скорбь»; греч. (у Гесихия) χρόμος — «хруст», «скрежет», χρόμαδος — «скрип», «стук», «скрежет»; др.-сканд. gramr; совр. исл. gramur — «злой», «разгневанный».

ГРОМА́ДА, -ы, *ж.* — «нечто очень большое по своим размерам (предмет, сооружение, груда, глыба)». *Прил.* грома́дный, -ая, -ое. Укр. грома́да — 1) дорев. «община», «общество», «мир», «мирская сходка»; 2) «громада» (но «громадный — величе́зний); блр. грамада́ — дорев. «община», «общество», «мир», («громада» — гмах); болг. грама́да — «громада», грама́ден, -дна, -дно; с.-хорв. гро̀мада — «глыба», гро̀мадан, -дна, -дно : гро̀маднӣ, -а̄, -о̄ — «глыбовый»; словен. grmada, grmaden, -dna, -dno; чеш. и словац. hromada — «груда», «куча», «ворох», также «толпа» (чеш. valná hromada — «общее собрание»), словац. valné zhromaždenie — «общее собрание»), hromadný, -á, -é — «массовый», «коллективный», «совместный»; польск. gromada — 1) «множество», «масса»; 2) «общество», «мир», «сельский сход»; 3) «громада — административная единица»; ср. gromadzki, -a, -ie — «относящийся к gromada во 2 и 3 знач.»; в.-луж. hromada — «груда», «куча», «ворох», «множество», «толпа»; н.-луж. gromada — «громада», «куча», «груда». Др.-рус. громада — «куча», также «костер» (Срезневский, I, 597). Прил. *громадный* появилось позже, но Поликарпов (1704 г., 79 об.) уже знает это слово. □ О.-с. *gramada [где -ad(a) — суф.]: *gramada — следствие межслоговой ассимиляции. И.-е. база *grem- (: *grom-, *grm-), корень *ger-. На славянской почве родственными образованиями являются: с.-хорв. гр̏м — «большое развесистое дерево», «куст», «дуб», гр̀маљ — «громадина» (о большом и сильном человеке), гр̀мље — «заросли кустарника»; словен. grm — «куст», отсюда grmast — «кустистый»; также др.-рус. книжн. и ст.-сл. гръмъ (иногда грьмъ) — «куст», «сад», гръмие — «кустарник» (Срезневский, I, 601). Ср. лит. gramañtas — «ком» (земли), «глыба», также «большое, неуклюжее существо», «нечто громоздкое», grum̃(s)tas — «ком» (земли) [LKŽ, III, 508]; др.-в.-нем. krimman — «давить», «жать», «царапать»; дат., норв. kramme — «мять», «тискать»; швед. krama — «сжимать», «мять», «тискать»; др.-англ. crammian (совр. англ. cram) — «впихивать», «наполнять» (< «давить»); латин. gremium — «охапка», «лоно», «глубина»; др.-инд. grā́maḥ — «множество», «толпа», «деревенская община».

ГРО́МКИЙ, -ая, -ое — «далеко и хорошо слышимый», «сильно звучащий». *Нареч.* гро́мко. Болг. гръ́мък, -мка, -мко, *нареч.* гръ́мко (из русского — с.-хорв. гро̀мак, -мка, -мко: гро̀мкӣ, -а̄, -о̄, гро̀мко. Укр. грімки́й, -а́, -е́ (Гринченко I, 372; в УРС отс.) — из русского (укр. в этом знач. — голосни́й, гучни́й). Польск. gromki, -a, -ie, известное с XVII в., возможно, из русского (Sławski, I, 349), хотя Брюкнер (Brückner, 158), кажется, не считал это слово заимствованным. В других слав. яз. отс. В памятниках др.-рус. и среднерус. письменности не отм. В словарях *громкий* — с 1731 г. (Вейсман, 366), но слово это было известно и несколько раньше. □ В этимологическом отношении относится к группе *гром* (< о.-с. *gromъ), *греметь* (< о.-с. *grьmēti). См. эти слова.

ГРОТ, -а, *м.* — «небольшая (преимущественно искусственная, напр., в парке) пещера». *Прил.* гро́тный, -ая, -ое. Укр., блр. грот. Ср. польск. grota. В других слав. яз. отс. Ср. в том же знач.: болг. пещера́; с.-хорв. пѐћина; чеш. jeskyně. Известно с 30-х гг. XVIII в. [«Сампсон», 1735 г. (ИКИ, 411)]. В словарях — с 1780 г. (Нордстет, I, 146). □ Ит. grotta; франц. grotte; нем. Grotte; англ. grotto и т. д. Источник распространения — ит. grotta. В итальянском восходит к латин. crypta (вульг.-латин. crupta — «подземная галерея», «свод», «пещера» < греч. χρυπτή — «сокровенное место», «тайник».

ГРОТЕ́СК, -а, м. — «в искусстве — причудливо-искаженное изображение действительности, обыкновенно в сатирическом плане». *Прил.* гроте́скный, гроте́сковый, -ая, -ое. Укр. гроте́ск, гроте́сковий, -а, -е; блр. гратэ́ск, гратэ́сковы, -ая, -ае. Ср. болг. гроте́ска; чеш. groteska, groteskní; польск. groteska, groteskowy, -a, -e. В словарях — с 1803 г. (Яновский, I, 645, со знач.: «смешные изображения по собранию в них таких частей, которые не принадлежат им естественно»), но в употр. это слово вошло, м. б., раньше. Ср. в «Журн. пут.» Демидова (1771—1773 гг.), 17: *гротеских раковин*. ▫ Ит. grottésca, *f.*; франц. (с XVI в.) grotesque, *т.*; нем. (с XVIII в.) Groteske, *f.* Первоисточник — ит. (pittura) grottesca (произв. от grotta, *f.* — «грот», «пещера») — «гротесковая живопись», «стенная роспись в гротах»; первоначально гротесками назывались древнеримские лепные орнаменты, открытые в XV в. на стенах пещер и подземных жилищ в Риме. В русском языке — из французского, позднее заимствование.

ГРО́ХОТ, -а, м. — «очень сильный, раскатистый шум и треск (напр., при падении чего-л. громадного, при обвале)». *Глаг.* грохота́ть. Сюда же (по корню) гро́хать — «издавать грохот» (ср. *прост.* отгро́хать — «построить, соорудить что-л. огромное»), *сов.* гро́хнуть(ся). Ср. болг. гро́хот, грохо́тя — «грохочу», гро́хвам се — «грохаюсь», *сов.* гро́хна се [от гро́хвам — «дряхлею», «изнемогаю» (от работы), *сов.* гро́хна — «одряхлею», «рухну»]; с.-хорв. гро̀хот — «грохот», «хохот», грохо̀тати — «бряцать», «звенеть», «грохотать» (грохо̀тати се — «грохотать», «громко смеяться»), *сов.* гро̀(х)нути; словен. grohot, krohot — «громкий смех», «хохот», grohotati se, krohotati se — «хохотать»; чеш. hroch, hrochot — «гул», «грохот», hrochati — «грохотать», «громыхать», «тарахтеть», «хрюкать», *сов.* hrochnouti; ср. также chrochtati — «хрюкать»; словац. krochtať — «хрюкать». Др.-рус. (с XI в.) грохот — «хохот», (с XIII в.) «шум», «гром», грохотатися — «хохотать» (Срезневский, I, 598). Ст.-сл. гроⷯтъ, гроⷯтати см. ▫ О.-с. *grochotъ. Едва ли произв. от *grochъ (?). Образования с *groch- (без суф. -otъ) на русской почве, вероятно, поздние, возникшие вследствие народной этимологии о.-с. *grochotъ и искусственного отвлечения корня *groch-. Ср. также *цокот* при *цокать*. О.-с. *grochotъ — звукоподражательное слово, такое же, как рус. *хохот*; словен. hohot. Допустимо полагать, что на русской почве оно возникло вследствие контаминации таких слов, как *хохот* (и *хохотать*), *гогот* — прост. «хохот»; «гусиный крик» [ср. *гоготать* — «громко хохотать»; «кричать по-гусиному»; так уже в «Задонщине»: «гуси *гоготаша*» (Срезневский, I, 534)] с такими словами, как *гром* (< о.-с. *gromъ). Как переходную ступень ср. отм. Срезнев-

ским (III, 1408) **хрохотати** (см. *хохот*). Впрочем некоторые этимологи сопоставляют о.-с. *grochotъ, *grochotati по корню с др.-в.-нем. krahhōn (совр. нем. krachen) — «трещать», «грохотать»; др.-англ. cracian — «звучать», «раздаваться»; др.-инд. gàrjati — «рычит», «гудит», «орет» [нерешительно склоняется к такому сопоставлению также Покорный, относящий эти слова к и.-е. гнезду *grā- (корень *ger-). — Pokorny, I, 385].

ГРУБИЯ́Н, -а, м. — «человек, говорящий грубости», «невежа». *Женск.* грубия́нка. *Глаг.* грубия́нить. Укр. грубия́н, грубия́нка, грубия́нити, груби́ти — «грубить», «грубиянить»; блр. грубія́н, грубія́нка, грубія́ніць — «грубить», «грубиянить»; болг. (из русского?) грубия́н (также грубия́нин), грубия́нка; с.-хорв. грубѝја̄н; словен. grobijan. Ср. чеш. hrubián (: sprosťák), разг. grobián, krobián (словац. grobian), польск. grubianin (ст.-польск. grobian, grobijan). В русском языке в словарях с 1704 г. отм. *грубя́нство*, *грубя́нский* (Поликарпов, 79 об.) и лишь в 1762 г. *грубиа́н* (Литхен, 143); в форме *грубиян* — с 1771 г. (РЦ, 114). — Ср. нем. (с XV в.) Grobian, *т.* — «грубиян», «нахал» (=grober Kerl); дат., норв., швед. grobian. Слово немецкое по корню, но с латинской концовкой < *grob(iānus). В славянских языках слово известно, по мере, с XVI в. (в украинском и польском). Заимствовано [возможно, при украинском (через польский?) посредстве] из немецкого языка, но переделано под влиянием *грубый*. Зона первоначального распространения — Польша (XVI—XVII вв.).

ГРУ́БЫЙ, -ая, -ое — 1) (о человеке) «неучтивый», «некультурный»; 2) (о вещи) «плохо отделанный», «топорный», «простой, без изящества, тонкости». *Кр. ф.* груб, груба́, гру́бо. *Сущ.* гру́бость. *Глаг.* грубе́ть, груби́ть. Сюда же грубия́н (см.). Укр. гру́бий, -а, -е, гру́бість, только в форме мн. ч. — гру́бості, гру́бощі, груби́ти — «грубеть» (но «грубить» — грубия́нити, груби́ти); блр. гру́бы, -ая, -ае, гру́басць, грубе́ць — «грубеть» (но «грубить» — грубія́ніць); болг. груб, -а, -о, гру́бост («грубею» — загруби́вам, «грублю» — нагруби́вам); с.-хорв. гру̑б, гру́ба, гру́бо, гру́бо̄ст, гру́бети; словен. grọ̑b, -a, -o; чеш. hrubý, -á, -é, hrubost, hrubĕti; польск. gruby, -a, -e (диал. gręby) — «толстый» (gruby głos — «грубый голос»), grubieć — «толстеть» («грубость» — grubiań́stwo). Др.-рус. (с XI в.) грубъ, грубый — «невежественный», «злой», «дурной», грубость — «невежество» (Срезневский, I, 598, 599). Ст.-сл. (в Супр. р.) гр҄бъ. ▫ О.-с. *grubъ, -a, -o (болг., польск.): *grǫbъ, -a, -o (?) [словен., ст.-сл.]. Ср. колебание u : ǫ в общеславянском в других словах, напр., о.-с. *guz- и *gǫz (см. *гузка*) и др. Ср. лит. grubùs — «неровный», «шершавый», «грубый» (=«неотделанный»), grùbti, 1 ед. grumbù — «коченеть», «костенеть», «грубеть»; латыш. grumba — «морщина», grumbot — «морщить» (лоб). Также в германской группе языков: др.-в.-нем. grob (совр. нем. grob — «неотесанный», «грубый», «крупный»); голл. grof; швед., норв., дат. grov. Ввиду того, что образования этой группы распространены лишь в пределах балто-славянской и германской групп, определение исходной и.-е. базы представляет известные трудности [м. б., *ghreu-bh- с расширителем -bh- (Sławski, 356); и.-е. корень *gher- «растирать», тот же, что в *груда* (см.)].

ГРУ́ДА, -ы, *ж.* — «большая куча чего-л.». *Глаг.* гру́диться. Укр. гру́да. Ср. блр. гру́да — «глыба», «ком»; болг. гру́дка — «клубень»; с.-хорв. гру́да — «глыба», «ком», «груда»; чеш. hrouda — «ком», «глыба», «груда», hrudka — «комок», hroudovati se — «бросаться снежками»; польск. gruda — «глыба», «ком», grudka — «комок». Обычно знач. «груда» выражается в инославянских языках иначе, напр., словом *куп* (*купа*) или другими: укр. ку́па; блр. ку́ча; болг. куп, ку́пчина; с.-хорв. ку̑п, ку́па (или го̀мила и др.); чеш. kupa (чаще hromada); польск. kupa (или stos). Др.-рус. (с XI в.) и ст.-сл. груда, грудие — «куча», «громада», грудьный — (о пути) «тяжелый», «неровный» («сугробистый»?), также грудавый, грудивый (Срезневский, I, 599, 600). ▫ О.-с. *gruda. И.-е. база *ghreu-d- (с расширителем -d-), от *gher- «тереть», «растирать» (Pokorny, I, 460, 461). Ср. лит. graudùs — «ломкий», «хрупкий», grūdas — «зерно», «крупинка», grū́sti, 1 ед. grū́dau — «толочь»; латыш. grauds — «зерно», graust, 1 ед. graudu — «производить шум», «громыхать», grūst, 1 ед. grūdu — «толкать», «толочь»; др.-в.-нем. grioʒ (совр. нем. Grieß) — «песок», «песчинка», также ср.-в.-нем. grūʒ (совр. нем. Grauß) — «крупинка», «песчинка», «песок»; др.-в.-нем. gruzzi (совр. нем. Grütze) — «крупа», «каша»; др.-сканд. grjōt — «горная порода» (совр. исл. grjót — «камни») [=нем. Grieß]; дат. grut; нов.-норв. grūt — «мука грубого помола» (=нем. Grauß); др.-сканд. grautr (совр. исл. grautur; дат. grød) [=нем. Grütze]; др.-англ. greo (совр. англ. grit) — «песок»; др.-англ. grot [совр. англ. groats, *pl.* — «крупа» (гл. обр. овсяная)].

ГРУДЬ, -и, *ж.* — «верхняя часть передней стороны туловища от шеи до живота». *Прил.* грудно́й, -а́я, -о́е (отсюда груди́ца); груда́стый, -ая, -ое. *Сущ.* груди́нка. Укр. грудь, грудни́й, -а́, -е́; блр. гру́дзі, *мн.*, грудны́, -а́я, -о́е; болг. гръд, *мн.* гърди́, гръ́ден, -дна, -дно — «грудной»; с.-хорв. гру̑ди, *мн.*; словен. grudi, *мн.*; чеш. hrud', hrudní — «грудной»; ср. hrudník — «грудная клетка»; словац. hrud', hrudný, -á, -é; в.-луж. hrudź, hrudźny, -a, -e, hrudźno — «грудника». Польск. pierś — «грудь», но ср. ст.-польск. (XV в.) grędzi — «груди», если это слово не заимствовано из чешского (Sławski, 342). Ср. ст.-польск. и диал. grąd — «возвышение среди луга, болотистого места» (ib.). Что касается польск. pierś, то это слово известно и в других слав. яз.: с.-хорв. пр̏си, *мн.*; чеш. prsa, *мн.* Ср. рус. устар. поэт. (XVIII—начало XIX в.)

перси; *произв.* наперсник. Др.-рус. (с XI в.) груди, *мн.* (Срезневский, I, 600). Ст.-сл. гр҄дь. ▫ О.-с. *grǫdь. И.-е. база *gʷhrendh-. Издавна смешивается с о.-с. *gruda (> рус. *груда*) — «глыба», «куча», «возвышенность». Отсюда: ст.-польск. (и диал.) grąd; чеш. диал. (в районе Моравы) hrúd — «песчаные возвышенности», «дюны». И.-е. база *gʷhrendh- «вздуваться», «бугриться» (Pokorny, I, 485). Ср. латин. прил. grandis, -e — «большой», «крупный», «взрослый»; греч. βρενθύομαι — «выступаю гордо (выпячивая грудь?)», «кичусь», «важничаю», βρένθος — «гоголь» (?; вообще какая-то важно выступающая водоплавающая или певчая птица). Старшее знач., м. б., — «нечто возвышающееся, выпячивающееся», «бугор».

ГРУЗ, -а, *м.* — 1) «тяжесть», «тяжелый предмет»; 2) «кладь, поклажа, предназначенная для транспортировки». *Прил.* (к *груз* в 1 знач.) гру́зный, -ая, -ое, *кр. ф.* гру́зен, -зна, -зно, (к *груз* во 2 знач.) грузово́й, -а́я, -о́е, отсюда грузови́к. *Сущ.* (от *груз* во 2 знач.) гру́зчик. *Глаг.* грузи́ть(ся), отсюда грузи́ло. Блр. груз, гру́зны, -ая, -ае, гру́завы, -а́я, -ое, грузі́ць. В других слав. яз. эти знач. выражаются словами другого корня: укр. вага́ — «груз в 1 знач.»; ср. ва́жкий — «грузный», ванта́ж — «груз во 2 знач.», отсюда ванта́жити — «грузить»; но грузи́ло, грузови́к; болг. това́р — «груз во 2 знач.», отсюда това́ря — «гружу», това́рен, -рна, -рно — «грузовой» (но «грузовик» — камио́н < ит. camione); с.-хорв. те̏рет — «груз в 1 знач.», то̏вар — «груз во 2 знач.» (но «грузовик» — камио̏н или теретни аутомобил); чеш. tíže — «груз в 1 знач.», náklad — «груз во 2 знач.» (отсюда nákladní auto, náklad'ák — «грузовик»); польск. ładunek, ciężar — «кладь», отсюда ciężarówka — «грузовик». Но ср. словен. pogrǫziti — «погрузить» (в воду) [Хостник, 208]; чеш. hroužiti, hřížiti — «погружать» (в воду). Ср. польск. grąznąć, grzęznąć — «погружаться», «грязнуть», «грузнуть» (Дубровский, 131). Ср. и рус. *погрязнуть*. Др.-рус. грузитися (с XIII в.), каузатив при грязнути (Пов. вр. л. под 6493 г., по Ип. сп.), грузило (1585 г.) — «подводное бревно в езе» (Срезневский, I, 600, 605; Доп., 80). Сущ. *груз* еще отс. у Поликарпова (1704 г.). Впервые отм. в словарях в 1731 г. (Вейсман, 65). Прил. *грузный* — с 1704 г. (Поликарпов, 80: грузен), *грузовой* — с 1771 г. (РЦ, 114: грузо́вый), [с ударением на окончании -ой — с 1892 г. (СРЯ¹, т. I, в. 2, 921—922: грузово́й)], грузовик — с 1935 г. (Ушаков, I, 630). ▫ О.-с. корень *grę̄z-: *grǫz-. Соответствия имеются в языках балтийской группы. Ср. лит. gramzdė́ti — «утопать», «погружаться», каузатив gramzdýti, gramzdìnti «погружать», «топить», gramzdà — «осадка». Дальше следы теряются. Знач. «груз» развилось из знач. «тело, погружающееся в воду».

ГРУЗДЬ, -я́, *м.* — «съедобный гриб с широкой вогнутой посередине белой шляпкой с пушистыми опущенными краями, с едким соком мякоти, с короткой ножкой», Lactarius resimus. Ср. *уменьш.* груздо́к (с основой на твердый согласный), также груздо́вник — «лес, изобилующий груздями». *Прил.* гру́здевый, -ая, -ое. Укр., блр. груздь (только с основой на твердый согласный). В других слав. яз. отс. (этот гриб называется иначе: болг. люти́ва мле́чница (люти́в — «едкий», «острый»); чеш. podborovník; польск. bielak. Слово, по всей вероятности, старое, но в письменных памятниках до XVI в. не отм. Ср. в «Домострое» по Конш. сп., гл. 43: «с рыжики и з груздями» (Орлов, 43); гл. 45: «*грузди и рыжики солит*» (ib., 45). Ср. у Р. Джемса (РАС, 1618—1619 гг., 10 : 31): grusbé (при перечислении названий грибов). В словарях *груздь* — с 1731 г. (Вейсман, 168). □ Лит. grūzdas «груздь», м. б., о чем как будто свидетельствует вокализм корня (u вм. ожидаемого au), заимствовано из русского (Fraenkel, 174). Следует упомянуть, однако, что Потебня (РФВ, III, 92, прим.) находил возможным связывать *груздь* с лит. gruzdéti «подгорать», «тлеть», grūzdinti — «поджаривать» (по едкому, горьковатому, жгучему вкусу сока?).

ГРУНТ, -а, *м.* — 1) «верхний слой земли», «почва»; 2) «твердое дно водоема (реки, моря и т. д.)»; 3) *спец.* «первый нижний слой краски или специальный состав, которым покрывают поверхность холста или дерева, подготовляя ее для живописи или окраски». *Прил.* грунтово́й, -а́я, -о́е. *Глаг.* (к *грунт.* в 3 знач.) грунтова́ть. Укр. грунт, грунтови́й, -а, -é; блр. грунт, грунта́вы, -а́я, -о́е; чеш. grunt, gruntovní; польск. grunt, gruntowy, -a, -e. Болг. грунт, грунд — «грунт в 3 знач.» (в других знач. — по́чва, земля́); с.-хорв. гру̀нт — «грунт в 3 знач.» (в других знач. — тло̂, зе́мљиште). В русском языке — с начала XVIII в. (Поликарпов, 1704 г., 80). □ Слово германского происхождения. Ср. нем. Grund (ср.-в.-нем. grunt); англ. ground; голл. ground; швед. grund и др. В славянских языках, очевидно, из немецкого, хотя в совр. нем. Grund употр. гл. обр. в спец. знач. (ср. Boden — «грунт в 1 знач.»). В том же знач. употр. англ. ground (ср. soil — «грунт в 1 знач.»). В русском языке — возможно, при польском посредстве.

ГРУ́ППА, -ы, *ж.* — 1) «совокупность нескольких одушевленных или неодушевленных предметов, находящихся вместе»; 2) «объединение людей по общности интересов, деятельности, а также объединение предметов по общности каких-л. признаков». *Глаг.* группирова́ть(ся), *отглаг. сущ.* группиро́вка. *Прил.* группово́й, -а́я, -о́е, отсюда группо́вщина. Укр. гру́па, групува́ти — «группировать», угрупо́вання — «группировка», груповий, -а́, -é, групівщи́на; блр. гру́па, групава́ць, групо́ўка, групавы́, -а́я, -о́е, групаўшчы́на. Ср. болг. гру́па, групи́рам — «группирую»; с.-хорв. гру́па, груписати — «группировать», групаци́ја — «группировка»; польск. grupa, grupować — «группировать», ugrupowanie — «группировка», grupowy, -a, -e — «групповой», grupowość — «групповщина». Но чеш. skupina — «группа», seskupovati — «группировать», sektářství, spolkaření — «групповщина». В русском языке слово *группа* употр. с начала XIX в. Яновский (I, 1803 г., 647) уже отм. это слово. Встр. у Пушкина в кишиневском дневнике, в записи от 3-IV-1821 г.: «живописные *группы*» (евреев) [ПСС, XII, 303]. Производные входили в употр. постепенно: *группировать* в словарях отм. с 1834 г. (Соколов, I, 568), *группировка* — с 1847 г. (СЦСРЯ, I, 298). Самые поздние: *групповой, группо́вщина* [в словарях — с 1935 г. (Ушаков, I, 631, 632)]. □ Ср. франц. (с XVII в.) groupe; нем. (с середины XVIII в.) Gruppe; англ. group; ит. gruppo. Во французском языке — из итальянского, где это слово (groppo > gruppo) сначала значило «узел», «комок», «клубок».

ГРУСТЬ, -и, *ж.* — «легкая щемящая печаль, уныние». *Прил.* гру́стный, -ая, -ое. *Глаг.* грусти́ть. Только русское. В украинском и белорусском отс. [укр. и блр. сум, смуток (блр. сму́так), журба́]. Ср. в том же знач.: болг. тъга́; с.-хорв. ту́га, чеш., польск. smutek. Др.-рус. (с XI в.) и ст.-сл. грущение — «печаль», грустость — «горе», позже съгрустити ся — «опечалиться», «вознегодовать»; ср. (с XV в.) грузский — «грустный», «тяжелый» (Срезневский, I, 600, 601; III, 692). □ Вероятно, связано с *грызть, грыжа*; ср. болг. грѝжа — «забота», «тревога». Ср. рус. *забота* из *зобо́та* [сохранилось в северно-русских говорах (см. Чичагов, 117)], от *зобати* — «есть», «клевать», «грызть» (см. Срезневский, I, 994; также Даль, I, 619, Куликовский, 30). След., *грусть* из *gruztь* (ср. о.-с. *mastь* из *maztь*). Относительно вокализма см. *грызть*.

ГРУ́ША, -и, *ж.* — «плодовое дерево семейства розовых, подсемейства яблоневых, с сочными, мясистыми, округло-продолговатыми плодами», Pyrus; «плод этого растения». *Прил.* гру́шевый, -ая, -ое. Укр. гру́ша, груше́вий, -а, -е; блр. гру́ша, гру́шавы, -ая, -ае. Ср. словен. gruška и hruška; чеш. hrušeň — «груша» (дерево), hruška — «груша» (плод), hruškový, -á, -é; польск. grusza — «груша» (дерево), gruszka — «груша» (плод); но болг. кру́ша — «груша» (дерево и плод); с.-хорв. кру̀шка — «груша» (дерево и плод); в.-луж. krušwa — «груша» (плод), kruškina — «груша» (дерево); н.-луж. kšuša, kšuška, kšušwja — «груша» (плод), kšušwina — «груша» (дерево). В памятниках др.-рус. письменности с начальным *г* засвидетельствовано с XIV в. (Срезневский, I, 601; Доп., 80; ср. (с XII в.) хруша (ib., III, 1408). Поскольку в части славянских языков форма gruška является обычной и старой (в польском, напр., grusza — без суф. -k- — известна лишь с XVIII в.), можно допустить, что о.-с. форма была с начальным g: *gruša и *gruška [начальное k могло возникнуть сначала в *gruška вследствие межслоговой ассимиляции, отсюда (в некоторых слав. яз.) kruša]. Но ср. лит. kr(i)áušė — «грушевое дерево»; латыш. krausis — «груша»; др.-прус. crausy — «грушевое дерево». Поэтому приходится думать, что колебание в начале слова kr : gr — давнее, с о.-с. эпохи, тем более, что др.-рус. хруша (с начальным *x*), как и словен. hruška, могли возникнуть только из *kruša, *krušьka. По всей вероятности, о.-с. *gruša : *kruša — одно из очень ранних (о.-с.) заимствований, хотя указать источник заимствования (где-то на юго-востоке) пока невозможно, М. б., это иранские языки. Но одинокое курд. kurêši, korêši — «груша», с которым уже давно связывают [Хен-Шрадер, позже — Бернекер и др. (см. Vasmer, REW, I, 314) о.-с. gruša: *kruša, могло и само быть откуда-нибудь (из русского?) заимствовано. Да и вообще существование этого слова в курдском языке сомнительно (в словарях Бакаева и Фаризова это слово или близкое к нему по фонетическим признакам отс., как и в словарях других иранских языков).

ГРЫ́ЖА, -и, ж. — «болезнь, заключающаяся в выпадении из брюшной полости под кожу части какого-н. внутреннего органа, особенно тонких кишок». *Прил.* грыжево́й, -а́я, -о́е. Укр. гри́жа — «грыжа» (и обл. «печаль», «забота», «терзания»), грижови́й, -а́, -é; блр. гры́жа — тж., гры́жавы, -ая, -ае. В других слав. яз. это понятие выражается другими словами: болг. ки́ла (< греч. χήλη — «грыжа»), хе́рния; с.-хорв. ки́ла; чеш. prutř, kýla, hernie; польск. przepuklina, ruptura. Но ср. болг. гри́жа — «забота», «тревога»; с.-хорв. гри́жа — «резь в желудке, колики»; словен. griža — «дизентерия», «кровавый понос». Ст.-сл. грыжа — «расстройство желудка». Ср. др.-рус. грыжья болезнь [Жит. Андр. Юр. по сп. XV—XVI вв. (Срезневский, I, 602)]. В словарях грыжа — с 1704 г. (Поликарпов, 80), грыжевой — с 1838 г. (Плюшар, XV, 194). ▫ Старшее знач. — «грызущая боль». О.-с. *gryzja. От о.-с. *gryzti > рус. грызть (см.).

ГРЫЗТЬ, грызу́ — «раскусывать, дробить зубами что-л. твердое», «глодать», «есть». *Возвр. ф.* гры́зться. *Сущ.* грызня́, грызу́н, *женск.* грызу́нья. Укр. гри́зти, гризня́, гризу́н; блр. гры́зці, грызня́, грызу́н; болг. гриза́ — «грызу», гриза́ч — «грызун»; с.-хорв. гри́сти; чеш. hryzati, hrýzti; польск. gryźć, gryzoń — «грызун». Др.-рус. (с XI в.) грызти — «есть», «жевать», грызати — «жалить», грызтися — «впиваться»; «скорбеть», «печалиться» (Срезневский, I, 602; Доп., 80). Производные все поздние: в словарях грызун — с 1771 г. (РЦ, 115), грызня — с 1892 г. (СРЯ¹, т. I, в. 2, 925). ▫ О.-с. *gryzti. Ср. (с теми же знач.) лит. gráužti, gruženti; латыш. grauzt. Ср. также: греч. βρύχω — «скрежещу зубами»; др.-ирл. brōn [о.-к. *brŭgnos, где b < gᵘ, g < g'h (g в др.-ирл. исчезло)] — «печаль», «скорбь». И.-е. база *gᵘrēu-g'h-(: *gᵘrōu̯-g'h- : *gᵘrū-g'h-) — «скрежетать зубами», «грызть» (Pokorny, I, 485—486). См. грыжа, грусть.

ГРЯДА́, -ы́, ж. — 1) «цепь гор, холмов»; 2) «продолговатая узкая насыпь, полоса разрыхленной земли для посадки овощей, цветов и т. п.». Во 2 знач. чаще гря́дка. *Прил.* (к гряда́ во 2 знач.) грядно́й, -а́я, -бе, (к грядка) гря́дковый, -ая, -ое. Укр. гряда́ (но «гряда в 1 знач.» чаще па́смо, а «гряда во 2 знач.» — гря́дка); блр. гряда́, гря́дка. Ср. с.-хорв. гре́да — «утес», «гряда» (горная), «отмель», «рудный пласт», также «балка», «перекладина», гредо́вит(ий), -а, -о — «скалистый», «изобилующий отмелями»; словен. greda — «гряда» (горная) и «грядка», но также «бревно», «брус» (ср. gred — «насест»); словац. hrada — «грядка» (в саду, в огороде); ср. teplá hrada — «парник»; польск. grzęda, grzędka — «грядка» («горная гряда») — łańcuch gór, pasmo górskie), но grzęda также «жердь», «насест», «шест»; н.-луж. grědka — «грядка» (в саду, в огороде). В некоторых слав. яз. это слово значит только «балка», «брус», «бревно», «жердь». Ср. болг. греда́ — «брус», «балка», «перекладина»; чеш. hřad, hřada — «шест», «жердь»; в.-луж. hrjada — «бревно», «брус». Др.-рус. гряда — «балки», «верх здания» (?) в «Книге царств» по сп. XVI в., «грядка» (огородная) [Срезневский, I, 605; Доп., 81]. ▫ О.-с. *gręda. Не совсем ясно, развились ли знач. «грядка» (огородная, садовая и т. п.) и знач. «брус», «балка» из одного знач., или в данном случае следует говорить о двух словах (или о совпадении в одной фонетической форме двух разных с разным содержанием). Предположение о развитии упомянутых двух знач. из одного принимается большинством этимологов. Этим первоначальным знач. могло быть, напр., знач. «преграда» в виде ли насыпи или в виде частокола; отсюда, с одной стороны, — знач. «грядка», с другой — «жердь», «бревно». Некоторые языковеды полагают, что старшим знач. было «изгородь». М. б. (по крайней мере, в языках балто-славянской группы), это было знач. «бревенчатый настил», «деревянный пол». Ср. лит. griñdas — «пол», grindinỹs — «настил», «мостовая»; латыш. grida — «пол»; др.-прус. grandico, f. — «брус». Ср. в языках германской группы: др.-в.-нем. grintil — «засов», «задвижка»; др. и совр. исл. grind — «решетка». И.-е. база *ghrendh-.

ГРЯЗЬ, -и, ж. — 1) «земля, почва, размякшая от дождя или вообще от воды»; 2) «нечистота, пыль, сор». Гря́зи, *мн.* — «морской или озерный ил, имеющий целебные свойства»; в говорах также «болота», «топи» (Даль, I, 358). *Прил.* (к грязь) гря́зный, -ая, -ое [отсюда грязну́ля, грязну́ха и грязне́ть, грязни́ть(ся), (к грязи) грязево́й, -а́я, -о́е. Укр. грязь — «грязь в 1 знач.» (но ср. бруд — «грязь во 2 знач.»), гря́зі, *мн.* «грязи», гря́зний, -а, -е, грязьки́й, -а́, -é — «грязный», грязьови́й, -а́, -é — «грязевой»; блр. грязь (но «грязь во 2 знач.» — бруд, сме́цце), гра́зі — «грязи», гра́зкі, -ая, -ае — «грязный» (напр., о дороге), гра́зевы, -ая, -ае — «грязевой». В других слав. яз. знач. «грязь» выражается другими словами: болг. **кал, нечистота́, лече́бна кал** — «(лечебные) грязи»; с.-хорв. **бла́то** — «слякоть», **прља́вштина** — «грязь» (вообще); чеш. bláto, špína; польск. błoto, brud. Но ср. словен. grez — «болото». Ср., с другой стороны, польск. grąż, grąz — «болото», «топь», «трясина», ст.-польск. gręzy (диал. grzęzy) — «отстой», «гуща», «плесень». Др.-рус. **грязь, гряза** — «грязь», «ил», «тина», «топь»; старшие примеры по знач. «топкое место» в Ип. л. под 6659 г., там же **грязъкый** — «топкий»; ср. одиночное **грязивый** — «топкий» в Сл. плк. Игор. (Срезневский, I, 605—606). Ст.-сл. грѧзь : грѧзъ — «грязь». ▫ О.-с. *gręzь. Старшее знач., м. б., «вязкое, илистое дно», отсюда «топкое место», «болото», позже (только на вост.-слав. почве) «грязь». Слово *грязь* по происхождению связано с *груз* (см.) из о.-с. *grǫzъ, с глаг. *погрузить(ся), погружать(ся)* и *погрязнуть*. Ср. лит. grimsti, grimzti, 1 ед. grimzdaũ — «погружаться», «тонуть», «идти ко дну».

ГУБА́[1], -ы́, *ж.* — «верхняя и нижняя подвижная кожно-мышечная складка, образующая края рта». *Прил.* **губно́й, -а́я, -о́е, губа́стый, -ая, -ое.** *Сущ.* **губа́н.** Укр. **губа́**; блр. **губа́**. Ср. с.-хорв. **гу̀бица** — «морда», «рыло»; чеш. huba — «морда», груб. «рот»; польск. gęba — «рот», «уста», «лицо». Обычно же в инославянских яз. знач. «губа» выражается другими словами: болг. **у́стна** или **бъ́рна**; с.-хорв. **у̀сна**; чеш. ret (мн. rty) или pysk; польск. warga. Ст.-сл. [и др.-рус. (книжн.?)] оуст꙽на — «губа» (Срезневский, III, 1292—1293; *губа* в знач. «labium» в др.-рус. памятниках письменности не отм.) По всей вероятности, *губа* в знач. «labium», так же, как *глаз* и *палец*, получили широкое распространение только в XVI—XVII вв. У Поликарпова (1704 г., 80 об.) отм. *губы* — «устнѣ», «labia» (без ед. ч.), также *губка* — «labellum», *губа́стый* — «labiosus». Польск. gęba — «лицо», «рот» было известно уже в XV в. ▫ Можно полагать [вместе с Голубом и Копечным (Holub—Kopečny, 135), со Славским (Sławski, 271—272) и др.], что знач. «labium» — позднейшее. Сначала *губа* (из о.-с. *gǫba) значило «гриб» или «spongia» («губка»). Т. о.: «гриб» или «губка» > «рот» > «губа». Но и знач. «гриб»: «губка» — не первоначальное. См. *губка*.

ГУБА́[2], -ы́, *ж.* — «название морского залива на севере России (напр., Обская губа)». Первоначально — диал., сев.-влкр. Только русское (из русского — в украинском и белорусском). В других языках это понятие выражается иначе, ср., напр., польск. zatoka (morska); нем. Meerbusen, *m.*; франц. baie, *f.*, golfe, *m.*; англ. bay, gulf и т. д. В словарях — с 1763 г. (Полетика, 10). ▫ Происхождение то же, что у слов *губа*[1] и *губка* (см.). Первоначально — «огиб», «лука», «лукоморье».

ГУБЕРНА́ТОР, -а, *м.* — «в дореволюционной России — начальник, правитель губернии»; «в США — выборное лицо, стоящее во главе штата»; «в Великобритании — должностное лицо, возглавляющее управление колонией». *Женск.* **губерна́торша.** *Прил.* **губерна́торский, -ая, -ое.** *Сущ.* **губерна́торство,** отсюда **губерна́торствовать.** Укр. **губерна́тор, губерна́торський, -а, -е;** блр. **губерна́тар, губерна́тарскі, -ая, -ае;** болг. **губерна́тор, губерна́торски, -а, -о;** с.-хорв. **гу̀бернато̄р;** чеш. gubernátor, gubernátorský, -á, -é; польск. gubernator, gubernatorski, -a, -ie. В русском языке слово *губернатор* (о зарубежных явлениях общественной жизни) известно, по крайней мере, с 50-х гг. XVII в. (ПДСР, III, 188, 1655 г.: «к *губернатору*»). У Котошихина (гл. IV, ст. 21, с. 48) встр. и *генерал-губернатор*: «и они б (послы Московского государства) посылали с *генералом губернатором* (зарубежных стран) ... человека разумного». В памятниках юго-западной и западнорусской письменности это слово встр. с еще более раннего времени [XV—XVI вв. (см. Тимченко, IC, 651)]. С начала XVIII в. это слово становится элементом общественно-политической терминологии Российской империи, основанной Петром I (см. «Архив» Куракина, I, 273, 1704—1705 гг.; кроме того, Смирнов, 97). ▫ Ср. франц. gouverneur, *m.* — 1) «губернатор»; 2) «гувернер»; исп. gobernador, *m.* — «губернатор» (при institutor — «гувернер»); ит. governatore — «губернатор» (при istitutore — «гувернер»). Первоисточник — латин. gubernātor — «кормчий», «правитель», «руководитель» (от gubernāre, 1 ед. gubernō — «править, управлять кораблем»).

ГУ́БКА, -и, *ж.* — 1) «мягкий, но упругий, ноздреватый, легко впитывающий влагу остов морского беспозвоночного животного (Spongia) или его резиновый заменитель, употребляемые для мытья»; 2) «копытообразный гриб-трутовик, вырастающий на живых или мертвых стволах деревьев». Во 2 знач. чаще **губа́**. В сев. и зап. рус. говорах: **губа́** — «съедобный гриб» (Даль, I, 358). *Прил.* (от *губка* в 1 знач.) **гу́бчатый, -ая, -ое.** Укр., блр. **гу́бка** — в разн. знач. Ср. укр. **губа́** — «гриб-трутовик»; блр. **губа́** — тж. Ср. болг. **гъ́ба** — 1) «губка»; 2) «гриб»; с.-хорв. **гу̀ба** — 1) «лишайник», «гриб» (нарост на дереве); 2) «проказа»; чеш. houba — 1) «губка»; 2) «гриб»; польск. gąbka — «губка» (ср. ст.-польск. gęba — «губка в 1 и 2 знач.»). Др.-рус. (с XI в.) *губа* — «губка», (с XVI в.) «гриб» (Срезневский, I, 606). Ст.-сл. гѫба — «губка». ▫ О.-с. *gǫba : *guba (?) с уменьш. *gǫbъka : *gubъka (?). Ср. лит. gumbas — «нарост», «опухоль». За пределами балтийских языков сближается с др.-сканд. gumpr — «зад», «задница». Можно, вслед за Брюкнером (Brückner, 139) и Славским (Sławski, 265), видеть в о.-с. корне *gǫb- (< *gumb-) назализованную форму и.-е. корня *gheub(h)- : *ghoub(h)- : *ghub(h)- — «гнуть», «сгибать». Первоначальное знач. — «изгиб», «огиб», «кривизна» и т. п. > «нарост», «выпуклость» > «гриб», «губка». Сюда же относится *губа*[2] и *губа* —

ГУЖ

«территориальный судебно-полицейский округ в Московском государстве XVI—XVII вв., подчиненный губному старосте».

ГУЖ, -á, *м.* — «кожаная глухая петля у хомута, с помощью которой передний конец оглобли прикрепляется к концу дуги». Другие знач. в говорах: «кожаная (или иная) петля на лодке для прикрепления весла»; волог. «веревка для связки, привязки чего-л.»; тамб. «приузень, связка у молотильного цепа» (Даль, I, 310). *Прил.* гужевóй, -áя, -óе. Укр. гуж, гуживи́й, -á, -é; блр. гуж, гужáвы, -áя, -óе. Ср. болг. гъ́жва — «тюрбан», «чалма», «жгут»; с.-хорв. гу́жва — «моток», «запутанный клубок», «веревочная петля на лодке», «жгут», «кольцо», чеш. houžev (ст.-чеш. húžev) — «жгут», «свитая гибкая лоза, употребляемая для связывания плота»; польск. gążew, gążwa — «ремень у цепа». Знач. «петля между дугой и оглоблей» в инославянских языках обычно выражается описательно: напр., болг. ре́мък на хаму́т; ср. также чеш. řemen od chomoutu, lano; польск. gruby powróz, rzemień u chomąta. Ст.-сл. гѫжь. ▫ О.-с. основа *(g)ǫž-(ьv)- < *(g)qzj-(ьv)-. Начальное g — протетическое (хотя и странное), как в о.-с. *gǫsěnica (> рус. гусеница), где корень *qs- (ср. рус. ус). Т. о., о.-с. корень *ęz- : *ǫz-; ср. о.-с. *v-ęzati (с начальным v по аналогии с о.-с. *viti) [>рус. вязать (см.)]. Ср. рус. узы, узел, союз (см.). С ж (< *zj) ср. рус. диал. ужи́ще (произв. от уж) — сев., вост. «веревка», южн. «канат» (Даль, IV, 436). Ср. с.-хорв. у́же — «веревка», «канат». Ср. также болг. въже́ (с начальным в, м. б., под влиянием вѣрва — «веревка») — «веревка», «канат», «петля».

ГУ́ЗКА, -и, *ж.* — «задний конец туловища, хвостовая часть птицы», «зад». Ср. трясогу́зка. От того же корня: *груб. прост.* гу́зно — «задница», (с приставкой) огу́зок — «задняя часть мясной туши». Сюда же сложное кургу́зый из *корногу́зый; ср. курно́сый (см.). Укр. гу́зка — тж. Ср. болг. гъз — «зад», «гузка», гъ́зер — «ягодица», «гузка», «зад»; с.-хорв. гу́зица — «зад», «задница», гу̀зат, -а, -о — «толстозадый» (человек); словен. goza, guza — «зад», «штанина»; польск. guz — «шишка», «желвак», «округлая выпуклость», guzica — «гузка». ▫ О.-с. *guzъ : (ввиду болг., словен.) *gǫzъ — «зад», «задница». И.-е. корень *geu-g'- : *gou-g'- — «быть выпуклым». Носовой инфикс имел место уже в балто-славянскую эпоху: ср. лит. gūžỹs (с ū из un) — «зоб» при др.-прус. gunsix — «шишка».

ГУЛ, -а, *м.* — «сильный, но неясный шум, напр., от слияния голосов, доносящихся издали», «гудение». *Прил.* гу́лкий, -ая, -ое. Укр. гул, гулки́й, -á, -é; блр. гул, гу́лкі, -ая, -ае. В других слав. яз. отс. Ср. в том же знач.: болг. глух шум; с.-хорв. бу́ка, ху̑к, ху̑ка; чеш. hukot, dunění; польск. huk, zgiełk. Ср. др.-рус. гу́льный — «волшебный» в Изб. 1300 г. (Срезневский, I, 609). ▫ Праславянская форма могла быть *gudlъ, с корнем (*gud-),

ГУМ

представляющим собою неназализованный вариант к о.-с. *gǫd- (ср. польск. gędzić; рус. гуде́ть). Ср. лит. gaũsti, 1 ед. gaudžiù — «гудеть», gaudesỹs — «гул».

ГУЛЯ́ТЬ, гуля́ю — 1) «веселиться», «развлекаться», «кутить»; 2) «быть свободным от работы»; 3) «прохаживаться, ходить не торопясь, для отдыха, ради моциона». *Однокр.* гульну́ть. *Сущ.* гуля́ка, гуля́нка, гульба́, гу́льбище. *Прил.* гулли́вый, -ая, -ое, *устар.* (еще в XIX в.) и *прост.* гу́льный, -ая, -ое (теперь только с приставками: прогу́льный, -ая, -ое, разгу́льный, -ая, -ое и пр.). Укр. гуля́ти — «гулять», а также «играть (во что-л.)», гуля́нка, также гульня́, гульба́ — «гульба», гуля́ка, гульта́й — «гуляка»; блр. гуля́ць — «гулять», а также «играть (напр., гуля́ць у футбо́л), пагуля́нка — «гулянка», гуля́ка. В других слав. яз. — лишь как заимствование из восточнославянских языков: болг. гуля́й — «кутеж», «пирушка», гульба́»; чеш. hulák — «бездельник»; словац. hultaj — «негодяй»; польск. hulać — «гулять», «веселиться», «кутить», hultaj — «негодяй», «бездельник» (из украинского языка). В письменных памятниках др.-рус. и среднерус. яз. гуля́ти > гуля́ть не отм., ср. гу́льный — «волшебный» в Изб. 1300 г. (Срезневский, I, 609), вероятно, от *гул*. *Гулять* — более позднее (Поликарпов, 1704 г., 81). ▫ Глагол, надо полагать, отыменный — от *гул* (см.). Т. о., знач. «прохаживаться без дела» и т. п. — позднейшее. Старшее предполагаемое знач. едва ли не «шуметь» или, еще точнее, «быть в состоянии наития», «шаманить», «кудесничать».

ГУЛЯ́Ш, -á, *м.* — «мясное кушанье в виде мелких кусочков тушеного мяса (гл. обр. говядины) под соусом с перцем (венгерское национальное блюдо)». Так же укр. блр. Ср. болг. гула́ш; с.-хорв. гу̀лаш; чеш. guláš; польск. gulasz. В русском это слово известно с начала 1900-х гг.; в словарях — Ефремов, 1911 г., 120: *гуля́ш*; позже — Вайсблит, 1926 г., 127: *гуля́ш*. Форму *гуляш* находим в словаре 1933 г. (Кузьминский и др., 328). ▫ Первоисточник — венг. gulyás (произн. гу́йаш) < gulyás hús, где gulyás — «пастух» (крупного рогатого скота) [от gulya — «стадо» (крупного рогатого скота»)], а hús — «мясо». Ср. франц. goulache; ит. gulásch и др.

ГУМА́ННЫЙ, -ая, -ое — «человечный», «человеколюбивый», «относящийся к людям отзывчиво, чутко и с уважением к их человеческому достоинству». *Сущ.* гума́нность. Сюда же гумани́ст, гумани́зм. Укр. гума́нний, -а, -е, гума́нність; блр. гума́нны, -ая, -ае, гума́насць; ср. болг. хума́нен, -нна, -нно, хума́нност; с.-хорв. ху̀ма̄н(ӣ), -á, -ō, ху̀ма̄но̄ст; чеш. humánní (: lidský, -á, -é) — «гуманный», humánnost — «гуманность». Но ср. польск. ludzki, -a, -ie — «гуманный» (реже humanitarny, -a, -e, тогда как «гуманитарный» — humanistyczny, -a, -e). В русском языке слова этой группы появились в XIX в., причем прил. *гума́нный* несколько позже других. Оно было общеупотребительным уже в 40-х гг. В 1845 г. его отм. Кирилов, 46 (и, след., Петрашевский), хотя у Соколова (1834 г.) этого слова еще нет. Тогда же, в 40-е гг., входит в употр. и произв. *гуманность*. Наиболее ранние примеры находят в статьях и письмах Белинского, напр., в письме к Бакунину от 6-IV-1841 г.: «пророков человечности (*гуманности*)» (Письма, II, 232). Слова́ *гуманист*, *гуманизм* вошли в употр. раньше: *гуманист* (заимствованное из франц. яз., где оно употр. с 1539 г.) отм. Яновский (I, 1803 г., 651), *гуманизм* — Плюшаром (XV, 1838 г., 236) [раньше, чем в западноевропейских языках (во франц. яз. оно известно лишь с 70-х гг. XIX в. и заимствовано из немецкого, где известно с 50-х гг.)]. ▫ Ср. франц. humain, -e — «человеческий» и «гуманный», «человечный», humaniste — «гуманист», humanisme — «гуманизм»; ср. humanité — «гуманность», «человечность»; нем. humán — «гуманный», Humanist, Humanismus; ср. Humanität — «гуманность»; англ. humane, humanist, humanism, humanity. Первоисточник — латин. hūmānus, -a, -um — «человеческий», «свойственный человеку» > «человеколюбивый» (от humus — «земля»); ср. также hūmānitas — «человеческая природа», «человеколюбие», «образованность», «духовная культура». В русском языке прил. *гуманный* образовано или от франц. humain, -e (с поправкой на латин. hūmānus), или от нем. humán; *гуманист* заимствовано из французского (humaniste).

ГУМНО́, -а́, *ср.* — 1) «расчищенный небольшой участок земли, площадка, предназначенная для молотьбы», «ток»; 2) «помещение, сарай для хранения сжатого хлеба». *Прил.* гумённый, -ая, -ое. *Сущ.* гуме́нник. В укр. отс.: укр. тік, гарма́н — «гумно в 1 и 2 знач.», клу́ня, стодо́ла — «гумно во 2 знач.»; блр. ток — «гумно в 1 знач.»; ср., впрочем, и гумно́ — «постройка для хранения хлеба». Ср. болг. гу́мно — «гумно», «ток»; с.-хорв. гу́мно, гу́вно — «гумно», «ток»; чеш. humno — «ток» (иногда и в знач. «рига», но чаще в этом знач. stodola); польск. gumno — «ток», «гумно» (ср. stodoła — «рига» и «овин»). Др.-рус. (с XI в.) и ст.-сл. гумьно — «ток», гумьный (Срезневский, I, 609). ▫ Общеславянское с древнейшей поры. В этимологическом отношении трудноватое слово. Наиболее правдоподобным, пожалуй, является объяснение Погодина (234), принятое Бернекером (Berneker, I, 362) и некоторыми другими языковедами: о.-с. *gumьno — сложное слово, из *gu- [< и.-е. *gʷou̯- (ср. о.-с. *govędo, рус. *говядина*, см.)] и *mьno (ср. о.-с. *męti, 1 ед. *mьnǫ — «мять»; ср. лит. mìnti — «топтать», «мять», трепать лен»). Первичное знач. «место, примятое, вытоптанное крупным рогатым скотом» (в некоторых архаичных славянских говорах до недавнего времени глаг. *мять* употребляется в смысле «молотить ногами»).

ГУ́РТОМ, *нареч.* — (о людях) «все вместе, сообща, гурьбой», (о животных) «всем стадом», (о товарах) «оптом», «сразу большой партией». Гурт — «стадо скота или птицы в отгон, на продажу, на убой» (Даль, I, 362). Сюда же гуртово́й, -а́я, -о́е, отсюда гуртовщи́к. Укр. гурто́м, гурт — «стадо», также «группа», «компания», гуртови́й, -а́, -е́, гуртівни́к; блр. гу́ртам, гурт (: чарада́), гуртавы́, -а́я, -о́е, гуртау́шчы́к. Ср. польск. hurtem — «гуртом», hurt — «загон» (для скота), «оптовая торговля», «гурт», hurtow(n)y, -a, -e — «оптовый», hurtownik — «оптовик». В других слав. яз. отс. Ср. в знач. «гуртом»: болг. вку́пом, наведнъ́ж, на е́дро, ангро́ (< франц. en gros); чеш. houfně, společně, ve velkém. В русском языке — не раньше XVIII в. В словарях — с 1771 г. (РЦ, 118). ▫ Тв. ед. м. р. от *гурт*. Заимствовано из немецкого при украинском (а на Украине — при польском) посредстве. Укр. гурт известно с XVII в., польск. hurt — с XVI в. В польском языке заимствовано из ср.-в.-нем. hurt (совр. нем. Hürde — «плетень» > «загон для скота»; ср. Horde — «плетень»). Т. о., *гуртом* сначала значило «всем стадом». Знач. «стадо» слово hurt получило еще на польской почве.

ГУСА́Р, -а, *м.* — «в царской и некоторых иностранных армиях — солдат или офицер легких кавалерийских частей регулярной армии, отличающихся от других кавалерийских частей, между прочим, и особой формой венгерского образца». *Прил.* гуса́рский, -ая, -ое. Укр. гуса́р, гуса́рський, -а, -е; блр. гуса́р, гуса́рскі, -ая, -ае; болг. хуса́р — «гусар», хуса́рски, -а, -о; с.-хорв. хӯсāр — «гусар», хӯса̄рски, -ā, -о̄, но гу̏са̄р — «пират», «корсар», гу̏са̄рски, -ā, -о̄ — «пиратский» (ср. гу̏са — «морской разбой»); словен. huzar, huzarski, -a, -o; чеш. husar, husarský, -á, -é; словац. husár, husársky, -a, -e; польск. huzar, huzarski, -a, -ie. В русском языке слово *гусар* как военный термин известно с XVII в. Ср. в «Книге о ратном строе» 1647 г., 210: «конных людей, которых они (поляки) *гусарами* называют». Здесь речь идет о явлении, чуждом русской жизни. Но вскоре после этого (в 1650 г.) начинается формирование «копейных или гусарских шквадронов» (эскадронов) при стрелецких полках и в Московском государстве. Но гусары как полки легкой кавалерии регулярной армии с присвоенными им отличиями в одежде появляются в России лишь в конце XVIII в. (см. БСЭ², XIII, 223). ▫ Слово *гусар* по праву считается венгерским словом: huszàr (произн. ху́сар). В русский язык попало, по-видимому, непосредственно из венгерского, без немецкого посредства, хотя в немецком это венгерское слово засвидетельствовано с XV в. и встр. в той самой книге Вальгаузена, переводом (и частично переделкой) которой является «Книга о ратном строе» 1647 г. Ср. нем. Husar. Из немецкого — франц. hussard, известное с 1676 г. [сначала в форме husare (с 1630 г.)]; англ. hussar (произн. hu'za:), с 1684 г. Венг. huszár, надо полагать, восходит к с.-хорв. гу̏са̄р — «пират», «корсар», а оно, в свою очередь, восходит, при греческом посредстве, к средневек. латин. cursārius — «корсар» [ср. классич. латин. cursor — «бегун», «гонец», «тот, кто держит курс (в море)»].

ГУ́СЕНИЦА, -ы, ж. — 1) «червеобразная, с сегментированным брюшком личинка бабочки»; 2) «металлическая или резиновая лента, состоящая из сегментов, звеньев, с шарнирной связью, служащая вместо колес у тракторов, танков и других машин на гусеничном ходу». *Прил.* гу́сеничный, -ая, ое. Укр. гу́сениця (в обоих знач.), гу́сеничний, -а, -е; блр. ву́сень, энт., гу́сениця, тех., прил. ву́сеневы, -ая, -ае и, соответственно, гу́сенічны, -ая, -ае; болг. гъсе́ница (в обоих знач.), диал. въсеница, энт., гъсеничен, -чна, -чно; с.-хорв. гу́сеница (в обоих знач.), гу́сеничав(и), -а, -о — «зараженный гусеницами», гу́сенични, -а̄, -о̄, тех.; словен. gosenica, энт., gosenȋčji, -a, -e, энт. — «гусеничный», goseničen, -čna, -čno — «зараженный гусеницами»; чеш. housenka, энт., housenčí, энт., housenkový, -á, -é, тех.; словац. húsenica (в обоих знач.), húseničný, -á, -é, энт., húsenicový, -á, -é, тех.; польск. gąsienica (в обоих знач.), gąsieniczny, -a, -e, энт., gąsienicowy, -a, -e, тех.; в.-луж. husanca, энт., husanči, -a, -e; н.-луж. guseńca, энт. Др.-рус. гусѣница (Пов. вр. л. под 6576 г.), усѣница (Златоструй XII в.), юсѣница (Упыр. 1047 г.), усѣньць (Сбор. Волог. XV в.) [Срезневский, I, 610; III, 1301, 1629]. В техническом знач. слово *гусеница* появилось в (общерусском употр.) в начале 30-х гг. XX в. [ср.: «экскаватор... задней частью гусеницы погрузился в воду» (Гладков, «Энергия», 1933 г., кн. I, гл. VII, 161)]. В словарях отм. с 1935 г. (Ушаков, I, 640—641). ◻ О.-с. *(g)qsěnica; корень *qs-, суф. -ěn- (прилагательных) и -ic- (существительных). Ср. *ус, усатый*. Ср. в отношении протетического *г*: *гуж* при др.-рус. ужь, уже — «веревка» (Срезневский, III, 1163, 1167). Ср. *узы, узел*. В славянских языках взрывное *г* (g) начальное в этом слове развилось из начального фрикативного *г* (γ), чередовавшегося (в начале некоторых слов перед q), при известных фонетических условиях с ц (*у* неслоговым). См. *усы*, а также *гуж*.

ГУ́СЛИ, -ей — «старинный народный струнный щипковый музыкальный инструмент в виде плоского деревянного ящика с несколькими (до восьми) натянутыми на нем струнами»; «современный многострунный музыкальный инструмент в виде ящика на высоких ножках». *Прил.* гу́сельный, -ая, -ое. *Сущ.* гусля́р. Укр. гу́слі, гу́сла, род. гу́сел, *мн.*, гу́сельний, -а, -е, гусля́р; блр. гу́слі, род. гу́сляў, *мн.*, гу́сельны, -ая, -ае, гу́слі (в отличие от русских гуслей, но гу́сла, ж. — «народный двухструнный музыкальный инструмент, напоминающий мандолину, на котором играют особым изогнутым смычком», гу́слен, -а, -о, гусля́р; с.-хорв. гу́сле, род. гу́са̄ла̄, *мн.* — «гусли», гу́слени, -а̄, -о̄, гу́сла̄р; словен. gósli, gusle, *мн.* — «скрипка», gusleni, -a, -o, guslar; чеш. gusle, род. guslí, *мн.* — «гусли», но housle (словац. husle), род. houslí, *мн.* — «скрипка», guslový, -á, -é — «гусельный», houslový, -á, -é — «скрипичный», guslar — «гусляр», houslař — «скрипач», «скрипичный мастер»; польск. gęśl, ж., gęśle, *мн.* — «гусли», «род скрипки», gęślarz — «гусляр»; в.-луж. husle, род. huslow, *мн.* — «скрипка», уменьш. huslički, husler — «скрипач» и «скрипичный мастер». Др.-рус. (видимо, с дописьменной эпохи) гусли (пишется иногда гѫсли), гусльный > гусленый (Срезневский, I, 610; здесь — среди многочисленных примеров — только один с формой ед. ч. гусль, со ссылкой на памятник XV в.). ◻ О.-с. *gǫslь, ж., *gǫsli, *мн., дв.* Корень *gǫd- (< *gond-?) как в др.-рус. густи, 1 ед. гуду — «играть на струнном инструменте», также в гудьба (Срезневский, I, 611, 608), гудьць — «музыкант» (Срезневский, I, 611, 608). Суф. (о.-с.) -sl(ь) [м. б. < -tl(ь)?]. Т. о., о.-с. *gǫslь < *gǫd-slь < *gond-tl-ь? В последнее время снова было обращено внимание на сходство о.-с. *gǫslь, *мн. *gosli с названием похожего музыкального инструмента в финских языках [фин. (с.) kannel, kantele; карельск. kandelen; вепс. kandel; ливск. kāndla]. Ср., с другой стороны, лит. kañklės (основа kankl- < *kantl-). Обычно финское слово считается заимствованным из балтийских языков (так Fraenkel, 215). Возможно, однако, что, наоборот, балтийское слово заимствовано из финских языков (SKES, I, 156). М. б., вообще все три слова (т. е. финское, литовское и о.-с. *gǫslь) связаны общностью происхождения из какого-то неизвестного нам пока источника.

ГУСТО́Й, -а́я, -о́е — «насыщенный, не водянистый, не жидкий»; «состоящий из многих, близко друг к другу расположенных предметов, частиц»; (о голосе) «низкий». *Кр. ф.* густ, густа́, гу́сто. *Сущ.* гу́ща (отсюда гущина́), густота́. *Глаг.* густе́ть, сгусти́ть(ся). Укр. густи́й, -а́, -е́ — «густой», гу́ща, гущина́, густота́, густі́ти — «густеть», густи́ти — «густить», «сгущать»; блр. густы́, -а́я, -о́е — «густой», гу́шча, гушчыня́, гусце́ць. Ср. в том же знач.: болг. гъст, -а, -о, гъстота́, гъстала́к — «чаща», «место, заросшее густой растительностью», гъстѣ́я — «густею»; с.-хорв. гу̏ст, гу́ста, гу́сто, густи́на, густо̀ћа — «густота», гу̏штара — «чаща», гу́сти̏ти (gústjeti); словен. gost, -a, -o, gostota, gosteti; чеш. hustý, -á, -é, houšt' — «чаща», «густая заросль», hustota, hustič — «сгуститель», «конденсатор», hustiti — «сгущать», hustnouti — «сгущаться»; словац. hustý, -á, -é, hústina, húštie — «чаща», hustnút' — «густеть»; польск. (с XV в.) gęsty, -a, -e, gęstość — «густота», gąszcz, gęstwina — «гуща», gęścieć — «густеть», zgęścić — «сгустить»; в.-луж. husty, -a, -e, hustosć — «густота», husć, husćina — «чаща», husćić — «делать густым»; н.-луж. gusty, -a, -e — «густой», «толстый», gusćiś — «делать густым». Др.-рус. густый (Новг. I л. под 6635 г. и др.), густина — «нечто сжавшееся или сжатое», πῆγμα (Срезневский, I, 611). ◻ О.-с. *gǫstъ, -a, -o, *gǫstьjь, -aja, -oje. О.-с. корень (с и.-е. эпохи), по-видимому, *gǫ- (< *gom-) : žę- (< *gem-) [тот же, что в др.-рус. и ст.-сл. **гомола**— «ком» (Срезневский, I, 548) и в о.-с. *žęti, 1 ед. *žьmǫ|. И.-е. *gem- : *gom- — «теснить», «делать плотным». Ср. латыш. gumt — «гнуться», «сгибаться», «вздуваться», «набухать»; лит. gùmulas, gãmulas — «ком», «клубок»; греч. γέμω — «являюсь наполненным, нагруженным», «изобилую», γέμος, γόμος — «(корабельный) груз», «кладь», сюда же можно отнести γέντο (3 ед. аор. из *gemto) — «схватил»; м. б., на славянской почве сюда относится (только) чеш. hutný, -á, -é — «плотный», «насыщенный», если оно восходит к о.-с. *gotьnъjь, -aja, -oje (иначе Machek, ES, 151). Т. о., о.-с. корень *gǫ-, s < и.-е. t в сочетании с о.-с. суф. -t (o) — суффиксом прич. прош. вр. страд. (тогда старшее знач. было бы «стесненный», «сжатый») или прил. (как в о.-с. *žьltъ). Главную трудность представляет объяснение -s- перед -t(o). Этого вопроса касается Зубатый (Zybatý, SČ, т. I, ч. 1, с. 26, прим.), говоря о происхождении -s- в о.-с. *čęstъ — «частый», где база *kem-s- и где -s- является своеобразным расширителем на балто-славянской почве. См. также Slawski, 121, 272.

ГУСЬ, -я, *м*. — «водоплавающая, сравнительно крупная птица на красноватых перепончатых лапах, с длинной шеей, оперение серое или белое», Anser. *Прил.* **гусиный, -ая, -ое.** *Сущ.* **гусак, гусыня, гусёнок, гусятина.** Ср. *нареч.* **гуськом.** Укр. **гусь,** род. **гу́ci,** *ж.* (!) [но чаще **гу́ска**], **гу́сячий, -а, -е, гусак, гуся́,** род. **гуся́ти, гуся́тина** (нареч., как почти во всех других слав. яз., отс.); блр. **гусь,** *ж.*, **гусі́ны, -ая, -ае, гусак, гу́ска, гусяня́, гуся́ціна;** болг. **гъ́ска,** *ж.*, **гъсо́к,** *м.*, **гъсе́** — «гусенок», **гъши, -а, -е;** ср. **гъ́ше месо́** — «гусятина»; с.-хорв. **гу̏ска,** *ж.*, «гусь», «гусыня», **гу̏са, гу̏сји̑, -а̑, -ё̑, гу̏шч(j)и̑, -а̑, -ё̑, гу̏сан, гу̏сак, гу̏шче** — «гусенок», **гу̏шчевина, гушче̏тина** — «гусятина»; словен. gos, gosji, -a, -e, gosak, goska (ср. gosje pišče — «гусенок», gosje meso — «гусятина»); чеш. husa, *ж.* [но ср. Husi (фамилия)] — «гусь», «гусыня», прил. husí, houser, husák, house, housátko «гусенок»; словац. hus, *ж.*, husí, -ia, -ie, husací, -ia, -ie, húser — «гусак», húsa, род. husat'a — «гусенок», husacina; польск. gęś, *ж.*, gęsi, -ia, -ie, gąsior — «гусак», gąska — «молодой гусь», gąsiątko, gęsina — «гусятина»; ср. gęsiego — «гуськом»; в.-луж. husa, *мн.* husy, *ж.*, husacy, -a, -e, husor — «гусак», huso — «гусенок»; н.-луж. gus, *ж.*, gusecy, -a, -e, gusor — «гусак». Др.-рус. **гусь** в «Р. прав.», Кр., Акад. сп., ст. 36: «а въ уткѣ, а в гусѣ»; Простр., Троицк. сп., ст. 81: «а за *гусь* 30 кунъ» (ПР, I, 72, 113). Позже — в Пск. судн. гр. XIV в., ст. 112: «А за *гусак* и за *гусыню*» (ПРПр., II, 300). Позже других — *гусиный* (Поликарпов, 1704 г., 81). Ср., однако: «ниже *Гусина* броду» (1487 г.) в ДСК, I, 58 (Unbegaun, 330). Ст.-сл. гѫсь, *ж.* ▫ О.-с. *gǫsь, род. *gǫsi (?). Ср. лит. žąsìs, *м.* — «гусь»; латыш. zoss, zuoss, *f.* — тж.; др.-прус. sansy (=zansi) — тж., др.-в.-нем. gans (совр. нем. Gans); голл. gans — тж.; др.-англ. gōs (где о из an перед s); совр. англ. goose; др.-исл. gās (совр. нем. gæs) — тж.; также латин. anser (< *hănser); греч. χήν при дор. χά̄ν; др.-ирл. géiss (éi < a, a ss < ns) — «лебедь»; др.-инд. haṃsaḥ — «гусь», «лебедь», «фламинго». Это сравнение с родственными языками прежде всего свидетельствует о том, что начальное g в о.-с. *gǫsь заменило более раннее z (ср. лит. žąsìs, где начальное ž восходит к и.-е. g' или к g'h). Другие данные (ср. греч. χήν; др.-инд. haṃsaḥ) заставляют предполагать, что это было именно g'h; в германских и кельтских языках начальное g не противоречит этому предположению. Т. о., и.-е. база могла бы быть *g'hans-. О.-с. основа была на -ĭ-, не на-jo-. Первоначально же это была основа на согласный. Замену z на g в о.-с. праязыке объясняют по-разному. Скорее всего она могла быть вызвана межслоговой диссимиляцией с далее следующим s, поддержанной в то же время фактором звукоподражания: гусиный крик с давнего времени изображается как *га-га.* Ср. архангл. **гага́рка** — «утка» (Даль, I, 300); латыш. gāgans — «гусак».

Д

ДА[1] *частица* — означает подтверждение или согласие: «так», «конечно», «вот именно». Всегда с ударением. Употр. и в южн.-слав. яз.: болг. да — «так», «да»; с.-хорв. да (: dȁ) — тж.; словен. da. В других совр. слав. яз. отс. Ср. в том же знач.: укр., блр. так; польск. tak. Ср. ст.-чеш. da — «так» (ср. совр. чеш. ano — «да»). В памятниках др.-рус. яз. до XVII в. частица *да* не встр. В XVII в. ср. у Лудольфа («Рус. гр.», 1696 г., 41, 68) странное *та* — «imo» («да») в перечне наречий и в образцах разговорной речи: «Ужели ты из обедны»? — «*Та* сударь». М. б., это — отражение немецкого (у автора) произношения звонкого *д* или под влиянием *так*. В словарях отм. с 1731 г. (Вейсман, 317: ja — «да», «так»). ▫ В других (неславянских) и.-е. языках частица утверждения нередко восходит к указ. мест. или к их разнообразным соединениям с другими словами. Ср. франц. oui (ст.-франц. oil) из латин. hoc ego — «вот я», «то я»; ит. sì — «да» и «так» [ср. латин. sic — «так»; местоименная основа, та же, что в др.-рус. указ. мест. сь, си, се (Срезневский, III, 344—348); нем. ja (др.-в.-нем. jā) и англ. yes (<*je-swā), восходящие к и.-е. местоименной основе *i̯o- [ср. др.-рус. и, я, с — «этот, эта, это» (Срезневский, I, 1018)]. О.-с. *da (< и.-е. *dō) — «так». В индоевропейскую эпоху словечко *dō значило «сюда» (Pokorny, I, 181—182). На русской почве ближайшее родственное образование — предлог до (< и.-е. *dō). Ср. ст.-лит. do (< dō) — «к»; др.-в.-нем. zō : zuo (совр. нем. zu —

ДА

«к»; др.-англ. to (совр. англ. to) — тж.; латин. dō-nec — «пока», «пока не», quandō — «когда»; др.-ирл. do — «к». Предполагают существование в общеиндоевропейскую эпоху местоименной (указательной по знач.) основы *dĕ-: *dŏ-. От этой местоименной основы (возможно, от одной из падежных форм мест. с этой основой, м. б., instrumentalis) и происходит о.-с. *da (< *dō) — «так». Ср. чеш. ano — «да» из a-ono.

ДА², *союз* — «сочинительный союз, с соединительным, иногда противительным значением». Употр. без ударения. Ср. укр. **та** [< **да**; ср. рус. в разговорной речи проклитическое *дак* вм. *так* (Даль, I, 367)]; блр. **ды**. В южн.-слав. яз. союз *да* имеет другие знач. Рус. *да* как союзу соединит. соответствуют болг., с.-хорв. **и**; словен. **in**, как противит. — болг. **но**, **обаче**; с.-хорв. **па**, **али**. В зап.-слав. яз. отс. Ср. в том же знач.: чеш. **a**, **i**, **též**, **ale**; польск. **i**, **a**, **ale**, **lecz**. Др.-рус. (с XI в.) и ст.-сл. **да** — «и», «а», «же» (Срезневский, I, 619—622; SJS, I : 9, 450). ◻ Одного происхождения с *да¹* — «так», «да» (Pokorny, I, 181—182). См. *да¹*.

ДА³, *частица* — употр. в начале фразы в сочетании с глаг. в будущем времени для выражения торжественного пожелания («пусть», «пускай»): *да здравствует! да будет так!* Болг. **да**, **нека**; с.-хорв. **да**, чаще **нёка**. В других слав. яз. отс. Ср. в том же знач.: словен. **naj**; чеш. **ať**; польск. **niech**, **niechaj**. Ср. также укр. **хай** (редко **да**); блр. **няхай**, **хай**. Др.-рус. и ст.-сл. **да** (Срезневский, I, 619). Позже — у Поликарпова (1704 г., 81 об.).

ДАВИТЬ, давлю — «налегать на кого-л., на что-л. жать сверху, с боков», «жать», «тискать», «угнетать». *Возвр. ф.* **давиться**. *Сов.* только с приставками: удавить, задавить. *Сущ.* **давка**. Укр. **давити(ся)**, **давка** (также **давкотня**, **тиск**); блр. **давіць** — «душить» (обычно **ціскаць**, **ціснуць**); болг. **давя** — «душу»; с.-хорв. **давити** — «душить», «топить», **давити се** — «задыхаться», «давиться», «тонуть», отсюда **давлѐник** — «удавленник», «утопленник»; словен. **daviti** — «душить»; чеш. **dáviti se** — «давиться» (ср. **tlaciti**, **mačkati** — «давить»); словац. **davit'** — «тошнить», «рвать», **davit' sa** — «давиться»; польск. (редкое, диал. и ст.-польск. XV в.) **dawić** — «душить» (обычно **dławić**, вследствие контаминации со ст.-польск. **dłabić** — тж.); в.-луж. **dajić** — «душить»; н.-луж. **dawiś**, **dajiś** — тж. Др.-рус. (с XI в.) и ст.-сл. **давити** — «принуждать» (Остр. ев.), «душить», «удушать» (Жит. Андр. Юр. по сп. XV—XVI вв.), **давитися** (Пчел. И. публ. б., XIV в.) [Срезневский, I, 622; Доп. 83]. Произв. **давка** — позднее (Нордстет, I, 1780 г., 150). ◻ О.-с. *daviti — «душить», «умерщвлять». И.-е. база *dhau- — «давить», «душить» (Pokorny, I, 235). Ср. гот. af-daúiþs — «угнетенный», «изнуренный» (прич. прош. вр. *af-dōjan — «изнурять»); греч. Θαῦλος — «душитель» [образование с суф. -l- от базы θαυ- (< *dhau-)] — фригийское прозвище Зевса (Ζεὺς Θαύλιος); м. б., θώς — «шакал» (ср.

ДАК

у Гесихия фриг. δαος — «волк»); ср. также авест. davas — «жаться», «толпиться».

ДАВНИЙ, -яя, -ее — «некогда бывший», «много лет назад существовавший, происходивший», «старинный», «древний». *Устар. ф.* **давный** [напр., у Пушкина в стих. «Сон», 1816 г.: «Мой друг Морфей, мой *давный* утешитель» (ПСС, I, 188)], *прост.* **давнишний**. *Нареч.* (к *давный*) **давно**, **давным-давно**. *Сущ.* **давность**. Укр. **давній**, -я, -є, **давнішній** -я, -є, **давно**; блр. **даўні**, -яя, -яе, **даўно**; болг. диал. **давно**, отсюда **давнашен**, -шна, -шно — «давний», из русского **давност**; с.-хорв. **давнӣ**, -ā, -ō, **давнашньӣ**, -ā, -ē, **давно**; словен. **daven**, -vna, -vno, **davno**; чеш. **dávný**, -á, -é, **dávno**, **dávnost**; словац. **dávny**, -a, -e, **dávno**, *сущ.* **davno** — «прошлое», **dávnost'**; польск. **dawny**, -a, -e, **dawno**, ср. **dawniej** — «раньше», «прежде», **dawność**; в.-луж. **dawny**, -a, -e, **dawno**; н.-луж. **dawno**. Др.-рус. (с XI в.) **давьний**, **давьный**, **давѣ** — «вчера», (с XIV в.) **давьно** (Срезневский, I, 623). Ст.-сл. **давьно** (SJS, I : 9, 458). Позднее образование — **давность** (Поликарпов, 1704 г., 82; здесь же *давнышный*). ◻ О.-с. основа *dav-ьn-, корень *dav-. И.-е. корень *deu-: *dŏu-: deuə-: *dū-: *dŭā- (Pokorny, I, 219—220). Ср. греч. δήν — «давно», «долго»; у Гесихия — δαόν · πολυχρόνιον — «долговечность», где δαόν из δαFόν (Frisk, I, 381—382); др.-ирл. doë (< *douio-); латин. dūdum — «прежде»; др.-инд. dávīyān — «более далекий», «дальний», dūráh — «далекий».

ДАЖЕ, *частица* — подчеркивает и усиливает слово, к которому относится. Теперь гл. обр. русское слово. Из русского — болг. **даже** (ср. в том же знач. болг. **дори**). Ср. также с.-хорв. **чак**; чеш. **dokonce i**, **ba**, **ba i**, **až**; польск. **nawet**. Ср. др.-рус. **даже** — «чтобы», «если», «и», «по-видимому», «даже». Напр. в «Р. прав.» по Акад. сп XV в., ст. 16: «к оному вести, у кого то будеть купилъ, а тои ся ведеть ко другому, *даже* доидеть до третьего» (см. и другие примеры у Срезневского, I, 624—625). Позже — Берында (1627 г., 29): *даже* — «нежли», «аж»; Поликарпов (1704 г., 82). См. *да²*, *же*.

ДАКТИЛЬ, -я, *м.* — «стихотворный размер: трехсложная стопа с ударением на первом слоге». *Прил.* **дактилический**, -ая, -ое. Укр. **дактиль**, **дактилічний**, -а, -е; блр. **дактыль**, **дактылічны**, -ая, -ае; болг. **дактил**, **дактилен**, -лна, -лно; с.-хорв. **дактил**; чеш. **daktyl**, **daktylský**, -á, -é; польск. **daktyl**. В русском языке это название стихотворного размера известно с 1-й пол. XVIII в. [Ломоносов, «Письмо о правилах российского стихотворства», 1739 г.: (Пятый род стихов называю) «*дактилическим*, который из единых только *дактилей* состоит» (ПСС, VII, 14) и др. (ср. несколько раньше у Тредиаковского в «Новом и кратком способе к сложению рос. стихов», 1735 г., Правило 1: о стихах «*дактилического* рода»)]. ◻ Слово *дактиль* по происхождению греческое: δάκτυλος — старшее знач. «палец», позже «наименьшая мера длины» и «дактиль» (стихотворный размер — ‿‿). Могло

ДАЛ

быть усвоено из греческого или латинского (dactylus) языка, как и на Западе (ср. франц. dactyle; нем. Daktylus и др.). Почему слово, означающее «палец», получило знач. «дактиль» в греческом языке, неясно. М. б., действительно, потому, что нижняя фаланга 2—5 пальцев является как бы основой для средней и верхней фаланг и отличается большей неподвижностью и несколько длиннее, чем каждая из них в отдельности. Примерное такое объяснение дают французские филологи (Larousse, VI, 7).

ДАЛЬ, -и, ж. — «то, что видно (пространство, пейзаж) на большом расстоянии». *Прил.* дáльний, -яя, -ее, далёкий, -ая, -ое. *Нареч.* далекó, вдали, вдаль. Укр. даль, чаще далечíнь, далинá, дáльній, -я, -е, далéкий, -а, -е, далéка, далéко; блр. даль, далінá, -яя, -ае, далëкі, -а, -о; болг. далечинá «даль», далнинá, поэт. — тж., далéк -а, -о, далéчен, -чна, -чно — «дальний», далéко; с.-хорв. даљи́на, да̀љни, -ā, -ō, да̀лек, далèка, далèко: да̀леки, -ā, -ō, далèко; словен. dalja(va), daljen, -a -o — «дальний», «далекий», daleč — «далеко»; чеш. dál, dálka, daleký, -á, -é, dáleko, vdáli; словац. d'aleký, -á, -é, отсюда d'alekost' — «даль», d'aleko — нареч. и сущ. «даль»; польск. dal, daleki, -a, -ie, daleko; в.- и н.-луж. dal, dalina, dalokosć, daloki -a, -e, daloko. Др.-рус. даль (Пов. вр. л. под 6496 г.), (с XI в.) дальний: дальный, далечь (прил.), позже (с XV в.) далекий, дале — «далеко»; ср. далече — «долго» (Срезневский, I, 625—626). □ О.-с. *dalь, *dalekъ, -a, -o, *dalekъjь, -aja, -oje. В этимологическом отношении спорное образование. Покорный (Pokorny, I, 196) неуверенно относит к и.-е. *del- — «длинный», «долгий», «далекий», сопоставляя с др.-сканд. talma — «задерживать», «удерживать» (< *«заставлять медлить», «длить»); норв. диал. tøla — «медлить», «канителиться». Ср. н.-нем. talmen — «мешкать». Фальк и Торп (Falk — Torp², II, 1319) умалчивают об этой возможности; Славский (Sławski, I, 136) возражает (см. у него и о других предположениях). С другой стороны, ср. др.- рус. далече — «долго»; в совр. рус. *далекий* может иметь не только пространственное, но и временное значение. Ср. *длить, длинный* (см. *длиться*).

ДА́МА, -ы, ж. — 1) (в танцевальной паре) «лицо женского пола, танцующее с кавалером»; 2) (в карточной колоде) «третья по старшинству игральная карта, обычно с изображением французской женщины аристократического круга эпохи Людовика XIII»; 3) (гл. обр. в старой России и теперь за рубежом) «почтительное наименование замужней женщины». *Прил.* (к *дама* в 3 знач.) дáмский, -ая, -ое. Укр. дáма, дáмський, -а, -е; блр. дáма, дáмскі, -ая, -ае; болг. дáма, дáмски, -а, -о; с.-хорв. дáма, дáмски, -ā, -ō; чеш. dáma, dámský, -á, -é; польск. dama, damski, -a, -ie. В русском языке слово *дама* (с прилагательным) как почтительное наименование замужней женщины известно с са-

ДАМ

мого начала XVIII в. Кроме известных примеров с 1701 г. (Christiani, 48 и Смирнов, 99), отметим еще, что это слово встр. в «Архиве» Куракина, I, 93, 1723 г.: «о машкаратах и подчивании *дам*», в «Повести об Александре» (Петровской эпохи): «и узрил тамо трех *дам*» (Моисеева, 273). Со знач. «дама в карточной игре» — с конце XVIII в. (вм. *краля*, которое до сих пор сохраняется в этом знач. в влкр. говорах, а также в укр. и блр. языках). Ср. у Сумарокова в статье «Об истреблении чужих слов. . .», 1859 г.: «Какая нужда говорить. . . вместо. . . *краля. . . дама*» (ПСС, IX, 275). См. еще Чернышев, ТРК, 48. □ Из французского языка, где это слово (dame < латин. domina — «госпожа», «хозяйка», «повелительница») появилось в средние века (XII в.) как наименование жены сеньора, феодала (ст.-франц. dam: dan < латин. dominus — «господин», «хозяин», «повелитель»), в отличие от жены буржуа. Отсюда франц. сложн. madame (XII в.) < mea domina. Новое, совр. знач. этих слов во франц. языке — с XVI—XVII вв. К латин. domina восходят также ит. donna — «женщина», «госпожа» (ср. don : устар. donno — «господин», «хозяин»), также «дама» (в карточной игре); порт. dona — «хозяйка», «госпожа»; исп. dueña — тж. Из французского: исп. (с XV в.) dama; голл. dame; нем Dame и др.

ДА́МБА, -ы, ж. — «гидротехническое оградительное защитное сооружение в виде вала, предохраняющее берег от затопления или служащее переходом среди болотистой местности»; «регулировочное водное сооружение». Укр. и блр. дáмба. Ср. в том же знач. польск. tama (< ср.-в.-нем. tam). В других слав. яз. отс. В русском языке в современной форме (*дамба*) это слово известно со 2-й четверти XIX в. (СЦСРЯ 1847 г., I, 307). Но в форме *дам*, м. оно встр. в документах Петровского времени (Смирнов, 99) и примерно в том же смысле. Мёлен (Meulen, NW, Suppl., 24) с полным основанием возводит его к голл. dam — «плотина», «насыпь», «мол». Но *дамба* могло быть заимствовано из немецкого языка. Ср. нем. Damm — тж.; также швед. damm; англ. dam. Концовка -*мб(а)*, по-видимому, возникла на русской почве вследствие диссимиляции (*мм* > *мб*), особенно при восприятии этого немецкого или шведского слова в косвенных падежах: нем. род. ед. Damm(e)s и т. д.

ДА́МКА, -и, ж. — (в шашечной игре) «шашка, получившая в ходе игры право передвигаться взад и вперед по шашечной доске в определенном направлении на любое число клеток». Укр., блр. дáмка; болг. дáмка, дáма; с.-хорв. дáма (ср. дáме, мн. — «игра в шашки»); чеш. dáma; польск. damka. В русском языке появилось не одновременно со словом *шашка, шашки* (см.), а значительно позже. В словарях — лишь с 1834 г. (Соколов, I, 585). □ Ср. франц. dame — «дамка», из французского — нем. Dame (ср. Damenspiel — «игра в шашки») и нек. др. (но ср. англ. king или crown —

«дамка»). Из терминологии шахматной игры: *дама* — «одна из шахматных фигур»; иначе *королева* или *ферзь*. Форма на -к-а возникла под влиянием *шашка*, *пешка*.

ДА́ТА, -ы, *ж.* — «точное указание на время (день, месяц, год), когда что-л. было написано или напечатано или когда произошло то или другое событие, происшествие, случай». *Глаг.* дати́ровать. Укр. да́та, датува́ти; блр. да́та, дава́ць; болг. да́та, дати́рам — «датирую»; с.-хорв. да́тум, дати́рати; чеш. datum, datovati; польск. data, datować и др. В русском языке старшая форма, по-видимому, была *датум* (впервые — «Архив» Куракина, IV, 187, 1710 г.; в словарях — ПСИС 1861 г., 155 и более поздние словари до начала 90-х гг.). Правда, в словаре Бурдона и Михельсона 1880 г. (266) имеется *датум* или *дата*. В форме только *дата* это слово отм. с середины 90-х гг. (СРЯ¹, I, 1895 г., 966); глаг. *датировать* — С. Алексеев, СПС, 1900 г., 229. ▫ Ср. франц. (с XIII в.) date, *f.*, (с XIV в.) dater; нем. Datum, datíeren. Из французского — англ. date. Первоисточник — средневек. латин. data, *pl.*, подразум. littera [первые слова фразы, которые значили: «данные письмена» (т. е. письмо, документ, акт, указ и т. п.)]. Ср. латин. datum, *n.* — «(нечто) данное» (к глаг. dō, инф. dare, прич. прош. вр. datus — «давать»).

ДАТЬ, дам — «вручить что-л. кому-л.», «предоставить», «ссудить», «снабдить кого-л.», «даровать». *Несов.* дава́ть, 1 ед. даю́. *Возвр. ф.* да́ться, дава́ться. Сюда же дар, дань, да́ча (старшее, этимологическое знач. — «нечто данное»). Укр. да́ти(ся), дава́ти(ся), дар (: дару́нок) : дани́на), да́ча — «загородный дом»; блр. даць, да́цца, дава́ць, дава́цца, дар, дані́на — «дань», да́ча; болг. дам (се) — «дам(ся)», дар, дан (: да́нък) — не только «дань», но и «подать», «налог» (как и в других слав. яз.), да́ча (: ви́ла); с.-хорв. да́ти (се), 1 ед. да̑м (се), да́вати (се), 1 ед. да̑је̑м (се), да̑р, да̑нак (но да̀ћа — «поминки», «тризна»; ср. лѐтњиковац, ви́ла — «дача»); словен. dati, 1 ед. dam, dajati, dar, davek, dajatev — «дань», «налог» (ср. letovišče — «дача»); чеш. dáti, 1 ед. dám, dati se — «приняться», «взяться», dávati, dávati se — «приниматься», dar, daň — «налог», ист. «дань» (ср. vila — «дача»); словац. dať, 1 ед. dám, davať, dar, daň; польск. dać, 1 ед. dam, dawać, 1 ед. daję, dar, dań, danina («дача» — willa, letnie mieszkanie); в.-луж. dać, 1 ед. dam, dawać, 1 ед. dawan, dar, daň; н.-луж. daś, 1 ед. dam, dawaś, dar, dań — «процент», dank — «налог». Др.-рус. (с XI в.) дати, 1 ед. дамь, давати (инф. — в Изб. 1076 г., л. 205), (с XIV в.) 1 ед. даваю (с XI в.) даяти, 1 ед. даю, даръ, дань — «дар», «подать», «дань», дача, дачька — «дар» (Срезневский, I, 622, 627, 630—632, 635; Доп. 84; Кочин, 80—83). ▫ О.-с. *dati, 1 ед. *damь; ср. с удвоением корня *dadǫtь : *dadętь — «дадут»; *davati : *dajati, 1 ед. dajǫ; *darъ, *danь, *datja. И.-е. корень *dō- : *də-, также *dō-u- : *də-u- (Pokorny, I, 223 и сл.). Ср. лит. dúoti (1 ед. ст.-лит. dúomi, совр. лит. dúodu, вост.-лит. dúomu) — «дать», «давать»; латыш. duôt — тж.; др.-прус. dāt(on); лит. daviaũ — «дал»; латин. dō — «даю»; греч. (с удвоением корня) δίδωμι — тж.; арм. ктам (основа *ta-*) — «даю»; авест. (с удвоением корня) dadāiti — «дает»; др.-инд. (с удвоением корня) dádā-ti — «дает» и др.

ДВА, *м.* и *ср.*, ДВЕ, *ж.*, род. двух, числ. колич. — «число, цифра и количество 2». *Нареч.* два́жды. Сюда же первая часть составных колич. числ. две-на́дцать, два́-дцать, две́-сти, «первая часть сложных слов с дву- : двух- : двою-. Укр. два, дві, род. двох, двоє, дві́чі, двана́дцять, два́дцять, дві́сті, дво-, двох-, двою-; блр. два, род. двух, дзве, род. двух и дзвюх; болг. два, две, дваж — «дважды», двана́десет, дваде́сет, двеста, дву-; с.-хорв. два̑, род. два́јӯ, две̑ (dvȉje), род. двеју (dvȉju), два́наест, два́десет, две̑ста, дво-; словен. dva, dve, род. dveh, dvanajst, dvajset, dvésto, dvo-; чеш. dva, *м.*, dvě, *ж.*, *ср.*, род. dvou, dvanáct, dvacet, dvě stě, dvou-; словац. dvaja (о мужчинах), dva, *м.*, dve, *ж.* и *ср.*, род. dvoch, dvanásť, dvadsať, dvesto, польск. dwaj (о мужчинах), dwu, *м.* и *ср.*, dwie, *ж.*, род. dwoch и dwu, dwanaście, dwadzieścia, dwieście, dwu-; в.-луж. dwaj, *м.*, dwě *ж.* и *ср.*, род. dweju, dwanaće, -o, dwaceći, -o, dwě sće, dwu- : dwě- : dwojo-; н.-луж. dwa, dwě, dwanasćo, dwaźasća, dwě sće. Др.-рус. (с XI в.) дъва, *м.*, дъвѣ, *ж.* и *ср.*, род. дъвою > дъву (склонение по дв. числу), дважды : двашьды, дъва или дъвѣ на десять (ст.-сл. дъва или дъвѣ на десѧте), (с XIV в.) двѣнадцать, дъвѣнадесять > (с XIV в.) дъвадцать (ст.-сл дъва десѧти), дъвѣсѣтѣ (склонение по дв. ч.), дъвою-: дъву- : дъво- (Срезневский, I, 636—637, 649). ▫ О.-с. *d(ъ)va, *м.*, *d(ъ)vě, *ж.* и *ср.* со склонением по дв. ч. И.-е. *duō : *duō *duou, *m.*, duai, *f., n.*, основа *duei- : *duoi- : *dui-. Ср. лит. dù (< *duuo), *m.*, dvì, *f.*; латыш. divi (< *duui), *f., n.*; др.-прус. dwai, *m., f.*; гот. twai, *m.*, twōs, *f.*, twa, *n.*; др.-в.-нем. zwēne, *m.*, zwā : zwō, *f.*, zwai, *n.*, (совр. нейтральная форма — с XVII в. — zwei); англосакс. tū, *m.*, twā, *f.*; совр. англ. two; латин. duo, *m., n.*, duae, *f.*; греч. δύο : (гомер.) δώω; др.-ирл. dāu (им. ед. м. р.), ирл. dau > do; др.-вал. (кимр.) и диал. вал. dou; др.-инд. dváu : dvá, *m.*, dvé : duvé, *f., n.* и др. Подробнее: Pokorny, I, 288 и сл.; Walde — Hofmann³, I, 381—382; Fraenkel, 107; Mayrhofer, II, 82.

ДВЕРЬ, -и, *ж.*, мн. (также в знач. ед.) две́ри — «проем в стене для входа и выхода», «створ для закрытия такого отверстия». *Уменьш.* две́рца. *Прил.* дверно́й, -а́я, -о́е. Укр. две́рі, две́рки : две́рці, мн., дверни́й, -а́, -е́; блр. дзве́ры, дзве́ркі, мн., дзве́рцы, давярны́й, -ая, -ое; болг. двер, мн. две́ри (чаще врата); словен. duri, мн. — «всякий вход», «дверь», «ворота» (чаще vrata); чеш. dveře (ст.-чеш. dřvi,

ДВО

мн.) — «двери», dvířka — «дверца», прил. dveřní; словац. dvere, *мн.*, dvercia — «дверца», dverný, -á, -é; польск. drzwi, *мн.*, drzwiczki, *мн.* — «дверца», «дверцы», drzwiowy, -a, -e «дверной»; в.-луж. (на почве контаминации с нем. Tür) durje, duri, *мн.* — «двери», dur(i)čka — «дверца», durjowy, -a, -e; н.-луж. žurja, *мн.*, žurka — «дверца». Др.-рус. (с XI в.) двьрь (чаще дв.), *мн.* двьри — «дверь», «двери», «ворота», несколько позже (XVI в.) двьрьца — «дверца» и «окно» (sic!), (с XII в.) двьрьный (Срезневский, I, 648). Ст.-сл. двьрь, *мн.* двьри, двьрьца (SJS, I : 9, 470—472). ▫ О.-с. *dvьrь основа *dvьr- [<и.-е. *dhur- (с основой на -ĭ-, возникшей на о.-с. почве). Абляут *dvorъ. Ср. лит. dùrys (вост.-лит. dùres) — «дверь», durēlés — «дверца»; латыш. dur(v)is — «дверь»; др.-прус. dauris; гот. daúr, *n.* — «ворота», daúrō, *f.* — «дверь» (ср. auga daúrō — «окно»); др.-в.-нем. turi, *pl.* — «двери» (совр. нем. Tür — «дверь»); др.-англ. duru (совр. англ. door) — «дверь», «дверца»; латин. foris (с закономерным f из и.-е. dh в начале слова), чаще *pl.* forēs — «дверь» (во мн. ч. — «двустворчатая дверь»), «ворота», «вход», также — с основой на -ŏ- (for-o-): forum, *n.* — «рыночная площадь»; греч. θύρα (< *dhurā) — «дверь», «вход», «двор», а также θαιρός — «дверной крюк»; в языках кельтской группы: др.-ирл. dorus при вал. (кимр.) drws — «дверь»; арм. дур — «дверь»; авест. dvarəm, вин. ед. — «ворота» [ср. перс. där — «дверь», «ворота»; курд. дер — «дверь»; афг. вар (с отпавшим начальным зубным) — тж.]; др.-инд. dvā́r, *f.* — «дверь» [им. мн. dvā́raḥ, вин. мн. dúraḥ, им. дв. dvā́rau (ср. хинди двар, *m.* — «дверь», «ворота»; бенг. дар — «дверь»); тохар. B twere — «дверь». И.-е. корень *dhu̯ĕr-: *dhu̯ŏr-: *dhur-: *dhur̥ (Pokorny, I, 278). К о.-с. *dvьrь из и.-е. параллелей ближе всего (в фонетическом отношении) подходит греч. θαιρός из *θαριός (< и.-е. *dhur-i̯o-s) — «дверной крюк». К и.-е. *dhu̯ŏr- с основой на -ŏ- восходит о.-с. *dvorъ (см. *двор*).

ДВОР, -á, *м.* — 1) «отгороженный (от соседей) участок земли вместе с домом и другими постройками или прилегающий к дому»; 2) «все, что относится к окружению монарха (царя, короля и пр.)», «придворные круги». *Прил.* дворо́вый, -ая, -ое. Но ср. придво́рный, -ая, -ое. *Сущ.* дворе́ц, дворня́жка, задво́рки, дво́рник. Укр. двір, род. двора́, дворо́вий, -а, -е (но дві́рський, -а, -е — «придворный», «барский», «господский»), дворе́ць (но ср. обл. двіре́ць — «вокзал»), двірни́к, придво́рний, -а, -е; блр. двор, двара́вы, -ая, -ае, прыдво́рны, -ая, -ае, дваро́ц, задво́ркі, дво́рнік; болг. двор, дво́рен, -рна, -рно (ср. придво́рен, -рна, -рно — «придворный»), дво́рски, -а, -о, дворе́ц, (из русского) дво́рник; с.-хорв. двор — «дворец» (в этом знач. также дво́рац), «двор монарха», «придворные», иногда и «двор» (но в этом знач. чаще двори̇ште); дво́рски, -ā, -ō — «дворцовый», «придворный»; словен. dvor (= с.-хорв. двôр; в знач. «двор» также dvorišče), dvorec, dvorski, -a, -o — «придворный»; чеш. dvůr — «двор», «двор монарха», dvorný, -á, -é — «учтивый», «галантный», dvorní — «придворный», dvorec — «хутор», «усадьба», «корт» («дворец» — palác); словац. dvor — «двор» (в разн. знач.), dvorový, -á, -é — «дворовый», dvorný, -á, -é — «придворный», dvorský, -á, -é тж.; польск. dwór — «двор монарха»; «помещичий дом», «усадьба», dworski, -a, -ie — «придворный», «усадебный», dworzec — «вокзал», podwórze, podwórko — «двор», podwórzowy, -a, -e — «дворовый»; в.-луж. dwór — «двор», «усадьба», dworny, -a, -e, dworski, -a, -e — «дворовый», «усадебный», «придворный», dwórliwy, -a, -e — «учтивый»; н.-луж. dwor — «двор», dworowy, -a, -e, dworski, -a, -e, dworliwy, -a, -e — «учтивый». Др.-рус. (с XI в.) дворъ — 1) «жилище», «дом»; 2) «двор» (вне дома), прил. дворьный, (с XIII в.) дворьский, (с XVI в.) дворовый, дворьць — «дворик»; «двор князя», «придворные», несколько позже — «ведомство, ведающее хозяйством крупного феодала», «дом, двор феодала», «дворец», (с XV в.) дворьникъ — «слуга феодала» (Срезневский, I, 642—645; Кочин, 83—88). Ст.-сл. дворъ, дворьць — «praetorium» (SJS, I : 9, 470). ▫ О.-с. *dvorъ. И.-е. корень *dhu̯ŏr- (-: *dhu̯ĕr-: *dhur-: *dhu̯r̥-), тот же, что в слове *дверь.* Ср. с и.-е. основой на -ŏ-: гот. daúr, *n.* (= нем. Tor, *n.* — «ворота»); латин. forum, *n.* — «площадка впереди дома», «наружный двор», «рыночная площадь», «центральная площадь».

ДВОРЯНИ́Н, -а, *м.* — «на Руси первоначально представитель низшей прослойки феодального военно-служилого сословия, составлявшей двор князя или крупного боярина; с XIV в. — владелец «жалованной» за службу земли (поместья); дворяне — опора сначала княжеской, потом (с XVI в.) царской власти в борьбе с боярством; впоследствии слились с боярством и составили господствующий эксплуататорский класс в царской России». *Женск.* дворя́нка. *Прил.* дворя́нский, -ая, -ое. Сюда же дворя́нство. Укр. дворяни́н, дворя́нський, -а, -е, дворя́нка, дворя́нство; блр. дваранін, двара́нскі, -ая, -ае, двара́нка, дваранства. В других слав. яз. — русизм. Ср. болг. дворя́нин, также, по-видимому, польск. dworzanin (известно с XV в.) и др. В русском языке слово *дворянин* известно с конца XII в. Оно встр. в летописи впервые в повествовании об убийстве Андрея Боголюбского в 1174 г.: «Гражане же боголюбстіи и *дворяне* его (=Андрея) разграбиша дом его» (Никон. л. под 6683 г. — ПСРЛ, IX, 251). Кроме того, Срезневский, I, 646. Производные — более поздние. В словарях *дворянка* отм. с 1771 г. (РЦ, 125, 126), *дворянский*, *дворянство* — с 1762 г. (Литхен, 150, 151). ▫ Происходит от слова *двор* (см.) в знач. «поместье». Предположение о том, что рус. *дворянин* является калькой с ср.-в.-нем. hövesch — «княжеский придворный», от hof — «двор», «княжеский двор», «дворец», в категорической форме изложенное в БЕР (в. 5, 327), нельзя считать серьезно обоснованным.

ДВУРУ́ШНИК, -а, *м.* — «человек, который под личиной преданности кому-чему-л. действует в пользу враждебной стороны». *Прил.* двуру́шнический, -ая, -ое, отсюда двуру́шничество. *Глаг.* двуру́шничать. Укр. двору́шник, двору́шницький, -а, -е, двору́шничати; блр. двуру́шнік, двуру́шніцкі, -ая, -ае, двуру́шнічаць. Ср. выражение этого знач. в других слав. яз.: болг. двули́чник; с.-хорв. дволичња̑к; польск. dwulicowiec (: obłudnik). В словарях впервые — у Ушакова (I, 1935 г., 663). Ср., однако, в СРЯ [1], т. I, 1895 г.: *двуру́чничать* — «(на жаргоне нищих) пользуясь теснотой в толпе, выставлять обе руки при выпрашивании милостыни» (со ссылкой на роман В. Крестовского «Петербургские трущобы»). В упомянутом романе В. Крестовского (1867 г., т. I, 229) *двуру́шничанием* называется проделка, к которой прибегали петербургские нищие: стоя на церковной паперти в одном ряду в ожидании милостыни, некоторые нищие ухитрялись протягивать вместо одной две руки. Как термин политического содержания слово *двуру́шник* с производными вошло в употр. гл. обр. с 30-х гг. XX в. Селищев в кн. «Яз. рев. эп.» [2], 1928 г. еще не знает этого слова. □ *Двуру́шник* (с *ш* из *чн* < *чьн*, как в *горчичник, нарочно, конечно* и т. п.) возникло на базе прил. *двуру́чный* — «сделанный на две руки или на два человека»: *двуручная пила, двуручный молот* и др. (Даль, I, 1863 г., 374).

ДЕ, *частица, прост.* — употр. при передаче чужой речи, чьих-л. слов (третьего лица), в знач. «говорит», «говорят», а иногда и при наличии этих слов [напр.: «Вы-де с барином, говорит, мошенники» (Гоголь)]. Только русское. Ср. в том же знач.: укр. мовля́в, мов; блр. маўля́ў, ка́жа, ні́быў; болг. ка́же, кай, ка́зва; чеш. prý (ст.-чеш. praj < praví); польск. niby to и др. Частица *де* употр. гл. обр. с начала XVII в. До этого времени (с XIV в.) говорили *дѣе*. □ Др.-рус. *дѣе* восходит к *дѣеть* — форме 3 ед. н. вр. от *дѣяти* — 1) «дѣлать» (Остр. ев.); 2) «трогать»; 3) «говорить» (Изб 1073 г. и др.) [Срезневский, I, 802]. Ср. *дѣеть* — «говорит», напр. в «Ист. иуд. войны» Флавия: «Александрова жена грозится... *дѣеть*: „Им же сяду на столѣ с мужем, то...“» (Мещерский, 214; также 340). Ст.-сл. дѣѫти — тж. Ср. чеш. díti — «говорить». Употребление глаголов со значением «делать» в знач. «говорить» встр. и в некоторых других и.-е. языках. Ср. латин. facio (verba) — «говорю».

ДЕБЕ́ЛЫЙ, -ая, -ое, *устар.* — (о людях) «упитанный», «рыхло-тучный», «дородный», «толстый». *Кр. ф.* дебе́л, -а, -о. *Сущ.* дебе́лость. В говорах (и в старину не только о людях. Ср. у Даля (I, 377): арханг. *дебелая стена* — «капитальная, бревенчатая стена». В говорах также *дебеле́ть* — «толстеть» (ib.). Укр. дебе́лий, -а, -е, дебе́лість; блр. дзябе́лы, -ая, -ае. Ср. в южн.-слав. яз.: болг. дебе́л, -а, -о (не только о людях, но и о вещах), дебелина́ — «толщина», «тучность», дебеле́я — «толстею»; с.-хорв. дѐбео, дѐбела, дѐбело: дѐбели, -а̄, -о̄ — «толстый» (не только о людях), «тучный», «густой», дебљѝна — «толщина», «тучность», дѐбљати — «толстеть», «утолщаться». Но в зап.-слав. яз. отс. Др.-рус. (с XI в.) и ст.-сл. дебелый — «толстый» (о людях и о вещах), «грубый» (тж.), добелыи, также дебель — «толщина», дебелити — «утолщать», «утучнять» при доблѣти — «грубеть» (Срезневский, I, 649). □ О.-с. *debelъ (< *dobelъ), -а, -о — «плотный», «добротный», «толстый» (не только о людях); корень *deb- (:*dob-), суф. -el- (ср. о.-с. *ves-el-ъ, -а, -о). Корень тот же, что в о.-с. *dobrъ, -а, -о: *dobrъjь, -aja, -oje (см. *добрый*), *dobjь, -а, -е (см. *доблесть*). Изменение dob- > deb- [под влиянием *e* в следующем слоге; ср. подобные случаи межслоговой ассимиляции в русском языке: *робенок > ребенок, топерь(во) > теперь* и др.], по-видимому, относится еще к общеславянской эпохе. Произношение *дебе́лый* (не *дебёлый*; ср. *весёлый*), возможно, не свидетельствует о церковно-славянском происхождении этого слова в литературном русском, а установилось вследствие сближения с *белый*.

ДЕБО́Ш, -а, *м.* — «буйное поведение, сопровождающееся шумом, дракой и т. п.», «скандал». Сюда же дебоши́р, откуда дебоши́рить. Укр. дебо́ш; блр. дэбо́ш, дэбаши́р, дебаши́рыць. В других слав. яз. отс. В русском языке слово *дебо́ш* известно с середины XVIII в. Оно отм. (с устаревшим знач.) Кургановым («Письмовник», 430): *дебош* — «роскошь, мотовство». Позже — Яновский, I, 1803 г.: *дебош, дебошер [дебошир* — с 1861 г. (ПСИС, 156)]. Ср. у Даля (I, 1863 г., 377): *дебош* — «буйство», *дебошир* — «распутный буян», *дебоширить* — «распутничать и буянить». □ Слово французское, со сложной историей, о которой см. Bloch — Wartburg [2], 61. Совр. знач. франц. débauche — «разврат», «распутство», «разгул», «излишество», débaucher — «развращать», «подстрекать» (к дурным поступкам), débaucheur — «совратитель»; ср. tapage — «дебош», «шум».

ДЕ́БРИ, -ей, *мн.* — «глухое место, заросшее густым, бездорожным лесом». *Ед.* де́брь, *ж.*, известное в старину, теперь почти не употр. Укр. де́брі, *мн.* (обычно не́трі, *мн.*; ср. блр. не́тры — тж.). Ср. чеш. устар. debř — «ущелье», «долина» (с другой стороны: Debř — «название лесистой местности на правом берегу р. Сазавы, но известно и Debř — название деревни в глубокой долине р. Изера); польск. устар. debrza : debra, *ж.* — «непроходимый лес». В других совр. слав. яз. отс. Др.-рус. (с XI в.) дьбрь : дьбрь (старшая форма дъбрь) — «ров» [Пов. вр. л. под 6485 (977) г.: «и спехнуша Ольга с мосту в *дебрь*»; перед этим: «бяше чересъ гроблю (=ров) мост ко вратомъ градным»], «ущелье», «долина, поросшая лесом», «лес», «дебри» [ср. в «Хожении» Аф. Никитина (XV в., по Троицк.

ДЕБ

сп. XVI в., л. 390)]: «пришла гора велика да *дебеpь* зла» [перед этим упоминается «*женьгѣль* злый» (т. е. джунгли). Встр. это слово и со знач. «поток в ущелье» и в смысле «геенна» (обычно с эпитетом **огненьна**) [Срезневский, I, 766—767]. *Прил.* **дьбрьскъ**, **дьбрьскый** (ib., 767). Ср. также Дебрянскъ (Ип. л.) из Дьбряньскъ. Отсюда совр. *Брянск* — название города. ▫ О.-с. *dъbrь [> *dьbrь вследствие межслоговой ассимиляции (ъ—ь > ь—ь)]. Старшее знач. «яма», «ров», «глубокая долина» (ср. чеш. debř). И.-е. база *dheu-b (: p)- [*dhou-b (: p)-: *dhŭ-b (:p)-], -r (-ь) — суф. на о.-с. почве. Ср. лит. dubùs — «глубокий», duburỹs — «впадина», «котловина», «яма с водой», абляут daubà — «овраг», «ущелье»; гот. diups — «глубокий», абляут daupjan — «погружать» > «крестить»; др.-в.-нем. tiof — «глубокий»; др.-англ. deop (совр. англ. deep) — тж. Тот же и.-е. корень [*dhou-b (: p)-] в рус. *дупло* (см.), *дно* (см.).

ДЕБЮТ, -а, *м.* — «первое выступление начинающего артиста»; «вообще первое выступление на каком-л. поприще»; «первый ход в шахматной игре». *Прил.* **дебютный**, -ая, -ое. *Глаг.* **дебютировать**. Сюда же **дебютант**, **дебютантка**. Укр. **дебю́т**, **дебюта́нт**, **дебюта́нтка**, **дебютува́ти**; блр. **дэбю́т**, **дэбюта́нт**, **дэбютава́ць**; болг. **дебю́т**, **дебюта́нт**, **дебюта́нтка**, **дебюти́рам** — «дебютирую»; с.-хорв. **де̏би**, род. **деби́а** — «дебют», **деби́товати** — «дебютировать»; чеш. debut, debutant, debutantka, debutovati; польск. debiut, debiutant, debiutantka, debiutować. В русском языке слова *дебют*, *дебютант* известны, по крайней мере, со 2-го десятилетия XIX в. Ср. у Аксакова в статье «Мысли и замечания о театре», 1825 г.: «*дебютанты* . . . всегда бывают кем-нибудь из хороших актеров поставлено на свои *дебюты* с голосу» (СС, III, 402). Не намного позже появился глаг. *дебютировать*, отм. уже Соколовым в 1834 г. (I, 600). ▫ Слово французское. Ср. франц. début, débuter, -e, débuter — «дебютировать» [первоначально «первое попадание в цель» (but)]. Из французского: нем. Debüt, Debütant, debütieren; англ. debut, ит. debutto — только «театральный дебют».

ДЕ́ВА, -ы, *ж.*, устар. — «юная женщина, достигшая половой зрелости, но еще не вступившая в брак». Обычно **де́вушка** (произв. от *дева < дѣва*). Но ср. **старая дева**. *Сущ.* **деви́ца**, **де́вка**, **де́вочка**, **де́вство**. *Прил.* (к *дева*) **де́вий**, -ья, -ье, *устар.*, (к *девица*) **деви́чий**, -ья, -ье, (к *дева*) **де́вственный** -ая, -ое, откуда **де́вственница**. Укр. **ді́ва**, **ді́вчина**, **ді́вчинка**, **ді́вка**, нар.-поэт. **діви́ця**, **діво́чий**, -а, -е (но ср. **незайма́ний**, -а, -е, **неви́нный**, -а, -е — «девственный»); блр. **дзе́ва**, **дзяўчы́на**, **дзяўчы́нка**, **дзяво́чы**, -ая, -ае (но **цнатлі́вы**, -ая, -ае, **няві́нны**, -ая, -ае — «девственный»); болг. устар. **де́ва**, **деви́ца**, **дево́йка**, **деви́чески**, -а, -о (чаще **мома́**, **моми́че** — «девушка», **моми́нски**, -а, -о — «девичий»), также **де́вство**, **де́вствен**, -а, -о, **де́вственица** (едва ли не из русского); с.-хорв.

ДЕВ

де́ва, **де́вица**, **де̑во̄jка** — «девушка», **де̑во̄jче** — «девочка»; чеш. děva, dívka, dévčátko — «девушка», dívenka, dívčí — «девичий»; польск. устар. dziewa — «девица», dziewica, dziewka, dziewczyna, dziewczynka — «девочка», dziewiczy, -a, -e — «девичий» и «девственный». Др.-рус. (с XI в.) и ст.-сл. **дѣва**, **дѣвица**, **дѣвичий**, **дѣвька**, **дѣвьство**, **дѣвьствьный**, позже (с XV в.) **дѣвочка** (Срезневский, I, 780—781). Произв. *девушка* в словарях отм. с 1731 г. (Вейсман, 396). ▫ О.-с. *děva; корень dě-, тот же, что в о.-с. *dětę (> др.-рус. *дѣтя* > совр. рус. *дитя*) и в *děti, мн. Суф. -v-a, м. б., тот же, что в о.-с. *korva (> рус. *корова*), но чаще его объясняют как суффикс прилагательных (вроде о.-с. *živъ, -a, -o). В связи с этим обращают внимание на др.-рус. и ст.-сл. форму **дѣвая** — «девственная» и субст. «дева»: *дѣвая мати* в Новг. Мин. 1097 г. и др. (Срезневский, I, 780). И.-е. корень, м. б., *dhē(i)-: *dhəi- — «кормить грудью», «доить», «сосать» (Pokorny, I, 241 и сл.). Предполагается при этом, что старшее знач. о.-с. *děva было «молодая женщина» вообще, а, стало быть, и «женщина, кормящая грудью». Ср., кстати, вост.-сиб., в частности на Ангаре (В.-Суворово, Громы) и под Иркутском обращение **дева**: **дево**, употребительное среди женщин в о о б щ е, причем обращаются так и к замужним, а также к старым женщинам. Ср. с тем же и.-е. корнем, но с другими формантами: лит. dėlė̃ — «пиявка», pirmādė̃lė — «первотелка»; латин. [где корень основы fē- < и.-е. *dhē-, тот же, что в fēlō (< fēllō) — «сосу»]; др.-ирл. dīnu — «ягненок»; др.-инд. dhēnā — «молочная корова», «самка» и др. См. *доить*. Но некоторые языковеды, учитывая семантические затруднения (значение слова!), ищут иных объяснений, впрочем пока не очень удачно (ср. Machek, ES, 85).

ДЕ́ВЕРЬ, -я, *м.* (малоупотр. в общерусском, но нередкое в говорах, в просторечии) — «брат мужа (по отношению к снохе)». В сев.-рус. говорах с и, ê или ɥ̑е [вм. ѣ]: **ди́верь**, **дêверь**. Укр. **ді́вер**; блр. **дзе́вер**; болг. **де́вер** — «деверь», а также «дружка», «шафер» (на свадьбе); с.-хорв. **дjе̏ве̄р** (djèvēr) — «деверь», «шафер», «секундант»; чеш. устар. dever — «деверь», «шурин», «шафер»; словац. dever — «деверь»; ст.-польск., обычное еще в XVI в. (теперь только в говорах) dziewierz. В некоторых совр. слав. яз. (словен., луж.) не употр. Др.-рус. (с XI в.) **дѣверь** > **деверь** (Срезневский, I, 650, 780). Форма с *е* по памятникам — более поздняя, м. б., вследствие межслоговой ассимиляции (ѣ : e > e : e). ▫ О.-с. *děverь. И.-е. *dāiu̯ēr, род. *dāiu̯rés (Pokorny, I, 179). Ср. лит. dieveris: dìeveris (старшая форма род. ед. числа) — «деверь»; латыш. диал. dieveris: dievelis; греч. δᾱήρ (из δαιϝηρ); др.-инд. devár (старшая форма devā́) — «деверь» (совр. хинди дэвра́ни — тж.). Сюда же относят др.-в.-нем. zeihhur — «деверь», а также сильно искаженное латин. lēvir — «деверь» (с начальным l, м. б., из языка сабинян или под

ДЕВ

влиянием laevus — «левый», также «неловкий», «неумелый», с одной стороны, и vir — «муж», «супруг» — с другой).

ДЕВИ́З, -а, м. — «основная мысль, идея, в кратчайшей (часто однословной) формулировке, определяющая чью-л. деятельность, напр., на общественном поприще или в области искусства, чьи-л. намерения, стремления и пр.», иногда «лозунг». Укр. девíз; блр. дэвíз; болг. девиз; с.-хорв. девиза, ж.; чеш. deviza, ж.; польск. dewiza, ж. В русском языке это слово известно, видимо, с середины XVIII в. Отм. у Курганова («Письмовник; 431: *дивиз*), позже — в словаре Нордстета, I, 1780 г., 154: *девиз*. □ Слово французское: devise, *f.* — тж., также «название корабля» [к глаг. deviser — «беседовать», «рассуждать» (в ст.-франц. «различать», «отличать», «выбирать»); совр. знач. — гл. обр. с XVII в.]. Из французского — нем. Devise. Первоисточник — нар.--латин. *divisere (< классич. латин. dīvidere — «разделять», «разъединять», «отличать»).

ДЕВЯНО́СТО, -а, *колич. числ.* — «число и количество 90, равное девяти десяткам, и двузначная цифра, обозначающая это число». *Порядк. числ.* девяно́стый, -ая, -ое. Укр. дев'яно́сто (устар. дев'ятдеся́т), дев'яно́стий, -а, -е; блр. дзевяно́ста, дзевяно́сты, -ая, -ае. В других славянских языках это знач. выражается словами, восходящими к о.-с. *devę(tь) desętъ (где *desętъ — род. мн. от *desętъ по склонению на согласный). Ср. болг. деветдесе́т, деветдесе́ти, -а, -о; с.-хорв. деведѐсѐт, деведѐсѐти, -ā, -ō; словен. devetdeset, devetdeseti, -a, -o; чеш. devadesát, devadesátý, -á, -é; словац. devät'desiat, devät'desiaty, -a, -e; польск. dziewięćdziesiąt (о мужчинах — dziewięćdziesięciu); в.-луж. dźewjećdźesat (о мужчинах — dźewjećdźesaćo), dźewjećdźesaty, -a, -e, н.-луж. źewjeśaset, źewjeśasety, -a, -e. Др.-рус. (с XIV в.) девяносто (со склонением по образцу село; так же склонялось и съто); наряду с этим девятьдесятъ (Срезневский, I, 650, 651). Ст.-сл. *девѧтьдесѧтъ (ср. девѧтьдесѧтыи и девѧтъ — «девяносто девятый») [SJS, I : 9, 473]. □ В этимологическом отношении не бесспорное слово. Принимая во внимание счет десятками, можно предположительно допустить в качестве исходной формы *nevę (> *devę) do sъta [отсюда, вследствие межслоговой ассимиляции, *nevęnosta > *devęnosta (общая форма косвенных падежей), позже — форма им. devęnosto] — синонимическое (к девятьдесят) вост.-слав. новообразование, напоминающее латин. duo-dē-vīginti — «18», т.е. «два от двадцати», duo-dē-nōnāginta — «88», т. е. «два от девяноста» и т. п. или франц. quatre-vingt-dix — собств. «четыре (по) двадцать (и) десять» и др. Выражение *nevę (> *devę) do sъta могло значить «(остается после девятидесяти) девять до сотни (перед сотней)». Впервые такое (или приблизительно, в основном такое) объяснение было предложено Ржигой (ФЗ, 1879 г., в. 3, с. 1).

ДЕВ

Позже оно было поддержано Ягичем («AfslPh, IV, 712, 1880 г.). По другому объяснению, это слово из и.-е. *neu̯eno-dk'm̥t — «девятый десяток» [память об этом (весьма проблематичном) образовании, как полагают, сохраняется в греч. ἐνενήκοντα — «90»); латин. nōnāgintā (< *novenā-contā) — тж.]. Вайян (Vaillant, BSL, XLVI, в. 2, с. 178) возводит рус. *девяносто* к о.-с. *deve(t)no sūto, будто бы некогда употреблявшемуся и в смысле «девятый десяток», ссылаясь при этом на подобное явление в готском языке, где hund — «сто» употреблялось также и для обозначения десятков после 70.

ДЕВЯСИ́Л, -а, *м.* (также девеси́л, дивоси́л) — «полезное травянистое растение семейства сложноцветных, обладающее антисептическими свойствами», Inula Helenium. Иначе ума́н (<ума́нь, к мани́ть), колю́ка и др. Блр. дзiвасíл (укр. ома́н). Ср. болг. девеси́л — «девясил», «подбел»; с.-хорв. невѐсиљ — «подбел»; чеш. devětsil — «подбел» (ср. oman — «девясил»); польск. dziewięćsił : dziwosił — «колючник». Ср. нем. Neunkraft — растение Achillea millefolium. В письменных памятниках ранней поры (до XVII в.) этого слова не отм. Но оно встр. в МИМ: «в корень *девесил*» (1629 г., в. 1, с. 1); там же прил.: «*девесильная* (патока)» (1630 г., в. 1, с. 10). В словарях отм. с 1-й пол. XVIII в. Ср. *девесил* в «Рукоп. лексиконе 1-й пол. XVIII в. (Аверьянова, 85) и др. □ Как видно из приведенных выше сопоставлений, *девясилом* у славян называются хотя и разные растения, но имеющие широкое применение в народной медицине. Ср.: «Девясил очень популярен в народе как лекарственное растение, помогающее чуть ли не от всех болезней, как человека, так и животных. По старым поверьям он имеет д е в я т ь волшебных сил, на что указывает его русское название 'девясил' или 'девясил'» (Гаммерман и др., 222). Число *девять*, в свою очередь, по старым поверьям считается особенным. Ср. выражение «за *тридевять* земель» (память о счете девятками?). Относительно формы *девя-* см. *девять*.

ДЕ́ВЯТЬ, -и́, *колич. числ.* — «число, цифра и количество 9». *Порядк. числ.* девя́тый, -ая, -ое. *Нареч.* девя́тью. *Собир. числ.* де́вятеро. *Сущ.* девя́тка. Укр. де́в'ять, де́в'ятий, -а, -е, дев'я́тка, дев'я́теро (но ср. дéв'ять разíв по... — «девятью»); блр. дзе́вяць, дзевя́ты, -ая, -ае, дзевя́цера, дзевя́тка [но ср. дзе́вяць у (+ числ. в вин. п.) — «девятью»). Болг. де́вет, деве́ти, -а, -о, деве́тка; с.-хорв. дѐвѐт, дѐвѐти, -ā, -ō, дѐветоро, дѐветка; словен. devet, deveti, -a, -o, devetica; чеш. devět, devátý, -á, -é, devatero, devítka — «девятка», но devětkrát — «девятью»; словац. devät', deviaty, -a, -e, devätoro; польск. dziewięć, dziewiąty, -a, -e, dziewięcioro, dziewiątka; в.-луж. dźewjeć, dźewjaty, -a, -e; н.-луж. źewjeś, źewjety, -a, -e. Др.-рус. (с XI в.) девять, девятый, (с XII в.) наречь. девятью (Срезневский, I, 650—651). Ст.-сл. девѧть, девѧтыи. Собир. числ. *девятеро* в ранних памятниках не получило отражения. В словарях — «Рукоп. лексикон» 1-й пол. XVIII в. (Аверьянова, 85). ▫ О.-с. *devętь, *devętъ, -a, -o, *devętъjь, -aja, -oje. И.-е. *neun — «девять», *neuen-o-s — «девятый». Т. о., в о.-с. языке мы ожидали бы для «девять» — *nevę. Начальное d вм. n появилось, как и в лит. и латыш. языках, или под влиянием числит. 10 (см. *десять*), или вследствие диссимиляции n : n > d : n. О.-с. форма *devętь вместо *devę (ср. и см. *девясил*; ср. также др.-рус. топоним **Девягорск** — результат субстантивации порядк. числ. *devętъ со старым (с балт.-слав. эпохи) суффиксальным -t-. Ср. лит. devynì — «девять», deviñtas — «девятый»; латыш. devìņi — девять», devītais — «девятый»; др.-прус. newints (с начальным n!) — «девятый». В других и.-е. языках — только с начальным n: гот. niun — «девять», niunda — «девятый»; др.-сканд. nīo, порядк. числ. niundi; др.-в.-нем. niun (совр. нем. neun), порядк. числ. niunto; латин. novem (*neun, c m на конце под влиянием decem), порядк. числ. nōnus (и.-е. основа *neueno-); др.-инд. náva (хинди **нао**; бенг. **нобо**) — «девять», порядк. числ. navamaḥ; тохар. AB ñu — «девять». Греч. ἐνάκις — «девятикратно», ἐνακόσιοι — «девятьсот», (гомер.) ἐινά-ετες — «в течение девяти лет»; арм. **инны** (: inn) [произн. inən] — «девять» и нек. др. возводят к и.-е. *e-neuṇ: *e-neuen (но греч. ἐν-νέα — «девять», где ἐν — префикс, возникший на греческой почве, восходит к и.-е. *neuṇ). Подробнее см. Pokorny, I, 318—319 и др. Происхождение этого и.-е. слова не вполне ясно, но допустимо предположение, что оно находится в связи с и.-е. *neu-os — «новый», если предположить, что в данном случае имеет место отражение счета четверками (2×2).

ДЁГОТЬ, -гтя́, *м.* — «смолистая чёрная или темно-коричневая густая вязкая жидкость, добываемая путем сухой перегонки (выжигания) из бересты, древесины, каменного угля, торфа и употребляемая в дорожном строительстве, в тележном транспорте, в хозяйстве». *Прил.* **дегтя́рный**, -ая, -ое. *Сущ.* **дегтя́рь**, Укр. дьо́готь, дігтя́рний, -а, -е; блр. дзёгаць, дзягцйрни, -ая, -ае. Ср. чеш. dehet, dehtový, -á, -é; польск. dziegieć, dziegciowy, -a, -e. Ср. в том же знач.: болг. катра́н; с.-хорв. ка̀тран; словен. katran (< турец. katran). В ранних памятниках др.-рус. письменности (до XVII в.) у Р. Джемса (РАС, 1618—1619 гг., 66 : 1): doghot — «a kinde of oile or tar (и пр.)» («род масла или смолы»). Дювернуа (38) отм. **дектярь** (со ссылкой на Пск. л. под 1628 г.). ▫ Ср. лит. degùtas — «деготь при degù — «горю», инф. dègti — «гореть»; латыш. deguts: deguots — «деготь (березовый)», при degt — «гореть». Принимая во внимание, что в о.-с. языке и.-е. корень *dhegᵘh- (: *dhogᵘh-) — «жечь», «гореть» [ср. лит. dègti; латыш. degt (подробнее об этом корневом гнезде см. Pokorny, I, 240—241)] вследствие ассимиляции dh : gᵘh (> *gᵘhegᵘh-) получил форму geg- > žeg- [ср. о.-с. глаг. *žegti (> рус. *жечь*)], обычно полагают, что о.-с. *degъtь заимствовано (в о.-с. языке) из балтийской языковой группы. Иначе придется предполагать, что мы здесь имеем дело с пережиточным явлением в о.-с. языке (случай сохранения начального d < dh только в этом слове из всей группы), что возможно, но маловероятно. Впрочем, обратный случай — изменение начального d < dh в g именно в этом одном слове — отмечен в латышском языке: диал. ģeduots (< deguots) — «деготь» (Fraenkel, 86). Ср. по корню (кроме балтийских языков) также гот. dags — «день»; др.-в.-нем. tag (нем. Tag) — тж.; др.-исл. dagr — тж.; алб. djeg — «жечь»; др.-инд. dàhati — «(он) горит» и др. Суф. тот же, что в о.-с. *kopъtь (рус. *копоть*).

ДЕД, -а, *м.* — «отец отца или матери по отношению к их детям, к своим внукам»; «старик». *Ласк.* **де́душка**, -и. *Прил.* **де́довский**, -ая, -ое (в быту **де́душкин**, -а, -о). Укр. дід, діду́сь, род. діду́ся, діду́нь, род. діду́ня, діді́вський, -а, -е; блр. дзед, дзяду́ля, дзяду́ня, дзе́даўскі, -ая, -ае; болг. дя́до, дя́дов, дя́довски, -а, -о; с.-хорв. дȅд (djȅd), дȅдо (djȅdo), дȅдов (djȅdov), -a, -o, дȅдовскӣ (djȅdōvskī), -ā, -ō; словен. dẹ̑d, фамильярно dedek, dedček, dedej, dedov, -a, -o, dedkov, -a, -o, dedji, -a, -e; чеш. děd, ласк. dědeček, dědoušek, dědek — «старикашка», «старый хрен», dědovský, -á, -é, dědečkův, -a, -e; словац. ded, dedko, dedo : deduško, dedovský, -á, -é; польск. dziad, ласк. dziadek, dziadunio, dziadzio, dziadowski, -a, -ie, dziadkowy, -a, -e; в.-луж. dźěd, ласк. dźědźik, dźědowski, -a, -e, dźědny, -a, -e. Ср. н.-луж. stary nan — «дед» (ср. stara mama — «бабушка». Др.-рус. (с XI в.) и ст.-сл. дѣдъ — «дед», «предок», дѣдьнии (Срезневский, I, 783). *Дѣдушка* отм. Р. Джемсом (1618—1619 гг., РАС, 9 : 15): deadska — «grandfather», в словарях — с 1731 г. (Вейсман, 651). Прил. *дѣдовский* отм. с 1704 г. (Поликарпов, 98). ▫ О.-с. *dědъ. По происхождению эта удвоенная основа [dě-d-(o)-] — элемент детской речи. Ср. подобные образования: *дядя* (см.), *баба* (см.), *бабушка* и т. п. И.-е. корень *dhē-: удв. *dhē-dh(ē)-. Ср. в других и.-е. языках: лит. dẽdė — «дядя»; греч. τήθη (< θηθη) — «бабушка»; ит. (венец.) deda — «тетка» и т. п.

ДЕЗЕРТИ́Р, -а, *м.* — «военнослужащий, бежавший с военной службы, или военнообязанный, уклоняющийся от призыва в армию». *Глаг.* **дезерти́ровать**. *Сущ.* **дезерти́рство**. Укр. дезерти́р, дезерти́рувати, дезерти́рство; блр. дэзерці́р, дэзерці́раваць; болг. дезертьо́р, дезертьо́рство, дезерти́рам — «дезертирую»; с.-хорв. дезѐртēр, дезерти́рати; польск. dezerter, dezerterować. В некоторых слав. яз. отс. Ср. в том же знач. чеш. zběh. В русском языке известно с начала XVIII в. Ср. в письме Петра I Боуру: «прислан от вас *дезертир* шведской» (ПбПВ, VIII, № 2636, 1708 г., 139, также 148, 149); «полоняником и *дезертером*» (347). С другой концовкой: *дезерторы* («Архив» Куракина,

I, 320, 1709 г.). Более позднее слово — *дезертировать* (Яновский, I, 1803 г., 664). ▫ М. б., непосредственно из французского языка. Ср. франц. (в военном смысле — с XVII в.) déserteur — «дезертир» (от déserter — «дезертировать») > голл. deserteur (произн. dezertøˑr); швед. desertör; нем. (с 1697 г.) Deserteur, desertieren; англ. deserter; ит. disertore. Первоисточник — латин. desertor — «оставляющий без помощи», «беглец» (от deserō — «оставляю», «бросаю»). Не совсем ясно, откуда -*ир* в рус. *дезертúр*. Возможно, под влиянием нем. desertíeren.

ДЕКАБРИ́СТ, -а, *м.* — «участник восстания 14 декабря 1825 г. и член тайных антиправительственных обществ, готовивших это восстание». *Прил.* декабри́стский, -ая, -ое. В других языках — из русского. В русском языке это слово появилось не одновременно с восстанием, а несколько лет спустя после него. К началу 40-х гг. XIX в. оно уже вошло в употр. Встр. в «Дневнике» Герцена за 1842 г., в записи от 26-III: «даже лёгкое наказание его (М. Ф. Орлова) в сравнении с другими *декабристами*...» (ПСС, II, 202). В словарях это слово начинают отмечать лишь с 1863 г., после амнистии 1856 г. (Даль, I, 378). ▫ Произв. от *декабрь* по образцу таких образований, как, напр. *анархист*, *социалист*, получивших распространение в России примерно в то же время.

ДЕКА́БРЬ, -я́, *м.* — «название двенадцатого месяца календарного года». *Прил.* дека́брьский, -ая, -ое. Ср. болг. деке́мври, декембри́йски, -а, -о; с.-хорв. дѐце̄мбар, дѐце̄мбарски, -ā, -ō; словен. december, decembrski, -a, -o; в.-луж. decembr, decembrski, -a, -e; н.-луж. december (и godownik). В других слав. яз. отс. Ср. в том же знач.: укр. **гру́день**; блр. **сне́жань**; чеш. prosinec; польск. grudzień. Конечно, это не относится к такому (произв. от *декабрь*) русскому слову, как *декабрист* (ср. укр. *декабрúст*; чеш. děkabrista; польск. dekabrysta и др.). Др.-рус. (с XI в.) декя́брь (Остр. ев. и др.), (с XIV в.) декабрь; особо декемврий (XIV в.) [Срезневский, I, 651; Доп. 87]. Старое русское народное название этого месяца было сту́ден(ь). ▫ Первоисточник — латин. субст: прил. december [что первоначально значило «декабрьский»; подразумевалось mensis — «месяц» (december mensis) от decem — «десять»]. Декабрь у римлян (до реформы календаря, осуществленной при Юлии Цезаре) был д е с я т ы м месяцем года, который начинался с марта. К латинскому названию месяца декабря восходит позднегреч. Δεχέμβριος — «декабрь» и как прил. «декабрьский». Ср. новогреч. Δεχέβρης : Δεχέβριος. В русский язык это латинское название месяца попало при позднегреческом посредстве (отсюда *к* вм. *ц*). Форма слова установилась не сразу. Ср. еще в «Рукоп. лексиконе» 1-й пол. XVIII в.: *декемберъ* или *декабрь*» (Аверьянова, 86).

ДЕКА́Н, -а, *м.* — «руководитель факультета в высшем учебном заведении». *Сущ.*

дека́нство. Сюда же деканá́т — «руководство факультета». Укр. дека́н, дека́нський, -а, -е, деканá́т, дека́нство; блр. дэка́н, дэка́нскі, -ая, -ае, деканá́т, дэка́нства; болг. дека́н, дека́нски, -а, -о, деканá́т; с.-хорв. дѐка̄н, деканá́т; чеш. děkan, děkanát, děkanství; польск. dziekan, dziekanat. В русском языке слово *декан* (с совр. знач.) известно с начала XIX в. [Яновский, I, 1803 г., 667 (наряду с *доен*, 745)]. Но уже в Петровское время это слово встр. (напр., в дипломатической переписке) со старым знач. Ср., напр., в «Архиве» Куракина (I, 194, 1707 г.): «а для дел партикулярных бывает... у кардинала *декана*, первого под папою». Поздние слова: *деканат* (ПСИС, 1861 г., 158), *деканство* (Даль, I, 1863 г., 378). ▫ Ср. нем. Dekán, Dekanát; ит., исп. decano, decanato и т. д., но франц. doyen (< ст.-франц. doien — «старший в корпорации», «старший из духовенства», «настоятель»), но décanat; англ. dean. Первоисточник — латин. (христианской поры) decānus — «десятник» (от decem — «десять», с концовкой -ān-us, как в primānus — «солдат первого легиона»), позже «десятый», старший начальствующий монах (десятник) в монастыре».

ДЕКРЕ́Т, -а, *м.* — «постановление, указ, исходящие от верховной власти в государстве». *Прил.* декре́тный, -ая, -ое. Укр. декре́т, декре́тний, -а, -е; блр. дэкрэ́т, дэкрэ́тны, -ая, -ае; болг. декре́т, декре́тен, -тна, -тно; с.-хорв. декрѐт, декретни, -ā, -ō; чеш. dekret; польск. dekret, dekretowy, -a, -e. В русском языке слово *декрет* известно с начала XVIII в. Напр., в «Архиве» Куракина (VI, 56, 1713 г.): «цесарь... в *декрете* своем объявил». Прил. *декретный* в смысле «указный», «относящийся к указу», отм. Смирновым (100) со ссылкой на «Лексикон вок. новым». В толковых словарях русского языка отм. лишь с 1935 г. (Ушаков, I, 677). ▫ Слово по происхождению латинское: decrētum — тж. (ср. глаг. decernō, супин decrētum — «решаю», постановляю»). Возможно, в русском языке непосредственно из латинского языка дипломатических актов, как и в других европейских языках. Ср. франц. décret; нем. Dekrét; ит. decreto и др.

ДЕ́ЛАТЬ, де́лаю — «трудиться, работать»; «создавать», «предпринимать»; «заниматься (напр., полезным для себя или людей трудом)»; вообще «действовать», «совершать», «причинять что-л. кому-л.». *Возвр. ф.* де́латься. Сюда же дело, деловой, -ая, -ое, делец, де́льный, -ая, -ое. Укр. ді́ло (: спра́ва), ділóк — «делец» (но «делать» — роби́ти, ді́яти); блр. дзе́лавы, -áя, -бе (ср. рабíць — «делать»; спра́ва — «дело»); болг. делови́, -а́, -о́, деловúт, -а, -о (ср. спра́вя — «делаю»); с.-хорв. дѐлати (djèlati), 1 ед. дѐла̄м (djèlām), дѐло (djèlo) [: ра̑д, ства̑р]; словен. delati, delo; чеш. dělati (se), dílo; ср., однако, dělo — «пушка», «орудие», dělový́, -á, -é — «орудийный», dělník — «рабочий»; словац. dielo — «дело», «произведение» (ср. praca,

ДЕЛ

robota — «дело», «работа»); польск. dziełać (: robić); ср. działać — «действовать», dzieło — «дело», «труд»; ср. działo — «орудие», «пушка», dzielny, -a, -e — «энергичный», «смелый», «отважный»; в.-луж. dźěłać, dźěło — «дело», «труд», dźěłaćer, dźěłar — «производитель», «рабочий»; н.-луж. źełaś, źeło. Др.-рус. (с XI в.) дѣлати, 1 ед. дѣлаю — «действовать», «возделывать», дѣло — «деятельность», «деяние», «поступок», «способ», «работа», «труд», «сражение» (Срезневский, I, 785, 786—787). ◦ О.-с. *dělo, с суф. -l-о, произв. *dělati. О.-с. корень dě-, тот же, что в *dějati (см. *деятель*) и в о.-с. *děti (см. *деть*). И.-е. корень *dhē- (Pokorny, I, 235, 237).

ДЕЛИКАТНЫЙ, -ая, -ое — «мягкий, чуткий, тонкий, тактичный в обращении», «обходительный», «учтивый»; «хрупкий, требующий внимательного, бережного отношения». *Нареч.* деликатно. *Сущ.* деликатность. *Глаг.* деликатничать. Укр. делікатний, -а, -е, делікатно, делікатність; блр. далікатны, -ая, -ае, далікатна, далікатнасць; болг. деликатен, -тна, -тно, деликатно, деликатност; с.-хорв. дѐликатан, -тна, -тно: дѐликатни, -ā, -ō, деликатно, деликатност; чеш. delikatní, delikátně, delikatnost; польск. delikatny, -a, -e, delikatnie, delikatność. В русском языке прил. *деликатный* известно с начала XVIII в. (1716 г. — Смирнов, 101). Кроме того, в «Архиве» Куракина (VI, 40, 1713 г.): «сие дело *деликатное*»; ср.: «сей коллегиум *наиделикатнейшей* есть в государстве и рулъ» (ЗАП I, т. I, 543). В словарях *деликатный* — с 1771 г. (РЦ, 617), *деликатность* — с 1780 г. (Нордстет, I, 154), *деликатничать* — с 1863 г. (Даль, 1, 379). ◦ Слово французское: délicat, -e — тж. (также «изящный» и др.); ср. délicatesse — «нежность», «тонкость», «деликатность» [отсюда рус. *деликатес*, известное с начала 900-х гг.: Куприн, «Листригоны», очерк «Водолазы», гл. 6, 1910 г. (СС, IV, 526)]. Из французского: англ. delicate; нем. Delikatésse и др.

ДЕЛИТЬ, делю — «разъединять, расчленять на части», «классифицировать»; (с кем) «совместно пользоваться», «соучаствовать»; *мат.* «узнавать, сколько раз одна величина, одно количество (число) содержится в другом». *Возвр. ф.* делиться. *Сущ.* делёж(ка), деление, делитель. Другие произв. почти все с префиксами: предѐл, удѐл, отдѐл и мн. др. Ср. *глаг.* разделить и т. п. Ср. устар. и диал. дел — «дележ» (Даль, I, 456). Укр. ділити(ся), дільба́ — «дележ», ділення, дільник — «делитель»; блр. дзяліць, дзяліцца, дзяльба, дзяленне, дзельнік; болг. деля (се) — «делю(сь)», делене, *мат.* деление, делител; с.-хорв. дѐлити (dijéliti) se, деоба (diòba) — «дележ», дѐљење (dijeljénjē), дѐлител (djélitelj); словен. deliti(se), delitev — «дележ», deljenje, delivec — «делитель»; чеш. děliti (se), dělba, dělení — «дележ», «деление», dělitel; ср. díl — «часть»; словац. delit'(sa), del'ba — «дележ», delenie, delitel'; польск. dzielić (się), dzielenie, dzielnik — «делитель»; ср. podział — «дележ», dział — «доля»; в.-луж. dźělić (so), dźělba — «дележ», dźělenje, dźělnik; ср. dźěl — «часть», «доля»; н.-луж. źěliś, źělenje, dźělnik; ср. źěl — «часть», «доля». Др.-рус. (с XI в.) дѣлити(ся), дѣлъ: дѣль — «часть», «раздел», «дележ» (Срезневский I, 786, 789, 790). Слово *дележь* находим в «Рукоп. лекс.» 1-й пол. XVIII в. (Аверьянова, 86). Арифметическая терминология, зачатки которой относятся к эпохе средневековья, установилась в русском языке гл. обр. со времени Магницкого, который, калькируя, пользовался и соответствующими латинскими терминами: «*Дивизио есть деление*», «Что есть *деление; деление есть...*» и т. д. («Арифметика», 1703 г., л. 17; здесь же *делитель*). Ср. латин. *мат.* dīvīsīō, dīvīsor, от dīvīdō — «делю». См. Кутина, ФЯН, 16, 17 и сл. ◦ О.-с. *děliti, произв. от *dělъ: *dělь (с ě дифтонгического происхождения). И.-е. корень, по-видимому, *dā-: *dāl-: *dəi-, база *dāi-l- :*dəi-l- — «делить», «разрезать» (Pokorny, I, 175—176, 195). Ср. лит. dalýti — «делить». Ср. гот. dails — «часть», «доля»; др.-в.-нем. teil (совр. нем. Teil — тж.); др.-сканд. deil-l; др.-англ. dāl (совр. англ. deal) и др. См. Holthausen, 20; Fraenkel, 80; Sławski, I, 189, 194; также Machek, ES, 86, по мнению которого (как, впрочем, и нек. других языковедов) германские параллели представляют собой очень раннее (до перехода о.-с. ai > ě) заимствование из общеславянского праязыка.

ДЕЛЬТА, -ы, ж. — «устье большой реки, разветвленной на рукава»; «земля между расходящимися устьями (особенно двумя устьями) одной реки». Укр. дельта; блр. дэльта; болг. дѐлта; с.-хорв. дѐлта; чеш., польск. delta. В русском языке это слово известно с 30-х гг. XIX в. (Плюшар, XVI, 1839 г.; 121). ◦ Ср. франц. delta; нем. Delta и др. Первоисточник — греч. δέλτα — название дельты р. Нил. Устье этой реки (если смотреть на него на карте с севера) ниже Каира разветвляется на два главные рукава (Розетта и Дамьетти) и по форме отдаленно напоминает маюскульную (прописную) греческую букву, называемую *дельтой* (δέλτα): Δ.

ДЕЛЬФИН, -а, м. — «морское животное подотряда зубатых китов (меньших размеров, чем киты), сверху черного цвета, снизу — белого, с выпуклым лбом и характерными челюстями, похожими на клюв», Delfis delfis. *Прил.* дельфиний, -ья, -ье, дельфиновый, -ая, -ое. Укр. дельфін, дельфіновий, -а, -е; блр. дэльфін, дэльфінавы, -ая, -ае; болг. делфин, делфинов, -а, -о; с.-хорв. дѐлфин; чеш. delfin; *прил.* delfiní, delfinový, -á, -é; польск. delfin, delfinowy, -a, -e. В русском языке это слово известно с XVII в. («Космография» 1670 г., 366). В словарях отм. с 1704 г. (Поликарпов, 84 об.: *дельфин* — «рыба морская»). ◦ Первоисточник — греч. δελφίς, род. δελφῖνος — «дельфин», основа δελφιν-. Отсюда латин. delphinus, нар.-латин. dalfīnus —

тж., а из классических языков — в новых западноевропейских языках: нем. Delphín; ит. delfino и др. Ср. франц. dauphin — тж. (< ст.-прованс., ст.-франц. dalfin, откуда англ. dolphin). В русском языке, по-видимому, греко-латинского происхождения. В этимологическом отношении греч. δελφίς связывают с греч. δελφύς — «матка» (по телосложению, по строению тела дельфина, о чем см. Frisk, I, 363).

ДЕМАГО́ГИЯ, -и, ж. — «воздействие на отсталую часть народных масс заманчивыми, но лживыми обещаниями для достижения своих целей». *Прил.* демагоги́ческий, -ая, -ое. Сюда же демаго́г. Укр. демаго́гія, демагогі́чний, -а, -е, демаго́г; блр. дэмаго́гія, дэмагагі́чны, -ая, -ае, дэмаго́г; болг. демаго́гия, демаго́гски, -а, -о, демаго́г; с.-хорв. демагòгија, дèмагошки, -а̄, -ō, демàгог; чеш. demagogie, demagogický, -á, -é, demagog; польск. demagogia, demagogiczny, -a, -e, demagog. В русском языке слова́ этой группы в словарях начинают отмечаться с начала XIX в.: Яновский, I, 1803 г., 676: *демагог*; значительно позже — *демагогия* (Даль, I, 1863 г., 379). Прил. *демагогический* встр. у Пушкина в письме Гнедичу от 4-XII-1820 г.: *«демагогическими спорами»* (ПСС, XIII, 20). По-видимому, пушкинское новообразование по образцу *аристократический*, *демократический*. □ Первоисточник — греч. δημαγωγία — собств. «руководство народом», [от δῆμος — «народ» и ἄγω — «веду» (отсюда *а* после *м* в этом слове)], но еще в древности это слово получило знач. «совращение народа» (ср. греч. ἀγωγία — «увод», «совращение»). Ср. также греч. δημαγωγός — сначала «вождь народа», потом «вожак толпы», «демагог». При посредстве латинского языка это слово попало в новые западноевроп. языки. Ср. франц. (с 1688 г.) démagogue, (с 1798 г.) démagogie, (с 1835 г.) démagogique > англ. demagogue, demagogic, demagogy; нем. Demagóg, demagógisch, Demagogie и др.

ДЕМОКРА́ТИЯ, -и, ж. — 1) «форма государственного устройства, при котором органы верховной власти носят представительный характер и формируются выборным путем», «народовластие»; 2) «организация деятельности какого-л. коллектива на началах широкого участия в ней всех членов этого коллектива». *Прил.* демократи́ческий, -ая, -ое. Сюда же демокра́т. Укр. демокра́тія, демократи́чний, -а, -е, демокра́т; блр. дэмакра́тыя, дэмакраты́чны, -ая, -ае, дэмакра́т; болг. демокра́ция, демократи́чески, -а, -о, демократи́чен, -чна, -чно, демокра́т; с.-хорв. демокрàција, демокрàтија, демòкратски, -а̄, -ō, демо̀крат(а), *м.*; чеш. demokracie, demokratický, -á, -é, demokrat; польск. demokracja, demokratyczny, -a, -e, demokrata, *м*. В русском языке слово *демократия* употр. с Петровского времени [Смирнов, 101, со ссылкой на книгу Пуффендорфа «Введение в историю европейскую», 1718 г., переведенную с латин. языка, и (в форме *димократия*) на словарь в «Сборнике Ува́рова»]; позже — Вейсман, 1731 г., 498: *демократия*. Прил. *демократический* отм. Нордстетом (I, 1780 г., 154). Позже появилось *демократ* (Яновский, I, 1803 г., 677). □ Ср. франц. (с XIV в.) démocratie, démocratique; [новообразование XVI в. (в общем употр. гл. обр. с конца XVIII в.)] démocrate. Из французского: нем. Demokratíe, Demokrát (прил. demokrátisch); англ. democracy, democratic, democrat и др. Первоисточник — греч. δημοκρατία, прил. δημοκρατικός (ср. δῆμος — «народ», κρατέω — «держу в своей власти», «обладаю», «управляю»).

ДЕ́МОН, -а, *м*, — в христианской мифологии — «падший ангел, хотевший стать богом», «злой дух», «дьявол». *Прил.* де́монский, -ая, -ое, демони́ческий, -ая, -ое. *Сущ.* демони́зм. Укр. де́мон, де́монський, -а, -е, демоні́зм; блр. дэ́ман, дэмані́чны, -ая, -ае, дэмані́зм; болг. де́мон, демони́чен, -чна, -чно, демони́зъм; с.-хорв. де́мон; чеш. demon, demonický, -á, -é; польск. demon, demoniczny, -a, -e. В русском языке слово *демон* известно с XI в. Ср. др.-рус. де́мон: демон, демоньскый (Срезневский, I, 793). Ст.-сл. дѣмонъ. □ Одно из ранних заимствований из греч. языка, м. б., при старославянском посредстве. Ср. франц. démon; нем. Dämon; англ. demon; ит. démone; исп. demonio и т. д. Первоисточник — греч. δαίμων *т.*, *f.* > латин. daemōn — «бог или богиня», «божество» (низшего порядка), «злой рок», позже, в первые столетия н. э. — «бес». Этимологически, по-видимому, связано с греч. δαίω, δαίομαι — «распределяю», «оделяю» (людей чем-л.). Т. о., старшее знач. этого слова «тот, кто распределяет что-л.», «оделяет кого-л. чем-л.»

ДЕМОНСТРА́ЦИЯ, -и, ж. — 1) «массовое шествие в знак выражения каких-л. общественно-политических настроений»; 2) «публичный показ чего-л.». *Прил.* демонстрацио́нный, -ая, -ое, демонстрати́вный, -ая, -ое. Сюда же демонстри́ровать, (к *демонстрация* в 1 знач.) демонстра́нт. Укр. демонстра́ція, демонстрати́вний, -а, -е, демонструва́ти, демонстра́нт; блр. дэманстра́цыя, дэманстраты́ўны, -ая, -ае, дэманстрава́ць, дэманстра́нт; болг. демонстра́ция, демонстрати́вен, -вна, -вно, демонстри́рам — «демонстрирую», демонстра́нт; с.-хорв. демонстрáција, демонстратива̄н, -вна, -вно: демòнстративни, -а̄, -ō, демонстри́рати; демо̀нстрант; чеш. demonstrace, прил. demonstrativní, demonstrační, demonstrovati (в полит. смысле), demonstrant; польск. demonstracja, demonstracyjny, -a, -e, demonstrować (в полит. смысле), demonstrant. Слово *демонстрация* в русском языке известно с первых десятилетий XVIII в., но сначала не в смысле политическом, а в знач. «показ», «объяснение», «доказательство» (Смирнов, 101, со ссылкой на ПСЗ, VII, № 4443, 1724 г., знач. здесь «доказательство»). Ср.: «учинил... *димустрацию* (!) в... Сенат» (МИМД, 118). Совр. знач. («манифестация») — более позднее, в словарях — Углов, 1859 г., 57, ПСИС 1861 г., 162 (здесь же *демонстрировать*). ▫ Ср. франц. (с XIV в.) démonstration, *f.*, прил. démonstratif, -ve [< латин. dēmonstrātiō — «показывание», «указывание», «объяснение», «доказательство» (к dēmonstrō — «показываю»; ср. monstrum — «знамение», «знак»)]. Из французского — нем. Demonstration, прил. demonstratív и др. В русском языке слово *демонстрация* в Петровское время, м. б., непосредственно из латинского языка, но впоследствии на развитие значения этого слова и всей этой группы слов оказали влияние западноевропейские языки.

ДЕНЬ, дня́, *м.* — 1) «часть суток от утра до вечера»; 2) «часть суток от восхода солнца до захода»; 3) «сутки». *Нареч.* днём. *Прил.* дневно́й, -а́я, -о́е (отсюда дневни́к), устар. денно́й, -а́я, -о́е: ср. *денно и нощно* (отсюда поде́нный, -ая, -ое); ср. также *день-деньско́й*. Сюда же денщи́к. *Глаг.* днева́ть (отсюда днёвка). Укр. день, де́нний, -а, -е, вдень — «днем», де́нно, днюва́ти, дньо́вка, щоде́нник — «дневник», денщи́к; блр. дзень, дзённы -ая, -ае, удзе́нь, днём, дзённік — «дневник», дняваць, днёука, дзяншчы́к; болг. ден, де́нен, -нна, -нно, дне́вен, -вна, -вно, де́нем, дену́вам — «днюю», дену́вка — «дневка», дне́вник; с.-хорв. да̑н, дне́внӣ, -а̄, -о̄, да̏њо̄м, да̏њӯ — «днем», да́нити, дано̀вати, дањѝвати — «дневать», да̀нӣште — «дневка», дневни́к — «дневник»; словен. dan, dnevni, -a, -o, podnevi — «днем», dnevnik; чеш. den, прил. denní, ve dne — «днем», deník — «дневник»; словац. deň, denný, -á, -é, vo dne — «днем», denník — «дневник»; польск. dzień, dzienny, -a, -e, w dzień: we dne, dziennik; в.-луж. dźeń, dnjowski, -a, -e, dźeński, -a, -e — «дневной», «поденный», wob dźeń — «днем», dnjownik, dźenik — «дневник»; н.-луж. źeń, wodnjo — «днем», dnjowny, -a, -e, dnjownik. Др.-рус. (с XI в.) и ст.-сл. дьнь, род. (в книжной речи) *дьне : (чаще) дьни (позже) дня, дьньо — «днем», дьньно (Четвероев. 1144 г.), дьневьный, дьньдьньный — «ежедневный», дьньствовати — «дневать» (?) в Георг. Ам. (Срезневский, I, 768, 769—772). ▫ О.-с. *дьнь, род. *дьне. Слово относилось сначала к основам на согласный. И.-е. основа на -en: *deien-, с темат. гласным *dein-o- : *din-o- — «день», корень *dei (ə)- : *dī- — «излучать свет», «сиять», «блестеть» (Pokorny, I, 186). Ср. лит. dienà — «день», «число»; латыш. diena — тж.; др.-прус. deinan (вин. ед. ж.) — «день» (Endzelin — Mühlenbach, I, 482); гот. -tein-s в sin-tein-s — «ежедневный», sinteinō — «всегда»; латин. nundinae (им. мн. ж.) — «рыночный день (девятый) в Риме, нерабочий для крестьян, как и предыдущий восьмой день (восьмидневной) недели, нерабочий для всех»; др.-ирл. denus — «период». Ср. без основообразующего -n- латин. diēs — «день», diū — «днем»; греч. ἔν-διο-ς — «полуденный»; др.-ирл. die — «день» (ср. бретон. deiz — тж.).

ДЕ́НЬГИ, де́нег (*ед.* деньга́, -и́, *ж.* — только о старинной монете и *собир.*) — «металлические (монеты) или заменяющие их бумажные знаки стоимости»; «капитал». *Уменьш.-ласк.* де́нежка. *Прил.* де́нежный, -ая, -ое. В других слав. яз. отс. Ср. в том же знач.: укр. гро́ші; блр. гро́шы; болг. пари́, ед. пара́ (< турец. para — «деньги»); с.-хорв. но̀вац, род. но̀вца, *м.*, чеш. peníze; польск. pieniądze. Др.-рус. (с 1382 г.) деньга, *мн.* деньги, денежка, позже денежный (Срезневский, I, 652—653; Кочин, 91; Черепнин, 30). ▫ Слово несомненно заимствованное, но история его в подробностях неясна. Можно думать, что в русский язык это слово попало из тюркских языков (см., напр., Дмитриев, 23). Ср. каз.-тат. тэңкэ — «монета серебряная или золотая»; башк. тэңкэ — «монета»; узб. танга — ист. «теньга́ — серебряная монета достоинством в 15 коп. в Бухаре, в 20 коп. в Ташкенте и в Фергане» (УзРС, 404); казах. теңге — «рубль»; кирг. теңге — сев. «рубль», южн. «двадцать копеек»; каракалп. теңге — «деньги», «монета», «разменная монета в 20 коп.»; уйгур. тэңгэ — «монета». Ср. у Радлова (III : 1, 1055): телеут. тӓнкӓ — «монета». Ср. также чуваш. тенкĕ — «серебряная монета», «рубль». Этимология и история этого (вероятно, в свою очередь заимствованного) слова в тюркских языках и в чувашском не выяснена. В письменных памятниках древнетюркских языков такого слова не отмечено. М. б., в некоторых современных тюркских языках оно, наоборот, восходит к рус. *деньга́*, *деньги́*. С другой стороны, это слово в прошлом было известно и в некоторых ближневосточных языках, напр., в ст.-перс., и могло быть из Ирана занесено на Русь торговыми людьми или путешественниками. Ср. ст.-перс. тенгэ — «серебряная монета (разной ценности в разных местностях, чаще всего около 6 динаров)». Именно это слово в форме тен(ь)ка в смысле «деньги», «монета» употр. Аф. Никитин в «Хожении» (XV в.): «а хоросанцем (=персам — П. Ч.) дают алафу (т. е. жалованье — П. Ч.) по *тенке* на день» [и др., по Троицк. сп. л. 381 об. и др.; там же: «по десяти *денег*», 382 (см. комментарии Петрушевского, прим. 197)]. Что касается предположения (см. Lokotsch, § 478) о связи русского слова с тюрк. *damga — «клеймо», «штамп», «печать» и, стало быть, с др.-рус. тамга (см. *таможня*), — словом несомненно тюркского происхождения, то это мнение еще в большей мере нельзя считать достаточно обоснованным. Т. о., о слове *деньги* можно лишь утверждать, что оно чужеязычное, заимствованное и, по всей видимости, с Востока.

ДЕПЕ́ША, -и, *ж.* — *устар.* «спешное, экстренное сообщение в письменной форме», «телеграмма»; *спец.* «спешное дипломатическое уведомление». Укр. депе́ша; блр. дэпе́ша; болг. депе́ша; с.-хорв. дѐпеша; чеш. depeše; польск. depesza — «депеша», «телеграмма», depeszować — «телеграфировать». В русском языке слово *депеша* известно с середины XVIII в. Ср. у Фонвизина в письме Панину в феврале 1771 г.: «в *депешах*, ко двору присылаемых» (СС, II, 360). В словарях — Яновский, I, 1803 г., 681. Впоследствии, после появления телеграфа, во 2-й пол. XIX в. и позже (особенно в военном ведомстве) это слово долго употр. и в знач. «телеграмма». ▫ Слово французское: dépêche (в совр. знач. — с XVII в.), отглаг. образование от dépêcher — «торопить» [из dés- (отрицательный префикс)+ empêcher (ср. empêcher < позднелатин. impedicare — «мешать», «задерживать»)]. Из французского языка: нем. Depésche; голл. depêche и нек. др., также в русском.

ДЕПО́, *нескл., ср.* — «строение для стоянки и ремонта локомотивов и вагонов на железной дороге»; «помещение для стоянки пожарных машин»; *устар.* — «место хранения, склад казенного (в частности, военного) имущества». *Прил.* депо́вский, -ая, -ое. *Сущ.* депо́вец. Укр., болг. депо́; с.-хорв. де̏по̄, род. депо̀а; блр. дэпо́. Ср. чеш. depo(t) (только как ж.-д. термин). Но ср. польск. parowozownia — «паровозное депо», wagonownia — «вагонное депо». В русском языке это слово стало известно (как во французской, так и в немецкой форме), сначала как военный термин, в 90-х гг. XVIII в.: «будут собираться в *депо* первого нумера» (речь идет о сборном пункте войсковых частей у складов) [Суворов, IV, № 168, 1799 г., 138]; ср. «*депотный* пост» (ib., III, № 144, 1792 г., 158). В словарях в форме *депо* отм. с 1803 г. (Яновский, I, 682). Встр. у Пушкина в заметках на полях стих. Батюшкова «К другу» (до 1803 г.): «Клио, как *депо*, не склоняется» (ПСС, XII, 267). ▫ Первоисточник — франц. dépôt — «склад», «депо». Ср. отсюда: нем. Depot; англ. depot; но ит., исп. depósito.

ДЕПУТА́Т, -а, *м.* — 1) «выборный представитель, член выборного государственного учреждения»; 2) «лицо, уполномоченное тем или иным коллективом выполнять поручение, имеющее общественное значение», «член депутации», «делегат». *Женск.* депута́тка. *Прил.* депута́тский, -ая, -ое. Сюда же депута́ция. Укр. депута́т, депута́тка, депута́тський, -а, -е, депута́ція; блр. дэпута́т, дэпута́тка, дэпута́цкі, -ая, -ае, дэпута́цыя; болг. депута́т, депута́тка, депута́тски, -а, -о, депута́ция; с.-хорв. дѐпута̄т (чаще по̀сла̄ник), депута́ција; чеш. deputovaný — «депутат», deputace — «депутация», deputant — «член депутации» (ср. poslanec — «депутат»); польск. deputowany, устар. deputat, deputacja. В русском языке слово *депутат* известно с конца XVII— начала XVIII в. Кроме известных данных у Христиани (Christiani, 26, 1697 г.) и Смирнова (102), отметим еще в «Архиве» Куракина (I, 307, 1706 г.): «два оные министра учинены как бы *депутаты* военные» (знач.: «доверенное лицо, представляющее интересы государя, правительства»). С Петровского времени известно также слово *депутация* (Смирнов, 102). Позже появляется прил. *депутатский* (САР¹, II, 1790 г., 590). ▫ Из западноевроп. языков. Ср. франц. député;

англ. deputy; нем. Deputíerte и др. Рус. *депутат* по форме ближе к ит. deputato; исп. diputado. Первоисточник — латин. deputatus, прич. прош. вр. от dēputō — «считаю за», «назначаю», «посвящаю».

ДЁРГАТЬ, дёргаю — «тянуть, тащить к себе рывками, отрывистыми движениями». *Дёргать лен* — «отбирать стебли льна для пряжи». *Возвр. ф.* дёргаться. *Сов., однокр.* дёрнуть(ся). *Сущ.* дерга́ч — «коростель», дергу́н. Сюда же (с приставкой) су́дор(о)га. Укр. обл. (из русского?) дёргати «дёргать» [Гринченко, I, 368; обычно сми́кати, ша́рпати, сі́пати, то́ргати (=блр. то́ргаць)]. Ср. еще укр. дерга́ч — «инструмент для выдергивания гвоздей», су́дорога. В блр. отс. (ср., в частности, драч — «дергач», су́тарга — «судорога»). Но болг. дръ́гна — «сильно чешу», «дергаю лен»; словен. drgati, drgniti — «растирать», «протирать»; чеш. drhati, drhnouti — «тереть», «теребить», «чистить», «мыть щеткой», «чесать лен»; польск. dziergać — «вязать», «плести кружево», «чесать лен». Ср. в том же знач.: с.-хорв. ци́мати, ву́ћи; чеш. tahati, škubati; польск. szargać, targać и др. Др.-рус. книжн. (< ст.-сл.) дрьгати — «дергать», «терзать», «рвать», дрьгнути — «терзать», «резать» (?) [Срезневский, I, 773; ссылка ССРЛЯ (III, 710) на дьргати у Срезневского лишена смысла, так как там нет примеров на эту форму]. В знач. «дергать» в Древней Руси, по-видимому, употр. глаг. търгати (Срезневский, III, 1051). Ср. еще в XVII в. в «Житии» Аввакума (Автограф, 202 об.): «под бока толкают и за чепь *торгают*». Ср. рус. диал. торга́ть, то́ргнуть (Даль, IV, 382), где корень тот же, что в слове *восторг*. В словарях *дергать* отм. с 1731 г. (Вейсман, 777). ▫ О.-с. *dьrgati, *dьrgnǫti > *dьrnǫti — «двигать», «трогать». Ср. лит. dìrginti — «раздражать», «приводить в действие какой-н. механизм, напр., взводить курок» (Fraenkel, 96); нем. (< ср.-в.-нем.) zergen — «дразнить», «раздражать», «сердить»; также ср.-н.-нем. tergen, голл. tergen, норв. (диал.) terge — «дразнить», швед. диал. targa — «рвать (зубами)», «кромсать» (Falk — Torp², II, 1254). И.-е. база *der(e)gh-: drgh- (Pokorny, I, 210). См. еще *драть, дерн, держать*.

ДЕРЕ́ВНЯ, -и, *ж.* — «поселок, населенный пункт за чертой города, с населением, занимающимся гл. обр. сельским хозяйством». *Прил.* дереве́нский, -ая, -ое. Ср. в говорах: дере́вня — арханг., волог. «поле», «пустошь», «пашня» (Даль, I, 382); арханг. дере́вня — «пахотное поле», отсюда дереве́нщина — «невеста, получающая в приданое пахотное поле» (Подвысоцкий, 37). Только русское. В других слав. яз. это знач. выражается словами, соответствующими рус. *село* и ц.-сл. *весь* (ср. выражение *гра́ды и ве́си*). Ср. болг. сѐло; с.-хорв. сѐло; словен. vas; чеш. vesnice; польск. wieś; в.-луж. wjes; н.-луж. wjas. Др.-рус. дере́вня — тж. (Срезневский, I, 653—654; Кочин, 92—95). Старший случай (Пов. вр. л. под 6604 г.) считается сомнительным (возможно —

результат порчи текста). Бесспорные примеры начинаются с XIV в. Слово это имело также знач. «земля, годная под пашню», «пашня». Это значение, не представленное ранними памятниками, сохраняется, как было отмечено Потебней (РФВ, V, 127), в «Домострое» по сп. ОИДР: «торгом себя питает... или *деревню п а ш е т*». (Забелин, 59). Ср. также в заемной грамоте князя Ф. Ухтомского 1550 г.: «а те *деревни* князь Данилу за росты (т. е. п р о ц е н т ы — П. Ч.) пахати» (Срезневский, II, 891). ▫ Старшая форма *деревьна* < о.-с. *dervьna (о чем см. Обнорский, Изв. II отд. АН, XXX, 483). Старшее знач. «участок земли, очищенный от зарослей (в ы т е р е б л е н н ы й) под пашню». Отсюда «пашня» > «нива» > «жилище при пашне» > «населенный пункт» (Потебня, РФВ, V, 127 и др.). Ср. лит. dirvà (< *dr̥u̯ā) — «нива», «пашня», «почва», dirvónas — «залежь»; латыш. druva — «нива». См. *драть*.

ДÉРЕВО, -а, *ср*. — 1) «многолетнее растение с твердым стволом и отходящими от него ветвями, образующими крону»; 2) «древесина», «строительный материал». *Устар. и поэт*. дрéво. *Прил*. деревя́нный, -ая, -ое. Сюда же древéсный, -ая, -ое, деревинá, дрéвко. Укр. дéрево, деревина, деревинá — «древесина», также древеси́на, дерев'я́ний, -а, -е, деревни́й, -á, -é, древéсний, -а, -е; блр. дзéрава, дрóва, дзеравя́ны, -ая, -ае, драўні́на — «древесина», драўня́ны, -ая, -ае — «древесный», дрзу́ка. Ср. болг. дърво́ — «дерево», дъ́рвен, -а, -о — «деревянный», «древесный», дървеси́на (но пръ́т, дръ́жка — «древко»); с.-хорв. др̂во, диал. дре̑во — «дерево», «древесина», др̀вен(и̑), -а, -о — «деревянный», «древесина в 2 знач.» (но strom — «живое дерево», dřevěný, -á, -é — «деревянный», «древесный», dřevovina — «древесина», dřevce — «древко» (копья́) [но žerd' — «древко знамени»]; польск. drzewo — «дерево во 2 знач.», drzewny, -a, -e — «деревянный», «древесный», drewniany, -a, -e — «деревянный», drzewce — «древко»; в.-луж. drjewo — «дерево», «древесина», «лес», drjewjany, -a, -e — «деревянный», drjewizna — «древесина» (ср. drjewko — «деревцо»); н.-луж. drjewo — «дерево» (ср. drjewko — «деревцо»), drjewjany, -a, -e — «деревянный». Др.-рус. (с XI—XII вв.) древо : дрéво, книжн., дерево, деревяный (Срезневский, I, 653, 654, 734). Ст.-сл. дрѣво (SJS, I : 10, 524). В русском слове *древо* с производными — из старославянского. *Прил*. *древесный* отм. Поликарповым (1704 г., 94 об.). *Древесина* — еще более позднее слово, в словарях — с 1841 г. (Плюшар, XVII, 224). ▫ О.-с. *dervo. И.-е. база *deru- : *dŏru- : *dₑru- : *dr(e)u- : *dreu̯ə, *deru : *doru, основа *deru̯-o- (Pokorny, I, 214). Ср. лит. dervà : darvà — «смола» < «смолистое дерево»; латыш. darva — «деготь»; гот. triu — «дерево» < *dreu̯-); англ. tree — тж.; др.-сканд. tjara (< основа *deru̯-ōn-) — «смола», tyrvi — «смолистое (сосновое) дерево»; ср.-н.-нем. tere (> нем. Teer) — «смола»; греч. δόρυ (и.-е. *doru-) [род. ион. (гомер.) δουρός : поэт. δορός (< δορϝός)] — «дерево», «брус», «древко»; др.-ирл. daur, род. daro (*dₑru-) — «дуб» [ср.-вал. (кимр.) derwen; бретон. dervenn (*pl*. dero) — «дуб»]; авест. dā᷍uru (= греч. δόρυ) — «дерево», «ствол», «полено»; перс. дāр — «дерево»; др.-инд. dā́ru — (= греч. δόρυ) — «дерево», «полено», dā́ruḥ — «деревянная ложка»; хетт. taru — «лес». Одно из слов общеиндоевропейского словарного фонда. Старшее знач. и.-е. слова, по-видимому, было «дуб». См. еще *дрова*, а также *здоровый* (корень *-доров-* < о.-с. *dorv-).

ДЕРЖÁВА, -ы, *ж*. — 1) «крупное, могущественное государство»; 2) «владычество», «власть». *Прил*. держáвный, -ая, -ое — «могущественный», «мощный». Укр. держáва — «государство», «держава», держáвний, -а, -е — «государственный»; блр. дзяржáва — «государство», «держава»; болг. държáва — «государство», «держава», държáвен, -вна, -вно; с.-хорв. др̏жава — «государство», «держава», држа̑вни̑, -а̑, -о̑; словен. država, državni, -a, -o (в этих языках — укр., блр., болг., с.-хорв., словен. — нет другого слова для выражения понятия «государство»); чеш. država — «держава», «владение [ср. stát, říše (< др.-в.-нем. rîhhi), нем. Reich) — «государство»]; словац. država — «держава» (чаще mocnost', vel'moc; ср. štát — «государство»); польск. dzierżawa — «аренда», «арендуемое земельное владение», dzierżawny, -a, -e — «арендный» (ср. mocarstwo, państwo — «государство», «держава»). Др.-рус. (с XI в.) държава > держава — «основание», «власть», «сила», «основа», позже (с XII—XIII вв.) «управление», «государство» (Срезневский, I, 773, 774). Ст.-сл. дръжава — тж. (SJS, I, 520). ▫ О.-с. *dьržava, от *dьržati (см. *держать*); суф., вероятно, -av-a (ср. о.-с. *dǫbrava), но, м. б., и -ěv-a < ěv-a. Развитие значения: «основа», «основание» («то, что поддерживает, помогает держать или держаться») > «сила», «могущество». Ср. примеры, приводимые Далем (I, 383) из народной речи: «в этих колесах никакой *державы* не будет», «для *державы* железные полосы в стены заложены», «спасибо за хорошую *державу* в доме» (порядок, поддержание порядка).

ДЕРЖÁТЬ, держу́ — «имея что-л. в руках, что может упасть или быть выдернуто, не выпускать взятого из рук»; «не отпускать от себя»; «не давать двигаться» (< «тянуть к себе»?); также «оставлять», «хранить». *Возвр. ф*. держáться. В говорах (сев.-рус., сиб.) доржáть. *Сущ*. держáтель. Укр. держáти(ся) [чаще тримáти]; блр. дзяржáць (обычно трымáць). Ср. болг. държá (се); с.-хорв. др̏жати (се); словен. držati (se); чеш. držeti (se); словац. držat' (sa); польск. dzierżyć (ст.-польск. dzierżeć), диал. dzierżać; в.-луж. dźerżeć, dźerżićeľ, źarżaś (so); н.-луж. dźerżaś. Др.-рус. (с XI в.) държати(ся) — «держать», «иметь», «соблюдать», държатель (Срезневский, I, 775—776). Ст.-сл. дръжати (сѧ) [SJS, I : 9, 521]. ▫ О.-с. *dьržati. В этимологическом отношении трудное слово. Сопоставления ненадежны. Ср., впрочем, авест. dražaitē — «держит», «имеет при себе» при upa-darźuvainti — «держатся до конца», «выдерживают». Покорный (Pokorny, I, 254) относит к и.-е. корневому гнезду *dher — «держать», «удерживать», к базе *dheregh-. Не исключено, однако, что о.-с. *dьržati — из *dьrgĕti, и корень здесь тот же, что в рус. де́ргать — «тянуть, тащить к себе рывками», а, след., и «удерживать». См. дергать.

ДЕ́РЗКИЙ, -ая, -ое — 1) «вызывающе грубый», «наглый», «неучтивый»; 2) «исключительно смелый». Кр. ф. де́рзок, -зка, -зко. Сюда же от основы дерз- (к де́рзкий в 1 знач.) дерзи́ть, (к дерзкий во 2 знач.) дерза́ть, дерзну́ть. Укр. дерзки́й, -а́, -é — «жесткий», перен. «дерзкий», «смелый», де́рзкість — «смелость», дерза́ти — «дерзать»; блр. дзёрзкі, -ая, -ае, дзёрзкасць. Ср. болг. дъ́рзък, -зка, -зко — «дерзкий» (в обоих знач.)», дъ́рзост — «дерзость», «дерзновение»; с.-хорв. др̏зак, др̏ска, др̏ско : др̀ски, -а̄, -о̄, др̀завит, -а, -о, др̀знути се — «дерзнуть»; словен. drzek, -zka, -zko, drzen, -zna, -zno, drznost, drzniti se; чеш. drzý, -á, -é (ст.-чеш. также drzký) — «наглый», «нахальный», drzost — «наглость», drzoun — «нахал»; словац. drzý, -á, -é — «нахальный»; польск. dziarski, -a, -ie (устар. darski, -a, -ie) — «бодрый», «живой», «энергичный», (о коне) «резвый». Др.-рус. (с XI в.) дьрзый — «отважный», иногда «дерзкий», дьрзати — «быть смелым», дьрати — тж., дьрзнути — «осмелиться», дерзость — «смелость», дьрзновение (Срезневский, I, 777—779). Ст.-сл. дръзын. Форма с суф. -ьк-ъ в ранних памятниках не засвидетельствована. Но ср. у Поликарпова (1704 г.): де́рзский. У Берынды (1627 г., 30) отм. дръзкость — «невстыдливость» [ср. дерзость — «смелость» (29)], след. дерзкий было известно (только ли на Украине?) в 20-х гг. XVII в. Некоторые из производных, как напр. дерзить, относятся к новейшему времени [в словарях — с 1935 г. (Ушаков, I, 694)]. ▫ О.-с. *dьrzъ, -a, -o, *dьrzъjь, -aja, -oje, но едва ли с суф. -ьк-ъ: *dьrzъkъ, -a, -o, *dьrzъkъjь, -aja, -oje. И.-е. база *dhereg'h-(: *dhrg'h-) — «крепко держать», «крепкий», «сильный» (Pokorny, I, 254). Сопоставляют гл. обр. с лит. diržas — «ремень» (как нечто крепкое, твердое, позволяющее удерживать) > «пояс» (< «крепкий пояс»), diržnas — «крепкий», «сильный», diržti — «становиться крепким», «твердеть», (см. Fraenkel, 97); за пределами балто-славянской группы: авест. darzayeiti — «заковывает» (в кандалы), «крепко связывает», derzra- — «крепкий», др.-инд. dŕhyati (d вм. dh при следующем h) — «является крепким, сильным», dŕmhati — «делает крепким, сильным» (см. Mayrhofer, II, 58, 61). Другие сопоставления спорны. Старшее знач. о.-с. *dьrzъ (и пр.), очевидно, было «сильный» > «бравирующий своей силой», отсюда позже «дерзкий». В семантическом отношении ср. франц. hardi — «отважный», «смелый» при ст.-франц. hardir — «быть твердым», «жестким».

ДЕРМАТИ́Н, -а, м. — «заменитель кожи: ткань с нитроцеллюлозным покрытием». Иногда в том же знач. употр. слово дермати́д. Прил. дермати́новый, -ая, -ое. Укр. дермати́н, дермати́новый, -а, -е; блр. дэрмаці́н, дэрмаці́навы, -ая, -ае; болг. дермати́н. Но ср. чеш., польск. dermatoid (при чеш. dermatin, польск. dermatyn — «минерал дерматин»). В знач. «минерал» слово дерматин отм. с 1861 г. (ПСИС, 164), в знач. «заменитель кожи» — с 1926 г. (Вайсблит, 256), позже — Ушаков, I, 1935 г., 694. ▫ Ср. франц. dermatine — «опаловидный минерал, образующий оболочку, похожую на змеиную кожу, на серпентине (змеевике) и известковом шпате»; нем. Dermatin — тж. В знач. «заменитель кожи» в зап.-евр. яз. отс.: нем. Dermatoid; франц. cuir artificiel — «искусственная кожа» и т. п. Т. о., в русском языке (а также в укр., блр., болг.) это заимствованное слово получило новое знач. Первоисточник — греч. δέρμα, n. — «выделанная кожа», «шкура», также «пленка», «скорлупа», δερμάτινος — «кожаный».

ДЁРН, -а, м. — 1) «вырезанный с травой пласт земли»; 2) «верхний слой почвы с травой». Прил. дерно́вый, -ая, -ое, дерни́стый, -ая, -ое. Глаг. дернова́ть, -дёрен; блр. дзёран (: дзірва́н). Ср. словен. drn, drnat, -a, -o; чеш. drn, drnový, -á, -é; польск. darń, darniowy, -a, -e; в.-луж. dorn; н.-луж. derno. В болг., с.-хорв., словац. отс. Др.-рус. (с XI в.) дьрнъ (: дернъ) — «дерн (с травой)»; (с XV в.) «присяга» (см. ниже), дерновый (Срезневский I, 654—655). ▫ О.-с. *dьrnъ (: *dъrnъ?); корень *dьr-, ср. о.-с. *dьrati — «драть»; суф. -n-, как в о.-с. *gъrnъ — «горшок» и т. п. К группе дерн (ср. др.-рус. дернъ — «присяга») относится др.-рус. и сев.-рус. (перм.) бо́дерень : во́дерень — «сполна», «в полную собственность», «навсегда» [-ере- здесь — следствие второго полногласия (одьрнь > одерень)]. Ср. др.-рус. дерноватая (грамота) — название, связанное с обычаем возложения дерна на голову при передаче земли в вечное владение новому владельцу. См. драть.

ДЕРЬМО́, -а́, ср., прост. — «кал», «дрянь». Ср. народное название растения дикая рута (Peganum Harmala) — пе́сье дермо́ (Даль, I, 384). Но в говорах — не только со знач. «помет», «кал». Ср. у Даля (I, 384): дермо́ — «ветошь», «тряпье», «грубая и ветхая одежда», «гуница», «дерь». Ср. дерю́га. Очевидно, знач. «дерюга», «гуня» и было старшим знач. этого слова. В других слав. яз. отс. В русском — сначала как прозвище — известно с начала XVI в.: Иван Дермо Ярцев сын, новг. иконописец, 1509 г. (Тупиков, 127). ▫ Из *дърмо. Корень дър-, тот же, что в рус. драть (< *дърати). Суф. -ьм-о, тот же, что, напр., в письмо.

ДЕСА́НТ, -а, м. — 1) «высадка (в условиях войны) войскового подразделения с моря или с воздуха на территории противника»; 2) «войсковое подразделение, высаженное (во время войны) на территории противника». Прил. деса́нтный, -ая,

-ое, отсюда десáнтник. Укр. десáнт, десáнтний, -а, -е, десáнтник; блр. дэсáнт, дэсáнтны, -ая, -ае, дэсáнтнік; болг. десáнт, десáнтен, -тна, -тно; с.-хорв. дèсант; польск. desant — «десант во 2 знач.», desantowy, -a, -e — «десантный». Но ср. чеш. vysadek — «десант», vysazení (: vylodění) vysadku — «высадка десанта» (ср. польск. wyładowanie desantu — «высадка десанта»). В русском языке слово *десант* употр. с начала XVIII в. Кроме известных данных у Смирнова (102, 1720 г.), ср. еще в «Архиве» Куракина (I, 87, 1723 г.): «о десанте на галерах в Ельсенфорс». ▫ Источник заимствования — франц. descente, *f.* — отглаг. сущ. от descendre — «сходить», «спускаться», «слезать». Старшее знач. «спуск», «схождение», позже «высадка десанта». В современном французском языке в знач. «десант» обыкновенно употр. débarquement (descente — гл. обр. о парашютном десанте). Известно (как заимствование из французского языка) также в некоторых других европейских языках, напр., англ. descent (хотя чаще landing) и др. Но ср. в том же знач. нем. Landung — «десант в 1 знач.»; ср. Landungstruppen — «десантные войска».

ДЕСÉРТ, -а, *м.* — «легкое сладкое блюдо в конце обеда», «фрукты, конфеты и легкое вино, завершающие обед». *Прил.* десéртный, -ая, -ое. Укр. десéрт, десéртний, -а, -е; блр. дэсéрт, дэсéртны, -ая, -ае; болг. десéрт, десéртен, -тна, -тно; с.-хорв. дèсерт, dèсертни, -ā, -ō; чеш. desert, прил. desertní. Ср. польск. deser, deseрowy, -a, -e. В русском языке слово *десерт* употр. с середины XVIII в. Ср. неоднократно в «Записках» Порошина, напр., в записи от 16-Х-1764 г. (72): «подали *десерт*». ▫ Из французского языка. Ср. франц. (с XVI в.) dessert [по происхождению — прич. от desservir — «убирать со стола (кушанья)»]. Отсюда (с 1766 г.) нем. Dessért; англ. dessert и т. д.

ДÉСКАТЬ (при безударности произн. *дискать*, *дскать*), *частица*, *прост.* — употребляется при передаче чужой речи, равнозначно *де* (см.), *мол* (см.). Только русское. В литературном русском языке — с 20-х гг. XIX в. Встр. у Пушкина («Борис Годунов», 1825 г., сцена 18, «Дубровский» и др. — СЯП, I, 636). В словарях — лишь с 1863 г. (Даль, I, 385). ▫ Из *де* < *дъве* < *дѣеть*) и *сказать*. Ср. в разговорном, быстром произношении: *так-скать*, *тъ-скать* (< *так сказать*).

ДЕСНÁ, -ы́, *ж.* — «слизисто-кожная снаружи мышечная оболочка, покрывающая корни зубов». *Прил.* дёсенный, -ая, -ое. Укр. *я́сна*, мн. (в говорах *я́сла*); блр. дзясна́, *ж.* Ср. с.-хорв. *дèсни*, мн. (диал. *дèсли*), мн.; словен. dlesne, мн., чеш. dáseň, *ж.*, dásňový, -á, -é; словац. d'asno, *ср.*, d'asnový, -á, -é; польск. dziąsło (ст.-польск. и диал. dziąsna), dziąsłowy, -a, -e; в.-луж. dźasna, мн. — «десны» (ср. dźasno — «нёбо», dźasnowy, -a, -e — «нёбный» и «десенный»); н.-луж. žěsna, мн. Ср. в том же знач. болг. *венцú*, мн. (*ед.* *венéц*). У Срезневского

отс., хотя слово *десна* было известно в древнерусском языке, причем известно с *я* (< ę) после *д*. Примеры из памятников XIV—XV вв. указаны Соболевским («Лекции», 82). ▫ О.-с. *dęsna (: *dęsno). В русском языке *десна́* из *дясна́*. Этимология несколько спорная, но корень в о.-с. языке, по-видимому, был *dęt- из и.-е. *(e)dont- : *dn̥t- — «зуб», корень *ed- — «есть», «пожирать». Об этой группе см. Pokorny, I, 287—289. Ср. лит. dantìs — «зуб»; др.-прус. dantis — тж., двусложное dantimax — «десна» (где -max ср. с латыш. maksts — «кобура», «футляр», «ножны»); гот. tunþus — «зуб»; с тем же знач.: др.-в.-нем. zan(d) [совр. нем. Zahn]; латин. dens, род. dentis; бретон., вал. (кимр.) dant (ирл. dead); греч. ὀδών, род. ὀδόντος; др.-инд. dán, dántaḥ. О.-с. суф. -sn(a). Любопытное образование — укр. *я́сна*, мн. [диал. *я́сла* — с другим суф. (о.-с. *-sl-o)] без начального *д*. М. б., под влиянием слов с о.-с. корнем *ěd- (укр. їсти, рус. *еда*, *есть*) и одновременно вследствие отталкивания от таких слов, как укр. *правиця* «правая рука» (от о.-с. *desnъ : * desnъjь); ст.-сл. деснꙑи — «правый» и т. п.

ДЕСНИ́ЦА, -ы, *ж.*, *книжн.*, *устар.* — «правая рука». Укр. десни́ця (обычно прави́ця). В блр. отс. В болг. десни́ца — 1) «правая рука»; 2) «правое крыло в парламенте», отсюда десничáр — 1) «правша»; 2) «депутат из правых»; с.-хорв. дèсница (как в болг.), дèсничāр — «правый (депутат)». В зап.-слав. яз. отс. Ср. в том же знач. чеш. pravice. Др.-рус. (с XI в.) и ст.-сл. десница — «правая рука» (Срезневский, I, 655; в др.-рус., возможно, из ст.-сл.). Производное от др.-рус. и ст.-сл. прил. десный — «правый (dexter)». Ср. болг. дéсен, дя́сна, -о -и; с.-хорв. дèсни, -ā, -ō тж.; словен. desen, -sna, -sno — тж. В русском языке сюда относится название реки *Десна́* (этимологически — субст. кр. прил., о происхождении этого названия л е в о г о притока Днепра и л е в о г о же притока Южного Буга см. Шахматов, «Введение», 49). ▫ О.-с. *desnъ, -a, -o, *desnъjь, -aja, -oje. Ср. лит. dẽšinas — «правый (dexter)»; ср. dešiniōji ranká — «десница»; латин. dexter; греч. δεξιός; др.-инд. dákṣiṇaḥ. И.-е. база *dek's- (от корня *dek' — «брать», «поднимать»> «чтить», «оказывать честь»). Подробнее — Pokorny, I, 190.

ДЕСЯТИ́НА, -ы, *ж.* — «старая мера земельных площадей, равная 2400 кв. сажен или 1,0925 гектара». Только вост.-слав. слово: укр. десяти́на; блр. дзесяці́на. В памятниках др.-рус. письменности известно с XI в. (Срезневский, I, 657). ▫ Произв. от *десять* (<о.-с. *desętь) с помощью суф. -ин-а. Старшее знач. «десятая часть». Ср. др.-рус. (новг.) *пяти́на* — «пятая часть». Знач. «(определенная) мера земли» слово *десятина*, как полагают историки, получило вследствие того, что первоначально *десятина* представляла собою квадрат, каждая сторона которого была равна 50 саженям, т. е. д е с я т о й части версты. С этим знач.

ДЕС

слово *десятина* встр. с XIV—XV вв. У Срезневского (I, 657) отм. и более ранние значения: «десятая доля чего-л. (дара, дани, налога и т. п.)», «десятая доля княжеского дохода».

ДЕСЯТЬ, -и́, *колич. числ.* — «число, цифра и количество 10». *Порядк. числ.* деся́тый, -ая, -ое. *Нареч.* деся́тью. *Собир. числ.* деся́теро. *Сущ.* деся́тка, деся́ток. Укр. де́сять, деся́тий, -а, -е, де́сятеро, деся́тка, деся́ток (но «деся́тью» — десять разів по); блр. дзе́сяць, дзеся́ты, -ая, -ае, дзеся́цера, дзеся́тка, дзе́сятак (ср., однако, дзе́сяць у — «деся́тью»); болг. де́сет, десе́ти, -а, -о, десетми́на — «десятеро», десе́тка, десети́ца, десето́рка — «десяток», «десятка» (ср. де́сет пе́ти — «деся́тью»); с.-хорв. де́сет, десѐти, -а̄, -о̄, де̏сеторо : де̏сеторо, де̏сетка : десета̄к; словен. deset, deseti, -a, -e, desetero, desetak, desetica; чеш. deset, desátý, -á, -é, desatero, desaterý, -á, -é, desítka, desátek — «десяток»; словац. desat', desiaty, -a, -e; desatoro, desiatka — «десятка», ср. desiatok — «десятина (церковный налог)»; польск. dziesięć, dziesiąty, -a, -e, dziesięcioro, dziesiątka, dziesiątek; в.-луж. dźesać, dźesaty, -a, -e, dźesatory, -a, -e — «десятеро», dźesatk — «десяток», «десятая часть (церк. налог)»; н.-луж. źaseś — «десять». Др.-рус. (с XI в.) десять, деся́тый, десятъ, (с XII в.) десятеро (: десяторо), десятеры, десятъкъ, десятью (Срезневский, I, 656—661). Ст.-сл. дєсѧть, дєсѧтꙑⷩ, дєсѧтъ. — О.-с. *desętь (: *dьsętь — в сложениях: *jedьnъ na dьsęte и т. д.). И.-е. *dek'm̥(-t), порядк. числ. *dek'm̥-t-os (: *dek'em-os). К и.-е. *dek'mt- восходят: лит. dẽšimt(s): dešimtìs — «десять» (ср. dešìmtas — «десятый»); латыш. desmit (: simt) — «десять»; ср. desmits — «десяток»; др.-прус. dessĩmpts; гот. taíhunda — «десятый»; др.-сканд. tíund — «десять десятков» [ср. совр. исл. tíund — «десятина (налог)»; ср.-др.-сканд. и исл. tíu — «десять»]; греч. δέκατος — «десятый»; алб. dhjetë — «десяток»; др.-инд. daśát, daśatíḥ, f. — «десяток». К и.-е. *dek'm̥- восходят: гот. taíhun — «десять»; также др.-в.-нем. zehan; латин. decem; греч. δέκα; др.-ирл. deich и; др.-инд. dáśa (совр. хинди дас; бенг. дош). Подробнее см. Pokorny, I, 191—192.

ДЕТА́ЛЬ, -и, *ж.* — «мелкая составная часть чего-л. (напр., машины)»; «подробность», «частность». *Прил.* дета́льный, -ая, -ое. *Глаг.* детализи́ровать. Укр. дета́ль, дета́льний, -а, -е, деталізува́ти; блр. дэта́ль, дэталёвы, -ая, -ае, дэталізава́ць; болг. дета́йл, дета́йлен, -лна, -лно, детализи́рам — «детализирую»; с.-хорв. дѐтал, дѐтаљан, -љна, -љно: дѐта̄љнӣ, -а̄, -о̄, дѐталисати; чеш. detail, прил. detailní, detailovati; польск. detal (чаще szczegół). В русском языке слово *деталь* известно с середины XIX в. Ср. у Герцена в письме Кетчеру от 27-IV-1844 г. из Москвы: «*детали* предоставляю Галахову» (речь идет о чествовании Грановского). В словарях — с 1861 г. (ПСИС, 165; здесь же *детальный*); детализи-

ДЕТ

ровать, *детализация* — с 1935 г. (Ушаков, I, 698). ▫ Слово французское. Ср. франц. detail — тж. и «мелочь», «розничная, мелочная торговля»; ср. detailler — «разрезать на куски», «продавать в розницу», также «детализировать» (к tailler — «резать», «кроить», «подреза́ть» < нар.-латин. *taliare). Из французского: нем. Detail; англ. detail. Ср. ит. dettáglio; исп. detalle и др. Глаг. *детализировать*, по-видимому, — русское новообразование (хотя, м. б., не без влияния нем. detaillieren — «подробно излагать», «перечислять», откуда отглаг. Detaillierung и Detaillisierung).

ДЕТЕКТИ́В, -а, *м.* — 1) «сыщик», «агент сыскной полиции в капиталистических странах»; 2) «литературное произведение или кинофильм на тему о работе сыщиков, о раскрытии преступлений и т. п.». *Прил.* детекти́вный, -ая, -ое. Укр. детекти́в, детекти́вний, -а, -е; блр. дэтэкты́ў, дэтэкты́ўны, -ая, -ае; болг. детекти́в, детекти́вски, -а, -о; с.-хорв. детѐктӣв, детѐктӣвскӣ, -а̄, -о̄; чеш. detektiv, прил. detektivní; польск. detektyw, detektywny, -a, -e. В русском языке *детектив* — сравнительно позднее; в словарях отм. с 1891 г. (Гарбель, III, 1492): *детектив* — «чиновник сыскной полиции». Прил. *детективный* — ещё более, позднее. В словарях отм. с 1926 г. (Вайсблит, 139). ▫ Слово английское. Ср. англ. (с 50-х гг. XIX в.) detective (произн. dítektıv) — «сыщик» и «детективный» [от detect — «раскрывать», «обнаруживать» (< латин. detectum, супин от detegō — «раскрываю», «обнаруживаю»)]. Из английского: франц. (с 1871 г.) détective; нем. (с 1870 г.) Detektív и др.

ДЕ́ТИ, -е́й, *мн.* — 1) «сыновья, дочери по отношению к родителям»; 2) «малолетние, дошкольного или школьного возраста, по отношению к взрослым». *Прил.* де́тский, -ая, -ое; ср. (без)де́тный, -ая, -ое. *Сущ.* де́тство, детвора́. Укр. ді́ти, дитя́чий, -а, -е, дітвора́ (но дити́нство — «детство»); блр. дзе́ці, дзіця́чы, -ая, -ае, дзяці́нь, -ая, -ае, дзетвара́; болг. деца́, собир. (< *dětьca) — «дети», де́тски, -а, -о, де́тство, (от деца́) дечурли́га, собир. — «детвора»; с.-хорв. дѐца (djèca) — «дети», дѐтињӣ (djètinjī), -а̄, -о̄: дјѐчјӣ (djèčjī), -а̄, -ē — «детский», дечу́рлија — «детвора»; словен. deca, собир. (чаще otroci, *мн.*) — «дети», dečji, -a, -e, detinski, -a, -o — «детский»; чеш. děti, *мн.*, dětský, -á, -é, dětství — «детство»; словац. deti, *мн.*, detský, -á, -é, detstvo, detva — «детвора»; польск. dzieci, *мн.*, dziecinny, dziecięcy, -a, -e, dziatwa, dzieciarnia — «детвора»; в.-луж. dźěći, *мн.* (*ед.* dźěćo) — «дети», dźěćowski, -a, -e, dźěćacy, -a, -e — «детский», dźěćina — «детвора»; н.-луж. źěśi, *мн.* (*ед.* źěśe), źěsecy, -a, -e — «детский». Др.-рус. (с XI в.) дѣти (*мн.* от *дѣть), дѣтиный, дѣтьскый > дѣтьскъ : дѣтьский (Срезневский, I, 795, 797, 799). Позднее образование — *детвора*. Даль (I, 1863 г., 389) отм. это слово еще как «южное» (украинское?). ▫ О.-с. *dětь, *мн.* *děti. Корень dě-;

суф. -t-, как в о.-с. *datь (ср. ст.-сл. блдгодать), *nitь, *sъmьrtь и др. И.-е. корень *dhē(i)- (: *dhŏi-) — «доить», «кормить грудью», тот же, что в о.-с. *dojiti, *děva. Ср. лит. dėlė̃ — «пиявка», pirmadėlė̃ — «корова-первотелка», dieni — «беременная», «стельная»; латыш. dēls — «сын», dīle — «теленок-сосунок»; латин. filius (< fēlius, с закономерным f из и.-е. dh в начале слова) — «сын»; др.-инд. dhenúḥ — «дойная корова». См. *доить*.

ДЕТЬ, де́ну — «непреднамеренно поместить (положить) что-л. куда-л. так, что другим трудно догадаться». *Несов*. дева́ть. *Возвр. ф*. де́ться, дева́ться. Префиксальные производные: оде́ть, одева́ть; наде́ть, надева́ть; заде́ть, задева́ть и мн. др. Укр. ді́ти(ся), поді́ти(ся) [и с другими приставками], діва́ти, подіва́ти; блр. дзець, дзецца, дзява́ць, дзява́цца (и с приставками); болг. дя́на (се) — «дену(сь)», дя́вам (се) — «деваю(сь)» (и с приставками, как и в других слав. яз.); с.-хорв. дѐти (се), дѐну (се) 1 ед. дѐнём (se) (djèti, djènuti), дѐвати (se), 1 ед. дѐвам (dijèvati и т. д.). Ср. словен. dêti (se), 1 ед. dêm, devati (se), 1 ед. devam; чеш. díti (ст.-чеш. dieti), 1 ед. dějí, обычно возвр. díti se — «делаться», «происходить», «твориться», «становиться»; словац. diat' sa, 1 ед. dejú sa — тж., но dievat' (sa) — «девать(ся)»; польск. dziać się, 1 ед. dzieję — «делаться» и пр. (как в чеш.); в.-луж. dźěć, 1 ед. dźěju — «делать»; н.-луж. źaś — тж. Др.-рус. (с XIII в.) дѣ́ти, 1 ед. дѣ́жу (< *dědjǫ с неполным удвоением корня) — «деть» [напр., в I Новг. л. по Синод. сп. под 6712 г.: «невѣдомо, камо ю (тряпезу — «жертвенник») дѣша»], также «поместить», «делать» (=дѣяти) [Срезневский, I, 794]. Ст.-сл. дѣти, 1 ед. деждѫ. ▫ Основа наст. вр. с -н- (напр., рус. *дену* < *дѣну*) — новообразование [ср. арм. dnem (< *dinem; и.-е. основа *dhē-no) — «ставлю»], чуждое старославянскому и западнославянским языкам. Глаг. дѣ́ти, 1 ед. дѣ́жу был вариантом глаг. дѣ́яти, 1 ед. дѣ́ю (ст.-сл. дѣ́ѩти, 1 ед. дѣ́ѭ) — «делать», «трогать», «говорить». Ср. ст.-сл. сѣти при сѣѩти и др. За новым глаг. закрепилось знач. «поместить», «положить». Ср. лит. dė́ti, 1 ед. dedù — «деть», «положить», «поместить», dė́tis — «деться»; латыш. dēt, 1 ед. dēju — «класть яйца», dēties — «деться». Ср. с удвоением основы наст. вр. также греч. τί-θη-μι — «кладу», «ставлю» (также «хороню»); др.-инд. dádhāti — «кладет», «помещает», «ставит». И.-е. корень *dhē-. См. *делать*.

ДЕФЕ́КТ, -а, *м*. — «недостаток», «недочет», «изъян», «порча». *Прил*. дефе́ктный, -ая, -ое, дефекти́вный, -ая, -ое. Укр. дефе́кт, дефе́ктний, -а, -е, дефекти́вний, -а, -е; блр. дэфе́кт, дэфе́ктны, -ая, -ае, дэфекты́ўны, -ая, -ае; болг. дефе́кт, дефе́ктен, -тна, -тно, дефекти́вен, -вна, -вно; с.-хорв. дѐфекат: дѐфект, дѐфектан, -тна, -тно: дѐфектнӣ, -а̄, -о̄, дѐфектӣван, -вна, -вно: дѐфектӣвнӣ, -а̄, -о̄; чеш. defekt, прил. defektní, defektivní; польск. defekt, defektowy, -a, -e, defektowny, -a, -e. В русском языке слово *дефект* известно с XVIII в. (Смирнов, 103, со ссылкой на «Кн. Устав морск.». 1720 г., переведенную с голландского языка). Позже встр. в «Записках» Порошина, в записи в от 8-X-1765 г.: «слабости такие более от натурального *дефекту* происходят». Отм. Кургановым («Письмовник», 1777 г., 430). Прил. — гораздо более поздние слова. В словарях *дефектный* отм. с 1847 г. (СЦСРЯ, I, 322), *дефективный*, если оставить в стороне значение, — с 1837 г. (Ренофанц, 78), с совр. знач. — лишь с 900-х гг. ▫ Вероятно, из голландского языка, но *дефективный*, м. б., и из французского. Ср. голл. defekt; нем. (с XVII в.) Defékt, прил. defékt — «дефектный», позже (из франц.) defektív; англ. defect, (из франц.) defective [но ср. франц. défaut — «дефект», (с середины XVIII в.) défectif, -ve]. Первоисточник — латин. defectus, причастная форма от deficiō, супин defectum — «отпадаю», «оказываюсь недостаточным», «недостаю», «не хватаю».

ДЕФИЦИ́Т, -а, *м*. — «недостача», «нехватка»; «убыток». *Прил*. дефици́тный, -ая, -ое. Укр. дефіци́т, дефіци́тний, -а, -е; блр. дэфіцы́т, дэфіцы́тны, -ая, -ае; болг. дефици́т, дефици́тен, -тна, -тно; с.-хорв. дѐфицит; чеш. deficit, прил. deficitní; польск. deficyt, deficytowy, -a, -e. В русском языке слово *дефицит* известно с 30-х гг. XIX в. (Ренофанц, 1837 г., 79; Плюшар, XVI, 1839 г., 220; позже — ПСИС 1861 г., 165). Прил. — более позднее, в словарях впервые — Ушаков, I, 1935 г., 701. ▫ Слово французское (с XVI в.) déficit, восходит к латин. déficit — «недостает», «не хватает» (3 ед. наст. вр. от глаг. deficiō — «отпадаю», «оказываюсь недостаточным»). В совр. знач. и как сущ. слово déficit употр. с 70-х гг. XVIII в. Из французского: англ. deficit; нем. Défizit.

ДЕШЁВЫЙ, -ая, -ое — «недорого стоящий»; *перен*. «небольшой, невысокой ценности». *Сущ*. дешёвка, дешеви́зна. *Глаг*. дешеве́ть, дешеви́ть. Старое ударение едва ли было на первом слоге, как теперь в форме *нареч*. дёшево (ср. уже у Поликарпова, 1704 г., 86: *дёшево*, но *дешо́вый*). Укр. деше́вий, -а, -е, дешевина́ — дешевка, деше́вшати — «дешеветь», дешеви́ти. В блр. и в других слав. яз. отс. Ср. в том же знач.: блр. та́нны, -ая, -ае, та́ннасць, танне́ць; польск. tani, -ia, -ie — тж., tanio; ср. болг. е́втин, -а, -о (< греч. εὔθηνος — тж.); с.-хорв. јѐвтинӣ, -а̄, -о̄; чеш. levný, -á, -é, laciný, -á, -é. Др.-рус. (с XIII—XIV в.) дешевый (Срезневский, I, 661). Позже встр. в «Хожении» Аф. Никитина (по Троицк. сп., л. 374): «перец да краска — то *дешево*». ▫ Образовано от глагольной основы *деш*- < *des-j*-. В этимологическом отношении неясное слово. Пожалуй, испытание временем выдержало предположение, впервые высказанное Желтовым (ФЗ, 1876 г., в. 6, с. 57—58), что *дешевый* в этимологическом отношении связано с совр. с.-хорв. дѐсити — «случайно встретить», «застать», дѐсити се — «очутиться», «найтись», «встретиться», дешáвити се — «случаться». Глаг. десити — «находить», деситися — «сходиться» был известен и в древнерусском языке, но гл. обр. книжном (Срезневский, I, 655). Ср. (с вокализмом о) др.-рус. досити — «найти», доситися — «быть найденным» (ib, 709—710). Ст.-сл. дєсити, 1 ед. дєшѫ — «найти», доснти — тж. (SJS, 1 : 9, 475, 512). Развитие знач. русского слова: «случайно обнаруженный», «найденный» > «даровой» > «дешевый». И.-е. корень *dĕs- (Pokorny, I, 217, который, однако, о рус. дешевый не упоминает). В неславянских и.-е. языках соответствующих слов мало, и они не бесспорны. Ср. алб. ndesh — «встречать», ndeshem — «натыкаться на что-л.», «встречаться» (если это слово не заимствовано из с.-хорв. языка); греч. δήω (< *dēsō) — «найду», «встречу».

ДЕЯ́ТЕЛЬ, -я, м. — «человек, выделяющийся активной работой, проявивший себя на том или ином культурно-общественном поприще». Женск. дея́тельница. Прил. дея́тельный, -ая, -ое, отсюда дея́тельность. Только русское. В других слав. яз. ср. в том же знач.: укр. дія́ч, дія́чка, дія́льний, -а, -е; блр. дзея́ч, дзея́ячка, дзе́йны, -ая, -ае; болг. дее́ц (дея́тел — из русского); с.-хорв. ра́дник, чеш. činitel, činitelka, činný, -á, -é, pracovník, pracovnice, pracovitý, -á, -é, также funkcionář и др.; польск. działacz, czynny, -а, -е. В совр. знач. слово деятель вошло в русский литературный язык примерно во 2-й четверти XIX в. Ср. свидетельство Грота (ФР⁴, 17): «это слово при появлении своем в 30-х годах было встречено враждебно большею частью пишущих». О новом значении этого слова — там же (186) в статье 1868 г. В смысле же «работник», «производитель», как синоним слова делатель (от делать), оно было известно и ранее, в XVIII в. В словарях (в знач. «делатель») отм. с 1790 г. (САР¹, II, 888). Прил. дея́тельный (и произв. от него дея́тельность) появилось и семантически развивалось параллельно с деятель [в словарях с 1790 г. (САР¹, II, 888)]. ▫ Позднее новообразование от др.-рус. (с XI в.) и ст.-сл. (и вообще книжного ц.-слав.) дѣ́ѧти — «делать», «говорить». Ср., впрочем, в широком употр. в говорах: деять, чаще деяться, на севере также ди́ять(ся) [Даль, I, 455; арханг. — Подвысоцкий, 41; пошех.-волод. — Копорский, 107; зап.-сиб. — Палагина, I, 122; вост.-сиб. — авторск.]; также яросл. дея́ться — «делаться» (Волоцкий, 31) и др. Этимологические данные см. под делать, деть и де.

ДЖАЗ, -а, м. — «шумовой оркестр с преобладанием ударных и духовых (саксофон и др.) муз. инструментов, иногда с участием голоса (голосов)»; «род танцевальной музыки, предназначающейся для такого оркестра». Прил. джа́зовый, -ая, -ое. Укр. джаз, джа́зовий, -а, -е; блр. джаз, джа́завы, -ая, -ае; болг. джаз, джа́зов, -а, -о;

с.-хорв. џез; чеш. jazz (: džez), jazzový, -á, -é; польск. jazz (: džaz), jazzowy, -а, -е. В русском языке это слово (сначала в форме джаз-банд) с производными появилось в 20-х гг. XX в. Ср. в статье Горького «О музыке толстых» (Правда, 1928 г., № 90): «это эволюция... от Моцарта и Бетховена к джаз-банду негров» (СС, XXIV, 355). В словарях — с 1926 г. (Вайсблит, 670). ▫ Один из американизмов в западноевроп. языках и русском: jazz-band (произн. 'dʒæz 'bænd). Происхождение (в английском языке США) слова jazz (band значит «оркестр», также «банда») не вполне ясно. Полагают, что оно негритянского происхождения, завезенное в США из Западной Африки, как и похожее на него слово juke — «дешевый ресторан», «кабачок» или «дансинг, где танцуют под патефон». По мнению других авторов, слово jazz — порождение креольского жаргона южных штатов (гл. обр. Нового Орлеана) первых десятилетий XX в. (см. Partridge³, 318). Из английского языка: франц. (с 1918 г.) jazz; нем. Jazz(band) и др.

ДЖЕМ, -а, м. — «род очень густой, желеобразной массы из фруктов или ягод с небольшим количеством сахара». Укр. джем; блр. джэм; с.-хорв. џем; чеш. džem (: jam); польск. dżem. В словарях — с 1940 г. (Ушаков, IV, Доп., 1492). ▫ В русском — из западноевропейских языков. Ср. англ. jam (произн. dʒæm), от to jam — «давить», «сжимать», «втискивать». Из английского — нем. Jam (произн. dʒæm) — тж.

ДЖЕ́МПЕР, -а, м. — «теплая вязаная фуфайка (кофта) с рукавами, без воротника, с острым вырезом на груди». Укр. дже́мпер; блр. дже́мпер; болг. дже́мпер; с.-хорв. џемпер; польск. dżemper. Ср. чеш. jumper (произн. dżempr) -а. В других слав. яз. необычно или отс. В русском языке джемпер — сравнительно недавнее заимствование, хотя в 90-х гг. было уже широко употребительным. В словарях — Кузьминский и др., 1933 г., 366; далее — Ушаков, I, 1935 г., 703. ▫ Ср. англ. jumper (произн. 'dʒʌmpə) — «матросская парусиновая блуза», «кофта» > «джемпер»; отсюда: франц. jumper; нем. Jumper. В английском языке это слово — произв. от jump, которое восходит к jup > juppe > франц. jupe — «юбка» < араб. gubba — «длинная (мужская и женская) одежда» (см. юбка).

ДЖЕНТЛЬМЕ́Н, -а, м. — (по понятиям буржуазно-аристократического общества) «порядочный и благовоспитанный мужчина». Прил. джентльме́нский, -ая, -ое, отсюда джентльме́нство. Укр. джентльме́н, джентльме́нський, -а, -е; блр. джэнтльме́н, джэнтльме́нскі, -ая, -ае; болг. джентлеме́н, джентлеме́нски, -а, -о; с.-хорв. џе́нтлмен, џе́нтлменски, -а, -о; чеш. gentleman (: džentlmen), gentlemanský, -á, -é (: džentlmenský, -á, -é); польск. dżentelmen, dżentelmeński, -a, -ie, dżentelmeństwo. В русском литературном языке слово джентльмен (сначала с неустойчивым произношением: джентельмен) употр. в знач. «английский дворянин» со 2-й четверти XIX в.

ДЖИ

Встр. у Пушкина в статье «Опыт отражения... обвинений», 1830 г.: «с учтивым *джентельменом*» (ПСС, XI, 168; см. также СЯП, I, 641). У него же *джентельменство* в знач. «английское дворянство» в «Путешествии из Москвы в Петербург», конец 1833—начало 1834 г. (ПСС, XI, 233). В словарях — Плюшар. XVI, 1839 г., 394. В своем историческом значении это англ. слово (в соответствующем контексте) встр. уже в «Космографии» Б. Лыкова (1637 г., 60 об.): «шляхта, сииречь дети боярские, которых тамошним языком (т.-е. по-английски) называют *гентилмен*» (Глускина, 213). ▫ Из английского языка. Ср. англ. gentleman (произн. ′dʒentlmən), сложное — из ср.-англ. gentilman [от ст.-франц. gentil — «родовитый», «благовоспитанный», «добропорядочный» и т. п. (ср. франц. gentilhomme — «дворянин» < латин. gentīlis — «соплеменник», «сородич») и англ. man — «человек», «мужчина»]. Из английского: франц. gentleman; нем. Gentleman — тж.

ДЖИГИ́Т, -а, *м.* — на Кавказе, в Средней Азии — «лихой искусный наездник, воин». *Глаг.* **джигитова́ть**, отсюда **джигито́вка**. Укр. джигі́т, джигітува́ти; блр. джыгі́т, джыгітава́ць. В других слав. (напр., болг. джиги́т; польск. dżygit) и западноевроп. яз. (напр., франц. djiguite; нем. Dshigit; ит. gighit и др.) — лишь как русизм. В русском языке слово *джигит* встр. в стих. Пушкина «Стамбул гяуры нынче славят», 1830 г.: «*Джигиты* наши в бой летят» (ПСС, III, 248). В словарях — с 1863 г. (Даль, I, 386; там же *джигитовать, джигитовка*). ▫ Заимствовано, как полагают (см., напр., Lokotsch, § 2216), из тюркских языков. Ср. казах. жігіт — «парень», «юноша», «молодец», «джигит»; кирг., каракалп., уйг. жигит; туркм. җигит — тж. Но чаще это слово употр. без начального ж. Ср. каз.-тат., башк. егет — тж.; туркм., узб. йигит — тж.; турец. yiğit — тж. Ср. также (еще в ряде языков) Радлов, III: 1, 510: јігіt : іgіt — «юноша», «молодой человек», «молодец». Следует учитывать, что слово *джигит* в некоторых тюркских языках Советского Союза может быть обратным заимствованием из русского языка. Ср. напр., алт., ног. джигит — «джигит»; но алт. јиит үүл — «юноша»; ног. йигит — «молодец», «герой», «храбрец». Только в форме **йиги́т** (jigit) это слово со знач. «юноша» отм. в памятниках древней тюркской письменности: Боровков, 153; Малов, 388; Gabain, 354; ДТС, 260. Форма с начальным җ, по-видимому, — более поздняя. Русское дж вм. ж в начале этого слова, если оно не из алтайского или ногайского языков, непонятно.

ДЖО́НКА, -и, *ж.* — «(китайская) парусная плоскодонная лодка». Укр., блр., болг. джо́нка; чеш. džonka : džunka; польск. dżonka. С начальным ж впервые отм. Шишков, МС, 1795 г., III, 12: *жонки* или *юнки* — «имя китайских судов», со ссылкой на англ. junks, *pl.* (I, 12); несколько позже — Яновский, I, 1803 г., 781: *жонки* — «название легких плоскодон. судов в Китае и в Индии». С начальным *дж* встр. у Гончарова в путевых очерках «Фрегат „Паллада"», т. I, гл. VI, запись от 27-V-1853 г. (отд. издание — 1858 г.): «на рейде мы осмотрели китайскую *джонку*» (СС, II, 273). В словарях иностранных слов — Михельсон 1865 г., 195, 226: *джонка, жонка* — «китайские суда, на которых туземцы живут». ▫ В русском — из западноевропейских языков. Ср. англ. junk (произн. dʒʌŋk); франц. jonque; нем. Dschonke : Dschunke; ит. giunca и т. д. В Европу это название было занесено португальцами (ср. порт. junco — «джонка»). Первоисточник — малайск. (a)dżong или яванск. jon (dżong), откуда и в рус. чуань — «судно (вообще)». Т. о., к-(а) в рус. *джонка* не суффиксальное (ср. *банка, будка, шлюпка* и т. п.).

ДЖУ́НГЛИ, -ей, *мн.* — «густо заросшие, болотистые лесные массивы в тропических странах». Укр. джу́нглі; блр. джу́нглі; болг. джу́нгла; с.-хорв. џу́нгла; чеш. džungle; польск. dżungla. В русском языке в словарях — с 1861 г. (ПСИС, 170: *джунгель*). ▫ Из английского языка. Ср. англ. jungle (произн. dʒʌngl) — тж.; отсюда же франц. (с 1830 г.) jungle; нем. Dschungel; ит. giungla; исп. jungla и т. д. В английском — из совр. индийских языков: хинди джа́нгал — «лес»; бенг. джо́нгол — тж. [ср. др.-инд. jangala (где j = *дж*) — «невозделанная почва»]. Слово представляет интерес в том отношении, что является дважды заимствованным. В первый раз оно появилось в «Хожении» Аф. Никитина в форме *женьгѣль* (по Троицк. сп., л. 390), *женгѣлъ* (по сп. Ундольского, л. 316 об.). Здесь оно, м. б., из персидского (ср. перс. джа̄нгал — «лес»).

ДИАБЕ́Т, -а, *м.* — (сахарный) «изнурительная болезнь, характерным признаком которой является ограниченное выделение сахара с мочой и увеличение количества сахара в крови», «сахарная болезнь». *Прил.* **диабети́ческий**, -ая, -ое. Укр. діабе́т, діабети́чний, -а, -е; блр. дыябе́т, дыябети́чны, -ая, -ае; болг. диабе́т, диабети́чен, -чна, -чно; с.-хорв. дијабе̏тес; чеш. diabetes; польск. diabet (обычно cukrzyca). В русском языке это название болезни (*диабетес : диабет*) известно с начала XIX в. (Яновский, I, 1803 г., 722): *диабетес, диабетический*. В форме *диабет* — Плюшар, XVII, 1841 г., 447. Ср. франц. (с XVII в.) diabète, прил. (с 1798 г.) diabétique; нем. Diabétes, прил. diabétisch; англ. diabetes, прил. diabetic и др. Первоисточник — греч. διαβήτης — собств. «ватерпас, отвес у плотников», «определитель уровня, горизонтальности с помощью воды», потом «подъёмник», «сифон», далее — наименование мочеизнурительной болезни, как позже и в средневек. латин. (diabētēs), где это слово из греческого языка.

ДИА́ГНО́З, -а, *м.* — «определение болезни на основании исследования больного». Сюда же **диагно́стика** — «отдел медицины, посвященный изучению способов распозна-

ДИА

вания болезней», **диагности́ческий, -ая, -ое, диагно́ст(ик)**. Укр. діагно́з, діагно́стика, діагности́чний, -а, -е, діагно́ст; блр. дыягно́з, дыягно́стыка, дыягнасты́чны, -ая, -ае, дыягно́ст; болг. диагно́за, *ж.*, диагно́стика, диагности́чен, -чна, -чно, диагности́к; с.-хорв. дија̀гноза, *ж.*, дија̀гностика, дијагно̀стички, -а, -о, дијагно̀стичар; чеш. diagnosa, *ж.*, diagnostika, diagnostiký, -á, -é, diagnostik; польск. diagnoza, *ж.*, diagnostyka, diagnostyczny, -a, -e, diagnosta, *м.* В русском языке слово *диагноз* в словарях отм. с середины XIX в. (ПСИС 1861 г., 172: *диагнозис*; позже — Поганко, 1875 г., 204; *диагноз*). Но слово *диагностика* стало известно значительно раньше [Яновский, I, 1803 г., 722 (со знач. «диагноз»); здесь же *диагностический*]. Позже появилось в словарях слово *диагностик* (Даль, I, 1863 г., 390). ▫ Слово *диагноз* по происхождению греческое. Ср. греч. διάγνωσις — «распознавание», «различение», «средство распознавания», прил. διαγνωστικός. Отсюда позднелатин. diagnosis, diagnosticus, к которым восходят соответствующие слова в западноевроп. языках, причем во франц. (с 1773 г.) diagnostic значит «диагноз», а более позднее diagnose — «диагностика». Отсюда *диагностика* в знач. «диагноз» у Яновского. Более позднее употребление этих слов в русском языке — по образцу других языков. Ср. нем. Diagnóse, Diagnóstik; англ. diagnosis : diagnose, diagnostic и др.

ДИАГОНА́ЛЬ, -и, *ж.* — «прямая, соединяющая вершины противоположных углов -многоугольника». Прил. **диагона́льный, -ая, -ое**. Укр. діагона́ль, діагона́льний, -а, -е; блр. дыягана́ль, дыягана́льны, -ая, -ае; болг. диагона́л, диагона́лен, -лно; с.-хорв. дијагона́ла, *ж.*, ди̏јагона̑лан, -лна, -лно : ди̏јагона̄лни̑, -а̄, -о̄; чеш. diagonála, *ж.*, прил. diagonální; польск. устар. diagonal, *м.* (обычно przekątna), diagonalny, -a, -e. В русском языке слово *диагональ* употр. с начала XVIII в., встр. у Магницкого (1703 г., 159): «дан *диагональ*» (см. Кутина, ФЯН, 61). В словарях — Яновский, I, 1803 г., 723. ▫ Из западноевроп. языков. Ср. франц. (с XIII в.) diagonale > нем. Diagonále; англ. diagonal и др. Во французском из позднелатин. diagōnalis — «диагональная (линия)», восходящего (через классич. латин. diagōnios, -on) к греч. διαγώνιος, -ον — «идущий от одного угла до другого» (: греч. διαγώνιον «диагональный» (ср. греч. διά — «через», «сквозь», γωνία — «угол»).

ДИАЛЕ́КТ, -а, *м.* — «наречие», «местная, областная разновидность языка», «местная речь», «говор»; устар. «язык». Прил. **диале́ктный, диалекта́льный, -ая, -ое**, ср. также *устар.* в том же знач. **диалекти́ческий, -ая, -ое**. Сюда же **диалекти́зм**. Укр. діале́кт, діале́ктний, -а, -е, діалекта́льний, -а, -е, діалекти́зм, блр. дыяле́кт, дыяле́ктны, дыялекта́льны, -ая, -ае, дыялекты́зм; болг. диале́кт, диале́ктен, -тна, -тно, диалекти́зъм; с.-хорв. дија̀лекат : дија̀лект, дѝјалекатски̑, -а̄, -о̄; чеш. dialekt, dialektický, -á, -é (чаще nářeční), dialektismus; польск. dialekt, dialektyczny, dialektalny, -a, -e, dialektyzm. В русском языке слово *диалект* (сначала в знач. «язык») известно с начала XVIII в.: Дамаскин, «Св. Афонская гора», 1701—1703 гг., 14 (Фасмер, ГСЭ, III, 53), несколько позже — в «указе Синоду» от 24-X-1723 г.: «Е. В. указал новопечатную на немецком *диалекте* книгу, именуемую „Лексикон"... купить... для исправления прежнего такова ж Лексикона на славенский *диалект* учиненного превода» (ЗАП I, т. 1, 128—129). Ломоносов употр. это слово уже в совр. знач. («наречие», «говор») в «Мат. к Рос. гр.», 1747—1755 гг. «О *диалектах* российских». (ПСС, VII, 606). Прил. *диалектический* по словарям известно с последних десятилетий XIX в.: Бурдон — Михельсон 1880 г., 296: *диалектический* — «относящийся к диалекту». Вышло из употр. примерно в 30-х гг. XX в. (вследствие семантической диссимиляции с прил. *диалектический* от *диалектика*). Тогда же появилось прил. *диалектальный* [напр., в БСЭ¹, XXII, 1935 г.: «*диалектальное* дробление» (239), «*диалектальные* границы, явления» (236) и т. д.] и почти одновременно соперничающее с ним прил. *диалектный* [ср., напр., Аванесов, 1949 г.: «понимание *диалектного* многообразия» (17), «*диалектные* слова» (19) и т. д.]. В словарях *диалектный* — Ожегов, 1949 г., 152; *диалектальный* — РФС, 1950 г., 151 (*диалектный* здесь отс.). Слово *диалектизм* употр. по крайней мере с 20-х гг. (ср., напр., название статьи Черных «Несколько сибирских *диалектизмов* в „Коньке-Горбунке" Ершова», 1924 г.). ▫ Первоисточник — греч. διάλεκτος — «речь», «беседа», «язык», «наречие», «говор» (произв. от основы λεγ-; ср. λέγω — «говорю», δια- приставка со знач. «разделения», «различения»). Из греческого — латин. dialectos : dialectus. Отсюда в новых западноевроп. языках: франц. dialecte, *m.*, произв. (с конца XIX в.) dialectal, -e, dialectisme > англ. dialect, dialectal; нем. Dialékt, dialéktisch и др. В русском языке *диалект* (особенно в знач. «речь», «язык») — непосредственно из греч., но производные *диалектический* (ср. нем. dialéktisch), *диалектальный* (ср. франц. dialectal) возникли под влиянием соответствующих западноевропейских слов. То же, конечно, относится и к слову *диалектизм*.

ДИАЛЕ́КТИКА, -и, *ж.* — «философское учение о наиболее общих законах движения и развития природы, человеческого общества и мышления, о всеобщей связи и обусловленности явлений». Прил. **диалекти́ческий, -ая, -ое**. Сюда же **диале́ктик**. Укр. діале́ктика, діалекти́чний, -а, -е, діале́ктик; блр. дыяле́ктыка, дыялекты́чны, -ая, -ае, дыяле́ктык; болг. диале́ктика, диалекти́чески, -а, -о, диалекти́к; с.-хорв. дија̀лектика, дијалѐктични̑, -а̄, -о̄, дијалѐктича̑р; чеш. dialektika, dialektický, -á, -é, dialektik; польск. dialektyka, dialektyczny, -a, -e. В русском языке слово *диалектика*, судя по словарям, известно с начала XIX в. (Яновский, I, 1803 г., 726, 727: *диалектика, диалектический, диалектик*). Следует, однако, отметить, что знач. слова *диалектика* в начале XIX в. отличалось от современного: оно понималось как «искусство полемики», «искусство вести спор, вскрывая противоречия в суждениях противника». ▫ Первоисточник — греч. διαλεκτική (подразум. τέχνη) — «диалектика», собств. «диалектическое искусство», «искусство спорить, рассуждать» [ср. διαλεκτικός, -ή, -όν — «искусный в вопросах и ответах», «умеющий доказывать и спорить», «диалектический» (к διαλέγω — «выбираю», «отбираю», «отделяю друг от друга», «различаю»)]. Отсюда — через латин. dialectica, прил. dialecticus — франц. (с XII в.) dialectique — «диалектический», «диалектика»; нем. Dialéktik, прил. dialéktisch; англ. dialectics, прил. dialectical (с последующим развитием значений) и др.

ДИАЛЕКТОЛО́ГИЯ, -и, ж. — «раздел языкознания — наука о наречиях и говорах, о местных диалектах и их классификации в пределах одного языка». *Прил.* диалектологи́ческий, -ая, -ое. Сюда же диалекто́лог. Укр. діалектоло́гія, діалектологі́чний, -а, -е, діалекто́лог; блр. дыялекталогія, дыялекталагі́чны, -ая -ае, дыялекто́лаг; болг. диалектоло́гия, диалектологи́чен, -чна, -чно, диалектоло́жки, -а, -о, диалектоло́г; с.-хорв. dијалектоло̀гија, dијалектоло́шки, -ā, -ō, dијалекто̀лог; чеш. dialektologie, dialektologický, -á, -é, dialektolog; польск. dialektologia, dialektologiczny, -a, -e, dialektolog. В русском языке слово *диалектология* вошло в употр. в 60-х гг. XIX в. Ср., напр., в подзаголовке работы казанского слависта Петровского «Образцы живой славянской речи (К исследованию «Материалы для славянской *диалектологии*)», 1864 г. В словарях *диалектология* отм. с 1880 г. (Бурдон — Михельсон, 296; здесь же *диалектолог*). Несколько позже — СРЯ¹, т. I, в. 1895 г., 1041; здесь же *диалектологический*. ▫ Ср. франц. (с 1881 г.) dialectologie, dialectologue; нем. Dialektologie, Dialektologe; англ. dialectology, dialectologist и др. Т. о., в русском языке слово *диалектология* (и вслед за этим другие слова данной группы) появилось одновременно с другими европейскими языками по образцу (иногда очень ранних) таких названий научных дисциплин, как *этимология, филология, геология* и т. п. От слова *диалект* — «говор», «наречие» (< греч. διάλεκτος — тж.). Ср. также греч. λόγος — «слово», «речь», «предмет обсуждения», «тема»).

ДИА́МЕТР, -а, м. — «прямая линия, проходящая через центр круга и две точки окружности», «поперечник любого круглого или кажущегося круглым тела». *Прил.* диаметра́льный, -ая, -ое. Укр. діа́метр, діаметра́льний, -а, -е; блр. дыя́метр, дыяметра́льны, -ая, -ае; болг. диаме́тър, диаметра́лен, -лна, -лно; с.-хорв. дѝјаметар, дѝјаметралан, -лна, -лно: дѝјаметралнӣ, -ā, -ō; чеш. diametr, прил. diametrální; польск. diametralny, -a, -e (но «диаметр» — średnica при устар. diametr). В русском языке слово *диаметр* (наряду с синонимичным *поперечник*) известно с начала XVIII в. Напр., в рукописной «Геометрии» 1703 г., 37: «По данному циркула окружению *диаметр* или поперечник изобрести» (Кутина, ФЯН, 63); ср. в печатной «Геометрии» 1708 г., 22: «*Диаметр* есть прямая линеа, еже происходит сквозь центр». Но в начале XVIII в. это слово встр. и в знач. «размер». Ср. в «Архиве» Куракина (I, 193, 1707 г.): «*Диаметер* длины того дому будет сажен 150». Прил. *диаметральный* появилось позже (в словарях впервые отм. у Нордстета, I, 1780 г., 158). ▫ В русском языке *диаметр*, м. б., непосредственно из греч. языка или из латинского. Первоисточник — греч. διάμετρος — «диаметр», «поперечник круга», но также «диагональ». Ср. διά — «через», «сквозь», μετρέω — «мерю», «измеряю», μέτρον — «единица измерения», «мерило», «мера». Из греческого — латин. diametrus, из латинского — франц. (с XIII в.) diamètre, прил. diamétral. Из латин. — нем. Diámeter, (из франц.) diametrál; англ. diameter, diametrical и др. Прил. *диаметральный* из одного из западноевроп. языков, вероятнее всего, из французского.

ДИВА́Н, -а, м. — «род мягкой мебели для сидения и лежания». *Прил.* дива́нный, -ая, -ое. *Сущ.* дива́нщик. Укр. дива́н, дива́нний, -а, -е (но блр. кана́па). Ср. болг. дива́н — «диван» (чаще канапе́); с.-хорв. дѝвāн — тж. (чаще кана̀бе: кана̀пе); чеш. divan. Польск. kanapa, sofa — «диван», но ср. dywan — «ковер», dywanowy, -a, -e — «ковровый». В русском языке с конца XVIII—начала XIX вв. В словарях впервые — у Гейма (I, 1799 г., 278): *диван* — «le Divan, un divan». В толковых словарях отм. с 1847 г. (СЦСРЯ, I, 322). Ср. в стих. В. Л. Пушкина «Рассуждение о жизни, смерти и любви», 1804 г.: «могила не — *диван*», а несколько позже в стих. А. С. Пушкина «Сон», 1816 г. (ПСС, I, 186): «Смотрите: Клит... / Кряхтя ползет с постели на *диван*... / С *дивана* Клит к постеле поползет». ▫ Ср. в западноевроп. языках: франц. (в значении «софа» — с 1742 г.) divan — «софа с подушками вместо спинки»; нем. (с начала XIX в.) Diwan; исп. diván; ит. divano и др. В западноевроп. языках — с Востока. Ср. турец. divan — «государственный совет в султанской Турции», «суд», «трибунал» [ср. kanape — «диван» (< новогреч. χανᾱπές)]. В турецком divan — из арабского, в арабском (в старших знач.) из персидского (dīvān). Развитие значения [«государственный совет» > «суд», «трибунал» > «важное совещание» (ср. с.-хорв. дѝвāн, прост. — «беседа») > «зал заседаний» > «длинный мягкий диван вдоль стены с подушками под спину» (Wehr², 273) > «диван»] произошло на арабской почве. В русском языке, принимая во внимание время заимствования, — из французского.

ДИВИ́ЗИЯ, -и, ж. — «крупное тактическое подразделение в армии, представляющее собою в сухопутных войсках соединение нескольких (обычно четырех) полков». *Прил.* дивизио́нный, -ая, -ое. Укр. диві́зія;

дивізі́йний, -а, -е и **дивізіо́нний**, -а, -е; блр. **дывізія, дывізіённы**, -ая, -ае; болг. **диві́зия, дивизио́нен**, -нна, -нно; с.-хорв. **ди̏визија, диви̏зијскӣ**, -ā, -ō; чеш. divise, прил. divisní; польск. dywizja, dywizyjny, -a, -e. В русском языке слово *дивизия* известно с Петровского времени, когда дивизия состояла из нескольких пехотных бригад. Примеры см. у Смирнова, 104. Кроме того, ср. ПбПВ, VIII: «отрезать *дивизию* Репнина» (№ 2468, 1708 г., 16), «*дивизия* Алартова сюда прибыла» (№ 2470, 1708 г., 17) и т. д., в «Архиве» Куракина (I, 1708 г., 311): «стоял с *дивизиею* фельдмаршал Гольц с кавалериею». Прил. *дивизионный* в словарях — с 1803 г. (Яновский, I, 697). ◻ Ср. франц. division, *f.* — «деление», «дробление», «часть», «отделение», а также (с конца XVIII в.) «дивизия». Из французского: нем. Division; англ. division и др. Первоисточник — латин. dīvīsiō — «деление», «разделение» (к dīvidō — «делю», «разделяю»). Возможно, что в качестве военного термина слово *дивизия* в русском языке появилось (на латинской основе) раньше, чем на Западе, но прил. *дивизионный* несомненно восходит к франц. division.

ДИВИ́ТЬСЯ, дивлю́сь — «приходить в изумление или недоумение по поводу чего-л. необычного или странного», «поражаться чем-л.». *Глаг.* удивля́ть(ся), *сов.* удиви́ть(ся). Сюда же *диво* — «диковина», «чудо», «нечто вызывающее изумление» (ср. *нар.-поэт.* диво дивное), ди́вный, -ая, -ое — «чудесный» > «восхитительный». Укр. дивува́ти(ся); ср. диви́тися — «смотреть»; ди́вний, -а, -е, ди́во; блр. дзіві́ць, дзіві́цца, дзіўля́цца, дзіўны, -ая, -ае, дзі́ва; болг. дивя́ се — «удивляюсь», ди́вен, -вна, -вно — «удивительный»; с.-хорв. ди́вити се — «восторгаться», «восхищаться», ди̏вāн, -вни, -вна: ди̏внӣ, -ā, -ō — «дивный», «великолепный»; словен. diven, -vna, -vno — «удивительный», «великолепный»; чеш. diviti se — «удивляться» (ср. dívati se — «смотреть»), divný, -á, -é — «странный»; словац. divit' sa, divný, -á, -é; ср. также чеш. и словац. div, *м.* — «чудо»; польск. dziwić się, dziwny, -a, -e; ср. dziwo — «чудовище», dziw — «чудо»; в.-луж. dźiwać so — «удивляться» (ср. dźiwać — «обращать внимание», «замечать»), dźiwny, -a, -e — «странный», dźiw — «чудо»; н.-луж. źiwaś se — «удивляться», źiwny, -a, -e — «странный», «удивительный», źiw — «чудо». Др.-рус. (с XI в.) диво : дивъ — «чудо», «диво», «удивление» (< «предмет удивления»?), дивий (в Сл. Дан. Зат.) — «удивительный», но обычно «дикий», дивьнъ, дивьный — «удивительный», дивити, дивьствити, дивитися — «удивляться» (Срезневский, I, 662—664). Ст.-сл. дивѡ, дивьнъ, дивьнын, дивити сѧ. ◻ В этимологическом отношении эта группа слов не считается абсолютно ясной. Особенно спорным является отнесение к этой группе укр. диви́тися — «смотреть», также чеш. dívati se и в.-луж. dźiwać с тем же знач. Не имеется серьезных оснований считать о.-с. *divъ поздним (отглаг.) образованием;

можно, напротив, считать его основным для всей группы. О старшем знач. этого слова свидетельствует сопоставление с лит. diẽvas — «бог»; латыш. dievs — тж.; др.-прус. deiws — тж. В знач. «бог», «божество» у славян это слово было (еще на ранней стадии развития языка) вытеснено словом *bogъ, связывающим им славян с народами иранского происхождения. Тогда о.-с. *divъ [*divo, м. б., более позднее, хотя и очень давнее (общеславянской поры) образование] находится в родственных отношениях с латин. deus (< deos < *deiu̯os) — «бог», прил. dīvus — «богоподобный», «божественный». Ср. в других и.-е. языках: др.-сканд. tívar, *pl.* (< tīwōr < *tīu̯oz < и.-е. *deiu̯ōs) — «боги», Týr (< *Tīvar < о.-г. *teiu̯az) — «бог войны»; др.-ирл. dia — «бог»; авест. daēvō, *т.* — «демон», «чудовище»; перс. див — «дьявол»; др.-инд. dēváh — «бог», «небесный» (ср. хинди дэо — «бог»). И.-е. *déiu̯os — «бог», «небожитель» [Pokorny, I, 185; также Fraenkel, 93—94, который однако (как и Machek, SE, 87), исключает отсюда укр. диви́тися]. Некоторые языковеды (Meillet[2], II, 373) вообще сомневаются в принадлежности о.-с. *divъ к группе и.-е. *deiu̯os. Мейе (уп.) при этом сближает о.-с. *divъ с др.-инд. dhīráḥ — «умный», «мудрый», с чем, по-видимому, не согласен Майрхофер.

ДИЕ́ТА, -ы (устар. написание *диэ́та*), *ж.* — «определенный режим питания, устанавливаемый врачами с целью лечить больного или из профилактических соображений». *Прил.* диети́ческий, -ая, -ое. Сюда же *диете́тика*. Укр. діє́та, дієти́чний, -а, -е, дієте́тика; блр. дые́та, дыэты́чны, -ая, -ае, дыэтэ́тыка; болг. дие́та, диети́чен, -чна, -чно; с.-хорв. дије̑та; чеш. dieta, dietický, -á, -é; польск. dieta, dietetyczny, -a, -e, dietetyka. В русском языке в 30-х гг. XVIII в. уже общеупотребительное. Ср. напр., в переводной итальянской комедии «Старик скупой», 1733 г.: «точно блюду *диету*» (ИКИ, 135). В словарях — с 1731 г. (Вейсман, 133). Надо полагать, не вин. ед. м. р., а род. мн. ж. р., — у Державина в стих. «Кружка», 1780 г.: «Бывало, дольше длился век, / Когда *диет* не наблюдали» (Стих., 307). Однако, и у Пушкина в письме Вульфу от 16-X-1829 г.: «на с т р о г о м д и э т е» (ПСС, XIV, 50). ◻ Из западноевроп. языков. Ср. франц. diète, *f.*; нем. Diät, *f.*; англ. diet; ит. dieta и т. д. Первоисточник — греч. δίαιτα — «образ жизни», «жизнь», «продовольствие».

ДИ́ЗЕЛЬ, -я, *м.* — «двигатель внутреннего сгорания, работающий на тяжелом жидком топливе, воспламеняющемся от сжатия». Сокращенно из *ди́зель-мото́р*. *Прил.* ди́зельный, -ая, -ое. Слово широко распространенное в разных языках, в том числе и в слав. Ср. напр., укр. ди́зель, ди́зельний, -а, -е; блр. ды́зель, ды́зельны, -ая, -ае; болг. ди́зел, ди́зелмото́р; чеш. Dieselův motor, dieselovka, Dieselův, -e; польск. Diesel, silnik Diesla и др. В России это наименование двигателя внутреннего сгорания, появившегося в Германии в самом конце XIX в., известно в специальном употреблении с XX в. В толковых словарях русского языка — Ушаков, I, 1935 г., 708. ▫ Ср. нем. Dieselmotor; франц. moteur Diesel и т. д. Происходит от фамилии изобретателя — немецкого инженера Diesel (1858—1913 гг.).

ДИЗЕНТЕРИ́Я, -и, ж. — «острое инфекционное заболевание, поражающее гл. обр. толстый кишечник», «кровавый понос». *Прил.* дизентери́йный, -ая, -ое. Укр. дизентері́я, дизентері́йний, -а, -е; блр. дызентэ́рыя (: крыва́ўка), дызентэры́йны, -ая, -ае; болг. дизенте́рия, дизенте́риен, -йна, -йно. Ср. также чеш. dysenterie (чаще úplavice); польск. dyzenteria (также czerwonka). В русском языке слово *дизентерия* известно с давнего времени. В словарях отм. с самого начала XVIII в. (Поликарпов, 1704 г., 86 об.: «*дисентéриа* или *бѣгу́нка-недуг*»). ▫ Название этой болезни было придумано древнегреческим врачом Гиппократом (V—IV вв. до н. э.). Греч. δυσεντερία составлено из δυσ- — приставки, отрицающей положительный смысл или усиливающей отрицательный смысл слова, и ἔντερον, *п*., ἔντερα, *pl.* — «кишка», «кишечник», «внутренность». Из греческого языка через латинский (dysenteria) слово перешло во многие новые языки Европы: франц. dysenterie; нем. Dysenteríe; англ. dysentery; ит. dissentería и др. Произношение *з* вм. *с* (как в греческом языке) свидетельствует, вероятно, о немецком посредничестве при освоении этого медицинского термина в новое время.

ДИ́КИЙ, -ая, -ое — (о людях) «находящийся в первобытном состоянии, нецивилизованный», *перен.* «необузданный», «не владеющий собою»; (о животных) «неприрученный», «неодомашненный»; (о растениях) «некультивированный». *Нареч.* ди́ко. *Сущ.* ди́кость, дика́рь, дичь. *Глаг.* дича́ть, дичи́ться. Укр. ди́кий, -а, -е, ди́ко, ди́кість, дику́н «дикарь», дичина́ «дичь», дича́віти «дичать» (но ср. цура́тися «дичиться»); блр. дзі́кі, -ая, -ае, дзі́ка, дзі́касць, дзіку́н, дзічы́на, дзі́чэць, дзі́чыцца; польск. dziki, -a, -ie (о растениях nieuprawny, -a, -e), dzikość, dzikus «дикарь», dziczyzna «дичь», «дикие растения», dziczeć «дичать». В других слав. яз. словам с корнем dik- соответствуют слова с о.-с. корнем *div-: болг. див, -а, -о, ди́вост «дикость»; с.-хорв. ди̑вљӣ, -а̑, -ē, ди́вљина «дикость», ди́вља̄к «дикарь»; чеш. divoký, -á, -é, иногда divý, -á, -é, divost, divoch «дикарь»; в.-луж. dźiwi, -ja, -je, dźiwjość, dźiwjota; н.-луж. źiwy, -a, -e, źiwosć, źiwina «дичь». Др.-рус. (с XII в.) ди́къ, дикый > дикий (производные — более поздние) и дивий, -ья, -ье (Срезневский, I, 665—666 и 662). Ст.-сл. дивии, -ꙗ, -ю. ▫ О.-с. *divъ, -a, -o: *divъjь, -aja, -oje, *divъjь, -a, -e и dikъ, -a, -o, *dikъjь, -aja, -oje. Т. о., это прил. образовывалось и с суф. -v- (как в о.-с. *živъ, -a, -o), и с суф. -k-, который обычно употреблялся с предшествующими гласными (о.-с. *dalekъ, -a, -o, *glbokъ, -a, -o и т. п.). Родственные образования: лит. dỹkas — «праздный», «бесплодный», «пустынный», dỹkti — «избаловываться», «распускаться», dykrà — «пустырь», «пустошь»; латыш. dīks — «пустой», «незанятый на работе», dīkā stāvēt — «бездействовать» (Fraenkel, 95). Но дальнейшие сопоставления спорны. Более всего напрашивается на сравнение греч. δίω — «боюсь», «отгоняю», διώκω — «бросаюсь», «устремляюсь», «гоню», δῑνέω — «кружу», «вращаю», «верчу», также «скитаюсь». И.-е. корень *dī- и его варианты (см. Pokorny, I, 187, который, однако, считает спорным отнесение к этой группе рус. *дикий*).

ДИКТОВА́ТЬ, дикту́ю — «медленно и раздельно произносить что-л., читать какой-л. текст с тем, чтобы слушатель полностью записывал то, что слышит». *Сущ.* дикто́вка. Сюда же дикта́нт — «один из способов обучения грамоте или проверки орфографических навыков, напр. в школе». Укр. диктува́ти, дикто́вка, дикта́нт; блр. дыктава́ць, дыкто́ўка, дыкта́нт; болг. дикту́вам — «диктую», дикто́вка; с.-хорв. дикти́рати, ди̏ктовати, ди̏кта̄т — «диктант» (и «диктат»); чеш. diktovati, diktat; польск. dyktować, dyktando, dyktat. В русском языке *диктовать* в словарях отм. со 2-й пол. XVIII в. (Курганов, «Письмовник», 431), позже — Яновский, I, 1803 г., 703. Слово *диктовка* встр. у Пушкина в статье «Французская академия», 1836 г.: «пока вы писали под *диктовку* публики» (ПСС, XII, 62). Ср. у Л. Н. Толстого в повести «Детство», 1852 г., гл. 5: «тетрадь для писания под *диктовку*». Позже других слов этой группы появилось *диктант*. Встр. у Буслаева: «Писать под *диктант*» («О преподавании отечественного языка», 1844 г., I, 8). В словарях сначала с неясным знач. «действие диктующего» (ПСИС 1861 г., 168; Михельсон 1865 г., 196). С совр. знач. отм. с 1895 г. (СРЯ¹, т. I, в. 1030). Но, конечно, оно вошло в употр. раньше. Ср., напр., в рассказе Чехова «Репетитор», 1884 г.: «После *диктанта* — география» (СС, II, 293). ▫ Ср. со знач. «диктовать»: франц. (с 1680 г.) dicter; нем. diktíeren; англ. dik-tate; ит. dettare и пр.; со знач. «диктант»: франц. dictée; нем. Diktát; англ. dictation; ит. dettato и пр. Первоисточник — латин. dictō (интенсив к dīcō; супин dictatum, основа герундива и герундия dictand-) — «часто говорю», «повторяю», «диктую». В русском языке эта группа слов сложилась, как и на Западе, на латин. основе. Труднее объяснить *диктант* (при польск. dyktando и ст.-чеш. diktando). В русском языке, м. б., позднее образование от прич. наст. вр. dictans (основа dictant-) — «диктующий». Знач. «действие диктующего» вторичное.

ДИЛИЖА́НС, -а, м. — «большая многоместная карета с конной тягой для регулярного пассажирского сообщения между городами». Укр. диліжа́нс; блр. дылі́жанс; болг. дилижа́нс; польск. dyliżans; чеш. diligence (но ср. poštovní dostavník — тж.). В русских словарях отм. с 1803 г. (Яновский, I, 705). В обиходный русский язык оно едва ли могло попасть раньше 1820 г., когда в России начал функционировать первый дилижанс (между Петербургом и Москвой). Но вообще говоря, это слово было известно в России уже в последней четверти XVIII в. Оно встр. в «Письмах рус. пут.» Карамзина, напр., в записи от 2-VIII-1789 г.: «приехал я в Майнц в *дилижансе*, или в почтовой карете» (Избр., I). ▫ Слово французское (хотя родиной этого вида транспорта считается Англия). Сначала говорили carrosse de diligence (ср. carrosse — «карета», потом (с 1680 г.) просто diligence — «скорая карета». Ср. франц. diligence, *f.* — «усердие», «тщательность», «проворство», «поспешность»; ср. diligent — «проворный», «старательный». Первоисточник — латин. dīligentia — «прилежание», «старание», dīligens — «старательный». Из французского языка это слово попало в некоторые другие (ср. нем. Diligence; англ. diligence и пр.), в частности, в русский.

ДИНА́МО, *нескл., ср., устар.* — «(электрический) генератор постоянного тока», «машина, преобразующая механическую энергию в электроэнергию постоянного тока». **Динамо-маши́на** — тж. *Прил.* **дина́мный, -ая, -ое.** Укр. **дина́мо**; блр. **дына́ма**; болг. **дина́мо**; с.-хорв. **ди̏намо**; чеш. dynamo. В русском языке — с конца XIX в. Впервые — Брокгауз—Ефрон, т. X^A, п/т 20, 1893 г., 625: «*Динамо-машина*, или сокр. *динамо*». ▫ Из западноевроп. языков. Ср. франц. (с конца XIX в.) dynamo [< (machine) dynamo-électrique]; англ. (с 1882 г.) dynamo; нем. (с конца XIX в.) Dyn´amo(maschine); ит. dínamo и т. д. Первоисточник — греч. δύναμις — «сила». Ср. (из того же первоисточника): *динамит*, *динамика* и др.

ДИПЛО́М, -а, *м.* — «документ (соответствующим образом оформленный), удостоверяющий факт окончания учебного заведения или получения учёной степени или звания или свидетельствующий о предоставлении какому-л. предприятию, учреждению, частному лицу каких-л. особых прав или награждений». *Прил.* **дипло́мный, -ая, -ое.** Укр. **дипло́м**, **дипло́мний, -а, -е**; блр. **дыпло́м, дыпло́мны, -ая, -ае;** болг. **ди́плома, ж.: ди́плом, ди́пломен, -мна, -мно;** с.-хорв. **дипло̏ма, ж., ди̏пло̑мскӣ, -а̄, -о̄**; чеш. diplom, diplomový, -á, -é; польск. dyplom, dyplomový, -a, -e. В русском языке слово *диплом* известно с Петровской эпохи. Ср.: «*дипломы*, патенты и протчее» в «Ген. регл.», 1720 г., гл. 34 (ЗАП I, т. I, 501). Позже — у Ломоносова в «Регламенте университетском», 1759 г.: «назначить... ранги... и *дипломы*» (ПСС, IX, 539). Отм. в «Письмовнике» Курганова (1777 г., 431). *Прил.* **дипломный** — очень позднее (Ушаков, I, 1935 г., 712). ▫ По происхождению слово греческое. Ср. греч. δίπλωμα, *n.* — «сложенное вдвое (или на двух скрепленных дощечках) письмо, документ, грамота» [к прил. διπλόος — «двойной», «двухсторонний» (ср. ἁπλόος — «простой», «одиночный»), к глаг. διπλόω — «сдваиваю», «складываю вдвое»; ср. διϛ- : δι- — «вдвое», «дважды»]. Из греч. — латин. diplōma — «жалованная грамота императора», «подорожная», «диплом». Отсюда: франц. diplôme, *m.*; нем. Diplóm, *n.*, голл. diplóma, *n.*; англ. diploma и др. В русском языке, по-видимому, из нем. или голл., где они, в свою очередь, французского происхождения.

ДИПЛОМА́Т, -а, *м.* — «служащий министерства иностранных дел или другого подобного учреждения (коллегии, комиссариата), уполномоченный правительством одного государства для ведения постоянных переговоров с другим или другими государствами». *Сущ.* **дипломатия**. *Прил.* **дипломати́ческий, -ая, -ое, дипломати́чный, -ая, -ое.** Сюда же **дипломатика**. Укр. **дипломат, дипломатія, дипломатичний, -а, -е**; блр. **дыплама́т, дыпламатыя, дыплама́тычны, -ая, -ае;** болг. **диплома́т, диплома́ция, дипломати́чески, -а, -о;** с.-хорв. **дипло̀мат : дипло̀мата, *м.*, дипло̀матија: дипло̀мација, дипло̀матскӣ, -а̄, -о̄**; чеш. diplomat, diplomacie, diplomatický, -á, -é; польск. dyplomata, *m.*, dyplomacja, dyplomatyczny, -a, -e. В словарях *дипломатика* и *дипломатический* отм. с 1803 г. (Яновский, I, 708). С 40-х гг. XIX в. вм. *дипломатика* (это слово имело и другое, историко-археографическое значение) стали говорить *дипломатия* (Плюшар, 1839 г., 328). С начала XIX в. употр. и слово *дипломат*, нередко встречающееся (наряду с *дипломатика* и *дипломатический*), напр., в письмах Н. И. Тургенева к брату С. И. Тургеневу: «Некоторые *дипломаты* сего не находят» (от 22-XII-1813 г., № 16, с. 116, см. также № 64, с. 175 и др.). ▫ Заимствовано из французского языка. Ср. франц. (с 1792 г.) diplomate, *m.*, (с 1791 г.) diplomatie; нем. (с начала XIX в.) Diplomát, (с 1813 г.) Diplomatíe; англ. diplomat, diplomacy; ит. diplomático, diplomazía. Происходит от греч. δίπλωμα — «лист, сложенный вдвое (ср. διπλόος — «двойной») > «письменный документ», отсюда латин. diplōma — «письмо», «наказ», «предписание», «мандат», diplōmatus — «лицо, снабженное мандатом».

ДИРЕКТИ́ВА, -ы, *ж.* — «обязательное для исполнения руководящее указание вышестоящего органа». *Прил.* **директи́вный, -ая, -ое.** Укр. **директи́ва, директи́вний, -а, -е;** блр. **дырэкты́ва, дырэкты́ўны, -ая, -ае;** болг. **директи́ва, директи́вен, -вна, -вно;** с.-хорв. **директи́ва;** чеш. прил. direktivní; польск. dyrektywa. В русском языке слово *директива* отм. в словарях с 1905 г. — Битнер, Доп., 949, со знач. «приказание высших начальников войскам», «наставление». В общее употр. с совр. знач. вошло после Октябрьской революции [Селищев, «Яз. рев. эп.» [2], 1928 г., 24, 28, 99 (со ссылками на «Правду» за 1926 г., №№ 65, 86)]. ▫ Слово французское: directive, *f.* — тж., употребляющееся с конца XIX в. (Dauzat [11], 248). Во французском — позднее книжное новообразование на базе прил. direct, -e (< латин. dīrectus, -a, -um —

«прямой», «непосредственный», «откровенный».

ДИРИЖА́БЛЬ, -я, *м.* — «управляемый аэростат (воздухоплавательный аппарат), воздушный корабль (обыкновенно в форме сигары), поддерживаемый подъемной силой газа и снабженный двигателем». Укр. дирижа́бль; блр. дырыжа́бль; болг. дирижа́бл; с.-хорв. **дирижа́бл**. Но в западнославянских языках отс. Ср. в том же знач.: чеш. vzducholod'; польск. sterowiec (: balon sterowy), от ster — «руль», «рычаг управления». В русском языке это слово известно с начала XX в., но употреблялось редко. Встр. в научной, научно-фантастической литературе на русском языке. ▫ Из французского языка. Во франц. яз. dirigeable (сначала — прил. «управляемый»), от diriger — «управлять») как название «управляемого аэростата» появилось в 1851 в.

ДИРИЖЁР, -а, *м.* — «руководитель оркестра или хора, исполняющих музыкальное произведение». *Прил.* дирижёрский, -ая, -ое. *Глаг.* дирижи́ровать. Блр. дырыжжо́р, дырыжёрскі, -ая, -ае, дырыжы́раваць. Ср. в том же знач.: укр. диригéнт; болг. **дириге́нт**; с.-хорв. **диригéнт**; чеш. dirigent; польск. dyrygent (< нем. Dirigént — тж.). В русском языке известно (как и *дирижировать*) с начала XIX в.: Яновский, I, 710 (в знач. «первая скрипка... по такту которого весь оркестр или все музыканты играют»). В XVIII в. и в 1-й пол. XIX в. дирижера в России называли также *капельмейстер* (< нем. Kapellmeister — тж.). ▫ Слово *дирижер* образовано, по-видимому, на русской почве от глаг. *дирижировать* < франц. diriger — «управлять», «направлять», по образцу заимствованных слов на -ёр как *суфлёр* (ср. *суфлировать*), *вояжёр* (ср. *вояжировать*) и т. п. Во франц. яз. такого сущ. нет; ср. в том же знач. франц. chef d'orchestre; ит. direttore d'orchestra и т. д.

ДИСПЕ́ТЧЕР, -а, *м.* — «работник, регулирующий из одного центрального пункта движение транспорта, ход работы предприятия и т. п.». *Прил.* диспе́тчерский, -ая, -ое. Укр. диспе́тчер, диспе́тчерський, -а, -е; блр. дыспе́тчар, дыспе́тчарскі, -ая, -ае; болг. диспе́тчер, диспе́черски, -а, -е; с.-хорв. **диспе́чер**; чеш. dispečer, dispečerský, -á, -é. Но ср. в том же знач. польск. dyspozytor. В русском языке в словарях отм. с 1933 г. (Кузьминский и др., 390). ▫ Слово английское: dispatcher (произн. dıs'pæt∫ə) — «экспедитор», «диспетчер», от dispatch — «посылать», «отправлять по назначению».

ДИ́СПУТ, -а, *м.* — 1) «публичный спор, дискуссия по какому-н. научному, литературному, педагогическому или иным вопросам, представляющим общественный интерес»; 2) «публичная защита диссертации». *Глаг.* диспути́ровать. Укр. ди́спут, диспутува́ти; блр. ды́спут, дыспутава́ць; болг. диспу́т; с.-хорв. дѝспут, disputírati, дѝспутовати; чеш. устар. disput (чаще disputace), disputovati; польск. dysputa, *ж.*, dysputować. В русском языке слово *диспут* известно с начала XVIII в. Ср. в «Архиве» Куракина (VI, 160, 1713 г.): «Вчера в собрании статском довольно *диспута* было». Кроме того, Смирнов, 107 (со ссылкой на «Лексикон вок. новым») и другие источники). Позже — у Курганова в «Письмовнике» (1777 г., 431). Но *диспутировать* — очень позднее слово; в словарях отм. с 1935 г. (Ушаков, I, 716). ▫ В русском — из западноевроп. языков. Ср. франц. (теперь устар.) dispute, *т.* (совр. discussion publique) от disputer — «спорить» < латин. disputāre (ср. также латин. disputātiō — «научная беседа», «рассуждение»); из французского: нем. Dispút; англ. dispute и др.

ДИССЕРТА́ЦИЯ, -и, *ж.* — «научная работа, научное сочинение, исследование, представляемое автором на соискание ученой степени». *Прил.* диссертацио́нный, -ая, -ое. Сюда же диссерта́нт. Укр. дисерта́ція, дисертаці́йний, -а, -е, дисерта́нт; блр. дысерта́цыя, дысертацы́йны, -ая, -ае, дысерта́нт; болг. дисерта́ция, дисертацио́нен, -нна, -нно, дисерта́нт; с.-хорв. дисерта́ција, дисертáтор, дисерта́нт; чеш. disertace, прил. disertační; польск. dysertacja. В русском языке слово *диссертация* известно с 1-й пол. XVIII в. («Палаты СПБ Академии наук», 1743 г., 2); в 50-х годах — в служебных бумагах Ломоносова (№ 33, 1754 г.): «*Диссертация* нынешняя — лучше всех» [ПСС, IX, 59, кроме того, 60 (1756 г.), 330 (1754 г.), 342 (1760 г.) и др.]. Прил. *диссертационный* — гораздо более позднее слово (в широком употр., по-видимому, с 30-х гг. XX в.). В словарях — Ожегов, 1949 г., 156. Напротив, *диссертант* попало в словари еще в дореволюционное время (Ефремов, 1911 г., 139 и др.). ▫ Первоисточник — латин. dissertātiō — «рассуждение», «изыскание», «доклад» (к disserō — «рассуждаю», к conserō — «соединяю», «сплетаю»). Отсюда франц. (с 1645 г.) dissertation, *f.* > англ. dissertation; нем. Dissertatión и др.

ДИСТРОФИ́Я, -и, *ж.* — «острое истощение организма на почве нарушения питания тканей и органов». *Сущ.* дистро́фик. Укр. дистрофі́я, дистро́фік; блр. дыстрафі́я, дыстро́фік. Ср. чеш. distrofie; польск. dystrofia. В русском языке это слово стало известно к началу 40-х гг. (СИС 1941 г., 217). В толковых словарях русского языка — с 1949 г. (Ожегов, 156). Произв. *дистрофик* (в словарях впервые там же) вошло в общее употр. гл. обр. со времени блокады Ленинграда во время Великой Отечественной войны. ▫ Из западноевроп. языков. Ср. франц. dystrophie; нем. Dystrophíe, англ. dystrophia; ит. distrofía и др. Новообразование (по образцу *дизентерия*) на почве греч. δυσ- — отрицательно-усилительная приставка и τροφή — «пища», «питание», «вскармливание».

ДИСЦИПЛИ́НА, -ы, *ж.* — «обязательное подчинение всех членов коллектива правилам, уставу, законам, установленным властью, руководством». *Глаг.* дисциплини́ровать. Сюда же *прил.* дисциплина́рный,

-ая, -ое. Укр. дисциплі́на, дисциплінува́ти, дисципліна́рний, -а, -е; блр. дысцыплі́на, дысцыплінава́ць, дысцыплі́нарны, -ая, -ае; болг. дисципли́на, дисциплини́рам — «дисциплинирую», дисциплина́рен, -рна, -рно; с.-хорв. дисципли́на, дисциплиновати, дисципли́нски, -а̄, -о̄ «дисциплинарный»; чеш. disciplína, disciplinowati, прил. disciplinární; польск. dyscyplina, dyscyplinować, dyscyplinarny, -a, -e. В русском языке слово *дисциплина* известно с Петровского времени. См. примеры у Christiani, 20 и у Смирнова, 108. Глаг. *дисциплинировать* появился гораздо позже, вероятно, не раньше 80-х гг. [Салтыков-Щедрин, «Мелочи жизни», 1886—1887 гг. (ПСС, XVI, 457)]. ▫ В Петровское время *дисциплина*, возможно, непосредственно из латин. языка: disciplīna — собств. «учение» (ср. discipulus — «ученик» (к discō — «учусь»)], также «строгий порядок», «дисциплина». Ср. в романских языках: ит., исп. disciplina; франц. (с XII в.) discipline, отсюда нем. Disziplín и др.

ДИФТЕРИ́Т, -а, м. — «тяжелая заразная, преимущественно детская болезнь, характеризующаяся острым воспалением слизистых оболочек гл. обр. носоглотки, зева, гортани, сопровождаемым образованием плотного белого налета», Diphtheria. Иначе **дифтери́я**. *Прил.* **дифтери́тный**, -ая, -ое, **дифтери́йный**, -ая, -ое. Укр. дифтери́т, дифтері́я, дифтери́тний, -а, -е; блр. дыфтэры́т, дыфтэры́я, дыфтэры́тны, -ая, -ае; болг. дифтери́т, дифтери́я; с.-хорв. дифте́рија; чеш. diftérie (: záškrt), difterický, -á, -é; польск. dyfteryt (также błonica), dyfterytowy, -a, -e. В русском языке слово *дифтерит* (с прил. *дифтерический*) как медицинский термин известно с середины XIX в. (Поганко, 1875 г., 205). ▫ Из западноевроп. языков. Ср. франц. (с 1855 г.) diphtérie (старшая форма diphterite известна с 1821 г.); нем. Diphterítis, Diphteríe; англ. diphtheria; ит. difterite и др. Позднее образование от греч. διφθέρα — «(снятая и выделанная) кожа», «пергамент». Ср. у Михельсона 1865 г., 202: *дифтера* — «пергамент».

ДИФТО́НГ, -а, м., лингв. — «сочетание в одном слоге двух гласных, из которых один слоговой, а другой неслоговой». *Прил.* **дифтонги́ческий**, -ая, -ое. Сюда же **дифтонгиза́ция**. Укр. дифто́нг, дифтонгі́чний, -а, -о, дифтонгіза́ція; блр. дыфто́нг, дыфтангі́чны, -ая, -ае, дыфтангіза́цыя; болг. дифто́нг; с.-хорв. дифто̀нг; чеш. diftong, diftongický, -á, -é, diftongisace; польск. dyftong, dyftongizacja. В русском языке этот лингвистический термин известен (хотя и в редком употр.), видимо, с начала XIX в.: Яновский, I, 1803 г., 722: *дифтонга*, ж. при непонятном *диѳонга* [через ѳ (фиту)]. Ср., однако, в «Письмовнике» Курганова, 1777 г., 431: *дифтонг* — «полгласие». Прил. известно с 1900—1902 гг. [ср. «*дифтонгическое сочетание*» у Фортунатова в «Общем курсе сравнит. языковедения» (Избр., I, 108)]. Ещё более позднее слово — *дифтонгизация*. ▫ Первоисточник — греч. δίφθογγος,

δίφθογγον — «двоезвучие», «дифтонг» [из δι- — «дважды» (< δις-) и φθόγγος (: φθογγή) — «звук», «голос» (к φθέγγομαι — «издаю звук», «звучу»)]. Отсюда латин. diphtongus — тж. и в новых западноевроп. языках: франц. (с XIII в.) diphtongue, произв. (с XIX в.) diphtongaison — «дифтонгизация»; нем. Diphtóng, прил. diphtóngisch и др.

ДЛАНЬ, -и, ж., книжн., ирон. — то же, что *ладонь* (см.). Но ср. в сев.-рус. говорах долбнь — «ладонь» (Подвысоцкий, 38), долбнь — «ладонь», «пол в гумне» (Куликовский, 19) и др. Ср. укр. долбня — «ладонь»; блр. дало́нь; болг. длан; с.-хорв. дла̏н, род. дла̏на; словен. dlan; чеш. dlaň; польск. dłoń; в.-луж. dłóń. Др.-рус. книжн. (с XI в.) длань (ст.-сл. дланъ); но ср. долонь в Стогл. [Срезневский, I, 695; там же примеры на длань (669)]. ▫ В русском языке *длань* — из старославянского. О.-с. *dolnь (склонение с основой на -ĭ-). И.-е. корень *del- : *dol-. Ср. лит. délnas : délna (устар. dálna) — тж., тот же и.-е. корень в лит. dìlti — «истираться», «сглаживаться» (общее в этих словах — идея «гладкости», «сглаженности»); латин. dolō — «обрабатываю», «обтесываю». Ср. также более далекое в семантическом отношении ср.-в.-нем. zol(l), совр. нем. Zoll — «пошлина» (ср. рус. *пошлина* < *пошьлый*, корень шьд-) при голл. tol — тж.

ДЛИ́ТЬСЯ, длюсь — «(медленно) продолжаться», «тянуться» — *возвр. ф. к устар.* длить, длю — «тянуть время», «продолжать». Ср. **продли́ть**. *Прил.* **дли́тельный**, -ая, -ое. Сюда же **длина́**. Ср. чеш. dlíti, 1 ед. dlejí — «пребывать»; ср. délka — «длина»; словац. dliet' — «пребывать»; в.-луж. dlić, чаще dlijić, 1 ед. dliju — «медлить», dlić so — «медлить», «колебаться». Ср. также укр. редк. *дляти(ся)* — «медлить», «затягивать», устар. «длить», *для́вий*, -а, -е — «медленный», «мешкотный». В других слав. яз. (как и в укр.) это знач. выражается словами от о.-с. корня *dьlg- (см. **долгий**). Ср. др.-рус. долина в Дан. иг. XII в. и др. (Срезневский, I, 694); позже — длина (Поликарпов, 1704 г., 87), длина в (РЦ 1771 г., 134), длительный (САР¹, II, 1790 г., 711). ▫ О.-с. *dьliti. Видимо, произв. от о.-с. *dьlja [ср. ст.-чеш. déle : dél — «длина», «долгота»; ст.-польск. dla — тж. (Machek, ES, 83)]. И.-е. корень *del- (: *dol-; ср. др.-рус. долина — «длина». См. **даль**, **подле**.

ДЛЯ, *предлог с род. п.* — «ради» («в пользу», «по причине», «с целью». Укр., блр. для. Ср. чеш. dle — «подле», «по», «согласно (чему)» (ср. ст.-чеш. dle — «для»; ср. в том же знач. pro, na, k); словац. dl'a — «по» «согласно»; польск. dla — «для», «ради», «из-за»; в.-луж., н.-луж. dla — «ради», «из-за», «по причине». В южнослав. яз. в этом знач. употр. предлог *за*: болг. с.-хорв. за; словен. za; в с.-хорв. также за̏ради и ра̏ди; словен. zaradi. Др.-рус. (с XIV в.) для — «ради» (с постпозитивным употреблением): «бога для», «отца твоего для», «святого для благовѣщения» (Срезневский, I,

ДНО ДОБ

669). ▫ Надо полагать, из дѣля — «по причине», «ради», а дѣля — «что касается до...» (Срезневский, т. I, 791—793) — слова, известного с дописьменной эпохи, причем всегда в постпозитивном употреблении. Сокращение (*dělja* > *dьlja* > *dlja*) — на почве неударенности. Восходит к о.-с. *dělja, происхождение которого не совсем ясно. Ср., однако, лит. dėl — «по (причине)», «из-за», «ради», «относительно»; латыш. dēļ — «ради», «из-за», связываемые с лит. děti — «класть», «положить» (Fraenkel, 87) — образованием, родственным с о.-с. *děti [рус. деть (см.), девать], а, стало быть, и с о.-с. *dějati и *dělo. Выражение *boga dělja в о.-с. языке первоначально могло значить «по-божески д е л а я, поступая». Таким же образом близкое по знач. слово *ради* этимологически связано с др.-рус. глаг. **радити** > **радѣти** — «заботиться».

ДНО, -а, *ср.* — 1) «твердая основа, почва под стоячей или текущей водой»; 2) «низ, основа какого-л. резервуара или сосуда». *Прил.* **донный**, -ая, -ое. *Сущ.* **днище**; с приставками: **одонки, подонки**. В говорах также **одёнки**, ед. **одёнок**, даже **одёнье** — «гуща на дне посудины»; в Сибири — «остатки сена от стога» (Даль, II, 1234); ср. в говорах бассейна Оби: **одён** — «нижний слой сена, соломы, оставшийся от стога»; там же **одёнье, одёнок** (Палагина, II, 207, 208). Сюда же (к группе *дно*) **бездна**. Укр. дно, донний, -а, -е, одёнок — «стожок», мн. одёнки — «подонки», безодня — «бездна», но бездонний, -а, -е; блр. дно, донны, -ая, -ае, бездань, бядонне — «бездна»; болг. дъно, дънен, -а, -о, бездна; с.-хорв. дно — «дно», «край», «конец», бездан; словен. dno, brezno — «бездна» (ср. brez- — «без»), чеш. dno, oddenek — «нижняя, подземная часть растения», ст.-чеш. bezden — «бездна»; словац. dno (по уменьш.-ласк. dience, dienko), bezdno — «бездна»; польск. dno, denny, -a, -e, bezdeń; в.-луж. dno, dnow(n)y, -a, -e, bezdno; н.-луж. dno. Др.-рус. (с XI в.) дъно : дьно — «дно», «днище», «основание», «глубина» (в этом знач. в Сл. плк. Игор.: «погрузи жиръ *во дно* Каялы»); ср. **дънѣ** — «внутри», «в дну — «изнутри»; **бездъна : бездьна : бездъна** (Срезневский, I, 55, 760). Прил. **донный** — позднее, в словарях — с 1-й пол. XVIII в. (Аверьянова, 93; позже — РЦ 1771 г., 134); произв. *подонки* — с 1731 г. (Вейсман, 458; также Аверьянова, 285). ▫ О.-с. *dъno (: *dьno?). Обычно объясняют из *dъbno, где корень *dъb-, а -n- — суф. (как в *sukno при *sučiti), bn (и pn) > n (ср. о.-с. *sъpъ из *sъpnъ; ср. *sъpati). Замена ъ > ь в некоторых образованиях в русском и других слав. яз., по всей видимости, — вторичное явление (возможно, следствие межслоговой ассимиляции: *dъпьnъjь > *dьnьnъjь, *odъnьje > *odьnьje и пр.). Ср. о.-с. *dьbrь > *dъbrь (см. *дебри*). Ср. лит. dùgnas (< *dubnas) — «дно», «грунт» при dubùs — «глубокий», dùbti — «вваливаться», «впадать»; в особенности при латыш. dibens — «дно»;

гот. diups — «глубокий»; др.-в.-нем. tiof (совр. нем. tief) — тж.; вал. (кимр.) dofn, *f*. — «глубокий»; корн. down; бретон. doun — тж.; галльск. Dubnoreix — «царь вселенной, мира» (Льюис — Педерсен, § 4) и др. И.-е. база *dheu-b(: p)- — «глубокий» (о.-с. *dъno из и.-е. *dhŭbnŏm). Подробнее: Pokorny, I, 267—268; Fraenkel, 108. Оспаривает эту этимологию Махек (Machek, ES, 90) с его постоянным стремлением исходить из семантической близости сопоставляемых слов и некоторого преувеличения славяно-германской близости [объясняет из *bъd(h)no (> *dъbno); ср. нем. Boden — «грунт», «дно»; др.-инд. budhnáḥ — «почва», «дно», «нога»; также латин. fundus — «глубокий» (с f из и.-е. bh в начале слова)].

ДО¹ — 1) *предлог с род. п.* — употр. для указания предела, границы в пространстве или во времени, степени чего-л.; 2) *приставка* — употр. для образования глаголов со знач. предельности или исчерпанности действия. В других слав. яз. предлог *do* также употр. с род. п. Укр. до — «до», «к», «в»; блр. дó : да — тж.; болг. до — «до», «к», «возле»; с.-хорв. до — «до», «возле»; чеш. do — «до», «в»; польск. do — «до», «к», «в», «на», «для». Др.-рус. (с XI в.) и ст.-сл. до (с род. п.) — «до», «к», «в» (Срезневский, I, 670—671). ▫ О.-с. *do (< и.-е. *dō) — предлог с род. п. Сопоставляют с предлогом (хотя с несколько другим знач. и управлением и на иной ступени вокализма) в языках германской группы: др.-в.-нем. zuo (нем. zu — «к»); англосакс. tō (англ. to — «к», а также «в», «на») и др. (< и.-е. *dō — «до него» > «до»); с греч. постпозитивной неударяемой усилительной частицей -δε при аккузативе направления (знач.: «в», «на», «в сторону»); с авест. -da (напр. vaēsmən-da — «туда к дому»). Ср. также латин. inde — «оттуда», endo — «в» (напр., endo mari — «в море»). И.-е. *dē : *dō (первоначально указательно-местоименная основа).

ДО² — «название первого из семи музыкальных звуков, являющихся основными ступенями до-мажорного диатонического звукоряда (гаммы)». В русских словарях *до* отм. с 1841 г. (Плюшар, XVII, 39). ▫ До середины XVIII в. вм. do (в том же знач.) употребляли ut (союз, которым начинался средневековый церковный католический гимн Иоанну Крестителю на латинском языке: «Ut queant laxis»). Замена ut на do была произведена итальянцем Deni (писавшем на французском языке) около 1639 г. [по другой версии (см. БСЭ², XIV, 595) — итальянцем Бонончини в 1673 г.], причем неизвестно, по какой причине. Впоследствии эту замену объясняют будто бы «бо́льшей благозвучностью» словечка do (хотя, м. б., оно просто восходит к латин. dō — «даю»). В России наименование звука и ноты do не было известно, по-видимому, еще в конце XVIII в.: эту ступень гаммы называли *ут* (П. Алексеев, ЦС, Доп. I, 1776 г., 274).

ДОБЛЕСТЬ, -и, *ж.* — «героизм, мужество, проявленное ради высокой цели». *Прил.* **доблестный**, -ая, -ое. Укр. доблесть, до-

ДОБ

блесний, -а, -е; блр. дóблесць, дóблесны, -ая, -ае. В других слав. яз. лишь как заимствование из русского (напр. болг. дóблест). Др.-рус. книжн. (с XI в.) доблесть, доблета, добльство, доблестный (Срезневский, I, 672—673). ▫ Возможно, заимствовано из ст.-сл. языка. Ср. ст.-сл. доблѣство, доблесть, доблестьнъ. Произв. от добъ, доблии — «доблестный», «благородный», «сильный» (SJS, I : 9, 491). О.-с. *dobjь, -а, -е, *dobjьjь, -aja, -eje. Корень тот же, что в о.-с. *dobrъ, -а, -о (см. добрый).

ДÓБРЫЙ, -ая, ое — «обладающий мягким характером», «расположенный к людям», «сострадательный», «сердечный»; *прост.* «хороший», «доброкачественный». *Кр. ф.* добр, -á, -ó. *Сущ.* добрó, доброта, добряк. *Глаг.* одóбрить, добрéть. Укр. дóбрий, -а, -е — «добрый», «хороший», «настоящий», добро, доброта, дóбрість, добрити — «задабривать», добрíти — «добреть»; блр. дóбры, -ая, -ае — «добрый», дабро, дабрата, дабрак — «добряк»; болг. добър, -бра, -брó — «добрый», «хороший», «полезный», добро, доброта, добряк, добрувам — «благоденствую»; с.-хорв. дȍбар, дȍбра, дȍбро : дȍбри, -а̄, -ō, добрó, добрóта, добрѝчина — «добряк»; ср. добрòвати — «проявлять доброту», «благоденствовать»; словен. dober, -bra, -bro, dobrȍ, srčna dobrota, dobričina; чеш. и словац. dobrý, -á, -é — «добрый», «хороший», dobro, dobrota, dobrák, dobrotisko — «добряк»; польск. dobry, -а, -е — «добрый», «хороший», «полезный», *устар.* dobrota, dobroć — «доброта»; в.-луж. dobry, -a, -e, dobro, dobrota, dobrak, dobrić so (z kim) — «дружить»; н.-луж. dobry, -a, -e, dobro, dobrota, dobroś. Др.-рус. (с XI в.) и ст.-сл. добръ, -а, -о, добрый, -ая, -ое — «хороший», «доброкачественный», «добрый», «знатный», субст. добро, доброта — «красота», «доброта», добрити «делать красивым» (Срезневский, I, 674, 680—683). Остальные произв. — после XVII в. Напр., добряк в словарях отм. лишь с 1834 г. (Соколов, I, 627), да и то со знач. «дюжий, здоровый человек». ▫ О.-с. *dobrъ, -а, -о, *dobrъjь, -aja, -oje; корень dob-; суф. -r- (как в о.-с. *chytrъ, *mokrъ, *bъdrъ). От того же корня о.-с. *doba — «период времени», «пора», «срок» (ср. укр. добá — «время», «пора», чеш. doba — «эпоха», «время», «пора», польск. doba — «сутки»); на русской почве *удобный* и др. И.-е. *dhabhros*. Корень *dhabh-* — «соответствовать», «подходить», «быть удобным». След., о.-с. *dobrъ : *dobrъjь первоначально значило что-нибудь вроде «годный», «подходящий», отсюда «доброкачественный», «добротный». В семантическом плане ср. знач. слова *пригожий* от корня *год-* (ср. *годный*). Знач. «добрый», «милосердный» и т. п. возникло позже других значений слова *добрый* в связи с прогрессом в общественных отношениях. Ср., с одной стороны: лит. dabnùs — «изящный», «красивый», «милый» и т. (ga)daban — «соответствовать», «подходить»; др.-исл. dafna — «делаться ловким, сильным»; с другой — латин. faber (f из и.-е. dh в начале слова) — «ремесленник», fabrica — «ремесло» (см. *фабрика*), «мастерство», «изделие»; арм. дарбин (< *dhabhr-ino) — «кузнец».

ДОГ

ДОВЛÉТЬ, довлéю, *устар., книжн.* — «быть достаточным», «хватать». Знач. «господствовать», «тяготеть», «угнетать», «давить» — плод народной этимологии (сближение с *давить*). Ср. укр. довлíти — «быть достаточным»; в блр. отс. Другие славяне также не знают этого глагола. Ср. др.-рус. (с XI в.) довълѣти (иногда доволѣти) — «быть достаточным» (Срезневский, I, 688). Ст.-сл. довьлѣти : довълѣти — «хватать» («быть достаточным») [SJS, I : 9, 499]. С новым (неправильным) знач. *довлеть* входит в употр. поздно. В словарях — с 1935 г. (Ушаков, I, 733). ▫ О.-с. *dovъlěti : *dovъlěti; корень *vъl*-, тот же (на ступени редукции), что в о.-с. *volja > рус. *воля* (см.), *velěti > рус. *велеть* (см.). См. *довольный*.

ДОВÓЛЬНЫЙ, -ая, -ое — «испытывающий и непроизвольно выражающий удовлетворение чем-л.», «удовольствие по поводу чего-л.». *Нареч.* довóльно. Сюда же довольно — «хватит», «достаточно», «стоп». Ср. в том же знач.: укр. задовóлений, -а, -е, вдовóлений, -а, -о (но — «довольно» — довóлі, дóсить); блр. здавóльны, -ая, -ае (но «довольно» — давóлі, дóсыць); болг. довóлен, -лна, -лно (довóлно в знач. «достаточно» — русизм; ср. в том же знач. болг. дóста); с.-хорв. довóљан, -љна, -љно: довóљни, -а̄, -ō, довóљно (: дȍста); словен. dovoljen, -ljna, -ljno — «достаточно», «хватит» (ср. zadovoljen, -ljna, -ljno — «довольный»); польск. zadowolony, -a, -e (но dość — «довольно», «достаточно»). Ср. в том же знач. чеш. spokojený, -á, -é, dosti — «довольный». Др.-рус. (с XI в.) довълный и довольный — «довольный», «достаточный», «удовлетворяющий размерами» (Срезневский, I, 687). Ст.-сл. довьльнъ : довьльнъ : довольнъ, довольныи и пр. (SJS, I : 9, 498—499). Ср. др.-рус. довълѣти — «быть достаточным». См. *довлеть*. ▫ Русская форма может быть объяснена и из довъльнъ. Некоторые совр. слав. (болг., с.-хорв., польск.) параллели свидетельствуют об исходной форме с *о* после в. О.-с. корневое гнездо — *vol-: *vel-: *vъl-. См. *воля*.

ДОГ, -а, *м.* — (собственно дог) «очень крупная и сильная собака с массивной головой». Укр., блр., болг. дог. Ср. с.-хорв. дȍга, *ж.*; чеш. doga, *ж.*; польск. dog. В русском языке слово *дог* известно с 1-й пол. XIX в. Ср. в стих. И. И. Дмитриева «Путешествие NN в Париж и Лондон», 1808 г.: «(бой) *дога* с яростным кабаном» (Бурцев, V, 340). Позже — Плюшар (XVII, 1841 г., 63). ▫ Слово английское: dog — «собака» [ср. great dane — «дог», букв. «большой датчанин» («дог» — порода собак, усовершенствованная в Дании)]. Из английского: франц. dogue, франц. dogue, *m.*; дат. dogge; нем. Dogge, *f.* и др. Происхождение английского слова, известного с англосаксонской эпохи, не выяснено.

ДО́ГМАТ, -а, *м.* — «положение, тезис, доктрина, принимаемые как неизменные, не подлежащие критике»; «бездоказательное положение какого-л. учения, принимаемое на веру, усвоенное без учета конкретных условий применимости». Сюда же до́гма, догмати́зм, догма́тик. *Прил.* догмати́чный, -ая, -ое, догмати́ческий, -ая, -ое. *Глаг.* догматизи́ровать. Укр. до́гмат, до́гма, догмати́зм, догмати́чний, -а, -е; блр. до́гмат, до́гма, дагматы́зм, дагматы́чны, -ая, -ае, дагматызава́ць; болг. до́гмат, до́гма, догматизъм, догмати́к, догмати́чески, -а, -о; с.-хорв. до́гма — «догмат», «догма», догмати́зам, догма̀тича̄р — «догматик», догма̀тичан, -чна, -чно: догма̀тични, -а̄, -о̄ — «догматичный», до̏гматски, -а̄, -о̄ — «догматический»; чеш. dogma, dogmatismus, dogmatik, dogmatický, -á, -é, dogmatisovati; польск. dogmat — «догмат», «догма», dogmatyzm, dogmatyczny, -a, -e, dogmatyzować. В русском языке слова́ этой группы начали появляться еще в древнерусскую эпоху. Раньше других: догматъ «правило», «догмат» (в церковно-религиозном, богословском смысле) и догматисати — «выражать в виде догмата» (Срезневский, I, 689; Доп., 91). Позже появились в русском языке другие слова этой группы: *догматический* (Нордстет, I, 1780 г., 162), *догматизм* (Плюшар, XVII, 1841 г., 59), *догма* (Даль, I, 1863 г., 400), *догматичный* (Ушаков, I, 1935 г., 737). ▫ В др.-рус. языке — из греческого. Ср. греч. δόγμα, род. δόγματος (корень δοκ-) — «мнение», «учение», «положение» («тезис»), прил. δογματικός — «догматический», «состоящий из догматов» (Синайский), сущ. δογματικός — «догматик», δογματίζω — «утверждаю», «объявляю», «создаю догматы». Более поздние формы попали в русский язык при западноевропейском посредстве. Ср. франц. (с XVI в.) dogme, dogmatique, dogmatisme; нем. Dogma, Dogmátiker, Dogmatísmus, dogmátisch, dogmatisíeren. В западноевропейские языки эти греческие по происхождению слова попали при позднелатинском посредстве. Семантика этих слов первоначально, в средние века, была и на Западе церковно-богословская.

ДОЖДЬ, -я́, *м.* — «атмосферные осадки в виде водяных капель». До́ждик — тж. *Прил.* дождево́й, -а́я, -о́е, дождли́вый, -ая, -ое. *Глаг.* дожди́ть (чаще безл.). Сюда же дождеви́к. Укр. дощ, до́щик, дощови́й, -а́, -е́ — «дождевой» и «дождливый», дощови́к (пальто, плащ); блр. дождж, до́жджык, даджджа́вы, -ая, -ое, даджлі́вы, -ая, -ае, даджджаві́к (плащ, пальто); болг. дъжд, дъжде́ц, дъждо́вен, -вна, -вно «дождевой», дъждели́в, -а, -о «дождливый» (ср. муша́ма̀ — «плащ», «дождевик» < турец. muşamba); с.-хорв. устар. да̏жд (обычно ки̏ша), да̏ждиц, да̏ждив, -а, -о; ср. да̏ждети — «дождить», да̏жди «идет дождь»; словен. dež, dežek, deževen, -vna, -vno, deževati; чеш. dešť, dešťový, -á, -é — «дождевой», но deštivý, -á, -é — «дождливый» (но ср. prší — «дождит», nepromokavý plášť); словац. dážď, dáždik, daž- divý, -á, -é, dažďový, -á, -é — «дождевой»; польск. deszcz, deszczyk, deszczowiec — «дождевик»; в.-луж. dešć, dešćik, dešćaty, -a, -e, dešćojty, -a, -e — «дождливый», dešćić; н.-луж. dešć, dešćik, dešćowaty, -a, -e — «дождливый». Др.-рус. дъждь (в Ип. л. под 6656 г.: *дожчь велик*), дждь, дждьць, дждевый, дждовый, дждевьный : дждовьний, дждити (Срезневский, I, 754—755). Ст.-сл. дъждь (SJS, I : 10, 534). ▫ О.-с. форма слова *dъščь : dъždžь. Сопоставляют с норв. duskregn — «мелкий дождь», det dusker — «моросит», «идёт мелкий дождь»; швед. regndusk — «мелкий, частый дождь», dusk — «дождливая погода», «ненастье», dúska — «моросит», «идёт мелкий дождь»; бавар. dusel — «мелкий дождь». И.-е. база *dheus : *dhu̯ēs- : dhūs — «рассеиваться» (в воздухе), «пылить», «распыляться», «дождить», «носиться вихрем» (Pokorny, I, 268—271; Falk — Torp², I, 168). Отсюда нетрудно объяснить о.-с. форму *dъščь (< *duskjos или *dustjos) с формантами -k- или -t-, наличием которых объясняется и сохранение s после u без изменения в ch по закону Педерсена. Но как же быть с другой о.-с. формой этого слова — *dъždžь (< dūzgjo-)? М. б., здесь имеет место такое же странное колебание sk : zg, как в и.-е. *moz-g-o- : *mos-k-o- (Pokorny, I, 750). См. *мозг*. Представляет интерес попытка Абаева (I, 371—372) связать о.-с. *dъždž с осет. dūcýn: dygd / docun: dugd — «доить» (о.-иран. корень *duž- — тж.) и «с мифологическими представлениями о дожде как „молоке небесных коров"». Вместе с др.-инд. dógdhi — «доит» это осетинское слово обычно относится к другому и.-е. корневому гнезду (см. Mayrhofer, II, 66).

ДОЗВОЛЯ́ТЬ, дозволя́ю, *устар.* и *прост.* — «разрешать». *Сов.* дозво́лить, 1 ед. дозво́лю. Укр. дозволя́ти, дозво́лити (ср. зволя́ти, зво́лити — тж.); блр. дазваля́ць. Ср. с.-хорв. дозвоља́вати, дозво̀лити; польск. dozwalać, (с XVI в.) dozwolić. Ср. чеш. dovoliti. В старых текстах не встр. В словарях — с 1771 г. (РЦ, 67). ▫ Едва ли украинизм или тем более полонизм. Префиксальное образование к -*волити*. Форму приставки *z-(: *iz-) можно предполагать и для праславянского языка. Ср. *позволять*. См. *из*, *воля*.

ДОИ́ТЬ, дою́ — «выжимать (руками или с помощью доильного аппарата) молоко из сосцов, из вымени домашнего животного». *Возвр. ф.* дои́ться. *Сущ.* до́йка. *Прил.* до́йный, -ая, -ое, дои́льный, -ая, -ое. *Сущ.* подо́йник, доя́р, *женск.* доя́рка. Укр. дої́ти, доїння, ді́йний, -а́, -е́, дої́льний, -а, -е, доя́р, доя́рка; блр. даі́ць, дае́нне, до́йны, -ая, -ае, даі́льны, -ая, -ае, до́йшчык, до́йпчыца, даяр, дая́рка. Ср. болг. доя́ — «дою» (диал. «кормлю грудью»), дое́не — «дойка», до́ен, -йна, -йно — «дойный», доя́чка — «доильщица», «доярка»; с.-хорв. до̀јити — «кормить грудью», «сосать грудь» (ср. му̀сти — «доить»), до̏јка — «грудь женщины», «вымя», до̏јача — «подойник», до̏јилица — «кормилица», «мать, кормящая

ДОК

грудью»; словен. dojiti — «кормить грудью», «доиться», dojen, -jna, -jno — «дойный»; чеш. dojiti — «доить(ся)», dojení — «дойка», dojný, -á, -é — «удойный», dojicí — «доильный», dojička — «доильщица», «доярка»; словац. dojit' — «доить» и «давать молоко», «доиться», dojenie, dojný, -á, -é, dojička — «доярка», dojka — «кормилица»; в.-луж. dejić : dojić — «доить», dejny, -a, -e — «дойный», dejer — «дояр», «молочник», dejerka — «доярка», «молочница», н.-луж. dojś — «доить». Впрочем, знач. не только «доить», но и «доиться», «давать молоко» (о корове) Даль (I, 405) отм. и в говорах русского языка. Др.-рус. (с XI в.) доити обычно значит «кормить грудью», но в Минее 1096 г. — «доить»; доилица — «женщина-кормилица» (Срезневский, I, 691—692). Ст.-сл. доити, доѭ — «кормить», доинъ — «доящий», доиница : доилица — «кормилица», «няня» (SJS, I : 9, 501, 502). Другие производные — более поздние. Поликарпов (1704 г., 90 об.) отм. *дойная* (корова), Даль, (I, 1863, 405) — *дойка, доильщица*; позже других — *доильный, доярка*, в словарях — только с 1935 г. (Ушаков, I, 745, 793). ◻ О.-с. *dojiti, 1 ед. *dojǫ (корень *doj- < и.-е. *dhəi-) — «кормить грудью». Ср. латыш. (гл. обр. диал.) dēt — «сосать», 1 ед. dēju (также, напр., о курице — «нестись»); гот. daddjan (< *dajjan) — «кормить грудью», др.-в.-нем. tājan — «сосать»; латин. fēlāre, 1 ед. fēlō [и.-е. корень *dhē(i)-; f — закономерно из *dh в начале слова; -l- — формальный элемент] — «сосать»; осет. dæjyn (däïn) : dæjun (däyun) : dad — «сосать грудь, вымя»; арм. диeм — «сосу грудь»; перс. дайе — «кормилица», «мамка»; др.-инд. dháyati (корень *dhəi-) — «(он, она) сосёт» (при dháyaḥ — «отрада», «кормление», dhēnúḥ — «дойная корова»). И.-е. корень *dhē- : *dhēi- : dhəi- — «кормить грудью» > «сосать» > «доить» [тот же корень, что в *дева* (см.), *дитя* < о.-с. *děte (см. *дети*)]. Подробнее: Pokorny, I, 241 и сл.; Walde — Hofmann³, I, 476; Mayrhofer, II, 99, 114 и др.

ДОК, -а, м. — «портовое сооружение — мастерские (с водоемом или с каналами), где производится ремонт (а иногда и постройка) морских судов». Сюда же *до́кер* — «рабочий дока». Укр. док, до́кер; блр. док, до́кер; болг. док, до́кер; с.-хорв. до̑к, до̑кар, (: ра̏дник у до́ку); чеш. dok, dokař; польск. dok, dokowiec. В русском языке слово *док* известно с самого начала XVIII в. [старшая дата 1702 г. (Christiani, 38, со ссылкой на ПбПВ, II, 1)]. *Докер* отм. в словарях с 1926 г. (Вайсблит, 151). ◻ Ср. англ. dock, docker > франц. (с 1671 г.) dock, (с 1899 г.) docker; ср. нем. Dock, Dockarbeiter и др. Источник распространения слова *док* в новое время — английский язык. В английском языке dock — слово, заимствованное из ср.-голл. или н.-нем. (ср.-н.-нем. docke — «гавань», «порт»; отсюда же швед. docka — «док», «гавань». История ср.-голл. и ср.-н.-нем. docke (ср. совр. голл. dok < англ. dock — «док») неясна. Иногда это слово неуверенно возводят к латин. doga —

«сосуд», восходящему к греч. δοχή — «вместилище», «пузырь». В последнее время (и с бо́льшим основанием) прототип этого слова видят в позднелатин. *ductia (от ducō — «веду», «провожу») > ит. dóccia — «сточный жёлоб», «водосточная труба», «душ» (см., напр., Falk — Torp², I 146). В русском языке слово *док* заимствовано, м. б., из голландского. Ср. голл. dok. *Докер* — позднее заимствование из английского.

ДО́КА, -и, м., *прост.* — «знаток», «мастер своего дела». Укр. до́ка (: до́йда). В других слав. яз. отс. Ср. в том же знач.: блр. ма́йстар; болг. ма́йстор, познава́ч. В русских словарях отм. с 1731 г. (Вейсман 93). ◻ М. б., восходит к латин. doctus — «ученый», «ловкий» или к греч. δοχή — «мнение», «предположение», «решение», «репутация» (к δοχέω — «полагаю», «думаю») — след., бурсацкого происхождения. Но одновременно могло быть и плодом контаминации (на почве экспрессивной речи) этих греко-латинских выражений с рус. *дошлый* и многочисленными сущ. на -к-а, вроде *бука, вояка, самоу(ч)ка* и т. п.

ДО́КТОР, -а, м. — 1) «врач», «лечащий медицинский работник, имеющий диплом об окончании медицинского вуза»; 2) «научный работник, имеющий высшую ученую степень». Женск. (к *доктор* в 1 знач.) до́кторша. Прил. до́кторский, -ая, -ое. Сюда же *доктора́нт, докторанту́ра*. Укр. до́ктор (но в знач. «врач» чаще ліка́р, «женщина-врач» — лі́карка), до́кторський, -а, -е, до́кторша — «жена доктора», доктора́нт, докторанту́ра; блр. до́ктар, до́ктарскі, -ая, -ае, дактары́ха — «жена доктора», дакто́рка — «женщина-врач», дактара́нт, дактаранту́ра; болг. до́ктор (о враче, как и в других слав. яз., также ле́кар), до́кторски, -а, -о, доктора́нт; с.-хорв. до̏ктор, до̏кторски, -а̄, -о̄; чеш. doctor, doctorský, -á, -é, doktorka (: lékařka; но ср. pani doktorová — «жена доктора»), doktorand; польск. doktor (в знач. «врач» чаще lekarz), doktorski, -a, -ie, doktorka — «женщина-врач», doktorowa — «жена доктора», doktorant. В русском языке слово *доктор* довольно старое. Правда, старшая дата (1387 г. в грамоте польского короля Владислава кн. Скиригайлу) у Срезневского (I, 694) не имеет прямого отношения к русскому языку. Но в XV в. (к началу XVI в.) это слово (в знач. «врач») получило уже широкое распространение. Старшие примеры можно начинать с XV в. Ср. в ПДСР: *дохтур*, 1492 г., *доктор*, 1517 г. (Фогараши, 64); в «Большой челобитной» Пересветова: «философы и *дохтуры*» (Соч., 238); в «Пар. сл. моск.» 1586 г. (492): Ung medecin — «Dohtor». В XVII в. это слово часто встр. в «Делах Аптекарского приказа» за 1630 г.: *дохтур* Билс... из Стеколны», (МИМ, в. 1, с. 3); «*дохтуров* и аптекаря» (с. 10). Прил. *дохторский* отм., напр., в Тверской л. 1534 г. (Срезневский, I, 719). Конечно, такие слова, как *докторант*, — поздние, вошедшие в оборот с середины XIX в. Ср. у Даля (I, 408): *докторант* — «кандидат на доктора, сдавший испытание и

ДОЛ

пишущий диссертацию». Слово *докторантура* появилось лет двадцать назад (см. ст. *докторант* в БСЭ², XV, 1952 г., 4). ◦ В русском языке *доктор*, м. б., непосредственно из латинского, как и в западноевроп. языках. Ср. латин. doctor — «учитель», от doctus — «ученый», «образованный», «умелый» (к doceō — «учу», «обучаю»). Отсюда: нем. Doktor, англ. doctor; швед. doktor; франц. docteur; ит. dottore. Широкое употребление этого слова в западноевроп. языках, в частности, в речи иноземных специалистов, работавших в Московском государстве, способствовало распространению этого слова в русском языке.

ДОЛ, -а, м., чаще **ДОЛИ́НА**, -ы, ж. — «низина», «низкое ровное место», «впадина между возвышенностями». *Сущ.* подбл (топоним) Подо́лье. Сюда же *нареч.* доло́й. Укр. діл, род. до́лу, долина, диал. до́лов — «низом» (Гринченко, I, 417); блр. дол, дали́на, далоў — «долой». Ср. болг. дол, доли́на, до́лу — «вниз» и «долой»; с.-хорв. доли́на, до́ле — «вниз», «внизу», до́ле — «долой»; словен. dól — «дол», «долина», dôl — «вниз», «долой»; чеш. důl — «долина», «рудник», dolina, dolů — «вниз», «долой»; словац. dol — «долина», «шахта», dolu — «вниз», «внизу», «долой»; польск. dolina ср. dół — «яма», «могила»; в.- и н.-луж. doł — «долина», «низина», «яма», dolina. Др.-рус. (с XI в.) и ст.-сл. долъ — «яма», «долина», «низ», долу — «вниз», доловь (из долови, дат. ед.) — «вниз» > «долой», «прочь», долина, прил. дольний, долиний (Срезневский, I, 694—697). Форма *долой* (при *доловъ, долов*) встр. с начала XVII в. Ср. у Р. Джемса (РАС, 1618—1619 гг., 54 : 12): dōloi — «downe» («вниз»). ◦ Соответствия обнаруживаются гл. обр. в языках германской группы: гот. dal(s) — «долина»; др.-исп. dalr (совр. исл. dalur) — тж.; норв., дат., швед. dal — тж.; др.-англ. dæl (совр. англ. dale) — тж.; также др.-в.-нем. tal (совр. нем. Tal). Кроме того, к этой группе иногда относят греч. θαλάμη — «нора», «логовище», «могила» (ср., однако, Frisk, I, 648, 677); вал. (кимр.) dol (=о.-с. *dolъ). И.-е. база *dhel-: *dholo- (Pokorny, I, 245; Falk-Torp², I, 134).

ДОЛБИ́ТЬ, долблю́ — «пробивать дыры или углубления в чем-л. твердом, с силой ударяя по одному и тому же месту». *Отглаг. сущ.* долбёж, от него долбёжный, -ое. Укр. довба́ти, довбти́, довба́льний, -а, -е; блр. даўбці́, даўбёжны, -ая, -ае; ср. болг. дълба́я — «долблю», дълба́чен, -чна, -чно; с.-хорв. ду́бити, 1 ед. ду́бӣм, ду́псти, 1 ед. ду́бём — «долбить»; ср. ду́бач — «долото»; словен. dolbsti; чеш. dlabati, (1 ед. dlabám : dlabu — «долбить», но dloubati, 1 ед. dloubu : dloubám — «долбить», «ковырять»; словац. dlabat' — «выдалбливать»; ср. dlbat' — «толкать»; польск. dłubać, 1 ед. dłubię — «рыть», «ковырять», «долбить»; в.-луж. dołbać, 1 ед. dołbam — «выдалбливать»; н.-луж. dłupaś — тж. Срезневский (I, 755) отм.

дълбсти, 1 ед. дълбу́, но примеров не дает. Ср., однако, издълби́ти, 1 ед. издълблю́, (с XVI в.) выдолбливати (ib., 442. 1057). Ср. там же (695) «камень долоти́ти» — «долбить» со ссылкой на Сл. Дан. Зат. Но место это можно читать и: «камень долби́ти (список К, Зарубин, 31). ◦ О.-с. корень *dъlb-. Абляут *dolb- [см. *долото* (< о.-с. *dolpto < *dolbto)]. Сопоставляют с лит. dálba (: délba) — «лом», «рычаг», «вага», dìlbis — «предплечье», delbti — «опускать» (обычно о глазах), dulbinti — «неуклюже идти», «волочиться»; латыш. dalbs — «шест» (при ловле рыбы), «багор»; др.-в.-нем. bi-telban — «зарывать»; др.-англ. delfan — «копать», «рыть». И.-е. база *dhelbh- — «копать», «выдалбливать» (Pokorny, I, 246; см. также Fraenkel, 81).

ДОЛГ, -а, м. — 1) «обязанность»; 2) «взятое взаймы и подлежащее возвращению или возмещению (деньги или что-л. другое)». *Прил.* (к *долг* в 1 знач.) до́лжный, -ая, -ое — «надлежащий», «подобающий», (к *долг* во 2 знач.) долгово́й, -а́я, -о́е. В знач. сказ. до́лжен, -жна́, -жно́. *Глаг.* (к *долг.* во 2 знач.) (за)должа́ть, одолжи́ть. *Сущ.* (к *долг.* во 2 знач.) должни́к. Укр. довг [во 2 знач.; чаще борг < польск. borg < нем. Borg — тж. (ср. обов'язок, пови́нність — «долг в 1 знач.»)]; блр. доўг (во 2 знач.; ср. в 1 знач. абавя́зак); болг. дълг — «долг» (в разн. знач.), дл́жен, -жна, -жно, длъжа́ — «должаю», задлъжня́вам — тж., длъжни́к; с.-хорв. дӯ̑г — «долг» (в разн. знач.), ду́жан, -жна, -жно — «должен», ду́жнӣ, -а̄, -о̄ — «должный», диал. ду́жити — «одалживать кому-л.», ду́жник; словен. dolg — «долг во 2 знач.» (ср. dolžnost — «долг», «ответственность»), dolžnik; чеш. dluh — «долг во 2 знач.»; ср. povinnost, závazek — «долг», «обязанность», dlužen, -žna, -žne — «должен» (о деньгах и т. п.), dluhovati, dlužiti — «быть должным», dlužiti se — «брать взаймы, в долг», «должать», dlužník; словац. dlh — «долг во 2 знач.», dlžný, -á, -é, dlžník, zadlžit' sa; польск. dług — «долг во 2 знач.», dłużny, -a, -e — «задолжавший», «долговой», zadłużać się — «задолжать»; в.-луж. dołh — «долг во 2 знач.», dołžny, -a, -e, dołžić, dołžnik; н.-луж. dług, dłužny, -a, -e, długaŕ — «должник». Др.-рус. (с XI в.) дългъ — «взятое в долг», «задолженность», «дань», длъжьнъ — «должен» (о деньгах и о плате), а также «обязанный», «грешный», (с XIII в.) «платящий подать», длъжьный — «подобающий» (Ефр. крм. XI—XII вв.), дължьновати — «быть должным», дължьникъ — «тот, кто должен» (о деньгах и к *долг* в 1 знач.»), а также «заимодавец», задължити, одължати (Срезневский, I, 756—759, 909; II, 624). Ст.-сл. длъгъ. ◦ О.-с. *dъlgъ. И.-е. база *dhl̥gh- (Pokorny, I, 271). Ср. гот. dulg или dulgs [сохранилась лишь форма род. ед. dulgis; ср. также dulgahaitja — «кредитор» (Holthausen, 24)]; др.-ирл. dlig-im (корень *dl̥g-) — «заслуживаю», dliged — «закон»; но ср. вал. dyled — «долг».

ДОЛ

ДО́ЛГИЙ, -ая, -ое — «длящийся в течение большого промежутка времени», «длинный». *Нареч.* **до́лго**. *Сущ.* **долгота́**. Укр. до́вгий, -а, -е — «длинный», «долгий», довжина́ — «длина», до́вго — «долго», до́вгість — «долгота»; блр. до́ўгі, -ая, -ае, до́ўга, даўжыня́; болг. дъ́лъг, -лга, -лго, дъ́лго, дължина́; с.-хорв. ду̑г(и̑), -а, -о, ду̏го, дужина; словен. dolg, -a, -o, dolgo, dolžina; чеш. dlouhý, -á, -é, dlouho (но ср. délka — «длина», «долгота»); словац. dlhý, -á, -é, dlho, dĺžka; польск. długi, -a, -ie, długo, długość; в.-луж. dołhi, -a, -e, dołho, dołhosć; н.-луж. dłujki, -a, -e, dłujko, dłujkosć. Др.-рус. (с XI в.) дълъгый — «долгий», «длинный», «большой», дълго, дълготa — «долгота», «длина» (Срезневский, I, 757). ◻ О.-с. *dьlgъ, -a, -o *dьlgъjь, -aja, -oje. И.-е. база *delēgh- : dl̥gho- : (d)longh-o- (Pokorny, I, 197). Ср. лит. ìlgas — «длинный», «долгий»; латыш. ilgs — «долгий», «продолжительный»; др.-прус. ilga : ilgi — «долго» (начальное d отпало до разветвления балтийского праязыка; ср. также (с начальным d) лит. delsti — «медлить», «мешкать»; гот. tulgus — «постоянный», «устойчивый»; греч. δολιχός — «длинный», «долгий»; также авест. darəga-; др.-перс. dargam; осет. **даргъ**; др.-инд. dīrgháḥ и др.

ДО́ЛЛАР, -а, *м.* — «денежная единица, равная 100 центам, в США, Канаде и некоторых других странах». *Прил.* **до́лларовый**, -ая, -ое. Укр., блр., болг. до́лар; с.-хорв. до̀ла̄р; чеш., польск. dolar. В русском языке известно с конца XVIII в. В словарях — Плюшар, XVII, 1841 г., 103. ◻ Слово английское: dollar (< daler). Английское слово восходит (через голландский язык) к ст.-нем. (XVI в.) Thaler — названию крупной серебряной монеты, от Thal [> Tal (ср. англ. dale) — «долина»] в составе географического названия Joachimsthal, в Богемии (ныне по-чешски Jáchymovo), где находились знаменитые серебряные рудники. К этому же географическому названию (на этот раз — к его первой части) восходит очень распространенное в XVII в. и несколько позже старомосковское *ефи́мок* — название крупной серебряной монеты (в сущности, — того же талера) в Московском государстве.

ДОЛОТО́, -а́, *ср.* — «ручной инструмент для долбления и подобных работ, употребляемый в плотничьем деле». Укр. долото́; блр. до́лата; болг. длето́; с.-хорв. длије́то (dlijèto), словен. dleto, чеш. и словац. dláto; польск. dłuto (< dłóto). У Срезневского (I, 669; Доп. 91) в форме долото лишь с середины XVI в. (1551 г.), для раннего же древнерусского периода отм. лишь длато, хотя несомненно существовало в ту пору и долото, судя по произв. долотити (см. *долбить*). Для начала XVII в. ср. у Р. Джемса (РАС, 1618—1619 гг., 12 : 29): dólota (с ударением на dó; окончание *а* непонятно: м. б., он слышал это слово в форме им. мн.?) — «a chizell». ◻ О.-с. *delto : *dolto (из *delpto < *delbto : *dolpto < *dolbto). Корень *delb- : *dolb-, тот же

ДОМ

что в рус. *долбить*. Суф. -t(o), как в о.-с. *sito.

ДОМ, -а, *м.* — «здание, предназначенное для жилья, для учреждения и т. п.», «обитатели дома», «семья, люди, живущие вместе». *Прил.* **домо́вый**, -ая, -ое; ср. *в знач. сущ.* **домово́й**, -о́го; **дома́шний**, -яя, -ее. Ср. также **бездо́мный**, -ая, -ое. *Нареч.* **до́ма**, **домо́й**. В говорах нареч. *домо́й* встр. и в архаической форме домо́вь (арханг. — Подвысоцкий, 38), домо́фь (шенкур., арханг. — Мансикка, 125). Куликовский (19) отм. олон. *домо́й* не только в знач. «домой», но и «до́ма». Укр. дім, род. до́му (о жилом доме — буди́нок), домо́вий, -а́, -е́, дома́шній, -я, -є, до́ма, додо́му; блр. дом, дамавы́, -а́я, -о́е, дама́шні, -яя, -ее, до́ма, дамо́ў, дадо́му; болг. дом (къ́ща), домови́, -а́, -о́, дома́шен, -шна, -шно, (у) дома́ — «до́ма», «домой»; с.-хорв. до̏м (гл. обр. в знач. «семья», «домашний очаг»; ср. ку̏ћа — «дом»), до̀ма̄ћӣ, -а̄, -е̄ — «домашний», «местный», до̀ма — «до́ма» и «домой»; словен. dom — «палата», «общежитие» (ср. hiša — «дом»), domač(i), -a, -e, doma; чеш. dům, прил. domovní, domácí, doma, domů — «домой»; словац. dom — «дом» (ср. dóm — «собор»), domov(n)ý, -á, -é, domáci, -a, -e — «домашний», doma, domov; польск. dom, domowy, -a, -e — «домо́вый», «домашний», w domu — «до́ма», do domu — «домой»; в.- и н.-луж. dom, domny, -a, -e, domski, -a, -e, domow(n)y, -a, -e, doma, domoj. Др.-рус. (с XI в.) домъ — «жилище», «хозяйство», «семья», «род», «храм», домовьный, домовый, домачьный > домаш(ь)ний (первоначально, м. б., *domatjьjь; о.-с. основа *domatj-), дома, домовь (Срезневский, I, 699—702; Доп. 92). Нареч. *домой* в широком употр. известно с XVII в. (Лудольф, «Рус. гр.», 1696 г., 47, 53). ◻ О.-с. *domъ (< и.-е. *domus, со склонением по основам на -ŭ-). В балтийских языках родственным образованием является лит. nãmas, употребляемое обычно во мн. ч.: namaĩ — «дом» (при устар. dimstis — «двор», «мыза», «имение»), n — из d вследствие межслоговой ассимиляции (d : m > n : m); также латыш. nams (см. Fraenkel, 95, 483). Ср. далее латин. domus (< *dŏmŭs; греч. δόμος (< *dŏmŏs) — «дом», «постройка», «здание», «комната», «семья»; ср. δέμω — «строю», «воздвигаю»; др.-инд. dámah (< *dŏmŏs) — «дом»; ср. (на ступени e) гот. timrjan — «плотничать», «строить», tim(b)rja — «плотник»; др.-в.-нем. zimbar (нем. Zimmer) — «комната», zimberen — «строить». И.-е. корень *dĕm- (: dŏm-: *dm̥-) — «строить» (Pokorny, I, 198—199).

ДОМИНО́, *нескл.*, *ср.* — «игра продолговатыми, прямоугольными плоскими костями, на разделенной пополам лицевой стороне которых обозначено точками количество очков». Укр. доміно́; блр. даміно́; болг. до́мино; с.-хорв. до̀мине; чеш., польск. domino. Слово *домино* в русском яз. известно с конца XVIII в.; в словарях [сначала (до Даля включительно) с ударением на первом слоге] — с 1799 г. (Гейм, I, 301: *до́мино* — «le jeu de Domino»). Встр. (с этим знач.) у Пушкина в письме к жене от 14-VII-1834 г. «(Лев С.) в *домино* проигрывает у Дюме по 14 бутылок шампанского» (ПСС, XV, 181). ▫ В русском — из западноевропейских языков. Ср. франц. (в знач. «игра» — с 1771 г.) domino; нем. Dómino; англ. dominoes, *pl.* ит. dómino и др. В западноевропейских языках — из ст.-ит. domino — «господин», «владыка», восходящего к латин. dominus — тж. Игра в ит. языке получила наименование «господин», «владыка», как полагают, потому, что выигравший получал право называться этим именем.

ДО́МНА, -ы, *ж.* — «специальное сооружение — большая шахтная печь для выплавки чугуна из железной руды». *Прил.* до́менный, -ая, -ое. Укр., блр. до́мна. В других слав. яз. это понятие выражается словосочетанием «высокая (или большая) печь»: болг. висо́ка пещ; с.-хорв. висо̀ка пе̑ћ, чеш. vysoká pec; польск. welki piec. Более раннее наименование, видимо, до́мница (< дъмьни́ца), встр. в Орешковской тамож. гр. 1563 г. (Срезневский, I, 759—760); отм. Кочиным (101) в «Новг. писц. книгах» XVI в. [старшая дата 1500 г.; там же домник (профессия)]. В XVII в. это слово употр. уже обычно в форме без -*иц-а*. Ср. в сб. КМ: «домня», «около домни», «на домне» («Книга переписная по Поротовск. и Угодск. заводам», 1663 г., 93); «домня» (Дело 1665 г., 214); прил. *доменный* «Переписная кн. по Тульским и Каширским заводам», 1662 г., 22). В словарях слово *домна* отм. с 1780 г. (Нордстет, I, 169). ▫ Корень дъм-. Ср. о.-с. *dǫti, 1 ед. *dъmǫ; *(na)dъmetь; *(vъz)dymati [< *(vъz)dъmati]. Суф. -ьн(-иц-)а. См. *вздыматься, надменный.*

ДО́НОР, -а, *м.* — «человек, отдающий свою кровь для переливания ее больному, раненому». *Прил.* до́норский, -ая, -ое. Укр. до́нор, блр. до́нар. В словарях отм. с 1933 г.: Кузьминский и др., 401; позже — Ушаков, IV, 1940 г., 1493. ▫ В русском языке это слово — сравнительно недавнее заимствование, возможно, из французского или английского языка. Ср. франц. donner (de sang), от donner — «давать» (donneur — собств. «дающий», «тот, кто дает»); англ. donor (произн. ′doune), восходящее через средневек. франц. *donaor к латин. dōnātor — «даритель», «дающий».

ДОРО́ГА, -и, *ж.* — «путь», «проезд»; «путешествие». *Прил.* доро́жный, -ая, -ое. *Сущ.* доро́жник. В сложении — железная дорога. Укр. доро́га, доро́жній, -я, -є, доро́жник (но залізни́ця — «железная дорога»); блр. даро́га, даро́жны, -ая, -ае, даро́жнік (но чыгу́нка — «железная дорога»); чеш. dráha (: cesta), но železnice — «железная дорога»; словац. dráha (в разн. знач.; диал. dráha — «тропинка», также cesta, но železnica — «железная дорога»); польск. droga (в разн. зн.), drogowy, -a, -e — «дорожный» [но kolej (żelazna) — «железная дорога»]; в.-луж. droha (в разн. знач.), drózny, -a, -e — «дорожный», drohar — «дорожник (ср. železnica — «железная дорога»); н.-луж. droga, drogowy, -a, -e, zeleznica — «железная дорога». В южн.-слав. яз. это слово получило другое знач. Ср. с.-хорв. дра̏га — «ущелье», «теснина», диал. «узкий морской залив» (ср. пу̑т — «дорога», желѐзница — «железная дорога»); словен. draga — «канава», «овраг». Др.-рус. (с XII в.) дорога (Срезневский, I, 707; Кочин, 101—102). Ст.-сл. дра́га — «дорога», «долина» (?) [в SJS отс.]. Термин *железная дорога* отм. в словарях с 1847 г. (СЦСРЯ, I, 402). Возможно, — калька с французского chemin de fer (известного с 1832 г.) или с немецкого Eisenbahn, возникшего около того же времени. Производные все — более поздние. Прил. *дорожный* отм. Поликарпов (1704 г., 92 об.). ▫ О.-с. *dorga. В этимологическом отношении слово не вполне ясное. Связывают — на славянской почве — с о.-с. *dьrgati — «дергать», «тащить к себе рывками», «рвать», выдвигая то заслуживающее внимания соображение, что *доро́гой* (о.-с. *dorga) первоначально мог быть назван, напр., волок или лесная тропа, проход, выкорчеванный в лесу. Покорный (Pokorny, I, 257) нерешительно («wohl hierher..») относит это слово к и.-е. группе *dherāgh- — «тянуть», «тащить», «влечь», умалчивая о связи с о.-с. *dьrgati, о чем постоянно напоминают славянские этимологи: Преображенский, I, 191; Brückner, 97; позже — Machek (ES, 93), Sławski (I, 167) и др. Ср. в семантическом отношении *тракт* [слово, в конечном счете восходящее к латин. tractus — «волочение», «вытягивание» (от traho — «тащу», «волоку»)].

ДОРОГОВИ́ЗНА, -ы, *ж.* — «высокие цены на товары». Только русское. Ср. укр. доро́жня; блр. дараго́уля; чеш. drahota; польск. drożyzna. В русском языке — с 1-й трети XVIII в. В словарях — с 1731 г. (Вейсман, 632). ▫ От др.-рус. дороговь (с XII в.) > *дороговизна* (Срезневский, I, 707), с суф. -*изн-а.* См. *дорогой.*

ДОРОГО́Й, -а́я, -о́е — 1) «любимый», «сердечно близкий»; 2) «до́рого стоящий», «продаваемый или покупаемый по высокой цене». *Кр. ф.* до́рог, -а́, -о. *Нареч.* до́рого. *Глаг.* (к *дорогой* в 1 знач.) дорожи́ть, (к *дорогой* во 2 знач.) дорожа́ть. Укр. дороги́й, -а́, -е́, до́рого, дорожи́ти — «дорожить», но дорожча́ти — «дорожать»; блр. дарагі́, -а́я, -о́е тж., до́рага, даражы́ць — «дорожить», даража́ць — «дорожать». Ср. болг. драг, -а, -о — «дорогой в 1 знач.» (ср. скъп — «дорогой во 2 знач.»; ср. скъ́по — «дорого»); с.-хорв. дра̑г, -а, -о : дра̏ги̑, -а̑, -о̑ — «дорогой» (в обоих знач., но во 2 знач. чаще ску̑п, -а, -о), дра̏го — «хорошо», дра́жати — «дорожать», дра́говати — «любить друг друга» (ср. дра́жба — «торги», «аукцион»); словен. drag, -a, -o (в обоих знач.), drago, dražiti — «дорожать», «повышать цену»; чеш. drahý, -á, -é тж. (хотя в 1 знач. чаще milý, -á, -é), draho, draže, podražovati — «дорожать» (но «доро-

ДОС

жить» — važiti si, ceniti); словац. drahý, -á, -é (в обоих знач.), dražba — «аукцион», dražit' — «покупать, продавать с аукциона», «поднимать цену»; польск. drogi, -a, -ie — тж. (но в 1 знач. чаще miły, -a, -e), drogo, drożeć — «дорожать» (но ср. cenić — «дорожить»); в.-луж. drohi, -a, -e, droho, drožić so — «становиться редким», «держаться в цене», «дорожать»; н.-луж. drogi, -a, -e, drogo. Др.-рус. (с XIII в.) дорогый — «дорогостоящий» при книжн. (ст.-сл.) драгыи — в обоих знач. (Срезневский, I, 708, 720). ▫ О.-с. *dorgъ, -a, -o, *dorgъjь, -aja, -oje. Корень, по-видимому, *dor-, суф. (?) -g-. Ср. латыш. dārgs — «дорого стоящий», dargi — «дорого», dargakmens — «драгоценный камень». Но это слово, по-видимому, заимствовано из русского. Другие сопоставления [напр., с др.-инд. (ā-)driyáte — «ценит», «оказывает уважение, внимание»] еще менее надежны (ср. об этом слове Mayrhofer, II, 77). Пожалуй, наибольшую трудность в вопросе о происхождении о.-с. *dorgъ : *dorgъjь представляет именно этот суф. -g-, как суф. прилагательных совершенно необычный в о.-с. языке.

ДОСКА́, -и́, *ж.* — «строительный или столярный материал, получаемый путем продольной распилки бревна», «плоский с обеих сторон, продолговатый и нетолстый брус». В говорах встр. со знач. «лоток» (нижегор.) и «поднос» (яросл.) [Даль, I, 424, 443]. *Прил.* дощáтый, -ая, -ое, дощаной, -áя, -бе, отсюда дощаник — «разновидность речной плоскодонной лодки, судна». Укр. дóшка (< дóщка), дощаний, -á, -é, дощáник; блр. дóшка, дашчáны, -ая, -ае, дашчáнiк; болг. дъска́, дъ́счен, -а, -о; с.-хорв. да́ска, да́шчан(и), -а, -о; словен. deska, deščen, -a, -o; чеш. deska (ст.-чеш. dska) — гл. обр. «медная, мраморная (и т. п.) доска» (ср. prkno — «доска», напр., для забора); словац. doska — «доска» (в разн. знач.), doskový, -á, -é; польск. deska (ст.-польск. cka) — «доска» (в разн. знач.); в.-луж. deska, deskowy, -a, -e, deskować — «делать что-л. из досок»; полаб. déiska : deiskó — «стол» (Rost, 378). Др.-рус. (с XI в.) дъска, иногда (Сузд. л.) дьска, позже дска > цка — «доска» (деревянная), «каменная плита», «дощечка для писания» (скрижаль, таблица); «надпись», «документ», «расписка» (Псков. судн. гр. XV в.), «стол» (в еванг. тексте); сокращенная форма этого слова цка (< дска < дъска) получила в XV—XVI вв. специальные знач.: «металлическая облицовочная дощечка», «небольшая металлическая (золотая) пластинка в ювелирном деле», «сшитые вместе шкурки пушных зверей», «меховая пола»; (с XIII в.) досчатый (Срезневский, I, 761—762; III, 1441; Кочин, 102—103). Позже появилось дощаник [ТК МГ, I, 23, 1633 г.; «Житие» Аввакума (Автограф, л. 211)]. Ср. в записи Р. Джемса (РАС, 1618—1619 гг., 10 : 14): doshnic (рядом: lodía), видимо, *дощник. ▫ О.-с. *dъska. Слово *доска* не вполне ясное в этимологическом отношении. Обычно считают его очень старым заимствованием из неславянских языков Средней Европы. Первоисточник — греч. δίσκος — «метательный круг (диск)», «блюдо», «зеркало». Из *dik-skos, от δίκειν — «бросать», «метать». Отсюда латин. discus — «диск», «циферблат солнечных часов», «блюдо». Из латинского языка — в германских. Ср. др.-в.-нем. tisc — «блюдо» > «стол» (ср. совр. нем. Tisch — «стол»). Неясно, попало ли в общеславянский (праславянский) язык это слово из языка греческого или из латинского (последнее — наиболее вероятно) непосредственно или (как многие полагают) при германском посредстве. Однако в готском языке, откуда это слово могло бы скорее всего попасть в о.-с., оно отсутствует. Да и вокализм слова (ъ вм. ожидаемого *i* или *ь*) не совсем понятен, и форма рода (*ж.* вм. *м.*). Правда, слово могло быть заимствовано из говоров народной латыни, причем, м. б., о.-с. *dъska (< *dьska?) восходит к форме им. мн. *dĭsca, от *dĭscum, *n.* Могли быть оттенки и в произношении гласного в корне (ср. ит. desco, которое, кстати сказать, кроме знач. «обеденный стол» имеет также знач. «колода»). Из поздней литературы см. Kiparsky, GSL, 112 и сл.

ДОСКОНА́ЛЬНЫЙ, -ая, -ое — «самый подробный, детализированный», «основанный на тщательном, детальном изучении чего-л.» *Нареч.* доскона́льно. Укр. доскона́льний, -а, -е, доскона́льно; блр. даскана́льны, -ая, -ае, даскана́льна. Ср. польск. doskonały (вм. dokonały), -a, -e — «совершенный», «превосходный», «образцовый» (букв. «законченный»), doskonale — «отлично», doskonałość — «совершенство», doskonalić — «улучшать» (ср. skonać — «скончаться» при konać — «умирать»; корень kon-, как в рус. *конец*); ср. dokładny, -a, -e, szczegółowy, -a, -e — «доскональный». В русском языке — с XVIII в. В словарях — с 1780 г. (Нордстет, I, 174: *досконально* — «à fond». ▫ Заимствовано из польского языка. Переделано под влиянием прил. на -*альный* типа *натуральный*, *генеральный* и т. п. Ср. [в форме без суф. -(*ь*)*н*] нареч. *досконало* в письмах и бумагах Шереметева (№ 60, 1707 г.): «а то я, ведая *досконало*, что там провианту самое малое число» (Сб. РИО, XXV, 41).

ДОСТИГА́ТЬ, достига́ю — «находясь в движении, проявляя деятельность, доходить, добираться до цели, до предела движения или деятельности», «добиваться положительных результатов». *Сов.* дости́гнуть, дости́чь. *Отглаг. сущ.* достиже́ние — означает действие по глаг. *достигать, достигнуть*, также «успех», «удача». Ср. болг. дости́гам, дости́гна, сти́гна — «добиваюсь», *достиже́ние* — «достижение, достиже́ние» — «успех»; с.-хорв. до̀стизати, 1 ед. до̀стижём, до̀стићи, до̀стигнути, 1 ед. до̀стигнём, достигну́ће — «достижение». В других слав. яз. отс. Ср. в том же знач.: укр. досяга́ти, досягти́; блр. дасягну́ць; словен. doseči (< о.-с. *dosęgti); чеш. dosahnouti, dosíci (< о.-с. *dosęgti); польск. dosięgać, dosięgnąć. Др.-рус. книжн. (с XII в.) достигнути, 1 ед. достигну, достищи, 1 ед. достигну, достизати (Срезневский, I, 713). Ст.-сл. достигнѫти, 1 ед. достигнѫ, досѧщи, 1 ед. досѧгѫ (SJS, I : 9, 512, I : 10, 515). *Достигать* в словарях — с 1771 г. (РЦ, 490). ▫ О.-с. корень *stig-. Абляут *stьg-. Ср. о.-с. *stьdza — «дорога», «тропа», «путь» [см. *стезя* и *зга (ни зги не видно)*; ср. *стёжка-дорожка*]. И.-е. корень *steigh- — «шагать», «спешить», «возвышаться» (Pokorny, I, 1017—1018). Ср. лит. steĩgti — «учреждать», «(об)основывать», «добывать», steĩgtis — «спешить», «торопиться»; латыш. steigt — «спешить», «ускорять ход»; абляут лит. staigùs — «внезапный», «крутой»; др.-инд. stighnōti — «восходит», «поднимается»; гот. steigan — «восходить», «подниматься»; греч. στείχω — «иду», «подхожу», «поднимаюсь».

ДОСУ́Г, -а, *м.* — «время, часы, свободные от занятий, от дела, от работы», «время отдыха от работы». *Прил.* досу́жий, -ая, -ее. *Глаг.* удосу́житься. В других слав. яз. отс. Ср. укр. дозві́лля — «досуг»; польск. odpoczynek, czas wolny — тж. Слово *досуг* и прил. известны с древнерусской эпохи (с XIV в.), хотя встречаются в памятниках письменности редко и поэтому их значение не вполне ясно. Судя по контексту приводимых Срезневским (I, 717) примеров, старшее знач. слова *досуг* могло быть «умение», «разумение», «способность» (пример из кабальной грамоты XIV в.: «варить по *досугу*, ...как могя»); ср. *досужьство* — «дарование», «способности» (?) [«мужеством и *досужством*»] (подобен) — об Ив. Грозном]. Ср. у Даля (I, 429): *досу́жество* — «умение», «ловкость», «способность к делу». И прил. *досужий*, по-видимому, значило «искусный», «сведущий», «способный» (см. примеры у Срезневского). С XV в. отм. *досуг* — «свободное время», *досужьный* — «искусный» (Срезневский, Доп., 93). ▫ Слово *досуг* в этимологическом отношении было объяснено Желтовым в 1876 г. (ФЗ, в. I, 22), связавшим его со ст.-сл. досѧзати, досѧшти — «достигать». Много времени спустя, в 1946 г., это объяснение было подтверждено в посмертно напечатанной статье Ляпунова «Из семасиологич. этюдов в области рус. яз.» (63 и сл.). Здесь использован был материал словарных комиссий АН СССР для истории слова *досуг* и выяснения семантики слов этой группы. По Ляпунову (65 и др.) развитие знач. слова *досуг* было следующее: «достижение» > «успех» (ср. совр. рус. *достижение* — «успех», «удача») > «возможность» (по-видимому, речь идет о возможности располагать своим временем по окончании труда) > «отдых».

ДОТО́ШНЫЙ, -ая, -ое — «во всё вникающий», «въедливый», «пытливый», «сведущий», «умелый». Только русское. Ср. в том же знач.: укр. ді́йшлий, -а, -е; блр. уні́кливы, -ая, -ае (ср. спры́тны, -ая, -ае — «дошлый». Слово не раннее, но известное уже в XVIII в.; в словарях — с 1794 г. (САР¹, VI, 348). ▫ Из *доточный* (с изменением чн > шн) к *дотекать* (др.-рус. дотекати — «доходить», «достигать»), как *проточный* — к *протекать*. Ср. *дошлый* < *дошьдлый* (корень *шьд-*).

ДОЧЬ, до́чери, *ж.* — «лицо женского пола по отношению к родителям». До́чка — тж. *Прил.* доче́рний, -яя, -ее. Укр. дочка́, дочі́рний, -я, -е; блр. дачка́, даччы́н, -а, -а — «дочерний». Ср. болг. дъщеря́, зват. дъ́ще, щерка́, дъщери́н, -а, -о; с.-хорв. кћи̑, род. кће̏ри, кће̏рин, -а, -о; словен. hčī, hčerin, -a, -o; чеш. dcera (ст.-чеш. dci), dcerka, dceřin, -a, -e; словац. dcéra, dcérka, dcerin, -a, -e; польск. cór(ka), córczyn, córeczny, -a, -e. В лужицких языках отс. (ср. в.-луж. dźowka — «дочь»; н.-луж. źowka — тж.). Др.-рус. (с XI в.) дъчи, род. дъчери, дъчька (Срезневский, I, 762, 763). Ст.-сл. дъшти; род. дъштере, дъштерьнь (SJS, I : 10, 536). Ср. позже, еще в начале XVI в. (1503 г.), дочи (Unbegaun, 66—67). К XVIII в. — *дочь*. Прил. *дочерний* появилось позже. Ср. *дочерне* в «Рукоп. лексиконе» 1-й пол. XVIII в. (Аверьянова, 94). ▫ О.-с. *dъkti, род. *dъktere. Ср. лит. duktė̃, род. dukter̃s — «дочь»; др.-прус. dukti — тж.; гот. daúhtar — тж.; др.-в.-нем. tohter — тж.; др.-англ. dohtor (совр. англ. daughter — тж.); греч. θυγάτηρ; оскск. futír (с начальным f из и.-е. dh) — тж.; арм. dustr (< *duktr); авест. dug(ə)dar (ср. перс. дохтāр; тадж. духтар); др.-инд. duhitā [(основа duhitár-)]; др.-бенг. духита]. И.-е. основа *dhug(h)əter- [: *dhug(h)ter-]. См. Pokorny, I, 277. Дальнейшая, более древняя история этого слова, его старшее знач. не бесспорны. И.-е. база, м. б., *dheugh- — «доить», «кормить грудью», «давать молоко», а также «притрагиваться», «нажимать», «придавать силы» (см. *дюжий*). Ср. др.-инд. dógdhi — «доит», «кормит грудью». След. *dhug(h)əter- могло бы значить «могущая (способная впоследствии) давать молоко» или близкое к этому. Исчезновение ə сближает балто-славянскую группу и.-е. языков с группой и.-е. языков на Ближнем и Дальнем Востоке. Отпадение конечного -r- в балто-славянских языках такое же, как в о.-с. *mati.

ДРАГУ́Н, -а, *м.*, *ист.* — «служащий-кавалерист специальных частей, которые могли действовать и в пешем строю (в дореволюционной русской и в некоторых зарубежных армиях)». В говорах: смол. драгу́н — «извозчик» (Добровольский, 185). *Прил.* драгу́нский, -ая, -ое. Укр. драгу́н, драгу́нський, -а, -е; блр. драгу́н, другу́нскі, -ая, -ае; болг. драгу́н, драгу́нски, -а, -о; с.-хорв. дра̀гӯн; чеш. dragoun, dragounský, -á, -é; польск. dragon, dragoński, -a, -ie. В русском языке слово *драгун* известно с 1-й пол. XVII в. Встр. в «Уложении» 1649 г. (гл. XIX, 11): «а которые стрельцы, и казаки, и *драгуны*». Прил. *драгунский* известно с 1648 г. (ДД, III, № 18, с. 890: «*драгунский* строй»). ▫ Ср. франц. dragon — «драгун (и «дракон»); англ. dragoon (но dragon — «дракон»); нем. Dragoner и др. Первоисточник — греч. δράκων > латин. draco — «змей», «змея», (в эпоху

ДРА

империи) «военное знамя когорты». Отсюда франц. (с конца XVI в.) dragon — «солдат кавалерии», м. б. потому, что на драгунском знамени было изображение крылатого змея (Bloch — Wartburg², 195).

ДРАЖЕ́, нескл., ср. — «сорт очень мелких конфет округлой формы». Укр. драже́; блр. дражэ́. Ср. чеш. dražé; польск. drażety. В русском языке слово драже известно с конца XVIII в. как кондитерский термин (Левшин, СП, 1795 г., ч. I, 80, ч. II, Оглавление). Встр. в повести Григоровича «Зимний вечер», 1854 г. (ПСС, V, 25). ▫ Заимствовано из французского языка. Ср. франц. (с XIV в.) dragée, f — 1)«драже»; 2) «засахаренные пилюли». Из франц. — нем. Dragée. Происхождение франц. слова не совсем ясно. Возможно, первоисточник — греч. τράγημα, pl. τραγήματα — «лакомство», «десертное блюдо», попавшее во французский язык при посредстве латинского и далее — прованс. tragea : dragea (ср. Bloch — Wartburg², 195).

ДРАЗНИ́ТЬ, дразню́ — «умышленно по-мелочному злить кого-л.»; «возбуждать в ком-л. необоснованные, тщетные надежды». Возвр. ф. дразни́ться. Диал. дражни́ть, дражню́. Укр. дражни́ти (: дразни́ти); блр. дражни́ць. Ср. болг. дра́зня — «дразню»; польск. drażnić (диал. draźnić). Ср. чеш. dráždti — «дразнить» (< *draždžiti, вм. *drážiti); с.-хорв. дра́жити — тж.; словен. draziti — тж. Но ср. ст.-чеш. drážniti — тж., dražň «дразненье». Др.-рус. (с XIV в.) *дразнити (форма инф. не отм.), 1 ед. дразню — «обижаю», «оскорбляю» (Срезневский, Доп., 94). ▫ О.-с. *drazniti, 1 ед. *draznjǫ (> вариант *draznjǫ). И.-е. база *dhregh- (: *dhrǒgh-) [Pokorny, I, 273—274]. Ср. осет. œv-dœrzyn (œvdirzun) — «раздражать», «натирать кожу», также dœrzœg (dirzœg) — «шероховатый», «жесткий» (Абаев, I, 358—359); др.-инд. drāghate — «томит ожиданием», «мучит». Вопреки Абаеву (уп.) сюда не относится рус. дереза.

ДРАКО́Н, -а, м. — «сказочный огнедышащий крылатый змей (иногда с несколькими головами)». Прил. драко́новый, -ая, -ое, драко́нов, -а, -о (не смешивать с драко́нов, драко́новский — «беспощадный», «жестокий», которое происходит от греч. Δράκων — Дракон, имя афинского законодателя, жившего в VII в. до н. э.). Укр. драко́н, драко́нове де́рево; блр. драко́н, драко́наў, -ва, -ва; болг. дра́кон. Ср. чеш. drak (также saň) — тж. Но в с.-хорв., польск. отс. Ср. в том же знач.: с.-хорв. змáj, польск. smok, żmij. В древнерусском языке до XVI в. слово дракон, по-видимому, не было распространенным. Срезневский (I, 720) приводит только один пример из Максима Грека. В словарях — с 1731 г. (Вейсман, 137). ▫ Ср. франц. (> англ.) dragon; ит. drago; нем. Drache и т. д. Первоисточник — греч. δράκων > латин. draco — «змей», «змея»; в греческом, м. б., происходит от глаг. δέρκομαι (аорист

ДРА

ἔδρακον) — «замечаю», «смотрю» < «блистаю».

ДРА́МА, -ы, ж. — 1) «литературное произведение, написанное в диалогической форме и предназначенное для представления на сцене», «литературно-театральное произведение, изображающее сложный и серьезный, но не героический конфликт (в отличие от комедии и трагедии)»; 2) «событие, связанное с тяжелыми душевными переживаниями его участников». Прил. драмати́ческий, -ая, -ое. Сюда же драмати́зм, драмату́рг, драматурги́я. Укр. дра́ма, драмати́чний, -а, -е, драмати́зм, драмату́рг, драматургі́я; блр. дра́ма, драмати́чны, -ая, -ае, драмати́зм, драмату́рг, драматургі́я; болг. дра́ма, драмати́чен, -чна, -чно, драматизъм, драмату́рг, драмату́ргия; с.-хорв. дра́ма, дрâмски, -ā, -ō, драмàтичан, -чна, -чно : драмàтични, -ā, -ō, драмату́рг, драмату́ргија; чеш. drama, dramatický, -á, -é, dramatik — «драматург», dramaturg — «заведующий литературной частью театра», dramaturgie; польск. dramat, dramatyczny, -a, -e, dramatyzm, dramaturg, dramaturgia. В словарях отм. с 70-х гг. XVIII в. (Курганов, «Письмовник», 1777 г., 433: драмма, драмматический). Позже вошли в обиход драматургия (напр., у Пушкина в статье «О поэзии классической и романтической», 1825 г. — ПСС, XI, 37), а вскоре и драматург. В словарях оба слова отм. с 40-х гг. (Плюшар, XVII, 1841 г., 220). ▫ В русском языке вся эта группа слов — позднее заимствование из западноевропейских языков. Ср. франц. (с 1707 г.) drame (прил. dramatique), dramaturge, dramaturgie; нем. Drama (прил. dramatisch), Dramaturgie; англ. drama; ит. dramma и т. д. Первоисточник — греч. δρᾶμα, род. δράματος — «действие», «деяние», «событие», «сценическое представление», «драма», «несчастье» (от δράω — «действую», «совершаю»). Ср. также греч. δραματουργία — «сочинение или постановка драматического произведения». Вторая часть (-ουργ-) от ὄργια — «священнодействие», далее — к ἔργον — «дело», «действие».

ДРАП, -а, м. — «полушерстяная тяжелая плотная ткань, гл. обр. для верхней одежды». Прил. дра́повый, -ая, -ое. Укр., блр. драп; чеш. drap. В южн.-слав. языках (болг., с.-хорв.) отс. В том же знач. болг. дебе́ло су́кно. В русском языке слово драп известно с 1-й пол. XIX в., в словарях с 1861 г. (ПСИС, 177). ▫ Из французского языка. Ср. франц. drap — «(черное) сукно», отсюда draper — сначала «обивать черным сукном, потом вообще обивать, украшать тканями»; отсюда и рус. драпировать; сюда же относится стар. драдедам (< франц. drap des dames — «дамский драп»). Первоисточник — позднелатин. (V в.) drappus — «род шерстяной ткани» (м. б., галльское слово).

ДРА́ПАТЬ, дра́паю, прост. — «быстро и в беспорядке бежать от преследователей». Сов. драпану́ть. Сущ. (со знач. действия) драп. Блр. прост. драпану́ць — «быстро удрать», даць драпака́ — тж., но дра́паць — «царапать»; укр. дряпону́ти (диал. драпону́ти) — «сильно побежать», «удрать», при дря́пати (диал. дра́пати) — «царапать» (Гринченко, I, 441, 450—451). Ср. с.-хорв. дра́пати — «чесать», «царапать», «драть», «щипать»; чеш. drápati — «царапать», «чесать»; польск. drapać — «скрести», «чесать», «царапать»; ср. drapacz, drapak — «скребло», «помело», dać drapaka — «улепетнуть». В русской разговорной речи драпа́ть — «быстро бежать», «спасаться бегством» употр. гл. обр. со времени гражданской войны. В словарях русского языка драпа́ть, драпану́ть отм. с 1935 г. (Ушаков, I, 796, с пометой «из воровского арго, новое, презрительное, вульгарное»). Если это и правильно («из воровского арго»), то в воровское арго оно также могло попасть из говоров белорусских или украинских (западноукр.?). ▫ О.-с. корень *drap-. И.-е. база *drep-: *drŏp- (Pokorny, I, 211). Ср. греч. δρέπω — «срываю», «срезаю», «собираю» (напр., цветы), δρῶπαξ — «смолистое вещество для выдергивания, удаления волос, дропак». И.-е. корень, видимо, *der- — «драть», «сдирать», «рвать», «дергать», тот же, что в рус. удира́ть. Ср. (в семантическом плане) также чеса́ть — «быстро бежать», «удирать»).

ДРАТЬ, деру́ — 1) «рвать, разрывать на части», «превращать в лохмотья», «отделять что-л., отрывая»; 2) «наказывать поркой», «бить». Итератив -дира́ть, -дира́ться теперь только с приставками: раздира́ть, задира́ться, удира́ть и т. п. Возвр. ф. дра́ться — 1) «рваться на части»; 2) «биться», «бить друг друга». Укр. дра́ти, де́рти, дра́тися — «рвать(ся)»; блр. драць, дзе́рці. Ср. болг. дера́ (се) — «рву(сь) на части», «деру(сь)», съди́рам — «раздираю»; с.-хорв. дра́ти, де̏рати (се), 1 ед. де̏ре̑м (се)—«рвать(ся)», ра̀здирати (се), также дрѐти (drijèti), 1 ед. дре̑м, словен. dreti, 1 ед. derem — тж.; чеш. dráti (se), 1 ед. deru (se), dříti, 1 ед. dru — «драть (сдирать)», «дергать», «царапать», «щипать», «тереть», (с приставками) -dírati (se); словац. drat' (sa) «рвать(ся)»; польск. drzeć (się), 1 ед. drę (się) — «драть(ся)», rozdzierać (się), rozedrzeć (się); в.-луж. dréć, 1 ед. dréju (устар. dru) — «обдирать», «рвать», «дергать», «тереть», rózdźerać. Др.-рус. (с XI в.) дърати, 1 ед. деру — «раздирать», «разрывать», «терзать» (Срезневский, I, 720). ▫ О.-с. *dьrati, 1 ед. derǫ, также k derti, 1 ед. dьrǫ (ср. с.-хорв. дрѐти; чеш. dříti и др.). Итератив *dirati; отсюда *dira (см. дыра). О.-с. корень *der-: *dьr-: *dor- (ср. рус. раздор). И.-е. корень *der- (: *dor-, *dr̥), *dera-: *drē- — «драть», «сдирать», «рвать» (Pokorny, I, 206—208). Ср. лит. dìrti, 1 ед. diriù (жем. derù) — «сдирать», «драть» («сечь»); гот. dis-taíran — «раздирать»; др.-в.-нем. zéran [совр. нем. (ver)zehren] — «истреблять»; др.-англ. teran (совр. англ. tear) — «рвать(ся)», «раздирать»; греч. δέρω: δείρω — «сдираю кожу», «секу (кого-л.)»; др.-инд. dr̥ṇā́ti — «разлетается на куски», «лопается».

ДРЕБЕДЕ́НЬ, -и, ж. — «вздор», «пустяки», «чушь». Только русское. Известно с XVIII в. (Нордстет, I, 1780 г., 178). ▫ М. б., от о.-с. *drobь с двойной суффиксацией -ed-en [ср. ска́ред (суф. -ed-: -ĕd-), ступе́нь (суф. -en-)]. След., из *drob-ed-en-ь-. От о.-с. *drobь сначала могло быть образовано *dróbedь, а уже от этого сущ. - *drobedenь. Изменение о > е в корневой части — результат межслоговой ассимиляции. Старшее знач. могло быть «мелкие вещи», «мелочь, не стоящая внимания». Ср. дребезг из *дробезг. См. дробь, дребезги). Едва ли лучше объяснение дребеде́нь из дербеде́нь — «дребедень», «чепуха», «галиматья» (с перестановкой начальных звуков), как, по-видимому, полагал Даль (I, 381, 437), если дербеде́нь в свою очередь получилось из *дебреде́нь [от дебри (см.)], причем суффиксальные трудности остались бы те же. Старшее знач. тогда могло бы быть «неразбериха», «путаница», «темнота».

ДРЕ́БЕЗГИ, -ов, мн. — «осколки чего-л. разбитого», «мелкие части чего-л.». Нареч. вдре́безги. Ср. дре́безг, м. — «звон, звяканье разбиваемого стекла», «дрожащий звук падающих металлических полос»; отсюда дре́безги. В говорах: курско-орл. дро́бизь: дроби́зга — «мелкие предметы», «мелочь» (Кардашевский, II, 317); колым. дра́бэзг, драбэзди́шка — «мелочь», «дребедень» (Богораз, 47). Укр. дрі́б'язок — «мелочь», «мелюзга», дрі́б'язний, -á, -é — «мелочный» (также дріб'язко́вий, -а, -е; ст. деренча́ти — «дребезжать»); блр. драбязá — «мелкие вещи», дро́бязь — «мелочь»; ср. бразгата́ць — «дребезжать». Ср. словен. drobíž (диал. drobezen) — «мелочь», «мелкие вещи», «мелюзга»; ст.-чеш. dróbež; словац. drobizg — «мелюзга», «детвора», drobizeň — «мелочь»; польск. drobiazg — «мелкая, малоценная вещь», «мелочь», «мелюзга»; в.-луж. drobjaz — тж. В словарях сначала отм. глаг. дребежжа́ти (Вейсман, 1731 г., 535). Позже дребезги (Нордстет, I, 1780 г., 178). ▫ Произв. от о.-с. *drobь. Форма дребезг вм. *дробезг — следствие межслоговой ассимиляции о: е > е: е. Главную трудность для объяснения представляет необычный суф. -зг с предшествующим неустойчивым гласным: -е-зг-: -и-зг-: -я-зг-: -ю-зг-. Ср. мелюзга (корень мел- < о.-с. *měl-); ср. диал. мелю́з — «мелкие высевки из-под крупы» (Даль, II, 913). См. дребеде́нь.

ДРЕ́ВНИЙ, -яя, -ее — «весьма давний», «относящийся к далекому прошлому». Нареч. устар. (из)дре́вле [у Пушкина (СЯП, I, 710; II, 197) и др. писателей 1-й пол. XIX в.]. Сущ. дре́вность. Укр. дре́вній, -я, -є (чаще старода́вній, -я, -є), дре́вність; болг. дре́вен, -вна, -вно, дре́вност; с.-хорв. дре̑вни, -а̑, -о̑ (ср. Даничић, I, 313, 1863—1864 гг.: дре̏вьнь, стародре́ван, -вна, -вно: ста̀родре́вни̑, -а̑, -о̑); словен. drevi — «сегодня вечером»; чеш. книжн. dřevní, dřevný, -á, -é — «древний» (Trávníček, 298), нареч. dřív(e), ст.-чеш. dřeve — «прежде»; словац. устар. drievný, -á, -é — «старинный», driev — «прежде»; польск. drzewiej — тж. Др.-рус.

ДРЕ

(с XI в.) дре́вний : дрѣ́вьний, древл(ь)ний : дрѣвл(ь)ний — «древний», «старейший», «вечный», древѣ : дрѣве — «раньше», «прежде», древность (Срезневский, I, 721, 722, 723). Ст.-сл. древьнь : древльнь — «древний», древлѥ — «прежде», «когда-то» (SJS, I : 10, 517). ▫ В этимологическом отношении не вполне ясное слово. О.-с. корень, можно полагать, тот же, что в рус. дерево, ст.-сл. дрѣво. История прил. дре́вний — «стародавний» переплетается в славянских языках с историей прил. древний (от о.-с. *derv-) — «деревянный», «древесный». Ср. (с этим знач.) др.-рус. книжн. и ст.-сл. древьний (Срезневский, I 735); в совр. слав. языках: блр. дру́ўны, -ая, -ае — «древесный»; словен. dreven, -vna, -vno — тж.; чеш. dřevní — тж.; польск. drzewny, -a, -e — тж. (при совр. рус. деревя́нный). Случай употребления слова древний — «стародавний» в др.-рус. письменности с ѣ после р, м. б., и объясняется смешением этих слов. Между тем, древний (< древьний) — «стародавний» — не славянизм в др.-рус. языке, а восходит по корню к и.-е. *dreu-, а не *deru-o-, как рус. дерево и ст.-сл. дрѣво и произв. от них, хотя, в конечном счете, эти слова и принадлежат к одному корневому гнезду [и.-е. корень *deru- : *dr(e)u- : *dreuə-]. О.-с. *drevьnъ, *drevьnъjь и *drevьnъ, *drevьnъjь являются производными с суф. -ьn- от о.-с. *drev-, к которому восходит и наречие. *drevje (с суф. ср. ст. -j-e) > рус. дре́вле, ст.-сл. дрєвлѥ. Старшее знач. этого нареч. — «больше (других)», «впереди (других)» > «раньше (других)», отсюда «прежде», «в старину». Также о.-с. *drevьnь : drevьnъ сначала значило «крепкий (как дерево, как дуб)» > «сильный» > «превосходящий (других)», «предшествующий (другим)», отсюда «прежний», «давний». К и.-е. *dreu- восходят : гот. triggws (< *treu̯u̯az) — «верный» (< «крепкий», «устойчивый» наряду с triu — «дерево»; др.-в.-нем. triuwi (совр. нем. treu) — «верный»; др.-англ. triewe (совр. англ. true) — тж.; абляут — лит. drútas (основа < и.-е. *drū-) — «сильный», «крепкий» (подробнее: Pokorny, I, 214—217, Sławski, I, 174). См. дерево.

ДРЕЗИ́НА, -ы, ж. — (на железной дороге) «легкая четырехколесная (двухосная) тележка для передвижения по рельсам с помощью ручного рычага, вытеснена самоходной повозкой — автодрезиной». Укр. дрези́на; блр. дрызі́на; болг. дрези́на; с.-хорв. дреси́на; чеш. drezína; польск. drezyna. В русском языке известно с начала XIX в. Ср.: «удалось видеть новое изобретение, т. н. дрезину; сия дрезина о двух колесах» [«Дух журналов», 1818 г., с. 334 (76)]. Имеется, однако, в виду не дрезина, а «механическая тележка с ручным рычагом» (для езды по улице), изобретенная Дрезом в 1817 г. Со знач. «велосипед» — ПСИС 1861 г., 178. С совр. знач. отм. Толль (НС, Доп., 1875 г., 351). ▫ Ср. нем. Draisine; франц. draisine (но англ. trolley).

ДРЕЙФ, -а, м. — «отклонение от курса под влиянием ветра или течения», «движение чего-л. (судна, льдов), обусловленное воздействием ветра, течением и т. п.». Глаг. дрейфова́ть. Укр. дрейф, дрейфува́ти; блр. дрэйф, дрэйфава́ць; из русского — болг. дрейф, дрейфу́вам — «дрейфую». Ср. в других слав. яз.: с.-хорв. дрифт; чеш. drift; польск. dryf, dryfować. На русской почве сначала появилось слово дрейф. Оно известно с Петровского времени (Смирнов, 111). Об употреблении глаг. дрейфова́ть или дрейфить (дрефить) в 1-й четверти XVIII в. у нас не имеется данных, но в конце XVIII в. глаг. дрейфова́ть уже отм. в словарях (Шишков, МС, 1795 г., 12: «лечь в дрейф», дрейфова́ть). ▫ В русском языке эти слова голландского происхождения. Ср. голл. drijven (произн. drei̯ven, с полузвонким v) — «плыть», «дрейфовать», также «гнать» (но «дрейф» — drift). Так и в других языках герм. группы: в сканд., англ., н.-нем. (откуда и общенем. Drift, где это слово, как и в голл., является отглаг. образованием. Старшее знач. «действие по глаголу гнать», «гонка», «выгон» (ср. нем. Trift — «выгон»), «(вынужденное) течение» (ср. англ. drift — «медленное течение», «направление», «пассивность») > «дрейф»).

ДРЕЙ́ФИТЬ, дрейфлю, прост. — «робеть», «не решаться», «трусить». У Даля (I, 1863 г., 438): «По Волге говорят дрейфить — «робеть», «пятиться». До Даля в словарях в этом знач. не отмечалось. ▫ От дрейф (см.). Старшее знач. «медленно продвигаться», «медлить». Из языка работников речного (и вообще водного) транспорта.

ДРЕМА́ТЬ, дремлю — «пребывать в состоянии сонливости». Сущ. дремо́та. Прил. (от дремота) дремо́тный, -ая, -ое. Сюда же дрёма, дрему́чий, -ая, -ее. Укр. дріма́ти, дрімо́та, дрімо́тний, -а, -е, дрімучий, -а, -е; блр. драма́ць, дрымо́та, дрымо́тны, -ая, -ае, дрыму́чы, -ая, -ае. Ср. болг. дре́мя — «дремлю», дремли́в, -а, -о (ср. гъст, -а, -о — «дремучий»; с.-хорв. дре́мати — «дремать», дре́меж, дре́мљив, -а, -о — «сонный» (ср. гу́ст, -а, -о — «дремучий»); чеш. dřímati — «дремать», dřímota — «дремота»; польск. drzemać — «дремать». Др.-рус. (с XI в.) дрѣмати — «дремать», (с XII в.) дрѣмотивый — «сонливый» (Срезневский, I, 736). Ст.-сл. дрѣмати — «дремать» (SJS, I : 10, 525). Производные по большей части — поздние. Сущ. дремота, дрема отм. в «Рукоп. лексиконе» 1-й пол. XVIII в. (Аверьянова, 95); прил. дремучий отм. в словарях с 1780 г. (Нордстет, I, 179). ▫ О.-с. *drěmati, 1 ед. *drěmjǫ. И.-е. база *dr-ēm-; без расширения: *drē- : *drə- — «спать» (Pokorny, I, 226). Из других и.-е. языков родственными по корню образованиями являются латин. dormiō — «сплю», dormītō — «засыпаю», «дремлю» (основа *dṛm-); без расширителя: др.-инд. drā́ti : drā́yati : drā́yatē — «спит».

ДРЕСВА́, -ы́, ж. — «крупный песок, получившийся от разрушения горной породы, или мелкий щебень, гравий, употребляемый в домашнем хозяйстве, особенно для мытья дощатых некрашеных полов и т. п.». *Прил.* **дресвя́ный, -ая, -ое.** Ср. польск. устар. drząstwo — «дресва» (обычно żwir górski), м. б., и не родственное с *дресва*. В других слав. яз. отс. Ср. в том же знач.: укр. **жорства́** (ср. **жорсткий, -á, -é** — «жесткий»); блр. **жарства́**; болг. **éдър пя́сък** и т. д. (см. *гравий*). В русском языке слово *дресва* (с *е* после *р*) известно с XVIII в. [Ломоносов, «Мат. к Рос. гр.», 1747—1755 гг. (ПСС, VII, 721)]. В словарях — с 1762 г. (Литхен, 173). ▫ Слово труднообъяснимое, если не предположить прежде всего, вслед за Бернекером (Berneker, I, 256), что оно из **дрясвá* (при неударенности первого слога). Но это **дрясвá* мы объясняем несколько иначе: м. б., оно из **драсвá*, как *дрянь* из **дрань*, как укр. **дря́пати** из **дра́пати** и т. п. На славянской почве корень **dras-*. Ср. словен. drasati — «распарывать», «пороть», чеш. drásati — «скоблить», «скрести», «раздирать», drasta — «царапина», «шрам», draslo — «поташ»; польск. drasnąć — «оцарапать». Состав основы в этих словах: dras- из **drap-* «царапать», «скрести», «чесать» (см. *драпать*) + расширитель -s- (Machek, ES, 94). И.-е. корень **der-*, распространение — **ар* (< **ор*)-, **s-*. Т. о., *дресва* из **дрясвá*, далее из о.-с. **drasva*, а оно из **drapsva* или **drapstva*.

ДРОБЬ, -и, *ж.* — 1) «мелкие свинцовые шарики, предназначенные гл. обр. для стрельбы из ружья»; 2) «доля единицы», «число, представленное как состоящее из частей единицы»; 3) «нечто размельченное», «нечто разбитое»; 4) «частые прерывистые звуки». *Уменьш.* **дроби́нка.** *Прил.* **дро́бный, -ая, -ое** (отсюда **дро́бность**), **дробово́й, -áя, -óе** (отсюда **дробови́к**). *Глаг.* **дроби́ть.** С приставками: **подро́бный, -ая, -ое, раздроби́ть.** Укр. **дріб,** род. **дро́бу** (знач. — как в русском), **дрібни́й, -á, -é, дроби́ти;** блр. **дроб** — «дробь во 2 знач.»; но ср. **шрот** — «дробь в 1 знач.», **по́шчак** — «дробь в 4 знач.» (напр., **бараба́нны по́шчак**); болг. **дроб** — «дробь во 2 знач.», а также «легкое» (ср. **дреб** — «вычески», «очески»), **дро́бен, -бна, -бно** — «дробный» (ср. **дре́бен, -бна, -бно** — «мелкий», «маленький»), **дробя́** — «дроблю»; ср. **дребнея** — «дроблюсь» [но **сачмá,** *мн.* **сачми́** — «дробь (для ружья)» (< турец. saçma — «тж.»)]; с.-хорв. **дро̏б** — «внутренности», «потроха», **дро̏бан, -бна, -бно : дро́бни, -ā, -о̄** — «мелкий», «крошащийся», **дро́бити** — «дробить», также **дро́бит** — «мелкие деньги» [но **сáчма** — «дробь (для ружья)»]; словен. drob — «мелочь», «потроха», droben, -bna, -bno, drobljiv, -a, -e, drobiti; чеш. drob — «потроха», «ливер», drobný, -á, -é — «мелкий», «мелочный», drobnost — «мелочь», drobiti — «дробить», также drobek — «крошка», словац. — как в чеш., но drobnosť, drobiť; польск. drób — «домашняя птица», drobny, -a, -e — «мелкий», drobić — «дробить», drobnieć — «мельчать». В письменных памятниках др.-рус. языка дробь не отм. и не встр. (с XI—XII вв.) **дро́бьный** — «мелкий», **дроби́ти** — «размельчать», «крошить», также **дро́бница** — «мелкий жемчуг» (Ип. л. под 6796 г. и др.) [Срезневский, I, 724]. Но к началу XVII в. слово *дробь* было широко употребительным. Ср. у Р. Джемса (РАС, 1618—1619 гг., 63 : 21): drobe — «haile shot» («дробь охотничья»). ▫ О.-с. форма слова **drobь.* Ср. гот. (ga-) draban — «вырубать», «разбивать», «вырезать»; др.-исл. и совр. исл. drafna — «разлагаться», «распадаться на мелкие части». И.-е. корень **dhrebh-* — «дробить», «разламывать» (Pokorny, I, 272).

ДРОВА́, дров, *мн.* — «распиленные и расколотые части дерева, предназначенные для топки». *Прил.* **дровяно́й, -áя, -óе,** отсюда **дровяни́к.** Укр. **дро́ва, дров'яни́й, -á, -é, дров'яни́к;** блр. **дро́вы,** но **дрывяны́, -áя, -óе, дрывяни́к.** Ср. болг. **дървá;** с.-хорв. **др̏ва, др̏вара** — «дровяной склад, дровяник», **др̏ва̄рскӣ, -ā, -ō̄** — «дровяной»; польск. drwa. Ср. чеш. dříví — тж. Др.-рус. (с XI—XII вв.) **дръва,** (с XV в.) **дровяной, дровяник** (Срезневский, I, 732—733). Ст.-сл. **дръва** (SJS, I : 10, 520). О.-с. **drъva* [мн. от **drъvo;* ср. с.-хорв. **др̏во** — «дерево» (растущее дерево и древесина)]. Основа та же, что в *дерево* (см.), но на иной ступени вокализма. И.-е. **dr(e)u-* : **drou-* (к **deru-* и пр.) — «дерево». См. Pokorny, I, 215—216. Ср. (на той же ступени вокализма) в других и.-е. языках: гот. triu — «дерево»; с тем же знач. др.-исл. tré (совр. исл. tré; норв. tre; дат. træ); др.-англ. treo (совр. англ. tree); алб. dru (< **druu̯ā, f.*) — «дерево» и «дрова»; греч. δρῦς — «дуб» и вообще «дерево»; ср. также авест. dāru, род. draoš; ср. перс. дар — «дерево»; др.-инд. dāru, род. drúṇaḥ : drôḥ.

ДРО́ВНИ, -ей, *мн.* — «деревенские рабочие сани (без кузова) для перевозки дров и иного груза». Ср. в том же знач. укр. **гринджо́ли, сáни.** Другие славяне называют дровни «деревенскими санями» (ср. польск. sanie wiejskie и т. п.). В широком употр. известно по, крайней мере, с XVIII в. Отм. в «Рукоп. лексиконе» 1-й пол. XVIII в. (Аверьянова, 96). ▫ От *дрова* (< *дръва*); суф. *-ьн-*.

ДРО́ГНУТЬ, дро́гну — 1) *несов.* «трястись от холода, зябнуть»; 2) *сов.* «непроизвольно сделать резкое движение», «содрогнуться», «вдруг мгновенно задрожать», «вздрогнуть», «поколебаться», «испугаться». Сюда же **дрожь, дрожа́ть.** Укр. **здригну́тися** — «дрогнуть», «задрожать», **дрож, дрижа́ти** (чаще **тремти́ти** — «дрожать»); блр. **здрыгану́цца** *сов.* «дрогнуть», «задрожать, дры́жыкі, дрыго́тка** — «дрожь», **дрыжа́ць;** с.-хорв. **др̏хтавица, др̏хат** — «дрожь», **др̏хтати** («дрожать»); словен. (с теми же знач.) drget, drgetati, drhteti — «дрожать», «дрогнуть»; польск. drygać — «вздрагивать», drygnąć — «дрогнуть», «вздрогнуть»; в.-луж. rżeć (произн. žrjeć) — «дрожать», «дребезжать»; н.-луж. d(r)žaś — «дрожать». В других слав. яз. в настоящее время отс. Др.-рус. (с XIV в.) **дрожати** тж. (Срезневский, I, 724). ▫ О.-с. корень **drъg-.* И.-е. база **dhreugh* — «дрожать»,

ДРО

«трястись» (Pokorny, I, 275). Ср. лит. drugỹs — «лихорадка», «озноб», также «мотылек», «бабочка»; латыш. drudzis — «лихорадка». Другие сопоставления сомнительны ввиду семантических расхождений [напр., др.-в.-нем. truckan, совр. нем. trocken — «сухой» (< «дряхлый», «дрожащий»?)].

ДРОЖЖИ, -éй, *мн.* — «вещество, состоящее из микроскопических грибков и имеющее способность вызывать брожение, употр. при производстве хлеба, пива, вина и пр.». *Прил.* дрожжевóй, -áя, -óе. Укр. дрíжджі, дрíжджовий, -á, -é; блр. дрóжджы, дражджавы́, -áя, -óе; словен. drožji : drožje, *мн.*, drožen, -a, -o; чеш. droždí, *мн.*, drožd'árna — «дрожжевой завод», отсюда drožd'árenský, -á, -é — «дрожжевой»; словац. droždie, *мн.*, droždʼový, -á, -é; польск. drożdże, *мн.*, drożdżowy, -a, -e; в.-луж. droždže, *мн.*; н.-луж. drožd'zeje, *мн.* Но не во всех совр. слав. яз. Ср. в том же знач.: болг. маяˊ (< турец. maya — тж.); правда, у Младенова (ЕПР, 152) находим и дрóждие, *ср.*, собир. — «дрожжи» и прил. дрóждяв, -a, -o, но теперь это не общеболгарские слова; с.-хорв. квáсац или просто квас (как и в некоторых других слав. яз., имеющих слово дрожжи в соответствующей данному языку форме); ср., однако, с.-хорв. дрòжда : дрòждина — «осадок, отстой» (при виноделии и пивоварении), «барда». Др.-рус. (с XI в.) дрождия, *мн.* (в Изб. 1073 г. и др.), дрощия (XI в.), дрожди (в Паис. сб. XIV в.) [Срезневский, I, 724—725]. Ст.-сл. дрожданя, *мн. ж.* (SJS, I : 10, 517). □ О.-с. основа *droždž- : *drošč-. И.-е. база *dh(e)rə-gh-. На славянской почве допускают как исходное образование *dhrəgh-sk-ā (Berneker, I, 228 > Pokorny, I, 251), откуда, с одной стороны, о.-с. *drozga (с zg из gzg < g-sk; ср. словен. drozga — «виноградный сок»), с другой — о.-с. *droska (c sk из ksk < gsk; ср. словен. troska — «барда», также «окалина», «шлак»). С суф. -i (: -j) они дают *droždži, *мн.* (с ždž из zgj-) : *drošči, *мн.* (с šč из skj). Форма с жд и форма дрощи в др.-рус. языке, возможно, из ст.-сл. Ср. (без расширителя -sk-): лит. устар., диал. drāges, *pl.* (< *dhrəghi̯ās) — «дрожжи»; др.-прус. dragios, *pl.* — «дрожжи»; др.-сканд. dregg, *pl.* dreggiar — «дрожжи» (совр. исл. dregg — «осадок», «гуща»); ср. англ. dreg — «осадок», «отбросы»; алб. drä — «масляные выжимки» (< draē < *dragā < и.-е. *dhrəghā); с формантом -st-: др.-в.-нем. trestir, *pl.* — «(фруктовые) выжимки», «осадок», «подонки» и др.

ДРОЗД, -á, *м.* — «небольшая певчая лесная птица семейства воробьиных», Turdus. *Прил.* дроздóвый, -ая, -ое. Укр. дрізд, *род.* дрозда́, дроздóвий, -а, -е; блр. дрозд, драздóвы, -ая, -ае; болг. дрозд (Младенов, ЕПР, 152; но чаще кос); с.-хорв. дро̏зд, дро̏зак, дро̏здаљ, дрозгòвљи, -а̄, -е̄; ср. дрозгòвић — «дрозденок»; словен. drozg, drozgov, -a, -o; чеш. drozd, прил. drozdí; словац. drozd; польск. drozd (диал. drósc); в.-луж. drózn (< *drozdьn-). В русском языке слово *дрозд* (как название птицы) из-

ДРУ

вестно с XVII в. Лудольф («Рус. гр.», 1696 г., 88) дает форму ж. р.: *дрость черна* — «Amsel». Позже — Поликарпов (1704 г., 95). Но, конечно, это слово было известно и раньше. Об этом свидетельствует прозвище *Дрозд*, отм. в памятниках с 1476 г. (Тупиков, 134). Ср. среднеболг. дрозгъ (Младенов, ЕПР, 152). В польском языке известно с XIV в. (иногда в форме drzozd). □ О.-с. *drozdъ, *м.* : *drozdь, *ж.* Ср. др.-прус. tresde — «дрозд» [при лит. strãzdas (: strazds); латыш. strads, с начальными st вм. t, возможно, под влиянием второго слога с zd (Fraenkel, 920)]. По-видимому, и о.-с. *drozdъ получилось из *trozdъ [с dr начальными под влиянием звонких zd в следующем слоге (форма с zg *drozgъ, напротив, обязана своим появлением диссимилирующему воздействию начальных dr после того, как возникло d вм. t)]. Ср. названия дрозда: др.-в.-нем. drōsca, *f.*, совр. нем. Drossel; англ. thrush; др.-исл. þrǫstr (совр. исл. þröstur), норв. trost; швед. trast; латин. turdus (< *tr̥zdos); новобрет. drask(l); новоирл. truid : druid (основа < *trozdi-) — «скворец». И.-е. *trozdos- : *tr̥zdos-, по-видимому, звукоподражательное по своему происхождению (элементы tr, zd). Подробнее см. Pokorny, I, 1096, отчасти 1079.

ДРУГ, -а, *мн.* друзья́, *м.* — «любимый, верный товарищ», «близкий приятель». *Прил.* дру́жный, -ая, -ое, дру́жеский, -ая, -ое. *Глаг.* дружи́ть. *Сущ.* дру́жба. Укр. друг, *мн.* дру́зі, дру́жний, -а, -е, дру́жній, -я, -є — «дружественный», дружи́ти, дру́жба; блр. друг, дру́жны, -ая, -ае, дру́жба (но сябрава́ць — «дружить»); болг. друга́р — «товарищ», дру́жен, -жна, -жно, дру́жески, -а, -о, дружа́ — «дружу», дру́жба, с.-хорв. дру̑г, дру̀га̄р — «товарищ», дру̑жеван, -вна, -вно : дру̀жевнӣ, -а̄, -о̄ — «общительный», дру̀га̄рски, -а̄, -о̄ — «дружеский», дру̀жити се — «дружить», дру̑жба — «товарищество», «компания»; словен. drug, sodrug, družaben, -bna, -bno — «товарищеский», «дружеский»; чеш. družný, -á, -é — «общительный», «дружный», družiti — «соединять», družiti se — «дружить», «соединяться», družba — «дружба» и «дружка, шафер на свадьбе»; словац. druh, družný, -á, -é, družiť' — «соединять», družiť' sa — «соединяться», «присоединяться», družba; польск. druh (ст.-польск. drug) — «друг» и «дружка», drużba, в.-луж. drug — «товарищ», družić (sa) — «присоединять(ся)», «составлять товарищество, компанию», družba — «товарищ», «дружка». Др.-рус. (с XI в.) другъ — «друг», «товарищ», «слуга», «дружина», дружьбьный — «дружеский», дружьний — «относящийся к другу», дружити — «быть дружками на свадьбе», «радеть», дружитися — «дружить» (в Сл. Дан. Зат.), дружьба — «дружба», «товарищество» (Срезневский, I, 726, 731—732; Доп. 94—95). Ст.-сл. дроугъ (SJS, I : 10, 518). □ О.-с. *drugъ (< др.-в.-нем. *dhroughos). И.-е. база *dh(e)reugh-, корень *dher- : *dherə — «поддерживать», «подпирать», «держать» (Pokorny, I, 252—255). Ср. лит. draũgas — «друг», «товарищ»; латыш.

drauġs — «друг»; гот. driugan — «оказывать военную помощь», «сотрудничать в походе», ga-drauhts — «воин», «боец»; др.-исл. draugr — «дружинник», «воин» (ср. совр. исл. draugur — «лентяй», «лежебока»; др.-исл. drjūgr (совр. исл. drjúgur) — «прочный», «крепкий», «сильный»; др.-англ. dreogan (совр. англ. dree) — «терпеть (лишения)», «страдать», др.-англ. также «выполнять (приказание)».

ДРУЖИ́НА, -ы, ж. — «небольшой отряд, группа людей, организованных для совместной деятельности, для достижения общей цели». *Прил.* дружи́нный, -ая, -ое, отсюда дружи́нник. Укр. дружи́на — тж., также «супруг» («супруга»), дружи́нний, -а, -е, дружи́нник; блр. дружы́на, дружы́нны, -ая, -ае, дружы́ннік; болг. дружи́на — «дружина», «артель», «батальон», дружи́нен, -нна, -нно; с.-хорв. дру̀жина — «небольшая компания», спорт. «команда», «товарищи», дру̀жи̑нскӣ, -ā, -ō; словен. družína — «семья», «семейство»; чеш. družina — «дружина», «свита», družinový, -á, -é, družiník; польск. drużyna — «дружина», спорт. «команда», «бригада». Др.-рус. (с XI в.) дружина — «товарищи», «спутники», «община» (в Р. прав.), «(княжеская) дружина», «войско вообще» (Срезневский, I, 729—731). ◻ О.-с. *družina. Произв. от о.-с. *drugъ с помощью суф. -in-a. См. *друг*.

ДРЯ́БЛЫЙ, -ая, -ое — «утративший твердость, упругость, эластичность, свежесть», «рыхлый». *Кр. ф.* дрябл, -а, -о. *Сущ.* дря́блость. *Глаг.* дря́бнуть, дрябле́ть (Даль, I, 444). В говорах: дрябь — «дряблое дерево», «дряблое место»; ср. дрябе́ть — «дребезжать», «издавать глухой дрожащий звук» (Даль, I, 443). Укр. дря́блий, -а, -е, дря́бліть, дрябліти. Ср. в том же знач. блр. дру́злы, -ая, -ае. В других слав. яз. отс. В письменных памятниках др.-рус. и ст.-сл. яз. отс. В словарях — с 1704 г. (Поликарпов, 95 об.). ◻ Если допустить, что старшее (не сохранившееся) знач. было «разлагающийся», «набухший», «взбухший», то можно связывать это прил. с рус. диал. (сев.-зап.) дреба́ (> дряба́ — вследствие межслоговой ассимиляции *е* : *а* > *'а* : *а*?) — «дрожжи», «барда». Слово дреба́ обычно, со времени Даля (I, 437), связывают с диал. дроба́ — тж. и оба варианта основы — с греч. τρέφω — «делаю густым», «даю свернуться» > «вскармливаю», «питаю»; ирл. drabh — «дрожжи».

ДРЯ́ЗГИ, дрязг, *мн.* — «мелочная склока», «обыденные мелочи, неприятности», «сплетни и наговоры». В говорах: дрязгли́вый, -ая, -ое — «сварливый». В словарях отм. с конца XVIII в. (САР¹, II, 1790 г., 778): *дрязг* — «всякий сор», «нечистота», «вздор»). Едва ли нужно отделять это слово от рус. диал. дрязг — моск. «хворост», «сушняк», также «сор», дрязга́ — яросл. «лесистая болотистая местность», калуж. «песчаная жидкая грязь», друзг — «хворост», друзга́ — смол. «все рыхлое и сухое», «сухой лист», в других говорах вообще «сор», «хлам», «дрянь» (Даль, I, 443; Голанов, Доп.). В других слав. яз. сюда относятся: болг. дрезда́к (из *дрезга́к), ст.-польск. drzązdż — «хворост». Др.-рус. (с XI в.) дрязга — «лес», прил. дряждьный : дряжьный (> *dręždžьnъjь, где ždž < zg перед ь; корень *dręzg-) — «поросший лесом», «лесной», глаг. дрязгну́ти — «жевать» (Срезневский, I, 736). Ст.-сл. дрѫзга — «лес», «роща» (SJS, I : 10, 525). ◻ О.-с. *dręzga. Исходное знач., возможно, было «хруст», «треск». Отсюда, с одной стороны, знач. «сухостой», «валежник», «хворост» и далее «лес», с другой «сор», «мусор», «хлам» и далее — «дрязги». Ср. развитие значений, напр. в словах *дрянь* (< *дрань*) и *вздор*, этимологически связанных с *драть* (см.). Слово, по-видимому, звукоподражательное по происхождению, восходящее к и.-е. *dhren- [ср. нем. dröhnen — «гудеть», «дребезжать»; латин. drēnsō (галльское слово) — «лебединый крик»; ср.-ирл. drēsact — «шум», «треск»; др.-инд. dhránati — «звучит» и др. (об этой группе слов см. Pokorny, I, 255; Walde — Hofmann³, I, 374; Mayrhofer, II, 115 и др.)]. О.-с. *dręzg-, м. б., из и.-е. *dhren-sk-, с последующим озвончением форманта. В семантическом плане ср. франц. débaucher — «развращать», «подстрекать», откуда débauche — «разврат», «расточительная трата» [> рус. *дебош* (см.)]. Первоначально débaucher (ст.-франц. balc — «балка», «кусок дерева», совр. франц. bau — «балка», устар. bauch — тж.) значило «тесать, обрабатывать дерево для балки или бруса».

ДРЯНЬ, -и, ж. — «сор», «хлам», «что-л. бесполезное, негодное». В говорах дряньё и драньё — «ветошь» (Даль, I, 443). *Прил.* дрянно́й, -а́я, -о́е. Блр. дрэнь, по-видимому, из русского [из говоров с *е* вм. 'а'(я): дрень]. В памятниках др.-рус. письменности не встр. Ср., однако, прозвище *Дрянь* (1657 г.), отм. Туликовым (133). В словарях *дрянь* — с 1731 г. (Вейсман, 392). ◻ В русском языке *дрянь* из *дрань*, а это последнее от о.-с. корня *der- : *dьr- (из *dьрань). Старшее знач. «то, что можно драть», «то, что дерется», «нечто драное», напр. «драная бумага, ткань», «сдирное сало с цельной туши»; также «залог», «новина» [ср. *дрань* с этими и подобными знач. в говорах (Даль, I, 437)]. Смягчение *р* — едва ли фонетическое (под влиянием -*н'* в конце слова). Скорее — под воздействием таких близких по значению слов, как *дерюга* или таких, как *дряблый*, *дряхлый*; ср. еще *дряз* — «сор», «хлам», «дрянь» (Даль, I, 443). См. *драть*, *дерьмо*, *вздор*.

ДРЯ́ХЛЫЙ, -ая, -ое — «очень старый, на грани разрушения», «хилый от старости». *Кр. ф.* дряхл, -а, -о. *Сущ.* дря́хлость. *Глаг.* дряхле́ть. Укр. дря́хлий, -а, -е (чаще старе́зний, -а, -е), дря́хліть, дряхліти; блр. дра́хлы, -ая, -ае, дра́хласць, драхле́ць. В других слав. яз. ср. только с.-хорв. устар. dréseo, -ela, -elo — «угрюмый», «печальный», drese̋lje — «грусть», «печаль», drese̋liti se — «печалиться»; словен. dresel. Др.-рус. (с XI в.) дряхлъ, дряхлый

ДУБ

(ст.-сл. дрѧхлъ) — 1) «угрюмый», «печальный»; 2) «пристыженный»; 3) «медленный»; 4) «усталый»; 5) «жестокий», отсюда дряхлота (ст.-сл. дрѧхлота) — «скорбь», дряхлость (ст.-сл. дрѧхлость) — «стыд», дряхловати (ст.-сл. дрѧхловати) — «печалиться». Не засвидетельствована в письменности, но возможна и глагольная форма *dręchnǫti (< *dręchnq-ti). Ср. дряхновение (XIV в.).Но с древнейшего времени была известна и форма с с: дряселый : дряслый — «угрюмый», отсюда дряселовати (ст.-сл. дрѧселовати) — «печалиться», также (в одном памятнике XV в.) дряский : дряскавый — «печальный» (Срезневский, I, 737—738). Ст.-сл. дрѧселъ — «печальный», «удрученный» (SJS, I : 10, 525). □ О.-с. основа *dręs- : *dręsk-; прил. *dręselъ : *dręslъ с суффиксами -el- : -ьl- (ср. о.-с. *veselъ, *qtьlъ). Вариант основы с ch *dręch- мог бы получиться из *dręks- < *dręsk- (в результате перестановки sk > ks). Старшее знач. прилагательного (частично сохраняющееся в с.-хорв.) «печальный», «угрюмый», «медленный», «усталый». И.-е. основа *d(e)rəm-, та же, что и в рус. дремать (см.) < о.-с. drěmati. Т. о., ę в о.-с. *dręs- : *dręsk- из ēm.

ДУБ, -а, м. — «долголетнее высокое широколиственное дерево семейства буковых», Quercus. Прил. дубо́вый, -ая, -ое. Сущ. дубня́к, дубьё, дубови́к. Укр. дуб, дубо́вий, -а, -е; блр. дуб, дубо́вы, -ая, -ае; болг. дъб, дъ́бов, -а, -о; с.-хорв. ду̑б, ду̏бовӣ, -ā, -ō; словен. устар. dob (обычно hrast); чеш. и словац. dub, dubový, -á, -é; польск. dąb, dębowy, -a, -e; в.-луж. dub, dubowy, -a, -e; н.-луж. dub. Др.-рус. (с XI в.) дубъ — «дерево вообще», «дуб», дубовый, дубье — «деревья», «дубы» (Срезневский, I, 738—741). Ст.-сл. дѫбъ — «дерево», «дуб» (SJS, I : 10, 555), дѫбовьнъ. □ О.-с. *dǫbъ. В этимологическом отношении это слово, о происхождении которого имеется большая научная литература, продолжает оставаться спорным. Покорный (Pokorny, I, 264), нерешительно следуя за Бернекером (Berneker, I, 215), относит это слово к группе и.-е. *dheu-bh- : *dhou-bh- (с носовым инфиксом на о.-с. почве) — «темный», полагая, что дуб получил свое наименование по темной (иногда темно-бурой) сердцевине (ядру) древесины, или, м. б., это сначала относилось к т. наз. мореному дубу, т. е. долгое время находившемуся под водой, с темно-серой или черной древесиной (см. БСЭ², XV, 249). Ср. латин. rōbur — «древесина дуба», rōbīgō — «ржавчина», этимологически связанные с названиями т е м н ы х цветов в и.-е. языках (ср. латин. robeus : rubeus — «красный», ruber — «красный», rubor — «красный цвет»; др.-рус. и ст.-сл. ръдръ — «рыжий», ръжа — «ржавчина» и пр.). Другие объяснения слова дуб кажутся нам более натянутыми [см. о них Vasmer, REW, I, 376—377 и, с некоторыми дополнениями, в русском переводе (Фасмер, ЭС, I, 547—548)]. Упомянем только о попытках избежать предположения о носовом инфиксе на о.-с. почве, о сближении с греч. δέμω — «строю», рус. дом и другими словами этой группы (см. дом), восходящими по корню к и.-е. *dem- : *dom- — «строить», в связи со значением дуба в строительном и кораблестроительном деле. Праформа *dom-bh-o-s. Чешские языковеды (Holub — Kopečny, 109; Machek, ES, 100) сближают о.-с. *dǫbъ с нем. Tanne — «ель», «пихта», Tann — «бор» (др.-в.-нем. tanna < о.-г. *danwō). Голуб и Копечный исходят при этом из праформы *dhan-bhos.

ДУБИ́НА, -ы, ж. — «толстая тяжелая палка (палица) для боя, для драки»; перен. «тупой человек». Прил. дуби́нный, -ая, -ое. Блр. дубі́на, дубня́к; но укр. дубі́на — «дуб», «дубняк», редко «дубина». Ср. чеш. dubina — «дуб (древесина, материал)», «дубовая роща»; польск. dębina — «дубовая роща», в.-луж. dubina — тж. Др.-рус. (с XV в.) дубина — «палица», «палка» (Срезневский, I, 739). □ От дуб (см.). Старшее знач., вероятно, «отдельное срубленное дерево», потом «кол». Ср. берёзина — «срубленное или сваленное березовое дерево».

ДУБРА́ВА, -ы, ж. — «лиственный лес, иногда с преобладанием дуба». Устар. поэт. дубро́ва — тж. Ср. курско-орл. дубро́ва — «дубовый лес», «дубовая роща» (Кардашевский, II, 324); колым. «лиственная поросль, обыкновенно мелкий ивняк» (Богораз, 47); олон. «трава» [Даль, I, 443; ср. у Куликовского (20): дубро́вка и (со ссылкой на «Причитания» Барсова) дуброва — «место, покрытое мелкой травой», «лужайка, а также и трава, ее покрывающая»]. Укр. ді́брова — «дубрава», «лес», а также «небольшая, преимущественно лиственная роща» [ср., однако, у Гринченко (I, 452) дубро́ва — «дубовый лес», прил. дубрі́вний, дібрі́вний, дібро́вний, -а, -е; блр. дубро́ва — «дубрава»; болг. дъбра́ва — «молодой лес»; с.-хорв. ду̏брава (ср. с -ov- название города Ду̏бровнӣк) — «дубрава», «дубовая роща»; словен. dobrava — тж.; чеш. doubrava (ст.-чеш. dúbrava) — «дубовый лес», прил. doubravní; словац. dúbrava — «дубовый лес»; польск. dąbrowa — «дубрава», dąbrowny, -a, -e; в.-луж. dubrawa — «дубовый лес». Др.-рус. (с XI в.) дубрава — «дубрава», «поле, ager» [«пашня» (?)], но дуброва — «лес», «роща», дубравьный — «лесной», «полевой» («злакъ дубравьный») [Срезневский, I, 739, 740]. Ст.-сл. дѫбрава, дѫброва (=др.-рус. дубрава, дуброва) [SJS, I : 10, 555]. □ О.-с. *dǫbrava (суф. -av-a, как в о.-с. murava — рус. мурава); *dǫbrova (хотя происхождение суф. -ov-a неясно: м. б., основа на ov- в славянских языках — от о.-с. *dǫbrъvь?). Происходит это слово не от дуб (< о.-с. *dǫbъ), а от *dǫbrъ — «дерево» (?). Ср. среднеболг. дѫбръ — «дерево». Ср. (от основы *dǫbr-) среднерус. (XVI в.), с другим суф., дубровь (< *dǫbrъvь) — «лес», «роща» (Срезневский, Доп., 95); укр. дубра́к (иначе горля́нка) — бот. «дубровка», «живучка», Ajuga; блр. диал. дубрэ́ць — «твердеть» (Касьпяровіч, 100); полаб. döbf'ánka — «чернильный орешек» (Rost, 380, там же dōbrúova — «дубовая роща»). Ср. лит. dum̃brės — «болото», «топь» (Fraenkel, 108). И.-е. база *dheu-b-, с суффиксальным -г- и назализацией на балто-славянской почве. Старшее знач. о.-с. *dǫbrava, возможно, «низина», «равнина», «поле», позже «лес на низине», «деревья». Ср. с.-хорв. гòра — «гора» и «лес».

ДУГА́, -и́, ж. — 1) «часть конской упряжи в виде круто изогнутого ствола тонкого дерева над шеей лошади, служащая для скрепления оглобель с хомутом»; 2) «часть окружности и вообще кривой линии». В говорах (напр., кое-где на Севере) встр. со знач. «радуга» (Даль, I, 445). Прил. дугово́й (к дуга 1 знач.), ду́жный, -ая, -ое. Укр. дуга́, дугови́й, -а́, -é, ду́жний, -а, -е; блр. дуга́, дугавы́, -а́я, -ое. В других слав. яз., напротив, обычное знач. этого слова — «радуга», иногда «часть окружности»: болг. дъга́, дѣгов, -а, -о; с.-хорв. ду́га; чеш. duha [ср. oblouk — «часть окружности», но «дуга» (в упряжи) — duha (русизм)]; польск. диал. dęga : dąga (общепольск. kabłąk; ср. łuk — «часть окружности»); Др.-рус. (с XI в.) дуга — «радуга» (Срезневский, I, 741); ст.-сл. дѫга — «радуга» (SJS, I : 10, 555). В знач. «часть упряжи» слово дуга в русском языке известно с нач. XVII в. Отм. у Р. Джемса (РАС, 1618—1619 гг., 34 : 12): dŭga («a rainbowe») и «изогнутая в круг часть [упряжи] над...шеей лошади». ◻ О.-с. *dǫga — «радуга», «полукруг» (?). Ср. лит. dangà — «покрышка», «покрывало», «покров», dangùs — «небо», deñgti — «покрывать», «укутывать»; др.-прус. dangus — «небо»; др.-в.-нем. tungen — «обременять», «прижимать»; др.-ирл. dingim — «прижимаю», «подавляю» и др. И.-е. корень *dhengh- — «давить», «угнетать», «сгибать», «покрывать». Подробнее см. Pokorny, I, 250. Младенов (ЕПР, 158) связывает балто-слав. *deng- с турец. ten(g)ri — «небо», «бог».

ДУ́ДКА, -и, ж. — 1) «духовой музыкальный инструмент в виде трубки с отверстиями», «свирель»; 2) «полый стебель растения». Ср. устар. и прост. дуда́ — то же, что дудка в 1 знач. Прил. (к дуда в 1 знач.) ду́дочный, -ая, -ое, отсюда ду́дочник, (к дудка во 2 знач.) ду́дчатый, -ая, -ое. Глаг. дуде́ть (1 л. наст. вр. теперь не употр., но ср. дудю́ — у Поликарпова, 1704 г., 96). Сущ. дуда́рь. Укр. дуда́, ду́дка, ду́дник, ду́дарь, дудко́вий, -а, -е, ду́дчатий, -а, -е, дуді́ти — «дудеть», «дуть»; ср. дудні́ти — «гудеть»; блр. дуда́, ду́дка, дуда́р, ду́дкавы, -ая, -ае, дудкава́ты, -ая, -ае — «дудчатый», дудзе́ць. Ср. с.-хорв. дуда — «детская дудочка», «свирель», «жалейка» (но устар. ду́дук — «длинная пастушеская дудка» < турец. düdük — «флейта», «длинное полое тело»; польск. dudka — «дудка»; также dudy — «волынка», dudarz — «дудочник», dudać — «играть на волынке», сюда же duda — «олух», «простофиля». Ср. в том же знач.: болг. сви́рка, пища́лка;

чеш. píšt'ala. В письменных памятниках XI—XVI вв. не встр. Ср. у Р. Джемса (РАС, 1618—1619 гг., 62 : 5): dŭda — «a pipe» («дудка»). Производные все — более или менее поздние. Но прозвище Дуда известно с XI в. (Тупиков, 138). В словарях — с 1704 г. (Поликарпов, 96: дудю́, дуди́льник); прил. дудчатый и дудочный вошли в употр. с конца XVIII—в 1-й пол. XIX в., отм. в СЦСРЯ, 1847 г., I, 376. До начала 900-х гг. употреблялся инф. дуди́ть (при дуди́шь, дуди́т), напр. у Пушкина в стих. «Батюшкову», 1815 г.: «Дудил я непрестанно» (ПСС, I, 114). Позже дуде́ть. Ср. у А. Н. Толстого в повести «Детство Никиты», 1920 г.: «Василий Никитьевич... дудел морской марш», «задудев в щеку» (СС, IV, 73). В словарях дуде́ть отм. с 1935 г. (Ушаков, I, 809). ◻ О.-с. *duda. Едва ли звукоподражательное по происхождению. Скорее от о.-с. *duti (: *dǫti); -d- — суф.

ДУ́ЛО, -а, ср. — «полый ствол огнестрельного оружия», «отверстие такого ствола». Прил. ду́льный, -ая, -ое. Сущ. ду́льщик. Укр. ду́ло; блр. ду́ла; болг. ду́ло. Но ср. с.-хорв. цèв — «дуло (ствол)», уста цева — «дуло (отверстие)»; чеш. hlaveň — «дуло (ствол)», ústí hlavně — «дуло (отверстие)»; польск. lufa — «дуло» [< нем. Lauf — «дуло (ствол)»]. В русском языке слово дуло известно (в совр. знач.) с 1-й пол. XVII в. («Книга о ратном строе», 1647 г., 218). Прозвище Дуло известно с XVI в., фамилия Дулов — даже с XV в. (Тупиков, 139, 539). Но, разумеется, в этом случае установить знач. нарицательного существительного трудно. Ср. рус. диал. ду́ло — «оконечность трубы, дудки», ду́льце — «мундштук» (муз. инструмента), ду́лить — «дуди́ть» (Даль, I, 446); болг. ду́лец — «трубка фонтана», ду́лица — «свиное рыло»; с.-хорв. ду́лац — «дудка у волынки»; польск. dudlić — «дудеть». Т. о., образование *dudló — «дудка», «трубка» и т. п. могло бы быть очень давним. Гнездо — дуть (см.).

ДУ́МА¹, -ы, ж. — «размышление», «мысль». Глаг. ду́мать. Прил. (устар.) ду́мный, -ая, -ое — «задумчивый», «озабоченный». Другие произв. префиксальные: разду́мье, разду́мчивый. Укр. ду́ма — тж. (также «жанр лирической народной песни»), ду́мка, ду́мати, ду́мний, -а, -е — «задумчивый», ро́здум; блр. ду́ма, ду́маць, ро́здум. Ср. болг. ду́ма — «слово», ду́мам — «говорю»; с.-хорв. ду́мати, 1 ед. ду̀ма̄м — «думать» и «говорить»; македон. дума — «дума» и «слово», дума, 3 ед. — «думает» и «говорит»; чеш. (из русского, из польского?) dumati — «думать»; словац. duma, dumka, dumat', dumný, -á, -é — «задумчивый»; польск. duma — устар. «дума», совр. «гордость», «самомнение», dumać, dumny, -a, -e — «гордый», «высокомерный». Др.-рус. (с X—XI вв.) дума — «мысль», «намерение»; «совет», «совещание», думати — «мыслить», «совещаться», «замышлять»; думьный — «мудрый» (Срезневский, I, 742—744). ◻ О.-с. *duma, *dumati. В этимологическом отношении темное и спорное слово. Многие языковеды считают заимствованием (о.-с. эпохи) из германских языков. Ср. гот. dōms — «репутация», «слава»; также др.-сканд. dōmr (ср. совр. дат. dom — «мнение», «суждение», «приговор»); др.-англ. dōm — тж. (совр. англ. doom — «рок», «судьба», «смерть», устар. «приговор»); др.-в.-нем. tuom — «мощь», «власть», «господство», «состояние» [и.-е. корень *dhē- (см. *делать*)]. Это объяснение, кажется, не без основания оспаривается другими языковедами. По мнению Maxeka (Machek, ES, 102), корень здесь тот же, что и в о.-с. *myslь (см. *мысль*), в греч. μῦθος — «речь», «слово», «совет», «замысел», «слух» и др. И.-е. корень *mēudh- : *məudh- : *mūdh- (Pokorny, I, 743). На о.-с. почве вместо ожидаемого *myd- (< и.-е. *mūdh-) вследствие перестановки согласных (m : d > d : m) и влияния о.-с. *umъ действительно могло получиться *dum-.

ДУ́МА², -ы, ж. — «название различных органов центрального и местного управления в царской России»; *ист.* «совет бояр, земских выборных и т. п. в Древней Руси». *Прил.* ду́мский, -ая, -ое, ду́мный, -ая, -ое. *Сущ.* ду́мец. В этом знач. в других слав. яз. (кроме укр. и блр.) известно лишь как русизм (напр., польск. duma państwowa — о русской Государственной думе). В России *городские думы* существовали с 1785 г. по 1917 г., *Государственная дума* — с 1905 г. по 1917 г. Ср. еще в более раннее время *Боярская дума* — название высшего феодально-аристократического совета при государе (гл. обр. XVI—XVII вв.). Любопытно употребление слова *дума* в одной отписке из Швеции (1650 г.): «итти в *думу*» — о шведском сейме, а также *думные люди* — о депутатах сейма или «соемных людях» ЧОИДР, 1898, I, 300). □ См. *дума*¹.

ДУ́ПЕЛЬ, -я, м. — «птица семейства бекасовых, большой болотный бекас», Capella media. *Прил.* дупели́ный, -ая, -ое. Укр. ду́пель, дупели́ний, -а, -е; блр. ду́пель, дупялі́ны, -ая, -ае. Ср. польск. dubelt — тж. В других слав. яз. отс.: дупеля называют или *бекасом* (см.), напр., в болг., или иначе — по-славянски (ср., напр., чеш. sluka prostřední). В словарях слово *дупель* отм. с 1863 г. (Даль, I, 446), но, конечно, известно оно было и раньше. Старшая форма *дупельшнеп* [ср. у Аксакова в «Записках ружейного охотника», 1851 г., гл. «Дупельшнеп»: «Его всегда называют *дупелем*... хотя это последнее название и неправильно» (СС, V, 48)]. □ Слово немецкое: Doppelschnepfe — «дупель» [собств. «двойной (doppel) бекас (Schnepfe)»]. Ср. у Аксакова (ib.) «(бекасу) предпочитают *дупеля*, который чуть не в д в о е больше (что показывает и немецкое его название)». Ср. у Пушкина в черновых вариантах к гл. I, строфе 16 «Евгения Онегина»: «двойной бекас» (ПСС, VI, 228). Ср. *вальдшнеп* (< нем. Waldschnepfe — букв. «лесной бекас»).

ДУПЛО́, -а́, ср. — «пустота, углубление, естественная выемка в стволе дерева, вызванная гниением древесной массы»; «дырка, отверстие в зубе». *Прил.* дупли́стый, -ая, -ое. *Глаг. обл.* дупле́ть. Укр. дупло́, дупли́стий, -а, -е, дупля́стий, -а, -е; блр. дупло́, дупляня́ты, -ая, -ае. Ср. болг. ду́пка (в зъб) — «дупло (в зубе)», ср. ду́пка — «дыра», «углубление», «нора»; македон. дупло — «дупло»; с.-хорв. ду́пља, ж., ду́пље, ср. — «дупло», «полость» (напр., рта), «впадина»; словен. duplo, чаще duplina — «дупло»; чеш. doupě — «нора», «логовище»; словац. dupä — «дупло», «нора», dupný, dupnatý, -á, -é — «дуплистый»; польск. dziupla, ж.: dziopło, ср. (диал. dziupło и dupło) — «дупло», dziuplasty, -a, -e — «дуплистый»; в.-луж. dupa — «дупло», «дыра». В русском языке слово *дупло*, вероятно, очень старое, но Срезневский (I, 745), отметив это слово, не привел ни одного примера его употребления. Затем *дупло* отм. в «Рукоп. лексиконе» 1-й пол. XVIII в. (Аверьянова, 98). Но ср. у Срезневского (I, 744, 745) другие слова того же корня: дуплина — «углубление» (в скале и т. п.), дупль — «расселина», дуплие — «дыра», «отверстие», прил. дуплий — «пустой», «полый», а также дупина — «яма», «рытвина». Ср. дупленастый (XVI в.) — «дуплистый» (Срезневский, Доп., 96). Ср. дуплисто в «Рукоп. лексиконе» 1-й пол. XVIII в. (Аверьянова, 98). В укр. языке дупло известно с 1596 г. (Тимченко, IС, II, 840). □ Корень *dup-, суф. -l-o, как, напр., в о.-с. *teglo (> рус. *тягло*), в рус. сопло (см. *сопеть*) и т. п. Диал. дуплё, напр., на Оби (Палагина, I, 136), возможно, из *dupje (ср. др.-рус. дупль). И.-е. база *dheu-p- (: *dhou-p-), где -p- — расширитель (вариант — -b-). Ср. в неславянских и.-е. языках: др.-исл. dūfa — «надавливать», «давить вниз»; др.-исл. dȳfa (совр. исл. dýfa) — «погружать», «макать»; совр. исл. djúp — «глубина» (и.-е. база *dheu-b-); др.-в.-нем. tobal (совр. нем. Tobel) — «маленькая (узкая) долина»; др.-в.-нем. *tiof (совр. нем. tief) — «глубокий», с тем же корнем, что и в исл. djúp. См. Pokorny, I, 268.

ДУРА́К, -а́, м. — *прост.*, *бран.* «глупый, тупой человек»; «род игры в карты»; *ист.* (в XVII—XVIII вв.) «придворный или домашний шут». *Женск.* ду́ра. *Собир.* дурачьё. *Прил.* дура́цкий, -ая, -ое, дура́шливый, -ая, -ое. *Глаг.* дура́чить(ся). *Сущ.* дура́чество. *Прил.* (к *дура*) ду́рий, -ья, -ье. Ср. в том же знач.: укр. ду́рень, ду́рка; блр. ду́рань, дурні́ца. Укр. с.-хорв. ду́рак — «известная игра в карты»; чеш. durák — «глупец» и «название игры в карты». В других слав. яз. в знач. «дурак», «дура» употр. слова от корня glup-. Ср. болг. глупа́к, глупа́чка и т. д. (см. *глупый*). В письменных памятниках оба слова как нариц. сущ. появляются поздно, пожалуй, не раньше XVII в. Как наименование «государева шута» это слово было записано в 1618—1619 гг. на Севере Р. Джемсом (РАС, 53 : 15): dзrac nachestno (нечестной?) — «the Emperors foole». Хорошо известно это слово

ДУР

по «Житию» Аввакума (Автограф, 26): «Владычице, уйми *дурака* тово» (о воеводе Пашкове). Неоднократно — у Лудольфа в «Рус. гр.», 1696 г.: «алты (=аль ты) *дурак*» (28), «*дураки* крадут» (58; также 78). Но прозвище *Дурак* известно с XV в.: «Корнилко *Дурак*, крестьянин», 1495 г. (Тупиков, 139). Другие слова этой группы появились позже, в разное время: *дура* (Поликарпов, 1704 г., 96 об.), *дурацкий* (Нордстет, I, 1780 г. 181). □ См. *дурь*.

ДУРЬ, -и, *ж., прост.* — 1) «глупость», «вздор»; 2) «блажъ», «сумасбродство». *Прил.* дурно́й, -а́я, -бе. *Глаг.* дуре́ть, дури́ть. *Сущ.* ду́рость, ду́рень, дура́к (см.), ду́ра. С приставками: при́дурь, *нареч.* сду́ру. Ср. укр. дур, род. ду́ру — «дурь», дурни́й, -а́, -е́, ду́рень, ду́рощі — «дурачества», дурі́ти; блр. дур, ду́рань, ду́рыць. Ср. болг. ду́рля се : де́рля се — «дуюсь», «сержусь»; с.-хорв. ду̑ран, -рна, -рно : ду̑рни, -а̑, -о̑ — «злой», «сердитый», «хмурый», ду́рити се — «сердиться»; чеш. (редкое) durný, -á, -é — «глупый»; словац. durit' sa — «пугаться», «сердиться»; польск. durzyć — «дурачить», durzeć — «дуреть», «глупеть», durzyć się — «обольщаться». Др.-рус. дуровати — «безумствовать», «блажить», (с XVI в.) дурость (Срезневский, I, 745, 746; Доп., 96). С 1605 г. известно сущ. дурно (Дювернуа, 45). Ср. Р. Джемс (РАС, 1618—1619 гг., 16 : 46): dзrno — «naught» («ничто»). Позже появляется дурить (Поликарпов, 1704 г., 96 об.: *дурю*). □ О.-с. корень *dur-. Происхождение его в деталях не вполне ясно. Покорный (Pokorny, I, 266—267) относит к группе, восходящей к и.-е. базе *dheu(e)r- (корень *dheu-) — «бушевать», «кружиться», «вертеться», «спешить». Но если сопоставление с греч. αθύρω (где α из ŋ-) — «забавляюсь», «играю» (на сцене) и, добавим сюда, θοῦρος — «стремительный», «неукротимый» в общем не вызывает возражений (см. Frisk, I, 29, 678), то этого нельзя сказать о других компонентах группы. Сближение с лит. podùrmai — «неистово», «порывисто» теперь отвергается (Fraenkel, 113), так как его относят к группе dùrti — «кольнуть», «ткнуть» (см. *дыра*). Майрхофер (Mayrhofer, II, 114) возражает против сближения с др.-инд. dhórati — «мчится рысью», dhoranam — «рысь (бег)». Поэтому (особенно принимая во внимание данные болг., с.-хорв., словацкого языков) можно пока придерживаться старой точки зрения (Berneker, I, 239) о связи о.-с. *dur-ь с *du-ti — «дуть»; суф. на слав. почве -r-ь, как и в о.-с. *dъb-r-ь > *dьb-r-ь. В семантическом плане ср. рус. диал. ду́тик — «спесивый, надменный человек», прост. ду́ться — «сердиться», в говорах — «пыжиться» (Даль, I, 448). Вероятно, к этой группе слов относится диал., напр. арханг. дурь — «скопившийся в нарыве... гной» (Подвысоцкий, 40); м. б., из «содержимое вздувшегося места»? Ср. колым. ду́рость — «гной» (Богораз, 48).

ДУТЬ, ду́ю — 1) «производить ртом движение воздуха», «выпускать через дыхательное горло и рот воздушную струю из

ДУХ

легких»; 2) (о ветре) «веять», «производить, вызывать движение воздуха, гнать воздушные массы»; 3) (о стеклодувах) «изготовлять полые стеклянные предметы, вещи». С приставками: задува́ть и др. *Сов.* (только с приставками) поду́ть, заду́ть. *Однокр.* ду́нуть. *Возвр. ф.* ду́ться — обычно лишь в знач. «сердиться (особенно без толку)». *Отглаг. сущ.* дутьё. Укр. ду́ти, ду́нути, поду́ти, дуття́; но блр. дзьмуць (корень *dъm-), 1 ед. дзьму, дзьму́цца — «сердиться», падзьму́ць — «подуть»; болг. дух(в)ам — «дую», надувам се — «дуюсь», сов. ду́хна; с.-хорв. ду̏ти, 1 ед. ду̑је̑м : дме̑м — «дуть», ду̏ти се — «вспухать», «раздуваться», также «сердиться», ду́вати — «дуть», поду́вати, ду́нути; словен. duti, 1 ед. dujem; чеш. douti, 1 ед. dmoutí, 1 ед. dmu (также foukati), dmouti se — «вздуваться»; словац. dut' — «дуть», dut' sa — «сердиться»; польск. dąć, 1 ед. dmę, dunąć (с du-, не dą-!), (о стеклодувах) wydymać; ср. dmuch — «дутье»; в.-луж. duju, dunyć; н.-луж. duś. Др.-рус. (с XI в.) дути, 1 ед. дъму, дунути, дутися — «вздыматься» (Срезневский, I, 744, 746). Ст.-сл. -доути, 1 ед. -доѭ и дѫти, 1 ед. дъмѫ. □ О.-с. *duti. И.-е. корень *dheu — «разметывать (в стороны)», «кружиться», «крутиться», «дуть». Ср. лит. dujà — «мелкий дождичек», «туман», «чад», «пыль», pl. dùjos — «газ», «запах»; др.-исл. dýja — «качать», «трясти», «болтать»; латин. suffiō [< subfiō (где fiō из *dhuiiō)] — «курю», «воскуриваю» (напр., в храме при жертвоприношении); греч. θύω — «бурно устремляюсь», «бушую», «неистовствую» (ср. θύω — «совершаю жертвоприношение»), θύω — «бросаюсь», «устремляюсь» (в обоих случаях — корень θυ из *dhū-); др.-ирл. dé — «дым»; др.-инд. dhūnóti — (корень dhū-) — «передвигает туда-сюда», «потрясает». См. еще *дым*. Относительно о.-с. *dǫti, 1 ед. *dъmǫ см. *вздымать*, *домна*, *надменный*.

ДУХ, -а, *м.* — 1) «умственные способности, разум и вообще нравственная сторона человеческого существа», «настроение», «сущность, истинный смысл, содержание чего-л.»; 2) *разг.* «воздух»; 3) *разг.* «дыхание»; 4) *прост.* «запах»; 5) *религ.* «душа»; 6) в мифологии — «сверхъестественное, бесплотное существо». *Прил.* (к дух в 1 знач.) духо́вный, -ая, -ое, (к дух во 2 знач.) духово́й, -а́я, -бе, (к дух в 3 знач.) ду́шный, -ая, -ое, (к дух в 6 знач.) ду́хов (в выражении *духов день* — «церковный праздник»). *Сущ.* (к дух в 3 знач.) духота́. *Глаг.* души́ть. Укр. дух, духо́вний, -а, -е, духо́вий, -а́, -é, ду́шний, -а, -е; блр. дух, духо́вны, -ая, -ае, духа́вы, -а́я, -бе, душны, -ая, -ае; болг. дух, духо́вен, -вна, -вно, ду́шен, -шна, -шно (ду́хов, -а, -о — из русского); с.-хорв. ду̑х, духо̀вни̑, -а̑, -о̑, ду̀шити; словен. duh, duhoven, -vna, -vno; чеш. duch (ср. dech — «дыхание», отсюда dechový, -á, -é — «духовой»), duchovní — религ. «духовный», duchový, -á, -é — «духовный», «умственный», dusny, -á, -é — «душ-

ДУХ

ный», dusiti — «душить»; словац. duch, duchovný, -á, -é, dusný, -á, -é, dusiť; польск. duch, duchovny, -a, -e (ср. duchowy, -a, -e — «духовный»), duszny, -a, -e, dusić — «душить», «давить»; в.-луж. duch, duchowny, -a, -e, dušny, -a, -e — «сердечный», «душевный»; ср. dušity, -a, -e — «удушливый», «душный», dušić — «тушить» (мясо, овощи); н.-луж. duch, duchny, -a, -e — «духовный», «умственный». Др.-рус. (с XI в.) духъ — «душа», «разум», «настроение», «дуновение», «ветер», «испарение», духовныи, духовьный — «spiritualis» и «церковный», душьный — «душевный», (позже, XV в., в «Хожении» Аф. Никитина) «жаркий», «знойный» (Срезневский, I, 747, 748, 753; Доп., 96). Другие производные — поздние (с XVIII—XIX вв.). В частности *душить* отм. у Поликарпова (1704 г., 97: *душу*). «Рукоп. лексикон» 1-й пол. XVIII в. дает *дух* — «душа», «запах», «дыхание», «дух нечистый» (Аверьянова, 98). □ О.-с. *duchъ. И.-е. база *dheu-ěs- : *dheu-s- (: *dhou-s- : *dhu̯ě-s- : *dhŭ-s-). Ср. на русской почве: *дыхание*, *дышать*, *дуть* (см.), *затхлый* (< *задъхлый*), *дохлый* и др. В неславянских и.-е. языках ср. ближайшие родственные образования: лит. daũsos (основа *dhous-), *pl.* «теплые (тропические) края», «рай» (в говорах «верхние слои земной атмосферы»), daũsinti — «проветривать», dùsti — «задыхать(ся)»; другие литовские слова восходят к и.-е. варианту *dhu̯ě-s- : *dvěsti — «дохнуть», «издыхать», dvasià — «дух» и др. (см. Fraenkel, 114 и сл.); в языках германской группы соответствующие слова гл. обр. имеют знач. «животное»: гот. dius — «животное»; др.-исл. dȳr — тж. (совр. исл. dýr — «животное», «зверь», «лисица»); др.-англ. déor (совр. англ. deer — «красный зверь», «олень», «лань»); др.-в.-нем. tior (совр. нем Tier) — «животное» (в семантическом плане ср. латин. animal — «животное» при animus — «дух», «душа». Возможно, сюда относится и спорное латин. furō (< *dhusō?) — «бушую», «беснуюсь», «неистовствую». См. Pokorny, I, 269.

ДУХИ́, -о́в, *мн.* — «парфюмерное изделие, ароматическая жидкость, настой душистых веществ на спирту». *Прил.* души́стый, -ая, -ое. *Глаг.* души́ть, души́ться. Укр. духи́ (при зап. парфу́ми); ср. души́ти — «па́хнуть», «благоухать»; блр. духі́, душы́ць, душы́цца. В других слав. яз. отс. Ср. в том же знач.: болг. парфю́м; чеш. parfém (наряду с voňavka); польск. perfumy; с.-хорв. ми̏рис (и па̏рфем). В русском языке слово *духи* известно с XVIII в. (Нордстет, I, 182: *духи*). □ Собственно калька с названия духо́в в западноевропейских языках. Ср. франц. (с середины XVI в.) parfum — «аромат», «благовоние», *pl.* parfums — «духи». Во французском из итальянского языка. Ср. ит. perfumo (теперь profumo) — «аромат», также «духи» (корень fum-; ср. fumo — «дым», «испарение»). Из французского: нем. Parfüm — «духи»; англ. perfume — тж.; исл. perfumes — тж.

ДУШ, -а, *м.* — «приспособление для обливания тела водой рассеянными тонкими

ДЫБ

струйками». *Прил.* душево́й, -а́я, -о́е. Укр., блр., болг. душ. Ср. с.-хорв. ту̏ш — «душ». В зап.-слав. яз. отс. Ср. в том же знач.: чеш. sprcha; польск. prysznic, natrysk. □ В русском языке появилось в начале 60-х гг. XIX в. ПСИС 1861 г., 179: *душа, ж.*; Даль, I, 1863 г., 451: *душ* и *ду́ша* — «холодные обливания», «обдача струей воды». □ Из западноевропейских языков. Ср. франц. (с XVI в.) douche > нем. (с 1779 г.) Dusche; исп. ducha и т. д. На Западе источник распространения — франц. douche, *f.* — «обливание», «душ». Во французском оно заимствовано из итальянского. Ср. ит. doccia (произн. до́чча) — «сточный желоб», «водосточная труба» > «душ». Первоисточник — латин. ductiō, вин. ductionem (от ducō — «веду») — «(водо)отвод» > «(водосточная) труба».

ДУЭ́ЛЬ, -и *ж.* — «форма поединка в присутствии двух секундантов и врача по вызову одного из противников, считающего себя обиженным, принятая (хотя и не узаконенная) в феодально-буржуазном обществе». Сюда же дуэли́ст, дуэля́нт — «участник поединка». Укр. дуе́ль, дуе́льний, -а, -е, дуеля́нт; блр. дуэ́ль, дуэ́льны, -ая, -ае, дуэля́нт; болг. дуе́л, дуели́ст. Но в других слав. яз. малоупотребительно. Ср., однако, чеш. duel (при souboj), duelant. В русском языке слово *дуэль* известно с начала XVIII в. Напр., в «Архиве» Куракина (I, 211, 1707 г.): «хотел идти на *дуель*, только не пошел». Старшая форма в русском языке была, по-видимому, мужского рода. Ср. еще у Пушкина в письме к Н. Н. Пушкиной от 12-IX-1833 г.: «а с отцом... *дуэля*, кажется не будет» (ПСС, XV, 79). *Дуэлист* в словарях отм. с 1803 г. (Яновский, I, 770). *Дуэлянт* появилось в русском языке довольно поздно, когда дуэли уже вышли из моды. Ср. у Куприна в «Поединке», 1905 г., гл. 23: «места, занятые *дуэлянтами*» (СС, III, 541). В толковых словарях отм. впервые у Ушакова (I, 1935 г., 820). □ Слово *дуэль* заимствовано из французского языка. Ср. франц. (с 1539 г.) duel, *m.*, позже duelliste — «дуэлянт». Из французского — нем. (с 1590 г.) Duéll, *n.*, отсюда на немецкой почве Duellant, sich duelliéren — «драться на дуэли» и др. Во французском из латинского языка [duellum — архаич. латин. форма слово bellum (с и.-е. корнем *dāu- : *dəu- : *dŭ-) — «война», «бой»]. Слово *дуэлянт* заимствовано, м. б., из немецкого языка, где Duellánt известно с 1642 г. (Schulze, 159—160).

ДЫБЫ́, в выражении *вставать (подниматься) на дыбы́* — (о лошади) «на задние ноги, стойма». *Нареч.* ды́бом — (о волосах) «стойма», «торчком». *Глаг.* ды́бить, ды́биться — «становиться дыбом», вздыби́ться. Укр. на дыби́, ди́бом, дибитися; блр. на дыбкі́, дыба́м, ды́біцца. Ср. др.-рус. дыба — «орудие пытки, при помощи которого у пытаемого, подвешенного на перекладине, оттягивали тяжестью ноги»; ср. в Новг. I л. под 6790 г. въздынути (< *vъzdybnǫti) — «поднять» (Срезневский, I, 764, 355). Ср. польск. dyba — «дыба», «позорный столб», dyby — «(деревянные) путы», «оковы, надеваемые на ноги и на руки» (XV в.). ▫ Слова этой группы, надо полагать, этимологически находятся в связи с др.-рус. дыбати — «ходить украдкою» (Срезневский, I, 764); в совр. русском языке — в сев.-влкр. ды́бать — «становиться на дыбки, на пальцы (ног) > «ходить с трудом» > «ходить без цели, шататься» (Даль, I, 451); олон. ды́бать — «тяжело ступать» (Куликовский, 21); рост. (яросл.) дыба́шки: на дыба́шки — «на цыпочки» (Волоцкий, 31); томск. дыбо́чки: «ребеночек встает на дыбочки» — «на цыпочки» (Палагина, I, 138); курск. ды́бать — «идти начинающей детской походкой, ступать неуверенно» (Кардашевский, II, 329); укр. ди́бати — «ходить на ходулях», «ходить, вытягивая ноги»; блр. ды́баць — «ступать, приподнимаясь на ножные пальцы» (Носович, 149) и др. (см. дополнительный материал у Кардашевского). Ср. польск. dybać — «подкрадываться», «ходить тихонько» (на цыпочках?). О.-с. корень *dyb- (с у из и.-е. *ū). В этимологическом отношении неясное слово. Сопоставляют начиная с Бернекера (Berneker, I, 248)] гл. обр. со сканд. и нем. словами с о.-г. корнем, соответствующим о.-с. *dyb- и выражающим знач. «поднимать(ся)», «вздыматься», «кончик», «вершина», «шпиц», «вихор», «хохол на голове» и т. п.: др.-сканд. typpa — «надевать головной убор» (совр. исл. typpa — «делать, устанавливать верхушку», typpi — «верхушка», «вершина»); др.-сканд. toppr — «верхушка», «кончик», «шпиц» [совр. исл. toppur — «вершина», «верх», также «вихор», «челка»; норв. tupp — «кончик» (пальца, носа), «носок (лыжи)»; швед. topp — «верхушка», «вершина», «макушка»; дат. top — «верхушка», «вершина», «макушка» и др.]; др.-в.-нем. zopf, совр. нем. Zopf — «верхушка», «вихор». И.-е. база, м. б., *de^up(: b)- (Falk — Torp[2], II, 1272). Однако Покорный (см. Pokorny, I, 227) предлагает в качестве праформы корня *dumb- (?) [скорее *dŭ(m)b-?]. Старшее знач. о.-с. *dyb- «приподниматься», «вытягиваться, приподнимаясь», «вставать на цыпочки».

ДЫ́ЛДА, -ы, *м. и ж., прост.* — «нескладный человек необычно высокого роста». В говорах глаг. ды́лдить — (о взрослом человеке) «неуклюже ломаться», «ребячиться» (Даль, I, 446). В других слав. яз. это знач. выражается иначе. Ср., однако, полаб. dülde : delde — «groβer Topf» («большой горшок») [Rost, 381]. Слово *дылда* в русском языке известно с XV в. как прозвище: «*Дылда*, холоп в Коростынском погосте», 1498 г.; позже «Васко Иванов сын, прозвище *Дылда*», 1629 г. (Тупиков, 140). В словарях отм. с 1847 г. (СЦСРЯ, I, 382). ▫ По-видимому, относится к одному гнезду, с одной стороны, с ряз. дунду́ля (м. б., из *дындуля*?) — «дылда», «верзила», с другой — с пск. до́ндать — «бить, колотить палкой» (Даль, I, 417, 446), с колым. дунте́ть — «гудеть» (Богораз, 47); Ср. далее укр. ди́нда — «шатун», «ди́ндати — «шататься», «качать ногами» (Грин-

ченко, I, 384). Ср. польск. dyndać — «качаться», «мотаться», dynda — «висюлька», «побрякушка». Т. о., слово *ды́лда*, м. б., из *ды́нда* (в результате диссимилятивного изменения *нд > лд*). Старшее знач. могло быть «нечто качающееся (как колокол)» > «нечто подвешенное», отсюда «человек, длинный как жердь», «ковыляющий, шатающийся на длинных ногах» и т. п. Корень, видимо, звукоподражательный. Ср. звукоподражательные: *динь-динь, дон-дон* и т. п. На формирование слова, вероятно, оказали влияние и некоторые областные слова, вроде ды́ли — «ноги», «ходули», отм. Далем как западнорусское; но ср. дыля́ть — симб. «ковылять», «хромать» (I, 1863 г., 451, Приб. 6). Даль (Приб. 6) определенно возводил *дылда* к упомянутому ды́ли. Позже, в 1876 г., это объяснение было повторено Желтовым (ФЗ, в. 1, с. 23), который не прибавил от себя никаких новых данных. В русских говорах слово ды́ли, надо полагать, из украинского или белорусского языка [ср. укр. диль, мн. дилі — «брусья, пластины, из которых складываются стены хаты, колодца и пр.» (< польск. dyl — «распиленное вдоль бревно» < нем. Diele — «доска», «пол»)].

ДЫМ, -а, *м.* — «поднимающаяся вверх темными клубами масса мельчайших частиц угля вместе с газообразными продуктами сгорания». *Прил.* ды́мный, -ая, -ое, дымово́й, -а́я, -о́е. *Глаг.* дыми́ть(ся). Укр. дим, ди́мний, -а, -е, димови́й, -á, -é; блр. дым, ды́мны, -ая, -ае, дымавы́, -а́я, -о́е; болг. дим, ди́мен, -мна, -мно, димя́ «дымлю»; с.-хорв. ди̑м, ди̑ман, -мна, -мно : ди̑мни, -а̄, -о̄, ди̑маст, -а, -о, ди̑мити (се); словен. dim, dimen, -mna, -mno, dimast, -a, -o; чеш. dým (: kouř), dýmový, -á, -é, dýmati; польск. dym, dymny, -a, -e, dymowy, -a, -e, dymić (się); в.-луж. dym, dymowy, -a, -e, dymjaty, -a, -e — «чадный», dymić (so), dymać; н.-луж. dym, dymowaty, dymjaty, -a, -e, dymiś (se). Др.-рус. (с XI в.) и ст.-сл. дымъ — «дым», «пар», а также перен. «очаг» > «дом» (Срезневский, I, 764—765; Доп., 97). Производные — более позднее. ▫ О.-с. *dymъ. Ср. лит. dúmai, *pl.* — «дым(ы)», dúmyti — «дымить»; ср. dùmti — «дуть», «мчаться», «нестись», dúmas — «темный», «темно-коричневый»; латыш. dũmi — «дым»; др.-прус. dumis — «дым»; гот. dauns — «вонь»; др.-исл. daunn — тж.; др.-в.-нем. toum — «чад», «дым»; латин. fūmus (с начальным f из и.-е. dh) — «дым»; греч. θῡμός — «дыхание», «стремление», «гнев»; ирл. dumhach — «облачный», «темный»; др.-инд. dhūmáḥ (бенг. d^{х}уммро) — «дым». И.-е. *dhūmos, корень *dheu- : *dheu̯ə- — «рассеиваться», «кружиться», «вихриться» (Pokorny, I, 261).

ДЫ́МКА, -и, *ж., устар.* — «род легкой, полупрозрачной ткани восточного происхождения». Укр. ди́мка — тж. Ср. польск. dyma и dymka — «род легкой хлопчатобумажной ткани», «канифас». Известно со 2-й пол. XVIII в.; в словарях — с 1790 г. (САР[1], II, 848). Встр. у Грибоедова в «Горе от ума» (д. II, явл. 5): «принарядить / Тафтицей,

ДЫН

бархатцем и *дымкой*». Не смешивать с *дымка*, произв. от *дым*! ▫ Заимствовано из тюркских языков. Ср. турец. dimi — «узорчатая материя». В турецком языке из греч. δίμιτος — «двухниточный», от δι — «дважды» и μίτος — «нитка» (ср. ἑξάμιτος — «шестиниточный», откуда др.-рус. аксамит).

ДЫ́НЯ, -и, *ж.* — «однолетнее теплолюбивое растение семейства тыквенных с крупными плодами шаровидной или эллиптической формы», Cucumis melo. *Прил.* ды́нный, -ая, -ое. Ср. *ды́нька* — «деталь колонны в древнерусской архитектуре XV—XVII вв., по форме напоминающая дыню» [БСЭ², XV, 329). Укр. ди́ня, ди́нний, -а, -е, ди́ньовий, -а, -е; блр. ды́ня, ды́нны, -ая, -ае, ды́невы, -ая, -ае; с.-хорв. ди̏ња; словен. dinja (: melon); словац. dyňa (также «арбуз»); в.-луж. dynja. В зап.-слав. яз. ср. чеш. dýně, диал. dyňa — «тыква»; польск. dynia — «тыква», dyniowy, -a, -e. Ср. чеш. cukrový meloun — «дыня»; словац. melón; польск. melon — тж. Ср. франц. melon — «дыня»; нем. Melon — тж. и др. (франц. и нем. слова из греч. μῆλον — собств. «шар», «округлость», также «яблоко», «плод круглой формы»; из греческого — латин. melum). Др.-рус. (с XIV в.) дыня — «реро, крупный сорт дыни» (Срезневский, I, 765). ▫ Обычно (см. Преображенский, I, 206) связывают с корневым гнездом *дуть*, *душа*, *дыхание*, *дышать*. Корень *dy-, суф. -nj-(а), как в о.-с. *tonja из *topnja и др. Дыня действительно похожа на надутый шар или вытянутый пузырь. Но некоторые языковеды не согласны с этой простой этимологией и пытаются объяснить это слово иначе. Махек (Machek, ES, 105) полагает, что это слово неизвестного происхождения, м. б., праевропейское.

ДЫРА́, -ы́, *ж.* — «отверстие в чем-л. твердом, плотном или густом, образовавшееся гл. обр. в результате действия внешней силы». *Уменьш.* ды́рка. *Устар.* и *обл.* дира́, ди́рка. *Прил.* дыря́вый, -ая, -ое, отсюда дыря́вить. Укр. діра́ (< де́ра), діря́вий, -а, -е, діря́вити; блр. дзі́рка, дзі́равы, -ая, -ае, дзіра́віць. Ср. с.-хорв. ди́ра (чаще ру́па); словен. dera (обычно luknja); чеш. díra (< *děra), děravý, -á, -é — «дырявый», děravit — «дырявить»; словац. diera, dierka, отсюда dierkastý, -á, -é — «дырявый»; польск. dziura (ст.-польск. dziora), dziurawy, -a, -e, dziurawić; в.-луж. dźera, dźérka, dźérawy, -a, -e — «дырявый», dźératy, -a, -e — тж., dźerkować — «дырявить»; н.-луж. źera — «дыра». Ср. также болг. ди́ря — «след» («дыра» — ду́пка). Др.-рус. дира (Изб. 1076 г.), (с XIII в.) дыря и, м. б., де́ра, (с XVI в.) диро́ватый (Срезневский, I, 666, 765; Доп., 88). Прил. *дырявый* в словарях — с 1771 г. (РЦ, 133: *дирявый*); глаг. *дырявить* — с 1895 г. (СРЯ¹, I, 1220). ▫ О.-с. *dira : *dyra. Слово этимологически связано с глаг. *derti : *dьrati (> рус. *драть*), 1 ед. *derǫ : *dьrǫ. Форма с i восходит к форме итератива *dirati (ср. рус. *раздирать*). Наряду с *dьrati в праславянском языке упо-

ДЬЯ

треблялась и форма *dьrati, итератив *dyrati, отсюда вариант *dyra. Предполагать о.-с. вариант *dъrati позволяют лит. dùrti — «колоть», при dìrti — «драть». См. *драть*.

ДЫ́ШЛО, -а, *ср.* — «одиночная оглобля при парной упряжи, прикрепленная к середине передней оси повозки». *Прил.* дышлово́й, -а́я, -о́е, ды́шельный, -ая, -ое. Укр. ди́шель, ди́шло, ди́шельний, -а, -е, дишлови́й, -а́, -е́; блр. ды́шаль, ды́шальны, -ая, -ае; польск. (с XVI в.) dyszel, dyszlowy, -a, -e. В других слав. яз. отс. В русском языке — сравнительно позднее слово. В словарях отм. с 1704 г. (Поликарпов, 97 об.). Ср. позже: «за починку *дышла*» (СВАБ, II, 24, 1716 г.). ▫ Как полагают, заимствовано из польского языка, где оно немецкого происхождения. Ср. нем. Deichsel (ср.-в.-нем. dîhsel) — «оглобля», «дышло». Не исключено, однако, что это слово могло попасть в русский язык из голландского (dissel) в конце XVII в., когда начинаются особенно оживленные отношения с Голландией, тогда как в укр. и блр. оно из Польши. Старшим, с о.-с. эпохи, наименованием дышла у славян было *oje. Ср. чеш. oj — тж.; также ст.-польск. и диал. (напр., в Силезии) oje; н.-луж. wojo; в.-луж. wojko и в некоторых других слав. яз., где оно теперь утрачено.

ДЬЯ́ВОЛ, -а, *м.* — «сатана», «черт». *Прил.* дья́вольский, -ая, -ое, отсюда дья́вольщина. *Сущ.* дьяволёнок. Укр. дия́вол, дияволеня́ — «дьяволенок», дия́вольский, -а, -е (но чортівня́, чортовинна — «дьявольщина»); блр. д'я́бал, д'я́блік — «дьяволенок», д'я́бальскі, -ая, -ае, д'я́бальшчына. Ср. болг. дя́вол, дя́волски, -а, -о, дя́волщина; с.-хорв. ђа̏вао : ђа̏во — «дьявол», ђа̏волак — «дьяволенок», ђаво́лски, -а̄, -о̄, ђа́волство — «дьявольщина»; чеш. d'ábel, d'ábelský, -á, -é; польск. diabeł, diabelski, -a, -ie. В некоторых слав. яз. (напр., словен.) отс. Др.-рус. (с XI в.) дияволъ > дьяволъ, дияволъскъ, -я, -е, дияволъский (Срезневский, I, 667). ▫ Из греческого языка. Ср. греч. διάβολος, *m.* — «клеветник»; ср. διαβολία : διαβολή — «клевета». Знач. «дьявол», «черт», «демон» греч. διάβολος (> латин. diabolus) получило лишь в начале христ. эпохи. На Западе первоисточник — латин. (III в.) diabolus (с b, но иногда с v, согласно позднегреческому произношению). Ср. франц. diable; исп. diablo и т. д.; но ит. diavolo (с v!).

ДЬЯК, -а, *м.* — 1) *устар.* «низший служитель культа в православной церкви, принимающий участие в богослужении»; «причетник», «псаломщик» (чаще *дьячок*); 2) *ист.* «в домосковской Руси — делопроизводитель, писец князя; главный ответственный секретарь приказа». *Прил.* (к *дьяк* во 2 знач.) дья́чий, -ья, -ье; отсюда подья́чий. *Сущ.* (к *дьяк* в 1 знач.) дьячи́ха, дьячо́к. Укр. дяк; блр. дзяк. В других слав. яз. в этих знач. — лишь как заимствование из русского (напр., чеш. d'ak; польск. diak). Но ср. с.-хорв. ђа̑к — «ученик», «школьник», «учащийся», «студент», ђачити — «быть учащимся». Др.-рус. (с XI в.) диякъ > дьякъ — 1) «диакон»; 2) «причетник»; (с XIV в.) дьякъ — «должностное лицо», (с XII в.) диячькъ > дьячькъ — «церковная должность», (с XVI в.) прил. дьячий (Срезневский, I, 668—669). Ст.-сл. дιιακъ (SJS, I : 9, 485). ▫ Из греческого языка. Ср. греч. διάκονος — «слуга», «рассыльный», позже, в эпоху христианизации, «дьякон», «причетник» («дьячок»); ср. διακονέω — «служу», «прислуживаю» [к χονέω — «поднимаю пыль», «спешу» (+ διά — «через», «сквозь»)]. Сокращенно (за счет слога ον) на позднегреч. почве. Ср. новогреч. διάκος — тж.

ДЮЖИЙ, -ая, -ее — (о людях) «здоровенный», «коренастый», «очень крепкий», «могучий». *Нареч.*, *прост.* и *обл.* дюже — «сильно», «очень». В говорах также *глаг.* дюжить — «одолевать»; возможна и форма с твердым *д*: дужий, дуже и т. д. (Даль, I, 446, 456). Укр. ду́жий, -а, -е, нареч. ду́же; блр. ду́жы, -ая, -ае, ду́жа; польск. duży, -a, -e — «большой», dużo — «много». Др.-рус. дужь, дужий и дюжь, дюжий. Ср. в «Р. прав.», Кр., Толстов. сп.: «Аже ли будут дети… не дюжи сами собою печаловати» [Простр., Троицк. сп.: «а не джи ся будуть»; ср. варианты этого места (дужи, дюжи и др.) в других списках этой редакции (ПР, I, 115, 272, 471)]. ▫ О.-с. *dužь (< *dugjь), -a, -e : *dužьjь, -aja, -eje. Корень *dug-, который был возможен и с носовым ǫ — *dǫg- (абляут *dęg-). Отсюда связь на русской почве с др.-рус. дягъ (< *dęg-; ср. ст.-сл. дѧгъ) — «ремень», рус. диал. (сев.-рус.) дя́гнуть — «расти», «здороветь», дя́глый — «здоровый», «ражий» (Даль, I, 457). Мягкое *д* в дюжий, вероятно, под влиянием дя́гнуть, дя́глый. И.-е. база *dheugh- — «давить», «жать», «попадать» (в цель) и пр. (Pokorny, I, 271). Ср. лит. daũg — «много», daugėti — «расти», «нарастать», «увеличиваться»; латыш. daudz — «много», «множество»; др.-сканд. duga — «удаваться», «быть пригодным», «помогать» (ср. швед. dúga — «годиться» и пр.); нем. taugen — «годиться»; греч. τύχη — «(счастливый) случай», «успех», «судьба».

ДЮЖИНА, -ы, ж. — «двенадцать одинаковых (или однородных) предметов». *Прил.* дю́жинный, -ая, -ое — «посредственный», «рядовой», «серый», «невыдающийся» («< подсунутый в дюжину торговцем предмет невысокого качества»); ср. (с противоположным знач.) недю́жинный, -ая, -ое — «выдающийся», «необыкновенный». Укр. дюжина; блр. ту́зін (< польск. tuzin); болг. дузи́на; с.-хорв. ту́це, род. ту́цета; словен. ducat; чеш. tucet (ст.-чеш. tucen : tusen < ст.-нем. tutzet : tutzen); польск. tuzin (из ст.-чеш. tucen); ср. в.-луж. duc(e)nt — тж.; н.-луж. tucynt — тж. В русском языке слово дюжина известно с XVII в. Нередко встр. в ТКМГ, напр., в записях за 1635 г. (т. I): «дюжина карт» (196); «дюжина зеркал немецких» (159), «карт 30 дюжин» (163) и т. д. ▫ Первоисточник — франц. (с XII в.) douzaine — «дюжина» [от douze (< латин. duodecim) — «двенадцать»]. Из французского: нем. Dutzend (< totzén); голл. dozíjn; англ. dozen (произн. dʌzn) и др. Трудно сказать, какими путями это слово попало в русский язык. М. б., было занесено иностранными (немецкими, голландскими или английскими) купцами. На русской почве это слово подверглось некоторому искажению под влиянием *дюжий* (см.).

ДЮЙМ, -а, м. — «мера длины, употреблявшаяся в России до 1918 г., до введения метрической системы, равная 2,54 *см*». *Прил.* дюймо́вый, -ая, -ое, отсюда дюймо́вка (чаще в сложных образованиях, напр. трехдюймо́вка). Укр. дюйм, дюймо́вий, -а, -е, дюймі́вка; болг. дюйм, дю́ймов, -а, -о. Ср. с.-хорв. па̀лац — «большой палец» и «дюйм»; чеш. palec — тж. Слово *дюйм* введено Петром I. Ср.: «полтора *дуйма*» (ПбПВ, I, № 376, 1701 г., 451), «три фута 14 *дуйма* ниже от воды» (ПбПВ, VIII, № 2889, 1708 г., 336) и др. Производные появились позже: *дюймовый* в словарях — с 1790 г. (САР¹, II, 929), *дюймовка* — с 1834 г. (Соколов, I, 727). ▫ В русском языке слово *дюйм* восходит к голл. duim (произн. dóeim) — «большой палец на руке» и «дюйм» (Meulen, NWR, Suppl., 25). Ср. швед. tum — «дюйм» при tumme — «большой палец руки». Ср. нем. Daumen — «большой палец» [но «дюйм» — zoll (отсюда польск. cal — «дюйм» > блр. ца́ля — тж.)]. Ср. в семантическом плане франц. pouce — «дюйм» и «большой палец руки».

ДЯ́ДЯ, -и, м. — «брат родителей — отца или матери»; «муж тетки». *Разг.* дя́дька — тж. Укр. дя́дя — «дядя» (чаще же о рослом мужчине; обычно «дядя — дя́дько»; прил. дя́дьків, -ова, -ово; блр. дзя́дзька — «дядя», дзя́дзькаў, -ва, -ва — «дядин». В других слав. яз. отс. Ср. болг. чи́чо — «дядя по отцу» и ву́йчо — «дядя по матери»; с.-хорв. стри́ц и у̀јак; чеш. strýc и ujec; польск. stryj и wuj. Др.-рус. дядя [Пск. I л. под 6567 г. и др.], дядько (Переясл. л. под 6456 г.), (с XIV в.) прил. дядин (Срезневский, I, 804—805). ▫ Ср. лит. dėdė — «дядя по отцу» (при avýnas — «дядя по матери». Ср. рус. *дед* (см.) из *dědъ. Междометного происхождения, с удвоением основного элемента, как в *тетя* (см.), *мама*, *папа* и др. Первоисточник — детская речь эпохи формирования индоевропейских языков.

ДЯ́ТЕЛ, -тла, м. — «лесная птица с крепким клювом, приспособленным для долбежки», Picus. *Прил.* дя́тловый, -ая, -ое. Укр. дя́тел (обл. я́тіль, я́тел, иначе клюйдерев); блр. дзя́цел; болг. диал. де́тел (Младенов, ЕПР, 125), отсюда общеболг. дете́лина — «клевер» (ср. къ́лвач — «дятел»); с.-хорв. дѐтао (djètao), детѐлина — «клевер»; словен. detel; ср. detelja — «клевер»; чеш. datel (ст.-чеш. dětel), в говорах jatel, jetel(ec); ср. jetel — «клевер»; словац. d'atel' при d'atelina — «клевер»; польск. dzięcioł (в говорах cięcioł, dziędzioł); dzięcielina — «клевер», «люцерна», «тимьян»; в.-луж. dźećelc — «пестрый дятел» при dźe-

ЕВА

ćel — «клевер»; н.-луж. źiśelc (диал. źeśelc), źeśelina — «клевер». Др.-рус. (XII в.) дятьлъ, (XV в.) датль (Срезневский, I, 806). ◻ О.-с. *dętъlъ, где -tъlъ — суф., как в о.-с. *pětъlъ — «петух». Впрочем, вопрос о суффиксе не вполне ясен. Некоторые языковеды полагают, что суффикс мог быть и -tel-j-ь, но под влиянием названий птиц с суф. -ьl- (о.-с. *огъlъ) возникло чередование -tel-: < tъl- (см. Булаховский, 122). Но и вопрос о корне остается не совсем ясным. Связывают с о.-с. *delb-: *dolb-: *dъlb- (см. *долбить, долото*) и строят такую цепь маловероятных превращений: *delbtъlъ > *deltъlъ > *dentъlъ (вследствие межслоговой диссимиляции l : l > n : l), отсюда *dętъlъ. Но не лучше ли считать, что первоначальная о.-с. форма была *tętъlъ (от о.-с. *tęti — «наносить удары», «рубить», «откалывать», м. б., «стучать»); ср. др.-рус. **тяти**, 1 ед. **тьну** — «рубить», также «сечь», «рассекать» (Срезневский, III, 1106), в говорах **тять** — «рубить лес или дрова» (Подвысоцкий, 176); укр. **тяти** — не только «рубить», «резать», но и «ударять», «бить», а также «твердить одно и то же» («долбить?»); чеш. títi — «рубнуть» (топором); польск. cięcie — «удар» (саблей), а также «рубка» (леса). Ср. польск. диал. cięcioł — «дятел». Начальное d вм. t могло возникнуть нефонетически под влиянием *долбить*. Т. о., о.-с. корень этого слова *ton(: m)-: *tę-, и птица была названа по характерному звуку, по коротким глухим ударам клюва по коре дерева, по дереву. Что касается названия клевера явно по названию дятла [ср. и в русских говорах: **дя́тельник, дя́тлина, дятлови́на** (Даль, I, 457)], то, м. б., сначала так назывались определенные разновидности клевера, напр. «красная кашка» — по алой гузке и затылку пестрого дятла (Даль, уп.). См. Brückner, 112.

Е

ЕВА́НГЕЛИЕ, -я, *ср.* — «часть библии, заключающая легендарные рассказы о жизни и учении мифического основоположника христианства Иисуса Христа, авторство которых приписывается церковью его четырем ученикам». Иначе **четвероева́нгелие**. В говорах иногда в искаженной форме: вят. **ева́ндель** (Васнецов, 65), моск. **ива́ндиль** (Чернышев, «Сведения», 120), твер. **воянгелье** (Тр. КД, в. 3, с. 143). *Прил.* **ева́нгельский, -ая, -ое, евангели́ческий, -ая, -ое.** *Сущ.* **евангели́ст.** Укр. **ева́нгеліє, єва́нгельський, -а, -е, єванге́лічний, -а, -е, євангеліст**; блр. **ева́нгелле, ева́нгельскі, -ая, -ае, евангелі́чны, -ая, -ае, евангеліст**; болг. **ева́нгелие, ева́нгелски, -а, -о, евангели́чески, -а, -о, евангели́ст**; с.-хорв. **јева́нђелије : јева́нђеље, јева́нђелски : јева́нђељски, -а̄, -о̄, јева́нђелист(а)**; чеш. evangelium, *ср.*, evangelijní, evangelický, -á, -é; польск. ewan-

ЕГЕ

gelia, *ж.*, ewangeliczny, -a, -e — «евангельский», ewangelicki, -a, -ie — «евангелический», ewangelista, *м.* Др.-рус. (с XI в.) **евангелие** — не только «книга-евангелие», но и «учение Христа», и «благая весть» [Изб. 1076 (КСДР)], **евангельскъ, евангельский, евангелистъ** (Срезневский, I, 805—806). Срезневский (ib., 94) отм. также (в Изб. 1073 г., 46) кальку **благовѣщение** — «евангелие»: «Исповѣдати грѣхы по *благовѣщению*». Ст.-сл. ѥѵанг´єлиѥ, ѥванг´єлиѥ, ѥванг´єлинскъ, ѥванг´єльскъ, ѥвангг´єльскыи, ѥванг´єлистъ (SJS, I : 10, 557—558). ◻ Слово широко распространено, особенно в языках европейской культуры. Ср. франц. évangile, *т.*; нем. Evangélium, *п.*; ит. vangélo, *т.*; исп. evangelio, *т.* Англ. gospel — «евангелие» [< good — «благо», «добро» и spell — «весть», «известие» в целом — «благовестие» (калька с греческого)], но известно и устар. evangel; ср. также evangelic — «евангельский», evangelist. Первоисточник — греч. εὐαγγέλιον, *п.* — (первоначально) «воздаяние (награда) за радостную весть» (Гомер, Плутарх) [εὐαγγέλια, *pl.* — «жертвоприношения за радостную весть» (Ксенофонт и др.)]; также «благая, радостная весть»; в период распространения христианства — «евангелие» (сначала — первое, самое раннее, от Матфея) > латин. (с III в. н. э.) evangelium. В древнерусском — из старославянского языка.

Е́ВНУХ, -а (*устар.* **евнýх**), *м.* — «кастрированный служитель, наблюдающий за женщинами в гареме». Укр. **е́внух**; блр. **е́унух**; болг. **евнýх**; с.-хорв. **е̏внух**; чеш., польск. eunuch. В русском языке — позднее заимствование, известное с середины XVIII в., в словарях — с 1762 г. (Литхен, 181). В укр. яз. это греческое слово известно с XVI—XVII вв. Правда, у Берынды (1627 г., 402) оно отм. лишь как собственное имя: *Евнух* (Ѥѵн̑ѯ́хъ). ◻ Слово известно и в западноевропейских языках: нем. Eunuch; англ. eunuch; франц. eunuque; ит. eunuco и др. [ср. турец. harem-ağası — «евнух»; каз.-тат. хэрэм агасы — тж.; перс. хадже, хаси — тж.]. Первоисточник — греч. εὐνοῦχος — «евнух», досл. «охраняющий ложе». Относится к группе εὐνή — «постель, ложе», «логовище», εὐνά(ζ)ω — «кладу на постель», εὐνήμα — «брачный союз» и мн. др. Происхождение слова εὐνή не установлено (см. Frisk, I, 589). Во всяком случае начальное εὐ здесь не префикс, как, напр. в εὐαγγέλιον — «евангелие». В русском — из западноевропейских языков.

Е́ГЕРЬ, -я, *м.* — 1) «в русской армии до середины XIX в. и в некоторых европейских армиях XVIII—XIX вв. — солдат особого стрелкового полка, стрелок легкой пехоты»; 2) *устар.* «выездной лакей в помещичьем доме»; 3) «наемный охотник»; 4) «служащий-зоотехник в звероводческом совхозе или парке». *Прил.* **е́герский, -ая, -ое.** Укр. **е́гер**, род. **е́геря, е́герський, -а, -е**; блр. **е́гер**, род. **е́гера, е́герскі, -ая, -ае**; болг. **е́гер, е́герски, -а, -о**. В других слав. яз.

ЕГО

отс. В русском языке употр. с середины XVIII в. В знач. «выездной лакей» встр. в письме Румянцевой от 12-I-1769 г.: «галун для *егерей*» (Румянцева, 125). В словарях — с 1771 г. (РЦ, 618: *егер*). Нордстет (I, 1780 г., 187) добавил *егерский*. ▫ Слово немецкое: Jäger — «охотник», «егерь» (ср. jagen — «охотиться», «травить»).

ЕГО́, ЕЁ, *род.* и *вин. ед.*, **ЕМУ́, ЕЙ,** *дат. ед.*, **(О) НЁМ, (О) НЕЙ,** *предл. ед.* — «косвенные падежи личного мест. 3 л. ед. ч. *он, она, оно*». Укр. його́, її (род., вин.). йому́, їй (дат.), не́ю (тв. ж. р.), (на) нім, (на) ній (предл.); блр. яго́, яе́ (род., вин.), яму́, ёй (дат.), (аб) ёй (предл. ж. р.); болг. не́го, не́я (вин.), не́му, не́й : ней (дат.); с.-хорв. ње̏га (njèga): га, ње̏ (njê) : је (род.), ње̏га : га, њ, њу̑ (njŷ) : jy, је (вин.), ње̏му (njèmu): му, њо̑ј (njôj) : jоj (дат.), ње̏му, њо̑j (местн.); словен. njega : ga, nje : je (род.), njemu, njej (дат.), (o) njem, (o) njej (местн.); чеш. jeho, jí (род.), jeho, ji, je (вин.), jemu, jí (дат.), něm, ní (предл.); словац. jeho (род., вин. м. р.), jej (род. ж. р.), ju (вин. ж. р.), jemu, jej (дат.), (o) ňom, (o) nej (местн.); польск. jego : niego, jej : njej (род.), jego : niego, ją : nią (вин.), (o) niej (предл. ж. р.); в.- и н.-луж. jeho, jeje (род.), jemu, jej (дат.), jeho, ju (вин.), (z) njej (предл. ж. р.). Др.-рус. (с X в.) *его, еѣ; ему, еи;* (о) *немь,* (о) *неи* (Срезневский, I, 1018). Ст.-сл. ѥго, ѥѧ, ѥмоу, ѥи; ѥж; (о) н’ѥм (SJS, I : 12, 698—700). ▫ По происхождению эти формы являются формами соответствующих косвенных падежей о.-с. указ. мест. **jь, *ja, *je*. Ср. ст.-сл. относит. мест. с част. *же*: нже, иже, ѥже. И.-е. основа относит. мест. **jo-* (на о.-с. почве > **je-*), корень **e- : *ei- : *i-* (Pokorny, I, 281). В о.-с. языке упомянутые косвенные падежи были образованы от основы **je* с окончаниями *-go* (**jego*), *-mu* (**jemu*), *-mь* (**jemь*), *-ję* (**jejě*), *-i* (**jei*). Относительно этимологии о.-с. **jь, *ja, *je* см. *им* (и пр.).

ЕГОЗА́, -ы́, *м.* и *ж.* — «суетливый, вертлявый человек», «непоседа» (обычно о детях). *Прил.* **егозли́вый, -ая, -ое, егозя́стый, -ая, -ое.** *Глаг.* **егози́ть.** Только русское. Ср. в том же знач.: укр. **дзи́га, верту́н;** блр. **дурасліве́ц, непасе́да;** болг. **неми́рник, жива́к;** чеш. **neposeda, vrtil;** польск. **trzpiot**. В общерусском (литературном) языке — сравнительно позднее слово. В словарях — с 1790 г. (САР¹, II, 935: *егоза, егозить*). У Пушкина — подпись на письме Фролову от 4-IV-1817 г.: *«Егоза Пушкин»* (ПСС, XIII, 8). ▫ По всей вероятности, из **ягоза*. Корень тот же, что в рус. *яга́*, где он из о.-с. **jęg-* (в других образованиях от этого о.-с. корня имеем *ʒ*: ср. ст.-сл. ѩѕа — «болезнь», «недуг»; с.-хорв. jéza — «дрожь», «ужас»; чеш. jezinka — «злая баба»; польск. jędza — «ведьма», «фурия»). Отмеченные Далем (IV, 615) волог., перм., сиб. **яга́ть** — «бушевать», «вздорить», «ругаться», яросл., моск. **яжи́ть** — тж.; **ягай-**

ЕЖЕ

ла — «бранчивый нахал». Суф. *-оз-а* — тот же, что в *гомоза, стрекоза* и др. Старшее знач. могло бы быть «нудный человек», «зануда».

ЕДВА́ — 1) *нареч.* «насилу», «с трудом»; 2) *нареч.* «чуть-чуть», «еле-еле»; 3) *союз* «лишь только», «как только». В говорах (особенно сев.-зап., напр., олон.) возможно и **одва́** (Даль, II, 1228; Куликовский, 69). Укр. ле́две; блр. ледзь, ле́дзьве; болг. едва́, едва́м; с.-хорв. jȅdva, jȅdvicȅ; чеш. jedva, ledva; польск. ledwo, ledwie (при ст.-польск. jedwa). В некоторых слав. яз. отс. Ср. в том же знач. словен. komaj. Ср., однако, в.-луж. lědy, lědma — «едва»; н.-луж. ledym : lebda (< ledba) — тж. Др.-рус. (с XI в.) и ст.-сл. *едъва : едва* — «только что»; «немного»; «насилу» (первое знач. старше) [Срезневский, I, 818; КСДР]. ▫ О.-с. **jedva : *jedъva*. По всей видимости, сложное слово. Первая часть **jed-*, та же, что в рус. *один* (см.) < о.-с. **jedinъ*; второй части **-va* соответствует лит. võs — «едва» (Fraenkel, 1274). Иногда по первой части сопоставляют также с нем. etwa — «около», «приблизительно» [ср.-в.-нем. ëtwā, ëteswā; др.-в.-нем. ëtteswār — «где-нибудь», вторая часть которых тождественна нем. wo (< wā-r), а первая = et- в etlich — «некоторый», но происхождение местоименного элемента et- : ete- в немецком считается темным (см. Kluge¹⁰, 125)].

ЕЖ, -а́, *м.* — «млекопитающее отряда насекомоядных, с колючими иглами на верхней стороне тела», Erinaceus. *Прил.* **ежо́вый, -ая, -ое.** *Сущ.* **ёжик, ежи́ха.** Сюда же **ёжиться.** Укр. їжа́к, редко їжик (в говорах їж), їжако́вий, -а, -е, їжа́чий, -а, -е, но **їжитися** — «щетиниться», «важничать»; блр. **во́жык, во́жыкавы, -ая, -ае;** болг. **еж,** обл. **ёжек** [но обычно **тарале́ж** (первая часть *тарал-* связана с глаг. **търкалям** — «качу», «качусь»)]; с.-хорв. jêж, jȅжев, -a, -o, jȅжити се — «щетиниться», «ежиться»; словен. jež, ježev, -a, -o, ježek, ježiti se; чеш. ježek, прил. ježčí, ježečci; словац. jež, ježový, -á, -é, ježko — «ежик», ježit’ — «щетиниться», ježit’ sa — «щетиниться», «сердиться»; польск. jeż, ježasty, -a, -e; в.-луж. jěž, jěžik, jěžojty, -a, -e, jěžić so; н.-луж. jež (диал. jaž); полаб. jêz (Rost, 389). Др.-рус. *ежь* в Сл. Дан. Зат. по Акад. сп., § 34: «ни звѣрь въ звѣрех *ожь*» (по другим спискам *ежь*). — Зарубин, 26; см. еще Срезневский, I, 820]. ▫ О.-с. **ježь* из **ezjos*. И.-е. корень **eg’h-* (: **eg’hi-* : **og’hi-* [Pokorny, I, 292]. Ср. лит. **ežỹs** (вост.-лит. **ēžis,** диал. **ažỹs**) — «еж»; латыш. ezis — тж.; др.-в.-нем (с суф. -l-) igil (совр. нем. Igel); греч. ἐχῖνος (с закономерным χ из g’h) — «еж», «морской еж» и др. [по Фриску, — произв. от ἔχις — «гадюка» (самец) с суф. -īno- (Frisk, I, 601); арм. **возни** (: ozni), основа < и.-е. **og’h-ī̆n-i̭o-*].

ЕЖЕВИ́КА, -и, *ж.* — «кустарник семейства розовых, с побегами, покрытыми ши-

ЕЗД

пами, с ягодами темно-лилового цвета», Rubus fruticosus. *Прил.* **ежеви́чный, -ая, -ое.** Укр. **ожи́на;** блр. **ажы́на;** польск. jeżyna. В других слав. яз. с корнем *еж-*: *ож-* неизвестно. Ср. название этой ягоды: болг. **къпи́на;** с.-хорв. **ку́пина;** словен. kopina (при ст.-сл. къпина — «терновник»); чеш. ostružina. В русском языке слово *ежевика* известно с 1-й пол. XVIII в. [«Рукоп. лексикон» (Аверьянова, 101); Ломоносов «Мат. к Рос. гр.», 1744—1757 гг. (ПСС, VII, 721)]. ▫ Образовано от *ёж* (от основы *ежев-*, ср. *ежовый*) по к о л ю ч е с т и стебля. С точки зрения словообразования ср. рус. диал. **ежо́вик** — «гриб Hydnum», **ежо́вка** — «земляничное дерево, Arbutus unedo», **ежёвник** — «растение Anabasis cretacea» и т. п. (Даль, I, 461).

ЕЗДА́, -ы́, *ж.* — «передвижение с помощью каких-л. средств транспорта». Ст.-рус. также **езд** (СЦСРЯ 1847 г., IV, 471) [ср. совр. рус. *наезд, отъезд, приезд, съезд*]. *Прил.* **ездово́й, -а́я, -о́е.** *Сущ.* **ездо́к.** *Глаг.* **е́здить,** 1 ед. **е́зжу.** Укр. їзда́, їздови́й, -а́, -е́, їздець, їздити; блр. язда́, ездавы́, -а́я, -ое, яздо́к, е́здзiць; болг. язда́ (из русского — езда́) «езда верхом», язда́ч (и езда́ч), я́здя — «езжу»; с.-хорв. jèzditi — «ехать верхом», «ездить»; словен. jeźa — «верховая езда», jezdec, jezdar — «ездок», jezditi; чеш. jízda — «езда», «поездка», также «конница», прил. jízdní, jezdec — «ездок», jizditi; словац. jazda, jazdec, jazdit'; польск. jazda, jeździec, jeździć; в.-луж. jĕzd, jĕzdny, -a, -e, jĕzdnik, jĕzdźić; н.-луж. jĕzd, jĕzdnik, jĕzdźiś. Др.-рус. **ѣздъ** — «езда», «путь» и др. (с XII в.) **ѣздити** (Пов. вр. л. под 6420 г. и др.), **ѣздокъ** (с XV в.), прил. **ѣздовой** (с XVI в.) [Срезневский, III, 1621, 1622]. Сущ. *езда* — сравнительно позднее. В начале XVI в. оно, видимо, отс. [Унбегаун в памятниках московского происхождения отм. только *ѣзд*, но не *ѣзда* (Unbegaun, 93—94)]. В словарях — с 1704 г. (Поликарпов, 166 об.). ▫ О.-с. *jězdъ : *jězda : *jězditi. Корень тот же, что и в о.-с. *jati : *jěti, *jachati : *jěchati (см. *ехать*). Суф. -zd (< sd)-a, тот же, что и в о.-с. *borzda (> рус. *борозда*).

Е́ЛЕ, *нареч.* — «едва», «чуть-чуть», «почти не». Удвоение **е́ле-е́ле.** Только русское. В других слав. яз. отс., в этом же знач. употр. слово, соответствующее рус. *едва* (см.). Др.-рус. **елѣ : еле,** также **ель** (Срезневский, I, 825). Ср. ст.-сл. **ѥлѣ.** ▫ Слово, надо полагать, сложное: из *е-* (< *jed-) [тот же корень, что в *едва* (см.)] и *лѣ* (< о.-с. *lě) — «еле», «чуть»; ср. в Пов. вр. л., Введение: «едва слѣзуть лѣ живи» (Лихачев, 12; в др. памятниках — см. Срезневский, II, 69). Ср. в современных слав. яз.: с.-хорв. ле (усилит. частица при отрицании); словен. le — «только»; чеш. le — «и», «но», «однако».

ЕЛЕ́Й, -я, *м.* — «оливковое масло, употребляемое в церковном обиходе». *Прил.* **еле́йный, -ая, -ое.** Ср. в говорах (давней записи): осташк. **еле́йник** — «лампадка» (Тр. ОЛРС, XX, 1821 г., 224). Укр. **єле́й, єле́йний, -а, -е;** блр. **яле́й, яле́йны, -ая, -ае;** болг. **еле́й, еле́ен, -е́йна, -е́йно.** Ср. с.-хорв. òlāj — «льняное масло», «олифа» («елей» — свето уље); чеш. olivový olej; польск. olej święty (обычно тж.). Др.-рус. (с XI в.) **олей,** книжн. **елей** (Срезневский, I, 822, II, 658). Ст.-сл. **ѥлѣи.** ▫ Это слово известно и в других европейских языках. Ср. ст.-франц. olie : oile (совр. франц. huile); ит. olio, *m.*; исп. oleo, *m.*; нем. Öl, *n.* — «растительное масло». Первоисточник — греч. ἔλαιον — «елей», «оливковое масло», от ἐλαία — «олива» (откуда и латин. oleum, *n.* : olea, *f.* — тж.). Происхождение греч. ἐλαία неясно. Вероятно, это такое же заимствованное слово из какого-то средиземноморского языка, как и арм. ewł — «растительное масло» (Frisk, I, 480).

ЕЛЕ́Ц, ельца́, *м.* — «небольшая рыба семейства карповых», Leuciscus leuciscus. *Прил.* **ельцо́вый, -ая, -ое.** Укр. **яле́ць;** блр. **яле́ц;** чеш. jelec; польск. (с XV в.) jelec — «уклейка»; в.-луж. jĕlc — «язь»; н.-луж. jalc, jalica — тж. Елец, уклейка и (в меньшей степени) язь относятся к рыбам с блестяще-серебристой чешуей, причем елец отличается особенной белизной (см. Аксаков, СС, IV, 81, 82, 91). В ранних памятниках др.-рус. письменности это слово не зарегистрировано. В словарях отм. с 1790 г. (САР¹, II, 952). Тем не менее слово, по-видимому, старое. Ср. в «Книгах издержечных Тотемского земского старосты Выдрина» 1691—1692 гг., 21: «налимов. . . *ельцов* на 10 денег» (КДРС). ▫ Не исключено, что название перенесено с какой-н. другой рыбы и что суф. *-ец* (< о.-с. -ьc-ь) в этом случае поздний. Определить корень и родственные связи трудно. Едва ли следует связывать это слово с о.-с. *ilъ — «грязь», «ил» (ср. польск. диал. jeł — «глина», «суглинок»), как делает Покорный (Pokorny, I, 499), хотя елец, действительно, держится обычно у дна. По всей вероятности, о.-с. корень был *jal- < *al-, т. е. о.-с. *jalьсь. След., рус. *елец* из *ялец, начальное *е* (= je) из *я* (= ja) в начальном неударенном слоге перед ударенным *е*. М. б., следует принять предположение Махека (Machek, ES, 175) о связи чеш. jelec по корню с нем. Alant — «язь» (рыба из того же семейства карповых, похожая на ельца, но несколько более крупная, Leuciscus idus), словом, известным в др.-в.-нем. (alant, alunt). Слово это не чуждо и другим языкам германской группы. Ср. др.-англ. alund — «язь»; др.-сканд. qlunn — «макрель» (Falk — Torp², I, 189). Что касается этимологии нем. Alant, то Клюге связывает его с др.-в.-нем. āl (совр. нем. Aal) — «угорь» (ср. англ. eel — тж.) [Kluge¹⁰, 10]. С другой стороны, это слово возводят к и.-е. *al-ŋt- : *al-ont-, с корнем *al- — «белый», «блестящий» (Pokorny, I, 31). Ср. немецкое название ельца: Weißfisch — букв. «белая рыба».

Ё́ЛКИЙ, -ая, -ое, *прост.* и *обл.* — «горьковатый», «прогорклый» [ср. в ССРЛЯ, III, 1260: «имеющий горьковатый, терпкий

ЕЛЬ

вкус, похожий на вкус **еловой смолы**»). *Глаг.* **ёлкнуть**. В говорах: **ёлчь : ёлочь** — «пересол, горечь в порченой пище»; «осадок грязной соли в чрене (котле для выпарки соли)»; «такой же осадок на соленой рыбе»; пск. «желчь в животном» (Даль, I, 463). Ср. укр. ïлкий, -á, -é. Только восточнославянское. Польск. (диал., вост.-польск.) jełki, -a, -ie заимствовано из русского (Sławski, I, 558). ▫ Вполне удовлетворительного объяснения не имеется. Правдоподобным можно считать неоднократно высказывавшееся предположение, что это слово восходит к о.-с. *olъ — «пиво». Ср. др.-рус. (с XI в.) **олъ**, **оловина** — «хмельной напиток из ячменя, жита и т. п.» (Срезневский, II, 660, 663). Ср. в говорах: новг., пск., твер. **оловина** — «осадок от слитого пива, квасу», «гуща», «барда, дрожжи» (Даль, II, 1249). Итак: ***ōлъкый** > ***ōлкий** > **ёлкий** (с j перед о, м. б., под влиянием **еловый**). Суф. -ък-, как, напр., в **гулкий**, **валкий**, **солкий** и др.

ЕЛЬ, -и, *ж.* — «разновидность высоких вечнозеленых хвойных деревьев из семейства сосновых», Picea abies. *Сущ.* **ёлка** — 1) тж.; 2) «украшенная ель в праздник Нового года (или рождества)» [отсюда (к **ёлка** во 2 знач.) **ёлочный, -ая, -ое**], **ёльник**. Сюда же топоним — г. **Ельня**. *Прил.* **еловый, -ая, -ое**. Блр. **ёлка** — «ель», «ёлка», но **ёлка** — «новогодняя ёлка», **ялíна** — «ель», **яловы, -ая, -ае** и (к **ёлка**) **ёлачны, -ая, -ае**. Ср. укр. **ялúна** — «ель», **ялúнка** — «ёлочка»; болг. **елá** — «ель» — «пихта», но **елхá** — «рождественская ёлка», **елов, -а, -о**; с.-хорв. jéla — «ель», «пихта», jèlika — «ёлка», но jèlka — «рождественская ёлка», jèlāk — «ельник», jèlov, -a, -o; словен. jelka, jel(k)ov, -a, -o; чеш. jedle — «пихта» («ель» — smrk), jedlový, -á, -é (ср. stromek, stromeček — «рождественская ёлка»); словац. jedl'a — «пихта», «ель», jedl'ový, -á, -é; польск. jodła — «пихта» (świerk), обл. smrek — «ель»; ср. choinka — «рождественская ёлка»), jodłowy, -a, -e; в.-луж. jědla, jědlenka, jědlaty, -a, -e; н.-луж. jedła; полаб. jádla (Rost, 388). Др.-рус. **ель**, прил. **еловый, елинь** — «еловый лес» (Срезневский, I, 824, 825). Ст.-сл. **іела**. Позже появилось **ельник**, отм. Р. Джемсом (PAC, 1618—1619 гг., 12 : 8): yelenic — «a firre» («ель, пихта»); еще позже — **ёлка** (в словарях отм. лишь с конца XVIII в.: САР¹, II, 1790 г., 953). Ср. позже в знач. «рождественская ёлка» в письме Герцена Краевскому от 24-XII-1844 г.: «сочельник — день, в который немцы делают **ёлку**, а мы, кроме **ёлки**, ничего не едим» (СС, XXII, 212). ▫ О.-с. *jedlь, *jedla. Ср. лит. ẽglė (< *edlē) — «ель»; латыш. egle — «ель»; др.-прус. addle — «ель». В других и.-е. яз. параллельных образований не находят, возможно, за исключением латин. ebulus, ebulum — «малорослая бузина», если это из *edh-l-os (: *edh-l-om), с и.-е. корнем *edh- — «острый», «колючий» (Walde — Hofmann³, I, 388—389; Pokorny, I, 289—290). Суф. -l- (и.-е. *-l-ŏ-, *-l-ā-). О нем см. Meillet², II, 418.

ЕНО

ЕНДОВÁ, -ы́, *ж.* — «в старину на Руси — широкая деревянная или медная чаша, с носиком или рыльцем для разлива вина, пива, меда, браги и других напитков». В говорах: **ендовá** — 1) «небольшой круглый залив, связанный проливом с рекой»; 2) «котловина», «ямина», «провал»; ср. пенз. **ендовúна** — «котловинка в горах», «округлый раздол» (Даль, I, 463), «отлогое место между горными возвышенностями» («Опытъ», 1852 г., 54). Ср. блр. **яндóўка** — «ендова». Ст.-польск. (XVII в.) janduła — «кубок», по-видимому, из русского языка. Старшая форма — **яндова**. Известна в русском языке с XVI в. (Срезневский, III, 1659). Как прозвище — с XVII в. [«Первушка *Яндова*, туринский крестьянин», 1622 г. (Тупиков, 457)]. В словарях — с 1790 г. (САР¹, II, 1009): *ендова*. ▫ Как полагают многие языковеды, слово **яндова** заимствовано из литовского языка. Ср. лит. iñdas — «сосуд», indaujà — «посудный шкаф», «буфет». В литовском языке относят (вместе с ìždas — «казна») к группе dėti — «класть», «положить», «девать», «ставить». Ввиду расхождения в знач. рус. **яндова** и лит. indaujà и фонетической отдаленности лит. iñdas вопрос нельзя считать окончательно решенным. Брюкнер считает, что ст.-польск. janduła не связано с лит. iñdas (Brückner, 198). Френкель о заимствовании лит. iñdas славянами не упоминает (Fraenkel, 92).

ЕНÓТ, -а, *м.* — «разновидность некрупных хищных млекопитающих семейства енотовых (раньше относили к семейству медведей), с мехом серо-желтой окраски с примесью черного, с пушистым хвостом», Procyon lotor (раньше Ursus lotor). *Прил.* **енóтовый, -ая, -ое**. Укр. **єнóт**; блр. **янóт**; болг. **енóт** (из русского). Но чеш. mýval (< mýti — «мыть», ср. рус. *полоскун* — «животное рода енотов»); польск. szop. В русском языке **енот**, **енотовый** вошли в общее употр. в 1-й пол. XIX в.: о *еноте* упоминается в учебнике Ловецкого (I, 1825 г., 263); «*енотовая* шуба» встр. у Панаева в очерке «Барыня» 1841 г. (Избр., 248). В словарях *енот*, *енотовый* отм. с 1847 г. (СЦСРЯ, I, 394). ▫ В Европе этот зверь появился с XVIII—XIX вв. (завезен из Северной Америки) и общего названия не имеет: ср. англ. rac(c)oon; нем. Waschbär (waschen — «мыть», «стирать»; ср. рус. *полоскун*), Schupp, Schoppen; франц. raton; ит. procióne и т. д. Происхождение слова *енот* не совсем ясно. По мнению Мёлена, оно заимствовано из голландского языка, хотя голл. genet [произн. ʒenet (< франц. genette)] значит не «енот», а «виверра», «циветта», Viverra genetta (Meulen, NWR, Suppl., 29). Источником распространения в Европе считают испанский язык [jineta (произн. xineta) — зоол. «ласка», которое, в свою очередь, считается словом арабского происхождения]. С фонетической точки зрения рус. *енот* трудно вывести из западноевропейского (см. выше голл., франц., исп.) названия этого зверя. Скорее оно восходит к латин. научному термину (Viverra) genetta с заменой g > j (как в народн. *ерань* из *герань*, *енерал* из *генерал*, как в общерус. *ефрейтор* из нем. Gefreiter). Что касается странной замены *не* > *но*, то позволительно напомнить здесь о записанном Далем (I, 464) предании, будто енотовый мех в Петербурге сначала называли «*геннадиевым* (мехом)», по имени грека Геннади, первого директора учрежденного Петром I «Кабинета его величества», ведавшего также и пушным хозяйством страны.

ЕПАНЧА́, -и́, ж. — «длинный и широкий старинный плащ». Ср. в говорах также — «крыша... на четыре ската», «на заводах — кожух, верхний свес, свод», «войлок из поярку» и др. (Даль, I, 464). Укр. опанча́ — «епанча»; блр. апанча́; болг. япанджа́к; с.-хорв. jaпу̀нце; польск. opończa. Др.-рус. *япончица* — лишь в Сл. плк. Игор.: «Орьтъмами и *япончицами*... начаша мосты мостити» (Срезневский, III, 1659). В форме *епанча* и как обиходное это слово появляется в конце XVI в. (ib, I, 828). Ср. прозвище *Епанча*: «Пантелей *Епанча*, житомирский мещанин», 1552 г. (Тупиков, 143). Слово, широко употребительное еще в 1-й пол. XIX в. (см. СЯП, I, 757), теперь отошло в разряд исторической лексики. □ Происхождение слова не вполне ясно. Несомненно, заимствованное. Источник заимствования — тюркские языки. Ср. турец. yapunca, yapıncak (c=дж) — «длинная мохнатая попона», «покрышка» (для лошадей, зимующих на открытом воздухе) при yarık — «чепрак». Ср. турец. yapmak — «приготовлять», «создавать». У Радлова (III : 1, 259, 262, 263): japыnцak, japыk (осм.) — «чепрак», «попона»; «**широкий плащ из войлока**» при jap (осм., кирг., тат. и др.) — «крыть», «закрывать», «покрывать». См. еще Lokotsch, § 934. У Дмитриева отс. Другим тюркским языкам, кроме турецкого, это слово, по-видимому, неизвестно и (ни в турецком, ни в других тюркских языках) не было известно в прошлом. Непонятно, каким образом оно попало в конце XII в. в «Слово о полку Игореве».

ЕПА́РХИЯ, -и, ж. — «церковный округ, управляемый епископом». *Прил.* епархиа́льный, -ая, -ое. Укр. єпа́рхія, єпархія́льний, -а, -е; блр. епа́рхія, епархія́льны, -ая, -ае; болг. епа́рхия, епархиа́лен, -лна, -лно; с.-хорв. епа̀рхиjа, епа̀рхискӣ, -а̄, -о̄. В зап.-слав. яз. отс. Ср. чеш. biskupství — «епархия». Др.-рус. (с XII в.) *епархия*, *епархийский* (Срезневский, I, 828). Ст.-сл. єпархиѩ. Прил. *епархиальный* — более позднее. В словарях отм. лишь с 1790 г. (САР¹, II, 1010). □ Слово греческое: ἐπαρχία — собств. «округ, область, провинция, находящаяся под управлением епарха» (ἔπαρχος — «правитель», «проконсул», «наместник»); в период распространения христианства — «епархия». К ἐπάρχω — «правлю», «управляю». Ср. ἀρχή — «начало», «власть», «управление».

ЕПИ́СКОП, -а, м. — «лицо высшего священнического сана в христианской церкви, управляющее церковным округом», «архие-

рей». *Прил.* епи́скопский, -ая, -ое. Укр. єпи́скоп, єпи́скопський, -а, -е; блр. епі́скап, епі́скапскі, -ая, -ае; болг. епи́скоп, епи́скопски, -а, -о; с.-хорв. ѐпископ, ѐпископскӣ, -а̄, -о̄; чеш. biskup, biskupský, -á, -é; польск. biskup, biskupi, -ia, -ie. В русском языке — со времени крещения Руси. По памятникам: (с XI в.) **епископъ**, **пискупъ**, (с XIV в. в западнорусских памятниках) **бискупъ**, (с XII в.) **епископьский** (> **епископский**), **епископль**, (с XIV в.) **пискупль** (Срезневский, I, 88, 828—829; II, 937). Ст.-сл. єпископъ: єпископъ, єпискоупль (SJS, I : 10, 576). □ Слово греческое. Ср. греч. ἐπίσκοπος — старшее знач. «надзиратель», «смотритель», «страж», «хранитель», позже, в первые столетия распространения христианства — «глава христианской общины» (к ἐπι-σκοπέω — «смотрю», «осматриваю», «навещаю»; далее, без префикса — к σκοπέω — «смотрю», «гляжу», «наблюдаю», «слежу»).

ЕРАЛА́Ш, -а, м. — «беспорядок», «путаница»; «вздор», «чепуха»; *устар.* «засахаренные фрукты»; «старинная карточная игра, близкая к висту и преферансу». Ср. укр. єрала́ш — «засахаренные фрукты»; «старинная карточная игра». В других слав. яз. отс. Ср. в знач. «беспорядок», «путаница»: болг. бърконя́; чеш. zmatek и т. п. В русском языке слово *ералаш* известно с XVIII в.: Капнист, «Ябеда», 1798 г., д. IV, явл. 3: «Отколь в головушку твою такой Содом, / Сумбур и *ералаш* вселился, мой родимый?» В 1821 г. оно зафиксировано как областное: тул. *ераллаш* — «пустяки» (Тр. ОЛРС, XX, 119). Но, конечно, это слово могло быть известно и раньше. Ср. прозвище «*Ерлаш* Быков», 1605 г. (Тупиков, 143). В форме ж. р. и в знач. «путаница», «беспорядок» встр. в письмах Пушкина Вяземскому от 25-I-1825 г.: «экая *ералаш*!» (ПСС, XIII, 136) и Н. Н. Пушкиной от 16-XII-1831 г.: «дом его такая бестолочь и *ералаш*, что голова кругом идет» (ПСС, XIV, 249) [СЯП, I, 757]. Как название карточной игры встр. у Л. Н. Толстого («Дневники», запись от 17-I-1851 г. — СС, XIX, 52). Знач. «засахаренные фрукты» отм. Даль (I, 1863 г., 464). □ В русском — из тюркских языков, м. б., из турецкого. Ср. турец. aralaşmak — «расходиться», «удаляться друг от друга», «рассыпаться», «разрежаться». У Радлова (I : 1, 255—256): **аралаш** — сарт., джаг. (среднеаз.) «смесь», «путаница», «смятение»; каз.-тат. «смешанный», «прерывающийся». По мнению Будагова (I, 22), в русском — из говоров крымских татар (**аралаш** — «беспорядки»). См. также Lokotsch, § 91. Начальное *е* (=je) в русском, надо полагать, из *я* (=ja), на почве йотации начального *а*: *аралаш* > *яралаш* > (*jаралаш*) > *ералаш*.

ЕРЕПЕ́НИТЬСЯ, ерепе́нюсь, *прост.* и *обл.* — «сердито, раздраженно упрямиться», «упрямо противиться чему-л., упорствовать». В говорах — и невозвратная форма **ерепе́нить** — «бить», «сечь», «наказывать телесно», а также «подзадоривать» (Даль, I, 465). Только русское. Ср. выражение этого знач. в других слав. яз.: укр. **іритуватися, комизитися**; блр. **ірытавацца, упірацца**; польск. indyczyć się, czupurzyć się. Как обл., углич. **ерепениться** — «чваниться» известно с 1-й трети XIX в. (Тр. ОЛРС, XX, 1821 г., 116). Ср. владим. **взъерепенить** — «больно высечь», «наказать» (ib., 198). ▫ Происхождение этого слова и его история недостаточно выяснены. Ср. рус. диал. **репить**, ворон., **репеть**, моск. — «роптать», «ворчать», **репенить** — сарат. «бранить», «бранчиво выговаривать», новг., твер. «скоро говорить», «тарантить» (Даль, IV, 83). Старшее знач. слова *ерепенить*, по-видимому, было «ворчать на кого-л.», «выражать неудовольствие» (> «давать взбучку» > «наказывать»). Этимологически этот глаг., м. б., связан с *ропот* (< *ръръть), *роптати* (< *ръръtati) [о.-с. звукоподражательный корень *гор- (: *гер-), *гър- (: *гьр); ср. рус. *лопотать* : *лепет*]. Форма с *о* также была возможна. Ср. тул. **еропить** — «чваниться» (Даль, I, 465). Развитие (морфологическое): *репѣть* > *репѣть* > *репень* > *репѣнить* > *ерепенить*. Что касается начального *е*, то оно появилось в результате смешения с другими глаголами, близкими по смыслу, напр. **ереститься** (см. *ересь*) и с более ранним **ерститься** — «сердиться», «браниться» (ib.).

ЕРЕСЬ, -и, ж. — «религиозное учение, враждебное господствующей религии, противоречащее церковным догматам»; «отступление, отклонение от того, что считается общепринятым»; «вздор», «чепуха». Сюда же **еретик**. В говорах нередко **ересть**, причем это слово иногда значит «вранье», «злонамеренная ложь», «недоброжелательство» (Куликовский, 22). Ср. арханг. **ересь** — «сварливость», «бранчивость» (Подвысоцкий, 43). Также и **еретик** и варианты этого слова **еретник, ересник** нередко употр. со знач. «клеветник» (Куликовский, 22) или «колдун» (Даль, I, 465), колым. «упырь с железными зубами, живущий в глубине лесов» (Богораз, 50). В говорах встр. также глаг. **ереститься : еретиться** — «браниться», «лезть в ссору или драку» (Даль, I, 465), колым. «ссориться» (Богораз, 50) и др. Др. олон. **ерестить** — «клеветать» (Куликовский, 22). В говорах имеется и прил. **ресливый** — «брюзгливый», «сварливый» (Даль, уп.; Куликовский, уп.; Богораз, уп. и др.). Ср. др.-рус. *ересива трава* — «вредная трава», «ересняк» (Дювернуа, 48). Укр. **єресь, єретик**; блр. **ерась, ератык**; болг. **ерес, еретик**; с.-хорв. **jèrēs, jèretik**. Ср. чеш. herese, heretik; польск. herezja, heretyk. Др.-рус. (с XI в.) **ересь, еретикъ** (Срезневский, I, 831). Ст.-сл. **ѥресь, ѥретикъ**. ▫ Из греческого языка через старославянский. Ср. греч. αἵρεσις — «выбор», «замысел», «образ мыслей», далее «секта», позже (в Новом завете) «ересь»; αἱρετικός — (в Новом завете) «еретик» (к αἱρέω — «хватаю», «понимаю», «постигаю») > латин. haeresis — тж. Из латинского: франц. hérésie — «ересь», англ. heresy — тж.; ит. eresia — тж. Что касается рус. диал. (сев.) **еретиться** (см. выше), то существует мнение, что оно не связано с *ересь*: Покорный относит его к и.-е. *er-ti- : *or(ə)-ti- (Pokorny, I, 329). См. *рать, ретивый*.

ЁРЗАТЬ, ёрзаю — «беспокойно ворочаться, двигаться на одном месте»; *устар.* «двигать чем-л. взад и вперед». В говорах: **ёрзать** — «подвигаться ползком (сидя или на коленках)», «скользить», «волочиться» (Даль, IV, 465); ударение возможно и **ерзать**. В словарях общерусского языка *ерзать* отм. лишь с 1847 г. (СЦСРЯ, I, 395). ▫ Видимо, отыменное от **ёрза** — «непоседа», «проныра», «пролаза», также «ползун», «волокита», отмечаемого (наряду с **ерзун, ерзуха** и т. п.) Далем (I, 465). Это сущ., возможно, старое. Ср. фамилию *Ерзунов* («Петрушка *Ерзунов*, крестьянин»), известную по «Новг. писц. книгам» с 1495 г. (Тупиков, 544). Особенный интерес представляет записанное Р. Джемсом (РАС, 1618—1619 гг., 59 : 4) слово *ерзёвка* [по Ларину (175) — *ирзёвка*] : īrzévka — «the bawdie occupiinge streete» («улица непристойных, т. е. публичных, домов»). Корень, возможно, *ерз-*. Старшее знач. «прелюбодействовать», «блудить», «похабничать». Начальное *ер-* : *ир-*, м. б., из ŗ (ср. **иржать** в говорах). Не сюда ли относится др.-рус. **ръзати : рьзати** — «ржать» (о жеребце) [Срезневский, III, 205]? Ср. лит. eržilas, диал. aržilas — «жеребец»; латыш. ērzelis — тж., далее: лит. eržùs : aržùs — «похотливый», «сладострастный»; греч. ὄρχις, pl. ὄρχεις — «детородное (семенное) яичко»; ср.-ирл. uirgge — тж.; алб. herdhē — тж. арм. orj-ik' — тж. И.-е. база *org'hi- : *ŗg'hi- — «семенное яичко» (Pokorny, I, 782; Fraenkel, 123; Frisk, II, 433; рус. *ерза, ерзать* в этой связи здесь не рассматриваются).

ЕРМОЛКА, -и, ж. — «шапочка из мягкого материала, плотно прилегающая к голове; род тюбетейки». Укр. **ярмулка**; блр. **ярмолка**. Ср. польск. (с XVI в.) jarmułka (в XV в. jałmurka); ср. ст.-польск. jarmułuk — «род ткани». В русском литературном языке слово *ермолка* в широком употр. известно со 2-й четверти XIX в. Ср. в поэме Лермонтова «Казначейша», 1836 г.: «На кудри мягкие надета / *Ермолка* вишневого цвета / С каймой и кистью золотой / — Дар молдаванки молодой» (ПСС, III, 585). В словарях отм. лишь с 1847 г. (СЦСРЯ, I, 395). ▫ Происхождение этого слова не вполне ясно. Несомненно, однако, что оно заимствовано и бесспорно с Востока. Ср. др.-рус. (1677 г.) **емурлук** — «верхняя дождевая одежда» (Срезневский, I, 827, со ссылкой на Савваитова). Это последнее — из тюркских языков: ср. турец. yağmurluk (ğ=придых., горт. г) — «плащ», «дождевик», от yağmur — «дождь». Ср. у Радлова (III : 1, 56): jaģmurluk (осм.) — «дождевой плащ с капюшоном». Отсюда болг. **ямурлук** — «шерстяная домотканая крестьянская бурка». Т. о.: *емурлук > *ермолок > *ермолка*.

ЕРН

Появление *р* перед *м* легко объясняется как следствие перестановки звуков в чужеязычном слове. Но следует при этом учитывать и возможность контаминации со словом *еломо́к* — «еврейская ермолка», «скуфья» (Даль, I, 463), встречающимся в первой редакции повести Гоголя «Тарас Бульба», 1835 г., гл. V: *яломок* (Соч., XI, 114) — словом также тюркского происхождения. Т. о., мы имеем здесь дело с одним из многочисленных случаев перенесения названия с одной части одежды на другую [ср., напр., *малаха́й* — 1) «ушастая шапка на меху»; 2) «широкий кафтан без пояса»]. Слово могло попасть из турецкого языка в польский и в русский разными путями. Впрочем, некоторые польские языковеды считают это слово в польском заимствованием из русского (Sławski, I, 503). Так или иначе, знач. «еврейская шапочка», пожалуй, возникло сначала на польской почве.

ЁРНИК, -а, *м., прост.* — «беспутный, озорной человек», «повеса», «балагур», «пересмешник», «сквернослов», «развратник». Ёра, *устар.* — тж. *Прил.* ёрнический, -ая, -ое, отсюда ёрничество. *Глаг.* ёрничать. Только русское. Известно с конца XVIII—начала XIX вв. Встр. у Дениса Давыдова в стих. «Бурцову», 1804 г.: «Бурцов, *ёра*, забияка, / Собутыльник дорогой!» (Соч., 50). В форме *ёрник* отм. в 1821 г. как обл. яросл. со знач. «мот» (Тр. ОЛРС, XX, 107); у Даля (I, 1863 г., 464): *ёра*, *ёрник* — «беспутный человек», *ёрничать* — «быть ёрой», *ёрничанье* или *ёрничество* — «занятие ерника». □ В этимологическом отношении слово *ёра* (: *ёрник*) не вполне ясное. Корень *ер-*, м. б., очень давний, восходящий к и.-е. *er- (: *or-) : *erə- — «шаткий», «зыбкий», «неустойчивый», «неплотный», «редкий» (Pokorny, I, 332). Тот же корень (*ор-*) в *разорять* (см.). Но слово *ёра* (: *ёрник*) с течением времени подверглось переосмыслению, потому что оно вступило в контакт с другими словами, совпадающими или близкими по знач., прежде всего с **еры́га**, произв. *ерыжка* — «развратный гуляка», «ера» (Даль, I, 466), а оно — из *ярыга* — тж. и относится, наряду с *яру́н* — «животное в поре течки», *яри́ть* — «разжигать похоть» (Даль, IV, 621, 622), к группе *ярый*.

ЕРО́ШИТЬ, еро́шу — «теребя, приводить в беспорядок, всклочивать, лохматить (волосы)», «поднимать дыбом, топорщить (шерсть, перья)». С приставкой: **взъеро́шивать**, *сов.* **взъеро́шить**. *Возвр. ф.* **еро́шиться** — «торчать в разные стороны», «топорщиться». *Прост.* ерши́ть(ся) — «топорщить(ся)». Ср. болг. *ро́ша* — «ерошу» — слово невыясненного происхождения, произв. **ро́шав**, -а, -о «лохматый», «растрепанный». В других слав. яз. отс. В русском языке слово *ерошить* известно с XVIII в. Ср. у Державина в оде «На Счастие», 1789 г.: «Стамбулу бороду *еро́шишь*» (Стих., 52). В словарях — с 1790 г. (САР¹, II, 1014). □ Происходит от *ёрш*, но не в общерусском его произношении, а диалектальном: еро́ш (см. *ёрш*). Так — у Потебни («К ист. зв. р. яз.», I — ФЗ, XV, в. 2, с. 96, прим.): «*ерб́шить* волосы (*ерши́ть*, слово, ставшее литературным, но по своему *о* после *р* не общерусское)». От *ерошить* — отглагольные образования в говорах: еро́шка > еро́ха — «космач», «неряха» (Даль, I, 465).

ЕРУ

ЕРУНДА́, -ы́, *ж.* — «нечто не стоящее внимания», «пустяки», «нелепость», «бессмыслица». *Прил.* ерундо́вый, -ая, -ое. *Глаг.* еруди́ть. Сюда же ерунди́стика. В других слав. яз. отс. Слово *ерунда* появилось в 40-х гг. XIX в. Встр. у Некрасова «Петербургские углы» с авторским пояснением: «лакейское слово, равнозначительное слову дрянь» («Физиология Петербурга», I, 1845 г., 290). Это слово употр. Белинский в письме к Анненкову от 15-II-1848 г. (см. Рейсер, 777—782). Вскоре оно получило широкое распространение в литературной среде. В романе Лескова «Соборяне», писавшемся в 1866—1870 гг., дьякон Ахилла, вернувшийся в свой городок из Петербурга, где он усвоил это новое для него словечко, утверждает в разговоре с Туберозовым, что в столице это слово теперь «все л и т е р а т ы (т. е. литераторы — *П. Ч.*) употребляют» (276); здесь же (277): «они там *съерунда́т*. . . что бога нет». Произв. от слова *ерунда* появились в русском языке гл. обр. во 2-й пол. и в конце XIX в.: сначала — в 60-х гг. — *ерундить* (см. выше *съерундят*), позже других — *ерундистика* [напр., у Чехова в рассказе «Корреспондент», 1882 г., «а ерундистики писать не хочется» (СС, I, 201)]. □ Из приведенных в романе Лескова данных следует, что в описываемую эпоху слово *ерунда* воспринималось как неологизм и н т е л л и г е н т с к о й, «литераторской» среды, не имеющий никакого отношения к жизни и быту духовенства, которые так хорошо были знакомы Лескову. Между тем в этимологической литературе упорно держится мнение, будто слово *ерунда* попало в общерусский язык из семинарского арго, где оно якобы — из *геру́нда* и восходит к латинскому грамматическому термину gerundium (наименование особой формы отглаг. сущ. в латин. яз.). Впервые это предположение (в очень общей форме и весьма осторожно) было высказано Михельсоном в 1902 г. (РМР, I, 285), потом, в 1905 г., повторено Зелениным (РФВ, LIV, 115) и почти санкционировано в научной литературе, хотя никто никогда не пытался серьезно его обосновать или доказать. М. б., слово *ерунда* другого происхождения. Составители «Опыта», 1852 г., 55 отм. симб. ерунда́ — «жидкий, безвкусный напиток». Ср. в Доп. к «Опыту», 1858 г., 47: нижегор. ерунда́ — «хмельные напитки». Слово было известно и в форме еранда́ (Даль, I, 464). Вполне допустимо предположение, что знач. «напиток» и было старшим. Корень *ер-*, м. б., восходит к и.-е. *er- : *erə- — «рыхлый», «редкий», «жидкий» (Pokorny, I, 332); -*and(a)* — экспрессивный суф. [ср. суф. -and(a) в лит. balánda — «лебеда», латыш.

ЕРШ

balañda — тж., родственных лит. bálti — «белеть»]. Относительно изменения значения и вообще семантической стороны вопроса ср. *буза* (см.) [первоначально — название хмельного напитка], *кавардак* (см.) [первоначально — название кушанья (род окрошки и т. п.)]. Т. о., это слово попало в общерусский язык, в язык города, из говоров, в деревню, по-видимому, действительно через лакеев, через прислугу. По одному этому (не говоря о прочем) вызывает сомнение предположение Лескова в статье «Откуда пошла глаголемая „ерунда"» (об этой статье упоминает Рейсер, 778) о том, что это слово возникло на базе нем. hier und da («туда и сюда») в языке питерских немцев-колбасников, когда они говорили о колбасе низшего сорта, на изготовление которой шли отходы, остатки [«такой материал, который... сам по себе никуда не годится..., но может быть прибавлен туда и сюда» (Лесков, СС, XI, 95)].

ЕРШ, -á, *м.* — «небольшая костистая рыба семейства окуневых, с колючими плавниками», Acerina cernua. В говорах: пск., великолукск. ер́еш — тж. («Опыт», 54), осташк. ерб́ш — тж. (Копорский, Осташк., 103), кроме того: ерш — «заузбристый гвоздь, с насечкой для крепости» (Даль, I, 466). *Прил.* ершо́вый, -ая, -ое, ерши́стый, -ая, -ое — «колючий». *Глаг.* ерши́ть(ся) — «топорщить(ся)». Ср. укр. йорж; блр. ёрш (: джгір). В других слав. яз. эта рыба называется иначе. Напр., в западнославянских: польск. jazgarz (< *ězgърь), jażdż; чеш. ježdík (< *ježdžikъ > *jezgikъ) obecný; в южнославянских: болг. биба́н, ропе́ц; с.-хорв. ба́лавац. В русском языке известно с XV в., сначала как югозападно-русское прозвище. Ср. «*Ерш* Терешкович, пан в княжестве Литовском», 1450 г.; позже: «*Ерш*, киевский земянин», 1522 г.; «*Ерш* Семенов, московский дворянин», 1562 г. (Тупиков, 143). В начале XVII в. отм. Р. Джемсом (РАС, 1618—1619 гг., 24 : 5) уже как название рыбы: yershe «a ruff» («ерш»). Позже в «Повести о Ерше Ершовиче», XVII в., по сп. Петровского времени (Адрианова-Перетц, «Очерки», 147—148). ◻ В этимологическом отношении спорное слово. Сопоставляют с первой частью лит. eršketis — «терновник» [старшее знач., по мнению Потебни («К ист. зв. р. яз.», I — ФЗ, XV, в. 2, с. 95, прим.): «имеющий твердые шипы» (ср. лит. kíetas — «твердый»], которое, однако, Френкель (Fraenkel, 122) сопоставляет с рус. *осетр*. Лит. erškėtis [по Потебне (уп.), — лишь erš-], как и латыш. eŕ(k)šķis — «колючка», «шип», обычно связывают с др.-инд. r̥ṣáti (корень árṣ-) — «тычет», «колет», r̥ṣṭíh — «копье» (ср. авест., др.-перс. arštiš — тж.) [и.-е. база *eres- «колоть» (Pokorny, I, 335): *ers-]. Если так, то о.-с. *jeržь — из более раннего *ersjo-s. Менее вероятны предположения, что о.-с. *jeržь восходит к о.-с. *ježdžь (от корня *ezg-, откуда западнославянские формы) и возникло вследствие омонимического отталкивания от о.-с. *ježь (см. *ёж*) или просто является плодом контаминации.

ЕСЛИ, *условный союз* — «ежели», «коли». Ср. в говорах бассейна Оби: е́слив [«*Еслив* я тебе плохая, то вторую примечай» (в частушках)]; е́зли («*Езли* не мочёной лен, тот сланец»): е́злив; е́ли : е́лив (Палагина, I, 140, 141, 143). Ср. польск. (с XVI в.) jeśli — тж. (в форме jestli — со 2-й пол. XV в.); чеш. прост. диал., jestliže — «если». В других слав. яз. отс. Ср. в том же знач.: укр. коли́; блр. калі́; болг. ако́, ако́ ли; с.-хорв. а̏ко, ка̏д. В словарях — с 1704 г. (Поликарпов, 102 об.: «есть ли — зри аще»). Только в форме *если* отм. в «Рукоп. лексиконе» 1-й пол. XVIII в. (Аверьянова, 102). Любопытно, что Ломоносов в «Рос. гр.», 1757 г., гл. V, § 464 (ПСС, VII, 552) еще не упоминает об этом союзе. Написание *естли* (и даже *есть ли*) было возможно еще в 1-й пол. XIX в. Ср. у Пушкина (при преобладающем *если*): *есть ли, есть-ли, естьли* (СЯП, I, 758—760). Но, конечно, этот союз появился в русском языке гораздо раньше, чем получил первую фиксацию в словарях. Он известен (на первых порах в форме *естьли*) с середины XVI в. Нередко встр., напр., в сочинениях Пересветова (русского писателя, уроженца, по-видимому, Брянщины), старшего современника Ивана Грозного: «Сказание о магмете-салтане»: «*Естьли* к той... вере... да правда.., ино бы с ними а́ггели беседовали» (65 об.); «Сказание о царе Константине»: «*Естьли* царя не укротим... нам... до́му своего не видати» (321—322); «Большая челобитная» (84) [Соч., 161, 170, 233]. Но широкое употр. этого союза в письменности и в народной речи начинается с XVII в., особенно со 2-й пол. века. В 1-й пол. ср., напр., в «Повести об азовском... осадном сидении», 1642 г.: «А *есть ли* толко вы из Азова города... воп по выдете, не можете завтра от нас живы быти» [«Воинские повести», 63; также 64 и др.]. ◻ В каждом из трех слав. яз. (рус., польск. и чеш.) союз *если* возник самостоятельно из *jestьli [*jestь (3 ед. ч. вр. от *byti)+*li (вопросит. частица)] сначала в двучленной конструкции, заключавшей вопрос и ответ на него (напр., в Актах Холмогорской и Устюжской епархий: «*Есть ли* де у тебя, Никитка, пиво? Испьем де да и простимся». — Плотникова, 247), но в польском языке этот союз появился раньше, чем в русском, а в русском, в свою очередь, раньше в письменном языке (с XVI в.), чем в говорах. В письменных памятниках рус. яз. XVI в. и в начале XVII в. случаи его употр. у некоторых авторов можно рассматривать как отражение польского культурного влияния, но это не относится к данному явлению в целом, тем более если говорить о времени после XVI в. См. по истории союза *если* статью Плотниковой (224—273) с обильным фактическим материалом и библиографией.

ЕСТЕСТВО́, -á, *ср.* — «самая сущность», «то, что присуще чему-л. от природы»; «природа». *Прил.* есте́ственный, -ая, -ое, Укр. єство́. Ср. болг. естество́, есте́ствен,

-а, -о; с.-хорв. устар. jèstastvo — «природа», jestàstven(ī), -а, -о; польск. jestestwo. В других слав. яз. отс. Ср. выражение этого понятия в чеш.: podstata, jsoucnost, устар. příroda и др. Др.-рус. (с XI в.) **естьство** — «природа», «сущность», «пол», **естьствьнъ естьствьный** — «прирожденный», «природный», «естественный» (Срезневский, I, 834, 835). Ст.-сл. ѥстьство, ѥстьствьнъ, ѥстьствьныи. ▫ В древнерусском — из старославянского, а там — искусственное книжное образование от о.-с. *jestь, 3 ед. н. вр. (при ед. *jesmь) калька с греч. οὐσία — «существование», «бытие», «сущность», «первоначало» [от прич. н. вр. ж. р. οὖσα (ὤν, οὖσα, ὄν — «сущий»), от εἰμί — «есмь»].

ЕСТЬ, ем — «принимать пищу, разжевывая ее и глотая». *Многокр. разг.* **едáть** (обычно с приставками: **разъедáть**, **заедáть**, **съедáть** и т. д.). *Возвр. ф.* только с приставками (**приедáться** и др.) или безлично (**не éстся**). Сюда же **едá**. Укр. **їсти**, 1 ед. **їм**, **роз'їдáти**; блр. **éсці**, 1 ед. ем, **раз'ядáць**; болг. ям, 2 ед. ядéш, **разíждам**; с.-хорв. jèsti, 1 ед. jèdēm, **razjédati**; словен. jesti, 1 ед. jem, razjedati; чеш. jísti, 1 ед. jím, pojídati; словац. jest', 1 ед. jem; польск. jeść, 1 ед. jem, zjadać; в.-луж. jěsć, 1 ед. jěm, zjědować; н.-луж. jěsć, 1 ед. jěm. Др.-рус. (с XI в.) **ѣсти**, 1 ед. **ѣмь**, **ѣдати**, **ѣдъ** : **ѣдь** — «еда», **обѣдъ** (Срезневский, II, 585; III, 1619, 1623). Ст.-сл. ѣсти ꙗсти, 1 ед. ѣмь ꙗмь, ѣдати ꙗдати. ▫ Относится к одному корневому гнезду с *еда, обед* и др. О.-с. *jěsti (< *jědti), 1 ед. *jěmь (< *jědmь), *jědati, 1 ед. *jedajǫ. Ср. лит. ėsti, 1 ед. ėdu (ст.-лит. ėmi), вульг. — «жрать» («есть») — válgyti; латыш. ēst, 1 ед. ēdu — «есть»; гот. itan — «есть»; др.-в.-нем. eჳჳan (совр. нем. essen); др.-англ. etan (совр. англ. eat); латин. edō (2 ед. ēs) — «ем», edere (: ēsse) — «есть»; греч. ἔδομαι, ἔδω — «ем»; др.-инд. ádmi — «есть» (ádmi — «я ем», átti — «он ест»); хетт. et- — «есть». И.-е. корень *ĕd- — «есть» (Pokorny, I, 287).

ЕФРÉЙТОР, -а, *м.* — «первое воинское звание, присваиваемое рядовому (в Советской Армии — с ноября 1940 г.)». *Прил.* **ефрéйторский**, -ая, -ое. Укр. **ефрéйторський**, -а, -е; блр. **яфрэ́йтар**, **яфрэ́йтарскі**, -ая, -ае; болг. **ефрéйтор**, **ефрéйторски**, -а, -о; польск. jefreitor, устар. frajter (собств. польск. starszy strzelec). В некоторых слав. яз. отс. Ср. с.-хорв. десèтāр — тж.; чеш. svobodník — тж. Известно в русском языке с Петровского времени: «Воинский устав», 1698 г. (напечат. в 1841 г.): *гефрейтор* (Бурцев, I, 133); «Устав воинский», 1716 г.: *ефрейтор* (ПСЗ, V, 286, 296, 312). Кроме того, Смирнов, 114. ▫ Заимствованное. Источник заимствования — нем. Gefreiter — «рядовой, освобожденный от некоторых обязанностей», ср. frei — «свободный». Ср. чеш. калька svobodník. В немецком — калька с латин. exemptus — «выделенный», «освобожденный от чего-л.» (к eximō). В других западноевропейских языках отс. Ср. в том же знач. франц. caporal. В отношении начального е вм. *ге* (*ефрейтор* < Gefreiter) ср. прост. *енерал* и т. п.

ÉХАТЬ, éду — «передвигаться с помощью каких-л. средств транспорта». Укр. **íхати**, 1 ед. íду; блр. **éхаць**, 1 ед. éду; болг. **я́хам**, **я́хвам** — «еду верхом»; с.-хорв. **jàхати**, 1 ед. **jȁшēм** — «ехать верхом»; словен. jahati, 1 ед. jaham (: jašem) — тж.; польск. jechać (при ст.-польск. jachać), 1 ед. jadę; но чеш. jeti, 1 ед. jedu; словац. íst', 1 ед. idem; в.-луж. jěć, 1 ед. jědu; н.-луж. jěś, 1 ед. jědu. Др.-рус. (с XI в.) **ѣхати**, 1 ед. **ѣду** (Срезневский, III, 1624). Ст.-сл. ꙗхати, 1 ед. ꙗдж [ср. книжн. др.-рус. ꙗджщемъ, дат. мн. — «едущим», «плывущим» в Остр. ев., Лук. VIII, 22 (Востоков, 244 г.)]. ▫ Старшей формой в рамках о.-с. периода следует считать *jati, 1 ед. *jadǫ : *jěti, 1 ед. jědǫ. Остатки формы с ja- встр. и в памятниках ст.-сл. яз. [Зограф., Мариин ев. (Sadnik — Aitzetmüller, 7)] и в живых слав. яз. Происхождение же ě не вполне ясно. Возможно, оно из и.-е. i̭ē- (см. ниже) или же восходит к о.-с. jā- (< *i̭ā-), если о.-с. ě произносилось как ie. Трудно также объяснить ch в *jachati : *jěchati, хотя оно несомненно из наращителя -s- (как в *směch-, где, однако, ě < oi, и, след., имеется условие для изменения s > ch). И.-е. корень *ei- с его вариантами *i̭-; *i̭- (в основах i̭ā-, i̭ē-, i̭-ō-) тот же (на другой ступени чередования), что в о.-с. *iti (> рус. *идти*). Ср. лит. jóti, 1 ед. jóju — «ехать верхом»; латыш. jāt, 1 ед. jāju; др.-ирл. ā — «телега», «колесница», āth — «брод», «проход»; др.-инд. yāti — «идет», «продвигается», yānam — «повозка или другое средство передвижения»; хетт. i̭a- — «идти»; тохар. A yä- — «он идет». Подробнее — Pokorny, I, 296.

ЕХИ́ДНА, -ы, *ж.* — 1) «разновидность ядовитых австралийских змей, семейства аспидовых (до середины XIX в. так назывались и другие ядовитые змеи, в том числе гадюка)», Pseudechis; 2) «некрупное млекопитающее отряда однопроходных, с телом, покрытым острыми иглами, распространено гл. обр. в Австралии», Echidna aculeata; 3) *перен.* «зловредный, ядовитый, язвительный человек». **Ехи́да**, **ехиди́на** — то же, что *ехидна* в 3 знач. В говорах (в том же знач.): ахи́д, ахи́дный (Даль, I, 27). *Прил.* **ехи́дный**, -ая, -ое — «коварно-хитрый», «зловредный», «язвительный» (*нареч.* **ехи́дно**), отсюда **ехи́дство**, **ехи́дничать**. Укр. **єхи́дна**, **єхи́да**, **єхи́дний**, -а, -е; блр. **яхі́дна**, **яхі́да**, **яхі́дны**, -ая, -ае; болг. **ехидня́**, **ехи́ден**, -дна, -дно. Др.-рус. (с XI в.), **ехидна** — «змея», «гадюка», **ехидни́нъ**, **ехи́дный** — «змеиный» (Срезневский, I, 836). В перен. знач. (о человеке) *ехидна* употр. с древнейшего времени. Ст.-сл. ѥхидьна. *Ехидство*, *ехидничать* — поздние образования (САР¹, II, 1790 г., 1027). ▫ Раннее (эпохи христианизации славян) заимствование из греческого языка, возможно, при посредстве старославянского. Ср. греч. ἔχιδνα — «змея», «гадюка»; ср. ἔχις, род. ἔχιος, ἔχεως — тж. И.-е. корень тот же, что и в рус. ёж (см.): *eg'h-. Ср. греч. ἐχῖνος — «еж». Другие (Frisk, I, 602) связывают с греч. ὄφις — «змея».

ЕЩЁ, *нареч.* — «опять», «снова», «больше», «до сих пор», «пока». В говорах: ощó (ошшó, оштё), ишшó и др. Укр. ще, іщé; блр. яшчэ́; болг. óще, ощ, диал. йо́ще; с.-хорв. jòш, jòште; словен. šè; чеш. ještě (< ст.-чеш. ješče); словац. ešte; польск. jeszcze; в.-луж. hišće; н.-луж. hyšći; полаб. est. Др.-рус. (с XI в.) еще, още (: еша?) [Срезневский, I, 836, 837; II, 852]. Ст.-сл. ющте. □ О.-с. *ešče (: *ješče) : *ošče, м. б., *jьšče : *išče. Трудно сказать, в каком отношении друг к другу находятся эти формы, были ли они самостоятельными или какая-то из них была исходной, из которой получились другие (напр., из *ošče < *ešče). Еще труднее установить и.-е. праформу этого слова. По большей части считают, что праформа состояла из двух компонентов. Это могло быть и и.-е. *et-kᵘe, откуда о.-с. *etče и далее *ečče и (вследствие диссимиляции čč > šč) *ešče (: *ješče). Здесь et- (<и.-е. *eti — «сверх того», «и», «дальше», «также») — тот же и.-е. элемент, который сохраняется в латин. et — «и», «и к тому еще», etiam (< *et+jam) — «также», «еще», «даже еще». Ср. греч. ἔτι — «еще», «наконец», «после»; галльск. eti — «также», «и», «дальше»; др.-инд. áti — «сверх того», «очень», «над»; но др.-прус. et- наряду с at-, др.-вал. (кимр.) et- наряду с at- (приставка) и т. п. Следует отметить (это важно для объяснения формы ošče), что наряду с и.-е. *eti существовало и и.-е. *ati — «сверх», «обратно», «сюда». См. Pokorny, I, 70. По поводу второй части сложения (и.-е. *kᵘe — «и» в энклитическом употр. и местоименный элемент, о котором см. Pokorny, I, 635) ср. латин. atque — «и», «и потом», «а также»; др.-иран. at-ča; осет. œstœj (< *ašča < *ačča < *at-ča) — «потом», «затем»; др.-инд. ácchā — «близко», «к», «до», «навстречу». См. Pokorny, I, 344 (однако слово *еще* в этой связи здесь не упоминается); Walde — Hofmann³, I, 422; Абаев, I, 190. Несколько иначе объясняет слово *еще* Майрхофер (Mayrhofer, I, 22).

Ж

ЖА́БА, -ы, *ж.* — «земноводное животное с бородавчатой слизистой кожей серо-коричневого или зеленоватого цвета, с неясными темными пятнами, более крупное, чем похожая на жабу лягушка», Bufo. *Прил.* жа́бий, -ья, -ье. В укр. и блр. яз. жаба — «жаба» и «лягушка»: укр. жа́ба, жа́б'ячий, -а, -е; блр. жа́ба, жа́бін, -а, -а, жабі́ны, -ая, -ае. В других слав. яз. это слово значит «лягушка»: болг. жа́ба, жа́бешки, -а, -о; с.-хорв. жа̏ба, жа̏бjӣ : жа̏б-

лӣ, -а̄, -е̄; словен. žába, žabji, -a, -e; чеш. žába, žabí; словац. žaba, žabí, -ia, -ie; польск. żaba, żabi, -ia, -ie. Знач. же «жаба» выражается в этих яз. или словосочетанием (напр., с.-хорв. кра̀става жа̀ба — букв. «лягушка с коростами») или другим словом (словен. krastača; чеш. и польск. ropucha). Др.-рус. (с XI в.) жаба — «лягушка», «жаба», жабьнъ, жабьный (Срезневский, I, 837—838). Ст.-сл. жаба, в Синайск. псалтыри также жѣба (SJS, I : 11, 591). □ О.-с. *žaba (< и.-е. *gᵘēbā). И.-е. корень *gᵘebh- — «скользкий», «склизкий», «студенистый», «лягушка», «налим» (Pokorny, I, 466). Ср. др.-прус. gabawo — «жаба» [< *gᵘəb(h)-]; др.-сакс. quappa, quappia — «налим»; ср.-в.-нем. quap(р)e — тж. (совр. нем. Quappe — «налим», «головастик»); дат. kvabbe — «налим»; исл. kvap(i) — «студень»; англ. quab — «болото», quaver — «дрожать». Исходным знач. и.-е. корня, возможно, было «лягушка», «жаба», и корень был звукоподражательным по происхождению (передавал впечатление от лягушачьего кваканья). Потом в языках германской группы развилось знач. «налим» (эта рыба по склизкости, скольскости тела и до некоторой степени по его окраске имеет нечто общее с жабой). Другие знач. (см. выше) — еще более поздние.

ЖА́БРА, -ы, *ж.* (обычно *мн.* жа́бры) — «орган дыхания водных животных (рыб, раков и т. д.)». *Прил.* жа́берный, -ая, -ое. В говорах: жа́бра, *мн.* жа́бры — также «зазубринка на уде, на ерше (гвозде), на остроге», калуж., смол. жабри́ть — «жрать», «пожирать» (Даль, I, 467). С другой стороны, ср. в говорах такие образования с начальным з, как зе́бры : зе́бри — «рыбьи жабры», а также орл., тамб., симб. «нижняя челюсть», «нижние десны», отсюда зе́брить — «жевать», «слюнить ртом» (Даль, I, 606); рост., яросл. зе́бры — «жабры» (Волоцкий, 36); донск. зе́бры — тж. (Соловьев, 32); арханг. зе́бры — «нижняя губа» (Подвысоцкий, 56). Ср. укр. жа́бра, *мн.*, но обычно зя́бра, *мн.*, зя́бровий, -а, -е. Вероятно, из русского — чеш. žábra (словац. žiabra), чаще *мн.* žábry. В других слав. яз. это знач. выражается иначе, чем в русском: блр. шчэ́лепы; с.-хорв. шкр̀га, чаще *мн.* шкр̀ге; польск. skrzele, *мн.* В письменных памятниках русского языка допетровского времени не обнаружено. В словарях жабры — с 1731 г. (Вейсман, 199: жабри); жаберный — с 1790 г. (САР¹, II, 1030). □ Старшая форма, по-видимому, была *зе́бра, *мн.* *зе́бры (о.-с. корень *zeb-, с начальным z из и.-е. g'), но наряду с ней (м. б., по говорам?) существовала и форма *зя́бра, *мн.* *зя́бры (из о.-с. *zębra — назализация о.-с. корня *zeb-). И.-е. корень *g'ebh-: *g'ep(h)- — «челюсть», «рот» (Pokorny, I, 382); назализ. *g'embh- — «кусать», «грызть», «раскусывать» (ib. 369). Суф. -r-, как в о.-с. *mę(d)ra, *bedro. Ср. лит. žėbėti — «есть, хватая губами»; ср.-в.-нем. kiver (совр. нем. Kiefer — «челюсть»; к и.-е. *g'eph- восходит авест. zafar- — «рот», «пасть». Что касается начального *ж* в общерус. *жабры*, то, если здесь не имела места вариация в произношении начального звука (g' : g) в и.-е. *g'ebh- [эту возможность допускает Pokorny (уп.)], *ж.* вм. *з* (< и.-е. g') могло возникнуть на русской почве под влиянием *жевать, жрать, жать* и др. См. *зуб, зоб*.

ЖА́ВОРОНОК, -нка, м. — «маленькая певчая птица отряда воробьиных, с оперением землистого цвета, любящая открытые пространства», Alauda arvensis (полевой жаворонок). В говорах: **жа́воронок, сковро́нок, щевро́нок** (Даль, I, 467, IV, 182, 595). Укр. **жа́йворонок**; блр. **жа́варанак**. Ср. в том же знач.: словен. škrjanec, škrjanček; чеш. skřivan, skřivánek; словац. škovránok; польск. skowronek; в.-луж. škowronc, škowrončk; н.-луж. škowronk, škobronk; любопытно полаб. zevórnak : zavórnak — тж. (Rost, 443); ср. (в другой записи) ževornak, ssewornak — тж. (Срезневский, I, 838). Но болг. **чучули́га**; с.-хорв. **ше́ва**. По письменным памятникам слово *жаворонок* (с начальным *жа-*) довольно позднее [во «Вступлении» к «Задонщине», конец XIV — 1-я пол. XV в. (Адрианова-Перетц, «Задонщина», 199)]. Более ранний вариант с начальным *ск-* (но со знач. «скворец») встр. в ростовском «Житии Нифонта» 1219 г.: скомраньць (с *м*, переделанным рукой писца из *в*) [«Матеріяли», 254]. Ст.-сл. сковранъць. ▫ По всей видимости, форма с начальным sk- : šk- старшая. Вост.-слав. *жа-* могло возникнуть на месте *шта-* < *ща-* < *ще-* [ср. рус. диал. *щевро́нок* (Даль, I, 467)] < *ске-*, вероятно, не без влияния таких слов, как *жар* (см.), *жар-птица*, диал. *жерав* — «журавль» (Даль, I, 489) и т. п. с начальным *жа-* или *же-*. О.-с. корень неустойчивый, но явно звукоподражательный, тот же, что в о.-с. *skvorьсь (> рус. *скворец*) — *skver- : *skvor- : *skevr- : *skovr-. Т. о., *жаворонок* восходит, в конечном счете, к *skevran(ъk)ъ : *skovran(ъk)ъ < *skeveran(ъk)ъ : *skovoran(ъk)ъ, где -an- и -ъk- — суффиксы. В дальнейшем (и очень рано) слово подверглось переосмыслению и преобразованию вследствие фонетического сближения с рефлексами о.-с. прил. *vornъ — «черный» и с названиями ворона, грача, галки в живых слав. яз.: рус. *ворон*, -а, диал. (владим.) **вороно́к** — «черный стриж» (Даль, I, 216); укр. **га́йворон** — «грач» (иногда «ворон»); чеш. havran — «ворон» и т. д. Сначала, м. б., это относилось к черному жаворонку [Melanocorypha yeltoniensis (ср. Даль, I, 488: «жаворонок черный, степной, Alauda tatarica, nigra»)], а потом перешло и на другие разновидности этой птицы.

ЖА́ДНЫЙ, -ая, -ое — «ненасытный, алчный, слишком падкий на что-л.». *Кр. ф.* **жа́ден, -дна́, -дно**. *Сущ.* **жа́дность, жадню́га**. *Глаг.* **жадне́ть, жа́дничать**. Сюда же (произв. от корня *жад-*) **жадю́га, жа́дина**. Укр. **жа́дний**, -а, -е, но чаще в этом знач. **жаді́бний**, -а, -е, **жадли́вий**, -а, -е, **жа́дність**, жаднюга; болг. **жа́ден**, -дна, -дно, **же́ден**, -дна, -дно — «испытывающий жажду», перен. «жадный», диал. **жё́ден**, -дна, -дно; с.-хорв. **же́дан**, -дна, -дно : **жё́дни̇, -а̇, -ё̇** — «испытывающий жажду», «жаждущий», **же́днети** — «чувствовать жажду»; словен. žejen, -jna, -jno — «жаждущий»; польск. żądny, -а, -е. В некоторых (современных) слав. яз. отс. Ср. в том же знач.: блр. **пра́гны, -ая, -ае** (ср. польск. pragnąсу, -а, -е — «жаждущий», pragnąć — «жаждать», «горячо желать чего-л.»); чеш. lačný, -á, -é, hltavý, -á, -é, chtivý, -á, -é. Др.-рус. (с XI в.) жадьнъ, жадьный — «испытывающий жажду», «жаждущий», «нуждающийся», (в Сл. плк. Игор.) «сильно желающий» (Срезневский, I, 839—840). Ст.-сл. жадьнъ, жадьныи — тж. (SJS, I : 11, 619). ▫ О.-с. *žędьnъ. Прил. от того же корня žęd-, что в о.-с. *žędja — «жажда», в о.-с. *žędati — «жаждать», «испытывать жажду». Ср. др.-рус. **жадати**, 1 ед. **жажу, жадаю** (Срезневский, I, 839) при ст.-сл. жадати, 1 ед. жаждѫ, жадаѭ (SJS, I : 11, 619). Ср. рус. диал. **жа́довать** — «быть нескромным в желаниях своих», «страстно и ненасытно хотеть приобрести что-л.» (Даль, I, 468). Ср. укр. **жада́ти**, 1 ед. **жада́ю** — «сильно желать чего-л.»; блр. **жада́ць**, 1 ед. **жада́ю** — тж.; чеш. žádati — тж.; польск. żądać — тж. И.-е. корень *gᵘʰhedh- — «просить», «желать», «требовать» (Pokorny, I, 488; Fraenkel, 149—150 и др.). Ср. лит. (pasi)gèsti, 1 ед. (pasi)gendù (с инфиксом n) — «спохватываться», «замечать отсутствие кого-, чего-л.», «тосковать», gedáuti — «желать чего-л.», «тосковать по ком-л.»; латыш. ģint (с n в инфинитиве!) — «погибать», «портиться», «томиться». Т. о., носовой инфикс (в литовском — лишь в формах н. вр.) в о.-с. языке был обобщен для всех вариантов основы. Ср. еще др.-ирл. guidim — «прошу» (с g из и.-е. gᵘʰ); греч. *θέσσομαι (сохранились лишь некоторые формы) — «слезно прошу», «молю» [с θ (перед гласным переднего ряда) из и.-е. gᵘʰ], также ποθέω — «желаю», «томлюсь» [с π вм. ожидаемого φ (из и.-е. gᵘʰ перед гласным непереднего ряда) вследствие диссимиляции φ : θ > π : θ].

ЖА́ЖДА, -ы, ж. — «сильное желание пить». *Глаг.* **жа́ждать**. Ср. болг. **жа́жда** (но знач. «жаждать» выражается или описательно: **испи́твам жа́жда**, или с помощью родственного глаг. **жаду́вам**); с.-хорв. **жѐђа, же̑ђ** — «жажда», **же́ђати** — «жаждать»; словен. žeja — «жажда», žejati — «жаждать»; чеш. žízeň (ст.-чеш. также žiezě) — «жажда», žízniti — «жаждать»; польск. żądza [чаще, однако, pragnienie — «жажда», rożądać (и pragnąć) — «жаждать»]. Ср. укр. **спра́га** — «жажда»; блр. **сма́га** — тж. Др.-рус. **жажа** (Пов. вр. л. под 6496 г. и др.) [Срезневский, I, 840]. Ст.-сл. жажда (SJS, I : 11, 620). ▫ О.-с. *žędja (от *žędati, 1 ед. *žędjǫ, *žędajǫ — «жаждать»). Т. о., рус. *жажда* — славянизм. Глаг. *жаждать* — позднее образование. Относительно корня см. *жадный*.

ЖАЛЕ́ТЬ, жале́ю — 1) *кого-что* «чувствовать сострадание к кому-л.», «сочувствовать кому-л.»; 2) *о ком-чем* и *чего* «огорчаться, сокрушаться по поводу чего-л.»; 3) *кого-что* и *чего* «беречь», «не отдавать», «неохотно расходовать», «скупиться». Сюда же (по корню) **жаль, жа́лко, жа́лость, сжа́литься**. Укр. жалі́ти, жалува́ти (= рус. жалеть в 1 знач., а также «щадить», «жаловаться»), **жаль** — «жалость», **жа́лість** — тж., **жа́лко, жаль** (: шкода) — «жалко»; блр. **жаль** — «жалость» (но «жалеть» — шкадава́ць, отсюда шкада́ — «жаль, жалко»); болг. **жале́я, жа́ля** — «грущу, скорблю по ком-л.», «ношу траур» и «жалею», «берегу», «скуплюсь» (ср. **щадя́, па́зя** — «жалею», «берегу»), **жал** — «жаль», **жа́лост**; с.-хорв. **жа̀лити** — «жалеть», «оплакивать кого-л.», **жа̏лост** — «горе», «печаль», «траур» (к рус. *жалость* — «сострадание» ближе **ми̏ло̄сђе**), **жа̏о** — «жаль»; словен. žalovati — «быть в трауре», «оплакивать», «скорбеть», žal, žalost; чеш. želeti — «жалеть» (но чаще litovati, с тем же корнем, что в рус. **лютый**), žalostný, -á, -é — «жалкий» (ср. lítost, soucit — «жалость», je líto, je škoda — «жаль», «жалко»); польск. żałować (: litować się) — «жалеть», żal (: szkoda) — «жаль», «жалость» — litość, współczucie и др.). Др.-рус. (с XI в.) **жаловати** — «жалеть», «сожалеть», (с XIII в.) «оказывать милость», (с XIV в.) «щадить», (с XV в.) «дарить», «одарять», **желѣти** — «сожалеть», «скорбеть», **желати** — «жалеть», «горевать» (наряду с «желать»), **жаль, жалость** — «горе», «ревность» («страсть»?) [Срезневский, I, 843—845, 848—849, 854; Доп. 103]. Ср. ст.-сл. жалити (сѧ) — «сетовать», «скорбеть» (SJS, I : 11, 591). В форме *жалети* (> *жалеть*) отм. в словарях с начала XVIII в. (Вейсман, 1731 г., 783). ▫ О.-с. корень *žal- (с ā из и.-е. ē). И.-е. корень *g^uĕl- — «колоть», «жалить»; «боль» (напр., от укуса пчелы), «мучение», «смерть» (Pokorny, I, 470—471). Ср. лит. gélti — «болеть», «нарывать», «жалить», gėlà — «боль», «ломота»; др.-в.-нем. quelan — «страдать», quala (нем. Qual) — «страдание», «мука»; греч. βελόνη — «острие», «гвоздь» (с начальным β из и.-е. g^u) и др.

ЖА́ЛО, -а, *ср.* — 1) «колющий и испускающий ядовитую жидкость орган защиты и нападения у самок некоторых перепончатокрылых насекомых (пчел и др.)»; 2) «язык змеи». В говорах встр. и с другими знач.: вят. «острие иголки» (Васнецов, 68), том. «острая часть различных орудий» (Палагина, II, 9). Ср., кроме того, пск. **жа́гло** (с *гл* из *дл*) — «жало», «острие» (И. Д. Кузнецов, 32). *Глаг.* **жа́лить**. Укр. **жало́, жалі́ти**; блр. **джа́ла, джа́ліць**. Ср. болг. **жи́ло** (с неожиданным *и*) — «жало» (но о змее — еэи́к), **жи́ля, ужи́лвам** — «жалю»; с.-хорв. **жа̏лац, жа̏ока** — «жало», **жа̏цати** — «жалить», **жа̏цнути** — «ужалить»; словен. žêlo — «жало» (но «жалить» — pikati, zbadati); чеш. диал. (валаш.) žídlo, обще-чеш. žihadlo, вследствие скрещения с žíhati, ср. моравск. (d)žigat («жалить» —

bodati, štípati); словац. žihadlo; польск. żądło (ср. kłuć żądłem — «жалить»); в.-луж. žahadło — «жало» (у пчел). Др.-рус. (с XI в.) **жало** (Срезневский, I, 841). Ст.-сл. жало (SJS, I : 11, 620). Глаг. жалити отм. в 1704 г. (Поликарпов, 103 об.: *жалю́*), позже — в «Рукоп. лексиконе» 1-й пол. XVIII в. (Аверьянова, 103). ▫ О.-с. *žędlo, с ž из и.-е. g. Ср. лит. gēlů, geluonìs — «жало», gélti — «жалить» (ср. в абляуте gylýs — «жало» при болг. **жи́ло**); латыш. dzelonis — «жало», dzelt — «жалить». См. **жалеть**. И.-е. корень *g^uĕl- — «колоть», «жалить» неназализированный. В о.-с. яз. ę вм. ожидаемого е получилось вследствие диссимиляции: *gel-dl-o- > *gen-dlo- > *žędlo-. Иначе Pokorny, I, 493.

ЖАЛЮЗИ́, нескл., *ср.* — «многостворчатые ставни, а также шторы из узких пластинок на шнурах». Укр. и блр. **жалюзі́**; болг. **жалузи́**; чеш. žaluzie; польск. żaluzje. В русском языке в широком употр. — с начала XIX в. (Яновский, I, 1803 г., 777: *жалузи*). ▫ Из французского языка. Ср. франц. jalousie — собств. «зависть», «ревность», (с XVII в.) «жалюзи» [ср. jaloux — «завистливый», «ревнивый» (< народн. латин. *zēlōsus — тж., от позднелатин. zēlus < греч. ζῆλος — «зависть», «ревность»)]. Отсюда: нем. Jalousie — «жалюзи»; англ. jalousie — тж. и др. Во французском языке знач. «жалюзи» — возможно, под влиянием ит. gelosia (произн. джелозия) — «ревность» и «жалюзи». Странное на первый взгляд смещение значения, по-видимому, связано с тем обстоятельством, что жалюзи позволяют заинтересованному лицу делать наблюдения, оставаясь невидимыми с улицы или со двора.

ЖАНДА́РМ, -а, *м.* — «в царской России и в некоторых зарубежных странах — военнослужащий особых полицейских войск, созданных для политической охраны и сыска, для борьбы с революционным движением». *Прил.* **жанда́рмский, -ая, -ое**. Сюда же **жандарме́рия**. Укр. **жанда́рм, жанда́рмський, -а, -о**; блр. **жанда́р, жанда́рскі, -ая, -ае, жандарме́рыя**; болг. **жанда́р(м), жанда́рмски, -а, -о, жандарме́рия**; с.-хорв. **жа̀ндар(м), жа̀ндарскӣ, -ā, -ō, жандармѐрија**; чеш. žandarm (в говорах žandár : šandár); польск. żandarm. Но в некоторых слав. яз. отс. (словен. orožnik и др.). «Впервые в России слово *жандармы* было употреблено в 1792 г. для наименования конного отряда в кн. Павла» (БСЭ², XV, 587). Яновский (I, 1803 г., 778) отм. *жандарм* и *жандармерия*, последнее со знач. «подразделение кавалерии в регулярных войсках». С новым знач. эти слова вошли в употр. в России после 1817 г., со времени учреждения политической полиции (позже *корпус жандармов*). ▫ Слово французское по происхождению: gendarme (< gens d'armes — досл. «люди с оружием», «военные люди»; в совр. знач. — с 1790 г.). Из французского: англ. gendarme; нем. Gendarm (произн. с начальным *за*-).

ЖАР, -а, *м.* — 1) «высокая температура тела, характерная для болезненного со-

ЖАР

стояния»; 2) *разг.* «раскаленные (без пламени) угли в печи, в костре и т. п.»; 3) «зной»; 4) *перен.* «разгар», «пыл»; «страстность», «горячность». Сюда же (по корню) жара́, жа́ркий, жаро́вня, жа́рить(ся). Укр. жар, жара́, жа́ркий, -а́, -е́; блр. жар — «раскаленные угли», но в других знач. — гарачыня́, гара́чка, спе́ка и т. д. («жаркий» — гара́чы). Ср. болг. жар, ж. (< жарь, ж.) — «раскаленные угли (без пламени)», «зной, пекло», жар, м. (< жаръ, м.) — перен. «пыл», «страстность», жа́ръ, -рка, -рко; с.-хорв. жȃр, м. — «жар, горящие угли», жа́рки̑, -а̑, -о̑ — «жаркий», «палящий», «пылающий», жа́рити(се) — «пылать», «пламенеть», (о крапиве) «обжигать» (ср. жа́ра — «крапива»); словен. žar (= с.-хорв. жȃр), žaren, -rna, -rno — «жаркий», žarek, -rka, -rko — «горячий», «пламенный», žareti — «сиять», žariti — «накаливать»; чеш. žár — «жар», «жара», «зной», žárný, -á, -é — «горячий», «пламенеющий», «раскаленный», «пылкий»; словац. žeravý, -á, -é — «раскаленный», «жгучий», žeraviet' — «раскаляться», žeravit' — «раскалять», «накалять»; польск. żar — «раскаленные угли», «зной», «накал», żargyć się — «тлеть», перен. «гореть», «пылать», редк. żarny, -a, -e — «горячий», «знойный»; в.-луж. устар. žar — «пожар(ище)», «зной», «пыл», «накал». Др.-рус. (с XII в.) жаръ — «огонь», «зной», жаря́въ, жаря́вый, же́равъ, же́равый — «горящий» (Срезневский, I, 845, 860). Прил. *жаркий*, глаг. *жарить* употр., по крайней мере, с XVII в. Ср. в «Житии» Аввакума: «в *жаркую* печь влез» (Автограф, 50), «нельзя *жарить* на сковороде» (ib., 42). Прозвище *Жареной* известно с 1539 г. (Тупиков, 144). В словарях — с 1704 г. (Поликарпов, 103 об.). Субст. прич. *жарено(е)* от *жарить* отм. Р. Джемсом (РАС, 1618—1619 гг., 16 : 10) : járana — «roste meate» («жареное мясо»). □ О.-с. *žarъ (< *gēr-o-s). И.-е. корень *gʷher- — «жаркий», «горячий», «теплый». Родственные по корню образования на русской почве: *гореть*, *греть*, *горн²* (см. эти слова). Ср. греч. прил. θερμός (< *gʷher-mn-os) — «теплый», «жаркий», «знойный», στοιχεῖον θέρος n. — «лето»; арм. джерм (jerm, с -m-суффиксальным) — «теплый»; алб. zjarr — «огонь»; др.-инд. háras-, n. — «жар», «пыл» (см. Pokorny, I, 495; Walde — Hofmann³, I, 533).

ЖАРГО́Н, -а, м. — «речь какой-л. социальной или профессиональной группы, содержащая большое количество специфических, отличных от общенационального языка, в том числе искусственных слов и выражений» (ср. *арго*). *Прил.* жарго́нный, -ая, -ое. Укр. жарго́н, жарго́нний, -а, -о; блр. жарго́н, жарго́нны, -ая, -ае; болг. жарго́н, жарго́нен, -нна, -нно; с.-хорв. жарго̏н; чеш. žargon, žargonový, -á, -é; польск. żargon, żargonowy, -a, -e. Встр. в записи лекций Срезневского по истории русского языка, сделанных Чернышевским в 1849—1850 гг.: «все остальное — *жаргон*, ломаный язык» (Срезневский, «Мысли», 119).

ЖАТ

По словарям известно с начала 60-х гг. (ПСИС, 1861 г., 188). □ В русском — по́зднее заимствование из французского языка. Происхождение франц. jargon не вполне ясно. По большей части связывают это слово (в ст.-франц. и в форме gargon) с гнездом gargouiller — «булькать», «урчать» (ст.-франц. gargate — «горло», «глотка».

ЖАСМИ́Н, -а, м. — «декоративный кустарник семейства камнеломковых, с белыми, похожими на яблоневые, очень душистыми цветками», Philadelphus; «кустарник семейства маслинных», Jasminum. *Прил.* жасми́новый, жасми́нный, -ая, -ое. Укр., болг. жасми́н; но блр. язми́н; с.-хорв. jàsmin; чеш. jasmín; польск. jaśmin. В русском языке в форме с начальным *ж* известно с конца XVIII в. («Словарь ботанический» 1795 г., 60 : *жесмин*). Встр. у Грибоедова в «Горе от ума», 1823 г., д. II, явл. 12: «есть резеда, *жасмин*» (ПСС, 54). Но гораздо раньше это растение стало известно у нас под названием *ясми́н* (Полетика, 1763 г., 44), употреблявшимся еще и в XIX в. (Даль, I, 1863 г., 470; Анненков, 1878 г., 180). □ Форма с начальным *ж* в русском — из французского языка. Ср. франц. (ок. 1500 г.) jasmin (старое написание jassemin); нем. Jasmin; англ. jasmin(e); исп. jazmin; порт. jasmim; турец. yasemin; афган. йасмáн и т. д. Первоисточник — араб. yās(a)mīn — тж. (Wehr², 981). Растение вывезено в Европу из Южной Азии, из Аравии, из арабских стран.

ЖА́ТВА, -ы, ж. — 1) «уборка хлебных злаков путем срезывания их стеблей под корень»; 2) «время, когда жнут хлеб на полях»; 3) «собранный урожай хлебов». Болг. жѐтва : же́тва; с.-хорв. же̏тва; словен. žetev. В других слав. яз. это знач. выражается другим (но родственным) словом: укр. жнива́, мн.; блр. жніво́; чеш. žeň (< *žьnь); польск. żniwa, мн., рога żniw — «время, когда жнут». Др.-рус. (с XI в.) жатва, жатвьный (Срезневский, I, 845—846). Ст.-сл. жатва, жатвьнꙑи (SJS, I : 11, 620—621). □ О.-с. *žętva. Произв. от о.-с. *žęti, 1 ед. *žьnǫ. Суф. -tv-a, как в о.-с. *bitva и т. п. См. *жать²*.

ЖАТЬ¹, жму — 1) «сдавливать, стискивать»; 2) «быть тесным»; 3) «давить для выделения жидкости». Итератив -жима́ть (только с приставками: сжима́ть, зажима́ть, отжима́ть и т. д.). *Возвр. ф.* жа́ться, -жима́ться (в сжима́ться и т. д.). *Сущ.* жмы́хи, *спорт.* жим. Диал. жмень — «кулак», жо́мы — «тиски» [напр., в «Коньке-горбунке» Ершова (11): «все держал его, как в *жомах*»]. Укр. жа́ти(ся), 1 ед. жму́(ся) [но чаще стиска́ти, ти́снути; (об обуви, одежде) му́ляти; блр. ці́снуць, ці́снуцца]; с.-хорв. же̏ти, 1 ед. жме̑м, ср. сажи́мати — «сжимать»; словен. ožemati — «жать», ср. zažemati — «стягивать»; ст.-чеш. *žieti, 1 ед. žmu, но многие формы — с d : ždmi, ždal, совр. чеш. ždímati (< iždimati < iżżimati < *jьz-żimati) — «выжимать», «выкручивать» (напр., мокрое белье); польск. wyżymać — «выжимать» (ср. ściskać —

ЖАТ

«сжимать», «сдавливать», gnieść — «продавливать», «давить»); в.-луж. žimać — «выжимать бельё»; н.-луж. žimaś, wuźimaś. Но ср. болг. сти́скам, прити́скам — «жму». М. б., совпадение в фонетическом отношении с жать, 1 ед. жну в о.-с. праязыке способствовало (явление омонимического отталкивания) исчезновению этого глагола в некоторых живых слав. яз. Примеров употребления жати, 1 ед. жьму в письменных памятниках др.-рус. языка у Срезневского не имеется, как нет их в письменных памятниках ст.-сл. языка. Но ср. др.-рус. съжимати (Срезневский, III, 707). В «Рукоп. лексиконе» 1-й пол. XVIII в.: жати, сжимати (Аверьянова, 103). ▫ О.-с. *žęti, 1 ед. *žьmǫ. И.-е. корень *gem- (*gom-: *gm̥-). Ср. латыш. gùmt — «хватать», «гнуть(ся)», «сгибать(ся)», gums — «клубень» [ср. лит. gãmalas — «снежный ком», «кусок» при др.-рус. гомола — «ком» (Срезневский, I, 548); греч. γέμω, γέμειν — «быть нагруженным, переполненным», «изобиловать», γόμος — «корабельный груз», «кладь»; ср.-ирл. gemel — «оковы», «путы». Сюда же норв. диал. kams — «комок из рыбьей печени и муки»; швед. диал. kams — «сгусток крови»; норв. диал. kamsa — «мять», «давить», «сжимать»; др.-сканд. kumla — «мять», «отжимать» и др. (подробнее — Pokorny, I, 368—369; Falk — Torp², I, 490, 594).

ЖАТЬ², жну — «срезать под корень стебли хлебных злаков». *Глаг.* пожина́ть. *Сущ.* жа́тва (см.), жа́тка, жнец, женск. жни́ца, *устар.* жнея, жне́йка (машина). Укр. жа́ти, 1 ед. жну, жнець, жни́ця, жа́тка (машина); блр. жаць, 1 ед. жну, жнец, жняя́, жня́рка (машина). Ср. болг. жъ́на — «жну», жътва́р — «жнец», жътва́рка — «жница» и «жнейка»; с.-хорв. жѐти, 1 ед. жњѐм, жѐтелац — «жнец», жѐтелица — «жница» и «жнейка»; словен. žeti, žanjec — «жнец» (но «жнейка» — žetveni stroj); чеш. žíti (ст.-чеш. žieti), 1 ед. žnu (ст.-чеш. žňu), žnec, žnečka (ср. žací stroj — «жнейка»); польск. żąć, żnę, żniwiarz — «жнец», żniwiarka — «жница» и «жнейка»; в.-луж. žeć, žnjeć, žnjenc — «жнец»; н.-луж. žeś, žnjeńc. Др.-рус. (с XI в.) жати, 1 ед. жьну, жьньць (Срезневский, I, 846, 887). Значительно позже появились слова жница (САР¹, II, 1790 г., 1179) и жнея (СЦСРЯ, I, 1847 г., 414: жне́я). Позже других слов появились жне́йка (Эртель, «Зап. степняка», 1879—1882 гг.) и жа́тка («Прав. Вестн.», 1893 г., № 148) [СРЯ¹, т. II, в. с. 242; в. 2, с. 586]. ▫ О.-с. *žęti (< *genti), 1 ед. *žьnǫ : *žьnjǫ. И.-е. корень *gʷhen-(ə)- — «ударять», «бить» (Pokorny, I, 491—493). Ср. лит. genėti — «обрубать ветви» (с дерева); латыш. dzenēt — тж. Родственными образованиями являются также греч. θείνω (< *gʷhen-i̯ō) — «рублю», «колю», «поражаю»; латин. dēfendō (< *gʷhen-dhō) — «защищаю»; арм. джындже́м (jnjem) [из *gʷhenjō] — «убиваю», «уничтожаю»; авест. jainti — «бьёт», «убивает»; др.-инд. hánti — тж. См. еще *гнать*.

ЖДА

ЖБАН, -а, *м.* — «посудина (в старину только деревянная, обручная) с навешенной крышкой, с ручкой и рыльцем, или носком, вид кувшина (гл. обр. для кваса и браги)» (см. Даль, I, 471). Укр. дзбан (в говорах также жбан); блр. збан. Ср. с.-хорв. џбан (др.-серб. чьбанъ) — «кадочка»; словен. žban — тж.; чеш. džbán (ст.-чеш. čbán) — «кувшин», уменьш. džbánek; словац. džbán, džbánok — «кувшин»; польск. dzban (ст.-польск. czban) — «жбан», «кувшин». Др.-рус. чьбанъ (Четвероев. 1144 г.), чьванъ (Юр. ев. п. 1119 г.) — «сосуд», «кувшин», «чаша» (Срезневский, III, 1554). ▫ О.-с. *čьbanъ; корень *čьb- (с č из k), -an- — суф. В этимологическом отношении не вполне ясное слово. Сближают (в последнее время, вслед за другими, Fraenkel, 250) с лит. kibìras — «(деревянное) ведро», «бадья»; латыш. ciba — «туес». Сюда (и, надо полагать, с большим основанием) относят также серб.-ц.-сл. чьбрь — «ушат» и в совр. слав. яз.: болг. чѐбър — «кадка», «деревянная посудина для воды, молока и пр.»; чеш. džber — «ушат», ст.-польск. czeber, czber, czebr, совр. польск. ceber, откуда укр. и рус. диал. (южн.-влкр.) цéбер — «бадья, коею достают из колодца воду» (Даль, IV, 523) и др. О.-с. *čьbьrъ, где *čьb- — корень, а -ьr(ъ) — суф. Махек без должного обоснования отделяет о.-с. *čьbanъ от *čьbьrъ, которое (вместе с лит. kibìras и с нем. диал. Zober, общенем. Zuber) он считает «праевропейским» (Machek, ES, 105).

ЖВА́ЧНЫЙ, -ая, -ое — (о животных) «пережёвывающий отрыгнутую пищу, возвращающуюся из желудка в полость рта». Сюда же жва́чка. Блр. жва́чны, -ая, -ае, жва́чка. Ср. укр. жу́йний, -а, -е — «жвачный», жу́йка — «жвачка»; чеш. přežvýkavý, -á, -é — «жвачный», přežvýkavec — «жвачное животное», žvýkanec — «жвачка». В словарях раньше стали отм. жва́чка (РЦ 1771 г., 171). Как зоологический термин прил. жва́чный известно, по крайней мере, с 1-й трети XIX в. — *Жвачный* и *жвачка* — довольно поздние производные от др.-рус. жьвати (Срезневский, I, 885). Очевидно, *жвачка* связано с *жевать* не непосредственно, а через жва́ка — «жвачка», откуда и жва́кать (Даль, I, 471). См. *жевать*.

ЖГУТ, -á, *м.* — «туго закрученная, свитая полоса ткани», «пеньковый витень», «витушка из канители или мишурная»; *устар.* «пеньковый факел» (Даль, I, 472). В говорах: курск. жигу́т (Кардашевский, II, 348). Укр. джгут; блр. жгут. В других слав. яз. отс. В русском языке известно с XVIII в. (Нордстет, I, 1780 г., 193; жгут — «un fouet de lin»). Старшее знач., возможно, — «факел», «горящий витень из пеньки». ▫ Из *жьгутъ; корень жьг-(ти). Суф. необычный, м. б., тот же, что в слове *лоскут*. Но возможно, что -ут(ъ), вм. -от(ъ). Ср. нижегор. жгóтить — «бить жгутом, плетью» (Даль, I, 472). Тогда -ут(ъ) — под влиянием сущ. с концовкой -ут: *кнут*, *прут*, *хомут* и др.

ЖДАТЬ, жду — 1) «пребывать в таком

состоянии, когда появление чего-л. или кого-л., изменение обстановки и т. п. не может оказаться внезапным»; 2) «надеяться на что-н.», «стремиться получить что-л.» Итератив -жида́ть (только с приставками: выжида́ть, пережида́ть, ожида́ть, дожида́ться). Укр. жда́ти [чаще чека́ти (< о.-с. *čakati; ср. *čajati, рус. ча́ять); ср. блр. чака́ць — «ждать»]. Из зарубежных слав. яз. этот глагол теперь сохраняется лишь в некоторых, да и то за пределами разговорной речи: чеш. ždáti — «ожидать» (только книжн., обычно же čekati); ст.-польск. żdać (совр. польск. czekać). Ср. болг. ча́кам — «ожидаю», «жду»; с.-хорв. че̏кати; словен. čakati и др. Др.-рус. (с XI в.) жьда́ти : жида́ти, 1 ед. жиду : жьду (Срезневский, I, 870, 885). Ст.-сл. жьдати, 1 ед] жидж, реже жьдж [Супр. р. (SJS, I : 11, 617)]. ▫ О.-с. *žьdati, 1 ед. *židǫ : *žьdǫ (под влиянием формы инфинитива). И.-е. корень *g(h)eidh- — «желать», «быть жадным», «требовать» (Pokorny, I, 426). Ср. лит. geĩsti, 1 ед. geidžiù — «страстно желать чего-л.», (pa)geidáuti — «желать»; латыш. gàidīt — «ждать»; др.-прус. gēide : gīeidi — «они ждут»; др.-в.-нем. gīt : kīt — «алчность», «жадность», «корыстолюбие», gīsal (совр. нем. Geisel) — «заложник» [и.-е. *g(h)eidh-tlo- (ср. др.-ирл. gīall — «заложник»)].

ЖЕ (после слов, оканчивающихся на гласный, ж) — 1) неударяемая постпозитивная усилительная частица, выделяющая слово, после которого она ставится; 2) союз с противительным («а», «но», «однако») или (реже) присоединительным значением («а», «да», «и»). Укр. же : ж; блр. жа : ж. В других слав. яз. это словечко теперь утрачено (болг., с.-хорв., словен.) или сохранилось, но употр. с несколько иным знач., чем в восточнославянских [чеш. že : ž; польск. że : ż; следует отличать чеш. že, польск. że (из о.-с. *ježe), союз — «что»]. Др.-рус. (с XI в.) же [позже (с XIII в.) в определенных случаях жь: кто жь] — 1) противительный союз «а», «но»; 2) соединительный союз «а», «и»; 3) частица, присоединяемая к некоторым местоимениям (напр., иже), и употр. в сочетании с отрицаниями не, ни (Срезневский, I, 847; II, 382, 446). Ст.-сл. же (SJS, I : 11, 592—596). ▫ О.-с. *že (: *žь?). На славянской почве родственное образование — -go : -g; ср. с.-хорв. нѐго — «а», «но» и др.-рус. негъ, негли — «нежели» (Срезневский, II, 371, 373). Ср. лит. -ge, -ga, -gu, -gi — «же»; латыш. -g; греч. -γε дор., беот. -γα (напр., ἔγω-γε, вин. ἐμέ-γε, дор. ἔγω-γα, беот. ἰώ-γα) — «лишь», «также», «же», «-то», «именно»; др.-инд. ha : gha (: ghā) — «в самом деле», «конечно», «ведь». Возможно, сюда же относится в германских языках -k в вин. ед. личн. мест.: гот. mik; др.-исл. mik (датск., швед. mig); др.-в.-нем. mih (совр. нем. mich) и др. (< о.-г. *me-ki), но его можно также объяснять и как перенесенное из формы им. ед. (ср. гот. ik — «я»; др.-исл. ek — тж.; др.-в.-нем. ih — тж.). И.-е. *ghe (с вариантами). Подробнее — Pokorny, I, 417.

ЖЕВА́ТЬ, жую — «разминать, растирать во рту пищу, двигая челюстями и языком». В говорах также жвать (Кардашевский, II, 343), жва́кать, жва́чить (Даль, I, 471, 472). Укр. жува́ти; блр. жва́ць. Ср. (с тем же знач.): болг. жва́кам; с.-хорв. жва́кати, жва́тати, 1 ед. жва̏бе̑м; словен. žvečíti; чеш. žvýkati (ст.-чеш. žváti, 1 ед. žúju); словац. žviakat', žuvat', žut'; польск. żuć, 1 ед. żuję, żwać, 1 ед. żwę; в.-луж. žwać, žuwać, žuć. Др.-рус. (с XII в.) жьвати, 1 ед. жую (Срезневский, I, 885). Ст.-сл. жьвати, 1 ед. жоѵѫ (SJS, I : 11, 617). В словарях жевать (с е) отм. с 1-й пол. XVIII в. [«Рукоп. лексикон»: жевати, но там же: жвание, жваюсчий (?) (Аверьянова, 103, 104). ▫ О.-с. *žьvati, 1 ед. *žujǫ, *žьvǫ. И.-е. база *g(i̯)eu- : *g'(i̯)eu- (т. е. с неустойчивой палатальностью g-) : *g(i̯)ou- и пр. — «жевать» (Pokorny, I, 400). Ср. лит. žiáunos, pl. — «жабры», «челюсти», žiáuna — «челюстная кость»; латыш. žaunas, pl. — «жабры»; др.-в.-нем. kiuwan, ср.-в.-нем. kūwen (совр. нем. kauen) — «жевать», këwa — «челюсть»; др.-англ. ćeowan (совр. англ. chew) — тж.; перс. джа̄видӓн — тж.; афг. жовэ̂л — тж. Т. о., в о.-с. языке основа н. вр. *žuj-(q) — из более раннего *žjouj-< балт.-слав. *zi̯auj-, о.-с. *žьv-q — из более раннего *zjьv- (<и.-е. *g'i̯uu̯-). Рус. жевать (с е после ж) вм. ожидаемого *жвать, — как в плевать (<*pl'ьvati; е<ь — в сочетании *tlьt), 1 ед. плюю.

ЖЕЗЛ, -а́, м. — 1) «посох», «палка, специально сделанная и украшенная, служащая символом власти, какого-л. звания, почетного положения и пр.»; 2) ж.-д. «металлический стержень с кольцами и надписью участков пути, вручаемый машинисту дежурным по станции как разрешение на занятие перегона». Устар. также жезло́. В говорах любопытно колым. жезе́ль, ж., жезла́, ж. — «короткая палка, на которую привязывают упряжных собак» (Богораз, 51). Ср. с.-хорв. же́жељ — «палка (к которой привязывают собак вместо цепи)». Укр. жезл; блр. жазло́; болг. жезъ́л — «жезл в 1 знач.»; с.-хорв. жѐзло; словен. žezlo — «скипетр», «жезл»; чеш. žezlo (ст.-чеш. žezl) — «жезл в 1 и 2 знач.» (при обычном hůl в 1 знач. и hůlka во 2 знач.). В польском отс. (употр. buława, berło, laska, tyczka). Др.-рус. (с XI в.) жьзлъ (Остр. ев.): жезлъ (Пов. вр. л. под 6494 г.) — «палка», «посох», «прут», жьзльный, собир. жьзлие (Срезневский, I, 886). Ст.-сл. жьзлъ — «палка», «посох», «прут», собир. жьзлиѥ (SJS, I : 11, 617, 618). ▫ О.-с. *žьzlъ : *žezlъ. Происхождение и связи недостаточно ясны. Часто сопоставляют (в последнее время — Machek, ES, 594) с др.-в.-нем. kegil — «кол» (совр. нем. Kegel — «кегля»). Ср. также норв. kage — «карликовое дерево» и др. Но германские (нем., сканд. и др.) слова этой группы, как и родственное лит. žãgaras — «хворостина», восходят по корню к и.-е. *g'egh- : *g'ogh- (Pokorny, I, 354). След., на славянской почве должно было получиться о.-с. *zeglъ. Можно, однако, предположить, что в период формирования общеславянского языка имела место перестановка g' : gh > gh : g' (*ghеg'-), откуда о.-с. *žez- и далее (с суф. -l-ъ) *žezlъ : *žьzlъ. На почве контаминации «правильной» формы *zeglъ с «неправильной» *žezlъ возникли такие образования, как болг. жеглá — «палочка, закрепляющая шею быка в ярме», с.-хорв. жéжель (с суф. -el-) — «дубинка», «кол», «палка (к которой привязывают собак вместо цепи)».

ЖЕЛÁТЬ, желáю — «хотеть», «иметь стремление к чему-л.». Болг. желáя — «желаю»; с.-хорв. жèлети — «желать»; словен. želeti — тж.; чеш. želeti — «жалеть» (ср. přáti — «желать»); словац. želiet' — тж.; в.-луж. želić — «печалиться, горевать о ком-л.». В других слав. яз. теперь отс. Ср. в том же знач.: укр. бажáти, жадáти; блр. жадáць; польск. życzyć, pożądać. Др.-рус. желати, 1 ед. желаю (Остр. ев.), книжн. желѣти, 1 ед. желю и желѣю — «желать», «стремиться» и «жалеть», «сожалеть», «скорбеть», желя — «скорбь», «печаль» и «желание» (Срезневский, I, 848, 854—855). Ст.-сл. желѣти, желати — «желать», «хотеть», желя — «печаль», «горе» (SJS, I : 11, 597—598). ▫ О.-с. *želěti, *želati. Первое, по-видимому, предшествовало второму. Ср. остатки этого более раннего образования в произв. книжн. вожделение (см.). Знач. «жалеть», «сожалеть» вторичное по сравнению с «желать» и возникло (м. б., еще в праславянскую эпоху) как следствие смешения глаг. *želěti и *žalěti. И.-е. корень *gʷhel- — «желать», «хотеть» (Pokorny, I, 489). Ср. др.-сканд. gilja (< *geljōn) — «соблазнять», «обольщать», «заманивать» (швед. gilja — «свататься»; норв. gildre «ставить ловушки», «подкапываться под кого-л.»); греч. (ἐ)θέλω (с θ из и.-е. gʷh перед e) — «желаю», «хочу», «требую», «могу».

ЖЕЛВÁК, -á, м. — «шишка на теле», «подкожная опухоль», «вздутие под кожей». В говорах: сев., вост. жельвь, олон. жолвýй (Даль, I, 473). Ср. у Куликовского (24): олон. жолвáк, жóлви, мн., каргоп. жóлви — «свинки» (болезнь). Укр. жóвно — «желвак»; блр. жаўлáк — тж. В других слав. яз. соответствующее слово значит «черепаха»: хорв. žèlva (Frančić, II, 1292); словен. želva; польск. żółw (из польского — чеш. želva). Ср. в знач. «шишка на теле», «опухоль»: болг. бýца; чеш. boule; польск. gula, guz. Др.-рус. *желы, род. желъве [Пов. вр. л. под 6584 г.: «преставися Святославъ... от рѣзанья желве» (Лихачев, 131—132)] — «желвак», «нарыв», «(раковая?) опухоль». Чаще, по-видимому, это слово в др.-рус. яз. употр. как наименование черепахи. Ср. желва — «черепаха» (Срезневский, I, 849). В письменных памятниках старославянского языка не обнаружено. Слово желвак в письменных памятниках древнерусской эпохи не обнаружено. Но ср. у Р. Джемса (РАС, 1618—1619 гг., 55 : 6): jolvac — «a wen» («жировая шишка», «зоб»). В словарях — с 1731 г. (Вейсман, 350). ▫ О.-с. *žely, род. ед. *želъve, вин. ед. *želъvь — «черепаха». Знач. «опухоль», «шишка» вторичное. Ср. подобного происхождения другие названия болезней: жаба, свинка, рак и т. п. И.-е. основа *ghel-ōu- : *ghelu- «черепаха» (Pokorny, I, 435). Ср. греч. χέλῡς — «черепаха [также «лира» (изготовлявшаяся сначала из щита черепахи)]. М. б., сюда относится еще латин. golaia, f. — «морская черепаха» (Meillet², II, 268). Рус. желвак — позднее образование от основы желъв- с помощью суф. -ак.

ЖЕЛÉ, нескл., ср. — «сладкое студенистое кушанье, приготовляемое из фруктовых соков, сахара и желатина», «студень из рыбы или мяса». Укр. желé; блр. жэлé; болг. желé. Ср. чеш. gelé, želé — тж. (при huspenina — «студень»). Ср. польск. galareta — «желе» и «студень» (< нем. Gallert — «желатин», «студень»). В русском языке слово желе известно с начала XVIII в. Ср. в СВАБ, II, № 4, 1716 г., 37: «за конфекты... за желеи». В словарях — с 1762 г. (Литхен, 188). ▫ Ср. франц. (с XI в.) gelée; отсюда нем. Gelee; англ. jelly (> хинди джэлī); исп. jalea и др. (но ит. gelatina di frutta — «желе»). В русском языке — из французского, где оно произв. от глаг. geler — «замораживать», «холодить».

ЖЕЛЕЗÁ, -ы́, ж. — «орган человека и животных, вырабатывающий вещество (секрет), участвующее в физиологических отправлениях организма (питании, размножении, выделении пота, мочи и т. п.); многоклеточные железы могут иметь форму трубочки, клубочка, мешочка или грозди». В говорах: пошех.-волод. желéзо — «опухоль на шее, в паху или горле», «чирей» (Копорский, 111); сев. золозá — «железа» (Даль, I, 620). Ср. онеж. золóза — «железа», «опухоль на шее» (Подвысоцкий, 56); колым. золозá — «железа» (Богораз, 59). Прил. желéзистый, -ая, -ое. Укр. зáлоза, залóзистий, -а, -е; блр. залóза, залóзісты, -ая, -ае. Ср. болг. жлезá, жлезíст, -а, -о; с.-хорв. жлéзда (žlijèzda) [жлучна жлезда — «железа внутренней секреции»], жлèздав(и̑), -а, -о, жлèздаст(и̑), -а, -о; словен. žleza, žlezav, -a, -o, žlezast, -a, -o; чеш. žláza (ст.-чеш. žléza), žláznatý, -á, -é; словац. žl'aza, žl'azový, -á, -é; польск. żołzy, мн. — «золотуха», вет. «мыт» («железа» — gruczoł); в.-луж. žałza; н.-луж. załza, załzowaty, -a, -e. Др.-рус. железа : желѣза — (XII в.) «жила», (XIV в.) «опухоль желез»; также желоза (Новг. IV л. под 6932 г.) [Срезневский, I, 849; Доп. 104]. Прил. желéзистый — позднее (РЦ 1771 г., 164: железúстный). Ст.-сл. отс. (?). Правда, Срезневский (I, 849) отм. жлѣза, но без ссылок на памятники. ▫ Старшее знач. «болезненное вздутие на теле», «клубок», «шишковидная опухоль» > «опухоль желез» > «железа». О.-с., м. б., *želzda (ср. с.-хорв. жлéзда), откуда потом южнославянское žlěza, ст.-чеш. žléza, ст.-рус. желоза; формы с начальным з

ЖЕЛ

в укр. и блр. — следствие межслоговой ассимиляции. Предположить *želza трудно из-за непонятного z. В *želzda -zd- — суф., такой же, как в о.-с. *borzda (> рус. *борозда*) и др.; d утрачено, как в о.-с. *grǫziti при лит. pagramzdìnti — «погрузить в воду» и т. п. (см. *груз*). Корень *žel-, тот же, что и в о.-с. *žely [> рус. диал. желвь, общерус. *желвак* (см.)]. Покорный (Pokorny, I, 435), Френкель (Fraenkel, 144) и др. возводят этот корень к и.-е. базе *ghelg'h-, сопоставляя рус. *железа* и пр. с диал. вост.-лит. gēležuonys, gēležuonės, pl. (с другими вариантами) [LKŽ, III, 217] — «инфекционная болезнь у лошадей»; арм. geɫjk (geɫjkh) [с g вм. ǰ по диссимиляции] — «железы».

ЖЕЛЕ́ЗО, -а, *ср.* — «химический элемент, самый распространенный в природе (после алюминия) металл, тяжелый, ковкий, серебристого цвета, в соединении с углеродом образует сталь и чугун». *Прил.* желе́зный, -ая, -ое, желе́зистый, -ая, -ое. Укр. залı́зо, залı́зний, -а, -е; блр. жалéза, жалéзны, -ая, -ае; болг. желя́зо, желéзен, -я́зна, -я́зно; с.-хорв. жèлезо (žèljezo) [обычно гвòжђе], желèзан, -зна, -зно : жèлезнӣ, -а̄, -ō (чаще гвòзден, -а, -о); словен. železo, železen, -zna, -zno; чеш. и словац. železo, železný, -á, -é; польск. żelazo, żelazny, -a, -e; в.-луж. železo; н.-луж. zelezo. Др.-рус. (с XI в.) желѣзо, желѣзный (Срезневский, I, 850—853). Ст.-сл. желѣзо, желѣзнъ, желѣзнъıн (SJS, I : 11, 597). □ О.-с. *žel(e)zo : *želězo. Суф. прил. в о.-с. яз. был не -ьп-, а -п-, как в о.-с. *těsnъ, *těsnъjь (см. *тесный*). Ср. лит. gelèžìs, жем. gelžìs «железо»; латыш. dzelzs — тж.; др.-прус. gelso. М. б., сюда относится греч. χαλκός — «медь», но вопрос этот еще продолжает оставаться спорным. И.-е. база могла быть *ghel(ē)g'h- — «название металла» (Pokorny, I, 435). Т. о., это в сущности балто-славянское слово лучше считать неясным по происхождению, возможно, очень старым заимствованием из какого-то пока еще неизвестного нам древнего языка Европы. По Махеру, «вероятно, праевропейское» (Machek, ES, 593).

ЖЕЛНА́ -ы́, *ж.* — «ч е р н ы й д я т е л с ярко-красным теменем, размером почти с ворону», Dryocopus (Picus) martius. Укр. жовна́ — «дятел» и «иволга» (Гринченкл, I, 488); блр. жаўна́; болг. диал. жълна́ — «зеленый дятел» («дятел» — кълва́ч); с.-хорв. жу́на, жу́ња — «дятел» (ср. дѐтао — тж.); словен. žolna — тж.; чеш. žluna — «зеленый дятел»; словац. žlna — «иволга», но žlna zelená — «дятел зеленый»; польск. żołna — «желна» и «иволга». Др.-рус. книжн. жлъна (?): «ивлъгы и жлъны» в Ио. екз. Шест. 1263 г. (Срезневский, I, 849). □ О.-с. *žьlna. Объясняют как название птицы по ж е л т о м у цвету оперения. М. б., это была иволга с ее в основном желтым оперением. Но так мог быть назван и желтый или зеленый дятел (см. БСЭ², XV, 368, цветная вклейка к ст. «Дятел»). Потом название было перенесено на черного дятла. И.-е. корень

ЖЕЛ

*ghel- : *ghļ- > о.-с. *žьl- (см. *желтый*); суф. -n-. Ср., кстати, рус. диал. желни́ца — «желтуха» (Даль, I, 474). Другого мнения придерживается Махек, сопоставляющий о.-с. *žьlna с лит. golnà — «дрозд-рябинник» и латыш. dzilna — «дятел», которые, в свою очередь, связаны с лит. gìlti — «жалить», «тыкать» (Machek, ZfSlPh, XX, 50; Machek, ES, 596). Френкель упоминает об этом предположении, по-видимому, относясь к нему в общем положительно (Fraenkel, 146). См. еще *жулан*.

ЖЁЛОБ, -а, *м.* — «приспособление для стока воды, расплавленного металла и т. д. в виде продолговатого углубления (выдолбленного в бревне, сделанного из досок, листового железа и т. п.)». *Прил.* желобово́й, -а́я, -ое. Укр. жо́лоб; блр. жлаб. Ср. болг. жлеб; с.-хорв. жлѐб (žlìjeb) — «желоб», а также «водосточная труба» и «борозда»; чеш. žlab (диал. žleb); словац. žl'ab; польск. żłób; в.-луж. żłob — «желоб», «канавка», «канал», «ясли»; н.-луж. zlob — тж. Др.-рус. желобъ — «канал», «канава» (?) в Александр. по ст. XV в. (Срезневский, I, 849). *Прил. желобовой* — с конца XIX в. (СРЯ¹, т. II, в. 2, 1898 г., с. 285). □ О.-с. *želbъ, с ž из g. И.-е. корень *gelbh- : *gelebh- — «скоблить», «скрести», «строгать». Ср. др.-сканд. golf — «пол» (точнее — его средняя, свободная от настила часть, где находится очаг), совр. исл. golf — «пол»; швед., норв. golv — тж.; дат. gulv — тж. [о.-г. основа *golb-a- (< и.-е. *ghļbh-ō-)]; латин. gulbia > gubia, f. — «зубило, долото, вообще инструмент для выемки, чтобы делать углубление»; греч. γλάφω — «пещера», «грот», γλαφυρός — «выдолбленный». См. Pokorny, I, 367; Walde — Hofmann³, I, 625; Falk — Torp², I, 361 и др.

ЖЁЛТЫЙ, -ая, -ое — «имеющий окраску одного из цветов спектра — промежуточного между оранжевым и зеленым», «цвета яичного желтка, зрелого лимона, зрелых злаков, золота». *Кр. ф.* жёлт, желта́, жёлто и желто́. *Глаг.* желте́ть, желти́ть. *Сущ.* желтизна́, желто́к, желту́ха. Укр. жо́втий, -а, -е, жовті́ти, жовти́ти, жовтина́, жовто́к; блр. жо́ўты, -ая, -ае, жаўцéць, жо́ўкнуць, жаўці́ць, жаўцізна́, жаўто́к; болг. жълт, -а, -о, пожълтя́вам — «желтею», жълтина́, жълтѐк; с.-хорв. жу̑т(ӣ), жу́та, жу́то, жу́тети, жу́тити, жути́на; словен. устар. žolt, -a, -o (чаще rumen, -a, -o); чеш. žlutý, -á, -é, žloutnouti — «желтеть», žlutiti — «желтить», nažloutlost — «желтизна», žloutek — «желток»; словац. žltý, -á, -é, žltnút', žltost', žl'tok; польск. żółty, -a, -e, żółknąć — «желтеть», żółcizna, żółtko — «желток»; в.-луж. żółty, -a, -e, żółćić, żółtować, żółtosć, żółtk; н.-луж. žołty, -a, -e, žołśeli(z)na, žołtnosć. Как прозвище известно с начала XIII в.: «Дмитрий Желто́й, псковитин», 1216 г. (Тупиков, 148). В памятниках письменности прил. *желтый* встр. с XIV в.: жьлтъ > желт, жылтый > желтый, жьлтъкъ > желток (Паис. сб. конца XIV — начала XV в.), жьлчь > жолчь (XV в.) — «желток» (Срезневский, I, 886, 887). Ст.-сл. жлътъ, жлътын? (в SJS, I отс.). Глаг. желтеть, желтить — более поздние [Поликарпов, 1704 г., 104: желтею, желтю; Рукоп. лексикон» 1-й пол. XVIII в.: желтети, желтити (Аверьянова, 104)]. Желтуха — в «Рукоп. лексиконе» 1-й пол. XVIII в. (Аверьянова, 104), желтизна — в САР¹ (II, 1790 г., 1095). ▫ О.-с. *žьltъ, -a, -o, *žьltъjь, -aja, -oje (корень *žьl- с ž из g, с ь из ĭ). Ср. лит. gel̃tas, -à — «бледно-желтый», geltónas, -a — «желтый», ср. также gelsti (с c из t), geltė́ti — «желтеть», geltóninti — «желтить», geltonùmas — «желтизна»; латыш. dzeltens — «желтый», dzeltēt — «желтеть» и пр. В языках германской группы соответствующее обозначение цвета представлено словами от того же и.-е. корня (*gᵘhel- или *ghel-), но с другим распространителем (-vo-): др.-в.-нем. gёlo (основа gёl-w-) — «желтый», ср.-в.-нем. gёl (совр. нем. gelb). Ср. также латин. fel — «желчь», «гнев» (и.-е. корень *gᵘhel-?) при helvus (и.-е. корень *ghel- : *g'hel-) — «янтарно-желтый», «буланый»; греч. χολή, χόλος — «желчь», «гнев», «раздражение» [отсюда χολέρα — «холера (?)»; тот же корень в др.-инд. hári — (как прил.) «русый», «буланый», «желтый», (как сущ. м. р.) «лошадь» (первоначально «буланая лошадь»); сюда же авест. zari — «желтый», «желтоватый» (ср. перс. зӓрд — «желтый»; афг. жеᷲр — тж.). И.-е. корень трудно определить вследствие неясности или неустойчивости начального звука: *ghel- : *g'hel- (: *gᵘhel- : *gel-?). Ср. Pokorny, I, 429.

ЖЕЛУ́ДОК, -дка, м. — «расширенная, обычно грушевидная часть пищеварительного тракта, являющаяся органом пищеварения у человека и животных». Прил. желу́дочный, -ая, -ое. Ср. с.-хорв. желу́дац, желудачнӣ, -ā, -ō; словен. želodec, želodčen, -čna, -čno : želodčni, -a, -o; чеш. žaludek, прил. žaludečni; польск. żołądek, żołądkowy, -a, -e. Но имеется это слово не во всех слав. яз. Ср., напр., в том же знач.: укр. шлу́нок; блр. стра́унiк; болг. стомах : греч. στόμαχος > латин. stomachus > ит. stomaco, франц. estomac и т. д.). В письменных памятниках др.-рус. яз. почти не встр. У Срезневского (I, 849) только один пример из Златоструя 1474 г.: желудъкъ = «чрево», «внутренности». ▫ О.-с. *želǫdъkъ, *želǫdь. Несмотря на явную (с фонетической, если не считать ударения, и морфологической точек зрения) связь с о.-с. *želǫdь (см. жёлудь), слово желудок все же считается труднообъяснимым. Семантическая несообразность («жёлудь» : «желудок»), правда, снимается при предположении, что сначала желудком называли извлеченный из внутренностей желудок не человека, а, напр., рыбы или птицы или называли не по форме желудка, а, напр., по цвету его оболочки. Допустимо, наконец, предположение, что первоначально желудком в славянских языках назывался другой внутренний орган, напр., желчный пузырь. Совр. знач. вообще могло установиться лишь после о.-с. эпохи. Неожиданное ударение в рус. желу́док вм. желудóк [ср. в говорах: желу́док и желудóк — «жёлудь» (СРНГ, в. 9, с. 119)], м. б., — вследствие омонимического отталкивания (желудóк : желу́док). Но в большинстве своем этимологи воздерживаются от сближения с жёлудь. Покорный сопоставляет о.-с. *želǫdъkъ с греч. χολάδες, pl. — «внутренности», «кишки» (ср. χολάς, род. χολάδος — тж.) и возводит оба слова к и.-е. основе *ghel-ond- : *ghol-n̥d- (Pokorny, I, 435). Махек находит возможным говорить о родстве с лит. skilándis — «сычуг», несмотря на фонетические трудности и неясность этимологии этого литовского слова (Machek, ES, 590). См. Fraenkel, 806.

ЖЁЛУДЬ, -я, м. — «плод дуба». В говорах также желудóк (СРНГ, в. 9, с. 119). Прил. желудёвый, -ая, -ое. Укр. жóлудь, жолудéвий, -а, -е; блр. жóлуд, жалудóвы, -ая, -ае; болг. жёлъд, жёлъдов, -а, -о; с.-хорв. диал. желӯд (обычно жӣр); словен. želod; чеш. žalud (ст.-чеш. želud), žaludový, -á, -é; словац. žaluď, žaluďový, -á, -é; польск. żołądź, żołędziowy, -a, -e; в.-луж. żołdź; н.-луж. żołź, диал. żołuź. Др.-рус. жєлудь (Ис. II, 13), жєлудный (Срезневский, I, 849). Ст.-сл. жєлѫдь (SJS, I : 11, 598). ▫ О.-с. *želǫdь. И.-е. корень *gᵘel- : *gᵘel- : *gᵘlā- — «дуб», «жёлудь». Суф. *-(a)nd-. Ср. лит. gilė̃ (< *gᵘle-i̯ē); латыш. zīle (: dzīla); др.-прус. gile; латин. glāns, род. glandis (< *gᵘ(e)l-an-d-); греч. βάλανος (< *gᵘel-eno-); арм. кaґин (ґ — заднеязычное р), kałin, род. kałnoy (< *gᵘel-eno-). См. Pokorny, I, 472—473; Walde — Hofmann³, I, 604—605; Fraenkel, 151.

ЖЕЛЧЬ, -и, ж. — «жидкость желто-зеленого или темно-коричневого цвета, непрерывно вырабатываемая железистыми клетками печени человека и позвоночных животных». Прил. жёлчный, -ая, -ое. Укр. жовч, жóвчний, -а, -е; блр. жóўць, жóўцевы, -ая, -ае. Ср. болг. жлъ́чка, жлъ́чен, -чна, -чно; с.-хорв. жу̑ч, жу̑чан, -чна, -чно : жу̑чнӣ, -ā, -ō; словен. žolč, žolčen, -čna -čno : žolčni, -a, -o; чеш. žluč, žlučový, -á, -é; словац. žlč, žlčový, -á, -é; польск. żółć, żółciowy, -a, -e; в.-луж. żołć, żołćny, -a, -o, żołćowy, -a, -e; н.-луж. żołć. Др.-рус. (с XI в.) зълчь > золчь, желчь > жолчь, зълчьный (Срезневский, I, 887, 1006—1007). Ст.-сл. злъчь, жлъчь, злъчьнъ, злъчьнын (SJS, I : 12, 676). ▫ О.-с. *zьlčь. Корень тот же, что в о.-с. *zelenъ, -a, -o. Ср. др.-в.-нем. galla (нем. Galle) — «желчь»; греч. χολή — тж. И.-е. корень *g'hel- (: g'hol- : *g'hl-). Трудности представляет, однако, во-первых, объяснение начального ž (вм. z) в современных слав. яз. и, во-вторых, č в о.-с. *zьlčь. Это č — или из k суффиксального, такого же, как в глагольных формах вроде рус. диал. жёлкнуть — «желтеть» (Даль, I, 474), польск. żółknąć — тж. (см. об этом Meillet², II, 265), или оно такого же происхождения, как в ст.-сл. злакъ (SJS, I : 12, 674). Путаницу вносит лит. tulžìs —

ЖЕМ   ЖЕН

«желчь», явно из *žultis (ср. латыш. žults — тж.), что не соответствует о.-с. концовке основы. По-видимому, как в о.-с. языке, так и в балтийских слово подверглось влиянию прил. жёлтый (о.-с. *žьltъ, лит. geltas), но это влияние отразилось в балтийских языках на структуре основы (появление -t-), а в славянских — на фонетической форме о.-с. корня (ž вместо z и, в связи с этим, ь вм. ъ). Иначе придется говорить о колебании в произношении и.-е. начального gh (то с палатализацией, то без нее), что, впрочем, не исключается.

ЖЕМА́ННЫЙ, -ая, -ое — «манерный», «лишенный непринужденности, естественности, простоты». *Кр. ф.* жема́нен, -нна, -нно. *Сущ.* жема́нница, жема́нство. С той же основой *(жеман-)* жема́ниться. Только русское. Ср. в том же знач. в других слав. яз.: укр. мані́рний, -а, -е; блр. мане́рны, -ая, -ае; болг. превзе́т, -а, -о; польск. wymuszony, -a, -e. В общерусском употреблении слова́ этой группы появились поздно. В словарях жеманный, жеманство, жеманиться — с 1780 г. (Нордстет, I, 194), жеманница, жеманничать — с 1898 г. (СРЯ¹, т. II, в. 2, 332). ◻ Относится к гнезду жать¹ (< *žęti), 1 ед. жму (< *žьmǫ). Корень жем- < о.-с. *žьm-. Ср. рус. диал. жом — «гнёт», «давление», жо́мы — «тиски» (Даль, I, 470—471), общерус. жмыхи́. Ср., наконец, в говорах жема́н — «тот, кто жеманится» (Даль, ib.), т. е. ужимается, любит красоваться ужимками, охорашивается ломакой. Распространению этой группы слов в русском литературном языке в эпоху наибольшего увлечения французоманией в т. н. «высшем обществе», в кругах, противодействующих этому увлечению, м. б., способствовало то обстоятельство, что *жеманный* воспринималось в этих кругах как слово, соответствующее франц. précieux, -se — «вычурный», «манерный», и — до некоторой степени — фонетическая близость к франц. gênant, -e — «стеснительный», («стесняющий»), «затруднительный», «натянутый».

ЖЕ́МЧУГ, -а, *м.* — «твердое вещество, образующееся в раковинах некоторых моллюсков в виде зерен или шариков, обычно белого или розоватого, желтоватого цвета, употребляемых как украшение». *Сущ.* жемчу́жина. *Прил.* жемчу́жный, -ая, -ое. Укр. редк. же́мчуг (обычно пе́рли, мн.); блр. жэ́мчуг, жамчу́жны, -ая, -ае. В других слав. яз. отс. В том же знач.: болг. би́сер (: ма́ргарит, пе́рла); с.-хорв. би́сер; чеш. perla; польск. perła, мн. (ср. perła — «жемчужина»). Др.-рус. (с XII в.) жемчугъ, жемчюгъ (в Сл. плк. Игор.), женчугъ, жьнчугъ (Срезневский, I, 855). Как известно, древнейший случай — в надписи 1161 г. на кресте полоцкой княгини Ефросинии: «и каме́нье и жьнчюгъ» (ib.). ◻ Старое заимствование с Востока. Первоисточники — кит. чжэнь-чжу : чончу. В др.-рус. язык это слово могло попасть при посредстве некоторых тюркских языков и монгольского, но пути

его проникновения на территорию Древней Руси в период до татаро-монгольского нашествия остаются неясными. М. б., это слово (как и самый предмет, который им обозначался) было занесено из Средней Азии многочисленными и разноплеменными ордами кочевых народов, остатки которых после разгрома гуннов оседали на равнинах Северного Причерноморья. Ср. в языках Алтая: куманд., лебед., чiнчi (Радлов, III : 2, 2118), в то время как в других тюркских языках — jäнчў, инчи или близко к этому. Ср. турец. inci; азерб. инчи; кирг. инжи; каз.-тат. энже, иногда с начальным х: каракалп. хинжи; туркм. хўнжи — «бисер» и пр. См. также Радлов, III : 1, 334: jäнчў, jäнџў и др. Др.-тюрк. jinčü — «жемчуг» (Малов, 388). Ср. монг. жинжүү — «бисер». В др.-рус. яз. это слово подверглось некоторой переработке. гл. обр. морфологического порядка: оно получило концовку на согласный, возможно, под влиянием др.-рус. и ст.-сл. камык — «камень» (это слово употр. и со знач. «драгоценный камень») [Срезневский, I, 1189]. *Чьнчукъ : *жьнчукъ, откуда далее форма с г: жьнчугъ (под влиянием сущ. с суф. -уг-ъ, -ꙗуг-ъ). Ср. в более позднее время такие случаи, как овсю́к (см. Даль, II, 1121) > овсю́г — «сорная трава, похожая на овес» и т. п.

ЖЕНА́, -ы́, *ж.* — «супруга», «замужняя женщина по отношению к мужу». *Прил.* же́нин, -а, -о. *Глаг.* жени́ть(ся), отсюда жена́тый, -ая, -ое. Сюда же же́нский, -ая, -ое, же́нщина (см.). Укр. устар., поэт. жона́ — «женщина» («жена» — жі́нка, но чаще дружи́на), жени́ти, жона́тий, -а, -е; блр. устар., поэт. жана́ — «женщина», совр. жо́нка — «жена», «супруга», но жана́ты, -ая, -ае, жані́ць; болг. жена́ — «женщина», «жена», же́нин, -а, -о, (о)же́нен, -а, -о — «женатый», же́ня (се) — «женю(сь)»; с.-хорв. жѐна — «женщина», «жена», жѐнин, -а, -о, жѐњен, -а, -о, ожењен, -а, -о — «женатый», (о)женити (се) — «женить(ся)»; словен. žena, ženin, -a, -o, ; (o)ženjen, -a, -o, (o)ženiti; чеш. žena — «женщина», «жена», ženin, -a, -o (чаще manželčin, -a, -o), ženatý, -á, -é — «женатый», (o)ženiti (se) — «женить(ся)»; словац. žena — «женщина», «жена», ženatý, -á, -é — «женатый», ženit' (sa) — «женить(ся)»; польск. żona — «жена», żonaty, -a, -e — «женатый», (o)żenić (się) — «женить(ся)»; в.-луж. žona, ženjeny, -a, -e, ženjenc, ženić (so); н.-луж. žona, zeženjony, -a, -e, ženiś (se). Др.-рус. (с XI в.) жена — «женщина», «жена», женинъ, женатый, женитися (Срезневский, I, 856, 857, 858). Ст.-сл. жена, женити (сѧ) (SJS, I : 11, 598). ◻ О.-с. *žena < и.-е. *gʷēnā. Ср. др.-прус. genna — «женщина»; гот. qinō [< *gʷen-ōn- (основа на согл.)] — «женщина», «жена», qēns (< *gʷēn-) — «супруга»; др.-в.-нем. quena — «женщина», «жена»; др.-англ. cwēn — тж. (совр. англ. queen — устар. «распутная женщина», шотл. «молодая женщина или девушка»); др.-ирл. ben

(< *gu̯enā) — «женщина»; алб. zonjë (< *gu̯eniā) — «госпожа», «женщина»; арм. кин (kin) (< *gu̯enā]; авест. jaini-, *f.* — «женщина», jani- — «жена» (перс. зän — «женщина», «жена»); др.-инд. jāniḥ (jāniḫ) — «женщина», «жена», «супруга». Подробнее см. Pokorny, I, 473—474.

ЖЕНИ́Х, -а́, м. — «мужчина, намеревающийся вступить в брак, по отношению к своей невесте, будущей жене». *Прил.* женихо́вский, -ая, -ое. *Глаг. прост. и обл.* жениха́ться. Укр. жени́х, женихі́вський, -а, -е, жениха́тися; блр. жані́х, жаніхо́ўскі, -ая, -ае; чеш. и словац. ženich; в.-луж. ženich. В некоторых слав. яз. в настоящее время это слово вытеснено образованиями от того же корня, но с другим суф.: словен. ženin, прил. ženinov, -a, -o. Ср. также с.-хорв. устар. жѐник (обычно младо́женьа, вѐреник), прил. жѐников, -а, -о. В некоторых совр. слав. яз. отс. Ср. болг. годени́к; польск. narzeczony (но ст.-польск. żenich). Др.-рус. (с XI в.) женихъ, прил. женихо́въ, жени́шь (прил. от женихъ) [Срезневский, I, 858, 859]. Ст.-сл. женнхъ, прил. женнховъ (SJS, I : 11, 599). ◻ О.-с. *ženichъ. От о.-с. *ženi-ti, -ch- из -s- суф. (как в о.-с. *spěchъ от *spě-ti и т. п.). Мейе в свое время обратил внимание на необычный характер этого образования (в сочетании с -i-), правильно квалифицировав его как «единственное в своем роде» (Meillet², II, 361). Относительно корня см. *жена.*

ЖЕ́НЩИНА, -ы, *ж.* — «лицо женского пола». *Прил.* (от *жена*) же́нский, -ая, -ое. (от стар. *женство*) же́нственный, -ая, -ое. Укр. же́нщина (но обычно жі́нка; «женский» — жіно́чий, -а, -е); блр. жанчы́на, но жано́чы, -ая, -ае (от жо́нка) «женский». В других слав. яз. отс.; ср. со знач. «женщина» (и «жена»): болг. жена́, же́нски, -а, -о; с.-хорв. жѐна (ср. жѐнка — «самка»), жѐнски, -ā, -ō; словен. žena, ženski, -a, -o; чеш. žena, ženský, -á, -é. Польск. kobieta, niewiasta, но «женский» — żeński, -a, -ie (и kobiecy, -a, -e). Следует отметить, что в некоторых русских говорах и слав. яз. понятие «женщина» выражается субстантивированным прил. *же́нска* («же́нская»). Ср., напр., в говорах Сибири: «Женихъ. . . с собой берет *женску*, с мужуков кого» «Мужуков совсем нет, одни *женски*» (Палагина, II, 10); «*двоя жэнских*, двоя мужыкоф» (Черных, Изв. ВСО РГО, 16). Ср. с.-хорв. жѐнска — «женщина»; чеш. ženská — тж.; чеш. ženská — прост. «баба» (Trávníček, 1788); словац. ženská — тж. В памятниках древнерусской письменности слово *женщина* встр. с XVI в. (Срезневский, I, 860). Прил. *женственный* в кр. ф. *женствен* отм. уже у Поликарпова (1704 г., 104 об.). ◻ Образовано от основы *женьск-*, с помощью суф. *-ин-а*, по образцу отвлеченных и собирательных на *-ин-а*. Ср. такие образования, как *земщина* и т. п. Старшее знач., по-видимому, было собирательное. Ср. с собир. знач. др.-рус. *женьство* — «женский пол», «женщины» [еще у Даля (I, 1863 г., 476); *женство* — «женщины»] — образование, соотносительное с прил. *женьскъ*, *женьскый* (Срезневский, I, 859—860). Произв. к *женство* — прил. *женственный*.

ЖЕРДЬ, -и, *ж.* — «шест из тонкого, прямого дерева, срубленного и очищенного от ветвей, употребляемый для изгородей, как подпорка и т. п.». *Прил.* жердево́й, -а́я, -о́е. Укр. жерди́на (: вори́на, ти́чка), жердяни́й, -а́, -е́; блр. жэ́рдка. Из других слав. яз. имеется гл. обр. в западной группе: чеш. žerd' (ст.-чеш. žrd) — «жердь», «шест», «древко»; польск. żerdź — тж.; в.-луж. żerdź; н.-луж. żerź. Из южнославянских — словен. žrd — тж. Но болг. върли́на; с.-хорв. мо̏тка. Др.-рус. жердь (Р. прав и др.) [Срезневский, I, 887]. Ст.-сл. жрьдь, жрѣдь (SJS, I : 11, 612). ◻ О.-с. *žьrdь < *gʰrdis < и.-е. *gʰrdhis. И.-е. корень *gʰerdh- : *g'herdh- «охватывать», «опоясывать», «огораживать» (Pokorny, I, 444). К варианту *gʰrdh- относятся, кроме о.-с. *žьrdь, авест. gərəda- — «пещера как жилище дравидов» (< «дом»); др.-инд. gṛháḥ — «дом». К варианту *gʰordh- относятся лит. gar̃das — «загородка», «стойло», «загон»; гот. gards — «дом», «жилище»; др.-в.-нем. gart — «круг», «окружность»; к варианту *g'hordh- восходит рус. диал. заро́д (< зоро́д) — «стог», «скирда», «большая кладь сена» (Даль, I, 562, 622).

ЖЕРЕБЁНОК, -нка, *м.* (мн. жереба́та) — «детеныш лошади», «молодая лошадь до трех лет». *Прил.* жеребя́чий, -ья, -ье; ср. жереба́я (кобыла). Сюда же (по корню) жеребо́к — «шкурка жеребенка-недоноска», жереби́ться. Укр. жереб'я́, род. жереб'я́ти (чаще лоша́, род. лоша́ти), жереб'я́чий, -а, -е, жереби́тися, жере́бна (кобила); блр. жараба́, жараба́ці, жараба́чы, -ая, -ае, жараби́цца, жарэ́бая (кабы́ла). Ср. болг. жребе́, жре́би се — «жеребится», жре́бна (кобы́ла); с.-хорв. ждрѐбе (ždrijebe), ждребѐħ, -а̄, -е̄, ждрѐбити се — «жеребиться», ждрѐбна (ко̀била); словен. žrebe, žrebčev, -a, -o, žrebiti (se), žrebna (kobila); чеш. hříbě (< žhříbě < žhřiebě < žřiebě) — «жеребенок», hříbecí — «жеребячий», (o)hřebiti se — «жеребиться», (s)hřebná (kobyla); словац. žriebä, žriebäcí, -ia, -ie, žrebčí, -ia, -ie, žrebit' sa, žrebná (kobyla); польск. źrebię, źrebak — «жеребенок», źrebić się — «жеребиться», źrebna (klacz) — «жеребая (кобыла); в.-луж. žrěbjo, род. žrěbjeća, žrěbjacy, -a, -e; н.-луж. žrěbje, род. žrěbjeśa, wožrěbiś se — «жеребиться». Др.-рус. жеребя, род. жеребяте (Р. прав. и др.) [Срезневский, I, 862]. Ст.-сл. жрѣбѧ, род. жрѣбѧте (SJS, I : 11, 616). Форма на *-ёнок* (*жеребёнок*) — сравнительно поздняя. Ср. в «Приходо-расходных книгах Болдина-Дорогобужского монастыря» (РИБ, XXXVII, 33, 1585 г.): «купили *жеребенка* коура». ◻ О.-с. *žerbę, род. žerběte. И.-е. база *gu̯elbh- (: *gu̯erbh-?). Ср.-в.-нем. kilbur, chilburra — «молочный ягненок»; греч. δελφύς (с закономерным d перед e) — «матка» (Uterus, Metra), также ἀδελφός — «брат», δελφίς — «дельфин»; авест. gərəbuš, *n.* — «детеныш животного»; др.-инд. gárbhaḥ — «материнская утроба». Следует, однако, заметить, что ни Покорный (Pokorny, I, 473), ни Клюге (Kluge¹⁰, 237), ни Фриск (Frisk, I, 363), ни Майрхофер (Mayrhofer, I, 329) не упоминают об отношении к этой группе о.-с. *žerbę. С фонетической точки зрения сомнительно предположение о связи о.-с. *žerbę с греч. βρέφος — «новорожденный», «детеныш», «утробный плод» [и.-е. корень *gʷrebh- (Pokorny, I, 485; Frisk, I, 266)]. Греч. βρέφος — изолированное слово.

ЖЕ́РЛО, -а, *ср.* — «переднее входное (или выходное) отверстие, узкое и глубокое устье (ствола артиллерийского орудия, печи, кратера вулкана)». В говорах также «горло», «зев»; новг. «место под мостом для прохода барок», причем встр. и в форме жере́ло (Даль, I, 477). В говорах Псковской обл. неоднократно отмечалось же́регло (с *гл*, очевидно, из *дл*) — «жерло» [ср., напр., пск. жерогло́ — «жерло», «узкий пролив» (И. Д. Кузнецов, 33)]. Ср. ожере́лье. Укр. жерло́ — «жерло», джерело́ — «источник», «родник»; блр. жэ́рла, жарало́. Ср. болг. жрело́, ждрело́ — «горная теснина», «ущелье», «узкое русло быстрой реки», «источник», «родник»; словен. žrelo — «жерло», «отверстие», «пасть»; чеш. zřídlo (ст.-чеш. žřiedlo) — «родник», «ключ», «источник» (ср. jícen, ústí, otvor — «жерло»); словац. žriedlo — тж.; польск. źródło : źrzódło — «источник», «родник»; в.-луж. žórło, žórleško — «источник», «родник»; н.-луж. žŕědło — тж. Др.-рус. жьрло > жерло, чаще жерело (Пов. вр. л. и др.) — «устье», «горло», «голос», прил. жерельный (Срезневский, I, 862, 888); в поздних памятниках псковского происхождения (XVI—XVII вв.) жерегло, жерогло. В письменных памятниках старославянского языка не отмечено. ▫ О.-с. *žerdlo (> рус. *жере́ло*) : *žьrdlo (> рус. *жерло́*). Корень (о.-с. *žer- : *žьr-) тот же, что (в абляуте) в о.-с. *gъrdlo [> рус. *горло* (см.)] и тот же, что в о.-с. *žerti (ст.-сл. жрѣти) : *žьrati [> рус. *жрать* (см.)]. Суф. -dl-o-. Старшее знач. — «глотка», «входное отверстие» > «устье». И.-е. корень *gʷer- : *gʷere- — «жадно глотать», «проглатывать»; «пасть», «жерло». Ср. лит. gérti — «пить», «впитывать», girtáuti — «пьянствовать»; латыш. dzert — «пить», dzira — «пойло». См. Pokorny, I, 474—475; Fraenkel, 148—149.

ЖЁРНОВ, -а, *м.* — «круглый, специально обтесанный мельничный камень, употребляемый при размоле зерен». В говорах также жорн (Даль, I, 477). *Прил.* жерново́й, -а́я, -бе. Укр. жо́рно, жорнови́й, -а́, -е́; блр. жаро́н, жо́рнавы, -ая, -ае. Ср. с.-хорв. жрнало́ — «ручной жернов», жрвањ, род. жрвња — «жернов»; словен. žrmlja; чеш. žernov (ст.-чеш. žrnov); польск. żarno (: kamień młyński). Др.-рус. (с XI в.) *жьрны, сохранившееся только в косвенных падежах мн. ч.: жерновъ (род.), жерновахъ (предл.) и тот же, что книжн. жрьновь (вин. ед.); *прил.* жьрновый (Срезневский, I, 888). Ст.-сл. жрьн(ъ)ви (им. мн.), въ жрьн'вахъ; да обѣсятъ жрьновъ (вин. ед.); *прил.* жрьнѣвьнъ (SJS, I : 11, 612). Т. о., рус. *жёрнов* — новообразование, сначала такого же типа, как *свекровь* (др.-рус. *свекры*) и др. Необычным, однако, можно считать переход этого сущ. из женского рода в мужской с соответствующим переключением склонения (по памятникам — с XV—XVI вв.) [Срезневский, Доп., 108]; тогда же (середина XVI в.) появляется и прил. жерновый (ib.). Форма им. мн. м. р. жернова́ известна с 1568 г. (Unbegaun, 222). ▫ О.-с. *žьrny, род. žьrnъve, ж. И.-е. основа *gʷṛ-n-u- — «мельница», корень *gʷer- : *gʷere- — «тяжелый», «трудный» (Pokorny, I, 476—477). Ср. лит. gìrna — «жернов», *pl.* gìrnos — «ручная мельница» — с другим типом склонения, чем в о.-с.; латыш. dzirnakmens — «жернов», dzirnavas — «мельница»; др.-прус. girnoywis — «мельница». Ср. также гот. gaírnus — «мельница»; др.-в.-нем. quirn(a) — «жернов», «ручная мельница»; др.-сканд. kvern (дат. kværn) — «жернов», «ручная мельница»; др.-англ. cweorn — тж.

ЖЕ́РТВА, -ы, *ж.* — 1) «в древних религиях — предмет или живое существо (обычно убиваемое), приносимые в дар божеству»; 2) «человек, пострадавший от стихийного бедствия, от чьего-л. насилия, чьей-л. ненависти и т. п.»; 3) «добровольный отказ от каких-л. благ, преимуществ и т. п. в пользу кого-л.». *Прил.* же́ртвенный, -ая, -ое. *Глаг.* же́ртвовать. Укр. же́ртва, жертвува́ти, жерто́вний, -а, -е — «жертвенный»; болг. же́ртва, реже жъ́ртва, же́ртвувам — «жертвую», же́ртвен, -а, -о; с.-хорв. жр̏тва, жр̏твовати, жр̏твени, -а̄, -о̄; словен. žȓtev, род. žȓtve, *ж.* — «жертва», žȓtvovati; žȓtven, -а, -о. В зап.-слав. яз. и в блр. отс. Ср. в том же знач.: чеш. obět'; польск. ofiara (из польского — блр. ахвя́ра, укр. офі́ра). Др.-рус. (с XI в.) жьртва (сначала чаще в ст.-сл. форме жрътва), позже жертва; прил. жьртвьнъ, жьртвьный, жертвеный (Срезневский, I, 888—889). Ст.-сл. жрьтва, жрьтвьнъ, жрьтвьный (SJS, I : 11, 612—615). Глаг. *жертвовать* — более поздний [Поликарпов, 1704 г., 105 об.; «Рукоп. лексикон» 1-й пол. XVIII в. (Аверьянова, 105)]. Ср. также др.-рус. жьрѣ́ти, 1 ед. жьру (ст.-сл. жрѣти, жрѫ) — «приносить в жертву» и «совершать жертвоприношение» (Срезневский, I, 890). ▫ О.-с. *žьrtva. Корень *žьg- (< *gʷr-), суф. -tv(-a). И.-е. корень *gʷer(ə)- — «превозносить», «восхвалять» [Pokorny, I, 478 (который, однако, умалчивает об о.-с. *žьrtva, относя к этой группе ст.-сл. грань — «стих», «песнь»); Fraenkel, 154 и др.]. Ср. лит. gìrti, 1 ед. giriù — «хвалить», «восхвалять», «прославлять», gẽras — «хороший»; латыш. dzirt — «восхвалять», «возносить»; др.-в.-нем. queran — «вздыхать», «а́хать»; латин. grātus (< и.-е. *gʷṛtos) — «приятный», «милый», «принимаемый с благодарностью»; др.-инд. gr̥ṇā́ti — «взывает», «восхваляет», gūrtáḥ (= латин. grātus) — «желанный», «угодный».

ЖЕСТ, -а, м. — «движение рукой или другое телодвижение, сопровождающее речь, как дополнительное средство выражения мыслей и чувств». Прил. жéстовый, -ая, -ое. Сюда же жестикули́ровать. Укр. жест, жестикулюва́ти; блр. жэст, жэстыкуля́ць; болг. жест, жестикули́рам — «жестикулирую». Ср. с.-хорв. гȅст; чеш. gesto (: posunek), gestikulovati; польск. gest (: skinienie), gestykulować. В русском языке слово *жест* известно, по крайней мере, со 2-й пол. XVIII в. [встр. у Фонвизина в письмах к родным: от 31-XII-1777 г. (по стар. ст.) и от апреля 1778 г. (здесь: «Вольтер... *жестами* благодарил партер») [СС, II, 434, 448]. Глаг. *жестикулировать* появился значительно позже, в конце XIX в. Ср. в рассказе Горького «Варенька Олесова», 1897 г. (напечатано в 1898 г.), гл. 1: «другой (рукой) свободно *жестикулировала*» (СС, II, 489). В том же году появилось в словарях (СРЯ¹, т. II, 2, 390). ▫ Ср. франц. geste, gesticuler; ит. gesto, gesticolare; нем. Geste, gestikulieren; тур. jest и др. Первоисточник — латин. gestus — «жест», «поза», «позиция», gesticulāri, 1 ед. gesticulor — «жестикулировать» (к gerō — «несу», «ношу», «чувствую», «изображаю»). В русском языке — из французского (начальное *ж*). Глаг. *жестикулировать* < нем. gestikulieren?

ЖЕСТЬ, -и, ж. — «очень тонкое листовое железо». *Прил.* жестяно́й, -а́я, -о́е, отсюда жестя́нка. Ср. укр. жерсть (: бля́ха). В других слав. яз. отс. Ср. в том же знач.: блр. бля́ха < польск. blacha < нем. Blech — «жесть» (от о.-г. корня *bleik — собств. «лоснящийся», «блестящий»)]; с.-хорв. плȅх (: лȋм); болг. тенеке́, тенеки́я (< турец. teneke — тж.). В русском языке слово *жесть* известно, по крайней мере, с XV в. (см. Vasmer, RBG, 37). Позже — у Р. Джемса (РАС, 1618—1619 г., 56 : 2): jeste — «tinne» («белая жесть»). В словарях отм. с 1731 г. (Вейсман, 622), *жестяной* — с 1771 г. (РЦ, 166). ▫ Обычно (хотя и без углубленного рассмотрения этого вопроса) слово *жесть* считают заимствованием с Востока, из тюркских (см. Дмитриев, 45) или монгольских языков. Ср. кирг. жез — «медь»; узб. жез — «латунь»; казах. жез — «латунь»; каз.-тат. жиз — «латунь»; башк. ез и нек. др. Ср. у Радлова (III : 1, 376, 378; IV : 1, 85): алт., телеут., чулым. и др. jäs — «медь»; коман. jäs — «желтая медь»; кирг. џез — «желтая медь», «жесть». Ср. также монг. зэс — «красная медь» (при бурят. зэд — тж.). Ср., однако, др.-рус. (и ст.-сл.) жесть — «molesta res» («нечто тяжелое», «тяжесть», м. б., «нечто жестокое»); ср. *жестый* — «жесткий», *жестѣти* — «твердеть» (Срезневский, I, 864). Укр. жерсть — «жесть» несомненно находится в связи с жорстки́й — «жесткий» (*р* из шерсть), жорсткий — «жесткий», «шероховатый»). Т. о., вопрос требует дальнейшей разработки.

ЖЕТО́Н, -а, м. — 1) «металлический значок, указывающий на принадлежность к какому-л. обществу, клубу и т. п., а также выдаваемый в память какого-л. исторического события или в качестве приза, награды, знака отличия и т. п.»; 2) *устар.* «металлический кружок, заменяющий монету в игре»; 3) «металлическая бляшка, дающая право на получение чего-л.». *Прил.* жето́нный, -ая, -ое. Укр. жето́н, жето́новий, -а, -е; блр. жэто́н, жэто́навы, -ая, -ае; болг. жето́н. Ср. чеш. jeton; польск. żeton. В русском языке слово *жетон* отм. в словарях с 1803 г. (Яновский, I, 780). ▫ Из французского языка. Ср. франц. (с XIV в.) jeton (от jeter — «бросать», «метать», «швырять»). Отсюда: нем. Jeton; ит. gettone и др.

ЖЕЧЬ, жгу — 1) «уничтожать огнем»; 2) «заставлять гореть»; 3) «подвергать действию жара, сильного тепла, производить ожог». *Возвр. ф.* жечься. Итератив -жига́ть (только с приставками: зажига́ть, сжига́ть и др.). Ср. болг. жежа́ — «палю», «пеку», «жгу»; с.-хорв. жȅћи, 1 ед. жȅжȇм; словен. žgati, 1 ед. žgem — «печь», «жарить», «жечь»; чеш. žhnouti, редк., книжн. žíci (ст.-чеш. žéci), 1 ед. žhu — ср. юго-восточнослав. rožu < roz-žži вм. -žhu (Tráviniček, 1789, 1347; Machek, ES, 594); польск. устар. żec, 1 ед. żgę, żegnąć, żgać (обычно palić, piec); в.-луж. žec. Т. о., в некоторых современных слав. яз. этот глагол вытеснен (или вытесняется) синонимическими. Ср. со знач. «жечь»: укр. пали́ти, пекти́ [но ср. жига́ло — «жигало (раскаленный железный прут)», жи́жа — «огонь»]; блр. палі́ць, пячы́. Др.-рус. жечи (с XV в.), 1 ед. н. вр. жегу (с XI в.), жьгу; ср. жьжаху — 3 мн. имперф. (Пов. вр. л. под 6449 г. по Ип. сп.), жьгомь — прич. н. вр. (Мин. 1096 г.) [Срезневский, I, 865]. Ст.-сл. жѧшти (Зогр. ев. и др.), жегѫ [Форма с жьг- встр. в Супр. р., но гл. обр. в памятниках по сп. XII в. (SJS, I : 11, 601)]. ▫ О.-с. *žegti, 1 ед. žegǫ (форма с ь — *žьg- — более поздняя, возникшая, м. б., под влиянием повел. н. *žьdzi). Надо полагать, из *gegti, а это из *degti в результате межслоговой ассимиляции и под влиянием о.-с. *gorěti. И.-е. корень *dhegᵘh- (: *dhogᵘh-) — «жечь», «палить», «печь» (Pokorny, I, 240—241). Ср. лит. dègti, 1 ед. degù — «жечь»; латыш. degt, 1 ед. degu — тж. Ср. алб. djeg (: djek) — «сжигать», «обжигать», «жечь»; авест. dažaiti — «сжигает»; др.-инд. dáhati (корень dah-) — «жжет», «мучит». Абляут: лит. dagà — «жара», «зной»; др.-прус. dagis — «лето»; гот. dags — «день»; др.-сканд. dagr (норв., дат., швед. dag) — тж.; др.-в.-нем. tag (совр. нем. Tag) — тж.; др.-англ. dæg (совр. англ. day) — тж.; латин. foveō (< *dhogᵘhéjō) — «грею», «согреваю» (Walde — Hofmann³, I, 466). Сюда, по-видимому, относится и рус. диал. (рост.-яросл.) изга́га (< о.-с. -*dag-) — «изжога» (Волоцкий, 37). Подробнее — Pokorny (ук.). Следует, однако, сказать, что вопрос о принадлежности славянской группы *жечь* к и.-е. *dhegᵘh- не является бесспорным, о чем см. Fraenkel, 85, 86. См. также *дёготь*.

ЖИВО́Т, -а́, *м.* — «часть тела, заключающая органы пищеварения». В говорах: арханг. живо́т, *мн.* животы́ — «имущество», «достояние» (Подвысоцкий, 44); олон. живо́т, *мн.* животы́ — «богатство» (Куликовский, 23); яросл. живо́т — «скот» (Якушкин, 10); курск.-орл. живо́т — «домашний скот», «домашнее животное, преимущ. лошадь», *мн.* животы́ — «лошади» (Кардашевский, 347); колым. живо́т — «имущество», «пушнина» (Богораз, 51). Кроме того, см. Даль, I, 482. *Прил.* живо́тный, -ая, -ое (теперь не соотносительно с *живот*; в знач. «имеющий отношение к животу» употр. *прил.* брюшно́й). Укр. живі́т; блр. жыво́т. В других слав. яз. это знач. выражается иначе: болг. коре́м (< турец. karin — «живот»); с.-хорв. тр́бух; чеш. břicho; польск. brzuch. Др.-рус. (с XI в.) животъ — «жизнь», «животное», «имущество» (но никогда «живот», «брюхо»), *прил.* животьнъ, животьный — «жизненный», отсюда животьное (уже в XI в.) — «animal» (Срезневский, I, 869—870). Совр. знач. («брюхо») слово *живот* получило позже. Ср. в «Житии» Аввакума (Автограф, 25): «ноги *и живот* синь был». ◇ О.-с. *životъ; корень *živ-, суф. (необычный в м. р., о чем см. Meillet², 293) -ot(-ъ). И.-е. корень *gᵘei- : *gᵘi̯u-, тот же, что в о.-с. *žiti, *živъ [> рус. *жить* (см.), *живой*]. Ср. лит. gyvatà, *f.* — «жизнь»; латин. vīta < *vīvitā (< *gᵘi̯uotā). Подробнее — Pokorny, I, 468—469; Fraenkel, I, 155.

ЖИГА́Н, -а, *м.* обл. — «босяк», «бродяга», «плут», «мошенник»; «озорник». Ср. в говорах: жига́н — вят. «работник на винокурне» («Опыт», 1852 г., 57; позже — Даль, I, 1863 г., 480); «кочегар при печах на смоляных заводах»; «человек, запачкавшийся в саже» (Васнецов, 69); перм. «сухой, тощий, поджарый человек» (Даль, уп.). Укр. жига́н — тж. В словарях впервые — у Даля², I, 1880 г., 553: жига́н — «пройдоха», «прощелыга», «плут». Любопытно, однако, топонимическое название *Жиганск* — село, районный центр в Якутской АССР, на левом берегу Лены, в прошлом — город, основанный первыми засельщиками Восточной Сибири в 1-й пол. XVII в. (Брокгауз — Ефрон, т. XI, п/т 22, с. 935; БСЭ², XVI, 122). ◇ Старшее знач. этого слова, по всей видимости, имело отношение к значениям «жечь», «обжигать», «жигану́ть». Ср. у Даля, I, 479: жига́ть, жегону́ть, жигну́ть — не только «палить», «заставить гореть», но и «производить чувство, подобное ожогу», а также пск. жигону́ть куда — «дать стрекача», «бежать». Ср. тамб. жига́ть, жигану́ть — «наносить, нанести удары чем-л. тонким» («Опыт», 57); твер. жигану́ть — «кольну́ть» (Доп. к «Опыту», 50); колым. жиг(а)ну́ть — «треснуть» («ударить») [Богораз, 51]. По-видимому, топоним *Жиганск* — от *жиган* в старшем знач. В середине XIX в. слово *жиган* получило отрицательное знач. в рамках блатного арго, жаргона преступных элементов общества. Ср. в романе В. Крестовского «Петербургские трущобы»: «наш брат *жиган*» и т. д. (по изд. 1867 г., т. I, ч. 1, с. 3 и др.).

ЖИ́ДКИЙ, -ая, -ое — «обладающий свойством течь и принимать форму любого вмещающего сосуда»; «водянистый, не застывший, не густой». *Кр. ф.* жи́док, -дка́, -дко. *Сущ.* жи́дкость. Сюда же (от корня *жид-*) жи́жа, жиде́ть, разжижа́ть. Ср. блр. диал. (витебск.) жы́дкі, -ая, -ае (при общеупр. вадкі́, -ая, -ае, но жы́жка — «жижа», «жидкая пища»); с.-хорв. жи́дак, жи́тка, жи́тко : жи́ткӣ, -а̄, -о̄ — 1) «полужидкий», «полугустой», «тягучий»; 2) «гибкий» (напр. о пруте), жидина — «жидкость»; словен. židek, -dka, -dko — «полужидкий», «клейкий», židkost; чеш. židký, -á, -é — «жидкий», «редкий», «эластичный», «мягкий» (собств. «жидкий» в чеш. и словац. tekutý, -á, -é, «жидкость» — tekutina); в.-луж. židki, -a, -e — «жидкий», židkość, židšić — «разжижать»; н.-луж. żydki, -a, -e — «жидкий», «тягучий». В других слав. яз. отс. Ср. в том же знач.: укр. рідки́й; болг. те́чен, -чна, -чно. Др.-рус. гл. обр. книжн. жидъкъ, жидъкый — «жидкий», жидость, жидити — «делать жидким» (Срезневский, I, 870, 871, 872). В письменных памятниках ст.-сл. яз. не отм. Позднее *жижа* (Поликарпов, 1704 г., 106 об.). ◇ О.-с. *židъkъ, -a, -o, *židъkъjь, -aja, -oje. Др.-рус. жидость, жидити и более позднее *жижа* из *židja позволяют предполагать, что прил. в о.-с. языке существовало и в форме *židъ, *židъjь. И.-е. корень, вероятно, *gᵘeid(h)-, — «слизь», «полужидкая грязь» (Pokorny, I, 469), но родственные отношения за пределами славянских языков скудны и спорны. Можно связывать с др.-сканд. kveisa — «опухоль», «отек», совр. норв. kveise, kvisa — «пузырь», «нарыв на коже» [но Фальк и Торп (Falk — Torp², I, 604) умалчивают об этой возможности]. Можно связывать с греч. δέτσα (< *gᵘeidhi̯a или *gᵘeidsa) — «грязь», «нечистоты» (Pokorny, I, 469). Фриск, считающий греч. слово неясным по происхождению, полагает, что рус. *жидкий* лучше сопоставлять с арм. gēǰ — «жидкий», «влажный», «сырой» (и.-е. база *gheid- : *ghoid-) [Frisk, I, 359).

ЖИ́ЛА, -ы, *ж.* — 1) «кровеносный сосуд (вена, артерия)»; 2) «сухожилие». *Прил.* жи́листый, -ая, -ое, жи́льный, -ая, -ое (ср. двужи́льный). *Глаг.* жи́литься — «напрягаться». В говорах также жи́лить — «натягивать» (Даль, I, 484). Укр. жи́ла, жи́лавий, -а, -е; блр. жы́ла, жы́лісты, -ая, -ае; болг. жи́ла, жи́лест, -а, -о, жи́лав, -а, -о; с.-хорв. жи́ла — «жила», «корень растения» (ср. бабина жила — «герань»), жи́ласт(и), -а, -о, жи́лав(и), -а, -о; словен. žila, žilav, -a, -o, žilast, -a, -o; чеш. и словац. žíla, žilnatý, -á, -é; польск. żyła, żylasty, -a, -e; в.-луж. žiła, žiłny, -a, -e, žiłojty, -a, -e; н.-луж. žyła. Др.-рус. (с XI в.) жила — 1) «жила»; 2) «сила», «бодрость» (отсюда ожилити — «укрепить»), (XVI в.) жилавый — «снабженный жилами» (Срезневский, I, 873—874; II, 632). Ст.-сл. жила (SJS, I : 11, 607). ◇ О.-с. *žila, корень *ži-, тот же, что в о.-с. *žica [> рус. диал. жи́ца — «пряжа», «гарус» (Даль, I, 487)|, суф. -1-а, как в о.-с. *mьgla и т. п. И.-е. корень *gʰei̯ə : *gʰī- — «вен», «жила», «сухожилие», «связь»; основа — с суф. -slo- : *gʰīslo- (Pokorny, I, 489). Ср. лит. gýsla — «жила»; латыш. dzīsla — тж. с суф. -sl- (ср. о.-с. *veslo< *vez-sl-o и др.). латин. filum с закономерным начальным f из и.-е. gʰ) — «нить»; арм. jil — «сухожилие». См. еще Meillet², II, 320; Fraenkel, 150; Walde — Hofmann³, I, 498.

ЖИЛЕ́Т, -а, м. — «часть мужского костюма (тройки): безрукавка на подкладке, застегивающаяся спереди, надеваемая под пиджак, сюртук, фрак». Жиле́тка — тж. *Прил.* жиле́тный, -ая, -ое. Укр. жиле́т; болг. жиле́тка. Но в других слав. яз. Ср. в том же знач.: блр. камізэ́лька (<польск. kamizelka); с.-хорв. пр̀слук; словен. telovnik; чеш. vesta (<нем. Weste). В русском языке слово *жилет* известно с начала XIX в. (Яновский, I, 1803 г., 781, но здесь еще со знач. «фуфайка», «душегрейка», «род камзола»). Ср. позже у Даля (I, 484): *жилет, жилетка* — «камзол», «безрукавая короткая поддёвка до поясницы». Но наряду со старым и знач. «жилет» или близкое к этому уже существовало в 1-й пол. XIX в. Ср. у Пушкина в «Евгении Онегине», гл. 1, 1825 г., строфа 26: «Но панталоны, фрак, *жилет*, / Всех этих слов на русском нет» (ПСС, VI, 16). □ По́зднее заимствование из французского языка. Ср. франц. (в широком употр. с 1736 г.) gilet — тж. В других западноевропейских языках в этом знач. отс. Происхождение франц. gilet не вполне ясно. Некоторые языковеды производят от собств. имени Gilles (ср. *панталоны, галифе* и т. п.), что маловероятно. Другие (Dauzat¹¹, 362, Bloch — Wartburg², 281, Lokotsch, § 951) возводят, в конечном счете, к турец. yelek — «род безрукавки», «жилет» [> алжир.-араб. jaleco > ст.-исп. jileco : gileco (совр. исп. jaleco : chaleco)].

ЖИ́МОЛОСТЬ, -и, ж. — «кустарниковое растение с опадающими или вечнозелеными листьями, некоторые виды — с душистыми цветками, с несъедобными ягодами», Lonicera. *Прил.* жи́молостный, -ая, -ое. Укр. жи́молость. Ср. чеш. zimolez — тж. В некоторых слав. яз. жимолостью (?) называют барвинок (Vinca), растение также вечнозеленое. Ср. с.-хорв. зимзеле́н; словен. zimzelen. В других слав. яз. отс. Ср. название жимолости: блр. бружме́ль; болг. о́рлови но́кти; польск. wiciokrzew. Ранние примеры употребления слова *жимолость* в русском языке относятся, по крайней мере, к началу XVIII в. [«Рукоп. лексикон» 1-й пол. XVIII в.: *жимолость*, наряду с *жиломостью* (Аверьянова, 106)], но слово это несомненно было известно и в XVII в. Ср. прил. *жимолостный* («масла жимолос*ного*») в МИМ, в. 2, № 246, 1651 г., 142. □ Объясняют по-разному. По всей вероятности, *жимолость* — искаженное слово. Праформой могло быть *зимозель — как название вечнозеленого растения. Ср. др.-рус. зель — «зелье», «злак» (Срезневский, I, 969, 970); рус. диал. (твер.) зель — «молодая озимь... до колошенья» (Даль, I, 606); осташк. зель — «озимь» (Копорский, Осташк., 106). Вследствие перестановки согласных во второй части сложения получилось *зимолезь (ср. чеш. zimolez). Под влиянием сущ. с начальным ж на -ость (напр., живокость — «шпорник», Delphinium) возникли *зимолость и далее — форма, ставшая общерусской, — жимолость, и другие (областные) формы этого слова с начальным ж вроде олон. жи́ломус (Куликовский, 23), твер., пск. жиламу́сть (и шелому́тник) [Даль, I, 484], том. жи́молок (Палагина, II, 13) и др.

ЖИР, -а, м. — «нерастворяющееся в воде маслянистое вещество, входящее в состав животных и растительных тканей». *Прил.* жи́рный, -ая, -ое, жирово́й, -а́я, -о́е. *Глаг.* жире́ть. В говорах: жир — «богатство», «достаток», «роскошь», *мн.* жиры́ — «раздолье», «приволье»; вологод. жирова́й — «богатый», «зажиточный», жирова́ть — «жить в избытке», «отдыхать», «резвиться» (Даль, I, 484—485). Ср. курск. жи́рный — «обильный», жирово́й — 1) «счастливый, богатый»; 2) «рожденный вне брака», жирова́ть — «играть», «дурачиться» (Кардашевский, II, 349—350); том. жирова́ть — «ловить рыбу в период ее наибольшей жирности» (Палагина, II, 13); колым. жирова́ть — «пировать» (Богораз, 52). Укр. жир — 1) «жир»; 2) «трефы», жи́рний, -е — «жирный», жирови́й, -а́, -е́ — «жировой», жиро́вий, -а, -е — «трефовый», жи́ріти. Ср. с.-хорв. жи̑р — «жёлудь»; словен. žir — тж.; чеш. žír — «корм для животных»; польск. žer, žyr — «корм», «пища». Знач. «жир» в других слав. яз. выражается иначе: болг. тлъстина́ (также мас, лой и др.); с.-хорв. ма̑ст; чеш. tuk (но ср. žírný́, -á, -é — «жирный» при tučný́, -á, -é — тж.); польск. tłuszcz — «жир», tłusty, -a, -e — «жирный» [отсюда блр. тлушч — «жир», тлу́сты, -ая, -ае — «жирный» (при то́усты, -ая, -ае — «толстый»)]. Др.-рус. книжн. (с XI в.) и ст.-сл. жиръ — «пажить», «богатство», жи́рьный — «обильный», «богатый», жи́ровати — «пастись», «упитываться», «обильно питаться» (Срезневский, I, 874—875). □ О.-с. *žirъ. Корень, как полагают со времени Миклошича (Miklosich, EW, 411), тот же, что в рус. *пажить, жито, жить* (см.) [<о.-с. *žiti]; суф. -г-ъ (ср. о.-с. *darъ, *pirъ и т. п.). См. также Meillet², II, 405. Другие объяснения этого слова (о них см., напр., Vasmer, REW, I, 425) мало правдоподобны.

ЖИРА́Ф, -а, м. (и жира́фа, -ы, ж.) — «крупное африканское жвачное животное отряда парнокопытных, с длинными ногами, несоразмерно длинной шеей и коротким туловищем, с пятнистой окраской шерсти», Giraffa. *Прил.* жира́фовый, -ая, -ое. Укр. жира́фа, жира́ф; блр. жыра́фа; болг. жира́фа; с.-хорв. жира́фа; чеш. žirafa; польск. żyrafa. В русском языке это слово, в м. р., известно по словарям с 1847 г.

ЖИТ

(СЦСРЯ, I, 412). Позже — ПСИС 1861 г., 189: *жираффа, жираф*. ▫ Из французского языка (girafe), во французском — из итальянского (giraffa). Из французского — нем. Giraffe. Ср. исп. jirafa. Ср. также: турец. zürafa; курд. zûraf. Первоисточник (для Азии и Европы) — араб. zarāfa, zurāfā — тж. (Wehr², 341). Но в арабском это слово не исконное, а тоже заимствованное (вероятно, из языков коренного, доарабского населения Северной Африки).

ЖИТЬ, живу́ — «существовать как естественный организм»; «проводить свою жизнь в каком-н. месте, среди кого-н. обитать». Другие формы глаг.: **живать** (обыкновенно с приставками: **проживать** и др.), **живить** (с приставками: **оживить** и др.), только с приставками: **оживлять**, **заживлять** и др. Сюда же **жизнь**, **живо́й**, **-а́я**, **-бе**, *устар.* **па́жить** — «пастбище» [ср. ст.-сл. жнть — «жизнь» (SJS, I : 11, 610)]. Укр. жи́ти, 1 ед. живу́, життя́, живи́й, -а́, -é; блр. жыць, жыццё, жывы́, -а́я, -óе; болг. живе́я — «живу», живо́т — «жизнь», жив, -а, -о; с.-хорв. жи́вети, живо́т — «жизнь», жив, жи́ва, жи́во: жи́ви, жи́вā, жи́вō; словен. živeti, življenje, živ, -a, -o; чеш. žíti, 1 ед. žiji, živiti — «кормить», žití, život — «жизнь», živý, -á, -é; словац. žit', živit' — «кормить», žitie, život — «жизнь», živý, -á, -é; польск. żyć, 1 ед. żyję, żywić — «кормить», życie, żywot — «жизнь», żywy, -a, -e; в.-луж. žić — «исцелять», но иногда и «жить», žiwić — «кормить», «питать», žiće — «жизнь», žiwy, -a, -e; н.-луж. žywiś se — «жить», žyś se — «кормиться», žywjenje — «жизнь», žywy, -a, -e. Др.-рус. (с XI в.) **жити**, 1 ед. **живу** — «жить», «кормиться», «обитать», (с XV в.) **живати** (многокр. к жити), (с XI в.) **живити** — «давать жизнь», «одушевлять», **жизнь**, **живот**, **жив**, **живый** (Срезневский, I, 865, 867, 870, 872, 876). Ст.-сл. жнтн, 1 ед. жнвѫ, жнвѫтн, 1 ед. жнважѫ, жнвлѣтн, жнтнѥ, жнтнє, жнвотъ, жнвъ, жнвъін (SJS, I : 11, 601—604, 606, 608—610). ▫ О.-с. *žiti, 1 ед. *živǫ, корень *ži- (< и.-е. *gu̯ei-). И.-е. корень *gu̯ei̯-: *gu̯ei̯ə- (: *gu̯ei̯ō-) : *gu̯ī, часто с расширителем -u̯- — «жить» (Pokorny, I, 467—469). Ср. (без расширителя -u̯-) лит. gýti, 1 ед. gyjù — «заживать», «выздоравливать»; латыш. dzīt — «заживать» (о ране); греч. (гомер.) βέομαι, βείομαι (< *βεϳεϲομαι — «буду жить») (футурум к βιόω — «живу»); арм. keam (< *gu̯iyā-ye-mi) — «живу»; (с расширителем -u̯-) лит. gyvénti — «жить», gývas — «живой»; латин. vīvō (< *gu̯īu̯ō) — «живу»; авест. jvaiti (< jīvaiti) — «живет»; др.-инд. jīnóti, jīnvati — тж.; (с носовым инфиксом) jīnóti, jīnvati — «подбадривает», «побуждает», «живит» (ср. хинди джӣна̄ — «жить»). Абляут к о.-с. ži- в *žiti — др.-рус. **гои** — «мир», **гоити** — «живить» (Срезневский, I, 541). Ср. былин. *Гой еси* «Будь здоров». Подробнее — Pokorny (уп.).

ЖМОТ, -а, *м.*, *прост.* — «прижимисто скупой человек», «скряга». В говорах также **жмо́тик**, **жмуть**, **жме́тень** и др.

ЖМУ

(Даль, I, 470). Укр. жми́крут — «жмот»; ср. жмут — «пучок», «клок», «ком», жмуто́к — «пучок», «комок». В других слав. яз. отс. Ср. в том же знач.: болг. варикле́чко, скъпе́рник; чеш. škrob и т. п. В русском языке — позднее слово, известное с середины XIX в. Диал. жмо́тик — «скупердяй» отм. с 1858 г. («Опыт», Доп., 51). *Жмот* встр. в повести Гарина-Михайловского «Гимназисты», 1893 г., гл. 13: «тот жмот, скупой был» (СС, I, 391). В словарях — с 1898 г. (СРЯ¹, т. II, в. 2, 583). ▫ Относится к группе **жать**¹ (см.), наряду с **жмыхи** (см.), диал. **жо́мы** — «тиски», **жема́нный** (см.) и др. Корень *жм-* из *жьм-*. Старшее знач., вероятно, «выжимала», «выжига». Форма *жмот, жмотик* возникла, м. б., по образцу *живот* с суф. *-от*, а также по модели бранных слов на *-от*: *идиот* (см.), *оборот* и т. п.

ЖМУ́РИТЬ, жму́рю — «прикрывать глаза, сжимая веки», «щурить глаза». Чаще в *возвр. ф.* **жму́риться**. *Сов.* **зажму́риться**. Сюда же (от той же основы) **жму́рки** (игра). В говорах: **жму́рки** — (в шутливой речи) «глаза», **жму́ра** — «кто щурится», **жмурки** — смол. «покойник», арханг., орл. калуж. «(покойные) родители» (Даль, I, 487); курск. жму́рик — «умерший», «покойник» [Кардашевский, II, 354]; олон. (заонеж.) жмур — «скупец», «скряга» (Куликовский, 24); ср. *жмот*. Укр. жму́рити(ся), жму́рки, пі́жмурки — «жмурки», жму́ри, жму́рки — «рябь» (и «жмурки»); блр. жму́рыць, жму́рыцца, жму́ркі; с.-хорв. жму́рити, жми́рати, жмѝрити — «жмуриться», «щуриться», жму́ра — «жмурки»; чеш. mžourati (očima) — «жмуриться», mhouřiti — «жмурить» (ст.-чеш. mžhúrati, с перестановкой начальных mž — žmourati); польск. mrużyć. В зап.-слав. яз. игра в жмурки обозначается словосочетанием «слепая баба»; чеш. slepá bába; польск. ślepa babka. Др.-рус. книжн. (с XI в.) **мьжити** — «зажмуривать», (очное) **мьжание** (Срезневский, II, 225). Новая форма слов этой группы с начальным *жм*, возникшая не без влияния слов группы *жать, жму*, установилась в русском языке к началу XVII в. Ср. у Берынды (1627 г.), 118): «Мжание — жмурéнье». В словарях XVIII в. сначала получило отражение сущ. *жмурки* (Литхен, 1762 г., 196: «в жмурки играть»). Вскоре появилось и *жмурить(ся)* (РЦ 1771 г., 169). ▫ Объясняют (впервые Miklosich, EW, 208) как результат перестановки начальных согласных [из *мжурити (* *мьжурити)]. О.-с. корень *mьg- (: *mig-). Ср. рус. *мигать*, *мигнуть*, *мгла* (< *mьgla); диал. (твер.) мжа — «дремота», «дрема», мжать — «дремать», мжить — «жмурить глаза» (Даль, II, 921). В связи с этими формами ср. болг. жмя (< *мжа < *мьжа) > диал. жумя́ — «жмурюсь»; в.-луж. žmrik (вм. mžik) — «мигание», «подмигивание», откуда глаг. žmrikać — «мигать», «жмуриться». Можно полагать, что сначала возникло сущ. *мьжура [ср. рус. *девчурка*, *печурка*, диал. кошу́рка — «кошка» (Даль, II, 789); словен. košura — «плохонькая корзина»; чеш. měchurina, диал. měchura — «пирог из

ЖМЫ

кислого теста» и т. п.] со знач. «тот, кто жмурится» и с вариантами *мьжуръка, *мьжурикъ, а потом отыменный глаг. *мьжурити > *мжурить, откуда с перестановкой начальных согласных — жмурить.

ЖМЫХИ́, -о́в (и жмы́хи, -ов), *мн*. — «остатки семян масличных растений, получаемые после выжимания из них масла». Диал. также избо́ина, дуранда́ и пр. (Даль, I, 471). *Прил.* жмыхо́вый (и жмы́ховый), -ая, -ое. В говорах (курск., орл. и др.) также жма́ки [Кардашевский, II, 352; ср. в тех же говорах: жмых — «скупой», «скряга» (ib., 354)]. Укр. жми́хи — «жмыхи» (иначе маку́ха), жми́ховий, -а, -е. В других слав. яз. отс. Ср. в том же знач.: блр. маку́ха; болг. кюспе́ (< турец. küspe — «выжимки»); чеш. výtlačky, pokrutiny; польск. wytłoczki, makuchy. Ср. прозвище *Жмых*: «Ивашко *Жмых*, садовник», 1498 г. (Туников, 151). В словарях — с 1847 г. (СЦСРЯ, I, 414). □ Относится к группе *жать*, *жму*, *жмот*, диал. жо́мы — «тиски». Корень *жм*- из *жьм*- (ср. *жомы*). Суф. необычный -*ых*. Возможно, он из -*ык(ъ)* [< о.-с. -yk(ъ); ср. о.-с. *językъ, *kamykъ — «камень» и т. п.]. Ср. в говорах: жмы́кать, жмы́хать — «мыть, полоскать, прать бельё», «стирать» (Даль, I, 471). Но не исключено, что он восходит к тому о.-с. суф. -ych-, производным от которого является -уš(ь) [< -ych-j(ь)]. Ср. рус. мяки́ш (< *мякышь), малы́ш и пр.

ЖОКЕ́Й, -я, *м*. — «профессиональный наездник на скачках», «специалист по подготовке лошадей к скачкам»; «конный акробат в цирке». *Прил*. жоке́йский, -ая, -ое, отсюда жоке́йка — «плотно облегающая голову шапочка с козырьком». Укр. жоке́й, жоке́йський, -а, -е; блр. жаке́й, жаке́йскi, -ая, -ае; болг. жоке́й, жоке́йски, -а, -о; с.-хорв. џо̀kej, jockeyský -á, -é; польск. dżokej. В русском языке в общем употр. — с первых десятилетий XIX в. Встр. в комедии Грибоедова «Горе от ума», 1823 г., д. II, явл. 9: «жокей не поддержал» (ПСС, 51). В выражении *жокей-клуб* это слово известно у нас и раньше [«Откр. т.», V, 1801 г., 482, статья «Об английском конском ристании»: «поставляет оных (жеребцов) преимущественно *Жокей-Клуб*» (жокея в этой статье называют ездоком или всадником)]. В словарях — с 40-х гг. XIX в. (Кирилов, 1845 г., 71). Прил. *жокейский* встр. в рассказе Чехова «Драма на охоте», 1884 г.: «в... жокейском картузике» (СС, III, 27). В словарях — с 1898 г. (СРЯ¹, т. II, в. 2, 590). □ Слово английское (с 1670 г.) jockey < франц. (с 1776 г.) jockey; нем. Jockei; исп. jockey и др. В английском языке — от шотл. Jock [англ. Jack (Яков)], уменьш. Jockie, Jockey. Ср. рус. устар. ванька — «легковой извозчик».

ЖОНГЛЁР, -а, *м*. — «артист цирка, который искусно и ловко подбрасывает и ловит одновременно несколько предметов». *Прил.* жонглёрский, -ая, -ое. *Глаг.* жонглировать. *Сущ.* жонглёрство. Укр. жонглёр,

ЖОХ

жонглёрский, -а, -е, жонглюва́ти, жонглёрство; блр. жанглёр, жанглёрскi, -ая, -ае, жанглiраваць; болг. жонгльо́р, жонгльо́рски, -а, -о, жонглира́м — «жонглирую», жонгльо́рство; с.-хорв. жо̀нглeр, жо̀нглeрски, жо̀нглирати, жонглёрство; чеш. žonglér, žonglérský, -á, -é, žonglovati, žonglérství; польск. żongler, żonglerski, -a, -ie, żonglować, żonglerstwo. В русском языке это слово известно со 2-й пол. XVIII в.: «Танц. сл.», 1790 г., 245: *жонглiор* — «обманщик, забавляющий народ хитростями, скачками и ручными оборотами». Ср. позже: ПСИС 1861 г., 189: *жонглер* — «фигляр, фокусник, шарлатан»; Михельсон 1865 г., 226: *жонглер* — «это название дают фокусникам, показывающим опыты ловкости, напр., перебрасывания из рук в руки шаров, ножей и тому под.». Глаг. *жонглировать* — с 1898 г. (СРЯ¹, т. II, в. 2, с. 591). □ Заимствовано из французского (jongleur — «жонглер», от jongler — «жонглировать»). Из этого же источника — нем. Jongleur, при jonglieren — «жонглировать» и др. Во французском и некоторых других романских языках восходит к латин. joculator — «шутник», «забавник», от jocus, joculus — «шуточка», «острота». В старой, средневековой Франции жонглер — странствующий музыкант и комедиант. Ср. совр. ит. giocoliere — «жонглер» при giocolare — «жонглировать». Глаг. *жонглировать* в русском языке скорее немецкого (из речи циркачей), чем французского происхождения.

ЖОХ, -а, *м., прост.* — «пройдоха», «проныра», «ловкач», «хитрый, изворотливый человек». В говорах: калуж. жог, жох — «парень выжига», «бойкий, находчивый плут» (Даль, I, 479). В других слав. яз. отс. Ср. в том же знач.: укр. жига́н, пройди́свiт; блр. махля́р, прайдзiсвет, зух (< польск. zuch < zuchwały — «смелый», «дерзкий», «наглый»); болг. шме́кер; польск. spryciarz, cwaniak. В русском языке слово *жох* известно, сначала как прозвище, с XVI в. в форме *Жог* («Жог, холоп в Дегожском погосте», Новг. пятина, 1539 г.), позже *Жох* («Федка *Жох*, московский стадный конюх», 1678 г.) [Туников, 151]. В словарях впервые — у Даля (I, 1863 г.; см. выше). □ Надо полагать, из *жегъ. История этого слова связана с историей таких слов, как жига́н (см.), *выжига* [ср. у Даля (I, 255): вы́жига, вы́жега — «вещь прожженная, прокаленная» и «пройдоха, опытный и бывалый мошенник»] и, следовательно, с такими, как *жечь* (см.), *жигану́ть*. Ср. родственное с *жег* > *жог* образование ж. р. жо́га — «чувство жжения под ложечкой» и «брань», «нагоняй», «суматоха» (Даль, I, 479). Вероятно, сюда относится и jəg — «a chatter» («болтовня» у Р. Джемса (РАС, 1618—1619 гг., 65 : 23). Что касается формы на *х* (жох), то она могла возникнуть (в связи со смысловым смещением) на южнорусской территории (с произношением *х* вм. *г* в конце слова) и потом с этим звуком, понятым как фонема, попасть в общерусский язык, подобно таким словам, как *цапля* вм. *чапля*. или в Белоруссии, где это слово вошло в соприкосновение с блр. зух (из польского).

ЖРАТЬ, жру, *прост., груб.* — «есть много и с жадностью». *Возвр. ф.* — только с приставками: обожра́ться. Итератив -жира́ть (всегда с приставками: пожира́ть, обжира́ться и др. *Сущ.* жратва́. Укр. же́рти, 1 ед. жеру́; блр. жэ́рці (: жраць). Ср. с.-хорв. ждрѣ́ти, ждѐрати — «жрать», перен. «мучить»; словен. žreti — «жрать»; чеш. žráti (ст.-чеш. žřieti — тж.; словац. žrat'; польск. żreć (ср. pożerać) — тж.; в.-луж. žrać; н.-луж. žraś — тж. Но болг. ла́пам, плю́скам. Др.-рус. ж(ь)рѣ́ти, жьрти, 1 ед. жьру́ — «приносить в жертву», «совершать жертвоприношение»; ср. жьра́ние (от *жьрати) — «σπαταλη» («роскошный пир», «изысканные яства») в Панд. Ант. XI в. (Срезневский, I, 887, 890). Ст.-сл. жрѣти, 1 ед. жьрѫ — «приносить жертву», «жертвовать». ▫ О.-с. *žerti (ср. с.-хорв., словен., ст.-чеш., польск. формы): *žьrti (ср. укр. и блр. формы, которые, правда, можно объяснять и как поздние образования), 1 ед. *žьrǫ : *žerǫ. И.-е. корень *gu̯er- : *gu̯r̥-, тот же, что в о.-с. *gъrdlo [> рус. го́рло (см.)], *žьrdlo [> рус. же́рло (см.)]. См. Pokorny, I, 474—475. Старшее знач. — «глотать» (м. б., «жадно, с шумом глотать»). Ср. лит. gérti (1 ед. geriù) — «пить»; др.-в.-нем. quër-dar — «корм для приманки», Köder — «приманка»; греч. βορά (с закономерным β в начале слова из и.-е. gu̯) — «пища», «корм»; латин. voro — «пожираю», «истребляю»; арм. кер (ker), керакур — «еда», «корм»; др.-инд. giráti — «пожирает», «проглатывает». Подробнее — Pokorny (уп.).

ЖРЕ́БИЙ, -я, *м.* — «небольшой предмет (в прошлом — какой-л. обрезок металла или дерева), вынимаемый наудачу из числа одинаковых предметов при решении спорных вопросов». *Сущ.* жеребьёвка — «метание жребия». Ср. в говорах: арханг. же́рбий — «участок сенокосного луга» (Подвысоцкий, 44); олон. же́ребей, же́ребий — «отрубок», «отрезок», «маленький кусочек», также «свинцовая пуля для крупного зверя» (Куликовский, 23); колым. же́ребей — «отрезок свинца для пули», «отрубок» (Богораз, 51); яросл. же́ребий — «кусок дерева с метой; жеребием определяется, кому при переделе земли должна достаться та или другая полоса земли» (Якушкин, 9—10); рост. жеребеёк — «квитанция, даваемая заказчику от ткача, красильщика и пр.» (Волоцкий, 31); курск. же́ребий, же́реб — «жребий», жеребьёк — «край, осколок чего-л.» (Кардашевский, II, 345). Но это слово известно в говорах и в форме же́реб: олон. же́ребы, *мн.* (от *жереб — «кусочек», «отрубочек») [Даль, I, 477]; говоры бассейна Оби, том. же́реб, *мн.* жереба́, жеребья́ — «жребий», же́реб, *мн.* жере́бья — «род охотничьей дроби» (Палагина, II, 11); ср. у Даля (I, 477): обл. же́ребей, собир. жеребьё́ — «кусочек», «отрубочек», «отрезок», жеребьева́ть. Укр. же́реб; блр. жа́рабя; болг. жре́бий, жре́бие;

с.-хорв. ждреб; словен. žreb. В зап.-слав. яз. (чеш., словац., польск., в.-луж.) это знач. выражается словом los (старое заимствование из германских языков; ср. нем. Los — «жребий»; см. *лотерея*). Др.-рус. (с XII в.) жеребий > жеребей — 1) «жребий»; 2) «доля», «участок» (XIV в.), позже — «резной узор» (в Конск. Приб. Бор. Фед. Год., 1589 г.) [Срезневский, I, 861—862]. Ст.-сл. жрѣбии, жрѣбъ — «жребий», «наследство», «доля» (SJS, I : 11, 615—616). ▫ В рус. яз. *жребий* — старославянизм. О.-с. *žerbъ, *žerbьjь. Старшее знач. — «нечто отрезанное», «отрезок». И.-е. корень *gerbh- — «нацарапать», «вырезать», «надрезать» (Pokorny, I, 392). Ср. др.-прус. gīrbin — «число» (< «бирка»); др.-в.-нем. kerban — «делать надрезы, зарубки», «резать» (совр. нем. Kerbe — «зарубка», «насечка», kerben — «делать насечки»); англосакс. ceorfan (англ. carve) — «отреза́ть, нареза́ть»; греч. γράφω (< *gr̥bhō) — «пишу» (старшее знач. — «рассекаю», «надрезываю»).

ЖРЕЦ, -а́, *м.* — «в языческих религиях — священнослужитель, совершающий жертвоприношение»; *перен.* (высок., устар., теперь ирон.) «тот, кто посвятил себя служению чему-л. (искусству, науке и т. п.)». *Женск.* жри́ца. *Прил.* жре́ческий, -ая, -ое. Укр. жрець, род. жерця́; блр. жрэц, род. жраца́; болг. жрец; с.-хорв. жрѐц (из русского?), устар. жрц; чеш. žrec (из русского; ср. obětník — тж.). Польск. kapłan — тж. Др.-рус. (с XII в.) жьрьць, жьрць > жерць, кр. прил. жьрчь > жерчь (Срезневский, I, 889—890). Ст.-сл. жрьць, жрець, прил. жрьчьскъ (SJS, I : 11, 618). ▫ Ср. др.-рус. жьрѣти (ст.-сл. жрѣти) — «приносить в жертву» и «совершать жертвоприношение» (Срезневский, I, 890). Корень тот же, что в *жертва* (см.).

ЖУЖЕЛИЦА, -ы, *ж.* — «общее название жуков подотряда плотоядных», Carabus coriaceus (черная жужелица), Carabus granulatus (зернистая жужелица), Zabrus tenebrioides (хлебная жужелица). В говорах также жу́жель, жу́желка (Даль, I, 488). Ср. пошех. жу́шка (< *жужка) — «общее название паутов, мошкары» (Копорский, 113). Блр. жу́жаль. Ср. словен. žuža — «маленький черный жук», «древоточец», žužek — «букашка», «жучок», žuželka — тж.; чеш. диал. žoužel — «насекомое», «паразит» (ст.-чеш. žúžela — «насекомое»), общеслав. žížala — «земляной червь». Ср. в.-луж. žužolić — «шептать», «шепелявить», «сюсюкать». Др.-рус. (с XV в.) жужель — «жук», прил. жужельный (ср.: «пругы, комары, мшицю и всяк род *жюжельный*» в Палее 1494 г.) [Срезневский, I, 883]. ▫ Старшая форма *жужа (уменьш. *жужька), отсюда *жужела (с суф. ел-, как в рус. пчела́ < бъчела), далее жужелица. Т. о., первоначальное знач. более широкое, и не столько «жук вообще», сколько, м. б., «всякое жа́лящее, нападающее на человека и животных насекомое». О.-с. форма *žuža < *gu̯eu-gu̯-i-a, с усеченным удвоением и.-е. корня *gu̯eu- (: *gu̯ou-), того же, что (в неудвоенном виде) в рус. *жук* (см.).

ЖУЖЖА́ТЬ, жужжу́ — «производить однообразный гудяще-дребезжащий не слишком громкий звук (как если бы произносили без остановки ж-ж-ж)». В других слав. яз. отс. В русском — позднее слово. В словарях — с 1780 г. (Нордстет, I, 199). ▫ Обычно связывают с *жужа, жужелица (см.). Старшая форма, вероятно, *жужать. Произношение *жужжать* возникло в условиях экспрессивного употребления слова, вследствие стремления усилить его звукоподражательную характеристичность.

ЖУИ́РОВАТЬ, жуи́рую, *устар.* — «безаботно предаваться чувственным удовольствиям, наслаждениям, вести праздную жизнь». Сюда же **жуи́р**. Укр. **жуі́рувати, жуі́р**; блр. **жуі́раваць, жуі́р**. В других слав. яз. отс. В русском языке глаг. *жуировать* употр. с 1-й пол. XIX в. Ср. у Гоголя в «Ревизоре», 1836 г., д. V, явл. 8: «живу у городничего, *жуирую*, волочусь напропалую за его женой и дочкой» (СС, IV, 85). В словарях *жуир* и *жуировать* — с 60-х гг. XIX в. (ПСИС 1861 г., 189, 190; позже — Даль, I, 1863 г., 488). Сущ. *жуир*, возможно, появилось несколько позже (Михельсон 1865 г., 226). ▫ Глаг. *жуировать* в русском — из французского языка. Ср. франц. jouir (< нар.-латин. *gaudīre — «наслаждаться». Сущ. *жуир* возникло на базе *жуировать* на русской почве.

ЖУК, -а́, *м.* — «общее наименование жесткокрылых насекомых (с жесткими надкрыльями, служащими защитой для летной пары крыльев)», Coleopterum. Укр., блр. **жук**. Ср. полаб. zäuk — «жук-навозник» (Rost, 441). В других слав. яз. отс. [болг. жук (?); польск. żuk — из русского (Brückner, 667)]. В памятниках письменности раньше XV в. не встр. С XV в. оно широко распространено как прозвище: *Жук*, 1482 г. (Тупиков, 152), откуда и фамилия *Жуков* (с 1500 г.) [ib., 549]. ▫ О.-с. *žukъ, где -k(ъ), вероятно, — суф., как в о.-с. *znakъ и др. Корень едва ли звукоподражательный, как это обычно утверждают: жуки, по большей части, безгласны. Корень, возможно, тот же, что в о.-с. *govedo — «бык», и.-е. корень *gʰou-. Это объяснение еще в 1903 г. было предложено Погодиным (236), но впоследствии было незаслуженно забыто. Покорный (Pokorny, I, 482—483) и другие языковеды обычно не упоминают о переднеязычной ступени этого корня с е (*gʰeu-), потому что в других и.-е. языках эта ступень не представлена. Т. о., в *жук* корень *жу-* из *gju- (<и.-е. *gʰeu-). Старшее знач., по-видимому, было «навозный жук». Ср. франц. bousier — тж. (от bouse — «коровий навоз», по корню связанного с латин. bōs — «бык», франц. bœf — «бык», «вол»). На русской почве, в говорах ср., с одной стороны, костр. **жу́кола**, **жу́колка** — «черная корова» (Даль, I, 488), **жу́колы** — «телята, рожденные в феврале» («Опыт», Доп. 1858 г., 51), а с другой — **жу́колица** — «жужелица», «жучок» (Даль, уп.). Некоторые разновидности жуков носят название *корова (калоед-корова), коровка*. Ср. также названия: *жук-носорог, жук-олень*. Ср. и польск. żuk — «вол черной масти» (Brückner, уп.). В семантическом плане ср. также рус. *бычок* — название рыбы и франц. bouvreuil — «снегирь», которое по происхождению связано с bœuf — «бык» [птица была названа бычком «из-за ее большой головы и приземистой фигуры» (Gamillscheg², 143)]. См. *жужелица*.

ЖУЛА́Н, -а, *м.* — «певчая птичка с крепким клювом, в оперении преобладают рыжие и светлые тона», Lanius collurio. Иначе **сорокопу́т** [*устар.* **сорокопу́д** (Даль, I, 488)]. В говорах (перм., сиб.) *жула́н* — «снегирь» (Даль, I, 488). Ср. том. **жела́нчик, жула́н** — «снегирь» (Палагина, II, 9, 16). В других слав. яз. отс. Ср. название этой птицы: блр. **грызу́н**; болг. **червеногъ́рба сврачка́** — «красноспинный сорокопут» (ср. **сврáка** — «сорока»). В словарях русского языка — с 1780 г. (Нордстет, I, 199: *жулан* — «снегирь», «un pivoine». ▫ Происхождение считается темным, хотя имеются основания связывать с *желна* (см.). Ср. замечание Махека об общем наименовании в о.-с. языке для дятла, желны и сорокопута (Machek, SE, 596). Вероятно, из *жола́н на севернорусской почве. Изменение *жо- в *жу- в окающих говорах возможно и по фонетической причине. Ср. яросл. **жула́ть, жула́ный** (Якушкин, 10) [<*жолать < *желать]. Что же касается формы *жолан, то она, надо полагать, ближайше связана с **жёлна** (Подвысоцкий, 43) и *желна* (<*жьлна), названием некоторых разновидностей дятла и некоторых других птиц, в частности сорокопута. Корень тот же, что в *желтый* (о.-с. *žьl-). И.-е. *ghel- (: *gʷhel-?). Без суффиксального -t- этот и.-е. корень представлен такими областными словами, как сев.-рус. (нижегор.) **жолни́ца** — «желтуха» (Даль, I, 487). Ср. колым. **желуни́ца** — тж. (Богораз, 51). Ср. с.-хорв. **жу́ja** [<*жулья (?), с корнем *žьl-] — «иволга». Затруднение, пожалуй, заключается в том, что ни сорокопут, ни снегирь по окраске оперения не относятся, собственно, к желтым птицам, хотя некоторые виды сорокопута встречаются с оперением кофейного цвета. Но это название (как и *желна*) первоначально могло относиться и к иволге.

ЖУ́ЛИК, -а, *м.* — «мелкий мошенник», «плут», «воришка». *Прил.* **жуликова́тый**, **-ая, -ое**. Сюда же (по корню) *собир.* **жульё**, **(об)жу́лить, жу́льничать**, *м. б., разг.* **жуля́бия** — «жулик». Блр. **жу́лік, жулікава́ты, -ая, -ае, абжу́ліць, жу́льнічаць**. Укр. редк. **жу́лик** (обычно в этом знач. — **шахра́й**). В других слав. яз. отс. В русском языке слово *жулик* (в совр. знач.) известно с середины XIX в. Отм. в «Собраниях выражений и фраз, употребляемых ... с.-петербургскими мошенниками» («Сев. пчела», 1859 г., № 282, с. 1129: *жулик* — «маленький вор») и вскоре после этого Далем (I, 1863 г., 488) с пометами «калуж., моск.»; позже он добавил *жульё* — «сволочь», «мошенники», «воришки» (II, 1865 г., Приб. 9). Другие слова этой группы известны с более позднего времени: *жульничать* отм. в словарях с 1880 г. (Даль², 563). Глаг. *обжулить* встр. у Чехова в рассказе «Происшествие», 1887 г. (СС, V, 187); *жулябия* пущено в оборот Маминым-Сибиряком в романе «Дикое счастье», 1884 г., гл. XIX (СС, III, 538). ▫ Знач. «мошенник», «плут» для *жулик* не первоначальное. По происхождению это слово, можно полагать, связано с *жулик* — «нож». Ср. еще в списке слов «офенского наречия» в Тр. ОЛРС, XX, 1820 г., 240: *жулик* — «нож». Даль (I, 1863 г., 488) отм. это слово уже как областное: *жу́лик* — костр. твер. «ножик»; там же твер. *жуль* — тж. Резкое смещение значения — «маленький нож», «ножик» > «маленький вор», «мелкий злоумышленник» — могло произойти в рамках блатного арго. Ср. у Крестовского в романе «Петербургские трущобы», 1867 г., ч. III, гл. 5, с. 252: *жулик* — «ученик мошенника». Правда, само слово *жуль*, от которого *жулик* — «нож», в этимологическом отношении не вполне ясное. Возможно, что это образование находится в связи с с.-хорв. *гу́лити* — «сдирать» (кожу, кору), «лущить» > «обдирать», «грабить», *жу́лити* — «натирать», «жать»; словен. guliti, žuliti (знач. — как в с.-хорв.). Ср. также болг. |*жу́ля* — «сбиваю фрукты с деревьев прутом или камнями», «бью», «колочу». Ср. рус. диал. (твер.) *жу́литься* — «ежиться», «корчиться» (Даль¹, I, 488). Несомненно, сюда относятся *гулящие люди*, XVII в. (АМГ, I, 174, 207 и др., 1622 г.). Соотношение *гул-* : *жул-* можно было бы объяснить при предположении, что и.-е. основа была *gheu-l- : *ghou-l-, тогда в о.-с. *guliti gu- из и.-е. *ghou-, а в *žuliti žu- — из более раннего *gju- < и.-е. *gheu-. См. Младенов, 168. *Жулябия* создано, видимо, по образцу слов на *-бия*, *-лябия*: *амфибия*, *астролябия*.

ЖУ́ПЕЛ, -а, м. — «нечто необъяснимо страшное», «пугало»; *устар. церк.* «горящая смола, горящая сера, уготованная грешникам в аду». Укр., блр., болг. *жу́пел*. Ср. словен. žveplo — «сера». В других слав. яз. отс. Др.-рус. (с XI в.) *жу́пелъ, жюпелъ, жупельный* (Срезневский, I, 884). Ст.-сл. жоупелъ, жоупьлъ, жюпелъ, прил. жоупельнъ; в Синайск. псалт.жюпелъ — «горящая сера» (SJS, I : 11, 616—617). Ср. нов.-ц.-сл.: «Г(оспо)дь... ѡдождитъ на грѣшники сѣти, огнь и жѹпелъ» (псалом X). ▫ В русском языке — старое заимствование из церковнославянского. В старославянском языке слово жоупелъ также заимствованное, причем источник заимствования неясен. По-видимому, это название серы — из южнонемецких диалектов, как и некоторые (правда, единичные) термины, связанные с церковью и христианизацией славянства: др.-в.-нем. swëbal, swëval. По мнению Клюге, слово общегерманское (Kluge¹⁰, 444). Вместе с латин. sulpur — тж. (искаженно sulphur) германское название серы, возможно, заимствовано из какого-то неизвестного средиземноморского языка (Walde—Hof-

mann³, II, 628). Кипарский не так давно указал еще на один источник, к которому, по его мнению, может восходить ст.-сл. жоупелъ: реторомански. (энгадинский диалект в Швейцарии) zuorpel, с упрощением необычной для славянского произношения группы gr > p (Kiparsky, GSL, 124). Не говоря уже о фонетических трудностях, непонятно, каким образом это энгадинское слово могло попасть в старославянский язык? Более приемлемо предположение о др.-в.-нем. suepol (редком варианте др.-в.-нем. swëbal, swëval, также упоминаемом Кипарским) как источнике заимствования в старославянском. На возникновение формы с начальным *жу-* могло оказать влияние такое слово, как ст.-сл. жоупище — «могила», «гробница» (SJS, I : 11, 617), по корню связанное с о.-с. *župa.

ЖУРА́ВЛЬ, -я́, м. — 1) «большая болотная птица, у нас чаще всего с серым оперением, на высоких тонких ногах, с длинной шеей и длинным крепким клювом». Grus; 2) «жердь, шест с перекладиной для подъема воды из колодца»; «подъемный кран». *Прил.* журавли́ный, -ая, -ое. В говорах: орл.-курск. и др. *жураве́ль* (Кардашевский, I, 356; Даль, I, 489); яросл. *жа́равль* (Якушин, 44); осташк. *жбрав, жу́рав* (Копорский, Осташк., 104; Даль, уп.: *жу́рав*); енис. *жара́в* (Кривошапкин, Прилож. IV, 47) или с другим ударением: прибалт. *жбрав* (Немченко и др., 91) и т. д. В говорах это слово с его фонетическими вариантами употр. в обоих знач. [но сиб. *жураве́ц* — только «шест у колодца» (Палагина, II, 16; также у Даля, уп., без указания говора)]. Укр. *жураве́ль, журавли́нний, -а, -е*; блр. *жураве́ль, жбраў, жураўли́ны, -ая, -ае*. Ср. болг. *же́рав* (только птица), *же́равен, -вна, -вно, же́равски, -а, -о*; с.-хорв. *же́ра̑в* (чаще *ждра̑о, ждра̑л*); словен. *žerjav*; чеш. *jeřáb* (ст.-чеш. žeřáv > žeřáb); прил. jeřábí, jeřábový, -á, -é; словац. žeriav — «журавль» и «лебедка», «подъемный кран», žeriavový, -á, -é — «крановый»; польск. žuraw, род. żurawia, прил. żurawi, -а, -іе; в.-луж. žoraw; н.-луж. žorawa (только птица). Др.-рус. *же́равъ* (жеравь?), *же́равль*. Ср. в «Р. прав.»: «въ гоусѣ и въ *жеравѣ*» (Кр., Акад. сп., ст. 36); «за *жеравль* 30 кунъ» (Простр., Троицк. сп., ст. 77) [Тихомиров, 84, 104]. Другие примеры употребления слова *жеравъ* (жеравь?) см. у Срезневского (I, 860); там же *жеравлиный*. Поликарпов (1704 г., 103 об.) дает *жаравль*. Форма с начальным *жу-* более поздняя, но ср. прозвище *Журавль*, отм. с 1539 г. (Тупиков, 153). ▫ О.-с. *žeravъ, *žeravjь. Форма с начальным *жу-* едва ли фонетического происхождения (из *žoravlь; ср. польск. žuraw вм. żoraw). Вероятно, она возникла под влиянием *журчать*, диал. *жу́лькать* — «издавать мокрый звук», «чмокать» (Даль, I, 488). Как уже сказано, журавль — околоводная птица, обитающая «на обширных лесных или степных болотах и сырых лугах» (БСЭ², XVI, 236). Ср. лит. gérvė

ЖУР

(< *gerəu̯iā) — «журавль»; латыш. dzeȓve — тж.; др.-прус. gerwe — тж. И.-е. основа в данном случае *ger-ōu̯-(o-) : *ger-ōu̯-(i̯-o-) : *ger-əu̯-(i̯-o-); корень *ger- (звукоподражательный, для обозначения хриплого крика). Тот же корень *ger- : *gor- : *gr̥- с другими формантами представлен лит. garnȳs (< *gor-n-i̯os) — «цапля»; греч. γέρανος — «журавль»; арм. крунк (krunk) [< *geru-n-g] — тж.; с нулевой ступенью вокализма: др.-в.-нем. kranuh (chranuh), kranih (chranih), совр. нем. Kranich — «журавль»; латин. grūs, род. gruis — тж. Надо полагать, сюда относятся др.-рус. граяти [«врани не граахуть» в Сл. плк. Игор. (Срезневский, I, 586)], рус. грач. (см.). Подробнее — Pokorny, I, 383—384.

ЖУРИ́ТЬ, журю́ — «слегка бранить кого-л.», «выговаривать кому-л. за что-л., ворча на него». *Сущ.* журьба́ — «ворчанье». Укр. жури́ти — «печалить», жури́тися — «печалиться», «горевать», «сокрушаться», журба́ (редк. жур) — «печаль», «кручина», «забота» («журить» — докоря́ти); блр. журы́цца — «кручиниться», журба́ — «кручина». Ср. с.-хорв. жу́рити(се) — «торопить», «спешить», «торопиться», жу̏рба — «спешка»; словен. žúriti — «принуждать», žúriti se — «торопиться», «спешить». В русском языке журить известно, по крайней мере, с XVII в. Ср. в «Житии» Аввакума (Автограф, 17): *журят* мне, что патриарху не покорился». Ср. также прозвища: *Журило* в старинных украинских песнях; *Журливой*: «Журливой, ковымский таможенный целовальник», 1660 г. (Тупиков, 153—154). ◻ В этимологическом отношении не вполне ясное слово. Значения в современных слав. яз. довольно сильно расходятся. М. б., старшее знач. было «причинять кому-л. горе, печаль», «расстраивать кого-л.»; отсюда «торопить», «вызывать потребность в чем-л., беспокоить». Тогда было бы можно связывать и журить и с гурьба́, и с с.-хорв. гу́рати — «толкать», «пихать». О.-с. *žur- (< *geu̯r-) : *gur- (< *gou̯r-). Ср. гот. gaurs — «печальный», «удрученный», gaurjan — «обижать», «оскорблять» (Holthausen, 36); др.-в.-нем. gōrag — «жалкий»; др.-инд. ghōráḥ — «ужасный», «страшный» (Mayrhofer, I, 362). И.-е. *ghou-r- (: *gheu-r-?). Покорный относит рус. журить именно к этой группе, но не отмечает переднеязычной ступени (Pokorny, I, 453), между тем о.-с. *žŭriti может восходить лишь к *gheu-r- (через *gju̯r-). Ср. подобный случай в отношении слова *жук* (см.).

ЖУРНА́Л, -а, *м.* — 1) «периодическое издание литературного, научного, политического характера в виде книжки»; 2) «книга или тетрадь для периодической записи событий, постановлений, учебных заданий и т. п.». *Прил.* (обычно к *журнал* в 1 знач.) журна́льный, -ая, -ое. Сюда же журнали́ст, журнали́зм. Укр. журна́л, журна́льний, -а, -е, журналі́ст, журналі́зм; блр. журна́л (во 2 знач.; в 1 знач. — часо́пис, но известно слово журналі́ст); болг. журна́л (только в знач. «журнал мод»; в знач. «периодическое издание» — списа́ние, во 2 знач. — дне́вник), журнали́ст; с.-хорв. жу̀рнāл (чаще ча̏сопис — «периодическое издание», дне̑вник — «журнал во 2 знач.», а также «ежедневная газета»), журнàлист(а); чеш. žurnál — «журнал в 1 и 2 знач.» (но обычно časopis — «журнал в 1 знач.», deník — «журнал во 2 знач.»). Ср. устар. польск. żurnal (теперь лишь «журнал мод»), устар. żurnalista (теперь dziennikarz, от dziennik — «газета»; ср. pismo — «журнал», «газета», czasopismo — «журнал», «периодическое издание»). В русском языке *журнал* как наименование периодически выходящего издания известно в широком употр. гл. обр. с 3-й четверти XVIII в. Ср., напр., в журнале «Трутень» за 1769 г., л. 2 от 5-V: «Не входя в... исследование причин изданию вашего *журнала*». Гораздо раньше оно стало известно в знач. «поденные рукописные записи в форме книги», (в канцелярии) «запись входящих дел», (на корабле) «вахтенный журнал». В этом последнем знач. слово *журнал* было хорошо известно уже в Петровское время. Отм. Смирновым (114) в «Кн. Устав морск.» 1720 г., 17: «держать... *журнал*» (в параллельном голландском тексте — journaal). Это слово употр. и в форме *юрнал* (графическая передача франц. journal), напр., в «Ген. регл.» 1720 г.: «надлежит ему (регистратору. — П. Ч.) следующие книги держать, а именно: *юрнал* (повседневная записка)» [ЗАП I, т. I, 500 (неоднократно; см. еще 301 и др.)]. Прил. *журнальный* в знач. «относящийся к журналу — книге записей» в словарях отм. с 1771 г. (РЦ, 618: «журнальная записка»). Еще позже появляется сущ. *журналист* (Яновский, I, 1803 г., 781). В сочинениях и письмах Пушкина встр. все слова рассматриваемой группы, в частности *журнализм* [в статье «Путешествие из Москвы в Петербург», 1833—1834 гг. (ПСС, XI, 248). ◻ Из французского языка. Ср. франц. journal (сначала — прил. «ежедневный», потом — с XVII в. — сущ. «газета», позже, наряду с этим знач. также «журнал мод», «журнал для регистрации и иных записей», «дневник»), произв. journaliste (с 1704 г.), journalisme (с 1781 г.). Само слово journal — произв. от jour (в XI в. jorn < латин. diurnum, от diurnus, -a, -um — «дневной», «ежедневный», корень тот же, что в diēs — «день»).

ЖУРЧА́ТЬ, журчу́ — (о тонкой водяной струе, о ручье и т. п.) «производить однообразные булькающие звуки». В говорах также жу́ркнуть (Даль, I, 489). Укр. журча́ти (чаще дзюрча́ти); блр. журча́ць (чаще цурча́ць). Ср. выражение этого знач. в некоторых других слав. яз.: болг. шуртя́, роионя́ — «журчу» (ср. звукоподражательное чу́чур — «кран водопроводной колонки»; ср., однако, диал. журча́ — «жужжу»; чеш. zurčeti — «журчать» (ср. crčeti — «струиться»). В древнерусской письменности не отм. В словарях — с 1771 г. (РЦ, 171). ◻ Позднее образование на звукоподражательном консонантном материале (ж : р), м. б., не без влияния такого глаг., как *журить* (см.) и особенно таких звукоподражательных глаг., как *бурчать, урчать, ворчать*; суффиксальные элементы — -ч-а-ти (< *-k-ē-ti).

ЖУ́ТКИЙ, -ая, -ое — «внушающий чувство тоскливо-беспокойного страха», «гнетущий до ужаса». *Кр. ф.* жу́ток, -тка́, -тко. *Сущ.* жуть. Ср. блр. жу́дасны, -ая, -ае — «жуткий», жуда́ — «жуть». Но укр. мото́рошний, -а, -е, и вообще слов с этим корнем не имеется, как и в других слав. яз. Рус. *жуткий* — довольно позднее слово. У Соколова (I, 1834 г., 784) — только *жутко* — «весьма чувствительно»; позже — *жуткий, жуть* (Даль, I, 1863 г., 489, причем *жуть* с пометой калуж. и знач. «очень много», «тма»). ▫ Старшая форма *жудькый. Корень *жуд-*. Распространение *т* за счет *д* в таких случаях, как *жуток, жуть* — такого же характера, как распространение *д* за счет *т* в *свадьба, свадебный* (корень *сват-*) или *т* за счет *д* в говорах в *слатенький*. Ср. в говорах: орл., курск. жуда́ — «беда», «тягота», «страх», «ужас», «боязнь», жуде́ть — «гудеть», «шипеть», «жужжать»; ср. жуде́ть — «зудеть», «чесаться» (Даль, I, 488, 489; Кардашевский, II, 355—356). Что касается группы *жуд-*, то ее сопоставляют прежде всего с лит. žudýti, 1 ед. žudaũ — «убивать», «губить», «умерщвлять», также zuŕdoti — тж. и «мучить», žiaudùs : žiau(d)rùs — «жестокий», «безжалостный», «грубый»; латыш. zaudēt — «терять», «лишиться», zust, 1 ед. zùdu — «исчезать», «пропадать» (Fraenkel, 514, 1303). Ср. также англосакс. gíetan — «ранить», «убивать»; ср.-ирл. gúass (< *g'houd-tā) — «опасность». И.-е. база *g'heu-t- — «исчезать», «погибать» (Pokorny, I, 448; о русской группе *жуд-* здесь не упоминается). Т. о., *жуда* из о.-с. *zjuda.

ЖУ́ЧИТЬ, жу́чу, *прост.* — «бранить», «взыскательно пробирать кого-л.», «строго выговаривать кому-л.». Даль (I, 489) дает еще знач. «мучить», «гонять взад и вперед», «преследовать». В других слав. яз. отс. Ср. в том же знач. укр. шпе́тити и пр. В русском языке глаг. *жучить* употр. с 1-й пол. XVIII в. Ломоносов в «Мат. к Рос. гр.», 1747—1755 гг. отм. среди глаголов на -чу и *жучу* (ПСС, VII, 744). ▫ В этимологическом отношении считается неясным. Но, по всей видимости, относится к группе *жук* (см.). Старшее знач. — «мучить», «причинять боль (кусать, щипать)».

ЖЮРИ́, нескл., ср. — «группа экспертов, специалистов в вопросах искусства, спорта, присуждающая премии, призы и награды на выставках, конкурсах, состязаниях и т. п.». Укр. жюрі́; блр. журы́. Ср. болг. жу́ри; с.-хорв. жи́ри; чеш. jury (также porota); польск. jury. В русском языке слово *жюри* сначала появилось как наименование французского и английского суда присяжных, точнее — коллегии присяжных заседателей. В этом смысле слово *жюри* нередко встр., напр., в письмах декабриста Н. И. Тургенева, писавшего в 1820 г. исследование о суде присяжных: «читаю о *жюри*» (№ 160, от 10-IX-1820 г.), «пишу теперь о *жюри*» (№ 161, от 30-IX-1820 г.), «бо́льшую часть сочинения о *жюри* набросал» (№ 165, от 30-XI-1820) и др. (Письма, 313, 315, 322). В совр. знач. это слово вошло в употр. с конца XIX в. (СРЯ¹, т. II, в. 2, 1898 г., 630), позже — М. Попов, 1904 г., 136. ▫ Из французского языка. Ср. франц. jury — «суд присяжных» (с 1688 г.), «жюри» (с 1796 г.). у Франц. jury заимствовано из англ. яз., но англ. jury (произн. 'dʒuərɪ) само восходит к ст.-франц. jurée — «клятва, присяга», «судебное дознание, следствие». Первоисточник — латин. jūrāta — «клятвенные заверения» (*pl. n.* от jūrātus, -a, -um — «принесший присягу», «поклявшийся», прич. прош. вр. к jūrō — «клянусь», «присягаю»).

З

ЗА, *предлог с вин. и тв. п.* — обозначает местонахождение или следование после, позади, по ту сторону кого-, чего-л.; цель, причину действия (=«ради», «вследствие»); время, продолжительность, срок действия (=«в течение»); *приставка* — употребляется в глагольных словах для обозначения начала или предела действия (с большим диапазоном значений). Имеется во всех слав. яз. примерно с теми же значениями и теми же синтаксическими функциями, за тем исключением, что в южнослав. яз. этот предлог употр. также в сочетании с род. п.: болг. за бога — «ради бога»; с.-хорв. за младости моjе — «во времена моей молодости». Ср. укр., блр., болг., с.-хорв. за; чеш., словац., польск. и др. za. Др.-рус. за (примеры см. у Срезневского, I, 891—894). Ст.-сл. за, предлог с вин., твор. и род. п. — «за», «из-за», «вместо чего-л.», «через» (SJS, I : 11, 624—626). ▫ О.-с. *za. В этимологическом отношении слово неясное. Родственными образованиями можно считать вост.-лит. ažù (перед гласными — až), предлог и приставка — «за» [из ažuo (< о.-балт. *a-žō), до сих пор сохраняющегося в говорах]; латыш. aiz : az — тж. Форма с начальным *a* возникла на балт. почве. И.-е. *g'hō — «за», «после», «из-за», «вследствие» (Pokorny, I, 451—452). Но, вообще говоря, история этого предлога не из ясных. За пределами балто-славянской группы языков сколько-нибудь убедительных соответствий не обнаружено, за исключением, пожалуй, арм. предлога и глаг. приставки z — «относительно», «в отношении к».

ЗАБА́ВА, -ы, ж. — «развлечение», «потеха», «игрушка», «шутка». *Прил.* заба́вный, -ая, -ое. *Глаг.* забавля́ть(ся), *сов.* позаба́вить(ся). Ср. с тем же корнем: изба́вить, приба́вить, пробавля́ться. Укр. заба́ва, заба́вний, -а, -е, забавля́ти(ся) [и ба́вити(ся) — тж.]; блр. заба́ўка, заба́ўны, -ая, -ае, забаўля́ць, забаўля́цца; болг. заба́ва, заба́вен, -вна, -вно, забавля́вам;

с.-хорв. зáбава, зáбаван, -вна, -вно: зàбавни, -а̄, -о̄, забáвљати, зàбавити; чеш. zábava, zábavný, -á, -é [ср. baviti (se) — «забавлять(ся)»]; польск. zabawa, zabawny, -a, -e, zabawiać (się) [и bawić się]. Др.-рус. забавъка (1478 г.) — «задержка», «помеха», забавити (1478 г.) — «удержать», «задержать», забавляти — «затруднять», «беспокоить», «чинить препятствия», забавлятися — «иметь помехи», «затрудняться», забавливати — «задерживать»; ср. забавьный — «забытый», «заброшенный» (последнее — в «Прологе» XIII в. — Срезневский, I, 894—895). ▫ Образовано от о.-с. *baviti, с тем же (в абляуте) корнем, что и в о.-с. *byti, *byvati (см. *быть*, -*бавить*). И.-е. корень *bheu-: *bhŭ-: *bhū- (Pokorny, I, 146). Ср. в современном орл.-курск. говорах: бáвить — «медлить», «мешкать», «волочить»; бáвиться — «пробавляться», «прохлаждаться», «забавляться» [Кардашевский, I, 202; здесь же данные по другим говорам (202—203)]. Ср. укр. диал. бáвити — «удерживать», «задерживать», «мешкать», «медлить»; блр. бáвіць — «затрачивать время», «терять, проводить время»; с.-хорв. бáвити се негде — «оставаться, пребывать где-л.». Очевидно, знач. «задерживаться», «медлить», «мешкать» предшествовало значению «развлекаться». В XVII в. такое знач., по-видимому, уже появилось: ср. в «Рус. гр.» Лудольфа (1696 г., 61): «чем ты *забавился* там?» («Quanam recreatione ibi usus es?»), «мало *забавы* за иноземца» («Parum recreationis extero obvenit») [ср. латин. recreātiō — «восстановление сил», «отдых» (к recreō — «восстанавливать», «одобрять», «отдыхать») > франц. récréation — «приятное времяпровождение», «утеха»]. Но это знач. — позднее. Первоначальное знач. — каузатив к о.-с. *byti — «заставлять быть», «вызывать бытие». *Забава* — отглаг. образование, как и бáва, от бáвить, ср. у Даля (I, 31) «то не слава, что *бава*».

ЗАБАСТÓВКА, -и, ж. — «при капитализме — организованное прекращение работы как форма классовой борьбы с предпринимателями», «стачка». *Прил.* забастóвочный, -ая, -ое. Сюда же забастóвщик. Укр. забастóвка : страйк < польск. strajk < англ. strike — тж.), забастóвочний, -а, -е, забастóвщик; блр. забастóўка, забастóвачны, -ая, -ае, забастóўшчык. В других слав. яз. отс. Ср. в том же знач.: болг. стáчка; с.-хорв. штрáјк; словен. stavka; чеш. stávka. В словарях появилось впервые у Даля. Правда, это слово еще отс. в 1-м томе (1863 г.). Дано в Приб. II ко 2-му тому (1865 г.): *забастовка* — «забастовкой рабочих на заводах зовут произвольный шабаш их», «отказ от работ по стачке». В СРЯ¹ (т. II, в. 3, 1899 г., 664) отм. *забастовать, забастовщик*; прил. *забастовочный* в словарях отм. с 1935 г. (Ушаков, I, 885). ▫ Произведено от *(за)бастовать*, которое в свою очередь является производным от *баста* — «довольно», «стоп». В связи с этим и глаг. *забастовать* в русском языке начинает употребляться с новым знач. «начать забастовку». Дело в том, что глаг. *забастовать* в русском языке сначала получил распространение как картежный термин («прекратить игру», «выйти из игры»). В этом знач. *забастовать* встр. у Пушкина в письме Судиенке от 15-I-1832 г.: «от карт... отстал я.., *забастовал* будучи в проигрыше» (ПСС, XV, 4). В словарях в этом картежном смысле *забастовать* отм. с 60-х гг. (Даль, I, 1863 г., 491), хотя в это время уже глаг. употр. и в знач. «прекратить работу». Ср., напр., у Достоевского в «Дневнике писателя», 1876 г. (гл. 2 «мальчик с ручкой»): «*забастовав* на фабрике под воскресенье...» (ПСС, XX, 13).

ЗАБÓТА, -ы, ж. — «связанное с беспокойством, тревогой, хлопотами попечение о ком-л., чем-л.», «беспокойство». В сев.-рус. (окающих) говорах нередко лишь зобóта, с о после з. *Прил.* (*устар*.) забóтный, -ая, -ое (обычно с приставкой: беззабóтный, -ая, -ое), забóтливый, -ая, -ое. *Глаг.* забóтиться. Только русское. Ср. в том же знач.: укр. клóпіт, журбóта, журбá; блр. клóпат, турбóта; болг. грúжа, безпокóйство; польск. troska, piecza, dbałość, frasunek. В русском языке слово *забота* довольно позднее. В памятниках письменности до XVIII в. оно не обнаружено [ссылка ССРЛЯ, IV, 245 на Срезневского (I, 896) неправильна: здесь приведены лишь данные о произношении о после з в севернорусских говорах]. В словарях — с 1731 г., причем в обеих формах: не только *забота*, но и *зобота* (Вейсман: *зобота*, 587, *зоботу*, 87; *зоботливый*, 587; *заботиться*, 118, 132). ▫ Из имеющихся объяснений этого слова наиболее убедительным можно считать объяснение, впервые (но несколько нерешительно) выдвинутое Гротом (ФР⁴, 449), в новое время развитое Чичаговым (109 и сл.). Старшей формой является *зобота*, сохраняющаяся в окающих говорах на Севере (см. Чичагов, 117—119). Форма с *за* возникла вследствие сближения со словами с приставкой *за-*: *зависть, задача, загадка, заноза* и т. п. или на почве акающего произношения и в связи с утратой внутренней формы слова. Корень *зоб-*; суф. -*ота*, как в *ломóта, икóта* и т. п. Ср. сев.-рус. зобáть — «есть с жадностью и торопливо», «клевать», твер. «искать», твер. зóббиться, пск. зóбиться — «беспокоиться», «заботиться», зóбливый — «охочий зобать, хлебать» и «заботливый» (Даль, I, 619). Ср. олон. зобáться — «заботиться», «беспокоиться» при зобáть — «есть», «раскусывать» (Куликовский, 30). Другие и более поздние диал. данные в этом роде см. у Чичагова (121). Глаг. зобáтися со знач. «есть, edere» нередко встр. в памятниках и др.-рус., и ст.-сл. языка (Срезневский, I, 994). Т. о., старшее знач. слова *зобота* > *забота* — «то, что (тебя) ест, грызет». Ср. у Даля (IV, 193) поговорку: «*забота* н е с ъ е л а, так скука одолела». Ср. развитие знач. в близких по смыслу словах: рус. *печаль* (< «то, что п е ч е т»; ср., кстати, чеш. ŕéče — «забота»); болг. грúжа — «забота» (< «то, что г р ы з е т»). Ср. греч. ὀδύνη —

«страдание», «скорбь» (корень тот же, что в ἔδω — «ем», «пожираю»).

ЗАБУБЁННЫЙ, -ая, -ое, *разг.*, гл. обр., в выражении *забубённая головушка* — «о человеке бесшабашно весёлом, удалом, отчаянном». Ср. в просторечии и в говорах: **забубёнить** — «разглашать или распускать вести», «трезвонить по городу», **забубёнщина** — «разгул» (Даль, I, 496), **бубёнить** — «разглашать», «разносить вести», нижегор., ворон. «трезвонить», пск., пермск. «бить, колотить кого-л.»; ср. также **бубен** — «голыш», «человек, всё промотавший», яросл. **бубень** — «прихлебатель», «тунеяд», «тучный лентяй» (Даль, I, 119). С другой стороны, ср. **забубённый** — «забубенный» при **забобо́ны** — «вздор», «враки», «вздорные слухи» (Даль, I, 494, 496). Ср. укр. **забобо́н** — «предрассудок», «суеверие», **забобо́нний**, -а, -е — «суеверный» (< польск. zabobon, zabobonny, -a, -e — тж.); ст.-чеш. bobonek, совр. чеш. boboněk — «чары», «колдовство». В словарях отм. с 1771 г. (РЦ, 28). ◻ Можно полагать, что рус. *забубённый* получилось из *забобонный, от *забобо́ны*, которое известно в русском языке с самого начала XVIII в. Ср., напр., у Поликарпова (1704 г., 112): *забобоны* — «притворная вера». Позже это слово (со знач. «небылица», «чушь») встр. в «Записках» Порошина, в записи от 2-Х-1764 г. (28): «суеверы рассказывают забобоны». В русском языке *забобоны* — из укр., в укр. из польского; в польск., возможно, из чеш. Но, вообще говоря, происхождение слова *забобоны* в слав. яз. не совсем ясно [см. Machek, ES, 36; польские языковеды возводят его к ст.-польск. bobo — «дитя», позже — «пугало», которое считают экспрессивным словом, возникшим в условиях детской речи; ср. франц. bébé — «младенец», bébête — «глуповатый» (Sławski, I, 38)]. Нельзя упрощать и вопрос о происхождении *забубённый* из *забобо́нный*. Слово *забубённый*, по-видимому, гибрид. Базой можно считать произв. от *забобон(ы)* прил. *забобонный* — «суеверный», «падкий на слухи», откуда далее — «сеющий», «разглашающий слухи», «трезвонящий» (по деревне, по городу). Потом произошло скрещение слова *забобонный* со словами от корня *буб-* (< о.-с. *bǫb-; см. *бубен*).

ЗАБУЛДЫ́ГА, -и, *м., прост.* — «беспутный, спившийся человек», «бездомный гуляка-буян», «пропойца». *Прил.* **забулды́жный**, -ая, -ое. В говорах также **булды́га**. (Даль, I, 124). Только русское. Ср. в том же знач.: укр. **гультя́й**, **гультіпа́ка**; болг. **хаймана́** (< турец.). В русском языке это слово довольно позднее. В словарях *забулды́га*, *забулды́жный* отм. с 1771 г. (РЦ, 29). ◻ Видимо, из говоров. Происхождение не вполне ясно, но скорее всего — из **заблуды́га* (впервые такое объяснение предложено Горяевым, 33; принято Преображенским, I, 52; см. также Vasmer, REW, I, 436). Ср. др.-рус. прозвище *Заблуд*, известное с XVII в. (Тупиков, 154). Отсюда могло быть образовано (не только как прозвище) *заблудыга, по

образцу многочисленных сущ. на *-ыг-а*: *ярыга*, *сквалыга* и т. д. Изменению *блу* > *бул* могло способствовать влияние таких слов, как *бурлак* (гл. обр. в его старшем знач.), *бутылка*, *булькать* и т. п.

ЗАВЕ́Т, -а, *м., книжн.* — «наказ, наставление, совет, завещанные предками», «идейное завещание, оставленное каким-л. особо почитаемым человеком своим ученикам или последователям». *Прил.* **заве́тный**, -ая, -ое. Укр. **завіт**, **заповіт**, **завітний**, -а, -е, **заповітний**, -а, -е; блр. **запаве́т**, **запаве́тны**, -ая, -ае; болг. **заве́т** — «завет», «завещание», **заве́тен**, -тна, -тно — «заветный»; с.-хорв. **за̑вет** (závjet) — «завет», «клятва», **за̑ветнӣ**, -а̑, -о̑; чеш. závět : závět' — «завещание», «завет» (но ср. vytoužený, -á, -é — «заветный». В других слав. яз. отс. Ср., напр., польск. nakaz, testament — тж. Др.-рус. (с XI в.) **завѣтъ** — διαθήκη («предание», «завещание», «закон»), συνθήκη («договор», «соглашение»), προθεσμία («срок», «предел»), прил. **завѣтьный** (Срезневский, I, 905). Ст.-сл. **завѣтъ** — «договор», «уговор», «обещание», «завет», «желание», «жажда», «приказ», **завѣтьнъ**, **завѣтьнын** (SJS, I : 11, 631—632). ◻ О.-с. *zavětъ (корень *vět-, тот же, что *ответ*, *совет*, *привет*, *za- — приставка). Ср. др.-рус. книжн. **вѣтъ** — «совет», «соглашение», «договор» (Срезневский, I, 498). Ст.-сл. **вѣтъ** (Супр. р.) — тж. (SJS, I : 7, 382). О.-с. корень *vět-. Происхождение его не вполне ясно. Возможно, что он *u̯ěk-t- [с суффиксальным -t- и с изменением kt > t на о.-с. почве, как в *potъ из *pok-t-os (корень *pek-)]. И.-е. корень *u̯ekʷ- — «говорить», «держать речь». Ср. др.-прус. wackis — «крик», wackītwei — «звать», enwackēmai — «мы взываем (призываем, окликаем)»; др.-в.-нем. gi-waht — «упоминание», «слава»; латин. vocō — «зову», «вызываю», «взываю», vōx — «голос», «возглас», «слово», «речь»; греч. ἔπος (корень ἐπ- из Fεπ- < и.-е. *u̯ekʷ- — «слово», «речь», «обещание», «изречение», *pl.* ἔπη — «эпическая поэзия»; др.-инд. vàkya, *n.* — «слово», «речь», «диспут», «заявление» (ср. Pokorny, I, 1135; Walde — Hofmann³, II, 824; Machek, ES, 564). Некоторые языковеды сопоставляют слова с о.-с. корнем *vět- с лит. vaiténti — «выправлять», «направлять», «полагать», «судить о ком-чем-л.», др.-прус. waitiāt — «говорить» (Vasmer, REW, I, 193; Fraenkel, 1184—1185), но это сближение представляется нам бесперспективным.

ЗАВЕЩА́ТЬ, завеща́ю — «оставлять кому-л. что-л. в наследство после своей смерти», «высказывать свою волю, наставлять кого-л. перед смертью». *Сущ.* **завеща́ние**. Блр. **завяшча́ць**, **завяшча́нне** (: **запаве́т**); болг. **завеща́вам**, **завеща́я** — «завещаю», **завеща́ние**; с.-хорв. **завешта́вати**, **заве̏штати**, **заве̏штање** (: **тестамѐнт**). Ср. чеш. závět — «завещание» (но «завещать» — odkázati, odkazovati). Срезневский (I, 905—906) отм. в памятниках др.-рус. книжн. речи XI—

XIV вв. и **завѣщати** [гл. обр. в словосочетании **завѣщати завѣтъ** — «дать, установить завет», «обещать, передать завет», вне этого словосочетания: «завѣщать», «указать», «обязать кого-л. чем-л.» (сам Срезневский значений этого глаг. на русском языке не определяет)], и **завѣщание**. Ст.-сл. завѣщати (примерно с теми же знач., как в др.-рус. яз.) [SJS, I : 11, 632—633]. ▫ Очень возможно, что глаг. **завѣщати** с произв. **завѣщание** в др.-рус. яз. заимствован из ст.-сл., тем более, что в рус. говорах встр. этот глаг. с ч на месте ст.-сл. щ: сев. и вост. **завечáть** (при **заветáть**, **заветить**) — «задумывать», «держать что-л. заветное в мыслях» (Даль, I, 504). Если это не позднее новообразование (что вполне возможно), то *завещать* можно было бы возводить к о.-с. *větъ (см. *завет*) с его произв. *větiti, *větjati. Но в др.-рус. книжн. яз. знач. «завещать», причем гл. обр. в бытовом употр., выражалось также глаг. **завѣстити**, 1 ед. **завѣщу**, **завестовати** (Срезневский, I, 904), от о.-с. корня *věd- (ср. *заповедать*; см. *весть*). Т. о., *завещать* могло получиться также от о.-с. базы *věšč- < *věst-j- < *věd-t-j-. Оба образования (от о.-с. *vět- и от о.-с. *věd-) перестали различаться уже к началу древнерусской эпохи.

ЗАВИ́ДОВАТЬ, зави́дую — «испытывать, переживать чувство недоброжелательства и нерасположения к кому-л., питаемое превосходством, преуспеванием кого-л.». Сюда же **зáвисть** (см.). Укр. **завидувати**, 1 ед. **завидую** (чаще **зáздріти**). Ср. болг. **зави́ждам** — «завидую»; с.-хорв. **зáвидети** (zavidjeti); словен. zavídeti; чеш. závidĕti; словац. zavidiet'; в.-луж. zawidźeć; н.-луж. zawiźeś. Но ср. польск. zazdrościć — «завидовать» (отсюда блр. **зайздро́сціць**). Др.-рус. (с XI в.) **завидѣти**, 1 ед. **завижю** (Срезневский, I, 901). Ст.-сл. завидѣти, 1 ед. завижд҃. Форма на *-овать, -ую* возникла позже. Она отм. Поликарповым (1704 г., 112 об.). ▫ Т. о., старшая форма и старшее знач. **завидѣти** — «видеть издали», «начать видеть», «засмотреться», далее (м. б., сначала имея в виду дурной глаз) «смотреть, засматриваться недоброжелательно, косо или зло», «видеть искаженно», в связи с чем находится и появление новой формы на *-овать, -ую*, устранившей неудобную омонимию.

ЗАВИРА́ТЬСЯ, завира́юсь — «запутываться, говоря ложь и вздор», «увлекаться враньем». Сов. **завра́ться**. Прил. **завира́льный**, -ая, -ое. Только русское. Ср. в том же знач.: укр. **забрíхуватися**; блр. **хлу́сіць**; болг. **заплíтам се в лъжа́**, **забра́вям се** — «завираюсь». В письменных памятниках др.-рус. языка не отм. В словарях *завираться* — с 1731 г. (Вейсман, 472). *Завиральный* встр. в комедии Грибоедова «Горе от ума» (д. II, явл. 3: «и *завиральные* идеи эти брось!»); в словарях — с 1847 г. (СЦСРЯ, II, 7). ▫ Образование от *врать* (< *вьрати*), такое же, как в *собираться* при *брать* (< *бьрати*). Изменение ь > и — как обычно в итеративных глаг. От *завираться* (по

образцу *либеральный?*) в начале XIX в. было образовано прил. *завиральный* — «вздорный», «пустой», «лживый».

ЗА́ВИСТЬ, -и, ж. — «чувство недоброжелательства и нерасположения к кому-л., вызванное действительным или мнимым превосходством, преуспеванием кого-л.» *Прил.* **зави́стливый**, -ая, -ое, (от основы *завид-*) **зави́дный**, -ая, -ое. *Сущ.* **зави́стник**. Укр. **зáвидки**, *мн.* (чаще **зáздрість**); блр. **зáйздрасць**. Но ср. болг. **зáвист**, **завистли́в**, -а, -о, **зави́ден**, -дна, -дно, **зави́стник**; с.-хорв. **зáвист**, **зáвидљив(и̑)**, -а, -о, **зáвидан**, -дна, -дно: **зáвидни̑**, -а̑, -о̑, **зáвисни̑к**; словен. zavist, zavidanje, zavisten, -tna, -tno; чеш. závist, závistivý, -á, -é, zavidĕníhodný, -á, -é — «завидный», závistnik; словац. závist'; závistlivý, -á, -é, závistný, -á, -é, závistník; польск. zawiść (: zazdrość), zawistny, -a, -e, zawistnik; в.-луж. zawiść, zawiściwy, -a, -e, zawidny, -a, -e, zawistnik; н.-луж. zawiść, zawida, zawisny, -a, -e, zawisnik. Др.-рус. (с XI в.) зависть, завида, завистьный, завистивый (Срезневский, I, 900, 901). Прил. *зави́стливый* (с л) появилось позже — в словарях — с 1771 г. (РЦ, 50). ▫ О.-с. *zavistь. Из *-* zavidtь, где -t(ь) — суф., как в о.-с. *věstь из *věd-t-ь. См. *завидовать*.

ЗА́ВТРА, *нареч.* — «в предстоящий день, следующий за текущим, [еще не окончившимся днем». *Прил.* **зáвтрашний**, -яя, -ее. Укр. **зáвтра**, **зáвтрашній**, -я, -є; блр. **зáўтра**, **зáўтрашні**, -яя, -яе. В других слав. яз. несколько иначе. Ср. с.-хорв. **сутра**, **сутрашњи̑**, -а̑, -е̑; словен. zajutra, zajutršnji, -a, -e; чеш. zítra, zejtra, прил. zítřejší; словац. zajtra, zajtrajší, -á, -é. Ср. в.-луж. zajutřiši, -a, -e «послезавтрашний», отсюда нареч. zajutřišim — «послезавтра»; н.-луж. zajtša — «утром». Ср. со знач. «завтра», но без приставки (< предлога) *за-*: болг. **у́тре**, **у́трешен**, -шна — шно; польск. jutro («утро» — rano, poranek), jutrzejszy, -a, -e; в.-луж. jutře, jutřiši, -a, -e. Др.-рус. (с XI в.) **за утра** (где **утра** — род. ед.) — «утром» и «на другое утро», «на другой день», **завтра** (напр., неоднократно в Пов. вр. л. под 6453 и 6476 гг. — Срезневский, I, 955). Форма с *в* вместо *у* более поздняя, хотя и она встр. в Пов. вр. л., напр., во «Введении»: «а *завтра* приношаху по ней что вдадуче» (Срезневский, I, 903). Прил. *завтрашний* известно только с начала XVIII в. Напр., в «Повести о рос. матросе Василии»: «пожалуй *завтрашнего* числа ко мне» (Моисеева, 204). В словарях отм. с 1731 г. (Вейсман, 422: *завтрешний*). Форма с *а* после *р* известна, по крайней мере, с первых десятилетий XIX в. (см. СЯП, II, 31); в словарях отм. с 1863 г. (Даль, I, 503). ▫ Из сочетания *за утра*. Сочетание *за* с род. пад. употр. в др.-рус. и ст.-сл. яз. для выражения временных отношений («в течение», «в продолжение»). В данном случае старшее знач. — «в течение утра», отсюда — «в течение следующего утра» > «завтра». Прил. *завтрашний* (сначала с *е* после *р*), образовано по типу более ранних *вьчерашь(ъ)-*

ЗАВ

н'ий (с н' — из nj), нынѣш(ъ)н'ий и др. [с суф. *-š(ь)nj- (см. Селищев, СЯ, II, 80)].

ЗА́ВТРАК, -а, м. — «еда, принятие пищи утром, в начале дня». *Глаг.* за́втракать. Словен. zajtrk — «завтрак». В других слав. яз. отс. Др.-рус. заутрокъ — «завтрак», «время завтрака» (Пов. вр. л. по Лавр. сп. под 6656 г. — Срезневский, I, 956), завтрок (Сл. полк. Игор. и др. памятники Виноградова, в. 2, с. 97), завтрык («Дела Тайного приказа», 1663—1675 гг. — Виноградова, уп.), заутрокати (Пов. вр. л. под 6605 г. — Срезневский, I, 956). Ср. в «Ист. иуд. войны» Флавия: заутрыка́ти — «завтракать» («*заутрыкаше* рано») [Мещерский, 200]. С *а* после *р* (по акающему произношению, но не без влияния и формы *завтра*) слово известно с начала XVIII в. В словарях — с 1731 г. (Вейсман, 211). ▫ Образовано от др.-рус. за утра с помощью суф. -ок(ъ), реже -ык(ъ). См. *завтра*.

ЗАГНЁТА, -ы, ж., *обл.* — «уголок, место в углублении (обыкновенно с левой стороны) в печи (особенно русской), куда после топки сгребаются угли и зола»; иногда «вообще передняя часть, площадка перед устьем русской печи, шесток». За-гнётка — тж. В говорах иногда загнёда (Палагина, II, 23) или загнёта. Ср. по Далю (I, 508): загнёта — арханг. «лучина». Укр. загні́т, род. загні́ту — «горящие угли (и пр.), употребляемые для того, чтобы хлеб загнітівся — „зарумянился", „запекся"» (Гринченко, II, 27); блр. загнéт. В других слав. яз. отс. В словарях русского языка отм. с 1847 г. (СЦСРЯ, II, 12, 13). ▫ Образовано от корня *гнет-* < *гнѣт-*. Ср. пск. гнести́ (: гнети́ть) огонь — «зажигать» (Изв. КРЯ, I, 1931 г., 185). Ср. укр. гніти́ти — «подрумянивать» (в кулинарии); чеш. nítiti — «зажигать»; польск. niecić — «разводить огонь». Др.-рус. гнѣтити — «зажигать» (Срезневский, I, 528; здесь же отм. и гнѣсти́, но без примеров из памятников письменности). ▫ О.-с. *gnětiti, *gněsti. Ср. др.-прус. knaistis — «пожар»; др.-в.-нем. gneista — «искра»; др.-сканд. gneisti (норв. диал. gneiste : kneiste; дат. gnist и др.) — тж. И.-е. корень *(s)ghnei- (Falk — Torp², I, 335).

ЗАД, -а, м. — «тыловая сторона или наиболее удаленная (от наблюдателя) часть чего-л.», «тыл»; также «часть туловища человека ниже спины». *Прил.* за́дний, -яя, -ее. *Нареч.* наза́д, сза́ди, позади́, за́дом. Укр. зад, за́дній, -я, -е, нареч. наза́д, поза́д, за́дом; блр. зад, за́дні, -яя -ее, нареч. зза́ду, за́дам; болг. за́ден, -дна, -дно, нареч. отза́д, наза́д, задни́шком — «задом» («зад» — задна част); с.-хорв. за́дњи (: стра́жњи), -а̄, -е̄, позади [«зад» — задњи (: стражњи) део]; словен. zadek, zadnji del, zadnji, -а, -е, нареч. zadaj — «сзади», «позади», zadensko — «задом»; чеш. zád' — «зад», «тыл», záda — «спина», прил. zadní, нареч. zezadu, vzadu, pozadu, zadem; словац. zad, zadný́, -á, -é, нареч. zozadu, vzadu; польск. zad, zadni, -ia, -ie;

ЗАК

в.-луж. zad, zadni, -ja, -je, zadny, -a, -e. Др.-рус. (с XII в.) задъ — «зад», «спина», «тыл», задь — тж., задьний — «будущий», «прежний», нареч. на задъ, за задъ, задь, зади, (с XV в.) на зади — «сзади», съзади, назадь; из произв. от задьний ср. задьница — «наследство»; ср. также зажь — «наследники» (Срезневский, I, 909—910; Доп., 110). Ст.-сл. задн — «позади», задьнии (SJS, I : 11, 634—635). ▫ О.-с. *zadъ : *zadь. Образовано от о.-с. предлога *za [> рус. *за* (см.)], с помощью суффиксального -d-, как в рус. *под* — предлоге-приставке и сущ. (см. *под*¹ и *под*²).

ЗАДО́Р, -а, м. — 1) «горячность, страстность в каком-л. начинании, заключающие вызов кому-л., дразнящие своей смелостью»; 2) «запальчивость», «задиристость». *Прил.* задо́рный, -ая, -ое. *Глаг.* подзадо́рить, раззадо́рить. В говорах задор — также «заноза на дереве» (Даль, I, 512). Укр. задо́р — «ссора» («задор» — завзя́ття, за́пал, задирливість). Ср. с.-хорв. задо́рица — «ссора», «повод к ссоре» («задор» — жустри́на). В памятниках др.-рус. письменности не обнаружено. В русском языке слово *задор* известно, по крайней мере, с начала XVIII в.; в словарях — с 1704 г. (Поликарпов, 114). Ср. в «Рукоп. лексиконе» 1-й пол. XVIII в.: *задор в драке*, *задор на доске*, *задорный*, *задорити* — «дразнити», *задоритися* (Аверьянова, 109). ▫ Корневая часть *дор-*, та же, что в словах *вздор* (см.), *раздор*, — одна из форм о.-с. корня *der- (: *dor- : *dьr). См. *драть*.

ЗАЗНО́БА, -ы, ж. — «предмет страстного влечения», «возлюбленная». В говорах зазно́ба значит также «озноб», «ознобленное место», зазнобу́ша — «лихорадка» (Даль, I, 518); ср. зазно́й, зазноя́ — пск. «зазноба», «кого люблю без памяти» (там же). В других слав. яз. отс. В русском языке известно с XVIII в. (САР¹, III, 1792 г., 109). Позже встр. у Пушкина в «Русалке», 1832 г., сц. III: «уж нет ли у него / Зазно́бы тайной?» (ПСС, VII, 202). ▫ Новообразование (народное) на базе глаг. *знобить* (см.) — «болезненно ощущать холод», «лихорадить» [ср., однако, пошех.-волод. зазноби́ть: «Зазнобил мое сердечко, / Отливать надо водой» (Копорский, 115)], пск., твер. зноби́ться (по ком) — «беспокоиться», «жалеть и грустить» (Даль, I, 618).

ЗАКО́Н, -а, м. — 1) «обязательное для всех граждан той или иной страны правило поведения, установление, регулирующее какую-н. область общественно-правовых отношений и установленное государственной властью»; 2) «постоянно повторяющаяся и необходимая связь между определенными явлениями объективной действительности, вытекающая из природы этих явлений», «закономерность». *Прил.* зако́нный, -ая, -ое. *Глаг.* узако́нить. Укр. зако́н, зако́нний, -а, -е, узако́нити; блр. зако́н, зако́нны, -ая, -ае, узако́ніць; болг. зако́н, зако́нен, -нна, -нно, узаконя́; с.-хорв. за́кон, за́конски, -а̄, -о̄, за́конит(й), -а, -о — «закономерный», «законный», уза́-

конити; словен. zakon, zakonski, -a, -o, zakonit, -a, -o, uzakoniti; чеш. zákon, zákonný, -á, -é — «законный», zákonitý, -á, -é — «закономерный»; словац. zákonný, -á, -é, zákonitý, -á, -é; в.-луж. zakoń, zakoński, -a, -e — «законный», «закономерный», zakońtny, -a, -e, zakonjowy, -a, -e — «законный»; н.-луж. zakon (чаще kazń). Ст.-польск. zakon — «закон», но совр. польск. zakon — «монашеский орден», также «завет» (Stary или Nowy zakon), устар. «правило», «повинность» («закон» — prawo, ustawa). Др.-рус. (с XI в.) законъ — 1) «божеский закон, завет»; 2) «закон, установление, исходящее от власти, противоположное обычаю, покону» (Срезневский, I, 922). □ О.-с. *zakon. Корень *kon-, тот же, что в рус. *конец*, *искони*, *испокон*, а также (в абляуте) в *начать* (с *ча* из о.-с. *čе-* < *ken-), *начало* (см. *начать*, *искони*). Ср. др.-рус. *поконъ* — «обычай», «начало».

ЗАКОУ́ЛОК, -лка, м. — 1) «глухой переулок, тупик»; 2) «в помещении — дальний запущенный уголок или тесный переход». *Прил.* **закоу́лочный**, -ая, -ое. Блр. **закаву́лок** (: **закуток**); но ср. укр. **зау́лок** (: **закуток**, **су́точки**, *мн*.). Ср. польск. zaułek — тж. В других слав. яз. отс. В др.-рус. яз. также отс. В словарях — с 1731 г. (Вейсман, 740). □ По всей вероятности, слово *закоулок* (**коулок* в русском языке не известно) — гибридизированное слово. Базой могло послужить *заулок* — «глухая улка (улица)», «тупик» [по памятникам известное на Севере с 1574 г. (Срезневский, Доп., 115)]. На формирование слова повлияли: 1) *закуток* (в этой форме употр., напр., в Сибири) при *куток* (от *кут*) — «угол (избы и др.), «закоулок», «тупик» (Даль, II, 831); ср. в Пск. II л. по Синод. сп. под 6909 г.: «другий костеръ (башню) в куту (в углу) города» (ПЛ, 31); 2) *зауголок* — «закоулок» (Даль, I, 587). Многие языковеды видят в *ко-* (: *ка-*) слова (*за*)*коулок* препозитивную частицу, местоименный элемент, как в слове *конура* (см.), о чем еще в 1886 г. писал Миклошич (Miklosich, EW, 153). Об этой частице *ко-* : *ка-* в начале некоторых слов см. Pokorny, I, 516.

ЗАКРОМА́, -ов, мн. [ед. **за́кром** (или просто **кром**) теперь — только в говорах] — «отгороженное, забранное досками место в житнице или хлебном амбаре в виде неподвижного ларя» (Даль, I, 529); «отгороженное место в зернохранилище или в амбаре для ссыпки зерна». *Прил.* **за́кромный**, -ая, -ое. В говорах встр. также выражение **закроми́ть гряду** — «поставить *кромки*, обнести досками, чтобы гряда не осыпалась». Слово **закромъ** известно в старшем знач. «отгороженное место» (вообще) с XVI в. (Пут. Генн. и Позн., 1559 г. — Срезневский, I, 924). □ В этимологическом отношении связано со словом *кромка*, диал. **крома́** — «рубежная полоса», «край», «грань» (Даль, II, 804), с топонимом *Кром* — название кремля в Пскове (сначала так называлось внешнее городовое укрепление, форт). См. *кромка*, *кроме*.

ЗАЛ, -а, м. — «просторное помещение для многолюдных собраний или занятий чем-л.», «комната для приема гостей». Устар. **за́ла**, -ы, ж. Укр., блр. **зал**, **за́ла**; болг. **за́ла**; но с.-хорв. **са́ла** (: **дворáна**); чеш. sál [также síň, (из с.-хорв.) dvorana]; польск. sala. В русском языке это слово известно с первых десятилетий XVIII в. Смирнов (115) дает пример с начальным *з*, но в форме мн. ч. «в *залах* Академии». Встр. в форме *са́ла*, *ж*. во 2-й сатире Кантемира (1743 г.): «просторные стены нашей *салы*» (отм. Christiani, 47). В начале XVIII в. это слово, по-видимому, не имело определенного грамматического рода и употреблялось чаще с начальным *с*, чем с *з*. Мало-помалу, однако, в течение XVIII в. в качестве нормы установилась форма с начальным *з* (*зал* : *зала*), рекомендуемая словарями 2-й пол. XVIII в. К 60-м гг. появилась еще форма ср. р. (*зало*), отм. в словаре 1762 г. (Литхен, 213), в настоящее время сохраняющаяся в просторечии. □ Ср. голл. zaal, *f*.; нем. Saal, *m*.; швед. sal; франц. salle, *f*.; ит. sala, *f*. В романских яз. — из германских. Слово германское по происхождению. Ср. др.-в.-нем. sal — «дом», «палата»; др.-англ. sele : sæl — тж.; др.-исл. salr — тж. при гот. saljan — «жить».

ЗАЛО́Г¹, -а, м. — «вещь или вообще материальная ценность, оставляемая кому-л. под денежную ссуду на определенный срок в обеспечение своевременного возвращения этой ссуды», «заклад»; *перен.* «ручательство», «условие». *Прил.* **зало́говый**. *Глаг.* **заложи́ть** — «отдать в залог». *Сущ.* **зало́жник**. Укр. (из русского языка) **зало́жник** (ср. **заста́ва**, **запору́ка** — «залог»); блр. **зало́г** (чаще **закла́д**), **залажы́ць**, **зало́жнік**; болг. **зало́г**, **зало́гов**, -а, -о, **зало́жа** «заложу»; с.-хорв. **за́лог** (и **за́лога**), **за́ложни**, -а, **за́ложити**; словен. zalog (чаще zastava, jamščina). В зап.-слав. яз. отс. Др.-рус. (с XI в.) **залогъ** — «заклад», «завещание» (διαθήκη), **заложение**, **заложити(ся)** (Срезневский, I, 925, 926). Ст.-сл. *залогъ*, *заложити* (SJS, I: 12, 647). Но слово *заложник*, по-видимому, позднее. В словарях — с 1731 г. (Вейсман, 229). □ О.-с. корень *log-* (абляут к *leg-*), тот же, что в рус. *налог*, *предлог*, *подлог* и т. п., *лог* — «широкий овраг», *логово*, *положени*ь и пр. *Залог* — «то, что оставляется у кредитора лежать до выкупа».

ЗАЛО́Г², -а, м., *грамм.* — «категория глагола, выражающая различные отношения между субъектом (производителем) действия, самим действием и объектом, на который оно направлено». *Прил.* **зало́говый**, -ая, -ое. Болг. **зало́г**, **зала́гане**, **зало́гов**, -а, -о. Ср. соответствующие термины в других слав. яз.: укр., блр. **стан**; чеш., словац. slovesný rod; польск. strona. В русском языке слово *залог* как грамматический термин известно с древнерусской эпохи. Встр. в древнерусском переводном с греческого сочинении, приписываемом Иоанну, экзарху Болгарскому «О восьми частях слова» (XIV в.) [Срезневский, I, 926] и в других грамматических сочинениях Древней Руси (см. Ягич, «Рассуждения южнослав. и рус. старины о церковно-славянском языке». ▫ Слово восходит, в конечном счете, к греч. διάθεσις — «расположение», «размещение», «построение», «распорядок», также «состояние», откуда — в грамматическом употр. — «залог». Др.-рус. и церк.-сл. залогъ — калька с соответствующего греческого слова. Буквально др.-рус. залогъ значит «заложение», «то, что заложено и лежит», «состояние» (корень лог-, тот же, что в рус. лежать, ложиться, располагаться, расположение). См. залог¹.

ЗАЛП, -а, м. — «выстрел сразу из нескольких орудий или ружей». Укр., блр. залп; болг. залп (из рус.). В других слав. яз. отс. Ср. в том же знач.: с.-хорв. плōтӯн; словен., чеш., словац., польск. salva. В русском языке слово залп известно с Петровского времени, причем старшей формой, по-видимому, была форма с в : ф — залв : залф [Christiani, 35; также Смирнов, 115, 369 («Лексикон вок. новым»]: Залф — «стрельба вкупе»]. Кроме того: «ис пяти мортиров залбамъ» (ПбПВ, II № 471, 1702 г., 103); «прямо дав залп» (ПбПВ, VIII, № 2681, 1708 г., 168); «даеъ несколко залпаеъ» (ib., № 2731, 1708 г., 211). ▫ Ср. франц. salve, f. — «залп»; ит. salva; голл. salvo; англ. salvo; с начальным з: нем. Salve. Первоисточник — латинская формула приветствия salvē — «будь здоров», «привет тебе» (по происхождению — 2 л. ед. ч. пов. накл. от salvēre — «быть здоровым», «здравствовать», «приветствовать», «получать приветствие»). Судя по начальному з, в русском языке это слово заимствовано при немецком посредстве. Конечное п (б) — ф < в, как, напр., в прост. шкап < шкаф (< нем. диал. Schaff — тж.).

ЗА́МША, -и, ж. — «специально обработанная очень мягкая оленья (или козья, овечья) кожа, со снятым лицевым слоем и поэтому с бархатистой как бы слегка замшелой поверхностью, используемая (обычно в крашеном виде) для изготовления перчаток, обуви и т. п.». Прил. за́мшевый, -ая, -ое. Укр. за́мша, за́мшовий, -а, -е; блр. за́мша (: замш), за́мшавы, -ая, -ае; чеш. zámiš (: semiš); словац. semiš; польск. zamsza : zamsz (< zamesz), zamszowy, -a -e. В ю.-слав. яз. отс. [впрочем, ср. болг. за́мшева ко́жа — из рус. или шамоа — из франц.; народное название — чо́ртова ко́жа (где прил. тоже из русского)]. В русском языке слово замша известно с XVI в. Представляет интерес запись в «Пар. сл. моск.» 1586 г. (№ 355): semechon (по списку T: somechon) — «du chamoys» [очевидно, или прил. *за́мшин (от замша), или страд. прич. от замъшити — замшен (< *замъшенъ); ср. у Даля (I, 542): «за́мшеный мастер» — «выделывающий замшу», замши́ть — «сделать мшавым, мшистым»; ср. чеш. zamšený, -á, -é — «покрытый, заросший мохом»]. Примеры употребления сущ. замша приходятся гл. обр. на XVII в.: ср. в «Росписи узорочным товарам» 1636 г.: «20 юфтей замши» (РИБ, II, 561) и др. ▫ Если сначала появилось отглаг. замшен(ый), а замша возникло несколько позже как новообразование на этой базе, то, м. б., Преображенский (I, 242) стоял на правильном пути, предположив (правда, очень нерешительно, что замша относится к гнезду мох (< мъхъ). По другому мнению (Желтов, ФЗ, 1875 г., в. 3, с. 7), это слово заимствовано из немецкого языка (sämisch Leder), причем ни Желтов, ни более поздние сторонники этого мнения не касаются вопроса о том, когда и как это произошло. Чешское, словацкое и польское названия замши, пожалуй, действительно восходят к ср.-в.-нем. saemisch leder (совр. Sämischleder) — тж., происхождение которого, однако, остается неясным [обычно связывают его с франц. (с XIV в.) chamois (< позднелатин. camox, вин. camōcem) — тж.]. При особом мнении остаются Фальк и Торп (Falk-Torp², II, 957), полагающие, что славянские названия замши происходят от турец. semiz — «жирный».

ЗАНО́ЗА, -ы, ж. — «острая частичка, осколок дерева) (или иного твердого вещества) и вообще колючка, воткнувшаяся, вонзившаяся в тело». Прил. зано́зный, -ая, -ое, зано́зливый, -ая, -ое. Глаг. занози́ть. В других слав. яз. отс. Ср. в том же знач.: укр. ска́лка, ска́бка, колю́чка; блр. стрэ́мка; болг. трън, трънче; с.-хорв. трн; чеш. tříska; польск. drzazga. В русском языке слово заноза не раннее, в словарях отм. лишь с 1731 г. (Вейсман, 593). ▫ По *корню (ноз-) слово заноза связано с вонзить (< *vъnьziti), нож (см.). О.-с. корень *nьz-: *noz-. И.-е. *neg'h-(Pokorny, I, 760).

ЗА́ПОНКА, -и, ж. — «застежка, чаще металлическая, декоративно оформленная, вдеваемая в петли на манжетах и в воротнике мужской рубашки». Укр. за́понка; блр. за́пінка. В других слав. яз. отс. Ср. в том же знач.: болг. ко́пче (< турец. korça — «застежка»); чеш. knoflík (< нем. Knopf); польск. spinka. В русском языке слово запона с произв. от него запонка известно с начала XVII в. Ср. в описи 1627 г.: «Запона золота. .. и ис той запонки вынято в государеву шапку четыре яхонта» (Кологривов, л. 67); в описи 1631—1632 гг.: «две запонки золоты с фниеты» (ib., л. 321 об.). Кроме того, ср. у Срезневского (I, 938) выписку из «Описи большой казны» 1642 г.: запона, запана, запонки — «застежка». ▫ Относится к др.-рус. запинати, запяти (< о.-с. *zapęti) — «задевать», «зацеплять», «зацепить» (Срезневский, I, 934, 942). Ср. рус. запинаться, запнуться — «задевать, задеть (: зацепляться, зацепиться) ногой», запи́нка. Ср. запятая (см.). И.-е. корень *(s)pen- — «тащить», «тянуть (стягивать)», «натягивать» (Pokorny, I, 988).

ЗАПЯ́СТЬЕ, -я, ср. — «часть руки (до предплечья), прилегающая к кисти, к пясти». Укр. зап'я́стя; блр. запя́сце; с.-хорв. за́пешħе; словен. zapestje; чеш. zápěstí; словац. ža pästie; в.-луж. zapjasćo. В польском и некоторых других слав. яз. отс., но ср. польск. pięść — «кулак», паpiestek (: przedręcze) — «запястье». Ср. в том же знач. болг. ки́тка (или ко́рен на ки́тката). Др.-рус. (с XI в.) **запястие** (Упыр. 1047 г.), (с XIV в.) также **запястье** — «ожерелье». ▫ От о.-с. *pęstь (< *pękstь) — «кулак». Ст.-сл. пѧсть — «кулак», «пясть». Слово родственно др.-в.-нем. fūst (нем. Faust) — «кулак», англо-сакс. fȳst (англ. fist) — тж. И.-е. основа *pn̥k-st-i- — «кулак» (Pokorny, I, 839, с вопросом).

ЗАПЯТА́Я, -о́й, ж. — «один из главных знаков препинания в виде крючка, спускающегося под строку, употребляемый как между словами, так и между словосочетаниями и предложениями по правилам пунктуации, принятым в том или другом языке». Из русского — болг. **запетая́**. Ср. с.-хорв. за́пета — тж. Ср. в том же знач.: укр. ко́ма (< нем. Komma < латин. comma < греч. κόμμα); блр. ко́ска; чеш. čárka (ср. čára — «черта»); польск. przecinek. В знач. «знак препинания [,]» слово известно с XVI—XVII вв. Встр. в рукописях XVI в., рассмотренных Ягичем (напр., с. 357, 358 и др.). Ср. позже в московском переиздании 1648 г. «Грамматики» Смотрицкого (73 об.): «полагается *запятая*». ▫ По происхождению — субст. полное прил. < полного прич. страд. (**запятый**, -ая, -ое) с суф. -*т*- от глаг. **запяти(ся)**, ст.-сл. запѧти(сѧ) [< о.-с. *zapęti (sę)] — «зацепить(ся)», «задеть», «заколоть(ся)».

ЗА́РИТЬСЯ, за́рюсь — *прост.* «с завистью, жадно смотреть, присматриваться к чему-л.», «мысленно посягать на что-л. не свое». Ср. в говорах: **за́ри** — «сильное (жгучее) желание», «страсть», «зависть», **за́рный**, **за́ркий** — «жадный»; также **за́рить** кого-л. — «распалять», «поджигать на что-л.» (Даль, I, 561). Только русское. В русском языке известно с XVIII в. В словарях — с 1792 г. (САР¹, III, 19). ▫ По происхождению по корню связано с *заря* (см.). Знач. «зариться» развилось из знач. «распаляться», «разжигать», «разгораться», «воспламеняться».

ЗАРЯ́, -и́, ж. (мн. зо́ри) — «более или менее яркое освещение небосвода над горизонтом, предшествующее восходу или заходу солнца», «зарево», «время появления этого освещения». *Прил.* **зарево́й**, **-а́я**, **-о́е**. *Сущ.* **за́рево**. Укр. зоря́, зорьови́й, -а́, -е́; блр. зара́ (но зо́лак — «время на заре», «раннее утро»), заравы́, -а́я, -бе; болг. зора́ — «утренняя заря» (диал. за́ра — «сияние»), из русского — заря́; с.-хорв. зо̀ра — «утренняя заря»; словен. zorja, zarja (: svit); чеш. záře — «сияние», «ореол», «зарево» (ср. svítání, úsvit — «утренняя заря», červánky — «заря»), zářný, -á, -é, zářivý, -á, -é — «заревой»; словац. устар. zora — «утренняя заря», zore, *мн.* — «зори», zorný, -á, -é (: zórny); польск. zorza — «заря»; н.-луж. zorja, *мн.* — «зори». Др.-рус. (с XI в.) заря — «свет», «сияние», «заря», зоря — «заря», «свет», зарьный — «светлый», зарити — «осветить» (ср. совр. рус. *озарить*) — Срезневский, I, 943, 945, 997. Ст.-сл. зарѩ, зорѩ (SJS, I:12, 657, 681). ▫ О.-с. *zor'a (<*zorja) : *zar'a (< *zarja); вторая форма, м. б., вследствие межслоговой ассимиляции. Корень тот же, что в о.-с. *zьrěti, 1 ед. *zьrjǫ. И.-е. корень *g'her- (: *g'hor-): *g'hera- *g'hrē — «сиять», «сверкать» (Pokorny, I, 441). Ср. лит. žarà — «сияние», «зарево», (rytìnė, vakarìnė) žarà — «(утренняя, вечерняя) заря»; ср. žarijà — «пылающий уголь», *pl.* žarìjos — «жар», žėrėti — «блестеть», «сверкать», «гореть».

ЗАСКОРУ́ЗНУТЬ, заскору́зну — «зачерстветь», «стать жестким», «покрыться коркой и трещинами (вследствие загрубения)». *Прил.* **заскору́злый**, -ая, -ое (от формы *прош. вр.* **заскору́з**, -ла, -ло). В говорах также **скору́знуть**, **скору́злый** (Даль, IV, 186). Ср. осташк. **заскару́зить** — «загрубеть» (Копорский, Осташк., 105). Блр. **закару́знуць**, **закару́злы**, -ая, -ае (обычно — не в прямом знач.; ср. **закара́ць** — «заскорузнуть», **закарэ́лы**, -ая, -ае). Ср. еще укр. **зашкару́бнути**, **зашкару́блий**, -а, -е; с.-хорв. **скору́шити** — «покрыть, затянуть корой»; чеш. okorati, okoralý, -á, -é (о хлебе, о губах) [«заскорузнуть» — zdrsněti]; польск. zaskorupiały, -a, -e — «заскоруглый». В словарях *заскорузнуть* и *заскоруглый* сначала появились как диалектные (сев.-зап.) слова: холм.-пск. **заскорузнуть** — «засохнуть», «сильно затвердеть», твер. **заскорузлый** — «затвердевший», «засохший» («Опыт», 1852 г., 66). Из говоров эти слова попали в литературный язык. В 60-х гг. они встр. в ряде художественных произведений [Помяловский, «Брат и сестра», 1862 г. (СС, II, 205), Некрасов, «Медвежья охота», 1867 г. (ПСС, II, 270, в перен. знач.: *заскоруглый консерватор*» и др.]. ▫ Т. о., знач. «заскорузнуть» в слав. яз. выражается чаще всего словами с корнем *(с)кор-*. Ср. *кора* (см.), *скора́* (см. *скорняк*); сюда относится также *скорупа́*, *скорлупа́*. *Заскорузнуть* образовано от *скора* — «шкура», «сырая кожа» — слова одного происхождения с *кора* [и.-е. база *(s)ker — «резать»]. Некоторую трудность представляет объяснение явно суффиксального -уз- в *заскорузнуть*, *заскоруглый*. Исконно русских слов с таким суф. не имеется. М. б., старшая форма была *(за)скорбзнуть*, с суф. -оз- из -ъз-, правда, тоже очень редким (ср. ст.-сл. лобъз — «лизание», «поцелуй», откуда лобызати — «целовать». Изменение о > у произошло вследствие контаминации со *скорупнуть*, *скорубнуть* от *скорупа*, известного с XVII в. Ср. укр. **зашкару́бнути** (ср. **шкаралу́па** — «скорлупа», при диал. **шкору́па** — тж.); ср. также с.-хорв. **кору́бати** — (о кукурузе) «лущить», «шелушить».

ЗАСТЕ́НЧИВЫЙ, -ая, -ое — «стеснительный», «стыдливый», «предпочитающий быть незаметным, держаться в тени». *Сущ.* **засте́нчивость**. Только русское. Ср. в том же знач.: укр. **сороми́ливий**, -а, -о; блр. **сарамли́вы**, -ая, -ае; болг. **срамежли́в**, -а, -о, **свенли́в**, -а, -о (< **свѣнливъ** от **свѣне** — «кроме»); чеш. ostýchavý, -á, -é

ЗАС

(ср. ostýchati se — «стесняться», от sty-ch, от корня styd-). В русском языке — сравнительно поздне́е, но не позже середины XVIII в. Ср. в «Записках» Порошина, в записи от 3-X-1764 г. (30): «многие люди... бывают *застенчивы*... в большом свете».
▫ От старинного и диал. (за)стень (Даль, I, 573, IV, 320) < др.-рус. стѣнь, застѣнь — «тень», «сень», «призрак» (Срезневский, I, 951, III, 588); ст.-сл. стѣнь — тж.; ср. рус. диал. застени́ть — «затенить» (Даль, I, 573). Суф. -чив-, как в *разговорчивый*, *изменчивый*. Старшее знач. «ищущий застени», «предпочитающий быть в тени», «боящийся обращать на себя внимание».

ЗАСТРЕВА́ТЬ, застрева́ю — «останавливаться в движении», «задерживаться, погружаясь во что-то, попадая туда, откуда трудно выбраться». В XIX в. писали: застрява́ть, потом застрева́ть. Сов. застря́ть, 1 ед. застря́ну. Укр. застрява́ти, застря́ти. В других слав. яз. В письменных памятниках др.-рус. языка встр. не с за-, а с другими приставками: постря́ти, (1 ед. постря́пу?) — «застрять», «замедлить» [Ип. л. под 6680 г.; ср. не постря́пуче — «не замедлив» (Лавр. л. под 6660 г. и др.)], также (с XV в.) устря́ти, 1 ед. устря́пу, устря́нути, 1 ед. устря́ну — «замедлить», «замешкаться», «застрять» (Срезневский, II, 1269, III, 1290). Форма *застревать* поздняя (в словарях впервые — у Даля, I, 1863 г., 574). ▫ Т. о., *застря́ть* из *застря́пти, от др.-рус. стря́пати, стря́ти — старшее знач. «медлить» (Срезневский, III, 573—574). Ср. др.-рус. су́ти (< *су́пти), 1 ед. съпу — «сыпать»; грети (< *зребти), 1 ед. гребу и др. См. *стря́пать*. *Застревать* образовано по аналогии с такими глаг., как *задевать — задеть*.

ЗАТЕСА́ТЬСЯ, затешу́сь — «пробраться, проникнуть куда-л., где тебе не место и где тебя не ждут», «втереться», «влезть». Укр. затеса́тися. В других слав. яз. отс. В русском языке известно с начала XIX в. (САР², II, 1809 г., 769). Встр. в басне Крылова «Свинья» (1811 г.): «Свинья на барский двор когда-то *затесалась*». ▫ По-видимому, от затесь — «мета топором на дереве», отсюда затеса́ться — «зайти *затесью* в чужое владение» (при межевании леса), и далее «зайти, куда не следует» (см. А. Н. Островский, ПСС, XIII, 317).

ЗАТЕ́Я, -и, ж. — «хитроумный замысел», «затаённое причудливое намерение», «выдумка с целью позабавиться». Прил. зате́йный, -ая, -ое, зате́йливый, -ая, -ое. Глаг. затева́ть, 1 ед. затева́ю, зате́ять, 1 ед. зате́ю. Укр. витіва́ти — «затевать», віти́яти — «затеять», віті́вка — «затея». В других слав. яз. отс. Ср. в том же знач.: блр. заду́ма, выдумка; чеш. napad, rozmar; польск. wymysł, urojenie. В др.-рус. поры этой группы не обнаружено. Но с XVI в. уже известен глаг. затѣвати — «замышлять что-л. дурное», сначала, правда, по памятникам лишь Юго-Западной Руси (Срезневский, I, 955). Но

ЗАЯ

в 1-й пол. XVII в. слова этой группы уже широко употр. в Московском государстве. Ср. в «Уложении» 1649 г. (гл. XXII, 13): «А которые воры чинят в людех смуту и *затевают* на многих людей... *затейные* дела, и таких воров... казнити смертию». Выражение «*затейное* челобитье» в XVII в. значило «ложное челобитье». ▫ В этимологическом отношении — не бесспорное слово. Можно связывать с *тайна, таить(ся), тать* (см. *таить*). И.-е. корень *(s)tā(i)- — «тайно что-л. делать», «скрывать» (Pokorny, I, 1010).

ЗА́ТХЛЫЙ, -ая, -ое — «имеющий запах гнили, сырости». *Кр. ф.* затхл, -а, -о. *Нареч.* за́тхло. *Сущ.* за́тхлость. Укр. за́тхлий, -а, -е, за́тхлість; блр. за́тхлы, -ая, -ае, за́тхласць. В других слав. яз. отс. В русском языке слово *затхлый* по словарям известно с середины XVIII в. (Литхен, 1762 г., 226). ▫ Из *заду́хлый. Корень *дъх-, тот же, что в *до́хлый, до́хнуть, дохну́ть, задохну́ться, задыха́ться*; в абляуте: *дух, задуши́ть* и пр. По происхождению — прич. ф. на -л- от глаг. *задохну́ться*. Ср. с тем же знач. др.-рус. задъхнутися (Срезневский, I, 909). Ст.-сл. задъхнѫтися.

ЗАХОЛУ́СТЬЕ, -я, *ср.* — «отдалённое от центра, малопроезжее, малонаселённое, запущенное, глухое место», «глушь», «отдалённая, запущенная часть города». *Прил.* захолу́стный, -ая, -ое. Только русское. Ср. в том же знач.: укр. глухи́й за́куток; польск. zapadły kąt, dziura. В др.-рус. яз. не обнаружено. В словарях — с 1794 г. (САР¹, VI, 500). ▫ Связывают (Горяев, 114) с др.-рус. книжн. халуга, ст.-сл. халѫга — «тын», «изгородь», «улица» (Срезневский, III, 1359). Ср. позже (Берында, 1627 г., 277): халуга — «улица», «заплута», «заулок». Если предположение об этой связи со временем подтвердится, можно будет считать *захолустье* книжным (ц.-сл. по происхождению словом, вм. *захалустье, а это последнее вм. захалужье [ср. смол. захолу́жье (СРЯ¹, II, в. 8, 2296). Переделка *захалужье > *захалустье могла произойти под влиянием, напр., *предместье, замостье* и т. п. слов. К сожалению, и *халуга* не относится к числу слов с ясной этимологией. По-видимому, оно не связано с с.-хорв. ха̀луга — «сорная трава», «бурьян», чеш. chaluha — «водоросль» и др. (см. Machek, ES, 154).

ЗА́ЯЦ, за́йца, *м.* — «небольшое животное с мехом летом серого или бурого, зимой белого цвета, с длинными ушами и длинными задними ногами, с очень коротким хвостом, быстроногий, очень пугливый зверёк». Lepus. *Ласк.* за́йка. *Прил.* за́ячий, -ья, -ье. Укр. за́єць, за́ячий, -а, -е; блр. за́яц, за́йка, заёчы, -ая, -ае. Ср. болг. за́ек, за́ешки, -а, -о; с.-хорв. зе̑ц, зе̑чjи̑, -а̑, -е̑; словен. zajec, zajčji, -a, -e; чеш. zajíc (ст.-чеш. zajiec), прил. zaječí; слов. zajac. Ср. польск. zając, zajęczy, -a, -e; в.-луж. zajac, zaječi, -a, -e. Ср. н.-луж. wuchac — «заяц» (= «ухач»; ср. рус. *ушкан, лопоухий*). Др.-рус. (с XI в.) заяць, род. заяца, заячий

(Срезневский, I, 961). Ст.-сл. заѩць (SJS, I : 12, 665). ▫ О.-с. *zajęcь (< *zajinkos); корень *zaj-, суф. -ęс-ь (как в о.-с. *měsęcь) с ę, которое восходит к и.-е. n̥ — форманту основы. В ближайшем родстве с о.-с. *zajęcь находится лит. zuĩkis — «заяц», zuĩkė — «зайчиха» [основа zuĩk- из *zuojek- (с zuo- из zo-); начальное z вм. ожидаемого ž — диалектного (сев.-лит.) происхождения], в то время как латыш. zaķis — «заяц» заимствовано из белорусского языка. Ср. др.-прус. sasins — «заяц». Но дальнейшие (за пределами балто-слав. группы) языковые связи сомнительны. Некоторые языковеды исходят, напр., из предположения, что и.-е. корень был *g'hai- и что он выражал знач. «скакун», «прыгун», откуда далее развилось знач. «резвое молодое животное». Ср. гот. gaits — «коза», с тем же знач.: др.-в.-нем. geiʒ (совр. нем. Geiß); англосакс. gāt (совр. англ. goat); др.-сканд. geit; также латин. haedus — «козленок», которое можно возводить к и.-е. корню *ghaid-, причем не обязательно с палатальным gh (Falk — Torp², 313).

ЗВАТЬ, зовý — 1) «просить кого-л. или требовать от кого-л., чтобы он приблизился, оказался поблизости», «приглашать куда-л.», «побуждать к какому-л. действию»; 2) «называть», «именовать». *Возвр. ф.* звáться. С приставками: назывáть, призывáть. Сюда же звáние, зов. Укр. звáти(ся), 1 ед. зву, зву́ся, званни́ (но «зов» — за́клик, запрóшення); блр. зваць, зва́цца, зва́нне (но «зов» — кліч, пóкліч, запрашáнне.) Ср. болг. зовá(се) — «зову(сь)», звáние, зов; с.-хорв. зва̏ти(се), 1 ед. зо̀вēм, нази́вати(се), зо̑в, зва́ње; словен. zváti (чаще klícati, vábiti), nazívati; чеш. zváti, 1 ед. zvu [(ст.-чеш. zovu), напр., в гости; в других случаях — volati]; ср. «звание» — titul, povolaní, hodnost, «зов» — pozvání, volání; словац. zvat' (чаще volat'); польск. zwać, 1 ед. zwę, nazywać, zew, род. ед. zewu. Др.-рус. (с XI в.) з(ъ)вати, 1 ед. зову, з(ъ)ватися, з(ъ)вание — «зов», «призыв», «приглашение», «звание» (сан), зъвъ (Срезневский, I, 962, 963, 999). Ст.-сл. зъвати, 1 ед. зовѫ, зъваниѥ (SJS, I : 12, 682, 683). ▫ О.-с. *zъvati, 1 ед. *zovǫ. В этимологическом отношении — спорное слово. В несомненном родстве с авест. zavaiti — «заклинает»; др.-инд. hávatē, hvayati — «зовет», «призывает». Некоторые языковеды связывают о.-с. *zъvati с лит. žavė́ti — «заговаривать», «заклинать», «пленять», «очаровывать». Но другие рассматривают этот глаг. (в его корневой части) как абляут к žúti — «(по)гибнуть», «исчезать» («исчезнуть»), «мучиться» (см. Fraenkel, 1293).

ЗВЕЗДА́, -ы́, *ж.* — «небесное тело, по природе сходное с Солнцем, представляющееся (вследствие своей отдаленности) взору человека в виде светящейся точки на ночном (или вообще затемненном) небесном своде». *Прил.* звёздный, -ая, -ое. *Глаг.* вы́звездить. Ср. болг. звезда́, звезде́н, -дна, -дно; с.-хорв. зве́зда, зве̏здан,

-дна, -дно : звѣ́зднӣ, -а̄, -о̄; словен. zvezda, zvezden, -dna, -dno, zvezdnat, -a, -o; чеш. hvězda, hvězdný, -á, -é; польск. gwiazda, gwiazdny, -a, -e (чаще gwiaździsty, -a, -e); в.-луж. hwězda, hwězdowy, -a, -e, hwězdny, -a, -e, hwězdaty, -a, -e, hwězdźić; н.-луж. gwězda, gwězdny, -a, -e, gwězdaty, -a, -e; полаб. gjózda. В укр. и блр. отс. Ср. в том же знач.: укр. зíрка, зірни́ця; блр. зóрка, зара́. Др.-рус. (с XI в.) звѣзда, звѣздьный (Срезневский, I, 964—965). Ст.-сл. звѣзда, звѣздьнъ, звѣздьныи (SJS, I : 11, 622—623). Глаг. *звездить* в словарях отм. с 1847 г. (СЦСРЯ, II, 79). ▫ Ср. лит. žvaigždė̃ — «звезда»; латыш. zvaigzne — тж.; др.-прус. swāigstan, вин. ед. — «сияние». Эти образования (балт. и слав.) — несомненно родственные, но восстановление на их основе общеславянской или даже только балто-славянской праформы представляет известные трудности. Покорный (Pokorny, I, 495) полагает, что исходной формой этого слова была и.-е. *g'hu̯oig̑ʰ-(e)s-d-ā [с основой на -(e)s- и с суф. -d(ā)]. И.-е. база *g'hu̯oig̑ʰ- — «светать», «светить», «сияние» (ср. лит. žvygulỹs — «блеск», «мерцание»); латыш. zvig-ot — «сиять»; греч. φοῖβος — «светлый», «сверкающий». Из и.-е. *g'hu̯oig̑ʰ-s-d-a на о.-с. почве (после монофтонгизации oi > ě, упрощения консонантизма и исчезновения gʰ перед s, который по ассимиляции с d перешел в z) возникло о.-с. *zvězda. В говорах на западе о.-с. территории эта форма слова была рано вытеснена формой с начальным g (это произошло вследствие межслоговой диссимиляции z : z > g : z, как, напр., в чеш. hvízdati, hvizd при ст.-сл. звиздъ — «свист».

ЗВЕНЕ́ТЬ, звеню́ — «издавать звук высокого, металлического оттенка». Сюда же звон (см.), звони́ть. Укр. дзвені́ти; блр. звіне́ць; болг. звъня́ — «звеню»; словен. zveneti — «звучать», ср. zven — «звук», «тон»; чеш. zníti (< zvněti, ст.-чеш. zvnieti) — «звенеть»; словац. zniet'. Др.-рус. (с XI в.) звьнѣти > звенѣти (Срезневский, I, 963). Ст.-сл. звьнѣти (SJS, I : 12, 666). ▫ О.-с. *zvьněti, 1 ед. *zvьnjǫ. Корень *zvьn-, тот же, что (на другой ступени вокализма) в о.-с. *zvonъ и *zvǫkъ (> рус. *звук*). И.-е. *g'hu̯en- (: *g'hu̯on-: *g'hu̯n̥-) — «звучать» (Pokorny, I, 490—491).

ЗВЕНО́, -а́, *ср.* (*мн.* зве́нья) — «отдельное кольцо в цепи»; «отдельно взятая часть чего-л., составляющая единое целое вместе с другими подобными частями». В говорах звено́ встр. и с другими знач., напр., «ломоть рыбы, разрезанной на части поперек по позвонкам», «позвонок», пск. «оконччина, стекло в окне» (Даль, I, 602), яросл. «ряд бревен в стене» (Якушкин, 11). Кроме того, имеется прил. зве́нчатый: «кованый *звенчатый* пояс» (Даль, ib.). Ср. укр. диал. звено — «косяк», «часть кости от спицы до спицы»; польск. (с XV в.) dzwon(k)o (старшая форма zwono) — тж., а также «кусок рыбы», «виток», «кольцо»; кашуб. zwiono — тж.; в.-луж. zwjeno — «обод колеса»;

н.-луж. zwěno : zwjeno — тж. Ср. в знач. «звено (в цепи)»: укр. кільцé; болг. халкá (< турец. halka — «кольцо» > «звено»), брѣнка; польск. ogniwo. В русском языке слово *звено* известно с XVI в. Старшие даты: 1547 г. — «отрезок большой рыбы от позвонка до позвонка», 1589 г. — «кольцо в цепи» (Срезневский, I, 963; Доп. 115). ▫ Происхождение слова считается темным (литературу см. Sławski, I, 211—212; Vasmer, REW, I, 448). Неясным является прежде всего вопрос о старшем значении слова. Возможно, этим значением было «звено цепи», след., «то, благодаря чему цепь может з в е н е т ь». Ср. пск. звенó — «окончина», «стекло в окне», костр. звенéц «рой мошек,. . комаришек, играющих весною столбом при дружном писке»; позвонóк — «колокольчик», позвонцы́ — «колокольчики, подвешиваемые на бечевках рядами в садах для отгону птиц. Даль (I, 602; III, 209), из словаря которого приведены упомянутые данные, не сомневался относительно принадлежности слова *звено* к гнезду *звенеть* и, надо полагать, был прав.

ЗВЕРЬ, -я, м. — «дикое, обычно хищное животное». *Собир.* зверьё. *Прил.* звéрский, -ая, -ое, зверúный, -ая, -ое. *Сущ.* (от основы прил.) звéрство, зверúнец. *Глаг.* зверéть. Укр. звір, звір'я́, звíрський, -а, -е, звірúний, -а, -е, звірячий, -а, -е, звíрство, звірúнець; блр. звер, звéрски, -ая, -ае, звярыны, -ая, -ае, звéрства, звярынец; ср. болг. звяр, звярски, -а, -о, озверявам — «зверею» («зверинец» — менажéрия); с.-хорв. звêр (zvȉjer), звêрскū̂, -ā̂, -ō̂, звéрин, -а, -о: звéрињū̂, -ā̂, -ē̂, звéрство, звéрњẽ — «зверьё», звéриња̃к — «зверинец»; словен. zver (: žival), zverski, -a, -e, zverinski, -a, -e, zverinjak — «зверинец»; чеш. zvěř, zvířecí — «звериный», zvířecký, -á, -é — «зверский», zvěrstvo, zvěřinec; словац. zver, zviera, zverský, -á, -é, zverinec; польск. zwierz, zwierzęcy, -a, -e — «звериный», «зверский», zwierzęcieć — «звереть», zwierzyniec (: menażeria); в.-луж. zwěrjo, zwěrisko, zwěrjacy, -a, -e, zwěrinski, -a, -e, zwěrjenc — «звериный»; н.-луж. zwěrje. zwěrjetko, zwěrjeńc. Др.-рус. (с XI в.) звѣрь, звѣринъ, звѣриный, звѣрьскый (Срезневский, I, 965—967). Здесь отмечено также звѣриньць (Георг. Ам.; в издании Истрина отс.). Ст.-сл. звѣрь, звѣринъ, звѣриныи, звѣриньскъ (SJS, I : 12, 666, 667). ▫ О.-с. zvěrь (первоначально с основой на -ī-, как в литовском языке). И.-е. корень *g'huer- — «дикое животное» (Pokorný, I, 493). Ср. лит. žvėrìs — «зверь»; латыш. zvêrs; др.-прус. swīrins, вин. мн. Родственными словами являются: латин. ferus (< *g'hueros) — «дикий зверь», «животное» и прил. ferus, -a, -um — «дикий», «неприрученный», «свирепый»; греч. θήρ (с закономерным θ из g'hu) — «зверь».

ЗВОН, -а, м. — «звук, возникающий от удара по металлическому или стеклянному предмету». *Прил.* звóнкий, -ая, -ое. *Глаг.* звонúть. *Сущ.* звонóк, звонáрь. Укр. дзвін, род. дзвóну, дзвінкúй, -á, -é, дзвонúти, дзвінóк, дзвонáр; блр. звон, звóнкі, -ая, -ае, званíць, званóк, званáр; болг. звън, звъ́нък, -нка, -нко, звъня́ — «звоню», звъ́нец, звъна́р; с.-хорв. устар. звôн (обычно звôњéњē; ср. звôно — «колокол»), звôнак, -нка, -нко, звôнкū̂, -ā̂, -ō̂, звôнити, звôнце, звôнāр; словен. zvon — «колокол», zvonjenje — «звон», zvonek, -nka, -nko, zvoniti, zvonec, zvonar; чеш. zvon — «колокол», zvonění — «звон», zvonivý, -á, -é — «звонкий» (о металле, о звуке — jasný, -á, -é, zvučný, -á, -é), zvonitý, zvonek, zvoník — «звонарь»; словац. zvon — «колокол», zvonenie — «звон», zvonivý, -á, -é, zvoniť, zvonec, zvonček, zvonár — «пономарь»; польск. dzwon — «колокол», dzwonienie — «звон», dzwonić — «звонить», «звенеть» (но «звонкий» — dźwięczny, -a, -e, от dźwięk — «звук»), dzwonek — «звонок», dzwonnik — «звонарь»; в.-луж. zwón — «колокол», zwonjenje «звон», zwonjaty, -a, -e, zwonić, zwónčk — «звонок», zwonk — «пономарь», «звонарь», zwonar — «колокольный литейщик»; н.-луж. (с теми же знач.) zwon, zwonjenje, zwoniś, zwonaŕ — «пономарь». Др.-рус. звонъ — «колокольный звон» (Сл. плк. Игор.: «а онъ въ Кыевѣ звонъ слыша»), «звук» (?), также «цимбал», «кимвал», звонити, звонение — «звон», звоньць — «колокольчик» (Срезневский, 1, 964). Ст.-сл. звонъ — «звук», «грохот»; «колокол», звонити — «звонить в колокол», звоньць — «колокольчик», звоньниѥ — «колокольный звон» (SJS, I : 12, 665—666). Поликарпов (1704 г., 121 об.) отм. *звонко*. Вейсман (1731 г., 632) — *звонкий*. В «Рукоп. лексиконе» 1-й пол. XVIII в. отм. *звонница* (Аверьянова, 118). ▫ О.-с. *zvonъ. И.-е. база *g'huen- : *g'huon-. См. *звук, звенеть*.

ЗВУК, -а, м. — 1) «слуховое ощущение, являющееся следствием колебательного волнообразного движения воздушной среды»; 2) «отдельный, простейший элемент произносимой речи, которому в письменном языке соответствует буква»; 3) *муз.* «тон определенной высоты, в отличие от шума». *Прил.* звуковóй, -áя, -óе, звýчный, -ая, -ое. *Глаг.* звучáть. Укр. звук, звуковúй, -á, -é, звýчний, -а, -е, звучáти; из русского (или с русским *у*) болг. звук, зву́ков, -а, -о, зву́чен, -чна, -чно, звуча́ — «звучу»; с.-хорв. звŷк (ср. глâс — «звук речи»), звýчан, -чна, -чно : звýчнū̂, -ā̂, -ō̂ — «звуковой», «звучный», звýчати; словен. zvok, zvočen, -čna, -čno; чеш. и словац. zvuk — «звук» (напр., гимна, песни) [ср. hláska — «звук речи»], zvukový, -á, -é, zvučný, -á, -é, zvučeti (словац. zvučeť'); в.-луж. zwuk, zwukowy, -a, -e, zwučny, -a, -e; н.-луж. zuk, zukaty, -a, -e — «звучный», zuknuś — «звучать». Ср. польск. dźwięk — «звук». Ср. в том же знач. блр. гук. Др.-рус. (с XI в.?) звукъ — «звук» («звучание», «звон», «гул», «шум»?); звякъ — тж. (Срезневский, I, 964, 967). Ст.-сл. звѫкъ, звѧкъ (SJS, I : 12, 668). Ср. совр. рус. *звякать*. Как лингвистический термин слово *звук* вошло в широкое употр. лишь

ЗГА

в течение XIX в. (вм. *звук* долго говорили *буква*). Что касается производных, то все они сравнительно поздние, особенно прил. *звуковой* (в словарях впервые — у Даля, I, 1863 г., 602), раньше появилось *звучный* (РЦ, 1771 г., 173), еще раньше — *звучать* (Поликарпов, 1704 г., 121 об.). □ О.-с. *zvǫkъ (: *zvękъ). О.-с. корень *zvǫ- (абляут *zvę-), тот же, что в о.-с. *zvonъ, *zvьněti. Суф. -k(ъ), тот же, что в о.-с. *znakъ. И.-е. база *g'huen-: *g'huon-, корень *g'hau- (Pokorny, I, 490). В других и.-е. (неславянских) языках соответствующих образований обнаружено мало. Ср. алб. zë (< и.-е. *g'huonos) — «голос», «звук»; арм. дзайн (jain) — тж.

*ЗГА — в выражении *ни зги не видно* — «ничего не видно». Даль (I, 604) указывает и другие падежи: *зга, згою*. Только русское. В других слав. яз. отс. В словарях отм. с 1792 г. (САР¹, III, 42). □ Обыкновенно объясняют, как *ни стги* (< *стьги*) — «ни тропинки, ни стежки не видно». Ср. у Даля (IV, 292) **стега́** — пск., курск., зап. (блр.) «тропинка». Ср. еще в совр. рус. говорах Прибалтики: **стега́, сте́жка** — «тропинка» (Немченко и др., 313). **Стёжка** — «дорожка», «тропинка» (ССРЛЯ, XIV, 819) является общерусским словом. Смягченный вариант — книжн. **стезя́**, др.-рус. **стьзя** — «путь», «тропа» (Срезневский, III, 584). О.-с. *stьga. Ср. сев.-вост. **по́льга** при **по́льза** (Даль, III, 243). Что касается **зги́нка** — ряз. «искра» (Даль, I, 604), то, как и сам Даль полагал, оно может восходить к донск. **згра** — «искра» (ib., 605), откуда *озгри́нка, а далее *зги́нка*, м. б., как раз под влиянием выражения *ни зги* (не видно).

ЗДА́НИЕ, -я, *ср.* — «строение, обыкновенно больших размеров, постройка, архитектурное сооружение». Слово, гл. обр., русское, хотя ср. болг. устар. **зда́ние** (при обычном **сгра́да**); с.-хорв. **зда́ње** (при обычном **згра́да**). Вообще же слав. яз. это значение выражается иначе: ср. укр. **буди́нок** (из польск.), как и блр. **буды́нак**; чеш. budova; польск. gmach (< нем. Gemach — «комната», «покой»), budynek (из ср.-в.-нем. *büding — «строение». Др.-рус. **зьдание** — старшее знач. «божье творение», «создание», «плод творчества» (Дог. Олега 911 г.), (с XI в.) «здание», «строение» (Срезневский, I, 1009—1010). Ст.-сл. зъданиѥ «постройка», «здание», «создание» (SJS, I: 12, 690). □ По происхождению — отглаг. сущ. от о.-с. zьdati, 1 ед. *zidjǫ (> др.-рус. **зьдати**, 1 ед. **зижю**, ст.-сл. зьдати, 1 ед. зиждѫ), которое нельзя отделять от *zьdъ : *zidъ [> др.-рус. **зьдъ** — «постройка», «здание», «глина» (Срезневский, I, 1011; Доп. 121; ст.-сл. зъдъ — тж. (SJS, I: 12, 691)]. О.-с. корень *zьd- : *zid- из и.-е. *g'heidh-, которое, в свою очередь, с перестановкой слогов из и.-е. *dheig'h- «делать, лепить из глины». Ср. латыш. ziest — «мазать», «пачкать». Подробнее см. Pokorny, I, 244. К и.-е. *dheig'h- без перестановки слогов относятся рус. диал.

ЗДО

(гл. обр. южнорус.) **дежа́** — «деревянная кадка, в которой месят тесто», «квашня», а также лит. dýžti — «сечь», «бичевать», «пороть», также «спешить»; гот. digan — «месить», «мять»; латин. fingō (с закономерным начальным f из и.-е. dh) — «прикасаюсь», «образовываю», «формирую»; греч. τεῖχος — «городская стена», «вал», «укрепление», τειχέω — «возвожу стены».

ЗДЕСЬ, *нареч.* — «на (в) этом месте», «тут», «не там». В сев.-рус. говорах: **здись** (< **здѣсь**), встр. также эде [отм. в «Опыте» 1852 г., 70, как арханг. (также Подвысоцкий, 56); ср. олон. (петрозав.) **зде** (Куликовский, 29); иногда **зде-ка, зде-каво**]; также **здесе** > **здеся, здеси** (Подвысоцкий, 55, 56; Палагина, II, 49). Прил. **зде́шний, -яя, -ее**. Ср. с.-хорв. **са́да, са́д** (с *а* из ъ) — «теперь» («здесь» — **тŷ, о́вде**); словен. zdaj — «теперь» (ср. tu, tukaj — «здесь»); чеш. zde (:tu) — «здесь», zdejší — «здешний». В других слав. яз. не в том же знач.: укр., блр. **тут**; болг. **тук**; польск. tu, tutaj. Др.-рус. (до падения глухих) **сьде** и (очень редко) **сьдѣ**, (после падения глухих) **сде(сь)** > **здесь, здѣсь** и (не как правило) **здѣ**, употреблявшееся в высоком стиле (гл. обр. в поэзии) до начала XIX в. Ст.-сл. сьде — «здесь», «теперь». Форма **здесе : здѣсе : здесь : здѣсь** [т.-е. с прибавлением частицы се : сь, как и в других наречиях места и времени: книжн. **днесь** < **дьньсь** (Срезневский, I, 772), прост. **вчерась**, обл. **ночесь** и др.] употр. (наряду с **зде : здѣ**), по крайней мере, с XIV в. (Срезневский, I, 968; III, 879). Поликарпов (1704 г., 122) дает только **здѣ**. У него же **здѣшний**. □ О.-с. *sьde (: *sьdě) — «здесь», «теперь». Одно из первичных наречий местоименного происхождения, в данном случае от местоименной основы *se- и частицы *de : *dě (ср. рус. **где** из о.-с. *kъde : *kъdě). Ср. о.-с. указат. мест. *sь, *si, *se.

ЗДОРО́ВЫЙ, -ая, -ое — (о живом организме) «нормально, правильно функционирующий», «не больной», «не поврежденный»; «крепкий», «прочный». *Кр. ф.* **здоро́в, -а, -о**. *Сущ.* **здоро́вье**. *Глаг.* **здороветь, оздоровить, здорова́ться**. Укр. **здоро́вий, -а, -е, здоро́в'я, здорові́ти, оздорови́ти, здорова́тися**; блр. **здаро́вы, -ая, -ае, здаро́ўе, здарове́ць, аздарави́ць, здаро́ўкацца**; болг. **здрав, -а, -о, здра́ве** — «здоровье», **оздравя́** — «оздоровлю», **здрави́свам** — «здороваюсь»; с.-хорв. **здра̑в(и̂), -а, -о, здра̑вље, о̀здравити** — «выздороветь», «вылечить», **поздра́вљати** — «здороваться»; словен. zdrav, -a, -o, zdravje, zdraviti — «лечить», ozdraveti — «вылечиться»; ср. pozdravljati se (s kom) — «здороваться»; чеш. zdravý, -á, -é, zdraví — «здоровье», ozdraviti, zdraviti (koho), zdraviti se; словац. zdravý, -á, -é, zdravie, ozdraviet', ozdravit', pozdravovat' sa, zdraviti; польск. zdrowy, -a, -e, wyzdrowieć, ozdrowić — «выздороветь», uzdrowić — «оздоровить» (ср. witać się — «здороваться»); в.-луж. strowy, -a, -e, strowjo, strowjeć — «делать здоровым», (wy)-

ЗЕБ

strowić — тж. и «здороваться»; н.-луж. strowy, -a, -e, strowje, wystrowiś se — «выздороветь». Др.-рус. (до падения глухих) съдоровый, съдоровье, (после падения глухих) сдоровый > здоровый, сдоровъ > здоровъ, сдоровье > здоровье (Срезневский, I, 967, 968; III, 697). Ст.-сл. съдравъ, съдравнꙑ, съдравнѥ. ▫ О.-с. *sъdorvъ, -a, -o, *sъdorvъjь, -aja, -oje. О.-с. корень *dorv-, приставка *sъ-. И.-е. база *deru- (: *doru-), та же, что в рус. *дерево* (см.). Ср. (от той же и.-е. базы) авест. druvō — «здоровый», «невредимый»; др.-перс. duruva — тж. И.-е. праформа о.-с. *sъdorvъ — *su-doru-os. Приставка *su- (> о.-с. *sъ-) здесь такого же происхождения, как в лит. sūdrùs — «плотный»; греч. ὑγιής (< *su-gʷⁱi̯ēs) — «здоровый»; др.-инд. sudrúḥ — «крепкое, могучее дерево» (Pokorny, I, 1037). Т. о., старшее знач. могло быть «крепкий, как дерево (как дуб)». Следует, однако, сказать, что это объяснение нельзя считать единственным и бесспорным.

ЗЕ́БРА, -ы, ж. — «дикая африканская лошадь с короткой гривой, отличающаяся своеобразной окраской шерсти (с чередующимися темными и светлыми полосами) и быстротой бега», Equus zebra. Укр., блр., болг. зе́бра; с.-хорв. зѐбра; чеш., польск. zebra. В русском языке это слово известно с последней четверти XVIII в. (САР¹, III, 48). ▫ Возможно (судя по времени заимствования и по начальному *з*), из франц. яз. Ср. (с начальным z=з) франц. (с 1600 г.) zèbre, *f.*, англ. zebra; (z=дж) ит. zebra; (z=ц) нем. Zebra. Источник распространения в Западной Европе, по-видимому, — порт. zêbra, zebro (с начальным z=з). Португальцы называли так сначала не только зебру, но и дикого осла, некогда существовавшего и на Пиренейском п-ове. Но происхождение этого слова все же остается невыясненным. Предполагается, что оно заимствовано из одного из языков коренного населения Конго (хотя доказано это никогда не было). Зебра живет и на севере Африки, и высказывалось предположение об амхарском (Абиссиния) происхождении этого слова. По другому объяснению, слово сформировалось на романской почве на базе латин. zephyrus (< греч. ζέφυρος) — «ветер» (особенно «весенний, западный ветер»), по впечатлению от быстроты, скорости бега этого животного (см. Bloch — Wartburg, 650; Partridge³, 818).

ЗЕ́БУ, *нескл.*, м. — «разновидность рогатого скота с мускульно-жировым горбом на загривке», Bos taurus indicus. Так — и в других слав. яз. и повсеместно. В русском языке это слово известно с середины XIX в. (Даль, I, 1863 г., 606). ▫ Ср. франц. (с 1752 г.) zébu; нем. Zebu; англ. zebu и др. Источник распространения в Европе — французский язык. Происхождение этого слова во французском неясно. Как полагают некоторые языковеды, слово это могло быть тибетского происхождения и представляет собой смешение (на почве недостаточного знания тибетского языка или по какой-н. другой причине)

ЗЕЛ

двух слов: mdzopo — «зебу», и zeu, zeba — «горб» (Partridge³, 818).

ЗЕВ, -а, м. — «задняя часть полости рта при входе в глотку, ограниченная сверху мягким небом, а снизу корнем языка»; *устар.* «рот», «пасть». В говорах зев значит также «отверстие» (Чернышев, «Сведения», 124). Укр. зiв, род. зiву, зiва; болг. зев. В других слав. яз. это слово имеет несколько другое знач. Ср. с.-хорв. зȅв (zȉjev) — «зевок», «зияющее отверстие», «зияние» (ср. ждре́ло — «зев»; словен. zev — тж. (ср. žrelo — «зев»). В русском яз. засвидетельствовано только поздними данными, относящимися к 1-й пол. XVIII в. (Аверьянова, 119). ▫ О.-с. (?) *zěvъ. Корень *zě-, суф. -v-ъ, как в о.-с. *gně-v-ъ (> рус. *гнев*). Корень тот же, что и в о.-с. *zěvati, *zěti, 1 ед. *zěj. И.-е. корень *g'hē-. См. *зевать*, *зиять*.

ЗЕВА́ТЬ, зева́ю — 1) «непроизвольно делать глубокий вдох с коротким выдохом при широко раскрытом рте»; 2) «глядеть из праздного любопытства», «упускать благоприятные случаи». *Сов. однокр.* (к *зевать* 1 знач.) **зевну́ть**. *Сущ.* (к *зевать* в 1 знач.) **зевота, зевок**; (к *зевать* во 2 знач.) **зева́ка**. Ср. укр. позiха́ти, позiхну́ти, позiха́ння, пóзiх, зiва́ка; блр. позяха́ць, позяхну́ць, но зява́ць — «быть ротозеем», зяу́нуць (в том же знач.), развява́ка, зявóк — «промах»; болг. прозя́вам се — «зеваю», прозе́я се — «зевну» (в знач. «быть ротозеем» не употр.), прозя́ване — «зевота», прозя́вка — «зевок»; с.-хорв. зéвати (zijèvati), зéвнути, зéв — «зевок», также «зияние», «расщелина», зазя̀вало — «зевака»; словен. zevati, zehati, zevniti, zehavica — «зевота», zeh — «зевок»; чеш. zívati, zívnouti — «зевнуть», zívání — «зевота», zívnutí — «зевок», zevloun — «зевака», «ротозей»; словац. zívat' — «зевать», «зиять», zívnut', zívanie, zívnutie; польск. ziewać, ziewnąć, ziewanie — «зевота»; в.-луж. zywać, zywnyć; н.-луж. zewaś. В памятниках др.-рус. письменности отс. В словарях с 1704 г. (Поликарпов, 122 об.: *зеваю*). В «Рукоп. лексиконе» 1-й пол. XVIII в. (Аверьянова, 119) отм. как второе знач. «галиться» (причем слово это не объяснено); там же: *зевота*, *зевака* — «верхогляд» (!). ▫ О.-с. *zěvati [с суф. -v-(а), от корня *zě-]. Ср. др.-рус. *зѣти, зияти, 1 ед. зѣю — «зевать» (Срезневский, I, 1014—1015). И.-е. корень *g'hē-: g'hēi- — «зевать», «зиять». См. *зиять*.

ЗЕЛЁНЫЙ, -ая, -ое — «имеющий цвет свежей травы, молодых листьев на дереве и т. п., т. е. по солнечному спектру средний между желтым и синим»; «незрелый». *Кр. ф.* зе́лен, -á, -о. Сюда же зелене́ть(ся), зе́лень. Укр. зеле́ний, -а, -е, зелені́ти, зе́лень; блр. зялёны, -ая, -ае, зяляне́ць, зяляні́на, зялёнiва, зялёнка — «зелень»; болг. зеле́н, -а, -о, зелене́я (се) — «зеленею (сь)», зелени́на, зелену́к — «зелень»; с.-хорв. зе̏лен(и̑), -а, -о, зелѐнети (се), зѐлен, зелѐнило — «зелень»; словен. zelen, -a, -o, zelenje, zeleneti(se); чеш. zelený, -á, -é, zelenati se — «зеленеть(ся)», zeleň —

«зеленая краска», zelenina — «огородная зелень»; словац. zelený, -á, -é, zeleň, zeleniet', zelenat' sa; польск. zielony, -a, -e, zielenieć, zieleń — «зеленый цвет», «растительность» (но «овощи» — jarzyny); в.-луж. zeleny, -a, -e, zelén, zelenjeć; н.-луж. zeleny, -a, -e. Др.-рус. (с XI в.) зеленъ, зеленый, зелень — «незрелый виноград», (позже, с XVI в.) также «зеленое поле, напр., сукна», «зеленый цвет» (Срезневский, I, 969). Ст.-сл. зеленъ, зеленыи (SJS, I : 12, 669). Глаг. зеленеть(ся) — более позднее образование. В словарях зеленить, зеленеться — с 1704 г. (Поликарпов, 122 об.: зеленню, зеленѣюся); зеленеть — с 1762 г. (Литхен, 233). ▫ О.-с. *zelenъ, -a, -o, *zelenъjь, -aja, -oje. Корень *zel-. Суф. -en-, как в *čьrvenъ. Ср. др.-рус. зелье — «злак», «зелень», «отрава», позже «порох». Ср. лит. žélti — «зеленеть» (о растениях), «расти зеленея», žãlias — «зеленый»; латыш. zelt — «зеленеть», zaļš — «зеленый». Родственным по корню образованием можно считать латин. helvus (< *g'heluos) — «янтарно-желтый», «буланый»; др.-инд. híraṇya, n. — «золото» и нек. др. И.-е. корень *g'hel- (: *g'hol-) — «желтый», «зеленый», «синий», «серый», тот же, что в русских зелье (см.), золото (см.), зола (см.). Подробнее об отражении и.-е. *g'hel- в и.-е. языках см. Pokorny, I, 430.

ЗЕ́ЛЬЕ, -я, ср., устар. — 1) «питье, снадобье (лекарство или отрава, яд), настоянное на травах»; 2) «порох»; 3) прост. «водка». Ср. арханг. зе́лье — «хлебное вино», «водка» (Подвысоцкий, 56). Специальное значение зелье — «мелкие прутья, из которых плетутся запоры в реках» (Маштаков, 40). Прил. зеле́йный, -ая, -ое (ср. в XVII в.: «зелейная казна» — «пороховой погреб», «запасы пороха»). Ср. укр. зі́лля — «трава», иногда «зелень», «зелье (настой на траве)», «водка», зі́ллячко — «травка», «зельице»; блр. зе́лле — «зеленый корм», «настой на травах», ср. пустазе́лле — «сорняк», «сорняки»; болг. зе́ле — «капуста»; с.-хорв. зе́ље — «овощи», «щавель», (в говорах) «капуста», «зелень»; словен. zelje — «капуста»; чеш. zelí — «(белокочанная) капуста»; польск. ziele — «(лекарственная) трава»; в.-луж. zela, zelow, мн. — «травы, особенно целебные» (ед. zelo, ср.); н.-луж. zele, ср. — тж. Др.-рус. (с XI в.) зелье — «злак», «лекарство», «отрава», (с XVI в.) «порох» (Срезневский, I, 969—970). Ст.-сл. зелиѥ, собир. — «растения», «травы» (SJS, I : 12, 669—670). ▫ О.-с. *zeljе. О.-с. корень тот же, что в о.-с. *zelenъ, -a, -o. И.-е. корень *g'hel-. См. зеленый.

ЗЕМЛЯ́, -и́, ж. — 1) «земной шар, обитаемая людьми планета солнечной системы»; 2) «почва, верхний слой коры нашей планеты»; 3) «суша, материк в отличие от водного пространства»; 4) «участок», «часть территории»; 5) устар. «страна», «государство». Прил. (к земля во 2 знач.) земляно́й, -а́я, -о́е, (к земля во 2 знач.) земе́льный, -ая, -ое, (к земля во 2 знач.) земли́стый, -ая, -ое, (к земля в 1 и 3 знач., от корня зем-) земно́й, -а́я, -о́е, устар. (к земля в 5 знач.) зе́мский, -ая, -ое. Сущ. земля́к. Укр. земля́, земляни́й, -а́, -é, земе́льний, -а, -е, земни́й, -а́, -é, зе́мський, -а, -е, земли́стий, -а, -е, земля́к; блр. земля́, земляны́ -а́я, -о́е, земе́льны, -ая, -ае, зе́мны, -ая, -ае, зямны́, -а́я, -о́е, зе́мскі, -ая, -ае, зямлі́сты, -ая, -ае, зямля́к; болг. земя́ — «земля в 1 и 2 знач.», зе́млен, -а, -о — «земельный», «земен, -мна, -мно — «земной», земля́к; с.-хорв. зѐмља — «земля», «страна», зѐмљан(ӣ), -а, -о — «земляной», «землистый», зѐмљин, -а, -о — «земной», земаљскӣ, -а, -о — «земной», «государственный», зѐмљаст, -а, -о, зѐмљак; словен. zemlja — «земля гл. обр. в 1 знач.», zemljin, -a, -o, zemeljski -a, -o — «земной» (ср. prsten, -tna, -tno — «земляной», «землистый», rojak — «земляк»); чеш. země, zemní, pozemní — «земляной», zemský, -á, -é — «земной и земляной», zemitý, -á, -é — «землистый», «земляной»; словац. zem, zemina — «земля» (ср. zemeguľa — «земной шар»), zemný, -á, -é — «земляной», zemský, -á, -é — «земной», «провинциальный», zemitý, -á, -é — «земляной», «землистый», pozemkový, -á, -é — «земельный»; польск. ziemia, ziemski, -a, -ie — «земной», «земельный», ziemny, -a, -e — «земной», «земляной», ziemisty, -a, -e — «землистый», ziomek — «земляк»; в.-луж. zemja, zemny, -a, -e — «земной», «земляной», «землистый», zemjojty, -a, -e — «землистый»; н.-луж. zemja, zemjany, -a, -e — «земной», zemjowaty, -a, -e — «землистый», «земляной». Др.-рус. (с X— XI вв.) земля — «земля», «мир», «страна», «народ», «низ», «имение (земельная собственность)», земь — «земля», земьный — «земной», «земельный», «земский», земльский, земьский (> земский) — «земной», «народный»; (с 1551 г.) земляной, землянин : земянин — «гражданин (?)» (Срезневский, I, 971—976; Доп. 117). Ст.-сл. землѩ, земьѩ (Супр. р.), земы (?), земльный : земьный, земьскыи : земльскыи (SJS, I : 12, 670—671). ▫ О.-с. *zemja (< и.-е. g'hemiā). Ближайшие соответствия: лит. žẽmė — «земля» (в разн. знач.); латыш. zeme; др.-прус. same, semmē. Ср. также латин. humus (< *homos < *g'homos) — «земля»; греч. χαμαί (архаич. локатив *χαμα — «земля») — «на земле», «на землю»; авест. zā, род. zəmō, вин. ząm — «земля»; ср.-перс. зӓ-мин — «земля (планета)». Но и.-е. корень *g'hem- (: *g'hom-), к которому восходят упомянутые данные, находится в определенных отношениях (как со старшим фонетическим вариантом) с и.-е. корнем, имеющим после g'h зубной или межзубный элемент (звук или призвук) *g'hdem- или *g'hᵈem- (Machek, ES, 585). Ср. греч. χθών — «земля»; др.-инд. kṣāḥ, вин. kṣām — «земля», «почва».

ЗЕМЛЯНИ́КА, -и, ж. — «травянистое лесное растение с белыми цветами и душистыми сладкими ягодами (у самой земли) красного или розового цвета», Fragaria vesca. В говорах земляни́ца, земля́нка

(Даль, I, 609). *Прил.* **земляни́чный**, -ая, -ое. В других слав. яз. отс. Ср. в том же знач.: укр. **суни́ця** (*мн.* **суни́ці**; корень *ник-*, ср. **ни́кнути**); блр. **суні́ца** (*мн.* **суні́цы**); болг. (**го́рска**) **я́года** (ср. **гора́** — «лес»; «ягода» — **зѣрнест, зърнови́ден плод**); с.-хорв. **шу́мска јагода** (ср. **шу̑ма** — «лес»; впрочем, в говорах известно и **јагода поземљуша**); чеш. **jahoda** («ягода» — **bobule**); польск. **poziomka** (в говорах также **pozimka**). В русском языке встр. в форме *земляница* с начала XVII в. (Р. Джемс, РАС, 1618—1619 гг., 8 : 13: zemlanitza, при перечислении названий ягод). В словарях — Поликарпов, 1704 г., 122 об.: «*земленица ягода*»; позже — Литхен, 1762 г., 234: *земляника* и *земляница*. ▫ Название — по низкой подвеске ягод: спелые ягоды земляники почти лежат на земле, стелются по земле, жмутся к ней и поэтому являются как бы более «земляными», чем другие ягоды. Образовано от прил. *земляной*. Основа прил. *землян-*, суф. сущ. *-ик-а*.

ЗЕНИ́Т, -а, *м.* — «воображаемая высшая точка (прямо над головой наблюдателя) видимого небесного свода». *Прил.* **зени́тный**, -ая, -ое. Укр. **зені́т**, **зені́тний**, -а, -е; блр. **зені́т**, **зені́тны**, -ая, -ае; болг. **зени́т**, **зени́тен**, -тна, -тно; с.-хорв. **зѐнӣт**; чеш., польск. **zenit**. В русском языке это слово появилось (в форме *зе́ниѳ*) во 2-й пол. XVII в. (в сочинениях Епифания Славинецкого, который заимствовал это слово из средневековых латинских книг, где оно употреблялось и в форме cenith и в форме zenith). Позже это слово встр. с начальными *ц* (*цени́т*), *с* и *з*. Ср. у Магницкого («Арифметика», 1703 г., 222): «Надглавная точка, глаголемая арабски *семиѳъ*, обще же *зениѳ*». Но в ближайшие годы (1716, 1719) уже встр. форма с *т* на конце (фактические данные см. Ку́тина, ФЯН, 122). Яновский (I, 1803 г., 791) дает это слово в форме *зенит*. ▫ Ср. ит. zenit (z=дз); исп. cenit (c=рус. с); нем. Zenit (z=ц); (z=з) : франц. zénith [но ст.-франц. (XIV в.) cenith]; англ. zenith. В Европе источник распространения — ит. или исп. яз. Здесь оно арабского происхождения. Ср. араб. samt, *pl.* sumūt — «дорога» (samt ar-ra's — «зенит», досл. «дорога головы»). Произношение ni вм. араб. m в зап.-европ. языках, возможно, плод недоразумения в условиях заимствования через письмо (m > ni). От того же араб. samt, *pl.* sumūt в выражении as-samt происходит и слово *азимут*.

ЗЕНИ́ТКА, -и, *ж.* — «зенитное орудие, т. е. орудие, предназначенное для стрельбы по самолетам и вообще по воздушным целям». Сюда же **зени́тчик**. Укр. **зені́тка**, **зені́тнік**; блр. **зені́тка**, **зені́тчык**. Ср. польск. **zenitówka** (чаще **działo przeciwlotnicze**). В других слав. яз. отс. Ср. болг. **зени́тно оръ́дие**; с.-хорв. **противавио́нски то̑п** (ср. **авио́н** — «самолет»); чеш. **protiletadlové dělo**. Ср. нем. Fliegerabwehrgeschütz; франц. canon antiaérien, canon contre-avions. В русском языке слово появилось после первой мировой войны, примерно в 20-х гг.

В словарях впервые — у Ушакова, (I, 1935 г., 1097).

ЗЕНИ́ЦА, -ы, *ж.*, *устар.* — «зрачок», иногда «глаз» [теперь гл. обр. в выражении: *как зеницу ока* (беречь, хранить и т. п.)]. Укр. **зіни́ця** — «зрачок», **зіни́чний**, -а, -е; но блр. **зрэ́нка**. Ср. болг. **зени́ца** — «зрачок»; с.-хорв. **зѐница** (zjènica), **зѐничнӣ**, -ā, -ō — «зрачковый»; словен. **zenica**, **zeničen**, -čna, -čno. В других слав. яз. отс. Др.-рус. книжн. **зѣница** — «зрачок», **зѣничьный** (Срезневский, I, 1014). ▫ О.-с. (?) *zěnica. О.-с. корень *zě- : *zi(j)-, тот же, что в о.-с. *zijati, 1 ед. *zějǫ, *zinǫti — «зиять», «зевать», «обнаруживать зияние», «раскрывать, открывать проход в пустое пространство». Суффиксальные элементы — *-n-ic-a*. Ср. с суф. *-н-* рус. диал. и прост. **зе́нки** — «глаза», волог. **зе́нко** — «стекло в окне»; ср. также прост. «распустить *зенки*» — «зевать» (Даль, I, 610); позже пошех.-волод. **зе́нки : зе́ньки** — «глаза» (Копорский, 119).

ЗЕ́РКАЛО, -а, *ср.* — «гладкая, хорошо отполированная поверхность, отражающая предметы, находящиеся перед ней». *Прил.* **зерка́льный**, -ая, -ое. Стар. уд. **зѐркальный** (СЯП, II, 135). Укр. **дзе́ркало**, **дзерка́льний**, -а, -е (при зап.-укр. **лю́стро**; ср. блр. **лю́стра**, *ср.* — «зеркало»). Ср. чеш. **zrcadlo** — «зеркало», **zrcadlový**, -á, -é — «зеркальный»; словац. **zrkadlo**, **zrkadlový**, -á, -é; польск. **zwierciadło** (: lustro), **zwierciadlany**, -a, -e. В южнослав. отс. в том же знач.: болг. **огледа́ло**; с.-хорв. **оглѐдало**; словен. **ogledalo** [но ср. zrk(a)lo — «зрачок»]. Др.-рус. (с XI в.) **зьрцало**, (с XIV в.) **зеркало** (Срезневский, I, 1012; Доп., 121). Ст.-сл. **зрьцало** — «зеркало» (SJS, I : 12, 682). ▫ Образовано от о.-с. корня *zьr- (*zьrěti), от основы *zьr-k-a- с суф. -dl(o). Ср. в говорах: вят. **зе́ркать** — «быстро, бойко глядеть», «зорко смотреть, побрасывая глазами» (Даль, I, 610). Ср. рус. *зоркий*. См. *зреть²*.

ЗЕРНО́, -а́, *ср.* — 1) «семя хлебного или иного растения, заключающее в себе его зародыш»; 2) «крупинка». *Прил.* **зерново́й**, -а́я, -о́е, **зерни́стый**, -ая, -ое. *Глаг.* **зерни́ть(ся)**. Укр. **зерно́**, **зернови́й**, -а́, -е́, **зерни́стий**, -а, -е, **зерни́ти(ся)**; блр. **зе́рне**, **зерня́вы**, -а́я, -ое, **зярни́сты**, -ая, -ае, **зярні́ць**, **зярні́цца**; болг. **зъ́рно**, **зъ́рнен**, -а, -о — «зерновой», **зъ́рнест**, -а, -о — «зернистый»; с.-хорв. **зр̑но** — «зерно», а также «пуля», «снаряд», **зр̏наст(ӣ)**, -а, -о — «зернистый», **зр̏нити се** — «наливаться зерном»; словен. **zrno**, **zrnast**, -a, -o, **zrnat**, -a, -o, **zrneti**, **zrniti**; чеш. **zrno**, **zrnatý**, -á, -é, **zrnitý**, -á, -é — «зернистый»; словац. **zrn(k)o**, **zrnkový**, -á, -é, **zrnitý**, -á, -é; польск. **ziarno**, **ziarnowy**, -a, -e, **ziarnisty**, -a, -e; в.-луж. **zorn(k)o**, **zornowy**, -a, -e, **zornaty**, **zornity**, -a, -e, **zornić**; н.-луж. **zerno**. Др.-рус. (с XI в.) **зьрно > зерно**, позже (с XVI в.) **зерновый** (Срезневский, I, 1011). Ст.-сл. **зрьно** (SJS, I : 12, 682). Сравнительно позднее прил. *зернистый* (Поликарпов, 1704 г.,

123). ◻ О.-с. *zьrno. И.-е. корень *g'er-: *g'erə- : g'rē- — «созревать», «трухлеть», «дряхлеть»; [с формантом -n-(о-)] «зерно», «крупинка», «семя», «хлеб в зерне». К базе *g'r̥n- восходят лит. žìrnis — «горошина», «горох» («зерно» — grūdas); латыш. zirnis — тж.; др.-прус. syrne — «зерно»; гот. kaúrn — «хлеб на корню и в зерне»; др.-в.-нем. corn (совр. нем. Korn) — «зерно (хлеб в зерне)»; англосакс. corn — тж. (англ. corn — «зерно»); также др.-сканд. korn; латин. grānum (< и.-е. *g'r̥nóm) — «зерно», «крупинка», «семечко»; др.-ирл. grān — «хлебное зерно». Подробнее см. Pokorny, I, 390—391. См. *зреть¹*.

ЗИГЗА́Г, -а, м. — «ломаная, похожая на латинское z, коленчатая линия, образующая острые углы». Укр. **зигза́г**; блр. **зіг-за́г**; болг. **зигза́г**; польск. zygzak; но с.--хорв. цѝк-ца̏к; чеш. cikcak (чаще klikatina. В русском языке со 2-й пол. XVIII в. В словарях — с 1780 г. (Нордстет, I, 246), сначала только с воен. знач. «излучины в траншеях для скрытного приближения к крепости», потом (в XIX в.) в более широком смысле. ◻ Ср. нем. Zickzack, отсюда ит. zigzàg, а также франц. (с конца XVII в.) zigzag; англ. zigzag и т. д. Появилось в XVII в. на немецкой почве. По происхождению — экспрессивное образование, возможно, связанное с нем. Zacke — «зубец», «зазубрина», zackig — «зубчатый». Ср. также Zicke — «козочка» и Zicken machen — «изворачиваться», «делать увертливые движения». В русском языке — из французского.

ЗИМА́, -ы́, ж. — «одно из четырех времен года, следующее за осенью и сменяющееся весной, самая холодная пора года». *Прил.* **зи́мний, -яя, -ее.** *Глаг.* **зимова́ть.** Укр. **зима́, зи́мній, -я, -е** (но чаще **зимо́вий, -а, -е**), **зимува́ти**; блр. **зіма́, зі́мні, -яя, -яе** (но чаще **зімавы́, -а́я, -о́е**); болг. **зима́, зи́мен, -мна, -мно, зиму́вам** — «зимую»; с.-хорв. зи́ма (не только «зима», но и «холод», «стужа», зи̏мњи̑, -а̑, -е̑, зимо̀вати; словен. zima, zimski, -a, -o, zimovati; чеш. zíma, прил. zimní, přezimovati — «(пере)зимовать»; польск. zima, zimowy, -a, -e, «зимний», zimować. Др.-рус. (с XI в.) зима — «зима», «холод», «озноб», зимовати, (с X—XII вв.) зимьнъ, зимьный, зимьнїй — «зимний», «холодный», «северный» (Срезневский, I, 978—979). Ст.-сл. зима — «зима», «холод», зимьнъ, зимьный — «зимний», «холодный» (SJS, I : 12, 672—673). ◻ О.-с. *zima. И.-е. корень *g'hei-: *g'hu- — «зима», «снег», основа на -men-: -mn-. Ср. лит. žiemà — «зима», žiemiai̇̃ — «север», žiemóti — «зимовать»; латыш. ziema — «зима» (балто-слав. праформа *žeimnā); греч. χεῖμα — «холодное и дождливое время года», «зима», «буря», χειμών — «зима», «север»; др.-инд. hēmantáḥ — «зима», hēman — «зимой» (и.-е. основа *g'heimen-). К и.-е. *g'h(i)ōm- восходят: латин. hiems — «бурная погода», «холодное и дождливое время года», «зима»; ирл. gaim(red) — «зима» (также gam, где a — по аналогии с sam — «лето»); авест.

zyå (род. zimō) — «зима». См. Pokorny, I, I, 425—426.

ЗИЯ́ТЬ, зия́ю — «быть разверстым, раскрытым, образуя широкое и глубокое отверстие, пустоту, глубокую яму, провал, бездну». В говорах **зия́ть**, **зи́нуть** — «раскрывать рот», «зевать», реже (сиб.) «блестеть»; **зи́нуть** — встр. и со знач. «сглазить», «изурочить кого» (Даль, I, 612; см. также «Опыт» 1852 г., 70). Ср. рус. *ротозе́й*. Укр. **зия́ти** (чаще **зя́ти**); болг. **зея** — «зияю», «зеваю»; с.-хорв. зѝјати — «зиять», «зевать», также «таращить глаза», зја̏ти — «зиять», зја̏ло — «пасть», «устье печи», «жерло вулкана»; словен. zijati — «зиять», «зевать»; чеш. zeti (ст.-чеш. záti) — «зиять»; польск. ziać — «пыхать», «извергать», также «зиять». Др.-рус. (с XII в.) зияти, 1 ед. зияю — «раскрывать рот», «зевать», «быть раскрытым», «зиять», зинути — «раскрыть» (в прямом и перен. знач.); ср. *зѣти, 1 ед. зѣю (?) — «зевать» (Срезневский, I, 979, 980, 1014—1015). Ст.-сл. зиѩти, 1 ед. зиѩѭ, зѣѭ, зиѩѭти, 1 ед. зиѩѭ (SJS, I : 12, 673—674). ◻ О.-с. *zijati, 1 ед. *zějǫ [< и.-е. *g'hēiō(m)]; *zinǫti, 1 ед. *zinǫ. Ср. лит. žióti, 1 ед. žióju, žióti) — «зиять», «зевать» (обычно žiojėti — «зиять», žióvauti — «зевать»). За пределами балто-славянской группы сюда относят др.-в.-нем. gīēn (с корнем gi- < *g'hi-) — «зевать», «зиять», наряду с образованиями с -n-: ginēn : geinōn (совр. нем. gähnen) — тж.; др.-сканд. gīna — «зиять»; латин. hiāre (основа hi-ā- < *g'hi-ā-) — «зиять», «зевать»; греч. χάσκω (и.-е. *g'hə-skō) — «зияю», «зеваю», м. б. χειά — «дыра», «нора». И.-е. корень *g'hēi-: *g'hēi-: *g'hī (в некоторых случаях *ghə-), основа *g'hii̯-ā- — «зиять», «зевать» (Pokorny, I, 419—420).

ЗЛАК, -а, м. — «всякое травянистое, колосящееся, со стеблем полевое или луговое растение, годное в пищу человеку или скоту или вообще полезное в сельском хозяйстве». Graminea. *Прил.* **зла́ковый, -ая, -ое,** *устар., книжн.* **зла́чный, -ая, -ое.** Укр. **злак, зла́ковий, -а, -е;** блр. **злак, зла́кавы, -ая, -ае;** болг. **злак,** мн. **зла́кове** и **зла́ци.** В других слав. (не только западнослав.) яз. отс. Ср. чеш. obilnina — «хлебный злак», travina — «луговой злак», вообще «злак» — stébelnina, stébelnatá rostlina; польск. roślina trawiasta, trawa jadalna, zboża, мн. — «хлебные злаки». Др.-рус. (с XI в.) злакъ, прил. злачьный (немногочисленные примеры — у Срезневского, I, 980, 984 — только в текстах книжного происхождения). Ст.-сл. злакъ — «зелень», «злак», злачьнъ, злачьныи — «зеленый» (SJS, I : 12, 674, 676). ◻ Очень возможно, что в русском яз. слово заимствовано из ст.-сл. Конечно, единичное молог. зелóк — «молодая трава», о котором осторожно упоминает Копорский (119), не имеет никакого отношения к *золок, возможному, но неизвестному русскому варианту этого слова с полногласием (о чем см. ЭИРЯ, II, 37, прим. от редакции). Ср. рус. диал. зель — «молодая озимь», зе́лко — «лекарство» (из трав) —

ЗЛО

Даль, I, 606. О.-с. форма, вероятно, *zolkъ. Корень *zol- (< и.-е. *g'hol-), тот же, что (в форме *zel- < *g'hel-) в рус. *зеленый*. Суф. -k-, как в ст.-сл. мракъ (< о.-с. *morkъ; ср. рус. *морóка*), рус. *звук* (< о.-с. *zvǫkъ*, *знак* и др. Следует, однако, сказать, что такое объяснение рус. *злак* не является общепринятым. Некоторые языковеды возводят это слово (которое они не считают славянизмом) к о.-с. *zъlakъ (< и.-е. *g'hl̥-), что, конечно, не более вероятно. Покорный (Pokorny, I, 430) полагает, что о.-с. корнем этого слова можно считать *zla- из и.-е. *g'hlō- (варианта и.-е. *g'hel-).

ЗЛОЙ, -áя, -óе — (о людях) «недоброжелательный, проникнутый враждой, ненавистью, желанием мучить кого-л.»; (о животных) «свирепый», «лютый». *Кр. ф.* зол, зла, зло. *Сущ.* зло. Сюда же злоба, злость, злить(ся). Укр. злий, -а, -е, злобá, злість, злúти(ся); блр. злы, -áя, -óе, злосць, злавáць, злавáцца — «злить(ся)»; болг. зла, зло, злоба [но сърдя́ — «злю»]; с.-хорв. зão, злū, злȃ, зло̑, злȍба [отсюда **злóбити** — «злобиться», «зловредничать», ср. лю́тити (се) — «злить(ся)»]; словен. редк. zel, zlo — «грубый», «скверный», «злобный», zloba; чеш. zlý, -á, -é — «злой», «плохой», zloba, zlost [ср. zlobiti (se) — «злить(ся)»]; словац. zlý, -á, -é — «плохой», «скверный», «злой», zlo, zloba, zlost' [ср. zlostit' (sa) — «злить(ся)»]; польск. zły, -a, -e — «злой», «плохой», złość [ср. złościć (się) — «злить(ся)»]; в.-луж. zły, -a, -o — «дурной», «плохой», «злобный», zło, ср. złość, złoby, *мн.* — «ярость», «гнев», «зло», złobić so — «гневаться», «приходить в ярость»; н.-луж. zły, -a, -e, złość, złoba — «гнев». Др.-рус. (с XI в.) зълъ, зълый — «дурной», «плохой», «злой», «низкий», зъло — «зло», «беда,» «грех», зълоба — «порок», «грех», «зло», «вражда», зълити — «охуждать» (Срезневский, I, 1000 и сл., 1007). □ О.-с. *zъlъ, -a, -o, *zъlьjь, -aja, -oje, *zъlo. И.-е. корень *g'huel- : *g'hul- — «изгибаться», «кривиться», «изворачиваться», «кривить душой» (Pokorny, I, 489—490). К и.-е. *g'hul- восходят лит. ižūlùs (корень žul-) — «наглый», «нахальный», «дерзкий», ižulnùs — «косой», atžūlùs — «строптивый», «упрямый», «грубый», «бесчеловечный»; авест. zūrah- — «неправда», «несправедливость», «обман»; перс. zur — «ложь», «неправда»; осет. зул (zūl) — «кривой». К и.-е. *g'huel- восходят: авест. zbarəmna- (корень zbar- < и.-е. *g'huel-) — «идти вкривь»; осет. œвзœr (с приставкой œв-) — «плохой» «зло» (Абаев, I, 211); др.-инд. hválati — «сбивается с пути», «заблуждается», huáratē — «идет вкривь».

ЗМЕЙ, -я, м. — 1) *устар., нар.-поэт.* «большая змея — крылатое чудовище», «дракон»; 2) «детская игрушка в виде листа бумаги или куска ткани с наклеенными на него тонкими деревянными планками, которую запускают в воздух на длинной бечевке, нитке». Укр. змій; блр. змей; болг. змей; с.-хорв. змȃj; словен. zmaj; в.-луж. zmij (ср. н.-луж. płon — тж.). В других зап.-

ЗНА

-слав. яз. отс. Др.-рус. (с XII в.) змьи — «дракон», «змея» (Срезневский, I, 986). Ср. в I Новг. л. по Синод. сп. под 6722 г. (Насонов, 52): «февраля в 1 день громъ бысть по заутрении и вси слышаша и потомъ... змьи видѣша лѣтящь». Ср. позже «*змѣи летячей*» — «разновидность пушечного снаряда» — в Соф. вр. за 1553 г. в рассказе о взятии Казани (Срезневский, I, 986). В знач. «бумажный (игрушечный) змей» это слово известно с XVIII в. (Нордстет, I, 1780 г., 250).

ЗМЕЯ́, -й, ж. — «пресмыкающееся с удлиненным чешуйчатым телом, не имеющее конечностей, ползучее». Serpens. *Прил.* змеи́ный, -ая, -ое. Укр. змія́, змії́ний, -а, -е; блр. змяя́, змяі́ны, -ая, -ае; болг. змия́, змии́ски, -а, -о; с.-хорв. змȕја, змȕјūн, -а, -о; чеш. zmije (чаще had); словац. zmija — «гадюка»; польск. żmija, żmijowy, -a, -e; в.-луж. zmija — «гадюка», zmijiny, -a, -e, zmijiči, -a, -e; н.-луж. zmija. Ср. словен. kača — «змея». Др.-рус. (с XI в.) змья (в Изб. 1073 г.), змѣя (Пов. вр. л. под 6419 г., в повествовании о смерти Олега); чаще змия (Срезневский, I, 986). Ст.-сл. змиѩ, змиѥвъ (SJS, 1:12, 677). □ О.-с. *zmьja — «земное пресмыкающееся», «ползающий по з е м л е гад». В этом отношении представляет интерес явление раннего переосмысления (уже в XI в.) этого слова под влиянием *земля*: змлия (Остр. ев. 1056—1057 гг. и др. — Срезневский, I, 986).

ЗНА́МЯ, знамени, *ср.* — «широкое прямоугольное полотнище определенного цвета (или определенных цветов), прикрепленное одной стороной к древку и в той или иной мере декорированное, являющееся символом национального, воинского, профессионального или партийного объединения людей». *Прил.* знамённый, -ая, -ое (чаще в сложениях, напр., краснознамённый). *Сущ.* знамéнщик. Сюда же: знамени́тый, знаменова́ть (в смысле «означать что-л.»), мат. термин знамена́тель. Укр. знамено́ (редко, обычно пра́пор); болг. зна́ме (ср. червенозна́менен, -нна, -нно); польск. znamię (чаще sztandar). Ср. с.-хорв. знȃмен — «символ», «знак», «знамение» [«знамя» — за̏става, ба̏рjак (< турец. bayrak)]. В других слав. яз. отс. Др.-рус. (с XIV в.) знамя — 1) «отличие» (знак отличия?); 2) «отличительный знак собственности на шкурках зверей, на бортном дереве», «знак на межевом дереве»; 3) «подать», «пошлина», «сбор»; 4) (с XVI в.) «воинское знамя»; отсюда (с XVI в.) знамéнщик — 1) «заведующий податью от знамени»; 2) «рисовальщик» (писец, специалист по изображению знаков собственности?); 3) «знаменосец»; знаменный в «Р. правде» по сп. 1280 г. (Срезневский, I, 990; Кочин, 129). В ст.-сл. языке отс. □ Образовано от о.-с. *znati (корень *zna-), суф. -men-. Старшее знач. «знак», «помета».

ЗНАТЬ, зна́ю — «обладать точными сведениями о чем-л. или ком-л., дающими уверенность в чем-л.», «ведать»; «уметь», «соблюдать». Форма основы с формантом *в*: знавáть (теперь обычно с приставками: признавáть, сознавáть, узнавáть и т. д.). *Возвр. ф.* знáться. *Отглаг. сущ.* знáние. Укр. знáти, знавáти, знáтися, знання́; блр. знаць, знáцца; болг. зна́я, знам, зна́ние; с.-хорв. знâти, 1 ед. знâм, знáвати, знáње; словен. znati, znanje; чеш. znáti, 1 ед. znám; словац. znat'; польск. znać, 1 ед. znam; в.-луж. znać, 1 ед. znaju, znać so — «ориентироваться»; н.-луж. znaś, 1 ед. znaju. Др.-рус. (с XI в.) знати, 1 ед. знаю — «знать», «признавать», «соблюдать», знатися — «быть знакомым», знание (Срезневский, I, 991—992). Ср.-сл. знати, 1 ед. знаѭ, знанниѥ (SJS, I : 12, 680). ▫ О.-с. *znati, 1 ед. *znajǫ. Корень *zna- (из и.-е. *g'no-). И.-е. корень *g'en-: *g'enə-: *g'ₑne-: *g'nē: *g'nō — «знать», «узнавать» (Pokorny, I, 376 и сл.). Ближайшие соответствия: лит. žinóti — «знать» (и.-е. корень *g'ₑn-), в говорах при отрицании — без i после ž: nežnóti; латыш. zinȧt — тж.; др.-прус. ersinnat — «узнавать»; гот. kunnan — тж. (и.-е. корень *g'ṇ-), kannjan (и.-е. корень *g'on-) — «делать известным», «провозглашать»; др.-в.-нем. kunnan — «знать», «быть в состоянии», «мочь» (совр. нем. können), -kennen (совр. нем. kennen) — «знать»; латин. cognōsco : nōsco (с утратой начального g) — «познаю», «узнаю», «постигаю»; греч. γιγνώσκω — тж. (и.-е. — с удвоением — корень *g'nō-); др.-инд. jānáti (и.-е. корень *g'en-) — «знает», «понимает», «учится», jñāna-, *n* «знание» (ср. хинди джан'нā — «знать»); тохар. A knā — «знать».

ЗНÁХАРЬ, -я, *м.* — «лекарь-колдун», «человек, лечащий заговорами, нашептыванием, ворожбой». *Женск.* знáхарка. *Прил.* знáхарский, -ая, -ое. *Сущ.* знáхарство. *Глаг.* знáхарить. Укр. знáхар, знáхарський, -а, -е, знахарюва́ти, знáхарство; блр. знахар, знахáрскі, -ая, -ае, знахáрыць, знахáрства. В других слав. яз. отс. или заимствовано из русского (напр., болг. знахáр, польск. znachor). Ср. чеш. zaříkávač, zažehnavač — «знахарь». Старшее знач. «тот, кто знает дело», «знаток». С этим значением и в форме знахарь, знахорь в письменных памятниках — с XV в. (Срезневский, I, 993). Более дифференцированно дает значение Кочин (129): «свидетель-старожил в тяжебных делах», «проводник войск» и др. ▫ Образовано от глаг. *знати* с помощью суффиксов: 1) экспрессивного характера *-х-* (см. о нем, напр., Селищев, СЯ, II, 76); ср. знáха (ср. латин. -arius). *zna-х-ъ > зна-х-арь. Ср. бáхарь при *бáять* (СРНГ, в. 2, 152). Форма на *-оръ* (знахорь), если она не имеет отношения к аканью, м. б., — остаток формы на *-оръ*, измененной под влиянием знахарь. Знач. «лекарь-колдун» — более позднее, установившееся, возможно, лишь в 1-й пол. XIX в.

ЗНОБИ́ТЬ, знобит (гл. обр. в безл. употр.) — «заставлять содрогаться от холода», «лихорадить». Ср. в говорах: зноби́ть — «пахать с осени под яровое», то же, что зябли́ть (Даль, I, 618, 627), пошех.-волод. зноби́ть — «перепахивать к зиме» (Копорский, 120). Сюда же озноб. Укр. зноби́ти, озноб; болг. стар. и диал. ознобя́вам — «покрываюсь изморозью», сов. ознобя́ (РСБКЕ, II, 343), озноба — «изморозь», знобба — «вид болезни» (Младенов, ЕПР, 194, 376). Но в других слав. яз. отс. Ср. в том же знач.: блр. трясці́; болг. тресé, безл.; чеш. mraziti. В русское употребление *знобить* вошло поздно. В памятниках древнерусского письменного языка не встречается. В словарях отм. с 1704 г. (Поликарпов, 126): зноблю́ — «frigefacio», — знобля́ся — «frigefio». Но, несомненно, это слово было и раньше. Ср. др.-рус. (с XIII в.) ознобление (Срезневский, II, 635). Фамилия *Ознобишин* известна с 1498 г., *Ознобихин* — с 1652 г. (Тупиков, 677). Ср. у Р. Джемса (РАС, 1618—1619 гг., 5 : 32): nos osenóbil — «nose is frozen» (нос ознобил). ▫ Надо полагать, связано с *зябнуть* (см.), о чем догадывался еще Миклошич (Miklosich, EW, 401), отказываясь, однако, объяснить это странное в фонетическом отношении явление: отношение зноб- к зяб- (< о.-с. *zęb-) непонятно. О.-с. *zęb- в *zębti, *zębnǫti — «зябнуть» восходит к и.-е. *g'embh-: *g'ṃbh- — «кусать, разгрызать» (Pokorny, I, 369). Было высказано предположение, что о.-с. *znob- возникло путем перестановки из *zonb- < *zomb-: *zemb- (Brückner², 653). Перестановка произошла до начала изменения сочетаний е : о с далее следующими носовыми согласными в носовые гласные ę : ǫ. Можно объяснить это явление и гораздо проще: как следствие контаминации с о.-с. *znojь, *znojiti (см. *зной*).

ЗНОЙ, -я, *м.* — «пронизывающая, удушливая летняя жара, когда воздух раскален палящим солнцем». *Прил.* знойный, -ая, -ое. Ср. в говорах: арханг. знеть — «блестеть», «пламенеть», «краснеть» (Подвысоцкий, 56); раньше — у Даля (I, 619): арханг. знея́ть, твер., пск. знойть, знияты — «тлеть», «гореть без пламени». Ср. в том же знач.: укр. спéка; блр. спéка. Но ср. болг. зной — тж., (в говорах и в старое время?) также «пот» (Младенов, ЕПР, 194), знóен, -йна, -йно; с.-хорв. знôj — «пот», znôjan, -jna, -jno; с.-хорв. знôjни, -â, -ô — «потный», «потовой»; словен. znoj — «пот»; чеш. znoj — «жара» (поэтич.), «солнечный удар», также «пот», znojný, -á, -ó; словац. znoj — «испарина»; польск. znój — «зной», znojny, -a, -e. Др.-рус. зной — «terrae motus (землетрясение?)», знойный (Срезневский, I, 933). ▫ В этимологическом отношении это слово одно из труднейших. В других и.-е. (неславянских) языках соответствий не обнаружено, а между тем слово известно с о.-с. эпохи. О.-с. корень *znojь в абляуте связан с *znĕ- (ср. рус. диал. знеть, знея́ть) и *zni- (ср. рус. диал. знияты), как о.-с. *loi- (ср. рус. диал. лой — «жир», общерус. слой) с *lě- (рус. диал., напр. сиб. розлев, ст.-сл. лѣж), с *li- (о.-с. *liti). Исходя из старшего (?) знач. «пот», некоторые языковеды (см. РФВ, I,

ЗОБ

1879 г., 110) решаются связывать слово *зной* с *гной*, *гнить*, потому что, по словам Младенова (ЕПР, 194), «потение и гниение химически все равно, что горение». Но главная трудность заключается в объяснении странного изменения g > z. Предполагается, что *gnoj- могло измениться в *znoj- под влиянием слов с начальным свистящим согласным. Ср. рус. *сиять*, *сверкать*. Ср. рус. диал. *зиять* — «блестеть» и *знеять* — «сверкать»: «расплавленная медь *знеет* в горне» («Опыт» 1852 г., 70, 71). Не исключено также, что и.-е. корень *ghen- и база *ghnei-, к которой восходит о.-с. *gnojь относится к образованиям с неустойчивым произношением начального звука gh (> о.-с. g) : g'h (> о.-с. z). См. примеры у Покорного (Pokorny, I, 366, 399, 419 и др.).

ЗОБ, -а, *м.* — 1) (у птиц, а также у насекомых и моллюсков) «расширенная часть пищевода, богатая железами, служащая для накопления и размягчения пищи»; 2) (у человека) «опухолевидное увеличение щитовидной железы». *Прил.* зо́бный, -ая, -ое, зоба́тый, -ая, -ое. Укр. зоб — «зоб» (у насекомых) и «болезнь» (но «зоб у птиц» — волб; ср. блр. валлё, валля́к «зоб»). В других слав. яз. имеется созвучное слово (ср. болг. зоб, зобта́; с.-хорв. зо́б, род. зо́би; словен. zob, род. zobi), которое восходит к о.-с. *zobъ, ж., причем это слово значит не «зоб», а «(зерновой) корм» (для домашних животных). Ср. польск. устар. zób, род. zobi, ж. — «птичий корм». Ср., однако, чеш. zob, род. zobu, м. — «корм для птиц». В старших письм. памятниках др.-рус. и ст.-сл. языка слово *зоб*, м. отс. В словарях русского языка оно отм. с 1704 г. [Поликарпов, 126, со знач. «cibarium» («корм», «фураж»), «rostrum» («клюв», «морда»)]. С совр. знач. — с 1793 г. (САР¹, III, 111). ▫ Т. о., слово *зоб* — «опухолевидное утолщение» — явно позднее слово, возникшее на базе др.-рус. зобъ, ж. — «корм» и зоба́ти — «есть» (Срезневский, I, 994). Старшее знач., по-видимому, было «птичий зоб». О.-с. корень *zob-. И.-е. корень *g'ebh- — «есть», «пожирать», «рот» (Pokorny, I, 382). См. *забота*, *зуб*.

ЗОЛА́, -ы́, *ж.* — «пепел», «пылевидный остаток после сгорания или сожжения какого-л. вещества». *Прил.* золи́стый, -ая, -ое. *Глаг.* золи́ть. Укр. зола́ (: по́піл), золи́ти. Ср. болг. зола́ — «щелок» («зола» — пе́пел); польск. zoła — «щелочная зола» (при ropiół — «зола»). В большинстве слав. яз. отс. Ср. в том же знач.: блр. по́пел (: пры́сак); с.-хорв. пе́пео; словен. pepel; чеш. popel. В ранней письменности (до XIV в.) не засвидетельствовано. Позже упоминается как товар (Кочин, 129). В словарях — с 1704 г. (Поликарпов, 126). Производные отм. в словарях с 1771 г. (РЦ, 181). ▫ О.-с. *zola. Объясняют как название по цвету и сопоставляют с рус. *зеленый* и *золото*. И.-е. корень *g'hel- (: *g'hol-). Так Pokorny, I, 430 (также Fraenkel, 1297, хотя и не очень решительно). Старшее знач. о.-с. *zol- (< и.-е. *g'hol-) не было обозна-

ЗОН

чением только з е л е н о г о цвета. И.-е. *g'hel- (: g'hol-) могло также значить «серый». Ср. вост.-лит. želtas (с ž из и.-е. g'h) «светлорусый», «золотой».

ЗО́ЛОТО, -а, *ср.* — «один из химических элементов, благородный металл желтого или (в зависимости от примесей) зеленовато- или красновато-желтого цвета, употребляемый как материал для звонкой монеты и драгоценных изделий и вообще как мерило стоимости», Aurum. *Прил.* золото́й, -а́я, -ое, золоти́стый, -ая, -ое. *Глаг.* золоти́ть. Сюда же позоло́та, золота́рь. Укр. зо́лото, золоти́й, -а́, -е́, золоти́ти; блр. зо́лата, залаты́, -а́, -бе, залаці́ць; болг. злато́, злате́н, -тна, -тно — «золотой», златя́ — «золочу»; с.-хорв. зла́то, зла́тан, -тна, -тно : зла́тни̑, -а̑, -о̑ — «золотой», зла́тити — «золотить»; словен. zlato, zlat, -a, -e, zlatiti; чеш. и словац. zlato, zlatý, -á, -é, zlatiti (словац. zlatit'); польск. złoto, złoty -a, -e, złocić; в.-луж. złato, złaty -a, -e, złóćić; н.-луж. złoto, złoty, -a, -e, złośiś. Др.-рус. зо́лото (Дог. Ол. 911 г.), золоты́й > золото́й (с XIV в.), золоти́ти (с XII в.) [Срезневский, I, 995, 996]. Ст.-сл. злато, златъ, златын, златьнъ, златьныи (SJS, I : 12, 674—675); в Син. пс. наряду со злато — странное золъто (Северьянов, 251). ▫ О.-с. *zolto (< и.-е. *g'holtom). И.-е. корень *ghel- : *g'hel- — «желтый», база *ghel-t- : *g'hel-t-. Ср. латыш. zelts — «золото», вост.-лит. želtas — «золотой», «светлорусый» (Fraenkel, 1296). За пределами балто-славянской группы ср. гот. gulþ — «золото»; др.-в.-нем. golt (совр. нем. Gold); др.-сканд. goll : gull; дат. guld (о.-г. корень *golþ-, и.-е. база *g'hl̥t-). Т. о., *золото* в языках балто-славянской и германской групп было названо по цвету этого металла. К и.-е. *g'hl̥- по корню восходит о.-с. *žьltъ, -а, -о (см. *желтый*). Со знач. «золото» ср. авест. zaraṇya — (и.-е. *g'hel-); др.-инд. híraṇya, *п.* (и.-е. *g'hǝl-). Подробнее см. Pokorny, I, 429—430.

ЗО́НА, -ы, *ж.* — «определенная часть территории, полоса, область и т. п., представляющая собою нечто единое, характеризующаяся общими признаками в каком-л. отношении (климатическом, природном, культурном, политическом и т. д.)». *Прил.* зона́льный, -ая, -ое. Укр. зо́на, зона́льний, -а, -е; блр. зо́на, зана́льны, -ая, -ае; болг. зо́на, зона́лен, -лна, -лно; с.-хорв. зо́на; чеш. zona, прил. zonální; польск. zona. В русском языке слово *зона* известно с начала XVIII в. (Магницкий, 224); ср. у Фонвизина «Жизнь Сифа», ч. III, 1764 г., кн. 7, 94): «жаркая *зона*». В словарях — с 1803 г. (Яновский, I, 798). Прил. *зональный* — гораздо более позднее. Встр. в работе А. В. Докучаева «К учению о зонах природы», 1899 г.: «результат... не может не быть *зональным*» (10; также 7); там же *зональность* (6). В словарях — с 1907 г. (СРЯ¹, т. II, в. 9, с. 2846). ▫ Из западноевропейских языков. Ср. франц. (гл. обр. с XVI в.) zone, *f.*; нем. Zone, *f.*; англ. zone; ит. zona и др., но далеко не повсеместно даже в Европе.

Первоисточник — греч. ζώνη — «пояс», сначала — «талия», «чресла» (ср. ζωή — «жизнь», ζωός — «живой»). Развитие значения: «чресла» > «пояс» > «земной пояс», «градус широты» > «полоса вообще» > «зона». Прил. *зональный* < франц. zonal — тж.

ЗОНД, -а, *м.* — 1) «медицинский инструмент в виде эластичной трубки или палочки, вводимый с диагностической или лечебной целью в полые органы или раны»; 2) «бурав для сверления колодцев»; 3) «небольшой воздушный шар с самопишущим прибором для метеорологических наблюдений». *Глаг.* зонди́ровать. Сюда же зонди́рование, зонда́ж. Укр. зонд, зондува́ти, зондува́ння; блр. зонд, зандзі́раваць, зандзіро́ўка; болг. со́нда, сонди́рам — «зондирую»; с.-хорв. со́нда, сонди́рати; чеш. sonda, sondovati, sondace, sondáž; польск. sonda (но ср. zgłębnik żołądkowy «желудочный зонд»). В русском языке слово *зонд* (в мед. смысле) в словарях отм. с 1847 г. (СЦСРЯ, II). Самое позднее из этой группы слово — *зондаж* (ССРЛЯ, IV, 1955 г., 1328). ▫ Слово французское — sonde, *f.* (начальное s = рус. с), вообще известное с XII в., но в мед. смысле лишь с XVI в., как и sonder — «зондировать», позже, во 2-й пол. XVIII в. появилось sondage — «зондаж». Из франц. — нем. Sonde, *f.* (начальное s = з), (с суф. -ier-) sondieren. В русском яз. *зонд* и *зондировать* — из нем. Происхождение франц. sonde не вполне ясно.

ЗО́НТИК, -а, *м.* — 1) «ручной прибор в виде трости с металлическим складным каркасом на верхе, обтянутым тканью, служащий прикрытием от дождя или солнца»; 2) «легкий навес над чем-л. (крыльцом, дверью и т. п.)»; 3) «козырек для защиты глаз от солнца». Зонт — тж. *Прил.* зо́нтичный, -ая, -ое, зо́нтиковый, -ая, -ое, зо́нтовый, -ая, -ое. Укр. зо́нтик, зонт (: парасо́ль). Ср. блр. парасо́н — «зонтик», «зонт». В других слав. яз. отс. Ср. болг. чадъ́р (< турец. çadir — «палатка», «шатер») — тж.; с.-хорв. ämрёl (< ит. ombrèllo — «зонтик», «зонт»); польск. parasol [< франц. parasol — «зонтик от солнца» < ит. parasole — тж. (< para — «против», «от» и sole — «солнце»)]. ▫ В русском языке сначала появилось заимствованное из голландского языка слово *зондек* в смысле «навес (на корабле) от солнца». Как было отмечено Смирновым (117), это слово встр. в «Кн. Устав морск.» 1720 г. (898) в издании с параллельным голландским текстом: *зондек* — Son dek (sic!). Ср. совр. голл. zonnedek — «тент», «навес от солнца» (ср. zonnescherm или иначе parasol — «зонтик от солнца»). Позже (в XVIII в.), сохраняя старое значение, оно получило форму *зонтик* (вследствие переосмысления, сближения с уменьш. сущ. на -*ик*). В этой форме отм. Нордстетом в 1780 г. [I, 252: зонтик — «la cabane» («навес», «шалаш»), «die Decke über eine Schaluppe» («навес над шлюпкой»)]. Слово *зонт* — более позднее новообразование от *зонтик* путем усечения концовки -*ик*. Встр. (но еще со старым знач.) у Тучкова (1818 г., 160): зонт — «навес из полотна, пришиваемый при штаб-офицерских и генеральских наметах». Со знач. «ручной зонтик» [от солнца (старорус. *солнечник*) или от дождя] это слово (*зонтик*, *зонт*) вошло в употр. с начала XIX в. Яновский (I, 1803 г., 800) отм. *зондек*, *зонтик* лишь в знач. «тент». Но ср. уже у Лермонтова в юношеской драме «Люди и страсти», 1830 г., д. III, явл. 1: «Элиза идет с *зонтиком* одна. Элиза: — Как жарко нынче... Если б не этот благодетельный *зонтик*...». В словарях *зонтик* (ручной, от солнца или от дождя) отм. с 1834 г. (Соколов, I, 970).

ЗООЛО́ГИЯ, -и, *ж.* — «наука о животных организмах и животном мире». *Прил.* зоологи́ческий, -ая, -ое. Сюда же зо́олог. Укр. зоологія, зо́олог, зоологі́чний, -а, -е; блр. заало́гія, заа́лаг, заалагі́чны, -ая, -ае; болг. зооло́гия, зоо́лог, зоологи́чески, -а, -о; с.-хорв. зооло̀гија, зо̀олог, зоо̀лошки̑, -а̑, -о̑; чеш. zoologie (: živočichopis), zoolog, zoologický, -á, -é; польск. zoologia, zoolog, zoologiczny, -a, -e. В русском языке *зоология* и *зоолог* по словарям известны с 1803 г. (Яновский, I, 800—801), *зоологический* — с 1834 г. (Соколов, I, 970). ▫ Ср. франц. (с 1751 г.) zoologie, zoologiste, (с 1835 г.) zoologique > нем. Zoologie (z=ц), Zoolog(e), zoologisch и др. Судя по времени заимствования и по начальному *з*, слова с *зоо-* — из франц. Во франц. языке — книжное образование на базе греческих слов ζῷον — «живое существо», «животное» и λόγος — «слово», «суждение», «беседа», «повествование», «тема».

ЗРА́ЗА, -ы, *ж.* (обычно *мн.* зра́зы) — «мясная жареная котлета с начинкой, чаще всего из гречневой каши, иногда с рисом». Укр. зра́зи, *мн.*; блр. зра́зы, *мн.* Польск. zrazy — (в XIX в.) «битки». В настоящее время «зразы»; ср. zrazówka — «филе»; ср. еще zraz — «срез», «кусок», zrazić — «сразить», «свалить» (корень *raz-: *rěz-, приставка z < *sъ). В других слав. яз. (и иных) или отс. или из польского (напр., чеш. zrazy). В русском языке слово *зраза*, *мн.* *зразы* известно с 60-х гг. XIX в. Встр. в рассказе Лескова «Овцебык», 1863 г. (СС, I, 37). В словарях — с 1907 г. (СРЯ[1], т. II, в. 9, 2869). ▫ Заимствовано из польского.

ЗРАЧО́К, -чка́, *м.* — «отверстие в радужной оболочке глаза, через которое проникают в органы зрения световые лучи». В говорах также *зорочо́к* [ср. в письме Фонвизина от 18/29-IX-1777 г.: «Наконец она взглянула, и... мы узнали, что *озорочек* не повреждён» (СС, II, 413)], пск. *зоро́к* (Даль, I, 623), петрозав. *зорки́*, *мн.* — тж. (Куликовская, 30). *Прил.* зрачко́вый, -ая, -ое. В укр. и южнослав. языках это знач. выражается словом от о.-с. *zĕnica (см. *зеница*). Ср. чеш. zřítelnice — тж.; польск. źrenica — тж. Поликарпов (1704 г., 127) отм. *зрачик* — «pupilla» («зрачок») наряду с *зорочек*. То же — в «Рукоп. лексиконе» 1-й пол. XVIII в. (Аверьянова, 124).

▫ Позднее производное (уменьш.) от др.-рус. книжн. зракъ (Срезневский, I, 998) < ст.-сл. зракъ (SJS, I : 12, 681—682) < о.-с. *zor-k-ъ — «вид», «ви́дение», «образ». По-видимому, калька с латин. pūpilla — «зрачок», собств. же уменьш. от pūpa — «девочка», «кукла» (след. «куколка»). Знач. «зрачок», «зеница» это латинское слово получило по уменьшенному отражению человека в зрачке (когда при определенных условиях освещения, один человек на некотором расстоянии видит свое отражение в глазах другого). Ср. у Даля (I, 623): зрачо́к — «человечек в глазу». О.-с. корень тот же, что в о.-с. *zьrěti [> рус. зреть² (см.)].

ЗРЕ́ЛИЩЕ, -а, ср. — 1) «то видимое, открывающееся перед взором, что является предметом пристального наблюдения, привлекает особое внимание»; 2) «спектакль», «представление». Прил. (к зрелище во 2 знач.) зре́лищный, -ая, -ое. Болг. зре́лище (вероятно, из рус.). В других слав. яз. отс. Ср. с.-хорв. при́зор — тж. Ср. в том же знач.: укр. видо́вище (во 2 знач. — виста́ва); блр. відо́вішча; польск. widowisko. В др.-рус. и ст.-сл. яз. не засвидетельствовано. В словарях русского языка — с 1704 г. (Поликарпов, 126 об.).
▫ Образовано от зреть² (см.). С точки зрения словообразования ср. стар. рус. риста́лище — «место ристания». Суф. -ищ-е здесь обозначает «место действия». Т. о., старшее знач. могло быть «место, где что-л. зрят, видят, смотрят».

ЗРЕТЬ¹, зре́ю — «спеть», «расти, достигая определенного предела развития». Сюда же зре́лый, -ая, -ое (по происхождению — полное прич. на -л-), от причастной основы — зре́лость. С приставками также дозрева́ть, созрева́ть. Укр. зрі́ти, зрі́лий, -а, -е, зрі́лість. В блр. отс., ср. в том же знач. спець, ср. атэста́т ста́ласці — «аттестат зрелости». Ср. болг. зре́я — «зрею», зрял, -а, -о, зре́лост : зря́лост; с.-хорв. зре́ти, зре̑о, зре́ла, зре́ло : зре́ли, -а̑, -о̑, зре́лост; чеш. zráti, 1 ед. zraji, zrám, zralý, -á, -é, zralost; словац. zret' : zriet', zrelý, -á, -é, zrelost'; польск. dojrzeć, 1 ед. dojrzeję, dojrzały, -a, -e, dojrzałość, ст.-польск. (XV в.) źrzeć, устар. źrzały, -a, -e; в.-луж. zrać, zrały, -a, -e, zralość; н.-луж. zdrjaś, zdrjały, -a, -e, zdrjałota. Др.-рус. (с XI в.) зьрѣлый, зьрѣлъ, съзьрѣти (Срезневский, I, 1012, III, 711). Ст.-сл. *зьрѣти, 1 ед. *зьрѣѭ, зьрѣлъ — «зрелый» (SJS, I : 12, 691; засвидетельствованы — в «Супр. р.» — только формы на -л-). о.-с. *zьrěti, 1 ед. *zьrějǫ. И.-е. корень *g'er- (: *g'r-) - *g'erə- : *g'rē- (тот же, что в о.-с. *zьrno) — «поспевать», «становиться зрелым», «трухляветь», «стареть» (Pokorny, I, 390—391). Ср. греч. γέρων, род. γέροντος — «старик», «старец», как прил. — «старый», «старший»; арм. цер (cer) — «старый»; авест. zaírina- — «расслабленный»; перс. зар — «старик», «старец» (Миллер, 258); др.-инд. járati «стареет», jarant — «старый», «дряхлый».

ЗРЕТЬ², зрю, устар., книжн. — «видеть», «глядеть». Употр. теперь только в сложениях вроде лицезре́ть или с приставками: узре́ть, воззре́ть, также взира́ть и нек. др. Отглаг. сущ. зре́ние. Отглаг. (обыкновенно субст.) прил. (< прич. действ. н. вр.) зря́чий, -ая, -ее. Сущ. (от основы н. вр.) зри́тель. Укр. устар. зрі́ти, зря́чий, -а, -е (ср., однако, зір — «зрение», но гляда́ч — «зритель»). В блр. отс. Ср. в других слав. яз.: словен. zreti — «видеть», «глядеть», «смотреть»; чеш. книжн. zříti — тж.; словац. устар., поэт. zriet' — тж.; в.-луж. устар. zrjeć — тж.; польск. (с приставкой) dojrzeć (в XV—XVI вв. наряду с doźreć; в XV — źrzeć) — тж. Др.-рус. (с XI в.) зьрѣти, 1 ед. зьрю (Срезневский, I, 1012—1013). Ст.-сл. зьрѣти, 1 ед. зьрѭ (SJS, I : 12, 691). ▫ О.-с. *zьrěti, 1 ед. *zьrjǫ. Корень *zьr- (здесь — на ступени редукции), тот же, что в заря (см.), зо́ркий, позо́р. И.-е. корень *g'her- : *g'herə- : *g'hrē- — «блистать», «сиять», «сверкать» (Pokorny, I, 441—442; Falk — Torp², I, 338). В ближайшем родстве лит. žerėti — «блестеть», «сверкать», «гореть»; сюда же относят žiūrėti — «смотреть», «рассматривать», «глядеть». Возможно, родственными образованиями являются др.-в.-нем. grāo, pl. grāwe (совр. нем. grau) — «серый», «седой»; др.-исл. grár (< *g'hrēu̯os) — тж.

ЗРЯ, нареч. — «напрасно», «незаслуженно», «попусту», «вопреки очевидности». Прил. зря́шный, -ая, -ое. Только русское. Как областное слово зря : здря известно с половины XIX в. («Опыт», 1852 г., 70). Но ср. в «Житии Андрея Юродивого» по сп. XV—XVI вв.: «что зря, похабе, зовеши плавы» («озираясь», «присматриваясь» — Срезневский, I, 1013). ▫ По происхождению — деепричастие н. вр. действ. от зьрѣти (см. зреть²). Слово (книжное по происхождению) получило новое значение в народной речи.

ЗУБ, -а, м. — «костный орган во рту, служащий вместе с другими подобными органами для захватывания, удержания и размельчения пищи»; «острый выступ». Прил. зубно́й, -а́я, -о́е, зуба́(с)тый, -ая, -ое. Укр. зуб, зубни́й, -а́, -е́, зуба́(с)тий, -а, -е; блр. зуб, зубны́, -а́я, -о́е, зуба́(с)ты, -ая, -ае; болг. зуб, зъб, зъбен, -бна, -бно, зъба́т, -а, -о, зъбест, -а, -о; с.-хорв. зу̑б, зу̏бни̑, -а, -о, зу̀бат(ӣ), -а, -о — «зубастый», зу̀баст(ӣ), -а, -о — «зубовидный», «зубчатый»; словен. zob, zoben, -bna, -bno, zobat, -a, -o; чеш. zub, прил. zubní, zubatý, -á, -é; словац. zub, zubný, -á, -é, zubatý, -á, -é; польск. ząb, zębowy, -a, -e, zębaty, -a, -e — «зубатый»»; в.-луж. zub, zubowy, -a, -e, zubjany, -a, -e; н.-луж. zub, zubny, -a, -e, zubowy, -a, -e. Др.-рус. (с XI в.) зубъ, зубьный, зубьнъ (Срезневский, I, 998—999). Ст.-сл. зѫбъ, зѫбьнъ (SJS, I : 12, 692). Прил. зубатый по словарям известно с 1704 г. (Поликарпов, 126 об.). ▫ О.-с. *zǫbъ. Родственные образования: лит. žambas — «острый угол, край», «лезвие», žambis — «соха»; латыш. zobs —

ЗУБ

«зуб»; др.-в.-нем. kamb — «гребень», «хребет»; греч. γόμφος — «гвоздь», «колышек», «клин», но также и «зуб»; алб. dhëmb — «зуб»; др.-инд. jámbhaḥ — «зуб», «клык». И.-е. *g'ombhos — «зуб». Корень *g'embh- «кусать», «раскусывать», «жалить». См. Pokorny, I, 369.

ЗУБР, -а, *м.* — «дикий, свирепый лесной бык крупных размеров, горбатый, с длинной бурой шерстью на передней части туловища, особенно на подгрудке, гривастый, бородатый», Bison bonasus. Ср. в говорах *зубрь*, *изубрь* (Даль, I, 623). С начальным *и* известно с XVII в. Ср. в «Житии» Аввакума (Автограф, 234 об., с. 41): «поехали из Даур... Христос нам дал *изубря*, болшово зверя». Укр., блр. *зубр* (но в блр. другое ударение в косв. п.: *зубра́*); болг. *зу́бър*; с.-хорв. *зу̑бар*; словен. zober; чеш. zubr; ст.-польск. zubr, ząbrz (совр. żubr); в.-луж. zubr. Др.-рус. *зубрь* (Библия по сп. XIV в. — Срезневский, I, 998). Прозвище *Зубръ*, (позже) *Зубр*, польского или украинского происхождения, известно с 1418 г. (Тупиков, 163—164). □ О.-с. *zǫbrъ. Ср. латыш. sumbrs, sūbrs, subrs при лит. stumbras [латыш. subrs, надо полагать, из др.-рус.; лит. stumbras — какое-то скрещенное слово, ср. лит. taũras — «бык», «буйвол»); вообще говорить в этом случае о балто-славянской праформе не представляется возможным (см. Fraenkel, 932). Польская форма (с u вм. ожидаемого носового гласного), по-видимому, из вост.-слав. языков. Начальное ż вм. z возникло на почве мазуракающих говоров. Старшее знач. этого слова в о.-с. языке было, м. б., и не «зубр». В ст.-польск. XV и даже XVI в. ząbrz (и zubr) значило также «тигр» (Brückner, 667). Поэтому не исключено, что о.-с. *zǫbrъ на начальном этапе развития этого слова являлось субстантивированным прил. в кр. ф. (ср. с тем же суф. -r- о.-с. *chytrъ, *bystrъ, *pъstrъ и др.) и образовано от о.-с. *zǫbъ — «зуб» (: «клык»?) как наименование какого-то редкого в славянских странах или вымершего хищного *зубастого* зверя. С течением времени внутренняя форма этого слова была забыта, и оно получило новое значение.

ЗУБРИ́ТЬ, *зубрю́* — «механически, полагаясь только на память, заучивать что-л. наизусть, не вникая должным образом в смысл заучиваемого». *Сущ.* **зубрёжка, зубри́ла, зубри́стика.** Укр. *зубри́ти*; блр. *зубрі́ць*; болг. (из русского) *зу́бря* — «зубрю». В других слав. яз. отс. В русском языке — позднее. Сначала (в 1792 г.) появилось в словарях *зубрить* — «насекать (на чем-л.) зубцы», «делать зазубрины» (САР¹, III, 165) и еще раньше *зазубрина* (РЦ, 1771 г., 185). Но *зубрить* — «механически заучивать» по происхождению, пожалуй, связано не столько с *зубрить* — «делать зазубрины» (на чем-л. остром, на лезвии), следовательно, «тупить», «притуплять» и пр., сколько с *зубрить* — «грызть» (ударение *зубри́ть* — вследствие омонимического отталкивания от *зу́брить* — «зазубривать», «тупить»). См. Даль, I, 1863 г., 624; здесь же

ЗЫБ

впервые фиксируется и знач. «учить в долбежку». Однако в общее употребление этот глагол с новым значением вошел несколько раньше. Ср. в очерке Панаева «Петербургский фельетонист», 1841 г., «он... и учится и даже *зубрит* (употребляя школьное выражение) французские вокабулы» (Избр., 139). □ Возможно, что это школьное выражение является калькой с немецкого студенческого ochsen (от Ochse — «бык», «вол») — сначала «работать, как вол», потом «зубрить», известного с начала XIX в. (см. Желтов, ФЗ, 1875 г., в. 3, с. 7) или с подобного же более раннего нем. büffeln — «зубрить» (от франц. bufle — «буйвол»), сначала «работать, как буйвол». Ср. с тем же знач. чеш. biflovati. В русском яз. слово было сближено с *зубр*.

ЗУД, -а, *м.* — «раздражение кожных покровов тела, вызывающее потребность чесаться». *Глаг.* **зуде́ть,** иногда **зуди́ть.** Только русское. В других слав. яз. это знач. передается словами от корня, восходящего к о.-с. корню *svьrb- (: *sverb-?). Ср. укр. *свербі́ти, сверби́ж*; блр. **свярбе́ць, сверб**; болг. *сърби́*, безл., *сърбе́ж*; с.-хорв. **свр́бети, свр́беж, свра́б**; чеш. svrbět(i), svrbění; польск. świerzbić, świerzb. В памятниках др.-рус. яз. не обнаружено. В словарях — с 1771 г. (РЦ, 185; *зуд*, *зу́дить*). □ Происхождение неясное. Сопоставляют (о чем см. Fraenkel, 1293) с лит. žaudus — «сердитый», «раздраженный», «обидчивый», но слово это не имеет связей на литовской и вообще балтийской почве, не говоря уже о семантических трудностях. Эти трудности остаются и в том случае, если корень *зуд*- возводить [вместе с рус. *жуткий* < *жуд*кий, с рус. диал. *жуда́* — «ужас», «беда» (Даль, I, 488) к и.-е. *g'heu-d- (: *g'hou-d-) — «погибать» [ср. ср.-ирл. gúass (< и.-е. *g'houd-tā) — «опасность». вал. (кимр.) gwst (< и.-е. *g'hud-tu-s) — «недуг», «болезнь» (об относящейся сюда группе слов — без русских данных — см. Pokorny, I, 448)]. Если не бояться семантических трудностей, то заслуживает внимания замечание Преображенского (I, 258): «м. б., вначале — звукоподражательное: жужжание надоедливых насекомых., их укушение, зуд». Действительно, ср. у Даля (I, 488): орл. *жуд* — «жужжание», *жуде́ть* — «шуметь», «гудеть»; у Кардашевского (II, 356): курск., орл., калуж. *жудеть* — «зудеть», «чесаться».

ЗЫБЬ, -и, *ж.* — «легкое, рассеянное колебание водной поверхности при отсутствии сильного ветра». *Глаг.* **зы́бить(ся),** 1 ед. **зы́блю(сь).** Сюда же **зы́бкий**, -ая, -ое, **зы́бучий**, -ая, -ее, **зы́бка** — «люлька», «колыбель, подвешенная к концу жерди», **зыбу́н.** В говорах: **зыба́ть** — «колыхать», «колебать» (Даль, I, 625). Сюда же **незы́блемый**, -ая, -ое, *незы́блемо.* Укр. *зиб*, род. *зи́бу* и *зибі́, зибі́чок*, -*чка* -*чке* (но глаг. — **колиха́ти, коливати, хита́ти,** ср. **хиткий,** -а́, -е́ — «зыбкий», *колі́ска* — «зыбка»); блр. *зыб*, род. *зы́бу*, **зыбаць, зыба́цца, зыбкі**, -ая, -ае, **зыбу́чы**, -ая, -ае (но «зыбка» — *калы́ска*). Ср. с.-хорв. зи̑бати — «качать люльку»; словен. zibati —

ЗЯБ

тж., zibel — «колыбель»; кашуб. zebac — «качать»; полаб. zóibka — «колыбель» (Rost, 144). Др.-рус. зыбь — «зыбкое место», «трясина» (1482 г.), зыбежь — «возмущение», «смятение» (XV в.) при зыбати — «колебать» (XIII в.), зыбатися (XI в.) (Срезневский, I, 1009). Ст.-сл. зыбати, зыблѭ — «качать» (SJS, I : 12, 690). Другие образования — более поздние: зыбкий, зыбучий в русском языке употр. по крайней мере с середины XVIII в., встр. в ранних стихотворениях Державина; в словарях зыбкий отм. с 1771 г. (РЦ, 185), зыбучий — с 1792 г. (САР¹, III, 169); позже появляется зыбун (СЦСРЯ, II, 1847 г., 98). Но зыбка известно с самого начала XVIII в. (Поликарпов, 1704 г., 127). □ О.-с. *zybati, 1 ед. *zybjǫ. Слово до сих пор не получило удовлетворительного этимологического освещения. Если старшим значением о.-с. корня *zyb- можно было бы считать «волнистость, колебание водной поверхности» или «топкое, болотистое место», «трясина», то о.-с. *zyb-, возможно, из *syb- (вследствие ассимиляции s : b > z : b), а оно восходит к и.-е. *seup- (: *seub- : *sub-), от корня *seu-, выражавшего представление о чем-то влажном, сочащемся, о влаге. Ср. у Р. Джемса (РАС, 1618—1619 гг., 17 : 28): zïb — «the waves» («волны»). Ср. рус. диал. зыбун — «глубокое, топкое, болотистое место на тундре», зыбок — «болотина», зыбень — «гладкая волна без гребня» (Маштаков, 41). Подробнее об и.-е. *seu- см. Pokorny, I, 912. См. также *сосать*.

ЗЯ́БЛИК, -а, м. — «лесная певчая птица из семейства вьюрковых, с очень пестрым (у самца) оперением, с синевато-серой головкой и розоватой грудкой и боками», Fringilla coelebs. Прил. зя́бликовый, -ая, -ое. Укр. зя́блик. Ср. с.-хорв. зёба — тж.; польск. zięba. В других слав. яз. отс. в том же знач.: блр. берасця́нка; болг. си́пка. В др.-рус. письменном языке не засвидетельствовано. В форме зя́блица это слово известно с конца XVII в. Ср. у Лудольфа в Рус. гр. 1696 г. (88): зя́блица — «fringilla». В форме зя́блик в словарях — с 1792 г. (САР¹, III, 176). □ От *зябнуть* (см.), *зяблый*. Даль (I, 618) отм. и другое (такого же происхождения) народное название для зяблика: знобу́ша. Также и латин. fri(n)gilla — «зяблик», связано с frigus — «холод», «стужа», «озноб». Не по «зяблости» или «зябкости» названо, а потому, что зяблик поет и в стужу. Ср. у Даля (I, 627): зя́блица — твер. «капуста, покинутая на гряде до морозов».

ЗЯ́БНУТЬ, зя́бну — «страдать от действия холода», «испытывать чувство холода». В говорах: зябти́, 1 ед. зябу́ — тж. [по Далю (I, 627) — вост.]. Прил. зя́блый, -ая, -ое. Сюда же зя́бкий, -ая, -ое, зябь, зя́блик (см.). Блр. зя́бнуць. Ср. в том же знач. укр. ме́рзнути, но ср. зяб — «зябь», зя́блик. Ср. с.-хорв. зе́псти, 1 ед. зе́бём; чеш. zábnouti; польск. ziębnąć. В древнейших письменных памятниках русского языка отс. В русском языке, по крайней мере до 1-й трети XVIII в., с этим знач. не встр. Известно др.-рус. (с XI в.) зябнути (ст.-сл. заБнѫти) — «произрастать» (гл. обр. о семени, о зерне — Срезневский, I, 1015), по корню (о.-с. *zęb-) восходящее к и.-е. *g'embh- — «кусать», «раскусывать», «прорывать(ся)». Глагол же *зябнуть* — «мерзнуть» — появился гораздо позже. М. б. новое значение возникло из представления о ростке, о зародыше, нуждающемся в бережном отношении, в помощи. Ср. др.-рус. зябль — «росток», «зародыш» (Срезневский, I, 1015). Ср. у Срезневского (II, 638) озябти, 1 ед. озябу — «замерзнуть», «обмерзнуть» в грамоте 1552 г. Ср. у Р. Джемса (РАС, 1618—1619 гг., 16 : 47): ozébla — «could» (холодно). В словарях зябнуть — с 1731 г. (Вейсман, 171). □ О.-с. *zębti, 1 ед. *zębǫ; *zębnǫti, 1 ед. *zębnǫ. Корень тот же, что и в о.-с. *zǫbъ > рус. *зуб* (см.). И.-е. *g'embh- (Pokorny, I, 369).

ЗЯТЬ, -я, м. (мн. зятья́) — «муж дочери»; «муж сестры», «муж золовки». Укр. зять; блр. зяць; болг. зет; с.-хорв. зёт; словен. zet; чеш. zet' (но «муж сестры» — švagr < нем. Schwager); словац. zať (но «муж сестры» — švagor); польск. zięć (но «муж сестры» — szwagier). Др.-рус. (с XI в.) зять — «муж дочери или сестры», а также книжн. «жених», «родственник по браку»; позже прил. зя́тный (Срезневский, I, 1016). Ст.-сл. зѧть — «зять», «жених» (SJS, I : 12, 692). □ О.-с. *zętь (< и.-е. *g'enətis) — «познанный, узнанный, ставший членом семьи вследствие брака». И.-е. корень *g'en- : *g'enə- (: *g'ənə-) — «рождать», «производить на свет» (Pokorny, I, 373—374). Знач. «зять» развилось из представления как продолжателе рода. Ср. лит. žéntas (< и.-е. *g'enətos) — «муж дочери». Ср. также др.-в.-нем. kind (совр. Kind) — «дитя», «ребенок» (< и.-е. *g'entom); латин. genitus (< и.-е. *g'enətos) — «рождение», «размножение», nātus (старшая форма gnātus < и.-е. *g_enətos) — «рожденный»; авест. zātō — тж.; др.-инд. jātáḥ (др.-инд. корень jan-) — тж.; к и.-е. без суф. -t- восходит латин. genō : (с удвоенной основой) gignō — «рождаю», «рожаю», «произвожу на свет»; др.-инд. jánati — «рождает», «производит».

И

И, *соединительный союз*. Укр. і : й (наряду с та); блр. і (: ды); болг. и; с.-хорв. и (: па, те); словен. і — «и», «также», «тоже» (обычно in); чеш. и словац і (в известных случаях; обычно же русскому *и* здесь соотв. а); польск. і. В лужицких языках і отс. (употр. а). Др.-рус. (с IX—X вв.) и — 1) «и»; 2) «также»; 3) «а», «однако»; 4) «с тех пор как» (Срезневский, I, 1016—1017). Ст.-сл. н — 1) «и»; 2) «тогда», «и вот»; 3) «а», «же»; 4) «тоже», «также» (SJS, I : 12, 693—698). □ О.-с. *i. Ср. гот. ei — «ли», «и», «что», «чтобы»; греч. εἰ, эп.-дор. αἰ, кипр. ἤ — «если», «ли», «так». Лит. ẽ — «и», «но» имеет отношение не к рус. *и*, а к рус. союзу *а*. Лит. iř, вост.-лит. ař — «и», «также» не имеет отношения ни к тому, ни к другому (Fraenkel, 15, 117, 186). По происхождению, как полагают, — одна из омертвевших падежных форм (локатив) и.-е. указ. мест. с основой *e- (: *o-) — *ei-: *i-. Знач. соединит. союза возникло в о.-с. эпоху.

И́ВА, -ы, ж. — «дерево (или кустарник) с гибкими (у некоторых видов ивы к р а с н о в а т ы м и) ветвями и спирально расположенными на ветке узкими (у некоторых видов ивы серебристыми) листьями, растет гл. обр. у воды», Salix. *Прил.* **и́вовый**, -ая, -ое. Укр. і́ва (чаще бі́ла верба́, лоза́), і́вовий, -а, -е; болг. и́ва — «вид горной вербы с широкими листьями» («ива» — върба́»; с.-хорв. и́ва, и́вов(и̇), -а, -о; словен. iva; чеш. jíva, jívový, -á, -é; словац. iva; польск. iwa, iwowy, -a, -e; в.-луж. jiw(in)a; кашуб. vjiva; полаб. jeivó (Rost, 389). В некоторых совр. слав. яз. отс. Ср., напр., блр. вя́рба́ — название ивы с ее разновидностями. Но и на русской почве наименование *ива* переходит с одного вида Salix на другой. Др.-рус. (с XIII в.) ива, (с XV в.) ивовый (Срезневский, I, 1018—1019; Доп. 121). ◻ О.-с. *iva < и.-е. *oiu̯ā. И.-е. *ei̯u̯ā: *oi̯u̯ā; корень *ei- (: *oi-) собств. выражал ц в е т о в о е знач. «красноватый» (Pokorny, I, 297); ср. в русском языке название разновидности ивы Salix acutifolia — краснота́л, кра́сная верба́ (БСЭ², XXIII, 262). Ср. лит. (j)ievà — «черемуха»; латыш. ieva — тж.; др.-прус. iuwis : iwis — «тис»; с тем же знач.: др.-в.-нем. iwa (совр. нем. Eibe); англосакс. īw (англ. yew); др.-исл. ýr (где корень ý- < и.-е. *ei-); латин. ūva (с закономерным ū- из и.-е. *oi-) — «виноград», «гроздь», «виноградная кисть»; греч. ὄα : ὄη, οἴη : οὔα (< *oiu̯ā) — «боярышник», «рябина»; др.-ирл. ēo — «тис»; кимр. (вал.) ywen — тж.; арм. айги (< *oiu̯i̯ā) — «виноградник». Т. о., это слово в дославянский период и позже на некоторых участках славянской прародины могло и не значить «ива». Перенесение названия с одного дерева на другое — явление нередкое в истории языка.

И́ВОЛГА, -и, ж. — «певчая птица из отряда воробьиных, с золотисто-желтым с черным (у самцов) или зеленоватым (у самок) оперением, с пятнистым рисунком на нижней части тела», Oriolus oriolus (Oriolus galbula). Укр. і́волга (: во́лга); блр. і́валга; с.-хорв. ву́га зла́тна; словен. volga (чаще kobilar); чеш. vlha — «щурка» («иволга» — žluva); словац. vlha — «иволга»; польск. wilga, wywielga — тж. Болг. авли́га— «иволга», м. б., сюда не относится [вопреки БЕР, в. 1, с. 2; ср. точку зрения Младенова (ЕПР, 2)]. В лужицких языках отс. В форме вльга встр. в «Шестодневе» Иоанна, экзарха болгарского, по др.-рус. сп. 1263 г. (Miklosich, LP, 68). Позже отм. в «Рукоп. лексиконе» 1-й пол. XVIII в.: волга (Аверьянова, 61). Ср. у Ломоносова в «Мат. к Рос. гр.», 1744—1757 гг.: ивельга (ПСС, VII, 721). ◻ О.-с. *vъlga (*vьlga?). В этимологическом отношении неясное слово. Сопоставляют с лит. volungẽ — «иволга»; латыш. vāluodze — тж. (в нек. говорах «дрозд»). Принимая упомянутое сопоставление, Френкель (Fraenkel, 1273) склонен связывать эту группу с польск. wołać — «звать», «призывать», происхождение которого [как и всей этой группы: чеш. volati —; в.-луж. wołać — «звать», «кричать»; н.-луж. wołaś и ст.-сл. межд. олє — «о!», волє — «о!», «ну же!» (межд. призыва или одобрения)] не более ясно. Корень о.-е. *vъlga, вероятно, звукоподражательный, но это скорее *ъl- < *ŭl- с протетическим v- (на славянской почве). Ср. лит. ulbė́ti — «щебетать», «петь», «кричать» (о птицах), ul̃bauti — тж., uldė́ti — «ворковать», uldúoti — тж.; латин. ululō — «испускаю вопль», «вою»; греч. ὑλάω, ὑλακτέω — «лаю», «вою», «ору»; др.-инд. ululíḥ : ululuḥ — «громко кричащий», «шумливый». И.-е. корень *ul- (Pokorny, I, 1105). Ср. об иволге: «красивый свист иволги напоминает звуки флейты (ср. болг. авли́га — «иволга» при греч. αὐλέω — «играю на флейте» — *П. Ч.*), а громкий крик — мяуканье рассерженной кошки» (БСЭ², XVII, 298). В истории отдельных славянских языков это слово претерпевало некоторые изменения: начальное *и* в рус. *иволга* появилось едва ли не вследствие отталкивания от омонимичного *Волга* (< *Вълга*); на польской почве wilga, м. б., плод народной этимологии (сближение с wilgnąć — «становиться влажным», «волгнуть», wilgoć — «сырость»).

ИГЛА́, -ы́, ж. — 1) «небольшой тонкий и очень острый металлический стерженек [по выражению Даля (II, 630), — п р о т ы к а л к а] с ушком, употр. для шитья»; 2) «вязальная спица»; 3) «острый, колючий лист хвойного дерева». Иго́лка — то же, что *игли́* в 1 и 3 знач. *Прил.* (*к игла́*) **иго́льный**, -ая, -ое, **игли́стый**, -ая, -ое, (*к иголка*) **иго́лочный**, -ая, -ое, **иго́льчатый**, -ая, -ое. Укр. голка — «игла», «иголка», голкови́й, -а́, -е́, голча(с)тий, -а, -е; блр. іго́лка, іго́лкавы, -ая, -ае, ігальча́сты, -ая, -ае; болг. игла́ — «игла», «иголка», и́глен, -а, -о, и́глест, -а, -о; с.-хорв. и́гла (чакав. jàgla) — «игла», «иголка», и́глен, игле́на, игле́но : и́глени, и́гла̄, и́гласт(и̇), -а, -о; словен. ígla, íglen, -a, -o, íglast, -a, -o; чеш. jehla, jehlice, jehlový, -á, -é, jehelní, jehlicový, -á, -é — «игольный», jehlicovitý, -á, -é — «игольчатый»; словац. ihla — «игла», «иголка», ihielka, ihlový, -á, -é, ihličný, -á, -é; польск. igła (силез. jegła), igiełka, igielny, -a, -e, iglasty, -a, -e; в.-луж. jehła — «игла», «иголка», jehlina — «игла хвойная», jehłowy, -a, -e, jehlinowy, -a, -e, jehlinojty, -a, -e; н.-луж. gła, jegła, jeglina — «игла хвойная»; полаб. jágla (Rost, 388). Др.-рус. (с XI—XII вв.) игла (< *игъла), иг(ъ)линъ, игъльныи, иглянъ (Срезневский, I, 1019; Доп. 121). Ст.-сл. прил. нглѣнъ (ср. нглѣнѣ оушн в еванг. тексте). — SJS, I : 12, 704. Слово *иголка* (< *игъльъка) — более позднее. Как

ИГО

прозвище оно известно с XV в.: «Игнатий *Иголка*, псковский посол», 1474 г.; «Есип *Иголка*, крестьянин», 1500 г. (Тупиков, 165). В словарях: *иголка* — с 1704 г. (Поликарпов, 127 об.); *игольный* — с 1731 г. (Вейсман, 435). ▫ В этимологическом отношении слово не считается ясным. Упорно и с давнего времени (Miklosich, EW, 95) сопоставляют с др.-прус. ayculo — «игла», причем предполагается, что в этом слове имеет место описка (c вм. g). См. Фортунатов, Избр., II, 246 [ср. там же пример написания g вм. с (k) в др.-прус. girmis — «червь»; ср. лит. kirmìs — тж.; латыш. cirmis — «личинка»]. Тогда о.-с. форма могла бы быть *jěgъla или (по Фортунатову, уп.) *jī̃egъlă (< и.-е. *oigūlā, ср. др.-прус. ayculo), откуда чакав. jàgla, чеш. jehla, в.-луж. jehła и (на ступени редукции) *jьgъla, откуда такие формы, как рус. *игла* (с начальным *и*), н.-луж. gła, укр. гóлка (без начального *и*). Суф. -(ъ)l-. И.-е. база, м. б., *ā̆ig'-u- — «игла» (Pokorny, I, 15, с вопросом; ср. там же примеч. на с. 18). Если это не один из спорадических случаев колебания g' : g в отдельных и.-е. словах, то появление g (вм. ожидаемого z из g') в о.-с. *jěgъla : *jьgъla придется объяснить как явление контаминации с другими словами, напр., с о.-с. *igo < *jьgo (см. *иго*). Ср. словац. ihlica — «железный прут», которым запирается я р м о». См. рисунок у Махека, который вообще считает о.-с. *jьgъla производным от *jьgo (Machek, ES, 174), для чего, пожалуй, нет достаточных оснований.

И́ГО, -a, *ср.*, *книжн.* — «гнет», «владычество, господство, связанное с порабощением, с угнетением подвластных людей»; *устар.* «(воловье) ярмо», «хомут». Укр. *íго*; болг. *и́го*; с.-хорв. *и̏го*; словен. устар. и поэт. *igo*, род. *ižesa* — «иго», «гнет» «ярмо» (в смысле «воловье ярмо» обычно jarem); чеш. jho — «иго», «гнет»; «(воловье) ярмо»; словац. поэт. jho — «иго», «ярмо»; кашуб. jigoe; полаб. jeig'ú, род. jeigó (Rost, 389). В польском ныне только в топонимике, напр. Igołomia (букв. «место, где ломается ярмо»). Ср. др.-рус. (с XI в.) иго, род. ига — «ярмо» (Срезневский, I, 1019). Ст.-сл. нго, род. нгa и нжесе. В перен. знач. «тяжелое бремя», «гнет» *иго* употр. уже в еванг. текстах XI в. («възмѣте иго мое на себе», «иго мое благо»).— Мф, XI, 29, 30). ▫ О.-с. *igo, род. *ižese : *iga — «ярмо», «хомут». И.-е. *iu-go-m — «ярмо» (Pokorny, I, 508). Ср. лит. jùngas (где -n- — под влиянием jùngti «соединять») — «ярмо» и «иго» («гнет»); с теми же знач.: латыш. jūgs; гот. juk; др.-в.-нем. juh (совр. нем. Joch); др.-англ. ioc (совр. англ. yoke); др.-сканд. ok (исл., швед. ok; норв. åk; дат. åg); латин. jugum (ит. giogo; франц. joug); греч. ζυγόν: ζυγός — «иго», «ярмо» (старшее знач. — «перекладина», «перемычка», «соединительный брус», «коромысло весов»); др.-инд. yugám — «ярмо», «пара»; хетт. iugan — «ярмо». Слово общеиндоевропейское. По происхождению, по корню свя-

ИГР

зано с глаголом, выражавшим знач. «соединять», «сочетать», «связывать» (ср. латин. jugum — «ярмо» и jungō — «соединяю», «связываю»).

ИГО́РНЫЙ (дом, стол, зала) — «предназначенный для азартной игры (в карты, рулетку и др.)». Ср. чеш. herna — «игорный дом». В других слав. яз. русскому *игорный* соответствуют или отглаг. прил. от *играть* (блр. *іграль*ны, -ая, -ае; болг. *игра́лен*, -лна, -лно), или родительный определительный от *игра* (польск. dom gry — «игорный дом»), или прил. от другого корня [укр. карти́рський дім (впрочем, возможно и гра́льний дім)]. Др.-рус. (с XII в.) игрьный (ср. совр. рус. *угольный* из о.-с. *ǫglьnъjь). Вошло в употр. к 60-м гг. XVIII в. (Порошин, «Записки», запись от 25-1-1765 г., 251: «Изволил... к столу *игорному* сесть и пуентировать»). Ср. устар. игре́цкий дом, напр. у Пушкина (СЯП, ll, 170); в словарях — с 1792 г. (САР¹, III, 190). От *игрец* — «игрок» (в карты). Ср. др.-рус. (с XI в.) игрьць — «комический актер», «музыкант» (Срезневский, I, 1022). ▫ К *игра* (см.).

ИГРА́, -ы́, *ж.* — 1) *во что* «занятие (нетрудового характера), препровождение времени с целью развлечения, забавы, или со спортивной целью, подчиненное определенным правилам»; 2) *на чем* «исполнение музыкального произведения на одном или нескольких инструментах»; 3) «сценическое исполнение роли». *Прил.* игрово́й, -а́я, -о́е, игра́льный, -ая, -ое, игри́вый, -ая, -ое, иго́рный, -ая, -ое [*особо игорный дом* (и пр.), см.]. *Глаг.* игра́ть. *Сущ.* игру́шка (см.), игро́к, игру́н, *устар.* игре́ц. Укр. гра (реже іrpá), іrpовий, -á, -é, гра́льний, -а, -е, гра́ти, грач — «игрок» (но карта́р — «игрок в карты»); блр. ігра́ (на муз. инструменте, на сцене; но в других случаях — гульня́ «детская игра», «спортивная игра»; так же различаются по употр. глаг. і́грáць и гуля́ць), і́гравы́, -а́я, -о́е, і́гра́льны, -ая, -ае, і́гро́к; болг. игра́ (но ср. сви́рене — «игра на муз. инструменте», и́грален, -лна, -лно, игри́в, -а, -о, играя — «играю» (но ср. свиря — «играю на муз. инструменте»), играч — «игрок»; с.-хорв. и̏гра (но сви́рање — «игра на муз. инструменте», глу̑мље̑ње — «исполнение роли», и̏грати, -а̑, -е̑ — «игральный», и̏грати — «играть», «плясать», отсюда и̏гра̑ч — «игрок» и «плясун», «танцор», женск. игра́чица (в обоих знач.), и̏гра̑чка — «игрушка»; словен. igra, igralen, -lna, -lno, igrav, -a, -o — «игривый», igrati — «играть» (но не «плясать»), igralec — «игрок»; чеш. hra, herní — «игровой», hrací — «игральный», hráč — «игрок»; словац. hra, hravý, -á, -é, hráč; польск. gra, grać — «играть», gracz — «игрок»; в.-луж. hra, hrać — «играть», hrač — «игрок»; н.-луж. gra — «игра», graś — «играть», grac — «игрок». Др.-рус. (с XI в.) и ст.-сл. игра, игрь, играти, игральный, игрьный — παιγνιώδης («шутливый»), игрьць, (с XIV в.) игрушька — «забава», «развлечение» (Срезнев-

334

ИГР

ский, I, 1019, 1020, 1021). Позже появились: *игривый* (Поликарпов, 1704 г., 128), *игорный* [в словарях — с 1780 г. (Нордстет, I, 255: «игорная карта»], *игрок* [«Рукоп. лексикон» 1-й пол. XVIII в. (Аверьянова, 126)]. ▫ Сопоставляют с греч. (у Гесихия) αἰγες· τὰ κύματα («волны», «морские валы»), αἰγίς — «вихрь»; др.-инд. éjati (j=dž') — «двигается», «шевелится», (с носовым инфиксом) íngati — тж.; возможно, сюда относится также др.-сканд. eikenn — «буйный», «дикий». И.-е. корень *aig- — «колебать(ся)», «двигать(ся)» (Pokorny, I, 13—14; Mayrhofer, I, 85, 126; Frisk, I, 32 и др.).

ИГРЕ́НИЙ, -яя, -ее — (о конской масти) «светло-рыжий с белесоватыми, светлее стана, гривой и хвостом». *Игре́невый*, -ая, -ое — тж. Произв. (гл. обр. в говорах) *игре́нька* [напр., в говорах бассейна Оби (Палагина, II, 56)]. Укр. *ігренéвий*, -а, -е. Но в других слав. яз. отс. Ср. блр. *була́ны*, -ая, -ае; у других славян — описательно: болг. *червени́кав със свéтла гри́ва и опáшка* и т. п. Как наименование конской масти это прилагательное известно в русском языке, по крайней мере, с 1-й пол. XVIII в. [«Рукоп. лексикон»: *игре́няя* (лошадь); ср. там же: *игрени́вый* — «шутливый», *игреливый* (Аверьянова, 126)]. ▫ Как наименование масти прил. *игрений* могло быть заимствовано (как и некоторые другие названия конских мастей) из тюркских языков. У Радлова (III : 1) отм. алт. *jäгрäн : jäрäн* — «рыжий» (масть лошади) (338) и лебед. *jíгрäн* — тж. (511). Обычно же в тюркских языках это слово звучит без *г* перед *р*. Ср. ног. *йийрен*; в других тюркских — с начальным *ж*: каз.-тат. *жирен*; туркм. *жерен*; узб. *жийрон*, каракалп. *жийрен*; уйг. *жирэн* и др. В турецком такое слово отс. Не исключено, что форма с *г* перед *р* в некоторых тюркских диалектах возникла под влиянием русского языка. В русском же языке это слово гибридное: как тюркское заимствование оно должно было произноситься **ерений*, **ереневый* или с начальным *и* в акающих говорах, но получило существующую огласовку под влиянием исконно русских *игрений, игреневый*, производных от *игра* [ср. др.-рус. *игрьный* — тж.; ср. *игрьць* и т. п. образования (Срезневский, I, 1021); см. *игра*]. В былинах об Илье Муромце *игрений* (конь) не обозначает масть, но значит «добрый, игривый, богатырский»: «вот на д у ш е ч к е-то / на своем добру́ коню, / Конечку *игренему*» (Астахова, ИМ, 302).

ИГРУ́ШКА, -и, ж. — «предмет, предназначенный для игры, забавы, развлечения детей». *Прил.* игру́шечный, -ая, -ое. Ср. укр. *ігрáшка*; болг. *игрáчка*; с.-хорв. *и̏грачка*; чеш. hračka. Но блр. *цáцка*; польск. zabawka. Слово *игрушка* известно с древнерусской эпохи, но сначала оно имело другие знач., по-видимому, «забава», «развлечение», «насмешка» и т. п. [м. б., также «место развлечений», «место азартной игры»; ср. в Симеоновск. л. под 6898 г. (ПСРЛ, XVIII,

ИДЕ

140) об убийстве Осея, «кормиличича» великого князя, «в *игрушке*» на третий день святок]. Со знач. «в шутку», «в насмешку» нареч. *игрушкою* отм. Поликарповым (1704 г., 128): *игрушкою* — «игрательно». Ср. в комедии «В ненависть пришедшая Смеральдина», 1733 г.: «оба по некоторых театральных *игрушках* оной ящичек у него утащили» (ср.: «по некоторых театру свойственных ш у т к а х она себя объявляет, что оканчивается» [ИКИ, 17]. В совр. знач. *игрушка* отм. в словарях с 1771 г. (РЦ, 187). ▫ Образовано от *игра* (см.) с помощью суф. *-ушьк-а* (ср. *пирушка* и т. п.).

ИГУ́МЕН, -а, м. — «монах, настоятель православного мужского монастыря». *Женск.* игу́менья — «монахиня, настоятельница женского монастыря». *Прил.* игу́менский, -ая, -ое. *Глаг.* игу́менствовать. Укр. *ігýмен, ігýмена*; блр. *ігýмен, ігýменья, ігýменскі*, -ая, -ае; болг. *игýмен, игýменка*; с.-хорв. *ѝгуман, игумàнија, ѝгумански*, -ā, -ō. В других слав. яз. лишь как заимствование из русского (или болгарского и сербско-хорватского). Др.-рус. (с XI в.) *игуменъ*, род. *игумена* (со знач. не только «игумен», но и «наставник»), *игумения, игуменьство* (Срезневский, I, 1022). ▫ Слово средневековое греческое: ἡγούμενος (в позднегреч. произн. igúmenos), собств. прич. н. вр. от глаг. ἡγέομαι (дор. ἁγέομαι) — «иду впереди», «веду», «указываю дорогу» (ср. др.-греч. ἡγεμών — «ведущий», «направляющий»). Заимствовано из греческого при посредстве старославянского, откуда это слово и в южнославянских языках.

ИДЕА́Л, -а, м. — «мыслимый, воображаемый образец совершенства», «высшая цель, руководящая деятельностью отдельной личности или целого общества». *Прил.* идеа́льный, -ая, -ое. Укр. *ідеáл, ідеáльний*, -а, -е; блр. *ідэáл, ідэáльны*, -ая, -ае; болг. *идеáл, идеáлен*, -лна, -лно; с.-хорв. *идеа̑л, йдеа̑лан*, -лна, -лно : йдеа̑лни, -ā, -ō, чеш. ideál, прил. ideální; польск. ideał, idealny, -a, -e. В русском языке слово *идеал* появилось — в широком употр. — к началу 20-х гг. XIX в., когда прил. *идеальный* уже давно вошло в обращение (Яновский, I, 1803 г., 803). Слово *идеал* встр. в статье Державина «Об опере», 1815 г. (этим словом он поясняет здесь рус. *образчик*): «о б р а з ч и к (*идеал*), или т е н ь того удовольствия, которое ни оку не видится, ни уху не слышится» (Соч., VII, 601). Но вскоре устанавливается совр. знач. этого слова. В «Евгении Онегине», гл. VI, 1826 г., строфа 23 Пушкин называет это слово «модным»: «На м о д н о м слове *идеал* / Тихонько Ленский задремал» (ПСС, VI, 126). ▫ Заимствовано из немецкого языка. Ср. нем. (с XVIII в.) Ideál; франц. (как сущ.) — с 1836 г.) idéal; ит. ideale; англ. ideal. Источник распространения этого слова — немецкий философский язык, а там оно восходит к позднелатин. прил. idealis (от латин. idea), к форме ср. р. ideale. См. *идея*.

ИДЕ

ИДЕНТИ́ЧНЫЙ, -ая, -ое — «тождественный», «полностью совпадающий», «одинаковый». *Сущ.* иденти́чность. Укр. іденти́чний, -а, -е, іденти́чність; блр. ідэнты́чны, -ая, -ае, ідэнты́часць; болг. иденти́чен, -чна, -чно, иденти́чност; с.-хорв. иде̏ничан, -чна, -чно : идѐнтичнӣ, -а̄, -о̄, идѐнтично̄ст; чеш. identický, -á, -é, identita — «идентичность»; польск. identyczny, -a, -e, identyczność. В русском языке слова этой группы известны с 60-х гг. XIX в. Ср. *идентический* у Толля (НС, II, 1864 г., 242), там же *идентичность*. Позже появилось *идентичный* (Бурдон — Михельсон 1880 г., 330). ▫ Из французского языка, где *identique* — «подобный», «идентичный» известно с середины XVII в., *identité* — «идентичность» — с XIV в. Первоисточник — позднелатин. (IV в.) identitās — «тождество», identicus, -a, -um — «тождественный» (от мест. īdem, eadem, idem — «тот же самый»). Из того же источника — нем. Identität, identisch; англ. identity, identical и др.

ИДЕ́Я, -и, ж. — 1) «мысленный образ чего-н.», «понятие о чем-н.»; 2) «намерение», «замысел», «план»; 3) «основная, главная мысль, определяющая содержание чего-н. (напр., художественного произведения)»; 4) «ведущее положение в системе взглядов, воззрений», «убеждение», «основной принцип мировоззрения». *Прил.* иде́йный, -ая, -ое. Укр. іде́я, іде́йний, -а, -е; блр. ідэя, ідэ́йны, -ая, -ае; болг. иде́я, иде́ен, -е́йна, -е́йно; с.-хорв. идѐја, и̏де̄јнӣ, -а̄, -о̄; чеш. idea, ideový, -á, -é; польск. idea, ideowy, -a, -e. В русском языке слово *идея* известно (в знач. «мысль», «замысел») с начала XVIII в. (Смирнов, 117, со ссылкой на «Рассуждение» Шафирова, 1717 г.). Позже встр. в «Записках» Порошина, в записи от 12-X-1764 г. (60): «множеством последующих идей... оное из памяти истребляется». Развитие знач. этого слова от «мысль», «замысел» до «воззрение», «убеждение» относится гл. обр. к первым десятилетиям XIX в. В произведениях Пушкина слово *идея* уже имеет эти новые значения (см. СЯП, II, 173). Прил. *идейный* появилось гораздо позже, во 2-й пол. XIX в., по утверждению Сорокина (РСС, 75, прим. 67), — не ранее 70-х гг. ▫ Слово *идея* в русском — из западноевропейских языков. Ср. франц. idée, *f.* > нем. Idée; но англ. idea; ит. idea; исп. idea. В западноевропейских языках — из латинского (ср. латин. idea — «прообраз», «идеал», «идея»). В латинском — из греческого. Ср. греч. ἰδέα — «видимость», «внешний вид», «наружность» > «образ», «форма», «общее свойство», «начало», «принцип» > «идеальное начало», «первообраз», «идея», к *εἴδω — «вижу», «созерцаю», инф. ἰδεῖν [и.-е. корень *u̯(e)id-, тот же, что в рус. *видеть* (см.)].

ИДИ́ЛЛИЯ, -и, ж. — 1) «поэтическое произведение, изображающее мирную, безмятежную жизнь на лоне природы (особенно пастушков и пастушек)»; 2) *перен.* «мирная, безыскусственная жизнь, близкая к природе». *Прил.* идилли́ческий, -ая, -ое. Укр. іди́лія, іди́лічний, -а, -е; блр. іды́лія,

ИДО

іды́лічны, -ая, -ае; болг. иди́лия, иди́лически, -а, -о, иди́личен, -чна, -чно; с.-хорв. и̏дила, и̏диличан, -чна, -чно : иди́личнӣ, -а̄, -о̄; чеш. idyla, idylický, -á, -é; польск. idylla, idylliczny, -a, -e. В русском языке слово *идиллия* известно с конца XVIII в. Ср., напр., подзаголовок стих. Востокова: «Шишак. *Идиллия*», 1798 г. (Стих., 113). Возможно, к 90-м гг. относится также стих. Радищева «*Идиллия*», опубликованном лишь в 1807 г. (ПСС, I, 129). В словарях отм. с 1803 г. (Яновский, I, 805). ▫ Слово греческое: εἰδύλλιον — «маленький образ», «картинка (преимущественно из сельского быта)», «идиллия» (уменьш. к εἶδος — «образ», «облик», к εἴδω — «вижу», «созерцаю»). В русский язык это слово попало, по-видимому, из французского языка. Ср. франц. idylle, *f.* [старшая форма (известная с XVII в.) idillie]; прил. idyllique; нем. Idyll, *n.*, Idylle, *f.*, прил. idyllisch; англ. idyll, прил. idyllic.

ИДИО́Т, -а, м. — «человек неполноценный в умственном отношении, слабоумный», «кретин», «тупица». *Прил.* идио́тский, -ая, -ое. Сюда же идиоти́зм. Укр. іді́от, іді́отський, -а, -е, іді́оти́зм; блр. іды́ёт, іды́ёцкі, -ая, -ае, іды́яты́зм; болг. идио́т, идио́тски, -а, -о, идиоти́зъм; с.-хорв. иди̏от, иди̏отски, -а̄, -о̄, идиоти̏зам; чеш. idiot, idiotský, -á, -é, idiotství; польск. idiota, idiotyczny, -a, -e, idiotyzm. В словарях *идиот*, *идиотизм* отм. с 1803 г. (Яновский, I, 807). Прил. — более позднее: встр. со 2-й пол. XIX в., сначала только со знач. «слабоумный». Напр., у Достоевского в романе «Братья Карамазовы» 1879 г., ч. I, кн. 3, гл. 2: «лицо ее… было вполне *идиотское*» (ПСС, XVI, 167). В словарях — с 1933 г. (Кузьминский и др., 430). ▫ Ср. франц. idiot; нем. Idiot; англ. idiot; ит. idiota и т. д. Первоисточник — греч. ἰδιώτης — «отдельный человек, отдельное лицо», также «невежда», «простак» (произв. от ἴδιος — «собственный», «свой», «частный»). Ср. также греч. ἰδιάζω — «живу, пребываю отдельно, особняком, сам для себя», «отличаюсь (от других)». Из греческого — латин. idiōta — «невежда», «неуч», «профан». Т. о., знач. «умственно неполноценный человек», «кретин» не первоначальное, а по́зднее, возникшее на западноевропейской почве. В греч. ἴδιος начальное ἰ — (корень), м. б., из ἑ-(Fhε-) < и.-е. *su̯e-. Ср. др.-инд. ví — «прочь», «от-». Рус. *идиот* не прямо из греческого, а видимо, через французский.

И́ДОЛ, -а, м. — «божок», «истукан»; *перен.* «кумир». *Сущ.* и́долище. Укр. і́дол, блр. і́дал; болг. и́дол; с.-хорв. и̏дол; польск. idol (: bożyszcze, bałwan); чеш. idol (: modla); словен. malik — тж. Др.-рус. (с XI в.) идолъ (Срезневский, I, 1023). ▫ Ср. франц. idole, *f.*; нем. Idol, *n.*; англ. idol; ит. idolo и др. Первоисточник — греч. εἴδωλον — «вид», «образ», «призрак», «изображение», «идол» (> латин. īdōlum — «видение», «призрак»). Корень εἰδ- (< *Fειδ- < *u̯eid-), тот же, что в греч. ἰδέα

ИДТ

[> рус. *идея*, *идеал* (см.)] и в рус. *видеть* (см.). В русском языке заимствовано из греческого при посредстве старославянского.

ИДТИ, иду́ — «передвигаться, переступая ногами, делая шаги, шагая»; «двигаться», «перемещаться» (о поезде, пароходе и пр.); «быть в действии», «действовать» (напр., о часовом механизме); «протекать», «длиться» (о времени). Укр. іти́, 1 ед. іду́; блр. ісці́, 1 ед. іду́; болг. и́двам, и́да — «иду»; с.-хорв. и̏ћи, 1 ед. и̏де̄м; словен. iti, 1 ед. idem (: grem); чеш. jíti, 1 ед. jdu; словац. ísť, 1 ед. idem; польск. iść (ст.-польск. ici, ić), 1 ед. idę; н.-луж. hić, 1 ед. du; н.-луж. hyś (инф.); в.-луж. Др.-рус. (с XI в.) ити, 1 ед. иду (Срезневский, I, 1023—1024). Ст.-сл. ити, 1 ед. идѫ. ◻ О.-с. *iti, 1 ед. *idǫ (< *jьdǫ). Форма инф. *идти*, известная с XIV в. (Соболевский, «Лекции»⁴, 258), возникла под влиянием *иду*, *идешь* и пр. Первоначальная форма инфинитива в современном русском языке сохраняется лишь при условии префиксации: *зайти*, *найти*, *уйти* и пр. В основе н. вр. *jьd-q (с редуцированным вокализмом) согласный d — такой же формальный элемент, как в о.-с. *ědǫ (< рус. *еду*) при о.-с. инф. *jěti. И.-е. корень *ei-(: *ī-) — «идти»; с расширителем -dh- — *eidh- (Pokorny, I, 293). Ср. лит. eĩti, 1 ед. einù [поздняя форма; из вост.-лит. eimù (ст.-лит. eĩmi)] — «иду»] — «идти»; латыш. iêt, 1 ед. iêmu — «идти» (ср. ej! — «иди!», eja — «ход»); др.-прус. ēit — «идет»; латин. eō (< *ejō) — «иду» [ср. it — «идет», инф. īre (корень I-)]; греч. εἶμι — «иду», «еду», «передвигаюсь», 3 ед. εἶσι, дор. εἶτι — «идет» (ср. инф. ἰέναι, пов. накл. ἴθι — «иди»); др.-инд. émi — «иду», éti — «идет», пов. накл. ihí — «иди» (ср. хетт. it — «иди»).

ИЕЗУИ́Т, -а, *м.* (устар. езуи́т) — «католический монах, член т. наз. «Общества Иисуса», организации (ордена) воинствующих католиков, самой реакционной организации католической церкви»; *перен.* «коварный, жестокий и лицемерный человек». *Прил.* иезуи́тский, -ая, -ое. Укр. єзуї́т, єзуї́тський, -а, -е; блр. езуі́т, езуі́цкі, -ая, -ае; болг. езуи́т, езуи́тски, -а, -о; с.-хорв. jèzuit(a), jèzùitskī, -ā, -ō; чеш. jesuita (но перен. jezovita), jesuitský, -á, -é; польск. jezuita, jezuicki, -a, -ie. В русском языке слово *езуит*, возможно, появилось одновременно с появлением иезуитов в Московской Руси, в XVI в. В широком употр. оно известно с Петровского времени. Ср. в «Путешествии» П. А. Толстого (361): *езувиты* (Падуя, 1697 г.). Прил. *езуитский* отм. Смирновым, 124 [«в *езуитских* школах» (ПСЗ, V, № 2967, 1715 г.)]. ◻ Из западноевропейских языков. Ср. (с начальным j) голл. jezuïet; нем. Iesuit; но франц. jésuite (j=ж); ит. gesuita (g=дж); англ. Jesuit и др. В западноевропейских языках это слово восходит к имени Иисуса Христа. Ср. средневек. латин. Jēsus [< греч. (христ.

ИЖД

эпоха), Ἰησοῦς < др.-евр. Yēshūā]. Возникло в середине XVI в., в Испании, вскоре после учреждения «Общества Иисуса» (в 1534 г.).

ИЕРО́ГЛИФ, -а, *м.* — «письменный знак в виде фигуры (иногда сохраняющей характер предметного рисунка), как правило, непосредственно (без связи со звуковой речью) передающий определенное понятие или представление, но в некоторых случаях также условно обозначающий слог или звук»; *перен.* (чаще *мн.*) «вообще трудно читаемый, неразборчивый письменный знак». Сюда же **иероглифи́ческий**, -ая, -ое. Укр. ієро́гліф, ієрогліфі́чний, -а, -е; блр. іеро́гліф, іерагліфі́чны, -ая, -ае; болг. йеро́глиф, йеро́глифен, -фна, -фно; с.-хорв. хиjерòглиф, хиjерòглифскӣ, -ā, -ō; чеш. hieroglyf, hieroglyfický, -á, -é; польск. hieroglif, hieroglificzny, -a, -e. В русском языке, по-видимому, сначала появилось прилагательное, причем его писали и произносили с начальным *г*: *гиероглифический*. Известно с XVIII в. [Фонвизин, «Жизнь Сифа», ч. I, 1762 г., кн. I, 39: «с *гиероглифическими* изображениями добродетели»; кн. II, 77: «означил... *гиероглифическими* надписьми» и далее]; — Курганов, «Письмовник», 1777 г., 429: «*гиероглифическая* эмблема»]. Без начального *г*: Яновский, I, 1803 г., 863: *иероглиф*, *иероглифический*. ◻ Слово греческое: ἱερογλυφικὰ γράμματα — (о египетских письменах) «священные начертания» (собств. «резны́е письмена»). Ср. ἱερός — «священный», «заповедный», γλύφω — «выдалбливаю», «вырезываю». Из греческого — латин. прил. hieroglyphicus, из латинского: франц. (с 1529 г.) hiéroglyphique — «иероглифический», (с 1576 г.) hiéroglyphe; нем. Hieroglyphe, hieroglyphisch; англ. hieroglyph, hieroglyphic и др.

ИЖДИВЕ́НИЕ, -я, *ср.* — «обеспечение (содержание) кого-л., неспособного работать, материальными средствами, необходимыми для существования». Обычно в словосочетании *на иждивении*. *Сущ.* **иждиве́нец**, женск. **иждиве́нка**. *Прил.* (к *иждивенец*) **иждиве́нческий**, -ая, -ое. Ср. (из русского?) болг. иждиве́ние (обычно издръ́жка; *иждивеник* — «человек, намира́щ се на нѐчия издръ́жка»). В других слав. яз. отс. Ср. укр. утри́мання — «иждивение», утри́манець — «иждивенец», утри́манка — «иждивенка»; блр. утрыма́нне — «иждивение», утрыма́нец — «иждивенец», утрыма́нка — «иждивенка» (из польск.; ср. польск. utrzymanie — «иждивение», będący na utrzymaniu — «иждивенец»); чеш. zaopatření, vydržování, pravidelná podpora — «иждивение», člověk dostávající podporu — «иждивенец». Иждивение отм. Поликарповым (1704 г., 128 об.). Иждивенец, иждивенка — новые слова (надо полагать, послереволюционного времени). В словарях отмечаются с 1935 г. (Ушаков, I, 1136). У Даля (II, 1865 г., 633) имеется *иждиви́тель* — «расходователь» (ныне вышедшее из употр.), но *иждивенец* отс. У Селищева («Яз. рев. эп.», 1928 г.) также отс. ◻ Из *изживение. Ср. др.-рус. (с XI в.)

иждивити, иждивитися (< *изживити) — «истощить(ся)», «израсходовать(ся)» (Срезневский, I, 1026; Доп., 122) и **иждити** [< **изжити** (КСДР)] — «прожить», «истратить» (ib., I, 1027). Ср. подобное же изменение группы *зж* > *жж* > *жд* в словах *вожделение* (см.), *изможденный* (см.).

ИЗ (: **ис-**), **изо** — 1) *предлог с род. п.* — обозначает направление действия изнутри наружу, из одной точки в другую, источник движения; употр. при обозначении причины действия или материала, из которого что-л. сделано; 2) *приставка* — обозначает движение откуда-л.; полноту проявления действия. Укр. із(о), з(о); блр. з, са (напр., *са скýры вылýзвацца* — «из кожи лезть»); болг. **из**; с.-хорв. **из**; словен. iz; з.-слав. яз. — без начального i: чеш. z : ze; словац. z : zo; польск., в.- и н.-луж. z : ze. Др.-рус. (с XI в.) и ст.-сл. **из, изъ** (Срезневский, I, 1082—1084). □ О.-с. *iz (< *jьz < *ьz) : *izъ [по Фортунатову (Избр., II, 252), — из о.-с. *iьz-zъ, *iьzъ]. Ср. лит. ìš — «из» (предлог с род. п.) при диал. и устар. ìž; латыш. ĩz; др.-прус. is. В других и.-е. языках — начальное e: латин. ex (< *egz) : (перед согласными) ē — предлог (с аблятивом) и приставка «из-»; греч. ἐξ: (перед гласными) ἐκ : ἐγ — предлог (с аблятивом) и приставка «из-»; др.-ирл. (перед гласными) ess-, (проклитическое) as-, в качестве предлога употр. a, as — «из», «от», как префикс также «воз-» [напр., esséirge — «воскресение» (Льюис — Педерсен, §§ 87, 431)]. И.-е. *eg'hs : *eg'hz (Pokorny, I, 292). Т. о., i (< *j-ь) в начале этого предлога-приставки в общеславянском языке — новшество, которое трудно объяснить. Ср. мнение Мейе («Общесл. яз.», § 95) о кратком вокализме; западнославянские формы без начального i Мейе объясняет с л у ж е б н ы м характером слова. Не вполне ясным остается и балтийское i. Вслед за Фортунатовым (уп., 253), имеется основание полагать, что уже в общеславянском языке при отсутствии ударения могла существовать и форма *zъ (без начального i). Отсюда, между прочим, — рус. *дозволить, позволить* и т. п., где *з* (предшествующее корню *-вол-*) = *из-*.

ИЗБÁ, -ы́, *ж.* — «деревянный (бревенчатый) крестьянский дом». В говорах также «жилая горница», «людская», «кухня» (Даль, II, 633). *Прил.* **избяно́й, -áя, -óе**. *Сущ.* **избу́шка, избёнка, изба́-чита́льня, изба́ч**. В укр. и блр. отс. («крестьянский дом» здесь — **ха́та**). Ср. болг. **йзба** — «подвал», «погреб», «склад»; с.-хорв. устар. **йзба** — «комната в бревенчатом доме», «светёлка» (ср. *сељачка ку̀ħа* — «изба»); словен. izba — «комната», «чердак»; чеш. устар. jizba (ст.-чеш. jistba : jizdba) — «комната», «светлица», «горница», jizbový, -á, -é; словац. izba — «комната», izbený, -á, -é — «комнатный»; польск. izba — 1) «комната»; 2) «зал заседаний»; 3) «палата» (орган власти или учреждение); ср. izdebka — «комнатка», izdebny, -a, -e — «комнатный» («изба» — chata, chałupa); в.-луж. jstwa — stwa — «комната», stwiny, -a, -e; н.-луж. śpa — тж.; полаб. jázba (Rost, 388). Др.-рус. **истьба** — «жилой дом», «жилище»: «кто из *ыстьбы* вылезеть... убьенъ бываше» [Новг. I л. по Синод. сп. под 6600 г. (Насонов, 18)], **изба** — «терем», «палата»: «И приде Мстиславъ Кыеву, и сьдоша в *избѣ*, и рѣша мужи» [Пов. вр. л. под 6610 г. (Лихачев, 182)]. Ср. ст.-сл. нз'ба : нзд(ъ)ба — «комната» (SJS, 1 : 14, 825). Наряду с *истьба* существовало др.-рус. **истоп(ъ)ка** — «теплое помещение с печью», «подобие бани»: «Они же пережгоша *истопку*... начаша ся мыти» [Пов. вр. л. под 6453 г. (Лихачев, 41); с тем же знач.: «в *ыстобцѣ*» (ib., под 6582 г., 130); «в *истобъку*» (ib., под 6601 г., 143)]. Иногда с этим знач. на одной странице в Пов. вр. л. встр. и *истобка*, и *изба*. Напр., под 6603 г.: «*истобку* пристави истопити имъ... и рече... обувшеся в теплѣ *избѣ*., приѣдите ко мнѣ... и яко влѣзоша въ *истобъку*» (ib., 149). Ср. в говорах: новг., волог. **истóпка** — «избенка об одном покойчике с печью», ворон. **истопня́** — «кухня» (Даль, II, 677); ср. пошех.-волод. **и́стопка** — «чердак» и «охапка дров» (Копорский, Пошех.-Волод., 122; здесь же данные по другим районам Ярославской обл.). □ Похоже на то, что в древнерусском языке было два слова, которые потом (рано) слились: **истопъка** (от **топити**) и ***истъба : истьба** [ср. в говорах: **истéбка** — пск. «подклеть», «подызбица», «холодная изба», «кладовая» (Даль, II, 677)] > *изъба > изба. Второе — неславянского происхождения; сначала оно, надо полагать, имело то же знач., что в других слав. яз.: «комната в (бревенчатом) жилом доме», «горенка», «светелка». Это слово заимствовано еще до распадения общеславянского языка, и скорее всего — из др.-в.-нем. Ср. др.-в.-нем. stuba — «теплое помещение», «баня» (совр. нем. Stube — «комната»), м. б., родственное со stieben (др.-в.-нем. stioban) — (об искрах) «разлетаться», «рассеиваться»; др.-сканд. stofa — «комната с очагом посредине» (совр. исл. stofa — «комната», «гостиная»; дат. stue, норв. stova — «комната»); др.-англ. stofa : stofu — «отапливаемая комната», «баня» (совр. англ. stove — «печь», «камин»; голл. stoof — «грелка», «сушильня» (южн.-нидерл. «печь»). Из германских языков это слово попало в романские, в венгерский (szoba — «комната»), даже в турецкий (soba — «печь», откуда снова в южнославянские; ср. болг. народн. устар. *сóба* — «комната» и др.). В романских языках оно скрестилось со средневек. латин. *extufare — «отапливать углями», «дымить», «чадить» > «душить» (откуда франц. étouffer — «душить», «вызывать удушье», которое восходит, в конечном счете, к греч. τῦφος — «чад». Отсюда франц. étuve — «парильня», «сушильная печь», «баня», прованс. estuba — тж.; исп. estufa — «печь», «паровая баня», «сушилка»; ит. stufa — «печь». Некоторые языковеды (Ляпунов, 236, прим. 4) высказывали предположение, что в славянские языки германское слово попало через посредство романских языков. Отсюда начальное i- в о.-с. *istъba > рус. *изба*. Но *и-*

в *изба* можно объяснить и иначе, как спорадическое явление, встречающееся и в других русских словах: *исполин, изумруд, изъян* и нек. др. (см. эти слова).

ИЗВЕСТЬ, -и, ж. — «окись кальция — минеральное пористое вещество серо-белого цвета, получаемое путем обжига известняка, мела и других карбонатных пород». Известка — «раствор извести»; *разг.* «то же, что *известь*»; отсюда **известко́вый**, -ая, -ое. Сюда же **известня́к**. Только русское. Ср. в том же знач.: укр. **вапно́** : **ва́пна**; блр. **ва́пна**; чеш. vápno; польск. wapno; ср. словен. apno [ср. др.-рус. **вапьно** — тж., от **вапъ** : **вапь** : **вапа** — «краска» (Срезневский, I, 226—227) < греч. βαφή (в IX—XI вв. произн. vaphi) — «окраска», «цвет», «закалка»]; болг. **вар**; с.-хорв. **креч** (< турец. kireç — тж.). Др.-рус. (с XII в.) **извисть** (**и́звисть**?) : **известь** (Срезневский, I, 1038). Ср. также прил. известьнъ — «известковый» в «Ист. иуд. в.» Флавия (Мещерский, 542). ▫ Из греческого языка. Ср. греч. ἄσβεστος (в IX—XI вв. произн. ásvestos) — «негаснущий», «неугасимый». Субст. ф. ἄσβεστος, *f.* — «негашеная известь». В греческом — производное (с отрицательным префиксом ἀ- и суф. -τ- от глаг. σβέννῡμι (эп. буд. вр. σβέσσω, аор. ἔσβεσσα) — «гашу», «гасну». Изменение на древнерусской почве начального ἀσ- (ср. *асбест*) в *из-* произошло в результате переосмысления греческого слова, начинающегося с отрицательной приставки а-, к которой в некоторых словах по значению близко рус. *из-*. Ср. нар.-поэт. *извести* (кого-л.) «уничтожить», «погубить». Влияли и такие др.-рус. слова, как **изъе́дати**, **изъе́сть** (Срезневский, I, 1085), имеющие известное отношение к действию извести.

ИЗМОЖДЁННЫЙ, -ая, -ое — «выбившийся из сил», «усталый до изнеможения», «изнуренный». Ср. с.-хорв. **изможден**, -а, -о — «изнуренный»; словен. izmozgan, -a, -o — «изнуренный», «измозженный» (прич. форма к izmozgati — «изнурить», «истомить»). В других слав. яз. иначе: укр. **ви́снажений**, -а, -е, **знеси́лений**, -а, -е; блр. **замардава́ны**, -ая, -ае, **змарне́лы**, -ая, -ае; болг. **изтоще́н**, -а, -о; чеш. utahaný, -á, -é, vysílený; польск. wycieńczony, -a, -e, zmordowany, -a, -e. ▫ Из старославянского языка. Слегка русифицированная адъективированная форма ст.-сл. прич. прош. вр. страд. **изможденъ**, **измождены̋нъ** (о из ъ, ё вм. ожидаемого *е*), от **измъждити**. Ср. подобные же изменения (на старославянской почве) группы *зж* в заимствованных из старославянского языка: *вожделение* (см.), *иждивение* (см.) и др. Ср. рус. *мозг* (см.), *мозжи́ть, размозжи́ть*, прич. прош. страд. *размозжённый*.

ИЗНА́НКА, -и, ж. — «оборотная, нелицевая сторона»; *перен.* «скрытая сторона чего-н.» *Нареч.* **наизна́нку**. В других слав. яз. отс. Ср. в том же знач.: с.-хорв. **на́личје** (< *наничје); укр. **ви́воріт**, **спід** (перен. *зворо́тний бік*); блр. **ви́варат**, **спод** (перен. *адваро́тны бок*); болг. **опа́ко**. Известно с середины XVIII в.; в словарях — с 1762 г. (Литхен, 246). ▫ Ср. др.-рус. **изнаница** (Хр. Г. Ам.) — «превращение», «внезапное изменение», м. б., «изнанка» (Срезневский, I, 1070; Истрин, III, 243). Ср. в говорах: вят. **на́ниц** («оборотить одежду *наниц*») — «наизнанку», твер. **на́ничь** — «навзничь», «лицом книзу»; ср. яросл., волог., твер. **нани́чка**, **ни́чье** — «изнанка» (Даль, II, 1033). Корень *ник-*, тот же, что в *никнуть* (см.), *навзничь* (см.), диал. **навзни́к** (Даль, II, 978) и т. п. Т. о.: *изна́ника, откуда *изна́нька > *изнанка*. Ср. (как обычное, общепринятое) произношение *су́толка* вм. *су́толока*.

ИЗНУРЯ́ТЬ, изнуря́ю — «доводить кого-л. до крайнего истощения сил, до изнеможения». *Возвр. ф.* **изнуря́ться**. *Сов.* **изнури́ть**. *Прич.* и *прил.* **изнурённый**, -ая, -ое. Ср. болг. **изнуря́вам**, **изнуря́** — «изнуряю», «изнурю», **изнуре́н**, -а, -о; с.-хорв. **изнура́вати (се), изнури́ти (се)** — «изнурять(ся)», «изнурить(ся)», **изнурен**, -а, -о. Ср. также словен. iznoreti se — «надурачиться вдоволь»; польск. nużyć, znużyć — «изнурять», «изнурить». Но в других слав. яз., в том числе и в других восточнославянских, отс. Ср. в том же знач.: укр. **виснажувати**, **зморювати**; блр. **мардава́ць**, **змо́рваць**, **зняси́льваць**; словен. izčrpavati (se); чеш. vyčerpávati, vysilovati. Др.-рус. (с XI в.) и ст.-сл. **изнуряти** — «изнурять», **изнурити** — «истратить» (Срезневский, I, 1072—1073). ▫ Происхождение корня *нур-* нельзя считать ясным. Ср. *понурить* (голову), *понуриться*. Ср. диал. сев.-рус. **ну́рить** — пск. «горевать», «тосковать», сарат. «нудить», «томить», «докучать», арханг. «варить», «уваривать», пск. **ны́рить** — «тосковать» (Даль, II, 1143, 1144). Ср., с другой стороны, диал. сев.-рус. **но́рить** — твер. «высматривать», «искать», которое, очевидно, связано с *нора* (ib., 1138). Ср. др.-рус. **нура** — «дверь», «лазея» при **нора** — «подкоп» (Срезневский, II, 466, 476). В говорах **нора́** значит также «рана подкожная», «язва» (Даль, II, 1137). Ср. др.-рус. **нурѣти** — «открываться» («*нурѣеть* сердце наше») [Срезневский, II, 476]. Сначала, по-видимому, это значило «открываться, как рана, наподобие раны». Т. о., знач. «изнурять», «изнурить» могло развиться из знач. «изъязвить», «изранить». Корень тот же, что в *нора* (см.), *нырять* (см.). О.-с. nor-: *nъr- (< и.-е. *n₀r-) : *nur-. И.-е. корень *ner- — «проникать внутрь», «нырять» (Pokorny, I, 766). Форма с *у* в русском и сербскохорватском — м. б., под влиянием *внутрь, нутро*.

ИЗОТО́П, -а, м. — «атом какого-л. химического элемента, отличающийся от других атомов этого элемента атомным весом и ядерными свойствами, но имеющий одинаковое с ними число протонов атомного ядра, обладающий поэтому почти идентичными химическими свойствами и занимающий в периодической системе элементов то же место». *Прил.* **изото́пный**, -ая, -ое. Укр. **ізото́п**;

ИЗО

блр. ізатóп; болг. изотóп; с.-хорв. изотóп; чеш. isotop; польск. izotop, izotopowy, -a, -e. В русском языке — в широком употр. — этот термин появился в 30-х гг. XX в. (Кузьминский и др., 1933 г., 436). Позже БСЭ², XVII, 1952 г., 497 и сл. (*изотоп* и *изотопный*). ▫ На Западе это слово появилось на несколько лет раньше, чем у нас. Ср. франц. isotope; англ. isotope; нем. Isotope. Новообразование на базе греч. ἴσος — «такой же», «одинаковый», «равный» и τόπος — «место».

ИЗОЩРЯ́ТЬ, изощря́ю — *устар.* «делать острым», «оттачивать»; (о слухе, зрении, вкусе, умении, способностях) «совершенствовать», «развивать», «делать более восприимчивым, тонким, гибким», «обострять». *Сов.* **изощри́ть**. *Возвр. ф.* **изощря́ться** — «достигать успеха, совершенства в каком-л. деле, умении, мастерстве» (иногда в ироническом и отрицательном смысле). *Сов.* **изощри́ться**. *Прил. и прич.* **изощрённый**, -ая, -ое. Ср. с.-хорв. изоштра́вати — «оттачивать», «заострять»; перен. «изощрять» (ум, память и т. п.), изоштри́ти. В других южн.-слав. яз. этот глаг. употр. с корнем *остр-* и только в прямом смысле (ср. болг. изо́стрям, изо́стря; словен. izostriti), в остальных слав. яз. отс. Др.-рус. книжн. (с XI в.) изощрень [«яко бричь (бритва — *П.Ч.*) изощрен(ъ)»]. — Срезневский, I, 1076. Ст.-сл. изощренъ — «наточен» (SJS, I : 13, 757). Глаг. *изощрять* — позднее книжное образование (Поликарпов, 1704 г., 133 об.: *изощряю*, *изощрен*). ▫ О.-с. корень *ostr- (см. *острый*). В древнерусском языке — из старославянского. *Изощренный* — фонетический вариант (*ощр-ен- < оштр-ен-* вм. *остр-ен- < о.-с. *ostr-j-en-*) формы *изостренный*, прич. страд. прош. вр. от глаг. *изъострити*. Ср.: «сабли *изъострени*» [Сл. полк. Игор. (Срезневский, I, 1076)]. Но глаг. *изощрять* (с *щ*) и по аналогии с ним *изощрить* — поздние образования.

ИЗРАЗЕ́Ц, -зца́, м. — «тонкая плитка из обожженной глины, покрытая глазурью (иногда орнаментированная), используемая для облицовки стен (в старое время гл. обр. печей)». *Прил.* **изразцо́вый**, -ая, -ое. Только русское. В других слав. яз. в этом знач. употр. слово *кафель*: укр. ка́хель; блр. ка́фля; болг. ка́хла (< нем. Kachel — тж.). В русском языке в словарях *изразец* — с 1704 г. (Поликарпов, 133 об.), но здесь — как будто с другим знач.: «образец», «модель» («Παράδειγμα», «exemplum»), но, м. б., и «изображение на плоскости» («рисунок», «орнамент» и пр.), ср. др.-рус. *изражати* — «(живо)писать», «заниматься иконописью» [Срезневский (I, 1076) дает примеры, не уточняя значения]. Вскоре слово появляется в словарях и с современным знач. (Вейсман, 1731 г., 324: Kachel — *изразец*). Прил. *изразцовый* — более позднее (Нордстет, I, 1780 г., 265). ▫ Старшее знач., по-видимому, было «изображение (резное?) на плоскости». Корень *раз-* [< о.-с. *rōz-*, абляут к о.-с. *rĕz-* (см. *резать*)]. На русской

ИЗУ

почве ср. диал. **изрáз** — тамб., курск. «выкройка, особенно кокошника» (Даль, II, 654).

ИЗУМИ́ТЬ, изумлю́ — «сильно (и неожиданно) удивить кого-л.». *Несов.* **изуми́ть**. *Возвр. ф.* **изуми́ться**, изумля́ться. *Отглаг.* (от *изумить*) *сущ.* **изумле́ние**. Болг. изумя́ — «изумлю»; «забуду»; «выживу из ума», несов. изумя́вам, отглаг. сущ. изумя́ване, изумя́ се — «изумлюсь», изумя́вам се — «изумляюсь», отглаг. сущ. изумле́ние. В других слав. яз. отс. Ср. в том же знач.: укр. здивува́ти(ся) — «изумить(ся)», «изумлять(ся)», здивува́ння — «изумление»; чеш. překvapiti — «изумить», překvapení — «изумление». Др.-рус. изумити — «обезумить», «лишить сознания, ума», «как громом поразить» («βροντηθείς»), изумитися — «лишиться ума», «обезуметь», изумление — «безумие», изумный — «безумный» («ἄφρων») [Срезневский, I, 1081]. Это старшее знач. («обезумить», «лишить сознания») долго сохранялось в русском языке. Ср. еще у Поликарпова (1704 г., 134 об.): *изумляюся* — «desipio» («безумствую», «теряю рассудок»), *изумление* — «dementia» («безумие», «сумасшествие», «помешательство»). Совр. знач. установилось в течение XVIII в.

ИЗУМРУ́Д, -а, м. — «драгоценный камень ярко-зеленого цвета», «смарагд». *Прил.* **изумру́дный**, -ая, -ое. Укр. ізумру́д (: смара́гд), ізумру́дний, -а, -е; блр. ізумру́д (при обычном смара́гд); болг. изумру́д (где, впрочем, это слово, с начальным *и*, вероятно, из русского), также смара́гд. Ср. с.-хорв. сма̀рагд; чеш. smaragd; польск. szmaragd. Источник заимствования слова *смарагд* в европейских языках — греч. σμάραγδος : μάραγδος (>латин. smaragdus). Из греческого языка — др.-рус. смара́гдъ : змарагдъ : измарагдъ — «изумруд» (Срезневский, III, 443; I, 985, 1063) [последняя форма (с начальным *и*) — как в *изба* (см.), *изъян* (см.) и в других словах перед сочетанием согласных]. Из того же источника (но при латинском посредстве) — нем. Smaragd — «изумруд»; ит. smeraldo; исп. esmeralda; франц. émeraude (ст.-франц. esmeragde) и др. Слово *изумруд* в русском языке известно со 2-й пол. XV в. Ср., напр., в «Духовной грамоте» в. кн. Василия Васильевича, 1461 г.: «икона золота́ на *изумрутѣ*» (Черепнин, № 61, с. 197). ▫ Слово, по-видимому, восточного происхождения. Ср. перс. зоморрод (: zumurud) — тж., курд. zumrût; афг. замару́д; тадж. зумуррад : зумрат. Ср. араб. zumurrud (Wehr², 346). В древнерусский язык это слово могло попасть только с Востока и, возможно, при тюркском посредстве. Ср. турец. zümrüd : zümrüt — «изумруд» (и «зеленый»); азерб. зу́мруд — «изумруд»; также узб. зумрад : зумуррад; туркм. зу́меррет; кирг. зымырыт : зумурут; уйг. зумрэт и др. Правда, в старых тюркских текстах (старше XVI в.) это слово как будто не встр., тогда как др.-рус. *изумруд* известно с XV в. Как полагают, родиной этого слова (как и слова *смарагд*) и других родственных образований в европейских и азиатских языках является Ближний Восток. Корень семитский — brq «блестеть», «сверкать» (к истории слова см. Frisk, II, 747). Отсюда др.-евр. bāræqæt- «изумруд»; др.-инд. marakata-m : marakta-m — тж. С Востока — греч. μάραγδος (> на греческой почве σμάραγδος). Рус. *изумруд* (с начальным *и*) появилось в результате контаминации др.-рус. **измарагдъ** — «смарагд» и нового названия смарагда (*зумруд : *зумрад : *зумрэд).

ИЗЪЯ́Н, -а, м. — «недостаток», «дефект», «повреждение», «порча»; *устар.* «убыток», «ущерб». *Глаг. устар.* **изъя́ниться** — «входить в убытки», «сильно тратиться на что-л.». С начальным *и* — только русское. Но ср. болг. устар. **зян** — «изъян» при обычном **повре́да, дефе́кт**. В других слав. яз. отс. В русском языке — относительно позднее слово; в словарях — с 1731 г. (Вейсман, 678). □ Первоисточник — перс. **зийа́н** — «ущерб», «убыток». Ср. также курд. zîyan — тж.; афг. **зиа́н**. Передаточная среда — тюркские языки: турец. ziyan — «вред», «убыток»; азерб. **зиян** — тж.; туркм. **зыян** — тж.; каз.-тат. **зыян** — тж. и т. д. См. также Радлов, IV : 1, 902: **зыјан**. Начальное *и* в русском — как в *изумруд* (см.), *изба* (см.) и т. п. Слово переосмыслено как *изъ-я-н* [ср. *изъя́ть* (< о.-с. *jьzęti), *изъя́тие*].

ИЗЮ́М, -а, м. — «сушеные ягоды винограда». *Прил.* **изю́мный**, -ая, -ое. *Сущ.* **изю́минка**. Укр. ізю́м (: **родзи́нки**, *мн.*). В других слав. яз. отс. Ср. в том же знач.: блр. **разы́нкі**, *мн.*; так же у западных славян: чеш. rozínky, *мн.*; польск. rodzynki (< нем. Rosine, *f.* — «изюминка» < франц. raisin sec, *т.* — тж. < латин. racēmus — «виноградная кисть», «виноградная ягода»); в южнославянских: болг. **стафи́ди**, *мн.* (*ед.* **стафи́да** < новогреч. σταφίδι — «изюм»); с.-хорв. **суво грожђе**, *ед.* В русском языке слово *изюм* известно, по крайней мере, с начала XVII в. В 1618—1619 гг. Р. Джемс (РАС, 29 : 5) записал это слово на бумаге (изум? — «reasins»). Позже встр. в «Хождении Котова в Персию», 1623 г., по рук. 2-й пол. XVII в. (л. 8 об.): «изюм, дикой перец, капуста». Еще позже — в документах «Посольства» Мышецкого в Кахетию, 1641—1643 гг. (160): «виноград, изюм». □ Заимствовано из тюркских языков. Ср. турец. üzüm — «виноград» (ягоды) [основа üz : üs — та же, что в üzer — «верх», «сверху», «над», üzengi — «стремя»], kuru üzüm — «изюм»; азерб. үзүм (ү = ü) — «виноград»; ног. **юзим** — тж., узб. **узум** — «виноград» (гроздья); туркм. үзүм — тж.; крым.-тат. ў́зў́м; каз.-тат. йөзем (ө = ö) — «изюм». Ср. также у Радлова (I : 2, 1303, 1899): крым.-тат., кирг., уйг. **ӱзӱм** — «виноград», осм. (турец.), азерб., джаг., крым.-тат. ў́зў́м — тж. По большей части, однако, в тюркских языках знач. «изюм» выражается другими словами, напр. *кишмиш* и др. Трудно сказать, из какого именно тюркского языка заимствовано слово *изюм*. По мнению Дмитриева (24), оно восходит к крым.-тат. ў́зў́м.

ИЗЯ́ЩНЫЙ, -ая, -ое — «отвечающий тонкому художественному вкусу», «элегантный», «изысканный». *Нареч.* **изя́щно**. *Сущ.* (от той же основы) **изя́щество**. Ср. чеш. vzácný, -á, -é (словац. vzácny, -a, -e) — «исключительный», «редкий» (из *vъz-ęt-j-ьn-ъjь, вм. ожидаемого vzícný под влиянием ст.-чеш. lacný — «легкий»). В других слав. яз. отс. Ср. в том же знач.: укр. ви́тончений, -а, -е, ви́шуканий, -а, -е, га́рний, -а, -е; блр. згра́бны, -ая, -ае, прыгожы, -ая, -ае; с.-хорв. лѐп, лѐпа, лѐпо, елегàнтан, -тна, -тно. В ранних (XI—XIV вв.) памятниках др.-рус. письменности встр. только с *щ*: **изящьный** — «лучший», **изящьство** (Срезневский, I, 1086). Ст.-сл. нѧзѧщьньскъ в словосочетании старѣишина нѧзѧщньскъ — «старший таможенник» (SJS, I : 13, 759). Хотя эта группа слов слабо представлена в памятниках ст.-сл. письменности, можно полагать, что рус. *изящный* (с *щ*) заимствовано из старославянского языка. Форма *изячный*, по-видимому, поздняя, искусственно созданная. Ср. в Никон. л. под 7060 (1552) г.: «да урядят в полку в его царским... голову... из великих отцов дѣтей, *изячных* молотцов и искусных ратному дѣлу» (ПСРЛ, XIII, 199). Поликарпов (1704 г., 135) дает знач. «excellens» («отличный», «превосходный», «необыкновенный») для *изящный* и «excellentia» («превосходство», «преимущество») для *изящество*. Представление об изящном как о чем-то отвечающем тонкому вкусу установилось к началу XIX в. См. примеры у Пушкина (СЯП, II, 215). □ По корню слово *изящный* связано с о.-с. *jьzęti, ст.-сл. нѧѧти — «извлечь», «изъять», «вынуть». Основа **jьz-ę-t-j-ьn-* с необычным -tj- вм. -t- под влиянием причастных образований н. вр. на -ę-t-j- : -ǫ-t-j- (ст.-сл. ходѧщи-, сѣдѧщи-, горѧщи-; ср. рус. *ходячий, сидячий, горячий* и т. п., где *ч* из tj). Старшее знач. — «составляющий исключение», «необыкновенный». Ср. латин. eximius — «превосходный», «составляющий исключение» [от eximō (< exem-ō) — «вынимаю»; отсюда же exemplum — «пример», «образец»], ēlegans — «разборчивый», «изысканный» [к ēligō (< e(x) + legō) — «вырываю», «выбираю», «избираю» (отсюда франц. élégant — «элегантный»)].

ИКА́ТЬ, ика́ю — «непроизвольно, вследствие судорожного сокращения мышц грудобрюшной преграды, издавать отрывистые звуки, похожие на ык : ик : эк». *Диал.* **ика́ть**, ичу́ (Даль, II, 661). *Сов. однокр.* **икну́ть**. *Сущ.* **ико́та**. Сюда же **зайка**. Укр. íкáти : гикáти, íкнýти : гикнýти; блр. і́каць, і́кнуць; болг. устар. и диал. **и́кам** — «икаю» (Младенов, ЕПР, 221); с.-хорв. обл. **ицати се** — «икаться» (иче ми се — «у меня икота», «мне икается»), **и́цавица** — «икота»; чеш. jíkati — «заикаться» (собств. «произносить *и*»; «икать» — škytati); польск. диал. ikać (общепольск. czkać). Ср. у Р. Джемса (РАС, 1618—

ИКО

1619 гг., 26 : 6): ichīts̄a — «the heigh cocke» («икота»). Джемс, по-видимому, не понял, что ichītsa — безл. глаг. (ичется). В словарях *икать* — с 1704 г. [Поликарпов, 135: *икаю* — «singultio» («всхлипываю». «икаю»)]. ▫ Звукоподражательный о.-с. глаг. на -a-ti с характерным суф. -k- (ср. рус. *мяукать, квакать* и т. п.).

ИКОНА, -ы, ж. — «произведение религиозной живописи (изображение Христа, Богоматери, апостолов, святых и пр.), освященное церковью и являющееся предметом поклонения у христиан». Иначе *образ*. Прил. иконный, -ая, -ое. Укр. ікона (: образ); блр. ікона (чаще абраз); болг. икона; с.-хорв. икона. Чеш. Польск. obraz święty (но у православных — ikona). Др.-рус. (с XI в.) и ст.-сл. икона, иконьный, иконьникъ (Срезневский, I, 1087—1088; SJS, I : 13, 760, 761). ▫ Слово греческое: εἰκών — «изображение», «отражение», «образ», «видение», «портрет»; (в первые столетия н. э.) «икона». К εἴκω — «имею сходство», «похожу (на кого-л.)», «кажусь правильным».

ИКРА¹, -ы́, ж. — 1) «скопление яичек, которые мечут водные (и земноводные) животные (рыбы, моллюски, иглокожие, лягушки и др.)»; 2) «масса из яичек некоторых рыб, обработанная для употребления в пищу». В говорах: сиб. икра́ — «густые капустные щи», «стылая ячная кашица»; любопытно пск. «рыбья икра» и «икра под коленом у человека»; еще дальше по знач. — ряз., тамб. икра — «свободная, плавучая льдина» (Даль, II, 661). Прил. икряно́й, -а́я, -о́е, икри́стый, -ая, -ое. Укр. ікра́, ікряни́й, -а́, -е́, ікристий, -а, -е; блр. ікра́, ікра́ны, -а́я, -ое, ікры́сты, -ая, -ае; с.-хорв. йкра — «икра в 1 знач.» [ср. àjвàр — «икра во 2 знач.» (< турец. havyar — «икра»)]; чеш. jikry — «(рыбья) икра в 1 знач.» («лягушачья икра» — žabí vajíčka), но kaviár — «икра во 2 знач.» (из нем. Kaviar или ит. caviale < турец. havyar); польск. ikra — «(рыбья) икра в 1 знач.» (ср. skrzek — «лягушачья икра»), ст.-польск. ikro, kawior — «икра во 2 знач.». Ср., кроме того, кашуб. jikro. В.-луж. также возможна форма ср. р. на -о, причем с колебанием rn : n в основе: jikrno : jikno. Др.-рус. икра (Вопр. Кир., XII—XIII вв. и др.). — Срезневский, I, 1088; Кочин, 134. В 1618—1619 гг. это слово записал на Севере Р. Джемс (PAC): iχari — «caveari» («йкры»), 9 : 53; poisna iχara — «so at Astraχan they call the caveari» [«так в Астрахани называют икру» (как кушанье)], 59 : 19; χrasna iχra — «caveariе made of pearch roes» [«окуневая икра» (как кушанье)], 54 : 18 и др. Прилагательные, конечно, — поздние: в словарях *икряной* и *икристый* отм. с 1771 г. (РЦ, 189). ▫ О.-с. *jьkra : *jьkro. Ср. лит. ikras, pl. ìkrai — «икра», ikrìngas — «икристый»; латыш. ikri, pl. «икра в 1 знач.» (во 2 знач. — kaviars); др.-прус. uccroy, pl. — тж. М. б., сюда относится ср.-ирл. i(u)chair [род. i(u)chrach] — «икра». Но вообще говоря, дальнейшие сопоставления (за пределами

ИЛЛ

балто-славянской группы) спорны. Имеются некоторые основания (см. Потебня, «К ист. зв. р. яз.», IV, 61) связывать балто-славянское название икры (при наличии какого-то связующего звена в развитии знач. «комок», «масса», «куча») с и.-е. наименованием печени. Ср. лит. jěknos, pl. — «печень», «печенка»; латыш. aknas, pl. — тж.; др.-прус. iagno, f. (см. Fraenkel, 183, 192). Ср. также: латин. jecur : jecōr — «печень», «печенка», с любопытной формой род. ед.: не только jecoris, но и jecinoris (от *jecinis); перс. джегāр — «печень»; др.-инд. yákṛt — «печень» (хинди йакрит). Покорный (Pokorny, I, 504) допускает такое сближение и возводит всю группу слов (со знач. «икра», так и «печень») к и.-е. основе *iekʷ-r-(t)-, род. *iekʷ-n-es- — «печень». См. *икра²*.

ИКРА², -ы́, ж. (чаще мн. и́кры) — «округлые мышцы на задней стороне голеней человека». Только русское. Ср. в том же знач.: укр. ли́тка; блр. лы́тка; чеш. lýtko; польск. łydka; но болг. прасе́ц; с.-хорв. лист. В русском языке слово *икра²* известно с XVII в. [Р. Джемс, PAC, 1618—1619 гг., 41 : 26: íkara — «the calfe of the legge» («икра ноги»)]. В словарях — поздно (РЦ 1771 г., 189). ▫ Вероятно, такого же происхождения, как и *икра¹* (см.), как и рус. диал. и́кра — «свободная, плавучая льдина» (Даль, II, 661). Связующее звено в развитии знач.: «густая масса» > «комок», «клубень», «вздутие».

ИЛ, -а, м. — «вязкий осадок, отложения минеральных или органических веществ на дне водоемов». Прил. и́ловый, -ая, -ое, илова́тый, -ая, -ое, и́листый, -ая, -ое. Ср. болг. и́ловица — «глинистая почва» (ил : тиня, кал); с.-хорв. йлова́ча — «глина»; словен. il : ilo — «(белая) глина», «ил», ilast, -a, -o, ilovnat, -a, -o; чеш. jíl — «глина», jílový, -á, -é — «глинистый»; словац. il «глинок»; ilovitý : ilovatý, -á, -é — «суглинистый»; польск. ił (: muł > укр. мул — «ил») — «жирная глина», «суглинок», «ил»; в.-луж. jił — «глина», «суглинок». Но в блр. отс. («ил» — глей). ▫ О.-с. *ilъ — «глина» или «ил» (знач. не совсем ясно). Основа, возможно, была на -й-. В этимологическом отношении слово спорное. С давнего времени (Miklosich, EW, 95) сопоставляют гл. обр. с греч. ἰλύς — «ил», «тина», «осадок». С семантическим смещением слова, по-видимому, относится также латыш. īls — «непроглядно-черный (когда ни зги не видать)». Ср. греч. (у Гесихия) εἰλύ · μέλαν («черный»). И.-е. основа *īl-u-, корень *il- — «грязь», «ил», «чернота» (Pokorny, I, 499).

ИЛЛЮ́ЗИЯ, -и, ж. — «ложное, ошибочное представление о чем-л. как следствие обмана чувств, самообмана», «обманчивое видение»; «нечто несбыточное», «мечта». Сюда же иллюзорный, -ая, -ое (от основы *иллюзор-*). Укр. ілю́зія, ілюзо́рний, -а, -е; блр. ілю́зія, ілюзо́рны, -ая, -ае; болг. илю́зия, илюзо́рен, -рна, -рно; с.-хорв. илу̑зија, илузо̏ран, -рна, -рно : илузо̑рнӣ, -а̄, -о̄; чеш. iluse, прил. ilusorní; польск. iluzja, iluzoryczny, -a, -e. В русском языке слово *иллюзия* известно с середины XIX в. (Углов, 1859 г., 73; ПСИС 1861 г., 196 и более поздние словари). Прил. *иллюзорный* — гораздо более позднее слово, вошедшее в употр. в конце XIX в. Ср. в романе Л. Н. Толстого «Воскресение», 1899 г., ч. III, гл. 14: «*иллюзорно* ожидать от них помощи» (Соч., XVIII, 457). Позже — в очерке Короленко «В Крыму», 1907 г., гл. 2: «выведенный из своего *иллюзорного* одиночества» (СС, IV, 205). В словарях: Кузьминский и др., 1933 г., 438—439. □ Слово французское. Ср. франц. *illusion, f.* — «иллюзия», *illusoire* — «иллюзорный». Из французского: нем. *Illusión, f., illusórisch;* англ. *illusion, illusory* и др. Первоисточник — латин. *illūsiō* — старшее знач. «осмеивание», «ирония» > «обман», позднелатин. прил. *illusorius* (от глаг. *illūdō* — «играю», «издеваюсь», «обманываю»).

ИЛЛЮСТРА́ЦИЯ, *-и, ж.* — «рисунок, изображение, картина в книге, наглядно поясняющие текст»; «пример, поясняющий, что-л.». *Прил.* иллюстрати́вный, *-ая, -ое. Глаг.* иллюстри́ровать. *Сущ.* иллюстра́тор. Укр. *ілюстра́ція, ілюстрати́вний, -а, -е, ілюструва́ти;* блр. *ілюстра́цыя, ілюстрацы́йны, -ая, -ае, ілюстрава́ць;* болг. *илюстра́ция, илюстрати́вен, -вна, -вно, илюстри́рам* — «иллюстрирую»; с.-хорв. *илустра́ција, йлустрати́ван, -вна, -вно : йлустрати́вни, -а̄, -о̄, йлустрова́ти;* чеш. *ilustrace, ilustrativní, ilustrovati;* польск. *ilustracja, ilustracyjny, -a, -e, ilustrować.* В русском языке эта группа слов появилась и начала расширяться с середины XIX в., гл. обр. с конца 50-х гг. Слово *иллюстрация* находим у Кирилова (I, 1845 г., 77) с пояснением: «*Иллюстрация* вошла в моду уже в новейшее время»; *иллюстрировать* отм. Угловым (1859 г., 73), несколько позже — в ПСИС 1861 г., 106; *иллюстратор* отм. с начала XX в. (Ефремов, 1911 г., 162); позже других слов этой группы появилось *иллюстративный* (Ушаков, I, 1935 г., 1190). □ Из западноевропейских языков. Ср. франц. *illustration, f., illustrer.* Из французского: нем. *Illustration, f.* с произв. *illustrieren, illustrativ* и др.; англ. *illustration* и др. Первоисточник — латин. *illustrātiō* — «живое описание», «наглядное изображение» (от *illustris* — «светлый», «ясный», «явный», «очевидный»; основа *in-lustr-;* ср. *lustrō* — «обозреваю», «наблюдаю»).

ИМ, *мест. тв. ед. м. и ср., дат. мн.;* **ИХ**, *род., вин. мн.;* **ИМИ**, *тв. мн.* (после предлогов — с протетическим *н:* с ним, к ним, у них, о них, с ними) — «косвенные падежи личн. мест. 3 л.». Так и в других слав. яз., сохраняющих (с общеславянской эпохи) это мест. и его склонение. Ср. соответствующие мест.: укр. **ним** (ед.), **ix, ím** (мн.); блр. **ім** (ед.), **іх, ім, імі** (мн.)]произн. с j перед *и:* jим, jих и т. д.]; болг. **им** (дат. мн.), стар. **них**, совр. **тях** (вин. мн.); с.-хорв. **њим** (njim) : ње́ме (тв. ед.), **њи̑х** (njȋh) : их (род., вин. мн.); **њи̏ма** (njȉma) : им (дат., тв., местн. мн.); словен. njim (тв. ед.), njih : jih (род. мн.), njim : jim (дат. мн.), njima (дат., тв. дв.), jima (дат. дв.); чеш. jím (тв. ед.), jim (дат. мн.), jich : (после предлога) nich (род. мн.) jimi (тв. мн.); польск. nim (тв. ед.), im : (после предлога) nim (дат. мн.), ich : (после предлога) nich (род. мн., вин. мн.); устар. imi, niemi (тв. мн.); в.- и н.-луж. jim : (после предлога) nim (тв. ед.), jim : (после предлога) nim (дат. мн.), jich : (после предлога) nich (род. мн.; вин. — только для личн. сущ. м. р.), jimi (тв. мн.), jimaj : nimaj (дат. дв. мн.). Др.-рус. **ихъ, имъ, ими,** (о) **нихъ** (см. Срезневский, I, 1018). Ст.-сл. ихъ, имъ, ими, о нихъ (см. SJS, I : 12, 698—700). □ О.-с. *jimь (тв. ед.), *jichъ (род. мн.), *jimъ (дат. мн.), *jimi (тв. мн.). После предлогов (сначала только после *sъ, vъ, kъ, которые на ранней стадии развития о.-с. языка имели форму с -n на конце: *sъn, *vъn, *kъn) — с начальным *n- (вследствие переразложения: -n оторвалось от предлогов и примкнуло к местоимению). Напр., *sъ njimь, *kъ njimъ и пр. (ср. ст.-сл. съ н'имь, къ н'имъ и пр. со смягченным *н* из *nj*). Эти формы представляют собой косвенные падежи о.-с. указ. мест. *jь, *ja, *je с основой *jei-, которая обнаруживается при сравнении их с соответствующими падежными формами указ. мест. *tъ, *ta, *to : *tě-mь, *tě-chъ, *tě-mъ, *tě-mi, (o)*tě-chъ, где *ě* — из *oi̯ [основа, собственно, to-, но с добавленным в о.-с. эпоху -i̯- (начала, возможно, в формах тв. ед. и мн.)]. Т. о., *i* после *j* в о.-с. *jimь (тв. ед.), *jimъ (дат. мн.) и т. д. — из о.-с. *ei (< *oi̯ после j) с таким же добавленным о.-с. -i̯-, как и в основе *toi̯-. И.-е. основа этого мест. *i̯o- (> о.-с. *je), корень *e- : *ei- «который», «кто», «этот», «он». Как относит. мест., оно находится в родственных отношениях с греч. ὅς, ἥ, ὅ — «(тот) который», «(тот) кто», «(то) что» (< и.-е. *i̯os, *i̯ā, *i̯od); фриг. ιος — «такой же»; авест. уō, уā, уaṭ — «который»; др.-инд. *уа́s, уā́, уа́d* — тж. Как указательное, это мест. связано с лит. *jìs* — «он», *jì* — «она», *jõ* (род. м.), *jõs* (род. ж.), *juõ* (тв. м.), *jíems* (дат. мн. м.); гот. *is* — «он»; др.-сканд. *es > er* — тж.; др.в.-нем. *er;* латин. *is*, род. *ēius* и др. См. Pokorny, I, 281.

ИМЕНИ́ТЕЛЬНЫЙ ПАДЕ́Ж, *грам.* — «падеж называния предмета мысли, отвечающий на вопрос кто-что, первый падеж в парадигме склонения, падеж подлежащего». Болг. **имени́телен паде́ж.** В других слав. яз. отс. Ср. в том же знач.: укр. *називни́й відмі́нок;* блр. *назоўны склон;* с.-хорв. *пр̀ви па̀деж, но̀минати̑в;* словен. *imenovalnik;* чеш. *první pád,* польск. *nominativ;* польск. *mianownik.* В старопечатной «Грамматике» церковнославянского языка, вышедшей в Москве в 1648 г. (Смотрицкий, 92), названия падежей почти не отличаются от современных. Лудольф («Рус. гр.», 1696 г., § 2) пользуется уже установившейся терминологией: «Падежь Casus. *имени́тельный* Nominativus. *родительный* Genitivus» и т. д. Пожалуй, правильнее было бы называть этот падеж *именовательным.* Так он и назывался в наших старших грамматических сочинениях (см. Ягич, разд. VII, № 26, с. 483, разд. VIII, с. 537 и др.). ▫ В русском языке — из грамматик церковнославянского языка, а там терминология падежей скалькирована с латинской. Ср. латин. nōminātīvus (casus) — «именительный (падеж)», от nōmen — «имя», nōminō — «называю», «именую».

ИМЕ́ТЬ, име́ю — «обладать, владеть чем-л.», «располагать чем-л.». Употр. и как вспомогательный глаг. (с утратой реального значения). *Сущ.* име́ние (по происхождению отглаг. сущ.). Укр. ма́ти, 1 ед. ма́ю; блр. мець, 1 ед. ма́ю; болг. и́мам — «имею»; с.-хорв. ѝмати, 1 ед. и́ма̄м; словен. iméti, 1 ед. imam; чеш. míti (ст.-чеш. jmíeti), 1 ед. mám; словац. mať, 1 ед. mám; польск. mieć, 1 ед. mam; в.-луж. měć, 1 ед. mam; н.-луж. měš, 1 ед. mam. Др.-рус. имѣти, 1 ед. имамь (книжн.), имѣю — «иметь», «считать», «принимать за кого-л. или за что-л.», «быть в состоянии» (Срезневский, I, 1096). В Пов. вр. л. под 6479 (971) г.: «да имѣемъ клятву от бога»; там же имѣнье (Лихачев, 52). Ст.-сл. имѣти, 1 ед. имамь. Старшая основа н. вр. има-; основа имѣ-, возникшая под влиянием основы инфинитива, — новообразование, в старославянских памятниках встречающееся в форме 3 мн. н. вр. (имѣютъ) только в Супр. р., а в прич. формах н. вр. (имѣѩ) — в ряде памятников (SJS, I : 13, 767—768; Вайян, § 225). ▫ О.-с. *jьměti, 1 ед. *jьmamь. Корень *jьm- (< *ьm-), тот же, что в о.-с. *jьmǫ (инф. *jęti > др.-рус. яти) — «возьму», «схвачу»; имперфектив — о.-с. jьmjǫ (> др.-рус. емлю) [инф. *imati] — «беру», «захватываю» [ср. совр. рус. *взять — взимать*, *понять — понимать*, *обнять* (: *объять*) — *обнимать* и пр.]. Знач. «владеть», «обладать» развилось из знач. «брать», «захватывать». И.-е. корень *em-: *ₒm- (: *m̥-) — «брать» (Pokorny, I, 310—311).

ИММУНИТЕ́Т, -а, *м.* — 1) «невосприимчивость организма к действию возбудителей инфекционных болезней»; 2) «неприкосновенность личности дипломатического представителя и занимаемого им помещения в иностранном государстве»; 3) «парламентская неприкосновенность». *Прил.* иммуните́тный, -ая, -ое. Укр. іммуніте́т; блр. імунітэ́т; болг. имуните́т; с.-хорв. имунѝте̄т; чеш. imunita; польск. immunitet, immunitetowy, -a, -e. В русском языке слово *иммунитет* известно с середины XIX в., но не в медицинском смысле (Толль, НС, II, 1864 г., 263: «освобождение от какой-н. должности или налога». ▫ Из западноевропейских языков. Ср. франц. (с XIII в.) immunité — «льгота», «освобождение от повинностей» (старшее знач.); мед. «иммунитет» (с 1866 г.); нем. Immunität — мед. «иммунитет». Первоисточник — латин. immunitas — «льгота», «освобождение от повинностей» [к immūnis (< in-munus; ср. mūnus — «обязанность», «повинность», «бремя»; in- — здесь — отрицательный префикс «не-», «без-»)].

ИМПЕРИАЛИ́ЗМ, -а, *м.* — «высшая и последняя стадия развития капитализма, в которую он вступил в конце XIX — начале XX в., характеризующаяся господством крупных монополий во всех сферах жизни, борьбой между капиталистическими странами за источники сырья и рынки сбыта, за чужие территории и эксплуатацию других народов, что приводит к агрессивным войнам за передел мира». *Прил.* империалисти́ческий, -ая, -ое. Сюда же империали́ст с произв. империали́стский. Укр. імперіалі́зм, імперіалісти́чний, -а, -е, імперіалі́ст; блр. імперыялі́зм, імперыялісты́чны, -ая, -ае, імперыялі́ст; болг. империали́зъм, империалисти́чески, -а, -о, империалисти́чен, -чна, -чно, империали́ст; с.-хорв. империјали́зам, империјалисти́чкӣ, -а̄, -о̄, империјалист(а); чеш. imperialismus, imperialistický, -á, -é, imperialista; польск. imperializm, imperialistyczny, -a, -e, imperialista. В русском языке слово *империализм* известно со 2-й пол. XIX в., но не в современном, а в более раннем знач. Ср., напр.: Березин, II, 1877 г., 378: *империализм* — «исключительно военное управление государством»; Бурдон — Михельсон 1880 г., 335: *имперьялизм* — «то же, что деспотизм». С совр. знач.: Ленин, «*Империализм, как высшая стадия капитализма*», 1916 г. (ПСС⁵, XXVII, 299 и сл.). Прил. сначала появилось в форме *империалистский* [Ленин, «Несчастный мир», 1918 г.: «*империалистские войны*» (ПСС⁵, XXXV, 382 и в прим. там же)]. ▫ Слово *империализм* (с первоначальным знач.) в русском языке, вероятно, из французского. Ср. франц. impérialisme (со знач. «экспансионизм» — с 1880 г.), impérialiste (со знач. «захватчик», «экспансионист» — с 1893 г.); англ. imperialism, imperialist; нем. Imperialismus, Imperialist. Первоисточник — позднелатин. imperiālis, -e (прил. к imperium — «повеление», «приказание»; «власть»; «высшее командование»; «государство», «империя». Ср. *империя*.

ИМПЕ́РИЯ, -и, *ж.* — «крупное монархическое государство». *Прил.* имперский, -ая, -ое. Сюда же импера́тор — «глава империи» (с произв.). Укр. імпе́рія, імпе́рський, -а, -е, імпера́тор; блр. імпе́рыя, імпе́рскі, -ая, -ае, імпера́тар; болг. импе́рия, импе́рски, -а, -о, импера́тор; с.-хорв. ѝмперија, импѐра̄тор; чеш. impérium (также císařství, «имперский» — císařský, -á, -é), imperátor; польск. imperium (: cesarstwo), imperialny, -a, -e (: cesarski, -a, -ie), imperator (: cesarz). В русском языке раньше других слов этой группы появилось слово *император*, известное, по крайней мере, с XVII в. («Космография» 1670 г., 248): «римские цесари в древние лета именовахуся *император*, сиречь наставник всего света». В Петровское время это слово встр. уже нередко. Ср. в «Прошении сенаторов царю Петру I о принятии им титула „Отца отечества, *Императора* Всероссийского, Петра Великого"», от 1721 года»: «как обыкновенно от Римского Сената за знатные дела *императоров* их такие титулы публично им в дар приношены» (ЗАП I, т. I, № 212, 155). Кроме того, см. Смирнов, 117. Тогда же входит в употр. и слово *империя*, которое иногда встр. и в форме *империум*. Ср. в «Архиве» Куракина: «чтобы цесаря и *империум* склонить» (VI, 19, 1713 г.), но «о вступлении войск российских в *империю*» (I, 89, 1723 г.). Прил. *имперский* — более позднее слово (в словарях — Нордстет, I, 1780 г., 269). ▫ В русском языке — едва ли западноевропейского происхождения. Ср. франц. empire — «империя», empereur (< латин. imperator, вин. imperatorem) — «император». Из французского — англ. empire, emperor; из латинского: нем. Imperium, Imperator; голл., швед. imperium, imperator и др. Первоисточник — латин. imperium, *n.* (*pl.* imperia) — «повеление», «власть», «высшее командование», imperator [k imperō (< in+parō; ср. parō — «снаряжаю», «добываю», «организую»)]. Возможно, в русском языке — непосредственно из латинского.

ИМЯ, и́мени, *ср.* — 1) «личное (о т л и ч и т е л ь н о е) название из числа общепринятых у данного народа в данную эпоху, которое каждый человек получает при рождении»; 2) «прозвище, кличка»; 3) «известность», «слава». *Прил.* именно́й, -а́я, -о́е. *Глаг.* именова́ть(ся). Укр. ім'я́ (в говорах м'я), род. і́мені : ім'я́, также (о личном имени) іме́ння, йме́ння, іме́нний, -а́, -е́, іменува́ти; блр. імя́, род. і́мені : імя́, імя́ни́, -а́я, -бе (но как грам. термин — име́нны, -ая, -ае); болг. и́ме, и́менен, и́менна, и́менно, имену́вам — «именую»; с.-хорв. и́ме, род. и́мена, и́мёнски, -а̄, -о̄ — грам. «именной», имено́вати; словен. ime, род. imena, imenski, -a, -o, imenovati; чеш. jméno, род. jmena, jmenný -á, -é, jmenovati; словац. meno, menný, -á, -é, menovat'; польск. imię, род. imienia, miano — «наименование», imienny, -a, -e, mianować; в.-луж. mjeno, уменьш. mjenko, mjenować; н.-луж. mě, род. mjenja, mjenowaś; полаб. jeimǡ — «имя» (Rost, 388). Др.-рус. (с XI в.) имя, род. имене (: имени) — «имя», «название», «слово», именьнъ, именьный, именовати (Срезневский, I, 1093, 1094, 1097—1098). Ст.-сл. ıма, род. ıмене (SJS, I : 14. 769). ▫ О.-с. *jьmę, род. *jьmene. В этимологическом отношении слово неясное, трудное для объяснения. По большей части (ср., однако, Vendryes, A—36), его не отрывают от соответствующих слов с таким же значением в других и.-е. языках: др.-прус. emnes, emmens, *m.*; гот. namō; др.-в.-нем. namo (совр. нем. Name); латин. nōmen; греч. ὄνομα; др.- и нов.-ирл. ainm, *n.*, *pl.* anman; алб. emën : emër; арм. анун, род. ануан; авест. nāma (совр. перс. нāм); др.-инд. nā́ma, *n.* (ср. хинди нāм); тохар. A ñom, тохар. B ñem; хетт. lāman. И.-е. *(o)nṓmṇ, основа *en(o)mṇ- (Pokorny, I, 321). Для общеславянского языка особо придумывают, как исходную, форму *enomēn (Walde — Hofmann³, II, 174) или *ṇmēn (> *ьnmén > *ьmen > *jьmę)

[Brugmann, I, 387], потому что иначе из конечного ṇ после m должно было получиться -ьn > -ь. Всё это весьма гадательно. Другие языковеды считают -mę : -men в о.-с. *jьmę, род. *jmene таким же суффиксом, как в. о.-с. *plemę, *sěmę, *bermę (> ст.-сл. врѣмѧ), а корнем — *jь- (< *ь-) и пытаются объяснить это слово, сближая его с о.-с. *jęti, 1 ед. *jьmǫ (ср. др.-рус. яти, см. *иметь*). Лучше, пожалуй, возводить это о.-с. *jь- к и.-е. *i̯eu-(: *i̯ou-) — «отделять», «обособлять» [ср. *i̯eu- у Покорного (Pokorny, I, 511)] > о.-с. *jь- > *jь- [как в о.-с. *jьgo (см. Pokorny, I, 508)]. Ср. др.-инд. yuyoti — «отделяет», каузатив yāvayati — «отделяет» (корень yu-). Имя дается людям и домашним животным для того, чтобы можно было их различать, отличать друг от друга средствами языка.

ИНВАЛИ́Д, -а, *м.* — «человек, частично или полностью утративший трудоспособность вследствие ранения, увечья, болезни и т. п.». *Прил.* инвали́дный, -ая, -ое. Укр. інвалі́д, інвалі́дний, -а, -е; блр. інвалі́д, інвалі́дны, -ая, -ае; болг. инвали́д, инвали́ден, -дна, -дно; с.-хорв. инва̀ли̑д, инва̀ли̑дски, -а̄, -о̄; чеш. invalida, *м.*, *прил.* invalidní; польск. inwalida, *м.*, inwalidzki, -a, -ie. В русском языке слово *инвалид* известно с XVIII в. Его отм. Курганов в «Письмовнике», 1777 г., 434: *инвалид* — «дряхлый воин». У Демидова («Журн. пут.», 1771—1773 гг., 28): «ездили смотреть *инвалидной* Королевской дом, называемой L'hotel des invalides, которой... превосходит многие здания во... Франции». Об *Инвалидном доме* и об *инвалидах* позже (в мае 1790 г.) писал Карамзин в «Письмах рус. пут.» (Избр., I, 442). ▫ Ср. франц. invalide; англ. invalid; нем. Invalide; ит. invàlido; исп. invàlido. Слово французское, восходящее к латин. invalidus — «слабосильный», «бессильный», «слабый», с отрицательным префиксом in-; ср. validus — «здоровый», «крепкий» (к valeō, инф. valēre, супин valitum — «являюсь здоровым, крепким»). Из французского — в других западноевропейских и в русском.

ИНВЕНТА́РЬ, -я́, *м.* — 1) «совокупность предметов недвижимого имущества, оборудования, орудий труда и т. п. какого-л. предприятия, учреждения»; 2) «подробная опись такого имущества». *Прил.* инвента́рный, -ая, -ое. *Глаг.* инвентаризова́ть, отсюда инвентариза́ция. Укр. інвента́р, інвента́рний, -а, -е, інвентаризува́ти, інвентариза́ція; блр. інвента́р, інвента́рны, -ая, -ае, інвентарызава́ць, інвентарыза́цыя; болг. инвента́р, инвента́рен, -рна, -рно, инвентаризи́рам — «инвентаризирую», инвентариза́ция; с.-хорв. инвѐнта̑р, инвента̀рисати, инвента̀рӣса̄ње — «инвентаризация»; чеш. inventář, *прил.* inventární, inventarisovati, inventura, inventarisování; польск. inwentarz, inwentarny, -a, -e, inwentaryzować, inwentaryzacja. В русском языке слова этой группы вошли в употр. не все сразу. Сначала появилось *инвентарь*.

В XVIII в., по-видимому, употр. *инвента́риум* [ИЛ, 160: «*Инвентариум* или опись» (имущества главной конторы Рос.-Американской Компании) от 1-I-1798 г.]; в форме *инвента́рий* отм. Яновским (I, 1803 г., 822); в форме *инвента́рь* — с 1834 г. (Соколов, I, 1048). Прил. *инвента́рный* находим у Даля (I, 1863 г., 664). Позже других появились *инвентаризова́ть* и *инвентариза́ция* (Кузьминский и др., 1933 г., 446; Ушаков, I, 1935 г., 1200). ▫ Возможно, из немецкого. Ср. франц. (с XIV в.) inventaire, *m.* — «опись», «инвентаризация». Из французского: нем. Inventár, *n.* — «инвентарь» и «инвентарный список», «опись», inventarisieren — «инвентаризовать»; англ. inventory — «инвентаризационная опись», «инвентарь». Первоисточник — позднелатин. юр. inventarium — «акт перечисления, регистрации, установления» (к глаг. inveniō, супин inventum — «нахожу», «отыскиваю»).

И́НДЕВЕТЬ, и́ндевею — «покрываться инеем». В литер. рус. яз. чаще *сов.* (с приставкой *за-*) **зайндеветь**. В говорах возможна и форма без *д*: **и́неветь**, а также **и́неить** (Даль, II, 665). Ср. блр. і́нець — «индеветь»; но укр. описательно: **вкрива́тися** (: **бра́тися**) **і́неєм** «покрываться инеем»; так же (описательно) и в других слав. яз. (с.-хорв., словен., словац.); впрочем, ср. чеш. ojínovati se — тж. Слово относительно позднее. В словарях — с 1792 г. (САР¹, III, 305). ▫ Видимо, из говоров. Трудность представляет, гл. обр., объяснение *д* после *ин* и, отчасти, *в* после первого *е*. Даль (II, 665) на первом месте дает и́неветь. Можно предположить, что существовала диалектная форма *и́невъ (< *и́ньвъ). Ср. калуж. и́вень (< *и́невъ) — «иней», «мерзлый пар» (ib., 29). Что касается *д*, то (с некоторой модификацией) допустимо объяснение Брандта (РФВ, 1889 г., кн. 3, 130), что оно из *j*, т. е. *и́ндеветь* получилось из *ине́евѣть* (и́н’јев’ет’). Следует учитывать, впрочем, и возможность переосмысления этого слова и сближения его с такими глаголами, как *одеть, одевать* или *надеть, надевать* с коренной частью *-дѣ-(е)-*. См. *иней*.

И́НДЕКС, -а, *м.* — 1) «указатель, список, перечень чего-л.»; «цифровой, нумерованный реестр (напр., названий газет и журналов, на которые производится подписка)»; 2) *спец.* «цифровой показатель, выражающий в процентах изменения цен, объема производства, доходов населения и т. п.» (имеются и другие еще более спец. знач.». *Прил.* и́ндексный, -ая, -ое. Укр. і́ндекс, і́ндексний, -а, -е, і́ндексовий, -а, -е; блр. і́ндэкс, і́ндэксны, -ая, -ае; болг. и́ндекс, и́ндексен, -сна, -сно; с.-хорв. йндекс — «индекс» и «зачетная студенческая книжка»; чеш. index — «индекс» и «список запрещенных книг», прил. indexní, indexový, -á, -é; польск. indeks (знач. — как в чеш.), indeksowy, -a, -e. В русском языке слово *индекс* в словарях отм. с 1803 г. (Яновский, I, 824), но сначала оно употреблялось со знач. «список, перечень книг, запрещенных католической церковью (папой)». Ср. еще у Бурдона — Михельсона 1880 г., 337: *индекс* — «каталог книг, подозрительных в отношении веры, чтение которых запрещено папою». С современным значением это слово употр. с начала 1900-х гг. (М. Попов, 1904 г., 147). ▫ Ср. франц. index; нем. Index и др., где это слово из латинского языка. Ср. латин. index — «указатель», «перечень», «список», «каталог», также «заглавие», «название», «признак» (к indícō — «объявляю», «называю», «указываю», от dícō — «говорю», «называю»).

ИНДИВИ́ДУУМ, -а, *м.* — «отдельный живой организм», «особь»; «человек как отдельная личность в среде других людей». Индиви́д — тж., *редк.* индивидуа́л, *устар.* (XIX в.) индиви́дуй. *Прил.* (от основы *индивидуал-*) индивидуа́льный, -ая, -ое. Укр. індиві́дуум, індиві́д, індивідуа́льний, -а, -е; блр. індыві́дуум, індыві́д, індывідуа́льны, -ая, -ае; болг. индиви́д, индивидуа́лен, -лна, -лно; с.-хорв. индиви́дуум, йндивидуа́лан, -лна, -лно : йндивидуа́лнй, -а̄, -о̄; чеш. individuum, прил. individuální; польск. indywiduum, indywidualny, -a, -e. В русском яыке слово *индивидуум* и другие слова этой группы употр. с 30-х гг. XIX в. (см. Веселитский, 19—24; Сорокин, РСС, 77—78; там же о полемике по поводу этих слов). В словарях *индивидуум* и *индивидуальный* отм. с 1845 г. (Кирилов, 78). ▫ Возможно, из немецкого. Первоисточник — латин. indīviduum — «атом» [ср. прил. indīviduus — «неразделенный», «нерасщепленный» (к dīvidō — «делю», «отделяю», «различаю»; in- — отрицательный префикс)]. Из латинского: франц. (с XIII в.) individu — «то, что неделимо > «вид», позже (с XVIII в.) «особь», «личность», «индивидуум», (с XV в.) individuel — «индивидуальный»; нем. Individuum, (из французского) individuell; англ. individual — «индивидуум» и «индивидуальный» (ср. *индивидуал*).

ИНДУ́СТРИЯ и ИНДУСТРИ́Я, -и, *ж.* — «промышленность». *Прил.* индустриа́льный, -ая, -ое. Укр. інду́стрія, індустріа́льний, -а, -е; блр. інду́стрыя, індустрыя́льны, -ая, -ае; болг. инду́стрия, индустриа́лен, -лна, -лно; с.-хорв. инду́стрија, индустри́скй, -а̄, -о̄; чеш. industriální (чаще průmyslový, -á, -é; ср. průmysl — «индустрия»); польск. устар. industria, industrialny, -a, -e (чаще przemysł, przemysłowy, -a, -e). В русском языке слово *индустрия* известно с 30-х гг. XIX в. Его отм. уже Ренофанц, 1837 г., 98: *индустрия* — «промышленность». Позже встр. у Огарева в «Разборе книги Корфа», 1858 г.: «Петр Великий... вводил в Россию европейскую *индустрию*» (Избр., I, 215). *Прил.* индустриа́льный в словарях отм. с 1861 г. (ПСИС, 198). ▫ Вероятно, из французского. Ср. франц. (в совр. знач. — с XVIII в.) industrie, *f.*, industriel, -le > нем. Industríe, industriéll; англ. industry, industrial. Первоисточник — латин. industria, *f.* — «активность», «старательность», «усердие», «трудолюбие» (это знач. долго сохранялось во французском языке), от indust-

ИНД

rius, -a, -um — «деятельный», «прилежный», «усердный» [к indu — «в» и struō — «накладываю», «раскладываю», «строю», «возвожу», «изощряюсь» (в каком-л. роде деятельности)].

ИНДЮ́К, -а́, *м.* — «крупная домашняя птица, самец, семейства фазановых, отряда куриных, с длинным придатком, свешивающимся с верхней части клюва, и складкой кожи, висящей на горле, с распускающимся хвостом», «индейский петух». Индейка, индюшка (с суф. *-ушк-*, как в *кукушка, зверюшка* и т. п.) — «самка индюка». *Прил.* (к *индюшка*) индюши́ный, -ая, -ое, индюша́чий и индю́шечий, -ья, -ье. Укр. інді́к, інді́чка; блр. інды́к, инды́чка; польск. indyk, indyczka. Ср. чеш. indián — «индюк» (обычно krocan; ср. krůta — «индейка»). В других слав. яз. отс. В русском языке сначала появилось слово *индейка* — Нордстет, I, 1780 г., 269. Ср. позже у Пушкина в поэме «Граф Нулин», 1825 г.: «*Индейки с криком выступали / Вослед за мокрым петухом*» (ПСС, V, 5). Отсюда *индей* — «индюк», напр., у Державина в стих. «Царь девица», 1812 г., строфа 29: «*Тот эдемского индея*» (шлет) [Стих., 437]. Ср. в говорах бассейна Оби: индéй — «индюк», индéя — «индюшка» (Палагина, II, 60). *Индюшка* отм. Соколовым (I, 1834 г., 1048). Вскоре появляется в словарях и слово *индюк* (СЦСРЯ, 1847 г., II, 132). В укр. яз. інді́к известно с конца XVIII в. [Котляревський, «Енеїда»: «з підливою *індик*» (ч. I, строфа 27, с. 10); «*індиком* ходить там Гішпанець» (ч. IV, строфа 14, с. 78)]. ▫ Птица была вывезена испанцами из Мексики после открытия Америки, которую некоторое время принимали за Индию (ср. *индианка, индеец*). Ср. франц. (с 1600 г.) dinde (< coq, poule d'Inde — «петух, курица из Индии» — «индюшка»), dindon — сначала «птенец, индюшонок», позже «самец, индюк»; ст.-нем. indianisch han (не совр. нем. Truthahn, *m.*, Truthenne, *f.* > чеш. krocan, krůta).

И́НЕЙ, -я, *м.* — «тонкий снежный налет, образующийся из водяных паров воздуха на поверхности предметов при их резком охлаждении». *Глаг.* и́ндеветь (см.). Укр. і́ній, род. і́нею; блр. і́ней; с.-хорв. и̑ње, словен. inje; чеш. jíní (: jinovatka); словац. inovať. В совр. общеболг. яз. это знач. обычно выражается словами скреж, слана́, но известно, как устар. и диал., и слово и́ней (Младенов, ЕПР, 223). В других слав. яз. отс. Ср. польск. szron (< śron : śrzon) — тж. Др.-рус. (с XIII в.) иний (Срезневский, I, 1100). Ст.-сл. ннннн : иннѥ (SJS, I : 14, 771). Любопытно у Р. Джемса (РАС, 1618—1619 гг., 27 : 6): ina (=ine?) — «a miste» («туман»; ср. совр. англ. heavy mist — «густой туман», «изморось», «мелкий моросящий дождь»). ▫ О.-с. *in-ьjь, собир. *inьje, корень *in-. Ср. лит. ýnis — тж [не заимствовано, а родственное слово (Fraenkel, 185)]. Едва ли сюда относится др.-прус. ennoys — «лихорадка». За пределами балто-славянской группы убедительных соответствий не обнаружено. Др.-инд. éni, eṇaḥ, étaḥ — «мер-

ИНЖ

цающий», «блестящий», «пестрый», видимо, сюда не относится [Майрхофер относит его к и.-е. *ai- — «жечь», «палить», «обжигать» (Mayrhofer, I, 127)].

ИНÉРЦИЯ, -и, *ж.* — *физ.* «свойство тела сохранять состояние покоя или движения, пока какая-л. внешняя сила не изменит этого состояния»; *перен.* «отсутствие активности, инициативы», «бездеятельность». *Прил.* инéртный, -ая, -ое. Укр. інéрція, інéртний, -а, -е; блр. інéрцыя, інéртны, -ая, -ае; болг. инéрция, инéртен, -тна, -тно; с.-хорв. инèрција, йнертан, -тна, -тно : йнертнй, -ā, -ō; чеш. inercie, прил. inertní (только физ.); польск. inercja, inercyjny, -a, -e (только физ.). В русском языке слово *инерция* в научном, физическом смысле известно с 40-х гг. XIX в. (Кирилов, 1845 г.), 80). Почти одновременно оно начало употребляться и в перен. знач. Сорокин (РСС, 388) приводит примеры, начиная с 1849 г. («Современник», 1849 г., № 1, 137); вскоре появляется и прил. *инертный*, сначала некоторое время употреблявшееся в форме *инертивный* (СПб. вед., 1861 г., № 271, с. 1484); но Писарев уже предпочитает *инертный*. Вообще к 70-м гг. XIX в. оно уже является общеупотребительным словом (Сорокин, ib., 389). ▫ Ср. франц. inertie, *f.* — «инерция», inerte — «инертный», «бездеятельный», «ленивый». Из французского — нем. Inertíe, *f.* — «инерция», inért — «инертный», «вялый», «пассивный». Ср. англ. inertia, inert (физ. и перен.). Первоисточник — латин. inertia — «бездействие», «вялость», от iners (< inars) — «неискусный», «бездеятельный», «косный», «вялый» (ср. ars — «ремесло», «искусство»). Т. о., то, что мы теперь считаем перен. знач., на самом деле исторически является первоначальным. Научная терминологизация — новое явление в развитии этого слова.

ИНЖЕНÉР, -а, *м.* — «специалист с высшим техническим образованием». *Прил.* инженéрный, -ая, -ое. *Сущ.* инженéрство. Укр. інженéр, інженéрний, -а, -е, інженéрський, -а, -е; блр. інжынéр, інжынéрны, -ая, -ае, інжынéрскі, -ая, -ае; болг. инженéр, инженéрен, -рна, -рно, инженéрски, -а, -о; с.-хорв. инжèњер, инжèњерски, -а, -о; чеш. inženýr, inženýrský, -á, -é; польск. inżynier, inżynierski, -a, -ie. В русском языке слово *инженер* (сначала в знач. «механик» или «техник») известно с Петровского времени. Кроме общеизвестных данных у Смирнова (119), ср. еще ПбПВ, V, № 1794, 1707 г., 304: *инженер;* VIII, № 2513, 1708 г., 53: *прислать. . . трем инженером по два человека;* здесь же *инженерство.* Но прил. *инженерный*, по-видимому, более позднее [в словарях — с 1771 г. (РЦ, 618)]. ▫ Возможно, из голландского. Ср. франц. ingénier (ср. s'ingénier — «ухищряться», «проявлять изобретательность») > голл. ingenieur; нем. Ingenieur; англ. engineer; ит. ingegnere. Франц. (с XVI в.) ingénieur возникло на базе латин. ingenium — «природные свойства», «ум» > «изобретательность», «остроумная выдумка».

ИНИ

ИНИЦИА́Л, -а, м. (обычно мн. инициа́лы) — «начальная буква (буквы) имени, отчества, фамилии, употребляемая в некоторых случаях как их заменитель». Укр. ініціа́л, мн. ініціа́ли; блр. ініцыя́л, мн. ініцыя́ли; болг. инициа́л, мн. инициа́ли; с.-хорв. иницѝјал, мн. иницѝјали; чеш. iniciála, мн. iniciály, iniciálka, мн. iniciálky; польск. inicjał, мн. inicjały. В русском языке слово *инициалы* известно со 2-й пол. XIX в. (Чудинов, 1894 г., 343). □ Вероятно, из французского. Ср. франц. initiale, *f.*, прил. initial, -e — «начальный». Из французского: нем. Initiale, *f.*; англ. initial и др. Первоисточник — позднелатин. прил. initiālis, -e — «начальный», от латин. initium — «начало» [к ineō (из in — «в» и eō — «иду»), супин initum — «вхожу», «начинаю»].

ИНИЦИАТИ́ВА, -ы, ж. — «почин, побуждение к началу какого-л. дела»; «предприимчивость», «способность к самостоятельным активным действиям». *Прил.* инициати́вный, -ая, -ое. Сюда же инициа́тор. Укр. ініціати́ва, ініціати́вний, a, -e, ініціа́тор; блр. ініцыятьíўна, ініцыятьíўны, -ая, -ае, ініцыя́тар; болг. инициати́ва, инициати́вен, -вна, -вно, инициа́тор; с.-хорв. иницијати́ва, иницијати́ван, -вна, -вно, иницијати́вни, -а̄, -ō, иницѝјатор; чеш. iniciativa, прил. iniciativní, iniciátor; польск. inicjatywa, inicjatywny, -a, -e, inicjator. В русском языке слово *инициатива* известно со 2-й четверти XIX в. Ср. у Герцена в «Дневнике» за 1843 г.: «Франции принадлежит великая *инициатива* этого переворота» (запись от 23-VI); «она (реформация) боится *инициативы*» (запись от 4-VII) [СС, II, 289, 291]. Прил. *инициативный* появилось позже. Встр. в статье Ленина «Падение Порт-Артура», 1905 г.: «Без *инициативного*, сознательного солдата и матроса невозможен успех в современной войне» (ПСС⁵, IX, 155). □ Ср. франц. initiative, *f.* (с 1567 г., как полит. термин — с 1787 г.), initiateur (впервые в 1586 г., редко до 1845 г.). Из французского: нем. (с начала XIX в.) Initiative, *f.*, Initiator; англ. initiative, initiator и др. Позднее (на франц. почве) новообразование на основе латин. initium — «начало», «вступление», откуда initiō — «ввожу в культовые таинства» > «посвящаю», «обучаю» (в конечном счете — к ineō — «вхожу», «вступаю», «начинаю»).

ИНКО́ГНИТО, неизм. — нареч. «не открывая своего имени», «тайно»; сущ. м. и ср. «лицо, не открывающее своего настоящего имени, действующее тайно, не желая, чтобы его узнали». Укр. інко́гніто; блр. інко́гніта; болг. инко́гнито; чеш. inkognito; польск. inkognito (только сущ.). В русском языке слово *инкогнито* известно с Петровского времени: Христиани (Christiani, 53) указывает примеры, начиная с 1701 г. (ПбПВ, I, 720). Ср. в «Архиве» Куракина (I, 179, 1707 г.): «коли едет (высокопоставленное лицо. — *П. Ч.*) без фионов (т. е. кистей), то значит приватно едет или *инкогнито*». □ Ср. ит. incognito, *m.* и нареч. > франц. incognito, *m.* и нареч.; также

ИНО

нем. Inkognito, *n.*, inkognito, нареч.; англ. incognito, сущ. и нареч. и др. Первоисточник — латин. incognitus — «неизвестный, неведомый» (к cognoscō — «познаю», «узнаю», «знакомлюсь»). В Западной Европе — при итальянском посредстве.

ИНОГДА́, нареч. — «порою», «подчас», «не всегда», «иной раз». Укр. і́ноді. В других слав. яз. отс. Др.-рус. (с XI в.) иногда : иногда — «однажды» (в «Житии Мефодия» по сп. XII в.); «некогда», «прежде», «в другой раз» (Срезневский, I, 1101—1102, 1108). Ст.-сл. иногда : иногда — «некогда», «когда-то» (SJS, I : 14, 771). Старшее из значений, отмеченных Срезневским, надо полагать, было «однажды». Отсюда — знач. «некогда» (ср. зачин в сказках: «Жил был однажды...») и одновременно «иногда». □ Образовано от о.-с. корня *in- c суф. *-g-da (ср. *тогда* и подобные нареч.). Ср. другое нареч. с тем же корнем: др.-рус. въину : выну, ст.-сл. вынѫ : вынѫ : вынѫ — «всегда» (Срезневский, I, 374—375, 448; SJS, I : 7, 357). Ср. о.-с. *inъ (и.-е. *oinos) : *inъjь [> рус. *иной* (см.)], старшее знач. «один» (ср. греч. диал. οἰνός).

ИНО́Й, -а́я, -о́е — 1) «другой», «не тот»; 2) «некоторый», «некий», «какой-то». Чеш. jiný, -á, -é; польск. inny, -a, -e, устар. inszy, -a, -e; ст.-в.-луж. jiny, -a, -e. Ср. укр. і́нший, -a, -e; блр. і́ншы, -ая, -ае; болг. и́накъв, -ква, -кво (ср. друг — «иной», някой — «некоторый»); в.-луж. hinači : hinaši, -a, -e; н.-луж. hynakšy, -a, -e. Др.-рус. (с XI в.) инъ, иный — 1) (редко) «один»; 2) (обычно) «другой»; 3) «некоторый»; 4) (позже, с XIV в.) «тот», «он» (Срезневский, I, 1109). Ст.-сл. инъ — «иной», «некоторый» и «один» (SJS, I : 14, 775—776). □ О.-с. *inъ, -a, -o : *inъjь, -aja, -oje — «один», «другой». Старшее знач. «один» сохраняется в др.-рус. инорогъ : инорогъ — «единорог», инок (соотв. греч. μοναχός) — «монах», «отшельник», иногда — старшее знач. «однажды». См. еще *один*. И.-е. *ei- — «один»; от корня указ. мест. *ei- : *e- : *i-, с формантом -n-. Ср. лит. víenas (из *v-einas < *einos — «один» (ср. ìnas, ýnas — «настоящий», «истый»); латыш. viens — «один»; др.-прус. ains — «один», «единственный»; гот. ains — тж.; др.-в.-нем. ein — «один»; латин. ūnus (архаич. oinos) — тж.; греч. οἰνός — «одно очко на игральной кости»; др.-ирл. ōin, ōen — «один»; др.-инд. ena- — «его», «ее» [ср. от того же местоименного корня, но с другим аффиксом — ékaḥ (хинди эк) — «один»]. Подробнее — Pokorny, I, 286.

И́НОК, -а, м. — «монах», «черноризец»; «отшельник» (Даль, II, 666). *Прил.* и́ноческий, -ая, -ое. Женск. и́нокиня (стар. и́нока). Болг. ино́к, ино́чески, -а, -о; с.-хорв. и̏нок, и̏ночки, -а̄, -ō. В других слав. яз. отс.; там это знач. выражается словами, соответствующими рус. *монах*: блр. мана́х; словен. menih; чеш., польск. mnich. Ср. укр. чернéць — тж. Ст.-сл. (> др.-рус. книжн. с XI в.) инокъ : инокын — «монах», «отшельник», инокын, -ѧѩ, -ѥѥ — «единст-

ИНО

венный», «одинокий», «отшельнический»; ср. инока : инокаіа, инокынн — «монахиня», «инокиня» (Срезневский, I, 1103—1104). ▫ По происхождению инок — субст. кр. прил. от о.-с. *inъ, -a, -o — «один», образованное с помощью суф. -ok- (как в о.-с. *vysokъ, -a, -o и т. п.) и являющееся калькой с греч. μόναχός — «одинокий», «уединенно живущий» (как субст. прил. «монах», «отшельник»). Ср. подобные образования: латин. ūnicus — «единственный», «единый (от ūnus — «один»); гот. ainaha — тж.; др.-в.-нем. einac и др. В русском заимствовано из старославянского.

ИНОХОДЬ, -и, ж. — «особого рода аллюр, побежка лошади (или оленя), когда (в отличие от рыси или галопа) бегущее животное выносит вперед одновременно или обе правые ноги, или обе левые». Сущ. иноходец. Укр. іноходь, іноходець; блр. інахадзь, інаходзец; ср. чеш. jinochod (: mimochod), jinochodník (: mimochodník); но польск. устар. jednochoda, jednochodnik (совр. stępak). Ср. болг. раван — «иноходь»; с.-хорв. раван — тж. из турец. rahvan, которое, в свою очередь, заимствовано из персидского языка. Др.-рус. (с XII в.) иноходъ «иноходец» (Сбор. Троиц. XII в.), иноходьць (до конца XV в. — только в Сл. плк. Игор. [Срезневский, I, 1106]. ▫ Сложное, двухосновное слово: от ин- (см. иной) «один» и ходить. Ср. др.-рус. инорогъ «единорог», иночадый — «единородный», иномысльный — «имеющий один образ мыслей, один характер» (Срезневский, I, 1104—1106); ср.также инок (см.).

ИНСПЕКЦИЯ, -и, ж. — «надзор, осуществляемый должностным лицом или учреждением за правильностью или законностью действий подведомственных органов или лиц». Прил. инспекционный, -ая, -ое. Сюда же инспектор, инспектировать. Укр. інспекція, інспекційний, -а, -е, інспектувати; блр. інспекцыя, інспекцыйны, -ая, -ае, інспектар, інспектаваць; болг. інспекция, инспекционен, -нна, -нно, инспектор, инспектирам — «инспектирую»; с.-хорв. инспекција, инспектор; чеш. inspekce, inspektor; польск. inspekcja, inspektor, inspekcjonować — «инспектировать». В русском языке слово инспекция известно с 40-х гг. XIX в. (Кирилов, 1845 г., 81). Но слово инспектор было известно уже в Петровское время. Ср. «Архив» Куракина, I, 232, 1708 г.: «писано письмо к инспектору о пропуске». Кроме того, Смирнов, 120. ▫ В русском языке, вероятно, из немецкого или голландского. Первоисточник — латин. inspiciō, супин inspectum «смотрю», «разглядываю», «разведываю», «разузнаю». Отсюда — франц. inspection, f., inspecteur, m., inspecter — «инспектировать». Из французского: нем. Inspectión, f., Inspekteur, m., голл. inspéctie, f., inspecteur, m., inspectéren и др.

ИНСТАНЦИЯ, -и, ж. — «каждая из последовательных ступеней, звеньев в системе подчиненных друг другу учреждений, организаций и т. п.». Укр. інстанція; блр.

ИНС

інстанцыя; болг. инстанция; с.-хорв. инстанција; чеш. instance; польск. instancja. В русском языке слово инстанция в современном или близком к нему значении употр. с 40-х гг. XIX в. [Кирилов, I, 1845 г., 81: инстанция — «степень власти присутственного места» (далее — о судебных инстанциях)]. Едва ли это слово было известно в XVIII в. [приведенный Смирновым (120) пример из ПСЗ, V, № 3403, 1719 г. («Указ из Юстиц-Коллегии»), по-видимому — плод недоразумения: слово инстанция здесь употреблено не в тексте указа, а в пояснительном подзаголовке, который мог быть добавлен в XIX в. составителями ПСЗ]. ▫ Ср. франц. (с XIV в.) instance, f. — «настоятельная просьба», «иск» (ср. tribunal de première instance — «суд первой инстанции»); старшее знач. — «приложение усилий», «усердие», «хлопоты», позже (в XVII в.) — «ходатайство». Из французского языка: англ. instance — «инстанция», нем. Instánz — тж.; швед. instáns тж. и др. Первоисточник — латин. instantia — «настойчивость», «усердие», первоначально «соприкосновение», «непосредственная близость», «давление» (собств. pl. n. к instans — «соприкасающийся», «оказывающий давление», «настаивающий», прич. н. вр. от instō — «нахожусь в непосредственной близости», «преследую по пятам», «настаиваю»; ср. in — «в», «на», «при», stō — «стою»). Знач. «ступень продвижения» развилось гл. обр. в языках германской группы, в частности, в немецком, откуда оно, по-видимому, и попало в русский.

ИНСТИНКТ, -а, м. — «врожденная способность (у животных и отчасти у людей) бессознательно (рефлекторно) производить целесообразные действия или движения, вызываемые определенными внешними и внутренними раздражителями», «неосознанное побуждение». Прил. инстинктивный, -ая, -ое. Укр. інстинкт, інстинктивний, -а, -е; блр. інстынкт, інстынктўўны, -ая, -ае; болг. инстинкт, инстинктивен, -вна, -вно; с.-хорв. инстинкт, инстинктиван, -вна, -вно : инстинктивни, -ā, -ō; чеш. instinkt, прил. instinktivní; польск. instynkt, instynktowny, -a, -e. В русском языке слово инстинкт известно с начала XIX в. (Яновский, I, 1803 г., 829); прил. инстинктивный — со 2-й четверти XIX в. (Кирилов, I, 1845 г., 81). ▫ Из западноевропейских языков. Ср. франц. instinct (со старшим знач. «толчок» «побуждение», с XIV в., со знач. «врожденная способность» — с XVII в.), прил. instinctif, -ve (1803 г.). Из французского: англ. instinct, instinctive; нем. Instinkt, instinktiv и др. Первоисточник — латин. instinctus — «побуждение», «внушение» [к instinguō — «побуждаю», «подстрекаю»; и.-е. корень *(s)teig-, тот же, что в латин. instīgō — тж. и в рус. стегать, подстегивать].

ИНСТИТУТ, -а, м. — 1) «высшее учебное заведение»; 2) «научно-исследовательское учреждение»; 3) «совокупность норм права в какой-л. области общественных отношений», «та или иная форма общест-

ИНС

венного устройства», «общественное установление». *Прил.* (к *институт* в 1 и 2 знач.) **институ́тский, -ая, -ое**. Укр. інститу́т, інститу́тський, -а, -е; блр. інстыту́т, інстыту́цкі, -ая, -ае; болг. институ́т, институ́тски, -а, -о; с.-хорв. инститўт (но институ́ција — «институт как общественное установление»); чеш. institut (но instituce = с.-хорв. институ́ција); польск. instytut (но instytucja). В русском языке слово *институт* как наименование учебного заведения в словарях отм. с 1806 г. (Яновский, III, 290: «Педагогический *институт*, учрежденный в Санктпетербурге 1803 года, есть не что иное, как учительская гимназия»), прил. *институтский* — с 1834 г. (Соколов, I, 1051). Но как название научного учреждения в зарубежных странах известно со 2-й пол. XVIII в. Ср. у Фонвизина в письме к родным из Италии от 5 (16)-X-1784 г. о Болонском университете: «поутру был я в славном Болонском *институте*. Описание его требовало б целой книги... особливо анатомическая камера заслуживает внимания» (СС, II, 624). Ср. также у Яновского (I, 1803 г., 830—831): «*институт* Болонский», «*институт* национальных наук и художеств в Париже». Смольный институт, основанный в 1764 г., сначала назывался «Воспитательным обществом благородных девиц» (при Смольном монастыре). ▫ Вероятно, из французского. Ср. франц. institut (как название ученого общества или учреждения — с середины XVIII в.); ср. institution — «общественное установление». Из французского: нем. Institut, Institutión; англ. institute, institution и др. Первоисточник — латин. institūtum — «устройство», «организация», «установление», «учреждение», «предприятие», «обычай» [к instituō (< in+statuō) — «ставлю», «выстраиваю», «строю», «воздвигаю», «устанавливаю»].

ИНСТРУ́КЦИЯ, -и, *ж.* — «руководящие указания», «свод правил, устанавливающий порядок и способ осуществления, выполнения чего-л.». *Прил.* **инструкти́вный, -ая, -ое**. Сюда же **инструкта́ж, инстру́ктор, инструкти́ровать**. Укр. інстру́кція, інструкти́вний, -а, -е, інструкта́ж, інстру́ктор, інструктува́ти; блр. інстру́кцыя, інструкты́ўны, -ая, -ае, інструкта́ж, інстру́ктар, інструктава́ць; болг. инстру́кция, инструкти́вен, -вна, -вно, инструкта́ж, инстру́ктор, инструкти́рам -- «инструктирую»; с.-хорв. инстру́кција, инстру́ктор, инструи́рати; чеш. instrukce, прил. insruktivní, instruktáž, instruktor, instruovati; польск. instrukcja, instrukcyjny, -a, -e, instruktaż, instruktor, instruować. В русском языке *инструкция* — давнее слово, широко употребительное уже в Петровское время, в начале XVIII в. Христиани приводит примеры, начиная с 1704 г. (Christiani, 30). Кроме того, ср. в «Архиве» Куракина (III, № 198, 1710—1712 гг., 310): «дана была... *инструкция*», «особливая *инструкция*»; также ЗАIII, т. I, № 358, с. 338 (заглавие): «*Инструкцыя* секретарю Ивану Молчанову» (от 2 августа 1720 г.) и мн. др. Другие слова этой груп-

пы более или менее поздние. Раньше других (в 60-х гг. XIX в.) появилось слово *инструктор* (ПСИС 1861 г., 200 и более поздние словари), сначала, правда, лишь с военным знач. «инструктор по стрельбе в цель». ▫ Возможно, из голландского. Ср. голл. instrúctie (произн. instruksie) — тж. Ср. также франц. (с XIV в.) instruction, instructif, -ve, instructeur; нем. Instruktión > швед. instruktión. Глаг. *инструкти́ровать* — русское новообразование от основы *инструкт-*. Ср., однако, нем. instruíeren < франц. instruire. Первоисточник — латин. instructiō — «введение», «выстраивание», «постройка», «сооружение», instructor — «устроитель», «организатор» (к instruō, супин instructum — «ввожу», «воздвигаю», «устраиваю»).

ИНСТРУМЕ́НТ, -а, *м.* — 1) «орудие (преимущ. ручное) для каких-л. работ»; 2) «музыкальный инструмент». *Прил.* **инструмента́льный, -ая, -ое**. *Глаг.* **инструментова́ть** (отсюда **инструменто́вка**), *устар.* **инструменти́ровать** (только о музыке). Укр. інструме́нт, інструмента́льний, -а, -е, інструментува́ти; блр. інструме́нт, інструмента́льны, -ая, -ае, інструментава́ць; болг. инструме́нт, инструмента́лен, -лна, -лно, инструменти́рам — «инструментую»; с.-хорв. инструме́н(а)т, инструмента́лни, -лна, -лно, инструменти́рати, инструменто́вати, инструмента́ција; чеш. instrument (обычно nástroj), instrumentální hudba — «инструментальная музыка», instrumentovati; польск. instrument, instrumentalny, -a, -e (гл. обр. в словосочетании muzyka instrumentalna), instrumentować. В русском языке *инструмент* — довольно раннее слово, вошедшее в общее употр. в конце XVII—начале XVIII в. Ср. в ПбПВ, I: «*инструменты* математецкие» (№ 32, 1694 г., 26); «Владеть судном... и знать все снасти, или *инструменты* к тому надлежащие: парусы и веревки,.. весла» (№ 129, 1697 г., 117); в «Путешествии» П. А. Толстого: «На том корабле сделались... веревки и парусы и всякие *инструменты*, которым на корабле быть потребно» (Рим, 1698 г., 233); «В домах держат для забавы цимбалы и другие мусикийские *инструменты*» (Неаполь, 1698 г., 49); в «Архиве» Куракина: «играют на *инструментах* разных» (I, 157, 1706 г.); «музыка... *инструментальная*» (II, 215, 1710 г.). К поздним образованиям относятся такие муз. термины, как *инструментовать* («оркестровать»), *инструментовка*. Последнее появилось в 50-х гг. XIX в. [Глинка, «Заметки об *инструментовке*», 1856 г. (Лит. насл., I, 341, 342, 345, 346, 349 и др.»)]. В словарях — Даль, II, 1865 г., 667. С 60-х гг. известно *инструментовать*. Ср. в письме И. С. Тургенева от 27-II-1869 г.: «Лист, который чрезвычайно доволен этой опереткой... *инструментовал* ее» (ПСС, Письма, VII, 327). В словарях — Ушаков, I, 1935 г., 1213. ▫ Слово *инструмент*, в конечном счете,

ИНС ИНТ

восходит к латин. instrūmentum — тж. (от instruō — «воздвигаю», «строю»; «вооружаю»; «обрабатываю»). Но в русский язык это слово, по-видимому, попало при западноевропейском посредстве. Ср. особенно голл. instrumént — тж.; франц. instrument, instrumenter (с XV в., в муз. знач. — с 1-й. пол. XIX в.), instrumentation (с 1829 г.) > нем. Instrument, муз. Instrumentation, instrumentieren и др.

ИНСУ́ЛЬТ, -а, м. — «острое нарушение мозгового кровообращения, вызванное закупоркой мозгового сосуда или кровоизлиянием в мозг, удар». В других слав. яз. или отс. (в этом знач.) или необычно. Но ср. чеш. insult (произн. йнзулт, с полумягким, «европейским» л) — «нападение», «оскорбление», «обида», «позор»; польск. insult — «оскорбление», «клевета». Ср. франц. (с XVII в.) insulte, f. — «оскорбление»; англ. insult — «обида», «оскорбление». Но нем. Insult, m. значит и «нападение», «оскорбление», «обида», и «инсульт». Слово новое. В толковых словарях русского языка — только с 1956 г. (ССРЛЯ, V, 383), но было известно и раньше как специальный медицинский термин. См. Брокгауз — Ефрон, т. XIII, п/т 25, 1894 г., 248, ст. *Инсульт*. ▫ От латин. insultō — «скачу», «прыгаю» (также «насмехаюсь», «глумлюсь»). Ср. позднелатин. insultus — «скачок». Развитие знач.: «скачок» > «нападение» > «припадок», «приступ» > «удар».

ИНТЕЛЛЕ́КТ, -а, м. — «ум», «разум», «мыслительные способности», «духовная сущность человека». *Прил.* интеллектуа́льный, -ая, -ое. Укр. інтеле́кт, інтелектуа́льний, -а, -е; блр. інтэле́кт, інтэлектуа́льны, -ая, -ае; болг. интеле́кт, интелектуа́лен, -лна, -лно; с.-хорв. интелéкт, интелектуа̑лан, -лна, -лно : интелектуа̑лнӣ, -ā, -ō; чеш. intelekt, прил. intelektuální; польск. intelekt, intelektualny, -a, -o. В русском языке сначала появилось прил. *интеллектуальный*, отм. уже Кириловым в 1845 г. (83). Веселитский (70) указал даже более ранний случай: «Материальное в истории литературы так же нужно, как и *интеллектуальное*» (Моск. вестн., 1828 г., № 9). Но *интеллект* встр. в литературных произведениях лишь с 90-х гг. XIX в. [Чехов, «Три года», 1895 г., гл. 7: «вам в женщине нужны не ум, не *интеллект*» (СС, VII, 449)]; в это же время — в словарях (Брокгауз — Ефрон, т. XIII, п/т 25, 1894 г., 258; позже — М. Попов, 1904 г., 152). Из западноевропейских языков (*интеллектуальный*, возможно, из английского). Первоисточник — латин. intellectus — «восприятие», «познание», «разум» (к intellegō — «воспринимаю», «познаю», «мыслю», «знаю толк»; ср. legō — «собираю», «выбираю», «вижу», «читаю»), позднелатин. intellectuālis, -e — «рассудительный», «разумный». Из латинского: франц. (с XIII в.) intellect, intellectuel > нем. Intellekt, intellektuell; англ. intellect, intellectual и др.

ИНТЕЛЛИГЕ́НТ, -а, м. — 1) «работник умственного труда, имеющий специальную подготовку, навыки и способности для творческой работы в какой-л. области науки, техники, культуры»; 2) «умственно развитый, культурный, образованный и воспитанный человек». *Прил.* интеллиге́нтный, -ая, -ое, интеллиге́нтский, -ая, -ое. Укр. інтеліге́нт, інтеліге́нтний, -а, -е, інтеліге́нтський, -а, -е; блр. інтэліге́нт, інтэліге́нтны, -ая, -ае, інтэліге́нцкі, -ая, -ае; болг. интелиге́нт, интелиге́нтен, -тна, -тно, интелиге́нтски, -а, -о; чеш. inteligent (: intelektuál, vzdělanec), прил. inteligentní, inteligentský, -á, -é; польск. inteligent, inteligencki, -a, -ie. Ср. с.-хорв интелектуа́лац — «интеллигент», но интелиге̏нција — «интеллект», «интеллигенция». Ср. франц. intellectuel, -le — «интеллектуальный», «умственный», «духовный»; как сущ. «интеллигент»; ср. intelligent, -e — «умный», «понятливый», «смышленый», «искусный»; нем. intellektuell — «умственный», «интеллектуальный», Intellektuelle — «работник умственного труда», «интеллигент»; ср. intelligent — «разумный», «развитой», «культурный», «интеллигентный»; англ. intellectual — «интеллектуальный», «умственный», «мыслящий»; как сущ. «мыслящий человек», «интеллигент»; ср. intelligent — «умный», «разумный», «понятливый». В русском языке слово *интеллигент* появилось в 70-х гг. XIX в. Сорокин (РСС, 145) в качестве старшей даты упоминает о статье Шелгунова «Теперешний *интеллигент*» («Дело», 1875 г., № 10). В словарях *интеллигент* и *интеллигентный* только с 1904 г. (М. Попов, 152). Прил. *интеллигентский* — только с 1935 г. (Ушаков, I, 1214). ▫ В конечном счете, слово *интеллигент* восходит к латин. intellegens (: intelligens), -entis [прич. н. вр. от intellegō : intelligō (< *interlegō) — «узнаю», «воспринимаю», «мыслю»] — «понимающий», «знающий», «разбирающийся», «рассудительный». В русском языке (и других славянских), возможно, не без посредства франц. прил. intelligent > нем. intelligent.

ИНТЕЛЛИГЕ́НЦИЯ, -и, ж. — «социальная группа, состоящая из людей, профессионально занимающихся умственным трудом». Укр. інтеліге́нція; блр. інтэліге́нцыя; болг. интелиге́нция; с.-хорв. интелиге̏нција (чаще в знач. «интеллект», чем «интеллигенция»); чеш. inteligence — «ум», «интеллект» и «интеллигенция»; польск. inteligencja тж. В русском языке слово *интеллигенция* вошло в употр. сначала в знач. «умственные способности» в 60-х гг. XIX в. Ср. у Толля (НС, Прилож., 1866 г. 210): *интеллигенция* — «мыслительная сила». Но вскоре на русской почве оно получило новое (современное) знач. Ср. у Л. Н. Толстого в романе «Война и мир», 1869 г. ч. I, гл. II: «Он (Пьер) знал, что тут (в салоне Анны Павловны) собрана вся *интеллигенция* Петербурга» (Соч., V, 16). Ср. свидетельство Боборыкина (Восп., I, 283): «слово это пущено было в печать только с 1866 года». К 80-м гг. XIX в. новое знач. вытеснило старое. Даль², II, 1880 г., 44 дает лишь новое знач. ▫ Ср. франц. intelligence — «разум», «рассудок», «умственные способности», «степень умственного развития»; нем. Intelligénz — тж.; англ. intelligence — «рассудок», «смышленость», «сообразительность» > «разведка» (отсюда Intelligence service — «Интеллидженс сэрвис» — «разведывательная служба», «разведка»). Первоисточник — латин. intellegentia — «понимание», «рассудок», «знание», «идея» (от intellegō — «узнаю», «воспринимаю» [см. *интеллигент*]. С новым («русским») знач. это слово возвратилось в западноевропейские языки: англ. intelligentsia : intelligentzia; ит. intellighenzia (в отличие от intelligenza — «ум», «мыслительные способности») значит «интеллигенция»; нем. Intelligénz — «ум», «раэвитие», употр. также и в знач. «интеллигенция».

ИНТЕРВА́Л, -а, *м.* — «незаполненный промежуток, расстояние между чем-л.», «промежуток времени», «перерыв», «пауза». Укр. інтерва́л; блр. інтэрва́л; болг. интерва́л; с.-хорв. интѐрвал; чеш. interval; польск. interwał. В русском языке слово *интервал* известно с Петровского времени (Смирнов, 121 со ссылкой на переведенную с немецкого книгу Штурма «Архитектура воинская», 1709 г., 183). Позже оно получило распространение как муз. термин («Карм. кн.» на 1795 г., 32). ▫ Возможно, из немецкого языка. Ср. нем. Intervall, *n.*, которое, как и франц. intervalle, *m.*, восходит к латин. intervallum, *n.* — старшее знач. «расстояние между палисадами (как оборонительными сооружениями)» (ср. vallus : vallum — «колья», «насыпь с частоколом», «вал»).

ИНТЕРВЕ́НЦИЯ, -и, *ж.* — «вмешательство, преимущественно вооруженное, иностранной державы (или группы государств) во внутренние дела какой-н. страны». *Прил.* интервенцио́нный, -ая, -ое. Сюда же *интервент, интервенционист* — «участник интервенции» и произв. от них. Укр. інтерве́нція, інтервенці́йний, -а, -е, інтервѐнт; блр. інтэрвѐнцыя, інтэрвенцы́йны, -ая, -ае, інтэрвѐнт; болг. интерве́нция, интерве́нтски, -а, -о, интерве́нт; с.-хорв. интервѐнција, интервенциони́ст(а), интервени́јент, интервенциони́стички, -а̄, -о̄; чеш. intervence, прил. intervenční, intervent; польск. interwencja, interwent. В русском языке слово *интервенция* известно с 60-х гг. XIX в. В словарях: Толль, НС, II, 1863 г., 277; позже Березин, II, 1877 г., 429. ▫ Ср. франц. intervention, *f.*, interventionniste. Из французского: нем. intervention, *f.*, англ. intervention, interventionist. В русском *интервент* — из немецкого языка (Intervent). Первоисточник — латин. interveniō, супин interventum — «прихожу», «появляюсь», «вмешиваюсь», «прерываю»; ср. interventus — «(неожиданный) приход», «прибытие», «вступление», interventor — «незваный гость». Позднелатин. interventiō — «вхождение», «вмешательство».

ИНТЕРВЬЮ́ *нескл.*, *ср.* — «беседа корреспондента газеты, журнала, радио, телевидения с каким-л. политическим, общественным и т. п. деятелем, состоящая из вопросов и ответов и предназначенная для опубликования (или передачи по радио, телевидению)». Сюда же *интервьюе́р, интервьюи́ровать.* Укр. інтерв'ю́, інтерв'ю́е́р, інтерв'юі́рувати; блр. інтэрв'ю́, інтэрв'юэ́р, інтэрв'юі́раваць; болг. интервю́, интервюе́р, интервюи́рам — «интервьюировать»; с.-хорв. интѐрвју, интервјуи́рати, интервјуи́ста; чеш. interview, interviewista, interviewovati; польск. interview, interviewować, interviewier. В русском языке слова этой группы — сравнительно новые, причем *интервьюер* и *интервьюировать* вошли в употр. едва ли не раньше, чем *интервью.* Ср. у Короленко в рассказе «Без языка», 1895 г.: «рассказывал... газетным *интервьюерам*» (гл. 17), «*интервьюировали* директора полиции» (гл. 22) [СС, IV, 101, 116]. Все три слова зарегистрированы М. Поповым (1904 г.), 152). ▫ Слово *интервью* английское: interview (произн. ′ɪntəvju) — «свидание», «беседа» > «интервью». Отсюда франц. (с 1884 г.) interview, (с 1885 г.) interviewer. Английское слово, в свою очередь, еще раньше заимствовано из французского (из entrevue — «свидание», «встреча»).

ИНТЕРЕ́С, -а, *м.* — «особое внимание, возбуждаемое чем-л. или кем-л.»; «польза», «выгода». *Прил.* интере́сный, -ая, -ое. *Глаг.* интересова́ть. *Возвр. ф.* интересова́ться. Укр. інтере́с, інтере́сний, -а, -е, інтересува́ти(ся); блр. інтэ́рас (обычно ці́кавасць и произв.); болг. интере́с, интере́сен, -сна, -сно, интересу́вам (се) — «интересую(сь)»; с.-хорв. йнтерес, интерѐсенат = интерѐсент — «заинтересованное лицо», интересантан, -тна, -тно : интересантний, -а̄, -о̄ «интересный», йнтересовати; чеш. interes (чаще zájem, prospěch), interesent — «заинтересованное лицо», прил. interesantní — «интересный», interesovati (se); польск. interes, interesować (się), interesujący, -a, -e — 1) «интересующийся»; 2) «интересный». В русском языке эта группа слов употр. с Петровского времени. Смирнов (122) приводит много примеров употребления слова *интерес* в начале XVIII в. Кроме того, ср. в ПбПВ, VIII, № 2946, 3-II-1708 г., 387: «ущербу в *интересах* его царского величества не учинилося»; в ЗАП I, т. I, № 14, 24-IV-1713 г., 38: «*интересы* государственные». Тогда же появляется глаг. *интересовать* (Смирнов, 122). ▫ Ср. франц. (с XIII в.) intérêt, *m.* — «интерес», «польза» (ст.-франц. также interest — «ущерб», «убыток» и «возмещение убытков», «компенсация»), intéresser — «иметь интерес», «интересоваться» > нем. Interésse, *n.*, прил. interessant, interessieren — «интересовать»; голл. interésse — «интерес» (но ínterest — «процент»), interessant — «интересный», interesseren — «интересовать»; англ. interest и др. Первоисточник — латин. interesse — первоначально 3 ед. н. вр. от interesse — «быть (esse) между (inter)», «присутствовать» > «отличаться»; отсюда interest — «есть разница», позже «убыток» и «прибыль». Знач. «особое внимание» развилось (в новых западноевропейских языках) из знач. «выгода», «польза».

ИНТЕРНА́Т, -а, *м.* — «общежитие для

учащихся», «закрытое учебное заведение»; «учебное заведение, в котором учащиеся не только учатся, но и живут». *Прил.* **интернáтский**, -ая, -ое. Укр. інтернáт, інтернáтський, -а, -е; блр. інтэрнáт, інтэрнáцкі, -ая, -ае; болг. интернáт; чеш. internát, прил. internátní; польск. internat, internatowy, -a, -e. В русском языке слово *интернат* появилось в середине XIX в.: Толль, НС. Прилож., 1866 г., 210; позже Березин, II, 1877 г. 430. ▫ Ср. франц. internat (в смысле «интернат-школа» — с 1829 г.), произв. от interne — «внутренний». Из французского — нем. Internát и т. д. Первоисточник — латин. internus — «внутренний».

ИНТЕРНАЦИОНÁЛ¹, -а, *м.* — «международное объединение» (каких-л. организаций, партий и т. п.). Укр. Інтернаціонáл; блр. Інтэрнацыянáл; болг. Интернационáл; с.-хорв. Интернационáла, *ж.*; чеш. Internacionála. Но польск. обычно Międzynarodówka, хотя имеется и слово Internacjonał. В русском языке слово *Интернационал* вошло в употр. в конце 60-х—в 70-е гг. XIX в. в связи с распространением движения I Интернационала (Международного товарищества рабочих) в России. В словарях — с 1877 г. (Березин, II, 430: *интернационáль* — «коммунистический союз рабочих», «интернациональное общество»). Ср. одновременно в романе Тургенева «Новь», 1877 г., гл. XX: «... завертелись ... всяческие слова: прогресс, ... нигилизм, коммунизм; *интернационал*» (СС, IV, 325). Странно выглядит *интернационалка* вм. *интернационал* (ср. польск. Międzynarodówka), слово, довольно распространенное в 70-х гг. Ср. у Достоевского в «Дневнике писателя» за 1873 г.: «*Интернационалка*, в одном из своих воззваний» (ПСС, XIX, 159). Так же, со странным определением «политическое общество с республиканским направлением» (!), — у Бурдона — Михельсона (1880 г.), 342). ▫ Слово международное. Появилось в 1864 г. Нем. Internationale, *f.*, сокращенно вм. «Internationale Arbeiterassoziation». Отсюда с тем же знач.: франц. Internationale, *f.*; ит. Internazionale; исп. Internacional; англ. International; из английского, в свою очередь, напр., хинди **Иńтар'-нэш'нал** и т. д. В русском языке — из немецкого, но с изменением грамматического рода.

ИНТЕРНАЦИОНÁЛ², -а, *м.* — «международный пролетарский гимн», «гимн Коммунистической партии Советского Союза, являвшийся с 1917 г. по 1944 г. также гимном Советского государства». Текст написан франц. поэтом-коммунаром Э. Потье «в 1871 г. в парижском подполье, после разгрома Коммуны» (О. Д. Ульянова, «О чем рассказал альбом». — «Известия» от 18-X-1967 г.) и опубликован в его сборнике «Революционные песни» в 1887 г. Положен на музыку П. Дегейтером в 1888 г. и тогда же впервые исполнен на рабочем празднике в Лилле. На русский язык переведен и опубликован сначала за границей в 1902 г., а позже, в 1906 г., перепечатан в России. Конечно, в среде русской революционной интеллигенции французский текст и музыка «Интернационала» могли получить распространение еще в конце 80-х или в начале 90-х гг. (см. упомянутые выше воспоминания О. Д. Ульяновой). ▫ Свое название это произведение получило потому, что в нём упоминается об Интернационале («*С Интернационалом* воспрянет род людской»). См. *Интернационал¹*.

ИНТЕРНАЦИОНÁЛЬНЫЙ, -ая, -ое — «международный». Укр. інтернаціонáльний, -а, -е; блр. інтэрнацыянáльны, -ая, -ае; болг. интернационáлен, -лна, -лно; с.-хорв. интернационáлан, -лна, -лно : интернационáлни, -а, -о; чеш. internacionální; польск. internacjonalny, -a, -e. В русском языке слово *интернациональный* вошло в употр. — с 70-х гг. XIX в.: Березин, II, 1874 г., 433: *интернациональное общество*. ▫ Возникло независимо от сущ. *Интернационал¹* и — на Западе — раньше, чем существительное. Источник распространения в западноевропейских языках — франц. international, -e — «международный», известное с 1802 г. (Dauzat¹¹, 496). Отсюда нем. internationál — тж. и др.

ИНТИ́МНЫЙ, -ая, -ое — (об отношениях между людьми) «очень близкий», «задушевный», «глубоко личный», «сокровенный». *Нареч.* **инти́мно**. *Сущ.* **инти́мность**. *Глаг.* **инти́мничать**. Укр. інти́мний, -а, -е, інти́мно, інти́мність, інти́мничати; блр. інти́мны, -ая, -ае, інти́мна, інти́мнасць, інти́мнічаць; болг. инти́мен, -мна, -мно, инти́мно, инти́мност, инти́мнича — «интимничаю»; с.-хорв. инти́ман, -мна, -мно : инти́мнӣ, -ā, -ō, инти́мно, инти́мнōст; чеш. intimní, intimně, intimnost; польск. intymny, -a, -e, intymnie, intymność. В русском языке *интимный, интимность* известны с середины XIX в. (ПСИС 1861 г., 201 и более поздние словари). Гораздо позже появилось *интимничать*, отм. Михельсоном (РМР, начало 1900-х гг., I, 378). ▫ *Интимный*, возможно, из французского языка. Ср. франц. (с XVI в.) intime — «интимный», «тесный», «уютный», (с XVIII в.) intimité, *f.* — «интимность», «уют». Из французского же — нем. intím, Intimität. Ср. англ. intimate — «интимный», intimacy — «интимность». Первоисточник — латин. intimus (превосх. ст. к interior, которое, в свою очередь, — ср. ст. к неупотр. *interus) — «внутренний», «находящийся ближе к середине или центру, глубже», «ближайший», которое через *interus в конечном счете восходит к inter — «между». См. Walde — Hofmann³, I, 710.

ИНТОНÁЦИЯ, -и, *ж.* — 1) (в языкознании) «движение тона, повышение или понижение голоса как средство выражения реального или грамматического значения и особенно (в сочетании с ритмом, темпом и тембром) эмоциональной стороны речи»; 2) «тон или оттенок речи, выражающий какие-н. чувства говорящего». *Прил.* **интонациóнный**, -ая, -ое. Укр. інтонáція, інтонацíйний, -а, -е; блр. інтанáцыя, інтанацýйны, -ая, -ае; болг. интонáция, интонациóнен, -нна, -нно; с.-хорв. интонáциjа; чеш. intonace, прил. intonační; польск. intonacja, intonacyjny. В русском языке слово *интонация* известно с середины XIX в., но еще со знач.: 1) муз. «задавание тона»; 2) «звук голоса, а иногда и целой речи» (ПСИС 1861 г., 201); ср. у Даля (II, 1865 г., 667): «особенно сильное ударение голосом на чем-либо» и у Толля (НС, II, 1864 г., 278): «особенно сильное ударение голоса на каком-либо слове или предложении. В муз. — произведение тона посредством голоса или инструмента». Прил. *интонационный* — гораздо более позднее слово (Ушаков, I, 1935 г., 1219). ▫ Из западноевропейских языков. Ср. франц. (с XIV в.) intonation, *f*., ⟩ нем. Intonatión (: Betonung); англ. intonation и др. Средневек. книжное новообразование на базе латин. tonus (< греч. τόνος) — «тон», «ударение», «акцент».

ИНТРИ́ГА, -и, *ж*. (чаще **мн. интри́ги**) — «коварные, скрытные действия, направленные против кого-л.», «неблаговидные действия для достижения какой-л. цели», «происки», «козни». *Глаг.* **интригова́ть**. Сюда же **интрига́н** (*устар.* **интрига́нт**), **интрига́нка** (*устар.* **интрига́нтка**). Укр. інтрига́, інтригува́ти, інтрига́н(ка); блр. інтры́га, інтрыгава́ць, інтрыга́н(ка); с.-хорв. и̏нтрига, интриги́рати, интри́гант; чеш. intrika, intrikovati, intrikán(ka); польск. intryga, intrygować, intrygant(ka). В русском языке *интрига* и *интригант* известны с Петровского времени. Кроме данных, имеющихся у Смирнова (123: *интрига*, 1717 г., *интригант*, 1727 г.), ср. в «Архиве» Куракина (III, № 197, 1711 г., 295): «для многих *интриг*». Сущ. *интригант* (с *т* на конце) в словарях отм. с 1803 г. (Яновский, I, 838), *интриган* — Даль³, II, 1905 г., 109. Глаг. *интриговать* — более поздний: первая фиксация в словарях — СЦСРЯ 1847 г., II, 134. ▫ Ср. франц. intrigue, *f*., intriguer, intrigant, -e. Отсюда: голл. intríge, intrigéren, intrigánt; нем. Intríge, intrigíeren, Intrigánt; англ. intrigue и др. Ср. ит. intrigo, отсюда турец. entrika и т. д. Во французском — из итальянского. Первоисточник — латин. intrīcō — «запутываю», «сбиваю с толку», «смущаю» (к trīcae — «пустяки», «вздор»; ср. trīcō — «крючкотвор», «интриган»). В русском языке эта группа слов — из французского.

ИНФА́РКТ, -а, *м*. — «омертвение участка сердечной мышцы или вообще участка ткани какого-л. внутреннего органа (напр. легких), возникшее в результате закрытия или резкого сужения (на почве спазма и тромбоза) просвета артерий». Infarctus. Прил. **инфа́рктный**, -ая, -ое. Укр. блр., болг. **инфа́ркт**; с.-хорв. и̏нфаркт; чеш., польск. infarkt и др. Отм. с середины XIX в. (Толль, НС, II, 1863 г., 279), но совр. знач. установилось не сразу. Ср. определение этого слова еще у Бурдона — Михельсона 1880 г., 343: *инфаркты* — «запор, твердые испражнения, которые бывают вследствие болезней». В конце XIX в. в медицинской среде *инфаркт*

употр. уже только с современным знач. Ср., напр., у Чехова в письме к Орлову от 18-III-1899 г.: «незадолго до смерти в легком у него был *инфаркт*» (СС, XII, 316). В широкое употр. (и гл. обр. со знач. «инфаркт в области сердца», «инфаркт миокарда») это слово вошло к 30-м гг. XX в. Ср. названия научных трудов: П. Е. Лукомский, «Топическая диагностика *инфарктов* сердца», 1938 г., Д. М. Гротель, «Острый *инфаркт* миокарда», 1940 г. и др. (БСЭ², XVIII, 322). ▫ Ср. нем. Infarkt; англ. infarction и др. Возможно, как специальный медицинский термин — на базе позднелатин. infarctus, прич. прош. вр. от infarciō (супин infarsum : infartum : infarctum, инф. infarcīre) — «набиваю», «втискиваю».

ИНФЕ́КЦИЯ, -и, *ж*. — «заражение, вызываемое болезнетворными микробами, проникающими в ткани организма человека или животного». *Прил.* **инфекцио́нный**, -ая, -ое. Укр. інфе́кція, інфекці́йний, -а, -е; блр. інфе́кцыя, інфекцы́йны, -ая, -ае; болг. инфе́кция, инфекцио́зен, -зна, -зно, с.-хорв. инфе́кциjа, и̏нфекциозан, -зна, -зно : и̏нфекциознӣ, -а̄, -о̄; чеш. infekce; прил. infekční; польск. infekcja, infekcyjny, -a, -e. В русском языке слова *инфекция*, *инфекционный* известны с конца XIX в. [Чехов, «Остров Сахалин», 1893—1894 гг.: «febris sachaliensis... зависящая не от *инфекции*, а от климатических влияний» (гл. 15); «слабое развитие *инфекционных* болезней» (гл. 23). — СС, X, 237, 375]. В словарях *инфекция* с 1900 г. (С. Алексеев, СПС, 302), но «Инфекционные болезни» (заглавие статьи и в тексте) находим у Брокгауза — Ефрона, т. XIII, п/т 25, 1894 г., 279. ▫ Ср. франц. (с XIV в.) infection, *f*. — «зараза» (также «зловоние»), (с 1846 г.) infectieux, -se. Отсюда: нем. Infektión, *f*., infektiös, -e; англ. infection, infectious и др. Первоисточник — позднелатин. infectiō — «зараза» (от глаг. inficiō, супин infectum — «пропитываю», «заражаю»).

ИНФИНИТИ́В, -а, *м*., *грам*. — «неопределенная форма или неопределенное наклонение глагола». *Прил.* **инфинити́вный**, -ая, -ое. Укр. інфініти́в, інфініти́вний, -а, -е; блр. інфініты́ў; болг. инфинити́в, инфинити́вен, -вна, -вно; с.-хорв. и̏нфинитӣв, и̏нфинитӣван, -вна, -вно; чеш. infinitiv, прил. infinitivní; польск. infinitivus (обычно bezokolicznik). В русском языке, в лингвистической литературе, этот термин известен с последней трети XIX в. Если Бодуэн де Куртенэ (Избр., I, 97) еще употребляет его в латинской транскрипции, как, напр., в «Подробной программе лекций в 1876—1877 учебном году» («значение infinitiv'а»), то в труде Потебни «Из зап. по рус. гр.» (1-е изд. 1874 г.) это слово уже встр. в русской форме («к определению *инфинитива*»), правда, наряду с выражением «неопределенное наклонение»; ср. там же: «некоторые называют форму на -ти просто *инфинитивом* (так нынешние чешские и сербские грамматики)» (Потебня, II, 342, 345). В словарях отм. с более позднего времени (см., напр., Дурново, «Грам. сл.», 1924 г., 50—51). ▫ Из западноевропейских языков. Ср. франц. (с XIV в.) infinitiv > нем. Infinitiv; англ. infinitive; ит. infinitivo и др. Первоисточник — латин. infīnītīvus (modus) — тж. [собственно прил. infīnītīvus, -a, -um — «неопределенный»; ср. in- — отрицательный префикс и fīnītīvus — «определенный», «разъясненный»; ср. modus fīnītīvus — «изъявительное наклонение» (к fīniō, супин fīnītum — «замыкаю в пределы», «определяю»)].

ИНФЛЯ́ЦИЯ, -и, ж. — «один из видов финансового кризиса: чрезмерное увеличение количества обращающихся в стране бумажных денег, вызывающее их обесценивание». *Прил.* инфляцио́нный, -ая, -ое. Укр. інфля́ція; блр. інфля́цыя; болг. инфла́ция, инфлацио́нен, -нна, -нно; с.-хорв. инфла́ција; чеш. inflace, прил. inflační; польск. inflacja, inflacyjny, -a, -e. В русском языке слова *инфляция, инфляционный* в словарях отм. с 30-х гг. XX в. (Кузьминский и др., 1933 г., 469). ▫ Ср. франц. inflation, *f.* — тж. (собств. «вздутие», «опухоль», с этим знач. оно известно с XVI в.; новое, совр. знач. установилось около 1920 г.). Из французского: нем. Inflatión; англ. inflation [знач. «инфляция» это слово получило в США после Войны за независимость (1775—1783 гг.) и раньше, чем во французском языке] и др. Первоисточник — латин. inflātiō — «вздувание», «раздувание», «вздутие (живота)», «пучение» (к inflō; супин inflātum — «вдуваю», «раздуваю», «опухаю»).

ИНФОРМА́ЦИЯ, -и, ж. — «сообщение», «осведомление», «передача известия». *Прил.* информацио́нный, -ая, -ое. *Глаг.* информи́ровать. Сюда же информа́тор. Укр. інформа́ція, інформаці́йний, -а, -е, інформува́ти, інформа́тор; блр. інформа́цыя, інфармацы́йны, -ая, -ае, інфармава́ць, інфарма́тар; болг. информа́ция, информацио́нен, -нна, -нно, информати́вен, -вна, -вно; информи́рам — «информирую», информа́тор; с.-хорв. информа́ција, йнформати́ван, -вна, -вно : йнформати́вни, -ā, -ō, информи́рати, информа́тор; чеш. informace, прил. informační, informovati, informátor; польск. informacja, informacyjny, -a, -e, informować, informator. В русском языке слова́ этой группы появились в разное время. Слово *информация* известно с Петровской эпохи. Ср. в «Архиве» Куракина (VI, 27, 1713 г.): «за благо изобрели призвать помянутых министров.., чтобы взять лучшую *информацию*». *Информатор* отм. Кургановым («Письмовник», 1777 г., 435), но со знач. «учитель». В словарях эти слова появляются поздно. *Информация* — ПСИС 1861 г., 202; прил. *информационный* — Ефремов, 1911 г., 171; позднее других — глаг. *информировать* — Кузьминский и др., 1933 г., 469. ▫ Из западноевропейских языков. Ср. франц. information *f.*, informateur — производные от former — «сообщать», «осведомлять», «информировать»; нем. Informatión, *f.*, Informátor; англ. information, informant — «информатор», inform — «информиро-

вать». Первоисточник — латин. informātiō — «изложение», «истолкование», «разъяснение», произв. от informō — «придаю вид», «формирую», «организую», «обучаю», «воспитываю», «мыслю» (к formō — «формирую», «организую», «устраиваю», далее — к forma — «форма»).

ИНЦИДЕ́НТ, -а, м. — «происшествие, неприятное по своим последствиям», «случай, вызванный недоразумением». Укр. інциде́нт; блр. інцыдэ́нт; с.-хорв. инциде́нт; чеш. incident, прил. incidentní; польск. incydent. В русском языке слово *инцидент* известно с конца XIX в. Ср. у Короленко в рассказе «Без языка», 1895 г., гл. 25: «публика перестала уже интересоваться *инцидентом* в Центральном парке» (СС, IV, 136) [в других главах — *происшествие, случай*]. В словарях: Битнер, 1905 г., 326 и др. ▫ Из западноевропейских языков. Ср. франц. (с XIII в.) incident > англ. incident и др. Первоисточник — средневек. латин. incidens, род. incidentis (прич. н. вр. от incidō — «устремляюсь», «неожиданно появляюсь», безл. «случаться», «приключаться»).

ИО́Н, -а, м. — «электрически заряженная частица, образующаяся вследствие приобретения или утраты электронов атомом или группами атомов». *Прил.* ио́нный, -ая, -ое. Сюда же иониза́ция, ионизи́ровать. Укр. іо́н, іо́нний, -а, -е, іоніза́ція, іонізува́ти; блр. іён, іённы, -ая, -ае, іяніза́цыя, іянізава́ць; болг. йон, йо́нен, -нна, -нно, йонизи́рам — «ионизирую»; чеш. ion(t), ion(t)ový, -á, -é, ionisace, ionisovati; польск. jon, jonowy, -a, -e, jonizacja, jonizować. В русском языке слово *ион* в словарях — с 1894 г. (Брокгауз — Ефрон, т. XIII, п/т 26, с. 749). ▫ В русском — из западноевропейских языков. Международный научный термин. Ср. англ. ion; франц. ion; исп. ión; ит. ione; турец. iyon и т. д. Термин придумал английским физиком М. Фарадеем в 1834 г. и восходит к греч. ἰών, ἰοῦσα, ἰόν, что значит «идущий», «передвигающийся», а также «проникающий» (прич. наст. от εἶμι — «иду», «передвигаю», «проникаю»).

ИППОДРО́М, -а, м. — «специально оборудованное место для конских скачек и бегов, представляющее собою площадку овальной формы с беговой дорожкой и местами для зрителей». Укр. іподро́м; блр. іпадро́м. Ср. болг. хиподру́м; с.-хорв. хиподром (наряду с тркалиште); чеш. hipodrom; польск. hipodrom. Слово было известно уже в древнерусском языке: в форме иподрумие оно встр. в Изб. 1073 г., Новг. I л. под 6712 г. и др. (Срезневский, I, 1110), также в «Ист. иуд. в.» Флавия (Мещерский, 207). Позже — с начальным г, напр. у Даля (I, 1863 г., 310: *гиподром*), хотя другие лексикографы с давнего времени допускают оба написания: с начальным г и без него (Яновский, I, 1803 г., 845). Современное написание этого слова установилось без начального г. ▫ Ср. франц. hippodrome, *m.* > англ. hippodrome; исп. hipódromo, *m*; ит. ippódromo, *m.* и др. Первоисточник — греч. ἱππόδρομος — «место для конных состязаний», «ристалище» (от ἵππος — «конь» и δρόμος — «бег», «скачка», «место для скачек»). В древнерусском языке — из греческого. Позже оно было вторично заимствовано с Запада (отсюда написание с начальным *г*).

ИПРИ́Т, -а, *м.* — «горчичный газ», «органическое соединение, относящееся к классу тиоэфиров и являющееся одним из самых ядовитых стойких отравляющих веществ». *Прил.* **ипри́товый**, -ая, -ое. Укр. iпри́т; блр. iпры́т; чеш. yperit; польск. iperyt. В русском языке — после 1917 г. В словарях иностр. слов — с 1933 г. (Кузьминский и др., 473). ▫ В толковых — с 1935 г. (Ушаков, I, 1224). ▫ Ср. франц. ypérite, откуда: нем. Yperit (: Senfgas); англ. yperite (: mustard gas); исп. iperita; ит. iprite; также перс. эприт; тур. iperit и нек. др. База распространения — франц. ypérite, а здесь — по названию г. Ипр во Фландрии (франц. Ypres; флам. Yper), в окрестностях которого в 1917 г. впервые было применено (немцами во время первой мировой войны) это отравляющее вещество.

И́РИС, -а, *м.* — «многолетнее травянистое растение семейства касатиковых, с листьями, напоминающими ко́су (или мечевидными) и душистыми цветками фиолетового, светло-синего или желтого цвета», Iris; *анат.* «радужная оболочка глаза». *Прил.* **и́рисовый**, -ая, -ое. Ср. укр. íрис; болг. и́рис; польск. irys. Народное название ириса: рус. коса́тик (> каса́тик); блр. каса́ч; чеш. kosatec; польск. kosaciec [происходит от слова *коса* (заплетенные волосы): блр. каса́; чеш. kosa; польск. kosa; названо по форме листьев]. Ср. южнославянское название ириса: болг. перуни́ка; с.-хорв. перу́ника; словен. perunika. Как полагают, это название связано с именем языческого бога Перуна. Отм. у Даля (II, 1865 г., 668) с ударением ири́с. ▫ В западноевропейских языках (франц., англ., нем. и др.) «ирис» называется iris (хотя не исключена и возможность других, народных названий). Первоисточник — греч. ἶρις — «радуга», «радужный круг», «цветной кружок на павлиньем хвосте», а также растение «ирис» (по окраске цветка). Из греческого — латин. Iris — «ирис» (и «радуга»). В русском языке, как свидетельствует старое ударение ири́с, могло быть заимствовано из французского (ср. нем. Iris). Но отмеченное Соколовым (I, 1834 г., 1053) *ирь* — «косатник, Iris», м. б., восходит непосредственно к греч. ἶρις. Происхождение греческого слова, которое употреблялось и как собственное имя: Ἶρις — «Ирида, вестница богов» (в «Илиаде»), неясно.

ИРИ́С, -а, *м.* — «сорт твердых или твердоватых конфет, обычно в форме кубиков коричневого цвета, приготовляемых из молока, сахара и патоки». *Сущ.* **ири́ска**. Укр. iри́с, iри́ска; блр. iры́с, iры́ска; болг. ири́с; польск. irys. В России сорт конфет с этим названием известен с начала 1900-х гг. В словарях отм. с 1935 г. (Ушаков, I, 1224). Со стороны ударения, м. б., представляет интерес присловье мальчишки-лоточника в рассказе Ольги Форш «Из Смольного»:

«Карамель *ири́с*, ешь не дави́сь» (журн. «Россия» за 1922 г., № 1, с. 2). ▫ Вероятно, русское новообразование начала XX в. на базе *и́рис* — «цветок» (конфета отличается особой душистостью).

ИРО́НИЯ, -и, *ж.* — 1) «тонкая насмешка, выраженная в скрытой форме»; 2) «стилистический прием, состоящий в употреблении слова или выражения в обратном, противоположном значении с целью насмешки»; «порицание под видом похвалы». *Прил.* **ирони́ческий**, -ая, -ое. *Глаг.* **иронизи́ровать**. Укр. iро́нiя, iронíчний, -а, -е, iронiзува́ти; блр. iро́нiя, iранíчны, -ая, -ае, iранiзава́ць; болг. иро́ния, ирони́чна, -чно, ирони́чески, -а, -о, иронизи́рам — «иронизирую»; с.-хорв. и̏ронија, и̏ро̀ничан, -чна, -чно : и̏ро̀ничнӣ, -а̄, -о̄, иронизи́рати; чеш. ironie, ironický, -á, -é, ironisovati; польск. ironia, ironiczny, -a, -e, ironizować. В русском языке слово *ирония* известно со 2-й четверти XVIII в. Ср. у Ломоносова в «Кратком руководстве к риторике», 1743—1744 гг., § 92: «*Ирония* есть когда предложенная идея значит противное» (ПСС, VII, 55). Другие слова этой группы — более поздние. Прил. *иронический* в словарях отм. с 1792 г. (САР¹, III, 313). Позже других появился глаг. *иронизировать* (Бурдон — Михельсон 1880 г., 345). ▫ Из западноевропейских языков. Ср. франц. (с XIV в.) ironie, (с XV в.) ironique (с XVII в.) ironiser; нем. Ironie, irónisch, ironisieren; англ. irony, ironic(al). Первоисточник — греч. εἰρωνεία — «притворное незнание», «притворное самоуничижение», прил. εἰρωνικός — притворяющийся невеждой» (к εἴρων — «притворщик», «хитрец» и далее к εἴρω — «говорю», «оговариваю») > латин. īrōnīa, позднелатин. īrōnicus.

ИСК, -а, *м.* — «заявление в суд о разрешении какого-л. гражданского спора (напр., о взыскании с кого-л. денег или имущества, на которые истец предъявляет свои права)». *Прил.* **исково́й**, -а́я, -о́е. Блр. iск, íскавы, -ая, -ае; болг. иск, и́сков, -а, -о. В других слав. яз. отс. Ср. в том же знач.: укр. по́зов; с.-хорв. ту̑жба; чеш. žaloba, soudní pohledávka; польск. powództwo, dochodzenie prawne, skarga. В русском языке слово *иск* известно с XIV—XV вв. Один случай вн. в «Судебнике» 1497 г., ст. 28: «А будет *иск* меньши ѣзду»; в «Судебнике» 1550 г. это слово встр. уже нередко: ст. 22, 28, 41 и др. («Судебники» XV—XVI вв., 22, 147, 149, 152). ▫ Относится к группе *искать* (см.). И.-е. *ais-sko-s? Ср. лит. ieškas (LKŽ, IV, 14); ieškinỹs — «иск»; латыш. ieska — «желание», «требование»; др.-в.-нем. eiska — «поиск», «вопрос», «исследование»; др.-инд. icchā́ — «желание», «мечта». Ср. *истец*.

ИСКАЖА́ТЬ, искажа́ю — «сильно изменять с целью порчи», «уродовать»; «представлять в ложном виде», «извращать». *Сов.* **искази́ть**. В говорах также **кази́ть** (при *несов.* **ка́живать**) — тж. (Даль, II, 692). С приставкой *из-* > *ис-* только русское. Ср. блр. ска́жаць — «искажать», сказíць «исказить». Ср. укр. казитися — «повреждаться в уме», «беситься» («искажать» — перекручувати, спотворювати). Ср. с.-хорв. накази́ти — «искажать», «уродовать»; словен. kaziti — «искажать», «портить», «ломать», «уродовать», «мутить»; чеш. kaziti (словац. kazit') — «портить», «повреждать»; польск. kazić — тж.; в.-луж. kazyć (so) — «портить(ся)», «губить»; н.-луж. skazyś (se) — тж. Др.-рус. (с XI в.) и ст.-сл. искажати — «опустошать», «уничтожать», искази́ти — «оскопить»; ср. иска́за — «аборт»; ср. также кази́ти — «портить», «уничтожать» (Срезневский, I, 1112, 1113, 1176). ▫ О.-с. корень *kaz- тот же, что в *исчезать* (см.), *исчезнуть*. Соответствия в других и.-е. языках не вполне ясны.

ИСКА́ТЬ, ищу́ — «стараться, стремиться найти, обнаружить что-л. скрытое, невидимое в данный момент»; «добиваться чего-л.», «домогаться». Словен. iskati, 1 ед. íščem — тж. Ср. болг. и́скам — «хочу», «желаю», «требую» (ср. тъ́рся — «ищу»); с.-хорв. и́скати — «просить», «требовать» (по говорам также «искать»; ср. общесербскохорв. тра́жити — «искать»). В зап.-слав. яз. этот глагол теперь употр. гл. обр. в смысле «искать вшей в голове» [ср. у Державина в оде «Фелица», 1782 г.: «То ею в голове ищуся» (Стих., 20): чеш. vískati (с поздним протетическим v); польск. iskać. Знач. «искать» в этих языках выражается иначе: чеш. hledati; польск. szukać [из польского: укр. шука́ти; блр. шука́ць (в польском — старое заимствование из немецкого; ср. нем. suchen — «искать», диал. нем. söken — тж.)]. Др.-рус. (с XI в.) искати, 1 ед. ищу и иску — «искать», «разыскивать», а также «домогаться», «пытаться», «расспрашивать» (Срезневский, I, 1113—1115). Ст.-сл. искати, 1 ед. иштѫ и искѫ [Супр. р. (Meyer, 95); SJS, 1 : 14, 791]. ▫ О.-с. *iskati (позже *iskjǫ). Ср. лит. ieškóti, 1 ед. íeškau (ст.-лит. íešku) — «искать», «искать вшей в голове»; латыш. iesk̃āt — тж. За пределами балто-славянской языковой группы сюда относится др.-в.-нем. eiskōn — «спрашивать» [совр. нем. heischen — «требовать», с поздним начальным h под влиянием heißen — «называть» (Kluge¹⁰, 211)]; англосакс. áscían (англ. ask) — «спрашивать», «требовать» (о.-г. *aiskōn — след., на иной ступени вокализма). Ср. также др.-инд. iccháti — «ищет», «желает», «требует», также ésati — «ищет». Из новой литературы см. Fraenkel, 182; Mayrhofer, I, 85, 130. Этимология слова не считается ясной в подробностях. Определить и.-е. корень или основу трудно. Покорный (Pokorny, I, 16) предполагает и.-е. *ais-sk̂o-, причем допускает возможность и палатального, и непалатального k в суф. н. вр. -skō-.

ИСКОНИ́, *нареч.* — «с самого начала», «издавна», «с незапамятных времен», «извечно». Ср. испоко́н (*прост.* споко́н) *века* (*веку*) — тж. *Прил.* иско́нный, -ая, -ое. Ср. болг. изко́нен, -нна, -нно — «исконный» (но «искони» — откра́й вре́ме, от памтиве́ка); с.-хорв. иско̄н(ӣ), -а, -о : иско̄нски, -а̄, -о̄ — «исконный» (ср. од памтивека — «искони», но и то је од искона тако — «искони так»). Ср. укр. споконві́ку — «испокон веку», «искони»; блр. спако́н ве́ку — тж. В других слав. яз. это знач. выражается иначе: чеш. odedávna, od pradávna; польск. устар, z dawien dawna. Др.-рус. (с XI в.) и ст.-сл. искони — тж., исконьный. Ср. также др.-рус. иждекони (< *из-же-кони; ср. такого же происхождения жд в иждивенец (< *из-живенец): ижекони — «искони», иждеконьный : ижеконьный — «исконный» (Срезневский, I, 1026, 1029, 1116, 1117). Современное ударение на конечном слоге (*искони́*) засвидетельствовано с XIX в. (Грибоедов, «Горе от ума», 1824 г., д. II, явл. 2, с. 33: «Ведь я ей несколько сродни; / По крайней мере искони́ / Отцом недаром называли»). Но старшее ударение, по-видимому, было на начальном слоге (как в и́сстари), так в РЦ 1771 г., 190; но в САР¹, III, 1792 г., 782: изкони́. ▫ О.-с. нареч. от *konъ, м.: *konь, ж. — «край», «граница» > «начало» (: «конец»). Ср. рус. и́сстари и т. п. О.-с. корень *kon- : *če̯- (< *ken-) : *kьn- (< *kьn-). Тот же корень в *начать* (см.). [< *načęti, 1 ед. načьnǫ], *начало*, *конец*.

И́СКРА, -ы, ж. — «мельчайшая частичка (обычно летящая) какого-л. горящего или раскаленного вещества». *Прил.* искри́стый, -ая, -ое. *Глаг.* искри́ть(ся). Укр. і́скра (диал. скра), іскри́стий, -а, -е, іскри́ти(ся); блр. і́скра, іскры́сты, -ая, -ае, іскры́ць, іскры́цца; болг. и́скра, искри́ст, -а, -о, искря́ (се) — «искрю(сь)»; с.-хорв. и̏скра, и̏скричав(ӣ), -а, -о — «искристый», и̏скрити — «искриться»; словен. iskra, iskreč se — «искрящийся», «искристый», iskriti se; чеш. jiskra, jiskrný, -á, -é, jiskrnatý, -á, -é — «искрящийся», jiskrový, -á, -é — «искровой»; словац. iskra, iskrivý, -a, -é, iskrit' (sa); польск. iskra : skra, iskrzasty, -a, -e, (i)skrzyć (się); ср. jaskrawy, -a, -e — «яркий»; в.-луж. škra, мн. škrě; н.-луж. škrja, škriś se — «искриться»; полаб. jáskra (Rost, 388). Др.-рус. (с XI в.) искра — «искра», позже (с XVI в.) «блестка», (с XVI в.) искравый — «испускающий искры» (Срезневский, I, 1118, 1119). Ст.-сл. искра (SJS, I : 14, 794). ▫ О.-с. *jьskra. Корень *jьsk-, суф. -r(a). Многие языковеды связывают с. *jьskra с рус. диал. (южн.) я́ска, я́сочка — «звезда», «звездочка» (Даль, IV, 624) и далее с лит. aiškùs : iškus — «ясный», «определенный». О.-с. корень мог быть не только *jьsk-, но также и *ěsk (> *jask-, поскольку ě — в начале слова). См. Фортунатов, Избр., II, 246; ср. Мейе, «Общесл. яз.», § 101 и др. И.-е. база *aisk- — «ясный», «сверкающий» (Pokorny, I, 16—17). Т. о., вскрывается родство с о.-с. *jasnъ (< *jasknъ) : *jasnъ (под влиянием прил. с суф. -ьn-).

И́СКРЕННИЙ, -яя, -ее — «откровенный», «чистосердечный». *Нареч.* и́скренно и (теперь чаще) и́скренне. *Сущ.* и́скренность. Ср. в южн.-слав. яз. в том же знач.: болг. и́скрен, -а, -о, и́скрено, и́скреност; с.-хорв. и̏скрен(ӣ), -а, -о, и̏скрено, и̏скрено̄ст; сло-

ИСК

вен. iskren, -a, -o, iskreno, iskrenost; словац. iskrenný, -á, -é. С другой стороны, ср. с.-хорв. диал. йскрњӣ, -а̄, -е̄ — «ближний», «близкий» («родной»). В других совр. слав. яз. отс. Ср. в том же знач.: укр. щи́рий, -а, -е; блр. шчы́ры, -ая, -ае; польск. szczery, -a, -e; чеш. upřímný, -á, -é. Др.-рус. (с XI в.) и ст.-сл. искрьнiй — «ближний», «близкий (по рождению)», «родственный», но искрьно — «прямодушно», «от сердца» (Срезневский, I, 1120). Ср. столь же давнее др.-рус. и ст.-сл. нареч. искрь — «подле», «вблизи», «рядом», «по соседству» (ib.). Возможно, сюда же относится рус. диал. (пск.) скрень (< искрьнь?) — «полно до краев» (напр., о молоке в горшке) [Даль, IV, 189]. ▫ По всей вероятности, искренний сначала значило только «ближний», «близкий» > «близкий по родству» и этимологически связано с нареч. искрь — вблизи. Это предположение впервые было высказано Миклошичем (Miklosich, EW, 137), и более убедительных объяснений в дальнейшем не было предложено. Однако о.-с. *iskrъ в этимологическом отношении также не вполне ясное слово. По-видимому, основа искр- может быть разделена на приставку ис- (< из-) и корень кр-, по-видимому, тот же, что в край (см.). Ср. с.-хорв. искрај — «возле», «подле». См. также кроить. И.-е. *(s)ker- — «отделять», «разрезать», «резать» (Pokorny, I, 938).

ИСКУ́СНЫЙ, -ая, -ое — «сделанный мастерски», «отличающийся мастерством исполнения»; «хорошо знающий свое дело», «умелый», «опытный». *Нареч.* иску́сно. *Сущ.* иску́сник, иску́сница. Болг. изку́сен, -сна, -сно, изку́сно; с.-хорв. йскусан, -сна, -сно: йскусни̑, -а̄, -о̄; словен. skušen, -a, -o (ср. izkušnja — «опыт»). Ср. от того же корня чеш. zkušený, -á, -é — «опытный», «искушенный», «бывалый». В других слав. яз. отс. Др.-рус. (с XI в.) искусьнъ, искусьный — «испытанный», «опытный», искусьникъ — «грабитель», «разбойник», «похититель» (Срезневский, I, 1123). Ст.-сл. искоусьнъ: искоусьныи — «опытный», «знакомый с чем-н.» «обстоятельный», «испытательный», искоусьникъ — «исследователь», «изыскатель» (SJS, I : 14, 797). ▫ Этимологически связано с др.-рус. искусъ — «испытание», «искушение», «умение», «грабеж», искусити — «испытать», «подвергнуться искушению» (Срезневский, I, 1121—1123). Ст.-сл. искоусъ — «испытание», «опыт», искоусити — «испытать», «искусить», «оценить» (SJS, I : 14, 796—797). См. также рус. *искушать* (см.), *искушение*, *вкус* (см.). О.-с. корень *kus-, как [вслед за Миклошичем (Miklosich, EW, 149)] полагают многие языковеды, возможно, древнегерманского, точнее — готского происхождения. Ср. гот. kiusan — «выбирать», «избирать», «пробовать», kausjan — «испытывать», «пробовать», «стоить», kustus — «испытание», «проверка». И.-е. корень *g'eus- (или *geus-) — «пробовать», «смаковать», «стоить», «пользоваться». См. Pokorny, I, 399—400. На общеславянской почве и.-е. корень *g'eus-, если бы не было древнегерманского посредства, должен был отразиться в виде *zus-: žus (или в форме *gus-, если и.-е. корень был с непалатальным g : *geus-). Правда, вполне допустимо предположение, что в данном случае имела место контаминация этого о.-с. корня с о.-с. корнем *kǫs- (ср. *кусать*). Ср. по этому поводу замечание Преображенского (I, 420).

ИСКУ́ССТВО, -а, *ср.* — 1) «творческое отражение, воспроизведение действительности в художественных образах»; 2) «умение, сноровка, развитые опытом и учением»; «мастерство», «знание дела». Болг. изку́ство — «искусство в 1 и 2 знач.»; с.-хорв. иску́ство — «опыт», «опытность» (ср. у̏мет-нōст — «искусство в 1 знач.»); словен. izkustvo : izkušnja — «опыт» (ср. umetnost — «искусство в 1 знач.»). В других слав. яз. отс. Ср. укр. мисте́цтво — «искусство в 1 знач.», майстерні́сть — «искусство во 2 знач.»; так же блр. маста́цтва и майстэ́рства. Польск. sztuka — «искусство в 1 и 2 знач.», kunszt — «искусство во 2 знач.». В ранних словарях русского и украинского языка слово *искусство* отм. с XVII в. [Берында, 1627 г., 90: *искуство* — «мудрость»; Поликарпов, 1704 г., 137: *искуство* — «scientia» («опыт», «знание», «умение»)]. С двумя с (второе относится к суф. *-ств-о*) — с 1771 г. (РЦ, 259). ▫ Позднее книжное образование на церковнославянской основе. Образовано от *искус*. Ср. в Хр. Г. Ам.: *искус* — «γυμνάσιον», «πειρασμός» («телесные и иные упражнения», «место таких занятий»; «испытание», «учение», «искушение») [Истрин, III, 245]. Отсюда прил. искусьнъ, искусьный — «испытанный», «знающий», «умеющий» (Срезневский, I, 1123). Ср. от того же корня др.-рус. въкусъ — «вкус» (ib., 367). О.-с. корень *kus- (не *kǫs-, как в *кусать*). См. *искусный*.

ИСКУША́ТЬ, искуша́ю — «соблазнять», «прельщать обещаниями», «подвергать испытанию». *Сов. устар.* искуси́ть. Произв. (от *искусить*) искушённый, -ая, -ое — «приобретший опыт, знания», искуше́ние — «соблазн», «прельщение», «приманка». Болг. изкуша́вам: изкуся́вам — «искушаю», изкуся́: изкуша́ — «искушу»; с.-хорв. йскушати, иску́сити, искуше́ње. Ср. укр. спокуша́ти, спокуси́ти, споку́са — «искушение», «соблазн»; блр. спакуша́ць, спакусі́ць, спаку́са. В других слав. яз. с тем же корнем: словен. skušati — «искушать», skušnjava — «искушение»; чеш. pokoušeti, pokušení; польск. kusić, kuszenie. Др.-рус. (с XI в.) искушати — «подвергать испытанию», «испытывать», «оценивать», искусити — «испытать», «подвергнуться испытанию», «отведать», «попробовать», искушение — «испытание», «опыт» («проба»?), «искушение» (Срезневский, I, 1121—1124). Ст.-сл. искоушати — «испытывать», искоусити — «испытать», «рассмотреть», «искусить» («подвергнуть искушению»), «оценить», искоушенiе — «испытание», «искушение», «опыт» (SJS, I : 14, 796—798). ▫ Этимологически эта группа слов связана с др.-рус. искусъ, ст.-сл.

нскоусъ — «испытание», «искушение». О.-с. корень *kus-. О происхождении его см. *искусный*.

ИСПЕЩРЯ́ТЬ, испещря́ю — «делать что-л. пестрым», «покрывать, усеивать какую-л. поверхность мелкими пятнами, чертами, надписями и т. п.». *Сов.* испещри́ть. Ср. блр. спярэ́шчваць, спяре́сціць (при пярэ́сты, -ая, -ае — «пестрый») — тж.; болг. изпъ́стрям — «испещряю», изпъ́стря — «испещрю»; чеш. zpestrovati, zpestřiti; польск. upstrzyć. ▫ Конечно, вместо *испестрять* [ср. др.-рус. испьстрити (Срезневский, I, 1142) < *izpъstriti]. Изменение группы strj > š'č'r' в этом слове в письменных памятниках ст.-сл. и др.-рус. языков не зарегистрировано, хотя вообще говоря (в других словах), оно было возможно с древнейшего времени. Ср. ст.-сл. изоштренъ [Супр. р. (Meyer, 92)] при рус. *изощрять* (см.), *изощряться* и др. Ср. также *поощрять*.

И́СПОДВОЛЬ, *нареч.* — «не сразу», «мало-помалу», «постепенно». Только русское. Ср. в том же знач.: укр. поволі́, поступо́во; блр. паво́лі, паступо́ва, спакваля́; болг. ма́лко по ма́лко, полѐка-лѐка. В русском языке это слово известно с XVIII в., но сначала в форме *исподоволь*. Так в РЦ 1771 г., 67: *исподоволь*. Так и позже, но уже с ударением на *ис-*: САР², II, 1809 г., 1064: *и́сподоволь*: без *о* после *д* — *исподоволь* встр. у Пушкина в «Русалке», 1829-1832 гг., сц. I (ПСС, VII, 187). В словарях впервые — у Даля, 1865 г., II, 674. ▫ Морфологический состав слова: ис-по- (< *из-по-*) + *д(о)воль*. Ср., с одной стороны, *испокон*, с другой — др.-рус. *довълѣ* < *довольно*» (Срезневский, I, 686—687). См. *довлеть* (< *довълѣти*), *довольный* (< *довълѣный*). М. б., непосредственно из *и́сподовль* < *и́сподовълѣ* (при *исподоволь* < *исподовълѣ*) в результате перестановки *довль* > *двль* в безударном положении.

ИСПОЛИ́Н, -а, *м.* — «гигант», «великан», «богатырь». *Прил.* исполи́нский, -ая, -ое. Только русское. Ср. польск. (с XVI в.) stwolin : stolin : stolim; кашуб. stolem (< о.-с. *spolinъ, в польском -in > -im — под влиянием olbrzym — «великан»; начало слова переделано под влиянием stwoł). В других слав. яз. ныне отс. Ср. в том же знач.: укр. ве́летень : ве́лет [хотя еще у Котляревского («Енеіда», 1798 г., песня V, 136) встр. исполи́н]; блр. во́лат, гіга́нт; чеш. obr, velikán. Др.-рус. (с XI) в. исполи́нъ (в Изб. 1073 г. как синоним ст.-сл. штоудь — тж.): исполъ : испольникъ — «гигант» (Срезневский, I, 1130—1131) ▫ О.-с. *spolinъ [начальное *и* в древнерусском такого же происхождения, как в *изба* (см.), *изумруд* (см.) и др.] обычно объясняют как этнонимическое слово. Ср. spali (> *споли*) — название народа, жившего в Причерноморье, побежденного готами во II в. н. э. [Jordanes (VI в.), «Getica», § 28 (Mommsen, 61)], σπόροι — у византийца Прокопия Кесарийского (VI в.). С семантической точки зрения ср. нем. Hüne — «исполин», «великан» от названия гуннов — Hunnen.

ИССЯКА́ТЬ, иссяка́ю — «истощаться», «прекращаться», «высыхать». *Сов.* исся́кнуть. Укр. редк. зся́кати, зся́кнути; болг. се́квам, се́кна — «иссякаю», «иссякну»; в.-луж. sakać, saknyć — «иссякать», «иссякнуть». В других слав. яз. этот глаг. (чаще без приставок) встр. по большей части со знач. «сморкаться», «сморкнуться», «высморкаться»: укр. ся́кати(ся), сякну́ти(ся); болг. се́кна се, изсе́кна се; с.-хорв. усе́кнути (се); словен. usekniti se; словац. siakat', siaknut'; польск. siąkać, siąknąć. Но чеш. sáknouti — «просачиваться», «стекать каплями». Др.-рус. (книжн, с XI в.) исякнути — «иссякнуть», (с XV в.) изсякати (КСДР), но сякнути — «высыхать» (Срезневский, I, 1168, III, 908). Ст.-сл. сѧкѫти. ▫ О.-с. *sękati, *sęknǫti. И.-е. корень *sek-, с назализацией *senk- — «стекать», «иссякать», «сохнуть». Ср. лит. sèkti, 1 ед. senkú — «убывать» (о воде), «мелеть», «иссякать», seklùs — «мелководный», «мелкий»; латыш. sīkt, 1 ед. sīku (< *sinku) — «иссякать», sekls — «мелкий». За пределами балто-славянской группы: греч. архаич. ἔσκετο < *se-sk-eto, с неполным удвоением корня) — «иссяк», «испортился»; др.-инд. á-sak-ra-ḥ — «неиссякаемый» (Pokorny, I, 894; Fraenkel, 773; Mayrhofer, I, 64).

ИСТЕ́РИКА, -и, *ж.* — «нервный припадок (чаще у женщин), сопровождающийся судорогами, судорожным смехом и слезами». *Прил.* истери́чный, -ая, -ое, истери́ческий, -ая, -ое. *Сущ.* исте́рик, *женск.* истери́чка. Сюда же истери́я. Укр. істе́рика, істерія, істери́чний, -а, -е, істе́рик, істери́чка; блр. істэ́рыка, істэ́рычны, -ая, -ае, істэ́рык, істэ́рычка; болг. исте́рика, исте́рия, истери́чен, -чна, -чно, истери́чески, -а, -о, истери́к, истери́чка; с.-хорв. хѝстерија — «истерия», хистери́чан, -чна, -чно : хисте́ричнӣ, -ā, -ō (ср. хистеричан напад — «истерика»); чеш. hysterie — «истерика» и «истерия» (в знач. «истерика» чаще hystericý záchvat), hystericý, -á, -é, hysterik, hysterka, hysteria; польск. atak histerii (= «истерика»), histeryczny, -a, -e, hysterik, histeryczka. В русском языке слово *истерика* известно со 2-й пол. XVIII в. («Жур. пут.» Демидова, 1771—1773 гг., 18: «дал он ей... капли... и надеялся, что... освободится она от прежестокой *истерики*»). Позже — неоднократно в книге «Дамский врач», 1793 г. (101, 362 и др.). Другие слова этой группы — более поздние: *истерический* в словарях — с 1865 г. (Даль, II, 679); *истерия* известно лишь с конца XIX в. (Брокгауз — Ефрон, т. XIII, п/т. 25, 1894 г., 464—468: ст. *Истерия*). ▫ Ср. франц. (с 1731 г.) hystérie — «истерия», на базе hystérique (известного с XVI в.) — «истерический»; нем. Hysterie, hysterisch. Ни во французском, ни в немецком нет однокорневого названия, обозначающего истерический припадок (соотв. рус. *истерика*). Ср. в знач. «истерика»: франц. crise de nerfs, attaque de nerfs; нем. hysterischer Anfall. Ср., однако, англ. hysterics (произн. hıs′terıks) — «истерика» при hysteria — «истерия». Тем не менее, судя по времени заимствования, рус. *истерика* восходит скорее всего к франц. прил. hystérique (attaque hystérique?), которое на русской почве было осмыслено как сущ. на *-ика*. Первоисточник — греч. ὑστέρα — «матка», прил. ὑστερικός. «Древние греки считали (истерию) следствием поражения матки» (БСЭ², XVIII, 612). Из греческого — латин. hystericus — «имеющий отношение к женским болезням» > «истерический».

ИСТЕ́Ц, -тца́, *м. юр.*, — «лицо, предъявляющее на суде иск к кому-л.». Блр. ісце́ц (но укр. позива́ч). Ср. болг. ище́ц (*щ=шт*) — тж. В других современных славянских (литературных) языках отс. Ср. в том же знач.: чеш. žalobce (ср. ст.-чеш. jistec — «собственник», «владетель движимого имущества», также «истец»); польск. powód, oskarżyciel [ср. ст.-польск. iściec — с теми же знач., что в ст.-чеш. (польск. диал. — «владетель движимого имущества»)]. Др.-рус. *истьць* — «истец», «ответчик», вообще «тяжущаяся сторона», «сторона в юридических отношениях» (Срезневский, I, 1159). ▫ Происходит не от *иск, искать* (как объясняют обычно, по народной этимологии), а от *истый*. Старшее знач. — «истый человек», «настоящий» > «сто́ящий»; «состоятельный», «владелец движимости» > «заимодавец». См. *истый, истина*.

И́СТИНА, -ы, *ж.* — *филос.* «достоверное знание, правильно отражающее объективную действительность»; «проверенное практикой отражение явлений реального мира в человеческом сознании»; «то, что соответствует действительности», «правда». *Прил.* и́стинный, -ая, -ое. Укр. і́стина, істи́нний, -а, -е; блр. ісці́на (но «истинный» — пра́удзівы); болг. и́стина, и́стинен, -нна, -нно; с.-хорв. и́стина, и́стинӣ, -ā, -ō, и́стинит(ӣ), -а, -о, и́стински, -ā, -ō; словен. istina (чаще resnica), istinit, -a, -o, istinski, -a, -o. В чеш. и словац. языках в этом знач. обычно pravda (ср., однако, ст.-чеш. jistota), тогда как чеш. jistina, словац. istina значат «капитал», «обеспечение». Ср. еще ст.-польск. (и диал.) iścizna — «деньги», «капитал». Др.-рус. (Дог. Игор. 945 г.) и ст.-сл. *истина* — «правда», «верность», «законность» [Срезневский, I, 1144; Изб. 1076 г., 31 об., 187 об. и др.; там же истиньнъ, истиньный (26 об., 114 об., 61 и мн. др.)]. Но в «Судебнике» (моск.) 1497 г., ст. 55 («О займех») слово *истина* встр. и в знач. «основной (без процентов) капитал» («Судебники» XV—XVI вв., 27). Это знач. в слав. языках — позднее. Старшее знач. — «то, что соответствует действительности», «нечто подлинное», «нечто настоящее». ▫ Произв. от *истый*, о.-с. *istъ, -a, -o : *istъjь, -aja, -oje — «тот же самый», «подлинный», «действительный», «настоящий». См. *истый*.

ИСТО́РИЯ, -и, *ж.* — 1) «закономерное поступательное развитие действительности, мира»; 2) «наука о развитии человеческого общества»; «наука, изучающая развитие какой-л. области природы, культуры, зна-

ния»; 3) «повествование, рассказ»; 4) «происшествие, приключение, случай». *Прил.* истори́ческий, -ая, -ое. Укр. істо́рія, істори́чний, -а, -е; блр. гісто́рыя, гістары́чны, -ая, -ае; болг. исто́рия, истори́чески, -а, -о; с.-хорв. и̏сто̄рија, и̏сто̄рӣскӣ, -ā, -ō; чеш. historie (обычно в 3 и 4 знач.; в 1 и 2 знач. чаще dějiny), historický, -á, -é; польск. historia (: dzieje), historyczny, -a, -e. Но словен. zgodovina. Др.-рус. *история* — «история» и «рассказ» (Срезневский, I, 1151). Прил. *исторический* было отм. Срезневским (III, Доп., 133) в «Пчеле» XIV—XV вв. Некоторое время наряду с *исторический* существовала форма *историйский* (напр., в «Книге о ратном строе» 1647 г., 29), которая, однако, рано вышла из употребления. ▫ Первоисточник — греч. ἱστορία — «распрашивание», «расспросы», «исследование», «наука», «историческое повествование», произв. от ἵστωρ, род. ἵστορος — «знающий», «сведущий» [из *Fιδ-τωρ; корень *Fιδ-, тот же, что в οἶδα (< Foῖδα) — «знаю» (к εἴδω — «вижу», «созерцаю», «познаю»)]. В древнерусском языке — из греческого. В новое время слово было вторично заимствовано с Запада в форме *гистория*, которая долго употреблялась наряду с формой без начального *г*, пока не была вытеснена старой формой *история*.

ИСТУКА́Н, -а, *м.* — «изваяние (из какого-н. тяжелого, с трудом поддающегося обработке материала) языческого божества или обожествленного, легендарного героя», «идол», «кумир». Укр. істука́н (чаще бовва́н, і́дол, стовп); болг. истука́н (: и́дол, ста́туя). Ср. в том же знач.: блр. і́дал, стату́й; чеш. socha, modla, bůžek; польск. posąg (pogański), bałwan. Др.-рус. (с XI в.) и ст.-сл. *истуканъ* : *истуканьный* — «статуя (из дерева, камня, металла)». Ср. *истукати* — «выдалбливать, вырезывать из камня, металла, дерева», «ваять» (Срезневский, I, 1155). ▫ След., *истукан* — субст. кр. прич. страд. прош. вр. м. р. Полн. ф. этого прич. (истуканьный) могла употр. также субстантивированно, в смысле «изваяние». Корень *тук-*, тот же, что (на другой ступени вокализма) в рус. *ткать* (< *тъкати*), *тыкать* (< о.-с. *tykati, 1 ед. tyčǫ). Ср. чередование *дух, дышать* (< о.-с. *dychjati), *хорь* (< *дъхорь*). Ср. с корнем *тук-* рус. диал. (новг.) тука́ч — «обитый, околоченный, нераспоясанный сноп» (Даль, IV, 403). С другой стороны (с корнем *тък-* > *тъч-*), *истученъ* в Изб. 1076 г., л. 227: «ако же· бо змии въ (и)стученѣ бывъши» (=«в истукане», от *истъчити* — то же, что *истукати*). И.-е. база *(s)teu-k- (Pokorny, I, 1032).

И́СТЫЙ -ая, -ое — «настоящий», «подлинный»; «усердный», «ревностный». *Сущ.* и́стина (см.), исте́ц (см.). Ср. с.-хорв. и̏стӣ, -ā, -ō — «такой же», «тот же», «тождественный»; словен. isti, -a, -o — «такой же», «тот же»; чеш. jistý, -á, -é — «верный», «достоверный», «точный», «определенный»; ср. jistiti — «утверждать», «уверять»; ст.-польск. ist, -a, -e : isty, -a, -e, совр. польск. isto — «конечно», «несомненно»; ср. istny, -a, -e — «существенный», «действительный», istota — «сущность», «существо», «субстанция». В укр. яз. — только произв. істо́та — «существо», «сущность». Ср. в знач. «истый»: укр. спра́вжній, -я, -е, щи́рий, -а, -е; блр. сапра́ўдны, -ая, -ае; болг. същи́нски, -а, -о. Др.-рус. (книжн., с XI—XII вв.) и ст.-сл. истъ, истый — «тот же (самый)», «действительный», «правильный», «определенный», исто — «правильно», «верно», истина, истьць (Срезневский, I, 1144, 1147, 1157, 1159; SJS, I : 14, 819, 823—824). ▫ Соответствия в других и.-е. языках спорны и неубедительны. Из предлагавшихся до сих пор объяснений приемлемым считается выдвинутое Бернекером (Berneker, I, 435): о.-с. *istъ < *izstъ (из *iz — предлог-префикс, а *st- (<и.-е. *stā- : *stə-) — корень, тот же, что в рус. стоя́ть (см.), стать [ср. подобного же образования: о.-с. *prostъ > рус. прост, просто́й (из предлога-префикса *pro- и корня *st-), а также о.-с. *nastъ > рус. наст; ср. также (особенно в семантическом отношении) рус. настоя́щий — «подлинный»].

ИСЧА́ДИЕ, -я, ср., устар., книжн. — (о чем-л. дурном) «детище», «порождение». Ср. болг. изча́дие. В других слав. яз. отс. Др.-рус. книжн. (с XI в.) исчадие (Срезневский, I, 1165). ▫ В русском языке — из старославянского (исчадиѥ : ищѧдиѥ), где оно, по-видимому, калька с греч. γέννημα — «дитя», «порождение», «творение» (к γεννάω — «рождаю», «произвожу на свет» и далее к γένος — «рождение», «происхождение», «род», «потомок»).

ИСЧЕЗА́ТЬ, исчеза́ю — «делаться неощутимым, недоступным восприятию», «переставать существовать», «теряться», «пропадать». Сов. исче́знуть. Укр. щеза́ти, ще́знути (чаще зника́ти, зни́кнути); блр. — только зніка́ць, зні́кнуць); болг. изче́звам, изче́зна — «исчезаю», «исчезну»; с.-хорв. ишчеза́вати — «исчезать», ишче́знути — «исчезнуть»; польск. устар. szczeznąć «исчезнуть», «пропасть», «погибнуть» (совр. znikać). Но чеш. mizeti, ztráceti se. Др.-рус. (с XI в.) ищезати, ищезнути, ищезновение (Срезневский, I, 1165). Ст.-сл. иштезати : иштазати, иштезнѫти, иштезновениѥ (SJS, I : 14, 837—838). ▫ Ср. рус. диал. (архаич.) че́знуть — «исчезать», «пропадать» (Даль, IV, 535); болг. че́зна — «изныва́ю», «томлю́сь», «ча́хну»; с.-хорв. че́знути — «страстно желать чего-л.» «тосковать по ком-л.». Ст.-сл. чезнѫти. Корень чез- < о.-с. *čez- [с его вариантами *čaz- др.-рус. ищазъ — «безумие», «ужас». — Срезневский, уп.), *kaz- (ср. рус. искази́ть, прока́за; укр. скаже́ний — «безумный», «бешеный»)]. Дальнейшая история этого корня недостаточно ясна. Вероятно, о.-с. *čezati, *čeznǫti находится в родственных отношениях с лит. kežéti — не только «киснуть», «свертываться», «хиреть», но и «исчезать» (LKŽ, V, 680), норв. kvekke — «съеживаться от страха», «пугаться», «вздрагивать», тогда и.-е. корень мог бы быть *kʷĕg- (: *kʷŏg-).

См. из поздней литературы: Machek, RBS, 29; Fraenkel, 249; Falk — Torp², I, 604; Walde — Hofmann³, I, 263.

ИТО́Г, -а, м. — «сумма, получающаяся от какого-л. подсчета, в конечном счете», «общая сумма», «результат». Прил. ито́говый, -ая, -ое. Глаг. ито́жить (подыто́жить). Ср. итого́, нареч. — «в конечном счете», «всего». Только русское. Ср. в знач. «итог»: укр. пі́дсумок (ср. ра́зом — «итого»); блр. падраху́нак, вы́нік (ср. ра́зам — «итого»); болг. равносме́тка, сбор, резулта́т. Встр. у Фонвизина в комедии «Недоросль», 1781 г., д. II, явл. 5: «Цыфиркин: ...то счетец поверить, то итоги подвести» (СС, I, 125). В словарях — с 1809 г. (САР², II, 1171). ▫ Новообразование из и того (=«всего») — выражения, встречающегося в деловой письменности, судя по данным КДРС, с 1584 г. (к истории этого выражения см. Порохова, 158). Любопытно, что в словарях и того отм. лишь со времени Даля (II, 1865 г., 685).

ИША́К, -а́, м. — «осел». Прил. иша́чий, -ья, -ье. Глаг. иша́чить. Укр. иша́к (но чаще ослю́к); блр. іша́к. Ср. с.-хорв. ѐшек — «осел». В других слав. яз. отс. Ср., напр., болг. мага́ре (<новогреч. γομάρι — «груз», также «вьючное животное»). В русском языке слово ишак известно с XVI в. Ср.: «А лошадей добрых, катырей и ишечков много» [«Путешествие в Китай Петрова и Ельчева в 1567 г.» (Срезневский, Доп., 136)]. Позже — в «Хождении» Котова в Персию, 1623 г., л. 57 об.: «возят на ишаке нарядного мужика». Прил. ишачий в словарях — с 1780 г. (Нордстет, I, 278). Глаг. иша́чить совсем недавний (впервые — в ССРЛЯ, V, 1956 г., 601). ▫ Слово тюркское. Ср. название осла в тюркских языках: турец. eşek; азерб. әшшәк; туркм. кирг. эшек; узб. эшак; каз.-тат. ишәк. Ср. также у Радлова (I : 1, 905): команск., таранч. äšäk. В тюркских языках старшая форма — с начальным e. Слово известно с давнего времени (см. Дмитриев, 24; кроме того: Боровков, 86, 87; äšäk : äškäk; Gabain, 299: äškäk; ДТС, 185: ešäk). В тюркских языках это слово, как полагают, в свою очередь заимствовано из армянского языка. Ср. арм. эш — «осел», родственное с латин. equus — «лошадь».

И́ШИАС, -а, м. — «воспаление седалищного нерва». Укр. і́шіас; блр. і́шыяс; болг. ишиа́с; чеш. ischias; польск. iszjas. В русском языке слово ишиас известно с последней четверти XIX в. Встр. у Чехова в рассказе «Один из многих», 1887 г.: «ишиасом страдает» (СС, IV, 242). В словарях — с 1894 г. (Брокгауз — Ефрон, т. XIIIa, п/т 26, с. 608). ▫ Ср. нем. Ischias (произн. 'isçias или — чаще — 'iʃjas); ит. ischiade (: sciatica); франц. sciatique — тж.; англ. sciatica. В русском языке (с ш) — из немецкого, а там — из позднелатинского. Первоисточник — греч. ἰσχιάς (произн. ishiás), род. ἰσχιάδος от ἰσχίον — «таз», «бедро».

ИЮ́ЛЬ, -я, м. — «название седьмого месяца календарного года». Прил. июль-

ИЮН

ский, -ая, -ое. Ср. болг. ю́ли, ю́лски, -а, -о; с.-хорв. jу̑л(и), jу̑лски, -ā, -ō; словен. julijski, -a, -o; в.-луж. и н.-луж. julji (: pražnik). В других слав. яз. отс. Ср. в том же знач.: укр. ли́пень; блр. лі́пень; чеш. červenec; польск. lipiec. Др.-рус. (с XI в.) иулий : иуль : июль (Срезневский, I, 1168). Прил. *июльский* — более позднее слово. В словарях отм. с 1792 г. (САР¹, III, 346). ◻ Первоисточник — латин. Jūlius (mensis) — название первоначально пятого месяца у римлян, посвященного (со времени Марка Антония) Юлию (Jūlius) Цезарю (собств. «юлианский месяц»). Заимствовано при посредстве старославянского языка из позднегреческого IX—X вв. (книжн. ἰούλιος; ср. новогреч. Ἰούλιος), где это слово латинского происхождения. Др.-рус. народное название этого месяца липец (ср. Даль, II, 855: ли́пец, *стар.* — «название месяца июля, когда липа цветет»; см. также САР¹, III, 346).

ИЮНЬ, -я, *м.* — «название шестого месяца календарного года». *Прил.* **июньский, -ая, -ое.** Болг. ю́ни, ю́нски, -а, -о; с.-хорв. jу̑н(и), jу̑нски, -ā, -ō; словен. junij, junijski, -a, -o; в.-луж. junij (: smažnik). В других слав. яз. отс. Ср. в том же знач.: укр. че́рвень; блр. чэ́рвень; чеш. červen; польск. czerwiec. Др.-рус. (с XI в.) июнь (Остр. ев. и др.), реже иуний, иунь (Срезневский, I, 1168). Прил. *июньский* — по́зднее, в словарях — с 1792 г. (САР¹, III, 346) ◻ Первоисточник — латин. Jūnius (mensis) — название четвертого месяца старого римского года [в честь Юния (Jūnius) Брута, первого консула]. Из латинского: ит. giugno; исп. junio; франц. juin. Ср. нем. Juni; англ. June. В древнерусский язык это название месяца попало из старославянского, а туда из позднегреческого языка IX—X вв. (книжн. ἰούνιος; ср. новогреч. Ἰούνιος). Др.-рус. народное название этого месяца червень (ср. Даль, IV, 539: че́рвень, *стар.* — «месяц июнь, пора сбора червца (кошенили) в западн. губ.»; см. также САР¹, III, 346).

Й

ЙОД, -а, *м.* — «химический элемент, содержащийся в наибольшем количестве в морских водорослях и нефтяных водах», Jodum; «спиртовой раствор этого химического элемента, употребляемый в медицине как дезинфицирующее и антисептическое средство». *Прил.* **йо́дный, -ая, -ое, йо́дистый, -ая, -ое.** Укр. йод, йо́дний, -а, -е, йо́дистий, -а, -е; блр. йод, ёдны, -ая, -ае, ёдзісты, -ая, -ае; болг. йод, йо́дов, -а, -о, йо́дова тинкту́ра — «настойка йода»; с.-хорв. jо̑d, jо̑dni, -ā, -ō, jodna tinktura; чеш. jod, jodový, -á, -é, jodová tinktura. В польск. яз. различается jod — «йод» (хим. элемент) и jodyna — «настойка йода», отсюда и разные прил.: jodowy, -a, -e и jodynowy, -a, -e. В русском языке — с 40-х гг. XIX в.

КА

В словарях — с 1847 г. [СЦСРЯ, II: *иод, иодовый* (149), *иодный, иодистый* (148)]. ◻ Ср. франц. iode; нем. Jod; ит. iodio; венг. jód; турец. iyot(du); ср. англ. iodine, откуда хинди а̄йодин. Слово появилось во Франции в 1812 г. Название придумано франц. химиком Гей-Люссаком (Gay-Lussac). Образовано от греч. ἰοειδής — «похожий цветом на фиалку» (сложное слово с двумя основами: ἰο- и εἰδής; ср. ἴον «фиалка» и εἴδω «вижу», «кажусь»). Название дано по фиолетовому цвету паров йода.

К

К, КО, *предлог с дат. п.* — «выражает значения движения в сторону кого-л. или чего-л., сближения с кем-чем-л., направленности действия к какой-л. цели, к какому-л. моменту времени, присоединения или добавления к чему-л.». Укр. к, редко ік («аж ік вечору вже знову приходить». — Гринченко, II, 197); блр. к : ка; болг. към; с.-хорв. к : ка; словен. k; чеш. k : ke : ku; словац. k : ku; польск. k, устар. ku; в.-луж. k : ke; н.-луж. k : ku. Др.-рус. къ > к : ко (Срезневский, I, 1386—1387; единственный пример ку в Смоленском документе 1505 г. — явный полонизм). Ст.-сл. къ ◻ О-с. *къ : къ(n). Ср. *къ-n jemu > рус. к нему. И.-е. *kom, частица с неопределенным знач. — «конечно», «пожалуй» (Pokorny, I, 515—516). Ср. др.-инд. kám, вопросительная или эмфатическая частица («хорошо», «так», «конечно» и т. п.), употреблявшаяся после дат. п. имени лица. Родственным образованием на русской почве является постпозитивная частица -*ка* : -*ко* (см. -*ка*) и приставка *ко*- : *ка*- в некоторых единичных словах.

-КА, *постпозитивная частица* — употр. гл. обр. после глаголов в форме пов. накл., а также после частиц и междометий в знач. пов. накл., для выражения смягченного или нерешительного приказания, совета, просьбы и т. п., после глаголов в форме 1 л. ед. и мн. буд. вр. для выражения желания или побуждения что-л. сделать или предпринять. В говорах -*ка* употр. и в некоторых других случаях, напр., на Севере и в Сибири после *меня*: «у меня-*ка* сродник есть», *мне*: «мне-*ка* чо», в наречиях: *эде-ка, тамо-ка* — «там» (см. Черных, Уч. зап. ЯПИ, IV, 86). В окающих говорах эта частица возможна и в форме -*ко*. В других слав. яз. в таком широком употр. эта частица неизвестна, но в отдельных словах встречается, хотя и без сколько-нибудь ясного значения, причем гл. обр. в говорах. Ср. болг. аз-*ка* — «я»; с.-хорв. тебе́-*ка* — «тебя», теби́-*ка* — «тебе»; словен. doli-*ka* — «внизу», чеш. dnes-*ka* — «сегодня»; словац. von-*ka* — «вон», «наружу». В письменных памятниках отражается слабо и сравнительно в более поздних. Напр., в «Житии» и в других сочинениях Аввакума: «внимай-*ко* гораздо и слушай», «послушай-*ко*» («Житие», В, 175, 187). Любопытно, что в современном окающем говоре с. Гри-

КАБ

горова (на родине Аввакума) эта частица употребляется только в форме -*ка* (Черных, Уч. зап. ЯПИ, IV, 86). ▫ О.-с. *-ka. И.-е. *kă : *ke — частица, вероятно, со знач. «конечно», «пожалуй» (Pokorny, I, 515—516). Ср. лит. -ka : -ki (< -ke?) > -k (постпозитивная усилительная частица, употребляемая после глаголов в форме пов. накл., личных мест. и наречий); греч. дор. χᾱ, ион. χε(ν) > χ (энклитическая частица, по значению близкая к рус. *пожалуй* или *бы* в таких выражениях, как «можно было бы подумать»).

КАБА́К, -а́, *м.* — в Московском государстве и в старой России — «откупное питейное заведение, где продаются и тут же распиваются спиртные и хмельные напитки»; *перен.* «о беспорядке, шуме». *Прил.* **каба́цкий**, -ая, -ое. *Глаг. устар.* **каба́чить** — «содержать кабак». В других слав. яз. это знач. обычно выражается иначе. Ср. укр. **шино́к** (впрочем, известно и **каба́к**); блр. **шыно́к** (< польск. szynk < нем. Schenke — тж.). Ср. также укр. **ко́рчма́**; болг. **кръ́чма** (: механа́); с.-хорв. **кр̀чма**; чеш. **krčma** (: putyka) и др. Впрочем, в польском языке известно (с XVII в.) и заимствованное из русского kabak. В русском языке слово *кабак* известно с середины XVI в. У Срезневского (I, 1169) — с 1563 г.; Дювернуа (73) цитирует АИ, 75, 1615 г. (в том же документе: «*кабацкая цена*»). Позже, в XVII в. — широко распространённое слово. Неоднократно встр. в «Уложении» 1649 г. (гл. IX, ст. 6, с. 88 и др.) и ещё чаще — у Котошихина (87, 88, 91 и др.). Любопытные данные находим у Р. Джемса (РАС, 1618—1619 гг.): có bac — «a Rus. taverne» («русская таверна»), 10 : 17; maydan — «the planke in the Cobacke on which they plaie at dice and cardes» («майдан — скамья в кабаке, на которой играют в кости и в карты», 50 : 19; jernchic — «a copack gamster» («зернщик — кабацкий игрок»), 61 : 29. Т. о., кабак в XVI—XVII вв. был «откупным питейным заведением» (Даль, II, 687). Для завсегдатаев кабака он был также чем-то вроде игорного дома, местом азартных игр (и потасовок). ▫ Происхождение этого слова пока ещё остаётся неясным и спорным, но, несомненно, оно не русское, не славянское, а заносное откуда-то с Востока, с Юго-Востока. Возможно, что старшее знач. этого слова (сначала — с неустоявшимся произношением: *кабак* : *капак* : *копак*) было иное: м. б., «место, где собираются гуляющие и прочие люди для игры в зернь (в кости) и в карты, подбадривая себя хмельными напитками и питьем табака», отсюда — *кабак* — «питейное заведение». Ср. тюрк. джаг. **капак** — «борьба», «состязание», **кабак** — «мишень, цель» (Радлов, II : 1, 405, 436). Ср. осет. qabaqq : qabæq — «жердь с дощечкой, служащей мишенью для состязания в стрельбе в честь покойника» (Вс. Миллер, I, 417). Отсюда, м. б., «свалка у мишени». Напротив, тюрк. кабак — «кабак» (как и чуваш. хупах — тж.) заимствовано из русского (Радлов, ib., 436). Из русского также нем. (с XVII—XVIII вв.) Kabacke — «обветшалый домишко»; н.-нем. kabache — «скверный домишко», «кабак» (Kluge¹⁰, 234; Paul⁵, I, 317).

КАБАЛА́, -ы́, *ж.* — «тяжелое, подневольное, граничащее с рабством положение человека». *Прил.* **каба́льный**, -ая, -ое. *Глаг.* **закабали́ть(ся)**. Укр. **кабала́, каба́льний**, -а, -е, **закабали́ти(ся)**; блр. **кабала́, каба́льны**, -ая, -ае, **закабалі́ць, закабалі́цца**. Ср. болг. устар. **ка́бала** — «обусловленное договором количество работы» (Младенов, ЕПР, 226). В других слав. яз. отс. (или употр. как русское слово). Др.-рус. (с XIV в.) **кабала**, (с XV в.) **кабальный** (Срезневский, I, 1169—1170; Кочин, 138). Слово *кабала* сначала (в XIV в.) значило просто «долговое обязательство», «расписка должника, данная заимодавцу». Позже, в XVI—XVII вв., в Московском государстве это слово получило уже новый смысл: «долговое обязательство, предусматривающее утрату должником личной свободы, закрепощение его заимодавцем в случае неуплаты долга». ▫ Слово семитское. Ср. араб. qabāla — «поручительство», «договор», «контракт» (Wehr², 661), также **кабала** — «налог» (Lokotsch, § 974), к глаг. qabila a — «принимать», «нанимать» (Wehr², 660). Пути проникновения этого слова в вост.-слав. языки неясны. Слово известно в турецком языке [кабал — «заданная работа», «работа одного дня» (Радлов, II : 1, 444)]. Отсюда оно попало в болгарский язык, но в русском языке это давнее слово, между тем в ст.-тюрк. текстах оно, по-видимому, не встр. Слово caballa — «подать», «налог» было известно в средневек. латин. языке, куда оно попало из арабского. На древнерусскую территорию латинское слово проникло или через Новгород или, напротив, с юго-запада при валашском посредстве. Ср. румын. havalea — «налог».

КАБА́Н, -а́, *м.* — «дикая свинья». *Прил.* **каба́ний**, -ья, -ье. Укр., блр. **каба́н**; польск. диал. kaban; ср. kabanina — «свинина» (Дубровский, 161), но обычно «кабан» — dzik (отсюда блр. **дзік** — тж., хотя употр. и **вяпру́к**; ср. польск. wieprz — «боров», «кабан»). В других слав. яз. отс. Ср. чеш. kanec — тж. [видимо, из *kabanec (см. Machek, SE, 190)]. Ср. болг. **глига́н** (< *клыган : *клыкан); с.-хорв. **дивљи вепар**. В русском языке слово *кабан* известно с 1704 г. (Поликарпов, 140 об.). ▫ Слово гл. обр. северно-тюркское. Ср. каз.-тат. **кабан** (qaban); башк. **кабан**; уйг. **қабан**; кирг. **каман**; азерб. **габан**. М. б., от тюрк. корня *kab — «подниматься», «наполняться», «усиливаться» (Lokotsch, § 975). Ср., однако, монг. хаван(г).

КАБАЧО́К, -чка́, *м.* — «род тыквы, кустовое растение с нестелющимися побегами и с плодами овальной формы, менее крупными, чем тыква», Cucurbita pepo. *Прил.* **кабачко́вый**, -ая, -ое. Укр. **кабачо́к** (**каба́к** — «тыква»), **кабачко́вий**, -а, -е; блр. **кабачо́к**; болг. **каба́к**, уменьш. **каба́че** (Младенов, ЕПР, 226; обычно **ти́квичка**). Из русского — чеш. kabaček.

В других слав. яз. отс. Ср. с.-хорв. ти́квица — «кабачок» (при ти́ква — «тыква»). В общерусский язык слово *кабачок* попало из укр. языка, через южн.-влкр. говоры. Даль (II, 1865 г., 687) отм. каба́ка, *ж.* как малорос. и южн.-влкр. слово, добавив при этом: «ошибочно *кабак*». В укр. языке слово каба́к (и именно в форме м. р.) известно с начала XIX в. Ср. у Котляревского в «Наталке-полтавке», 1819 г.: «піднесла печеного *кабака́*» (Гринченко, II, 202). Кабачо́к — уменьш.-ласк. образование от каба́к. Правда, кабачо́к, по-видимому, употреблялось и с другими (вторичными) значениями. Ср. Гарбель, III, 1892 г., с. 1967: *кабачки* — 1) новорос. «семена подсолнечника, в виде лакомства»; 2) «очень вкусное блюдо, приготовляемое на юге (?)». ▫ Первоисточник тюрк. — *кабак* — «тыква». Ср. турец. kabak — «тыква»; каз.-тат., крым.-тат., джаг. кабак — название тыквы и ее разновидностей (Радлов, II : 1, 437) и др. Слово известно в тюркских языках с древнейшего времени (см. Дмитриев, 45).

КА́БЕЛЬ, -я, *м.* — «электрический провод, заключенный в герметическую оболочку»; «в морском деле — стальной канат, трос». *Прил.* ка́бельный, -ая, -ое. Укр. ка́бель, ка́бельний, -а, -е; блр. ка́бель; болг. ка́бел, ка́белен, -лна, -лно; с.-хорв. ка́бао и ка́бел, ка̑бл; чеш. kabel, kabelový, -á, -é; польск. kabel, kablowy, -a, -e. В словарях *кабель* в знач. «канат» — с 1804 г. (Яновский, II, 1); *кабельный* — с 1847 г. (СЦСРЯ, II, 150). ▫ Судя по времени заимствования, — из французского (câble, откуда и англ. cable), с концовкой по образцу *стебель, крендель* и т. п. Но вообще слово распространено в западноевропейских языках. Ср. (из франц.) голл. kabel — «якорный канат», позже «электрический кабель», откуда и нем. Kabel — тж. Первоисточник позднелатин. capulum — «канат» (к capiō — «беру», «хватаю»).

КАБИ́НА, -ы, *ж.* — «небольшое специально оборудованное помещение, напр. предназначенное для пилота в самолёте, для водителя в автомашине, для телефонного разговора, для переодевания на пляже и т. п.» Укр., блр. кабі́на; болг каби́на; с.-хорв. каби́на; чеш., польск. kabina. В русский язык слово *кабина* попало в начале XX в. В словарях — с 1906—1907 гг. (СРЯ¹, т. IV, в. 1, с. 24). ▫ Ср. франц. (с XVII в.) cabine, *f.* — «каюта», «кабина»; нем. Kabine; англ. cabin (произн. 'kæbɪn) — «хижина», «шалаш» и «кабина»; ит., исп. cabina и др. Источник распространения франц. язык, где это слово заимствовано из англ., а там, в свою очередь — из Пикардии (слово романское).

КАБИНЕ́Т, -а, *м.* — 1) «отдельная комната (с письменным столом, книжными шкафами и пр.) в большой квартире или в учреждении, предназначенная для занятий, деловых разговоров и т. п.»; 2) «специально оборудованное помещение в научно-исследовательских институтах, учебных заведениях и т. д. для лабораторных или иных научных занятий»; 3) «состав министров, входящих в правительство (в некоторых странах)». *Прил.* (к *кабинет* в 1 и иногда 2 знач.) кабине́тный, -ая, -ое, (к *кабинет* во 2 и 3 знач.) кабине́тский, -ая, -ое. Укр. кабіне́т, кабіне́тний, -а, -е, кабіне́тський, -а, -е; блр. кабіне́т, кабіне́тны, -ая, -ае, кабіне́цкі, -ая, -ае; болг. кабине́т, кабине́тен, -тна, -тно; с.-хорв. каби̏не̑т, каби̏не̑тски̑, -а̄, -о̄; чеш. kabinet, прил. kabinetní; польск. gabinet, gabinetowy, -a, -e. В русском языке известно (в широком употр.) с 1-й четверти XVIII в. со значениями: 1) «поставец с выдвижными ящиками»; 2) «государственный совет». См. Смирнов, 125; кроме того, ср. в СВАБ, II: «прислан... в *Кабинет* его величества» (№ 14, 1723 г., 122); «даны... из *Кабинет* канцелярии» (№ 9, 1717 г., 80); там же прил. *кабинетный*: «ехать с *кабинетною* казною» (№ 4, 1716 г., 27, также 30 и др.). Куракин употребляет слово *кабинет* и в знач. «рабочая комната» (в доме вельможи), причем чаще в итальянской форме (с начальным *г*) наряду с другими итальянизмами: «спальная... потом *габинет*, где писать» («Архив», I, 183, 1707 г.), «лакеем в *кабинет* и в спальную не входить» (III, 209, 1710 г.). ▫ Ср. франц. cabinet; англ. cabinet (> хинди кэбинэт) — гл. обр. в знач. «кабинет министров»; голл. kabinét; нем. Kabinétt; швед. kabinétt; ит. gabinetto; исп. gabinete и др. Источник распространения в Европе — франц. (с XVI в.) cabinet, где это слово, в свою очередь, восходит к ит. gabinetto (старшее знач. «шкаф», позже «кабинет»). В русском языке, вероятно, из французского.

КАБЛУ́К, -а́, *м.* — «твердая набойка на подошве обуви под пяткой». *Прил.* каблу́чный, -ая, -ое. Укр. каблу́к — «дуга», «часть окружности», «лука в седле» (Гринченко, II, 203), «каблук (из русского?), каблу́чний, -а, -е. Ср. польск. kabłąk — «дуга», «лук» (откуда, по-видимому, и в украинском). В других слав. яз. отс. Ср. в том же знач.: блр. абца́с; болг. ток (на обу́ща); с.-хорв. пѐтпетица, шти̏кла; чеш. podpatek; польск. obcas (< нем. Absatz). В русском языке слово *каблук* известно с начала XVI в. [«Духовная углицкого кн. Дмитрия Ивановича», 1521 г.: «да чоботы тимовы, по швом... и в носкѣх и в каблукѣх сажены жемчугом гурмыским» (Черепнин, 411). ▫ Слово не относится к числу ясных в этимологическом отношении. С польск. kabłąk — «дуга», «кривизна» слово *каблук*, кроме случайной фонетической близости, ничем не связано. Принимая во внимание время заимствования (XVI в., когда в лексике заметно увеличивается приток тюркских слов) и вообще, учитывая влияние Востока в московском быту, в частности в головных уборах, в одежде, в обуви, кажется, следует считать, что правы те этимологи, которые связывают рус. *каблук* с общетюрк. kар : qap : kab — «оболочка», «футляр». Ср. турец. kab : kар — «обложка», «чехол», «футляр»; с прибавлением ауак («нога»): ayakkabı — «обувь», «башмак»; с суф. -luk > -lık: (ayak) *kablük : *kablik — тж. Правда, с суф. -luk : -lık это слово в тюркской письменности пока не зарегистрировано: в совр. живых тюркских языках не встр. Ср. каз.-тат. кап (qap) — «кулек», «(спичечная) коробка»; кирг. кап, кабы — «оболочка», «футляр»; каракалп. қап — «футляр», «кобура», қабық — «скорлупа», «оболочка», қабықлы — «имеющий оболочку, кожуру, скорлупу»; туркм. коробка»; азерб. габ — «футляр», габыг — «скорлупа» (ср. говлуг — «футляр»). См. также Радлов, II : 1 : кап, кабы, 400 и сл. (между прочим, ajak кабы — «обувь», 401), капак — «крышка», 405, капаклы — «имеющий крышку», «спрятанный», 406. По словам Дмитриева (40), относившего каблук к «тюркизмам, требующим дополнительной документации», «каб-лук... каб-лык могло бы означать «принадлежность обуви», «часть обуви».

КАВАЛЕ́Р, -а, м. — «мужчина, танцующий в паре с женщиной», «партнер»; устар. «галантный мужчина, сопровождающий и развлекающий свою даму в обществе, на прогулке, ухаживающий за ней»; «человек, награжденный орденом». Укр. кавале́р; блр. кавале́р; болг. кавале́р; с.-хорв. кава̀љер : кава̀лир; чеш. kavalír (но «кавалер ордена» — rytíř, nositel řádu); польск. kawaler (также «кавалер ордена»). В русском языке слово кавалер появилось в Петровское время со знач. «член рыцарского ордена» и «кавалер ордена» (орденоносец). Кроме общеизвестных примеров у Смирнова (125), отметим: в «Путешествии» П. А. Толстого (1697—1699 гг.): «кавалеров мальтийских» (Мальта, 1698 г., 114), «чтоб с филюги нашей никто на берег не выходил, покамест осмотрит кавалер, который на то устроен» (Мессина, 1698 г., 57); в «Архиве» Куракина: «фельдмаршал и кавалер Шереметьев» (I, 106, 1705 г.); «посланник флоренский кавалер Жиральди» (III, 258, 1710 г.). □ Ср. франц. cavalier — «кавалер» (но chevalier — «кавалер ордена»); нем. Kavalier (но Ritter — «кавалер ордена»); ит. cavaliere (в обоих знач.). В русском языке — из французского (а там из итальянского, где слово значит также «всадник» и восходит, в конечном счете, к латин. caballa — «кобыла» > ит. cavallo — «лошадь»).

КАВАРДА́К, -а́, м. — «неразбериха», «беспорядок». Только русское. Ср. в том же знач.: укр. розгардія́ш; блр. гарміда́р, вэ́рхал; болг. неразбори́я; польск. plątanina, zamęt и т. п. В русском языке слово кавардак сначала долго употреблялось в знач. «род кушанья». Ср. в «Столовой книге», 1623—1624 гг., 81: «ковардак астраханской». С этим (кулинарным) знач. оно встр., напр., у Жуковского, в стихотворном «Протоколе 20-го арзамасского заседания», 1817 г.: «на бреге Карпо́вки... / Где, по преданию, Карп-богатырь кавардак по субботам / Ел (Соч., 163). Ср. у Даля (II, 689): кавардак : кавардá — волж. «рыбачья пшенная каша с рыбой», уральск.-казач. «вяленые ломти красной рыбы», тул. «род окрошки, селянки с капустой, луком и толчеными сухарями» и др. Переходная ступень: «кавардак в животе», «воркотня», «боль» (ib.), пск., твер. кавардáка — «боль в животе, сопровождающаяся ворчанием и поносом» (Доп. к «Опыту», 75), «расстройство желудка». □ Заимствовано из тюркских языков. Ср. турец. кавурдак (: кавурма, кавырма) — «жаркое», «фрикасе» (Радлов, II : 1, 469, 471), kavurmak — «жарить», «зажаривать» (Магазаник, 325). Ср. также кирг. куурдак — «жаркое», «кавардак (мелко искрошенная и зажаренная в прокипяченном масле баранина)»; в знач. «жаркое» это слово в тюркских языках встр. нередко: каз.-тат. куырдак; каракалп. қуўырдақ; узб. қовурдоқ; ног. кувырдак; туркм. говурдак.

КА́ВЕРЗА, -ы, ж. — «интрига», «происки», «подвох»; устар. «крючкотворство», «сутяжничество». Прил. ка́верзный, -ая, -ое. Глаг. ка́верзить, ка́верзничать. Укр. ка́верза, ка́верзний, -а, -е, каверзува́ти (ср. также коверзува́ти — «привередничать», «мудрить», коверзу́ха — «привередница»); блр. ка́верза, ка́верзны, -ая, -ае, ка́верзіць. В других слав. яз. отс. Ср. в том же знач.: болг. па́кост, интри́га; чеш. pleticha, intrika; польск. podstęp, matactwo. В русском языке слово каверза известно с 1-й пол. XVII в. (1636 г. — «Слово и дело», I, 85). В словарях — лишь с конца XVIII в. (САР[1], III, 1792 г., 398). □ Т. о., слово обнаруживается сравнительно поздно, но по своему образованию оно, м. б., относится к очень старым словам с редким префиксом ка- : ко-, о котором см. у Миклошича (Miklosich, EW, 153). Ср. калека [при др.-рус. отъле́къ — «остаток» (Срезневский, II, 797)], конура (при нора), диал. калу́га : калу́жа (при лужа) [Даль, II, 696] и др. Вторая часть сложения (верз- < *vьrz-), по-видимому, та же, что и в рус. диал. ве́рзить — «лгать», «врать», «бредить» («плести вздор»), также сев. ве́рзни — «летние плетеные лапти» (из бересты), ср. пск., твер. каверзни́ — «летние лапти на босу ногу» [Даль, I, 159; II, 689; ве́рзни отм. и Подвысоцкий (16); сюда же, видимо, относится и ве́ржа — «струя кругами на воде от брошенного камня» (Подвысоцкий, 16)]. О.-с. корень *vьrz- — «соединять», «связывать», «плести». Ср. лит. viržėti — «стягивать» (напр., ботинки шнурками), «сжимать». Семантическая параллель: сплетня с корнем плет- (см. плести).

КАВЫ́ЧКИ, кавы́чек, мн. (ед. кавы́чка, ж. — редко) — «знаки препинания в виде двойной (парной) запятой или похожего на неё парного крючковатого знака для передачи чужой речи, цитируемых слов, заглавий, условных наименований, для иронического подчеркивания слов и т. п.». Только русское. Ср. в том же знач.: укр. ла́пки́; блр. двухко́ссе; чеш. uvozovky; польск. cudzysłów. Болг. кави́чки — из русского. Слово кавыки (как название не только надстрочного знака ˘, но какого-то знака препинания в русском языке встр.

уже в XVI в. (Ягич, с. 358). Срезневский (I, 1171) отм. слово **кавычка** в одном Стихираре XVII в., но лишь как название крюкового (нотного) знака. Но об употреблении кавычек в качестве знака препинания не было известно ни в XVII, ни в 1-й пол. XVIII в. Об этом знаке препинания ничего не говорит Ломоносов в «Рос. гр.» 1755—1757 гг. (см. Наставление 2, гл. 4. «О знаках», ПСС, VII, 429), о нём не упоминается в РГ 1809 г. (см. гл. VI «О знаках препинания и ударения», 35). Кавычки входят в употребление, видимо, с конца XVIII в. (как и тире), и, м. б., Карамзину принадлежит инициатива введения этих знаков препинания в практику письменной речи (см. автографы Карамзина, напечатанные в книге Шапиро «Основы рус. пунктуации», 359). ▫ Происхождение слова неясно. Но, принимая во внимание такие данные, как украинское название кавычек **лапки́**, как рус. **пти́чка** — наименование письменного знака v, не должно казаться слишком смелым сопоставлением с рус. диал. **кавы́ш** — «утёнок», «гусёнок», **ка́вка** — «лягушка», **кавы́кать** — «ковылять», «прихрамывать» (Даль, II, 689). Т. о., **кавыки : кавычки** — «следы от утиных или лягушачьих лапок» > «крючок», «закорючка». Ср. устар. **кавы́ка** — «каракуля», «завитушка на письме» (ССРЛЯ, V, 639).

КАГО́Р, -а, *м.* — «разновидность десертного сладкого красного виноградного вина». Укр., блр. **кагор**. В других слав. яз. употр. как р у с с к о е название этого вина. В русском языке слово **кагор** появилось во 2-й пол. XIX в. Ср. Гарбель, III, 1892 г., с. 1978: **кагор** — «церковное вино, употребляемое при богослужении». Позже встр., напр., в пьесе Горького «Дети», 1910 г. (СС, XII, 148). ▫ По-видимому, возникло (как название вина) на русской почве. Но слово французское. Названо по имени франц. г. Кагор (Cahors, произн. kaór) на юге Франции, в департаменте Ло. Каор, или Кагор — центр района виноградарства и виноделия.

КАДИ́ТЬ, кажу́ — во время богослужения — «курить (сжигать, возжигать) ладан, фимиам или какое-л. другое благовонное вещество, дающее ароматический дым»; *перен.* **кадить кому-чему-л.** — «без меры восхвалять кого-л.», «чрезмерно льстить». *Сущ.* **кади́ло** — «небольшой металлический сосуд на длинных цепочках, с прорезной крышкой, при помощи которого кадят», иначе **кади́льница**. Укр. **кади́ти**, 1 ед. **каджу́**, **кади́ло**, **кади́льниця**; блр. **кадзі́ць**, **кадзі́ла**, **кадзі́льніца**; болг. **кадя́** «кажу», **ка(н)ди́лница**; с.-хорв. **ка́дити**, 1 ед. **ка́дим**, **ка́дионица**; словен. kaditi, kadilnica; чеш. kaditi, kadidlo, kadidelnice; словац. kadit', kadidlo, kadidelnica; польск. kadzić, kadzielnica; в.-луж. kadźić, kadźidło; н.-луж. kadźiś. Др.-рус. (с XI в.) и ст.-сл. **кадити**, **кадило**, **кадильница** (Срезневский, I, 1171—1172). ▫ О.-с. *kaditi, 1 ед. *kadjǫ. И.-е. корень *ked-, тот же, что в рус. **чад** (см.). Покорный (Pokorny, I, 537) допускает сопоставление с др.-прус. accodis

(если оно из *at-codis) — «отверстие, через которое вытягивается дым», но прежде всего — с др.-инд. kádru-ḥ — «бурый», «коричневый» [Майрхофер (Mayrhofer, I, 150), не особенно возражая против этого сближения, добавляет сюда перс. kahar — «светло-коричневый»].

КАДРИ́ЛЬ, -и, *ж.* — «старинный групповой танец, исполняемый четным количеством пар, расположенных квадратом, состоящий из шести фигур, имеющих свою музыку и свои названия». *Прил.* **кадри́льный**, -ая, -ое. Укр. **кадри́ль**, **кадри́льний**, -а, -е; блр. **кадрыля**, **кадрыльны**, -ая, -ае; болг. **кадри́л**; с.-хорв. **ка̀дрил**; польск. kadryl; чеш. устар. kadrila : kvadrila (обычно čtveryłka). В русском языке известно с XVIII в. Встр. в «Записках» Порошина, причем чаще в форме **кадрилья** (запись от 7-X-1764 г., 40, 43), реже **кадриль** (запись от 8-X-1764 г., 45), но со знач. «маскарадная группа в одинаковых костюмах». У Яновского (II, 1804 г., 15) **кадриль** отм. со знач.: 1) «толпа рыцарей одной партии в карусели»; 2) «карточная игра». Только в знач. «бальный танец» слово **кадриль** употребляет Пушкин (СЯП, II, 269). Старший пример относится к 1829 г. [«Роман в письмах»: «французский кадриль» (ПСС, VIII, 55)]. ▫ Ср. франц. (с XVII в.) quadrille, *т.* > нем. Quadrille; ит. quadriglia. В русском языке (как и в других европейских языках) — из французского. Во французском — из испанского [ср. исп. cuadrilla — «группа» (сначала из четырех человек), «бригада», также «кадриль»; ср. cuadro — «четырехугольник», «квадрат» (при cuatro — «четыре»)].

КА́ДРЫ, -ов, *мн.* — «постоянный (не по мобилизации) состав армии»; «штатные рабочие и служащие какого-л. завода, фабрики, учреждения, учебного заведения и т. д.» *Прил.* **ка́дровый**, -ая, -ое. Укр. **ка́дри**, **ка́дровий**, -а, -е; блр. **ка́дры**, **ка́дравы**, -ая, -ае; болг. **ка́дри**, **кадров**, -а, -о; с.-хорв. ка̀дар, ка̀дровски, -а̄, -ō; чеш. kádry, kádrový, -á, -é; польск. kadry, *мн.* kadrowy, -a, -e. В русском языке слово **кадры** как военный термин стало известно гл. обр. во время Отечественной войны 1812 г. и войны 1813—1814 гг. («Северная пчела», 1813 г., № 22; «Русский инвалид», 1813 г., № 8, с. 44. — См. Черных, «Рус. яз. в 1812 г.», 7). В словарях **кадр** (воен.) отм. с 1845 г. (Кирилов, 91); **ка́дровый** с 1865 г. (Даль, II, 690). ▫ Восходит к франц. cadre, *pl.* cadres — воен. «кадры» [сначала cadre (< ит. quadro) значило «рама», cadres — «рамки», но со времени Наполеона Бонапарта получило знач. «постоянный, основной состав, ядро воинской части»].

КАДЫ́К, -а́, *м.* — «более или менее выступающая, выдающаяся в передней части шеи и подвижная (особенно при жевании, при пении и т. п.) под кожей верхняя (как бы срезанная) часть дыхательного горла, утолщение щитовидного хряща, внутри которого расположены голосовые связки». Иначе **ада́мово я́блоко** (см.). Укр. **кади́к**; блр. **кады́к**. В других слав. яз. отс. Ср. в том же знач.:

болг. ада́мова я́бълка; чеш. Adamovo jablko [или ohryzek (na krku)]; польск. jabłko Adama [но чаще grdyka (< *krtyka; ср. krtań — «гортань»)]; с.-хорв. jäbučica. В русском языке слово *кадык* известно с самого начала XVIII в.: Копиевский, «Вокабулы», 1718 г. (переиздание более раннего «Номенклатора», напечатанного в Амстердаме в 1700 г.), 30: *кадык*; позже — «Рукоп. лексикон» 1-й пол. XVIII в. (Аверьянова, 135). ◦ Возводить к тюрк. qatïy, qatay, qattih — «твердый, крепкий» (Gabain, 327) [ср. турец. katı — «твердый», «крепкий»; каз.-тат. каты — тж. (Радлов, II : 1, 282—283) и др.], пожалуй, слишком смело. Но выражение *закадычный друг* [в словарях — с 1792 г. (САР¹, III, 356)], м. б., и в самом деле связано с этим тюркским словом: вероятно, **закатычный* или **закатышный* (друг) в смысле «крепкий», «надежный». Форма *закадычный* — под влиянием *кадык*. Происхождение этого слова неясно. В говорах оно встр. и в форме конды́к, перм. (Даль, II, 760) и даже ка́дка, колым. (Богораз, 63). Знач. также неустойчивое: «гортань», «горло» (см. выше в «Рукоп. лексиконе»), «рот» (яросл. — Голанов, Доп. 12). Ср. также подмоск. кады́шить — «сильно кашлять» (Чернышев, «Сведения», 125), очевидно, от **кады́х*. Ср. у Даля (I, 453): моск. ды́хи, духи́ — «ноздри и вообще дыхательные пути и снаряды лошади». Т. о., старшая форма слова — **кадых*? Что касается *ка-*, то это, конечно, префикс, тот же, что в *каверза* (см.), *конура* (см.) и др. Изменение **кадых > *кадык*, м. б., вызвано смешением с диал. (смол., влад.) кады́к — «падучая» (Даль, II, 690).

КА́ЖДЫЙ, -ая, -ое — «один, отдельный из нескольких одинаковых», «любой из себе подобных», «всякий». В говорах также ка́жный (Даль, II, 690). Укр. ко́жний, -а, -е : ко́жен, -жна, -жно (обл. ко́ждий); блр. ко́жны, -ая, -ае. Ср. чеш. každý, -á, -é; польск. (с XIV—XV вв.) każdy, -a, -e (в ст.-польск. также możdy); в.-луж. kóždy, -a, -e; н.-луж. kuždy, -a, -e. В современных южн.-слав. яз. ср. болг. все́ки, вся́ка, вся́ко — «каждый», «всякий»; с.-хорв. свäк(и), -a, -o; словен. vsák, -a, -o. Срезневский (I, 1173, 1245), отмечая *каждый*, и *кождый* ссылается только на западнорусские памятники конца XIV—XV вв. Др.-рус. (с XI в. къжьдо, позже (с XII в.) кождьо, род. когожьдо, без изменения по родам (Срезневский, I, 1389). Ст.-сл. къжьдо. В памятниках собственно русского (великорусского) языка старшие примеры, пожалуй, относятся к 20-м гг. XVIII в. Напр., в «Деле царицы Евдокии Федоровны» (ПРГ², III): «*каждой* персоне по 5 рублей» (письмо Меньшикова Маслову от 18-Х-1726 г., № 18, с. 137; см. также № 24, с. 142) и «*кождой* персоне» (письмо Маслова Меньшикову от 24-I-1727 г., № 27, с. 144). Позже в «Записках» Порошина, в записи от 2-XII-1764 г., 155: «по прошествии *каждого* полугода». В словарях отм. с 1771 г. (РЦ, 193). Но слово *каждый*, возможно, существовало и раньше, м. б., в XVII в. Об этом косвенно свидетельствует *кажный* (из *каждый* под влиянием прил. на *-ьн-ый*), напр. в «Книге о ратном строе», 1647 г., 207 об.: «*кажному* месту». ◦ О.-с. *къждо < *къжьде (?). Корень **къ-*, тот же, что в о.-с. **kъto* [> рус. *кто* (см.)]. Труднее объяснить надставку **-žьdo*. Возможно, что она восходит к **-žьde* от **žьdešь* (2 ед. н. вр. от **žьdati*). Ср. латин. quivīs — «какой угодно», «всякий» (где vis — 2 ед. н. вр. от volō — «хочу»), quilibet — тж. (где libet — безл. глаг. «хочется», «угодно»). Изменение **-žьde > *žьdo* сначала, видимо, произошло в **kogóžьde*, вследствие межслоговой ассимиляции. С трудом поддается объяснению также *ка-* вм. *ко-*. М. б., из **ká(ja)žьdo* (ср. у Поликарпова, 1704 г., 143 об.: ка́яждо — «quecumque»)? В этом случае слово могло изменяться по родам: **къjьžьdo*, **kájažьdo*, **kojéžьdo*. Ср. у Срезневского (I, 1417): кыижьдо, каяжьдо, коежьдо — «каждый». Ср. поздние формы в русском: *киждый* в «Рукоп. лексиконе» 1-й пол. XVIII в.: *кождый* — «киждый, всяк»; отсутствует *каждый* (Аверьянова, 143).

КАЗА́К, -á, м. — «крестьянин, уроженец бывших войсковых (казачьих) областей по Дону, Тереку, Кубани, в Приуралье, в Забайкалье, в Запорожье и др.»; ист. (в XV—XVII вв.) «вольный человек из беглых крепостных крестьян и городской бедноты, поселившийся на окраине Московского государства»; (в XVIII—XIX вв.) «представитель военного сословия, пользовавшегося особыми правами, уроженец упомянутых мест». В говорах это слово может значить также: 1) «наемный работник (в деревне)»; олон. (пудож.) каза́к, казачи́ха — «работник», «работница» (Куликовский, 32), рязан. козак, козачиха — «работник», «работница» (Тр. ОЛРС, ч. 20, с. 17); 2) арханг. (запечор.) каза́к — «бойкий, удалой человек» (Подвысоцкий, 61); 3) арханг. каза́к, казачи́ха — «самец, самка морских животных» (Подвысоцкий, 61); ср. колым. каза́к — «лось (самец)» (Богораз, 63). *Женск.* каза́чка. *Прил.* каза́чий, -ья, -ье, каза́цкий, -ая, -ое. *Сущ.* каза́чество, казачо́к — «мальчик-слуга» (*устар.*) и «танец». Укр. коза́к, коза́чка, коза́чий, -а, -е, коза́цький, -а, -е, коза́цтво, козачо́к; блр. казак, каза́чка, каза́цкі, -ая, -ае, каза́цтва, казачо́к. Из русского — болг. каза́к, каза́чка, каза́шки, -а, -о, каза́че — «мальчик-слуга», казачо́к — «танец»; из украинского — польск. kozak, kozaczek. В русском языке *казак* — давнее слово. Старший пример у Срезневского (I, 1173—1174) относится к 1395 г. (Гр. дел. о границах Кириловского монастыря) со знач. «наемный работник» (батрак); в ист. знач. — к 1444 г. (в Никон. л.: *казаки Рязанския*). Ср. у Р. Джемса (РАС, 1618—1619 гг., 71 : 25): cásakki — «the men that rowe on the loddies» («гребцы на ладьях»). Прозвище *Казак* известно с 1495 г. (холоп в Холмском погосте), фамилия *Козачкович* (псковский боярин) — с 1397 г. (Тупиков, 170, 577).

КАЗ

Из прилагательных старшим, пожалуй, можно считать *казачий*. Оно неоднократно встр. в трех «Повестях об Азовском взятии и осадном сидении»: «*казачьи* сердца», «степь *казачью*», «слава *казачья*» («Воинские повести», 63, 64, 65 и др.); там же *казачество*: «волное *казачество*» (47, 48 и др.). В словарях *казацкий* — с 1771 г. (РЦ, 218: *по козацки*). ▫ Слово тюркское. Ср. у Радлова (II : 1, 364, 366): казак — джаг., крым.-тат., каз.-тат. «человек вольный, независимый, искатель приключений, бродяга»; джаг. казакчі — «разбойник». Ср. также турец. kazak — «казак»; «казакин», «свитер». Происхождение этого слова на тюркской почве не вполне ясно. М. б., от о.-т. основы kaz- — «шататься без дела», «слоняться», «блуждать» (Lokotsch, § 1143). По словам Дмитриева (24), «много материала по этому вопросу дает кумыкский язык (Дагестанская АССР). У кумыков казак означало 'оруженосец при феодале', 'военный слуга', 'дружинник'».

КАЗА́РМА, -ы, *ж.* — «большое здание, специально построенное или предназначенное для размещения и постоянного пребывания воинской части». *Прил.* каза́рменный, -ая, -ое. Укр. каза́рма, каза́рмений, -а, -е; блр. каза́рма, каза́рменны, -ая, -ае; болг. каза́рма, каза́рмен, -а, -о. Ср. с.-хорв. ка̀сарна (диал. ка̀сарма), ка̀сарнскӣ, -а̄, -о̄; чеш. kasárna, kasárny, *pl.*, kasárenský, -á, -é, kasární; польск. kasarnia (: koszary, *pl.*), kasarniany, -a, -e. В русском языке известно с Петровского времени [Смирнов, 126; можно добавить *казармы* в МИМД (1717—1720 гг.), 145]. ▫ Заимствовано, по-видимому, из немецкого языка. Ср. нем. Kaséŕne, *f.* [диал. в.-нем. Kasérm(e)]. Но ср. также голл. kazerne, *f.* — тж.; швед. kasern — тж. В этих языках — из французского. Ср. франц. (с XVI в.) caserne, *f.*, где оно, в свою очередь, из провансальского языка (cazerna, при ит. caserma). Первоисточник — позднелатин. quaterna (вульг.-латин. quaderna и далее, на почве романских языков: caderna > cazerna) — «группа из четырех лиц» [ср. классич. латин. прил. quaterni, -ae, -a, *pl.* — «по четыре» (к quattuor — «четыре»)].

КАЗА́ТЬСЯ, кажу́сь — «принимать тот или иной вид, облик»; «представляться воображению»; «производить то или иное впечатление». В говорах возможна и невозвратная форма каза́ть — «показывать» (Даль, II, 691). В других слав. яз. соответствующий глагол значит «говорить», «приказывать» и т. п. Ср. и рус. *сказать*, 1 ед. *скажу*. Ср. укр. каза́ти, 1 ед. кажу́ — «говорить», «приказывать»; блр. каза́ць; болг. ка́жа — «скажу», несов. ка́звам — «говорю»; с.-хорв. ка́зати — «поверить»; чеш. kázati — «проповедовать», «читать проповедь»; польск. kazać — «велеть», «приказать», «проповедовать». Др.-рус.(с XI в.) казати — «показывать»: «*кажюштемъ* (показывающим) же имъ свѣтьлыя и пьстрыя и златыя ризы» (Изб. 1076 г., л. 273, с. 695; другие примеры см. Срезневский, I, 1175). Но чаще казати встр. в знач.

КАЗ

«говорить», «сказать», «наставлять», «приказывать» (ib., 1174—1175). С тем же знач. ст.-сл. казати, 1 ед. кажж. ▫ О.-с. *kazati, 1 ед. *kazjǫ > *kažǫ. И.-е. корень *kʷeg̑- (: *kʷōg̑-) — возможно, вариант более распространенной формы *kʷek̑'- (Pokorny, I 638—639). К *kʷek̑'- восходят авест. *ākasaṱ — «увидел»; перс. arah — «осведомленный», «сведущий»; тадж. огоҳ — тж.; др.-инд. ká̄sate — «кажется», «(по)является», «блестит», «сияет»; м. б., тохар. В košk̑i̯e — «изображение», «картина». Старшее знач. и.-е. корня — «являться», «виднеться», далее «(по)казывать(ся)» > «указывать» > «говорить». На славянской почве знач. «говориться», «сказать» вторично. Развитие значения: «казаться», «виднеться», далее «(по)казывать(ся)» > «указывать» > «говорить».

КАЗНА́, -ы́, *ж.*, устар. — «совокупность денежных и вообще имущественных ценностей государства, государственное имущество в противоположность частному, личному имуществу отдельных граждан». *Прил.* казённый, -ая, -ое. Сюда же *казначе́й* (и произв.). Укр. казна́, казе́нний, -а, -е (но «казначей» — скарбни́к); блр. казна́ (: скарб), казённы, -ая, -ае, казначэ́й. Ср. болг. хазна́ — «казна», хазната́р — «казначей»; с.-хорв. ха̀зна — «казна», «касса», хазнада̄р — «казначей», «кассир» (ср. ха̀сна — «польза», «корысть»). В других слав. яз. отс. Ср. в том же знач.: словен. blagajna; чеш. erár (< нем. Ärar), státní pokladna; польск. skarb, fiskus. В русском языке слово казна известно с XIV в. со знач. «имущество» (казна не только княжеская, государева, царевнина, но и мягкая, пороховая, каретная и пр.); «кладовая»; с XIV в. и казначѣи (обычно казначей), с XV в. казен(ь)ный (Срезневский, I, 1176—1177). ▫ Первоисточник — араб. ḫazīna — «сокровищница», «государственное имущество», «государственная казна», также bazna — «сокровищница», «сокровище», глаг. ḫazana и (ḫazn) — «складывать» (напр., в амбар), «копить», «накапливать», «хранить» и т. п. (Wehr², 213—214). В русский язык занесено татарами. Ср. крым.-тат. хазна — «сокровище», «казна», каз.-тат. хэзинэ — «казна» (казна — из русского) [Радлов, II : 2, 1689]; турец. hazine — «сокровище», «сокровищница», «касса», «казна». Слово имеется в Codex Cumanicus: qazna (Grønbech, 197). *Казначей* восходит к тюркской форме на -či или -dži. Ср. караим. хазначы; турец. haznedži (хотя обычно haznedar).

КАЗНЬ, -и, *ж.* — «лишение жизни по приговору суда как высшая мера наказания». *Глаг.* казни́ть. Ср. укр. диал. ка́зня — «тюремная камера (ср. стра́та, пока́рання — «казнь»); болг. книжн. устар. ка́зън — «наказание», «казнь» (обычно «казнь» — екзеку́ция, сме́ртно наказа́ние), казня́ — «наказываю», «казню» («казню» — екзекути́рам); с.-хорв. ка̄зна — «наказание», «кара» («казнь» — погубљење), ка̄знити — «наказать», «покарать»; словен. kazen — «кара», «наказание», kazniti — «ка-

КАК — КАЛ

рать»; чеш. kázen (ст.-чеш. kázň) — «дисциплина» (при poprava — «казнь»); ср. káznice — «каторжная тюрьма», kázniti — «держать в повиновении, в послушании», «наказывать»; польск. устар. kaźń — «наказание», «кара», «казнь» (в знач. «казнь» также kara śmierci, stracenie, egzekucja), kaźnić — «наказывать»; в.-луж. kaznja — «приказ», «повеление», «воспитание», «дисциплина»; н.-луж. kazń, диал. kaźńa — тж. Др.-рус. (Дог. Игор. 945 г.) казнь — «казнь», «наказание», «кара» и казнити. Далее — часто, как в памятниках книжных жанров, так и в иных (Срезневский, I, 1177—1178). В памятниках книжных жанров встр. еще каязнь — «покаяние» (Срезневский, I, 1201), также, по-видимому, «му́ка», «мучение». Напр., в Изб. 1076 г. (л. 75 об., с. 300): «въ немь (пьянстве) бо по истверезении стенание и каязнь бываеть». Ст.-сл. казнь — «наказание», казнь (Супр. р.) — «раскаяние». Знач. (только в русском языке) «лишение жизни» вовсе не исконное, а сравнительно позднее. Старшее знач. — «кара, сопровождающаяся мучениями» (в физическом или нравственном смысле) > «покаяние как признание своей вины». ▫ Происходит, надо полагать, от того же корня, к которому восходит др.-рус. каяти — «порицать» (Срезневский, I, 1202), рус. каяться (см.), где этот корень (*kaj-) представлен с суф. -а-. Суф. -zn-ь — как в о.-с. *žiznь, *bojaznь и т. п. На славянской почве *kaznь [от *ka(j)-] контаминировалось с *kaz-n-ь [от *kaz- (ср. *сказать*), с суф. -n-ь, как в о.-с. *danь]. Отсюда, напр., словац. kázeň — «проповедь»; в.-луж. kaznja — «повеление» и перебои в значении этого слова в других слав. яз.

КАК, *наречие, союз, частица* — как наречие употр. в вопросительных, восклицательных предложениях и в повествовательной речи для выражения образа, способа действия, качества и времени действия или состояния в определительном смысле, при сравнении и пр.; как союз присоединяет дополнительные придаточные предложения, вопросительные, определительные, сравнительные и др. Отсюда какой, -áя, -бе. Болг. как, устар. ка́ко, (союз) ка́кто : като́ (< както́); с.-хорв. ка́ко, (союз) ка̏о (< како); ср. као — «как будто», «словно»; словен. kako, kakor, ko (< kao), kot. В некоторых слав. яз. отс. Ср. в том же знач.: укр., блр. як; чеш. jak (при сравнении jako); словац. ako : jako. В лужицких языках употр. и то и другое слово: в.-луж. kak (в вопросит. предложениях), jako (союз); так же в н.-луж. kak и ak(o). Старшая форма в русском языке как известна с XIV в. В «Договорной грамоте» в. кн. Дмитрия (Донского) 1375 г. слово как встр. четырежды (в функции союза) и всегда в сокращенной форме (Черепнин, № 9, с. 27, 28), тогда как в предшествующих грамотах в. и уд. князей XIV в. оно употр. лишь в форме како. ▫ О.-с. *kakъ. Ср. лит. kóks, *m.*, kokià, *f.* — «какой», «каков»; ср. kõl — «пока»; латин. quālis, -e — 1) «какой»; 2) поэт. «как», «словно», qualiter — «как»; греч. πηλί-

χος — «какой величины», «каких размеров»; др.-ирл. cach — «каждый», кимр. (вал.) pawb (основа < *kāqŏ-) — «всякий». И.-е. корень *kʷe- : *kʷo- : *kʷā- (Pokorny, I, 635, 644—645. Суф. (на славянской почве) -k(o)-.

КАКАО, *нескл., ср.* — «тропическое дерево, из семян которого делают шоколад», «шоколадное дерево», Theobroma cacao; «продукт питания: ароматный порошок из миндалевидных семян (бобов) этого дерева». *Прил.* кака́овый, -ая, -ое. Укр. кака́о, кака́овий, -а, -е; блр. кака́ва, кака́вавы, -ая, -ае; болг. кака́о, кака́ов, -а, -о; с.-хорв. ка̏као; чеш. kakao, kakaový, -á, -é; польск. kakao, kakaowy — и др. В русском языке в общем употр. — со 2-й пол. XVIII в. (Нордстет, I, 1780 г., 280: *какао*). Но, вообще говоря, слово это встр. уже в XVII в. Ср. в «Космографии» 1670 г., 339: (об Америке) «некие овощи, тамошние жилцы *какао* называют). ▫ Из западноевропейских языков. Ср. франц. (с XVI в.) cacao; англ. cacao; нем. Kakao и др. Источник распространения в Европе — испанский язык. Ср. исп. cacao — «какао», Лат. Ам. «шоколад», cacahuero — Лат. Ам. «владелец плантаций какао» и т. д. В испанском языке заимствовано (сначала в Мексике) из языка ацтеков, которые называют како caca(h)uatl.

КАЛ, -а, *м.* — «испражнения», «экскременты». Укр. кал, род. ка́лу; блр. кал; болг. кал — «грязь»; с.-хорв. ка̏о, род. ка̏ла — «грязь», «трясина», «лужа»; словен. kal — «(грязная) лужа», «жидкая грязь»; чеш. kal — «осадок (на дне)», «отстой», «грязь»; словац. kal — тж. (также «слякоть» и др.); польск. kał — «кал», «лужа», «топь», «тина» (Дубровский, 163); в.-луж. kał — «зелень», «ботва», также «грязь», «болото», «нечистоты»; н.-луж. kał — «ботва», «зелень»; полаб. kol — «болото», «топь», «трясина» (Rost, 392). Др.-рус. (с XI в.) калъ — «грязь», «грязная лужа», «тина», «нечистоты» и (с X в.) кальный — «грязный» (Пов. вр. л. под 6477 г.) [Срезневский, I, 1183—1184]. Ст.-сл. калъ. ▫ О.-с. *kalъ — «грязь», «топь». Происхождение этого слова не вполне ясно, прежде всего потому, что начальное к может восходить и к и.-е. k и к и.-е. kʷ. В первом случае о.-с. *kalъ пришлось бы связывать со словами (в других и.-е. языках), довольно далекими от него в семантическом отношении, причем некоторые сопоставления теперь уже оставлены [напр. с др.-инд. kālaḥ — «сине-черный», «черный», которое, по Майрхоферу (Mayrhofer, I, 203), дравидского происхождения, причем, возможно, из *kādaḥ]. Но ср. лит. kalỹbas: kalỹvas — (о собаках) «с белой шеей» [как прил. — «белый», «тонкий», kalỹvas даже употр. со знач. «чистый» (!) (LKŽ, V, 135, 141)]; латин. cālidus — (о лошадях) «с белым пятном на лбу»; греч. χηλίς (дор. χᾱλίς) — «пятно»; др.-ирл. caile «пятно» [и.-е. корень *kāl- : *kəl- (Pokorny, I, 548)]. Во втором случае (и.-е. корень *kʷāl-) сопоставляют (Meillet, MSL, XIII, 291—292; недавно — Machek, SE, 187) с греч. πηλός (дор. πᾱλός) — «грязь», «слякоть», «глина», «гуща», не решаясь идти дальше этого. Оставлено сопоставление с латин. squālus — «грязный» (об этом слове см. Walde — Hofmann³, II, 582).

КАЛАМБУ́Р, -а, *м*. — «словесная шутка, игра слов, основанная на совершенно произвольном и неожиданном сближении слов, близких или даже совпадающих по звучанию, но не имеющих между собой ничего общего по значению». *Прил*. каламбу́рный, -ая, -ое. Укр. каламбу́р, каламбу́рний, -а, -е; блр. каламбу́р; болг. каламбу́р, каламбу́рны, -ая, -ае; болг. каламбу́р, каламбу́рен, -рна, -рно; с.-хорв. каламбу́р; чеш. kalambúr : calembour; польск. kalambur. Встр. в «Письмах рус. пут.» Карамзина (Париж, апрель 1790): «потом вошли в моду... *каламбуры* и магнетизм» (Избр., I, 379). В начале XIX в. уже вошло в употр. Ср. в письме Кутузова Е. И. Кутузовой от 26-XI-1812 г.: «говорит *каламбуры*» (Кутузов, Документы, IV : 2, 469). В словарях — с 1804 г. (Яновский, II, 24). ▫ Восходит, как и в некоторых других европейских языках, к франц. (с 1768 г.) calambour — тж., этимология которого считается, однако, темной. По-видимому, связано с calembredaine — «пустые речи», «шутка» и с bourde — «чепуха», «вранье»; ср. диал. carambourdaine=calembredaine (Dauzat, 129). Ср., с другой стороны, исп. carambola — «карамболь» и «каламбур».

КАЛАНЧА́, -й, *ж*. — «наблюдательная башня с колоколом при городской пожарной части (гл. обр. в старое время)». *Сущ. устар*. каланчи́ст — «дежурный пожарник на каланче» (СРЯ¹, т. IV, в. 1, с. 201). Укр., блр. каланча́. В других слав. яз. отс. и знач. передается словосочетанием: ср. чеш. požární věž; польск. wieża strażacka. Слово *каланча* получило широкое распространение в русском языке с середины XVIII в., когда стали строить каланчи над зданиями полицейских управлений. Но оно было известно и раньше. Встр., напр., в ПбПВ, I, 38, 1695 г.: «одну *каланчу* Турецкую на реке Дону ко Азову взял; под другую же *каланчу* бысть пушечная стрельба и метание бомб». ▫ Слово попало в русский язык, по-видимому, из тюркских языков, хотя установить тюркскую праформу теперь уже не так просто. Напр., каз.-тат. каланча́ — из русского. Скорее всего, из турецкого языка: *kule+ça — «башенка» [где kule — «башня», «вышка», а ça : çe — уменьшительный, точнее, ослабленный суффикс («пожарная каланча» по-турецки yangin kulesi)]. М. б., просто восходит к турец. kulesi. Форма *kala+ça (или *kalasi) могла возникнуть под влиянием араб. qal'a — «крепость», «цитадель». Вставочное *н* на русской почве, как в *карандаш* (см.). В данном случае, м. б., под влиянием *башня*. Дмитриев (40) относит к числу тюркизмов «требующих дополнительной документации».

КАЛЕ́КА, -и, *м*. — «человек без ноги (ног) или без руки (рук) или не владеющий этими членами тела, увечный». *Глаг*. кале́чить. Укр. калі́ка, калі́чити; блр. кале́ка, кале́чыць; польск. kaleka, kaleczyć — из русского. В других слав. яз. отс. Ср. в том же знач.: болг. сака́т чове́к; с.-хорв. бо̀гаљ, бо̀гац; чеш. mrzák (: invalida). Ср. в «Хождении игумена Даниила» (1106—1107 гг.): «И ту опочиваю(т) *калики*», в других списках: странницы, пришелци (Срезневский, I, 1182). В этом смысле *калика* употр. и позже. Ср., напр., у Р. Джемса (РАС, 1618—1619 гг., 49 : 2): χαllĭχĭ — rouges (roughes? ср. rough — «грубиян», «головорез», «буян», «бродяга»); далее говорится, что они пользуются особым языком, говорят на арго. В форме *калека* это слово появляется, видимо, лишь в XIV в. и только как прозвище. Ср. у Тупикова (172—173): «Юрьи *Калѣка*, в Новгороде», 1317 г.; «Григорий *Калѣка*, новгородский архиепископ», 1329 г. и др. Но значило ли это «калека»? ▫ Слово неясное в этимологическом отношении. Обычно связывают *калека* с др.-рус. *калика* — «странник», «пилигрим», «бродяга» (Срезневский, I, 1182) и диал. олон. ка́лика — «нищий, который поет духовные стихи» (Куликовский, 33, с единственной ссылкой на записи Рыбникова). И Тупиков наряду с *Калѣка* (172) отм. прозвище *Калика* (171). Оба слова явно путаются в памятниках и в говорах, но это не означает, что они одного происхождения. Слово *калика* — «странник», «путник», «бродяга», возможно, связано по происхождению с названием обуви, башмаков кали́га, *мн*. кали́ги (см. Фасмер, ГСЭ, III, 73; Vasmer, REW, I, 509; Вахрос, 93 и сл.), также с не вполне ясной этимологией, видимо, из латин. caliga — «сапог» при среднегреческом посредстве: χαλίγιον, *pl*. χαλίγια (< χαλίχια) — «башмак». Ср. новогреч. χαλίγα, *п*. «подкова». Что касается слова *калѣка*, то оно, вероятно, другого происхождения, о чем уже давно говорят. Корень *лѣк-*. Ср. др.-рус. лѣкъ — «останок», отълѣкъ — «остаток», олекъ (в Р. прав.) — «подрезанный улей» (?) (Срезневский, II, 71, 658, 797). И.-е. корень *leikʷ- — «оставлять», «нечто оставшееся», «остаток» (Pokorny, I, 669—670). О приставке *ка-* : *ко-* (как в *ка́верза*, *конура́* и др.) см. Miklosich, EW, 153; Pokorny, I, 515—516.

КАЛЕНДА́РЬ, -я́, *м*. — «таблица или книжка, чаще с отрывными листками, заключающие перечень дней недели по месяцам за целый год, начиная с первого января, а также разного рода полезные или развлекательные сведения и справки»; 2) «система, способ, приемы счисления времени, дней в году». *Прил*. календа́рный, -ая, -ое. Укр. календа́р, род. календаря́, календа́рний, -а, -е; блр. каля́нда́р, род. календара́, каля́нда́рны, -ая, -ае; болг. календа́р, календа́рен, -рна, -рно; с.-хорв. калѐнда̄р, калѐнда̄рски, -а̄, -о̄; чеш. kalendář, kalendářový, -á, -é, kalendářní; польск. kalendarz, kalendarzowy, -a, -e. В русском языке слово *календарь* известно с конца XVII в. Встр. в «Путешествии» П. А. Толстого: «у римлян по их *календарю*» (Венеция, 1698 г., 540), также 533. В словарях — с 1704 г. (Поликарпов, 141). ▫ Из западноевропейских языков. Ср. франц. calendrier; нем. Kalénder; голл. kaléndеr; англ. calendar; ит., исп. calendario; фин. (с.) kalenteri и пр. Первоисточник — латин. calendārium — «запись ссуд», «долговая книга заимодавца», от calendae, *pl.* — «календы», «первый день месяца». См. *коляда*.

КАЛИ́НА, -ы, *ж.* — 1) «кустарник, деревце семейства жимолостных с белыми цветками и ярко-красными зернистыми, сочными, с горьковатым привкусом ягодами», Viburnum opulus; 2) «ягоды этого растения». *Уменьш*. кали́нка. *Сущ.* кали́нник. *Прил.* кали́новый, -ая, -ое. Укр. кали́на, кали́новий, -а, -е, кали́нник; блр. калі́на, калі́навы, -ая, -ае, калі́ннік; болг. кали́на, кали́нов, -а, -о; с.-хорв. кàлиновина (: у̀дика; ср. кàлина — «бирючина, ягодное растение из семейства маслинных, Ligustrum vulgare); словен. kalina (: dobrovita); чеш. и словац. kalina, kalinový, -á, -é; польск. kalina, kalinowy, -a, -e; в.-луж. kalinka. В некоторых слав. яз. отс. Ср. н.-луж. snĕgula — тж. Др.-рус. калина впервые в одном сборнике XVI в. о каком-то растении в Ханаане (Срезневский, I, 1182). Отм. Р. Джемсом (РАС, 1618—1619 гг., 8 : 16): colline, среди других названий ягодных растений. ▫ Из разнообразных объяснений наиболее правдоподобным можно считать объяснение этого слова как производного от *кал* в старшем знач. «грязь». Ср. с.-хорв. kâo, *увел.* kàlina — «грязь», «лужа» (Мичатек, 214, 215); чеш. kal — «грязь», «слякоть». Калина растёт преимущественно в тенистых сыроватых местах, на увлажнённой почве, поблизости от рек, болот и пр. См. *кал*.

КАЛИ́ТКА, -и, *ж.* — «небольшая, легко открывающая дверь, дверца в заборе, в ограде, рядом с воротами, иногда в воротах». Только русское. В других слав. яз. это значение выражается иначе. Ср. напр., укр. хві́ртка; блр. бра́мка; болг. врати́чка; чеш. vrátka, branka; польск. furtka. Отм. уже Поликарповым (1704 г., 14): *калитка — малые дверцы*. ▫ По предположению Фасмера (Vasmer, REW, I, 510), корень *кол*- (*колита* — букв. «снабженная колышками», отсюда, м. б., *калитка* — первоначально «дверь, дверцы, подпертые колом»?). Но непонятно, что за суф. -*ит*-? Производные от *кол* с таким или даже с другими суффиксами, кроме *колышек*, *колóк*, не засвидетельствованы. М. б., дело обстоит (как об этом догадывался еще Berneker, I, 474) проще, и мы имеем здесь дело со старым (с древнерусской поры) словом *калита* (уменьш. *калитка*) — «сумка», «подвесной мешочек», «карман на поясе» (Срезневский, I, 1183). Но это не было единственным значением. Ср. у Р. Джемса (РАС, 1618—1619 гг., 7 : 17): collitka — «the tutch bokes» (издатель переводит как «запальник»). Также (на Волге) кали́тка — «блок», «векошка», «колесцо в щеках для тяги снастей» (Даль, II, 695). В воровах (скажем, приволжских) слово *калитка* могло получить знач. «дверца с векшей (в мешочке)», а отсюда и «дверка подле ворот или в воротах». Даль (ib.) отм. также знач. «форточка» (в донских говорах). Ср., напротив, укр. хві́ртка — «калитка». *Калита́*, как известно, слово тюркского происхождения, восходящее к тюрк. калта — «карман», «(кожаный) кошелек», «кожаный кисет для табака» (Радлов, II : 1, 258). Ср. каз.-тат. калта (qalta) — «мешок», «мошна», «кожаный мешочек»; кирг. калта — «мешочек», «сумочка»; каракалп. қалта — «мешок», «сумка», «карман»; туркм. халта — «мешок» и др.

КАЛО́ША, -и, *ж.* — то же, что *галоша* (см.). В русском языке форма с к известна, по крайней мере, с самого начала XIX в. (Яновский, II, 1804 г., 69). Позже — у Пушкина [СЯП, II, 289 (старший пример: ноябрь 1824 г. — ПСС, XIII, 119]. ▫ Форма с к, вероятно, из немецкого языка (в немецком Kalosche известно с XVIII в.).

КАЛЬСО́НЫ, -о́н, *мн.* — «часть нижнего мужского белья, подштанники». Укр. кальсо́ни; блр. кальсо́ны; польск. kalesony. Ср. в том же знач.: болг. мѣжки до́лни га́щи; с.-хорв. га̏ће, чеш. podvlécky или spodky. В русском языке — довольно позднее, но не позже 60-х гг. XIX в. Ср. у Михельсона 1865 г., 256: *кальсоны* — «нижнее мужское бельё». ▫ Из французского языка. Ср. франц. caleçon, *т.* — тж. (устар. calçon, *pl.* calçons), в свою очередь, заимствованное (в XVI в.) из итальянского [ср. ит. calzoni, *pl.* — «брюки», «штаны», от calza — «чулок» («кальсоны» — sottocalzoni, *pl.*, чаще mutande)].

КАМАРИ́ЛЬЯ, -и, *ж.* «придворная клика, заправляющая государственными делами в своих личных интересах»; *ист.* (в начале XIX в.) «группа политических интриганов, окружавшая испанского короля Фердинанда VII». Укр. камари́лья; блр. камары́лля; болг. камарила; польск. kamaryla. В русском языке — с середины XIX в. Отм. в ПСИС 1861 г., 212: *камарилья*. У Даля отс., у Толля (НС, II, 1864 г., 356: *камарилла*) и почти одновременно — у Михельсона 1863 г., 256: *камарилья*. ▫ От исп. camara — «комната», «зала», «палата», также «двор монарха», уменьш. camarilla (в Испании слово camarilla — с новым знач. — известно с 1814 г.). Ср. франц. camarilla; англ. camarilla; нем. Kamarilla и др. См. *камера*.

КА́МБАЛА, -ы, *ж.* — «промысловая морская рыба с сильно сжатым с боков (как бы плоским, сплюснутым) телом и с глазами на одной стороне», Pleuronectes platessa, Limanda aspera. Укр., блр. ка́мбала. Чеш. kambala из русского (иначе platejs). Из русского это слово заимствовано также некоторыми другими (неславянскими) языками. В других слав. яз. отс. Ср. название камбалы: болг. калка́н (< турец.); с.-хорв. лист; словен. plošnatica; польск. flądra (< нем. Flunder) или bokopływ. В русском языке слово *камбала* известно с начала XVII в. Ср. у Р. Джемса в словаре, составленном на Севере (РАС, 1618—1619 гг., 3 : 3): cambálah (ударение!) — «a flounder»

КАМ

(«мелкая камбала»). Позже отм. в «Мат. к Рос. гр.» Ломоносова (ПСС, VII, 721). ▫ В русском языке название этой рыбы — из финского. Ср. фин. (с.) kampela — тж.; эст. kammeljas.

КА́МЕНЬ, ка́мня, *м.* (*мн.* ка́мни и *прост.* каме́нья) — «твердая, не поддающаяся ковке горная порода в виде отдельного ее куска или целой массы»; «булыжник»; «драгоценный камень». *Уменьш.* ка́мешек. *Прил.* ка́менный, -ая, -ое, камени́стый, -ая, -ое. *Глаг.* камене́ть. *Сущ.* ка́менщик. Укр. ка́мінь, род. ка́меня, собир. камі́ння, *ср.*, кам'яни́й, -а́, -е́, камі́нний, -а, -е, кам'яни́стий, -а, -е, камені́стий, -а, -е, кам'яні́ти, камені́ти, камі́нець — «камешек», каменя́р — «каменщик»; блр. ка́мень, род. ка́мня, ка́менны, -ая, -ае, камяні́сты, -ая, -ае, камяне́ць, каме́нчык — «камешек». Ср. болг. ка́мък, ка́менен, -нна, -нно, камени́ст, -а, -о, камене́я — «каменею», ка́мъче — «камешек»; с.-хорв. ка̑ме̄н, род. ка̏мена, ка̑мен(ӣ), -а, -о, ка̑менит(ӣ), -а, -о, ка̏менити се, ка̏меница — «камешек»; словен. kamen, прил. kamen, -a, -o, kamnat, -a, -o «каменный», «каменистый», kameneti, kamenček; чеш. ka´men, род. kamene, kamenný, -á, -é, kamenitý, -á, -é, kameněti, kamínek — «камешек»; словац. kameň, kamenný, -á, -é, kamenistý, -á, -é, kamenieť, kamenček; польск. kamień, род. kamienia, kamienny, -a, -e, kamienisty, -a, -e, kamienieć, kamyk : kamyczek — «камешек»; в.-луж. kamjeń, kamjentny, -a, -e, kamjenjowy, -a, -e, kamjenity, -a, -e; н.-луж. kamjeń, уменьш. kamušk, kamjenjany, -a, -e; полаб. kamói, *мн.* koměne (Rost, 393). Др.-рус. (с XI в.) камы, род. камене : камени, камень, род. камени, позже камня; камык, собир. каменье : камение, камень : камянъ, каменьный (> каменый), каменистъ, каменистый, каменникъ — «каменщик» (Срезневский, I, 1184—1189). Ст.-сл. камы, род. камене, каменьнъ, каменьнын, каманъ, каманын (SJS, II : 15, с. 9, 10). Поздние образования: *каменеть* — Поликарпов, 1704 г., 142: *каменѣю*; *каменщик* (ib). ▫ О.-с. *kamy (<*akmy < *akmū), род. *kamene. И.-е. основа *ak'-men-; корень *ăk'- : *ŏk'- — «острый», «остроконечный», «угловатый» (Pokorny, I, 18), тот же, что в о.-с. *ostrъ, -a, -o (см. *острый*). Ср. лит. akmuõ (: asmuõ), род. akmeñs (ср. akmenìnis — «каменный», akmenė́ti — «каменеть»); латыш. akmens (ср. asmens — «клинок», «лезвие»); авест. asman- (основа), др.-инд. áśmā, *т.*, основа aśman- — «камень», а также «скала» > «небо» (ср. хинди āc'mān — «небо»; такое же развитие значения в перс. асман — «небо»). К и.-е. *ak'-men- восходит греч. ἄκμων — «наковальня», «метеорит» («небесный камень»), также «небо». Что касается славянского *к* вм. ожидаемого *з*, то его объясняют по-разному. Покорный (Pokorny, I, 18, прим.), ссылаясь на Кречмера, объясняет его как заимствование «из венетско-иллирийского» («aus dem Veneto-Illyrischen»). Другие связывают это явление с некоторыми другими случаями отражения и.-е. *k'* в виде *k* в славянских языках.

КА́МЕРА, -ы, *ж.* — 1) «специально оборудованное для той или иной цели и более или менее изолированное помещение в виде комнаты (иногда нескольких комнат), палаты»; «помещение для заключенных в тюрьме»; 2) «закрытое пространство внутри какого-л. прибора, сооружения (напр., в двигателе, шлюзе)»; «накачиваемая воздухом резиновая оболочка (напр., шины, мяча)». *Прил.* ка́мерный, -ая, -ое. Укр. ка́мера; блр. ка́мера; болг. ка́мера. Ср. с.-хорв. ко̀мора — «палата», «кладовая», а также камѐра; чеш. komora — тех. «камера» [в других знач. — místnost, pokoj, cela, duše (последнее — «камера футбольного мяча, шины»)]; польск. kamera [но тех. — komora, «(резиновая) камера» — dętka]. Ср. др.-рус. камара : камора : комара : комора — всегда со знач. «свод» (Срезневский, I, 1184). Ср. у Поликарпова (1704 г., 141): *кама́ра* — «клеть»; «чертог». Это др.-рус. слово — непосредственно из греческого. Ср. греч. χαμάρα — «свод». Слово *камера* в русском языке употр. с Петровского времени. Напр., со знач. «комната», «номер в гостинице» — в «Путешествии» П. А. Толстого, 1697—1699 гг. (Мессина, 1698 г.): «стал в остарии или на постоялом дворе... где мне отвели одну *камору* со стулами и кроватью» (Обнорский и Бархударов, «Хрестоматия», II : 1, 77—78). Ср. в знач. «комната», «палата» (в Коллегии) в «Ген. регл.» 1720 г., гл. 40: «служители... некоторые в одной *каморе* вместе сидят»; гл. 41: «каждому (каморшрейберу) надлежит... особливую *камору*... иметь» (ЗАП I, I, № 401, с. 503). Смирнов (127) отм. *камера* только в техническом смысле («место в орудии, куда кладется порох», со ссылкой на Бринка, «Описание артиллерии», 1710 г.). ▫ Заимствовано могло быть не только из немецкого языка [ср. совр. нем. Kammer, *f.* — «комната», «палата» и в техническом смысле, но Kámera — «фото(кино)камера»], но и из голландского (kámer, *f.* — «комната», «камера», «палата») или шведского [kammare, откуда, м. б., и форма *камора* («Ген. регл.» составлялся на основе швед. «Cantselie Ordningh» 1661 г.); к *камора* восходит также *каморка*].

КАМЫ́Ш, -а́, *м.* — «высокое травянистое растение семейства осоковых, растущее по берегам рек, озер и на болотах», Scirpus. *Прил.* камышо́вый, -ая, -ое. Укр. комі́ш, комише́вий, -а, -е (но также очере́т); ср. болг. ками́ш (< турец. kamış), чаще тръсти́ка. В других слав. яз. отс. Ср. в том же знач.: блр. чаро́т; с.-хорв. тр̀ска; польск. trzcina, szuwar; чеш. rákos. В русском языке слово *камыш* известно с 1-й пол. XVIII в. [«Рукоп. лексикон» 1-й пол. XVIII в.: *камыш* — «татарский тростник» (Аверьянова, 136)]. В толковых словарях впервые — у Даля (II, 1865 г., 700). ▫ Один из несомненных тюркизмов в русском языке. В тюркских языках широко распространено: турец. kamış; каз.-тат. камыш (qamış); башк. ҡамыш; кирг. камыш;

туркм. гамыш. Ср. также Радлов, II : 1, 487. Слово в тюркских языках значит не только «камыш» и «изделия из камыша», но и «бамбук», а также «penis». Известно с давнего времени: ДТС, 415: qamïš; Codex cumanicus: qamyš (Grønbech, 192); Малов, 411: qamyš (здесь же ссылка и на чуваш. ҳumăš — тж.).

КАНА́ЛЬЯ, -и, *ж.*, *бран.* — «ничтожный, мерзкий, презренный человек», «негодяй». *Прил.* кана́льский, -ая, -ое. Укр. кана́лія, кана́льский, -а, -е. В блр. отс. Ср. болг. кана́лия; польск. kanalia. В других слав. яз. необычно. Ср., напр., в том же знач. чеш. podvodník, darebák и др. В русском языке известно с начала XVIII в. Смирнов (129) отм. это слово со ссылкой на «Рассуждение» Шафирова, 1717 г. Но имеются и более ранние случаи: «Архив» Куракина, I, 195, 1707 г.: «почали сбирать несколько кавалерии... опасаяся от *каналей* бунту». ◻ Из западноевропейских языков. Ср. франц. (с XV в.) canaille — тж. (также «сброд») > нем. (с XVII в.) Kanaille — тж.; англ. canaille — «сброд». Первоисточник — ит. canaglia — «каналья», «сброд» < «свора собак», от cane — «собака».

КАНАРЕ́ЙКА, -и, *ж.* — «певчая птица южных стран из отряда воробьиных с лимонно-желтым оперением». *Устар.* кена́ре́йка. Сюда же ке́нар (о самце). *Прил.* канаре́ечный, -ая, -ое. Укр. канаре́йка, но чаще кана́рка, (о самце) кана́рок, кана́рковий, -а, -е; блр. канаре́йка, канарэ́ечны, -ая, -ае; болг. кана́рче; с.-хорв. кана̀ринка, (о самце) кана̀рипнац; словен. kanarka, (о самце) kanarček; чеш. kanár, прил. kanárí, kanárčí; польск. kanarek, kanarkowy, -a, -e. В русском языке известно с Петровской эпохи. Напр., в «Путешествии» П. А. Толстого, 1697—1699 гг.: «птица *канарейка*» (Венеция, 360); в СВАБ, II: «выдать... на пропитание *канареек*... пять талеров» (1716 г., 46); «для его величества купил 13 *кинареек*» (1717 г., 56). ◻ Из западноевропейских языков. Ср. нем. Kanarienvogel; франц. canari и т. д. От названия Канарских о-вов, родины этих певчих птиц. Источник распространения в Европе испанский язык. Ср. исп. прил. canario — «канарский» > «житель Канарских островов» > «канарейка» [canario, (ave) canaria].

КАНА́Т, -а, *м.* — «толстая, очень прочная веревка из волокон или проволоки». *Прил.* кана́тный, -ая, -ое. Укр. кана́т, кана́тний, -а, -е; блр. кана́т, кана́тны, -ая, -ае. В других слав. яз. отс. Ср. в том же знач.: болг. дебе́ло въ́же; чеш. lano, provaz; польск. lina, powróz. В русском языке слово *канат* встр. уже в письменных памятниках 1-й пол. XVII в. Оно отм. Р. Джемсом в 1618—1619 гг. на Севере (РАС, 51 : 21): canate — «the greate rope» («толстая веревка»). Ср. в «Деле о строении корабля „Орел" в Дединове», 1667 г.: *канат* и *конат* (Доп. к АИ, V, № 46, с. 219 и 230). Ср. также у Дювернуа (80): «*конатъ* тянути», 1642 г. ◻ Происхождение этого слова не совсем ясно. По-видимому, правы Горяев (131) и позже Фасмер (ГСЭ, III, 76 и Vasmer, REW, I, 516), указавшие как на источник заимствования на ср.-греч. καννάτα, *pl.* — «funis» (т. е. «веревка», «канат»), новогреч. καννάτί (?). Заимствование, м. б., относится к «Смутному времени» и в русский язык попало из Причерноморья.

КАНВА́, -ы́, *ж.* — «редкая, в мелкую клетку сквозная (гл. обр. хлопчатобумажная) ткань, специально приготовленная (проклеенная) для вышивания по ней». Укр., блр. канва́; польск. kanwa. Ср. болг. канава́; чеш. kanava. Встр. у Пушкина в «Пиковой даме» и др. (СЯП, II, 293). В словарях — с 1845 г. (Кирилов, 96). ◻ В русском языке — из французского. Ср. франц. canevas, *т.* — «канва» (совр. знач. — с XVI в.; до этого значило «грубое полотно из конопли») < латин. cannabis — «конопля» < греч. κάνναβις — «пенька» [в греческом заимствование, м. б., из скифского или фракийского (Frisk, I, 779)]. Из французского — нем. Kanevas и др.

КАНДАЛЫ́, -о́в, *мн.* — в дореволюционной России и др. странах — «железные кольца, скрепленные цепями, надеваемые на руки и ноги обвиняемым в тяжких преступлениях», «оковы». *Прил.* канда́льный, -ая, -ое. Укр. кайда́ни, кайда́новий, -а, -е; блр. кайда́ны, кайда́навы, -ая, -ае. Ср. польск. kajdany — тж. (возможно, из украинского или русского). В других слав. яз. это знач. выражается словами, соответствующими рус. *оковы*, *путы*: болг. окóви; с.-хорв. òков; чеш. okovy, pouta, *pl.* В совр. форме слово *кандалы* в русском языке известно с XVIII в. В словарях — с 1731 г. (Вейсман, 194). В форме *кайдалы* оно было известно и раньше (с XVI в.). Ср. у Тупикова (171): «Федка Иванов, сын *Кайдал*, вознесенский дьяк», 1551 г. В старопечатном «Уложении» 1649 г. оно трижды встр. в гл. 21: «посылать в *кайдалах* работать» (ст. 9, с. 299; также ст. 10, с. 299 и ст. 16, с. 300). Позже — в документах, относящихся к восстанию Разина: «ево, Стеньку... заковали в *кайдалы*» («Кр. война», III, № 56, 1671 г., 62 и др.). ◻ Старшей формой, по-видимому, является *кайданы* (см. Vasmer, REW, I, 517). Это слово, в конечном счете, из арабского языка. Ср. араб. qaid — «цепь», «кандалы», «оковы» (Wehr[2], 716), дв. *qaidāni; м. б., при посредстве тюркских языков, хотя в совр. тюркских языках подобного слова (с таким знач.) пока не обнаружено. Посредствующим звеном в процессе изменения *кайданы* > *кайдалы* > *кандалы* могло послужить *канданы* [на почве межслоговой ассимиляции: Преображенский (I, 291) ссылается на севск. *гантан* вм. *гайтан*], отмеченное в Никон. л. (см. Vasmer, REW, I, 517). Отсюда *кандалы*. Но, м. б., прав Преображенский (ib.), полагая, что на формирование этого слова оказали влияние такие слова, как *рыло*, *било* и т. п. (с суф. -л-о).

КАНДИДА́Т, -а, *м.* — 1) «лицо, еще не избранное, не назначенное, но претендующее, намечаемое, выдвигаемое для получения какого-л. звания, членства, работы, должности и т. п.»; 2) «лицо, получившее первую (младшую) научную степень после защиты диссертации». *Прил.* кандида́тский, -ая, -ое. Укр. кандида́т, кандида́тський, -а, -е; блр. кандыда́т, кандыда́цкі, -ая, -ае. Ср. (в 1 знач.) болг. кандида́т, кандида́тски, -а, -о; с.-хорв. кандѝдат, кандѝдатскӣ, -а̄, -о̄; чеш. kandidát, kandidátní, kandidátský, -á, -é; польск. kandydat, kandydacki, -a, -ie. В русском языке известно с Петровского времени. Напр., в «Указе Петра I Сенату от 12-I-1722 г.»: «мне представить *кандидатов* в вышеписанные чины»; «чтоб выбрали в *кандидаты*»; «кои выбирали *кандидатов*» (ЗАП I, I, № 294, с. 246). ▫ Ср. франц. candidat; нем. Kandidát; голл. kandidaat; англ. candidate; ит. candidato; исп. candidato и т. д. Первоисточник — латин. candidātus — тж., от candidus — «ослепительно белый», «белоснежный». Сначала candidātus значило «одетый в белую тогу»: в Риме претендент на какую-л. почетную должность, на какой-л. общественный пост, надевал белую тогу. В русском языке — из нем. или голл.

КАНИ́КУЛЫ, -ул, *мн.* — «перерыв в занятиях (наиболее длительный — летом) в учебных заведениях, предоставляемый учащимся для отдыха». *Прил.* каникуля́рный, -ая, -ое. Укр. кані́кули, кані́куля́рний, -а, -е; блр. кані́кулы, кані́кулярны, -ая, -ае. В других слав. яз. отс. Ср. в том же знач.: болг. вака́нция (< франц. vacances — тж.); с.-хорв. фе̑рије (< ит. ferie, нем. Ferien < латин. fēriae — «праздничные дни») или о̀дмор (собств. «отдых», «передышка»); словен. počitnice; чеш. prázdniny, *pl.*; польск. wakacje, ferie. Ср. польск. kanikuła — «зной», «жара»; устар. «Сириус, Песья звезда» и «каникулы» (dni kanikularne или psie dni) [Дубровский, 165]. Ср. в том же знач.: франц. jours caniculaires — «самые жаркие, знойные дни лета» (но vacances — «каникулы»); нем. Hundstage, *pl.* — тж. (но Ferien — «каникулы»); англ. dog-days — тж. (но holidays — «каникулы»). Встр. в «Путешествии» П. А. Толстого (259): «наипаче в лете... когда солнце бывает в Леоне, т. е. во Льве, что итальяне называют «каникула», т. е... «собачьи дни», выезжают из Риму многие римские жители» (Рим, 1698 г.). *Каникулы, каникулярные дни* отм. в САР¹, III, 1792 г., 426 в знач. «время от 12 дня июля до 12 августа... в котором бывают великие жары». В знач. «перерыв в занятиях» вошло в употр. позже (СЦСРЯ 1847 г., II, 159). ▫ Первоисточник — латин. diēs caniculāres — «жаркие дни», от Canicula (букв. «собачка»), латинского названия Сириуса (< греч. Σείριος — букв. «палящий», «знойный») — самой яркой звезды в созвездии Большого Пса (Canis Major). Ранний восход этого созвездия в середине июля у римлян предвещал наступление самой знойной поры. В русском языке едва ли при польском посредстве.

КАНИТЕ́ЛЬ, -и, *ж.* — 1) «тонко витая из тончайших нитей металлическая (позолоченная или посеребренная) нить как материал для вышивания»; 2) перен. «цепь проволочек», «волокита», «скучное, однообразное времяпровождение». *Прил.* каните́льный, -ая, -ое. Укр. каніте́ль — «канитель в 1 знач.» (перен. — тягани́на, моро́ка), каніте́льний, -а, -е; блр. каніце́ль — «канитель в 1 знач.» (перен. — цягані́на, валаво́джанне), каніце́льны, -ая, -ае. В других слав. яз. вообще отс. Ср. в том же знач.: болг. сърме́на ни́шка; польск. bajorek (перен. — marudzenie, mitręga). В русском языке *канитель* и *канительный* известны с XVI в. (Плат. Бор. Фед. Год., 1589 г.) [Срезневский, I, 1190]; с новым (перен.) знач. употр. с середины XIX в. Ср. в письме Глинки К. А. Булгакову от 23-VI-1855 г.: «Твоя пьеска интересна... лучше *канители* Ф. Толстого» (ПСП, 447). В словарях с 1861 г. (ПСИС, с. 212): *канитель* — «длинный, скучный разговор»; у Даля (II, 1865 г., 176): *канителить, тянуть канитель* — «длить, медлить, мешкать». ▫ Ср. к франц. cannetille, *f.* < ит. canutiglio — тж. (от латин. canna — «тростник», «плетеные изделия из тростника»).

КАНИФО́ЛЬ, -и, *ж.* — «твердая красноватого или желтого цвета составная часть смолы хвойных деревьев (гл. обр. сосны), остающаяся после отгонки летучей составной части (скипидара)». *Прил.* канифо́льный, -ая, -ое. *Глаг.* канифо́лить. Укр. каніфо́ль, каніфо́льний, -а, -е, каніфо́лити; блр. каніфо́ль, каніфо́льны, -ая, -ае, каніфо́ліць. Ср. болг. колофо́н; с.-хорв. колофо̀нијум; чеш. kalafuna, польск. kalafonia. В русском языке слово *канифоль* известно с Петровского времени. Смирнов, 130 (со ссылкой на ПСЗ, V, № 3358). ▫ Правильная форма должна бы быть *колофонь, отсюда *калофонь*; с перестановкой слогов и согласных — *канофоль* > *канифоль*. Восходит к латин. colophōnia (rēsīna) — «колофонская (смола)» по имени греческого (ионического) города в Малой Азии Колофон (Κολοφών).

КАНУ́Н, -а, *м.* — «день (или дни, период), предшествующий какому-л. дню (обычно праздничному или вообще в каком-либо отношении знаменательному)». *Прил.* кану́нный, -ая, -ое (редк.). *Нареч.* накану́не. В говорах, в народной речи это слово имеет, или еще недавно имело, и другие значения. Напр., олон. «праздник пророка Ильи» («Ильин день»), а также «общественное пиво, которое варится в этот день» (Куликовский, 33; см. также Подвысоцкий, 8; ранее — Даль, II, 702). Ср. у Р. Джемса (РАС, 1618—1619 гг., 26 : 1): canoon — «обрядовое возлияние из меда и сладкого пива... над могилой друга». Ср. Дювернуа, 54, 74. В других слав. яз. в этом знач. отс. Ср. в том же знач.: укр. передо́день; блр. пярэ́дадне; болг. наве́черие; с.-хорв. пре̏двече̄рје («накануне» — у̀очи); чеш. předvečer; польск. przeddzień (: wigilia). В русском языке слово *канун* употр. с древнерусской эпохи, причем также и в форме *канон.* Ср. *канунъ* в Новг. I л. по Синод. сп. (л. 53) под 6701 (1193) г.: «исѣкоша (Югра) я (новгородцев) на *канун* святыя Варвары» (Насонов, 41). В других случаях, относящихся к XIV—XV вв., речь также идет о кануне праздника или дня памяти какого-л. святого; чаще — с другими знач.: «церковное правило», «церковная песнь в похвалу святого», «особая поминальная свеча» (Срезневский, I, 1191). ▫ Слово греческое. Ср. греч. χανών — «прут», «брусок» > «линейка» > «пра́вило», «норма», «образец» > «точно установленная дата» (> «*праздник»). В греческом — к χάννα — «тростник». Знач. «канун праздника или дня поминовения» [и произношение *канун* (вм. и при *канон*)] установилось на древнерусской почве; посредствующее звено — «моление, молебствие… какому-н. угоднику накануне дня памяти его» (Даль, II, 702). В форме *канон* и в смысле «церковное установление» и вообще «правило», «закон», это слово известно и в других слав. яз.: болг. кано́н; чеш. kánon; польск. kanon и др.

КА́НУТЬ, ка́ну — устар. (в литер. языке XIX в.) «капнуть», «упасть каплей» (напр., у Пушкина в стих. «Слеза», 1815 г.: «Слеза повисла на реснице / И *канула* в бокал.» — ПСС, I, 149); «погрузиться во что-л.» (*кануть в вечность, в Лету*); «бесследно пропасть», «исчезнуть» (*кануть во тьму, на дно* и т. п.). Укр. ка́нути; блр. ка́нуць. Ср. с.-хорв. ка̏нути — «капнуть». В других слав. яз. отс. Др.-рус. (с XI в.) канути (вм. капнути) [Срезневский, I, 1191]. ▫ Из *канути* < о.-с. *kapnǫti, формы сов. в. с суф. -nǫ- от *kapati. Ср. *сгинуть* из *съгыбнути* < о.-с. *sъgybnǫti. См. *капать*.

КАНЦЕЛЯ́РИЯ, -и, ж. — 1) «делопроизводство, отдел какого-л. официального учреждения, где занимаются составлением, перепиской и выдачей деловых бумаг, справок и т. п. по данному ведомству»; 2) *собир.* «служащие такого отдела»; 3) «помещение, комната и т. п., где находится такой отдел». *Прил.* канцеля́рский, -ая, -ое. Укр. канцеля́рія, канцеля́рський, -а, -е; блр. канцыля́рыя, канцыля́рскі, -ая, -ае; болг. канцела́рия, канцела́рски, -а, -о; с.-хорв. канцела̀рија, канцела̀рӣскӣ, -ā, -ō; чеш. kancelář, kancelářský, -á, -é; польск. kancelaria, kancelaryjny, -a, -e. В русском языке слово *канцелярия* известно с 1-й пол. XVII в. Встр. в «Космографии» Лыкова (1637 г., 74): *канцелярия* имянуется по канцлеру; там судят во всяких обидах и в насильствах» (Глускина, 196); далее в ПДСР, X, 1656 г., 1077: *канцеле́рия* (Fogarasi, 65). Прил. (сначала *канцелярийский*) — с Петровского времени (Смирнов, 131). ▫ Ср. ит. cancellaria; франц. chancellerie; англ. chancellery — «канцелярия» (при посольствах и консульствах); обычно office); исп. cancillaria; нем. Kanzlei. Первоисточник — средневек. латин. cancellaria. Ср. латин. cancellarius — «привратник», позже «должностное лицо, секретарь в суде», от cancelli, *pl.* — «решетка», «загородка»; ср. cancer (< carcer) — «решетка». Следовательно, cancellaria — сначала «место (для служебных занятий) за решеткой, за загородкой»; м. б.,

«огороженное место для оглашения разного рода объявлений, решений суда и т. п.».

КА́ПАТЬ, ка́паю — «наливать какую-л. жидкость»; (о жидкости) «падать маленькими частицами, принимающими при падении круглую форму». *Сов.* ка́пнуть. *Сущ.* ка́пля. Укр. ка́пати, ка́пнути, ка́пля; блр. ка́паць, ка́пнуць, ка́пля (чаще кро́пля); болг. ка́пя — «капаю», ка́пка — «капля»; с.-хорв. ка̏пати — «капать», «томиться», ка̏пнути, ка̏пља; словен. kapati, kaniti, kaplja; чеш. kapati, kápnouti, kapka — «капля»; словац. kvapať (ср. kapať — «исчезать», kvapnúť, kvapka : kapka; польск. kapać, kapnąć, kapka — «капелька», устар. kapla (Дубровский, 166) при обычном kropla; в.-луж. kapać, kapnyć, kapka; н.-луж. kapaś : chrapaś, kapka : chrapka. Др.-рус. (с XI в.) капати, капля (Срезневский, I, 1192, 1194). ▫ О.-с. *kapati, *kapnǫti, *kapja. Иногда сопоставляют с индоиранскими словами: др.-инд. kaphaḥ (хинди капх) — «слизь», «мокрота», авест. kafō — «пена», «накипь»; перс. kaf — «пена»; курд. kef — тж., kefa — «пенка» (?). Ср., однако, скептическое замечание Майрхофера (Mayrhofer, I, 158). По-видимому, только славянское образование, не имеющее соответствий в других и.-е. языках. Правда, Махек (Machek, SE, 191), нерешительно выдвигая предположение, что исходной формой является *kvapati (ср. словац. kvapať), находит возможным связывать с нем. разг. schwappen — «выплескиваться из посудины» (о жидкости); ср. межд. schwapp — «шлеп!». Но если даже допустить такое предположение (о *kvapati), все же сопоставление с немецким глаголом маловероятно (по этимологии этого глагола — см. Falk — Torp², II, 1208). Совсем неубедительно иногда возводят о.-с. *kapati к звукоподражательному межд. кар! кар! (Berneker, I, 487), древность которого доказать невозможно и которое само могло возникнуть на основе *kapati. Можно полагать, что каким-то образом о.-с. *kapati получилось из *krapati [ср. чеш. krápati — «покрапывать» (о дожде), krápnouti — «капнуть»], итератив от *kropiti [см. *кропить*; ср. польск. kropla — «капля» (и.-е. корень *krep-)]. М. б., произошло смешение двух групп синонимичных слов: 1) с начальным kr- и 2) с конечным -рг- основы. Ср. чеш. диал. ka´pra — «капля» (Trávníček, 629) и «слизь (гной) на веках» (Machek, ES, 192), с суф. -r-. Ср. также укр. капра́вий, -а, -е — «гноящийся» (о глазах); польск. kaprawiec — «человек со слезящимися или гноящимися глазами». Отсюда *kraprati и потом, вследствие межслогового отталкивания — *kapati.

КАПИТА́Л, -а, м. — 1) «стоимость, приносящая ее владельцу — капиталисту прибавочную стоимость путем эксплуатации наемной рабочей силы»; 2) «большая сумма денег». Укр., блр. капіта́л; болг. капита́л; с.-хорв. капита̀л; чеш. kapitál; польск. kapitał и т. д. В русском языке слово *капитал* известно с Петровского времени. Вопреки Фасмеру (Vasmer, REW, I, 521), сюда не относится пример у Смирнова (132) со ссылкой на Штурма («Архитектура воинская», 1709 г.): там слово *капитал* употреблено в смысле «капитель», «верхняя часть колонны» (=нем. Kapitäl). Но ср. другие примеры: «Архив» Куракина, I, 229, 1708 г.: «имеют (министры) свои палаты и отчасти... *капиталю*. В словарях — с 1731 г. (Вейсман, 119). ▫ Ср. франц. (в экономическом смысле — с XVII в.) capital, *m*.; отсюда: англ. capital; нем. Kapital, *n*.; ит. capitale и др. Во французском — из латин. capitālis — «отменный», «отличный», «выдающийся» (сначала «касающийся головы», «жизненно важный» и т. п., от caput — «голова»).

КАПИТА́Н, -а, *м*. — 1) «офицерское звание, в армии — выше старшего лейтенанта и ниже майора, во флоте — выше мичмана, причем капитан 3-го (низшего) ранга по званию на единицу выше капитана сухопутных войск (=майор)»; «лицо, имеющее это звание»; 2) «командир морского или речного судна»; 3) «глава спортивной команды». *Прил.* **капита́нский, -ая, -ое.** Укр. **капіта́н, капіта́нський, -а, -е;** блр. **капіта́н, капіта́нскі, -ая, -ае;** болг. **капита́н, капита́нски, -а, -о;** с.-хорв. **капѐта̄н, капѐта̄нскӣ, -ā, -ō;** чеш. kapitán, kapitánský, -á, -é; польск. kapitan, kapitański, -a, -ie. Слово *капитан* (в армии) встр. в «Книге о ратном строе» 1647 г. (24 об., 25 и др.; иногда в форме *капитн*, 24 об. и др.); там же прил. *капитанский* (25). В знач. «командир корабля» слово *капитан* также было известно в XVII в. Напр., «корабельного дела *капитан*» в АИ, IV, 415. ▫ Ср. франц. capitaine; нем. Kapitän; англ. captain; ит. capitano; исп. capitán и т. д. Первоисточник — средневек. латин. capitaneus, от caput, род. capitis — «голова». Знач. «военачальник» установилось уже в средние века.

КАПКА́Н, -а, *м*. — «звероловный снаряд (обычно с приманкой), состоящий из стальной пружины, позволяющей защемить лапу или шею ступившего на нее зверя». *Прил.* **капка́нный, -ая, -ое.** Укр. **капка́н,** род. **капкана́** и **па́стка,** но блр. только **па́стка.** Чеш. kapkan — из русского (ср. в том же знач.: past, železa и т. д.). Ср. болг. **капа́н** (< турец. kapan) — тж. В других слав. яз. отс. Ср. в том же знач.: с.-хорв. **кљу̏са** или **за̏мка;** словен. past или zanka; польск. potrzask, sidło. Слово *капкан* в русском языке, видимо, было известно давно, но в словарях отм. только с 1792 г. (САР¹, III, 433). ▫ Слово тюркское (Lokotsch, § 1064). Ср. в том же знач.: турец. kapan; туркм. **гапан;** кирг. **капкан;** узб. **қопқон;** башк. **капкан;** каз.-тат. **капкын.**

КА́ПОР, -а, *м*. — «женский (теперь гл. обр. детский) головной убор, подобие капюшона с лентами или тесемками, завязываемыми под подбородком». Укр. **ка́пор;** блр. **ка́пар (**но чаще **капту́р).** В других слав. яз. отс. Ср. в том же знач.: болг. **капишо́н** и **капюшо́н;** чеш. čepec; польск. kaptur. В русском языке слово *капор* появилось в 1-й трети XVIII в., и нынешняя форма его не сразу установилась [писали и *капер* (Вейсман, 1731 г., 441), и *капар* (САР¹, III, 1792 г., 431), и *капор* (Нордстет, I, 1780 г., 284); Даль (II, 1865 г., 702) дает все три варианта]. ▫ Заимствовано из голландского языка (Meulen, NW, Suppl., 41). Ср. голл. kaper — тж. (при нем. Kapuze < ит. capuccio; франц. capeline и пр.). Первоисточник — ит. cappa — «плащ с капюшоном», «капюшон».

КАПО́Т¹, -а, *м*., устар. — «домашняя, особенно ночная или утренняя, женская одежда из легкой ткани, широкого, свободного покроя». Укр. блр. **капо́т.** В других слав. яз. отс. Ср. в том же знач.: болг. **пенюа́р, ро́ба;** польск. szlafrok damski (ср. kapota — «балахон»). В русском языке слово *капот* известно с 1-й пол. XIX в., причем не только с совр. знач., но и (гл. обр.) как название верхней женской одежды, пальто особого покроя. Ср. у Пушкина в повести «Метель», 1830 г.: «Маша окуталась шалью, надела теплый *капот*... и вышла на заднее крыльцо», но у Пушкина встр. это слово и в совр. знач. (СЯП, II, 297). В словарях — с 1847 г. (СЦСРЯ, II, 161). ▫ Заимствовано из французского языка. Ср. франц. (с XVII в.) capot, *m*. — «плащ с капюшоном», (с XVIII в.) capote, *f*. — «солдатская шинель», «больничный халат» (в знач. «капот» — robe de chambre, peignoir). Новое знач. (женская одежда) возникло на русской почве. Во французском — произв. от cape — «плащ», «накидка» (< ит. cappa — «плащ с капюшоном», «мантия»).

КАПО́Т², -а, *м*. — «откидная металлическая крышка (напр., у автомашины), предохраняющая мотор, механизм от загрязнения, сырости и пр.». *Глаг.* **капоти́ровать** — (о машине, о самолете) «опрокинуться через переднюю, носовую часть». *Сущ.* **капота́ж.** Укр. **капо́т, капотува́ти, капота́ж;** блр. **капо́т, капатава́ць, капата́ж;** болг. **капо́т, капоти́рам** — «капотирую»; чеш. kapota, *f*.; польск. kapot, kapotować, kapotaż. В русском языке — в общем употр. — сравнительно позднее слово. В словарях *капот* с 1926 г. (Вайсблит, 194; позже Ушаков, I, 1935 г., 1313). *Капотировать* и *капотаж* отм. в ССРЛЯ, V, 1956 г., 786, 787. Как авиационные термины они были известны и раньше. ▫ Слово французское: capot, *m*., в техническом смысле употребляемое с конца XIX в. («капот у автомобиля»), позже (в начале XX в.) — «капот у самолета»; ср. capote, *f*. — «откидной верх экипажа», «защитный кожух», «покрышка». Глаг. capoter — «опрокинуться» происходит от картежного термина faire capot (от прованс. cap — «голова») — «взять все взятки» > «обескуражить партнера», «заставить его сдаться» (ср. рус. «разбить на голову»). Отсюда нем. kaputt. Во французском языке глаг. capoter — «опрокинуться» (сначала о морском судне) вошел в употр. к 30-м гг. XIX в., в авиационном смысле — с 1-й четверти XX в. Позже других слов появилось capotage, известное с 1922 г.

КАПРИ́З, -а, *м.* — «неожиданная прихоть», «своенравное желание», «причуда», «блажь». *Прил.* капри́зный, -ая, -ое, отсюда капри́зник и от него капри́зничать. Укр. капри́з (: при́мха), капри́зний, -а, -е, капризува́ти; блр. капры́з, капры́зны, -ая, -ае, капры́зiць; болг. капри́з, капри́зен, -зна, -зно, капри́знича — «капризничаю»; с.-хорв. ка̏прис, чаще ка̏приц, ка̏прициӧзан, -зна, -зно: ка̏прициӧзнӣ, -а̄, -ō, капри̏цирати се; чеш. kaprice (: vrtoch, rozmar), прил. kapriciosní; польск. kaprys, kapryśny, -a, -e, kapryśić. В русском языке слово *каприз* известно с середины XVIII в. Отм. Кургановым в «Письмовнике», 1777 г., 436: *каприс* — «самонравие». Производные — более поздние. Прил. *капризный* отм. Яновским (II, 1804 г., 127). Глаг. *капризничать* встр. у Пушкина в письмах, напр. в письме к жене от 27-VIII-1833 г.: «не советую Машке *капризничать*» (ПСС, XV, 76). ▫ Слово французское: caprice (произн. с конечным s). Конечное *з* (вм. ожидаемого *с*) в рус. *каприз* возникло под влиянием *девиз, ремиз, сервиз* и других заимствованных слов. Во французском языке caprice (с XVI в.) — из итальянского. Ср. ит. capriccio — тж. (старшее знач. — «дрожь», «озноб», «содрогание»), произв. от основы capor-, от capo — «голова», а также «начало», «конец», «край».

КАПРО́Н, -а, *м.* — «искусственное (синтетическое) волокно, сырьем для которого является *капролактам*, используемое, напр., в чулочной и в текстильной промышленности». *Прил.* капро́новый, -ая, -ое. Одно из слов, недавно, несколько лет назад, вошедших в русский язык и ставших общеупотребительными. В словарях — с 1952 г. (Ожегов, СРЯ², 233). ▫ Из немецкого языка. Возможно, отечественное образование на базе нем. Kaprolaktam. Ср. нем. Kapronstrümpfe — «капроновые чулки», при Kapronsäure — «капроновая кислота». Искусственное образование на латинской почве. Ср. латин. caprōnae — «пряди волос, спускающиеся на лоб», от capra — «коза», также «едкий запах пота». Капроновая кислота (из органических продуктов), жидкость с острым запахом, была обнаружена сначала в козьем молоке, откуда и ее название.

КАПУ́СТА, -ы, *ж.* — (обыкновенно имеется в виду белокочанная) «огородное овощное растение семейства крестоцветных, съедобной частью которого является кочан, вилок, т. е. свитые в шар большие листья», Brassica oleracea (var. capitata). *Прил.* капу́стный, -ая, -ое. Укр. капу́ста, капустя́ний, -а, -е; блр. капу́ста, капу́сны, -ая, -ае; с.-хорв. ку̏пус (обл. зе̏ље), ку̀пуснӣ, -а̄, -ō; словен. kapus, kapusov, -a, -o; чеш. kapusta — «кудрявая капуста» (но zelí — «белокочанная капуста»), kapustový, -á, -é; словац. kapusta, kapustový, -á, -é; польск. kapusta, kapustny, kapuściany, -a, -e. В лужицких яз. отс. Др.-рус. (Изб. 1073 г. и др.) капуста, (с XII в.) капустьникъ — «капустный огород» (Срезневский, I, 1195). Прил. *капустный* — более позднее слово. Встр., напр., в Домострое по сп. И-38 (1-й пол. XVII в.): «пирогъ *капустной*» (Орлов, 73). ▫ Лит. kopūstaĩ; латыш. kāposti — из славянских языков. Происхождение этого слова в славянских языках (как и ряда других старых названий овощных и иных растений) неясно. Первоисточник, м. б., — латин. *composita (>о.-с. *kǫposta), от compositus, -a, -um — «составной», «сложный» [след., «нечто составное», «смесь» (?); ср. ит. composto — «смесь», composta — «компот» и «компост» (в смысле «составное удобрение»); ср. (из ит.?) с.-хорв. ко̏мбост — «солянка из кислой капусты»]. Пути заимствования неясны. Сначала слово появилось, по-видимому, на почве западнославянских языков, от которых было получено и восточными славянами. На западнославянскую территорию оно попало с Запада. Правда, итальянское (cavolo), французское (chou), немецкое (Kohl) и нек. другие среднеевропейские названия капусты восходят к латин. caulis — сначала «капустный стержень», «кочерыжка», позже и «капуста», но, вероятно, существовали (напр., на романской почве) и образования вроде предполагаемого Махеком (Machek, ES, 192) *kapusta < composita (ср. швейц.-франц. kāputa — «квашеная капуста»).

КА́РА, -ы, *ж.* — «тяжелое, жестокое наказание», «возмездие». *Глаг.* кара́ть, отсюда кара́тель. Укр. ка́ра, кара́ти, кара́тель; блр. ка́ра, кара́ць, ка́рнiк; болг. ка́рам — «погоняю», «привожу в движение», «управляю движением», ка́рам се — «разговариваю с кем-л. в повышенном тоне», «бранюсь», «ссорюсь» («кара» — наказа́ние, възме́здие; «караю» — нака́звам); но с.-хорв. ка̑р, *м.* — «укор» и «кара», «наказание», также «забота», ка́рати — «укорять» и «карать», «наказывать» (но в знач. «карать» чаще кажња́вати), ка́рати се — «ссориться», «браниться»; словен. karati — «укорять», «порицать», «делать выговор» (ср. kaznovati — «карать»); чеш. kárati — «упрекать», «укорять», «корить» (отчасти «карать», но обычно «карать» — trestati); словац. ká-ra — поэт., книжн. «кара», но ká́rat' — «ругать кого-л.», ká́ratel' — «каратель»; польск. kara — «кара», «наказание», karać — «карать», «наказывать». Др.-рус. (с XIV в.) карати — «наказывать»; ср. карити — «оплакивать» в Ип. л. под 6770 г.), карьникъ — ὑβριστής («наглец», «насильник») [со ссылкой на Гр. Наз. XI в.] (Срезневский, I, 1196—1198). Ст.-сл. кара — «ссора», карати — «наказывать». ▫ О.-с. *kara. Из белорусского или польского — лит. karà — «кара», karóti — «наказывать» (Fraenkel, 222). В этимологическом отношении неясное слово. Фасмер (Vasmer, REW, I, 525) и некоторые другие этимологи связывают с *корить, укор*. Другие с полным основанием различают здесь две группы, хотя можно полагать, что с течением времени обе группы стали смешиваться на слав. почве. Сопоставляют (группу *kara) то с лит. káirinti — «раздражать», «дразнить», «возбуждать», įkurḗti — «надоедать», «надоесть» (ср. Vasmer, REW, I, 528), то с лит. keřnoti — «бранить»,

КАР

«ругать» (Machek, ES, 193), то даже с лит. kār(i)as — «война», др.-перс. kāra- — «войско». Исходя, однако, из знач. «(суровое) наказание», «возмездие» («месть»?) как основного, пожалуй, правильнее связывать о.-с. *kara, где -г- мог быть суффиксальным (как в о.-с. *měra, *jьskra и т. п.), с о.-с. *kaznь (с суф. -zn-ь) и, след., с о.-с. *ka(j)ati [ср. др.-рус. каяти — «порицать» (Срезневский, I, 1202)]. И.-е. корень *kᵘe(i)- : *kᵘō(i)- [: *kᵘō(i)-].

КАРАВА́Й, -я, *м.* (устар. написание и в окающих говорах — *корова́й*) — «большой круглый хлеб». По Далю (II, 705): «вообще: непочатый, цельный хлеб, либо колоб, кутырь, круглый ком»; не обязательно лишь о хлебе: ср. *каравай сыра, сала*, симб., новг. «круглый пирог с курицей»; волж. «валун или округлый подводный камень». Укр. корова́й — «свадебный хлеб»; блр. карава́й — тж. Ср. болг. крава́й — «круглый обрядный или праздничный хлеб с дыркой посередине»; с.-хорв. кра̀ва̄љ — «подарки (кушанья), приносимые гостями молодым в день свадьбы»; словен. kravaj — «каравай», «хлебец», kravajec — «хлебец из кислого теста», «квасец», «лепешка из льняного жмыха». В зап.-слав. яз. отс. Срезневский (I, 1289) отм. корова́й (не карава́й!) лишь в сравнительно поздних памятниках (XVI—XVII вв.), но без значения; из примеров неясно, идет ли речь о свадебном хлебе. Там же: *коровайники* (?) — Пcков. I л. под 7156 г. (на свадьбе царя Алексея Михайловича). Но прозвище *Коровай* и фамилия *Короваев* известны с XV в., с 1421 и 1450 гг. (см. примеры у Тупикова, 198, 589). □ Слово в этимологическом отношении трудное. Старшее знач., видимо, «большой свадебный хлеб» (символизирующий будущее благополучие новой семьи). Но морфологический состав слова и корень неясны. Обычно связывают с *корова* (< о.-с. *korva), хотя по Потебне («К ист. зв. рус. яз.», III, 66) *коровай* — скорее символ «жениха-быка». Если это верно, то, м. б., сначала основа была *kъrv- (ср. о.-с. *kъrvъ — «бык»; см. *корова*). На вост.-слав. почве форма *корвай* могла быть вытеснена формой *коровай* от *корова*; суф. -*ай*, как в нар.-поэт. (гл. обр. укр.) **воропа́й** (от **воро́п**) — «жених-похититель» (см. Потебня, ib., 64, 65), **голода́й**, *м.* (от **го́лод**) и др. Соответствующим образом произошло вытеснение старшей основы, восходящей к о.-с. *kъrv-, и в южн.-слав. яз.

КАРАВА́Н, -а, *м.* — «обоз, вереница вьючных животных, перевозящих грузы и людей»; (на реке или в море) «отряд, группа судов, следующих друг за другом». *Прил.* карава́нный, -ая, -ое. Укр. карава́н, карава́нний, -а, -е; блр. карава́н, карава́нны, -ая, -ае. Ср. болг. керва́н (< турец. kervan); с.-хорв. ка̀рава̄н; чеш. karavana, karavanní; польск. karawana, karawanowy, -a, -e. В русском языке слово *караван* было широко распространено уже в 1-й пол. XVII в.: Р. Джемс (РАС, 1618—1619 гг., 51 : 200) отм. его на Севере: са́роβап (ударение!) в знач. «флотилия парусных судов, которые собираются в Казани и идут все вместе вниз до Астрахани». Ср.: «тот торговой человек... дожидался (в Юргенче) *корована*, и пришли с Еика казаки» («Русско-инд. отн. в XVII в.», № 5, 1622 г., 28). □ Ср. франц. caravane, *f.*; нем. Karawane, *f.*; англ. caravan; ит. carovana; исп. caravana; афг. ка̄рва̄н; хинди ка̄р'ва̄ и др. Восходит к перс. kārwān — «общество странствующих купцов или богомольцев». Заимствовано (при тюркском посредстве?) из персидского языка. Ср. перс. кар(е)ван (: kārwān) — тж., кар(е)вани — «караванный», «путник, «идущий с караваном»; ср. кар(е)ван-са̄-ра́й — «постоялый двор». Персидское слово, можно полагать, восходит к др.-инд. karabháḥ — «(молодой) верблюд», «молодой слон» (Lokotsch, § 1075; нерешительно Mayrhofer, I, 165).

КАРА́КУЛЬ, -я, *м.* — «мех, снимаемый с молодых ягнят особой породы из Средней Азии, с короткой мелковьющейся шерстью черного, иногда серого цвета». *Прил.* кара́кулевый, -ая, -ое. Укр. кара́куль, кара́кульовий, -а, -е; блр. кара́куль, кара́кулевы, -ая, -ае. В других слав. яз. лишь как русизм: болг. караку́л (при обычном астрага́н < турец. astragan < рус. *Астрахань*); чеш. karakul (при astrachán, persián); польск. karakuły. С.-хорв. астра̀ган. В русском языке *каракуль* — сравнительно позднее слово. В энциклопедических словарях — с конца XIX в. (Березин, III, 1878 г., 40; Гарбель, IV, 1892 г., 2058). В толковых словарях русского языка это слово появляется лишь в начале XX в. (СРЯ¹, т. IV, в. 2, 1908 г., 448). □ Ср. узб. қораку́л — тж. В узбекском — от названия города, кишлака и оазиса (узб. Қора̀ кӯл — «черное озеро») в Бухарской обл. Узбекской ССР. Узбекистан — база каракулеводства в СССР. Не исключено, что в русский язык слово *каракуль* попало не из Средней Азии, не из узбекского языка (что также возможно), а из французского. Ср. франц. (с XVIII в.) caracul, позже (с середины XIX в.) astracan; англ. astrakhan; нем. Astrachan (: Persianer).

КАРА́КУЛЯ, -и, *ж.* (обычно *мн.* кара́кули) — «неразборчиво, путано написанные буква, цифра, вообще какой-л. знак, который трудно или вовсе невозможно понять». В говорах (казан.) также «кривое, изломистое дерево», «кривулина» (Даль, II, 706). Ср. в том же знач.: укр. криву́ля, карлю́чка; блр. крымзо́лі, *мн.* (хотя в словарях отм. и кара́кулі); болг. драску́лка, дра́сканица; чеш. škrábanice, klikyháky, *pl.*; польск. gryzmoły, kulasy, *pl.* В русском языке слово известно с конца XVII в. [Аввакум, письмо Симеону (Гудзий, 337)]. Встр. (в форме *каракула, каракулка*) у Пушкина, напр., в письме Вяземскому от 1-IX-1822 г.: «Посуди сам, сколько обрадовали меня знакомые *каракулки* твоего пера» (СЯП, II, 298). С мягким *л* в письме Белинского Бакунину от 28-XI-1842 г.: «Вы пишете своими *каракулями*» (ПСС, XII, 119). □ Объясняют как тюркизм (как возможное сложение на тюркской почве): *qara+qol (: qul). Ср. общетюрк. qaga — «черный», «дурной», qol : qul — «рука». Ср. турец. kol — «рука», «рукоятка», «ветвь»; ног. кол — «рука», «почерк»; каракалп. қол — тж.; кирг. кол — «рука», «кисть руки», «передняя нога», «палец», «почерк», «подпись»; узб. қўл — «рука», «палец», «письмо», «подпись», «автограф», «почерк»; азерб. гол (qol) — «рука», «рукав», «рукав реки», «ветвь» и др. См. также Радлов, II : 1, 578—581: ¹кол — «рука», «кисть руки», «передняя нога животных», «разветвление». Т. о., старшее знач. этого сложения могло бы быть «дурной почерк» или еще раньше — «ветвь», «разветвление», откуда «закорючка» и т. п.

КАРАМÉЛЬ, -и, ж. — «кондитерское изделие из сахара и патоки: жесткие конфеты, обычно с фруктово-ягодной или иной начинкой». *Прил.* карамéльный, -ая, -ое. Укр. карамéль, карамéльний, -а, -е; блр. карамéль, карамéльны, -ая, -ае; болг. карамéл — «конфета из жженного сахара»; с.-хорв. карамéла — «ирис» (конфета); чеш. karamela — «конфета из жженого сахара»; польск. karamelek. В русском языке слово *карамéль* известно с XIX в. В словарях — с 60-х гг. (ПСИС 1861 г., 221). Прил. появилось позже (СРЯ¹, т. IV, в. 2, 1908 г., 452). ▫ Восходит (м. б., через немецкое посредство) к франц. (с 1680 г.) caramel, *т.* — «карамель», «леденец», «ириска» (> англ. caramel; нем. Karamelle, *f.* и др.). Во франц. языке заимствовано из испанского (ср. исп. caramelo — тж.), где оно, по-видимому, восходит к позднелатин. cannamella — «сахарный тростник».

КАРАНДÁШ, -á, м. — «легкая тонкая деревянная палочка с заделанным внутрь тонким стержнем графита, употребляемая как орудие письма». *Прил.* карандáшный, -ая, -ое. Блр. карандáш, карандáшны, -ая, -ае [также алóвак, алóўкавы; ср. рус. диал. (зап.) оловóк — «карандаш» (Даль, II, 1249)]. В других слав. яз. отс. Ср. в том же знач.: укр. олівéць; болг. мóлив (< новогреч. μολύζι, μολυβοκόντυλο при др.-греч. μόλυβδος — «свинец»); с.-хорв. óловка (также плäјвäз); польск. ołówek; чеш. tužka [от tuha — «графит» < нем. диал. бавар. (Eisen)tagel — тж. (Machek, ES, 541)]. Слово *карандаш* в русском языке хорошо известно с начала XVIII в. Ср. в письме Петра I от 19-XII-1708 г.: «зделать... все карабли без машт, а потом карандашем... машты и сигналы делать (понеже карандаш возможно вычистить)» (ПбПВ, VIII : 1, № 2919, с. 359). В словарях — с 1731 г. (Вейсман, 510). ▫ Карандаш по-разному называется в западноевропейских языках: нем. Bleistift (ср. Blei «свинец»); голл. potlood (ср. potloodstift «графит в карандаше»); франц. crayon (от craie — «мел»); англ. pencil; ит. matita, lapis и т. д. Рус. *карандаш* объясняют обычно как тюркизм. Ср. турец. кара таш — «сланец» (Радлов, III : 1, 932), где первое слово — о.-т. qara — «черный», а второе — также о.-т. taš — «камень». Возможно, речь идет о т. наз. «графитовых сланцах» или о гнейсах, из которых путем обогащения добывается графит. Ср. каз.-тат. кара таш — «графит» (РТС, I, 208). Срединное н в *карандаш*, видимо, такого же характера, как и в *каланча* (см.). Странно, что в этом случае в Петровское время не воспользовались соответствующими западноевропейскими названиями карандаша.

КАРАНТИ́Н, -а, м. — «изоляция на определенный срок заразных больных и лиц, соприкасавшихся с ними, с целью предупредить дальнейшее распространение болезни». *Прил.* каранти́нный, -ая, -ое. Укр. каранти́н, каранти́нний, -а, -е; блр. каранці́н, каранці́навы, -ая, -ае; болг. каранти́на, каранти́нен, -нна, -нно; с.-хорв. карàнтӣн, карàнтӣнскӣ, -ā, -ō; чеш. karanténa, karantenní; польск. kwarantanna, kwarantannowy, -a, -e. В русском языке слово *карантин* известно с XVIII в. Нередко встр. в документах и письмах начала 70-х гг., напр., в письмах Екатерины II (Сб. РИО, XIII, 81, 115 и др., 1771 г.). Иногда в форме *карантен*. Напр., в документах, собранных Петровым (СРЗ, ч. II): *карантен* (1770—1775 гг.), с. 106, 181, 185—186, 194 [наряду с *карантин* (1770 г.), с. 106]; там же «*карантенные заставы*» (№ 42, 1774 г., 187). Ср. Нордстет, I, 1780 г., 284: *карантен*. ▫ Ср. франц. quarantaine (произв. от quarante — «сорок») > нем. Quarantäne; англ. quarantine. Ср. ит. quarantena; исп. cuarentena. Старшее знач. во франц. яз. — «четыре десятка», далее «определенный (в сорок дней) срок карантинной изоляции». Первоисточник — латин. quadrāginta (нар.-латин. quārantā) — «сорок». Судя по времени появления, слово *карантин* (наряду с *карантен*) в русском языке — из французского.

КАРАПУ́З, -а, м. — «маленький пухлый мальчик»; «толстый, невысокого роста человек». Укр., блр. карапу́з. В других слав. яз. отс. Ср. в том же знач.: чеш. buclík, cvalík, špunt; польск. bęben, berbeć, skrzat; болг. ши́шко. В форме *карапузик* известно в русском языке с начала XIX в. (САР², III, 1814 г., 69); встр. у Пушкина (по отношению к взрослому человеку) в стих. 1816—1817 гг. «Портрет» (ПСС, I, 295, 490). В форме *карапуз* впервые — у Даля (II, 1865 г., 706). Народному областному языку чуждо. ▫ Принимая во внимание время и условия появления (отсутствие в говорах), естественнее всего, вслед за Соболевским (РФВ, т. 70, с. 79), связывать с прост. и устар. франц. crapoussin — «карапузик», вероятно, от crapaud (ст.-франц. crapot) — «жаба» (также «мортирный станок»); ср. (из той же группы) crapouillot — «(круглая) мина». На русской почве гибридизировано с *пузо, пузатик*, а также с *коротышка*, с обл. карáндыш (< *карандаш*) — «коротышка» (Даль, II, 706).

КАРÁСЬ, -я́, м. — «небольшая пресноводная (водящаяся преимущественно в стоячих водоемах с илистым дном) рыба семейства карповых (от карпа отличается отсутствием усиков), с высоким и как бы сплющенным с боков телом», Carassius. В говорах: ряз. ко́рось : ко́рость (Даль, II, 777). *Прил.* карасёвый, -ая, -ое, реже кара́сий, -ья, -ье. Укр. кара́сь, кара́сячий, -а, -е; блр. кара́сь, карасёвы, -ая, -ае, караси́ны, -ая, -ае; с.-хорв. ка̀раш : ка̀рас̄; словен. koreselj; чеш. karas, karasový, -á, -é; словац. karas, karasí, -ia, -ie; польск. karaś; в- и н.-луж. karas. Др.-рус. карасъ — в Никон. л. под 6724 (1216) г. [любопытно, что оно здесь встр. в поговорке: «обычно бо есть свиниамъ по дебрямъ ходити и *карасомъ* въ грязѣхъ валятися» (ПСРЛ, X, 73)] и в более поздних памятниках. Ср. на Двине название озерка *Карасово* (в грамоте 1-й четверти XV в., № 136, середины XV в., № 185) [Гр. В. Новг. и Пск., 190, 222]. Прозвище *Карась* (всегда с мягким *с*) известно с 1498 г. (Тупиков, 174). Но фамилия — *Карасов* (с твердым *с*), XVI в. (ib., 566). Старшая форма карасъ. Еще в XVII в. преобладает форма с твердым *с*. Ср. в «Столовой книге» 1623—1624 гг., где мягкая форма встр. лишь как исключение (67, 123, 126 и др.) при обычном *карас* (77, 81, 99, 101, 108 и др.). ▫ Нем. (с XVII в.) Karausche [ст.-нем. (XVI—XVII вв.) и диал. karas, kares (вопреки Kluge¹⁰, 243) — из чешского или польского; франц. (из Лотарингии) carassin — из немецкого языка (Dauzat, 141); лит. karõsas — из белорусского (Fraenkel, 222). Латин. carossius — позднее, не раньше XVI в. В этимологическом отношении слово трудное. Едва ли заимствованное. Махек (Machek, ES, 193) склонен считать его «праевропейским». Пожалуй, может показаться слишком смелым предположение, что *карасъ* представляет собою образование от *kalъ [исходное знач. на о.-с. почве — «ил», «грязь», «тина» (см. выше пример из Никон. л.)] с суф. -as-ъ [ср. в старых рус. личных именах: *Быкас*, *Дурас*, *Лобас*, *Рыкас* и т. п. (Селищев, СЯ, II, 76); чеш. mamlas — «грубиян», t'ulpas — «глупец» и др.]; тот же суффикс в прил.: польск. białasy, -a, -e, żółtasy, -a, -e и др.]. След., kalásъ? Под влиянием *карп* [др.-рус. коропъ (Срезневский, I, 1291)] — новая форма *карасъ* (с *с* твердым).

КАРАУ́Л, -а, *м.* — «группа вооруженных людей, охраняющая кого-л. или что-л. по чьему-л. приказу», «пост для охраны», «стража». *Прил.* карау́льный, -ая, -ое, отсюда карау́лка. *Глаг.* карау́лить, отсюда карау́льщик. Укр. карау́л (чаще ва́рта, сторо́жа), карау́льний, -а, -е, карау́лка, карау́лити (чаще вартува́ти); блр. карау́л (чаще ва́рта), карау́льны, -ая, -ае, карау́ліць (чаще вартава́ць). Болг. карау́л — из русского. Ср. с.-хорв. кара̀ула — «сторожевая башня», «караульное помещение»; «пограничный пост» («караул» — стра́жа); Ср. в том же знач.: чеш. stráž, hlídka; польск. posterunek, ochrona, warta. Др.-рус. (с XIV в.) караулъ (Грам. Алексея митр. 1356 г.), (с XV в.) караульный (Срезневский, I, 1196—1197). Глаг. *караулить* появился несколько позже, но Поликарпов (1704 г., 142 об.) уже знает это

слово. ▫ В русский язык это слово попало из тюркских языков в эпоху Золотой Орды. В тюркских языках оно, в свою очередь, было заимствовано из монгольского. Ср. в тюркских языках: турец. karakol — «патруль» (и просто «часовой»), «полицейский пункт, участок»; каз.-тат. каравыл (qarauьl) — «қараул», карау [qara(u)] — «смотреть»; каракалп. қараӯыл — «қараул» при қараӯ — «смотреть»; башк. караӯыл при қарау — «смотреть»; ног. каравыл — «караул»; узб. қоровул — «қараул»; туркм. гаравул — «караул», «дозор» при гөрмек — «смотреть»; азерб. гаровул — «караул» и др. Ср. якут. харабыл — тж. Ср. ст.-тюрк. qaraɣu — «қараул», «пикет», qaraɣu uɣ — «держать караул» (Малов, 411, 438). Ср. монг. харуул (: хараβул) — тж.; бурят. харуул. Сближение на тюркской почве с *кара* — «смотреть» — плод переосмысления. Суффикс (на монгольской почве) тот же, что в *есаул* (< ст.-монг. jasaɣul — «управитель» через тат. ясавул) [Дмитриев, 24, 25].

КАРГА́, -и́, *ж.* — обл. «ворона»; *прост.*, *бран.* «злая старуха», «сварливая и безобразная старая женщина» (обычно в словосочетании *старая карга*). В окающих говорах это слово иногда встр. с *о* после *к*: олон. корга́ — «сердитая старуха» (Куликовский, 40), ср. олон. ко́рга — «отмель», «гряда подводных камней» (ib.), вост.-сиб. корга́ — «каменистая береговая россыпь» (Даль, II, 707), арханг. ко́рга́ — «подводный камень» (Подвысоцкий, 70). Со знач. «подводный камень» (и т. п.) это слово другого происхождения (ср. фин. (с.) korkea — «возвышенный», «возвышающийся»). Укр. карга́, бран. (но стара́ ві́дьма — «старая карга»), обл. (как и в русском) «ворона»; блр. карга́, бран. В других слав. яз. отс. В том же знач.: болг. ве́щица, зла ба́ба (но ср. га́рга — «ворона», «галка»); чеш. čarodějnice, ježibaba; польск. wiedźma. Как мужское прозвище *Карга* было известно уже в XVII в.: «Неупокой *Карга*, волжский казачий атаман» упоминается в грамоте 1614 г. (Тупиков, 174). Радищев в поэме «Бова» (1799—1801 гг., песнь 1) назвал *Ка́ргой* старую мать царевны Мелетрисы: «Ее мама дорогая; / *Ка́рга* — имя ей в истории» (ПСС, I, 50). В САР¹, III, 1792 г., 814 отм. ко́рга — «ворона» и «видимый подводный камень», в САР², III, 1814 г., 301 добавляется знач. «старуха», «старая баба» (с пометой «в просторечн.»). В знач. «злая старуха» в конце XVIII—начале XIX вв. общеупотребительно. ▫ Тюркское слово. В тюркских языках широко распространено. Ср. турец. karga — «ворона»; с тем же значением: каз.-тат. карга (qarɣa); ног. карга, кирг. ала карга; узб. қарға (при қорақарға — «ворон»), но туркм. гарга, ала гарга и т. д. Ср. также у Радлова (II : 1, 191): ¹карβа — «ворона» (и как бран.). Слово в тюркских языках давнее. Ср. ст.-тюрк. qarɣa — «ворон» (Gabain, 327).

КАРЕ́ТА, -ы, *ж.* — «четырехколесный с закрытым кузовом конный экипаж на рессорах». Теперь гл. обр. в словосочетании *карета скорой помощи*. *Прил.* каре́тный, -ая, -ое. Укр. каре́та, каре́тний, -а, -е; блр. карэ́та, каре́тны, -ая, -ае; болг. каре́та; чеш. kareta (чаще krytý kočár); польск. kareta, karetowy, -a, -e. Ср. с.-хорв. ко̀ла или ко̀чиje, *мн.* Слово *карета* известно (сначала чаще в форме *корета*) в русском языке с середины XVII в. (ПДСР, III, 193, 1654 г.). Срезневский (I, 1286) цитирует «Книгу выходов» царя Алексея Михайловича 1661 г. □ Видимо, непосредственно из немецкого языка. В XVII в. слово Karrete употреблялось в немецком языке [как и теперь еще в нек. говорах (Karret)]. Первоисточник — ит. carretta (a mano) — «(ручная) тележка», от латин. carrus — тж. (но в знач. «карета» — ит. vettura, carrozza). Едва ли при польском посредстве: в польском оно не более старое.

КА́РИЙ, -яя, -ее — «коричневый» (о глазах), «темно-гнедой» (о лошади). Укр. ка́рий, -а, -е; блр. ка́ры, -ая, -ае. Ср. польск. kary, -a, -e — «вороной» (о лошади) [«карий» (о глазах) — piwny, -a, -e (от piwo)]. В других слав. яз. отс. Ср. в том же знач.: болг. кестеня́в, -a, -o (собств. «каштановый»), тъмнокафя́в, -a, -o и др.; чеш. hňedý, -á, -é и т. д. Др.-рус. (начиная с Дух. Патр. конца XIV—начала XV вв.) карый (о лошадях), позже (в XVI в.) карий [Срезневский, I, 1198 и Доп., 138; Дювернуа (75) цитирует документ 1547 г.: «мерин *карий*» (АЮБ, 50)]. □ «По-видимому, восходит к корню qara — «черный» в его «переднем» варианте qar'e. Этот вариант широко засвидетельствован в фольклоре крымских татар и, отчасти, турок» (Дмитриев, 41). Корень qara- исконно общетюркский.

КАРИКАТУ́РА, -ы, *ж.* — «рисунок, изображающий кого-л., какое-л. явление или вещь в подчеркнуто смешном, искаженном виде». *Прил.* карикату́рный, -ая, -ое. Сюда же карикатури́ст, *редк.* карикату́рить. Укр. карикату́ра, карикату́рний, -а, -е, карикатури́ст; блр. карыкату́ра, карыкату́рны, -ая, -ае, карыкатуры́ст; болг. карикату́ра, карикату́рен, -рна, -рно, карикатури́ст; с.-хорв. карикату́ра, карикату̀рист(a), карикату̀рисати; чеш. karikatura, *прил.* karikaturní, karikaturista; польск. karykatura, karykaturalny, -a, -e, karykaturzysta. В русском языке слово *карикатура* известно с середины XVIII в. Ср. у Порошина в записи от 22-X-1765 г. (488): «доносил ея величеству... где разные *карикатуры*». *Прил. карикатурный* встр. у Пушкина в письме к жене от 6-V-1836 г.: «комедия будет *карикатурна* и грязна» (ПСС, XVI, 113). Слово *карикатурист* встр. у Белинского в рецензии 1845 г. на «Петербургские вершины» Буткова (ПСС, IX, 356). □ Вероятно, из французского. Ср. франц. (с 1740 г.) caricature, *f*. (< ит. caricatura, от caricare — «преувеличивать», «шаржировать», старшее знач. — «нагружать», «обременять»), (с 1849 г.) caricaturiste. Из французского — нем. Karikatúr, *f*., Karikaturist.

КА́РЛИК, -а, *м.* — «сказочное существо, человечек необычайно малого роста», «гном»; «человек ненормально маленького роста». *Женск.* ка́рлица. *Прил.* ка́рликовый, -ая, -ое. Укр. ка́рлик, ка́рлиця, ка́рликовий, -а, -е; блр. ка́рлік, ка́рліца, ка́рлікавы, -ая, -ае. Ср. польск. karzeł, karlica, karzełkowaty, -a, -e, karli, -a, -e, karłowaty, -a, -e. Из польского — чеш. karle : karlík (обычно pidimužík, trpaslík). Ср. болг. джудже́ (< турец. cüce) «карлик», «карлица»; с.-хорв. ке̏пец (< турец. köpek «собака») — тж.; словен. palček, pritlikavec — тж. В русском языке это слово в форме *карло* известно с начала XVII в., оно отм. Р. Джемсом (РАС, 1618—1619 гг., 31 : 1): Karlo — «a dwarfe» («карлик»). Ср. позже у Поликарпова (1704 г.): *карло*, 143 (при *карлица*, 142 об.) — «homuncio», «nanus»; позже — *карла* (Нордстет, I, 1780 г., 285); *карлик* в словарях — лишь с 1792 г. (САР¹, III, 448). □ Первоисточник — ср.-в.-нем. karl — «мужчина», «супруг» [при др.-в.-нем. karal : harala — «взрослый» крестьянин», «мужлан»; совр. литер. нем. (< н.-нем.) Kerl «(крестьянский) парень», «малый»]. Отсюда у германцев и собств. в.-нем. имя Karl [> о.-с. *korljь > рус. *король* (см.)]. Ср. также швед. karl — «мужчина» (но англ. carl — «крестьянин», «мужик»). Собственное имя *Карло* < о.-г. *karl было известно на Руси с XV в. (Соболевский, РФВ, т. 70, с. 79). Ср. у Тупикова, 175: «Карло, подъячий» в одном документе 1556 г. северо-восточного происхождения.

КАРМА́Н, -а, *м.* — «род мешочка, пришитого или вшитого в верхнюю одежду (пиджак, брюки, пальто и т. п.)». *Прил.* карма́нный, -ая, -ое. В других слав. яз. отс. Ср. в том же знач.: болг. джеб; с.-хорв. џе̏п; чеш. kapsa; польск. kieszeń, откуда: укр. кише́ня; блр. кішэ́нь. Но Соболевский («Лекции»⁴, 81) приводит данные из словацкого языка (фамилия Krman) и польского (диал. korman — «покрышка для платья от дождя»). Старая форма *корман* (отсюда — ст.-польск. korman) в памятниках письменности раньше зарегистрировано как личное имя или прозвище: «убиша *Кормана* посадника» во II Пск. л. под 6851 (1343) г. (ПЛ, в. 2, с. 26). Тупиков (196—197) приводит тот же пример: «*Корман*, псковский посадник», но из I Новг. л., 344, а также еще целый ряд примеров из памятников XV—XVII вв. (причем иногда в форме *Корманко*). По-видимому, то же самое личное имя, но в форме *Короман*, встр. в новгородской берестяной грамоте № 7, XII в. (Арциховский — Тихомиров, 36). В качестве нарицательного сущ. слово *корман* известно с XVI—XVII вв. Отм. Р. Джемсом (РАС, 1618—1619 гг., 21 : 14): corman — «a pocket» («карман»). Старое знач. слова *карман* (еще в 1-ой пол. XIX в.) — «кошелек». □ Попытки [начиная с Миклошича (Miklosich, EW, 112)] объяснить как тюркизм не выдерживают критики. Дмитриев (44) относит к группе «слов, причисляемых к тюркизмам в порядке г и п о т е з ы». Соболевский (уп.) связывал с рус. диал. **кормá** — «мотня», «мешок у невода» (Даль, II, 773), которое, видимо, относится к группе *кормá* (у корабля, у лодки). Но этимология этого диалектного слова не более ясна. Возможно, что старшая форма была **корнá**, отмеченная Далем (ib., 774), который нерешительно связывал это слово с *корнáть* (см.) — «обрезывать» [ср. также **корнýть** — (о хлебе в поле) «согнуться», «свеситься» (ib., 775)]. Слово смешивается с *корма*. М. б., отсюда *корман* (из *корнанъ?). Суффикс — как в *кожан, жупан*.

КАРП, -а, м. — «пресноводная рыба семейства карпов, отряда мягкоперых, с высоким, сжатым с боков телом, с характерными усиками по бокам рта, одомашненная, разводимая в прудах, разновидность сазана», Cyprinus carpio. *Прил.* **кáрповый**, -ая, -ое. Укр. **кóроп, кóроповий**, -а, -е; блр. **карп, кáрпавы**, -ая, -ае. Ср. с.-хорв. **крáп** (: **шàран**); словен. krȃp; чеш. kap, прил. kaprí, kaprovité — «карповые»; словац. kapor, kaprový, -á, -é — «карповый», kaprovité — «карповые»; польск. karp, karpi, -ia, -ie; в.-луж. karp, karpik, karpjacy, -a, -e; н.-луж. kapra. Болг. **шарáн** (но также — из русского — **карп**). Др.-рус. **коропъ** в «Хождении иг. Даниила» XII в. (Срезневский, I, 1291). Форма *карп* известна с 1704 г.: *карп* — carpio (Поликарпов, 143). ▫ В форме *карп* заимствовано из немецкого языка. Ср. нем. Karpfen, *т.* — «карп», «сазан» (при др.-в.-нем. karpo : charpfo, ср.-в.-нем. karpfe). Ср. позднелатин. carpa — как название одной из дунайских рыб у Кассиодора (VI в.). Отсюда др.-прованс. carpa, франц. carpe «карп». В позднелатин. — вестготского происхождения. Первоисточник (южноевропейский?) неизвестен. По Махеку (Machek, ES, 192) — «праевропейское». О.-с. *korpъ, очевидно, также заимствованное слово (из позднелатинского).

КÁРТА, -ы, ж. — 1) «лист (плотной) бумаги с изображением (чаще цветным) или чертежом земной поверхности, отдельных частей света, границ государств и т. д.»; 2) «определенного размера прямоугольный листок из плотной бумаги с цветным изображением на нем фигуры или очков той или иной из четырех мастей (пики, бубны и пр.), предназначенный (вместе с другими подобными листками) для карточной игры». *Прил.* (к *карта* во 2 знач.) **кáрточный**, -ая, -ое. Укр. **кáрта, кáрточний**, -а, -е; блр. **кáрта, кáртачны**, -ая, -ае; болг. **кáрта**; с.-хорв. **кȃрта** — гл. обр. «игральная карта» («географическая карта» — **мȃпа**), прил. **кȃрташки**, -ā, -ō; чеш. karta, род. karet [только «игральная карта»; ср. mapa (< латин. mappa «сигнал») — «географическая карта»], karetní — «карточный»; польск. karta (только «игральная карта»; ср. mapa — «географическая карта»), karciany, -a, -e — «карточный». В русском языке слово *карты* (игральные) известно, по крайней мере, с XVI в. Оно отм. в «Пар. сл. моск.» 1586 г., 309: des cartes — cartè [«игральные карты» (?), франц. слово стоит во мн. ч.].

В 1-й пол. XVII в. оно встр. нередко. Фогараши (Fogarasi, 65) приводит пример из ПДСР, II, 1078, относящийся к 1614 г. Далее — в «Уложении» 1649 г. (гл. XXI, ст. 15, дважды: с. 299 об., 300): «а которые воры... *карты* (тв. мн.!) и зернью играют». В знач. «географическая карта» это слово известно с XVIII в. Сначала (в XVII в.), кажется, говорили *картина*: так у Фогараши (уп.): *картина* — «Landkarte» (1698 г.). Ср. в «Географии генеральной» Варения, 1718 г.: «которые *картины* прилагаются» (о географических картах). Но в «Лексиконе вок. новым»: *карта* — «лист мореходный или землемерный» (см. Смирнов, 135, где и другие примеры). ▫ Ср. ит. carta (географическая, игральная) > франц. carte, *f.* — т., из французского — нем. Karte, *f.*, откуда, по-видимому, и в русском языке. Источник распространения — латин. charta — «лист бумаги» < греч. χάρτη(ς) — «лист бумаги», «хартия».

КАРТЁЖНЫЙ, -ая, -ое — «относящийся к карточной игре (обычно об азартной игре в карты)». *Сущ.* **картёжник**. Укр. **картíжний**, -а, -е (но обычно **картя́рський**, -а, -е; ср. **картя́р** — «картежник»); блр. **карцёжны**, -ая, -ае, **карцёжнiк**. В других слав. яз. отс. Ср. в том же знач.: болг. **комарджи́йски**, -а, -о, от **комарджи́я** (< турец.) — «картежник»; с.-хорв. **кȃрташ : кȃртāр** — «картежник», **кȃртāшкī**, -ā, -ō; польск. karciarz — «картежник»; ср. karciany — «картежник», «карточный». *Прил.* *картежный* встр. в поэме В. И. Майкова «Игрок ломбера», 1763 г., песнь 1: «Стремится дух воспеть *картежного* героя» (Соч., 224). Но раньше всех из этой группы слов стало известно *картежник*. Оно отм. у Вейсмана, 1731 г., 326: Kartenmacher — «*картежник*, который карты делает». ▫ От вышедшего из употр. *картёж* (с суф. -ёж, как в *грабёж, кутёж* и т. п.) — «(азартная) игра в карты». Ср. у Фонвизина в комедии «Бригадир», 1769 г., д. IV, явл. 4: Бригадир: «Здесь и *картеж* завели!» (СС, I, 86). Позже у Державина в «Оде на Счастье», 1789 г.: «Ты в шашки, то в *картеж* играешь» (Стих., 55).

КАРТÉЧЬ, -и, ж. — «артиллерийский снаряд ближнего действия, состоящий из пуль»; «крупная дробь для охотничьего ружья». *Прил.* **картéчный**, -ая, -ое. Укр. **картéч, картéчний**, -а, -е; блр. **карцéч, карцéчны**, -ая, -ае; болг. **картéч, картéчен**, -чна, -чно; с.-хорв. **кȃртēч, кȃртāч, кȃртēчнӣ**, -ā, -ō и **кȃртēчкӣ**, -ā, -ō; чеш. kartáč, kartáčový, -á, -é; польск. kartacz, kartaczowy, -a, -e. В русском языке слово *картечь* употр. с Петровского времени: ПбПВ, II, 115, 1702 г.: *картечи* (Christiani, 34); «Лексикон вок. новым»: *картеча*; ПбПВ, III, 140: «порох, свинец... *картечи*» (Смирнов, 135); ПбПВ, XI, № 4571, 1711 г., 318: «И патронов и *картечь* (род. мн.!) было б довольное число». В письмах Шереметьева: «у меня в драгунскихъ полкахъ гаубицъ... бомбъ и *картечь*, и пороху ныне на лицо» (от 30-V-1705 г.); «надлежит на новые фузейные *картечи*... свинцу 668 пуд» (от 22-X-1707 г.) [Сб. РИО, т. 25, с. 8, 55]. ▫ М. б., из шведского языка (kartétsch) или из немецкого (Kartätsche, *f.*, что объяснило бы форму *картеча*, ж.). Ср. также голл. kartéts — тж. Источник распространения в Западной Европе — ит. cartaccia, *f.* — «грубая бумага» (теперь «макулатура») или ит. cartoccio, *m.* — собств. «кулечек», потом «зарядный картуз» (то и другое от carta — «бумага»); также cartuccia, *f.* — «патрон», «гильза» («картечь» — mitraglia). К ит. cartuccia восходит франц. cartouche — «патрон». Первоисточник — греч. χάρτη(ς) — «лист бумаги (папируса)», «хартия», отсюда латин. c(h)arta — тж.

КАРТОН, -а, *м.* — 1) «твердая и толстая бумага, изготовляемая из волокнистой массы и используемая в тарном и иных видах производства»; 2) *устар.* «коробка из картона». *Прост.* иногда **кардон**. *Прил.* **картонный**, -ая, -ое, отсюда **картонка**. Укр. **картон**, **картонний**, -а, -е, **картонка**; блр. **кардон**, **кардонны**, -ая, -ае, **кардонка**; болг. **картон**, **картонен**, -нна, -нно; с.-хорв. кàртон : кàртӯн, кàртōнскӣ, -ā, -ō; чеш. karton, kartonový, -á, -é; польск. karton, kartonowy, -a, -e. Возможно, что в индивидуальном употр. слово *картон*, выражение *картонная бумага* были известны с Петровского времени. Ср. в «Архиве» Куракина в «Росписи припасу, взятого в Нарве» (III, № 51, 1704 г., 90): «*картунной бумаги*». Слово *картон* значило также «коробка из картона»: с этим знач. встр. у Фонвизина (Петров, 155). В словарях впервые — у Яновского (II, 1804 г., 148). ▫ Ср. ит. cartone > франц. carton; голл. karton; швед. kartong (где ng=ŋ); нем. Karton, *m.* и т. д. Источник распространения — ит. cartone, от carta — «бумага», «лист», «карта». В русском языке, м. б., из французского или голландского.

КАРТОФЕЛЬ, -я, *м.* — «растение (овощ) семейства пасленовых, возделываемое ради получения подземных клубней, являющихся широко распространенным продуктом питания, употребляемых также как корм для скота и служащих промышленным сырьем», Solanum tuberosum. *Прост.* **картошка** при диал. **картоха**, **картофь**, **картофка** и т. п. (Даль, II, 710). *Прил.* **картофельный**, -ая, -ое. *Сущ.* **картофелина**. Укр. **картопля** (при **бульба**, **бараболя**), **картопляний**, -а, -е. но блр. **бульба**. Ср. болг. **картоф** («картофелина», *мн.* **картофи** — «картофель», **картофен**, -а, -о — «картофельный»; польск. kartofel(ek) — «картофелина», kartofle, *мн.* — «картофель». В других слав. яз. отс. Ср. в том же знач.: с.-хорв. кр̀ōмпӣр (< нем. Grundbirne); словен. krompi̇́r; чеш. brambory, *мн.* [< Branibor (Бранденбург)]. В русском языке слово *картофель* известно с последней четверти XVIII в. Напр., неоднократно в «Словаре ботаническом», 1795 г. (34, 50, 65): Kartoffeln (Grundbirne, Erdbirne) — «*картофель*, земляные яблоки». В толковых словарях впервые — САР², III, 1814 г., 82. Прил. *картофельный* (которое было известно, конечно, и раньше) встр. в «Моск. ведомостях» за 1800 г., № 5, с. 116: «продается мука *картофельная* и крупа *картофельная*». ▫ В славянских странах возделывание картофеля началось несколько позже, чем на Западе, и, в частности, в Германии. Славянские названия картофеля восходят, по большей части, к немецким. Ср. нем. (литер.) Kartoffel < Tartoffel < Tartuffel (впервые в 1651 г.). Другие немецкие названия картофеля: диал. Erdapfel (калька с франц. pomme de terre), Grundbirne (> с.-хорв. кр̀ōмпӣр). В немецкий язык слово попало из итальянского. Ср. ит. tartufolo < tartufo (< латин. terrae tuber) — «трюфель» [«картофель» — patata < исп. (с XVI в.) patata < «картофелина»]. В русском языке — из немецкого.

КАРТУЗ, -á, *м.* — 1) «мужской головной убор с твердым козырьком, с околышем», «неформенная фуражка»; 2) *устар.* «мешочек, кулек, пакет для табака и других сыпучих веществ»; 3) *воен.* «мешок, пакет из быстро и бесследно сгорающей ткани, заключающий пороховой заряд для артиллерийской стрельбы». *Прил.* **картузный**, -ая, -ое. Укр. **картуз** — «род фуражки», но **картуша** — воен. «картуз»; блр. **картуз** — «род фуражки» (чаще **шапка**) или как военный термин. В других слав. яз. отс. (как название головного убора или вообще). Ср. чеш. kartuše — воен. «картуз»; польск. kartusz — воен., охот. «картуз», «патронташ». Старшее знач. (на русской почве) — «патрон с пороховым зарядом», отсюда позже — «мешок, кулек из оберточной бумаги с табаком, пудрой и т. п.», с этим знач., державшимся еще в середине XIX в., в словарях — с 1762 г. (Литхен, 265). Ср. у Гоголя в «Ревизоре», 1836 г., д. II, явл. 2: Хлестаков: «Посмотри, там в *картузе* табаку нет?» (СС, IV, 25). Неоднократно встр. в переведенной с голландского «Кн. Устав морск.», напечатанной в 1720 г. параллельно с голландским текстом, не только со знач. «картуз с порохом» [=голл. kardóes (произн. kardús), *pl.* kardóezen] — см. Смирнов, 136. Знач. «род фуражки» появилось к концу XVIII в. Ср. в САР¹, III, 1792 г., 455: *картуз* — «род шапки... употребляемой в дороге». ▫ Заимствовано из голландского (Meulen, NWR, Suppl., 43).

КАРУСЕЛЬ, -и, *ж.* — «вращающаяся (под музыку) площадка для катания по кругу с сиденьями в форме лошадок, зверей (лев, тигр и пр.), лодочек и т. п.». *Прил.* **карусельный**, -ая, -ое. Укр. **карусéль**, **карусéльний**, -а, -е; блр. **карусéль**, **карусéльны**, -ая, -ае. Ср. болг. устар. **карусéл** (обычно **въртележка**); польск. karuzela. Но ср. чеш. kolotoč — тж. (хотя в прошлом слово karusel было известно). В русском языке слово *карусель* известно с Петровского времени со старшим знач. «конные рыцарские игры» и вообще «конные состязания, заменившие турнир». Ср.: «учреждают при короновании... женитбах, *карозелах*, турнированиих... торжествах» (ЗАП I, I, № 370, ок. 1721 г., 358); также и в техническом смысле: «О *карасели* водяном. О ботиках, что кругом вертятца» в собственноручных «Заметках» Петра I, ок. 1718 г. (ib., № 44, с. 56). Со знач. «конные состязания» *карусель* встр. в «Записках» Порошина: «изволил государь пройтить на *карусель*... Сегодня ездили в приготовленном на лугу для оного экзерцирования месте» (запись от 18-VII-1765 г., 348); в другом месте (357) издатель дает объяснение этого слова: «В Европе, с успехами мира, рыцарские турниры сменились *каруселями*... в них приняли участие дамы»; там же (запись от 16-VIII-1765 г., 397) встр. и прил. *карусельный*. Совр. знач. появилось в XIX в. Ср. определение этого слова в словарях 2-й пол. XIX в.: *карусель* — «удовольствие простого народа на масленице и на пасхе, состоящее в катании кругом оркестра, в особо устроенных на площади палатках» (Бурдон — Михельсон 1880 г., 378). ▫ Восходит к франц. carrousel, которое, в свою очередь, — к ит. carosello (произн. *карозéлло*), где оно из арабского языка. Форма *карозел* в Петровское время, м. б., непосредственно из итальянского.

КА́РЦЕР, -а, *м*. — «тесное, темное, лишенное притока свежего воздуха и холодное помещение для временного одиночного заключения, напр., в тюрьмах, учебных заведениях до революции». *Прил.* ка́рцерный, -ая, -ое. Укр. ка́рцер; блр. ка́рцэр; болг. ка́рцер; чеш., польск. karcer. Отм. Кургановым в «Письмовнике», 1777 г., 436. В словарях — с 1804 г. (Яновский, II, 150). Прил. *карцерный* — новое [в словарях — с 1908 г. (СРЯ¹, т. IV, в. 2, 548)]. ▫ Восходит к латин. carcer (< cancer) — «темница», «тюрьма» через немецкий язык (ср. нем. Karzer — «карцер»). К тому же источнику восходит ит. carcere — «тюрьма».

КАРЬÉРА, -ы, *ж*. — «продвижение по служебной линии». Сюда же карьери́ст, карьери́зм. Укр. кар'éра, кар'ери́ст, кар'ери́зм; блр. кар'éра, кар'ерыст, кар'ерызм; болг. карие́ра, кариери́ст, кариери́зъм; с.-хорв. кариjéра, кариjèрист(а), кариjери́зам; чеш. kariera, kariérista; польск. kariera, karierowicz — «карьерист», karierowiczostwo — «карьеризм». В русском языке слово *карьера, ж.* известно с 1-й пол. XIX в. (Кирилов, 1845 г., 104). По-видимому, сначала была возможна и форма м. р.: «Ведь надобно ж служа открыть себе *карьер*» (Хмельницкий, «Воздушные замки», 1818 г., явл. XIV, 38). ▫ Слово французское: carrière, *f*. — «карьера» [и «карьер (лошади)» и др.], заимствованное в свою очередь (в XVI в.), из итальянского языка [carriera — собств. «ипподром», «место для конских бегов (первоначально — состязаний на колесницах)», где оно восходит к латин. carrus (редк. carrum) — «телега», «воз», сначала «колесница» > ит. carro].

КАСÁТЬСЯ, каса́юсь — «слегка дотрагиваться до кого-л., чего-л». *Сов.* коснýться. Ср. болг. книжн. ко́свам (се) — «касаюсь», ко́сна (се) — «коснусь» (Младенов, ЕПР, 252); с.-хорв. ко̀снути (се) — «тронуть», «коснуться», м. б., сюда же относится ка̀сати — (о лошади) «бежать рысью» (ср. рус. *чесать* — «бежать, быстро двигаться»). Ср. также словен. kasniti — «задерживать», zakasniti se — «опаздывать»; чеш. kasati — «засучивать (рукава)», «подбирать (юбку)», вероятно, и kasati se — «хвастаться», «точить зубы на кого-л.»; словац. kasat', kasat' sa — «собираться походом»; польск. kasać się (na co) — «собираться», «покушаться», «стремиться», zakasać — «засучить (рукава)», «приняться за работу»; в.-луж. kasać (so) — «подбирать (платье)», «засучивать (рукава)». В некоторых совр. слав. языках, в частности в укр. и блр., отс. Ср. укр. **торка́тися, дотика́тися**. Др.-рус. (с XI в.) касатися — «касаться», «относиться», коснутися (Срезневский, I, 1198, 1295). Ст.-сл. касати сѧ, коснѫти сѧ. О.-с. *kosnǫti (sę), итератив *kasati (sę). И.-е. корень *kes- : *kos- : *ks- (Pokorny, I, 585). Корень *kos-, тот же, что в рус. *коса* (волосы), *чесать* (см.); лит. kasýti — «скрести», «чесать», kàsti — «копать», «рыть»; латыш. kasît — «сгребать (сено)», «чесать», «скрести», kãst — «процеживать»; др.-сканд. haddr (о.-г. корень *has-) — «волосы женщины»; англ. hards — «пакля», «очески»; греч. χέσχεον (с удвоением корня *kes-) — «очески», «пакля», ξέω (корень *ks-) — «скоблю», «обтесываю»; др.-инд. kṣṇāuti (корень *ks-) — «шлифует (точит)», «заостряет».

КÁСКА, -и, *ж*. — «головной убор специального назначения в виде шлема». *Прил.* ка́сочный, -ая, -ое. Укр., блр. болг. ка́ска; польск. kask, *т*. Но ср. в том же знач.: с.-хорв. ка̀цига, шлѐм; словен. čelada, šlem; чеш. přilba, helma. В словарях — с конца XVIII в. (САР¹, III, 1792 г., 457). ▫ Из французского языка. Ср. франц. (с XVI в.) casque — «каска», заимствованное из испанского языка. В испанском casco значит не только «каска», но и «осколок», «черепок», «череп». Это и были старшие знач. слова на испанской почве. Исп. casco связано по происхождению с глаг. cascar — «разбивать», «дробить».

КÁССА, -ы, *ж*. — 1) «помещение, отделение, место (в учреждении, на предприятии, в магазине и пр.), где выдаются или принимаются и хранятся деньги»; 2) (в типографии) «низкий ящик, разделенный на ячейки, где находятся размещенные по определенной системе наборные знаки одного шрифта». *Прил.* (к касса в 1 знач.) ка́ссовый, -ая, -ое. Сюда же касси́р. Укр. ка́са, ка́совий, -а, -е, каси́р; блр. ка́са, ка́савы, -ая, -ае, каси́р; болг. ка́са, ка́сов, -а, -о, каси́ер; с.-хорв. ка̏са (также бла̏га̏jна, отсюда бла̏га̏jник — «кассир»); польск. kasa, kasowy, -a, -e, kasjer, но kaszta — «наборная касса». Ср. в том же знач.: чеш. pokladna, хотя возможно и разг. kasa, устар. kasír; словен. blagajna. В русском языке раньше встр. *касса* как типографский термин в Описи Моск. Печ. двора 1649 г. (ЧОИДР, 1887 г., кн. 4): «в *касе* слов оловяных (=литер) — весом 3 пуда» (с. 9 и сл.); ср.: «формы и стальные слова» (с. 15). Несколько позже это слово получило распространение в знач. «место хранения денег». Ср. в «Уставе воинском» 1716 г. (ПСЗ, V, № 3006, гл. 15, с. 225) о генерале-кригскомиссаре: «он получает деньги или из казны (или военной *кассы*) или даются ему контрибуции» (в параллельном немецком тексте: Kriegs-Kassa). Было известно в Петровское время и слово *кассир*. Ср. ЗАП I, т. I, № 370, ок. 1722 г., 358: «Обер-геролтмейстер... с... *кассирами*». Позже: Курганов, «Письмовник», 1777 г., 436: *касса*, *кассир*. ▫ Заимствовано, в конечном счете, из итальянского языка, возможно, при чеш. и с.-хорв. посредстве. Ср. ит. cassa — «касса», cassière — «кассир»; франц. caisse — «касса в 1 знач.», casse — «наборная касса»; нем. Kasse («наборная касса» — Setzkasten); англ. cash — «деньги», case — «наборная касса». Первоисточник — латин. capsa — «ларчик», «футляр» (гл. обр. для рукописного свертка), «ящик» > ит. cassa — «ящик», «сундук» > «касса» (из итальянского: франц. casse; нем. Kasse, из франц. casse > англ. case; франц. caisse — из провансальского; польск. kaszta — из нем. Kasten — «ящик», «сундук»).

КАСТАНЬЕ́ТА, -ы, ж. (обычно *мн.* кастаньеты) — «музыкальный ударный деревянный инструмент, трещотки в форме раковин, соединенных шнурком, надеваемые на пальцы рук для прищелкивания во время исполнения музыкального произведения или танца». Укр. кастаньéти; блр. кастан'éты; болг. кастанéти; чеш. kastaněty; польск. kastaniety. В русском языке отм. в словарях с начала XIX в. (Яновский, II, 1804 г., 154: *кастаньет*, м.). ▫ В русском — из западноевропейских языков. Ср. исп. castañuelas, *pl.*, castañetas, *pl.* > франц. (с 1606 г.) castagnettes, *pl.* > нем. Kastagnetten, *pl.* Источник распространения — испанский язык, где это слово (castañetas, *pl.*) восходит к castaño — «каштановое дерево». В Испании кастаньеты сначала вырабатывались из плодов каштанового дерева.

КАСТО́РКА, -и, ж. — «густое масло бледно-желтого цвета, добываемое из семян клещевины (масличного растения, Ricinus communis), используемое в легкой промышленности, в мыловарении, в технике, а в медицине употребляемое как сильнодействующее слабительное». Иначе **касто́ровое ма́сло**. *Прил.* касто́ровый, -ая, -ое. В других слав. яз. отс. Ср. в том же знач.: укр. рици́на; блр. рыцы́на; рици́ново ма́сло; с.-хорв. ри́цинус, ри́цинусно у́ље; чеш. ricinový olej; польск. гусупа, olej rycynowy. В русском языке — со 2-й пол. XIX в. Трудно сказать, когда появилось на русской почве название этого лекарства. В «Кн. Устав. морск.», 1720 г., 847 в списке лекарственных средств, раздел Е с с е н ц и и: *касторис*. В знач. «масло из клещевины» в словарях отм. с 1861 г. (ПСИС, 225; позже Михельсон 1865 г., 273). Даль (II, 1865 г., 711) дает *касторовый* только в сочетании *касторовы шляпы*, *перчатки* — «будто бы из бобрового (речного бобра) пуху» (латин. castor — «бобр»), но в 1880 г. добавляет и название слабительного: *касторовое масло*, *касторка* (Даль², II, 95). В форме *касторка* встр. в рассказе Чехова «Актерская гибель», 1886 г.: «вернулся с бутылкой коньяку и *касторкой*» (СС, IV, 64). ▫ Ср. название касторки в западноевропейских языках: англ. castor oil (при castor — «бобр»), но франц. huile de ricin; ит. olio di ricino; исп. aceite de ricino; нем. Rizinusöl (в торговой номенклатуре также Kastoröl). Первоисточник — греч. καστόριον — «бобровая струя» (выделения, секрет из мешочков речного бобра, употреблявшийся в медицине как сильно возбуждающее средство) > латин. castoreum — тж. От греч. κάστωρ (> латин. castor) — «бобр». В русском языке, вероятно, из английского. Т. о., произошло перенесение названия с одного лечебного средства (из выделений речного бобра — то, что, вероятно, и обозначается в «Кн. Устав морск.» словом *касторис*) на другое лечебное средство (из семян клещевины), которое первоначально называлось *рициновое масло* (< латин. ricinus — «клещевина»); в русском языке это название уже не употр., но отм. еще в словаре иностранных слов 1933 г. (Кузьминский и др., 1038), тогда как в других слав. яз. (см. выше) сохраняется как единственное.

КАСТРЮ́ЛЯ, -и, ж. — «посуда из огнеупорного материала, употр. для приготовления пищи». *Прил.* кастрю́льный, -ая, -ое. Укр., блр. кастру́ля. Ср. чеш. kastrol — тж. В других слав. яз. отс. Ср. в том же знач.: болг. те́нджера (< турец. tencere — тж.); с.-хорв. ше́рпа, ло́нац; польск. rondel (ср. франц. rond — «круглый», rondelle — «диск»). В русском языке известно с Петровского времени. Ср. в «Кн. Устав морск.», 1720 г., 830: *кастроловъ глубоких*» (в голл. тексте castroolen). ▫ Ср. франц. casse и casserole [< casse (< пров.-лат. cassa < вульг.-латин. cattia — «сковорода»)]+role (< латин. rotula — «маленькое колесо»)] — «кастрюля с ручкой». Отсюда нем. Kasserölle — «кастрюля» при ст.-нем. Kastrol.

КАТАВА́СИЯ, -и, ж. — «неразбериха, сопровождающаяся шумом», «беспорядок», «суматоха». В говорах: катава́сица — пск. «драка», «побои» (Даль, II, 711). Укр. катава́сія; блр. катава́сія. В других слав. яз. отс. Ср. в том же знач.: болг. безре́дица, бъркотия; чеш. zmatek, shon. В русском языке слово *катавасия* старое. В словарях, правда, оно отм. в совр. знач. лишь с 1792 г. (САР, III 458). Но как специальное церковное слово, как термин христианского богослужения оно существовало и раньше. Ср. в Грам. митр. Фотия 1419 г.: *катавасия* (Срезневский, Доп., 139). ▫ Восходит к греч. κατάβασις (в позднегреч. произн. katavasis), у Плутарха κατάβασία — собств. «схождение вниз», «спуск». В церковном употреблении — «схождение (спуск) на утрене обоих клиросов на середину церкви перед царскими вратами для пения канонов» (Срезневский, ib.). Ср. у Даля (II, 711): *катавасия* — «ирмосы, коими

385

покрываются песни канона на утрени», в просторечии — «путаница», «неразбериха» (сначала — «путаница, замешательство при исполнении ирмосов обоими клиросами»). [*Ирмосы* (< греч. εἱρμός — «связь», «соединение») являлись дополнением к *канону* (церковному песнопению в честь того или другого праздника или святого, от греч. χανών — «правило», «норма», позже «церковная песнь») и исполнялись обоими клиросами поочередно (*клирос* < греч. χλῆρός — «метание жребия» > «чередование»)].

КАТАКО́МБЫ, катако́мб, *мн.* (*ед.* като́комба почти не употр.) — «подземелье со сводами на обширном пространстве с узкими, длинными ходами (в древнем Риме такие подземелья служили первым христианам местом тайного богослужения, погребений и укрытия)». Укр. **катако́мби**; блр. **катако́мбы**; болг. **катако́мби**; с.-хорв. **катако̀мба**, *ед.*; чеш. katakomby; польск. katakumby. В русском языке отм. в словарях с 1804 г. (Яновский, II, 159). ▫ Ср. франц. catacombes, *pl.*; нем. Katakómben, *pl.* В западноевропейских языках восходит к позднелатин. (IV в.) catacumba, *pl.* catacumbae (> ит. catacomba), как полагают, из *catatumba < греч. *χατα + τύμβος (ср. τύμβος — «могильный курган», «гробница», «надгробная плита»), не без влияния — на латинской почве — глагола -cumbō (ср. accumbō — «ложусь» и др.). См. Walde — Hofmann³, I, 180; Dauzat¹⁰, 148 и др.

КАТАЛА́ЖКА, -и, *ж.*, *устар. прост.* — «тюрьма, помещение для арестантов при полиции (в старой России, особенно в Сибири). Так же укр., блр. В других слав. яз. отс. Ср. в говорах: архангел. **катала́жка** — «носимый за плечами мешок с путевой поклажей (*катала́тью*)» (Подвысоцкий, 64); олон. **катала́ж** — «багаж», «имущество» (Куликовский, 34); колым. **катала́ж** (произн. **катая́ж**) — «поклажа» (Богораз, 65) и т. п. Раньше — у Даля (II, 1866 г., 711): **катала́ж : катала́жка : катала́жная** — волж. «чулан во льяле (низе) расшивы (большое парусное судно на Каспийском море) для держанья снастей и припасов»; «каютка водолива»; новое знач. «арестантская при полиции», «тюрьма»; отсюда **катала́жить** — «шуметь», «кричать», **катала́жный** — «беспокойный». ▫ По всей видимости, вм. *такелаж* [от голл. tákel, takeláge (ge произн. зə) — «такелаж», «снасти»]. Слово *такелаж* > *такалаж* в русском языке употр. с Петровского времени. Встр. в «Кн. Устав морск.», 1720 г., 648, в частности, в форме *такалаж*. Впервые это объяснение предложил Даль (ib.). В последнее время оно подтверждено Мёленом (Meulen, NWR, Suppl., 97—98). Изменение *такелаж : такалаж* > *кателаж : каталаж* вполне возможно [вследствие перестановки слогов и ассимиляции гласных, как, напр., в слове *тарелка*, вм. *талерка* (ср. нем. Teller)]. М. б., при этом влияли и такие слова, как *катавасия*, *катакомбы*.

КАТАЛО́Г, -а, *м.* — «систематизированный, упорядоченный, составленный в определенном порядке перечень книг, музейных экспонатов и т. п.». *Прил.* **катало́жный**, -ая, -ое. *Глаг.* **каталогизи́ровать**. Укр. **катало́г**, **катало́жний**, -а, -е, **каталогізува́ти**; блр. **катало́г**, **катало́жны**, -ая, -ае, **каталагіза́ваць**; болг. **катало́г**, **катало́жен**, -жна, -жно, **каталогизи́рам** — «каталогизирую»; с.-хорв. **катало́г**; чеш. katalog, katalogový, -á, -é, katalogisovati; польск. katalog, katalogować. В русском языке слово *каталог* употр. с XVIII в. Встр., напр., у Ломоносова (ПСС, IX, 466, 1757 г.): «каталог книгам»; позже у Демидова в «Журн. пут.» 1771—1773 гг., 31: «каталог картинам» и др. В словарях — с 1773 г. (Алексеев, ЦС, 129). Другие производные — более поздние. Самое позднее — глаг. *каталогизировать* (СРЯ¹, т. IV, в. 2, 1908 г., с. 581). ▫ Ср. франц. catalogue > англ. catalogue; нем. Katalóg и др. Первоисточник — греч. χατάλογος — «список», «перечень» (напр., кораблей), «учетный список»; ср. χαταλέγω — «перебирать по порядку», «перечислять», «избирать».

КАТА́Р, -а, *м.* — «воспаление слизистой оболочки (напр., носа, бронхов, желудка, кишок)». *Прил.* **катара́льный**, -ая, -ое. Укр. **ката́р**, **катара́льний**, -а, -е; блр. **ката́р**, **катара́льны**, -ая, -ае; болг. **ката́р**, **катара́лен**, -лна, -лно; с.-хорв. **ка̀та̄р**, **катара̀лан**, -лна, -лно : **ка̀тара̄лни**, -а̄, -о̄; чеш. katar, прил. katarální; польск. katar, kataralny, -a, -e. В русском языке слово *катар* известно, по крайней мере, с конца XVII в. Копиевский отм. его в «Номенклаторе», напечатанном в Амстердаме в 1700 г., 39: катар; затем Вейсман, 1731 г., 119: «катар, насморк». ▫ Ср. франц. catarrhe, прил. catarrhal, -e; нем. Katarrh; особенно голл. catárre (конечное e — редуцированный звук), прил. catarráal и др. Первоисточник — греч. χατάρρους — «стекание» (вниз) [ср. χαταρρέω — «стекаю», «теку» (вниз)], «насморк», «катар». Отсюда позднелатин. (III в.) catarrhus.

КАТАСТРО́ФА, -ы, *ж.* «крупное, неожиданно разразившееся несчастье, бедствие», «крушение, сопровождающееся трагическими последствиями». *Прил.* **катастрофи́ческий**, -ая, -ое. Укр. **катастро́фа**, **катастрофі́чний**, -а, -е; блр. **катастро́фа**, **катастрафі́чны**, -ая, -ае. Ср. болг. **катастро́фа**, **катастрофа́лен**, -лна, -лно; с.-хорв. **ката̀стро̄фа**; чеш. katastrofa, katastrofální; польск. katastrofa, katastrofalny, -a, -e. В русском языке слово *катастрофа* известно, по крайней мере, с самого начала XIX в. Яновский (II, 1804 г., 164) отм. его в форме *катастро́ф*, *м.*, но лишь в знач. «заключительная часть (развязка) в классической (греческой) трагедии». Впрочем и в форме *катастро́фа* и, видимо, в переносном смысле это слово уже вошло в употр. в 1-й четверти XIX в. Ср. в рукописном журнале «Лицейский мудрец», 1815 г., № 1: «Вот и *катастрофа!*» («трагическая развязка». — Грот, «Пушкинский Лицей», 264). Вполне в совр. знач. это слово отм. Кирилов, 1845 г., 106. ▫ Ср. франц. (с XVI в.) catastrophe; нем. (с XVII в.) Katastrophe; англ. catastrophe;

ит., исп. catástrofe; также фин. (с.) katastrofi; турец. katastrof и др. Первоисточник — греч. καταστροφή — «переворот», «развязка» (в частности, в театральном знач.), «крушение», «гибель». Отсюда латин. catastropha.

КАТА́ТЬ, ката́ю — 1) *что-л.* «продвигать, заставляя перевертываться», «толкать так, чтобы предмет скользил по поверхности (напр., шар, валёк)»; 2) *кого-л.* «передвигать, возить более или менее быстро, вперед и назад по кругу, ради прогулки или для забавы». *Опред. некратн.* **кати́ть**. [В сев.-рус. говорах **кати́ть лес** — «расчищать лес под пашню» (Даль, II, 714)]. *Возвр. ф.* **ката́ться, кати́ться.** *Сущ.* **като́к, кату́шка, ка́тышек**. Ср. укр. ката́ти, кати́ся но коти́ти — «катить что-л.», «быстро двигать», «колыхать», коти́тися (о чем-л.), като́к (на льду), но кото́к — «каток» (дорожный), «катушка» (для ниток), коту́шка; блр. ката́ць (кого-л.), ката́цца — «совершать прогулку», но кача́ць — «катать» (мяч, шарик, белье), като́к, катылёк; словен. kotati (что-л.) — «перекатывать», «кувыркать»; чеш. kotiti — «перевертывать», «заставлять падать», «опрокидывать», kotiti se — «переворачиваться», «кувыркаться», итератив káceti; словац. prekotit' — «опрокинуть», prekotit'sa — «опрокинуться», отсюда prekot — «кувырок»; польск. устар. kocić się (Brückner, 242) — «валяться»; ср. pokotem leżeć — «лежать вповалку». Срезневский (I, 1300) дает лишь одну цитату из Нест. Бор. Гл. XIV в.: «златии колци... *кочишися* (испр. *кочьшися*) легоста у раки святою» [«покатившись (м. б., подпрыгивая?) легли»]. ▫ О.-с. корень *kot-: *kotiti, итератив *katati. На русской почве форма корня с *а* (kat-) получила распространение за счет формы с *о* (kot-). Старшее знач. лучше сохранилось в словенском и зап.-слав. яз. Но вообще говоря, происхождение этого глагола неясно. Махек (Machek, ES, 227) сопоставляет с др.-инд. śatáyati — «переворачивает», «опрокидывает», несмотря на то, что начальное ś здесь, казалось бы, должно восходить к и.-е. k'. Не менее вероятным, по нашему мнению, можно считать и другое предположение, что и.-е. корнем здесь является *skēt-: *skət- — «прыгать», «скакать» (и.-е. s- в начале слова перед согласным часто обнаруживает неустойчивость). Ср. ст.-лит. skásti — «прыгать», совр. лит. suskàsti — «приниматься» (за что-л.), «браться»; латин. scat(e)ō — «бью ключом» (ср. Walde — Hofmann³, II, 491; Pokorny, I, 950).

КАТАФА́ЛК, -а, *м.* — «погребальная колесница с соответствующими траурными украшениями»; «возвышение (помост) с гробом покойного в церкви или в помещении, где происходит панихида». *Прил.* **катафа́лочный**, -ая, -ое. Укр. и блр. **катафа́лк**; болг. **катафа́лка**, *ж.*; с.-хорв. **катафа́лк**; чеш., польск. katafalk. В русском языке слово *катафалк* известно, м. б., с начала XVIII в. Ср. у Куракина («Архив», I, 215, 1707 г.): «служили обедню, а потом церемонию, как мертвых отпевают, и с того *катофалку*... роздавано было свечи большие восковые». Но в XVIII в. встр. очень редко. Позже *катафалк* (им. ед.) — у Демидова. («Журн. пут.», 1771—1773 гг., 42). Отм. в ПФРЛ 1786 г., I, 164. ▫ Из западноевропейских языков. Ср. франц. (с 1690 г.) catafalque — тж. (< ит. catafalco). Из французского — нем. Katafálk. Первоисточник неясен, но полагают (см. Bloch — Wartburg², 200), что франц. catafalque этимологически связано с échafaud (см. *эшафот*), ст.-франц. chafaud — «помост» (< нар.-латин. catafalicum, от fala — «возвышение», «высокий помост», «деревянная осадная башня» с приставкой cata- греческого происхождения).

КА́ТЕР, -а, *м.* — «небольшое легкое судно, гл. обр. для коротких поездок». *Прил.* **ка́терный**, -ая, -ое. Укр. ка́тер; блр. ка́тэр; болг. ка́тер. Ср. польск. kuter — тж. Но ср. в том же знач.: с.-хорв. ча́мац; чеш. motorový člun. В русском языке слово *катер* известно с Петровского времени. Встр. в документах 1717—1720 гг. (МИМД, 39). ▫ В русском — из языков германской группы. Первоисточник — англ. cutter (произн. 'kлtə — «резчик», «резец» и «катер» (от cut — «резать», «кроить»), отсюда нем. Kutter, дат., норв. kutter и др.; ср. голл. kotter — «тендер» (тип парусного одномачтового судна).

КА́ТОРГА, -и, *ж.* — «тяжелые принудительные работы для осужденных в условиях сурового режима, в отдаленной местности». *Прил.* **ка́торжный**, -ая, -ое. *Сущ.* **каторжа́нин, ка́торжник**. Укр. ка́торга, ка́терга, ка́торжник [устар. ка́терга, ка́тержный, -а, -е (Гринченко, II, 225)], каторжа́нин, ка́торжник; блр. ка́тарга, ка́таржны, -ая, -ае, катаржа́нін, ка́таржнік. В других слав. яз. возможно лишь как русизм: болг. като́рга, като́ржен, -жна, -жно, като́ржник; ср. польск. katorga, katorżniczy, -a, -e, katorżanin. Ср. с.-хорв. гàлија — «галера» и «каторга», ро̀бија — «каторга»; чеш. galeje, nucené práce — «каторга». Др.-рус. (с XV в.) **катарга** — «гребное трехпарновесельное судно», «трирема», «большая лодка», «галера». Напр., в Никон. л. под 6961 (1453) г.: «Зустунеа прииде ко царю на помощь на дву кораблехъ и на дву *катаргахъ*» (ПСРЛ, XII, 85), «по морю придвинувше корабли и *катарги* многиа» (ib., 92), «в Зустуниевыхъ корабляхъ и *катаргахъ*» (ib., 96) и др. Прил. *катаржный* — более позднее, известно с XVII в. Ср. в «Космографии» 1670 г. (331): «пристанища, одно кораблёное, другое *катаржное*». В знач. «относящийся к каторге как мере наказания» — с начала XVIII в. Ср. выражение «*каторжная* работа» в «Кн. Устав морск.», 1720 г., 748 (в голландском тексте — galeye — «галеры»). Ср. о прокуроре Адмиралтейской Коллегии: «Ежели... просмотрел, то от трех до пяти лет на *катаржню* работу сослан будет» (ЗАП I, т. I, 321, начало 20-х гг. XVIII в.). Другие производные — более поздние, причем *каторжник* появилось раньше, во 2-й пол. XVIII в. (РЦ 1771 г., 199), чем *каторжанин* (в словарях отм. с начала 900-х гг. — Даль³, II, 1905 г., 244). ▫ Слово позднегреческое: χάτεργον — «дело», «работа» (ср. ἔργον — тж.). Знач. «каторга как суровое наказание» развилось также на позднегреч. почве. Ср. новогреч. χάτεργον — «каторга», «каторжные работы». В русском языке *каторга* — из *катерга вследствие межслоговой ассимиляции гласных. Форма ж. р. на *а* — под влиянием *лодья*, *лодка* и других названий судов на *а*. Форма с *о* вм. *а* в неударенном положении — явление орфографическое (как в *овод* вм. *овад*). В «Рукоп. лексиконе» 1-й пол. XVIII в. даются формы только с *о*: 1) *каторга* («галера», «судно»?); 2) *каторга* — «вечная работа», *каторжный* (Аверьянова, 138).

КАУЧУ́К, -а, *м.* — «эластичный материал, получаемый из млечного сока некоторых каучуконосных растений, употр. для изготовления резины». *Прил.* каучу́ковый, -ая, -ое. Укр. каучу́к, каучу́ковий, -а, -е; блр. каучу́к, каучу́кавы, -ая, -ае; болг. каучу́к, каучу́ков, -а, -о; с.-хорв. ка̀учук, ка̀учуков, -а, -о, ка̀учуковӣ, -а̄, -о̄. В русском языке слово *каучук* известно с 1-й пол. XIX в. В словарях — с 1847 г. (СЦСРЯ, II, 167). ▫ Ср. франц. (с 1736 г.) caoutchouc > англ. caoutchouc; нем. Kautschuk; исп. caucho; ит. cauccíú и др. Первоисточник — тупи-гуарани каучу(к) (из кау — «дерево» и учу — «плакать», «течь») и близкие по звучанию слова в индейских диалектах Эквадора, Перу, Бразилии. Первые образцы каучука были доставлены в Париж из Кито (нынешней столицы Эквадора) в 1738 г. В Европе источник распространения — французский язык и отчасти испанский.

КАФЕ́, нескл., *ср.* — «закусочная или небольшой ресторан, где можно получить кофе, чай и другие напитки, а также холодные и горячие закуски». Укр. кафе́ (при ко́фе — «кофе»); блр. кафэ́ (при ко́фе — «кофе»). Ср. болг. кафене́ — «кофейня» > «кафе» (при кафе́ — «кофе»); с.-хорв. ка̀фана — «кофейня», «ресторан» (при ка̀фа — «кофе»); чеш. kavárna — «кафе» (при káva — «кофе»; но kafírna — «кофейня»); польск. kawiarnia — «кофейня» > «кафе» (при kawa — «кофе»). В русском языке слово *кафе* (в знач. «род ресторана») известно с 40-х гг. XIX в. Ср. у Панаева в очерке «Петербургский фельетонист», 1841 г.: «за ужином в каком-нибудь *кафе*-ресторане» (Избр., 153). В словарях — с 60-х гг. (Толль, НС, II, 1864 г., 429). ▫ Из западноевропейских языков. Ср. франц. café, *т.* — «кафе» и «кофе» > нем. Café, *n.* [также Káffeehaus; но «кофе» — Káffee, *т.*]; англ. café — «кафе», но coffee — «кофе»; ит. caffè — «кафе» и «кофе»; исп. café — тж. Ср. турец. kahve — «кафе» и «кофе». Но, напр., кит. кафэйдянь — «кафе» (при кафэй — «кофе»). След., *кафе* и *кофе* происходят от одного и того же слова. В русском языке *кафе*, как и в нем., англ. и некоторых других, из французского, где знач. «кафе» развилось из знач. «кофейня» (первое *кафе* во Франции было открыто в Марселе в 1654 г.). Во французском из итальянского (см. *кофе*).

КАФЕ́ДРА, -ы, *ж.* — 1) «соответствующим образом оформленное возвышение, с которого читают лекции, доклады, выступают с речами и пр.»; 2) «объединение преподавателей какой-л. отрасли науки в высшей школе». *Прил.* кафедра́льный, -ая, -ое. Укр. ка́федра, кафедра́льний, -а, -е; блр. ка́федра, кафедра́льны, -ая, -ае. Ср. болг. кате́дра, катедра́лен, -лна, -лно; с.-хорв. катѐдра; чеш. katedra; польск. katedra, katedralny, -a, -e. В русском языке слово *кафедра* в знач. «место, с которого читаются лекции и пр.» известно с XVIII в. Курганов («Письмовник», 436) дал это слово с объяснением «поучилище». Яновский (II, 1804 г., 176) отм. его и с совр. знач. Ср. позже у Пушкина в стих. «Красавице, которая нюхала табак», 1814 г.: «седой профессор Геттингена / На старой *кафедре* согнувшийся дугой» (ПСС, I, 44). Сначала это слово вошло в употр. в западноевропейской форме, с *т* после *ка* (Вейсман, 1731 г., 477: «катедра, амвон»). ▫ С *т* слово, по-видимому, из латинского языка. Ср. (также из латинского) нем. Kathéder, *т.*; ит. càttedra; исп. cátedra. Первоисточник — греч. χαθέδρα — «сиденье, стул или скамья» (ср. ἕδρα — тж., χ ἕδος — тж.; ср. ἕζω — «сажаю»). Отсюда латин. cathedra — «стул, кресло, место сидения» > «сидячее положение» (> «сидение без дела»). Трудно сказать, произносилось ли *каѳедра* (с фитой), только с *ѳ* (в отдельных случаях фиту, употреблявшуюся в заимствованных из греческого словах, читали и как *т*). Если слово *каѳедра* произносилось с *ѳ*, то тогда можно считать, что в современном произношении это слово было известно уже в XVII в., поскольку оно встр. в «Проскинитарии» (1654 г.) Арсения Суханова (Фасмер, ГСЭ, III, 83).

КА́ФЕЛЬ, -я, *м.* — «кирпич, облитый с лицевой стороны глазурью», «изразец». *Прил.* ка́фельный, -ая, -ое. Укр. ка́хель: ка́хля, ка́хельний, -а, -е; блр. ка́фля, кафля́ны, -ая, -ае; болг. ка́хла, ка́хлен, -а, -о; чеш. kachel, kachlový, -á, -é; польск. kafel : kafla, kaflowy, -a, -e. В русском языке с 1-й пол. XVIII в., причем сначала в форме ж. р. и с *х* вм. нынешнего *ф*: кахля [Вейсман, 1731 г., 455: «Ofenkachel — кахля, изразец печной»; в другом месте (324) нем. Kachel переводится словами *изразец*, *скудель*]. Совр. форма (*кафель*, *м.*) установилась лишь к началу XX в. ▫ Ср. нем. Kachel, *f.* — «изразец», «плитка», kacheln — «топить печь» (ср. др.-в.-нем. kachala — «глиняный горшок», «печной кафель»). В немецком языке Kachel, как полагают, — из латинского, хотя латинский источник указать не просто (м. б., нар.-латин. *caccalus (при классич. латин. caccabus — «сосуд», «горшок». Из немецкого — голл. kachel, *f.* — «печь», «печка». Очень возможно, что в русском языке это слово из голландского.

КАФ

КАФТА́Н, -а, *м.* — «старинная длиннополая верхняя мужская одежда». *Прил.* кафта́нный, -ая, -ое. Укр. капта́н; блр., болг. кафта́н; с.-хорв. ка̀фтан — «халат (восточная верхняя одежда)»; чеш., польск. kaftan. В русском языке слово *кафтан* употр. с XV—XVI вв. Встр. к «Хожении» Аф. Никитина (XV в.) по Троицк. сп.: «въздевают на собя... *кавтан*» (л. 373 об.), «да на султане *ковтан*» (л. 385); с *ф* — с XVI в. (Срезневский, I, 1200) и в более поздних памятниках. Форма с *о*, возможно, не только орфографическая. □ Ср. франц. (с XVI в.) caftan : cafetan; нем. Kaftan; ит. caffet(t)ano и др. Ср. швед. kaftan — «священническая одежда», «ряса». В русском языке заимствовано (как и в западноевропейских) с Востока. Первоисточник — перс. хāфтан — «куртка, кафтан на вате, надевавшийся под воинские доспехи» (Б. Миллер, 195); ḫaftān «одежда из парчи или шелка... с поясом и с рукавами длиннее рук» (Lokotsch, § 774). Слово издавна распространено на Востоке. Ср. араб. quftān (Wehr², 697); турец. kaftan : kuftan и др.

КА́ЧЕСТВО, -а, *ср.* — «степень ценности, добротности, пригодности»; «(положительное или отрицательное) свойство»; «существенные признаки, особенности, отличающие один предмет или явление от других». *Прил.* ка́чественный, -ая, -ое. Болг. ка́чество, ка́чествен, -а, -о. В других слав. яз. отс. Ср. в том же знач.: укр. я́кість; с.-хорв. квалите́т; словен. kakovost; чеш. kvalita, jakost, vlastnost; польск. jakość, własność. Др.-рус. (с XI в.) качьство (Изб. 1073 г. — Срезневский, I, 1201). Позже неоднократно (как и **количьство**) встр. в разного рода толкованиях «неудобь познаваемомъ рѣчемъ» XIV в. и более поздних (см. М. Ковтун, 421 и др.). □ Производное от *как, какый*. По всей видимости, из старославянского языка, а там — калька с греч. ποιότης — «качество», ποῖος — «какой», «что за», подобно латинскому quālitas — «качество» при quālis — «какой».

КА́ША, -и, *ж.* — «род пищи: кушанье из крупы, сваренной до густоты на воде или на молоке». *Уменьш.* ка́шка. *Сущ.* ка́шица — «жидкая каша»; ка́шка — название нек. растений с мелкими цветочными пучком (тысячелистник, трилистник, донник и др.). Укр. ка́ша; блр. ка́ша; болг. ка́ша; словен. kaša; чеш. kaše; словац. kaša. Ср. с.-хорв. ка̀ша — не только «каша», но гл. обр. «болтушка (из муки на воде или молоке)», а также «крупа»; польск. kasza — тж. и «крупа»; в.- и н.-луж. kaša — «кашица», «месиво», «навозная жижа», «гной». Др.-рус. *каша* — тж., напр., в «Хожении» Аф. Никитина по Троицк. сп. XVI в., л. 378 об.: «индеяне... на дорозѣ кто не собѣ варить *кашу*, а у всякого по горньцу» (по горшку). Срезневский (I, 1201) отм. более редкий случай в Новг. I л. под 6747 (1239) г.: «Оженися князь Олександр... вѣнчася в Торопчи; ту *кашу* чини» (пир)»; ср. у Даля (II, 715): *каша* — старин. «обед после свадьбы у молодых». О почитании

КАШ

каши (особенно пшенной) на русском Севере Архангельской обл., о ритуальном значении каши см. у Подвысоцкого большую статью **каша** (64), а также статью о предсвадебном обряде **красова́нье** (74). □ Ср. лит. kóšti — «цедить», «процеживать»; латыш. kãst — тж. Зубатый (Zubatý, SČ, I : 2, с. 100), считающий эти слова родственными о.-с. *kaša (< *kas-j-a), приводит параллель из литовского языка: týrė — «каша», «кашица» при týras — «чистый» (< «процеженный»).

КА́ШЕЛЬ, -шля, *м.* — «рефлекторное, короткими толчками шумное выдыхание, обычно с отхаркиванием, вызываемое чаще всего раздражением органов дыхания». *Глаг.* ка́шлять. Укр. ка́шель, ка́шляти; блр. ка́шаль, ка́шляць. Ср. болг. ка́шлица, ка́шлям — «кашляю»; с.-хорв. ка̏шаљ, ка̏шљати; словен. kašelj, kašljati; чеш. kašel, kašlati; словац. kašel', kašlat'; польск. kaszel, kaszlać : kaszleć; в.-луж. kašel, kašleć; н.-луж. kašel, kašliś. Ср. в «Ист. иуд. в.» Флавия, л. 562: «бысть ему *кашель* золъ» (Мещерский, 241). Срезневский (I, 1201) цитирует Феодосия Печерского: «къ *кашлю*». Ср. у Р. Джемса (РАС, 1618—1619 гг., 36 : 9): caushla (ж.?) — «the koffe» (=совр. англ. cough). Глаг. *кашлять* появился, видимо, позже: в словарях с 1704 г. (Поликарпов, 143). □ О.-с. *kaš(ь)ljь [из *kasljь, как *myšlj- < *myslj-; корень *kas-; суф. -(ь)l-]. Ср. лит. kóseti — «кашлять», kosulỹs — «кашель»; латыш. kãsēt — «кашлять»; др.-в.-нем. huosto (совр. нем. Husten); др.-сканд. hosti (дат., норв. hoste, швед. hosta); кимр. (вал.) pas — «коклюш»; бретон. pas — «кашель»; ирл. casachtach; др.-инд. kāsate — «кашляет» (ср. хинди кхāс'нā — «кашлять»). И.-е. звукоподражательный корень *kʷās- (: *qās-; на герм. почве *hwās-), расширитель -t-. Подробнее — Pokorny, I, 649.

КАШНЕ́, нескл., *ср.* — «шарф, надеваемый на шею под пальто». Укр. кашне́; блр. кашнэ́ (и ша́лік из польск.); болг. кашне́. В других слав. яз. редкое. Ср. в том же знач.: чеш. šálka; польск. szalik, chustka na szyję. В русском языке — с середины XIX в.: ПСИС 1861 г., 227, позже Даль, II, 1866 г., 716 (с толкованием «носопрятка»). □ Восходит к франц. (с XVI в.) cache-nez (от cacher — «прятать» и nez — «нос»; ср. более позднее, с конца XIX в. образование pince-nez — «пенсне»). Отсюда же нем. Cachenez и др.

КАШТА́Н, -а, *м.* — «дерево семейства буковых, произрастающее в условиях теплого и влажного климата», Fagus Castanea; «плод этого дерева». *Прил.* кашта́новый, -ая, -ое. Укр. кашта́н, кашта́новий, -а, -е; блр. кашта́н, кашта́навы, -ая, -ае. Ср. чеш. kaštan, kaštanový, -á, -é; польск. kasztan, kasztanowy, -a, -e. Ср. в том же знач.: болг. ке́стен; с.-хорв. ке̏сте̄н; словен. kostanj (из турец. kestane). В русском языке слово *каштан* известно с XVII в. Неоднократно встр. в «Космографии» 1670 г. (300 и др.). В словарях *каштан, каштановое дерево* отм. с 1700 г. (Копиевский, «Номенклатор», 65, 66; также Поликарпов, 1704 г., 143). ▫ В русском языке *каштан* восходит к нем. Kastánie, *f.* (прост. Kastane) — «каштан» (плод), Kastánienbaum — «каштан» (дерево). В немецком — из латинского [castanea (nux) — «каштан» (nux — «орех»)], а там из греческого (χάσταυα, pl. — «каштаны»). В греческом из Малой Азии. Ср. ит. castagno (дерево), castagna (плод); исп. castaño (дерево), castaña (плод); франц. châtaignier (дерево), châtaigne (плод) и др.

КАЮ́ТА, -ы, *ж.* — «небольшое помещение на морском или речном судне для пассажиров или лиц командного состава». Укр., блр., болг. каю́та; чеш., польск. kajuta. Но ср. с.-хорв. (**бро́дска**) **каби́на** — тж. В русском языке слово *каюта* известно с начала XVIII в., причем ранние примеры иногда в форме м. р. («х *каюту*» в ПбПВ, V, № 1658, 1707 г., 172). Неоднократно встр. в «Кн. Устав морск.», 1720 г.: в своем *каюте*» (в параллельном голландском тексте: cajuyt); 164; также 498 и др. (у Смирнова, 138, ссылка на издание без голл. текста); в ПбПВ, III, 320, 1705 г. (отм. Christiani, 40). См. также МИМД, 60 и др. (1717— 1720 гг.). ▫ Заимствовано, м. б., из голландского языка. Ср. голл. kajúit, *f.* Или из шведского (ср. швед. kajuta — тж.), где оно из нижненемецкого. Ср. нем. Kajüte, *f.* — тж. В германских языках — из французского. Ср. франц. cahute — «хижина», «халупа», от франц. hutte (< нем. Hütte), с французским префиксом ca-.

КА́ЯТЬСЯ, ка́юсь — «испытывая угрызения совести или будучи уличенным в чем-л., признавать свою вину», «сожалеть о совершенном поступке». *Сущ.* (только с приставками) **покая́ние**, **раска́яние**. Укр. **ка́ятися**, **каятти́**, **пока́ння**, **розка́яння**; блр. **ка́яцца**, **пака́янне**, **раска́янне**; болг. **ка́я се** — «каюсь», **покая́ние**, **разка́яние**; с.-хорв. **ка̀jati se** — «каяться» (ср. **ка̀jati** — «мстить», «сожалеть»), **покаjа̑ње** — «раскаяние»; словен. устар. kajati se — «каяться»; чеш. káti se — тж., pokání — «покаяние»; словац. kajať sa, kajanie sa — «раскаяние»; польск. kajać się — «каяться», kajanie się — «покаяние»; в.-луж. kać so — «каяться», kaće — «раскаяние». Др.-рус. (с XI в.) **каяти** — «порицать», **каятися** — «каяться», **каяние** — «покаяние», **раскаяние** (Срезневский, I, 1202; Доп. 139, 238). Кроме того, **каятися** — в Изб. 1076 г., 196, 248 об. Ст.-сл. кмѫти см. ▫ О.-с. *kajati (sę). И.-е. корень *kʷe(i)- : *kʷoi-, тот же, что в о.-с. *cěna (с ě из oi). Значение и. корня довольно расплывчатое — «почитать», «ценить», «бояться», «наказывать», «мстить», «каяться» и др. Ср. лит. káina — «цена»; греч. ποινή — «возмездие», «наказание», «кара», «пеня за убийство», «выкуп»; авест. (основа) kāy- — «воздавать», «каяться» (в грехах), (основа) kaēnā- — «наказание», «покаяние»; др.-инд. cáyate — «мстит» (подробнее — Pokorny, I, 636—637).

КВАДРА́Т, -а, *м.* — «равносторонний прямоугольник», «четырехугольник с равными сторонами, соединенными под прямым углом». *Прил.* **квадра́тный**, -ая, -ое. Укр. **квадра́т**, **квадра́тний**, -а, -е; блр. **квадра́т**, **квадра́тны**, -ая, -ае; болг. **квадра́т**, **квадра́тен**, -тна, -тно; с.-хорв. **квадра́т**, **квадра́тан**, -тна, -тно : **ква̀дра́тнӣ**, -а̑, -о̑; чеш. kvadrát, kvadratický, -á, -é; польск. kwadrat, kwadratowy, -a, -e. В русском языке слово *квадрат* известно с начала XVIII в. (Смирнов, 138). Но, возможно, оно было известно и раньше. Срезневский (I, 1202) отметил квадратум (среди других латинизмов) уже в новгородской Геннад. библ. 1499 г. Прил. *квадратный* отм. Нордстетом (I, 1780 г., 288). ▫ Восходит, в конечном счете, к латин. quadrátum (от quadrō — «делаю что-л. четырехугольным»), далее — к qua(t)tuor — «четыре». В Петровское время, м. б., из голландского языка (kwadráat).

КВА́КАТЬ, ква́каю — (о лягушках) «производить звук, похожий на ква-ква». В говорах — также о птицах, особенно утках. Ср. **ква́ква** — астрах. «род цапли» и др. (Даль, II, 717). Укр. **ква́кати**; блр. **ква́каць**; болг. **ква́кам**; словен. kvakati; чеш. kvákati; словац. kvákat' (не только «квакать», но и «каркать»); польск. kwakać; в.-луж. kwakać. Ср. с.-хорв. **крекѐтати** — «квакать» (о лягушках) и «стрекотать» (о сороках). В русском языке глаг. *квакать* известен, по-видимому, с давнего времени. В словарях — с 1731 г. (Вейсман, 480). ▫ Ср. нем. quaken — «квакать», «крякать»; голл. kwaken — тж.; др. и совр. исл. kvaka — «щебетать», «чирикать»; англ. quack — «крякать» (об утках); латин. coaxō — «квакаю»; греч. κόαξ — «ква» (в комедии Аристофана «Лягушки»). И.-е. *kᵘak- — о лягушках и утках (Pokorny, I, 627).

КВАРТА́Л, -а, *м.* — 1) «три месяца, четвертая часть года»; 2) «часть города, ограниченная улицами с четырех сторон»; в дореволюционной России — «полицейский участок, отделение полиции, в ведении которого находился большой квартал или несколько кварталов». *Прил.* **кварта́льный**, -ая, -ое. Укр. **кварта́л**, **кварта́льний**, -а, -е; блр. **кварта́л**, **кварта́льны**, -ая, -ае; болг. **кварта́л** — «часть города» (но **триме́сечие** — «четверть года»), **кварта́лен**, -лна, -лно; чеш. kvartál — «четверть года», прил. kvartální; польск. kwartał — «четверть года», kwartalny, -a, -e. Ср. с.-хорв. **кварт** — «(городской) квартал», «полицейский участок», **ква̀ртовскӣ**, -а̑, -о̑. В русском языке слово *квартал* известно с конца XVIII в. (САР¹, III, 1792 г., 493, здесь же прил. *квартальный*). В русский язык попало, вероятно, из немецкого. Ср. нем. Quartál — «четверть года», которое, в свою очередь, восходит к позднелатин. quartale — «четверть», от quartus — «четвертый».

КВАРТЕ́Т, -а, *м.* — «инструментальный или вокальный ансамбль, состоящий из четырех исполнителей (музыкантов или певцов)»; «музыкальное сочинение для такого ансамбля». *Прил.* **кварте́тный**, -ая, -ое. Укр. **кварте́т**, **кварте́тний**, -а, -е; блр.

КВА

квартэ́т, квартэ́тны, -ая, -ае; болг. квартéт, квартéтен, -тна, -тно; с.-хорв. квàртèт; чеш. kvarteto, kvartetový, -á, -é, kvartetní; польск. kwartet, kwartetowy, -a, -e. В русском языке слово *квартет* как музыкальный термин употр. с конца XVIII в. Встр. в «Карм. кн. на 1795 г.», 21. В словарях отм. с 1804 г. (Яновский, II, 186). ▫ Слово итальянское: quartetto. Отсюда: франц. (с 1842 г.) quartetto, (с 1869 г.) quartette (обычно quatuor); нем. Quartétt; англ. quartet(te). В итальянском — уменьш. от quarto — «четвертый» («четыре»). Сокращение ит. слова, такое же, как в немецком и английском, могло произойти и на русской почве. В некоторых западноевропейских языках это слово появилось позже, чем в русском языке.

КВАРТИ́РА, -ы, ж. — «жилое помещение, составляющее отдельную часть дома и состоящее из одной или (чаще) нескольких комнат, с отдельным входом и подсобными помещениями»; (обычно *мн.*) «стоянка воинской части в населенном пункте». *Прил.* квартирный, -ая, -ое. *Сущ.* квартира́нт. *Глаг.* квартирова́ть. Укр. кварти́ра, разг. кват́ира, кварти́рний, -а, -е, квартира́нт, квартирува́ти; блр. ква́тэра, ква́тэрны, -ая, -ае, кватара́нт, катарава́ць; болг. квартира, квартира́нт, квартиру́вам — «квартирую»; с.-хорв. квàртр̑ (чаще стан), квàрти́рник — «квартирант»; польск. kwatera — гл. обр. воен. (обычно — mieszkanie). Ср. в том же знач.: словен. stanovanje, stan; чеш. byt. Слово *квартира* (: *квартера*, *квартера*) часто встр. с неустойчивым знач. с Петровского времени. Кроме примеров, отмеченных Христиани (Christiani, 16) и Смирновым (139), сюда относятся: *кватеры* (речь идет о размещении воинских частей), ПбПВ, VIII, 216, 1708 г.; ср. в «Уставе воинском» 1716 г.: «прочие *квартиры* капитанам» (ПСЗ, V, 255). Но в «Архиве» Куракина (IV, 49, 1711 г.): «король датский *квартир* не взял и иными налогами не отготил». В совр. знач. — «Расходах из Кабинетных денег 1717 г.: «за *квартиру*, на которой е. в. изволил ночевать» (СВАБ, II, № 10, с. 84 и др.). Любопытно, что в форме *фатер(а)* < *квартера* (ср. в южн.-влкр. говорах фатера, как и фитанция вм. *квитанция*) это слово, по-видимому, было известно (м. б. < польск. kwatera) еще в начале XVII в. По словам Конрада Бусова (Busso : Bussow) в книге «Московская хроника 1584—1613 гг.», гл. IV, 236, Лжедмитрий назвал *квартирой своей матери* («seiner Mutter *Vater*») палаты в Кремле, построенные для матери царевича Дмитрия (в русском тексте на с. 110 это место переведено неточно: «назвал монастырем (!) своей матери»). Смирнов (140) мн. глаг. *квартировать*, но ошибочно, так как прич. *квартирующий* в ПСЗ, V, на которое он ссылается, встр. лишь в заглавном тексте к № 3126, принадлежащем издателям ПСЗ. Этот глагол появился позже. Встр. у Пушкина в романе «Дубровский», 1832—1833 гг., гл. X (ПСС, VIII, 197). В словарях —

КВА

с 1835 г. (Соколов, I, 1125). Прил. *квартирный* также довольно позднее (в словарях — Нордстет, I, 1780 г., 288). Самым поздним по времени появления в словарях считают слово *квартирант* (СРЯ¹, т. IV, в. 3, 1909 г., 700). ▫ Ср. нем. Quartíer, *n.*; франц. quartier, воен. (обычно logement); в том же знач.: англ. quarters, *pl.*; ит. quártiere. В русском языке из немецкого, в немецком из французского, где оно, в конечном счете, восходит к латин. quartus — «четвертый», «четвертая часть чего-л.». В Петровское время это слово могло быть заимствовано как из немецкого языка (Quartíer), так и из голландского (kwartíer). Немецкое и голландское слова восходят к франц. quartier — «четверть», «четвертая часть чего-л.» (в данном случае — «участок, квартал или кварталы, предназначенные для воинского постоя»); отсюда позже развилось знач. «жилище вообще», «помещение».

КВАРЦ, -а, *м.* — «минерал, входящий в состав очень многих твердых горных пород, представляющий собою в кристаллической форме окись кремния (кремнезема), в чистом виде — бесцветный, с примесями — разнообразных цветовых оттенков». *Прил.* ква́рцевый, -ая, -ое. Укр. кварц, ква́рцовий, -а, -е; блр. кварц, ква́рцавы, -ая, -ае; болг. кварц, ква́рцов, -а, -о; польск. kwarc : kwarzec, kwarcowy, -a, -e. Ср. в том же знач. чеш. křemen. В словарях слово *кварц* отм. с 1792 г. (САР¹, III, 494). Но, конечно, оно было известно и раньше; в трудах по минералогии 40-х гг. XVIII в. У Ломоносова — только в форме *кварц* (ПСС, V, 190); в современных ему трудах в этой области других русских ученых встр. также в форме *гварц* (ib., 101). ▫ В русском, как и в других европейских языках (франц. quartz и др.), из немецкого. Но этимология немецкого Quarz (известного с XIV в.) не совсем ясна. Полагают, однако, что оно славянского происхождения и восходит к чешскому горняцкому термину от корня *tvrd* — «твердый», «жесткий» [м. б., tvŕz (< *tvrd-j-a) — «твердыня», «крепость» (> «твердая горная порода»)]. Такого же (чешского) происхождения некоторые немецкие горняцкие термины, напр., Düse — «сопло», «форсунка», «насадка» > чеш. duše (Paul⁵, II, 463).

КВАС, -а, *м.* — «русский напиток из кваше́ной ржаной муки или из печеного ржаного хлеба со ржаным или ячменным солодом». *Прил.* квасно́й, -а́я, -о́е. Укр. квас, квасни́й, -а́, -é; блр. квас, ква́сны, -ая, -ае. В других слав. яз. слово *квас* в знач. «русский напиток» употр. лишь как русизм. Но ср. болг. квас — «закваска», «дрожжи»; с.-хорв. квȃс — тж., квȃсан, -сна, -сно: квáснӣ, -ā, -ō «квашеный», «кислый»; словен. kvas — тж., kvasen, -sna, -sno; чеш. kvas — «закваска», устар. «пир», kvasný, -á, -é — «бродильный», «дрожжевой»; словац. kvas — «закваска», «брожение», «фермент», устар. «пирушка», «угощение», kvasný, -á, -é — «бродильный»; польск. kwas — «кислота», «закваска», kwaśny, -a, -e — «кислый»; в.-луж. kwas — «свадебный пир», kwasny, -a, -e — «свадебный», «относящийся к свадебному пиру», «праздничный». Др.-рус. квасъ — «особый кислый напиток» (Пов. вр. л., Введение и далее под 6504 г. и др.), (с XI в.) «закваска», «кислота», позже «попойка», квасьный — «кислый», «квашеный» (Срезневский, I, 1202—1203). ▫ О.-с. *kvasъ, корень *kvas-. Абляут к *kys- (*kysnǫti, *kyslъ, -a, -o). И.-е. основа *ku̯at-s(o)- : *kūt-s(o)- (с ассимиляцией ts > s на славянской почве). Ср. гот. ƕaþō — «пена», «накипь», ƕaþjan — «пениться»; швед. диал. hvā (< hvada) — «пена»; др.-инд. kváthati — «кипит»; несколько дальше отстоит латин. cāseus (основа *ku̯at-so-) — «сыр». Подробнее см. Pokorny, I, 627.

КВИТ и КВИ́ТЫ, в знач. сказ. — «в полном расчете с кем-л.». Глаг. квита́ться (обычно с приставками рас-, по-, с-). Укр. квит, кви́ти; блр. кві́ты. В других слав. яз. только в ед.: болг. квит; с.-хорв. кви̑т; чеш. kvit; польск. kwita — «конец, «баста». В русском языке слово квит — сначала в знач. «квитанция» — было известно уже в Петровскую эпоху (Смирнов, 140). В совр. знач. оно вошло в употр. позже, в течение XVIII в. Ср. у Фонвизина в «Недоросле», 1781 г., д. V, явл. 6: Цифиркин: «Так: на те десять рублей я износил сапогов в два года. Мы и кви́ты» (СС, I, 175). Глаг. квита́ться — «сводить счеты» известен с XVIII в. (Нордстет, I, 1780 г., 288). ▫ Ср. франц. quitte «ничего не должный», «свободный от долга», «квит»; также англ. quit — «свободный», «отделавшийся»; нем. quitt — «квит(ы)» и нек. др. Восходит, в конечном счете, к латин. quiētus (прич. прош. вр. от quiēscō — «покоюсь», «успокаиваюсь», «бездействую») — «бездействующий», «мирный», «миролюбивый»; в средневек. латин. «свободный от обязательства».

КВИТА́НЦИЯ, -и, ж. — «официальная расписка в принятии денег или ценностей». Прил. квитанцио́нный, -ая, -ое. Укр. квита́нція, квитанці́йний, -а, -е; блр. квіта́нцыя (чаще квіто́к), квітанцы́йны, -ая, -ае; болг. квита́нция, квитанцио́нен, -нна, -нно; чеш. kvitance, kvitanční; польск. kwit, kwitowy, -a, -e. Ср. в том же знач.: с.-хорв. при́знаница; словен. pobotnica. Употр. в русском языке с Петровского времени. Кроме примеров, приведенных Смирновым (140) со ссылкой на «Ген. регламент» 1720 г., можно сослаться еще на ЗАП I, т. I, № 172, 1723 г., 128: «квитанции камисару» (собственноручный Петровский набросок инструкции). Ср. там же (1720 г., 499): «квитанцную (или роспискам) книгу иметь». [КДРС дает еще более ранний пример: из документов 1688 г.]. В знач. «квитанция», «расписка» в Петровское время употреблялось также слово квит (ср. отсюда прост. квито́к — «квитанция». ▫ Ср. голл. kwitántie (произн. kvitántsie). Ср. также франц. quittance; нем. Quittung; ит. quietanza. Первоисточник — латин. quiētus (от quiēscō — «нахожусь, пребываю в состоянии покоя, мира и т. п.», «успокаиваюсь»). В рус-

ском языке — из голландского (Meulen, NWR, Suppl., 54).

КЕ́ГЛЯ, -и, ж. (чаще мн. ке́гли) — «точеный столбик с круглой головкой для игры, заключающейся в том, что играющие сбивают такие столбики с известного расстояния катящимся шаром». Прил. ке́гельный, -ая, -ое. Укр. ке́гля (мн. ке́глі); блр. ке́гля, ке́гельны, -ая, -ое; болг. ке́гла : ке́гъл, мн. ке́гли; с.-хорв. ке́гла. Ср. в том же знач.: чеш. kuželka, мн. kuželky; словац. kolky, мн.; польск. kręgle, мн. (ед. kręgiel). В русском языке слово кегли (кегели : кегельки) известно с Петровского времени. Ср., напр., в «Книге расходной» 1716 г.: «куплены кегели костяные» (СВАБ, II, 13). ▫ Слово немецкое. Ср. нем. Kegel — «кегля», «конус» [др.-в.-нем. kęgil — «столб(ик)», «кол(ышек)»].

КЕДР, -а, м. — 1) (сибирский) «крупное дерево, разновидность сосны, стройное, вечнозеленое, с длинной хвоей, летом плодоносящее (шишки с вкусными орехами)», Pinus sibirica; 2) «высокое хвойное дерево семейства сосновых, растущее в южных странах, отличающееся от сибирского кедра по некоторым своим ботаническим свойствам и признакам», Cedrus. Прил. кедро́вый, -ая, -ое, отсюда кедро́вник, кедро́вка (птица). Укр. кедр, кедро́вий, -а, -е, ке́дрі́вка; блр. кедр, ке́дравы, -ая, -ае (но «кедровка» — арэ́хаўка). Ср. болг. ке́дър, ке́дров, -а, -о; с.-хорв. ке̏дар, ке̏дров(ӣ), -а, -о, ке̏дровина — «древесина кедра». Но ср. словен. cedra — «кедр»; чеш. cedr — «кедр», cedrový, -á, -é; польск. cedr, cedrowy, -a, -e; в.-луж. cedra — «кедр.». Др.-рус. (с XI в.) кедръ, кедровъ, кедрьнъ (Срезневский, I, 1204). Ст.-сл. кедръ. ▫ В русском языке, как и в старославянском, — заимствование из греческого. Ср. греч. κέδρος — «(южный) кедр» при κέδρον — «кедровая шишка». Из греческого — латин. cedrus, откуда западнославянские и словенские формы с начальным с, а также в западноевропейских языках. Ср. франц. cèdre; нем. Zeder (но Zirbe : Zirbel — «сибирский кедр»); англ. cedar. В греческом языке происхождение этого слова не вполне ясно. Старшее знач. греч. κέδρος было «можжевельник». Возможно, оно восходит по корню к и.-е. *ked- (см. рус. кадить, чад). Тот же корень в лит. kadagỹs — «можжевельник». См. Frisk, I, 808; Pokorny, I, 537.

КЕ́ЛЬЯ, -и, ж. — «(в монастырях) отдельная комната для монаха или монахини». Прил. келе́йный, -ая, -ое (чаще перен. «тайный», «секретный»). Укр. ке́лія, келі́йний, -а, -е; блр. ке́лля, келе́йны, -ая, -ае; болг. килия́, килие́н, -а, -о; с.-хорв. ћѐлија — «келья», также «ячейка», биол. «клетка», ћѐлӣјскӣ, -а̄, -о̄, ћѐлӣјнӣ, -а̄, -о̄. Но ср. словен. celica, celičen, -čna, -čno; чеш. cela (чаще kobka); польск. cela. Др.-рус. (с XI в.) келья : келия (Срезневский, I, 1204). Ст.-сл. кєлиѩ. ▫ Один из грецизмов эпохи христианизации Древней Руси. В позднегреч. κελλίον, pl. κελλία, реже κέλα, восходит к латин. cella (< *cēlā) — «небольшая жилая комната», «каморка». Этимологически связано с латин. cēlō — «скрываю», «прячу», «утаиваю» (и.-е. корень *k'el-). Ср. отсюда ит. cella — «келья»; франц. cellule — тж.; англ. cell и т. д.

КЕНГУРУ́, нескл. м. — «живущее в Австралии и отчасти в Новой Гвинее дикое травоядное сумчатое млекопитающее животное с длинными и очень сильными задними конечностями и с длинным сильным хвостом, передвигающееся прыжками», Macropus. *Прил.* кенгуро́вый, -ая, -ое. Укр. кенгуру́, кенгуро́вий, -а, -е; блр. кенгуру́, кенгуро́вы, -ая, -ае; болг. ке́нгуру; с.-хорв. кѐнгур; польск. kangur. Странно называют кенгуру чехи: klokan (по образцу skokan — «прыгун», но от какого корня?). В русском языке в словарях (сначала в форме *кангуру*) отм. с 1861 г. (ПСИС, 215). Даль (II, 1865 г., 701) наряду с *кангуру* дает уже *кенгуру*. Субст. прил. *кенгуровые* отм. с 1878 г. (Березин, III, 145). ▫ Ср. англ. kangaroo; франц. (с 1774 г.) kangourou; нем. Känguruh и др. Источник распространения — английский язык, а там, по-видимому, это слово туземно-австралийского происхождения, от корня kang — «прыгать» и вспомогательного словечка гоо — «четвероногое» (Patridge³, 327).

КЕ́ПКА, -и, ж. — «мягкий мужской головной убор с козырьком, но без твердого околыша и без тульи». *Прил.* ке́почный, -ая, -ое. Сюда же ке́пи. Укр. ке́пка, ке́почний, -а, -е; блр. ке́пка, ке́пачны, -ая, -ае. Ср. болг. ке́пи («кепка» — каскéт, мéка шáпка с кози́рка); чеш. kepi («кепка» — čepice se štítkem); польск. kepi, cyklistówka. Слово *кепка* в русском языке позднее. Но в конце XIX в. оно уже употреблялось как уменьш. к *кепи*. Встр. в романе Мамина-Сибиряка «Весенние грозы», 1895 г. (7, 10): «У него будет синий мундир и *кэпка*» (о мальчике, поступающем в гимназию). В словарях — СРЯ¹, т. IV, 3, 1909 г., с. 750: *кепка* — волог. «низкий и кругловерхий картуз с навесом к козырьку». В совр. знач. (как наименование обычного головного убора) слово *кепка* получило распространение после Октябрьской революции. Любопытно, что наряду с *кепка* некоторое время в 20-х гг. употреблялось еще и *кепи*. Ср. у Есенина, 1925 г.: «Я иду долиной. На затылке *кепи*» (СС, III, 77). Что касается слова *кепи*, то оно вошло в употр. (в знач. «форменный головной убор в русской армии 1862—1881 гг., а также в гимназиях и реальных училищах») с начала 60-х гг. XIX в. (Даль, II, 1865 г., 720: *кепи*). ▫ *Кепка* от *кепи*. Слово французское (képi), появившееся во Франции (как название нового тогда форменного головного убора во французской армии) в 1809 г. Во французском языке оно заимствовано из южнорейнских немецких говоров (kaeppi, уменьш. от Карре — «шапка», «колпак»).

КЕРОСИ́Н, -а, м. — «маслянистая прозрачная бесцветная или желтоватая с голубым отливом горючая жидкость, получаемая путем перегонки нефти». *Прил.* кероси́новый, -ая, -ое. *Сущ.* кероси́нка. Укр. кероси́н (чаще гас), кероси́новий, -а, -е, кероси́нка. В блр. и других слав. яз. отс. Ср. в том же знач.: блр. га́за; болг. газ; с.-хорв. петро̀лēj; чеш. petrolej; польск. nafta (ср. гора naftowa — «нефть»). В русском языке слово *керосин*, сначала в форме *керасин*, появилось в 60-х гг. XIX в. (Толль, НС, II, 1864 г., 447). Грот в рецензии 1868 г. на «Русско-франц. словарь» Макарова 1867 г. упрекает автора за то, что он не включил в свой словарь такого «весьма заметного» слова, как *керосин* (ФР⁴, 186). Производные же отм. в словарях гораздо позже, с 1909 г. (СРЯ¹, т. IV, в. 3, с. 760). Количество производных (13) и обилие цитат (в том числе диалектные материалы) говорят о широком распространении этого слова. До 60-х гг. (отчасти и позже) «осветительную жидкость для ламп» называли *фотогеном* (Толль, НС, II, 1864 г., 447; III, 876), а еще раньше, в XVIII в. — *белой нефтью* (ср. польск. nafta — «керосин»). В говорах (напр., некоторых южнорусских) долго употреблялось как название керосина также слово *газ* (: гац). Ср. в романе Эртеля «Гарденины», 1889 г., ч. II, гл. 1, с. 303: «(из Ростова-на-Дону) принесли много рассказов. . . о том, что есть. . . пароходы и *«гац»* (керосин)». ▫ Ср. англ. kerosene — «керосин» > исп. kerosena; нем. (как хим. термин) Kerosin, *n.* (при обычном Petróleum). Ср. франц. pétrole — «керосин»; ит. petròlio — тж.; исп. petróleo (при kerosena). В русский язык слово *керосин* попало (вытеснив конкурирующие наименования) из англ. языка (м. б., из США, где как раз с 1861 г. началось усиленное производство керосина). В английском языке kerosene (произн. 'kerəsi:n) — искусственно придуманный (в XIX в.) научный термин, восходящий к греч. κηρός (> латин. cēra) — «воск», с такой же концовкой, как в англ. benzene — «бензол», gasolene — «газолин» (америк. «бензин»).

КЕФИ́Р, -а, м. — «диетический молочнокислый напиток (обычно из коровьего молока), получаемый в результате брожения, вызванного действием особого рода грибков». *Прил.* кефи́рный, -ая, -ое. Укр. кефíр, кефíрний, -а, -е; блр. кефíр, кефíрны, -ая, -ае. В других слав. яз. — из русского: болг. кефи́р; с.-хорв. kефи̑р, чеш. kefír, kefírový, -á, -é; польск. kefir, kefirowy, -a, -e. В русском языке слово *кефир* (сначала с неустойчивым произношением) и прил. *кефирный* появились в последней четверти XIX в. Ср., напр., «*Кафир*» (sic!) — заглавие статьи д-ра Шабловского в «Военно-медицинском журнале» за 1877 г., № 1, январь. «*Кэфир*», 1883 г. — брошюра д-ра И. П. Соболева, где это слово часто встр. наряду с *кэфирь*. Тогда же (в 80-х гг.) появился и ряд других статей и брошюр об этом напитке. Известно как заимствование из русского и в западноевропейских языках: нем. Kéfir; франц. kéfir; англ. kefir. В русском языке это слово также заимствовано, но источник заимствования неясен. Считается, что из горских диалектов Кавказа, потому что Северный Кавказ — родина кефира. Ср. осет. k'æpy : k'æpi — «кефир». Ср. мегр. kipuri — «простокваша, приготовляемая в мехе» (Абаев, I, 627). Издавна употребляется оно в разных вариантах (кафир, кафарь, капир, кяфир, кэпы, гыпё и др.) и в других языках Северного Кавказа и Крыма, в частности — тюркских. Первоисточник всех этих вариантов не установлен. Первые русские авторы медицинских исследований о кефире упоминают о том, что «горцы (?) производят (это название) от *кэфи*, что означает „лучшего качества"» (Соболев, 1).

КИБЕРНЕ́ТИКА, -и, *ж.* — «наука о связи и управлении в технических, биологических и социальных системах». Новое слово, вошедшее в интернациональную научную терминологию. В толковых словарях русского языка — с 1956 г. (ССРЛЯ, V, 931). ◦ Пущено в обращение американским ученым Н. Винером (N. Wiener) в 1948—1949 гг. Ср. англ. cybernetics. Восходит к греч. χυβερνητιχή (τέχνη) — «искусство управления», от χυβερνάω — «управляю», «правлю»; ср. χυβερνήτης — «кормчий», «рулевой».

КИБИ́ТКА, -и, *ж.* — в старину — «дорожная крытая (сначала — с крышей на дугах, гнутых жердях) повозка». Укр. **кибитка**; блр. **кібітка**. В других слав. яз. (чеш., польск. kibitka) — лишь как русизм. В словарях — с 1731 г. (Вейсман, 403). Но Срезневский (I, 1207) отм. родственное **кибить** — «деревцо лука» (=«дуга»?) в рукописи «Оружие и ратный доспех ц. Михаила Федоровича» 1640 г. (по Савваитову). ◦ Из тюркских языков. Ср. каз.-тат. **кибет** — «лавка (палатка)», «магазин»; башк. **кибет** — «лавка», «ларек». У Махмуда Кашгарского: käbit — тж. (Brockelmann, 101). В тюркских языках восходит к араб. qubba(t) — «купол», «свод» [в конечном счете отсюда же слово *альков* (см.)].

КИВА́ТЬ, кива́ю — «делать легкое и короткое движение головой сверху вниз, наклонять голову в знак согласия или приветствия», «движением головы указывать на кого-л.». Однокр. **кивну́ть**. Укр. **кива́ти, кивну́ти**; блр. **ківа́ць, кіўну́ць**. Ср. болг. **ки́мам** (< **ки́вам**) — «киваю», **ки́мна** (**ки́вна**) — «кивну»; словен. kimati, kimniti; чеш. kývati, ký(v)nouti (ср. kyvadlo — «маятник»); польск. kiwać, kiwnąć; в.-луж. kiwać, kiwnyć (ср. kiwka — «качели»); н.-луж. kiwaś, kiwnuś. Др.-рус. (с XIII в.) **кывати**; ср. **кыти**, 1 ед. ***кыю** — «кивать» (Срезневский, I, 1416, 1419). Ст.-сл. **къвати**, 1 ед. **кыж, кывати** (см. Вайан, § 192). ◦ О.-с. *kyvati, вероятно, образовано от *kъvati. Происхождение не вполне ясно. Обычно сопоставляют с латин. cēveō — шевелю, виляю задом. Ср. также осет. kīwyn : kīwd / kewun : kiwd — «пошатываться», «пошатнуться», «спотыкаться»; курд. keyan (bikeyī) — «колебаться», «шататься» (к иран. *kaiv-, *kiv-, см. Абаев, I, 597). И.-е. корень *keu- : *kū- (ср. Pokorny, I, 595: *k'eu- : *k'ū-). Если так, то, м. б., сюда

относится олон. **ковы́ль** — «хромой» (Куликовский, 38).

КИ́ВЕР, -а, *м.* — (в старой России в 1741—1881 гг. в отдельных воинских частях и в 1906—1917 гг. только в гвардии) «принадлежность военного обмундирования: кожаный головной убор с высокой тульей, с плоским верхом и с украшениями (напр., султаном и металлической шишкой спереди)». Укр. **кі́вер**; блр. **кі́вер**. Ср. польск. kiwior — «кивер», также «колпак», «тюрбан», «чалма». Др.-рус. **киверь**: «и *киверевъ* не оставили на нихъ» — о каком-то головном уборе, м. б. колпаках на ограбленных митрополичьих слугах в Грам. митр. Кипр. 1378 г. (Срезневский, Доп., 139). Ср. **киверь** в Никон. л. под 6920 г.: «погна на кони въ одномъ терликѣ и без *киверя*» — о бегстве князя Кашинского (ПСРЛ, XI, 218). Встр. в стих. Пушкина (СЯП, II, 312). ◦ По-видимому, заимствована, но едва ли с Востока [как думал (не приводя доказательств) Брюкнер (Brückner, 231)]. Принимая во внимание знач. этого слова в польском («тюрбан», «чалма») и древнерусское знач. (какой-то головной убор), это слово можно связывать с греч. χιβώριον — «семенная коробочка египетской кувшинки», также «бокал», даже «гроб». Отсюда латин. ciborium — 1) «египетский боб»; 2) «металлический кубок в форме стручка этого боба». *Кивер* могло получиться из *киверь* < *киворь* (в слове, происхождение которого было забыто), гл. обр. в связи с тем, что существительных на -*ерь* и тем более на -*орь* в русском языке ничтожно мало по сравнению с сущ. на -*ер*. Почему этот головной убор был назван «бокалом», пока неясно. Польское слово, по-видимому, из русского языка.

КИЗИ́Л, -а, *м.* — «плодовый кустарник или дерево семейства кизиловых, в СССР в диком состоянии растет на юго-западе — в Крыму и на Кавказе», Cornus mas; «плоды этого дерева, обычно темно-красного цвета, с вяжущим, кислым вкусом». *Прил.* **кизи́ловый**, -ая, -ое. Укр. **кизи́л** (но чаще **дере́н**); блр. **кізі́л**. Другие славяне называют кизил другим словом, в прошлом общеславянским: болг. **дрян**; с.-хорв. **дрен**; польск. dereń (< укр. **дере́н**; ср. рус. **дёрен**). В русском языке известно (сначала в форме *кизиль*) с XIX в. в форме — с 1814 г. (САР², III, 120). ◦ Из тюркских языков, где это слово собственно значит «красный (плод)». Ср. турец. kızı — «красный», «алый» (при kızılcık — «кизил»; каз.-тат. **кызыл** (но ср. кизил — «кизил», из рус.); каракалп. **қызы́л** — «красный»; ног. **кызыл** — «красный», «кизил»; азерб. **гызыл** — «красный» (ср. **зогал** — «кизил») и др. Ср. в среднеазиатском тефсире XII—XIII вв.: қ̇ізіл — «красный» (Боровков, 207). От того же тюркского слова происходит *кизильник* — название растения из семейства розовых, Cotoneaster.

КИКИ́МОРА, -ы, *ж.* — «несуразный, нескладный, нелепо и вычурно, смешно одетый человек, особенно женщина»; «по старинным суеверным представлениям — домовой, нечистая сила в женском образе», «лешачиха», «лесной нечистый дух в образе женщины». Только русское. Ср. в том же знач.: укр. мара́, потво́ра; блр. мара́, пачва́ра. В этом мара́ (< мора) можно видеть вторую часть рус. кикимора. Ср. с.-хорв. мо́ра — «домовой», «кошмар»; словен. мо́ra — тж.; чеш. mŭra — «злое ночное существо» (и «ночная бабочка»); польск. mora, zmora — «призрак», «кошмар». В русском языке слово кикимора известно с 1-й пол. XVIII в. [«Рукоп. лексикон» 1-й пол. XVIII в. (Аверьянова, 139); Ломоносов, «Мат. к Рос. гр.», 1747—1755 гг. (ПСС, VII, 721)]. Встр. у Державина в оде «На счастие», 1789 г., строфа 4 (Стих., 52). ◻ Сложное (из кики+мора). Ср. франц. cauche-mar(e) [из cauche (ст.-франц. caucher : chaucher < латин. calcāre, 1 ед. calcō — «давить», «угнетать») и ср.-голл. mar(e) — «призрак», «ночной дух»]. Слово это (mar : mare) общегерманское. Ср. др.-в.-нем. mara (нем. Mahr) — «нечистая сила»; англ. nightmare — «кошмар». В слав. яз. — старое заимствование из германских диалектов. Что касается первой части сложения, то она может быть связана и с кика < кыка — «праздничный головной убор (с рогами) замужней женщины» [др.- -рус. также «хохол на голове», «чуб» (?)] и с др.-рус. (Сл. плк. Игор.) кыкати — «подавать голос», «кликать». Ср. также в записях сибирских слов декабриста Бестужева, сделанных в Селенгинском округе: заковел — «зачерствел» (47). Ср. другое, м. б., более позднее образование шишимора, где первая часть восходит к шиш (см. шиш²).

КИЛО́, нескл., ср. — «килограмм», «вес в тысячу граммов». Укр., блр. кіло́; болг. кило́; с.-хорв. ки́ло; чеш. польск. kilo и др. В русском языке в начале XIX в. отм. в словарях слово кило, но в знач. турецкой меры, равной 100 фунтам (Яновский, II, 1804 г., 211; Кирилов, 1845 г., 111). В совр. знач. — с 1909 г. (СРЯ¹, IV, в. 3, с. 803). ◻ Ср. франц. kilo, m.; нем. Kilō, n.; англ. kilo — «килограмм» и «километр». Вместо килогра́мм [< франц. (с 1795 г.) kilogramme], сокращенная форма с выделением первой части сложения, как в авто- (мобиль), метро(политен) и т. п. Этимологически восходит к греч. χίλιοι — «тысяча» (при χιλιάς — тж.).

КИЛОГРА́ММ, -а, м. — «мера веса, равная 1000 граммов». Прил. килогра́ммовый, -ая, -ое. Укр. кілогра́м, кілогра́мовий, -а, -е; блр. кілогра́м, кілогра́мавы, -ая, -ае; болг. килогра́м; с.-хорв. килогра̏м; чеш. kilogram, kilogramový, -á, -é; польск. kilogram, kilogramowy, -a, -e. В русском языке известно (сначала только как название меры веса, принятой во Франции) с начала XIX в. (Яновский, II, 1804 г., 211: килогра́мма, ж.). В общее употр. вошло после Октябрьской революции (декрет СНК РСФСР от 11-IX-1918 г. о введении метрической системы мер). ◻ Слово, как и сама метрическая система мер, французского происхождения (во Франции введена в 1795 г.). Ср. франц. kilogramme, m. Из французского: нем. Kilo-gramm, n.; англ. kilogram(me) и др. Во французском — сложное слово. Первая часть kilo- восходит, в конечном счете, к греч. χίλιοι (: χιλιάς) — «тысяча». Относительно второй части см. грамм. См. также кило.

КИ́ЛЬКА, -и, ж. — «маленькая промысловая рыбка семейства сельдевых», Clupea latulus, Sprattus sprattus. Укр., блр. кі́лька. Из русского: чеш., польск. kilka. В некоторых слав. яз. килька называется шпрот (чеш. šprot; польск. szprot). В словарях — с 1814 г. (САР², III, 122). ◻ Из эстонского языка [Таллинн (бывш. Ревель) в Эстонии с давнего времени является одним из главных пунктов добычи и консервирования килек]. Ср. эст. kilu — тж.; фин. (с.) kilo-(haili). М. б., одного происхождения с лапланд. N gilot — «мелкая треска» (SKES, I, 193). Латыш. ķilava — тж. заимствовано из того же источника. Лит. kìlkė — из русского.

КИМБЕРЛИ́Т, -а, м. — «горная порода, содержащая алмазы». Отм. в БСЭ², XX, 1953 г., 624. ◻ Из английского языка, где kimberlit также новое слово. По названию г. Кимберли (англ. Kimberley) в Капской провинции ЮАР, основанного англичанами в 1870 г. в районе алмазных россыпей.

КИНЕМАТО́ГРАФ, -а, м., устар. — «киноаппарат», «аппарат для съемки и проецирования на экран движущихся объектов»; «кинотеатр», «кино», «зрелище с применением кинематографического аппарата», «искусство кино». Прил. кинематографи́ческий, -ая, -ое. Укр. кінематóграф, кінематографі́чний, -а, -е; блр. кінемато́граф, кінематаграфі́чны, -ая, -ае; болг. кинематогра́ф, кинематографи́чески, -а, -о, кинематографи́чен, -чна, -чно; чеш. kinematograf, kinematografický, -á, -é; польск. kinematograf, kinematograficzny, -a, -e. В русском языке слово кинематограф появилось в начале XX в., причем сначала, по-видимому, лишь как наименование киноаппарата (М. Попов, 1904 г., 182; Брокгауз—Ефрон, Доп., т. 1А, 1905 г., 904). Однако уже у Блока в «Записных книжках» за 1908 г. (кн. 20—21, 23, с. 104, 117) кинематограф употр. в знач. «вид искусства», также в письме к матери от 26-X-1908: «Кинематограф . . . лучшая замена покойного театра» (ПСС, VIII, 256); ж. «кинотеатр» ср. в письме к матери от 9-X-1907 г.: «Они с Любой пойдут в кинематограф» (ib., 214). В словарях русского языка — с 1909 г. (СРЯ¹, т. IV, в. 3, с. 811—812; там же кинематографи́ческий). Некоторое время в начале XX в.) употр. в том же знач. слово синемато́граф (а также биоскоп, иллюзион и др.). Форма с к получила преобладание, возможно, в связи с тем обстоятельством, что с конца XIX в. в русском языке уже употреблялись такие слова, как кинема́тика (Брокгауз — Ефрон, т. XV, п/т 29, 1895 г., 68), кинето́граф [изобретение Эдиссона (там же, 75)]. Ср. кстати еще раньше у Н. И. Тургенева в «Дневнике» за 1811 г. упоминание о «кинетографии, которую показывал в Москве Робертсон» («Архив» бр. Тургеневых, т. II, в. 3, с. 85). ◻ Ср. нем. Kinematográph (с начальным к), но франц. (с 1895 г.) cinématographe; англ. cinematograph (произн. ˌsɪnɪmætəˈgrɑːf); ит. cinematògrafo (ci- произн. чи-); исп. cinematógrafo (ci- произн. си-) и др. Слово *кинематограф* (как и *синематограф*) — новообразование на базе греч. κίνημα, *n.*, *род.* κινήματος — «движение» (ср. также κινέω — «двигаю», «шевелю» и γράφω — «записываю», «пишу»).

КИНЖА́Л, -а, *м.* — «род холодного оружия: обоюдоострый клинок с острым суживающимся концом». *Прил.* кинжа́льный, -ая, -ое. Укр. кинджа́л, кинджа́льний, -а, -е; блр. кінжа́л, кінжа́льны, -ая, -ае. Из русского: болг. кинжа́л (обычно кама́ < турец. kama); чеш. kindžal : kinžal (при обычном dýka < déka < ср.-в.-нем. degen, совр. нем. Degen — «шпага»); польск. kindžał (при обычном sztylet, puginał). С.-хорв. ха̀нџа̄р (и словен. handžar) < турец. hançer — тж. Слово известно с начала XVII в. Отм. Р. Джемсом (РАС, 1618—1619 гг. 41 : 1): kinjal — «a persian knife» («персидский нож»; далее рассказывается о некоем таможенном приставе, который хвастался, что своим кинжалом он убил Лжедимитрия). В словарях — с 1704 г. (Поликарпов, 144). ▫ Слово это широко распространено в тюркских языках (и вообще на Ближнем Востоке): каз.-тат. хәнҗәр (но кавк.-тат. ханчал); туркм. ханҗар; узб. ханжар; кирг., казах. канжар; каракалп. қанжар; азерб. хәнчәр; ног. кынжал; кумык. кынджал и др. В тюркских языках, как и в персидском (хäнджäр), и в армянском (ханджал), и в других ближневосточных, — из арабского; ср. араб. ḫanǧar — тж. (Wehr², 237). Вероятные тюркские праформы русского слова: кынджал, кынжал, кынчал.

КИНО́, нескл., *ср.* — «кинотеатр», «кинематограф». Укр., блр. кіно́; болг. ки́но; с.-хорв. ки́но; чеш., польск. kino. Более позднее, чем *кинематограф*. В словарях только с 1923 г. (Левберг, 96), в толковых словарях — с 1935 г. (Ушаков, II, 1355). ▫ Сокращенное из *кинотеатр*, *кинематограф* (см.). Ср. *авто́*, *кило́* и т. п., хотя мы скорее ожидали бы *кине́. Ср. франц. ciné — «кино»; ит. cine. В русском языке — как в немецком (Kíno, *n.* — тж.) и, по-видимому, из немецкого.

КИО́СК, -а, *м.* — «легкая крытая постройка, будка для торговли газетами и журналами или вообще для мелкой торговли на улице, в парке, на вокзале и т. п.» Сюда же киоскёр. Укр. кіо́ск, кіоскёр; блр. кіёск, кіяскёр; с.-хорв. кио̀ск; чеш., польск. kiosk. В словарях — с 1804 г., причем сначала не только в форме *киоск*, *м.*, но и *киоска*, *ж.* (Яновский, II, 221, с объяснением: «башня в Турции»; *киоскер* — с 1935 г. (Ушаков, I, 1356). ▫ В русском языке, судя по времени, — из французского. Ср. франц. (с 1654 г.) kiosque; англ. kiosk; нем. Kiosk; пт. chiósco и пр. В европейские языки — с Востока. Ср. турец. köşk — «вилла», «павильон», «каюта» < перс. kŭš(k). Со знач. «(торговый) павильон, беседка»

слово это было известно в русском языке еще в 20-х гг. XVII в. Ср. в «Хожении» Котова в Персию (33 об.): «опричь... анбаров и *киюз*». Т. о., оно относится к числу дважды заимствованных — с Востока и с Запада. *Киоскёр* — только русское (восточнославянское) образование.

КИ́ПА, -ы, *ж.* — 1) (гл. обр. о книгах, листах бумаги и т. п.) «пачка, связка однородных предметов, положенных один на другой»; 2) «крупная упаковочная мера товаров». Укр., блр. кі́па — только как мера товара. Ср. польск. kipa — тж. Вообще же в других слав. яз. — редкое слово или отс. Ср. в том же знач.: укр. па́чка, ку́па; болг. топ, ба́ла, вре́зка; польск. kupa, stos. Старший случай — в Торговой книге 1575 и 1610 гг. (Срезневский, I, 1209). В памятниках XVI—XVII вв. в знач. «связка», «куль» употребление этого слова отм. и Кочин (142); без даты — Дювернуа (75). Слово отм. также Р. Джемсом (РАС, 1618—1619 гг., 26 : 5): kipa — «a packe». ▫ Слово немецкое, из нижненемецких говоров [Kíepe, *f.* — «короб», «корзина» (для ношения на спине)]. Ср. голл. диал. kiep — тж. (общеголл. «женская соломенная шляпа») при ср.-голл. cupa. Первоисточник — латин. cūpa — «бочка», «кадка». Каким образом оно попало в русский язык, не вполне ясно. Возможно, через Новгород или Псков.

КИПАРИ́С, -а, *м.* — «вечнозеленое хвойное дерево умеренно-теплой зоны, отличающееся своей конусовидной кроной и стройностью», Cypressus. *Прил.* кипари́совый, реже кипари́сный, -ая, -ое. Укр. кипари́с, кипари́совий, -а, -е; блр. кіпары́с, кіпары́савы, -ая, -ае; болг. кипари́с, кипари́сов, -а, -о; с.-хорв. ку̏парис. Но ср. словен. cipresa; чеш. сург̌íš; польск. cyprys. Др.-рус. кипарисъ : купарисъ (ср. в Изб. 1076 г., л. 83: кюпарисъ), кипарисный (Срезневский, I, 1209, 1420). Ст.-сл. кѷпарисъ : кѷпарисъ. Ср. орл. купаре́с, купаре́совый (Даль, II, 823). ▫ Старое заимствование из греческого языка. Ср. греч. κυπάρισσος — тж.; отсюда (м. б., при этрусском посредстве) латин. cupressus : cypressus, cyparissus. Из латинского: ит. cipresso; франц. cyprès; нем. Zyprésse и др. К латинскому источнику восходят и словен. cipresa, а также зап.-слав. названия кипариса. Происхождение греческого слова не выяснено. Вероятно, раннее общесредиземноморское слово, как, в частности, и др.-евр. gōfer — тж.

КИПЕ́ТЬ, киплю́ — (о жидкостях) «клокотать, бурлить, образуя вихревое движение, волноваться, вследствие образования и роста пузырьков пара при нагревании». *Прил.* кипу́чий, -ая, -ее, но *прич. н. вр.* кипя́щий, -ая, -ее. *Глаг.* кипяти́ть(ся). *Сущ.* кипято́к. Укр. кипі́ти, кипу́чий, -а, -е, кип'яти́ти(ся), кип'ято́к; блр. кіпе́ць, кіпу́чы, -ая, -ее, кіпяці́ць, кіпяці́цца, кі́пецень. Ср. болг. кипя́ — «киплю», ки́пвам, ки́пна, кипе́ж — «кипение», кипя́ — «кипящий» и «кипучий» (но кипячу́ — взвара́вам), «кипяток» — вря́ла, кипя́ца вода́); с.-хорв. ки́пети (но «кипятить» —

кӳвати, вáрити, «кипяток» — кључала вода); словен. kipéti; чеш. kypěti (но обычно vařiti se, vříti), kypící — «кипучий» («кипятить» — vařiti, «кипяток» — vařicí voda); словац. kypiet', kypiacy, -a, -e; польск. kipieć (но «кипятить» — gotować, wrzeć, «кипяток» — wrzątek, war, ukrop, «кипучий» — wrzący). Ср. в.-луж. kipić — «кипеть» и «течь каплями», «капать», (о ранах и пр.) «гноиться», (о жидкости) «бить», «изобиловать», kipjacy, -a, -e. Др.-рус. (с XI в.) и ст.-сл. кыпѣти (Срезневский, I, 1418). Там же кыпятня «кипяток» (Новг. IV л. под 6890 г.). Но и кипяток встр. уже в XVII в. в Типографской летописи (Кочин, 142; ПСРЛ, XXXIV, 151, варианты). Надо полагать, что и кипятить употреблялось с более раннего времени, чем оно впервые было зарегистрировано словарями (САР¹, III, 1792 г., 532; там же впервые отм. прил. *кипучий*). ▫ О.-с. *kypěti. Корень *kyp- [< и.-е. *k(e)uep- : *kuep- : *kuōp- : *kūp- (Pokorny, I, 596)]. Перегласовка *kvep- : *kvōp-. Ср. укр. квáпити — «торопить», квáпитися — «спешить»; чеш. kvapiti — «спешить», kvap — «поспешность»; польск. kwapić — «торопиться». Ср. лит. kūpéti — «бурлить», «переливаться через край», «кипеть» (LKŽ, VI, 923); аблаут kvėpti — «пыхтеть», «вдыхать», «отдуваться»; латыш. kūpēt — «дымиться»; гот. af-hvapjan — «душить»; латин. cupiō — «сильно желаю», «жажду»; др.-инд. kúpyati — «находится в волнении», «сердится», «кипит» (от негодования) и т. п. В *кипяток* — суф. -ят (< -ęt-, суф. прич. н. вр).

КИРКÁ, -ы́, *ж*. — «ручное орудие в виде длинного молотка с заостренными концами для раскалывания, дробления твердых пород, льда и т. п.», «род мотыги». Укр. кирка; блр. кíрка. Из русского — болг. кирка. Вообще же другим славянским языкам чуждо. Ср. в том же знач.: чеш. železko, dláto, krumpáč; польск. oskard. В русском языке слово кирка известно, по крайней мере, с 1-й пол. XVII в. В форме *керка* (м. б. *кёрка*?) оно встр. в «Истории о Азов. взятии»: «*керки и лопаты*» («Воинские повести», 97). Позже — в форме *кирка* — у Котошихина (137): «*топоры, заступы, кирки*». ▫ Вероятно, восходит к турец. kürek — «лопата», «совок», также «весло» («кирка» — kazma). Ср. также каз.-тат. көрәк — тж.; кирг. күрөк; уйг. күрәк и др. См. также Радлов, II : 2, 1329, 1449: көрөк (каз.-тат.), күрәк (турец. и др.) — «лопата». В словаре Локоча и у Дмитриева отс.

КИРПИ́Ч, -á, *м*. — «прямоугольный брусок (обыкновенно коричнево-красного цвета) из обожженной, окаменевшей глины, употребляемый как строительный материал»; «изделие в форме такого бруска». *Прил.* кирпи́чный, -ая, -ое. Укр. кирпи́ч — «(торфяной) кирпич». Но ср. название кирпича как строительного материала: укр. цéгла (< нем. Ziegel < латин. tēgula); блр. цэ́гла; с.-хорв. цигла; чеш. cihla (при отн. и болг. тýхла (< турец. tuğla < латин. tēgula). Др.-рус. кирпи́чь — тж. (старший пример — Исход по сп. XIV в.), кирпи́чный — в Соф. I л. под 6966 (1458) г. (Срезневский, I, 1209—1210). ▫ Первоисточник — перс. kirpič. В русский язык (и к южным славянам) попало при посредстве тюркских языков: турец. kerpiç — «кирпич-сырец», также каз.-тат. кирпеч; туркм. керпич; ног. кербиш и др. В тюркских языках это слово давнее. Отм. в XI в. у Махмуда Кашгарского: kärgič — тж. (Brockelmann, 105); в среднеазиатском тефсире XII—XIII вв.: кірпі́ч — тж. (Боровков, 180), а также в Codex Cumanicus (Crønbech, 140).

КИСЕЯ́, -и́, *ж*. — «легкая тонкая прозрачная хлопчатобумажная ткань». По Далю (II, 724) сначала «ткань из индейской крапивы». *Прил.* кисе́йный, -ая, -ое. Блр. кíсяя, но укр. серпáнок. В других слав. яз. также отс., «кисею» называют там *муслином*: болг. мусели́н; с.-хорв. мусéлин; словен. muselin, muselín; польск. muślin (< франц. mousseline < ит. mussolina, по названию г. Мосула на севере Ирака). В русском языке известно с начала XVII в. Отм. Р. Джемсом (РАС, 1618—1619 гг., 62 : 7): kisse — «the stuffe (и пр.)». Прил. *кисейный* в словарях — с 1771 г. (РЦ, 205). ▫ По-видимому, заимствовано из турецкого языка (Vasmer, REW, I, 561). Ср. турец. kesi — «скроенная материя» (Радлов, II : 2, 1162: кäси — тж.). Ср. у Р. Джемса (уп.), о кисее: «материя (stuffe), из которой турки делают свои тюрбаны, а московские княжны вуали для поездок по Москве в своих возках».

КИСЛОРÓД, -а, *м*. — «бесцветный газ без запаха и вкуса, входящий в состав воздуха и кислот, поддерживающий горение и жизнь на земле», Oxygenium. *Прил.* кислоро́дный, -ая, -ое. Блр. кісларóд, кіслаóдны, -ая, -ае; болг. кислоро́д, кислоро́ден, -дна, -дно. В других слав. яз. иначе. Ср. с.-хорв. кисеóник, кисíк; словен. kisik; чеш. kyslík; польск. tlen (от tleć), устар. kwasoród. В русском языке термин *кислород* и *кислородный* употр. со 2-й четверти XIX в. В словарях — с 1847 г. (СЦСРЯ, II, 173). ▫ Калька с искусственно созданного научного международного латин. термина Oxygenium [придуманного Лавуазье в 1786 г. на основе греч. ὀξύς — «кислый» (ср. рус. *уксус*) и греч. γεννάω — «рождаю»] > англ. oxygen; франц. oxygène и др. В русском яз., видимо, по аналогии с *водород* (< Hydrogenium), отмечаемым в словарях с 1837 г. До появления слова *кислород* этот газ называли *кислотвором* (ср. *водотвор*); старые термины были пущены в оборот Севергиным в 1-м переводе труда Каде «Словарь химический» (ч. I, 1810 г., с. X).

КИСТЬ, -и, *ж*. — 1) «пучок нитей, шнурков, щетинок, волосинок и т. п., скрепленных на одном конце, служащий для украшения»; 2) «пучок щетины, насаженный на рукоятку, служащий для нанесения краски»; 3) «пучок ягод и т. п. на

КИТ

ветке»; 4) «часть руки от запястья до конца пальцев». Укр. **кисть** — «кисть в 4 знач.», но **ки́та, ки́тица** — «кисть в 1 и 3 знач.», **пе́нзель** — «кисть во 2 знач.». **гро́но** — «кисть в 3 знач.»; блр. **кісць** — «кисть в 4 знач.», но **кута́с** — «кисть в 1 знач.», **пэ́ндзаль** — «кисть во 2 знач.», **гро́нка** — «кисть в 3 знач.». Из русского — болг. **кис(т)ца́** — «кисть во 2 знач.». Ср. польск. kiść — «кисть в 4 знач.», иногда «кисть для живописи» (хотя чаще в этом знач. — pędzel), но «малярная кисть» — kwacz; ср. также kutasik — «кисть декоративная», winne grono — «кисть винограда». Ср. с.-хорв. **ки̏шчица** — «кисточка (для раскрашивания пасхальных яиц)»; словац. kystka — «кисточка»; н.-луж. kiska — «пучок колосьев». В ряде слав. яз. это слово и производные в настоящее время отс. Др.-рус. ***кысть** > **кисть, кистка** — «связка», «пучок» (Библия по сп. XIV в.), позже (с XVI в.) «декоративная кисть» (Срезневский, I, 1210). ▫ Объяснение затруднительно, если не связывать с о.-с. ***kyta** (< ***kūp-t-a**). Ср. рус. диал. **ки́тка** — южн. «сережка ольхи, березы»; курск. «кукуруза» (точнее «кукурузный початок»); **кита : кить** — «трава повойного и долгоствольного растения» (Даль, II, 725). Ср. укр. **кити́ця** (при обл. **ки́та**) — «кисть», «султан» (на головном уборе), «темляк» (на эфесе сабли), «гвоздь», обл. «букет». Ср. с.-хорв. **ки̏та** — «кисточка», «бахрома», «пучок», «букет», «гвоздь»; чеш. kytka, kytice — «букет»; ст.-чеш. kyta — «пучок» (напр., льна); польск. kita — «связка», «пучок» (напр., перьев), охотн. «хвост лисицы». И.-е. *(s)keup- : *(s)keub(h)- — «пучок», «клок», «кисть», как и в о.-с. ***čubъ : *čuprъ** (см. *чуб*). Суффиксы на о.-с. почве: -t-a [*ky(p)-t-a], -st-ь [*ky(p)-st-ь]. По корню ср. гот. skuft (сохранился дат. ед. skufta) — «волосы на голове»; др.-в.-нем. scuft — тж., scoub — «сноп», «пучок», ср.-в.-нем. schopf — «пучок волос», «хохол» (совр. нем. Schopf — «вихор», «хохол»); др.-исл. skūfr (совр. исл. skūfur) — «кисть», «связка» и др. За пределами славянской и германской групп соответствий не обнаружено.

КИТ, -а́, м. — «крупное морское млекопитающее с рыбообразным туловищем, с огромной головой и мощным двухлопастным горизонтально расположенным хвостом», Balaena, Cetus. *Прил.* **кито́вый, -ая, -ое**. Укр. кит, кито́вий, -а, -е; блр. кіт, кіто́вы, -ая, -ае; болг. кит, ки́тов, -а, -о; с.-хорв. кит, ки́тов, -а, -о; словен. kit, kitov, -a, -o. Но ср. чеш. velryba; польск. wieloryb или wal (< нем. Wal — «кит»). Др.-рус. (с XI в.) и ст.-сл. **китъ**, прил. **китовъ**; любопытно **ки́тосъ** в Изб. 1073 г. (Срезневский, I, 1210). ▫ Старое заимствование из греческого языка. Ср. греч. χῆτος — «кит»? и вообще «огромное морское животное» > латин. cētus (при обычном bālaena, откуда ит. balena — «кит»; франц. baleine — тж. и др.). Происхождение греч. χῆτος неясно (Frisk, I, 846).

КИ́ТЕЛЬ, -я, м. — «форменная однобортная куртка со стоячим воротником». Укр. кі́тель; блр. кі́цель; болг. ки́тел; польск. kitel — «китель» и «халат». Ср. чеш. kabátec — «китель», но устар. kytlice — «китель», «блуза». В русском языке слово *китель* (писавшееся сначала с двумя *т*) в словарях отм. с 1818 г. (Тучков, I, 194: *киттель* — «рабочая одежда солдата»); позже — в 1847 г. (СЦСРЯ, II, 174: *киттель* — «холщовое, летнее солдатское платье»). ▫ Слово немецкое по происхождению. Ср. нем. Kíttel — «(рабочий) халат», «(рабочая) блуза» > дат. kíttel. Ср. ср.-голл. kedel, совр. kiel. В немецком языке это слово известно с XIV в., но происхождение его не вполне ясно. Как полагают, в немецком оно, вероятно, из франкско-саксонских говоров (Kluge[10], 257).

КИШКА́, -и́, ж. — 1) «длинная, извилистая, то тонкая, то под конец толстая эластичная трубка в теле человека и животного от выхода из желудка до заднего прохода, являющаяся частью пищеварительного аппарата»; 2) «резиновая труба», «шланг». *Прил.* **кише́чный, -ая, -ое**. Укр. кишка́, кишкови́й, -а́, -е́; блр. кі́шка, кишэ́чны, -ая, -ае. Ср. в том же знач.: болг. **черво́** — «кишка в 1 знач.», **марку́ч** — «шланг»; с.-хорв. **цре́во** (в разн. знач.); чеш. střevo — «кишка в 1 знач.», hadice — «шланг»; польск. jelito — «кишка в 1 знач.», wąż, szlauch — «шланг», но известно и kiszka. Др.-рус. **кишька** — «ventriculum» («внутренность») отм. в Ветхом завете по сп. XIV в. (Срезневский, I, 1211). ▫ Едва ли следует искать объяснения этого слова в сближении с др.-инд. koṣṭhaḥ — «внутренности», «живот», «кишки», разве только в том случае, если др.-инд. kóṣṭha- восходит к и.-е. *keus-tho-, с корнем *keus- (ср. др.-инд. kóṣáḥ — «вместилище», «хранилище»), что сомнительно (см. Mayrhofer, I, 273—274). Скорее всего от ***киша** — «внутренность», «чрево», которое этимологически связано с *киснуть* (< о.-с. *kysnǫti), *квасить* (см. *квас*). И.-е. база *kuat-s- : *kūt-s-. Ср. диал. **ки́ша** — «закваска», «частица кислого теста», отсюда **простокиша** — «простокваша» (Даль, II, 725). Старшее знач. слова *кишка*, мн. *кишки* — «внутренности живого существа», «потроха». Ср. колым. **кишки́** — «рыбьи потроха» (Богораз, 66).

КЛА́ВИШ, -а, м. — «в некоторых муз. инструментах — пианино, рояле, баяне и т. п. — плоский рычажок, путем надавливания которого из данного муз. инструмента извлекается звук». *Прил.* **кла́вишный, -ая, -ое**. Укр. кла́віш, кла́вішний, -а, -е; блр. кла́віш, кла́вішны, -ая, -ае; с.-хорв. клавис (чаще ди́рка); чеш. klávesa (устар. kláves); польск. klawisz. Из русского — болг. **кла́виш**. В словарях — с 1731 г. (Вейсман, 322). ▫ В других европейских языках иначе. Ср. ит. tasto > нем. Taste (или Klaviertaste); франц. touche; англ. key и др. В русском языке, возможно, не из польского языка (как обычно объясняют это слово), а вместе с с.-хорв. клавис, с чешским и польским словами восходит к латин. clāvis — «ключ», «задвижка», «засов». Ср. отсюда же устар. нем. Klave.

КЛА́ДЕЗЬ, -я, *м.* — *устар.*, *поэт.* «колодец»; *перен.* «неиссякаемый источник знаний, мыслей». Теперь гл. обр. ирон.: *кладезь премудрости.* Укр. кла́дезь. ▫ Из старославянского языка. Ср. ст.-сл. клѧдѧзь. См. *колодезь, колодец.*

КЛА́ПАН, -а, *м.* — «диск или крышка в машинах, закрывающая отверстие, через которое проходят жидкость, пар, газ и т. п.»; «крышечка в корпусе духового муз. инструмента, прикрывающая каждое из отверстий, регулирующих высоту звука»; «в сердце — отросток с затвором, препятствующим обратному движению крови». Укр., блр. кла́пан. Ср. болг. кла́па — тж.; польск. klapa, но klapka — «клапан в муз. инструменте» (ср. zastawka sercowa — «клапан сердечный»); чеш. klapka — «клапан у духового муз. инструмента» (но záklopka, ventil — «клапан в машине», chlopeň srdeční — «клапан сердечный»). В русском языке слово *клапан* известно по словарям с 1731 г. (Вейсман, 367). ▫ Восходит, как и в других слав. яз., к нем. Klappe, *f.* — «клапан», «хлопушка». Русское слово восходит к форме мн. ч. Klappen. Ср. *рельс* < англ. rails, мн. при *ед.* rail — «рельс».

КЛАРНЕ́Т, -а, *м.* — «музыкальный деревянный духовой инструмент в виде трубки с клапанами и с небольшим раструбом на конце». *Прил.* кларне́тный, -ая, -ое. *Сущ.* кларнети́ст. Укр. кларне́т, кларнети́ст; блр. кларне́т, кларнети́ст; болг. кларне́т; с.-хорв. кларине́т; чеш. klarinet; польск. klarnet. В словарях отм. с 1804 г. (Яновский, II, 225). ▫ Источник распространения — французский язык. Ср. франц. (с 1753 г.) clarinette. Отсюда: нем. Klarinétte; англ. clarionet; ит. clarinétto и др. Во французском — к clair — «светлый», «ясный», «чистый» (по ясности и чистоте звука) < латин. clārus. Франц. clarinette собств. от старого прил. clarin, -e.

КЛАСС, -а, *м.* — 1) «исторически сложившаяся большая группа людей, характеризующаяся определенным отношением к средствам общественного производства»; 2) «подразделение учащихся начальной и средней школы, соответствующее тому или иному году обучения»; 3) «разряд однородных предметов». *Прил.* (от *класс* в 1 знач.) кла́ссовый, -ая, -ое, (от *класс* во 2 знач.) кла́ссный, -ая, -ое. Укр. кла́совий, -а, -е, кла́сний, -а, -е; блр. кла́савы, -ая, -ае, кла́сны, -ая, -ае. Ср. болг. кла́са — «класс в 1 знач.», кла́сов, -а, -о, клас — «класс во 2 знач.», кла́сен, -сна, -сно; с.-хорв. кла̑са — «класс в 1 и 3 знач.» (но «класс во 2 знач.» — ра́зред), кла̑снӣ, -а̄, -о̄ — «классовый»; польск. klasa (в разных знач.), klasowy, -a, -e — «классовый», «классный». Но не во всех слав. яз. это слово обычно. Напр., в чеш. яз. «класс в 1 и 2 знач.» обычно třída, а не klasa. Слово *класс* употр. в русском языке с Петровского времени (Смирнов, 142). В словарях — с 1762 г. (Литхен, 270: *клас*

учеников), позже РЦ, 1771 г., 621: *класс.* ▫ Заимствовано, по-видимому, не из немецкого языка (как klasa в других слав. яз.), а из французского. Ср. франц. classe, *f.* < латин. classis, *f.* — «разряд», «класс» (каждая из 6 цензовых категорий, на которые при Сервии Туллии было разделено римское население), хотя франц. слово также ж. р., как и нем. Klasse. Из французского: англ. class — тж; ит. classe и др.

КЛАСТЬ, кладу́ — «помещать что-л. (реже кого-л.) в лежачем положении, опуская на что-л.». Укр. кла́сти, блр. кла́сці. Ср. болг. клада́ — «кладу»; с.-хорв. кла́сти, 1 ед. кла́де̄м; словен. klasti, 1 ед. kladem; чеш. klásti, 1 ед. kladu; словац. klásť, 1 ед. kládiem; польск. kłaść, 1 ед. kładę; в.-и н.-луж. kłasć, 1 ед. kładu. Др.-рус. (с XIII в.) класти (Срезневский, I, 1214). Ст.-сл. клѧсти, 1 ед. клѧдѫ. ▫ О.-с. *klasti (< *kladti), 1 ед. *kladǫ. И.-е. корень *kla- (с суффиксальным -d- на о.-с. почве). Ср. лит. klóti, 1 ед. klóju — «стлать», «покрывать», «укладывать»; латыш. klāt — «покрывать», «накрывать» (ср., однако, и с суффиксальным -d- лит. klõdas — «слой», «пласт», «залежь»). С формантами -dh(-o)- : -t(-o)- ср. на германской почве гот. af-hlaþan — «чрезмерно нагружать», др.-в.-нем. hladan > ladan (совр. нем. laden) — «накладывать», также (h)last (совр. нем. Last) — «ноша», «тягость», «груз»; др.-англ. hladan (совр. англ. lade) — «грузить», «нагружать»; др.-исл. hlaða (совр. исл. hlaða) — «нагружать», «складывать», «валить» и др. В пределах балтийской и германской групп бесспорных соответствий не обнаружено.

КЛЕВА́ТЬ, клюю́ — (о птицах) «есть, хватать пищу клювом», «нападать и защищаться с помощью клюва»; *перен.* «преследовать», «обижать». *Возвр. ф.* клева́ться. *Сов.* клю́нуть. Ср. клюв — «роговая заостренная наружная часть рта у птиц». Укр. клюва́ти(ся), клю́нути (но «клюв» — дзьоб: дзюб); блр. (*перен.*) кляваць — (о птицах — дзяўбцí; ср. дзю́ба — «клюв»; болг. кълва́ — «клюю», клю́н (: чо́вка) — «клюв»; с.-хорв. кљу̀вати, 1 ед. кљу̑је̄м, кљу̑нути, кљу̑н; словен. kljuvati, kljun; чеш. klovati (но чаще zobati, ср. клюв — zobák), ст.-чеш. kl'vati, klinúti, klovnouti; польск. kluć, 1 ед. kluję (но чаще dziobać; ср. «клюв» — dziób), устар. klwać; в.-луж. устар. kluwać so — «дразниться». Др.-рус. (редк.) кльвати, клюю, клюнъ, но клюти не отм. (Срезневский, I, 1226, 1230). Ст.-сл. кльвати, клюнъ. ▫ О.-с. *klьvati, 1 ед. *kljujǫ. В этимологическом отношении трудное слово. Миклошич (Miklosich, EW, 120) и вслед за ним некоторые другие языковеды сопоставляют рус. *клевать, клюв* с лит. kliúti, 1 ед. kliúvu — «задевать», «зацепляться», «попадать». Покорный (Pokorny, I, 604—605) и Френкель (Fraenkel, 274) от такого сближения воздерживаются. Между тем оно заслуживает внимания как с фонетической (и.-е. корень *kleu- : *klāu-), так и с семантической точки зрения. В русских говорах *клюв* значит не только «клюв», но и «острие», «шильце», «остроконечье, которым тычут»; ср. клевцы́ — курск. «бороньи зубья» (Даль, II, 728). Ср. с.-хорв. кљу́на — «тяжелая мотыга», «крюк», при кљу̑н — «клюв», а также «носок (сапога)», «нос (корабля)». В семантическом отношении ср. англ. nib — «острие пера», «вообще острие», «клин» и «клюв». Старшее знач. о.-с. *klьvati могло быть «ударять, тыкать, долбить чем-л. острым» и т. п., а знач. *kljuvъ : *kljunъ — «острый конец орудия труда», «острие». Если так, ср. еще: латин. clāvus — «гвоздь»; греч. κλείς, эп.-ион. κληΐς (< κληϜ-ίς) — «деревянный гвоздь», «болт», «засов», «крюк», «ключ»; др.-ирл. clō — «гвоздь» и др. (см. Pokorny, I, 604—605). На славянской почве от того же и.-е. корня происходят о.-с. *ključь, *kljuka, с формантом -k-.

КЛЕ́ВЕР, -а, м. — «многолетнее кормовое травянистое растение семейства бобовых с тройчатыми листьями», «трилистник», Trifolium. *Прил.* **кле́верный, -ая, -ое**. Укр. **кле́вер** (но чаще **конюши́на**), **кле́верний, -а, -е**. В других слав. яз. отс. Ср. в том же знач.: блр. **канюши́на**; болг. **детели́на**; с.-хорв. **дѐтелина**; чеш. **jetel**; польск. **koniczyna**. Слово довольно позднее. В словарях — с 1814 г. (САР², III, 153). ▫ Заимствовано, как полагают, из германских языков, но не из немецкого [немцы издавна называют клевер Klee (др.-в.-нем. klē)]. Ср., однако, н.-нем. klēver > дат. klöver; швед. klöver. Ср. также англ. clover; голл. klaver. Происхождение этого слова в германских языках не выяснено.

КЛЕВРЕ́Т, -а, м. — «угодливый приверженец, приспешник». Любопытно, что Даль (II, 729) дает знач. «товарищ», «собрат», тогда как совр. знач. было обычным не только в Пушкинское время (см. СЯП, II, 325), но и раньше. Укр. **клевре́т**; блр. **клеўрэ́т**; болг. **клевре́т**. В других слав. яз. отс. Ср. в том же знач.: чеш. **náhončí**, **pomahač**; польск. **poplecznik**, **zausznik**. Др.-рус. (с XI в., начиная с Остр. ев., л. 76) и ст.-сл. **клеврѣтъ** — «раб» (Срезневский, I, 216). ▫ В русском — из старославянского, а там восходит к латин. collībertus — «раб, отпущенный на свободу вместе с каким-л. другим рабом», «товарищ-вольноотпущенник» (ср. латин. lībertus — «вольноотпущенник»; col- из cum-). Из латинского — позднегреч. κολλίβερτος (β=v). На славянской почве слово подверглось некоторому искажению. (*кливрѣтъ > *клеврѣтъ : клеврѣ́тъ).

КЛЕЙ, -я, м. — «густая липкая жидкость, специально приготовляемая для скрепления, соединения чего-л.». *Прил.* **кле́йкий, -ая, -ое, клеево́й, -а́я, -бе**. *Глаг.* **кле́ить**. Укр. **клей, клейки́й, -а, -е, клеї́ти**. блр. **клей, кле́йкі, -ая, -ае, кле́іць**; польск. **klej, klejki, -a, -ie, kleić**. Ср. болг. **клей** — «смола» (на дереве), («клей» — **лепи́ло**); словен. **klej** — «клей», а также «вяжущее вещество», «деготь»; чеш. **klih** — неясного происхождения. В с.-хорв. отс., ср. с.-хорв. **ле́пак** — «клей», ту́ткало — «столярный клей». Др.-рус. и ст.-сл. **клей : клии : клѣи** (Дан. иг. XII в. и др.) [Срезнезский, I, 1217, 1219]. *Произв.* **кле́йкий** и **кле́ить** — более поздние. Отмечены Поликарповым (1704 г.: **кле́йко**, 145 об., **клею**, 146). ▫ В этимологическом отношении не вполне ясное слово. С давнего времени сближают эту группу с греч. κόλλα (< *kólja) — «клей», «камедь», «гумми» (новогреч. также «крахмал»), κολλάω — «приклеиваю» и ср.-н.-нем. helen — «приклеиваться», «липнуть» (Zupitza, 113). И.-е. база *kol(ē)i- (?) [Pokorny, I, 612]. О.-с. форма могла быть *kъlьjь или *kъlějь, причем ъ исчез еще в дописьменный период. Все это пока еще достаточно гадательно. По другому не более вероятному мнению в о.-с. языке это слово заимствовано из германских языков. Ср. совр. нем. Klei (из н.-нем.) — «глинистая почва», «иловатая глина», Kleister — «клей» [и.-е. корень тот же, что в рус. диал. глей, рус. глина (см.)]. Затруднение представляет разница в значении о.-с. и нем. слов, а также то обстоятельство, что слово это не исконно верхненемецкое.

КЛЕЙМО́, -а́, ср. — «несмываемый знак, отметина на чем-л. (на упакованном товаре, мясной туше и т. п.)»; «тавро». *Глаг.* **клейми́ть**. *Сущ.* **клеймовщи́к**. Укр. **клеймо́**, разг. **клейно, клейми́ти : клеймува́ти, клеймува́льник**; блр. **кляймо́, клеймава́ць, клеймаўшчы́к**. В других слав. яз. отс. Ср. в том же знач.: с.-хорв. **жи̑г** или **шта̏мбиљ**; чеш. **značka**, **cejch**; польск. **stempel**, **cecha**, **znak** и т. п. Болг. **клеймо́** — из русского. В русском языке слово известно с XVI в., причем до середины XVII в. только в форме **клейно** наряду с **клейнот** — тж. (Срезневский, I, 1217). Ср., напр., в «Духовной углицкого кн. Дмитрия Ивановича» 1521 г.: «(ковш)... внутри *клейно* с өинифтом», «два ковша... внутри *клейна* литы звери золочоны» и мн. др. (Черепнин, 412 и сл.). Так — в XVI в. и в 1-й пол. XVII в. Во 2-й пол. XVII в. преобладает форма с м. Появляются и произв. от *клеймо*. Ср. в «Наказе астраханского воеводы» 1672 г.: «*клеймить* государевым *клеймом*», «товары *клейменые*» и пр. («Русск.-инд. отн.», 175). ▫ Возможно, в Москву это слово было занесено из Белой Руси и введено в обращение в XVII в. со знач. «герб» западнорусами из Посольского приказа. Ср. польск. kleinot — «герб», «перстень с печатью» (и «драгоценность»). Как и польск. kleinot, восходит к нем. Kleinod, n. — «драгоценность», в старину «украшение», «подарок», и «приз на (воинских) состязаниях» и т. п. (от klein — «тонкий», «изящный»). Ср. в Тамож. новг. гр. 1571 г.: «всякие немецкие денги и корки серебряные с немецкими клеины» (Срезневский, I 1217). Форма с м в русском языке, по-видимому, под влиянием *тамга, письмо*.

КЛЕ́ЙСТЕР, -а, м. — «клей из крахмала или муки». Прил. **кле́йстерный, -ая, -ое**. Укр. **кле́йстер**; блр. **кле́йстар**; болг. **кла́йстер**; чеш. **klejstr**; польск. **klajster** и др. Встр. в Описи Моск. Печ. двора 1649 г.

КЛЕ

(ЧОИДР, 1887, кн. 4, с. 9). В словарях — с 1704 г. (Поликарпов, 146: *клестер* — «клей, из муки составленный»). ▫ Позднее заимствование из немецкого (ср. ср.-в.-нем. klīster, совр. нем. Kleister; корень тот же, что в нем. Klei — «иловатая глина»; см. *клей*; -ster — суф.).

КЛЁН, -а, *м.* — «дерево с зубчатыми широкими листьями», Асег. *Прил.* кленóвый, -ая, -ое. Укр. клен, кленóвий, -а, -е; блр. клён, кляновы, -ая, -ае; болг. клен, клéнов, -а, -о; с.-хорв. клён (также кỹн), клёнов, -а, -о; словен. klen — «разновидность явора» (ср. maklen — «клен»), klenov, -a, -o; чеш. klen «разновидность клена», «белый клен», «клен» (обычно «клен» — javor), klenový, -á, -é; словац. klen — «клен» (ср. javor — «белый клен»); польск. klon, klonowy, -a, -e; в.-луж. kłon. Др.-рус. (с конца XV в.) клёнъ — тж. (Срезневский, I, 1217). Ст.-сл. клєнъ. *Прил.* кленóвый отм. с 1704 г. (Поликарпов, 146). ▫ О.-с. *klenъ и *klьnъ (укр. клен и с.-хорв. кỹн). Соответствия гл. обр. в скандинавских и нек. других германских языках: швед. lönn; норв. lønn; дат. løn, с утратой начального h. Ср. др.-сканд. hlynr (при совр. исл. hlynur — тж.). Ср. также н.-нем. lōne > läne, нем. диал.Lehne : Lenne — Acer platanoides (др.-в.-нем. корень lîn- в linboum : limboum). Ср. еще др.-кимр. celin — тж. В литовском другой формант (-v-) : klēvas — «клен», klevìnis — «кленовый». И.-е. база *kleno- : *klino-(?) [Pokorny, I, 603] или *kln-i- (?!) [Falk — Torp², I, 681].

КЛЁЦКА, -и, *ж.* (обычно *мн.* клёцки) — «комочек пресного теста, опущенный в кипящий суп и сварившийся там». Блр. клёцка. В других слав. яз. отс. Ср. в том же знач.: укр. галýшка; чеш. nok, *мн.* noky (< нем. Nock). Но ср. польск. kluska. В словарях — с 1731 г. (Вейсман, 450). ▫ В русском языке из польского, а в польском из немецкого. Ср. нем. Klosschen, уменьш. от Kloß — «комок» > «клецка», «фрикаделька».

КЛИЕНТ, -а, *м.* — «постоянный заказчик, покупатель»; «лицо, с которым какая-л. кредитная, торговая или промышленная организация имеет деловые отношения». *Женск.* клиéнтка. *Прил.* клиентский, -ая, -ое. Укр. клиéнт; блр. клиéнт, клиéнтка, клиéнцкi, -ая, -ае; болг. клиéнт; с.-хорв. клиjéнт; чеш., польск. klient. В русском языке известно с начала XIX в. В словарях — с 1804 г. (Яновский, II, 237). ▫ Ср. франц. client (как коммерческий термин — с XIX в.) > англ. client; нем. Klient и др. Первоисточник — латин. cliens, род. clientis — «лицо, находящееся в зависимости от богача (патрона) и пользующееся его покровительством», перен. «зависимый», «подчиненный».

КЛИЗМА, -ы, *ж.* — 1) «введение с лечебной целью промывательной жидкости в кипечную полость через прямую кишку»; 2) «прибор, употребляемый для этой цели». Укр., блр. клiзма; болг. клизма; чеш. klysma (при разг. klystýr). Но ср. в том же знач.:

КЛИ

с.-хорв. клистир; польск. lewatywa. Слово *клизма* употр. в русском языке с начала 900-х гг. в словарях — с 1910 г. (СРЯ¹, т. IV, в. 3, с. 1018). До этого времени обычным (с XVII в.) названием клизмы было *клистир* (< нем. Klistíer); прил. *клистирный*. Первоисточник — греч. κλυστήρ — «трубка для промываний». ▫ Восходит в конечном счете к греч. κλύσμα — «промывание», а также «место морского прибоя», «взморье» (произв. от κλύζω — «плещу», «окатываю», «промываю») при немецком посредстве (Klýsma).

КЛИМАТ, -а, *м.* — «устойчивая совокупность метеорологических условий, свойственных данной местности, характерных для нее». В говорах и в рус. литер. яз. XVIII—XIX вв. также климáт. *Прил.* климатический, -ая, -ое. Укр. клíмат, клiматичний, -а, -е; блр. клíмат, клiматычны, -ая, -ае; болг. климат, климатически, -а, -о, климатичен, -чна, -чно; чеш. klima, klimatický, -á, -é; польск. klimat, klimatyczny, -a, -e. В русском языке известно с начала XVIII в. Ср. в «Архиве» Куракина (V, 6, 1711 г.): *«климат не позволяет за великими жары»*. Ср. у Срезневского (I, 1220) пример употребления слова *климатъ* (в форме род. п.) в Ефр. Крм. XII в., но со знач. «пояс» (в геогр. смысле), «область», «regio»: *«(црькы) въторааго климата»* (κλίματος). В этом случае мы имеем дело с грецизмом, с заимствованием из позднегреческого языка. Прил. *климатический* отм. в словарях с 1847 г. (СЦСРЯ, II, 178). ▫ Скорее всего из французского языка (старое ударение климáт). Ср. франц. climat, *m.*; англ. climate, но нем. Klima, *n.*; ит., исп. clima; ср. турец. iklim — тж.; афг. аклим — тж. Первоисточник — греч. κλίμα, *pl.* κλίματα — «склон» (горы), «спуск» > «страна света» (север, юг и пр.) > «климатический пояс» (от κλίνω — «склоняю», «наклоняю»). Отсюда латин. clima — «климат».

КЛИН, -а, *м.* — «заостренный с одной стороны кусок дерева, металла и т. п., употребляемый для раскалывания, расщепления чего-л. (бревна, доски и т. п.)»; «трехугольной формы вставка в платье». *Прил.* клиновáтый, -ая, -ое. *Глаг.* (только с приставками) вклинивать(ся), вклинить(ся). Укр. клин, вклинювати(ся), вклинити(ся); блр. клiн, уклiньваць, уклiньвацца, уклiнiць, уклiнiцца; болг. клин, заклиня — «заклиню», заклинвам — «вклиниваю»; с.-хорв. клин — «клин», «гвоздь», клинац — «гвоздь», уклинчити — «забить гвоздями»; словен. klin, zakliniti; чеш. klín, vkliňovati se, vklíniti se; словац. klin, vkliňovať (sa), vklinit' (sa); польск. klin, wklinować (się), wklonać (się); в.-луж. klin, уменьш. klinčk, глаг. kliníc; н.-луж. klin, zakliniś, skliniś. Др.-рус. клинъ — «клин», «гвоздь», «участок поля», (с XVI в.) клинцы — «узор в виде треугольников» (Срезневский, I, 1220; Кочин, 143). ▫ О.-с. *kъlinъ. Корень тот же, что в о.-с. *kъlukъ (см. *клык*); в укр. iклo, кло (< кълo) — «клык»; блр. iкóл, род.

iклá — тж.; чеш. kel — тж.; польск. kieł — тж. К о.-с. *kolti [> рус. *колоть* (см.)]. И.-е. корень *kel- (: *kol-: *kᵒl-) — «ударять» и пр. Суф. на славянской почве -in-ъ, редкий при образовании неличных сущ. Ср., однако, о.-с. *mlinъ — «жернов» (> рус. *блин*).

КЛИ́НИКА, -и, *ж.* — «лечебное учреждение, больница, обычно при медицинском вузе, где проводится научно-исследовательская работа и проходят практику будущие врачи». *Прил.* клини́ческий, -ая, -ое. Укр. клі́ніка, клінічний, -а, -е; блр. клі́ніка, клінічны, -ая, -ае; болг. кли́ника, клиничен, -чна, -чно, клини́чески, -а, -о; с.-хорв. кли́ника, кли́нички, -а̄, -е̄; чеш. и словац. klinika, klinický, -á, -é; польск. klinika, kliniczny, -a, -e. В русском языке слово *клиника* (в совр. знач.) известно со 2-й четверти XIX в.: СЦСРЯ, II, 1847 г., 178; там же прил. *клинический*. Ср., однако, у Яновского (II, 1804 г., 235): клиники — 1) «лежачие тяжело больные»; 2) «гробницы или мавзолеи, где царских и знатных фамилий тела погребены были». ▫ Из западноевропейских языков. Ср. франц. (с XVII в.) clinique, *f.* — тж., (с конца XVII в.) прил. clinique; нем. Klinik, прил. klinisch; англ. clinic, прил. clinical и др. В западноевропейских языках это слово, в конечном счете, восходит к греч. χλινιχή, *f.* — «врачевание», «уход за лежачим больным», от χλίνη — «ложе», «постель»; ср. χλινιχός — «врач, посещающий лежачих больных». Отсюда латин. clīnicē — «клиническая медицина», «терапия», clīnicus — «клинический врач», «терапевт» (а также «могильщик», «гробокопатель»).

КЛИНО́К, -нка́, *м.* — «режущая или колющая часть холодного оружия (без рукоятки)». *Прил.* клинко́вый, -ая, -ое. Укр. клино́к, клинко́вий, -а, -е; блр. кліно́к, клінко́вы, -ая, -ае. Ср. польск. klinga (при brzeszczot). В других слав. яз. отс. Ср. в том же знач.: болг. *острие́*; с.-хорв. o̅штрица; чеш. ostří (или čepel). В русском языке известно, по крайней мере, с начала XVIII в. Встр. в письмах Петра I и его корреспондентов, ПбПВ, III, 649, 1704 г. (Christiani, 37); IV, 44, 1706 г.: «*палашных клинков*», «*шпажных клинков*» (Meulen, NWR, Suppl., 46). В словарях — с 1762 г. (Литхен, 271; в РЦ 1771 г., 621: *клинок*). ▫ В русском языке *клинок* (< *клинок*) скорее всего из голландского языка (kling — тж.). Ср. также нем. Klínge, *f.* — «клинок», «лезвие» (этимологически связано с klingen — «звенеть»). Из немецкого: дат. klínge — тж., швед. klínga — тж. Слово по своей концовке и вследствие сближения с *клин* подвергалось народной этимологизации (голл. kling > *клинк* > *клинок*, как нем. Montierung > *мундирок* > *мундир*, голл. zonnedek > *зондек* > *зонтик* > *зонт* и др.).

КЛИ́РОС, -а, *м.* — «место на возвышении (солее́) для певчих в церкви перед иконостасом по обе стороны алтаря». *Устар.* и *обл.* кри́лос, кры́лос. Еще у Пушкина встр. кроме *клирос*, также *крылос*

(напр., в поэме «Домик в Коломне», 1830 г., строфа 20: «И становилася перед толпою У *крылоса* налево» (ПСС, V, 88; СЯП, II, 423). *Прил.* кли́росный, -ая, -ое. Укр. кри́лас; блр. клі́рас. Ср. болг. клир — тж. В других слав. яз. отс. Др.-рус. (с XI в.) клиросъ : крилосъ — «крылосъ», «певчие», а также «клир (собрание священнослужителей и церковнослужителей)» (Срезневский, I, 1221—1222, 1323). ▫ Слово греческое по происхождению. Ср. греч. χλῆρος (в позднегреч. произн. klīros) — собств. «жребий», «жеребьевка», «нечто, доставшееся по жребию», «удел», «доля», «достояние» [после возникновения христианства — «церковные люди», «служители культа» (сначала избиравшиеся по жребию) > «(церковные) певчие» > «место (в церкви), где они поют»]. На русской почве слово было переосмыслено и переделано под влиянием *крыло* (ср. у Срезневского, I, 1323: крило церковное — «боковая выдававшаяся часть храма»).

КЛОК, -а́, *м.* (*мн.* кло́чья) — «(неаккуратно, небрежно, со злостью) оторванная от чего-л., вырванная маленькая часть (пучок, лоскут)». Укр. клок — тж. (чаще жмут, па́смо, кла́поть), кло́ччя — «клочья», чаще «пакля»; блр. клок (чаще жмут, шмато́к); ср. обл. клы́чыць — «комкать», «клочить». Ср. болг. кълчи́ща — «пакля», «пенька»; с.-хорв. ку̑к — «осот», диал. «пакля»; чеш. диал. kluk : klok — «клок», «кудель» (обычно «клок» — chomáč, kadeř); словац. klk — «клок»; польск. kłak — «очески», «вычески», «охлопье», иногда и «клок» (чаще *мн.* kłaki). Др.-рус. (XIII—XIV вв.) клокъ — «пук», «уток», позже «коса» (Срезневский, I, 1224). Ст.-сл. клъкъ — «уток». ▫ О.-с. *klъkъ. Происхождение неясное. С основой *klъk- в о.-с. языке, по-видимому, связывалось представление о чем-то не столько «пучкообразном», сколько «торчащем во все стороны». Знач. «уток», «кудель» и далее «пакля» — более ранние, чем «пучок». Неясно также одно ли это по происхождению слово со ст.-чеш. kluk — «оперенная стрела» и в.-луж. kłok — «стрела». По-видимому, не следует отделять друг от друга эти две группы, как делает Махек (Machek, ES, 207). Сближение с лит. klèkti — «свертываться», «створаживаться» (ib., 205) не встречает поддержки у Френкеля (Fraenkel, 268). Пожалуй, прав Фасмер (Vasmer, REW, I, 571), сопоставляющий о.-с. *klъkъ с лит. pláukas — «волос», *pl.* plaukaĩ — «волосы»; латыш. plauki, *pl.* — «очески» и предполагающий, что в о.-с. языке произошла межслоговая ассимиляция pl : k > kl : k (*plъkъ > *klъkъ). Возможно, при этом оказало некоторое влияние о.-с. *kǫdělь.

КЛОП, -а́, *м.* — «кровососущее небольшое насекомое-паразит, с плоским телом и терпким запахом», Cimex lectularius; «насекомое отряда настоящих полужесткокрылых», Hemipterum. *Прил.* клопо́вый, клопи́ный, -ая, -ое. Укр. клоп, клопо́вий, -а, -е; блр. клоп, клапі́ны, -ая, -ае. Ср. болг. диал. кло́пуги — «клоп» (Младенов, ЕПР, 241). В других слав. яз. отс. Ср.

в том же знач.: болг. дървени́ца; с.-хорв. стѣни́ца; словен. stenica; чеш. štěnice; польск. pluskwa. В русском языке известно, по крайней мере, с начала XVII в. Отм. Р. Джемсом (РАС, 1618—1619 гг., 14 : 44): χlope — «a chince» [«(постельный) клоп»]. Ср. *клоп* — «гад» в «Рукоп. лексиконе» 1-й пол. XVIII в. (Аверьянова, 141). ▫ Вероятно, из *къло́пъ*. Корень къл-, тот же, что в *клык* [ср. чеш. kel — «клык»; польск. kieł — «клык», «зубец»; ср. с.-хорв. ка̀љак — «лошадиный зуб, по которому определяется старость лошади», «зуб мудрости» (Мичатек, 216) и др.]. Суф. -*оп*- (: -*еп*-), тот же, что в рус. *вертеп* (см.), в болг. въртоп — «водоворот», вързоп — «узел», «связка». По корню (о.-с. *kъl-) слово связано с *колоть, кол, клык* (см. эти слова). Ср. также др.-рус. къ́лыгъ — «паразит». И.-е. *kel- : *kelə- (Pokorny, I, 545 и сл.).

КЛО́УН, -а, *м.* — «цирковой актер-комик». *Прил.* клоу́нский, -ая, -ое. Сюда же клоуна́да. Укр. кло́ун, кло́унський, -а, -е, клоуна́да; блр. кло́ун, кло́унскі, -ая, -ае, клауна́да; болг. кло́ун. Ср. чеш. šašek, но также klaun, clown (произн. klaun); польск. błazen, но и klown. В русском языке — с середины XIX в.: Михельсон 1865 г., 293. ▫ Ср. англ. (> франц., нем. и др.) clown — «неотесанный деревенский парень», «деревенщина» > «шут» (в старинных пьесах) > «клоун». Восходит, в конечном счете, к латин. colōnus — «житель деревни», «земледелец», «житель колонии». В русском языке, м. б., непосредственно из английского. Из английского — франц. (с 1830 г.) clown и др.

КЛУБ, -а, *м.* — «общественная организация определенного типа, располагающая собственным помещением и объединяющая на добровольных началах людей одного социального круга, одинаковых взглядов и вкусов для совместного отдыха и развлечений»; в социалистических странах — «культурно-просветительная организация при каком-либо предприятии (завод, фабрика), учреждении, учебном заведении и т. п.»; «спортивное общество». *Прил.* клу́бный, -ая, -ое. Укр. клуб, клу́бний, -а, -е; блр. клуб, клу́бны, -ая, -ае; болг. клуб, клу́бен, -бна, -бно; с.-хорв. клу̑б; чеш. klub, klubový, -á, -é; польск. klub, klubowy, -a, -e. В русском языке известно с 3-й четверти XVIII в. В 1770 г. был открыт «Английский клоб» в Петербурге. В форме *клоб* это слово нередко встр. еще в 1-й четверти XIX в. Ранние примеры в художественной литературе — у Державина: «А ныне *клоб* да маскерад» [«Кружка», 1777 г. (Стих., 310)]; «Не слишком любишь маскарады, А в *клоб* не ступишь и ногой» [«Фелица», 1782 г., строфа 4 (Стих., 19)]. Пушкин в «Евгении Онегине» употр. *клуб* [гл. VII, строфа 45: «А он всё *клуба* член исправный» (ПСС, VI, 158)], но ср. в «Англ⟨ийском⟩ клобе» в «Дневнике» в записи от 2-IV-1834 г. (ПСС, XII, 323). Чаще (см. СЯП, II, 327) у Пушкина это слово встр. в форме *клоб*. В словарях — обе формы — с 1804 г.

(Яновский, II, 238). ▫ Слово английское. Ср. англ. club (> хинди клаб); франц. (с XVIII в.) club; ит., исп. club; нем. Klub; фин. (с.) klubi; турец. klüp (bu); афг. клуп и др. Первоисточник — англ. club (произн. klʌb), которое значит не только «клуб», но и «дубинка с утолщением на конце», а также «клюшка для игры в гольф» («бита»). Это и есть старшее знач. слова club в англ. яз. Новое знач., установившееся в XVII в., развилось из знач. «утолщенная часть дубины» > «комок», «глыба», откуда «группа (людей)». В английском это слово скандинавского происхождения. Ср. швед. klubba — «дубина».

КЛУ́МБА, -ы, *ж.* — «цветник, грядка цветов (в саду, в парке) в виде какой-л. замкнутой фигуры (круг, прямоугольник, звезда и т. п.)». Укр., блр. клу́мба. Ср. польск. klomb — «группа деревьев», «клумба» (в этом знач. также kwietnik). В других слав. яз. отс. Ср. в том же знач.: болг. цветна́ леха́; с.-хорв. ле́ја; чеш. květinový záhon и т. д. В русском языке — с XIX в. В словарях — с 1865 г. (Даль, II, 734), но встр. в произведениях М. Н. Загоскина, ум. в 1852 г. (ССРЛЯ, V, 1053). ▫ Восходит к слову, очень распространенному в знач. «глыба», «ком», «группа» и т. п. в герм. языках: англ. clump — «группа деревьев» (собств. «глыба», «комок»; ср. «клумба» — flowerbed); нем. Klumpen, *m.* — «глыба», «куча» [ср. (Blumen)beet и Beet — «клумба»].

КЛЫК, -а́, *м.* — 1) (у человека) «один из зубов с левой и правой стороны между резцами и коренными зубами»; 2) «крупный зуб у хищных животных (кабанов и др.)»; 3) «очень больших размеров длинный зуб у некоторых диких животных, выступающий наружу из полости рта и служащий орудием нападения и защиты». Ср. в говорах: клы : и́клы — «клыки», «бодни», «шпоры петуха»; курск. и́клы — тж. (Даль, II, 661, 734). Ср. укр. и́кло — «клык, кло, род. кла — «ребро, грань, гребень предмета», «свиной клык» (Гринченко, II, 252); блр. і́кол, род. ікла́ — «клык»; с.-хорв. ка̀љак, ка̀љац (с *а* после *к* из *ъ*) — «зуб, по которому определяется возраст лошади», «зуб мудрости»; словен. okel, род. okla — «клык»; чеш. kel, род. klu — «клык», «бивень»; словац. kel, род. kla — тж.; польск. kieł, род. kła — «клык», «зубец» (тех.). В русском языке слово *клык* известно (по словарям) лишь с XVIII в. (Литхен, 1762 г., 272). Копиевский в «Номенклаторе», 1700 г. (32) дает клы, мн. — «dentes canini» (м. б., белорусизм?). ▫ Т. о., *клык* — собственно русское (не общеславянское) образование с суф. -ык-ъ. Ср. в др.-рус. и ст.-сл. ка́мык, кре́мыкъ. Из *къ́лыкъ. Корень (о.-с.) *kъl-, абляут к *kol- в о.-с. *kolti, рус. *колоть* (см.), также *кол* (см.), укр. кіл, род. кола́. Вероятно, от того же корня происходит и «загадочное» *къ́лыгъ — «паразит», отм. Ильинским в его издании «Златоструя» (Бычкова) XI в. (37, 50). Ср. болг. глига́н (из *клыган) — «кабан». См. также *клоп*.

И.-е. корень *kel- (*kol-: *kᵒl-) — «бить», «ударять», «сечь» (подробнее см. Pokorny, I, 545).

КЛЮКА́, -и́, ж. — «длинная палка для опоры с загнутым верхним концом»; *устар.* «крюк» (Даль, II, 734). Отсюда *клю́шка* (см.). Укр. клюка́, клю́чка; в блр. отс. (ср. в знач. «клюка»: ку́льба, кульба́ка, крывуля). Слово встр. и в других слав. яз., но в другом знач. Ср. с.-хорв. диал. кљу̀ка (обычно ку̀ка) — «крюк»; словен. kljuka — тж.; польск. устар. kluka — «крюк» (обычно hak; «клюка» — kostur, posoch). Ср. также чеш. klika — «рукоятка», «ручка» (напр., дверная), тогда как «клюка» — hůl; болг. клюка — «сплетня», «интрига» («клюка» — то́йга). Др.-рус. клюка — «хитрость», «обман» [Срезневский, I, 1230, хотя ср. в Сл. плк. Игор.: «тъй (Всеслав) клюками подпръ ся о кони» (клюками здесь скорее «костылями», «жердями» и т. п.)]. □ О.-с. *kljuka (с -ju- из -eu-). Корень тот же, что в *ключ* (см.). Старшее знач., вероятно, «нечто непрямое, изогнутое». Отсюда и «коварство», «интрига», и «клюка», и «крюк». Ср. лит. kliúti — «зацепиться», «задеть», «попасть» «препятствовать»; на другой ступени вокализма kliáutis — «полагаться (опираться) на кого-л.». Также греч. κλείς (эп.-ион. κληίς) — «засов», «запор», «ключ», «ключица»; латин. clāvis — «ключ» (> франц. clé : clef — тж.) при claudō — «запираю», «затворяю»; др.-ирл. clō — «гвоздь». Сближают с этой группой также тохар. B klutk- — «поворачивать», «(воз)вращаться» при тохар. A lutk- — «превращаться». И.-е. корень *kleu-: *klāu- (Pokorny, I, 604).

КЛЮ́КВА, -ы, ж. — «стелющееся болотное растение семейства вересковых, подсемейства брусничных, с мелкими вечнозелеными листьями, с одиночными розово-красными цветочками и темно-красными кислыми ягодами», Oxycoccus (palustris). *Прил.* клюквенный, -ая, -ое. Укр. клю́ква (чаще журавли́на), клю́квовий, -а, -е. Из русского: чеш. klikva, словац. kl'ukva. В других слав. яз. отс. Ср. в том же знач.: блр. журавíна; польск. żurawina. С.-хорв. кљу̏вка, видимо, из русского (обычно ма́ховица, от мах — «мох», м. б., калька с нем. Moosbeere, т. е. «моховая ягода»). В русском языке это слово известно с XVII в. Отм. Р. Джемсом (РАС, 1618—1619 гг., 43 : 4): klukoi (?) — «a pretty big red soure marras berrie» («довольно крупная кислая болотная ягода»). Позже ср. у Лудольфа в «Рос. гр.», 1696 г. (93): «Brussenici, Klukva». Фамилия *Клюквин* встр. с 1662 г. (Тупиков, 574). □ Принимая во внимание, что клюква — ягода гл. обр. болотная, наиболее правдоподобным на первый взгляд кажется старое объяснение Горяева (145), что слово *клюква* происходит от того же корня *клюк-*, что и слово *ключ* — «источник», *прил.* ключево́й. Ср. ключеви́на — пск., твер. «ключ», «родник», «водная жила из-под земли»; «ключевое болото» (Даль, II, 735, 736): ключеви́на — «болото, происшедшее от непроточного ключа», «сырое место в лесу»; отсюда ключеви́нные овраги (Маштаков, 47). Ср. у Даля (II, 735—736) названия некоторых растений: ключева́я трава́, Veronica Anagallis, ключи́ — «маис», «пшенка», ключ-трава́ — «богородицына ручка, Botrychium lunaria», «эфиопский шалфей, Salvia ethiopis», ключеви́к — «растение жабрей, Antirrhinum orontium» и др. Ср. *ключ* (< о.с. *ključь < *kljuk-j-ь) — «источник». Ср. др.-рус. ключъ : клечътъ — «клекот» (Срезневский I, 1219, 1230). Ср. с.-хорв. кљу̏к — «сусло (отжатый виноградный сок)». Ср. лит. kliõkti — «стремительно литься», «хлестать». Словообразование также неясно. М. б., из *клюкъва* и в конечном счете из *клюкы?

КЛЮЧ, -а́, м. — «металлическое приспособление (род маленькой клюшки), с помощью которого отпирают и запирают замок». *Прил.* ключево́й, -а́я, -о́е. *Сущ.* ключник, ключница. Укр. ключ, ключови́й, -а́, -е́, ключник; блр. ключ, ключавы́, -а́я, -ое, ключнік, ключніца. Ср. болг. ключ, ключов, -а, -о, ключа́р, ключа́рка; с.-хорв. кљу̑ч, кљу́чни, -а̑, -о̑, кључа̑р, кључа́рица; словен. ključ, ključni, -a, -o, ključev, -a, -o; чеш. klíč, klíčový, -á, -é, klíčník, klíčnice; словац. kl'úč, kl'účový, -á, -é; польск. klucz, kluczowy, -a, -e, klucznik, klucznica; в.-луж. kluč, klučny, -a, -e, klučowy, -a, -e; н.-луж. kluc, klucowy, -a, -e. Др.-рус. ключь — «ключ», «отмычка» (с XI в.), также «запор», «засов»; кроме того «багор» (XII в.), «руль» (Пов. вр. л. под. 6415 г. по Ип. сп.), ключьник (Срезневский, I, 1233—1235). Прил. ключево́й — позднее, в словарях — с 1792 г. (САР¹, III, 643). □ О.-с. *ključь (< *kljukjь). Корень тот же, что в *клюка* (см.).

КЛЮЧИ́ЦА, -ы, ж. — «парная (справа и слева) трубчатая кость, искривленная наподобие клюшки или латинского s, соединяющая плечи с туловищем спереди», Clavicula. Укр. ключи́ця; блр. ключы́ца; болг. ключи́ца; с.-хорв. кљу̑чна̑ ко̑ст, кљу̏чњача; словен. ključnica; чеш. klíček, klíční kost. Ср. польск. obojczyk — «ключица» (собств. «воротник у церковного облачения»). Об употреблении этого слова в древнерусском языке не имеется данных. Но, несомненно, *ключица* было обычным наименованием Clavicula не только в начале XIX в. (Загорский, «Сокращенная анатомия», кн. 1, 1802 г., 180), но и несколько раньше. В словарях — с 1847 г. (СЦСРЯ, II, 180). □ Образовано от *клюка*, суф. *-иц-а*. Калька с латин. clāvicula — собств. «ключик» (от clāvis — «ключ»).

КЛЮ́ШКА, -и, ж. — «легкая палка с загнутым концом, которой гоняют мяч или шайбу при игре в хоккей». Укр. клю́чка; блр. клю́шка. В других слав. яз. иначе. Ср. чеш. hokejka, hokejová hůl; польск. kij hokejowy; болг. ще́ка. В русском языке слово *клюшка* в знач. «небольшая клюка» известно (по словарям) с 1771 г. (РЦ, 214), до недавнего времени было довольно широко распространено в говорах. Новообразования в говорах на этой почве: архангельск. клю́ша — «клюка», «палка», отсюда клю́шить — «бить», «наносить удары» (Подвысоцкий, 67); олон. клюха́ — «клюка» (Куликовский, 37). ▫ Из клю́чка < клю́чька, от клюка (см.). Не как спортивный термин, а как произв. от клюка слово клю́чка (с ч) встр. и в других слав. яз.; напр., польск. kluczka — «зубец», «крючок», «петля», обл. «багор»; чеш. klička — «петля», «увертка» и др.

КЛЯ́КСА, -ы, ж. — «помарка при писании чернилами в виде расплывшейся на бумаге чернильной капли». Блр. кля́кса. Ср. польск. kleks. В других слав. яз. отс. Ср. в том же знач.: укр. пля́ма, ля́пка; болг. масти́лено петно́; чеш. kaňka. В русском языке появилось в 60-х XIX в. Встр. у Салтыкова-Щедрина в «Сатирах в прозе», 1860 г.: «если бы перо его... не производило такого кля́кса», «только кля́ксы» (ПСС, III, 127, 141); в форме кля́кс и в знач. «цветно́е пятно́» — у Григоровича в «Гуттаперчевом мальчике», 1883 г., гл. III (Пов., 286). В знач. «чернильное пятно» и в форме ж. р. — у Чехова в рассказе «Канитель», 1885 г.: «Перо на букве „д" взвизгивает и дает большую кля́ксу» (СС, III, 243). В словарях отм. с 1910 г. (СРЯ¹, т. IV, в. 4, с. 1131). ▫ Восходит к нем. Klecks — «пятно», «клякса» [ср. klecken — «пачкать»; слово звукоподражательное по происхождению (ср. ср.-в.-нем. klac — «треск»)].

КЛЯ́НЧИТЬ, кля́нчу — «униженно, надоедливо просить что-л. у кого-л.». Блр. кле́нчыць. Ср. в том же знач.: укр. каню́чити; чеш. škemrati; польск. żebrać, wypraszać. В русском языке известно (в форме кле́нчить) с начала XVIII в. Встр. в Архиве Куракина (I, 212): «принужден был кле́нчить трожды и целовать ногу» (знач. — «становиться на колени») [Christiani, 16]. ▫ Объясняют как заимствование из польского. Ср. польск. klęczeć (с е носовым после l) — «стоять на коленях», klęknąć — «становиться на колени», (przy)klęknąć — «стать на колени». Восточнославянская форма этого слова клячити, клякати. Ср. укр. кляка́ти — «падать (становиться и т. п.) на колени», сов. клякну́ти, также кляча́ти — «стоять на коленях» (Гринченко, II, 256). Ср. др.-рус. клячити — «нагибаться», «хромать». Напр., в Изб. 1076 г., л. 42 об.: «како клѧчѫть надъ малъмь огньцьмь съкърчивъше сѧ» (о нищих кающ. над костром, над очагом). Ст. сл. клѧцати — «колебаться», «шататься» (Срезневский, Доп., 140—141). В совр. русском (и белорусском) отс. Но ср. у Аввакума в «Письме к Маремьяне Феодоровне», 1670 г.: «латынники молятся тут, приклякивают по-польски» (т. е. «приседают, преклоняясь», «встают на колено») [Гудзий, 1960 г., 240]. Кроме польского, ср. болг. кле́кна (несов. кле́квам) — «присаживаюсь, опускаюсь на корточки», «слабею», «сдаю»; с.-хорв. кле́кнути (несов. кле́чати) — «упасть на колени при клёцати» — «подгибаться» (о ногах, о коленях); словен. pokleknítí (=с.-хорв. кле́кнути), klečati — «стоять на коленях», klecati — «шататься»; чеш. klekati (сов. kleknouti) — «опускаться на колени», klečeti — «стоять на коленях»; словац. kľačať — «стоять на коленях»; в.-луж. klakać — «становиться на колени», klaknyć — «стать на колени», klečeć — «стоять на коленях»; н.-луж. klěkaś, klěknuś — тж. О.-с. корень *klęk-, балто-слав. *klenk-. И.-е. *kleng-: *klenk- — «сгибать, гнуть», «свертывать». Ср. лит. klénkti — «торопливо идти»; латыш. klencēt — «хромать»; др.-исл. hlykkr (совр. исл. hlykkur) — «изгиб», «искривление»; совр. нем. Gelenk — «сустав», «сгиб» (см. Pokorny, I, 603).

КЛЯ́УЗА, -ы, ж. — «лживая, клеветническая жалоба на кого-л.», «наговор». Прил. кля́узный, -ая, -ое, отсюда кля́узник. Укр. кля́уза, кля́узний, -а, -е, кля́узник; блр. кля́уза, кля́узны, -ая, -ае. Ср. в том же знач.: чеш. klep, pomluva, intrika; польск. intryga, matactwo; болг. сплетня. Но в слав. яз. имеется слово, к которому восходит и рус. кля́уза. Ср. с.-хорв. кла́узула — «примечание» (в деловой бумаге); чеш. klausule — «оговорка», «условие», «дополнительный пункт»; польск. klauzula — тж. В русском кляуза отм. с 1780 г. (Нордстет, I, 294: кляузы; там же кляузник). Но кляузный впервые — в 1865 г. (Даль, II, 737). ▫ Первоисточник — латин. clausula — «заключение (чего-л.)», «окончание» (от claudō — «запираю», «заключаю»). Отсюда и нем. Klausel, f. — «оговорка», «(особое) условие» (в договоре) и т. п. («кляуза»; Ränke und Schliche, Schikane, Klatsch — и др.). Изменение формы и смысла этого канцелярского, приказного слова, надо полагать, произошло на русской почве (м. б., под влиянием каверза). Ср. подобное изменение смысла и в словах ябеда, ябедник.

КЛЯ́ЧА, -и, ж. — «слабосильная, тощая, заморенная лошадь». Блр. кля́ча. Укр. шка́па — тж. Польск. klacz (< klacza) — «кобыла» — из русского (обычно szkapa). Ср. чеш. škapa — тж. (обычно herka или mrcha); болг. кра́нта. Др.-рус. кляча — «хромая, плохая лошадь» (Срезневский, Доп., 141, со ссылкой на Грам. митр. Киприяна 1378 г.; другие примеры см. Срезневский, I, 1238; Кочин, 144). ▫ Этимологически связано с о.-с. *klękati (см. кля́нчить). И.-е. корень *kleng-, (балто-слав.) *klenk- (Pokorny, I, 603).

КНИ́ГА, -и, ж. — 1) «печатное издание (а в старину и рукопись) из сброшюрованных и заключенных в один переплет листов»; 2) «листы, предназначенные для записей (или с записями), переплетенные вместе». Прил. кни́жный, -ая, -ое. Укр. кни́га (чаще кни́жка), кни́жний, -а, -е; блр. кні́га, кні́жны, -ая, -ае. Ср. болг. кни́га — «книга», «письмо», «бумага», кни́жен, -жна, -жно; с.-хорв. књи́га (knjiga) — «книга», «письмо», књи́жан, -жна, -жно, књи́жнӣ, -ā, -ō; словен. knjiga — «книга», knjížen, -žna, -žno; чеш. kniha (устар. kněha), прил. knižní; словац. kniha, knižný́, -á, -é; польск. księga, książka (теперь утратившее знач. уменьшительности), książkowy, -a, -e — «книжный» (księga < *knięga с XIII в.); в.-луж. kniha, knižka, knižny, -a, -e; н.-луж. knigły, *мн.* — «книга», knigłowy, -a, -e. Ср. венг. könyv — тж. Лит. knygà (как и латыш. grāmata — тж.) — из славянских языков. Др.-рус. (с XI в.) и ст.-сл. кънига : книга (ст.-сл. также кнѣга) — «книга», «том», «письмо, послание», «расписка», «письменная доска», книгы, *мн.* — «письменность», «буквы» (Срезневский, I, 1391 и сл.). ▫ О.-с. *knjiga : (?) *kъnjiga. Соответствий в других и.-е. языках не имеется. Происхождение не вполне ясное. На славянской почве объяснить невозможно. Некоторые этимологи (Brückner, 277) пытаются связывать с польск. диал. kien : kień — «отрезок», «отрубок», «чурбан», knieja — «засека», (общепольск.) «лесная чаща», «дебри», причем исходят из предположения, что сначала это слово, чаще употреблявшееся во мн. ч., значило то же, что *буква*, а *буква* значило «(деревянный, буковый) отрезок» [м. б., нечто вроде тех резов, о которых упоминает Храбр (X в.)]. Но польск. диал. kien : kień и пр. стоит особняком (сопоставляемое с лит. kūnas — «тело», «туловище», «мясо» сомнительно в виду долгого u, о чем см. Fraenkel, 310) и этимология его не ясна. Кроме того, остается необъясненной остальная часть предполагаемой основы (-ig-), потому что такого суффикса не было (в польском к тому же -eg-). Поэтому в настоящее время слово *книга* обычно рассматривается как раннее (дописьменной поры) заимствование, хотя источник заимствования не установлен. Особого внимания заслуживает догадка, впервые высказанная И. Добровским и теперь принятая гл. обр. чешскими этимологами (напр., Machek, ES, 209): слово возводится к кит. (южнокит.) Ши-кинг (на севере Ши-цзин — «Книга песен», являющаяся наряду с Шу-цзин древнейшим памятником китайской литературы). В Европу это название могло быть занесено гуннами. Арм. k'nik — «печать», возможно, такого же происхождения. Осет. k'inyg — «книга», «письмо» — из древнерусского (Абаев, I, 596). По предположению Абаева (уп.), на осетинской почве произошла метатеза гласных *kuniga (<др.-рус.) кънига > *kinuga. Что касается др.-рус. кънига, то по Абаеву оно «всего вернее — из арм. k'nik».

КНО́ПКА, -и, *ж.* — 1) «подвижная пуговка для замыкания тока в электрическом звонке и т. п.»; 2) «застежка (на одежде) из двух частей, входящих одна в другую»; 3) «очень короткий тонкий гвоздик с круглой широкой плоской шляпкой, гл. обр. для прикалывания бумаги, иногда ткани и т. п.». *Прил.* кно́почный, -ая, -ое. Укр. кно́пка, кно́почний, -а, -е; блр. кно́пка, кно́пкавы, -ая, -ае (но «застежка» — за́пiнка). Ср. чеш. knoflík — «кнопка на одежде», иногда и «кнопка звонка» [< ср.-в.-нем. knöfel (совр. нем. Knopf)]; ср. «кнопка звонка» — tlačítko; «кнопка для прикалывания» — napínáček. В других слав. яз. отс. Ср., например, болг. ко́пче за звъне́ц — «кнопка звонка», с.-хорв. дугме електричног звонцета; польск. guzik. В русском языке — с XIX в. В словарях впервые — в 1847 г. (СЦСРЯ, II, 182): *кно́пка* — «железный или медный гвоздь с большою, красиво отделанною шляпкою, вколачивается в экипажах и других местах для застегивания петли». По Далю (II, 1865 г., 738): «гвоздевая пуговка». ▫ Из германских языков. Возможно, но не обязательно, из голландского. Ср. голл. knop — «кнопка звонка», также «набалдашник», «бутон», knoop — «пуговица», также «узел» (но у Мёлена отс.). Ср. нем. Knopf, *m.* — «кнопка звонка», также «пуговица» (при knöpfen — «застегивать»); дат. knap — «кнопка звонка», также «застежка»; англ. knob : knop — «кнопка» (хотя «кнопка звонка» чаще button < франц. bouton), также «шишка», «набалдашник».

КНУТ, -а́, *м.* — «свитая из пеньки или ремешков и навязанная на кнутовище (палку) короткая и к концу тонкая веревка для стегания, для битья (плеть), иногда с несколькими «хвостами», иногда со «шлепком» (плоским кончиком) или с узелком на конце, иногда даже со вплетенною в кончике пулею» (по Далю, II, 738). Гл. обр. русское. Из русского: польск. knut и (позже) чеш. knuta. Ср. в том же знач.: укр. батíг (род. батога́); блр. пу́га; с.-хорв. ка̀мциjа. и т. д. Слово известно с давнего времени. У Срезневского (I, 1239) примеры с XV в., но в форме кнутье это слово было известно и раньше [встр. в Сл. Дан. Зат. по Чудовск. сп., л. 133 об.]: «безумнаго, аще и *кнутьем* бьешь» (Зарубин, 65). ▫ Слово заимствованное, по-видимому, из скандинавских языков. Ср. швед. knútpiska — «нагайка» при knut — «узел», knútig — «узловатый», knúta — «вязать узлы»; норв. knutt — «кнут», при knùte — «узел», «узелок», knýtte — «связывать»; дат. knúde — «узел» при knýtte — «делать узлы», «связывать»; исл. knútur : hnútur — «узел»; др.-сканд. knūtr — «узел», «желвак». Родственные слова: нем. Knoten — «узел», «шишка», knoten — «вязать узлы» и др. Фальк и Торп считают, что рус. *кнутъ* — заимствование из др.-сканд., собств. «узел на биче», «плеть (бич) с узлом» (Falk — Torp, I, 553). Впервые — Миклошич (Miklosich, EW, 121). К сожалению, происхождение этой группы слов в германских языках неясно.

КОБЕ́ЛЬ, -я́, *м.* — «самец собаки». Только русское. В других слав. яз. — *пес* (укр. пес; болг. пес; чеш. pes; польск. pies), иногда *собака* (блр. саба́ка). В памятниках др.-рус. письменности отс. В словарях — с 1704 г. (Поликарпов, 147 об.: *кобе́ль*). ▫ Происхождение слова не выяснено. Впрочем, еще Горяев (147) сопоставлял с осет. k'äbila, правильнее k'æbyla : k'æbula : k'æbula — «щенок». По Абаеву (I, 621—622), в осетинском языке корень kab- : qab-. Сюда же, возможно, относятся осет. gybyl — «поросенок», «детеныш», qæbūl — «дитя», а также афг. kablai — «молодая газель». Если так, то знач. «самец собаки» у нас не первоначальное (сначала, м. б., «щенок-самец»). Но, конечно, из всего этого еще не следует, что слово *кобель* заимствовано с юго-востока, из осетинского языка или из тех иранских говоров в прошлом, наследником которых является осетинский язык. По мнению Абаева (уп.), здесь «мы имеем, вероятно, дело с каким-то неиндоевропейским отложением».

КО́БРА, -ы, ж. — «большая (до 4,5 м) ядовитая змея», иначе «очковая змея», Naja. *Прил.* **ко́бровый**, -ая, -ое. Укр., блр., болг. **ко́бра**; чеш., польск. kobra. Слово появилось в русском языке, судя по словарям, не позже середины XIX в. (ПСИС 1861 г., 237: *кобра капелло*; Толль, НС, 1864, II, 495). ◦ Ср. франц. (с конца XVI в.) cobra; нем. Kobra; англ. cobra; исп. cobra; португ. cobra и cobra-capelo или cobra de capel(l)o — «кобра», «очковая змея» (ср. capelo — «капюшон»), названная так потому, что голова этой змеи (особенно индийской ее разновидности) как бы прикрыта капюшоном. Источник распространения в Европе — португ. cobra — «змея», cobra-capelo — «кобра», «очковая змея». В конечном счете португ. cobra восходит к нар.-латин. colŏbra (классич. латин. colŭbra) — «небольшая змея», «змейка».

КОБУРА́, -ы́, ж. — «кожаный футляр для револьвера или пистолета (для ношения на плечевом или поясном ремне)». Укр. **кобура́**; блр. **кабура́**; болг. **кобу́р**; с.-хорв. **ку̀бура** — «кобура» и «пистолет» (при устар. **ку̏бу̑р** — «пистолет»); польск. kabura. В других слав. яз. отс. Ср. чеш. pouzdro — «кобура». Слово в русском языке — позднее. В словарях — с 1-й пол. XIX в. (Тучков, 1818 г., I, 223: *кубуры*; позже Даль, II, 1865 г., 739). ◦ Слово *кобура* тюркского происхождения. Ср. турец. kubur — «длинный сосуд в форме цилиндра», «вообще предмет, похожий на трубу», «банка», «кобура»; каз.-тат. qubur — «кобура»; азерб. гобур. Тюркский корень — по Вамбери kab-: kob- — «о чем-л. пухлом, толстом, круглом, пустом внутри» (см. Lokotsch, § 1223).

КОВА́ТЬ, кую́ — «обрабатывать молотом металл, придавая ему нужную форму». В говорах (арханг.) также «бить», «наносить удары» («Опыт», 85). Ср. яросл. **кова́ть**, **подкова́ть** — «ударить», «ушибить кого-л. в футбольной игре» (Голанов, Доп., 13); в рус. говорах Прибалтики **кова́ть** — «долбить» (Немченко, 123). Даль (II, 740) отметил выражения *ковать в два кулака* («в два молота»), *ковать жернов* — «насекать его, наклевывать», *кованый платок* — «весь протканный хорошим золотом, серебром». *Сущ.* **ко́вка**. *Прил.* **ко́вкий**, -ая, -ое. В говорах (напр., донск.), фольклоре также **кова́ль** — «кузнец». Укр. **кува́ти, кува́ння** — «ковка», **ковки́й, -а́, -е́, кова́ль**; блр. **кава́ць, кава́нне** — «ковка», **ко́ўкі, -ая, -ае, кава́ль**; болг. **кова́** — «кую», **кова́не** — «ковка», **ко́вък**, -вка, -вко, ко-ва́ч — «кузнец», **кова́чница** — «кузница»; с.-хорв. kòvati, 1 ед. kȕjēm, kôv — «ковка», kòvan, -vna, -vno : kòvnī, -ā, -ō — «ковкий», kòvāč — «кузнец», kòvāčnica — «кузница»; словен. kováti, kovánje, kóven, -vna, -vno — «ковкий», kováč — «кузнец», kovárnica — «кузница»; чеш. kovati, 1 ед. kovam : kovu, kouti, 1 ед. kuji, kování, kutí — «ковка», kovář — «кузнец», kovárna — «кузница»; словац. kovat', kut', kovanie, kutie, kujný, -á, -é, kovál', kováč, kováčstvo, kováčská dielňa — «кузница»; польск. kuć, 1 ед. kuję, kucie — «ковка», kowalny, -a, -e — «ковкий», kuźnia, kuźnica; в.-луж. kować, 1 ед. kowam, kowny, -a, -e — «ковкий», kowar — «кузнец», kowarnja — «кузница»; н.-луж. kowaś, kowal — «кузнец», kowalnja — «кузница». Др.-рус. (с XI в.) и ст.-сл. ковати, 1 ед. кову, кую — «ковать», «замышлять», «злоумышлять», ковъ — «злой умысел», кузнь — «все кованое», кузньць, кузникъ, коваль, ковачь (Срезневский, I, 1241—1243, 1359, 1360). ◦ О.-с. *kovati, 1 ед. *kovǫ, *kuti, 1 ед. *kujǫ, *kovaljь. Абляут *kuznь, *kuznьсь. И.-е. корень *kāu- (: *kŏu-) : *kəu-. Ср. лит. káuti, 1 ед. káuju : káunu, ст.-лит. kavaũ — «бить», «убивать», «рубить», «разить»; латыш. kaũt — «бить»; др.-в.-нем. houwan (совр. нем. hauen) — «рубить», «бить», «сечь», «тесать»; гот. hawi — «сено» (< «скошенная трава»); др.-в.-нем. hēwi : houwi — тж. (совр. нем. Heu); др.-англ. hēawan (совр. англ. hew) — «рубить», «сечь» («подсекать»); латин. cūdō (< *caudō, с формантом н. вр. -d-) — «бью», «колочу», «молочу», «кую», «обрабатываю металл», «чеканю»; тохар. A ko-, тохар. B kau- — «убивать» (подробнее — Pokorny, I, 535).

КОВЁР, -вра́, м. — «тяжелая, плотная, обыкновенно ворсистая ткань, более или менее художественно оформленная, употребляемая для покрытия пола, стен, дивана и т. п.». *Прил.* **ковро́вый**, -ая, -ое. В говорах **ковёра** — курск. «одеяло» (Даль, II, 740). Укр. **ковéр** (чаще **кили́м**) — «ковер», «одеяло». Блр. **дыва́н**, **кілі́м** — «ковер», но ср. витеб. **кабёрац** (венчальный)» (Касьпяровіч, 147). Ср. польск. kobierzec — «ковер» при чеш. koberec — «ковер» (ср. ст.-чеш. kober) — «плащ»). Ср. болг. **гу́бер** — «домотканый ковер, которым пользуются и как одеялом»; с.-хорв. **гу̑бер** — «шерстяное одеяло». Слово известно в русском языке с древнейшей поры, но с неустойчивой формой **ковьръ** (> ?) **коверъ**, **ковёр**, и с неустойчивым знач.: «толстая подстилка», «теплое одеяло», «плотная ткань для перенесения (захоронения?) трупа» (?), «ковер». Примеры см. у Срезневского (I, 1242, 1244, со ссылкой на Пов. вр. л. под 6485 г., 6523 г., 6605 г. и др.). См. также многочисленные ссылки на др.-рус. памятники у Кочина (147) и др. В знач. «персидский и турецкий ковер» (как принадлежность быта знатных людей) это слово отм. Р. Джемсом (РАС, 1618—1619 гг., 41 : 2): coveore — «a carpette». ◦ В этимологическом отношении очень неясное слово. Некоторые языковеды (см. Vasmer, REW, I,

584) не отделяют этого русского слова от болг. гу́бер, ст.-чеш. kober, совр. чеш. koberec и др. (см. выше), хотя эти (столь же, если не более, темные в этимологическом отношении) по форме (да и по значению) сильно отличаются от рус. *ковер*, и без достаточного основания считают это слово давним тюркизмом, волжско-болгарским, проточувашским и т. п. Очень возможно, что эти слова не имеют и никогда не имели ничего общего с *ковер*. В частности чеш. koberec естественнее рассматривать как слово романского происхождения (Machek, ES, 210). Младенов (ЕПР, 113) связывал болг. гу́бер по корню с диал. гу́ня — «верхняя крестьянская одежда без рукавов». М. б., рус. *ковер* следует связывать с др.-рус. *ковати* в знач. «шить золотом или серебром по ткани». Ср. в «Приписном списке» к «Духовной» верейск. кн. Михаила Андреевича, около 1486 г.: «шуба *кована*, бархат червьчят» (Черепнин, № 80, с. 312; ранее Срезневский, Доп., 141). Ср. у Даля (II, 740): *кованый платок* «весь протканный хорошим золотом, серебром»; на юге ко́ваный — «пестрый», «чубарый», «рябой», «крапчатый»; ср. укр. *кова́ний*, -а, -е — «пятнистый» (о масти свиней) [Гринченко, II, 260]. Итак, о.-с. корень *kov- (см. *ковать*). Суф. -г- (> -г̑- > -ьг-) или -ьг-о- и -ог- (ср. др.-рус. *коворъ*).

КОВЫ́ЛЬ, -я́, *м.* — «степное травянистое растение семейства злаков с соцветиями, собранными в рыхлые, пушистые метелки», Stipa. *Прил.* **ковы́льный**, -ая, -ое. Укр. ковила́ : кови́ль; блр. кавы́ль; болг. диал. кови́л, койло́; с.-хорв. ко̀виље; словен. kovilje. Чеш. kavyl — из русского. Ср. польск. ostnica, trawa pió́rkowa — «ковыль». Др.-рус. *ковыль*, со склонением по м. и по ж. роду, напр., в «Задонщине» (конец XIV—начало XV в.): «на траву *ковылъ*», «на зеленѣ *ковылѣ* травѣ» [по сп. ГБЛ, № 632 (У), л. 183 об.], «на *ковыли* земли» [по сп. ГИМ, № 2060 (И-1), л. 220], «на траву *ковылу*» [по сп. ГИМ, № 790 (С), л. 40 об., с. 554] — Лихачев, «Задонщина», сс. 538, 543, 554; ср. в Сл. плк. Игор.: «мое веселие по *ковылию* развѣя» (Виноградова, в. 2). Прил. *ковыльный* — более позднее, в словарях отм. лишь с 1847 г. (СЦСРЯ, II, 185). ▫ Происхождение слова *ковыль* не вполне ясно. Корень, в частности, сопоставляют с гот. hawi — «трава», «сено»; также др.-исл. hey; др.-в.-нем. hëur : houwi (совр. нем. Heu — «сено»). Ср. нем. hauen — «сечь», «рубить». Т. о., о.-с. корень, по-видимому, *kov- [и.-е. *kā̆u- : *kəu- — «сечь (подсекать)», «рубить», тот же, что в нем. Heu — «сено»]. См. *ковать*. Суф. -ыл-ь (тот же, что в *костыль*, от *кость*, и в *мотыль*, где корень *мот-*).

КОЗА́, -ы́, *ж.* — «парнокопытное мелкое рогатое жвачное, гл. обр. домашнее животное из семейства полорогих, самка козла», Capra hircus. *Сущ.* **козёл** — «самец козы». *Прил.* **ко́зий**, -ья, -ье, (к *козел*) **козли́ный**, -ая, -ое. Укр. коза́, козе́л (обычно цап), ко́зячий, -а, -е, кози́ний, -а, -е, козли́ний, -а, -е; блр. каза́, казёл,

казі́ны, -ая, -ае, казлі́ны, -ая, -ае. Ср. болг. коза́, козе́л, ко́зи, -я, -е; с.-хорв. ко̀за («козел» — ја̀рац, но ко̀зле — «козленок»), ко̀зји, -а̄, -е̄; словен. koza, kozel, kozji, -a, -e; чеш. koza, kozel, kozí, kozlí; словац. koza, kozol, kozí, -ia, -ie; польск. koza, kozioł, kozi, -ia, -ie, koźli, -ia, -ie; в.-луж. koza, kozoł, kozacy, -a, -e, kózlacy, -a, -e; н.-луж. kóza, kózoł, kózyny, -a, -e, kozyn, -a, -e. Др.-рус. (с XI в.) и ст.-сл. **коза, козьлъ, козии**, позже **козьлий** (Срезневский, I, 1246—1248). ▫ О.-с. *koza, *kozьlъ (вм. ожидаемого *kozъ). И.-е. основа *kog'-ā- : *kog'o или *kag'-o (Pokorny, I, 517 и сл.). Ср. гот. hakuls — «плащ» (< «плащ из кожи»); др.-исл. hǫkul-l- — тж.; др.-в.-нем. hachul — тж. По значению это слово (в герм. языках) соответствует рус. *кожух*, от *кожа*, произв. от о.-с. *koza. Чешские лингвисты (Machek, ES, 229—230 и др.) предлагают объяснение *koza из *oza (ср. др.-инд. ajá́, ajā́ḥ — «козел», ajā́ — «коза»), что было бы идеальным продолжением и.-е. *ogā-); к, согласно этому предположению, протетическое, на экспрессивной почве; приставное к они видят и в о.-с. *kostь < *ostь (см. *ость*) и в нек. др. словах. М. б., это начальное к — результат какого-то перераз- ложения, и всё слово в целом — остаток какого-то сложного, двухосновного образования, у которого первая часть оканчивалась на k. Нечто подобное в слове *зори́ть* (из *разори́ть*). Другие языковеды (Meillet[2], 246), напротив, считают, что в др.-инд. слове начальное k- отпало. Ср., однако, лит. ožy̆s — «козел», откуда ožkà — «коза» при др.-рус. язьно, ст.-сл. ꙗзно — «кожа». Надо полагать, что эти две группы слов (о.-с. *koza, др.-инд. ajā и пр.) в этимологическом отношении не связаны одна с другой (см. Fraenkel, 519; Mayrhofer, I, 23).

КО́ЗНИ, -ей, *мн.* — «тайные, коварные действия, направленные против кого-л.», «интриги». Ср. *прил.* **злоко́зненный**, -ая, -ое. В других слав. яз. отс. Ср. в том же знач.: укр. пі́дступи; блр. падко́пы; польск. knowania; чеш. úklady, pikle и т. п. Др.-рус. (с XI в.) и ст.-сл. **къзнь**, *мн.* **къзни** значило не только «insidia» («козни»), но и «промысел», «искусство»; ср. **къзньство** — «знание» (Срезневский, I, 1389—1390). ▫ Корень къ-, ступень редукции о.-с. корня *kov- : *ku-. См. *ковать, кузнец*. Суф. -зн-ь (как и *жизнь* и др.).

КО́ЗЫРЬ, -я, *м.* — «карта масти, являющейся старшей по правилам игры, бьющей карты всех других мастей». *Прил.* **козырно́й**, -а́я. *Глаг.* **козыря́ть, козырну́ть**. Укр. ко́зир, кози́рний, -а, -е, козиря́ти, козирну́ти; блр. ко́зыр, казырны́, -ая, -ае, казыра́ць. Ср. польск. устар. kozera (ранее kozyra) — «козырь», kozerny, -a, -e — «козырной», kozerować — «козырять» [обычно «козырь» — atut (< франц. atout), trumf (< нем. Trumpf < франц. triomphe)]. Ср. еще болг. коз — «козырь». В других слав. яз. отс. Ср. в том же знач. чеш. trumf. В русском языке слово *козырь* известно с начала XVII в. Отм. Р. Джемсом

(РАС, 1618—1619 гг., 43 : 16): kózora — «the trumpe». В словарях — с 1731 г. (Вейсман, 609). Глаг. *козырять* встр. в поэме В. И. Майкова «Игрок ломбера», 1763 г., песнь II (Соч., 233). В словарях — с 1771 г. (РЦ, 218). ▫ Принимая во внимание, что русская картежная терминология сложилась под влиянием западной, в частности западнославянской, и что в польском языке kozyra, потом kozera (ср. kostyra, потом kostera — «страстный игрок в кости», «шулер») известны с XV—XVI вв., а в русском — с более позднего времени, надо полагать, что слово *козырь* восходит к польск. kozyra. В польском же языке оно от koza — «коза» (Brückner, 263). Ср. название игры *козел*.

КОЗЯ́ВКА, -и, *ж.* — «мелкое жесткокрылое насекомое», «букашка». Блр. **казя́ука**. В других слав. яз. отс. Ср. в том же знач.: укр. **ку́зька**, **кома́шка**; болг. **буболе́чка**; чеш. brouček; польск. drobniutki owad, żyjątko и т. д. В русском языке слово *козявка* известно с XVIII в. В словарях — с 1792 г. (САР¹, III, 694). ▫ Несомненно, от *коза* (по сходству усиков у некоторых насекомых с рогами у козы); ср. в говорах: **козу́ля**, **козю́ля** — «змея», «ватрушка с рогами», «светец для лученья рыбы» (Даль, II, 744).

КО́ЙКА, -и, *ж.* — 1) «больничная, казарменная и т. п. кровать с соответствующей постелью»; 2) «подвесная постель из парусины на корабле». *Прил.* **ко́ечный**, -ая, -ое. Укр. **ко́йка** (но «больничная койка» — лі́жко). В других слав. яз. отс. Ср. в том же знач.: болг. легло́; чеш. lůžko, (в казарме) kavalec; польск. łóżko. Слово, по-видимому, употр. в русском языке с Петровского времени. В 40—50-х гг. XVIII в. оно уже получило широкое распространение. Ломоносов в «Мат. к Рос. гр.», 1747—1755 г. включил его в список слов ж. р., оканчивающихся на *а, я* и *ь* (ПСС, VII, 722). В словарях — с 1780 г. (Нордстет, I, 297) ▫ Заимствовано, вероятно, из голландского. Ср. голл. kooi, *f.* — собств. «клетка», «загон для скота», а также «койка на корабле». Также н.-нем. koje, откуда и общенем. Koje, *f.* — «койка (матросская)», также «(выставочная) ниша в магазине». В голландском, как и в нижненемецком, где это слово сначала значило «закуток», «узкое, тесное помещение», — старое заимствование из латинского языка. Ср. латин. cavea — собств. «выдолбленное место» (ср. cavus — «пустой»), а также «клетка». Отсюда же нем. Käfig — «клетка». На русской почве слово получило суф. -к- (*коя > койка), отчасти, м. б., вследствие отталкивания от мест. **кой, коя, кое** (?).

КОКА́РДА, -ы, *ж.* — «значок (теперь обычно металлический) установленного образца на форменной фуражке». Ср. у Даля (II, 746): «бант, лента, сложенная петлями и сборками, собранная кружком тесьма». Укр. **кока́рда**; блр. **кука́рда**; болг. **кока́рда**; с.-хорв. **ко̀карда**; чеш. kokarda; польск. kokarda. В русском языке слово *кокарда* известно с XVIII в. (кокарда в России была введена в 1730 г.). В словарях — с 1804 г. (Яновский, II, 255). ▫ Ср. франц. cocarde, *f.*; нем. Kokárde, *f.* и др. Источник распространения — франц. cocarde < coquarde (XVI в.). Ср. ст.-франц. coquard — «тщеславный», «хвастливый» от coq — «петух».

КОКЕ́ТКА, -и, *ж.* — «женщина, стремящаяся своим нарядом, поведением обратить на себя внимание мужчин, понравиться». *Прил.* **коке́тливый**, -ая, -ое. Сюда же кокетство. Укр. **коке́тка**, **коке́тливий**, -а, -е, **коке́тство**, блр. **какéтка**, **какéтлівы**, -ая, -ае; болг. **коке́тка**, **кокетли́в**, -а, -о, **коке́тство**; с.-хорв. коке̏та, ко̀кетан, -тна, -тно, кокетѐрија — «кокетство»; чеш. koketa, koketní, koketnost — «кокетство»; польск. kokietka (и zalotnica), kokieteria — «кокетство» (но «кокетливый» — zalotny, -a, -e). В русском языке — с середины XVIII в. Встр. в «Записках» Порошина, в записи от 17-X-1764 г. (74): «зяблицы (представляют) *коке́ток*»; в комедии Лукина «Пустомеля», 1765 г., явл. XIII: «устарелая *коке́тка*» (Соч., 102)[1]. В словарях *кокетка*, *кокетство* — с 1780 г. (Нордстет, I, 297). Глаг. *кокетствовать* находим в переводном «Любовном лексиконе» 1768 г., 32. Позже появляется *кокетничать*, часто встр. у Пушкина, напр., в письме П. А. Вяземскому от 14-VIII-1831 г.: *кокетничает* (СЯП, II, 347), в словарях — с 1835 г. (Соколов, I, 1170). Прил. *кокетливый*, видимо, еще более позднее, в словарях — с 1847 г. (СЦСРЯ, II, 187). ▫ Источник распространения — франц. coquette — «кокетка», coquetterie — «кокетство» (произв. от coqueter — первоначально «петушиться», «важничать как петух», которое, в свою очередь, от coq — «петух»). Из французского: нем. Kokette; англ. coquette; исп. coqueta и др. (но, напр., ит. civétta). В русском языке *кокетка* — сравнительно позднее заимствование, по-видимому, судя по времени, из французского языка.

КОКЛЮ́Ш, -а, *м.* — «заразная, острая, гл. обр. детская болезнь, характеризующаяся судорожным, конвульсивным кашлем». *Прил.* **коклю́шный**, -ая, -ое. Укр. **ко́клюш** (: кашлю́к), **ко́клюшний**, -а, -е; блр. **ко́клюш**, **ко́клюшны**, -ая, -ае; болг. **коклю́ш**; польск. koklusz. Но ср., напр., в том же знач. чеш. černý kašel. В русском языке — с начала XIX в. В словарях — с 1801 г. (Гейм, II, 31). ▫ Из французского языка. Ср. франц. coqueluche — «коклюш» (при нем. Keuchhusten; англ. (w)hooping-cough; ит. tosse convulsiva и т. д.), что раньше значило «грипп», а еще раньше «капюшон» (простуженный больной натягивает на голову капюшон). В этом знач. — от латин. cucullus — «чепец», «капюшон» (ср. рус. *куколь*), под влиянием coq — «петух», вследствие сравнения коклюшного кашля с петушиным криком.

КОКО́С, -а, *м.* — «тропическое дерево семейства пальмовых», Cocos nucifera; «плод этого дерева — большой (иногда в человеческую голову) орех с твердой скорлупой и волокнистой оболочкой, заключающий (до созревания) вкусное молоко». *Прил.*

КОК

коко́совый, -ая, -ое. Укр. коко́с, коко́совий, -а, -е; блр. како́с, како́савы, -ая, -ае; болг. коко́сов, -а, -о; с.-хорв. ко̏кос; чеш. kokos, kokosový, -á, -é; польск. kokos, kokosowy, -a, -e. В русском языке слово *кокос*, по-видимому, было известно с Петровской эпохи. Прил. *кокосный* встр. в «Книге мирозрения» Гюйгенса, переведенной в 1717 г.: «*кокосные орехи*» (по изд. 1724, 56). Форму *кокосовый* находим в «Бот. словаре» 1783 г.: «*кокосовое дерево*», «*кокосовое масло*» (Мейер, II, 501, 504). Сущ. *кокос* зарегистрировано еще позже, в словарях — только в 1792 г. (САР¹, III, 695). ▫ Источник распространения в Европе — исп. и португ. coco, *pl.* cocos — «кокосовый орех», собств. «пугало», «бу́ка» (по волокнистой лохматой оболочке). Отсюда: франц. coco, noix de coco — «кокосовый орех», cocotier — «кокосовая пальма»; нем. Kókospalme, Kókosnuß; англ. coco — «кокосовая пальма», coco-nut — «кокос» (орех) и др.

КОКС, -а, *м* — «затвердевший при накаливании до 1100° без доступа воздуха, богатый углеродом каменный уголь, торф и т. п.». Прил. ко́ксовый, -ая, -ое. Глаг. коксова́ть(ся). Укр. кокс, ко́ксовий, -а, -е, коксува́ти; блр. кокс, ко́ксавы, -ая, -ае, каксава́ць; болг. кокс; с.-хорв. ко̏кс; чеш. koks; польск. koks, koksowy, -a, -e, koksować. В русском языке слова *кокс*, *коксовый*, *коксовать(ся)* известны с 40-х гг. XIX в. В словарях — с 1847 г. (СЦСРЯ, II, 187—188). ▫ Из западноевропейских языков. Первоисточник — англ. (с XVII в.) coke, *pl.* cokes (произн. kouks). В форме мн. ч. слово было заимствовано (ок. 1800 г.) немцами (Koks). Ср. франц. coke; ит. còke; исп. cok; также турец. kok (kömürü); хинди кок и др. В русском языке, возможно, при посредстве немецкого.

КОКТЕ́ЙЛЬ, -я, *м.* — напиток, смесь из ликера, коньяка и других крепких вин с добавлением сахара, фруктов, пряностей». Укр. кокте́йль; блр. какте́йль; болг. ко́ктайл : ко́ктейл; с.-хорв. ко̏ктел; чеш. koktail (cocktail); польск. cocktail. В русском языке известно с 20-х гг. XX в. Ср., напр., у Маяковского в стих. и очерках об Америке: «Часов в пять брались за *коктейли*» («Мое открытие Америки», 1925—1926 гг., гл. «Отъезд» — ПСС, VII, 342); «четвертый час, время *коктейлей* питья» («Сифилис», 1926 г. — ib., 26). В словарях иностранных слов — с 1926 г. (Вайсблит, 211). ▫ Слово английское, точнее, англо-американское: cocktail (произн. ′kokteɪl) — букв. «петушиный хвост», «хвостовое оперение петуха». Новое знач. «коктейль, спиртной напиток» это словечко получило на почве арго и по причине, не совсем ясной. М. б., сыграл роль общеизвестный задиристый нрав этой птицы с красивым хвостом. К нам это слово могло попасть при посредстве французского или немецкого языка. Во французском языке cocktail известно с середины XIX в., но в широкое употр. вошло лишь в XX в.

КОЛ, -á, *м.* (*мн.* ко́лья) — «короткий толстый шест или обрубок дерева и т. п.»,

КОЛ

заостренный с одного конца»; (*мн.* колы́) «низшая отметка в школе — единица» (на школьном жаргоне). Укр. кіл, род. кола́; блр. кол; болг. кол; словен. kol; с.-хорв. ко̏лац; чеш. kůl, род. kolu; словац. kôl; польск. kół: koł, kołek; в- и н.-луж. koł. Др.-рус. (с XI в.) и ст.-сл. колъ (Срезневский, I, 1259). ▫ О.-с. *kolъ. Ближайшие родственные образования: лит. kuõlas «кол»; др.-инд. kīlaḥ (< *kḷ-los) «кол(ышек)», «клин». И.-е. корень *kel- (*kol- : *kᵊl-), тот же, что в о.-с. *kolti [> рус. *колоть* (см.)], а также в рус. клык (< *къ*лыкъ), клоп (< *къ*лопъ), укр. кло (< *къ*ло) и др. Подробнее см. Pokorny, I, 545 и сл.

КО́ЛБА, -ы, *ж.* — «шарообразный или конусообразный с длинным прямым горлом стеклянный, обычно огнеупорный сосуд, употребляемый для перегонки или дистилляции жидкостей в химических лабораториях». Даль (II, 746) отм. вят. ко́лба — «набалдашник», «комлястый конец». Укр., блр., болг. ко́лба; польск. kolba. Ср. в том же знач.: с.-хорв. ре̏то̀рта; чеш. baňka. В русском языке слово *колба*, как и реторта, известно, по-видимому, с XVII в. Встр. в МИМ в форме *колф* и *колв* (где и едва ли орфографическое явление): «десять *колѣ*... и тѣ *колвы*... фиолей и скляниц и разных скляничных судов» (№ 353, 1663 г., 268); «перепущают скляничным *колвом*» (№ 1056, 1665 г., 791). Форма с *б* в словарях отм. с 1792 г. (САР¹, III, 701). ▫ Знач. «колба» возникло на немецкой почве, м. б., не без влияния латин. globus — «шар» (ср. франц. matras — «колба»; англ. flasc — тж.). Форма *колв* (=*колф*) голландская [ср. голл. kolf, *f.* — тж.]. М. б., форма *колв* (с *в*) неточно передает немецкое произношение этого слова. В Москве XVII в. среди врачей были и голландцы, и немцы. Ср. нем. Kolbe : Kolben [старшее знач. «дубина» (с утолщением на конце), «дубина как оружие»]. Слово германское, известное и в других языках этой группы.

КОЛБАСА́, -ы́, *ж.* — «продукт питания — приготовленный по особому рецепту мясной фарш в полупрозрачной оболочке из кишки или искусственной пленки». Прил. колба́сный, -ая, -ое. Укр. ковбаса́, ковба́сний, -а, -е; блр. каўбаса́ (: кілбаса́), каўба́сны, -ая, -ае; болг. (из русского) колба́са : колба́с (обычно сала́м < ит. salame — тж.); с.-хорв. ко̀басица (ср. сала́ма — «копченая колбаса»); словен. klobasa, klobasen, -a, -o; чеш. klobás, *м.*, klobása, *ж.*, ст.-чеш. koblása (обычно salam), прил. klobásový́, -á, -é; словац. klobása (диал. klbása : kubása), klobásový, -á, -é; польск. kiełbasa, kiełbasiany, -a, -e; в.-луж. kołbasa, kołbasowy, -a, -e. Ср. н.-луж. (měsowa) ješnica — «колбаса». Др.-рус. (с XIII в) колбаса — «кровяная колбаса» в Новг. Крм. 1282 г. (вставка), в Стоглаве (Срезневский, I, 1249). Встр. также в Сл. Дан. Зат.: «не добра словеса... добра *колбаса*, предложенна на блюде» (Кочин, 149). Значение неясно. Ср. еще топоним XIV в. (1328 г.): «*Колбасинь*ское село» (Дювернуа, 79). ▫ Слово это, оче-

КОЛ

видно, давнее в славянских языках, но трудно сказать, соответствовало ли его старшее знач. современному. В русском языке в XIII—XVI вв. оно как будто значило «кровяная колбаса», а у поляков, возможно, это означало какую-то снедь из рыбьего мяса (фарша). Сопоставляют прежде всего с польск. kiełb — «пескарь», напр., Machek, который склонен считать чеш. klobása заимствованием из соседних славянских языков, из лужицких и польских говоров со старшим знач. «рыбная колбаса» (Machek, ES, 205). Так или иначе, славянские формы этого слова трудно все вывести из единой общей праформы (напр., *kъlbasa), с одним определенным значением, хотя знач. «кровяная колбаса», в древнерусском, конечно, могло быть вторичным, не исконным. Ср. такие слова, как ко́лбень, *мн.* ко́лбни — «рыба Gobius», «колючка», «бычок» при колба́ : колбь — «рыба Cyprinus gobio», «пескарь» (Даль, II, 746; БСЭ², XXI, 585). Ср. польск. kiełb — «пескарь». О.-с. корень этих названий рыб, вероятно *kъl-, абляут к *kol- в *kolti — «колоть». Ср. о пескаре: «В спинном плавнике у некоторых видов имеется к о л ю ч к а» (БСЭ², XXXII, 553). И.-е. корень *kel- (Pokorny, I, 545). Суф. -b-. Т. о., старшая о.-с. форма слова колбаса могла быть *kъlbasa, а знач. «колбаса из колбов, из колбней, из пескарей, бычков и прочей рыбешки». Суф. -as- (не только прил., вроде словац. belasý — «синий», польск. żółtasy — «желтоватый» и под., но и сущ., особенно экспрессивных, как чеш. mamlas — «молокосос», maňas — «болван» и т. п.).

КОЛЕБА́ТЬ, коле́блю — «приводить что-л. в состояние длительной неустойчивости, колыхания, в повторяющееся движение из стороны в сторону», «раскачивать», «расшатывать». *Возвр. ф.* колеба́ться. Укр. колива́ти(ся). Ср. с.-хорв. коле́бати (се); словен. kolebati (se) [обычно nihati, zibati se]; чеш. kolébati (se); польск. kolebać, kolibać (чаще kołysać), kolebać się, отсюда kolebka — «колыбель»; в.-луж. kolebać — «качать», отсюда kolebka — «колыбель», kolebak — «лошадь-качалка», «стул-качалка»; н.-луж. kolebaś — «убаюкивать (детей), качая». Но в некоторых говорах слав. яз. уже отс. Ср. в том же знач. блр. хіста́ць. Болг. колеба́я се — «колеблюсь» — из русского (обычно кла́тя, люлея́). Др.-рус. колѣба́ти (Остр. ев., 1056—1057 г.— Срезневский, I, 1262), колѣба́тися (Изб. 1076 г., 270 об.: «садовое же колѣба́ху сѧ»). ▫ Родственные связи и происхождение не вполне ясны. Видимо, отыменное образование. О.-с. *kolěbati, итератив от именной основы *koleb-, где -eb- (: -ob-), вероятно, суф. (ср. о.-с. *jętreba при *qtroba). Т. о., от *koleba [< о.-с. *kolo (см. *колесо, коляска*)]? Ср. польск. kolebka — «колыбель» (ст.-польск. также «повозка», «носилки» и т. п.). Предполагаемое *koleba могло бы значить и «повозка», и «качалка (на двух полуколесах-полукружиях)», и «колыбель». См. *колыхать*.

КОЛ

КОЛЕНКО́Р, -а, *м.* — «одноцветно окрашенная, жесткая, сильно проклеенная хлопчатобумажная ткань, употребляемая гл. обр. для книжных переплетов и подкладки у одежды». *Прил.* коленко́ровый, -ая, -ое. Укр. коленко́р, коленко́ровий, -а, -е; блр. каленко́р, каленко́равы, -ая, -ае; болг. коленко́рен. В других слав. яз. отс. Ср. в том же знач.: с.-хорв. ци́ц; словен. perkal. Польск., чеш. kaliko — тж. В русском языке слово *каленкор* > *коленкор* по словарям известно с 1804 г. (Яновский, II, 258). Позже встр. у Пушкина: *коленкор* («Ты и я», 1817—1820 гг. — ПСС, II, 130); *коленко́ровый* («Царь увидел», 1833 г. — ПСС, III, 304). ▫ Ср. франц. calicot — «коленкор»; англ. calico; нем. Kaliko и др. Восходит, в конечном счете, к названию г. *Ка́ликут* (иначе *Ко́жикоде*) в Индии, откуда эта ткань в XVII в. была завезена в Западную Европу. Что касается слова *коленкор* (в XIX в. также *каленкор*), то оно не может быть объяснено из франц. calicot. Полагают, что это слово возникло вследствие смешения calicot с другим франц. (XVIII в.) названием индийской расписной ткани calenkar (Littré, I, 133), которое возводят к перс. kalamkar (?) (Dauzat¹¹, 129).

КОЛЕСО́, -а́, *ср.* — «круг, вращающийся на оси, обыкновенно со спицами, расходящимися к окружности из центра, и служащий для приведения в движение повозки или механизма». *Прил.* колёсный, -ая, -ое. *Глаг.* колеси́ть. Укр. колесо́, *устар.* ко́ло, колі́сний, -а, -е, колесі́ти; блр. калясі́ць (но «колесо» — ко́ла, *ср.*, «колесный» — ко́лавы, -ая, -ае). Ср. словац. koleso; в.-луж. koleso, kolesny, -a, -e; н.-луж. kólaso. Ср. болг. колело́ — «колесо». В других слав. яз. в том же знач. употр. *коло*: с.-хорв. ко̑ло; словен., чеш. kolo; польск. koło и др. Ср. прил.: с.-хорв. ко̑лнӣ, -а̄, -о̄; чеш. kolový, -á, -é; польск. kołowy, -a, -e. Ср. польск. kołować — «колесить» (в других слав. яз. это знач. выражается описательно). Др.-рус. (с XI в.) и ст.-сл. коло, *род.* колесе (падежные формы — по склонению с основой на согласный) — «круг», «дуга», «колесо»; *прил.* кольный. Форма колесо (им. ед.) отм. лишь в купчей 1568 г. (в знач. «мельничное колесо»); но слово, надо полагать, существовало и раньше; прил. колесьный — «колесный» — в «Пчеле» по сп. XIV—XV вв. (Срезневский, I, 1253, 1261; Доп., 141). Глаг. колесить — новообразование, в словарях только с 1814 г. (САР², III, 230). ▫ О.-с. *kolo, *род.* *kolese. Ср. др.-прус. (maluna)kelan — «(мельничное) колесо»; гот., др.-в.-нем. hals (совр. нем. Hals) — «шея»; др.-сканд. hvel (ср. дат., норв., швед. hjul) — «колесо»; англосакс. hwēol (англ. wheel) — тж.; греч. πόλος [с р из и.-е. kʷ(q)] — «ось», «полюс», «небесный свод», «круговой путь». Латин. collum (< *colsom) — «шея»; ср. ирл. coll — «голова», «глава». С удвоением корня: лит. kāklas — «шея», «горло»; латыш. kakls — тж.; греч. κύκλος — «круг», «колесо» > позднелат. cyclus (ср. рус. *цикл*). И.-е. корень *kʷel- : *kʷol-

«вертеться», «вращаться» (Pokorny, I, 639).

КОЛЕЯ́, -и́, ж. — «желобчатые углубления вдоль дороги, оставленные, накатанные колесами», «след от колес». Укр. ко́лія; блр. каляя́ (чаще каляі́на). Ср. чеш. kolej; польск. koleina. Но ср. болг. колово́з — тж.; с.-хорв. ко́лосек; словен. tir. Слово, по-видимому, вошло в употр. давно (Срезневский, I, 1250 приводит один случай из Екклесиаста без указания времени). В словарях отм. с 1771 г. (РЦ, 218). □ Произв. от о.-с. *kolo — «колесо» с помощью суф. -ě-j-a-. См. колесо.

КО́ЛИКИ, ко́лик, мн. (ед. ко́лика, -и, ж. — редко) — «спазматические резкие боли, гл. обр. в брюшной полости, похожие на колотье». Укр. ко́ліка, ед. (: ко́лька); болг. ко́лики, мн.; чеш. kolika, ед.; польск. kolka, ед. В том же знач. блр. калацце́ (т. е. «колотье»). Слово колики известно в русском языке с начала XVIII в. Встр. в документах «Архива» Куракина (IV, 18, 1711 г.): «(королева...) той ночи имела колику». Позже — в письмах Румянцевой [напр., в письме от 15-V-1771 г., 170: «коликами мучи(шь)ся»]. В словарях — с 1762 г. (Литхен, 276). □ Из западноевропейских языков. Ср. франц. colique, f.; нем. Kólík, f.; англ. cólic; ит. colica и др. В конечном счете, восходит к греч. χωλική (νόσος или διάθεσις) — «болезнь толстой кишки», прил. от χῶλον — «член тела», также «толстая кишка», через позднелатин. colica. В русском языке — по народной этимологии — слово связывается с колоть, колотье, к которым исторически не имеет никакого отношения.

КОЛИ́Т, -а, м. — «одна из тяжелых форм кишечных заболеваний, вызываемая воспалением толстой кишки». Прил. коли́тный, -ая, -ое. Укр. колі́т; блр. калі́т; болг. коли́т. Ср. чеш. kolitis. В других слав. яз., как будто, отс. Слово появилось в русском языке в конце XIX в. (Брокгауз — Ефрон, т. XV^A, п/т 30, 1895 г., 687). □ Ср. франц. colite, f.; ит. colite, f.; нем. Kolítis, f.; англ. colitis и т. д. Вероятно, из французского языка, хотя в конце XIX в. была известна и немецкая форма коли́тис (ССРЛЯ, V, 1159). В западноевропейских языках восходит к греч. χῶλον — «толстая кишка» (собств. «член тела»). Образовано от греч. корня χωλ- (на французской почве?) с помощью суф. -it-e (нем. -itis), как в других наименованиях воспалительных процессов (ср. аппендицит, дифтерит и др.).

КОЛИ́ЧЕСТВО, -а, ср. — филос. «категория мышления, характеризующая действительность с точки зрения измеримости предметов и явлений»; «мера», «число», «величина». Прил. коли́чественный, -ая, -ое. Болг. количество, количествен, -а, -о. Ср. с.-хорв. количи́на, ко̀личинскӣ, -ā, -ō; словен. količina, količinscki, -a, -o. Ср. в том же знач.: укр. кі́лькість, кі́лькісний, -а, -е; блр. ко́лькасць, ко́лькасны, -ая, -ае; н.-луж. kelikosć, kelikostny, -a, -e; чеш. kvantita (филос.), počet, množství и др.; польск. ilość и др. Др.-рус. (с XI в.) количьство > количество (Срезневский, I, 1253). Прил. количественный — позднее слово. В словарях отм. с 1780 г. (Нордстет, I, 298). □ В древнерусском языке, вероятно, из старославянского. Произв. от колико (ст.-сл. колнко) — «сколько», коликый — «сколь великий», «сколь значительный», «насколько большой» и пр. (Срезневский, I, 1251—1252). По происхождению — калька с греч. ποσότης — «количество», от πόσος — «сколь многочисленный», «сколь значительный», «в каком количестве»; ср. латин. quantitas — «количество», от quantus — «какой большой», «сколь многий», «сколько».

КОЛЛЕКТИ́В, -а, м. — «совокупность людей, работающих на одном предприятии, в одном учреждении и т. п.», «группа лиц, объединенных общими целями, общей деятельностью». Прил. коллекти́вный, -ая, ое. Сюда же коллективи́зм, коллективиза́ция. Укр. колекти́в, колекти́вний, -а, -е, колективі́зм, колективіза́ція; блр. калекты́ў, калекты́ўны, -ая, -ае, калектывíзм, калектывіза́цыя; болг. колекти́в, коллекти́вен, -вна, -вно, коллективи́зъм, колективиза́ция; с.-хорв. ко̀лектив, ко̀лективан, -вна, -вно : ко̀лекти́внӣ, -ā, -ō, колективи́зам, колективиза́ци̇ја; чеш. kolektiv, прил. kolektivní, kolektivismus, kolektivisace; польск. kolektyw, kolektywny, -a, -e, kolektywizm, kolektywizacja. В русском языке сначала получило распространение прил. коллективный, известное с 60-х гг. XIX в. (отм. в ПСИС 1861 г., 239 и след., вошло в употр. несколько раньше этого года). Позже стало известно коллективизм (Брокгауз — Ефрон, т. XV^A, п/т 30, 1895 г., 699 и сл.). Сущ. коллектив вошло в обращение лишь в середине 20-х гг. [ср., напр., в повести Огнева «Дневник Кости Рябцева», 1927 г., запись от 25-X-1923 г.: «появилась новая стенгазета, которую издает „объединенный коллектив младших групп"»]. В словарях — с 1923 г. (Левберг, 100; позже Ушаков, I, 1935 г., 1403). Слово коллективизация появилось в Советскую эпоху, в конце 20-х гг., но до 1929 г. — начала коллективизации сельского хозяйства. Это слово отм. как неологизм у Селищева («Яз. рев. эп.», 1928 г., 109, 184). В словарях — с 1933 г. (Кузьминский и др., 562), позже Ушаков, I, 1935 г., 1404. □ Из западноевропейских языков. Ср. франц. collectif, -ve, сущ. collectif, m., (с 1869 г.) collectivisme; нем. kollektív, -e, Kollektiv : Kollektívum, Kollektivismus (но Kollektivierung — «коллективизация»); англ. (прил. и сущ.) collective, collectivism, collectivization и пр. Первоисточник — латин. collectīvus, -a, -um — собств. «скопившийся», «собирательный», от collectus — «собранный», «уплотненный» (к colligō — «собираю», «заключаю в себе»). Слово коллективизация, возможно, появилось на советской, русской почве (по образцу сущ. на -ация) и из русского языка попало в другие.

КОЛО́ДА, -ы, ж. — «бревно, ствол срубленного дерева с выдолбленной сердцевиной, используемый как корыто, желоб, улей и т. п.»; «толстый ствол упавшего дерева»; «короткое толстое бревно»; «обрубок», «чурбан». *Прил.* колóдный, -ая, -ое. Ср. *подколóдная змея* (из-под колоды). Укр. колóда; блр. калóда; болг. клáда — «груда дров», «костер»; с.-хорв. клáда — «колода», «чурбан»; словен. klada — тж.; чеш. kláda — тж.; словац. klada — тж.; польск. kłoda — «колода», «пень», «корыто». Др.-рус. колода — «толстое дерево», «бревно», также «гроб», позже «лафет» (Срезневский, I, 1255; Кочин, 149). Ст.-сл. клада. □ О.-с. *kolda. Ср. др.-сканд. holt — «лес», «роща», «лесистый холм»; норв. holt — «перелесок», «рощица»; швед. hult — поэт. «роща», «лесок»; ст.-дат. holt — «лес»; англосакс. holt — «кустарник», «лес» (совр. англ. поэт. «роща», «лесистый холм»); др.-в.-нем. holz «лес», «дерево» (совр. нем. Holz — «дерево», «древесина», «дрова»); греч. χλάδος (и.-е. база *kld-o-) — «ветвь», «побег (растения)». И.-е. корень *kel- (: *kol-) : *kelə- (с расширителем -d-: *keləd- : *kld-) — «рубить», «ударять», «сечь» (Pokorny, I, 545—547). См. также *колоть, кол*. Вероятно, сюда же относится латин. callis (ll < ld) — «лесная тропа», «тропинка»; ср.-ирл. caill : coill (ll < ld) — «лес» (при др.-корн. kelli : «роща»; кимр. celli — тж.).

КОЛÓДЕЗЬ, -я, *м., устар.* — «колодец». *Прил.* колóдезный, -ая, -ое. Укр. колóдязь, колóдязний, -а, -е; блр. калóдзеж, калóдзежны, -ая, -ае. В других слав. яз. отс. Ср., однако, болг. кладенец — «колодец», иногда «источник» (в знач. «источник» обычно кладенче); с.-хорв. кладенац — «колодец», «родник», «источник». Др.-рус. колодязь (Пов. вр. л. под 6505 г. и др.) [Срезневский, I, 1256; Кочин, 149]. Еще в XVI в. употр. кладязь. Ст.-сл. кладѧзь. *Прил.* колóдезный — позднее, в словарях — с 1762 г. (Литхен, 276). □ Предполагается, что слово заимствовано из германских языков в праславянскую эпоху. Германская праформа неясна. Ср. гот. kalds — «холодный»; др.-в.-нем. и совр. нем. kalt — тж.; др.-исл. kaldr — тж. Отсюда с о.-г. суф. -ing- могла бы быть образована основа *kalding- (>о.-с. *koldędz'-), но такой основы нигде в герм. языках не представлено. Поэтому вопрос о заимствовании остается нерешенным. Но языковеды, высказавшие мнение, что о.-с. *koldęzь — «родник» образовано от *kolda [> рус. *колода* (см.), поскольку в лесной местности родник, ключ, источник часто заделывается в выдолбленное дерево, в колоду, в сруб], не могут объяснить, почему в этом о.-с. слове с корнем *kold- оказался иноязычный (германский) суффикс. Мейе (Meillet², II, 355), полагает, что рус. *колодезь* — результат контаминации рус. *колодец* (см.) с заимствованным из ст.-сл. кладѧзь (< герм. *kaldings).

КОЛÓДЕЦ, -дца, *м.* — «защищенная срубом или каменной трубой от обвала более или менее глубокая, узкая яма, устроенная для добывания питьевой воды». В говорах также «окно в болоте» (Маштаков,

48). Укр. колóдязь (см. *колодезь*) или криníця; блр. калóдзеж (чаще стýдня); с.-хорв. бýкар; словен. studenec; чеш. studna, studnice; польск. studnia. С суф. -ьць (> -ец) похожее слово отм. в Дубенском сб. XVI в., но знач. не совсем ясное: «покланяние... на *коло(д)цию*» (Срезневский, I, 1256). Очень важно, что Р. Джемс, собиравший свои материалы на Севере, записал это слово уже в 1618—1619 гг. (РАС, 30 : 25): kolódevz — «a well» («колодец»). □ Вероятно, следствие переделки и переосмысления др.-рус. колодязь при ст.-сл. кладѧзь (см. *колодезь*), по причине сближения с *колода* в знач. «водопойная колода» (Даль, II, 749), т.-е. колода, выдолбленная наподобие желоба на водопое у ключа, источника и т. п. или просто выдолбленная колода над ямой с питьевой водой.

КÓЛОКОЛ, -а, *м.* — «толстостенный полый усеченный конус (или колпак) из медного сплава с подвешенным внутри металлическим стержнем (языком) для звона». *Прил.* колокóльный, -ая, -ое. *Уменьш.* колокóлец, колокóльчик. Только русское. Ср. в том же знач.: укр. дзвін; блр. звон; с.-хорв. **звóно**; словен. zvon; чеш. zvon; польск. dzwon и др. Ср. болг. камбáна (< новогреч. χαμπάνα — тж.). Соответствующим образом (как уменьш.) передается в других слав. яз. и знач. «колокольчик»: укр. дзвінóк; блр. званóк; с.-хорв. звóнце; чеш. zvoneček; польск. dzwone(cze)k. Др.-рус. (с XI в.) колокол; позже колокольць («Слово о Задонщине» и др.) [Срезневский, I, 1256—1257]. Слово *колокольчики* встр. в СВАБ, I, 125, 1691 г. *Колокол(ъ)чик* отм. в словарях с 1731 г. (Вейсман, 336); там же (230) прил. *колокольный*. □ По происхождению это слово звукоподражательное, с удвоением корня (из *kol-kol-). Ср. лит. kañkalas (< *kalkalas) — «колокол», уменьш. kankalėlis, также kañklės — «струнный муз. инструмент, род гуслей»; латыш. kankals — «бубенчик»; др.-инд. kalakalaḥ, *т.* — «неясный, глухой звук», «шум», «крик» (ср. хинди kolāhal — «шум»).

КОЛÓННА, -ы, *ж.* — «деталь архитектурного сооружения в виде массивного высокого столба, гл. обр. как опора фронтона или внутренних частей здания». *Прил.* колóнный, -ая, -ое. Укр. колóна, колóнний, -а, -е; блр. калóна, калóнны, -ая, -ае; болг. колóна, колóнен, -óнна, -óнно; с.-хорв. колóна, kòlōnski, -ā, -ō; чеш. kolona (но чаще sloup, pilíř и др.); польск. kolumna, kolumnowy, -a, -e. В русском языке слово *колонна* известно с начала XVIII в. Ср. в книге Бароция «Правило о пяти чинех архитектуры», 1709 г. — в «Переводе итальянских речей на словенское речение»: *колонна* или *палястръ* — «столбы» (воспроизведение страницы из издания 1709 г. см. Берков, 103). □ Ср. ит. colonna; франц. colonne > нем. Kolónne и др. Первоисточник — латин. columna — «круглый столб», «столп», «колонна».

КÓЛОС, -а, *м.* (*мн.* колóсья) — «верхняя часть стебля злакового растения, где рас-

КОЛ

положены цветки и созревают семена». *Прил.* колосово́й, -а́я, -бе, колоси́стый, -ая, -ое. *Глаг.* колоси́ться. Укр. ко́лос, колосови́й, -а́, -é, колоси́стий, -а, -е, колоси́тися; блр. ко́лас, каласа́вы, -а́я, -бе, каласі́сты, -ая, -ае, каласава́ць — «колоси́ться». Ср. болг. клас, кла́сест, -а, -о, кла́ся́ — «колошу́сь»; с.-хорв. кла̑с, кла̀саст, -а, -о — «колосови́дный», кла̀сат, -а, -о — «колоси́стый», кла̀сати — «колоси́ться»; словен. klas, klasen, -a, -o, klasast, -a, -o, klasiti se; чеш. klas, klasnatý, -á, -é — «колосистый» (ст.-чеш. klas — «хлеб» в зерне); польск. kłos, kłosowy, -a, -e, kłosisty, -a, -e, kłosić się; в.-луж. kłós, род. kłosa, *м.*, kłosa, *ж.*, kłosaty, -a, -e — «колосистый»; н.-луж. kłos. Др.-рус. *колосъ (ср. произв. колосьный в Мин. чет. февр. по сп. XV в.) [Срезневский, I, 1258]. Ст.-сл. клас, класьнъ. □ О.-с. *kolsъ. Корень *kol-, по одному толкованию — тот же, что в о.-с. *kolti (и.-е. корень *kel- «ударять», «бить» > рус. коло́ть), суф. -s-, как в о.-с. *golsъ (> рус. го́лос); первоначально это могло бы значить «зерновой хлеб, хлеб после молотьбы». По другому толкованию и, кажется, более точному, корень тот же, что в нем. диал. Hulst (др.-в.-нем. hulis) — «остролист», «падуб»; англ. holly — тж. [англосакс. hole(g)n]; др.-ирл. cuilenn — тж., кимр. (вал.) celyn — тж.; алб. kalli : kallzë — «колос»; др.-инд. kaṭambáḥ — «стрела». И.-е. корень *kel- «колоть», «тыкать», основа *kol-so- «нечто колющее», «жало», «шип» (см. Pokorny, I, 545).

КОЛО́ТЬ, колю́ — 1) «придавливать, прикасаться чем-л. остроконечным, острым, причиняющим боль»; «ранить или убивать кого-л. острым концом холодного оружия: ножа, пики и т. п.»; 2) «рассекать», «раздваивать, дробить коротким ударом что-л. твердое и цельное». Укр. коло́ти; блр. кало́ць; болг. ко́ля — «режу»; с.-хорв. кла́ти — «колоть», «резать», «жалить»; чеш. kláti — «колоть (чем-л. острым)»; словац. klať — «колоть», «резать (животных)»; польск. kłuć, 1 ед. kłuję или kolę — «колоть (чем-л. острым)», «резать (животных)»; в.-луж. kłóć; н.-луж. kłojś (ср. kałaś — тж. и «бить карту»). Др.-рус. коло́ти. Срезневский (I, 1258) приводит единственный пример из Дог. грам. 972 г. по Пов. вр. л. по Лавр. сп., но в других списках в этом месте золоти, что переводят, как «желты» («золоти яко злато»). Ст.-сл. клати (редко, напр., Супр. р.). Ср. заклати и др. В словарях — с 1704 г. (Поликарпов, 108). □ О.-с. *kolti, 1 ед. *koljǫ. Ср. лит. kálti — «ковать», «чеканить», «долбить» (абляут kúlti — «молотить», «бить», «колотить»); латыш. kalt — «ковать», «(о дятле) долбить»; ср. kalts — «долото». Ср. также лит. skélti — «колоть (раскалывать)». Как свидетельствуют языки балтийской группы, старшим знач. о.-с. *kolti было «ударять», «бить», «раскалывать» и т. п. За пределами балто-славянской группы убедительных прямых соответствий почти не имеется. Ср. все же греч. прил. κόλος — «обрубленный»,

КОЛ

«надломленный», κόλουρος — «бесхвостый, с подрезанным хвостом» (о птицах), также κελεύω — «понукаю» (< «бью»), «понуждаю» и т. п. (см. Pokorny, I, 545—546). Об и.-е. корне см. *колос*.

КОЛПА́К, -а́, *м.* — «конусообразный (суживающийся кверху) или овальный головной убор»; (в старину) «высокая меховая или отороченная мехом шапка». *Прил.* колпа́чный, -ая, -ое. *Глаг.* околпа́чить. Укр. ковпа́к (но «околпа́чить» — обду́рювати), блр. каўпа́к (но «околпа́чить» — абдуры́ць). Ср. болг. калпа́к — «род меховой шапки»; с.-хорв. ка̀лпак — тж. Польск. kołpak (с конца XVI в.) из русского. В других слав. яз. отс. Др.-рус. (с XV в.) калпакъ и колпакъ (Срезневский, I, 1183, 1258; Кочин. 125). Прозвище *Колпак* известно также с XV в., *Колпачник* — с 1500 г. (Тупиков, 190—191). В XVI в. это слово уже было широко распространено. □ Давнее заимствование из тюркских языков. Ср. в совр. тюрк. языках: каз.-тат. калпа́к — «шапочка», «колпак», калфа́к — «национальный женский головной убор»; башк. калпа́к — «женский головной убор», «шляпа», «колокол» (тех.); казах. калпа́к — «шляпа», «колпак», кирг. калпа́к — «остроконечная войлочная шапка», «колпак»; узб. қалпоқ — тж.; турец. kalpak — «шапка», «папаха» (гл. обр. «военный головной убор»). См. еще Радлов, II, 268, 272.

КОЛЧЕДА́Н, -а, *м.* — «общее название минералов, представляющих собою соединение некоторых металлов, напр., железа, меди с серой, мышьяком, сурьмой». Обычно в сочетаниях: *железный* или *серный колчедан* — то же, что *пирит*. Укр. колчеда́н; блр. калчада́н. В других слав. яз. отс. Ср. болг. пири́т (< франц. pyrite < греч. πυρίτης — букв. «обожженный огнем»), отсюда «кузнечный мастер», от πῦρ — «огонь»); с.-хорв. пири́т; польск. piryt; чеш. kyz (< нем. Kies — «колчедан»); н.-луж. kys. Отм. в «Рукоп. лексиконе» 1-й пол. XVIII в.: колчада́н — «камень» (Аверьянова, 145); в САР¹, III, 1792 г.: *калчадан*. — Восходит, в конечном счете, к греч. топониму Χαλκηδών — Халкедон (греч. город в Малой Азии, на берегу Босфора) и нарицательному χαλκηδών — «халцедон (драгоценный камень)» при посредстве среднелат. chalcedonius (lapis) — «халкедонский (камень)», откуда франц. calcédoine — «халцедон (разновидность кварца)»; нем. Chalzedón (произн. kalcedon). В русском языке, по-видимому, из немецкого, но с ошибочным ч вм. ц, как бы из к перед е при чередовании ч : ц (типа лик : лицо : личина) и т. п. Концовка -ан, м. б., не без влияния слов на -ан: вулкан, ладан и т. п. Начальный слог ко- (с начала XIX в.) вм. ка-, вероятно, под влиянием ко́бальт.

КОЛЧЕНО́ГИЙ, -ая, -ое — «хромой», «хромоногий»; по Далю (II, 754): «особенно если одна нога короче или ступня вывернута, или берца кривы, коги колесом либо хером, кто ходит вперевалку, ковыляет». В говорах и в XVIII в. также ко́льча. Ср. в «Рукоп. лексиконе» 1-й пол. XVIII в.: колча или колченогий (Аверьянова, 145). Только рус. Ср. в том же знач.: укр. кульга́вий, -а, -е (ср. чеш. kulhavý, -á, -é; польск. kulawy, -a, -e), клишоно́гий, -a, -e (ср. клі́шавий — «косолапый»); блр. крываногі, -ая, -ае. ▫ Вероятно, вследствие переделки слова колтоно́гий — «колченогий», «хромой» (Даль, II, 754); от рус. диал. (пск.) колта́ть, а также колтыха́ть (ср. колоти́ть), под влиянием ко́лча (*kъltja). В народном переосмыслении, по-видимому, связывается с кольцо́ (ср. коле́чко, кольчу́га), как *кольченогий.

КОЛЫХА́ТЬ, колы́шу — «приводить что-л. в состояние легкого покачивания», «шатать», «колебать». Возвр. ф. колыха́ться. Отмеченное Далем (II, 755) ряз. колыса́ть, не подтверждаемое более поздними данными, сомнительно (м. б., украинизм?). Укр. колиха́ти (ся) : колиса́ти(ся), 1 ед. колишу́ — «качать(ся)», «колебать(ся)», коли́ска — «колыбель»; блр. калыха́ць — «качать», «баюкать», калыха́цца — «качаться», калы́ска — «колыбель», «люлька»; чеш. kolísati, 1 ед. kolísam; словац. kolísat' — «качать», «колебать», kolíska — «колыбель»; польск. kołysać, 1 ед. kołyszę, kołyska. Ср. также в.-луж. kołsać, 1 ед. kołsam — «бежать рысью», «качать». В южн.-слав. яз. отс. (ср., в частности, словен. zibati — тж.). В русском языке этот глагол в словарях отм. с начала XVIII в. (Поликарпов, 1704 г., 150: «колыхаю зри зыблю», «колышу, или качаю кого»). ▫ В этимологическом отношении слово трудное. Вопреки Махеку (Machek, ES, 214), разделившему (без должного учета инославянских параллелей) чеш. kolísati на ко- и -lisati, слово колыха́ть, несомненно, связано с о.-с. *kolěbati и с более поздними колыба́ти, колыбѣ́ль, засвидетельствованными памятниками XV в. (Срезневский, I, 1259; Доп. 142; Кочин, 150). Р. Джемс (РАС, 1618—1619 гг.), кроме collsbelle (наряду с zibku) — «a cradle» («колыбель»), 40 : 31, 32, отм. также colliboke [(колыбок?) наряду с zib — «зыбь»] — «the waves» («волны»), 17 : 29. Вскоре (едва ли одновременно) появляются колыса́ти (сначала и гл. обр. на Украине) и колыхати (в великорусских и белорусских говорах) при форме 1 ед. колышу́ (в обоих случаях). Не исключено, что колыба́ть возникло под влиянием зыба́ть [др.-рус зыба́ти (XIII в.), зыба́тися (XI в.) — «колебать(ся)», «качать(ся)» (Срезневский, I, 1009); ст.-сл. зыбати (SJS, I : 12, 690); рус. диал. зыба́ть (Даль, I, 625)]. Что касается элемента с в колыса́ть, колы́ска — «колыбель», «зыбка» [ср. в «Рукоп. лексиконе 1-й пол. XVIII в.: колы́шка (с ш при колыхати) — «одноколка» (Аверьянова, 146)], то, по-видимому, это случай экспрессивной суффиксации. Ср. в.-луж. межд. kołsy-kołsy — «гоп-гоп» при kołsać — «бежать рысью», «качать» (на коленях). Элемент х мог возникнуть вм. с на вост.-слав. почве, вследствие ложной аналогии с маха́ть : машу́, дыха́ть : дышу́ и т. п. Чеш. kolísati (словац. kolísat') и польск. kołysać требуют отдельного рассмотрения.

КОЛЯДА́, -ы́, ж. — «старинный обряд хождения (преимущественно молодежи) по домам в сочельник, накануне праздника рождества и в новый год с обрядовыми песнями, называемыми коля́дками». Глаг. колядова́ть. Укр. коляда́, коля́дка, колядува́ти; блр. каляда́, калядава́ць (в знач. «колядка» также калядава́я пе́сня). Ср. болг. Ко́леда — «праздник рождества», «колядка»; с.-хорв. ко́леда — «колядка»; чеш. koleda — «колядка», koledovati; польск. kolęda — «коляда», kolędować. Др.-рус. коляда — «коляда» и «колядка», колядовати (Срезневский, I, 1263). Ст.-сл. колѧда (SJS, II : 15, 43). ▫ О.-с. *koleda. Одно из древнейших (о.-с. эпохи) заимствований из латинского языка. Ср. латин. Calendae, pl. — «первый день месяца». Ср. (с XII в.) франц. calendes — ист. «календы» (ср. Noёl — по смыслу=слав. «коляда»). См. календарь.

КОЛЯ́СКА, -и, ж. — «четырехколесный рессорный экипаж с откидным верхом»; «маленькая легкая ручная повозка для катания детей». Укр. коля́ска, устар. коля́са; блр. каля́ска (: бры́чка). Ср. польск. kolaska, устар. kolasa — «экипаж» («детская коляска» — wózek dziecięcy); чеш. koleska, kolesa (обычно lehký kočár, «детская коляска» — dětský kočárek). В русском языке известно с конца XVII в. (Christiani, 43). В словарях с 1704 г. (Поликарпов, 150). ▫ Считать заимствованием из польского языка нет оснований. Напротив, польск. (XVI—XVII вв.) kolaska по Брюкнеру (Brückner, 245) — из русского. Ср. южн. колёса — «телега», «простая повозка» (Даль, II, 748) [при др.-рус. кола — тж. (Срезневский, I, 1254)]. Ср. также рус. диал. коля́сный. Чеш. koleska — вероятно, также из русского. Слово любопытно в том отношении, что из славянских стран оно было занесено на Запад. Ср. ит. calesse — «кабриолет»; нем. Kalesche — «коляска», откуда и франц. calèche — тж.

КОМА́НДА, -ы, ж. — 1) «краткое устное приказание в определенной форме»; 2) «командование (как действие)»; 3) «организованная группа, подразделение военнослужащих (небольшая воинская часть) или отряд рабочих, выполняющих определенное задание»; 4) «коллектив спортсменов». Прил. кома́ндный, -ая, -ое. Глаг. кома́ндовать. Сюда же команди́р. Укр. кома́нда, кома́ндний, -а, -е, командува́ти, команди́р; блр. кама́нда, кама́ндны, -ая, -ае, камандаваць, камандзі́р; болг. кома́нда, кома́нден, -дна, -дно, кома́ндувам — «командую», команди́р; с.-хорв. ко̀ма̄нда (воен.), ко̀ма̄ндни, -а̄, -о̄, ко̀ма̄ндовати, командѝр; чеш. komanda (из русского языка и только воен.; обычно velitelství, povel), также komando, komandowati (обычно veleti), komandýr; польск. komenda (воен.), komendant — «комендант», «начальник» («командир» — dowodca), komenderować — «командовать» (обычно dowodzić; «давать коман-

КОМ

ду» — dawać rozkaz). В русском языке слово *команда* известно с Петровского времени, с 1700 г. со знач. «командование» и (реже) «воинское подразделение». Напр., в ПбПВ: «его *команда*» (I, № 342, 1700 г., 400); «под *кумандою*» (V, № 1496, 1707 г., 12); в «Архиве» Куракина (IV, 280—281, 1710 г.): «дук Мальбург будет от *команды* отставлен... и принц Евжений не будет *командировать*»; в ПбПВ: «войско конное с *командером* послать» (VIII, 1708 г., 498); «вы одне ныне главным *командером* в Польше» (XI, № 4199, 1711 г., 18). Кроме того: Christiani, 36; Смирнов, 146—147 и др. Прил. *командный* — позднее. В словарях — с 1847 г. (СЦСРЯ, II, 194). ▫ Слово *команда* едва ли не восходит к исп., португ. comando — «командование», «управление», исп. commando — «командование» и «диверсионный отряд», при посредстве голл. commándo, n. — «командование», «команда» (отряд и словесное приказание); ср. также швед. kommándo — тж. нем. Kommándo — тж. Глаг. *командовать* — к франц. commander (в военном смысле — с XVI в.). Но *командир* едва ли из французского (где commandeur — «командор» при commendant — «командир»), а восходит к нем. Kommandeur (< франц. commandeur) — «командир» или к голл. commandéur — тж.

КОМАНДИРОВАТЬ, командирую — «отправить кого-л. (обычно в отъезд) с поручением по службе». *Сущ.* **командировка**, отсюда **командировочный**, -ая, -ое. Укр. командирувати (чаще відряджати), командировка, командировочний, -а, -е; блр. камандзіраваць, камандзіроўка, камандзіровачны, -ая, -ае; болг. командировам — «командирую», **командировка**, командировъчен, -чна, -чно. Ср. с.-хорв. командовати — «командировать» (и «командовать», но чаще в этом знач. — **упутити службеним послом**); польск. komenderować — «командовать» [«командировать» — delegować (służbowo)]. Вообще же другим слав. яз. эта группа слов чужда. В русском языке она известна с Петровского времени. Кроме примеров у Смирнова (146), ср. еще *командированный*, в приказе Шереметева от 27-V-1708 г. (РИО, XXV, 120). ▫ Надо полагать, из нем. kommandieren — «командовать» и (с XVII в.) «командировать» или швед. kommendéra — тж.

КОМАР, -а́, *м.* — «маленькое летающее кровососущее насекомое с удлиненным тонким тельцем и длинным хоботком», Culex. *Прил.* **комариный**, -ая, -ое. Укр. комар, комариний, -а, -е; блр. камар, камарыны, -ая, -ае; болг. комар, комаров, -а, -о; с.-хорв. кòма̄р, кòма̀рац, комàрчев, -а, -о; словен. komar, komarjev, -a, -о; чеш. и словац. komár, чеш. прил. komařĭ; польск. komar (ст.-польск. komor), komarowy, -a, -e; в.-луж. komor; н.-луж. komar. Известно с древнейшего (дописьменного) времени (Срезневский, I, 1265). ▫ О.-с. *komarъ. О.-с. корень *kom-. Абляут *kĭm- > *čьm- в о.-с. *čьmьlь (см. *шмель*). Суф. -ar < *-ŏr, видимо, вариант более распро-

КОМ

страненного -or (ср. в.-луж. komor); ср. рус. *говор, топор*; чеш. sochor — «лом». По корню ср. лит. kamãnė — «шмель» («комар» — úodas); латыш. kamene; др.-прус. camus — «шмель». Ср. также лит. kìmti — «хрипнуть», «сипнуть», kimús — «сиплый» и т. п. Надо полагать, сюда же относятся нем. Hummel — «шмель»; голл. hommel — тж. при ср.-в.-нем. hummen (нем. hummeln) — «жужжать», «гудеть»; ср. голл. диал. hommelen — тж.; англ. hum — тж. Едва ли сюда относится др.-инд. camaráḥ — «Bos grunniens» (Mayrhofer, I, 375). И.-е. корень *kem- — «жужжать», «гудеть» (Pokorny, I, 556). Этимология эта не бесспорна (см. Fraenkel, 212).

КОМБАЙН, -а, *м.* — «сложная машина (разного назначения), представляющая собою агрегат, механическое соединение нескольких машин, одновременно выполняющих целый цикл работ, напр., при уборке зерновых культур, добыче угля и т. п.». *Прил.* **комбайновый**, -ая, -ое. Сюда же **комбайнер**. Укр. комбайн, комбайновий, -а, -е, комбайнер; блр. камбайн, камбайнавы, -ая, -ае, камбайнер; болг. комбайн, комбайнер; с.-хорв. кòмба̄јн, комбáјнер. В русском языке в широком употреблении — с первых лет первой пятилетки. Встр. у Горького в письме колхозникам артели «Мордовский труженик», напечатанном в 1933 г. в № 262 газ. «Правда» (СС, XXVII, 87). ▫ Слово английское. Ср. англ. combine (произн. ′kɔmbain) — «соединение», «объединение», «агрегат», «комбинация» > «комбайн»; франц. combine, *f.*; нем. Kombine, фин. (с.) kombaini; турец. kombayn; хинди комбаин и др. (ср. кит. какбайньцзи). Но ср. в том же знач.: ит. macchina combinata или mieti-trebbiatrice; венг. arató-cseplögep.

КОМЕДИЯ, -и, *ж.* — «пьеса, сценическое представление с веселым или сатирическим сюжетом и смешными или шаржированными действующими лицами»; *перен.* «что-л. смешное: происшествие, приключение, поступок и т. п.»; «притворство». *Прил.* **комедийный**, -ая, -ое. Сюда же **комедиант**, **комедиограф**. Укр. комедія, комедійний, -а, -е, комедіант, комедіограф; блр. камедыя, камедыйны, -ая, -ае, камедыянт, камедыёграф; болг. комедия, комедиен, -йна, -йно, комедиант; с.-хорв. кòмēдија, кòмēдијски, -а̄, -о̄, комедијант : комедијаш, комедиограф; чеш. komedie, komediant, komediograf; польск. komedia, komediowy, -a, -e, komediant, но komediospisarz — «комедиограф». В русском языке слово *комедия* довольно старое, известное, по крайней мере, с XVII в. Ср. в ПДСР, IV, 1068, 1673 г.: *комедия* (Fogarasi, 65). В XVII в. *комедия* — «вообще драматическое произведение». В 1685 г. в Москве была напечатана «Комидия о блуднѣм сынѣ» Симеона Полоцкого. О комедии в Неаполе упоминает и стольник Толстой в своем «Путешествии» 1697—1698 гг. (36): «обедают и ужинают в той палате, где делают *комедии*». Ср. «*Комедийная хроника*» — название придворного театра, созданного Грегори в селе Преображенском при Алексее Михайловиче в 1672—1676 гг. Слово *комедиант* известно с Петровского времени [см. СВАБ, II, 311, 1702 г.; там же (319, 1713 г.): *комедиантские картины* и др.]. ▫ Первоисточник — греч. κωμῳδία — «комедия», от κῶμος — «веселое шествие», «шумное гуляние», «веселая толпа» и ᾠδή — «песнь», «лирическая песня», «пение». Из греческого — латин. cōmoedia — «комедия», из латинского: франц. (с XIV в.) comédie; нем. (с XVI в.) Komödie; англ. comedy и др. В русском языке, возможно, из греческого. Поликарпов (1704 г.) кроме *комедия* (150) дает также форму *комѡдія* (160).

КОМЕНДА́НТ, -а, *м.* — 1) «начальник всех войск крепости»; «начальник гарнизона города, имеющего военное значение»; 2) «представитель военного командования на путях сообщения»; 3) «начальник хозяйственной части и технического персонала в общественном здании». *Прил.* комендантский, -ая, -ое. Сюда же комендату́ра. Укр. коменда́нт, коменда́нтський, -а, -е, комендату́ра; блр. каменда́нт, каменда́нцкі, -ая, -ае, камендату́ра; болг. коменда́нт (как и в других слав. яз., — только воен.), коменда́нтски, -а, -о, но коменда́нтство — «комендатура»; с.-хорв. кома̀ндант : komandant — «командир», «начальник» (чаще velitel), komandatura; польск. komendant, komendancki, -a, -ie, komendantura. В русском языке слово *комендант* в военном смысле известно с середины XVII в. (Fogarasi, 65, со ссылкой на ПДСР, III, 1017 и след., документ 1660 г.). Со знач. «комендант здания» это слово употр. гл. обр. с 20-х гг. XX в. ▫ Из западноевропейских языков. Ср. франц. (с XVI—XVII вв.) commandant — «комендант» (воен.) и вообще «командующий» [commander — «командовать» (< латин. commandāre — «поручать», к mandāre — «вручать», «передавать»)]. Отсюда (с XVII в.) нем. Kommandánt и др.

КОМЕ́ТА, -ы, *ж.* — «небесное тело, появляющееся время от времени и видимое с земной поверхности как некая перемещающаяся относительно звезд туманность, состоящая из светящегося ядра с более или менее длинным серебристым хвостом (или иногда хвостами, напоминающими космы)». *Прил.* коме́тный, -ая, -ое. Укр. коме́та, коме́тний, -а, -е; блр. камѐта, камѐтны, -ая, -ае; болг., с.-хорв. коме́та; чеш., польск. kometa. В русском языке по словарям известно с 1704 г. (Поликарпов, 150). Возможно, появилось несколько раньше. Ср. франц. comète, *f.*; нем. Komét, *m.*; англ. comet; ит. cometa и пр. Первоисточник — греч. κομήτης (ἀστήρ) — «комета», букв. «косматая (звезда)» (прил. κομήτης — «волосатый», «косматый»). Отсюда латин. cometa — «комета». В русском — из латинского языка. Не имеется никакого основания предполагать польское посредничество.

КО́МИК, -а, *м.* — 1) «артист (театра, цирка), играющий смешные роли, забавляющий зрителей»; 2) «шутник», «весельчак», «пересмешник». *Прил.* комический, -ая, -ое, комичный, -ая, -ое. Сюда же коми́зм. Укр. ко́мік, комі́чний, -а, -е, комі́зм; блр. ко́мік, камі́чны, -ая, -ае, камі́зъм; болг. коми́к, коми́чен, -чна, -чно, коми́зъм; с.-хорв. ко́мик, ко̀мичар, ко̀мичан, -чна, -чно : ко̀мичнӣ, -ā, -ō, ко̀мичнōст — «комизм»; чеш. komik, komický, -á, -é, komismus, komičnost; польск. komik, komiczny, -a, -e, komizm. В русском языке эта группа слов, кроме *комизм*, известна с XVIII в., причем раньше других вошло в употр. прил. *комический*, неоднократно встречающееся уже в «Предисловии» Лукина к пьесе «Мот, любовию исправленный», 1765 г.: «Большая часть *комических* и сатирических писателей», «таковых писателей в роде *комическом*» (Соч., 7 и сл.). В словарях — с 1780 г. (Нордстет, I, 301). Потом появилось слово *комик* в знач. «автор комедии» (в этом знач. оно употреблялось до середины XIX в.) и «актер», «комедиант». С этим знач. оно отм. в САР¹ (III, 1792 г., 760). Со знач. «шутник», «весельчак» это слово получило распространение (и только на русской почве) позже, к концу XIX в. *Комизм* в словарях — с 40-х гг. (Кирилов, 1845 г., 120). ▫ Из французского языка. Ср. франц. comique — «комический» и как сущ. м. р. «комик» и комизм. Отсюда нем. Komik — «комизм», прил. komisch; ср. Komiker — «комик (актер)»; англ. comic — «комический», comic actor — «комик (актер)», the comic — «комизм» и др. Слово *комизм*, надо полагать, появилось на русской почве по образцу других сущ. на *-изм*. Первоисточник — греч. прил. «комический» и (как сущ.) «комик (актер)» и «автор комедии», от κῶμος — «веселое шествие», «веселая толпа». Этимология греч. κῶμος не вполне ясна. Возможно, это слово связано по происхождению с κώμη — «деревня», но это предположение оспаривается (см. Frisk, II, 62). Из греческого — латин. comicus (с теми же знач.).

КОМИССА́Р, -а, *м.* — «должностное, облеченное особыми полномочиями лицо, на которое государственной властью, правительством возложены общественно-политические или административные задачи, гл. обр. в военной или революционной обстановке (в СССР до 1946 г. *народный комиссар* — член правительства)». *Прил.* комисса́рский, -ая, -ое. Сюда же комиссариа́т. Укр. комісар, комі́сарський, -а, -е, комісаріа́т; блр. каміса́р, камі́сарскі, -ая, -ае, камісарыя́т; болг. комиса́р, комиса́рски, -а, -о, комисариа́т; с.-хорв. комѐсар, комѐсарскӣ, -ā, -ō, комесарија́т; чеш. komisař, komisařský, -á, -é, komisariát; польск. komisarz, komisariat. Слово *комис(с)ар* известно в русском языке с XVII в. Встр. (в знач. «лицо, осуществляющее надзор, наблюдение, особенно за поставками снабжения в армии») в «Книге о ратном строе»

1647 г.: «*у кумиса́ра*» (24), «*смо́трового комиса́ра*» (23 об.), «*комиса́ров обма́нывати*» (23 об.) и др. В словарях *комиссар* — с 1731 г. (Вейсман, 427: *комиса́р*). Прил. *комисса́рский* в словарях — с 1771 г. (РЦ, 621: *комиса́рский*. ▫ Ср. франц. commissaire, commissariat; нем. Kommissár, Kommissariát; англ. commissar, commissariat и т. д. В русском языке, вероятно, из немецкого. Источник распространения — французский язык, а там оно восходит к позднелатин. commissarius — «доверенное лицо», «уполномоченный», «исполнитель поручений».

КОММЕНТА́РИИ, -ев, *мн.* (реже *ед.* **комментарий**, -я, *м.*) — «толкование какого-л. текста», «пояснительные замечания к тексту». Сюда же **коммента́тор**, **комменти́ровать**. Укр. коментарій (: коментаря́), род. коментарій), коментáтор, коментувáти; блр. камента́рый, камента́тар, каменці́равадь; болг. комента́р, комента́тор, комента́рам — «комментирую»; с.-хорв. комѐнта̑р, комѐнта̑тор, коментарисати; чеш. komentář, komentátor, komentovati; польск. komentarz, komentator, komentować. В русском языке слово *комментарий, комментарии* известно в широком употр., по крайней мере, с 3-й четверти XVIII в. Отм. Нордстетом (I, 1780 г., 301: *комментарий*). Яновский (II, 1804 г., 311), кроме этого слова, дает *комментатор*. Кирилов в 1845 г. (121) добавил *комментировать*. ▫ Первоисточник — латин. commentarius.

КОММЕ́РЦИЯ, -и, *ж.* — «деятельность отдельных лиц или фирм (в буржуазном обществе) в области торговли». *Прил.* **комме́рческий**, -ая, -ое *и* **коммерса́нт**. Укр. комéрція, комерці́йний -а, -е, комерса́нт; блр. каме́рцыя, камерцы́йны, -ая, -ае, камерса́нт. Ср. болг. комéрция (обычно търгови́я), комéрчески, -а, -о, комерса́нт; с.-хорв. комерцијум (чаще тр̏говина), ко̀мерциjа̑лӣн : ко̏мерциjа̏лнӣ, -а̑, -о̑, комерсант. В других слав. яз. эта группа слов представлена не полностью: напр., имеется прилагательное, но нет существительного или одного из них. Ср. чеш. komerční — «коммерческий» (сущ. отс.); польск. komercja (чаще handel), komercyjny, -a, -e (но «коммерсант» — handlowiec, kupiec). В русском языке слово *коммерция* известно с Петровского времени. Напр., в «Архиве» Куракина (I, 279, 1708 г.): «послать министра... для обязания... *комерции*»; в «Генеральном регламенте» 1720 г.: «ради возможного охранения... *комерцеи*» (ЗАП I, т. I, 482) и др. Кроме того, Christiani, 42; Смирнов, 151. Прил. *коммерческий*, повидимому, вошло в употр. несколько позже (Нордстет, I, 1780 г., 301), а *коммерсант* еще позже (Яновский, II, 1804 г., 312). ▫ Из западноевропейских языков. Ср. франц. commerce, *m.* — «торговля», «коммерция» [< латин. commercium, *pl.* commercia — «торговля» (=com+merx; ср. merx, род. mercis — «товар»)], позже (с 1695 г.) commerçant, еще позже (с 1749 г.) commercial, -e — «коммерческий». Из французского:

голл. commerciéel — тж.; нем. kommerziéll. Из французского или непосредственно из латинского — устар. нем. Kommerz (обычно Handel). Ср. также ит. commercio — тж., прил. commerciale.

КОММУ́НА, -ы, *ж.* — 1) «коллектив лиц, объединившихся для совместной жизни на началах общности имущества (хозяйства) и труда»; 2) «административно-территориальная единица в некоторых странах»; 3) «революционное правительство восставших трудящихся масс в Париже в 1871 г.». Сюда же **коммуна́р** — 1) «участник Парижской коммуны»; 2) «член коммуны (в 1 знач.)». Укр. кому́на, комуна́р; блр. кому́на, камуна́р; болг. кому́на, комуна́р; с.-хорв. кому́на; чеш. komuna, komunard; польск. komuna, komunard. В словарях русского языка с 1845 г. (Кирилов, 123: «*коммуны или комму́ны* — слово это вполне заменяется русским словом *общины*». В политическом смысле — с 70-х гг. Ср. Гончаров, «Литературный вечер», 1877 г., гл. 2: «дождётесь, что и у нас заведут *коммуну*» (СС, VII, 138). Слово *коммуна́р* отм. у Брокгауза и Ефрона, т. XV, п/т 30, 1895 г., 879). ▫ Ср. франц. commune, *f.* (< нар.-латин. communia, *pl. n.* — «община» (с XII—XIV вв.); в знач. «революционное правительство» (*Парижская коммуна*) с 1871 г.; в знач. «муниципальное управление в Париже и других городах» — с 1789 г.; communard — с 1871 г.; ит. comune, comunardo; исп. comuno, comunero; из французского — нем. Kommúne, *f.*, Kommunárde, *m.*; англ. commune; Communard (> хинди камйу́н, камйу́на̄рд'); турец. komün, komünar и т. д. Источник распространения в новое время — французский язык. Первоисточник — латин. commūnis, -e — «общий», также «обычный», «общепринятый»; ср. commūne, *n.*, commūnia, *pl. n.* — «общественное имущество», «община»; ср. mūnis : mūnus, *n.* — «обязанность», «служба», «повинность», «услуга», «помощь». И.-е. корень *mei- — «меняться», «обмениваться», база *moi-n(o)- (та же, что в о.-с. *mĕna (см. *мена*). См. Pokorny, I, 710. В русском языке *коммуна* — из французского.

КОММУНА́ЛЬНЫЙ, -ая, -ое — «относящийся к городскому хозяйству». *Сущ.* **коммуна́льник**. В указанном знач. прил. *коммунальный* в русском языке употр. с начала Советской эпохи. Ср. у Селищева в книге «Яз. рев. эп.» (173) цитату из «Известий» за 1925 г., № 116: «вчера открылось... совещание молодежи союза рабочих коммунального хозяйства — союза *коммунальников*». В словарях — Вайсблит, 1926 г., 216. Это слово было известно и раньше, но с другим знач.: «относящийся к коммуне». Ср. например, у Герцена в «Дневнике» за 1843 г., запись от 23-VI (по поводу учения Луи Блана): «Изменение права собственности, *коммунальная* жизнь, организация работ — вопросы, занимающие всех, видящих далее носа» (СС, II, 289).

КОММУНИ́ЗМ, -а, *м.* — 1) «общественно-

-экономическая формация, основанная на общественной собственности на средства производства»; «высшая фаза этой формации — бесклассовое общество, в котором осуществляется принцип «от каждого — по способностям, каждому — по потребностям»; 2) «учение марксизма-ленинизма; идеология революционного рабочего класса». *Прил.* коммунисти́ческий, -ая, -ое. Сюда же коммуни́ст, коммуни́стка. Укр. комуні́зм, комуністи́чний, -а, -е, комуні́ст, комуні́стка; блр. камуні́зм, камуністы́чны, -ая, -ае, камуні́ст, камуні́стка; болг. комуни́зъм, комунисти́чески, -а, -о, комуни́ст, комуни́стка; с.-хорв. комуни̏зам, комуни̏стички, -а̑, -о̑, кому̀нист(а), кому̀нисткиња; чеш. komunismus, komunistický, -á, -é, komunista; польск. komunizm, komunistyczny, -a, -e, komunista. В русском языке слово *коммунизм* известно с 40-х гг. XIX в. См. Герцен «Дневник» за 1843 г., запись от 10-XI: «в вопросах социализма и *коммунизма*» (СС, II, 315); позже в очерке «Станция Едрово», 1847 г. (ib., 181). В словарях — с 1861 г. (ПСИС, 242), там же *коммунист* (242). *Прил.* коммунистический встр. также у Герцена в «Дневнике» за 1843 г., запись от 4-XI (СС, II, 313). В словарях — Даль, II, 1865 г., 759: *комунистический* (с одним м, как во всех словах этого корня). ▫ Впервые слова этой группы появились во Франции: communisme (1842 г.), communiste (1840 г.) [но в знач. «совладелец», «участник общего совместного владения собственностью» — с 1769 г. (Bloch — Wartburg², 138)].

КО́МНАТА, -ы, ж. — «жилая часть дома или квартиры, отделенная стеной или перегородкой от других помещений». *Прил.* ко́мнатный, -ая, -ое. Укр. кімна́та, кімна́тний, -а, -е. Ср. в том же знач.: блр. пако́й; чеш. pokoj; ср. komnata (ст.-чеш. komnáta) — «светлица», «парадная комната»; польск. pokój, устар. komnata (в прошлом и kownata); болг. ста́я; с.-хорв. со̏ба (словен. soba) < турец. soba, которое само из того же источника, что рус. *изба* (см.). В русском языке слово *комната* известно (всегда с начальным *ко-*) с XV в. [Новг. I л. по Комисс. под 6948 (1440 г.): «постави владыка *комнату* камену меншую» «архиерейскую палату», «зал для приема»?) — Насонов, 421]. Другие примеры см. Срезневский, I, 1266; Кочин, 150; Дювернуа, 80. Более поздние примеры (XVI в.) — со знач. «жилые покои», «комната в доме», «горница на подклети» (над подвальным помещением)». *Прил.* комнатный известно с XVII в.: ПДСР, III, 196, 1654 г. ▫ История этого слова на русской почве не вполне выяснена. По-видимому, оно появилось на северо-западе (Новгород, Псков), что позволяет строить предположение о непосредственном заимствовании из средневекового латинского языка (ср. латинизмы в «Геннад. библ.» 1449 г.). Другие (Зеленин, ИОРЯС, VIII, кн. 4, с. 262) полагают, что оно заимствовано из ср.-н.-нем. (kómmet < латин. camīnāta), откуда и ударение на первом слоге. Вообще же это слово возводят к ср.-латин. camīnāta (camera) — «жилое помещение», собств. «отапливаемая (комната)», *прил.* camīnātus, -a, -um от camīnō — «делаю, сооружаю очаг, печь», от camīnus «очаг», «печь (первоначально для плавки)», которое в свою очередь восходит к греч. κάμῑνος — «печь (для обжига или плавки)», «горн». От средневек. латин. camīnāta: франц. cheminée — «дымоход», «камин», также «комната с камином»; ит. устар. camminata — «зал» и нем. (теперь устар.) Kemenáte — «горница с камином», «женская половина (в средневековом замке)», «девичья» (< ср.-в.-нем. kemenā te — «жилая комната», «горница с камином» < др.-в.-нем. cheminā ta). Укр. кімна́та (с вторичным i < о), по-видимому, из польского, а польск. (как и чеш.) слово — из немецкого (с поправкой на латинское произношение).

КОМПА́НИЯ, -и, ж. — 1) «группа людей, проводящих вместе время или чем-л. временно объединенных»; 2) в капиталистическом обществе — «объединение предпринимателей — торговцев или промышленников, иногда держателей акций и т. п.». *Прил.* (к компания в 1 знач.) компане́йский, -ая, -ое. Сюда же компаньо́н. Укр. компа́нія, компаньйо́н, компані́йський, -а, -о; блр. кампа́нія, кампаньён, кампане́йскі, -ая, -ае; болг. компа́ния, компаньо́н; с.-хорв. компа̀нија, компа̀њон; чеш. kompanie (прост. kumpanie), kompaňon; польск. kompania — «компания в 1 и 2 знач.» (также «рота», отсюда kompanijny, -a, -e — «ротный»), kompan — «компаньон». В русском языке слово *компания* и прил. *компанейский* известны гл. обр. с начала XVIII в. Оно неоднократно встр. в «Архиве» Куракина: *кумпанея* — «рота» (III, № 65, от 26-IV-1709 г., 99) и (чаще) в знач. «торговая компания»: «видел двор... остинской *кумпании* торговых» (I, 133, 1705 г.) и др. Ср. в «Указе» Петра I от 2-III-1711 г.: «торг китайской, зделав *компанию* добрую, отдать» (ЗАП I, т. 1, 199, 200); в «Указе» Петра I от 1-X-1708 г.: «сердюцких и *компанейских* полков козаком» (ПбПВ, VIII, 266). ▫ Из западноевропейских языков, едва ли при польском посредстве. Ср. франц. compagnie, f., compagnon, m. Из французского: нем. Kompagnie, f., Kompagnon, m.; англ. company (> хинди камп'ни́, ж.); ит. compagnia (> турец. kumpanya — «торговое или промышленное товарищество») и др. Во французском из нар.-латин. companio — досл. «сохлебник», «соучастник в еде», «тот, кто ест свой хлеб вместе с кем-л.», от pānis — «хлеб». На франц. почве сначала возникли compagnon (< companionem) и compain (< companio), отсюда compagnie.

КО́МПАС, -а, м. — «прибор для определения стран света с намагниченной стрелкой, всегда указывающей одним концом на север, а противоположным — на юг». *Прил.* ко́мпасный, -ая, -ое. Укр. ко́мпас, ко́мпасний, -а, -е; блр. ко́мпас, ко́мпасны, -ая, -ае; болг. компа́с, компа́сен, -сна, -сно; с.-хорв. ко̀мпас; чеш. kompas, kompasový, -á, -é; польск. kompas, kompasowy, -a,-e. В русском языке употр. с Петровской эпохи. Ср. в ПбПВ, I, 63, 1696 г.: «*кумпас*, цыркель». В словарях отм. с 1700 г.: Копиевский, «Номенклатор», 81 (то же «Вокабулы», 1718 г., 72): *компáс*; так же Поликарпов, 1704 г., 150. Со старым (и совр. специально «морским») ударением это слово дается в словарях в течение всего XVIII в. и даже несколько позже. Прил. *компасный* встр. в «Записках» Порошина, в записи от 14-VIII-1765 г., 393: «представлял... *компаснова* мастера Шапошникова». ▫ То обстоятельство, что это слово появилось после путешествия Петра в Голландию, зарегистрировано Копиевским в «Номенклаторе», изданном в Амстердаме, а потом встр. в «Кн. Устав морск.» 1720 г. с параллельным голландским текстом (320, 410): *компас* — compas, пожалуй, свидетельствует о том, что слово заимствовано из голландского языка, где оно, как и в других западноевропейских языках, в конечном счете, восходит к латин. passus — «шаг», «мера длины (удвоенный шаг)». От passus позже было образовано нар.-латин. compassare — «измерять», «регулировать». Отсюда франц. compasser — тж., а от этого глагола — compas — (с XII в.) «мера», «правило», еще позже (с XVI в.) «компас». Из французского — голл. kompás. С другой стороны, ср. ит. compasso — «циркуль» и «компас» («компас» — также bussola) при compassare — «измерять (циркулем)», откуда нем. (с XV—XVI вв.) Kompass: Kompaß. Компас (магнитный) был усовершенствован в XIV в. итальянцем Флавио Джойя, приблизившим этот прибор к его современному виду.

КОМПЛИМÉНТ, -а, *м.* — «лестное для кого-л. замечание, заключающее похвалу», «похвала, выраженная в подчеркнуто учтивой форме». Укр. *компліме́нт*; блр. *камплімéнт*; болг. *комплимéнт*; с.-хорв. *комплименат*; чеш. kompliment; польск. komplement (sic). В русском языке (в форме *комплемент, куплемент*) — с Петровского времени (знач. — «приветствие положенного образца, по определенному ритуалу»; ср. *комплимент* в этом знач. в употреблении цирковых артистов). Кроме известных данных у Христиани (Christiani, 18) и Смирнова (151), ср. еще: ПбПВ, V, № 1757, 1707 г., 268: «бес *комплементов*»; «Генеральный регламент» 1720 г., гл. XXIV: «о *комплементах* президентов» [в первой редакции А: «о *комплементах* президентам» и далее: «надлежит членам (коллегий), пред ними (президентами коллегий) стоя *комплементовать*» (ЗАП I, т. I, № 400, с. 429, 495); «Архив» Куракина: (о дипломатах) «остановятся один против другого и чинят *кумплимéнт*» (I, 179, 1707 г.); «президенту никакого *кумплимента* не чинить» (VI, 24, 1713 г.). ▫ Источник распространения — франц. (с XVII в.) compliment — «приветствие» > «комплимент». Отсюда: англ. compliment — «комплимент», «поклон», «привет»; нем. Kompliment (не только «комплимент», но и «поклон»); голл. complimént — тж.; ит. complimento и др. Во французском — из испанского языка.

Ср. исп. cumplimiento — «исполнение (желаний)», «завершение» > «совершенство» > «комплимент» (произв. от cumplir — «завершать», «заканчивать», «исполнять»). Первоисточник — латин. complēmentum — «дополнение», «завершение» (от compleō — «наполняю», «пополняю», «завершаю»).

КОМПОЗИ́ТОР, -а, *м.* — «автор музыкальных произведений». *Прил.* композиторский, -ая, -ое. Укр. композитор, композиторський, -а, -е; блр. кампазітар, кампазітарскі, -ая, -ае; болг. композитор, композиторски, -а, -о; с.-хорв. композитор; польск. kompozytor. Но ср. напр., в том же знач. чеш. (hudební) skladatel или komponista (< нем. Komponist — тж.). В русском языке в словарях отм. с 1804 г. (Яновский, II, 343). ▫ Ср. франц. (в муз. смысле — с середины XVI в.) compositeur (от composer — «составлять», «сочинять», «компонировать»); исп. compositor; ит. compositore. Ср. англ. composer — тж. Первоисточник — латин. compositor — «сочинитель», «составитель», «устроитель» (к compōnō, супин compositum — «складываю», «слагаю», «строю»). В русском языке, возможно, из латинского. См. в СРЯ¹ (IV, 1764) ссылку на журн. «И то, и се» за 1769 г.: «*композитор* — сочинитель стихов и проч.». Вторично (с совр. знач.) — несколько позже — из французского или итальянского, как и в польском.

КОМПÓТ, -а, *м.* — «сладкое кушанье из свежих или сушеных плодов и ягод, сваренных в воде с сахаром». Укр. компóт; блр. кампóт; болг. компóт; с.-хорв. кòмпōт; чеш., польск. kompot. В русском языке слово *компот* известно, по крайней мере, с конца XVIII в. Неоднократно упоминается у Левшина: «абрикосы в *компотах*» (СП, I, 2, также 454). ▫ Ср. франц. compote, *f.* > англ. compote; нем. Kompótt, *n.*, но ит. composta, *f.*; исп. compota, *f.* В русском языке — из французского [где оно восходит к латин. composita, *pl. n.* от compositus — «сложный», «составной» (прич. прош. вр. от compōnō — «складываю», «составляю»)].

КОМПРÉСС, -а, *м.* — «специальная повязка, обычно пропитанная лекарственными жидкостями, применяемая с лечебной целью». *Прил.* компрéссный, -ая, -ое. Укр. компрéс, компрéсний, -а, -е; блр. кампрэ́с, кампрэ́сны, -ая, -ае; болг. компрéс, компрéсен, -сна, -сно; с.-хорв. кòмпрес (чаще òблог); чеш. kompres, *м.* : kompresa, *ж.* (чаще obkład, obkladek); польск. kompres (и okład). В русском языке слово *компресс* отм. в словарях с 1804 г. (Яновский, II, 346). ▫ Слово французское: compresse, *f.*, в совр. знач. известное с середины XVI в. Старшее знач. на французской почве — «действие давления, нажатия». По происхождению — прич. прош. вр. от исчезнувшего глаг. compresser — «давить», «жать» (< латин. compressāre — тж., интенсив к comprimere).

КОНВÉЙЕР, -а, *м.* — «устройство в виде движущейся широкой ленты или пояса, передвигающих в процессе работы детали

какого-л. сборного изделия от одного рабочего к другому». *Прил.* **конвейерный**, -ая, -ое. Укр. **конве́йєр, конве́йєрний**, -а, -е; блр. **канве́ер, канве́ерны**, -ая, -ае; болг. **конвейер**; чеш. konvejer (чаще běžící pás); польск. konwejer (также przenośnik). В русском языке слово *конвейер* в словарях отм. с 1933 г. (Кузьминский и др., 583).
▫ Из английского языка. Ср. англ. conveyer — «транспортер», «конвейер», от convey (устар. также convoy) — «перевозить», «передавать». Отсюда франц. convoyeur (также chaîne). Ср. нем. laufendes Band. В английском языке это слово восходит к ст.-франц. (XII—XVI вв.) convoier — «сопровождать», «провожать».

КОНВЕ́РТ, -а, *м.* — «бумажный пакетик для вкладывания письма». *Прил.* **конве́ртный**, -ая, -ое. Укр. **конве́рт, конве́ртний**, -а, -е; блр. **канве́рт, канве́ртны**, -ая, -ае. Ср. с.-хорв. **ко̀верат**; словен. kuve̲rta, *ж.*; чеш. прост. kuvert (обычно obálka); польск. koperta. В некоторых слав. яз. отс. Ср. в том же знач. болг. плик (< ит. plico — «пакет»). В русском языке слово *конверт* известно с Петровской эпохи: Смирнов, 152 (со ссылкой на ПСЗ, V, № 2974, 1716 г., 188: «должен... за письма, под *конвертом* его идущие, отповедствовать»). Но, пожалуй, на первых порах, особенно с середины XVIII в., чаще употреблялось слово *куверт*. Ср., в частности, в «Записках» Порошина, в записи от 17-XII-1764 г. (187—188): «запечатал я их (письма) в *куверт*», «оной *куверт* изволил послать... с истопником». В 1-й пол. XIX в. уже преобладает *конверт*. У Пушкина — только *конверт*, но *куверт* — «столовый прибор» (СЯП, II, 362, 429). С другой стороны, И. С. Тургенев в письмах употр. только *куверт*, напр., еще в 1876 г. в письме Григорьеву: «Прочтите прилагаемое письмо, вложите его в *куверт*» (ПСС, Письма, XI, № 4001, 297). ▫ Слово *куверт* — из французского языка. Ср. франц. couvert (от couvrir — «покрывать», «прикрывать») — «укрытый», «прикрытый», «столовый прибор», а также устар. «конверт» (обычно enveloppe, *f.*, pli, *m.*). Из французского: нем. Kuvert; швед. kuvert (старшая форма ckovert > ckouvert); голл. couvért; англ. cover(t) и др. Во всех этих языках это слово значит не только «конверт», но и «столовый прибор». Ср. ит. coperta — «конверт» (и «покрывало», «чехол». Отсюда польск. koperta (и, вероятно, с.-хорв. **ко̀ве̲рта**). Первоисточник — латин. copertus < coopertus, от cooperiō — «покрываю», «закрываю», «обволакиваю». Неожиданная форма *конверт* вм. *куверт* в русском языке возникла, м. б., на почве омонимического отталкивания от *куверт* — «столовый прибор» и не без влияния других иностранных слов с начальным кон-. Ср. в других языках: швед. konvolút — «большой конверт»; дат. konvolút — «конверт»; нем. Konvolút — «стопка бумаг в папке», «досье» и т. п.

КОНВО́Й, -я, *м.* — 1) «небольшой отряд вооруженных людей, выделенный для охраны кого-л. или для предупреждения побега арестованного»; 2) «отряд военных судов, охраняющий коммерческое или транспортное судно (или суда) во время войны». *Прил.* **конво́йный**, -ая, -ое. Сюда же **конво́ир, конвои́ровать**. Укр. **конво́й, конво́йний**, -а, -е, **конво́їр**, блр. **канво́й, канво́йны**, -ая, -ае, **канваі́р**; болг. **конво́й, конво́ир**. Ср. с.-хорв. **ко̀нвоj** — «конвой морских судов» (но **пра́тња** — «конвой в 1 знач.»); чеш. konvoj (обычно ozbrojený doprovod или eskorta); польск. konwój (или eskorta), konwojowy, -a, -e, konwojent — «конвоир». В русском языке *конвой, конвоир* известны с Петровского времени. Кроме данных, имеющихся у Христиани (Christiani, 38) и Смирнова (152), следует отметить: «в опасных местах *конвой* дать» (ПбПВ, VIII, № 2709, 186, 1708 г.); в форме *комвой*: «с *комвоем* и с пашпуртом отехал» («Архив» Куракина, I, 280, 1708 г.); «велите и подводы ставить и *комвой*» (ПбПВ, XI, № 4238, 56, 1711 г.); «под *комвоем*» (судов, в море — «Кн. Устав морск.» 3 изд. 1720 г., с голл. текстом, 198). Ср. также *конвоер* (МИМД, 1717—1720 гг., 92). *Конвоир* — более поздняя форма (в словарях — Даль, II, 1865 г., 760), как и прил. *конвойный* (СЦСРЯ 1847 г., II, 196) и глаг. *конвоировать* (Нордстет, I, 1780 г., 301). ▫ Едва ли непосредственно из французского. Ср. франц. convoi [старое произн. konvué], глаг. convoyer [< вульг.-латин. *conviare (от via — «дорога») — «сопровождать в пути»]. Из французского: голл. konvóoi — «конвой», konvóoier (откуда, по всей видимости, и русское слово); англ. convoi — «морской конвой» (ср. escort — «конвой в 1 знач.»).

КОНДИ́ТЕР, -а, *м.* — «специалист, занимающийся изготовлением таких изделий, как торты, печенье, конфеты и т. п. сладости»; *устар.* «владелец кондитерской». *Прил.* **конди́терский**, -ая, -ое, отсюда *субст.* **конди́терская**. Укр. **конди́тер, конди́терський**, -а, -е; блр. **канды́тар, канды́тарскі**, -ая, -ае. В других слав. яз. отс. Ср. в знач. «кондитер», «кондитерская»: болг. **сладка́р, сладка́рница**; с.-хорв. **посла́стича̲р, посла̲стича́рница**, чеш. cukrář, cukrárna; польск. cukiernik, cukiernia. В русском языке сначала, кажется, появилось слово *кондитер*: «на что *кондитера* держу» (письмо Е. М. Румянцевой от 22-III-1779 г., 222). В словарях это слово в форме *кандитор*: *кондитор* отм. Яновским (I, 1804 г., 88, 354). У Пушкина только *кандитор* (СЯП, II, 293). Слово *кондиторская* (лавка) впервые — в 1847 г. (СЦСРЯ, II, 196), там же *кондитерская*. Но ср. уже у Пушкина в «Пиковой даме», 1834 г., гл. III: «Германн... вошел в *кандитерскую* лавку» (ПСС, VIII, 238). ▫ В русском языке — заимствование из немецкого. Ср. нем. Konditor (< Kanditor) — «кондитер». Konditorei — «кондитерская» при франц. confiseur — «кондитер». В немецком — из средневекового латинского, где оно восходит к араб. qand — «леденец из сладкого тростникового сока», а это слово, в свою очередь, индийского происхождения

КОН   КОН

(ср. хинди кхаӣд — «кусок», «кусочек». Ср. нем. Kandis(zucker) — «леденец», восходящее к средневек. латин. succurcandi. Контаминировано (на немецкой почве) с латин. condiō — «придаю запах, вкус, сладость», «приправляю».

КО́НКУРС, -а, *м.* — «род открытого соревнования или соискания (для выделения лучших участников или лучших работ) гл. обр. в области науки, литературы, искусства, некоторых видов спорта, а также при поступлении в вуз и в некоторых других случаях». *Прил.* ко́нкурсный, -ая, -ое. Сюда же (хотя и с несколько иным знач.) конкури́ровать, конкуре́нция, конкуре́нт. Укр. ко́нкурс, ко́нкурсний, -а, -е, конкурува́ти, конкуре́нція, конкуре́нт; блр. ко́нкурс, ко́нкурсны, -ая, -ае, канкуры́раваць, канкуре́нцыя, канкуре́нт; болг. ко́нкурс, ко́нкурсен, -сна, -сно, конкури́рам — «конкурирую», конкуре́нция, конкуре́нт; с.-хорв. ко́нкурс, конкури́сати, конкуре́нција, ко́нкурент; чеш. konkurs, *прил.* konkursní, konkurovati, konkurence, konkurent; польск. konkurs, konkursowy, -a, -e, konkurować, konkurencja, konkurent. В русском языке слово *конкурс* стало известно сначала в знач. «собрание заимодавцев, кредиторов для согласования действий против общего злостного должника». В этом знач. отм. Яновским в 1804 г. (II, 359). Несколько позже вп. встр. со знач. «конкурирование», «конкуренция» у Пушкина в наброске статьи «Обозрение обозрений», 1831 г.: «по причине великого *конкурса* невежество... не может овладеть монополией журналов» (ПСС, XI, 194). С совр. знач. слово *конкурс* впервые отм. в СЦСРЯ 1847 г. (II, 197): *конку́рс, прил. конку́рсный*. Слово *конкуренция* встр. в статьях Белинского (с 1845 г. — СС, IX, 102). В словарях — с 1861 г. (ПСИС, 246). Вскоре появляется и слово *конкурент* (Даль, II, 762). Несколько позже попало в словарь *конкурировать* (Бурдон — Михельсон 1880 г., 418). ▫ Первоисточник — латин. concursus — «стечение», «столкновение», «стычка» (к concurrō — «сбегаюсь», «стекаюсь», «сталкиваюсь», «сшибаюсь»). В русском языке — из западноевропейских. Ср. франц. concours, *m.*, concourir, concurrence, *f.*, concurrent. Отсюда нем. Konkúrs, *m.*, konkurríeren, Konkurrénz, *f.*, Konkurrént.

КОНОПЛЯ́, -и́, *ж.* — «однолетнее травянистое растение, из стеблей которого изготовляют пеньку, а из семян добывают масло», Cannabis sativa. В говорах иногда ко́ноп (том. — Палагина, II, 93; Даль, II, 762). *Прил.* конопля́ный, -ая, -ое. Укр. коно́плі, *мн.*, коно́пляний, -а, -е; блр. кано́плі, *мн.*, канапля́ны, -ая, -ае. Ср. болг. ко́ноп, *м.*, ко́нопен, -а, -о; с.-хорв. ко́нопља, ко́нопљан, -а, -о; словен. konoplja, konopen, -a, -o; чеш. konopí, *ед.* (ст.-чеш. konopě), konopný, -á, -é; словац. konope; польск. konopie, konopiany, konopny, -a, -e; в.-луж. konop: konopej, konopjany, -a, -e; н.-луж. konopej, *мн.*, konopny, -a, -e. Др.-рус. конопле («Устав Ярославов» в I Новг. л. по сп. XV в. — Насонов, 483), несколько позже конопля. Представляет интерес форма коновел(ь) (род. мн.) в «Данной» ок. 1430 г. (АСЭИ, I, № 71, с. 64). Прил. книжн. (из ст.-сл.?) коно́пный (XI в.) [Срезневский, I, 1270]. ▫ О.-с. основа *konop-: *konop-j- или сложная [из двух корней (из которых первый *kon-: *kopo-) как следствие контаминации] или (что менее вероятно) состоит из корня *kon- и суф. -ор- (как в ст.-сл. врътопъ: врътопъ при врьтепъ; ср. болг. вързоп — «узел», «тюк»). Что касается корня *kon-, *kopo-, то он является основой названия конопли у многих народов Европы, не только индоевропейской группы. Ср. с тем же знач.: др.-в.-нем. hanaf (нем. Hanf); др.-сканд. hampr (дат. hamp; швед. hampa и др.); англосакс. hænep (англ. hemp); греч. χάνναβις > латин. cannabis, вульг.-латин. *canabus : canapus (ит. càmapa; франц. chanvre и др.); перс. кäнäб : кäнäф; арм. канеп' (kanap'). В неиндоевропейских языках ср. груз. k'anapi; хорезм. knb; шумер. kunibu и др. Все эти названия конопли восходят в конечном счете к некоему доисторическому ее названию, м. б., в языке скифов [по Геродоту (IV, 74 и сл. — см. Frisk, I, 779), конопля — скифское (или фракийское) растение, так или иначе — восточно- или юговосточноевропейское (или восточно-балканское)]. Это предполагаемое, скажем, скифское слово, в свою очередь, по-видимому, является скрещенным словом. Первая часть его *kan-: *kana- сохраняется в ряде и.-е. и неиндоевропейских языков: осет. gæn (из kan); сванск. kan; абхаз. a-ḳɔne; марийск. кы́нья (keńe) и др. Вторая часть представлена формой: коми пыш (piš) — «конопля» (Fokos-Fuchs, II, 796); удм. пыш (но кенэм — «конопляное семя»). См. Walde — Hofmann³, I, 154; Frisk, I, 779; Абаев, I, 513. В славянские языки это слово попало при латинском посредстве (ср. вульг.-латин. *canapus) или (в вост.-слав. яз.) — греческом [ср. позднегреч. χανναβι (произн. kanávi)]. Ср. др.-рус. *коновли, *мн.*

КОНСЕ́РВЫ, -ов, *мн.* — «пищевые (из мяса, овощей, фруктов) продукты, соответствующим образом обработанные и расфасованные в герметически закупоренную жестяную или стеклянную тару». *Прил.* консе́рвный, -ая, -ое. Укр. консе́рви, консе́рвний, -а, -е; блр. кансе́рвы, кансе́рвавы, -ая, -ае; болг. консе́рва, консе́рвен, -вна, -вно; с.-хорв. ко́нзерве, *мн.* (*ед.* ко́нзерва); чеш. konservy, *мн.* (*ед.* konserva), konservovaný, -á, -é, konservový, -á, -é; польск. konserwy, *мн.*, konserwowy, -a, -e. В словарях русского языка слово *консервы* в совр. знач. отм. с середины XIX в. (ПСИС 1861 г., 247). Но оно было известно и раньше. Напр., встр. в «Словаре поваренном» 1795—1797 гг. как наименование какого-то вида приправы к некоторым кушаньям для сохранения их добротности

(Левшин, СП, ч. I, 1795 г., 5: консерв; также ч. II, 1795 г., 182). Позже оно отм. как аптекарское слово Яновским в 1804 г. (II, 362: консерва). ▫ Слово французское. Ср. франц. conserve, *f.* — «консервы» [ср. conserves, *pl.* — «консервы (защитные очки)»], восходящее, в конечном счете, к латин. conservō — «сберегаю», «храню», «спасаю» (к servō — «слежу», «соблюдаю», «сохраняю»). Из французского — нем. Konserven, *pl.* — тж.

КОНСОМЕ́, нескл., *м.* — «крепкий чистый бульон из мяса или дичи». Укр. консоме́; болг. консоме́. В русском языке это слово известно со 2-й пол. XVIII в. Ср. в «Поваренных записках» 1779 г., 45: консомме «чистый бульон». ▫ Из французского языка. Ср. франц. consommé, -e «израсходованный», «завершенный», «совершенный» — прич. прош. вр. (> прил.) от consommer — «расходовать», «завершать»; субст. (с XVI в.) consommé — «крепкий бульон». Первоисточник — латин. consummō — собств. «суммирую», «составляю (сумму)», «свожу воедино», «завершаю».

КОНСТИТУ́ЦИЯ, -и, *ж.* — 1) «основной закон государства, определяющий его общественное и государственное устройство, принципы организации и деятельности органов государственной власти, избирательную систему, основные права и обязанности граждан»; 2) «строение организма, телосложение». *Прил.* (к конституция в 1 знач.) конституцио́нный, -ая, -ое. Укр. конститу́ція, конституці́йний, -а, -е; блр. канстыту́цыя, канстытуцы́йны, -ая, -ае; болг. конститу́ция, конституцио́нен, -нна, -нно; с.-хорв. конститу́ција; чеш. konstituce (в 1 знач. чаще ustava), прил. konstituční; польск. konstytucja, konstytucyjny, -a, -e. В русском языке слово конституция известно с Петровской эпохи [Christiani, 30, со ссылкой на ПбПВ, III, 126, 1704 г. (речь идет о польской сеймовой конституции в знач. «структура»)]. В широкое употр. это слово вошло несколько позже. Яновский (II, 1804 г., 365, 366) отм. и конституция, и конституционный. ▫ Вообще из западноевропейских языков, но в начале XVIII в., возможно, из польского. Ср. франц. constitution, *f.* (в политическом смысле — с XVIII в.), прил. constitutionnel. Из французского — нем. Konstitutión, *f.*, прил. konstitutionéll; англ. constitution, прил. constitutional и др. Первоисточник — латин. cōnstitūtiō — «установление», «устройство», «организация», «конституция» (в знач. «императорское постановление», «императорский вердикт»), к constituō (=con+statuō) — «ставлю», «располагаю», «устанавливаю», «устраиваю», «привожу в порядок» (корень *sta- : *stə-, тот же, что в рус. стоять (см.), стать, устав).

КО́НСУЛ, -а, *м.* — «должностное лицо, уполномоченный, представляющий интересы того или иного государства и защищающий его граждан на территории другого государства». *Прил.* ко́нсульский, -ая, -ое, отсюда ко́нсульство. Укр. ко́нсул, ко́нсульський, -а, -е, ко́нсульство; блр. ко́нсул, ко́нсульскі, -ая, -ае, ко́нсульства; болг. ко́нсул, ко́нсулски, -а, -о, ко́нсулство; с.-хорв. ко̑нзул, ко̑нзулски, -а̄, -о̄, конзула̑т; чеш. konsul, konsulský, -á, -é, konsulát; польск. konsul, konsularny, -a, -e, konsulat. В русском языке слово консул известно с Петровской эпохи. Напр., в совр. знач., но в форме консуль: ко́нзуль, *м.*: «послов... агентов и конзулев меморіалы», «приемы и отпуск послов... консулев и протчих гонцов и куриеров... надлежащих к посолским делам» («Стат Иностранной коллегии», ок. 1722 г. — ЗАП I, т. I, № 409, 532, 534). Несколько раньше это слово в той же форме было употреблено у Ф. Прокоповича в «Слове похвальном на рождение в. кн. Петра Петровича», 1716 г. (о консулах в Риме во времена республики): «по королех консули, по консулях децемвири» (Соч., 40). Производные — более позднее. ▫ У Ф. Прокоповича, вероятно, из латинского языка. «Стат Иностранной коллегии» составлялся на основе швед. «Cantselie Ordningh». Ср. швед. konsul (произн. konzul). Ср. также голл. consul; нем. Konsul. Первоисточник — латин. cōnsul [из одного корневого гнезда (sel-) с cōnsilium — «совещание», «обсуждение», «заседание»].

КОНСУЛЬТА́ЦИЯ, -и, *ж.* — 1) «совет специалиста по тому или иному вопросу»; 2) «совещание специалистов по какому-л. вопросу»; 3) «учреждение, регулярно оказывающее помощь населению советом компетентных лиц по тому или иному специальному вопросу». *Прил.* консультацио́нный, -ая, -ое, консультати́вный, -ая, -ое. *Глаг.* консульти́ровать(ся). Сюда же консульта́нт. Укр. консульта́ція, консульті́йний, -а, -е, консультати́вний, -а, -е, консультува́ти(ся), консульта́нт; блр. кансульта́цыя, кансультацы́йны, -ая, -ае, кансультаты́уны, -ая, -ае, кансультава́ць, кансультава́цца, кансульта́нт; болг. консулта́ция, консултацио́нен, -нна, -нно, консулти́рам (се) — «консультирую(сь)», консулта́нт; с.-хорв. конзулта́ција — «совет», «совещание», конзултацио́ни̑, -а̄, -о̄, конзулти́рати, ко̑нзултовати; чеш. konsultace (но не «учреждение, дающее консультации»), konsultovati (koho), konsulent; польск. konsultacja, konsultacyjny, -a, -e, konsultować, konsultant, устар. konsulent. В русском языке слово консультация в словарях отм. с 1804 г. (Яновский, II, 371). Другие слова этой группы более поздние: консультант (о враче) — с 1847 г. (СЦСРЯ, II, 198). Прил. консультативный встр. в романе Чернышевского «Пролог», 1870 г.: «будут устроены консультативные комиссии» (ПСС, XIII, 34). Прил. консультационный — более позднее (СРЯ¹, т. IV, в. 6, 1912 г., 1878). Глаг. консультировать отм. Ефремовым в 1911 г. (217). ▫ Из французского языка. Ср. франц. consultation, *f.* — тж., прил. consultatif, -ve, глаг. consulter, прич. н. вр. consultant, -e. Из французского — нем. Konsultatión, *f.*, глаг. konsultieren; ср. Konsulént — «консультант».

КОН

Первоисточник — латин. consultatiō — «совещание» (к consulō — «совещаюсь», «обсуждаю», сюда же consilium — «совещание», «совет», а также consul).

КОНТО́РА, -ы, *ж.* — «учреждение или отдел учреждения, ведающие делами, гл. обр. хозяйственно-административного характера, связанными с разного рода расчетами, с финансовыми операциями и пр.». *Прил.* **ко́нторский**, -ая, -ое. Укр. конто́ра, конто́рський, -а, -е; блр. канто́ра, канто́рскі, -ая, -ае; болг. канто́ра; польск. kantor. Но в чеш. яз. в этом знач. — kancelář (т. е. «канцелярия»). В русском языке слово *контора* появилось, видимо, к началу 20-х гг. XVIII в. Ср. в законе о «Генеральном регламенте» от 27-II-1720 г.: «Коллегии... купно с канцеляриями и *канторами*» [ЗАП I, т. I, № 401, с. 489]; ср. Указ от 18-I-1722 г.: «вотчинная *кантора*», «опричь той *канторы*» и пр. (там же, № 297, с. 247); в «Архиве» Куракина (I, 91, 1723 г.): «об отдании его *конторы* мне в правление» и др. ▫ Позднее заимствование из голландского или (что менее вероятно) немецкого языка. Ср. голл. kantoor, *n.*; нем. Kontór, *n.*, которое, в свою очередь, восходит к франц. comptoir — «банкирская, торговая контора», «банк», от compter — «считать», «насчитывать» < латин. computare.

КОНТРО́ЛЬ, -я, *м.* — «проверка чьей-л. деятельности, работы или чьих-л. занятий», «систематическое, организованное наблюдение, надзор с целью проверки». *Прил.* **контро́льный**, -ая, -ое. Глаг. контроли́ровать. Сюда же контролёр. Укр. контро́ль, контро́льний, -а, -е, контролюва́ти, контроле́р; блр. кантро́ль, кантро́льны, -ая, -ае, кантралява́ць, кантралёр; болг. контро́л, *м.*: контро́ла, *ж.*, контро́лен, -лна, -лно, контроли́рую», контрольо́р; с.-хорв. контро̀ла, *ж.*, ко̀нтро̑лан, -лна, -лно : контро̀лни, -а̑, -о̑, контро̀лисати, контро̀ло̑р; чеш. kontrola, *ж.*, прил. kontrolní, kontrolovati, kontrolor; польск. kontrola, *ж.*, kontrolny, -a, -e, kontrolować, kontroler. В русском языке слова этой группы вошли в употр. в разное время в течение XVIII в. Раньше других, по-видимому, появилось слово *контролер* или, как его тогда писали, *контролор*. Ср., напр.: «*контролор* повинен смотрет(ь) правду в цене» (Указ Петра I от 13-XII-1720 г. — ЗАП I, т. I, 87); «казначея, *контролора*... судит(ь)» (Указ Петра I от 6-VI-1722 г. — ib., 323 и др.). Кроме того, Смирнов, 158. Остальные слова вошли в употр. несколько позже. Яновский (II, 1804 г., 383) отм. *контроль, контрольный, контролировать*. ▫ Из французского или голландского. Ср. Франц. contrôle, *m.* (из contre-rôle — «книга приходов и расходов, реестр, ведомость и пр., которые ведутся двумя лицами», в этом знач. с XIV в.), controleur (сначала в форме contreroleur — «с того же времени», contrôler (с XV в. в форме contreroller). Из французского: голл. contrôle, controleur, controleren; нем. (с XVIII в.) Kontrólle,

КОН

f., Kontrolleur (с 1727 г.), kontrollieren и др.

КОНТУ́ЗИЯ, -и, *ж.* — «ушиб или травма организма без повреждения наружных покровов тела». *Глаг.* **конту́зить**, отсюда **конту́жен(н)ый**. Укр. конту́зія, конту́зити, конту́жений, -а, -е; блр. канту́зія, канту́зіць, канту́жаны, -ая, -ае; болг. конту́зия, конту́зя — «контужу», конту́зен, -а, -о; с.-хорв. ко̀нту̑зија, ко̀нтузовати, ко̀нтузован, -а, -о; чеш. kontuse (s = z) [обычно pohmoždení, pohmožditi (корень mоžd-, ср. рус. *можжи́ть*)]; польск. kontuzja, kontuzjo(no)wać, kontuzjo(no)wany, -a, -e. В русском языке слова *контузия, контузить* по словарям известны с 1-й пол. XIX в. Яновский (II, 1804 г., 386) отм. *контузия*. В СЦСРЯ 1847 г. (II, 199) зарегистрировано *контузить*. ▫ Как медицинский термин *контузия*, откуда позже *контузить*, могло быть заимствовано непосредственно из латинского языка. Но возможно и влияние западноевропейских языков, особенно французского. Ср. латин. contūsiō, *f.* — «ушиб» (старшее знач. — «разбивание», «растирание». К contundō (супин contūsum) — «разбиваю», «раздробляю», «растираю» (ср. tundō — «бью», «толку». Из латинского: франц. (с XIV в.) contusion, *f.*, откуда (с 1823 г.) contusionner; англ. contusion; нем. Kontusión, *f.* и др.

КОНУ́РА, -ы́, *ж.* — «будка для дворовой собаки». У Даля (II, 702): «буточка, шалашик, тесное и низкое жилье». Укр. кону́ра (также бу́да). Ср. в том же знач.: блр. бу́дка; чеш. bouda; польск. buda; болг. коли́бка (за ку́че). В словарях — с 1704 г. (Поликарпов, 151: *кону́ра*). В «Рукоп. лексиконе» 1-й пол. XVIII в.: *конура* — «мурья нора» (муравьиная?) [Аверьянова, 147]. Ср., однако, более ранний случай (с непонятным смягчением *н*) у протопопа Аввакума в «Послании горемыкам маленьким»: «я-де в *конюру* собаки-той не запер» [Гудзий, 1960 г., 246]. Еще раньше Р. Джемс (РАС, 1618—1619 гг., 61 : 10) записал название крюкового нотного знака: can ᴕ ra (канура) — «знак ⌒.⌒.◡.◡.» (похожий на схематическое изображение входа в собачью конуру). В XVIII—XIX вв. писали и *канура*. ▫ Со времени Миклошича [Miklosich, EW, 153 (kǔ 1), 213 (ner- 1) и 216 (norica 2)] обычно объясняют как очень старое (!) слово с редким префиксом ka- : ko- (см. *каверза*) и о.-с. *nora, *nyrjati [ср. др.-рус. **нура** — «дверь, лазея» (Срезневский, II, 476)]; см. *нора, нырять*.

КОНФЕРЕ́НЦИЯ, -и, *ж.* — «совещание представителей государств, научных организаций, партий и т. д. для обсуждения и решения каких-л. вопросов». Сюда же **конфери́ровать**. Укр. конфере́нція, конфері́рувати; блр. канфере́нцыя; болг. конфере́нция; с.-хорв. конферѐнција, конфѐрисати; чеш. konference; польск. konferencja. В русском языке слово *конференция* известно с Петровского времени. Кроме Христиани (Christiani, 29; примеры с 1697 г.) и Смирнова, 159 (более поздние примеры), ср.

еще в «Архиве» Куракина (II, 193, 1709 г.): «после *конференции*» (еще I, 90, 1723 г. и др.). ▫ Из западноевропейских языков. Ср. франц. conférence, *f.*; голл. conferéntie (произн. -tsie); нем. Konferénz, *f.*; англ. conference; ит. conferenza и др. С фонетической точки зрения русское слово ближе всего к голландскому. Первоисточник — средневек. латин. conferō (от глаг. conferō — «сношу, собираю вместе», а также «соединяю», «ставлю рядом», а позже — «совещаюсь»).

КОНФÉТА, -ы, *ж.* — «кондитерское изделие в виде небольшого кусочка (в форме плиточки, лепешки, шарика и т. п.) сладкой, более или менее отвердевшей массы». *Прил.* **конфéтный**, -ая, -ое. *Сущ.* **конфéтчик, конфéтчица.** Укр. **конфéта** (но чаще цукéрок : цукéрка, восходящее к нем. Zucker — «сахар»); ср. блр. **цукéрка** — тж. В других слав. яз. обычно отс. Ср. в том же знач.: болг. **бонбóн**; с.-хорв. **бонбóна**; чеш. bonbón или cukrovinka; польск. cukierek (konfekt — устар.). В словарях (в форме *конфéкты*) — поздно, с 1780 г. (Нордстет, I, 303). Как слово, вошедшее в общее употр., слово *конфекта* известно с начала XVIII в. Встр. в документах «Архива» Куракина, напр.: «ликеров, кафе, *конфектов*», «пирамиды с *конфектами*» (III, 220, 221, 1711 г.); в СВАБ: «за *конфекты*» (II, 28), «роспись *конфектам*, которые браны на брак к... царевне» (II, 37). Позже в комедии «Подрятчик оперы», 1733 г.: «вы очень много кушаете сахарных *конфектов*» (ИКИ, 123). ▫ Из западноевропейских языков. М. б., как и в польском, из немецкого. Ср. нем. (с XVI в.) Konfékt, *n.* — собир. «конфеты» (обычно Zuckerwerk) < позднелатин. cōnfectum — «пилюля», от conficiō — «изготовляю», «перевариваю», «истощаю». Из латинского также ит. confetto — «конфета» (не в бумажке). Форма *конфета* (без *к* перед *т*) в русском языке, возможно, итальянского происхождения.

КОНФУ́З, -а, *м.* «состояние (и ощущение) замешательства, неловкости и стыда». *Прост. устар.* **конфу́зия**. *Прил.* **конфу́зный**, -ая, -ое. *Глаг.* **конфу́зить(ся)**. *Прил.* **конфу́зливый**, -ая, -ое. Укр. **конфу́з, конфу́зний, -а, -е, конфу́зити(ся)**; блр. **канфу́з, канфу́зны, -ая, -ае, канфу́зіць, канфу́зіцца**; болг. **конфу́зен, -зна, -зно, конфу́зя (се)** — «конфужу(сь)», **конфу́зене** (отглаг. сущ.); с.-хорв. **кòнфӯзиjа, кòнфӯзан, -зна, -зно**; чеш. konfuse (: konfúze), прил. konfusní (: konfúzní); польск. konfuzja, konfu(n)dować (się). В русском языке сначала, видимо, появилось слово *комфузия* в смысле «замешательство» с Петровского времени: «многие полки пришли в *комфузию*» (ПбПВ, VIII, № 2486, 1708 г., 28); «совет учинить в Сенате... дабы в сем *комфузии* после не было» (указ «о беглых», 1720 г. — ЗАП I, т. I, № 81, с 79); ср. еще у Фонвизина в письме к сестре от 31-XII-1777 г. о беспорядках в Париже: «в сенях (в вестибюле театра) нашли мы *конфузию*» (СС, II, 435). Позже появляется *конфузный*.

Глаг. *конфузиться* встр. у Пушкина в письме А. А. Бестужеву в конце января 1825 г.: «кому из нас не случалось *конфузиться*» (ПСС, XIII, 138). В словарях *конфузить(ся)* отм. с 1865 г. (Даль, II, 764); *конфуз* — с 1866 г. (Толль, НС, Прилож.; Даль не отм. ни *конфузия*, ни *конфуз*). ▫ Слово *конфузия*, видимо, восходит к франц. confusion, *f.* — тж. > нем. Konfusión > польск. konfuzja, тогда как рус. *конфуз* — к франц. confus, confuse — «смущенный», откуда и нем. konfús — тж. Первоисточник — латин. confūsiō — «слияние» > «беспорядок», «смущение», confūsus — «беспорядочный» (от confundō — «лью», «вливаю», «объединяю», «перепутываю».

КОНЦÉРТ, -а, *м.* — 1) «публичное исполнение музыкальных произведений, а также хореографических, эстрадных, цирковых и пр. номеров по заранее намеченной программе»; 2) «музыкальное произведение, написанное для одного инструмента (фортепьяно, скрипки) в сопровождении оркестра»; 3) *устар.* «согласованное выступление государств». *Прил.* **концéртный**, -ая, -ое. Укр. **концéрт, концéртний**, -а, -е; блр. **канцэ́рт, канцэ́ртны, -ая, -ае**; болг. **концéрт**; с.-хорв. **кòнцерт**; чеш. koncert, koncertní; польск. koncert, koncertowy, -а, -е. В русском языке — с начала XVIII в. Ср. в «Архиве» Куракина: «был дан *концерт* с великою музыкою» (IV, 6, 1711 г.); у него же это слово встр. и в политическом смысле: «король пруской будто предуготовлении делает по учиненному *концерту* с Вашим Величеством, дабы обще при нынешнем случае город Данциг атаковать» (I, 331, 1718). В муз. смысле (о нотах) также и в «Деле о пожитках ц. Натальи Алексеевны» (1716—1725 гг., 169—170): «*канцерт* на шестнадцать голосов». ▫ Из западноевропейских языков. Ср. франц. concert (в этом знач. — с 1611 г.): concerto (с 1739 г.) — «концерт как муз. произведению». Из французского: голл. concért (произн. konsért); англ. concert (муз. и полит.): concerto («муз. произведение»); нем. Konzert — «концерт» (оба знач.). Источник распространения — ит. concerto (се произн. *че*) — собств. «согласованность», «соглашение», «согласие», «созвучие», потом «концерт». Первоисточник — позднелатин. *concertus — «согласие», от concertō — «состязаюсь», «спорю», откуда «прихожу к согласию с соперником, с участниками состязания».

КОНЪЮНКТУ́РА, -ы, *ж.* — «совокупность и характер обстоятельств, способных влиять на исход дела». *Прил.* **конъюнкту́рный**, -ая, -ое. *Сущ.* **конъюнкту́рщик**. Укр. **кон'юнктура, кон'юнкту́рний**, -а, -е; блр. **кан'юнктура, кан'юнкту́рны, -ая, -ае**; болг. **конюнкту́ра, конюнкту́рен, -рна, -рно**; с.-хорв. **конjу̀нктӯра, конjу̀нктӯран, -рна, -рно**; чеш. konjunktura, прил. konjunkturní; польск. koniunktura, koniunkturowy, -а, -е. Слово *конъюнктура* в словарях впервые отм. у Яновского (II, 1804 г., 394). Прил.

конъюнктурный стало известно лишь в Советскую эпоху, в 20-х гг. XX в. Отм. Селищевым («Яз. рев. эп.»², 1928 г., 106). В словарях — с 1935 г. (Ушаков, I, 1457). ▫ Из западноевропейских языков, но в латинизированной форме. Первоисточник — латин. junctūra — «связь», «соединение», «скрепа» [к jungō (одного корня с jugum — «ярмо») — «соединяю», «связываю», «запрягаю»; отсюда conjungō — «соединяю», «сочетаю»), позже conjunctūra — тж. Отсюда ит. congiuntura (giu произн. дж'у») — «связь», «соединение», «обстоятельство», «стечение обстоятельств». Ср. франц. conjoncture — «стечение обстоятельств», «конъюнктура».

КОНЬ, -я́, *м.* — «лошадь (преимущественно о самце)». *Прил.* ко́нный, -ая, -ое, ко́нский, -ая, -ое. Укр. кінь, *род.* коня́, кі́нний, -а, -е, кі́нський, -а, -е; блр. конь, ко́нны, -ая, -ае, ко́нскі, -ая, -ае. Ср. болг. кон, ко́нен, -нна, -нно, ко́нски, -а, -о; с.-хорв. ко̂њ, ко̏њскӣ, -а̂, -о̂; словен. konj, konjski, -a, -o; чеш. kůň, koňský, -á, -é; словац. kôň, konský, -á, -é; польск. koń, konny, -a, -e, końsky, -a, -ie; в.-луж. kóń, *род.* konja, konjacy, -a, -e; н.-луж. koń, konjecy, -a, -e; полаб. k'üön (Rost, 395). Др.-рус. конь, коньный, коньскъ, коньский (Срезневский, I, 1271—1273). Ст.-сл. конь (SJS, II : 15, 46). ▫ О.-с. *konjь. Прямых соответствий в других и.-е. языках не имеется. Вообще слово очень неясное в этимологическом отношении. Сопоставляют — на слав. почве — прежде всего с др.-рус. комонь — тж. (Пов. вр. л. под 6477 г. и др., Сл. плк. Игор. и др.) [Срезневский, I, 1266]. Ср. у Даля (II, 758): «комонь... и поныне в песнях, особ. свадебных». А. Н. Островский в своем «Словаре народного языка» отм. сиб. (!) комо́нь и (без пометы) комони́ца — «неплодная женщина, а также и корова» (ПСС, XIII, 321). Ср. укр. (в песнях) комо́нь — «конь», также комо́нний, -а, -е — «конный», откуда комо́нник — «всадник», «кавалерист», а также комо́нниця — 1) «трилистник полевой (клевер)», а также и корова» (Гринченко, II, 276), комо́нник — название растения Succisa («сиве́ц») [УРС, II, 364]. Ср. чеш. *устар.* komoň — «конь», komonstvo — «дружина», «конная свита», komonice : komonka — «донник» (Melilotus, или Trifolium coballinum); польск. *устар.* komonik — «всадник», а также komonica — 1) «донник» (Aruncus); 2) «неплодная кобыла». Т. о., о.-с. *kon- в *konjь могло получиться из *komn- < *komon-. Но происхождение о.-с. *komonjь или *komonь не более ясно. Сопоставляют с др.-прус. camnet — «лошадь», но это мало помогает делу, потому что происхождение этого слова также неясно. Связывать с лит. kumẽlė — «кобыла», kumelỹs — «жеребец» не имеется серьезных оснований (см. Fraenkel, 309). С другой стороны, о.-с. *konjь можно объяснить и из *kobnjь, по-видимому, с и.-е. корнем *kob-, тем же, что в о.-с. *kobyla (> рус. *кобыла*). Из *kobnjь могло получиться и *komnjь (см. особенно Walde — Hofmann³, I, 125),

откуда — в этом случае — новообразование *komonь. Относительно того, что мужская особь лошади могла быть названа по женской, ср. о.-с. *kozьlъ от *koza. Если бы мы располагали более определенными данными об изменении vn (подобно bn, pn) > n в о.-с. языке (хотя бы лишь на некоторых участках праславянской территории), то можно было бы (с неменьшим основанием) связывать о.-с. *konjь (< *kovnjь) с о.-с. *kovati. Обычай, искусство подковки лошадей, перенятый славянами у германцев, существует со II в. н. э.

КОНЬКИ́, -о́в, *мн.* (*ед.* конёк, -нька́) — «род коротких и узких металлических (гл. обр. стальных) полозьев, прикрепляемых к подошвам обуви для скольжения, катания по льду». Гл. обр. русское. Укр. конькі́ (*ед.* конько́к) — из русского; ср. ко́ник — «конек», *уменьш.* от кінь (обычно «коньки» — ковзани́, *ед.* ковза́н, от ко́взати — «скользить», ко́взатися — «кататься на коньках»). Из русского же: блр. канькі́ (*ед.* канёк); ср. ко́нік — «конёк» («лошадка»); болг. кънки́ (*ед.* кънка́); ср. ко́нче — «конек» («лошадка»). В других слав. яз. коньки называют по-разному: ср. с.-хорв. кли̏за̄љке (*ед.* кли̏за̄љка) при кли̏зити — «скользить»; чеш. brusle, *мн.*; польск. łyżwy, *мн.* В русском языке слово *коньки* употр. с XVIII в. В словарях — с 1780 г. (Нордстет, I, 302). Но катание на коньках было известно уже в Петровское время, причем музейные коньки 1-й пол. XVIII в. в передней своей части представляют собою изображение лошадиной головы. ▫ От *конь* (см.).

КОНЬЯ́К, -а́, *м.* — «крепкий спиртной напиток золотисто-желтого цвета с тонким ароматом, изготовленный путем перегонки белых виноградных вин и последующей выдержки». *Прил.* конья́чный, -ая, -ое. Укр. конья́к, конья́чний, -а, -е; блр. каньяќ, каньяќны, -ая, -ае. Ср. болг. коня́к; с.-хорв. ко̀њак; чеш. koňak; польск. koniak. В русском языке слово появилось, вероятно, во 2-й четверти XIX в. В словарях — с 1847 г. (СЦСРЯ, II, 200). ▫ Первоисточник — франц. cognac, по названию г. *Коньяк* (Cognac, департамент Charente), родины этого сорта французской водки. Французское слово получило широкое распространение (ср. нем. Kognak; англ. cognac и пр., также турец. konyak; индонез. anggur cognac и др.).

КОПА́ТЬ, копа́ю — «рыть, разрыхляя почву предназначенным для этой цели орудием труда». *Возвр. ф.* копа́ться. *Сов. однокр.* копну́ть. Укр. копа́ти(ся), копну́ти; блр. капа́ць, капа́цца, капну́ць; болг. копа́я — «копаю» [*возвр. ф. отс.*, как и в большинстве других слав. яз.; «копаюсь — ро́вя се, в *перен. знач.* («медлю», «мешкаю») — ба́вя се]; с.-хорв. ко̀пати; словен. kopati; чеш. kopati — «копать», «добывать», «пинать», kopnouti — «копнуть», «ударить ногой», «толкнуть», «лягнуть»; словац. (с теми же знач.) kopat', kopnút'; польск. kopać — «копать», «пинать», «лягаться», kopać się — «копать(ся)», «рыть(ся)», kopnąć — «ударить» (ногой), «пнуть», «лягнуть»; в.-луж. kopać — «мотыжить», «клевать», «пинать», kopać so, kopnyć; н.-луж. kopaś — «мотыжить», «вскапывать», «пинать». Др.-рус. (с XI в.) копати — «рыть», «копать», (позже) «бить копытом землю» (Срезневский, I, 1278; Доп. 143). Ст.-сл. копати. Возвр. ф. копаться появилась позже. В словарях — с 1792 г. (САР¹, III, 790). ▫ О.-с. *kopati, 1 ед. *kopają. Ср. лит. kapóti — «рубить», «хлестать», «клевать», «бить»; латыш. kapāt — «рубить», «размельчать»; др.-прус. (en)kopts — «зарывать»; греч. χόπτω (< *korjō) — «ударяю», «бью», «дроблю», χόπος — «удар», «боль», «страдание», χῆπος, дор. χᾶπος — «сад», σχάπτω — «вскапываю», «взрыхляю», «выкапываю», «подкапываю»; м. б., латин. scapulae, pl. «лопатки (плечевые)»; алб. kop(ë)sht — «сад»; перс. кӓфтӓн : кӓфидӓн — «раскалываться». И.-е. корень *(s)kep- [: *(s)kop-: *(s)kap- и др.] — «разрезать», «раскалывать» (Pokorny, I, 931—932). К этой группе в русском языке относятся также копье, скопец, щепа и др.

КОПЕЙКА, -и, ж. — «мелкая медная монета, равная одной сотой рубля». Прил. копеечный, -ая, -ое. По Далю (II, 767) прил. возможно (в говорах?) и в форме копейный, -ая, -ое. Укр. копійка, копієчний, -а, -е, копійчаний, -а, -е; блр. капейка, капеечны, -ая, -ае. В других слав. (и неслав.) яз. только как русизм, напр.: болг. копейка; с.-хорв. kòpējka; чеш. kopejka; польск. kopiejka; франц. kopeck, copeck, m.; нем. Kopeke, f. и т. д. В русском языке слово копейка известно с конца XV — начала XVI вв., гл. обр. со времени денежной реформы 1535 г. Ср.: «коваша копейки денги» в Пск. I л. под 7045 г.; «князь великий Иван Васильевич учини знамя на денгах: князь великий на коне, а имѣя копье в руцѣ и оттолѣ прозваша деньги копейныя» в Соф. вр. под 7043 г. (Срезневский, I, 1279). Как областное (новг.-пск.?) оно было известно и до 1535 г. в Пск. III л. по Архивск. 2 сп. под 7007 (1499) г.: «тое же осени хлѣб был дорог... четвертка... жита по 6 копеек» (ПЛ, II, 252). См. еще Срезневский, I, 1279, 1282 и Доп. 143. ▫ Возможно, но не доказано, что псковская копейка также имела изображение всадника с копьем. Тогда копейка — от копье (см.). По словам Р. Джемса (РАС, 1618—1619 гг., 44 : 1—5), копейку в Новгороде сначала будто бы называли сабленицей (sablanitza), потому что на ней чеканилось изображение всадника с саблей [в фотокопии sable переделано из lance («копье»)], а потом, «когда чеканка была перенесена в Москву», стали называть копейкой (а copeke) «по изображению копья». Другие объяснения не могут считаться обоснованными. По соображениям прежде всего историко-географическим и археологическим следует считать совершенно несостоятельным предположение (см. Lokotsch, § 1204) о тюркском происхождении этого слова будто бы от тюрк. köpek — «собака» [ср. турец. köpek, также крым.-тат. кöпäк (Радлов, II : 2, 1310—1311)], точнее, от названия монеты Dīnār köpejī — во времена Тимура, возможно, с изображением собаки.

КОПИЯ, -и, ж. — «соответствующее подлинному повторение, список, воспроизведение чего-л. (книги, документа, картины и т. д.)». Сюда же копиист, копировать. Укр. копія, копіїст, копіювати; блр. копія, капіраваць; болг. копие, копирам — «копирую»; с.-хорв. копија, копирати; чеш. kopie, kopista, kopírovati; польск. kopia, kopista, kopiować. В русском языке — с Петровского времени. Кроме известных данных у Христиани (Christiani, 30, 1705 г.) и Смирнова (161), ср. еще в «Архиве» Куракина (II, 321, 1710 г.): «копию с письма господина Толстова». Слово копиист встр. в «Генеральном регламенте» 1720 г., гл. 35 «О копеистах» (ЗАП I, т. I, 501). ▫ Первоисточник — латин. copia (из coopia = co+ops; ср. ops — «сила», «мощь», «помощь» < «множество», «изобилие» > «запасы» > «приумножение». Из латинского — франц. (с XIII в.) copie > нем. (с XIV в.) Kopie и др. Новое знач. «копия» — возможно, на французской почве. В русский язык попало, м. б., из голландского. Ср. голл. kopie, f., kopiïst, kopiëren.

КОПОТЬ, -и, ж. — «легкая сажа от какого-л. горящего предмета, оседающая на поверхности чего-л.». В говорах также в знач. «пыль», арханг. «быстрота», «скорость» (Даль, II, 768); ср. копотной — арханг. (о лошади) «бойкий», «горячий» (Подвысоцкий, 70). Глаг. коптеть, коптить. Укр. кіпоть м., коптіти, коптити; но ср. блр. в том же знач.: сажа, курбдым. Ср. чеш. kopt (и saze), koptiti; польск. koreś, kopcić — «коптить». с.-хорв. в том же знач.: болг. дим, с.-хорв. чађ. Др.-рус. *копъть, (с XI в.) прил. копътный (Срезневский, I, 1282). ▫ О.-с. *kopъtь. О.-с. корень *kop-, суф. -ът-ь, как в о.-с. *pogъtь, *degъtь. Некоторые считают, что и.-е. корень здесь *kuep-: *kuep-: *keuep-, причем u после k не было устойчивым, не только в положении перед u [*kup- (отсюда о.-с. *kypěti; см. кипеть]. Ср. латыш. skapstēt — «тускнеть», «покрываться налетом» (с вторичным, ошибочно возникшим начальным s), skapsts — «патина», «налет»; греч. χαπνός — «дым» [ср. у Гесихия χαπυσ πνεῦμα «дуновение», «ветер»]. Ср. также лит. kvèpti — «дышать», «вдыхать», «пыхтеть», kvãpas — «запах» (см. Pokorny, I, 596; Fraenkel, 325; Frisk, I, 782). Не исключено, однако, что о.-с. *kopъtь по корню связано с лит. kèpti — «печь», «жарить», kēpinti — «поджаривать», «жечь», «палить», о.-с. *pekti, *pekǫ (рус. печь, пеку) и что, следовательно, перестановка *pek- > *kep- (: *pok- > *kop-) имела место не только на балтийской почве, но отчасти и на славянской. См. еще крапива.

КОПЬЁ, -я, ср. — «холодное колющее оружие в виде острого металлического на-

КОР

конечника на длинном древке», «пика». *Прил.* **копе́йный, -ая, -ое.** Сюда же **копе́йщик.** Блр. **кап'ё** (: **дзі́да**); болг. **ко́пие**; с.-хорв. **ко̀пље**; чеш. **kopí** (: **oštěp**); польск. **kopia**, f. (но чаще **pika, oszczep**). Но укр. в том же знач. **спис.** Др.-рус. (с XI в.) **копье, копейный** (Срезневский, I, 1279—1280). Ст.-сл. копиѥ, копиннъ. ▫ О.-с. *korьje. От о.-с. корня *kor-. Ср. *kopati > рус. копа́ть (см.). Как свидетельствуют другие славянские языки и языки балтийской группы, о.-с. *kopati первоначально значило «ударять», «разить». Отсюда о.-с. *korьje — название орудия для этой цели.

КОРА́, -ы́, ж. — «твердый наружный покров (оболочка) деревьев, более или менее легко отделимый от древесины»; *перен.* «верхний, наружный покров, оболочка, слой чего-л.». Сюда же **ко́рка.** Укр. **кора́, кі́рка** (но не хлеба); блр. **кара́, ко́рка** (но не хлеба); болг. **кора́, кори́ца**; с.-хорв. **ко̏ра, ко̀рица**; чеш. **kůra**; словац. **kôra**; польск. **kora** (но ср. **skórka** — «корка»). Ср. с начальным с: словен. **skorja** — тж.; в.-луж. **skora** — тж., **skoraty, -a, -e** — «имеющий кору», **skor(čič)ka** — «корка»; н.-луж. **škora** — «кора», «корка». Ср. (и см.) рус. **скорня́к.** Др.-рус. (с XI в.) **кора : корь** (оба — в Дан. иг. XII в.) [Срезневский, I, 1283, 1293]. Также в Новг. I л. по Синод. сп. о голоде в 1128 г.: «ядяхъ... *кору* березову» (Насонов, 22). Ст.-сл. кора. ▫ О.-с. *kora : *korь. И.-е. корень *(s)ker- [: *(s)kor-] — «резать» [: «обрезать», «снимать что-л. (напр., кору, кожицу, шкуру и пр.) острым орудием»]. Ближайшие родственные по корню образования: лит. **kardà : karnà** — «(ивовое) лыко», «луб», **kártis** — «жердь», связанные с глаг. **(at)kérti** — «отодраться», «отдираться», «отделяться»; др.-прус. **kirno** — «куст»; (с сохранением начального s) лит. **skìrti** — «отделять», «разделять», «разъединять»; (без s-) гот. **haírus** (с aí из e перед r) — «меч» (< «то, чем обрезают, секут»); др.-в.-нем. **hërdo** — «шкура» [ср. нем. (швейц.) **Herde** — «овчина»]; латин. **corium** — «кожа», «шкура», «кора», **cortex** — «(древесная) кора»; греч. χείρω — «обрезываю», «брею», «стригу», χορμός — «обрубок», «полено» (подробнее — Pokorny, I, 938—940). См. **корь.**

КОРА́БЛЬ, -я́, м. — «большое морское судно» (в совр. русском — гл. обр. о военных морских судах или книжн., поэт.). *Прил.* **корабе́льный, -ая, -ое,** отсюда **корабе́льщик.** Укр. **корабе́ль, корабе́льний, -а, -е, корабе́льник**; блр. **карабе́ль, карабе́льная, -ая, -ае, карабе́льшчык**; болг. **ко́раб** — 1) «корабль»; 2) «центральная часть церковного здания»; 3) «большой деревянный чан для перевозки винограда»; с.-хорв. устар. **ко̏ра̑б : ко̏ра́баљ** (род. **ко̀ра̏бља**) — «судно», «корабль», «ладья»; словен. устар. **korabelj**; чеш. **korab** (диал. **korába**, ж.) — 1) «корабль»; 2) «сухая кора дерева»; словац. **koráb** — «корабль», **korabový, -á, -é**; польск. устар. **korab,** род. **korabia** (также **korab', korabl), korabiowy, -a, -e, korabny, -a, -e** [ср. **korabiówka** —

КОР

«ковчежец (род раковины)»]; н.-луж. **korabje.** В совр. в.-луж. отс. Др.-рус. **корабль : корабь** — «корабль», «ковчег» (Пов. вр. л. под 6453 г.: «посылають въ Грекы... *кораблѣ*»), (с XV в.) **корабльскъ, корабльскый, корабльникъ** (Срезневский, I, 1283—1285); прил. **корабльнъ** встр. в «Ист. иуд. в.» Флавия: «подобно щеглѣ *корабльной*» (Мещерский, 303); ср. **корабьный** в Изб. 1073 (Срезневский, I, 1285). Ст.-сл. корабль : корабь. ▫ О.-с. *korab(j)ь. Одно из ранних заимствований, по-видимому, из греческого языка. Так уже у Миклошича (Miklosich, EW, 1886 г., 129). Обстоятельства заимствования и история слова не совсем ясны. Первоисточник — др.-греч. χάραβος, слово неизвестного происхождения, которое значило сначала не «корабль» (ср. греч. πλοῖον, ναῦς — «корабль»), а «краб», «жук-рогач», но в поэтическом языке могло употребляться и как наименование легкого морского судна. Отсюда позже χαράβιον [= ἐφόλκιον «ботик», уже у Гесихия (III—IV вв.)]; позже (χαράβια, pl.) у Константина Багрянородного (X в.) в сочинении, известном под латин. названием «De ceremoniis aulae Byzantinae», II, 44, где речь идет именно о русских кораблях. Ср. новогреч. χαράβι, п. — «корабль», «судно». Неясным остается вопрос о произношении *б* в этом слове [о.-с. *korab(j)ь]. В первые столетия н. э. греч. χαράβιον, pl. χαράβια произносилось уже с v вм. b (karavion). Поэтому высказывались предположения о заимствовании этого слова не из греческого языка, а из латинского, где оно греческого происхождения. Ср. латин. **carabus** (< χάραβος) — «легкая плетеная лодка, обтянутая кожей» (и «длиннохвостая разновидность крабов»). С фонетической точки зрения о.-с. *korab(j)ь ближе к греч. χαράβιον. Возможно, на славянской почве заимствованное (из греческого языка) слово подвергалось некоторой переработке под влиянием о.-с. *korbъ (> рус. **коро́б**). Из греческого (χάραβος) через латин. **carabus** также ит. **caravella**; франц. **caravelle** и **gabar(r)e** < **garrabe**; англ. **carvel**; исп. **carabela**; др.-сканд. **carfi**; ст.-швед. **krafvel**; норв. **kravél** (< ср.-н.-нем. **kravêl : karvêl**) и др. Из скандинавских языков — фин. (c.) **karvas.** Из греческого также араб. **qārib** — «лодка», «челн» (Wehr², 673).

КО́РЕНЬ, -рня, м. — «нижняя, находящаяся в земле, часть растения, с помощью которой оно приобретает устойчивость и производит процесс всасывания почвенных соков»; «вросшая в тело начальная и основная часть зуба, волоса и т. п.»; *перен.* «начало, основа, источник чего-л.». Даль (II, 771) отм. ряз. **корь,** род. **кря** — «ко́рень». *Прил.* **корнево́й, -а́я, -о́е, коренно́й, -а́я, -о́е.** *Глаг.* **корени́ть** (только с приставками: **искорени́ть, укорени́ть**), **корени́ться.** Укр. **ко́рінь,** род. **ко́реня, корене́вий, -а, -е, корі́нний, -а́, -é, корені́тися**; блр. **ко́рань, каранёвы, -ая, -ае, кара́нны, -ая, -ае, кара́ніцца**; болг. **ко́рен, ко́ренен, -нна, -нно, кореня́ се** — «коренюсь»; с.-хорв. ко̏ре̄н, ко̏ре̄нскӣ, -а̄, -о̄ — «корневой», ко̏ренит, -а, -о — «коренной»; словен. koren; чеш. kořen, kořenový, -á, -é, kořenný, -á, -é — «пряный» и «коренной», kořeniti — «приправлять пряностями» и «пускать корни»; словац. koreň, korenný, -á, -é — «коренной», «коренастый», korenit' — «пускать корни», «уходить корнями», «приправлять кореньями»; польск. korzeń, korzeniowy — «корневой», korzenny, -a, -e — «пряный», korzenić się — «пускать корни», «укореняться»; в.-луж. korjeń, korjeń(n)y, -a, -e — «корневой», korjenjaty, -a, -e — «со многими корнями»; н.-луж. korjeń, korjenjaty, -a, -e — «корневой», «со многими корнями», korjeniś — «врастать», «пускать корни». Др.-рус. (с XI в.) коря, чаще корень, род. корене (> корени), кореньный (Изб. 1073 г.), кореновати — «укреплять», (XII в.) къря — «корень» (Срезневский, I, 1286, 1293, 1414). Ст.-сл. корь, род. корене. Прил. корневой в форме корневый и коренѣвый в словарях — с 1792 г. (САР¹, III, 816), глаг. коренитися отм. Поликарповым (1704 г., 152 об.). ◻ О. с. *korę > *korenь, род. *korene; абляут *къгь. Корень тот же, что в рус. коряга, черен. Сопоставляют прежде всего с лит. kẽras (жем. kẽrė) — «пень», «безлистый стебель», «торчок», (на востоке) «куст», kerėti — «разрастаться», «ветвиться», абляут kìrna — «коряга»; латыш. cers — «куст»; др.-прус. kirno — «куст» (Fraenkel, 241). М. б., сюда относится также латин. cornus : cornum < (*kr̥n-os, *kr̥n-om) — «кизиловое дерево»; греч. χράνος : χράνον — «кизил», «кизильник», «бирючина». Если так, и.-е. корень *ker- (: *kor- : *kr̥-) — название кизилового дерева. Ср., однако, скептическое замечание Покорного (Pokorny, I, 572); Фриск (Frisk, II, 7) о балто-славянских соответствиях вообще не упоминает.

КОРИДО́Р, -а, м. — «проход в здании между комнатами (или аудиториями, классами) одного этажа». Прил. коридо́рный, -ая, -ое. В говорах колидо́р. Укр. коридо́р, коридо́рний, -а, -е; блр. калідо́р, калідо́рны, -ая, -ае; болг. коридо́р, коридо́рен, -рна, -рно; с.-хорв. кори̏до̄р (чаще хо̏днӣк); чеш. koridor (чаще chodba), koridorový, -á, -é; польск. korytarz, korytarzowy, -a, -e. В русском языке слово коридор (устар. написание корридор) известно, по-видимому, с конца XVIII в. В словарях отм. с 1804 г.: Яновский, II, 400. ◻ В русском языке, судя по времени заимствования, из французского. Ср. франц. corridor, m., в говорах colidor — тж. (в совр. знач. — с XVII в.). Во франц. языке из итальянского. Ср. ит. corridore : corridóio [corridore — собств. «бегающий» (от córrere — «бежать»); отсюда во франц. языке старшее знач. «крытый проход (по которому бегут солдаты)»]. В итальянском языке восходит к латин. Из французского — и в других языках (нем. Korridor и др.).

КОРИФЕ́Й, -я, м. — «выдающийся, ведущий деятель науки, искусства или какой-л. другой области общественной жизни». Укр. корифе́й; блр. карыфе́й; болг. корифе́й; с.-хорв. корифе́ј; чеш. koryfej; польск. koryfeusz. В знач. «ведущий хора» или «запевала» слово корифей встр. у Фонвизина в «Жизни Сифа» (Петров, 165). В совр. знач. — с 30-х гг. XIX в., напр., у Пушкина в письме Погодину от 7-IV-1834 г. (в цитате из газеты): «сии два корифея нашей словесности» (ПСС, XV, 124). ◻ Ср. франц. coryphée; англ. coryphée; нем. Koryphäe и др. Первоисточник — греч. χορυφαῖος — «предводитель», «вождь», «глава»; «руководитель хора». От χορυφή — «верхняя часть головы, макушка», «вершина», χορυφόω — «поднимаю», «вздымаю»; ср. χόρυς — «шлем», «голова». В русском языке, видимо, из французского.

КОРИ́ЧНЕВЫЙ, -ая, -ое — «цвета корицы, молотого жареного кофе, темного буро-желтого цвета». Укр. кори́чневий, -а, -е; блр. кары́чневы, -ая, -ае. Только восточнославянское. Ср. в том же знач.: болг. кафя́в, кестеня́в; с.-хорв. мр̏к, -а, -о; чеш. hnědý, -á, -é; польск. brązowy, -a, -e, brunatny, -a, e. В русском языке известно с XVIII в. Встр. в «Деле о пожитках ц. Натальи Алексеевны», 1716—1725 гг. (209), позже в документе 1735 г. («Бумаги» Щукина, IX, 231). ◻ От корица. Ср. коричный (с XVIII в.) — «относящийся к корице». Основа коричн- осложнена суффиксом -ев-(ый).

КОРМ, -а, м. (мн. корма́) — «пища животных»; прост. «вообще пища, продукты питания». Прил. кормово́й, -а́я, -о́е. Глаг. корми́ть(ся). Сюда же (от глаг. основы) корми́лец. Укр. корм (о людях — харч), кормови́й, -а́, -е́, корми́ти(ся) (о людях — годува́ти), корми́тель; блр. корм (о людях — харч), карма́вы, -а́я, -о́е, карміць, карміца, карміцель; болг. кърма́ — «корм», «фураж», кърмя́ — «кормлю грудью» [«корм», «корма» — храна́, фура́ж, «кормлю» (не грудью) — храня́]; с.-хорв. кр̏ма — «корм для скота», кр̏мнӣ, -а̄, -о̄, кр̏мити — «кормить» (скот); словен. (с теми же знач.) krma, krmilen, -lna, -lno, krmiti; чеш. krmeni, krmivo — «фураж», krm (устар.) : pokrm — «вообще пища», «кушанье», krmný, -á, -é, krmivový, -á, -é — «кормовой», krmiti [гл. обр. о детях (но kojiti — «кормить грудью»)]; словац. krm, krmivo — «фураж», krmný, -a, -é, krmit'; польск. karm, pokarm, pokarmowy, -a, e, karmić — «кормить», karmić się — «кормиться», устар. karmiciel — «кормилец»; в.-луж. korm — «фураж», kormny, -a, -e, kormić — «откармливать» (гл. обр. о скоте); н.-луж. kjarmjenje — «корм», kjarmny, -a, -e — «корма», kjarmiś — «кормить». Др.-рус. (с XI в.) кърма, ж., позже кърмъ, м., кърмля — «пища» (вообще), позже «род подати», «содержание», «угощение», «пир», къ́рмити(ся) — «питаться», кърмильць, кърмитель (Срезневский, I, 1404—1409). Ст.-сл. кръмъ, кръмити. ◻ О.-с. *kъrmъ, *kъrmiti. В этимологическом отношении неясное слово. Сближение по корню с лит. šérti — «кормить» (гл.

КОР

обр. о скоте), греч. χόρος — «сытость, пресыщение», χορεννύμι — «кормлю» и др., подкупающее близостью значения, неприемлемо по фонетическим соображениям, так как корень в этих словах восходит к и.-е. *k'er- (с палатальным k) — «расти», «помогать расти», «питать» (Pokorny, I, 577) и, следовательно, на славянской почве нужно было ожидать корень с начальным s. Правда, в некоторых мало еще изученных случаях и.-е. k' дает на славянской почве k. Так могло быть и в данном случае: о.-с. *къг- из и.-е. *kᵒr-; -m- — суф., как в о.-с. *dymъ. Менее гадательным, пожалуй, можно считать предположение, что и.-е. корень здесь *ker- (*kᵒr- : *kᵒr-) — «жечь», «обжигать», «палить», «топить». См. *курить*.

КОРМА́, -ы́, ж. — «задняя часть (с рулем) речного, озерного или морского судна». *Прил.* кормово́й, -а́я, -о́е. *Сущ.* корми́ло — «руль», ко́рмчий — «рулевой». Укр. корма́, кормови́й, -а́, -е́ (но «кормчий» — керма́нич); блр. карма́, кармавы́, -а́я, -бе (но «кормчий» — руля́вы́, стырнавы́); болг. кърма́, корми́ло (из русского) — «руль», кръ́мен, -мна, -мно, кормчи́й; с.-хорв. кр̏ма — «корма», «руль», кр̏мни, -а̄, -о̄, крми́ло (ко̏рмило — из русского) — «руль», крма́р — «кормчий»; словен. krma, krmen, -mna, -mno, krmilo, krmar; словац. krmidlo — «кормило», «руль». Чеш. kormidlo, устар. korma (восходит к рус. *корма́, кормило*), kormidelník (от kormidlo) — «рулевой». В польск. отс., ср. польск. rufa (< голл. roef) — «корма», ster (< нем. Steuer) — «руль», «кормило», sternik — «рулевой», «кормчий». Др.-рус. (с XI в.) кърма > корма, кърмило > кормило, кърмьчий > кормчий (Срезневский, I, 1404—1405, 1410). Ст.-сл. крⸯма, крⸯмило, крⸯмьчии. *Прил.* кормовой — более позднее. По словарям отм. с XVIII в. (САР¹, III, 1792 г., 822). ▫ О.-с. *kъrma. Слово спорное, неясное по происхождению. По-видимому, связано с греч. χορμός — «ствол», «бревно», «шест», «багор», которое относится к группе χείρω (< *kerjō) — «срубаю», «вырубаю», «общипываю», «стригу» (Frisk, I, 810—811). Знач. «корма» могло развиться из знач. «руль», а последнее — из знач. «бревно», как в других и.-е. языках (ср., напр., нем. Steuer — «руль» при др.-сканд. staurr «бревно», греч. σταυρός — тж.). И.-е. корень *(s)ker- — «резать», «сечь», «срубать», «стричь» (Pokorny, I, 938—940). См. *корнать, кора*. Суф. -m-a, как в о.-с. *solma (> рус. *солома*).

КОРНА́ТЬ, корна́ю — «обреза́ть что-л. не в меру коротко и некрасиво, неряшливо». *Сов.* о(б)корна́ть. Сюда же сложные образования: корноу́хий, а также курно́сый (см.). Укр. обкарна́ти (с *а* после к), видимо, из русского (при обчуха́ти — тж.; блр. абця́ць — тж.). Ср. болг. окъ́рням — «обрезаю»; с.-хорв. кр̏њ, кр̏ња, кр̏ње : кр̏њӣ, -а̄, -ē — «обломанный», «выщербленный», «ущербный», также кр̏ња — «калека», кр̏њага — «осколок», кр̏њити — «об-

КОР

ламывать», «портить», «ущерблять»; словен. okrnjevati — тж., okrnjen, -a, -o; чеш. krněti — «недоразвиваться», «хиреть», krniti — «способствовать, быть причиной чьего-л. недоразвития»; словац. krniet' — «мельчать». Др.-рус. (с XI в.) къ́рнъ, къ́рный (ст.-сл. крⸯнъ) — χολοβόρρινος («с укороченным, изуродованным носом») и «корноухий»; ср. къ́рноносый, также окръ́рнити — «изувечить», «оскопить» (Срезневский, I, 1411, II, 657). ▫ О.-с. корень *kъr-; суф. -n-, как в о.-с. *pьlnъ (> рус. *полный*) и др. И.-е. корень *(s)ker- [*(s)kor- : *(s)kr̥-] — «обрезать», «резать», «сечь», «стричь» (Pokorny, I, 938 и сл.). Ср. латыш. kurls — «глухой», kurns — тж. и «слабый», «утомленный», лит. kurčias — «глухой», «корноухий», диал. (Мемель) kurlas — тж., дальше в семантическом отношении karnà — «лыко» (< «нечто содранное с дерева»); греч. κείρω (< *kerjō; ср. κερῶ, буд. вр.) — «стригу», «отсекаю», «обрубаю», «ощипываю»; др.-инд. kr̥ṇāti — «наносит вред», «ранит», «убивает»; тохар. B karst — «обрезать», «отрезать». В других и.-е. языках эта группа представлена также с начальным s. Ср. лит. skìrti — «отделять», «разобщать», «разлучать»; др.-в.-нем. scar, scara (совр. нем. Schar) — «лемех» и др. См. *кора*.

КОРО́БИТЬ, короблю́ (чаще *безл.*) — «судорожно искривлять, передергивать», «корчить»; «делать неровным, погнутым», «кривить». *Возвр. ф.* коро́биться. Укр. коро́бити(ся); блр. караба́циць. Ср. чеш. krabatiti, krabatěti (se) — «коробить(ся)». В других слав. яз. отс. Ср. в том же знач. болг. искривя́вам; польск. kurczyć и т. д. В русском языке слово *коробить* отм. в «Рукоп. лексиконе» 1-й пол. XVIII в. (Аверьянова, 148). В словарях с 1771 г. (РЦ, 229). ▫ О.-с. *korbiti. Происходит не от *короб*, с которым это слово имеет некоторую связь, а от и.-е. корня, к которому восходят сканд. harp-, hurp- [ср. исл. herpa(st) — «стягивать(ся)», «сжимать(ся)»; швед. диал. harpa — «стягивать (собирать) вместе», «сжимать», общешвед. harpa — «ведьма» (< «скрюченная, сгорбленная старуха»); норв. hurpe — тж.]. Ср. также греч. χάρφω — «стягиваю», «покрываю морщинами», «сгибаю» и χράμβος — «высохший», «сухой» (< «покоробившийся»). Полагают также, что сюда относится и германское наименование арфы (по согнутой, искривленной форме рамы этого муз. инструмента). Ср. др.-в.-нем. harfa (совр. нем. Harfe); англ. harp; др.-сканд. harpa (швед. harpa); норв. harpe и др.; из германских языков — франц. harpe и др. (см. *арфа*). И.-е. корень *(s)kerb(h)- [*(s)korb(h)- : *(s)kr̥b(h)-] — «сгибать», «крючить» (Pokorny, I, 948—949). См. *скорбь*.

КОРО́ВА, -ы, ж. — «крупное парнокопытное рогатое домашнее животное, самка быка», Bos vacca. *Прил.* коро́вий, -ья, -ье. Укр. коро́ва, коро́в'ячий, -а, -е; блр. каро́ва, каро́він, -а, -о; болг. кра́ва, кра́ви, -я, -е, кра́вешки, -а, -о; с.-хорв. кра̏ва, кра̏вљӣ, -а̄, -ē; словен. krava, kravji, -a,

-е; чеш. kráva, kraví, kravský, -á, -é; словац. krava, kraví, kravský, -á, -é; польск. krowa, krowi, -ia, -ie; в.-луж. kruwa, kruwjacy, -a, -e; н.-луж. krowa, krowjecy, -a, -e; полаб. korvó (Rost, 393). Др.-рус. корова [«Р. прав.», Кр., Акад. сп., 21, 28; Простр., Троицк. сп., 45 и более поздние (ПР, I)], коровий (Срезневский, I, 1289). Ст.-сл. крава. □ О.-с. *korva. Польск. устар. и диал. karw — «старый, тучный, неповоротливый бык», возможно, свидетельствует об о.-с. варианте *kъrvъ — «бык». Ср. др.-прус. kurwis «вол» (если оно не заимствовано из ст.-польск.). Ср. лит. kárve [> латыш. karva (при обычном govs)] — «корова»; алб. ka (< *k'r̥u-) — «вол»; др.-инд. cárvati — «пасется на подножном корму», «пережевывает», «жует». С другой стороны, др.-прус. sirwis — «серна», «козуля» заставляет предполагать, что и.-е. праформа этого слова начиналась с k'. Другие соответствия в и.-е. языках явно не свидетельствуют в пользу k', потому что начальный согласный может восходить и к непалатальному k: ср. латин. cervus — «олень» (при cornu — «рог»); греч. χεραός (< *χεραFός) — «рогатый»; кимр. carw — тж. Если и.-е. база была *k'erəu-: *k'r̥u̯o- «рогатый», «рогатое животное» (Pokorny, I, 576), с палатальным k (от и.-е. корня *k'er- «верхушка головы», «рог», «вершина»), то начальное k в о.-с. *korva (< *kōru̯-ā) — под влиянием западных диалектов и.-е. праязыка, как и в некоторых других словах.

КОРОЛЬ, -я́, м. — «один из титулов монарха, а также лицо, носящее этот титул»; «главная фигура в шахматной игре»; «игральная карта, по значимости средняя между тузом и дамой, изображающая мужчину в короне»; также в перен. упoтp. *Женск.* короле́ва. *Прил.* короле́вский, -ая, -ое. *Сущ.* короле́вна, короле́вич. Укр. коро́ль, короле́вський, -а, -е, короле́ва, королі́вна, короле́вич; блр. каро́ль, каралёўскі, -ая, -ае, каралёва, каралёўна, каралёвіч; болг. крал, кра́лски, -а, -о, кра́лев, -а, -о, крали́ца (но «королевич» — кра́лски син, «королевна» — кра́лска дъщеря́); с.-хорв. кра̑љ, кра̑љевски, -а̑, -о̑, кра̑љица, кра̑љевна, кра̑љевић; словен. kralj, kraljevski, -a, -o, kraljica, kraljična, kraljevič; чеш. kral, kralovský, -á, -é, královna — «королева» (но «королевна» — princezna); польск. król, królewski, -a, -ie, królowa (< ст.-польск. królewa), królewicz (ср. устар. królewic); в.-луж. kral, kralowski, -a, -e, kralowa, kralowna; н.-луж. kral, kralowka. Др.-рус. (с XII в.) король, позже королица — «королева», королевичь (Срезневский, I, 1289—1290). В письменных памятниках домосковского периода как правило не встр. слово королева как сущ. Впрочем, Срезневский (I, 1289) приводит один случай из Ип. л. под 6658 г.: «с зятемъ своимъ королемъ и с сестрою своею королевою», по-видимому, считая это слово субст. прил. (см. у него королев, -а, -о с примерами, начиная с XIII в.). Позже, в XVI в. обычно вм. королева говорили королевна (< королевьна, отсюда е без перехода в 'о, как в царе́вна, полдне́вный и др.). Ср. напр., в «Статейном списке» Писемского 1582 г.: «короле́вне Елизаве́те», «короле́вна Елизаве́ть» и пр. (ПРП, 104, 114 и др.); в послании Ивана Грозного королеве Елизавете: «Марьи короле́вны не стало» (ПИГ, 140). Но к началу XVIII в. обычной формой этого слова стала короле́ва (с сохраненным е вм. 'о), тогда как короле́вна получила знач. «дочь короля», «принцесса». Ср., напр., в «Повести о рос. матросе Василии»: «уведал король. . . что адмирал ево дочь. . . королевну Ираклию привес. Тотчас и с королевою своею на пристань поехал» (Моисеева, 207). □ Обычно слово король объясняют как одно из ранних заимствований из германских языков (вероятно, др.-в.-нем.), как переделку на славянской почве имени франкского короля Карла (Великого). Правда, хронологический момент (в VIII—IX вв. общеславянские переживания уже заканчивались или закончились, а здесь предполагается именно общеславянский процесс: *kărl- > *kŏrl-) вносит известные трудности при объяснении этого слова из Karl. Аналогичного происхождения, надо полагать, рус. царь из цьсарь < (Julius) Caesar; лит. диал. (жем.) valdýmieras — «владыка», «государь», «правитель» — из др.-рус. Володимѣръ и др. (см. Kiparsky, GSL, 240—242; Fraenkel, 1188 и др.).

КОРО́НА, -ы, ж. — «один из символов монархической власти: металлический (часто золотой), с украшениями головной убор». *Прил.* коро́нный, -ая, -ое. Сюда же коронова́ть(ся), корона́ция. Укр. коро́на, коро́нний, -а, -е, коронува́ти(ся), корона́ція; блр. каро́на, каро́нны, -ая, -ае, каранава́ць, каранава́цца, карана́цыя; болг. коро́на, коро́нен, -нна, -нно, короно́вам — «коронувам», корона́ция; с.-хорв. кру̑на, кру̑нски, -а̄, -о̄, кру̑нисати, кру̑ниса̄љ; словен. krona, kronski, -a, -o, kronati, kronanje; чеш. koruna (ст.-чеш. korona), korunní, korunovati, korunovace; польск. korona (ст.-польск. koruna), koronny, -a, -e, koronować, koronacja и др. Др.-рус. коруна встр. в Ип. л. под 6763 г., также в летописях новгородского происхождения, в сообщениях о католическом Западе или в памятниках западнорусского происхождения (Срезневский, I, 1292; Кочин, 158). С необычным знач. «узор» слово коруны: корунки встр. в московских памятниках XVII в. (Срезневский, I, 1292). В IV Новг. л. (486) отм. коруновать (Кочин, 158). В форме корона это слово употр., по крайней мере, с XVII в.: «корону с себя сложила» (ПДСР, III, 247, 1654 г.). □ Ср. ит. corona; франц. couronne — «корона» (ст.-франц. corone), то же нем. Krone; англ. crown и др. В западноевропейских и славянских языках восходит к латин. corōna — «венок», «венец», «край», а латин. — из греч. κορώνη — «всякий изгиб», «искривление», «круг» («искривленный конец лука», «кольцо у двери» и т. п.) > «конец», «завершение», «венец» [также «ворона» (это и есть старшее и основное знач. этого слова; ср. κόραξ — «ворон», а вне греческого языка латин. cornīx — «ворона», corvus — «ворон» и др.)]. Слово *корона* проникло в письменный русский язык из Юго-Западной и Западной Руси, где оно, в свою очередь, могло быть полонизмом, а также через Новгород и Псков, куда оно могло попасть непосредственно из латинского языка.

КОРОСТЕ́ЛЬ, -я́, *м.* — «птица средних размеров, с узким, сжатым с боков телом, с головой и спиной рыжевато-бурой окраски, иначе дергач», Crex crex. Ср. чеш. chřástal; польск. chruściel (: derkacz). Ср. в том же знач.: укр. дерка́ч; блр. драч; болг. дъ́рдавец (< дъ́дравец; ср. дъ́дря — «болтаю», «калякаю»). В русском языке слово *коростель* известно с XVII в. Ср. напр., у Аввакума в «Письме инокине Мелании»: «насытився *корастелей*» («Книга бесед», 403). Ср. также у Лудольфа в «Рус. гр.», 1696 г. (94): «Korostel species coturnicis est» («Коростель это вид перепелки»). Позже — в «Рукоп. лексиконе» 1-й пол. XVIII в.: *корастель*, *крастель* (Аверьянова, 149, 153). ▫ Форму *крастель* обычно объясняют как звукоподражательное слово (из о.-с. *korstěljь : *kъrstelʲjь?). Ср. в БСЭ², XXIII, 40: «весной самец издает частый односложный скрипучий крик».

КОРРЕКТУ́РА, -ы, *ж.* — «правка, исправление ошибок на оттиске типографского набора, а также самый оттиск». *Прил.* корректу́рный, -ая, -ое. *Глаг.* корректи́ровать. Сюда же корре́ктор. Укр. коректу́ра, коректу́рний, -а, -е, коректува́ти, коре́ктор; блр. карэкту́ра, карэкту́рны, -ая, -ае, карэкці́раваць, каре́ктар; болг. коректу́ра, коректу́рен, -рна -рно, коре́ктор; с.-хорв. коректу́ра, ко̀ректор, но ко̀риговати — «корректировать»; чеш. korektura, прил. korekturní, korekturový, -á, -é, korektor; польск. korektura (чаще korekta, отсюда korektowy, -a, -e — «корректурный»), korektor, но korygować — «корректировать». В русском языке слово *корректура* употр. со 2-й пол. XVIII в. В словарях отм. с 1780 г. (Нордстет, I, 301: *корре́ктура*, там же *корре́ктор*). Другие слова этой группы — более поздние. Позже других слов появилось *корректировать*, в словарях — с 1914 г. (СРЯ¹, т. IV, в. 8, с. 2246). ▫ Из западноевропейских языков. Ср. франц. (с XIV в.) correcteur — «корректор» (< латин. corrector — «исправитель», «улучшающий» > «придирчивый наставник»), но correction — «корректура», «корректирование»; нем. Korrektúr, *f.*, Korrektor и др. Первоисточник — латин. correctus, -a, -um — прич. прош. вр. от corrigō — «выпрямляю», «исправляю» (< con + regō; ср. regō — «управляю», «направляю», «указываю»). На этой базе позже correctūra — «исправление».

КОРРЕСПОНДЕ́НТ, -а, *м.* — 1) «сотрудник газеты (или иного периодического издания), посылающий в них сообщения с мест»; 2) «лицо, находящееся в переписке с кем-л.». *Прил.* корреспонде́нтский, -ая, -ое. Сюда же корреспонди́ровать, корреспонде́нция. Укр. кореспонде́нт, кореспонде́нтський, -а, -е, кореспонде́нція, кореспондува́ти; блр. карэспандэ́нт, карэспандэ́нцкі, -ая, -ае, карэспандэ́нцыя, карэспандава́ць; болг. кореспонде́нт, кореспонде́нтски, -а, -о, кореспонде́нция, кореспонди́рам — «корреспондирую»; с.-хорв. кореспо̀ндент, кореспонде́нција, кореспонди́рати; чеш. korespondent, korespondence, korespondovati; польск. korespondent, korespondencyjny, -a, -e, korespondencja, korespondować. В русском языке *корреспондент* (во 2 знач.), *корреспонденция*, *корреспондировать* известны с Петровского времени. Напр., в «Архиве» Куракина: *корришпондент* (I, 28, 1721 г.), *корришпонденция* [«о тайной *корришпонденции* короля Польского» (I, 85, 1723 г.)]; «которые... *кориспондуют*» (I, 125, 1705 г.). Ср. еще *корреспонденция* в «Лексиконе вок. новым», л. 9 (Смирнов, 163). Прил. *корреспондентский* (к *корреспондент* в 1 знач.) — гораздо более позднее, в словарях — с 1914 г. (СРЯ¹, т. IV, в. 8, с. 2249). ▫ Первоисточник — позднелатин. correspondere (прич. действ. н. вр. correspondens) — «соответствовать друг другу», «соотноситься»; отсюда франц. correspondre — тж. Ср. латин. respondere — «отвечать». На французской почве возникли: correspondant — «корреспондент», correspondance — «корреспонденция». В русском языке, возможно, из голландского (ср. голл. correspondént, correspondéntie) или (одновременно?) из немецкого (ср. нем. Korrespondént, Korrespondénz, korrespondieren).

КОРРО́ЗИЯ, -и, *ж.* — «разрушение, разъедание поверхности твердых тел, напр. металлов, под влиянием физико-химических процессов, механического истирания и под воздействием внешней среды и т. п.». Укр. коро́зія; блр. каро́зія; болг. коро́зия; чеш. korose; польск. korozja. Как спец. термин слово *коррозия* известно в русском языке с начала XX в. (Южаков, Брокгауз — Ефрон, Доп. 1ᴬ). В толковых словарях русского языка — с 1935 г. (Ушаков, 1478). ▫ Ср. нем. Korrosion, *f.*; франц. corrosion, *f.*; англ. corrosion и др. Первоисточник — латин. corrosus, прич. от corrodo — «обгрызаю», «изгрызаю», след. «изгрызенный», «обглоданный»; отсюда средневек. латин. corrosiō — «разъедание» и пр. В русском языке — недавнее заимствование, по фонетическим приметам — из немецкого.

КОРСЕ́Т, -а, *м.* — «широкий эластичный пояс из специальной ткани, позволяющий стягивать талию». *Прил.* корсе́тный, -ая, -ое. Укр. корсе́т, корсе́тний, -а, -е; блр. гарсэ́т, гарсэ́тны, -ая, -ае. Ср. болг. корсе́т; чеш. korset; польск. gorset. В русском языке известно с 1-й четверти XVIII в. («Дело о пожитках ц. Натальи Алексеевны», 1716—1725 гг., 160, 209). В словарях — с 1780 г. (Нордстет, I, 307). Позже — у Пушкина в «Евгении Онегине», гл. II, 1824 г., строфа 33: «*Корсет* носила очень узкій...» (ПСС, VI, 46). ▫ Позднее заимствование из французского. Ср. франц. corset, *m.*; нем. Korsétt, *n.*; англ. corset и др. Источник рас-

КОР

пространения — французский язык, где это слово по происхождению является уменьшительным к corps — «тело», «стан», «корпус». Старшее знач., до XVI в., — «верхняя одежда, покрывающая бюст (корсаж)».

КОРЧЕВА́ТЬ, корчу́ю — «выдирать, извлекать из земли с корнями деревья и пни, расчищая землю для пахоты (или для другой цели)». *Устар.* и *обл.* **корчи́ть** (также **корчи́ть**). Сюда же *обл.* **корче́вье**. Укр. корчува́ти, блр. карчава́ць. Из русского — польск. karczować. Ср. также с.-хорв. кр̀чити; словен. krčiti. В других слав. яз. отс. Ср. в том же знач.: болг. изкореня́вам — «корчую»; чеш. klučiti, dobývati pařezy и т. п. В знач. «расчищать», «корчевать» до XIV—XV вв. употр. глаг. **теребити** (Срезневский, III, 950), но ср. др.-рус. **корчовье** — в зап.-рус. грамоте 1424 г. (ib., I, 1413) при рус. диал. **корчи́** — курск. «выкопанные пни срубленных деревьев» («Опыт», 1852 г., 90), собир. **корчь** (по Далю, I, 779, ряз., курск., но известное и в других местах) — «выкорчеванные пни», «коренья», **корче́вина** (по Далю, пск., твер.) — «один выкорчеванный пень, дерево». Ср. с тем же знач. или со знач. «пень»: чеш. диал. krč; польск. karcz; также с.-хорв. кр̀чевина — «росчисть». ▫ В этимологическом отношении не вполне ясное слово. Глагол, в конечном счете, по-видимому, от собир. **корчь**, откуда *корчевье*. Группа **корчь**, *корча́ [ср. также в говорах бассейна среднего течения Оби: **карча́** — «затонувшее дерево, бревно или пень с корнем», **карча́** — «в воде корень, лесина» и т. п. (Палагина, II, 72—73)], надо полагать, связана с др.-рус. *къ̏рь, рус. диал. **корь**, род. **кря** — «корень» (Даль, II, 771) [см. *корень*]. Основа на славянской почве *kъr̥-k-, где -k- — суф., как в о.-с. *znakъ, *zь̥la-kъ (> ст.-сл. злакъ) и т. п. *Корчевать* находится в каких-то неясных отношениях с диал. **каршева́ть** — «вытаскивать карши́», «очищать реку от каршей». Ср. сиб. карча́ (уп. выше) : ка́рша : ка́рша — «затонувшее цельное (с корнями) дерево», «пень (с корнем) под водой», «лес в воде». Если ударение на *ка́* — вторичное, а *ш* вм. *ч* (по неизвестной причине), то м. б., **ка́рша** относится к той же группе, что и *корчь*, *корчи́*. Но вопрос этот требует дальнейшего изучения.

КОРЧИ́ТЬ, ко́рчу — (чаще *безл.*) «сводить судорогой», «коробить»; «кривляясь, передразнивать кого-л.». *Возвр. ф.* **ко́рчиться**. Ср. *разг.* **ко́рчи**, мн. — «судороги», «спазматическая передёргивание в мышцах». Редко и *ед.* **ко́рча**. В говорах **корчь** (Даль, II, 779). Ср. также арханг. **корче́я** — «лихорадка» (Подвысоцкий, 72). Укр. ко́рчі, *мн.*, ко́рчити(ся); блр. курч, *ед.*, курчыць, курчыцца (под влиянием польской формы). Ср. польск. kurcz (вм. ожидаемого karcz), *ед.*, kurczyć (się). Ср. болг. гъ̀рч, *ед.*, гъ̀рча (се) — «корчу(сь)»; с.-хорв. гр̏ч, *ед.*, гр̏чити (се) — «корчить(ся)», также кр̏чити се — «корчиться»; словен. krč, krčiti (se); чеш. krčiti (se). Др.-рус.

КОС

(с XV в.) **корчитися**, **кърчия** — «кузнец» (Срезневский, I, 1412). Ст.-сл. кръ̑чити, (съ)кръчити *см.* — О.-с. *kъ̥rčiti (sę); корень *kъrk-. Ср. сев.-рус. **корко́та** — «корчи», «судорога» (Даль, II, 773). Сюда же, по-видимому, относится ряз., смол., владим. **корх** — «кулак», «сжатая рука как мера в два вершка» (Даль, II, 778). Ср. также чеш. krkoška — «искривлённая, сучковатая ветвь», «сук». И.-е. база, м. б., *ker-k- (: *kr̥-k-) : *kir-k- (< удвоения *ki-kro-), от корня *(s)ker- — «сгибать», «изгибать», «искривлять», «закручивать» (Pokorny, I, 935). Соответствия не очень убедительны. Ср. греч. κίρκος — «круг», «цирк», «кольцо» (ср. Frisk, II, 19: «совершенно неправдоподобное объяснение»); латин. circus; др.-инд. kr̥kāṭam — «шейный сустав (сгиб)», kr̥kaḥ — «кадык» (Mayrhofer, I, 256 считает их недостаточно выясненными»). Другие языковеды не более уверенно и к тому же, игнорируя фонетические трудности, сопоставляют о.-с. *kъrk- с др.-сканд. hrukka — «морщина», «складка», «морщить». Ср. совр. сканд. с тем же знач., но без начального h- и с назализированной основой: дат. rynke; швед. rynka; кроме того: норв. диал. rukke (: rukle). Исходя из о.-г. *hrenkwan : *wrenkan сюда относят также др.-в.-нем. runza (совр. нем. Runzel) — «морщина». См. Falk — Torp², II, 927; Kluge¹⁰, 402. К сожалению, эта германская группа [англ. ruck(le) — «морщина», **морщить** из скандинавских языков] в этимологическом отношении также не ясна.

КОРЬ, -и, *ж.* — «заразная, гл. обр. детская болезнь, сопровождающаяся лихорадкой, воспалением слизистых оболочек глаз и дыхательных путей и крупнопятнистой сыпью, а в период т. наз. обратного развития — появлением на месте сыпи бурой окраски кожи (пигментацией) и шелушением». В говорах корь называют также **кора** (вост.-сиб.), **кори́ха** (пошех.-волод. — Копорский, 129), также **корю́ха**, **корю́шки** (Даль, II, 780). Укр. кір, род. ко́ру. Ср. польск. kur — «корь» (обычно — odra), от корня *dьr-, ср. рус. *драть*; ср. блр. **адзёр** — «корь». В других слав. яз. также отс. Ср. в том же знач.: болг. дре́бна ша́рка; чеш. spalničky. Слово **корь** известно с XVIII в. (Поликарпов, 1704 г., 153). ▫ Очевидно, от **кора**. Ср. рус. диал. **коре́ть** — «кожанеть», «скоруняуть; оболокаясь корою» (Даль, II, 770). Ср. от того же корня *корявый*. И в других языках наименование этой болезни часто происходит от названия его признаков. Ср. франц. rougeole (< нар.-латин. *rubeola), от rouge (< латин. rubeus) — «красный»; нем. Masern, *pl.* [при Maser, *f.* — бот. «наплыв», «прожилка» (в древесине)].

КОСА́, -ы́, *ж.* — «заплетённые в виде жгута длинные волосы». Укр. коса́; блр. каса́; болг. коса́ — «волосы»; с.-хорв. ко̀са — «волосы». Но в других совр. слав. яз. это значение обычно выражается иначе: словен. lasje; чеш. сор (при ст.-чеш. kosa); польск. warkocz, устар. kosa (włosów) — тж. и «(лошадиная) грива». Др.-рус. коса встр.

КОС

в «Хожении» Аф. Никитина (XV в.) [Срезневский, Доп., 144]. ▫ О.-с. *kosa. Ср. лит. kasà, f. — «коса»; латыш. kasa — тж., др.-исл. haddr, m. (< *hazdaz) — поэт. «женские волосы»; совр. исл. haddur — тж.; др.-англ. heord (< hezdā) — тж.; греч. κεσκέον (с удвоением корня *kes-) — «очески», «пакля». Корень тот же, что в *чесать* (см.), *космы*. См. также *касаться*. И.-е. корень: *kes- (: *kos-) — «чесать», «причесывать» (Pokorny, I, 585).

КО́СВЕННЫЙ, -ая, -ое — «направленный, расположенный под некоторым углом, не прямо», «косой»; «непрямой», «побочный». Ср. болг. ко́свен, -а, -о. В других слав. яз. отс. Ср. в том же знач.: укр. посере́дній, -я, -є, непрями́й, -а́, -є́, скісни́й, -а́, -є́; блр. ускосьны, -ая, -ае; польск. pośredni, -ia, -ie, uboczny, -a, -e. Слово известно в русском языке — по словарям — с 1704 г. (Поликарпов, 153). ▫ Производное (искусственно-книжное) от *косой* (см.) с суф. *-в-ен-н-*. Ср. *неприкоснове́нный*, *проникнове́нный*; также *коже́венный*.

КОСМЕ́ТИКА, -и, ж. — «средства ухода за лицом, за кожей лица и тела, применяемые с целью гигиены или для придания красоты»; «искусство приготовления и применения этих средств». *Прил.* косметический, -ая, -ое. Укр. косме́тика, косметичний, -а, -е; блр. касметыка, касметы́чны, -ая, -ае. Ср. болг. козме́тика, козметичен, -чна, -чно; с.-хорв. козмѐтика, козмѐтички, -а̄, -о̄; чеш. kosmetika, kosmetický, -á, -é; польск. kosmetyka, kosmetyczny, -a, -e. В русском языке в словарях *косметика* отм. с 1804 г. (Яновский, II, 416), *косметический* — с 1837 г. (Ренофанц, 136). ▫ Заимствовано (судя по времени заимствования) из французского языка. Ср. франц. cosmétique. Из франц.: англ. cosmetic (s=z); нем. Kosmétik и др. Во французском языке это слово, известное там с XVI в., восходит к греч. прил. κοσμητικός — «приводящий в порядок», «придающий красивый вид», к κόσμος — первоначально «порядок», «надлежащий вид», «порядок вещей», также «украшение», «краса», «слава». См. *космос*.

КОСМОНА́ВТ, -а, м. — «человек (исследователь, пассажир, член экипажа), совершающий полет в космическое пространство». Отсюда *космона́втика* — «теория и практика полетов в космос». Слово *космонавтика* в русском языке вошло в употр. несколько раньше, чем *космонавт*: *космонавтика* отм. в словарях с 1958 г. (СРЯ², II, 145). Слово же *космонавт* вошло в широкое употр. с 12-IV-1961 г., после первого полета человека в космическое пространство — полета Ю. А. Гагарина. Любопытно, однако, что Ожегов в 4-м изд. словаря, вышедшем в свет в конце 1960 г. (292), отметил это слово с таким определением: «тот, кто будет совершать полеты в космос». До этого в том же знач. употр. слова *астронавт* и *астронавтика*. ▫ По образцу этих слов на базе слова *космос* (см.) и были созданы слова *космонавт*, *космонавтика*. Второй частью сложения являются греч. ναύτης, m. — «мореход», «моряк», «матрос», «спутник», прил. ναυτικός — «мореходный», откуда ναυτική, f. — «искусство мореплавания», «кораблевождение». В русском языке *-навт*, *-навтик-а*, видимо, начинают утрачивать свое исходное значение (какое эти основы имели в греч. языке) и превращаются в подобие служебных частей слова, вызывающих представление о «плавании» (*-навт*) и о науке или искусстве плавания (*-навтика*). Ср. недавнее новое образование в этом роде *аква-навт* — «исследователь морских глубин, морского дна» и т. п. («Правда», от 26-X-1966 г.). Первая часть сложения восходит к латин. aqua — «вода».

КО́СМОС, -а, м. — «мир, вселенная». *Прил.* косми́ческий, -ая, -ое. Укр. ко́смос, космі́чний, -а, -е; блр. ко́смас, касмі́чны, -ая, -ае; болг. ко́смос, косми́чески, -а, -о, косми́чен, -чна, -чно; чеш. kosmos, kosmický, -á, -é; польск. kosmos, kosmiczny, -a, -e. Слово *космос* входит в употр. в русском языке (как и на Западе) со 2-й четверти XIX в. Ср., напр. у Герцена в ст. «Публичные чтения г-на профессора Рулье», 1845 г.: «А. Гумбольд... имеют оглавление в оконченному тому под названием „Космос"» (ПСС, II, 144); в ст. «Московитянин и вселенная», 1845 г.: «имеют *космическое* значение» (ib., 138). В словарях *космос* — с 1861 г. (ПСИС, 253). Тогда как *космография* — с 1780 г. (Нордстет, I, 308), *космогония*, *космология*, *космополит*, а также прил. *космический* в словарях отм. с 1804 г. (Яновский, II, 417—419). ▫ Первоисточник — греч. κόσμος — «строение», «порядок», «устройство», «мировой порядок», «небо» (ср. κοσμέω — «строю», «располагаю в порядке» и т. п.). В др.-рус. языке греч. κόσμος переводится словами «красота», «мир», «свет» (Хр. Г. Ам. — Истрин, III, 110). В XVIII в. понятие «космос» выражалось словами «система мира», «система света», «созвездие» и др. ▫ Ср. франц. cosmos; англ. cosmos; нем. Kosmos и т. д. В русском языке — из западноевропейских.

КОСО́Й, -а́я, -о́е — «расположенный, направляющийся под углом», «не прямой», «искривлённый»; «косоглазый». *Кр. ф.* кос, коса́, ко́со. *Нареч.* ко́со. В отношении ударения ср. раско́сый. *Глаг.* коси́ть(ся). Укр. ко́сий, -а, -е (также скісни́й, -а́, -є́), коси́ти, ко́со; блр. ко́сы, -ая, -ае, касі́ць, ко́са. Ср. с.-хорв. ко̑с(ӣ), -а̄, -о̄, ко̀сити, ко̀со; чеш. устар. kosý, -á, -é (обычно šikmý, -á, -é); редко kositi oči; словац. устар. kosý, -á, -é; польск. устар. kosy, -a, -e (чаще ukośny, skośny, pochyły, -a, -e; ср. zezować — «косить»); в.-луж. kosy, -a, -e — «косой», «поперечный»; н.-луж. nakosny, -a, -e. Болг. кос, -а, -о — из русского. Ср. в том же знач.: болг. полега́т, -а, -о, крив, -а, -о, накло́нен, -а, -о; словен. poševen, -vna, -vno. Знач. «косоглазый» только в русском. В письменных памятниках обнаруживается поздно, с конца XVI в. (Срезневский, I, 1299 и Доп., 144: *косый*).

▫ Произв. (возможно, с о.-с. поры) от *коса* в знач. «длинный кривой нож», «орудие косьбы». По предположению Махека (Machek, ES, 225) знач. «косой» развилось в связи с тем, что твердые предметы, напр., п р у т ь я, для облегчения труда обыкновенно режутся, пересекаются не под прямым углом поперек, а наискось.

КОСТЫ́ЛЬ, -я́, м. — «палка со специальным приспособлением на уровне подмышек и поперечиной для опоры кисти руки»; «клюка», «посох», «трость». *Глаг.* костыля́ть, накостыля́ть. Ср. укр. ко́стур — тж. (< польск. kostur, kosztur), также мі́лиця; ср. блр. мы́ліца; польск. kula. Слово *костыль* в русском языке известно с XVIII в. Отм. в «Рукоп. лексиконе» 1-й пол. XVIII в.: *костыль* — «татарск. посох» (Аверьянова, 150), а также в «Мат. к Рос. гр.» Ломоносова, 1747—1755 г. (ПСС, VII, 712). Но фамилия *Костылев* встр. с XV—XVI вв. (1500 г. — Тупиков, 594). ▫ Знач. «палка» (для опоры), «посох» — более раннее. По-видимому, названо по рукояти, по костяному набалдашнику (Преображенский, I, 368). От *кость*. Ср. польск. koścień, kościan — «трость из слоновой кости» (Дубровский, 197). Суф. -ыл-ь, тот же, что в *мотыль, мотыля́*.

КОСТЮ́М, -а, м. — 1) «верхняя одежда, обычно из одного отреза, мужская (пиджак, брюки, иногда и жилет) или дамская (жакет и юбка)»; 2) «одежда, платье»; «театральная, маскарадная одежда». *Прил.* костю́мный, -ая, -ое. Укр. костю́м, костю́мний, -а, -е; блр. касцю́м (также гарніту́р), касцю́мны, -ая, -ае; болг. костю́м; с.-хорв. kòstīm; чеш. kostym (гл. обр. театральный; «мужской костюм» — oblek), kostymový, -á, -é; польск. kostium — «дамский костюм» («мужской костюм» — garnitur; «театральный костюм» — также ubiór), kostiumowy, -a, -e. В русском языке — в словарях — с 1804 г. (Яновский, II, 420). Встр. в письмах Кутузова (письмо 1799 г. — Переписка, № 7, с. 22). Сначала употр. с общим знач. «одежда вообще», в частности «театральная, маскарадная одежда» и пр. Так еще у Даля (II, 1865 г., 785). Там же впервые *костюмный*, но лишь в выражении *костюмный класс* — т. е. «...рисуют с живых людей в разных одеждах». ▫ Ср. франц. costume, *т.* [в совр. знач. — с 1798 г. (Dauzat[11], 210) или с 1809 г. (Bloch — Wartburg[2], 154)]. В знач. «местный колорит» (в частности, в одежде), в искусстве это слово было известно в 1-й пол. XVIII в. > нем. Kostüm; англ. costume и др. Франц. costume из итальянского. Ср. ит. costume — собств. «быт», «обыкновение», «нравы», позже «платье», «костюм (пара)», по происхождению связанное с латин. consuētūdo — «привычка», «обыкновение», «обычай».

КОТ, -а́, м. — «самец кошки, домашнее плотоядное животное, отличающееся круглой формой головы, гибким телом, с шерстью более или менее пушистой, с острыми втяжными когтями на лапах», Felis catus. *Прил. редк.* кото́вий, -ья, -ье, [от *кошка* (см.)] коша́чий, -ья, -ье. Укр. кіт, род. кота́, котя́чий, -а, -е; блр. кот, род. ката́, каці́ны, -ая, -ае. Ср. болг. кота́к, котара́к, ко́тешки, -а, -о; польск. kot, koci, -ia, -ie; в.-луж. kocor — «кот», koči, -a, -e; н.-луж. kot. Ср. полаб. k'üöta : k'üöto — «кошка» (Rost, 396); чеш. kocour (ст.-чеш. kot), kočičí — «кошачий» (от kočka — «кошка»). Ср. словац. mačka — «кошка»; с.-хорв. ма́чак — «кот»; словен. mačeh — «кот». Др.-рус. котъ [Срезневский (I, 1303) не дает примеров], *котъка* — «кошка» (Пов. вр. л. под 6604 г. — там же). ▫ О.-с. *kotъ. По-видимому, одно из ранних заимствований из латинского языка. Ср. латин. cattus (> ит. gatto; исп. gato; франц. chat и др.), позднелатин. catta. Но слово это, вообще широко распространенное в Европе, известно также на Кавказе, на Ближнем Востоке, в Африке с давнего времени. Ср. лит. katė — «кошка» при kātinas — «кот»; латыш. kaķe, kaķis — «кошка»; др.-прус. pausto catto — «дикая кошка»; нем. Katze — «кошка» [др.-в.-нем. kazza (< позднелатин. catta)]; ср. Kater — «кот»; англ. cat — «кошка» (ср. tom-cat — «кот»); дат. kat — «кошка»; швед. katt — тж.; ирл. cat — «кошка»; новогреч. γάτος — «кот», γάτα — «кошка» и нек. др. Осет. гæды; арм. katu (: k'at'u) и нек. др. В неиндоевропейских языках: груз. k'at'a; турец. kedi — «кошка»; араб. quitt — «кот» (Wehr[2], 689) и др. В европейских языках, в конечном счете, из латинского. Латин. cattus, позже catta, как полагают, восходит к нубийск. kadīs [родиной кошки, особенно домашней, считается Африка, Нубия (ныне Судан), Египет]. Из Африки кошка и ее наименование получили распространение и в других странах.

КОТЁЛ, -тла́, м. — «большой металлический сосуд, посудина с округлым дном для нагревания воды и варки пищи»; «закрытый сосуд для превращения воды в пар». *Прил.* коте́льный, -ая, -ое. Укр. коте́л, коте́льний, -а, -е; блр. кацёл, кацёльны, -ая, -ае; болг. котёл; с.-хорв. ко̀тао, ко̀тлов, -а, -о; словен. kotel; чеш. kotel, kotlový, -á, -é; словац. kotol; польск. kocioł, kotłowy, -a, -e и др. Др.-рус. (с XI в.) и ст.-сл. котьлъ : котълъ (Срезневский, I, 1304; Кочин, 159). Прил. котел(ь)ный известно с XVI в. (Срезневский, Доп. 144). ▫ О.-с. *kotьlъ (: kotъlъ?). Отсюда (или из германских языков) лит. kātilas — тж. Старое (о.-с.) заимствование, скорее (судя по значению) из готского, чем прямо из латинского языка. Ср. гот. katils — тж. [др.-сканд. ketill (дат. kedel; швед. kittel, kettel); др.-в.-нем. keʒʒil (совр. нем. Kessel); из сканд. яз. — англ. kettle]. Первоисточник — латин. catillus — «блюдечко», «тарелочка», уменьш. от catinus — «глиняная чаша», «миска», а также «плавильный тигель».

КОТЛЕ́ТА, -ы, ж. — «кушанье, гл. обр. мясное, из молотого или рубленого мяса в форме овальной лепешки, поджаренной на масле или паровой». *Прил.* котле́тный, -ая, -ое. Укр. котле́та, котле́тний, -а, -е; блр. катле́та, катле́тны, -ая, -ае. Ср.

болг. **котлéт** — «отбивная котлета с косточкой» [ср. **пържóла** — «отбивная котлета», **кюфтé** — «рубленая котлета» < турец. köfte — «биточки» при kotlet — «котлета»; с.-хорв. **(прженo) ћуфте** при **кòтлет** — «отбивная котлета»; между прочим, из турец. köfte, в конечном счете, и рус. *тефтели*]; чеш. kotleta; польск. kotlet. В русском языке известно с Петровского времени. Ср. в «Архиве» Куракина (III, 221, 1711 г.): «*кутлеты бараньи*». ▫ Ср. франц. côtelette, *f.* — «отбивная котлета с косточкой» (ср. côte — «ребро»; отсюда entrecôte) > нем. Kotelette, *f.* и Kotelett, *n.*; англ. cutlet и др., но исп. chuleta; ср. ит. costoletta — «отбивная котлета с косточкой», от costa — «ребро», costale — «реберный». Первоисточник основы слова в романских языках — латин. costa — «ребро». В русском языке, м. б., непосредственно из французского.

КОТÓРЫЙ, -ая, -ое, *мест.* — 1) *вопросит.* «который, какой из нескольких», «который, какой именно», «какой по порядку, по счету»; 2) *относит.* соединяет определительное или дополнительное придаточные предложения с главным и указывает на предмет, о котором говорится в главном предложении; 3) *неопред., разг.* «некоторый». Укр. **котрий**, -á, -é — тж.; блр. **каторы**, -ая, -ае — тж.; словен. kateri, -a, -o — вопросит., относит. мест.; чеш. který, -á, -é — тж.; польск. który, -a, -e — тж.; в.-луж. kotry, -a, -e — вопросит., kotryž — относит., н.-луж. kotary, -a, -e, kotry, -a, -e. В совр. болг. это мест. в форме **котри**, -á, -ó: **кутри**, -á, -ó как вопросит. только в говорах (Младенов, ЕПР, 253, 264). В с.-хорв. отс. Др.-рус. (с XI в.) и ст.-сл. **который : котерый** (Срезневский, I, 1299—1303). ▫ О.-с. *koterъjь, -aja, -oje > *kotorъjь, -aja, -oje. И.-е. основа *kᵘo-ter(o)- (Pokorny, I, 645). Ср. лит. katràs — «который из двух», в говорах также «который», в вост.-лит. также kataràs; латыш. katrs, katars — «каждый», «всякий» (в говорах и «который из двух», «который»); гот. haþar — «кто, который из обоих, из двух»; др.-в.-нем. hwedar — тж.; др.-англ. hwœþer — тж.; греч. πότερος (с π из и.-е. kᵘ), ион. κότερος — «который из обоих»; авест. katārō — тж., «кто из двух»; др.-инд. kataráḥ — тж. И.-е. суф. *-ter(o)- по происхождению суф. ср. ст., на русской почве представлен в форме -tor(o)-. Корень же *kᵘo-, тот же, что о.-с. *kъ- в *kъto, *kakъ.

КÓФЕ, *нескл., м.* — 1) «похожие на бобы зерна (семена) тропического, вечнозеленого т. наз. кофейного дерева, Coffea (arabica)»; 2) «напиток, приготовленный из этих зерен». В говорах иногда **кофь** (арханг., холмог. — Грандилевский, 178), **кóхвай, кóхвий** (донск. — Миртов, 148). *Прил.* **кофéйный**, -ая, -ое, отсюда **кофéйня, кофéйник**. Укр. **кóфе, кофéйний**, -а, -е; блр. **кóфе, кафéйны**, -ая, -ае; болг. **кафé, кафéен**, -а, -о, **кафéн**, -а, -о, **кафи́в**, -а, -о (ср. кафенé — «кофейня»); с.-хорв. **кàфа, кафéни**, -ā, -ō (ср. [кафàна — «кофейня»]; чеш. káva, kávový, -á, -é (ср. kafírna — «кофейня»); польск. kawa, kawowy, -a, -e (ср. kawiarnia — «кофейня»). В словарях *кофе* отм. с 1762 г. (Литхен, 285), но вошло в употр. (в форме *кофе, кафе*, чаще *кофий, кофей*) с Петровского времени. Напр., в «Архиве» Куракина (I, 120, 1705 г.): «*пьют и чай и кофе*»; *кофий* — в «Уставе морск. Тариф», 1724 г., 5. Ср. в СВАБ, II, 150, 1723 г.: «*в кофейной ящик для кофи и чаю*». Иногда *кафе* (ИКИ, 130, 1733 г.; 243, 1734 г.). ▫ Первоисточник — араб. qahwa — «кофе»; ср. qahāwī — «кафе» (Wehr², 708). Отсюда: турец. kahve — «кофе» и «кафе»; афг. kahbā и др. Из турецкого: ит. caffè, *m.*; исп. café, *m.* Из итальянского: франц. café, *m.* > нем. Káfee, *m.* и пр. Из Европы — кит. кафэй и др. В русском языке *кофе* восходит, вероятно, к голл. koffie — «кофе». Ср. также англ. coffee — тж.

КÓФТА, -ы, *ж.* — «короткая, легкая женская одежда для верхней части тела до бедер». *Прост.* и в говорах также «короткое женское пальто» (Миртов, 148). *Прил.* **кóфточный**, -ая, -ое. Укр., блр. **кóфта**. Ср. польск. kaftan — «кофта» (и «кафтан»). Ср. в том же знач.: болг. **блу́за**; с.-хорв. **блу́за, рéкла**; чеш. blůza. В русском языке слово *кофта* известно, по-видимому, с XVIII в. В словарях отм. с 1792 г. (САР¹, III, 883). ▫ Слово восточного происхождения, причем история его связана с историей слова *кафтан: кофтан*. Ср. турец. kaftan — «верхняя одежда», «халат» (откуда оно и во многих европейских языках) < перс. хäфтан — «куртка, кафтан на вате (надевавшийся под воинские доспехи)» (Б. Миллер, 195). Переделка *кофтáн > кóфта* на русской почве могла быть вызвана стремлением отмежевать название мужской долгополой одежды от названия женской короткой. Ср., кстати, у Даля: **кóфтанник**, ряз. — «к о ф т о ч н ы й портной» (II, 714), в отличие от **кафтáнник** (ib., 714, 787). Форма на -а (*кофта*) могла возникнуть под влиянием *рубаха, шуба, сорочка* и т. п. Что касается диал. н.-нем. kuft — «верхняя одежда из грубого, ворсистого материала»; норв. kufte — «куртка», «стеганка», «кофта»; швед. kofta — «кофта», диал. «кафтан»; дат. kofte — «кофта», «фуфайка», то происхождение этих слов в северно-германских языках не вполне ясно. Допустимо, однако, думать, что и они восходят к рус. *кофта*, как и некоторые другие слова, заимствованные из русского языка. Фальк и Торп (Falk—Torp², II, 590) о такой возможности умалчивают, связывая эти слова со швед. kaftan: koftan — «кафтан», «одеяние священника», и, кажется, возводя его непосредственно к турец. kaftan.

КОЧÁН, -á, *м.* — «головка, съедобная часть капусты, состоящая из стебля (кочерыжки) и плотно облегающих друг друга листьев», «вилок». *Прил.* **кочáнный**, -ая, -ое. Укр. **качáн, качáнний**, -а, -е; блр. **качáн, качáнны**, -ая, -ае. Ср. болг. **кочáн** — «корешок», «кочерыжка»; с.-хорв. **кòчањ** —

КОЧ

«кочерыжка»; словен. kocen (с=ц) — тж. В совр. зап.-слав. языках очень редкое. Едва ли сюда относится польск. (диал.?) kocanek, *мн.* kocanki : cocenki — название растения «кошачья лапка», Antennaria («кочан» — główka kapusty). В древнерусских памятниках письменности известно лишь единичное кочаны и только в знач. «penis», «membrum virile» в Хр. Г. Ам. (Срезневский, I, 1305; Истрин, III, 251). Знач. «корень, стебель капусты» > «головка капусты, вилок» — более поздние. С совр. знач. *кочень* отм. в словарях с 1762 г. (Литхен, 264), *кочан* — с 1771 г. (РЦ, 235). Вообще же *кочан* (без указания знач.) отмечалось и раньше. Ср. *кочан, кочень* в «Рукоп. лексиконе» 1-й пол. XVIII в. (Аверьянова, 151). □ Слово неясное и спорное в этимологическом отношении. Исходя из старшего знач. как основного, связывают (Falk—Torg², I, 447) это слово (м. б., из о.-с. *kokjanъ) с нем. hecken — «порождать», «производить», «высиживать (выводить) птенцов», Hecke — «высиживание», «выводок птенцов», дат. hǽkke; норв. hekke — «нестись (о птицах)», «высиживать птенцов»; англ. hatch — «высиживать (цыплят)»; ср. в.-нем. hagen — «племенной бык» и нек. другие слова, относящиеся к о.-г. корневому гнезду *hag- : *hak(k)- (ch из и.-е. k) — «производить», «размножать». Развитие знач. на славянской почве: «membrum virile» > «кочерыжка», «твердый стебель капусты, кукурузы» > «вилок капусты». Этимология эта не безупречна [не столько, впрочем, в семасиологическом отношении, сколько в фонетическом (словенское с=ц и нек. др.)]. Но другие объяснения еще менее убедительны. См. *коченеть, кочерыжка*.

КОЧЕВАТЬ, кочу́ю — (о племенах, о народностях) «вести неоседлый образ жизни, передвигаться всей семьей с жильем и имуществом с места на место»; (об отдельных людях) «вести бродячую жизнь, переходя, переезжая с места на место». Сюда же (от основы *кочев-*) **кочевой, кочевбой, -а́я, -ое, кочевник**. Укр. **кочуваті, кочовище, кочі́вля, кочівни́к**; блр. **качаваць, качавы́, -ая, -ое, качэуе, качэунік**. Ср. чеш. kočovati, kočovný, -á, -é, kočovník; словац. kočovať, kočovný, -á, -é, kočovník; польск. koczować, koczowisko, koczowniczy, -a, -e, koczownik; словен. kočevati, kočevnik. В болг. отс., ср. в том же знач. **скитам се и чергарувам** (при **чергар** — «кочевник»). Неоднократно встр. в Никон. л. под 6888 (1380) г. в «Повести полезной о Куликовской битве: (о Мамае) «и ту ста... *кочюя*», «Мамай *кочюетъ* на Воронежѣ» и др. (ПСРЛ, XI—XII, 47). Другие примеры см. Срезневский, I, 1305. Там же **кочевище**, XVI в. Позже — *кочевье* («Сиб. л.», 351). □ Корень *коч-* — старое заимствование из тюркских языков. Ср. у Махмуда Кашгарского (XI в.): köčürmäk — «увозить», «перевозить» (Brockelmann, 110); ср. также Малов, 395: köč- — «уезжать», «переселяться», köčür- — «перевозить»; Gabain, 315 : köčür- «nomadisieren (кочевать)».

КОЧ

В совр. тюркских языках: азерб., уйг. **көчмәк** — «кочевать»; кирг. **көч-** — тж., **көч** — «кочевка»; узб. **кўчмоқ** — «кочевать», **кўчманчи** — «кочевник»; казах. **көшу** — «кочевать» и др. Но туркм. **гөчмек** — «кочевать»; турец. göç — «переезд», «переселение», göçmek — «переселяться», «кочевать» и др. Также Радлов, II : 2, 1287: көч- «перекочевать», «переселиться» (алт., телеут., лебед., таран., кара-кирг., уйг. и др.). По словам Дмитриева (27), заимствование «произошло в степях Приднепровья, Причерноморья или, наконец, Приуралья».

КОЧЕГА́Р, -а, *м.* — «рабочий-истопник, обслуживающий топку парового котла (напр., на паровозе, на заводе)». *Прил.* **кочега́рный, -ая, -ое**, отсюда **кочега́рка**. Укр. **кочега́р, кочега́рний, -а, -е, кочега́рка**; блр. **качага́р, качага́ры, -ая, -ае**. В других слав. яз: отс. Ср. болг. **огня́р** — «кочегар»; с.-хорв. **ло́жач**; чеш. topič; польск. palacz (на паровозе), kotłowy (на заводе). Сравнительно позднее слово, вошедшее в русский язык лишь в XIX в. Ранний пример — в комедии Шаховского «Пустодомы», 1820 г., д. 1, явл. 4: «От Ваньки *кочегара* / Я слышал...» (Ком., 366). В словарях — с 1847 г. (СЦСРЯ, II, 213); *кочегарный* — с 1865 г. (Даль, II, 788); *кочегарка* — с 1914 г. (СРЯ¹, т. IV, в. 8, с. 2509). □ По всей видимости, из *кочергар с суф. -ар, как было объяснено Желтовым в 1879 г. (ФЗ, кн. 4, с. 44). Ср. *гончар* из *гърньчаръ*.

КОЧЕНЕ́ТЬ, коченею — «застывать, замерзать до потери способности передвигаться, до потери чувствительности», «костенеть». Ср. с.-хорв. **ко́чити се** — тж. Ср. в том же знач.: укр. **кля́кнути, дубіти**; блр. **кале́ць, дубе́ць**. Ср. болг. **вкоча́нясвам, вкоченясвам** (при **вкочаня́ се, вкочаня́сам**); чеш. křehnouti, tuhnouti; польск. drętwieć z zimna, kostnieć и т. д. Слово позднее. В словарях — лишь с 1792 г. (САР¹, III, 884). □ Старшее знач., по-видимому, «твердеть», «становиться твердым». Если так, то, очевидно, от *кочан* в его старшем знач. «membrum virile». См. *кочан*.

КОЧЕРГА́, -и́, *ж.* — «железный длинный прут с загнутым концом, употребляемый для перемешивания топлива в печи, для сгребания жара и т. п.». Укр. **кочерга́** (и **коцюба́**); блр. **качарга́**. В других слав. яз. отс. Ср. болг. **ръжён** («кочерга»; с.-хорв. **жа́рач** — тж.; чеш. pohrabáč; польск. pogrzebacz (koczerga — из украинского). В русском языке слово *кочерга* известно с XVII в. Ср. в Описи Моск. Печ. двора 1649 г. (ЧОИДР, 1887 г., кн. 4, с. 11): «*кочерга железная*» в «Описи Семеновского двора», 1708 г. (ПбПВ, VIII, в. 2, 437). В словарях отм. с 1731 г.: Вейсман, 455. □ Можно полагать, из *кочерка́, а это результат контаминации рус. диал. *кочера* «коряга» (Даль, II, 788) и *клюка́*. Изменение *рк* > *рг* такое же, как в *четверг* (< *четверк* < *четвьртъкъ*). Что касается рус. диал. **кочера́**

КОЧ

(с суф. *-ер-а*), то оно этимологически связано с *кокора* (с суф. *-ор-а*) — «дерево с корнем клюкою» (Даль, II, 746). Ср. болг. чéкор (из кочер?) — «сук». Основа, возможно, та же, что в слове *корень* (см.). Начальное *ко-* в *кокора* — м. б., неполное повторение основы (корня) *kor-, как в *пепел* < *попелъ* корня *pel- (при лит. pelenaĩ — тж.).

КОЧЕРЫ́ЖКА, -и, ж. — «хрящеватый стебель кочанной капусты». Кочеры́га — тж. В говорах: кóчень (напр. в Сибири). Ср. в том же знач.: укр., блр. качáн; болг. качáн (на зéлка); с.-хорв. кòчāњ; словен. kocen; чеш. košťál; польск. głąb и др. В русском языке известно с XVIII в. Вейсман, 1731 г., 606: *кочерышка*. ▫ Видимо, позднее слово. Сначала знач. «кочерыжка» выражалось словом *кочан* (см.). Можно полагать, из *коча́ныга : *коче́ныга, *кочаны́жка : *кочены́жка, вследствие межслогового диссимиляции, особенно в соседстве с *н* в следующем слоге в таких словах, как *коченыжный*, *коченыжник* (ср. у Даля, II, 788: *кочерыжник* — «любитель сырых кочерыжек»).

КÓШКА, -и, ж. — «самка кота». *Прил.* коша́чий, -ья, -ье и кóшечий, -ья, -ье. Укр. кíшка, котя́чий, -а, -е (от *кот*); блр. кóшка, кашáчи, -а, -е. Ср. болг. кóтка, кóтешки, -а, -о; чеш. kočka, прил. kočičí; польск. kotka; в.-луж. kóćka; н.-луж. kocka, kocycka. Ср. с.-хорв. мáчка — тж.; словен., словац. mačka. Др.-рус. кошка (Феодосий Печ. по сп. XIV в. и др.); раньше появилось котъка (Пов. вр. л. под 6604 г.) [Срезневский, I, 1303, 1307; Кочин, 159]. Прил. *кошечий* — гораздо более позднее слово. В словарях — с 1731 г. (Вейсман, 329: *кошечьи глаза* — «Katzenaugen»). ▫ Др.-рус. *кошка* из *кочка* < *кочька* (как *клюшка* из *ключка*). Но откуда *кочька*? Едва ли можно возводить к *коча* из о.-с. *kotja (ср. н.-луж. kocka, но в.-луж. kóćka; чеш. kočka, где č не мог получиться из tj). Кроме того, слово было заимствовано славянами не раньше IV-V вв., когда общеславянские переживания в языке уже не были столь устойчивы, как раньше. Махек (Machek, ES, 211) полагает, что в чеш. kočka č под влиянием mačka — тж. В древнерусском форма *кочка* возникла вм. о.-с. *kotъka, м. б., под влиянием ласкательных образований на *-ьк-а* от сущ. с основой на *к* (> *ц* < *ч*) типа рус. *собачка*, *овечка* (< *овьчька*, от о.-с. *ovьca* < *ŏvĭka*).

КОШМÁР, -а, м. — «тяжелый сон, сопровождающийся гнетущими сновидениями и удушьем». *Прил.* кошмáрный, -ая, -ое. Укр. кошмáр, кошмáрний, -а, -е; блр. кашмáр, кашмáрны, -ая, -ае; болг. кошмáр, кошмáрен, -рна, -рно; польск. koszmar. Из русского: чеш. košmár, košmárný, -á, -é. В русском языке слово *кошмар* известно со 2-й четверти XIX в. Встр. в повести Гоголя «Портрет», 1835 г.: «давленье ли кошмара или домового, бред ли горячки» (ПСС, III, 91). Прил. *кошмарный* вошло в обращение значительно позже; ср. у Чехова в рассказе «Тиф», 1887 г.: «тяжелая, *кошмарная* лень... овладела им» (СС, V, 140). ▫ Слово французское. Ср. франц. cauchemare, *m.*, известное с конца XVI в., сложное по составу (из повелит. н. от ст.-франц. caucher — «топтать», «давить», «мять» и вышедшего из употребления mare — «разновидность, род вампира» (< средневек. голл. mare — «ночной призрак»; ср. нем. Mahr — «кошмар»).

КРАБ, -а, м. — «морской короткохвостый рак», «морское ракообразное десятиногое животное». *Прил.* кра́бовый, -ая, -ое. Укр., блр., болг. краб; с.-хорв. крáба, ж.; чеш., польск. krab. В словарях — с 1861 г. (ПСИС, 254). Но слово это, конечно, было известно и раньше, с конца XVIII в. См. Левшин, СП, IV, 1797 г., 437. ▫ Слово, возможно, северогерманского, скорее всего голландского происхождения. Ср. голл. krab, *f.* и krabbe, *f.*; нем. Krabbe, *f.* (ср. krabbeln — «ползать», «карабкаться»); дат. krabbe; швед. krabba; исл. и др.-сканд. krabbi (ср. исл. krabba — «рыться», «копаться»). Из голландского — франц. crabe, *m.* В германских языках, оно, возможно, родственно с названием рака. Ср. голл. kreeft, *m.* — «рак»; нем. Krebs, *m.* тж. Впрочем, на германской почве этимология этого слова не совсем ясна. В русский язык слово *краб* могло попасть из французского (о чем косвенно свидетельствует форма рода).

КРАЙ, -я, м. — 1) «предельная линия, до которой что-л. простирается», «конец»; 2) «страна», «область», «местность»; 3) «административно-территориальная единица». *Прил.* (к *край* в 1 знач.) крáйний, -яя, -ее, (к *край* в 1 и 3 знач.) краевóй, -áя, -óе. Укр. край, крáйнiй, -я, -е, крайови́й, -á, -é; блр. край, крáйнi, -яя, -яе, краявы́, -áя, -óе. Ср. болг. край, крáен, -йна, -йно; с.-хорв. крâj, крájњи, -ā, -ē (ср. пòкрајӣнскӣ, -ā, -ō — «краевой»); словен. kraj (наряду с rob и др.), krajen, -jna, -jno, krajeven, -vna, -vno — «местный», «краевой» (ср. skrajen, -jna, -jno — «крайний»); чеш. kraj, krajní — «крайний», krajský, -á, -é; krajinský, -á, -ó — «краевой», «местный»; словац. kraj, krajný, -á, -é, krajský, -á, -é; польск. kraj — «страна», «местность», «отечество» (ср. skraj, kraniec — «предел»), krajowy, -a, -e — «отечественный», «национальный» (ср. krańcowy, -a, -e — «крайний»); в.-луж. kraj — «страна», «местность», прил. krajowy, krajny, -a, -e, krajski, -a, -e; н.-луж. kraj — «край», «страна», «местность», krajny, -a, -e — «краевой». Др.-рус. (с XI в.) край — «предел», «берег», «страна», крайний (с XIII в.), крайный (с XIV в.) — «предельный» (Срезневский, I, 1311-1312). Ст.-сл. краи — «край», «конец», «берег» (SJS, II : 15, 59). ▫ О.-с. *krajь. Корень *kraj- (< *krōj-), тот же, что (в абляуте) в о.-с. *krojiti; о.-с. *kraj- первоначально о-основа. Старшее знач., вероятно, «место отреза или разрыва» > «грань», «предел». И.-е. корень *(s)ker- [: *(s)krē- : *(s)krō- — «резать», «разрезать», «отделять»; база *(s)krěi- : *(s)krī- (Pokorny, I, 945—946). Данные из других и.-е. языков см. в ст. кроить.

КРАМО́ЛА, -ы, *ж.*, устар. — «противоправительственный заговор, смута, мятеж». *Прил.* крамо́льный, -ая, -ое, отсюда крамо́льник. Укр. крамо́ла (при устар. и диал. коромо́ла), крамо́льний, -а, -е, крамо́льник; блр. крамо́ла, крамо́льны, -ая, -ае, крамо́льнік. Ср. болг. крамола́ — «ссора»; чеш. устар. kramol — «ссора», «брань», «смута» (ст.-чеш. также kramola). Сюда же, надо полагать, относятся некоторые топонимы: болг. Крамо́лин (село); польск. Kromołów (местечко). Ср. чеш. Kramolín — название нескольких деревень при Kramola — название деревни на правом берегу Эльбы (Profous, II, 363—365). Др.-рус. (с 1289 г.) коромола — тж. (Срезневский, I, 1290), коромольный, коромолити, коромоловати, коромол(ь)ник (Новг. I л. под 6799 г. — Насонов, 327). Ср. коромол(ь)ник в Новг. берестяной грамоте № 50, XIV в. (Арциховский, Из раскопок 1952 г., 53). Фамилия *Коромо́лин* встр. с 1565 г. (Тупиков, 590). Ст.-сл. крамола, крамолъ. книжн.) крамола и др.-рус. (с XI в.) крамола, крамольный (Срезневский, I, 1313—1314), крамолникъ (Новг. I л. под 6840 г. — Насонов, 345). ▫ Т. о., совр. рус. крамо́ла, в конечном счете, из старославянского языка, но слово, по-видимому, было известно еще в эпоху о.-с. переживаний (о.-с. *kormola?). Попытки объяснить его как самобытное слово, возникшее на славянской почве, не считаются удачными. Обыкновенно его объясняют как давнее заимствование, м. б., из средневек. латин. carmula : carmulus — «восстание», «мятеж» (Du Cange, I, 936). Вторая из этих форм (carmulus) встр. в «Lex baiuvariorum» («Кодексе баварского права»), VIII в., на латинском языке), гл. II, ст. 3, с. 52: «quod Paiuvarii carmulum dicunt» (в переводе на совр. немецкий язык «was die Bayern einen «Waffenlärm» nennen», т. е. «что баварцы *крамо́лой*, смутой называют»). В баварском языке этому carmulus должно соответствовать слово с основой *kormol-. Другие языковеды полагают, что могло иметь место и прямое заимствование из древнебаварского языка. В общем вопрос остается пока без ясного решения. По поводу праславянской формы *kormola Maxek (Machek, ES, 232) напоминает о другом позднем заимствовании: о.-с. *korljъ < Karl.

КРАН¹, -а, *м.* — «механизм, конструкция для подъема и перемещения больших тяжестей, грузов». *Прил.* кра́новый, -ая, -ое, отсюда крановщи́к, -а, *м.* Укр. кран, кра́новий, -а, -е, кра́новщик; блр. кран, кра́навы, -ая, -ае, кранаўшчы́к; болг. кран; с.-хорв. кра̑н (и ди́залица); польск. kran (чаще dźwig). Ср. в том же знач. нем. jeřáb — собств. «журавль» [ср. рус. *лебёдка* (см.); польск. żuraw — тж. и «журавль серый»]. В русском языке известно с начала XVIII в. Ср. в «Книге приходов и расходов» за 1714—1716 гг. (СВАБ, II): «модель *крану* принесли»

(3); «за дело трех моделей подъемных судов и *кранов*» (17). *Прил.* кра́новый — по́зднее (Даль, II, 1865 г., 792). Отсюда еще позже *крано́вщик* (Ушаков, I, 1935 г., 1497). ▫ Заимствовано слово *кран* из голландского языка. Ср. голл. kraan, *f.* — тж.; ср. kraan, *m.* — «журавль» (Meulen, NWR, Suppl., 52). Ср. нем. (нижненемецкого происхождения) Kran — тж. Старшее знач. — «журавль». Ср. нем. Kranich — «журавль». Это название журавля в германских языках находится в родственных отношениях с греч. γέρανος — «журавль».

КРАН², -а, *м.* — «короткая трубка разной величины и формы с затвором, приделываемая к какому-л. сосуду или вообще резервуару, вместилищу (с водой, с газом и т. п.) для выпуска из него содержимого в необходимом количестве». *Прил.* кра́новый, -ая, -ое, кра́нный, -ая, -ое. Укр. блр. кран; болг. кран (у бочки — также кане́ла); польск. kran (и kurek). В других слав. яз. отс. Ср. в том же знач.: с.-хорв. сла́вина; словен. pipa; чеш. kohoutek или ventil. В русском языке употр. с начала XVIII в. Отм. Смирновым (127) в «Кн. Устав морск.», 1720 г., 831: «большой котел с *кранами* в комбойсе» (< голл. kombúis — «ка́мбуз, судовая кухня»). В форме *крант* встр. в бумагах Я. В. Брюса по описи 1735 г.: «*крант* палмовый с медными винтами» (ЛРЛД, I, 58). ▫ Заимствовано из голландского: kraan, *f.* (Meulen, NWR, Suppl., 52). Ср. в том же знач. нем. Hahn — собств. «петух» (ср. чеш. kohoutek — тж., собств. «петушок», польск. kurek — тж.).

КРАПИ́ВА, -ы, *ж.* — «травянистое растение с защитными тонкими, жалящими волокнами на стебле и листьях», Urtica (urens). *Прил.* крапи́вный, -ая, -ое. Укр. кропива́, в говорах копри́ва (Гринченко, II, 282), кропи́в'яний, -а, -е; блр. крапі́ва, крапі́ўны, -ая, -ае; болг. копри́ва, копри́вен, -а, -о; с.-хорв. ко̀прива, ко̀приван, -вна, -вно; ко̀пр̀ивнӣ, -а̑, -о̑; словен. kopriva, kopriven, -vna, -vno; чеш. kopřiva, kopřivový, -á, -é; польск. pokrzywa [с XV в. вм. koprzywa; ср. топонимические названия Koprzywnica, Kropiwnica (Brückner, 428)], pokrzywowy, -a, -e; в.-луж. kopřiwa [ср. kopřina — «батист», «муслин» = нем. Nesseltuch (при Nessel — «крапива»)], kopřiwowy, -a, -e; н.-луж. kopśiwa. Др.-рус. *кропива* в Прологе XIII—XIV в. (Соболевский, «Лекции»⁴, 81), в Сузд. л. по Акад. сп. под 6876 г., (XV в.) *кропивие* (Срезневский, I, 1329). ▫ Принимая во внимание, что во всех слав. яз., кроме русского, белорусского и общеукраинского, это слово употребляется в форме *коприва* (так же и в говорах украинского языка), надо полагать, что о.-с. праформа была *kopriva, с суф. -iv-a, как в о.-с. *tetiva и у прил. типа *lъživъ, -a, -o. О.-с. *koprъ. Перестановка pr > гр в русском языке, по-видимому, находится в связи с тем обстоятельством, что русскому языку чуждо сочетание *опр* (в корнях слов) не перед гласным звуком. Перестановка была поддержана ассоциацией с *кропити* (по крапинкам от ожога крапивой). Ср. у Срезневского (I, 1330): **кропъ** (XII в.), **копръ** — «анис» (XI—XIII вв.). Ср. рус. диал. копр, кроп, **копе́р** — «растение Crithmum maritimum, серпник», также «анис», «укроп» (Даль, II, 768, 804). Ср. у Срезневского (I, 1281—1282, 1330) также **коприна** — «шелк» при **кропийныи** — «сделанный из коприны» («пре... *копринныя*» — «паруса из копра» упоминаются в Пов. вр. л. по Ип. сп. под 6415 г. — Лихачев, I, 25). Ср. в БСЭ², XXIII, 219: «Крапива светло-зеленая и крапива жгучая дают волокно, которое используется на изготовление веревок, бечевок и грубых тканей». О.-с. *koгъ по корню *kop- (-r- суффиксальный элемент), вероятно, можно сопоставлять с лит. kèpti — «печь», «жарить», kèpinti — «жечь», «палить», «поджаривать», «печь» и, след., с о.-с. *pekti (см. *печь¹*), если предположить, что перестановка *pek- (: *pok-) > *kep- (: *kop-) имела место и на славянской почве, но не была здесь проведена последовательно.

КРАСА́, -ы́, *ж.* — «красота», «то, что доставляет эстетическое наслаждение»; также «украшение», «слава». *Сущ.* красота́. *Прил.* краси́вый, -ая, -ое, а также кра́сный (см.). *Глаг.* красова́ться, кра́сить. Укр. краса́, красота́, краси́вий, -а, -е, красува́тися, краси́ти; блр. краса́, красава́цца, кра́сiць; болг. красота́, краси́в, -а, -о, крася́ — «крашу (делаю красивым)»; с.-хорв. красо̀та, кра̑с — «украшение», кра́сити — «украшать», «прикрашивать»; чеш. krása — «красота», устар. krasota, krásivý, -á, -é, устар. krásiti — «украшать»; польск. krasa — «краса», а также «румянец», «розовый цвет»; в.-луж. krasa. Др.-рус. (с XI в.) и ст.-сл. краса, красоти — «украшать», красоватися — «радоваться», позже «красоваться» (Срезневский, I, 1315). *Прил.* *красивый* известно со 2-й пол. XVII в. [«Стат. список посольства Н. Спафария в Китай, 1675—1678 гг.: «зело красиво» (Вестн. АИ, в. 17, с. 257)]. В словарях нареч. *красиво* — с 1771 г. (РЦ, 237); прил. *красивый* — с 1780 г. (Нордстет, I, 312). ▫ О.-с. *krasa. Сопоставляют — одни языковеды — с гот. *hrōþ-* (т.-е. hrōth-) — «слава», *hrōþeigs* — «славный», «прославленный», др.-исл. hrósa (швед. rosa; дат.-норв. rose) — «хвалить»; также др.-сканд. hróðr (совр. исл. hróður) — «слава»; др.-в.-нем. hruod — тж. (в личном имени Hruodolf, откуда нем. Rudolf. Если так, то и.-е. основа (с определителем) *krōt-s- (на праславянской почве > *krōs-s > *krās-). Другие (и это более убедительно) связывают с лит. krósnis — «печь»; латыш. krāsns — тж. при ст.-сл. др.-рус. книжн. **крада** — «огонь», «жертвенник» (Срезневский, I, 1310—1311). Знач. «красота» могло возникнуть не просто из знач. «пламя», не по цвету огня, а, по-видимому, в связи с тем, что крада первоначально значило «жертвенный огонь».

КРА́СНЫЙ, -ая, -ое — 1) «один из основных цветов радуги, цвет крови»; 2) «революционный»; «крайне левый по политическим убеждениям»; 3) *устар.* «прекрасный», «красивый» (*красная девица*, *Красная площадь* и т. п.). *Кр. ф.* (от *красный* в 1 знач.) кра́сен, -сна́, -сно́. *Глаг.* красне́ть. В знач. «прекрасный», «красивый» слово первоначально было общеславянским. Ср. рус. прекра́сный, -ая, -ое. Ср. укр. кра́сний, -а, -е — «прекрасный», «красивый», «хороший» (но червóний, -а, -е — цвет и в полит. смысле); блр. (редко) красны, -ая, -ае (обычно прыгóжы, -ая, -ае, но цвет — чырвóны, -ая, -ае); болг. кра́сен, -сна, -сно (но цвет — червéн, -а, -о); с.-хорв. кра̑сан, -сна, -сно : кра́снӣ, -а̑, -о̑ (но цвет — црвен, -а, -о : црвенӣ, -а̑, -о̑). чеш. (и словац.) krásný, -á, -é (но цвет — červený, -á, -é, rudý, -á, -é); польск. krasny, -a, -e (о цвете обычно czerwony, -a, -e); в.-луж. krasny, -a, -e — «великолепный», «роскошный», «красивый» (но цвет — čerwjeny, -a, -e); с теми же знач. н.-луж. kšasny, -a, -e и cerwjeny, -a, -e. Др.-рус. **красънъ**, **красьныи** (ст.-сл. красьнъ) — «прекрасный», «красивый» (Срезневский, I, 1318), как обозначение цвета — по крайней мере с XV в.: в «Хронографе» Пахомия Логофета 1442 г. (86): «красьнъ яко киноварь», в Никон. л. под 6984 (1476) г.: «челом ударил архиепископ великому князю... две бочки вина *краснаго* да две бочки меду», «а явил владыка... две бочки вина белого да *краснаго*» (ПСРЛ, XII, 166—167), а, м. б., даже с XIV в.: «(столп) вельми красен, есть по чернь и пробел(ь)» в «Хождении» Стефана Новгородца (XIV в. по сп. XVI в., л. 145, с. 57). ▫ Этимологические данные см. в статье *краса*.

КРАСТЬ, краду́ — «заниматься воровством, хищением», «тайно присваивать себе чужое». *Возвр. ф.* кра́сться — «пробираться тайком». Укр. кра́сти, кра́стися; блр. кра́сцi, кра́сцiся. Ср. болг. крада́ — «краду»; с.-хорв. кра̏сти, 1 ед. кра́де̑м, кра̏сти се; словен. krasti (но «красться» — neopazno se plaziti); чеш. krásti, 1 ед. kradu, krásti se; словац. kradnút', kradnút' sa; польск. kraść, 1 ед. kradnę; в.-луж. kradnyć. Др.-рус. (с XI в.) и ст.-сл. красти, 1 ед. краду (Срезневский, I, 1317). ▫ О.-с. *krasti (< *kradti), 1 ед. *kradǫ. Основа *krad- в этимологическом отношении неясна. Если считать -d- (< и.-е. -dno-) суффиксальным элементом (как в о.-с. *idǫ, *ědǫ, *kladǫ, *bǫdǫ и др.), то по корню (*kra-) можно было бы сопоставлять с лит. kráuti, 1 ед. kráuju — «складывать», «вить»; латыш. krāt — «собирать», «копить», «накапливать»; др.-ирл. cráu : cró — «хижина», «хлев» (< «кров») и, далее, по-видимому, с о.-с. *kryti (см. *крыть*), *krovъ (ср. *кров*). И.-е. *krā(u)-: *kreu-: *krū- (Pokorny, I, 616—617).

КРА́ТЕР, -а, *м.* — «углубление на вершине вулкана, похожее на чашу, из которого при извержении выливается лава». Укр. кра́тер; блр. кра́тэр; болг. кра́тер; с.-хорв. кра̏тер; чеш. kráter; польск. krater. Слово в русском языке довольно позднее.

В начале XVIII в. и позже кратер называли у нас *чашей* или *пропастью* [«География генеральная», 1718 г. (Варений, 89, 91; см. также Кутина, ФЯН, 178)]. В словарях — с 1837 г. (Ренофанц, 136). ▫ Первоисточник — греч. χρατήρ — «сосуд для смешивания вина с водой», «чаша», «котловина», «кратер вулкана» > латин. cratēr — тж. > ит. cratère. В русский язык попало при западноевропейском посредстве. Ср. франц. (с 1570 г.) cratère (сначала только о кратере Этны); нем. Kráter и др.

КРАХМА́Л, -а, *м.* — 1) «углевод, заключающийся в зеленых частях большинства растений и откладывающийся здесь в виде зерен»; 2) «добываемый из некоторых растений (гл. обр. картофеля, пшеницы, риса) чисто мучнистый, тончайший, клейкий белый порошок, имеющий широкое применение в промышленности, сельском хозяйстве и в быту». *Прил.* **крахма́льный**, **-ая, -ое.** *Глаг.* **крахма́лить.** Укр. **крохма́ль, крохма́льний, -а, -е, крохма́лити;** блр. **крухма́л, крухма́льны, -ая, -ае, крухма́ліць.** Ср. польск. krochmal (также skrobia). В других слав. яз. отс. Ср. в том же знач.: болг. **скорбя́ла, ко́ла, ниште́**; с.-хорв. **скро̏б**; чеш. skrob. В русском языке известно с Петровской времени. Ср.: «за *крухмал*» (СВАБ, II, 1721 г., 93). В словарях — с 1731 г. (Вейсман, 345: *крухмал*); позже *крохмал* (РЦ 1771 г., 243; там же *крохмалю*); с более позднего времени — прил. *крахмальный* (в САР¹, III, 1792 г., 927—929). ▫ Позднее заимствование из немецкого языка [ср. нем. Kraftmehl, *n.* — «крахмал», собств. «укрепляющая, усиливающая (напр., при стирке) мука»], вытеснившее старое о.-с. название крахмала с основой *skrob- (звукоподражательного характера). В русском языке, возможно, при польском посредстве (тогда *крахмал* из *крохмал*), но, м. б., и непосредственно.

КРЕДИ́Т, -а, *м.* — «предоставление в долг товаров или денег»; «включенная в смету сумма, в пределах которой предусматриваются расходы на те или иные цели»; *перен.* «доверие». *Прил.* **креди́тный, -ая, -ое,** отсюда **креди́тка** — «кредитный билет». *Глаг.* **кредитова́ть.** Сюда же **кредито́р.** Укр. **креди́т, креди́тний, -а, -е, креди́тка, кредитува́ти, креди́тор;** блр. **крэды́т, крэды́тны, -ая, -ае, крэды́тка, крэдытава́ць, крэды́тор;** болг. **креди́т, креди́тен, -тна, -тно, кредити́рам** — «кредитую», **креди́тор;** с.-хорв. **кре̏ди̑т, кре̏ди̑тни, -а̑, -о̑, кре̏дитова̄ти, кре̏ди̑тор;** чеш. kredit, прил. kreditní, kreditka, kreditovati, kreditor (чаще věřitel); польск. kredyt, kredytowy, -a, -e, kredytor. В русском языке слово *кредит* известно с Петровской эпохи, причем сначала употреблялось в смысле «доверие» как дипломатический термин. Ср. в «Архиве» Куракина: «Двор... имеет свой немалый *кредит* между всеми алиаты» (II, 1709 г., 188), «*кредит* народный» (III, 1710 г., 278) и др. Более ранняя дата — 1703 г. (Christiani, 20). Смирнов, 166 отм. *кредит* со ссылкой на «Лексикон вок. новым» и др. (там же *кредитор* со ссылкой на ПСЗ, V, № 3204, с. 571, но это ошибка: там это слово употреблено не в самом документе, а в заглавии от составителей). Прил. *кредитный* — более позднее. В словарях — с 1834 г. (Соколов, I, 1238). Немного позже появляется *кредитовать* (ПСИС 1861 г., 255). ▫ Из западноевропейских языков. Первоисточник — латин. crēditum — «доверие», «ссуда», «долг» (> ит. crédito — «доверие», «долг», «кредит»), crēditor — «заимодавец» (от crēdo — «вверяю», «доверяю», «даю взаймы», «верю»). Но в русском языке, судя по тому, что слово появилось сначала как дипломатический термин, по ударению и пр. — из французского языка. Ср. франц. (с XV-XVI вв.) crédit, *m.* (старшее знач. — «доверие»), créditeur. Из французского — нем. (с XVII в.) Kredít; голл. credit и др.

КРЕ́ЙСЕР, -а, *м.* — «быстроходный военный корабль, предназначенный для ведения морского боя в составе эскадры, для уничтожения транспорта и десантов противника, для защиты морских сообщений и пр.». *Прил.* **кре́йсерский, -ая, -ое.** *Глаг.* **крейси́ровать.** Укр. **кре́йсер, кре́йсерський, -а, -е, крейсі́рувати;** блр. **кре́йсер, кра́йсерскі, -ая, -ае, крэйсі́раваць;** болг. **кра́йцер, крайцеру́вам** — «крейсирую». В других слав. яз. отс. Ср. в том же знач.: с.-хорв. **крста́рица;** чеш. křížník; польск. krążownik [в конечном счете — калька с нем. Kreuzer — «крейсер», произв. от kreuzen — «пересекать (накрест)», «скрещивать», «перекрещивать» (от Kreuz — «крест»)]. В русском языке слово *крейсер* (сначала наряду с *крюйсер*) известно с самого начала XVIII в. См. примеры у Christiani, 39 и Смирнова, 166. Кроме того, в «Архиве» Куракина (V, 43, 1712 г.): «здешний флот будет *крейсоваться*». Глагол в форме *презйсровать* (с *е* после. с) — отм. у Шишкова (МС, 1795 г., I, 22; III, 1804 г., 430). Прил. *крейсерский* в словарях — с 1916 г. (СРЯ¹, т. IV). ▫ В русском языке — из голландского. Ср. голл. kruiser (произн. krœiser) — тж. (при kruisen — «пересекать», «перекрещивать», от kruis — «крест»). Форма *крюйсер* держалась до конца XVIII в. [только эту форму находим у Курганова («Письмовник», 1777 г., 438)].

КРЕМ, -а, *м.* — 1) «сладкая масса из сливок или сметаны, масла, сахара, яиц с добавлением сиропы, употребляемая для прослаивания или отделки тортов и пирожных»; «сладкое блюдо из взбитых сливок»; 2) «косметическая мазь»; 3) «сапожная мазь». *Прил.* **кре́мовый, -ая, -ое.** Укр. **крем, кре́мовий, -а, -е;** блр. **крэм, крэ́мавы, -ая, -ае;** с.-хорв. **кре̏м;** чеш. krém, krémový, -á, -é; польск. krem, kremovy, -a, -e — «кремовый». В русском языке употр. со 2-й пол. XVIII в. Ср. у Левшина, СП, 1795—1796 гг., ч. I, 454, ч. II, 230—239: *кремы, крем шоколадной* и др. В ПСИС 1861 г., 255: *крем* — «пирожное из взбитых сливок». В толковых словарях отм. лишь с 1865 г. (Даль, II, 796): «блюдо из битых сливок». Прил. *кремовый* («относящийся к крему» и «цвета крема»=«светло-желтый») вошло в употр. в конце XIX в. Встр., напр., у Чехова в повести «Три года», 1895 г. (гл. XVII): «платье светлое *кремового* цвета» (СС, VII, 499). ▫ Восходит к франц. crème (в тех же знач., что в русском. Из франц.: нем. Krem (Creme); англ. cream > хинди крӣм и др. Во французском (ст.-франц. craime : cresme) это слово кельтского (галльского) происхождения (VI в.). Ср. гальск. crama, crammen («струп» в эпоху христианизации скрещенное с позднелатин. chrisma < греч. χρίσμα — «нечто намазанное», «мазь»). Совр. знач. установилось позже.

КРЕМА́ЦИЯ, -и, ж. — «сжигание тела покойника в специально сконструированной для этой цели печи». *Прил.* кремацио́нный, -ая, -ое. Сюда же кремато́рий. Укр. крема́ція, кремато́рій, кремаці́йний, -а, -е; блр. крэма́цыя, крэмато́рый, крэма́цыйны, -ая, -ае; болг. крема́ция, кремато́риум, кремацио́нен, -нна, -нно; с.-хорв. крема́ција, кремато́риј(ум); чеш. kremace, krematorium, прил. kremační; польск. kremacja, krematorium. В русском языке слова этой группы в широком употр. с 1918 г. [Декрет СНК РСФСР от 7-XII-1918 г. (ДСВ, IV, № 71, с. 163)]. Но они были известны и раньше и отм. в энциклопедических словарях и в словарях иностранных слов, гл. обр. с начала 1900-х гг. (М. Попов, 1904 г., 207: *кремация, крематорий*, позже — Ефремов, 1911 г., 227). ▫ *Кремация* и *крематорий* — из западноевропейских языков. Ср. франц. crémation, *f.*, в знач. «сожжение», «сжигание» [< латин. cremātiō — тж. (от cremō — «сжигаю»)] употр. со средних веков, но в совр. смысле («кремация») — с XIX в., гл. обр. с 1823 г.; *crématoire* (с конца XIX в.) — собств. прил. при *four* — «печь»: *four crématoire* — «кремационная печь». Первый крематорий в Париже, сооруженный в 1886 г., назывался crématorium (новообразование к crémation [Bloch — Wartburg[2], 161, Dauzat[11], 218]. Ср. также нем. Krematión, Krematiónsofen — «кремационная печь», *f.*, Krematórium, *n.*; англ. cremation, crematorium и др.

КРЕ́НДЕЛЬ, -я, *м.* — «сдобное тесто, фигурно испеченное в форме, напоминающей букву ω (омега) или *в*, положенную на левый бок и т. п.». *Прил.* кре́ндельный, -ая, -ое. Укр. кре́ндель, кре́ндельній, -а, -е; блр. кра́ндзель, кра́ндзельны, -ая, -ае. Ср. в том же знач.: болг. ки́фла (< нем. Kipfel — «булочка-рогулька»); чеш. preclík; польск. precel (< нем. Brezel = «крендель»). В русском языке слово *крендель* известно с 1-й трети XVIII в. (Смирнов, 167). В словарях отм. с 1731 г. (Вейсман, 477: Pretzeln — *крендели*). ▫ Видимо, из немецкого языка. Ср. устар. нем. Kringel : Krengel, уменьш. к ст.-нем. Kring — «круг» (Kluge[10], 280). След. «кружок». Ср. также швед. kringla — «крендель», «бублик» (при kring — «кругом»); дат. kringle — «баранка». Изменение мягкого *г* в *д'* и обратно встр.

в говорах (напр., андел, андели и т. п.). У Куликовского (43): петрозав. кре́нгель вм. *крендель.*

КРЕПДЕШИ́Н, -а, *м.* — «плотная, тонкая шелковая ткань». *Прил.* крепдеши́новый, -ая, -ое. Укр. крепдеши́н, крепдеши́новий, -а, -е; блр. крэпдэши́н, крэпдэши́навы, -ая, -ае. Ср. болг. крепдеши́н; чеш. krepdešín. ▫ Восходит к франц. crêpe de Chine — собств. «китайский креп». Из франц. — нем. Crêpe de Chine и др.

КРЕ́ПКИЙ, -ая, -ое — «не поддающийся действию внешней силы», «такой, что трудно разбить, сломать и т. п.», «сильный (по сопротивляемости)», «прочный», «твердый». *Кр. ф.* кре́пок, -пка́, -пко. *Глаг.* крепча́ть. Сюда же крепи́ть(ся), кре́пнуть. Укр. кріпки́й (но чаще міцни́й; ср. блр. мо́цны, -ая, -ае — тж.), кріпша́ти — «крепнуть», кріпи́ти(ся). Ср. болг. кре́пък, -пка, -пко, крепя́ — «поддерживаю», «бережно несу»; с.-хорв. кре́пак, -пка, -пко : кре́пки, -а̄, -о̄, кре́пити (krijèpiti); словен. krepek, -pka, -pko, krepiti, krepčati; чеш. křepký, -á, -é — «сильный», а также «проворный», «ловкий» (при ст.-чеш. křepý, -á, -é — «твердый»); словац. krepký, -á, -é; польск. krzepki, -a, -ie — «сильный», «бодрый», krzepić — «крепить», «бодрить», krzepnąć — «крепнуть», «густеть», «стынуть». Др.-рус. (с XI в.) крѣпый (ст.-сл. крѣпън) — «сильный», крѣпъкый — «сильный», «твердый», «суровый», «громкий», крѣпити — «ободрять», крѣпитися — «укрепляться» (Срезневский, I, 1351, 1353—1354). *Крепнуть* в словарях — с 1762 г. (Литхен, 293), *крепчать* — с 1834 г. (Соколов, I, 1267). ▫ О.-с. *kr̥ěpъ, -а, -о, *krěpъkъ, -a, -o. И.-е. база *kr̥ěp- (Pokorny, I, 620). Сопоставляют с др.-сканд. hrœfa — «переносить», «сносить», «терпеть». Иногда еще сопоставляют с греч. κραιπνός — «резвый», «быстрый»; ср. чеш. křepký — «проворный», «ловкий» (Machek, ES, 241). Фриск (Frisk, II, 4), по-видимому, не разделяет этого мнения.

КРЕСТ, -а́, *м.* — «столб, брусок, стержень, перпендикулярно пересеченный перекладиной (не посередине, а чуть ближе к верхнему концу), предмет почитания у христиан и символ христианской религии»; «фигура из двух пересекающихся под углом линий». *Прил.* кре́стный, -ая, -ое, кресто́вый, -ая, -ое. *Глаг.* крести́ть(ся). Укр. хрест, хре́сний, -а, -е, хресто́вий, -а, -е, хрести́ти(ся); блр. хрысці́ць, хрысці́цца (но «крест» — крыж). Ср. болг. кръст, кръ́стен, -а, -о, кръ́стя (се) — «крещу(сь)»; с.-хорв. кр̑ст, кр̏сни, -а̄, -о̄ — «крестный» и «крестовый», кр̀стити; словен. krsten, -tna, -tno — «крёстный», krstiti, но križ — «крест»; чеш. kříž — «крест»; польск. krzyż — тж., но сохраняется в остатках слова, к которому восходит рус. *крест*: чеш. křest — «крещение», křestní — «крестный», «крестильный», křtíti (ст.-чеш. krstíti); польск. krzest : chrzest —

«крещение», chrzestny — «крёстный»; в.--луж. křes(t)nica. Др.-рус. (с X в.) крьстъ, крьстьный, крьстити (Срезневский, I, 1342, 1346, 1348). Ст.-сл. крьстъ : кръстъ и пр. ▫ О.-с. *krьstъ. Одно из ранних заимствований из германских языков, как полагают, из др.-в.-нем. Ср. др.-в.-нем. krist: christ (< гот. Christus) — Христос [< латин. (эпохи христианизации) Christus < греч. Χριστός — субст. прил. χριστός — «помазанник» (калька с др.-евр. māschīakh, арам. meschīkhā — «мессия»); прил. χριστός — «помазанный», «намазанный», от χρίω — «помазываю», «намазываю», «намащиваю»; ср. χρῖσμα — «мазь», «деревянное масло»]. Ср. совр. нем. Christ (произн. krist) — 1)=Christus (Христос); 2) «христианин» (при Kreuz — «крест»). Заимствование, по-видимому, относится к о.-с. периоду, т. е. до распадения языкового единства, к начальной поре распространения христианства среди славянских племён.

КРЕТИ́Н, -а, м. — «слабоумный, физически и умственно недоразвитый человек». Женск. кретинка. Сюда же кретинизм. Укр. кретин; блр. крэцiн. Ср. болг. кретен; с.-хорв. кретен; чеш. kretén; польск. kretyn. В русском языке слова кретин, кретинизм — по словарям — известны с 40-х гг. XIX в. (Кирилов, 1845 г., 147). ▫ Ср. франц. (с 1754 г.) crétin (первоначально — южнофранц. диалектизм со знач. «юродивый», «блаженный», соответствующий общефранц. chrétien — «христианин»). Из французского: нем. Kretin; англ. cretin; ит. cretino и пр. В русском языке, видимо, из немецкого.

КРИСТА́ЛЛ, -а, м. — «твёрдое тело, в природных условиях или в результате специальной обработки имеющее упорядоченное строение, форму симметричного многогранника»; устар. «хрусталь». Прил. кристальный, -ая, -ое, кристалли́ческий, -ая, -ое. Укр. кристал, кристальний, -а, -е, кристалiчний, -а, -е, кришталéвий, -а, -е; блр. крышталь, крышта́льны, -ая, -ае, крышталiчны, -ая, -ае, крышталёвы, -ая, -ае. Ср. болг. криста́л, криста́лен, -лна, -лно; с.-хорв. кри̏стал, кри̏стални, -лна, кри̏сталаст(ӣ), -а, -о; чеш. krystal, krystalový, -á, -é, krystalický, -á, -é; польск. kryształ, kryształowy, -a, -e, но krystaliczny, -a, -e и др. В русском языке с XVIII в. (Вейсман, 1731 г., 123: крусталь; в совр. форме — в САР¹, III, 955—956: кристалл, там же прил. криста́льный и кристалли́ческий). Но в форме хрусталь (см.) — с давнего времени (не позже XV в.). Кроме того, Срезневский, (I, 1336) отм. крустальный (в «Сказании о Борисе и Глебе»), не определяя значения. ▫ Первоисточник — греч. κρύσταλλος — «лёд» > «горный хрусталь», «кристалл». Отсюда латин. crystallus, crystallum — «горный хрусталь». Но в русском языке кристалл, видимо, из немецкого. Ср. нем. Kristáll при франц. cristal, ит. cristallo и др., которые восходят к латин. crystallus.

КРИ́ТИКА, -и, ж. — 1) «обсуждение, разбор, проверка и оценка какого-л. научного труда или произведения литературы, искусства»; 2) «обсуждение, выявление, указание отрицательных сторон, недостатков чьей-л. деятельности, поступков и т. п.». Прил. крити́ческий, -ая, -ое. Глаг. критикова́ть. Сюда же крити, критици́зм, критика́н. Укр. кри́тика, кри́тичний, -а, -е, критикува́ти, кри́тик, крити́цизм; блр. кры́тыка, кры́тычны, -ая, -ае, крытыкава́ць, кры́тык, крытыцы́зм; болг. кри́тика, крити́чен, -чна, -чно, крити́ческий, -а, -о, критику́вам «критикую», кри́тик, критици́зъм; с.-хорв. кри́тика, кри́тичан, -чна, -чно : кри́тичнӣ, -а̄, -о̄, критикова́ти, кри́тик, критици́зам; чеш. kritika, kritický, -á, -é, kritisovati, kritik, kriticismus; польск. krytyka, krytyczny, -a, -e, krytykować, krytyk, krytycyzm. В русском языке слово критика и нек. производные известны с середины XVIII в. Ср. в «Записках» Порошина, в записи от 22-X-1765 г. (488): «доносил ея величеству... где критики» (им. мн. м. р.). Ср. в журнале Новикова «Трутень» за 1769 г., л. XXV, № 55: «всякая критика, писанная на лицо», «критик, его пороки критикующий», «критиковать» не надлежит» (Новиков, 137; еще л. XIV, № 22, с. 98 и др.), причем обычно со знач. «отрицательная критика», «порицание» и т. п. В словарях — с 1780 г. (Нордстет, I, 315; там же критический). Позже других слов этой группы появилось критицизм, известное, однако, с 40-х гг. XIX в. (Белинский, «Стих. Бенедиктова» по ССРЛЯ, V, 1668). С того же времени известно и слово критикан, встр. у Белинского с определением «зубоскал» в статье «Русская литература в 1843 г.» (ПСС, VIII, 68). Ср. также название статьи «Новый критикан», 1846 г. (ПСС, IX, 493). ▫ Из французского языка. Ср. франц. (о литературном критике — с XVI в.) critique, m. — «критик», critique, f. — «критика», (со 2-й пол. XVII в.) «критический», (с XVII в.) critiquer — «критиковать», (с XIX в.) criticisme, m. Из французского: нем. Kritík, f. — «критика», отсюда Kritiker, m. — «критик», kritisch — «критический», kritisíeren — «критиковать», Kritizismus, m. и др. Первоисточник — греч. κριτικός — «умеющий разбираться», «способный к различению», «судящий» (к κρίνω — «разделяю», «различаю», «разбираю», «прихожу к заключению»). Из греческого языка — латин. criticus — «критик», «арбитр». Но слово критикан (с его отрицательным знач.), по-видимому, возникло на русской почве (м. б., из франц. critiquant — «критикующий»). Ср. франц. critiqueur; англ. criticaster; нем. Kritikáster.

КРОВА́ТЬ, -и, ж. — «мебель, предназначенная для лежания: рама на ножках со спинками, на которую кладут матрац и постельные принадлежности». Прил. крова́тный, -ая, -ое. Ср. болг. крева́т; с.-хорв. кре́вет, кре́ветскӣ, -а̄, -о̄ «кроватный», «постельный». В других слав. яз. отс. Ср. в том же знач.: словен. postelja, чеш. lůžko, postel; польск. łóżko. Ср. укр. лiжко — тж.; блр. ло́жак. Слово кро-

КРО

вать встр. в Сл. плк. Игор. (конец XII в.): «на *кровати* тисовѣ» («Сон Святослава»). Потом это слово встр. в XV в., в «Хожении» Аф. Никитина: «а все их (бояр) носятъ на *кроватех*... [на] сребряных». Знач. — «на носилках» (Срезневский, I, 1326, ср. также Виноградова, в. 3., с. 29). ▫ Восходит к греч. (христианской поры) χράβαττος и χράββατος, *m.* (< латин. grabātus), уменьш. χραβάτιον — «низкое ложе», «кушетка». Ср. новогреч. χράββατος (β=v) — «смертный одр», «гроб», «катафалк», диал. χρεββάτι, *п.* — «кровать». Южнославянские названия кровати — из новогреч. диал. χρεββάτι. Любопытно, что эту форму с *е* после *р* (*кревать*) наряду с *кравать* дает и Поликарпов (1704 г., 156).

КРОВЬ, -и, *ж.* — «жидкость красного (алого) цвета, обращающаяся, благодаря деятельности сердца, в живом организме, обеспечивающая питание его клеток и обмен веществ». *Прил.* **кровяной, крова́вый, -ая, -ое**. Укр. **кров**, род. **кро́ви, кров'яни́й, -а́, -е́, крива́вий**, -а, -е; блр. **кроў**, род. **крыві́, крывяны́й, -а́я, -бе, крыва́вы, -ая, -ае**. Ср. болг. **кръв, кръ́вен, -вна, -вно, кървав, -а, -о**; с.-хорв. **крв, кр̂внӣ, -а̂, -о̂** — «кровяной», **кр̏ва̂в(ӣ), -а, -о**; словен. kri, род. krvi, krvav, -a, -o; чеш. krev, род. krve, krevní, krvavý, -á, -é; польск. krew, род. krwi (ст.-польск. kry), krwawy, -a, -e — «кровяной» и «кровавый»; в.-луж. krej, род. kreje и krwě, krawy, -a, -e, krawny, -a, -e, krawjaty, -a, -e — «кровоточащий», krwać — «кровоточить»; н.-луж. kšej, род. kšwě, kšawy, -a, -e, kšawny, -a, -e, kšawiś — «кровоточить»; кашуб. kry; полаб. kroi — «кровь» (Rost, 390). Др.-рус. (с XI в.) и ст.-сл. **кръвь**, род. **кръве и кръви**, **кръвьный** — «кровяной», **кръвавъ, кръвавый** (Срезневский, I, 1338—1340). ▫ О.-с. *kry (и.-е. *krūs), род. *krъve. И.-е. база *kreu- : *krū- (Pokorny, I, 621). Ср. лит. kraũjas — «кровь», прил. krùvinas — «кровавый», «окровавленный»; др.-прус. crauyo : krawia (им. мн. ср. р.). Ср. также латин. cruor (< и.-е. *kreuōs) — «кровь», «кровопролитие», crūdus, -a, -um (корень crū-) — «кровавый», «сочащийся кровью»; греч. κρέας (< κρέας < *kreuos), род. κρέως — «мясо», «кусок мяса»; ср.-ирл. crú (< *krūs); ср. кимр. (вал.) crau, корн. crow; др.-инд. kravyam, *n.* — «кровь», kravís-, *n.* — «сырое мясо», krūráḥ — «кровавый».

КРОИ́ТЬ, крою́ — «резать на куски определенной формы ткань, кожу и вообще материал, из которого можно что-л. сшить». *Сущ.* **кро́йка, закро́йщик**. В говорах: курск. **кро́ить** — «резать съестное», ру́шать», **кро́ить** — «просеивать зерновой хлеб» (Даль, II, 803). Укр. **кро́їти, кра́яти** — «кроить», «резать», «раздирать», **кро́єння, закро́йщик**; блр. **крбіць, крбенне, закро́йшчык**; болг. **кроя́** — «крою», **кро́ене, крояч**; с.-хорв. **кро̀јити** — «кроить», **кро̂ј, кро̏ја̂ч**; чеш. krojiti, krájeti — «резать ножом что-л. твердое: мясо, хлеб и т. п.», «кроить» (обычно stříhati, přistříhovati); польск. krajać, реже kroić, krój, krojczy. Др.-рус. **кроити**, напр., в Никон. I л. под 6503 (995) г.: «*крояшу* ему кожу сыромятную» (ПСРЛ, IX, 65), под 6900 (1392) г.: «обувь же и порты *кроаше*» (ib., III, 135). Ср. **крѧти** — «резать», «разрезывать (?)», **кроение** — «резня (?)», «оскопление (?)» (Срезневский, I, 1319, 1327). Сущ. **кройка** в словарях отм. лишь с 1847 г. (СЦСРЯ, II, 224). ▫ О.-с. *krojiti, 1 ед. *krojǫ; итератив *krajati. Корень *kroj-. Абляут *kri- в в.-луж. křida — «сито», «решето». И.-е. i-база *(s)kerei- : *(s)krěi- (Pokorny, I, 945—946). Ср. лит. krietì (1 ед. krejù) — «расширять», «развивать», «раскидывать», «простирать», также «ловить (< подсекать?)» рыбу», krìjas — «ободок у сита, решета (обечайка)»; латыш. kraistīt «снимать сливки с молока», krijāt «обдирать шкуру»; гот. hrains — «чистый» (< «отобранный», «избранный»); также др.-в.-нем. hreini (совр. нем. rein); др.-сканд. hreinn [(совр. дат., швед., норв. ren), о.-г. корень *krei-]; латин. cernō (< *crinō), перф. crēvī — «различаю», «отделяю», crībrum — «сито»; греч. κρίνω — «разделяю», «отделяю», «различаю»; др.-ирл. críathar — «сито», «решето».

КРОКЕ́Т, -а, *м.* — «игра на воздухе в летних условиях, заключающаяся в том, что играющие, разделившись на две партии, деревянными молотками прогоняют шары через проволочные ворота». *Прил.* **кроке́тный, -ая, -ое. кроке́тный, -а, -е**; блр. **краке́т, краке́тны, -ая, -ае**; болг. **кроке́т**; чеш. krokét; польск. krokiet. В русском языке английское название новой игры, первоначально с ударением *кро́кет*, стало известно благодаря И. С. Тургеневу. Ср. стих «*Крокет* в Виндзоре», датированное 20-VII-1876: «Сидит королева в Виндзорском бору... / Придворные дамы играют / В вошедшую в моду недавно игру / Ту *кро́кет* игру называют» (ПСС, XIII, 292). Позже встр. в рассказах Чехова «Живой товар», 1882 г.: «В *крокет* будем играть» (СС, I, 396) и «Именины», 1888 г. (здесь — в знач. «площадка для игры в крокет»): «торопясь к *крокету*, откуда слышались голоса и смех», «*от крокета*... шел лакей Григорий» (СС, VI, 191). ▫ Слово (как название игры) английское. Ср. англ. croquet (произн. ′krouke₁) — «крокет». Получило распространение во 2-й пол. XIX в. Отсюда франц. (с 1877 г.) croquet; нем. Krocket и др. Англ. croquet в свою очередь восходит к севернофранц. croquet (=франц. crochet) — «крюк», «крючок» [ср. франц. croc — «крюк», «багор», отсюда англ. crook — тж. (Dauzat[11], 221; Bloh — Wartburg[2], 164; Partridge[3], 131)].

КРОКОДИ́Л, -а, *м.* — «крупное, живущее по большей части в воде в тропических странах хищное пресмыкающееся, с длинным вытянутым рылом, с толстой кожей, покрытой на спине вдоль хребта и на животе прямоугольными роговыми щитками, с длинным сильным хвостом», Crocodilus. *Прил.* **крокоди́ловый, -ая, -ое**. Укр. **крокоди́л, крокоди́лів, -ова, -ове**

блр. кракадзíл, кракадзíлавы, -ая, -ае; болг. крокодил, крокодилов, -а, -о, крокодилски, -а, -о; с.-хорв. крокòдӣл, крокòдӣлскӣ, -ā, -ō; чеш. krokodýl, krokodýlí; польск. krokodyl, krokodyli, krokodylowy, -a, -e. Др.-русск. коркодилъ (в «Посл. м. Никифора Влад. Мономаху» и др.) [Срезневский, I, 1288]. В форме коркодил встр. и в «Космографии» 1670 г., 177, 366 и др. ▫ Др.-рус. коркодилъ было заимствовано из греческого языка. Перестановка кро > кор, м. б., не без влияния кора, корка. Греч. χροχόδιλος (у Геродота и др. др.-греч. авторов), иногда χροχόδειλος — первоначально «ящерица». По предположению Фриска, вероятно, народное переосмысление из χρόχη — «галька», «голыш» и δρῖλος — «дождевой червь» с последующей диссимиляцией (Frisk, II, 23). Из греческого — латин. crocodīlus, corcodīlus, нар.-латин. c(r)ocodril(l)us. Из латинского: франц. (с XVI в.) crocodile [сначала (XIII в.) cocodrille]; ит. coccodrillo; нем. Krokodil, п. и др.

КРОЛИК, -а, м. — «легко приручаемое (у нас же только домашнее) небольшое животное семейства зайцев, отряда грызунов», Oryctolagus cuniculus («дикий кролик»). Обл. трус, трýсик — тж. Прил. кроликовый, -ая, -ое, кроличий, -ья, -ье. Укр. крóлик, кріль, род. кроля; блр. трус. Ср. чеш. králík; польск. król, królik. В том же знач.: болг. пúтомен зáек; с.-хорв. питоми зец. Отм. Срезневским (I, 1327) в одном из сборников XVII в. ▫ Надо полагать, из польского языка, где królik, уменьш. от król — «король», собств. значит «маленький король», «королёк». Ср. русск. королёк — название красивой маленькой птички (Regulus) с желтой или красной головкой — калька с латин. rēgulus (от rex — «царь») — «царёк», «царь маленького государства» или «царевич», а также «пчелиная матка». Польск. królik (как и чеш. králík) восходит к ср.-в.-нем. küniklin, позже Küniglin [по народной этимологии — Königlein, как бы с уменьш. суф. -līn (ср.-в.-нем.), -lein (совр. нем.), от König — «король»]. Ср. бавар. и австр. Königl — «кролик». В результате сложного развития возникло совр. (обще)нем. Kaninchen — «кролик» (Kluge[10], 240). Первоисточник — латин. cunīculus — «кролик» [слово — по корню — иберийского (м. б., баскского) происхождения]. Ср., однако, народное средневековое латинское прозвище кролика rex herbarum — «король зелени».

КРОМЕ, предлог с род. п. — «за исключением», «вне». Прост. также окрóме, окромя́. Ср. укр. крім; блр. акрамя́; чеш. kromě (также mimo); словац. krom; польск. устар. okrom. В других слав. яз. отс. в том же знач.: болг. освéн; с.-хорв. òсим, сèм; н.-луж. mimo, bźez и др. Др.-рус. и ст.-сл. кромѣ — нареч. «прочь», «в сторону», предлог «кроме», «опричь», «вон», «вне», «против» (Срезневский, I, 1328—1329). Старое ударение кромé (так Поликарпов, 1704 г., 157). Ср. еще у Грибоедова в «Горе от ума» (д. I, явл. 2, 7): «Скромна, а ничего кромé / Проказ и ветру на уме». ▫ В этимологическом отношении связано с о.-с. *kroma — «край», «сторона», «борт». По происхождению — предл. (местн.) п. от сущ. кромá — «сторона», «борт», «край» (см. кромка), кромé — собств. «в стороне», «на краю», «с краю», «вне» (всего остального).

КРОМÉШНЫЙ, -ая, -ое: в сочетании с тьма, ад имеет усилительное значение. Укр. крóмíшний, -я, -е. В других слав. яз. отс. Др.-рус. (с XI в.) и ст.-сл. кромѣшьный — «вовне находящийся», «внешний». Напр.: «отъ кромѣшниихъ странъ приходящимъ» (Панд. Ант. XI в. — Срезневский I, 1329). Произв. (с конца XVI в.?) кромéшник — «опричник». Встр. у Пушкина в трагедии «Борис Годунов», 1825 г., сц. V: Пимен (о «любимцах гордых» Грозного): «Кромешники в тафьях и власяницах» (ПСС, VII, 20). ▫ От кромѣ — «вне» (см. кроме; ср. опричник от опричь — «кроме») с суф. -шн-, как в словах внешний (от вънѣ), вчерашний (от вьчера) и др., где ш, возможно, из таких форм, как вышний. Ср. по этому поводу Meillet[2], II, 383.

КРОМКА, -и, ж. — «край чего-л. (напр., доски) или продольная узенькая полоска по краю ткани», «каемка», «вообще край, грань чего-л.». Укр. крóмка (льда); польск. kromka — «ломтик или краюшка (хлеба)»; в.-луж. kroma, kromka — «кромка», «край», kromować — «окаймлять»; н.-луж. kšoma — «кромка». В других слав. яз. отс. Ср. крóма — «окрух хлеба» (Берында, 1627 г., 103). Также кромъ — «кремль» (огражденное стенами место) в Пскове (XV в.) [см. ПЛ, II, Указатель, 342]. Сюда же относятся гидроним Крома — название реки в бассейне Оки и топоним Кромы — название поселка в Орловской обл. Др.-рус. крóмьный — прил. от кромъ (Срезневский, I, 1327). Кромка в словарях отм. с 1731 г. (Вейсман, 522). ▫ О.-с. корень *krom-. И.-е. база *(s)krēm- : *(s)krəm-, от корня *s(ker-) — «резать» (Pokorny, I, 945). На русской почве сюда относятся кремень, кремль. Ср. лит. krāmas, чаще мн. krāmaĩ — «струп», «струпья» (< «корка» < «нечто отрезанное»); латыш. krama : krams — тж.; м. б. (в абляуте), лит. krimšti, 1 ед. kremtù — «грызть», «кусать»; (с начальным s) нем. Schramme (< ср.-в.-нем. schram) — «шрам», «рубец», «царапина»; др.-исл. skrāma — «рана», «шрам» (дат. skråmme; швед. skråma и др.). См. Pokorny (уп.); Fraenkel, 287, 299.

КРОМСÁТЬ, кромсáю — «резать, разрезать, стричь что-л. грубо, как попало». В говорах также кромшúть (Даль II, 804). Ср. укр. крéмсати. В других слав. яз. отс. Ср. в том же знач.: чеш. kudlati; польск. krajać niedbale и т. д. Слово сравнительно позднее. В словарях — с 1792 г. (САР[1], III, 964). ▫ Надо полагать (вслед за Далем, ib), связано с кромка. М. б., из *кромчúть, от кромка? Ср. кромúть — «отделять», очевидно, от крома (Даль, ib.). Отсюда диал. кромшúть (хотя бы по аналогии с крошить, *рушить* и т. п.). Далее *кромсать* (сначала, м. б., в формах н. вр. *кромшу̀*: *кромса́ю*, как -*кушу̀*: *куса́ю*). См. *кромка*.

КРОПИ́ТЬ, *кроплю́* — «обрызгивать», «брызгать»; (о дожде) «падать мелкими каплями». Сюда же кра́пать (видимо, вследствие скрещения с *капать*) — (о дожде) «капать»; (о картах и пр.) «наводить, делать крап». Сущ. *крап*, *кра́пин(к)а*. Укр. кра́пати, крап, кра́пин(к)а; блр. крапíць, крапа́ць, крап, крапíн(к)а; с.-хорв. кро̀пити, словен. (š)kropiti; чеш. kropiti, (о дожде), kràpati, устар. kràpĕti, krapínek; словац. kropit', kràpat'; польск. kropić, 1 ед. kropię, kropnąć, kropka — «точка», kropla — «капля»; в.-луж. kropić — «кипеть», а также «хрипеть», krop — «кипящая вода»; ср. kraраć — «каркать», «кряхтеть». Др.-рус. кропи́ти, 1 ед. кроплю, итератив крапляти, кропля, крапля (Срезневский, I, 1315, 1330). Форма *крапать* — более поздняя. В словарях — с 1792 г. (САР¹, III, 967). *крапи́ть* (РЦ 1771 г., 237). ▫ Смелое и, как часто у него, неожиданное сближение предложено Махеком (Machek, ES, 236): с греч. πρωξ, род. πρωκός — «росинка», «капля росы», причем предполагается межслоговая перестановка согласных на славянской почве (p : k > k : p). Раньше см. Otrębski, IF, 176. Менее убедительно у Махека сопоставление с нем. besprengen (к springen — «прыгать», «скакать») — «кропить», «поливать», в частности и потому, что это значение — вторичное. Обычно о.-с. *kropiti объясняют как слово звукоподражательное по происхождению.

КРОТ, -а́, м. — «небольшое млекопитающее отряда насекомоядных, с длинной вытянутой мордочкой, с недоразвитыми глазами, с красивым бархатистым мехом темной окраски, приспособленное к жизни под землей, где это животное очень проворно роет и быстро передвигается», Talpa. *Прил.* крото́вый, -ая, -ое. Укр. крiт (!), род. крота́, кротови́й, -а, -е; блр. крот, крато́вы, -ая, -ае; болг. кърт, чаще къртица, къ́ртичи, -а, -е, къ́ртов, -а, -о; с.-хорв. кр̏т, кр̏тица, кр̏тица, кр̏тичин, -а, -о; словен. krt, krtov, -a, -o; чеш. krt, обычно krtek, прил. krtčí; словац. krt, krtica, krtok, krtový, -á, -é; польск. kret, kreci, -ia, -ie; в.-луж. knot (< krot), knoćasy, -a, -e; н.-луж. kśet, śkret, śkretowy, -a, -e. Слово известно со общеславянской эпохи. Но в памятниках др.-рус. письменности в форме *кръ́тъ > крот(ъ) не обнаружено. Ср., однако, **кроторыя** — «крот» в Библии (Левит, XI) по спискам, начиная с XIV в. (Срезневский, I, 1340). В форме *крот* записано Р. Джемсом (РАС, 1618—1619 гг., 26 : 23): crote — «a water rat» («водяная крыса»); ср. у него же (36 : 23) zémlanoi medved — «a wante» («крот»). Ср. у Подвысоцкого (56): земляной медведко — «крот». Людольф в «Рус. гр.», 1696 г. (90) также отм. *крот* — *Cricetus Hambster* («хомяк»). С совр. знач. в словарях — с 1731 г. (Вейсман, 409):

крот. ▫ О.-с. *kръ́tъ. Этимология этого слова не вполне ясна. Сопоставляют с лит. krutĕti — «шевелиться», «двигаться», krutùs — «подвижной», «непоседливый», с др. исл. hraustr — «сильный», «быстрый», «проворный», совр. исл. hraustur — «смелый», «сильный», «бодрый». В данном случае и.-е. основа, по-видимому, *kreu-t-o-. Сопоставления эти не вызывают возражений с фонетической точки зрения, но сомнительны в семасиологическом отношении. Впрочем, допустимо полагать, что первоначально не только крот, но и хомяк и, м. б., водяная крыса были названы по их подвижности, быстроте движений [ср. о кротах: «передвигаются... в норах, под землей очень быстро», «передние конечности роющие, короткие, очень сильные» (БСЭ², XXIII, 489)]. **Кроторыя** в Библии, вероятно, значит «быстро, проворно роющее (животное)», причем первая часть сложения, м. б., от утраченного о.-с. прил. *kръ́tъ, -а, -о, соответствующего лит. krutùs. См. Zubatý, SČ, I, 1, 36 и сл.; Machek, ES, 238.

КРОХА́, -и́, ж. — «мельчайшая часть, мельчайший остаток чего-л. *Прил.* крохо́тный, -ая, -ое. *Уменьш.* кро́шка — тж. *Прил.* (к *крошка*) кро́шечный, -ая, -ое. *Глаг.* кроши́ть. Укр. кри́хта, кри́шка, крихки́й, -а́, -е́, криши́ти; блр. крыха́ (гл. обр. перен.; обычно крышка), кры́шыць. Ср. макед. крш — «обломки», «осколки», кршенка — «ломоть», кршам — «ломаю», «разламываю», «раскалываю»; с.-хорв. кр̏хак, -хка, -хко : кр̏хки̑, -а̑, -о̑ — «хрупкий», «ломкий», кр̀хати — «дробить», «крошить», кр̏ш — «обломок», «осколок», также «скала», кршити — «ломать», «разбивать вдребезги», кр̏шљив — «хрупкий»; словен. krhek, -hka, -hko — «ломкий», «хрупкий», krhati — «зазубривать», «крошить»; польск. устар., диал. krechki, -ie — «хрупкий», «ломкий» (= общепольск. kruchy, -a, -ie), krszyć — «мять», «ломать», krszyna : kszyna — «хлебная крошка». Др.-рус. (с XI в.) кръ́хъть — «крошка» в Хр. Г. Ам. (Истрин, III, 252); ср. крохти в Ип. л. под 6622 г., (с XIII в. 1280 г.) кроха, (с XIV в.) крошка (Срезневский, I, 1331, 1340; Доп. 147). Ст.-сл. кро́ха; аблаут оукроу́хъ — «ломоть хлеба». ▫ О.-с. *kръ́cha. Родственное образование на слав. почве *krušiti. И.-е. база *krou-s- (: *kru-s-) — «толочь», «разбивать», «ломать». Ср. лит. krùsti — «растоптать», «растолочь», итератив kraušýti, ср. kriaušti — «колоть», «раскалывать», kruša̱ — «град»; латыш. krausĕt — «толочь»; др.-исл. hrosti — «растертый, размолотый солод», ср. норв. röste — тж.); греч. χρούω (< *χρουσω) — «стучу», «ударяю», «бью», «топаю», «сталкиваю» (см. Pokorny, I, 622; Fraenkel, 302 и др.).

КРУГ, -а, м. — «замкнутая кривая, во всех своих точках равно удаленная от центра», «площадь, ограниченная такой линией». *Прил.* кру́глый, -ая, -ое, круговой, -а́я, -о́е, кру́жный, -ая, -ое, ср. с приставкой окру́жной. *Глаг.* кружи́ть(ся).

КРУ

Укр. круг, кру́глий, -а, -е, круговий, -а́, -е́, кружний, -а́, -е́, кружити; блр. круг, кру́глы, -ая, -ае, кругавы́, -а́я, -бе, кружы́ць; болг. кръг, кръ́гъл, -гла, -гло, кръгов, -а, -о (но «кружу» — въртя́, ви́я се); с.-хорв. кру̑г, о̀крӯгао, -гла, -гло : о̀крӯгли̑, -а̄, -о̄, кру̏жан, -жна, -жно : кру̑жнӣ, -а̄, -о̄, кру́жити; словен. krog, okrogel, -gla, -glo, krožen, -žna, -žno, krogov, -a, -o, krožiti; чеш. kruh, kružnice, okrúhlý : okrouhlý, -á, -é, kruhový, -á, -é, kroužiti; словац. kruh, kružnica, okrúhly, -a, -e, kruhový, -á, -é, okružný, -á, -é, krúžiť; польск. krąg, (o)krągły, -a, -e, krążyć; в.-луж. kruh, kružnica, -a, -e, kružić, kružować. Др.-рус. (с XI в.) кругъ, кружьный, (с XIII в.) круглъ, круглый (Срезневский, I, 1332—1334). Ст.-сл. крѫгъ. Прил. круговой — более позднее, в словарях — с 1771 г. (РЦ, 247). ◻ О.-с. *krǫgъ. Ср. др.-исл. hringr (совр. исл. hringur); дат., норв., швед. ring) — «круг», «кольцо»; др.-в.-нем. hring (нем. Ring); англосакс. hring (англ. ring) — тж. (прагерм. основа *krengh-o- : *grengh-o-). И.-е. корень *ger- (с непонятным колебанием начальных gr-:kr-). См. Pokorny, I, 385.

КРУ́ЖКА, -и, ж. — 1) «большой сосуд для питья, обычно в виде стакана с ручкой»; 2) «металлический сосуд (коробка) с отверстием в крышке для сбора денег». Прил. кру́жечный, -ая, -ое. В других слав. яз. отс. Ср. в том же знач.: укр. ку́холь, иногда (о металлической кружке) ква́рта, (для сбора денег) карна́вка; болг. ка́нче, (для сбора денег) кути́я; польск. kubek, kufel, (для сбора денег) skarbonka, puszka и пр. Др.-рус. (почти исключительно новг. и пск., XV—XVI вв.) кружка : крушка, род. мн. крушок (Срезневский, I, 1334, Кочин, 163). Ср. польск. kruż — «кувшин» (известно также с XV—XVI вв.). ◻ Происхождение слова кружка неясно. Скорее всего оно не славянского происхождения, а подобно польск. kruż заимствовано (около XV в.) из германских языков. Обращает на себя внимание, что старшие известные нам примеры употребления слова кружка наблюдаются почти исключительно в новгородских и псковских памятниках, причем не только в форме с ж (кружка), но и в форме с ш (крушка). Очевидно, источник заимствования русского слова был иной, чем источник заимствования польск. kruż. Вероятно, это ср.-н.-нем. krūs — «кружка», «сосуд для питья» [при ср.-в.-нем. krūse (устар. нем. Krause) — тж.]. Ср. ст.-голл. kruiz (совр. голл. kroes (произн. krus) — тж.]; англ. cruse (произн. kru:z) — «глиняный сосуд». Ср. (м. б., из н.-нем.) швед., норв., дат. krus — «кружка». Но источником заимствования могло послужить и франц. cruche — «кружка», «кувшин», известное с XIII в. [из ср.-в.-нем. говоров krūche (ср. нем. диал. Krauche) — «кружка»]. При этом предположении можно было бы объяснить форму крушка (с ш) от *круш(ь). Но мы не знаем точно, происходит ли круж(ь)ка от *круж(ь) или от *крузъ, что также возможно. Ясно только, что на формирование этого слова оказали влияние и слова круг (см.), кружок, круговой. Ср. выражения: чаша круговая, кубок или ковш круговой и т. п. Напр., у Пушкина: «за чашей пунша круговою», «ковши круговые», «кубок круговой» и т. п. (СЯП, II, 417).

КРУПА́, -ы́, ж. — 1) «продукт питания, состоящий из цельных (очищенных и лущеных на спец. машинах) или дробленых зерен»; 2) «мелкий град». Прил. крупяно́й, -а́я, -бе, отсюда крупени́к. Укр. крупа́ (обычно крупи́, мн.), круп'яни́й, -а́, -е́, крупени́к; блр. кру́пы, мн. (отсюда лит. krúopa — «крупинка», «крупица»), крупяны́, -а́я, -бе, крупяни́к. Ср. с.-хорв. кру̀па — «мелкий град», но пре̏крупа — «крупно молотое зерно», «мука крупного помола», «дробленый ячмень», кру̏пнӣк — «пшеница»; чеш. kroupa — «лущеное зерно», kroupy, мн. — «крупа» и «град», kroupový, -á, -é; словац. krupa — «крупинка», krúpy, мн. — «крупа» и «град»; польск. krupa, krupy, мн. — «крупа» (чаще kasza), krupiasty, -a, -e, krupnik — «крупяной суп»; в.-луж. krupa — (перловая) крупа, «град», krupojty, -a, -e, krupjany, -a, -e, krupny, -a, -e, krupnik — «крупяная ручная мельница»; н.-луж. kšupa — «крупа». Др.-рус. (с XI в.) и ст.-сл. крупа — «мука», (манная) крупа, «крошка», «крупинка»; ср. крупо — «кроха», «капля», крупица — «крошка»; прил. крупъ, крупый — «мелкий», «малый», глаг. крупѣти — «мельчать», «уменьшаться» (Срезневский, I, 1335—1336). ◻ О.-с. *krupa. Аблаут *kъr-. Ср. рус. диал. кро́пкий, -ая, -ое — «хрупкий» (Даль, II, 804). И.-е. база *kreup- (: *kroup- : *krup-) — «струп», «шелуха»; «покрываться коркой». В других и.-е. языках сохраняется старшее знач. Ср. лит. kraupùs — «жуткий», «страшный» (< «покрытый струпьями»), аблаут nukrùpti — «покрываться струпьями»; латыш. kraupis — «парша», аблаут krupis — «жаба»; др.-прус. crupeyle — «лягушка»; др.-в.-нем. (h)riob — «прокаженный», аблаут hruf (совр. нем. Rufe) — «струп» (совр. нем. Graupe — «крупа», возможно, заимствовано из слав. языков); др.-сканд. hrjūfr (совр. исл. hrjúfur) — «неровный», «шероховатый», «покрытый струпьями» (ср. норв. ry — «шероховатый»; аблаут др.-сканд. hrufa — «шероховатость», «струп» (совр. исл. hrufa — тж.); ср. еще дат. roe (ст.-дат. rue) — «струп»; алб. kripë (где krip- из *krūp-) — «соль» (подробнее см. Pokorny, I, 623). Следует, однако, заметить, что сам Покорный о.-с. *krupa сюда не относит, связывая эту группу с и.-е. *krou-s- [откуда рус. кроха (см.), крошка]. Как общее наименование крупы, это слово, очевидно, позднее явление. Ср. еще у Р. Джемса (РАС, 1618—1619 гг., 8 : 5): crūpa — «oatemeale» («овсянка»). Возможное развитие знач. на слав. почве: «шелуха», «лузга» > «то, что подвергается лущению» > «тот или иной вид крупы» > «крупа вообще».

КРУ́ПНЫЙ, -ая, -ое — 1) «состоящий из частиц, элементов большого объема, веса, бо́льших разме́ров»; 2) «большо́й», «выделя́ющийся свои́ми разме́рами»; 3) «ва́жный», «значи́тельный». *Кр. ф.* кру́пен, -пна́, -пно́. *Глаг.* крупне́ть. Укр. кру́пний, -а, -е, крупні́ти; с.-хорв. кру̏пан, кру̑пна, кру̑пно : кру̑пнӣ, -а̄, -о̄ — «кру́пный» (о челове́ке — «то́лстый», «доро́дный»). Ср. чеш. редк. krupný, -á, -é — «похо́жий на крупу́». В ру́сском языке́ сравни́тельно по́зднее сло́во, хотя́ в нача́ле XVIII в. оно́ бы́ло уже́ широко́ распространено́. Отм. Полика́рповым (1704 г., 158). В «Рукоп. лексиконе» 1-й пол. XVIII в. нахо́дим, кро́ме *кру́пный* и *кру́пно*, та́кже *крупне́ти* (Аверья́нова, 156). ▫ Отно́сится к *крупа́*. Знач. «име́ющий больши́е разме́ры» и т. п. снача́ла возни́кло в таки́х словосочета́ниях, как *кру́пное зерно́* (отсю́да *крупнозерни́стый*), *кру́пный пот* (отку́да *кру́пная ка́пля по́та*). Ср. чеш. krupný — «похо́жий на крупу́». См. *крупа́*.

КРУЧИ́НА, -ы, *ж.* — «состоя́ние дли́тельной тоски́ или томи́тельной трево́ги», «печа́ль». *Глаг.* кручи́ниться. Гл. обр. ру́сское. Ср. в том же знач.: укр., блр. журба́, ту́га; бол. мѣ́ка, тъга́; чеш. zármutek. Др.-рус. (с XI в.) *кручина* — «боле́знь, вы́званная пресыще́нием» в Изб. 1076 г.: «и прѣсыщеніе до *кручины* доидеть, прѣсыштеніемь бо мнози умыроша», л. 167, строка́ 4); та́кже «па́дучая боле́знь», «желчь» («желту́ха»?) [Срезне́вский, I, 1337]. Ст.-сл. кржчннд. Ср. по́зже у Бере́нды, 1627 г. (104): *кручина* — «возгоре́ние с напыще́нием», «жолч», перено́сно: «гнев», там же *кручиняюся* — «надыма́юся», «пу́хну», «гне́ваюся». ▫ Сло́во нея́сное в этимологи́ческом отноше́нии. Мо́жно бы́ло бы всле́д за Горя́евым (171) свя́зывать с о.-с. *krǫtiti (> рус. *крути́ть*), непосре́дственно с др.-рус. *круча* — «о́мут», «водоворо́т», «вир», встреча́ющимся в Пск. II л. в «Сказа́нии о кня́зе Домо́нте» под 6773 г.: «метахуся с брега в *кручю*» (ПЛ, II, 18). Но про́тив тако́го сближе́ния как бу́дто свиде́тельствует ст.-сл. форма с ж : кржчннд (вм. ожида́емого *кржштинд).

КРЫ́СА, -ы, *ж.* — «вре́дный грызу́н из гру́ппы мыши́ных, разме́рами иногда́ до 23 см., с заострённой мо́рдой, удлине́нным ту́ловищем, с дли́нным почти́ безволо́сым хвосто́м, покры́тым кольцеобра́зными ко́жными чешу́йками», Rattus. *Прил.* кры́синый, -ая, -ое, кры́сий, -ья, -ье. Гл. обр. ру́сское. Чеш. krysa — из ру́сского. Ср. чеш. potkan — «водяна́я кры́са»; словен. podgana < ит. pantegana < позднелатин. ponticana (от pons — «мост», как бы «живу́щая под мосто́м». Вообще́ славя́нские наро́ды по-ра́зному называ́ют э́то живо́тное. Ср. укр. пацю́к, щур; блр. пацу́л; болг. плъх; с.-хорв. па́цо̑в; польск. szczur. Сло́во *крыса* изве́стно в ру́сском языке́ с XVII в. Пожа́луй, са́мым ра́нним приме́ром употребле́ния э́того сло́ва мо́жет служи́ть запи́санное Р. Дже́мсом на Се́вере (РАС, 1618—1619 гг., 7 : 3): cris «a rat». Встреч. та́кже в слова́рике Лу́дольфа в «Рус. гр.», 1696 г. (90): *крысъ* (причём чита́ть мо́жно и *крысь*, поско́льку Лу́дольф обы́чно вм. ь на конце́ слов пи́шет ъ, напр. *гусъ* вм. *гусь* и т. д.). Значе́ние Лу́дольф определя́ет по-неме́цки Ratte («кры́са»), но по-латы́ни glis, что значит со́бств. не «кры́са», а «со́ня» (грызу́н, по зоологи́ческим да́нным бо́лее бли́зкий к бе́лке). В фо́рме *крыса* впервы́е отм. Ве́йсман, 1731 г. (486). ▫ Сло́во в этимологи́ческом отноше́нии о́чень тру́дное. М. б., это назва́ние, перенесённое на кры́су с друго́го како́го-л. грызуна́ или вообще́ друго́го живо́тного. М. б., здесь име́ет ме́сто контамина́ция ра́зных слов, напр. *крот* и *грызть*. Не исключено́, одна́ко, и то, что сло́во это не славя́нского происхожде́ния, а прише́лое. Как изве́стно, се́рая кры́са «на ру́сской равни́не... появи́лась не ра́нее XVII—XVIII вв.; в Сиби́ри — в нача́ле XX в.» (БСЭ², XXIII, 562). В Евро́пу она́ попа́ла из Ю́го-Восто́чной А́зии, че́рез Бли́жний Восто́к. Поэ́тому заслу́живает внима́ния отмеченное В. Ивано́вым (АО, 1931 г., в. 9, ч. 4, с. 369) ст.-перс. диал. (г. Ало́мут на се́веро-за́паде Ира́на) gerzū — «мышь», кото́рое могло́ бы быть отдалённой прафо́рмой сло́ва *крыс* : *крысь* (?) : *крыса*, как, и в бо́льшей ме́ре, и тохар. arśa karśa — «лета́ющая мышь», о чём см. Hansen, ZfslPh, т. XXIII, кн. 1, с. 168.

КРЫТЬ, кро́ю — «расстила́ть, накла́дывать, нава́ливать что-л. над чем-л., сверх чего́-л.». *Возвр. ф.* кры́ться. *Сущ.* кры́ша, (абля́ут) кров. Укр. кри́ти(ся), 1 ед. кри́ю(ся); блр. крыць, кры́цца, 1 ед. кры́ю(ся); болг. кри́я (се) — «скрыва́ю(сь)», «пря́чу(сь)»; с.-хорв. кри̏ти (се), 1 ед. кри̏је̄м — «скрыва́ть»; словен. kriti, «крыть»; чеш. krýti (se), 1 ед. kryji — тж.; словац. kryt' (sa); польск. kryć (się), 1 ед. kryję; в.-луж. kryć (so), 1 ед. kryju; н.-луж. kšyś. Др.-рус. (с XIII в.) крыти(ся), 1 ед. крыю > крою(ся) — «крыть» (сверху), «переплета́ть», по́зже с XV в. «скрыва́ть», «пря́тать» в «Хоже́нии» Аф. Ники́тина (Срезне́вский, I, 1341 и Доп., 147). Ст.-слав. крытн (сѧ), 1 ед. крыѭ (сѧ). ▫ О.-с. *kryti, 1 ед. *kryjǫ. Ср. лит. (на друго́й ступе́ни вокали́зма) kráuti, 1 ед. kráuju — «скла́дывать» при krūvà (ко́рень krū-) — «ку́ча», «ки́па»; латы́ш. kraut — «скла́дывать в ку́чу», «укла́дывать», «грузи́ть» (Fraenkel, 291). Соотве́тствия в други́х (кро́ме балти́йской гру́ппы) и.-е. языка́х редки́. Ср. др. и совр. исл. hraun — «ла́вовое по́ле» (покры́тое ла́вой), «ла́ва»; диал. røn — «го́рный кряж на морско́м дне́» (Falk — Torp², II, 935). Бли́же всего́, пожа́луй, греч. κρύπτω (с -р- — и.-е. расшири́телем ко́рня) — «покрыва́ю», «скрыва́ю» (Frisk, II, 30).

КРЮК, -а́, *м.* — «преиму́щественно металли́ческий то́лстый сте́ржень с за́гнутым концо́м, на кото́рый мо́жно что-л. наце́пить». *Прил.* крюково́й, -а́я, -о́е. *Сущ.* крючо́к, крю́чник. *Глаг.* крю́чить. Укр. крюк (ча́ще гак), крючо́к (ча́ще гачо́к), крю́чник (: тяга́ль); блр. крук, кручо́к (но «крючо́к-засте́жка» гаплі́к), кру́чнік. Ср. польск. kruk — тж. (ча́ще hak, haczyk). В други́х слав. яз. отс. Ср. в том же знач.: болг. ку́ка, ку́кичка; с.-хорв. ку̏ка; чеш.

hák, háček. Др.-рус. (с XIV в.), начиная с Духовной Ивана Калиты, ок. 1339 г.: «поясъ золотъ съ *крюкомъ*» (Черепнин, № 1, с. 8 и сл.). ◻ Из немецкого языка. Ср. нем. Krücke (диал. Krucke), *f.* — «клюка», «костыль». В немецком — давнее (др.-в.-нем. krucha); вообще слово германское; ср. голл. kruk; англ. crutch. Др.-сканд. krôkr — «искривление», «крюк», др.-исл. kraki — «жердь» и т. п. — не первоисточник, а родственные с нем. Krücke слова. Скандинавского происхождения франц. croc — «крюк», «багор», англ. crook — тж. (см. *крокет*).

КРЯЖ[1], -а, *м.* — «обрубок толстого бревна»; *перен.* «крепыш», «здоровяк». *Прил.* **кря́жистый**, -ая, -ое. Укр. кряж, кряжи́стий, -а, -е (но о человеке — **кремезни́й**); блр. краж. В других слав. яз. отс. Ср. в том же знач.: болг. пън, чука́н; чеш. špalek, výřez; польск. pień, kloc и т. д. В русском языке известно с 1-й пол. XVII в. Ср. в «Истории о Азовском взятье» («сказочной» повести): «Атаман же... велел... принести *кряж* и указа им, как очаищ зделать» («Воинской повести», 97). ◻ Восходит, в конечном счете, по всей видимости, к др.-рус. **къръ* — «корень»; ср. ряз. **корь**, род. **кря** — «корень» (Даль, II, 771). Ср. чеш. **keř**, род. **keře** (при ст.-чеш. **kře**) — «куст»; польск. устар. **kierz**, род. **krza** — тж., **krzak** — «куст». Ср. укр. **крячи́на** (от **кряк*) — «маленький куст». Можно предположить, что *кряж* непосредственно относится к **кряга* (<**кърга*; ср. *коряга*), с суф. -'*аг-а*, **коряжить(ся*) ср. *корёжить*).

КРЯЖ[2], -а, *м.* — «цепь или растянувшаяся гряда невысоких гор», «гряда холмов». За пределами литературного языка, в народной речи это слово употр. и с другими знач. Ср. в говорах: «толстый слой», «однородный пласт», «слань земной толщи», «материк, неру́шенная земля под насыпью или наносом», «целик»; «сухое, непаханое место», «верхняя окраина уступа» и др. (Даль, II, 814); также донск. «берег займища половодного» (Миртов, 154). В форме **креж** — олон. «гора», «скала», «возвышенный берег» (Куликовский, 43); смолен. «обрыв на дне озера, углубление, яма» (Добровольский, 357). Укр. **кряж**; блр. **краж**. В других слав. яз. не встр. Ср., напр., в том же знач.: чеш. pohoří, vysočina; польск. łańcuch, pasmo и др. В форме *кряж* слово известно с 1-й пол. XVIII в. (Аверьянова, 158): «*кряжь земли*». ◻ Надо полагать, что эта форма поздняя, возникшая под влиянием *кряж*[1], *кряжистий*, ей предшествовала форма *креж* или *криж*. Ср. **крижъ** — «кряж гор» в «Межевой записи» 1391 г. в сп. XVI в. (Срезневский, I, 1322). По-видимому, др.-рус. **крижь** [при рус. диал. **креж** (с суф. -*еж-*, как в *рубеж*)] по происхождению связано (по корню) с укр. **кри́га** — «лед», «льдина», блр. **крыга** — «плавучая льдина»; ср. витеб. **кры́жница** — «густой лед, плывущий по реке» (Касьпяро́віч, 168). С другой стороны, ср. **кри́ца** — «свежая глыба вываренного из чугуна железа», а также «глыба навоза с соломой, вырубаемая зимой на скотном дворе» (Даль,

II, 801). Ср. также с начальным *и*, напоминающим *и* перед сочетанием плавного с согласным в **ирвать** вм. *рвать*; курск., калуж. **икри́ца** — «сталь-томленка»; ряз., тамб. **икра́** — «крига», «плавучая льдина» (Даль, II, 661, 801) с ударением, перенесенным на *и* вследствие диссимиляции с *икра́*. Эти слова, в свою очередь, восходят к др.-рус. (XII в.) **кра** (< **кърa*) — «льдина» (Срезневский, I, 1310), ст.-чеш. kra (kra ledu, kra zlata и т. п.). О.-с. корень **kъr-*, вероятно, тот же, что в рус. *кора*, *корнать* (см. эти слова). И.-е. **(s)ker-* — «резать», «рассекать» (Pokorny, I, 938 и сл.).

КРЯ́КАТЬ, кря́каю — «издавать короткие (отрывистые) горловые звуки, похожие на утиные». *Однокр.* **кря́кнуть**. *Сущ.* **кря́ква** — «разновидность дикой утки». Укр. **кря́кати**, **кря́кнути** (но «кряква» — **крижень**, **крижня́**); блр. **кра́каць**, **кра́кнуць** (но «кряква» — **крыжа́нка**). Ср. болг. **кря́кам** (вм. *крекам*, возможно, под влиянием русского произношения) — «крякаю»; с.-хорв. **крѐк** — «крик, кваканье лягушек», «стрекот», **крѐкнути** — «крякнуть», «квакнуть»; польск. krzek — «кваканье», krzekać — «хрюкать» (о свинье), krząkać, krząknąć — «хрюкать» (о свинье), «харкать» (о человеке), krakwa — «крякква [но «крякать» (об утке) — kwakać]; ср. чеш. káchati — «крякать» (об утке; в других случаях hekati), «кряква» — kachna diwoká. В др.-рус. (Сб. XVII в.): «утица *крякнет*» (Срезневский, I, 1355). ◻ Ср. лит. krañkti — «каркать». Ср. др.-в.-нем. krach, krahhôn; нем. Krach — «треск», krachen — «трещать», krächzen — «каркать»; греч. κρέκω — «издаю звук» (напр., о ткацком станке, также на свирели и пр.). Корень звукоподражательный, на слав. почве **krek-* : **kręk-*.

КТО, кого́, *мест. вопросительно-относи́тельное* — заключает указание на одушевленный предмет мысли и речи, на человека, животное и т. п. Укр. **хто**, род. **кого́**; блр. **хто**, род. **кагó**; с.-хорв. **ткȍ** (< **кто**): **кȍ** (< **тко**), род. **кȍга**; словен. kdo, kdor, род. koga; чеш. kdo, род. koho; словац. kto : chto, род. koho; польск. kto, род. kogo; н.-луж. chto, род. kogo; полаб. kåtü, род. (ni) kűg (сохранилось лишь с отрицат. частицей). В.-луж. štó, род. koho — «кто» (ср. što, род. čeho — «что»); болг. **кой** — «кто». Др.-рус. (с древнейшего времени) **къто**, род. **кого** (Срезневский, I, 1415). ◻ О.-с. **къto* (род. **kogo*), корень **kъ-* (*-to* — частица). И.-е. местоименная основа **kʷo-*, **kʷe-*, ж. р. **kʷā-*; род. п. **kʷeso* (ср. ст.-слав. чесо). Ср. лит. kàs, род. kõ — «кто», «что»; латыш. kas — «кто», «который»; др.-прус. kàs — «кто»; гот. hvas (< **kʷo-s*), hvō — «кто», «которой»; др.-в.-нем. hwer (< **kʷe-s*, совр. нем. wer), hwaz (совр. нем. was — «что»); латин. qui (< quoi < **kʷo-* с указат. *-i*) — «который», quae, *f.*, quod, *n.* — «кто», quis — «кто»; греч. (гомер.) τέο : (атт.) τοῦ (< **kʷes(i)o*) — «чей»; др.-ирл. cia (< **kʷei* или *kʷoi*) — «кто»; алб. kë (< **kʷo-m*) — «кого» (accus. к kush — «кто»); авест. kō-, ж. р. kā- — «кто»;

КУБ

перс. ke:ki (< род. *kaya < *kahya) — «кто»; осет. чи (= перс. ки) : ка — тж.; др.-инд. káḥ, ж. р. ká — «кто» (ср. хинди каон — «кто») и др. (подробнее см. Pokorny, I, 644—645).

КУБ¹, -а, м. — «сосуд для перегонки и кипячения жидкостей». *Прил.* **кубо́вый**, **-а́я**, **-о́е**. Укр., блр. куб. В других слав. яз. отс. Ср. в том же знач.: болг. съд («сосуд»); чеш. kotel; польск. kocioł, kadź и т. п. Др.-рус. кубъ: «кубъ винной» в Дух. Леонт. Дм. начала XVI в., но произв. от него кубок встр. значительно раньше, в Ип. л. под 6683 г. (Срезневский, I, 1356). Очевидно, слово *куб* существовало уже в Киевскую эпоху. ▫ Вслед за Бернекером (Berneker, I, 636), Фасмером (Vasmer, REW, I, 676), Покорным (Pokorny, I, 591) и др. можно полагать, что это слово находится в родственных отношениях с греч. χύβη [«черепная коробка» «горшок» (ср. в семантическом отношении франц. tête — «голова» < латин. testa — «горшок»)], χύμβη «сосуд для питья», «чаша», «кубок»; авест. ḫumbō- «горшок», ваханск. (памиро-иранск. группы) bukūn «деревянная чаша», «пиала»; др.-инд. kumbháḥ — «горшок», «кувшин», «выпуклости на голове слона». И.-е. база *keu-b(h)- : *ku(m)-b(h)- (Pokorny, I, 590, 592).

КУБ², -а, м. — 1) «шестигранник, у которого все грани — равные квадраты»; 2) «третья степень какого-л. числа»; 3) «кубический метр как мера объема». *Уменьш.* **ку́бик**. *Прил.* (к *куб*) **куби́ческий**, **-ая**, **-ое**. Укр. куб, куби́чний, -а, -е; блр. куб, кубі́чны, -ая, -ае; болг. куб (ср. ку́бче — «кубик», ку́бчета — «детские кубики»), куби́чески, -а, -о; с.-хорв. ку̑б; польск. kub (и sześcian), kubiczny, -a, -e. Ср. чеш. krychle (< ст.-нем. Krichelin) — «куб» («детские кубики» — kostky). Слова *куб* и *кубик* появились еще в XVII в., но сначала лишь в знач. «третья степень числа»; в геометрическом смысле *куб* употр. с Петровского времени (с неустойчивой формой): *кубус* («Геометрия или приемы циркуля и линейки», 1708 г., 40), *куб* («Книга, учащая морского плавания», 1701 г., 1). Тогда же входит в употр. и прил. *кубический* («Арифметика» Магницкого 1703 г., 4, там же *кубичный*) [см. Кутина, ФЯН, 44]. ▫ Ср. нем. Kubus; франц. cube (произн. kybə); англ. cube (произн. kju:b); ит. cubo и др. Первоисточник — греч. χύβος — «куб» (в геом. и мат. смысле), также «игральная кость» (в форме шестигранного кубика, прил. χυβιχός. Из греческого — латин. cubus, прил. cubicus. В русском, надо думать, из классических языков, особенно латинского.

КУЗНЕ́Ц, -а́, м. — «специалист по ковке металла». *Прил.* **кузне́цкий**, **кузне́чный**, **-ая**, **-ое**. Сюда же **ку́зница**. Слово гл. обр. русское. Ср. укр. кова́ль, но ку́зня — «кузница»; блр. кава́ль, но ку́зня; польск. kowal, но kuźnia, kuźnica. Ср. болг. кова́ч — «кузнец», кова́чница — «кузница»; с.-хорв. ко̀ва̄ч, ко̀ва̄чница; чеш.

kovář, kovárna. Др.-рус. (с XI в.) кузньць, позже кузница в Пск. I л. под 6974 г., также (с XI в.) кузнь — «всё кованое» (Срезневский, I, 1359—1360). Ст.-сл. коуzньць, коуzнь — «все кованое». ▫ Корень ку- (< о.-с *ku-, абляут *kov-; ср. *kovati, 1 ед. *kujǫ), суф. -зн-ь- (< о.-с. *-zn-ь), тот же, что в рус. *жизнь* и др. Слово *кузнец* — от основы *кузн-*, суф. -ьц-ь. См. **ковать**.

КУ́ЗОВ, -а, м. — «корпус автомашины, часть повозки, экипажа, где размещаются люди»; «у грузовой автомашины — место для поклажи, для груза»; «плетеный или обшитый по остову короб из лыка или бересты, род корзины». Укр. ку́зов (только экипажный, автомобильный), также блр. ку́заў. Гл. обр. русское, в других слав. яз. не встреч. В знач. «автомобильный кузов» ср.: польск. karoseria (< франц. carrosserie), pudło и др., в знач. «корзина» — kosz; болг. каросе́рия; чеш. karosérie. В словарях — с 1704 г. (Поликарпов, 158 об.). ▫ Трудное для объяснения слово. На слав. почве вообще объяснить едва ли возможно, если не связывать с польск. (с XVII в.) kozub : kazub : kożub (от koza; см. Brückner, 263) — «корзина», «лубяная коробка», «сумка» > укр. ко́зуб — «лукошко», «кузов». В русском языке *кузов* могло получиться вследствие перестановки гласных (при сохранении ударения) с заменой *б* > *в* вследствие сближения с такими словами, как *остов* и другими на -ов (*жернов* и др.). Для объяснения как заимствования с Востока пока еще мало оснований. Одиночное в тюркских языках каз.-тат. козау — «кузов из бересты», м. б., само из русского. Монг. гэзээ — «рубец» (первый отдел желудка у жвачных) — слишком далеко и в фонетическом и в семасиологическом отношениях.

КУ́КИШ, -а, м. — «кулак с большим пальцем, просунутым между указательным и средним, как грубый жест, обозначающий высшую степень насмешки, презрения и уничижения». Ср. в том же знач.: укр., блр. ду́ля; чеш. fík; польск. figa (в чеш. и польск. < латин. ficus — «фиговое дерево» > «фига», «смоква» > «нарост», «шишка», «кондилома»). В русском языке известно с конца XVII в. Отм. у Поликарпова (1704 г., 158 об.). Позже у Ломоносова в «Мат. к Рос. гр.», 1744—1745 гг. (ПСС, VII, 713). ▫ От *кука*, корень *кук-*, с суф. -ыш- (ср. *голыш*, *крепыш*, *малыш*; ср. *мякиш* из *мякышь*). Ср. у Даля (II, 818) рус. диал. ку́ка — «кулак»; твер. ку́ковина — «бородавка»; ср. ку́киш — «лесная груша», «дикая груша» (при укр. ду́ля — «груша-дуля» и «кукиш»); ср. ку́ка и глаг. куко́житься — вост. «ежиться», «корчиться». Знач. «кукиш» — м. б., через знач. «шишка», «нарост». С другим суф.: новг. куку́ль — «кукиш». Ср. колым. ку́ка — «толстая связь на ивовых ветвей» (Богораз, 72). ▫ Корень давний, с общеиндоевропейской поры. Ср. лит. kaũkas — «шишка», «желвак», «нарост» (также «домовой», «гном»), kaũkaras — «бугор», «холм», «вершина горы» гот. hauhs — «высокий»; также др.-в.-нем. hōh (совр. нем. hoch); англосакс. hēah (англ. high); др.-исл. haugr (исл. haugur) — «холм», «курган», «груда», «(навозная) куча»; др.-инд. kucáti — «(он, она) корчится, кривится» (корень kuc-). И.-е. база *keu-k- (: *kou-k-) [Pokorny, I, 589]. См. *кукла*.

КУ́КЛА, -ы, ж. — «игрушка в виде фигуры человека, чаще всего нарядно одетой девочки»; «фигурка человека или животного в специальных театральных представлениях». *Прил.* ку́кольный, -ая, -ое. Гл. обр. русское. Болг. ку́кла, польск. kukła — тж. — из русского. Ср. в том же знач.: польск. lalka; укр. и блр. ля́лька; с.-хорв. лу̑тка; чеш. loutka, panenka. Срезневский (I, 1360) отм. это слово в переводной «Хронографии» византийского писателя Иоанна Малалы по сп. XV в.: «куклами дѣтьскыми» (оставив, впрочем, это выражение без перевода). В начале XVII в. отм. Р. Джемсом: (PAC, 1618—1619 гг., 20 : 1) kůklï (кукли) — «the poppet thinges», что можно перевести и как «кукольная одежда». Прозвище *Кукля* и фамилия *Куклин* известны со 2-й пол. XVII в. (Тупиков, 215, 607). В словарях русского языка прил. *кукольный* отм. лишь с 1771 г. (РЦ, 252). ▫ Слово не вполне ясное в этимологическом отношении. С давнего времени (Miklosich, EW, 1886 г., 146) сопоставляется с новогреч. κούκλα — «кукла», «марионетка» (отсюда и турец. kukla — тж.). Позже делается вывод о заимствовании рус. *кукла* из новогреческого (Фасмер, ГСЭ, III, 104). Но происхождение новогреч. κούκλα не более ясно. Высказывалось мнение о заимствовании его из славянских языков (см. Соболевский, РФВ, LXX, 91). Рус. *кукла* связывают также с новогреч. κουκούλι(ον) — «кокон», сначала сохранявшим знач. латин. cucullus, cuculla, cucullio — «капюшон», «башлык», «клобук», к которому оно восходит. Но превращение κουκούλι в κούκλα в греческом без славянского посредства маловероятно. Ср. такого же (из латинского языка) происхождения алб. kukull — «кукла», «марионетка». К латин. cuculla восходят чеш. kukla — «капюшон»; польск. устар. kukla — «шутовской колпак» и kukła — «род продолговатой булки» (< ст.-польск. kukła — «род головного убора, капюшон у монахов»). К греч. κουκούλι восходит др.-рус. *кукуль* < *куколь* — 1) «плащ», «верхняя одежда», 2) «монашеский головной убор», «клобук» (Срезневский, I, 1361) и многочисленные современные потомки этого слова в русских говорах, включая сюда и совр. рус. *куколка* (см.) — «личинка», «кокон». Но сюда, по-видимому, не относится ни арханг. *ку́кла* — «привязанная к прялке охапка льну, из которого прядут нитку» (Подвысоцкий, 77), ни колым. *ку́кла* — «толстая связь из ивовых ветвей» (Богораз, 72). Ср. также блр. диал. (витеб.) *кукла* — «закрученные в прическу волосы», «бутон» (Касьяровіч, 170). Эти слова другого происхождения (см. *кукиш*). Т. о., не отвергая пока (за недостатком данных) предположения о греческом происхождении рассматриваемой группы слов, можно полагать, что она непосредственно восходит к позднегреч. κουκούλι(ον), но *кукла* (вероятно, вм. *кукля* из *кукуля* и вследствие смешения с диал. ку́кла, восходящим к корню *кук-*) возникло на славянской почве. Прил. *кукольный*, возможно, не от *кукла* (сравнительно позднего слова), а от *куколь*. Ср. *скукольный* — «скоморошный» (Срезневский, III, 397).

КУ́КОЛКА, -и, ж. — «насекомое на промежуточной ступени развития из личинки в зрелую особь». *Глаг.* окукля́ться, оку́клиться. Блр. ку́калка. Cр. чеш. kukla; с.-хорв. ку̀ку̀љица — тж. (также «капюшон», «женская прическа из кос»). Но в других слав. яз. отс. Ср. в том же знач.: укр. ля́лька; болг. какави́да; чеш. pupa или kukla (hmyzu); польск. poczwarka. В других (неславянских) языках по большей части *куколка* как энтомологический термин отличается от *куколка* как уменьш. от *кукла*. Ср., напр. нем. Puppe или Larve (как энтомол. термин) и Püppchen (уменьш.). ▫ Этимологически связано не столько с *кукла*, сколько с *куколь*, хотя от *куколь* можно было бы ожидать формы *ку́колька*. См. *кукла*.

КУКУРУ́ЗА, -ы, ж. — «однолетнее травянистое растение семейства злаковых с высоким прямым толстым (мясистым) стеблем и широкими лентовидными, опущенными в их верхней части листьями», «маис», Zea mays. *Прил.* кукуру́зный, -ая, -ое. Укр. кукуру́дза, кукуру́дзяний, -а, -е; блр. кукуру́за, кукуру́зны, -ая, -ае. Ср. болг. кукуру́з (в говорах также кукура́тка, кукума́ра), кукуру́зен, -а, -о; с.-хорв. ку̀куруз, ку̀курузан, -зна, -зно : кукурузнӣ, -ā, -ō; словен. koruza, kukuruza, kukorica; чеш. kukuřico; польск. kukurydza, kukurydzowy, -a, -e. В русском языке слово появилось в 1-й пол. XIX в. (в словарях — Соколов, I, 1834 и 1274). ▫ В русский язык попало откуда-то с юга, м. б., с Украины, а туда проникло, вероятно, с Балканского п-ва. Но какого происхождения это слово в южнославянских языках? Многие возводят его к турец. kokoroz — «стебель кукурузы» (при misir — «кукуруза»). Турецкое происхождение слова *кукуруза* на первый взгляд как будто подтверждается и тем, что это растение иногда называют еще *турецкой пшеницей* (Даль⁴, IV, 872); ср. в некоторых других слав. яз.: чеш. turecké žito; словац. turkyňa. Однако родиной кукурузы является вовсе не Турция, а Центральная и Южная Америка, и в Европу она была завезена после открытия Америки испанцами (которые, однако, всегда называли ее maíz). Кроме того, происхождение турец. kokoroz неизвестно и не исключается, что это слово попало в турецкий язык из южнославянских. М. б., вслед за Брюкнером (Brückner, 280) Младеновым (ЕПР, 261), Махеком (Machek, ES, 246) и др. следует считать, что слово *кукуруза* с его вариантами в слав. языках не заимствованное, а славянское по происхож-

КУЛ

дению, и его следует сближать, напр. со словен. прост. kukurjast — «кудрявый», с названиями растений: болг. кукуря́к — «чемерица», Helleborus odorus; чеш. kokořík, kukuřík — Polygonatum; польск. kokorzyk — Arum italicum; ср. рус. диал. кокоры́га — «коряга», «обломок дерева с ветками» (Даль, II, 746); колым. коко́рка — «жердь с разветвлением на конце из ее бывшего корня» (Богораз, 68) и т. п.

КУЛА́К, -á, м. — «сжатая пясть, ладонь человеческой руки с крепко пригнутыми к ней пальцами». В просторечии и в говорах это слово встр. и с другими знач.: «большой молот», «кувалда» («*кулаком* бьют щебень»); «зубец машинного, мельничного колеса»; арханг. «одинокий надводный камень, соединенный подводною грядою с мысом, с берегом» (Даль, II, 820). *Прил.* кула́чный, -ая, -ое. Укр. кула́к, кула́чний, -а, -е; блр. кула́к, кулачны́, -а́я, -а́е. В других слав. яз. отс. Ср. в том же знач.: болг. юмру́к (< турец. yumruk — тж.); с.-хорв. пе́сница; чеш. pěst; польск. pięść (хотя встр. и русизм kułak). В русском языке слово *кулак* известно, по крайней мере, с XIII в. (1216 г.). Ср. в Никон. л. под 6724 г.: «*кулаками* побьем» (половцев) [ПСРЛ, X, 72, Срезневский, I, 1361]. Но можно полагать, что слово это было известно в XI в. и раньше. Соболевский (РФВ, LXX, в. 3, 92—93) отметил топоним Кулацькъ — м. Кулачьскъ, от *кулак* в Новг. I л. по Синод. сп. под 6605 (1097) г. [в Комис. сп. Кулатьскъ (Насонов, 202)]. ▫ Слово считается трудным в этимологическом отношении. Суф., очевидно, славянский [ср. рус. *желвак*, *мосла́к*; чеш. bodák — «штык», drapák — «грейфер», solák — «хоботок» (у насекомых)]. Что касается корня, то здесь путаница и неясность. Высказывались мнения о заимствовании. Многие считают, что корень тюркского происхождения (ср. башк. ҡул — «рука»; узб. қўл — тж.; ног. кол — тж.; каракалп. қол; турец. kol — тж., при ст.-тюрк. qol (о.-т. корень qol- : qor- : qar-). Это мало вероятно уже по одному тому, что *кулак* — старое слово, м. б., сохраняющееся с дописьменной эпохи. Еще менее вероятно предположение о заимствовании из угрофинских языков [напр., венгерского (Miklosich, EW, 146) или эстонского (Berneker, I, 641)]. Венг. kulak; эст. диал. kulak (ср. общефб. rusikas — «кулак»), видимо, из вост.-слав. яз., как и польск. kułak. Объяснение следует искать на славянской почве (ср. об этом у Соболевского, уп.). М. б., принимая во внимание, что старшим знач. слова *кулак* было «ударная сила, орудие обороны и нападения» и т. д., допустимо возводить это слово к и.-е. *kāu- : *kəu- — «бить», «ударять» (см. *ковать*) с расширителем -l- (или суф. -l- на славянской почве) > о.-с. *ku-l-. Др.-рус. кулакъ могло быть производным от утраченного слова (сущ. или глагола) с этим корнем. Ср. олон. ку́лать — «нанести убыток» (Куликовский, 45). В семантическом отношении ср. латин. pugnus — «кулак», pugil — «кулачный боец»,

КУЛ

относящиеся к одному корневому гнезду с pugnō — «бьюсь», «дерусь», «сражаюсь», pugna — «бой», «битва», «война».

КУЛИ́СЫ, -и́с (*ед.* кули́са, -ы, *ж.*) — «боковые (подвесные) плоские декорации на сцене и проход (за сценой) между и за ними»; *ед.* кули́са, *тех.* — «ползун», «подвижной брус», «рычаг, служащий для преобразования вращательного движения в поступательное». *Прил.* (за)кули́сный, -ая, -ое. Укр. кулі́си, закулі́сний, -а, -е; блр. кулі́са; болг. кули́са, закули́сен, -сна, -сно; с.-хорв. кули́са, *мн.* кули́се; чеш. kulisa, *мн.* kulisy, kulisový, -á, -é; польск. kulisy, zakulisowy, -a, -e. В русском языке слово *кулисы* употр. как театральный термин, по крайней мере, с последней четверти XVIII в. Нередко встр. в ремарках драматургов этого времени. Ср., напр., ремарка в одноактной комедии Клушина «Алхимист», 1793 г., явл. 8: «за *кулисами*» (РК, 475); ремарка в комедии Копиева «Обращенный мизантроп», 1794 г., в конце V д.: «полк входит в *кулисы*» (РК, 533). Ср. «за *кулисами*» в переводном романе Л*** «Походные комедианты», 1801 г., I, 89 и др. В словарях — с 1804 г. (Яновский, II, 453). ▫ Источник распространения — франц. coulisse, *f.*, *pl.* coulisses (произв. от couler — «течь», «бежать», «литься», «скользить»). Знач. «боковая декорация» слово получило не раньше XVII в.; сначала употр. как технический термин. Из французского: англ. coulisse; нем. Kulissen, *pl.* и др.

КУЛИ́Ч, -á, м. — «пасхальный хлеб из сдобного теста с изюмом, испеченный в форме высокого цилиндра, с верхушкой, политой глазурью». В говорах встр. в форме кули́ца и кули́чка (пск.); слово кули́чка употр. и в знач. «ватрушка» — владим., костр. (Даль, II, 821), яросл. (Голанов, 15), «крендель из пресного теста» — яросл. (Якушин, 17), «свадебный пирог», «стол после венца» — рост.-яросл. (Волоцкий, 43). Укр. кули́ч (обычно па́ска); блр. кулі́ч; с.-хорв. кулич и чеш. kulič — из русского. В других слав. яз. отс. Ср. в том же знач.: болг. козуна́к; польск. bab(k)a wielkanocna. В памятниках письменности до XVII в. не обнаружено. Отм. Р. Джемсом (РАС, 1618—1619 гг., 60 : 8) на Севере в форме *кулиц* (collĭts) с пояснением (по-английски) «особый хлеб из яиц и масла, который они дарят друг другу на пасху». Встр. в документах Петровского времени: «за поднос *кулича*» (в пасхальные дни, 1724 г. — СВАБ, II, 170, также 171). Правда, прозвище *Кулич* отм. уже в одной грамоте 1498 г.: Федка *Кулич* Андреев» (Тупиков, 216). Но, разумеется, нельзя определенно утверждать, что это не притяж. прил. от *кулик* — птица. ▫ В этимологическом отношении очень неясное слово. Обыкновенно (с конца прошлого века) считают, что слово это греческого происхождения. Возводят к ср.-греч. κουλλίκι(ον) — «крендель», восходящему, в конечном счете, к греч. κόλλιξ, род. κόλλϊκος — «ячменный хлебец», «ячменная булка» (?), откуда κολλίκιος — «продолговато-круглый черный хлеб» (Синайский, I, 537), κολλῑκοφάγος (у Аристофана) — «любитель ячменных булочек». При этом обходится молчанием или недостаточно учитывается такое важное обстоятельство, как п о з д н и й характер появления этого слова при широком его распространении в говорах, перебои в значении этого слова, непонятная его концовка ч, невыясненность его отношения к диал. ку́лица и кули́чка и неясные пути распространения этого грецизма на русской территории. М. б., кули́ч следует связывать с перм. кули́к — «тоболка», «ватрушка» (Даль, II, 821). Ср. также укр. кули́к — «вареная лепешка из гречневой муки» (Гринченко, II, 322). На русской почве возникло образование с суф. *-иц-а*: кули́ца, откуда кули́чка — «свадебный пирог» и пр. (ср. *водица > водичка* и т. п.). От кули́к происходит прост. *куликáть* — сначала, видимо, «пировать, угощаться» (напр., на свадьбе), «кутить», потом «пьянствовать». О.-с. корень *kul-. Труднее установить исходную и.-е. базу. Если знач. «пасхальный хлеб» новое, вторичное, а старшее знач. слов кули́к, кули́ца, кули́чка (откуда новообразование *кули́ч*) было «ватрушка» или «пирог», то, м. б., и.-е. базой следует считать *(s)keu-l- : *(s)kou-l-, корень *(s)keu- «покрывать», «закрывать», «укутывать» (Pokorny, I, 951).

КУЛУА́РЫ, -ов, *мн.* (*ед.* кулуа́р, -а, *м.*, редко) — «широкий коридор, проход, боковая зала и т. п. в больших (нежилых) зданиях общественного назначения (парламент, театр и т. п.)». *Прил.* кулуа́рный, -ая, -ое. Укр. кулуа́ри, кулуа́рний, -а, -е; блр. кулуа́ры, кулуа́рныя, -ая, -ае. Ср. болг. кулоа́ри, кулоа́рен, -рна, -рно; с.-хорв. кулоа́р, кулоа́рски, -а̄, -о̄; чеш. kuloáry, kuloárový, -á, -é; kuloární; польск. kuluary, kuluarowy, -a, -e. Появилось в русском языке довольно поздно, м. б., в самом начале 900-х гг. Отм. с 1903 г.: *кулуар* — «коридор» (Михельсон, РМР, I, 489). □ В русском языке — из французского. Ср. франц. couloir, *m.* [собств. «то, через что что-л. льется; течет, бежит», «узкий проход», «воронка» и т. п. (от couler — «течь», «литься», «скользить»), первоначально (XIII в.) couloire, *f.*]. Из французского — нем. Couloir.

КУЛЬ, -я́, *м.* — «большой мешок из рогожи», «старая мера сыпучих тел, равная 9 пудам». Из русского: укр. диал. куль — тж. Но ср. укр. куль — «сноп немятой соломы», в говорах «вымоченный сноп», «связка камышу». Из русского или украинского также польск. диал. kul — «мешок» (обычно «мешок» — wór, worek), из украинского kul — «связка соломы». В русском языке слово *куль* известно с 30-х гг. XVII в. Ср., напр., в ТК МГ, т. 1: «крупы 11 *кулей*», 192, также 40 и др. (1633—1636 гг.), т. III: «*куль* толокна», 13 и др. (1676 г.). □ В этимологическом отношении одно из трудных слов. Обычно считают это слово заимствованием из латинского языка. Ср. латин. culleus — «кожаный мешок», также «мера емкости» (в латинском из греческого языка; ср. греч. κολεός — «ножны», старшая форма κουλεόν). Если так, то в этом случае мы ожидали бы в им. ед. *кулей*. Кроме того, если слово попало к нам не через польский, пути и обстоятельства заимствования были бы непонятны. Можно полагать, что слово *куль* вообще ниоткуда не заимствовано, а давнее русское, попавшее, однако, в общерусское обращение сравнительно поздно. М. б., оно восходит (несмотря на семантические расхождения) к и.-е. базе *kau-l- : *ku-l- — «полый», «пустой», «полый стебель», «полая кость» (Pokorny, I, 537). Ср. лит. káulas — «(большая) кость» (полая внутри), «мослак», «тело» (< «кости») и др.; латыш. kauls — «стебель», «кость»; латин. caulis : caulus — «стебель»; греч. καυλός — «стержень»; др.-инд. kulyā́ — «ров», «канал», «поток».

КУЛЬТУ́РА, -ы, *ж.* — 1) «совокупность достижений человечества в производственной, общественной и умственной жизни»; 2) «уровень, степень развития человека как члена общества»; 3) «выращивание, разведение какого-л. растения». *Прил.* культу́рный, -ая, -ое. Укр. культу́ра, культу́рний, -а, -е; блр. культу́ра, культу́рны, -ая, -ае; болг. култу́ра, култу́рен, -рна, -рно; с.-хорв. културa, културни, -а̄, -о̄; чеш. kultura, прил. kulturní; польск. kultura, kulturalny, -a, -e. Слово *культура* известно в русском языке с середины 30-х гг. XIX в. Отм. в 1837 г. Ренофанц, 139: *культура* — 1) «хлебопашество, земледелие»; 2) «образованность». Позже — Кирилов, 1845 г., 150. □ Первоисточник — латин. cultūra — «возделывание», «обработка», «земледелие», «сельское хозяйство», далее «воспитание», «образование», «почитание» (от colō — «возделываю», «обрабатываю землю»). Из латинского: франц. (с XV в., в совр. знач. с XVI в.) culture > англ. culture; нем. (с конца XVII в.) Kultúr, *f.*; ит. coltura : cultura; исп. cultura.

КУМ, -а, *м.* — «крестный отец по отношению к родителям ребенка и крестной матери»; «отец ребенка по отношению к крестному отцу и матери». *Женск.* кума́, отсюда ку́мушка — «сплетница». *Прил.* кумовско́й, -а́я, -о́е, отсюда кумовство́. Укр., блр. кум, кума́. Ср. болг. кум — «кум», «посажённый отец», кума́, кумов, -а, -о, ку́мство; с.-хорв. ку̑м — «кум» и «крестник», также «шафер», ку́ма, ку̑мов, -а, -о : кумовски̑, -а̄, -о̄, ку̑мство; польск. разг. kum (обл. kumoter, kmotr), kuma (обл. kmotra). Ср. в том же знач.: чеш. kmotr, kmotra; словац. kmotor, kmotra. Ср. словен. диал. koter — «кум» при общеслов. boter, botra. Др.-рус. кумъ (Ип. л. под 6648 г.), кума (Срезневский, I, 1361, 1364). □ Можно полагать, что оба слова (*кум* и *кума*) — из *кумотръ < латин. commater. По-видимому, commater было заимствовано (в период христианизации славян) в двух вариантах:

*kъmótrъ (получившее потом знач. «compater», «кум») и *kúmotrъ. К первому восходит и рус. диал. кмотр, отм. Далем (II, 737) как рязанское (!) — «кум». Второе было сокращено в *kumъ.

КУМА́Ч, -а́, м. — «хлопчатобумажная ткань, окрашенная в ярко-красный (пунцовый) цвет». В говорах (XIX в.) также кума́к — «простая бумажная ткань, обычно алого, иногда и синего цвета, употребляемая на сарафаны и пр.» (Даль, II, 822). *Прил.* кумачо́вый, -ая, -ое. В говорах: кума́чка : кума́шка — «кумачный сарафан» (Даль, ib.). Укр. кума́ч, кумачо́вий, -а, -е; блр. кума́ч, кумачо́вы, -ая, -ое. В других слав. яз. — редкое. Чеш. kumač; польск. kumacz — из русского. Обычно это знач. выражается там описательно («ярко-красная бумажная ткань» и т. п.). Но ср. с.-хорв. диал. и устар. ку́маш — «атлас» и болг. диал. кума́ш — из турец. kumas — «материя». В русском языке слово *кумач* известно с 1-й пол. XVII в. («Посольство» Мышецкого, 1641—1643 гг., 156). В XVIII в. встр. у Ломоносова в «Мат. к Рос. гр.» (ПСС, VII, 713). ▫ Первоисточник — араб. qumāš — мн. «материал для одежды», «ткань», *ед.* «отбросы», «старье», к qamaša и (i) qamš — «подбирать» (Wehr², 704). В русский язык попало при посредстве тюркских языков, гл. обр. татарского. Ср. каз.-тат. комач — общее название всех бумажных материй, «красный товар», «мануфактура». Ср. турец. kumas — «материя (вообще)», «товар». Ср. у Радлова (II : 1, 1048): кумач (казан.) — «бумажная материя, кумач тавар — «красный товар»; кумац (барабин.) — «красная бумажная материя»; в других наречиях (алт., шорск. и др.) кумаш — «красная бумажная материя», встр. и в форме кумас. Знач. «ярко-красный кумач» > «кумачовый цвет» возникло, по-видимому, на татарской почве.

КУМИ́Р, -а, м. — «изваяние, скульптурное изображение божества в языческом храме»; *перен.* «предмет слепого обожания, преклонения». *Сущ.* куми́рня. Укр. куми́р; блр. кумі́р; болг. куми́р; с.-хорв. ку̀мир. Ср. в том же знач.: словен. malik; чеш. modla, bůžek; польск. bałwan. Слово очень старое, в др.-рус. языке, вероятно, из старославянского. Ср. др.-рус. книжн. (с XI в.) и ст.-сл. кумиръ : кумирь со многими произв. (Срезневский, I, 1362, 1363). ▫ Этимология этого слова не считается твердо установленной. Абаев (I, 530) сопоставляет рус. *кумир* с осет. g̣ymiry : gumeri, gæmeri — «великан» «идол» (также «дубина»), которое, как полагает автор вслед за Вс. Миллером, восходит через груз. gmiri — «герой», «богатырь» к племенному названию древнего народа киммерийцев [греч. Κιμμέριοι, др.-евр. Gomer; ср. аккад. (на севере Вавилонии) Gimirri — «скиф»], и (в осторожных выражениях) допускает возможность заимствования слова *кумир* из языков этой группы. Знач. «идол» в осетинском языке — по Абаеву — возникло под влиянием церковнославянского и русского языка.

Это объяснение более вероятно, чем ранее выдвинутое Гротом (ФР⁴, II, 906) и вызвавшее критическое замечание у Миклошича (см. Miklosich, EW, 147 и др.) объяснение этого слова как заимствованного из финских языков. Ср. фин. (с.) kumartaa — «кланяться», от kumara — «согнувшийся», «сгорбленный» (ср. вепс. kumer — «выпуклый», «изогнутый»).

КУМЫ́С, -а, м. — «напиток из перебродившего кобыльего молока». *Прил.* кумы́сный, -ая, -ое. Укр. куми́с; блр. кумы́с, кумы́сны, -ая, -ое; болг. куми́с; с.-хорв. ку̀мис; чеш. kumys; польск. kumys. В русском языке слово давнее. Ср. в Ип. л. под 6693 (1185) г.: «напилися *кумыза*»; под 6758 г.: «кобылий *кумуз*» (Срезневский, I, 1364). Р. Джемс (РАС, 1618—1619 гг., 40 : 9) записал это слово в странной форме *kósmës* (kósmeors) с ударением на *kó* и с пояснением (на англ. яз.) «нагайский напиток из кобыльего молока». М. б., первое s — описка [нужно читать: *kómës* (или *komys*?)]. ▫ Слово исконно тюркское, но там оно, по-видимому, никогда не звучало с *у* после *к*. Ср. каз.-тат., кирг., ног. кымыз; башк. кымыс; якут. кымыс; узб. кымыз; каракалп. кымыз; туркм. гымыз и др. Ср. турец. kımız — тж. Радлов (II : 1, 854, 1049) отм. не только кирг. и каз.-тат. кымыз — тж., но и кумыс в сайгайском и койбальском диалектах. Слово давнее в тюркских языках. Ссылаются на словарь Махмуда Кашгарского XI в. (Brockelmann, 117), но там только kümüš — «серебро», «деньги». Изменение кыпчакской формы *кымыз* в *кумыс* на древнерусской почве, возможно, произошло не только по фонетической причине (после губного *м* кымуз, а потом вследствие межслоговой ассимиляции *кумуз*). По-видимому, здесь еще имело место смешение с другим, тоже давним тюркским словом, означавшим «серебро». Ср. у Радлова (II : 2, 1528): кӱмӱш во многих тюркских языках. Ср. турец. gümüş. Ст.-тюрк. kümüš (Gabain, 317; Малов, 397). См. Дмитриев, 27.

КУНИ́ЦА, -ы, ж. — «хищное средних размеров животное семейства куньих, приземистое, с вытянутым гибким телом, с короткой мордой, с пушистым хвостом, пушистым блестящим мехом бурого и коричневого цвета». Martes. *Прил.* ку́ний, -ья, -ье. Укр. куни́ця, редко куна́, ку́нячий, -а, -е, куни́чий, -а, -е; блр. куні́ца, куні́чы, -а, -ае; с.-хорв. ку́на, уменьш. ку́ница, ку̀ньи, -ā, -ē, ку̀нин, -а, -о, ку̀нов, -а, -о; словен. kuna, kunji, -a, -e; чеш. (и словац.) kuna, прил. чеш. kuní; польск. kuna, kuni, -ia, -ie; в.-луж. kuna, kunjacy, -a, -e; н.-луж. kuna. Ср. болг. зла́тка, бя́лка, самсáр — «куница», но небезызвестно и ку́ница (м. б., из русского?). Др.-рус. (с XI в.) куна (ударение, видимо, на конечном слоге), куница — «куница», а также «кошка», «куний мех», «шкурка куницы, имевшая значение денег», «денежная единица», «пошлина», «налог», «плата за невесту», куны, *мн.* — «деньги», прил. ку́ний (Срезневский, I, 1364—1368; Кочин, 164—165). ▫ О.-с. *kuna. В этимологическом отношении трудное слово. Прежде всего некоторые языковеды высказывают предположение, что о.-с. *kuna — «куница» следует отделять от *kuna — «денежная единица», «налог», которое сопоставляют с хетт. kuššan — «мзда», «цена», «плата за труд», «жалованье» (Machek, «Archiv Orientální», XVII, 133 и сл.; ср. Fraenkel, 249), тогда как о.-с. *kuna — «куница» эти ученые и другие, начиная с Миклошича (Miklosich, EW, 147), считают образованием, родственным с лит. kiáunė = kiaunė — «куница»; латыш. cauna — тж.; др.-прус. caune (произн. kaune). Но при лит. kiáunė, латыш. cauna (c=ц) в о.-с. праязыке следовало бы ожидать čuna (< *kjuna). Полагают, что начальное k в о.-с. *kuna — «куница» появилось под влиянием о.-с. *kuna — «денежная единица», где оно является исконным (см. Machek, ES, 247). Это возможно: о.-с. *kuna, видимо, имело в о.-с. праязыке другие значения (кроме «куница» и «пошлина»; ср., напр. польск. kuna — «ошейник», «цепь», «тюрьма», (спец.) «хомут»; помор.-словин. kuna — «сука», при рус. диал. (колым.) ку́нка — «vulva» (Богораз, 73). Т. о., в этимологическом отношении рассматриваемое слово требует дальнейшего изучения.

КУ́ПА, -ы, ж. — «группа», «куча» (гл. обр. о деревьях: *купа деревьев*). Ср. с этим же корнем совоку́пный, -ая, -ое, совоку́пность, устар. ку́пно — «вместе», вку́пе. Укр. и блр. ку́па; болг. куп, ку́пчина; с.-хорв. ку́па — «куча», «груда», словен. kup; чеш. kupa — «куча», «груда»; словац. kora — «куча», «копна (сена)»; польск. kupa — «куча», «груда», «толпа»; в.-луж. kupa — «возвышенность» > «остров», «холм», «груда», «ворох», «куча»; н.-луж. kupa — «остров». Др.-рус. и ст.-сл. купа (в «Сл. о ересях» Козмы Пресвитера: «ни от *купы* емлють гроздия»); ср. также купина — «терновник», купьнъ, купьный — «общий», купитися (ст.-сл. коупити сѧ) — «соединяться», купьмь — «вместе», купѣ : въкупѣ — въкупѣ — тж. (Срезневский, I, 376, 1368, 1369, 1372, 1373). ▫ О.-с. *kupa. И.-е. база *keu-p- (: *kou-p-), корень *keu- (Pokorny, I, 591—592). Ср. лит. kaũpas — «куча», kaũpti — «накапливать», «накоплять», «сосредоточивать», также «окучивать» (напр., картофель), абляут kùpstas — «кочка»; латыш. kupt — «сжиматься». В ближайшем отношении с этим словом, как полагают, находятся: др.-ирл. cūan (основа *koup-nā) — «толпа», «груда» и далее авест. kaofa — «горный хребет», «горная цепь»; др.-перс. kaufa- — тж., совр. перс. куh (kōh).

КУПИ́ТЬ, куплю́ — «приобрести (получить, взять) что-л. за деньги». Ср. с приставками: покупа́ть, закупа́ть и пр. *Сущ.* купе́ц, ку́пля. Укр. купи́ти, купе́ць, ку́пля (: купі́вля); блр. купі́ць, купе́ц, ку́пля. Ср. болг. купу́вам, купя́ — «покупаю, куплю»; с.-хорв. ку́пити, ку́пац — «покупатель», ку́пња — «покупка», «купля»; словен. kupiti, kupec; чеш. koupiti, kupec, koupě — «купля»; польск. kupić, kupiec, kupno — «купля»; в.-луж. kupić; н.-луж. kupiś. Др.-рус. (с XI в.) и ст.-сл. купи́ти, купьць, ку́пля — «торговля», «товар» (Срезневский, I, 1369, 1370, 1374). ▫ О.-с. *kupiti. Как полагают, очень раннее (начальной стадии развития о.-с. праязыка) заимствование из германских диалектов, м. б., из готского. Ср. гот. kaupōn — «торговать», «вести торговлю» (не только «покупать»); др.-в.-н. koufōn (нем. kaufen) — «покупать»; др.-исл. и совр. исл. kaupa — «покупать» (также дат. købe; швед. kṓpa — тж.); голл. kopen — тж. и др. В языках германской группы это слово и др. того же гнезда, в свою очередь, восходят к латин. caupō — «кабатчик», «трактирщик»; ср. caupōna — «трактир», caupōnāri — «торговать» (и «плутовать»). В латинском языке — невыясненного происхождения.

КУПЛЕ́Т, -а, м. — 1) только мн. «песенка (чаще в эстрадном исполнении) юмористического или сатирического содержания, особенно на злободневные темы, с рефреном»; 2) «строфа стихотворения». *Прил.* куплетный, -ая, -ое. *Сущ.* (к *куплет* в 1 знач.) куплети́ст; блр. купле́т, куплети́ст; болг. купле́т, куплети́ст; чеш. kuplet, kuplétista; польск. kuplet, kupletcista. В русском языке слово *куплет* отм. у Курганова, «Письмовник», 1777 г., 439; позже Яновский, II, 1804 г., 460. Встр. у Пушкина, начиная с 1815 г. (СЯП, II, 437). Позже появляется *куплетист* [ССРЛЯ (V, 1849) цитирует статью Чернышевского «Об искренности в критике», 1854 г., в словарях — только Ушаков, I, 1935 г., 1550]. ▫ *Куплет* восходит к франц. couplet (в знач. «стихотворная строфа», сначала «двустишие», известно с XVI в.). Из французского — нем. Couplet («куплет» в 1 и 2 знач.») и др. Во французском — произв. от couple — «пара», в конечном счете восходящего к латин. copula — «связь», «связка» (первоначально «веревка»). *Куплетист* образовано на слав. почве. Ср. в знач. «куплетист»: франц. chansonnier; нем. Coupletsänger.

КУ́ПОЛ, -а, м. — «самая верхняя часть некоторых архитектурных сооружений (церквей, дворцов и т. п.) в форме опрокинутой чаши или полушария». Укр. ку́пол (также ба́ня); блр. ку́пал; болг. ку́пол(а) (также кубе́); с.-хорв. ку́пола, чеш. kupole, kopule; польск. kopuła (< латин.). В русском языке с XVIII в. В словарях — с 1780 г. (Нордстет, I, 323: *купол*). С ударением *ку́пол* — с 1792 г. (САР¹, III, 1069). ▫ Ср. ит. cupola, f.; отсюда: фр. (с XVII в.) coupole, f.; нем. Kuppel, f. и др. Первоисточник — латин. cūpula (от cūpa) — «маленькая бочка, чан, кадь». В русском языке — из французского или немецкого. Форма м. р., м. б., под влиянием *свод*.

КУ́ПОРИТЬ, ку́порю (без приставок теперь лишь в говорах) — «бочарить», «бондарить»; *перех.* «закупоривать», «затыкать пробкой бутылку и др. посуду» (Даль, I, 825). В современном литературном русском языке только с приставками: заку́порить, заку́поривать; отку́порить, отку́поривать; уку́поривать. Укр. заку́порити, заку́по́рювати; відку́прити, відку́порювати, надо полагать, из русского. В блр. и других слав. яз. отс. Ср. в том же знач.: блр. заткну́ць, закарка́ваць (пробкой), зашпунтава́ць (бочку); польск. zakorkować, zaczopować; чеш. zazátkovati, ucpati; с.-хорв. за́пушити, зачѐпити и т. д. В русском языке сначала появилось сущ. *купор* — «бочар», «бондарь», встр. как название должности на морском судне в «Кн. Устав морск.», 1720 г., 436, раздел «О *купоре*»: «*Купор*... имеет доброе надзирание над бочками и ведрами», «должен он все разбитые бочки исправно отдать в магазейн». От него были произведены глаголы, напр. *закупори(ва)ти*. Приставочные глаголы — сравнительно поздние. В словарях — *закупорити* — с 1731 г. (Вейсман, 688). Знач. «закупоривать» — более позднее, вм. «бондарить» > «надевать обручи». ▫ От *ку́пор* — «бочар», «бондарь», «кадочник», которое восходит, м. б., к голл. kuiper (произн. koeiper) — «бондарь», «бочар» или непосредственно к англ. cooper (произн. 'ku:pə) — «бондарь», «бочар», глаг. «бондарить». Ср. голл. kuip — «бочка», «кадка», родственное с нем. Kufe — «ушат» (ср. нем. Küfer — «бочар»).

КУПОРО́С, -а, *м*. — «сернокислая соль некоторых тяжелых металлов (железа, меди и др.)». *Прил.* купоро́сный, -ая, -ое. Укр. купоро́с, купоро́сний, -а, -е; блр. купарва́с (< польск. устар. koperwas < нем. Kupferwasser), купарва́сны, -ая, -ае. В других совр. слав. яз. отс. Ср. в том же знач.: болг. витрио́л (< нем. Vitrióltж.) или желе́зен сулфа́т — «железный купорос», син ка́мък — «медный купорос»; с.-хорв. витрио́л; польск. witriol; чеш. skalice. Слово *купорос* известно в русском языке с XVII в. Встр., напр. в «Прохладном вертограде», 1672 г. (Флоринский, 166). Прил. *купоросный* — в МИМ: «масла *купоросново*» (№ 132, 1633 г., 36; также № 118, 1633 г., 31 и др.). Поликарпов (1704 г.) отм. *купорос* (159) наряду с *копервас* (151 об.). ▫ Заимствовано, надо полагать, из французского языка (couperose — тж., с. XIII в.), где, однако, его происхождение не выяснено. Вероятно, через позднелатинский язык из cupri rosa. Ср. латин. cuprum : cyprum — «медь» (по названию о-ва Кипр). Но м. б., и из corpus rossum — «красное тело (остаток красного цвета, получающийся при прокаливании железного купороса)» (БСЭ², XXIV, 71).

КУРА́НТЫ, -ов, *мн.* — «большие башенные (в старину и комнатные) часы с громким боем, сопровождающимся мелодией, исполняемой набором колоколов». Укр. кура́нти; блр. кура́нты. Ср. польск. kurant — «музыка (у часов)», также «куранта (танец)», zegar z kurantem или zegar kurantowy — «куранты». Но ср. в том же знач.: болг. часо́вник с му́зика; чеш. orloj (< позднелатин. horologium) или bicí hodiny и т. д. В русском языке слово *куранты* известно с 1-й пол. XVII в. как название рукописной дворцовой газеты, составлявшейся с 1621 г. для царя и его советников в Посольском приказе. В словарях в совр. знач. — у Курганова («Письмовник», 1777 г., 439): «*куранты*» — «колокольная игра». ▫ В знач. «газета», по-видимому, восходит к голл. couránt (произн. kuránt) — собств. «ходкий», «ходячий», а также «газета». Голл. couránt — из французского языка. Ср. франц. courant, courante (по происхождению — прич. н. вр. от courir — «бежать»), «бегущий», «текущий» (ср. «куранты» — horloge à carillon, хотя courant(e)s, *pl.* «слухи»). Ср. также франц. в XVI в. courante — «танец куранта» (сначала салонный), отсюда «салонные или большие комнатные часы с музыкой».

КУРИ́ТЬ, курю́ — 1) «втягивать в себя через рот и выдыхать табачный дым»; 2) «жечь что-л. (ладан, смолу и т. п.), дающее сильно пахнущий дым», «дымить чем-л.». Укр. кури́ти (также палі́ти); блр. куры́ць. В других слав. яз. мало распространено. Ср. с.-хорв. ку́рити — «топить» (но «курить» — пу́шити); словен. kuriti — тж. (но «курить» — kaditi); чеш. kouřiti — «курить», vykuřovati; польск. kurzyć (также palić). Ср. болг. ку́релник — «прут со связкой соломы, зажигаемый на масленице» (Младенов, ЕПР, 263), но «курю» — пу́ша. Др.-рус. (с XI в.) курити(ся) — «дымить(ся)», «куриться», «испускать дым» (Срезневский, I, 1378). Ст.-сл. коурити (сѧ). О курении табака сначала — в XVII в. говорили «табак пити». Ср. в «Уложении» 1649 г. (гл. XXV, ст. 11, л. 134 об.): «о табаке заказ... чтоб табаку у себя не держали и не пили». Ср. совр. турец. tütün içmek — «курить табак» (досл. «пить табак», içmek — «пить»). Выражение *курить табак* установилось в начале XVIII в. ▫ Обычно сопоставляют с лит. kùrti, 1 ед. kuriù — «разводить огонь», «топить» (печь); латыш. kurt — тж.; гот. haúri (aú из ŏ перед r) — «уголь»; др.-исл. hyrr [(совр. исл. hyr) < (основа) hurj- < и.-е. *kʷer-j-] — «огонь»; др.-в.-нем. herd (совр. нем. Herd) — «очаг», «горн». И.-е. корень *ker- (: *kʷer- : *kʷor-) — «жечь», «обжигать», «палить», «разжигать огонь» > (на славянской почве) «дымить». Правда, появление *u* в о.-с. праязыке несколько неожиданно. Покорный (Pokorny, I, 571—572) объясняет его (и лит. ū) как новообразование (на базе ū из и.-е. ŏ). Это сопоставление оспаривает Махек (Machek, ES, 228), который считает о.-с. *kuriti производным от о.-с. *kurъ : *kurь (ср. чеш. kouř — «дым», «чад»), заимствованного, по его мнению, из германских языков [о.-г. *rauk-; ср. др.-в.-нем. rouh(h) — «дым» (нем. Rauch — тж.); др.-исл. reykr — «дым» (норв. røyk, дат. røg, швед. rök — тж.)] будто бы с перестановкой (на слав. почве) согласных: r : k > k : r.

КУР
Общепринятое (первое) объяснение не только проще, но и убедительнее.

КУ́РИЦА, -ы, *ж.* (*мн.* ку́ры, реже ку́рицы) — «домашняя птица, разводимая для получения яиц и мяса, самка петуха», Gallina. *Прил.* кури́ный, -ая, -ое. Сюда же (от основы *кур*-) куря́тина. *Устар.* и *обл.* кур — «петух» (Даль, II, 827). Блр. ку́рыца (*мн.* ку́ры), куры́ны, -ая, -ае; ср. укр. ку́рка — «курица», ку́рячий, -а, -е «куриный». Без суф. -*иц-а* это слово имеется или употреблялось в прошлом и в других слав. яз. Ср. словен. kúra (также kokóš); ст.-чеш. и чеш. диал. kura; словац. kura — «курица» (и «цыпленок»), прил. kurí, -ia, -ie; польск. kura, прил. kurzy, -a, -e; в.-луж. диал. kura, чаще *мн.* kury, прил. kurjacy, -a, -e; н.-луж. kura (также kokoš). Ср. в том же знач.: болг. коко́шка; с.-хорв. ко̀ко̄ш; чеш. slepice (от slepý — «слепой»). Др.-рус. ку́рица известно с XII в. (Юрьевское ев., Галицкое ев. 1144 г.); ср. (с XI в.) куръ — «петух», куря — «цыпленок»), курий, курьскый — «петушиный»; с XV в. («Хожение» Аф. Никитина) встр. курятина — «куриное мясо» (Срезневский, I, 1378, 1379, 1380; Доп. 149). Ср. куря, род. куряти, мн. куры в «Р. прав.»: «вирнику... а куръ по двое на день» [Кр., ст. 42 (ПР, I, 73)], «в куряти 9 кунъ» [Кр., ст. 36 (ib., 72)], «за куря 9 кун» [Простр., ст. 81 (ib., 113)]. Прил. кури́ный — позднее. В словарях — с 1780 г. (Нордстет, I, 323). □ Произв. (с суф. -*иц-а*) от куръ — «петух». О.-с. *kurъ — «петух»; от него *kura — «курица». Корень *ku- или *kur-, по-видимому, звукоподражательный, как и в болг. коко́шка; с.-хорв. ко̀ко̄ш; словен. kokóš; чеш. kohout — «петух»; польск. kogut; такого же происхождения франц. coq — «петух», а также курд. kurk — «курица», перс. кӓрк — «курица»; осет. карк — тж. и мн. др., включая и др.-инд. kurkuṭaḥ — «петух». Если корнем считать только ku- (не kur-), то -r- — суф. др. как в о.-с. *pětъ, *mȋrъ и т. п. Ср. др.-рус. куяти — «верещать», «кричать» (?) в «Златоструе», ок. 1200 г. (Срезневский, I, 1385). И.-е. звукоподражательный корень *kău-: *keu-: *kū — «кричать», «реветь», «выть» (Pokorny, I, 535—536).

КУРНО́СЫЙ, -ая, -ое — «с коротким и вздернутым носом». В говорах также корно́сый (Даль, II, 774). Гл. обр. русское. Укр. курно́сий, -а, -е (чаще кирпа́тий). Ср. блр. кíрпаты, -ая, -ае, также кірпано́сы, -ая, -ае — тж. Ср. в том же знач.: болг. чип, чипоно́с; чеш. s ohrnutým nosem, tuponosý, -á, -é; польск. z zadartym nosem и т. п. В словарях курно́сый отм. с 1771 г. (РЦ, 342). □ В русском языке из корно́сый < корнonóсый < кърнonо́сый. Слово кърноносый (в знач. греч. ῥινότμητος — «с урезанным носом») отм. у Хронографов допетровского времени (Срезневский, I, 1411). Ср. корноу́хий и др. Ср. у Даля (II, 774) пск., твер. ко́рный — «малорослый», «короткий», пск., смол. корно́й мужичо́к — «приземистый». О.-с. *kъrnъ. См. *корна́ть. У после *к*, м. б., под влиянием кургу́зый из *коргу́зый < *корногу́зый, где *у*, видимо, вследствие межслоговой ассимиляции?

КУРО́К, -рка́, *м.* — «часть ударного механизма огнестрельного оружия». В говорах (влад.) также кур (Даль, II, 327). Укр. блр. куро́к. Ср. польск. kurek — тж. Ср. в том же знач.: с.-хорв. òроз (также «петух»); чеш. kohoutek (ср. kohout — «петух»). В русском языке слово курок известно с 1-й пол. XVII в. («Книга о ратном строе», 1647 г., 49: «под куро́к», «на куро́к»). Такое же ударение у Поликарпова, 1704 г., 159 об.; куро́к — с 1780 г. (Нордстет, I, 323). □ В русском языке — подражание польскому. Польск. kurek (при kur — «петух») — калька с нем. Hahn — «петух» и «курок».

КУРОЛЕ́СИТЬ, куроле́шу — «вести себя необычно», «озорничать». Только русское. Ср. в том же знач.: укр. колобро́дити; блр. праку́дзіць; чеш. řádit, vyvádět; польск. figle płatać — тж. В словарях русского языка глаг. куролесить отм. с 1780 г. (Нордстет, I, 323). □ Восходит к греч. (первых веков н. э.) κύριε ἐλέησον — «господи, помилуй» (в эпоху крещения Руси произн. kirie eléison). Ср. греч. κύριος — «господин», «владыка», ἐλεέω — «имею сострадание», «милую», «сочувствую», «жалею» (ἐλέησον — ф. 2 ед. сигматич. императива). В др.-рус. языке греч. κύριε ἐλέησον передается то кири́е елеисонъ, то кюри́елиисонъ («Ск. о Бор. и Гл.»), то кир елеисонъ («Хожд. иг. Дан.»), то курии елисон (Ип. сп. л.), то куроле́съ то киролесъ и пр. (Срезневский, II, 1209, 1420). □ Глагол был образован от куролес — «неразбериха в церкви при пении» > «нарушение благочиния, порядка» > «озорство» и т. п. Ср. у Даля (II, 827): «поет куролесу, а несет аллилую».

КУРОПА́ТКА, -и, *ж.* — «дикая птица семейства куриных». В говорах: ку́ропоть, ку́ропать, куропта́ха, куропа́тва, куропа́шка (Даль, II, 828). Укр. куропа́тва (обл.), курíпка; блр. курапа́тка. Ср. чеш. koroptev (но «белая куропатка» — kur rousný); польск. kuropatwa (но «белая куропатка» — pardwa). Ср. в том же знач.: болг. я́ребица; с.-хорв. jarèbica; словен. jerebica. В русском языке в форме куропатка это слово известно, по-видимому, с XVI в. В записях иностранцев встр. со 2-й пол. XVI в.: «Une perdrix — Courat pateca» («Пар. сл. моск.», 1586 г., 404). Через сто с небольшим лет эта форма отм. Лудольфом в «Рус. гр.», 1696 г., 88: «Perdix — куропатка». Р. Джемс (РАС, 1618—1619 гг., 20:4,5) дает это слово в двух записях: χȣrapet (курапеть) и χȣrapoat (курапоть?). Ср. в XVI в. куроптина — «мясо куропатки» (Срезневский, I, 1379). В XVII в. куропотная сѣтка, сѣть в «Уложении» 1649 г. (152 об.). След., наряду с куропатка долго держалась и форма куропоть, и форма куропеть и др. Поликарпов (1704 г., 159 об.) дает только *куропатка*. ▫ Сложное, из *кур-* (см. *курица*) и *път-* > *пт-* : *пот-* (ср. *птица* из *пътица*, *птаха* из *пътаха*, диал. **потка** из *пътька* — «пичужка», «певчая птица»). Трудность представляет объяснение *а* вм. ожидаемого *о* (*куропа́тка* вм. **куропо́тка*). М. б., вследствие смешения форм *потка* и *птаха* (ср. чеш. pták — «птица»; польск. ptak — тж.) и влияния таких образований на *-а́тка*, как *хохла́тка*.

КУРО́РТ, -а, *м.* — «местность с целебными природными условиями, оборудованная для лечения и отдыха». *Прил.* куро́ртный, -ая, -ое, отсюда куро́ртник. Укр. куро́рт, куро́ртний, -а, -е, куро́ртник; блр. куро́рт, куро́ртны, -ая, -ае, куро́ртнік; болг. куро́рт, курорти́ст — «курортник». В других слав. яз. отс. Ср. в том же знач.: с.-хорв. ба̏ња (ср. ба̏ња — парно купатило); чеш. lázně, lázeňské místo; польск. uzdrowisko. Слово *курорт* известно в русском языке с конца XIX в. Неоднократно встр. в рассказе Чехова «Ариадна», 1895 г.: «я ненавижу все эти *курорты*», «таскаясь поневоле по этим *курортам*» (СС, VIII, 75, 85). В словарях впервые — только Даль[3] (II, 1905 г., 573). Прил. *курортный* и сущ. *курортник* — еще более поздние (Ушаков, 1935 г., I, 1554). ▫ По происхождению немецкое. Ср. нем. Kurort, *m.* [из Kur — «лечение», «курс лечения» (< латин. cūra — «забота»)+Ort — «место», «местность»].

КУРСИ́В, а, *м.* — «типографский наклонный шрифт с начертанием букв, подобным рукописному». *Прил.* курси́вный, -ая, -ое. Укр. курси́в, курси́вний, -а, -е; блр. курсі́ў, курсі́ўны, -ая, -ае. Ср. болг. курси́в; с.-хорв. ку̑рзи̑в; чеш. kursiva; польск. kursywa. В русском языке слово *курсив* известно с 70-х гг. XVIII в. (Курганов, 1777 г., 439). ▫ В русском языке, видимо, из итальянского (ср. ит. corsivo — «курсив», первоначально «текучий», «бегущий» < позднелатин. cursivus — тж.; ср. латин. cursus — «бег», «состязание в беге»), возможно, при немецком посредстве, ср. нем. (с XVII в.) Kursív — тж. Ср. в знач. «курсив»: франц. italique, *m.*; англ. italic type или italics, *pl.*

КУ́РТКА, -и, *ж.* — «короткая верхняя одежда, чаще наглухо застегивающаяся». *Прост.* и *диал.* также кру́тка (Даль, II, 809). *Прил.* ку́рточный, -ая, -ое. Укр., блр. ку́ртка. Ср. словац. kurtka — «полушубок»; польск. kurtka — «куртка». В русском языке слово известно, по крайней мере, с XVII в. Встр., напр., в «Переписных книгах домовой казны патриарха Никона», 1658 г.: «две́ ку́ртки суконные» (Временник МОИДР, кн. XV, 61). ▫ В этимологическом отношении спорное слово. Сближают то с латин. curtus — «слишком короткий», «обрезанный» (будто бы в рус. яз. попало через польский), то с турец. диал. kürte(k) (?) — «род короткой кофты, что еще менее вероятно. М. б., ни то, ни другое, а восходит к др.-рус. (новг.--пск.?) крута — «одежда» (Срезневский, I, **1336**) [что, вероятно, связано с *крутить*

(«валять», «катать»; след., первоначально, «род грубой ткани»)]. Форма ку́ртка вм. кру́тка вследствие сближения с коро́ткий, кургу́зый; м. б., не обошлось и без украинского влияния. В украинском, видимо, из польского или словацкого, а там — из латинского curta, *f.*, к curtus (см. выше).

КУРЬЕ́ЗНЫЙ, -ая, -ое — «возбуждающий любопытство, смешанное с удивлением, недоумением», «забавный», «странный». Сюда же курьёз — «забавный случай». Ср. укр. курйо́зний, -а, -е, курйо́з; блр. кур'ёзны, -ая, -ае, кур'ёз; болг. куриозен, -зна, -зно, куриоз; с.-хорв. ку̀риозан, -зна, -зно : ку̏риозни, -а̑, -о̑. чеш. kuriosita; польск. curiosum, но ср. в знач. «курьезный»: чеш. směšny, -á, -é; польск. odobliwy, -a, -e, ciekawy, -a, -e. Прил. *курьезный* (в форме *куриозный* со знач. «любопытный» известно с Петровской эпохи (Смирнов, 171). Сущ. *курьез* появилось позже [в словарях — с 1864 г. (Толль, I)]. ▫ Морфологически *курьезный* — произв. от *курьез*, но исторически скорее *курьёз* (как сущ.) возникло на базе прилагательного. В русском языке слово *курьез* — заимствование из французского. Ср. франц. прил. curieux, curieuse — тж.; ср. cas curieux — «курьез» (досл. «курьезный случай»). Из франц. — нем. kurios — «курьезный» при Kuriosum — «курьез». Во французском восходит к латин. cūriōsus — «заботливый», «тщательный», от cūro — «забочусь».

КУСТ, -а́, *м.* — «низкорослое, пучком ветвящееся от земли растение»; *перен.* «группа объединенных промышленных предприятий, артелей, организаций и т. п.». *Прил.* кустово́й, -а́я, -о́е, кусти́стый, -ая, -ое. *Глаг.* кусти́ться. Блр. куст, куставы́, -а́я, -о́е, кусці́сты, -ая, -ае, кусці́цца; ср. укр. кущ, *м.*, кущови́й, -а́, -е́, кущи́стий, -а, -е, кущи́тися. В других слав. яз. отс. Ср. в том же знач.: болг. храст; с.-хорв. жбу̑н : џбу̑н, гр̑м; чеш. keř(ík); польск. krzak, krzew. Др.-рус. (с XII в.) куст, позднее (XV в.) кустьць, (XVI в.) кустовье (Срезневский, I, 1381). Другие произв. более поздние, в словарях отм. *кустовой* — с 1792 г. (САР[1], III, 1096), *кустистый*, *куститься* — с 1814 г. (САР[2], III, 498). ▫ В этимологическом отношении спорное слово. Сопоставляют со времен Миклошича (Miklosich, EW, 427), как с родственными образованиями, с лит. kúokštas — «пучок», «пук», «клок», абляут kùkštas — «тонкая жердь, шест с пучком соломы (на границе земельного участка)», увязываемые с глаг. kiaũsti — «чахнуть», «останавливаться в росте». Об этой возможности осторожно упоминает Френкель (Fraenkel, 250, 312). Лучше связывать слово *куст* с о.-с. *kupa (ср. с корнем *куп-*: *совокупный, совокупность* и т. п.). См. *купа*. Т. о., *куст* — из *kupstъ. Суф. *-st-*. Упрощение *-p-st-* > *-st-* вполне допустимо (Pokorny, I, 591).

КУСТА́РНИК, -а, *м.* — «место, заросшее кустами». *Прил.* куста́рниковый, -ая, -ое. Русское слово. Ср. в том же знач.: укр.

чагарни́к; блр. хмызня́к; болг. храстала́к, шубра́к; с.-хорв. шѝбља̑к; чеш. křoví (от keř — «куст»); польск. chruśniak, wiklina. В русском языке слово *кустарник* известно с XVIII в. В словарях — с 1731 г. (Вейсман, 117). ▫ От *куст*. Нет основания предполагать нигде и никак не засвидетельствованное *кустарь — «кустарник» как предшествующее и утраченное по аналогии с такими словами как *парни́к* (от *пар*), как *татарник* (название многих колючих растений семейства сложноцветных).

КУСТА́РЬ, -я́, м. — «мелкий производитель, ремесленник, работающий на дому и, по большей части, в одиночку». *Прил.* куста́рный, -ая, -ое. *Глаг.* куста́рничать. *Сущ.* куста́рщина. Укр. куста́р, куста́рний, -а, -е, куста́рничати. В других слав. яз. отс. Ср. в том же знач.: блр. самату́жнік; болг. занаятчи́я; с.-хорв. зана̀тлија (собств. «ремесленник» < турец. zanaat — «ремесло»); чеш. řemeslník или domácký, drobný výrobce; польск. chałupnik. В русском языке слово *кустарь* появилось в середине XIX в. Сначала ему, по-видимому, предшествовало в этом смысле слово *кустарник*. Ср. в очерке Кокорева «Сибирка», 1847 г.: «Другое дело — низшая ступень ремесленников, хозяева-*кустарники*»; в его очерке «Мелкая промышленность в Москве», 1848 г. встр. также прил. *кустарный*: «*кустарное* ремесло» (Соч. 8, 110). В словарях слово *кустарник* — «кустарь», «мелкий фабричный промышленник», как моск., владим. в 1865 г. отм. Даль (II, 830), там же *кустарь* (с пометой моск.). ▫ Происхождение этого слова не совсем ясно. Старшая форма, вероятно, *кустарник*. Она вытеснена формой *кустарь* вследствие, во-первых, отталкивания от *кустарник* — «место, заросшее кустами» и, во-вторых, по сходству с такими словами, как *ложкарь*, *пекарь*, *токарь* и т. п. Но откуда взялось слово *кустарник* — «кустарь»? Связывают (Преображенский, I, 420—421 и др.) с нем. Künstler — «художник», «артист», «деятель искусства», игнорируя несоответствие в фонетическом и семантическом плане. Пытаясь улучшить положение, Фасмер (Vasmer, REW, II, 432) в качестве источника заимствования предлагает ср.-н.-нем. kunster — «знаток искусства, ремесла». Но *кустарник* > *кустарь* — новое слово, в литературный русский язык, по-видимому, попало из говоров (моск., владим.), из просторечия. При чем же тут средневековый н.-нем. язык? Кроме того, фонетические трудности (наличие n в н.-нем. форме) остаются. Поэтому, пожалуй, правы те языковеды, которые ищут объяснение этого слова на русской почве. *Кустарник* — «кустарь», очевидно, происходит от прил. *кустарный* (ср. *кустарное* ремесло), отм. в СЦСРЯ 1847 г., II, 239 в знач. «сделанный без старания». Ср. у Даля (II, 830): «*кустарное* изделье» — «работа кустарника», «самый плохой и дешевый товар, с виду похожий на фабричный и потому сбивающий цену». Старш. знач. слова *кустарник* могло быть близким к *халтурщик* (напр., «занимаю-

щийся своим ремеслом где-нибудь на отлете «в кустах»). См. описание быта и повадок кустарников, их «горемычного труженичества» и «бесталанной судьбы» у Кокорева (уп.). Ср., кстати, у Даля (II, 830), который решительно относил *кустарник*, *кустарь* к гнезду *куст*, сиб. куста́рник — «бродяга, который прячется в лесу по кустам». Ср. там же поговорки: «сиди под кустом, позакрывшись листом», «есть на кусте, есть и под кустом» (о корме) и т. п.

КУТЕРЬМА́, -ы́, ж. прост. — «путаница», «бестолковая суматоха», «шумная возня». В говорах: кутерма́ — оренб. «займы товаром», «забор в долг»; также «вьюга», «метель» (Даль, II, 830). Только русское. Ср. в том же знач.: укр. розгардія́ш, гарми́дер (ср. польск. harmider — тж.); блр. сумятня́, мітусня́; болг. сумато́ха, безре́дие, неразбори́я. В русском языке известно с конца XVIII — начала XIX в. У Державина в стих. «Детям, на комедию их и маскарад», 1807 г. *кутерьма* употр. в смысле «беспорядочно движущаяся толпа»: «И нимф прекрасных *кутерьма* / Плясала под свирельми их». Позже встр. в «Горе от ума» Грибоедова (д. III, явл. 19, с. 78) и др. Но это слово было известно и раньше. В САР¹ (III, 1792 г., 1097) есть *кутерма́* — «род лосося» (ссылка на этот словарь в ССРЛЯ, V, 1901 — ошибка). В САР² (III, 1814 г., 500) отм. *кутерма* — «несогласие», «раздор». ▫ Надо полагать, тюркское слово, хотя источник его установить не просто. Возводят к тюрк. глаг. с корнем köt-ör- : göt-ör-, выражающему знач. «поднимать», «относить», «гнать». Ср. кирг. көтөрмө — «запруда», «дамба» (< «подъем»); казах. устар. көтөрме — «подмога, оказываемая скаковой лошади на последней дистанции (у финиша)» (видимо, подбадривание криками, гиканьем и т. п.); башк. күтәрмәләү — «поддерж(ив)ать», «подбодрить», «подбадривать», күтәрмә — «крыльцо» (< «подъем»), «каблук»; узб. кўтармоқ — «поднимать», «убирать», «снимать»; турец. götürmek — «уносить», «гнать», «отнимать», «оторвать» и пр. Ср. у Радлова (II: 2, 1278, 1484): көтөрмө — каракирг. «подгоняние лошадей при беге» («киргизы толпами сопровождают подбегающих к цели лошадей и криками и ударами стараются ускорить их бег», күтүрмә — «погоняние лошадей при беге». Знач. «путаница», «кавардак», «бестолковщина», «заваруха» и т. п. установилось (не сразу, как свидетельствует пример из Державина) на русской почве из знач. тюркского слова «беспорядочная суматоха, ажиотаж на конских состязаниях». Ср. Lokotsch, § 733; Дмитриев, 28.

КУ́ХНЯ, -и, ж. — «отдельное, специально оборудованное помещение, предназначенное для приготовления пищи». *Прил.* ку́хонный, -ая, -ое. Укр. ку́хня, кухо́нний, -а, -е; блр. ку́хня, ку́хонны, -ая, -ое. Из русского — болг. ку́хня. Ср. с.-хорв. ку̀хиња, ку̀хињски, -а̑, -о̑; словен. kúhinja; чеш. kuchyň, kuchyně, kuchyňský, -á, -é;

КУЦ

польск. kuchnia, kuchenny, -a, -e; н.-луж. kuchńa; в.-луж. kucheń. В русском языке слово *кухня* известно с Петровского времени. Напр., в СВАБ (II, 48): «выдать... на *кухню*» (1716 г.). Кроме того, Christiani, 47 (1717 г.). В словарях *кухня* — с 1780 г. (Нордстет, I, 324); *кухонный* — с 1792 г. (САР², III, 1101). До XVIII в. кухню называли *поварня*, еще в Петровское время это слово употр. чаще, чем *кухня*. ▫ Заимствовано из немецкого языка при польском посредстве (а в польском из чешского). Ср. нем. Küche, *f.* — тж. < др.-в.-нем. chuhhina, ср.-в.-нем. küchen. В др.-в.-нем. из позднелатин. языка (coquīna > cocina, от coquō — «стряпаю», «варю», «кипячу», «пеку» и т. п.). Отсюда же: ит. cucina; исп. cocina; франц. cuisine.

КУ́ЦЫЙ, -ая, -ее — (гл. обр. о хвосте) «ненормально короткий», «недоразвившийся», «обрубленный», «откушенный». Даль (II, 832) отм. также орл. — куцо́вка — «закомлястая дубинка». Укр. ку́ций, -а, -е. Ср. в том же знач.: блр. курта́ты, -ая, -ае. Ср. польск. kuc : kucyk — «пони», kuc — «низкорослая лошадь». В русском языке — довольно позднее. Ср. у Пушкина в «Барышне-крестьянке», 1830 г.: «*куцая* кобылка» (ПСС, VIII, 117). В словарях — с 1847 г. (СЦСРЯ, II, 240). ▫ Очевидно, вм. *ку́сый*. Ср. др.-рус. книжн. ку́сый (в Панд. Ант.); ст.-сл. кжсыи — «кургузый», «с отрубленным хвостом» (Срезневский, I, 1382). В совр. слав. яз., кроме русского, это прил. в знач. «куцый» встр. в польск. kusy, -a, -e; с.-хорв. ку̑с, ку́са, ку́со : ку̏си, -ē, -ā, -ō; ср. ку̏са̄љ — «конь с обрезанным хвостом», ку̏со̄в — «куцый пёс» и т. п.; чеш. kusý, -á, -é. Форма с *ц* вм. *с* возникла, конечно, не по фонетической причине. Это изменение табуистического порядка: слово *куцый* с некоторого времени получило знач. «чёрт», стало одним из его эпитетов. Ср. укр. ку́ций — «чёрт».

КУ́ЧЕР, -а, *м.* — «возница», «работник, правящий лошадью или лошадьми, запряженными в экипаж». *Прил.* кучерско́й, -а́я, -о́е. Гл. обр. русское. Ср. в том же знач.: укр. фу́рман (но кучерськи́й, -а́, -é); блр. фурма́н; болг. кочия́ш, файтонджи́я; чеш. kočí; польск. stangret, furman. В русском языке слово *кучер* употр. гл. обр. с Петровского времени. Ср. в СВАБ, II, в «Книге расходной» за 1716 г. (8): «дал *кучеру*» [ср. там же *кучман* — «кучер»: «и *кучманом*... за провоз пива и вина» (1717 г., 81); см. также Смирнов, 172]. Несколько позже — в ИКИ, 1733 г., 133, 140 (в параллельном итальянском тексте: il cuoco). ▫ Заимствовано из немецкого. Ср. нем. Kutscher — тж. при Kutsche (с XVI в.) — «повозка» < венг. kocsi — тж. (по местечку Kocs). Из венг.: польск. kocz — «карета», «коляска» (с открытым верхом), а также франц. coche — «рыдван», «дорожный многоместный экипаж» и cocher — «кучер»; англ. coach — «экипаж» при coachman — «кучер».

КУШ

КУШ, -а, *м.* — «сумма денег (обычно большая), сразу полученная кем-л. (особенно как выигрыш в карточной или иной игре или в качестве взятки и т. п.)». Укр., блр. куш. В русском языке как карточный термин («ставка в игре») употр. со 2-й пол. XVIII в. Ср. у Фонвизина в «Разговоре у кн. Халдиной», 1788 г.: (о карточной игре) «перестал ставить большие *куши*» (СС, II, 67). Позже у Пушкина в «Пиковой даме», 1834 г.: «Идет! — сказал Германн, надписав мелом *куш* над своею картою» (ПСС, VIII, 250). Но ср. у Гоголя в письме Плетневу от 21-I-1850 г.: «Хотел было просить тебя взять из ломбарда последний *куш* денег» (ПСС, IV, 161). Еще позже — у Сухово-Кобылина («Дело», 1861 г., д. I, явл. 5): «две трети и то такой *куш* составило» (Трилогия, 107). ▫ Из французского языка. Ср. франц. couche, *f.* — собств. «ложе», «постель» [ср. coucher — «укладывать» (в постель), «лежать» и пр.], далее «слой», «пласт», «засыпка», «завалка» (шихты) и др., (в карточной игре) «ставка».

КУША́К, -а́, *м.* — «пояс для опоясывания по верхней одежде из широкой и длинной полосы ткани нередко с бахромой по концам». В других слав. яз. отс. Болг. куша́к, м. б., из русского. Ср. в том же знач.: укр. по́яс; блр. по́яс, дзя́га; болг. по́яс; чеш. pás, opasek; польск. pas. В русском языке слово *кушак* известно со 2-й пол. XVI в. [Срезневский, I, 1384; «Пар. сл. моск.», 1580 г., 111: couchacq; позже в документах «Посольства» Мышецкого, 1641—1643 гг., 89, 146 и др.]. ▫ Тюркизм. Тр. турец. kuşak — «пояс», «кушак»; каз-тат. кушак — тж.; башк. ҡушаҡ — тж.; туркм. гушак; азерб. гуршаг. Ср. каракалп. қушақ — «охапка»; узб. қучоқ — тж. Праформа kuršak (quršaq). Ср. у Махмуда Кашгарского (XI в.) quršaɣ — «пояс» (Brockelmann, 165). Ст.-тюрк. qur — «пояс», «кушак» (Gabain, 133) [=кирг. кур — тж.]. От основы ḳor- : ḳar- — «окружать», «охватывать», «опоясывать». См. Lokotsch, § 1265.

КУ́ШАТЬ, ку́шаю — «есть, принимать пищу» (с оттенком вежливости при приглашении к еде). *Сущ.* ку́шанье. Гл. обр. русское. Ср. впрочем, с.-хорв. ку́шати — «отведывать», «пробовать», отсюда ку́ша̄ч — «дегустатор»; словен. kušati — «отведывать». В других слав. яз. отс. Представлено только о.-с. *(j)ěsti — укр. ї́сти; блр. е́сці; болг. ям — «ем» и т. д. Ср. в знач. «кушанье»: укр. ї́жа, стра́ва (<польск. strawa — тж.); блр. стра́ва, е́жа, яда́; болг. я́дене, храна́; с.-хорв. jе̏ло, хра́на. Др.-рус. (XIV в.) кушати — «вкушать»; ср. кусити — «отведать» в Изб. 1073 г. (Срезневский, I, 1381, 1384). У Поликарпова (1704 г., 159 об.) уже с новым знач.; там же *кушанье*. ▫ Корень *кус-*. Из *kusjati (ср. рус. *кусать*). Ср. такого же типа, но семантически отколовшиеся образования с префиксом: *вкушать, искушать* и пр.

КУШЁТКА, -и, ж. — «небольшой диван с изголовьем». Укр. кушéтка; блр. кушэ́тка; болг. кушéтка. Ср. в том же знач.: с.-хорв. отòмāн; чеш. pohovka, lehátko; польск. sofka. В русском языке слово *кушетка* известно с 1-й пол. XIX в. Встр. в романе Герцена «Кто виноват?», 1845—1847 гг. (СС, IV, 104). В словарях — с 1847 г. (СЦСРЯ, II, 240). □ Из французского языка. Ср. франц. (с XIV в.) couchette, *f*. — тж. (от coucher — «лежать»). Из французского — англ. couch — «кушетка» > нем. Couch — тж.

Л

ЛАБАРДÁН, -а, м., *устар.* — «просоленная и провяленная треска без костей». Ср. у Гоголя в «Ревизоре» (д. III, явл. 5): «Как называлась эта рыба? — Лабардан-с!» (ПСС, IV, 45). Укр. лабардáн. В других совр. слав. яз. отс. В русском языке известно с начала XVIII в. [Смирнов, 172: *лаберда́н* (со ссылкой на «Устав морск. Тариф», 1724 г., 12)]. Мёлен (Meulen, NWR, Suppl., 55) приводит и другие, более поздние данные об употреблении этого слова (1750 г. и 1765 г.). Еще позже (и уже в форме *лобардан*) это слово встр. в стихотворении-буриме В. Л. Пушкина «Рассуждение о жизни, смерти и любви», 1804 г. □ Заимствовано из голландского языка. Ср. совр. голл. labberdáan — «соленая треска». В голландском языке это слово французского происхождения (в совр. франц. оно уже вышло из употр.). Восходит, как полагают, к старому (латинскому) названию г. Байонны на побережье Бискайского залива — Lapurdum, прил. Lapurdanus.

ЛАБИРИ́НТ, -а, м. — «занимающее большую площадь, широко раскинувшееся здание со входом и выходом, но без окон, с запутанным расположением многочисленных проходов и тупиков, из которого трудно выйти»; *перен.* «о чем-л. сложном и запутанном, из чего трудно или невозможно найти выход». *Прил.* лабири́нтовый, -ая, -ое. Укр. лабіри́нт, лабіри́нтовий, -а, -е; блр. лабíрынт, лабiры́нтавы, -ая, -ае; болг. лабири́нт; с.-хорв. лавѝринт; чеш. labyrint, labyrintický, -á, -é, labyrintní; польск. labirynt, labiryntowy, -a, -e. В словарях *лабиринт* с 1731 г. (Вейсман, 356), *лабиринтовый* — с 1847 г. (СЦСРЯ, II, 241). □ Ср. франц. labyrinthe; нем. Labyrinth; англ. labyrinth; ит. labirinto. Первоисточник — греч. λαβύρινθος — тж. > латин. labyrinthus. В греческом языке происхождение этого слова, употреблявшегося и в переносном смысле, не вполне ясно. Корень λαβυρ-, м. б., имеет отношение к λαύρα — «(узкая) улица», «переулок», «ущелье» или, во всяком случае, контаминировано с этим словом (см. Frisk, II, 67, 91). В русском языке, видимо, из немецкого.

ЛАБОРАТО́РИЯ, -и, ж. — «научное учреждение, а также помещение, специально оборудованное для научных или технических опытов, экспериментальных исследований, производства контрольных анализов». *Прил.* лаборато́рный, -ая, -ое. Сюда же лабора́нт, лабора́нтка. Укр. лаборато́рія, лаборато́рний, -а, -е, лабора́нт; блр. лабарато́рыя, лабарато́рны, -ая, -ае, лабара́нт; болг. лаборато́рия, лаборато́рен, -рна, -рно, лабора́нт; с.-хорв. лаборато̀рија, лабо̀рант; чеш. laboratoř, прил. laboratorní, laborant; польск. laboratorium, laboratoryjny, -a, -e, laborant. Встр. уже в начале XVIII в., но, кажется, только в знач. «место изготовления и хранения бомб». Хороший пример имеется у Смирнова (172): «взорвалась *лаборатория* неприятельская... от бомб, в ней лежащих» (ссылка на ПбПВ, III, 179, к сожалению, неточная). Ср. в несклоняемой форме в «Архиве» Куракина (I, 327, 1710 г.): «бомбы учинили немалое действие... магазин подорвало возле *ляботориум*». В совр. знач. это слово употр. с середины XVIII в. Ср. у Ломоносова в письмах и бумагах 40-х гг.: «подал... предложение о учреждении химической *лаборатории*» (при Академии наук); «и если бы... на моем коште *лабораторию* иметь... можно было, то бы я... Академию наук в том утруждать не дерзал» (ПСС, IX, 9—10). Слово *лаборант* появилось намного позже [в словарях отм. с 1804 г. (Яновский, II, 474)]. В XVIII в. говорили *лабора́тор*. Ср. у Ломоносова: «при химической лаборатории быть *лаборатором*» (ib., 46). □ Ср. франц. (с XVII в.) laboratoire; нем. Laboratórium, Laboránt; швед. laboratorium, laborant; англ. laboratory. Позднее искусственное образование от латин. laborō — «тружусь», «работаю», labor — «труд», «усилие». В русском языке, видимо, из немецкого.

ЛА́ВА, -ы, ж. — «расплавленная масса (магма), изливающаяся из кратера вулкана во время извержения». Укр., блр., болг. ла́ва; с.-хорв. ла́ва; чеш. láva; польск. lawa. В русском языке слово *лава* отм. в словарях с конца XVIII в. (САР¹, III, 1792 г., 1123). □ Источник распространения — ит. (неаполит.) lava — тж. (с неясной этимологией). Отсюда франц. (с 1739 г.) lave > англ. lava; нем. (с конца XVIII в.) Lava; исп. lava; также турец. lâv; хинди лāва. В русском языке, вероятнее всего, из французского.

ЛАВИ́НА, -ы, ж. — «масса снега, стремительно падающая с гор», «снежный обвал». *Прил.* лави́нный, -ая, -ое. Укр. лави́на, лави́нний, -а, -е; блр. лавíна; болг. лави́на; с.-хорв. лави́на; словен. lavina; чеш. lavina; польск., в.-луж. lawina; но ср. н.-луж. walina — тж. В русском языке в словарях отм. с 1845 г. (Кирилов, 153: *лави́ны*); прил. *лавинный* — с 1847 г. (СЦСРЯ, II, 241). □ Позднее заимствование из немецкого яз. Ср. нем. Lawine (известно с 1804 г.); ср. дат. lavine; швед. lavin; голл. lawine; при франц. avalanche (> англ. avalanche); ит. valanga. В немецком и других герм. яз. — реторо́манского (Швейцария) происхождения

ЛАВ

[как полагают (см. Kluge¹⁰, 296), из позднелатин. lābīna — «оползень» (при классич. латин. lābēs — «падение», «обвал»)]. Старшая немецкая форма этого слова — Lauwine.

ЛАВИ́РОВАТЬ, лави́рую — (о плывущем судне) «двигаться (особенно под парусами против ветра) не прямо, а по ломаной линии, с частой переменой курса». Укр. лаві́рувати; блр. лаві́раваць; болг. лави́рам — «лавирую»; чеш. lavírovati; польск. lawirować. В русском языке слово *лавировать* известно с Петровского времени (МИМД, 1717—1720 гг., 64). Кроме того, Смирнов (172) приводит пример из «Кн. Устав морск.». В словарях отм. с 1780 г. (Нордстет, I, 325). ▫ Первоисточник — голл. laveren — тж. (ср. loef — «наветренная сторона»). Из голландского — нем. (с XVI в.) lavieren (н.-нем. laveren). Ср. норв., дат. lavére; швед. lovera. Франц. louvoyer — по корню — скандинавского происхождения. Славянские формы этого глагола, по-видимому, из немецкого языка, но в русском это слово могло быть и голландского происхождения.

ЛА́ВКА, -и, ж. — 1) «скамья для сидения или лежания» (обычно о скамье в жилом помещении, прикрепленной к стене); 2) *устар.* «небольшое торговое заведение»; «магазинчик». Ла́вочка — тж. *Прил.* ла́вочный, -ая, -ое. Сюда же прила́вок. В говорах: южн., новг., яросл. ла́ва — «пешеходный мостик», «доска, перекинутая через ручей», пск. ла́вы — «плавучий, настильный мост на плотах» (Даль, II, 834), шенк. ла́ва — «брод через реку» (Подвысоцкий, 80), ла́ва — «запруда», «род большого плота» (Куликовский, 48); ла́вина — пск. твер. «плот на воде для мытья белья» (Даль, ib.). В русских говорах Прибалтики ла́вка — «школьная парта» (Немченко и др., 141). Укр. ла́ва — «скамья», ла́вка, прила́вок; блр. ла́ва, ла́ўка, прыла́вак; болг. ла́вица — «полка», ла́вка — «магазинчик»; чеш. lavice — «скамья», lavička — «скамейка», lávka — «мостик»; польск. ława — «скамья», ławka, реже ławica — «скамейка» (обычно ławka — «мостки с перилами на одной стороне»); в.- и н.-луж. ława — «скамья», «мостик через ручей», ławka, ławica — «скамейка». Др.-рус. (с XII в.) лавица, позже (с XVI в.) лавка (< лавъка) — «скамья», (с XIV в.) лав(ъ)ка — «помещение для торговли» (Срезневский, II, 1, 2; Доп. 151; Кочин, 169). Оба знач. — «скамья» и «торговое помещение» дает Р. Джемс (РАС, 1618—1619 гг., 3 : 35): lofka — «a bench», «a shop». *Прил.* лавочный (< лавочьный) известно с XVI в. (Срезневский, Доп., 151). ▫ О.-с. *lava — «скамья». Ср. лит. lóva — «койка», «кровать»; латыш. lāva — «полок» (в бане), «нары», «лавка для лежания». Но дальнейшие связи не бесспорны. Напр., напрасно сопоставляют это слово с др.-исл. lófi (совр. исл. lófi — «ладонь»); норв. диал. lóve — «ладонь». Родственные с гот. lōfa — «ладонь», др.-в.-нем. laffa, они составляют одно гнездо с о.-с. *lapa (см. *лапа*). Лит.

ЛАГ

lóva связывают на почве балтийских языков то с др.-прус. aulaūt — «умереть»; лит. liáutis — «перест(ав)ать», «прекратить(ся)», lavónas — «труп»; латыш. ļauties — «предаваться», «отдаваться», то с лит. liáutis — «обрезать», «отрезать», «увечить», lùtas — «коротконогий», launỹs — «козел без рогов». В первом случае старшее знач. лит. lóva — «лежанка», «место отдыха» (< «ложе умершего»?). Во втором случае лит. lóva сначала значило «обрубок дерева», «полено», «доска» (?), вообще «нечто отрезанное, отколотое, отпиленное (напр. от дерева)» (Fraenkel, 387). Первое предположение нас устраивает. В этом случае и.-е. корень *lēu- (: *lou-) — «ослабевать», «прекращаться», *(s)leu- — «полусонный», «расслабленный», «обвислый» (Pokorny, I, 682, 962). Ср. гот. lēwjan — «предавать», «изменять»; др.-англ. gi-lā(w)en — тж.; др.-англ. lēwan — тж. На слав. почве сюда в аблауте относится чеш. устар., редкое leviti — «ослабевать», «слабеть», «утихать».

ЛАВР, -а, м. — «южное дерево или кустарник с продолговатыми темно-зелеными неувядающими ароматными листьями, из которых в Древней Греции и в Древнем Риме и позже сплетали венки для увенчания героев, выдающихся поэтов, победителей на состязаниях и пр.», Laurus nobilis. *Прил.* лавро́вый, -ая, -ое. Укр. лавр, лавро́вий, -а, -е; блр. лаўр, лаўро́вы, -ая, -ае. Ср. болг. ла́въ̆р, ла́вров, -а, -о; с.-хорв. ла̏во̑р, ла̏воров, -а, -о; словен. lovor; чеш. laur, laurový, -á, -é; польск. laur, laurowy, -а, -е. В русском языке слово *лавр* известно с начала XVIII в. В словарях — с 1731 г. (Вейсман, 388). ▫ Ср. ит. láuro (: alloro); исп. lauro (: laurel); франц. laurier (ст.-франц. lor) > англ. laurel; нем. Lorbeer (в первой его части lor-). Первоисточник — латин. laurus — «лавр». В русском языке (и в других слав. яз.), видимо, из латинского.

ЛАВСА́Н, -а, м. — «синтетическое волокно (в частности, как составной элемент некоторых тканей)». Слово, недавно появившееся и вошедшее в общее употр. В словарях родственных языков и в словарях других языков пока не отм. В словарях впервые — в МСЭ², V, 1959 г., 318; затем в ССРЯ, 1963 г., 227. ▫ Происходит от сокращенного наименования Лаборатории высокомолекулярных соединений АН СССР — *Лавсан*.

ЛА́ГЕРЬ, -я, м. — 1) «временная стоянка войсковых частей за пределами населенных пунктов»; 2) «место содержания военнопленных или заключенных»; 3) «воспитательно-оздоровительное учреждение для пионеров и школьников для летнего отдыха». *Прил.* ла́герный, -ая, -ое. Укр. ла́гер, ла́геря (чаще та́бір), ла́герний, -а, -е; блр. ла́гер, ла́гера, ла́герны, -ая, -ае; болг. ла́гер, ла́герен, -рна, -рно; с.-хорв. ло̏гор — «лагерь» (ср. ла̏гер — «склад»); чеш. lágr (обычно tábor). Ср. в том же знач.: словен. tabor; польск. obóz. В русском языке слово *лагерь* известно с начала

XVIII в. Форма слова установилась не сразу. Ср., напр., данные 1708 г.: «в *лагор* их вошли», «из *лагора*» (ПбПВ, VIII, 108); но дальше: «из *лагра*» (132), «из *лагара*» (133). Позже: «в *лагарах*» (ЗАП I, т. I, 178, 1722 г.). Но в «Уставе воинском» 1716 г. только *лагерь* (ПСЗ, 214, 233, 264). В словарях — *лагерь* (с *ге*) — с 1731 г. (Вейсман, 356), *лагерный* — с 1771 г. (РЦ, 622). ▫ Восходит к нем. Lager — «лагерь», «склад», также «постель», «залежи» (одного корня с liegen — «лежать»). Ср. в том же знач.: франц. camp > англ. camp; ит. campo; исп. campo (< латин. campus — «поле», «поле сражения»).

ЛАДÓНЬ, -и, *ж.* — «внутренняя сторона кисти руки между пальцами и запястьем». *Уменьш.* **ладбша, лáдошка**. Ср. *бить (хлопать) в ладоши*. В говорах **ладóнь** — также «ток — место, убитое для молотьбы хлеба» (Даль, II, 837), «гумно» (Селищев, ДОС, 264; Копорский, 135); «площадка для молотьбы на гумне» (Палагина, II, 124). Вм. *ладонь* в говорах нередко встр. **долóнь**, причем и это слово употр. в знач. «ток» (Даль, I, 412); также олон. (Куликовский, 19). В других слав. яз. это слово известно как образование, соответствующее ст.-сл. длань > рус. диал. **долóнь**, книжн. *длань* (см.). Но ср. блр. *пляскаць у лáдкі* (наряду з далóні). В словарях русского языка *ладонь* впервые отм. у Поликарпова (1704 г., 160). Уменьш. *ладошка* встр. у Ломоносова в «Кратком руководстве к красноречию», 1759 г., § 299 (ПСС, IX, 358); в словарях — с 1780 г. (Нордстет, I, 326). В письменных памятниках др.-рус. языка до XVIII в. находим только *долонь*. Ср. в начале XVII в. у Р. Джемса (РАС, 1618—1619 гг., 47 : 3): dolone — «the palme (of the hande)». ▫ Т. о., *ладонь > лодóнь* получилось из *долонь* вследствие перестановки слогов. Относительно этимологии *долонь* см. *длань*. Старшее знач. могло быть «ток», «пол гумна» и т. п. По поводу образования основы слова *ладошка* ср. *окошко* (от *окно*), также *гармошка* (от *гармонь*), *картошка* (от *картофель*) и т. п.

ЛАДЬЯ́, -и́, *ж.* — 1) *устар., книжн., поэт.* «большая лодка», «корабль»; 2) «фигура в виде башни в шахматной игре». Болг. **лáдия** — «большая лодка» (но в шахматах — *тур, топ*), **лáдиен, -а, -о**; с.-хорв. **лâђа** (но в шахматах — **тôп**), **лâђени, -ā, -ō**; словен. **ladja, ladjski, -a, -o**; чеш. **loď'**, *устар.* **lodí** (но в шахматах — **věž**); польск. **łódź** (но в шахматах — **wieża**), **łodziowy, -a, -e**; в.-луж. **łódź** — «корабль» (но в шахматах — **wěža**), **łódźny, -a, -e**; н.-луж. **łoź** — «корабль» (но в шахматах — torm), **łoźny, -a, -e**; полаб. l'üöd'a — «лодка», «корабль» (Rost, 399). Др.-рус. **лодья** (Дог. Ол. 911 г.), книжн. **ладия**, прил. **ладииный** (Срезневский, II, 41—42). Ст.-сл. (чаще) **ладии** : (редко) **алъдии : алдии** (SJS, I : 1, 27; II : 16, 103). Как термин шахматной игры *ладья* отм. в словарях с 1762 г. (Литхен, 299). ▫ О.-с. *oldii, основа *oldij- (: *olъdij-?). В форме *ладия* это слово в древнерусском языке заимствовано из старославянского. И.-е. корень *aldh- — «корыто» (Pokorny, I, 31). Ср. лит. устар. **aldijà : eldijà** — «однодеревка», «челн» (совр. лит. **laivẽlis, váltis**); дат. **olde** — «корыто»; норв. диал. **olda** — «большое корыто»; швед. диал. **ålla** — «дупло», «продолговатое углубление»; ср. также др.-исл. **alda** — «волна». Но швед. **lodja** — «ладья» заимствовано из древнерусского языка.

ЛАЗАРЕ́Т, -а, *м.* — «небольшой госпиталь при воинской части»; *устар.* «больница», «лечебница». *Прил.* **лазаре́тный, -ая, -ое**. Укр. **лазаре́т, лазаре́тний, -а, -е**; блр. **лазáрэт, лазарэ́тны, -ая, -ае**. Ср. болг. **лазаре́т**; с.-хорв. **лàзарет**; чеш. **lazaret, lazaretní**; польск. **lazaret**. В русском языке слово *лазарет* известно с конца XVII в. Неоднократно встр. в «Путешествии» П. А. Толстого, 1697—1699 гг. (напр., при описании Неаполя, 59). Нередко в «Уставе воинском» 1716 г. (ПСЗ, V, 246 и др.). См. также «Указ» Петра I от 19-III-1722 г. об учреждении лазаретов при монастырях (ЗАП I, т. I, 100). ▫ Источник распространения — франц. (с 1611 г.) lazaret, восходящее к венец. lazareto (общеит. lazzaretto), как полагают, из *nazareto (сначала госпиталь для чумных больных на острове di Santa Maria di Nazaret в Венеции во время эпидемии чумы в 1423 г.). Изменение n > l в начале слова — под влиянием lázzaro, lazzarone — «нищий», «босяк». Из французского: нем. Lazarétt; голл. lazaret; швед. lasarétt и др.

ЛА́ЗЕР, -а, *м.* — «прибор (аппарат) для получения чрезвычайно сильных и узких пучков монохроматического (т. е. «одноцветного»), дающего при разложении в спектр лишь одну спектральную линию) света». Ср. польск. laser — тж. Новое слово, недавно получившее распространение в русском языке. В словарях — с 1963 г., ССРЯ, 227: *лазер*; позже СИС 1964 г., 354: *лазер* или *лазер*. ▫ По происхождению — английская аббревиатура laser, сокращенное английское словосочетание light amplification by stimulated emission of radiation (усиление света с помощью стимулированного излучения).

ЛАЗУ́РЬ, -и, *ж.* — 1) «светло-синий или темно-голубой цвет ясного дневного неба»; «краска такого цвета»; 2) «ясное, безоблачное дневное небо». Даль (II, 838) дает также форму *лазорь*. *Прил.* **лазу́рный, -ая, -ое, лазу́ревый, -ая, -ое, лазо́ревый, -ая, -ое**. Укр. **лазу́р** (поэт. и спец., напр. *берлíнська лазу́р*), **лазу́рний, -а, -е, лазу́ровий, -а, -е** (обычно **блакить, блакитний, -а, -е**); блр. **лазу́р** (но *лазурак* о краске, напр. *берлíнскі лазу́рак*, обычно **блакíт, блакíтны, -ая, -ае**). Ср. болг. **лазу́р** — «лазурь», **лазу́рен, -рна, -рно**; с.-хорв. **àzur, àzurnī, -ā, -ō**; чеш. **lazur** (при поэт. blankyt), **lazurový, -á, -é**; польск. **lazur** (: błękit), **lazurowy, -a, -e**. Др.-рус. **лазурь** (Ип. л. под 6767 г.), **лазорь** (Соф. вр. под 6855 г.) — «лазоревый цвет», «лазоревое поле ткани», **лазоревый** (только с *о* после з) — «голубой», «синий» часто встр. в руко-

ЛАЙ

писях XVI—XVII вв. (Срезневский, II, 4). В знач. «ясное, безоблачное небо» слово *лазурь* — явление литературной поэтической лексики XVIII в. Грот в «Словаре к стих. Державина» отм. несколько случаев употр. этого слова, причем иногда в м. р.; напр., в оде «На взятие Измаила», 1790 г.: «Представь: по светлости *лазуря*, / По наклонению небес / Взошла черно-багрова буря» (Державин, Соч., IX, 390). Любопытно, что в «Рукоп. лексиконе» 1-й пол. XVIII в. упомянуто только *лазур* — «камень» (Аверьянова, 161). Прил. *лазуревый* в словарях отм. с 1814 г. (САР², III, 516); прил. *лазурный* было известно уже в XVIII в.: ср. у Державина в стих. «Павлин», 1795 г.: «Лазурно-сизо-бирюзовы / На каждом конце пера / Тенисты круги...» (Стих., 154). Неоднократно встр. у Пушкина, напр. в стих. «Деревня» 1819 г. В словарях (по ССРЛЯ, VI, 35) — лишь с 1915 г. ▫ Ср. франц. (с XII в.) azur (l'azur) — «лазурь»; также ит. azzurro; исп. azul; из французского: англ. azure; нем. Azur, *m*. — «лазурь». Источник распространения в Европе — средневек. латин. (l)azzurum: (l)azzurium — «лазуревый камень», «ляпис-лазурь». Начальное l впоследствии в романских яз. отпало, будучи воспринято как препозитивного определительный член. В средневековой латыни это слово — с Востока. Ср. перс. ладж̄вӓрд (lādjward : lādjeward) — «ляпис-лазурь», «ультрамарин», ладжвӓрди — «лазурный». Из персидского — араб. lāzuward : lāzaward — «ляпис-лазурь», lāzurdi (?), lāzuwardī — «лазурный» (Wehr², 759). Пути проникновения слова *лазурь : лазорь* в древнерусский язык неясны. Видимо, из других слав. (зап.-слав.?) яз., а там оно — или из немецкого, или непосредственно из позднелатинского.

ЛАЙКА, -и, ж. — «сорт особо выделанной мягкой кожи (обычно — овечьей, козьей), отличающейся тягучестью и пластичностью». По Далю (II, 843): «мягкой выделки собачья шкура». Прил. лайковый, -ая, -ое. Укр. лайка, лайковий, -а, -е; блр. лайка, лайкавы, -ая, -ае. В других слав. яз. отс. Ср. болг. ръкавици от гласе́ — «лайковые перчатки» (< нем. Glacé — «лайка»); чеш. glacé rukavičky — тж.; польск. rękawiczki glansowane (: skórkowe). В словарях лайка (кожа), лайковый — с 1762 г. (Литхен, 299). ▫ Первичное знач. слова лайка — «порода промыслово-охотничьих собак». Ср. в статье «Лайки» у Брокгауза — Ефрона (т. XVII, п/т 33, 256): «из собачьих шкур шьются рукавицы (называемые в Восточной Сибири **мохнашками** или просто **собаками**)».

ЛАК, -а, м. — «жидкий состав, употребляющийся для покрытия поверхности какого-л. предмета твердой водонепроницаемой блестящей пленкой». Прил. лаковый, -ая, -ое. Глаг. лакировать. Укр. лак, лаковий, лакувати; блр. лак, лакавы, -ая, -ае, лакаваць. Ср. болг. лак, лачен, -а, -о, лакирам — «лакирую»; с.-хорв. лȁк, лȁкован(ӣ), -а, -о, лȁковати; чеш. lak, lako-

ЛАК

vý, -á, -é, lakovati; польск. lakier, lakierować, lakierowany, -a, -e (ср. lakowy, -a, -e — также «сургучный»). В форме *лак* это слово известно в русском языке с Петровского времени. Ср. у Смирнова (173, 1724 г.) *лакованый* от *лаковать. В словарях лак отм. с 1731 г. (Вейсман, 357). Но в форме *лек*, восходящей к неизвестной нам диалектной персидской форме этого слова, оно было хорошо известно в XV—XVII вв. Встр. в «Хожении» Аф. Никитина: «тутъ ся родить краска да лекъ» (по Троицк. сп., л. 372; речь идет о побережье Камбейского залива в Индии) и позже, в актовом языке начала XVI в. (Unbegaun, 109; здесь же попытка объяснения этой странной формы), в «Торговой книге» XVI в.: «а лекъ, тожь сургучь купятъ» (Срезневский, II, 16). По поводу дважды заимствованных слов см. также *джунгли, киоск*. ▫ Ср. ит. lacca; исп. laca; франц. laque; нем. Lack; англ. lac — «красный лак» при lacquer — «лак». В западноевропейских языках — из средневек. латин. lacca [(coccus) lacca, которое восходит к перс. лак (lāk) — «(красный) лак», «сургуч», которое, как и араб. lakk, также не исконно]. Первоисточник видят в др.-инд. lakṣa(ḥ) — «знак», «знамение» > «сургучная печать» > «красный лак».

ЛАКЕ́Й, -я, м. — «слуга». Прил. лаке́йский, -ая, -ое. Укр. лакей, лакейський, -а, -е; блр. лакей, лакейски, -а, -ае; болг. лакей, лакейски, -а, -о; с.-хорв. лаке̏ј; чеш. lokaj, lokajský, -á, -é; польск. lokaj, lokajski, -a, -ie. В русском языке слово *лакей* известно с начала XVIII в. (Смирнов, 173). Ср. в «Архиве» Куракина: «прежде должно послать лакея» (I, 181, 1707 г.; также III, 216, 1710 г. и др.); в «Повести о рос. матросе Василии»: «и нанел себе в лакеи» (Моисеева, 200). В словарях — с 1731 г. (Вейсман, 361). Прил. лакейский с 1771 г. (РЦ, 622). ▫ Восходит к франц. (с XV в.) laquais (произн. lakε), ст.-франц. alacays — «лакей». Во франц. языке испанского происхождения (ст.-исп. alacayo — «прислужник-солдат», совр. lacayo, каталон. alacay — «лакей»). Из французского: англ. lackey; нем. Lakai (откуда зап.-слав. и блр. формы); ит. lacchè. Первоисточник, как полагают, — араб. al-kaid — «военачальник». Деградацию значения связывают с падением мавританского владычества в Испании (Partridge³, 333; Bloch — Wartburg², 344).

ЛА́КОМЫЙ, -ая, -ое, — 1) «(очень) вкусный», «(очень) аппетитный», «привлекательный (на вкус)»; 2) «падкий на что-л.». Сущ. ла́комство, ла́комка. Глаг. ла́комиться. Укр. лакомий, -а, -е (чаще ла́сий), лакомитися (но ла́сощі — «лакомство», ласу́н — «лакомка»). Ср. болг. ла́ком, -а, -о — «жадный», «алчный», «прожорливый» («лакомый» — сла́дък, вкусен), ла́комство — «жадность», «прожорливость», ла́комка, ж. — «лакомка», «обжора», лакомя́ се — «жадничаю»; с.-хорв. ла̏ком(ӣ), -а, -о — «лакомый», «жадный», ла̏комство, ла̏кмост — «жадность», ла̏комост, ла̏комац — «жадный че-

ЛАК ЛАН

ловек», **лакомити се** — «зариться на что-л.», «жадно хотеть чего-л.»; словен. (знач. — как в с.-хорв.) lakomen, -mna, -mno, lakomnost, lakomnež (знач. = с.-хорв. лакомац), lakomiti, lakomnovati; чеш. lakomý, -á,-é — «скупой», «скаредный», lakomství — «скупость», lakomec — «скряга», 'lakoměti — «становиться скрягой»; словац. (знач. — как в чеш.) lakomý, -á, -é, lakomstvo, lakomec, lakomník, но lakomit' — «соблазнять кого-либо»; lakomit' sa — «зариться на что-л.»; польск. łakomy, -a, -e — «прожорливый», «алчный», łakomstwo — «обжорство», «жадность», łakomiec — «лакомка», «обжора», łakomić się — «лакомиться»; в.-луж. łakomy, -a, -e «честолюбивый», «неистовый», «жадный», łakomość — «честолюбие», «алчность», łakomc — «карьерист», «честолюбец». В некоторых совр. слав. яз. (блр., н.-луж.) отс. Др.-рус. (с XI в.) и ст.-сл. **лаком, лакомый** — «сластолюбивый», **лакомьство** — «сластолюбие»; ср. **лакати** — «алкать»; а также **алъкати : алкати** (Срезневский, II, 5, 6; I, 19). ▫ О.-с. *olkomъ, -a, -o : *olkomъjь, -aja, -oje. О.-с. корень *ŏlk- (> *ŏlk- > *alk- : *lak-) с восходящим ударением и новой долготой. Форма на -om-ъ — причастная (ср. ст.-сл. вндомъ, -а, -о — «видимый» от старой нетематической основы *vid-), остаток старой нетематической основы н. вр. *olk- (см. Мейе, «Общесл. яз.», § 209). Ср. лит. álkti — «голодать», «алкать», «хотеть есть»; латыш. alkt — «алкать»; др.-прус. alkins — «тощий» (о желудке); др.-в.-нем. ilgi — тж.; др.-ирл. elc — «злой». И.-е. база *elk- (: *olk-) : *elək- (Pokorny, I, 307).

ЛАКОНИ́ЧЕСКИЙ, -ая, -ое — «сжато выраженный, немногословный, но ясный по смыслу». **Лакони́чный**, -ая, -ое — тж. Сюда же **лакони́зм**. Укр. **лаконі́чний**, -а, -е, **лаконі́зм**; блр. **лаканíчны**, -ая, -ае, **лаканізм**; болг. **лакони́чен, -чна, -чно, лакони́зъм**. Ср. с.-хорв. **лако̀нски, -а̄, -о̄, лако̀низам**; чеш. lakonický, -á, -é, lakonismus; польск. lakoniczny, -a, -e, lakonizm и др. В русском языке слово *лаконический* отм. в словарях с начала XIX в. (Яновский, II, 1804 г., 482, 483). ▫ Из западноевропейских языков. Ср. франц. laconique, laconisme; нем. lakónisch, Lakonísmus; англ. laconic, laconicism; ит. lacónico, laconismo. Восходит, в конечном счете, к греч. Λαχωνική, Λαχωνιχόν — «Лакония», «Лаконское государство,» Λαχωνιχός — «лаконский», «спартанский», откуда λαχωνιχῶς — «кратко», «сжато»; ср. λαχωνίζω — «подражаю лаконцам» > «сжато, кратко выражаюсь»; также λαχωνισμός — «лаконизм» (сначала в смысле «лакедемонизм», «спартанизм», т. е. «нечто лаконское, такое, как у спартанцев»).

ЛА́МПА, -ы, ж. — 1) «осветительный прибор различного вида и устройства (керосиновая, электрическая, неоновая, настольная и др.)»; 2) «прибор специального назначения (напр., паяльная лампа)». *Уменьш.* **ла́мпочка**, также в знач. «электрическая лампа». *Прил.* **ла́мповый, -ая,** -ое. Укр. **ла́мпа, ла́мповий, -а, -е**; блр. **ля́мпа, ля́мпавы, -ая, -ае**; болг. **ла́мпа, ла́мпен, -а, -о**; с.-хорв. **ла̑мпа**; чеш. lampa, lampový, -á, -é; польск. lampa, lampowy, -a, -e. В русском языке слово *лампа* известно с Петровского времени (Смирнов, 173), но чаще в этом знач. в XVIII в. употреблялось слово *лампада*. У Вейсмана (1731 г., 357) нем. Lampe переведено словом *лампада*. Слово *лампа* отм. в словарях лишь с 1834 г. (Соколов, I, 1293), когда оно стало единственно возможным в разговорной речи словом для выражения данного знач. ▫ В русском языке, как и в нем. и англ. — из французского. Ср. франц. lampe, *f.*; нем. Lampe, *f.*; англ. lamp; ит. lampa, lámpada; ср. исп. lámpara — тж. Франц. lampe восходит к греч. λαμπάς, род. λαμπάδος — «факел», «светоч», «светильник», «лампада» (ср. λάμπω — «свечу», «блещу») при посредстве латинского (lampas, род. lampadis, вин. lampada).

ЛАМПА́С, -а, м. (чаще *мн*. **лампа́сы**) — «широкая полоса из цветного (красного, желтого и др.) материала, нашитая на форменные (напр. генеральские) брюки вдоль бокового шва». Укр., блр. **лампа́с**. Ср. болг. **лампа́з**; с.-хорв. **ла̑мпас**; чеш., польск. lampas. В словарях — с 1847 г. (СЦСРЯ, 244). ▫ Возводят к франц. (с 1723 г.) lampas (в XVIII в. — lampasse) — «род штофа (ткани)» — слову неизвестного (по-видимому, восточного) происхождения. В знач. «лампас» во франц. яз. употр. bande de pantalon (ср. с тем же знач. ит., исп. banda). В славянских языках, возможно, через немецкий (ср. нем. Lampássen — «лампасы»).

ЛАНДША́ФТ, -а, *м.* — «общий вид местности или изображение ее», «пейзаж». Укр. **ландша́фт** (но чаще **краєви́д**); блр. **ландша́фт**; болг. **ла́ндшафт**. В других слав. яз. отс. (или редкое). Ср. в том же знач.: с.-хорв. **пре̏део** (в живописи — **сли́ка преде́ла**); чеш. krajina (в живописи — obraz krajiny, oblasti). В форме *леншафт* встр. в «Архиве» Куракина (I, 203, 1707 г.): «славные питторы, которые пишут... *леншафты*». В совр. форме в словарях впервые — у Яновского (III, 1804 г., 510). ▫ Восходит к нем. Landschaft — «край», «пейзаж». Ср. англ. landscape; голл. landschap; швед. landskap и др. при франц. paysage.

ЛА́НДЫШ, -а, *м.* — «многолетнее травянистое, цветущее в мае растение семейства лилейных с односторонней кистью небольших белых душистых цветков колокольчатой формы», Convallaria majalis. В говорах это растение называется также **соро́чка** (по форме цветка?), **молоди́льник** (по лечебным свойствам), **вино́вник** (от настойки на вине?). См. Даль, II, 839. *Прил.* **ла́ндышевый, -ая, -ое**. Укр. **ла́ндиш, ла́ндишовий, -а, -е** (при обычном **конва́лія**); блр. **ла́ндыш, ла́ндышавы, -ая, -ае**. Ср. польск. устар. lanka, lanuszka — «ландыш майский» (при обычном konwalja, которое вместе с укр. **конва́лія**, чеш. и словац. konvalinka восходит к латин. lilium convali-

ЛАН

um — «лилия долин»). В русском языке слово *ландыш* известно с XVII в. Ср. у Лудольфа в «Рус. гр.» (1696 г., 85): «*ландишной* цвѣтъ». В словарях сущ. *ландыш* отм. с 1700 г. (Копиевский, «Номенклатор», 72; также «Вокабулы», 1718 г., 63: *ландыш* — «Mäyblümlein», «lilium convalium»), позже — Вейсман, 1731 г., 409. ▫ Объяснение этого слова представляет трудности. Горяев (180), а за ним и некоторые другие языковеды связывают его с рус. диал. (южнорус.) *лан* — воронеж., тульск. «поле», «нива», «пашня», «большая засеянная полоса» (Даль, II, 839); ср. укр. *лан* — «поле», «нива», «пашня» < польск. łan < чеш. lán < ср.-в.-нем. lēhen, совр. нем. Leh(e)n — «лен», «владение». Т. о., *ландыш* (где -*ыш* — суф. как в *глады́ш, заро́дыш, голы́ш, детёныш* и т. п.) как бы «цветок *лана*», «полевой цветок», «лилия долин» (lilium convalium). Это объяснение, к которому, видимо, склонялся Преображенский (I, 433), не является единственным или лучшим. Брюкнер (Brückner, 306) возводит рус. *ландыш*, в конечном счете, к ст.-польск. (XV—XVI вв.) łanie uszko (калька позднелатин. auricula cervi) — «ланье ушко» (вероятно, по форме листьев ландыша). Ст.-польск. łanie uszko (откуда потом lanka, lanusz) связывают с чеш. lanýž — «трюфель» [ст.-чеш. «олений гриб»; встр. с этим же знач. и в форме lanýš (см. Machek, ES, 258)]. Наличие *д* в рус. *ландыш* можно объяснить на почве народной этимологии, переосмысления этого слова на русской почве, сближения с *ладный* [которое, кстати сказать, в говорах встр. и с перестановкой *дн* > *нд*: ср. у Даля (II, 839) влад. *ла́ндываться* — «довольствоваться чем-л.» и замечание по поводу нареч. *ла́ндо*] или с *ла́данка* — народным названием растения Origanum vulgare («душица»). Нельзя, однако, считать вопрос о происхождении слова *ландыш* окончательно решенным. В истории этого слова имеются неясности. Странным обстоятельством является то, что очень похоже в говорах называется брюква: *ла́ндушка*, также *ла́нка* (Даль, II, 839), наряду с *гола́нка* и др. Допустимо думать, что на ландыш было перенесено название (особенно по созвучию с ласково звучащими словами *ла́да, ла́дный* и т. п.) с какого-то другого цветущего растения. Ср. у Миртова (167): *ла́ндыш* — Trollius europaeus («купальница», «цветущее растение семейства лютиковых»).

ЛАНЦЕ́Т, -а, м. — «хирургический инструмент — род обоюдоострого и остроконечного ножичка». *Прил.* ланце́тный, -ая, -ое. Укр. ланце́т, ланце́тний, -а, -е; блр. ланцэ́т, ланцэ́тны, -ая, -ае; болг. ланце́т; с.-хорв. ланце́та; чеш. lanceta; польск. lancet. В русском языке слово *ланцет* известно с 20-х гг. XVIII в. («Кн. Устав морск.», 1720 г., 857). В словарях — с 1731 г. (Вейсман, 361). ▫ Восходит, в конечном счете, к франц. lancette, от lance — «копье», «пика» < латин. lancea — «легкое копье». Из французского: нем. Lanzétte; англ. lancet; ит. lancetta и др. В русском языке, возможно, при

ЛАП

немецком посредстве (наличие *ц* в этом слове).

ЛАНЬ, -и, ж. — «разновидность оленя, с большими рогами (у самцов), с лопатообразным расширением в их верхней части, с пятнистой окраской шерсти, животное, отличающееся быстротой бега», Dama dama. *Женск.* ла́нка — «самка оленя». Укр. блр. лань; чеш. laň, laňka, прил. laní (< laň), laňčí (< laňka); польск. łania — «ланка» («лань» — daniel). Ср. с.-хорв. ла́не — «олененок», ла́њац — «лань»; в.-луж. łanjo — «олененок». Др.-рус. (с XI в.) ланья : книжн. лания : алънии (Срезневский, I, 19; II, 8). Ст.-сл. алъннн (?) — в Супр. р. (SJS, I, 28). Лудольф в «Рус. гр.» (1696 г., 90) отм. это слово в форме *ланъ* — „Cervus, Hirsch". С твердым *н* это слово отм. и у Литхена (1762 г., 299). Форма *лань* в словарях впервые в РЦ 1771 г., 262. ▫ О.-с. *olnь (основа на -ĭ-): *olni. И.-е. основа *el-n- : *ol-n- (: *el-n̥-), им. ед. *elənī : *olənī. Но м. б. и на нулевой ступени *l-ŏn-. Ср. лит. élnė : álnė — «самка оленя»; греч. ἔλλος (< *elnos) — «молодой олень»; ср. также в кельтских языках: вал. (кимр.) elain (< *elənī; ср. ст.-сл. алъннн) — «самка оленя»; гэльск. lon (< *lon-) — «олень». Подробнее — Pokorny, I, 303—304.

ЛА́ПА, -ы, ж. — «ступня или нога у некоторых животных и птиц». *Прил.* (собственно к *лапка*) ла́пчатый, -ая, -ое. Укр. ла́па, лапча́стий, -а, -е; блр. ла́па, лапча́сты, -ая, -ае. Ср. чеш. tlapa; словац. laba; польск. łapa. Болг. ла́па — из русского. Ср. с.-хорв. ша́па — «лапа»; словен. šapa, taca (< нем. Tatze) — тж. В памятниках др.-рус. письменности до XVII в. не встр.; отм. Р. Джемс (PAC, 1618—1619 гг., 57 : 21): lapui — «the clawes of a beaste» («лапы с когтями у зверей»). Поликарпов (1704 г., 160 об.) также знает это слово. ▫ О.-с. *lapa. Чеш. tlapa; словац. диал. dlapa [возможно, вследствие контаминации lapa (< о.-с. *lapa) с нем. Tatze, устар. Tappe — тж.]. И.-е. основа *lōp- : *lŏp- : *ləp-; и.-е. основа *lōpā-. Родственные образования: лит. диал. lóra — «когтистая лапа»; ср. lãpas — «лист (на ветке)»; гот. lōfa, *m.* — «ладонь»; др.-в.-нем. laffa — тж.; др.-исл. lōfi (совр. исл. lófi) — тж.; на другой ступени вокализма: латыш. lēpa — «лапа у якоря». Ср. также курд. ләп (-é), ж. — «лапа», «горсть», «рука», ләпк — «рукавица», «перчатка». См. еще *лапать, лопух*.

ЛА́ПАТЬ, ла́паю — «хватать», «трогать», «щупать». По Далю (II, 840): «искать», «шарить», «щупать»; ла́пить — «хватать», «загребать»; ср. смол. ла́пить — «платать одежду», «класть заплатки», отсюда ла́пик — «заплатка». Ср. с.-хорв. (x)ла́пити — «схватить», «заграбастать»; чеш. lapati (dech) — «задыхаться (глотать воздух)», lapati (slovo) — «ловить (слова, речь)»; ср. lapiti, lapnouti — «поймать», «схватить»; польск. łapać — «хватать», «ловить»; в.-луж. łapać, łapnuć — «жадно заглатывать», «хватать» (ср. также łopjeno — «лист»). В русском языке слово *лапать* известно с 1-й пол. XVIII в. (30—40-е гг. XVIII в. — Аверьянова, Тат., 65). ▫ О.-с. *lapati. И.-е. корень *lep- : *lŏp(o)-. Ср. рус. диал. лепе́нь — арханг., пск. «кусок», «лоскуток» — пск. «чинить», «латать» (Даль, II, 850, 878). Сюда же *лепесток*. С о̄-вокализмом ср. лит. lõpyti — «чинить», «латать», lõpas — «заплата» при латыш. lãpīt — «чинить», «штопать»; греч. λώπη (: λῶπος) — «одеяние», «плащ». С о̄-вокализмом ср. др.-в.-нем. lарра (совр. нем. Lappen) — «лоскуток», «тряпка».

ЛАПИДА́РНЫЙ, -ая, -ое (гл. обр. в сочетании: *лапидарный слог, стиль*) — «очень краткий, предельно сжатый», «сухой», «суровый и ясный». Сущ. **лапида́рность.** Укр. лапіда́рний, -а, -е, лапіда́рність; блр. лапіда́рны, -ая, -ае, лапіда́рнасць; болг. лапида́рен, -рна, -рно; с.-хорв. лапѝда̄ран, -рна, -рно : лапѝда̄рни, -а̄, -о̄; чеш. прил. lapidární, lapidárnost; польск. lapidarny, -а, -е, lapidarność. В русском языке в словарях — с 1861 г. (ПСИС, 265). ▫ Ср. нем. lapidár; англ. lapidary; ит. (stile) lapidario. Восходит к латин. lapidārius — «каменный», «каменистый» [ср. (faber) lapidárius — «каменотес»], от lapis (основа lapid-) — «камень». Переходная ступень в развитии знач. — «напоминающий надгробные надписи на каменных могильных плитах». В русском языке из немецкого.

ЛАПША́, -и́, ж. — «продукт питания, изготовляемый из пшеничного теста (обыкновенно с яйцом) в виде тонких полосок (ленточек), которые варят в бульоне, молоке, воде». *Прил.* **лапшано́й, -а́я, -о́е, лапшо́вый, -ая, -ое.** Сущ. **лапшёвник.** В говорах иногда **локша́** [Даль (II, 865) отм. это слово как курск.; м. б., в украинских говорах Курщины ?]. Укр. лапша́ (чаще ло́кшина, ло́кша); блр. ло́кшына. В других слав. яз. отс. Ср. в том же знач.: болг. юфка́; с.-хорв. реза́нци; чеш. nudle; польск. ciasto krajane, łazanki, makaron. В русском языке известно с XVI в. [«Домострой», по Кониши. сп., гл. 43 (Орлов, 43)]. В начале XVII в. отм. на Севере Р. Джемсом (РАС, 1618—1619 гг., 33 : 45): lapsha — «а kake halfe backt and slict into boild milke» («полуиспеченный блин, нарезанный полосками и сваренный в молоке»). В словарях — с 1731 г. (Вейсман, 450). ▫ Происхождение слова неясное. Возводят (Преображенский, 434) к малоизвестному каз.-тат. лак, лакша — «род лапши» (обычно «лапша» — токмач; ср. башк. тукмас). Ср. также ног. лакса «лапша». Но вообще это слово (лак : лакша : лакса) в тюркских языках почти не употр., а в некоторых, по-видимому, никогда не было известно. Ср. исконные названия лапши: турец. kesme; кирг. erişte; уйг. чөп, үгрә, ләңмән и др. Дмитриев (42) относит к «тюркизмам, требующим дополнительной документации». Он напоминает, что «старые тюркские слова не начинаются на *л*». Вполне возможно, что *лапша* — восточно-славянское слово, ниоткуда не заимствованное. Не находится ли оно в связи с *лакать* (устар. напис. *локать*) [при диал. локта́ть, ло́кчить (< ло́кшить?)] — «хлебать», «пить по-собачьи, прихлебывая языком» (Даль, II, 865). Глагольный суф. -*т*-, как в звукоподражательных *кудахтать, квохтать*: *клохтать* и т. п. Т. о., *лапша* — из *локша* и далее из *локша*. Суф. -*ш-а*, как в с.-хорв. **гра̀пша** (< *гра̀бша) — «добыча». Замена *кш* > *пш*, вероятно, под влиянием близкого по знач. прост. ло́пать — «есть много, жадно», «уплетать».

ЛАРИНГИ́Т, -а, м. — «воспаление слизистой оболочки гортани». Укр. ларингі́т; блр. ларынгі́т; болг. ларингі́т; чеш. польск. laryngitis; с.-хорв. ларингі̏тис (обычно запаље̄ње грклзана). В русском языке слово *ларингит* употр. с 50-х гг. XIX в. Встр. в письмах И. С. Тургенева: «болезнь, которую тамошние доктора называли *ларингитом*» (ПСС, Письма, III, № 774, 11-XI-1859 г.; см. также № 745). В словарях — сначала в форме *ларингитис* — отм. с 1861 г. (ПСИС, 266). ▫ Ср. франц. (с 1806 г.) laryngite, *f.*; нем. Laryngitis, *f.*; англ. laryngitis; ит. laringite; исп. laringitis. Позднее образование от греч. λάρυγξ, род. λάρυγγος «гортань», «горло» с суф. (-itis : -ite), означающим воспалительные процессы. В русском языке, вероятно, из французского.

ЛАРЬ, -я́, м. — 1) «большой ящик с покатой, наклонной (в сторону открывающего) крышкой для хранения муки, зерна, продуктов»; 2) «большой сундук»; 3) «открытый сруб в форме стола для торговли на базаре, на рынке». *Сущ.* **ларёк** — «торговая палатка», «киоск», **ларе́ц** — «ящичек для хранения драгоценностей, мелких предметов». В говорах: новг. ларь — «домовина», «гроб» (Даль, II: 841); с другой стороны, рост.-ярослав. ларь — «участок усадебной земли, отведенный группе домохозяев» (Якушкин, 18). Ср. также арханг. ра́льчик — «ларчик» (Подвысоцкий, 146). В других слав. яз. отс. Др.-рус. (с XI в.) ларь — «ящик (из золота) с богатой одеждой» (Изб. 1076 г.: «мужи крилати... носѧште *ларѣ*», 271; «съньмъше же *ларѣ* съ шии своихъ», 271 об.; «отькрыите *ларѣ*», 272 и др.), также «ящик для хранения книг и золота» (Срезневский, II, 8—9). В пск. судн. гр. XV в. (ст. 14) ларь употр. в смысле «городской архив»: «рукописание... в *ларь* положено»; отсюда ларник — «заведующий архивом» (ср. также Срезневский, Доп., 152). Ларьный — с XV в., ларьць — с XVI в. (Срезневский, II, 9). Обычно (и с давнего времени) возводят рус. ларь, как и фин. (с.) laari (относительно финского слова см. SKES II, 267) к др.-швед. laar — тж. (совр. швед. lår — «ящик», «ларь»). Но шведское слово, не имеющее соответствий в других сканд. яз., одинокое слово, кото-

ЛАС

рое, напротив, само могло быть заимствовано из древнерусского языка. Оба слова, и шведское, и древнерусское, не имеют ясной этимологии.

ЛА́СКА[1], -и, ж. — «внешнее проявление радушия, нежности, расположения, влечения». *Прил.* ла́сковый, -ая, -ое. *Глаг.* ласка́ть(ся). Укр. ла́ска, ласка́вий, -а, -е (но «ласкать» — пе́стувати, милува́ти, «ласкаться» — ла́ститися); блр. ла́ска, ласка́вы, -ая, -ае (но «ласкать» — пе́сьціць, мілава́ць, также ла́шчыць); болг. ла́ска, ласка́, -а, -о, ласка́я — «ласкаю», также «льщу»; с.-хорв. ла́ска — «лесть» («ласка» — ми́лост, ми́лошта, умиља́вање, ла́скати — «льстить», «подхалимствовать»; словен. laskav, -a, -o — «льстивый» (ср. ljubezniv, -a, -o, prijazen, -zna, -zno — «ласковый»), laskati se — «ласкаться», «подлизываться», отсюда laskanje — «ласка», «лесть»; чеш. láska — «любовь» (ср. laskání, *pl.* — «ласки»), laskavý, -á, -é — «ласковый», laskati (se) — «ласкать(ся)»; польск. łaska — «милость», «любезность» (ласка — pieszczota), łaskawy, -a, -e — «любезный», «милостивый» (ср. bądź łaskaw — «будь любезен»); н.-луж. łaskośćiś — «ласкать». Др.-рус. (с XI в.) ласка — «лесть», (с XII в.) «ласка», «любовь»; ласкавый — «льстивый», ласковый (Лавр. л. под 6683 г.) — «ласковый», «льстивый», ласкати — «льстить», «ласкать», «просить» (Срезневский, II, 9, 10). ▫ О.-с. корень *las-. Отсюда *laskavъ, -a, -o (с суф. -av-ъ, как в о.-с. *krъvavъ, *lǫkavъ). И.-е. корень *las-, который мог иногда получать расширение с помощью -k-o-. Ср. латин. lascīvus (и.-е. основа *las-ko-) — «игривый», «резвый», «разнузданный». Ср. с перестановкой sk > ks лит. lokšnús (< *lāsknus) — «нежный». Без расширителей этот корень представлен рус. диал. ла́сенький, ла́сенький — «лакомый», «охочий до чего-л.» (Даль, II, 841). Ср. др.-инд. с удвоением корня laṣati, -te (< *la-ls-ati) — «жаждет», «хочет», lālasa- — «жаждущий». См. *ласти́ться.*

ЛА́СКА[2], -и, ж. — «красивый зверек, небольшое хищное млекопитающее семейства куньих, смелое и жадное, с очень вытянутым гибким телом, с густым и коротким мехом, летом — желтовато-бурой окраски (со спины)», Mustela nivalis. Укр. ла́ска, ла́сиця; блр. ла́ска; болг. диал. вла́сица (ср. общеболг. невесту́лка — тж.); с.-хорв. ла́сица [ср. ла́саст(й), -а, -о — «цве́та ласки»]; словен. podlasica; чеш. lasice; польск. łaska, łasica; н.-луж. łaska, łasyca; в.-луж. łasyćka — «хорек». Др.-рус. (с XI в.) ласица — «ласка», «хорек» (Срезневский, II, 9). Вероятно, не «лисица» («un renard»), а именно «ласка» имеется в виду и в «Пар. сл. моск.» 1580 г., 81: lassiza. В форме *ласка* известно с середины XVIII в. (Рычков, «Журнал» за 1770 г., 104: *ласки, белки*); в словарях — с 1792 г. (САР¹, III, 1140). ▫ По всей видимости, относится к рус. диал. ла́са — «лакомка», «сластое́жка»; ла́сый — «лакомый

ЛАС

до чего», «охочий», ла́совать — «лакомиться» с произв. ласу́н, ла́совка (по Далю, II, 841 — псков., смол., курск., западн., южн.). Ср. с теми же знач.: укр. ла́сий, -а, -е, ла́сувати; блр. ла́сы, -ая, -ае, ласу́н, ласу́ха; польск. łasy, -a, -e, łasuch. О.-с. корень *las-, тот же, что в *ласка*[1] (Pokorny, I, 654). Другие объяснения менее убедительны.

ЛАСТ, -а, м. (чаще *мн.* ла́сты) — 1) «короткая конечность морских млекопитающих (морской заяц, тюлень, морж, морской лев и пр.) и водоплавающих птиц (пингвины), служащая им для передвижения как по суше, так и в воде»; 2) «приспособление для плавания в виде широкой лапы». Укр. ласт, *мн.* ла́сти; блр. ласт (: пла́вень). В других слав. яз. отс. Ср. в том же знач.: болг. пе́рка (собств. «плавник»); с.-хорв. пера́ја; словен. plavut; чеш. ploutev; польск. płetwa. В русском языке в словарях *ласт*, *ласты* отм. только с 1847 г. (СЦСРЯ, II, 246). ▫ Отсутствие этого слова в других слав. яз. (укр. ласт — м. б., из русского) заставляет предполагать, что оно попало в общерусский язык из сев.-рус. говоров, а там является поздним заимствованием из северозападно-финской языковой среды. М. б., это слово в русских говорах — из языка вепсов (веси), где имеется слово ласт — «тюлений плавень», хотя обычно это слово и в вепсском и в других финских языках значит «дранка», «дощечка» и т. п. Ср. фин. (с.) lasta — «планка», «рейка»; (в хирургии) «лубок»; далее *лопатка штукатура*. Вообще слово это финское (SKES, II, 278—279). Менее удовлетворительным является объяснение, основывающееся на сопоставлении этого слова с таким же одиноким латыш. lāpsta — «лопата», «заступ» и, след., предположение о происхождении его из о.-с. *lapstъ, от корня *lap-, с суффиксальным -st-o- (ср. и см. *лапа*).

ЛА́СТИТЬСЯ, ла́щусь — «ласкаться». Укр. ла́ститися; блр. ла́шчыцца. Трудно сказать, относится ли сюда с.-хорв. ла̀штити — не только «полировать», «шлифовать», но и «гладить»; возможно, здесь получилось совпадение двух глаголов от разных корней. Ср. др.-рус. книжн. лащити [Срезневский (II, 13) не указывает знач. и вообще приводит лишь один пример из Иоанна Златоуста (о лукавом пресвитере): «гладитъ и лащитъ» (по смыслу скорее «улещивает»)]. *Ласти́ться* в словарях отм. с 1780 г. (Нордстет, I, 328). ▫ Этимологически связано с *ласка*[1] (см.), *ласка́ть(ся)*. Относительно чередования *к:т* ср. *пуска́ть : пусти́ть, блеск : блестеть* и т. п.

ЛА́СТОЧКА, -и, ж. — «стремительно летающая [обычно с пронзительным криком, откуда ее латинское название (Walde — Hofmann³, I, 652)] красивая птица с синеватой или зеленоватой сверху и белой снизу окраской оперения, с узкими и длинными крыльями, с раздвоенным хвостом», Hirundo. Народные названия (по Далю, II, 842): ла́стка, ла́стица, ла́стовка, ла́стовица, ла́стушка (и каса́тка). Любопытно яросл. ла́сточка — «бабочка» (Голанов, 15). Иногда *ласточкой* называют еще красивого зверька ласку. Так — уже в XVIII в. [ср. у Крашенинникова (1755 г., I, 210): «еврашки, песцы, *ласточки*»]. По справедливому замечанию Даля, делается это «ошибочно» вместо ла́сочка [ср., напр., в рус. говорах Прибалтики: ла́сочка — «ласка» (Немченко и др., 142)]. *Прил.* ла́сточкин, -а, -о. Ср. укр. ла́стівка; блр. ла́стаўка; болг. ла́стовица : ля́стовица; с.-хорв. ла́ста, ла́ставица; словен. lastovica, lastovka; чеш. vlaštovka; словац. lastovica, lastovička; польск. диал. łastówka (обычно jaskółka; ср. н.-луж. jaskolica — тж.); в.-луж. łastojca, łastojčka. Слово *ласточка* [с суф. -*очк*(*а*)] в русском языке известно с 30—40-х гг. XVIII в. Ср. *ластка*, *ласточка*, *касатка* в «Рукоп. лексиконе» 1-й пол. XVIII в. (Аверьянова, 161). *Ластка* отм. Р. Джемсом (РАС, 1618—1619 гг., 10 : 28): lastka — «a swallowe». Др.-рус. ластовица и ластунъ : ластуна? (Срезневский, II, 12). □ В этимологическом отношении неясное слово. Связывают с рус. *ластить* — «ласкать», *ластиться* (см.), *ласкаться*, *ласка*[1], *ласковый*. Конечно, это — плод народного переосмысления слова (ласточка относится у нас к числу любимейших птиц). М. б., следует и теперь придерживаться этимологии, в общей форме давно предложенной Миклошичем (Miklosich, EW, 161), сопоставившим название ласточки в славянских языках с лит. lakstýti — «летать туда и сюда» (абляут lėkti — «лететь», «летать»). В последнее время это сопоставление было решительно поддержано Френкелем (Fraenkel, 353). И.-е. корень *lek-, тот же, что в *лететь* (см.), *летать*; расширитель -st-. Предполагается упрощение -kst- > -st- на слав. почве. Старшее знач. «летунья», «порхающее живое существо» (ср. ла́сточка — «бабочка» в сев.-рус. говорах). В семантическом плане ср. также приводимый Френкелем (уп.) пример из литовского языка: skraidė — «ласточка» при skriẽti — «летать», «порхать», skraidýti — тж.

ЛАУРЕА́Т, -а, *м.* — «лицо, награжденное почетной премией за особо выдающиеся достижения в области науки, искусства, народного хозяйства». Укр. лауреа́т; блр. лаўрэа́т; болг. лауреа́т; чеш. laureát; польск. laureat. Известно в русском языке со 2-й четверти XIX в. Ср. у Кюхельбекера в поэме «Сирота», 1833—1834 гг.: «А в *лауреаты* не гожуся я» (Избр., 329). В форме *лауреат* встр. у Пушкина в статье «Последний из свойственников Иоанны д'Арк», 1836—1837 гг., в цитате из английского журнала: «наш *лауреат*», «поэма *лауреата*» (ПСС, XII, 155). □ Ср. франц. lauréate; нем. Laureát; англ. laureat; ит. laureato; исп. laureado и др. Первоисточник — латин. laureātus — «увенчанный лавровым венком» (от laurus — «лавр»).

ЛАФА́, *в знач. сказ.*, *кому*, *прост.* — «удача», «счастье» или «везет», «хорошо» (иногда субст.: *лафа привалила*). Укр., блр. лафа́. В других слав. яз. в этом знач. отс. Но ср. польск. lafa — «жалованье», «плата» (Дубровский, 224). Ср. также болг. лефе́ — «плата за службу» (Младенов, ЕПР, 273) и несколько дальше отстоящее в фонетическом отношении с.-хорв улёва : улёфа, воен. — «плата», «жалованье». Ср. рум. leafă — «жалованье». В форме алафа : олафа и в знач. «жалованье», «содержание» или «подарок», «награда» неоднократно встр. в «Хожении» Аф. Никитина (по Троицк. сп. XVI в., л. 381 об., 382), что было отм. еще Срезневским (I, 15; II, 658). В форме лафа по словарям известно с начала XIX в. (САР², 1814 г., III, 527: лафа́ — «прибыль». □ Восходит, в конечном счете, к араб. ʼulūfa — «корм для скота», «фураж» (> «награда», «плата»); ср. ʼalafa (ʼalf) — «кормить» (скот); ʼallāf — «продавец фуража» (Wehr², 569). В русский и в другие слав. яз. попало, по-видимому, при тюркском (в инославянских языках — турецком) посредстве, хотя тюркские формы трудно указать. Ср., впрочем, азерб. алаф — «корм для скота», «фураж»; также турец. устар. ülüfe — «солдатское жалованье» (Lokotsch, § 2132). Семантическое развитие: «корм (для скота)», «фураж» > «(солдатское) жалованье» > «участь», «доля» > «удача», «счастье». К истории слова см. Дмитриев, 46.

ЛАФЕ́Т, -а, *м.* — «станок, на котором устанавливается ствол артиллерийского орудия». *Прил.* лафе́тный, -ая, -ое. Укр. лафе́т, лафе́тний, -а, -е; блр. лафе́т, лафе́тны, -ая, -ае. Ср. болг. лафе́т; с.-хорв. лафе́т; чеш. lafeta; польск. laweta. В русском языке слово *лафет* употр. с Петровского времени [Смирнов, 175; кроме того: ПбПВ, V, № 1658, 1707 г., 172; «Переписка и бумаги Шереметева» (Сб. РИО, XXV, 191, 1710 г.) и др.]. □ Восходит к нем. (с конца XVIII в.) Lafette (< Lavete) или к швед. lavett, которые, в свою очередь, — к франц. (l')affût, от глаг. affûter (ст.-франц. afuster) в его старшем знач. «размещать», «приспосабливать», «устраивать» [первоначально «становиться за стволом дерева», «прислоняться к стволу», от fût (< ст.-франц. fust < латин. fustis) — «ствол дерева»]. Отсюда affût, или с определенным членом l'affût — «устройство», «установка» > «лафет» (а также «шалаш», «засада» и др.).

ЛАФТА́К, -а, *м.*, *диал.* — «оторванная, вырванная полоска кожи», «кусок кожи». На севере европейской части РСФСР (в Поморье) также «большой тюлень» и «снятая с морского зверя шкура с салом» (Подвысоцкий, 81); на Колыме «тюлень породы Phoca barbata» (Богораз, 74) и «шкура этого тюленя, идущая на подошвы и ремни»; наконец, на Камчатке: лахта́к : лафта́к — «большой род тюленя (Phoca nautica) и кожа с него снятая» (Кузмищев, 245; ср. там же: «в прежние годы по неимению бумаги писывали с Курильских и Алеутских островов донесения или репорты на *лахтаках*»). Местное население в широкой мере пользовалось тю-

ЛАЦ

леньими кожами (*лахтаками*) также для обшивки байдарок. Отсюда выражение «*лавтачная байдара*», встречающееся в документах «Российско-американской компании» начала XIX в.: № 8, 1800 г., № 9, 1802 г.; ср. еще: «на новые (байдарки)... нет *лавтаков*», № 22, 1808 г. и др. («К ист. Рос.-ам. комп.», 99, 117, 161). Встр. в ТКМГ (I, 30): «11 *лахтаков* моржовых» (Устюг, 1634 г.; также 31, 102, 210). В словарях в форме *лахтак* как название морского зверя отм. у Гейма (II, 1801, 73). СЦСРЯ 1847 г. (II, 246) дает 2 слова: *лафтак* — «кожа», *лахтак* — «род тюленя». Даль (II, 1865 г., 843) отм. *лафтак*, *лахтак* — «лоскут». В других слав. яз. это слово (если оно там имеется) из русского. Ср. чеш. lachtan — «морской котик». ◻ В русском языке это слово заимствованное. Источник заимствования не установлен, но искать его следует скорее всего на крайнем северо-востоке Сибири и на Камчатке [в языке алеутов (унанган) и ительменов]. В Поморье оно могло попасть с востока Северным морским путем.

ЛА́ЦКАН, -а, *м.* (чаще *мн.* ла́цканы) — «отворот на грудной части верхней одежды (напр., пальто, пиджака)». Укр. ла́цкан. В других слав. яз. отс. Ср. в том же знач.: блр. **штры́фель**; болг. **реве́р**; польск. klapa или wyłóg. В русском языке известно с Петровской эпохи (Смирнов, 175, со ссылкой на «Устав морск. Тариф» 1724 г.). В словарях — с 1731 г. (Вейсман, 113). ◻ В русском языке из немецкого. Ср. нем. Latz (уменьш. Lätzchen) — «лацкан», «нагрудник». В немецком — из романских яз. Ср. ит. laccio — «шнурок», франц. lacet : lacs (ст.-франц. laz) — тж.; исп. lazo — «петля» (< латин. laqueus — тж.); в немецком это слово сначала также имело знач. «шнур», «петля» (как украшение).

ЛАЧУ́ГА, -и, *ж.* — «убогое, бедное жилище». В других слав. яз. отс. Ср. в том же знач.: укр. хати́на, халу́па; болг. къщу́рка, коли́ба; с.-хорв. у́цера; чеш. chatrč, chýše; польск. chałupa, lepianka. Др.-рус. алачу́га — «шатер», «палатка» (напр., татарская). Ср. в Новг. IV л. под 6887 г.: «обрѣтоша въ поли... *алачюги* и телѣги ихъ» (Срезневский, I, 15). Форму с начальным (впоследствии отпавшим) *а* (см. *лошадь*) следует считать старшей. ◻ Слово тюркское. Ср. каз.-тат., крым.-тат. алачык — «шалаш» (из ветвей), «балаган», также «кузница», кирг. алачы — «маленькая юрта», «шалаш»; «лачуга»; азерб. алачыг: алачуг — «войлочная кибитка»; каракалп. ылашык — «шалаш». См. также Радлов, I: 1, 362. В тюркских языках известно с XI в. (в форме alaču и в знач. «шатер» — ДТС, 33).

ЛА́ЯТЬ, ла́ю — (о собаке, лисице) «издавать отрывистые нечленораздельные звуки, более или менее часто повторяющиеся»; *прост.* «бранить», «ругать кого-н.». *Прост.* ла́яться — «браниться». *Сущ.* лай, ла́йка. Укр. ла́яти — «бранить», «ругать», ла́ятися — «браниться» («лаять» — очень

ЛЕБ

редко, обычно в этом знач. га́вкати, бреха́ти), но ла́йка — «собака-лайка»; блр. ла́яць — «бранить», ла́яцца — «браниться», но ла́йка — «собака-лайка». Ср. болг. ла́я — «лаю», лай, ла́йка; с.-хорв. lājati — «лаять», «орать (кричать)», lȁnuti — «тявкнуть», lȁjav — «острый на язык», «зловредный»; словен. lajati — «лаять», lajav — «зловредный»; чеш. láti — «бранить», «ругать»; польск. łajać — тж.; но н.-луж. łajaś — «лаять» (о собаке). Др.-рус. (с XI в.) ляяти — «лаять», «бранить», «браниться», также «гневаться», однокр. лануты, позже лай — «брань», «ссора» (Судебник 1497 г., ст. 53), «оскорбление» (Срезневский, II, 5, 8, 13, Доп. 152). Ст.-сл. лаꙗти, лаѩти. Сущ. ла́йка (собака) — позднее образование, в словарях — с 1847 г. (СЦСРЯ, II, 243). ◻ О.-с. *lajati (< *lati), 1 ед. *lajǫ. И.-е. звукоподражательный корень *lā- : *lē- (Pokorny, I, 650). Ср. лит. lóti, 1 ед. lóju — «лаять»; латыш. lãt — «лаять», «бранить»; латин. lāmentum (корень lā-) — «рыдание», «плач», lātrō — «лаю», «горланю»; м. б., греч. λάρος — «морская прожорливая птица», м. б., «чайка» (первоначально «крикунья»); алб. leh — «лаю»; др.-инд. rā́yati — «лает»; в удвоенной форме тот же корень — в нем. lallen — «лепетать», «бормотать».

ЛЕБЕДА́, -ы́, *ж.* — «родовое название травянистого сорного растения из семейства маревых, обычно с листьями, покрытыми мучнистым (или мучнисто-серебристым) налетом», Atriplex. Укр. лобода́; блр. лебяда́; болг. ло́бода; с.-хорв. ло̀бода; словен. loboda; чеш. lebeda (иногда и loboda); словац. loboda; польск. lebioda; в.- и н.-луж. loboda. В русском языке известно с давнего времени, но Срезневский (II, 13, 37) ссылается только на Полик. Посл. в Пат. Печ. XV в., где оно употр. и в форме лебеда, и в форме лобода. Только на этот памятник ссылается также Кочин (169). ◻ Слово едва ли славянское, индоевропейское по происхождению, хотя многие языковеды более или менее решительно относят это слово к группе *albh-(o-) — «белый» (Pokorny, I, 30; см. также Преображенский, I, 440, позже Vasmer, II, 21), полагая, что растение получило свое название по мучнисто-серебристому налету на листьях. Но общеславянскую (исходную) форму этого слова определить трудно (*loboda : *lebeda : *olboda?). Из *olboda в южн.-слав. яз. следовало ожидать laboda. Но главное в том, что это слово известно не только в славянских языках. Если рум. lobodă — «лебеда» и венг. laboda — тж. можно еще объяснить как заимствование из славянских языков, то это предположение исключается в отношении турец. lâbada — «конский щавель». Ср. каз.-тат., башк. алабута — «лебеда»; ног., каракалп. алабота — тж.; узб. олабута — «марь». Ср. alabota — «Gänsefuss» («марь») в «Codex cumanicus» XIV в. (Grønbech, 34). Но считать это слово тюркизмом (Lokotsch, § 1284; Дмитриев, 42 и др.) также не имеется оснований. Возможно, прав Махек (Machek, ES, 261), считающий это слово праевропейским.

ЛЕБЁДКА, -и, ж. — «машина для подъема и перемещения тяжестей с приводом, ручным или механическим (от электродвигателя или двигателя внутреннего сгорания и др.)». *Прил.* **лебёдочный**. *Сущ.* лебёдчик, лебёдчица. Укр. лебі́дка, лебі́дчик; блр. ля́бёдка, ля́бёдчык. В других слав. яз. отс. Ср. в том же знач.: болг. скрипе́ц; с.-хорв. ди́залица; чеш. rumpál (< др.-в.-нем. rumbaum), zdvihadlo; польск. wyciąg, dźwig. В словарях русского языка *лебёдка* (как технический термин) отм. с 1847 г. (СЦСРЯ, II, 247). Произв. *лебёдчик* в словарях с 1915 г. (СРЯ¹, V, 296), *лебёдчица* — с 1957 г. (ССРЛЯ, VI, 89). Но, конечно, слово *лебёдка* как произв. от *лебедь* в техн. знач. существовало и до середины XIX в. Ср. в «Отказных книгах» Севергина, 1690 г.: «*лебедь* железной, что бывает у корет» (КМ, I, 121, 143; см. там же, Словарь, 478: *лебедь* — «ось или вал с коленчатой рукоятью». ▫ Названо или по внешнему «абстрагированному» сходству, или по звуку, производимому лебедкой. Ср. другие подобные («фаунического» характера) образования: *векша* — «блок», отм. в «Лексиконе вок. новым» начала XVIII в., *лисица* — «исподняя жердь, связывающая переднюю и заднюю оси повозки» (Даль, II, 855) и др.

ЛЕ́БЕДЬ, -я, м. — «красивая водоплавающая птица с длинной шеей и обычно белым (белоснежным) оперением», Cygnus. *Женск.* лебёдка. *Прил.* лебеди́ный, -ая, -ое, лебя́жий, -ья, -ье. Укр. ле́бідь, лебеді́ний; блр. ле́бедзь, лебядзі́ны, -ая, -ае; болг. ле́бед, ле́бедов, -а, -о; с.-хорв. ла̏бӯд, ла̏бӯдов, а, -о, ла̏бӯђи, -а̄, -ē; словен. labod, labodov, -a, -o, labodji, -a, -e; чеш. labut', прил. labutí; словац. labut', labutí, -ia, -ie; польск. łabędź, łabędzi, -ia, -ie. Ср. в том же знач.: в.- и н.-луж. kołp, кашуб. kêłp (ср. рус. *колпик* — «род аиста»; ср. родственное по происхождению лит. gulbė — «лебедь»). Др.-рус. (с XI в.) и ст.-сл. лебедь. ▫ О.-с. *lebedь (: lebędь?) : *labǫdь, где *leb- : *lab- (< *olb-) — корень, -a -(: ę : ǫ)d- — суффиксальные элементы. Изменение *olbedь > *lebedь — следствие межслоговой ассимиляции. И.-е. основа *albh-o- — «белый» (Pokorny, I, 30). В форме без расширителей и суффиксальных элементов она представлена латин. albus — «белый»; греч. ἀλφός — «белый лишай». С и.-е. формантом d > t [о.-с. -(е)d-] ср. др.-в.-нем. elbiz : albiz (о.-г. основа *alb-it-), нем. устар. Elbs — «лебедь» (общенем. Schwan).

ЛЕВ, льва, м. — «крупное хищное животное тропических стран, семейства кошачьих, с короткой шерстью желтовато-бурого цвета, с гривой у самцов, с громадными втяжными когтями на лапах», Felis leo. В говорах встр. и произношение лёв (олон. — Куликовский, 49; арханг. — Грандилевский, 187). Произношение *е* (не *ё*) в этом слове в русском языке — книжное и объясняется, м. б., тем обстоятельством, что это слово со времени крещения Руси употр. у нас и как личное имя (византийских императоров, римских пап, русских князей и бояр), соответствующее греч. Λέων, латин. Leo. Правда, бывает и наоборот: при произношении *лев* говорят *Лёв, Лёвушка, Лёва*. *Прил.* льви́ный, -ая, -ое. *Сущ.* льви́ца, львёнок. Укр. лев, род. ле́ва, льви́ний, но чаще лев'я́чий, ле́вовий, -а, -е, леви́ця, левеня́; блр. леў, род. льва́, ільві́ны, -ая, -ае, ільві́ца, ільвяня́; болг. лъв, лъ́вски, -а, -о, лъви́ца, лъвче — «львёнок»; с.-хорв. ла̑в, род. ла̑ва, ла̑вов, -а, -о, ла̑вовскӣ, -а̄, -о̄, ла̑вљи, -а̄, -ē̄, ла̏вица, ла̏ви̏ћ; словен. lew, род. leva, levovski, -a, -o, lévji, -a, -e, levinja, levič; чеш. lev, прил. lví, lvice, lvíce; словац. lev, levský, -á, -é, leví, -ia, -ie, levový, -á, -é, levica, leviča — «львёнок»; польск. lew, lwi, -ia, -ie, lwica, lwiątko; в.-луж. law (с непонятным *a*, как и в н.-луж.), lawski, -a, -e, lawjacy, -a, -e, lawica; н.-луж. law, lawica. Др.-рус. с XI в. и ст.-сл. львъ : левъ (Изб. 1073 г.), львовъ, львовьскый, львичь : львичищь — «львёнок», львьскы — «подобно льву» (Срезневский, II, 64). ▫ О.-с. *lьvъ (возможно, наряду с *levъ, о чем см. Ляпунов, 71). Одно из ранних заимствований. Лев — животное, обитающее в Африке и отчасти в Юго-Западной Азии. Славяне могли знать о нем лишь по рассказам бывалых людей или, в период письменности, — книжным путем. Обстоятельства появления этого слова в общеславянском языке неясны. Обыкновенно считают [со времени Миклошича (Miklosich, EW, 179)] о.-с. *lьvъ заимствованием из др.-в.-нем. lëwo. Но, во-первых, в этом языке форма lëwo (с которой трудно увязать совр. нем. Löwe) не была единственно возможной; существовали еще формы lëwo и louwo (> латыш. lauva); во-вторых, при заимствовании из др.-в.-нем. языка в общеславянском следовало бы ожидать только *levъ. Поэтому о.-с. *lьvъ иногда возводят к гот. *liwa (Hirt и другие), но такого слова в памятниках готского языка пока еще не было обнаружено. Т. о., о.-с. *lьvъ стоит особняком среди европейских наименований льва. Кипарский (Kiparsky, GSL, 275) прямо относит этот вопрос к случаям, когда решение оказывается при современном состоянии науки невозможным. Что касается др.-в.-нем. lëwo, то оно, как и ст.-франц. leon (совр. франц. lion), англосакс. lëo (совр. англ. lion — из франц.), ит. leone, исп. león и нек. др., восходит к латин. leō, род. leōnis, а последнее — к греч. λέων. Но греческое слово, по всей видимости, также заимствованное, причем неизвестно, из какого языка (Frisk, II, 113). Егип. labu — «лев», как и др.-евр. lābī', по фонетическим данным едва ли являются источником греческого и, след., вообще европейских названий льва. К истории этого слова см. также Walde — Hofmann³, I, 785.

ЛЕВКО́Й, -я, м. — «травянистое цветущее (гл. обр. садовое) растение семейства крестоцветных с душистыми, собранными в кисти цветками красивой формы и раз-

ЛЕВ

ной окраски (белой, кремовой, сиреневой, малиновой и др.)», Matthiola. Укр. левко́й; блр. ляўко́нія < польск. lewkonia. Ср. чеш. fiala (иногда fiala levkoje) — тж. В других слав. яз. отс. Ср. болг. шибо́й; с.-хорв. ше̏бōj (ср. перс. шäб-бӯ = «левкой»; ср. шäб — «ночь», «вечер» и бу : буй — «запах», «аромат»; отсюда же турец. şebbuy). В русском языке слово левко́й известно с конца XVIII в. (САР¹, 1792 г., III, 1152). ▫ В русском языке слово из немецкого (в других зап.-европ. языках иначе: франц. giroflée). Ср. нем. Levkoje : Levkoie, f. В немецком — из греческого. Греч. λευκόϊον, n. — «левкой» сложное слово: из λευκός — «яркий», «ясный», «белый» и ἴον — «фиалка». Родина левкоя — Средиземноморье.

ЛЕ́ВЫЙ, -ая, -ое — «расположенный с той стороны тела, где находится сердце». Укр. лі́вий, -а, -е; блр. ле́вы, -ая, -ае; болг. ляв, -а, -о; с.-хорв. ле̏вӣ (лѝjевӣ), -а̄, -ō; словен. levi, -a, -o; чеш. levý, -á, -é; польск. lewy, -a, -e; в- и н.-луж. lěwy, -a, -e. Др.-рус. лѣвый — «левый», «неправый (неправильный?)», «злой» (Срезневский, II, 69). ▫ О.-с. *lěvъ, -a, -o, *lěvъjь, -aja, -oje. И.-е. основа *laiu̯o- (Pokorny, I, 652). Ср. латин. laevus — «левый»; греч. λαιός — тж. Старшее знач., по-видимому, «неправильный», «кривой», «слабый».

ЛЕГЕ́НДА, -ы, ж. — «опоэтизированное устное народное предание о каком-л. историческом или вымышленном событии или случае из жизни выдающегося человека и т. п., иногда с элементами выдумки, фантастики»; «сказание». Прил. легенда́рный, -ая, -ое. Укр. леге́нда, легенда́рний, -а, -е; блр. леге́нда, легенда́рны, -ая, -ае; болг. леге́нда, легенда́рен, -рна, -рно; с.-хорв. леге̏нда, лёгендāран, -рна, -рно : легенда̑рнӣ, -ā, -ō; чеш. legenda, прил. legendární; польск. legenda, legendarny, -a, -e. В русском языке слово легенда известно с 1-й пол. XIX в. Встр. у Пушкина, напр., в письме к Плетневу ок. 14-IV-1831 г.: «Присоветуй ему (Жуковскому) читать Четь-Минею, особенно легенды о киевских чудотворцах» (ПСС, XIV, 163). В словарях — с 1845 г. (Кирилов, 160). Гораздо позже появилось прил. легенда́рный в словарях — с 1864 г. (Толль НС, II, 670). ▫ Ср. франц. (с XII в.) légende, (с конца XVI в.) légendaire; нем. Legénde, legendär; англ. (из ст.-франц.) legend, legendary; ит. leggenda, leggendario и др. Первоисточник — средневек. латин. legenda, pl. n. — «то, что должно быть прочитано (в церкви, на собраниях христиан и т. п.)». Ср. латин. lego — «читаю», legendus — «подлежащий прочтению». Сначала это относилось к житиям святых, к сказаниям о мучениках за веру, к истории церкви.

ЛЁГКИЙ, -ая, -ое — «небольшой, незначительный по весу», «нетяжелый», «негрузный»; перен. «нетрудный». Кр. ф. лёгок, -гка́, -гко́. Нареч. легко́. Сюда же легково́й. Укр. легкий, -а́, -о́, нареч. легко́, легкови́й, -а́, -е́; блр. лёгкі, -ая, -ае, лёгка, легкавы́, -а́я, -бе. Ср. болг. лек, -а,

ЛЕД

-о — «легкий», «легковой», лёко — «легко»; с.-хорв. ла̏к(ӣ), -а, -о, ла̏ко; словен. lahek, -hka, -hko, lahko; чеш. lehký, -á, -é, lehce; польск. lekki, -a, -ie, lekko; в.-луж. lochki, -a, -e, lochko : lochce; ср. н.-луж. lažki, -a, -e, lažko, ст. lažej. Др.-рус. (с XI в.) и ст.-сл. льгъкъ, льгъкый (Срезневский, II, 65—66). ▫ О.-с. *lьgъkъ, -a, -o, *lьgъkъjь, -aja, -oje. О.-с. корень *lьg- (основа *lьg-й-), тот же, что в о.-с. *lьga, *lьgota, *polьga (см. нельзя, польза). И.-е. корень *leguh- (: *leguh-) иногда с назализацией: *lenguh- : *lnguh-) [Pokorny, I, 660]. Ср. лит. leñgvas (< и.-е. *lenguhuos) — «легкий», «легковой»; латыш. liegs — тж.; гот. leihts; др.-в.-нем. lîht(i) (совр. нем. leicht) — тж. [о.-г. основа *liht-(a-) < и.-е. *lenguh-to- (в немецком сюда же относится Lunge — «легкое», восходящее по корню, в конечном счете, к и.-е. *lnguh-)]; др.-англ. léoht (совр. англ. light) — тж.; латин. levis (< *leguhi-s) — «легкий»; греч. ἐλαχύς (и.-е. основа *leguhū-) — «маленький», «незначительный»; др.-инд. laghú-ḥ, f. — «легкий».

ЛЁГКОЕ, -ого (чаще мн. лёгкие, -их), ср. — «парный орган дыхания у человека и (дышащих) животных», Pulmo. Прил. лёгочный, -ая, -ое. Блр. лёгкае, лёгкіе. Ср. в том же знач.: укр. легеня, ж.; н.-луж. lažke (и płuca, мн.); с.-хорв. плу̑ће (мн. плу̑ћа); словен. pljúča, мн.; чеш. plíce; польск. płuco; в.-луж. płuco. Ср. др.-рус. плюча — «легкие», ст.-сл. плюща — тж. (Срезневский, II, 978). ▫ В русском языке легкое (в знач. «pulmo») — довольно позднее образование, представляющее собой субст. прил. (легкий) в форме ср. р. Названо так потому, что легкое легче других внутренних органов тела и не тонет в воде. Ср. латин. pulmo — «легкое», от и.-е. *pleu- «плыть», «плавать» (к тому же корню восходит и о.-с. *pljutja : *plutja > др.-рус. плюча и пр.). Ср. также нем. Lunge (от того же и.-е. корня, к которому восходит и leicht — «легкий»); англ. lights, pl. — «легкие нек. животных (как продукт питания)» и light — «легкий». См. легкий.

ЛЁД, льда, м. — «вода (и вообще жидкость), замерзшая и перешедшая в твердое состояние». Прил. леденя́й, -а́я, -бе, льди́стый, -ая, -ое, ледовый, -ая, -ое; особо: Ледови́тый (океан). Глаг. леденѣ́ть, ледени́ть. Сущ. льди́на, ледни́к, ле́дник. Укр. лід, род. льо́ду, льодяни́й, -а́, -е́, льоди́стий, -а, -е, льодови́й, -а́, -е́ (но Льодови́тий океан), ледені́ти, ледени́ти, льоди́на (чаще крижи́на), льодо́вня, льодо́вня, льоди́ник; блр. лёд, род. льо́ду, ледзяны́, -а́я, -о́е, лёдзі́сты, -ая, -ае, лядо́вы, -ая, -ае, ледзяне́ц, ледзяні́ц́ь, ільдзі́на, ледаві́к, лядо́ўня; болг. лед, ле́ден, -а, -о, ле́дест, -а, -о, ледови́т, -а, -о, леденѣ́я — «леденею», ле́дник — «ледник», ледни́ца; с.-хорв. лед, род. ле́да — «лед», «град», ле̏дāн — «дна, -дно : лёдни̑ — а̄, -ō, ле̏ден(ӣ), -а, -о — «ледяной», «ледовитый» (ср. Ледено море — Ледовитый океан), ледо́вит(ӣ), -а, -о — «ледяной», «льдистый», лѐдити — «леденить», лѐдити се — «леденеть», ледѐнѣк : ледѐньѣк — «лѐдник» и «леднѝк», леденница — «лѐдник»; словен. led, leden, -a, -o — «ледяной», «ледовый», ledeneti, ledeniti, lednik; чеш. led, род. ledu, прил. lední — «ледяной», «ледовый» (ср. Severní Ledový oceán), ledovatěti — «леденеть», ledovec — «леднѝк», lednice, lednička — «лѐдник»; словац. l'ad, l'adový, -á, -é — «ледяной», «ледниковый» (ср. L'adové more — Ледовитый океан), l'adovitý, -á, -é — «леденистый», l'adovatiet' — «леденеть», l'adovec — «леднѝк», l'adovňa — «лѐдник» (ср. l'adnička — «ледник», «холодильник»); польск. lód, род. lodu, lodowy, -a, -e — «ледяной», «ледовый», lodowaty, -a, -e — «покрытый льдом» (ср. Ocean Lodowaty — Ледовитый океан), lodowacieć — «леденеть», lodowacić — «леденить», lodowiec, lodownia — «лѐдник», «холодильник» (в последнем знач., впрочем, чаще lodówka); в.-луж. lód, род. loda, lódny, -a, -e (cp. Lodowe morjo — Ледовитый океан), lodojty, -a, -e — «ледяной», lodnjeć — «леденеть», lodnić — «леденить», lodowc — «леднѝк», lódnica — «лѐдник»; н.-луж. lod, род. loda (: lodu), lodny, -a, -e, lodowaty, -a, -e. Др.-рус. (с XI в.) ледъ, род. леда — «лед», «мороз», «холод», (с XIII в.) ледовьный, (с конца XIV в.) ледянъ, ледяный, (с XV в.) ледьный, ледникъ (с XVI в.) леднѝкъ — «лѐдник», «погреб со льдом» (Срезневский, II, 14; Доп., 153). Ст.-сл. лєдъ, род. лєда. Более поздние слова: леденеть, леденить (Поликарпов, 1704 г., 161), льдина (Вейсман, 1731 г., 160), льдистый (Литхен, 1762 г., 301; Геснер, 1767 г., 276); ледовитый [РЦ 1771 г., 265; Нордстет, I, 1780 г., 329 (но на первом месте — ледоватый)]. Ср. в «Космографии» 1670 г., 93: *Ледоватое море*. Слово лѐдник, мн. ледники (с переносом ударения и новым знач. «массовое скопление льда в природных условиях») отм. в РЦ 1771 г., 265. ◦ О.-с. *ledъ. Ср. лит. lēdas — «лед», «град»; латыш. ledus — тж.; др.-прус. ladis — тж. За пределами балто-славянской группы бесспорных соответствий не имеется, кроме, м. б., др.-ирл. ladg — «снег».

ЛЕЖА́ТЬ, лежу́ — «находиться в горизонтальном положении», «быть распростертым на какой-л. поверхности», «покоиться плашмя»; (о неодушевл. предметах) «простираться», «находиться», «храниться». *Сов.* лечь, 1 ед. ля́гу. *Возвр. ф.* (в аблауте) ложи́ться. *Сущ.* лежа́нка. *Нареч.* лежмя́. Только с префиксом каузатив положи́ть. Сюда же ло́же, ло́гово. Укр. лежа́ти, лягти́, 1 ед. ля́жу, ляга́ти — «ложиться», лежа́нка, лѐжма : лѝжма : лѐгма, лѐже, лѝгво — «логово»; блр. ляжа́ць, лѐгчы, лажы́цца, ляжа́нка, лежма́, лѐжа (у ружья) лѐгава; болг. лежа́ — «лежу», лѐгна — «лягу», ля́гам — «ложусь», ло́же (обычно легло́) — «логовище»; с.-хорв. лѐжати, 1 ед. лѐжим, лѐћи, 1 ед. лѐжем (чаще лѐгнем) лѐгати, 1 ед. лѐжем — «ложиться», ло́жа — «логово», lëžāj — «логово», «гнездо», «ложе» (тех.); словен. ležati, leči, legati, ležišče — «логово»; чеш. ležeti, 1 ед. ležím, lehati si — «ложиться», lehnouti — «лечь», lože — «постель», «ложе», lůžko — «лежанка», «койка», «кровать», «гнездо» (тех.), ležmo — «лёжа»; словац. ležat', l'ahnút' — «лечь», líhat' si — «ложиться», lože — «постель», «русло», lôžko — «койка», «спальное место»; ležmo — «лежмя», «лёжа»; польск. leżeć, 1 ед. leżę, lec, 1 ед. lęgę, lęgnąć, 1 ед. lęgnę, łoże — «ложе», «ложа у ружья», «лафет», łóżko — «кровать», «койка», łożysko — «ложе», «русло», «логовище», «подшипник»; в.-луж. ležeć, 1 ед. ležu, léhać, 1 ед. lěham, lehnyć so — «ложиться», łožo «лежанка», «кровать»; н.-луж. lažaś — «лежать», łagnuś se — «ложиться». Др.-рус. (с XI в.) лежати, 1 ед. лежу — «лежать», «быть погребенным», позже «ночевать», «пребывать», лечи (Поуч. Влад. Мон.), 1 ед. лягу, ложити, (с XI в.) ложитися, (с XI в.) ложе — «постель», «берлога», «нора», «русло (реки)», «женские бедра», «матка (matrix)» (Срезневский, II, 15, 18, 43; Доп. 155). Ст.-сл. лєжати, 1 ед. лєжѫ, лєщи, 1 ед. лѧгѫ, ложе (SJS, II: 16, 17, c. 111, 113, 135), лєжити (сѧ). Другие слова этой группы — более поздние. В словарях: лог — «логовище зверей», логовище отм. в «Рукоп. лексиконе» 1-й пол. XVIII в. (Аверьянова, 167); лежанка — в РЦ 1771 г., 226; лежмя (лежать) в САР[1], III, 1792 г., 1164; там же (1258) логов, м.; позже — логово, ср. (САР[2], III, 1814 г., 592). ◦ О.-с. *ležati (< *legěti < *legēti), 1 ед. *ležǫ (< *legjǫ), *lekti (< *legti), 1 ед. *lęgǫ; *ložiti (< *logiti) 1 ед. *ložǫ (< *logjǫ). И.-е. корень *legh- (: *logh-). Ср. лит. (pa)lēgti — «класть», «быть больным, слабым»; гот. ligan — «лежать», каузатив lagjan — «класть»; др.-в.-нем. ligen, 1 ед. liggiu (= о.-с. *ležǫ) [совр. нем. liegen] — «лежать», legen (совр. нем. legen) — «класть», lāga (совр. нем. Lage) — «положение» (отсюда совр. нем. Lager — «ложе», «склад», «лагерь»); латин. lectus (< *leghtos) — «ложе», «постель»; греч. λέχω — «укладываю в постель», λέχος — «ложе», λόχος — «засада»; др.-ирл. lige — «ложе»; тохар. A lake, B leke — «ложе», A läk — «лежать». Подробнее — Pokorny, I, 658—659.

ЛЕ́ЗВИЕ, -я, *ср.* — «острый край режущего или рубящего орудия»; «тонкая, острая с обеих сторон стальная пластинка для безопасной бритвы». Старое общерусское написание и ударение (XVIII в.): лезвѣ́е. Но Пушкин писал ле́звие (ср. у него в стих. «Кинжал», 1821 г.: «Как адской луч, как молния богов, / Немое ле́звие злодею в очи блещет» — ПСС, II : 1, 173; II : 2, 646). В говорах встр. и другие формы им. ед.: ле́зо, лезьё, а также прил. лезвейный, лёзовый, лёзный и глаг. лезова́ть — «оттачивать (нож, топор) после ковки на сухом точиле», лезова́ть клепки «строгать»; ср. лез — «бочарный струг для обделки клепок» (Даль, II, 1865 г., 848). Ср. укр. лѐзво : лѐзо — «лезвие», «острие»;

блр. **лязо́**. В других слав. яз. отс. То же знач. выражается, по большей части, словами, соответствующими рус. *остриё* [напр., болг. *остриѐ*; с.-хорв. ȍштрица; чеш. ostří (: čepel) и т. д.]. В русском языке в форме *лезве́е* употр. с середины XVIII в. [Литхен, 1762 г., 302: *лезвѣе* — l'alumelle («короткий и тонкий клинок»); ср. выше цитату из стих. Пушкина «Кинжал»]. Но в форме **лез(ъ)** это слово было известно с более раннего времени. Ср. у Срезневского (II, 16) в выписках из Ор. Бор. Фед. Год. 1589 г.: «топор.., *лез* по обе стороны» (знач. — по Срезневскому — «остриё клинка»). В Петровское время это слово встр. в форме *лезива*: «*лезива* стальные» (СВАБ, I, № 116, 1680 г. 22). ◻ Старшее знач., надо полагать, было «короткий клинок или нож». Корень **лѣзо-* (> *лез-*). Укр. формы **лезво**: **лезо** (с *е* вм. ожидаемого *і*), вероятно, из русского языка [или возникли вследствие отталкивания от таких слов, как лíзиво — «род верёвочной лестницы» (Гринченко, II, 368)]. Из русских вариантов этого слова в словообразовательном отношении представляет интерес *лезвие*, напоминающее по форме о.-с. **vьrvьje* (и.-е. корень **u̯er-*: **u̯r̥-*). О.-с. **lězo-* можно рассматривать как абляут к о.-с. **liz-* (см. *лизать*). И.-е. корень **leig'h-* (**loig'h*) — «лизать». Знач. «короткий клинок или нож» могло развиться из знач. «язык» (в анатомическом смысле) [ср. от того же и.-е. корня др.-ирл. ligur — «язык»]. Подробнее об этом корневом гнезде см. Pokorny, I, 668, который однако в этой словарной статье о рус. *лезвие* не упоминает. Другие объяснения, в частности Варбот (41—43), неубедительны.

ЛЕЗТЬ, *лезу* — «карабкаться», «взбираться вверх, цепляясь руками», «продвигаться, вторгаться куда-л. против желания находящихся там»; (о волосах, шерсти) «выпадать». Итератив *ла́зить*. Укр. *лíзти*, *ла́зити*; блр. *ле́зці*, *ла́зіць*; болг. *ла́зя* — «лажу, лезу», также «ползаю», «хожу на четвереньках»; с.-хорв. ла̏зити — «ползать», «тащиться», «еле-еле идти»; словен. lesti — «ползти», «пресмыкаться», «лезть», laziti — «ползать», «лазить»; чеш. lézti — «ползти», «лезть», «лазить», диал. laziti — «ползать», «лазить»; словац. liezt' — «лезть», «ползти», «ползать», lozit' — «лазить», «ползать»; польск. leźć — «лезть», łazić — «лазить»; в.-луж. lězć — «ползти», «лезть», łazyć — «лазить»; н.-луж. lězć — «ползти», «лезть», łazyś — «ползать», «лазить». Др.-рус. (с XI в.) *лѣзти* — «идти», позже «ползти», *лазити* — «ходить», «ползать» (Срезневский, II, 4, 70). ◻ О.-с. **lězti*, **laziti*. В этимологическом отношении не бесспорное. Из ранних высказываний ближе к истине предположение Штрекеля (AfslPh, XXVII, 52) о связи этого глагола с о.-с. **loza* [> рус. *лоза* (см.)], если старшим знач. этого сущ. считать «вьющееся, ползущее растение». Знач. «лезть» (как и др.-рус. «идти») — не первоначальное, а более позднее (старшее знач. «ползти»). Тогда и.-е. корень **lēg'(h)-*: [**lōg'(h)*]: **ləg'(h)-*. Подробнее см. Pokorny, I, 660.

ЛЕЙТЕНА́НТ, -а, *м.* — «офицерское звание или чин в армии и флоте». *Прил.* лейтена́нтский, -ая, -ое. Укр. лейтена́нт, лейтена́нтський, -а, -е; блр. лейтэна́нт, лейтэна́нцкі, -ая, -ае; болг. лейтена́нт; польск. lejtnant (młodszy, starszy lejtnant); в польском войске — podporucznik). В с.-хорв., чеш. языках отс. Ср. в том же знач. чеш. poručík (podporučík — «младший лейтенант»; nadporučík — «старший лейтенант»). В русском языке — с 1-й пол. XVII в. Ср. в «Книге о ратном строе», 1647 г., 34 об.: «*лютенанту*... как капитана в лицах нет, ротою владѣти». В форме *лейтенант* — с Петровского времени. В словарях (в военном значении) — с 1731 г. (Вейсман, 379). Прил. *лейтенантский* — с 1814 г. (САР², III, 544). ◻ Восходит, в конечном счете, к средневек. латин. locum tenens > франц. lieutenant (ст.-франц. luetenant) — досл. «место (lieu) держащий, занимающий (tenant)», «замещающий (более высокого по должности, по чину сослуживца)», «заместитель» (как военный термин — с XVI в.). Отсюда нем. (с XVI в.) Leutnant; англ. lieutenant и нек. др. В русском языке — из французского?

ЛЕ́КСИКА, -и, *ж.* — 1) «словарный фонд (состав), совокупность слов того или иного языка»; 2) «словарный запас языка того или иного автора или отдельного произведения». *Прил.* лексический, -ая, -ое. Сюда же лексико́н, лексико́лог, лексиколо́гия, лексико́граф, лексикогра́фия. Укр. ле́ксика, лекси́чний, -а, -е; лексико́н (: словни́к), лексико́лог, лексиколо́гія, лексико́граф, лексикогра́фія; блр. ле́ксіка, лексі́чны, -ая, -ае, лексіко́лаг, лексікало́гія, лексікагра́ф, лексікагра́фія; болг. ле́ксика, лекси́чески, -а, -о, лексико́н (: ре́чник), лексико́лог, лексиколо́гия, лексико́граф, лексикогра́фия; с.-хорв. лекси́чки, -а̄, -о̄ — «лексический», лексички фонд — «лексика», лексико̀н (: ре́чник), лексико́лог, лексиколо̀гиjа, лексико̀граф, лексикогра́фиjа; чеш. lexika, прил. lexikální, lexikon (: slovník), lexikolog, lexikologie, lexikograf, lexikografie; польск. leksyka (чаще słownictwo), leksykalny, -a, -e, leksykon (: słownik), leksykolog, leksykologia, leksykograf, leksykografia. В русском языке эта группа слов вошла в обращение в разное время в течение XIX в. и позже. Но задолго до этого, в XIII в. появилось слово *лексикон* (Срезневский, II, 16). В XVII в. это слово уже получило широкое распространение. Ср. в «Актах» Иверского Святозерского монастыря на Валдае: «118 книг *лексиконов*» (Сб. РИБ, V, № 204, с. 542). В том же знач., в то же время, по-видимому, иногда употреблялось и слово *лексик, м.* Ср. у Феофана Прокоповича в стих. «К сложению *лексиков*»: «Пусть лексики делает: то одно довлеет» (Соч., 224). Слово *лексикограф* отм. Яновский (II, 1804 г., 534); *лексикология* — Ренофанц, 1837 г., 146; *лексикография* — Кирилов, 1845 г., 162. *Лексиколо́г* в словарях отм. с 1861 г. (ПСИС, 269). Прил. *лексический* — с 1900 г. (Брокгауз — Ефрон, т. XXX, п/т. 59, с. 380: «*лексическое* богатство». Но *лексика, ж.* в совр. знач.

ЛЕН   ЛЕП   Л

в словарях — с 1938 г. (Ушаков, II, 43). Конечно, в трудах по языкознанию это слово вошло в обращение гораздо раньше. Ср. у Селищева: «Синтаксис. *Лексика*» (ДОС, 1921 г., 262, 263 и др.). ▫ Почти все слова этой группы заимствованы (с соответствующим русским оформлением) из французского языка в новое время. Ср. франц. (с XVI в.) lexique, lexicographe, (с 1765 г.) lexicographie и lexicologie, (с XIX в.) lexicologue. Из французского — нем. Léxik (чаще Wortschatz), Lexikográphe, Lexikographíe, Lexikológe, Lexikologíe и др. Первоисточник — греч. λέξις — «слово» (к λέγω — «говорю»), прил. λεξικός — «относящийся к слову»; отсюда λεξικόν (подраз. βιβλίος — «книга», «сочинение») — «словарь». В русском языке *лексикон*, м. б., непосредственно из позднегреческого языка (ср. новогреч. λεξικόν — «словарь»).

ЛЁН, льна, *м.* — «травянистое (и полукустарниковое) растение, используемое как прядильная и масличная культура», Linum. *Прил.* льняно́й, -а́я, -о́е, иногда льно́вый, -ая, -ое, лёновый, -ая, -ое. Укр. льон, род. льо́ну, ляни́й : льняни́й, -а́, -е́, иногда льно́вий, -а, -е; блр. лён, род. iльну́; болг. лен, ле́нен, -а, -о; с.-хорв. ла̑н, род. ла́на, ла́нен, -а, -о : ла́нени̑, -а̑, -о̑; словен. lan, lanen, -a, -o; чеш. len, род. lnu, lněný, -á, -é, lnovitý, -á, -é — «лёновый»; словац. l'an, l'anový, -á, -é; польск. len, род. lnu, lniany, -a, -e, lnisty, -a, -e; в.-луж. len, род. lena; н.-луж. lan, род. lana. Др.-рус. ленъ (< льнъ) в Пов. вр. л. под 6488 г. (Лихачев, I, 57). Ср.: «от лну» в Новг. гр. 1264 г.; «от хмѣлна короба и от лняна» в Новг. гр. 1270 г. (Срезневский, II, 66, 67). ▫ О.-с. *lьnъ [: *lenъ (?)]. Возможно, в общеславянском языке (в отношении вокализма) не было устойчивости в произношении этого слова. И в других и.-е. языках нет этой устойчивости. В латинском находим долгое i: linum — «лен», «полотняная ткань», «невод», в греческом — краткое: λίνον — тж. (ср. λινο-γενής — «льняной»). К о.-с. *lьnъ, кроме греч. λίνον, близки: лит. linaĩ, *pl.* (им. ед. lìnas); латыш. lini, *pl.*; др.-прус. linno. В германских языках название льна (гот. lein; др.-в.-нем. līn, совр. нем. Lein, а также др.-исл. и совр. исл. lín; устар. англ. line, откуда lint — «корпия») заимствовано из латинского, хотя и мнение спорно. Ср. из латинского: алб. li-(ri) — «лен»; др.-ирл. lín — «сеть». И.-е. основа *lī-no- (Pokorny, I, 691). М. б., образование от и.-е. корня *(s)lī — «голубоватый», «синеватый» (Pokorny, I, 965). См. *слива*. Лен (обыкновенный и нек. другие его виды) мог быть назван по его голубоватым цветкам.

ЛЕ́НТА, -ы, *ж.* — «узкая полоса ткани, обычно употребляемая для украшения или для отделки, а также для ношения орденá»; «длинная узкая полоса из какого-н. материала» [ср. *пулеметная лента, кинолента* (пленка), *лента транспортера* и пр.]. *Прил.* ле́нточный, -ая, -ое. В говорах встр. варианты: 1) ли́нта, холмогор. (Подвысоцкий, 82), яросл. (Якушкин, 18); 2) ле́нда [кроме данных, приведенных у Фасмера (ГСЭ, III, 113), см. еще мещов. ле́нда (МВГ, XI, 56), яросл. ле́нда (Копорский, 135)]; 3) ли́нда, калуж. (см. Преображенский, I, 447). Возможно, из русского языка — болг. ле́нта и несомненно из русского — чеш. lenta — «кушак», «полоска из ткани» (ср. stuha, pentle — «лента»). В других слав. яз. отс. Ср. в том же знач.: укр. стрі́чка, стьо́жка; польск. wstęga. Ср. др.-рус. (с XI в.) лен'ти́й — «полотенце» (Срезневский, II, 17), позже лен(ъ)тие — «linteum» (Фасмер, ГСЭ, III, 113). Ст.-сл. лентии (SJS, II: 16, 112). Это слово (м. б., без ст.-сл. посредства) — из позднегреческого языка. Ср. греч. λέντιον — «полоса льняной ткани», «полотенце». В позднегреческом — латинского происхождения. Ср. латин. linteum (по говорам lenteum) — «полотно», «платок», «парус». В форме *лент* или *лента* (обычно в формах мн. ч.) и со знач. «тесьма», «бант» встр. с начала XVIII в.: «Повесть об Александре»: «писмо, опутано в разных лентах» (Моисеева, 226); «за шарф и ленты» («Расходы из Кабинетских сум», 1717 г. — СВАБ, II, 69); позже в «Тарифе порт.» 1731 г. при перечислении ввозных товаров: *ленты*. Отмечено в форме *линт* в книге Севела «Искусство нидерландского языка», 1717 г. в переводе Брюса: линт — «тясма неболшая» (Meulen, NWR, Suppl., 57—58). Заимствовано, по-видимому, из голландского языка. Ср. голл. lint, *n.* с кратким, очень широким *i*, близким к *e* (на русской почве > *e*) — «лента», «бант». Форма на -*a* ж. р. (*лента*) возникла, возможно, под влиянием *тесьма́*.

ЛЕОПА́РД, -а, *м.* — «крупное хищное животное семейства кошачьих, с желтой или рыжеватой густой шерстью с крупными (особенно на спине) кольцевыми черными пятнами», «барс», Felis (: Pardus) pardus. *Прил.* леопа́рдовый, -ая, -ое. Укр. леопа́рд, леопа́рдовий, -а, -е; блр. леапа́рд, леапа́рдавы, -ая, -ае. Ср. болг. леопа́рд, леопа́рдов, -а, -о; с.-хорв. лѐопа̑рд; словен. leopárd (: panter); но ср. чеш. levhart, levhartí; польск. lampart, lamparci, -ia, -ie. В русском языке известно с XVIII в. В словарях — с 1731 г. (Вейсман, 376). Но ср. др.-рус. леонтопардос, восходящее к позднегреч. λεοντόπαρδος (Фасмер, ГСЭ, III, 114). ▫ Ср. франц. léopard; нем. Leopárd [др.-в.-нем. lēbarto, ср.-в.-нем. lewehart, откуда — чешская и (из чешского языка) польская формы]; англ. leopard; ит., исп. leopardo и др. Позднее образование на латинской почве из leo — «лев» и pardus — «барс-самец», pardalis — «барс-самка». Ср. греч. πάρδαλις — «леопард», *πάρδος — тж. В греческом языке, вероятно, из др.-инд.

ЛЕПЕТА́ТЬ, лепечу́ — «пробовать, пытаться говорить, неумело, неясно, сбивчиво произнося слова», «говорить неразборчиво, невразумительно». *Сущ.* ле́пет. Укр. лепета́ти, ле́пет (гл. обр. о ребенке; обычно белькота́ти, белькоті́ти); блр. лепята́ць,

ЛЕП

лéпет; болг. лепетя́ — «лепечу», лéпет; польск. устар., диал. lepietać (Brückner, 296) — «болтать», также «шлепать (туфлями)», «трепыхаться». Ср. с.-хорв. лепетати (се) — «трепыхаться», «раввевать(ся)» («лепетать» — тëпати); чеш. (диал.?) lepetati (Machek, ES, 263) «порхать», «неуверенно, трепыхаясь, лететь, двигаться в воздухе» (о мотыльке, летучей мыши, также о легком ветре и т. п.). В русском языке в словарях лепетать отм. с 1731 г. (Вейсман, 566: лепетати); лепет — с 1847 г. (СЦСРЯ, II, 251). Часто встр. у Пушкина (СЯП, II, 470). ◻ О.-с. *lepetati, *lepetъ, где *lep- корень, а -et- суф., как, напр., в трепет (см.). И.-е. звукоподражательный корень *lep- [:*lop-; ср. рус. лопотать (см.)] — Pokorny, I, 677. Ср. др.-инд. lápati — «(он, она) лепечет», «шепчет», также «сетует».

ЛЕПИТЬ, леплю — 1) «плотно прикреплять что-л. с помощью клейкого, вязкого вещества»; 2) «создавать изображение из пластического мягкого материала». *Возвр. ф.* лепи́ться. Абляут ли́пнуть. *Сущ.* лéпка. *Прил.* лепнóй, -áя, -óе, ли́пкий, -ая, -ое. Укр. лiпи́ти(ся), лíплення — «лепка», лiпни́й, -á, -é; блр. ляпíць, ляпíцца, лéпка, ляпны́, -áя, -óе; болг. лепя́ — «леплю», лéпна — «липну», лепéне, лéпкав, -а, -о — «липкий», лепи́ло — «клей», «нечто клейкое»; с.-хорв. лéпити (lijèpiti), лѐпљив, -а, -о — «липкий», леп — «клей»; словен. lepiti, lepljiv, -a, -o, lepilo — «клей»; чеш. lepiti — «налеплять» («наклеивать», но о скульптуре — modelovati), lepiti se, lepivý, -á, -é, — «клейкий», «липкий», lep — «клей»; словац. lepit' (sa) — «клеить(ся)», lepivý, -á, -é, lep, lepidlo; польск. lepić, lepić się, lipnąć, lepienie — «лепка», lepny, -a, -e, lipki, -a, -ie; в.-луж. lěpić, lěp — «клей», «замазка». Др.-рус. (с XI в.) лѣпитися (Изб. 1076 г.), (XV в.) лѣпити, 1 ед. лѣплю (Срезневский, II, 73; Доп., 157); лепокъ — название прилепляющегося цветка (м. б., «репей») в Пов. врем. л. под 6582 г. В абляуте ср. льпѣти — «прилипать», «лепиться, стоять как бы прилепленным» (Срезневский, II, 67). По-видимому, позже других появился глаг. липнуть [в словарях — с 1771 г. (РЦ, 282)]. ◻ О.-с. *lěpiti (с ě дифтонгического происхождения). Абляут *lьpěti, итератив *lipati (ср. рус. прилипать); отсюда позднее рус. липнуть [не смешивать с о.-с. *lьpnǫti (> рус. льнуть). И.-е. база *leip- (:*loip-: *lǐp-) — «натирать» (салом), «клеить». Ср. наиболее близкие в фонетическом отношении и по значению лит. lìpti, 1 ед. limpù — «липнуть», «прилипать»; латыш. lipt — тж.; др.-инд. lēpayati — «облепляет», «натирает» (чем-л.), limpáti — «натирает», «мажет», «грязнит»; хетт. lip- — «мазать», «марать»; несколько дальше по значению: гот. bi-laibjan — «оставлять» (что-л.), laiba — «остаток» (< *«прилепок»); др.-в.-нем. liban — «оставлять»; латин. lippus — «гноящийся», «слезоточивый»; греч. λίπος — «жир», «сало», «масло» и др. (подробнее см. Pokorny, I, 670—671).

ЛЕС

ЛЕС, -а, *м.* — 1) «большое пространство земли, покрытое растущими деревьями»; 2) «деревья, срубленные и очищенные от сучьев и вершины, как строительный или поделочный материал». *Прил.* леснóй, -áя, -бе, леси́стый, -ая, -ое. *Сущ.* леси́на, *прост.* — «одно дерево» (на корню или срубленное), лéший. В говорах: пошех.-волод. лесовóй, прил. и «леший» (Копорский, 136); зап.-сиб. лесовóй (Палагина, II, 128); ворон. лес — «дубовое дерево», «дуб» (Даль, II, 878). Укр. лiс, род. лíсу, лiсни́й, -á, -é, лiсови́й, -á, -é, лiсíстий, -а, -е, лiсови́к — «леший»; блр. лес, лясны́, -áя, -óе, лясни́к, -ая, -ае, лясíна, лясýн — «леший»; с.-хорв. лêс (lȉjes) — «лес как строительный материал», «стропила», «гроб» («лес на корню» — шýма, хотя возможно и лêс, но как устар., диал. слово); словен. les — тж. (и «дерево»; ср. gozd — «лес на корню»); чеш. les — «лес», lesní — «лесной», lesnatý, -á, -é; словац. les, lesný, -á, -é, lesový, -á, -é, lesnatý, -á, -é — «лесистый»; польск. las, lasowy, -a, -e, lesisty, -a, -e; в.-луж. lěs, lěso — «лиственный лес»; полаб. lós — «лес», «дерево» (Rost, 399). Из русского — болг. лес (ср. горá — «лес»). Др.-рус. (с XII в.) лѣсъ — «лес», «роща», «строительный материал», лѣсньнъ, лѣсьный · лѣшии — «лесной», «лесистый», (с XVI в.) лесовати — «охотиться» (Срезневский, II, 75, 76, 81; Доп. 158). Слово леший, м. (из прил. леший, вышедшего из употр.) в словарях отм. с XVIII в. [САР¹, III, 1792 г., 1365 : лешéй (sic)]. ◻ О.-с. *lěsъ. Старшее знач., по-видимому, было «деревья, кустарник как строительный, топливный (дрова) и поделочный материал». Поэтому имеется основание связывать о.-с. *lěsъ прежде всего с *lěsa — «леса», *lěščina — «орешник» (см. лесá²). Отсюда далее — «лиственная поросль» > «лес (вообще)». Другие объяснения менее убедительны.

ЛЕСÁ¹, -óв, *мн.* — «временное сооружение из древесного материала (теперь обычно — на каркасе из металлических трубок) вдоль стен строящегося или ремонтируемого здания». В других слав. яз. отс. Ср. в том же знач.: болг. скéле (< турец. iskele — тж. < ит. scala — «лестница»); с.-хорв. скѐле; чеш. lešení (< ст.-нем. liuchse — «подпора у воза»); польск. rusztowanie (от ruszt < нем. Rost — «решетка»); из польского — укр. риштóвання : риштувáння. Слово лесá в словарях отм. с 1792 г. (САР¹, III, 1364: лесá). Но слово, надо полагать, такое же старое, как форма им. мн. лесá (см. примеры в «Уложении» 1649 г., лл. 20, 82, 159 об. и др.; другие примеры 40-х гг. XVII в. см. Черных, ЯУ, 264—266). См. лес.

ЛЕСÁ², -ы́ (и ЛÉСА, -ы), *ж.* — «плетеная нить, тонкий шнур, обычно из тонкого волоса, соединяющая конец удилища с крючком». Лéска — тж. В говорах: лесéдь, лесетá. Ср. архнг. лéска «снаряд для ловли трески и наваги» (основная часть этого снаряда — тонкая верёвка) [Подвысоцкий, 82]. Ср. укр. волосíнь — «леса́». В словарях русского языка отм. с 1792 г. (САР¹, III, 1177: леса́). Но слово это было известно с древнейшего времени. Соболевский (РФВ, XV, 366) отм. λέσα — «жгут», «канат» в соч. Константина Багрянородного «De administrando imperio», гл. 9, где речь идет о восточных славянах в X в. («ἐποίησε λέσας ἤτοι πλοκάς ἰσχυρός» — «сделал лесы, то есть крепкие плетения», по словам Соболевского «вероятно,.. из ветвей и подобные им, которыми и в настоящее время связывают плоты»). Об этой догадке Соболевского упоминает Преображенский (I, 488). Ср. слова, обозначающие плетень и плетеные и витые предметы в слав. яз.: укр. лíса — «плетень»; болг. леса́ — «перегородка из плетня на реке для ловли рыбы», «подвижной плетень для овечьего хлева», «кузов из плетня для большой повозки»; с.-хорв. лѐса (ljȅsa) — «плетень», «плетенка из прутьев»; словен. lesa — «плетень»; чеш. lísa — «перегородка из прутьев на реке», «плетенка из прутьев»; словац. lesa — «плетень»; польск. lasa — «верша», «сушильная рама». В такой же мере слово леса можно связывать с названием орешника (Corylus), лесного ореха — лещи́на. Ср. укр. лiщи́на; блр. лящы́на; болг. леска́, леща́к; с.-хорв. лѐска, лѐштāк : лѐшħе; словен. leska, leščevje, lešje; чеш. líska; польск. leszczyna; в.-луж. lěska, lěšćina. □ О.-с. *lěsa. Старшее, исходное знач. на слав. почве могло быть «плетень», «плетенка», «плетеный или витой предмет», отсюда «яз» (род плетня поперек реки для ловли рыбы) > «верша», вообще «рыболовный снаряд с верёвкой» (вроде арханг. леска), наконец, «леса́» (сначала, надо полагать, «плетенка из конского волоса»). Отсюда же и название орешника. Ср.: «тонкие, почти бессучковые побеги (орешника) используются на обручи, грабли, трости, удилища, а также на плетеные изделия» (БСЭ², XXV, 45). И.-е. корень, по-видимому, *lěi- (: *loi-) — «сгибать», «гнуть» (Pokorny, I, 307; см. локоть), суф. (на слав. почве) -s-(а). Некоторые языковеды (Соболевский, РФВ, XIV, 159) относят к о.-с. гнезду *lěsъ.

ЛЕ́СТНИЦА, -ы, ж. — 1) «сооружение в виде ряда ступеней для подъема и спуска»; 2) «приставное или прицепное переносное приспособление (деревянное, верёвочное, металлическое) со ступеньками для подъема и спуска (разновидность такого приспособления — стремя́нка)». Уменьш. ле́сенка. Прил. ле́стничный, -ая, -ое. Блр. лéсвіца (в здании; приставная — дра́біны); болг. устар. лéствица — «лестница» (совр. стъ́лба); с.-хорв. лѐстве, мн., лѐствице, мн. — «переносная лестница» [ср. стѐпенице, мн. — «лестница в здании»]; словен. lestva — «лестница». В других слав. яз. отс. Др.-рус. (с XIV в.) лѣ́стница у Стеф. Новг. ок. 1348 г. (Срезневский, II, 75—76). Ст.-сл. лѣствица — ἀκλίμαξ, лестница» (Супр. р. — Meyer, 114). Прил. лестничный отм. в словарях с 1771 г. (РЦ, 285). □ Произв. от о.-с. *lěstva, от глаг. *lězti, с суф. -tv-. См., напр., Meillet², II, 305, 348. Слово лѣстница — несколько более позднее образование на базе лѣствица, под влиянием сущ. на -ниц-а (ср. гридница, кузница, звонница и пр.). Ещё более поздним образованием является лѣсенка с корнем лѣс-, с с вместо з в положении перед гласным звуком, м. б., под влиянием лѣса́ (строительные). В словарях оба слова отмечаются с 1792 г. (САР¹, III, 1364).

ЛЕСТЬ, -и, ж. — «угодливое (часто из корыстных побуждений), лицемерное восхваление». Прил. льсти́вый, -ая, -ое, ле́стный, -ая, -ое. Глаг. льстить. Сущ. льстец. Глаг. (с приставкой) улеща́ть. Укр. ле́стощі, мн., лести́вий, -а, -е, улéсливий, -а, -е — «льстивый», лести́ти, лестýн, підлéсник; блр. лёсткі, мн., лесці́ць, лісліви́ць, лісліве́ц; болг. лъст, лъстив, -а, -о, лъстя́ — «льщу», лъстéц; с.-хорв. ла̀стисати — «льстить»; чеш. lest, род. lsti — «обман», «хитрость», «коварство», lstivý, -á, -é — «лукавый», «коварный»; словац. lesť, ľstivý, -á, -é (знач. — как в чеш.); ст.-польск. leść — «хитрость», «коварство»; в.-луж. lesć — «хитрость», les(t)ny, -а, -е, lesćiwy, -а, -е — «коварный», «зловредный», lesćić — «перехитрить»; н.-луж. lěsć, lasnosć — «хитрость», «коварство», lasny, -а, -е, lěsny, -а, -е — «зловредный», «хитрый». Др.-рус. (с XI в.) и ст.-сл. льсть — «хитрость», «обман» > «лесть», также «заговор», льстивъ, льстивый, льстьный — «лживый», «обманчивый», льстьць — «обманщик», «дьявол», льстити — «обманывать», «соблазнять» (Срезневский, II, 67 — 69). □ О.-с. *lьstь. Обычно считают это слово старым (о.-с. поры) заимствованием из готского языка. Ср. гот. lists, вин. мн. (сохранившееся только в этой форме) — «хитрость», (абляут lais — «знаю»; ср. также laists — «след»); др.-в.-нем. list (совр. нем. List) — тж. И.-е. корень *leis- (-t- — расширитель или суф.), что собств. значило «след» (напр., на земле), «колея», «борозда» (Pokorny, I, 671). В языках германской группы (и только германской) глаг. образования от и.-е. *leis- получили знач. «выслеживать» и далее — «разведывать», «узнавать», откуда и «хитрить», «строить козни». Мнение об о.-с. *lьstь как германизме основано только на этом семасиологическом соображении. Вообще же, особенно по фонетическим данным, о.-с. *lьstь можно было бы считать не заимствованным словом, а образованием, родственным с гот. list-s (так — Младенов, ЕПР, 282). Ср. от того же и.-е. корня рус. диал. леха́ (из и.-е. *loisā-, с е из ě и с х из о.-с. s в положении после і перед гласными) — «борозда», «полоса», «гряда» (< «след») [Даль⁴, II, 644].

ЛЕТÉТЬ, лечý — «продвигаться в воздушной среде, над земной или водной поверхностью, преодолевая земное притяжение»; перен. «мчаться», «стремиться», «падать». Несов., кратн. лета́ть, 1 ед. лета́ю. Сущ. лёт, лётчик, летýн. Прил. лётный, -ое. Укр. летíти, лíтати, поэт. лет, літ, род. льо́ту, льо́тчик, літýн, льо́тний, -а, -е, лíтнíй, -á, -é; блр. ляце́ць, ле́таць,

ЛЕТ

лята́ць, лёт, лётчык,ляту́н, лётны, -ая, -ае; болг. летя́ — «лечу», «летаю», летене — «лёт», летец — «летчик»; с.-хорв. лѐтети (lètjeti), 1 ед. лѐтӣм, лѐтати, 1 ед. лѐħе̄м, лѐтнути — «вспорхнуть», «полететь», лёт — «лет», летилац (lètjelac) — «летун» («летчик» — ави̯а̀тича̄р, пи̏лот), лѐтнӣ, -а̄, -о̄ — «летный» (чаще ави̯атича̄рскӣ, -а̄, -о̄); словен. leteti, letati, let, letalec, letalski, -a, -o — «летный»; чеш. letěti, 1 ед. letím, létati (: lítati), 1 ед. létají, let, letec — «летчик», letoun — «летун» (о птицах), letový, -á, -é — «летный»; словац. letieť, lietať, let, letec — «летчик», letún — «самолет» (ср. leták — «летун»), letecký, letový, -á, -é — «летный»; польск. lecieć, 1 ед. lecę, latać, lot, lotnik — «летчик», latawiec — «летун», lotniczy, -a, -e — «летный»; в.-луж. lećeć, 1 ед. lécu, lětać, 1 ед. lětam, lět, lětar — «летчик»; н.-луж. leśeś, lětaś, lět, lětar, lětak — «летчик». Др.-рус. (с XI в.) и ст.-сл. летѣти, 1 ед. лечу (ст.-сл. лешѫ) — «лететь», «падать», лѣтати 1 ед. лѣтаю (Срезневский, II, 17, 77; SJS, II : 16, 113; II : 17, 155). ◻ О.-с. *letěti, 1 ед. letjǫ; итератив *lětati, 1 ед. *lětajǫ. В этимологическом отношении — не из ясных слов. Ср. лит. lěkti, 1 ед. lekiù : lekù — «лететь», «падать», «мчаться»; латыш. lēkt : lekt — «прыгать», «всходить», реже «лететь». Соответствующие слова в других и.-е. языках также указывают на корень *lek- (*leq-): *lәk- (*lәq-), выражавший в общеиндоевропейском языке знач. «конечность тела» (у человека — «голень», у птицы — «крыло») и знач. «сгибать(ся)», «прыгать» и т. п. (Pokorny, I, 673). Ср. др.-исл. leggr (совр. исл. leggur) — «голень», «стебель» (из скандинавских языков — англ. leg — «нога», глаг. «ходить», «бежать»); латин. lōcusta — «саранча» (и «разновидность омара»), lacertus — «мускул», «часть руки от плеча до локтя»; греч. ληκᾶν (у Гесихия) — «скакать», «прыгать», λάξ — «удар ногой». Поэтому можно полагать, что о.-с. *let- из *lek-t- в положении н е п е р е д гласными переднего ряда [ср. о.-с. *potъ из *poktъ (но *pekti > др.-рус. печи > печь)]. М. б., здесь мы имеем дело со старой основой наст. вр. с суф. -te- : -to- (см. Мейе, «Общесл. яз.», § 218 и др.). Допустимо и предположение Махека (Machek, ES, 264), что о.-с. *lětati (< *lěk-t-ati) предшествовало появлению формы *letěti, и что представляет оно собою форму интенсива на -t-ati. Так или иначе, о.-с. *letěti — более поздняя форма. М. б., вм. *lekti (ср. лит. lěkti — тж.) как следствие омонимического отталкивания [*lekti на о.-с. почве являлось формой инфинитива также и от глаг. *legǫ — «лягу» (в этом случае о.-с. *lekti — из *legti; ср. рус. лечь < др.-рус. лечи)].

ЛЕ́ТО, -а, ср. — «самое теплое время, часть года между весной и осенью»; при счете род. мн. лет употр. вм. род. мн. к год (пять лет и т. п.). Прил. ле́тний, -яя, -ее. Нареч. ле́том. Укр. лі́то, лі́тній, -я, -є, лі́том (чаще влі́тку); блр. ле́та, ле́тні, -яя, -яе, ле́там (:ўле́тку); болг. ля́то, ле́тен,

ЛЕЧ

ля́тна, ля́тно, ле́те — «летом», ля́тос — «этим летом»; с.-хорв. лѐто (ljȅto), лѐтњӣ, -а̄, -е̄, лѐти — «летом», лѐто̄с — «этим летом»; чеш. léto, прил. letní, v létě; польск. lato, letni, -ia, -ie, latem, w lecie; в.-луж. lěto — «год», lěćo — «лето (время года)», lětny, -a, -e — «летний (годовой)», lětnja, -je, lěćny, -a, -e — «летний», w lěću — «летом»; н.-луж. lěto — «лето» и «год» (ср. также lětko — «год», lětny, -a, -e — «годовой»), lěśe — «лето (время года)», lěśny, -a, -e — «летний». Др.-рус. (с XI в.) и ст.-сл. лѣто — «время вообще», «год», «лето (время года)», лѣтьны̏и, лѣтьни̏и (Срезневский, II, 77). ◻ О.-с. *lěto. В этимологическом отношении слово неясное. Родственными образованиями бесспорно являются только др.-ирл. la(i)the — «день» (новоирл. lá > lao, с исчезнувшим th между гласными). И.-е. основа *lēto- : *lәto- (?), что сначала могло значить вообще «пора, когда светит и греет солнце» (Pokorny, I, 680).

ЛЕЧИ́ТЬ, лечу́ — «врачевать», «применять медицинские (или народные) средства для восстановления здоровья, нормального физического состояния (человека, животных)». Возвр. ф. лечи́ться. Сущ. ле́карь, лека́рство. Прил. лече́бный, -ая, -ое. В говорах: лека́ — «лечение», «снадобье», леґба́. Укр. лікува́ти(ся), лі́кар, лікува́льний, -а, -е, лі́ки, мн. (редко лік) — «лекарства»; блр. лячы́ць, лячы́цца, ле́кар, ляка́рства, лячэ́бны, -ая, -ае; болг. леку́вам (се) — «лечу(сь)», ле́кар, ле́карство, лече́бен, -бна, -бно; ср. ляк — «лекарство»; с.-хорв. ли̏јечити (се) [liječiti (se)], лѐка̄р, лека́рство — «медицина» [«лекарство» — лек (lȉjek)], лекòвит, -а, -о — «лечебный»; словен. lečiti (se) [чаще zdraviti (se)], lek (чаще zdravilo) — «лекарство»; чеш. léčiti (se), lékař, léčba — «лечение», léčebný, -á, -é, lékarství — «медицина», lék — «лекарство», ст.-чеш. и диал. lékovati — «лечить заговорами», «знахарствовать»; словац. liečiť (sa), liečba, liek, lekárstvo, lekár; польск. leczyć (się), lekarz, lek, lekarstwo, leczniczy, -a, -e — «лечебный»; в.-луж. lěkować, lěkar, lěk, lěkarstwo, lěkowanski, -a, -e — «лечебный»; н.-луж. lěkar, lěkarstwo. Др.-рус. (с XI в.) лѣковати, лѣчьба, лѣчьбьны̏и, лѣчьць, лѣкарство, несколько позже лѣковатися лѣчити, лѣчитися (Срезневский, II, 71, 80). ◻ О.-с. корень *lěk-; отсюда *lěkъ: *lěkovati, *lěčiti, *lěkarь. Происхождение этой группы слов было бы трудно объяснить без предположения о раннем (о.-с. поры) заимствовании основополагающего слова (?) из германских языков, особенно готского. Ср. гот. lēkeis — «врач», lēkinōn — «лечить», «исцелять»; др.-в.-нем. lāchinōn — тж., также lāchi — «знахарь», «лекарь», lāchin — «исцеление». И.-е. корень *leg'- — «собирать», «подбирать» (Pokorny, I, 658). Ср. латин. legō — «собираю», «выбираю», «читаю»; греч. λέγω — «собираю», «подбираю», «сообщаю», «говорю», λόγος — «речь», «слово». Знач. «врач», «лечить» в германских языках, в готском могло развиться из знач. «собирать лечебные травы» > «знахарствовать» или из знач. «подбирать слова для заговора, для лечения заговором». О.-с. *lěk- нельзя возвести непосредственно к и.-е. *leg'-: на слав. почве и.-е. g' отражается в виде з.

ЛЕЩ, -á, м. — «пресноводная рыба семейства карповых, с плоским телом, сильно сжатым с боков, с черно-синими плавниками», Abramis brama. Блр. лешч; укр. лящ; польск. leszcz (при ст.-польск. kleszcz; ср. klaskać : kleskać — «шлепать», «хлопать»). Ср. чеш. dlešt' (ср. dlaskati — «чмокать») при cejn (〈нем. Zinnfisch) — тж. в том же знач.: словен. ploščič; словац. pleskáč (Machek, ES, 89). В русском языке слово лещ известно с XV в. (Срезневский, II, 18). □ Происходит от звукоподражательного корня леск- : ляск- : лязг-. Ср. рус. диал. (курск., тамб. и др.) лéскать : ля́скать : лóскать : лёснуть — «бить плашмя по воде рукою», «хлопать», «щелкать» (бичом), «хлестать», «шлепать»; ср. ля́снуться — «шлепнуться», также лещáть — «ляскать продолжительно», «щелкать», «плескать», приведенные у Даля (II, 850 — 851). Лещ — рыба «шумная» во время нереста, который происходит поздней весной или в начале лета в мелководных и сравнительно нагретых водоемах, «поросших растениями, и совершается с громким плеском» (Брокгауз — Ефрон, т. XVIIА, п/т 33, с. 620). Такого же происхождения лещ — «оплеуха», «затрещина» в выражении дать лещá.

ЛИ и ЛЬ — 1) частица употр. в вопросительных и относительных предложениях; 2) союз (с повторением ли — ли, ли — или) употр. в знач. разделительном или условно-уступительном. Сложения: если (см.), или, либо. Ср. болг. ли в сложении дали в вопросит. предложениях); с.-хорв. ли (с более широким употреблением, чем в болг.); чеш. li (в вопросит. и условн. предложениях), в сложениях čili, jestliže и др. Др.-рус. (с XI в.) ли (с XIV—XV вв. также ль) — «ли», «или», «же», «нежели», «еле», «хоть бы» (Срезневский, II, 18; Соболевский, «Лекции»[4], 96). С XI в. известны также или, либо (Срезневский, I, 1089 и сл.; II, 20). □ В этимологическом отношении очень трудное слово. Связывать с лит. (гл. обр. жем.) laĩ — «пусть», латыш. lai — тж. теперь едва ли кто решится (см. Fraenkel, 329, 360). Другое дело — лит. -li : -le, латыш. -le, -li, -lu — энклитические частицы без определенного значения; ср. лит. nùli — «теперь»; но и их происхождение не более ясно, чем происхождение ли. Также потеряла кредит догадка Бругмана (см. Преображенский, 450) о связи о.-с. *li с латин. vel — «либо», «или», «ли», относящимся к и.-е. корневому гнезду *u̯el- : *u̯l̥ (латин. volō — «хочу», «желаю», ст.-сл. до́влѣти и др.). Это сближение, подкупающее в семантическом отношении, не выдерживает критики с фонетической точки зрения. Ссылка на утрату u̯ перед l в греч. глаг. λώ : дор. λᾶω — «хочу», «желаю», «требую» не особенно убедительна, потому что этимология этого слова считается неясной (Frisk, II, 150), и, по всей видимости, оно к и.-е. группе *u̯el- : *u̯l̥- не принадлежит. При такой ситуации, м. б., следует вернуться к старому объяснению Миклошича (Miklosich, EW, 171), относившему частицу *li к о.-с. корню *l'ub-. Ср. о.-с. *libo < *ljubo (о.-с. корень *ljub-). Частицу *li можно рассматривать как следствие расщепления *libo (> li-bo), вызванного влиянием таких слов, как о.-с. *ibo, *bo.

ЛИБЕРÁЛ, -а, м. — «человек свободолюбивых убеждений»; «член либеральной партии»; «сторонник либерализма как политического течения». Сюда же либерали́зм. Прил. (к либерал и либерализм) либера́льный, -ая, -ое. Глаг. либера́льничать. Укр. лібера́л, лібералі́зм, лібера́льний, -а, -е, лібера́льничати; блр. лібера́л, лібералі́зм, лібера́льны, -ая, -ае, лібера́льнiчаць; болг. либера́л, либерали́зъм, либера́лен, -лна, -лно, либера́лнича — «либеральничаю»; с.-хорв. либера̀л, либерали́зам, ли̏бера̏лан, -лна, -лно : ли̏бера́лни̑, -а̑, -о̑; чеш. liberál, liberalismus, прил. liberální; польск. liberał, liberalizm, liberalny, -a, -e, liberalizować. В русском языке слова этой группы начали появляться в 20-х гг. XIX в. Ср. в письмах Н. И. Тургенева: от 22-VI-1820 г.: либерал («восставая на либералов»), 305; от 29-X-1816 г.: либеральный («либеральные идеи»), 200, либеральность (200, 201). Слово либерализм встр. в письме А. И. Тургенева Вяземскому от 18-IX-1818 г.: «привел в действо... либерализм свой» (ССРЛЯ, VI, 209), позже — в «Дневнике» Пушкина, в записи от 7-IV-1834 г.: «его либерализм — пустая только маска» (ПСС, XII, 324). Позже других слов появился глаг. либеральничать. Встр. в рассказе Тургенева «Бурмистр», 1847 г. (ПСС, IV, 138). Позже — Чернышевский, «Политика», статьи по журн. «Современник» за 1862 г.: «им нужно либеральничать» (ПСС, VIII, 611); Даль, II, 1865 г., 853. □ Ср. франц. прил. liberal, -e, сначала (с XII в.) употреблявшееся в знач. «щедрый», «великодушный», и лишь в конце XVIII в. получившее политическое значение, отсюда сущ. liberal, позже (с 1830 г.) liberalisme. Из французского: англ. liberal, liberalism; нем. liberál, Liberále(r), Liberalísmus и др. Во французском — из латинского языка. Ср. латин. liberālis, -le — «касающийся свободы», «достойный свободного человека», «милостивый», «щедрый».

ЛИБРЕ́ТТО, нескл., ср. — 1) «сжатое изложение (гл. обр. в театральной программе) сюжета исполняемого на сцене большого музыкального или иного произведения (оперы, балета, пантомимы и т. п.)»; 2) «словесный текст большого музыкального произведения (оперы, оратории и т.п.)». Сюда же либретти́ст. Укр. лібре́тто, лібретти́ст; блр. лібрэ́та, лібрэты́ст; болг. либре́то, либрети́ст; с.-хорв. либре̏то; чеш. libreto, libretista; польск. libretto, librecista. В русском языке слово либретто в словарях отм. с 40-х гг. XIX в. (Кирилов, 1845 г., 163). □ Ср. франц. (с 1823 г.) libretto, (с

1853 г.) librettiste. Франц. — из итальянского языка. Из того же источника — нем. Librétto, Librettist; англ. libretto, librettist. Ит. libretto собств. значит «книжечка» (уменьш. от libro — «книга» < латин. liber — тж.).

ЛИ́ВЕР, -а, *м.* — «съедобные, приготовленные для употребления в пищу внутренности (печень, легкие, сердце, селезенка) убойных животных и птиц». В говорах ле́вер (СРЯ², V, 304). В народной речи также гуса́к (Даль, II, 858). *Прил.* ли́верный, -ая, -ое. Укр. лі́вер, лі́верний, -а, -е; блр. лі́вер, лі́верны, -ая, -ае. В других слав. яз. отс. Ср. болг. дроб, дреболи́и — «ливер», но ле́берву́рст (< нем. Leberwurst) — «ливерная колбаса»; чеш. osrdí, okruží — «ливер», játrový salám — «ливерная колбаса»; польск. podroby — «ливер», pasztetówka — «ливерная колбаса». В словарях русского языка слово ли́вер отм. с 1792 г. (САР¹, III, 1191), ли́верный — с 1865 г. (Даль, II, 858). □ Скорее всего — из голландского языка (Meulen, NWR, Suppl., 56). Ср. голл. lever — «печень», «ливер», leverworst — «ливерная колбаса». Впрочем, ср. и англ. liver — «печень», «ливер» («ливер» чаще pluck, но «ливерная колбаса» — liver sausage). Ср. нем. Leber — «печень», Leberwurst — «ливерная колбаса». Слово германское по происхождению.

ЛИВРЕ́Я, -и, *ж.* — «форменная одежда (с выпушками, галунами, аксельбантами и т. п.) лакеев, швейцаров и т.п.». *Прил.* ливре́йный, -ая, -ое. Укр. ліврея́, ліврейний, -а, -е; блр. ліўрэ́я, ліўрэ́йны, -ая, -ае; болг. ливре́я; с.-хорв. livrèja; чеш. livrej, *ж.* Ср. польск. liberia (< ст.-нем. Liberei) — тж. В начале XVIII в. в русском языке это слово уже было известно, причем и в форме с *в* (*ливрея*), и в форме с *б* (*либерея : либерия*). Напр., в «Архиве» Куракина: «*либерии* делают... без пузаментов» (III, 173, 1706 г.); несколько позже: «чтоб *ливерия* была чиста» (III, 216, 1710 г.). Встр. в повестях Петровского времени, напр., в «Повести о рос. матросе Василии»: «нанел... в лакеи... которым поделал *ливреи*» (Моисеева, 200), в ИКИ, 137 и др. Составители «Лексикона» 1731 г. дают форму с *б*: *либерея* (Вейсман, 385); форма с *в* в словарях отм. с 1780 г. (Нордстет, I, 331; там же прил. *ливрейный*). □ Восходит к франц. (с XIII в., в совр. знач. — с XVI в.) livrée, *f.* (< латин. liberata, прич. прош. вр. от liberare — «освобождать», «избавлять» > франц. livrer — «доставлять», «предоставлять», «снабжать»). Первоначально так называлась во Франции одежда, которой король и феодалы снабжали людей своей свиты. Из французского: нем. Livrée; англ. livery; ит. livrea. Ср. исп. librea — тж.

ЛИ́ДЕР, -а, *м.* — 1) «вождь», «глава политической партии»; 2) «спортсмен, идущий впереди, имеющий лучшие результаты в состязаниях, в турнире и т.п.». *Глаг.* лиди́ровать. *Сущ.* ли́дерство. Укр. лі́дер, лі́дерство, лідува́ти; блр. лі́дэр, лі́дэрства, лідзі́раваць; болг. ли́дер, ли́дерство, лиди́рам — «лидирую»; польск. lider. В других слав. яз. отс. Ср. в том же знач.: с.-хорв. во̑ђ, предво̀дник, ко̀ловођа, че̏онӣк (впрочем, полит. — ли́дер); чеш. vůdce, předák, спорт. vedoucí závodník. В словарях отм. в английской и русской транскрипции с 1861 г. (ПСИС, 272: leader (*лидер*)]. Произв. *лидерство*, *лидировать*, также *лидерский* в словарях отм. с 1938 г. (Ушаков, II, 58). □ Первоисточник — англ. leader (произн. 'li:də), от lead — «вести кого-л.», «склонять к чему-л.», «руководить» (корень общегерманский). Из английского: франц. (с 1856 г.) leader; нем. Leader; ит. leader; исп. líder; турец. lider; хинди лӣдар и др.

ЛИЗА́ТЬ, лижу́ — «подбирать, подчищать что-л. языком с поверхности предмета, часто прикасаясь к ней, проводя по ней языком». *Сов. однокр.* лизну́ть. *Возвр. ф.* лиза́ться. Укр. лиза́ти(ся), лизну́ти; блр. лі́заць, ліза́цца, лізну́ць; болг. ли́жа, ли́звам — «лижу», ли́зна — «лизну»; с.-хорв. ли́зати, 1 ед. ли́жем, ли́знути; словен. lízati, oblízniti; чеш. lízati, 1 ед. líži, líznouti; польск. lizać, 1 ед. liżę, liznąć; в.-луж. lizać, liznyć; н.-луж. lizaś. Др.-рус. лиза́ти, в частности, в Сл. Дан. Зат., а в Ип. л. под 6743 г. (Срезневский, II, 20). □ О.-с. *lizati (<*lьzati?), 1 ед. *lizjǫ. И.-е. корень *leiģh-. Ср. лит. liẽžti, 1 ед. liežiù, итератив laižýti — «лизать»; гот. bilaigōn — «прилизывать»; (аблаут) др.-в.-нем. lëckōn (совр. нем. lecken) — «лизать» (<*likkōn); латин. lingō — «лижу», liguriō — «облизываю»; греч. λείχω — «лижу», «слизываю»; арм. лизел — «лижу», «лизну»; др.-инд. lehayati — «дает лизать», lihati — «лижет», прич. прош. lidhá (где dh из ģ'ht). Подробнее см. Pokorny, I, 668.

ЛИК, -а, *м.* — «изображение лица на иконе»; *устар. поэт.* «лицо»; *перен.* «внешние очертания чего-л.». Ср. о́блик. Укр. лик — «икона», «лицо на иконе», поэт. «лицо»; болг. лик — тж.; с.-хорв. ли̑к — тж.; словен. lik — «изображение», «облик». В блр. и в зап.-слав. яз. отс. Др.-рус. и ст.-сл. ликъ — «лицо» (Срезневский, II, 22 — только в Никон. Панд.). □ О.-с. *likъ. Старшее знач., м. б., «щека». Произв. от этого слова — о.-с. *lice (> рус. *лицо*). Происхождение неясно. Скорее всего, от и.-е. базы *leik- — «изгибать», «гнуть», «изгиб», «изогнутая линия» (Pokorny, I, 309, 669). Ср. латин. прил. oblīquus — «направленный в сторону», «боковой», «изогнутый»; ср. imāgo obliqua — «профиль». Некоторые языковеды и авторы этимологических словарей (Vasmer, REW, II, 1955, 41; Machek, ES, 267) сопоставляют о.-с. *likъ, *lice с др.-прус. laygnan (< *laik-nan) — «щека» и др.-ирл. (недоверным) lecco — «щека», новоирл. leaca — тж. Но слова эти в этимологическом отношении не более ясны. См. *лицо*.

ЛИКВИДА́ЦИЯ, -и, *ж.* — «прекращение деятельности или существования (предприятия, учреждения)», «уничтожение», «окончательный расчет». *Прил.* ликвидацио́нный, -ая, -ое. *Глаг.* ликвиди́ровать. Сюда же ликвида́тор, отсюда ликвида́торский, -ая, -ое.

ЛИК   ЛИЛ   Л

Укр. ліквіда́ція, ліквіда́ційний, -а, -е, ліквідува́ти, ліквіда́тор, ліквіда́торський, -а, -е; блр. ліквіда́цыя, ліквіда́цыйны, -ая, -ае, ліквідава́ць, ліквіда́тар, ліквіда́тарскі, -ая, -ае; болг. ликвида́ция (чаще ликвиди́ране), ликвидаци́онен, -нна, -нно, ликвиди́рам — «ликвиди́рую», ликвида́торски, -а, -о; с.-хорв. ликвида́циjа, ликвидацио́ни, -а̄, -о̄, ликвиди́рати, ликвида́тор; чеш. likvidace, прил. likvidační, likvidovati, likvidátor, likvidátorský́, -á, -é; польск. likvidacja, likwidacyjny, -a, -e, likwidować, likwidator, likwidatorski, -a, -ie. В русском языке *ликвидация, ликвидационный* отм. в словарях с начала XIX в. (Яновский, II, 1804 г., 547), позже, с 1861 г. — *ликвидировать* (ПСИС, 273); *ликвидатор* — с 1880 г. (Бурдон — Михельсон, 462). ▫ Ср. франц. (с XV в.) liquidation — «ликвидация», (с XVI в.) liquider — «ликвидировать», liquidatif, -ve — «ликвидационный», (с 1793 г.) liquidateur — «ликвидатор». Из французского: нем. Liquidatión, liquidíeren, Liquidátor; англ. liquidation, liquidator и др. Во французском языке — из итальянского, из языка итальянских финансистов: liquido — «наличный», «свободный от долгов», «легко реализуемый», liquidazione — «окончательный расчет», «заключительный баланс». Первоисточник — латин. liquidus — «жидкий», «чистый», «безмятежный».

ЛИКЁР, -а, м. — «крепкий, сладкий спиртной напиток, изготовляемый из спиртованных соков фруктов и ягод, настоев душистых трав, кореньев, корок цитрусовых плодов и пр. с прибавлением разного рода пряностей». *Прил.* ликёрный, -ая, -ое. Укр. лікер, лікерний, -а, -е; блр. лікёр, лікёрны, -ая, -ае; болг. ликьо́р, ликьо́рен, -а, -о; с.-хорв. ликѐр; чеш. likèr, likèrový́, -á, -é; польск. likier, likierowy, -a, -e. В русском языке это название вина известно с начала XVIII в. Ср. в «Архиве» Куракина (III, 220, 1711 г.): «*ликеров* и кафе». В словарях — Нордстет, I, 1780 г., 331. ▫ Из западноевропейских языков, вероятно, из французского. Ср. франц. liqueur — тж. [также «наливка» и «напиток (вообще)», «жидкость»]. Из французского: англ. liqueur; нем. Likör. Ср. ит. liquore; исп. likor. Первоисточник — латин. liquor — «жидкость», «влага», «прозрачность».

ЛИЛИПУ́Т, -а, м. — «человек необычайно (ненормально) малого роста», «карлик». Женск. лилипу́тка. *Прил.* лилипу́тский, -ая, -ое. Укр. ліліпу́т, ліліпу́тка, ліліпу́тський, -а, -е; блр. ліліпу́т, ліліпу́тка, ліліпу́цкі, -ая, -ае; болг. лилипу́т, лилипу́тски, -а, -о, чеш. lilipután, liliputánka, liliputánský́, -á; -é; польск. liliput, liliputka, liliputowy, -a, -e, liliputi, -ia, -ie. В русском языке слово *лилипут,* судя по словарям, вошло в употр. в середине XIX в. (ПСИС 1861 г., 273). Но о сказочной стране *Лилипут* и ее жителях было известно по первому русскому переводу романа Свифта «Путешествия Гулливеровы», 1772 г. Здесь правильно страна называется *Лилипут* (начиная с первой страницы), а ее обитатели — *лилипутцами*: «(1874) человека *лилипутцев*» (75), «*лилипутцы* обыкли» (103). ▫ Ср. англ. Lilliputian > франц. lilliputien; нем. Liliputáner (: Líliputer); ит. lilliputziano и др. Первоисточник — англ. Lilliputian — «человекоподобное сверхкарликовое существо, житель страны Lilliput». Названия эти придуманы Свифтом («Путешествия Гулливера», 1726 г.).

ЛИ́ЛИЯ, -и, ж. — «луковичное растение семейства лилейных, с прямым (без ответвлений) стеблем и крупным красивым чашевидным или колокольчатым цветком чаще белого, но иногда и красного или желтого цвета», Lilium. Старая форма (XVIII в.—начало XIX в.) лилея. *Прил.* лиле́йный, -ая, -ое. Укр. лі́лія, ліле́я, ліліє́йний, -а, -е, ліле́йний, -а, -е; блр. лі́лія, ліле́йны, -ая, -ае; болг. ли́лия, ли́лнев, -а, -о, с.-хорв. љи̂љан : љиљан, љи̂љанов, -а, -о; словен. lilija, lilijev, -a, -o; чеш. lilie, liliový, -á, -é; польск. lilia, liliowy, -a, -e; в.-луж. lilija; н.-луж. leluja. Др.-рус. лилий (Геннад. библия 1499 г.) [Срезневский, II, 22]. В словарях — с 1731 г. (Вейсман, 384: *лилиа, лилейный*); в форме *лилея* — в 1771 г. (РЦ, 622). ▫ По-видимому, дважды заимствованное: сначала лилий в Геннад. библии 1499 г.) — из латинского языка (латин. līlium), а в новое время — в конечном счете, от того же латин. слова, но в форме līlia, *pl.,* утратившей значение множественности, но на этот раз — при немецком (а, м. б., и польском) посредстве (нем. Lílie, *f.* < латин. līlia, *pl.*). К той же латин. форме līlia восходит и франц. lis — «лилия»; ит. giglio; англ. lily и др. Латин. слово, как и греч. λείριον, *n.* — «белая лилия», как полагают, египетского (коптского) происхождения. Ср. егип. ḥrr-t, копт. hrēri : hlēli — «лилия»; также бербер. alili — «олеандр»; хамит. ilili — «цветок» (Walde — Hofmann³, I, 801; Frisk, II, 101).

ЛИЛО́ВЫЙ, -ая, -ое — «густо-сиреневый», «малиново-синий», «фиалковый», «светлофиолетовый». *Глаг.* лилове́ть. Укр. лільо́вий, -а, -е, лільові́ти; блр. ліло́вы, -ая, -ае, лілаве́ць; болг. лила́в, -а, -о : ли́лов, -а, -о; чеш. lilový́, -á, -é; польск. liliowy, -a, -e — «лиловый» и «лилейный». Ср. с.-хорв. ли́ла — «лиловый цвет». В русском языке слово *лиловый* известно с начала XIX в. Напр.: «(платье) *лилового* цвета» (ВЕ, 1803 г., № 18, с. 107). В словарях — с 1814 г. (САР², III, 560). Глаг. — с более позднего времени [в словарях — с 1847 г. (СЦСРЯ, II, 254)]. ▫ Ср. франц. (с XVII в.) lilas — «сирень» и «лиловый», из французского — нем. lila — «лиловый». Ср. исп. lilac (: lila) — «сирень» и «лиловый» > англ. lilac — тж. Ср. ит. lilla. Первоисточник ищут на Востоке. Ср. др.-инд. nīla(ḥ) — «темно-синий», «индиговый» (хинди нīл — «индиго», нīла́ — «синий»). Отсюда перс. нил — «синяя краска», «индиго». Из персидского (с ассимиляцией n:l > l:l) — араб. līlak — «сирень» (Lokotsch, § 1319); турец. leylâk — «сирень». В западноевропейские языки слово попало с Ближнего

31 Ист.-этимол. сл. совр. русск. яз.

Востока. Слово *лиловый* (с суф. *-ов-*; ср. *бирюзовый*) образовано от основы *лил-*, возможно, от франц. lilas, но м. б., не без польского посредства (ср. польск. liliowy).

ЛИМИТ, -а, *м.* — «предельная норма расходования, использования чего-л». *Прил.* **лимитный**, -ая, -ое. *Глаг.* **лимитировать**. Укр. лімíт, лімíтний, -а, -е, лімітувáти; блр. лімíт, лімíтны, -ая, -ае, лімітавáць; болг. лимит, лимитен, -тна, -тно, лимитирам «лимитирую»; с.-хорв. лимит, лимитирати; чеш. limit, прил. limitní, limitovati; польск. limit, limitować. В русском языке *лимит* — слово, вошедшее в широкое обращение сравнительно недавно, гл. обр. с 20-х гг. XX в. Ср. у Селищева («Яз. рев. эп.», 32, со ссылкой на газ. «Правда» за 1925 г., № 136): «Не мало говорилось и писалось о *лимитах* и *лимитных* ценах в 1925 г.». В словарях отм. с 1933 г. (Кузьминский и др., 676). Ср., впрочем, у Березина (III, 385, 1874 г.): *лимито* — «ограниченный приказ в торговле». □ Ср. франц. limite — «лимит», limiter — «лимитировать»; также нем. Limit (: Limitum), глаг. limitieren; англ. limit (сущ. и глаг.). В западноевропейских языках — из латинского. Ср. латин. līmes, род. līmitis — «межа», «межевой знак», «граница», līmitō — «ограничиваю», «размежевываю», «определяю».

ЛИМОН, -а, *м.* — «плод вечнозеленого цитрусового дерева семейства рутовых (Citrus limon) овальной формы, с желтой кожицей, с сочной кислой ароматической мякотью». *Прил.* **лимонный**, -ая, -ое, **лимоновый**, -ая, -ое. Укр. лимóн, лимóнний, -а, -е; блр. лімóн, лімóнны, -ая, -ае; болг. лимóн, лимонов, -а, -о, (о цвете) лимонен, -нна, -нно; с.-хорв. лимỳн; словен. limona; чеш. устар. limon (также citron), польск. cytryna — тж. В русском языке слово *лимон* употр. с давнего времени. Оно было широко известно не только в XVII в. (1633 г. [ТК МГ, I, 22 и др.)], но и в XVI в.: *лимон* встр. в «Домострое» [напр., по Конш. сп., гл. 63: «огурцы и сливы и *лимоны*» (Орлов, 60)]. Прил. *лимонный* как обозначение цвета встр. в Описи имущества ц. Ив. Вас. 1582—1584 гг. (Срезневский, II, 22). Фамилия *Лимонов* известна с XV в. (с 1490 г. — Тупиков, 621). □ В славянские страны слово *лимон* (с его вариантами) попало из итальянского языка; в русский язык, вероятно, при посредстве других славян. Ср. ит. limone — тж. Отсюда франц. (с XIV в.) limon (обычно citron), из франц. — англ. lemon. Из итальянского также нем. Limone (при обычном Zitrone). Ит. limone — с Ближнего Востока, из персидского или арабского. Ср. араб. laimūn : līmūn; перс. limun : limu.

ЛИМФА, -ы, *ж.* — «бесцветная жидкость, циркулирующая в межклеточных промежутках и в лимфатической системе позвоночных животных и человека». *Прил.* **лимфатический**, -ая, -ое, **лимфатичный**, -ая, -ое. Сюда же **лимфатик**. Укр. лíмфа, лімфатичнiй, -а, -е, лімфáтик; блр. лíмфа, лімфатычны, -ая, -ае, лімфáтык; болг. лимфа, лим-

фатически, -а, -о, лимфатичен, -чна, -чно; чеш. lymfa, lymfatický, -á, -é; польск. limfa, limfatyczny, -a, -e. В русском языке слово *лимфа* известно с конца XVIII в. Встр. в книге «Дамский врач», перевод с франц. (1793 г., 44; там же «*лимфатические жилы*»). □ Ср. франц. (с 1690 г.) lymphe, (с 1665 г.) прил. lymphatique; нем. Lymphe; англ. lymph и др. Первоисточник — латин. lympha — «чистая вода», «влага». Старшие формы lumpa : limpa. Старшее знач. «богиня воды» (< греч. νύμφη — «нимфа»).

ЛИНГВИСТИКА, -и, *ж.* — «наука о языке»; «языкознание», «языковедение». *Прил.* **лингвистический**, -ая, -ое. Сюда же **лингвист**, **лингвистка**. Укр. лінгвíстика, лінгвістíчний, -а, -е, лінгвíст, лінгвíстка; блр. лінгвíстыка, лінгвістíчны, -ая, -ае, лінгвíст, лінгвíстка; болг. лингвистика, лингвистичен, -чна, -чно, лингвистически, -а, -о, лингвист, лингвистка; с.-хорв. лингвистика, лингвистички, -а, -о, лингвистичар; чеш. lingvistika, lingvistický, -á, -é, lingvista, *m.* lingvistka; польск. lingwistyka, lingwistyczny, -a, -e, lingwista, *m.*, lingwistka. В русском языке это название науки о языке получило распространение к 40-м гг. XIX в. Слово *лингвистика* отм. в словарях с 1831 г. (Д. М. «Лит. сл.», 86), *лингвист* — с 1845 г. (Кирилов, 165), прил. *лингвистический* — с 1847 г. (СЦСРЯ, II, 254), *лингвистка* — с 1865 г. (Даль, II, 854). □ Из западноевропейских языков. Ср. франц. (с 1833 г.) linguistique — «лингвистический», (с XVII в.) linguiste. Из французского: нем. Linguístik, Linguíst; англ. linguistics (от linguistic — «лингвистический»), linguist и др. Новообразование позднего времени, возникшее на почве отдельных языков самостоятельно (рус. *лингистика*, м. б., по образцу *статистика*, известного с 1802 г.). Первоисточник — латин. lingua — «язык».

ЛИНЗА, -ы, *ж.* — «главная часть некоторых оптических приборов: прозрачное круглое стекло с выпуклыми или вогнутыми (с обеих сторон) поверхностями, обычно имеющее форму чечевицы». Укр. лíнза; блр. лíнза; болг. лíнза. В других слав. яз. линзу называют *чечевицей*: с.-хорв. сóчиво; чеш. čočka; польск. soczewka; в.- и н.-луж. sok. В русском языке слово *линза* довольно позднее. В словарях отм. с начала 900-х гг. (Южаков, XII, 1903 г., 204; позже — Ефремов, 1911 г., 247). □ Из немецкого языка. Ср. нем. Linse — «линза» и «чечевица». Ср. в других европейских языках: франц. lentille — «линза» при lentil — «чечевица», но англ. lens — «линза» при lentil — «чечевица»; ит. lente — «линза» (иногда «чечевица») при lenticchia — «чечевица»; исп. lente — «линза» при lenteja — «чечевица». Первоисточник немецкого Linse — латин. lens — «чечевица».

ЛИНИЯ, -и, *ж.* — «черта, определяющая предел (начало или конец) какой-л. поверхности или направление в движении». *Прил.* **линейный**, -ая, -ое. *Глаг.* **линовать**. *Сущ.* **линейка**. Укр. лíнiя, лінíйний, -а, -е, лініювáти, лінíйка; блр. лíнія, лінéйны, -ая,

-ае, лінеіць, лінейка; болг. ли́ния, лине́ен, -йна, -йно, линира́м — «линую»; с.-хорв. ли́нија, лѝнеāран, -рна, -рно : лѝнеарнӣ, -ā, -ō, лини́рати; чеш. linie, linka, прил. lineární, linkovati; польск. linia, liniowy, -a, -e, linijny, -a, -e, linearny, -a, -e, liniować, linijka. В русском языке слово *линия* (сначала писали и *линея* : *линея*) известно с Петровского времени, причем не только в геометрическом смысле (об этом см. Кутина, ФЯН, 35—37, где приведены примеры из научных сочинений, начиная с 1708 г.), но и в знач. «линия фронта» (ПбПВ, VIII, 198, 1708 г.: «наша *линѣя* после бою», «наши *линии*, которые паки неприятеля атаковали» и т. п.). Кроме того, см. Смирнов, 179. Тогда же появляется и слово *линейка* [ср. в письме Брюса Петру I от 4-VII-1707 г.: «книгу о употреблении циркуля и *линейки*... я... перевел» (ПбПВ, V, 680)]. В словарях — с 1731 г. (Вейсман: линия, 617, линейный корабль, 460). ▫ Заимствовано из голландского или немецкого языка. Ср. голл. linie (теперь чаще lijn); нем. Linie; ит. linea; франц. ligne; англ. line и др. Первоисточник — латин. linea — «льняная нить», «льняной шнур», «линия», «черта»; этимологически связано с līnum — «лен».

ЛИНО́ЛЕУМ, -а, м. — «толстый, твердый, непромокаемый холст, покрытый с одной стороны особого рода составом, смесью окисленного льняного масла с копаловыми смолами, канифолью и др., а с другой окрашенный противогнилостной масляной краской, употребляемый гл. обр. для покрытия полов». Укр., блр. ліно́леум; болг. линоле́ум; с.-хорв. линолеум, чеш., польск. linoleum. Слово *линолеум* известно с конца XIX в. (Брокгауз—Ефрон, т. XVIIᴬ, п/т 33, 1896 г., 713; позже — Ефремов, 1911 г., 247). ▫ Ср. англ. linoleum; франц. linoléum; нем. Linoléum и др. Искусственное образование из латинских слов līnum — «полотно» и oleum — «оливковое (деревянное) масло», придуманное в 1863 г. в Англии изобретателем линолеума (Walton). В русском языке, видимо, при немецком посредстве.

ЛИНЬ, -я́, м. — «небольшая пресноводная рыба семейства карповых с темно-зеленой спиной и бурыми боками, с очень мелкой чешуей и телом, покрытым густым слоем *линкой* слизи», Tinca tinca. По говорам: лин, лино́к. Укр. лин, род. лина́; блр. лінь, род. ліня́; болг. лин; с.-хорв. лињ, чаще лѝњак; словен. linj; чеш. lín (ст.-чеш. líň); польск. lin; в.-луж. lin, linak; н.-луж. lin. Известно в русском языке с начала XVII в. Ср. у Р. Джемса (РАС, 1618—1619 гг., 69 : 6): lene — «a tench» («линь»). В словарях — с 1704 г. (Поликарпов, 162). Фамилия *Линев* (от *Линь*) известна с 1495 г., прозвище *Линь* — с 1679 г. (Тупиков, 226, 621). ▫ В этимологическом отношении не бесспорное слово. Обычно сопоставляют с лит. lýnas — «линь», латыш. līn(i)s — тж., др.-прус. lins. Не исключено, однако, что балтийское слово заимствовано из славянских

языков, несмотря на возражения Френкеля (Fraenkel, 373). Если так, то нет оснований отказываться от естественно напрашивающегося объяснения о.-с. *linjь (: *linъ) из *lipnjь, выдвинутого Уленбеком (Uhlenbeck, KZ, XXXIX, 259). Суф. -n-(j-), как в о.-с. *konjь из *kobnjь или *sъnъ из *sъpnъ при *sъpati (ср. о.-с. *lьnǫti <* lьpnǫti при лит. lìpti — «липнуть»). Ср., кстати, с.-хорв. лѝпен — «хариус»; польск. lipień — тж. Сближение с редким греч. λινεύς — «морская рыба, предположительно — кефаль» (в некоторых словарях «рыбак») неубедительно, так как это темное слово теперь связывают с λίνον — «лен», «льняная рыбачья сеть» (Frisk, II, 125).

ЛИНЯ́ТЬ, линя́ю — 1) (о птицах, животных) «периодически терять, сбрасывать и возобновлять шерсть, перья, кожу и вообще наружные покровы»; 2) (о ткани) «менять окраску, цвет», «выцветать». *Сущ.* ли́нька. *Прил.* линю́чий, -ая, -ее. Укр. линя́ти, линя́ння, линя́ючий, -а, -е; блр. лі́няць, лі́нька, лінючы, -ая, -ае; болг. излиня́вам — «линяю», «блекну», линеене — «линька»; с.-хорв. лѝњати се — «терять волосы», «линять» (только о животных), «худеть», «чахнуть», лѝњав(ӣ), -а, -о — «облезлый», «ободранный», «полинялый»; чеш. linati — «линять» (только о животных), linaní — «линька»; словац. lienit' (sa) — (о животных) «линять», «сбрасывать кожу»; польск. linieć — «линять», linienie — «линька»; в.-луж. linać — «линять», «терять волосы, перья, кожу»; н.-луж. linaś se — «терять перья». В словарях — с 1731 г. (Вейсман, 187, 409: линяти). Но слово известно в русском языке с начала XVII в. Ср. у Р. Джемса (РАС, 1618—1619 гг., 42 : 35): lenait — «to staine» («марать», «сажать пятна»); у Джемса — в форме 3 ед.: *линяет*). ▫ О.-с. *linjati. Старшее знач., по-видимому, было то, которое записано Джемсом: «марать», «сажать пятна». Отсюда позже — «линять» (в разных знач., не только о животных). И.-е. база *leip-. Глагол, возможно, отыменный, от о.-с. корня *lip-n- (сочетание pn на о.-с. почве дает n). Ср. (в фонетическом отношении) *льнуть* из о.-с. *lьp-nǫ-ti. См. *лепить*. В семантическом плане ср. (от той же и.-е. базы *leip-) др.-инд. limpáti — «мажет», «грязнит», řip- — «мазать», «марать», «пачкать»; хетт. lip- — «марать», «пачкать». Другие языковеды сопоставляют с гот. af-linnan — «уходить», «уйти»; латин. linō — «намазываю», «натираю», «мараю», греч. λίναμαι (у Гесихия) — «поворачиваюсь», «обращаюсь» («изменяюсь»?), ἀλίνειν — «обмазывать»; др.-инд. lináti — «льнет», «приноравливается» (см. Fraenkel, 330). И.-е. корень *lei- — «слизистый», «скользкий» (Pokorny, I, 662, 670), вероятно, тот же, что и в *lei-p- (с расширителем -p-).

ЛИ́ПА¹, -ы, ж. — «лиственное дерево с мягкой, почти белой древесиной, с густой и красивой кроной, с сердцевидными листьями и душистыми желтовато-белыми медоносными цветками», Tilia. *Прил.* ли́повый, -ая, -ое. Укр. ли́па, ли́повий, -а, -е; блр.

ЛИП

лі́па, лі́павы, -ая, -ае; болг. липа́, ли́пов, -а, -о; с.-хорв. ли̏па, ли̏пов(и̑), -а, -о; словен. lípa, lípov, -а, -о; чеш. lípa, lipový, -á, -é; польск. lipa, lipowy, -а, -е; в.- и н.-луж. lipa, lipowy, -а, -е. В древнейших памятниках русского языка отм. лишь произв. от *липа: липовый* в Новг. I л. под. 6636 г., липни́къ (< ли́пьникъ) в Купч. 1453 г. (Срезневский, II, 23). Но ср. у Р. Джемса (РАС, 1618—1619 гг., 67 : 11): lipa. ▫ О.-с. *lipa. Ср. лит. líepa (: lуpа); латыш. liepa; др.-прус. lipe. Балто-славянское слово, не имеющее соответствий в других и.-е. языках. С греч. ἀλίφαλος (у Гесихия) — «род дерева», вопреки Фасмеру (Vasmer, II, 43), не имеет ничего общего (см. об этом греческом слове: Fraenkel, 366; Frisk, I, 74). Многие этимологи связывают о.-с. *lipa с о.-с. глаголами *lěpiti, *lipnǫti при лит. lìpti — тж. [по клейкости (медоносности) липового сока]. См. *лепить*.

ЛИ́ПА², -ы, *ж.* (только *ед.*) — «фальшивка», «подделка», «нечто ненастоящее» (напр., фальшивый, подложный документ). *Прил.* ли́повый, -ая, -ое. Блр. лі́па. В украинско-русских словарях отс. Ср. в этом знач. чеш. padělek, falešný papír. В словарях русского языка *липа*, *липовый* впервые — у Ушакова (II, 1938 г., 66, 67), но употр. (в литературном языке), по крайней мере, с начала 20-х гг. Ср. у Есенина в поэме «Анна Снегина», 1925 г., гл. 1: «Купил себе „*липу*" и вот...». Примечание автора: «„*Липа*" — подложный документ» (СС, III, 184). Тогда же появилось прил. *липовый* (см. Селищев, «Яз. рев. эп.», 77, со ссылкой на газеты 1925 и 1926 гг.). ▫ Первоисточник — жаргон картежных шулеров, откуда, по-видимому, оно попало и в воровское арго. Ср. у Даля (II, 855): **липо́к** — в шулерской картежной игре: «мазь, л и п к а я, но не маркая, которою спаиваются две карты и дают средство ставщику вскрыть любую», **липко́вое очко́** — «этою ж мазью наклеенное очко, которое легко отстает, если шаркнуть картою». Ср. **ли́повые очки́** — «фальшивый паспорт», **ли́па** — «подложный документ» в воровском арго (Тонков, 24). Ср. также выражение **идти́ на клей** — «идти на удачное дело» (ib., 40).

ЛИ́РА, -ы, *ж.* — «древнегреческий струнный щипковый музыкальный инструмент своеобразной формы, на котором аккомпанировали себе поэты, читавшие стихи»; *устар. поэт.* «символ поэзии, поэтического творчества». *Прил.* (к *лира* как муз. инструмент) ли́рный, -ая, -ое. Укр. лі́ра, лі́рний, -а, -е; блр. лі́ра, лі́рны, -ая, -ае; болг. ли́ра; с.-хорв. ли̏ра; чеш. lyra; польск. lira. Отм. (в форме *лvра*) Срезневский (II, 100) в Жит. Фед. Ст. XIII в. В словарях отм. с 1762 г. (Литхен, 304). ▫ Дважды заимствованное. В др.-рус. — непосредственно из греческого. В новое время вторично заимствовано из одного из западноевропейских языков. Ср. франц. lyre; нем. Lyra (и Leier); англ. lyre; ит. lira и др. Первоисточник — греч. λύρα > латин. lyra. В греч. языке это

ЛИС

слово также чужеязычное (из Средиземноморской языковой среды).

ЛИСИ́ЦА, -ы, *ж.* — «хищное млекопитающее семейства собачьих, с узкой мордой, со стоячими высокими заостренными ушами, с длинным хвостом, с густым пушистым мехом обычно рыжего цвета», Vulpes. Лиса́ — тж. Сюда же *устар.* лис — «лисица-самец». *Прил.* ли́сий, -ья, -ье. Укр. лиси́ця, реже лиса́, лис, ли́сячий, -а, -е, лиси́чий, -а, -е; блр. лі́са, лісі́ца, лісі́ный, -ая, -ае; болг. лиси́ца, лиси́чи, -а, -е; с.-хорв. ли̏сица, ли̑с, ли̑сац — «лис», ли̏сичjи̑, -а̑, -е̑, ли̏сичин, -а, -о, lisíčen, -čna, -čno; чеш. liška (ст.-чеш. также lisíče и, возможно, lis), устар. lišák — «лис», прил. liščí; словац. líška, lišiak, lišací, -ia, -ie, lišiacky, -á, -é; польск. lis, lisica, lisi, -ia, -ie; в.-луж. lišak, liška, liščí, -a, -e; н.-луж. liška, liščyn, -a, -e; полаб. leiséića (Rost, 398). Др.-рус. (с XI в.) лисица, (с XII в.) лисъ, (с XV в.) лисичий, -ья, -ье, (с XVI в.) лисий, -ья, -ье (Срезневский, II, 23-24). Ст.-сл. лисица. *Лиса* в др.-рус. текстах не встр.; в словарях — лишь с 1792 г. (САР¹, III, 1221). ▫ О.-с. *lisъ, произв. *lisica. Слово — темное в этимологическом отношении. В родственных языках ближайшее соответствие видят в латыш. lapsa — тж., связанном по корню с лит. lãpē — тж. Т. о., в о.-с. *lisa является суффиксом, как в о.-с. *osa (> рус. *оса*) из *vopsa (ср. лит. vapsà — тж.). Сочетание ps в общеславянском языке давало s. Резкая несогласованность в вокализме объясняется сознательным искажением фонетической стороны слова на почве табу. Что касается балтийских слов, то их обычно связывают (гл. обр. по знач. и по наличию звуков l и р в корне) с латин. volpēs : vulpēs — тж. (иногда и с lupus — «волк»); греч. ἀλώπηξ — тж.; др.-инд. lopāśáḥ — «шакал», «лисица» и др. (подробнее — Pokorny, I, 1179). Установить единую исходную и.-е. форму корня невозможно.

ЛИСТ, -а́, *м.* — 1) (*мн.* ли́стья) «зеленая пластинка с черенком — орган воздушного питания и газообмена растений»; 2) (*мн.* листы́) «тонкий пласт какого-л. материала (бумаги, железа и пр.)». *Собир.* (к *лист* в 1 знач.) листва́. *Прил.* листово́й, -а́я, -о́е. *Глаг.* листа́ть — «переворачивать листы». *Сущ.* листа́ж — «объем в листах». Укр. лист, листови́й, -а́, -é, листа́ти, листва́; блр. лíст, лі́ставы, -ае, -ое, лі́стота — «листва»; болг. лист, ли́стов, -а, -о, листа́к — «листва»; с.-хорв. ли̑ст — «лист», «письмо», «газета», «полотно», также «камбала», ли̏снат(и̑), -а, -о, ли̏стаст(и̑), -а, -о, ли̏став(и̑), -а, -о, ли̏стати — «покрываться листвой», «листать», ли̏шће — «листва»; словен. list — «лист» (растения, бумаги, listnat, -a, -о, listáti — «листать», «перелистывать», listje — «листва»; чеш. list — «лист», «письмо», «газета», «свидетельство», listový, -á, -é, listovati — «листать», «перелистывать», listí, listoví — «листва»; словац. list, listový, -á, -é, listovat', lístie — «листва»; польск. list — устар. «лист бумаги, книги», обычно «письмо», «свидетельство», liść, listek — «лист» (растения), listowie, liście — «листва», liściowy, -a, -e, listkowy, -a, -e; в.-луж. list — «письмо», «свидетельство», ср. lisć — «лист» (растения), lisćo — «листва», lisćowy, -a, -e — «лиственный», но listny, -a, -e, listowy, -a, -e — «письменный», «почтовый», listować — «переписываться»; н.-луж. list — «письмо». Др.-рус. (с XI в.) — «лист растения», «лист книги», (с XIV в.) «письмо», «грамота» (Срезневский, II, 23). Другие слова этой группы — более поздние. Напр., *листовое* золото и серебро» отм. в «Рукоп. лексиконе» 1-й пол. XVIII в. (Аверьянова, 166); *листва* входит в общее употр. лишь с середины XIX в. В 1852 г. это слово отм. впервые как обл. арханг. *листва* — «деревья, имеющие листье, лиственный лес» (Опыт, 103). Глаг. *листать* в словарях отм. с 1938 г. (Ушаков, II, 69). Раньше появился глаг. *перелистывать* (СЦСРЯ 1847 г., III, 188). ▫ О.-с. *listъ*. Родственные образования: лит. laĩškas : láiškas — «лист» (растения, бумаги), «письмо»; латыш. laiska — «лист льна-долгунца», также laiksne — «кувшинка»; др.-прус. laisken (вин.) — «книга», crixti lāiskas — «крестильная книжечка». Балтийские соответствия заставляют предполагать, что о.-с. основа на -ŏ- *list-o- возникла из *lisk-t-o- [с суф. -t-, как в о.-с. *mostъ* < *mottъ* (ср. *metati), о.-с. *potъ* < *poktъ* (ср. *pekq)] как следствие упрощения сочетания skt. Другие сопоставления спорны. Ср. др.-инд. riśáti : liśáti — «щиплет» (листья, траву), «обрывает», «рвет».

ЛИТЕРАТУ́РА, -ы, ж. — 1) «письменность», «совокупность произведений письменности»; 2) «совокупность художественных произведений», «стихи и проза», «словесное искусство, получившее отражение в письменности»; 3) «совокупность печатных произведений, относящихся к той или иной отрасли знания или отрасли искусства». *Прил.* литерату́рный, -ая, -ое. Укр. літерату́ра, літерату́рний, -а, -е; блр. літарату́ра, літарату́рны, -ая, -ае; болг. литерату́ра, литерату́рен, -рна, -рно; с.-хорв. литерату́ра (чаще књиже́вност), литѐра̄рни, -ā, -ō; чеш. literatura, прил. literární; польск. literatura, literacki, -a, -ie. В русском языке слово *литература* употр. со 2-й пол. XVIII в. Ср. у Фонвизина в «Письмах к родным из второго путешествия за границу» (август 1778 г., из Франции): «Сие достоинство весьма принадлежит к *литературе*» (СС, II, 451). К 90-м гг. XVIII в. слово *литература* уже было общеупотребительным и во всяком случае более употребительным, чем синоним *словесность*. В словарях — с 1804 г. (Яновский, II, 577: *литтература*; там же, 579: *литтератор*). Прил. *литературный* в словарях — с 1847 г. (СЦСРЯ, II, 256). Раньше встр. в названии «Опыт *литературного* словаря», 1831 г. ▫ Ср. франц. (с XIV в.) littérature; нем. (с XVI в.) Literatúr; англ. literature; ит. letteratura, исп. literatura и др. Первоисточник — латин. litteratura — «рукопись», «сочинение», «образованность», «филология» (от littera — «буква»). В русском языке из западноевропейских.

ЛИТР, -а, м. — «единица измерения объема жидкостей и сыпучих тел в метрической системе мер». *Прил.* литро́вый, -ая, -ое, отсюда **литро́вка**. Укр. літр, літро́вий, -а, -е, літрі́вка: блр. літр, літро́вы, -ая, -ае, літро́ўка. Ср. болг. ли́тър, ли́тров, -а, -о; с.-хорв. ли̏тар; чеш. litr, litrový, -á, -é; польск. litr, litrowy, -a, -e. В русском языке слово *литр* известно (по словарям) с 1804 г. (Яновский, II, 577: *литра* : *литр* — «новая французская мера... для измерения жидкостей»). ▫ Восходит к франц. (с 1793 г.) litre. Из французского — англ. litre; нем. Liter; ит., исп. litro и др. Источник заимствования в западноевропейских языках — греч. λίτρα — «единица веса, равная 12 унциям». В греческом языке заимствовано из Средиземноморской языковой среды (из языка долатинского населения Сицилии). Из греческого — средневек. латин. litra. Из латинского — франц. litron и позже litre. К истории вопроса (о греч. λίτρα) см. Frisk, II, 131. Непосредственно из греческого языка или через старославянский заимствовано др.-рус. **литра** — «вес», встречающееся в Остр. ев. (Срезневский, II, 25).

ЛИТЬ, лью — «заставлять какую-л. жидкость течь, истекать, сочиться (из сосуда, шланга и т. п.)»; «испускать, излучать (напр., свет)»; «изготовлять какую-н. вещь из расплавленного металла». *Возвр. ф.* ли́ться. *Сов.* (только с приставками) вы́лить, зали́ть, и пр. *Несов.* (только с приставками) вылива́ть(ся), залива́ть(ся), налива́ть(ся) и пр. *Сущ.* литьё, отсюда лите́йный, -ая, -ое. *Прил.* литой, -а́я, -ое, ли́тый, -ая, -ое. Укр. ли́ти, 1 ед. ллю, ли́тися, ли́тий, -а, -е, литя́; блр. ліць, 1 ед. ллю, лі́цца, лі́ты, -ая, -ае, лі́цце; болг. ле́я (се) — «лью(сь)», нали́вам — «лью», «наливаю», ле́ене : ле́яне — «литье»; ср. лея́р — «литейщик», лея́рен, -рна, -рно — «литейный»; с.-хорв. ли̏ти, 1 ед. ли̏је̑м; ср. ли̑в, ли̏вење — «литье», ли̏вен, -а, -о — «литой»; словен. liti, vlivati, liv — «литье», lit, -a, -o; чеш. líti (se), но prolévati (se), litím — «литье», linouti se — «струиться» (напр., о лунном свете), litý, -é — «литой»; словац. liat'(sa), 1 ед. lejem, prelievat', liatie — «литье», liaty, -a, -e — «литой»; польск. lać(się), 1 ед. leję, zalewać, odlew, odlewanie — «литье», lity, -a, -e — «литой»; в.-луж. leć (so), 1 ед. liju, leće — «литье»; н.-луж. laś (se), nalewaś. Др.-рус. **ли́ти**, 1 ед. **лию > лью** — (с XI в.) «лить», с (XIV в.) «плавить» (точнее — «изготовлять из расплавленного»), (с XIV в.) **литый**, (с XV в.) **литие** (Срезневский, II, 24). ▫ О.-с. *liti*, 1 ед. *lьjq. И.-е. корень *lēi- (:*loi-) — «лить(ся)», «течь», «капать». Абляут на вост.-слав. почве: *слой* (ср. слить, слиться.); рус. диал. (в рус. говорах Прибалтики) **лой** — «топленое говяжье или баранье сало» (Немченко и др., 146); арханг. **сулой** — 1) «волнение, толчея в море от столкновения двух встречных течений»; 2) «молодой, еще не выбродивший квас» (Подвысоцкий, 167, 168); олон. «рассол от соленых грибов» (Куликовский,

115). Ср. лит. líeti, 1 ед. líeju (< léju < *lēi̯ō) — «лить», «проливать» [ср. liẽti — «лить», «отливать (металл)»], lýti — «дождить»; латыш. liêt — «лить», līt — «литься», «дождить»; гот. leiþu (только вин. ед.) — «сидр», «фруктовое вино»; др.-в.-н. līth тж. (и «пиво»); латин. lītus (< *leitos) — «(морской) берег», «взморье»; греч. ἄλεισον (< *lei-tu-om) — «чаша», «кубок»; ирл. liae — «поток»; др.-ирл. lind, n., новоирл. linn, f. — «озеро» (Pokorny, I, 664—665).

ЛИФ, -а, м. — «часть женской одежды, охватывающая грудь и спину». Укр., блр. лíф. В других слав. яз. отс. Ср. в том же знач.: болг. корсáж (< франц. corsage — тж.); с.-хорв. тесна блуза, тесан јелек; чеш. živůtek (ср. нем. Leibchen — «лиф» при Leib — «тело», «туловище», «живот»); польск. stanik. В русском языке слово лиф известно с XVIII в. В словарях — с 1780 г. (Нордстет, I, 332). □ Заимствовано, надо полагать, из голландского [ср. голл. lijf — «тело», «туловище», «живот» и «лиф» (Meulen, NWR, Suppl., 56)]. Слово известно также в сканд. яз. (ср. с конечным v: швед., дат., норв. liv — «жизнь», «талия», «лиф»). В семантическом плане ср. ит. vita — «жизнь», «талия», «лиф».

ЛИФТ, -а, м. — «устройство для вертикального подъема и спуска людей и грузов в многоэтажных домах, в шахтах». *Прил.* лифтóвый, -ая, -ое. Сюда же лифтёр, лифтёрша. Укр. лíфт, ліфтéр; блр. лíфт, ліфцёр. В других слав. яз. не столь обычно: болг. лифт, но чаще асансьóр (< франц.); с.-хорв. лифт, но чаще дизалица; чеш. lift, но чаще výtah, zdviž; польск. winda, dźwig. В русском языке слово лифт в словарях, сначала энциклопедических, отм. с конца XIX в. См. Брокгауз — Ефрон, т. XXIV, п/т 47, 1898 в., 136: «подъемы (лифты)»; позже: М. Попов, СИС, 1904 г., 222; Битнер 1905 г., 461. □ Восходит к англ. lift — «подъем», «подъемная машина», «лифт»; как глаг. «поднимать», «подниматься». В английском языке это слово скандинавского происхождения. Ср. исл. lofta — «поднимать» при loft — «воздух»; швед. lyfta — «поднимать» при luft — «воздух» (но hiss — «лифт»). Из английского: нем. Lift; хинди лифт' и др. Ср. франц. ascenseur — «лифт», но liftier — «лифтер»; ит. ascensore; исп. ascensor.

ЛИХВÁ, -ы́, ж., *устар.* — «прибыль», «ростовщический процент» (теперь гл. обр. в наречном выражении с лихвóй — «с избытком»). *Прил. устар.* лíхвенный, -ая, -ое — «ростовщический». Укр. лихвá; болг. лúхва, лúхвен, -а, -о, лихвáр — «ростовщик», «лихоимец»; с.-хорв. лѝхва — «ростовщичество», лѝхвар — «ростовщик»; чеш. lichva — «ростовщичество», lichvář — «ростовщик»; словац. lichva — 1) «скот», 2) «лихва», lichvár — 1) «скототорговец», 2) «ростовщик»; польск. lichwa — «ростовщические проценты», «ростовщичество», lichwiarz — «ростовщик»; с теми же знач. в.-луж. lichwa, lichowar. Др.-рус. лихва — «лихва», «рост», «процент» (Срезневский, II, 25—26). □ Образовано с суф. -v-(а), как в рус. листва, в о.-с. *pelva (> ст.-сл. плѣва) и др. Знач. «рост» (= «процент») > «ростовщический» связано с о.-с. *lichъ — «превышающий меру» > «чрезмерный» > «злой». Очень еще распространенное старое мнение (впервые — Miklosich, EW, 168), будто о.-с. *lichva заимствовано из готского языка (хотя гот. *leihva — «заем», «ссуда» письменными памятниками не засвидетельствовано, а в гот. leihvan — «ссужать» hv из и.-е. kᵘ), не может считаться достаточно убедительным. См. критические замечания Кипарского (Kiparsky, GSL, 206—207).

ЛИХÓЙ, -áя, -óе, — 1) «удалой», «бесшабашный», «ухарский»; 2) «злой», «злобный», «лютый», «свирепый», «жестокий»; 3) «несущий несчастье», «полный бед, тягот», «вредоносный», «тяжелый». *Кр. ф.* лих, -á, -о. *Нареч.* лúхо. *Сущ.* лихáч, лúхость. Укр. лихúй, -á, -é (только в отрицательном смысле), лúхо — «беда», «несчастье», нареч. лúхо; блр. лíхі, -áя, -óе, сущ. лíха; болг. лих, -а, -о — 1) «лихой», «молодецкий», 2) «своенравный», 3) «коварный», «лукавый»; с.-хорв. лȋх, лȋха, лȋхо : лȋхӣ, -ā, -ō, — «непарный», «нечетный»; словен. lih, -a, -o — тж.; чеш. lichý, -á, -é — тж.; словац. lichý, -á, -é — «пустой», «нечетный»; польск. lichy, -a, -e — 1) «бедный», «убогий», 2) «ничтожный», «жалкий», licho — «беда», «зло», «нечет», lichota — «ничтожество», «халтура»; в.-луж. lichi, -a, -e — «голый», «пустой», «даровой», «вольный». Др.-рус. (с XI в.) лихъ, лихый > лихой — «превышающий меру», «чрезмерный», «чрезвычайный» [Изб. 1076 г., 239 об. (речь идет о чрезмерно обильной пище)]; «лишний», «излишний» (ib, 103: «не оплитати сѧ лихыми рѣчьми»); «страшный», «ужасный», «несообразный», «дурной», «плохой» (ἄτοπος, δεινός), «тягостный» (λυπερός), «злой», «злобный», «мерзкий» (πονηρός) [Хр. Г. Ам. (Истрин, III, 253)]; «лишенный (чего-л.)», «плохой», «испорченный»; субст. лихое — «избыток»; прозвище Лихый известно с XI в. (Упирь Лихый) [Срезневский, II, 29—30].Ст.-сл. лихъ, лихꙑи тж. □ О.-с. *lichъ, -a, -o : *lichьjь, -aja, -oje. И.-е. основа *leikᵘ-s-o-, с закономерным изменением на о.-с. почве ks>ch. Корень *lekᵘ- — «оставлять», «переставать» (Pokorny, I, 669—670). К этому и.-е. корню восходит -лѣк- в др.-рус. отълѣкъ — «остаток» (Срезневский, II, 797), совр. рус. калека (см.). См. еще лишай, лихва, лишь.

ЛИЦÓ, -á, ср. — 1) «передняя (с глазами, носом и ртом) часть головы человека»; 2) «отдельно взятый человек как член общества», «личность»; 3) «передняя, показная сторона предмета». *Прил.* (к лицо во 2 знач.) лúчный, -ая, -ое, (к лицо в 1 знач.) личнóй, -áя, -óе, (к лицо в 1, 3 знач.) лицевóй, -áя, -óе. Укр. лицé (: облúччя, но «лицо во 2 знач.» — осóба), лицéвий, -а, -е, лицьовúй, -á, -é, лúчити — «к лицу». Ср. блр. твар — «лицо в 1 знач.», асóба — «лицо во 2 знач.», правы бок — «лицо в 3 знач.». Ср. в других слав. яз.: болг. лицé, лúцев,

-а, -о, ли́чен, -чна, -чно; с.-хорв. ли́це, ли́чан, -чна, -чно: ли́чни̑, -а̑, -о̑, ли́чити — «быть похожим»; словен. lice — «щека», («лицо в 1 знач.» — obraz, «лицо во 2 знач.» — oseba), ličén, -čna, -čno; чеш. lice — «щека» («лицо в 1 знач. — obličej, tvář, «лицо во 2 знач.» — osoba); польск. устар. lice: lico — «лицо», «лик», «лицевая сторона» (обычно «лицо в 1 знач.» — twarz, oblicze, «лицо во 2 знач.» — osobistość, osoba, «лицо в 3 знач.» — prawa strona); в.- и н.-луж. lico — «щека», «лицо». Др.-рус. (с XI в.) и ст.-сл. лице — «лицо», «щека», «личность», «перед», «образ», «вид», **ли́чный**. □ О.-с. *lice, где *lic- (<*lik-) — корень. Относительно этимологии этого слова см. *лик*.

ЛИША́Й, -я́, *м.* — 1) «заболевание кожи, характеризующееся появлением пятен или сыпи, покрывающихся чешуей или коростой, и самые эти пятна и сыпь»; 2) (на коре деревьев, на почве, камнях) «нарост или налет, состоящий из гриба и водоросли и представляющий собою род низших растений, в известных случаях (напр., на коре деревьев) вредоносный». *Лиша́йник* — то же, что *лишай* во 2 знач. *Прил.* **лиша́йный**, -ая, -ое. Укр. лиша́й, лиша́йник, лиша́йний, -а, -е; блр. ліша́й (бот. и мед.), ліша́йнік (бот.), ліша́йнікавы, -ая, -ае; ліша́йнікавы, -ая, -ае; болг. лише́й; с.-хорв. лиша̑j, лиша̀jив(и̑), -а, -о — «покрытый лишаями»; словен. lišaj; польск. liszaj, liszajowaty, -a, -e; в.-луж. lišawa, lišojty, -a, -e; н.-луж. lišajca. Др.-рус. и ст.-сл. лишай (Библия, Левит XXI, 20, по сп. XIV в.), лишаивый (Панд. Ант. XI в.) [Срезневский, II, 34]. □ О.-с. *lišaj. Бесспорного объяснения не имеется. По большей части сближают с о.-с. *lichъ — «злой» (см. *лихой*). Ср. в говорах: орл. лихо́й — «накожные болезни, особ. чирья»; симб. лихо́й — «конская болезнь, гнойные желваки»; калуж. лихо́е — «гнойная язва»; волог. лихо́тка — «скорбь», «утробная хворь» (Даль, II, 858—859). С другой стороны, ср. *лихва* — «избыток» «излишек», «рост» (= «проценты»). Суф. *-e-j-(ь) [>-aj-(ь) после шипящих], как в рус. *обычай*, *урожай* и т. п.

ЛИША́ТЬ, лиша́ю — «оставлять кого-л. (что-л.) без чего-л. (кого-л.)», «отнимать у кого-л. что-л.». *Сов.* **лиши́ть**. *Возвр. ф.* **лиша́ться, лиши́ться**. *Сущ.* **лише́ние**. Укр. лиша́ти(ся), лиши́ти(ся); болг. лиша́вам — «лишаю», лиша́ — «лишу»; с.-хорв. лиша́вати(се) — «лишать(ся)», лиши́ти(се); польск. устар. liszyć się — «избавиться (от кого-л., чего-л.)», «отстраниться от чего-л.», совсем редко liszyć — «лишить». Вообще слово характерно гл. обр. для русского языка. Др.-рус. (с XI в.) лишити, лишитися — «лишиться», «отказаться», «пропустить», позже (с XIII в.) лишати, (с XI в.) лишатися, лишение — «нужда», «бедность» (Срезневский, II, 34, 35, 36). Ст.-сл. лишнтн (Супр. р. — Meyer, 113). □ О.-с. *lišiti (sę). Произв. от *lichъ (см. *лихой*).

ЛИШЬ, *нареч.*, *частица*, *союз* — «только», «исключительно»; (как союз) «как только», «едва». В сев.-рус. говорах: лиша́, ли́шо (Даль, II, 861); ли́шо, лиша́ (Подвысоцкий, 83). Укр. лише́, редко лиш. В других слав. яз. отс. Др.-рус. (с XI в.) лише — «только», «больше», «кроме» (Срезневский, II, 35; здесь интересный пример из Феод. Печ., где в одной фразе лише встр. в знач. и «только», и «больше». Ст.-сл. лѧше — «больше» (Супр. р. — Meyer, 113). □ По происхождению — форма им.-вин. ед. ср. р. сравнительной степени от о.-с. *lichъ: lišьjь, *lišьši, liše.

ЛОБ, лба, *м.* — «надглазная, надбровная часть человеческого лица (или головы животного)». *Прил.* **ло́бный**, -ая, -ое, **лоба́стый**, -ая, -ое, **лобово́й**, -а́я, -о́е. Укр. лоб, род. ло́ба, ло́бний, -а, -е, лоба́тий, -а, -е, лобови́й, -а́, -е́; блр. лоб, род. лба, ло́бны, -ая, -ае, лаба́ты, -ая, -ае, лабавы́, -а́я, -о́е. Из русского — болг. книжн. лоб — «темя», «чело» (обычно чело́). И в других слав. яз. в знач. «лоб» употр. *чело*: с.-хорв. че̏ло (ср. ло̀бања — «череп»); словен. čelo (ср. lobanja — «череп»); чеш. čelo (ср. lebka — «череп», в поэт. речи встр. и leb — «череп»); словац. čelo (ср. lebka — «череп», lebečný, -á, -é, lebkový, -á, -é — «черепной»); польск. czoło (ср. łeb — «голова», «башка», иногда и «лоб», но гл. обр. в фольклоре или в ирон. употр.); в.-луж. čoło; н.-луж. соło. Др.-рус. лъбъ > лобъ — «череп», «голова» в Пов. вр. л. под 6420 г., о смерти Олега: «и въступи (Олег) ногою на лобъ» (=череп коня); ср. там же: «отъ сего ли лба смьрть»; см. другие примеры у Срезневского (II, 59) — все они — с *о* после *л* в им.-вин. ед., но ср. лъбъ — в Хр. Г. Ам. (Истрин, III, 111). У Срезневского (ib., 59—60) отмечены также *лъбьное мѣсто* и в Арханг. ев. *лъбово мѣсто*. Полная ф. (лобовы́й : лобово́й) в словарях отм. с 1792 г. (САР¹, III, 1248), лобастый — с 1731 г. (Войсмап, 611). В старославянских памятниках балканского происхождения встр. лъбьное мѣсто («Синайский молитвенник, 50). □ О.-с. *lъbъ. Старшее знач. «череп», «черепная коробка». Поэтому можно увязывать с рус. *луб* (см.), *лубок* (см.). И.-е. база *leubh- (: *loubh- : *lŭbh-) — «снимать кору», «облупить» (Pokorny, I, 690). К этому корневому гнезду, кроме о.-с. *lъbъ, относится о.-с. *lubъ (рус. *луб*, *лубок*, *лубяной*). Старшее знач. о.-с. *lubъ было ближе к знач. «луб», «изделие из луба или лыка», «лубяная коробка». Ср. у Срезневского (II, 48): лубъ — «лубяной короб». Ср. нем. Kopf — «голова» при др.-в.-нем. kopf : chuph — первоначально «чаша», «кубок», «черпак»; франц. tête — «голова» из латин. testa — «глиняный горшок», «черепок», «скорлупа».

ЛО́БЗИК, -а, *м.* — «легкий ручной (в виде рамки) инструмент с тонкой пилкой для узорного выпиливания». Укр. ло́бзик; блр. ло́бзік. Ср. польск. laubzega. В других слав. яз. отс. В русском языке слово *лобзик* известно, судя по словарям, с середины XIX в. (СЦСРЯ 1847 г., II, 260: лобза́к — «пила с железным станком для пиления металлов»). В этой форме (*лобзак*) употреблялось почти до конца столетия. В форме *лобзик* и с совр. знач. — с начала XX в. (Южаков, XII, 1903 г., 273). ▫ Восходит к нем. Laubsäge, *f.* — тж. (< нем. Laub — «лист», также «листва», «зелень»+Säge — «пила»), причем подверглось фонетической и морфологической переработке. Ср. *верстак* (см.).

ЛОВЕЛА́С, -а, *м.* — «любитель поволочиться за женщинами», «соблазнитель женщин», «волокита». *Глаг.* **ловела́сничать.** Укр. **ловела́с, ловела́сничати**; блр. **лавела́с, лавела́снічаць**; болг. **ловела́с**; польск. lowelas. В форме *Ловелас* (с большой буквы, но в совр. знач.) встр. у Пушкина в письме к Вульфу от 27-X-1828 г.: «Тверской *Ловелас* С. Петербургскому Вальмону здравия и успехов желает» (ПСС, XIV, 33). У Пушкина это слово чаще встр. в форме *Ловлас* (СЯП, II, 502—503). В словарях — с 1845 г. (Кирилов, 168). Позже отм. глаг. *ловеласничать* [в словарях — с 1938 г. (Ушаков, II, 81)]. ▫ По имени (Lovelace) персонажа романа С. Ричардсона «Кларисса Гарлоу» (1747—1748 гг.). Ср. англ. loveless — «безлюбый», «не основанный на любви» (от love — «любовь»). В русском языке, видимо, из французского (lovelace), где оно известно (как нарицательное) с 1796 г.

ЛОГАРИ́ФМ, -а, *м.* — «показатель степени, в которую следует возвести число, называемое основанием, чтобы получить данное число». *Прил.* **логарифми́ческий, -ая, -ое.** *Глаг.* **логарифми́ровать.** Укр. **логари́фм, логарифмі́чний, -а, -е, логарифмува́ти**; блр. **лагарыфм, лагарыфмі́чны, -ая, -ае.** Ср. болг. **логари́тъм, логаритми́чен, -чна, -чно**; с.-хорв. **логари́там, логари́тамски, -а̄, -о̄**; чеш. logaritmus, logaritmický, -á, -é; польск. logarytm, logarytmiczny, -a, -e. В русском языке известно с начала XVIII в. (см. Кутина, ФЯН, 77: таблицы *логарифмов* в документе 1716 г.). В словарях — с 1780 г. (Нордстет, I, 334: *логаритм*). ▫ Ср. франц. (с 1627 г.) logarithme; нем. Logaríthmus; англ. logarithm; ит., исп. logaritmo и др. В русском языке, видимо, из французского. Во французском восходит к позднему научно-латинскому термину logarithmus, созданному шотландским математиком Непером в 1614 г. на базе греч. λόγος в знач. «соответствие», «соотношение» и ἀριθμός «число».

ЛО́ДКА, и, *ж.* — «небольшое, гл. обр. речное судно, гребное или с мотором для передвижения на недальние расстояния». *Прил.* **ло́дочный, -ая, -ое.** Блр. **ло́дка, ло́дачны, -ая, -ае.** Из русского — болг. **ло́дка**, (наряду с **ла́дия**). Ср. чеш. lod'ka — тж. (от lod'); польск. łódka — тж. Соответствующие образования в других слав. яз. см. в ст. *ладья*. Др.-рус. **лодъка** в Новг. I л. по Комисс. сп. под 6736 г.: «приидоша Емь... в лодках» (Насонов, 270). Кроме того, Срезневский, II, 41. ▫ Этимологически связано с др.-рус. **лодья** и ст.-сл. **лдни** (см. *ладья*). Образовано от того же корня (о.-с. *old-) с помощью суф. -ък-а.

ЛО́ДЫРЬ, -я, *м.* — «бездельник», «лентяй». *Глаг.* **ло́дырничать.** В говорах *ло́*-

дырь — также «оборванец», встр. и в форме **ло́дарь, ло́дарничать** (Даль, II, 863). Укр. **ле́дар** (< *лодарь* под влиянием *леда́й, леда́чий*), **ледарюва́ти** (но **лотр** — «вор», «разбойник», «плут»); блр. **ло́дар, ло́дарнічаць.** Ср. с.-хорв. **ло̀та̄р** — «распущенный, скверный человек», «лентяй», «пьяница», **ло̀та̄р, -тра, -тро**: **ло̀три, -а̄, -о̄** — «распущенный», «распутный», «ленивый», «вялый»; чеш. lotr — «негодяй», «подлец», «разбойник», отсюда lotrovati — «безобразничать» (ср. lenoch, lajdák, povaleč — «лодырь»); словац. lotor — «разбойник», польск. lotr — «вор», «разбойник», «мошенник», «бездельник», отсюда łotrować — «разбойничать», «распутничать» («лодырь» — próżniak, łazik). В русском языке *лодырь* и *лодарь* отм. в словарях как диалектные с 1852 г. («Опыт», 104). Правда, в «Пар. сл. моск.» 1580 г. (285) франц. larron («вор», «разбойник») переведено по-русски как tayt ladre. Первое слово — *тать*, второе, по мнению издателя (Ларин, 104), — *лодарь*: *лодарь*. Но это маловероятно, скорее всего ladre здесь — ит. ladro — «вор» (с устарелым или ошибочным *е* вм. *о*: ср. ladrone — «разбойник»), добавленное составителем словаря для пояснения. ▫ Происхождение слова *лодырь* не вполне ясно. По-видимому, это слово чужеязычное, попавшее в вост.-слав. языки из других славянских, где это слово, правда, имеет и несколько другое значение, и другую форму (с согласным t). В славянских языках это слово заимствовано или из церковной латыни (ср. латин. latrō — «разбойник»), или из немецкого языка (ср. нем. Lotterbube при ср.-в.-нем. lotter — «бездельник», «шалопай», «прощелыга», «плут». — Kluge[10], 310). На вост.-слав. почве это слово подверглось некоторой переработке (на русской почве, м. б., вследствие сближения с *лодья, лодочник, лодарь*, на украинской — с *ледачий*: *ледащий*). Форма *лодырь* < *лодарь* — как *судырь* вм. *сударь*; ср., напр., у Гоголя в «Мертвых душах», т. I, гл. X: «*судырь* ты мой» (ПСС, VI, 199); ср. также *поводырь*.

ЛО́ЖА, -и, *ж.* — (в зрительном зале) «место для небольшой группы зрителей, отделенное барьером от других мест». Укр., блр., болг. **ло́жа**; с.-хорв. **ло̏жа**; чеш. lóže; польск. loża. В русском языке слово *ложа* известно с 1-й пол. XVIII в. В конце XVII в. этого слова еще не было. П. А. Толстой («Путешествие», 1697—1699 гг.) называет ложи *чуланами*: «в одном театруме *чуланов* 200» (Венеция, 546). Но ср.: «сижу в одной *ложе*» (речь идет об оперном театре в Италии — ИКИ, 128, 1733 г.). В словарях — с 1780 г. (Нордстет, I, 335). ▫ Восходит к франц. loge — «хижина», «балаган», «каморка», «ложа» [< loige < франк. *laubja (ср. нем. Laube — «беседка, обвитая зеленью»)]; обратное заимствование — нем. Loge — «ложа». В конце концов к франц. loge восходит и англ. lodge — «домик», «сторожка у ворот», «охотничий домик», а также «масонская ложа» (ср. box — «ложа в театре»). Знач. «масонская ложа» у слова loge появилось во французском языке (в

ЛОЖ

1740 г.) под влиянием англ. lodge — «масонская ложа» (масонские ложи сначала появились в Англии). Ср. ит. loggia massonica (но «ложа в театре» — palco). В русском языке — из французского.

ЛОЖКА, -и, ж. — «один из предметов столового прибора с круглым или овальным углублением (выемкой) на конце, предназначенный для зачерпывания жидкой или рассыпчатой пищи». *Прил.* ло́жечный, -ая, -ое. Укр. ло́жка, ложкови́й, -а́, -é; блр. лы́жка, лы́жкавы, -ая, -ае; болг. лъжи́ца; с.-хорв. ла̀жица : жли́ца (< лжи́ца) — «ложечка» («ложка» — ка́шика); словен. žlíca; чеш. lžíce, lžicový, -á, -é; словац. lyžica; польск. łyżka, устар. łyża — «большая ложка»; в.- и н.-луж. łžica. Др.-рус. лъжица в Пов. вр. л. под 6504 г. и др. (Срезневский, II, 62). Также ложка (Кочин, 174). У Срезневского (II, 43) примеры употр. слова ложка не ясны по знач., но здесь отм. любопытное лъжа — «желоб», «канал» (ib., 61). ▫ О.-с. *lъžica : *lъžьka. В этимологическом отношении слово неясное (литературу см.: Преображенский, I, 464—465; Vasmer, REW, II, 53). По фонетическим причинам нельзя увязать ни с о.-с. *lizati (критические замечания см. Walde—Hofmann³, I, 801), ни с о.-с. корнем *leg- : *log- (через знач. «углубление», «выемка»). М. б., относится к и.-е. *leug- (: *loug- : *lug-) — «гнуть», «сгибать». Ср. лит. lùgnas — «гибкий»; латин. luctor — «состязаюсь в борьбе» (< «изгибаюсь»); греч. λύγος — «ивовая ветвь», «ивовый прут», λυγίζω — «сгибаю», «изгибаю». Современная форма ложки (прототипом которой является согнутая горсткой ладонь) не существовала испокон веков; м. б., о.-с. *lъž-ьk-a : *lъž-ic-a с корнем из *lŭg- относится к одному корневому гнезду с о.-с. *lyža (> рус. лы́жа) с польск. устар. łyża — «большая ложка» и łyże (совр. łyżwy) — «коньки». В семантическом плане ср. в скандинавских языках: норв., дат. ske — «ложка» и ski — «лыжа», восходящие к одному и тому же о.-г. *skai þan — «раскалывать», «откалывать», «расщеплять» (Falk-Torp², II, 990, 991). Вполне возможно, что в доисторическое время не только форма ложки, но и ее назначение в процессе принятия пищи было иное, чем в IX—XI вв.

ЛОЗА́, -ы́, ж. — «прут», «хворостина», «побег или ствол кустарникового растения, напр. винограда». *Прил.* лозо́вый, -ая, -ое, ло́зный, -ая, -ое. *Сущ.* лози́на — «ивовый прут», лозня́к — «ивовый кустарник». Укр. лоза́, лозо́вий, -а, -е, ло́зний, -а, -е, лози́на, лози́вий; блр. лаза́, лазі́на, лазо́вы, -ая, -ае, лазня́к; болг. лоза́ — «виноградная лоза», ло́зе — «виноградник»; с.-хорв. ло̀за — «виноградная лоза», «прут (вообще)», ло̀зи̏к — «виноградник», «лозняк», ло̀зан, -зна, -зно : ло́зни̑, -а̂, -о̑; чеш. (только диал.) и словац. loza — «виноградная лоза»; польск. łoza — «ива», «прут», łozowy, -a, -e — «ивовый», łozina. Др.-рус. (с XI в.) лоза — «виноградная лоза», «розга», лозь — «лозняк»,

ЛОК

«ивняк», лозие — «хворост», ло́зьный, позже (с XIII в.) лози́на — «ива» (Срезневский, II, 44). ▫ О.-с. *loza. И.-е. корень *log'- — «прут» находится в каких-то отношениях с корнем *leg'h- — «низкий», «нижний», «надпочвенный». Ср. греч. (у Гесихия) ὀ-λόχινον, п. — «ветвистый», χατα-λόχιος, вин. — «мирт», «миртовая ветвь» (Pokorny, I, 660, 691). Сопоставление с лит. lazdà — «палка» вызывает сомнения, о которых см. Fraenkel, 348.

ЛО́КОН, -а, м. (чаще *мн.* ло́коны) — «прядь вьющихся или завитых волос». Укр. ло́кон (чаще ку́чер, род. ку́черя); блр. ло́кан (также ку́дзер). Ср. чеш. lokna : loka (также kadeř); польск. lok (и pukiel, kędzior). В других слав. яз. отс. В русском языке известно с начала XVIII в.: локоны — «парик» (Смирнов, 181). В словарях — с 1731 г. (Вейсман, 388: локены). ▫ Восходит к нем. Locke — тж. (в форме мн. ч. — Locken). Ср. устар. синоним бу́кли (сначала оно было возможно и в ед. ч.: бу́кля) < франц. boucle, f. — тж., но потом форма ед. ч. исчезла.

ЛО́КОТЬ, ло́ктя, м. — «место сгиба руки и соединения плечевой кости с костями предплечья»; «выступающий угол верхней конечности»; *устар.* «часть руки от локтевого сгиба до конца среднего пальца» (отсюда ло́коть — «мера длины»). *Прил.* локтево́й, -а́я, -о́е. Укр. лі́коть, род. лі́ктя, лікть́ови́й, -а́, -е́; блр. ло́каць, род. ло́кця, ло́кцевы, -ая, -ае; болг. ла́кът, *мн.* ла́кти, ла́кътен, -тна, -тно; с.-хорв. ла̏кат, род. ла̏кта, ла̏катни̑, -а̂, -о̑; словен. laket; словац. laket', laketný, -á, -é; чеш. loket, loketní; польск. łokieć, łokciowy, -a, -e; в.-луж. łochć; н.-луж. łoks. Др.-рус. лакъть — «локоть», также «петля», реже локоть, локъть, лакътьный (Срезневский, II, 6, 7, 45). Прил. локтевой в словарях — лишь с 1814 г. (САР², III, 599.). ▫ И.-е. основа *ĕl-ĕk- (: *ŏl-ŏk-) от корня *el- — «сгибать» (Pokorny, I, 308). Определить общеславянскую форму слова нелегко. Предполагают *olkъtь. Можно было бы ожидать если не *olektь, то *olokъtь [> (с перестановкой) *olkotь], где -t-(ь) — суф. Первоначально это слово склонялось, м. б., по основам на согласный (род. мн. на -ъ). Колебание lo- : la- в начале этого слова в славянских языках обычно связывают с характером ударения (при с.-хорв. ла̏кат с долгим нисходящим ударением следовало ожидать в русском локо́ть). Но устойчивость др.-рус. ла́къть при редком ло́коть (с ло и с о после к) трудно объяснима: можно было бы объяснить это начальное ла влиянием старославянского языка, такое же неожиданное la имеется в словацком языке (laket'). Кроме того, давно уже обращает на себя внимание архангл. а́льчик (< *алечик?) — «говяжья надкопытная кость», «лодыга», «бабка» (Даль, I, 11; у Подвысоцкого отс.), которое, вероятно, восходит к и.-е. основе *ŏl-ek-. Ср. лит. устар. uolektìs : uolaktìs — «локоть как мера длины» [и.-е. *ŏl(e)kt-] при обычном alkúnė : elkúnė — «локоть» (с и.-е. основой *ŏl-k-); латыш. elkonis —

ЛОМ

«локоть» и устар. olekts — «локоть (мера длины)»; др.-прус. woltis — «предплечье», woaltis — «локоть» (и.-е. *ōlkt-). Ср. (без суффиксального -t-): греч. (у Гесихия) ἄλαξ — «предплечье»; арм. **олохн** — «голень», «кость». С другим оформлением ср. др.-в.-нем. elina, ср.-в.-нем. elne, совр. нем. Elle — «локоть»; латин. ulna (< *olinā) — тж. По предположению Махека (Machek, ES, 274), на формирование этого слова в общеславянском языке оказало влияние слово *noգъть, ибо локоть как мера длины предполагает расстояние от локтевого сгиба до ногтя среднего пальца руки.

ЛОМА́ТЬ, лома́ю — «ударом или роняя разбивать что-л. цельное (твердое, крепкое) на части, на куски», «приводить какую-л. вещь в негодность, лишая цельности и формы». *Сов.* (только с приставками) **слома́ть** и др. *Возвр. ф.* **лома́ться**. Ср. *разг.* **ломи́ть** — «работать (на кого-л.), выбиваясь из сил», также «ломать», *сов.* (только с приставками) **разломи́ть, переломи́ть** и др. *Возвр. ф.* **ломи́ться** — «врываться силой». *Безл.* **ломи́т**. *Сущ.* **лом, ло́мка**. *Прил.* **ло́мкий, -ая, -ое**. Укр. лама́ти(ся), ломи́ти(ся), лом, ло́мка, ламки́й, -а́я, -бе; блр. лама́ць, лама́цца, лом, ло́мка, ла́мкі, -ая, -ае; болг. ломя́ (се) — «ломаю(сь)», «ломлю», лом (только как орудие ломки, инструмент), ломли́в, -а, -о — «ломкий»; с.-хорв. ло̀мити (се) — «ломать(ся)», ло̂м — «ломка», «грохот», ло̏мак, -мка -мко : ло̂мки, -а̄, -о̄, ло̀мљив(ӣ), -а, -о; словен. lomíti (se), lom, lomljív, -a, -o (знач. — как в с.-хорв.); чеш. lámati (se), но lomiti rukama — «ломать руки», lomiti se — (о лучах) «преломляться», lom — «каменоломня», «преломление лучей», «разлом»; словац. (с теми же знач.) láʼmat'(sa), lomíť(sa), lom; польск. łamać (się) — «ломать(ся)», łom — «лом (инструмент)», «груда обломков», «глыба», łamliwy, -a, -e — «ломкий»; в.-луж. łamać (so) — «ломать (-ся)»; н.-луж. łomiś — тж. Др.-рус. (с XI—XII вв.) ламати>ломати, (с XIII в.) ломити, ломитися, (с XII в.) ломъ — «ломание» («ломка»), (с XVI в.) «бурелом» (Срезневский, II, 7, 46; Доп. 155). Ст.-сл. ламати, ломити (SJS, II: 16, 106). Позже *лом* — «орудие ломки, откалывания» [ср. в «Рукоп. лексиконе» 1-й пол. XVIII в.: *лом* — «рычаг железный» (Аверьянова, 167); там же: *лом* — «боль в костях»], *ломкий* (Вейсман, 1731 г., 772). □ О.-с. *lomiti, итератив *lamati. И.-е. корень *lem- (: *lom-). Ср. лит. lamìnti — «комкать», «мять», lamínti — «переплетать», дальше по значению lémti — «судить», «предопределять» (отсюда lemtìs — «рок»), «назначать», «определять», lìmti — «надламываться, ломаться (под тяжестью)»; латыш. lamatas — «западня», «капкан», lemt — «вынести приговор», ļemt (=лит. lìmti); др.-в.-нем. lam (совр. нем. lahm) — «хромой», «калека», lemian — «калечить»; др.-исл. lami — «калека» (совр. нем. lamur — «парализованный»), др.-исл. lemia (совр. исл. lemja) — «бить», «колотить», совр. исл. lama — «повреждать», «парализовать»; ср.-ирл. lem —

ЛОП

«бессильный», новоирл. leamh — «несоленый», «сырой» (подробнее см. Pokorny, I, 674).

ЛОМБА́РД, -а, *м.* — «учреждение, выдающее на определенный срок денежные ссуды под залог движимого имущества». *Прил.* **ломба́рдный, -ая, -ое**. Укр. ломба́рд, ломба́рдний, -а, -е; блр. ламба́рд, ламба́рдны, -ая, -ае. Ср. польск. lombard. В других слав. яз. отс. Ср. в том же знач.: болг. зало́жна къ́ща; с.-хорв. зала̀гаоница. В русском языке известно по словарям с 1804 г. (Яновский, II, 601). □ Восходит к устар., ныне не употр. франц. lombard — «ростовщик» [среди ростовщиков в старой Франции было много итальянцев (особенно с севера Италии), которых в просторечии французы называли lombards — «ломбардцами», от Lombardie — «Ломбардия», провинция на севере Италии). Собственно же «ломбард» по-французски — mont-de-piété. Слово lombard из французского языка попало (в XVII в.) в немецкий (Lombárd) и стало здесь обычным наименованием ломбарда. В русском, м. б., непосредственно из французского.

ЛОПА́ТА, -ы, *ж.* — «ручное орудие труда с длинной рукоятью и нижним плоским широким (обычно металлическим) концом (для копания, сгребания и т. п.)». *Прил.* **лопа́тный, -ая, -ое**. Укр. лопа́та; блр. лапа́та; болг. лопа́та; с.-хорв. ло̀пата; словен. lopata; чеш. lopata; польск. łopata; в.- и н.-луж. łopata. Др.-рус. (с XI в.) лопата (Срезневский, II, 47). □ О.-с. *lopata. И.-е. корень тот же, что и в рус. *лапа* (см.), — *lēp- : *lōp- (о.-с. *lapa) - *ləp-, выражавший понятие о плоскости (Pokorny, I, 679). Ср. лит. lopetà; латыш. lāpsta — «лопата», «заступ»; др.-прус. lopto — тж. Другие соответствующие образования в и.-е. языках, восходящие к этому и.-е. корню, см. под *лапа*.

ЛОПА́ТКА, -и, *ж.* — «одна из пары плоских, широких, лопатообразных костей, прилегающих у человека к задней поверхности грудной клетки», Scapula. Укр. лопа́тка; блр. лапа́тка; болг. лопа́тка (чаще пле́шка • плещка); с.-хорв. ло̀патица (или плё̏ћка); словен. lopatica; чеш. lopatka; польск. łopatka; в.-луж. łopatka; н.-луж. łopata. В русском языке известно с начала XVII в. Ср. у Р. Джемса (РАС, 1618-1619 гг., 68 : 9): lopadka — «the arme pit» («подмышка»?). □ Названо по внешнему сходству с маленькой лопатой. См. *лопата*.

ЛОПОТА́ТЬ, лопочу́, *прост.* — «торопливо, сбивчиво, невнятно говорить», «говорить на непонятном языке», «лепетать». Укр. лопота́ти, лопоті́ти; блр. лапата́ць; словац. lapotat' — «лепетать». Ср. с.-хорв. лопа̀тати — «хлопать», «шуметь», также «болтать чепуху», «говорить чушь»; чеш. lopotiti se — «маяться с чем-л.», «биться над чем-л.», lopota — «изнурительный труд». Др.-рус. (с XII в.) **лопотати** — «лепетать», позже **лопотъ** — «вопль(?)» (Срезневский, II, 47). □ О.-с. *lopotati, *lopotъ, где *lop- корень,

-ot- суф., как, напр., в *грохот* (см.). И.-е. звукоподражательный корень *lep- (: *lop-). Подробнее — Pokorny, I, 677. См. *лепетать*.

ЛОПУ́Х, -á, *м.* — «род сорняков, репейник, растение с очень широкими плоскими (лапистыми) листьями и цепкими шаровидными цветками», Arctium. *Сущ.* лопу́шник. Укр. лопу́х; блр. ло́пух; болг. ло́пуш (чаще ре́пей); с.-хорв. ло̀пух, ло̀пушац; чеш. lopuch (диал. lopúň); польск. łopuch, łopian. Ср. в.-луж. (słódke) łopjena, *мн.* — «конский щавель». Ср. словен. repúh — «лопух», но lapuh — «мать-и-мачеха» (Tussilago farfara). В русском языке, судя по словарям, сначала появилось *лапушник* (с *а* после *л*). Оно отм. в «Рукоп. лексиконе» 1-й пол. XVIII в. (Аверьянова, 161). Позже — Нордстет, I, 1780 г., 327: *лапу́шник* — «glouteron, bardane»; *лопух* — с 1847 г. (СЦСРЯ, II, 264: *лопу́х : лапу́х*). ◦ О.-с. *lopuch (: lopuň и др.?). Естественно объяснять это слово как связанное с *лапа* (см.), *лопата* (см.). Ср. лит. lãpas — «лист». Растение могло быть названо так по его широким листьям (Berneker, I, 733). Но некоторые языковеды решительно (Machek, ES, 275) или с колебаниями (Walde—Hofmann³, I, 762) связывают о.-с. название репейника с латинским его наименованием lappa (если оно из lāpā). Этимология слова lappa не вполне ясна.

ЛОРНЕ́Т, -а, *м.* — «оптическое приспособление, род очков или монокля, обычно в оправе, с ручкой». Сюда же **лорни́ровать**. Укр. лорне́т, лорні́рувати; блр. ларне́т, ларні́раваць; болг. лорне́т; с.-хорв. лȍрњет. Ср. чеш. lornět, lorgnon (и lorňon) — «монокль»; польск. lorneta — «бинокль». Lornetować. В русском языке известно с середины XVIII в. Встр. в комедии Лукина «Награжденное постоянство», 1765 г., д. II, явл. 1: «не имеете ни на шее дезеспуара, ни в руках *лорнета*» (Соч., 137); позже в поэме В. Майкова «Елисей, или Раздраженный Вакх», 1771 г., песнь 3 (Соч., 330). В словарях — с 1804 г. (Яновский, II, 604). Глаг. *лорнировать* встр. в пьесе Сухово-Кобылина «Дело», 1861 г., д. II, явл. 1 (Трилогия, 119); в словарях — Даль, II, 1865 г., 868. ◦ Восходит к франц. lorgnette — ныне «бинокль» или «маленькая подзорная труба» («лорнет» — face-à-main); но lorgner может обозначать и «лорнировать». Из французского: нем. Lorgnette; англ. lorgnette и др. В русском языке, судя по времени заимствования, из французского. Глаг. *лорнировать* — образование на русской почве (ср. нем. lorgnettieren — тж.).

ЛОСК, -а, *м.* — «блеск гладкой (напр., отполированной) поверхности», «глянец»; *перен.* «безукоризненный вид, внешний блеск». В говорах также «плоская низменность», «лог» (Даль, II, 868). *Глаг.* **лощи́ть**. Ср. **лосни́ться, лосни́стый, -ая, -ое** (с основой *лосн-*). Ср. укр. лиск (но *перен.* лоск), лощи́ти, но лисні́тися; блр. льсні́ца — «лосниться» (но «лоск» — глянец, бляск); болг. лъскави́на, лъща́ — «лоснюсь», лъскам, лъсвам — «лощу», сов. лъсна́; с.-хорв. ла̀штити — «наводить лоск», «полировать» (но «лоск» — cjâj); словен. lesk, но loščiti (= с.-хорв. ла̀штити); чеш. lesk, leštiti, lesknouti se (ст.-чеш. lsknúti sě); польск. połysk — «лоск», lśnić (się) — «лосниться», łysnąć się — «блеснуть»; łysk — «блеск», łyskać — «блестеть». Др.-рус. (с XI в.) и ст.-сл. льщатися — «блестеть»; ср. также лыщатися — «улыбаться», улыскатися — тж. (Срезневский, II, 63, 69; III, 1201). В словарях *лоск* — с 1704 г. (Поликарпов, 163); *лосниться, лоснистый* — с 1792 г. (САР¹, III, 1315: *лосниться*). ◦ О.-с. *lъskъ. В этимологическом отношении не бесспорное слово. По-видимому, и.-е. корень — *leuk' (: *louk'- : *luk'- и пр.) — «светить(ся)», «блестеть», вариант с передним заднеязычным согласным корня *leuk-. На славянской почве к *leuk'- восходит о.-с. *lysъ : *lysъjь (см. *лысый*). Ср. также название рыси (по светло-серой или бледно-желтой с розоватым оттенком окраске ее шерсти): лит. lū́šis; латыш. lusis; др.-в.-нем. luhs (и др., *м. рысь*); м. б., вал. (кимр.) lloer (< *lug-rā). См. подробнее Pokorny, I, 690. О.-с. *lъskъ могло получиться из *lŭs-k-os, с суффиксальным -k-, как в о.-с. *mor-k-ъ (см. *мрак*). Ср. *лосниться*, где корень — лос- (< *лъс-), а -н- — глаг. суф. Следует также иметь в виду, что история о.-с. *lъskъ в славянских языках переплетается с историей о.-с. *blъskъ.

ЛОСО́СЬ, -я, *м.* — «крупная (до метра и больше) хищная рыба семейства лососевых с аспидно-серой с синеватым отливом спиной и черными пятнышками на серебристых боках, с вкусным розовым мясом», Salmo salar. Собственно лососем рыбаки называют семгу во время метания икры, когда она высоко прыгает из воды (отсюда латин. salmō; ср. saliō — «прыгаю»). *Прил.* **лосо́сий, -ья, -ье, лососёвый, -ая, -ое.** *Сущ.* **лососи́на**, отсюда **лососи́ный, -ая, -ое**. Укр. ло́сось, лососе́вий, -а, -е, лососи́на, лососи́новий, -а, -е; блр. ла́сось, ласасёвы, -ая, -ае, ласасі́на, ласасі́навы, -ая, -ае; с.-хорв. ло̀сос; словен. losos, чеш. losos, прил. lososí (ср. lososový, -á, -é — «розовый»); польск. łosoś, łososiowaty, -a, -e (ср. łososiowy — «лососевый» и «желтовато-розовый»), łososina; в.-луж. łosos, łososowy, -a, -e, łososjty, -a, -e — «лососевидный», «цвета лососины»; н.-луж. losos. В болг. отс. В том же знач. лаке́рда (< новогреч. λαχέρδα < латин. lacerta — «скумбрия») и (из русского) сьо́мга. В русском языке слово *лосось* известно (сначала чаще в форме ж. р.) с 1500 г.: «две *лососи*» [«Книги переписные Водской пятины» за 1500 г., 14 (КДРС; другие примеры см. Unbegaun, 65). ◦ О.-с. *lososъ. Мягкое *с* в русском и некоторых (не всех) других слав. яз. — явление не исконное, а более позднее. Ср. *карась, гусь* и др. в русском. И.-е. *lak'-so-s, корень *lak'- — «крапить», «покрыть пятнышками» (Pokorny, I, 653). Ср. от того же и.-е. корня название лосося в других и.-е. языках: лит. lašišà, *f.*;

латыш. lasis, *m.*; др.-прус. lasasso, *f.* Ср. далее др.-в.-нем. lahs (совр. нем. Lachs); др.-исл. и совр. исл. lax (совр. дат., норв. laks). Любопытно тохар. В laks — «рыба». Если это не какое-нибудь праевропейское (доиндоевропейское) слово, то выходит, что лосось был назван индоевропейцами по черным пятнышкам, крапинкам на боках. Ср. лит. lāšas — «крапинка», «капля».

ЛОСЬ, -я, *м.* — «крупное животное семейства оленей, с массивной горбоносой головой, у самцов — с широкими, обычно лопатообразными рогами, с высокой холкой», Cervus alces. Иначе сохáтый. Лосúха — «самка лося». *Прил.* лосёвый, -ая, -ое, лосúный, -ая, -ое. *Сущ.* лосúна [ср. лосúны, ист. — «белые (офицерские) штаны из лосиной, выделанной под замшу, кожи»], отсюда лосúнный, -ая, -ое. Укр. лось, лосúний, -а, -о, лосúновий, -а, -е, лосúна, лосúнний, -а, -е, лосúни; блр. лось, род. лася́, ласёвы, -ая, -ае, ласíны, -ая, -ае, ласíнавы, -ая, -ае, ласíны. Ср. с.-хорв. лȏс, лȍсов, -а, -о; словен. los; чеш. los, прил. losí, losice — «лосиха»; польск. łoś, łosiowy, -a, -e; в.-луж. łóz. Др.-рус. лось встречается с древнейшего времени (Поуч. Влад. Мон., 148): «(два) лоси — один ногами топтал»; другие примеры см. Срезневский, II, 47. Прил. и другие произв. к *лось* — более поздние: в словарях отм. *лосина* и *лосиный* — в «Рукоп. лексиконе» 1-й пол. XVIII в. (Аверьянова, 168: *лосина* — «кожа лосиная»); *лосинный* — с 1771 г. (РЦ, 278); *лосиха* — с 1865 г. (Даль, II, 869). ▫ О.-с. *losь < *olsь (основа была первоначально на -ĭ-). И.-е. *olk'is (Pokorny, I, 303). Обычно считают, что корень слова и.-е. *el- : *ol-, тот же, что в рус. олень (см.), лань (см.), но оформление основы в и.-е. праязыке на этот раз иное. В языках германской и славянской групп предполагают и.-е. основу *olk'i- (> о.-г. *algi- или *aʒi-). Ср. др.-в.-нем. ёlho : ёlaho — «олень» (совр. нем. Elch — «лось»); англ. elk — «лось»; др.-исл. elgr [< и.-е. *olk'is (совр. исл. elgur; дат., норв. elg; швед. älg)] — тж. Из германских языков — латин. alcēs (с эпохи Ю. Цезаря) — «лось» и греч. ἄλκη (у Павсания) — тж.

ЛОТЕРЕ́Я, -и, *ж.* — «розыгрыш вещей разной ценности или определенных неравных денежных сумм по предварительно проданным билетам». *Прил.* лотере́йный, -ая, -ое. Укр. лотере́я, лотере́йний, -а, -е; блр. латары́я, латарэ́йны, -ая, -ае; болг. лота́рия, лотари́ен, -йна, -йно; с.-хорв. лу̏три̏jа, лу̏три̏jскӣ, -ā, -ō; чеш. loterie, loterní; польск. loteria, loteryjny, -a, -e. В русском языке слово *лотерея* известно с начала XVIII в. (Смирнов, 181). В словарях — с 1731 г. (Вейсман, 390: *лотериа*). Прил. *лотерейный* в словарях — с 1780 г. (Нордстет, I, 337). ▫ Ср. ит. lotteria; франц. loterie; нем. Lotterie; англ. lottery; исп. lotería; венг. lutri и др. Первоисточник — ит. lotteria — «лотерея» от *lotto* — первоначально «доля», «часть» > «участь», ныне «государственная лотерея». Во французском (с XVII в.) — из итальянского. В русском

языке, м. б., непосредственно из итальянского (старые написания *лоттерея*, *лотериа*).

ЛОТО́, нескл., *ср.* — «игра, заключающаяся в том, что принимающие в ней участие закрывают фишками на своих картах выкликаемые номера (или картинки) и тот, кому посчастливится раньше всех закрыть номера (или картинки), считается выигравшим». Укр., болг. лото́; блр. лато́. Ср. в том же знач.: с.-хорв. тȏмбола (< ит.) тȏмбола (и лȍто); польск. loteryjka (ср. loteria — «лотерея»). В русском языке в словарях (сначала в форме *лотто*) отм. с 1804 г. (Яновский, II, 610). ▫ В русском языке слово *лото* (судя по ударению и по времени заимствования) — из французского. Как название игры это слово итальянское. Ср. ит. lotto — собств. «доля», «часть» (сначала и «участь», «жребий», «выигрыш»), новое знач. — «государственная лотерея», устар. «лото» (теперь обычно в этом знач. — tómbolo). Из итальянского — франц. (с 1732 г.) loto; нем. Lotto; англ. lotto и др. В итальянском языке это слово возникло на основе франц. lot — «жребий», «участь», «судьба»; корень франкский.

ЛОТО́К, лотка́, *м.* — 1) «открытый прилавок, столик для уличной торговли»; 2) «небольшой легкий ящик с низкими бортиками, употребляемый для торговли вразнос разным мелким товаром (фрукты, хлебные и кондитерские изделия, галантерея и пр.)»; 3) «открытый желоб для стока воды или для ссыпания зерна, муки (напр., на мельнице)»; 4) «ковш, корыто для промывания золотоносного песка, для осаждения примесей при выварке соли». *Прил.* лото́чный, -ая, -ое, отсюда лото́чник. Укр. лото́к, лотко́вий, -ая, -е, лото́чник; блр. лато́к (> лит. latãkas — «лоток», «желоб»), латчны, -ая, -ае. В других слав. яз. отс. В русском известно с XVIII в. [Литхен, 1762 г., 309: *лоток* — «van» (т. е. «ручная веялка»)]. Он, однако, прозвище *Лоток* (1539 г.) и фамилию *Лотков* (1656 г.), отм. Тупиковым (232, 628). Ср. там же: «*Желоб Демехов*, крестьянин» (1539 г., 147). ▫ Конечно, от *лот* [ср. у Даля (II, 869): лот — «корытце», «лоток»]. В этимологическом отношении трудное слово. Какое знач. было старшим: «желоб для стока воды» или «короб», «ящик», или даже «веялка»? Если «желоб для стока воды» (что более всего вероятно), то имеется достаточное основание возводить это слово к и.-е. корню *lăt- [или *(s)lăt-], выражавшему знач. «мокрый», «сырой», «дождливый», «болото», «лужа». На славянской почве сюда можно также отнести др.-рус. слотъ : слота — «мокрый снег», «ненастье» (Срезневский, III, 423). Ср. лит. Lãt-ùpė, Latuvà, латыш. Late — названия рек; греч. λάταξ — 1) «остаток недопитого вина в чаше, выплескивавшийся в металлический сосуд (таз) с тем, чтобы по чистоте звука выплескивавший вино мог определить степень расположения к себе задуманного лица»; 2) «название водоплавающего животного, по-видимому, бобра»; латин. (из греч.) latex — «влага», «жидкость»; ср.-ирл. laith

ЛОТ

< *lati-) — «болото», «пиво» и др. (Pokorny, I, 654—655; Walde—Hofmann³, I, 770; скептическую позицию, по обыкновению, занимает Frisk, II, 89).

ЛО́ТОС, -а, м. — «цветущее водяное растение семейства кувшинковых, с крупными круглыми листьями в форме слабо вогнутых щитов на длинных черешках и крупными красивыми цветками желтого или розового (в Египте и белого) цвета», Nelumbium. *Прил.* ло́тосовый, -ая, -ое. Укр. ло́тос; блр. ло́тас; болг. ло́тос; с.-хорв. ло̀тос; чеш. lotos; польск. lotos (устар. lotus, lotusowy, -a, -e). Встр. в сочинениях Фонвизина («Иосиф», 1769 г. — ПСС, I, 533). В словарях — только с середины XIX в. (ПСИС 1861 г., 279) ▫ Ср. франц. (с XVI в.) lotus : lotos; нем. Lótos; англ. lotus; ит., исп. loto и др. В европейских языках первоисточник — греч. λωτός — не только «нильская лилия» (Nymphaea lotus и Nymphaea nelumbo), но и «разновидность клевера» и название ливийского дерева > латин. lōtos : lōtus. В греческом языке оно — неизвестного происхождения средиземноморское слово. Ср. др.-евр. lōṭ — «капающая». В русском языке *лотос*, судя по ударению, м. б., из немецкого.

ЛО́ЦМАН, -а, м. — «специалист по проводке судов, знающий местные условия плавания». *Прил.* ло́цманский, -ая, -ое. Укр. ло́цман, ло́цманський, -а, -е; блр. ло́цман, ло́цманскі, -ая, -ае; болг. ло́цман. В некоторых слав. яз. лоцмана называют *пилотом*: с.-хорв. пи̏лот — «пилот-летчик» и «лоцман»; польск. pilot — тж. (ср. нем. Pilot тж.; англ. pilot — тж.). Ср. чеш. lodivod — «лоцман». В русском языке слово *лоцман* употр. (сначала наряду с *пилот*) с Петровского времени. Кроме данных, имеющихся у Христиани (Christiani, 38, со ссылкой на ПбПВ, I, начиная с 1701 г.) и более поздних у Смирнова (182), см. еще ПбПВ, II, № 583, 1703 г., 246; МИМД, 84, 1719 г. и др. ▫ Из голландского языка. Ср. голл. loodsman (совр. чаще loods). См. Meulen, NWR, Suppl., 58. Из голландского — совр. нем. Lotse < Lootse < Lootsmann (XVII—начало XVIII в.). Родина этого слова — старая Англия. Ср. ст.-англ. loadsman — «штурман», «рулевой», «провожатый» (=совр. англ. pilot) при средневек. англ. lode — «путь», man — «человек».

ЛО́ШАДЬ, -и, ж. — «крупное однокопытное домашнее животное, используемое для перевозки людей, грузов», Equus (caballus caballus). По Далю (II, 870): «вообще конь; особ. не жеребец и не кобыла, мерин». *Прил.* лошади́ный, -ая, -ое; ср. безлоша́дный, -ая, -ое. Гл. обр. русское. В говорах: лошебо́д — ворон. «конокрад». Ср. также лоша́к — «помесь жеребца и ослицы». В других слав. яз. ему соответствует слово *конь* (см.). Ср., однако, укр. лоша́, род. лоша́ти — «жеребенок», лоша́к — «молодой конь», лоши́ця — «кобыла». Др.-рус. лошадь (Пов. вр. л. по сп. 6619 г. и др.), лошадька (Пов. вр. л. по Ип. сп. под 6619 г.), лошакъ — с XIII в. (Рук. Клим. до 1270 г.) [Срезневский, II, 48]; в новгородских берестяных грамотах: лошакъ (№ 69, XII—XIII вв.). *Прил.* лошади́ный в словарях — с 1731 г. (Вейсман, 327); *безлошадный* известно с XVII в. ▫ Тюркское слово, широко распространенное в тюркских языках (и как тюркизм — в других языках Восточной Европы). Ср. каз.-тат., башк. алаша — «мерин»; азерб. алаша (alaşa) — «кляча». Иногда в сочетании с *ат* — «лошадь», «конь»: ног. аласа ат — «мерин». Ср., кроме того, у Радлова (I:1, 365—366): крым.-тат., каз.-тат. алаша ат (то же алаша ат); осм. (турец.) алаша — «лошадь или другое животное, приученное к седлу». Из тюркских языков это слово получило широкое распространение на Кавказе. Ср. осет. аласа — «мерин» (иногда в полушутливом тоне — «лошадка»); абх. alaša; кабард. alaśe; чечен. alaš и др.; так же в вост.-фин. языках: марийск. алаша — «мерин»; морд. алаша — тж.; ср. также чуваш. лаша — «лошадь». Но из тюрк. алаша легко получается *лошак* (с суф. *-ак* на русской почве), а как объяснить *лошадь*? Надо полагать, оно — из алаша ат (Радлов, уп. 366; Корш, ИОРЯС, 1903 г., VIII, в. 4, 45; Дмитриев, 28). Форму *лошадь* (с *д* вм. *т*) это слово получило на русской почве. Ср. рус. бахмат — «малорослая лошадь» с тюркским *ат* во второй части (при *бахм-* в первой части неясного происхождения; ср. перс. пäхн — «распростертый», «расплющенный»; осет. бæх — «лошадь»).

ЛУБ, -а, м. — «снятый со ствола живого лиственного дерева (липы, вяза) пласт, кусок внутренней коры (лыка), используемый для покрытия чего-л. или как материал для некоторых изделий (короб, лукошко и т. п.)». Сюда же лубо́к — тж. и «примитивная по исполнению народная картинка, обычно раскрашенная гравюра, сначала вырезывавшаяся на липовой доске (коре), а потом на латуни». *Прил.* (от *луб*) лубяно́й, -а́я, -о́е, (от *лубок*) лубо́чный, -ая, -ое. Укр. луб, лубо́к, луб'яни́й, -а́, -є́; лубо́чний, -а, -е; блр. луб, лубо́к, лубяны́, -а́я, -о́е, лу́бачны, -ая, -ае; болг. луб, лу́бец (по Младенову; в словарях совр. болг. лит. языка отс.; ср. ли́ко — «луб»); с.-хорв. лу̑б, лу̀бура — «посудина из луба», лу̀бњача — «хижина с лубяной крышей»; словен. lub, lubje; чеш. разг. lub — «фанерный (лыковый) обод сита», «корпус некоторых муз. инструментов» (ср. lyko — «луб»), lubový, -á, -é; словац. lub — «кора», «дранковый обод сита», также «борт» (лодки); польск. łub, łubek — «лубок», łubiany, -a, -e; в.-луж. łubja, ж. — «крыша», «навес», «амбар», «палуба» (из луба), łubjowy, -a, -e. Др.-рус.(с XV в.) лубъ (между прочим, и «писчий материал»), лубье, лубяный (Срезневский, II, 48). ▫ О.-с. *lubъ. И.-е. корень *leub(h)- : *loub(h)- «облуплять» (кору), «обламывать», «повреждать» (Pokorny, I, 690). Ср. лит. lùbos — «дощатый потолок», устар. lubà — «доска», lúbas (< *loubhos) — «луб», «древесная кора»; латыш. luba — «луб», «гонт», lubas — «дранка»; др.-прус. lubbo — «доска»; далее:

гот. lauf(-s) — «листва», «лист»; др.-в.-нем. loub — «навес из коры», совр. нем. Laube — «беседка», «галерея» и т. п. Ср. также латин. liber (< *luber < *lubhros) — «лыко» > «письмо», «книга». См. еще *лупить*.

ЛУГ, -а, м. — «участок земли, обильно заросший травой». *Уменьш.* лужо́к. *Прил.* лугово́й, -а́я, -о́е. *Сущ.* лужа́йка. Укр. луг (чаще лука́), лугови́й, -а́, -é, лужо́к; блр. луг, лугавы́, -а́я, -о́е, лужо́к; болг. лъг — «лесок среди луга в болотистом месте»; с.-хорв. лу̑г — «роща», «лесок в низине», лу̑жан, -жна, -жно: лу̑жнӣ, -а̄, -о̄; словен. log — «роща», «лесок», «лесной выгон»; чеш. книжн. luh — «влажная, сыроватая роща», «непросохший лужок» (ср. louka — «луг»), прил. lužní, lužný, -á, -é; словац. книжн. поэт. luh — «роща», «лесок» (ср. lúka — «луг»), но luhový, -á, -é — «луговой»; польск. łęg — «заливной луг», «пойма» (ср. łąka — «луг», отсюда łąkowy, -a, -e — «луговой», łączka — «лужок»); в.-луж. łuh — «лужицы», «болото», «топь», łuhovy, -a, -e. Др.-рус. (с XI в.) лугъ — 1) «(заливной) луг» (Пов. вр. л. под 6659 г.: «по лугови») , «пастбище»; 2) «лес»; 3) «болото» (Срезневский, II, 49). Прил. *луговой* в словарях отм. с 1762 г. (Литхен, 310: *луговый*), *лужайка* — с 1792 г. (САР¹, III, 1323). ◻ О.-с. *lǫgъ. В этимологическом отношении спорное слово. Следовало бы ожидать *lǫkъ. В последнее время убедительно связывают с лит. lénge — «участок земли в низине», «лощина», «луг между двумя взгорьями», происхождение которого, впрочем, также не очень ясно (см. Machek, ES, 278; Fraenkel, 355). М. б., следствие контаминации о.-с. *lǫk- (см. *лука́*) и о.-с. *logъ — «лощина» (корень *leg-: *log-; см. *лежать*). Др.-рус. логъ — «лощина» известно с XII в., лука — «залив» встр. уже в Пов. вр. л. под 6604 г. (Срезневский, II, 41, 50).

ЛУ́ЖА, -и, ж. — «скопление воды (дождевой, подпочвенной или пролитой откуда-н.) или иной жидкости в неглубокой и небольшой ямке, выемке на земле, на мостовой и т. п.», «жидкость, пролитая на поверхность чего-л.». Блр. лу́жына (также калю́га); словен. luza (также «болото»); чеш. louže, ст.-чеш. lúžě, моравск. luža (также kaluž) — «лужа»; польск. kałuża — тж.; в.- и н.-луж. łuža — тж. Др.-рус. (не позже XIII в.) лужа — тж. (Срезневский, II, 50). ◻ О.-с. *luža. Ср. лит. liũg(n)as — «лужа», «болото», «топь», название озера Lūgas. Сюда же относится латышское название г. Лудза (Ludza) на востоке Латвии. Кроме того, иллир. luga(s) — «болото», откуда алб. lëgatë — «лужа», «болото». И.-е. база *leu-g- (: *lou-g-), выражавшая цветовое знач. «черный», «блестяще-черный». Ср. греч. поэт. λῡγαῖος — «темный», «мрачный», η-λύγη — «мрак», «тьма» (где η- приставка с неясным знач.), ἐπ-ηλυγάζομαι — «покрываю тенью». Подробнее см. Pokorny, I, 686; Fraenkel, 379.

ЛУК¹, -а, м. — «ручное оружие (для метания стрел) в виде упругой дуги (или полуоб-руча), концы которой стянуты тетивой». *Прил. устар.* лучно́й, -а́я, -о́е. Укр., блр. лук; болг. лък; с.-хорв. лу̑к; словен. lok; чеш. luk; польск. łuk — «лук», «арка», «дуга» (ср. łęk — тж. и «седельная лука»); в.-луж. łuk — «лук», «дуга». Др.-рус. (с XI в.) лукъ — «лук», также «лука седельная» (Срезневский, II, 53). Ст.-сл. лѫкъ (Супр. р. — Meyer, 116). ◻ О.-с. *lǫkъ. И.-е. *lonk-o-s — тж., корень *lenk- (: *lonk- и пр.) [Pokorny, I, 676], тот же, что в рус. *лукавый* (см.), *лука́* (см.), *лукоморье*, *лучить*, *отлучить(ся)* и т. д. Ср. лит. lañkas — «дуга», «обруч», «лук», lankstýti — «сгибать»; ср. leñkti — «сгибать», «гнуть»; др.-прус. lanktis — «крюкообразные вилы». В других и.-е. языках это гнездо (с назализованным корнем) почти не представлено. Возможно, сюда относится латин. lanx (< *l₁nk-s) — «чашка весов» > «чаша», «миска».

ЛУК², -а, м. — «огородное овощное растение семейства лилейных, с острым, пряным вкусом и запахом, со съедобными трубчатыми листьями (перьями) и луковицей (головкой) разной величины и формы, гл. обр. шаровидной», Allium. *Прил.* лу́ковый, -ая, -ое, отсюда лу́ковица. Болг. лук, лу́ков, -а, -о, лу́ковица; с.-хорв. лу̑к, лу̑ков(и), -а, -о; чеш. прост. luček — «лук-порей» (Allium porrum; ср. cibule — «лук», некоторые виды — česnek). Ср. в том же знач.: укр. цибу́ля; блр. цыбу́ля; словен. čebula; польск. cebula (от позднелатин. cēpulla, восходящего как произв. к латин. cēpa: caepa — тж.). Др.-рус. и ст.-сл. лукъ [Хр. Г. Ам. XI в. (Истрин, III, 254; также Срезневский, II, 53; там же другие примеры)]. ◻ О.-с. *lukъ. Ср. со знач. «лук», «луковичное растение» (и это знач. можно считать характерным именно для германской языковой группы) др.-в.-нем. louh; ср.-в.-нем. louch (совр. нем. Lauch); др.-исл. laukr (совр. швед. lök; норв. løk; дат. løg; также голл. look; англ. leek — «лук-порей» и др. Многие языковеды полагают, что о.-с. *lukъ заимствовано из германских языков (наличие k вм. ожидаемого g), как и фин. (с.) laukka — тж. Но вопрос (по крайней мере, в отношении славянских языков) пока еще нельзя считать решенным. Германское название лука и луковичных (и нек. других растений, восходящее к о.-г. основе *lauka-, в этимологическом отношении неясное слово, у него не имеется родственников. М. б., это слово, как и названия нек. других растений, является общим (у предков германцев и славян) праевропейской эпохи заимствованием из источника, пока еще остающегося неизвестным. Кроме того, заслуживает большего внимания предположение Младенова (ЕПР, 280) о связи о.-с. *lukъ (< *loukos) с греч. λευκός — «светлый» > «белый». Первоначально о.-с. *lukъ могло быть названием луковицы, причем не только лука, но и других луковичных растений. Ср. греч. λεύκη — «белый тополь», λευκόϊον — «левкой», λευκάς — «глухая крапива», «яснотка» (Lamium album).

ЛУКА́, -и́, ж. — 1) «часть суши, иногда — пойма, образуемая дугообразным поворотом, изгибом реки», а также «изгиб, колено реки», «залив»; 2) «изгиб переднего или заднего края седла»; 3) *разг.* «изгиб», «искривление», «извилистость». Ср. **лукомо́рье** — «морской залив», «извилистый берег моря». Укр., блр. **лука́**; болг. **лъка́** — «изгиб берега», «морской залив»; с.-хорв. **лу́ка** — «низина у реки», «пойма», «морской залив»; словен. loka — «болотистый луг»; чеш. louka (ст.-чеш. luka) — «луг» («лука в 1 знач.» — ohub, zatáčka), «седельная лука»; польск. łęk — «седельная лука» («лука в 3 знач.» — skręt, zakręt, kolano; «лукоморье» — otok, brzeg, okrągły); в.- и н.-луж. łuka — «луг». Др.-рус. (с XI в.) лука — 1) «берег залива», «берег излучины реки»; 2) «хитрость», «обман», лукоморие (Срезневский, II, 50, 52). Ст.-сл. лѫка. ▫ О.-с. *lǫka. Корень тот же, что в *лук¹* (см.), *излучина* и т. п.

ЛУКА́ВЫЙ, -ая, -ое — «хитрый», «криводушный». *Кр. ф.* лука́в, -а, -о. *Сущ.* лука́вство. *Глаг.* лука́вить. Укр. лука́вий, -а, -е, лука́вство, лука́вити; болг. (с *увм.* ожидаемого *ъ* — из русского) лука́в, -а, -о, лука́вство, лука́вствувам — «лукавлю». Ср. с.-хорв. лу̏кав, -а, -о: лу̀кави̑, -а̑, -о̑, лу̀кавост, лу̀кавство; словен. lokav, -a, -o. lukavost. В других слав. отс. Др.-рус. (с XI в.) лукавый — «извилистый» (ср. Дан. иг.: «Иерданъ... лукаво... течеть»), «ложный», «лживый», «коварный», «неприязненный», лукавьство, лукати, луковати (Срезневский, II, 51—52). Ст.-сл. лѫкавъ, лѫкавьнъ. Глаг. *лукавить* в словарях — с 1731 г. (Вейсман, 683). ▫ О.-с. *lǫkavъ, -a, -o, *lǫkavъjь, -aja, -oje. Произв от *lǫka — «изгиб», «кривизна» (см. *лук¹*, *лука́*). Корень *lǫk-, суф. -av-, как в о.-с. *krъvavъ.

ЛУНА́, -ы́, ж. — «небесное светило», естественный спутник Земли, светящийся отраженным солнечным светом». Иначе ме́сяц. *Прил.* лу́нный, -ая, -ое. Новообразование (конца 1959 г.) лу́нник. Болг. луна́, лу́нен, -нна, -нно; словен. luna, lunin, -a, -о; чеш., словац. luna (гл. обр. в поэтическом языке, обычно чеш. měsíc, словац. mesiac). Ср. в том же знач.: с.-хорв. мѐсе̄ц; укр. мі́сяць; блр. ме́сяц; польск. księżyc. Но ср. укр. луна́ — «эхо», «отзвук»; польск. łuna — «отражение света», «отблеск», «зарево» в этом знач. употр. и луна). Даль (II, 873) отм. костр. луна́ — «зарево», «зарница», «всякий отдаленный или слабый блеск на небе». Др.-рус. (с XI в.) и ст.-сл. луна — «месяц, небесное светило» (только это знач.), лунный (Срезневский, II, 54, 55). ▫ В этимологическом отношении не всё ясно. Возможно, что в знач. «месяц, небесное светило» слово *луна* заимствовано из латинского языка (ср. латин. lūna — тж.); отсюда: франц. lune; ит., исп. luna; румын. lúnă и др.), м. б., даже книжным путем, через старославянский. Что же касается народного (рус., укр., зап.-слав.) луна (luna) — «отзвук», «отблеск» и т. п., то оно не заимствовано, а находится в родстве с тем же латин. lūna, при латин. диал. losna. Некоторые языковеды (сюда относится и Pokorny, I, 689) считают слово *луна* и в знач. «месяц» не заимствованным словом, а родственным с латин. lūna. Ср. в других и.-е. языках: др.-прус. lauxnos, *pl.* — «созвездие» и др. И.-е. основа *louksnā-. На другой ступени вокализма сюда относится греч. λύχνος — «светильник». Правда, в отношении консонантизма здесь не все в порядке: в общеславянском следовало бы ожидать *luchna (ch< < kch < ks). См. *лунатик, луч*.

ЛУНА́ТИК, -а, *м.* — «человек, страдающий сомнамбулизмом, расстройством сознания, сопровождающимся автоматическими действиями во время сна (по старым понятиям — лунной ночью)». Сюда же **лунати́зм**. Укр. луна́тик, лунати́зм; блр. луна́тык : луна́цік, лунаты́зм : лунаці́зм; болг. луна́тик, лунати́зъм; чеш. lunatik (чаще náměsíčník), lunatismus (также náměsíčnost); польск. lunatyk, lunatyzm. В русском языке слово *лунатик* известно со 2-й пол. XVIII в. (Нордстет, I, 1780 г., 338); *лунатизм* — более позднее (Кирилов, 1845 г., 171). ▫ Восходит к позднелатин. lūnāticus — тж. (от lūna — «луна», «месяц»). Ср. ит. разг. lunàtico (при литер. sonnambulo). В русском языке, возможно, из латинского (как медицинский термин) или из итальянского, причем едва ли при немецком посредстве: нем. обычно Mondsüchtige(r) — «лунатик», от Mondsucht — «лунатизм», но известно и Lunátiker. Ср. франц. somnambule — «лунатик»; англ. sleep-walker — тж.

ЛУ́ПА, -ы, ж. — «двояковыпуклое увеличительное стекло (обычно в круглой оправе)». Укр., блр., болг. лу́па; с.-хорв. лу̏па; чеш., польск. lupa. В словарях — с начала 60-х гг. XIX в. (ПСИС 1861 г., 281). ▫ Восходит, в конечном счете, к франц. loupe, *f.* — тж. Отсюда нем. Lupe, *f.*; исп. lupa. Но ср. англ. magnifier, magnifying glass; ит. lente (d'ingrandimento). Происхождение и история французского слова недостаточно выяснены. Как оптический термин оно употр. во Франции с конца XVII в. (Bloch — Wartburg², 357). В русский язык попало, вероятно, при немецком посредстве.

ЛУПИ́ТЬ, луплю́, — «сдирать, снимать кору, кожуру, скорлупу и т. п.»; «драть (с чего-л., кого-л.)»; «колотить, бить кого-л.». *Возвр. ф.* лупи́ться. Укр. лупи́ти : лупи́ти кого-л.; блр. лупі́ць, лупі́цца. Ср. болг. лу́пам — «стучу», «бью», «быстро и много работаю», сов. лу́пна; с.-хорв. лу́пити — «лущить». лу́пити — «ударить», «хватить с размаху», несов. лу́пати — «стучать», «ударять»; словен. lupiti — «лущить», «облупливать»; чеш. loupiti — «грабить», loupati — «лущить», «очищать», loupati se — «шелушиться», lupati — «трещать», lupnouti — «треснуть», «лопнуть», lupič — «грабитель», «разбойник»; польск. łupić — «лупить», «лущить», «грабить», łupać — «раскалывать», «расщеплять», łupać się — «раскалываться», устар. łupież — «разбой», «грабеж», «кора»; в.-луж.

ЛУЧ

łupać (сов.), łupnyć — «лупить», «лущить», «теребить», «бить», также «трещать». Др.-рус. (с XIII в.) лупити — «грабить», лупежь — «грабеж» (Срезневский, II, 55). ▫ О.-с. *lupiti. И.-е. база *leup- : *loup- [с глухим губным согласным в качестве расширителя; вариант со звонким *leub(h)- представлен рус. луб (см.)]. Ср. лит. lùpti — «сдирать» (кору, шкуру), «лупить», «бить», «рвать (драть)», laupýti — «лупить», «обдирать», lùpena — «шелуха», «кожура»; латыш. laupīt — «грабить», «похищать»; греч. λύπη — «боль», «мука», «страдание», «скорбь», λυπέω — «терзаю», «мучу», «беспокою»; др.-инд. lōpáyati — «наносит вред», «истребляет» при lumpati — «грабит», «уничтожает».

ЛУЧ, -á, м. — «узкая полоса, пучок света (или тепла и другой энергии в физическом смысле), исходящий от какого-л. источника, светящегося предмета». *Прил.* лучевóй, -áя, -óе, лучи́стый, -ая, -ое. *Глаг.* лучи́ться; ср. с приставкой: излучáть. Болг. лъч, м., устар. лъча́, ж., лъчи́ст, -а, -о; с.-хорв. зȳка, ж. — «солнечный луч»; ср. лу̑ч — «лучина», «факел», лу́чити — «излучать»; словен. luč — «свет», «сияние»; чеш. louč — «лучина» («луч» — paprsek); словац. lúč — «луч» (также paprslek), «лучина»; польск. łuczywo — «лучина» («луч» — promień). в.-луж. łučwo — «смолистое дерево, сосновая лучина»; н.-луж. łucywo — тж. Др.-рус. (с XI в.) и ст.-сл. лучь, м. : луча, ж. — «луч»; ср. любопытное лючь в Минее 1096 г. и Минее XII в. (Срезневский, II, 56). В ж. р. (им. ед. луча́) это слово наряду с луч, м. употр. еще в конце XVIII в. (САР¹, III, 1792 г., 1341). Прил. лучево́й в словарях — с 1814 г. (САР², III, 624); лучи́стый встр. в стих. Державина «Изображение Фелицы», 1789 г., строфа 36 (Стих., 38). В словарях — с 1792 г. (САР¹, III, 1342). Глаг. лучи́ться отм. у Даля (II, 1865 г., 875), но ср. лучи́ть в САР² (III, 1814 г., 625) со знач. «при лучинном огне бить в воде рыбу». ▫ О.-с. *lučь : *luča. И.-е. основа *loukjŏ- : *loukjā; корень *leuk- : *louk- — «светить(ся)», «свет» (Pokorny, I, 687). Ср. лит. laũkis — (о животных) «с белой лысиной (пятном) на лбу»; латыш. lauks — «белолобый» (о животном); др.-прус. lauknos — «светило»; гот. lauhatjan — «сверкать», «блестеть»; др.-в.-нем. loug — «пламя», «огонь», lougazzen — «пылать», «пламенеть»; латин. lūceō (< *loukejō) — «свечусь», «блещу», lūx (< *louks) — «свет», «сияние»; греч. λευκός — «белый», λοῦσσον — «белое зерно еловой шишки»; др.-инд. rōcáyati — «освещает», rócate — «сияет», «блистает», rōcíṣ — «свет», «сияние» (ср. бенг. рошнӣ — «луч»). См. еще *лучина*.

ЛУЧИ́НА, -ы, ж. — «тонкая длинная щепка, отщепленная ножом от сухого полена (в старину употреблявшаяся также для освещения)». Укр. лучи́на (но чаще скíпка, скáлка); блр. лучы́на; словац. lúčina. Ср. с.-хорв. лу̑ч — «лучина», «факел», «сосна» (ср. лу̑ча — «луч»); чеш. louč — «лучина для освещения», louče, мн. — «лучины для растопки» (также třísky); польск. łuczywo —

ЛЫЖ

«лучина»; в.-луж. łučwo — «смолистое дерево, древесина», «лучина»; н.-луж. łucywo — тж. Ср. болг. бо́рина, треска́ (мн. трески́) — «лучина». Др.-рус. лучины — «смольные метательные факелы» в Новг. I л. по Синод. сп. (л. 68 об.) и Комиссион. сп. (л. 128) под 6712 г.: «фрязи... лучины зажьгъше, пустиша на хоромы» (Насонов, 48, 243). В словарях — с 1704 г. (Поликарпов, 163 об.). ▫ Произв. от луч (< о.-с. *lučь). След., сначала лучина значило «горящая лучина», «факел», потом — «лучина для освещения» и, наконец, «щепа». См. *луч*.

ЛУ́ЧШИЙ, -ая, -ее (ср. и превосх. ст. к прил. хороший) — «более (самый) хороший», «более (самый) добротный, красивый и т. п.», «высшего качества». Сюда же лу́чше (ср. ст. к прил. хороший и к нареч. хорошо). Укр. лу́ччий, -а, -е (но чаще крáщий, -а, -е, лíпший, -а, -е), лу́чче (чаще крáще). Ср. блр. ле́пшы, -ая, -ае, лепш : ле́пей. В других слав. яз. отс. Ср. в том же знач.: чеш. lepší; польск. lepszy, -a, -e; с.-хорв. бо̏љи, -ā, -ē. Др.-рус. лучии, лучьши, лучьшии, лучьшая, луче — «старший», «знатный» (Пов. вр. л. под 6453 г.), «лучший» (с XI в.); ср. лючьшая, лючьшими в Минее 1096 г. (Срезневский, II, 57). Ст.-сл. лоучни, лоучьшн, лоуче [ср. в Супр. р.:лоучьшѧѩ (им. ед. ж. р.); — Meyer, 113]. ▫ О.-с. *lučьjь, *lučьši : *lučьšija, *luče : luč(ьš)eje. Основа ср. ст. на -j-ьs-. В этимологическом отношении неясное слово. Связывают с о.-с. *lučiti (откуда рус. *получить*, *случиться* и др.), хотя с семантической точки зрения эта связь не убедительна. Не правильнее ли относить это образование по корню (*luč- < *luk-) к и.-е. *leuk- (: *louk-) — «светить(ся)». См. *луч*. Старшее знач. могло быть «более светлый (седой)», «более видный». Трудно сказать что-либо определенное.

ЛЫ́ЖИ, лыж (ед. лы́жа, -и, ж.) — «легкие плоские полозья (обычно из древесины нек. деревьев: ясеня, березы, клена и др.) с загнутым вверх передним концом, употребляемые для передвижения по снегу». *Прил.* лы́жный, -ая, -ое. Укр. ли́жі (ед. ли́жа), ли́жний, -а, -е; блр. лы́жы, лы́жны, -ая, -ае. Ср. польск. łyżwy (ед. łyżwa, в XVII в. также łyża) — «коньки» («лыжи — narty). Чеш. lyže — из русского. В других слав. яз. отс. Ср. в том же знач.: болг. ски, мн. (< нем. Schi < норв. ski); с.-хорв. сму̏чке, мн.; словен. smučke; н.-луж. sněgaki. Известно на Руси с XII в. [Срезневский, II, 63: «и на лыжах прескоча» (единственный пример из послания митрополита Никифора в. кн. Владимиру Всеволодовичу начала XII в., по сп. XVI в., изд. Калайдовичем, 156)]. В начале XVII в. засвидетельствовано Р. Джемсом (РАС, 1618-1619 гг., 26 : 14): lizge — «longe shooes for the snowe») («длинные башмаки для снега»). По мнению Ларина (там же, 107), zg здесь передает мягкое z (з), но не исключено, что в Поморье в XVII в. это слово существовало в форме *лы́жжа (м. б., с мягким ж) или даже *лы́зга. ▫ Со времени Миклошича (Miklosich, EW, 178) рус. лы́жа, мн. лы́жи

ЛЫС

связывают с рус. диал. (пск., твер.) **лызга́ть** — «скользить по льду», «кататься на коньках, на колодке или просто на ногах», **лызгону́ть : лызну́ть** — «улизнуть», «наострить лыжи», «ускользнуть», также **лызо́к** — «уход», «бегство», **дать лызка́** — «убежать» (Даль, II, 876). Ср. болг. **(х)лѣ́згам** — «скольжу», «катаюсь на скользкой поверхности», **(х)лѣ́згав, -а, -о** — «скользкий». Праформа *lyzja, м. б., наряду с *lyzgja. Суф. -g-, тот же, что в др.-рус. **струга́** — «струя», «течение» (см. *струя*). И.-е. база *s)leug' — «скользить» (Pokorny, I, 964). Ср. лит. šliūžės, pl. — «коньки», šliūžti — «ползти», «скользить», šliaužti — тж. [Френкель (Fraenkel, 1003), однако, возводит эту группу к и.-е. *k'leu- и, след., отделяет от рус. *лыжи*]; ср.-в.-нем. slūch, совр. нем. Schlauch — «рукав», «шланг»; голл. sluiken — «красться», «подкрадываться» > «заниматься контрабандой».

ЛЫ́СЫЙ, -ая, -ое — «лишившийся волос на голове». *Кр. ф.* лыс, -а́, -о. *Сущ.* **лы́сина**. *Глаг.* **лыси́ться**. Ср. в говорах (рост.-яросл.) любопытное **лы́сится** — «(на небе) проясняется» (Голанов Доп., 16). Укр. **ли́сий, -а, -е, ли́сина, лисі́ти**; блр. **лы́сы, -ая, -ае, лы́сіна, лысе́ць**; болг. **лис, -а, -о, лисина**; с.-хорв. **ли́са** — «белое пятно, лысина» (на голове животного), отсюда **ли́саст(и̂), -а, -о** [«лысый» — ћела̂в(и̂), -а, -о]; словен. lisa — «пятно» («лысый» — plešast, -a, -o); чеш. lysý, -á, -é, lysina, lysati; польск. łysy, -a, -e, łysina, łysieć; в.-луж. łysa — «с белым пятном на лбу» (о корове; также кличка коровы). Др.-рус. (с XV в.) **лысый**, в Дух. Ос. Окинф. 1459 г.: «лошак рыжь, *лысъ*» (Срезневский, II, 63). Произв. *лысина, лысеть* в словарях — с 1704 г. (Поликарпов, 164). □ О.-с. *lysъ, *lysьjь, -aja, -oje. И.-е. корень *leuk'- (вариант к *leuk-; см. *луч, лоск*). Подробнее — Pokorny, I, 690.

ЛЬНУТЬ, льну — «(ласково) прижиматься, прикасаться к кому-л. или к чему-л.», «как бы приклеиваясь, приставать, липнуть к чему-л.». Ср. чеш. lnouti — «быть привязанным к кому-л.», «льнуть»; польск. lgnąć (со вставочным g; ср. ст.-польск. lnąć). Также с.-хорв. prio̧nuti (где о — из ɫ) — «прильнуть», «примкнуть», несов. **приањати** («льнуть» — лепити се). В других слав. яз. отс. Ср. в том же знач. укр. **горну́тися, пригорта́тися, притуля́тися**. В словарях — с 1704 г. (Поликарпов, 162). В памятниках письменности до XVIII в. не отм. □ О.-с. *lьnǫti (< *lьpnǫti). Корень *lьp-. Ср. *-lipati (рус. *прилипать*). Ср. *лепить* (см.), *липнуть*.

ЛЮБЕ́ЗНЫЙ, -ая, -ое — «учтивый, обходительный, предупредительно-вежливый». В XVIII–нач. XIX в. также «милый», «дорогой». *Кр. ф.* любе́зен, -зна, -зно. *Нареч.* любе́зно. *Сущ.* любе́зность. *Глаг.* любе́зничать (от *устар.* любе́зник). Болг. любезен, -зна, -зно, любезно, любезнича — «любезничаю»; с.-хорв. љу̑базан -зна, -зно : љу̏базни̂, -а̂, -о̂, љу̑базно̂ст; словен. ljubezniv, -a, -o; чеш. líbezný, -á, -é — «ми-

ЛЮБ

ловидный», «прелестный», «приятный», líbeznost, líbezně; также словац. l'úbezný, -á, -é, l'ubezne, l'ubeznost'; польск. lubieżny, -a, -e — «чувственный», «сладострастный», lubieżność — «чувственность», «сладострастие»; в.-луж. lubozny, -a, -e — «миловидный», «хорошенький», «прелестный», luboznosć — «миловидность». Др.-рус. книжн. (с XI в.) **любьз(ь)нъ, любьзный** — «приятный», **любьзно** — «с любовью», **любьзнѣ** — «радушно», «милостиво»; ср. также **любьзнивый** — «полный любви» (Пов. вр. л. под 6605 г.) [Срезневский, II, 91]. Значительно позже (когда *любезный* получило знач. «учтивый» и т. п.) появилось слово **любезность** — «учтивость». В словарях *любезность* — «приятность» — с 1814 г. (САР², III, 646). Глаг. *любезничать* встр. у Пушкина, напр., в письме Дельвигу, ноябрь 1828 г.: «я совсем разучился *любезничать*» (ПСС, XIV, 34). В словарях — с 1847 г. (СЦСРЯ, II, 274). □ В древнерусском языке слово *любезный*, по-видимому, из старославянского. Отсюда произношение *е* (не *ё*) в положении перед твердым *з*. Морфологический состав основы — о.-с. *ljub-ьz-n-. По корню (*ljubiti) это слово связано с о.-с. *ljubiti (см. *любить*). Суф. прил. -n-, тот же, что в о.-с. *těs-n-ъ (< *těsk-n-ъ), *sъg-n-ъ и т. п. Гласный *е* перед *н* в *любезен, тесен, черен* и пр. не из *ь*, а следствие ликвидации -ɳ- в формах *ljubьzɳъ, *těsɳъ и пр., возникшего в связи с падением глухих. Первый суф. -ьz- (о.-с. *ljub-ьz-) встр. редко. Ср., однако, др.-рус. **любьжа** (< *ljubьzja) — «любовное средство», «приворотный корень» (Срезневский, II, 90). Ср. также (с родственным суф. -ьz-) отыменный глаг.: ст.-сл. **лобъзати : лобызати** — «целовать» (от о.-с. основы *lobьz-); ср. др.-в.-нем. laffan — «лизать»; латин. lambō (с инфиксом -m-) — «лижу», «касаюсь». И.-е. корень *lab-.

ЛЮБИ́ТЬ, люблю́ — 1) «переживать влечение, сильное тяготение, непреодолимую привязанность к кому-л.»; 2) «иметь склонность, пристрастие к чему-л.». Сюда же **любо́вь**. Укр. **люби́ти**, 1 ед. **люблю́** (но «любить в 1 знач.» — кохати), **любо́в**; блр. **любі́ць, -ю** — «любить» («любить в 1 знач.» — кахаць), **любо́ў**. Ср. болг. **любя́** — «люблю», **любо́в**; с.-хорв. љу́бити, 1 ед. љу̑би̂м — «целовать», устар. «любить» (совр. во̀лети), љу̑бав; словен. ljubiti — «любить» (но «любовь» — ljubezen, ж.); чеш. líbiti se — «нравиться», устар. líbiti — «благоволить» (ст.-чеш. l'ubiti — «любить»; совр. milovati); словац. l'úbit' — «любить», l'úbost' — «любовь» (чаще láska), lubý, -á, -é — «милый»; польск. lubić — «любить», «симпатизировать» (о влюбленных — kochać, miłować); в.-луж. lubić — «давать обет», «обещать»; ср. lubować — «любить»; так же н.-луж. lubiś, lubowaś. Др.-рус. (с XI в.) **любити**, 1 ед. **люблю** — «любить» (но не в 1 знач.», «предпочитать», «любоваться», «целовать», **любы**, род. **любъве : любъви** — «любовь» (напр., к ближнему), «привязанность», «милость» (Срезневский, II, 82, 87). Ст.-сл. любити, 1 ед. люблѭ, любѭ, род. любъ-

ЛЮД

ве. ▫ О.-с. *ljubiti, 1 ед. *ljubjǫ; *ljuby, род. *ljubъve. И.-е. корень *leubh- (Pokorny, I, 683—684). Ср. лит. liáupsinti — ирон. «восхвалять», «прославлять» (на базе именной основы на -es; ср. книжн. liaupsě — «хвала», «восхваление»; гот. liufs — «милый», «дорогой», «любимый»; др.-в.-нем. liob : liub — тж., отсюда liuben (совр. нем. lieben) — «любить», англ. love — тж.; латин. libet (< lubet) — «хочется», «угодно», libīdō : lubīdō — «влечение», «страстное желание», «прихоть»; др.-инд. lúbhyati — «любит», «испытывает жажду», «алчет».

ЛЮ́ДИ, -éй — мн. ч. от человек (см.). Собир. люд. Прил. лю́дный, -ая, -ое, людско́й, -а́я, -о́е. Укр. лю́ди, люд, лю́дний, -а, -е, людськи́й, -а́, -é; блр. лю́дзі, люд, лю́дны, -ая, -ае, людскі́ -а́я, -о́е; болг. устар. лю́де, мн., лю́ден, -дна, -дно, лю́дски, -а, -о; с.-хорв. љу̑ди, љу̑дски, -ā, -о̄; словен. ljudje; чеш. lidé — «люди», lid — «народ», lidnatý, -á, -é, lidský, -á, -é, (от lid) lidový, -á, -é; польск. ludzie, lud — «народ», ludny, -a, -e, ludzki, -a, -ie, (от lud) ludowy, -a, -e «народный»; в.-луж. ludźo, lud, ludny, -a, -e, ludski, -a, -e, (от lud) ludowy, -a, -e; н.-луж. luźe, lud, (от lud) ludowy, -a, -e. Др.-рус. лю́дие (Остр. ев.), людье (Р. прав.), лю́ди (Пов. вр. л. под 6463 г.), людъ — «народ», (с XI в.) людьский (Срезневский, II, 91—95). ▫ О.-с. *ljudьje, *ljudъ. И.-е. корень *leudh- — «вырастать», «разрастаться», «прибавлять(ся)» (Pokorny, I, 684). Ср. лит. liáudis — «народ»; гот. liudan — «расти»; др.-в.-нем. liut — «народ», ср.-в.-нем. liute (совр. нем. Leute) — «люди» при liotan — «расти»; латин. līber (корень *līb- < *leib- < *loib- < *leudh-) — «свободный» (> франц. libre — тж.); греч. ἐλεύθερος (< *leudheros) — «свободный», «независимый», «благородный».

ЛЮК, -а, м. — «круглое или квадратное отверстие, обычно с крышкой, ведущее вниз, внутрь чего-л., напр., в трюм корабля»; устар. «отверстие для пушки в борту военного корабля» (ср. у Лермонтова в стих. «Воздушный корабль»: «И молча в открытые люки / Чугунные пушки глядят»). Прил. лю́ковый, -ая, -ое. Укр., блр., болг. люк; польск. luk. Но ср. в том же знач.: с.-хорв. о̀твор; чеш. příklop, průchod. В русском языке слово люк известно с Петровского времени (Смирнов, 182). Старший случай (ПбПВ, I, 232) относится к 1698 г. (здесь — в форме лю́йк). ▫ Слово заимствовано, как полагают, из голландского языка. Ср. голл. luik — «ставень», также «люк» (Meulen, HZR, 128 и NWR, Suppl., 59). Но на окончательную выработку формы этого слова могло оказать влияние и нем. Luke — «люк», заимствованное из нижненемецких говоров. Ср. в том же знач.: франц. trappe; англ. hatch(way).

ЛЮКС, -а, м. — употр. в сочетании с некоторыми сущ. в знач. «роскошный», «изысканный», «лучший по оборудованию», напр.: ателье люкс, купе люкс, каюта люкс и т. п. Укр., блр. люкс. В словарях — Ушаков, IV, Доп., 1940 г., 1496. ▫ Восходит

ЛЮС

к франц. luxe — «роскошь», «пышность». Ср. нем. Luxus — тж. Первоисточник — латин. luxus — «чрезмерная роскошь», «невоздержность»; ср. lux — «свет», «блеск». В русском языке, видимо, из французского.

ЛЮМБА́ГО, нескл., ср., мед. — «болезненное состояние, характеризующееся острыми, стреляющими болями в пояснице» (прострел). Укр. люмба́го; блр. лумба́га; болг. лумба́го; чеш. lumbágo; польск. lumbago. В некоторых слав. яз. также известно это слово (в форме lumbago), но ему предпочитают народные названия этой болезни. Напр., с.-хорв. кр̀стобо̀ља — тж. В русском языке отм. в словарях с 1861 г.: ПСИС, 280: lumbago (лумбаго); в форме лумба́го — еще в начале 900-х гг. (Битнер, 1905 г., 470 и др.). С мягким л: Ушаков, II, 107. ▫ Ср. франц. (с 1793 г.) lumbago; нем. Lumbago; англ. lumbago и др. Первоисточник — позднелатин. (IV в.) lumbago, произв. от lumbus — «поясница». В русском языке из медицинской латыни.

ЛЮ́МПЕН-ПРОЛЕТАРИА́Т, -а, м. — «деклассированный слой людей в капиталистическом обществе (босяки, бродяги, нищие и т. п.)». Укр. лю́мпен-пролетаріа́т; блр. лю́мпен-пралетарыя́т; болг. лу́мпен-пролетариа́т; с.-хорв. лу̑мпенпролетарија̑т; чеш. lumpenproletariát. В русском языке выражение лю́мпен (: лу́мпен)-пролетариат (- -пролетарий) или просто лю́мпен (: лу́мпен) известно с конца XIX в. Напр., в труде Ленина «Развитие капитализма в России», 1899 г.: «Здесь можно только примерно распределить группы, наиболее приближающиеся к основным экономическим типам: около 2 миллионов к пролетариату и полупролетарскому населению (частью лю́мпены)» (ПСС⁵, III, 504). В словарях иностранных слов отм. с начала 900-х гг. (Ефремов, 1911 г., 253: лумпен-пролетариат). В первые годы Советской власти это выражение получило особенно широкое распространение. См. примеры в книге Селищева «Яз. рев. эп.», 32—33. ▫ Восходит, в конечном счете, к нем. Lumpe, позже Lumpen, т. «лоскут», «тряпка», pl. «лохмотья». Отсюда (в XVII в.) Lump, pl. Lumpen — «человек в лохмотьях», позже — «человек недостойного поведения», «мерзкий человек» и далее «босяк», «люмпен-пролетарий». Lumpenproletariat встр. у Маркса и Энгельса в немецком тексте «Манифеста Коммунистической партии», 1848 г. Из немецкого языка: англ. lumpen-proletariat; ит. lumpenproletariato; исп. lumpenproletariado и др. Отсутствует во французском.

ЛЮ́СТРА, -ы, ж. — «висячий, прикрепленный к потолку осветительный прибор, состоящий из нескольких подсвечников или ламп». Укр., блр. лю́стра. Ср. с.-хорв. лу̏стер; чеш. lustr — тж. В некоторых слав. яз. отс. Ср. в том же знач.: болг. полиле́й (< греч. πολυέλαιος — досл. «многомасленник»); польск. żyrandol pająk. В русском языке слово лю́стра известно с начала XIX в. В словарях отм. с 1804 г. (Яновский,

II, 618). Во франц.-русских словарях конца XVIII в. (напр., ПФРЛ 1786 г., 51) франц. lustre переводится еще словами «паникадило», «зарнительница». ▫ Ср. франц. lustre, *m.* — тж.; нем. Lüster, *m.*; англ. lustre и др). Источник распространения — франц. lustre, которое, в свою очередь, восходит к ит. lustro — «лоск», «глянец» («люстра» обычно — lampadario). В русском языке, видимо, из французского.

ЛЮ́ТИК, -а, *м.* — «травянистое цветущее растение с желтыми небольшими одиночными цветками из пяти лепестков и с листьями, выделяющими ядовитое летучее вещество — анемонол», Ranunculus (sceleratus). *Прил.* лю́тиковый, -ая, -ое. Ср. болг. люти́че; с.-хорв. љу́ти̑к : љу́ти̑ћ. В других слав. яз. отс. Ср. в том же знач.: укр. жовте́ць, болг. казяле́ц; чеш. pryskyřník; польск. jaskier. В русском языке широко известно с начала XVIII в. Ср. в письме Петра I И. А. Толстому от 26-VI-1708 г.: «лютик надлежит вам взять» (ПбПВ, VIII, 41). В словарях — с 1780 г. (Нордстет, I, 343: *лютик* = «douve»). ▫ От *лютый* (см.). Названо так по ядовитости этого растения.

ЛЮ́ТЫЙ, -ая, -ое — «жестокий, свирепый», «неистовый, крутой в злобе», «суровый». *Кр. ф.* лют, -а́, -о. Укр. лю́тий, -а, -е; блр. лю́ты, -ая, -ае; болг. лют, -а, -о — «острый», «резкий», «сильный», иногда «злой», «ожесточенный» (о человеке); с.-хорв. љу̑т, љу́та, љу́то; љу̑ти̑, -а̑, -о̑; чеш. lítý, -á, -é (ст.-чеш. l'útý, -á, -é). Ср. польск. luty — «февраль», устар. luty, -a, -e — «жестокий», «лютый» (обычно в этом смысле употр. okrutny, -a, -e, srogi, -a, -ie). Др.-рус. (с XI в.) и ст.-сл. лютъ, лютый — «лютый», а также «дикий», «рьяный», «постыдный», «безнравственный» (Срезневский, II, 96—97). ▫ О.-с. *ljutъ, -a, -o, *ljutъjь, -aja, -oje. Этимология не из ясных. Покорный возводит к и.-е. корню *lēut- : lūt- (Pokorny, I, 691). Но соответствующие образования в других и.-е. языках у него ограничиваются вал. (кимр.) llid — «гнев», «ярость», «злоба». Махек (Machek, ES, 273) предлагает совсем иное объяснение, сближая о.-с. *ljutъ с нем. wild — «дикий», «буйный», словом, также не очень ясным в этимологическом отношении. По мнению Махека, нем. wild — из предгерм. *welt-jo-s, где корень восходит к и.-е. *lēut-, но почему-то с перестановкой leu > vel-(wel-) на германской почве. Отсюда и название славянского племени *лютичи*, иначе *велеты*.

ЛЮЦЕ́РНА, -ы, *ж.* — «травянистое (редко — кустарниковое) кормовое растение семейства бобовых», Medicago sativa (синяя люцерна), Medicago falcata (желтая люцерна). *Прил.* люце́рновый, -ая, -ое. Укр. люце́рна, люце́рновий, -а, -е; блр. люце́рна, люце́рнавы, -ая, -ае; болг. люце́рна, люце́рнов, -а, -о; с.-хорв. лу̀це̑рка, лу̀це̑рна; словен. lucerna; чеш. lucerka : lucinka); польск. lucerna. В русском языке слово *люцерна* известно с середины XIX в. В словарях — с 1847 г. (СЦСРЯ, II, 277). ▫ Ср. франц. (с XVII в.) luzerne, *f.* > нем. (с XVIII в.) Luzerne, *f.*; англ. lucerne; ит. lucerna и др. Во французском языке это слово провансальского происхождения (отсюда z вм. c). Прованс. luzerno собств. значит «светляк»: люцерна названа по способности ее зерен отсвечивать, блестеть, лосниться. Ср. прованс. luzerno — «светильник», «лампа» < нар.-латин. lūcerna < латин. lŭcerna — «свеча», «светильник», «лампа».

ЛЯ — «название шестого из семи музыкальных звуков, являющихся основными ступенями до-мажорного диатонического звукоряда (гаммы)». В словарях отм. с 1776 г. (П. Алексеев, ЦС, Доп. I, 122). ▫ Первоисточник — ит. (с XI в.) la. По происхождению представляет собою начальный слог шестого полустиха первой строфы средневекового церковного католического гимна Иоанну Крестителю на латинском языке: «*La*bii reatum». См. также *ре*.

ЛЯГА́ТЬ, ляга́ю — (о лошадях, ослах и т. п.) «бить, наносить сильные удары задней ногой (ногами)». *Возвр. ф.* ляга́ться. *Сов. однокр. ф.* лягну́ть. В других слав. яз. это знач. обыкновенно выражается иначе: ср., напр., укр. брика́ти(ся), хвица́ти(ся); блр. брыка́ць, брыка́цца; польск. brykać (: wierzgać). Ср., однако, укр. диал. лигну́ти(ся) — «ударить(ся)», «хватить» (м. б., из русского?) Ср. также ст.-чеш. líhati — «двигать», «шевелить», «колебать». В русском языке в словарях *лягать(ся)* отм. с 1731 г. (Вейсман, 59). ▫ Глаг. *лягать* отыменный, от *ляга*. Ср. рус. диал. ля́га — «ляжка» (см. *ляжка*, слово, произв. от *ляга*). О.-с. корень, по-видимому, *leg-. И.-е. *leng- (вариант *lenk-?) — «сгибаться», «качаться», «шататься» (Pokorny, I, 676). М. б., и «сгибать»? Чтобы лягнуть, нужно сначала согнуть ногу, а потом с силой выпрямить. Ср. лит. linguoti — «качать» (напр., ребенка или головой), «качаться», linginti — «идти качаясь»; алб. lëngoj — «стонать (от боли)», «болеть» (< «сгибаться от боли»).

ЛЯГУ́ШКА, -и, *ж.* — «бесхвостое земноводное со скользким телом (чаще зеленого или коричневого и серого цвета) и с длинными и сильными задними конечностями, приспособленными как для прыгания (скакания), так и для плавания», Rana. Ср. в говорах: колым. лягу́ш (Богораз, 78), новг. лягу́ха (Даль, II, 885), перм., зап.-сиб. лягу́ша (Даль, уп.; Палагина, II, 138). *Прил.* лягу́шечий, -ья, -ье, (от *лягу́ша*) лягуши́ный, -ая, -ое. В других слав. яз. отс. Лягушку там называют *жабой*. Ср. укр., блр., болг. жа́ба; с.-хорв. жа̀ба (тогда как жаба — кра̀ставица, кра̀стача или крастава жаба); словен. žaba; чеш. žába («жаба» — ropucha); польск. żaba (ср. ropucha — «жаба»). Слово *лягушка* в русском языке известно, по крайней мере, с начала XVII в. (Р. Джемс, РАС, 1618—1619 гг., 14:39: lagsshka — «a frog»). В словарях — с 1731 г. (Вейсман, 211), там же *лягушечей*; *лягушиный* впервые — у Ушакова (II, 1938 г.,

108). ▫ Произв. от *лягать* (см.), *лягаться*. Названа так по движению задних конечностей при передвижении. Ср. в говорах *лягу́ша* — «лягливая лошадь» (Даль, II, 885).

ЛЯ́ЖКА, -и, ж. — «часть ноги от таза до колена», «бедро». *Устар. и обл.* **стегно́** — тж. Блр. **ля́жка**. Ср. в том же знач.: укр. **стегно́**; словен. stegno; чеш. stehno; болг. **бедро́**; с.-хорв. **бе́дро**; польск. udo. В словарях слово *ляжка* отм. с 1780 г. (Нордстет, II, 344 : *ляшка*). ▫ От *ляга* [неупотребительного в общерусском языке, но известного в говорах (Даль, II, 885)], от которого производным является и глаг. *лягать* (см.).

ЛЯ́ПАТЬ, ля́паю — 1) «сильно шлепать», «хлопать»; 2) «делать или говорить наобум»; 3) «пачкать». *Сов. однокр.* **ля́пнуть**. Сюда же *прост.* **ля́па** — «пятно», «клякса» и *перен.* «промах», «ошибка», пока еще не попавшее в словари. В говорах: арханг. (кем.) *ляпа* — «пощечина» и, может быть, *ляп* — «деревянная палка с выпуклою на конце колотушкою, которою кротат поймавшуюся на уду треску» (Подвысоцкий, 86). Ср. укр. **ля́пати, ля́пнути, ля́пка** — «клякса»; блр. **ля́паць, ля́пнуць**. В других слав. яз. отс. В русском языке *ляпать* в словарях отм. с XVIII в. (РЦ 1771 г., 291). Но ср. прозвища: *Ляпа* (1493 г.), *Ляпун* (1527 г.), фамилии: *Ляпин* (1664 г.), *Ляпунов* (1539 г.), *Ляпушкин* (1495 г.), отм. Тупиковым (238, 634) и свидетельствующие о том, что слова этой группы были известны и раньше. ▫ В этимологическом отношении не всё ясно. Корень, надо полагать, звукоподражательный или междометный, но установить родственные отношения трудно. Возможно, относится к одному гнезду с *лапать, лапить* — «хватать», «хватить» (см. *лапать*), и, след., с межд. *лап* в некоторых слав. яз. Ср. укр. *лап* — «цап(-царап)», «хвать»; болг. *лап* — «хлоп», «хватать» (РСБКЕ, 342); польск. *łap* — «цап», «хап», «хвать». Смягчение *ла > ля* в начале слова могло произойти, с одной стороны, под влиянием образования с корнем *тяп-* (*тяпать*), которые в русском языке известны также с XV в. С другой стороны, сыграл известную роль и фактор омонимического отталкивания от *лапать, облапить*.

М

МАВЗОЛЕ́Й, -я, м. — «монументальное надгробное сооружение особой архитектуры». Укр. **мавзоле́й**; блр. **маўзале́й**; болг. **мавзоле́й**; с.-хорв. **маузоле̄ј**; чеш. mausoleum; польск. mauzoleum. В русском языке это слово (сначала, м. б., *с вм. з*) известно с конца XVII в. Встр. в поэме Андрея Белобоцкого «Пентатеугум» (< греч. πεντάτευ-χος — «пятикнижие»), кн. V, строфа 13: «*Мавсолея* мраморовий гроб где ныне пребывает» (НПДЛ, 62). Позже, в форме ж. р., — в «Журн. пут.» Демидова, 1771—1773 гг.: «видима *мавзолея* кардинала» (35), «видели… преславную *мавзолею*» (37). В словарях: Яновский, II, 1804 г., 621: *мавзолей*. ▫ Ср. франц. mausolée, *m.*; ит. mausoleo; исп. mauseolo; нем. Mausoleum; англ. mausoleum и др. В западноевропейских языках восходит к позднелатин. mausoleum из греч. Μαυσώλειον, *п.* — «мавзолей», от Μαύσ(σ)-ωλ(λ)ος — *Мавсол* (младший), властитель Галикарнаса, которому его вдова Артемисия воздвигла великолепный памятник-гробницу, одно из «семи чудес света» в древнем мире. В русском языке, вероятно, из французского.

МАГ, -а, м. — «чародей», «волшебник». *Устар.* **ма́гик**, отсюда **маги́ческий**, -ая, -ое. Сюда же **ма́гия**. Укр. **маг, ма́гія, магі́чний**, -а, -е; блр. **маг, ма́гія, магі́чны**, -ая, -ае; болг. **маг, маги́я, маги́чески**, -а, -о, **маги́чен**, -чна, -чно; с.-хорв. **ма̑г, ма̏ђина̄р, ма̏ђиничара̑р**, **ма̏ђија, ма̏ђиничарски**, -а̄, -о̄ — «относящийся к магу», но **ма̏ђијски**, -а̄, -о̄ — «относящийся к магии»; чеш. mág, magie, magický, -á, -é; польск. mag, magia, magiczny, -a, -e. Др.-рус. (с XIII в.) **магъ** [Срезневский (Доп., 159) ссылается на Уст. крм. Ио. Схол. Апл. XIII в.]. Поздние образования: *магик*, прил. к нему *магический*, сущ. *магия*. Они вошли в употр. к началу XIX в. [все отм. Яновским (II, 1804 г., 626, 628)]. ▫ Первоисточник — греч. μάγος — «маг», μαγεία — «магия», μαγικός — «магический». Сначала словом μάγος — «маг» древние греки называли всякого члена мидийско-персидской жреческой касты, а μαγεία — «учение магов» (у Платона встр. в знач. «учение Зороастра, зороастризм»). Греч. μάγος — слово персидского происхождения. Ср. совр. перс. *моӷ* — «маг», «огнепоклонник», *моӷане* — «зороастрийский», «огнепоклоннический». Ср. также др.-перс. Maguš (авест. mоγu-) — название замкнутой касты жрецов в Мидии и (с VI—V вв. до н. э.) в Персии (Frisk, II, 156). Из греческого языка — латин. magus, прил. magicus, сущ. magīa. Из латинского: франц. mage (ст.-франц. mague), magie, прил. magique; нем. Magier, Magus, Magie, прил. magisch; ит. mago и др. Др.-рус. **магъ**, очевидно, из позднегреческого языка. Поздние образования (*магия, магический*) возникли на западноевропейской основе.

МАГАЗИ́Н, -а, м. — 1) «специально оборудованное помещение для розничной торговли»; 2) *устар.* «помещение для хранения каких-л. запасов», «склад». *Прил.* **магази́нный**, -ая, -ое. Укр. **магази́н, магазинний**, -а, -е; блр. **магазін, магазінны**, -ая, -ае; болг. **магазин**; польск. magazyn. Ср. с.-хорв. **магазин, магаџин** — «склад» («магазин в 1 знач.» — *ду̀ћа̄н*); чеш. разг. magacín — «склад» («магазин в 1 знач.» — obchod). На русской почве это слово появилось в начале XVIII в. одновременно в двух формах: *магазейн* и *магазин*, но с одним знач.: «склад, место хранения продовольственных запасов для армии». Первая форма в пись-

МАГ

менных памятниках начала XVIII в. встр. чаще (ПбПВ, I, № 363, 1701 г., 434; № 368, 1701 г., 442; VIII, № 2519, 1708 г., 56: «о *магазейне* Вяземском... дабы... указное число провианту там было собрано»; в «Архиве» Куракина, I, 137, 1705 г.: «и тут большой галанской *магазейн*»). Форма *магазин* (со знач. «склад») в словарях отм. с 1731 г. (Вейсман, 396). Употребление формы *магазейн* (но уже в смысле «торговое помещение») было возможно еще в 30-х гг. XIX в. Ср., напр., у Полежаева в поэме «День в Москве», 1832 г.: «С девицей в локонах вступает в *магазейн*» (Стих., 270; в поэме встр. неоднократно). К этой форме восходит диал. **магазéй, магазéя**. Любопытно у Даля (II, 887) замечание об этих словах, что народ употребляет их в смысле «склад» и т. п., тогда как в знач. «лавка», «место продажи товаров» он пользуется словом *магазин*. Ср., однако, олон. **магазéя** — «магазин» (Куликовский, 53). ▫ Ср. франц. magasin (произн. magazɛ̃; в рус. яз. концовка — с ориентацией на письменную форму слова); нем. Magazin (произн. maga'tsi:n) — «склад»; ит. magazzino (zz = дз) [«магазин в 1 знач.» чаще negozio]; голл. magazíjn [произн. magazéin, отсюда *магазейн* (см. выше)] — «склад», «большой магазин». В западноевропейских языках — из арабского. Ср. араб. maḫzan, pl. maḫāzin — «амбар», «склад», «депо» (к глаг. ḫazana u — «складывать в амбар») [Wehr², 213—214].

МАГАРЫ́Ч, -á, м., *прост*. — «вознаграждение за содействие в каком-л. деле, в какой-л. сделке в виде угощения (обычно с выпивкой)». В говорах: **могары́ч, могарéц, могарá** и др. (Даль, II, 887). Укр. **могори́ч**; блр. **магары́ч**. В других слав. яз. отс. Ср. в том же знач.: болг. **черпня́**; чеш. litkup. С.-хорв. устар. **могòри̏ч, могòри̏ћ** (Мичатек, 291), mogoryьь (?), mogoriš (Miklosich, EW, 199), отмечаемые без ясного значения, — по-видимому, из русского, как и лит. magarýčios, -ų; болг. **черпня́** — «бесплатное угощение». В форме **могорьць** «мзда», «плата» это слово отм. Срезневским (II, 160) в Посл. Новг. арх. Генн. м. Син. 1496—1504 гг. Ср. у Р. Джемса (РАС, 1618—1619 гг., 44 : 28): mágorrets «the hire of a labouringe man» («наемная плата работного человека»). Позже встр. в «Уложении» 1649 г., гл. 25, ст. 7, л. 333 об. (сверх *могорцу*). Форма *могорыч* (> *магарыч*) — более поздняя, в общем употр. — гл. обр. с начала XIX в. (САР², III, 1814 г., 815). ▫ Как полагают, первоисточник — араб. maḫārīg (pl. от maḫrag) — «выход», «исход», «издержки», также «черный ход», «увертка», «уловка» (к глаг. ḫaraga u — «выходить», «оставлять», «отделять», «нарушать»). Но пути проникновения неясны. Каз.-тат. **мөгәрич** «магарыч» — м. б., из русского. То обстоятельство, что древнейший случай употр. этого слова (причем в форме *могорец*) связан с Новгородом, позволяет сближать с позднелат. magarisium — «род дара, подношения», — словом, отмеченным еще Миклошичем (Miklosich, EW, 199), но темным в этимологическом отношении, м. б.,

также арабского происхождения. Старшая форма на русской почве была *могорец* [м. б., из *могорис (< *могориз?) : *могорес?]. Форма *могорыч* (> *магарыч*) возникла под влиянием слов на -*ыч* : -*ич* (ср. в особенности *ерофеич* — «название водки»).

МАГИ́СТР, -а, м. — 1) «в некоторых зарубежных странах и в дореволюционной России — ученая степень, а также лицо, имеющее ее»; 2) *ист*. «титул главы средневекового рыцарского или монашеского ордена, а также лицо, носящее этот титул». *Прил*. (к магистр в 1 знач.) **магистéрский, -ая, -ое**, (к *магистр* во 2 знач.) **маги́стерский, -ая, -ое**. Сюда же **магистрáнт** — «лицо, готовящееся защищать диссертацию на степень магистра». Укр. **магíстр, магістрáнт, магíстерський, -а, -е**; блр. **магíстр, магістрáнт, магíстерскі, -ая, -ае**; болг. **маги́стър, маги́стърски, -а, -о**; с.-хорв. **мàгистар**; чеш. magist(e)r — «ученая степень», но velmistr — «магистр ордена», magisterský, -á, -é, velmistrovský, -á, -é; польск. magister — «ученый» (ср. magisterium — «ученая степень магистра»), но mistrz — «магистр ордена», magisterski, -a, -ie (к magister). В русском языке слово *магистр* в смысле «магистр ордена» (с вариантами *маистр, мастер, местер*) известно с древнерусской эпохи (Срезневский, II, 100; Доп., 159). В знач. «магистр-ученый» это слово — гораздо более позднее (Яновский, II, 1804 г., 626). Прил. *магистерский* в словарях — с 1814 г. (САР², III, 663). ▫ Первоисточник — латин. magister (< *mag-is-teros) — «глава», «вождь», «правитель», «начальник», «руководитель», «учитель» (ср. magis — «больше», «в большей степени», «сильнее»). Из латинского — нем. Magister — «магистр-ученый», но Meister (др.-в.-нем. meistar) — «магистр ордена», ср. Großmeister — тж. В русском языке при немецком посредстве.

МАГИСТРÁЛЬ, -и, ж. — «основная, генеральная линия в системе какой-н. сети (железнодорожной, водной, воздушной, электрической и др.) по отношению к ее ответвлениям». *Прил*. **магистрáльный, -ая, -ое**. Укр. **магістрáль, магістрáльний, -а, -е**; блр. **магістрáль, магістрáльны, -ая, ае**; болг. **магистрáла, ж., магистрáлен, -лна, -лно**; с.-хорв. **магистрáла, ж., мàгистрāлан, -лна, -лно**; чеш. magistrála; польск. magistrala, ж., magistralny, -a, -o. В русском языке, по-видимому, сначала вошло в употр. прилагательное, отм. уже Яновским (II, 1804 г., 626): «*магистральная линия*». Сущ. *магистраль* в словарях не регистрируется раньше конца XIX—начала XX в. (М. Попов, 1904 г., 226). Раньше — у Брокгауза-Ефрона (т. XVIII, п/т. 35, 1896 г., 304). ▫ Прил. *магистральный* восходит к франц. прил. magistral, -e (а оно — к латин. magistrālis, -e, прил. к magister — «глава», «начальник», «учитель»). Сущ. *магистраль*, м. б., из немецкого языка (Magistrale, f. — тж.). Но оно могло возникнуть и самостоятельно, на русской почве, на базе словосочетания *магистральная линия*.

МАГ

МАГНА́Т, -а, м. — ист. «крупный землевладелец, феодал в ряде стран Европы (преимущественно в Польше и Венгрии)»; *перен.* «крупный капиталист». *Прил.* магна́тский, -ая, -ое. Укр. магна́т, магна́тський, -а, -е; блр. магна́т, магна́цкі, -ая, -ае; болг. магна́т; с.-хорв. ма̀гна̑т; чеш. magnát; польск. magnat. В словарях — с 1804 г. (Яновский, II, 630). ▫ Ср. венг. magnas — тж.; франц. (с 1772 г.) magnat (из польского), откуда: англ. magnate [в английском языке (в Америке) это слово получило знач. «крупный капиталист»]; нем. Magnát; ит. magnate; исп. magnate и др. Первоисточник — латин. magnus — «большой», «сильный», «могущественный», откуда позднелатин. magnates, *pl*. В русский язык оно попало (судя по ударению и по времени заимствования) едва ли из польского, а скорее — из западноевропейских языков.

МАГНИ́Т, -а, м. — «кусок железной руды или стали, обладающий способностью притягивать железные и стальные предметы». *Прил.* магни́тный, -ая, -ое. *Глаг.* магни́тить. Укр. магні́т, магні́тний, магні́тити; блр. магні́т, магні́тны, -ая, -ае; магні́ціць; болг. магни́т, магни́тен, -тна, -тно. Ср. с.-хорв. ма̀гне̑т, ма̀гне̑тскӣ, -а̑, -о̑, магне̏тисати; чеш. magnet, magnetový, -á, -é, magnetovati; польск. magnes, magnesowy, -a, -e, (na)magnesować. Др.-рус. книжн. (с XI в.) [<ст.-сл.] магнитъ (Срезневский, II, 100—101). Прил. *магнитный*, глаг. *магнитить* более поздние, с XVIII в. [первое в словарях — с 1731 г. (Вейсман, 396), второе — с 1771 г. (РЦ, 623)]. ▫ Восходит к греч. (с позднегреч. ί на месте ē) μαγνῆτις (λίθος) — «магнесийский (камень)» [из Магнесии (Μαγνησία), гористой местности в Фессалии]. В некоторых западноевропейских языках это слово усвоено при посредстве латин. magnēs, род. magnētis (отсюда также польская форма). Ср. нем. Magnét; англ. magnet; ит. magnete (из западноевропейских языков также с.-хорв., чеш. формы).

МАГНО́ЛИЯ, -и, ж. — «дерево или кустарник с опадающими или вечнозелеными крупными блестящими листьями и душистыми белыми цветками», Magnolia. *Устар.* маньо́лия. Укр., блр. магно́лія; болг. магно́лия; с.-хорв. магно̀лија; чеш. magnólie; польск. magnolia. Ранние примеры — в книге Свиньина «Взгляд на республику Соединенных Американских областей» (1814 г., 11): «несравненная *магнолия*». В словарях — с 1859 г. (Углов, 117), позже — ПСИС 1861 г., 285. ▫ Ср. франц. (с 1752 г.) magnolia; англ. magnolia; ит. magnolia; нем. Magnolie. Названо Ш. Плюмьером (Ch. Plumier) по имени французского ботаника (из Монпелье) П. Маньоля (P. Magnol, 1638—1715 гг.). В русском языке — из западноевропейских языков. В форме *маньо́лия* — из французского.

МАДЕ́РА, -ы, ж. — «крепкое выдержанное виноградное вино с характерным вкусом и букетом». Укр. маде́ра; блр. маде́ра; болг. маде́йра; с.-хорв. маде́ра; чеш. madei-

МАЗ

ra; польск. madera. В русском языке известно с начала XIX в. (Яновский, II, 1804 г., 641). Встр. у Пушкина (СЯП, II, 530). ▫ Ср. франц. madère, *f*.; нем. Madera, *m*.; англ. Madeira; ит. madera; исп. madera; порт. madeira. Названо по принадлежащему Португалии острову и группе островов в Атлантическом океане *Маде́йра* (Madeira), где впервые возникло производство этого сорта вина. Название некогда л е с и с т о г о острова — от порт. madeira — «дерево» (ср. еще порт. madeiro — «бревно», madeirar — «плотничать», исп. madera — «древесина», «пиломатериал»). В русском языке — из французского или немецкого.

МА́ЗАТЬ, ма́жу — «покрывать поверхность предмета густым липким веществом (мазью или вообще чем-л. жирным)»; «пачкать», «грязнить». *Однокр.* мазну́ть. *Возвр. ф.* ма́заться. Сюда же мазь. Укр. ма́зати(ся), мазну́ти, мазь; блр. ма́заць, ма́зацца, мазну́ць, мазь; болг. ма́жа — «мажу», ма́зна — «мазну», мас — «мазь» (напр. ци́нкова мас), но гл. обр. «сало», «жир» [ср. мехле́м (< турец. melhem) — «лекарственная мазь»], маз — тж. (< *mazь); с.-хорв. ма́зати, 1 ед. ма̑же̑м, ма̑знути, ма̑з, род. ма̑за — «мазь» (чаще ма̑ст, ма̑зиво); словен. mazati; ср. mazilo, maža — «мазь» (но ср. kolomaz — «колесная мазь»); чеш. mazati (se), maz, род. mazu (также mazadlo, mast); польск. mazać (się), maź (: maść и др.); в.-луж. mazać, maznyć, maz, род. maza; н.-луж. mazaś, maz, род. mazy. Др.-рус. (с XI в.) мазати, мазатися, мазь, ж. (Срезневский, II, 101). Ст.-сл. мазати(ся). ▫ О.-с. *mazati. И.-е. корень *mag'-(:*māg'-). Ср. латыш. izmozêt (где iz— префикс) — «поднять на смех», «одурачить» (<«намазать», «испачкать»?); греч. μάσσω — «мешу», «мну», «поглаживаю», μαγεύς — «стирающий», «вытирающий», μαγίς — «квашня», «тесто». Надо полагать, сюда же относятся др.-в.-нем. mahhōn, совр. нем. machen — «делать»; голл. maken — «делать»; англосакс. macian, англ. make — тж. (< «формировать», «созидать» < «месить»); брет. meza — «месить», «мять». Подробнее см. Pokorny, I, 696; Frisk, II, 181.

МАЗУ́РИК, -а, м., *прост.* — «плут», «мошенник», «вор». В говорах также мазурин, мазурник (Даль, II, 888). Укр. мазу́рик. В других слав. яз. отс. Ср., однако, польск. mazurek — «полевой воробей», «красноголовый воробей» и «род миндального пирожного» (откуда рус. устар. *мазу́рка* — «сладкое печенье продолговатой формы из миндаля», а также «танец» [откуда и в рус. название танца *мазурка* (см.)]. ▫ Что же касается рус. *мазурик*, то оно едва ли восходит вместе с упомянутыми выше польскими словами к польск. Mazur — «мазур, житель Мазовии», равно как и к нем. Máuser, разг. «воришка». Против этого последнего предположения, кроме ударения и фонетико-словообразовательных трудностей, косвенно свидетельствует и тот факт, что это слово сначала стало известно как народное, гл. обр. сев.-

МАЗ

-влкр. слово («Опыт», 1852 г., 109). Можно полагать, что оно возникло сначала в форме *мазу́ра*. Ср. у Даля (II, 888): **мазу́ра** (общего рода) — «неряха», «чумичка», «мазун» [от *мазать* (см.), о.-с. суф. -ur(a); ср. с тем же суф. чеш. диал. mèchura — «пирог из кислого теста»]. Т. о., *мазурик*, произв. от *мазура*, в рамках «блатной музыки» (о которой говорит Даль в словарной статье *мазурик*) могло получить знач. «воришка-халтурщик», «воришка-неудачник, м а з и л а», откуда и более позднее знач. Даль (ib.) отм. также **мазу́рить** — «промышлять карманным воровством», которое могло быть образовано только от *мазура*.

МАЗУ́РКА, -и, ж. — «бальный танец, исполняемый в быстром темпе на 3/4, с четким ритмом и резкими акцентами, переходящими с сильной на слабую долю такта». *Прил.* **мазу́рочный**, **-ая**, **-ое**. Укр. **мазу́рка**, **мазу́рковий**, **-а**, **-е**; блр. **мазу́рка**, **мазу́ркавы**, **-ая**, **-ае**; болг. **мазу́рка**; чеш. mazurka, mazurkový, -á, -é; польск. mazur, mazurek. В русском языке слово *мазурка* (как и сам танец) известно с начала XIX в. Встр. у Пушкина в «Евгении Онегине», 1823 г., гл. I, строфа 4: «Легко *мазурку* танцевал» (ПСС, VI, 7). ◻ Из польского языка. Мазурка — польский национальный танец, возникший сначала в Мазовии (Mazowsze) — территория примерно нынешнего Варшавского воеводства; польское население — Mazurzy, ед. Mazur, *м.*, Mazurka, *ж.*

МАЙ, -я, *м.* — «пятый месяц календарного года». *Прил.* **ма́йский**, **-ая**, **-ое**. Блр. **май**, **ма́йскі**, **-ая**, **-ае**; болг. **май**, **ма́йски**, **-а**, **-о**; с.-хорв. **мȃj**, **мȃjскӣ**, **-ā**, **-ō**; словен. maj, majski, -a, -o; польск. maj, majowy, -a, -e. В остальных слав. яз. возможно, но не обычно. Ср. укр. **тра́вень**; чеш. květen. Др.-рус. **май** — в «Послесловии» к Остр. ев. 1056—1057 гг. и в других памятниках (Срезневский, II, 101). Прил. *майский* — позднее. В словарях — с 1771 г. (РЦ, 623). ◻ Ср. франц. mai; нем. Mai; англ. May; исп. mayo; ит. maggio; рум. mai; венг. majus; турец. mayıs; хинди **май**, индонез. Mei и др. Первоисточник — латин. Māius (mensis) — месяц, посвященный у римлян богине Майе (латин. Māia), «великой богине», культовой подруге Вулкана. Māia — ж. ф. к Māius [как полагают, из *magiios (к magnus — «большой», «великий»)] — имени бога, дающего рост. Из латинского языка — позднегреч. Μάϊος — «май», откуда — в старославянском и древнерусском.

МАЙОНЕ́З, -а, *м.* — «соус из растительного масла, яичного желтка с уксусом, горчицей, с добавлением нек. других компонентов, как приправа к холодному кушанью из рыбы, мяса и овощей». Имеется во всех слав. яз. Укр. **майоне́з**; блр. **маянэ́з**; болг. **майоне́за**, *ж.*; с.-хорв. **majonéz**; чеш. majonéza, *ж.*; польск. majonez и др. В русском языке это слово в широком употр. известно с середины XIX в. (Михельсон, 1865 г., 364). ◻ Слово французское (mayon-

МАК

naise, *f.*), вошедшее в употр. в начале XIX в. и неясное по происхождению. Обычно его связывают с торжествами во Франции в 1756 г. по случаю взятия главного города о. Менорки — Маон — (Port-)Mahon — на Балеарских о-вах; слово mayonnaise — из прил. *ma(h)onnais, -e.

МАЙО́Р, -а, *м.* — «офицерское звание в армии, следующее за званием капитана». *Сущ. разг.* **майо́рша**. *Прил.* **майо́рский**, **-ая**, **-ое**. Укр. **майо́р**, **майо́рський**, **-а**, **-е**, **майо́рша**; блр. **маёр**, **маёрскі**, **-ая**, **-ае**; болг. **майо́р**, **майо́рски**, **-а**, **-о**, **майо́рка**; с.-хорв. **мȁjor**, **мȁjōрскӣ**, **-ā**, **-ō**, **majòрица**; чеш. major, majorský, -á, -é, majorová, majorka; польск. major, majorski, -a, -ie. В русском языке как название старшего офицерского чина слово *майор* известно с XVI—XVII вв. Ср., напр.: «*маеор* Петр Аничков . . . с . . . ратными пешими людьми» («Кр. война», II, 243, 1670 г.); «посылали . . . рейтарского строю . . . *маеора* Микифора Ртищева» (ib., 392) и др. Часто встр. в Петровское время: в 1711 г. этот воинский чин был официально введен в России и существовал до 1884 г. Ср. (до 1711 г.) в «Архиве» Куракина (I, 106, 1705 г.): «*маиор* в Нарве Кобарт»; в ПбПВ, VIII, № 2886, 1708 г., 331: «господа *маюры* Михайло Матюшкин. . .» (*и др.*). Ср. франц. major; нем. Major; англ. major. Первоисточник — латин. mājor (ср. ст. mājor, *m.*, *f.*, majus, *n.*, от magnus — «большой», «крупный», «значительный»).

МАК, -а, *м.* — «травянистое растение с крепким высоким стеблем и одиночными крупными цветками, заключающими плод в виде кругловатой коробочки с многочисленными маслянистыми семенами», Papaver. *Прил.* **ма́ковый**, **-ая**, **-ое**. Укр. мак, **ма́ковий**, **-а**, **-е**; блр. **мак**, **ма́кавы**, **-ая**, **-ае**; болг. **мак**, **ма́ков**, **-а**, **-о**; с.-хорв. **мȃк**, **ма́ков(ӣ)**, **-а**, **-о**; словен. mak, makov, -a, -o; чеш. mák, makový, -á, -é; польск. mak, makovy, -a, -e; в.- и н.-луж. mak, makowy, -a, -e. Др.-рус. **макъ** — в Нест. Жит. Феод. (Срезневский, II, 102). Прил., видимо, позднее, хотя известно повсюду в славянских языках. В словарях — с 1704 г. (Поликарпов, 166). ◻ О.-с. *makъ. Ср. лит. aguonà — «мак» (из maguona); ср. лит. диал. màgonė, màgone; латыш. magone) ; также др.-в.-нем. māho, māgo (основа < *mākon-), совр. нем. Mohn — «мак»; греч. μήκων (дор. μάκων) — тж. И.-е. основа *māk(en)- (Pokorny, I, 698). М. б. праевропейское (доиндоевропейское), «средиземноморское» слово.

МАКАРО́НЫ, -ро́н, *мн.* — «продукт питания из круто замешенного пресного теста из пшеничной муки в форме длинных трубочек с тонкими стенками», употребляемых в пищу в варёном виде». *Прил.* **макаро́нный**, **-ая**, **-ое**. *Сущ.* **макаро́нина**. Укр. **макаро́ни**, род. мн. **макаро́нів**, **макаро́нний**, **-а**, **-е**; блр. **макаро́на**, *ж.* (мн. ч. нет), **макаро́нны**, **-ая**, **-ае**; болг. **макаро́ни**, **макаро́нен**, **-а**, **-о**; с.-хорв. **макаро̀н**, *м.*, макарòни, *мн.*; чеш. makarony (makaron — «макаронина»), makaronový, -á, -é; польск. makaron (только ед.), makaronowy, -a, -e. Встр.

МАК

в ИКИ: «позабыл есть попросить... и... ему хочется *макаронов*. Тогда *макароны* показались в воздухе» («Напасти счастливые Арлекину», 1734 г., 303); кроме того, 387 и др. Позже неоднократно встр. в СП Левшина: *макарони* — «род сухого теста в трубочках., привозимого из Италии» (ч. II, 1795 г., 316); *макароны* «составляются... из сладкого миндалю, с сахаром и яичным белком» (ib., 317); там же прил. *макаронный* [«торт *макаронный*» (ч. VI, 1797 г., 175)]. К этому времени слово уже «обрусело». У Пушкина почему-то только *макарони* (СЯП, II, 532). ▫ Ср. франц. macaron, *m.* — «миндальное печенье», macaroni, *m.* (с середины XVII в.) — «макароны»; нем. Makkaroni, *pl.*; англ. maccaroni; исп. macarrón, *m.* (чаще *pl.*); ит. maccherone, *m.*, maccheroni, *pl.* Источник распространения — сев.-ит. maccarone, где это слово восходит (через латин.) к греч. μακαρία, *f.* — собств. «блаженство» (ср. μάκαρ, μακάριος — «блаженный»), ирон. «подобие ячменной похлебки». В русском языке, надо полагать, непосредственно из итальянского.

МАКЕ́Т, -а, *м.* — «что-л. воспроизведенное, обычно в уменьшенном виде (здание, декорации к спектаклю, книга и т. п.) как пробный, предварительный образец», «модель». *Прил.* **маке́тный**, -ая, -ое. Укр. маке́т, маке́тний, -а, -е; блр. маке́т, маке́тны, -ая, -ае; болг. маке́т, маке́тен, -тна, -тно; с.-хорв. маке́та; чеш. maketa; польск. makiet(k)a. В русском языке — по́зднее. В словарях впервые — у Ушакова (II, 1938, 121). ▫ Восходит к франц. (с 1752 г.) maquette, *f.* при нем. Modell; англ. model; ит. modello. Во французском, в свою очередь, восходит к ит. macchietta, уменьш. от macchia (< латин. macula) — «пятно» (след., «пятнышко»), откуда «эскиз», «набросок» и пр.

МАКИНТО́Ш, -а, *м.* — «плащ из непромокаемой (прорезиненной) ткани». Укр., блр. макінто́ш; болг. макинто́ш. Ср. с.-хорв. мекинтош; польск. makintosz. В некоторых слав. яз. малоупотр. Ср. чеш. nepromokavý plášť. Слово сравнительно по́зднее, хотя первые случаи употребления (в смысле «английский плащ» и т. п.) относятся к концу 30-х гг. XIX в. Ср. в очерке Гоголя «Рим», начатом в 1839 г., напечатанном в 1842 г.: «а н г л и ч а н и н в гороховом непромокаевом *макинтоше*» и в повести Соллогуба «Тарантас», 1840 г., ч. 2, с. 10: «Воротник его *макинтоша* был поднят». В словарях — с 60-х гг. (Михельсон 1865 г., 365). ▫ Восходит к англ. mackintosh (устар. macintosh), по имени изобретателя непромокаемой ткани Mac Intosh (1766—1843 гг.). Из английского — франц. mackintosh, известное с 1843 г.

МА́КЛЕР, -а, *м.* — «в дореволюционной России и в капиталистических странах — профессиональный посредник, комиссионер при заключении торговых и биржевых сделок». *Прил.* **ма́клерский**, -ая, -ое. Укр. ма́клер, ма́клерський, -а, -е; блр. ма́клер, ма́клерскі, -ая, -ае; болг. ма́клер. Ср. чеш.

МАЛ

makléř; польск. makler. Известно с Петровского времени (Смирнов, 185, со знач. «сводчик»). В словарях *маклер* — с 1731 г. (Вейсман, 395), *маклерский* — с 1780 г. (Нордстет, I, 345). ▫ Восходит к голл. makelaar — «маклер» (к makelen — «заниматься маклерством или сватовством»). Отсюда нем. Makler. В русский язык попало, по-видимому, при немецком посредстве.

МАКУЛАТУ́РА, -ы, *ж.* — «идущие на переработку бумажные отходы или старая, использованная, ненужная бумага, бумажный утиль»; «типографский брак»; *перен.* «бездарное, не имеющее ценности литературное произведение». *Прил.* **макулату́рный**, -ая, -ое. Укр. макулату́ра, макулату́рний, -а, -е; блр. макулату́ра, макулату́рны, -ая, -ае; болг. макулату́ра, макулату́рен, -рна, -рно; с.-хорв. макулату́ра; чеш. makulatura, прил. makulaturní; польск. makulatura, makulaturowy, -a, -e. В русском языке слово *макулатура* по словарям известно с 1804 г. (Яновский, II, 648). Прил. появилось позже [в словарях — с 1938 г. (Ушаков, II, 123)]. ▫ Вероятно, из французского. Ср. франц. (с XVII в.) maculature, *f.* Старшее знач. — «типографский брак (испорченные, загрязненные оттиски набора)». Из французского — нем. Makulatúr, *f.* и др. Во французском — искусственное (книжное) новообразование от macule — «пятно»; ср. maculer — «пачкать». Первоисточник — латин. macula — «пятно», «позор», maculō — «делаю пятна», «пачкаю».

МАЛИ́НА, -ы, *ж.* — «полукустарниковое растение семейства розовых», Idaeobatus; «плод этого растения — большая душистая сложнокостянковая ягода красного, желтого или фиолетового цвета разных оттенков». *Прил.* **мали́нный**, -ая, -ое (прил. к *малина*), **мали́новый**, -ая, -ое (прил. к *малина* и обозначение цвета). *Сущ.* **мали́нник**, **мали́новка**. Укр. мали́на, мали́нний, -а, -е, мали́новий, -а, -е; блр. малі́на, малі́навы, -ая, -ае; болг. мали́на, мали́нов, -а, -о; с.-хорв. ма̀лина, ма̀линов, -а, -о — «малиновый» (но не о цвете); чеш. malina, malinový, -á, -é, польск. malina, malinovy, -a, -e; в.-луж. malena, malenovy, -a, -e; н.-луж. malina, malinovy, -a, -e. В русском языке слово *малина* известно с XVII в. Отм. Р. Джемсом (РАС, 1618—1619 гг., 8 : 14) среди наименований ягод: maline — «respires». Ср. у Аввакума в «Книге бесед», ок. 1672 г., 406: «*Малины* еще пришлите». Лудольф среди «огородных плодов» также отм. *мамыны* (sic!) — «Hinbeere» (новонем. Himbeere) [Ludolf, GR, 1696 г., 86]. ▫ О.-с. *malina. И.-е. корень *mel- (: *mol-): *melə- (Pokorny, I, 720—721) употребляется для обозначения темных и вообще нечистых, грязноватых цветовых оттенков. Ср. лит. mélynas — «синий», mélyně — «черника», meĩsvas — «синеватый», mólis — «глина», mólinis — «глиняный»; латыш. melns (основа *melə-no-) — «черный», «вороной», «грязный», «нечистый» (ср. Melnā jūra — «Черное море»), mellenes — «черника», māls — «глина»; др.-прус. melne — «синее пятно», mīlinan (вин.), *f*. — «пятно»; др.-в.-нем. *māl в anamāli (совр. нем. Mal) — «пятно», mālōn (совр. нем. malen) — собств. «покрывать пятнами», «писать красками», «малевать» (ср. гот. mēljan — «писать»); греч. μέλας, -αινα, -αν, — «черный», «темный», μώλωψ — «синяк», «рана», «кровоподтек»; др.-инд. mála-m, *n*. (хинди мал) — «грязь», malinā — «грязный».

МА́ЛЫЙ, -ая, -ое — «небольшой по величине, размерам, объему, росту, возрасту», «немногочисленный», «незначительный». *Нареч.* **ма́ло**. *Прил.* **ма́ленький**, -ая, -ое (с суф. *-еньк-*). *Сущ.* **малы́ш**, **ма́лость**. Укр. мали́й, -а́, -é, ма́ло, мале́нький, -а, -е, ма́лість, мализна́, маля́, род. маля́ти — «малыш»; блр. малы́, -а́я, -бе, ма́ла, мале́нькі, -ая, -ае, малы́ш. Ср. болг. диал. мал, ма́ла, ма́ло, мн. ма́ли (обычно ма́лък, -лка, -лко; ср. ма́лко — «мало»); с.-хорв. ма̑о, ма̑ла, ма̑ло : ма̏лӣ, -а̄, -о̄, ма̏ло, ма̏лен, ма̏лена, ма̏лено: ма̀лени, -а̄, -о̄, ма̀лӣш — «малыш», ма̀лица — «малость»; словен. malí, -a, -o, malost, malenkost (ср. также malček — «малыш»); чеш. и словац. malý, -á, -é, málo, malinký, -á, -é, malost (словац. malost'); польск. mały, -a, -e, mało, maleńki, -a, -ie, malec — «малыш», устар. małość (обычно małostka) — «малость»; в.-луж. mały, -a, -e, mało, małki, -a, -e — «маленький» (ср. małk — «карлик»), małota; н.-луж. mały, -a, -e, małki, -a, -e — «маленький», małučki, -a, -e. Др.-рус. (с XI в.) и ст.-сл. мал, малый, мало, малота — «малость» (с конца XIV в.) маленько (Срезневский, II, 102, 105, 106, 108). Прил. *маленький* известно с XVII в. («Житие» Аввакума, Автограф, 26). Сущ. *малость* по словарям — с 1704 г. (Поликарпов, 166 об.); *малыш* — с 1834 г. (Соколов, I, 1364). □ О.-с. *malъ, -a, -o, *malъjь, -aja, -oje. И.-е. основа *(s)mēlo (: *mōlo-) — «молодое или некрупное (домашнее) животное». Память о первоначальном знач. сохраняют: др.-герм. [франк. в Салической Правде] (Lex Salica) māla — «(молодая) корова» (ср. голл. maal — «молодая корова»); греч. μῆλον — «овца», «коза»; *pl.* «мелкий скот», «овцы или козы»; др.-ирл. mīl — «животное, особенно мелкое». Со знач., близким к «малый», но с начальным s- (< и.-е. *s-mēlo-): гот. smals — «маленький», «незначительный»; др.-в.-нем. smal — тж. (совр. нем. schmal — «узкий», «скудный»). Без начального s- сюда также относится семантически более далекое латин. malus — «плохой» (< «ничтожный» < «незначительный»). Подробнее об этой корневой группе см. Pokorny, I, 724; Frisk, II, 226—227; Vendryes, M-51.

МА́ЛЬВА, -ы, *ж.* — «травянистое цветущее растение со стройным высоким стеблем и крупными розовыми, красными, лиловыми (разных оттенков) цветками, собранными в соцветия», Malva. Народные названия: **просви́рник**, **просви́рник**, **просви́рки**, **кала́чики** (Даль, II, 895; III, 464). *Прил.* **ма́львовый**, -ая, -ое. Укр., блр. ма́льва; ср. польск. malwa. В других слав. яз. мальву

называют *слез* (slez): болг. **слез**; с.-хорв. **слез**; чеш. slez; словац. sliez; также польск. ślaz (о.-с. *slězъ; ср. рус. *слизь*). В русском языке известно с конца XVII в. Встр. в «Архиве» Куракина (III, 151, 1698 г.): «*малва*, алтея... мерою по одному снопу каждой травы»; позже — в письмах Фонвизина (Петров, 186). В словарях — с 1847 г. (СЦСРЯ, II, 284), позже — Даль, II, 1865 г., 895. □ Первоисточник — латин. malva — тж. Но в русский язык это слово попало, м. б., при посредстве немецкого языка (нем. Malve, *f.*) или (что менее вероятно) других западноевропейских языков. Ср. ит., исп. malva. Ср. франц. mauve; англ. mallow.

МА́ЛЬЧИК, -а, *м.* — «ребенок, подросток мужского пола». *Прил.* **мальчико́вый**, -ая, -ое, **ма́льчиков**, -а, -о. Ср. словен. malček — «мальчик», «малютка»; чеш. и словац. malíček — «мизинец». В других слав. яз. отс. в том же знач.: укр. хло́пчик, хло́пець; блр. хло́пчык; болг. момче́; чеш. chlapec, hoch; польск. chłopiec, ciopczyk. В русском языке это слово в словарях отм. с 1731 г. (Вейсман, 337; *мальчик*). □ От *малец* < др.-рус. *мальць*, а оно — от *малый*. Правда, у Срезневского мальць отс., но ср. др.-рус. **малица** — «девушка», прил. **малечькый** — «μικρός» (Срезневский, II, 102). Ср. также с.-хорв. ма̏лац — «малыш» [ср. мале́цака, -цка -цко (: мале́чак, -чка, -чко): мале́цкӣ (: мале́чкӣ), -а̄, -о̄ — «маленький»]; польск. malec — «малыш», «мальчуган».

МАЛЯ́Р, -а́, *м.* — «рабочий, занимающийся окраской зданий, внутренних помещений». *Прил.* **маля́рный**, -ая, -ое. Укр. маля́р, маля́рний, -а, -е; блр. маля́р, маля́рны, -ая, -ае. Ср. с.-хорв. мо̀лер (и мо̏лер); чеш. malíř; польск. malarz. Ср. в том же знач.: болг. **бояджия** (< турец. boyacı); словен. pleskar. Известно, по-видимому, с XVII в. Встр. (как белорусизм?) в Московском переводе Литовского статута середины XVII в., статья 12, гл. 5: «маллерови (sic!), сиречь иконнику» (Лаппо, 349). В словарях — с 1731 г. (Вейсман, 397). □ Восходит к нем. Maler — 1) «живописец», «художник»; 2) «маляр» (к malen — «писать красками», «красить»). Ср. дат. maler; швед. målare (известно только в языках германской группы). Ср. *малевать*.

МАЛЯ́РИЯ, -и, *ж.* — «острое инфекционное заболевание с периодически повторяющимися приступами лихорадки». Старое ударение **маляри́я**. *Прил.* **маляри́йный**, -ая, -ое. Укр. маляри́я, маляри́йний, -а, -е; блр. маляры́я, маляры́йны, -ая, -ае. Ср. болг. мала́рия, мала́ричен, -чна, -чно; с.-хорв. мала̀рија, мала̀ричан, -чна, -чно : малари́чнӣ, -а̄, -о̄; чеш. malárie, malariový, -á, -é; польск. malaria, malaryjny, -a, -e. В форме *мала́рия* в словарях отм. с 1861 г. (ПСИС, 290). Новая форма с мягким *л* (*маля́рия*) — у Брокгауза—Ефрона, т. XVIII^A, п/т 36, 1896 г., 511 (ударение не указано), в словарях иностранных слов — с 1904 г. (М. Попов, 229), в толковых словарях — с 1938 г. [Ушаков, II, 135; там же (134) *маляри́йный*].

МАМ

□ Ср. ит. malaria > франц. malaria; англ. malaria; нем. Malaria и др. Источник распространения — ит. malaria (досл. «дурной, нездоровый воздух»; от malo — «дурной» и aria — «воздух»).

МА́МА, -ы, *ж.* — 1) «ласковое обращение детей к матери»; 2) *устар.* «няня», «кормилица». Во 2 знач. чаще ма́мка. *Прил.* ма́мин, -а, -о. Укр. ма́ма; блр. ма́ма, ма́мiн, -а, -о; болг. ма́ма, ма́мин, -а, -о; с.-хорв. ма̑ма, ма̑мин, -а, -о; словен. mama, mamin, -a, -o; чеш. máma, matčin, -a, -e (от matka — «мать»); словац. mama; польск. mama, mamin, -a, -e; в.- и н.-луж. mama. Др.-рус. (по́зднее, XVII в.) мама — «кормилица» (Срезневский, II, 109). *Мама* — «мать» встр. у Пушкина в «Русском Пеламе», 1834—1835 гг., гл. 1: «*Мама* хочет бай-бай» (речь идет о матери ребенка) [ПСС, VIII, 415]. Известно, что *мамой* Пушкин называл и няню Арину Родионовну. У него же встр. в этом знач. *мамка* (СЯП, II, 539). Надо полагать, что *мама* было известно с тем и другим значением и раньше. □ Восходит к и.-е. *mā-mā : *ma-m-mā, детскому лепету. Удвоенная форма и.-е. корня *mā- [ср. греч. (дор.) μᾶ «мать»], обычно с концовкой -te(r) : *mā-ter-, ср. о.-с. *mati, вин. ед. *materь (см. *мать*). Ср. лит. mamà, вост.-лит. momà; латыш. māma, māmiņa; нем. Mamá (разг. Máma); латин. mamma — детск. «мама», также «сосок», «(женская) грудь»; греч. μάμμα, μάμμη — «мама», «бабка»; перс. **мам**, **мама́к** — «мама»; др.-инд. māma- [хинди ма̄ма̄ — «дядя (по материнской линии)»]. Подробнее — Pokorny, I, 694. Слово это имеется и в некоторых неиндоевропейских языках. Ср., напр., турец. mama — детск. «пища»; в других тюркских языках: кирг. **мама** — детск. «материнская грудь», южн. «бабушка»; узб. **мамма** — детск. «женская грудь»; даже кит. **мама** — «мама», япон. **мама** (и **ха-ха**) — тж.

МА́МОНТ, -а, *м.* — «ископаемое животное, вымершая порода слонов с массивным туловищем, с длинной шерстью и большими загнутыми бивнями», Elephas primigenius. *Прил.* ма́монтовый, -ая, -ое. Укр. ма́монт (устар. ма́мут), ма́монтовий, -а, -е; блр. ма́мант, ма́мантавы, -ая, -ае. В других слав. яз. мамонт называется *мамут* (mamut): болг. маму́т; с.-хорв. ма̏му̑т; словен. mamut; чеш. mamut — «мамонт», mamutí — «мамонтовый»; польск. mamut. В России мамонта некоторое время (в XIX в.) также называли *мамут*. В СЦСРЯ 1847 г., II, 285 дано и *ма́ммонт*, *ма́мант* и *ма́ммут* и прил. *ма́мантовый*, *ма́ммонтовый*, *ма́ммутовый*. Даль (II, 1865 г., 895) предлагает *ма́мант* и *ма́мут* (там же и прил. *ма́мантовый* и *ма́мутовый*). Форму на -*н(т)* на русской почве следует считать такою же старой, как и *мамут* (< *мамот*?). Вообще же это слово известно в русском языке с XVII в. Оно встр. (как наименование легендарного «морского слона», который живет и прорывает себе дорогу под землей») у Р. Джемса (РАС, 1618—1619 гг., 62 : 12): maimanto — «a sea eleфant» («морской слон»). Позже,

МАН

в 1691 г., Лудольф писал о «мамонтовой кости» (mammotovoi kost) в Сибири: «Говорят, что это кости животного, проводящего жизнь под землей и величиной превосходящего всех наземных животных» (Ludolf, GR, 92). □ Из России, где были обнаружены останки мамонта, слово попало в западноевропейские языки. Ср. франц. mammouth (некоторое время держалось во франц. яз. и mammont; обе формы встр. уже в 1727 г.); англ. mammoth; нем. Mammut; ит. mammut; исп. mamut и др. Происхождение рус. *мамонт*, *мамут* не совсем ясно. Это слово несомненно заимствованное, причем не обязательно из языков Сибири. Возможно, что в данном случае имеет место перенесение названия одного животного на другое, необычное для данной страны, о котором люди знают больше понаслышке, — явление, нередко наблюдающееся при заимствовании слов (см. *верблюд*, *слон*). М. б., от *мамон* [ср. др.-рус. прозвище *Мамон*, известное, как и фамилия *Мамонов*, с последней четверти XV в. (Тупиков, 243, 637)], первоначально — наименование какого-то хищного животного, живущего в Индии, о котором упоминает в своем «Хожении» Аф. Никитин: «А мамоны... ходят ночи... а живут в горѣ или в каменье» (сп. Ундольского XVII в., л. 305 об., с. 39—40; Троицкий сп. XVI в., л. 375 об., с. 15: *мамоне*). Это не обезьяна [ср. дальше (сп. Ундольского XVII в., л. 305 об., с. 40): «А обезьяны живут по лесу»], как иногда объясняют это слово комментаторы, ссылающиеся на перс. **мэймун**, афг. майму́н — «обезьяна», а какое-то другое животное (дикая кошка, рысь?). Возможно, что это какое-то «бродячее» слово, которое у алтайских тюрков и у монголов получило знач. «крот». Ср. с этим знач. алт. **момон** (Баскаков, 266); монг. **номон** (< **момон**) [Лувсандэдэв, 271]. Последнее соображение особенно важно потому, что со словом *мамонт* (< *мамон*?) у нас первоначально связывалось представление об огромном землероющем, подземном животном [ср. свидетельство Р. Джемса (уп.)]. Не исключено, что форма *мамот* [ср. др.-рус. прозвище *Мамот*, известное с 1609 г. (Тупиков, 244)], откуда *мамут*, возникла под влиянием *крот* (см.), а форма *мамонт* — вследствие скрещения форм *мамон* и *мамот*.

МАНА́ТКИ, -ток, *мн.* — «мелкие вещи», «пожитки». Укр. мана́тки; блр. мана́ткi; польск. manatki. В других слав. яз. отс. Слово отм. в словарях русского языка с 1905 г. (Даль³, II, 771). □ Есть предположение, что в русском языке оно из польского, хотя происхождение этого слова в польском языке неизвестно. С другой стороны, ср. мана́тка — «рубашка», отм. Добровольским (ИОРЯС, II, 348) и Шейном (ИОРЯС, IV, 289) в конце XIX в. в офенском арго. Ср. также **манатья́** — арханг. «подержанная верхняя одежда» (Даль, II, 1865 г., 895; позже — Подвысоцкий, 1885 г., 87: шенк. «старая, поношенная одежда»), которое (как и офенское слово) восходит, в конечном счете, надо полагать, к др.-рус. **манатья** —

«плащ», «мантия» (Срезневский, II, 110) из ср.-греч. μαντίον [< латин. mantus (откуда mantellum)] — «короткий плащ». Отсюда и рус. *мантия* (см.). В древнерусском были возможны и варианты **манътка** > **манотка** — «короткий плащ», м. б., «подобие шали или наплечного платка» (Срезневский, II, 112). Ср. укр. диал. **манатка** — «платок» (Гринченко, II, 403). Развитие знач.: «плащ», «накидка» > «малоценная (> поношенная) одежда» > «пожитки». М. б., польское слово из русского (или украинского)?

МАНДАРИН, -а, *м.* — «субтропическое плодовое дерево семейства рутовых, рода цитрусовых», Citrus (nobilis, unshiu, deliciosa и др.); «плод этого растения с тонкой оранжевой кожурой и сладко-кислой сочной мякотью желто-оранжевого цвета, с приятным ароматом». *Прил.* **мандариновый**, -ая, -ое. Укр. **мандариновий**, **мандариновий**, -а, -е; блр. **мандарын**, **мандарынавы**, -ая, -ае. Ср. болг. **мандарина**; с.-хорв. **мандарина**; чеш. mandarinka, mandarinek, mandarinkový, -á, -é; польск. mandarynka, mandarynkowy, -a, -e. Известно с середины XIX в. Встр. у Гончарова во «Фрегате „Паллада"», т. II, (1853—1854 гг.), гл. 2: «*мандарины*, род мелких, но очень сладких и пахучих апельсинов» (ПСС, VI, 139). В словарях — с 1861 г. (ПСИС, 292). В XIX в. мандарины у нас обычно называли *корольками*. Ср. *мандарин* — «сановный чиновник в старом Китае». □ Восходит к франц. mandarine, *f.*, а французское, в свою очередь, к исп. (naranja) mandarina — «мандаринский (апельсин)» (по-испански ж. р.). Отсюда: нем. Mandarine, *f.*; англ. mandarin; ит. mandarino (> турец. mandalina) и др. В русском языке — также из французского.

МАНДАТ, -а, *м.* — «документ, удостоверяющий права и полномочия предъявителя, действующего от имени и по поручению властей или общественных организаций». Укр., блр., болг. **мандат**; с.-хорв. **мàндāт**; чеш. mandát; польск. mandat. В русском языке известно с Петровского времени (Смирнов, 186), но гл. обр. в знач. «приказ». Новое знач. и широкое употр. это слово получило в первые годы после Октябрьской революции, в годы утверждения Советской власти. К истории слова см. Селищев, «Яз. рев. эп.», 28, 194. □ Ср. франц. mandat, *m.*; ит., исп. mandato; нем. Mandat, *n.*; англ. mandate; голл. mandaat. Первоисточник — латин. mandatum — «поручение», «указ» [от mandō (к manus — «рука» и dō — «даю») — «вручаю», «доверяю»]. В русском языке, по-видимому, из французского.

МАНДОЛИНА, -ы, *ж.* — «струнный щипковый музыкальный инструмент с овальным (грушевидным) корпусом и четырьмя парами струн». Укр. **мандоліна**; блр. **мандаліна**; болг. **мандолина**; с.-хорв. **мандолина**; чеш. mandolína; польск. mandolina. Известно с начала XIX в. (Яновский, II, 1804 г., 654). □ Ср. ит. mandolino, *m.*; франц. (с 1762 г.) mandoline, *f.*; нем. Mandoline, *f.*; исп. mandolina, *f.* Источник распространения — ит. mandolino, уменьш. от mandola (=франц. mandore < латин. pandūra; ср. укр. **бандýра**). В русском — из западноевропейских языков.

МАНЁВР (с иным произн. **манéвр**), -а, *м.* — «действие, прием, имеющий целью перехитрить кого-л., ввести в заблуждение, обмануть»; *мн.* **маневры** — «тактические учения, занятия войск, происходящие в обстановке, более или менее приближающейся к боевым условиям»; «передвижения подвижного состава по станционным путям с целью обработки поездов и вагонов». *Прил.* (к *манёвры*) **маневровый**, -ая, -ое, (к *манёвр* и *манёвры*) **манёвренный** (**маневренный**), -ая, -ое. *Глаг.* **маневрировать**. Укр. **манéвр**, **манéври**, **маневровий**, -а, -е, **манéврений**, -а, -е, **маневрувáти**; блр. **манéўр**, **манéўры**, **маняўрóвы**, -ая, -ае, **манéўраны**, -ая, -ае, **манеўравáць**; болг. **манéвра**, *ж.* (!), **манéври**, **манéврен**, -а, -о, **маневрирам** — «маневрирую»; с.-хорв. **мàневāр**, род. **мàневра**, **мàневри**, **мàневарски**, -ā, -ō, **мàневрисати**; чеш. manévr, manévry, manévrový, -á, -é, manévrovati; польск. manewr, manewry, manewrowy, -a, -e, manewrować. В русском языке слово *маневр* (в форме ед. и мн. ч., в военном смысле) известно, по крайней мере, с середины XVIII в. Встр. в «Записках» Порошина: «учился там и *маневры* делали» (запись от 3-VIII-1765 г., 373); «*маневрировал* своею конницею» (запись от 25-VI-1765 г., 335). Позже — в письме Кутузова к жене от 20-VIII-1798 г.: «на *маневры* я не просился», «всякой день *маневры*» («Архив», 34). В словарях сущ. и глаг. — с самого начала XIX в. (Яновский, II, 1804 г., 655). □ Слово французское: manœuvre, *f.* — «действие», «операция», manœuvres, *pl.* — «маневры», manœuvrer — «маневрировать». Из французского в других языках. Во французском это слово восходит к средневек. латин. manuopera, manopera, *f.* — «ручная работа» (ср. manus — «рука», opera, *f.* — «дело», «труд», «работа»).

МАНЕЖ, -а, *м.* — 1) «арена цирка»; 2) «большое здание или просто огороженное место для объездки лошадей и для тренировки в верховой езде». *Прил.* **манежный**, -ая, -ое. *Глаг.* **манежить**. Укр. **манéж**, **манéжний**, -а, -е, **манéжити** (в знач. «выезжать лошадей», но в перен. знач. — **маніжити**); блр. **манéж**, **манéжны**, -ая, -ае, **манéжыць**. Ср. болг. **манéж**; с.-хорв. **мàнеж**; чеш. manéž; польск. maneż. В русском языке известно с XVIII в. Встр. в «Записках» Порошина, в записи от 18-VII-1765 г., 348 (в форме ж. р.: «подле деревянной *манежи*»). Несколько позже появляется и прил. *манежный*. Ср. «*манежная* лошадь» у Фонвизина (Петров, 186); в словарях — с 1780 г. (Нордстет, I, 346: *манеж, манежный*). □ Ср. франц. (с XVII в.) manège [< ит. maneggio — «управление», «употребление», от maneggiare — «обрабатывать (руками)»; к mano — «рука». Из французского: нем. Manege; англ. manege и др. В русском языке — из французского.

МАН

МАНЕКЕ́Н, -а, *м.* — «фигура в рост человека из дерева, папье-маше и других материалов, используемая для примерки и показа одежды или в мастерской художника для разного рода зарисовок». *Сущ.* **манеке́нщик**, *женск.* **манеке́нщица**. Укр. **манеке́н**; блр. **манеке́н**; болг. **манеке́н**; с.-хорв. **манѐкēн**; чеш. manekýn; польск. manekin. В русском языке слово *манекен* известно с начала XIX в.: Яновский, II, 1804 г., 655: *манекин* — «у живописцев и скульпторов так называется чучело, человеческая фигура, сделанная из дерева или из воску, для расположения на ней сгибов платья, которое они изображать хотят». В том же знач. — еще в 60-х гг. у Даля (II, 1865 г., 895). Произв. *манекенщик, манекенщица* недавнего происхождения (СРЯ³, II, 1958 г., 307). ▫ Ср. франц. mannequin (в совр. знач. — с XVIII в.) > нем. Mannequin; англ. manikin — «человечек», «карлик», «манекен», «модель»; ит. manichino. Первоисточник — ср.-голл. *mannekijn — «человек», от man — «человек» [ср. нем. Männchen — «человечек» при Mannequin — «манекен» (из франц.)]. В русском языке — из французского.

МАНЖЕ́ТА, -ы, *ж.* (в иной форме: **манже́т**, -а, *м.*) — «пристегнутый или пришитый обшлаг на рукаве рубашки, блузы, кофты и т. д.». *Прил.* **манже́тный**, -ая, -ое. Укр. **манже́та**, **манже́тний**, -а, -е; блр. **манжэ́та**, **манжэ́тны**, -ая, -ае. Ср. болг. **маншѐта**, **маншѐт**; с.-хорв. **манжѐтна**; чеш. manžeta; польск. mankiet. С глухим шипящим встр. в Петровское время [1706 г. (Christiani, 49: *маншеты*)]. В РЦ 1771 г., 623 уже с *нж*: *манжеты*. ▫ Восходит к франц. manchette, *f.*, от manche, *f.* < латин. manica — «длинный рукав туники». Из французского — нем. Manschette, *f.* Ср. ит. manichino (при manica — «длинный рукав туники»). Звонкий *ж* вм. *ш*, как в *транжирить* (см.) [< нем. (австр.) transchieren] и др.

МАНИКЮ́Р, -а, *м.* — «подрезка, чистка и полировка ногтей на руках». *Прил.* **маникю́рный**, -ая, -ое. *Сущ.* **маникю́рша**. Укр. **манікю́р**, **манікю́рний**, -а, -е, **манікю́рша**; блр. **манікю́р**, **манікю́рны**, -ая, -ае, **манікю́рша**, **манікю́рка**; болг. **маникю́р**, **маникю́рен**, -а, -о, **маникюри́стка**. Ср. с.-хорв. **мани̏ке̄р**, **мани̏ке̄рка** — «маникюрша»; чеш. manikura и manikýra, manikurový, -á, -é, manikúrka, manikýrka; польск. manicure, manikurzystka. В русском языке в форме с мягким *к* известно с конца 20-х гг. XX в. Встр. в стих. Маяковского «Красные арапы», 1928 г.: «сверкнул *маникюр* крупье» (ПСС, IX, 101). В словарях — с 1933 г. (Кузьминский и др., 711), несколько позже — у Ушакова (II, 1938 г., 140), там же *маникюрный, маникюрша*. Ср. неожиданное *маникур* с устар. теперь знач. «специалист по уходу за ногтями» в романе Боборыкина «Китай-город», 1882 г., кн. I, гл. 19, с. 58: «с ногтями (он) до сих пор не мог сладить — придать им красивую овальную форму и нежный цвет, хотя „лечился" у всех известных „маникуров"». ▫ Широко распространенное слово, восходящее к франц. manicure : manucure. Отсюда: нем. Manikűre; англ. manicure и др. Во французском — недавнего времени новообразование на основе латин. manus — «рука» и curare (> франц. curer) — «заботиться». В русском языке, м. б., непосредственно из французского.

МАНИ́ТЬ, маню́ — «звать к себе движением руки, взглядом», «подзывать», «привлекать кого-л.». Сюда же (с корнем *ман-*) **обма́н**, **прима́нка**, также **манове́ние** (руки). Укр. **мани́ти**, **обма́н**; блр. **мана́**, **мань** (Носович, 279, 280), **падма́н** — «обман» (ср. **маніць** — «врать»). В других слав. яз. это слово употр. обычно с *м* вм. *н*. Ср. болг. **ма́мя**, **прима́мвам** — «маню»; ср. **изма́ма** — «обман»; с.-хорв. ма́мити — «приманивать», «манить», но о̏бмана — «обман»; словен. mamiti — «дурманить», «обманывать», «выманивать» (ср. mam — «обман»); словац. (с теми же знач.) mámit', mam; польск. mamić — «манить», «привлекать», «обманывать»; ср. mamidło — «марево», «приманка», manić, устар. — «обманывать», «соблазнять», отсюда manowiec — «непроезжая дорога». Ср. др.-рус. **мановати**, 1 ед. **ма́ную** — «кивать головою», отсюда **мановение** — «знак», реже **манути**, 1 ед. **ману́** — «(по)дать знак» (Срезневский, II, 111—112); также **помануть** — «дать знак», «дать указание» (ib., 1156). Глаг. *манить* в словарях — с 1731 г. (Вейсман, 438). ▫ Глаг. *манить* в славянских языках — сравнительно позднее явление. О.-с. *maniti. М. б., отыменное образование. И.-е. корень *mā- (Pokorny, I, 693). Суф. сущ. на о.-с. почве -n- (*manъ?), как в о.-с. *sъnъ < *sъrpъ. Ср. с суф. -m- о.-с. *mamiti, с суф. -r- о.-с. *mara (рус. *марево*). Тот же корень в о.-с. *majati (см. *маять*).

МАНИФЕ́СТ, -а, *м.* — 1) «письменное обращение, воззвание программного характера»; 2) *устар.* «торжественное письменное обращение верховной власти к населению». В русском языке слово *манифест* известно с XVII в., сначала как название характерного явления зарубежной жизни. Встр. в ПДСР, III, 724, 1658 г. (Fogarasi, 66). Позже — в письменных памятниках Петровского времени. Ср., напр., в «Архиве» Куракина: «были присланы *манифесто*» (I, 220, 1707 г.), «*манифесты* напечатал» (III, 295, 1711 г.). ▫ Из западноевропейских языков. Ср. ит. manifesto — «объявление», «манифест». В итальянском языке это слово восходит к латин. manifestus — «явный», «обнаруживающий, показывающий несомненные признаки» (от manus — «рука», «сила», «власть» и festus — «торжественный», «праздничный»). Из итальянского — франц. (с 1574 г.) manifeste; нем. Manifest; англ. manifest; голл. manifest; швед. manifest и др.

МАНИФЕСТА́ЦИЯ, -и, *ж.* — «массовое уличное шествие для выражения протеста или солидарности политического характера». *Глаг.* **манифести́ровать**. Сюда же манифеста́нт. Укр. маніфеста́ція, маніфестува́ти, маніфеста́нт; блр. маніфеста́цыя, маніфестова́ць, маніфеста́нт; болг. манифеста́ция, манифести́рам — «манифестирую», манифеста́нт; с.-хорв. манифеста́циjа, ма̀нифестовати, манифѐстант; чеш. manifestace, manifestovati, manifestant; польск. manifestacja, manifestować, manifestant. В словарях *манифестация* и *манифестировать* отм. с 1861 г. (ПСИС, 293); также Михельсон 1865 г., 369. Позже — *манифестант* (Кузьминский и др., 1933 г., 711). ▫ Ср. франц. manifestation, *f.*, manifester, manifestant; исп. manifestacion, manifestar, manifestante; ит. manifestazione, *f.*, manifestante; ср. нем. Manifestation, Manifestant, manifestieren. Образование, по основе своей восходящее к латин. manifestus — «явный», «обнаруживающий, показывающий очевидные (зримые) признаки» (от manus — «рука» и, возможно, fendō — «толкаю», «ударяю»). Отсюда позднелатин. manifestō — «обнаруживаю», «показываю», «проявляю». В русском языке — из французского (с поправкой на латинское произношение сущ. на -atio).

МАНКИ́РОВАТЬ, манки́рую *чем.* — «пренебрегать чем-л.», «небрежно, несерьезно относиться к кому-чему-л.». *Сущ.* манкиро́вка. Укр. манкіруваа́ти, манкіро́вка; блр. манкіра́ваць, манкіро́ўка; ср. болг. манки́рам — «манкирую». В других слав. яз. отс. Ср. в том же знач.: с.-хорв. омаловажа́вати и др.; польск. zaniedbywać, lekceważyć и др. Слово *манкировать* (в старом знач. «недоставать», «не хватать») известно в русском языке с конца XVIII в. [письмо Кутузова к жене от 5-XI-1793 г.: «человек с моим воспитанием ему не *манкирует*» («Архив», 30)]. В словарях (в совр. знач.) — с 60-х гг. XIX в. (Михельсон 1865 г., 369). *Манкировка* — позднее слово (Ушаков, II, 1938 г., 141). ▫ Восходит к франц. manquer — «допустить погрешность», «не удаваться», «отсутствовать», «недоставать», «не хватать», «нарушать», «выказывать неуважение» (< лат. mancare — «отсутствовать», от латин. mancus — «увечный», «бессильный», «несовершенный»). В русский язык, как показывает суффикс, попало, м. б., при немецком посредстве. Ср. нем. mankieren.

МА́ННЫЙ, -ая, -ое —) *манная крупа* — «крупа, полученная из пшеницы мелкого помола»; 2) «приготовленный из манной крупы». *Сущ.* (от *манная крупа*) ма́нка. Укр. ма́нний, -а, -е; блр. ма́нны, -ая, -ае. Ср. польск. kasza manna (возможно, из русского?). Ср., однако, польск. manna — «манная крупа», библ. «манна», также бот. «воробейник», «деребянка». В других слав. яз. отс. Ср. чеш. krupičná kaše — «манная каша» (но есть и manna — «сладкий сок разных тропических растений» и в метафорическом смысле: «нечто исключительно вкусное»). В болг., с.-хорв. и н.-луж. название манной крупы (каши) заимствовано из немецкого: болг. грис; с.-хорв. гри̑з; н.-луж. gris (ср. нем. Grieß — тж.). Словен. zdrob. В библейском смысле [т. е. «небесная» пища, которою питались евреи в пустыне (по выходе из Египта, на пути в Палестину), ниспосланная по молитве Моисея (Исход, гл. 16); отсюда и *манна небесная*] слово манна (manna : mana) известно во всех слав. яз. и в языках многих других народов. В др.-рус. манна употр. также в смысле «oleum sacrum» (Фасмер, ГСЭ, III, 121). В знач. «пшеничная крупа» слово манна известно с XI в. Ср. у Срезневского (II, 109): «*Манаа (манныя?)* к р у п ы пшеничны суть» (Упыр., 1047 г.); там же (112) отм. маньна (как сущ.). ▫ Т. о., выражение *манная крупа* происходит от *манна* в библейском смысле (Исход, гл. 16, стих 31: «И прозваша сынове израилевы имя тому манна; бяше же яко сѣмѧ коріандрово бѣло; вкусъ же его аки мука съ медомъ»). В др.-рус. книжн. яз. это слово — из старославянского (маньна), а там оно — из греческого. Греч. (христ. поры) μάννα — «крошка», «зернышко», «хлеб небесный», «манна» [> латин. (христ. поры) manna — «зерно», «затвердевший в виде зернышек растительный сок»] восходит к др.-евр. mān — «небесный дар», «милость». Ср. араб. mann — «дар», «благоволение», «милость» и «медвяная роса», «манна» (Wehr², 824). Библейского происхождения также франц. manne; нем. Manna; ит. manna; исп. maná; англ. manna (но manna-croup — «манная крупа» — из русского).

МА́НТИЯ, -и, ж. — «верхнее длинное, широкое, ниспадающее с плеч одеяние в виде плаща». Укр. ма́нтія; блр. ма́нтыя. Ср. болг. ма́нтия — «мантия»; с.-хорв. ма̀нтиjа — «мантия», «ряса»; польск. mantia — «мантия». Ср. в том же знач. чеш. plášť; словен. plašč, kuta, sutana. Др.-рус. (с XI в.) и ст.-сл. мантия>манатья : манатия : манотия : манонтия, манътка>манотка (Срезневский, II, 110, 111—112). Знач. столь же неустойчивое: «мантия», «плащ» (мантия, манатия); περιβόλαιον», т. е. «покрывало», «одеяло», «покров», «одежда» [манатия в Хр. Г. Ам. (Истрин, III, 256)]; «короткий плащ» или «подобие покрывала, шали или наплечного платка» [манътка>манотка у Кирилла Туровского (Срезневский, II, 112)]. ▫ Восходит к ср.-греч. μαντί(ον) μάντι(ον), *pl.* μάντια, которое в свою очередь из латинского языка [латин. mantus, mantellum — «покрывало», «плащ», mantēle — «полотенце», «салфетка» (от manus — «рука»)]. Ср. новогреч. μαντύας — «плащ».

МАНУФАКТУ́РА, -ы, ж. — 1) *устар. собир.* «текстиль», «ткани»; 2) «форма капиталистического промышленного производства, предшествовавшая крупной машинной индустрии»; 3) *устар.* «текстильная фабрика». *Прил.* мануфакту́рный, -ая, -ое. Укр. мануфакту́ра, мануфакту́рний; блр. мануфакту́ра, мануфакту́рны, -ая, -ае; болг. мануфакту́ра, мануфакту́рен, -рна, -рно; с.-хорв. мануфакту́ра; чеш. manufaktura (во 2 знач.; ср. textil — «мануфактура в 1 знач.), прил. manufakturní; с тем же знач. польск. manufaktura, manufakturowy, -a, -e. В русском языке слово *мануфактура* (сначала в форме *манифактура*) в знач.

«текстильная фабрика» известно с Петровского времени. Ср.: «строения... мануфактур всяких» (ЗАП I, т. I, № 147, 1722 г., 115). Позже — у Ф. Прокоповича в «Слове на похвалу блаженныя... памяти Петра Великого», 1725 г.: «Смотрим на... шелковыя и суконныя *мануфактуры*». (Соч., 136). Форма с *у* (*мануфактура*) появилась, пожалуй, в середине XVIII в. Нордстет (I, 1780 г., 347) дает только форму с *у*: *мануфактура* и *мануфактурный*. □ Первоисточник — средневек. латин. manufactura (от manus — «рука» и factūra — «обработка», от faciō — «делаю», «обрабатываю») — «ручное производство». В русский язык попало при западноевропейском (французском > голландском) посредстве. Ср. франц. (с XVI в.) manufacture, *f*. > голл. manufactúren, *pl*. [произн. ü вм. u (как и во франц. яз.) после n] — «мануфактура», «ткани»; нем. Manufaktúr — «мануфактура в 1 и 2 знач.»; англ. manufactory — «фабрика», «завод» и «мануфактура во 2 знач.».

МАРА́ТЬ, мара́ю — «загрязнять», «пятнать», «пачкать». *Возвр. ф*. **мара́ться**. *Сущ.* **мара́тель**. Сюда же **ма́ркий**, -ая, -ое — «быстро пачкающийся». Ср. диал. **мару́шка** — «пятно», перм. **мара́й** — «грязь, где в жару лежат свиньи» (Даль, II, 898). Ср. блр. **ма́ркі**, -ая, -ае (но «марать» — пэ́цкаць, бру́дзіць). Ср. в.-луж. móraċ — «марать», «мазать», «пачкать», móraty, -а, -е — «испачканный», «замаранный». В других слав. яз. отс. В словарях *марать* отм. с 1731 г. (Вейсман, 423). Но слово могло быть известно и раньше. □ Корень *мар* в *марать* восходит к и.-е. *mor-, выражавшему знач. «чернить», «коптить», представление о темном, мрачном цвете, о грязных пятнах (Pokorny, I, 734). Ср. лит. moraĩ, *pl.* — «плесень»; греч. μορύσσω — «делаю черным», «пятнаю», «мараю», μόρυχος — «темный», «мрачный».

МА́РГАНЕЦ, -нца, *м*. — «серебристо-белый хрупкий металл (не смешивать с марганцовокислым калием темно-фиолетового цвета!), вещество, встречающееся в природе только в различных соединениях: окислах, карбонатах, силикатах», Manganum. *Прил.* **ма́рганцевый**, -ая, -ое, **марганцо́вый**, -ая, -ое. Укр. **ма́рганець**, **марганце́вий**, **ма́рганцьовий**, -а, -е; блр. **ма́рганец**, **ма́рганцавы**, -ая, -ае. Ср. название марганца в других слав. яз.: болг. **манга́н**; с.-хорв. **ма̀нган**, чеш., польск. mangan. В русском языке слово *марганец* известно гл. обр. с XVIII в. См. «Реестр российским продуктам, натуральным и рукодельным», 1763 г., составленный Ломоносовым: *Марганец*, мармар, масло...» (ПСС, IX, № 179, с. 297). Но здесь, очевидно, речь идет не о металле марганце (последний был выделен в 1774 г.). Ср. в САР¹, IV, 1793 г., 44—45: *марга́нец* — «рыхлая горная порода... ее причисляют к железным рудам»; там же *марга́нцовый*. □ Первоисточник — средневек. латин. magnesia > mangnesia > manganesia > ит. manganese — сначала «жженая магнезия», «окись магния», потом — «марганец». В русский язык это слово попало, судя по старому ударению, из немецкого языка: Mangánerz [где Mangán — «марганец» и -erz (Erz) — «руда»] — «марганцевая руда». Ср. франц. (с 1774 г.) manganèse, *т.* — «марганец» > англ. manganese тж. На русской почве немецкое (?) слово подверглось изменению вследствие диссимиляции сонорных согласных (n : n > r : n) и влияния сущ. с суф. -*ец* (типа *свинец*).

МАРГАРИ́Н, -а, *м*. — «пищевой жир, приготовленный из смеси растительных и животных жиров, молока и некоторых других составных частей». *Прил.* **маргари́новый**, -ая, -ое. Укр. **маргари́н**, **маргари́новий**, -а, -е; блр. **маргары́н**, **маргары́навы**, -ая, -ае; болг. **маргари́н**, **маргари́нов**, -а, -о; с.-хорв. **маргари̏н**; чеш. margarín, margarínový, -á, -é; польск. margaryna, margarynovy, -a, -e. В словарях иностранных слов *маргарин* и *маргариновая кислота* — с 1861 г. (ПСИС, 295); также Михельсон 1865 г., 372. □ Ср. франц. margarine, *f*., отсюда: нем. Margarine, *f*.; англ. margarine (> хинди ма̄р'джэрӣн); турец. margarin; перс. **маргарин**; япон. ма̄гарин и др. Во Франции слово margarine было придумано химиком Шеврёлем в 1836 г. на базе франц. margarique — «маргариновая кислота» [названная так по ее цвету (от греч. μάργαρον — «жемчужина», «перл»)], потому что первоначально ошибочно предполагалось, что в состав маргарина входит маргариновая кислота.

МАРИНА́Д, -а, *м*. — «соус, приготовленный из уксуса, пряностей и масла». Сюда же (от основы *марин-*) **маринова́ть**. Укр. **марина́д**, маринува́ти; блр. **марына́д**, **марынава́ць**; болг. **мариня́та**, **марино́вам** — «маринную»; с.-хорв. **марина́да**, **марини́рати**; чеш. marináda, marinovati — «мариновать рыбу» (грибы, огурцы — nakládati); польск. marynata, marynować. В русском языке слово *маринад* известно с XVIII в.: Левшин, СП, 1795 г., 325: *маринад*, там же (326) *маринирование*. В словарях с начала и до середины XIX в. — в форме *маринада*: Яновский, II, 1804 г., 668—669 (там же *маринировать* — «мариновать»), Михельсон 1865 г., 373; но в ПСИС 1861 г., 296: *маринад*; у Даля (II, 1865 г., 898) — только глаг. *мариновать* (и отглаг. сущ. *маринованье*, *маринковка*). □ Восходит к франц. (с 1680 г.) marinade, *f*. Отсюда же: нем. Marinade; англ. marinade; ит. marinato; исп. marinada. Во французском языке сначала появился (1546 г.) глаг. mariner (от marine — «морская вода», также «морская рыба»); ср. более позднее (1611 г.) mariné — «испорченный морской водой», откуда marinade (Bloch-Wartburg², 373).

МАРИОНЕ́ТКА, -и, *ж*. — «театральная кукла, приводимая в движение (сверху) актером-кукловодом с помощью нитей или металлического прута». *Прил.* **марионе́точный**, -ая, -ое. Укр. **маріоне́тка**, **маріоне́тковий**, -а, -е; блр. **марыяне́тка**, **марыяне́тачны**, **марыяне́тавы**, -ая, -ае; болг. **марионе́тка**, **марионе́тен**, -тна, -тно; с.-хорв. **марио̀нета**; чеш. marionet(k)a (но чаще loutka, pimprle);

МАР

польск. marionet(k)a, marionetkowy, -a, -e. В русском языке слово *марионетка* с произв. известно с 60-х гг. XVIII в. (в форме *марионета* и — реже — *марионет*). Ср. в «Записках» Порошина: «говорили... о *марионетах*» (запись от 4-X-1765 г., 464), «перед обедом *марионетова* театру смотрел» (запись от 30-III-1765 г., 297); в «Дневнике» Фонвизина, в записи от 10-V-1787 г.: «ходили в театр смотреть *марионетов*» (СС, II, 569). В словарях — с начала XIX в. (Яновский, II, 1804 г., 669: *марионетта*). Прил. появилось позже, также в форме *марионетный* [напр., *марионетный* театр» в ПСИС 1861 г., 296, хотя здесь отм. и форма *марионетка*; так же у Михельсона (1865 г., 373)]; в 1-й пол. XX в. — в форме *марионеточный* (Ушаков, II, 1938 г., 146). ▫ Источник распространения — франц. (с XVI в.) marionette (от Marion, уменьш.-ласк. к Marie, как названию маленькой фигурки девы Марии в средневековых кукольных мистериях). Из французского — нем. Marionette; англ. marionette; ит. marionetta и др. В русском языке — также из французского.

МАРКА[1], -и, ж. — «знак оплаты почтовых, гербовых и др. сборов в виде небольшого бумажного прямоугольника с каким-л. рисунком и обозначением цены». *Прил.* **ма́рочный**, -ая, -ое. Укр. **ма́рка, ма́рочний**, -а, -е; блр. **ма́рка, ма́рачны**, -ая, -ае; болг. **ма́рка**; с.-хорв. **ма̀рка**; польск. marka. Но, напр., чеш. známka — «почтовая марка» (ср. словен. znamka — тж.); ср. нем. marka — название денежной единицы (немецкой марки). В русском языке *марка* в знач. «почтовый знак оплаты» — позднее слово. Почтовые марки в России появились лишь в 1857 г., и наименование их не сразу установилось, в этом знач. «почтовая марка» в словарях — с 1861 г. (ПСИС, 296: *марка* — «почтовый знак.., наклеиваемый на письма»); но у Даля (II, 1865 г.) и у Михельсона (1865 г.) это знач. еще не отм. (ср. Бурдон—Михельсон 1880 г., 488: *марка* — «почтовый знак для наклеивания на письма». ▫ Восходит к нем. Marke, f. (ср. Briefmarke, Wertmarke — «почтовая марка»). Вообще же это понятие выражается в западноевропейских языках по-разному. Ср. франц. timbre-poste — «почтовая марка»; англ. postage stamp — тж.; ит. francobollo — тж. и т. д. См. *марка*[2].

МАРКА[2], -и, ж. — «торговый знак, клеймо, метка на изделии, на товаре с обозначением предприятия, его изготовившего». Укр., блр., болг. **ма́рка**; с.-хорв. **ма̀рка**; польск. marka. Но ср. в том же знач. чеш. značka. В русском языке *марка*[2] — с конца XIX в. (Чудинов, 1894 г., 500). ▫ Восходит к франц. marque, f. — тж. [произв. от marquer — «замечать», «отмечать», «метить», «клеймить» (< франк. *merkjan; ср. нем. merken — тж.)], как и англ. trade mark, ит. marca (: marchio) и нек. др. См. *марка*[1].

МА́РЛЯ, -и, ж. — «тонкая, прозрачная хлопчатобумажная ткань из редко сплетенных нитей, употребляемая гл. обр. как перевязочный материал». *Прил.* **ма́рлевый**, -ая, -ое. Укр. **ма́рля, ма́рльовий**, -а, -е; блр.

МАР

ма́рля, ма́рлевы, -ая, -ае; болг. **ма́рля**. В других слав. яз. марлю называют *газ* (gaz): напр., чеш. gáz, gaza; польск. gaza. В русском языке — в словарях — с 60-х гг. XIX в. [ПСИС 1861 г., 297: *ма́рли* (и *ма́рля*); Михельсон 1865 г., 374: *марли*; Даль II, 1865 г., 899: *ма́рли*, ср., *нескл.*]. ▫ Восходит к франц. (с 1765 г.) marli, m. — «марля» [неясного происхождения (см. Dauzat[11], 460); едва ли, как иногда утверждают, по имени местечка Marli-la-Machine, где впервые будто бы была изготовлена такая ткань]. В других западноевропейских языках иначе: нем. Mull; англ. gauze и др.

МАРМЕЛА́Д, -а, м. — «род конфет из фруктово-ягодного пюре, сваренного с сахаром и патокой». *Прил.* **мармела́дный**, -ая, -ое. Укр. **мармела́д, мармела́дний**, -а, -е; блр. **мармела́д, мармела́дны**, -ая, -ое; болг. **мармела́д, мармела́ден**, -а, -о; с.-хорв. **мармела́да**; чеш. marmeláda, marmeládový, -á, -é; польск. marmolada. В русском языке слово *мармелад* известно с конца XVIII в. [Левшин, СП, II, 1795 г.: *мармелад* (301), *мармелады*, мн. (327) и др.]. В словарях — Яновский, II, 1804 г., 673: *мармелад* или *мармелада*. ▫ Из французского языка. Ср. франц. marmelade, f., откуда нем. Marmelade, f.; ит. marmellata и исп. mermelada и др. Во французском — от португ. marmelada — «айвовое варенье» > «мармелад из айвы», от marmelo — «айва».

МАРСЕЛЬЕ́ЗА, -ы, ж. — «революционная песня и музыка к ней, появившаяся в 1792 г. в эпоху буржуазной революции во Франции». В русском языке это слово употр. с середины XIX в. сначала только в знач. «Марсельская песня и марш» (ПСИС 1861 г., 298 и более поздние словари), а позже стало также наименованием рабочей революционной песни, начинающейся словами: «Отречемся от старого мира» (текст П. Л. Лаврова, опубликованный в 1875 г. в газете «Вперед!», № 12) и исполняющейся в основном на мотив французской марсельезы. ▫ Автором текста и музыки является военный инженер, поэт и композитор Руже де Лиль (Rouget de Lisle), сначала назвавший свое произведение «Боевой песней Рейнской армии». Вскоре оно получило новое наименование — *Марсельеза* (Marseillaise), сокращенно вм. «Гимн м а р с е л ь ц е в» (революционного марсельского батальона, принимавшего участие во взятии королевского дворца Тюильри 10-VIII-1792 г.). Ср. Marseille — Марсель, название города на юге Франции; прил. marseillais, -e — «марсельский». Ср. у Герцена, в письме к Рейхель от 23 (11)-III-1853 г.: «так как... соседи затянули *Марсельскую*, то я и один немец предложили „Rule, Britannia"» (СС, XXV, 32). Впоследствии марсельеза стала национальным гимном Франции.

МАРТ, -а, м. — «третий месяц календарного года». *Прил.* **ма́ртовский**, -ая, -ое. Болг. **март, ма́ртенски**, -а, -о; с.-хорв. **ма̑рт, ма̑ртовски̑**, -а̑, -о̑; словен. marec, marčev, -čna, -čno; польск. marzec; в.- и н.-луж. měrc. В других слав. яз. этот месяц на-

МАР

зывается по-славянски: укр. бе́резень; блр. сакаві́к; чеш. březen (но ст.-чеш. mařec). Др.-рус. (с XI в.) мартъ, мартий (Срезневский, II, 112). Прил. ма́ртовский — позднее. В словарях отм. с 1731 г. (Вейсман, 415). ▫ Ср. франц. mars; нем. März; англ. March; ит. marzo; исп. marzo; турец. mart и др. Первоисточник — латин. Martius, прил. к Mars (mensis) — «марсов (месяц)», «(месяц) посвященный Марсу». У римлян месяц март, до Юлия Цезаря — первый месяц римского года, был посвящен Марсу, богу войны. В древнерусском языке — из старославянского, а там — из позднегреческого языка (μάρτις, новогреч. Μάρτιος), где оно латинского происхождения.

МАРЦИПА́Н, -а, *м.* — «кондитерское изделие из тестообразной массы, приготовляемой из протертого миндаля, абрикосового ядра или орехов, перемешанных с сахарной пудрой, иногда с добавлением цукатов». *Прил.* марципа́нный, -ая, -ое, марципа́новый, -ая, -ое. Укр. марципа́н, марципа́нний, -а, -е, марципа́новий, -а, -е; блр. марцыпа́н, марцыпа́навы, -ая, -ае; болг. марципа́н, марципа́нов, -а, -о; с.-хорв. ма̀рципа̄н; чеш. marcipán, marcipánový, -á, -é; польск. marcepan, marcepanowy, -a, -e. В русском языке слово *марципан* известно с конца XVII в. [Фогараши (66) отм. его в форме *марцыфан* в ПДСР, VI, 726—728, 1683 г.], но в широкое употр. оно вошло значительно позже. Ср. Левшин, СП: «массепаны, или испорченно *марципаны* — род печенья, делаемого из миндалю с сахаром» (ч. II, 1795 г., 330); *массепаны* (ч. VI, 1797 г., 268) и др. ▫ В форме с *рц* слово немецкое (Marzipan), известное в XVI в. Ср. франц. (с XV в.) massepain (< marcepain, под влиянием слова masse). Источник распространения — ит. marzapane — «марципан». В этимологическом отношении итальянское слово не вполне ясное, по-видимому, заимствовано из арабского языка и подверглось искажению под влиянием ит. pane — «хлеб». Близкое к современному знач. оно получило (на Западе) примерно в XIV в. О предполагаемой более ранней истории этого слова см. Bloch—Wartburg[2], 376—377; Lokotsch 1452.

МАРШРУ́Т, -а, *м.* — «заранее намеченный установленный путь следования». *Прил.* маршру́тный, -ая, -ое. Укр. маршру́т, маршру́тний, -а, -е; блр. маршру́т, маршру́тны, -ая, -ае; болг. маршру́т; с.-хорв. маршру́та, *ж.*; польск. marszruta, *ж.* Но ср., напр., в этом знач. чеш. směr cesty, dráha, trať'. В русском языке слово *маршрут* известно с Петровского времени (Смирнов, 189, со ссылкой на ПСЗ, V, № 2802). Прил. *маршрутный* — гораздо более позднее слово (Брокгауз—Ефрон, т. XVIII[А], п/т 36, 1896 г., 711: *маршрутная съемка*). ▫ Восходит к нем. Marschroute, *f.* (произн. ′marʃ,ru:tə), возникшему на немецкой почве из франц. marche — «ход», «следование», «шествие» и route — «дорога», «путь» (во франц. «маршрут» — itinéraire). В других западноевропейских языках отс.

МАС

МА́СКА, -и, *ж.* — «накладка, скрывающая лицо (иногда с изображением звериной морды или птичьей головы), или накладная повязка на верхнюю часть лица с вырезами для глаз». *Глаг.* маскирова́ть(ся). Укр. ма́ска, маскува́ти(ся); блр. ма́ска, маскірава́ць, маскіра́вацца; болг. ма́ска, маски́рам (се) — «маскиру́ю(сь)»; с.-хорв. ма̑ска, маски́рати (се); чеш. maska, maškara, maskovati; польск. maska, maskować и др. В русском языке, где знач. «маска» с давнего времени выражалось словом *харя* (см.), новое слово появилось в связи с *маскарад* (см.) в форме с *ш*: ср. в «Путешествии» П. А. Толстого (547): «в *машкарах*, по-славянски в харях» (о карнавале в Венеции, 1698 г.); у Вейсмана (1731 г., 361) засвидетельствована *машка*. Эта форма вскоре была вытеснена формой с *с*. Ср. в «Записках» Порошина, в записи от 23-IX-1764 г., 7: «танцевать с... другими *масками*». В словарях — с 1771 г. (РЦ, 624). Глаг. *маскировать* появился позже. Ср. у Словцова в «Письмах из Сибири» (XIV, от 20-VIII-1815 г., 25): «*маскирует* себя от выстрелов». В словарях — СЦСРЯ, II, 1847 г., 288. ▫ Восходит к франц. (с XVI в.) masque, *m.*, откуда нем. Maske, *f.* (в XVIII в. также Maschke); англ. mask и некоторые др. Франц. masque (вм. ожидаемого *mascre), в свою очередь, из ит. màschera (произн. ма́скера) — «маска»; исп. mascara — тж. Эти (ит. и исп.) формы, надо полагать, восточного происхождения. Ср. араб. masḫara — «насмехаться», «делать смешным», «высмеивать», а также «насмешка», «шутка» (Wehr[2], 809).

МАСКАРА́Д, -а, *м.* — «костюмированный вечер или бал, на который являются в масках и характерных костюмах». *Прил.* маскара́дный, -ая, -ое. Укр. маскара́д, маскара́дний, -а, -е; блр. маскара́д, маскара́дны, -ая, -ае; болг. маскара́д, маскара́ден, -дна, -дно; с.-хорв. маскара́да, машкара́да; чеш. maškaráda, но чаще maškarní ples (с прил. maškarní) — «маскарад»; польск. maskarada, maskaradowy, -a, -e. В русском языке слово *маскарад* известно (сначала в форме *машкарад*) с Петровского времени (Смирнов, 190). Кроме того, в «Архиве» Куракина (I, 93, 1723 г.): «о *машкаратах* и подчивание дам» (также 73, 1727 г.). В форме *маскерад* встр. еще в 1-й пол. XIX в., даже в стих. Пушкина (СЯП, II, 544). Совр. форма *маскарад* преобладает уже в середине XVIII в. Ср. в «Записках» Порошина, в записи от 23-IX-1764 г., 8: «в зал, где *маскарад* был, шли»; здесь же: «съезжаться... в *маскарадную* кадриль» и др. ▫ Из западноевропейских языков. Источник распространения — ит. mascarata, mascherata (произв. от mascherа — «маска», отсюда франц. (с 1554 г.) mascarade; исп. mascarada, отсюда нем. (с XVII в.) Maskerade; из ст.-франц. — англ. masquerade. В русском языке форма с *ш*, м. б., не столько следствие немецкого влияния, сколько неправильного произношения итальянского sch (на немецкий лад вм. sk). *Маскерад* (с *е* после *к*) восходит к итальянской праформе.

МАС

МАСЛИ́НА, -ы, ж. — «субтропическое вечнозеленое плодовое дерево семейства маслинных, с серой корой, с мелкими остроконечными листьями, с белыми мелкими цветками и маслянистыми плодами (костянка)», Olea; «плод этого дерева». *Прил.* масли́новый, -ая, -ое, масли́нный, -ая, -ое, масли́чный, -ая, -ое. Укр. масли́на, масли́новий, -а, -е; блр. масліна, маслінавы, -ая, -ае; болг. масли́на, масли́нен, -а, -о, масли́нов, -а, -о; с.-хорв. màслина (дерево и плод), màслинка (плод), màслинов(и̅), -а, -о, màслински, -а̅, -о̅. В других слав. яз. отс. Ср. в том же знач.: словен. oljka; чеш. oliva; польск. oliwka. Др.-рус. (с XI в.) и ст.-сл. маслина, маслица, маслиньный, масличьный (прил. к маслица) [Срезневский, II, 113]. □ Произв. от *масло*.

МА́СЛО, -а, ср. — «жировое вещество, приготовляемое из молока, из некоторых растений или из веществ минерального происхождения». *Прил.* ма́сляный, ма́сленый, -ая, -ое, (от основы *маслиц-*) ма́сличный, -ая, -ое, (от основы *маслен-*) маслянистый, -ая, -ое. *Глаг.* ма́слить. Укр. ма́сло (но ср. олíя — «растительное масло», масти́ло — «смазочное масло»), ма́сляний, -а, -е, маслянístий, -а, -е, ма́слити; блр. ма́сла (но ср. але́й — «растительное масло»), ма́слены, -ая, -ае, масли́сты, -ая, -ае, ма́сліць; болг. ма́сло, ма́слен, -а, -о, маслода́ен, -йна, -йно — «ма́сличный»; с.-хорв. мàсло (только «коровье, топленое масло»), мàслен, -а, -о: маслѐни̅, -а̅, -о̅; словен. máslo, maslen : másleni, -a, -o; чеш. máslo (ср. mastný, -á, -é — «масляный», tučný, -á, -é — «маслянистый», olej — «растительное масло», olejnatý, -á, -é — «ма́сличный»); польск. masło, maślany, -a, -e (olej — «растительное масло», olejny, -a, -e — «масляный», oleisty, -a, -e — «ма́сличный»); в.- и н.-луж. masło. Др.-рус. (с XI в.) и ст.-сл. масло «масло деревянное, оливковое», позже — «коровье масло», масльный (Срезневский, II, 113—114). Другие произв.: *маслянистый* в словарях — с 1847 г. (СЦСРЯ, II, 288), *маслить* — с 1771 г. (РЦ, 296). □ О.-с. *maslo. И.-е. корень *mag'-, тот же, что в о.-с. *mazati (Pokorny, I, 696). См. *мазать*. След. *maslo из *mazslo. Суф. -sl-o, тот же, что в о.-с. *čislo (< *čit-sl-o) и др.

МА́СТЕР, -а, м. — 1) «человек, достигший совершенства в своей производственной деятельности, в творчестве»; 2) «лицо, осуществляющее на производстве административное и техническое руководство цехом, пролетом, сменой»; 3) «квалифицированный работник, занимающийся каким-л. ремеслом». *Прил.* (к *мастер* в 1 знач.) мастерско́й, -а́я, -о́е. *Сущ.* (женск. к *мастер* в 1 и 3 знач.) мастери́ца, (от *мастер* в 1 знач.) мастерство́. *Глаг.* мастери́ть. Сюда же устар. мастерово́й, м. Укр. ма́йстер, майсте́рній, -а, -е, майстри́ня, майстри́ха, майсте́рство, майструва́ти, майстровíй, -а; блр. ма́йстар, ма́йстэрскі, -ая, -ае, майстры́ха, майсте́рства, майстрава́ць, майстравы́, м. — «мастеровой»; болг. ма́йстор, ма́йсторски,

МАС

-а, -о, ма́йсторка, ма́йсторство, майсторя́ — «мастерю»; с.-хорв. мȃjстор, мȃjстȍрски, -ā, -о̅, мȃjсторство, мȃjстȍрија, мȃjсторисати; словен. mojster; чеш. mistr, mistrný, -á, -é, mistrová — «мастерица на производстве», mistryně — «искусница», mistrnost — «мастерство»; польск. majster, mistrz, mistrzowski, -a, -ie, mistrzyni — «мастерица» (искусница), mistrzostwo, majstrować; в.-луж. mišter; н.-луж. mejstaŕ. Др.-рус. (с X в.) мастеръ — «мастер», «ремесленник» (Пов. вр. л. под 6497 г.: «Володимеръ... помысли создати церковь пресвятыя богородица, и пославъ, приведе *мастеры* от Грекъ»), мастырь (Ип. л. под 6669 г.), мастерьский (Жит. Стеф. Перм. XIV в.), мастерьство; ср. мастрота (не от *мастръ ли?) — «мастерство» в «Хронографе» XVII в. (Срезневский, II, 115—116). В Псков. I л. под 7048 г. отм. *«мастеровые люди»* (ib., Доп., 160). Это выражение получило широкое распространение к XVII в. Нередко встр. в «Уложении» 1649 г. (гл. 10, ст. 193, л. 144 об.; гл. 19, ст. 24, л. 258 и др.). По-видимому, к этому времени относится появление слова *мастерица* [ср., напр., в «Госуд. большой шкатуле» (запись 1628 г.): «отослано к *мастерицам*» (швеям). — Кологривов, 40]. Позже других слов этой группы появилось *мастерить* [«Рукоп. лексикон» 1-й пол. XVIII в.: *мастерити* (Аверьянова, 173)]. □ Происхождение слова *мастер* не совсем ясно. Первое упоминание о мастерах (Пов. вр. л. под 6497 г.) на древнерусской почве связано с Византией («приведе *мастеры* от Грекъ»). Ср. новогреч. μάστορης, μάστορας — тж. Из нем. Meister (др.-в.-нем. meistar, ср.-в.-нем. meister) должно было получиться что-нибудь вроде *мейстеръ: *местеръ : *месторъ. Из западноевропейских параллелей (ит. maestro; франц. maître и др.) к рус. *мастер* фонетически ближе всего англ. master (произ. ˈmaːstə) — «мастер», «хозяин». Но из хронологических соображений приходится думать о заимствовании из среднегреческого. Первоисточник — латин. magister (см. *магистр*).

МАСТИ́ТЫЙ, -ая, -ое — «преклонных лет», «почтенный по возрасту», «заслуженный», «признанный». *Сущ.* масти́тость. Укр. масти́тий, -а, -е; блр. масцíты, -ая, -ае; болг. масти́т, -а, -о. В других слав. яз. отс. Ср. в том же знач.: чеш. letitý, -á, -é, velmi vážený; польск. sędziwy, -a, -e, szanowny, -a, -e, czcigodny, -a, -e. Др.-рус. маститый — «лоснящийся», «жирный», «умащенный»; ср. мастити — «умащивать», «намазывать» (елеем, маслом), «п р и к р а ш и в а т ь» (Срезневский, II, 166; Доп., 160—161). Ср. еще П. Алексеев, ЦС, 1773 г., 165: *маститый* — «маслом вымазанный или помазан». Между тем знач. «почтенный» по отношению к старости не было чуждо этому слову в древнерусском языке. Срезневский (Доп., 161) отм. его со ссылкой на Пов. вр. л. под 6614 г. («в старости маститѣ»). Оно могло развиться из знач. «благообразный». Любопытно, что в «Рукоп. лексиконе» 1-й пол. XVIII в. *маститый* истолковано как

МАС

«старый», «древний» (Аверьянова, 173). ▫ Произв. от *масть* (см.).

МАСТЬ, -и, *ж.* — 1) «цвет шерсти у животных»; 2) «один из четырех разрядов, на которые делится колода игральных карт по цвету (красный или черный) и форме очков». *Прил.* **мастѝстый**, -ая, -ое. Укр. масть; блр. **масць**; болг. **маст**, *ж.* — «жир», **мàсти**, *мн.*, хим. — «жиры»; с.-хорв. **мâст** — «жир», «топленое сало», «мазь», «цвет», «окраска», «масть», **мàстан**, -сна, -сно : **мàснӣ**, -ā, -ō — «жирный», «жировой», **мàстити** — «смазывать жиром», «промасливать», «делать лоснящимся»; словен. mást — «топленый жир», masten, -tna, -tno — «жирный», «тучный»; чеш. и словац. mast (словац. mast') — «мазь», «жир», mastný, -á, -é — «жирный», mastiti (словац. mastit') — «класть масло, сало (в кушанье)», «поливать жиром»; польск. maść — «мазь», «масть» (о животных), устар. «карточная масть», maścić — «намащивать», «натирать благовонной мазью», устар. и обл. «класть жир» (во что-л.). Др.-рус. (с XI в.) и ст.-сл. **масть** — 1) «мазь», «масло», «помазание» (культового характера); 2) «краска», «цвет» (Ио. екз. Бог.), «оттенок», **мастьный** — «намасленный» (?) [Срезневский, II, 116—117]. Знач. «карточная масть» — более позднее [«Рукоп. лексикон» 1-й пол. XVIII в.: *масть* — «одноцветность (в картах)» (Аверьянова, 173)]. ▫ О.-с. *mastь. Корень *maz-, тот же, что в о.-с. *mazati. Ср. др.-рус. и ст.-сл. **мазати** — «мазать елеем, миром (священным маслом)», позже (XV в.) «раскрашивать» (Срезневский, II, 101). Знач. «краска», «цвет» — более позднее.

МАСШТÁБ, -а, *м.* — «отношение размеров на чертеже, на карте к действительным размерам местности, предмета и т. п.»; *устар.* «мерник, медная линейка... с означением мер» (Даль³, II, 794); *перен.* «размах», «охват». Устар., прост. произн. **мачтáб**, устар. написание **маштáб** (см. ССРЛЯ, VI, 688). *Прил.* **масштáбный**, -ая, -ое. Укр. масштáб; блр. **маштáб**; болг. **мащáб** (: **масщáб**). В других слав. яз. отс. Ср. в том же знач.: с.-хорв. **рàзмер : рàзмера**; словен. merilo; чеш. měřítko; польск. skala, podziałka (но есть и masztab). В русском языке это слово известно с 1-й пол. XVIII в. [Смирнов, 191: *маштаб*; также в описи библиотеки и кабинета Брюса, 1735 г.: «*моштап* из рыбей кости», «*моштап* медной», «цыркаль медной с *маштапом*» (ЛРЛД, I, 57)]. В словарях — с 1731 г. (Вейсман, 404: *маштап*). ▫ Восходит к нем. Maßstab [собств. «размерная палка» или, как переводит Даль (II, 908), «жезл размерный»]. Нем. Stab — «палка», «жезл», Maß — «размер», «мера», «мерка». Ср. другие образования с Maß: Maßgabe — «соразмерность», Maßregel — «распоряжение».

МАТЕМÁТИКА, -и, *ж.* — «наука, изучающая величины, их количественные (числовые) отношения, а также пространственные формы». *Прил.* **математѝческий**, -ая, -ое. Сюда же **математик**, -а, -ое. Укр. **математика**, **математѝчний**, -а, -е, **математик**; блр. **матэмáтыка**, **матэматы́чны**, -ая, -ае, **матэ-

МАТ

мáтык; болг. **математика**, **математи́чески**, -а, -о, **математик**; с.-хорв. **математи̏ка**, **математи̏чкӣ**, -ā, -ō, **математѝчāр**; чеш. matematika, matematický, -á, -é, matematik; польск. matematyka, matematyczny, -a, -e, matematyk. В русском языке эта группа слов известна, по крайней мере, с конца XVII в. Ср. в учебных тетрадях Петра I: «инструменты *математецкие*» (ПбПВ, I, № 32, 1694 г., 26); в «Путешествии» П. А. Толстого: *математика* (Венеция, 1698 г., 552), *математицких* наук» (ib.; также Милан, 1698 г., 529); «химики, юристы ..., *математики*» в «Архиве» Куракина (IV, 36, 1711 г.) и в более поздних памятниках Петровского времени. ▫ Из западноевропейских языков. Ср. франц. mathématique, прил. (как сущ. — с XVI в.); нем. Mathematík, mathematisch, Mathemátiker — «математик»; голл. mathematica, mathematisch, mathematicus; англ. mathematics и др. Первоисточник — греч. μαθηματικός, -ή, -όν — «познающий», «восприимчивый», «успевающий», а также «математический», в процессе субстантивации возникли μαθηματικά, *pl.*, *n.*, μαθηματική, *f.* — «математика». К этой группе относятся также μάθη(σις) — «обучение», «изучение», «способность к наукам», μάθημα, *n.* — «знание», «наука», μαθήματα, *pl.* — «математические науки», «математика» и др. Базой этой группы слов является глаг. μανθάνω — «учусь», «изучаю», «понимаю» (аорист ἔμαθον, эп. μάθον). И.-е. корень *mendh-, тот же, что в о.-с. *mǫdrъ, *mǫdrъjь — «мудрый». Из греческого — латин. mathēmatica, прил. mathēmaticus, -a, -um, сущ. mathēmaticus. Отсюда — в современных языках европейской культуры.

МАТЕРИ́К, -á, *м.* — «обширное пространство земли, омываемое морями и океанами», «суша», «континент». В говорах также «горный (высокий, нелуговой) берег реки», «нетронутый пласт поверхности земли», «кряж» (Даль, II, 904); колым. «матерая (сильная ... П. Ч.) струя реки» (Богораз, 79); вост.-сиб. «фарватер» (Маштаков, 60); том. «крупный лесной массив», «тайга», «мягкая рассыпчатая земля» (Палагина, II, 143). *Прил.* **материкóвый**, -ая, -ое. Укр. **материк**, **материкóвий**, -а, -е; блр. **мацяры́к**, **мацярыкóвы**, -ая, -ае; болг. **материк**, **материков**, -а, -о. В других слав. яз. отс. В русском языке слово *материк* известно с XVII в. Ср. у Р. Джемса (РАС, 1618—1619 гг., 4 : 45): materic — «maine land» («основная земля»). В ПбПВ, II, № 403, 1702 г., 2. В словарях — с 1771 г. (РЦ, 296). Прил. *материкóвый* — очень позднее (Ушаков, II, 1938 г., 160). ▫ Произв. от *матёрый* : *матербй* — «большой», «крепкий», «сильный» (см. *матёрый*).

МАТЁРЫЙ, -ая, -ое (реже **матербй**, -áя, -óе) — «полный сил», «вполне созревший», «здоровенный». *Глаг.* **матерéть**, *прост.* — «становиться матерым, взрослым» [в говорах также **маторéть** — «пребывать матерым», «оставаться, становиться грубым, черствым», «коснеть» (Даль, II, 904)], **заматерéть** (реже **заматорéть**), *устар.* — «достигнуть зрелого возраста»; «загрубеть», «закоснеть», «очерстветь». Блр. мацёры, -ая, -ае; укр. матéрий, -а, -е — преимущественно перен. (матéрий бюрокрáт). Вообще же это знач. в укр., как и в других слав. яз., выражается другими словами. Ср., однако, болг. диал. мáтор, -а, -о — «старый»; с.-хорв. мáтор(и), -а, -о — «старый», «много поживший». В словарях матёрый отм. с 1704 г. (Поликарпов, 167: матерый), но слово старое. Ср. др.-рус. (книжн.) и ст.-сл. матерьство — «старшинство», «почетное положение по старости и первородству», «престарелость» (Срезневский, II, 177—118). ▫ И.-е. основа *māter-о-, та же (без -о-), что и в слове мать, род. матери (см.). Суф. *-ter-o- : *-tor-o-. Родственное образование — латин. māteriēs : māteria — «материя», «вещество», «природное свойство», «древесина», «материал» (отношение к mater — «мать» такое же, как в pauperiēs — «бедность» при pauper — «бедный»).

МÁТКА, -и, ж. — «внутренний женский половой орган (животных и человека), в котором происходит зарождение и развитие плода», uterus, matrix. Прил. мáточный, -ая, -ое. Укр. мáтка, мáтковий, -а, -е; блр. мáтка, мáтачны, -ая, -ае; болг. мáтка, мáточен, -чна, -чно; с.-хорв. мáтерица; словен. máternica; польск. macica, maciczny, -a, -e; в.-луж. maćernica. Но ср. чеш. děloha — «матка»; н.-луж. rožeńca — тж. В древнерусском языке матъка (произв. от мати) — как и матица, значило «мать», а также «основа», «начало» (Срезневский, II, 119). Анат. знач. передавалось словами утроба, черево (ст.-сл. ѫтроба, чрѣво) [Срезневский, III, 1315, 1500]. В знач. «matrix» слово матка появилось в XVIII в. (Вейсман, 1731 г., 66), м. б., не столько как более поздняя ступень развития знач. «основание», «начало», сколько из подражания западноевропейским языкам. ▫ Ср. латин. mātrix — «матка», «самка» (при māter — «мать»); греч. μήτρα — «матка» (при μήτηρ — «мать»). Ср. в современных западноевропейских языках: франц. matrice; ит. matrice; исп. matriz и др., восходящие к латин. mātrix. Ср. также др.-в.-нем. muodar — «брюхо змеи» при muoter — «мать» при Gebärmutter — «матка» при Mutter — «мать»).

МÁТОВЫЙ, -ая, -ое — (о поверхности предмета, напр., стекла, кожи, бумаги) «тусклый, непрозрачный, не имеющий лоска, блеска, глянца». От мат — «отсутствие блеска». Укр. мáтовий, -а, -е, мат; блр. мáтавы, -ая, -ае, мат; болг. мáтов, -а, -о, мат; чеш. matný, -á, -é, matový, -á, -é, matnost; польск. matowy, -a, -e, mat. В некоторых слав. яз. отс. Ср. в том же знач.: с.-хорв. мỳтан, -тна, -тно : мỳтнӣ, -ā, -ō; в.-луж. tupy, -a, -e. В русском языке мат и матовый в словарях отм. с 1847 г. (СЦСРЯ, II, 291). ▫ Надо полагать, из французского языка. Ср. франц. mat, -e — «матовый», «тусклый», (о звуке) «приглушенный», «слабый». Старшее знач. — «поверженный», «подавленный». Из старофранцузского — ср.-в.-нем. mat — «бессильный», «изможденный»,

совр. нем. matt — тж., также «матовый», «тусклый». Слово, м. б., одного происхождения с мат в шахматной игре (франц. mat; нем. matt; ит. matto и др., которые значат и «матовый»). Сначала это слово появилось именно как термин шахматной игры, а этот термин попал в Европу с Востока, вероятно, из Персии. Ср. перс. мат — «пораженный», «изумленный». Первоисточник — араб. māta u — «умереть», «быть убитым», «погибнуть» (Wehr², 828). Но эту точку зрения разделяют не все языковеды: иногда первоисточником считают средневек. латин. mat(t)us — «пьяный», также «печальный», «тупоумный», хотя происхождение этого слова не относится к ясным (Bloch—Wartburg², 377).

МАТРÁС и МАТРÁЦ, -а, м. — «мягкая толстая подстилка на кровати или диване». Прил. матрáсный, -ая, -ое. Укр. матрáц, матрáцний, -а, -е; блр. матрáц, матрáцны, -ая, -ае; с.-хорв. мàтрац, мàдрац; чеш. matrace; польск. materac. Но болг. матрáк, мн. матрáци. Ср. уже у Вейсмана, 1731 г., 396 : Madratze — «мадрац, тюфяк». Совр. форма — с 1804 г. (Яновский, II, 690). ▫ Рус. матрас восходит к голл. matras, f.; форма с ц — матрац — к нем. Matratze, в немецком и голландском — из романских языков [ср. ит. materasso; франц. matelas < materas (откуда англ. mattress)], а там восходит к араб. maṭraḥ — «место, куда что-л. сбрасывают, складывают» (к глаг. ṭaraḥa — «бросать», «кидать») [Wehr², 503—504].

МАТРÓС, -а, м. — «рядовой военного флота или низший служащий судовой команды в гражданском флоте». Прил. матрóсский, -ая, -ое. Укр. матрóс, матрóський, -а, -е; блр. матрóс, матрóскі, -ая, -ае; болг. (из русского) матрóс [у Младенова (291) — матрóз], матрóски, -а, -о; с.-хорв. мàтрōз (чаще, однако, мòрнāр), мàтрōскӣ, -ā, -ō; н.-луж. matroza (: namornik). В некоторых слав. яз. отс. Ср. в том же знач.: чеш. námořník (: plavčík); польск. majtek, marynarz. В русском языке слово матрос (сначала чаще в форме матроз) известно с конца XVII в. (ПбIIВ, I, № 29, 1694 г., 23 и др.). Форма с с встр., по крайней мере, с 1703 г. («Ведомости», 1703 г., № 2, с. 8: «с 500 человек матросов»). См. еще: Christiani, 39 (матросы и матрозов); Смирнов, 190 (матрос и матрозов). ▫ Восходит, надо полагать, непосредственно к голл. matroos — тж. [отсюда же (с XVII в.) нем. Matrose; швед., дат. matros], которое, в свою очередь, — к франц. matelot, возможно в форме мн. ч. matelots — «матрос» < ср.-франц. matenot, тогда ср.-франц. слово само должно быть возведено (через норманское посредство) к ср.--голл. maatgenoot — «сотрапезник», «товарищ по столу» [ср. совр. голл. maat — «товарищ», «компаньон»; het brood genieten — «есть хлеб» (прич. прош. вр. genoten)].

МАТЧ, -а, м. — «спортивное состязание в игре». Укр., блр. матч; болг. мач; чеш. mač; польск. mecz. В некоторых слав. яз. отс. (ср. с.-хорв. ỳтакмица — тж.). В русском языке — позднее заимствование. В словарях — с 1904 г. (М. Попов, 235). ▫ Слово английское: match (произн. mætʃ — «матч», «пари», также «ровня», «пара», «супруг» (ср. родственное швед. make — «супруг»), to match «подбирать под пару», «противопоставлять», «состязаться», «соревноваться». Из английского — франц. match; нем. Match и др.

МАТЬ, ма́тери, *ж*. — «женщина по отношению к ее детям», «самка по отношению к ее детенышам». *Прил*. ма́терин, -а, -о, матери́нский, -ая, -ое. *Сущ*. ма́тка — 1) «самка-производительница у животных»; «самка в пчелином улье, кладущая яйца для вывода нового роя пчел»; 2) «matrix» (см. *матка*). Укр. ма́ти, род. ма́тері, ма́терин, -а, -о, матери́нський, -а, -е; блр. ма́ці, ма́тка, ма́тчын, -а, -о, мацяры́нскі, -ая, -ае; болг. ма́йка, (у пчел) ма́тка, ма́йчин, -а, -о, редк. ма́терен, -рна, -рно; с.-хорв. ма̑ти, род. ма̏те̄ре, ма̏те̄рин, -а, -о, ма̏те̄рњи, -а̄, -е̄, ма̏те̄рӣнскӣ, -а̄, -о̄; словен. mati, род. matere, materin, -a, -o, materinji, -a, -e, materinski, -a, -o; чеш. máti, род. устар. mateře, устар. и поэт. máť, род. mátě (обычно же matka), matčin, -a, -e, mateřský, -á, -é; словац. mať, поэтич. mati (обычно же matka), materský, -á, -é; польск. matka, устар. mać, macierz, macierzyński, -a, -ie; в.-луж. mać, род. maćerje, maćer, maćeriny, -a, -e, maćerny, -a, -e, maćérski, -a, -e; н.-луж. maś (но чаще всего mama), maśerjny, -a, -e, maminy, -a, -e. Др.-рус. (с XI в.) мати, род. матере, позже матъка; матерьний, матерьный, позже (с XV в.) материный (Срезневский, II, 117, 118). Ст.-сл. мѧти, род. мѧтере, мѧтерьнь. ▫ О.-с. *mati, род. *matere. И.-е. основа *māter-, от детского лепета mā, удвоен. māmā : mammā (Pokorny, I, 694, 700—701). Отпадение показателя основы -r- и вообще преобразование формы им. ед. — особенность балто-славянской группы. Ср. лит. устар. mótė, род. móters (диал. mótres) — «женщина», «жена» («мать» — mótina); латыш. māte — «мать»; др.-прус. mothe, mūti — «мать»; но ср. др.-в.-нем. muoter, совр. нем. Mutter; латин. māter (ит., исп. madre; франц. mère и пр.); греч. μήτηρ (дор. μάτηρ); др.-ирл. máthir; арм. майр (mair); др.-перс. ha-mātar-; авест. mātar-; др.-инд. mātár- (хинди mātā).

МАХА́ТЬ, машу́ — «производить движения по воздуху чем-л.». *Однокр. сов*. махну́ть. *Прил*. маховой, -а́я, -о́е. Сюда же мах (в *дать маху* и т. п.). Укр. маха́ти, махну́ти, да́ти ма́ху; блр. маха́ць, махну́ць, даць ма́ху; болг. ма́хам — «машу», ма́хна — «махну»; с.-хорв. махати, 1 ед. ма̑ше̄м, ма́хнути, ма̑х, дати маха «дать ход»; словен. mahati, mahniti, mah; чеш. máchati — «махать», «полоскать», machnouti — «махнуть»; словац. máchať — «махать», «полоскать», máchnuť — «махнуть»; польск. machać, machnąć; в.-луж. machać, machnyć, mach; н.-луж. machaś, machnuś, mach. Др.-рус. и ст.-сл. махати — «обмахивать», махнути, позже (с XVII в.) отглаг.

махъ (Срезневский, II, 119). ▫ О.-с. *machati, *machnǫti. И.-е. корень *mā-, тот же, что в о.-с. *majati (см. *маять, маяк*); ср. ст.-сл. (> книжн. др.-рус.) помавати — «подавать знак», поманѫти при чеш. mávati — «махать», где этот корень — без основообразующего элемента -ch(a)-. Ср. также лит. móti — «махать», «кивать». Элемент -ch(a)- (ср. о.-с. *jě-ch-a-ti) возник на о.-с. почве, и происхождение его здесь (в положении не после i, u, r, k) не совсем ясно, но он, несомненно, находится в связи с элементом -s(a)-: о.-с. *tręsti, *tręsati, ст.-сл. трѧсти, -трѧсѧти (корень *trę-), о.-с. *kǫsati, ст.-сл. кѫсати (корень *kǫd- < *kond-).

МАХО́РКА, -и, *ж*. — «однолетнее растение семейства пасленовых», Nicotiana rustica; «низкий сорт крепкого курительного табака, приготовляемый из листьев этого растения». *Прил*. махро́чный, -ая, -ое. Укр. махо́рка, махро́чний, -а, -е; блр. махо́рка, махра́чны, -ая, -ае. В других слав. яз. — из русского: болг. махо́рка; чеш., польск. machorka. Из русского также франц. makhorka и в некоторых других языках. В словарях русского языка — с 40-х гг. XIX в. (СЦСРЯ 1847 г., II, 292: *махорка* — «амерфортский табак», прил. *махорский*), но, несомненно, в народном употр. было известно и раньше, в XVIII в. ▫ Происходит от названия голландского г. *Амерсфорт* (Amersfoort, в провинции Утрехт), в XVIII в. славившегося своей табачной промышленностью. Предполагаемый путь эволюции (м. б., сначала в говорах с произношением *х* вм. *ф*): *амерфортка [ср. в словообразовательном отношении диал. не́мка — «брюква» (Даль, II, 1145)] > *мерфорка > *морфорка > **ма(р)форка* > *махорка*. Даль (II, 907) отм. прил. махо́рточный, сохранявшее память о согласном *т* в сущ. См. Meulen, NWR, Suppl., 11—12.

МАХРЫ́, -о́в, *мн*. — 1) «кисти», «бахрома»; 2) «висящие, свисающие наподобие бахромы нити, лохмы, клочья»; 3) «соцветия у некоторых растений в виде метелки». В ед. ч. в общерусском языке не употр. Но ср. в говорах: мохо́рь, *м*., мохра́, *ж*. — «мохна» (т. е. «пучок шерсти, перьев», «кисть», «клок», «косма»); «короткая нить», «шерстинка», «каждая отдельная часть бахромы»; отсюда мохря́к — «оборванец» (Даль, II, 947). *Прил*. махро́вый, -ая, -ое — «мохнатый»; (о цветке) «с большим количеством лепестков». Что касается отрицательного оттенка знач. прил. *махровый* («махровый бандит», «махровый черносотенец» и т. п.), то он развился из знач. «наиболее полно (ярко) выраженный» в контексте со словами, имеющими отрицательный смысл, а это знач. восходит к таким случаям употр. слова *махровый*, как «махровая гвоздика», «махровый цветок мака» и т. п. (т. е. с большим количеством лепестков или с расщепленными лепестками), «махровое полотенце» и т. п. Блр. махры́, ед. махо́р. В других слав. яз. отс. В русском языке известно по словарям с XVIII в. Ср. в «Рукоп. лексиконе» 1-й пол. XVIII в.:

мохры — «бахрома», мохровое (Аверьянова, 184). Позже — Нордстет, I, 1780 г., 349 (с *а* после *м*: махры). ▫ Старшая форма — с *о*: мохр, мохрá, мн. мохрý [с суф. -ър(ъ) и -р(а)]. Со времени Даля (II, 947) обычно производят от о.-с. *mъchъ > рус. мох (см.). С семантической точки зрения связующее звено — значение ворсистости, пушистости. Ср. диал. мох — «пух», «мягкие и тонкие мохры (sic!), шерсть и волокна», мшáрый, мшáвый — «со сбитой ворсой», «всклоченный» (Даль, II, 947). Недавняя попытка Сорокина (РР, 84) объяснить это слово как искаженное *бахрома* не выдерживает сколько-нибудь критики: мохрá и тем более мохр никак не может получиться из *бахрома*. Несомненно, однако, что мохрá, мн. мохрý с течением времени должно было прийти в соприкосновение с *бахрома*, как словом, близким по знач. и по звучанию. Отсюда такое гибридное образование, как мохромá (Даль, уп.: «бахрома в народе и н о г д а мохромá»). Возможно, что изменение в вокализме корня (*а* вм. *о*) произошло не только под влиянием акающего произношения, закрепленного впоследствии в орфографии, но и под воздействием слова *бахрома*. См. еще *мохнатый*.

МА́ЧТА, -ы, ж. — «высокий столб с перекладинами (или высотное металлическое сооружение) на судне для установки парусов, подъема флагов, наблюдения, сигнализации и т. п.». *Прил.* мáчтовый, -ая, -ое. Блр. мáчта, мáчтавы, -ая, -ае; болг. (из русского) мáчта, мáчтов, -а, -о. Ср. польск. maszt. В других слав. яз. отс. Ср. в том же знач.: укр. щóгла; с.-хорв. кàтарка; чеш. stěžeň, stožár. В русском языке известно (сначала в форме *машта*) с Петровского времени (ПбПВ, I, № 195, 1697 г., 203 и др.; см. еще: Christiani, 40; Смирнов, 191). Ср. у Поликарпова (1704 г.: 167): *машт* — «шогло». В форме с *ч* встр. у Фонвизина (Петров, 188: *мачта*, *мачтовый*). ▫ Заимствовано из голландского или немецкого языков. Ср. голл. mast, *m.* (s=рус. *с*); нем. Mast, *m.* — «мачта», «столб». Произношение *чт* (*мачта*) возникло при тех же условиях, что и в слове *почта* < нем. Post, *f.* (< ит. posta), т. е. в связи с орфограммами вроде *что* (произн. што) и т. п.

МАШИ́НА, -ы, ж. — «механизм или совокупность механизмов, совершающие какую-л. полезную работу путем преобразования одного вида энергии в другой»; *разг.* «автомобиль»; *устар.* (середина XIX в.) «паровоз», «локомотив»; *перен.* «организация, действующая подобно механизму, налаженно и организованно». *Прил.* маши́нный, -ая, -ое. *Сущ.* маши́нка (напр., пишущая), маши́ни́ст. *Глаг.* машинизи́ровать. Укр. маши́на, маши́нний, -а, -е, (друка́рська) маши́нка, машині́ст, машинізува́ти; блр. машы́на, машы́нны, -ая, -ае, (пі́шучая) машы́нка, машы́ні́ст, машынізава́ць; болг. маши́на, пи́шеща маши́на, маши́нен, -нна, -нно, маши́ни́ст, машинизи́рам — «машинизи́рую»; с.-хорв. маши́на, писаћа маши́на — «пишущая машинка», машѝнист(а), мàшински, -ā, -ō;

польск. maszyna, maszyna do pisania — «пишущая машинка», maszynowy, -a, -e, maszynista, maszynizować. В некоторых слав. яз. это слово и произв. от него почти не употр. Ср. чеш. stroj — «машина», но ср. mašina, устар., прост. — «поезд» и перен. «машина» (в последнем знач. также mašinérie), mašinisace, устар. (обычно mechanizace) — «машинизация». В русском языке слово *машина* известно с Петровского времени. Ср. «ту *машину* зделать. ., чем суды взводить на порогах» (ПбПВ, VIII, № 2889, 1708 г., 336); «добиватца той *машины*, на которой точат» (речь идет о токарном станке) [ПбПВ, XI, № 4311, 1711 г., 122]; «О *машинах* разных, что в воде работают» [«Заметки Петра I» (ЗАП I, т. I, 56); ср. там же (54): «О *махине* водяной, что у Гааги». В обоих случаях — без даты, но до 1720 г.]. Произв. — более поздние. *Машинный* в словарях — с 1771 г. (РЦ, 624); *машинист* встр. в «Записках» Порошина, в записи от 13-XII-1764 г. (181): «*Машинист* Дюкло приносил сделанную им куклу Полишинеля». Совсем недавнего происхождения — *машинизировать* (Ушаков, 1938 г., 165). ▫ Слово *машина* западноевропейское. Ср. франц. (с XIV в.) machine, *f.*, (с 1643 г.) machiniste. Ср. в других яз.: голл. machine, machinist; нем. Maschine, Maschinist (в театре) и др. В западноевропейских языках восходит к латин. machina — «механизм», «машина». В латинском — из греч. дор. μαχανά, атт. μηχανή — тж.

МАЯ́К, -á, *м.* — «высокое сооружение, обычно в виде башни, на океанском, морском берегу или на острове, снабженное сильным источником света для указания пути проходящим судам». В говорах *маяк* значит вообще «условный знак», «примета, нарочно устроенная» [многочисленные знач. см. у Даля (II, 908)]. *Прил.* мая́чный, -ая, -ое. Укр. мая́к, маякóвий, мая́чний, -а, -е; блр. мая́к, мая́чны, -ая, -ае. Из русского: болг. мая́к (ср. фар — тж.); чеш. maják. Ср. в том же знач.: с.-хорв. кула светиља или свѐтиљнӣк; словен. svetilnik; польск. latarnia morska. В словарях отм. с 1771 г. (РЦ, 298), но, надо полагать, было известно и раньше. Старшее знач. могло быть «костер или шест, обвитый соломой, зажигавшийся в степи на сторожевой линии при набегах кочевников», как у Лермонтова в «Валерике», 1840 г.: «Над допотопными лесами / Мелькали *маяки* кругом / И дым их то вился столбами, / То расстилался облаками» (ПСС, I, 66). В XVIII в. это слово употр. только со старым знач. Ср. у Державина в стих. «Царь-девица», 1812 г.: «Вот и встал дым коромыслом / От *маяков* (sic!) по горам» (Стих., 438). ▫ Произв. от *маять* (см.). Ср. укр. мáяти — «развеваться», мáятися — «колебаться» (от ветра). Суф. -к-, как в *стояк* (также: *свояк*, *мышьяк* и т. д.).

МА́ЯТНИК, -а, *м.* — «ритмично качающийся стержень, прикрепленный верхним концом к какой-л. неподвижной точке (напр., в стенных часах)»; «колесо, регулирующее ход часов». *Прил.* ма́ятниковый, -ая, -ое. Укр. ма́ятник, ма́ятниковий, -а, -е; блр. ма́ятнік, ма́ятнікавы, -ая, -ае. В

МАЯ

других слав. яз. это понятие передается другими словами: болг. **махáло**; с.-хорв. **клáтно**; чеш. kyvadlo; польск. wahadło, balansjer; н.-луж. chytanka и др. Слово *маятник* известно в русском языке, по крайней мере, с XVII в. Упоминается при перечислении мелких предметов домашнего обихода в «Переписной книге домовой казны патриарха Никона» 1658 г. («Временник МОИДР», кн. XV, 111). В словарях — с 1731 г. (Вейсман, 713: «*маятник* в часах»). ▫ Новое книжное образование от *маять(ся)* [в старшем знач. — «махать», «качать(ся)»; см. *маять*]. Вероятно, калька с франц. balancier — «маятник» при balancer — «качать».

МАЯТЬ, **мáю** — «утомлять», «изнурять», «приводить в изнеможение», «мучить». Чаще — *возвр. ф.* **мáяться**. *Сущ.* **маетá** (устар. написание **маятá**), **мáятник** (см.), **маяк** (см.). Сюда же **маячить**. В других слав. яз. этот глаг., по большей части, употр. с другими знач. Ср. укр. **мáяти** — «развеваться», «колыхать», «махать», **мáятися** — «качаться, колебаться от ветра», (о сердце) «биться»; болг. **мая** — «медлю», «задерживаю», **мáя се** — «задерживаюсь»; словен. majati — «заставлять двигаться», «шатать», «колебать», majati se — «колебаться», «качаться», «шататься». Только в с.-хорв. **mäjati** значит и «задерживать», и «выматывать», «мучить», **mäjati се** — «маяться», «мучиться» и «задерживаться». В некоторых слав. яз. вообще отс., но ср. от того же корня (и.-е. *mā-) чеш. mávati, máchati — «махать». Др.-рус. **маяти** — «махать» (Упыр. 1047 г.) [Срезневский, II, 120]; ср. сравнительно позднее **маятися** — «работать с напряжением» (Пск. I л. под 7020 г.) [ib., Доп., 161]. Глаг. *маять* со знач. «изнурять», «приводить в изнеможение» и *маяться* — «томиться» в словарях отм. с 1793 г. (САР¹, IV, 71). Произв. *маета* в словарях — с 1814 г. (САР², III, 723). ▫ О.-с. *majati (: *mati?). И.-е. корень *mā-, по-видимому, тот же, что в *machati (см. *махать*). Образование на о.-с. почве с помощью -j- (в инфинитиве — -ja-). Ср. (без этого форманта) лит. móti, 1 ед. móju — «махать», «кивать»; латыш. māt — тж. Возможно, сюда относится греч. (с суф. -νῡ-) μηνύω (дор. μανύω) — «указываю», «показываю», «сообщаю» [Pokorny, I, 693; скептически относится к этому предположению Фриск (Frisk, II, 229)]. Знач. «мучиться» глаг. *маяться* получил на русской почве. Старшее знач. — «качаться», «шататься» (напр., от изнеможения). Отсюда и *маять* — «мучить». Следует, однако, сказать, что Покорный (Pokorny, I, 746) и некоторые другие языковеды относят рус. *маяться* (как нам кажется, без достаточного основания) к другому гнезду, и.-е. корень *mō- — «напрягаться», «трудиться». Ср. с расширителем -l- латин. mōlēs — «глыба», «громада», «усилие». *Маета* — произв. с суф. -ет-а; ср. *суета*.

МГЛА, -ы, *ж.* — «непрозрачный воздух, насыщенный туманом, водными парами или пылью, дымом и т. п.»; «мрак», «тьма».

МЕБ

Прил. **мглúстый**, -ая, -ое. Укр. **імлá**, **мла**, (і)**млúстий**, -а, -е; блр. **імглá**, **імглúсты**, -ая, -ае; болг. **мъглá**, **мъглúв**, -а, -о; с.-хорв. **màgla**, **màglina** — «густой туман», «густая мгла», **maglina** — астр. «туманность», **maglòvit(ī)**, -а, -о — «туманный»; словен. megla, meglen, -а, -о; чеш. mlha (ст.-чеш. mhla), mlhavý, -á, -é; словац. hmla, hmlistý, -á, -é; польск. mgła, mglisty, -а, -e; в.-луж. m(h)ła, mihel. Др.-рус. (с XI в.) **мьгла**, **мьгльный**, **мьгляный** (Срезневский, II, 223). *Мглистый* в словарях — с 1731 г. (Вейсман, 140). ▫ О.-с. *mьgla. Суф. -l(a), тот же, что в о.-с. *žila и т. п. Корень *mьg-, тот же, что в южн.-рус. **мга** (< *мьга) — курск., тул., калуж. «мгла», «сырой холодный туман»; ср. также **мжа** — твер. «дремота», **мжить** — «жмурить, щурить глаза» (Даль, II, 909, 921). И.-е. *mighlā, корень *meigh- (: *migh-) [Pokorny, I, 712]. Ср. лит. miglà — «мгла», «туман»; латыш. migla — тж.; греч. ὀμίχλη (*о* протетическое) — «туман», «мрак», «тьма». Ср. *миг, мигать* (см.), *мгновение* (см.), *смежить* (очи), а также *жмурить* (см.) < *mьžuriti.

МГНОВÉНИЕ, -я, *ср.* — «минимально короткий промежуток времени», «момент». *Прил.* **мгновéнный**, -ая, -ое. Ср. блр. **вокамгнéнне**, **вокамгнéнны**, -ая, -ае; болг. **мигновéние**, **мигновéн**, -а, -о; с.-хорв. **магнóвēње**; польск. mgnienie, oka mgnienie. Ср. чеш. okamžik, okamžení — тж. (корень mž-<*mьg-). В некоторых слав. яз. вм. мг- произносится миг-: болг. **мигновéние**; словац. okamih. Ср. в.- и н.-луж. wokomiknjenje. Ср. укр. **мить** — «мгновение». Др.-рус. (с XI в.) книжн. и ст.-сл. **мьгновение** (Срезневский, II, 224). ▫ Отглаг. образование на -ov-enьj-e от о.-с. *migati, *mьgnǫti. Ср. *дуновение* от о.-с. *dunǫti и т. п.

МÉБЕЛЬ, -и, *ж.* — «предметы комнатной обстановки». *Прил.* **мéбельный**, -ая, -ое. *Глаг.* **меблировáть**, отсюда **меблирóванный**, **меблирóвка**. *Сущ.* **мéбельщик**. Укр. **мéбля** (и **мéблі**, *мн.*), **мéблевий**, **мéблевий**, -а, -е, **меблювáти**, **мéбельник**; блр. **мэ́бля**, **мэ́блевы**, -ая, -ае, **мэблявáць**, **мэбельшчык**. Ср. болг. **мéбел**, **мóбил**, **мéбелен**, -лна, -лно, **мебелúрам** — «меблирую», **мебелúст** — «мебельщик»; польск. mebel (мн. meble), meblowy, -а, -е, meblować, meblarz — «мебельщик». В некоторых слав. яз. отс. Ср. с.-хорв. **нàмештāj** — «мебель», но **меблúрати** — «меблировать»; чеш. nábytek — «мебель». Известно с Петровского времени [Смирнов, 191 (только: «*мебелями*... снабдить»)]. Почти до конца XVIII в. преобладало употр. этого слова в форме мн. ч. Но уже Яновский (II, 1804 г., 695) дает в качестве рекомендуемой формы *мебель*, там же *меблировать, меблировка* и *меблирование*. Прил. *меблированный* встр. раньше в сочинениях и письмах Фонвизина (Петров, 188). ▫ Восходит к франц. meuble, *m.*, чаще meubles, *pl.* — «мебель» [ср. meuble — «движимый» (об имуществе)]. Отсюда нем. Möbel, *n.* Ср. ит. mobili, *pl.* (ед. mobile, *m.*) — тж. Первоисточник — латин. прил. mōbilis — «подвиж-

МЕГ

ной», «движимый». В русском языке *мебель* — из французского.

МЕГЕ́РА, -ы, ж. — «злая, сварливая, привередливая женщина». Укр. мегéра; блр. мегéра; болг. мегéра; чеш. megéra; польск. megiera. В словарях как нариц. сущ. отм. с 60-х гг. XIX в. (Даль, II, 1865 г., 909: *мегера* — «злая женщина»). В употр. оно вошло несколько раньше. Ср., напр., у Дуровой (1836 г., 70): «*Мегера* с визгом убежала» (о жене станционного смотрителя) [также 30 и др.). ▫ Первоисточник — греч. Μέγαιρα — одна из трех Эриний-Эвменид, через латинский: Megaera — одна из Фурий. Видимо, из французского. Ср. франц. mégère; также нем. Megäre; ит. megera и др.

МЕД, -а, м. — «сладкое, густое, липкое вещество, вырабатываемое рабочими пчелами из сока (нектара) цветов». *Прил.* медо́вый, -ая, -ое, *устар.* медвя́ный, -ая, -ое. *Сущ.* медуни́ца, сложное медве́дь (см.). Укр. мед (диал. мiд), род. мéду, медо́вий, -а, -е, медя́ний, -а, -е, медяни́й, -á, -é; блр. мёд, род. мёду, мядо́вы, -ая, -ае; болг. мед (членная ф. медъ́т), мéден, -а, -о; с.-хорв. мẽд, мéден(и), -а, -о, мéдан, -дна, -дно: мéднӣ, -ā, -ō, мéдаст(и), -а, -о; ср. медо́вина — «мед» (напиток); словен. med (: strd), meden, -a, -o; чеш. и словац. med, medový, -á, -é; польск. miód, miodowy, -a, -e; в.-луж. měd, mjód, mjedowy, -a, -e; н.-луж. mjod. Др.-рус. (с XI в.) медъ (напиток), медвьнъ, медвьный, (с XIV в.) медовый (Срезневский, II, 120, 121, 122). Ст.-сл. медъ, медвьнъ, медвьныи, медвьныи. ▫ О.-с. *medъ, со старой основой на -ŭ-(род. ед. *medu и пр.). И.-е. *médhu. Как полагают, — субст. прил., сначала означавшее «сладкий» > «медовый». Ср. лит. medùs — «мед»; латыш. medus — тж.; др.-пруc. meddo; др.-в.-нем. metu, mitu (нем. Met) — «мед» (напиток); др.-исл. mjǫdr (дат., норв. mjød; швед. mjöd) — тж.; др.-англ. medu (англ. mead) — тж.; др.-ирл. mid, род. medo — тж.; кимр. (вал.) medd — тж.; но греч. μέθυ — «вино», «брага», μεθύω — «нахожусь в опьянении», «являюсь пьяным», «упиваюсь»; др.-инд. mádhu — «сладкий», (в форме ср. р.) «сладкий напиток», «мед» (ср. хинди мад^ху, бенг. мод^ху — «мед»). Подробнее — Pokorny, I, 707.

МЕДА́ЛЬ, -и, ж. — «знак в виде круглой металлической (из золота, серебра, бронзы и пр.) пластинки с различными изображениями, выдаваемый в награду или в память о каком-н. событии». *Прил.* меда́льный, -ая, -ое. *Сущ.* медали́ст. Укр. меда́ль, меда́льний, -а, -е, медалі́ст; блр. меда́ль, меда́льны, -ая, -ае, медалі́ст; болг. меда́л; с.-хорв. мéдаља, ж.; чеш. medaile, ž., medailový, -á, -é; польск. medal, medalowy, -a, -e и др. В русском языке известно с Петровского времени [сначала в форме *медалиа* (Смирнов, 191)]. В словарях — с 1731 г. (Вейсман, 113: «медаль, образ поясный»). ▫ Ср. франц. médaille, *f.* > нем. Medaille; англ. medal; исп. medalla; ит. medaglia; турец. madalya и др. Первоисточник нужно искать на латинской почве, но пока он неясен [вульг.-латин. *metallia

МЕД

(monēta) или *medialia (*pl.* к *medialis, от medius — «срединный»?); ср. также латин. mediāle, *n.* — «середина», «сердцевина»]. В русском языке, видимо, — из французского, где оно итальянского происхождения (по-французски было бы maille; ср. фр. maille — «мелкая монета»).

МЕДВЕ́ДЬ, -я, м. — «хищное млекопитающее животное с массивным неуклюжим телом, покрытым густым мехом (бурого, белого или, реже, черного цвета), крупной головой и короткими, но сильными конечностями», Ursus. Медве́дица — «самка медведя». *Прил.* медве́жий, -ья, -ье. Укр. ведмі́дь, род. ведмéдя, ведмéдиця, ведмéжий, -а, -е, ведмéдячий, -а, -е; блр. мядзве́дзь, мядзве́дзiца, мядзве́джы, -ая, -ае; с.-хорв. мèдвед (но чаще мèчка), медвèдица, медвèђи, -ā, -ē; словен. medved, medvedka, medvedji, -a, -e; чеш. medvěd, medvědice, medvědí — «медвежий»; польск. niedźwiedź, niedźwiedzica, niedźwiedzi, -ia, -ie; в.-луж. mjedwědź, mjedwedźica; н.-луж. mjadwjeź, mjadwjeźowy, -a, -e. Др.-рус. (с XI в.) медвѣдь, медвѣдица, медвѣжий (Срезневский, II, 121). ▫ О.-с. *medvědь, где первой частью сложения нужно считать *medv- [ср. о.-с. *medvьnъ (< *medu-ьnъ) — «медовый»], а второй *ěd-ь — собств. значит «еда», «пища» [ср. др.-рус. ѣдь, сънѣдь (Срезневский, III, 1619, 781—782)]. Т. о., старшее знач. слова было «медовая снедь», откуда «едящий, поедающий мед» (ср. совр. рус. *медоед* — «млекопитающее животное семейства куньих», Mellivora indica); знач. же «ursus» вторичное, метонимического характера, возникшее на почве табу. Индоевропейцы называли медведя *r̥k'sos : *r̥k'tos (с неустойчивым качеством срединного зубного). Ср. латин. ursus; греч. ἄρκτος; осет. ars; др.-инд. r̥kṣaḥ. Но и это название медведя (не сохранившееся в германских и балто-славянских языках) не было исконным индоевропейским.

МЕДИЦИ́НА, -ы, ж. — «совокупность наук о болезнях, их лечении и предупреждении». *Прил.* медици́нский, -ая, -ое. Сюда же мéдик, медикамéнт. Укр. медици́на, меди́чний, -а, -е, мéдик, медикамéнт; блр. медыцы́на, медычны, -ая, -ае, медыцы́нскі, -ая, -ае, мéдык, медыкамéнт; болг. медици́на, медици́нски, -а, -о, мéдик, медикамéнт; с.-хорв. медици́на, медици́нскӣ, -ā, -ō; чеш. medicína (чаще lékařství), medicínský, -á, -é, medik, medikament; польск. medycyna, medyczny, -a, -e, medyk, medykament. В русском языке слова *медицина* и *медицинский* известны со 2-й пол. XVII в. [ср. в МИМ, в. 4, № 1407, 1678 г., 972: «медицины дохтуров», «чина *медицинского*» (см. еще 974 и др.)], но в общее употр. они вошли гл. обр. с Петровского времени. Ср. у Смирнова: *медицина, медик* в «Лексиконе вок. новым», 1718 г.? (192), «*медицинский* факультет» в ПСЗ, VII, № 4443 (319). Кроме того, ср. в «Архиве» Куракина: «профессор *медицины* и анатомии Быдло» (I, 142, 1706 г.); «понужден господ *медиков* просить» (III, 229, 1718 г.). *Медикамент* (сначала, по-види-

МЕД

мому, с собир. знач.): «денги... за медикамент» (ЗАП I, т. I, № 172, 1723 г., 127—128), но: «денег за *медикаменты*» (ПбПВ, V, № 1589, 1707 г., 93). ▫ Заимствовано, по-видимому, из научной латыни. Ср. латин. medicīna (ars) — «лечебная наука», прил. medicus, -a, -um — «лечебный» и субст. medicus — «врач», «лекарь», medicāmentum — «лекарство», medicō — «лечу», «исцеляю»; далее — к medeor — «врачую», «исцеляю»; ср. греч. μέδω, μέδομαι — «забочусь», «охраняю», «обдумываю». И.-е. корень *med- «измерять», «обдумывать», «взвешивать», «соображать» (Pokorny, I, 705; Walde—Hofmann³, II, 54—55 и др.).

МЕ́ДЛИТЬ, ме́длю — «мешкать», «делать что-л. слишком долго», «задерживаться», «запаздывать». *Прил.* ме́дленный, -ая, -ое (откуда *нареч.* ме́дленно), медли́тельный, -ая, -ое. Ср. словен. medleti — «ослабевать», «терять силы», «становиться вялым», «тощать», medliti — «делать слабым», «заставлять слабеть», «ослаблять», medel, -dla, -dlo — «слабый», «вялый»; чеш. mdlý, -é — «вялый», «слабый», mdlíti — «становиться вялым», «слабнуть»; словац. mdlý, -á, -é — «слабый», «усталый», «тусклый», mdliet' — «слабеть», mdleć — «падать в обморок», «терять сознание», mdli (3 ед., безл.) — «тошнит», mdły, -a, -e — «тошнотворный», «слабый», «хилый». В памятниках др.-рус. письменности отм. с XI в. Ср. в Изб. 1076 г.: «*мьдьлить* подати, его же просить» («медлит», «задерживается») [л. 230]; «разумѣваи пьря мьдьльно» («не спеша») [лл. 25 об.—26]. Другие примеры (с XI в.) см. у Срезневского, II, 224: мьдлити — «медлить» (в подлинных рукописях XI в. всегда с ь после м), мьдльнъ (Остр. ев.) — «медленный» при мьдьлый — «сострадательный», «милосердный» (εὔσπλαγχνος»); Ст.-сл. мъдълъ — «ленивый», «вялый», «слабый» («Послание ап. Павла к евреям», гл. V, ст. 11, гл. VI, ст. 12), мъдлость («Клоцов сб.», 150) [Meillet², II, 413]. ▫ По всей видимости, основополагающее слово — о.-с. *mъdьlъ, -a, -o, *mъdьlъjь, -aja, -oje (др.-рус. мьдьл- из мъдьл- вследствие межслоговой ассимиляции ъ : ь > ь : ь). Отсюда мьдьлити, мьдльнъ, -ый. О.-с. корень *mъd-, суф. -ьl-, как в о.-с. *svetьlъ, *qtьlъ и др. Ср. др.-рус. книжн. и ст.-сл. измъдѣние — «истощение», измъждити — «истощить», «лишить сил» (Срезневский, I, 1065); абляут мудити (с XI в.) — «медлить», му́дьнъ, му́дьный — «медлительный» (ib., II, 185, 187). Ср. лит. maũsti (s из d) — «ныть», «томиться», «быть угрюмым», ãpmaudas — «досада». За пределами балто-славянской группы бесспорных соответствий не имеется. См. Fraenkel, 420.

МЕДЬ, -и, *ж.* — «вязкий и ковкий металл розовато-красного цвета», Cuprum. *Прил.* ме́дный, -ая, -ое. Укр. мідь (род. міді), мі́дний, -а, -е; блр. медзь, ме́дны, -ая, -ае; болг. мед, ме́ден, -дна, -дно; с.-хорв. обл. мѐд [общесербскохорв. бàкар (< турец. bakır); также словен. baker]; чеш. měd', měděný, -á, -é; польск. miedź, miedziany, -a,

МЕЖ

-e; в.-луж. mjedź, mjedźany, -a, -e; н.-луж. měź — «медь», «бронза», «латунь» [«медь» также kupor (< нем. Kupfer)]. Др.-рус. (с XI в.) и ст.-сл. мѣдь, мѣдьный (Срезневский, II, 238, 239). ▫ О.-с. *mědь. Этимология слова не относится к ясным. По большей части общеславянское название меди связывают с наименованиями кузнеца и с выражением знач. «вырабатывать из чего-л.», «вырезывать (из материала)», «высекать (из камня)» или просто «рубить», «вырубать». И.-е. корень *mai- : *məi-, расширитель -d- (Pokorny, I, 697). Ср. гот. maitan — «рубить», «высекать», «отрезать»; др.-в.-нем. meizan — тж., meizil (совр. нем. Meißel) — «резец», «долото». Другие сопоставления менее убедительны.

МЕЖА́, -и́, *ж.* — «граница между двумя земельными участками». *Прил.* межево́й, -а́я, -о́е. *Глаг.* межева́ть. Сюда же ме́жду (см.), меж. Укр. межа́, межови́й, -а́, -е́, межува́ти; блр. мяжа́, межавы́, -а́я, -о́е, межава́ць; болг. межда́; с.-хорв. мèђа, мèђити, мèђаш — «межевой камень», «пограничный столб», отсюда међа́шити; словен. meja, mejiti; чеш. mez, *ж.*, mezní («межевать» — vyměrovati); словац. medza, medzný, -á, -é; польск. miedza; в.-луж. mjeza, mjezowy, -a, -e, mjezować; н.-луж. mjaza. Др.-рус. (с XI в.) межа (наряду с книжн. межда) [Срезневский, II, 123]. Ст.-сл. межда. ▫ О.-с. *medja (> *med'a). И.-е. основа *medhiā- : *medhio- : *medhi- и др.). Ср., с некоторым вероятием, лит. mẽdis, mẽdžias — «дерево»; латыш. mežs — «лес»; др.-прус. median — «лес» (если знач. «лес» развилось в балтийских языках из знач. «лес на границе» и «дерево» из знач. «дерево на меже»). Далее: гот. midjis (< и.-е. *medhios) — «средний»; др.-в.-нем. mitti (совр. нем. mitte) — «средний», mittī (совр. нем. Mitte) — «середина»; др.-англ. midd (совр. англ. mid) — «средний»; с тем же знач. латин. medius; греч. μέσος (s в корне — из thị < dhị); др.-инд. mádhya- (хинди мадʰи́' — «средний», «беспристрастный». Подробнее см. Pokorny, I, 706—707; Fraenkel, 423—424; Frisk, II, 214 и др.

МЕЖДОМЕ́ТИЕ, -я, *ср., грам.* — «неизменяемая часть речи, служащая для выражения чувств и волевых побуждений (ах, эй, увы, брысь и т. п.), включающая также и звукоподражательные восклицания (бац! и пр.)». *Прил.* междоме́тный, -ая, -ое. Болг. междуме́тие. В других слав. яз. эта часть речи называется иначе. Ср. укр. ви́гук; блр. выкли́чнік; с.-хорв. у̏звик; чеш. citoslovce; польск. wykrzyknik. Введено в обращение Смотрицким (1619 г., л. 16): «во осмую же слова часть *междометие*, латински interjectio называемую, свойственнѣ прияхом». Позже этот термин в несколько измененной форме (*междуметие*) был использован Ломоносовым («Рос. гр.», 1755 г., «Наставление 5», гл. 6 «О междуметии»). ▫ Калька со средневек. латин. interjectiō — тж. (собств. «вбрасывание», «вставка») в латинской грамматике Донатуса (или Доната) [см. Ягич, гл. VIII, 565].

МЕЖ

МЕ́ЖДУ, *предлог с тв. п. (с род. мн. — устар.)* — употребляется для обозначения пространственного или временно́го положения какого-л. предмета мысли среди других предметов. Устар. произн. между́. Сюда же **меж** (с тв. п. и род. мн.). Укр. **між**, **по́між**; блр. **між**, **памі́ж**; болг. **между́**; с.-хорв. **ме̏ђу**; словен. med; чеш. mezi; словац. medzi; польск. między; в.-луж. mjez, mjezy; н.-луж. mjaz, mjazy. Др.-рус. книжн. (с XI в.) **между**, наряду с более ранним народным вост.-слав. **межу** и **межи** (Срезневский, II, 124, 125, 126). Ст.-сл. **междоу**. □ О.-с. основа *medj-. По происхождению слово **между** — старославянский вариант народного вост.-слав. **межу** (ср. ст.-сл. **межда** при народном вост.-слав. **межа**). Грамматически это — форма род. — местн. п. дв. ч. от о.-с. *medja — «середина», «граница». Иное дело — др.-рус. **межи**, откуда **меж**: это — местн. п. ед. ч. от того же о.-с. *medja (> др.-рус. **межа**). См. *межа*.

МЕЗОНИ́Н, -а, м. — «надстройка (полуэтаж) над серединой дома (одноэтажного или двухэтажного)». *Прил.* **мезони́нный**, -ая, -ое. Укр. **мезоні́н**; блр. **мезані́н**; болг. **мецані́н**; чеш. mezanin; польск. mezonin. В русском языке слово **мезонин** (сначала его писали с *а* после *з*) известно с Петровского времени: «А город (Утрехт) гораздо плох... только... в некоторых местах приделаны *мезанины*» («Архив» Куракина, I, 155, 1706 г.). В словарях (сначала с *а*) — с 1804 г. (Яновский, II, 732: *мезанина*, ж.). Но ср. в изд. 1844 г. «Записок» Порошина (запись от 22-IX-1765 г., 425): «наверху в *мезонинах* была музыка». Написание с *о* (*мезонин*) окончательно устанавливается к 60-м гг. XIX в. □ Восходит, в конечном счете, к ит. mezzanino, *т.*, произв. от mezzano — «средний». Из итальянского: франц. mezzanine, *f.*; нем. Mezzanin, *n*. В русском языке, видимо, при французском посредстве.

МЕЛ, -а, м. — «осадочная горная порода — мягкий (рыхлый) мажущий тонкозернистый известняк белого цвета». *Прил.* **мелово́й**, -а́я, -о́е. Блр. **мел**, **мелавы́**, -а́я, -а́е. Ср. польск. miał — «крошки», «пыль», miał węglowy — «угольная пыль», miał rudy — «подрудок», «бус»; н.-луж. měł — «крахмал» («мел») < krida». Ср. образования в. р.: словен. mel, *ж.* — «рухляк», «осадочная горная порода»; чеш. měl, *ж.* — «рудная мелочь». В других слав. яз. отс. Др.-рус. и ст.-сл. **мѣлъ** — «известь» (Срезневский, II, 240). □ Корень тот же, что в рус. **мелкий** (< **мѣлъкый**), **молоть**, 1 ед. **мелю**. И.-е. *mēl- : *melə- — «дробить», «молоть» (Pokorny, I, 716—717). Лит. mìltai, *pl.* — «мука́»; др.-прус. meltan — «мука́»; др.-в.-нем. melo (совр. нем. Mehl — «мука́»); швед. mjäla (< *melnā) — «суглинок», «жирная глина»; алб. miell — «мука́».

МЕЛАНХО́ЛИЯ, -и, *ж.* — «мрачное настроение», «состояние душевной угнетенности». *Прил.* **меланхоли́ческий**, -ая, -ое. *Сущ.* **меланхо́лик**. Укр. **меланхолі́я**, **меланхолі́чний**, -а, -е, **меланхо́лік**; блр. **меланхо́лія**, **меланхалі́чны**, -ая, -ае, **меланхо́лік**; болг.

МЕЛ

меланхо́лия, **меланхоли́чен**, -чна, -чно, **меланхо́лик**; с.-хорв. **меланхо̀лија**, **меланхо̀личан**, -чна, -чно : **меланхо̀личний**, -а̄, -о̄, **меланхо̀личар** — «меланхолик»; чеш. melancholie, melancholický, -á, -é, melancholik; польск. melancholia, melancholiczny, -a, -e, melancholik. Встр. в документах XVII в. по истории медицины в России: «*меланкония сиречь кручина*» (МИМ, вып. 1, № 235, 1645 г., 122). В 1-й пол. XVIII в. нередко встр. в письменных памятниках Петровского времени, напр., в «Архиве» Куракина (I, 254, 1705 г.): «получил я себе... болезнь..: имел гипохондрию и *меленхолию*». Позже — в ИКИ, 269: «его *меланхолия*» («Больным быть думающий», 1734 г.). В словарях *меланхолия*, *меланхолический* — с 1731 г. (Вейсман, 414, 569), *меланхолик* — с 1793 г. (САР¹, IV, 84). □ Ср. франц. mélancolie; нем. Melancholíe; англ. melancholy; ит., исп. melancolía. Первоисточник — греч. μελαγχολία (γ здесь произн. как n) — «разлитие черной желчи», «меланхолия» (составные части: прил. μέλας — «черный» и сущ. χολή — «желчь»). Отсюда латин. (мед.) melancholia. В русском языке, вероятно, из средневек. мед. латыни.

МЕЛИОРА́ЦИЯ, -и, *ж.* — «система мероприятий по улучшению почвенных и прочих условий в целях повышения плодородия (осушение, орошение, укрепление сыпучих песков и пр.)». *Прил.* **мелиорати́вный**, -ая, -ое. Укр. **меліора́ція**, **меліорати́вний**, -а, -е; блр. **меліара́цыя**, **меліарацы́йны**, -ая, -ае; болг. **мелиора́ция**, **мелиорати́вен**, -вна, -вно; с.-хорв. **мелиора́ција**, **мѐлиорацио̄нӣ**, -а̄, -о̄; чеш. meliorace, прил. meliorační; польск. melioracja, melioracyjny, -a, -e. В русском языке слово *мелиорация* известно с конца XIX в. (Брокгауз—Ефрон, т. XIX, п/т 37, 1896 г., 30 и сл.). □ Вероятно, из голландского (melioratie) или немецкого языка (Melioration) > швед. melioration и др. В других западноевропейских языках это слово не получило распространения. Ср. франц. bonification — тж. В немецком оно восходит, в конечном счете, к латин. melior — «лучший» (форма им. ед. ср. ст. м. и ж. р. к bonus — «хороший»), через позднелатин. melioratio.

МЕ́ЛКИЙ, -ая, -ое — «состоящий из небольших по величине однородных частиц»; «маленький», «некрупный»; «неглубокий»; «располагающий малыми возможностями», «ничтожный». *Кр. ф.* **ме́лок**, -лка́, -лко. *Сущ.* **ме́лочь**. Сюда же **мель**, **мельча́ть**, **мельчи́ть**. Укр. **мілки́й**, -а́, -é — «неглубокий» («некрупный» — **дрібни́й**, -а́, -é), **міли́на** — «мель»; блр. **ме́лкі**, -ая, -ае — «неглубокий» («некрупный» — **дро́бны**, -ая, -ае), **мель** — «мель». Ср. в зап.-слав. яз.: чеш. mělký (словац. melký), -á, -é — «мелкий», «мелководный», mělčina — «мель»; польск. miałki, -a, -ie — «мелкий», miałczeć — «мельчать», miał — «крошки», «мелочь» (miał rudy — «подрудок», «бус»), mielizna — «мель»; в.-луж. niłki, -a, -e (в горах — miłki, -a, -e) — «мелководный» «поверхностный»; н.-луж. měłki. Южнославянским языкам в на-

МЕЛ

стоящее время чуждо. Др.-рус. мѣлъкый — «неглубокий», мѣль — «ἀκτή», «мель» (Срезневский, II, 240). Другие слова этой группы более поздние: *мелочь* в словарях — с 1731 г. (Вейсман, 336); *мельчать, мельчить* впервые отм. Далем (II, 1865, 914). ▫ О.-с. *mělъkъ, -a, -o, *mělъkъjь, -aja, -oje. Суф. -ък-ъ. И.-е. корень *mel-, тот же, что в *молоть*, 1 ед. *мелю* (см.), *мел* (см.) и др. Ср. лит. mìltai, *pl.* — «мука» [< (основа) *ml̥-to-]; др.-в.-нем. melo, род. melawes [< (основа) *melu̯o-]; алб. miell — «мука». Старшее знач. др.-рус. мѣль, по-видимому, было «порожистое место на реке», «место, где дробятся волны, где разбиваются речные суда» [см. пример из Хр. Г. Ам. у Срезневского (II, 240)]. Также и мѣлъкый [м. б. от утраченного *mělъ (ср. польск. miał rudy) с тем же знач., что и мѣль] сначала значило «порожистый», «опасный для плавания», а потом — «мелководный», «неглубокий».

МЕЛО́ДИЯ, -и, *ж.* — «закономерная, строго согласованная последовательность звуков (тонов), образующая известное музыкальное единство», «напев», «мотив». *Прил.* мелоди́ческий, -ая, -ое, мелоди́чный, -ая, -ое. Укр. мело́дія, мелоди́чний, -а, -е; блр. мело́дыя, меладычны, -ая, -ае; болг. мело́дия, мелоди́чен, -чна, -чно; с.-хорв. мѐлодија, мелоди̏чан, -чна, -чно, мелоди́чнӣ, -а̄, -о̄; чеш. melodie, melodický, -á, -é; польск. melodia, melodyjny, -a, -e. В русском языке слово *мелодия* известно, судя по словарям, с 1731 г. (Вейсман, 414), *мелодический* — с 1847 г. (СЦСРЯ, II, 297), *мелодичный* — с 1861 г. (ПСИС, 308). ▫ Ср. нем. Melodíe; франц. mélodie; ит. melodía; англ. melody. Первоисточник — греч. μελῳδία — «напев», «песнопение», «лирическая поэзия» (сложное, от μέλος — «песня», «напев» и ᾠδή — «пение»). Из греческого — позднелатин. melōdia, а от этого слова — западноевропейские и славянские формы. Рус. *мелодия*, судя по ударению, заимствовано (в 1-й трети XVIII в.), м. б., из латинского, без посредства западноевропейских языков.

МЕ́ЛЬНИЦА, -ы, *ж.* — «всякое приспособление, устройство для размола зерна», «предприятие по размолу зерна и здание с приспособлениями, предназначенными для размола хлебного зерна, для превращения его в муку». *Прил.* ме́льничный, -ая, -ое. Сюда же ме́льник. Болг. ме́лница, отсюда меличар — «мельник». В других слав. яз. рус. *мельница* соответствует *млын* (mlyn): укр. млин, но ме́льник; блр. млын, но ме́льнік. Ср. польск. młyn — «мельница», młynarz — «мельник» (ср., однако, устар. mielnik). Ср. также: с.-хорв. мли̑н; словен. mlin; чеш. mlýn; в.-луж. młyn. Это слово [не следует смешивать его с о.-с. *mlinъ (см. *блин*)] — заимствование, восходящее к др.-в.-нем. mulin, а оно — непосредственно к позднелатин. molīnum, откуда (через ст.-франц. molin) совр. франц. moulin и др. В русском языке слово *мельница* по памятникам известно с XIV в. (при зап.-рус. млынъ) [Срезневский, II, 127, 158]. С того же времени известно и сущ. *мельник* (АСЭИ,

МЕН

I, № 6, 1392—1427 гг., 29 и мн. др.). ▫ Оба слова — произв. от ме́льня [ср. в поговорке: «что келья, то и мельня» (Даль, II, 915)] или *мельна, от корня мел- : мол- (< и.-е. *mel- : *mol- и пр.). См. *молоть*. Ср. от того же корня (но с другим суф.) рус. диал. (новг.) ме́лен — «столбец, ручник, шестик, укрепленный наискось в ручной жернов и в полицу, для молотья» (Даль, ib.).

МЕМУА́РЫ, -ов, *мн.* — «записки о прошлом, пережитом свидетеля или участника каких-л. событий». *Прил.* мемуа́рный, -ая, -ое. *Сущ.* мемуари́ст. Укр. мемуа́ри, мемуа́рний, -а, -е, мемуари́ст; блр. мемуа́ры, мемуа́рны, -ая, -ае, мемуары́ст. Ср. болг. мемоа́р, устар. — «памятная записка», мемоа́ры, *мн.* — «мемуары», мемоа́рен, -рна, -рно; с.-хорв. мемоа́ри; чеш. memoáry, memoárový, -á, -é, memoárista; польск. устар. memuar (обычно pamiętniki). В русском языке слово *мемуары* известно с первых десятилетий XIX в. Ср. в письме Н. И. Тургенева к брату С. И. Тургеневу от 14 (26)-VI-1816 г.: «Мне сказывали, что *мемуары* Фуше печатаются» (Письма, 186). В словарях — с 60-х гг. XIX в. (ПСИС 1861 г., 309). *Мемуарный* и *мемуарист* — более поздние (БСЭ[1], XXXVIII, 1938 г., 773: *мемуарная литература*»; Ушаков, II, 1938 г., 181: *мемуарный, мемуарист*. ▫ Восходит к франц. mémoires, *pl.* < латин. memoria — «память», «воспоминание». Из французского: нем. Memoiren, *pl.*; англ. memoirs и др. Но *мемуарный* и *мемуарист* — произв. на русской почве. Ср. франц. mémorialiste — «мемуарист» < англ. memorialist; нем. Memoirenschreiber; ит. memorialista.

МЕ́НА, -ы, *ж.* — «действие, заключающееся в том, что в процессе торга договаривающиеся стороны, приобретая один предмет (товар), отдают вместо него другой, более или менее равноценный». *Глаг.* меня́ть(ся). Укр. мі́на, міня́ти(ся); блр. ме́на, мяня́ць, мянявацца; болг. мя́на, меня́вам, меня́ (се) — «меняю(сь)»; с.-хорв. ме̏на (mijèna), ме̏њати (се); словен. mena (чаще premena), menjati; чеш. měna — «валюта» («мена» — výměna), měniti (se), vyměňovati (si); с теми же знач. — словац. mena, menit' (sa); польск. miana (хотя теперь чаще wymiana, zamiana), mieniać (się); в.-луж. měna — «вексель», «валюта», «курс» (денежный), měnjeć (so); н.-луж. měniś, отсюда pśeměnjenje, zaměnjenje. Др.-рус. (с XV в.) мѣна — «обмен», мѣняти (Срезневский, II, 240, 242). Ст.-сл. мѣна (Супр. р.). ▫ О.-с. *měna. И.-е. основа *mei-n-o : *moi-n-o, от корня *mei- — «менять», «обменивать», «меняться», с расширителем -n- (Pokorny, I, 710; Holthausen, 66, Vendryes, M-59 и др.). Ср. лит. maĩnas — «обмен», «мена», mainýti — «менять»; гот. gamains — «общий», «участвующий в чем-л.» (напр., в мене); др.-в.-нем. mein — «беззаконие», «правонарушение», «вина» (ср. совр. нем. Meineid — «ложная клятва»), gemeini (совр. нем. gemein) — «общий», «низкий», «подлый»; англ. mean — «посредственный», «низкий», «подлый»; латин. mūnus (< *moinos) — «обязанность», «одолжение», «услуга», commūnis (с тем же корнем) — «общий», «обычный»; др.-ирл. móin : máin — «дар», «ценная вещь». Без расширителя -n- и.-е. корень *mei- представлен латыш. mīt — «менять»; др.-инд. máyate — «меняет», «обменивает» и др. Не следует смешивать со ст.-сл. мѣнъ — «мера» (ср. ст.-чеш. měn — тж.), отм. Срезневским (II, 242), от и.-е. корня *tē- с расширителем -n-; от того же корня с суф. -r-a — *мера* (см.).

МЕНИНГИ́Т, -а, м. — «воспаление оболочек головного и спинного мозга». *Прил.* менинги́тный, -ая, -ое. Укр. менінгі́т; блр. менінгі́т; болг. менинги́т. У других славян meningitis. В русском языке известно с середины прошлого века, причем сначала в форме *менингитис*, в словарях — (до конца 80-х гг.) в латинской транскрипции [ПСИС 1861 г., 309: meningitis (*менингитис*)]. В форме *менингит* — в письме Бородина от 18-IX-1870 г. (ССРЛЯ, VI, 834). □ Из западноевропейских языков. Ср. франц. (с 1793 г.) méningite (введено Лавуазье). В западноевропейских языках восходит к мед. латин. meningitis, а оно образовано на греческой основе. Ср. греч. μῆνιγξ (произн. meninks), род. μήνιγγος (произн. meningos) — «плева», «оболочка», «кожица», в частности «мозговая оболочка». С суф. -it- в медицинской терминологии обычно образуются наименования воспалительных процессов.

МЕ́НЬШЕ — 1) *ср. ст. к прил.* малый и маленький; 2) *ср. ст. к нареч.* мало. Ме́нее — тж. *Прил.* ме́ньший, -ая, -ее; *устар.* и *прост.* меньшо́й, -а́я, -о́е. *Глаг.* уменьша́ть, уме́ньшить. Укр. ме́нше, ме́нш, ме́нший, -а, -е, зменшува́ти, зме́ншити; блр. менш, ме́ней, ме́ншы, -ая, -ае, памянша́ць, змянша́ць, паме́ншыць, зме́ншыць; с.-хорв. ма̏ње (о.-с. корень *мьн-), ма̏њӣ, -а̄, -ē — «меньший», ма̏њити — «уменьшать»; словен. manj — «меньше», manjši, -a, -e — «меньший», zmanjševati, (z)manjšati; чеш. méně, прил. menší, menšití, zmenšiti; словац. menej, menší, -iá, -ié, zmenšovat', zmenšit'; польск. mniej, mniejszy, -a, -e, zmniejszać, zmniejszyć; в.-луж. mjenje, mjeńši, -a, -e, mjeńšić; н.-луж. mjenjej, mjeńšy, -a, -e, pomjeńšyś. Др.-рус. (с XI в.) мьнии, м. (позже — мьньшии), мьньши, ж. (позже — мьньша) мьне, *ср.* (позже — мьньше) и полные формы: мьньшии, мьньшия (> мьньшая), мьньшее, мьнитися — «уменьшаться» (Срезневский, II, 227—228, 230). Кр. ф. ср. р. мьне > мене, мьньше (> мен'ше) могла употр. и в функции нареч. Ст.-сл. мьнии, мьньши, мьне (: мьнѭ). □ О.-с. *tьnjь, м., *tьnjьši, ж., *tьnje, *ср.* : *tьnjьjь, м., *tьnjьšija, ж., *tьnjьšeje, *ср.* И.-е. корень *mei- (: *mi-) — «уменьшать»; основообразующие элементы: -neu- : -nu- : -nu- (Pokorny, I, 711). Ср. гот. mins (< *minniz) — «меньше»; др.-в.-нем. min — тж.; гот. minniza — «малый», «маленький»; др.-в.-нем. minniro — тж. (и.-е. основа *minu- + о.-г. суф. -izon; -nn- — из -nu-); латин. minor — «меньший», «меньшая», minus — «меньшее» и — как нареч. «менее» (ср. ст. к parvus); ср. minuō — «уменьшаю»; греч. ἀμείνων — «лучший» (ср. ст. к ἀγαθός; и.-е. основа *mei-no-); ср. μείων (< *μείνων) — «меньший», μινύθω — «уменьшаю», «умаляю»; др.-инд. mināti : minōti — «уменьшает».

МЕНЮ́, *нескл., ср.* — «листок с перечнем кушаний, предлагаемых посетителю в ресторане, столовой и т. п.». Укр., блр., болг. меню́; с.-хорв. мѐнӣ; чеш., польск. menu. В широком употр. — гл. обр. с середины XIX в. Отм. в ПСИС 1861 г., 310. Иногда — в форме *мэню* [напр., у Тургенева в романе «Новь», 1876 г., ч. II, гл. 24: «было даже „мэню": разрисованный листик лежал перед каждым прибором» (СС, IV, 356)]. В индивидуальном употр. это слово было известно еще в 20-х гг. XVIII в. Ср. в «Архиве» Куракина, III, № 48, 1722 г., 82: «меню ж своего стола». □ Восходит к франц. menu. Ср. нем. Menü; англ. menu; исп. menú; индонез. menu; япон. мэню. Во французском языке menu < menut — из латин. minūtus — «маленький», «мелкий», «незначительный» (по происхождению — прич. прош. вр. от minūo — «уменьшаю»). Знач. «меню» развилось, надо полагать, из знач. «черновик», «набросок». Ср. ит. minuta — «(черновой) набросок» и «меню». В русском языке — из французского.

МЕНЯ́, *род., вин.,* **МНЕ**, *дат., предл.,* **МНОЙ** и **МНО́Ю**, *тв.* — косв. п. личн. мест. 1 л. ед. ч. (при им. п. я). Укр. мене́, мені́, мені́ (предл.), мною́; блр. мяне́, мне, мной и мною́; болг. ме́не (вин. и общая форма косв. п.); с.-хорв. мѐне (род., вин.), мѐни (дат., предл.), мно̑м : мно́ме (тв.); словен. mene, meni, menoj; чеш. mne (род., вин.), mně (дат., предл.), mnou (тв.); словац. mňa (род., вин.), mne (дат., предл.), mnou; польск. (в ударном положении) mnie (род., вин., дат., предл.), mną (тв.); в.-луж. mnje (род., вин.), mni (дат., предл.), mnu; н.-луж. mnjo (род., вин.), mnje (дат., предл.), mnu (тв.). Др.-рус. мене, (с XV в., на Севере) меня; мънѣ, (после XII в.) мнѣ : мне; мъною > мной (Срезневский, II, 128; Соболевский, «Лекции»⁴, 187, 297 и др.). Ст.-сл. мене, мънѣ, мъноѭ. □ О.-с. *mene, *tьně, *tьnojǫ. О.-с. основа *men- в рус. *меня* (род.) восходит (см. Pokorny, I, 702) к и.-е. *me-me, род. [ср. др.-инд. (ударяемая форма) máma — «меня», род. от aháṁ — «я» (ср. вин. mā́m < и.-е. *mē-m)]. Из *me-me вследствие диссимиляции (m : m > m : n) возникла авест. форма mana (род.). Ср. перс. män — «я». Ближайшие родственные славянским формы в лит. языке: manęs (род.) при manè (вин.) [с а после m из о (и.-е. *mo-)]. Полного соответствия не имеется в таких формах, как лит. mán (дат.), mani-mi (тв.), manyjè (предл.), латыш. manis (род.); ср. еще др.-прус. mennei (дат.) с е после m. О.-с. *tьně, *tьnojǫ — новообразования на славянской почве с тем же составом согласных, что и в *mene и, очевидно, под влиянием этой формы. Др.-инд. máyā, тв. (instrumentalis) «мною» несколько напоминает форму *tьnojǫ, окончание которой развилось, вероятно, под влиянием именного склонения (ср. о.-с. *sestrojǫ). Также и окончание дат. п. (*tьně), по-видимому, обязано влиянию именных форм (ср. о.-с. *sestrě).

МЕ́РА, -ы, ж. — «единица измерения», «предел, граница проявления, осуществления чего-л.». *Прил.* ме́рный, -ая, -ое. *Глаг.* ме́рить. Укр. мíра, мíряти (: мíрити, вимíрювати), мíрчий, -а, -е (: мíрний, -а, -е); блр. ме́ра, ме́рны, -ая, -ае, ме́рацъ; болг. мя́ра, ме́рен, -а, -о — «измеренный», «взвешенный», ме́ря — «мерю»; с.-хорв. мȅра, мȅр(љ)ив(и̑), -а, -о — «измеримый», мȅрити — «мерить»; словен. mera, meriti; чеш. mírа, měrný, -á, -é — «измерительный», měřiti; словац. miera, merný, -á, -é, merať; польск. miara, mierny, -a, -e — «умеренный» («мерный») — mierniczy, -a, -e, miarowy, -a, -e); в.-луж. měra, měrny, -a, -e, měrić; н.-луж. měga, měrny, -a, -e, měriś. Др.-рус. (с XI в.) и ст.-сл. мѣра, мѣрьный — «умеренный», мѣрити (Срезневский, II, 242, 243, 244). ▫ О.-с. *měra. И.-е. корень *mē- (Pokorny, I, 703—704). Суф. на о.-с. почве — -r-a. Корень тот же, что в ст.-сл. мѣнъ — «мера» (Срезневский, II, 242), т-чеш. měn — «мера». Ср. лит. mētas — «год», «пора» (< «срок»); гот. mēla — «шеффель» (старинная мера зерна), м. б., mēl — «время», «час»; др.-в.-нем. mâl (совр. нем. Mahl) — «время обеда», «еда»; др.-англ. mǣl (совр. англ. meal) — «время принятия пищи», «еда»; греч. μῆτις — «мудрость», «разум», «план»; латин. mētior — «измеряю», «отмериваю», «оцениваю»; алб. mat : mas (< *matjō) — «измеряю»; авест., др.-перс. mā- — «измерять»; др.-инд. mấti — «измеряет», «сравнивает», mātrā, *f.* — «мера», «количество».

МЁРЗНУТЬ, мёрзну — 1) «ощущать холод, стужу», «коченеть от холода», «зябнуть»; 2) «превращаться в лед». *Прил.* мёрзлый, -ая, -ое. Укр. мéрзнути, мéрзлий, -а, -е; блр. мёрзнуць; болг. мръ́зна, замръ́звам — «замерзаю», замръ́знал, -а, -о — «мерзлый»; с.-хорв. мр̏знути, мр̏зао, -зла, -зло : мр̏зли, -а̑, -о̑; также мр̏злица — «лихорадка»; словен. zmrzovati, mrzel, -zla, -zlo; чеш. mrznouti, zamrzlý, -á, -é; словац. mrznúť, zamrznutý, -á, -é; польск. marznąć, zmarzły, -a, -e; в.-луж. mjerznyć; н.-луж. marznuś, marznjony, -a, -e. Др.-рус. (с XI в.) мьрзнути (о реке): «нача Дньпръ мьрзнути» в Новг. I л. по Синод. сп. под 6524 г., мьрзати, 1 ед. мьржу в Псалт. толк. XV в. (Срезневский, II, 231). Ст.-сл. (по)мръзнѫти. ▫ О.-с. *mьrznǫti. И.-е. база *merg'- (: *morg'- : *mr̥g'-) — «изнурять», «уничтожать» > «портиться», «гнить», «трухляветь» (Pokorny, I, 740), та же, что в рус. *мороз* (см.), *мерзкий*. Ср. ср.-в.-нем. murc — «трухлявый», «дряблый»; др.-исл. morkinn (норв. morken) — тж., morkna — «становиться трухлявым»; др.-ирл. meirc — «ржавчина»; алб. mërdhíj (márdhur) — «замерзать», «мерзнуть». Однако Фальк и Торп (Falk—Torp², I, 732) и Вандриес (Vendryes, M-30) возводят германскую и ирландскую группы к и.-е. корню *mer- (против чего не возражает и Покорный) с расширителем -g-.

МЕРИДИА́Н, -а, *м.* — «воображаемая круговая линия, проходящая через Северный и Южный полюсы и пересекающая экватор под прямым углом». *Прил.* меридиа́нный, -ая, -ое, меридиона́льный, -ая, -ое. Укр. меридiа́н, меридiа́нний, -а, -е, меридiона́льний, -а, -е; блр. мерыдыя́н, мерыдыя́нны, -ая, -ае, мерыдыяна́льны, -ая, -ае; болг. меридиа́н, меридиа́нен, -нна, -нно, меридионален, -лна, -лно; с.-хорв. меридиjа̑н, меридиjа̑нскӣ, -а̑, -о̑; чеш. meridián (чаще poledník), meridiánový, -á, -é. Ср. польск. południk — «меридиан», но myrydionalny, -a, -e. В некоторых слав. яз. отс. В русском языке слово *меридиан* известно с самого начала XVIII в.: в «Арифметике» Магницкого, 1703 г., причем и в форме *меридиан* (223), и в форме *меридиана* (272). В дальнейшем встр. только форма м. р. Иногда употр. калька: *полуденный круг*, *полуденная линия* (см. Кутина, ФЯН, 126—127). Прил. более поздние (XIX в.): Яновский, II, 1804 г., 749: *меридиональный*, *меридиональная линия*; ПСИС 1861 г., 310: *меридианный*. ▫ Слово *меридиан* восходит, в конечном счете, к латин. merīdiānus — «полуденный», от merīdies (< medīdies или mediēidies, от medius dies — «полдень»; ср. medius — «средний», «срединный», «промежуточный»). Поскольку «с направлением меридиана совпадает тень от освещенного солнцем шеста, поставленного вертикально в данной точке (земного шара), в истинный полдень» (БСЭ², XXVII, 170), позже в астрономической латыни субст. merīdiānus получило новое знач. «меридиан». Из латинского языка: франц. méridien; нем. Meridian; голл. meridiáan; англ. meridian и др. В русском языке, по-видимому, из западноевропейских языков, хотя могло быть заимствовано и непосредственно из научной латыни.

МЕРИНО́С, -а, *м.* — «порода овец, имеющих мягкую, тонкую и длинную шерсть и разводимых гл. обр. для получения шерсти». *Прил.* мерино́совый, -ая, -ое. Укр. мерино́с, мерино́совий, -а, -е; блр. мерыно́с, мерыно́савы, -ая, -ае; болг. мерино́с; польск. merynos, merynosowy, -a, -e. Но ср.: с.-хорв. мерино овца, мѐринōвка; чеш. merinová ovce, merinka. В словарях русского языка это слово отм. с 40-х гг. XIX в. (Бурнашев, I, 1843 г., 393: *мериносы*; позже — СЦСРЯ, 1847 г., II, 299: *меринос*, *мериносовый*). Но, конечно, это название овцы было известно и раньше [Свиньин, «Записки», 1817 г., 154: *мериносы*; позже — в эпиграмме Дениса Давыдова «*Меринос собакой стал*», 1836 г. (Соч., 154)]. ▫ В русском языке восходит к франц. (со 2-й пол. XVIII в.) mérinos, *т.*, которое из исп. merino (*pl.* merinos). В других западноевропейских языках обычно от формы ед. ч. испанского слова: англ. merino; нем. merino и др.

МЕ́РКНУТЬ, ме́ркну — «медленно угасать», «постепенно утрачивать яркость, блеск». *Прил.* ме́рклый, -ая, -ое. Укр. мерк-

МЕР

нути, мёрклий, -а, -е; болг. мрѣ́ква (се), мрѣ́кна (се) — «смеркается»; с.-хорв. мр̀кнути, мр̀као, -кла, -кло : мр̀кли, -а̑, -о̑ [ср. также мр̏к(ӣ), -а, -о — «тёмный», «мрачный», «бурый»]; польск. mierzchnąć. В чеш. mrknouti (словац. mrknut') значит не «меркнуть», а «моргнуть», «мигнуть» [при mrkati — «моргать», «мигать», а также (о свете) «мерцать»)]; ср. smrákati se — «смеркаться»; в.-луж. smĕrkać so — тж.; н.-луж. zmĕrkaś se, zmyrkaś se — тж. Др.-рус. (с XI в.) мьркнути — «меркнуть», «помрачаться» (Срезневский, II, 231). ▫ И.-е. корень *mer- [*mor- : *mōr- (вариант, сохраняющийся в рус. *марево*)], расширенный посредством -к- [*mer(ə)k- : *mr̥k-:> о.-с. *mьrk-]. Старшее знач. (этой расширенной формы корня), по-видимому, «мерцать», «моргать». Ср. лит. mérkti, 1 ед. mérkiu, mérkiau — «моргать глазами», «жмуриться»; др.-ирл. mrecht — «пёстрый», «пятнистый», mrecht-rad — «пестрота»; ввиду этого знач. сюда относят также исл. murta (основа *mr̥k-t-, как и в др.-ирл. слове) — «небольшая форель» (по причине её пятнистой окраски). Ср., кроме того, др.-инд. marká- «затмение солнца». Подробнее см. Pokorny, I, 733—734; Fraenkel, 441; Vendryes, M-67 и др. См. ещё *мрак*.

МЕРЛУ́ШКА, -и, ж. — «шкурка новорождённого ягнёнка грубошерстной породы овец (кроме смушковой)». *Прил.* **мерлу́шковый**, -ая, -ое. Болг. мърлу́шка (по-видимому, из русского языка. В других слав. яз. отс. В русском языке слово *мерлушка* известно с начала XVII в. Ср. у Р. Джемса (РАС, 1618—1619 гг., 30 : 1): morlúsko (м'орлушка). Толкование, которое даёт Джемс, не оставляет сомнения, что речь здесь идёт о мерлушке: «the fine persian curld lambe skinne» («тонкая курчавая персидская шкура ягнёнка»). ▫ Происхождение слова неясно. По-видимому, оно не заимствовано ни из французского, ни из румынского (см. Преображенский, I, 529—530), а является старым русским (м. б., северно-русским) словом, о чём догадывался ещё Даль (II, 916—917), связывавший **мерлу́ха**, откуда *мерлушка*, с **мерли́ца** — «шкурка палой овцы» [ср. укр. диал. мерлі́ця — тж. (Гринченко, II, 419)], с прил. **мёрлый** «умерший», «дохлый». Недавно к этому мнению присоединился Кипарский (134). М. б., сначала это название относилось к преждевременно родившимся, мертворождённым ягнятам. Ср. *каракульча*.

МЁРТВЫЙ, -ая, -ое — «безжизненный», «кончивший жить», «лишённый признаков жизни». *Сущ.* **мертве́ц**. *Глаг.* **мертве́ть**. Укр. ме́ртвий, -а, -е, мертве́ць (но чаще мрець), мертві́ти; блр. мёртвы, мярцвя́к, мярцве́ць — «мертветь»; болг. мъ́ртъв, -тва, -тво, мъртве́ц, мъртве́я — «мертвею»; с.-хорв. мр̀тав, -тва, -тво : мр̑твӣ, -а̑, -о̑, мр̀твац; словен. mrtev, -tva, -tvo, mrtvec; чеш. mrtvý, -á, -é (словац. mŕtvy, -a, -e), mrtvola — «мертвец» (чаще umrlec), mrtvĕti (словац. mŕtviet'); польск. martwy, -a, -e, martwić («мертвец» — umarlak, zmar-

МЕС

ły, trup); в.-луж. mor(t)wy, -a, -e. Др.-рус. (с. XI в.) мьртвъ, мьртвый (Срезневский, II, 232). Ст.-сл. мрьтвъ, мрьтвъıн, мрьтвъ, мрьтвъıн. ▫ О.-с. *mьrtvъ, *mьrtvъjь. Корень (*mьr-) тот же, что в о.-с. *merti, 1 ед. *mьrǫ. Ср. рус. *умереть*. Суффиксальные элементы: -t- (видимо, причастной формы прош. вр.); -v- (из -u-, как в прилагательных, напр., в о.-с. *živъ). И.-е. корень *mer- : *merə- (: *mr̥-) — «умирать»; основа прош. вр. — *mr̥-t-o- (Pokorny, I, 735). Ср. лит. mirtóji dienà — «день смерти» (ср. mir̃ti — «умереть»); латин. mortuus — «умерший», «мёртвый»; авест. mərəta- — тж.; др.-инд. mr̥táh — тж.; арм. мард (mard) — «человек». К и.-е. *mr̥-u-o- — «умерший» восходит др.-ирл. marb — «мёртвый»; галльск. marw — тж. и др. подобные кельтские образования (подробнее — Walde — Hofmann³, II, 113; Vendryes, M-19).

МЕСТИ́, мету́ — «очищать какую-л. поверхность от сора, пыли, снега (с помощью веника, метлы и т. п.)». *Сущ.* мется́, метло́. Укр. мести́, мітла́, помело́; блр. мёсці, мятла́, памяло́; болг. мета́ — «мету», метла́; с.-хорв. мѐсти, 1 ед. мѐтём, мѐтла («помело» — па̏јалица); словен. mesti — «мести» (и о снеге), «подметать» (в знач. «подметать» также pometati), metla; чеш. mésti, устар. metla (обычно koště), pometlo — «помело», «метла»; словац. miest', metla, ometlo; польск. mieść, miotła, pomiotło; в.-луж. mjesć, mjetło — «метла», «помело» (ср. mjetla — «ветка», «прут»); н.-луж. mjasć, mjatawa — «метла», «веник», уменьш. mjatawka. Др.-рус. (с XI в.) и ст.-сл. мести, 1 ед. мету (ст.-сл. метѫ) — «бросать»; ср. назализованный вариант мясти, 1 ед. мяту (ст.-сл. мѧсти, мѧтѫ) — «беспокоить», «приводить в беспорядок» (Срезневский, II, 129, 257). С современным знач. в словарях впервые — у Поликарпова (1704 г., 178 об.: *мяту́ дом*). ▫ О.-с. *mesti, 1 ед. metǫ. И.-е. база *me-t- : *mo-t- [ср. рус. *мотать* (см.)]. И.-е. корня *mē- с расширителем -t-. Та же база в рус. *метить* (< *мѣтити*). Ср. лит. mèsti, 1 ед. metù — «бросить (бросать)», «метнуть (метать)»; латыш. mest — тж.; др.-прус. metis — «бросание», «брошенное», «помёт». Другие соответствия см. в ст. *метать*. По поводу развития знач. («бросать», «бросить», «метать» > «подметать», «мести») ср. в рус. говорах паха́ть (корень тот же, что в *распахну́ться*) — «мести» (сначала, по-видимому), «размахивать», «поднимать ветер, движение воздуха») [Даль, III, 19].

МЕ́СТО, -а, *ср.* — 1) «пространство земной поверхности, которое занято или может быть занято чем-л.»; 2) «отдельный участок какого-л. предмета»; 3) «положение, степень участия кого-л. в чём-л. (в общественной жизни, науке и т. п.)»; 4) «должность», «служба». *Прил.* **ме́стный**, -ая, -ое (к *место* в 1 знач.), отсюда **ме́стность**. Укр. мі́сто — «город», «рынок» («место — мі́сце; в 4 знач. также поса́да; ср. блр. ме́сца — «место» (в разн. знач.); болг. мя́сто — «место», **ме́стен**, -тна, -тно;

МЕС

с.-хорв. мѐсто (mjèsto) — «место», «городок», «местечко», мѐснӣ, -ā, -ō — «местный»; словен. mesto — «город»; чеш. místo — в разн. знач., прил. mistní — «местный»; словац. miesto, miestny, -a, -e; польск. miasto — «город» (ср. miejsce — «место»); в.-луж. město — «место», «город», městny, -a, -e — «местный», «городской»; н.-луж. městno — «место», «город» (ср. naměsto — «площадь», «рынок»), městny, -a, -e. Др.-рус. (с XI в.) и ст.-сл. мѣсто — «место», «вместилище», «земля», «время», «должность», мѣстный (Срезневский, II, 245—247, 250). ◦ О.-с. *město [< *mět-t-o- (и.-е. база *mōi-t-)]. И.-е. корень *mei- — «подкреплять», «поддерживать», расширенный посредством -t-. В именных образованиях этот и.-е. корень выражал знач. «столб», «бревно». Ср. лит. miẽtas — «кол»; латыш. miets — тж.; др.-исл. meiðr — «дерево», «балка», «бревно», «шест»; латин. meta — «(призовой) столб на ристалище», «конус», «точка, которую следует объехать»; др.-инд. methí-ḥ : medhí-ḥ, m. — «столб».

МЕСТОИМЕ́НИЕ, -я, *ср.*, *грам.* — «часть речи, заключающая слова, не имеющие определенного, реального значения и приобретающие значение определенного предмета, качества, числа в зависимости от содержания данной речи». *Прил.* **местоиме́нный**, -ая, -ое. Болг. местоиме́ние, местоиме́нен, -нна, -нно. В других слав. яз. это грамматическое понятие выражается несколько иначе: укр. займе́нник; блр. займе́ннік; с.-хорв. за̀меница; чеш. zájmeno; польск. zaimek. В русском языке это слово в зачаточной форме известно с древнерусской эпохи. Ср. речение мѣсто имене в переводном грамматическом сочинении Иоанна, экзарха Болгарского «О осмих частех слова» (Срезневский, II, 249). Как сущ. ср. р. на -ие оно встр. в «Грамматике» Смотрицкого, 1619 г., л. 16: «*Мѣстоимение. Глагол. Причастие. Наречие*». ◦ По происхождению этот термин — калька со среднебек. латин. pronōmen (pro — «вместо»+nōmen — «имя», «название») — «местоимение».

МЕСТЬ, -и, *ж.* — «действие в отплату за причиненное зло», «отплата злом за зло», «возмездие». *Глаг.* мстить, отсюда мсти́тель, мсти́тельный, -ая, -ое. Укр. по́мста — «месть», мсти́ти (: мсти́тися), ме́сник — «мститель», мсти́вий, -а, -е — «мстительный»; блр. по́мста, по́мсціць (: по́мсціцца), мсці́вець, мсці́вы, -ая, -ае; болг. мъст, мъстя́ — «мщу», (от)мъсти́тел, (от)мъсти́телен, -лна, -лно; словен. maščevati — «мстить», отсюда maščevanje — «мщение», «месть», maščevalec — «мститель»; чеш. msta (чаще pomsta), mstíti (se), mstitel, mstivý, -á, -é; польск. zemsta, pomsta, mścić się, mściciel, mściwy, -a, -e. Др.-рус. (с XI в.) и ст.-сл. мьсть — «месть», «казнь», мьстити, мьститель (Срезневский, II, 234, 235). Прил. *мстительный* в словарях с 1731 г. (Вейсман, 481). ◦ О.-с. *mьstь (< *mit-t-is с суф. -t-; ср. о.-с. *čьstь с таким же суф. при корне *čьt-). И.-е. база *mei-t(h)- : *mi-t(h)-. На славянской почве, кроме о.-с. *mьstь, сюда относится ст.-сл. нареч. митѣ — «попеременно» (Супр. р.) и др.-рус. нареч. митусь — «взаимно друг к другу», отм. Срезневским (II, 155). Ср. арханг. (онеж.) митуси́ться — «суетиться», «метаться» (Даль, II, 926; Подвысоцкий, 91). Ср. латыш. mīt — «менять», mietus — «мена», «обмен»; гот. maidjan — «менять», «обменивать», missō (< *mitto) — «взаимный»; латин. mūtō (< *moitājō) — «меняю», «преображаю»; др.-ирл. miscais, miscuis — «ненависть»; др.-инд. mithas — «совместно», «между собой» (подробнее — Pokorny, I, 715).

МЕТ

МЕ́СЯЦ, -а, *м.* — 1) «луна»; 2) «двенадцатая часть года». *Прил.* ме́сячный, -ая, -ое (гл. обр. к *месяц* во 2 знач.). Укр. мі́сяць, мі́сячний, -а, -е; блр. ме́сяц, ме́сячны, -ая, -ае; болг. ме́сец, ме́сечен, -чна, -чно; с.-хорв. мѐсēц (mjȅsēc), мѐсечан, -чна, -чно : мѐсечнӣ, -ā, -ō (к мѐсēц во 2 знач.; ср. мѐсечев, -а, -о — «лунный»); словен. mesec, mesečni, -a, -o, mesečev, -a, -o; чеш. měsíc, прил. měsíční — «месячный»; словац. mesiac, mesačný, -á, -é; в.-луж. měsac, měsačny, -a, -e; н.-луж. mjasec, mjasecny, -a, -e. Др.-рус. (с XI в.) мѣсяць — «luna», «mensis», мѣсячьныи (Срезневский, II, 250—252). Ст.-сл. мѣсѧць. ◦ О.-с. *měsęc (< *mēs-ņ-k-os). Суф. -k- > -с- в положении после ę (< in < ņ). И.-е. корень *mē-, тот же, что в о.-с. *měra, měriti [у многих древних народов год, первоначально — лунный, делился на одинаковые периоды по времени появления луны: месяц (луна) были *мерой* времени]. О.-с. *mēs-ņ- восходит к основе косвенных падежей и.-е. праформы этого слова: *mēnes- : *mēns- : *mēn- : *mēs-, более или менее сохранившихся в разных и.-е. языках. Форма им. ед. была *mēnōt. Ср. лит. mė́nuo, род. mė́nesio — «месяц», «луна», ср. mė́nesis — «месяц»; латыш. mēnesis — «месяц» (часть года), mēness — «луна»; др.-прус. menins — «месяц»; гот. mēnōps — «месяц» (часть года), mēna — «месяц» (светило); др.-в.-нем. mānōd (совр. нем. Monat), наряду с māno (совр. нем. Mond) и mānin; латин. mēnsis; греч. атт. μήν, род. μηνός, ион. μείς, дор. μής (< *mēns); др.-ирл. mí, род. mis — «месяц»; перс. mah — «месяц», «луна»; тадж. мох — тж.; др.-инд. mā́s [хинди mās — «месяц» (часть года); бенг. маш — тж.]; тохар. A mañ, B meñe. Подробнее см. Pokorny, I, 731—732; Fraenkel, 438—439; Walde — Hofmann³, II, 71.

МЕТА́ЛЛ, -а, *м.* — «химически простое вещество (или сплав), обладающее ковкостью, плавкостью, хорошей электропроводностью, непрозрачностью, блеском и др.». *Прил.* металли́ческий, -ая, -ое. *Сущ.* металли́ст. Укр. мета́л, металі́чний, -а, -е, металі́ст; блр. мета́л, металі́чны, -ая, -ае, металі́ст; болг. мета́л, метали́чески, -а, -о, метали́чен, -чна, -чно, метали́к; с.-хорв. мѐтāл, мѐтāлан, -лна, -лно : мѐтāлнӣ, -ā, -ō, мѐталац — «металлист»; чеш. разг. metál — «медаль» («металл» — kov), но ср. metalický, -á, -é — «металлический»; польск.

МЕТ

metal, metaliczny, -a, -e, metalowiec — «металлист». В русском языке слово *металл* [вытеснившее рус. круше́ц — тж. (Даль, II, 810)] входит в употр. в Петровское время, сначала — в переводных научных сочинениях, вроде трактата Гюйгенса «Книга мирозрения», 1724 г. (перевод с нем.), 151: «*металлы* сыскивают», также 107 и др. (см. еще: Кутина, ФЯН, 184—185; Смирнов, 194, со ссылкой на «Лексикон вок. новым» и др. источники). Прил. *металлический* — более позднее. Встр., напр., в деловых бумагах Ломоносова (№ 100, 1763 г.): «поставить *металлическую* статую» (ПСС, IX, 158). ▫ М. б., из голландского языка (metáal) или немецкого (Metall), но, возможно и непосредственно из латинского языка (metallum — «металл», «минерал», «рудник»). В латинском языке это слово — из греческого: μέταλλον — «шахты», «копи», также «металл», «минерал» (в этимологическом отношении греческое слово неясное: см. Frisk, II, 217).

МЕТА́ТЬ, мечу́ — 1) «бросать, кидать»; 2) «прошивать крупными стежками, намечая линию шва». *Метать петли* — «обшивать края петель мелкими частыми стежками». Возвр. ф. *мета́ться*. Однокр. метну́ть — «бросить». Укр. мета́ти (о петлях обычно обкида́ти), метну́ти — «бросить», «метнуть». Ср. болг. мя́там — «бросаю», «швыряю», ме́тна — «брошу», «швырну»; с.-хорв. мѐтати — «бросать», «метать», также «класть», «надевать», мѐтнути; словен. metati — «бросать», «метать», «швырять»; чеш. metati — тж.; польск. miotać — тж.; в.-луж. mjetać — тж.; н.-луж. mjataś — тж. Др.-рус. (с XI в.) метати — «бросать», «кидать», мести, 1 ед. мету, метнути — «бросить жребий» (Срезневский, II, 129, 130). Ст.-сл. метати, метнѫти, мести. ▫ О.-с. *metati, *metnǫti, *mesti (< *metti). Ср. лит. mòsti, 1. ед. metù — «бросить», «бросать»; латыш. mest — тж.; др.-прус. metis — «бросок», «метание». И.-е. корень *met- — «производить движение руками, как при косьбе, жатве, при подметании и пр.». Ср. за пределами балто-славянской группы: латин. metō — «кошу», «жну»; др.-ирл. methel — «толпа жнецов» > «толпа (вообще)». Это и.-е. *met- находится в определенных отношениях с и.-е. *mē-/*amē-, сохраняющимся в др.-в.-нем. māen (совр. нем. mähen) — «косить», «жать», др.-в.-нем. mād — «покос»; англосакс. mǣd — «луг», «пастбище»; греч. ἀμάω — «жну», «кошу», «срезываю», ἀμητήρ — «жнец» (см. подробнее Pokorny, I, 703; Frisk, I, 88; Vendryes, M-45 и др.).

МЕТА́ФОРА, -ы, ж. — «слово или выражение, употребляемые в переносном смысле, иносказательно, вследствие сближения данного предмета или явления с другим предметом или явлением на основе действительного или воображаемого сходства». Прил. *метафори́ческий*, -ая, -ое. Укр. мета́фора, метафори́чний, -а, -е; блр. мета́фара, метафары́чны, -ая, -ае; болг. мета́фора, метафори́чен, -чна, -чно, метафори́чески, -а, -о; с.-хорв. мета́фора, метафори́чан, -чна, -чно : метафори́чкӣ, -а̄, -о̄, мета́форскӣ, -а̄, -о̄; чеш. metafora, metaforický, -á, -é; польск. metafora, metaforyczny, -a, -e. В русском языке слово *метафора* вошло в употр. сначала как термин риторики, как троп, наряду с такими терминами, как *метонимия*, *синекдоха* и др. См. у Ломоносова в «Кратком руководстве к красноречию» (1 изд. 1748 г.), гл. 3, § 181: «Тропы речений. . . суть шесть: *метафора*. . .» (ПСС, VII, 245). ▫ Слово по происхождению греческое: μεταφορά, f. — тж. (к φέρω — «несу», «ношу», μεταφέρω — «переношу», «перемещаю», так что μεταφορά сначала значило «перенос», «перемещение»). Из греческого языка — латин. metaphora — тж.; из латинского языка это слово попало в западноевропейские и славянские языки.

МЕТЕО́Р, -а, м. — «раскаленное тело космического происхождения, быстро движущееся в земной атмосфере»; «падающая звезда». Прил. метео́рный, -ая, -ое. Укр. метео́р, метео́рний, -а, -е; блр. метэ́ор, метэ́орны, -ая, -ае; болг. метео́р, метео́рен, -рна, -рно, метео́ров, -а, -о; с.-хорв. метѐо̄р, метео̄рскӣ, -а̄, -о̄; чеш. meteor, meteorický, -á, -é, meteorový, -á, -é; польск. meteor, meteoryczny, -a, -e. В русском языке слово *метеор* (сначала в форме ж. р. *метеора* и со знач. «атмосферные явления») известно с конца XVII в. (см. Кутина, ФЯН, 103). Но гл. обр. — с Петровского времени (Смирнов, 195). ▫ Ср. франц. météore, m.; нем. Meteor, n.; англ. meteor; ит. meteora, f.; исп. meteoro, m. Первоисточник — греч. (атт.) прил. μετέωρος — «высоко поднимающийся», «высокий», сущ. μετέωρον — «высокое, возвышенное место», pl. μετέωρα — «небесные явления» (с приставкой μετα-, обозначающей — в данном случае — «положение между», «промежуточность» от глаг. αἴρω, эп.-ион. ἀείρω — «поднимаю», «вздымаю»). В русском языке — м. б., из французского.

МЕ́ТОД, -а, м. — «способ, прием теоретического исследования или практического осуществлении чего-л.». Устар. ме́тода. Прил. *методи́ческий*, -ая, -ое. Укр. ме́тод; блр. ме́тад; болг. ме́тод; с.-хорв. ме́тод. Ср. чеш., польск. metoda. Встр. в форме *мето́да*, ж. в «Записках» Порошина, в записи от 30-IX-1764 г., 20: «бывшая в учении *метода* тому была. . . причиною». В словарях — с 1804 г. (Яновский, II, 668: *метод*, *методический*). ▫ Ср. франц. méthode, f.; нем. Methóde, f.; англ. method; ит. исп. metodo. Первоисточник — греч. μέθοδος [μεθ- (вм. μετα- перед придыхательными гласными) — приставка со знач. «следования») + ὁδός — «путь»] — «путь (ис)следования», «способ», через латин. язык (methodus). В русском — из западноевропейских языков.

МЕТРО́, нескл., ср. — «городская подземная, наземная или надземная электрическая железная дорога». Сокращенно вм. *метрополитéн*. Укр. метро́, метрополітéн; блр. метро́, метрапалітэ́н; болг. метро́; с.-хорв. мѐтро̄ (: подземна железница); чеш.

МЕХ   МЕЧ

metro (: podzemní dráha); польск. metro (разг. podziemka). В русском языке слово *метро* известно с начала XX в. Ср. в письмах Ленина к родным: «проводят metro — подземную электричку» (от 19-XII-1908 г., из Парижа); и в русской форме: «*метро и электрички стоят*» (от 30/31-I-1910 г., из Парижа) (ПСС, LV, 264, 305]. В словарях *метро* отм. с начала 30-х гг. (Кузьминский и др., 1933 г., 751). Слово *метрополитен* получило распространение несколько раньше, чем *метро*. О «внеуличной дороге (*метрополитэне*), соединяющей Финляндский и Николаевский вокзалы», имеется запись от 12-II-1903 г. в «Дневнике» генерала Куропаткина («Красный архив», 1922 г., II, 30). Ср. несколько позже: «**Н а д з е м н ы е ж е л е з н ы е д о р о г и** так же, как и **п о д з е м н ы е**, обыкновенно называются *метрополитэнами*» (Гранат⁷, XX, ок. 1917 г., 57). ▫ Восходит к франц. métro [< métropolitain (в знач. «подземная железная дорога» — с 1900 г.)]. Отсюда: исп. metro; нем. Métro (обычно Untergrundbahn). Англ. underground, амер. subway, (о метро в Лондоне также) tube, (о метро в СССР также) métro. Во французском языке восходит, в конечном счете, к греч. μητρόπολις (из μήτηρ — «мать» + πόλις — «город») — «метрополия», «главный город, столица» через латин. metropolis — тж., прил. metropolitānus. В русском языке — из французского.

МЕХ, -а, *м*. — (*мн*. мехá) «волосяной покров на теле животного»; «выделанная шкура пушного зверя»; (*мн*. мéхи) «кузнечное поддувало»; «бурдюк». *Прил.* мехово́й, -áя, -óе. Укр. міх — «мешок», «бурдюк», «кузнечный мех» («мех животного» — ху́тро); блр. мех — «мешок», «кузнечный мех», «бурдюк» («мех животного» — фу́тра); как и укр. ху́тро, восходит к польск. futro < нем. Futter — «подкладка»); болг. мях — «мешок», «бурдюк», «кузнечный мех» («мех животного» — кóзина); с.-хорв. ме̑х (mȋjeh) — тж. («мех животного» — кр̑зно); словен. meh — тж.; чеш. měch — тж. («мех животного» — kožišina или kůže); польск. miech — тж. («мех животного» — futro); в.- и н.-луж. měch — тж. (ср. kožuch — «мех животного»). Др.-рус. (с XI в.) мѣхъ, старшие знач. «бурдюк», «кузнечный мех» (сохраняющиеся в инославянских языках), «кожа для письма», более позднее — «мех», прил. мѣ́шьный (от мѣ́хъ в знач. «кузнечный мех») [Срезневский, II, 252, 253]. Ст.-сл. мѣхъ (Супр. р., Синайск. псалт. и др.) — ἀσκός («содранная шкура», «бурдюк», «кузнечный мех») [Meyer, 126; Северьянов, 281]. ▫ О.-с. *měch. И.-е. *moisos. Ср. лит. maĩšas — «мешок»; латыш. maiss — тж.; др.-в.-нем. meis(s)a — «приспособление на спине для носки тяжестей»; авест. maēša — «баран», «овца» (ср. перс. миш — «овца»); др.-инд. mēṣáḥ (ṣ=ш) — «баран» (ср. бенг. мэш — тж.).

МЕЧ, -á, *м*. — «старинное холодное оружие в виде прямого, широкого, обоюдоострого клинка с рукоятью». Ср. *меч-рыба*. Укр., блр., болг. **меч**; с.-хорв. ма̏ч; сло-

вен. mèč; чеш. и словац. meč; польск. miecz; в.-луж. mječ; н.-луж. mjac. Др.-рус. (с дописьменной эпохи) мечь (Срезневский, II, 131—132). Ст.-сл. мечь. ▫ О.-с. *mečь (: *thčь?). Относительно общеукр. меч при диал. міч (Гринченко, II, 421) и с.-хорв. ма̑ч из *mьčь см. Ляпунов, 65—70. Происхождение этого слова в славянских языках не выяснено в достаточной степени. Многие языковеды считают его старым, о.-с. поры, заимствованием из германских языков. Ср. гот. mēki, *n*. — «меч». Ср. с тем же знач.: др.-сакс. māki; др.-исл. mækir; др.-англ. mēce; также норв. диал. mækja; ст.-датск. mæge. Но это германское слово в этимологическом отношении еще более неясное, чем о.-с. *mečь, которое, кстати сказать, если бы оно было заимствовано из германских языков, должно было бы произноситься с *ě*, а не с *е* или тем более с *ь*. Похоже на то, что в германские и в славянские языки это слово попало разными путями из какого-то, пока нам в точности не известного источника (Кавказ? Балканы?). К истории вопроса см. в особенности Kiparsky, GSL, 138—140; Machek, ES, 290; Vasmer, REW, II, 128.

МЕЧЕ́ТЬ, -и, *ж*. — «мусульманский храм (молитвенный дом)». Укр. мече́ть; блр. мяче́ць; польск. meczet. Ср. чеш. mešita. У южных славян название мечети заимствовано из турецкого: болг. джами́я; с.-хорв. џа̀мија; словен. džamija [< турец. cami (произн. джами) — «соборная мечеть»]. В русском языке слово *мечеть* известно с давнего времени, по крайней мере, со 2-й пол. XVI в. (Срезневский, Доп., 162). Несколько позже встр. в «Хожении» Котова в Персию, 1623—1624 гг., л. 43 об., с. 46: «две *мечети* каменные». ▫ Восходит к араб. masgid — «мечеть» [где ma- — префикс местонахождения, а sǧid — образование от глаг. saǧada u — «склоняться в благоговении», «падать ниц», «распростираться» (на полу, на земле), след. — «место, где падают ниц, где распростираются» (молящиеся). — Wehr², 361]; ср. перс. мäсджед. Заимствовано, по-видимому, при тюркском посредстве (ср. турец. mescit; каз.-тат. мэчет; кирг. мечит; узб. мачит и д.). В XIV в. на Руси была известна (м. б., лишь в индивидуальном употр.) другая форма этого слова — мезгит (Срезневский, II, 127), пришедшая из Палестины. Ср. ст.-тюрк. мäзгіт — «мечеть» в среднеазиатском тефсире XII—XIII вв. (Боровков, 221). Эта форма ближе к западноевропейским. Ср. исп. mezquita; ит. meschita; ст.-франц. mosquete (франц. mosquée); нем. Moschee.

МЕЧТА́, -ы́, *ж*. — «воображаемая цель, предмет стремления, страстного желания», «греза». *Глаг.* мечта́ть, отсюда мечта́ние, мечта́тель. Болг. мечта́, мечта́я — «мечтаю», мечта́ние, мечта́тел; с.-хорв. ма̏шта, ма̏штати, ма̏штање. В других слав. яз. это знач. выражается словами, по корню не связанными с русским словом. Ср. укр. мрі́я; чеш. touha или zdání и т. д. Др.-рус. (с XI в.) мьчта, *ж*., мьчтъ, *м*. —

МЕЩ

«наваждение» (ср.: «Тогда явись *мечта* в Полотску: в нощи всегда стукъ по улици» в Переясл. л. под 6601 г.), «фантастическое явление», «призрак», **мьчьтати(ся)** — «воображать», «мечтать», «являться», **мьчьтание** — «воображение», «мысль», «наваждение» (Срезневский, II, 235—237). Ст.-сл. мъчьта, мьчьтъ. Позже других появилось *мечтатель* [в словарях отм. с 1780 г. (Нордстет, I, 352)]. ◻ О.-с. *mьčьta, ж., *mьčьtъ, м.; корень *mьč- < *mik-, суф. -ьt-, как в о.-с. *skrьžьtъ > рус. *скрежет*. И.-е. база *meik- «мерцать», «блестеть», «мелькать» (Pokorny, I, 712). К этой и.-е. базе на славянской почве восходит также в.-луж. mikać, miknyć — «мигать», «моргать», mik — «подмигивание», «знак». Ср. латин. micō — «сверкаю», «искрюсь», «мелькаю», «трепещу»; др.-ирл. (di)mess- (< kn) — «пренебрегать», «гнушаться» < «разглядывать», «сопоставлять» (ср. галльск. ed-mygu — «удивляться») [Vendryes, M-26]; тадж. мижа (перс. **може**) — «ресница». См. также мигать.

МЕЩАНИ́Н, -а, м. — 1) «в дореволюционной России — житель города, лицо, принадлежащее к мещанскому сословию (мелкие торговцы, ремесленники, низшие служащие и т. п.)»; 2) *перен.* «обыватель», «человек с ограниченными интересами, с устоявшимися, косными привычками, с узким кругозором». *Женск.* **мещанка**. *Прил.* **мещанский**, -ая, -ое. *Сущ.* **мещанство**. Укр. міща́нин, міща́нський, -а, -е, міща́нка, міща́нство; блр. мешчані́н, мяшча́нскі, -ая, -ае, мяшча́нка, мяшча́нства; чеш. měšťan (но перен. — měšťák, maloměšťák, zpátečník), měšťanský, -á, -é [но перен. — (malo)měšťácký, -á,-é], měšťanka, měšťanstvo (но перен. — měšťáctví и пр.); польск. mieszczanin, mieszczański, -a, -ie, mieszczanka, mieszczaństwo; в.-луж. měščan (но перен. — měščak), měščanski, -a, -e, měščanka, měščańc, měščańca, měščanarʼ, měščanařka, měščański, -a, -e. В южн.-слав. яз. отс. В русском языке слово *мещанин* в смысле «горожанин», «житель города», «представитель третьего сословия» сначала появилось в западнорусских памятниках письменности XIV в., позже, в XVI в. — в русских, относящихся к Смоленскому краю (Срезневский, II, 253—254). Прил. *мещанский* неоднократно встр. в Московском переводе Литовского статута середины XVII в. (Лаппо, 106, 182, 350 и др.). Другие производные — еще более поздние образования на русской почве. Во всяком случае, в словарях 70—80-х гг. XVIII в. отм. (в прямом смысле) уже все упомянутые выше слова этой группы (РЦ 1771 г., 331; Нордстет, I, 1780 г., 372). Что касается перен. употр. этих слов, то «до последних десятилетий XIX в.» оно окончательно еще не установилось, хотя «некоторые условия для такой эволюции... создавались уже ранее» (Сорокин, РСС, 114). ◻ По-видимому, через украинскую и белорусскую среду слово *мещанин* попало в русский из польского языка:

МИГ

польск. mieszczanin < о.-с. *městjaninъ от о.-с. *město в смысле «город». Ср. польск. miasto — «город» (также чеш., в.- и н.-луж. město).

МИ, *нескл.*, *ср.* — «третий из семи музыкальных звуков, являющихся основными ступенями до-мажорного диатонического звукоряда (гаммы)». В русском языке известно с XVIII в. В словарях впервые — у П. Алексеева (ЦС, Доп. I, 1776 г., 127). ◻ По происхождению представляет собою начальный слог третьего стиха средневекового церковного (католического) гимна Иоанну Крестителю на латинском языке: «*Mi*ra gestorum». См. *ре*.

МИГА́ТЬ, мига́ю — «непроизвольно быстро опускать и поднимать веки», «моргать»; «подавать знак кому-л. движением век»; «испускать колеблющийся свет», «мерцать». *Однокр.* **мигну́ть**. Сюда же **миг**, **ми́гом**. Укр. мига́ти, мигну́ти, миг (но обычно — мить; ср. ми́ттю — «мигом»); блр. мі́гаць — только в знач. «мерцать» (о глазах — мо́ргаць), міг, мі́гам; болг. мигам — «мигаю», мигна — «мигну», миг, ми́гом; с.-хорв. ми́гати, мі̑гнути (ср. ма̏гнути — «подмигнуть», «моргнуть»), ми̑г (но «мигом» — о̏дма̑х, о̏час); словен. migati, mig (но «мигом» — takoj); польск. migać, mignąć, mgnąć, mig, migiem. Ср. чеш. míhati se — «мелькать», mihnouti se — «мелькнуть» («мигать» — mrkati, mžikati). Ср. также в.-луж. mikać — «мигать», «моргать», miknyć — «мигнуть», mik — «подмигивание», «мигание», «моргание», «знак». Др.-рус. (с XI в.) мигати — «щуриться», «жмурить глаза» (Хр. Г. Ам.), «мигать» (Берында) [Срезневский, II, 134]; ср. **мегнущи** — прич. действ. н. вр. от *мьгнути (ib., 224). Ст.-сл. мьгнѫти. Сущ. *миг* в словарях — с 1731 г. (Вейсман, 313), нареч. *мигом* — с 1793 г. (САР¹, IV, 125). ◻ О.-с. *migati, *mьgnǫti. И.-е. корень *meigh- (: *meik-) — «мелькать» (Pokorny, I, 712). Ср. лит. mìgti, 1 ед. mingù — «засыпа́ть», miẽga — «сон»; латыш. migt — тж., miegs — «сон»; др.-пруск. enmigguns — «заснувший». Другие параллели см. в ст. *мгла*. См. также *мгновение*.

МИГРЕ́НЬ, -и, ж. — «приступ острой головной боли, охватывающей чаще одну половину головы, вызываемой кратковременными спазмами сосудов головного мозга». Укр. мігре́нь; блр. мігрэ́нь; болг., с.-хорв. мигре́на; чеш. migréna; польск. migrena. В русском языке слово *мигрень* — в широком употр. — известно с начала XIX в. Напр., в переводном (с франц.) романе Л*** «Пох. ком.», ч. II, 1801 г., 22. Позже в комедии Шаховского «Пустодомы», 1818 г., д. II, явл. 1: «Я утро все страдала, / *Мигрень* и спазмы...» (Ком., 385). В словарях — с 1804 г. (Яновский, II, 784: «*мигрень* или *мигрена*»). ◻ Восходит к франц. migraine, *f.* — тж. [< позднелатин. мед. hemicrania — «болезнь половины головы» < греч. ἡμικρανίον — досл. «половина (ἡμι-) черепа (κρανίον)»]. Из французского: нем. Migräne, *f.*; англ. migraine и др.

МИЗИ́НЕЦ, -нца, *м.* — «самый короткий, маленький палец руки или ноги». *Прил.* мизи́нный, -ая, -ое. Укр. мізи́нець; блр. мéзенец, мéзены па́лец; болг. диал. мизи́нец (Младенов, 296) — «последний, самый младший ребенок (мальчик) у родителей» и «мизинец» (в общеболг. «мизинец» — ку́тре); с.-хорв. мèзинац (mjèzinac), мèзимац — «младший любимый сын», также «мизинец» (но обычно «мизинец» — мали прст); словен. mezinec — «мизинец», «младший сын»; чеш. устар. mezenec (ст.-чеш. mězenec) — «палец между мизинцем и средним пальцем» («мизинец» — malík); польск. mizynek (но чаще mały palec). Н.-луж. mały palc; в.-луж. mał(u)šk. Др.-рус. мѣзиньць — «младший сын», «мизинец»; ср. мѣзиный — «младший», «меньший» (Срезневский, II, 240). ▫ Этимология слова не из ясных. О.-с. корень, по-видимому, *měz-. Сущ. *měziньcь — от прил. *mězinъ или *mězenъ. Но неясно, откуда прил. И.-е. основа, скорее всего, *moi-g'h-. Корень (и.-е.) тот же, что в о.-с. *mьnjьjь [ср. рус. *меньший* (см. *меньше*)], *mělъkъ, т. е. *mei-(: *moi-). М. б., это *mei-g'h- — «мочиться», «моча», «кал». Тогда в славянских языках родственным образованием можно считать чеш. míza — «сок». Ср. также лит. mėžti — «навозить», «унаваживать». Старшее знач. о.-с. *měziньcь — м. б., «маленький ребенок, малютка, делающий под себя».

МИКРО́Б, -а, *м.* — «мельчайший невидимый (невооруженным глазом) животный или растительный организм». *Прил.* микро́бный, -ая, -ое. Укр., блр. мікро́б; болг. микро́б, микро́бен, -бна, -бно; с.-хорв. ми̏кро̀б; чеш., польск. mikrob. В русском языке *микроб*, *микробный* известны, по-видимому, с 70—80-х гг. XIX в. Ср., напр., в журн. «Охотник» за 1888 г., в статье Громова «*Микробный* характер чумы собак» (№ 26, с. 401): «Чума собак имеет специальный *микроб*». Позже: Брокгауз — Ефрон, т. II^A, п/т 4, 1891 г., 767 и т. XIX, п/т 37, 1896 г., 253. ▫ Источник распространения — франц. (с 1878 г.) microbe — тж. > нем. Mikrobe; англ. microbe; ит. microbo и др. Во французском языке — позднее искусственное образование на основе греч. μῑκρός — «малый», «маленький» и βίος — «жизнь».

МИКРОПО́РИСТЫЙ, -ая, -ое — «имеющий очень мелкие, микроскопические поры». *Микропористая резина* — «губчатая резина, материал, изготовляемый из резиновой смеси на основе натурального или синтетического каучука или латекса», отсюда *разг.* микропо́рка — тж., а также «обувь на микропористой подошве». Укр. мікропо́ристий, -а, -е; блр. мікрапо́рысты, -ая, -ае. Ср. польск. mikroporowaty, -а, -е, guma mikroporowata — «микропористая резина». В других слав. яз. по-разному. Ср., напр., чеш. mikroskopický, -á, -é, porovitý, -á, -é «микропористый». В русском языке известно с 50-х гг. XX в. (БСЭ², XXVII, 1954 г., 450). ▫ Из западноевропейских языков (ср. нем. mikroporös — «микропористый», mikroporöses Gummi — «микропористая резина»; нем. mikroporös — новообразование из двух корней: греч. μῑκρός — «малый», «маленький» и нем. Роre).

МИКРОСКО́П, -а, *м.* — «оптический прибор с системой сильно увеличивающих стекол для рассматривания предметов, невидимых невооруженным глазом». *Прил.* микроско́пный, -ая, -ое. Сюда же микроскопи́ческий, -ая, -ое. Укр. мікроско́п, мікроско́пний, -а, -е, мікроскопі́чний, -а, -е; блр. мікраско́п, мікраско́пны, -ая, -ае, мікраскапі́чны, -ая, -ае; болг. микроско́п, микроскопи́чен, -чна, -чно, микроскопи́чески, -а, -о; с.-хорв. микроско̑п, микроскопски̑, -а̑, -о̑; чеш. mikroskop, mikroskopický, -á, -é; польск. mikroskop, mikroskopowy, -а, -е, mikroskopijny, -а, -е. В русском языке слово *микроскоп* известно с 1-й пол. XVIII в. Упоминается в «Списке предметов, потребных для химической лаборатории» 1748 г., составленном Ломоносовым: «сложенный *микроскоп*» (ПСС, IX, 38) и в других документах этого времени. Но еще раньше появилось слово *микроскопия* в смысле «увеличительные стекла» [встр. в «Книге мирозрения» Гюйгенса, 1724 г., перевод с нем. (первое изд. 1717 г.), 157: «способом *микроскопиев* (увеличительных стекл)», также 253 и др.]. Прил. *микроскопный* и *микроскопический* — в СЦСРЯ 1847 г., II, 303. ▫ Из западноевропейских языков. Ср. франц. (с XVII в.) microscope; голл. microscoop; нем. Mikroskop и др. В западноевропейских языках — книжное, «ученое» слово, созданное на базе греч. μῑκρός — «маленький», «малый» и σκοπέω — «рассматриваю», «наблюдаю».

МИКРОФО́Н, -а, *м.* — «прибор, с помощью которого звуковые колебания преобразуются в электрические для передачи на большое расстояние». *Прил.* микрофо́нный, -ая, -ое. Укр. мікрофо́н, мікрофо́нний, -а, -е; блр. мікрафо́н, мікрафо́нны, -ая, -ае; болг. микрофо́н, микрофо́нен, -нна, -нно; с.-хорв. микрофо̑н; чеш. mikrofon, прил. mikrofonní, mikrofonový, -á, -é; польск. mikrofon, mikrofonowy, -а, -е. В русском языке слово *микрофон* известно с начала XIX в., когда еще микрофона в современном смысле, как важнейшей детали телефона, радио и пр., не существовало. Это слово употр. тогда в знач. «средство усиления звука». Так — у Яновского (II, 1804 г., 796) и позже. В совр. знач. слово *микрофон* отм. с 1933 г. (Кузьминский и др., 759), *микрофонный* — с 1938 г. (Ушаков, II, 211). ▫ Из западноевропейских языков. Ср. франц. (с 1732 г.) microphone, *т.*; нем. Mikrophón, *n.*; англ. microphone. Искусственное научное новообразование на французской почве от греч. μῑκρός — «малый», «маленький», «слабый» и φωνή — «звук», по модели франц. (с XVII в.) microscope и т. п.

МИКСТУ́РА, -ы, *ж.* — «лекарство, состоящее из смеси жидких веществ или представляющее собою раствор твердых ве-

МИЛ   МИЛ   М

ществ». Укр., блр. мікстýра; болг. микстýра; с.-хорв. микстýра; чеш. mixtura; польск. mikstura. С Петровского времени (Смирнов, 196, со ссылкой на «Кн. Устав морск.» 1720 г.). Позже — у Порошина, в записи от 5-VIII-1765 г., 376: «дали ему какой-то *микстуры*». В словарях — с начала XIX в. (Яновский, II, 1804 г., 797). ▫ Ср. франц. (с XVI в., но редкое до XIX в.) mixture, *f.*; нем. Mixtur, *f.*; англ. mixture; исп. mixtura; ит. mistura. Первоисточник — латин. mixtūra — «смесь», «смешение», от misceō, супин mixtum — «смешиваю». В русском языке — м. б., из французского при голландском посредстве (ср. голл. mixtúra, *f.*).

МИЛИ́ЦИЯ, -и, *ж.* — 1) «в СССР — административное учреждение, в ведении которого находится охрана общественного порядка, социалистической собственности, безопасности граждан и их имущества»; 2) *устар.* «добровольная армия», «народное (земское) ополчение». *Прил.* милицио́нный, -ая, -ое, милице́йский, -ая, -ое. Сюда же милиционе́р. Укр. мілі́ція, міліце́йський, -а, -е, міліціоне́р; блр. мілі́цыя, мілі́цэйскі, -ая, -ае, міліцыяне́р; болг. мили́ция, милиционе́р, милиционе́рски, -а, -о — «милицейский» и «милиционерский»; с.-хорв. мѝлиција, милиционáр; чеш. milice, milicionér — «милиционер в СССР», но milicionář — «ополченец», «член добровольного отряда»; польск. milicja, milicjant. Со старым знач. «добровольное войско», «ополчение» слово *милиция* известно в русском языке с Петровского времени. Оно встр. в дипломатических письмах кн. Куракина из западноевропейских стран: «40 000 матросов и 20 000 *милиции*» («Архив», IV, 246, 1710 г.). Но в словарях отм. лишь с 1804 г. (Яновский, II, 797). С совр. знач. — со времени декрета от 28-X (10-XI)-1917 г. Слово *милиционер* в знач. «ополченец» отм. в словарях с 1861 г. (ПСИС, 321). В совр. знач. употр. с Советской эпохи (Селищев, «Яз. рев. эп.», 157). В словарях — Вайсблит, 1926 г., 290; позже — Ушаков, II, 1938 г., 212; там же (212, 213) *милицейский*, *милиционный*. В XIX в. прил. к *милиция* в старом знач. также были *милиционный*, отм. в словаре 1847 г. (СЦСРЯ, II, 303), и *милицейский* (ПСИС 1861 г., 321). ▫ Ср. франц. milice (старая форма milicie) — «милиция», «ополчение»; ит. milizia; исп. milicia; англ. militia. В немецком Milíz, Milizionär — из русского. Восходит к латин. militia — «военная служба», «войско», а также «поход», «военная кампания» [ср. miles (основа milit-) — «солдат»]. В русский язык попало, видимо, при французском и польском посредстве.

МИЛЛИА́РД, -а, *м.* — «тысяча миллионов», «число и количество 1 000 000 000». *Прил.* миллиа́рдный, -ая, -ое. Сюда же миллиарде́р, *женск.* миллиарде́рша. Укр. мілья́рд, мілья́рдний, -а, -е, мілья́рде́р, мілья́рде́рша; блр. мілья́рд, мілья́рдны, -ая, -ае, мілья́рдзе́р, мілья́рдзе́рыха; болг. милиа́рд, милиа́рден, -дна, -дно, милиарде́р, милиарде́рка; с.-хорв. милѝја́рда, *ж.*, милија̀рде̄р; чеш. miliarda, miliardtý, -á, -é — «миллиардный» (о части), miliardový, -á, -é — «миллиардный» (о сумме, массе), miliardář, miliardařka; польск. miliard, miliardowy, -a, -e, miliarder и др. В словарях *миллиард* отм. с 60-х гг. XIX в. (ПСИС 1861 г., 321). Прил. миллиардный в словарях — с 1938 г. (Ушаков, II, 213), *миллиардер* — с начала XX в. (Даль³, II, 1905 г., 849). ▫ Ср. франц. milliard (с XVI в.), milliardaire (с конца XIX в.); нем. Milliárde, Milliardär; ит. miliardo, miliardàrio; англ. milliard (но «миллиардер» — multi-millionaire). Источник распространения — французский язык [milliard — произв. от mille (из латин. > ит.), как и million, но с другим суф.]. В русском языке — м. б., непосредственно из французского.

МИЛЛИО́Н, -а, *м.* — «тысяча тысяч», «число и количество 1 000 000». *Прил.* миллио́нный, -ая, -ое. Сюда же миллионе́р, женск. миллионе́рша. Укр. мільйо́н, мільйо́нний, -а, -е, мільйоне́р, мільйоне́рша; блр. мілье́н, мілье́нны, -ая, -ае, мільяне́р, мільяне́рыха; болг. милио́н, милио́нен, -нна, -нно, милионе́р, милионе́рка; с.-хорв. милѝо̄н, милио̀нӣти, -ā, -о̄ — «миллионный», милио̀на̄р; чеш. milion, miliontý, -á, -é — «миллионный» (о части), milionový, -á, -é — «миллионный» (о сумме, массе), milionář, milionářka; польск. milion, milioner, milionowy, -a, -e. В русском языке слово *миллион* известно с XVII в. Его знал Берында (1627 г., 256: «тма — *милио́н*»). Позже встр. в ПДСР, III, 506, 1655 г.: «казны два *миллиона*». В начале XVIII в. его, как обычное слово, отм. Поликарпов (1704 г., 168). Прил. *миллионный* в словарях — с 1793 г. (САР¹, IV, 131), *миллионер* — с 1847 г. (СЦСРЯ, 303), но известно было, конечно, несколько раньше: встр. в повести Панаева «Дочь чиновного человека», 1839 г., гл. 1: «А он не бог знает какой *миллионер*!» (Избр., 83). ▫ Ср. франц. (с XIV в.) million, (с XVIII в.) millionnaire; нем. Million, Millionär; англ. million, millionaire; ит. milione, milionario; исп. millón, millonario. Источник распространения — французский язык. Здесь это слово восходит к ит. milione, увел. от mille — «тысяча».

МИ́ЛЫЙ, -ая, -ое — «располагающий к себе», «приятный», «любимый». *Кр. ф.* мил, мила́, ми́ло. *Сущ.* ми́лость, миля́га. *Глаг.* ми́ловать, милова́ть. Укр. ми́лий, -а, -е, ми́лість, милува́ти; блр. мі́лы, -ая, -ае, мі́ласць, міля́га, мі́лаваць, міла́ваць; болг. мил, -а, -о, ми́лост, ми́луват, ми́лвам — «милую», «ласкаю»; с.-хорв. мѝо, -ла, -ло: ми̑ли, -ā, -ō, ми̑лост, ми̑ловати; словен. mil, -a, -o, milost (но «миловáть» — ljubkovati, božati); чеш. milý, -á, -é, milost (но ср. udělovati milost — «ми́ловать»); польск. miły, -a, -e, miłość — «милость», przebaczać, ułaskawiać — «ми́ловать»); в.-луж. miłu, -a, -e, miłość; н.-луж. milny, -a, -e — «милый», miłość. Др.-рус. (с XI в.) и ст.-сл. милъ, милый — «жалкий», «милый», мильный — «жалкий», милость, миловати (Срезневский, II, 135, 137,

МИМ

139, 140). **Миляга** в словарях — с 1814 г. (САР², III, 773). ▫ О.-с. *milъ, *milějь. И.-е. корень *mēi- (: *mōi-) : *mī-, суф. -l-o [тот же корень в о.-с. *mігъ, но с другим суф. (см. *мир*)]. Ср. лит. míelas — «милый», «любезный», méilé — «любовь», mylėti — «любить», mylúoti — «миловать», «ласкать»; латыш. miļš, mils — «милый», mīla — «любовь», mīlēt — «любить»; др.-прус. mijls — «милый». За пределами балто-славянской группы явных соответствий в и.-е. языках почти не обнаруживается. Покорный относит сюда кимр. mul — «скромный» (Pokorny, I, 712). Ср. Fraenkel, 449. Без суф. -l-o или с другими суф. и.-е. корень *mēi- (и пр.) представлен в и.-е. языках довольно широко.

МИМО́ЗА, -ы, *ж*. — «тропическое цветущее растение с мелкими цветками и с двоякоперистыми сложными листьями, которые при прикосновении как бы стыдливо складываются попарно, причем весь лист опускается, точно сломанный», Mimosa pudica (т. е. «стыдливая»). *Прил.* **мимо́зовый**, -ая, -ое. Укр. мімо́за, мімо́зовий, -а, -е; блр. мімо́за, мімо́зави, -ая, -ае; болг. мимо́за, с.-хорв. мимо́за; чеш. mimosa; польск. mimoza. В русском языке употр. с начала XIX в. (напр., в «Откр. т.», ч. 5, 1801 г., 275, 278). В словарях — с середины XIX в. (ПСИС 1861 г., 322). ▫ Ср. франц. (с 1619 г.) mimosa (в XVIII в. также mimeuse), *f.*; англ. mimosa; ит., исп., порт. mimosa, *f.*; нем. Mimosa, *f.* Позднее искусственное образование на базе научной латыни [от mimus (< греч. μῖμος) — «мим», «мимический актер», очевидно, вследствие упомянутой выше способности этого растения менять свою форму, свой облик при прикосновении к нему]. В западноевропейские языки это слово попало, по-видимому, из португальского из Бразилии, и далее из испанского. Ср. португ., исп. mimoso — «ласковый», «избалованный», «изнеженный». В русском языке — вероятно, из французского.

МИ́НА¹, -ы, *ж*. — 1) «снаряд со взрывчатым веществом, снабженный взрывателем, устанавливаемый под водой, в земле и т. п.»; 2) «снаряд для стрельбы из миномета». *Прил.* **ми́нный**, -ая, -ое. Сюда же (за)мини́ровать, мине́р. Укр. мі́на, мі́нний, -а, -е, мінува́ти, міне́р; блр. мі́на, мі́нны, -ая, -ае, мініра́ваць, міне́р; болг. ми́на, мине́н, -нна, -нно, мини́рам — «минирую»; с.-хорв. мѝна, мѝнскӣ, -ā, -ō, мини́рати, мѝнер; чеш. mina, minový, -á, -é, minovati, podmino(vá)vati, zamino(vá)vati, minér; польск. mina, minowy, -a, -e, minować, min(i)er. В русском языке слова *мина* со знач. «подкоп» (подземный ход, сделанный под неприятельскими укреплениями, куда помещали порох для их взрыва) и *минер* известны с Петровского времени (Смирнов, 196, 197). В словарях (с тем же знач.) — только с 1804 г. (Яновский, II, 802, 809, 816: *мина, минер, минный*). Глаг. *минировать* появился позже, в словарях отм. лишь с 60-х гг. XIX в. (ПСИС 1861 г.,

МИН

323). ▫ Из западноевропейских языков. Ср. франц. (с XIV в.) mine; ит. mina; нем. (с XVII в.) Mine; швед. mina; голл. mijn. Старшее знач. — «руда» > «рудник», «шахта». Слово, как полагают, кельтского происхождения. Ср. др.-ирл. méin — «руда»; галльск. mwyn — тж.

МИ́НА², -ы, *ж*. — «выражение лица». Укр., блр. мі́на; польск. mina. В некоторых слав. яз. отс. В русском языке известно с начала XIX в. (Яновский, II, 1804 г., 804). ▫ Судя по времени заимствования, — из французского языка. Ср. франц. (с XV в.) mine, *f*. — тж. > нем. Miene — тж. Во французском — м. б., бретонское слово (min — «клюв», «рыло», «морда»).

МИНДА́ЛЬ, -я́, *м*. — «южное дерево семейства розоцветных с продолговатыми ланцетовидными листьями, с пахучими белыми или розовыми цветками», Amygdalus; «плоды этого дерева, орехи». *Прил.* **минда́льный**, -ая, -ое. Блр. мінда́ль, мінда́льны, -ая, -ае. Ср. словен. mandelj, mandeljnov, -a, -o; чеш. mandle (словац. mandľa) — «миндаль» (плод) [но mandlovník (словац. mandľoň) — «миндаль» (дерево)]; в.-луж. mandla; н.-луж. mandel — «миндаль» (плод). Ср., с другой стороны: укр. мигда́ль, мигда́льний, -а, -е; болг. мигда́л (чаще баде́м < турец. badem; ср. с.-хорв. ба́дем — тж.); польск. migdał — «миндаль» (дерево и плод), migdałowy, -a, -e — «миндальный» (отсюда migdałowiec — «миндальное дерево»). По памятникам письменности известно, по крайней мере, с XVI в. Срезневский (II, 134, 143; Доп., 162) отм. прил. мигда́льный (Мин. XVI в.), мигдо́льный (Пчел. И. Публ. б.) и минда́льный (в Лечебн. XVII в.). Очевидно, существовали и слова-производители: *мигдаль, миндаль*. Ср. «чернослив, *миндалы*, дыни» в «Хожении» Котова в Персию, 1623—1624 гг., л. 12, с. 32. ▫ Слово заимствованное. Первоисточник — греч. ἀμυγδάλη, ἀμύγδαλον — «миндаль», откуда латин. amygdala, позднелатин. amandula (< amyndala) и далее — прованс. amandola; ит. mandorla (устар. mandola); нем. Mandel (ср. др.-в.--нем. mandala); франц. amande (ср. ст.-франц. alemandle, amandre), из старофранцузского — англ. almond. Рус. *миндаль*, видимо, — плод контаминации греческого названия миндаля с позднелатинским. Греческое слово также заимствованное, причем источник заимствования неизвестен (см. Frisk, I, 96).

МИНЕРА́Л, -а, *м*. — «природное тело, продукт химико-физических процессов, совершающихся в земной коре, обычно являющееся составной частью горных пород и руд». *Прил.* **минера́льный**, -ая, -ое. *Глаг.* **минерализова́ть(ся)**. Ср. **минерало́гия** — «наука о минералах». Укр. мінера́л, мінера́льний, -а, -е, мінералізува́ти(ся), мінерало́гія; блр. мінера́л, мінера́льны, -ая, -ае, мінералізава́ць, мінералізава́цца, мінерало́гія; болг. минера́л, минера́лен, -лна, -лно, минерало́гия; с.-хорв. минѐрāл, мѝнералан, -лна, -лно : мѝнералнӣ, -ā, -ō, минерало̀гија; чеш. minerál, прил. mine-

МИН

rální, mineralisovati, mineralogie; польск. minerał, mineralny, -a, -e, mineralogia. В русском языке слово *минерал* известно с начала XVIII в., но некоторое время с колебанием в форме (*минерал* и *минераль*) и иногда с неустойчивым знач. (не только «минерал», но и «металл»). См. Кутина, ФЯН, 185. Кроме того, Варений, 1718 г., 243: *минералы*; см. еще Смирнов, 196. Прил. *минеральный* находим в «Архиве» Куракина (I, 206, 1707 г.): «В Риме есть... горячие воды *нинарельные*» (минеральные). ▫ Из западноевропейских языков. Ср. франц. minéral [< средневек. латин. mineralis, где корень min- (ср. галло-роман. *mīna > франц. mine — «рудная жила», «рудник»), м. б., кельтского происхождения (ср. др.-ирл. méin — «руда»)]; нем. Minerál; англ. mineral.

МИНИАТЮ́РА, -ы, *ж.* — «небольших размеров рисунок или заставка в старинной книге»; «небольшая картина тщательной и изящной отделки»; «произведение искусства малой формы (театральное, музыкальное и пр.)». *Прил.* **миниатю́рный,** -ая, -ое. Сюда же **миниатюри́ст.** Укр. мініатю́ра, мініатю́рний -а, -е, мініатюри́ст; блр. мініяцю́ра, мініяцю́рны, -ая, -ае, мініяцюры́ст; болг. миниатю́ра, миниатю́рен, -рна, -рно; с.-хорв. минијату́ра; чеш. miniatura, miniaturní, miniaturista; польск. miniatura, miniaturowy, -a, -e, miniaturzysta. В русском языке слово *миниатюра* сначала употр. в форме с твердым *т* (*миниатура*). В этой форме оно известно с середины XVIII в. Ср., напр., у Лукина в комедии «Щепетельник», 1765 г.: «табакерки, на которых была бы *миниатура*» (явл. 17); «*миниатурные* пентюры» (явл. 15) [Соч., 218, 216]. Но: «*миниатюры* прекрасные» — в письме Фонвизина к родным от 5 (16)-X-1784 г. (если это не позднейшая поправка вм. *ту*) [СС, II, 524]. Яновский (II, 1804 г., 815) дает только *миниатура*, *миниатурный*. Форма с *тю* (*миниатюра*) установилась к 20-м гг. XIX в. Пушкин употр. только эту форму, но почему-то в м. р. [ср. в письме Киреевскому от 4-II-1832 г.: «ряд прелестных *миниатюров*» (ПСС, XV, 10)]. Прил. *миниатюрный* у Пушкина встр. уже со знач. «маленький», «крошечный» [ср. в «Записках бригадира Моро-де-Бразе», 1835 г.: «залпом... *миниатюрной* нашей артиллерии» (ПСС, X, 322)]. ▫ Ср. франц. (< XVII в.) miniature (< ит. miniatura), *f.*, (с XVIII в.) miniaturiste, *m.*; нем. Miniatur, *f.*, Miniaturist, Miniaturmaler; англ. miniature, miniaturist. В конечном счете, восходит к латин. minium — «киноварь», «сурик» (> ит. minio — «сурик» > с.-хорв. ми́нија — тж. и др.): этими красками пользовались в древности для раскрашивания заглавных букв и рисунков в рукописях. В русском языке форма *миниатура* — из немецкого или итальянского языка, *миниатюра* — из французского.

МИНИ́СТР, -а, *м.* — «член правительства, возглавляющий центральное правительственное учреждение, ведающее какой-л. отраслью государственного управления».

МИН

Прил. **министе́рский,** -ая, -ое. *Сущ.* **министе́рство.** Укр. міні́стр, міністе́рський, -а, -е, міністе́рство; блр. міні́стр, міністэ́рскі, -ая, -ае, міністэ́рства; болг. мини́стър, мини́стерски, -а, -о — «министерский» (но мини́стерски, -а, -о — «принадлежащий министру»), мини́стерство; с.-хорв. ми́нистар, министа́рски, -ā, -ō, министа́рство; чеш. ministr, ministerský, -á, -é, ministerstvo; польск. minister, ministerski, -a, -ie, ministerstwo. В широком употр. известно с Петровского времени (Смирнов, 197). Оно употр. в то время гл. обр. со знач. «посол», «посланник», «доверенное лицо правительства в иностранном государстве». Ср. в ПбПВ, VIII, № 2558, 1708 г., 85: «вельможные господа сенатори и *министры* наяснейшей Речи Посполитой Полской»; «повелели мы *министром* нашим надлежащую учинить резолюцыю» в «Слове похвальном о баталии Полтавской» (1717 г.) Ф. Прокоповича: «множество в плен захвачены, и с ними оныи прехитрыя *министры*» (Соч., 57). Но в «Указе» Петра I Посольской Коллегии от 5-IV-1716 г.: «Когда какое дело... писат к своим *министром*» (ЗАП I, т. I, 518). Знач. «член правительства» установилось несколько позже, но в течение 1-й пол. XVIII в. То же можно сказать и о прил. *министерский*, которое встр., напр., в «Повести о рос. матросе Василии»: «нанел некоторой *министерской* дом, зело украшен» (Моисеева, 200). ▫ Ср. франц. ministre, *m.*; нем. Minister; англ. minister; голл., швед. minister; ит., исп. ministro. Следует заметить, что в западноевропейских языках, кроме, пожалуй, немецкого, это слово значит не только «министр», но и «посланник», а также «священник» (это и было его старшим знач.). Источник распространения — франц. ministre, восходящее к латин. minister — «слуга», «помощник» (того же корня, что minor, minus — «меньший» — ср. ст. от parvus — «малый»). В русском языке, возможно, — из французского.

МИНО́ГА, -и, *ж.* — «водное животное с голым змеевидным телом из группы бесчелюстных позвоночных», Petromyzon. Укр., блр. міно́га; болг. миногa; польск. minóg. Но, напр., с.-хорв. змиjу́лица; чеш. mihule. Известно с Петровского времени, причем, м. б., сначала в форме м. р.: «*рыбы миногов* боченок» [«Устав морск. Тариф», 1724 г. (Смирнов, 197)]. ▫ В европейских языках *минога* называется по-разному. В русском языке восходит не к нем. Neunauge — «минога» (как иногда утверждают), а к голл. negenoog, *f.* — «минога» (Meulen, NWR, Suppl., 62—63), хотя и в голландском языке имеется другое название: lamprei (ср. англ. lamprey; франц. lamproie; ит. lampreda и др. < латин. *lampetra). Болг. мино́га, видимо, из русского. Польское слово, известное сначала (в XV—XVI вв.) в формах najnog, nemnog, ninog (Brückner, 338) — из немецкого, но с равнением на русскую форму этого слова. Начальное *м* вм. *н* в русском — следствие межслоговой диссимиляции.

МИНУ́ТА, -ы, ж. — «короткий промежуток и мера времени, состоящая из 60 секунд и равная 1/60 часа». *Прил.* мину́тный, -ая, -ое. Укр. міну́та (редко; чаще хвилі́на), міну́тний, -а, -е; блр. міну́та (чаще хвілі́на), міну́тны, -ая, -ае; болг. мину́та, мину́тен, -тна, -тно; с.-хорв. мѝнӯт; словен. minuta; чеш. minuta, minutový, -á, -é; польск. minuta, minutowy, -a, -e и др. В русском языке слово *минута* в знач. «мера времени» известно с начала XVIII в. Правда, Поликарпов (1704 г., 168 об.) знает это слово лишь в знач. «дробь», «λεπτόν», «minutia» («шестидесятая часть градуса»). Но в «Лексиконе вок. новым» оно отм. уже в смысле «шестидесятая часть часа» (Смирнов, 374). В словарях — с 1731 г. (Вейсман, 417). Прил. *минутный* — с 1771 г. (РЦ, 625). ▫ Ср. франц. minute, *f.*; нем. Minute, *f.*; англ. minute; ит., исп. minuto. Первоисточник — латин. minūtus, *m.*, minūta, *f.* — «маленький», «мелкий», первоначально — прич. прош. вр. от глаг. minuō — «разбиваю на мелкие части», «уменьшаю», ср. также minutia — «мелочь», но непосредственно восходит к средневек. латин. pars minūta prima — «первая малая часть (часа)» [в отличие от pars minūta secunda — «вторая малая часть (часа)» (откуда *секунда*, см.)].

МИР, -а, м. — «отсутствие (или прекращение) вражды, ссоры, войны и т. п.», «согласие», «спокойствие», «покой», «тишина». *Прил.* ми́рный, -ая, -ое (но мирово́й судья). *Глаг.* мири́ть(ся). Укр. мир, мі́рний, -а, -е, мирі́ти(ся); блр. мір — «прекращение войны», «отсутствие вражды» (в других случаях — зго́да, зла́гада и пр.), мі́рны, -ая, -ае, мі́рыць, мі́рыцца; болг. мир, ми́рен, -рна, -рно, миря́ (се) — «мирю́(сь)»; с.-хорв. мȗр — не только «мир», «тишина», но и «пенсия», ми́ран, -рна, -рно : ми́рни, -а̄, -о̄, ми́рити (се) словен. mir, miren, -rna, -rno, miroven, -vna, -vno; чеш. mír, mírny, -á, -é, mírový, -á, -é, mírniti, mířiti, smiřovati (se); словац. mier, mierový, -á, -é, mierny, -a, -e, meriť, zmierovat'; польск. mir (ст.-польск. mier) — «покой», «спокойствие» (чаще zgoda, spokój; ср. pokój — «мир», «отсутствие войны»); в.- и н.-луж. měr, měrny, -a, -e, měrowy, -a, -e. Др.-рус. (с XI в.) и ст.-сл. миръ, мирьный мирити(ся) (Срезневский, II, 145, 149, 151). ▫ О.-с. *mirъ. И.-е. корень *mēi- (: *mōi-) : *mī- — «кроткий», «мягкий», «милый», суф. -r-o [тот же корень в о.-с. *milъ, *milъjь, но с другим суф. (см. *милый*)]. Ср. в аблауте о.-с. *měrъ (< и.-е. *mōi-r-o-s). Ср. алб. mirë — «хороший», «хорошо». От того же и.-е. корня, но с другими суффиксами и расширителями, ср. с -t-: латыш. atmietēt — «смягчать» (?); латин. mītis (< *mēitis) — «нежный», «мягкий», «кроткий»; др.-ирл. mōith, позже mōeth — «нежный», «кроткий»; с -n-: др.-ирл. mīn — «вежливый», «милый», «ровный»; с -l- см. *милый*. Подробнее: Pokorny, I, 711—712; Walde–Hofmann³, II, 96—97; Vendryes, M-53, M-61.

МИРАБЕ́ЛЬ, -и, ж. — «сорт кислой сливы (терносливы) с мелкими душистыми плодами желтого (или красновато-лилового) цвета». *Прил.* мирабе́льный, -ая, -ое, мирабе́левый, -ая, -ое. Укр. міра́бель, мірабе́левий, -а, -е; блр. міра́бель, мірабе́льны, -ая, -ае, мірабе́левы, -ая, -ае. Ср. болг. мирабе́ла (и джа́нка); чеш. mirabelka, mirabelkový, -á, -é; польск. mirabela. В русском языке это слово известно, по крайней мере, с первых десятилетий XIX в. Ср. напр.: «*мирабели* или большие желтые сливы» в «Поваре королевском», 1816 г., ч. 3, с. 166. В словарях — ПСИС 1861 г., 324: *мирабелла*. ▫ Судя по времени заимствования, — из французского. Ср. франц. (с XVII в.) mirabelle < ит. mirabella. Отсюда нем. Mirabelle; англ. mirabelle. Итальянское слово в этимологическом отношении ближе всего связано с позднелатин. myrobalanus — «бегеновый орех», Moringa oleifera (из которого добывалось масло, служившее для приготовления различных благовоний, восходящим, в свою очередь, к греч. μυροβάλανος — тж. В греческом ср. μύρον — «миро», βάλανος — «желудь», «финик».

МИРА́Ж, -а́, м. — «оптическое явление, наблюдаемое обычно в пустынях, когда становятся видимыми предметы, находящиеся за горизонтом, вследствие преломления световых лучей в неравномерно нагретых слоях воздуха». *Прил.* мира́жный, -ая, -ое. Укр. міра́ж, міра́жний, -а, -е; блр. міра́ж, міра́жны, -ая, -ае; болг. мира́ж, мира́жен, -жна, -жно; польск. miraż. Но ср. в том же знач.: с.-хорв. о̀псена; чеш. přelud или Fata Mórgana (< нем.). Известно с 1-й пол. XIX в. В словарях — с 1847 г. (СЦСРЯ, II, 305: *мираж*, *миражный*). ▫ Восходит к франц. (с 1753 г.) mirage, *m.* [ср. mirer — «рассматривать на свет» (яйцо, материю), «прицеливаться» < латин. mīrārī — «с удивлением осматривать», «дивиться», «поражаться»]. Отсюда: англ. mirage; нем. Mirage; ит. miraggio и др. В русском языке — из французского.

МИ́СКА, -и, ж. — «посудина для еды в виде широкой чаши». *Устар.* ми́са (Даль, II, 926). *Прил.* ми́сочный, -ая, -ое. Укр. ми́ска, мисковѝй, -а́, -е́; блр. мі́ска, мі́сачны, -ая, -ае. Ср. болг. устар. ми́са, ми́ска [Младенов, 298; обычно пани́ца (также с.-хорв. па̀ница), ку́па или су́пник]. Др.-рус. ми́са — «блюдо» (1509 г.) [Срезневский, II, 153]. Ст.-сл. миса. ▫ О.-с. *misa, восходящее к нар.-латин. mēsa < mēnsa. Возможно, при готском посредстве (ср. гот. mēs — «стол»; др.-англ. mēse, mīse — тж. при др.-в.-нем. mias).

МИТЕ́НКИ, -нок, мн. (*ед.* мите́нка, -и, ж.) — «женские перчатки без пальцев», «полуперчатки». Польск. mitenki. Ср. в том же знач. блр. пульса́ткі. В русском языке известно с середины XIX в. (ПСИС 1861 г., 326). ▫ Восходит к франц. (неизвестного происхождения) mitaine, *f.* (ст.-франц. mite) — «рукавица», «перчатка без пальцев». Отсюда англ. mitten — тж.

МИ́ТИНГ, -а, м. — «открытое массовое собрание для обсуждения каких-л. злободневных, особенно политических вопросов».

Прил. **митинго́вый**, -ая, -ое. *Глаг.* **митингова́ть**. Укр. мі́тинг, мітинго́вий, -а, -е, мітингува́ти; блр. мі́тынг, мі́тынгвы, -ая, -ае, мі́тынгава́ць; болг. ми́тинг; с.-хорв. ми́тинг; польск. mityng. Но чеш. обычно tábor lidu, veřejné shromáždění (хотя есть и meeting). В русском языке известно с середины XIX в. Нередко встр. в письмах Герцена начала 50-х гг.: «во вторник я говорю на *митинге*» (1853 г.), «собираются *митинги*» (1854 г.) и др. (ПСС, XXV, 132, 145 и др.). В словарях отм. с 1859 г. (Углов, 126). Произв. *митинговый*, *митинговать* в словарях впервые — у Ушакова (II, 1938 г., 229). Но были известны в разговорной речи и раньше. Так, *митинговый* встр. у Блока: «против *митинговых* выступлений» (ЗК, запись от 21-VI-1917 г., 366). Ср. в труде Ленина «Очередные задачи Советской власти», 1918 г.: «*митинговый* демократизм»; там же: «*Митингование*, это и есть настоящий демократизм трудящихся» (ПСС⁵, XXXVI, 202, 203). □ Восходит к англ. meeting, от meet — «встречаться», «сходиться», «собираться вместе» (при швед. möta — «встречать», mötas — «встречаться» и др.). Отсюда: франц. meeting; нем. Meeting и др.

МИТКА́ЛЬ, -я́, *м.* — «суровая тонкая хлопчатобумажная ткань полотняного переплетения». *Прил.* **миткалёвый**, **миткалёвый**, -ая, -ое. Укр. мітка́ль, мітка́ле́вий, -а, -е; блр. мітка́ль, мітка́лёвы, -ая, -ае; из русского: чеш., польск. mitkal. Но, напр., болг. амерка́н, хасе́. В русском языке слово *миткаль* известно с конца XV в. [Unbegaun, 167 (1489 г.); Срезневский, II, 154, там же *миткалиный*)]. В XVII в. — обычное слово. Прил. *миткалевый* в словарях — с 1793 г. (САР¹, IV, 156). □ Происхождение этого слова не совсем ясно. М. б., оно восходит, в конечном счете, к араб. miṯkāl, *pl.* maṯāqīl — «вес», «единица веса» (к глаг. ṯaqula u — «быть тяжелым», «весить») [Wehr², 92]. Старшие примеры употр. этого слова в русском языке свидетельствуют о том, что у нас *миткалем* сначала называли мешочек определенного объема и веса из прочной ткани, употреблявшийся торговцами жемчугом (татарами и заезжими арабами) в Крыму и на Северном Кавказе. Ср. джагат. mutkal — «миткаль» (Радлов, IV: 2, 2198).

МИФ, -а, *м.* — «древнее народное сказание о богах и героях, их подвигах, о происхождении мира и человека, о явлениях природы и т. п.»; *перен.* «что-либо невероятное, фантастическое», «вымысел». *Прил.* **мифи́ческий**, -ая, -ое. Укр. міф, міфі́чний, -а, -е; блр. міф, міфі́чны, -ая, -ае. Ср. болг. мит, мити́чен, -чна, -чно; с.-хорв. ми̏т, ми̏тскӣ, -а̄, -о̄; чеш. mythus, mytický, -á, -é; польск. mit, mityczny, -a, -e. Известно со 2-й четверти XIX в. В форме ж. р. встр. у Пушкина в «Истории села Горюхина», 1830 г.: «имя его (Курганова) казалось мне вымышленным и предание о нем пустою *мифою*» (ПСС, VIII, 127). В словарях отм. с 1847 г. (СЦСРЯ, II, 307: *миф*, *мифический*). □ Ср. франц. (с 1818 г.) mythe, *т.*, (с 1831 г.) mythique; нем. Mythe, *f.*, Mythus, *т.*; англ. myth; ит., исп. mito. Первоисточник — греч. μῦθος — «речь», «слово», «толки», «слух», «весть», «рассказ», «сказка», через позднелатин. mythus. В русском языке, судя по времени заимствования, — из французского, но с поправкой на позднегреческое (с f вм. ϑ) произношение этого слова.

МИ́ЧМАН, -а, *м.* — «в дореволюционной России — первый офицерский чин на флоте»; «воинское звание старшинского состава (с 1971 г. — воинское звание лиц, добровольно проходящих службу сверх установленного срока) в Военно-Морских силах СССР». *Прил.* **ми́чманский**, -ая, -ое. *Сущ.* **ми́чманка** — «фуражка». Укр. мі́чман, мі́чманський, -а, -е, мі́чманка; блр. мі́чман, мі́чмански, -ая, -ае. В других слав. яз. — как заимствование из русского: болг. ми́чман, ми́чмански, -а, -о; чеш. mičman, mičmanský, -á, -é; польск. miczman, miczmański, -a, -ie. В русском языке это слово известно с начала XVIII в.: «Кн. Устав морск.», 1720 г., гл. 14 («О мичманах»), с. 424. □ Слово английское, неизвестное другим западноевропейским языкам: midshipman (произн. ′midʃipmən) — «корабельный курсант», «корабельный гардемарин» (ср. mid — «серединный», ship — «корабль», «судно», midship — «середина судна», man — «человек»).

МИШЕ́НЬ, -и, *ж.* — «предмет, служащий целью при учебной или тренировочной стрельбе». *Прил.* **мише́нный**, -ая, -ое. Укр. мі́шень; блр. мі́шэнь; болг. устар. нишан (теперь чаще заимствованное из русского — мише́н, откуда мише́на, мише́нка); с.-хорв. ни̏шан, ни̏шанити — «целиться». В других слав. яз. отс. Ср. в том же знач.: словен. tarča; чеш. terč, nástrelný list; польск. tarcza strzelnicza, cel и др. В русском языке слово *мишень* известно с XIV в., но и в памятниках этого века и в более поздних (XVI—XVII вв.) оно употр. в знач. «печать» (наряду с нишан), «клеймо», «отметина», также «круглая пластинка — резная, чеканная, вышитая или рисованная» (Срезневский, II, 155, 455; также Кочин, 192). Ср. также *мишень* — «marque», «plaque» (1509 г.) [Unbegaun, 72]. Но Поликарпов (1704 г., 169) уже дает знач. «мета» или «примета». □ Слово ближневосточное. Ср. перс. нэшанэ — «знак», «мишень» [также тадж. нишо́н — «знак», «орден», «мишень»; афг. ниша́н — «орден», «знак отличия» (но на́хша — «мишень»); курд. nişan — «знак», «сигнал», «орден», «мишень»]. Из персидского — турец. nişan — «знак», «значок», «мишень», «орден»; туркм. нышан — «примета», «признак», нышана — «мишень», «цель»; узб. нишон — «знак», «признак», «примета», «орден», «мишень»; каракалп. нышан — «знак», «примета», нышана — «мишень», «цель»; уйг. нишан — «знак», «мишень» и др. В русский язык это слово попало из тюркских языков, где оно известно с давнего времени. Ср. нiшан — «примета» в

МИШ

среднеазиатском тефсире XII—XIII в. (Боровков, 230).

МИШУРА́, -ы́, ж. — «позолоченные или посеребренные металлические (оловянные, медные) нити, идущие на изготовление парчи, галунов, канители и т. п.». *Прил.* мишу́рный, -ая, -ое. Укр. мішура́, мішу́рний, -а, -е; блр. мішура́, мішу́рны, -ая, -ае. В других слав. яз. отс. Ср. в том же знач. болг. сѣрма (< турец. sırma — «мишура»); чеш. pozlátko; польск. szych. Слово известно, по крайней мере, с 1-й пол. XVII в. [ТК МГ, I: «6 цевок *мишуры*» (Сольвычегодск, 1634 г., 299); «*мишуры*... белые» (Устюг Великий, 1635—1636 гг., 278) и др.]. Кроме того, ср. у Тупикова: личное имя *Мишура*, 1521 г. (252), фамилия *Мишу́рин*, 1535 г. (646). ▫ Этимология неясна. Личное имя и фамилия, м. б., от *Миха* или от *Миша* и, возможно, не имеют отношения к *мишура́*. Иногда возводят к араб. muzawwar (: muzevvere) — «поддельный», «фиктивный», от zāra u — «подделывать» (Wehr², 350). Фонетически это невозможно, если не предположить, что слово на русской почве подверглось переосмыслению.

МЛЕТЬ, млею — «испытывать состояние истомы, расслабленности», «замирать под действием сильного чувства, волнения»; «терять чувствительность», «деревенеть», «цепенеть». Укр. млі́ти; блр. млець. Ср. чеш. mdlíti — «слабнуть», «становиться вялым», «обессиливать», mdlý, -á, -é — «вялый», «слабый»; словац. mdliet' — «слабеть», mdlý, -á, -é — «слабый», «усталый», «тусклый», mdloba — «слабость», «истома»; польск. mdleć — «слабеть», «ослабевать», mdlić — «расслаблять», «обессиливать», mdły, -a, -e — «слабый», «вялый», «приторный». Сюда же относится словен. medleti — «ослабевать», «терять силы», «чахнуть», «вянуть», откуда medlost — «истома», «слабость», «тусклость». В русском языке, в словарях, *млеть* отм. только с 1771 г. (РЦ, 306). Но ср. др.-рус. мьдлый — «сострадательный», «милосердный» (Срезневский, II, 224). Это знач. могло развиться из «смягченный», «расслабленный», «томный». ▫ В этимологическом отношении не бесспорное слово. Но, по-видимому, правы те языковеды (Berneker, II, 64; Преображенский, I, 541 и др.), которые с этимологической точки зрения связывают глаг. *млеть* (< *mьdlěti) с *медлить* (см.), *медленный*. О.-с. база *mьdьl- (< *mъdьl-), где корень (*mьd- < *mъd-) тот же, что в о.-с. *muditi — «медлить». Ср. др.-рус. книжн. и ст.-сл. изм∆дѣти — «ослабеть» [Срезневский (I, 1065) отм. лишь отглаг. сущ. изм∆дѣние]. Редуцированный переднего ряда в *mьd- мог возникнуть (вм. ъ) вследствие межслоговой ассимиляции с гласными переднего ряда в следующем слоге.

МНИТЬ, мню — «думать», «считать», «полагать», «надеяться» (обычно ложно, напрасно). *Мнить* (много, высоко) о себе — «воображать», «задаваться». *Возвр. ф.* мниться. *Сущ.* мнение. Сюда же мни́мый, -ая, -ое, мнительный, -ая, -ое. Укр. мни́мий, -а, -е (но «мнить» — ду́мати, «мнение» — ду́мка, «мнительный» — наду́мливий, -а, -е). В белорусском отс. («мнимый» — уя́ўны, -ая, -ае). Болг. мне́ние, мни́телен, -лна, -лно, (из русского языка) мним, -а, -о (но ми́сля — «мню»); с.-хорв. мни́ти, мни́вати (но «мнение» — ми́шљење, «мнимый» — привиђан, -дна, -дно); словен. meniti; чеш. устар. mníti, mínění — «мнение»; словац. mniet'; польск. устар. mnieć (теперь mniemać, mniemanie, mniemany, -a, -e — «мнимый»); в.-луж. těnić; н.-луж. těniś. Др.-рус. (с XI в.) мьнити, мьнѣти, 1 ед. мьню, мѣнити, мьнимый (Срезневский, II, 228, 229, 241). Ст.-сл. мьнѣти, 1 ед. мьнѭ. Прил. *мнительный* в словарях — с 1704 г. (Поликарпов, 169 об.). ▫ О.-с. *mьniti : *mьněti, 1 ед. *mьnjǫ. И.-е. корень *men- (: *mn̥-: *mene-: *mnā-: *mnē-). Ср. лит. miñti, 1 ед. menù — «помнить», «загадывать», minėti «упоминать», «вспоминать», mintìs — «мысль», mēnas — «искусство», manýti — «думать», «полагать»; латыш. minêt — «упоминать», «гадать»; др.-прус. minisnan, menisnan — «память», mēntimai — «мы лжем»; гот. munan (где un < n̥) — «думать», «полагать», ga-minþi, n. — «память», «воспоминание»; др.-в.-нем. minna (совр. нем. Minne) — «любовь»; др.-в.-нем. meinan (совр. нем. meinen); англ. mean — «думать», «полагать» (ср. др.-рус. мѣнити — тж.); латин. meminī (< *mé-mon-ai) — «помню», «вспоминаю», mēns (< и.-е. *mn̥tis) — «ум», «сознание», «мысль», moneō (и.-е. корень *mon-) — «напоминаю», «предсказываю»; греч. μέμονα — «стремлюсь», «замышляю», «намереваюсь», μαίνομαι (< *μαν-ι̯ο-μαι, с корнем μαν- из и.-е. mn̥-) — «беснуюсь», «безумствую», μένος — «мощь», «ярость»; др.-ирл. do-moiniur — «верю», «думаю», «полагаю»; др.-инд. mányatē — «мыслит», «полагает» (Pokorny, I, 726 и сл.; Walde — Hofmann³, II, 65 и сл.).

МНО́ГИЕ, -их, мн. — «имеющиеся в большом количестве», «многочисленные» (об однородных предметах, явлениях, понятиях). *Кр. ф.* отс. *Нареч.* мно́го. *Сущ.* мно́жество. *Глаг.* мно́жить(ся). Укр. устар. мно́гі, род. мно́гих, мн. (обычно употр. нареч. бага́то, бага́цько с род. мн. сущ.), мно́го (но чаще бага́то, шмат), множина́ — «множество», мно́жити(ся); блр. мно́гія, мн. (чаще шмат які́я, бага́та які́я, нареч. мно́га (: шмат, бага́та), мно́ства — «множество», мно́жыць, мно́жыцца; болг. мно́го, мно́жество, множа́ — «множу»; с.-хорв. мно́ги, -ā, -ō, мно́го, мно́штво, мно́жина, мно́жити (се); словен. mnogi, -a, -o, mnogo, množica, množina — «множество», množiti (но об арифметическом умножении — násobiti); польск. книжн. mnogi, -a, -ie (обычно liczny, -a, -e), mnogo (обычно wiele, dużo), mnóstwo, mnożyć (się); в.-луж. mnohi, -a, -e, mnoho, mnostwo, množić. В н.-луж. отс. Др.-рус. (с XI в.) и ст.-сл. мъногъ, мъногый, мъного, мъножьство, мъножити (Срезневский, II, 205, 211, 212). ▫ О.-с. *tъnogъ, *tъnogъjь. И.-е. основа *men(e)gh- : *mon-

(e)gh- : *mn̥gh-. О.-с. форма, м. б., восходит к *m₀n-ogh-o-s (Pokorny, I, 730). Ср. гот. manags — «многий», «много»; др.-в.-нем. manag — тж. (совр. нем. manch — «иной», мн. также «многие»); также голл. menig — «не один», «несколько», «многие»; др.-англ. manig (совр. англ. many); др.-ирл. menicc (ирл. minic) — «обильный», «частый». Ср. также др.-инд. maṃhate — «дает», «одаривает».

МОГИ́ЛА, -ы, ж. — 1) «яма для захоронения умершего»; 2) «насыпь, холмик над местом погребения». *Прил.* моги́льный, -ая, -ое. *Сущ.* моги́льщик. Укр. моги́ла — «могила», «курган», моги́льний, -а, -е, моги́льщик; блр. магі́ла, магі́льны, -ая, -ае, магі́льшчык; болг. моги́ла — «курган» («могила» — гроб); с.-хорв. мо̀гила (обычно гро̏б, «могильная насыпь» — ху̑мка; ср. го̀мила — «куча», «груда»); словен. gomila (чаще grob); чеш. mohyla — «насыпь, холм над могилой» (ср. hrob — «могила»); словац. mohyla — «могила», «курган», mohylový, -á, -é — «могильный»; польск. mogiła (: grób), устар. mogilny, -a, -e — «могильный» (обычно grobowy, -a, -e); в.-луж. mohila — «курган». Но ср. н.-луж. rov — «могила». Др.-рус. (с X в.) могыла (>могила) — «насыпь, холм, курган над могилой», могылие, могыльникъ — «кладбище» (Срезневский, II, 161—162). Ст.-сл. могꙑла, гомила. Ср. у Р. Джемса (РАС, 1618—1619 гг., 10 : 42): mogil (*могил, могыль?*) — «a grave». □ О.-с. *mogyla, *mogylъ (?), *mogylьje. Слово темное в этимологическом отношении. Сопоставление с алб. mágul'ё — «холм», рум. măgură — тж. (Machek, ES, 304) неубедительно, потому что эти слова по-видимому, заимствованы из славянских языков (Vasmer, REW, II, 144). Следуя Шахматову (Schachmatov, AfslPh, XXXIII, 91), но несколько отступая от его объяснения, можно предположить, что в отношении корня (*mog-) о.-с. *mogyl- связано с др.-ирл. mag, *n*. — «открытая площадка», «возделанный участок земли» (ср. галльск. -ma в gorphwys-va — «кладбище»); др.-инд. mahí, *f*. — «земля» (букв. «большая»). См. Vendryes, M-8. Суф. -yl-, тот же, что в о.-с. *kovyljь, *kobyla. Старшее знач. основы могло быть «место захоронения», «кладбище».

МО́ДА, -ы, ж. — «совокупность привычек и вкусов (в отношении одежды, предметов быта и пр.), считающихся в данный момент в определенной общественной среде образцовыми». *Прил.* мо́дный, -ая, -ое. *Сущ.* моди́стка. Укр. мо́да, мо́дний, -а, -е, моди́стка; блр. мо́да, мо́дны, -ая, -ае, мады́стка; болг. мо́да, мо́ден, -дна, -дно, моди́стка, моди́ст; с.-хорв. мо̏да, мо̀деран, -рна, -рно : мо̀дернӣ, -а̑, -о̑ — «модный», мо̀дискиња — «модистка», мо̀дити се — «модничать»; чеш. móda, прил. módní, modistka; польск. moda, modny, -a, -e, modystka. В русском языке слово *мода* (со знач. «обычай, принятый за образец») известно уже в Петровское время. См. «Архив» Куракина, III, № 196, 1710 г., 277; кроме того, Смирнов, 198, со ссылкой на «Лексикон вок. новым». Встр. в повестях Петровского времени (Сиповский, 170). В словарях отм. с 1731 г. (Вейсман, 420). *Прил.* модный в словарях — с 1780 г. (Нордстет, I, 358); *модистка* — с 1804 г. (Яновский, II, 837). ▫ В русском языке восходит к франц. (с XV в.) mode, *f*. — тж. [< латин. modus — «мера», «образ(ец)», «способ», «правило»], modiste, *f*. — «модистка»; отсюда же нем. Mode (ср. Modistin — «модистка»); англ. mode и др.

МОЖЖЕВЕ́ЛЬНИК, -а, *м.* — «вечнозеленый хвойный кустарник (или дерево) семейства кипарисовых с игловидными листьями и черными (с синим налетом) мясистыми плодами, похожими на ягоды», Juniperus. *Разг. и обл.* можжеве́л, можжеве́л, можжу́ха. *Прил.* (к *можжевел*) можжеве́ловый, -ая, -ое. Ср. название этого растения в других слав. яз.: укр. ялове́ць; блр. ядло́вец; чеш. jalovec; польск. jałowiec; болг. хво́йна или смри́ка; с.-хорв. кле́ка. Срезневский (II, 163) отм. это слово в форме можжееельникъ в Новг. IV л. под 6883 г. наряду с названием урочища Можжоельникъ в Дух. Мих. Андр. Верейск. 1486 г.; ср. прил. можеловый (ib., 162). ▫ Слово сложное, с двумя основами (как и латин. jūniperus, нем. Wacholder и др.). Вторая основа, вероятно, связана с *ель, ельник* [ср. одно из областных названий можжевельника, упоминаемых Далем (II, 934): елене́ц; ср. словац. borovka — «можжевельник» при bôr — «сосна»]. Неясной является первая часть сложения. При наличии обл. можжу́ха естественно связывать эту часть слова с диал. мзга (: *мозга) [< *мъзга] — «гниль»; ср. мо́згнуть — «преть», «чахнуть», «гнить», «затхлеть», мо́зглый — «затхлый», «гнилой», «кислый» (откуда *мозгля́к*, см.); мзга — «ситник» (растение Juncus), также «гриб-моховик» (Даль, II, 921, 935; III, 454; IV, 171; Куликовский, 56). Любопытно, что и первая часть латинского названия можжевельника (jūni-perus) этимологически также связана с juncus — «ситник» (Walde—Hofmann[3], I, 731). М. б., растение названо по горькому вкусу можжевеловых ягод? Не исключено и то, что *можжевельник* восходит не к *можжееель, а к *можжель, где *-ель* — суф.

МОЗА́ИКА, -и, ж. — «узор, орнамент, рисунок, составленные из мелких разноцветных кусочков стекла, пластмассы, дерева, камешков и т. д.». *Прил.* моза́ичный, -ая, -ое. Укр. моза́їка, моза́ічний, -а, -е; блр. маза́іка, маза́ічны, -ая, -ае; болг. моза́йка, моза́ичен, -чна, -чно; с.-хорв. моза̀ик, моза̀ичкӣ, -а̑, -о̑; чеш. mosaika, mosaický, mosaikový, -á, -é; польск. mozaika, mozaikowy, mozaiczny, -a, -e. В русском языке слова *мозаика, мозаичный* известны с середины XVIII в. Ср. у Ломоносова в документах по организации химических исследований и мозаичного дела: «сложение *мозаик*» (№ 28, 1751 г.), «для набору *мозаики*» (№ 47, 1752 г.), также № 57, 1753 г. и др.; «для *мозаических*... стекол» (№ 23, 1750 г.), «составление... портретов *мозаичных*» (№ 47, 1752 г.)

МОЗ

[ПСС, IX, 53, 77, 89, 50, 76 и мн. др.]. В словарях — с 1814 г. (САР², III, 819). ▫ Восходит к ит. mosáiko, откуда и франц. mosaïque, f.; из французского: нем. Mosaik, n. и f.; англ. mosaik и др. Корень mos- [из mus- (греч. μοῦσα — «муза»)], тот же, что в рус. *музей* (см.), *музыка* (см.) и др.

МОЗГ, -а, м. — «серое вещество, состоящее из нервных волокон и клеток, заполняющее череп и канал позвоночника у человека и позвоночных животных, являющееся главным органом центральной нервной системы». *Прил.* мозговóй, -áя, -óе. *Глаг.* (об)мозговáть, (раз)мозжи́ть. Укр. мóзок, род. мóзку, мозковий, -á, -é; блр. мозг, мазгавы́, -áя, -óе; болг. мóзък, мóзъчен, -чна, -чно; с.-хорв. мȍзак, род. мȍзга, также мòждани, *мн.*, мȍзговни, -а, -о, мòждани, -а, -о — «мозговой», мȍзгати — «обмозговывать»; словен. mozeg, možgani, *мн.*, mozgovni, -a, -o, možganski, -a, -o; чеш. mozek, mozkový, -á, -é; словац. mozog, mozgový, -á, -é; польск. mózg, mózgowy, -a, -e; в.-луж. moz(h), moz(h)y, *мн.*, moz(h)owy, -a, -e; н.-луж. morzgi, *мн.* Др.-рус. (с XI в.) и ст.-сл. **мозгъ** (Срезневский, II, 163; там же **мозчьный**). *Прил.* мозговой в словарях отм. с 1731 г. (Вейсман, 306). ▫ О.-с. *mozgъ. И.-е. основа *mozgo- : *mosko- : *mozg-ěn- (Pokorny, I, 750). О.-с. слово связано с др.-прус. musgeno — «мозг» и, м. б., лит. smãgenės — «(костный) мозг», латыш. smadzenes — «мозг», если эти слова восходят по основе к *s-mazgen-, где начальное s могло появиться под влиянием — в литовском языке — smãkrės «мозг», а в латышском — smecele — тж. (подробнее — Fraenkel, 837, 839); далее — с др.-в.-нем. marg — «костный мозг» (r из z — явление ротацизма; ср. совр. нем. Mark — «костный мозг»); др.-сакс. marg — тж. (англ. marrow — «костный мозг»); авест. mazga- тж. (осет. **магъз**; перс. **мäгз**; афг. **мāгзә**; тадж. **магз**); др.-инд. majjan- (хинди **маджджā**) — «костный мозг».

МОЗГЛЯ́К, -á, м. — «слабый в физическом или умственном отношении, хилый, тщедушный, ничтожный человек». В говорах — «нездоровый человек» (Куликовский, 56). В других слав. яз. отс. В словарях русского языка это слово отм. с 1814 г. (САР², III, 819). ▫ Произв. от *мозглый*, причастной формы на -л- от глаг. *мозгнуть*. Ср. рус. диал. **мóзгнуть** — «гнить», «дряблеть», «затхлеть», «чахнуть», «хилеть»; рус. диал. **мозглявая погода** — «мокрая погода», «слякоть и дождь», иначе **мзга** [<*мъзга < о.-с. *mъsga, с суф. -g-a, как в о.-с. *struga — «струя» (ср., напр., польск. struga — тж.)] — см. Даль, II, 921, 934—935). К этой группе относится также др.-рус. и ст.-сл. **музгъ** — «тина» (Срезневский, II, 193). И.-е. корень *meu- (: *mou-) : *mŭ- — «сырой», «мокрый», «грязный», «гниловатый»; расширитель -s- (ср. Pokorny, I, 741—742).

МОЗО́ЛЬ, -и, ж. — «воспаление или болезненное утолщение кожи, вызванное трением». *Прил.* мозóльный, -ая, -ое, мозóлистый, -ая, -ое. *Глаг.* мозóлить. Укр. мо-

МОЛ

зóля, ж., реже мозóль, м., мозóльний, -а, -е, мозоли́стий, -а, -е; блр. мазóль, мазóльны, -ая, -ае, мазóлисты, -ая, -ае; болг. мазóл, м., мазóлен, -лна, -лно, мазóлест, -а, -о; словен. mozolj — «прыщ», mozoljnat, -a, -o, mozoljast; чеш. mozol — «мозоль», mozolný, -á, -é, mozolnatý, -á, -é; словац. mozol', -á, -é, mozoľový, -á, -é, mozoľnatý, -á, -é; ср. mozolit' — «тянуть лямку»; в.-луж. mozl — «мозоль», mozlaty, -a, -e. Ср. польск. mozół — «тяжкий труд», «усилия», mozolny, -a, -e — «изнурительный», «тяжелый», mozolić się — «прилагать усилия». Др.-рус. (с XI в.) **мозоль** — «язва», «ссадина», «опухоль», «страдание», **мозольный** (Срезневский, II, 163). Позже появился глаг. *мозолить* [«Рукоп. лексикон» 1-й пол. XVIII в.: *мозолити* (Аверьянова, 181)], еще позже — прил. *мозолистый* (САР¹, IV, 1793 г., 221). ▫ В этимологическом отношении *мозоль* — очень неясное слово. Связывать его с лит. mãzgas — «узел», др.-в.-нем. maska (совр. Masche — «узел») оснований не имеется (см. Fraenkel, 426—427). Не лучше и сопоставление с греч. μώλωψ — «язва», «синяк», «кровоподтек», где μωλ- будто бы из *mōs-l- — «рубец», «рана» [см. скептические замечания Фриска (Frisk, II, 283)]. М. б., слово *мозоль* можно связывать с рус. диал. *мосолить*, общерус. *мусолить* (см.)? И.-е. основа *mok'-o-l- (Pokorny, I, 699), сохраняющаяся в некоторых и.-е. языках как название жалящих насекомых. Ср. в рус. говорах: **мосóлить** — «мулить» (т. е. тереть, жать, производя зуд и боль), «докучать», **мосолить кость** — «глодать», «грызть» (Даль, II, 944, 953). Изменение с > з могло произойти по аналогии с о.-с. *tъzg-. Ср. рус. диал. **мзга** — «гниль», «дряблость», «трухлявость», **мзгнуть** — «загнить», «портиться», **мозгá** — «кровь», **мозжи́т** — «болит непрерывно», «ноет и ломит в глубине», **мóзгнуть** — «преть», «гнить», **мóзгаль** — «гниль», «прель» (Даль, II, 921, 934—935).

МОЙ, МОЯ́, МОЁ, моего́, моей, *мест. притяжат.* — «принадлежащий мне, имеющий отношение ко мне». Укр. мій, моя́, моє́; блр. мой, мая́, маё; болг. мой, мóя, мóе; с.-хорв. mȏj, mòja, mòje; словен. moj, moja, moje; чеш. můj, má : mé, mé : moje; словац. tôj, moja, moje; польск. mój, -ja, moje; в.-луж. mój, moja, moje; н.-луж. moj, moja, mojo. Др.-рус. и ст.-сл. **мой, моя, мое** (Срезневский, II, 163). ▫ О.-с. *mojь (< *mojos), *moja, *moje. И.-е. основа *mo-i̯o-. Ср. др.-прус. mais, *m.*, maia, *f*. Без суф. -i̯o-: греч. ἐμός, ἐμή, ἐμόν; авест. ma, *m., n.*, mā, *f.*; др.-инд. ma-dīya-ḥ — «мой»; к и.-е. *me-i̯o- восходит латин. meus (< *mei̯os), mea, meum; с суф. -īn-o: гот. meins; др.-в.-нем. mīn (> совр. нем. mein, *m.*). Лит. mãnas — «мой», mano — «мой», «моя», «мое» — вторичное образование от основы косвенных падежей личного мест. 1 л. Подробнее — Pokorny, I, 702; Fraenkel, 406, Walde—Hofmann³, II, 84 и др. См. **меня, мы**.

МО́ЛВИТЬ, мо́лвлю — «сказать», «проговорить что-л. *Сущ.* молвá — «слухи», «толки». *Вводн. сл.* мол. Ср. укр. мóвити (с вы-

МОЛ

павшим ў из л) — «говорить», «сказать», **мо́ва** — «язык», «речь»; блр. **прамо́віць, вы́мавіць** — «молвить», **мо́ва** — «речь»; болг. **мълвя́** — «говорю, приговариваю», **мълва́** — «слух», «молва»; чеш. mluviti — «говорить», «разговаривать», mluva — «речь»; (из украинского?) польск. mówić — «говорить», mowa — «речь» (объяснить ow можно как результат процесса ołw > ouw > ow; ср. ст.-польск. XIV—XV вв. mołwa, mołwić). Др.-рус. **мълвити** — «говорить» (Пов. вр. л. под 6420 г. и др.), также «шумно возмущаться» (о народе), «шуметь», «заботиться», **мълва** — «слух», «возмущение» (народное), «смута» (Срезневский, II, 200—201). Ст.-слав. млъвити, млъва. □ О.-с. *mъlva, *mъlviti. Слово одинокое. В других и.-е. языках (даже в балтийских) бесспорных соответствий не имеется. Сопоставляют с др.-инд. brávīti (где br-, м. б., из ml-) — «говорит» (на индийской почве корень bru-), что представляется правомерным, особенно при авест. mraoiti — «говорит», «скажет». Но происхождение этих слов не вполне ясно. Махек возводит к и.-е. *mleuə- (Machek, ES, 302). Это не объясняет о.-с. формы *mъlv-. Некоторые языковеды пытаются связать с греч. μέλος — «песня», «напев», «мелодия» [и.-е. корень *mel- — «связывать», «соединять» (Pokorny, I, 720)]. Тогда о.-с. *mъlva — из *ml̥-v-a, с -v-(a) суффиксальным (Meillet², II, 371).

МОЛЕ́БЕН, -бна, *м.* — «вид краткого богослужения, когда молятся о здравии, благополучии кого-л., о благоприятном завершении какого-л. дела». *Прил.* **моле́бный, -ая, -ое**. *Сущ.* (от основы *молеб-*) **моле́бствие**, отсюда **моле́бствовать**. Укр. **моле́бень**. В других слав. яз. отс. Др.-рус. (с XV в.) *мольбьнъ [«молбенъ пѣти» в Новг. I л. по Комис. сп. (XV в.) под 6929 г.; по Акад. сп. (XV в.): мольбенъ, по Толстов. сп. (XVIII в.): молебен (Насонов, 413)]. □ Субст. прил. мольбьнъ, мольбьный от мольба (см. *молить*, первоначально, м. б., определение к *канон* (*мольбьнъ канонъ*).

МОЛИ́ТЬ — «страстно, найстойчиво, горячо упрашивать кого-л.», «униженно просить». *Возвр. ф.* **моли́ться**. *Сущ.* **мольба́, моли́тва**. Укр. **моли́ти, моли́тися, моли́тва**; блр. **малі́ць, малі́цца, малі́тва**. Ср. болг. **мо́ля** — «прошу», «молю», **мо́ля се** — «молюсь»; с.-хорв. **мо̀лити (се), мо̀литва**; словен. moliti — «молиться», molitev; чеш. modliti se, modlitba; словац. modlit'sa, modlitba; польск. modlić — «молить», modlić się — «молиться», modlitwa; в.-луж. modlić so, modlitwa; н.-луж. modliś se. Др.-рус. (с XI в.) **молити, молитися** — «просить», «молиться», **молитва** — «просьба», «молитва» (Срезневский, II, 165, 167—168). Ст.-слав. молити (ся), молитва. □ О.-с. *modliti (sę). И.-е. база *meldh- — «излагать (возглашать) просьбу (адресуемую к божеству)». Ср. лит. melsti, 1 ед. meldžiù — «молить», «умолять»; сюда же maldýti — «успокаивать», «умолять», maldà — «молитва»; также др.-в.-нем. mëldōn — «сообщать», «называть», «доносить», «указывать» (совр. нем. melden — «объявлять», «сообщать»), mëlda — «донос»;

МОЛ

англосакс. meldían — «предавать», «доносить» (совр. англ. meld — «объявлять»); арм. malt'em — «прошу». Старшее знач. о.-с. корня могло бы быть «возвещать», «возглашать», «обращаться к божеству с возвещением». И.-е. корень, возможно, тот же, что в о.-с. *mъlv- (см. *молвить*), т. е. *mel- — «связывать», «соединять», а -dh- — расширитель. На праславянской почве произошла перестановка ld > dl.

МО́ЛНИЯ, -и, *ж.* — «разряд атмосферного электричества (в грозу) в виде ослепительного вспыхивающего огненного зигзага». Блр. **мала́нка**; болг. **мъ́лния**; с.-хорв. **му́ња**. В других современных слав. яз. отс. Ср. укр. **блі́скавка**; словен. blisk; чеш. blesk; польск. błyskawica, piorun. Др.-рус. (с XI в.) **мълния**, реже **мълънии, млънии** (Срезневский, II, 203). Ст.-сл. млънии. □ О.-с. *mъlnьji (< *mъlniji < *mъldniji). И.-е. база *meldh- (Pokorny, I, 722). Ср. латыш. milna (< *mildna) — «дубина» (< «молот бога-громовержца») др.-прус. mealde — «молния»; др.-исл. Mjǫlnir — «молот Тора, бога-громовержца»; кимр. (вал.) mellt — «молния».

МОЛОДО́Й, -а́я, -о́е — «находящийся в возрасте, более или менее близком к детству и отрочеству», «не достигший зрелого возраста», «недавно начавший жить, расти». *Кр. ф.* **мо́лод, молода́, мо́лодо**. *Сущ.* **мо́лодость, молодёжь**. *Прил.* **моложа́вый, -ая, -ое**. *Глаг.* **молоде́ть**. Укр. **молоди́й, -а́, -е́, мо́лодість** — «молодость», **мо́лодь** — «молодежь», **моложа́вий, -а, -е, молоді́ти**; блр. **малады́, -а́я, -о́е, маладо́сць** — «молодость», **мо́ладзь** — «молодежь», **маладжа́вы, -ая, -ае, маладзе́ць** — «молодеть»; болг. млад, -а, -о, мла́дост, -мла́деж, мла́дка, -и, -о, младе́я — «молодею»; с.-хорв. мла̑д, мла́да, мла́до: младӣ, -а̑, -о̑, мла̀дост, мла́деж, младо̀лик(ӣ), -а, -о, помла́дити се — «помолодеть»; словен. mlad, -a, -o, mladost, mladina — «молодежь», mladosten, -tna, -tno — «молодежный», чеш. mladý, -á, -é, mladost, mladež, mladistvý, -á, -é — «моложавый», mládnouti — «молодеть»; словац. mladý, -á, -é, mladost', mládež, mladistvý, -á, -é — «моложавый», mladit' sa, mladnút' — «молодеть»; польск. młody, -a, -e, młodość, młodzież (: młódź), młodnieć; в.-луж. młody, -a, -e, młodźina, młodność, młodowaty, -a, -e, młódnyć; н.-луж. młody, -a, -e, młodość, młoźina, młodny, -a, -e — «юный» др.-рус. **молодъ, молодый** (Поуч. Влад. Мон. и др.), **молодь** — «молодежь» (Срезневский, II, 169). Ст.-сл. младъ, младъin. □ О.-с. *moldъ, *moldъjь. И.-е. база *meld-(: *mold-) — «нежный», «кроткий» < «мягкий» (Pokorny, I, 718). Ср. др.-прус. maldai, *мн.* — «мальчики»; maldenikis — «дитя» (= ст.-сл. младеньць); др.-в.-нем. malz — «нежный», «мягкий», «вялый», «слабый» [также malz — «солод» (ср. совр. нем. Malz — «солод»); др.-исл. malt — «солод» (ср. дат., швед. malt — «солод»); латин. mollis (< *ml̥duis) — «мягкий», «нежный»; др.-инд. mr̥du- — «мягкий», «слабый».

МОЛО́ЗИВО, -а, *ср.* — «первое молоко, желтоватая густая, вязкая секреторная

МОЛ

жидкость, вырабатываемая молочными железами женщины и самок млекопитающих перед родами и в первые дни после них». Укр. молóзиво; блр. малóдзіва; с.-хорв. млѐза, млѐзиво, млȃз — «струя», «удой»; словен. mlezina, mlezivo; чеш. mlezivo; словац. mledzivo; польск. młodziwo. Но ср., напр., болг. колáстра — тж. (< нем. Kolostrum < латин. colostrum, colostra). Др.-рус. молозиво (Вопр. Кир.) [Срезневский, II, 170]. Ср. ст.-сл. млѣсти, 1 ед. млъзж — «сбивать молоко». ◦ О.-с. корень *melz- < и.-е. *mĕlg'- (: *molg'- : *m̥lg'-), в европейской части и.-е. языков выражавший знач. «доить». Ср. лит. mélžti, mìlžti — «доить», итератив málžyti; ср. также malžì (kárvė) — «удойливая (корова)»; др.-в.-нем. melchan (совр. нем. melken) — «доить» при (не совсем ясном в отношении -u-) miluh (совр. нем. Milch) — «молоко»; ср. гот. miluks; далее: латин. mulgeō (< *molg'eiō : *m̥lg'eiō) — «дою»; ирл. mlicht, blict (< *m̥lg-tis) — «молоко». На славянской почве образования от *melg'- иногда смешиваются с образованиями от *melk- (см. молоко). К *melg'- относится рус. диал. мблость (< *молознь) — нижегор. «непогодь»), «слякоть», «мокрая погода» (Даль, II, 938), хотя по знач. оно, очевидно, связано с гнездом *melk-, тем более, что, с другой стороны, и о.-с. *melko (> рус. молоко) иногда — по говорам — имеет знач., характерные для гнезда *mĕlg'-.

МОЛОКÓ, -á, ср. — «секреторная жидкость белого (или слегка желтоватого) цвета, вырабатываемая молочными железами женщин и самок млекопитающих, предназначенная для кормления младенца, детеныша». Прил. молóчный, -ая, -ое. Укр. молокó, молóчный, -а, -е; блр. малакó, малóчны, -ая, -ае; болг. млякó, млéчен, -чна, -чно; с.-хорв. млéко (mlijèko), млéчан, -чна, -чно; млéчни, -ā, -ō; словен. mleko, mlečen, -čna, -čno: mléčni, -a, -o; чеш. mléko, mléčný, -á, -é; словац. mlieko, mliečny, -a, -e; польск. mleko, mleczny, -a, -e; в.-луж. mloko, młóčny, -a, -e; н.-луж. mloko, mlocny, -a, -e. Др.-рус. молоко (Р. прав. по Синод. сп. и др.), несколько позже (с XV в.) молочный (Срезневский, II, 170). Ст.-сл. млѣко. ◦ О.-с. *melko. И.-е. база *melk- : *mělg- (с неустойчивым заднеязычным элементом). Старшее (на и.-е. почве) знач. — «влага», «влажность», «мокрота», «сырость» (Pokorny, I, 724). Ср. гот. milhma — «облако», «туча». В аблауте, с гласным о (*molk-: *molg-): рус. диал. (твер., пск.) моложи́ть (корень на русской почве *молог-), замола́живать — орл., тул., вост. «заволакиваться тучками», «клониться к ненастью» (Даль, I, 540, II, 929); арханг. «свежеть», «холоднеть», «подмораживать» (Подвысоцкий, 51); яросл. «пасмурнеть», «загнивать» (!) [Якушкин, 11; Голанов, Доп. 11]. Ср. пошех.-волод. замолодить, замолоди́ло — «заоболочало» (Копорский, 116) — видимо, плод народной этимологии. С к в корне ср. др.-рус. молоки́та — «какое-то (болотное?) растение» (Срезневский, II, 170). Также с.-хорв. млáка — «лужа», «болотистое место». Ср. лит. maĩkas — «глоток»; латыш. malks — тж. Рус. молозиво (см.) по корню восходит не к *melg-, а к *mĕlg'-, как и лит. mélžti, mìlžti, нем. melken и Milch и др.

МÓЛОТ, -а, м. — «тяжелый металлический брусок на рукоятке, насаженный под прямым углом, для ковки металла, дробления камней и т. п.». Сущ. молотóк: мблот, молотóк; блр. мóлат, малатóк; болг. диал. млат (обычно чук); с.-хорв. млȃт — «молот» (обычно мȃљ), а также «цеп», «стук»; словен. mlat — «цеп»; чеш. mlat — «молот» (чаще kladivo), также «ток», «гумно»; словац. mlat, mlatok; польск. młot, młotek; в.-луж. młót, młóćak. В памятниках др.-рус. письменности слово молот не зарегистрировано, молоток встр. с XVI в. (1551 г.) [Срезневский, Доп., 164]. Ст.-сл. млатъ. ◦ О.-с. *moltъ. И.-е. корень *mel- (: *mol-) — «дробить», суф. -t(ъ) [Pokorny, I, 716]. См. молоть.

МОЛÓТЬ, мелю́ — «дробить, мельчить, растирать зёрна, превращая их в муку, порошок». Возвр. ф. молóться. Укр. молоти́(ся), 1 ед. мелю́(ся); блр. малóць, 1 ед. мялю́, малóцца, 1 ед. мялю́сь. Ср. болг. мéля — «мелю»; с.-хорв. млѐти (mljèti), 1 ед. мѐљēм; словен. mleti; чеш. mlíti (se), 1 ед. melu (se); словац. mliet'; польск. mleć, 1 ед. mielę; в.-луж. mlĕć, 1 ед. mjelu; н.-луж. mlaś, 1 ед. mjelu, mjelom. Др.-рус. (с XI в.) молоти в Хр. Г. Ам. (Истрин, 258; Срезневский, II, 170). Ст.-сл. млѣти, 1 ед. мелѭ. ◦ О.-с. *melti, 1 ед. *meljǫ. И.-е. корень *mel- : *mol- : *melə-. Ср. лит. málti, 1 ед. malù — «молоть», miltai, мн. — «мука»; гот. malan — «молоть», также др.-в.-нем. malan (совр. нем. mahlen); латин. molō (< *melō) — «мелю»; греч. μύλη — «мельница»; др.-ирл. melim — «размалываю»; арм. malem — «толку», «дроблю»; др.-инд. mṛṇati — «размалывает». См. молот, моль.

МОЛЧÁТЬ, молчу́ — «безмолвствовать», «не говорить», «не издавать никаких звуков», «не нарушать тишину». Глаг. (от корня молк- с суф. -ну-) мóлкнуть (теперь, как правило, лишь с приставками: умóлкнуть, замóлкнуть и др.). Нареч. молчкóм. Прил. молчали́вый, -ая, -ое. Укр. мовчáти, мóвкнути, мовчóк, мóвчки — «молчком», мовчазни́й, -á, -é — «молчаливый»; блр. маўчáць, маўчóк, мóўчкі, маўклíвы, -ая, -ае; болг. мълчá — «молчу», мълкóм, мълчешкóм — «молчком», мълчали́в, -а, -о; с.-хорв. му́чати, 1 ед. му́чȋм (чаще ħу́тати), му́кнути — «замолкать»; словен. molčati (ср. zamukati); чеш. mlčeti (ср. umlkati), mlčky — «молчком», mlče(n)livý, -á, -é; польск. milczeć, milknąć, milczkiem — «молчком», milkliwy, -a, -e, milczącу, -a, -e; в.-луж. mjelčeć, mjelknyć, mjelčiwy, -a, -e; н.-луж. mjelcaś. Др.-рус. (с XI в.) мълчати, мълчаливый (Срезневский, II, 202, 203). Ст.-сл. мльчати. Глаг. молкнуть — более поздний. Встр. в произведениях Пушкина [«Евгений Онегин», гл. VII, 1830 г., строфа 11 (ПСС, VI, 143)]. В словарях — с 1834 г. (Соколов, I, 1423); молчком — с 1771 г. (РЦ, 312).

МОЛ

▫ О.-с. *mьlčati (< *milkēti), о.-с. корень *mьlk-. И.-е. база *melək- (: *mlk-): *mlāk- — «мягкий», «слабый», «вялый», «глухий». Отсюда могло развиться знач. «быть молчаливым», «молчать». Ср. от базы *mlāk- с.-хорв. прил. млак(и) човек — «вялый, равнодушный человек». Вообще же образования этой группы в неславянских и.-е. языках немногочисленны и спорны. Ср. лит. mùlkis (< *ml̥kios) — «простофиля», «дурак»; греч. μαλακός — «мягкий» (на ощупь), «нежный», «вялый», «безмятежный», «смирный», «рыхлый» (ср., однако, Frisk, II, 165—166); др.-ирл. mlén — «старший» (< «старый» < «расслабленный»), malc- — «гнить» в malcad — «гниль» [ср., однако, скептическое замечание Вандриеса (Vendryes, M-14, 56)].

МОЛЬ, -и, ж. — «мелкая (часто белая или серебристого цвета) бабочка, гусеница которой является вредителем шерстяных вещей, хлебных зерен и растений», Tinea granella (амбарная моль), Tinea pelionella (шубная моль), Tineola biselliella (платяная моль). Укр. міль, род. мо́лі; блр. моль, ж.; болг. моле́ц; с.-хорв. мо̀љац; словен. molj, м.; чеш. mol, м.; словац. mol', м., mol'a, ж.; польск. mól, м.; в.-луж. mól, м., mola, ж., н.-луж. mola. Др.-рус. (с XI в.) и ст.-сл. моль, м. — тж. (Срезневский, II, 170). ▫ О.-с. *moljь, м.: *molь, ж. Ср. гот. malō — «моль»; др.-исл. mǫlr (дат. møl, норв. møll; швед. mal) — тж. Сюда относят также др.-в.-нем. mil(i)wa (< *mel-wjō; ср. совр. нем. Milbe — «клещ»). И.-е. корень *mel- (: *mol- и пр.) — «молоть», «мельчить», «стирать в крупинки, в порошок». Т. о., моль — «насекомое, мельчащее, стирающее что-л. в муку». См. молоть, мелкий.

МОЛЬБЕ́РТ, -а, м. — «подставка (обычно треножная), на которой помещается подрамник с холстом для работы художника». Укр. мольбе́рт; блр. мальбе́рт. Из русского — болг. молбе́рт. В других слав. яз. отс. Ср. с.-хорв. (сликарски) ногари, мн.; чеш. stojan; польск. sztaluga. В русском языке в немецкой форме малбрет отм. еще Яновским (II, 1804 г., 649). В совр. форме в словарях — с 60-х гг. XIX в. (ПСИС 1861 г., 331), с ударением на первом слоге (мо́льберт) — у Даля (II, 1865 г., 939). ▫ Заимствовано из немецкого языка. Ср. нем. устар. Málbrett (из Brett — «доска» и malen — «писать красками», «рисовать», в общенем. «мольберт» — Staffelei). В других западноевропейских языках отс. (ср. в том же знач.: франц. chevalet; англ. easel; ит. cavaletto и пр.).

МОМЕ́НТ, -а, м. — «миг», «мгновение», «короткий промежуток времени». Прил. момента́льный, -ая, -ое. Укр. моме́нт, момента́льний, -а, -е; блр. мо́мант, мамента́льны, -ая, -ае; болг. моме́нт, момента́лен, -лна, -лно; с.-хорв. мо̀менат, мо̀ментāлан, -лна, -лно; чеш. momentální, -ā, -ō, momentānī, -ā, -ō; ср. чеш. moment (но чаще okamžik, chvilka), прил. momentní, momentální, momentánní, momentový, -á, -é; польск. moment, momentalny, -a, -e. В русском языке известно, по крайней мере, с Петровского времени. Ср. любимое выражение Петра I: «Сего моменту получили мы...» (ПбПВ, VIII, № 2572, 1708 г., 94, также 262, 318 и др.). Ср. в «Архиве» Куракина (IV, 424, 1711 г.): «грамота... прислана... и тоё того ж момента отдал...». Кроме того, Смирнов, 198. Позже — ИКИ, 125: «на один момент» («Подрятчик оперы», 1733 г.) и др. В словарях — с 1762 г. (Литхен, 327). Прил. момента́льный в словарях — с 60-х гг. XIX в. (Даль, II, 1865 г., 939). ▫ Восходит к франц. moment (прил. momentané, -e), м. б., при немецком посредстве (Moment). Ср. также англ. moment; ит. momento; исп. momento. Первоисточник — латин. mōmentum, от глаг. moveō — «двигаю») — «толчок», «бег», «период», «мгновение». Прил. момента́льный, с основой на -аль-н- (ср. пунктуа́льный и т. п.), сложилось, видимо, на русской почве.

МОНАСТЫ́РЬ, -я́, м. — «религиозная община монахов или монахинь, представляющая собою отдельную церковно-хозяйственную организацию». Прил. монасты́рский, -ая, -ое. Укр. монасти́р, монасти́рський, -а, -е; блр. манасты́р, манасты́рскі, -ая, -ае; болг. манасти́р, манасти́рски, -а, -о; с.-хорв. ма̀настир, ма̀настирски, -ā, -ō; ср. манастѝрлија — «человек, живущий в монастыре», «монах». В других слав. яз. отс. Ср. чеш. klášter; польск. klasztor; в.-луж. klóštor; н.-луж. kłoštaŕ (<нем. Kloster — «монастырь»). Др.-рус. в форме манастырь — с X в., в форме монастырь — с XII в., манастырьский — с XI в., монастырьский — с XIV в. (Срезневский, II, 109—110, 172). Слова монах, монахиня — более поздние. В словарях монах отм. с 1704 г. (Поликарпов, 173). Обычно в знач. «монах» в Древней Руси употр. мнихъ (Пов. вр. л. под 6496 г.), в знач. «монахиня» — мнишица или манастрия (Срезневский, II, 109, 159). ▫ Слово монастырь позднегреческое [μοναστήριον (: μονή)]. Старшее знач. — «жилище» > «келья отшельника» [от μόνος — «один», «одинокий» или μονάς — «одинокий», «покинутый» с суф. -τηρ-ι-(ον)]. Предполагаемое иногда германское посредничество для славянского заимствования не обязательно. Ср. также греч. μοναχός (позже и μοναχός) — «одиночный», «единичный», откуда «отшельник», в эпоху христианства — «инок», «монах». Из μοναχός > *μναχός — др.-рус. мнихъ. Из греческого — позднелатин. monasterium, откуда франц. monastère, известное с XIV в.

МОНЕ́ТА, -ы, ж. — «металлический денежный знак». Прил. моне́тный, -ая, -ое. Сущ. моне́тчик. Укр. моне́та, моне́тний, -а, -е, моне́тник; блр. мане́та, мане́тны, -ая, -ае, мане́тчык; болг. моне́та, моне́тен, -тна, -тно; с.-хорв. мо̀нета (чаще но̀вац); польск. moneta. Но чеш. mince (< нем. Münze) или peníz; словен. denar. В русском языке известно с Петровского времени (Смирнов, 199). В словарях монета, монетный — с 1731 г. (Вейсман, 425). ▫ В конечном счете, рус. моне́та восходит к латин. monēta — «монетный двор» > «монета» [первоначально — прич. прош. вр., эпитет богини Юноны

(Moneta), предупредившей римлян о землетрясении (ср. moneō — «предвещаю», «напоминаю»), в соседстве с храмом которой находился в Риме монетный двор]. Отсюда: ит. moneta; исп. moneda; франц. monnaie [ср. *портмоне* (см.)]; англ. money; нем. Münze и др.

МОНПАНСЬЕ́, нескл., *ср.* — «сорт фруктовых леденцов». Укр. монпансье́; блр. манпансье́. В других слав. яз. отс. Ср., напр., польск. landrynki. В русском языке известно с середины XIX в. (Михельсон, 1865 г., 414). ▫ Восходит к франц. собственному имени Montpensier (графство во Франции). Но во франц. отс. («монпансье» — berlingot). В других западноевропейских языках также отс.

МОПС, -а, *м.* — «небольшая комнатная тупомордая собака с большой круглой головой и короткой гладкой шерстью». *Уменьш.- ласк.* мо́псик. Укр., блр., болг. мопс; с.-хорв. mȍps; чеш., польск. mops. Встр. у Фонвизина (Петров, 198). В словарях — с 1793 г. (САР¹, IV, 251: *мопс, мопсик;* ср. РЦ 1771 г., 625: *мо́мпсик* — der Mops). ▫ Восходит к нем. (точнее, н.-нем.) Mops (< голл. mop, mops — «мопс» при moppig — «забавный», «смешной»). Корень германский, вызывавший представление о чем-то забавном, необычном. См. *моська.*

МОР, -а, *м., устар.* — «острая вспышка тяжелой повальной эпидемии», «массовая гибель людей (или животных) от какой-л. заразной болезни». *Прил.* моро́вой, -а́я, -бе. Сюда же мори́ть. Укр. мор (: помі́р, род. помо́ру), морови́й, -а́, -є́, мори́ти; блр. мор, марава́, -а́я, -бе, мары́ць; болг. мор, моря́ — «морю»; с.-хорв. mȏr, mòrija — «мор», «чума», mòra — «кошмар», mòriti — «морить»; словен. mòr и pomor — «мор»; чеш. mor, morový, -á, -é, mořiti; словац. mor — «мор», «чума», morový, -á, -é — «чумной»; польск. mór, morowy, -a, -e, morzyć; в.-луж. mór, morić. Др.-рус. (с XI в.) и ст.-сл. моръ, морити, моритися (Срезневский, II, 174, 175). Прил. *моровой* известно с самого начала XVII в. [письмо Ксении Годуновой (Соболевский «Лекции»⁴, 212)]. В словарях — с 1704 г. (Поликарпов, 173 об.: *мор, моровый*). ▫ О.-с. *morъ. Корень тот же, что в *мереть*, *умирать, мертвый* (см.), *смерть* (см.) и др. И.-е. корень *mer- (: *mor-) : *merə- (: *mr̥-). Ср. лит. mãras — «чума», marı́nti — «морить», «травить», «умерщвлять», mı̀rti — «умереть», «умирать»; латин. morior (<*mr̥-jōr) — «умираю»; др.-инд. marati — «умирает», «падает мертвым», каузатив mārayati — «убивать», «морит»; хинди mar'nā — «умирать», mār dāl'nā — «умерщвлять»; бенг. mora — «умирать»). Подробнее — Pokorny, I, 735 и сл.

МОРА́ЛЬ, -и, *ж.* — «система исторически сложившихся правил нравственного поведения, определяющих обязанности человека по отношению к обществу и к другим людям», «нравственность»; «нравоучение». *Прил.* мора́льный, -ая, -ое. *Сущ.* морали́ст. *Глаг.* морализи́ровать, морализова́ть. Укр. мора́ль, мора́льний, -а, -е, моралі́ст, мора-

лізува́ти; блр. мара́ль, мара́льны, -ая, -ае, маралі́ст, маралізава́ць; болг. мора́л, мора́лен, -лна, -лно, морали́ст, морализи́рам — «морализирую»; с.-хорв. mòrāl, mòrālan, -lna, -lno : mòrālnī, -ā, -ō, mòrālist(a), mòrālisati; чеш. morálka (: mravnost), *прил.* morální, moralista, *м.*, moralisovati; польск. moralny, -a, -e, отсюда moralność — «мораль», moralista, *м.*, moralizować. В русском языке слова этой группы начали появляться примерно с 3-й четверти XVIII в. Напр., в сатирическом журн. «Трутень» за 1770 г., л. VI, от 9-II: «досталось мне книг очень много... я ни одной не беру в руки... принявшись за одну, провоняла было сухою *моралью*» (Новиков, 201); в сочинениях и письмах Фонвизина: «я *моральною* жизнию парижских французов очень недоволен» [письмо к родным 1778 г. (СС, II, 444)]; «так называемые великие *моралисты*» [«Рассуждения о национальном любочестии», 1785 г. (ib., 307)]. В словарях эти слова отм. с 1804 г. (Яновский, II, 859—861). Позже появились глаг. *морализовать, морализировать* (Бурдон—Михельсон 1880 г., 528: *морализировать* — «улучшать нравственность»). ▫ Из западноевропейских языков. Ср. франц. (с XIII в.) moral, -e — «моральный», «нравственный» и субст. (с XVII в.) morale, f. — «мораль», (с XIV в.) moraliser, (с 1690 г.) moraliste. Здесь — из латинского языка: mōrālis, -e — «нравственный», позднелатин. moralitas — «нравственность» (> франц. moralité) от mōs, pl. mōrēs — «нрав», мн. «нравы», «характер», «образ жизни». Из латинского и французского — нем. Moral, moralisch, Moralist и в других языках.

МОРГ, -а, *м.* — «специально оборудованное с устойчивой низкой температурой помещение, где временно сохраняются почему-либо не захороненные или неопознанные трупы людей». Укр., блр., болг. морг; болг. мо́рга, *ж.* В других слав. яз. отс. Ср. в том же знач.: с.-хорв. mr̀tvačnica; чеш. márnice; польск. trupiarnia. В русском языке слово *морг* употр. с середины XIX в. В словарях иностранных слов оно отм. с 1859 г. (Углов, 127), немного позже — в ПСИС 1861 г., 335. Но, конечно, как слово французское оно было известно и раньше. Ср. о парижских впечатлениях: «— C'est la morgue... Я не понял, что это значит... Признаюсь... скорее вышел из morgue» («Сын отечества», ч. 42, 1817 г., 150—151). ▫ Позднее заимствование из французского языка. Ср. франц. morgue, *f.* — «морг» [сначала — «помещение в тюрьме, куда поступают арестованные»; еще более раннее, старшее знач. (в ст.-франц.) — «лицо», позже — «горделивая осанка»]. Развитие знач. (на французской почве) неясно (момент узнавания по чертам лица?). Происхождение франц. слова неизвестно.

МО́РДА, -ы, *ж.* — «передняя, вытянутая часть головы с носом и ртом (пастью) у животных», «рыло». *Прил.* морда́стый, -ая, -ое. *Сущ.* морда́шка, *прост.* морда́сы, *мн. Глаг. прост.* мордова́ть — «бить» [в гово-

МОР

рах — мордасить (Даль, II, 941)]. Укр. мо́рда, морда́тий, -а, -е, мордува́ти — «мучить», «истязать»; блр. мо́рда, мардава́ць — «изнурять», «мучить»; польск. morda, mordować — «мучить». В других слав. яз. отс. В словарях слово *морда* отм. с 1771 г. (РЦ, 314), *мордасы* — с 1852 г. («Опыт», 116), *мордовать* — с 1858 г. («Опыт» Доп., 116). Ср., однако, у Срезневского (II, 173—174) *мордка* (с XII в.) — «денежная единица», *мордати* — «кривляться», «гримасничать» (в Жит. Андр. Юр., сп. XV—XVI вв.). Ср. также прозвища *Мордыш* (1547 г.), *Мордас* (1452 г.) [Тупиков, 255—256]. ▫ Вопреки Преображенскому (I, 556), по-видимому, связано с латин. mordeō — «кусаю», «пожираю», «вцепляюсь», откуда нареч. mordicus — «кусая», «вцепившись зубами». Ср. латыш. mērdēt — «морить голодом»; греч. ἀμέρδω — «отнимаю», «похищаю», «лишаю», также ἀμερδνός — «старший», «ужасный», «грозный»; др.-инд. mardati, mr̥dnāti — «дробит», «сжимает», «уничтожает». И.-е. база *(s)mer-d- (Pokorny, I, 736, 970; Walde—Hofmann³, II, 111—112).

МО́РЕ, -я, *ср.* — «часть океана — большое водное пространство с горько-соленой водой». В говорах также «озеро» (Даль, II, 941). *Прил.* морско́й, -а́я, -о́е. *Сущ.* моря́к. Укр. мо́ре, морськи́й, -а́, -е́, моря́к; блр. мо́ра, марскі́, -а́я, -о́е, мара́к; болг. море́, мо́рски, -а, -о, моря́к; с.-хорв. мо̑ре, мо̑рски, -а, -о̑ («моряк» — mȍrnār); словен. morje, morski, -a, -o («моряк» — mornar); чеш. moře, mořský, -á, -é («моряк» — námořník); словац. more, morský, -á, -é; польск. morze, morski, -a, -ie («моряк» — marynarz < ит. marinaro); в.-и н.-луж. morjo, morski, -a, -e (н.-луж. morski, -a, -e). Др.-рус. (с XI в.) и ст.-сл. море, морьскый, морянинъ (Срезневский, II, 174, 176). Сущ. *моряк* — позднее, в словарях отм. с 1814 г. (САР², III, 860). ▫ О.-с. *morje, основа *morjo-. И.-е. основа *mor-i-. Ср. лит. māres, mārios, *pl.*, *sing.* устар. mārė — «море», «залив»; латыш. māre — «бухта»; др.-прус. mary (< mārē) — «залив»; гот. marei, *f.* — «море»; др.-в.-нем. marī, merī (совр. нем. Meer) [на другой ступени вокализма (ō): др.-в.-нем. muor — «болото» (совр. нем. Moor)], англосакс. mere (совр. англ. mere); латин. mare (с a вм. ожидаемого о — неясного происхождения) — «море»; ирл. (др. и совр.) muir (< *mori), род. mora: toro — тж. Выделение корня и определение его исходного знач. представляет известные трудности. Возможно, это *mer- : *merə- — «хватать», «тереть». Но, вообще говоря, здесь допустимы различные более или менее гадательные предположения (об этом отчасти см., напр., у Преображенского, I, 556). Об и.-е. группе *mor-i- см. Pokorny, I, 748.

МОРЖ, -а́, *м.* — «большое морское ластоногое млекопитающее с мясистой верхней усатой губой и длинными спускающимися с верхней челюсти клыками-бивнями», Odobaenus rosmarus. *Моржи́ха* — «самка моржа». *Прил.* моржо́вый, -ая, -ое. *Сущ.* моржа́тник. Укр. морж, моржиха, моржевий, -а, -е, моржа́тник; блр. морж, маржы́ха, маржо́вы, -ая, -ае, маржа́тнік; болг. (из русского) морж, мо́ржов, -а, -о. Ср. (из русского же) чеш. mrož, прил. mroží; польск. mors (или koń morski; ср. с.-хорв. конь морски). В русском языке слово *морж* и прил. *моржовый* известны с XVI—XVII вв. Р. Джемс (РАС, 1618—1619 гг., 18:24) отм. mors (морс : морз : морш : морж?) — «a sea horse» («морской конь»). В ТК МГ, 294: «4 зверя моржин» (Устюг Великий, 1679—1680 гг.). Прил. *моржовый* в словарях — с 1780 г. (Нордстет, I, 362). Но ср. уже в «Домострое» по Конш. сп., 53: «вожжи моржовые». В XVII в. это прил. обычно. Ср. в ТК МГ, III, 210: «гужи *моржовые*» (Устюг Великий, 1678—1679 гг.) и др. *Моржиха* и *моржатник* в словарях впервые — у Даля (II, 1865 г., 942). ▫ В русском языке, как полагают, — финское заимствование. Ср. карельск. muržu; фин. (с.) mursu < лапландск. (лопар.) mor'šâ : mur̥ššA = mor̥šA (SKES, II, 352). Представляет интерес франц. morse — «морж», известное (в форме mors) с XVI в. Оно заимствовано одновременно с рус. *морж* и, по-видимому, из того же источника. Из французского — англ. morse (произн. mɔ:s) при обычном walrus. Ср. нем. Walroß — «морж».

МОРКО́ВЬ, -и, *ж.* — «травянистое растение семейства зонтичных с продолговатым, сужающимся книзу сладким корнеплодом оранжево-красноватого цвета, широко возделывается как овощное и кормовое растение», Daucus carota. *Прил.* морко́вный, -ая, -ое. Укр. мо́рква, моркви́ний, -а, -е, морквяни́й, -а́, -е́; блр. мо́рква, маркоўны, -ая, -ае; болг. (из русского?) мо́рков, мо́рковен, -вна, -вно; с.-хорв. мр̏ква, мр̏квин, -а, -о; словен. mrkev [также koren(je)]; чеш. mrkev, mrkvový, -á, -é; польск. marchew, marchwiany, -a, -e; в.-луж. morchej; н.-луж. marchwel. В др.-рус. памятниках письменности до XVII в. не отм. Записано Р. Джемсом (РАС, 1618—1619 гг., 4:43): morkove — «a karret». ▫ О.-с. *mъrky, род. *mъrkъve. И.-е. корень *mr̥k- (?). Ср. др.-в.-нем. mor(a)ha (совр. нем. Mohrrübe, Möhre) — тж.; вероятно, греч. (у Гесихия) βράκανα — «зелень», «коренья», если br из mr (впрочем, слово вообще неясное в этимологическом отношении). Предполагать заимствование в славянских языках из германских (Pokorny, I, 750) серьезных оснований не имеется. В языках германской группы история этого слова в деталях неясна. О.-с. *mъrky не могло получиться из предполагаемой др.-герм. формы *morchōn-, и сама эта праформа весьма гипотетична. Из новой литературы по этому вопросу см. Kiparsky, GSL, 76.

МОРО́З, -а, *м.* — «стужа», «холод». *Прил.* моро́зный, -ая, -ое. *Глаг.* моро́зить(ся). Сюда же моро́женое. Укр. моро́з, моро́зний, -а, -е, моро́зити(ся), моро́жене (чаще моро́зиво); блр. маро́з, маро́зны, -ая, -ае, маро́зіць, маро́зіцца, маро́жанае; болг. мраз, мразови́т, -а, -о, измразя́вам — «морожу» («мороженое» — сладоле́д); с.-хорв. мра̑з, мра̑зан, -зна, -зно : мра́зни, -а̑, -о̑, мразови́т(и), -а,

МОР

-о («мороженое» — слѣдолед); словен. mraz («мороженое» — sladoled); чеш. mráz, mrazivý, -á, -é, vymrazovati («мороженое» — zmrzlina); словац. mráz, mrazivý, -á, -é, mrazit' («мороженое» — zmrzlina); польск. mróz, mroźny, -a, -e, mrozić («мороженое» — lody); в.-луж. mróz, mrózojty, -a, -e; н.-луж. mroz (ср. «мороженое» — zmarzlina). Др.-рус. **морозъ** (Новг. I л. по Синод. сп. под 6669 г. и др.), **морозити** (Новг. I л. по Синод. сп. под 6651 г.) [Срезневский, II, 174, 175]. Прил. *морозный*, видимо, позднее [в словарях — с 1780 г. (Нордстет, I, 362; там же *мороженое*)]. ▫ О.-с. *morzъ. И.-е. база *merg'- : *morg'- (Pokorny, I, 740). Ср. алб. mardhje — «озноб», mërdhij (mardhur) — «замерзать», «мерзнуть». См. *мерзнуть*.

МОРС, -а, м. — «сладкий прохладительный напиток, изготовляемый из ягодного или фруктового сока». Укр., блр. **морс**. В других слав. яз. отс. Ср. польск. sok owocowy; чеш. mošt или ovocná šťáva. В русском языке слово *морс* известно с XVI в. Встр. в «Домострое» по Кониш. сп.: «малиновый *морс*» (гл. 43), «и меды, и пива, и *морсы*» (гл. 63) [Орлов, 43, 61]. ▫ Происхождение этого слова неясно. Пожалуй, следует считать его заимствованным, но откуда? Допустимо считать праформой этого слова, например, нем. название клюквы Móosbeere, которое при заимствовании могло быть сокращено (в *мосr > *морс*) и использовано как название напитка из клюквенного сока. В XVI—XVII вв. получили широкое распространение и некоторые другие слова немецкого происхождения [*вандыш* — «снеток», *молек*» (Даль, I, 144), о котором см. Преображенский, I, 64 (о слове *морс* см. ib., 528)]. Если это слово попало в русский язык с юга, то, м. б., оно, подобно слову *брынза* (см.), заимствовано из румынского языка. Ср. рум. mursă — «морс», восходящее к латин. mulsa, mulsum, *n.* — «медовый напиток». Но пока всё это — область гаданий.

МОСТ, -á, м. — «сооружение для перехода, переезда через реку, овраг, железнодорожный путь и т. п.»; обл. «настил, помост из досок и бревен». Прил. **мостовóй, -áя, -óе**, отсюда **мостовáя**. Глаг. **мостúть(ся)**. Сюда же **помóст**. Укр. міст, род. **мостá** и **мóсту, мостовúй, -á, -é, мостúти(ся)**; блр. **мост, маставы́, -áя, -бе, масцíць**; болг. мост [«мостовая» — паваж (< франц. pavage), настилка]; с.-хорв. мôст, мóстовнй, -â, -ô — «мостовой» [но «мостовая» — калдрма (< турец. kıldırım)], мòстити — «сооружать мост» («мостить улицу» — калдрмисати); словен. most, mosten, -tna, -tno, mostiti («мостовая» — tlak); чеш. most, прил. mostní — «мостовой» («мостовая» — dlažba, «мостить улицу» — dlážditi); польск. most, mostowy, -a, -e, mościć (но чаще brukować, от bruk — «мостовая»); в.-луж. móst, mostowy, -a, -e (но «мостовая» — dłóžba), mostować; н.-луж. most («мостовая» — dłožba). Др.-рус. (с XI в.) **мостъ**, (с XV в.) **мостовый, мостити** (мост) (Пов. вр. л. под 6522 г.), (с XIV в.) **мостовьщина** (Срезневский, II, 176, 177). ▫ О.-с. *mostъ. Объясняют как

МОТ

образование или от и.-е. корня *met- [ср. (и см.) рус. *метать* — «бросать» и т. п.] или (что более вероятно) от и.-е. основы *mazd-, с суф. -t-, добавленным на славянской почве. Ср. др.-в.-нем. mast (совр. нем. Mast) «столб», «жердь», «шест», «мачта»; англосакс. mæst (англ. mast — «столб», «мачта»); латин. mālus (<*mādos<*mazdos) — «мачта», «бревно», «брус», «перекладина»; др.-ирл. mátan — «дубина», «палица» (из *mazd-o- с суф. -án-) [Vendryes, M-24] и др. Т. о., о.-с. *mostъ — из и.-е. *mazd-to-s. Старшее знач. — «сооружение из перекладин» или «постройка на сваях, на столбах».

МОСЬКА, -и, ж. — «маленькая собачка», «мопс». Укр. **мóська**; блр. **мóпсiк**. В других слав. яз. отс. В словарях отм. с 1801 г. (Гейм, II, 128: *моська*, см. *мопс*). Популяризировано Крыловым (см. басню «Слон и моська», 1808 г.). ▫ Очевидно, от *мопс*. Но пути превращения *мопс*, *мопсик* в *моська* неясны. М. б., имела место гибридизация: *мопсик* и *кутька* (ср. *кутёнок*) — «щенок» (вообще)?

МОТÁТЬ, мотáю — 1) «навивать, накручивать что-л. длинное на какой-л. стержень или свивать в клубок», «двигать чем-л. из стороны в сторону», «покачивать»; 2) «неразумно, бессмысленно тратить (деньги, ценности и т. п.)». Возвр. ф. (к *мотать* в 1 знач.) **мотáться**. Сюда же **мот**. Укр. **мотáти(ся)** [в знач. «тратить» также **марно тратити**]; блр. **матáць, матáцца** (но в знач. «тратить» — **мантáчыць, марнатрáвіць** < польск. marnotrawić); болг. **мотáя (се)** — «мотаю» (но в знач. «тратить» — прахóсвам, прахóсам и пр.); с.-хорв. мòтати (се) [в разных знач.]; словен. motati (se) — «мотать(ся)», «наматывать(ся)»; чеш. motati — «мотать», «наматывать», «навивать»; польск. motać — «мотать» (нитки); в.-луж. motać — «мотать» (нитки, пряжу), motać so — «шататься», «покачиваться» (не сюда ли относится и mót — «крестник»?); н.-луж. motaś. Ср. др.-рус. **мотовило, мотъкъ** (Срезневский, II, 178, Доп., 164). В словарях *мотать* (пряжу и т. п.) — с 1704 г. (Поликарпов, 174), *мотать* — «растрачивать», «тратить» — с 1731 г. (Вейсман, 689 : *промотати*, *расточити*; позже — Лихтен, 1762 г., 328 : *мотать* — prodiguer); *мот* — с 1731 г. (Вейсман, 689). ▫ О.-с. *motati. И.-е. база *met-(:*mot-) [Pokorny, I, 703]. Назализованный вариант: *ment- (:*mont-). Корень, по-видимому, тот же, что в *мера* (см.), *мерить*, но с расширителем -t-. Старшее знач. о.-с. *motati, возможно, было «развивать или свивать с целью измерения, обмера чего-л.» Ср. (особенно в фонетическом отношении) лит. mãtas — «мера», «мерка», matúoti — «мерить», «обмерять». См. также *мутить*. Вокализм *е* без назализации представлен в рус. *сметана*.

МОТИ́В, -а, м. — 1) «одна из составных частей *мелодии* (см.): простейшая ритмическая единица её»; «мелодия», «напев»; 2) «простейшая составная часть сюжета», «тема в произведениях искусства»; 3) «повод, побудительная причина какого-л. действия». *Глаг.* **мотиви́ровать**, отсюда **мотивиро́вка**. Укр. **моти́в, мотивува́ти, мотивиро́вка**; блр. **маты́ў, матывава́ць, матывіро́ўка**; болг. **моти́в, мотиви́рам** — «мотивирую», **мотивиро́вка, мотиви́ране**; с.-хорв. **мо̏тив, мо̏тивисати**; чеш. **motiv, motivovati**; польск. **motyw, motywować**. В русском языке слово *мотив* в словарях отм. с 1804 г. (Яновский, II, 867). Позже появился глаг. Ср. в ПСИС 1861 г., 337: *мотивировать*. □ Слово французское: (с XIV в.) motif, *т.* [по происхождению — субст. прил. (ст.-франц. motif «приводящий в движение» из позднелатин. motivus — «подвижный», «приводящий в движение», от глаг. moveō, mōvi, mōtum, movēre — «приводить в движение», «колебать»)]. Ср. также франц. (с 1721 г.) motiver — «мотивировать». Из французского: нем. Motiv, *n.*; англ. motive и др.

МОТО́Р, -а, *м.* — «двигатель (электрический или внутреннего сгорания)». *Прил.* **мото́рный**, -ая, -ое — «относящийся к мотору» и «двигательный» (о психофизиологических процессах). *Глаг.* **моторизова́ть, моторизи́ровать**. Сюда же **мотори́ст**. Укр. **мото́р, мото́рний**, -а, -е, **моторизува́ти, мотори́ст**; блр. **мато́р, мато́рны**, -ая, -ае, **матарызава́ць, матары́ст**; болг. **мото́р, мото́рен**, -рна, -рно, **моторизи́рам** — «моторизирую», **мотори́ст**; с.-хорв. **мо̏тор, мо̏торни**, -а̑, -о̑, **моторизовати**; чеш. **motor, motorový**, -á, -é (но **motorický**, -á, -é — физиол. «двигательный»), **motorisovati, motorista**, *м.*; польск. **motor, motorowy**, -a, -e, но **motoryczny** — физиол. «двигательный», **motoryzować**. В русском языке *мотор* и произв. известны с 60-х гг. XIX в. □ Из западноевропейских языков. Ср. франц. moteur (как термин механики — с XIX в.), motoriser — «моторизовать». Из старофранцузского: англ. motor. Ср. также нем. Mótór, motorisieren, Motorist. Первоисточник — латин. mōtor — «сила, приводящая в движение», «двигатель» (от mōtus, прич. прош. вр. от moveō — «двигаю», «привожу в движение».

МОТЫ́ГА, -и, *ж.* — «одно из древнейших ручных орудий рыхления и иной обработки земли, в современном его виде представляющее собою небольшую металлическую лопатку, насаженную перпендикулярно на конец палки»; «кирка». *Устар.* **моты́ка**. Иначе **тя́пка**. *Прил.* **моты́жный**, -ая, -ое. *Глаг.* **моты́жить**. Укр. **моти́ка** (также **са́па**), **моти́чний**, -а, -е; блр. **маты́ка, маты́чны**, -ая, -ае, **маты́чыць**; болг. **моти́ка**; с.-хорв. **мо̏тика**; словен. **motika**; чеш. (и словац.) **motyka**; польск. **motyka, motyczyć**; в.-луж. **moteka**; н.-луж. **motyja**. Др.-рус. **мотыка** (как правило, с к) [Срезневский, II, 178]. Ст.-сл. **мотꙑка**. □ О.-с. *motyka; суф. -yk-a (тот же, что в ст.-сл. **владꙑка**). И.-е. корень *mat- (Pokorny, I, 700). О.-с. слово не заимствовано (как иногда полагают) из нар.-латин. *matteūsa, от *matea — «дубина» (именно такого происхождения англ. mattock — «мотыга»), а является р о д с т в е н н ы м образованием. В латинском от этого *matea существовало еще слово mateola (: matteola) — «род молота» или «орудие для вбивания в землю». Родственным (к о.-с. *motyka) образованием по корню является также др.-инд. matyá-m, *n.* — «борона» (или какое-то другое орудие для обработки земли). См. Walde — Hofmann[3], II, 49.

МОХ, мха и мо́ха, *м.* — «род по большей части стелющегося сплошным пластом спорового растения без корней и цветков, растущего на земле, деревьях, камнях, в сырых местах», Muscus. *Прил.* **мохово́й**, -а́я, -о́е, **мши́стый**, -ая, -ое. *Глаг.* **мши́ть(ся)**. Укр. **мох, мохови́й**, -а́, -е́, **мохови́тий**, -а, -е, **мши́ти(ся)**; блр. **мох** (род. **мо́ху** и **імху́**), **мо́хавы**, -ая, -ае, **імши́сты**, -ая, -ае; болг. **мъх** (ср. **мъ́хъл** — «плесень»), **мъ́хав**, -а, -о, **мъхови́т**, -а, -о; с.-хорв. обл. **ма̑х** — «плесень» («мох») — **ма̏ховина**), **ма̏ховинаст(и̑)**, -а, -о — «мшистый»; словен. **mah, mahast**, -a, -o — «мшистый»; чеш. **mech, mechový**, -á, -é — «моховой», **mechovitý**, -á, -é — «мшистый»; словац. **mach, machový**, -á, -é — «мшистый», **machovitý**, -á, -é — «покрытый мхом»; польск. **mech, mszysty**, -a, -e, **mszyć**; н.-луж. **mech**. Др.-рус. (с XII в.) **мъхъ** (Срезневский, II, 213). Прил. и глаг. поздние: *мшистый* в словарях — с 1704 г. (Поликарпов, 176), *моховой* — с 1793 г. (САР[1], IV, 277: *моховы́й* — «обросший мхом»), *мшить* — с 1762 г. (Литхен, 329). □ О.-с. *mъchъ. И.-е. корень *meu-: *mŭ-: *meu̯ə- — «сырой», «влажный», тот же, что в о.-с. *myti [> рус. *мыть* (см.)]; база *meus- (Pokorny, I, 742). Т. о., о.-с. *mъchъ из *musos. Старшее знач., вероятно, было «плесень». Ср. лит. mūsaĩ, *pl.*, *т.* — «плесень», mūsóti — «плесневеть»; др.-в.-нем. mos (совр. нем. Moos) — «мох», «болото», «топь». Сюда же с добавлением заднеязычного форманта относится латин. muscus — «мох» и, по всей вероятности, рус. диал. **мо́згнуть, мо́зглый, мзга** (где з из с перед звонким согласным, а -г-а — суф.) [Даль, II, 934—935, 921]. См. *мозгля́к, можжеве́льник*.

МОХНА́ТЫЙ, -ая, -ое — «густо заросший обильной, особенно м я г к о й шерстью, волосами», «косматый». *Сущ.* **мохна́тость**. В говорах ср.: колым. **мохна́шка** — «шерстинка», «мохнатый лоскуток», также и vulva (Богораз, 83); смол. **мохны́тка** — «недогорелое полено», «головешка» (Даль, II, 947). Укр. **мохна́тий**, -а, -е (: **волоха́тий**, -а, -е), **мохна́тість**. По-видимому, из русского языка — болг. **мъхна́т**, -а, -о. В других слав. яз. отс. В русском языке прил. *мохнатый* по словарям отмечено с XVII—начала XVIII в. (Поликарпов, 1704 г. — 174). □ Произв. с суф. -*ат(ый)* от диал. **мохна́** — «пучок шерсти, перьев», «кисть», «клок» (Даль, уп.). Ср. диал. **мо́хны** — «опушка на ногах птиц и других животных» (Даль, уп.). Слово *мохна* в свою очередь — произв. (с суф. -*н*-) от о.-с. *mъchъ > рус. *мох* (см.). См. также *махры*.

МОЦИО́Н, -а, *м.* — «пребывание с лечебной целью на свежем воздухе в движении». Укр. **моціо́н**; блр. **мацыён**. В других слав. яз. отс. Ср. в том же знач.: болг. **разхо́дка**; с.-хорв. **ше̏тња, кре́та̄ње**; чеш. **procházka, pohyb**; польск. **przechadzka**. Известно в русском языке с 60-х гг. XVIII в. (встр. в «Письмах» Румянцевой, напр., в письме от 25-VI-1767 г., 81: «надобно и *моцион*, всякой день — выход»). В словарях — с начала XIX в. (Яновский, II, 1804 г., 868). ▫ Восходит к нем. Motión, *f.* — «моцион» (в других западноевропейских языках — редкое), а оно — к латин. mōtiō — «движение» (от moveō — «привожу в движение», «встряхиваю»).

МОЧЬ, могу́ — «быть в состоянии или в силах, иметь возможность что-л. делать». Сюда же **могу́чий**, -ая, -ее, **мощь**, *разг.* **мочь**, *ж*. Укр. могти́, 1 ед. мо́жу, могу́чий, -а, -е (но чаще могу́тній, -я, -є), міць, род. мо́ці; блр. магчы́, 1 ед. магу́, магу́тны, -ая, -ае; болг. мо́га — «могу», моге́щ, -а, -о, мощ; с.-хорв. мо̀ћи, 1 ед. мо̀гу, мо̀гу̑ђ, могу̀ђа, могу̀ђе : мо̀гу̑ђӣ, -а̑, -е̑, мо̑ћ; словен. moči, mogoč, -a, -e, moč; чеш. moci, 1 ед. mohu, mohutný, -á, -é, moc; словац. môct', mohutný, -á, -é, moc; польск. móc, 1 ед. mogę, możny, -a, -e — «могучий» (также mocny, -a, -e), moc; в.-луж. móc, 1 ед. mohu : móžu, móžny, -a, -e, móžity, -a, -e, móc, *f*; н.-луж. moc, 1 ед. mogu (možom), možny, -a, -e, moc, *f*. Др.-рус. мочи, 1 ед. могу (Дан. иг. XII в. и др.), чаще (в книжном языке) мощи, могу, мочь — «мощь», «сила» (Новг. 1 л. под 6732 г.), чаще мощь (Срезневский, II, 180, 181, 183). Ст.-сл. мощи, 1 ед. могѫ, мощь. Слово *могучий* отм. (как прил.) в CAP¹, IV, 1793 г., 204. ▫ О.-с. *mogti (>*moťi?), 1 ед. н. вр. *mogǫ. И.-е. база *māgh- — «быть в состоянии», «быть в силе», «помогать»; основа сущ. *magh-t-i- (Pokorny, I, 635). Ср. гот. magan — «быть в состоянии», mahts — «мощь»; др.-в.-нем. magan (совр. нем. mögen) — «хотеть», «мочь», maht (совр. нем. Macht) — «мощь», «сила»; греч. μῆχος (дор. μᾶχος) — «средство, способ помочь»; др.-ирл. macdacht — «отроческий возраст», «девушка», mug, род. moga — «мальчик», «слуга» (Vendryes, M-3, 70); др.-перс. magus (> греч. μάγος) — «волшебник», «маг»; др.-инд. maghá-ḥ — «вознаграждение», «дар», также «богатство», «могущество»; ср. Maghávan, *m*. — эпитет бога Индры, «могущественный» (или «щедрый»).

МОШЕ́ННИК, -а, *м*. — «нечестный человек», «жулик», «плут», «обманщик». Женск. **моше́нница**. *Прил.* **моше́ннический**, -ая, -ое. *Глаг.* **моше́нничать**. Из русского — болг. **моше́ник**, **моше́нически**, -а, -о. В других слав. яз. отс. Ср. в том же знач.: укр. **шахра́й**; блр. **махля́р**, **круце́ль**; чеш. podvodník, lump, darebák; польск. oszust, szalbierz. Слово *мошенник* известно в русском языке с XVI в., причем сначала, по-видимому, в знач. «ремесленник, производящий м о ш н ы, сумки, кошельки» [«Кн. писц. Новг. Вел. 1583—1584 гг.»: «Место пусто тяглое Михалковское *мошенника*: и Михалко умер в 75 году» (В. В. Майков, 112)]. Но вскоре (м. б. на первых порах в профессиональной речи ремесленников) оно получило и знач. «карманный вор», «плут». Ср. в «Судебнике» 1550 г., ст. 58: «А *мошеннику* та ж казнь, что и татю» (Судебники XV—XVI вв., 159). ▫ Происходит от *мошна* (<*мошьна*) — «сума» (см. это слово).

МОШНА́, -ы́, *ж*., *устар.* — «сума», «мешок», «кошель», «карман» (теперь гл. обр. во фразеологическом употр.: *набить мошну, тряхнуть мошной* и т. п.). *Сущ*. **мошо́нка** — *устар., уменьш. к мошна*; *анат.* «кожно-мышечный мешочек, содержащий мужские половые железы (яички)», scrotum. Укр. **мошо́нка**, анат. (обл. «кошелек»); блр. **машо́нка**, анат. (разг. «кожаный кисет»). Ср. с.-хорв. мо̀шња — «мешок», «сумка», мо̀шница — анат. «мошонка»; словен. mošnja — «кошелек» и анат. «мошонка»; чеш. mošna — «сума»; польск. moszna — устар. «мошна», «кошелек», moszenka — анат. «мошонка»; в.-луж. mošnja — «сумка», «кошелек»; н.-луж. mošyna — тж. Слова эти в славянских языках, особенно mošna : mošn'a, по большей части, являются устаревшими. Знач. «сума», «сумка», «кошелек» выражаются другими словами: укр. кали́тка; болг. кеси́я; чеш. měšec и т. д. Др.-рус. **мошьна** — «сума» (Срезневский, II, 180, со ссылкой на Галиц. ев. 1144 г.). ▫ О.-с. *mošьna. С давнего времени (Miklosich, EW, 203) сопоставляют с лит. makšnà — «кошелек (для денег)», makštìs — «футляр», «ножны», «кобура», связанные с mākas — «кошелек», «сумка»; латыш. maks — «кошелек». И.-е. корень *mak- (Pokorny, I, 698). Суф. (на о.-с. почве) -s(o)-, как в *vol-s (> рус. *волос*) и т. п., основа *moch- из *mok-s-. За пределами балто-славянской группы явных соответствий, пожалуй, не имеется. См. Fraenkel, 399.

МО́ЩИ, -ей, *мн.* — «высохшие останки человека, почитаемого церковью святым»; *перен.* «об очень худом, изможденном человеке». Укр. мо́щі; блр. мо́шчы; болг. мо́щи (произн. мо́шти); с.-хорв. мо̀ћи, мо̀шти; словен. moči (: relikvije). В зап.-слав. яз. отс. Ср., напр., польск. relikwie. Др.-рус. книжн. (с XI в.) мощи, *мн.* и мощь (Срезневский, II, 180—181, 183). Ст.-сл. мощи. ▫ В русском языке — из старославянского. То же слово, что и *мощь* — «сила», «могущество» (см. *мочь*). Как специализированный в церковном употр. термин с течением времени это слово стало возможно только во мн. ч. Т. о., *мощи* сначала значило «силы», потом «сверхъестественные силы», далее — «неистлевший труп (или часть его), способный творить чудеса».

МРАК, -а, *м*. — «полная темнота», «отсутствие света». В говорах также **моро́ка**, сиб. **мо́рок** (Даль, II, 943). *Прил.* **мра́чный**, -ая, -ое. *Глаг.* (только с приставками) **омрача́ть, омрачи́ть** и др. Сюда же **моро́чить**. Укр. мо́рок (чаще те́мрява), но мракобі́с, диал. моро́ка; блр. змрок, мо́рак, ср. у Носовича (290): мо̂ро́ка — «помрачение». Ср. болг. мрак, мра́чен, -чна, -чно; с.-хорв. мра̑к, мра́чан, -чна, -чно : мра́чнӣ, -а̑, -о̑, мра́чити; словен. mrak, mračen, -čna, -čno, mračiti; польск. mrok, mroczny, -a, -e. Чеш. mrak — «туча», «облако», mračný, -á, -é — «покрытый тучами», «пасмурный», mgačiti se — «хмуриться» («мрак» — tma); с теми же знач.: в.-луж. mrok, mróčny, -a, -e; н.-луж. mrok, mrocny, -a, -e. Др.-рус. книжн. (с XI в.) и ст.-сл. мракъ, мрачьный [Срезневский, II, 184; ср. там же (175) морочьный (Лавр. л. под 6694 г.)]. ▫ О.-с. *morkъ. Основа та же, что в рус. *меркнуть* (см.), *мерцать*. И.-е. корень *mer- (: *mor- : *merə-), расширенный посредством -k-. Ср. лит. mérkti — «жмурить (глаза)»; гот. maúrgins — «утро» (< «раннее утро»?); др.-в.-нем. morgan (совр. нем. Morgen); англосакс. morgen [совр. англ. morning — «утро» (-ing под влиянием evening — «вечер»)].

МРА́МОР, -а, *м.* — «твердый камень известковой породы разного цвета, часто пестрый, легко поддающийся шлифовке и поэтому широко используемый в архитектуре и ваянии». *Прил.* мра́морный, -ая, -ое. Укр. ма́рмур, мармуро́вий, -а, -е; блр. ма́рмур, мармуро́вы, -ая, -ае; болг. мра́мор, мра́морен, -рна, -рно; с.-хорв. мра̏мор, мра̏моран, -рна, -рно : мра̀мо̄рнӣ, -а̄, -о̄; словен. marmor, marmoren, -rna, -rno; чеш. mramor, mramorový, -á, -é; польск. marmur, marmurowy, -a, -e. Др.-рус. (с XII—XIII вв.) мраморъ, прил. мраморяный (Пов. вр. л. под 6586 г.), мраморный (Сказ. св. Соф. по Копенг. сп. XVII в.) [Срезневский, II, 184, Доп., 164]. В некоторых др.-рус. памятниках также мороморъ, мороморяный (XI в.) [Срезневский, II, 175]. Форма мармар (о которой см. Фасмер, ГСЭ, III, 129) — собств. греческая форма этого слова. Ст.-сл. мраморъ. ▫ Слово заимствовано (в историческое время) из греческого языка. Ср. греч. прил. μάρμαρος, что, возможно, значило «блестящий», «сверкающий» [к глаг. μαρμαίρω (< *μαρμαριω) «блистаю», «сверкаю»; иначе — Фриск (Frisk, II, 177), который связывает μάρμαρος с глаг. μάρναμαι — «борюсь», «делаю усилия» (> «обрабатываю»)], а также (как сущ.) «блестящий или белый камень» > «мрамор». Из греческого языка — латин. marmor. Отсюда ит. marmo; франц. marbre; нем. Marmor и др.

МУ́ДРЫЙ, -ая, -ое — «разумный в высшей степени», «обладающий глубоким, проницательным умом, большими знаниями и жизненным опытом». *Сущ.* му́дрость, мудре́ц. *Глаг.* мудри́ть, му́дрствовать. Укр. му́дрий, -а, -е, му́дрість, мудре́ць, мудрува́ти; блр. му́дры, -ая, -ае, му́драсць, мудра́ц, мудрава́ць; болг. мъ́дър, -дра, -дро, мъ́дрост, мъ́дрец, мъ́друвам, мъ́дря се; с.-хорв. му̏дар, -дра, -дро : му̏дрӣ, -а̄, -о̄, му̏дро̄ст, му̏драц, му̏драти, мудро̀вати; словен. moder, -dra, -dro, modrost, modrec, modrovati; чеш. moudrý, -á, -é, moudrost, mudrc, mudrovati; словац. múdry, -a, -e, múdrosť, mudrc, múdrieť' — «становиться умным», mudriť' sa — «мудрствовать»; польск. mądry, -a, -e, mądrość, mędrzec, mędrkować — «мудрить», «мудрствовать»; в.-луж. mudry, -a, -e, mudrosć, mudruch, mudrowc — «мудрец»; н.-луж. mudry, -a, -e, mudrosć, mudrowc — «мудрец». Др.-рус. (с XI в.) мудрый, мудрость, мудрити, мудровати (Срезневский, II, 186, 187), мудрьствовать (КСДР — XI в.), мудрьць (КСДР—XIII в.). Ст.-сл. мѫдръ, мѫдрꙑи, мѫдрость (Супр. р. — Meyer, 126—127), мѫдрьствовати (SJS, II:18, 267). ▫ О.-с. *mǫdrъ, -a, -o, *mǫdrъjь, -aja, -oje. И.-е. база *mendh-(: mondh-), основа *mondh-r-o- (Pokorny, I, 730). Ср. лит. mañdras, mandrùs — «бодрый», «деятельный», «проворный», «умный», «гордый»; латыш. modrs, muodrs — «бойкий», «прыткий», «бодрый»; др.-в.-нем. muntar (совр. нем. munter) — «усердный», «ревностный»; ср. гот. mundōn — «всматриваться»; греч. μανθάνω — «учусь», «изучаю», «узнаю»; возможно, сюда же отн. μοῦσα — «муза», если оно из *μονθια; алб. mund — «мочь», «быть в состоянии», «преодолевать», «побеждать»; м. б., также др.-инд. médhā, *f.* — «мудрость». Судя по этим данным, исходное знач. было «быть бодрым, деятельным», «проявлять любознательность».

МУЖ, -а, *м.* — «супруг»; устар. «мужчина в зрелом возрасте». *Прил.* му́жний, -яя, -ее, мужской, -а́я, -о́е. *Сущ.* му́жество. *Глаг.* мужа́ть, мужа́ться. Укр. муж (но в знач. «супруг» обычно чоловік, дружи́на), му́жність — «мужество», мужни́ти — «мужать», мужа́ти(ся) — «мужать(ся)»; блр. муж — только «супруг» («мужчина» — мужчы́на, отсюда мужчы́нскі, -ая, -ое — «мужской»), му́жаў, -ва, -ва — «мужний», му́жнасць — «мужество»; болг. мъж, мъ́жки, -а, -о — «мужской», мъ́жов, -а, -о — «мужнин», мъжество́, възмъжа́вам — «мужаю»; с.-хорв. му̑ж, му̏шкӣ, -а̄, -о̄ — «мужской», мужа̀нство — «мужество»; словен. mož, moški, -a, -o, moškost — «мужество»; чеш. muž (но в знач. «супруг» чаще manžel), mužský, -é — «мужской», субст. «мужчина», mužný, -á, -é — «мужественный», mužnost, zmužilost — «мужество», mužněti — «мужать», vzmužovati se — «мужаться»; словац. muž — «мужчина», mužský, -á, -é — «мужской», субст. «мужчина», mužný, -á, -é — «мужественный»; польск. mąż, męski, -a, -ie, męstwo — «мужество», mężnieć — «мужать»; в.-луж. muž, mužacy, -a, -e — «мужской», mužnosć — «мужество»; н.-луж. muž, muski, -a, -e. Др.-рус. (с XI в.) мужь — «человек», «мужчина», «именитый человек», «супруг», мужьский, мужьство, мужати — «укреплять», мужатися (Срезневский, II, 188—193). Ст.-сл. мѫжь, мѫжати сѧ, мѫжьство (Синайск. псалт. — Северьянов, 282), мѫжьскъ (Супр. р. — Meyer, 127). ▫ О.-с. *mǫžь (< *mon-g-j-o-s). И.-е. корень *man-: *mon- с основой на -u- (*man-u-: *mon-u-) [Pokorny, I, 700]. На о.-с. почве этот корень получил оформление с помощью суф. g-j-o-. Суф. -g-, м. б., сначала был принадлежностью лишь форм ед. ч. Ср. лит. žmogùs — «человек» при žmonà — «жена», žmónės — «люди» (ср. Meillet[2], II, 354). Без -g-j-o- ср. гот. manna — «человек»; также др.-в.-нем. manna (совр. нем. Mann); др.-исл. maðr (< mannr; совр. исл. maður); др.-англ. mann(a) (англ. man) и др.; др.-инд. mánu-ḥ : manuṣya-ḥ — «человек» (хинди ма̄нав, мануш́ӣ; бенг. мануш, маноn).

МУЗЕ́Й, -я, *м.* — «учреждение, занимающееся собиранием, хранением и показом памятников истории, искусства, предметов научного значения и т. п.». *Прил.* музе́йный, -ая, -ое. Укр. музе́й, музе́йний, -а, -е; блр. музе́й, музе́йны, -ая, -ае; болг. музе́й, музе́ен, -йна, -йно; с.-хорв. му̀зеj, му̀зе̄jскӣ, -ā, -ō; чеш. museum, musejní; польск. muzeum, muzealny, -a, -e. В русском языке слово *музей* известно с 20-х гг. XVIII в. Ср., напр., в «Отчете библиотекаря Шумахера» о заграничной командировке 1721—1722 гг., опубликованном Пекарским (I): «господина синдика... *музеум*» (547), но «в *музее*» (534), «в посещении *музеев*» (546); с другой стороны: «*музеа* ученых людей» (534). Как видно из примеров, это слово употр. тогда в более широком смысле, чем ныне («научное общество с музеем при нем»?). В словарях отм. с 1804 г. (Яновский, II, 869: *музей*, *музеум*). Прил. *музейный* — с 1865 г. (Даль, II, 952). ▫ Из западноевропейских языков. Возможно, из французского. Ср. франц. musée, *т.* Во французском известна и форма muséum. Ср. также нем. Museum, *п.*; англ. museum; голл. museum; ит. museo и др. Первоисточник греч. μουσεῖον, *п.* — «святилище (храм) муз» > латин. mūsēum, *п.* — «место, посвященное музам» > «место ученых занятий».

МУ́ЗЫКА, -и, *ж.* — «искусство, изображающее действительность (настроения, переживания, чувства, идеи) ритмически и интонационно организованными звуками». *Устар.* музы́ка. *Прил.* музыка́льный, -ая, -ое. Сюда же музыка́нт. Укр. му́зика, музика́льний, -а, -е (чаще музи́чний), музика́нт; блр. му́зыка, музы́чны, -ая, -ае, музыка́нт; болг. му́зика, музика́лен, -лна, -лно, музика́нт; с.-хорв. му̀зика, му̀зика̄лан, -лна, -лно; му̀зика̄лнӣ, -ā, -ō, музи́кант; польск. muzyka, muzykalny, -a, -e, muzykant. Но словен. glasba — «музыка»; чеш. hudba. В русском языке слово *музыка* известно с XVII в. Ср. уже в «Путешествии» П. А. Толстого (1697—1699 гг.): *музыка* (Венеция, 546), но «*мусикийские* инструменты» (Неаполь, 49). Слово *музыкант*, по всей видимости, появилось у нас еще до 90-х гг. XVII в. В ПДСР (IV, 973) оно встр. с 1668 г. (Fogarasi, 66). Наряду с ним некоторое время употр. также *музик*, *музык* с неустойчивым знач.: не только «музыкант», но и «певчий», и «музыкальный инструмент» [ср. у Копиевского («Вокабулы», 1718 г., 91): *музык* — «певчий»; в «Архиве» Куракина (III, 367, 1707 г.): «славных вспевак (?) и дам и *музик* собрано»; в «Повести о рос. матросе Василии»: «играюче в разные игры и *музыки*» (Моисеева, 194) и др.]. Позже — Гюйгенс, 1724 г.: *музыка* (136, 137), «*музыкальный* глас» (136), *музыканты* (140, 158). ▫ Ср. франц. musique, *f.*; нем. Musík, *f.*; англ. music; голл. muziek; ит. música, исп. musica. Первоисточник — греч. μουσική (подразум. τέχνη или ἐπιστήμη) — собств. «искусство муз» > «музыка», «духовная культура»; из греческого — латин. mūsica. В русском

языке *музыка* (с *з*) — из западноевропейских языков, причем с ударением на ы, м. б. из французского или немецкого, а с ударением на первом слоге — из итальянского. Представляют интерес отмеченные Срезневским (II, 196, до него — Востоковым) в «Апокалипсисе» XIV в.: мусика, мусикия (в обоих случаях в соответствии с греч. μουσικός — «музыкант») и — в других памятниках — прил. мусикиинъ, мусичьский. Эти слова непосредственно восходят к греч. μουσική.

МУ́МИЯ, -и, *ж.* — «забальзамированный, предохраненный от разложения высохший труп человека». Укр., блр. му́мія; болг. му́мия; с.-хорв. му̀мија; чеш. mumie; польск. mumia. Встр. у Фонвизина в переводном романе «Жизнь Сифа», ч. I, 1762 г., 72, 176 и др. В словарях — с 1793 г. (САР¹, IV, 327). ▫ Ср. нем. Múmie, *f.*; ит. mummia; англ. mummy; исп. momia; франц. momie; из Европы: турец. mumya; перс. mumja'i; хинди мами и др. Первоисточник — араб. mūmiyā', mūmijā — «мумия» при mūm — «воск» (Wehr², 830). В русском — из западноевропейских языков.

МУНДИ́Р, -а, *м.* — «военная или гражданская форменная одежда». *Прил.* мунди́рный, -ая, -ое. *Глаг.* обмундирова́ть. Укр. мунди́р, мунди́рний, -а, -е, обмундиро́вувати; блр. мундзі́р, мундзі́рны, -ая, -ае, абмундзіра́ваць. Из русского: болг. мунди́р; с.-хорв. му̀ндӣр. Ср. чеш. mundúr (при обычном uniforma); польск. mundur. В Петровское время слово *мундир* употр., во-первых, наряду с *мундирок* [напр.: «А которой... порох и свинец, также и ружье, и фузеи и *мундирок*... прислано было с Москвы...» («Бул. восст.», № 143, 1708 г., 333, неоднократно)], и эту форму (морфологически переосмысленную на русской почве) можно рассматривать как старшую (< нем. Montierung). Во-вторых, это слово, как и слово *ружье*, первое время в XVIII в. употр. как собир. сущ. и склонялось лишь в ед. ч. Ср., напр., в ПбПВ, VIII: «на три баталиона *мундир* был отправлен» (1708 г., № 2476, с. 22), «отбито... ружья и *мундиру*» (1708 г., № 2633, с. 137), «для *мундирного* строения... вышеописанной *мундир* куда привести велеть» (1708 г., № 2733, с. 212); в «Кн. Устав морск.» 1720 г., 648: «О караблях, магазеинах... *мундире*, аммуниции» [кн. 5, гл. 4 (название главы)]. ▫ В русском языке восходит к нем. Montierung — тж. (ср. montieren — «собирать», «монтировать»), хотя и не без влияния Montúr — «обмундирование», «солдатская форменная одежда» (< франц. monture — «сборка», «установка», «оправа»). Отсюда — чеш. и польск. формы.

МУРАВА́, -ы́, *ж.* — «ярко-зеленая, сочная, густо растущая молодая трава». Укр. мурава́; блр. мурава́; болг. мора́ва; с.-хорв. му́рава — «водоросль»; словен. murava — «мурава»; словац. morava — «луг»; польск. murava — «мурава». Др.-рус. (с XV—XVI вв.) мурава, муравный (Срезневский, II, 195). ▫ Произв. (с суф. -ав-а-, как в *дуб-*

МУР   МУС   М

рава) от *мур* [ср. арханг. **мур** — «сочная, густая травка на корню» (Даль, II, 954); **мурóк** — тж. (Подвысоцкий, 94)]. О.-с. *murъ. И.-е. база *meu-r- (: *mou-r-) — «влажный», «сырой» (Pokorny, I, 742), корень *meu- : *mou- : *mŭ-, тот же, что в рус. *мыть* (см.). Ср. лит. máuras — «ряска» (напр.: на болоте, на пруду); латыш. maurs — «мурава», «газон»; латин. muria — «рассол», «соленый раствор»; греч. μύρω — «растекаюсь», «разливаюсь» (см. Pokorny, уп.).

МУРАВÉЙ, -вья́, *м.* — «мелкое насекомое из отряда перепончатокрылых со своеобразным строением тельца (с брюшком, которое соединяется с грудью при помощи тонкого стебелька), ведущее т. наз. „общественный" образ жизни», Formica. *Прил.* **муравьи́ный**, -ая, -ое, отсюда **муравéйник**. Укр. муравéль, муравíй (Гринченко, II, 454; обычно мурáшка, мурáха), муравéльний, -а, -е, муравíний, -а, -е (ib.; обычно мурашíний, -а, -е, «муравейник» — мурáшник, также муравлúсько); блр. мурáшка. Ср. далее: болг. мрáвка, мрáвчен, -а, -о, мравýняк — «муравейник»; с.-хорв. мра̑в, мра̏вак, мра̏ви̑њ, -а̑, -ē̄, мра̏вљи, -а̑, -ē̄, мра̏ви̑ња̄к — «муравейник»; словен. mravlja, mravljica, mravljinčji, -a, -e, mravljinčen, -čna, -čno, mravljišče — «муравейник»; чеш. mravenec, прил. mravenčí — «муравьиный», mraveniště — «муравейник»; словац. mravec, mravčí, -ia, -ie, mravenisko — «муравейник»; польск. mrówka, mrówczy, -a, -e, mrowisko — «муравейник»; в.-луж. mrowja, ж., mrowjacy, -a, -e, mrowišćo — «муравейник»; н.-луж. mroja, mrojka. Др.-рус. книжн. < ст.-сл. мравїи, мравиа (Срезневский, II, 183). Ср. др.-рус. летописное название города **Моровийскъ** [Лавр. л. под 6662 (1154) г. (ПСРЛ, I, 148)]. Отсюда — *моровей* (Р. Джемс, РАС, 1618—1619 гг., 12 : 48 : moravïa «an cmmct»). ◻ О. с. основа *morv-(ь-jo-). В русском языке *у* вм. *о* после *м* (*мурав*-) — нефонетического характера [контаминация с *мурава*, др.-рус. *муравый* — «зеленый» (Срезневский, Доп., 165) и т. п.]. Слово в этимологическом отношении считается трудным. И.-е. основа *morǔī- (Pokorny, I, 749). Ср. др.-ирл. moirb (< *morui) — «муравей», meirbligid, 3 л. ед. ч. — «кишит» (Vendryes, M-30, 60); авест. maoiri-š — «муравей»; перс. мурче (корень *mōr-< *morųi-) — тж. В других и.-е. языках сюда относят (как полагают, с искаженной на почве табу формой основы) др.-исл. maurr (совр. исл., норв. maur; дат. myre; швед. myra) — тж.; латин. formīca [корень form- < *morm- (< *morų-)] — тж.; ср.-греч. μύρμηξ (дор. μύρμᾱξ), μύρμος — тж. Ср. др.-инд. valmīka-ḥ, *м.* — «муравейник» (корень *ųorm- < *morų-).

МУ́СКУЛ, -а, *м.* — «мышца», «орган (или часть органа) тела человека и животного, состоящий из эластичных тканей, обладающий высокой степенью сократимости, активная часть двигательного аппарата животного организма». *Прил.* **му́скульный**, -ая, -ое, **мускули́стый**, -ая, -ое. Укр. му́скул, му́скульний, -а, -е, мускули́стий, -а, -е; блр. му́скул, му́скульны, -ая, -ае, му́скулісты, -ая, -ае; болг. му́скул, му́скулен, -лна, -лно, му́скулест, -а, -о; с.-хорв. редк. му̏скул (обычно ми̏ши̑ћ, ми̏шица), му̏скуло̄зан, -зна, -зно : му̏скуло̄зни̑, -а̑, -ō̄ — «мускулистый», польск. muskuł, muskularny, -a, -e — «мускулистый». По-чешски *мускул* — sval. В русском языке в словарях — с 1731 г. (Вейсман, 200). ◻ Восходит, в конечном счете, к латин. musculus — уменьш. к mūs — «мышь», след., «мышка», «мышонок» (еще в классич. латыни) — «мышца» (ср. с.-хорв. ми̏ши̑ћ — «мышца» и «мышонок»). Отсюда: ит. muscolo; франц. muscle; нем. Múskel; англ. muscle и др. В русском языке как анатомический термин, по-видимому, непосредственно из латинского.

МУСО́ЛИТЬ, мусо́лю — «смачивать слюной», «слюнить», «пачкать, оставлять грязные следы смоченными слюной пальцами». В говорах сохраняется с т а р ш а я форма: **мосо́лить** (с *о* после *м*) — «сосать», а также «докучать», даже «бить» (Даль, II, 944). Сюда же относят **му́слить**. В других слав. яз. отс. *Мусолить* в словарях отм. с 1771 г. (РЦ, 323); *муслить* — с 1793 г. (САР¹, IV, 329). ◻ Сопоставляют с лит. mãšalas — «комар», «мошка»; латыш. masala — «кусачая муха»; с другим формантом (-ko-): др.-инд. maśáka-ḥ — «комар»; ср. бенг. моша — тж. И.-е. база *mak'o- или *mok'o- — «жалящее насекомое» (Pokorny, I, 699). Т. о., *муслить* получилось из **мослить** — «грызть», «сосать», «докучать» (Даль, II, 944), а из *мусолить*, в связи с переносом ударения (*му́солить*) и, м. б., не без влияния диал. **му́лить** — «жать, производя зуд и боль», «докучать» (Даль, II, 953) получилось *му́слить*.

МУ́СОР, -а, *м.* — «мелкий, сухой сор»; *спец.* «битый кирпич, мелкие остатки каменного угля и т. п., служащие для разных технических целей». *Прил.* **му́сорный**, -ая, -ое. *Глаг.* **му́сорить**. *Сущ.* **му́сорщик**. В других слав. яз. отс. В русском языке слово *мусор* известно с XVII в., причем именно в специальном употр.: «в тех же рудных слоях бывает земля, словет *мусор*» [«Переписная книга по Тульским и Каширским заводам», 1662 г. (КМ, I, 29)]. Ср. позже у Ломоносова в «Мат. к Рос. гр.», 1744—1757 гг.: *мусора*, ж. (ПСС, VII, 723). Вероятно, и здесь это — спец. термин. Ср.: *му́сора* — «состав из глины и толченого уголья» в САР², III, 1814 г., 896, со ссылкой на Ломоносова; ср. там же (896—897): *мусор* — «всякий сор, остающийся после каменной или печной работы». В словарях *мусор* — «ordure», «fange» — впервые — у Нордстета (I, 1780 г., 366). Произв. — более поздние (САР², III, 1814 г., 896: *мусорный*, *мусорить*; СЦСРЯ 1847 г., II, 332: *мусорщик*). ◻ В общерусском языке слово *мусор* — из говоров. По-видимому, его не следует отделять от диал. **бу́сор**, **бу́сырь** — «хлам», «дрянь» (Даль, I, 128). Но Даль (уп.) только отчасти был на правильном пути, когда писал «*бусор и мусор*,

549

МУТ

чаю, — одно и то же». В настоящее время слово *мусор* связывают с *мусолить*, *муслить* и относят к группе, восходящей к и.-е. базе *m(e)ud-(e)s- [: *m(o)ud-(e)s-], от корня *meu- : *mou- — «сырой», «нечистая жидкость», также «грязнить», «сорить». Ср. н.-нем. mussig — «грязный»; греч. μύδος (*μύδ-σ-ος) — «пятно», «бесчестие», «позор», μυσαρός — «гнусный», «покрытый позором»; др.-ирл. mosach (< *muds-ăko-) — «грязный», «нечистый», «гнусный», mosar — «грязь» (Pokorny, I, 741—742; Vendryes, M-65; Frisk, II, 276; Vasmer, REW, II, 179). На русской почве произошло совпадение слова *мусор* или *мусора* [с суф. -ор- (как в рус. *говор*, чеш. sochor — «лом») или -ор-а (как в рус. *детвора*, ст.-сл. которѣ — «ссора», «распря», «борьба»)] с близкими по знач. бу́сор, бу́сор, бу́сырь, которые Даль (I, 128) правильно отнес к группе рус. диал. бус — 1) «ситник», «самый мелкий дождь при ненастье», «самый мелкий снежок», «снежная морось»; 2) «м е л о ч ь, о с т а ю щ а я с я о т р а з б о р к и р у д», «мусор»; отсюда бу́сить — «моросить», «идти мелкому дождю», «пылить мукою». Ср. в СРНГ, в. 3, с. 303, 307, 308: бу́сор — «что-л. негодное, ненужное», «хлам», бу́сор, бу́сарь — «требуха»; вторичное знач. — «дурь» (бу́сор в голове), отсюда бу́сор, бу́сырь — «дурен» бу́сорить — «говорить неправду», «болтать». Само же бус- тюркское слово. Ср. тюрк. бус — «туман», «пар» (Радлов, IV : 2, 1864).

МУТИ́ТЬ, мучу́ — «делать что-л. непрозрачным»; *перен.* «вносить неразбериху», «запутывать», «смущать». *Возвр. ф.* мути́ться. Сюда же муть, муто́вка (см.), му́тный, -ая, -ое. Укр. мути́ти(ся), муть, му́тний, -а, -е, мутни́й, -а́, -é; блр. муці́ць, муць (: каламу́ць, каламу́та) му́тны, -ая, -ае; болг. мѣ́тя — «мучу», мѣ́тен, -тна, -тно, мѣти́лка — «муть»; с.-хорв. му́тити — «мутить», «смущать», «беспокоить», «путать», му́тити се — «тускнеть», «становиться пасмурным», му́тан, -тна, -тно : му́тни, -а̂, -о̂, му́теж, му́тља̂г — «муть»; словен. motiti, moten, -tna, -tno; чеш. устар. moutiti — «мутить» (обычно в этом знач. — kaliti, zakolovati; ср. kalný, -á, -é — «мутный»); словац. mútit', mútny, -а, -е; польск. mącić (się), mętny, -а, -е, męt (чаще *мн.* męty) — «муть»; в.-луж. mućić, mutny, -a, -e, mut — «муть», «осадок», «гуща»; н.-луж. muśiś, mutny, -a, -e. Др.-рус. (с XI в.) мутити — «волновать» (напр., *море*), «смущать», «тревожить», мутьный — «грязный», «неясный», «тревожный», муть, мутьвь — «смятение», «волнение» (Срезневский, II, 196—197). Ст.-сл. мѫтити (сѧ). ▫ О.-с. *mǫtiti, *mǫtьnъ, -а, -о, *mǫtьnьjь, -aja, -oje. Корень тот же, что в о.-с. *męsti (< *mętti) [др.-рус. мясти (Срезневский, II, 257), ст.-сл. мѧсти], рус. *мятеж*, *смятение*. О.-с. *mǫtiti — итератив от глаг. *męsti. И.-е. корень *menth- (: *month- : *mn̥th-) — «взбалтывать», «вертеть», «крутить» (Pokorny, I, 732). Ср. лит. męsti, 1 ед. menčiù — «месить», «перемеши-

МУХ

вать» (*тесто*), meñte — «лопатка», mentùrė — «мутовка»; др.-исл. mǫndull — «рычаг ручной мельницы»; нем. Mangel — «каток для белья». Ср. еще др.-инд. má(n)thate, ma(n)thate — «вертит», «сбивает» (*масло*), «смешивает» (корень manth- : math-). Без n, м. б. греч. μόθος (ἵππων) — «суматоха (конного) сражения» (ср., однако, Frisk, II, 248—249).

МУТО́ВКА, -и, *ж.* — «приспособление в виде лопатки или палочки с сучками (рожками) на конце, употребляемое для взбалтывания, сбивания чего-л. (яиц, сливок, масла и т. п.)». *Прил.* муто́вочный, -ая, -ое. Польск. mątew, mątewka. В других слав. яз. отс. Ср. в том же знач.: укр. колоті́вка или збива́чка; блр. калату́ўка; болг. бута́ло, бута́лка (собств. «маслобойка»), бъ́ркалка; чеш. měchačka или kvedlačka. Слово представляет интерес гл. обр. в семантическом отношении. Знач. «кухонная принадлежность» — позднее. Срезневский (II, 197) отм. мутовка в Жал. гр. ц. Шаал. 1532 г. в смысле «плохая водяная мельница (с лежачим под водой колесом)» или близком к этому. Ср. у него же: мутъвь («омут»?) в Хлебн. л. под 6693 г. См. толкование у Даля (II, 956). В совр. знач. в словарях — с 1731 г. (Вейсман, 645). ▫ Произв. от мутъвь (с суф. -ък-а), которое от мути́ть — первоначально «перемешивать», «переворачивать». См. *мутить*.

МУ́ФТА, -ы, *ж.* — 1) «принадлежность зимней женской одежды: род открытого с двух сторон мехового (реже стеганого) мешочка для согревания рук»; 2) *спец.* «короткая металлическая трубка, кольцо для соединения двух цилиндрических частей чего-л.». *Прил.* му́фтовый, -ая, -ое. Укр. му́фта, му́фтовий, -а, -е; блр. му́фта, муфтавы, -ая, -ае. Ср. болг. му́фа — «муфта во 2 знач.» [в знач. «муфта для рук» — маншо́н (< франц. manchon)]; с.-хорв. му̑ф — «муфта»; польск. mufka — «муфта для рук», mufa — «муфта во 2 знач.». Но, напр., чеш. rukávník — «муфта для рук», spojka, objímka — спец. «муфта». В русском языке известно с XVIII в. Встр., напр., в письме Фонвизина родным от 20-XI (1-XII)-1777 г.: «не только до шуб, ниже до *муфт* дело не доходит» (СС, II, 417). В словарях — с 1780 г. (Нордстет, I, 367). ▫ Восходит к нем. Muff, *m.*, Muffe, *f.* — тж., а оно, в свою очередь, — к франц. moufle — «рукавица» < средневек. латин. muffula. Корень, м. б., все-таки германского. Ср. голл. mouw — «рукав». Форма *муфта*, видимо, из *муфка, которая, в свою очередь, — из *муфтка.

МУ́ХА, -и, *ж.* — «насекомое отряда двукрылых, с перепончатыми крыльями, с присосками на концах лапок, с хоботком», Musca. *Прил.* муши́ный, -ая, -ое. Укр. му́ха, муши́ний, -а, -е; блр. му́ха, мушы́ны, -ая, -ае; болг. муха́; с.-хорв. му̏ха (: му̏ва > му̏а), му̏шјӣ, -а̑, -е̑; словен. muha, mušji, -a, -e; чеш. moucha, прил. muší — «мушиный»; польск. mucha, muszy, -a, -e; в.-луж. mucha, muchacy, -a, -e;

МУЧ

н.-луж. mucha. Др.-рус. (с XI в.) и ст.-сл. **муха** (Срезневский, II, 197). ▫ О.-с. *mucha. И.-е. корень *mū- (: *mou-?) : *mus-, как полагают (хотя это и маловероятно; см. *мышь*), звукоподражательный (Pokorny, I, 752) [ср. и.-е. *bu- : *bhŭ-; *pu- : *phu- и др. (Pokorny, I, 97, 847)]. Сопоставляют с лит. mùsė — «муха»; латыш. mūsa, muša — тж.; др.-прус. muso. Также швед. диал. (готландск.) mausa (< *mūsa). С иным оформлением основы: др.-в.-нем. mucka (< *mukĭá) — «муха», «комар» (совр. нем. Mücke — «комар»); латин. musca (произн. muska) — «муха»; греч. μυῖα (< *μυσϳα) — тж. О.-с. форма (очевидно, из *mousā) несколько неожиданна. Скорее можно было ожидать *mycha : *mъcha. Ср. др.-рус. **мышьца : мышица** — «комар» или «гусеница», «какое-то насекомое» (?), также **мъшица** (Срезневский, II, 214, 222, 223). Ср. *мошка*. Ср. чеш. mšice — «тля», «растительная вошь». Омонимическое отталкивание от *tyšь?

МУ́ЧИТЬ, му́чу и му́чаю — «причинять кому-л. страдания», «терзать», «истязать». *Возвр. ф.* **му́читься**. *Сущ.* **муче́ние, мучи́тель, му́ченик.** *Прил.* **мучи́тельный, -ая, -ое.** Сюда же **му́ка**. Укр. му́чити(ся), му́чення, му́ка, мучи́тель, му́ченик; блр. му́чыдь, му́чыцца, мучэ́нне, му́ка, мучы́цель, му́чанік; болг. мъ́ча (се) — «мучу(сь)», мъ́чене, мъче́ние, мъ́ка, мъчи́тел, мъ́ченик, мъчи́телен, -лна, -лно; с.-хорв. му́чити (се), му́чење, му́ка, му́читељ, му́ченик; словен. mučiti (se), mučenje, muka, mučitelj, mučenik; чеш. mučiti, mučení, muka, mučitel, mučedník, mučivý, -á, -é — «мучительный»; словац. mučit', mučenie, muka, mučeník, mučedlník, mučivý, -á, -é; польск. męczyć (się), męczenie, męka, męczyciel, męczennik, męczący, -a, -e — «мучительный». Др.-рус. (с XI в.) мучити — «мучить», «казнить», мучитися — «мучиться», «страдать», мука — «му́ка», «казнь», мучение, мучитель, мученикъ, (с XIII в.) мучительнъ (Срезневский, II, 193—194, 198, 199—200). Ср. Дан. иг. XII в.: «в семъ островѣ есть *мука* изо рва (Иродова), кипить сѣрою горючею» (очевидно, о муке́, мучнистом веществе), мучѣный — «τῆς βασάνου», «относящийся к испытанию, страданию, мучению» (ib., 194, 200). Ст.-сл. мѫка, мѫчити. ▫ О.-с. *mǫka, *mǫčiti. Надо полагать, одного происхождения с *мука*, *мучной*, в абляуте — с *мягкий* (см.). И.-е. корень *men(ə)k- — «мять», «щемить», «дробить» (Pokorny, I, 730—731). Ближайшие родственные соответствия: лит. mìnkyti, mánkyti — «мять», «комкать», «месить»; латыш. mīcīt — «месить», «мять», meñčis — «свиной корм», «месиво»; греч. μάσσω (< *mn̥k-i̯-ō) — «давлю», «угнетаю», «мну», «мешу»; др.-инд. macate — «дробит», «раздробляет».

МУ́ШКА, -и, ж. — «кусочек черного пластыря или тафты величиной с родинку, который в старину дамы наклеивали себе на лицо или шею». Чеш. muška; польск.

МЫС

muszka. В словарях впервые — у Нордстета (I, 1780 г., 367): *мушка* — «une mouche au visage». Но было известно и раньше. Встр. в ИКИ, 126: «какой-нибудь Ганимед сердится либо на перчатку, либо на *мушку*» («Подрятчик оперы», 1733 г.). Позже — в «Трутне» за 1770 г., л. VI: «румянилась... налепливала *мушки*» (Новиков, 202). ▫ Восходит к франц. mouche (< латин. musca) — «муха» > «мушка» (Littré, III, 643), с суф. *-к-а* на русской почве.

МУШТРА́, -ы́, ж. — «метод обучения военному делу, основанный на механической, жесткой дисциплине и бессознательном заучивании приемов военного дела». *Глаг.* **муштрова́ть**. Укр. му́штра, муштрува́ти; блр. му́штра, муштрава́ць. Ср. польск. musztra, musztrować. В других слав. яз. отс. Ср. в том же знач.: болг. дреси́ране, дресиро́вка; чеш. dril (< нем. Drill — «муштра»), ср., однако, устар. mustrovati — «осматривать войско», «призывать на военную службу». Известно с Петровского времени [«Устав воинский» 1716 г., переведенный с немецкого и напечатанный с параллельным немецким текстом (ПСЗ, V, № 3006, с. 430: *муштровать*) — см. Смирнов, 201]. Знач. этого глаг. в то время было близко к «осматривать, инспектировать воинские части». В словарях — с середины прошлого века. Даль, II, 1865 г., 957: *му́штра* [*муштрой* встарь (?) называли ученье и смотр войскам], *муштрова́ть*; Михельсон 1865 г., 422: *муштровать*. Но слово *муштра* было известно и раньше (Котляревський, «Енеїда», 1798 г., ч. IV, строфа 109, с. 101). ▫ В русский язык, как и в польский, попало из немецкого. Ср. нем. Muster — «образец», «пример», mustern — «осматривать», также «изготовлять образцы», «отбирать образцы», die Truppen mustern — «проводить смотр войскам». Немецкая группа восходит, в конечном счете, к латин. monstrare — «показывать», через ит. mostrare — «показывать», mostra — «показ».

МЫ, нас, *личн. мест. 1 л. мн. ч.* — употребляется для обозначения нескольких лиц с включением говорящего. Ср. о двух лицах: *мы с тобой, мы с ним*. Укр. ми; блр. мы; болг. ние, мие, устар. и обл. (совр. ние); с.-хорв. ми; словен. mi (ср. midva — «мы с тобой», «мы с ним»); чеш., словац., польск., в.- и н.-луж. my. По памятникам известно с XI в. (Срезневский, II, 215). Ст.-сл. мы. ▫ О.-с. *my. Происхождение этой формы в деталях не вполне ясно. В отношении начального m она ближайшим образом связана с лит. mẽs — «мы», латыш. mēs — тж. и с арм. менќ (mekh) — «мы». Но откуда у? Как полагают (см., напр., Мейе, 365 и др.), форма на -у возникла на о.-с. почве под влиянием формы 2 л. *vy [< и.-е. *ūs (?)] и формы им.-вин. мн. сущ. с основой на -ā- (*sestry и т. п.).

МЫСЛЬ, -и, ж. — «процесс мышления», «размышление», «рассуждение», «продукт умственной деятельности», «идея». *Прил.* **мы́сленный, -ая, -ое.** *Глаг.* **мы́слить.** Укр. мисль — «мысль», «мышление» (ср. ду́мка — «мысль», «идея»), ми́слений, -а, -е, ми́слити; блр. мы́сль — «мысль» (мыслительный процесс, мышление), мы́сліць; болг. ми́съл, *ж.*, ми́слен, -а, -о, ми́сля — «мыслю»; с.-хорв. ми́сао, *ж.*, ми́саон(ӣ), -а, -о, ми́слити; словен. misel, miseln, -a, -o, misliti; чеш. mysl, *ж.* — «мышление», «умонастроение», «образ мыслей», «расположение духа» (ср. myšlenka — «мысль», «идея»), mysliti; словац. mysel' — «дух» (ср. myslienka — «мысль», «идея»), mysliet'; польск. myśl, *ж.*, myślny, -a, -e, myśleć; в.-луж. mysl, *ж.* — «мысль», «ум», «настроение», «расположение духа», «мнение», «намерение», «замысел», myslny, -a, -e, myslić; н.-луж. mysl — «мысль», «идея», myśliś. Др.-рус. (с XI в.) мысль — «мысль», «идея», «суждение», «намерение», мы́сльный, мы́слити, 1 ед. мышлю (Срезневский, II, 216—217). Ст.-сл. мꙑ́сль, мꙑ́слити, мꙑ́шлѫ ▫ О.-с. *mysl, *mysliti. И.-е. корень *mēudh- : *məudh- : *mūdh- — «стремиться к кому-л. или чему-л.», «страстно хотеть чего-л.» (Pokorny, I, 743). Ср. лит. maũsti, 1 ед. maudžiù — «тосковать», «сильно желать», «ныть» (о сердце), āpmaudas — «досада»; гот. maudjan — «вспоминать»; греч. μῦθος — «речь», «слово», «замысел», «слух», «сказание», «сказка»; перс. муйе (mōye) [с и̌ (у) из d] — «рыдание», «плач». Т. о., о.-с. *myslь из *mūdslis. Суф. (о.-с.) -sl-ь, тот же, что в *gǫsli, *мн.* > рус. *гусли* и т. п.

МЫТЬ, мо́ю — «очищать от грязи, поливая, смачивая водой поверхность чего-л.». *Возвр. ф.* мы́ться. *Сущ.* мы́ло. Укр. ми́ти(ся), 1 ед. ми́ю(ся), ми́ло; блр. мыць, 1 ед. мы́ю, мы́цца, мы́ла. Ср. болг. ми́я (се) [но «мыло» — сапу́н < турец. sabun (sapun) < новогреч. σαπούνι — «мыло» < -греч. σαπών, прич. аор. от σήπω — «привожу в состояние гниения, разложения»]; с.-хорв. ми̏ти (се), 1 ед. ми̏јем (се) — «мыть» (голову, руки), «мыться», ми̏ло, устар. — «щелочная вода» (для мытья головы), обл. «мыло» (обычно же — са̏пӯн); словен. miti, 1 ед. mijem (чаще umivati), milo; чеш. mýti (se), 1 ед. myji (se), mýdlo — «мыло»; словац. mýt', mydlo — «мыло»; польск. myć (się), 1 ед. myję (się), mydło; в.-луж. myć (so), 1 ед. myju, mydło; н.-луж. myś (se), 1 ед. myju. Др.-рус. (с XI в.) мытися, 1 ед. мыюся, несколько позже мыти, 1 ед. мыю, (с XI в.) мыло (Срезневский, II, 219, 215). Ст.-сл. мꙑ́ти сѧ. ▫ О.-с. *myti, 1 ед. *myjǫ, *mydlo. И.-е. корень *meu- [: *mou- (ср. др.-рус. мовь — «баня»)]: *meu̯ə- : mū-. Ср. латыш. (устар.?) maût, 1 ед. mauju — «погружаться», «окунаться», также лит. máudyti(s) [с суффиксальным -d- на литовской почве] — «купать(ся)»; др.-прус. aumūsnan (с корнем -mu-) — «обмывание»; др.-инд. (с суф. -tro-) mūtram (хинди мӯтр') — «моча».

МЫШЬ, -и, *ж.* — «небольшое, вредное в хозяйстве млекопитающее животное отряда грызунов, обычно (домовая мышь) серого цвета разных оттенков, с заостренной мордочкой и длинным хвостом», Mus musculus (домовая мышь). *Прил.* мыши́ный, -ая, -ое, мы́ший, -ья, -ье. Укр. миш, род. ми́ші, *ж.* и ми́ша, род. ми́ші, *ж.*, миша́чий, -а, -е; с.-хорв. ми̑ш, *м.*, ми̑шјӣ, -а̄, -е̄; словен. miš, mišji, -a, -e; чеш. и словац. myš, прил. myší — «мышиный»; польск. mysz, myszy, -a, -e (но теперь чаще mysi, -ia, -ie); в.-луж. myš; н.-луж. myš, myšyny, -a, -e. Др.-рус. мышь, *ж.* — в Нест. Жит. Феод. и др. (Срезневский, II, 222). Прил. *мыши́ный* — позднее, в словарях — с 1858 г. («Опыт», Доп., 121). Странным является перевод греч. μῦς («мышь») словом *муха* в Хр. Г. Ам. (Истрин, III, 126, 259). ▫ О.-с. *myšь (š < ch < s после ū). Основа на -ĭ-. И.-е. *mūs. Ср. др.-в.-нем. mūs (совр. нем. Maus — «мышь»); англосакс. mūs (совр. англ. mouse); латин. mūs — «мышь»; греч. μῦς, род. μυός — тж.; перс. муш (muš) — тж.; арм. мук — тж.; др.-инд. mūṣika, mūṣaka-, *т.* — «мышонок», «мышь» (ср. бенг. мушик — тж.). Не исключено, что и.-е. корень — один и тот же в о.-с. *myšь, и в о.-с. *mucha, и, возможно, это не звукоподражание. В обоих случаях старшее знач. могло быть «расхититель», «кто тащит (из жилья), уносит» и т. п. Ср. др.-инд. корень muṣ- : muṣṇā́ti — «грабит», «опустошает», «относит».

МЫШЬЯ́К, -а́, *м.* — «химический элемент, твердое ядовитое вещество серо-стального цвета (серый мышьяк), а также его соединения (аурипигмент, желтый мышьяк, и мышьяковистый ангидрид, белый мышьяк)», Arsenicum. *Прил.* мышьяко́вый, -ая, -ое. Укр. миш'я́к; блр. мыш'я́к. Ср. болг. арсе́н; с.-хорв. а̀рсен, арсѐник; чеш. arsen; словац. arzén; польск. arszenik, т. е. в других слав. яз. пользуются латинским названием мышьяка, которое по греч. ἀρσενικόν (предположительно) «желтый аурипигмент» или «мышьяк» (прил. ἀρσενικός «мужской»). Из греческого языка — латин. arsenicum — «мышьяк». Название дано, вероятно, по твердости, плотности этого ядовитого вещества или по его сильному действию. Ср. франц. arsenic; нем. Arsenik; англ. arsenic. В русском языке слово *мышьяк* в словарях отм. с 1731 г. (Вейсман, 458). Но оно было известно и раньше. Ср., напр., в МИМ, в. 3, 696: «И которому голубю дан один *мышьяк*... после того *мышьяку*...» (№ 781, 1658 г.) и др., неоднократно. ▫ Восточнославянское *мышьяк*, по-видимому, — произв. от *мыший*, *мышиный*: название дано, вероятно, по цвету с е р о г о мышьяка или потому, что мышьяк издавна считался радикальным средством для уничтожения домашних мышей. Образование, как в *синяк*, *сизяк* (голубь), *третьяк* и т. п.

МЯ́ГКИЙ, -ая, -ое — «легко поддающийся, уступающий при надавливании, прикосновении», «легко меняющий свою форму при сжатии, давлении». *Кр. ф.* мя́гок, -гка́, -гко. *Сущ.* мя́гкость. *Глаг.* мя́кнуть, мягчи́ть. Сюда же мя́коть, мя́киш. Укр. м'яки́й, -а́, -е́, м'я́кість, м'я́кнути, м'якши́ти, м'я́коть; блр. мя́ккі, -ая, -ае, мя́ккасць, мя́кнуць, змякча́ць, мя́кець, мя́кіш; болг. мек, -а, -о, ме́кост, оме́квам, сов.

омекна — «мякну», «становлюсь мягче», омекчавам, сов. омекча — «смягчаю», «делаю мягче»; с.-хорв. мёк(и), -а, -о мёкост (также мекòта, мекòћа), мёкнути, мёкшати; словен. mehek, -hka, -hko; чеш. měkký, -á, -é, měkkost, měknouti, měkčiti; словац. mäkký, -á, -é, mäkkost', mäkćit'; польск. miękki, -a, -ie, miękkość, miękisz — «мякоть», «мякину», miękną́ć, miękczyć; в.-луж. mjechki, -a, -e, mjechčeć, mjechčić; н.-луж. mě(k)ki, -a, -e, měknuś, měkcyś. Др.-рус. мякъкый (с XI в.), мягъкый (в Сл. Дан. Зат.), мягъкость (XIV в.), мяк(ъ)нути (с XI в.) [Срезневский, II, 254, 255]. Сущ. мякоть в словарях — с 1731 г. (Вейсман, 200). Ср. мякота — «нежность» (Срезневский, II, 254). ◻ О.-с. *mękъkъ (< *mękъ-k-ъ), *mękъkъjь. Рус. мягкий (с гк) — более поздняя фонетическая форма [вм. фонетического мя́хкой < мя́ккой; ср. написание лёгкий (произн. лёхкой)]. И.-е. корень *men(ə)k-; основа *menk-u- [абляут — о.-с. *mǫka > рус. мука́]. Ср. лит. mìnkštas — «мягкий» при mìnkyti — «месить (мять)»; латыш. mīksts — «мягкий»; ср.-в.-нем. mengen (совр. нем. mengen) — «смешивать»; греч. μάσσω, атт. μάττω (< *mņk-jō) — «мешу (мну)»; др.-инд. maṅkú — «слабый», «шатающийся».

МЯ́СО, -а, ср. — «туша или часть туши убитого животного, предназначенные в пищу». Прил. мясно́й, -а́я, -о́е, мяси́стый, -ая, -ое. Укр. м'я́со, м'ясни́й, -а́, -е́, м'яси́стий, -а, -е; блр. мя́са, мясны́, -а́я, -бе, мясі́сты, -ая, -ае; болг. месо́, ме́сен, -сна, -сно, месе́ст, -а, -о; с.-хорв. ме̑со, ме̏сан, -сна, -сно : ме̏сни, -а̑, -о̑, ме̏снат(и̑), -а, -о — «мясистый»; словен. meso, mesen, -sna, -sno, mesnat, -a, -o; чеш. maso, masný, -á, -é, masový, -á, -é, masitý, -á, -é — «мясной»; словац. mäso, mäsný, -á, -é, mäsitý, -á, -é; польск. mięso, mięsny, -a, -e, mięsisty, -a, -e; в.-луж. mjaso, mjasny, -a, -e — «мясной», «мясистый», mjasaty, -a, -e — «мясистый»; н.-луж. měso, měsowy, -a, -e — «мясной», «мясистый». Др.-рус. (с XI в.) мясо, мясьный (Срезневский, II, 255, 257). Ст.-сл. мѧсо. Прил. мясистый — более позднее, но у Поликарпова (1704 г., 178 об.) уже отм. ◻ О.-с. *męso. И.-е. основа *mēmso- (Pokorny, I, 725). Ср. латыш. miesa — «тело», «плоть»; др.-прус. mensā — «мясо» [лит. mėsà — «мясо», по фонетическим данным (ė вм. ожидаемого сочетания с носовым согласным), по-видимому, заимствовано из славянских языков]; гот. mimz, n. — «мясо»; также арм. мис; тохар. B misa, n., pl; др.-инд. māmsá-, n. Считается родственным рус. мездра.

МЯ́ТА, -ы, ж. — «многолетнее травянистое ароматическое растение семейства губоцветных с цветками, собранными в колосовидные соцветия», Mentha. Прил. мя́тный, -ая, -ое. Укр. м'я́та, м'ятний, -а, -е; блр. мя́та, мя́тны, -ая, -ае; словен. meta; чеш. máta, mátový, -á, -é; словац. mäta, mätový, -á, -é; польск. mięta, miętowy, -a, -e. Ср. также болг. ме́нта, ме́нтов, -а, -о; с.-хорв. ме̏тва, ме̏твица; в.-луж. mjatej; н.-луж. mjetwej, mjetwja. Др.-рус. (с XII в.) мята (Срезневский, Доп., 172). ◻ О.-с. *męta. Одно из ранних (о.-с. эпохи) заимствований из латинского языка. Первоисточник в Европе, видимо, греч. μίνθη, μίνθος — «мята», неизвестного происхождения. Из того же источника — латин. ment(h)a — тж. К латинскому названию мяты, кроме о.-с. *męta, восходят: франц. menthe; ит., исп. menta; англ. mint; нем. Minze (др.-в.-нем. minza) и др. С греч. μίνθη, м. б., связано груз. p'it'na (< *pinta?) — «мята», откуда осет. bit'na — тж. Вероятно, как и греческое слово, все они из одного и того же, но пока неизвестного источника (см. Абаев, I, 263).

МЯТЬ, мну — «превращать в мягкую массу, сжимая и давя что-л.»; «делать неровным, негладким, прикасаясь к чему-л., давя на что-л.», «комкать». Возвр. ф. мя́ться. Укр. м'я́ти(ся), 1 ед. мну́(ся); блр. мяць, мя́цца; болг. мъ́на — «мну»; словен. meti, 1 ед. manem — «тереть» (напр., рука об руку, глаза), но mečkati — «мять»; чеш. mnouti — «мять» (кожи), «тереть» (глаза, руки), но mačkati — «мять» (бумагу, платье), šlapati — «мять» (траву); польск. miąć, 1 ед. mnę — «мять», «комкать», также miedlić — «мять» (лен, коноплю). В некоторых слав. яз. отс. (ср. с.-хорв. тр̏ти, гњѐцати; н.-луж. měsyś). В памятниках др.-рус. письменности отс. Срезневский (II, 260) отм. мячити, 1 ед. мячу — «делать мягким», но мять нет. В словарях: Вейсман, 1731 г., 640. ◻ О.-с. *męti, 1 ед. *mьnǫ. И.-е. корень *men-. Ср. лит. mìnti — «топтать», «мять»; латыш. mīt — «мять». Ср. греч. эол. ματέω (при классич. греч. πατέω) — «топчу» («затаптываю»), «ступаю» (корень — на греческой почве — по-видимому, *mņ-, основа *mņ-t-).

МЯЧ, -а́, м. — «сплошной или полый внутри упругий шар, отскакивающий при ударе о твердую поверхность». Укр. м'яч; блр. мяч. Ср. чеш. míč — тж.; в.-луж. mič, m. — тж. В других слав. яз. отс. Ср. в том же знач.: болг. то́пка; с.-хорв. ло̏пта (ср., однако, с.-хорв. ме́ча — «хлебный мякиш»); словац. lopta; словен. žoga, krogla; польск. piłka. Др.-рус. мячь — σφαῖρα, мяч игральный («Сказ. об Алекс. Макед.», сп. XV в.) [Срезневский, II, 260]. Ср. у Р. Джемса (РАС, 1618—1619 гг., 11 : 41): metch — «a ball» («мяч»). В словарях мяч, мячик — с 1731 г. (Вейсман, 351; позже — РЦ 1771 г., 336). ◻ Старейшее знач., по-видимому, «мякиш», «мягкий шар». О.-с. корень *męk-, тот же, что в о.-с. *mękъkъ [> рус. мягкий (см.)].

Н

НА[1], предлог — 1) с предл. п. обозначает поверхности (площади), где проявляется какое-л. действие, или местонахождение поверх чего-кого-л.; 2) с вин. п. обозначает пункт или место, в сторону которых направлено известное действие, цель действия. Имеется во всех слав. яз., но по грамматической функции не всегда совпадает с рус. предлогом *на*. В этом отношении очень близки к русскому языку, кроме вост.-слав., языки с.-хорв., чеш., польск., дальше всех других — совр. болг. В памятниках др.-рус. и ст.-сл. письменности употр. с древнейшего времени (Срезневский, II, 260—265). ◻ В других и.-е. языках о.-с. предлогу *na соответствуют: лит. nuõ, в говорах no; латыш. no — предлог с род. п., означающий направление действия: «от», «с (со)» [по Эндзелину (I, 129), первоначально — «на», как и в слав. яз.]; др.-прус. no : na — «на», «сверх»; гот., др.-в.-нем. ana (совр. нем. an) — «наверх, на», «у», «при»; греч. ἄνω : ἀνά — «вверх», «наверх, на», «вверху», «наверху, на», «в глубине», «на протяжении»; др.-перс. anā — «на, наверху», «вдаль», авест. ana — тж. (Fraenkel, 511; Frisk, I, 100; Holthausen, 6 и др.). Начальное a- в языках балто-славянской группы отпало, как в о.-с. предлоге *po при греч. ἀπό — «от» (см. *по*).

НА², *иногда* **на́те**, *частица* — «возьми», «бери», «вот». Укр. **на́, на́те**; блр. **на́, на́це** = болг. **на**; с.-хорв. nâ; словен. na; чеш. na, nate; польск. na. В словарях отм. с 1704 г. (Поликарпов, 179): «*на́*... иногда глаголется вместо *се* указательного: *на́ возми́* вместо речи *се́ возми́*». Но, несомненно, это словечко с трудно определимым знач. было известно и в XVII в. и еще раньше. Ср. у Р. Джемса (РАС, 1618 — 1619 гг., 73 : 3): natka (на́тка) — «looke heere» («смотри сюда», «смотри-ка»). ◻ Происхождение этой частицы не совсем ясно. По-видимому, она связана в языках балтийской группы с лит. nõ — «ну», «ведь», «ладно», nà — тж.; латыш. na — «межд. угрозы и отпора» (Fraenkel, 477). Сопоставляют также с латин. nam — «действительно», «в самом деле», «ведь»; nē — «ну да», «конечно»; греч. νή, ναί «ну конечно», «да клянусь же», «ну да»; др.-инд. nấ-nā — «так или иначе», хотя в семантическом отношении о.-с. *na сильно отличается от сопоставляемых с ним слов. И.-е. *nŏ : *nā (Pokorny, I, 320). Вероятно, это то самое *nŏ, к которому (в *e-no-: *o-no-) восходит вторая часть славянского личн. мест. 3 л. См. *он*.

НАБАЛДА́ШНИК, -а, *м.* — «декоративная рукоятка, надставка (чаще в форме утолщения) на верхнем конце трости». Укр. **набалда́шник**. В других слав. яз. отс. Ср. в том же знач.: блр. **булдаве́шка**; болг. **ръкохва́тка**; чеш. knoflík (na holi); польск. gałka (u laski). В русском языке отм. с 1-й трети XVIII в. («Повесть об Иоанне» — Сиповский, 244). В словарях — с 1780 г. (Нордстет, I, 374). ◻ Из **набалда́чник*. Корень *балдак* — заимствование из тюрк. яз. Ср. каз.-тат. **балдак** — «кольцо», «эфес сабли»; кирг. **балдак** — «костыль», «эфес сабли»; казах. **балдақ** — «костыль»; узб. **болдоқ** — «кольцо» (как украшение). Ср. у Радлова (IV : 2, 1503): кирг. **балдак** — «клюка, на которую опирается хромой»; турец., касим.-тат., кирг. «эфес сабли»;

туркм. **balḍak** — «палица с ремнем для прикрепления к руке». Ср. монг. **балдаг** — «эфес сабли».

НАБА́Т, -а, *м.* — «тревожный сигнал, подаваемый размеренными ударами колокола и оповещающий о пожаре, наводнении или ином бедствии». *Прил.* **наба́тный, -ая, -ое**. В других слав. яз. отс. Ср. в том же знач.: укр. **спо́лох**; блр. **звон**. Ср. с.-хорв. **звоњење на узбуну**; чеш. zvonění na poplach; польск. dzwonienie na alarm. В русском языке — довольно позднее слово, известное с середины XVI в. (1553 г.), причем сначала употр. в знач. «большой медный барабан» (Срезневский, II, 265). Так же у Р. Джемса (РАС, 1618—1619 гг., 15 : 18): nabat — «a drumme» (=совр. англ. drum — «барабан»). Ср. позже во многих памятниках XVII в.: «*набаты* у них (янычар) гремят многие и трубы трубят» («Поэтическая» повесть об Азовском осадном сидении в 1642 г. — Воинские повести, 61) и др. Знач. «тревога», «тревожный сигнал» в словарях отм. с 1-й пол. XVIII в. Ср.: *набат* — «сполох» и «*набатный колокол*» в «Рукоп. лексиконе» 1-й пол. XVIII в. (Аверьянова, 189). ◻ Заимствовано с Востока. Первоисточник — араб. nauba(t) — «смена караула», «трубный (или барабанный?) сигнал», naubatǧi — «дежурный (офицер)» (Wehr², 895, Lokotsch, § 1560). В истории этого слова, однако, не все ясно. Как оно попало в русский язык? Иногда ссылаются на тюркское посредство. Но совр. тюркским языкам чужды значения «барабан» и «сигнал к тревоге». Ср. турец. nöbet — «очередь», «наряд», «дежурство», «караул», nöbetçi — «часовой»; азерб. **нөвбә(т)** — «очередь», «дежурство»; **нөвбәтчи** — «дежурный»; с теми же знач.: узб. **навбат, навбатчи**; туркм. **нобат, нобатчы**; каз.-тат. **нәүбәт**. Ср. также у Радлова (III : 1, 669, 670): осм., джаг. **нӓӱбӓт** — «очередь», «караул», **нӓӱбӓтчі** — «часовой», «вестовой».

НАВА́ГА, -и, *ж.* — «небольшая северная морская (прибрежная) рыба семейства тресковых, голубоватая, с коротким усиком на подбородке», Eleginus navaga. Прил. **нава́жий, -ья, -ье**. Укр., блр. **нава́га**; чеш. navaga; польск. nawaga. Слово *навага* известно с начала XVII в. [Р. Джемс (РАС, 1618—1619 гг., 43 : 2): nawága (дано описание этой северной рыбы)]. Слово встр. и позже, но редко. Ср., напр., в описании Соловецкого монастыря (1701—1703 гг.): «камбала, ряпусы, *навага*» (Дамаскин, 70). ◻ Заимствовано из какого-то (пока неизвестного) северного языка. М. б., это саамский (лапландский) язык [см. у Фасмера (Vasmer, REW, II, 191) ссылку на Итконена]. Ср. также ненец. **навангга : навага**. Но в эти языки [как и в фин. (с.) — navaka : navaga] это слово могло попасть из русского. В других европейских языках навага называется по-разному. Ср. нем. Dorsch; голл. dors; швед. torsk и др. Англ. navaga, возможно, — из русского.

НАВАЖДЕ́НИЕ, -я, *ср.* — «непонятное явление, обман чувств»; (по суеверным представлениям) «обманчивое видение, внушенное злой силой, дьяволом», «дьявольские козни». Вследствие народной этимологии -- *навожде́ние* (Ушаков, II, 315). Ср. укр. *наво́ждення*. Др.-рус. книжн. *наваждение* (Срезневский, II, 267). □ Из ст.-сл. языка. Ср. др.-рус. народн. *наваженье* — «(дьявольские) козни» (Срезневский, II, 268). Отглаг. сущ. от *навадити* — «научать», «внушать», «наговаривать» (Срезневский, II, 267). Ср. др.-рус. *вадити*, 1 ед. *важу* — «жаловаться», «порицать», «обвинять», *вадьба* — «клевета» (Срезневский, I, 223—224). Ср. в говорах: новг. *ва́дить* — «манить», «обманывать», *ва́дкий* — «соблазнительный»; пск. *ва́да* — «повадка» («дурная привычка»?), также *ва́день* — «овод», «паут» (Даль, 1, 141), *ва́дить* — «наговаривать», «клеветать на кого-л.», сарат. «звать» (СРНГ, в. 4, с. 12). Ср. словен. vada — «приманка», «наживка»; чеш. vaditi — «мешать», vaditi se — «ссориться»; польск. wadzić — «мешать», «ссорить». Ср. лит. vadìnti — «именовать», «звать», «приглашать»; др.-инд. *vádati* — «говорит», «сообщает», «спорит». Вообще же слово в этимологическом отношении спорное (см. Fraenkel, 1178). И.-е. корень *u̯ed-, м. б., — вариант *u̯edh- — «вести», «водить».

НА́ВЗНИЧЬ, *нареч.* — «(распростершись) на спине, лицом вверх» (противоположное: *ничко́м*). Ср. в других слав. яз.: укр. *на́взнак*, *навзнаки́*; болг. *въ́знак*; словен. vznak; ст.-чеш. vznak (совр. чеш. naznak); польск. na wznak; в.- и н.-луж. znak (< *vznak). Ср. и в русских говорах: *взнак* — «навзничь», правда, наряду с *взник*, *взничь*, *на́ничь* (Даль, I, 176, II, 1033). В русском языке по словарям *навзничь* известно с 1731 г. (Вейсман, 383). Но ср. *взничь* (в Путеш. Арс. Селун. — Срезневский, I, 366). С гораздо более раннего времени и нередко встр. нареч. *възнакъ* : *възнако* и связанное с ним прил. *възнакъ*, *възнакый* — «обращенный (лицом) вверх», «распростертый» (Срезневский, I, 364; Доп. 48). □ Др.-рус. форма основы, по-видимому, *vъznak-; корень *na- (ср. предлог *на*) или *na-k-, с суф. -k-, как в *pro-k-. С другой стороны, это слово сближают с др.-инд. nákaḥ — «небо», «небесный свод». См. Machek ES, 320, ранее: Uhlenbeck, Petersson, Zubatý. Литература — у Майрхофера (Mayrhofer, II, 149), который в общем не оспаривает этого сближения, хотя считает этимологию др.-инд. nákaḥ неясной. Так или иначе, историю рус. *навзничь* следует начинать с о.-с. *vъznakъ : *vъznako (: *vъznače). Старшее знач. было «лицом вверх». Образование *navъznak : *navъznako, с начальным na, — более позднее, м. б., по аналогии с другими наречиями с начальным *na-, ср. рус. *на́земь*, *на́прок*. Что касается формы *навзничь*, то она получилась, несомненно, вследствие контаминации с *ничко́м*, (пасть) *ниц* — с корнем *ник-*, со словами от корня *низ-*.

НАВИГА́ЦИЯ, -и, *ж.* — 1) «судоходство», «регулярное движение речных и морских судов»; 2) «период времени года, когда по климатическим условиям возможно судоходство»; 3) «наука, мастерство вождения судов». *Прил.* **навигацио́нный**, -ая, -ое. Сюда же **навига́тор**. Укр. навіга́ція, навіга́ційний, -а, -е, навіга́тор; блр. навіга́цыя, навіга́цыйны, -ая, -ае, навіга́тар; с.-хорв. навига́ција, на̀вигационӣ, -а̄, -о̄, навѝгатор; чеш. navigace, прил. navigační, navigovati; польск. nawigacja, nawigacyjny, -a, -e. В русском языке слово *навигация* употр. с начала XVIII в.: «заключен... трактат торговли и *навигации*» («Архив» Куракина, VI, 48, 1713 г.), в знач. «наука о вождении судов»: ПбПВ, V, № 1623, 1707 г., 125. Кроме того, Смирнов, 202 (со ссылкой на Феофана Прокоповича). В «Архиве» Куракина (IV, 345, 1711 г.) находим также *навигатор*: «о *навигаторах*... дал знать». Прил. *навигационный* — более позднее. В словарях — лишь с 1834 г. (Соколов, I, 1490). □ Ср. франц. navigation, f., navigateur. Из французского: нем. Navigatión, f., (на немецкой почве) Navigátor; голл. navigatie; англ. navigation, navigator и др. В русском языке *навигация*, возможно, из голл. или из нем., отсюда же, по-видимому, *навигатор*. Прил. *навигационный* возникло на базе сущ. *навигация* на русской почве. Во французском языке navigation восходит к латин. nāvigātiō — «плавание», «судоходство», nāvigātor — «мореплаватель», «моряк» (к nāvigō — «плаваю, плыву на судне», далее — к nāvis — «корабль», «судно» и agō — «веду»).

НА́ВОЛОЧКА (*устар.* на́волока), -и, *ж.* — «чехол для подушки». Укр. на́волока, на́волочка; блр. нава́лочка. Ср. в том же знач.: чеш. и словац. povlak; польск. powłoczka; н.-луж. powłoka. В южнослав. яз. отс. В русском слово *наволочка* известно с начала XVII в. Его записал в 1618--1619 гг. на Севере Р. Джемс (РАС, 8 : 49): navolóseka — «a pillotie» («наволочка»; совр. англ. pillow-case). Кроме того, Срезневский, II, 270 (примеры относятся также к XVII в.). □ Корень *волок-* (< вост.-слав. *volk- < о.-с. *velk-), тот же, что в рус. *влечь* (см.), *волочить*.

НАГА́ЙКА, -и, *ж.* — «короткая толстая ременная плеть». Укр., блр. нага́йка. В других слав. яз. — из русского: болг. нага́йка; чеш. nahajka; польск. nahajka. Также: франц. nagaïka, f.; нем. Nagaika, f. В русском языке известно с XVIII в. В словарях — с 1780 г. (Нордстет, I, 377: *нагайка* — «Peitsche, fovet»). □ Первоначально — «татарская, ногайская плеть», «плеть, употребляемая н о г а й ц а м и». Ногайцы — тюркская по языку народность, живущая ныне на Северном Кавказе. Со стороны словообразования ср. *татарка* — одно из местных русских названий гречи, *китайка* — «нанка» («китайская ткань»), *сибирка* — «род короткого кафтана» и т. п. образования.

НАГА́Н, -а, *м.* — «револьвер с вращающимся барабаном системы бельгийского инженера-оружейника Нагана». Укр., блр. нага́н. Ср. болг. нага́н(т). Возможно, из рус-

НАГ

ского — чеш., польск. nagan. В русском языке это слово известно (сначала, правда, как название ружья той же системы) с конца XIX в. (Брокгауз — Ефрон, т. XX, п/т 39, 1897 г., 422). Особенное распространение это слово (в качестве названия револьвера) получило в годы первой мировой войны и в первые годы революции. ▫ По имени конструктора (Nagant). Ср. нем. Nagant-revólver; англ. Nagant revolver; франц. revolver (système Nagan). Т. о., заимствованное с Запада слово *наган* (как нарицательное) можно считать русским новообразованием.

НА́ГЛЫЙ, -ая, -ое — «вызывающе, нахально дерзкий». *Кр. ф.* нагл, -а́, -о. *Сущ.* нагле́ц, на́глость. *Глаг.* нагле́ть. Ср., однако, укр. на́глий, -а, -е — «быстрый», «скорый», «внеза́пный» («на́глый» — нахаба́ний, -а, -е), на́глість — «внезапность», на́глити — «торопить». Ср. с.-хорв. на̂гао, на́гла, на́гло : на̂гли̑, -а̑, -о̑ — «спешный», «стремительный», «порывистый» («на́глый» — др̏зак, др̏ски, др̏ско : др̏ски̑, -а̑, -о̑, бе̏зочан, -чна, -чно : бе̏зочни̑, -а̑, -о̑); словен. nagel, -gla, -glo — тж.; чеш. náhlý, -á, -é — «внезапный», «неожиданный» (ср. drzký, -á, -é — «наглый»); словац. náhly, -a, -e — «торопливый», «внезапный»; польск. nagły, -a, -e — тж. (ср. zuchwały, -a, -e — «наглый»); в.-луж. nahły, -a, -e — «быстрый», «крутой», «резкий», nahlenc — «вспыльчивый, резкий человек», nahłosć — «запальчивость», «вспыльчивость»; н.-луж. nagły, -a, -e — «вспыльчивый», «крутой», «стремительный». Из русского — болг. на́гъл, -а, -о — «наглый», на́глост — «наглость». Срезневский (II, 274) приводит единственный пример — прил. наглый без указания знач. из Минеи 1096 г. [м. б., «гневный»; ср. также нагльство (XIII в.) — «вспыльчивость», «гнев», нагло (XIV—XV в.) — «быстро», «тотчас»]. *Наглости*, мн. в знач. «необузданность» отм. в 1627 г. (Берында, 128); в знач. «нахальство» — в 1771 г. (РЦ, 336: *наглость*); *наглец* впервые — у Нордстета (I, 1780 г., 378). ▫ Знач. «нахально дерзкий» развилось на русской почве. Старшее знач., по-видимому, было близко к «стремительный», «быстро надвигающийся» и т. п., откуда и «грубый» в русском языке, и «быстрый» — в других славянских. О.-с. *naglъ, -a, -o, *naglьjь, -aja, -oje. Происхождение слова неясно. До сих пор не удалось отыскать убедительных соответствий по корню в других и.-е. языках. Лит. nõglas — «быстрый» — из польского языка. Возможно, о.-с. *naglъ — из *nalglъ, где второе l — суф., как в о.-с. *krǫglъ, а корень — *lg- или *lьg- нулевая ступень и.-е. *legh- (: *lₑgh-?) — «лежать», «лечь» (см. *лежать*). Ср. в семантическом плане др.-рус. и ст.-сл. належа́ти — «наступать» (в бою), «притеснять», «насильствовать», «угрожать», налечи — «напасть», «надавить» (Срезневский, II, 295). См. Machek, ES, 317.

НАГО́Й, -а́я, -о́е — «не имеющий на себе никакой одежды», «голый». *Кр. ф.* наг, -а́, -о. *Сущ.* нагота́. *Глаг.* обнажа́ть(ся),

НАД

обнажи́ть(ся). Укр. наги́й, -а́, -é, нагота́, обнажа́ти(ся), обнажи́ти(ся); с.-хорв. на̂г, на́га, на́го : на̂ги̑, -а̑, -о̑, наго̀та, на́гост, обна́жити (се), словен. nag, -a, -o, nagóta, obnažiti (se); чеш. и словац. nahý, -á, -é, nahota, obnažiti (словац. obnažit'), obnažovati (словац. obnažovat'); польск. nagi, -a, -ie, nagość; в.-луж. nahi, -a, -o, nahota, nahosć; н.-луж. nagi, -a, -e, nagota, nagosć. Др.-рус. (с 945 г.) нагый — «голый», «обнаженный, вынутый из ножен», нагота, обънажати(ся) — «делать голым, вынимать из ножен», «лишать», обнажити(ся) (Срезневский, II, 275, 564). ▫ О.-с. *nagъ, -a, -o, nagъjь, -aja, -oje. Корень *nag- (< *nōg-). И.-е. корень *nogᵘ-. Ср. лит. núogas (вокализм ō) — «нагой», «голый», «холодный»; латыш. nuogs (обычно kails). С неудлиненным *o* ср. др.-сканд. nøkkva (< *nakwian) — «делать нагим». С зубным формантом: др.-в.-нем. nackut : nahhut (совр. нем. nackt); латин. nūdus (< *nogᵘ-dos), отсюда франц. nu, -e; др.-ирл. nocht (< *nogᵘtos); с формантом -po-: др.-инд. nagnáḥ (совр. хинди нангā; бенг. nógo). Подробнее см. Pokorny, I, 769; Walde — Hofmann³, II, 185 и др.

НАД, надо, *предлог с тв. п.* — обозначает положение (местонахождение) поверх чего-кого-л., сверху, выше чего-кого-л. Имеется во всех слав. яз., но с некоторыми особенностями в синтаксическом употреблении. Напр., в с.-хорв. над : нада употр. не только с тв., но и с вин. п. (в этом случае — для обозначения движения, направления действия вверх или сверху в ответ на вопрос «куда»?), так же в чеш., польск. nad : nade. Особо — в болгарском, где старое склонение существительных утрачено. Др.-рус. предлог (с XI в.) надъ, позже и надо, употреблялся не только с тв. п., но и с вин. (как в совр. с.-хорв.). Примеры см. у Срезневского (II, 280—281). Ст.-сл. надъ (SJS, II: 19, 286—288) ▫ О.-с. *nadъ. Слово возникло на о.-с. почве из предлога *na (см. *на¹*) и частицы -d-, то же, что в о.-с. *podъ, *perdъ (> рус. *перед*) и др. Объяснение этого -d- представляет известные трудности. Высказаны противоречивые мнения, из которых получило широкое распространение, пожалуй, мнение Ягича, о котором см. Энделзина, I, 4, 5. Ягич возводил это -d- к и.-е. *dhē- [: *dh-o- и пр. (Pokorny, I, 235 и сл.)], не объясняя, однако, каким образом из этого глагольного по значению и.-е. корня возникла частица -d. Гораздо проще и убедительнее объяснение Брандта, разделяемое Энделзином (уп.), связывающее возникновение предлога *nadъ с появлением предлога *podъ в о.-с. праязыке (см. *под²*).

НАДМЕ́ННЫЙ, -ая, -ое — «надутый», «чванливо-гордый», «высокомерный». *Кр. ф.* надме́нен, -нна, -нно. *Сущ.* надме́нность. Болг. надме́нен, -нна, -нно, надме́нност; с.-хорв. на̏дмен(и̑), -а, -о. В других слав. яз. отс. Ср. в том же знач.: укр. гордови́тий, -а, -е, пиха́тий, -а, -е; блр. фанабэ́рысты, -ая, -ае, ганары́сты, -ая, -ае; чеш. nadutý, -á, -é, zpupný, -á, -é; польск.

НАД

wyniosły, -a, -e. Др.-рус. (с XI в.) и ст.--сл. надъменъ, надъменый — прич. «надутый» в Минее 1096 г., «гордый» в Никон. Панд. (Срезневский, II, 280, 282). ◻ По происхождению о.-с. *nadъmenъ, -a, -o (старшее знач. «надутый») — прич. страд. прош. вр. от о-с. *nadǫti (< *nadъmti), от основы инфинитива, первоначально совпадавшей у этого глаг. I класса с основой наст. вр. — *nadъm- (ср. *nadъmǫ — 1 ед.). См. *дуть*.

НА́ДО, *в знач. сказ.* — «нужно», «должно», «необходимо». Ср. прост. **надо́бно**. В говорах: волог. на́добе, арханг., олон. на́добеть (Подвысоцкий, 96; Куликовский, 60). В других слав. яз. отс. Ср. в том же знач.: укр. тре́ба; блр. тре́ба, трэ; болг. тря́бва, ну́жно; с.-хорв. тре́ба, тре́бало; чеш. třeba; польск. (po)trzeba. Др.-рус. (с XIII в.) надо в Грам. Герд. 1264 г. (Срезневский, II, 277). ◻ Из на добѣ — тж. (примеры с 907 г. см. Срезневский, II, 277—279); позже (с XV в.) надобѣть (ib., 279). Ср. в «Житии» Аввакума (Автограф, 46): «побежал по льду, куды мнѣ надобе. Ср. ст.-рус. доба (XVI в.) — «ὄνησις», т. е. «польза», «выгода», «благо» (Срезневский, I, 671). Ср. укр. доба́ — «пора», «время», «сутки», «эпоха»; болг. доба́; с.-хорв. до̀ба, чеш. doba. О.-с. *doba. В русском языке сохраняются лишь производные от этого слова: *добрый* (см.), *доблесть* (см.), *удобный*, *снадобье*. Сюда же *надобный*, *надобно*. Выражение *на добѣ* первоначально, надо полагать, значило что-нибудь вроде «в пору», «вовремя», «в добрый час» и т. п.

НАЖДА́К, -а́, м. — 1) «горная порода, представляющая собою соединение мелких зерен корунда с примесью некоторых минералов»; 2) «порошок из этой породы, употребляющийся для чистки и шлифовки металлических изделий, камня, стекла и пр.». *Прил.* **наждачный**, -ая, -ое. Укр. наждак, наждачний, -а, -е, наждаковий, -а, -е; блр. наждак, наждачны, -ая, -ае. В других слав. яз. в том же знач. употр. слова, восходящие к нем. Schmirgel; Schmergel : Smirgel, заимствованному в свою очередь из ит. (smeriglio). Ср. болг. шми́ргел; с.-хорв. шми́ргла, словен. и чеш. smirek; польск. szmergiel; но ср. в.-луж. hładźenc — тж., н.-луж. glaźeńc — тж. В русском языке слово *наждак* известно с XVI—XVII вв. [Срезневский, II, 285, со ссылкой на «Торговую книгу» XVI—XVII вв. с неточным определением значения («камень»), не вытекающим из цитаты]. Фасмер (Vasmer REW, II, 194), объясняя слово *наждак*, правильно ссылается на Срезневского, но сам говорит в этой словарной статье не о наждаке, а о *наджаке*, слове балканского происхождения [ср. болг. устар. наджа́к — «топор», «пастушья палка с крюком»; с.-хорв. наџак — ист. «алебарда»; польск. nadziak — «чекан» (ист. «ручное оружие, стержень с топориком и молоточком на конце), заимствованное из южн.-слав. языков, а там восходящее к турец. nacak (произн. наджак) — «топор»].

НАН

Во всяком случае *наждак* было бы рискованно выводить из *наджак*, и этого не делают ни Миклошич (Miklosich, EW, 210), ни Локоч (Lokotsch, § 1539), на которого ссылается Фасмер. Т. о., слово *наждак* приходится пока считать необъясненным.

НАЗОЙЛИВЫЙ, -ая, -ое — «крайне надоедливый», «неотступно навязчивый». *Сущ.* **назойливость**. Блр. назойливы, -ая, -ае (хотя чаще даку́чливы, -ая, -ае). Ср. в том же знач.: укр. насти́рливий, -а, -е; с.-хорв. наме́тљив(и), -а, -о; чеш. doterný, -á, -é, neodbytný, -á, -é; польск. natrętny, -a, -e. В словарях *назойливый* отм. с 1731 г. (Вейсман, 439), *назойливость* — с 1793 г. (САР¹, IV, 469). ◻ Ср. арханг. зой — «спор», «крик», зо́иться — «задираться», «ссориться» (Подвысоцкий, 56), олон. зой — «ссора», «драка», зо́ить — «стонать», «громко кричать» (Куликовский, 30), яросл. зо́иться — «хлопотать» («Опыт», Доп., 1858 г., 68), яросл. назо́йный — «неотступный» (Якушин, 21), сиб. зо́йный — «беспокойный» (Даль, I, 619). Аблаут к *зиять* (см.), *зев* (см.). И.-е. корень *g‍ʰē(i)- : *g‍ʰə(i)-. См. Pokorny, I, 424.

НАИВНЫЙ, -ая, -ое — «простодушный», «по-детски непосредственный и доверчивый». *Кр. ф.* на́ивен, -вна, -вно. Укр. наі́вний, -а, -е; блр. наі́ўны, -ая, -ае; болг. наи́вен, -вна, -вно; с.-хорв. на̏иван, -вна, -вно : на̏ивни, -а̄, -о̄; чеш. naivní; польск. naiwny, -a, -e. В словарях впервые отм. Угловым, 1859 г. (130): *наивный*. Далее — ПСИС 1861 г., 343. ◻ Слово французское: naïf, -ve тж. Из франц.: нем. naiv; англ. naïve : naive и др. Во франц. языке оно восходит, в конечном счете, к латин. nātīvus — «родившийся (естественным образом)», «природный», «естественный» (к nascor < gnascor — «рождаюсь», «происхожу».

НАЛИ́М, -а, м. — «пресноводная донная хищная рыба семейства тресковых, со скользкой, слизистой (без чешуи) и пятнистой кожей», Lota lota. В говорах мень (Даль, II, 915). *Прил.* нали́мий, -ья, -ье. Из русского языка — болг. нали́м; ср. в том же знач. михалца (см. «Рибите в България», 148—149). В других слав. яз.: укр. минь, миньо́к; блр. мянёк, мянту́з; чеш. mník; польск. miętus. В русском языке слово *налим* известно с XVI—XVII вв. Ср., напр., в «Актах Холмог. и Устюж. епархий» (РИБ, т. XIV). Ср. в «Сиб. летописях» (378): «а одеяние и обувь имеют с рыбых кож. . . *налимов*, со мней». ◻ Вероятно, вм. *налин вследствие межслоговой диссимиляции н : н > н : м и влияния таких слов, как *слим, диал. слима́к — «слизняк», «улитка» (Даль, IV, 200). Основа слова — *лин-* [< о.-с. *lip-n-ъ, от корня *lip-; (< о.-с. *lьpnǫti) рус. диал. ли́нуть — «липнуть» (Даль, II, 854)]. Ср. название другой пресноводной донной рыбы со слизистой кожей *линь* (основа < *lip-n-jo-).

НА́НКА, -и, ж. — «грубая, толстая хлопчатобумажная ткань, преимущественно желтого цвета». Ср. китайка — тж., но преимущественно синего цвета. *Прил.* на́нковый, -ая, -ое. Укр. на́нка (но чаще кита́йка), на́нковий, -а, -е (и кита́йковий, -а, -е); блр. на́нка (: кіта́йка), на́нкавы, -ая, -ае. Ср. с.-хорв. нанкинг (при Нанкинг — г. Нанкин); чеш., польск. nankin (при Nankin — г. Нанкин). Слово *нанка* в русском языке известно с 1-й пол. XIX в. В словарях — с 1834 г. (Соколов, I, 1555). Но вошло в употр., конечно, раньше. Ср., напр., в воспоминаниях М. Александрова об Иркутске («Воздушный тарантас», 1827 г., 8): «шаравары из *нанки*». Прил. *нанковый* встр. у Гоголя в повести «Ночь перед Рождеством», 1831 г.: «*нанковые* шаровары и жилет из полосатого гаруса» (ПСС, I, 204). ▫ Ср. франц. (с 1776 г.) nankin; нем. Nanking (название ткани и города Нанкин здесь совпадает). Но ср. англ. nankeen — «нанка» и Nankin(g) — г. Нанкин. Название ткани произошло от названия г. *Нанкин* в Южном Китае (**Нань-кинг** — «южный властелин»), откуда эта ткань в старое время вывозилась в Европу. В русском — из западноевропейских языков.

НАПРА́СНЫЙ, -ая, -ое — «бесполезный», «пустой», «тщетный»; «несправедливый»; *устар.* «внезапный». *Нареч.* **напра́сно.** Ср. **напра́слина** — «наговор», «клевета». В говорах: олон. **напра́зни : на́порозь** — «порожняком» (Куликовский, 62), арханг. **на́порозни** — тж. (Подвысоцкий, 98). Ср. болг. **напра́зен, -зна, -зно, напра́зно** [по Младенову (ЕПР, 335) также **напра́сен, -сна, -сно, напра́сно**; ср. **пра́зна, -зна, -зно** — «пустой», напр., **пра́зна работа** — «пустое дело»]; с.-хорв. **на̏празно** — «напрасно», «зря» (ср. **пра̏зан, -зна, -зно : пра̏зни̑, -а̑, -о̑** — «пустой», «порожний»). Ср. словен. **prazen, -zna, -zno** — «пустой», «праздный», «ненастоящий»; чеш. прост. **prázdný** (диал. **prázný**), -á, -é — «пустой», «незанятый», «порожний»; чеш. и словац. **naprázdno** — «впустую», «зря»; польск. **próżny** (< **próźny** < **prozd'ny**), -a, -e — тж.; в.-луж. **próz(d)ny**, -a, -e — «пустой», «бездеятельный», «праздный»; н.-луж. **prozny**, -a, -e — тж. В совр. знач. прил. *напрасный* известно, по крайней мере, с начала XVII в. Ср. у Р. Джемса (РАС, 1618 — 1619 гг., 35 : 14): naprásnoi — «vaine», «to no purpos» («тщетный», «ни к чему»). В др.-рус. и ст.-сл. слово **напра́сный : напразьный** имело другое знач. — «внезапный», «резкий», «вспыльчивый» (?), «сильный», «жестокий». Примеры у Срезневского (II, 311—313) почти все из памятников книжных жанров. Ср. также **напра́сьнъ, -а, -о, напрасьно** в Хр. Г. Ам. (Истрин, III, 262). ▫ В этимологическом отношении слово трудное. По-видимому, скрещенное образование. Основным элементом скрещения можно считать о.-с. *prask-, где pra— корень (ср. о.-с. *pьrati — «жать», «давить», «толкать»), а -sk— формант. Слова этой группы выражали значение внезапности, резкости, жесткости или жестокости. Ср. рус. диал. (оренб.) **праск** — «треск», «щелканье», «хлопанье бича» (Даль, III, 347); чеш. **praskati** — «хлестать», «хлопать»; межд. **prásk** — «трах», «бах»; словац. pra-

skat'» — «лопаться», «трещать», **práskat'** — «щелкать», «хлопать»; польск. **prask** — «треск», «стук», **praskać** — «трахать», «бахать», «трескать», «швырять», **prasnąć** — «трахнуть», «бахнуть», «треснуть», «швырнуть»; в.-луж. **prask, praskać** (примерно с теми же знач.). Другим элементом скрещивания является о.-с. *porz- (ср. *порожний, праздный*).

НАРЕ́ЧИЕ[1], -я, *ср.* — «большая группа говоров какого-л. языка, которые объединяются некоторыми общими чертами, резко отличающими эту группу говоров от другой такой же большой группы говоров». Иначе **диале́кт**. Укр. **нарі́чча**; болг. **наре́чие**; с.-хорв. **на̑ре̑чjе**; словен. **narečje**; чеш. **nářečí**, словац. **nárečie**; польск. **narzecze**; в.-луж. **narěč**; н.-луж. **narěс**. Это не значит, что *наречие* в знач. «диалект» — слово общеславянское, что оно известно в слав. языках с дописьменного периода. В зап.-слав. языках это слово — позднее, книжное (Brückner, 356; Holub — Kopečný, 240 и др.). В южн.-слав. языках и в др.-рус. оно могло быть заимствовано из ст.-сл., но с другим значением. Ср. др.-рус. книжн. **наре́чие : нарѣчие** — «извещение», «ответ», «предсказание» (Срезневский, II, 325). Со знач. «диалект» (и «диалектизм») оно вошло в употр. значительно позже. Ср. в «Рукоп. лексиконе» 1-й пол. XVIII в.: *наречие* — «отменность языка» (Аверьянова, 198). Позже — в «Рос. гр.» Ломоносова (1755—1757 гг., § 115): «Московское **наречие** не токмо для важности столичного города...» (ПСС, VII, 430). ▫ Возможно, что в ст.-сл. и др.-рус. языках это слово и в ранних знач. и в позднем знач. «диалект» представляет собою кальку с греч. διάλεχτος — «речь», «язык», «беседа», «диалект» (к διαλέγομαι — «разговариваю», «говорю», «рассуждаю»; корень тот же, что в λόγος — «речь», «слово»).

НАРЕ́ЧИЕ[2], -я, *ср., грам.* — «неизменяемая часть речи, обозначающая признак действия или другого признака». Болг. **наречие**. В других слав. яз. ср. в том же знач.: укр. **прислі́вник**; блр. **прысло́ўе**; с.-хорв. **при̏лог**; чеш. **příslovce**; польск. **przysłówek**. Др.-рус. **наре́чие** — «ἐπίρρημα» (Срезневский, II, 325, со ссылкой на Ио. экз.). Позже — в «Грамматике» Смотрицкого (1619 г., гл. «О осми частех слова», л. 16: *Наречiе*) и в более поздних переизданиях этой книги. ▫ Калька с греч. ἐπίρρημα — букв. «приглаголие», «наглаголие» (ср. ῥῆμα — «слово», «речь», «глагол»; ἐπί — «при», «на», «у») или, что менее вероятно, с латин. adverbium (ср. verbum — «слово», «речь», потом — у Варрона — «глагол»; ad — «при», «к», «до»). Латинский термин также является калькой с греч. ἐπίρρημα (см. Поржезинский, 559).

НАРЗА́Н, -а, *м.* — «северокавказская минеральная лечебная углекислая вода из источника». *Прил.* **нарза́нный, -ая, -ое.** Укр. **нарза́н, нарза́нний, -а, -е**; блр. **нарза́н, нарза́нны, -ая, -ае**. Из русского: болг. **нарза́н**; чеш. **narzan, narzanový, -á, -é**; польск. **narzan, narzanowy, -a, -e**. Также франц. narzan; нем. Narzanwasser; англ. Narzan и др. В словарях слово *нарзан* отм. с 1864 г. (Толль, НС, II, 971): «*нардзан* — то же, что кисловодский минеральный ключ». В знач. «вода из этого источника» встр. у Лермонтова («Княжна Мери», 1840 г., запись от 16-VI). Прил. *нарзанный* — более позднее, в словарях — с 1938 г. (Ушаков, II, 412). ▫ Из кабард. **нарт-санэ** (: **сан**) — досл. «напиток (источник) богатырского племени нартов». Ср. у Лермонтова: «Недаром *Нарзан* называется богатырским ключом» («Княжна Мери», запись от 10-VI).

НАРИЦА́ТЕЛЬНЫЙ, -ая, -ое (только в сочетании) — 1) *грам. имя нарицательное* — «слово, обозначающее ряд однородных предметов или понятий»; 2) *нарицательная стоимость* — «номинальная, обозначенная на ценных бумагах, на денежных знаках и монетах (стоимость, цена)». Ср. болг. **нарица́телно существи́телно**, но **номина́лна сто́йност**. В других слав. яз. отс. Ср. в том же знач.: укр. **зага́льне ім'я́** и **номіна́льна ва́ртість**; блр. **агу́льнае імя́** и **наміна́льная цана́ (ва́ртасць)**; чеш. podstatné jméno obecné, apelativum и jmenovitá, nominální hodnota; польск. rzeczownik pospolity и cena (wartość) nominalna и т. д. Как грамматический термин слово *нарицательный* известно с XVII в. Его употр. Смотрицкий (Евье, 1619 г., 16 об.): «имя... собственное и *нарицател(ь)ное*». ▫ От др.-рус. и ст.-сл. глаг. **нарицати** — «называть» (Срезневский, II, 319; SJS, II: 19, 308—309). След., как бы назывные, обыкновенные, обычные существительные. Надо полагать, калька с латин. nōmen appellātīvum — «имя существительное нарицательное» (ср. appellō — «называю», «именую»). Ср. ит. nome appellativo — «имя существительное нарицательное». Нарицательное имя сущ., вероятно, называли по-латыни еще nōmen commūnis — «обыкновенное имя сущ.» (ср. с этим знач.: франц. nom commun; ит. nome comune; исп. nombre común; англ. common noun и др.). Первоисточник — греч. ὄνομα προσ-ηγόρον : προσ-ηγορικόν — «имя сущ. общеупотребительное, обычно называемое» (> «нарицательное»). Что касается финансово-экономического значения этого слова, то оно — позднего происхождения. Вероятно, калька с франц. valeur nominal — «нарицательная, номинальная (названная, обозначенная) стоимость». См. *номинальный*.

НАРКО́З, -а, м. — «искусственно вызванная потеря чувствительности», «состояние нечувствительности». Прил. **нарко́зный**, -ая, -ое. Сюда же **нарко́тик** с *прил.* **наркоти́ческий**, -ая, -ое. Укр. **нарко́з**, **нарко́тик**, **наркоти́чний**, -а, -е; блр. **нарко́з**, **нарко́тык**, **наркаты́чны**, -ая, -ое. Ср. болг. **нарко́за**, ж., **наркоти́к**, **нарко́ти́чен**, -чна, -чно; с.-хорв. **нарко́за**, **нарко́тина** — «наркотик», **наркоти́чан**, -чна, -чно : **наркоти́чни**, -а̑, -о̑; чеш. narkosa, прил. narkotisační — «наркозный», narkotikum : narkotik, narkotický, -á, -é; польск. narkoza, narkotyk, narkotyczny, -a, -e. Прил. *наркотический* в словарях отм. с 1804 г. (Яновский, II, 923), *наркоз* — с 1898 г. (Брокгауз — Ефрон, т. XXᴬ, п/т 40, с. 568), позже — Ушаков, 1938 г. (II, 412—413). ▫ Ср. франц. narcose, f., narcotique, m.; нем. Narkóse, f., Narkótikum, n.; англ. narcosis, narcotic; ит. narcosi, f., narcótico, m.; исп. narcotismo, m., narcotico, m. Первоисточник — (поздне)греч. νάρκωσις (откуда позднелатин. narcosis), от νάρκη — «судорога», «оцепенение», «онемение», также «электрический скат» (рыба). Ср. греч. ναρκάω : ναρκόω — «цепенею», «коченею», (поздне)греч. ναρκωτικός — «приводящий в оцепенение», откуда позднелатин, narcoticus. В русском языке — из западноевропейских.

НАРЦИ́СС, -а, м. — «садовое травянистое многолетнее луковичное растение с белыми (или желтыми) душистыми цветками с пленчатым покрывальцем у основания», Narcissus. Прил. **нарци́ссовый**, -ая, -ое. Укр. **нарці́с**, **нарці́совий**, -а, -е; блр. **нарцы́з**, **нарцы́завы**, -ая, -ае; болг. **нарци́с**; словен. narcisa; чеш. narcis, narcisový, -á, -é; польск. narcyz. Ср. с.-хорв. **су̏новрат** — «нарцисс». Известно в русском языке с 1-й пол. XVIII в. (Вейсман, 1731 г., 437: *нарцис : наркис*). Прил. *нарциссовый* в словарях — с 1793 г. (САР¹, IV, 473). ▫ Восходит, в конечном счете, к греч. νάρκισσος — «нарцисс» (и Нарцисс — имя сына бога Кефиса и нимфы Лириопы, отвергшего любовь Эхо и за это превращенного в цветок нарцисс), которое этимологически связано с νάρκη «оцепенение», «онемение», ναρκάω — «цепенею», «коченею» (см. *наркоз*). Из греческого языка — латин. narcissus. В русском языке, видимо, из голландского или немецкого. Ср. голл. narcís, f. (c=s); нем. (с XVI в.) Narzisse, f. < латин. narcissus (откуда форма м. р. в русском языке). Франц. narcisse (произн. narsis); ит. narciso (произн. нарчизо) и др. Западноевропейские названия нарцисса восходят к латинской форме.

НА́РЫ, *нар*, мн. — «(в казарме, бараке) приспособление для спанья в виде сплошного (во всю длину стены) настила из досок на некотором расстоянии от пола на деревянных подпорках». В говорах: ряз. **на́ры** — «задняя широкая лавка», «кутник», костром., волог. «полати» (Даль, II, 1052). Ср. волог. **ма́ры** — «полати» (ib., 900). С другой стороны, ср. курск. **ма́ры** — «носилки для покойников» (ib., 1052). Укр. **на́ри**; блр. **на́ры**. Ср. польск. (с XVI в.) nary — «ложе», «постель»; также «дощатый пол, настил». Болг. **нар**, мн. **на́рове** — из русского. В других слав. яз. отс. Ср. в том же знач.: чеш. pryčna, palanda. Но ср. чеш. máry (ст.-чеш. páry) — «погребальные носилки». Из чешского — польск. máry — «носилки для покойников». Ср. в.-луж. mary — тж.; н.-луж. bory — тж. Из зап.-слав. языков — укр. **ма́ри** — тж. и курск. **ма́ры** (см. выше). Источник зап.-слав. слова — нем. Bahre, f. — «носилки», «гроб». Изменение *б : п > м* произошло на чешской почве (принимая во внимание знач. слова, м. б., под влиянием mrtvý — «мертвый»).

НАС

Изменение м > н в польском языке могло произойти под влиянием слов с о.-с. корнем *nes- : *nos- (ср. польск. nosić — «носить», nosze, pl. — «носилки»). В русском языке употр. с конца XVIII в. (САР¹, IV, 1793 г., 472). ▫ В русском языке это (попавшее к нам с юга?) слово получило новое знач. [сначала, м. б., в условиях экспрессивной речи — «дощатый настил (как для покойников) в тюрьме, в ночлежном доме, в бараке и пр.», отсюда «нары»]. Начальное н могло возникнуть и независимо от польского изменения m > n, ср., напр., рус. диал. наст — «помост, мостки для беленья полотна» (Даль, II, 1065).

НАС, НАМ, НА́МИ, *мест. личн.,* 1 л. *род.-предл., дат. и тв. мн. ч.* (при *им. п.* **мы**). Так почти во всех слав. яз. Укр. **нас, нам, на́ми**; блр. **нас, нам, на́мi**; болг. **нас** (вин.), **нам** (дат.); с.-хорв. **нȃс** (род., вин.), **нȃма** (дат., твор., местн.); словен. nas, nam, nami; чеш. и словац. nás, nám, nami; польск. nas, nam, nami; в.-луж. nas, nam, nami; н.-луж. nas, nam, nami. Др.-рус. и ст.-сл. **насъ** (род., вин.), **намъ, нами**. ▫ О.-с. *nasъ (< *nōs-sōm), *namъ [< *nōs-mъ; ср. о.-с. *toimъ (дат. мн.) «тем»], *nami (ср. *nōs-mi; ср. *toimi «теми»). Ср. др.-прус. nōuson (род. мн.), nōumans (дат. мн.). И.-е. основа (мн. ч.) *nōs- : *ns-. Ср. латин. nōs — «мы» (первоначально — вин.); др.-инд. (энклит.) naḥ — «нас», «нам». К варианту основы *ns- восходят гот., др.-в.-нем. (и совр. нем.) uns; голл. ons — «нас», «нам».

НАСЕКО́МОЕ, -ого, *ср.* — «мелкое ползающее или летающее членистоногое животное, беспозвоночное, с суставчатым телом и обычно с шестью ножками», Insectum. Блр. **насяко́мае**. Из русского — болг. **насеко́мо**. В других слав. яз. отс. Ср. в том же знач.: с.-хорв. **йнсек(а)т, ку́кац**; словен. žužek, žuželka; чеш. hmyz; польск. owad, insekt; н.-луж. pśekasańc. В русском языке это слово известно с XVIII в. В словарях — с 1731 г. (Вейсман, 721, причем здесь — лишь как отглаг. прил. в сочетании со словом *гадина*: *насекомая гадина*). Позже это отглаг. прил. чаще употр. во мн. ч. в сочетании с *гады*, причем иногда и в форме *несекомые гады* (так у Державина в издании 1808 г. — Сб., ОРЯС, т. 101, с. 26). Субст. прил. ср. р. (*насекомое*) — с конца XVIII в. (САР¹, V, 1794 г., 1050). ▫ По происхождению — калька с латин. insectum, *pl.* insecta (от insecō — «рассекаю», «разрезаю», «надрезаю»). Латинское же слово само является калькой с греч. ἔντομον (подразум. ζῷον) «насекомое» (отсюда название науки о насекомых *энтомология*), собств. «разрезанное», «нарезанное», «перерезанное» (от τέμνω — «секу», «рублю», «разрезаю»). Из латинского же с XVI в. — в зап.-европ. языках (франц. insecte; англ. insect; нем. Insekt и т. п.). Т. о., *насекомое* (как бы от *сечь*, *секу, насеку*; ср. прич. страд. наст. вр. *несомый, ведьмый* и т. п.) значит собств. «нечто насеченное» (имеется в виду суставчатость тела насекомых).

НАС

НАСТ, -а, *м.* — «отвердевшая на морозе (оледеневшая) крепкая корка на поверхности осевшего снега, не проваливающаяся под тяжестью пешехода или даже саней». В говорах употр. также в знач. «помост, мостки для беленья полотна» (Даль, II, 1065). Вероятно, вследствие смешения *наст* и *мост* (см.). Укр. **наст**. В других слав. яз. отс., знач. передается по большей части описательно. Напр., чеш. zledovatělá kúra, zledovatělá vrstva sněhu; польск. skorupka lodowa na śniegu (или szreń) и т. д. Блр. **шарпа́к, шаро́н**. В русском языке слово *наст* известно с XVIII в. В словарях — с 1771 г. (РЦ, 337). ▫ Обычно объясняют как *na+st-ъ, где na- — предлог-приставка (см. *на¹*), a st- — корень, тот же, что в *стать, стоять* (см.). И.-е. корень *stā- : *stə- : *st-. Слово *наст* не единственное в русском языке с этим корнем; ср. прил. *простой* (см.). Сюда, возможно, относится и *застить*.

НА́СТЕЖЬ, *нареч.* — (гл. обр. в сочетании с глаг. *открывать, распахивать*, сущ. *дверь, окно* и т. п.) «до конца», «во всю ширину». Укр. **на́встiж**; блр. **на́сцеж**. В русском языке это нареч. по словарям известно лишь с конца XVIII в. (САР¹, IV, 1793 г., 474: **насте́шь**). ▫ Происхождение неясное. Обычно со времени Миклошича (Miklosich, EW, 323—324) сопоставляют с др.-рус. и ст.-сл. **стежеръ** — «столб», «цель» (Срезневский, III, 510) — словом очень редким, но будто бы возглавляющим целую группу более употребительных и доживших до нашего времени слов. Ср. др.-рус. и совр. рус. *стожа́р* — «шест, втыкаемый в землю посреди стога для укрепления его». В других слав. яз.: словен. stežaj — «дверные петли» (м. б., и «дверная колода» < «дверной столб»?), вероятно, отсюда na stežaj — «широко», «настежь» (хотя stežaj также «пролет» и может быть связано со steza — «тропа», «дорожка», как польск. устар. и обл. na ścieżaj — «настежь» со ścieżka — «тропинка», «дорожка». Ср., впрочем, чеш. stěžeje — «дверная петля». Согласно этому мнению, *настежь* первоначально значило (открыть двери, ворота, особенно одностворчатые) «на полный оборот вокруг дверного столба, шеста (*стежера, стежая*). Не исключено, однако, что дело обстояло гораздо проще. Ср. рус. диал. *стежь* — «путь», «дорога», «походка, проходка куда», отсюда **сте́жью** — «настежь», «ро́спашью» (Даль, IV, 292). Слово *стежь* относится к группе *стезя́* (см.), обл. *стега́* (< *стьга) — «тропа», «дорога». Т. о., старшее знач. «на выход, на выезд, в путь-дорогу» (открыть двери, ворота).

НАСТУ́РЦИЯ, -и, *ж.* — «травянистое цветочно-декоративное, иногда вьющееся, растение с крупными одиночными цветками в форме капюшона — оранжевыми, желтыми, красными разных оттенков», Tropaeolum, Nasturtium. Иначе **капуци́н**. *Прил.* **насту́рциевый, -ая, -ое**. Укр. **насту́рцiя**; блр. **насту́ркавы, -ая, -ае**; болг. **насту́рция**; польск. nasturcja. Ср. в том же знач.: с.-хорв. **у̏гас**; чеш.

potočnice. В русском языке слово известно (сначала в форме *настурций*, м., отмечаемой и Далем) с конца XVIII в. (САР¹, IV, 1793 г., 473). □ Восходит к латин. nāsturtium : nāsturcium, а оно — из nāstortium. Толкуют (со времен Варрона) как *nāsum torqueat — букв. «нос беспокоит», «то, что мучит, беспокоит (режет) обоняние», возводя к *nās-tor-qᵘi̯om (Walde — Hofmann³, II, 145). Из латинского: ит. nastúrzio; англ. nasturtium. Ср. франц. capucine (но nasitort — «кресс»); нем. Kapuzinerkresse.

НАСТЫ́РНЫЙ, -ая, -ое — «настойчивый до надоедливости», «назойливый». Ср. укр. насти́рний, -а, -е, также насти́рливий, -а, -е, насти́ра — «настырный человек»; насти́рити(ся) насти́рювати(ся) — «навязывать», «всучивать», «надоедать». В других слав. яз. отс. В русском языке *настырный* — сравнительно позднее слово. Сначала оно отм. как обл. («Опыт» 1852 г., 124). □ По происхождению это слово явно связано с глаг. *стырить*, который, однако, сам в этимологическом отношении недостаточно ясен. Ср. в русских говорах: сты́рить — тамб. «говорить глупо, нескладно», «браниться», волог., перм. «спорить», «упрямиться» (там же сты́ра — «спорщик», «строптивый»), олон. «дразнить» (Даль, IV, 319), «клянчить», «надоедать просьбами», «насмехаться», ты́ркать, ты́рнуть — «совать», «сунуть», «дергать» (Куликовский, 115, 122). Ср. укр. диал. ти́рити — «совать», «всучать» (Гринченко, IV, 262), общеукр. «тащить», «волочить»; чеш. týrati — «мучить, истязать»; польск. устар. tyrać (совр. terać) — «истаскивать», «изнашивать». По Махеку (Machek, ES, 546) можно связывать (в абляуте) с рус. прост. *тури́ть* (*протури́ть*) — «гнать», «прогонять», «погонять», «торопить», «понукать», отсюда нижегор. ту́ркий — «проворный», «быстрый», «спешный» (Даль, IV, 406). Ср. др.-инд. turáti «спешит», «выпирает». Тогда и.-е. корень мог бы быть *tēu- : *tεu- : *tŭ- с расширителем -r- — «разрастаться», «набухать», «выпирать» (Pokorny, I, 1080 и сл.).

НА́ТРИЙ, -я, м. — «очень мягкий щелочной металл серебристо-белого цвета», Natrium. *Прил.* на́триевый, -ая, -ое. Укр. на́трій, на́трійовий, -а, -е; блр. на́трый, на́трыевы, -ая, -ае; болг. на́трий, на́триев, -а, -о; с.-хорв. на̀тријум, на̀тријумов, -а, -о; чеш. natrium (чаще sodík), natriový, -á, -é; польск. natrium (обычно sód). В русском языке слово *натрий* известно с 1-й пол. XIX в. В словарях — с 1847 г. (СЦСРЯ, II, 415; там же *натр*). □ Название *натрий* (латин. Natrium), происходящее от *натр* (как тогда называли окись натрия), предложено шведским химиком Я. Берцелиусом в 1811 г. и введено в русскую химическую номенклатуру Г. И. Гессом в 1831 г. (БСЭ², XXIX, 231). Ср. название *натра* в слав. яз.: укр., блр. натр; болг. устар. на́триев о́кис; чеш. kysličník sodný; польск. natron. Ср. нем. Natron «едкий натр», но Natrium «натрий»; швед. natron — «натр», но natrium — «натрий». Ср. франц. sodium, m. — «натрий», но «натр» — natron («едкий натр» — также hydrate sodique, soude caustique); англ. sodium — «натрий» (но «натр» — natron). Первоисточник — араб. natrūn — «натр», «природная сода», точнее — сода, добываемая в районе соляного озера (впадины) Ва́ди-эн-Натру́н (Wādī Natrūn) к северо-западу от Каира (Wehr², 865).

НАТУ́РА, -ы, ж. — 1) «действительность», «реальность»; «явления и предметы реального мира»; 2) «товары, продукты как заменитель денег»; 3) «характер человека»; 4) *устар.* «природа». *Прил.* (к *натура* гл. обр. в 4 знач.) нату́рный, -ая, -ое, (с другой основой) нату́ральный, -ая, -ое (см.). Укр. нату́ра, нату́рний, -а, -е; блр. нату́ра, нату́рны, -ая, -ае; болг. нату́ра — «характер», «природа»; с.-хорв. на̀тура — тж.; чеш. natúra — тж.; польск. natura тж. В русском языке слово *натура* известно по крайней мере с XVII в. Его употребляет, как обычное слово, Котошихин (21), московский житель, подьячий Посольского приказа: «московских людей *натура* не богобоязливая» (конец 60-х гг. XVII в.). Часто встр. в начале XVIII в. Напр., в том же смысле в «Архиве» Куракина (I, 256): «а болезнь... и не подняла (ее) *натура*». Но в это время *натура* встр. и со знач. «природа» (Гюйгенс, 1717 г., 49, 63). См. еще Смирнов, 202. □ Слово латинское. Ср. латин. nātūra — «рождение», «природные свойства», «душевный склад» (от nātus — «рожденный», «прирожденный», «природный», к nāscor — «рождаюсь», «происхожу»). Отсюда: франц. nature; нем. Natúr и др. В русском языке заимствовано, м. б., книжным путем непосредственно из латинского языка. Предполагать польское посредство оснований не имеется.

НАТУРА́ЛЬНЫЙ, -ая, -ое — «соответствующий природе вещей», «естественный»; «настоящий», «неискусственный», «непритворный»; *устар.* «естественнонаучный». Сюда же натурали́зм, натурали́ст (с производными). Укр. натура́льний, -а, -е, натуралі́зм, натуралі́ст; блр. натура́льны, -ая, -ае, натуралі́зм, натуралі́ст; болг. натура́лен, -лна, -лно, натурали́зъм, натурали́ст; с.-хорв. натура̀лӣзам, натура̀лист(а); чеш. naturální (гл. обр. о повинностях, о хозяйстве и т. п.), naturalismus, naturalista — «последователь натурализма» (но не «естествоиспытатель»); польск. naturalny, -a, -e, naturalizm, naturalista. В русском языке слово *натуральный* известно (в знач. «естественный», «природный») с самого начала XVIII в.: «сады хороши, да без фонтанов... *натуральных*» в «Архиве» Куракина, I, 123, 1705 г. См. еще Смирнов, 203. В словарях отм. с 1731 г. (Вейсман, 657). Другие слова этой группы — более поздние; *натурализм* (в знач. «естественность», «натуральность») встр в статье Белинского «Взгляд на развитие русской литературы в 1847 г.»: «остается упомянуть еще о нападках... на *натурализм* вообще» (ПСС, X, 302).

В словарях — с 1861 г. (ПСИС, 344, в знач. «направление в философии»; слово *натуралист* в филос. знач. отм. Нордстет, I, 1780 г., 399). Слово *натуралист* — «специалист по естественным наукам» известно со 2-й пол. XVIII в. (примеры см. Веселитский, 45). В словарях — Яновский, II, 1804 г., 929. ▫ Из западноевропейских языков. Ср. франц. naturel, -le, naturalisme, *m.*, naturaliste, *m.*; нем. natürlich, Natur-, Naturalísmus, *m.*, Naturalíst; англ. natural, naturalism, naturalist. Первоисточник — латин. nātūrālis, -e (прил. к nātūra) — «природный», «врожденный», «естественный».

НАТЮРМÓРТ, -a, *м.* — (в живописи) «изображение группы определенных предметов (цветы, фрукты и зелень, рыба, битая дичь и т. п.)». *Прил.* **натюрмóртный**, -ая, -ое. *Сущ.* **натюрморúст** (< *натюрмортист). Укр. натюрмóрт, натюрмóртний, -а, -е; блр. нацюрмóрт, нацюрмóртавы, -ая, -ае; болг. натюрмóрт. В большинстве других слав. яз. отс. Ср. в том же знач.: с.-хорв. мртва природа; польск. martwa natura; чеш. zátiší. В русском языке — примерно с конца XIX в. Встр., напр., у Стасова в статье «Выставки двух художественно-промышленных школ», 1889 г.: «так называемый „натюрморт"» («Статьи и заметки», II, 46). В словарях — Южаков, XIII, 1903 г., 702.

НАФТАЛÍН, -a, *м.* — «белое кристаллическое вещество с острым, резким запахом, добываемое из масла каменноугольной смолы и используемое в домашнем хозяйстве гл. обр. как средство против моли». *Прил.* **нафталúновый**, -ая, -ое. Укр. нафталíн, нафталíновий, -а, -е; блр. нафталíн, нафталíнавы, -ая, -ае; болг. нафталúн, нафталúнов, -а, -о; с.-хорв. нафтàлин; чеш. naftalin, naftalinový, -á, -é; польск. naftalina, *ж.* В словарях русского языка слово *нафталин* отм. с 1847 г. (СЦСРЯ, II, 417). ▫ Ср. франц. (с 1836 г.) naphtaline, *f.*; нем. Naphthalin, *n.*; англ. naphthalene; ит., исп. naftalina. Из европейских языков: турец. naftalin; хинди нэф'т^халин и др. Слово пущено в обращение французскими, немецкими и русскими химиками, определившими химический состав нафталина (особенно много сделал в этом отношении А. А. Воскресенский в работе «Über die Zusammensetzung des Naphtalins», 1838 г.). Образовано от названия нефти: франц. naphte; нем. Naphtha и др., которое восходит через латин. naphtha к греч. νάφθα — «нефть». В научно-технической терминологии основа *нафт-* часто используется в названиях продуктов перегонки нефти.

НАХÁЛ, -a, *м.* — «грубый, бесцеремонный человек». *Женск.* **нахáлка**. *Прил.* **нахáльный**, -ая, -ое. *Сущ.* **нахáльство**. В других слав. яз. лишь как заимствование из русского: болг. нахáл, нахáлен, -лна, -лно, нахáльство. Ср. в том же знач. чеш. drzoun, opovážlivec; польск. zuchwalec, grubianin; укр. нахáба; блр. нахáбнiк. В русском языке слово *нахал* — довольно позднее. В словарях — с 1731 г. (Вейсман, 92), *нахальный* — с 1771 г. (РЦ, 554), *нахалка* отм. впервые у Даля (II, 1865 г., 1076), *нахальство* встр. в повестях Петровского времени («Повесть об Александре». — Моисеева, 232); в словарях с 1771 г. (РЦ, 554). ▫ Корень тот же, что в *охальник*, *подхалим*, в абляуте — в *холуй*, а также в *шалить* (см.). Ср., напр., с.-хорв. óхол(й), -а, -о — «кичливый», «заносчивый», «надменный», «наглый», óхолити се — «держать себя надменно, нагло», «кичиться»; словен. ohol, -a, -o — «высокомерный», «заносчивый», oholost — «высокомерие». И.-е. корень, м. б., *skĕl-: *skŏl- (Pokorny, I, 928) — «гнуть», «сгибать», также «кривой», «искривленный», «извращенный» [с перестановкой *ksel-: *ksol- на о.-с. почве, откуда (ks > kch > ch) *chol-: *chal-: *šal-].

НÁЦИЯ, -и, *ж.* — «исторически сложившаяся форма общности людей, характеризующаяся общностью языка, территории, экономической жизни и психического склада, проявляющегося в общности культуры». *Прил.* (от основы *национал-*) **национáльный**, -ая, -ое. Укр. нáція, націонáльний, -а, -е; блр. нáцыя, нацыянáльны, -ая, -ае; болг. нáция, национáлен, -лна, -лно; с.-хорв. нáциjа, нàционāлан, -лна, -лно и национáлнӣ, -ā, -ō; польск. nacja (но чаще naród), nacjonalny, -a, -e (но чаще narodowy, -a, -e). В других слав. яз. это понятие выражается словом *народ*: словен. narod, naroden, -dna, -dno; чеш. národ, národní и др. В русском языке слово *нация* (сначала только в знач. «народ») известно с Петровского времени. Ср., напр., в «Архиве» Куракина: «...многие годы жил на Москве... и к нашей *нации* многую любовь (являет)» (III, 320, 1705 г.); «*нация* калмыцкая», «*нация* татар» (I, 345). См. также Смирнов, 203 (со ссылкой на «Лексикон вокаб. новым»: «*нация* — народ...»). В словарях — лишь с 1780 г. (Нордстет, II, 400). *Прил.* *национальный* в словарях отм. с 1804 г. (Яновский, II, 934), но, конечно, оно было известно и раньше. Неоднократно встр. в сочинениях и письмах Фонвизина. Напр., в письме к родным из Италии (от 1 (12)-II-1785 г.): «*национального* характера» (СС, II, 539); в «Чистосердечном признании...», кн. 2: «сделаны *национальными* художниками» (СС, II, 89). ▫ Из западноевропейских языков. Ср. франц. nation, *f.*, прил. national; нем. Natión, *f.*, прил. national; англ. nation, national; ит. naziόne, *f.*, nazionale; исп. nación, *f.*, nacional и т. д. Первоисточник — латин. nātiō — «происхождение», «род» > «племя», «народность», «класс», «сословие», «каста», «порода» [корень тот же, что в nascor (< gnascor), nātus sum, nasci — «рождаться», «происходить»].

НАЧÁТЬ, начнý — «приступить к какому-л. действию», «проявить какое-л. состояние», «сделать почин». *Возвр. ф.* **начáться**. *Несов.* **начинáть**, **начинáться**. *Возвр. ф.* **начинáться**. *Сущ.* **начáло**, **начáтки**. Укр. начáти(ся), начинáти(ся) [но чаще почá-

НАШ

ти(ся), починáти(ся)], начáло (гл. обр. в знач. «основание», «принцип»; чаще почáток); болг. начéна (се) — «начну», начéвам — «начинаю», начáло; с.-хорв. нàчети, 1 ед. нàчнēм, нàчињати, 1 ед. нàчињēм, начéло; словен. načéti, 1 ед. načnem, cenjati, 1 ед. načenjam [чаще začé(nja)ti], načelo (чаще začetek); в.-луж. načeč, 1 ед. načnu, načinać, 1 ед. načinam (также počeć, počinać; но «начало» — только počatk). В прочих слав. яз. — только с другими приставками: блр. пачáць, пачáцца, пачынáць, пачынáцца, пачáтак; чеш. začíti (se), 1 ед. začnu (se), začinati (se), 1 ед. začinají (se); словац. začat' (sa), začinat' (sa), začiatok; польск. zacząć (się), 1 ед. zacznę (się) (: począć), zaczynać, 1 ед. zaczynaję, zaczątek; н.-луж. spoceś, spocetk. Др.-рус. (с XI в.) начати(ся), 1 ед. начьну(ся), начинати(ся), 1 ед. начинаю(ся), начало, начатъкъ (Срезневский, II, 348—351). Ст.-сл. наүѧти, 1 ед. наүьнѫ, наүиннати, 1 ед. наүинаѭ, наүѧло (Супр. р. — Meyer, 134). □ О.-с. *načęti, 1 ед. *načьnǫ, *načinati, 1 ед. *načinajǫ, *načęlo. Корень *čę- (< *kn̥-), абляут *kon- (ср. *конец*). И.-е. корень *ken- — «(вновь) выступать наружу», «появляться», «начинать» (Pokorny, I, 563—564). Ср. латин. recēns (корень cen- < *ken-) — «свежий», «новый», «молодой»; ср.-ирл. cinim (корень *kēn-) — «я рожден от», «происхожу от» и др.

НАШАТЫ́РЬ, -я́, м. — «хлористый аммоний». *Прил.* нашаты́рный, -ая, -ое. Укр. нашати́р, нашати́рний, -а, -е; блр. нашаты́р, нашаты́рны, -ая, -ае. Ср. болг. нишадéр, нишадéрен, -а, -о; с.-хорв. нишàдор. В других слав. яз. отс. Ср. в том же знач.: словен. salmiak; чеш. salmiak, salmiakový, -á, -é; польск. amoniak или также salmiak. Ср. нем. Salmiak («нашатырный спирт» — Salmiakgeist). В русском языке слово *нашатырь* известно, по крайней мере, с XVII в. Встр. в ТК МГ, I, 16, 61, 1633 г. Ср. в МИМ, в. 2, № 365, 1665 г., 308: «салы амониаком... а по руски *нашатыръ*»; в книге «Прохладный вертоград», 1672 г.: *нашатырь* (Флоринский, 167). В словарях отм. с 1731 г. (Вейсман, 519), прил. *нашатырный* — с 1780 г. (Нордстет, I, 402). □ Восходит, в конечном счете, к араб. nušādir — «аммиак» (Wehr², 857). В русский язык, видимо, попало при посредстве тюркских языков [ср. турец. nişadir (откуда южнославянские формы); кирг. ношотур; в других тюрк. яз. нередко в форме нашатырь, вероятно, из русского языка. Ср. перс. нāшадóр — тж.

НЕ, *отрицат. частица*. Так во всех слав. яз., в настоящее время и в прошлом. Укр., блр., болг., с.-хорв. не; словен., чеш. ne; польск. nie; в.- и н.-луж. nje (отриц. приставка), но ně — «нет»). Др.-рус. и ст.-сл. не (Срезневский, II, 354). □ О.-с. *ne. И.-е. *nē : *nei (> о.-с. *ni). Ср. лит. nè — «не», «нет» (но nē — «ни»); латыш. ne; др.-в.-нем. ne, ni [в совр. нем. только в сложениях, прежде всего nein (< и.-е. *ne ionom — «не один»; ср. латин. nōn < *ne oinom)]; др.-исл. ne; латин. ne- (в сложениях вроде nesciō — «не знаю», neuter — «ни тот, ни другой»); др.-инд. ná (хинди na) и др. Подробнее: Pokorny, I, 756 и сл. См. также *ни*.

НÉБО, -а (*мн.* небесá), ср. — «все пространство земной атмосферы над горизонтом, видимое в форме опрокинутой чаши или свода». *Прил.* небéсный, -ая, -ое. Укр. нéбо, небесá, небéсний, -а, -е; блр. нéба, нябёсы, нябéсны, -ая, -ае; болг. небé — небó, небесá, небéсен, -сна, -сно; с.-хорв. нéбо — «небо», «климат», «полог» (над постелью), небèса, небéснӣ, -ā, -ō, нèбески, -ā, -ō; словен. nebo, nebesa, nebesen, -sna -sno, nebeškī, -á, -é; чеш. nebe, nebesa, nebeský, -á, -é; словац. nebo, nebesá, nebeský, -á, -é; польск. niebo, niebiosa, niebieski, -a, -ie; в.-луж. njebjo, njebjesa — «небеса», «балдахин», njebjeski, -a, -e; н.-луж. njebjo, njebjaski, -a, -e. Др.-рус. (с XI в.) и ст.-сл. небо, *мн.* небеса, небесьный, небесьский (Срезневский, II, 356, 357). □ О.-с. *nebo, род. *nebese, им. мн. *nebesa. И.-е. корень *(e)nebh- — о видимом небе, особенно об облаках, о тумане (Pokorny, I, 315 и сл.). Ср. лит. debesìs (с основой на -i-; d вм. n под влиянием dangùs — «небо») — «облако», «туча»; греч. νέφος — «облако», «туча», «туман»; др.-ирл. nem — «небо» при кимр. nef — тж. (ср., однако, Vendryes, N-8); авест. (основа) nabah- — «небо»; др.-инд. nábhaḥ, *п.* — «облако», «туман», «чад», «небо» (ср. бенг. нобʰо — «небо»); также хетт. nepis, род. nepisas — «небо». Далее (с формантом -l-) др.-в.-нем. nebul (совр. нем. Nebel) — «туман». В русском языке произношение *е* (ср. и нёбо) заставляет полагать, что это слово книжное по происхождению, церковнославянское.

НЁБО, -а, ср. — «верхняя (с костяной основой) часть полости рта, отделяющая ротовую полость от носовой», Palatum. *Прил.* нёбный, -ая, -ое. Ср. с.-хорв. нéбо (чаще нéпце), нéпчанӣ, -ā, -ō; словен. nebo v ustih; н.-луж. njebjo w gubje; в.-луж. njebjeska, *мн.* Ср. болг. небцé, нéбен, -бна, -бно. Ср. в том же знач.: укр. піднебíння; блр. паднябéнне; польск. podniebienie. Ср. чеш. patro (собств. «этаж»). В русском языке *нёбо* в знач. «palatum» отм. в словарях с 1793 г. (САР¹, IV, 476: «небо во рту»), но трудно сказать, произносилось ли оно в XVIII в. по-русски (нёбо), или по-церковнославянски (с *е* после н). Еще Даль (II, 1089) колебался в этом отношении: «*небо* или *нёбо* — костяной свод рта и пр.», хотя в знач. «верхняя часть свода русской печки» он употребляет только *нёбо*. Прил. *нёбный* (с *ё*) впервые отм. Далем (ib., 1089). □ К *небо* (см.).

НЕВÉСТА, -ы, ж. — «девушка (женщина), имеющая жениха и готовящаяся вступить или вступающая с ним в брак». *Прил.* невéстин, -а, -о. Блр. нявéста (также нарачóная; ср. укр. наречéна). Ср. болг. невéста — «молодуха», «молодая», «невестка» («невеста» — годенúца); с.-хорв. нèвеста (хорв. nèvjesta) — «молодуха», «молодая», «невестка» (ср. удавача, заручница — «невеста»), нѐвестин, -а, -о; словен. nevesta — «невеста», «молодуха» (ср. zaročenka — «невеста»); чеш. nevěsta — «невеста» (в ст.-чеш. и словац. nevesta также и «невестка»); польск. niewiasta (ст.-польск. niewiesta) — «женщина», устар. «жена», «невестка» («невеста» — narzeczona, panna młoda). Только в лужицких языках (ср. в.-луж. njewjesta, н.-луж. njejwesta) это слово значит «невеста». Др.-рус. (с. XI в.) и ст.-сл. невѣста — «невеста», а также «жена сына» (Срезневский, II, 368, 369). ◻ О.-с. *nevěsta. Слово спорное в этимологическом отношении. Старшее знач., по-видимому, было «нововводимая» или «нововведенная». Ср. др.-рус. (и другие слав.) невѣста — «жена сына». Ср. водимая — «супруга», «жена» (Пов. вр. л. под 6488 г. — Срезневский, II, 277); ср. также выражение «водя новую жену» в новг. берестяной грамоте № 9. Ср., с другой стороны, латин. noverca — «мачеха», от novus — «новый». В о.-с. языке это слово, по-видимому, было сложным, с двумя корнями: nev- и ved- [т. е. *nev-ved-t-a, где -t- суф. (как в о.-с. *vьrsta < *vьrt-ta), a -st- < *-dt-]. Первая часть сложения *nev- < *neu восходит к и.-е. *neu(os); ср. греч. νέ(F)ος; вокализм на ступени е; см. *новый*. Вторая часть сложения — ved- (см. *вести*). Неясно, однако, откуда в некоторых слав. яз. ě (вм. е) после v (*nevěsta)? М. б., это более позднее явление (эпохи христианизации), когда начинают устанавливаться новые представления о браке, о бракосочетании, о невинности, непорочности невесты. Форма с ě (*nevěsta) могла возникнуть под влиянием о.-с. *věděti, *ne věděti — «не знать». Ср. др.-рус. и ст.-сл. невѣсть — «неведение», «неизвестность», «неожиданность» (Срезневский, II, 369—370).

НЕВЕ́СТКА, -и, ж. — «жена сына по отношению к родителям ее мужа, а также жена брата и вообще замужняя женщина по отношению к родным ее мужа». *Прил.* невѐсткин, -а, -о. Укр. невíстка; блр. нявѐстка — «жена сына». Ср. чеш. nevěstka — «продажная женщина», «гулящая»; ст.-польск. niewiastka, niewiasta — «сноха» (ныне synowa, bratowa). В некоторых слав. яз. это знач. выражается словом *невеста* (см.). Др.-рус. (XIV в.) невѣстъка — «сноха» (Срезневский, II, 369). ◻ Произв. от *невеста* (см.).

НЕ́ВОД, -а, м. — «большая рыболовная сеть». *Прил.* нѐводный, -ая, -ое. Укр. нѐвід, род. нѐвода; блр. нѐвад; чеш. nevod; польск. niewód; в.-луж. nawod; н.-луж. nawod. В южн.-слав. языках отс. (в том же знач.: болг. серкмѐ (ср. турец. sarkmak — «погружаться»); с.-хорв. а̀лов. Др.-рус. (с XI в.) неводъ, (с XIV в.) неводьный (Срезневский, II, 361). ◻ Этимология слова не относится к ясным. Корень *вод-*. Ср. родственные образования: лит. vãdas — «сеть», vedėja — «рыболовная сеть»; латыш. vads — «невод»; ср.-в.-нем. wate — «сеть»; др.-сканд. wadr — «шнур», «леска»

(ср. норв., швед. vad — «невод»; дат. vod — тж.). И.-е. база *u̯edh-, корень *(а)u̯e- — «плести». Главную трудность представляет объяснение начального *не-*. Возможно, что по происхождению это приставка вм. *на-*, если старшая форма слова была *navodъ. Ср. луж. nawod — «невод». Как отрицание *не* могло появиться на почве переосмысления слова *navodъ, которое стало объектом словесного запрета, табу. Ср. записанное Далем (II, 1092) поверье: «на невод *не* ступать и *не* плевать: рыба не будет ловиться». Махек (Machek ES, 325) почему-то считает славянское и германское название невода праевропейским словом, некогда заимствованным неизвестно откуда. Без должного обоснования он добавляет сюда фин. (с.) nuotta — «невод» и эст. noot — тж. — слова, заимствованные из сканд. языков (SKES, II, 402).

НЕВРАЛГИ́Я, -и, ж. — «болезнь, проявляющаяся в приступах острой, рвущей боли по ходу нервных стволов и их ответвлений». *Прил.* невралги́ческий, -ая, -ое. Укр. невралгíя, невралгíчний, -а, -е; блр. неўралгíя, неўралгíчны, -ая, -ае; болг. невра́лгия, невралги́чески, -а, -о, невралги́чен, -чна, -чно; с.-хорв. невра̀лгија, невра̀лгичан, -чна, -чно; чеш. neuralgie, neuralgický, -á, -é; польск. newralgia, newralgiczny, -a, -e. В русском языке слово *невралгия* известно с середины XIX в. Встр. в письме Герцена Тургеневу от 8-XI (27-X)-1856 г.: «Что касается до *невралгии...*» (ПСС, Письма, XXVI, 47). В словарях (иногда в форме *невра́льгия*) это слово отм. с 60-х гг. (Даль, II, 1865 г., 1093: *невра́лгия*, там же *невралги́ческий*). ◻ Из западноевропейских языков. Ср. франц. (с 1801 г.) névralgie, névralgique; нем. Neuralgie, neurálgisch; англ. neuralgia, neuralgic и др. Научный неологизм на базе греч. νεῦρον — «сухожилие», «струна» и ἄλγος — «боль», «страдание», «мука».

НЕВРАСТЕНИ́Я, -и, ж. — «болезненное состояние человека, вызванное истощением и расстройством центральной нервной системы и проявляющееся в слабости, повышенной утомляемости, беспричинной раздражительности, головной боли и т. п.». *Прил.* неврастени́ческий, -ая, -ое. Сюда же *неврасте́ник*. Укр. неврастенíя, неврастенíчний, -а, -е, неврасте́нік; блр. неўрастэнíя, неўрастэнíчны, -ая, -ае, неўрасте́нік; болг. неврастени́я, неврастени́чен, -чна, -чно, неврастени́к; с.-хорв. неврастѐнија, неврастѐник; чеш. neurastenie, neurastenický, -á, -é, neurastenik; польск. neurastenia, neurasteniczny, -a, -e, neurastenik. В русском языке слово *неврастения* отм. в словарях с 60-х гг. XIX в. (ПСИС 1861 г., 345), но в широком знач. — «слабость нервов». Позже — Брокгауз — Ефрон, т. XXA, п/т 40, 1897 г., 804: ст. «*Неврастения*», там же (807) *неврастеник*. ◻ Вероятно, из французского языка. Ср. франц. (с конца XIX в.) neurasthénie, прил. neurasthénique, субст. neurasthénique; нем. Neurasthenie, *f.*; англ. neurasthénia; ит., исп.

НЕВ НЕГ

neurastenia и др. Искусственное образование на базе греч. νεῦρον — «волокно», «сухожилие» (позже «нерв») и ἀσθένεια — «немощь», «бессилие», «болезнь». Как мед. термин (с совр. знач.) слово *неврастения* введено в употр. американским медиком Бирдом в 1869 г. (в России — с 90-х гг. после работ В. Х. Кандинского и др.).

НЕВРÓЗ, -а, *м*. «общее название функциональных (т. е. отражающихся на деятельности организма) заболеваний центральной нервной системы». Укр. **неврóз**; блр. **неўрóз**; болг. **неврóза**; с.-хорв. **неурóза**, чеш. neurosa; польск. neuroza. В русском языке слово *невроз* известно с конца XIX в. (Брокгауз — Эфрон, т. XXᴬ, п/т 40, 1897 г., 808). В словарях иностранных слов отм. с 1904 г. (М. Попов, 262). □ Из западноевропейских языков. Ср. франц. (с 1785 г.) névrose, *f*.; нем. Neuróse, *f*.; англ. neurosis. Первоисточник — греч. νεῦρον — «сухожилие», «волокно» (> «нерв»).

НÉГА, -и, *ж*. — «полное довольство», «наслаждение», «упоение», «состояние, близкое к блаженству», «ласка». *Глаг*. **нéжить**, **нéжиться**. *Прил*. (теперь уже почти оторвавшееся по знач.) **нéжный**, **-ая**, **-ое**, отсюда **нéжность**, **нéжничать**. Укр. **нíжити(ся)**, **нíжний**, **-а**, **-е**, **нíжність** (ср. знембга, млість — «нега»); блр. **вынéга** (обычно пяшчóта); болг. **нéга** (из русского языка), **нéжен**, **-жна**, **-жно**, **нéжност**, **изнéжвам** — «ласкаю», «нежу», **нéжа се** — «нежусь»; с.-хорв. **нéга** (njéga) — «уход», «попечение о ком-л., о чем-л.», **нéжан** (njéžan) **-жни**, **-жна** : **нéжни**, **-ā**, **-ō**, **нéжност**, **нéговати** (njégovati) — «ухаживать», «заботиться о ком-л.»; словен. nega, nežen, -žna — «нега», nežnost, negovati; (из русского языка) чеш. něha — «нега», «нежность», něžný, -á, -é, něžnost («нежиться» — hověti); словац. neha — «нега», «женская нежность», nežný, -á, -é, něžnost'; в.-луж. něha — «нежность», něžn(iw)y, -a, -e, něžnosć; н.-луж. něžny, -a, -e, něžnosć. Отс. в польском языке. Др.-рус. (с XII в., очень редкое) **нѣга** — «радость», «ласка», **нѣговати** (Сл. плк. Игор. и др.) — «нежить», «ласкать» (Срезневский, II, 483). Ср. прозвище: «*Нѣжата*, новгородский посадник», 1141 г. (Тупиков, 282). □ Этимология слова в сущности неизвестна. Правда, со времени Миклошича (Miklosich, EW, 215) сопоставляют как с родственным образованием с др.-инд. snihyati, -te — «льнет», «чувствует расположение», «липнет», прич. прош. вр. snigdhaḥ.; ср. также snehaḥ — «масло», «мазь», «липкость», «любовь», «нега» (Friš, 337). Начальное s перед согласным не всегда устойчиво в и.-е. языке. Но вопрос об и.-е. корне или базе все же остается открытым. Сомнительно (особенно с семантической точки зрения) и сопоставление с латыш. naigāt — «желать», «жаждать», тем более, что происхождение латышского глагола не более ясно, чем рус. *нега*.

НЕГАТИ́В, -а, *м*. — «изображение на светочувствительной пленке, в котором светлые места являются темными, а темные — светлыми». *Прил*. **негати́вный**, **-ая**, **-ое**. Укр. **негати́в**, **негати́вний**, **-а**, **-е**; блр. **негаты́ў**, **негаты́ўны**, **-ая**, **-ае**; болг. **негати́в**, **негати́вен**, **-вна**, **-вно**; с.-хорв. **нèгатив**, **нèгативан**, **-вна**, **-вно** : **нèгативнӣ**, **-ā**, **-ō**; чеш. negativ, negativový -á, -é, negativní; польск. negatyw, negatywny, -a, -e, negatywowy, -a, -e. В русском языке слова *негатив*, *негативный* употр. с середины XIX в., со времени появления в России фотографии и развития фотографической промышленности. В словарях иностранных слов отм. с 1861 г. (ПСИС, 345). □ Ср. франц. (с XIII в.) négatif, -ve — «отрицательный», отсюда (с 40-х гг. XIX в.) épreuve négative — «негатив». Из французского — нем. Negativ. Первоисточник — латин. negativus, -a, -um «отрицающий», «отрицательный» [через negātiō — «отрицание» — к negō — «отрицаю» и, в конечном счете, к *neg(i) — «нет»].

НЕГЛИЖИ́РОВАТЬ, неглижи́рую чем-л. — «относиться к чему-л., кому-л. с подчеркнутым пренебрежением», «пренебрегать». Сюда же *неглиже́*, нескл., ср. и нареч. Укр. **неглiжува́ти**, **неглiже́**; блр. **неглiжава́ць**, **неглiже́**; болг. **неглижи́рам** — «неглижирую». Ср. польск. negliżować, negliż, *m*. — «неглиже», «утренняя или ночная (спальная) одежда». Глаг. *неглижировать* в русском языке употр. с 20-х гг. XVIII в.: «Голицын... пил... и для того все дела *неглижировал*» («Архив» Куракина, I, 75, 1727 г.). Позже входит в употр. слово *неглиже* (Яновский, II, 1804 г., 935). □ Источник заимствования — франц. глаг. négliger — «относиться небрежно», «оставлять без внимания» (ср. négligé, -e — «небрежно сделанный», «беспорядочный»), который, в свою очередь, восходит к латин. negligere < neglegere (=nec legere) — «относиться беспечно», «не заботиться».

НЕГОДОВА́ТЬ, негоду́ю — «переживать и выражать крайнее неудовольствие, недовольство, возмущение, гнев по поводу чего-л.». Болг. **негоду́вам** — «негодую»; с.-хорв. **нèгодовати**. Ср. укр. годува́ти — «кормить», «вскармливать», «проживать год»; с.-хорв. годòвати — «праздновать (ежегодный семейный праздник)»; словен. godovati — «праздновать день рождения»; чеш. hodovati — «пировать» (ср. hody — «пир»); польск. godować — «пировать», «бражничать», а также «угощать» («негодовать» — oburzać sęi; ср. укр. обу́рюватися — тж., блр. абу́рацца — тж.). Др.-рус. (с XI в.) и ст.-сл. негодовати — «быть недовольным», «выражать неудовольствие», а также «с трудом переносить», «страдать», «отвергать», «отказывать» (Срезневский, II, 372). Ср. годовати — «позволять» (XI в. — ib., I, 536). □ Корень *год-* [как в *угождать*, *угодить*, *годный* (см.)]. Знач. «позволять», возможно, развилось из знач. «доставлять удовольствие», «угождать». Другие знач. — более поздние. В *негодовать* знач. «переживать и выражать недовольство», по-види-

НЕГ

мому, развилось из знач. «не угождать», откуда — «не позволять».

НЕГР, -а, *м.* — «коренной житель тропической Африки с очень темной кожей». *Женск.* **негритя́нка**. *Прил.* **негритя́нский, -ая, -ое**. Укр. **негр, негритя́нка, негритя́нський, -а, -е**; блр. **негр, негрыця́нка, негрыця́нскі, -ая, -ае**; болг. **не́гър, не́гърка** — «негритянка», **не́гърски, -а, -о**; чеш. negr (обычно černoch); польск. Negr (обычно Murzyn). Ср. с.-хорв. Црнац (от црн — «черный»). Слово *негр* в русском языке известно с середины XVIII в. Ср. у Курганова «Письмовник», 1777 г., 442): «*негры*, арапы. . . — черной народ». В словарях — с 1847 г. (СЦСРЯ, II, 430), *негритянка* — с 1861 г. (ПСИС, 345). □ Ср. франц. (в широком употр. с XVIII в.) nègre; нем. Neger, англ. Negro (произн. ′niːgrou) и др. В Европе это наименование сначала появилось в тех романских языках (испанский, португальский), где слово negro (< латин. niger — «черный») употр. в смысле «черный». Франц. nègre — «негр» — из этих языков (ср. франц. noir < латин. niger — «черный»). В русском языке — из французского. См. еще *арап*.

НЕДЕ́ЛЯ, -и, *ж*. — «часть месяца, состоящая из семи дней, начиная с понедельника». *Прил.* **неде́льный, -ая, -ое**. Укр. **неді́ля** (обычно **ти́ждень**; ср. блр. **ты́дзень**), **неді́льний, -а, -е** (чаще **тижне́вий, -а, -е**); болг. **неде́ля** (чаще **се́дмица**); с.-хорв. **неде̏ља** — «неделя» (в этом знач. и **се̏дмица**) и «воскресенье», **неде̏љни, -а̄, -о̄**; словен. nedelja — «воскресенье» («неделя» — teden), nedeljski, -a, -o — «воскресный»; чеш. neděle — «воскресенье», иногда «неделя» (обычно «неделя» — týden), nedělní — «воскресный»; словац. nedel'a — «воскресенье», nedel'ný, -á, -é — «воскресный» (ср. týždeň — «неделя»); польск. niedziela — «воскресенье», niedzielny, -a, -e (ср. týdzień — «неделя»); в.-луж. njedźele — также «неделя», обычно «неделя» — tydźeń), njedźelski, -a, -o — «воскресный»; н.-луж. njeźela — «воскресенье», прил. njeźelski, -a, -e (ср. tyźeń — «неделя»). Др.-рус. (с XI в.) и ст.-сл. **неделя** — «воскресенье» и «седмица» [так — в Остр. ев., но, напр., в Хр. Г. Ам. — только в знач. «седмица» (Истрин, 265)], **недельный** — «воскресный», гораздо позже «недельный» (Срезневский, II, 379 и сл.). □ Старшее знач. — «день неделания (отдыха)», «воскресенье». Сложное из *не*- и *дѣл*- (от *дѣло, дѣлати*). Новообразование эпохи христианизации славян. Как иногда полагают, м. б., калька с греч. ἄπρακτος (ἡμέρα) — «бездействующий», «бездеятельный», «нерабочий» (день). Ср. ἀπραγέω — «ничего не делаю», «бездействую». Но, вообще говоря, предполагать в данном случае калькирование [с греч. ἄπρακτος или с латин. (diēs) feriāta] не имеется серьезного основания. Сущ. *воскресенье* (см.) сначала значило «пасхальное воскресенье», а знач. «неделя» выражалось (у православных славян) словом *седмица*.

НЕД

НЕДОТЁПА, -ы, *м. и ж.* — «неловкий, неумелый и недалекий человек». Укр. **недоте́па, недоте́пний, -а, -е**. Ср. укр. доте́па — «дока», «дошлый», по Гринченко (I, 433), — «способный человек». В других слав. яз. отс. Ср. в том же знач.: блр. **неўклю́да**; болг. **нескопо́сник** (от **ско́пос** < греч. σχοπός — «цель»); чеш. nekňuba (от kňoubati se «делать что-л. мешкотно, неловко»). В русском языке слово *недотёпа* известно с конца XIX в. (ср. в письме Чехова от 13-VIII-1893 г.: «*Недотёпа* Иваненко продолжает быть *недотёпой*». — СС, XII, 31), но в широком упот. — с начала 1900-х гг., со времени постановки в Художественном театре пьесы Чехова «Вишневый сад» (1903 г.). *Недотёпа* — любимое словечко Фирса, старого лакея. Пьеса кончается фразой: «Эх ты. . . *недотёпа!*» Возможно, слово введено в обращение именно Чеховым, усвоившим его из народной речи, русской и украинской. В украинском языке (и вообще на юге России) это слово было известно, по крайней мере, на столетие раньше, чем в русском: **недотепний** встр. в поэме Котляревского «Енеїда», 1798 г., III, строфа 50: «(молодці. . .) що *недотепним* помагали». Там же (III, строфа 9) дотепа в знач. «смекалка», «уменье». □ Этимологически, по корню эти слова связаны с рус. диал. (вологд.) **тепсти́**, 1 ед. тепу — «тянуть», «тащить» (Даль, IV, 365). См. *тетива*.

НЕ́ДРА, недр, *мн.* — «то, что находится в глубине, внутри чего-л. огромного, массивного», «места под земной поверхностью»; *перен.* «внутренняя, скрытая от глаз часть чего-л.». Укр. **на́дра** — тж. (при **на́дро** — «лоно», «пазуха»; единичный случай, отм. Гринченко, II, 566: «пійти по *нідрах*» — «начать выискивать», нельзя принимать в расчет); блр. **не́тры**; болг. **недра́**; с.-хорв. **не̏дра** (: njèdra?); словен. nedro, nedrje — «грудь», «недра», «лоно»; чеш. ňadro, *мн.* ňadra — «женская грудь», «пазуха» — útroby); словац. ňadrá, *мн.* — «женская грудь (груди)», «пазуха», záňadrie (в говорах zanedrie) — «пазуха», «вырез (на платье)»; польск. устар. nadra, чаще zanadrze — «пазуха» (в говорах niadro); в.-луж. nadro — «женская грудь»; н.-луж. nadra — тж. Др.-рус. (XI в.) **нядро** — «недро»(?), «пазуха», но чаще (и преимущественно во мн. ч.) **ядро**, *мн.* **ядра** — «недро», «глубина», «лоно», «чрево», «женская утроба» (Срезневский, II, 489; III, 1640). Ср. также в Хр. Г. Ам. (Истрин, 109, 261): ядра, надра, *мн.* — «κόλπος» («женское чрево, лоно»). Ст.-сл. **ѩдра** (им. ед. ср. р.) — тж. (Клоц., Супр. р.). В сочетании с приставкой въ́н- в этом слове находим в ст.-сл. памятниках им. ѩ: въндра(?) — «εἰς τον κόλπον» («Псалтырь», псалом 78; нов.-ц.-сл. въ н҃дрѡ), въндрѣхъ(?) — «ἐν κόλποις» (см. Meillet², II, 408). Ср. ст.-сл. ꙗсти, ꙗдь но сънѣда́ти, сънѣдь. В русском языке слово *недра* (по старой орфографии его писали с ѣ после н) в форме мн. ч. и с совр. знач. в словарях отм. с 1731 г.

(Вейсман, 296). ▫ В этимологическом отношении слово трудное и спорное. Пожалуй, правы те языковеды, которые полагают, что старшая форма этого слова — о.-с. *jadro — «внутренности» > «лоно», «грудь» (не смешивать с о.-с. *jędro — «зерно», «ядро»!). Начальное n в *njadro такого же происхождения, как в рус. нутро (см.), т. е. из *vъn-. Упомянутое выше ст.-сл. въ нѣдра можно (учитывая характер сплошного письма) читать и как въ нѣдра. Не столько по фонетическим причинам, сколько под влиянием слов с отрицанием не: невидимый, незримый и т. п. (м. б., не без влияния также эвфемистической или табуистической тенденции), на русской почве установилась форма с не (недра). О.-с. *jadro — «внутренности» «лоно», «пазуха», по-видимому, из *jędro. Ср. др.-в.-нем. ād(a)ra, с ā из ē (совр. нем. Ader) — «кровеносный сосуд», «сухожилие», pl. «внутренности»; греч. ἦτορ — «сердце», «легкое», ἦτρον — «живот ниже пупка», «брюхо». И.-е. база *ōt(e)r- — «внутренности». Неожиданное — на славянской почве -dr вм. -tr можно объяснить влиянием о.-с. *jędro или смешением с ним.

НЕ́ЖЕЛИ, *союз, устар.* — «чем». Ср. укр. ніж — тж.; блр. ніж; чеш. než(li); словац. než; польск. niż, niżli, niżeli; в.- и н.-луж. nježli. Др.-рус. (с XI в.) и ст.-сл. неже : нежели (Срезневский, II, 382). ▫ О.-с. *ne-ž(e): *ne-ž(e)-li. Сложное образование, состоящее из отрицания *ne (: *ni), усилительной энклитической частицы -že- [< и.-е. *-g(h)e-], употреблявшейся обычно при отрицании, и частицы *li (Pokorny, I, 417; Walde — Hofmann³, II, 157 и др.). Ср. лит. nègi (ст.-лит. nege) — «разве», «неужели», negù (где -gu из *ghō) — «чем», «нежели», neīgi — «как»; др.-инд. nahí — «нет». Сюда же относится латин. negō «отрицаю» [где корень neg- < *neg(i)- — «нет»].

НЕЗАБУ́ДКА, -и, ж. — «травянистое растение с мелкими голубыми цветками», Myosotis. Укр. незабу́дка; блр. незабу́дка; словац. nezábudka; польск. niezabudka (: niezapominajka). Ср. в том же знач.: болг. незабра́вка (ср. забра́вям — «забываю»); с.-хорв. незаборавка, споменак; чеш. pomněnka (прост. и в говорах также nezapomínka). В словарях русского языка отм. только с 1847 г. (СЦСРЯ, II, 435). ▫ Ср. нем. Vergißmeinnicht — тж. (собств. «не забывай меня»), название, известное в Германии с XV—XVI вв. Ср. франц. ne-m'oubliez-pas (: myosotis); англ. forget-me-not. По народному поверью, носитель(ница) этих цветков предохраняет себя от неверности возлюбленного (возлюбленной). В русском языке это слово едва ли калька именно с немецкого, скорее — с западноевропейского образца вообще.

НЕЙЛО́Н, -а, м. — «синтетическое волокно из полиамидных смол, а также ткань или изделие из него». Иначе **найло́н**. *Прил.* **нейло́новый**, -ая, -ое. Ср. болг. на́йлон, на́йлонов, -а, -о; чеш. (произн. = англ.) nylon, nylonový -á, -é; польск. nylon, nylonowy, -a, -e. ▫ Восходит к англ. nylon (произн. ˈnailən), фирменному названию синтетических волокон и ткани из них. Метод получения нейлоновых волокон разработан американским химиком У. Карозерсом в 1936—1938 гг. (БСЭ, IX, 14). В русском языке, м. б., при немецком посредстве (нем. Nylon, n.). Этимология этого англ. слова неизвестна. По-видимому, какое-то искусственное образование, «тайна которого, м. б., была известна лишь первым фабрикантам нейлона. Многие (вслед за E. Weekley, автором «Concise Etymological Dictionary»², 1952) объясняют это слово как аббревиатуру из *NY* (New York) + *Lon-* (don). См., однако, Partridge³, 444.

НЕЙТРА́ЛЬНЫЙ, -ая, -ое — «не принадлежащий и сознательно не желающий принадлежать ни к одной из сталкивающихся (столкнувшихся) борющихся сил». Сюда же (от основы *нейтрал-*) нейтралите́т, нейтрализа́ция, нейтрализова́ть, нейтрализи́ровать; *разг.* нейтра́л. Укр. нейтра́льний, -а, -е, нейтраліте́т, нейтралізація, нейтралізува́ти; блр. нейтра́льны, -ая, -ае, нейтраліте́т, нейтралізацыя, нейтралізава́ць. Ср. болг. неутра́лен, -лна, -лно, неутралите́т, неутрализа́ция, неутрализи́рам — «нейтрализую»; с.-хорв. нѐутралан, -лна, -лно : нѐутра́лни, -а, -о, неутралитѐт, неутралиса́ње — «нейтрализация», неутрализовати, неутралисати; чеш. neutrální, neutralita — «нейтралитет», neutralisace, neutralisovati, neutrál — «нейтрал»; польск. neutralny, -a, -e, neutralność — «нейтралитет», neutralizacja, neutralizować. В русском языке слова́ этой группы начали появляться с Петровского времени, причем раньше других — *нейтральный* (как в форме с *нейтр-*, так и в форме с *неутр-*), *нейтрал* — «государство, соблюдающее нейтралитет» (примеры с 1701 г. см. у Смирнова, 204). Но в знач. «нейтралитет» употр. *нейтральство* (ПбПВ, V, 10, 1707 г.; «Архив» Куракина, IV, 15, 1711 г.). Слово *нейтралитет* (в двоякой форме с *нейтр-* и с *неутр-*) в словарях отм. с 1804 г. (Яновский, II, 941). Позже появились *нейтрализовать* (СЦСРЯ, 1847 г., II, 455), *нейтрализировать* и *нейтрализация* (ПСИС 1861 г., 346). ▫ Из западноевропейских языков. Ср. франц. neutre — «нейтральный», neutralité, *f.*, neutraliser, neutralisation; нем. neutral — «нейтральный», Neutralität, *f.*, neutralisieren, Neutralisation, *f.*; голл. neutraal, neutraliteit; англ. neutral — «нейтральный», neutrality — «нейтралитет», neutralize — «нейтрализовать», neutralization — «нейтрализация». Первоисточник — латин. neuter, -a, -um — «ни один из обоих», «ни тот, ни другой», «средний»; ср. uter — «который или какой-л. из обоих», «кто из двух», neutrālis. — «средний».

НЕКРОЛО́Г, -а, м. — «статья, посвященная умершему, с характеристикой его жизни и деятельности». Укр. некроло́г; блр. некрало́г; болг. некроло́г; с.-хорв. некро̀лог; чеш. nekrolog; польск. nekrolog. В словарях слово *некролог* отм. с середины XIX в. (Углов, 1859 г., 130; ПСИС 1861 г., 346). Но в форме *некролóгия* это слово отм. Яновский (II, 1804 г., 937). Встр. в заметке Пушкина о «*Некрологии* ген. Н. Н. Раевского», 1829 г. В той же заметке слово *некролог* употр. в необычном (в наши дни) знач. «автор некролога» (ПСС, XI, 84). Даль (II, 1865 г., 1106—1107) дает обе формы и оба знач. слова *некролог*. ▫ Из западноевропейских языков. Ср. франц. (с 1646 г.) nécrologe, *m.* — «список умерших», «заупокойное поминание», (с 1701 г.) nécrologie, *f.* — «некролог», nécrologue, *m.* — «автор некролога»; нем. Nekrológ; ит. necrologίa, *f.*; исп. necrologίa, *f.* Восходит к средневек. латин. necrologium, новообразованию на базе греч. νεκρός — «умерший», «мертвый» и εὐλογία (> латин. eulogium) — «похвальная речь».

НЕКТА́Р, -а, *м.* — 1) в греческой мифологии — «божественный напиток, помогающий богам навеки сохранять молодость и здоровье»; 2) *бот.* «сладкий сок, выделяемый органами секреции растений (нектáрниками, или нектáриями)». *Прил.* нектáрный, -ая, -ое. Укр. нектáр, нектáрний, -е, нектáрник; блр. нектáр, нектáрны, нектáрнік; болг. нектáр, нектáрен, -рна, -рно; с.-хорв. нèктāр; чеш. nektar, nektarium, nektarka — «нектарник»; польск. nectar (но «нектарник» — miodnik). В русском языке слово *нектар* известно с XVIII в. В словарях отм. с 1773 г. (П. Алексеев, ЦС, 192). ▫ Ср. франц. nectar — «нектар», nectaire — «нектарник»; нем. Néktar — «нектар», Nektarium — «нектарник»; англ. nectar; исп. nectar; ит. nettare. Первоисточник — греч. νέκταρ — «напиток богов», позже «пчелиный нектар», т. е. «мед», слово с неясной этимологией (см. Frisk, II, 300). М. б., сложное из νεκ- (ср. νέκυς — «мертвец», «умерший», «бездыханный», νεκρός «мертвый») и ταρ- (ср. родств. др.-инд. tāraḥ — «проникающий», «острый»).

НЕЛЬЗЯ́, *нареч.* — «нет возможности», «невозможно», «недопустимо», «не разрешается». Чеш. книжн. nelze (ст.-чеш. nelzě; в моравских говорах nel'za); словац. nel'za; польск. устар. nie lza > nielża. Ср. блр. нéльга (= нямóжна; ср. укр. не мóжна — «нельзя»). Др.-рус. нельзя [у Срезневского (II, 393) — единственный пример из Сл. Дан. Зат.: *нелзя пити*, но Соболевский («Лекции»⁴, 87) указал еще два случая в Ип. сп. л.: нѣлзя, 439, нелзя, 461]. Ср. нéл(ь)га (> нелга) — тж. (примеры с XI в. — у Срезневского, II, 64). Ср. нел(ь)зѣ (с XI в. — ib., 66), очевидно, из *не есть льзѣ, где льзѣ — мест. п. ед. от сущ. льзя < льга ср. в Панд. Ант. XI в.: «кая льзя есть» (Соболевский, «Лекции»⁴, 87). Но правомерными формами, надо полагать, всегда были формы с им. ед.: нѣл(ь)зя (< *не есть льзя) и (реже) нѣл(ь)га (< *не есть льга). ▫ О.-с. *lьza (< *lьdza) получилось из *lьga, по третьему смягчению заднеязычных согласных. Сущ. *lьga — синонимическое образование от того же корня, что и др.-рус. (и ст.-сл.) льгота — «облегчение», «освобождение», «свобода», м. б., и «позволение», «разрешение» (Срезневский, II, 64). Тот же корень в *легкий* (см.), *польза* (см.) при диал. пóльга (Даль, III, 243).

НÉЛЬМА, -ы, *ж.* — «крупная хищная рыба семейства лососевых, распространенная в бассейне Сев. Ледовитого океана», Stenodus leucichtys nelma. *Прил.* нéльмовый, -ая, -ое. *Сущ.* нéльмина. Из русского: укр. нéльма; блр. нéльма; чеш. nelma. В русском языке известно с XVI в. Встр. в «Домострое» по некоторым старшим спискам, напр. И-38, 1-й пол. XVII в.: *нельмина*, «спина... нельмовая» (Орлов, 73). Отм. Р. Джемсом (РАС, 1618—1619 гг., 18 : 33): nelma — «a fish of the Dwina» (и пр.). Ср. также в ТК МГ, I: *нельма*, «икра *нельмежья*» (Сольвычегодск, 1634 г., 353, 360 и др.). ▫ Происхождение слова, несомненно заимствованного из языка какого-то северного народа, не установлено. М. б., мы имеем дело с искаженным при заимствовании названием не нельмы, а, напр., лосося или другой рыбы. Ср., напр., коми-зырян. 'lol' — «лосось» (Fokos-Fuchs, I, 572). Суф. -*м-а*, вероятно, русский (< -ьм-а). Из *лёльма могло получиться *лельма и дальше — нельма. Так или иначе, вопрос требует дальнейшего изучения.

НЕМÓЙ, -áя, -óе — «не говорящий», «не обладающий способностью говорить, даром речи»; «хранящий длительное молчание», «безмолвный». *Кр. ф.* нéм, -á, -о. *Сущ.* немотá; также нéмец. *Глаг.* немéть. Укр. німи́й, -á, -é, німотá, німíти, нíмець; блр. нямы́, -áя, -óе, нематá, нямéць — «неметь», нéмец; болг. ням, -а, -о, немотá, немéя — «немею», нéмец; с.-хорв. нéм(ū) [nijem], -а, -о, нéмбта, нéмост, нéмети, Нéмац; словен. nem, -a, -o, nemost, nemeti, Nemec; чеш. nemý, -á, -é, němota, němost, Němec; словац. nemý, -á, -é, nemota, Nemec; польск. niemy, -a, -e, niemota, niemieć, Niemiec; в.-луж. němy, -a, -o, němosć, němić, Němc; н.-луж. němy, -a, -e, woněmjeś — «онеметь», Němc. Др.-рус. нѣмъ, нѣмый — не только «лишенный способности говорить», но и «говорящий неясно, непонятно». Отсюда нѣмота — «неясность», нѣмовати — «лепетать», «говорить неясно», нѣмьць — «человек, говорящий непонятно», нѣмьци — «название всякого чужого народа» (Срезневский, II, 486). Значительно позже появился глаг. *немѣть* (Вейсман, 1731 г., 177: *немети*). ▫ О.-с. *němъ, -a, -o : němъjь, -aja, -oje. Старшее знач. «неясно или непонятно говорящий», «бормочущий», «мямлящий». Со времени Миклошича (Miklosich, EW, 215) сопоставляют с латыш. mēms — «немой», «безмолвный», «безгласный», позже — с memer(i)s — «заика» и, след., с группой других звукоподражательных слов, выражающих знач. «бормотать», «неясно говорить» и т. п. Ср., напр., рус. *мямлить* [возможно, из *мямлить* под влиянием *мять*, потому что в говорах *мямлить* — «лениво жевать» (Даль,

II, 967)]; словен. momljati — «бормотать»; польск. momotać — тж. Ср. также др.-рус. момати — «βερβερίζειν» («говорить по-берберски, непонятно, как берберы») [Срезневский, II, 172]. Т. о., о.-с. корень *něm- — из *mē-m- (вследствие межслоговой диссимиляции m : m > n : m). Ср. в сев.-рус. говорах нямлить < мямлить (Даль, II, 1146); словац. nemtat' < *memtat' — «бормотать».

НЕНАВИ́ДЕТЬ, ненави́жу — «испытывать чувство острой вражды, злобы к кому-л. (или к чему-л.)». *Сущ.* не́нависть, отсюда ненави́стный, -ая, -ое. Укр. ненави́діти, нена́висть, нена́висний, -а, -е; блр. ненаві́дзець, няна́вісць, ненаві́сны, -ая, -ае; болг. ненави́ждам, нена́вист, нена́вистен, -тна, -тно; с.-хорв. нена́видети («ненавидеть» и «ревновать», «завидовать» («ненавидеть» чаще — мр́зити, откуда мр́жња — «ненависть», впрочем, ср. и нена́видно̄ст — тж.); словен. nenavist — «зависть» (наряду с zavist); чеш. nenáviděti, nenávist, nenávidený, -á, -é — «ненавистный»; польск. nienawidzić, nienawiść, nienawistny, -a, -e. Др.-рус. (с XI в.) и ст.-сл. ненави́дѣти, ненависть, ненавистьный (Срезневский, II, 399). ◻ Очевидно, отрицательная форма глаг. *навидѣти [от видѣти (см. *видеть*)]. Ср. с.-хорв. на́видети се — «жить согласно, в дружбе»; чеш. книжн. náviděti (словац. návidiet') — «быть терпимым», «любить», отсюда navist — «симпатия», «приязнь», «любовь»; польск. устар. nawidzieć «охотно видеться (с кем-л.)», «навещать» > «жаловать», «любить»; в.-луж. nawidźeć «высмотреть», «увидеть в толпе». В др.-рус. языке (судя по памятникам письменности) глаг. *навидѣти уже был утрачен. Но ср. у Даля (II, 978): «*навидеть* его не могу», «ненавижу». Т. е. нави́дѣть — «терпеть», «жаловать», если, конечно, это не позднее новообразование. Ср. там же нави́ды — пск. «смотрины невесты». *Ненависть* образовано от *навистъ < о.-с. *na-vid-tь.

НЕОЛОГИ́ЗМ, -а, *м.* — «новое, недавно появившееся слово в речи», «новшество в словарном составе языка». Укр. неологі́зм; блр. неалагі́зм; болг. неологи́зъм; с.-хорв. неологи́зам; чеш. ueologismus, польск. neologizm. В русском языке известно с 1-й пол. XIX в. Встр. у Пушкина, но в знач. «употребление новых слов», «новаторство в языке»: «Французские критики... называют романтизмом *неологизм*» («Заметки и афоризмы», 1830 г., ПСС, XII, 179). Но в 30-х гг. это слово употр. и в совр. знач. Напр., в письме Герцена Огареву от 1-VIII-1833 г.: «несмотря на французскую prolixité, несмотря на *неологизмы*, есть что-то недоделанное» (ПСС, XXI, 21). Несколько позже встр. у Буслаева («О преподавании», 1844 г., II, 329; здесь же *варваризмы*, *латинизмы* и др.). В словарях — с 1864 г. (Толль, НС, II, 991). ◻ Заимствовано, вероятно, из французского. Ср. франц. (с 1735 г.) néologisme, *m.* > англ. neologism. Ср. нем. Neologismus и др. В зап.-европ. языках это слово само является неологизмом, созданием книжного языка 1-й пол. XVIII в., восходит к греч. νέος — «новый» и λόγος — «слово».

НЕО́Н, -а, *м.* — «химический элемент, инертный газ, дающий красное свечение и используемый для сигнализации и световой рекламы», Neonum. *Прил.* нео́новый, -ая, -ое. Укр. неон, нео́новий, -а, -е; блр. неон, нео́навы, -ая, -ае; болг. нео́н, нео́нов, -а, -о; с.-хорв. нео̀н; чеш. neon, neonový, -á, -é; польск. neon, neonowy, -a, -e. В русском языке слово *неон* отм. сначала в энциклопедических словарях (Брокгауз — Ефрон, Доп., т. II, п/т 3, 1906 г., 262). В словарях иностранных слов отм. с начала XX в. (Ефремов, 1911 г., 310). В толковых словарях — с 1938 г. (Ушаков, II, 525; там же *нео́новый*). ◻ Из западноевропейских языков. Ср. франц. néon; нем. Neon, *n.*; англ. neon; ит. nèon; исп. neón и др. Слово появилось на Западе (сначала — в Англии) в 1898 г., когда английский химик Рамзай (Ramsay) открыл этот газ, после того как несколькими годами раньше он открыл аргон и получил гелий. Вновь открытый газ получил название «нового газа» (от греч. νέον, формы ср. р. от νέος — «новый», «небывалый»).

НЕРВ, -а, *м.* — «каждый из тончайших отростков-волокон, отходящих от головного и спинного мозга у позвоночных животных и человека и осуществляющих связь организма с внешней средой». *Прил.* не́рвный, -ая, -ое. *Глаг.* нерви́ровать. Укр. нерв, нерво́вий, -а, -е, нерву́вати; блр. нерв, нерво́вы, -ая, -ае; болг. нерв, не́рвен, -вна, -вно, нерви́рам — «нервирую»; с.-хорв. не̑рв, не̑рвни̑, -ā, -о̄; чеш. nerv, nervní, nervový, -á, -é, (о человеке) nervosní, znervosňovati от nervosa — «невроз») — «нервировать»; польск. nerw, nerwowy, -a, -e, denerwować — «нервировать». В словарях *нерв* отм. с 1731 г. (Вейсман, 444: *нервы*), *нервный* — с 1804 г. (Яновский, II, 940). Глаг. *нервировать* — поздний: в словарях — лишь с 1938 г. (Ушаков, II, 546). ◻ Ср. франц. nerf; нем. Nerv; англ. nerve; ит. nèrvo; исп. nervio. В конечном счете, восходит к латин. nervus (< *neuros — «нить», «струна», «жила», «нерв» (одного корня с пет — «пряду»).

НЕ́РЕСТ, -а, *м.* — «выбрасывание (выметывание) рыбами половых продуктов — икры (яичек) и молок (семенной жидкости), происходящее в определенное (для каждого семейства рыб) время года и в определенных водоемах (нерести́лищах)», «икрометание и процесс оплодотворения рыб». *Прил.* не́рестовый, -ая, -ое. *Глаг.* нерести́ться. В говорах также нброс(т) — «лягушечья икра», норос(т)и́ться — «метать икру» (о лягушках), нброст ь — «время, когда рыба (лягушка?) мечет икру» (Даль, II, 1138). Ср. арханг. нброс — «рыбья икра... как ее мечет рыба», нороси́ться (Подвысоцкий, 103). В зап.-сиб. говорах нёрс(т) — «(рыбий) нерест», иначе нёршенье, глаг. нерсти́ться: не́ститься : нёршиться (Палагина, II, 189). Ср. колым.

НЕР

нёрсенье — «нерест», нёрситься (Богораз, 91). Укр. нёрест, нёрестовий, -а, -е, нерёститися; блр. нёраст, нераставаць; с.--хорв. mrêst (mrîjest) — «нерест», «икра», мрёстилиште, мрёстиште, мрёстити се; словен. mrest, mrestiti se; диал. польск. mrzost (ср. общепольск. tarło — «нерест»). Др.-рус. (с XIV в.) нерестъ (Срезневский, II, 422). Остальные слова этой группы — очень поздние, вероятно, середины XX в. В толковых словарях они отм. впервые в ССРЛЯ, VII, 1958 г., 1149. ▫ О.-с. *nerstъ : *norstъ. Родственные образования: лит. nerštas — «нерест», «икрометание», neršti — «метать икру»; латыш. nērst — «нереститься», nārsts — «нерест». Если и.-е. корнем о.-с. *nerstъ считать *ners-, то, м. б., сюда относится осет. nærsyn — «расширяться», «разбухать». Но не исключено, что о.-с. *nerstъ получилось из *nert-t-ъ, с суф. -t-, добавленным на балт.-слав. почве, с последующей диссимиляцией tt > st. Тогда балт.-слав. наименования нереста можно было бы возвести к и.-е. базе *ner(t)- — «жизненная сила» (Pokorny, I, 765).

НЁРПА, -ы, ж. — «ластоногое морское млекопитающее семейства настоящих тюленей», иначе «кольчатый тюлень» (по окраске меха — темно-серого со светлыми кольцами), Phoca hispida. Прил. нёрповый, -ая, -ое. Укр. нёрпа, нёрповий, -а, -е; блр. нёрпа, нёрпавы, -ая, -ае. Из русского: чеш. něrga, něrgový, -á, -é; польск. nerpa. В русском языке слово нерпа известно с начала XVII в. [Р. Джемс, РАС, 1618—1619 гг., 6 : 62: nierpa — «a seale» (совр. seal — «тюлень», «нерпа»); написание nierpa едва ли передает произношение нирпа (как считает Ларин)]. Позже нерпа встр. в «Житии» Аввакума (Автограф, 42). ▫ Заимствовано из финских языков. Ср. фин. (с.) norppa, коми нерп. По Тойвонену (SKES, II, 393), фин. norppa — из карельск. ńorppa < лапл. noarvve (< *norva). В западноевропейских языках отс. Ср. в том же знач.: франц. veau marin; нем. Robbe, Meerkalb, Seekalb; англ. seal.

НЕРЯ́ХА, -и, м. и ж. — «неопрятный, неаккуратный и вообще не знающий ни в чем порядка человек». Прил. неря́шливый, -ая, -ое. Сущ. неря́шество. В других слав. яз. отс. Ср. в том же знач.: укр. неохайний, неохайна; блр. неахайны, неахайная; чеш. nedbalec, špindíra; польск. niedbalec, niechluj, м, flejtuch, м. В русском языке неряха, неряшливый в словарях отм. с 1794 г. (САР¹, V, 283), неряшливый — с 1847 г. (СЦСРЯ, II, 450). ▫ Корень ряд-. Ср. в говорах неряжий — тж. (Даль, II, 1119). Основное знач. «не знающий ряда, порядка». Суф. -х-а (с выпадением д перед ним) — сначала экспрессивного характера, тот же, что в рус. сваха (при сват), пряха (корень пряд- < *pręd-); в чеш. разг. brach (при bratr) — «братец», «дружок», разг. kmoch (при kmotr) — «крестный отец», «кум».

НЕСТИ́, несу́ — «перемещать что-л. в определенном направлении вручную, на себе». Возвр. ф. нести́сь. Многокр. носи́ть(ся),

НЕТ

1 ед. ношу́(сь). Укр. нести́(ся), носи́ти(ся); блр. несці́, несціся, насі́ць, насі́цца; болг. нося́ (се) — «несу(сь), ношу(сь)»; с.-хорв. нѐсти, но̀сити; словен. nesti, nositi (se); чеш. nésti (se), nositi (se); словац. niesť (sa), nosiť (sa); польск. nieść (się), nosić, unosić się; в.-луж. njesć, nosyć; н.-луж. njasć, nosyś. ▫ О.-с. *nesti, *nositi. И.-е. корень *nek'- (: *nok'-) : *en(e)k'- (: *onk'-) : *n̥k'- (Pokorny, I, 316 и сл.; Walde — Hofmann³, II, 141 и др.). Ср. лит. nèšti — «нести», 1 ед. nešù, naštà — «ноша»; латыш. nest, 1 ед. nesu — «нести», nēsāt — «носить», nasta — «ноша», «бремя»; др.-инд. náśati — «получит, достигнет», хетт. nikzi (корень *nek'-) — «поднимается». В других и.-е. языках представлены другие варианты корня. Отметим лишь греч. (с удвоением и.-е. корня *enk'-) инф. аор. ἐνεγκεῖν (произн. enenkein) — «нести»; ср. ὄγκος — «ноша», «тяжесть». Знач. «нести» характерно лишь для греч. и балт.-слав. групп. Трудно сказать, является ли оно старшим. В других и.-е. языках — «получать», «доставать», «достигать», «приобретать», «быть достаточным».

НЕТ — 1) отрицат. частица (противоположная да); 2) безл., в. знач. сказ. «не имеется», «отсутствует», «не существует». В разговорной речи в предикативном употреблении возможно и нёту. В других слав. яз. отс. Ср. в том же знач.: укр. ні, нема́, нема́є; блр. не, няма́; болг. не, ня́ма; с.-хорв. не, ни́је; чеш. ne, není; польск. nie, nie ma; в.- и н.-луж. nĕ. Др.-рус. нѣтъ (Пов. вр. л. под 6370 г. по Лавр. сп. 1377 г.) наряду со старшей формой нѣту (Пов. вр. л. под 6500 г. по тому же сп.). ▫ В функции отрицат. частицы форма с у (нету) в литературном русском языке была возможна еще в XIX в. Ср. у Пушкина в «Евгении Онегине», гл. III, строфа 2: «Представь меня. — Ты шутишь. — Нету» (ПСС, VI, 52). ▫ Что касается старшей формы (нету), то она получилась из *не е(сть) ту, где ту — нареч. [здесь (ср. тут < туто), «там», «тогда»]. Отпадение конечного у — как в словах почём (< почему), чай (< чаю) и др.

НЕТОПЫ́РЬ, -я́, м. — «мелкое ночное летающее животное, вид летучей мыши», Vespertilio. Укр. нетопи́р (но блр. — кажа́н); болг. устар. и диал. нетопи́р (обычно прилеп); с.-хорв. нѐтопи̑р; словен. netopȋr; чеш. netopýr; словац. netopier; польск. nietoperz (ст.-польск. nietopyrz); в.-луж. njetopyrz, н.-луж. njetopyŕ; полаб. netüöpar (: nétöpar) — «бабочка» (Rost, 405). Др.-рус. (с XI в.) непътырь : нетопырь (Срезневский, II, 419, 434). ▫ Полного единодушия относительно происхождения этого слова не имеется. Слово, несомненно, сложное, двухосновное. Первую часть сложения нето- вслед за Миклошичем (Miklosich, EW, 214) обычно возводят к о.-с. *nekt- (ср. о.-с. *noktь; см. ночь). Вторую часть возводят к и.-е. корню *рег- : *рог- и пр. (см. перо, переть, парить; ср. также пырять). Но, вообще говоря, здесь не все бесспорно. Слово могло дойти до нас в искаженном виде (ср. другие искажения: с.-хорв. диал. **надопир;** чеш. диал. letopýř; польск. диал. latopierz и др.). Др.-рус. **непътырь** не менее древнее образование, чем **нетопырь.** М. б., это не плод народного переосмысления, а первоначальная форма слова. Тогда оно должно получить другое объяснение: не значит ли **непътырь** (< о.-с. *nepъtyrjь?) — «не птица». Примерно так оно объясняется у Брюкнера (Brückner, 361). Корень в этом случае *pъt- (см. **птица**), -yr-j-ь — суф.

НЕУКЛЮ́ЖИЙ, -ая, -ее «неповоротливый», «нескладный», «неловкий», «мешковатый». *Кр. ф.* **неуклю́ж, -а, -е.** *Нареч.* **неуклю́же.** В других слав. яз. отс. В русском языке слово *неуклюжий* известно, по крайней мере, с 30-х гг. XIX в. Ср. у Пушкина в «Арапе Петра Великого», гл. 3: «*неуклюжие* гайдуки, навьюченные шубами и муфтами своих господ» (ПСС, VIII, 16). ▫ Состав основы: *не-у-клюж-*. Корень *клюж-* в русском слове из о.-с. *kljud-j-, ж *dj (как в *негожий, бесстыжий*). Ср. в говорах: костр. **клюдь** (со старой основой на -ĭ-) — «порядок», «приличие», «краса», «стать», костр., волог. **клюжий** — «гожий», «красивый», «статный», «видный» (Даль, II, 734). Ср. др.-рус. и ст.-сл. **клюдити** — «говорить», «бранить», «шутить», **уклюдити** — «убедить» (Срезневский, I, 1229; III, 1180). Ср. также в русском языке XVIII в.: *неуклюд* — «неудачник», «глупый хвастун», напр., в комедии Лукина «Щепетильник», 1765 г., явл. 18: «А! Это *неуклюд* Самохвалов». Известно в зап.-слав. яз. Ср. чеш. klid (ст.-чеш. kl'ud) — «покой», «спокойствие», «отдых», kliditi — «убирать (сено)», «снимать (урожай)» при ст.-чеш. kl'uditi — «чистить»; польск. диал. kludzić — «приводить в порядок»; в.-луж. kludny, -a, -e — «(с)покойный», «тихий», «мирный», «кроткий», kludźić — «делать кротким», «спокойным». И.-е. база *kleud- : *k'leud- (с колебанием k : k') — «делать чистым», «чистить», «полоскать» (Pokorny, I, 607). Ср. нем. lauter (< *klūd-r-o-s) — «чистый», «прозрачный».

НЕФТЬ, -и, *ж.* — «маслянистая жидкость минерального происхождения, залегающая в недрах земли и время от времени извергающаяся оттуда или искусственно добываемая и используемая как горючее и как сырье для получения различных продуктов (керосина, бензина и пр.)». *Прил.* **нефтяно́й, -а́я, -о́е,** отсюда **нефтя́ник.** Укр. **на́фта, на́фтовий, -а, -е, нафтови́к;** блр. **на́фта, на́фтавы, -ая, -ае, нафтаві́к;** болг. **нафт, на́фта, на́фтов, -а, -о;** с.-хорв. **на́фта, на́фтен, -а, -о;** чеш. nafta, naftový, -á, -é. Ср. польск. ropa naftowa, naftowy, -a, -e, nafciany, -a, -e, naftowiec, nafciarz. В русском языке слово *нефть* известно с XVII в. (Срезневский, II, 439). ▫ Ср. франц. naphte, *m.,* иначе pétrole; нем. Naphtha, *n.,* Petroleum; ит. nafta, petrolio; исп. nafta, petróleo. В европейских языках первоисточник — греч. νάφθα, *n.* : νάφθας, *m.*

и *f.* — «нефть». Отсюда латин. naphtha. Греческое слово — из персидского. Ср. перс. naft — тж. Отсюда турец. neft : naft. В персидском — из арабского. Ср. араб. naft, *pl.* nafṭa — «нечто извергнувшееся», «нечто исторгшееся, выброшенное»; от глаг. nafaṭa — «плевать», «харкать», «выплевывать», «выхаркивать», «извергать» (Wehr², 872). В русский язык это слово попало, возможно, с Ближнего Востока (м. б., из персидского или турецкого).

НИ, *частица отрицат.* — употр. чаще всего как усилительная при отрицательном сказуемом, при повторении или перечислении (*ни... ни*) и как приставка (*никто* и т. п.). Употр. во всех слав. яз. Известна с начала письменности. ▫ О.-с. *ni. И.-е. *neī — «нет», «не», «ни» (Pokorny, I, 757). Ср. лит. neĩ — «ни»; латыш. nei; гот. nei; др.-в.-нем. nī; латин. nī (архаич. латин. neī).

НИ́ВА, -ы, *ж.* — «обработанное под пашню, засеянное поле», «пашня». Укр. **ни́ва** (также лан и др.); блр. **ні́ва;** болг. **ни́ва;** с.-хорв. **њи̏ва** (njȉva); словен. njiva; чеш. niva; польск. niwa; в.-луж. niwa. Др.-рус. (с XI в.) нива (Срезневский, II, 445). Ст.-сл. ни́ва ▫ О.-с. *niva (: *njiva). И.-е. основа *nēiu̯o- : *nēiu̯ā [м. б., по диалектам (под влиянием следующего слога?) *nēiu̯ā-], корень *nei- (: *nēi-) : *ni-, тот же (на ступени *ni-), что в о.-с. *ni-z-ъ [> рус. *низ* (см.)], *nī-cь (ср. рус. *пасть ниц*); формант -u̯-. Ср. греч. νειός, *f.* (из *νειϝός) — «вспаханная (земля)», «пашня», «поле под паром», позже «вновь поднятая залежь», «новина». Старшее знач. о.-с. *niva (: *njiva) — «низина», «низменность», «поемный луг». Подробнее — Pokorny, I, 313; см. также Frisk, II, 298.

НИВЕЛИ́РОВАТЬ, нивели́рую — «ликвидировать, уничтожать какие бы то ни было различия между чем- или кем-л., подводя все под один уровень»; *спец.* «выверять, выравнивать по ватерпасу». *Сущ.* **нивели́р.** Укр. **нівелюва́ти;** блр. **нівелі́раваць;** болг. **нивели́рам** — «нивелирую»; с.-хорв. **нивѐлисати;** чеш. nivelovati; польск. niwelować. Глаг. *нивелировать* встр. в статье *нивелирование* — (Яновский, II, 1804 г., 945), нивелировать — с 1834 г. (Соколов, I, 1665); сущ. *нивелир* в словарях с 1847 г. (СЦСРЯ, II, 457). ▫ Слово французское. Ср. франц. niveler — «нивелировать» от niveau, *f.* (ст.-франц. nivel < livel) — «уровень», «ватерпас», которое, в свою очередь, восходит к нар.-латин. *libellus, *m.,* классич. латин. lībella, *f.* — «уровень», «ватерпас» (уменьш. к lībra, *f.* — «весы», «равновесие»), вследствие межслоговой диссимиляции l : l > n : l. Из французского — нем. (с суф. -ieren) nivellieren, отсюда Nivellierinstrument. Ср. ит. livèllo : livella — «нивелир», livellare — «нивелировать» (при исп. nivel, nivelar); англ. level. В русском языке глаг., вероятно, из немецкого. Отсюда (как новообразование на русской почве) *нивелир*.

НИГИЛИ́ЗМ, -а, *м.* — 1) «отрицание общепризнанных политических, культурных, моральных и иных ценностей»; 2) *ист.* «в 60-х гг. XIX в. в России течение, возникшее в среде разночинной интеллигенции, резко отрицательно относившееся к дворянско-буржуазной крепостнической идеологии и нормам поведения». Сюда же нигили́ст. *Прил.* (к *нигилизм* и *нигилист*) нигилисти́ческий, -ая, -ое. Укр. нігілі́зм, нігілі́ст, нігілісти́чний, -а, -е; блр. нігілі́зм, нігілі́ст, нігілісти́чны, -ая, -ае. Ср. болг. нихили́зъм, нихили́ст, нихилисти́чески, -а, -о, нихилистичен, -чна, -чно; с.-хорв. нихили̏зам, нихи̏лист(а); чеш. nihilismus, nihilista, nihilistický, -á, -é; польск. nihilizm, nihilista, nihilistyczny, -a, -e. В русском языке слова *нигилист, нигилизм* (сначала, пожалуй, как принадлежность бранной лексики) известны с конца 20-х гг. XIX в. Эти слова употребляет Надеждин в статье «Сонмище нигилистов» (ВЕ, 1829 г., № 2, с. 112, 113), где к числу *нигилистов* [с очень неясным знач. «отрицатели классической (?) поэзии», «циники» (?)] отнесен даже Пушкин, как автор поэмы «Граф Нулин». Ср. по этому поводу третью сказочку Пушкина в «Детской книжке» (1830 г.): «Ванюша... кричал:... безбожник, *нигилист*!» (ПСС, XI, 102). В той же статье Надеждина встр. и слово *нигилизм* со столь же расплывчатым содержанием и с эпитетами «чудовищный», «губительный». С новым знач. эти слова получили широкое распространение благодаря роману И. С. Тургенева «Отцы и дети» и полемике по поводу этого романа. Ср. в гл. 5 (о Базарове): «Он *нигилист*» (СС, III, 186), в гл. 10: «И это называется *нигилизм*?» (ib., 216). В словарях оба слова — с 60-х гг. (ПСИС 1861 г., 348): *нигилизм* — «учение скептиков, не допускающих существование чего бы то ни было». Михельсон 1865 г. (430): *нигилист* — «последователь *нигилизма*. ▫ Ср. франц. nihilisme, nihiliste; нем. (латинизированное) Nihilismus, Nihilist; англ. nihilism, nihilist; ит. nichilismo, nichilista; исп. nihilismo, nihilista. Слово nihiliste появилось во Франции в середине 90-х гг. XVIII в. (1796—1797 гг.), тогда как родиной слова *нигилизм* можно считать Германию, где это слово в форме Nihilismus и с весьма туманным содержанием вроде «крайний идеализм» встр. в немецких философ. сочинениях с 1799 г. (см. М. П. Алексеев, 413 и сл.). Во Франции слово nihilisme — довольно позднее, известное с 1842 г. (Dauzat[11], 500; по словарю Bloch — Wartburg[2], 411, кроме того, с 1868 г. как название русского политического течения). Первоисточник — латин. nihil — «ничто», «ничего», которое из *ni-hīlum (ср. hīlum — «нечто ничтожное, заслуживающее презрения», преимущественно с отрицательными частицами и словами).

НИЗ, -а, *м.* — «часть, сторона предмета, противоположная его верху и ближайшая к его основанию». *Прил.* ни́зкий, -ая, -ое, ни́жний, -яя, -ее, -бе. *Сущ.* низи́на, ни́зость. *Нареч.* вниз, внизу́. Укр. низ, низьки́й, -а́, -е́, ни́жній, -я, -є, низови́й, -а́, -е́, низина́, ни́зькість, вниз, внизу́; блр. ніз (: спод), ні́зкі, -ая, -ае, ні́жні, -яя, -ее, нізавы́, -а́я, -бе, нізі́на, ні́засць, уні́з, уні́зе; болг. ни́сък, -ска, -ско (ср. ни́зък, -зка, -зко — «подлый»), низина́, ни́зост («низ» — до́лна част, дъно́, «вниз», «внизу» — до́лу); с.-хорв. ни̏з — «низина», ни̏зак, -ска, -ско — ни̏ски, -а̑, -о̑, низи́на, ни̏зија — «низина», «низменность», ни̏жи̑, -а̑, -е̑ — «низший» («низ» — до́ња стра́на, «нижний» — до́њи, -а̑, -е̑, «вниз», «внизу» — до́ле); словен. nízek, -zka, -zko, nižína — «низина», nízkost — «низость»; чеш. nízký, -á, -é, nížina — «низина», nízkost — «низость» («низ» — spodní část, spodek, «вниз» — dolů, «внизу» — dole); словац. nízky, -a, -e, nižný, -á, -é, nižina — «низина», nízkost'— «низость»; польск. niż (: dół, spód), niski, -a, -ie, nizina [«нижний» — dolny, -a, -e, spodni, -ia, -ie, «вниз» — na dół : w dół, «внизу» — na (w) dole, u dołu]; в.-луж. niski, -a, -e, nižny, -a, -e, nižina — «низина», niskość; н.-луж. nizki, -a, -e, nizkość. Др.-рус. (с XI в.) и ст.-сл. низъ, низъкыи, нижьнии, низу (Остр. ев.) — «внизу» (Срезневский, II, 446—448 и сл.). Прил. *низовой*, сущ. *низость* — поздние образования; в словарях — с 1793 г. (САР[1], IV, 529). ▫ О.-с. *nizъ, *nizъko, -o, nizъkъjь, -aja, -oje; приставка *niz- (*nizvъrgnǫti и т. п.). И.-е. корень *ni- : *nei- [-z- — суф. на о.-с. почве, как в *без* (см.)]. По корню ср. др.-в.-нем. nidar (совр. нем. nieder) — «низкий», особенно осет. ni- (ny-) — «предложная приставка, обозначающая движение сверху вниз», также арм. ni- : n-, авест. ni-, ny- (напр., в ni-gam- — «сходить», «спускаться»; др.-инд. ni° — «низ». Подробнее см. Pokorny, I, 312; Mayrhofer, II, 157.

НИЗА́ТЬ, нижу́ — «надевать что-л. однородное и мелкое сквозь отверстие или прокол одно за другим на нить, на проволоку и т. п.». *Возвр. ф.* низа́ться. В говорах: низь, ни́зка — «низаная нить: нитка жемчугу, бус, бисеру и пр.» (Даль, II, 1128). Укр. низа́ти(ся); ср. ни́зка — 1) «ряд», «вереница», «цепь»; 2) «нитка бус». Ср. блр. ніза́ць, ніза́цца; болг. ни́жа, нани́звам (се) — «нижу», «нанизываю»; ср. низ — «вереница»; с.-хорв. ни̏зати, 1 ед. ни̏же̑м; ср. ни̑з — 1) «ряд»; 2) «нитка бус»; словен. nizati; польск. nizać. Ср. словац. niz — «ресница», «сборка», nanizaný — «сборчатый». В некоторых слав. яз. отс. С р. в том же знач. чеш. navlékati. Др.-рус. (с XII в.) низати, 1 ед. низаю (: нижу?) — «пронизывать», «пронзать», «проникать»; (с XVI в.) «нанизывать»; ср. наньзти, 1 ед. наньзу — «наткнуть», «нацепить», «нанизать», наньзтися — «наколоться» (Срезневский, II, 304, 447). ▫ О.-с. *nizati, 1 ед. *nizajǫ (: *nižǫ?). Старшее знач. — «пропарывать», «пронзать». Корень *niz- — результат удлинения корня *nъz- (ступень редукции), тот же, что и в ст.-сл. 1 ед. въньѫ, въньѧти — «воткнуть», «всунуть» (SJS, I : 6, 307), в др.-рус. наньзти — «наткнуть», «нацепить», «нанизать» (Срезневский, II, 304), рус. **вонзить, пронзить**. И.-е. корень *neg'h- (Pokorny, I, 760). См. еще *заноза, нож*.

НИ́КЕЛЬ, -я, *м.* — «тугоплавкий, нержавеющий металл серебристо-белого цвета». *Прил.* **ни́келевый**, -ая, -ое. *Глаг.* **никелирова́ть**. Укр. **ні́кель, ні́кельовий**, -а, -е, **нікелюва́ти**; блр. **ні́кель, ні́келевы** -ае, -ае, **нікелірава́ць**. Ср. болг. **ни́кел, ни́келов**, -а, -о, **никели́рам** — «никелирую»; с.-хорв. **ни́кал, ни́клен(ӣ)**, -а, -о; чеш. nikl, niklový, -á, -é, niklovati; польск. nikiel, niklowy, -a, -e, niklować. В русском языке это название металла известно с начала XIX в. (Севергин, II, 1811 г., 618). ▫ Из западноевропейских языков. Ср. нем. Nickel, *m.*; швед. nickel; франц. nickel; англ. nickel (произн. 'nikl); ит. nichel, исп. niquel. Источник распространения — немецкий язык, где это слово известно с XVI в., но сначала лишь как синонимическое наименование кобольда — злого горного духа (ср. Nickel — «озорник»). Отсюда Kupfernickel — название минерала, медеобразной руды, собств. «озорной, злой дух меди» (нем. Kupfer — «медь»). *Никелем* (нем. Nickel, швед. nickel) этот металл был назван в 1751 г. шведским химиком и минералогом Кронстедтом, впервые (после целого ряда неудач, в которых видели козни «купферникеля») получившим его из медеобразной руды.

НИ́КНУТЬ, ни́кну — «склоняться, клониться, пригибаться от слабости», «ослабевать настолько, что тянет вниз»; (о цветах) «вянуть». *Сов.* только с приставками. Ср. *несов.* -ника́ть в сника́ть, поника́ть, возника́ть и других подобных образованиях с приставками. *Прил.* **ни́клый**. Укр. **ни́кнути**; блр. **ні́кнуць**. Ср. болг. **ни́кна** — (о растениях) «прорастаю», «показываю ростки», (о зубах) «прорезываюсь»; с.-хорв. **ни́кнути** — (о растениях) «прорасти», «вырасти», «взойти», «возникнуть», *несов.* **ни́цати, по́никнути** — не только «прорасти» и пр., но и «потупиться», «поникнуть головой»; ср. также **ни́ком** — «ничком»; словен. ponikniti, ponicati — «пускать корни», «проникать в почву (землю)»; чеш. -niknouti, -nikati с приставками: proniknouti, pronikati, vyniknouti — «выделиться», «выступить», vynikati — «выделяться», «выступать»; польск. niknąć, znikac — «исчезать», zniknąć — «исчезнуть», przeniknąć — «проникнуть», przenikać — «проникать». Др.-рус. (с XI в.) **ничати**, 1 ед. **ничу** «падать навзничь», «наклоняться» (в частности, в Сл. плк. Игор.: «ничить трава»), **поникати** — «опускаться», «скрываться», **поницати** — «склоняться», «преклоняться», **поничати** — тж., **поничи**, 1 ед. **пониу** — «склониться»; но ср. **никнути** — «произрастать», «возникать», «появляться», **никати** — «появляться», «возникать» (Срезневский, II, 450, 454, 1180). Ст.-сл. **никнѫти, нцати**. О.-с. *nikņǫti, *nicati (: *nikati). И.-е. корень *nī- : *nei-, тот же, что в о.-с. *nizъ (см. *низ*), база *nī-k-:

*nēi-k-. Ср. лит. -nìkti, 1 ед. -ninkù в ap. nìkti — «нападать», «бросаться на кого-л.» (и др. приставочных глаголах); греч. νίκη — «победа», «подавление», νικάω — «побеждаю», «получаю перевес»; др.-инд. nīcā — «внизу», «вниз», nīcaḥ — «направленный вниз» (ср. хинди **ни́ча** — «низкий»). См. Pokorny, I, 761 (*nēik-:*nik-); Fraenkel, 503; Frisk, II, 321; Mayrhofer, II, 171, 182.

НИКОТИ́Н, -а, *м.* — «наркотическое вещество, алкалоид, содержащийся в листьях и семенах табака (Nicotiana tabacum, Nicotiana rustica)». *Прил.* **никоти́новый**, -ая, -ое. Укр. **нікоти́н, нікоти́новий**, -а, -е; блр. **нікаці́н, нікаці́навы**, -ая, -ае; болг. **никоти́н, никоти́нов**, -а, -о; с.-хорв. **нико̀тӣн**; чеш. nikotin, nikotinový, -á, -é; польск. nikotyna, nikotynowy, -a, -e. В русском языке в словарях иностранных слов отм. с 1861 г. (ПСИС, 348). ▫ Ср. франц. nicotiane, *f.* и (с 1836 г.) nicotine, *f.*; нем. Nikotín, *n.*; англ. nicotine; ит. nicotina; исп. nicotina. По имени французского посла в Лиссабоне Нико (Nicot), который в 1560 г. ввез табак из Португалии во Францию.

НИМБ, -а, *м.* — на христианских и буддийских иконах — «сияние вокруг головы почитаемого святого, изображаемое в виде кружка». Укр., блр. **нимб**; болг. **нимб**: **ни́мбус**; с.-хорв. **ни́мбус**; чеш. nimbus; польск. nimb. Судя по словарям, известно с середины XIX в. (ПСИС 1861 г., 349). Более ранний случай ср. в письме Герцена Огареву от 22-IV(3-V)-1843 г.: «Каким *нимбом* любви ты окружен в жизни» (ПСС, XXII, 145). ▫ Ср. франц. nimbe, *m.*; англ. nimbus; нем. Nimbus, *m.* Первоисточник — латин. nimbus — «туман», «облако», «туча». В русском языке, видимо, из французского.

НИ́МФА, -ы, *ж.* — «в греческой и римской мифологии — второстепенное божество в виде молодой женщины, обитающей на земле (в рощах, у ручьев, на лугу), олицетворявшее те или иные силы или явления природы». Укр., блр. **ні́мфа**; болг. **ни́мфа**; с.-хорв. **ни́мфа**; чеш. nymfa; польск. nymfa; В словарях — с 1731 г. (Вейсман, 739). ▫ Ср. франц. nymphe, *f.*; нем. Nymphe, *f.*; англ. nymph; ит., исп. ninfa. Первоисточник — греч. νύμφη, дор. νύμφα — «нимфа»; первоначально «невеста», «взрослая девушка», «молодая женщина», также «куколка» или «личинка», «молодая пчела»; источник. Из греческого — латин. nymphā.

НИТРОГЛИЦЕРИ́Н, -а, *м.* — 1) «сильнейшее взрывчатое вещество (в виде маслообразной жидкости), получаемое из *глицерина* (см.), обработанного азотной кислотой»; 2) «лекарственный препарат, расширяющий кровеносные сосуды». *Прил.* **нитроглицери́новый**, -ая, -ое. Укр. **нітрогліцери́н**; блр. **нітрагліцэры́на**; болг. **нитроглицери́н**; с.-хорв. **нитроглицерин**; чеш. nitroglycerin, nitroglycerinový, -á, -é; польск. nitrogliceryna. В словарях в 1 знач. с 60-х гг. XIX в. (Толль, НС, II, 1864 г., 1015), когда в западноевропейских странах началось практическое применение нитроглицерина, открытого в 1847 г. ▫ Ср. франц. nitroglycérine, *f*.; нем. Nitroglyzerin, *n*.; англ. nitroglycerine; ит. nitroglicerina, *f*. Искусственное образование 40-х гг. XIX в. Первая часть сложения (*нитро-*), извлеченная из латин. названия хим. элемента nitrogenium — «азот», восходит, в конечном счете, к греч. νίτρον (у Геродота) — «щелок» (род соды или поташа, который в смеси с маслом служил моющим средством) > латин. nitrum — «сода», «самородная щелочная соль» (с VIII в. — «селитра»). Ср. франц. nitre — «селитра».

НИТЬ, -и, ж. — «тонко скрученная (ссученная) прядь, употребляемая для шитья, вязанья и пр.», «волокно». *Уменьш.* **нитка** — тж. *Прил.* **нитяный**, **нитяная**, **-ое**. Укр. **нить** (**нитки**), **нитка**, **нитяний**, -а, -е; блр. **нітка**, **ніцяный**, **-ая**, **-ое**; болг. **нишка** (< **нищка**; также **конец**); с.-хорв. **нит**; словен. nit, nitka; чеш. nit, nitka, nitěný, -á, -é; словац. niť, nitka, niťový, -á, -é; польск. nić, nitka, niciaty, -a, -e; в.-луж. nić, nitka, ničaty, -a, -e; н.-луж. niś, nitka. Др.-рус. (с XI в.) **нить**, **нитька** (Срезневский, II, 453). Ст.-сл. ниⷮ. *Прил.* **нитяный** в словарях — с 1780 г. (Нордстет, I, 429). ▫ О.-с. *nitь (< и.-е. *nītis или *nēitis). И.-е. *(s)nē(i)-t-ĭ-s; корень *(s)nē(i)-: *(s)nī-(?), также *(s)nō-. Ср. лит. nýtis — «бёрдо» (принадлежность ткацкого станка); латыш. nīts, *pl*. nītis — «крючки как принадлежность ткацкого станка»; др.-в.-нем. nâjan (совр. нем. nähen) — «шить» (где ä — из ē); латин. neō (< *nēiō) — «пряду», «тку»; греч. νέω, 3 ед. νῆ — «пряду», ср. νῆμα — «нить», «пряжа». С сохранением начального s-: латыш. snāt — «прясть»; др.-ирл. sníim — «пряду»; др.-инд. snā́vu — «(сухая) жила» (подробнее — Pokorny, I, 973).

НИША, -и, ж. — «специально сделанное углубление в стене (полукруглое или квадратное разного объема)». Укр., блр. **ніша**; болг. **ниша**; польск. nisza. Но в некоторых слав. яз. отс. В русском языке это слово известно, по крайней мере, с начала XIX в., когда его уже начинают отмечать в словарях (Яновский, II, 1804 г., 948: *ниш*). ▫ Ср. франц. niche, *f*. [< ит. nicchia (произн. ни́ккиа) при nicchio — «раковина»]. Из французского — нем. Nische, *f*.; англ. niche. Происхождение ит. nicchia, nicchio не совсем ясно. По-видимому, из латин. mītulus — «ракушка», которое, надо полагать, греческого происхождения. Ср. греч. μιστύλομαι «выдалбливаю», μιστύλη — «выдолбленный в виде ложки кусок хлеба» (которым можно черпать жидкую пищу).

НИЩИЙ, -ая, -ее — «крайне бедный, до предела оскудевший», «живущий подаянием», «ходящий по миру». *Кр. ф.* **нищ**, -á, -е. Чаще как субст.: **ни́щий**, -его, м., **ни́щая**, -ей, ж. *Сущ.* **нищета́**, **ни́щенство**. *Глаг.* **нища́ть**. Укр. **ни́щий**, -а, -е (чаще **убо́гий**, -а, -е, **злиде́нний**, -а, -е); болг. **нищ**, стар. **ни́щи**, -а, **нищета́**; с.-хорв.

ништ(ӣ), -а, -о; польск. niszczyć (się) — «разорять(ся)», «уничтожать(ся)», niszczeć — «приходить в упадок», «чахнуть»; ср. также книжн. (в Псалтыри) niszczotny — «бедный» (от *niszczota). Др.-рус. (с XI в.) **нищь**, **нищий** — не только «бедный», «разоренный», «неимущий», но и «смиренный» (Остр. ев.) и «невежественный», **нищета**, **нищевати** (Срезневский, II, 455—457). Ст.-сл. ниⷳть. *Глаг.* **нищать** — более поздний, в словарях — с 1793 г. (САР¹, IV, 539). ▫ О.-с. *niščь, -a, -e, *niščьjь, -aja, -eje. Этимология слова считается спорной. Вероятно, о.-с. *niščь — из *nistjь < *niztjь, где -t-j- — суффиксальные элементы. Если так, то корень тот же, что в о.-с. *nizъ (см. *низ*). Ср. др.-рус. и ст.-сл. **низити** — «унижать», «уничижать», «смирять», др.-рус. **низота** — «низкое положение» (в обществе), **низъкый** — «незначительный», «ничтожный» (Срезневский, II, 447—449).

НО, *союз противит.* — «однако», «все-таки», иногда «а». Укр., блр., болг. **но**; с.-хорв. (гл. обр. диал.) **нô** (обычно **али**, **него**), иногда **ну**, устар. диал. на; словен. no; словац. no. В зап.-слав. яз. отс. (в том же знач. употр. ale). Др.-рус. **нъ** — «но», «а», «даже и», «только», «впрочем» (многочисленные примеры см. у Срезневского, II, 477—480). С тем же знач. встр. **ну** (ib., 472). Ст.-сл. нъ (напр., в Супр. р. — Meyer, 144; в Синайск. псалт. — Северьянов, 297). ▫ Если о.-с. праформой считать только **нъ** (< и.-е. *nŭ), то непонятны болг. и с.-хорв. но. И.-е. *nŭ — «теперь». Ср. **ныне** (см.), где *ны-* из *nū- (и.-е. основа *nū-no-); в говорах и др.-рус. также **ноне**. Но откуда о.-с. *no? Связь с мест. *ono? Ср. др.-рус. **ано** (< *ono) — «а», «однако», «все же». Семантическая сторона вопроса также не ясна, требует уточнения. М. б., знач. «но» развилось в предложениях с временным противопоставлением: «тогда — теперь». Ср. лит. nù — «теперь»; ну; латыш. nu — «ну» (точнее = нем. nun); др.-в.-нем. nŭ, ср.-в.-нем. nŭ(n), совр. нем. nun — «теперь», «ну»; греч. νύν перед согласным νύ — «ну», «же», «так», νῦν — «теперь», «однако», «но так как»; др.-инд. nú — «теперь», «итак», «наверное»; тохар. A nu : nū, B no — «однако», «же», «ибо», «именно»; хетт. nu — «и». См. Pokorny, I, 770 и др.

НОВА́ТОР, -а, м. — «творчески инициативный работник физического или умственного труда», «всякий, кто в своей трудовой деятельности придумывает и проводит в жизнь новые, прогрессивные приемы, методы, принципы работы». *Прил.* **нова́торский**, -ая, -ое. Укр. **нова́тор**, **нова́торський**, -а, -е; блр. **нава́тар**, **нава́тарскі**, -ая, -ае; болг. **нова́тор**, **нова́торски**, -а, -о; с.-хорв. **но̏ватор**, **но̏ваторски**, -ā, -ō; чеш. novátor, novátorský, -á, -é; польск. nowator, nowatorski, -a, -ie. В словарях отм. с середины XIX в. (ПСИС 1861 г., 350; там же *новаторство*). В толковых словарях впервые — у Ушакова (II, 1938 г., 585). ▫ Ср. нем. Novátor (но чаще Néuerer); франц. (in)novateur; ит. (in)novatore; англ. innovator; исп. innovador. Первоисточник — латин. novátor — «обновитель», «реставратор», от novus — «новый».

НОВЕ́ЛЛА, -ы, ж. — «небольшая повесть, рассказ». *Сущ.* новелли́ст. Укр. нове́ла, новелі́ст; блр. наве́ла, навелі́ст; болг. неве́ла, новелі́ст; с.-хорв. нове̏ла, нове̏лист(а); чеш. novela, novelista; польск. nowela, nowelista и др. В русском языке слово *новелла* известно с 20-х гг. XIX в. Ср. у Пушкина в набросках статьи «О народности в литературе», 1825—1826 гг.: «Vega и Кальдерон. . . заемлют предметы своих трагедий из итальянских *новелл*» (ПСС, XI, 40). ▫ Восходит к ит. (с XIV в.) novella, novelista — «рассказчик новелл» (от прил. novello, novella — «новенький», «недавний»; ср. латин. novellus — «молоденький», «новый»). Из итальянского — нем. Novelle, *f.*, Novellist, *m.*; англ. novelist (но «новелла» — short story); франц. nouvelle, *f.*, nouvellier, *m.*

НО́ВШЕСТВО, -а, *ср.* — «нововведение», «новое явление». Только русское. Ср. в том же знач.: укр. новина́; блр. наві́на; болг. новина́; чеш. novota. Ср., однако, польск. nowszość, от nowszy — «более новый», «новейший», ср. twardszy — «более твердый» от twardy. Ср. и в русском яз. славянизм *младший* от *младый*. Это ш (sz) суф. сравнительной степени (о.-с. *-ъš- < *ъs-j-). Слово *новшество* появилось в русском языке до начала XVIII в. Поликарпов (200 об.) отм. это слово в 1704 г. — *Новшество* является новообразованием от основы ср. ст. прил. *новый* — *новший*, формы, теперь необычной для русского литературного языка. Эта полонизированная форма склоняемой ср. ст. была известна в книжном языке Московской Руси и рекомендуется московским изданием «Грамматики» Смотрицкого (1648 г.).

НО́ВЫЙ, -ая, -ое — «впервые или недавно появившийся», «до сих пор не бывший», «неведомый», «свежий», «относящийся к данному времени как исходному моменту». *Сущ.* новь, но́вость, новизна́, нови́нка. Укр. нови́й, -а́, -е́, новина́, новизна́, нови́нка; блр. но́вы, -ая, -ае, наві́на, наві́нка; болг. нов, -а, -о, но́вост, новина́; с.-хорв. но̏в(и̑), -а, -о, но̏во̑ст, нови̑на; словен. nov, -a, -o, novica, novost, novina, novinka — «новичок», «начинающий»; чеш. и словац. nový, -á, -é, novina, novinka, n̓ovost (словац. novost'), novota; польск. nowy, -a, -e, nowość, nowina, nowinka, nowota; в.-луж. nowy, -a, -e, nowość, nowina, nowinka, nowota; н.-луж. nowy, -a, -e, nowosć, nowina, nowinka, nowota. В других слав. яз. отсутствует образование, подобное слову *новь* в знач. «целина». Ср., однако, словац. nov — «новолуние», польск. now — тж. Слова *новатор* (см.), *новелла* (см.) сюда не относятся, потому что эти слова — заимствованные. Особо см. *новшество*. Др.-рус. (с XI в.) новъ, новый, новь — «новые плоды», «новолуние» (знач. «целина» — более позднее), (с XV в.) новина — «новизна» (Срезневский, II 457, 460); *новость* в словарях — с 1704 г. (Поликарпов, 200), *новизна*, *новинка* — с 1793 г. (САР¹, IV, 542). ▫ О.-с. *novъ, -a, -o, *novъjь, -aja, -oje. И.-е. *neu̯os: *neu̯i̯os — «новый» (Pokorny, I, 769). Ср. др.-лит. *navas [совр. лит. naũjas (< и.-е. основы *neu̯-i̯o- : *nou̯-i̯o-)]; греч. νέος (< νέϝος) : (с -i̯-o-) νει̯ός; др.-инд. návaḥ — «новый», «молодой», «свежий», (с -i̯-o-) návyaḥ — «новый», «молодой» и др. Только основа *neu̯-i̯-o- представлена в языках германской группы: гот. niujis — «новый», «молодой»; др.-в.-нем. niuwi (совр. нем. neu); англосакс. nīwe (англ. new); др.-ирл. nūe; хетт. neu̯a-.

НОГА́, -и́, *ж.* — «одна из двух нижних конечностей человека, а также одна из конечностей животного». *Прил.* ножно́й, -а́я, -о́е. Укр. нога́, ножни́й, -а́, -е́; блр. нага́, ножны́, -а́я, -о́е; болг. диал. нога́ (обычно крак); с.-хорв. но̀га, но̀жнӣ, -а̄, -о̄; словен. noga, nožen, -žna, -žno; чеш. noha, nožní; словац. noha, nožný, -á, -é; польск. noga, nożny, -a, -e; в.-луж. noha; н.-луж. noga. Др.-рус. (с XI в.) нога, позже (в Геннад. Библии 1499 г.) ножный (Срезневский, II, 461, 464). ▫ О.-с. *noga. Корень *nog-, тот же, что и в о.-с. *nogъtь > рус. *ноготь* (см.). Ср. лит. nagà — «копыто», nãgas — «ноготь», «коготь» («нога» — kója); латыш. nags — «ноготь», «коготь», «копыто»; др.-прус. nage — «нога»; латин. unguis (основа *ongh-u̯-) — «ноготь»; греч. ὄνυξ, род. ὄνυχος (корень ονυχ < *ongh-) — «ноготь», «коготь», «копыто»; др.-инд. nakhá-ḥ — «ноготь». Ср. также с формантом -l- (-li-, -lo-): др.-в.-нем. nagal — «ноготь» (совр. нем. Nagel — «ноготь», «гвоздь»); др.-инд. áṅghri (< *ongh-li-), *f.* — «нога» и др. И.-е. корень *ongh- (: onogh-): *nogh- (Pokorny, I, 780). Старшее знач., надо полагать, «копыто».

НО́ГОТЬ, -гтя, *м.* — «роговой покров на концах пальцев (руки и ноги)». *Прил.* ногтево́й, -а́я, -о́е. Укр. ні́готь, ні́гтьовий, -а́, -е́; блр. но́гаць, но́гцевы, -ая, -ае; болг. но́кът — «ноготь», «коготь», но́кътен, -а, -о; с.-хорв. но̏кат — «ноготь», «коготь», «острие лемеха»; словен. nohet — «ноготь»; чеш. nehet (ст.-чеш. *nohet) — «ноготь»; словац. necht; в.-луж. nochć — «ноготь»; н.-луж. nokś. Ср. также польск. (с приставкой paz- < о.-с. *poz- : *paz-) paznokieć — тж. Др.-рус. (с XI в.) и ст.-сл. ногъть — «ноготь», «коготь» (в этом знач. в Сл. Дан. Зат.), «острие» (в частности, «кончик стиля как орудия письма») и др. (Срезневский, II, 462—463; SJS, II: 21, 438—439). ▫ О.-с. *nogъtь. Старшее знач. — «ноготь», «коготь». И.-е. основа (с формантом u-t-) *on(o)gh-ut- [корень *onogh- : *ongh-, тот же, что и в о.-с. *noga > рус. *нога* (см.)]. Ближайшее родственное образование — лит. прост., диал. nagùtis — «ноготь», «коготь»; др.-прус. nagutis — тж.

НОЖ, -а́, *м.* — «режущее и колющее орудие с ручкой и лезвием». *Прил.* ножевóй, -áя, -óе. *Сущ.* нóжницы, нóжны. Укр. ніж, род. ножá, ножовúй, -á, -é, нóжиці — «ножницы» (но ср. піхви — «ножны»); блр. нож, нажавы́, -áя, -óе, нажны́, -áя, -óе, нóжны — «ножницы» и «ножны» (но «ножницы» также нóжанкі); болг. нож, нóжица — «ножницы», нóжница (обл. капúя < турец. kapí — «ворота») — «ножны»; с.-хорв. нóж, нóжице (чаще мàказе < турец. makas) — «ножницы» («ножны» — кóрице, кàније, *мн.*); словен. nož, nožnica — «ножны» (но ср. škarje — «ножницы»); чеш. nůž, *прил.* nožní, nůžky — «ножницы» (но ср. pochva — «ножны»); словац. nôž, nožnice, *мн.* (но ср. pošva — «ножны»); польск. nóż, nożowy, -a, -e, nożyce: nożyczki, *мн.* — «ножницы» (но ср. pochwa — «ножны»); в.-луж. nóž, nožicy, *мн.* — «ножницы», nóžnicy — «ножны»; н.-луж. nož, nožowy, -a, -e, nožice, *мн.* — «ножницы», nožnja, *ед.* — «ножны». Др.-рус. (с XI в.) **нóжь, нóжици** — «ножницы», (с XII в.) **нóжьный,** (с XVI в.) **нóжны** (< **ножьны*) [Срезневский, II, 463—464]. *Нóжницы* отм. у Р. Джемса (РАС, 1618—1619 гг., 6 : 61): nosenïtze. Прил. *ножевóй* в словарях — с 1731 г. (Вейсман, 89). ▫ О.-с. *nožь (< *nozjь < *nozjos). Корень тот же, что в *занóза* (см.), где корень *ноз-*, и в глагольных образованиях с приставками *во-* и *про-: вонзáть, пронзúть,* где корень *-нз-* (из *nьz-, на ступени редукции). И.-е. корень *neg'h- (: *nog'h- и пр.), очень скудно, если не сказать больше, представленный в других индоевропейских языках. Покорный (Pokorny, I, 760) сближает с др.- и ср.-ирл. nes(s) — «удар», «рана», которое он возводит по корню к и.-е. *neg'h-. Ср., однако, Vendryes, N-11.

НОЗДРЯ́, -и́, *ж.* — «одно из двух наружных отверстий носа у человека и животных». *Прил.* **ноздревóй, -áя, -óе, ноздревáтый, -ая, -ое.** Укр. нíздря, ніздрянúй, -á, -é, ніздря́стий, -а, -е, ніздрювáтий, -а, -е; блр. нóздра, нóздравы, -ая, -ае, наздравáты, -ая, -ае; болг. нóздра; с.-хорв. нóздра, нóздрва (: нóсница); словен. nozdrv (: nosnica); чеш. nozdra (: nosní dírka); словац. nozdra (: nosná dierka); польск. nozdrze, обычно nozdrza, *мн.*; в.-луж. nózdro, nózdra, nózdrje. Др.-рус. (с XI в.) и ст.-сл. **нóздрь : нóздря, нóздрьный** (Срезневский, II, 464, 465). О.-с. основа *nozdr- < *nos-r-. Произв. от о.-с. *nosъ, с суф. -r- (*nosr-) и с изменением sr > str, со вставочным t (*nostr-) и далее (м. б., под влиянием слов с суф. *-dl- вроде о.-с. *rydlo > рус. *рылo*) > *nozdr-. Ср. ближайшее родственное образование в литовском языке: nasraĩ, *pl*: (со вставочным t) nastraĩ, *pl* — «пасть» (< *«ноздри»?). См. Fraenkel, 485. Ср. подобное вставочное t в др.-в.-нем. noster (< *nustri-) — «ноздря» (совр. нем. Nüster). Вопрос о происхождении о.-с. формы *nozdr- вм. ожидаемой *nostr- нельзя считать вполне ясным. Но другие объяснения [предложение Бругмана (см. Фасмер, ЭСРЯ, III, 81) об и.-е. суф. *-dhr-o, почему-то уцелевшем на славянской почве в этом единственном слове, или объяснение dr- из dьr- (ср. рус. *дрáть* < *дьрáти*), что заставляет предполагать без особой надобности (і в укр. нíздря — из нíс!) о.-с. *nozdьr- (из *nos- и *dьr-)], на наш взгляд, малоубедительны. См. Pokorny, I, 755.

НОКÁУТ, -а, *м.* — «положение в боксе, когда после сильного удара поверженный противник в течение 10 секунд не может встать на ноги и считается побежденным». *Глаг.* **нокаутúровать.** Укр. нокáут, нокаутувáти; блр. накáут, накаутавáць; болг. нокáут, нокаутúрам — «нокаутирую»; с.-хорв. нокаут, нокаутирати; польск. nokaut, nokautować; чеш. knockout (произн. nokaut). В русском языке в широком употр. известно с 30-х гг. В словарях отм. с 1933 г. (Кузьминский и др., 826). ▫ Заимствование, в конечном счете, из английского языка. Ср. англ. knock-out (knock — «удар», «наносить удар», «ударять», out — «вон», а при глаг. — указание на завершенность действия). Во франц. языке, где это слово известно лишь с 1904 г., и многих других оно не только произносится по-английски ('nɔkaut), но и пишется.

НОКДÁУН, -а, *м.* — «положение в боксе, когда один из противников в ходе борьбы утрачивает на короткое время координацию движений и способность к сопротивлению». Укр. нокдáун; блр. накдáун; болг. нокдáун. В словарях отм. с 1933 г. (Кузьминский и др., 826). ▫ Восходит к англ. knock-down (произн. 'nɔk'daun) — «сокрушительный (удар)», down — собств. «вниз» (ср. и см. *нокáут*). В других слав. и зап.-европ. яз. обычно пишется и произносится по-английски, напр.: чеш., польск. knock-down; франц. knock-down; нем. Knockdown и др.

НОКТЮ́РН, -а, *м.* — «небольшое инструментальное (гл. обр. фортепианное) музыкальное произведение лирического характера». Укр. ноктю́рн; блр. нaкцю́рн. Ср. болг. ноктю́рно; с.-хорв. ноктурно; чеш. nokturno; польск. nokturn. Слово известно в русском языке с прошлого века. См. в СПБ вед. за 1820 г., №-64, от 10-VIII о Джоне Фильде, «который будет играть на фортепьяно *ноктюрну* и рондо своего сочинения» (Николаев, 170). Обычно, однако, в это время и позже это слово употреблялось с твердым *т: ноктурн*(а). Ср. Ренофанц, 1837 г., 175: *ноктурна* — «полунощница, молитвы, совершаемые в церкви в полночь»; позже — ПСИС 1861 г., 350. Иногда это слово употреблялось в форме *ноктурно* (ср. Толль, НС, II, 1864 г., 1026). Форма *ноктюрн* появилась едва ли не в начале XX в. (Ефремов, 1911 г., 315). ▫ Из западноевропейских языков. Источник распространения — франц. nocturne, *т.* — «ночной» и «ноктюрн» > англ. nocturne; ит. notturno, *т.* > нем. Notturno, *n.* Во французском это слово восходит к латин. nocturnus — «ночной» (от nox, род. noctis — «ночь»). Первоначально ноктюрном в Зап. Европе называли ночную серенаду.

НОЛ НОР

НОЛЬ, -я́, *м.* и **НУЛЬ**, -я́, *м.* — 1) *мат.* «отсутствие какой-л. величины»; 2) «условный пункт, от которого начинается исчисление того или иного ряда величин»; 3) *перен.* (чаще нуль) «полное ничтожество». *Прил.* **нолево́й**, -а́я, -о́е (чаще нулево́й, -а́я, -о́е). Укр. ну́ль, нульови́й, -а́, -е́; блр. нуль, нулявы́, -а́я, -о́е. Ср. болг. ну́ла, ну́лев, -а, -о; с.-хорв. ну̀ла, ну̀лти, -а̄, -о̄; чеш. nula, nulový, -á, -é. Ср. в том же знач.: словен. ničla : ničlo; польск. zero. В русском языке слово *нуль* (не *ноль*!) известно с Петровского времени. Смирнов (206) отм. его в учебных тетрадях Петра I по арифметике (1688 г. — ПбПВ, I, 7). Называли его тогда также *о́ником* (от *он* — названия буквы *о*). См. Кутина, ФЯН, 20. В словарях обе формы (с *у* и с *о*) — с 1847 г. (СЦСРЯ, II, 465, 468). Прил. *нулевой* (и *нолевой*) впервые — у Даля (II, 1865 г., 1143, 1137). ◻ Заимствовано, м. б., из голландского языка или других языков германской группы. Ср. голл. nul, *f.* — «нуль»; нем. Null, *f.*; дат. nul; норв. null. Во французском языке это понятие выражается словом zéro (< ит. zero < *zefiro < араб. şifr), но известно (с XVI в.) и nul (произн. nylə). Из французского — англ. null (произн. nɔl) — «не существующий», «недействительный» («нуль») — nought, «ноль» — zero, cipher, nil). Форма с *о*, видимо, также с Запада: ср. швед. noll — тж. Западноевропейские формы этого слова восходят к латин. nullus [< *n(ĕ) oin(o)los — «ни один», «ни одного»] — «ни один», «никакой», «ничтожный», nullum — «ничто».

НО́МЕР, -а, *м.* — 1) «порядковое число какого-л. предмета, находящегося в ряду других подобных»; 2) «отдельная комната в гостинице». *Устар.* также **ну́мер**. *Прил.* **номерно́й**, -а́я, -о́е. *Глаг.* (к *номер* в 1 знач.) **нумерова́ть**. Сюда же **нумера́ция**. Укр. но́мер, номерни́й, -а́, -е́, нумерува́ти; блр. ну́мар, нумарны́, -а́я, -о́е, нумарава́ць, нумара́цыя; болг. но́мер, номери́рам — «нумерую»; с.-хорв. ну̀мера (чаще бро̑ј) «номер в 1 знач.»; но во 2 знач. — **хотелска со́ба**; чеш. разг. numero, numerovati, numerace; польск. numer, numerowy, -a, -e, numerować, numeracja. В русском языке известно (сначала только в форме *нумер* и в 1 знач.) с Петровской эпохи (Смирнов, 206). В словарях — с 1804 г. (Яновский, II, 962: *нумер* и *номер*). В знач. «комната в гостинице» слово *номер* встр. с 30-х гг. XIX в. Ср., напр., у Гоголя в комедии «Ревизор», 1836 г., д. I, явл. 3: Добчинский: «В пятом *номере* по лестницей». Бобчинский: «В том самом *номере*, где...» (ПСС, IV, 20). Поэтому странно, что академический словарь 1847 г. рекомендует в этом случае *нумер* (СЦСРЯ, II, 469). Глаг. *нумеровать* наряду с *номеровать* употр. с Петровского времени (Смирнов, 206). Слово *нумерация* в словарях отм. с 1804 г. (Яновский, II, 962). ◻ Ср. ит. numero, *m.* — «число», «цифра», «количество», «номер в 1 знач.»; отсюда франц. numéro, *m.* — «номер»; нем. Númmer, *f.* (устар. Numero); голл. númmer — «номер (число)», numero — «номер»; англ. number; исп. número, *m.* Первоисточник — латин. numerus (< *nomeros; и.-е. корень *nem- — «отделять», «выделять», «брать») — «составная часть чего-л.», «член», «элемент», «число». В русском языке скорее всего из голландского или немецкого. Относительно глаг. *нумеровать* ср. голл. nummeren — тж., нем. numerieren — тж.

НОМИНА́ЛЬНЫЙ, -ая, -ое — 1) *спец.* «соответствующий *номиналу*, т. е. нарицательной, действительной стоимости, обозначенной, указанной, названной на ценных бумагах и денежных знаках»; 2) «считающийся, числящийся кем-л. только по названию, по наименованию его должности или звания, а на самом деле не выполняющий обязанностей, вытекающих из этого наименования». *Кр. ф.* **номина́лен**, -льна, -льно. *Нареч.* **номина́льно**. Укр. номіна́льний, -а, -е, номіна́льно; блр. намина́льны, -ая, -ае, намина́льна; болг. номина́лен, -лна, -лно; с.-хорв. но̀миналан, -лна, -лно : но̀мина̄лни, -а̄, -е̄; чеш. спец. nominální (: jmenovitý, -á, -é); польск. nominalny, -a, -e. В русском языке слово *номинальный* известно, судя по словарям, с середины XIX в. Ср. ПСИС 1861 г., 433: «*номинальный* — нарицательный, названный, назначенный, напр., *номинальная* ценность монеты». Ср. у Даля (II, 1865 г., 1137): *номинальный* — «нарицательный, таковой по одному названию». ◻ Из французского языка. Ср. франц. nominal, -e — «номинальный», «именной»; нем. nominal, англ. nominal. Первоисточник — латин. nōminālis, -e — «именной» [к nōmen — «имя»; ср. nōminō — «называю» (: «нарицаю»), «именую»].

НОРА́, -ы́, *ж.* — «жилище или укрытие животного под землей в виде углубления (ямки, коридора) с выходом (или выходами) наружу». В говорах **нора́** — также «подкожная рана», «язвина» (Даль, II, 1137). Ср. нор- сиб. «омут» (ib., 1138). Укр. нора́ (ср. норе́ць — «водолаз», нори́ця — «фистула»); блр. нара́; чеш. nora (ср. nořiti — «погружать»; польск. nora : nura (ср. также nurek — «водолаз», «ныряльщик»). Ср. болг. **нбрвам (се)** — «ныряю»; с.-хорв. но̀рац — «водолаз» (ср. ро̀нити, диал. но̀рити «нырять»); в.-луж. nóric — «нырять». Др.-рус. (редкое) *норя* — «нора», *нора* — «подкоп» (Пск. I л. под 7043 г.); ср. *норица* — «норка, пушной зверь» (1498 г.), (XIV в.) *норьць* — «водолаз» (Срезневский II, 466, 467). ◻ О.-с. *nora. Корень тот же, что в *нырять*. И.-е. корень *ner-: *nor- (Pokorny, 1, 766). Ср. лит. nérti — «нырять», náras — «водолаз» (и «гагара»). Ступень редуцированного вокализма мягкая (*пьг-) представлена др.-рус. вънь́рѣти — «вводить», «вставлять» (Срезневский, 1, 392). Ступень редуцированного вокализма твердая (*пъг-) с последующим «растяжением» ъ > у — в о.-с. *nyrjati (см. *нырять*).

НО́РМА, -ы, ж. — «обязательная мера», «узаконенный порядок», «установленная средняя величина», «правило». *Глаг.* **норми́ровать**. От основы *нормал-*: *прил.* **норма́льный**, -ая, -ое, *глаг.* **нормализова́ть**. Укр. но́рма, нормува́ти, норма́льний, -а, -е, нормалізува́ти; блр. но́рма, нарміра́ваць, нарма́льны, -ая, -ае, нармалізава́ць; болг. но́рма, норми́рам — «нормирую», **норма́лен**, -лна, -лно, нормализи́рам — «нормализирую»; с.-хорв. но̀рма, норми́рати, но̏рмāлан, -лна, -лно: но̏рмāлнӣ, -ā, -ō; чеш. norma, normovati, *прил.* normální, normalisovati; польск. norma, normować, normalny, -a, -e, normalizować. В русском языке слово *нормальный* известно со 2-й пол. XVIII в. [ср., напр., в письме Фонвизина к родным от 11 (22)-IX-1784 г. из Германии: «будет... экзамен полковника *нормальной* школе» (СС, II, 517)]; *норма* в словарях отм. с 1804 г. (Яновский, II, 957, там же *нормальный*); *нормировать* — с 1933 г. (Кузьминский и др., 829); несколько позже — *нормализовать*, *нормализировать* (Ушаков, II, 1938 г., 593). = Ср. франц. norme, *f.*, normal, -e, normaliser; нем. Norm, *f.*, normieren, normal, normalisieren; англ. norm, normal, normalise. Первоисточник — латин. norma (к noscō < gnoscō — «узнаю», «исследую») — «линейка-наугольник», «норма», «правило», «образец»; normalis, -e — «сделанный по наугольнику», «прямой». В русском языке, вероятно, из немецкого.

НО́РОВ, -а, м. — *разг.* «упрямство», «характер с причудами»; (в старину) «нрав», «характер», «обычай». *Прил.* **норови́стый**, -ая, -ое. *Глаг.* **норови́ть**. Укр. но́ров, норови́стий, -а, -е; блр. но́раў, нара́вісты, -ая, -ае. Ср. болг. нрав — «характер»; с.-хорв. на́рав — «натура», на́раван, -вни, -вна: на́равни̅, -ā, -ō — «естественный», «натуральный»; словен. nrav — «нрав», nraven — «нравственный», narava — «натура», «нрав», «характер»; чеш. и словац. mrav (ст.-чеш. nrav) — «нрав», «обычай», mravní — «нравственный», «моральный», mravný, -á, -é — «благонравный». Др.-рус. (с XI в.) *норовъ* — «обычай», «образ действия», иногда «нрав», «характер» и «беспокойный нрав», «норов», (с XV в.) *норовити* — «делать послабление», «поступать в угоду кому-л.» (Срезневский, II, 467). *Прил. норовистый* в словарях — впервые у Даля (II, 1138). Ср. также др.-рус. *наровою* — «по своей воле», «своевольно» (Пск. 1 л. под 6943 г. — Срезневский, II, 320). Не относится к случаям аканья и *наровити* в *Уложении* 1649 г., 317 об. Ср. в сев.-рус. говорах: **на́ров** — «нрав» (Подвысоцкий, 98), **на́ров** — «нрав», «норов» (Куликовский, 62). Еще раньше Даль (II, 1050) отм. такое же **на́ров** как псковское слово. Ср. польск. (с XVII в.) narów и norów вм. ожидаемого *nrow; norowy, м. б., из русского (Brückner, 355), как niemrawy, -a, -e — «неповоротливый» из чешского. Ср. ст.-сл. **нравъ**. ◯ О.-с. *norvъ*: *nar(o)vъ*(?). И.-е. база *(a)něr-, *nŏr(o)- (Pokorny, I, 765). Суф. на о.-с. почве -v(ъ). Ср. лит. nóras — «желание», «воля», norė́ti — «желать», «хотеть»; латин. nervōsus — «сильный», «способный к сопротивлению»; греч. (у Гесихия) νωρεῖ — «действует», «проявляет деятельность»); др.-ирл. nert (с суф. -t-) — «сила». Другие данные языков этой группы представляют знач. «мужчина», «воин» и т. п. Ср. греч. ἀνήρ — тж.; осет. нарт — «богатырь»; др.-инд. nā́ (основа nar-) — «мужчина», «человек».

НОС, -а, м. — 1) «выступающая вперед часть человеческого лица или морды животного, являющаяся органом обоняния»; 2) «клюв»; 3) «передняя часть судна, лодки». *Прил.* **носово́й**, -а́я, -о́е, носа́(с)тый, -ая, -ое. Укр. ніс, род. но́са, носови́й, -а́, -é, носа́тий, -а, -е; блр. нос, насавы́, -а́я, -о́е, наса́ты, -ая, -ае; болг. нос, но́сен, -сна, -сно, но́сов, -а, -о, но́сест, -а, -о; с.-хорв. но̏с, но̏сни, -ā, -ō, но̏сат(и̅), -а, -о; словен. nos, nosat, -a, -o; чеш. nos (но «нос судна, лодки» — přid'), nosový, -á, -é (напр., звук), nosní (напр., полость), nosatý, -á, -é; словац. nos, nosový, nosný, -á, -é, nosatý, -á, -é; польск. nos — «клюв» — dziób, «нос корабля» — przód, nosowy, -a, -e, nosaty, -a, -e; в.-луж. nós, nósny, -a, -e, nosaty, -a, -e; н.-луж. nos. Др.-рус. (с XI в.) и ст.-сл. **носъ** (в частности «передняя часть судна»), **носовый** (Срезневский, II, 468—469). *Прил. носатый* в словарях — с 1704 г. (Поликарпов, 200), *носастый* — с 1793 г. (САР¹, IV, 554). ◯ О.-с. *nosъ* (< и.-е. *nāsŏs). И.-е. корень *nās-. Ср. с тем же знач.: лит. nósis; др.-прус. nozy; др.-в.-нем. nasa (совр. нем. Nase); др.-сканд. nọs (швед. näsa; дат. nœse и др.); латин. nās(s)us (< и.-е. *nāsos) [ср. nāris (< nāsis) — «ноздря»]; франц. nez (ст.-франц. nes); ит. naso и др.; др.-инд. nā́sā, *f*.

НО́ТА, -ы, ж. — 1) «условный письменный знак для музыкального звука, а также самый звук»; *мн.* «текст муз. произведения в нотной записи»; 2) «официальное дипломатическое заявление правительства одной страны, обращенное к правительству другой страны». *Прил.* (к *нота* в 1 знач.) **но́тный**, -ая, -ое. Укр. но́та, но́тний, -а, -е; блр. но́та, но́тны, -ая, -ае; болг. но́та, но́тен, -тна, -тно; с.-хорв. но̏та, но̏тнӣ, -ā, -ō; чеш. nota, notový, -á, -é; польск. nota — «(дипломатическая) нота», «замечание», nuta — муз. «нота», nutowy, -a, -e — «нотный». Как муз. термин в словарях отм. с 1731 г. (Вейсман, 449: *ноты*); как дипломатический термин — с 1804 г. (Яновский, II, 959). ◯ Ср. франц. note, *f.*; нем. Note, *f.*; англ. note; ит., исп. nota. Первоисточник — латин. nota — «знак», «отметка», «буква», «пятно» (к noscō < gnoscō — «узнаю», «познаю», «изучаю»). В русском языке, вероятно, из французского.

НОТА́РИУС, -а, м. — «должностное лицо, уполномоченное оформлять и свидетельствовать разного рода документы, представляемые частными лицами». Сюда же **нотариа́льный**, -ая, -ое. Укр. нота́ріус, нота́р, нотаріа́льний, -а, -е; блр. ната́рыус, натары́льны, -ая, -ае; болг. нота́риус, нотариа́лен, -лна, -лно; с.-хорв. но̀та̄р (чаще бѐлежнӣк); словен. notar; чеш. notář, notářský, -á -é; польск. notariusz, notarialny, -a, -e. В русском языке это слово известно с Петровского времени, причем не только в форме нотариус, но и нотарий. Напр., в печатном тексте «Генерального регламента» 1720 г.: «чрез натариуса в протокол велит записать», но «казначеев и натариев выбирать» (ЗАП I, т. I, с. 487, 490). Кроме того, см. Смирнов, 206. С того же времени известно нотариальный (Смирнов, 205). Форма нотарий была употребительна (наряду с нотариус) еще в середине XIX в. (Михельсон 1865 г., 434; Даль, II, 1865 г., 1140). ◻ Ср. франц. notaire, notarial, -e. Из французского: нем. Notar, notariell; голл. notaris, notarieel; англ. notary, notarial; ит. notaro (: notario), notariale, -e; исп. notario, notarial. Первоисточник — латин. notārius — «скорописец», «писец», «секретарь» (от nota — «знак», «отметка», «пометка», к notō — «обозначаю», «отмечаю», «пишу»). В русском языке, по-видимому, заимствовано непосредственно из латинского. Срезневский (II, 477) отм. даже др.-рус. нутарий в Пат. Син. XI в., восходящее к ср.-греч. νοτάριος (< латин. notārius), а также нутарь в Ефр. крм. XII в., позже нотарь в Новг. крм. 1280 г. (см. также Фасмер, ГСЭ, III, 133). Прил. нотариальный м. б., из голл. (notarieel) или нем. (notariéll), но скорее всего непосредственно из франц. языка (notarial, -e), где это слово употр. с XVII в.

НОТА́ЦИЯ, -и, ж. — 1) «нравоучение», «строгое наставление», «порицание» (гл. обр. в выражении читать нотацию); 2) «система условных письменных обозначений чего-л.». Укр. нота́ція; блр. ната́цыя; болг. нота́ция. Ср. польск. notacja — «система условных обозначений» [< франц. notation, f. — «обозначение условными знаками» < латин. notātiō (от notō — «отмечаю») — «обозначение», «записывание», а также — «порицание»]. Из французского — англ. notation. Как специальное (нотация в музыке, шахматная нотация и т. п.) это слово отм. в словарях русского языка с 1804 г. (Яновский, II, 960), в знач. «порицание» — с 60-х гг. (ПСИС 1861 г., 352; позже Даль, II, 1865 г., 1140). ◻ Вероятно, из семинарского арго.

НОЧЛЕ́Г, -а, м. — 1) «остановка для ночного отдыха», «ночевка»; 2) «жилье, приют для ночевки». Прил. ночле́жный, -ая, -ое. Сюда же ночле́жка, ночле́жник, ночле́жничать. Ср. в говорах наслёг — тж. (Даль, II, 1058). Укр. нічлі́г, нічлі́жний, -а, -е, нічлі́жка, нічлі́жник; блр. ночлёг, ночле́жны, -ая, -ае, ночле́жка, ночле́жнік; чеш. nocleh, noclehárna — «ночлежка», nocležník; словац. nocl'ah, nocl'ahareň — «ночлежка», nocl'ažnisko — «место ночлега», nocl'ažnik — «ночлежник»; польск. nocleg, noclegowy — «ночлежный» (ср. dom noclegowy — «ночлежка»); в.-луж. nóclěhwo — «ночлег». Отс. в южн.-слав. яз. Др.-рус. ночлегъ сътворити, лежати ночлегъ — «ночевать» (Дан. иг.), стати ночлѣгу — «остановиться на ночлег» (Пов. вр. л. под 6605 г.) [Срезневский, II, 469]. У Поликарпова, 1704 г., 201: нащлѣгъ (между словами нощный и нощнбе мечтание), а также (185) наслѣгъ со ссылкой на становище. Производные все более поздние: ночлежный в словарях отм. с 1780 г. (Нордстет, I, 431), ночлежник — с 1793 г. (САР¹, IV, 557). Еще более позднее (конца XIX в.) слово ночлежка. Встр. в ранних рассказах и пьесах М. Горького [«Бывшие люди», 1897 г.: «в этом здании... теперь помещалась „ночлежка"» (СС, III, 178); также в пьесе «На дне» (1902—1903 гг.), которая первоначально называлась «Ночлежка»]. ◻ Сложное образование с двумя о.-с. основами: *noť- (см. ночь) и *leg- (: *lěg-), весьма напоминающее нем. Nachtlager («ночлег». Ср. др.-рус. лѣгати — «лежать», «ложиться» (Изб. 1076 г., 196 об.), сълѣгатися — «ложиться вместе» (Срезневский, III, 743). Ср. рус. диал. (костром.) лёгомо — «пора, когда ложатся спать» (Даль, II, 848). Что касается рус. диал. наслёг — тж., то, м. б., оно и не иноязычного происхождения, а плод переосмысления слова ночлёгъ. Ср. вышеупомянутое др.-рус. сълѣгатися — «ложиться вместе».

НОЧЬ, -и, ж. — «часть суток от вечерней зари до утренней». Прил. ночно́й, -а́я, -о́е. Глаг. ночева́ть. Нареч. но́чью. Укр. ніч, род. но́чі, нічни́й, -а́, -é, ночува́ти, вночі́; блр. ноч, начны́, -а́я, -о́е, нача́ва́ць, но́ччу (чаще уначы́); болг. нощ, нб́щен, -щна, -щно, нощуўвам — «ночую», нб́щем, нощѐ, нощя́ — «ночью»; с.-хорв. но̑ћ, но̀ћнӣ, -а̄, -о̄, ноћѐвати, ноћѝвати, но̀ћити, но̏ћу — «ночью»; словен. noč, noči, -čna, -čno, prenočevati, prenočiti, ponočí — «ночью», чеш. noc, прил. noční, nocovati, v noci; словац. noc, nočný, -á, -é, nocovat', nocuvać; польск. noc, nocny, -a, -e, nocować, nocą — «ночью», в.-луж. nóc, nócnу, -a, -e, nócować, (w) nocu; н.-луж. noc, nocny, -a, -e, nocowaś, (w) nocu. Др.-рус. (с XI в.) ночь, ночью — «ночью», (с XII в.) ночьный, (с XIV в.) ночевати (Срезневский, II, 469 и сл.). Ст.-сл. ношть (Супр. р.: ношть, нощтьнꙑѩ, вин. мн. — Meyer, 143, 144; Син. пс.: ношть — Северьянов, 297). ◻ О-с *noktь (с основой на -ĭ-) *noť ь. И.-е. база *nekʷ-t- : *nokʷ-t-. В и.-е. языках представлены разные основы или остатки разных основ этого слова (на -ĭ-, на -u-, на согласный). Ср. лит. naktìs (но род. мн. naktų̃); латыш. nakts; др.-прус. naktin (вин. ед.); гот. nahts (основа на согласный; др.-в.-нем. naht (совр. нем. Nacht); др.-исл. nátt : nōtt; латин. nox (им. мн. noctes, но род. мн. noctium, прил. nocturnus); ср. (с основой на -u-) noctū — «ночью» (старый аблятив от nox); греч. νύξ, род. νυκτός [с υ в корне не совсем ясного происхождения (м. б., под влиянием ἀμφι-λύκη — «предрассветный сумрак», от *λυξ)]; др.-ирл. in-nocht — «сегодня ночью»; др.-инд. nā́k, f. [основа nā́kt- (на согласный; ср. с основой на -ĭ- вин. мн. náktīḥ)]; особо хетт. nekut- — «вечер» (с гласным *e* в корне).

НОЯ́БРЬ, -я́, *м.* — «одиннадцатый месяц календарного года». *Прил.* **ноя́брьский**, -ая, -ое. Ср. болг. **ное́мври, ноеври́йски**, -а, -о; с.-хорв. **но̀ве̄мбар** (: сту̀день), **но̀ве̄мбарски**, -а̄, -о̄; словен. november; в.- и н.-луж. nowembr (н.-луж. также listopad). Другие славянские народы называют ноябрь *листопадом*: укр. **листопа́д**; блр. **лістапа́д**; чеш., польск. listopad. Др.-рус. (с XI в., начиная с Остр. ев.) **ноябрь** (Срезневский, II, 470). Прил. *ноя́брьский* — более позднее, в словарях отм. лишь с 1793 г. (САР¹, IV, 558). ◻ В конечном счете, восходит к латин. november (mensis), прил. от novem — «девять» (у римлян календарный год начинался с марта). Из латинского языка — позднегреч. νοέμβριος — «ноябрь». В русском языке — из старославянского (ноѩбрь), а там — из греческого.

НРАВ, -а, *м.* — «характер», «психические свойства», «привычки», «особенности поведения, связанные с чертами характера». *Мн.* **нра́вы** — «обычаи». Этимологически сюда же относятся **нра́виться, нра́вственный, нравоуче́ние**. Укр. **нра́ви**, *мн.* Ср. болг. **нрав**, *мн.* **нра́ви, нра́вя се** — «нравлюсь», **нра́вствен**, -а, -о, **нравоуче́ние**. Соответствующие образования в других слав. яз. см. в ст. *норов*. Др.-рус. книжн. **нравъ** — «стремление», «желание», «доблесть», «добродетель», «нравственность», «обычай», «привычки», «образ действия» (Срезневский, II, 471—472). Ст.-сл. нравъ. ◻ В др.-рус. — из ст.-сл. яз. Собственно, в др.-рус. языке (в народной древнерусской речи) этому старославянскому слову соответствовало **норовъ** (см. *норов*).

НУ — 1) *частица* — употр. в диалогической речи как выражение условного согласия с собеседником или как побуждение продолжать высказывание; 2) *вопросит. частица* «неужели?», «правда ли?»; 3) *межд.* — выражает побуждение к какому-н. действию (с формами повелит. накл.), а также удивление, иронию, негодование; 4) *межд.* заключительной части речи. *Глаг.* **ну́кать** — «повторять *ну*». Надо полагать, сюда же **понука́ть**. В говорах (гл. обр. сев.-рус., сиб.) **ну** употр. как утвердительная частица («да»). Ср. в «Опыте» 1852 г. (130): арханг., вят., перм., камчат. **ну** — «да»; также Даль, II, 1141. Укр. **ну**; с.-хорв. **ну̑** (межд.), иногда **на̑**; чеш. nu (: no), отсюда (?) ponoukati — «подстрекать», «побуждать»; польск. nu : no. Словац. no; в.-луж. no, (под ударением) nó (диал. nu). Ср. др.-рус. **ну** «но», «а», «же» (Срезневский, II, 472). Ср., однако, **нукнути** — «крикнуть (понукая)» в Новг. IV л. под 6887 г. (ib. 476), **понукнути** (ib., 1185). Ср. в «Ист. иуд. в.» Флавия: **понюкати** — «побуждать криком», **понюкнути** (Мещерский, 362). Как межд. *ну* отм. в «Грамматике» Смотрицкого (Евье, 1619 г., 192). Ср. в сочинениях и письмах протопопа Аввакума: «*Ну*, старец, моево вяканья много веть ты слышал» («Житие», Автограф, л. 284 об., с. 81); «*Ну*, полно бранит(ь)ся. Прости» (Письмо Морозовой, 398 и др.) ◻ В этимологическом отношении связано с союзом *но* (см.). В русских говорах, как и в некоторых других слав. яз., наряду с *ну* и примерно в той же функции употр. и *но*. Ср., напр., пошех. **но** (=ну) (Копорский, 149). Однако прямо из *но* (или из др.-рус.) словечко *ну* возникнуть не могло. Вероятно, здесь имело место какое-то сложение. Напр., *нъ (> *но*)+у (*же*). Ср. др.-рус. и ст.-сл. **у** — «так», «теперь», употреблявшееся и как межд. (Срезневский, III, 1107). См. *уже́*.

НУ́ДНЫЙ, -ая, -ое — «надоедливый, томительно-скучный». *Сущ.* **ну́дность**. Сюда же *устар.* и *диал.* **нуда́, ну́дить**. Укр. **нудни́й**, -а́, -е́, **ну́дність, ну́діти**; блр. **ну́дны**, -ая, -ае, **ну́днасць**. Ср. болг. **ну́дя** — «принуждаю»; с.-хорв. **ну́дити, ну́ђати** — «предлагать», «угощать»; словен. nuditi — «предлагать», «давать», Чеш. nudný, -á, -é — «нудный» (из русского), но ср. исконно чеш. nuda — «скука», nuditi — «нагонять скуку». Ср. польск. nudzić — «наводить скуку», «надоедать», «тошнить», nuda — «скука», nudny, -a, -e — «скучный». Др.-рус. (XI в.) **нудити** — «принуждать», **нудитися, нудьный** — «трудный», «тягостный» (Срезневский, II, 472—473). Ст.-сл. ноудити и нждати. ◻ О.-с. *nuditi, с u из *ou. Форма *нудный* (< *nudьnъjь) — отглаг. образование от о.-с. *nuditi (ср. *видный* от *видеть*). Знач. «скучный» возникло из «принужденный». И.-е. база *nəu-d- (> о.-с. *nou-d- > *nu-d-; по говорам — на о.-с. почве — с назализацией гласного); в других и.-е. языках получила отражение база с глухим зубным (-t- или -t-i-). Ср. др.-прус. nautin (вин. ед.) — «нужда»; гот. nauþs — «нужда», «насилие» (ср. naus — «труп»); др.-в.-нем. nôt (совр. нем. Not) — тж. (подробнее см. Pokorny, I, 756). См. *нужда, ныть*.

НУЖДА́, -ы́, *ж.* — «бедность», «недостаток в средствах существования», «необходимость, потребность в чем-л.». *Глаг.* **нужда́ться**. Сюда же **ну́жный**, -ая, -ое. Укр. **нужда́** (но «потребность» — **потре́ба**), **нужда́тися**. Ср. болг. **нужда́** — «необходимость», «потребность», **нужда́я се** — «нуждаюсь» (но **ну́жен, -жна, -жно** из **ну́жден, -дна, -дно** вследствие упрощения группы **ждн**); с.-хорв. **ну́жда** — «нужда», «необходимость», **ну́ждан : ну́жан, -жна, -жно : ну́жнӣ**, -а̄, -о̄; словен. nuja — «нужда», «потребность» (также sila, potreba), nujen, -jna, -jno; чеш. nouze в материальном смысле; также bída, но ср. potřeba — «нужда в чем-л.»; польск. nędza — «бедность», «нищета» (также bieda, но ср. potrzeba — «нужда в чем-л.»), nędzny, -a, -e — «жалкий», «убогий» (ср. potrzebny, -a, -e — «нужный»); в.-луж. nuza, nuzny, -a, -e, nuzować; н.-луж. nuza, nuzny, -a, -e, nuzkaś. Др.-рус. **нужда и нужа** — гл. обр. в знач. «необходимость», также «принуждение», «насилие», **нужа** встр. и в знач. «бедствие», «печаль» (Новг. I л. под 6669 г.), прил. **нуждьный** (к *нужда*) и нужьный (к нужа) — в смысле «необходимый», реже «несчастный», «трудный» (Срезневский, II, 473—476). Ст.-сл. нжда (в большинстве памятников) и ноужда [в Супр. р. (Meyer, 144) и в Саввиной книге]. ▫ О.-с. *nudja: *nǫdja. И.-е. основа *nəu-d-, та же, что в рус. *нудный* (см.), с суф. -j-. На о.-с. почве — по диалектам — гласный звук получил назализацию [не утратил, как полагал Вондрак (на которого ссылается Преображенский, I, 617) и вслед за ним другие другие слависты, а именно получил], м. б., под влиянием предшествующего носового: *nudja > *nundja > *nǫdja, но это явление не характерно для всего общеславянского языка. Форма с *жд нужда* [вм. ожидаемой *нужа* — формы, сохраняющейся во многих, особенно сев.-рус. и сиб. говорах (ср. поговорку «нет хуже стужи да *нужи*»)] — из старославянского языка. Знач. «бедность» развилось на русской почве, откуда и в украинском.

НУМИЗМА́ТИКА, -и, ж. — «вспомогательная историческая дисциплина, изучающая историю денег и денежного обращения»; «коллекционирование старинных монет и медалей». *Прил.* **нумизмати́ческий, -ая, -ое.** Сюда же **нумизма́т.** Укр. **нумізма́тика, нумізмати́чний, -а, -е, нумізма́т;** блр. **нумізма́тыка, нумізматы́чны, -ая, -ае, нумізма́т;** болг. **нумизма́тика, нумизмати́чен, -чна, -чно, нумизмати́к;** с.-хорв. **нумизма́тика, нумизмати́чни, -ā, -ō, нумизма̀тича̄р;** чеш. numismatika, numismatický, -á, -é, numismatik; польск. numizmatyka, numizmatyczny, -a, -e, numizmatyk. В русском языке отм. в словарях с 1804 г. (Яновский, II, 963: *нумисматика*); в форме с *з* (*нумизматика*) — с 1847 г. (СЦСРЯ, II, 469); там же *нумизматический.* Слово *нумизмат* (с *з*) отм. у Углова, 1859 г., 132 в знач. «медаль или монета»; в совр. знач. но в форме *нумисмат,* впервые — у Даля, (II, 1865 г., 1143). ▫ Ср. франц. numismatique, *f.,* numismate, *m.:* numismatiste, *m.;* нем. Numismátik, *f.;* англ. numismatics, numismatist. Позднее западноевропейское искусственное образование на базе латин. numisma, род. numismatis, nomisma, род. nomismatis (< греч. νόμισμα, род. νομίσματος — «монета», первоначально — «укоренившийся обычай», «общепринятый порядок»; ср. греч. νόμος — «обычай», «закон», νομίζω — «имею в обычае», «применяю», «усваиваю»). Во франц. языке numismatique, *f.* в знач. «наука о монетах» употр. с 1762 г., numismate, *m.* — с 1823 г. В русском языке из французского.

НУТРО́, -а́, *ср.* — «внутренняя, скрытая от глаз часть чего-л. цельного», «внутренности человека, животного». *Прил.* **нутряно́й, -а́я, -о́е.** Укр. **нутро́, нутряни́й, -а́, -е́;** блр. **нутро́, нутраны́, -а́я, -о́е.** Ср. в том же знач.: с.-хорв. **ну̀трина,** словен. notranjost; чеш. nitro [: vnitřek (корень itr- из utr- в *vňutro)]; словац. vnutro : vňutro; в.-луж. nutra, *мн.* — «внутренности», «недра»; н.-луж. nutśk — «внутренность». Ср. также болг. въ̀трешност (корень ътр-) — «нутро»; польск. wnętrze (корень ętr-) — тж. В русском языке *нутро, нутряной* отм. в «Рукоп. лексиконе» 1-й пол. XVIII в.: *нутро, нутреная болезнь, нутреный* (Аверьянова, 216). Ср., однако, **нутрь** — «внутренность», отм. Срезневским (II, 477) в одном памятнике 1493 г., и более раннее **утрь** — тж. (ib., III, 1316), **нутрьний** — «внутренний» в Пов. вр. л., введ., по Ип. сп. (ib., Доп. 196) и **утрьний** — тж. (ib., III, 1318). ▫ Основа слова *нутро* — утр- из о.-с. *ǫtr-. Ср. ст.-сл. ѫтрь = рус. *утроба.* Начальное *н-* — из *вън-* в **вънутрь, вънутрьний** (ср. рус. диал. **зори́ть,** где *з* из *разорить*).

НЫ́НЕ, *нареч.* — «теперь», «в данное время». *Прост.* также **ны́нче.** *Прил.* **ны́нешний, -яя, -ее.** *Устар.* и *обл.* **но́не, но́нче, но́нешний.** Укр. **нині́, ні́нішній, -я, -є.** Ср. болг. устар. **ни́не** (обычно **сега́, днес**); чеш. nyní, nynější; польск. niniejszy, -a, -e — «нынешний» («ныне» — teraz, dziś). Др.-рус. (с XI в.) и ст.-сл. **нынѣ : ныня, нынѣча : нынѣче, нынѣчьний, нынѣшьний,** также **нынѣщьный, нонѣ,** (с XIV в.) **нонѣча, нонѣшьний** (Срезневский, II, 466, 480). ▫ О.-с. *nynē : *nъnē. О.-с. корень *nyn- (< *nūn-). По всей видимости, пережиточная падежная форма на -ē от прил. с основой на -n(-o). (Pokorny, I, 770). И.-е. основа *nū-n-o-. Ср. лит. nūnaĩ, nū̃n — тж. Ср. с тем же знач.: греч. νῦν; перс. -нун (äкнун); др.-инд. nūnám; хетт. ki-nun. И.-е. корень *nū-, по всей вероятности, абляут к и.-е. *neu- (см. *новый*). Что касается прил. *нынешний,* то его суф. тот же, что в рус. *здешний* (от *здесь*), *вчерашний* и далее *домашний.* Форма *нынѣчьний* при ст.-сл. нынѣцⷧнии заставляет предполагать основу на -t-jo- : -t-jo-. Но *нынѣшьний* — также очень старое образование, засвидетельствованное памятниками старославянской письменности. М. б., оно возникло по аналогии с такими образованиями, как о.-с. *vyšьnjь > ст.-сл. вышьнии (Meillet[2], II, 383).

НЫРЯ́ТЬ, ныря́ю — «погружаться в воду с головой». *Сов. однокр.* **нырну́ть.** *Сущ.* **нырóк,** *обл.* **ныре́ц** — «гагара». Укр. **ниря́ти** [но чаще **порина́ти** (< *пориня́ти*), **пірна́ти**], **нирну́ти, ниро́к;** блр. **ныра́ць, нырну́ць, ныра́ц** — «нырок». Ср. болг. **но̀рвам** — «ныряю» (Младенов, ЕПР, 360; обычно «ныряю» — **гму́ркам се**); с.-хорв. диал. **но̀рити** (при общесербохорв. ро̀нити); чеш. nořiti; словац. noriť; в.-луж. nórić : nurić; н.-луж. nuriś. Ср. польск. nurzać — «погружать». Др.-рус. **ныряти** (XIV в.), но ср. **нирати** — тж. в Изб. 1073 г., 155 (Срезневский, II, 453, 482). Ср. **въньрѣти** — «вводить» (ib., I, 392). Ср., однако, в «Ист. иуд. в.» Флавия (710 об.): «*вынрение*... из земля» — «исхождение» (Мещерский, 362). ▫ Корень тот же, что в рус. *нора* (см.). И.-е. корень *ner- [: *nor-: *nər-: *nor- (Pokorny, I, 766)]. На ступени редукции — о.-с. *nьr- (отсюда *nirati), *nъr- (отсюда *nyrjati). Ср. лит. nérti — «нырять», náras — «водолаз». За пределами

НЫТ

балто-славянской группы языков родственных образований не имеется.

НЫТЬ, но́ю — 1) «болеть, не переставая, упорно, длительно, тупо»; 2) «тосковать, выражая свои переживания тягучими стонами и жалобами». Ср. **унывать**. *Сущ.* **нытьё, нытик**. Укр. **ни́ти**, 1 ед. **ни́ю** (но «жаловаться» — **скі́глити**), **нитта́, ни́тик**; блр. **ныць**, 1 ед. **ны́ю, ныцце́, ни́цік**. Ср. чеш. книжн. nýti, 1 ед. nyji — «изнывать», «тосковать», «тужить» («ныть в 1 знач.») — tupě boleti, trnouti. Ср. др.-рус. (с XI в.) **уныти**, 1 ед. **уныю** — «опечалиться», «омрачиться», **унывати** — «печалиться» (Срезневский, III, 1232, 1234; **ныти** дано без примеров. Ст.-сл. oүныти, 1 ед. oүныѭ, oүнывати. Отглаг. сущ. **нытье** в словарях — с 1704 г. (Поликарпов, 201 об.), **нытик** впервые — у Даля (II, 1865 г., 1144). □ О.-с. *nyti, 1 ед. *nyjǫ. И.-е. корень *nāu- : *nəu- : *nū- [в варианте *nəu-, с о.-с. формантом d, который также в **нужда** (см.) и *нудный* (см.)]. Вариант nāu- представлен др.-рус. **навь : навье** — «мертвец» (Срезневский, II, 272). Ср. рус. диал. **навь** — тж., **на́вий, -ья, -ье** (ср. «на́вьи чары», «*Навий* день») — «относящийся к покойнику» (Даль, II, 981). Ср. чеш. (прост. и диал.) náv — «гроб». С этим и.-е. корнем было связано знач. «смерть», «мертвец» (Pokorny, I, 756). Знач. «болеть» (напр., о сердце) развилось на русской почве, вероятно, из знач. «тужить (по покойнику)».

НЮАНС, -а, *м.* — «с трудом различимый оттенок какого-л. цвета или звука», «тонкое различие в чем-л.». *Глаг.* **нюанси́ровать**. Укр. **нюа́нс, нюансува́ти**; блр. **нюа́нс, нюансава́ць**; болг. **нюа́нс, нюанси́рам** — «нюансирую». Ср. с.-хорв. **ниа́нса : нија̀нса**; чеш. nuance (хотя чаще odstín), nuancovati; польск. niuans (хотя чаще odcień). Слово *нюанс* известно, по крайней мере, с 30-х гг. XIX в. В словарях отм. с 1837 г. (Ренофанц, 177: *нюансы*). Встр. в письме Герцена Кетчеру от 9-XI-1843 г.: «это отразилось и на *нюансах* содержания» (ПСС, XXII, 155). □ Ср. франц. (с XVII в.) nuance, *f.*, (с XVIII в.) глаг. nuancer. Из французского: нем. Nuance, глаг. nuancieren; англ. nuance. Во французском — от nue (< вульг.-латин. *nūba, классич. латин. nūbēs) — «облако», nuer — «оттенять». В русском языке — из французского.

НЮНЯ, -и, *ж.* — (гл. обр. о детях) «плакса», «рёва». *Глаг.* **ню́нить**. Ср. польск. niuń : niunia : niuńka — «простак», «дурачок»; чеш. диал. ňuchna — (о женщине) «плакса» [-chn-a — под влиянием drchna — «сплетница» (Machek, ES, 329)]. Ср. еще болг. прост. **нюнюря** — «капризничаю», «балуюсь»; с.-хорв. **њу̀њо̀рити** — «бормотать», «ворчать». Ср. в том же знач.: укр. **рюм(с)а**; блр. **ру́мза**; болг. **пла́чльо** (о мужчине): **пла́чла** (о женщине). В словарях общерусского языка **нюня** и **ню́нить** впервые были отм. Далем (II, 1865 г., 1146). Но диал. **ню́ни** — «губы» отм. уже в «Опыте» 1852 г. (131). □ Вероятно, из детской речи или из сюсюкаю-

НЯН

щей речи нянек: **ню-ню** (< *ну-ну*). Ср. болг. **ну-ни** — междометие убаюкивания.

НЮХАТЬ, **ню́хаю** — «обонять», «распознавать, стараться почувствовать, уловить запах, вдыхая воздух носом». *Однокр.* **нюхну́ть**. Сюда же **нюх**. Укр. **ню́хати, нюх**; блр. **ню́хаць, ню́хнуць, нюх**. Ср. болг. **ню́шкам** — «нюхаю» (по Младенову; в совр. болг. отс.; ср. в том же знач. **миpи́шa, ду́ша**) — определенно из рус. **нюх**; с.-хорв. **њу̀шити, њу̀шкати, њу̑х**; словен. njuhati — «нюхать» (табак), njuhalen, -lna, -lno — «нюхательный» (табак) [«нюхать (вообще)» — vohati (< о.-с. *ǫchati)]; чеш. диал. фольк. ňuchati — «выслеживать» («нюхать» в общечеш. — čichati); польск. niuchać — «нюхать» (табак), «выслеживать», niuch — «понюшка» (табаку) [«нюхать» (напр., цветы) — wąchać, «нюх» — węch]; в.-луж. nuchać, nuch; н.-луж. nuchaś. Др.-рус. **нюхати**, напр., в Жит. Стеф. Перм. (после 1396 г.); ср. (в Сб. XV в.) **ухати** — тж. (Срезневский, III, 1328; Доп., 196). Сущ. **нюх**, по-видимому, новообразование, в словарях — с 1858 г. («Опыт» Доп., 1858 г., 146: **нюх** — «нос»). □ О.-с. *ǫchati. Йотация *jǫchati такого же характера, как в др.-рус. **ютроба** (вм. *утроба* < *jǫtroba) [Срезневский, III, 1630]. Начальное *н-* такого же происхождения, как в *нутро* (см.), *недра* (см.), поддержанное в данном случае также ассоциацией с *нос, ноздри*. Относительно этимологии *-ухать*, а также *благоухать* см. **вонь**.

НЯНЯ, -и, *ж.* — 1) «женщина, занимающаяся уходом, присмотром за детьми»; 2) «женщина для ухода за больными в больницах». В 1 знач. - также **ня́нька**. В говорах: **ня́ня, ня́нька** — олон. «старшая сестра», «золовка» (Куликовский, 66), колым. «старшая сестра» (Богораз, 92); **ня́ня** — «сосок груди» (Даль, II, 1147), **ня́ня, ня́ни** — олон. «грудь женщины» (Куликовский, 66). *Прил.* (от **няня**) **ня́нин**, (от **нянька**) **ня́нькин, -а, -о.** *Глаг.* **ня́нчить(ся)**. Укр. **ня́нька**, реже **ня́ня** (но «няня в больнице» — **догляда́льниця**), **ня́ньчити(ся)**; но ср. **не́ня, не́нька** — «мама», «мамочка»; блр. **ня́нька, ня́ньчыць, ня́ньчыцца**; болг. диал. **ня́нка** — «женская грудь» («няня» — **бава́чка**); с.-хорв. **на̑на** — «маменька», «нянечка» (собств. «няня» — **да̏диља**); чеш. диал. naňka, nano — «отец»; морав. nána — «няня» (обычно chůva); словац. ňaňa — «тетя» (ср. диал. ňana — «тятя», «тятенька»); польск. niania, niańka (но «няня в больнице» — pielęgniarka), niańczyć. Ср. также в.- и н.-луж. nan — «отец»; в.-луж. nank — «батюшка». Ср. полаб. nénka — «невеста», «девица» (Rost, 405). В древнейших памятниках письменности не отмечено. В словарях **няня** — с 1704 г. (Поликарпов, 201 об.), **нянька, нянин, нянчить** — с 1771 г. (РЦ, 350). Тем не менее можно полагать, что это слово употр. в русском и других славянских языках с древнейшего времени. Ср. прозвище *Нянька*, известное с 1137 г. («Дамья́н *Нянка*, дружинник киевского князя» — Тупиков, 283). ▫ Ср. и в неславянских индоевропейских языках: греч. νάννος : νᾶνος — «дитя», «малютка», «карлик»; алб. nënë — «мать»; перс. **нӓнэ** — «мама»; др.-инд. nanā́, *f.* — тж. Слово *няня* возникло в детской речи и представляет собою такое же явление удвоенного простого слога (согласный+гласный), как (в русском языке) *мама, папа, тятя, дядя* и т. п.

О

О — 1) *предлог с вин. и предл. п.* — указывает на близкое соприкосновение чего-л. с чем-л. или на то, что составляет предмет, цель, направление чего-л.; 2) *приставка* — образует глаголы, имеющие значение: «превратить(ся) в кого-л.», «снабдить чем-л.», или обозначающие действие, которое распространяется на всю поверхность предмета или на ряд предметов. Известно во всех слав. яз. В в.-луж. и н.-луж. — с начальным w: wo (ср. wob — «об»). Судя по памятникам др.-рус. и ст.-сл. письменности, употр. с древнейшего времени. Восходит к о.-с. *ob (до отпадения конечных смычных). О происхождении о.-с. *ob см. *об*.

ОА́ЗИС, -а, *м.* — «место в пустыне, где есть вода и растительность». *Прил.* **оази́сный**, -ая, -ое. Укр. оа́зис; блр. аа́зіс; болг. оа́зис, оа́зисен, -сна, -сно; с.-хорв. оа́за; чеш. oáza; польск. oaza. В русском языке известно с XIX в., причем в форме не только *оазис*, но и *оаз*. Форма *оаз* попала в словари раньше, чем форма *оазис* (СЦСРЯ 1847 г., III, 1). Обе формы отм. в словарях 60-х гг. (ПСИС 1861 г., 353; позже — Даль, II, 1865 г., 1148, с критическим замечанием: «едва произносимо русской гортанью»). Форма *оаз* встр. у Гоголя в «Арабесках» («Ал-Мамун», октябрь 1834 г.): «этот рай для магометанина есть великий *оаз* среди пустыни его жизни» (Соч., IX, 259). ▫ Ср. франц. oasis, *f.* (произн. ɔazis); англ. oasis; исп. oasis, *m.*; ит. òasi, *f.*; нем. Oáse, *f.* Широко распространенное слово, восходящее к позднелатин. oasis, которое в свою очередь, м. б., восходит к греч. Ὄασις — названию города в Египте (слову, как полагают, коптского происхождения). В русском языке, возможно, из французского (произн. с интервокальным *з*, как во франц.), а ударение — по английскому или немецкому произношению. Форма *оаз* < нем. Oáse?

ОБ (обо) — 1) *предлог* — употребляется вместо *о* перед словами, начинающимися с гласных звуков, а также (перед некоторыми) с согласных звуков; 2) *приставка* — употребляется вместо *о* перед гласными; образует глаголы со значением: «сделать что-л., минуя кого-что-л.». Укр. об, обо; блр. аб, аба; болг. об- — только приставка; с.-хорв. о-, оба- — только приставка; словен. ob — предлог и приставка; чеш. ob — предлог и приставка (как приставка также obe-); словац. ob- — только приставка;

ОБА

польск. ob-, obe- — только приставка; в.--луж. wob, wobe, wobo — предлог и приставка; н.-луж. wob — предлог и приставка. Др.-рус. (с XI в.) и ст.-сл. **об, объ** — предлог и приставка. В некоторых сложениях также **обь-, оби-**: ст.-сл. обьдо (< о.-с. *obь-d-o, с -d- суффиксальным) — «сокровище», обьць (см. *общий*); см. также *обиход*. ▫ О.-с. *obь (> *obъ): *ob. Форма *obъ возникла в о.-с. праязыке под влиянием таких форм других предлогов, как *sъ, *vъ и т. п. (ср. в русском языке: *безо, изо, взо-: возо, разо-* и т. п. < о.-с. *bez, *iz и т. п.). Предлог-приставка *ob восходит к и.-е. *obhi : *bhi — предлог (Pokorny, I, 287). Ср. др.-инд. abhí — предлог с вин. п. «к», «против», «до», «в», «на», «над»; нареч. «по направлению сюда», «напротив», abhi- — приставка «на», «к»; др.-перс. abiy — предлог и приставка; редуцированная и.-е. форма *bhi представлена гот. bi — «вокруг», «при», «у»; др.-в.-нем. bi : bī (совр. нем. bei — «при», «у», «возле», be-); ср. англ. by, be-. Однако о.-с. *ob (откуда — *о*) нельзя вывести из и.-е. *obhi. Оно находится в явной связи с лит. ар- — приставка (=рус. *об-, о-*) и apiẽ — предлог «о (об)», «вокруг», «около»; латин. ob — предлог «к», «перед», «вследствие» [где b < p; ср. operiō (< *op-ųeriō) — «покрываю» и некоторые другие глаг. с op-], восходящими к и.-е. предлогу *epi : *opi, по знач. сначала отличавшемуся от *obhi, но потом в отдельных и.-е. языках совпавшему с ним.

О́БА, обо́их, *м.* и *ср.*, **О́БЕ**, обе́их, *ж.* — «тот и другой из двух». Укр. оби́два, обл. оба́, *м.* и *ср.*, оби́дві, *ж.*, (о людях) оббе́, род. обо́х; блр. або́два, род. або́двух, *м.* и *ср.*, абе́дзве, род. абе́двюх, *ж.*, (о живых существах м. и ср. р.) або́е, род. аба́іх. Ср. также словен. obadva, *м.*, obedve, *ж.* и *ср.* Ср. с.-хорв. о̑ба, *м.* и *ср.*, о̑бе (òbje), *ж.*; чеш. oba, *м.*, obe, *ж.* и *ср.*; словац. obaja. oba, *м.*, obe, *ж.* и *ср.*; польск. oba, *м.* и *ср.*, (о мужчинах) obydwaj: obaj, obie, также obydwie, *ж.*; в.-луж. wobaj, *м.*, wobě, *ж.* и *ср.* н.-луж. woboj, *м.*, wobej, *ж.* и *ср.* Др.-рус. (с XI в.) и ст.-сл. оба, *м.*, обѣ, *ж.* и *ср.* со склонением по дв. ч. ▫ О.-с. *oba, *м.*, *obě, *ж.* и *ср.*, род. *obu: *oboju. Возможно, сложное, из *о- и *-ba, *-bě [< и.-е. *bhō(u)]. Ср. лит. abù (du), *м.*, abì(dvi) — «обе»; латыш. abi — «оба», abas : abējas — «обе» (или abidivi — «оба», abas divas — «обе»); др.-прус. abbai, *m.* Но происхождение этого числ. неясно. В каких-то отношениях оно находится и с латин. ambō, -ae, *м.* — «оба», «обе», «оба» и «обе», греч. ἄμφω — «оба», «и тот, и другой», тохар. A āmpi, āmpe, B ant-api (т. е. с назализованной первой частью) и с гот. bai, *m.* и *n.*, ba, *n.* при др.-в.-нем. bei (-de) (т. е. вообще без первой части). Первая часть сложения находится в каких-то невыясненных отношениях с о.-с. предлогом-приставкой *obь : *obъ : *o (см. *о, об*).

ОБА́ЯНИЕ, -я, *ср.* — «очарование», «сильное, покоряющее влияние». Сюда же **обая́тельный**, -ая, -ое. Ср. в говорах:

обая́ть — «околдовать», «очаровать», оба́ять — «обольстить краснобайством» (Даль, II, 1149). Блр. абая́льны, -ая, -ае — «обаятельный»; болг. (из русского?) обая́ние, обая́телен, -лна, -лно. В других слав. яз. отс. Др.-рус. (с XIII в.) обая́ние — «волхвование», «чародейство», (с XII в.) обая́ньникъ — «заклинатель» (Срезневский, II, 499). Значительно позже появляются обая́тель, обая́тельный. Первое по словарям известно с 1822 г. (САР², IV, 5), второе — с 1847 г. (СЦСРЯ, III, 2). ◻ От др.-рус. ба́яти — «колдовать», «ворожить», также «рассказывать басни» (Срезневский, I, 46). О.-с. *bajati, где корень *ba- < и.-е. *bhā — «говорить» (об этом корневом гнезде см. Pokorny, I, 105). Развитие знач. корня: «говорить» > «заклинать» > «колдовать». Прил. обая́тельный — от устар., вышедшего из употр. обая́тель — «заклинатель», «чародей», «волшебник». См. басня.

ОБЕ́Д, -а, м. — «принятие пищи и сама пища в середине дня, между завтраком и ужином»; «время, когда обедают». Прил. обе́денный, -ая, -ое. Глаг. обе́дать. Укр. обі́д, обі́дній, -я, -є, обі́дати; блр. абе́д, обя́д, обе́ден, -а, -о, обя́даю — «обедаю»; с.-хорв. о̀бед (ò̀bjed) — «обед», «еда», о̀бедовати — «обедать», «питаться»; словен. obed, obeden, -dna, -dno, obedovati; чеш. oběd, obědvati; словац. obed, obedňajší, -ia, -ie, obedovat'; польск. obiad, obiadowy, -a, -e, устар. obiedni, -ia, -ie; в.-луж. wobjed, wobjedny, -a, -e, wobjedować; н.-луж. wobjed. Др.-рус. обѣдъ, обѣдьный, обѣдовати; ср. обѣдати — «prandere, завтракать» (Срезневский, II, 585—586). Прил. обеденный в словарях впервые — у Нордстета (II, 1782 г., 456). ◻ О.-с. *obědъ. Из приставки *ob- и корня *ěd-. Ср. еда, есть (см.).

ОБЕ́ДНЯ, -и, ж. — «церковное богослужение (литургия) у христиан, совершаемое утром, до полуденной еды (обеда)». Укр. обі́дня; блр. абе́дня (: імша́). В других слав. яз. отс. Ср., напр., болг. литурги́я; с.-хорв. литу̀ргија; чеш. mše svatá; польск. suma. Др.-рус. (с XII в.) обѣ́дьня (Срезневский, II, 586). ◻ Происходит от слова обѣ́дъ (см. обед) в старшем знач. «полуденная еда». В говорах, в просторечии и до сих пор обед значит «полуденная еда» и даже «полдень» (Даль, II, 1218).

ОБЕЗЬЯ́НА, -ы, ж. — «высокоорганизованное млекопитающее животное из отряда приматов, по строению тела наиболее близкое к человеку», Simius. Прил. обезья́ний, -ья, -ье. Глаг. обезья́нничать. Только русское. В других слав. яз. это животное называется иначе: польск. małpa (< нем. Maul-affe — «зевака», «разиня»; досл. «обезьянья пасть»), откуда укр. ма́впа и блр. ма́лпа; чеш. и словац. opica; чеш. opice [от *opa из нем. (ср. нем. Affe — тж.; др.-в.-нем. affo); ср. англ. ape]; болг. маймуна, с.-хорв. ма̀јму̑н (< турец. maymun). В русском языке слово обезьяна известно, по крайней мере, с XVI в. и, возможно, пущено в обращение Аф. Никитиным. Ср. у него в «Хожении», 1466—1472 гг. (по Троицк. сп., л. 375 об.): «А обезьяны то тѣ живуть по лесу, да у нихъ есть князь обезьяньскый»; там же: мамон : мамонь. Срезневский (II, 500, 532) ссылается также на сборник XV в. и, кроме того, отм. форму с о после б: обозьяна в Гр. Наз. XIV в. Прил. обезьяний [вм. др.-рус. обозьяньский и обезьянин (Срезневский, II, 500, со ссылкой на «Хожение» Аф. Никитина)] — сравнительно позднее. В словарях впервые — у Даля (II, 1865 г., 1159), который, однако, отм. и обезьянский, и обезьянин. Глаг. обезьянничать отм. в словарях с 1834 г. (Соколов, II, 15). ◻ Восходит к перс. бузинэ — «обезьяна», слову, как полагают некоторые языковеды, арабского происхождения (Lokotsch, § 556). Преобразовано отчасти под влиянием др.-рус. опица, опиница — тж. (Срезневский, II, 682), а также прич. и прил. на -ан(ый): -ян(ый) вроде рваный, рьяный и т. п. и сущ. на -ан-а: -ян-а (типа поляна и пр.): *обузина > *обозина > *обизина > *обезияна (*обизияна) > обезьяна. Влияние слова изъян (см.) исключается, поскольку это слово (само заимствованное) появилось значительно позже. Слово рано подвергалось преобразованиям вследствие ложной этимологизации. Ср. у Р. Джемса (РАС, 1618—1619 гг., 10 : 22): oblaziana — «an ape».

ОБЕЛИ́СК, -а, м. — «памятник, сооружение в виде суживающегося кверху граненого каменного (мраморного, гранитного) столба». Укр. обелі́ск; блр. абелі́ск; болг. обели́ск; с.-хорв. о̀белиск; чеш. obelisk; польск. obelisk. В русском языке это слово известно с Петровского времени. Встр. в «Слове похвальном о баталии Полтавской», 1717 г. Ф. Прокоповича: «сооружали столпы, и врата, и обелиски» (Соч., 49). В словарях — с 1731 г. (Вейсман, 132). ◻ Слово греческое: ὀβελίσκος — тж. (Аристотель). Старшее знач. «небольшой вертел», уменьш. к ὀβελός — «вертел», также и «обелиск» (этимологически связано с βέλος — «молния», «жало», «меч»). Из греческого языка — латин. obeliscus — «обелиск», «остроконечная колонна». Из латинского языка: франц. (с XVI в.) obélisque — «обелиск»; нем. Obelisk; голл. obelisk; швед. obelisk и др. В русском, возможно, из западноевропейских языков, хотя не исключены и возможность заимствования непосредственно из латинского языка.

ОБЕ́Т, -а, м. — «торжественное обещание», «обязательство». Прил. обе́тный, -ая, -ое, обетова́нный, -ая, -ое, библ. обетова́нная (земля) — «заветная», досл. «обещанная» (богом). Сюда же обеща́ть, откуда обеща́ние. Укр. обі́т, род. обі́ту, обітова́нний, -а, -е, обіця́ти, редко обіща́ти, обіця́ння; блр. абяца́ть, абяца́нне; болг. обе́т, обетова́на (земи́), обеща́ва, обеща́вам — «обещаю»; с.-хорв. о̀бетова̄н(ӣ), -а, -о, ср. о̀бетовати — «обещать», обећати, обећавати — тж., обећање; словен. obet, ср. obetati — «обещать», obečati — тж.;

ОБИ

чеш. obět' (редко oběť) — «жертва»; словац. obět', но obecat' — «обещать», польск. obiecać — «обещать», но obietnica — «обещание». Др.-рус. (с XI в.) обѣтъ, обѣщати (ср. обѣчати в западнорус. Грам. Влад. 1387 г.), обещание, обѣтный — «обещанный» (Срезневский, II, 588—589). ▫ Из *об-вѣт-ъ. Ср. др.-рус. завѣтъ, съвѣтъ — «совет» (Срезневский, I, 905; III, 681). Ср. вѣтити — «знать», вѣщати — «говорить» (ib., I, 497, 502). Форма с щ в обещать — старославянская (по-русски следовало бы ожидать *обечать.

ОБИ́ДА, -ы, ж. — «несправедливо, незаслуженно причиненное огорчение, оскорбление». *Прил.* оби́дный, -ая, -ое, оби́дчивый, -ая, -ое. *Глаг.* оби́деть(ся), обижа́ть(ся). *Сущ.* оби́дчик. Укр. оби́дний, -а, -е, оби́дник — «обидчик» (но «обида» — обра́за, кри́вда; ср. блр. крыўда — тж.); болг. оби́да, оби́ден, -дна, -дно, обидчи́в, -а, -о, оби́дя (се) — «обижу(сь)», оби́ждам (се) — «обижаю(сь)» (но «обидчик» — оскърби́тел». Ср. ст.-чеш. obida (совр. чеш. křivda, ublížení), obidný, -á, -é — тж. Др.-рус. (с XI в.) и ст.-сл. обида — «обида», «ссора», «вражда», обидѣти, (с XIV в.) обидьный (Срезневский, II, 502—505). Другие произв. — более поздние: обидчивый, обидчик в словарях — с 1771 г. (РЦ, 351), обижать — с 1731 г. (Вейсман, 540). ▫ О.-с. *obida, *obiděti, как полагают, из *ob(ь)-vida, *ob(ь)-viděti. Корень *vid-. Ср. о.-с. *zavida, *zaviděti (см. *зависть*, *завидовать*). Старшее знач. слова обида, м. б., «оглядывание», «осматривание». Ср. *презреть*, *презирать*, *презрение* (от о.-с. *zьgěti — «видеть», «смотреть»). Ср. также рус. *сглазить*.

ОБИ́ЛИЕ, -я, ср. — «большое количество чего-л.», «преизбыток», «богатство». *Прил.* оби́льный, -ая, -ое. Болг. оби́лие, оби́лен, -лна, -лно; с.-хорв. о̀би̑ље, о̀билан, -лна, -лно : оби̑лнӣ, -а̑, -о̑; словен. obilje, obil, -a, -o, obilen, -lna, -lno. Ср., однако, чеш. obilí — «хлеб (на корню)», «хлеба́», obilní — «хлебный», «зерновой», obilný, -á, -é — «хлебный» (о ниве) [«обилие» — velké množství, hojnost и т. д.]; словац. obilie — «хлебные злаки», «хлеба́», obilný, -á, -é — «хлебные». Др.-рус. обилье — «хлеб» (на корню и зерновой) [гл. обр. на Севере: Новг. I л. по Синод. сп. под 6723 г. и сл., но также Пов. вр. л. под 6579 г. и др.]. В том же смысле («хлеб на корню») встр. обиль (Пск. I л. под 6742 г.). В книжн. др.-рус. яз. это слово известно (с XI в.) в форме обилие и со знач. «богатство», «изобилие» (ст.-сл. обилиѥ). Ср. также др.-рус. (с XI в.) и ст.-сл. нареч. обило — «много», прил. оби́лый — «обильный», «многочисленный» (Срезневский, II, 506, 507). Издавна встр. и обильный в смысле «богатый» (Гр. Наз. XI в.) [ib.]. ▫ О.-с. *obilьje, вероятно (как полагают многие языковеды со времен Добровского), из *obvilьje, от *obvilъ, -a, -o. Корень *vi- [как в рус. *вить* (см.)], -l- — суф., ob- — приставка. Старшее знач. — «хлеб на корню»,

ОБИ

«хлебные злаки». Ср. *ветвь* (см.), *ветка*, др.-рус. вѣть — тж. от того же корня. Ср., кстати, др.-рус. (и ст.-сл.) извилие — «изобилие» (Срезневский, I, 1038; в SJS отс.).

ОБИНЯ́К, -а́, м., устар. — «намек», «словесная увертка», «иносказательное выражение», «недомолвка». Употр. гл. обр. в словосочетании *без обиняков*. Но ср. еще в сочинениях и письмах Пушкина: «речь ведет *обиняком*», «чопорные *обиняки*», «писаны... длинными *обиняками*» и т. д. (СЯП, III, 21). Укр. обиня́к, говори́ти без обиня́кі́в. Но ср. блр. гавары́ць намёкамі. В других слав. яз. отс. В словарях отм. с 1731 г. (Вейсман, 698: *обиняки*). ▫ Основа обин-, суф. -як (-'ак), как в *косяк*, *стояк* и т. п. По своей основе слово связано с вышедшим из употр. в русском языке книжным глаг. обинова́ться, обину́ться — «колебаться», «опасаться двоякого, неверного исхода», далее «сомневаться», далее «говорить загадочно, непрямо, намеками» (Даль, II, 1166). Что касается глаг. обинуться, обиноваться (< ст.-сл. обинѫтисѧ — «уклониться», «бояться», обиновати сѧ — «обходить», «удаляться», др.-рус. обинѫти — «обойти», «покрыть», обиновати — «окружать»), то его корень ви- (ср. рус. *вить*), основа ви-ну- (< о.-с. *vi-nq-) с приставкой об-. След., старшее знач. — «обволакивать», «затуманивать» и т. п.

ОБИТА́ТЬ, обита́ю — «жить, проживать где-л. в течение долгого времени», «пребывать». *Сущ.* обита́тель. Сюда же оби́тель. Ср. болг. обита́вам — «обитаю», «проживаю», оби́тел; с.-хорв. обита́вати, оби́тељ — не только «обитель», но и «семья». Ср. укр. оби́тель — «обитель» (но «обитать» — жи́ти, прожива́ти). В других слав. яз. отс. Ср., напр., польск. mieszkać, zamieszkiwać, żyć — «жить», «проживать» («обитель» — klasztor, pustelnia, в перен. знач. — zakątek, przybytek, świątynia). Др.-рус. (с XI в.) и ст.-сл. обитати — «жить», «пребывать», обитѣль — «жилище», «дом» (Срезневский, II, 511). ▫ Из *обитати. Ср. др.-рус. (с XI в.) витати — «жить», «обитать», виталище — «обитель» (Срезневский, I, 264—265). В др.-рус. яз. эти слова, по-видимому, — из старославянского (SJS, I:5, 193; Востоков, СЦСЯ, I, 43). Ср. *витать*.

ОБИХО́Д, -а, м. — «повседневный, привычный быт», «обычный уклад жизни»; *прост.* «предметы хозяйства, быта». *Прил.* обихо́дный, -ая, -ое. Укр. обіхі́д (чаще ужи́ток, по́бут). В других слав. яз. отс. В русском языке слово обиход сначала (в XII—XIII вв.) употр., судя по памятникам, в смысле «обычай», «правило» (церковного обхождения, поведения), как и слово обьходъ : объходъ, потом оно получило знач. «имущество», «обиход». Исходное знач. — «обход», «окружение». Ср. глаг. обиходити — «обходить», «окружать», «ограждать» (Срезневский, II, 513). Так же в ст.-сл. яз., откуда оно, м. б., и попало в др.-рус. Прил. обиходный в словаря́х — с 1782 г. (Нордстет, II, 440). ▫ Сложное, из *оби-* [вариант префикса *о(б)-* наряду со ст.-сл., др.-рус. **обь-:объ-**] и *-ход(ъ)*. См. *об*. Ср. другие др.-рус. и ст.-сл. образования с *оби-*: **обихы́щати** — «похищать», **обиѣда́ние**, **обия́ти** (Срезневский, II, 514). Прил. *обихо́дный* — новообразование едва ли не XVIII в.

ОБЛА́ВА, -ы, *ж.* — «охота, при которой окружают место, где находится зверь, чтобы гнать его на охотника»; «оцепление места, где находятся или могут находиться преследуемые люди, с целью их поимки». *Прил.* **обла́вный**, -ая, -ое. *Сущ.* **обла́вщик**. В говорах ср. колым. **обла́вить** — «окружить лавою» (Богораз, 93). Укр. **обла́ва**, **обла́вник**; блр. **абла́ва**, **аблу́ліваць**, **аблау́шчык**; польск. **obława**. Др.-рус. (XIV—XV вв.) **облава** — «(татарское) войско», «отряд военный» в Мам. поб. (Срезневский, II, 514). Обычно вслед за Далем (II, 1173) относят к рус. диал. **обло́в** (: **обло́вля**) — «воровская охота или ловля», «добыча охоты», к **облови́ть**, **обла́вливать** — «обнять ловцами», «окружить», «охватить лавою, цепью, народом» и далее — к *лов* [ср. др.-рус. **лов**, **ловы** — «охота» (Срезневский, II, 39)]. *Лав* при *лов-* — по чередованию *о : а*, как в *гарь*, *угар* при *горе́ть* [диал. **го́рко** — «жарко», «пылко» (Даль, I, 340)]. Во всяком случае не от *лава*. Слово *лава* в знач. «боевой порядок при кавалерийской (гл. обр. казачьей) атаке» — позднее (1-й трети XIX в.) новообразование, по-видимому, на базе *лавина* (см.).

О́БЛАКО, -а, *ср.* — «скопление сгустившихся водяных паров в атмосфере»; *перен.* «сплошная масса мелких летучих частиц чего-л. (дыма, пыли и т. п.)». *Прил.* **о́блачный**, -ая, -ое. В говорах: **о́болоко**, **о́болок** (Даль, II, 1865 г., 1176). Из более поздних данных ср. олон. **о́болоко** (Куликовский, 1898 г., 68), также вят. (Васнецов, 1907 г., 167), пошехон. (Копорский, 1929 г., 151). Укр. **о́болоко**, **о́болок** (чаще **хма́ра**); блр. **во́блака**, **во́блачны**, -ая, -ае; болг. **о́блак**, **о́блачен**, -чна, -чно; с.-хорв. **о̑блāк** — «облако», «туча», **о̑блāчан**, -чно : **о̑блāчни̑**, -а̑, -о̑; словен. **oblȃk**, **oblȃčen**, -čna, -čno; чеш. и словац. **oblak**, **oblačný**, -á, -é; польск. **obłok**, **obłokowy**, -a, -e. В.- и н.-луж. **mrok**. Др.-рус. (с XI в.) **облакъ**, **облачьнъ**, **облачьный**, (с XIII в.) **оболокъ** (Срезневский, II, 516, 518, 533). *Облако* у Срезневского отс. [имеется **облако** — «яблонь» (уп., 515)]. Возможно, форма ср. р. появилась лишь к XVIII в. Еще Лудольф («Рус. гр.», 1696 г., 83) дает *облак* — «eine Wolke». В словарях — с 1731 г. (Вейсман, 762: *облак, облако*). ▫ О.-с. *obvolkъ, корень о.-с. *volk-* (вост.-слав. *volok-, южн.-слав., чеш., словац. *vlak-), ср. рус. *волочи́ть*. На слав. почве bv > b (*ob- > *obvolkъ > рус. диал. **о́болоко**). Старшее знач. — «то, что обволакивает, закрывает, одевает небо». Ср. диал. (особенно сев.-рус.) **оболока́ть** — «закрывать чем-л.», «одевать»

(Даль, II, 1176), колым. «обтя́гивать», «облекать» (Богораз, 93). Ср. у Даля (*ib.*): **оболоко** — вост. «сало, жир в наваре, во щах». Ср. *оболочка* [в говорах (арханг.) — «верхняя одежда» (Подвысоцкий, 105)].

О́БЛАСТЬ, -и, *ж.* — 1) «крупная административно-территориальная единица в СССР»; 2) «часть страны»; «территория», «край»; 3) «зона, район, в котором распространено какое-н. явление»; 4) «отрасль знаний», «сфера деятельности». *Прил.* [к *область* в 1 (и отчасти во 2) знач.] **областно́й**, -а́я, -о́е. Укр. **о́бласть** (гл. обр. в 1 знач.); блр. **во́бласць** — тж. **абласны́**, -а́я, -о́е; болг. **о́бласт** (в разн. знач.), **областен**, -тна, -тно; с.-хорв. **о̑блāст**, **о̑блāсни̑**, -а̑, -о̑; словен. **oblast** — «административная единица», но гл. обр. «власть», «сила», «мощь», отсюда **oblasten, -tna, -tno** — «властный», «властительный»; чеш. **oblast** (в разн. знач.), **oblastní**; словац. **oblasť** (в разн. знач.), **oblastný**, -á, -é. Др.-рус. (с XI в.) **область** — «власть», «господство», «область» (церковное и гражданское деление земли); (с XII в.) «население области», прил. **областьный** — 1) «обладающий» (Ио. екз.); 2) «областной», «местный» (Ефр. крм. XII в.) [Срезневский, II, 516—518]. Кочин (210) дает знач. «государство», «край», «территориально-административная единица». Ср. у Истрина (III, 273): **область** — «ἀρχή», «κράτος», «βασιλεία», «ἐπ-αρχία», «ὑπατεία» и др. ▫ Старшее знач. — «власть», «господство», «воля». О.-с. *ob-volstь. См. *об* и *власть* (в ст. *владеть*). Сочетание *ла* свидетельствует о старославянском происхождении этого слова. По-русски следовало бы ожидать *оболость* (< *обволость*). Ср. др.-рус. редк. **оболость** — 1) «область» («въ Володимирьскую оболость»); 2) «население области» («Иде князь Ярославъ... и съ оболостью своею на Чюдь») [(Срезневский, II, 533). ▫ Развитие знач.: «власть» > «владение, управление страной, командование войском» > «государство» > «часть государства» > «административно-территориальная единица». Слово *власть* (без префикса *об-*) в др.-рус. яз. также могло употр. со знач. «край», «область». Ср. в Никон. л. под 6912 г. (о Витовте): «а *власти* около Смоленска пусты сътвори» (ПСРЛ, XI, 189).

ОБЛА́ТКА, -и, *ж.* — «безвредная и легко растворяющаяся при глотании оболочка (напр., из желатина), в которую помещают известную дозу лекарства»; (в XIX в.) «бумажный кружочек с клеем на одной стороне для заклеивания писем»; (в католической и протестантской церкви) «круглая лепешка из пресного теста, употребляемая во время причащения». Укр. **обла́тка**; блр. **апла́тка**. Ср. болг. **обла́та**, **обла́тка**; с.-хорв. **о̑блāта**, **о̑блāтна**, **о̑блāнда** — «облатка»; словен. **oblat, oblatek**; чеш. **opłatka** (только в смысле «аптекарская облатка»); польск. **opłatek**. Др.-рус. (с XI в.) **оплатъ**, **оплатъкъ** (Срезневский, II, 684). Ст.-сл. оплатъ («Киев. глагол. л.»). Знач. сначала было церковно-обрядовое.

В форме *облатка* (наряду с *облат*) и как бытовое слово оно появляется в словарях впервые у Яновского (III, 1806 г., 11). Встр. у Пушкина в «Евгении Онегине», гл. III, 1824 г., строфа 32: «*Облатка* розовая сохнет / На воспаленном языке» (ПСС, VI, 68). ▫ Восходит к позднелатин. oblāta, oblātum [от offerō (< obferō), прич. прош. вр. oblātus — «приношу», «предлагаю», «предъявляю»] — первоначально «просфора» (ср. греч. προσφορά — «приношение»). Из латинского — нем. Oblate, *f.* — тж. (ср.-в.--нем. oblāt, oblāte).

ОБЛИГА́ЦИЯ, -и, *ж.* — «билет государственного займа». *Прил.* облигацио́нный, -ая, -ое. Укр. облігáція, облігаці́йний, -а, -е; блр. аблігáцыя, аблігацы́йны, -ая, -ае; болг. облига́ция, облигацио́нен, -нна, -нно; чеш. obligace (: dluhopis), прил. obligačni; польск. obligacja, obligacyjny, -a, -e. Ср. в том же знач.: с.-хорв. о̀бвезница; словен. obveznica. В русском языке слово *облигация* известно с Петровского времени: отм. Смирнов (208) со знач. «обязательство» (в «Рассуждении» Шафирова, 1717 г.). В словарях — с самого начала XIX в. (Яновский, III, 1806 г., 11). ▫ Ср. франц. obligation (как финансовый термин — со 2-й пол. XIX в.); отсюда: нем. Obligation, *f.*; ит. obbligazione, исп. obligación и нек. др. (но не повсюду: ср. англ. bond — «облигация»). Первоисточник — латин. obligātiō — «обязательство», «поручительство» (с этим знач. и в ст.-франц. яз.). В русском языке, очевидно, из французского, но с латино-немецким *ц*.

ОБЛИЧА́ТЬ, облича́ю — «публично вскрывать, обнажать, предавать гласности чьи-л. антиобщественные, противозаконные, преступные поступки или намерения», «обнаруживать», «показывать», «раскрывать». *Сов.* обличи́ть, отсюда обличи́тель. Сюда же о́блик. Ср. болг. изоблича́вам — «изобличаю», изобличá, изоблича́тел; с.-хорв. обли́чити — «обличить», далее «изругать», а также «оформить»; словен. izoblikovati — «изругать», также «оформить». Но, напр., польск. obliczać, obliczyć имеет совсем другое знач.: «исчислять», «считать», «высчитывать» («обличать» — wykrywać, wyjawiać). Укр. викрива́ти, виявля́ти — тж. (но обличи́тель); блр. выкрыва́ць, выяўля́ць. Др.-рус. (с XI в.) обличати — «обвинять», «обличать», а также «делать известным», обличити — «обвинить», «уличить», а также (с XV в.) «дать форму, вид», обличитель; ср. обличие, облич — «вид» (Срезневский, II, 521 и сл.). Слово *облик* сравнительно позднее, в словарях отм. с 1731 г. (Вейсман, 122). ▫ Старшее знач. — «давать обличие, форму» > «открывать». Ср. (и см.) *лик*, *лицо*.

ОБЛЫ́ЖНЫЙ, -ая, -ое — «клеветнический», «заведомо ложный». *Нареч.* облы́жно. Блр. аблы́жны, -ая, -ае, аблы́жна. Но в других слав. яз. отс. В словарях русского языка отм. с 1792 г. (САР¹, III, 1148). ▫ По происхождению — отглаг. образование с суф. -ьн- (типа *наживнóй*, *покупнóй* : *неподкýпный*) от глаг. об(ъ)лыгáти — итератив к объългáти (> оболгáть), от корня лъг- (ср. *лгать*, *ложь*).

О́БОД, -а, *м.* — 1) «наружная часть колеса в виде круга (обычно обтягиваемого сверху шиной)»; 2) «приспособление или часть какого-н. устройства в форме кольца, круга»; «круглая или дугообразная скрепа». *Прил.* обо́дный, -ая, -ое. Укр. о́бід, род. о́бода; блр. во́бад; с.-хорв. о̏бод — «обод», «поля шляпы», «рант»; словен. obod — «окружность круга», «обод колеса»; польск. obwód — «окружность», «объезд», «округ (область)». Др.-рус. (с XII в.) ободъ — «окружность», «круг», позже «обод у шлема», *ободъ земли* — «место, окруженное межой» (Срезневский, II, 531). ▫ Из *обводъ. Ср. обводить — «окружать», «проводить линию вокруг чего-л.». Изменение *вв* > *б* — как в *обычай* (< *обвычай*), *обет* (< *обвѣтъ*) и др.

ОБО́З, -а, *м.* — «следующие одна за другой повозки с кладью, с грузом»; *устар.* «совокупность приданных войскам перевозочных средств». *Прил.* обо́зный, -ая, -ое. Укр. обо́з [ср. диал. (галиц., угро-рус.) обíз, род. обóзу], обо́зний, -а, -е; блр. або́з, або́зны, -ая, -ае. Из русского — болг. обо́з, обо́зен, -зна, -зно; чеш. oboz — «обоз», «вереница военных повозок», «багаж». Ср. польск. obóz — «лагерь», obozowy, -a, -e — «лагерный». В русском языке известно с XIV в. (Кочин, 211) со знач., близким к нем. устар. Wagenburg — «заграждение от неприятеля в виде укрепленных телег, повозок». Ср., напр., в Никон. л. под 6907 г.: «а Витофту, стоашу,... во *обозѣ*, в кованых телѣгах, в чепѣх желѣзных, со многими пищалми и пушками и самострѣлы» (ПСРЛ, XI, 173, см. также 174). Это знач. долго сохранялось. По-видимому, так же следует толковать пример, Срезневским (II, 532) в той же Никон. л.: «повелѣ поставити градъ, *обоз* нарицаемый... на колесницах устроен». Ср. определение этого слова еще в «Рукоп. лексиконе» 1-й пол. XVIII в.: *обоз* — «тат. кош» (т. е. «стан кочевников») [Аверьянова, 225]. В современном (невоенном) знач. это слово отм. в словарях с 1771 г. (РЦ, 351). ▫ Из *об-воз-ъ (как *обод* из *об-вод-ъ и т. п.). Обоз представлял собою заграждение, оборонявшее войско с флангов, охватывавшее его в виде полукруга.

ОБО́И, -ев, *мн.* — «широкие полосы декоративной рулонной бумаги, наклеиваемые на стены жилых помещений». *Прил.* обо́йный, -ая, -ое. *Сущ.* обо́йщик. Гл. обр. русское. Укр. шпале́ри (редко обо́ї); блр. шпале́ры (редко або́і, из русского); болг. тапе́ти, *мн.* (из нем. Tapete, *мн.* Tapeten — «обои», в немецком восходит к ит. tappeto — «ковер»]; с.-хорв. тапет од хартији; чеш. tapety, *мн.*; польск. tapety, *мн.* В русском языке слово *обои* употр. с 1-й пол. XVIII в., но сначала только в смысле «прибиваемые (к стене) обои из ткани или кожи». В словарях —

с 1731 г. (Вейсман, 626: «*обои* стенные»). Знач. «бумажные обои» известно, по крайней мере, с середины XVIII в. ▫ Корень слова восходит к о.-с. *boj-: *bi- [ср. *бить* (см.)]. Старшее знач. — «то, что остается от обивания», отсюда — «материал, которым обивается (позже — оклеивается) стена». Ср. диал., спец. **обо́й** — «остатки льна после о б и в а н и я» (см. Даль, II, 1165).

ОБО́ЛТУС, -а, *м.* — «ленивый, неповоротливый, бестолковый парень», «бездельник». В говорах также **обо́лтень**; ср. **оболдо́ха** (Даль, II, 1149). Только русское. Как диал. слово отм. с 50-х гг. XIX в. («Опыт» 1852 г., 134). Ранние случаи употр. в художественной литературе относятся к 60-м гг. [напр., у И. С. Тургенева в повести «Несчастная», 1869 г., гл. X (СС, VII, 142)]. ▫ По всей вероятности, от *болтать* (см.), *болтаться* (ср. *болтаться без дела*). В говорах: *оболтался на свете* — «понатерся», «много болтался по свету» (Даль, II, 1149). Вероятно, школьного (семинарского) происхождения (под влиянием латинских слов на -us). Ср. *свинтус*. Ср. также польск. wisus (от wisieć — «висеть») «сорванец», «проказник», «шалун» (Brückner, 618).

ОБОНЯ́ТЬ, обоня́ю — «ощущать запах». *Отглаг. сущ.* **обоня́ние**. Из русского — болг. **обоня́ние** (но «обоняю» — **усе́щам миризма́**). В других слав. яз. отс. Др.-рус. (с XI в.) **обоня́ти**, 1 ед. **обоня́ю**, **обоня́ние** (Срезневский, II, 534—535). Ст.-сл. обоняти, обоняние. ▫ Из о.-с. *obvonjati. Ср. ст.-сл. (и др.-рус.) воня — «запах», «благовоние»; ст.-сл. ѫхати — «обонять», ѫханиѥ — «обоняние». О.-с. корень *on-: *q-, с протетическим v-, как в рус. *восемь* (из *osmъ). И.-е. корень *an(ə)- — «дышать» (тот же, что в латин. animus — «душа», «дух», «ощущение»; греч. ἄνεμος — «ветер»; др.-инд. ániti — «дышит» и др.). См. *вонь*.

ОБОЮ́ДНЫЙ, -ая, -ое — «общий для обеих сторон», «одинаковый для обоих», «взаимный». В других слав. яз. отс. Ср. в том же знач.: укр. **обопі́льний**, -а, -е (от сущ. *пола*); с.-хорв. **обо́стран(и)**, -а, -о; чеш. obapolný, -á, -é или obustranný, -á, -é; польск. obopólny, -a, -e или obustronny, -a, -e; это знач. в слав. яз. может передаваться также словами, соответствующими рус. *взаимный*. В словарях отм. с 1704 г. (Поликарпов, 202). ▫ Происходит от нареч. *обоюду*, известного в книжн. речи с XI в. (Срезневский, II, 536). Отм. (ib.) как книжн. слово также нареч. **обою́дѣ**, произв. **обою́дникъ** — «орудие с наостренным с обеих сторон лезвием», что как будто предполагает наличие прил. *обоюдный*. Но такого прил. в памятниках др.-рус. письменности не зарегистрировано. В русский язык эти слова могли попасть из старославянского. Ст.-сл. обоюдоу. Образовано, как вьсждоу: вьсждоу, от о.-с. основы *oboj- (см. *оба*) с суф. *-qdu (: *-qdě).

О́БРАЗ, -а, *м.* — 1) «мысленно воспроизводимый облик того или другого человека (или предмета, явления и т. д.)»;

2) «воплощение в конкретно-чувственной форме представлений художника о действительности»; «тип, характер, созданный писателем, художником, артистом»; 3) «икона». *Прил.* **о́бразный**, -ая, -ое. *Сущ.* **образе́ц**. *Глаг.* **образова́ть**. Укр. **о́браз**, **обра́зний**, -а, -е (но ср. **зразо́к** — «образец», «образовать» — **утво́рювати**); блр. **во́браз**, **во́бразны**, -ая, -ае (но «образец» — **узо́р**, «образовать» — **утвары́ць**); болг. **о́браз**, **о́бразен**, -зна, -зно, **образе́ц**, **образу́вам** «образую»; с.-хорв. **о́бразац** — «образец», «модель», **обра́зовати** [но **о́браз** — «щека», «лицо» или перен. «честь», «порядочность», отсюда **о́бразан**, -зна, -зно : **о́бразнӣ**, -а̄, -о̄ — «честный», «порядочный» («образ» — *изгле̑д*, **на́чин**, **сли́ка**)]; словен. *obraz* — «лицо», obrazec — «образец», obrazovati — «образовать»; чеш. obraz — «картина», «изображение» и «образ», obrazný, -á, -é — «образный», «фигуральный»; польск. obraz — «картина», «образ» (в художественной литературе), obraz święty — «икона», obrazowy, -a, -e; в.-луж. wobraz — «образ», «картина», wobrazny, -a, -e — «картинный», «образный», wobrazować; н.-луж. (с теми же знач.) wobraz, wobrazny, -a, -e. Др.-рус. (с XI в.) и ст.-сл. **образъ** — «вид», «облик», «изображение», «икона», «способ», **о́бразьный**, **образовати**, (с XVI в.) **образьць** — «круглая или продолговатая бляха, употреблявшаяся для украшения одежд и других предметов» (Срезневский, II, 539—543). ▫ О.-с. *obrazъ. Корень *raz-, тот же, что в о.-с. *raziti и (на другой ступени вокализма) в о.-с. *rězati. И.-е. корень *u̯rēg'-: *u̯rōg'- — «рвать», «ломать», «нарушать» (Pokorny, I, 1181). Старшее знач. о.-с. *obraz — «нечто, получившее (новый) облик или определенный вид». См. *разить*, *резать*, *раз*.

О́БРУЧ, -а, *м.* — «обод, металлический или деревянный, набиваемый на бочку или кадку для скрепления ее стенок». *Прил.* **о́бручный**, -ая, -ое. Укр. **о́бруч**, **обручеви́й**, -а, -е; блр. **абру́ч**, **абру́чны**, -ая, -ае; болг. **о́бръч**, **о́бръчен**, -чна, -чно; с.-хорв. **о̑бруч**, **о̑бручан**, -чна, -чно; словен. obròč, obročen, -čna, -čno; чеш. obruč, obručový, -á, -é; польск. obręcz, obręczowy, -a, -e; в.-луж. wobruč, wobručny, -a, -e; н.-луж. wobryc (не только «обод», но и «браслет», «запястье»). Др.-рус. (с XI в.) **обручь** — «запястье, украшение, носимое на руке», «запястье как часть воинского доспеха» (Дог. Игор. 945 г.), «кольцо» (XII в.), «пояс» (Георг. Ам. XI в., сп. XV в.) [Срезневский, II, 550—551]. Ср. в «Хожении» Аф. Никитина (Троицк. сп., л. 379 об., с. 19): «а жонки все нагы… д а н а р у к а х *обручи* да перстьни златы». Ст.-сл. сбржчь — «кольцо». Т. о., старшее знач. — «запястье» > «кольцо». Ср. укр. **обру́чка** — «кольцо», «браслет». Знач. «кольцо», «браслет» и в русском языке долго сохранялось (наряду с более поздним «обод») и встр. еще в начале XIX в. Ср. в письмах подполковника Бискупского, участника Отечественной войны 1812 г.: «вдруг снимает с руки широкий, чистого золота, *обруч*… вручая ему этот б р а с л е т... просит... милости» (Щукин, VII, 323). Отсюда др.-рус. обручитися > *обручиться* и пр. — О.-с. *obrǫčь от о.-с. *rǫka (см. *рука*). Суф. -i̯ (: j)-ь [и.-е. *-i̯-o-(s)].

ОБСЕРВАТО́РИЯ, -и, ж. — «научно-исследовательское учреждение, а также здание, оборудованное специальными инструментами для производства астрономических, метеорологических, сейсмических и т. д. наблюдений и исследований». *Прил.* обсервато́рский, -ая, -ое. Укр. обсервато́рія; блр. абсервато́рыя; болг. обсервато́рия; с.-хорв. опсерва̀то̄риј(а); чеш. observatoř; польск. observatorium. В русском языке это слово известно с Петровского времени (Смирнов, 208, со ссылкой на «Походные юрналы», III, 1717 г.). Позже — у Ломоносова в «Инструкции Географическому департаменту» от 3-X-1757 г.: «показывать на *Обсерватории* употребление нужнейших инструментов» (ПСС, IX, № 108, с. 189—190). ◇ Из западноевропейских языков. Ср. нем. (с конца XVII в.) Observatorium; голл. observatorium; франц. (с 1670 г.) observatoire. Первоисточник — средневек. латин. observātōrium (от observātiō — «наблюдение», observātor — «наблюдатель», к observō — «наблюдаю», «внимательно слежу» и далее к servō — «слежу», «наблюдаю»).

ОБУ́ЗА, -ы, ж. — «обременительная, неприятная обязанность», «тягостная забота, связывающая, сковывающая человека». Гл. обр., русское. Ср., однако, в.-луж. wobuza : woboza; н.-луж. wobuza — тж. Срезневский (II, 558) отм. др.-рус. книжн. обузъ со знач. «перевязка», «повязка» и «гадание», «колдовство», сопоставляя в этом последнем знач. с наузъ. Ср. ст.-сл. съвѧзъ (Супр. р.) — «бремя» (Срезневский, ib.). В форме ж. р. (*обуза*) это слово встр. у Пушкина в «Евгении Онегине», гл. VII, 1828 г., строфа 55: «Довольно. С плеч долой *обуза*!» (ПСС, VI, 163). В словарях — с 1834 г. (Соколов, II, 66). ◇ Корень уз- (из о.-с. *ǫz-; ср. *узы*). Ср. также в абляуте др.-рус. обязь — «перевязь» (Срезневский, II, 591), совр. рус. обяза́ть, обя́зывать, вяза́ть, связа́ть и пр. [корень *яз-* из о.-с. *(j)ęz-]. Старшее знач. — «то, что связывает, о б в я з ы в а е т», отсюда — «то, что обязывает, п р и н у ж д а е т» > «то, что т я г о т и т».

ОБУ́ТЬ, обу́ю — «надеть на ноги обувь». *Возвр. ф.* обу́ться. *Несов.* обува́ть(ся). *Сущ.* о́бувь [в говорах также: обу́жа, обу́тки (Даль, II, 1208)]. Укр. чаще взу́ти, взува́ти (но есть и обу́ти, обува́ти), взуття́ — «обувь». Ср. блр. абу́ць, абува́ць, абу́так; болг. обу́я (се) — «обу́ю(сь)», обу́вам (се) — «обува́ю(сь)»; с.-хорв. о̀бу́ча — «обува́ю»; с.-хорв. о̀бути (se), о̀бувати (se), о̀буħа — «обувь»; словен. obuti (se), obuvati (se), obutev, obuv; чеш. obouti (se), obouvati (se), obuv; польск. obuć (się), obuwać (się), obuwie; в.-луж. wobuć, wobuwać, wobuwje — «обувь»; н.-луж. wobuś, wobuwaś. Др.-рус. (с XI в.) обути(ся), обувати(ся), обувь, обутие. Ст.-сл. обоути (сѧ), обоувати (сѧ), обоувниѥ. ◇ О.-с. *obuti, *obuvati. О.-с. корень *u- (< и.-е. *ou-). И.-е. корень *eu- (: *ou-) — «натягивать», «надевать» (Pokorny, I, 346). Ср. лит. (ap)aũti, 1 ед. (ap)aunù — «обувать», «разувать», aũtas — «онуча», «портянка», aũlas — «голенище», ãpavas, ãvalynė — «обувь»; латыш. aut — «обувать», aukla — «шнурок», apavi (где ap- — «об-») — «обувь». Ср. также латин. induo — «надеваю», «одеваю», exuo — «снимаю» (с себя), «скидываю» и т. п. См. (с тем же о.-с. корнем) *онуча*.

О́БУХ, -а и ОБУ́Х, -а́, м. — «утолщённая, противоположная лезвию полая часть лопасти топора, которая насаживается на топорище». Укр. обу́х; блр. абу́х; польск. obuch. Ср. чеш. obušek — «палка», «трость», «дубинка»; словац. obušok. Ср., у Срезневского (II, 560): обух («турского» топора), со ссылкой на Ор. Бор. Фед. Год. 1589 г. Ср. провище «Григорь *Обух*» (1592 г. (Тупиков, 284). ◇ Бесспорной этимологии не имеется, но, по-видимому, наиболее простое объяснение (см. Преображенский, I, 632) и является правильным: *обух* — из *об-ух-ъ*, т. е. «то, что обнимает, объемлет, охватывает у х о топора (его лопасти)». Ср. у Даля (IV, 479): у́хо — «проём, за который подымают вещь, в который продевают что», «п р о у х» (напр., «ухо болта», «ушко иглы» и т. п.). Ср. в Сибири, в говорах Приобья: у́хо — «кольцо, к которому прикрепляется верёвка, служащая для поднимания рыболовецкого мешка» (Палагина, III, 206). Примерно в том же духе Махек (Machek, ES, 333) объясняет чеш. obušek.

ОБШЛА́Г, -а́, м. — «отворот на краю рукава, а также вообще нижняя пришивная часть рукава». Укр. обшла́г; блр. абшла́г. В других слав. яз. отс. Обычно это знач. передается тем же словом, что и знач. «манжет»: болг. манше́т(а); с.-хорв. мажѐтна; чеш. manžeta. Ср. польск. mankiet — тж. В русском языке известно с начала XVIII в. Встр. в письмах Румянцевой [от 25-III-1766 г. (52) и др.]. В украинском языке, где слово, по-видимому, появилось раньше, чем в русском, оно употр. с XVII в. [ср. *обшляг: колиѣр* («воротник») у Берынды (1627 г., 290)]. ◇ Заимствовано из немецкого языка. Ср. нем. Aufschlag, m. — «обшлаг».

О́БЩИЙ, -ая, -ее — «принадлежащий, присущий всем или осуществляемый всеми», «одинаково касающийся всех»; «целый», «весь». *Сущ.* о́бщество, общи́на, о́бщность. *Глаг.* обща́ться. *Нареч.* вообще́. В говорах: о́бчий, о́бчество, во́бче (Даль, II, 1213, 1214; I, 192). Ср. болг. общ, -а, -о, общество́, община́, о́бщност, общу́вам — «общаюсь»; с.-хорв. о̀пħӣ, -ā, -е̄, о̀пштӣ, -ā, -е̄, о̀пħинство — «общество», «публика» (чаще дру̀штво), о̀пħина, о̀пштина, о̀пħо̄ст, о̀пштōст — «общность», о̀пштити (се); словен. obči, -a, -e (но чаще splošen, -šna, -šno), občestvo, občina, občevati — «общаться»; чеш. и словац. obecný, -á, -é — «общий» (но чеш. obecní — «обществен-

ОБЫ

ный»), obecenstvo — «публика», «зрители»; ср. obec — «населенный пункт» («общий» также: чеш. společný, -á, -é, словац. spoločný, -á, -é, отсюда «общество» — чеш. společnost, словац. spoločnosť'); польск. obcy, -a, -e — «чужой», «незнакомый», «иностранный», obcować — «общаться» («общий» — ogólny, -a, -e, powszechny, -a, -e, wspólny, -a, -e, «общество» — społeczeństwo). По-видимому, утрачены слова этой группы в лужицких языках. В древнерусских памятниках письменности форма с ч встр. не слишком редко. Напр., в летописных текстах: «объча смьртъ», Пов. вр. л. под 6452 г.; «Суждаль буди нама обче» («общий»), Пов. вр. л. под 6685 г. и др. [Срезневский, II, 580; там же: обьчаиѥ (582), опчитися (583)]. ▫ Общерусская форма с щ (общий) книжного происхождения, из старославянского языка, вм. ожидаемой формы с ч (обчий). Ср. ст.-сл. обьць, обьщина, обьщьство, обьщина, обьщати см. О.-с. *obьtjь, *obьtjьjь. Старшее знач. — «распространенный вокруг», «окрестный». Производят обычно от о.-с. основы *obъ (см. об), суф. -t-j(ь). Другие образования от *obъ: ст.-сл. обѣдо — «сокровище», «одежда», рус. обиходный и др.

ОБЫ́ДЕННЫЙ, -ая, -ое — «повседневный», «самый обыкновенный», «будничный», «заурядный». *Сущ.* обы́денность, обы́денщина. В других слав. яз. отс. Ср. в том же знач.: укр. щоде́нний, -а, -е, повсякде́нний, -а, -е, буде́нний, -а, -е; болг. всекидне́вен, -вна, -вно, чеш. všední, každodenní; польск. codzienny, -а, -е (или zwykły, -а, -е). Др.-рус. (XII в.) обы́денный (Никон. л.), по Срезневскому (II, 572) — «в один день выстроенный» (о церкви). Именно это знач. и следует считать старшим. Ср. у Даля (II, 1216): обы́денный — «однодневный», «одноденный», «об один день сделанный», «одни сутки длящийся», обы́денка — «эфемера (мотылек), живущий не долее суток», обы́денье — новг. «целый, весь день», нареч. обы́денью — «в один день». Даль (ib.) отм. и Спас овы́денный (церковь в Вологде, построенная в одни сутки в 1618 г.). Форма с в, по-видимому, результат переосмысления [ср. нареч. овогда́ (Даль, II, 1219) от мест. *ovъ, -а, -о]. ▫ Объясняют, с давнего времени, из *об-ин-день («в один день»), где ин < инъ — «один» [ср. др.-рус. инорог, рус. иноходь (см.)].

ОВА́Л, -а, *м.* — «фигура, очертание в форме яйца в продольном разрезе или несколько сплющенного круга». *Прил.* ова́льный, -ая, -ое. Укр. ова́л, ова́льний, -а, -е; блр. ава́л, ава́льны, -ая, -ае; болг. ова́л, ова́лен, -лна, -лно; с.-хорв. о̀вāл, о̀валан, -лна, -лно; словен. ovál, ovȧ́lnȳ, -á, -é; польск. owal, owalny, -a, -e. В русском языке прил. овальный отм. в словарях с 1731 г. (Вейсман, 635). Сущ. овал в словарях — с 1806 г. (Яновский, III, 16). ▫ Ср. франц. ovale, *m.* — «овал» (также «овальный»); отсюда: англ. oval (сущ.; также «овальный»); нем. Oval, *n.*, прил. oval; ит. ovale, *m.* (и прил. «овальный»).

ОВИ

Во франц. яз. — по́зднее (XVI в.) искусственное образование (сначала — прил.) от латин. ōvum — «яйцо». В русском — из западноевропейских языков. Сначала появилось прил. ова́льный. Сущ. овал — вторичное заимствование, вероятно, из французского.

ОВА́ЦИЯ, -и, *ж.* — «выражение восторга, одобрения бурными продолжительными рукоплесканиями». Укр. ова́ція; блр. ава́цыя; болг. ова́ция; с.-хорв. ова́ција; чеш. ovace; польск. owacja. Известно с начала XVIII в. («Архив» Куракина, II, 215, 1710 г.: «У... триумфальных ворот его царское величество... чрез изрядные овации принят был»). В словарях — с 1806 г. (Яновский, III, 16). ▫ Восходит, в конечном счете, к латин. ovātiō, *f.* — «малый триумф», «овация» [от ovō — «торжествую», «ликую», а этот глаг. этимологически связан с междометным восклицанием euoe: euān (возглас в честь Вакха)]. Из латинского — франц. ovation, *f.* > англ. ovation; нем. Ovation, *f.* и др. В русском — скорее всего, из французского (с ц по латинскому или немецкому образцу).

ОВЁС, овса́, *м.* — «яровое растение семейства злаковых, одна из важнейших зернофуражных культур», Avena sativa (овес посевной). *Прил.* овся́ный, -ая, -ое. Укр. ове́с, вівся́ний, -а, -е; блр. аве́с, аўся́ны, -ая, -ае; болг. ове́с, ове́сен, -а, -о; с.-хорв. о̀вас, о̀всен, -а, -о; словен. oves, ovsen, -а, -о; чеш. oves, ovesný, -á, -é; словац. ovos, ovosný: ovseny, -á, -é; польск. owies, owsiany, -a, -e; в.-луж. wows, wowsny, -a, -e, wowsowy, -a, -e; н.-луж. wows, wowsny, -a, -e. Др.-рус. (с XI в.) овьсъ, позже овьсяный (Пск. I л. под 6915 г. — Срезневский, II, 596). Ст.-сл. овьсъ. ▫ О.-с. *ovьsъ [вм. ожидаемого *ovъsъ (из и.-е. *au̯ig'os)], м. б., под влиянием каких-то других о.-с. слов с глухим согласным в конце основы. И.-е. основа *au̯ig'- — «злаки», «овес» (?) — Pokorny, I, 88. Ср. лит. avižà (< *au̯ig'ā) — «овес»; латыш. auzas — тж.; др.-прус. wyse — тж.; латин. avēna [вм. *avīna (под влиянием сущ. типа arēna, прил. terrēnus и т. п.), из *au̯ig'-snā] — тж.

ОВИ́Н, -а, *м.* — «строение для сушки хлеба в снопах перед молотьбой». *Прил.* ови́нный, -ая, -ое. Укр. ови́н, ови́нний, -а, -е; блр. ёўня (а также во́сець, асе́ць). В других слав. яз. отс. Др.-рус. (с XIII в.) овинъ (Церк. уст. Влад. по Кормчей XIII в. — Срезневский, II, 592). ▫ Этимология слова не вполне ясна. Возможно, что оно существует с балто-славянской эпохи. Корень ов-. И.-е. база *i̯eu̯o- (Pokorny, I, 512). Ср. лит. jáuja — «овин», «рига», также javaĩ, pl. — «хлеба». Как название хлебных растений, этот корень широко представлен в языках иранской группы: авест. yava- (основа) — «злак»; ср. осет. joew — «просо»; перс. джоў (dᶎou) [djow, jaw] — «ячмень» и др. (подробнее — Абаев, I, 564). Ср. также др.-инд. yava-ḥ — «злак», «ячмень», «просо» (хинди джао — «просо»). И.-е. форма, отражением которой является рус. *овин*, как полагают, представляла собою основу прил. со знач. «хлебный». Ср. лит. javìnis — «хлебный»; авест. yəvīn- (основа) — «хлебное поле».

ОВО́Д, -а, *м.* — «двукрылое насекомое, похожее на крупную муху, личинки которого паразитируют на теле животных», Hypoderma Bovis (кожный овод), Oestrus ovis (овечий овод). *Прил.* **оводо́вый**, **-ая**, **-ое**. Укр. о́від, род. о́вода (:ге́дзь); блр. ава́дзень; болг. о́вод (:щѣ́клица); с.-хорв. о̏ба̑д; словен. obad (: brencelj); чеш. ovád (: stř́eček); словац. ovad : obad; польск. owad — «насекомое» («овод») — giez). По памятникам др.-рус. письменности известно с XII в. (Нест. Жит. Феод.), причем дважды с *а* после *в*: **овадъ** [см. Соболевский, «Лекции»⁴, 81; Срезневский (II, 593), ссылаясь на тот же памятник, пишет это слово в форме с *о* после *в*]. Ст.-сл. ѡвѡдъ : ѡвадъ. В словарях — с 1704 г. (Поликарпов, 203, который дает это слово в форме *овод*). ▫ Этимологию слова нельзя считать ясной. Доказать, что форма с *а* после *в* (*овад*) исконная, трудно. Если исходить из первоначальной о.-с. формы *ovadъ, то форму *ovodъ придется считать возникшей на почве народной этимологии [контаминация с *водить*, *обводить* (овод обыкновенно нападает на животное не в одиночку, а скопом, «обводит» его, окружает)]. Тем не менее вопрос о корне слова остается неясным. Скорее всего это — и.-е. *ēd- (ср. др.-рус. и ст.-сл. ѣдь — «еда» и пр.), но с начальным ō (> о.-с. *а) — по чередованию. Отсюда — связь с лит. úodas — «комар»; латыш. ōds — тж.; греч. ὠδίς — «боль», «мука», «терзание», «родовые боли». Т. о., на о.-с. почве *ovādъ — из *o(b)-v--ōd-ъ, с приставкой ob- и протетическим v-? Ср. Fraenkel, 1164.

О́ВОЩ, -а, *м.* (обычно *мн.* о́вощи) — «всякий огородный плод и всякая огородная зелень, выращиваемые как продукты питания». В говорах — иногда с *б* вм. *в*. Ср. подмоск. **обощи́** (Чернышев, «Сведения», 135). *Прил.* **овощно́й**, **-а́я**, **-о́е**. Укр. о́воч : о́вощ, *мн.* о́вочі, овоче́вий, **-а**, **-е** : овоще́вий, **-а**, **-е**. Ср. болг. **ово́шка** — «фруктовое дерево», **ово́щия**, *мн.* — «плоды фруктового дерева», **ово́щен**, **-щна**, **-щно** — «фруктовый», «плодовый», также **овоща́р** — «садовод» и «продавец фруктов» [«овощи» — зеленчу́к, зарзава́т (< турец. zerzavat)]; с.-хорв. **во̏ћка** — «фруктовое дерево», «фрукт», **во̏ће**, собир. — «фрукты», **во̏ћни̑**, **-а̑**, **-о̑**, **во̏ћа̑р** — «садовод», «торговец фруктами» («овощи») — по̏вр̂ће; чеш. ovoce (словац. ovocie) — «фрукты», чеш. и словац. ovocný, **-á**, **-é** — «фруктовый» («овощи» — zelenina); польск. owoc — «фрукты», «плод», owocny, -a, -e, owocowy, -a, -e — «фруктовый», «плодовый», owocnik — «фруктовый и овощной торговец» (Дубровский, 416; «овощи» — jarzyny, *мн.*, warzywa, *мн.*). В некоторых слав. яз. (в том числе в блр.) слово *овощ* (т. е. его фонетические эквиваленты) совсем не известно, ни в знач. «овощ», ни в знач. «фрукт». Др.-рус. (с XI в.) **овощь** — «овощ», «плод», (с XII в.) **овощьный** (Срез-

невский, 593, 594). Ст.-сл. ѡвѡщь. ▫ О.-с. *ovotjь? *ovotjьe? Тогда др.-рус. **овощь** (с *щ*), очевидно, из старославянского. Ср. укр. о́воч. Происхождение о.-с. слова неясно. М. б., оно заимствовано (со знач. «фрукты») из немецких (западногерманских) диалектов, как полагают многие языковеды со времени Миклошича (Miklosich, EW, 228), не будучи в состоянии, однако, определенно указать, из какого именно германского источника произошло заимствование. Ср. др.-в.-нем. obaȥ, совр. нем. Obst, *n.* — «фрукты», «плоды» (Kluge¹⁰, 354; Brückner, 388); др.-н.-нем. *ovāt (Kiparsky, GSL, 253). Эта точка зрения в настоящее время встречает возражения (см. Machek, ES, 346; Vasmer, REW, II, 250). Фасмер (уп.) сопоставляет рус. *овощ* с и.-е. словами, выражающими знач. «расти», «увеличиваться» и т. п. Об этом семействе слов см. Pokorny, I, 84 и сл. И.-е. корень *au̯eg- : *aug- : *u̯ōg-, с расширителем -s- : *au̯ek-s- : *auk-s-: *u̯ek-s и др. Тогда пришлось бы считать о.-с. праформой основы слова *овощ* — *ovoks-t-, где -t- — суф. на славянской почве. Ср. лит. aũkštas — «высокий»; гот. wahsjan (и.-е. основа *u̯ok-s-) — «расти», «увеличиваться»; др.-в.-нем. wahsan — тж.; латин. augustus — «высокий», «величественный»; греч. ἀϜέξω — «увеличиваю», «выращиваю», «ращу»; др.-инд. vakṣayati — «растит»; тохар. A ōk-s — «расти».

ОВРА́Г, -а, *м.* — «глубокая, длинная впадина, образовавшаяся на поверхности земли гл. обр. от размывающего действия вод», «большая вымоина, водомоина». *Прил.* **овра́жный**, **-ая**, **-ое**. В говорах: **враг** (Даль, II, 1222). Из русского — болг. овра́г. В других слав. яз. отс. Ср. укр. яр, яру́га; блр. яр. В форме без начального *о* это слово известно с древнерусской эпохи (с XIV в.): **врагъ** — тж. (Срезневский, I, 310). С начальным *о* в словарях отм. с 1771 г. (РЦ, 354). ▫ В этимологическом отношении не бесспорно. Можно придерживаться (за неимением лучших) старого объяснения, предложенного Соболевским (РФВ, LXVI, 346): от глаг. **вьрѣти** — «вздыматься», «кипеть». Тогда старшей формой нужно считать *вьрагъ с суф. -аг-ъ [как в др.-рус. **чьпагъ** — «мошна», «карман» (Срезневский, III, 1554) и, вероятно, в *рычаг*], а старшим знач. — «бурлящий поток» и т. п. (см. Преображенский, I, 636).

ОВЦА́, -ы́, *ж.* — «самка барана, некрупное жвачное животное отряда парнокопытных, семейства полорогих, с густой шерстью», Ovis. *Прил.* **ове́чий**, **-ья**, **-ье**. *Сущ.* **овча́р**, **овча́рка** (см.), **овчи́на**. Укр. вівця́, ове́чий, -а, -е, вівча́р, овчи́на (из русского; чаще ове́ча шку́ра); блр. аве́чка, аве́чы, **-ая**, **-ае**, ау̌ча́р, ау̌чы́на; болг. овца́, ове́н — «баран», о́вчи, -а, -е, овча́р (но о́вча ко́жа — «овчина»); с.-хорв. о̏вца, о̏ван — «баран», о̏вчи̑, о̏вчији̑, о̏вчји̑, **-а̄**, **-ē**, о̏вча̑р; словен. ovca, ovčjȋ, -a, -e, ovčar (но ovčje krzno — «овчина»); чеш. ovce, прил. ovčí, ovčák, ovčina; словац. ovca, ovčí, -ia, -ie; польск.

owca, owczy, -a, -e, owczarz (но owcza skóra — «овчина»); в.-луж. wowca, wowči, -a, -e, wowčer; н.-луж. wojca, wojcaŕ (но wojcyna koža — «овчина»). Др.-рус. (с XI в.) и ст.-сл. **овьца, овьнъ** — «баран», **овьчий, овьчина** (Срезневский, II, 596, 597). ▫ О.-с. *оvьса (< *оvikā). Корень *оv-, суф. -ьс(а). Ср. о.-с. *оvьnъ — «баран». И.-е. основа *oui-, суф. -k-ā. Без этого суф. в о.-с. языке следовало бы ожидать *оvь. Ср. название овцы: лит. avìs (ср. āvinas — «баран»); латыш. avs (ср. auns — «баран»); др.-прус. awins — «баран»; др.-в.-нем. ouwi; англ. ewe; латин. oris; греч. οἶς — «баран»; др.-инд. ávi-ḥ, avika-ḥ — «овца».

ОВЧА́РКА, -и, ж. — «порода крупных и сильных сторожевых собак, по внешнему облику сохраняющих сходство с матерыми волками». Укр. вивча́рка; блр. аўча́рка; польск. owczarek. Ср. болг. овча́рско ку́че — тж.; с.-хорв. овчарски пас; чеш. ovčácký pes, ovčák. Ср. название овчарки в западноевропейских языках: нем. Schäferhund (ср. Schaf — «овца»); англ. sheep-dog (ср. sheep — «овца»); дат. fårehund (ср. får — «овца»). В русском языке это слово известно с середины XVIII в. [Литхен, 1762 г., 392: *овчарка* — «un chien de berger» («пастушья собака»)]. ▫ Произв. от основы *овчар*- (с суф. -*ар*-). Ср. сущ. *овчар* — «овечий пастух» или «работник по уходу за овцами». Старшее знач. — «сторожевая собака при стаде (гл. обр. овечьем), при отаре». См. *овца*.

ОГО́НЬ, огня́, м. — «раскаленные светящиеся газы, выделяющиеся при горении», «пламя». *Прил.* о́гненный, -ая, -ое, огнево́й, -а́я, -о́е. Укр. (в)ого́нь, (в)огне́нний, -а, -е, (в)огня́ний, -а, -е, (в)огняни́й, -а́, -е́, (в)огньови́й, -а́, -е́; блр. аго́нь, агня́вы, -а́я, -ое; болг. о́гън, о́гнен, -а, -о, (из русского) огневи́, -а́, -о́; с.-хорв. о̀гањ, о̀гњен(и̑), -а, -о; словен. ogenj, ognjen, -a, -o; чеш. и словац. oheň, ohnivý, -á, -é, ohňový, -á, -é (чеш. Ohňová zeme, словац. Ohňová zem — «Огненная земля»); польск. ogień, ognisty, -a, -e, ogniowy, -a, -e; в.-луж. wohen, wohnity, -a, -e, wohniwy, -a, -e, wohnjowy, -a, -e; н.-луж. wogeń, wognjecy, -a, -e, wognjowy, -a, -e. Др.-рус. (с XI в.) и ст.-сл. **огнь, огньный**, позже **огньаный**, (с XVI в.) **огневый** (Срезневский, II, 602, 604, 605, 606). ▫ О.-с. *ognь. И.-е., возможно, *egnis: *ognis. Ср. лит. ugnìs; латыш. uguns [начальное u вм. ожидаемого a, как полагают (Pokorny, I, 293), под влиянием швед. ugn (ст.-швед. ughn) — «печь»]; латин. ignis (< *egnis); др.-инд. agní-ḥ, *т.* (ср. хинди агни, *ж.*); хетт. Agniš (имя бога).

ОГУРЕ́Ц, -рца́, м. — «огородное растение семейства тыквенных», Cucumis sativus; «плод этого растения, продолговатый, сочный, мясистый, с зеленой кожурой». В говорах встр. с другим суф.: пск. огу́рок (Даль, II, 1228). *Прил.* огуре́чный, -ая, -ое. Укр. огіро́к, огірко́вий, -а, -е; блр. агуро́к, агуро́чны, -ая, -ае. Ср. польск. (с XV—XVI вв.) ogórek (в XV в. ogurek), ogórkowy, -a, -e, а также чеш. okurka,

okurkový, -á, -é; словац. uhorka, uhorkový, -á, -é. В южн.-слав. яз. огурец обычно называют *крастовцем* (корень тот же, что в рус. *короста*): болг. **кра́ставица**; с.-хорв. **кра́ставац** (впрочем, есть и у̀горак); словен. krastavec. В русском языке слово *огурец* известно (с суф. -*ец*) с XVI в. [«Домострой» по Конш. сп., гл. 63 (Орлов, 4, 60)]. ▫ Форма *огур(ь), от которой могло быть образовано слово *огурец*, нигде не засвидетельствована. Происхождение слова не совсем ясное. Обычно оно рассматривается как заимствование из греческого языка. Ср. греч. (гл. обр. позднегреч.) ἄγγουρος, ἀγγούριον — «арбуз» (Синайский, I, 5); новогреч. ἀγγούρι (произн. anguri), ἀγγουριά — «огурец». Но этимология греческого слова не более ясная. Связывают с греч. ἄωρος (ср. ὥρα — «время года», «урожай») — «незрелый (зеленый)» с тем бо́льшим основанием, что в новогреческом языке это прил. встр. и в форме ἄγωρος и ἄγουρος (см. Frisk, I, 8). Не исключено, впрочем, что слово пришло откуда-то (с Востока?) разными путями в славянские языки и в греческий. В германских языках [ср., напр., нем. (с XVI в.) Gurke, *f.*; дат. agurk и др.] — видимо, из славянских языков (из польского), если не восходит к позднелатин. angurius (отсюда ит. angúria, *f.* — «арбуз»). В латинском — из греческого. К греч. ἀγγούριον, по-видимому, восходит ст.-перс. angūr — «виноград» и егип.-араб. aǧǧūr — «огурец».

О́ДА, -ы, ж. — «стихотворение в приподнятом, торжественном тоне в честь какого-л. выдающегося лица или важного исторического события». *Прил.* оди́ческий, -ая, -ое. Укр. о́да, оди́чний, -а, -е; блр. о́да, ады́чны, -ая, -ае; болг. о́да; с.-хорв. о̀да; чеш. óda, ódický, -á, -é; польск. oda. В России ода как жанр появилась раньше, чем ее название (в XVI—XVII вв.). Тредиаковский в 1734 г. назвал «*Одой* торжественной» свое сочинение по случаю взятия Гданска, а немного позже Ломоносов с этого слова начинает свое «Письмо о правилах российского стихотворства», 1739 г. (ПСС, VII, 9). Слово *ода* в словарях отм. с 1782 г. (Нордстет, II, 461). ▫ Ср. франц. ode, *f.*; нем. Ode, *f.*; англ. ode; ит. oda. Первоисточник — греч. ᾠδή, дор. ᾠδά (< ἀοιδή; ср. ἀείδω — «пою», «воспеваю») — «пение», «песнь», «лирическая песнь», «поэтическое произведение, предназначенное для хорового исполнения».

ОДЕКОЛО́Н, -а, м. — «ароматизирующее, гигиеническое и освежающее средство, являющееся спирто-водным раствором разнообразных душистых веществ». *Прил.* одеколо́нный, -ая, -ое. Укр. одеколо́н; блр. адэкало́н; болг. одеколо́н. Но ср. в том же знач.: с.-хорв. коло́ньска вода; чеш. kolínská voda; польск. woda kolońska. В русском языке слово *одеколон* известно с 20—30-х гг. XIX в. Встр. у Лермонтова в неоконченной повести «Княгиня Лиговская», 1835 г., гл. 4: «натерла виски *одеколоном*» (ПСС, II, 453), позже — «Спр. место», 1839 г., 63,

ОКА

ОКАЯ́ННЫЙ, -ая, -ое — *бран.* «скверный», «гнусный»; *устар.* «проклятый, отверженный церковью». Укр. окая́нний, -а, -е (как бран. — кля́тий, -а, -е); блр. акая́нны, -ая, -ае. В других слав. яз. отс. Знач. этого слова там выражаются чаще всего словами, соответствующими рус. *проклятый* (ср. болг. прокъ́лнат, -а, -о; с.-хорв. про̀клет(и̑), -а, -о; чеш. prokletý, -á, -é и т. д.). Др.-рус. (с XI в.) окая́ный, окаа́ный, окая́ньный, также оканьный — «несчастный», «жалкий», «грешный». □ Прич. прош. вр. страд. от окаяти — «охуждать», «оплакивать» (Срезневский, II, 639, 640). Ср. (ib., I, 1202) каяти — «порицать». См. каяться. О.-с. *kajati (sę). И.-е. корень *kʷei-: *kʷŏi- (Pokorny, I, 636—637), на о.-с. почве — *ka(j)- из *kʷŏ(i)-. Ср. *казнь* (см.), *цена* (см.), *чаять*.

ОКЕА́Н, -а, *м.* — «водное пространство между материками». *Прил.* океа́нский, -ая, -ое. Укр. океа́н, океа́нський, -а, -е; блр. акія́н, акія́нскі, -ая, -ае; болг. океа́н, океа́нски, -а, -о; с.-хорв. оке̏ан, оке̏ански, -а̑, -о̑; словен. ocean, oceanski, -а, -о; чеш. oceán, oceánský, -á, -é; польск. ocean, oceaniczny, -а, -е. Известно (как грецизм) с древнерусской эпохи, с XI в.: окианъ (Изб. 1073 г. и др. — Срезневский, II, 641). Прил. *океанский* позднее. В словарях — с 1793 г. (САР¹, IV, 620). □ Ср. франц. océan; нем. Ôzean; англ. ocean; ит. oceano; исп. océano. Первоисточник — греч. Ὠκεανός «Океан, сын Урана и Геи, владыка водной стихии», позже — «великая река, обтекающая всю землю», «название Атлантического океана». Происхождение слова неясно (м. б., связано с ὠκύς, ὠκεῖα — «быстрый», «стремительный»). Отсюда латин. Ōceanus — «океан». В западноевропейских языках — из латинского.

ОККУПА́ЦИЯ, -и, *ж.* — «занятие (захват) чужой государственной территории с помощью военной силы». *Прил.* оккупацио́нный, -ая, -ое. Сюда же оккупа́нт, оккупи́ровать. Укр. окупа́ція, окупаці́йний, -а, -е, окупа́нт, окупува́ти; блр. акупа́цыя, акупацы́йны, -ая, -ае, акупа́нт, акупі́раваць; болг. окупа́ция, окупацио́нен, -нна, -нно, окупа́нт, окупи́рам — «оккупирую»; с.-хорв. окупа́ција, о̀купацио̑ни, -а̑, -о̑, окупи́рати, окупи́рати; чеш. okupace, прил. okupační, okupant, okupovati; польск. okupacja, okupacyjny, -a, -e, okupant, okupować. В русском языке слово *оккупация*, м. б., было известно в XVIII в., но сначала как бытовое слово со знач. (скорее юридическим), «владение (поместьем)», «работы по устройству (поместья)» и т. п. Напр., в письме Румянцевой от 9-IV-1775 г., 190 (где речь идет о родовых и дарственных поместьях Румянцевых и, в частности, об ожидаемом подмосковном дарственном поместье): «век кончить без *окупации* трудно». С совр. знач. *оккупация, оккупационный* вошли в обращение в течение 2-й пол. XIX в. Выражение *оккупационный корпус* отм. Толлем (НС, II, 1863 г., 1068). Вскоре появляется и *оккупация* в знач. «занятие местности иноземными войсками» (Бурдон — Михельсон 1880 г., 553). Слова *оккупант, оккупировать* — более поздние [в толковых словарях впервые — у Ушакова (II, 1938 г., 785)]. □ Ср. франц. occupation, *f.*, occupant, occuper — «оккупировать»; нем. Okkupation, *f.*, Okkupant, okkupieren; англ. occupation, occupant, occupy. Первоисточник — латин. occupātiō — «захват», «занятие» [к occupō (< ob+capiō) — «оккупирую», «заполняю», «захватываю»; ср. capiō — «беру», «захватываю»].

ОКО

ОКНО́, -а́, *ср.* — «отверстие в стене для воздуха и дневного света, обычно застекленное»; «просвет, отверстие, проем в чем-л.». *Прил.* око́нный, -ая, -ое. Укр. вікно́, віко́нний, -а, -е; блр. акно́, ако́нны, -ая, -ае; словен. okno, okenski, -а, -о; чеш. okno, прил. okenní; словац. okno, okenný, -á, -é; польск. okno, okienny, -а, -е; в.-луж. wokno, woknowy, -а, -е; н.-луж. wokno. Ср. с.-хорв. о̀кно — «застекленное пространство (в оконной раме)», также «шахта» («окно» — про̀зор; ср. болг. прозо́рец — тж.). Др.-рус. (с XIII в.) окъ́но — тж. Раньше стало известно окъньце — «дыра», «отверстие», также «окошко» (Срезневский, II, 656; Кочин, 216, 217). □ О.-с. *okъno. От о.-с. *oko — «глаз», с суф. -ъп-о. См. *око*.

О́КО, -а, *ср.* (*мн.* о́чи), *устар.* — «глаз». Укр. о́ко, о́чі; блр. во́ка, во́чы; болг. око́, очи́; с.-хорв. о̏ко, о̏чи; словен. oko, oči; чеш. oko, oči; польск. oko, oczy; в.-луж. woko, woči; н.-луж. woko, wocy. Др.-рус. (с XI в.) и ст.-сл. око, род. осн. *мн.* очеса, *дв.* очи. □ О.-с. *oko, род. *očese, *мн.* *očesa, *дв.* *oči. Одно из немногих сущ., сохранявших в о.-с. языке старую основу на -es-. И.-е. корень *ok- (: *okʷ-) — «смотреть», «видеть» (Pokorny, I, 775—777). Ср. (с и.-е. основой на -s-) авест. aši (< *axšī), *дв.* — «оба глаза»; др.-инд. ákṣi, *n.* — «глаз», akṣí, *дв.* — «оба глаза»; (с основой без -s-) лит. akìs, *m.* — «глаз», akì — «оба глаза»; латыш. acs, *f.* — «глаз»; *pl.* — «глаза». Ср. латин. oculus (< *okʷelos) — «глаз»; греч. ὄσσε, *дв.* (< *okʷie, преобразование и.-е. *okʷī) — «очи» (Гомер). Сюда относятся также гот. augo — «глаз»; др.-в.-нем. ouga.

ОКОЛЕ́СИЦА, -ы, *ж.* — «чушь», «вздор», «бессмыслица». Иначе околёсная. Русское слово, в других слав. яз. отс. В словарях *околесица* отм. с 1792 г. (САР¹, III, 710). Более ранней формой слова, по-видимому, была *околесница*, встр. у Фонвизина в комедии «Бригадир», 1769 г., д. IV, явл. 4 [см. старые издания: 1792 г. (76), 1817 г. (78), 1828 г. (82), а также: Петров, 271; в изд. 1959 г. (СС, I, 87) неточно: «Что за *околесица?*»]. *Околёсная* в словарях — с 1731 г. (Вейсман, 494: «он *околесную* говорит»). □ Произв. от околёсная, от околёсный — «окольный», «непрямой», а дальше — от *колесить* (не столько в смысле «много и в разных направлениях ездить», сколько «ездить, отклоняясь от прямого пути», «кружить»). Ср. *колесо* (см.), *колёсный*.

ОДИ   ОКА   О

где рекомендуется говорить *одеколонъ*. В словарях отм. с 1861 г. (ПСИС, 356: *одеколон*). Даль, (II, 1865 г., 1229) допускает обе формы: *одеколон* и *одеколонъ*. ▫ Восходит к франц. eau de Cologne > англ. Eau-de-Cologne; нем. Eau de Cologne (или Kölnisches Wasser) — досл. «вода из Кёльна», «кёльнская вода» [Cologne = Кёльн; римляне называли Кёльн Colōnia (Agrippīna)]: в Кёльне в 1709 г. И. М. Фарина изготовил род духов, получивших название «кёльнской воды». Ср. ит. acqua di Colònia; исп. agua de Colonia.

ОДИ́Н, ОДНА́, ОДНО́, одного́, одно́й, *числ. колич.* — «число, цифра и количество 1». Укр. оди́н, одна́, одно́; блр. адзі́н, адна́, адно́; болг. еди́н, една́, едно́; с.-хорв. jèdan, jèdna, jèdno; словен. eden, ena, eno; чеш. (и словац.) jeden, jedna, jedno; польск. jeden, jedna, jedno; в.-луж. jedyn, jedna, jedne; н.-луж. jaden, jadna, jadno. Др.-рус. (с XI в.) одинъ, одина, одино (Срезневский, II, 616). Ст.-сл. ѥдинъ, -а, -о, также ѥдьнъ, -а, -о. ▫ О.-с. *jedinъ, -a, -o: *jedьnъ, -a, -o (je < e). Основа по происхождению сложная: *ed+ьn- : *ed+in-, причем первая часть является усилительной по отношению ко второй и представляет собою местоименное словечко от основы *e- [ср. рус. *этот* (см.)] в форме им.-вин. ед. ср. р. (ср. латин. ecce < *ed-ce — «вот»; для конечного d ср. еще is, ea, id — «этот», «тот»). Вторая часть сложения -in-ъ восходит к и.-е. *oi-n-o-s. Ср. др.-рус. инъ, ст.-сл. инъ — «один» и первую часть в сложениях: *иноходь*, др.-рус. *инорогъ* — «единорог» (Срезневский, I, 1105). Ср. лит. víenas (< *v-einas) — «один»; латыш. vièns— тж.; др.-прус. ains (ainā, *f.*) — «один»; гот. ains — «один»; др.-в.-нем. ein — тж.; также латин. ūnus (< oinos); др.-ирл. ōin, ōen и др.

ОДИО́ЗНЫЙ, -ая, -ое — «внушающий нерасположение, ненависть», «крайне неприятный», «ненавистный». *Сущ.* **одио́зность**. Укр. одіо́зний, -а, -е, одіо́зність; блр. адыёзны, -ая, -ае, адыёзнасць; болг. одио́зен, -зна, -зно; чеш. odiosní, odiosnost. Но в некоторых слав. яз. отс. Ср. в том же знач.: с.-хорв. га̏дан, -дна -дно : га̏днӣ, -а̄, -о̄; польск. niemiły, -a, -e (но ср. odiosa, *мн.* — «нечто вызывающее отвращение»). В словарях *одиозный* — с 1933 г. (Кузьминский, 836), *одиозность* впервые — у Ушакова (II, 1938 г., 762). ▫ Восходит, в конечном счете, к латин. odiōsus, -a, -um — «ненавистный», «заслуживающий ненависти» (от odium — «ненависть»), через западноевропейские языки, особенно французский: odieux, -se — «гнусный», «ненавистный» > нем. odiös; англ. odious и др. В русском — недавнее заимствование из западноевропейских языков.

О́ЗЕРО, -а, *ср.* — «естественный, природный водоем». *Прил.* **озёрный, -ая, -ое.** Укр. о́зеро, озе́рний, -а, -е; блр. во́зера, азёрны, -ая, -ае; болг. е́зеро, е́зерен, -рна, -рно; с.-хорв. jȅзеро, jȅзерскӣ, -ā, -ō; словен. jezero, jezerski, -a, -o; чеш. jezero, прил. jezerní, jezernatý, -á, -é; словац. jazero, jazerný, -á, -é, jazernatý, -á, -é; польск.

jezioro, jeziorny, -a, -e; в.-луж. jězor, jězorny, -a, -e, jězoraty, -a, -e; н.-луж. jazor, jazoro, jazoraṫi, -a, -e. Др.-рус. (с XI в.) о́зеро, (с XV в.) озерьский (Срезневский, II, 365). Ст.-сл. ѥзеро, ѥзеръ (Мариин. ев., Савв. кн.), ѥзерьскъ. Прил. *озерный*, видимо, позднее (РЦ 1771 г., 355). ▫ О.-с. *jezero (: *jezerъ : *ozero). И.-е. основа *eg'h-er-o-: *og'h-er-o- (Pokorny, I, 291—292; Frisk, I, 200 и др.). Ср. лит. ẽžeras (диал. ãžeras) — «озеро», ežerìnis — «озерный»; также латыш. ezers; др.-прус. assaran. В других и.-е. языках явных соответствий не обнаружено, за исключением греч. Ἀχέρων — Ахеронт, название реки (или потока) в подземном царстве (и некоторых рек в Греции), возможно, произв. от *ἀχερος — «пруд», «озеро» (< *og'heros). Корень (и.-е. *eg'h-), по-видимому, тот же, что в др.-рус. *езъ* — «рыболовная застава» (Срезневский, I, 821), рус. диал. (гл. обр. сев.-вост.) ез : яз — «плетень поперек реки», «закол (задерживающий ход рыбы)» (Даль, I, 461) > «запруда», «пруд».

ОЗО́Н, -а, *м.* — «газ (в малых концентрациях голубого цвета), аллотропическое видоизменение кислорода, имеющий большое значение для жизни на земле». *Глаг.* **озони́ровать**. Сюда же **озониза́ция**. Укр. озо́н, озонува́ти, озоніза́ція; блр. азо́н, азанава́ць, азаніза́цыя; болг. озо́н, озони́рам — «озонирую», озони́ране; с.-хорв. о̀зо̄н; чеш. ozón, ozonovati, ozonizace; польск. ozon, ozonować, ozonizacja. В русском языке этот термин известен с середины XIX в. В словарях иностранных слов отм. с 1861 г. (ПСИС, 356). Другие слова этой группы — еще более поздние, в словарях — с 1933 г. (Кузьминский, 837: *озонировать*, Ушаков, II, 1938 г., 779: *озонизация*). ▫ Слово искусственно образовано немецким химиком Х. Ф. Шёнбейном (Schönbein) в 1840 г. на базе греч. ὄζω — «пахну», «издаю запах» [ср. об озоне: «газ с резким характерным запахом (свежести)» — БСЭ², XXX, 1958; XLVII, 664].

ОКА́ЗИЯ, -и, *ж.* — «озадачивающая неожиданность», «необычное и непредвиденное происшествие»; *устар.* «удобный случай», «возможность попутно с кем-чем-л. доставить что-л., доехать куда-л.». Укр. ока́зія; блр. ака́зія; польск. okazja. В других слав. яз. это знач. выражается иначе. Впрочем, ср. болг. оказио́н — «удобный случай», «случайность». Известно с начала XVIII в.: «Архив» Куракина, I, 148, 1706 г.: «Во всю ту *оказию* наказания»... он стоял под перекладом»; «видел на площади вельми людей много... так, как бы какой великой *оказий* у нас на Москве сподевался». Ср. в письме Румянцевой от 29-X-1766 г., 67: «с случившеюся *оказиею* посылаю к тебе...». В словарях — с 1782 г. (Нордстет, II, 466: *оказия — случай*). У Пушкина — и в старом и в совр. знач. (СЯП, III, 106). ▫ Слово, в конечном счете, латинское: occāsiō, *f.* — «случай», «обстоятельство», «повод». Отсюда франц. occasion, *f.* — тж. В русском языке, возможно, из латинского.

ОКО

ÓКОЛО, *нареч. и предлог с род. п.* — «возле», «поблизости»; «приблизительно»; *устар.* «вокруг». Болг. бóло — «вокруг», «возле»; с.-хорв. **òколо**, **окол** > **око** — «вокруг», «приблизительно», «возле»; чеш. okolo — «вокруг», «возле», «вблизи», «приблизительно»; польск. około — «вокруг», «приблизительно»; в.- и н.-луж. wokoło — тж. Ср. укр. кóло, навкóло; блр. каля́. Др.-рус. (с XI в.) около — нареч. «вокруг», «кругом» (в Пов. вр. л. под 6479 г. и др.); предлог с род. п. «вокруг» (Срезневский, II, 645). Старшее знач. «вокруг» держалось еще в начале XIX в. Ср. название статьи: «Инструкция для путешествия около света» («Сев. Вестн.», 1804 г., ч. I, № 2, с. 180). Встр. и позже (СЯП, III, 111). Оно исчезло лишь в середине XIX в. Знач. «возле» развилось (через знач. «со всех сторон» и т. п.) после XVI в. [Р. Джемс (РАС, 1618—1619 гг., 61 : 25) дает уже обознач.: óχola — «rownd» и «abought a thinge»]. □ По происхождению — вин. ед. от коло «круг» с предлогом *о*. См. *колесо*.

ОКОЛÓТОК, -тка, *м.* — 1) (в дореволюционной России) «подразделение полицейского участка»; 2) *устар.* «окружающая местность», «окрестность», «округа». *Прил.* околóточный, -ая, -ое и *сущ.* околóточный (из околоточный надзиратель) — «полицейский чин, ведавший околотком». Устар. написание околодок, околодочный. В говорах: околóток — «предместье города», «слобода», «конец города», «часть города»; каз. «чувашская деревня» (Даль, II, 1243). Укр. околóдок — «околоток во 2 знач.», околóдочний; блр. (с теми же знач.) акалóдак, акалóдачны. В других слав. яз. отс. Др.-рус. (с XIV в.) околотокъ — «окрестности», «соседняя местность», «часть города, населенного пункта» встр. почти исключительно в Комис. сп. Новг. I л. (1339 г., 1432 г., 1434 г. — Насонов, 350, 416, 417 и др.). В словарях отм. с 1771 г. (РЦ, 220). □ Происхождение этого слова не вполне ясно. Судя по примерам в Новг. I л., старшая форма была с *т*, а старшее знач. было «окрестность», «окрестности», «окру́га», «местность по соседству (вокруг какого-н. пункта)». Поэтому *околоток* можно относить к группе *около* (см. *колесо*), где корень *кол-* (см. *колесо*). Суффиксы -от-ъκ-(ъ), как в о.-с. *životъ, *golotь [ср. ст.-сл. (и др.-рус.) *голотъ* — «лед» (Срезневский, I, 545)]. Т. о., *околоток* от *околотъ* или *околотъ*. Ср. др.-рус. *околъ* — «круг», «ряд» (Срезневский, II, 645). Озвончение *т* > *д* (рус. устар. укр. *околóдок*) — нефонетического характера [сначала — в косвенных падежах: *околотка* и пр., понятых, как случаи оглушения *д* (будто бы вм. *околодка* и пр.). Отсюда — распространение *д* на другие формы этого слова. Ср. в просторечии обратное явление: *слатенький* под влиянием произн. *слаткий* (< *сладкий* < *сладъкый*), *буточка* под влиянием произн. *бутка*, где *т* из *д*.

ÓКОЛЫШ, -а, *м.* — «нижняя часть головного убора — ободок, облегающий го-

ОКТ

лову». Укр. óклиш (: окличка); блр. аклы́шак. Ср. болг. обикóлка; чеш. okolek. От другого корня: с.-хорв. ô bod (: пéрваз); польск. otok. В русском языке известно, судя по словарям, с первых десятилетий XIX в. (САР², IV, 1822 г., 274). Возможно, до XIX в. употр. слово *окóл* (оно также упоминается в САР², уп.). □ Происходит от др.-рус. óколъ — «круг» (Срезневский, II, 645), которое, в свою очередь, связано с *коло* — «круг» (ib., I, 1253). Ср. нареч. *около* (см.), а также *колесо*.

ÓКОРОК, -а, *м.* — «часть туши — бедро с ягодицей», «мясо (особенно свиное) одной половины таза», «ветчина» (см. Даль, II, 1244). *Прил.* окорокóвый, -ая, -ое. Укр. óкорок (но óкіст, род. óкосту), окорокóвий, -а, -е. В других слав. яз. отс. Ср. в том же знач.: блр. шы́нка [< польск. szynka; ср. с.-хорв. шу̂нка (из нем. Schinken)] или кумпя́к; болг. бут; чеш. ký ta. Срезневский (II, 647) отм. это слово (в совр. знач.) в одном документе 1537 г. В этом же знач. — у Р. Джемса (РАС, 1618—1619 гг., 14:37): оχγос — «a gammon of bacon» («свиной окорок»). Но, вообще говоря, слово *окорок* в русском языке известно с древнерусской эпохи: оно встр. в Хр. Г. Ам. (Срезневский, Доп., 203). Ср. и у Истрина (III, 276): окороки прѣсѣкати — ἀγκυλοκοπεῖν. Срезневский переводит в этом выражении *окороки* как «поджилки» (= «коленные сухожилия»). □ Корень слова (корок-) — из о.-с. *kork-. Ср. болг. крак — «нога»; с.-хорв. кра̂к — «нога», «голень», «ответвление»; словен. krak — «бедро», «голень», «бок»; польск., в.-луж. krok — «шаг». Т. о., первоначально *окорок* — «то, что окружает (облегает) ногу» (мышцы, сухожилия и т. п.).

ОКТЯ́БРЬ, -я́, *м.* — «десятый месяц календарного года». *Прил.* октя́брьский, -ая, -ое. Болг. октóмври, октомврийски, -а, -о; с.-хорв. òктобар, òктобарски, -а̂, -о̂; словен. oktober, oktobrski; в.- и н.-луж. oktobr (: winowc), oktobrski, -a, -e. В других слав. яз. отс. Ср. название этого месяца: укр. жóвтень; блр. кастры́чнік; чеш. říjen; польск. październik. Др.-рус. октябрь (Остр. ев. 1056—1057 гг., Изб. 1073 г., Новг. I л., 103, 2 и др.); варианты: октяврь и октямбрь (Ефр. крм. XII в.), октямьбрь (Лавр. л. под 6673 г.), октябрь (ib., под 6586 г. и 6601 г. — КСДР), октомъбрь (Минея 1096 г.) и др. (Срезневский, II, 654; Фасмер, ГСЭ, III, 134). Ст.-сл. октябрь, октябрь и др. □ Слово латинское: Octōber (mensis) — собств. субст. прил. м. р. Octōber (octōbris, octōbre) — «октябрьский» от octō — «восемь» [основа octobr- возникла, м. б., под влиянием December (decembr-is, decembr-e) — «декабрьский» от decem — «десять», September и т. п. с сочетанием mbr из br; впрочем, происхождение этих форм на -br- в латинском языке не вполне ясно (см. Walde — Hofmann³, I, 329)]. Октябрь у римлян до Юлия Цезаря был восьмым месяцем года, который начинался с марта. Из латинского языка — позднегреч. ὀκτώβριος (новогреч. 'Οκτώβρης). Из греческого — в древнерусском и других слав. яз.

ОКУЛИ́СТ, -а, м. — «врач, специалист по глазным болезням». *Женск.* **окули́стка**. Укр. окулі́ст, окулі́стка; блр. акулі́ст, акулі́стка; болг. окули́ст; с.-хорв. òкулиста (но чаще **очни лекар**); чеш. okulista (но чаще oční lékař); польск. okulista. В русском языке известно с XVII в. Встр. (иногда с начальным *а*: *акулист*) в документах «Аптекарского приказа» 1630 г. (МИМ, в. 1, с. 5). В словарях — с 1731 г. (Вейсман, 454: *окулист*). ▫ Ср. франц. oculiste; нем. Okulist; англ. oculist; ит. oculista. Позднее искусственное образование на базе латин. oculus — «глаз». В русском языке — скорее всего, из немецкого.

О́КУНЬ, -я, м. — «рыба семейства окуневых, с большим колючим спинным плавником, с окраской тела зеленовато-жёлтой с поперечными полосами, с мелкой чешуей, с красным хвостом и нижними плавниками», Perca fluviatilis. *Прил.* **окунё́вый**, -ая, -ое. Укр. о́кунь, окуне́вий, -а, -е; блр. аку́нь, акуне́вы, -ая, -ае; с.-хорв. о̏кӯн; словен. okun (: ostriž); чеш. okoun; словац. okúň; польск. okoń; н.-луж. wokuń. В словарях русского языка слово *окунь* отм. с 1704 г. (Поликарпов, 204). Но слово, несомненно, было известно и до XVIII в. Ср. у Р. Джемса (РАС, 1618—1619 гг., 9 : 48): óꭓoon — «a pearch» («окунь»). Тупиков (287) отм. прозвище *Окунь* уже в «Писц. кн. Новг. пят.» за 1495 г. Прил. *окуневый* — с 1782 г. (Нордстет, II, 470). ▫ О.-с. *okunъ : *okunjь, м. Суф. -un-: -un-jo-. Обычно [со времени Миклошича (Miklosich, EW, 220)] производят от о.-с. *oko — «глаз». Рыба могла быть названа по её характерным глазам (см. Machek, ES, 336). Из других догадок заслуживает внимания предположение (Mikkola и др.) об и.-е. корне *ak-: *ak'- — «острый», «колющий» (по колющему большому плавнику) [см. Vasmer, REW, II, 262].

ОЛА́ДЬЯ, -и, ж. (чаще *мн.* **ола́дьи**) — «небольшая, толстая, мягкая, поджаренная на масле лепешка из некрутого теста из пшеничной муки». В говорах: ряз. **ола́нки**, *мн.* — тж. (Даль, II, 1248); вят. **ола́дья** — «блин из ячменной или овсяной муки» (Васнецов, 176); колым. **ала́дьки** (Богораз, 19); ср. сиб. (в районе Оби) **спускны́е ола́дьи** — поджариваемые на «спускных сковородках» с несколькими ямочками (см. Палагина, III, 158). Укр. **ола́дка, ола́док**; блр. **ала́дка**. В других слав. яз. — из русского или (чаще) отс. Ср. в том же знач.: болг. **тига́ница**; с.-хорв. у̀штипак; словен. blinec, palačinka; чеш. lívanec; польск. pampuszek, racuszek. В русском языке употр. с XV—XVI вв. Встр. в «Домострое» по сп. И-38: «да *оладьи* да мисеное да кисель» (Орлов, 73). Как позже у Аввакума в «Книге бесед» (304): «Тот не жил духовно, блинами всё тор-

говал да *оладьями*». Но слово было известно и раньше. Прозвище *Оладья* отм. Тупиковым с 1470 г.: «*Оладья* Андреев, московский подьячий» (287); фамилия *Оладьин* встр. с 1534 г. (678). ▫ Как полагают, это слово связано с греческим наименованием оливкового масла, е л е я: ἔλαιον, n. — оливкового дерева и маслины: ἐλαία, f., уменьш. ἐλάδιον, что значило также «масличный жмых» (Фасмер, ГСЭ, III, 134). Новогреч. (ἀ)λάδι — «растительное и минеральное масло». Происхождение греческого слова не вполне ясно (вероятно, заимствование из средиземноморской языковой среды). Не более ясно, однако, каким образом (и только на вост.-слав. почве) это греческое слово получило новое знач., весьма отдаленно связанное со старым знач. («елей»).

ОЛЕА́НДР, -а, м. — «вечнозеленый цветущий кустарник (или деревце), родом из Малой Азии, с жесткими лаповидными листьями и собранными в соцветия душистыми цветками белого, розового или красного, реже желтого цвета», Nerium oleander. Иначе **лавроро́за**. *Прил.* **олеа́ндровый**, -ая, -ое. Укр. олеа́ндр, олеа́ндровий, -а, -е; блр. алеа́ндр, алеа́ндравы, -ая, -ае; болг. олеа́ндър, олеа́ндров, -а, -о; с.-хорв. лиjа̀ндер; чеш. oldeandr, oleandrový, -á, -é; польск. oleander, oleandrowy, -a, -e. В русском языке слово *олеандр* (сначала в форме *олеандер*) в словарях — с 1731 г. (Вейсман, 710). Прил. — с 1938 г. (Ушаков, II, 800). ▫ Ср. франц. oléandre, *f.* > нем. Oleander, *m.*; англ. oleander; исп. oleandro; португ. loendro. Во французском языке — из итальянского (ср. ит. oleandro). В романских языках, возможно, из средневек. латин. lorandrum [по Исидору (см. Преображенский, I, 646) — из rhododendrum], которое, видимо, восходит к греч. *ῥοδόδενδρον — «розовое дерево» (ср. ῥόδον — «роза», δένδρον — «дерево»). На латинской почве греческое слово контаминировалось с laurus — «лавр» [см. Преображенский, *уп*. Доза считает это слово «темным по происхождению» (Dauzat [11], 511)]. В русском языке, видимо, из немецкого.

ОЛЕ́НЬ, -я, м. — «жвачное парнокопытное млекопитающее животное, со стройным сложением, с тонкими ногами и коротким хвостом, с ветвистыми рогами (у самок отсутствующими у большинства видов)», Cervus. *Прил.* **оле́ний**, -ья, -ье. Укр. о́лень, оле́нячий, -а, -е; блр. але́нь, алене́вы, -ая, -ае; болг. еле́н, еле́нов, -а, -о; с.-хорв. jѐлен, jѐлењи, -ā, -ē, jѐленски, -ā, -ō; словен. jelen, jelenji, -a, -e; чеш. jelen (словац. jeleň), прил. jelení; польск. jeleń, jeleni, -ia, -ie; в.-луж. jeleń, jelenči, -a, -e, jelenjacy, -a, -e; н.-луж. jeleń, jelenjow, -a, -e. Др.-рус. (с XII в.) **олень**, (с XV в.) **олений** (Срезневский, II, 659). Ст.-сл. ѥлень. ▫ О.-с. *jelenь : *olenь. И.-е. корень *el- : *ol-, основа *el-en- (: *ol-en-) : *elṇ- (Pokorny, I, 303—304). Ср. лит. élnias : élnis — «олень», élnė : álnė — «самка оленя»; латыш. alnis — «лось» («олень» briedis); др.-прус. alne — «зверь». Ср.

также греч. ἑλλός (из *elnós) — (у Гомера) «молодой олень»; ср. ἔλαφος (из *eln-bho-s) — «олень». Ср. еще *лань* (см.) < о.-с. *olnь и (с другим формантом) *лось* (< о.-с. *olsь < *olk'is).

ОЛИМПИ́ЙСКИЕ И́ГРЫ — «международные спортивные состязания, происходящие каждые четыре года, начиная с 1896 г.». Иначе олимпиа́да. Укр. олімпі́йські і́гри, олімпіа́да; блр. алімпі́йскія гу́льні, алімпіа́да; болг. олимпи́йски игри́; с.-хорв. олимпи́јске игре, олимпија́да; чеш. olympijské hry, olympiáda; польск. igrzyska olimpijskie, olimpiada. o. франц. olympiade, f.; нем. die Olympischen Spiele, Olympiade, f.; англ. Olympic games, olympiad. Первоисточник — греч. Ὀλύμπια — «Олимпийские игры, состязания, происходившие каждые четыре года, начиная с 776 г. до н. э. по 394 г. н. э. в Олимпии в честь Зевса Олимпийского» [Ὀλυμπία «город и область в Элиде (на сев.-зап. Пелопоннеса)»].

ОЛИ́ФА, -ы, *ж.* — «вареное растительное (льняное, конопляное и т. п.) масло, употребляемое для приготовления масляных красок, лаков». *Глаг.* **оли́фить**. Укр. олі́фа. В других слав. яз. отс. Ср. название олифы: блр. (из польского) **пако́ст**; польск. pokost (< ср.-в.-нем. koste — «кисть», «пучок»; из польского же — чеш. pokost [но обычно fermež (< нем. диал. Ferneis; ср. нем. Ölfirnis < франц. vernis — «лак»)]; болг. безир (< турец. bezir yağı). В русском языке — с XVI в. (Фасмер, ГСЭ, III, 134). В словарях *олифа* отм. с 1731 г. (Вейсман, 198). С XVI в. (Стоглав) известно также **олифити** (Срезневский, II, 660). □ Восходит к греч. ἄλειφα(ρ) — «средство для натирания», «сало», «мазь»; ср. ἀλείφω — «натираю салом, маслом», «намазываю» (этимологически связано с λίπος — «жир», «сало», «масло», «мазь»).

О́ЛОВО, -а, *ср.* — «химический элемент, мягкий, ковкий серебристо-белый (с синеватым оттенком) металл». *Прил.* **оловя́нный**, -ая, -ое. Укр. **о́лово**, олов'я́ний, -а, -е; блр. во́лова, алавя́ны, -ая, -ае. В других слав. яз. олово называют иначе и по-разному: болг. кала́й (< турец. kalay); с.-хорв. ка̀ла̑ј [: ци́н (< нем. Zinn)]; чеш. cín; польск. cyna; н.-луж. cen; словен. kositer. Но слово *олово* все же известно, хотя значит оно «свинец»: болг. **о́лово**, о́ловен, -вна, -вно; с.-хорв. о́лово, о́лован, -вна, -вно : о́ловни, -а̄, -о̄; чеш. и словац. olovo, чеш. olověný, -á, -é; польск. ołów, ołowiany, -a, -e; в.-луж. wołoj, wołojny, -a, -e, wołojowy, -a, -e; н.-луж. wołoj, wołojany, -a, -e. Лишь в словенском оно вообще отс. (словен. svinec). В русском языке слово *олово* известно с XI в. со знач. и «олово», и «свинец», причем в форме как ср. р., так и м. р.: **олово** и **оловъ**, прил. **оловяный** (с XIII в.) [Срезневский, II, 661, 662]. □ О.-с. *olovo : *olovъ. Ср. лит. álvas (вост.-лит. и литер. ãlavas — из русского) — «олово»; латыш. alva — тж.; др.-прус. alwis — «свинец»; др.-в.-нем. elo (< и.-е. *eluo-) — «желтый»; м. б., греч. (у Гесихия) ἀλωφούς — «белый». И.-е. основа *aləuo- (Pokorny, I, 31). Т. о., олово, по всей вероятности, получило свое название в славянских языках по его цвету.

О́ЛУХ, -а, *м.* — «бестолковый человек», «дурак», «простофиля». Только русское. В других слав. яз. это знач. передается другими словами. В русском языке это слово известно со 2-й пол. XVIII в. (Нордстет, II, 1782 г., 471). □ Этимология считается неясной. Было предложено несколько объяснений (о них см. Преображенский, I, 647—648; Vasmer, REW, II, 265), из которых Фасмер предпочтение отдает объяснению Соболевского (РФВ, LXVI, 346) [будто бы из *волу́х — «пастух волов», от вол (ср. конюх от конь)]. Но такого слова пока еще никто не слыхал. Да и трудно по фонетическим (ударение!) и семантическим соображениям из *волу́х вывести блух. Не произошло ли это слово от волх : *во́лох из др.-рус. вълхвъ : вълъхвъ : *вълхъ, вълховьникъ — «волхв», «кудесник», вълховати — «колдовать» (Срезневский, I, 381—383; Доп., 52; Даль, I, 210). Слово могло возникнуть в процессе борьбы церкви с волхвами, колдунами, шаманами, с волхвованием, с колдовством и пр. Отсюда отрицательное (бранное) знач. Отсюда, видимо, и выражение *олух царя небесного* (т. е. волхв, из известного евангельского рассказа о «поклонении волхвов»). Концовка -*ух* вм. -*ох* (*олух*) могла установиться отчасти и под влиянием таких слов, как **пасту́х**, **е́внух**, **питу́х** — «пьяница» и т. п.

ОЛЬХА́, -и́, *ж.* — «лиственное дерево или кустарник семейства березовых, с тычиночными и пестичными соцветиями и плодами в виде продолговатых шишечек с орешком внутри; растет преимущественно вдоль рек и ручьев», Alnus. В говорах также: **ёлха**, **елоха́**, **елши́на**, **во́льха**, **бльшина** (см. Даль, I, 463; II, 1249). *Прил.* **ольхо́вый**, -ая, -ое. Ср. болг. елха́ — «ольха» (а также «рождественская елка»), елхо́в, -а, -о; с.-хорв. је̏лша (: јо̏ха < јеоха), је̏лшов(и), -а, -о; словен. jelša, jelšev, -a, -o; чеш. olše, olšový, -á, -é; словац. jelša, jelšový, -á, -é; польск. olcha, olchowy, -a, -e, olszowy, -a, -e; в.-луж. wólša, wólšany, -a, -e; н.-луж. wolša. Др.-рус. ол(ь)ха (Дан. иг. XII в.) [Срезневский, II, 664; там же ол(ь)шаный (XIV в.)]. Позже вол(ь)ха (АСЭИ, I, № 446, 1474—1484 гг., 334: влоха). О.-с. *jelьcha : *olьcha (< и.-е. *elisā = *olisā). Ср. лит. alksnis (диал. alsknis; вост.-лит. alíksnis); латыш. elksnis (: alksnis); др.-прус. alsk-ande. Ср. также др.-в.-нем. elira (< *elisa) > erila (нем. Erle, Eller); латин. alnus (< *alsnos или *alenos). И.-е. корень *el- : *ol- : *al- — «красный», «коричневый» [ср.: «древесина ольхи светлая, краснеющая на воздухе» (БСЭ², XXI, 8)]; расширитель -k'-. Ср. без этого расширителя: др.-инд. aruṇaḥ — «красный цвет», «заря», как прил. «красноватый». См. Pokorny, I, 302.

ОМА́Р, -а, *м.* — «большой десятиногий морской рак с вкусным мясом», Homarus. Укр. ома́р; блр.ама́р; болг. ома́р; чеш. homar (: humr); польск. homar. Но с.-хорв. jästōg; словен. jastog (< латин. astacus). В русском языке в словарях — с 60-х гг. XIX в. (ПСИС 1861 г., 359). С начальным *г* (*гомар*) это слово изв. и раньше. Напр., у Гончарова во «Фрегате „Паллада"», 1858 г., ч. II: «рыбы и *гомаров* привезли» (ПСС, VI, 84). ▫ Восходит к франц. homard, *m.*, где оно скандинавского происхождения. Ср. дат., швед. hummer. Отсюда же и нем. Hummer — «омар».

ОМЁЛА, -ы, *ж.* — вечнозеленое кустарниковое растение, паразитирующее на разных деревьях и кустарниках (чаще на тополях и плодовых деревьях), с овальными толстыми листьями и клейкими плодами», Viscum album (омела белая). *Прил.* омёловый, -ая, -ое. Укр. омела́; блр. аме́ла; болг. и́мел; с.-хорв. и́мела : оме́ло : ме́ла; словен. (bela) omela; чеш. jmelí bílé или mélí [но (особенно по говорам) также и omelí, jemelo : jemola и др.)]; словац. imelo (но и omelo и др.); польск. jemioła; в.-луж. jemjel; н.-луж. jemjelica. Др.-рус. омела (Златостр. XII в.), имела (Упыр. 1047 г.) — «приманка для птиц» (Срезневский, I, 1092; II, 666). ▫ Ср. лит. ãmalas — «омела» (ср. āmaras — «тля»); латыш. âmuļi — тж. (ср. amols — «клевер»); др.-прус. emelno — тж. (также «кизильник»). Установить исходную о.-с. форму этого слова трудно. Форма с начальным *и* — м. б., следствие очень раннего переосмысления, сближения с о.-с. *jьmǫ (> др.-рус. иму́) — «беру», «хватаю»: из плодов (ягод) омелы птицеловы с древнего времени изготовляли клейкое вещество, которым они пользовались для ловли мелких птиц. Ср. нар. народное название омелы **птичий клей** (Даль, II, 1250). Такого же происхождения др.-рус. **имельник** (XI в.), **омельник** (XIV в.) — «птицелов» (Срезневский, I, 1093; II, 666). Пожалуй, о.-с. вариантами этого слова можно считать *omela : *jьmela. Ср. (кроме балтийских соответствий) др.-в.-нем. ampfaro (совр. нем. Ampfer) — «щавель»; латин. amãrus — «горький»; др.-инд. amlá-ḥ «кислый», также (с суффиксом.) «щавель». И.-е. основа *om-ro- (: *am-lo-), корень *om- : *ǝm- (Pokorny, I, 777). На славянской почве на форму слова, возможно, оказали влияние слова с суф. -el-, в частности такие, как о.-с. *pelv-el-ъ (> рус. литер. *плевел*). Некоторые языковеды — в последнее время Френкель (Fraenkel, 9) — склонны рассматривать это слово как очень раннее заимствование в балто-славянских языках из Греции. Ср. греч. ἀμα-μηλίς : ὁμο-μηλίς — «род кизильника».

ОМЛЕ́Т, -а, *м.* — «род яичницы», «кушанье из яиц, взболтанных с молоком (иногда и с мукой) и поджаренных на масле». Укр. омле́т (: пряже́ня); блр. амле́т; болг. омле́т; с.-хорв. о̀млет; чеш. omeleta; польск. omlet. В русском языке в словарях — с 1907 г. (Виноградов, 226), но, конечно, было известно и раньше. Встр. в рассказе Чехова «Ариадна», 1895 г.: «В час — завтрак... какой-нибудь *омлет*» (СС, VIII, 77). ▫ Восходит к франц. (с XVI в.) omelette, *f.* — тж. (> англ. omelette; нем. Omelette, *f.*, Omelett, *n.*), которое этимологически, по-видимому, находится в связи, с одной стороны, с совр. франц. lamette, lamelle — «маленькая пластинка», «диск» и с возможным (с тем же знач.) ст.-франц. *alemette > lemette > lamette (ср. lame), а с другой — с латин. ōvum — «яйцо». В русском языке — позднее заимствование, возможно, непосредственно из французского.

ОМО́НИМ, -а, *м.* — «слово, совпадающее по звучанию с другим словом, но отличающееся от него по значению». *Прил.* омоними́ческий, -ая, -ое. Сюда же омоними́я. Укр. омо́нім, омоніми́чний, -а, -е, омоні́мія; блр. амо́нім, аманімі́чны, -ая, -ае, аманімія; болг. омони́м, омони́мен, -мна, -мно, омони́мия; с.-хорв. хомо́ним, хомони́ман, -мна, -мно, хомони́мија; чеш. homonymum, прил. homonymní, homonymie; польск. homonim, homonimia. В русском языке слово *омо́ним* (ударение сначала не было устойчивым) известно, по крайней мере, с первых десятилетий XIX в. [отм. в «Лит. сл.» Д. М. (1831 г., 106): *омонимы*]. В знач. «однофамилец» *омоним* неоднократно встр. в письмах Пушкина 1835—1836 гг. (СЯП, III, 118). В словарях (в совр. знач.) — с 60-х гг. XIX в. (Толль, НС, II, 1864 г., 1081; Даль, II, 1865 г., 1250: *омоним*). Прил., сначала в форме *гомонимный*, встр. в курсе Бодуэна де Куртенэ «Введение в языковедение», 1917 г. (Избр., II, 292). В толковых словарях русского языка *омонимический* и *омонимия* отм. с 1938 г. (Ушаков, II, 805). ▫ Слово греческое: прил. ὁμώνυμος — «носящий то же имя», позже (у Аристотеля) — как сущ. ὁμώνυμα, *pl.*, *n.* — «омонимы», ὁμωνυμία — «одноименность» [ср. ὁμός — «общий», «одинаковый» и ὄνομα, *n.*, эол. ὤνομα, ὄνυμα — «имя»; ср. также ὁμῶς — «одинаково», «словно», «наподобие»]. Из греческого — латин. homōnymus — «омонимный». Из латинского — в западноевропейских языках: франц. (с XVI в.) homonyme (прил. и сущ.), homonymie, *f.*; нем. Homony̆m, Homonymíe, прил. homony̆misch; англ. homonym, прил. homonymic(al) и др.

О́МУЛЬ, -я, *м.* — «северная и восточносибирская рыба из рода сиговых семейства лососевых, с острой головой, с несколько приподнятым ртом», Coregonus autumnalis. *Прил.* омулёвый, -ая, -ое. Укр. о́муль, омуле́вий, -а, -е; блр. о́муль, амулёвы, -ая, -ае. В других слав. и неслав. яз. — как заимствование из русского: болг. о́мул; чеш. omul, прил. omulí. В русском языке известно, по крайней мере, с начала XVII в., причем в форме не только *омуль*, но и *омыль* и *омоль* (ср. бурят. омоли — «омуль», из русского). Р. Джемс (РАС, 1618—1619 гг., 53 : 9) записал на Севере это слово (во мн. ч.) как ommoli. В ТК МГ (I) это слово

ОН

встр. в форме *омыль* [«бочку *омылей*» (1633 г., 23)] и *омуль* [«продал рыбы *омулей*» (1635 г., 529)]. В форме *омуль* это слово нередко встр. во 2-й пол. XVII в., в частности, в «Житии» Аввакума, в описании «Байкалова моря» (Автограф, л. 235 об., с. 42): «стерьледи и *омули*». ▫ Происхождение не вполне ясно. Если это наименование не заимствовано [было неправдоподобное предположение даже о латинском происхождении названия этой с е в е р н о й рыбы, от латин. mullus (> франц. mulet) — «краснобородка», «барбуня», «барабулька» — названия черноморской и средиземноморской рыбы совсем другого семейства], то, пожалуй, на правильном пути находятся те русские этимологи (Горяев, Преображенский), которые ищут объяснения этого слова на русской почве. Горяев (239) связывал его с *мутить* (воду); ср. твер., владим., вят. мули́ть — «мутить жидкость», «болтать», му́литься — «биться», «маяться»; яросл. муль — «муть», «мутная вода»; новг., сиб. мулёк, му́лька — «малявка», «мелкая рыбешка» (Даль, II, 953). Ср. укр. мул — «ил». Далее см. Fraenkel, 418 (лит. maulióti — «мазаться», «пачкаться»). Очень возможно, что на омуля семейства лососевых было перенесено наименование с какой-то другой рыбы. Ср. замечание Богораза (97): «этот (колымский) омуль не имеет ничего общего с байкальским омулем».

ОН, ОНА́, ОНО́, его́, её, *мест. личн. 3 л. ед.* — указывает на предмет речи. Укр. ві́н, вона́, воно́; блр. ён, яна́, яно́; с.-хорв. о̑н, о̀на, о̀но; словен. on, ona, ono; чеш., словац., польск. on, ona, ono; в.-луж. wón, wona, wono; н.-луж. won, wona, wono. Но болг. той, тя, то — «он, она, оно [ср., однако, бнзи — «тот», она́зи — «та», онова́ (ону́й) — «то»)]. Др.-рус. (с XI в.) и ст.-сл. онъ, она, оно — мест., употр. обычно как личн. мест. 3 л., но иногда (и только в форме им. п.) и как указат., равнозначное мест. оный, оная, оное, род. оного, оноѣ (ст.-сл. оноѩ) и т. д. (Срезневский, II, 673—674). ▫ Первоначально (на ранней стадии развития общеславянского праязыка) *on, *ona, *ono было указат. мест. И.-е. основа этого указат. со знач., близким к «тот» мест. *eno- (или *e-no-): *ono- (Pokorny, I, 319). Ср. лит. anàs, anà — «тот», «та» (в некоторых лит. говорах — «он», «она»); др.-в.-нем. iеnêr (совр. нем. jener), где основа *on-i̯o-, т. е. *on-, усложненная другой местоименной основой *i̯o-; др.-инд. anya-ḥ (хинди аний') — «иной», «другой». Ср. также греч. ἔνος — «прошлогодний», ἔνη — «последний день месяца».

ОНДА́ТРА, -ы, *ж.* — «млекопитающее животное отряда грызунов с густым шелковистым мехом чаще чёрно-бурого цвета, мускусная крыса (самцы выделяют жидкость, содержащую мускус)», Ondatra zibethica. *Прил.* онда́тровый, -ая, -ое. Укр. онда́тра; блр. анда́тра; болг. онда́тра; с.-хорв. о̀ндатра; чеш. ondatra, прил. ondatří. В некоторых слав. яз. отс. Ср. польск.

ОПЕ

nornica, szczur wodny — тж. В русском языке известно с 1-й четверти XIX в. Ср. у Ловецкого (1825 г., ч. I, 307): ст. «*Онда́тра*». ▫ Слово англо-американского происхождения (родина ондатры — Северная Америка). Ср. англ. ondatra. В английском — из языка североамериканских индейцев.

ОНУ́ЧА, -и, *ж.* (чаще *мн.* ону́чи) — «обмотка из куска грубой ткани, навертываемая на ногу при ношении сапог или лаптей, портянка». Укр. ону́ча; блр. ану́ча. Ср. словен. onuča (: obujek); чеш. onuce, *ж.*, onučka; польск. onuc(k)a. Др.-рус. (XV в.) онуча — «обувь» (Срезневский, II, 672). Ст.-сл. (и др.-рус. книжн. с XI в.) оноуща: оноушта — тж., прил. оноуцьнъ, оноуцьныи : оноуштнъ, оноуштьныи. ▫ О.-с. *onutja. Корень *u-, тот же, что в *обуть (см.), *обувь*. Неясно, однако, начало слова *on. Некоторые языковеды выводят это *on- из и.-е. *n̥-. Едва ли. Вероятно, здесь нужно различать два компонента: о- и -n-. Второй компонент — скорее всего тот же, что в *нутро* (ср. *утроба*), из *vъn- *внутренний*: с онучей ногу в в о д я т в сапог или лапоть, а первый, по-видимому, — приставка о- (: об-; см. о, об): онучей ногу о б е р т ы в а ю т, обвивают (ср. болг. навой — «портянка», «онуча»). Кроме того, старшее знач. о.-с. *onutja (< *nutja?) могло быть и вообще «обувь».

ОПАСА́ТЬСЯ, опаса́юсь — «бояться», «остерегаться». *Отглаг.* (от *опастись*) *сущ.* опасе́ние. *Прил.* опа́сный, -ая, -ое — «способный причинить вред, вызвать несчастье», отсюда опа́сность. Болг. опася́вам се — «опасаюсь», опа́сен, -сна, -сно, опа́сност; с.-хорв. о̏пасан, -сна, -сно : о̏па̑сни, -а̄, -о̄, опа̏снōст. В других слав. яз. отс. Др.-рус. (с XI в.) опасение — «осторожность», «внимательность», (с XIII в.) опасти — «спасти», «обезопасить», (с XV в.) опасати ся — «бояться», (с XII в.) опасъ — «опасение», «осторожность», опасьнъ, опасьный — (с XII в.) «тщательный», (с XV в.) «искусный», (с XIV в. — КДРС) «охранный»: *опасная грамота* (Срезневский, II, 677—679). Ср., однако, в «Ист. иуд. войны» Флавия (по сп. начала XVI в.): «потекоша, ни живота щадяще... ни *опасающеся*» (Мещерский, 416). ▫ Произв. от *пасти*. Ср. др.-рус. пасти — не только «пасти» (скот), но и «стеречь», и «руководить», «управлять» (Срезневский, II, 885). И.-е. база, возможно, *pā-sk', корень *pā- — «кормить», «питать», «пасти» (Pokorny, I, 787). Развитие знач.: «питать» > «хранить», «беречь», «стеречь» > а) «пасти», б) «руководить», в) (с приставкой о-) «опасаться», «бояться».

О́ПЕРА, -ы, *ж.* — «большое музыкально-драматическое произведение для исполнения на сцене». *Прил.* о́перный, -ая, -ое. Укр. о́пера, о́перний, -а, -е; блр. о́пера, о́перны, -ая, -ае; болг. о́пера, о́перен, -рна, -рно; с.-хорв. о̏пера; чеш. opera, прил. operní; польск. opera, operowy, -a, -e. В русском языке слово *опера* известно с конца XVII в. Встр. в «Путешествии» П. А. Толстого (546, 1698 г.): «в Венеции бывают *оперы*», «одна *опера*»; «чинится *опера*»; но иногда в м. р.: «в одном *опере*». Позже — в «Архиве» Куракина, I, 157, 1706 г.: «комедия и *опера*». Еще позже — в комедии «Подрядчик *оперы*», 1733 г.; там же прил. *оперский*: «а это книга *Оперская*» (ИКИ, 128). Прил. *оперный* в словарях — с 1782 г. (Нордстет, II, 473). ▫ Из западноевропейских языков. Ср. ит. opera, *f.* > франц. (с середины XVII в.) opéra > англ. opera; нем. Oper, *f.*; исп. opera, *f.* и др. Первоисточник — латин. opera, *f.* — «работа», «труд», «дело»; ср. opus, *n.*, род. ед. operis, им. мн. opera — тж. (через итальянский язык, где это слово и теперь значит не только «опера», но и «труд» и т. п.).

ОПЕРА́ЦИЯ, -и, *ж.* — *мед.* «хирургическое вмешательство, предпринимаемое с лечебной целью»; *воен.* «ряд согласованных действий, подчиненных единой стратегической цели»; «торговая или финансовая сделка»; «какое-л. действие или ряд действий, направленных к одной цели». *Прил.* **операцио́нный**, -ая, -ое. Сюда же **опера́тор** «хирург, делающий операцию»; «специалист, производящий киносъемку»; «квалифицированный рабочий, управляющий работой сложного оборудования или установки». Укр. опера́ція, операці́йний, -а, -е, опера́тор; блр. апера́цыя, апера́цыйны, -ая, -ае, апера́тар; болг. опера́ция, операцио́нен, -нна, -нно, опера́тор; с.-хорв. опера́цја, операцио́ни, -ā, -ō, опера̀тор; чеш. operace, прил. operační, operatér; польск. operacja, operacyjny, -a, -e, operator. В русском языке слово *операция* в мед. и воен. знач. известно с начала XVIII в. Кроме известных данных у Смирнова (211), ср. еще: «гетман... и генерал... учинили свои *операции*» в «Архиве» Куракина (I, 321, 1709 г.). Значительно позже появились другие слова этой группы: *оператор* — «хирург» в словарях отм. с 1806 г. (Яновский, III, 54). Прил. *операционный* (в выражении *операционная линия*) известно с 30-х гг. XIX в. (Ренофанц, 1837 г., 180, 181; позже — СЦСРЯ, 1847 г., II, 68). ▫ Первоисточник — латин. operātiō — «работа», «дело», «деятельность», «действие», «усилие», «помощь» (к opus, род. operis — «труд», «занятие», «задача», «дело»), отсюда позднелатин. operator — «лицо, производящее операцию». Из латинского — франц. (с XIV в.) opération, *f.*, opérateur. Из французского: нем. Operation, *f.*, Operateur; англ. operation, operator; голл. operatie, operateur и др. В русском языке слово *операция* могло быть заимствовано непосредственно из мед. латыни. Другие слова этой группы (судя по времени заимствования) — из французского или немецкого языка.

О́ПИУМ, -а, *м.* — «наркотическое и болеутоляющее средство, представляющее собою засохший млечный сок из незрелых головок мака (Papaver somniferum)». Иначе **о́пий**, род. **о́пия**. *Прил.* **о́пиумный**, -ая, -ое. Укр. о́піум (: о́пій), о́піумний, -а, -е; блр. о́піум, о́піумны, -ая, -ае; болг. о́піум (: о́пій); с.-хорв. о́пиjум; чеш. opium, opiový, -á, -é; польск. opium. В русском языке слово *опиум* известно с XVIII в. В словарях — с 1782 г. (Нордстет, II, 474). Форма *опий* в словарях — с 1822 г. (САР², IV, 334). Прил. *опиумный* встр. у Гончарова во «Фрегате „Паллада"», 1858 г., ч. II, гл. 2, где речь идет об *опиумных судах* (ПСС, VI, 155). В словарях прил. отм. с 1938 г. (Ушаков, II, 819). ▫ Ср. франц. opium, *m.*; нем. Opium, *n.*; англ. opium, *m.*; исп. opio, *m.* Первоисточник — греч. ὄπιον, *n.* — «маковый сок» [этимологически связанное с ὀπός — «бродильный сок», «фиговый сок»; ср. также ὀπίζω — «извлекаю сок» (из надрезов)]. Из греческого языка — позднелатин. opium. В русском языке — из немецкого или французского.

ОПЛЕУ́ХА, -и, *ж.* — «пощечина». *Сущ.* **оплеу́шина**. Блр. аплявуха (: по́уха) — «затрещина», «оплеуха». В других слав. яз. отс. В словарях — с 1731 г. (Вейсман, 457). ▫ Объяснено Соболевским («Лекции»⁴, 142). Из *оплевуха (ср. блр. аплявуха), от *плевать. Т. о., старшее знач. — «оплевание», «плевок», «оскорбление плевком». Опущение *в* перед *у* такое же, как (в литер. языке) в *прибаутка* < *прибавутка (с корнем *бав*-; см. *забава*). В русских говорах *в* перед *у* нередко отсутствует: сороко́ушка, деу́шка и т. п. (Соболевский, уп. 141—142).

ОППОНЕ́НТ, -а, *м.* — «лицо (обыкновенно назначенное в официальном порядке), выступающее с возражениями, критикой доклада, диссертации и т. п.». Сюда же **оппони́ровать** (кому-л.). Укр. опоне́нт, опонува́ти; блр. апане́нт, апанiраваць; болг. опоне́нт, опонирам — «оппонирую»; с.-хорв. опонѐнт, опонирати; чеш. oponent, oponovati; польск. oponent, oponować. В русском языке, судя по словарям, *оппонент* появилось раньше (Яновский, III, 1806 г., 56), чем *оппонировать* (ПСИС 1861 г., 361). ▫ По-видимому, из немецкого. Ср. нем. Opponent, opponieren; англ. opponent. Первоисточник — латин. oppōnō (< ob + pōnō), прич. н. вр. opponens, род. opponentis — «ставлю против», «противопоставляю».

ОППОРТУНИ́ЗМ, -а, *м.* — «в рабочем движении — политика подчинения классовых интересов пролетариата интересам буржуазии, теория и практика соглашательства и сотрудничества с буржуазией, отказ от революционных средств борьбы, социалистической революции и диктатуры пролетариата». *Прил.* **оппортунисти́ческий**, -ая, -ое. Сюда же **оппортуни́ст**. Укр. опортуні́зм, опортуністи́чний, -а, -е, опортуні́ст; блр. апартуні́зм, апартуністы́чны, -ая, -ае, апартуні́ст; болг. опортюни́зъм, опортюнистически, -а, -о, опортюнисти́чен, -чна, -чно, опортюни́ст; с.-хорв. опортуни́зам, опортуни́ст(а); чеш. oportunismus, oportunistický, -á, -é, oportunista, *m.*; польск. oportunizm, oportunistyczny, -a, -e, oportunista, *м.* В русском языке эта

ОРА

группа слов сравнительно позднего происхождения. В словарях отм. с 1905 г. (Битнер, 587: *оппортунизм, оппортунист*). ▫ Из западноевропейских языков. Ср. франц. (с 1876 г.) opportunisme, *m.*, (с конца XIX в.) opportuniste (прил. и сущ.), к opportun [< латин. opportūnus — «удобный», «выгодный», «благоприятный», от portus — «пристань», «порт», «гавань» (собств. «ведущий в гавань, к пристани»)]; нем. Opportunismus, Opportunist, opportunistisch.

ОПРЯ́ТНЫЙ, -ая, -ое — «хорошо прибранный», «чистый»; «любящий чистоту и порядок», «аккуратный». *Нареч.* **опря́тно**. *Сущ.* **опря́тность**. Укр. **опря́тний**, -а, -е, **опря́тність**. В других слав. яз. это знач. выражается словами от другого корня, родственные образования также отс. В русском и украинском языках по словарям сначала получило известность нареч. *опрятно* [Берында, 1627 г., 197: *опрятно* — «скромне»; ср. позже в «Рукоп. лексиконе» 1-й пол. XVIII в.: *опрятно* — «уборно» (Аверьянова, 244)]. Прил. *опрятный* отм. в словарях с 1782 г. (Нордстет, II, 477: *опрятный* — «reinlich», «propre», «galant», «élegant»; там же *опрятность*). ▫ От глаг. *опрятать, опрятывать* — «прибирать», «класть и ставить всё на свое место», «управляться по женскому хозяйству» (Даль, II, 1264). Ср. укр. *опря́тувати* (: *опра́тувати, опра́тати*) — тж. Далее — к *прятать* [по говорам и этот глаг. может значить не только «убирать», «скрывать от кого-л.», но и «приводить в порядок» (Даль, III, 488)]. Основное, исходное знач. о.-с. *prętati — «прикрывать», «обвивать» (см. *прятать*).

ОПТИМИ́ЗМ, -а, *м.* — «бодрое и жизнерадостное мироощущение, исполненное веры в будущее», «склонность во всем видеть хорошие, светлые стороны». *Прил.* **оптимисти́ческий**, -ая, -ое. Сюда же **оптимист**. Укр. **оптимі́зм, оптимісти́чний**, -а, -е, **оптимі́ст**; блр. **аптымі́зм, аптымісты́чны**, -ая, -ае, **аптымі́ст**; болг. **оптимисти́чен**, -чна, -чно, **оптимисти́чески**, -а, -о, **оптими́ст**; с.-хорв. **оптимѝзам, оптимѝстичан**, -чна, -чно : **оптимѝстични**, -ā, -ō, **оптѝмист(а)**; чеш. optimismus, optimistický, -á, -é, optimista; польск. optymizm, optymistyczny, -a, -e, optymista. В русском языке слова *оптимизм, оптимист* по словарям известны с начала XIX в. (Яновский, III, 1806 г., 57—58). Прил. *оптимистический* появилось позже [Гарин-Михайловский, «Детство Темы», 1892 г., гл. III (СС, I, 81)]. ▫ *Оптимизм, оптимист* — возможно, из французского. Ср. франц. (с середины XVIII в.) optimisme, *m.*, optimiste, *m.* > англ. optimism, optimist, прил. optimistic; нем. Optimismus, Optimist, optimistisch и др. Во французском — новообразование от латин. optimus, превосх. ст. от bonus — «хороший».

О́ПТОМ, *нареч.* — «большими количествами», «крупными партиями (о купле-продаже товаров)»; «целиком», «всё сразу». *Прил.* **опто́вый**, -ая, -ое. Укр. **о́птом,**

ОРА

опто́вий, -а, -е; блр. **о́птам, апто́вы, -ая, -ае**. В других слав. яз. отс. Ср. в том же знач.: болг. **на е́дро**, **ангро́** (< франц. en gros); чеш. ve velkém; польск. hurtownie, hurtem. В русском языке нареч. *оптом* известно, по крайней мере, с середины XVIII в. (Литхен, 1762 г., 405). Прил. *оптовый* — более позднее [в словарях — с 1793 г. (САР¹, IV, 600: *обтом, обтовый*), несколько позже (с *п* вм. *б*) — у Гейма (II, 1801 г., 300)]. ▫ Корень тот же, что в *общий, общество*. О.-с. *ob-t- : *obь-t- от *ob : *obь с суф. -t- (см. *об*).

ОПЯ́ТЬ, *нареч.* — «снова», «вновь», «еще раз». Укр. обл. уп'я́ть; болг. обл. опе́ть (Младенов, ЕПР, 383); с.-хорв. ȍпēт; чеш. orét; словац. opät'; ст.-польск. opięć. В русском языке употр. с др.-рус. эпохи, причем сначала (с X в.) со знач. «назад», «обратно» (ср. *вспять*), а позже — «снова», «вновь» (Срезневский, II, 702—703). Ст.-сл. опѧть. ▫ По происхождению связано с глаг. *пятиться*, сущ. *пятка*. М. б., вин. ед. от утраченного (вследствие омонимического отталкивания от числ. *пять*) *пять (< о.-с. *pętь) — «пятка», «задняя часть чего-л.», с префиксом *о-*, как в *бдаль* — «поодаль», «в стороне» (Даль, I, 1228), др.-рус. бдернь, бдерень — «навечно», *ббок* и др. Перенос ударения на корень — под влиянием *въспять* — «обратно», «назад» (Срезневский, I, 419). Ср. параллельное образование в языках балтийской группы: лит. apént [< ap(iẽ)+péntis], atpént(i) — «снова» «обратно», при péntis — «обух», «тупая сторона режущего инструмента», «пятка» (см. Fraenkel, 12).

ОРА́КУЛ, -а, *м.* — (у древних греков, римлян и у народов Древнего Востока) «место (храм), где жрецы прорицали от имени божества»; «жрец-прорицатель»; *перен.* (ирон.) «о том, чьи суждения признаются непререкаемой истиной». Укр. **ора́кул**; блр. **ара́куль**; болг. **ора́кул**; чеш. orákul, orákulum. В некоторых слав. яз. отс. Ср. польск. wyrocznia — «оракул», «пророчество», «прорицание». В русском языке известно с XVIII в. Ср. у Фонвизина в переводном романе «Жизнь Сифа», ч. I, 1762 г., 28, 29: «*оракул* осудил», «объявил... *оракулов* ответ». В словарях — с 1782 г. (Нордстет, II, 479). ▫ Восходит, в конечном счете, к латин. ōrāculum — «оракул», «прорицание» (от ōrō — «говорю», «прошу»; от того же корня — ōrātor). В русский язык попало, возможно, не через западноевропейские языки [ср. франц. oracle, *m.* (> англ. oracle; нем. Orakel); ит. oracolo; исп. oraculo], а непосредственно из латинского.

ОРАНГУТА́Н(Г), -а, *м.* — «большая человекообразная обезьяна с длинной рыжей шерстью», Simia satyrus. Укр. **орангута́нг**; блр. **арангута́нг**. Ср. болг. **орангута́н**; с.-хорв. **орангу̀та̄н**; чеш., польск. orangutan. В русском языке (сначала, кажется, без второго компонента) — с XVIII в. Ср. в оде Державина «На Счастье», 1798 г., строфа 8: «Витийствуют *уранги* в школах» (Стих., 53). В 1825 г. Ловецкий (I, 226) в своем учебнике естественной истории говорит о троглодитах: «Сей род заключает в себе виды обезьян, называемые попросту *орангами* или *орангутангами*». В полной форме слово встр. в романе Лажечникова «Ледяной дом», 1835 г.: *орангутан* (ч. II, гл. 2, с. 21), *орагутановый* (ч. III, гл. I, с. 17). ▫ Ср. франц. (с 1707 г.) orang-outang; англ. orang-outang; ит. orangutango; нем. Órang-Útan; исп. orangutan. Первоисточник — малайск. ōrang (h)ūtan (где ōrang — «человек», а hūtan — «лес», «лесной», «дикий»). В русском — из французского языка. Конечное *г* возникло на англо-французской почве.

ОРА́НЖЕВЫЙ, -ая, -ое — «красновато-желтый, средний между красным и желтым, цвета апельсиновой кожуры». Укр. ора́нжевий, -а, -е; блр. ара́нжавы, -ая, -ае; болг. ора́нжев, -а, -о; чеш. oranžový, -á, -é. Но ср. с.-хорв. нàранџаст(и̑), -а, -о (при нàранџа — «апельсин»); польск. pomarańczowy, -a, -e (при pomarańcza — «апельсин»). В русском языке в словарях — с 60-х гг. XIX в. (ПСИС 1861 г., 361). ▫ От франц. orange — «оранжевый», от orange — «апельсин» (ср. orange amère — «померанец»), которое через прованс. auranja, через исп. naranja, в свою очередь, восходит к перс. narendʒ — «померанец» (отсюда narendʒi — «оранжевый»). Ср. ит. arancia, arancio — «апельсин». Из французского: англ. orange; нем. orange и др.

ОРАНЖЕРЕ́Я, -и, *ж.* — «теплица», «закрытое застекленное помещение с регулируемой температурой воздуха для выращивания южных растений и для внесезонного получения плодов, овощей и цветов». *Прил.* оранжере́йный, -ая, -ое. Укр. оранжере́я, оранжере́йний, -а, -е; блр. аранжарэ́я, аранжарэ́йны, -ая, -ае; болг. оранжери́я; польск. oranżeria. Но ср. с.-хорв. стàклара; чеш. skleník. Слово *оранжерея* в русском языке известно с Петровского времени. Кроме примера из ПСЗ у Смирнова (212), ср. в документах, опубликованных Ремизовым: «на *аранжерею* брусья» (№ 2, от 2-VI-1723 г., 119), «в *ранжереях*» (№ 4, от 14-II-1732 г., 156). Позже встр. у Фонвизина в «Жизни Сифа», ч. 1, 1762 г., 65 и др. ▫ Заимствовано из французского языка. Ср. франц. (с XVII в.) orangerie (от orange — «апельсин»; см. *оранжевый*) > нем. Orangerie (при обычном Treibhaus).

ОРА́ТОР, -а, *м.* — «человек, произносящий речь, а также человек, обладающий даром красноречия». *Прил.* ора́торский, -ая, -ое. *Глаг.* ора́торствовать. Укр. ора́тор (но чаще промо́вець), ора́торський, -а, -е; болг. ора́тор, ора́торски, -а, -о; с.-хорв. ò̑ратор, ò̑раторски, -а̑, -о̑ (но чаще го̀во̑рни̑к; словен. только govorník); польск. orator (хотя обычно mówca); чеш. редк. orátor (обычно řečník). Но ср. блр. прамо́ўца — тж. В русском языке — с начала XVIII в. (Смирнов, 202, со ссылкой на «Лексикон вок. новым»). В словарях — с 1731 г.

(Вейсман, 495). ▫ Слово латинское (ōrātor — тж., от ōrō — «говорю», «прошу», этимологически связано с ōs, род. ōris — «уста», «рот»), которое попало в русский язык, возможно (но не обязательно), при посредстве западноевропейских языков. Ср. нем. Orator; ит. oratóre; исп. orador; франц. orateur и др.

ОРБИ́ТА, -ы, *ж.* — «путь движения небесного тела или искусственного спутника, космического корабля и т. п.». Укр. орбі́та; блр. арбі́та; болг. орби́та; польск. orbita. Ср. с.-хорв. кру̑жно оптица́ње; чеш. dráha. В словарях — с начала XIX в. (Яновский, III, 1806 г., 61). ▫ Восходит через франц. orbite, *f.* (откуда англ. orbit) или ит. orbita к латин. orbita — «обод (колеса)», «след от колеса», «колея», «путь луны» (от orbis — «круг», «окружность»).

О́РГАН, -а, *м.* — «часть животного или растительного организма, выполняющая определенную функцию»; «орудие», «средство»; «государственное или общественное учреждение, организация». Сюда же **орга́ни**зм, органи́ческий, -ая, -ое. Укр. о́рган, органі́зм, органі́чний, -а, -е; блр. о́рган, аргані́зм, аргані́чны, -ая, -ае; болг. о́рган, органи́зъм, органи́чески, -а, -о, органи́чен, -чна, -чно; с.-хорв. о̏рга̄н, органи̏за̄м, о̀рга̄нски, -а̑, -о̑; чеш. orgán, organismus, organický, -á, -é; польск. organ, organizm, organiczny, -a, -e. В русском языке эта группа слов начала формироваться в XVIII в.: *о́рган* (с ударением) отм. только в САР¹, IV, 1793 г., 638. [Ссылка ССРЛЯ (VIII, 1000) на Вейсмана (1731 г., 409) ошибочна: там дано слово *орга́н*, а не *о́рган* (ср.: «нем. Maultrummel, латин. crembalum, *орга́н*, *ворга́н*»)]. По-видимому, первое время в русском языке *о́рган* и *орга́н* не различались по ударению (оба слова произносились с ударением *орга́н*). Другие слова — более поздние: *органический* (как прил. к *о́рган*) отм. Яновским (III, 1806 г., 63). Слово *организм* встр. у Пушкина в стих. «Осень», 1833 г. (ПСС, III, 320). В словарях — с 1847 г. (СЦСРЯ, II, 77). ▫ Возможно, из французского. Ср. франц. organe, *m.* — «о́рган», organique — «органический» (последнее в широком употр. с начала XVIII в.).

ОРГА́Н, -а, *м.* — «духовой клавишный инструмент больших размеров, представляющий собою систему труб, в которые мехами нагнетается воздух». *Прил.* орга́нный, -ая, -ое. Укр. орга́н, орга́нний, -а, -е; блр. арга́н, арга́нны, -ая, -ае; болг. о́рган; польск. organy, *мн.* Ср. с.-хорв. о̏ргуље; чеш. varhany, *мн.* (но orgán — «орга́н»). Др.-рус. (с XII в.) органъ — «музыкальный инструмент» (Сл. Дан. Зат. и др.); ср. варианты: арганъ : варганъ : ерганъ (Изб. 1073 г.) [Срезневский, I, 27, 227, 830, II, 705]. ▫ Ср. англ. organ — «о́рган» и «орга́н»; ит., исп. organo (в обоих знач.). Ср. франц. orgue, *m.* (из ст.-франц. orgre < латин. organum) — «орга́н» (но огgane, *m.* — «óрган»); нем. Órgel, *f.* — «оргáн» (но Orgán, *n.* — «óрган»). Первоисточник — греч. ὄργανον, *n.* — «орудие», «средство», «óрган»; «музыкальный инструмент» (на греческой почве это слово в этимологическом отношении связано с ἔργον — «дело», «деятельность», «изделие»). Из греческого языка — латин. organum. В русском языке также из греческого. В западноевропейских языках — из латинского.

ОРГАНИЗОВÁТЬ, организýю — «основáть (основывать)», «положить начало», «подготовить (подготавливать)», «устроить (устраивать)», «налáдить (налаживать)»; «привести (приводить) в порядок», «упорядочить (упорядочивать)». *Несов.* **организóвывать**. *Прич.* и *прил.* **организóванный, -ая, -ое.** Сюда же **организáция, организáтор**. Укр. **організувáти, організóваний, -а, -е, організáція, організáтор**; блр. **арганізавáць, арганізавáная, -ая, -ае, арганізáцыя, арганізáтар**; болг. **организи́рам** — «организую», **организи́ран, -а, -о, организáция, организáтор**; с.-хорв. **ȍрганизовати, ȍрганизован(й̄), -а, -о, организáција, органи́зāтор**; чеш. organisovati, organisovaný, -á, -é, organisace, organisátor; польск. (z)organizować, zorganizowany, -a, -e, organizacja, organizator. В русском языке слова *организовать*, *организация* по словарям известны с 1806 г. (Яновский, III, 62, 63). Позже появилось *организатор* (ПСИС 1861 г., 362). □ Из западноевропейских языков. Ср. франц. (с XIV в.) organiser — «организовать», (с XV в., но редкое до XVIII в.) organisation, *f.*, (с 1793 г.) organisateur; нем. Organisation, *f.*, Organisierung, *f.* («организация как процесс»), organisieren, Organisator; англ. organization. В западноевропейских языках источник распространения — французский язык: organiser — новообразование на базе organe («муз. инструмент», которое восходит к латин. organum — «орудие», «инструмент вообще, в частности музыкальный». Латинское слово — из греческого языка: ὄργανον — тж.

ÓРГИЯ, -и, *ж.* — «в Древней Греции — празднество в честь бога вина и веселья Диониса (в Древнем Риме — Вакха)»; «разгульное, неистовое пиршество», «вакханалия». Укр., блр. **óргія**; болг. **óргия**; с.-хорв. **ȍргијē**; чеш. orgie; польск. orgia. В русском языке слово *оргия* известно с начала XIX в. Ср. у Пушкина в стих. «Ф. Н. Глинке», 1822 г.: «Когда средь *оргий* жизни шумной...» (ПСС, II, 273). В словарях — с 60-х гг. XIX в. (ПСИС 1861 г., 363). □ Ср. франц. orgie, *f.* > нем. Órgie, *f.*; англ. orgy; ит. orgia, *f.* и др. Первоисточник — греч. ὄργια, *pl.*, *n.* — «тайные обряды», «мистерии» > «священнодействие», «празднество». Отсюда — латин. orgia, *pl.* — «празднество в честь Вакха». В русском — из западноевропейских языков.

ОРДÁ, -ы́, *ж.* — 1) *ист.* «объединение нескольких кочевых племен под властью одного хана (у тюркских и монгольских народов)»; 2) «беспорядочная неорганизованная толпа, скопище людей». Укр. **ордá**; блр. **ардá**; болг. **ȍрда**. Ср. с.-хорв. **ȍрдија**; чеш. horda; польск. horda. В русском языке известно, по крайней мере, с XIII в. (Новг. I л. по Синод. сп. под 6750 г.) со знач. «Золотая орда», с XV в. — «стан», «кочевье», «полчище», «войско» (Срезневский, II, 705—706; там же **ординьский, ординьць**). □ С давнего времени (в форме orda: horda, даже lorda) слово известно и в западноевропейских языках. Ср. франц. horde, *f.*; нем. Horde, *f.*; англ. horde; ит. orda и др. Источник распространения — тюркские языки, где соответствующее слово употр. в разных вариантах и с неодинаковым знач. Ср. (в форме на -*а*) каракалп. **ордá** — «ханская ставка», «юрта знатного лица»; казах. **ордá** — «ханская ставка», «центр», «очаг»; ср. узб. **ўрдá** — «ханский гарем» (но Олтин Ўрдá — «Золотая орда»); каз.-тат. **урдá** — ист. «орда»; (в форме на -*о*) кирг. **ордо** — «ханская ставка», «ханский дворец», «богатая юрта»; (в форме на -*у*) турец. ordu — «войско», «армия»; азерб. ordu — тж.; якут. **ордў̄** — «становище», «пристанище». Ср. еще Радлов, I : 2, с. 1072—1073 (отм., кроме упомянутых, также знач. «лагерь хана», «палатка хана»). Слово тюркское, старое, засвидетельствованное старейшими тюркскими памятниками письменности. Любопытно, что у Махмуда Кашгарского (XI в.) уже отм. все три формы этого слова: ordu : orda : ordo со знач. «стан», «становище» (Brockelmann, 128). Известно это слово и в монгольском языке [совр. монг. **орд(он)** — «дворец»; ср. бурят. **ордон** — ист. «орда»].

ÓРДЕН, -а, *м.* — «особый знак отличия, присуждаемый правительством как награда за выдающиеся заслуги»; «монашеская или рыцарско-монашеская община». *Прил.* **óрденский, -ая, -ое**. Укр. **óрден, óрденський, -а, -е**; блр. **óрдэн, óрдэнскі, -ая, -ае**; болг. **óрден**; с.-хорв. **ȍрден**. В других слав. яз. отс. Ср. словен. red, odlikovanje; чеш. řád, vyznamenání. Польск. order — «орден (знак отличия)». В русском языке известно (с совр. знач.) с начала XVIII в. (Смирнов, 212). В «Архиве» Куракина (II, 1710 г., 270) встр. лишь в знач. «монашеско-рыцарский орден»: «достоинства одного из девяти командоров *ордена* Духа Святого». В словарях — с 1731 г. (Вейсман, 398: «кавалер *ордена* Мальтийского»). Прил. *орденский* появилось позже (Яновский, III, 1806 г., 76, 105). □ Ср. нем. Órden, *m.* — «орден» (но Órder — «ордер»); ит. ordine, *m.* — «орден» и «ордер» (франц. ordre — в обоих знач.; англ. order — тж.). Восходит, в конечном счете, к латин. ōrdō, род. ōrdinis, вин. ōrdinem — «ряд», «порядок», «строй» при немецком посредстве (в нем. яз. возникло и знач. «монашеский, рыцарский орден» > «орден»). Др.-в.-нем. ordina (< латин. ōrdinem).

ÓРДЕР, -а, *м.* — «официальное предписание в письменной форме или документ на выдачу, получение чего-л.». Укр. **óрдер**; блр. **óрдэр**; болг. **óрдер**. В некоторых слав. яз. отс. Ср. в том же знач.: чеш. příkaz, písemný rozkaz; польск. mandat, asygnata. В русском языке известно со 2-й пол. XVIII в. В словарях — с 1782 г. (Нордстет, II, 479). ▫ Ср. франц. ordre, *m.*; нем. Órder, *f.*; англ. order. В конечном счете, восходит к латин. ōrdō, род. ōrdinis, вин. ōrdinem «ряд», «порядок», «строй», «должность центуриона». Межслоговая ассимиляция: *р : н* > *р : р* произошла на западноевропейской почве. В русском языке, вероятно, из французского.

ОРЁЛ, орла́, *м.* — «большая хищная птица семейства ястребиных, с длинными и широкими крыльями и загнутым клювом, способная к длительному парящему полету», Aquila. Орли́ца — «самка орла». *Прил.* орли́ный, -ая, -ое. Укр. оре́л, род. орла́, орли́ця, орли́ний; блр. аро́л, род. арла́, арлíца, арлíны, -ая, -ае; болг. оре́л, орли́ца, о́рлов, -а, -о; с.-хорв. бра̏о, род. бр̏ла, орлу̀шица — «орлица», о̏рлов, -а, -о, о̏рловскӣ, -ā, -ō; словен. orel, orlica, orlov, -a, -o; чеш. orel, orlice, прил. orlí; польск. orzeł, род. orła, orlica, orli, -a, -e; в.-луж. worjoł, wórlica, worjołowy, -a, -e; н.-луж. jerjeł. Др.-рус. (с XI в.) орьлъ, орьлии, орьлица (Срезневский, II, 710—711). Прил. *орлиный* позднее: в словарях отм. с 1771 г. (РЦ, 357). ▫ О.-с. *jerъlъ: *orъlъ. И.-е. корень **er-*: **or-* (Pokorny, I, 325); о.-с. суф. -ьl(ъ), как в о.-с. *koz-ьl-ъ. Ср. (в том же знач.) лит. erẽlis (диал. вост.-лит. arẽlis) — тж.; латыш. ẽrglis (< ẽrdlis?); др.-прус. arelie (: arelis); ср. вал. (кимр.) eryr; ср.-брет. erer, нов.-брет. er (основа **eriro-*). Ср. также гот. ara — «орел»; др.-в.-нем. aro, arn (совр. нем. Aar) — тж. Возможно, тот же и.-е. корень (**ōr-*: **or-*) в латин. orior «восхожу», «поднимаюсь», «возникаю»; греч. ὄρνῡμι — «возбуждаю», «поднимаю(сь)», «стремляюсь».

ОРЕО́Л, -а, *м.* — «сияние, изображаемое на иконах, картинах религиозного содержания и т. п. вокруг головы бога или святого»; *перен.* «блеск, почет, слава, окружающие кого-л.». Укр. орео́л; блр. арэо́л; болг. орео́л; с.-хорв. орео̀л; чеш. aureola (чаще svatozář); польск. aureola. В русском языке известно с 1-й пол. XIX в. [Белинский, «Русская литература в 1841 г.»: «в ней (рус. литературе — *П. Ч.*) есть имена, озаренные *ореолом* гения» (ПСС, V, 587)]. В словарях — с 60-х гг. (ПСИС 1861 г., 363 и др.). ▫ Ср. франц. auréole, *f.*; нем. Auréóle, *f.*; ит., исп. aureola. Первоисточник — латин. aureolus, уменьш.-ласк. к aureus — «золотой», «златотканый», «прекрасный» (от aurum — «золото»). В русском языке, скорее всего, из французского.

ОРЕ́Х, -а, *м.* — «плод некоторых деревьев или кустарников, состоящий из съедобного ядра и твердой оболочки»; «ореховое дерево (или кустарник)». *Прил.* оре́ховый, -ая, -ое. *Сущ.* оре́шина, оре́шник. Укр. горíх, горíховий, -а, -е, горíшник (: лiщи́на); блр. ара́х, ара́хавы, -ая, -ае, ара́шнiк; болг. брех, брехов, -а, -о

(ср. леска́, леща́к — «орешник»); с.-хорв. о̏рах — «грецкий орех» (дерево и плод), о̏рашjе — «ореховый лес»; словен. oreh, orehov, -a, -o; чеш. ořech, ořechový, -á, -é, ořeší — «орешник» (ср. ořešák — «ореховое дерево»); словац. orech, orechový, -á, -é, orešie — «орешник» (ср. orešiak — «ореховое дерево»); польск. orzech, orzechowy -a, -e; в.-луж. worjech, worjechowy, -a, -e, worjesina — «ореховое дерево»; н.-луж. worjech, worješny, -a, -e, worješyna — «ореховое дерево». Др.-рус. (с XI в.) и ст.-сл. оръ́хъ, оръ́ховъ, оръ́ховый, оръ́шие — *собир.* «ореховые деревья» (Срезневский, II, 711—712). ▫ О.-с. *orěchъ (: *orьchъ?), где ch, возможно, из s. По-видимому, в какой-то мере родственными образованиями являются лит. ríešutas, ríešas — «орех», riešutýnas — «орешник»; латыш. rieksts — «орех»; др.-прус. buccareisis — «буковый орешек» (где первая часть — от bucus — «бук»). С.-хорв. о̏рах (< *orьchъ) связывают с лит. диал. ruošutỹs — «орех». В других и.-е. языках соответствующие образования еще более далеки от балто-славянских. Ср. греч. (у Гесихия) ἄρυα (наряду с κάρυα — «орешник»; алб. arrë (< **ar-n-*) — «грецкий орех» (плод и дерево). См. Fraenkel, 731; Frisk, I, 157. И.-е. праформу корня установить нельзя. Как полагают многие языковеды, название ореха или орехового дерева могло попасть в и.-е. языки разными путями из какого-то пока не установленного языкового источника в пределах Черного моря.

ОРИГИНА́Л, -а, *м.* — «подлинник в отличие от копии, подражания или подделки»; «непохожий на других, своеобразный человек», «чудак». *Прил.* оригина́льный, -ая, -ое. Укр. оригiна́л, оригiна́льний, -а, -е; блр. арыгiна́л, арыгiна́льны, -ая, -ае; болг. оригина́л, оригина́лен, -лна, -лно; с.-хорв. оригина̀л, ò̀ригиналан, -лна, -лно : òригина̀лнӣ, -ā, -ō; чеш. originál, прил. originální; польск. oryginał, oryginalny, -a, -e. В русском языке слово *оригинал* (в знач. «подлинник») известно с начала XVIII в. (Смирнов, 213). Кроме того, ср. в «Архиве» Куракина (IV, 1711 г., 54): «вручил ему список с своей полномочной грамоты, и тоя *оригинал* ему показал»; прил. *оригинальный* — с 1720 г. (Christiani, 54). ▫ В конечном счете, восходит к латин. orīgīnālis — «первоначальный», «первичный» (от orīgō — «происхождение», «начало», и далее — от orior — «встаю», «восхожу», «начинаюсь», «возникаю»). Заимствовано при посредстве западноевропейских языков. Ср. франц. original, *m.* — «оригинал», «подлинник» и прил. original, -e — «оригинальный» > англ. original — «оригинал», «подлинник» и прил. «оригинальный»; нем. Original — «оригинал», «подлинник» при Originelle — «оригинальность», «своеобразие», прил. originell — «оригинальный», «своеобразный»; ит. originale — «оригинал», «подлинник» и прил. «оригинальный».

ОРИЕНТА́ЛЬНЫЙ, -ая, -ое — «восточный». Сюда же ориенталистт, ориентализм.

ОРИ

Укр. орієнта́льний, -а, -е, орієнталі́ст, орієнталі́зм; блр. арыента́льны, -ая, -ае, арыенталі́ст, арыенталі́зм; болг. ориента́лски, -а, -о, ориентали́ст, ориентали́зъм, Ориѐнт — «Восток (Ближний Восток)», ориента́лец — «житель Востока»; с.-хорв. ōриjѐнта̄лан, -лна, -лно, ориjѐнта̄лскӣ, -а̄, -ō, ориjѐнта̄лист, ѡриjе̏н(а)т — «Восток», ориjента́лац — «житель Ближнего Востока»; чеш. orientální, orientalista, Orient — «Восток»; польск. orientalny, -a, -e, orientalista, Orient — «Восток». В русском языке слово *ориентальный* известно с начала XVIII в. [«Архив» Куракина: «разных животных... наипаче *ориентальных* остинских и вестинских и других дальних государств» (I, 143, 1705 г.; также IV, 36, 1711 г.)]. Другие слова этой группы — более поздние. В словарях *ориенталист* — с 60-х гг. XIX в. (Даль, II, 1865 г., 1268), *ориентализм* — с 80-х гг. (Бурдон — Михельсон 1880 г., 562). □ Ср. франц. oriental, -e, orientaliste, orientalisme, orient — «восток», Orient — «Восток» («восточные страны»); нем. orientalisch, Orientalist, Orient — «Ближний и Средний Восток»; англ. oriental, orientalist, orientalism, orient — «восток», Orient — «Восток»; ит. orientale, orientalista, oriente — «восток», Oriente — «Восток». Первоисточник — латин. orientalis, -e — «восточный», от oriēns, род. orientis — «восходящее солнце», «восток» (к orior — «восхожу», «возникаю», «начинаюсь»). В русском языке, по-видимому, из французского или итальянского.

ОРИЕНТИ́РОВАТЬСЯ, ориенти́руюсь — «определять (определить), устанавливать (установить) свое местоположение»; *перен.* «разбираться (разобраться) в чем-л.». Ср. также ориенти́ровать (кого-л.). Сюда же ориента́ция, ориенти́р. Укр. орієнтува́тися, орієнтува́ти, орієнта́ція, орієнти́р; блр. арыентава́цца, арыентава́ць, арыента́цыя, арыенці́р; болг. ориенти́рам се — «ориентируюсь», ориенти́рам — «ориентирую», ориента́ция; с.-хорв. ориjенти́рати се : ориjѐнтисати се — «ориентироваться», ориjента́циjа; чеш. orientovati se, orientovati, orientace; польск. (z)orientowač się, orientacja. В русском языке сначала появилась возвр. ф. *ориентироваться*. Отм. в словарях с 60-х гг. XIX в. (Даль, II, 1865 г., 1268). Позже появились: *ориентир* (ТЭ, XV, 1931 г., 182; *ориентир-буссоль*), *ориентация* (Кузьминский и др., 1933 г., 856), *ориентировать* (Ушаков, II, 1938 г., 850). □ Ср. франц. (с XV в.) orienter, s'orienter, (с 1834 г.) orientation, *f.*; нем. (sich) orientieren, Orientierung, *f.*; англ. orient, orientate. Первоисточник — латин. oriēns — «восходящее солнце», «восток» (к orior — «восхожу», «начинаюсь»). Образование глагола произошло на романской почве [первоначальное знач. — «обратиться к востоку», досл. «овосточиться», как объяснено у Даля (II, 1268)]. В русском — из западноевропейских языков. Суф. *-ирова-ть* как будто указывает на заимствование из немецкого, но не исключена и возможность прямого

ОРУ

заимствования из французского (откуда и в немецком). Слово *ориентир* — вообще русское образование.

ОРКЕ́СТР, -а, *м.* — «группа музыкантов, совместно (обычно под управлением дирижера) исполняющих музыкальное произведение на различных инструментах»; «ансамбль музыкальных инструментов». *Прил.* оркестро́вый, -ая, -ое. Укр. орке́стр, оркестро́вий, -а, -е; блр. арке́стр, арке́стравы, -ая, -ае; болг. орке́стър, орке́стров, -а, -о; с.-хорв. ѡ̏ркестар; чеш. orkestr : orchestr, прил. orkestrální : orchestrální; польск. orkiestra, orkiestrowy, -a, -e. В русском языке слово *оркестр* известно с 60-х гг. XVIII в. [«Записки» Порошина, запись от 10-X-1764 г. (53): «был в *оркестре* с флейтою»; также запись от 5-X-1765 (464) и др.; комедия Лукина «Награжденное постоянство», 1765 г., д. III, явл. 1 (Соч., 147) и др.]. □ Ср. франц. orchestre (произн. orkεstrə), *m.*; нем. Orchester, *n.*; ит. orchestra, *f.*; англ. orchestra. Первоисточник — греч. ὀρχήστρα — «орхестра, место для хора на сцене (полукруг впереди сцены)» (к ὀρχέομαι — «пляшу», «танцую», «изображаю пляской или пантомимой») > латин. orchestra — «орхестра» и «передние места в зрительном зале для сенаторов». В русском — из западноевропейских языков.

ОРНА́МЕНТ, -а, *м.* — «живописное, графическое или скульптурное украшение из сочетания геометрических, стилизованных растительных (листья, ягоды) или животных элементов». *Прил.* орнамента́льный, -ая, -ое. *Глаг.* орнаменти́ровать. Укр. орна́мент, орнамента́льний, -а, -е, орнаментува́ти; блр. арна́мент, арнамента́льны, -ая, -ае, арнаментава́ць; болг. орнамѐнт, орнамѐнтен, -тна, -тно, орнаменти́рам — «орнаментирую»; с.-хорв. орна̏мент; чеш. ornament, прил. ornamentální, ornamentovati; польск. ornament, ornamentować. В русском языке слово *орнамент* известно с начала XIX в. (Яновский, III, 1806 г., 158). Позже появилось *орнаментальный* (Даль, II, 1865 г., 1268). Глаг. *орнаментировать* еще более поздний (Бурдон — Михельсон 1880 г., 563). □ Ср. нем. Ornamént, *n.*, ornamentál, ornamentíeren; франц. ornement, *m.*, ornemental, ornementer; ит. ornamento, ornamentale, ornamentare. Восходит, в конечном счете, к латин. ornāmentum — «снаряжение», «оснащение», «украшение» [от ornō (< *ordinō) — «снабжаю», «оснащаю», «украшаю»]. В русском — из западноевропейских языков.

ОРУ́ДИЕ, -я, *ср.* — 1) «инструмент, приспособление, устройство, при помощи которого производится работа или какое-л. действие»; 2) «тяжелое огнестрельное оружие (пушка, гаубица и т. п.)». *Прил.* (к *орудие* во 2 знач.) оруди́йный, -ая, -ое. *Глаг.* (от основы *оруд-*) ору́довать. Болг. орѣ́дие — «орудие», «пушка» («пушка» также топ), орѣ́деен, -де́йна, -де́йно; с.-хорв. ѡ̏ру̑ђе — «орудие», «пушка»; словен. orodje — «орудие (инструмент)»; чеш. устар.

ОРУ

orudí — «орудие (инструмент)» (обычно nářadí; «пушка» — dělo, устар. kus). Ср. польск. устар. orędzie — «извещение», «оглашение приказа», отсюда orędować — «ходатайствовать о ком-л.», «заступаться за кого-л.»; «уведомлять», «оповещать» («орудие в 1 знач.» — narzędzie, «орудие во 2 знач.» — działo, armata). Ср. укр. устар. ору́да — «управление», «руководство», отсюда ору́дувати — «вершить» (дела), «заправлять», также орудовать» («орудие в 1 знач.» — знаря́ддя, «орудие во 2 знач.» — гарма́та). Др.-рус. (с XI в.) **оруд҄ье : орудие** — «дело», «работа», (с XIII в.) «судебное дело» (Срезневский, II, 707—708); позже «инструмент», «орудие производства» (Кочин, 220: *орудия дельные*). В Сл. Дан. Зат. это слово встр. в знач. «оружие», но перен. (о злой жене): «О, злое *орудие*, остро, дьяволе» (см. Срезневский, II, 708). Ст.-сл. ѻрѫдиѥ (напр., в Супр. р. — Meyer, 158). Срезневский (ib.) отм. и глаг. **орудовати** — «действовать». *Орудие* в знач. «пушка», конечно, более позднее, его отм. Нордстет (II, 1782 г., 479; *орудие* — «le canon»). Прил. *орудийный* в словарях — с 1822 г. (САР², IV, 378, но здесь еще не в воен. знач.: *орудийный* — «служащий орудием»). □ О.-с. *orǫdьje. Относится к группе о.-с. *rędъ (> рус. *ряд*). Начальное *о*, надо полагать, префикс [как в др.-рус. **опона** — «завеса» (Срезневский, II, 687), диал. **бгон** — «хвост» (Даль, II, 1225) и т. п.]. Ср., с одной стороны, словац. riad — «инструмент(ы)», «посуда»; н.-луж. řěd — «инструмент(ы)»; с другой — др.-рус. **наряд** — «материал» (инструменты), «боевой снаряд» (Срезневский, II, 327); позже «артиллерия» (см. Черных, ОИЛ, 218). Ср. также *снаряд*.

ОРУ́ЖИЕ, -я, *ср.* — «орудие нападения или защиты»; «совокупность таких орудий, вооружение». *Прил.* **оруже́йный, -ая, -ое.** Ср. болг. **оре́жье, оръже́ен, -же́йна, -же́йно;** с.-хорв. **ору̀жје,** словен. orožje; чеш. устар. oruž, *ж.* oruží, *ср.*, последнее в совр. чеш. — из русского (обычно zbraň, zbraně); польск. oręż (также broń). У других западных славян тоже. Ср. в том же знач.: в.-луж. bróń; н.-луж. broń. Укр. и блр. **збро́я**. В русском языке слово *оружье*: *оружие* известно с XI в. со знач. «орудие» и «оружие», «вооружение» (Срезневский, III, 709). Ст.-сл. ѻрѫжиѥ |Супр. р. — «ὅπλον» (Meyer, 158). Синайск. псалт. (Северьянов, 305)]. □ О.-с. *orǫžьje (с ž из g). Корень, как полагают, *rǫg-, тот же, что в *ругать* (см.). С другой стороны, это слово — явный плод контаминации с о.-с. *orǫdьje [> рус. *орудие* (см.)].

ОРФОГРА́ФИЯ, -и, *ж.* — «свод (система) правил написания слов, правописание». *Прил.* **орфографи́ческий, -ая, -ое.** Укр. **орфогра́фія, орфографі́чний, -а, -е;** блр. **арфагра́фія, арфаграфі́чны, -ая, -ае;** болг. **ортогра́фия, ортографи́чески, -а, -о;** с.-хорв. **ортогра̀фија, ортогра̀фски, -а, -о̄;** чеш. ort(h)ografie (чаще pravopis), ort(h)ografický, -á, -é; польск. ortografia, ortograficzny, -a, -e.

ОСА

В русском языке в латинском (=западноевропейском) оформлении основы это слово встр. у Тредиаковского в «Разговоре... об *ортографии*», 1748 г. (Соч., III). Произношение с *ф* вм. *т* — отражение старой, восходящей к древнерусской эпохе, тенденции передавать греч. ϑ (th) через ѳ (ф). Так или иначе, форма этого слова с ѳ также известна с давнего времени. Ср., напр., в «Записках» Порошина, в записи от 3-XII-1764 г. (157): «в нем (проекте) совсем не наблюдено *орфографии* (с ѳ после *р*). Прил. орфографический (наряду со старшим *ортографический*) — с 1806 г. (Яновский, III, 160). □ Ср. франц. (с XIII в.) orthographie, *f.*; нем. Orthographie, *f.*; англ. orthography, *f.* ит. ortografia, *f.* Первоисточник — греч. ὀρθογραφία (у Секста Эмпирика, III в.) — «правописание» (от ὀρθός — «правильный» и γράφω — «пишу») > латин. orthographia. В русском языке, видимо, при западном посредстве (ударение латинское).

ОРХИДЕ́Я, -и, *ж.* — «многолетнее тропическое и субтропическое травянистое цветущее растение с душистыми одиночными или собранными в соцветия цветками разнообразной величины, формы и окраски», Orchis. *Прил.* **орхиде́йный, -ая, -ое.** Сюда же **орхи́дный, -ая, -ое** (обычно *мн.* в знач. сущ. **орхи́дные**). Укр. **орхіде́я, орхі́дні,** *мн.*; блр. **архіде́я, архідэ́йны, -ая, -ае, архі́дныя,** *мн.*; болг. **орхиде́я, орхиде́ен, -е́йна, -е́йно;** с.-хорв. **орхиде́ја;** чеш. orchidea (народное название vstavač, orchideový, -á, -é; польск. orchidea. Известно со 2-й пол. XIX в.; в словарях — с конца столетия (Брокгауз — Ефрон, т. XXII, п/т. 43, 1897 г., 223). Но прил. орхидный было известно и раньше (ПСИС 1861г., 364: *орхидные*, Orchideae). □ Ср. франц. (с 1777 г.) orchidée, *f.* > нем. Orchidée, *f.*; англ. orchid; ит. orchidea и др. Позднее искусственное образование на базе греч. (> латин.) ὄρχις (в греч. яз. собств. значит анат. «яичко»). Названо это растение, вероятно, по корневым клубням. В русском языке, м. б., из немецкого.

ОСА́, -ы́, *ж.* — «жалоносное складчатокрылое (с продольно складывающимися передними крылышками) крупное насекомое отряда перепончатокрылых с желто-черным в полоску брюшком», Vespa. *Прил.* **оси́ный, -ая, -ое.** Укр. **оса́, оси́ний, -а, -е, осячий, -а, -е;** блр. **аса́, асі́ны, -ая, -ае;** болг. **оса́, о́син, -а, -о;** с.-хорв. **о̀са, о̀сји, -а̄, -е̄;** словен. osa, osji, -a, -i; чеш. vosa, прил. vosí — «осиный»; словац. osa, osí, -ia, -ie; польск. osa, osowaty, -a,-e; в.-луж. wosa, wosacy, -a, -e; н.-луж. wos(a). Др.-рус. (с XI в.) и ст.-сл. оса (Срезневский, II, 712). Прил. *осиный* более позднее; в словарях — с 1704 г. (Поликарпов, 205: *осиное гнездо*). □ О.-с. *vosa (< *vopsā). Ср. лит. vapsà; др.-прус. wobse; бавар. webes; др.-в.-нем. wefsa : wafsa : waspa (совр. нем. Wespe); латин. vespa (< *vepsa или *vopsā). И.-е. *u̯obhsā. Корень, надо полагать, *u̯ebh- — «плести», «ткать» (ср. нем. weben «ткать», «плести»). Название, м. б., по способности

ОСЕ

т. наз. «общественных ос» искусно сооружать гнезда. Подробнее см. Pokorny, I, 1179.

ОСЁЛ, осла́, *м.* — «непарнокопытное животное из рода лошадей, но меньше ростом, с длинными и подвижными ушами, с кисточкой удлиненных волос на конце хвоста»; Asinus. Осли́ца — «самка осла». *Прил.* осли́ный, -ая, -ое. Укр. осе́л, осли́ця, осли́ний, -а, -е, осля́чий, -а, -е; блр. асёл, асли́ца, асли́ны, -ая, -ае; с.-хорв. о̀сао (чаще ма̀гарац; ср. болг. мага́ре — тж.); словен. osel, oslica, oslovski, -a, -o; чеш. osel, oslice, прил. oslí; словац. osol, oslica, oslí, -ia, -ie; польск. osioł, oślica, ośli, -a, -e; в.-луж. wosoł, wóslica, wóslacy, -a, -e, wósliči, -a, -e; н.-луж. wosoł, wosłowa «ослица». Болг. осёл — из русского. Др.-рус. (с XI в.) и ст.-сл. осьлъ, осьля (ст.-сл. осьлѧ) «осленок», осьль, осьлий (Срезневский, II, 752—753). ▫ О.-с. *osьlъ. Очень ранее заимствование, надо полагать, из готского языка (asilus), где оно из латинского. Ср. латин. asinus, которое, в свою очередь, также заимствовано, м. б., из одного из языков Малой Азии. Ср. арм. ēš — тж. Из латинского — др.-в.-нем. esil (совр. нем. Esel). Из готского — лит. ãsilas.

О́СЕНЬ, -и, *ж.* — «время года между летом и зимой». *Прил.* осе́нний, -яя, -ее. Укр. о́сінь, род. о́сені, осі́нній, -я, -є; блр. во́сень, асе́нні, -яя, -яе; болг. е́сен, е́сенен, -нна, -нно; с.-хорв. jе̏се̄н, jѐсенскӣ, -а, -о̄, jесѐнашњӣ, -а̄, -ē, jѐсењӣ, -а̄, -ē; словен. jesen, jesenski, -a, -o; чеш. jeseň (только в поэтическом употр.; обычно podzim); словац. jeseň, jesenný, -á, -é; польск. jesień, jesienny, -a, -e. Но в.- и н.-луж. nazyma. Др.-рус. (начиная с Дог. Игор. 945 г.) осень, (с XII в.) осенний (Срезневский, II, 716). ▫ О.-с. *(j)esenь (: *osenь?). Ср. др.-прус. assanis «осень»; гот. asans — «лето», «жатва», др.-в.-нем. ar(a)n, arnōt (r < z < s) — «жатва»; ср.-в.-нем. erne «жатва»; нем. Ernte — «жатва», «урожай»; др.-сканд. ǫnn (< *aznu) — «полевая работа», «страда». И.-е. основа *es-en- : *os-en- (Pokorny, I, 343).

ОСЁТР, -а́, *м.* — «крупная жирная мясистая рыба семейства осетровых, с конусо- или мечевидным рылом, с рядами (вдоль спины, боков и брюха) острых костных чешуй (жучек), живущая в Северном полушарии», Acipenser. *Прил.* осетро́вый, -ая, -ое. *Сущ.* осетри́на — «мясо осетра». Укр. осете́р [диал. ясе́тр (Гринченко, IV, 543)], осетро́вий, -а, -е, осетри́на; блр. асе́тр : асяцёр, асятро́вы, -ая, -ае, асятры́на; болг. есе́тра, *ж.*, есе́тров, -а, -о; с.-хорв. jѐсетра, *ж.*: jѐсетар, *м.*; словен. jeseter, jestrov, -a, -o, jesetrovina; чеш. jeseter, прил. jeseteří; польск. jesiotr, jesiotrowy, -a, -e, jesiotrzyna; в.-луж. jasotr. Др.-рус. (с XII в.) осетръ, (с XVI в.) осетрий (Срезневский, II, 717). Прил. *осетровый* в словарях отм. с 1782 г. (Нордстет, II, 481). Сущ. *осетрина* известно в русском языке с XVII в. [ср. у Р. Джемса (РАС, 1618—1619 гг., 9 : 54): cetrina —

ОСК

«sturgeon»]; в словарях отм. только с 1771 г. (РЦ, 357). ▫ О.-с. *jesetrъ (: *osetrъ?). Прямых, явных соответствий в других и.-е. языках не имеется. Ближе всего как будто др.-в.-нем. stur(i)o, ср.-в.-нем. störe : stüre, совр. нем. Stör, *m.* — «осетр». Ср. голл. steur — «осетр» при steuren — «солить сельдь». Это (в прошлом гл. обр. западногерманское) слово попало и в романские языки: средневек. латин. sturio, вин. sturionem — «осетр», а также ит. storione; исп. esturion. Во французском esturgeon — тж. [ст.-франц. (XIII в.) esturjon, (XVII в.) éturgeon] из франк. *sturjo. Из французского языка — англ. sturgeon. Но происхождение западногерманского слова неизвестно; едва ли оно германское по происхождению. Из германских языков (нем. Stör и др.) заимствовано рус. *стерлядь* (см.) в своей начальной (и основной) части (*стер-*). Вероятно, и германское слово, и славянское (а м. б., и лит. erškẽtas — тж. при др.-прус. esketres) восходят в какому-то более раннему, но пока неизвестному нам, откуда-то заимствованному названию осетра, по-разному оформленному в заимствовавших это слово языках. В славянских языках форма этого слова, по-видимому, сложилась не без влияния других слов, в особенности о.-с. *ostrъ, *ostrъjь [> рус. *острый* (см.)].

ОСИ́НА, -ы, *ж.* — «лиственное дерево семейства ивовых, со светло-серой корой, с почти округлыми листьями на тонких, длинных, сплюснутых в верхней половине черенках, отчего листья приходят в движение даже при самом слабом ветре», Populus tremula. *Прил.* оси́новый, -ая, -ое. Укр. оси́на (Гринченко, III, 66), чаще оси́ка, оси́ковий, -а, -е; блр. асі́на, асі́навы, -ая, -ае; с.-хорв. jа̀сика; чеш. (и словац.) osika, osikový, -á, -é; польск. osina : osika, osinowy : osikowy, -a, -e. Болг. трепетли́ка, но диал. ясі́ка; словен. trepetlika, но диал. jasika. В.- и н.-луж. wosa (< *osa). В памятниках др.-рус. письменности известно с начала XV в. (АСЭИ, I, 36, 1410 г.). ▫ Если предположить, что в о.-с. праязыке корень этого слова первоначально звучал не *os-, а *ops- (ps в о.-с. давало s), то в этом случае можно связать рус. *осина* с латыш. apse — «осина»; др.-прус. abse — тж., а далее — с перестановкой ps > sp — с др.-в.-нем. aspa (совр. нем. Espe — тж.; ср. англ. asp — тж.). Т. о., о.-с. *opsa > *osa, *opsika > *osika, *opsina > *osina. И.-е. *apsā — «осина» (Pokorny, I, 55).

ОСКОМИ́НА, -ы, *ж.* — «вяжущее ощущение во рту от чего-то кислого, терпкого (особенно от незрелых плодов — ягод, яблок и пр.)». Выражение *набить оскомину* чаще употр. в перен. знач.: «сильно надоесть», «до отвращения наскучить». *Прил.* оско́минный, -ая, -ое. В говорах также оско́ма (Даль, II, 1274). Укр. оско́ма; блр. аско́ма; болг. (о)ско́мина, пра́вя (хва́щам) (о)ско́мина — «набиваю оскомину»; словен. skomina; польск. oskoma (чаще употр. в знач. «аппетит»). Др.-рус. (с XI в.) оскомина, прил. оскоми́ньный

(Срезневский, II, 719—720). ▫ О.-с. корень *skom- — абляут к *ščem- (см. *щемить*). Ср. в сев.-рус. говорах: **скомѝть, скόмнуть** — «болеть», «ныть», «тосковать болью» («зубы *скомя́т*») — Даль, IV, 184. И.-е. корень, возможно, *(s)kem- — «сжимать», «сдавливать».

ОСНОВА́ТЬ, осную́ — «положить начало чему-л.», «учредить». *Возвр. ф.* **основа́ться**. *Несов.* **осно́вывать(ся)**. *Сущ.* **основа́ние, основа́тель**. Сюда же **осно́ва**. Укр. **оснува́ти, основува́ти(ся), осно́ва**, но **засно́вник** — «основатель»; блр. **(з)аснава́ц, заснава́цца, (з)асну́ваць** — «основывать», **(з)асну́вацца, заснава́ння, заснава́льнік** — «основатель», **асно́ва**; болг. **основа́** — «осную», **основа́вам** — «основываю», **основа́ване, основа́тел, осно́ва**; с.-хорв. **осно̀вати**, 1 ед. **о̀снӯје̄м** — «осную», **осни̏вати**, 1 ед. **о̀снӣва̄м** — «основываю», **о̀снова : о̀снов**; словен. osnova — «основа» но nasnovati (несов. nasnavati) — «сделать основу», «затеять», «взяться за что-л.». Ср. чеш. osnovati — «готовить», «подготовлять» («основать» — založiti, zřídíti), osnovatel — «зачинщик» (ср. zakladatel — «основатель»), osnova — «основа», «план», «проект»; польск. osnowa — «сущность» («основа») — podstawa, «основать» — założyć, zapoczątkować, oprzeć). Др.-рус. (с XI в.) **основати**, 1 ед. **оснѹю : оснѹю : основаю** — «построить», «утвердить», «основать на чем-л.», **основатися** — «держаться», «скрепляться» (Сл. Дан. Зат.), **основание** — «начало», «основа», «опора», **основа** — тж. (Срезневский, II, 731—732). Ст.-сл. **осно́вати**, 1 ед. **осно́вѫ**; несов. **осны́вати**. Форма несов. вида *основывать* в словарях отм. с 1782 г. (Нордстет, II, 485). Сущ. *основатель* — с 1627 г. (Берында, 298). ▫ В этимологическом отношении глаг. *основать*, 1 ед. *осную́*, как и глаг. *сновать*, 1 ед. *сную́* (см.) относятся к и.-е. базе *snēu- : *snou- : *snū- — «вертеть(ся)», «поворачивать(ся)», «свертывать», «скручивать» (нити), «плести» (Pokorny, I, 977). О.-с. корень *snov- : *sny-. О.-с. *osnovati, *osnova и *osnyvati могли быть параллельными образованиями от этого корня. О.-с. *osnova возникло сначала как ткацкий термин: «продольные нити для тканья». Значения более широкие — «опора», «фундамент», «начало» и пр. — более поздние.

ОСО́БА, -ы, *ж*. — «выдающаяся личность, персона», вообще «отдельно взятая личность, отдельно взятый человек, индивидуум» (теперь обычно ирон.). Сюда же **осо́бь, осо́бый**, -ая, -ое, **осо́бенный**, -ая, -ое. Укр. **осо́ба, осо́б**, редко **особі́й**, -а, -е, **особли́вий**, -а, -е; блр. **асо́ба, асо́біна, асаблі́вы**, -ая, -ае, **асо́бны**, -ая, -ае; болг. **осо́ба, осо́бен**, -а, -о; с.-хорв. **о̀собен(ӣ)**, -а, -о, **о̀собит(ӣ)**, -а, -о; чеш. osoba, прил. osobní — «личный», «индивидуальный», (о поезде) «пассажирский», osobitý -á, -é — «своеобразный»; словац. osoba, osobný, -á, -é, osobitný -á, -é — «отдельный», «сепаратный»; польск. osoba, osobny, -a, -e, osobliwy, -a, -e, osobisty, -a, -e — «личный», «персональный»; в.-луж. wosoba, wosobliwy, -a, -e, wosobowy, -a, -e, wosobity, -a, -e; н.-луж. wosoba, wosobny, -a, -e; но словен. oseba, oseben, -bna, -bne. Др.-рус. (с X в.) **особь** — «для себя» (Пов. вр. л. под 6488 г.), «особо», «сообенно», **особьнъ, особьный** — «отдельный», **особитися** — «уединяться» (Срезневский, II, 732—733). Но слово *особа* появилось значительно позже (Поликарпов, 1704 г., 205 об.; там же *осо́бный*). Еще более поздние слова: *особый, особенный* (РЦ 1771 г., 453). Самое позднее слово из этой группы — сущ. *особь* (Даль, II, 1865 г., 1277). ▫ Основа во всех этих словах местоименная: себ- : соб-. Ср. *себя, собою*.

ОСО́КА, -и, *ж*. — «многолетнее травянистое растение семейства осоковых с узкими режущими листьями, растущее гл. обр. в сырых, болотистых местах и на берегах водоемов», Carex. Народные названия: **остре́ц, резу́н** (Даль, II, 1278). *Прил.* **осо́ковый**, -ая, -ое. Укр. **осо́ка, осоко́вий**, -а, -е; блр. **асака́, асако́вы**, -ая, -ае. Польск. osoka, надо полагать, из русского или украинского (обычно «осока» — turzyca). И в других слав. яз. это слово отс. Ср. название осоки: болг. **остри́ца**; словац. ostrica; чеш. ostřice. В памятниках др.-рус. письменности не встр. В словарях *осока* отм. с 1731 г. (Вейсман, 505). Тем не менее это слово старое. ▫ О.-с. *osoka. Как полагают, основа слова *осока* представляет собою удвоенную форму и.-е. корня *ak̑- : *ok̑-, выражавшего представление о чем-л. остром, режущем (Pokorny, I, 18), на славянской (и балтийской) почве иногда отражавшегося [если это не влияние какой-то передаточной языковой среды с k из и.-е. k̑' (о чем см. Pokorny, уп.)] и как *ak-: *ok- (см. *камень*; ср. лит. akúotas — «ость»). След., о.-с. *osoka < и.-е. *ăk̑'okă. М. б., *-ok(a) — суф.? Ср. лит. ăšaka — «(рыбья) кость», «ость». Ср. также (с несомненным удвоением и.-е. *ak̑-) греч. ἀκωκή — «острие», «лезвие». См. *ость, острый*.

О́СПА, -ы, *ж*. — «инфекционная болезнь, характеризующаяся появлением гнойной сыпи на лице и на теле больного». *Прил.* **о́спенный**, -ая, -ое. Укр. **ві́спа, віспяни́й**, -а́, -е́; блр. **во́спа, во́спавы**, -ая, -ае; с.-хорв. **о̀спа** (чаще **бо̀гиње**), **о̀спав, о̀спави**, -а̄, -о̄; польск. ospa, ospowy, -a, -e. В других слав. яз. необычно или отс. Ср., напр., болг. **си́паница** — тж. Др.-рус. **осъпи**, *мн.* — «сыпная болезнь», «чума» в Апост. толк. XV в.; ср. **осъпьный недугъ** в Стихир. XII в. (Срезневский, II, 751—752). В словарях — с 1704 г. (Поликарпов, 176 об.: ωспа — «недуг»). ▫ О.-с. *osъра, где *sъp- — корень, тот же, что в о.-с. *sypati (> рус. *сы́пать*).

ОСТО́В, -а, *м*. — «опора, каркас какого-л. сооружения, на который крепятся все остальные его части»; «костяк, скелет». В других слав. яз. отс. В словарях — с 1782 г. (Нордстет, II, 487: остов). ▫ По всей видимости, вм. *остав на почве аканья (от глаг. *ставить, стать*). Даль, (II, 1279) в качестве основной формы дает форму с *а* после *т*:

остав судна — «вся связь (набор) без обшивки и палуб»; остав бочки—«набор, кроме обручей: клепки, донья». След., остов — то, что позволяет стать, стоять. Ср. др.-рус. оставъ — «соединение» в Изб. 1073 г. [у Срезневского (II, 738) значение дано с вопросом]. В русском языке, возможно, из старославянского.

ОСТРОВ, -а, м. — «часть суши, со всех сторон окруженная (обтекаемая) водой». *Прил.* островнóй, -áя, -óе. *Сущ.* островитя́нин. Укр. óстрів, острівни́й, -á, -é, острови́тя́нин; блр. вóстраў, астрау̀ны́, -áя, -óе, астрау̀ля́нін; болг. óстров, óстровен, -вна, -вно, островитя́нин (и óстровен жи́тел); с.-хорв. ŏстрво — «остров» (ср. ŏстрва — «кол перед домом, на который вешается оружие»), ŏстрвски, -ā, -ō, ŏстрвљанин; чеш. (и словац.) ostrov, прил. ostrovní (словац. ostrovný, -á, -é), ostrovan — «островитянин». Ср. ст.-польск. ostrów (теперь wyspa). В других слав. яз. отс. Ср. в том же знач.: словен. otok; н.-луж. kupa, zemica. Др.-рус. (с XI в.) островъ — «остров» и «пещера»; к XV в. относится один случай со знач. «скала» (Аф. Никитин) [Срезневский, II, 743]. Ст.-сл. островъ. ▫ О.-с. *ostrovъ (< *osrovъ), где о— приставка, а *srov-o- — основа. И.-е. корень *sreu- (: *srou- : *srū-) — «течь», «протекать», «литься». Ср. лит. sravà и (чаще) srovẽ — «течение», «поток», «ток»; латыш. strāva тж.; др.-инд. sravati (-te) — «течет», «пропускает воду»; далее, с суффиксальными надставками: др.-в.-нем. strōm : stroum (совр. нем. Strom; прагерманская основа *srou--mo-) — «поток», «большая река»; греч. ῥεῦμα — «ток», «струя» (и.-е. корень *sreu-; -μ- суф.; без суф.: ῥέω — «теку», «струюсь»). Т. о., остров получил свое наименование в о.-с. праязыке потому, что он действительно является частью суши, со всех сторон о б т е к а е м о й струями воды. Ср. словен. otok; ст.-сл. отокъ (с тем же знач.). Тот же и.-е. корень (*streu-) в *струя* (см.), *струг*.

ОСТРЫЙ, -ая, -ое — «имеющий отточенные, хорошо режущие края или колющий конец», «суживающийся к концу». *Кр. ф.* остр и *разг.* остёр, острá, óстро и остró. *Сущ.* остриё, остротá. *Глаг.* остри́ть. Укр. гóстрий, -а, -е, вістря́ — «острие», гостротá, гостри́ти; блр. вóстры, -ая, -ае, вастрыё — «острие», вастры́ць; болг. óстър, -тра, -тро, остриé, остротá, бстря — «острю», «оттачиваю»; с.-хорв. ŏстар, -тра, -тро : ŏстри̑, -ā, -ō (: òштар), òстрица (: òштрица) — «острие», òштрина — «острота», òштрити (: брýсити); словен. oster, -tra, -tro, ostrina — «острие», «острота», ostriti (: brusiti); чеш. ostrý, -á, -é, ostří — «острие» (напр., ножа), ostrost — «острота», ostřiti (чаще brousiti); польск. ostry, -a, -e, ostrze — «острие», ostrość — «острота», ostrzyć; в.-луж. wótry, -a, -e, wótrizna, wótrosć — «острота», wótřić; н.-луж. wotšy, -a, -e, wotšo — «острота», wostśiś — «острить (оттачивать)». Др.-рус. (с XI в.) и ст. сл. остръ, острый — «острый», «неровный», «быстрый»; также острие, острота — «острие», острость — «острота», острити. ▫ О.-с. *ostrъ, -a, -o, *ostrъjь, -aja, -oje, *ostrьje. Основа *os-r-o (t вставное между s-r-; ср. *остров*, *струя*, *сестра* и др.); корень *os-. И.-е. основа *ak'ro- : *ok'ro- с формантом -r- (корень *ak'- : *ok'-). Ср. лит. aštrùs (возможно и ašrùs) — «острый». Ср. латин. ācer, ācris, -e — «острый»; греч. ἄκρος, -α, -ον — «высший», «отличный», «острый». Без форманта -r- и.-е. корень представлен латыш. ass — «острый» (основа на -ŭ- : из *ašus); латин. acus — «острие», «игла»; греч. ἀκή — «острие». Подробнее — Pokorny, I, 21.

ОСТЬ, -и, ж. — 1) «тонкий и длинный отросток, усик (щетинка) на колосе у многих злаков»; 2) «длинный жесткий волос в мехе»; 3) «острый бугорок на кости» (Даль, II, 1281). *Прил.* ости́стый, -ая, -ое. Укр. ость, остю́к; блр. асцю́к; с.-хорв. ŏсти : ŏсти, *мн.*; словен. osti, *мн.* (ost, *f.* — «острие»); чеш. osten — «шип», «колючка», «игла», «острие», osina — «ость», диал. ost : vost; словац. ost'; польск. ość; н.-луж. wosć; но в.-луж. wóst — «чертополох». Ср. также болг. оси́л — «ость». В письменных памятниках др.-рус. яз. слова *ость* не обнаружено. Ср., однако, др.-рус. и ст.-сл. остьнъ — «остриё», «шип», «колючка» (Срезневский, II, 749). В словарях *ость* отм. с 1782 г. (Нордстет, II, 488). ▫ О.-с. *ostь. И.-е. *ak'-st-i-s (Pokorny, I, 22). Ср. лит. akštìs : akstìs — «колючка», также «вертел»; вал. (кимр.) eithin, *m.*, *pl.* (и.-е. основа *ak-st-In-o) — бот. «утёсник». Т. о., о.-с. *ostь < *os-st-ь. К истории лит. akstìs ср. Fraenkel, 5—6. И.-е. корень *ak'- (: *ok'-), тот же, что в рус. *острый* (см.).

ОСЬ, -и, ж. — «стержень, на котором укрепляют колесо, вращающиеся части машин, механизмов и т. п.». *Прил.* осевóй, -áя, -óе. Укр. вісь, род. бси, осьови́й, -á, -é; блр. вось, род. вóсі; болг. ос, óсов, -а, -о; с.-хорв. ôс, осóвина, осóвински, -ā, -ō; словен. os, osen, osna, osno; чеш. osa (ст.-чеш. os; словац. os), osový, -á, -é; польск. os; в.-луж. wóska, wośćiny, -in; н.-луж. wos; в.-луж. wos. Др.-рус. (с XIV в.) ось (Срезневский, II, 752). *Прил.* осевой — позднее, в словарях — с 1822 г. (САР², IV, 391). ▫ О.-с. *osь (< и.-е. *ak'sis). Ср. лит. ašis (< *ak'sis) — «ось»; латыш. ass; др.-прус. assis. Ср. с тем же знач.: др.-в.-нем. ahsa (совр. нем. Achse); латин. axis; др.-ирл. aiss (< *ak'si-?); греч. ἄξων; авест. aša-; др.-инд. ákṣaḥ. Точно установить корень перечисленных (с основой на -s- и других) слов этого корневого гнезда трудно. Скорее всего, здесь *ak'- — «острый». И.-е. база *ak'-s- (Pokorny, I, 6, 18). Но некоторые языковеды считают и.-е. корнем *ag'- — «приводить в движение» (ср., напр., латин. agō — «привожу в движение»). Тогда и.-е. база — *ag'-s- (> *ak'-s-). Ср. Frisk, I, 116.

ОСЯЗÁТЬ, осяза́ю — «воспринимать на ощупь, прикасаясь к чему-л.». *Отглаг. сущ.* осяза́ние. *Прил.* осяза́тельный, -ая, -ое. Болг. осеза́вам — «осязаю», осеза́ние, осяза́телен, -льна, -льно. В других слав. яз. отс. Ср. укр. сприйма́ти до́тиком, відчува́ти на до́тик — «осязать» (ср. до́тик — «осязание»; ср. польск. odczuwać dotykiem — «осязать»); с.-хорв. пи̏пати (собств. «ощупывать»). Др.-рус. (с XI в.) осязати, 1 ед. осязаю : осяжу — «прикоснуться», «ощупать» (ср. осячи, 1 ед. осягу — «(при)коснуться»), осязание (Срезневский, II, 755). Ст.-сл. осѧзати, 1 ед. н. вр. осѧжѫ, осѧщи, 1 ед. осѧгж. Гораздо позже вошло в употр. прил. осяза́тельный [в словарях отм. с 1794 г. (САР¹, V, 1081)]. ▫ О.-с. корень *sęg-; по третьему смягчению заднеязычных > *sęz-. И.-е. корень *seg-, с назализацией — *seng- — «прикасаться», «прикреплять» (Pokorny, I, 887). Ср. (с носовым элементом) ср.-в.-нем. senkel — «шнурок», (совр. нем. Schnürsenkel — тж.; (без носового элемента) лит. sègti — «прикалывать», «застегивать»; латыш. segt — «покрывать»; др.-инд. sájati — «привязывать, прикреплять», «быть прикрепленным к чему-л.», «цепляться за что-л.» (ср. с -n-: sañjayati — «пристегивать», «прикреплять»). Тот же корень в са́жень (см.), посяга́ть, прися́га.

ОТ (ОТО) — 1) *предлог с род. п.* — указывает на исходный пункт движения, на момент, с которого начинается какой-л. период времени, на причину, основание чего-л.; 2) *глагольная приставка* — обозначает прекращение, завершение действия; удаление, устранение чего-л. Имеется во всех слав. яз., в большинстве — с изменением фонетической формы и всюду с некоторыми отступлениями в значении (скорее в сторону его ограничения, чем расширения). Укр. од (чаще від); блр. ад(а); болг. от; с.-хорв. о̏д; словен. od; чеш. od(e), ст.-чеш. ot; словац. od(o); польск. od, ст.-польск. ot; в.- и н.-луж. wot(e). Др.-рус. (с X в.) ѿ и ст.-сл. от : отъ > ото (Срезневский, II, 770 и сл.). ▫ Следует обратить внимание на др.-рус. и ст.-сл. форму от (без ъ на конце). Ср. ст.-сл. отити (не *отъити), отъти, отрокъ (никогда *отърокъ) и др. О.-с. *ot : *otъ [форма с ъ на конце, м. б., — более поздняя, возникшая под влиянием таких предлогов, как «къ» (Machek, ES, 334)]. Происхождение этого слова неясно (особенно в деталях). Обычно указывают на родственные образования: лит. at- : ata- — приставка с неопределенным кругом значений: «от», «прочь», «обратно», «сюда»; латыш. at(a) — «от», «прочь»; гот. aþ-þan — «но», «однако»; др.-инд. áti — «против», «вопреки», «от», «над», «сверх». Но дальше спорно. Ср. Machek (уп.); Pokorny, I, 70, 71; Fraenkel, 20.

ОТВА́ГА, -и, *ж.* — «бесстрашие», «мужество», «смелость». *Прил.* отва́жный, -ая, -ое. *Глаг.* отва́житься, отва́живаться. Укр. відва́га, відва́жний, -а, -е; блр. адва́га, адва́жны, -ая, -ае. Ср. с.-хорв. о̏дважан, -жна, -жно : о̏дважни, -а̄, -о̄, одва́жити се; чеш. (и словац.) odvaha, odvázný, -á, -é, odvážiti se, odvažovati se (словац. odvážiť sa, odvažovať sa); польск. odwaga, odważny, -a, -e, odważyć się. Ср. в.-луж. zwažić so, zwažeć so, zwažować so — «отважиться», «отваживаться», zwažny, -a, -e — «отважный»; н.-луж. zwažny, -a, -e — «отважный». В русском языке, судя по словарям, сущ. *отвага* появилось несколько позже, чем глаг. *отва́житься* и прил. *отва́жный*. Эти слова имеются уже у Вейсмана (1731 г., 732, 679), тогда как *отва́га* впервые — у Нордстета (II, 1782 г., 490). ▫ Восходит к др.-рус. вага — «вес», важити — «весить» (Срезневский, I, 223). См. также *ва́жный*, *уважа́ть*. В каждом из славянских языков эти производные возникали самостоятельно. Для истории прил. *отва́жный* в русском языке ср. отмеченные Далем (II, 1288) значения в народной речи: «опасный», «сомнительный» и т. п., что нельзя не поставить в связь со знач. глаг. **отва́жить**, **отва́живать** (напр., жизнь, имущество) — «подвергнуть опасности что-л.», «рисковать чем-л.» — видимо, из «поставить на весы», «отвесить», «взвесить». Сущ. *отва́га*, по-видимому, — новообразование на почве *отва́жить(ся)*, *отва́жный*; ср. также диал. **отва́жливый** (см. Даль, уп.).

ОТВЕ́РСТИЕ, -я, *ср.* — «дыра», «скважина», «щель». Только русское. В других слав. яз. отс. Ср. в том же знач.: укр. о́твір, род. о́твору; болг. отво́р; чеш. otvor; польск. otwór. Др.-рус. отъврьстие (ст.-сл. отъврьстиѥ) — «открывание», напр.: «отъврьстие устъ» в Панд. Ант. XI в. (Срезневский, II, 779). ▫ По происхождению — отглаг. сущ. от **отъврьзти**; ст.-сл. отъврѣзати, отъврѣсти — «открыть». Ср. прич. прош. вр. отъврьстъи — «открытый». В нашей орфографии долго удерживалось написание с з: *отверзтие*, правильное этимологически [корень вьрз- (> верз-), из вьрг-]. Так еще у Даля (II, 1865 г., 1298) и позже. Но такое написание противоречит традиции. Написание с с — старославянское.

ОТЕ́ЛЬ, -я, *м.* — «большая комфортабельная гостиница (обычно о зарубежных гостиницах)». *Прил.* оте́льный, -ая, -ое. Укр. готе́ль, готе́льний, -а, -е; блр. ате́ль, ате́льны, -ая, -ае; болг. хоте́л, хоте́лски, -а, -о; с.-хорв. хо̏тел, хо̏телски, -а̄, -о̄; чеш. hotel, hotelový, -á, -é; польск. hotel. В русском языке в словарях — с 60-х гг. XIX в. [ПСИС 1861 г., 365; позже — Даль, II, 1865 г., 1298: *отель* — «частный дворец» (?!); «обширная гостиница»]. Прил. *оте́льный* с 1938 г. (Ушаков, II, 920). ▫ Восходит к франц. hôtel, *m.*, откуда: нем. Hotél, *n.*; англ. hotel; исп. hotel, *m.* и др. Во французском (ст.-франц. hostel : ostel) это слово, в свою очередь, восходит к латин. hospitale (cubiculum) — «гостиная» [досл. «комната (cubiculum) для гостей (hospitale, от hospes — «гость»), «опочивальня для гостей (для приезжих)»]. В русском языке, очевидно, из французского.

ОТЕ́Ц, отца́, *м.* — «мужчина по отношению к своим детям», «мужчина, имеющий или имевший детей». *Прил.* отцо́вский, -ая, -ое, отече́ский, -ая, -ое, о́тчий,

-ая, -ее. Укр. оте́ць (чаще ба́тько), оте́цький, -а, -е (чаще ба́тьківський, -а, -е), о́тчий, -а, -е; блр. устар. айе́ць (обычно ба́цька); болг. оте́ц (обычно баща́); с.-хорв. о̀тац, о̀тачки, -а̑, -о̑ — «отеческий», о̀чин, -а, -о — «отцовский», о̀чӣнски, -а, -о̑ — «отеческий»; словен. о̀če, očetovski, -a, -o — «отеческий», očetov, -a, -o — «отцовский»; чеш. otec, otecký, -á, -é, otcovský, -á, -é; польск. ojciec, ojcowski, -a, -ie, ojczysty, -a, -e; в.-луж. wótc, wótcny, -a, -e, wótcowski, -a, -o, н.-луж. wośc (обычно nan), wośny, -a, -e, wośojski, -a, -e. Др.-рус. (с XI в.) отьць, отьнь, -я, -е, отьчий, -ая, -ее, (с XIV в.) отцев, -а, -о. ▫ О.-с. *otьcь, с корнем *ot- и суф. -ьс-ъ. О.-с. *otьnjь, -а, -е — «отчий». И.-е. корень *at- (> о.-с. *ot-), характерный для детской речи. Удвоенная форма atta сохраняется в гот. atta — «отец» (откуда, между прочим, личное имя Attila); также др.-в.-нем. atto; латин. atta; греч. ἄττα — «папаша»; осет. æda — тж.; др.-инд. attā — «мать» (как слово детской речи оно известно и в неиндоевропейских языках: ср. турец. ata — «отец»; черкес. atte — тж. и др.).

ОТЕ́ЧЕСТВО, -а, ср. — «страна, где данный человек родился и к гражданам которой принадлежит», «земля отцов». Отчи́зна, высок. — тж. Прил. оте́чественный, -ая, -ое. Болг. оте́чество, оте́чествен, -а, -о. В других слав. яз. это понятие, по большей части, выражается словами того же корня, но с другими суф. Ср. укр. вітчи́зна; блр. айчы́на (: бацька́ўшчы́на); с.-хорв. о̀таџбина; чеш. otčina (: vlast); польск. ojczyzna; в.-луж. wótčina; н.-луж. wośćowina (ср. wośc — «отец»). Ср., однако, словен. domovina — «отечество». Др.-рус. отьчьство и отьчьство. Но отьчь́ство значило не только «отечество», но и «избранная страна», и «род», и «наследственные, родовые права». Терминологизация этого слова, как и слова отчизна — явление более позднее, но к XVII в., надо полагать, уже закончившееся. Слово отьчизна (теперь имеющее знач. «отечество») в др.-рус. яз. значило: 1) «отцы», «предки», «род»; 2) «родовое владение», «вотчина»; 3) «право родового владения» (Срезневский, II, 830, 833). ▫ Оба слова являются производными от о.-с. основы *otьk- (см. отец). Старшее знач. — «земля отцов». Так же — в других и.-е. языках: греч. πατρά : πατρίς — «отечество» (ср. πατήρ — «отец»); латин. patria (ср. pater — «отец»); отсюда (< латин. patria): франц. patrie — «отечество» (ср. père < латин. pater); нем. Vaterland (собств. «земля отцов»; ср. Vater — «отец») и др.

О́ТРОК, -а, м. — устар. «мальчик-подросток», «мальчик в возрасте между ребенком и юношей». Прил. о́троческий, -ая, -ое, отсюда о́трочество. Укр. о́трок, о́трочий, -а, -е, о́троцтво; болг. отро́к; словен. otrok — «дитя», «ребенок», otročji, -e — «ребяческий», otroski, -a, -o — «детский», otrostvo — «детство»; чеш. otrok — «раб», otrokyně — «рабыня», otrocký, -á, -é — «рабский», otroctví — «рабство»; словац. (с теми же знач.) otrok, otrocký, -á, -é, otroctvo; в.-луж. wotročk — «работник», «батрак», wotročkowy, -a, -e; н.-луж. wotrošk — «работник». Ср. ст.-серб. отрокъ — «несовершеннолетний» и ст.-польск. otrok — «подросток», «юноша», otroczy, -a, -e. Др.-рус. (с X в.) от(ъ)рокъ (ст.-сл. отрокъ — 1) «дитя», «подросток», «юноша»; 2) «слуга», «раб», «работник»; 3) «дружинник», «воин», отроковица — «девочка», «молодая девушка», отроча (ст.-сл. отроча) — «дитя», «ребенок», отрочьский, (с XII в.) отрочий (Срезневский, II, 764—766). ▫ О.-с. *ot(ъ)rokъ [корень *rok- (см. речь)] — «не говорящий» в смысле «не имеющий права речи, права голоса в жизни рода или племени».

О́ТЧИМ, -а, м. — «неродной отец, муж матери по отношению к ее детям от первого брака». Устар. (с начальным в) во́тчим. Укр. ві́тчи́м; блр. айчы́м. Ср. словен. očim, тж. otčim; польск. ojczym; в.-луж. wótčim. С.-хорв. по̀очим или (чаще) о̀чӯх. В некоторых слав. яз. отс. Ср. в том же знач.: болг. втбр баща́, реже па́строк; н.-луж. nank. Др.-рус. (с XII—XIII вв.) отьчимъ (Ип. л. под 6667 г.; Р. Прав. по Синод. сп. 1282 г., ст. 94) [Срезневский, II, 830]. ▫ О.-с. *otьčimъ, произв. от *otьcь, *otьčьjь, с суф. -im(ъ) [ср. с.-хорв. по̀братим — «названый брат», по̀сестрима (словен. posestrima) — «названая сестра»; др.-рус. и ст.-сл. женима — «наложница» (Срезневский, I, 858)].

ОФИЦЕ́Р, -а, м. — «лицо командного и начальствующего состава армии и флота». Прил. офице́рский, -ая, -ое. Укр. офіце́р, офіце́рський, -а, -е; блр. афіце́р, афіце́рскі, -ая, -ае; болг. офице́р, офице́рски, -а, -о; с.-хор. офици̑р, официрски̑, -а̑, -о̑; польск. oficer, oficerski, -a, -ie. В некоторых слав. яз. отс. Ср. в том же знач.: словен. častnik; чеш. důstojník. В русском языке известно с XVII в. [ПДСР, VI, 482, 1683 г.; VII, 1164, 1181, 1696 г. (Fogarasi, 67)]. В Петровское время — уже обычное слово [Смирнов, 215; также в «Архиве» Куракина (IV, 280, 1710 г.)]. В словарях — с 1771 г. (РЦ, 626). ▫ Заимствовано из немецкого языка. Ср. нем. (с XVI в.) Offizier, которое, в свою очередь, — из франц. officier — слова, употреблявшегося с XIV в. и восходящего к средневек. латин. officiārius — «должностное лицо», «исполняющий обязанности» [от латин. officium (< *opificium) — «одолжение», «должность», «обязанность»]. Из французского же — англ. officer (произн. ˈɔfisə). Ср. ит. ufficiale; исп. oficial.

ОФИЦИА́ЛЬНЫЙ, -ая, -ое — «исходящий от правительства или от должностного лица»; «производимый с соблюдением всех правил, формальностей». Нареч. официа́льно. Укр. офіціа́льний, -а, -е, офіціа́льно; блр. афіцыя́льны, -ая, -ае, афіцыя́льна; болг. официа́лен, -лна, -лно, официа́лно; с.-хорв. официjѐлан, -лна, -лно; чеш. oficiální, oficielní, oficiálně; польск. oficjalny, -a, -e, oficjalnie. В русском языке известно с начала XIX в. В словарях — с 1806 г. (Яновский, III, 167: *оффициальный*). Нередко у Пушкина (СЯП, III, 253). □ Ср. англ. official > франц. officiel > нем. offiziéll. Ср. ит. ufficiale. Первоисточник — позднелатин. officiālis — «относящийся к должностному лицу» (в церкви). Ср. латин. officium (< *opificium) — «услуга», «одолжение», «долг», «обязанность», «должность». В русском — из западноевропейских языков.

ОФИЦИА́НТ, -а, *м.* — «работник ресторана, столовой и т. п., подающий заказанные блюда»; *устар.* «домашний слуга, подающий кушанья и прислуживающий за столом». *Женск.* официа́нтка. *Прил.* официа́нтский, -ая, -ое. Укр. офіціа́нт, офіціа́нтка, офіціа́нтський, -а, -е; блр. афіцыя́нт, афіцыя́нтка, афіцыя́нцкі, -ая, -ае; болг. официа́нт. Но ср. чеш. číšník, sklepník; польск. kelner. В русском языке известно с XVIII в. Встр. в «Записках» Порошина, в записи от 9-XII-1764 г. (172); в письмах Румянцевой, напр., в письме от 30-IV-1779 г. (232): «сукна́ для *официьянтов*». В словарях — с 1806 г. (Яновский, III, 167; позже — Соколов, II, 1834 г., 319). *Официантский* — с 1847 г. (СЦСРЯ, III, 146), *официантка* — с 1938 г. (Ушаков, II, 1021). □ Восходит, в конечном счете, к средневек. латин. officians, прич. форма от officiare «прислуживать в церкви» (от officium < *opificium — «одолжение», «любезность», «услужливость», «усердие» и т. п.) через франц. (с XVII в.) officiant — «служитель культа».

ОХА́ПКА, -и, *ж.* — «ноша, которую можно нести (унести), обхватив руками». Блр. аха́пак (сена) [но вообще — бярэ́мя; ср. укр. оберемок — тж.]. В других слав. яз. отс. (ср. польск. naręcze, wiązka). В словарях отм. с 1704 г. (Поликарпов, 178). Но фамилия *Охапкин* известна с XVII в. (с 1690 г. — Тупиков, 683). □ От глаг. охапати: охапити — «обнять», «обхватить» (Срезневский, II, 836—837). Ср. в говорах: оха́пить — волог., ворон. «обнять руками», **о(б)ха́пать, о(б)ха́пывать** — «обнимать», «охватывать», «облегать вокруг» (Даль, II, 1210). Далее — к *хапать* (см.).

ОХО́ТА, -ы, *ж.* — 1) *к чему-л.* «хотение», «расположение», «склонность», «желание»; 2) *на кого-л.* «выслеживание, преследование с целью умерщвления диких животных и птиц». *Произв. к охота* в 1 знач.: *нареч.* охо́тно, *сущ.* охо́тник (*до чего-л.*); к *охота* во 2 знач.: *сущ.* охо́тник (*на кого-л.*), *глаг.* охо́титься. В других слав. яз. известно лишь *охота* в 1 знач.: укр. охо́та, охо́чий, -а, -е, *нареч.* охо́че; блр. ахво́та, ахво́тна, ахво́тнік — «любитель», «человек, склонный к чему-л.»; чеш. (и словац.) ochota, ochotný, -á, -é — «услужливый», «любезный», ochotně (словац. ochotne) — «охотно», ochotník — «любитель»; польск. ochota, ochotny, -a, -e — «проворный», «быстрый», «живой», ochotno, ochoczo — «охотно», ochotnik — «доброволец», «волонтер» (Дубровский, 362). Болг. охо́та — «желание», «охота», «склон-

ность к чему-л.» — из русского, также **охо́тно, охо́тник** — «человек, склонный к чему-л.»; ср. с.-хорв. о̀хотан, -тна, -тно — «склонный к чему-л.». Что касается знач. «охота на кого-л.», то оно в инославянских языках выражается иначе: ср., напр., укр. полюва́ння (при полюва́ти — «охотиться»), мисли́вець (при мисли́вець — «охотник»); болг. лов; с.-хорв. ло̑в; чеш. hon, honba, lov, myslivost; польск. polowanie (ср. polować — «охотиться»). Ср. и в рус. яз. до XVI—XVII вв.: **лов**, *мн.* ловы — «охота», ловити — «охотиться» (Срезневский, II, 38, 39). В др.-рус. яз. слово **охота** употр. со знач. «удовольствие», «радость», «веселие», причем гл. обр. (особенно в более древних памятниках), в форме охвота. Ср. также **охвотьный, охвочий**, реже охотьный, охочий (Срезневский, II, 837, 838). «Ох(в)очий человек» значило «доброволец», «охотник» (в этом смысле). Позже, в XVII в., в памятниках письменности появилось *охотник* — «зверолов» [ср. в Московском переводе «Лит. статута» середины XVII в.: «охотники с собаками и с птицами, ездячи по чюжих полях, потопчут хлеб» (Лаппо, 298)]. Ср. еще *охотник* — «профессия» (?), «слуга» (Кочин, 226). Со знач. «охота на кого-л.», «звероловство» (развившимся из знач. «удовольствие», «удовлетворение») слово *охота* известно, по-видимому, с XVII в.; в словарях — с 1-й пол. XVIII в. (Вейсман, 1731 г., 285); *охотитися* отм. в «Лексиконе» Татищева (30—40-е гг. XVIII в.) — Аверьянова, Тат., 79). Любопытно, что еще Пушкин упрекал Загоскина за то, что он в романе «Юрий Милославский» (1829 г.) употребляет глаг. *охотиться* вм. *ездить на охоту*, последнее казалось Пушкину более правильным (см. СЯП, III, 256). □ Этимология этого слова не считается твердо установленной. Принимая во внимание старшее знач. этого слова, казалось бы, можно связывать его с о.-с. *chotěti: *chъtěti (см. *хотеть*), как это и делается со времени Миклошича (Miklosich, EW, 89). Но старшей формой этого слова, очевидно, является *охвота*. Кроме блр. яз. (ахво́та), она сохраняется и в некоторых сев.-рус. говорах (Подвысоцкий, 114); ср. также олон. охво́чий (Куликовский, 76). Из *охвота* — *охота* [как из о.-с. *chvorъ* — чеш. chorý (ст.-чеш. chvorý); польск. chory; в.-луж. chory; как польск. choja < chwoja], кроме того, несомненно влиял и корень *хот-* (*хотеть*). Но какой корень в *охота*, каков морфологический состав этого слова? По-видимому, — *о-хв-от-а* (впервые — Brückner, 374). Не без основания связывают его со ст.-чеш. ochviti se̩ — «разгорячиться», «загореться чем-л.», «отдаться чему-л. (душой)» и rozochviti — «придать охоты кому-л. к чему-л.», «возбудить охоту, желание», где корнем, надо полагать, является chv-. Это chv- Махек (Machek, ES, 335) связывает с корнем *chov- в о.-с. *chovati, не объясняя, однако, куда девалось *о*. Не исключено, однако, что др.-рус. *охвота* — плод ранней контаминации слова *охота*

ОХР

(от хотѣти) и, напр., слова хватати, хватити [ср. др.-рус. хватитися — «захотеть», «хватиться» (Срезневский, III, 1365)].

ОХРА, -ы, ж. — «минеральная краска желтого или красного цвета»; (по Далю, II, 1346) «глинистая или иная земля, окрашенная окисью металла, особенно железа, глина с водною окисью железа»; «желтая земляная краска». Укр. вóхра; блр. óхра; болг. óхра; с.-хорв. ȍкра : ȍкер; чеш. okr (< ст.-чеш. ochr); польск. okra (Дубровский, 391), ochra. В русском языке известно с XVIII в. [в словарях — с 1793 г. (САР¹, IV, 670)]. ▫ Ср. франц. ocre; нем. Ocker; англ. ochr. Первоисточник — греч. ὤχρα — «желтая охра» (субст. прил. ж. р. от ὠχρός — «изжелта-бледный», «бледно-желтый»). Отсюда — латин. ochra — тж. В русском языке — с Юга, по-видимому, непосредственно из греческого (позднегреческого).

ОЧÁГ, -á, м. — «устройство для разведения и поддержания огня». *Домашний (родной, семейный) очаг* — *перен.* «семья», «родной дом». Прил. очагóвый, -ая, -ое. Блр. ачáг, ачагóвы, -ая, -ае. В других слав. яз. это знач. обычно выражается словами, соответствующими рус. *огнище*: укр. вóгнище : óгнище; болг. огнúще; с.-хорв. ȍгњиште; чеш. ohniště (: krb); польск. ognisko. В русском языке слово *очаг* известно с 1-й пол. XVII в. (Р. Джемс, РАС, 1618—1619 гг., 11 : 25 : atchake «a hearth»). Позже в «Лексиконе» Татищева 30—40-х гг. XVIII в.: *очаг, огнисче* (Аверьянова, Тат., 79). ▫ Слово *очаг* тюркское по происхождению. Ср. (с тем же знач.): турец. ocak (произн. оджак); азерб. **очаг**; каз.-тат. **учак** (ucaq); кирг. **очок**; узб. **ŭчоқ**; ног. **ошак**; каракалп. **ошақ**; туркм. **ожак**. Ср. также у Радлова (I:2, 1134): **очак : очок : оџак : ошак, очаҕ** — «таган», «очаг». Слово встр. и в старотюркских текстах: očaq — «Herd» (Махмуд Кашгарский, XI в.) [Brockelmann, 124]; očaq : očuq : očïq — «Feuerstelle» (Gabain, 320).

ÓЧЕНЬ, нареч. — «в сильной степени», «весьма». Отсюда в говорах óченно («Опыт» 1852 г., 149). Только русское. Ср. в том же знач.: укр. дýже, вельми; болг. твърде, мнóго, сúлно. В русском языке это слово встр. в памятниках письменности с XVII в., причем сначала в форме *очунь (очюнь)* и иногда в знач., близком к прилагательному. Так, в «Книге о ратном строе» 1647 г. читаем: «поверь мне, что я не *очюнь* (не едва очухавшийся, не спросонок? — П. Ч.) пишу, но сам то очима своима видел» (то есть как бы «не *очуньний*») [24, об.], но: «да копейщику надобно... латы, только не *очюнь* бы тяжелы» (71). Еще Поликарпов (1704 г., 206 об.) дает форму *очюнь*. В переводных ИКИ 30-х гг. XVIII в., где это нареч. встр. десятки раз (с. 3, 5, 11 и др.), форма с у(ю) является нормой. Форма *очень* известна (если это не позднейшее исправление) с конца XVII в. У Лудольфа («Рус. гр.», 1696 г.) употр. это наречие с *е*: *очень* — «valde» (41) и в текстах:

ОШИ

«пиво *очень* житко» (52). У Вейсмана (1731 г., 220) — *очень*. ▫ О происхождении этого нареч. имеются противоречивые суждения. Надо полагать, однако, что оно этимологически связано с гнездом глаголов типа *очнýться*, отмечаемых Далем (II, 1349): новг. **очунýть**, курск. **очунéть**, смол. **очунять** — «очувствоваться телесно», «очнуться», «опомниться от обморока», «выздороветь», волог. **очýнуться** — «очувствоваться нравственно», «раскаяться в беспутной жизни», **очунáться, очунýться, очнýться** — «опомниться», «прийти в себя», «восстать от сна», «опамятоваться». Отсюда *очуньнь : *очуньний > *очунний : *очуньхий : *очуньной > **очýнной** — «очухавшийся», «пришедший в себя» и отсюда уже — «настоящий», «прямой» (см. Даль, уп.). Сначала *очунь*, по-видимому, значило что-нибудь вроде «очухавшись», потом — «как дóлжно», «как следует», «здорово», «действительно», еще позже — «весьма».

ОЧКИ, -óв, м. — «оптический прибор из двух стекол, надеваемый на переносье и держащийся при помощи двух дужек, закладываемых за уши, употребляется при недостатках зрения и для защиты глаз». Прил. очкóвый, -ая, -ое, очкáстый, -ая, -ое. Укр. очкóвий, -а, -е, очкáстий, -а, -е (но «очки» — окуляри); блр. ачкóвы, -ая, -ае (но «очки» — акуляры). Ср. в том же знач. болг. очилá, мн.; с.-хорв. нȁочари, мн.; словен. naočniki, мн.; но чеш. brýle, мн. (< нем. Brille, f.); в.-луж. bryla, f.; польск. (как и укр. и блр.) okulary, мн. Слово *очки* в русском языке известно, по крайней мере, с начала XVII в.: у Р. Джемса (РАС, 1618—1619 гг., 18 : 28) оно отм. в форме oateskï (=оц'ки?) — «spectacles» («очки»). Позже — у Поликарпова (1704 г., 206 об.): *очки* — «ocularij». ▫ От *очко* (< *очько*), которое — от *око*. Образовано, по всей вероятности, не без влияния латин. ocularius, которое — от oculus — «глаз», «око».

ОЧУТИТЬСЯ (в форме 1 л. ед. ч. не употр.) — «попасть куда-л.», «оказаться в каком-л. положении». Ср. укр. очýтити — «привести в сознание, в чувство», очутитися — «прийти в сознание, в чувство», «очнуться», «опомниться»; чеш. oc(i)tnouti se — «очутиться»; словац. ocitnút' sa — тж. В других слав. яз. родственные с этим глаг. слова имеют несколько иное знач.: «чувствовать», «приводить или приходить в чувство» (см. *ощущать*). Др.-рус. (с XI в.) **очутити** — «заметить», «услышать», «распознать», **очутитися** — (с XIII в.) «проснуться», (с XIV в.) «оказаться», «стать (сделаться)», (с XVI в.) «очувствоваться» (Срезневский, II, 848). ▫ О.-с. *očutiti. Корень *čut- [из *ot-ju-t- < и.-е. *at- + eu + t- (где at — предлог-приставка) с перераз-ложением *o-tjut-], тот же, что в *ощутить*, *ощущать*.

ОШИБÁТЬСЯ, ошибáюсь — «делать, поступать неправильно». Сов. **ошибиться**. Сущ. **ошибка**. Только русское. В других слав. яз. отс. Ср. в том же знач.: укр.

помиля́тися, помили́тися, поми́лка; болг. бъ́ркам, греша́, гре́шка; с.-хорв. ва̏рати се, прева̏рити се, погреши́вати, погре́шити, по̀грешка. В русском языке известно с XV—XVI вв., причем Срезневский (II, 850, 851) дает значения: ошибитися (XV в.) — «воздержаться», «отстать» (как бы «отшибиться», «оказаться на отшибе»), ошибатися (XVI в.) — «отстраняться». Для того же времени (XVI в.) он отм. и ошинутися (< *ошибнутися), точнее, форму ошинувшееся (Сильв. и Ант. вопр. XVI в.) со знач. «ошибиться» (с вопросом) [по другому сп. (XVII в.) — посрамившееся]. В совр. знач. в словарях: Вейсман, 1731 г., 680: ошибти́ся; РЦ 1771 г., 595; ошибаться, ошибка. ▫ Старшее знач. глаг. ошиби́ться, ошиба́ться — «оказаться, оказываться на отшибе, отставшим или отстраненным, лишенным чего-л.». Ср. др.-рус. ошибь — «хвост» (Срезневский, уп.). О.-с. корень *šib-, с š из ch (ср. зашиба́ть, ушиба́ть, шибко). И.-е. корень *kseib- : *kseip- (Pokorny, I, 625), не имеющий широкого распространения в и.-е. языках. Ср., однако, др.-инд. kṣipati — «бросает», «ме́чет», «уничтожает». Иногда его связывают с и.-е. *kseubh- [ср. польск. chyba — «ошибка», «промах» (Дубровский, 43)].

ОЩУЩА́ТЬ, ощуща́ю — «воспринимать органами чувств»; «чувствовать». *Возвр. ф.* ощуща́ться. *Сов.* ощути́ть, *отглаг. сущ.* ощуще́ние. *Прил.* (от *ощутить*) ощути́тельный, -ая, -ое. Ср. с.-хорв. ħу̀тети (се) — «чувствовать (себя)», oħу́тети — «почувствовать»; словен. čutiti — «чувствовать»; чеш. cítiti — «ощущать», «чувствовать»; польск. cucić — «приводить в чувство». Др.-рус. (с XI в.) ощути́ти — «ощутить», «узнать», «понять», ощутитися — «почувствовать», «очнуться», ощущати — «находить», ощущение — «сознание» (Срезневский, II, 842). Ст.-сл. ѡщоутнтн (сѧ), ѡщоущатн (сѧ). Позже появилось прил. ощутительный (Нордстет, II, 1782 г., 517) и возвр. ф. ощущаться (САР¹, VI, 1794 г., 842). ▫ О.-с. *otjutjati, *otjutiti. По о.-с. корню *tjut- относится к одной группе с *очути́ться* (см.). И.-е. база *eu-(корень) + -t-(формант) [Pokorny, I, 346]. Начальное t- — от предлога *ot (см. *от*) вследствие переразложения *ot-jut- > *o-tjut-. Ср. лит. atjaũsti (где at-=о.-с. *ot-) — «сочувствовать» при jaũsti — «чувствовать» (-st- в инфинитиве — из -tt-; ср. jaũtimas — «ощущение»). См. Machek, ES, 60. Т. о., в форме с щ этот глаг. следует считать заимствованием из старославянского языка.

П

ПА́ВА, -ы, *ж.* — «самка павлина». *Прил.* па́вий. Укр. па́ва (при па́вич — «павлин»); блр. па́ва (ср. паўлі́н); болг. пау́ница, пау́нка (при пау́н — «павлин»); с.-хорв. пау́ница (при па̏ун — «павлин»); словен. pavica (при pav — «павлин»); чеш. pávice (при páv — «павлин»); польск. pawica (ср. paw — «павлин») и др. *Пава* встр. в «Космографии» 1670 г. в форме род мн. *пав* (381) и род. ед. *павы* (417). Ср. *павъ* — «павлин» в «Похвале к богу» Георг. Писида по сп. XVI в. и прил. *павий* в приписке к «Апостолу» 1307 г. (Срезневский, Доп., 211). В словарях *пава* отм. с 1704 г. (Поликарпов, 1). ▫ Вопреки Фасмеру (Vasmer, REW, II, 298), возводящему слово *пава* к др.-в.-нем. pfāwo — «павлин» (совр. нем. Pfau), надо полагать, что это слово (сначала, м. б., со знач. «павлин», а не только «самка павлина»; форма *павъ*, м. б., более поздняя) — о.-с. заимствование из латинского языка. Ср. латин. pāvō, род pāvōnis — «павлин», откуда и др.-в.-нем. pfāwo. Ср. исп. pavo — «павлин», pava — «пава»; ит. pavóne : paóne — «павлин» (при pavonessa : pavona — «пава»); франц. paon, *m.* (при paonne —«павлин» (при pắună — «пава»). Англ. peacock — «павлин» в первой своей части также восходит к латин. pāvō; ср. ср.-англ. pō — тж., англосакс. pēa : pāwa. Латин. pāvō заимствовано из греческого языка. Ср. греч. ταῶς : ταῶς : ταῶν — «павлин». Начальное p в pāvō — под влиянием paupulō — «кричу» (о павлинах). В греческом языке это слово, по-видимому, восточного происхождения. По преданию, *павьи* птицы были вывезены из Индии Александром Македонским. См. *павлин.*

ПАВИЛЬО́Н, -а, *м.* — «крытая постройка легкой конструкции в парке, в саду, на бульваре, предназначенная для торговли, выставки, оркестра». *Прил.* павильо́нный, -ая, -ое. Укр. павільйо́н, павільйо́нний, -а, -е; блр. павільён, павільённы, -ая, -ае; болг. павильо́н; с.-хорв. павиљо̄н; чеш. pavilon, pavilonový, -á, -é; польск. pawilon, pawilonowy, -a, -e и др. В русском языке по словарям известно с начала XIX в. (Яновский, 1806 г., III, 170). Бесспорные примеры употребления этого слова в русском языке относятся к концу XVIII в. Ср. у Карамзина в «Письмах рус. пут.»: «Я был в Марли; видел… 12 *павильйонов*, изображающих 12 знаков Зодиака» (Избр. I, 485, Париж, 1790 г.). Ранний пример из «Архива» Куракина (I, 89, 1723 г.): «о команде над всеми флотами… под его *павиліоном*» (ср. франц. pavillon, которое имеет также знач. «флаг»). Встр. у Пушкина (СЯП, III, 264). Надо полагать, из французского. Ср. франц. pavillon (старшее знач. — «палатка», «шатер») > нем. Pavillon; англ. pavilion и др. Но ср. исп. pabellón; ит. padiglione. Первоисточник — латин. pāpilio — «палатка», «шатер» (также «бабочка»).

ПАВЛИ́Н, -а, *м.* — «самая крупная птица отряда куриных семейства фазановых, самец, с яркой окраской оперения (при преобладании синего цвета), с длинными, разноцветными, украшенными очковыми пятнами (кружками) перьями надхвостья». Pavo. У Даля (III, 1) *пав* — тж. Сопостави́тель-

ПАЙ

ный материал по славянским языкам см. в ст. *пава*. В словарях отм. с 1704 г. (Поликарпов, 1). ▫ Едва ли [вопреки Фасмеру (Vasmer, REW, II, 298)] имеет какое-либо отношение (хотя бы в конечном счете) к франц. pavillon. Скорее этого слово следует связывать с латин. прил. pāvōnīnus — «павлиний», «разноцветный» (с диссимиляцией n : n > l : n).

ПАЙ[1], *в знач. сказ. и приложения, нескл., м. и ж.* — «хороший, послушный, образцовый ребенок». **Па́инька**, *м. и ж.* — тж. Только русское, сначала (в XIX в.), м. б., даже только петербургское. Ср. у Даля (III, 5): пай, па́инька — петерб., чухонск. «умник», «послушный (говор. дитяти)». Ср. в том же знач.: укр. ця́ця, ця́цинька; блр. ца́ца; польск. laluś, bobo. В других слав. яз. — описательно [ср. болг. у́мно (послу́шно) дете́нце; чеш. hodný, čihaný chlapeček (или hodná holčička)]. Встр. у Пушкина в письме к жене от 30-IV-1834 г.: «ты *пай* дитя» (ПСС, XV, 136). ▫ Даль, надо полагать, был прав, указывая на финский источник этого несомненно заимствованного слова. Ср. фин. (с.) детск. pai — «послушный»; ср. paija — «игрушка», paijata — «ласкать» (ребенка) и др. [SKES, II, 458 (там же параллели из других финских языков)].

ПАЙ[2], -я́, *м.* — «доля, часть в общем деле, приходящаяся по взаимному соглашению на каждое отдельное лицо (пайщика), при внесении или при получении денежной суммы или иных видов личной собственности». *Прил.* паево́й, -а́я, -о́е. *Сущ.* паёк, па́йщик. Укр. пай, пайови́й, -а́, -е́, пайови́к; блр. пай, паевы́, -а́я, -о́е, па́йшчык; болг. пай (: дял, вно́ска). В других слав. яз. отс. Ср. в том же знач.: с.-хорв. дѐо; чеш. podíl, vklad, dávka; польск. udział. В русском языке в словарях: *паёк* — с 1771 г. (РЦ, 361); *паевой* — с 1822 г. (САР², IV, 765: *паевый*); *пайщик* — с 1793 г. (САР¹, IV, 695: *пайщи́к*). ▫ Заимствовано из тюркских языков. Ср. турец. pay — «часть», «доля», «порция» (а также «выговор», «нахлобучка»); каз.-тат., туркм., узб., кирг., башк. и др. **пай** (см. Lokotsch, § 1610). В перечне тюркизмов у Дмитриева почему-то отсутствует.

ПАКЕ́Т, -а, *м.* — 1) «большой конверт с письмом или письмами и бумагами официального характера»; 2) «упакованный сверток, посылка»; 3) «связка нетяжелых вещей в бумажной обертке»; 4) «бумажный мешочек». *Прил.* паке́тный, -ая, -ое. Укр., блр., болг. паке́т; с.-хорв. пàкēт; польск. pakiet; чеш. paket (но обычно svazek, zásilka, balík). В русском языке слово *пакет* известно с Петровского времени: «Архив» Куракина, I, 171, 1706 г.; II, 394, 1712 г.; также в «Инструкции о должности секретарей КИД», 1720 г.: «с почты из иностранных государств приходящие... *пакеты*» (ЗАП I, т. I, № 407, с. 526). Кроме того, Christiani, 43; ПбПВ, I, 358, 1700 г.: «в обертке или *покете*». В словарях отм. с 1762 г. (Литхен, 434). ▫ Из западноевропейских

ПАК

языков при немецком (или голландском, шведском) посредстве. Ср. франц. paquet (на основе англ. pack — «тюк, сумка») > англ. packet; нем. Paket; голл. pakket; швед. paket и др. Происхождение англ. pack (= голл. pak, нем. Pack и др.) не совсем ясно. Некоторые языковеды возводят к позднелатин. paccus; ср. прич. pactus, от pangō — «вколачиваю», «сочиняю», «связываю».

ПА́КЛЯ, -и, *ж.* — «короткие, спутанные льняные и пеньковые очески», «грубое, непригодное для пряжи волокно, получающееся как отход при первичной обработке льна и конопли». *Прил.* па́кляный, -ая, -ое. *Глаг.* на́клить. Блр. паку́лле, пакляваць. Ср. польск. pakuły, *мн.* В других слав. яз. отс. Ср. в том же знач.: укр. кло́ччя; болг. къ́лчица; с.-хорв. ку́чина; чеш. koudel. В русском языке слово *пакля* в широком употр. известно с начала XVIII в. [ЗАП I, т. I, № 152, с. 119: «о пакли лляной» (Заметки Петра I, относящиеся к 1722 г.)]. В словарях: Вейсман, 1731 г., 749: пакла. ▫ Заимствовано из литовского языка. Ср. лит. pākulos — «пакля», pakulìnis — «пакляный», pakulóti — «паклить», «конопатить»; латыш. pakulas. В литовском: pa- — приставка, корень тот же, что в kùlti — «бить», «колотить» (см. Fraenkel, 211; ранее Преображенский, II, 5).

ПАКОВА́ТЬ, паку́ю — «укладывать что-л. для перевозки или пересылки, плотно увязывая в какую-л. тару». *Сов.* (только с приставками) упакова́ть, запакова́ть. Укр. пакува́ти; блр. пакава́ць. Ср. с.-хорв. па́ковати; польск. pakować — тж. Ср. болг. опа́кбвам — «пакую». В других слав. яз. отс. В русском языке глаг. *паковать* появился во 2-й четверти, XIX в. В словарях — с 1847 г. (СЦСРЯ, III, 155). ▫ Заимствовано (как и в других слав. яз.) из немецкого. Ср. нем. packen — тж., от Pack — «пакет», «пачка», «связка», «тюк», которое восходит к голл. pak — «сверток», «вьюк». Отсюда же: англ. pack — «тюк», «вьюк»; глаг. «паковать», «укладываться»; ит. pacco — «пачка»; См. *пакет*.

ПА́КОСТЬ, -и, *ж.* «нечто гадкое, мерзкое, неприличное»; «поступок, совершаемый с целью повредить кому-л.». *Прил.* па́костный, -ая, -ое. *Глаг.* па́костить. Укр. па́кость (но чаще ка́пость), па́кос(т)ний (но чаще ка́посний), -а, -е, па́костити (и ка́постити); болг. па́кост, па́костен, -тна, -тно, пакостя́ («пакошу»; с.-хорв. пакост, па́костан : па́косан, -сна, -сно : па́коснӣ, -а̄, -о̄, па́костити; польск. pakość — «злоба». Любопытно по значению в.-луж. pakość — «костный нарост»; ср., однако, pakościć — «воровать», «тащить». В некоторых слав. яз. это слово или известно лишь в просторечном употр. и в говорах, а в общем употр. от него сохранились только производные, или просто оно утрачено. Ср. в том же знач.: блр. паску́дства [ср. польск. paskudztwo (и obrzydliwość) — «пакость»; чеш. ohavnost (но ср. pakostnice —

ПАЛ

«подагра») и т. д. Др.-рус. (с XI в.) и ст.-сл. **пакость** — «вред», «болезнь» (в частности, о проказе), «разорение», «несчастье», «зло», «обида», «скверный поступок», **пакостный** — «вредный», «пагубный», **пакостити** — «причинять вред», «грабить» (Срезневский, II, 862, 864—865). ◽ О.-с. *pakostь. Наиболее распространенное объяснение: *пакость* образовано от *пак-* : *опак-* с суф. *-ость*. Ср. ст.-сл. и др.-рус. **пакы** : **пако** : **опакы** — «обратно», «назад», «наоборот», «вновь»; др.-рус. **опако** — «назад» (Срезневский, II, 676, 866); ср. **на́ опако** — «наоборот», «напротив» в «Книге о ратном строе», 1647 г., 75 об. и в говорах (Даль, II). Принимая, однако, во внимание знач. этого слова в др.-рус. и ст.-сл. языках, а также в.-луж. rakość — «костный нарост», чеш. pakostnice — «подагра» и т. п., пожалуй, лучше производить о.-с. *pakostь от о.-с. *kostь, с приставкой pá- (ср. *па́губа*), старшим значением можно считать что-нибудь вроде «костный нарост», откуда позже «болезнь» (подагрическая?), отсюда далее «вред», «несчастье», «зло».

ПАЛА́ТА, -ы, ж. — 1) *устар.* «большая комната, зал во дворце»; 2) «комната, помещение для больных в больнице, госпитале»; 3) «название некоторых государственных учреждений, напр. Палата мер и весов»; 4) «один из двух равноправных органов, входящих в состав Верховного Совета СССР (Совет Союза и Совет Национальностей)»; 5) «представительное учреждение в некоторых странах». *Прил.* **пала́тный**, -ая, -ое. *Сущ.* **пала́тка**. Укр. **пала́та**, **пала́тний**, -а, -е, **пала́тка**; блр. **пала́та**, **пала́тны**, -ая, -ае, **пала́тка**; болг. **пала́та** — «дворец», «большое, красивое здание (сооружение) как помещение для того или иного общественного учреждения», «название нек. учреждений»; ср.-пола́т — «дворец», **пала́тка**; с.-хорв. **па̀лата** — «дворец», «роскошное здание». Ср. чеш. palác; польск. pałac; словен. palača. Др.-рус. (с XI в.) **полата**, **палата** — «дворец», «комната», «шатер», **полатьный** — «дворцовый», «домовый», «шатровый», **полатьникъ** — «ключарь», **полата** — «дом» (в Новг. I л. по Акад. сп. под 6858 г. — Срезневский, II, 1122—1125). В совр. знач. слово *палатка* (напр. о солдатской палатке) употр. гл. обр. с Петровского времени («Доклады и приговоры», I, 1711 г., 415, 416: «*палаток*», «*палаток* солдатских» (при перечислении военного имущества). ◽ Восходит слово *палата* к ср.-греч. παλάτιον (новогреч. παλάτι), а оно, в свою очередь, к латин. palātium — «дворец» (собств. «Палатинский холм», который со времени Августа стал резиденцией римских императоров); отсюда потом исп. palacio, ит. palazzo, франц. palais и др. Западнославянские формы восходят к ит. palazzo.

ПАЛА́Ч, -а́, м. — «лицо, которое приводит в исполнение приговор о смертной казни, производит пытки»; *перен.* «убийца», «истязатель». *Прил.* **пала́ческий**, -ая,

-ое. Из русского языка — болг. **пала́ч** (также **джела́т**). В других слав. яз. отс. Ср. в том же знач.: укр., блр. **кат**; польск. kat; чеш. katan, kat (слово неясное по происхождению) и др. В русском языке слово *палач* известно с XVI в. В КДРС старший пример относится к 1574—1578 г.. Позже: «Пар. сл. моск.», 1586 г., 562: pollachy - «le bourreau» («*палач*») (Ларин; здесь же и данные из письменных памятников XVI—XVII вв.); Р. Джемс (РАС, 1618—1619 гг., 15 : 24): póllatch — «the executioner»; «Житие» Аввакума (Автограф, 37): «а се и бегут по меня два *палача*». ◽ Обычно объясняют как произв. от тюрк. pala — «род сабли с широким лезвием» (ср. турец. pala — тж.; см. *палаш*). Но в русском языке нет слова *пала и, кроме того, палач в Московской Руси был не только (и не столько) исполнителем смертного приговора, но и т. наз. «торговой казни», осуществлявшейся в особо отведенном месте на помосте. Каринский (37—38) связывал это слово с *палата*, считая (не приводя, однако, убедительных доказательств), что его первоначальное знач. было «дворцовый слуга», «служитель палаты», суф. *-ач*, как в *богач*, от *богатый*. Это сближение заслуживает внимания, но, м. б., производить это слово (с колебанием *о* : *а* после *п*) следует не от *палата* : *полата* — «дворец», а от более позднего народного **полати** : **палати** — «помост», «подмост», «настилка, поднятая выше полу и головы» (Даль, III, 6). Слово *полати* (< греч. παλάτιον)) известно в русском языке с 1568 г. (Срезневский, II, 1124).

ПАЛА́Ш, -а́, м. — «холодное оружие вроде короткого меча или сабли с прямым широким лезвием, обоюдоострым к концу». Укр., блр. **пала́ш**; болг. устар. **пале́ш** (Младенов, ЕПР, 409: «вид сабя»); с.-хорв. **па̏лош**; чеш. palaš; польск. pałasz. В русском языке слово *палаш* известно с начала XVII в. (Авраамий Палицын, «Сказание», 155). В словарях — с 1704 г. (Поликарпов, 2). ◽ Заимствовано из венгерского. Ср. венг. pallos — «меч», «палаш», которое само восходит к турец. pala — «род сабли». Ср., с другой стороны, турец. palyoş — «штык-тесак», которое из венгерского. Отсюда же (из венг.) нем. (с 1616 г.) Pallasch; ит. palóscio. В русский язык попало едва ли через польский: в польской интервенции начала XVII в. принимали участие и венгерские соединения. См. Киш, St. Sl., VI, 275—276.

ПА́ЛЕВЫЙ, -ая, -ое — «бледно-желтый с розоватым оттенком». Укр. **па́льовий**, -а, -е; блр. **па́левы**, -ая, -ае. В других слав. яз. отс. В том же знач.: болг. **бледожёлт**, -а, -о; чеш. bledežlutý, -á, -é (или světležlutý s růžovým odstínem); польск. słomkowy, -a, -e. В русском языке известно с начала XVIII в.: «Архив» Куракина, III, 216, 1710 г.: «надевши *палевую*» (ливрею). В словарях — с 1822 г. (САР², IV, 776). ◽ Восходит, по-видимому, к франц. pâle — «бледный»; ср. paille — «палевый» (собств. «соломенного цвета»; paille, сущ. — «солома»). Ср. ит. paglierino — «палевый» (от paglia — «солома»).

ПА́ЛЕЦ, -льца, *м.* — «подвижная конечная часть кисти руки или ступни ноги у человека, лапы животного». Даль (III, 7) отм. перм. па́лес — только «большой палец» (*с вм. ц* — диалектная особенность произношения). *Прил.* па́льцевый, -ая, -ое, па́льчатый, -ая, -ое. Укр. па́лець, пальцьови́й, -а́, -é, пальча́стий, -а, -е; блр. па́лец, па́льцавы, -ая, -ае, пальча́ты, -ая, -ае; польск. palec; н.-луж. palc. В других слав. яз. в знач. «большой палец»: болг. па́лец; с.-хорв. па̏лац; словен. palec; чеш. palec; в.-луж. palc. В знач. «палец» в этих языках употр. слово, соответствующее рус. *перст* (см.): болг. **пръст**; с.-хорв. пр̏ст; чеш. prst. В древнерусском языке слово пальць, известное с XI в., по-видимому, также значило «большой палец» [примеры у Срезневского (II, 870) не совсем ясны, но не противоречат такому пониманию: «дотиснувся *палцемь* в чашу, бѣ бо имѣя под ногтемь растворение смертное» (Пов. вр. л. под 6574 г. и др.)]. Знач. «палец (вообще)», «перст» устанавливается лишь в XVI—XVII вв. ▫ О.-с. *palьcь (< *pōlikos) — «большой палец». И.-е. корень *pol- — «толстый», «большой». Наиболее вероятным можно считать давнее сближение как с родственным образованием — с латин. pollex, род. pollicis — «большой палец» [основа *pol-n(-o)-]. Дальше не так ясно. Возможно, сюда относятся: латин. polleō — «имею силу», «преобладаю» и нек. другие соответствия, о которых см. Pokorny, I, 840—841; ср., однако, Walde — Hofmann³, II, 332. Надо полагать, что чеш. диал. pal´uch — «большой палец в рукавице», польск. диал. paluch — «большой палец», а также рус. *беспалый, шестипалый* сохраняют память об основе этого слова *pal- (-ьсь суф.). Следует, однако, учесть, что прил. к *палец* в русском языке обнаруживаются поздно, с XVII в (прозвище *Безпалой*, по Тупикову, 44, встр. с 1658 г.) и, м. б., являются новообразованиями на русской почве. Прил. *пальцевый, пальчатый* — поздние. В словарях первое отм. Нордстетом (1782 г., II, 519), второе — Далем (III, 1865 г., 7).

ПАЛИСА́Д, -а, *м.* — 1) «легкий сквозной забор из стоячих кольев, брусков, жердей и т. п.»; «огороженный садик перед домом»; 2) «старинное оборонительное сооружение в виде частокола из заостренных кольев, бревен на гребне наружного рва». *Прил.* палиса́дный, -ая, -ое. Сюда же палиса́дник (то же, что *палисад* в 1 знач.). Укр. палiса́д, палiса́дний, -а, -е, палiса́дник. В блр. отс.; ср. частако́л — «палисад», агаро́дчык, кветнiк — «палисадник». Ср. болг. палиса́да — «забор из кольев». Ср. в том же знач.: с.-хорв. па̏лиса̏д; польск. palisada. Ср. чеш. palisáda — «кол для ограды». В русском языке слово *палисад* в старшем (военном) знач. известно с Петровского времени: «Указ Пфлугу», 1708 г.: «зделать… бедектавег с двемя борстворами и *палисадами* к реке» (ПбПВ, VIII, № 2581, с. 97); кроме того, ЗАП I, т. I, № 239, 1708 г., 196 и др. Отм. в словарях с 1762 г. (Литхен, 434), *палисадник* — с 1771 г. (РЦ, 626), *палисадный* — с 1822 г. (САР², IV, 778). ▫ Заимствовано из французского языка. Ср. франц. palissade, *f.* — «изгородь», «частокол», которое этимологически является производным от palis, *т.* — «кол», «свая», а оно — от pal, *т.* — «кол», восходящего к латин. pālus — «кол». Из французского же: нем. Palisade, *f.*; ит. palizzata и др. На русской почве подверглось переосмыслению под влиянием *сад*.

ПАЛИСА́НДР, -а, *м.* — «древесина некоторых тропических растений (деревьев) и самое дерево семейства бигнониевых, древесина которого тонковолокнистая, твердая, тяжелая, темно-розового или шоколадно-бурого цвета с фиолетовым оттенком, хорошо поддается полировке», Jacaranda brasiliana. *Прил.* палиса́ндровый, -ая, -ое. Укр. палiса́ндр, палiса́ндровий, -а, -е; блр. палiса́ндр, палiса́ндравы, -ая, -ае; болг. палиса́ндър, палиса́ндров, -а, -о; с.-хорв. палисандрово дрво; чеш. palisandr, palisandrový, -á, -é; польск. palisander, palisandrowy, -a, -e. В русском языке известно с середины XIX в. (Углов, 1860 г., 194). ▫ Восходит к франц. (с XVIII в.) palissandre, *т.* < голл. palissánderhout — «палисандровое дерево». Древесина, как и название дерева, вывезены голландцами из Нидерландской Гвианы. Из французского — нем. Palisánder, *т.* Ср. англ. rose wood — тж.

ПАЛИ́ТРА, -ы, *ж.* — «легкая дощечка, обычно овальной формы, с отверстием для большого пальца, на которой художник (живописец) смешивает краски». Укр., блр. палíтра; болг. пали́тра. Ср. в том же знач.: с.-хорв. пале́та; чеш. paleta; польск. paleta, устар. paletra. В русском языке слово *палитра* известно с начала XIX в. (Яновский, III, 185). Любопытно, что САР² (IV, 1822 г., 777) дает форму *пале́тра*. У Пушкина в стих. «К вельможе» 1830 г. — *палитра* (ПСС, III, 217). ▫ Восходит к франц. palette, *f.* — «лопатка», «палитра». Ср. ит. paletta — «лопатка», palettiere — «лопатка» (у золотильщиков) при tavolozza — «палитра»; исп. paleta — «лопатка», «палитра». Из французского — англ. palette — тж. Первоисточник — латин. pāla (> франц. pelle) — «лопата». Концовка с *р* (*палитра*) в русском языке — с Запада (ср. ит. palettiere).

ПАЛИ́ТЬ, палю́, — «предавать сожжению», «жечь»; «обжигать огнем что-л. ворсистое, волосяное, покрытое пухом и т. п.». Укр. пали́ти (но сма́лити — «палить птицу, тушу»); блр. палíць [но сма́лiць (тушу, ворс)]. Ср. болг. па́ля — «зажигаю», «развожу огонь»; с.-хорв. па́лити — «жечь», «зажигать», «подпаливать»; чеш. páliti (ср. opalovati — «палить птицу и т. п.»); польск. palić — «жечь»; в.-луж. palić — тж.; н.-луж. paliś — тж. Др.-рус. (с XI в.) и ст.-сл. палити — «сжигать» (Срезневский, II, 869). ▫ О.-с. *paliti. Каузатив к *polěti.

ПАЛ

Ср. ст.-сл. (Супр. р.) и др.-рус. книжн. полѣти, 1 ед. полю — «пылать», «гореть», «сжигать» (Срезневский, II, 1152). И.-е. корень *pel-: *pol-: *plē-: *plŏ- — «жечь», «палить». На славянской почве родственные образования: рус. полыма, полено, пепел, ц.-сл. пламя. Ср. лит. plĕnys, pl. «пепел»; др.-исл. flōr (основа *flō-wa-) и др. Подробнее — Pokorny, I, 805; Fraenkel, 566, 615.

ПА́ЛКА, -и, ж. — «часть тонкого прямого ствола или прямой ветки, отделенная от дерева и очищенная от побегов, используемая как примитивное орудие труда или нападения и обороны или как посох». *Прил.* па́лочный, -ая, -ое. Укр. па́лка (чаще ці́пóк, кийóк, па́лиця), па́лочний, -а, -е; блр. па́лка, па́лачны, -ая, -ае; польск. устар. pałka (чаще kij); ср. в.-луж. pała — «полено», pałka — «язык колокола» («палка» — kij). В других слав. яз. (где *палка* встр. лишь как заимствование из русского) в этом знач. иногда употр. слово того же корня *палица*: болг. па́лица [хотя чаще *тояга, бастун* (< ит. bastone)]; с.-хорв. па́лица (наряду с *ба̑тина, шта̑п* и др.). Ср. чеш. palice — «(деревянный) молот», «кукурузный початок» («палка» — hůl, klacek). Др.-рус. (XI—XII вв.) палъка (наряду с палица) — «палка», «посох» (Срезневский, II, 870). ▫ Оба слова от *pala (ср. польск. устар. pała — «дубина»), от корня *pal-, видимо, того же, что в глаг. *палить* (см.). Старшее знач., м. б., «тонкий ствол (ветка), отделенный от дерева, со снятой корой, очищенный от побегов, опаленный на огне (костре)» или просто «обугленное тонкое полено», или даже «один из двух брусков дерева, путем трения которых добывался огонь».

ПАЛО́МНИК, -а, м. — «богомолец, странствующий по т. наз. святым местам», «странник-богомолец, побывавший в Палестине», «пилигрим». *Женск.* пало́мница. *Прил.* пало́мнический, -ая, -ое. *Глаг.* пало́мничать. Блр. пало́мнік, пало́мніца, пало́мніцкі, -ая, -ае, пало́мнічаць. В других слав. яз. отс. Ср. укр. проча́нин (ср. про́ща — «богомолье»; болг. хаджи́я; с.-хорв. ха̀џи(ja); словен. božjepotnik, romar; чеш. poutník do Svaté země. Др.-рус. (с XIII в.) паломьникъ (Срезневский, II, 870). ▫ Видимо, переосмысленное позднелатин. palmārius — «пальмовый» > «паломник» от palma — «пальма» (на Западе паломники по обычаю возвращались из «святых мест» с пальмовыми ветками). Ср. ит. palmario — тж. Но самого слова *пальма* [или *палъма, как заставляет предполагать форма паломник (< *палъмьникъ)] в древнейших русских памятниках письменности не обнаружено (см. *пальма*). Если это слово — от латин. palma (> др.-рус. *палма : *палъма), то мы имеем здесь дело с образованием по аналогии, напр. с *псалъмьникъ* или с *кърчьмникъ* (от *кърчьма*), известным с XI в. (Срезневский, I, 1414). Допустимо думать, что *паломьникъ* (вм. *палмарий, *палмарьникъ) ассоциировалось не с паль-

ПАЛ

ма : *палъма (этого слова тогда, м. б., и не было), а именно с другими словами [особенно с псалъмъ, откуда др.-рус. псалъмьникъ (Срезневский, II, 870, 1721)].

ПА́ЛТУС, -а, м. — «северная морская (океанская) рыба с плоским туловищем отряда камбал», Hippoglossus hippoglossus. *Прил.* па́лтусовый, -ая, -ое. Укр. па́лтус, па́лтусовий, -а, -е; блр. па́лтус, па́лтусавы, -ая, -ае; болг. па́лтус, па́лтусов, -а, -о; но чеш. platýs : platýs : platejs. В некоторых слав. яз. отс. Ср. с.-хорв. иве́рак или иве́рка (собств. «щепка»); словен. morski list; польск. turbot (ср. франц. turbot, англ. turbot). В русском языке слово *палтус* известно с начала XVII в.: Р. Джемс (РАС, 1618—1619 г., 36 : 14): poltusa — «à turbet». В словарях *палтус* отм. с 1782 г. (Нордстет, II, 519), *палтусовый* — с 1793 г. (САР¹, IV, 702). ▫ Восходит, надо полагать, к немецкому названию морской камбалы Platteis(e) [: Plattfisch] — букв. «плоская рыба» (ср. нем. platt — «плоский»). Но слово это не немецкое, а попало в немецкий язык из романских. Ср. латинское (и научное) название камбалы (встр. у Авзония) platessa (: platēnsis), восходящее (как и нем. platt) к греч. πλατύς — «плоский».

ПА́ЛУБА, -ы, ж. — «открытое место в верхней части судна (на корабле, пароходе и т. п.) со сплошным водонепроницаемым настилом в виде пола, на котором могут быть размещены служебные и пр. помещения». *Прил.* па́лубный, -ая, -ое. Укр. па́луба, па́лубний, -а, -е; блр. па́луба, па́лубны, -ая, -ае. Из русского: болг. па́луба; с.-хорв. па̀луба; чеш. paluba (прил. palubový, -á, -é). В некоторых слав. яз. отс. Ср. в том же знач.: словен. ladijski krov; польск. poklad (ср., однако, pałuba — «верх экипажа»). Др.-рус. палуба — «палуба», «крыша на лодке для сохранения клади» (в Пск. судн. грам. — Срезневский, II, 1139). Позже (с *по-*) в «Житии» Аввакума (Автограф, 21): «одны *полубы* над водою». В словарях отм. (только с *па-*) с 1762 г. (Литхен, 435). Даль (III, 9) дает такие значения: «крыша», «потолок», «настилка»; «помост на водоходных судах», «временная тесовая, округлая крыша на лодках для защиты клади»; «тесовая временная настилка на кружалах для кладки каменных сводов»; «тонкая доска, на коей натянуты струны, дек». ▫ Несомненно, связано с *луб* (см.), *лубье*. Ср. у Даля (III, 242): полубина — «луб», «кора старой липы, негодная на лыко, а только на крышу, под тес, и в мочку». Префикс мог быть и *па-* и *по-*.

ПА́ЛЬМА, -ы, ж. — «тропическое растение (дерево) с колоннообразным прямым высоким стволом без ветвей и с крупными длинными перистыми или веерными вечнозелеными листьями, собранными на самой вершине», Palma. *Прил.* па́льмовый, -ая, -ое. Укр. па́льма, па́льмовий, -а, -е; блр. па́льма, па́льмавы, -ае; болг. па́льма, па́лмов, -а, -о; с.-хорв. па̑лма, па̑лмов, -а, -о; словен. palma, palmov, -а, -о; чеш. palma, palmový, -á, -é; польск. palma, palmowy, -a, -e. В памятниках допетровского времени слова *пальма* со знач. «дерево» не обнаружено, но с XIII в. известно слово **паломьникъ** (вероятно из **палъмьникъ*), которое можно было бы рассматривать как произв. от **палъма*, если бы такое слово существовало. Не исключено, что в Древней Руси слово **паломьникъ** (подражание средневек. латин. palmārius — тж.; старшее знач. — «пальмовый») ассоциировалось не с *пальма*, а с некоторыми другими др.-рус. словами (см. *паломник*). Ср., однако, более поздние данные у Срезневского (II, 870): *пальма* — «ветвь» (1539 г.). В словарях *пальма* — «дерево» отм. лишь с 1731 г. (Вейсман, 461: *палма*). ▫ Слово латинское по происхождению: palma, *f.* — собств. «ладонь или кисть руки», откуда сначала «ветка пальмового дерева» (по сходству его листвы с опущенными пальцами руки), далее «пальма». Из латинского — ит. palma (дерево); нем. Pálme — тж., но франц. palme, *f.* — «пальмовая ветка» (ср. palmier, *m.* — «пальма»). В русском языке — из западноевропейских.

ПАЛЬТО́, нескл., *ср.* — «верхняя одежда с длинными, обычно ниже колен полами, надеваемая поверх костюма или платья». Укр. **пальто́**; блр. **палі́то**; болг. **палто́**; с.-хорв. **па̀л(е)то̄**; польск. palto, устар. paltot. Ср. в том же знач. чеш. surchnik, plášt', kabát, но известно и paleto. В русском языке слово *пальто* появилось во 2-й четверти XIX в. В 40-х гг. оно было уже широко распространено и нередко встр. в художественных произведениях в знач. «домашняя одежда», напр. у Герцена в «Былом и думах», ч. IV, 1855—1858 гг., гл. 29, где речь идет о людях и событиях начала 40-х гг. (СС, IX, 120). Отм. в словарях с 1847 г. (СЦСРЯ, III, 157). Ср. определение этого слова у Бурдона — Михельсона 1880 г., 570: «одежда, вошедшая в употребление в 1838 г., имеющая вид сюртука и составляющая род верхнего платья». Только к концу XIX в. установилось нынешнее знач. этого слова. ▫ Из западноевропейских языков. Источник распространения — франц. paletot (совр. знач. — гл. обр. «женское пальто»), которое в свою очередь восходит к ср.-англ. paltok : paletok (отсюда ст.-франц. paletoc) — «род жакета», «безрукавная куртка». Из французского — позднее англ. paletot — «широкое пальто». Этимология англ. pal(e)tok неясна по мнению некоторых этимологов, сложное слово, первой частью которого является латин. palla — «верхнее парадное женское платье до пят», «плащ». Из французского: нем. Paletot, *m.*; ит. paletot : palto; исп. paletó и др.

ПАН, -а, *м.* — 1) «помещик в старой Польше, Литве, а также (до Октябрьской революции) на Украине и в Белоруссии»; 2) *устар.* (на Украине и в Белоруссии) «барин». *Сущ.* **па́ни** (женск. к *пан*), **па́нна**. *Прил.* **па́нский**, -ая, -ое. Укр. **пан**, **па́ні**, **па́нна**, **па́нський**, -а, -е; блр. **пан**, **па́ні**, **па́нна**, **па́нскі**, -ая, -ае. В русском языке — из Западной и Юго-Западной Руси, где **панъ** и **пани** по письменным памятникам известны с XVI в. (Срезневский, II, 874—875). ▫ Слово западнославянское по происхождению. Ср. польск. pan (в настоящее время — вежливое наименование мужчины), pani (то же по отношению к женщине), panna — «девушка», «барышня», pański, -a, -ie; чеш. pán (ст.-чеш. hpán), paní (ст.-чеш. hpaní); словац. pán, panna (также slečna), panský, -á, -é; в.-луж. pan (в народных песнях). Объясняют это зап.-слав. слово по-разному. Одни — из **gъpanъ* (ср. ст.-чеш. hpán), которое сопоставляют с др.-инд. gopấḥ, *m.* — «пастух», «сторож» (и.-е. корень **gup-*), другие — из о.-с. *županъ* (и.-е. корень **geup-*). Новое объяснение предложено Махеком (Machek, ES, 351—352; ср. Mayrhofer, II, 203), по мнению которого в о.-с. языке сначала появилась форма **pani* (<**panьji*), откуда потом — **panъ*. Махек сопоставляет о.-с. **pani* (где -n- вм. -tn-) с греч. πότνια «владычица», «госпожа»; др.-инд. pátnī, *f.* — «госпожа», «супруга», а также со ст.-лит. viešpatni — тж., и не придает особого значения ст.-чеш. hpán ввиду того, что такое протетическое g > h встречается в ст.-чеш. яз. и в других случаях [напр., hbrat(r) — «брат»]. Это объяснение, пожалуй, наиболее вероятно.

ПАНА́МА, -ы, *ж.* — «летняя шляпа с широкими полями, соломенная или матерчатая». Укр., блр., болг. **пана́ма**; польск. panama; ср. с.-хорв. **шешир од панаме**; чеш. panama, panamský klobouk и др. В русском языке слово *панама* появилось в начале XX в. В словарях — с 1904 г. (М. Попов, 282), затем Даль[3], III, 1907 г., 28. ▫ Из западноевропейских языков. Ср. франц. (с 1868 г.) panama; англ. panama (hat); нем. Panamahut; ит. pánama; исп. panamá и др. От названия государства на Панамском перешейке в Центральной Америке, родины такой шляпы.

ПАНЕ́ЛЬ, -и, *ж.* — 1) «дорога для пешеходов по краям улицы, покрытая асфальтом, асфальтобетоном и т. п.», «тротуар»; 2) «деревянная обшивка, облицовка или окраска нижней части внутренних стен помещения». *Прил.* **пане́льный**, -ая, -ое. Укр. **пане́ль**, **пане́льний**, -а, -е; блр. **пане́ль**, **пане́льны**, -ая, -ае. В других слав. яз. в этих знач. отс. Ср. соответственно в знач. «тротуар» и «облицовка»: болг. **тротоа́р** и **ламперия** (< франц. lambris); чеш. chodník и lambris; польск. chodnik, trotuar и boazeria (< франц. boiserie, от bois — «дерево»). В русском языке слово *панель* в знач. «облицовка» известно с середины XVIII в. (Литхен, 1762 г., 435). Прил. **панельный** — с 1822 г. (САР[1], IV, 789). Знач. «тротуар» — более позднее. В середине XIX в. оба знач. уже можно считать обычными (см., напр., Даль, III, 1865 г., 10). ▫ Из немецкого. Ср. (собств. н.-нем.) Panéel, *n.* — «панель», «филенка»; голл. paneel, *n.* — тж. < ст.-франц. panel (> совр. франц panneau) — «отрез ткани» < нар.-латин. pannelus (от латин. pannus — «кусок ткани», «лоскут»).

Из ст.-франц. также англ. panel «панель», «филенка».

*ПАНИБРА́Т, -а, м. (обычно лишь в сочетаниях быть, обращаться с кем-л. запанибрата и т. п.) — «коротко знакомый», «задушевно близкий», «почти брат». Прил. (за)панибра́тский, -ая, -ое. Укр. запанібра́та; блр. запанібра́та, запанібра́цкі, -ая, -ае. Ср. польск. panie bracie (зват. от pan brat) — «панибрат», być za pan brat — «быть запанибрата». В других слав. яз. отс. В русском языке это выражение известно (с пане- в первой части) с XVIII в. Напр., в «Записках» Порошина, в записи от 11-XII-1764 г., 179: «господа обходятся с ними за панебрата». В словарях — с 1847 г. (СЦСРЯ, III, 158). ▫ Из польского языка (с некоторым искажением).

ПА́НИКА, -и, ж. — «смятение, внезапный непреодолимый страх, охвативший одного человека или многих людей». Прил. пани́ческий, -ая, -ое. Глаг. паникова́ть. Сюда же паникёр. Укр. па́ніка, пані́чний, -а, -е, панікёр; блр. па́ніка, пані́чны, -ая, -ае, панікёр; болг. па́ника, пани́чески, -а, -о, (из русского) паникьо́р; с.-хорв. па̀ника, па̀ничан, -чна, -чно : па̀ничнӣ, -а̄, -о̄ (ср. па̀ничаˉр — «паникёр»); чеш. panika, panický, -á, -é, panikář; польск. panika, paniczny, -a, -e, panikier. В русском языке сначала появилось выражение панический страх, отм. Яновским (III, 1806, 193). Встр. (панический страх) у Пушкина (СЯП, III, 273). Паника — с 1861 г. (ПСИС, 373), затем Даль (III, 1865 г., 10). Слово паникёр в словарях — с 1939 г. (Ушаков, III, 32); глаг. паниковать — с 1952 г. (Ожегов, 442). ▫ Ср. франц. panique, f.; также прил. (но ср. alarmiste — «паникер»); нем. Pánik, f. (но ср. Panikmacher — «паникер»); англ. panic (но ср. pánic mònger — «паникер»); ит. panico (но ср. allarmista — «паникер») и др. Восходит к франц. panique, но ударение (па́ника) как будто указывает на немецкое посредство. Возможно, в выражении панический страх (с ударением на ни) прилагательное — непосредственное от франц. panique («паника» и «панический»). Слово паникер, по-видимому, русское новообразование. Из русского — в нек. других слав. яз.

ПАНИКАДИ́ЛО, -а, ср. — «люстра или большой подсвечник в православных церквах». Укр. панікади́ло; блр. панікадзі́ла. В болг. и с.-хорв. отс. В том же знач.: болг. полиле́й (< полиелей < греч. πολυ-έλαιος — «богатый запасами масла»); с.-хорв. поли̏ле̑ј; чеш. kostelní lustr; польск. świecznik kościelny. В Новг. I л. по Синод. сп. под 6574 г.: «понекадила съима» (Насонов, 17). ▫ Из греческого языка. Ср. ср.-греч. πολυχάνδηλ(ι)ον — «люстра» (ср. новогреч. χανδῆλι — «лампада», χανδῆλα — «лампа», «светильник», др.-греч. πολύς — «многочисленный». Форма с н в русском языке, очевидно, результат межслоговой ассимиляции (л : н > н : н). Ср. в Ип. л. под 6683 г. пониканде́ло (Срезневский, II, 847). Но и форма с л (паликади́ло) еще долго употребля-

лась в письменном языке. Ср. напр. в ТК МГ: «паликадило медное» (I, 275, 1635 г.), «два паликадила» (III, 15, 1676 г.) и мн. др.

ПАНИХИ́ДА, -ы, ж. — «церковная служба по умершем». Гражданская панихида — «собрание перед похоронами, посвященное памяти умершего». Прил. панихи́дный, -ая, -ое. Блр. паніхі́да; болг. панихи́дный, -ая, панихи́да. Ср. укр. панахи́да. В других слав. яз. отс. (или употр. как русизм). Ср. в том же знач.: польск. nabożeństwo żałobne (ср. cywilny obchód żałobny — «гражданская панихида»); чеш. zádušní mše (ср. rozloučení se zesnulým — «гражданская панихида»). Др.-рус. (с XIV в.) панихида : панухида : понихида (Срезневский, II, 874). ▫ Восходит к ср.-греч. παννυχίδα < греч. παννυχίς, род. παννυχίδος (в дохристианский период) «ночное празднество», «ночное торжество (в честь богини)»; вообще «бессонная ночь» (от πᾶς, πᾶσα, πᾶν, род. παντός — «весь», в сложных словах παν- и νύξ, род. νυκτός — «ночь», в сложных словах νυχ-). Знач. «церковная служба по умершем» слово получило в ср.-греч. языке через ступень «ночное бдение у тела умершего».

ПАНО́ПТИКУМ, -а, м. — «музей (собрание, выставка) цветных восковых фигур, воспроизводящих в натуральную величину выдающихся людей или даже целые группы людей и относящиеся к ним вещи». Укр. пано́птикум; блр. пано́птыкум; болг. пано́птикум; с.-хорв. паноптикум; чеш. panoptikum; польск. panoptikon. В русском языке в словарях отм. с 1847 г. (СЦСРЯ, III, 158) в форме паноптика (< франц. panoptique); с 1865 г. (Михельсон, 461) — в форме паноптикон (< англ. panopticon); в конце XIX в. появляется и форма паноптикум (Гарбель, I, 1890, г., с 3726). ▫ Видимо, из немецкого. Ср. нем. Panóptikum, n. В немецком языке — новообразование на основе греч. πᾶν- (от πᾶς — «весь», «всякий») и ὀπτικός «относящийся к зрению», «зрительный». Ср. панорама (см.).

ПАНОРА́МА, -ы, ж. — 1) «больших размеров картина, обыкновенно изображающая выдающееся событие в истории народа с участием большого количества людей, расположенная в специально оборудованном здании с освещением сверху так, что создается впечатление объемности»; 2) «вид местности, открывающийся с высоты». Прил. панора́мный, -ая, -ое. Укр. панора́ма, панора́мний, -а, -е; блр. панара́ма, панара́мны, -ая, -ае; болг. панора́ма, панора́мен, -мна, -мно; с.-хорв. панора́ма; чеш. panoráma, panoramatický, -á, -é; польск. panorama. В русском языке слово панорама употр. с 20-х гг. XIX в. Встр. в комедии Шаховского «Урок кокеткам, или Липецкие воды», 1815 г., д. III, явл. 8: «панорамою ей кажется весь свет» (Ком., 192); позже — Свиньин, «Записки», 1817 г., 188. В словарях отм. с 1837 г. (Ренофанц, 189); затем в 1847 г. в СЦСРЯ, III, 158, там же прил. панорамический. Прил. панорамный в словарях впервые — в 1933 г.

(Кузьминский и др., 874). ▫ В русском языке — из западноевропейских. В конечном счете, восходит к англ. panorama; слово придумано художником Баркером (Barker) в Эдинбурге, в 1789 г. Искусственное образование (вроде *кинематограф, телеграф* и т. п.) на греческой основе; ср. греч. πᾶς, πᾶσα, πᾶν — «весь» и ὅραμα — «вид», «видение»; ср. ὁράω — «вижу». Из английского: франц. panorama, *m.*; нем. Panoráma, *n.* и др.

ПАНТАЛО́НЫ, -о́н, *мн.* — 1) *устар.* «широкие брюки»; 2) «нижнее женское белье в виде трусов свободного покроя». Укр. **панталóни**; блр. **панталóны**. В других слав. яз. — обычно о мужских брюках: болг. **панталóни** (ед. **панталóн**); с.-хорв. **панталóне**; чеш. pantalóny; польск. устар. pantalony. В русском языке слово *панталоны* известно с XVIII в. Отм. в ПФРЛ 1786 г., II, 218, в форме *панталон, ед.* и с объяснением: «платье цельное, которое идет от шеи до ног и плотно к телу сшито». С новым знач. «род шаровар» отм. с 1806 г. (Яновский, III, 196). В форме только мн. ч. *панталоны* встр. у Пушкина в «Евгении Онегине», гл. I, 1823—1824 гг., строфа 26: «Но *панталоны*, фрак, жилет, / Всех этих слов на русском нет» (ПСС, VI, 16). В словарях — с 1834 г. (Соколов, II, 346). ▫ Восходит, в конечном счете, к имени комического персонажа итальянской комедии дель арте венецианца Панталоне (Pantaleone) в длинных и широких штанах. Отсюда ит. pantaloni — «брюки», «штаны», «панталоны». Из итальянского: франц. pantalon, *m.* > нем. Pantalóns; англ. pantaloon; исп. pantalones, *pl.* и др. Самое имя Pantaleone греческого происхождения (ср. греч. πάντη, дор. πάντα — «во всех отношениях», «целиком» и λέων — «лев».

*ПАНТАЛЫ́К, только в выражении *сбить(ся) с панталыку* — «сбить(ся) с толку». Укр. збити з пантели́ку, панталичи́тися — тж. (УРС, III, 213); блр. збіць з панталы́ку. Ср. также польск. zbić z pantałyku — тж., где оно, по-видимому, из вост.-слав. яз. В других слав. яз. отс. Появилось это выражение, можно полагать, сначала на укр. почве. Оно встр. у Котляревского в «Енеїді», 1798 г., ч. I, строфа 5, с. 4: «Узбий Енея з пантелику». В русском языке в словарях отм. с середины XIX в. («Опыт», Доп., 1858 г., 172: *панталы́к* и *пантелы́к*). ▫ Вероятно, заимствовано из тюркских языков: концовка очень напоминает тюркские слова с суф. отвлеченных сущ. -ьк (-лык) и -lik. В первой части также могло быть тюркское слово. Преображенский (II, 12) ссылается на мнение Корша (в письме к автору), что этим словом могло бы быть что-нибудь вроде *пäнд-лык; ср. азерб. пäнд — «хитрый прием», «искусство». Источником могло послужить и какое-нибудь другое тюркское слово. Ср. каракалп. панлык — «гордость», «чванство». На украинской или русской почве слово могло быть несколько искажено под влиянием *толк, толкать*.

ПАНТЕО́Н, -а, *м.* — «монументальное здание, являющееся местом погребения выдающихся деятелей нации»; «совокупность богов какой-л. языческой религии»; *устар.* «название некоторых изданий». Укр. **пантеóн**; блр. **пантэóн**; болг. **пантеóн**; с.-хорв. **пантеóн**; чеш. panteon; польск. panteon. В русском языке в словарях отм. с 1806 г. (Яновский, III, 197—198). Встр. у Пушкина (о французском Пантеоне) в стих. «Андрей Шенье», 1825 г. (ПСС, II, 398). ▫ Из французского языка. Ср. франц. panthéon, *m.*; англ. pantheon; нем. Pántheon, *n.*; ит. panteon, *m.* и др. Первоисточник — греч. Πάνθειον (подразум. ἱερόν — «храм») — «храм всем богам» (ср. πᾶς, πᾶσα, πᾶν — «весь» и θεός — «бог»). Отсюда латин. Panthēon — «Пантеон» (храм Юпитера, построенный в Риме Агриппой); из латинского попало в западноевропейские языки, но со значением скорее греческого Πάνθειον.

ПАНТЕ́РА, -ы, *ж.* — «леопард», Felis (Pardus) pardus. Укр. **пантéра**; блр. **пантэ́ра**; болг. **пантéра**; с.-хорв. **пàнтēр**, *м.*, польск. pantera. В чеш. отс., ср. в том же знач. levhart. В русском языке слово *пантера* известно с середины XIX в. В словарях — с 1861 г. (ПСИС, 374). ▫ Восходит скорее всего к ит. pantéra, *f.* или франц. panthére, *f.* — тж. Ср. нем. Pánther, *m.*; англ. panther. Др.-рус. **паньфирь** — тж. (Срезневский, II, 876) — прямое заимствование из греческого (πάνθηρ — «пантера», «барс»; ср. θέρ — «хищный зверь»). В Западной Европе это слово было усвоено при посредстве латинского языка (panthēra). Т. о., мы имеем здесь дело с повторным заимствованием [ср. *бальзам* (см.) *ипподром* (см.), *эконом* и др.].

ПАНТОМИ́МА, -ы, *ж.* — «представление, сценка, разыгрываемая без слов с помощью жестов и мимики». *Прил.* пантоми́мный, -ая, -е; блр. **пантамíма**, пантамíмны, -ая, -ае; болг. **пантомúма**; с.-хорв. пантомима, пантомимски, -а, -о; чеш. pantomima, pantomimický, -á, -é; польск. pantomima и др. В русском языке слово *пантомима* известно с XVIII в. Встр. в «Письмах рус. пут.» Карамзина, напр., в записи от 29-IV-1790 г.: «Гардель бесподобен в трагической *пантомиме*» (Избр., I, 388). В словарях — с 1806 г. (Яновский, III, 200). ▫ Первоисточник — греч. παντόμιμος, *m.* — «актер, играющий с помощью одних телодвижений», «пантомим» (ср. μίμος — «актер», «мим»; ср. также μιμέομαι — «подражаю», «изображаю», μιμώ — «обезьяна», πᾶς, πᾶσα, πᾶν, род. м. παντός — «весь», т. е. «актер, все изображающий, умеющий всему подражать»). Из греческого — латин. pantomīmus, *m.* — 1) «актер-пантомимист»; 2) «пантомима». Из латинского слово попало в западноевропейские языки: франц. pantomime — сначала м. р. и со знач. (до середины XVIII в.) «актер», позже — ж. р. — «пантомима»; нем. Pantomíme, *f.* — «пантомима»; англ. pantomime — тж. В русском языке — из французского.

СОДЕРЖАНИЕ
Том I

ОТ ИЗДАТЕЛЬСТВА	3
ПРЕДИСЛОВИЕ (*Ж. Ж. Варбот*)	4
ВВЕДЕНИЕ (*П. Я. Черных*)	8
КАК ПОЛЬЗОВАТЬСЯ СЛОВАРЕМ	19
УСЛОВНЫЕ СОКРАЩЕНИЯ	19
СЛОВАРЬ	
А	21
Б	62
В	130
Г	175
Д	229
Е	280
Ж	289
З	310
И	332
Й	362
К	362
Л	461
М	500
Н	553
О	583
П	614

СПРАВОЧНОЕ ИЗДАНИЕ
Павел Яковлевич
ЧЕРНЫХ

ИСТОРИКО-ЭТИМОЛОГИЧЕСКИЙ СЛОВАРЬ СОВРЕМЕННОГО РУССКОГО ЯЗЫКА

Том I

Зав. редакцией
Е. А. ГРИШИНА
Ведущие редакторы:
Т. Л. БЕРКОВИЧ,
Ю. М. МИРОНОВА
Редакторы:
К. В. ВИНОГРАДОВА,
Г. С. ДЕНИСЕНКО,
Б. А. ПОВОРОТНИК,
О. И. ПОЖАРОВА
Художественный редактор
В. С. ГОЛУБЕВ
Технический редактор
Э. С. СОБОЛЕВСКАЯ
Корректор А. А. СИДОРОВ

ИБ № 5706

Сдано в набор 24.12.85. Подписано в печать 04.12.92. Формат 70x108/16. Бумага офсетная № 1. Гарнитура обыкновенная. Печать офсетная. Усл. печ. л. 54,6. Усл. кр.-отт. 54,6. Уч.-изд. л. 86,98. Тираж 10060 экз. Заказ №2327. С 009.

Издательство „Русский язык" Министерства печати и информации Российской Федерации. 103012 Москва, Старопанский пер., 1/5.

Набрано в одена Трудового Красного Знамени Первой типографии издательства „Наука". 199034 Санкт-Петербург, В-34, 9 линия, 12.

Отпечатано на Можайском полиграфкомбинате Министерства печати и информации Российской Федерации. 143200 Можайск, ул. Мира, 93.

ДЛЯ ЗАМЕТОК